Langenscheidt
Taschenwörterbuch Schwedisch Online

So funktioniert die Anmeldung:

Einfach unter
www.woerterbuch.langenscheidt.de/print
mit Ihrem persönlichen Code registrieren:

11305-18V-1625XS-ZTM47

Der Zugriff auf die Online-Version ist ein kostenloses Zusatzangebot.
Für die Nutzung gelten unsere Online-AGB.

D1694690

Langenscheidt Taschenwörterbuch
Schwedisch

Schwedisch – Deutsch
Deutsch – Schwedisch

Neubearbeitung

Herausgegeben von der
Langenscheidt-Redaktion

Langenscheidt

München · Wien

Projektleitung: Dr. Heike Pleisteiner
Lexikografische Bearbeitung: Ann Bergstrand Tybåhl, Eleonor Engbrant-Heider,
Dr. Henrik Henriksson, Helena Olsson, Dr. Heike Pleisteiner, Jany Milena Schneider,
Sabine Thiele

Neue deutsche Rechtschreibung nach den gültigen amtlichen Regeln
und DUDEN-Empfehlungen

Wörterbuch-Verlag Nr. 1
Langenscheidt belegt lt. Marktforschungsinstitut GfK Entertainment GmbH den 1. Platz
beim Verkauf von Fremdsprachen-Wörterbüchern in Deutschland.
Weitere Informationen unter www.langenscheidt.de

Als Marken geschützte Wörter werden in diesem Wörterbuch in der Regel durch das Zeichen ®
kenntlich gemacht. Das Fehlen eines solchen Hinweises begründet jedoch nicht die Annahme,
eine nicht gekennzeichnete Ware oder eine Dienstleistung sei frei.

Ergänzende Hinweise, für die wir jederzeit dankbar sind, bitten wir zu richten an:
Langenscheidt Verlag, Postfach 40 11 20, 80711 München
redaktion.wb@langenscheidt.de

© 2015 Langenscheidt GmbH & Co. KG, München
Typografisches Konzept nach: KOCHAN & PARTNER GmbH, München,
und uteweber-grafikdesign, Geretsried
Satz: Claudia Wild, Konstanz, und uteweber-grafikdesign, Geretsried
Druck und Bindung: Druckerei C.H. Beck, Nördlingen
Printed in Germany
ISBN 978-3-468-11305-5

15010

Inhalt

Tipps für die Benutzung
Was steht wo im Wörterbuch? … 4
Die Aussprache des Schwedischen … 13
Abkürzungen und Symbole … 18

Schwedisch – Deutsch … 23

Deutsch – Schwedisch … 503

Extras

Grammatik
Schwedische Deklination und Konjugation … 875
Starke und unregelmäßige Verben … 882

Specials
Zahlen … 885
Schwedische Ortsnamen … 888
Feiertage in Schweden … 893
Uhrzeit … 894

Kommunikation auf Schwedisch
Miteinander reden … 896
Telefonieren … 898
Anforderung von Informationen … 900
Termin vereinbaren … 901
Termin bestätigen … 902
Buchungsanfrage Hotel … 903
Anmeldung zum Sprachkurs … 906
Buchungsanfrage Ferienhaus … 907
Stornierung … 909
Bewerbungsschreiben … 910
Lebenslauf … 912

Tipps für die Benutzung

Was steht wo im Wörterbuch?

1 Alphabetische Reihenfolge

Die Stichwörter sind streng alphabetisch geordnet. Die Umlaute ä, ö, ü werden im deutsch-schwedischen Teil alphabetisch wie a, o, u behandelt: *träumen* steht also hinter *Traumbild* und vor *Traumfrau*, so als wäre das ä ein a. Im schwedisch-deutschen Teil folgen die Buchstaben Å, Ä und Ö dem Z.

> **Traumbild** N̄ drömbild **träumen** V̄Ī drömma (von om); **das hätte ich mir nicht ~ lassen** det hade jag aldrig kunnat drömma om **Träumer(in)** M(F) drömmare **Träumerei** F̄ drömmeri n **träumerisch** ADJ drömmande **Traumfrau** F̄ drömkvinna **traum-**
>
> **tyvärr** [ty'vær] ADV leider
> **tå** [to:] ⟨-n; -r⟩ Zehe *f*; Schuhspitze *f*;

Lediglich die **reflexiven Verben** sowie die sogenannten **Partikelverben** durchbrechen im schwedisch-deutschen Teil die strikte Alphabetisierung. So ist z. B. das reflexive Verb *binda sig* vor den Partikelverben im Nest des Stichworts *binda* aufgeführt. Die Partikelverben *binda 'fast, binda 'för, binda 'ihop, binda 'in, binda 'om, binda 'upp* findet man direkt im Anschluss an das transitive Verb *binda*, jedoch vor dem nächsten Hauptstichwort *bindande*.

Abkürzungen, **Akronyme** und **Eigennamen** sowie zusammengesetzte Wörter sind ebenfalls an alphabetischer Stelle im Wörterverzeichnis zu finden. Unter zusammengesetzten Wörtern werden Wörter verstanden, die aus zwei oder mehreren Gliedern oder einem Präfix (z. B. *an-, för-, om-, under-*) und einem Grundwort bestehen. Darunter fallen auch Wörter, die mit Bindestrich geschrieben werden, sowie getrennt geschriebene Wörter, die eine begriffliche Einheit bilden. Folgende Wörter gelten daher als zusammengesetzt: *heltid, försäsong, EU-medlem* und *boka tidigt-rabatt*:

> **boka** ["buːka] ⟨1⟩ **A** $\overline{VT}$ buchen, bestellen; ~ **ett bord** einen Tisch reservieren; ~ **en tid** einen Termin vereinbaren **B** $\overline{VP}$ ~ **'av** abbestellen; ~ **'in** reservieren; einplanen; ~ **'om** umbuchen
> **bokanmälan** $\overline{S}$ Buchbesprechung *f*
> **boka tidigt-rabatt** $\overline{S}$ Frühbucherrabatt *m* **bokband** $\overline{S\,N}$ Einband *m*,

Redensarten und **feste Wendungen** sind in der Regel unter dem ersten bedeutungstragenden Element der Wendung zu finden. Die Wendung *seinen Master machen* findet man also unter *Master*:

> **Master** $\overline{M}$ masterexamen; **seinen ~ machen** *umg* läsa till masterexamen
> **Masterstudiengang** $\overline{M}$ masterutbildning

2 Rechtschreibung

Für die Schreibung der deutschen Wörter gelten die aktuellsten DUDEN-Empfehlungen.

In diesem Wörterbuch wird der Bindestrich am Zeilenanfang wiederholt, wenn mit Bindestrich geschriebene Wörter getrennt werden:

> ... aha-
> -upplevelse

> ... USB-
> -Anschluss

3 Grammatische Hinweise

Die schwedischen **Substantive** lassen sich in „**en-Wörter**" (Utrum) und „**ett-Wörter**" (Neutrum) aufteilen. So sagt man beispielsweise *en bil* (ein Auto) in der unbestimmten Singularform und *bilen* (das Auto) in der bestimmten Singularform sowie *ett hus* (ein Haus) und *huset* (das Haus) in der unbestimmten bzw. bestimmten Singularform. Im schwedisch-deutschen Teil des Wörterbuchs findet sich diese Information gemeinsam mit der Angabe der bestimmten Singularform und der zugehörigen

Was steht wo im Wörterbuch?

unbestimmten Pluralform in Spitzklammern gleich bei jedem Stichwort, das als Grundwort zählt. Varianten der flektierten Formen werden durch einen Schrägstrich angegeben. Die Substantive, die mit *ett* konstruiert werden, sind in beiden Sprachrichtungen des Wörterbuchs mit einem N̄ bzw. *n* für Neutrum gekennzeichnet. Die Mehrzahl der schwedischen Substantive sind jedoch „en-Wörter" und werden aus Platzgründen nicht extra gekennzeichnet. Beispiele:

> **bil** [biːl] ⟨-en; -ar⟩ Auto *n*, Wagen *m*; **köra ~** Auto fahren

> **Auto** N̄ bil; **~ fahren** köra bil **Autobahn** F̄ motorväg **Autobahnge-**

> **hus** [huːs] N̄ ⟨-et; -⟩ Haus *n*; **~ mot ga-**

> **Haus** N̄ hus *n*; hem *n*; **zu ~e** *od* **zuhause** hemma; **nach ~e** *od* **nachhause**

Je nach Gebrauch, Situation und/oder Region können einige der schwedischen Substantive sowohl dem Utrum als auch dem Neutrum angehören. Solche Substantive sind durch die Angabe *a.* N̄ bzw. *a. n* oder (N̄) bzw. (*n*) gekennzeichnet. Die erste Angabe heißt, dass das Substantiv neben der „en-Form" auch in der „ett-Form" erscheinen kann, während die zweite Angabe darauf hinweist, dass das Wort in erster Linie dem Genus Neutrum angehört. Beispiele:

> **kosmos** *a.* N̄ ⟨-/-en/-et; kein pl⟩ Weltall *n*, Kosmos *m*

> **cv** ABK (N̄) ⟨-ː-t/ː-n; ː-n/-⟩ (= curriculum vitae) Lebenslauf *m*

Bei zusammengesetzten Wörtern findet sich im schwedisch-deutschen Teil lediglich die Angabe S̄ (für Substantiv) und ggf. die Genusangabe N̄ im Falle eines „ett-Wortes". Im Übrigen muss aus Platzgründen unter dem jeweiligen Grundwort nachgeschlagen werden. So muss z. B. unter *båt* nachgeschlagen werden, um die bestimmte Singularform und die unbestimmte Pluralform zu *husbåt* herauszufinden:

> **husbåt** S̄ Hausboot *n*

> **båt** [boːt] ⟨-en; -ar⟩ Boot *n*, Kahn *m*; Schiff *n*, Dampfer *m*; *fig* **sitta i samma**

Im deutsch-schwedischen Teil wurde bei den schwedischen zusammengesetzten Substantiven auf die Angabe s verzichtet – lediglich die „ett-Wörter" (*bildäck*) sind mit einem *n* gekennzeichnet, wobei die „en-Wörter" (*motorväg*) ohne Genusangabe stehen:

Was steht wo im Wörterbuch? • 7

Auto N̄ bil; **~ fahren** köra bil **Autobahn** F̄ motorväg **Autobahnge-**

Autoreifen M̄ bildäck *n*

Substantive, die gleich in der Pluralform stehen, sind in beiden Sprachrichtungen mit der Angabe P̄L̄ bzw. *pl* gekennzeichnet. Bei Substantiven, die im Plural nicht vorkommen, steht im schwedisch-deutschen Teil die Flektionsangabe ⟨kein pl⟩. Bleibt ein Substantiv unverändert, steht die Angabe ⟨inv⟩ für invariabel. Beispiele:

Zugangsdaten P̄L̄ IT inloggningsuppgifter *pl*

internet, Internet [intəˈŋet] N̄ ⟨inv⟩ Internet *m;* **surfa på ~** im Internet sur-

lotto N̄ ⟨-t; kein pl⟩ **spela ~** Lotto spielen; **vinna på ~** im Lotto gewinnen

Die Verben werden im Schwedischen unabhängig von der Person und der Anzahl flektiert, jedoch nach der jeweiligen Konjugation. So heißt es z. B. *jag bor, du bor, vi bor* (ich wohne, du wohnst, wir wohnen) usw. Es gibt vier Konjugationsgruppen: Zur **1.**, **2.** und **3. Konjugation** gehören die **schwachen Verben**, zur **4. Konjugation** die **starken**. Zudem gibt es **unregelmäßige Verben**, wie z. B. *kunna* (können) und *veta* (wissen). Im schwedisch-deutschen Teil wird die Konjugation im Anschluss an das jeweilige Verb angegeben, und zwar durch die Nummer der Konjugation bzw. die Abkürzung ⟨irr⟩ für unregelmäßig in Spitzklammern:

ana [ˈɑːna] V̄T̄ ⟨1⟩ ahnen; **utan att ~ ngt** nichts ahnend, ahnungslos; **du ~r**

finna [ˈfina] ⟨4⟩ A V̄T̄ finden; **~ för gott** für gut befinden; **~ lämpligt** für

köpa ⟨2⟩ A V̄T̄ kaufen, erstehen, ankaufen; erkaufen; **~ ngt av ngn** j-m etw abkaufen, etw von j-m kau-

kunna [ˈkøna] ⟨irr⟩ A V̄/AUX, V̄T̄, V̄Ī können, (ver)mögen, dürfen; **vi kan tyvärr inte (komma)** wir können leider nicht

nå² ⟨3⟩ A V̄T̄ erreichen; *fig a.* erlangen; erzielen; **~ sitt syfte** sein Ziel erreichen

Im Wörterbuch werden auch folgende Verbarten unterschieden:
Hilfsverben V̄/AUX, **transitive Verben** V̄T̄, **intransitive Verben** V̄Ī, **reflexive Verben** V̄R̄, **Partikelverben** V̄P̄ und **Deponentia** ⟨dep⟩.

8 ■ Was steht wo im Wörterbuch?

Die im Schwedischen so üblichen **Partikelverben** bestehen aus einem Verb und einer Partikel, wobei die Betonung immer auf der Partikel liegt. Wird stattdessen das Verb betont, so wird die Partikel als eine Präposition aufgefasst, wodurch eine ganz andere Bedeutung entstehen kann. So muss z. B. zwischen dem intransitiven Verb *hälsa* mit der dazugehörigen Präposition *på* (*hälsa på ngn* – j-n (be)grüßen) und dem Partikelverb *hälsa 'på* (*hälsa 'på ngn* – j-n besuchen) unterschieden werden bzw. zwischen dem intransitiven Verb *tala* mit der dazugehörigen Präposition *om* (*tala om* – sprechen von *od* über) und dem Partikelverb *tala 'om* (*tala 'om* – sagen, erzählen). Im Wörterverzeichnis erscheinen die Partikeln meist nur als Teile der jeweiligen Partikelverben und nicht als einzelne Stichwörter.

Die schwedischen **Deponentia** sind durch ein -s am Ende der Verbformen gekennzeichnet. Das -s wird an den Infinitiv bzw. an das flektierte Verb (im Präsens direkt an den Stamm) angehängt. Die Deponentia erkennt man im schwedisch-deutschen Teil durch die Angabe ⟨dep⟩ vor der Konjugationsangabe:

> **finnas** V̄i ⟨dep 4⟩ (vorhanden) sein, da sein, sich finden; sich befinden; **~ kvar** noch da/übrig sein; **~ att få** zu haben sein

Ausführliche Angaben zur **Schwedischen Deklination und Konjugation** finden sich im Anhang des Wörterbuchs auf den Seiten 875–881. Zudem gibt es eine Liste der **Starken und unregelmäßigen schwedischen Verben** auf den Seiten 882–884. Zusammengesetzte starke Verben sind in dieser Tabelle unter dem Grundverb nachzuschlagen. So findet sich z. B. die Konjugation zu *återfinna* (wiederfinden) unter *finna* (finden).

Alle Kürzel zu den Grammatikangaben finden sich in der Liste **Abkürzungen und Symbole** auf den Seiten 18–22.

4 Erläuternde Hinweise und Sachgebiete

Erläuternde Hinweise in kursiver Schrift und Sachgebiete erleichtern die Wahl der richtigen Übersetzung. Dazu gehören **Kollokatoren**, also Wörter, die üblicherweise mit dem Stichwort im Satz kombiniert werden, aber auch

Synonyme und andere **erklärende Angaben**. Kollokatoren wie auch alle anderen erklärenden Zusätze (Indikatoren) erscheinen *kursiv*:

> **gammelfarfar** *s̱ väterlicherseits* Urgroßvater *m* **gammelfarmor** *s̱ väterlicherseits* Urgroßmutter *f* **gammelmorfar** *s̱ mütterlicherseits* Urgroßvater *m* **gammelmormor** *s̱ mütterlicherseits* Urgroßmutter *f*

> **runterkommen** *umg* v̱i̱ *von Rausch* nyktra till; *von Aufregung* lugna (ned) sig **runterladen** v̱ṯ IT ladda ned/ner

> **julmust** *s̱ Limo mit Malz und Hopfen (zur Weihnachtszeit)*

Sachgebiete werden meist selbsterklärend in Form von verkleinerten Großbuchstaben angegeben, die in der Liste **Abkürzungen und Symbole** auf den Seiten 18–22 erklärt werden. Steht eine Sachgebietsbezeichnung hinter dem Stichwort, bezieht sie sich auf alle folgenden Übersetzungen. Steht sie innerhalb des Eintrags vor einer Übersetzung, so gilt sie nur für diese:

> **posten** IT **A** v̱ṯ posta **B** v̱i̱ göra ett inlägg

> **lobba** [ˈlɔbːa] v̱i̱ ⟨1⟩ **1** SPORT lobben **2** ~ **för** ngt für etw Lobbying machen

In einfacher Schrägschrift (*kursiv*) erscheinen teilweise auch Grammatik- und Stilangaben, sowie Elemente, die sich vom Stichwort, von der Wendung oder von der Übersetzung abheben sollen. Dazu gehören auch umschreibende Entsprechungen für ein Stichwort oder eine Wendung, für die es keine direkte Übersetzung gibt:

> **förskolekö** *s̱ Warteliste für Kindertagesstättenplätze* **förskoleplats** *s̱*

> **Mitfahrzentrale** *f̱ förmedling för samåkning* **mitfühlen** v̱i̱ känna

5 Lexikografische Zeichen

~   Die Tilde, das Wiederholungszeichen, steht für das Stichwort innerhalb des Artikels:

> **helg** [hɛlj] ⟨-en; -er⟩ Wochenende *n*; Fest *n*; Feiertage *pl*; **i/på ~en** am Wochenende; **trevlig ~!** schönes Wochenende!; **god ~!** frohes Fest!

Was steht wo im Wörterbuch?

≈ Die doppelte Tilde, das Ungefähr-gleich-Zeichen, bedeutet „entspricht in etwa, ist vergleichbar mit":

> **MVG** ABK N (= mycket väl godkänd) *Note* ≈ Eins *f*, sehr gut

¹, ² **Hochzahlen** unterscheiden Wörter gleicher Schreibung mit ganz unterschiedlicher Bedeutung, sogenannte Homonyme:

> **padda¹** [ˈpada] ⟨-n; -or⟩ ZOOL Kröte *f*
> **padda²** *umg* IT Tablet *n*

; Der **Strichpunkt** trennt im Normalfall Übersetzungen, die sich in der Bedeutung unterscheiden:

> **kram** ⟨-en; -ar⟩ Umarmung *f*; *am Ende eines Briefes etc* ≈ liebe Grüße; **puss och**

, Das **Komma** verbindet meist sehr ähnliche Übersetzungen:

> **kravmärkt** [ˈkraːvmærkt] ADJ mit einem Ökolabel versehen, als Bioprodukt gekennzeichnet **kravodlad** ADJ ökologisch, biodynamisch

1, 2, 3 Übersetzungen mit stark unterschiedlicher Bedeutung sind durch arabische Ziffern in hellgrauen Kästchen gegliedert:

> **lobby** ⟨-n; -er⟩ **1** Hotelhalle *f* **2** Lobby *f*, Interessengruppe *f*

A, B, C Die Untergliederung durch Großbuchstaben in grauen Kästchen findet sich beim Wechsel von einer Wortart (Substantiv, Adjektiv, transitives, intransitives oder reflexives Verb usw.) zu einer anderen:

> **Kombi A** M AUTO kombi **B** ABK F (= Kombination) kombination **Kombi-**

> **skrolla** ⟨1⟩ COMPUT **A** V/I scrollen **B** V/P ~ **'ner** runterscrollen; ~ **'upp** hochscrollen

→ Der Pfeil bedeutet „siehe":
Der Verweispfeil → hat verschiedene Funktionen. Er verweist zum einen von einem Stichwort auf ein anderes Stichwort, wenn sich beide Stichwörter in ihrer Bedeutung ähneln oder es sich lediglich um verschiedene Schreibweisen ein und desselben Wortes handelt. Bei dem Stichwort, auf das verwiesen wird, findet sich dann die entsprechende Übersetzung sowie ggf. weitere Angaben:

> **utkomma** VI ⟨4⟩ *Buch* erscheinen; → komma ut

> ~ **'upp med** heraufbringen; ~ **'ut** auskommen; herauskommen, erscheinen; bekannt werden, sich herumsprechen; sich outen; ~ **'ut bland folk** unter die

6 Kennzeichnung der Stilebene

Die Stilangaben *lit* = literarisch, *pej* = pejorativ, abwertend, *poet* = poetisch, *umg* = umgangssprachlich und *vulg* = vulgär werden sowohl für das Stichwort bzw. für die ausgangssprachliche Wendung als auch für die entsprechende Übersetzung verwendet. Stilangaben zu Beginn eines Eintrags, einer Bedeutung oder Unterbedeutung beziehen sich auf alle Wendungen bzw. Bedeutungen innerhalb dieses Eintrags.

> **vorglühen** *umg* VI förfesta

> **pris** SN Wucherpreis *m* **rövslickare** ⟨-n; -⟩ *vulg* Arschkriecher(in) *m(f)*

7 Ausspracheangaben

Die **Aussprache** inklusive **Betonung** des schwedischen Stichworts steht in der Regel in eckigen Klammern gleich hinter dem Hauptstichwort in jedem Nest. Vgl. hierzu **Die Aussprache des Schwedischen** auf den Seiten 13–17.

Wenn sich die Aussprache eines Stichworts im Vergleich zum Hauptstichwort nicht grundlegend ändert, wird aus Platzgründen auf eine Wiederholung der Lautschrift verzichtet, es werden aber die Betonungsakzente gesetzt:

Was steht wo im Wörterbuch?

bokstav [ˈbukstɑːv] ⟨-en; bokstäver⟩
Buchstabe *m* **bokstav'era** V/T ⟨1⟩
buchstabieren **bokstavlig** ADJ, **bok-**

Aus Gründen der Platzersparnis wurde zudem bei manchen zusammengesetzten Wörtern oder auch bei Wörtern, die den allgemeinen Ausspracheregeln folgen, auf die Lautschrift verzichtet.

Die Aussprache des Schwedischen

1 Das schwedische Alphabet

A a	B b	C c	D d	E e	F f	G g	H h	I i	J j
[aː]	[beː]	[seː]	[deː]	[eː]	[ɛf]	[geː]	[hoː]	[iː]	[jiː]

K k	L l	M m	N n	O o	P p	Q q	R r	S s	T t
[koː]	[ɛl]	[ɛm]	[ɛn]	[uː]	[peː]	[kʉː]	[ær]	[ɛs]	[teː]

U u	V v	W w	X x	Y y	Z z	Å å	Ä ä	Ö ö
[ʉː]	[veː]	[ˇdəbəl veː]	[ɛks]	[yː]	[ˇsɛːta]	[oː]	[ɛː]	[øː]

2 Das schwedische Vokalsystem

Schreibung, Aussprache und deutsche Entsprechung der jeweiligen Laute

Buchstabe	Lautzeichen	Aussprache	Beispiel
a	ɑː	hinteres, dunkles a, ein wenig zum [oː] hin, mit leichter Lippenrundung	bra [brɑː] *gut*
a	a	vorderes, helles a wie in alle	kall [kal] *kalt*
e	eː	geschlossenes, langes e wie in Meter	heta [ˇheːta] *heißen*
e	ɛ, e	kurzes, offenes e wie in fett	vecka [ˇvɛka] *Woche*
e	æ	offener, kurzer ä-Laut; immer vor -r	herre [ˇhærə] *Herr*
i	iː	geschlossenes i wie in Mine, wir	vi [viː] *wir*
i	i	geschlossenes i wie in bin, jedoch etwas spitzer	flicka [ˇflika] *Mädchen*
o	oː	geschlossenes o wie in Ton	son [soːn] *Sohn*
o	ɔ	offenes o wie in Post	boll [bɔl] *Ball*
o	uː	starkes, aber im Vergleich zum Deutschen etwas weniger gerundetes u, ähnlich wie in Ruhe	ko [kuː] *Kuh*
o	u	kurzes, offenes u wie in Pult	ost [ust] *Käse*

14 ▪ Aussprache des Schwedischen

u	ʉː	ein typisch schwedischer Laut, den es im Deutschen nicht gibt; er liegt etwa zwischen u und ü und wird mit starker Spannung in den Lippen artikuliert	hus [hʉːs] *Haus*
u	ɵ	die kurze Entsprechung zu [ʉː], mit etwas weniger Lippenrundung, d. h. weniger zu ü hin	hund [hɵnd] *Hund*
y	yː	langes ü wie in Tüte, jedoch etwas weniger gerundet, mehr zu i hin	ny [nyː] *neu*
y	y	die kurze Entsprechung zu [yː], etwa wie in Stück	lycka [ˈlyka] *Glück*
å	oː	geschlossenes o wie in Sohn, etwas weniger gerundet	kål [koːl] *Kohl*
å	o	die kurze Entsprechung zu [oː], wie in Sonne	sång [soŋ] *Lied*
ä	ɛː	langes ä wie in gähnen	äta [ˈɛːta] *essen*
ä	ɛ	die kurze Entsprechung zu [ɛː] (s. a. unter e), wie in Bett	bäck [bɛk] *Bach*
ä	æː	sehr offenes ä, immer vor -r	här [hæːr] *hier*
ä	æ	die kurze Entsprechung zu [æː], ebenfalls vor -r	färg [færj] *Farbe*
ö	øː	langes, geschlossenes ö wie in Töne, etwas weniger gerundet	söka [ˈsøːka] *suchen*
ö	ø	die kurze Entsprechung zu [øː]	dröm [drøm] *Traum*
ö	œː	offenes ö in der Stellung vor -r	höra [ˈhœːra] *hören*
ö	œ	die kurze Entsprechung zu [œː], wie in könnt, ebenfalls vor -r	dörr [dœr] *Tür*

🗊 Zur Aussprache bestimmter Konsonanten

1. Die Konsonanten **b, d, f, g, h, j, k, l, m, n, p** und **t** haben die gleiche Aussprache wie im Deutschen. Im Unterschied zum Deutschen sind **b, d** und **g** jedoch auch am Ende eines Wortes stimmhaft.

2. Der Buchstabe **j** bezeichnet den gleichen Laut wie im Deutschen. In den Verbindungen **dj, gj, hj** und **lj** bleibt der erste Konsonant stumm, und die ganze Gruppe wird ebenfalls wie **j** ausgesprochen.

jag [jɑ:(g)] *ich*	djur [jʉ:r] *Tier*
gjuta [ˈjʉ:ta] *gießen*	hjul [jʉ:l] *Rad*
ljus [jʉ:s] *Licht*	

3. Vor hellem (palatalem) Vokal – **e, i, y, ä, ö** – sowie nach **l** oder **r** wird **g** ebenfalls wie **j** ausgesprochen.

ge [je:] *geben*	gift [jift] *Gift*
gycklare [ˈjyklarə] *Gaukler*	gäst [jest] *Gast*
göra [ˈjœ:ra] *tun, machen*	älg [elj] *Elch*
berg [bærj] *Berg*	

4. Vor einem hellen (palatalen) Vokal – **e, i, y, ä, ö** – wird **k** ähnlich ausgesprochen wie **ch** in *ich*. Dieser Laut wird in der phonetischen Umschrift mit [ç] wiedergegeben. Auch die Buchstabenkombinationen **kj** und **tj** werden so ausgesprochen.

kedja [ˈçe:dja] *Kette*	kind [çind] *Wange*
kyss [çys] *Kuss*	käck [çɛk] *keck*
kök [çø:k] *Küche*	tjuv [çʉ:v] *Dieb*
kjol [çu:l] *Rock*	

Die in Punkt 3 und 4 beschriebene sogenannte ‚Palatalisierung' von **g** und **k** zu [j] und [ç] tritt nur bei betonten Silben auf. In unbetonten Neben- und Endsilben behalten **g** und **k** ihre ursprüngliche Aussprache: **rike** [ri:kə] – *Reich*, **höger** [hø:gər] – *rechts*.

5. Die Kombination **ng** wird wie in Deutsch *singen* ausgesprochen. In der Umschrift wird dieser Laut mit [ŋ] bezeichnet.

6. Das schwedische **r** kann entweder ein gerolltes Zungenspitzen-r oder ein im hinteren Rachenraum gebildetes Zäpfchen-r sein.

Aussprache des Schwedischen

7. In den Verbindungen **rd**, **rl**, **rn**, **rs** und **rt** verschmilzt das Zungenspitzen-r mit dem nachfolgenden Konsonanten zu einem einzigen Laut. Man nennt diese Laute *Retroflexe*, da dabei die Zungenspitze ein wenig nach hinten gebogen wird. In der Umschrift werden sie durch das entsprechende Lautzeichen mit einem verlängerten Längsstrich wiedergegeben, also [ɖ, ɭ, ɳ, ʂ, ʈ]. Dies gilt auch über Wortgrenzen hinweg: **var så god** [va: ʂo: guː(d)] – *bitte schön*.

8. Das **s** ist im Schwedischen immer stimmlos zu sprechen, wie in *Wasser*, niemals stimmhaft (wie in *lesen*)! Es wird auch nie zu **sch** vor einem **t** oder **p**.

läsa [ˈlɛːsa] *lesen*	stor [stuːr] *groß*
soppa [ˈsɔpa] *Suppe*	spik [spiːk] *Nagel*
stol [stuːl] *Stuhl*	

9. Die Buchstabenkombinationen **sch**, **sj**, **skj** und **stj**, die Endungen **-sion** und **-tion** sowie **sk** vor hellem (palatalem) Vokal – **e, i, y, ä, ö** – werden als stimmloser **sch**-Laut ausgesprochen. Die in Schweden gebräuchlichste Aussprachevariante dieses Lautes, phonetisch mit [ɧ] bezeichnet, wird mit dem Zungenrücken und dem hinteren Teil des Gaumens gebildet, wobei die Lippen gerundet werden.

Eine Variante, [ʂ], gleicht dem deutschen stimmlosen **sch**-Laut in *Schnee*, der phonetisch mit [ʃ] bezeichnet wird. Beide Aussprachevarianten sind in der schwedischen Standardlautung akzeptiert.

schack [ʃak] *Schach*	skjuta [ˈʃʉːta] *schießen*
sjuk [ʃʉːk] *krank*	station [staˈʃuːn] *Bahnhof*
stjäla [ˈʃɛːla] *stehlen*	skida [ˈʃiːda] *Ski*
mission [miˈʃuːn] *Mission*	skägg [ʃɛg] *Bart*
sked [ʃeːd] *Löffel*	skön [ʃøːn] *schön*
skylt [ʃylt] *Schild*	

10. Das **v** ist immer stimmhaft, wie **w** in *Wasser*. In der Umschrift wird dieser Laut mit [v] bezeichnet.

4 Betonung und Akzent der schwedischen Wörter

Das Schwedische unterscheidet zwei Typen des musikalischen Akzents, im Weiteren mit **Akzent 1** und **Akzent 2** bezeichnet. Akzent 1 ist fallend, ähnlich wie im Deutschen und hat nur einen Gipfel. Die Wortmelodie beim Akzent 2 ist dagegen aus fallend und steigend zusammengesetzt, hat also zwei Gipfel, die sich auf zwei Silben verteilen. Das Wort **flicka** – *Mädchen*, für sich alleine ausgesprochen, hat also in der ersten Silbe einen fallenden und in der zweiten Silbe einen steigenden Akzent.

Akzent 1 haben z. B. die einsilbigen Substantive, auch dann, wenn sie durch Anhängen des bestimmten Artikels Singular zweisilbig werden:
'and – *Ente*, 'anden – *die Ente*.

Akzent 2 haben die meisten nicht von Internationalismen abgeleiteten schwedischen Wörter mit zwei oder mehr Silben (z. B. ˇgammal – *alt*), ebenso wie die meisten zusammengesetzten Wörter (z. B. ˇordbok – *Wörterbuch*).

Akzent 1   Akzent 2

Gehört ein Verb zu einem einsilbigen Substantiv, das mit Akzent 1 ausgesprochen wird (z. B. **fukt** – *Feuchtigkeit* vs ˇ**fukta** – *befeuchten* oder **back** – *Rückwärtsgang* vs ˇ**backa** – *rückwärtsfahren*), so wird das dazugehörige Verb prinzipiell genauso ausgesprochen, aber mit Akzent 2.

Abkürzungen und Symbole

a., a.	auch
ABK, *abk*	Abkürzung
ADJ, *adj*	Adjektiv, Eigenschaftswort
ADV, *adv*	Adverb, Umstandswort
AGR	Agrarwirtschaft, Landwirtschaft
akk	Akkusativ, 4. Fall
ANAT	Anatomie
ARCH	Architektur
ART, *art*	Artikel, Geschlechtswort
ASTROL	Astrologie
ASTRON	Astronomie
AUTO	Auto, Verkehr
BAHN	Eisenbahn
BERGB	Bergbau
bes	besonders
BEST, *best*	bestimmt
BIBEL	Bibel, biblisch
BIOL	Biologie
BOT	Botanik, Pflanzenkunde
bzw.	beziehungsweise
CHEM	Chemie
COMPUT	Computer
dat	Dativ, 3. Fall
DEM PR, *dem pr*	Demonstrativpronomen, hinweisendes Fürwort
DEP, *dep*	Deponens
DET PR, *det pr*	Determinativpronomen
ELEK	Elektrotechnik, Elektrizität
etc	et cetera, und so weiter

etw, etw	etwas
etwa	ist in etwa gleich
F̄, f	Femininum, weiblich
fig	figurativ, in übertragenem Sinn
FLUG	Luftfahrt
FOTO	Fotografie
GASTR	Gastronomie, Kochkunst
gen	Genitiv, 2. Fall
GEOG	Geografie
GEOL	Geologie
GRAM	Grammatik
hist	historisch
imperf	Imperfekt
INDEF PR, *indef pr*	Indefinitpronomen, unbestimmtes Fürwort
inf	Infinitiv, Nennform
INTER, *inter*	Interjektion, Ausruf
INT PR, *int pr*	Interrogativpronomen, Fragefürwort
inv	invariabel, unveränderlich
iron	ironisch
irr	irregulär, unregelmäßig
IT	Informationstechnologie, Informatik
JAGD	Jagd
j-d, j-d	jemand
j-m, j-m	jemandem
j-n, j-n	jemanden
j-s, j-s	jemandes
JUR	Jura, Rechtswesen
koll	Kollektivum, Sammelwort
komp	Komparativ, erste Steigerungsstufe
KONJ, *konj*	Konjunktion, Bindewort

KONTR	Kontraktion, Zusammenziehung
KUNST	Kunst, Kunstgeschichte
LING	Linguistik, Sprachwissenschaft
M̄, m	Maskulinum, männlich
MAL	Malerei
MATH	Mathematik
MED	Medizin
M̄(F), m(f)	Maskulinum mit Femininendung in Klammern
M̄/F̄, m/f	Maskulinum und Femininum
M̄/F̄(M̄), m/f(m)	Maskulinum und Femininum mit zusätzlicher Maskulinendung in Klammern
MIL	Militär, militärisch
MINER	Mineralogie
mst	meist
MUS	Musik
MYTH	Mythologie
N̄, n	Neutrum, sächlich
neg!	wird oft als beleidigend empfunden
ngn, ngn	någon (*jemand, jemandem, jemanden*)
ngns, ngns	någons (*jemandes*)
ngt, ngt	något (*etwas*)
nom	Nominativ, 1. Fall
NŪM, *num*	Numerale, Zahlwort
obs	obsolet, begrifflich veraltet
od, od	oder
österr	österreichische Variante
PARL	Parlament, parlamentarischer Ausdruck
PART, *part*	Partizip
pej	pejorativ, abwertend
perf	Perfekt
PERS PR, *pers pr*	Personalpronomen, persönliches Fürwort

PHYS	Physik
PL, pl	Plural, Mehrzahl
poet	poetisch, dichterisch
POL	Politik
POSS PR, poss pr	Possessivpronomen, besitzanzeigendes Fürwort
präd	prädikativ, aussagend
PRÄP, präp	Präposition, Verhältniswort
präs	Präsens, Gegenwart
PRON, pron	Pronomen, Fürwort
PSYCH	Psychologie
®	eingetragene Marke
RADIO	Radio, Rundfunk
refl	reflexiv, rückbezüglich
reg	regional
REL	Religion
REL PR, rel pr	Relativpronomen, bezügliches Fürwort
resp.	respektive (*beziehungsweise*)
S̄, s	Substantiv, Hauptwort
SCHIFF	Nautik, Schifffahrt
schweiz	schweizerische Variante
SG, sg	Singular, Einzahl
SPORT	Sport
sup	Superlativ, zweite Steigerungsstufe
supin	Supinum
TECH	Technik
TEL	Telefon, Nachrichtentechnik, Telekommunikation
THEAT	Theater
TV	Fernsehen
TYPO	Buchdruck, Typografie
u., u.	und

umg	umgangssprachlich
UNBEST, *unbest*	unbestimmt
UNIV	Hochschulwesen, Universität
unpers	unpersönlich
VET	Tiermedizin, Veterinärmedizin
V/AUX, *v/aux*	Hilfsverb, Hilfszeitwort
V/I, *v/i*	intransitives Verb, intransitives Zeitwort
V/P, *v/p*	Partikelverb
V/R, *v/r*	reflexives Verb, rückbezügliches Zeitwort
V/T, *v/t*	transitives Verb, transitives Zeitwort
vulg	vulgär
WIRTSCH	Wirtschaft
z. B.	zum Beispiel
ZOOL	Zoologie
IN ZSSGN, *in zssgn*	in Zusammensetzungen
→	siehe, vergleiche
~	Tilde, Platzhalter für vorausgehendes Stichwort
≈	ungefähr, etwa, ist in etwa gleich

Schwedisch – Deutsch

A, a [ɑː] N ‹-:(e)t; -:n/-› A, a n
à [a] PRÄP zu, zu je; **5 stycken ~ 10 kronor** fünf Stück zu zehn Kronen
A4-format [ˈɑːfyːraformɑːt] S N DIN-A4-Format n
AB ABK N (= aktiebolag) AG f (Aktiengesellschaft)
abborre [ˈabɔrə] ‹-n; -ar› Barsch m
abc [ɑːbeːseː] N ‹-:et; -:n/-› Abc n
abc-bok S Fibel f, Lesebuch n
abdikation [abdikaˈʃuːn] ‹-en; -er› Abdankung f **abdikˈera** VI ‹1› abdanken
abnorm [abˈnɔrm] ADJ krankhaft, abnorm; regelwidrig
abonnemang [abɔnəˈmaŋ] N ‹-et; -› Abonnement n; Zeitung Bezug m **abonnemangskort** S N Dauerkarte f **abonnemangspris** S N Abonnementspreis m; Zeitung Bezugspreis m
abonnent ‹-en; -er› Abonnent(in) m(f); Zeitung Bezieher(in) m(f); **numret har ingen ~** kein Anschluss unter dieser Nummer **abonnˈera** VT ‹1› abonnieren (**på** auf akk), beziehen
abort [aˈbɔrt] ‹-en; -er› MED Abtreibung f; **göra ~** abtreiben
abrupt [abˈrɵpt] ADJ plötzlich, abrupt
ABS ABK (= Anti-Blockier-System) AUTO ABS n
absolut [absɔˈlʉːt] A ADJ absolut; unbedingt B ADV durchaus, unbedingt, gänzlich; **~ inte** keinesfalls **absolutˈist** ‹-en; -er› Abstinenzler(in) m(f)
absorbera [absɔrˈbeːra] VT ‹1› absorbieren, aufsaugen **absorpˈtion** ‹-en; kein pl› Absorption f **absorpˈtionsförmåga** S Absorptionsfähigkeit f, Aufnahmefähigkeit f
abstinenssym(p)tom [abstiˈnenssymtoːm] S N Entzugserscheinung f

abstrahera [abstraˈheːra] VT, VI ‹1› abstrahieren **abˈstrakt** ADJ abstrakt, begrifflich **abstraktˈion** ‹-en; -er› Abstraktion f, Verallgemeinerung f
absurd [abˈsɵrd] ADJ absurd, widersinnig
acceleration [akseleraˈʃuːn] ‹-en; -er› Beschleunigung f **accelerationsfält** S N Beschleunigungsspur f **accelerˈera** VT, VI ‹1› beschleunigen
accent [akˈsent] ‹-en; -er› Akzent m, Betonung f, Ton(fall) m **accenttecken** S N Akzent m **accentuˈera** VT, VI ‹1› betonen, akzentuieren
acceptabel [aksepˈtɑːbəl] ADJ annehmbar, akzeptabel **acceptˈera** VT ‹1› annehmen, akzeptieren
accessoarer [asesuˈɑːrər] PL Accessoires pl
acetylsalicylsyra [asəˈtylsalisylsyːra] S CHEM Acetylsalicylsäure f
acklamation [aklamaˈʃuːn] ‹-en; -er› Zuruf m; Beifall m
acklimatisera [aklimatiˈseːra] ‹1› A VT akklimatisieren B VR **~ sig** sich akklimatisieren; sich einleben; sich anpassen **acklimatisering** ‹-en; -ar› Akklimatisierung f; Anpassung f; Eingewöhnung f
ackompanjatör [akɔmpanjaˈtœːr] ‹-en; -er› MUS Begleiter(in) m(f) **ackompanjˈemang** ‹-et; -› MUS Begleitung f **ackompanjˈera** VT, VI ‹1› begleiten
ackord [aˈkoːd] N ‹-et; -› Akkord m; JUR Vergleich m; **på ~** auf/im Akkord, gegen Stücklohn **ackordsarbete** S N Akkordarbeit f
ackreditera [akrediˈteːra] VT ‹1› akkreditieren, bevollmächtigen; WIRTSCH beglaubigen
ackumulator [akəmɵˈlɑːtɔr] ‹-n; -er› Akku(mulator) m **ackumulˈera** VT ‹1› aufspeichern; ansammeln
ackusativ [ˈakəsatiːv] ‹-en; -er› Akkusativ m, vierter Fall
adapter [aˈdaptər] ‹-n; -ar› Adapter m
ADB ABK (= automatisk databehand-

ling) EDV f
addera [a'de:ra] _vt_ ⟨1⟩ zusammenzählen, addieren **addi'tion** ⟨-en; -er⟩ Addition f
adekvat [ade'kva:t] _adj_ adäquat, angemessen; entsprechend
adel ['ɑ:dəl] ⟨-n; kein pl⟩, **adelskap** _n_ ⟨-et; kein pl⟩ Adel m **adelsdam** _s_ Adlige f; Edelfrau f **adelsman** _s_ Adlige(r) m; Edelmann m
ADHD _abk_ (= Attention-Deficit/Hyperactivity Disorder) ADHS n (_Aufmerksamkeitsdefizit-Hyperaktivitätssyndrom_)
adjektiv [ˈadjekti:v] _n_ ⟨-et; -⟩ Adjektiv n, Eigenschaftswort n
adjunkt [ad'jɵŋt] ⟨-en; -er⟩ ≈ Studienrat m, Studienrätin f
adjö [a'jø] _a_ _interj_ auf Wiedersehen _B_ _n_ ⟨inv⟩ Abschied m, Lebewohl n; **ta ~ av ngn, säga ~ till ngn** von j-m Abschied nehmen
adla [ˈɑ:dla] _vt_ ⟨1⟩ adeln, in den Adelsstand erheben **adlig** _adj_ adlig
administration [administraˈʃu:n] ⟨-en; -er⟩ Verwaltung f **administra'tiv** _adj_ Verwaltungs-, administrativ **administrat'ör** ⟨-en; -er⟩ Verwalter(in) m(f), Administrator(in) m(f) **administr'era** _vt, vi_ ⟨1⟩ verwalten
adoptera [adɔp'te:ra] _vt_ ⟨1⟩ adoptieren; _fig_ sich (_dat_) zu eigen machen **adopt'ion** ⟨-en; -er⟩ Adoption f; _fig_ Aneignung f **adopt'ivbarn** _s n_ Adoptivkind n
adrenalin [ˈadrenali:n] _n_ ⟨-et; kein pl⟩ Adrenalin n **adrenalinkick** _s_ Adrenalinkick m
adress [a'drɛs] ⟨-en; -er⟩ Anschrift f, Adresse f **adress'at** ⟨-en; -er⟩ Empfänger(in) m(f) **adressbok** _s_ Adressbuch n **adress'era** _vt_ ⟨1⟩ adressieren (till an _akk_); mit der Anschrift versehen **adresskort** _s n_ Paketkarte f **adresslapp** _s_ Adresszettel m, Gepäckadresse f; Anhänger m **adressändring** _s_ Adressänderung f
advent [ad'vɛnt] ⟨-en; kein pl⟩ Advent m; **första ~** erster Advent **adventskalender** _s_ Adventskalender m
adverb [ad'værb] _n_ ⟨-et; -⟩ Adverb n, Umstandswort n
advokat [advu'kɑ:t] ⟨-en; -er⟩ Anwalt m, Rechtsanwalt m; Anwältin f, Rechtsanwältin f **advokatarvode** _s n_ Anwaltsgebühren _pl_ **advokatbyrå** _s_ Anwaltsbüro n **advokatsamfund** _s n_ Anwaltskammer f
aerobics [ɛˈrɔbiks] ⟨inv⟩ _sport_ Aerobic n
afasi [afa'si:] ⟨-n; -er⟩ _med_ Aphasie f
affekt [a'fɛkt] ⟨-en; -er⟩ Erregung f; Gemütsbewegung f; Affekt m **affektbetonad** _adj_ stark gefühlsbetont affekt'erad _adj_ gekünstelt, geziert, affektiert **affekt'ionsvärde** _s n_ Liebhaberwert m
affisch [a'fiʃ] ⟨-en; -er⟩ Plakat n; Poster n **affisch'era** _vt, vi_ ⟨1⟩ anschlagen, aushängen **affisch'ering** ⟨-en; -ar⟩ **~ förbjuden!** Plakatieren verboten!
affischnamn _s n_ ≈ Zugpferd n
affär [a'fæ:r] ⟨-en; -er⟩ **1** Geschäft n; **upptagen av ~er** geschäftlich verhindert; **driva en ~** ein Geschäft führen; **göra ~er** Geschäfte machen **2** Angelegenheit f, Sache f; **sköt du dina ~er** kümmere dich um deine eigenen Angelegenheiten; **lägga sig i andras ~er** sich in fremde Angelegenheiten mischen **3** Wesen n; **göra stor ~ av ngt** viel Wind um etw machen **4** Vorfall m, Geschichte f, Affäre f **affärsbank** _s_ Geschäftsbank f **affärsbiträde** _s n_ kaufmännische(r) Angestellte(r) m/f(m); Verkäufer(in) m(f) **affärsbrev** _s n_ Geschäftsbrief m **affärscentrum** _s n_ Geschäftsviertel n **affärsförbindelse** _s_ Geschäftsverbindung f **affärshandling** _s_ Geschäftspapier n **affärskorrespondens** _s_ Geschäftskorrespondenz f **affärskvinna** _s_ Geschäftsfrau f, Kauffrau f **affärsliv** _s n_ Geschäftsleben n **affärslokal** _s_ Geschäftsraum m **affärslunch** _s_ Geschäftsessen n **affärsman** _s_ Geschäftsmann m; Kaufmann m **affärsmässig** _adj_ geschäftsmäßig **affärspartner** _s_ Geschäftspartner(in) m(f) **affärsresa** _s_ Geschäftsreise f **affärsrörelse** _s_ Geschäftsbetrieb m **affärsspråk** _s n_ Geschäftssprache f **affärstid** _s_ Geschäftszeit f **affärsverksamhet** _s_ Geschäftstätigkeit f **affärsvärld** _s_ Geschäftswelt f
aforism [afɔˈrism] ⟨-en; -er⟩ Aphorismus m
Afrika [ˈɑ:frika] _n_ ⟨inv⟩ Afrika n **af-**

rik'an ⟨-en; -er⟩ Afrikaner(in) *m(f)* **afrik'ansk** ADJ afrikanisch **afrik'anska** ⟨-n; -or⟩ Afrikanerin *f*
afroamerikan ['afrɔa'me:rika:n] S̄ Afroamerikaner(in) *m(f)*
afterski ⟨inv⟩ Après-Ski *n* **afton** ['aftɔn] ⟨-en; aftnar⟩ Abend *m; vor Feiertag* Vorabend *m;* **god ~!** guten Abend!; → **kväll aftongudstjänst** S̄ Abendgottesdienst *m* **aftonklänning** S̄ Abendkleid *n* **aftonrodnad** S̄ Abendrot *n* **aftonstjärna** S̄ Abendstern *m* **aftonsång** S̄ Abendgottesdienst *m,* Vesper *f*
aga ['a:ga] N ⟨-n; kein pl⟩ Prügel *pl* B V̄T ⟨1⟩ prügeln
agenda [a'gɛnda] ⟨-n; -or⟩ Agenda *f*
agent [a'gɛnt] ⟨-en; -er⟩ Agent(in) *m(f),* Vertreter(in) *m(f);* GRAM Agens *n;* **hemlig ~** Geheimagent(in) *m(f)* **agent'ur** ⟨-en; -er⟩ Agentur *f,* Vertretung *f*
agera [a'ge:ra] V̄T, V̄I ⟨1⟩ eingreifen, handeln; spielen, darstellen
agg [ag] N̄ ⟨-et; kein pl⟩ Groll *m;* **hysa ~ mot ngn** j-m grollen (**för** wegen)
aggregat [agre'ga:t] N̄ ⟨-et; -⟩ Aggregat *n;* MINER Anhäufung *f*
aggression [agrɛ'ʃu:n] ⟨-en; -er⟩ Aggression *f,* Angriff *m* **aggress'iv** ADJ aggressiv **aggressivi'tet** ⟨-en; kein pl⟩ Aggressivität *f*
agitation [agita'ʃu:n] ⟨-en; -er⟩ Agitation *f,* Propaganda *f;* Hetze *f* **agit'ator** ⟨-n; -er⟩ Agitator(in) *m(f),* Hetzer(in) *m(f)* **agit'era** V̄I ⟨1⟩ agitieren; hetzen
agn[1] [aŋn] ⟨-en; -ar⟩ BOT Spelze *f,* Granne *f;* **~ar** *pl* Spreu *f*
agn[2] N̄ ⟨-et; -⟩ Köder *m* **agna** V̄T, V̄I ⟨1⟩ ködern, kirren
agrar [a'gra:r] ADJ agrarisch
agronom [agrɔ'no:m] ⟨-en; -er⟩ Agronom(in) *m(f)*
aha [a'ha:] INTER aha, ach so **aha--upplevelse** S̄ Aha-Erlebnis *n*
aids [ɛjds] ⟨inv⟩ Aids *n* **aidsinfekterad** ADJ aidsinfiziert **aidspatient** S̄ Aidspatient(in) *m(f)* **aidssjuk** ADJ aidskrank **aidssmittad** ADJ aidsinfiziert **aidstest** S̄N Aidstest *m* **aidsvirus** S̄N Aidsvirus *n*
aikido ['ajkidɔ, aj'ki:dɔ] ⟨-n; kein pl⟩ Aikido *n*

aioli [aj'ɔli] ⟨-n; kein pl⟩ Aioli *f od n,* Knoblauchsoße *f*
airbag ['ɛ:rbɛg] ⟨-en; -ar/-s⟩ Airbag *m*
aj [aj] INTER au, o weh
à jour [a'ʃu:r] **hålla ngn ~ med ngt** j-n über etw auf dem Laufenden halten; **hålla sig ~ auf** dem Laufenden sein **ajourn'era** V̄T ⟨1⟩ vertagen (**till** auf *akk*) **ajourn'ering** ⟨-en; -ar⟩ Vertagung *f*
akacia [a'ka:sia] ⟨-n; -or⟩ Akazie *f*
akademi [akade'mi:] ⟨-n; -er⟩ Akademie *f;* Universität *f,* Hochschule *f* **akad'emiker** ⟨-n; -⟩ Akademiker(in) *m(f)* **akad'emisk** ADJ akademisch; **~ avhandling** Dissertation *f;* **~ kvart** akademisches Viertel
akleja [ak'lɛja] ⟨-n; -or⟩ BOT Akelei *f*
akne ['aknə] ⟨-n; kein pl⟩ Akne *f*
akrobat [akru'ba:t] ⟨-en; -er⟩ Akrobat(in) *m(f)* **akrob'atisk** ADJ akrobatisch
akryl [a'kry:l] ⟨-en; kein pl⟩ Acryl *n* **akrylfärg** S̄ Acrylfarbe *f*
akt[1] [akt] ⟨-en; -er⟩ Akt *m;* Tat *f;* Handlung *f;* Feier *f;* JUR Akte *f,* Urkunde *f*
akt[2] [akt] ⟨inv⟩ Acht *f,* Achtung *f;* **ge ~** achten, achtgeben (**på** auf *akk*); **ta sig i ~** sich hüten; sich in Acht nehmen (**för** vor *dat*); **ta tillfället i ~** die Gelegenheit nutzen; MIL **giv ~!** Stillgestanden! **akta** ⟨1⟩ A V̄T schonen, vorsichtig behandeln; in Acht nehmen (**för** vor *dat*); achten, schätzen, würdigen; **~s för väta** vor Nässe schützen; **~s för stötar** Vorsicht, nicht werfen!; **~ huvudet!** Vorsicht mit dem Kopf! B V̄I **~ på** achten, achtgeben auf (*akk*) C V̄R **~ sig** sich hüten; *umg* aufpassen (**för** vor *dat*); zur Seite gehen; **~ dig/er!** vorsicht!, aufgepasst! **aktad** ADJ geachtet, angesehen
akter ['aktər] SCHIFF A ADV achtern, hinten; **~ ifrån** von achtern; **~ om** achter, hinter; **~ ut/över** achterwärts B ⟨-n; -ar⟩ Achterschiff *n,* Hinterschiff *n,* Heck *n* **akterdäck** S̄N Achterdeck *n* **akterlanterna** S̄ Achterlaterne *f* **aktersegla** V̄T ⟨1⟩ **bli ~d** zurückgelassen werden **aktersnurra** S̄ (Boot *n* mit) Außenbordmotor *m* **akterspegel** S̄ Heckspiegel *m* **akterstäv** S̄ Hintersteven *m*
aktie ['aktsia] ⟨-n; -r⟩ Aktie *f* **aktiebo-**

lag S̄N̄ Aktiengesellschaft f **aktiebrev** S̄N̄ Aktie f, Aktienbrief m **aktiefond** S̄ Aktienfonds m, Wertpapierfonds m **aktiekapital** S̄N̄ Aktienkapital n **aktiekurs** S̄ Aktienkurs m **aktiesparare** S̄ ≈ Anleger m **aktieägare** S̄ Aktieninhaber(in) m(f), Aktionär(in) m(f)

aktion [ak'ʃuːn] ⟨-en; -er⟩ Handlung f, Aktion f; MIL Gefecht n, Treffen n **aktionsgrupp** S̄ Aktionsgruppe f, Bürgerinitiative f

aktiv ['aktiːv] ADJ tätig, wirksam; aktiv; GRAM ~ **form** Aktiv n, Aktivum n **aktiv'era** V̄T̄ ⟨1⟩ aktivieren **aktiv'ism** ⟨-en; kein pl⟩ Aktivismus m **aktiv'ist** ⟨-en; -er⟩ Aktivist(in) m(f) **aktivi'tet** ⟨-en; -er⟩ Tätigkeit f, Aktivität f **aktivitetsledare** ⟨-n; -⟩ Animateur(in) m(f)

aktning ['aktniŋ] ⟨-en; kein pl⟩ Achtung f; Ansehen n; **inge ~** Achtung einflößen **aktningsfull** ADJ achtungsvoll **aktningsvärd** ADJ achtenswert; beachtlich

aktris [ak'triːs] ⟨-en; -er⟩ Schauspielerin f

aktsam ['aktsam] ADJ achtsam, behutsam, sorgfältig, vorsichtig **aktsamhet** ⟨-en; kein pl⟩ Achtsamkeit f, Behutsamkeit f, Sorgfalt f, Vorsicht f **aktstycke** ['aktstykə] S̄N̄ Schriftstück n, Urkunde f, Akte f

aktualisera [aktøali'seːra] V̄T̄ ⟨1⟩ aktualisieren; ins Bewusstsein rufen **aktuali'tet** ⟨-en; -er⟩ Aktualität f; aktuelle Frage **aktu'ell** ADJ aktuell, gegenwärtig

aktör [ak'tœːr] ⟨-en; -er⟩ Schauspieler m; Akteur m

akupressur [akøprɛ'søːr] ⟨-en; kein pl⟩ Akupressur f **akupunktur** ⟨-en; kein pl⟩ Akupunktur f

akustik [ak'triːs] ⟨-en; kein pl⟩ Akustik f, Schalllehre f; Klangwirkung f **ak'ustisk** ADJ akustisch

akut [a'kuːt] Ā ADJ akut; ~ accent Akut m Ḇ ⟨-en; -er⟩ umg ≈ akutmottagning **akutfall** S̄N̄ Notfall m **akutmottagning** S̄ Unfallstation f, Ambulanz f, Notaufnahme f

akvarell [akva'rɛl] ⟨-en; -er⟩ Aquarell n **akvarellfärg** S̄ Aquarellfarbe f, Wasserfarbe f **akvarellmålare** S̄ Aquarellmaler m **akvarellmålning** S̄ Aquarell n, Aquarellmalerei f

akvarium [ak'vɑːriəm] N̄ ⟨-et; -er⟩ Aquarium n

akvavit ⟨-en; -er⟩ Aquavit m

akvedukt ⟨-en; -er⟩ Aquädukt m

al [ɑːl] ⟨-en; -ar⟩ BOT Erle f

aladåb [ala'doːb] ⟨-en; -er⟩ Aspik n; ~ **på fågel** Geflügel n in Gelee

A-lag ['ɑːlɑːg] S̄N̄ SPORT A-Mannschaft f; Elite f; umg **~et** ≈ Saufkumpane pl

alarm [a'larm] N̄ ⟨-et; -⟩ Alarm m; Lärm m; **falskt ~** blinder Alarm **alarmanordning** S̄ Alarmvorrichtung f **alarmberedskap** S̄ Alarmbereitschaft f **alarm'era** V̄T̄ ⟨1⟩ alarmieren **alarmklocka** S̄ Alarmglocke f, Sturmglocke f; Weckfunktion f

alban [al'bɑːn] ⟨-en; -er⟩ Albaner m **Albanien** N̄ ⟨inv⟩ Albanien n **albansk** ADJ albanisch **albanska** Ā ⟨-n; kein pl⟩ Albanisch n Ḇ ⟨-n; -or⟩ Albanerin f

albatross [alba'trɔs, 'albatrɔs] ⟨-en; -er⟩ ZOOL Albatros m

alb'ino ⟨-n; albiner⟩ Albino m

album ['albəm] N̄ ⟨-et; -⟩ Album n

aldrig ['aldri(g)] ADV nie(mals); **ännu ~**, **~ förr**, **~ förut** nie(mals) zuvor, noch nie; **~ någonsin** nie(mals); **~ i livet** nie im Leben, nie und nimmer(mehr); **~ mera** nie mehr/wieder, nimmer (-mehr); **~ annat än** immer nur; **det är väl ~ möjligt** das ist doch wohl nicht möglich; **om än ~ så litet** wenn auch noch so wenig; **~ så (mycket)** auch noch so (sehr); **~ som ~ förr** wie noch nie (zuvor); **du är väl ~ sjuk?** du bist doch nicht etwa krank?

alert [a'læt] ADJ **vara på ~en** wachsam, munter sein

alf [alf] ⟨-en; -er⟩ MYTH Elf m

alfabet ['alfabeːt] N̄ ⟨-et; -⟩ Alphabet n **alfabetisk** ADJ alphabetisch; **i ~ ordning** in alphabetischer Reihenfolge

alfresko [al'frɛsku] ADV a(l) fresco **alfreskomålning** S̄ Freskomalerei f; Freske f, Fresko n

alg [alj] ⟨-en; -er⟩ BOT Alge f

algerier [al'ɡeːriər] ⟨-n; -⟩ Algerier m **Alger'iet** Algerien n

alias ['ɑːlias] ADV auch ... genannt, alias

alibi ['ɑːliːbi] ⟨-t; -n⟩ Alibi n; **bevisa/**

styrka sitt ~ sein Alibi nachweisen **alkalisk** [al'kɑːlisk] ADJ alkalisch **alkemi** [alçe'miː] ⟨-n; kein pl⟩ Alchemie f **alke'mist** ⟨-en; -er⟩ Alchemist m
alkohol ['alkɔhoːl] ⟨-en; -er⟩ Alkohol m **alko'holfri** ADJ alkoholfrei **alko'holhaltig** ADJ alkoholhaltig; ~a drycker alkoholische Getränke **alkoho'list** ⟨-en; -er⟩ Alkoholiker m, Trinker m **alko'holmissbruk** S N Alkoholmissbrauch m **alkoh'olpåverkad** ADJ unter Alkoholeinfluss (stehend) **alko'holtest** S (N) Alkoholtest m
alkov [al'koːv] ⟨-en; -er⟩ Alkoven m; Bettnische f
all [al] ⟨n allt; pl alla⟩ **A** PRON all(e, er, es); (ein) jeder; ~a och envar jedermann, alle; **en gång för** ~a ein für alle Mal; **i** ~a **fall** jedenfalls; **~as vår vän** unser aller Freund; → allt **B** ADJ alle, aus, zu Ende **alla** PRON PL pl **all allaktivitetshus** S N Freizeitzentrum n **allaredan** ADV schon **alldaglig** ADJ alltäglich; banal **alldeles** ADV ganz (und gar), völlig; **~ för tidigt** viel zu früh; **~ nyss** soeben; ~ **vid hörnet** gerade an der Ecke
allé [a'leː] ⟨-n; -er⟩ Allee f
allegori [alegɔ'riː] ⟨-n; -er⟩ Allegorie f, Gleichnis n, Sinnbild n **alleg'orisk** ADJ allegorisch, sinnbildlich
allehanda ['aləhanda] **A** ADJ allerhand, allerlei **B** N ⟨inv⟩ Allerlei n
allemansrätt ['aləmansˌrɛt] S Jedermannsrecht n, allgemeines Nutzungsrecht
allergi [alərˈgiː] ⟨-n; -er⟩ Allergie f **allergiker** ⟨-n; -⟩ Allergiker(in) m(f) **allergisk** ADJ allergisch; **vara ~ mot ngt** eine Allergie gegen etw haben
allesamman(s) PRON alle (miteinander)
allfader ['alfaˌdər] S Allvater m **allhelgonadag** S Allerheiligen n
allians [ali'aŋs] ⟨-en; -er⟩ Bündnis n, Bund m, Allianz f; **ingå** ~ ein Bündnis schließen **alliansfri** ADJ bündnisfrei; blockfrei
alliera [ali'eːra] VR ⟨1⟩ ~ **sig** sich verbünden, sich vereinigen **allierad** ADJ verbündet, alliiert; **de ~e** die Alliierten
alligator [ali'gɑːtɔr] ⟨-n; -er⟩ Alligator m

allihop(a) [ali'huːp(a)] PRON → allesamman(s)
allmakt ['almakt] ⟨-en; kein pl⟩ Allmacht f
allmoge ['almuˌɡə] ⟨-n; kein pl⟩ Bauernstand m **allmogedräkt** S Volkstracht f **allmogestil** S Bauernstil m
allmosa ['almuˌsa] ⟨-n; -or⟩ Almosen n
allmän ['almɛn] ADJ (all)gemein, öffentlich; **i det** ~**na** im öffentlichen Leben; **på** ~ **bekostnad** auf öffentliche Kosten; ~ **åklagare** Staatsanwalt m, Staatsanwältin f **allmänbefinnande** S N Allgemeinbefinden n **allmänbildad** ADJ Allgemeinbildung habend **allmänbildande** ADJ allgemeinbildend **allmänbildning** S Allgemeinbildung f; Allgemeinwissen n **allmängiltig** ADJ allgemeingültig **allmänhet** ⟨-en; kein pl⟩ Allgemeinheit f; Öffentlichkeit f; Publikum n; **folk i** ~ die Leute im Allgemeinen; **den bildade** ~**en** die Gebildeten; **den stora** ~**en** die breite Öffentlichkeit; **i** ~ gewöhnlich, im Allgemeinen, meistens; **i största** ~ ganz allgemein **allmänintresse** S N öffentliches Interesse **allmänläkare** S Allgemeinarzt m, Allgemeinärztin f **allmänmedicinare** S Allgemeinmediziner(in) m(f) **allmänning** ⟨-en; -ar⟩ Allmende f, Gemeindeland n **allmännytta** S Gemeinnutz m **allmännyttig** ADJ gemeinnützig **allmäntillstånd** S N Allgemeinbefinden n
allra ['alra] ADV aller-; **(den)** ~ **första gången** das allererste Mal; ~ **sist** zuallerletzt
allrengöringsmedel ['alrɛnjœːrɪŋsˌ-] S N Allzweckreiniger m **allriskförsäkring** S Vollschutzversicherung f
alls [als] ADV gar; **inte** ~ gar nicht; **ingen** ~ kein Einziger, gar keiner; **ingenting** ~ gar nichts
allsidig ['alsiˌdi(g)] ADJ allseitig **allsköns** ['alsjøːns] ADJ allerlei, allerhand; all; **i** ~ **ro** in aller Ruhe **allsmäktig** ADJ allmächtig, allgewaltig **allsvensk** ADJ Fußball **~an** die höchste Spielklasse; ≈ Erste Bundesliga f **allsång** S gemeinsames Singen
allt [alt] **A** N ⟨-et; kein pl⟩ All n, Weltall n; → all **B** PRON N all(e, er, es); **i** ~ insgesamt; **allt gott** alles Gute; fig **mitt** ~ allo meine

rechte Hand; **när ~ kommer omkring im Grunde (genommen); ~ annat** an alles andere als; **~ som** alles in allem; **framför ~** vor allem/allen Dingen; → **all** C ADV schon, wohl; immer; **det vore ~ bra** es wäre schon gut **alltefter** PRÄP je nach; **~ behov** je nach Bedarf; **~ behag** ganz nach Belieben **alltefterssom** KONJ je nachdem **alltemellanåt** ADV hin und wieder, mitunter **alltför** ADV (all)zu, gar zu **alltiallo** *a.* N ⟨inv⟩ jemand, der alle anfallenden Arbeiten erledigt **alltid** ADV immer, stets, jederzeit; **för ~** für/auf immer **allt-i-ett-pris** S N Pauschalpreis *m* **alltifrån** PRÄP von ... an, (schon) seit **alltigenom** ADV durch und durch, durchweg **allthop(a)** PRON alles, das Ganze **allting** PRON alles **alltintill** PRÄP bis zu **alltjämt** ADV nach wie vor, noch immer **alltmer(a)** ADV immer mehr **alltnog** ADV genug; kurz (und gut) **alltsamman(s)** PRON alles **alltsedan** A PRÄP seit, von ... an; **~ dess** seitdem B ADV seitdem C KONJ seitdem **alltsomoftast** ADV oftmals, des Öfteren, öfters **alltså** ADV also, folglich

alludera [alɵˈdeːra] VI ⟨1⟩ anspielen
allu'sion ⟨-en; -er⟩ Anspielung *f*
allvar [ˈalvaːr] N ⟨-et; kein pl⟩ Ernst *m*; **på ~** im Ernst; **på fullt ~** in vollem Ernst; **ta ngt/ngn på ~** etw/j-n ernst nehmen **allvarlig** ADJ ernst(lich); ernsthaft **allvarlighet** ⟨-en; kein pl⟩ Ernst *m*, Ernsthaftigkeit *f* **allvarsam** ADJ ernst; bedeutsam **allvarsamhet** ⟨-en; kein pl⟩ Ernst *m* **allvarsord** S N ernstes Wort
allvetande [ˈalveːtandə] ADJ allwissend **allvetare** ⟨-n; -⟩ Vielwisser(in) *m(f)* **allätare** ⟨-n; -⟩ ZOOL Allesfresser *m*
alm [alm] ⟨-en; -ar⟩ BOT Ulme *f*, Rüster *f*
almanacka [ˈalmaˈnaka] ⟨-n; -or⟩ Kalender *m*, Almanach *m*
Alperna [ˈalpeɳa] PL ⟨inv⟩ die Alpen *pl* **alpi'nist** ⟨-en; -er⟩ Alpinist(in) *m(f)*
alster [ˈalstər] N ⟨-et; -⟩ Erzeugnis *n*, Produkt *n*; Werk *n* **alstra** VT ⟨1⟩ erzeugen, hervorbringen; *fig* bewirken **alstring** ⟨-en; -ar⟩ Erzeugung *f*; Produktion *f*

alt [alt] ⟨-en; -ar⟩ MUS Alt *m*
altare [ˈaltarə] N ⟨-t; -n/-⟩ Altar *m* **altarskåp** S N Flügelaltar *m*
alternativ [altəɳaˈtiːv] A N ⟨-et; -⟩ Alternative *f*, Wahl *f* B ADJ alternativ **alternativmedicin** S Alternativmedizin *f* **altern'era** VI ⟨1⟩ abwechseln
altfiol [ˈaltfiuːl] S MUS Bratsche *f*, Viola *f* **altröst** S MUS Altstimme *f*
alt-tangent [ˈalttaŋjɛnt, -taŋɛnt] S COMPUT Alt-Taste *f*
aluminium [aləˈmiːniəm] N ⟨-et/aluminiet; kein pl⟩ Aluminium *n* **aluminiumburk** S Aluminiumdose *f* **aluminiumfolie** S Alufolie *f*
Alzheimer [ˈalshajmər] ⟨inv⟩ MED **~s sjukdom** Alzheimerkrankheit *f*
amanuens [amanəˈɛns] ⟨-en; -er⟩ Universität, Museum Assistent(in) *m(f)*
amason [amaˈsoːn] ⟨-en; -er⟩ Amazone *f* **Amazonfloden** ⟨*best Form*⟩ der Amazonas
amatör [amaˈtœːr] ⟨-en; -er⟩ Amateur(in) *m(f)*; Laie *m*; Liebhaber(in) *m(f)* **amatörmässig** ADJ dilettantisch **amatörteater** S Laienbühne *f*
ambassad [ambaˈsaːd] ⟨-en; -er⟩ Botschaft *f* **ambassad'ör** ⟨-en; -er⟩ Botschafter(in) *m(f)*
ambition [ambiˈʃuːn] ⟨-en; -er⟩ Ehrgeiz *m*; Ambition *f* **ambitˈiös** ADJ ehrgeizig
ambulans [ambəˈlans, -ˈlaŋs] ⟨-en; -er⟩ Krankenwagen *m*; Rettungswagen *m* **ambulansplan** S N Sanitätsflugzeug *n*
ambul'era VI ⟨1⟩ herumziehen; wandern **ambulerande** ADJ ambulant
amen [ˈamen, ˈaːmen] INTER amen
Amerika [aˈmeːrika] N ⟨inv⟩ Amerika *n*; **~s förenta stater** die Vereinigten Staaten von Amerika **amerikˈan** ⟨-en; -er⟩, **amerikˈanare** ⟨-n; -⟩ Amerikaner *m* **amerikani'sering** ⟨-en; kein pl⟩ Amerikanisierung *f* **ameri'kansk** ADJ amerikanisch **ameri'kanska** 1 ⟨-n; kein pl⟩ Amerikanisch *n* 2 ⟨-n; -or⟩ Amerikanerin *f*
ametist [ameˈtist] ⟨-en; -er⟩ Amethyst *m*
amfetamin N ⟨-et/-en; -⟩ Amphetamin *n*
amfibie [amˈfiːbia] ⟨-n; -r⟩ Amphibie *f*, Lurch *m* **amfibieplan** S N Amphi-

bienflugzeug n
aminosyra [ˈaˈmiːnuːsyːra] _s_ Aminosäure f
amiral ⟨-en; -er⟩ Admiral(in) m(f)
amma [ˈama] **A** ⟨-n; -or⟩ Amme f **B** _VT, VI_ ⟨1⟩ stillen, nähren
ammoniak [aˈmuːniak] ⟨-en; kein pl⟩ Ammoniak n
ammunition [amøniˈʃuːn] ⟨-en; kein pl⟩ Munition f; **lös ~** Platzpatronen pl **ammunitionsdepå** _s_ Munitionsdepot n
amnesi [amnɛˈsiː] ⟨-n; kein pl⟩ Amnesie f **amnesti** ⟨-n; kein pl⟩ Begnadigung f, Amnestie f; **få ~** begnadigt werden; **bevilja ~** begnadigen
amning [ˈamnɪŋ] ⟨-en; kein pl⟩ Stillen n
amok [ˈɑːmɔk] ⟨inv⟩ **löpa ~** Amok laufen
amortera [amɔrˈteːra] _VT, VI_ ⟨1⟩ abzahlen **amortering** ⟨-en; -ar⟩ Ratenzahlung f **amorteringsbelopp** _S N_ Tilgungsquote f **amorteringsfri** _ADJ_ **~tt lån** Darlehen ohne Tilgung
ampel [ˈampəl] ⟨-n; -ar⟩ Ampel f
ampull [amˈpɵl] ⟨-en; -er⟩ Ampulle f
amputera [ampøˈteːra] _VT_ ⟨1⟩ amputieren
AMS-kurs [ˈamskɛʂ] _s_ staatlich subventionierter Umschulungskurs
amulett [amøˈlɛt] ⟨-en; -er⟩ Amulett n
an [an] _ADV_ **det går (inte) ~** das ist (nicht) in Ordnung; **av och ~** hin und her, auf und ab
ana [ˈɑːna] _VT_ ⟨1⟩ ahnen; **utan att ~ ngt** nichts ahnend, ahnungslos; **du ~r inte du** ahnst es nicht; **jag ~r orådt** mir schwant nichts Gutes; **det ante mig!** das habe ich mir gedacht!
anabol [anaˈboːl] _ADJ_ anabol; **~a steroider** anabole Steroide
anakronism [anakrɔˈnism] ⟨-en; -er⟩ Anachronismus m **anakronistisk** _ADJ_ anachronistisch
anal [aˈnɑːl] _ADJ_ anal
analfabet [analfaˈbeːt] ⟨-en; -er⟩ Analphabet(in) m(f)
analog [anaˈloːg] _ADJ_ analog, entsprechend **analogi** ⟨-n; -er⟩ Analogie f, Ähnlichkeit f; **i ~ med** entsprechend
analsex [aˈnɑːlsɛks] _S N_ Analverkehr m
analys [anaˈlyːs] ⟨-en; -er⟩ Analyse f **analys'era** _VT_ ⟨1⟩ analysieren

analöppning [aˈnɔːl-] ⟨-en; -ar⟩ After m
anamma [aˈnama] _VT_ ⟨1⟩ annehmen, empfangen; _umg_ **jäklar ~!** zum Teufel!
ananas [ˈananas] ⟨-en; -/-er⟩ Ananas f
anarki [anarˈkiː] ⟨-n; -er⟩ Anarchie f
anarkist ⟨-en; -er⟩ Anarchist(in) m(f)
anatomi [anatɔˈmiː] ⟨-n; kein pl⟩ Anatomie f **anatˈomisk** _ADJ_ anatomisch
anbefalla [ˈanbefala] _VT_ ⟨2⟩ befehlen, auferlegen; anvertrauen; empfehlen
anbelanga _VT_ ⟨1⟩ **vad mig ~r** was mich betrifft
anblick ⟨-en; -ar⟩ Anblick m; **vid första ~en** beim ersten Anblick
anbringa _VT_ ⟨1⟩ anbringen
anbud [ˈanbɵːd] _N_ ⟨-et; -⟩ Angebot n; Offerte f; **Heirat** Antrag m; **högsta ~** Höchstgebot n
and [and] ⟨-en; änder⟩ _ZOOL_ Wildente f
anda [ˈanda] ⟨-n; kein pl⟩ Atem m; Geist m, Sinn m; **hämta ~n** Atem holen; **med ~n i halsen** atemlos; **ge upp ~n** seinen Geist aufgeben
andakt [ˈandakt] ⟨-en; -er⟩ Andacht f **andaktsfull** _ADJ_ andachtsvoll
andas [ˈandas] ⟨dep 1⟩ **A** _VT, VI_ atmen **B** _VP_ **~ 'in** einatmen; **~ 'ut** ausatmen; _erleichtert_ aufatmen
ande ⟨-n; -ar⟩ Geist m; Gespenst n; **kropp och ~** Leib und Seele **andedrag** _S_ Atemzug m **andedräkt** _S_ Atem m; **ha dålig ~** aus dem Mund riechen **andefattig** _ADJ_ geistlos, geistesarm
andel [ˈandeːl] ⟨-en; -ar⟩ Anteil m, Teil m (**i** an _dat_)
andemening [ˈandəmeːnɪŋ] _s_ wahrer (innerer) Sinn **andetag** _S N_ Atemzug m; **dra ett djupt ~** tief Luft holen **andevärld** _S_ Geisterwelt f **andeväsen** _S N_ Geist m **andfådd** _ADJ_ atemlos, außer Atem **andhämtning** _S_ Atemholen n, Atmen n **andlig** _ADJ_ geistig; geistlich; **~ föda** geistige Nahrung; _REL_ **~t sinnad** gläubig, fromm **andlighet** ⟨-en; kein pl⟩ Geistigkeit f, Frömmigkeit f **andlös** _ADJ_ atemlos **andning** ⟨-en; -ar⟩ Atmung f; **konstgjord ~** künstliche Beatmung **andningsorgan** _S N_ Atmungsorgan n **andningspaus** _S_ Atempause f **andningssvårigheter** _PL_ Atembeschwerden pl **andnöd** _S_ Atemnot f

andra – animera

andra ['andra] **A** ADJ zweite(r, s); **för det ~** zweitens; **i ~ hand** in zweiter Linie; **hyra i ~ hand** zur Untermiete wohnen; **~ bil** Zweitwagen m; BAHN **resa ~ klass** zweiter Klasse reisen; **~ klassens hotell** zweitklassiges Hotel **B** PRON **å ~ sidan** andererseits; **från det ena till det ~** vom einen zum andern; → annan **andrahands-** IN ZSSGN aus zweiter Hand **andrahandskontrakt** S N Untermietsvertrag m **andrahandsuppgift** S Angabe aus indirekter Quelle **andrahandsvärde** S N Wiederverkaufswert m **andraplacering** S **han fick en ~** er wurde Zweiter **andre** **A** ADJ zweite(r, s) **B** PRON → annan

andrum ['andrɵm] fig S N Atempause f; Frist f; **ge ngn ~** j-m Zeit lassen **andäktig** ADJ andächtig

anekdot [anɛk'doːt] ⟨-en; -er⟩ Anekdote f

anemi [ane'miː] ⟨-n; kein pl⟩ MED Blutarmut f, Anämie f **an'emisk** ADJ anämisch

anemon [ane'moːn] ⟨-n; -er⟩ BOT Anemone f

anfall ['anfal] N ⟨-et; -⟩ Anfall m; MIL Angriff m, Attacke f **anfalla** VT, VI ⟨4⟩ angreifen; fig befallen **anfallare** ⟨-n; -⟩ SPORT Angreifer(in) m(f), Stürmer(in) m(f) **anfallskrig** S N Angriffskrieg m **anfallsvapen** S N Angriffswaffe f **anfallsvinkel** S PHYS Einfallswinkel m **anfallszon** S SPORT gegnerisches Drittel n

anfordran ['anfɵːdran] ⟨inv⟩ Verlangen n, Anforderung f

anfrätt ADJ faul, morsch

anfäkta VT ⟨1⟩ anfechten; versuchen

anföra VT ⟨2⟩ (an)führen; leiten; vorbringen, anführen; **på anfört ställe** am angeführten Ort **anförande** N ⟨-t; -n⟩ Leitung f, Führung f; Rede f; **hålla ett ~** eine Rede halten **anförare** ⟨-n; -⟩ Anführer(in) m(f), Leiter(in) m(f) **anföring** ⟨-en; -ar⟩ LING **indirekt ~** indirekte Rede **anföringstecken** S N Anführungszeichen n

anförtro VT ⟨3⟩ anvertrauen (**ngn** od **åt ngn** j-m)

anförvant ⟨-en; -er⟩ Anverwandte(r) m/f(m)

ang. ABK (= angående) bez. (bezüglich)

ange ['anjeː] VT ⟨4⟩ angeben; anzeigen

angelägen ['anjɛlɛːgən] ADJ angelegen, wichtig, dringend; eifrig; **vara ~ om ngt** eifrig um etw bemüht sein; **jag är mycket ~ om att ...** mir liegt sehr daran, dass ... **angelägenhet** ⟨-en; -er⟩ Angelegenheit f; Wichtigkeit f, Dringlichkeit f

angenäm ['anjɛnɛːm] ADJ angenehm, behaglich

angiva → ange **angivande** ['anjiːvandə] N ⟨-t; -n⟩ Angabe f; **med ~ av** unter Angabe von **angivare** S Angeber(in) m(f); Denunziant(in) m(f) **angivelse** ⟨-n; -r⟩ Angabe f; Denunziation f **angivning** ⟨-en; -ar⟩ Angabe f, Anmeldung f

anglicism [aŋli'sism] ⟨-en; -er⟩ Anglizismus m **anglof'il** ⟨-en; -er⟩ eine anglophile Person **anglos'axisk** ADJ angelsächsisch

angrepp ['aŋgrep] N ⟨-et; -⟩ Angriff m, Anfall m **angripa** VT, VI ⟨4⟩ angreifen; **~s av en sjukdom** von einer Krankheit befallen werden **angripare** ⟨-n; -⟩ Angreifer(in) m(f) **angripen** ADJ angegriffen; Obst angefault

angränsande ADJ angrenzend, anstoßend, benachbart

angå ['aŋgoː] VT ⟨4⟩ angehen; betreffen; **det ~r mig inte** das geht mich nichts an **angående** PRÄP bezüglich (gen); was ... betrifft

angöra ['anjœːra] VT ⟨4⟩ SCHIFF anlaufen **angöringsplats** S Anlegestelle f

anhalt ⟨-en; -er⟩ Halt m; Haltestelle f

anhang ⟨-et; -⟩ pej Anhang m, Sippschaft f

anhopning ⟨-en; -ar⟩ Anhäufung f, Ansammlung f

anhålla ⟨4⟩ **A** VT festnehmen, verhaften **B** VI bitten, ersuchen (**om** um) **anhållan** ⟨inv⟩ Bitte f, Gesuch n **anhållande** ⟨-t; -n⟩ Verhaftung f, Festnahme f

anhängare ⟨-n; -⟩ Anhänger(in) m(f)

anhörig ADJ Verwandte(r) m/f(m) (**till** von); **de ~a** die Angehörigen

anilin [ani'liːn] N ⟨-et/-en; kein pl⟩ Anilin n

anim'alisk ADJ animalisch, tierisch **anima'tion** ⟨-en; -er⟩ Animation f **ani'mera** VT ⟨1⟩ animieren; anregen;

~d film Zeichentrickfilm *m*; Animationsfilm *m*

aning [ˈɑːniŋ] ⟨-en; -ar⟩ Ahnung *f*, Vorgefühl *n*; Idee *f*, Begriff *m*; ein bisschen; **jag har mina ~ar** ≈ ich ahne es schon **aningslös** ADJ ahnungslos

anis [ɑˈnis] ⟨-en; kein pl⟩ Anis *m*

anka [ˈaŋka] ⟨-n; -or⟩ Ente *f*

ankar(e) [ˈaŋkar(ə)] N ⟨-(e)t; -/-n⟩ SCHIFF Anker *m*

ankdamm [ˈaŋkdam] S Ententeich *m*

ankel [ˈaŋkəl] ⟨-n; -ar⟩ Fußknöchel *m* **ankellång** N ⟨-⟩ knöchellang

anklaga [ˈanklɑːga] VT ⟨1⟩ anklagen, beschuldigen (**för** *gen*) **anklagelse** ⟨-n; -r⟩ Anklage *f*, Beschuldigung *f*

anklang [ˈanklaŋ] ⟨inv⟩ Anklang *m*; **vinna ~** Beifall finden

anknyta [ˈanknyːta] VT ⟨4⟩ anknüpfen, anschließen (**till** an *akk*) **anknytning** ⟨-en; -ar⟩ TEL Anknüpfung *f*, Anschluss *m*

ankomma VI ⟨4⟩ ankommen, eintreffen (**till** bei/in *dat*) **ankomst** ⟨-en; -er⟩ Ankunft *f*, Eintreffen *n* (**till** bei/in *dat*) **ankomstdag** S Ankunftstag *m*, Anreisetag *m* **ankomsthall** S FLUG Ankunftshalle *f* **ankomsttid** S Ankunftszeit *f*

ankra [ˈaŋkra] VT, VI ⟨1⟩ SCHIFF ankern **ankring** ⟨-en; -ar⟩ Ankern *n*

anlag [ˈanlɑːg] N ⟨-et; -⟩ Anlage *f*, Veranlagung *f*; **ha ~ för språk** sprachbegabt sein

anlagd [ˈanlagd] ADJ *Brand* vorsätzlich gelegt

anledning [ˈanleːdniŋ] ⟨-en; -ar⟩ Anlass *m*, Veranlassung *f*, Ursache *f*, Grund *m*; **med ~ av** anlässlich (*gen*); **på förekommen ~** aus gegebenem Anlass; **utan (all) ~** ohne (jeden) Grund

anlete [ˈanleːta] N ⟨-t; -n⟩ Antlitz *n*, Angesicht *n*; **i sitt ~s svett** im Schweiße seines Angesichts **anletsdrag** S N Gesichtszug *m*

anlita [ˈanliːta] VT ⟨1⟩ sich an j-n wenden, in Anspruch nehmen; *Arzt, Fachmann* zurate ziehen, sich wenden an (*akk*)

anlägga [ˈanlɛga] VT ⟨4⟩ (an)legen; errichten, gründen **anläggning** ⟨-en; -ar⟩ Anlage *f*

anlända [ˈanlɛnda] VI ⟨2⟩ ankommen, eintreffen (**till** in *dat*)

anlöpa [ˈanlø:pa] VT ⟨2⟩ SCHIFF anlaufen

anm. ABK (= anmärkning) Anm. (*Anmerkung*)

anmoda [ˈanmuːda] VT ⟨1⟩ ersuchen; auffordern **anmodan** ⟨inv⟩ Bitte *f*, Ersuchen *n*; Aufforderung *f*

anmäla [ˈanmɛːla] ⟨2⟩ A VT (an)melden, ankündigen, anzeigen; besprechen, rezensieren B VR **~ sig** sich (an)melden **anmälan** ⟨inv⟩, **anmälning** ⟨-en; -ar⟩ (An-)Meldung *f*, Anzeige *f*, Ankündigung *f* **anmälningsavgift** S Aufnahmegebühr *f* **anmälningsblankett** S Meldeformular *n* **anmälningsdag** S **sista anmälningsdag** S Anmeldeschluss *m* **anmälningstid** S Anmeldefrist *f*

anmärka [ˈanmɛrka] VT ⟨2⟩ anmerken, äußern; beanstanden, kritisieren (**på** *akk*) **anmärkning** S Anmerkung *f*; Bemerkung *f*; Vermerk *m*; Beanstandung *f* **anmärkningsvärd** ADJ bemerkenswert

annalkande [ˈanalkandə] A ADJ herannahend, bevorstehend B N ⟨-t; kein pl⟩ Herannahen *n*

annan [ˈanan] PRON andere(r, s); **någon/ingen** jemand/niemand anders; ein/kein anderer; **en och ~** ein paar **annandag** S zweiter Feiertag; **~ jul** zweiter Weihnachtstag *m*; **~ påsk** Ostermontag *m* **annanstans** ADV någon ~ woanders, anderswo; **ingen ~** nirgendwo anders

annars [ˈanaʂ] ADV sonst, andernfalls; ansonsten

annat [ˈanat] PRON **något ~** etwas anderes; *als Frage im Geschäft* sonst noch etwas; **ingenting ~** weiter nichts; **bland ~** unter anderem; **i ~ fall** sonst, andernfalls; → **annan**

annektera [anɛkˈteːra] VT ⟨1⟩ annektieren, sich (*dat*) aneignen **annektering** ⟨-er; -ar⟩ Annektierung *f*, Aneignung *f*

annex [aˈnɛks] N ⟨-et; -⟩ Nebengebäude *n*

annons [aˈnɔns] ⟨-en; -er⟩ Anzeige *f*, Annonce *f*, Inserat *n*; **sätta in en ~** eine Anzeige aufgeben **annonsbilaga** S Anzeigenteil *m* **annonsbyrå** S Werbebüro *n* **annons'era** VT ⟨1⟩ inserie-

annonskostnad *s* Anzeigengebühr *f* **annonspelare** *s* Anschlagsäule *f*, Litfaßsäule *f* **annons'ör** ⟨-en; -er⟩ Inserent(in) *m(f)*
annorlunda [ˈanɔrlʉnda] **A** ADJ andersartig **B** ADV anders, auf andere Weise
annullera [anɛˈleːra] VT ⟨1⟩ annullieren, widerrufen, stornieren, rückgängig machen **annullering** ⟨-en; -ar⟩ Annullierung *f*, Stornierung *f*, Widerruf *m*
anomali [anɔmaliː] ⟨-n; -er⟩ Anomalie *f*; Abweichung *f*
anonym [anɔˈnyːm] ADJ anonym **anonymi'tet** ⟨-en; kein pl⟩ Anonymität *f*
anor [ˈɑːnʉr] N Ahnen *m/pl*
anorak [anʉˈrak] ⟨-en; -er⟩ Anorak *m*
anordna [ˈanoːdna] VT ⟨1⟩ veranstalten; ~ **tävlingar** Wettkämpfe abhalten **anordning** ⟨-en; -ar⟩ Veranstaltung *f*, Vorkehrung *f*; Einrichtung *f*, Vorrichtung *f*
anorektiker [anɔˈrektikər] ⟨-n; -⟩ Magersüchtige(r) *m/f(m)* **anorexi(a)** ⟨-n; kein pl⟩ MED Magersucht *f*
anpassa [ˈanpasa] VT ⟨1⟩ anpassen (efter/till *dat*) **anpassad** ADJ ~ **studiegång** individuelles Studienprogramm **anpassning** *s* Anpassung *f* **anpassningsförmåga** *s* Anpassungsfähigkeit
anrika [ˈanriːka] VT ⟨1⟩ CHEM anreichern
anrop [ˈanrʉːp] N ⟨-et; -⟩ Anruf *m* **anropa** VT ⟨1⟩ anrufen
anrätta [ˈanrɛta] VT ⟨1⟩ anrichten, zubereiten **anrättning** ⟨-en; -ar⟩ Zubereitung *f*; Gericht *n*, Speise *f*
ansats [ˈansats] ⟨-en; -er⟩ Ansatz *m*, Anlauf *m*
anse VT ⟨4⟩ meinen, finden, der Ansicht sein; **jag ~r att det är nödvändigt** ich halte es für notwendig; **han ~s vara rik** man hält ihn für reich **ansedd** ADJ angesehen **anseende** N ⟨-t; kein pl⟩ Ansehen *n*, Ruf *m* **ansenlig** ADJ ansehnlich, beträchtlich
ansikte [ˈansikta] N ⟨-t; -n⟩ Gesicht *n*; **tvätta sig i ~t** sich das Gesicht waschen; **bli lång i ~t** ein langes Gesicht machen; **han gav aids ett ~** durch ihn wurde Aids bekannt **ansiktsbehandling** *s* Gesichtsbehandlung *f*; *fig* Imagepflege *f* **ansiktsdrag** SN Gesichtszug *m* **ansiktskräm** *s* Gesichtscreme *f* **ansiktslyftning** *s* MED Facelifting *n* **ansiktsservett** *s* Kosmetiktuch *n* **ansiktsuttryck** SN Gesichtsausdruck *m* **ansiktsvatten** SN Gesichtswasser *n*
ansjovis [anˈʃʉːvis] ⟨-en; -ar⟩ An'chovis *f* **ansjovisburk** *s* Anchovisbüchse *f*
anskaffa [ˈanskafa] VT ⟨1⟩ anschaffen, beschaffen, verschaffen **anskaffning** ⟨-en; -ar⟩ Anschaffung *f*, Beschaffung *f*
anskrämlig ADJ abschreckend, abstoßend
anslag [ˈanslɑːg] N ⟨-et; -⟩ Aushang *m*; *a.* MUS Anschlag *m*; WIRTSCH Mittel *n/pl*, Zuschuss *m*, Geldbewilligung *f*; **sätta upp ett ~ på ~stavlan** einen Anschlag am Schwarzen Brett machen **anslagstavla** *s* Anschlagbrett *n*, Schwarzes Brett *n*
ansluta [ˈanslʉːta] ⟨4⟩ **A** VT anschließen (**till** an *akk*) **B** VR ~ **sig** sich anschließen (**till** *dat*) **anslutning** ⟨-en; -ar⟩ Anschluss *m* (**till** an *akk*); **i ~ till** im Anschluss an (*akk*) **anslutningsflyg** SN Anschlussflug *m*
anslå VT ⟨4⟩ anschlagen; bewilligen, zuteilen, schätzen, veranschlagen (**till** auf *akk*) **anslående** ADJ ansprechend, anziehend, fesselnd
anspela [ˈanspeːla] VI ⟨1⟩ anspielen (**på** auf *akk*) **anspelning** ⟨-en; -ar⟩ Anspielung *f*
anspråk [ˈansproːk] N ⟨-et; -⟩ Anspruch *m* (**på** auf *akk*); **göra ~ på, ta i ~** beanspruchen **anspråksfull** ADJ anspruchsvoll; anmaßend; unbescheiden **anspråkslös** ADJ anspruchslos, bescheiden
anspänning [ˈanspɛniŋ] ⟨-en; kein pl⟩ Anspannung *f*
anstalt ⟨-en; -er⟩ Anstalt *f*; Einrichtung *f*, Heim *n*
anstifta VT ⟨1⟩ stiften **anstiftare** ⟨-n; -⟩ Anstifter(in) *m(f)*, Urheber(in) *m(f)*
anstrykning [ˈanstryːkniŋ] ⟨-en; -ar⟩ Anstrich *m*; *fig* Anflug *m*, Hauch *m*
anstränga [ˈanstrɛŋa] ⟨2⟩ **A** VT anstrengen **B** VR ~ **sig** sich anstrengen, sich bemühen **ansträngande** ADJ anstrengend **ansträngning** ⟨-en;

-ar⟩ Anstrengung f, Bemühung f; Aufwand m
anstå ['ansto:] _VI_ ⟨4⟩ anstehen; sich schicken **anstånd** _N_ ⟨-et; -⟩ Aufschub m, Frist f; **lämna ngn ~** j-m Aufschub gewähren
anställa ['anstɛla] _VT_ ⟨2⟩ anstellen **anställd** _ADJ_ angestellt; **en ~** ein(e) Angestellte(r) m/f(m); **de ~a** die Beschäftigten, die Belegschaft; **vara fast ~** fest angestellt sein **anställning** ⟨-en; -ar⟩ Anstellung f; Stelle f, Stellung f **anställningsintervju** _S_ Vorstellungsgespräch n, Bewerbungsgespräch n **anställningsstopp** _S N_ Einstellungsstopp m **anställningstrygghet** _S_ Sicherheit f des Arbeitsplatzes **anställningsvillkor** _S N_ Einstellungsbedingung f
anständig ['anstɛndi(g)] _ADJ_ anständig **anständighet** ⟨-en; kein pl⟩ Anständigkeit f, Anstand m; **för ~ens skull** anstandshalber
anstöt ['anstø:t] ⟨-en; kein pl⟩ **väcka ~** Anstoß/Ärgernis erregen **anstötlig** _ADJ_ anstößig, Anstoß erregend
ansvar ['ansva:r] _N_ ⟨-et; kein pl⟩ Verantwortung f; JUR Haftung f, Haftpflicht f; **på eget ~** auf eigene Verantwortung; **yrka ~** Strafantrag stellen (**på** gegen) **ansvara** _VI_ ⟨1⟩ verantworten, verantwortlich sein (**för** für); bürgen, haften (**för** für) **ansvarig** _ADJ_ verantwortlich; haftbar **ansvarighet** ⟨-en; kein pl⟩ → ansvar **ansvarsfri** _ADJ_ nicht verantwortlich **ansvarsfrihet** _S_ Nichtverantwortlichkeit f; WIRTSCH Entlastung f **ansvarsfull** _ADJ_ verantwortungsvoll **ansvarsförsäkring** _S_ Haftpflichtversicherung f **ansvarskänsla** _S_ Verantwortungsgefühl n **ansvarslös** _ADJ_ verantwortungslos **ansvarslöshet** ⟨-en; kein pl⟩ Verantwortungslosigkeit f **ansvarsyrkande** _S N_ JUR Strafantrag m
ansätta ['ansɛta] _VT_ ⟨4⟩ zusetzen, bedrängen; TECH ansetzen
ansöka ['anso:ka] _VI_ ⟨2⟩ ansuchen (**om** um), beantragen **ansökan** ⟨inv⟩ **ansökning** ⟨-en; -ar⟩ Gesuch n; Antrag m; Bewerbung f; **lämna in en ~** ein Gesuch einreichen **ansökningsblankett** _S_ Antragsformular n **ansökningshandling** _S_ Gesuch n;

Bewerbungsschreiben n **ansökningstid** _S_ Anmeldetermin m, Bewerbungsfrist f
anta ['anta:] _VT_ ⟨4⟩ annehmen; vermuten; UNIV zulassen (**till** zu); **jag har blivit ~gen** ich bin zugelassen **antagande** _N_ ⟨-t; -n⟩ Annahme f, Vermutung f **antagbar** _ADJ_ annehmbar **antaglig** _ADJ_ wahrscheinlich **antagligen** _ADV_ wahrscheinlich **antagning** ⟨-en; -ar⟩ Zulassung f, Aufnahme f **antagningsenhet** _S_ Zulassungsstelle f **antagningsprov** _S N_ Zulassungsprüfung f
antagonist [antagu'nist] ⟨-en; -er⟩ Antagonist(in) m(f), Gegner(in) m(f)
antal ['anta:l] _N_ ⟨-et; -⟩ (An-)Zahl f; **till ~et** an der Zahl
antasta ['antasta] _VT_ ⟨1⟩ antasten; ansprechen, belästigen
anteckna ['antekna] _VT, VI_ ⟨1⟩ aufschreiben, notieren, vermerken; **~ på en lista** in eine Liste eintragen **anteckning** ⟨-en; -ar⟩ Aufzeichnung f, Notiz f, Vermerk m **anteckningsblock** _S N_ Notizblock m **anteckningsbok** _S_ Notizbuch n **anteckningslista** _S_ Subskriptionsliste f
antenn [an'tɛn] ⟨-en; -er⟩ Antenne f; ZOOL Fühler m
antibiotikum [antibi'o:tikɵm] _N_ ⟨-et; -/antibiotika⟩ Antibiotikum n **antidepressiv** _ADJ_ **~a läkemedel** pl Antidepressiva pl
antik [an'ti:k] **A** _ADJ_ antik, altertümlich; altmodisch **B** ⟨-en; -er⟩ Antike f, klassisches Altertum n
antikropp ['antikrɔp] _S_ MED Antikörper m
antikvari'at [antikvari'a:t] _N_ ⟨-et; -⟩ Antiquariat n **antikv'arie** ⟨-n; -r⟩ Antiquar(in) m(f) **antikv'arisk** _ADJ_ antiquarisch, alt, gebraucht **antikv'itet** ⟨-en; -er⟩ Antiquität f; **~er** pl a. Altertümer pl **antikvitetsaffär** _S_ Antiquitätenladen m **antikvitetshandlare** _S_ Antiquitätenhändler(in) m(f)
antilop [anti'lu:p] ⟨-en; -er⟩ Antilope f
antingen ['antiŋan] _KONJ_ entweder; **~ ... eller ...** entweder ... oder ...; **~ du vill eller inte** ob du willst oder nicht
antipati [antipa'ti:] ⟨-n; -er⟩ Abneigung f, Widerwille m

antisemit [antise'mi:t] ⟨-en; -er⟩ Antisemit(in) *m(f)* **antisemitisk** ADJ antisemitisch

antiseptisk [anti'septisk] ADJ antiseptisch, keimtötend

antivirusprogram [anti'vi:rɵs-] S̅ N̅ IT Antivirenprogramm *n*

antologi [antɔlɔ'gi:] ⟨-n; -er⟩ Anthologie *f*

antracit [antra'si:t] ⟨-en; kein pl⟩ Anthrazit *m*

antropolog [antrɔpɔ'lo:g] ⟨-en; -er⟩ Anthropologe *m*, Anthropologin *f* **antropolog'i** ⟨-n; kein pl⟩ Anthropologie *f*

anträda ['antrɛ:da] V̅T̅ ⟨2⟩ antreten

anträffa V̅T̅ ⟨1⟩ antreffen **anträffbar** ADJ antreffbar

antyda ['anty:da] V̅T̅ ⟨2⟩ andeuten **antydan** (inv), **antydning** ⟨-en; -ar⟩ Andeutung *f*

antågande ['anto:ganda] N̅ ⟨-t; kein pl⟩ **vara i ~** im Anzug/Anmarsch sein

antända ['antɛnda] V̅T̅ ⟨2⟩ anzünden, entzünden, anstecken; **~s** sich entzünden, in Brand geraten **antändbar** ADJ entzündbar, brennbar **antändning** ⟨-en; -ar⟩ Anzündung *f*; Entzündung *f*

anus ⟨-en; kein pl⟩ After *m*

anvisa ['anvi:sa] V̅T̅ ⟨1⟩ anweisen; bewilligen **anvisning** ⟨-en; -ar⟩ Anweisung *f*; Vorschrift *f*; Anleitung *f*; **enligt ~** laut Vorschrift

använda ['anvɛnda] V̅T̅ ⟨2⟩ anwenden, verwenden, benutzen, gebrauchen **användaravgift** S̅ Benutzungsgebühr *f* **användare** ⟨-n; -⟩ IT Benutzer(in) *m(f)*, User(in) *m(f)*, Anwender(in) *m(f)*, Nutzer(in) *m(f)* **användargränssnitt** S̅ N̅ IT Benutzeroberfläche *f*, Benutzerschnittstelle *f* **användarhandbok** S̅ Benutzerhandbuch *n* **användar-id** S̅ N̅ IT Benutzererkennung *f* **användarnamn** S̅ N̅ IT Benutzername *m* **användarvillkor** S̅ N̅ Nutzungsbedingung *f* **användarvänlig** ADJ IT benutzerfreundlich **användbar** ADJ brauchbar; nützlich **användbarhet** ⟨-en; kein pl⟩ Verwendbarkeit *f*, Brauchbarkeit *f* **användning** ⟨-en; -ar⟩ Verwendung *f*, Benutzung *f*, Gebrauch *m* **användningsområde** S̅ N̅ Verwendungsbereich *m*

apa ['ɑ:pa] A ⟨-n; -or⟩ Affe *m* B V̅P̅ ⟨1⟩ **~ 'efter** nachäffen

apatisk [a'pɑ:tisk] ADJ apathisch, teilnahmslos

apelsin [apəl'si:n] ⟨-en; -er⟩ Apfelsine *f*, Orange *f* **apelsinjuice** S̅ Orangensaft *m* **apelsinklyfta** S̅ Apfelsinenscheibe *f*

apostel [a'pɔstəl] ⟨-n; -ar⟩ Apostel *m*

apostrof [apɔs'tro:f] ⟨-en; -er⟩ Apostroph *m*

apotek [apu'te:k] N̅ ⟨-et; -⟩ Apotheke *f* **apotekare** ⟨-n; -⟩ Apotheker(in) *m(f)* **apoteksbiträde** S̅ N̅ Apothekenhelfer(in) *m(f)*

app [ap] ⟨-en; -ar⟩ App *f*

apparat [apa'rɑ:t] ⟨-en; -er⟩ Apparat *m*, Gerät *n*, Vorrichtung *f* **appara'tur** ⟨-en; -er⟩ Apparatur *f*

appell [a'pɛl] ⟨-en; -er⟩ Appell *m*; JUR Berufung *f* **appella'tionsdomstol** S̅ JUR Appellationsgericht *n* **appellativ** ['ap-] A N̅ ⟨-et; -/-er⟩ Appellativ(um) *n*, Gattungsname *m* B ADJ appellativisch **appell'era** appellieren (**till** an *akk*); JUR Berufung einlegen (**till** bei)

appendix [a'pɛndiks] N̅ ⟨-et; -⟩ Appendix *m*, Anhang *m*; ANAT Wurmfortsatz *m*, ≈ Blinddarm *m*

applicera [apli'se:ra] V̅T̅ ⟨1⟩ applizieren, anbringen **application** ⟨-en; -er⟩ Applikation *f* **applikationsprogram** S̅ N̅ IT Anwenderprogramm *n*

applåd [a'plo:d] ⟨-en; -er⟩ Applaus *m*, Beifall *m*; **få ~er** Beifall bekommen **applå'dera** V̅T̅, V̅I̅ ⟨1⟩ Beifall klatschen, applaudieren

apportera [apɔr'te:ra] V̅T̅, V̅I̅ ⟨1⟩ JAGD apportieren, holen

apputvecklare ['ap-] S̅ App-Entwickler(in) *m(f)*

aprikos [apri'ku:s] ⟨-en; -er⟩ Aprikose *f*

april [a'pril] (inv) April *m* **aprilskämt** S̅ N̅ Aprilscherz *m*

apropå [aprɔ'po:] A PRÄP betreffs B ADV apropos, nebenbei (gesagt); unerwartet, unvermittelt

aptit [ap'ti:t] ⟨-en; kein pl⟩ Appetit *m* **aptitlig** ADJ appetitlich **aptitretande** ADJ appetitanregend **aptitretare** ⟨-n; -⟩ Schnäpschen *n*

ar [ɑ:r] N̅ ⟨-et/-en; -⟩ Ar *n*

arab [a'rɑ:b] ⟨-en; -er⟩ Araber *m* **ara-**

bisk ADJ arabisch **arabiska** N ⟨-n; kein pl⟩ Arabisch n B ⟨-n; -or⟩ Araberin f

arbeta ['arbe:ta] ⟨1⟩ A VI arbeiten; **vad ~r du med?** was machst du/machen Sie beruflich?; **~ på ett företag** bei einem Unternehmen arbeiten; **~ på en bok** an einem Buch arbeiten B VP **~ e'mot** dagegenarbeiten, sich dagegen sträuben; **~ sig 'fram** sich hocharbeiten; **~ i'hop** zusammenarbeiten; **~ 'in** einarbeiten; **~ 'upp sig** sich hocharbeiten; **~ 'ut sig** sich abarbeiten; umg sich abrackern; **~ 'över** Überstunden machen **arbetare** ⟨-n; -⟩ Arbeiter(in) m(f) **arbetarklass** S Arbeiterklasse f **arbete** N ⟨-t; -n⟩ Arbeit f; Werk n; **ta itu med ~t** sich an die Arbeit machen **arbetsam** ADJ arbeitsam, fleißig; mühsam **arbetsavtal** N Arbeitsvertrag m **arbetsbas** S Werkführer m **arbetsbesparande** ADJ Arbeit sparend **arbetsbetyg** SN Dienstzeugnis n **arbetsdag** S Arbeitstag m, Werktag m; **åtta timmars ~** Achtstundentag m **arbetsduglig** ADJ arbeitsfähig **arbetsfält** SN Arbeitsgebiet n **arbetsför** ADJ arbeitsfähig **arbetsfördelning** S Arbeitssteilung f **arbetsförman** S Vorarbeiter m **arbetsförmedling** S Arbeitsvermittlung f; Arbeitsamt n **arbetsförmåga** S Leistungsfähigkeit f **arbetsförtjänst** S Arbeitslohn m **arbetsgivaravgift** S Arbeitgeberanteil m **arbetsgivare** S Arbeitgeber(in) m(f) **arbetsgivarförening** S Arbeitgeberverband m **arbetsgrupp** S Arbeitsgruppe f **arbetsintyg** S → arbetsbetyg **arbetskamrat** S, **arbetskollega** S Kollege m, Kollegin f **arbetskraft** S Arbeitskraft f **arbetslag** SN Arbeiterkolonne f, Arbeitsgruppe f **arbetsledare** S Betriebsführer(in) m(f) **arbetslivserfarenhet** S Berufserfahrung f **arbetslös** ADJ arbeitslos **arbetslöshet** ⟨-en; kein pl⟩ Arbeitslosigkeit f **arbetslöshetsersättning** S Arbeitslosengeld n **arbetsmarknad** S Arbeitsmarkt m **arbetsmarknadspart** S Tarifpartner m **arbetsmarknadspolitik** S Beschäftigungspolitik f **arbetsmarknadsstyrelse** S staatliches Amt für Arbeitsmarktangelegenheiten **arbetsminne** SN IT Arbeitsspeicher m **arbetsplats** S Arbeitsplatz m, Arbeitsstätte f **arbetsrum** S Arbeitszimmer n **arbetsstyrka** S Arbeitskräfte pl, Belegschaft f **arbetstagare** ⟨-n; -⟩ Arbeitnehmer(in) m(f) **arbetsterapeut** [-tera'pɛft] S Beschäftigungstherapeut(in) m(f) **arbetstid** S Arbeitszeit f **arbetstillfälle** S skapa ~ Arbeitsplätze schaffen **arbetstillstånd** SN Arbeitserlaubnis f

areal [are'ɑ:l] ⟨-en; -er⟩ Areal n, Bodenfläche f

arena [a'rena] ⟨-n; -or⟩ Arena f, Kampfplatz m

arg [arj] ADJ böse, ärgerlich, zornig; Hund bissig; **bli ~** sich ärgern, ärgerlich/böse werden; **göra ngn ~** j-n ärgern **argsint** ADJ bösartig, reizbar

Argentina [argɛn'ti:na] N ⟨inv⟩ Argentinien n **argentinare** Argentinier m **argentinsk** argentinisch **argentinska** Argentinierin f

argument [argə'mɛnt] ⟨-et; -⟩ Beweis(grund) m, Argument n **argumen'tera** VI ⟨1⟩ Gründe anführen, argumentieren **argumen'tering** ⟨-en; kein pl⟩ Beweisführung f

aria ['ɑ:ria] ⟨-n; -or⟩ Arie f

aristokrat [aristɔk'rɑ:t] ⟨-en; -er⟩ Aristokrat(in) m(f) **aristokratisk** ADJ aristokratisch

ark¹ [ark] N ⟨-et; -⟩ Papier Bogen m; **i/efter ~** bogenweise

ark² ⟨-en; -ar⟩ Arche f; **Noaks ~** die Arche Noah

arkad [ar'kɑ:d] ⟨-en; -er⟩ Arkade f

arkebusera [arkebø'se:ra] VT ⟨1⟩ erschießen **arkebusering** ⟨-en; -ar⟩ Erschießung f

arkeolog [arkɛɔ'lo:g] ⟨-en; -er⟩ Archäologe m, Archäologin f **arkeologi** ⟨-n; kein pl⟩ Archäologie f

arkipelag [arkipe'lɑ:g] ⟨-en; -er⟩ archi'pel m, Inselmeer n

arkitekt [arki'tɛkt, arçi-] ⟨-en; -er⟩ Architekt(in) m(f) **arkitekt'ur** ⟨-en; -er⟩ Architektur f

arkiv [ar'ki:v] N ⟨-et; -⟩ Archiv n **arkiv'arie** ⟨-n; -r⟩ Archivar(in) m(f) **arkivera** VT ⟨1⟩ archivieren

arktisk ['arktisk] ADJ arktisch

arm¹ [arm] ADJ arm, elend, unglücklich

arm² ⟨-en; -ar⟩ Arm *m*; **lägga ~arna i kors** die Arme verschränken; *fig* die Hände in den Schoß legen; **~ i ~** Arm in Arm, untergefasst, eingehakt; **ligga i varandras ~ar** sich (*dat*) in den Armen liegen; **på rak ~** *fig* aus dem Stegreif, ohne Weiteres
armatur [arma'tu:r] ⟨-en; -er⟩ Armatur *f*; Beleuchtung *f*, Beleuchtungskörper *m*
armband ['armband] S N Armband *n*
armbands'ur S N Armbanduhr *f*
armbindel S Armbinde *f* **armborst** S N Armbrust *f* **armbrott** S N Armbruch *m* **armbåga** V/R ⟨1⟩ **~ sig fram** sich (mit den Ellbogen) durchdrängen; *fig* sich durchboxen **armbåge** S Ell(en)bogen *m*
armé [ar'me:] ⟨-n; -er⟩ Armee *f*, Heer *n*
arméchef S Oberbefehlshaber *m*
armera [ar'me:ra] V/T ⟨1⟩ ausrüsten; bewaffnen; **~d betong** Eisenbeton *m*
armering ⟨-en; -er⟩ Ausrüstung *f*; Bewaffnung *f*
armgång ['armgɔŋ] S *Turnen* Hangeln *n*; **gå ~** hangeln **armhåla** S Achselhöhle *f* **armhävning** S Liegestütz *m*
armod ['armu:d] N ⟨-et; kein pl⟩ Armut *f*
armstöd ['armstø:d] S N Armlehne *f*, Seitenlehne *f* **armsvett** S Achselschweiß *m*
arom [a'ro:m] ⟨-en; -er⟩ Aroma *n*; Duft *m*; *Wein* Blume *f* **aromaterapi** S Aromatherapie *f* **arom'atisk** ADJ aromatisch, wohlriechend; duftend
arrangemang [araŋʃə'maŋ] N ⟨-et; -⟩ Arrangement *n*; Anordnung; Veranstaltung *f* **arrangera** [araŋ'ʃe:ra] V/T ⟨1⟩ arrangieren, anordnen; veranstalten **arrangör** [araŋ'ʃœ:r] ⟨-en; -er⟩ Veranstalter(in) *m(f)*
arrendator [arɛn'da:tɔr] ⟨-en; -er⟩ Pächter(in) *m(f)* **arr'ende** N ⟨-t; -n⟩ Pacht *f*; **ha ngt på ~** etw in Pacht haben, etw pachten **arrend'era** ⟨1⟩ A V/T pachten B V/P **~ 'ut** verpachten
arrest [a'rɛst] ⟨-en; -er⟩ Haft *f*; Arrest *m* **arrest'era** V/T ⟨1⟩ verhaften **arrestering** ⟨-en; -ar⟩ Verhaftung *f*, Festnahme *f* **arresteringsorder** S Haftbefehl *m*
arrogans [arɔ'gans] ⟨-en; kein pl⟩ Anmaßung *f*, Dünkel *m*, Arroganz *f* **arrogant** ADJ anmaßend, dünkelhaft, arrogant
arsenik [aʂe'ni:k] ⟨-en; kein pl⟩ Ar'sen(ik) *n*
arsle [ˈaʂlə] *vulg* N ⟨-t; -n⟩ Arsch *m*
art [a:ʈ] ⟨-en; -er⟩ Art *f*, Gattung *f* **arta** V/R ⟨1⟩ **~ sig** sich formen, sich gestalten, geraten; **~ sig väl** sich gut anlassen; **det ~r sig** es macht sich
artificiell [aʈifiˈsi'ɛl] ADJ künstlich, artifiziell
artig [ˈɑ:ʈi(g)] ADJ höflich, zuvorkommend **artighet** ⟨-en; -er⟩ Höflichkeit *f*; **säga ~er** Komplimente machen; **av ~ mot** aus Höflichkeit gegen **artighetsfras** S Höflichkeitsformel *f*
artikel [a'ʈikəl] ⟨-n; -er⟩ Artikel *m*; Ware *f*
artikulation [aʈikəla'ʃu:n] ⟨-en; -er⟩ Artikulation *f* **artikul'era** V/T, V/I ⟨1⟩ artikulieren
artilleri [aʈila'ri:] N ⟨-et; -er⟩ Artillerie *f* **artillerield** S Geschützfeuer *n* **artilleripjäs** S Geschütz *n* **artillerist** ⟨-en; -er⟩ Artillerist *m*
artist [a'ʈist] ⟨-en; -er⟩ Künstler(in) *m(f)*; Sänger(in) *m(f)*; *Zirkus, Varieté* Artist(in) *m(f)* **artistisk** ADJ künstlerisch, artistisch **artistnamn** S N Künstlername *m*
artnamn [ˈɑ:ʈnamn] S N Artname *m*
arton [ˈɑ:ʈɔn] NUM achtzehn **artonde** ADJ achtzehnte(r, s) **arton(de)del** S Achtzehntel *n* **artonhundratal** S N **på ~et** im neunzehnten Jahrhundert **artonårig** ADJ achtzehnjährig **artonåring** ⟨-en; -ar⟩ Achtzehnjährige(r) *m/f(n)*
artrik [ˈɑ:ʈri:k] ADJ artenreich
artär [a'tæ:r] ⟨-en; -er⟩ Arterie *f*, Pulsader *f*, Schlagader *f*
arv [arv] N ⟨-et; -⟩ Erbe *n*, Erbschaft *f*; Vererbung *f*; **få i ~** erben (**efter** von); **gå i ~** sich vererben (**till** *auf akk*); **lämna i ~** hinterlassen, vererben **arvegods** S N Erbgut *n* **arvfiende** S Erbfeind *m* **arvföljd** S Erbfolge *f* **arvinge** ⟨-n; -ar⟩ Erbe *m*, Erbin *f* **arvlös** ADJ **göra ngn ~** j-n enterben
arvode [ˈarvu:də] N ⟨-t; -n⟩ Honorar *n*; Gebühr *f*; Entgelt *n*; POL Diäten *pl*, Tagegeld *n*
arvsanlag [ˈarvsanla:g] S N Erbanlage *f* **arvsanspråk** S N Erbanspruch *m*

arvsberättigad ADJ erbberechtigt
arvsfaktor S Erbfaktor m **arvskifte**
[-ʃifta] SN Erbteilung f **arvslott** S Erbteil n **arvsmassa** S Erbmasse f **arvsrätt** S Erbrecht n **arvsskatt** S Erbschaftssteuer f **arvsynd** S Erbsünde f **arvtagare** ⟨-n; -⟩ Erbe m; Erbfolger m **arvtagerska** ⟨-n; -or⟩ Erbin f; Erbfolgerin f **arvtvist** S Erbschaftsklage f
as¹ S ⟨-en; -ar⟩ MYTH Vertreter des gewaltigen Göttergeschlechts Ase m
as² S ⟨-et; -⟩ Aas n, Luder n
asbest [ˈasbɛst] ⟨-en; kein pl⟩ As'best m **asbestskiva** S Asbestplatte f
asch [aʃ] INTER ach (was)
asfalt [ˈasfalt] S Asphalt m
asfalt(s)beläggning S Asphaltdecke f **asfalt'era** VT, VII ⟨1⟩ asphaltieren **asfalt(s)väg** S Asphaltstraße f
asgam [ˈɑːsgɑːm] S ZOOL Aasgeier m
asiat [asiˈɑːt] ⟨-en; -er⟩ Asiat(in) m(f)
asiatisk ADJ asiatisch **Asien** [ˈɑːsiən] N ⟨inv⟩ Asien n; **Mindre ~** Kleinasien n; **Främre ~** Vorderasien n
ask¹ [ask] ⟨-en; -ar⟩ Schachtel f, Kästchen n
ask² ⟨-en; -ar⟩ BOT Esche f
aska [ˈaska] ⟨-n; kein pl⟩ Asche f; **komma ur ~n i elden** vom Regen in die Traufe kommen; **lägga i ~** einäschern
askblond ADJ aschblond
askes [asˈkeːs] ⟨-en; kein pl⟩ Askese f
asket ⟨-en; -er⟩ Asket(in) m(f) **asketisk** ADJ asketisch
askfat [ˈaskfɑːt] SN Aschenbecher m
askgrå ADJ aschgrau **askkopp** S Aschenbecher m **askonsdag** S Aschermittwoch m **askunge** S Askungen Aschenputtel n
asocial [ˈɑːsusiɑːl] ADJ asozial
asp [asp] ⟨-en; -ar⟩ Espe f
aspekt [aˈspɛkt] ⟨-en; -er⟩ Aspekt m, Gesichtspunkt m
aspirant [aspiˈrant] ⟨-en; -er⟩ Anwärter(in) m(f), Aspirant(in) m(f)
aspira'tion ⟨-en; -er⟩ Aspiration f
aspir'era ⟨1⟩ A VT aspirieren B VII streben, trachten (**på** nach)
aspirintablett [aspiˈriːntablɛt] S Aspirintablette f
assessor [aˈsɛsɔr] ⟨-n; -er⟩ JUR Assessor(in) m(f)
assiett [aˈʃɛt] ⟨-en; -er⟩ kleiner Teller, Kuchenteller m, Dessertteller m

assistans [asiˈstans] ⟨-en; -er⟩ Beistand m, Hilfe f **assist'ent** ⟨-en; -er⟩ Assistent(in) m(f); Küchenmaschine f **assist'era** VT, VII ⟨1⟩ beistehen, assistieren
association [asɔsiaˈʃuːn] ⟨-en; -er⟩ Assoziation f, Verbindung f, Gedankenverknüpfung f **associ'era** VT ⟨1⟩ assoziieren
aster [ˈastər] ⟨-n; -ar⟩ Aster f
asterisk [astəˈrisk] ⟨-en; -er⟩ Sternchen n, Asterisk m
astma [ˈastma] ⟨-n; kein pl⟩ Asthma n **ast'matiker** ⟨-n; -⟩ Asthmatiker(in) m(f) **ast'matisk** ADJ asthmatisch
astrolog [astrɔˈloːg] ⟨-en; -er⟩ Astrologe m, Astrologin f **astrolog'i** ⟨-en; kein pl⟩ Astrologie f **astron'aut** ⟨-en; -er⟩ Astronaut(in) m(f), **astron'om** ⟨-en; -er⟩ Astronom(in) m(f), **astronom'i** ⟨-en; kein pl⟩ Astronomie f, Sternkunde f **astron'omisk** ADJ astronomisch
asyl [aˈsyːl] ⟨-en; -er⟩ Asyl n; **söka politisk ~** politisches Asyl beantragen **asylsökande** ADJ **en ~** ein(e) Asylbewerber(in) m(f), eine(e) Asylant(in) m(f)
ateism [ateˈism] ⟨-en; kein pl⟩ Atheismus m **ateist** ⟨-en; -er⟩ Atheist(in) m(f)
ateljé [atalˈjeː] ⟨-n; -er⟩ Atelier n; Werkstatt f
Atlanten [atˈlantən] ⟨inv⟩ der Atlantik, der Atlantische Ozean **atlantångare** S Ozeandampfer m
atlas [ˈatlas] ⟨-en; -er⟩ Atlas m
atlet [atˈleːt] ⟨-en; -er⟩ Athlet(in) m(f) **atletisk** ADJ athletisch
atmosfär [atmɔsˈfæːr] ⟨-en; -er⟩ Atmosphäre f **atmosfärisk** ADJ atmosphärisch
atoll [aˈtɔl] ⟨-en; -er⟩ Atoll n
atom [aˈtoːm] ⟨-en; -er⟩ Atom n; **für zssgn siehe auch →** kärn- **atomavfall** SN Atommüll m **atombomb** S Atombombe f **atomenergi** S Atomenergie f **atomforskare** S Atomforscher(in) m(f) **atomklyvning** S Atomspaltung f **atomkraft** S Atomkraft f **atomkraftverk** SN Atomkraftwerk n **atomkärna** S Atomkern m **atomreaktor** S Atomreaktor m **atomteori** S Atomtheorie f **atomvapen** SN Atomwaffe f **atomvikt** S Atomge-

wicht *n* **ato'mär** ADJ Kern-, atomar
att [at] A VOR INF zu; för ~ um (...) zu B KONJ dass; därför ~ weil; för/så ~ damit; så ~ sodass; under det ~ während
attaché [ata'ʃeː] ⟨-n; -er⟩ Attaché *m*
attachéväska S Aktenkoffer *m*
attack [a'tak] ⟨-en; -er⟩ Angriff *m*, Attacke *f*; *Krankheit* Anfall *m* **attack'era** VT, VI ⟨1⟩ angreifen; attackieren
attentat [atən'tɑːt] N ⟨-et; -⟩ Attentat *n*, Anschlag *m*; göra ett ~ ein Attentat verüben **attentatsman** S Attentäter(in) *m(f)*
attest [a'tɛst] ⟨-en; -er⟩ Attest *n*, Zeugnis *n*, Bescheinigung *f*; utfärda en ~ ein Attest ausstellen **attest'era** VT ⟨1⟩ bescheinigen
attiralj [ati'ralj] ⟨-en; -er⟩ Zubehör *n*
attityd [ati'tyːd] ⟨-en; -er⟩ Haltung *f*, Einstellung *f*, Attitüde *f*
attrahera [atra'heːra] VT ⟨1⟩ anziehen
attrak'tion ⟨-er; -er⟩ Attraktion *f*, Anziehung *f* **attraktionsförmåga** S Anziehungskraft *f* **attraktiv** ADJ anziehend, attraktiv
attrapp [a'trap] ⟨-en; -er⟩ Attrappe *f*
attribut [atri'bʉːt] N ⟨-et; -⟩ Attribut *n*
audiens [aødi'ɛns] ⟨-en; -er⟩ Audienz *f*
audiovisuell ADJ audiovisuell
audi'torium ⟨auditoriet; auditorier⟩ Auditorium *n*, Hörsaal *m*; Zuhörerschaft *f*
augusti [aø'gɵsti] ⟨inv⟩ August *m*
auktion [aøk'ʃuːn] ⟨-en; -er⟩ Auktion *f*, Versteigerung *f*; exekutiv ~ Zwangsversteigerung *f*; ropa in på ~ auf einer Versteigerung erstehen; sälja på ~ (öffentlich) versteigern **auktio'nera** ⟨1⟩ A VT versteigern B VP ~ 'bort versteigern **auktionsförrättare** S Auktionator(in) *m(f)*
auktori'sera VT ⟨1⟩ autorisieren, ermächtigen **auktori'tativ** ADJ autoritativ, maßgebend **auktori'tet** ⟨-en; -er⟩ Autorität *f* **auktori'tär** ADJ autoritär
aula ['aøla] ⟨-n; -or⟩ Aula *f*, Festsaal *m*
au pair [ɔ'pæːr] ⟨-en; -er⟩ Au-pair-Mädchen *n*, Au-pair-Junge *m*
auskultera [aøskɵl'teːra] VI ⟨1⟩ hospitieren; Gasthörer sein; MED abhören
Australien [aøs'trɑːliən] N ⟨inv⟩ Australien *n* **australier** ⟨-n; -⟩ Australier(in) *m(f)* **australisk** ADJ australisch

autentisk [aø'tɛntisk] ADJ authentisch, echt
au'tism ⟨-en; kein pl⟩ Autismus *m*
autodidakt ['aøtɔdi'dakt] ⟨-en; -er⟩ Autodidakt *m* **autogiro** SN Dauerauftrag *m* **autogiromedgivande** SN Einzugsermächtigung *f* **auto'graf** ⟨-en; -er⟩ Autogramm *n* **autografjägare** S Autogrammjäger(in) *m(f)*
auto'mat ⟨-en; -er⟩ Automat *m* **automati'sering** ⟨-en; -ar⟩ Automatisierung *f* **auto'matisk** ADJ automatisch **automatvapen** S Schnellfeuerwaffe *f* **automattvätt** S AUTO Waschanlage *f* **automatväxel** S AUTO Automatik *f* **autono'mi** ⟨-n; kein pl⟩ Autonomie *f*, Selbstständigkeit *f*
av [ɑːv] A PRÄP von, aus; durch; vor, an; många ~ oss viele von uns; ~ trä aus Holz; bestå ~ bestehen aus; skadas ~ vatten durch Wasser beschädigt werden; gråta ~ glädje vor Freude weinen; dö ~ en sjukdom an einer Krankheit sterben; en ~ mina vänner einer meiner Freunde B ADV ab; på - ~ ein - aus; ~ och an hin und her, auf und ab; ~ och till ab und zu; dra '~ abziehen; stänga '~ ausschalten; lägg '~! hör auf! **avaktivera** VT deaktivieren
avancemang [avaŋse:'maŋ] ⟨-et; -⟩ Aufstieg *m* **avanc'era** VI ⟨1⟩ avancieren, befördert werden **avanc'erad** ADJ schwierig; qualifiziert; ~ teknologi hoch entwickelte Technologie
avart ['ɑːvaːʈ] ⟨-en; -er⟩ Abart *f*, Spielart *f*
avbalkning ⟨-en; -ar⟩ Verschlag *m*
avbarkning ⟨-en; -ar⟩ Entrindung *f*
avbeställa VT ⟨2⟩ abbestellen **avbeställning** ⟨-en; -ar⟩ Abbestellung *f* **avbeställningsskydd** S N Reiserücktrittsversicherung *f*
avbetala ['ɑːvbeta:la] VT ⟨1⟩ ab(be)zahlen; → betala 'av **avbetalning** ⟨-en; -ar⟩ Abzahlung *f*, Ratenzahlung *f*, Teilzahlung *f* **avbetalningsköp** S N Ratenkauf *m* **avbetalningsvillkor** S N Abzahlungsbedingung *f*
avbild ['ɑːvbild] ⟨-en; -er⟩ Abbild *n*, Ebenbild *n*; han är sin fars ~ er ist seinem Vater wie aus dem Gesicht geschnitten **avbilda** VT ⟨1⟩ abbilden

avbitartång $\overline{s}$ Kneifzange f
avblåsa $\overline{vt}$ ⟨2⟩ abblasen; → blåsa 'av
avblåsning ⟨-en; -ar⟩ SPORT Abpfiff m
avboka $\overline{vt}$ ⟨1⟩ abbestellen **avbokning** ⟨-en; -ar⟩ Abbestellung f, Rücktritt m
avbrott $\overline{N}$ ⟨-et; -⟩ Unterbrechung f; Abbruch m; Störung f; ~ **i trafiken** Verkehrsstockung f; ~ **i resa** Fahrtunterbrechung f; **utan** ~ ununterbrochen
avbryt ['aːvbryːt] IT abbrechen, canceln **avbryta** $\overline{vt}$ ⟨4⟩ abbrechen, unterbrechen; IT a. canceln; → bryta 'av
avbräck ['aːvbrɛk] $\overline{N}$ ⟨-et; -⟩ Abbruch m; **göra** ~ Abbruch/Schaden tun
avbytare ⟨-n; -⟩ Ersatzmann m, Ersatzfrau f; SPORT Auswechselspieler(in) m(f)
avböja $\overline{vt, vi}$ ⟨2⟩ parieren; ablehnen, von der Hand weisen; **svara ~nde** abschlägig antworten
avbön $\overline{vt}$ ⟨-en; -er⟩ Abbitte f
avdankad ADJ ausgedient
avdela ['aːvdeːla] $\overline{vt}$ ⟨1⟩ abtrennen; ~ **ett ord** ein Wort trennen; → dela 'av **avdelning** ⟨-en; -ar⟩ Abteilung f; Abschnitt m; *Krankenhaus* Station f **avdelningschef** $\overline{s}$ Abteilungsleiter(in) m(f) **avdelningskontor** $\overline{sN}$ Zweigstelle f, Filiale f
avdrag $\overline{N}$ ⟨-et; -⟩ Abzug m, Abrechnung f; **göra** ~ **för ngt** etw abziehen; ~ **på lönen** Gehaltsabzug m **avdragsgill** ADJ *Steuer* absetzbar
avdunsta $\overline{vi}$ ⟨1⟩ verdunsten, verdampfen; *fig umg* verduften **avdunstning** ⟨-en; -ar⟩ Verdunstung f, Verdampfung f
avel ['aːval] ⟨-n; kein pl⟩ Zucht f
avelsdjur $\overline{sN}$ Zuchttier n
aveny [ave'nyː] ⟨-n; -er⟩ Avenue f
aversion [avɛr'ʃuːn] ⟨-en; -er⟩ Abneigung f, Widerwille m, Aversion f (**mot** gegen)
avfall ['aːvfal] $\overline{N}$ ⟨-et; -⟩ Abfall m **avfallshantering** $\overline{s}$ Entsorgung f, Müllentsorgung f **avfallskvarn** $\overline{s}$ Müllschredder m **avfallsprodukt** $\overline{s}$ Abfallprodukt n
avfart ['aːvfaːt] $\overline{s}$ ⟨-en; -er⟩ Abfahrt f, Ausfahrt f
avfatta $\overline{vt}$ ⟨1⟩ abfassen, verfassen
avfolka $\overline{vt}$ ⟨1⟩ entvölkern **avfolkning** ⟨-en; kein pl⟩ Entvölkerung f; **landsbygdens** ~ Landflucht f
avfrosta $\overline{vt}$ ⟨1⟩ abtauen **avfrostning** ⟨-en; -ar⟩ Abtauen n
avfyra $\overline{vt}$ ⟨1⟩ abfeuern **avfyrning** ⟨-en; -ar⟩ Abfeuern n, Abschuss m
avfärd ⟨-en; -er⟩ Abfahrt f, Abreise f
avfärda $\overline{vt}$ ⟨1⟩ abfertigen; abweisen; abtun
avföra $\overline{vt}$ ⟨2⟩ a. MED abführen; WIRTSCH abschreiben, abführen; streichen; ~ **från dagordningen** von der Tagesordnung streichen **avföring** ⟨-en; -ar⟩ Wegschaffen n, Überführung f; WIRTSCH Abschreibung f, Entlastung f; MED Stuhl m, Stuhlgang m, Kot m; Entleerung f; **inte ha ngn** ~ keinen Stuhlgang haben
avgas ['aːvgaːs] ⟨-en; -er⟩ Abgas n **avgaskontroll** $\overline{s}$ Abgas(sonder)untersuchung f **avgasrenare** ⟨-n; -⟩ Katalysator m **avgasrening** $\overline{s}$ Abgasentgiftung f **avgasrör** $\overline{sN}$ AUTO Auspuffrohr n **avgassystem** $\overline{sN}$ AUTO Auspuff m
avge ['aːvjeː] $\overline{vt}$ ⟨4⟩ abgeben
avgift ['aːvjift] ⟨-en; -er⟩ Gebühr f, Abgabe f; Fahrpreis m, Eintrittsgeld n; Beitrag m
avgifta ['aːvjifta] $\overline{vt}$ ⟨1⟩ MED entgiften **avgiftning** ⟨-en; -ar⟩ MED Entgiftung f
avgiftsbelagd ['aːvjifts-] ADJ gebührenpflichtig **avgiftsfri** ADJ gebührenfrei; unentgeltlich
avgjord ['aːvjuːd] ADJ ausgemacht, entschieden; ausgesprochen
avgrund ['aːvgrɛnd] ⟨-en; -er⟩ Abgrund m, Schlund m
avgränsa ['aːvgrɛnsa] $\overline{vt}$ ⟨1⟩ abgrenzen **avgränsning** ⟨-en; -ar⟩ Abgrenzung f
avguda ['aːvgɛda] $\overline{vt}$ ⟨1⟩ vergöttern, abgöttisch lieben **avgudabild** $\overline{s}$ Götzenbild n
avgå ['aːvgoː] $\overline{vi}$ ⟨4⟩ abgehen; abfahren; austreten, ausscheiden, zurücktreten; ~ **från ett ämbete** von einem Amt zurücktreten; ~ **med segern** den Sieg davontragen **avgång** ⟨-en; -ar⟩ Abgang m; Abfahrt f; Rücktritt m; Absatz m **avgångsbetyg** $\overline{sN}$ Abgangszeugnis n **avgångshall** $\overline{s}$ FLUG Abflughalle f **avgångssignal** $\overline{s}$ Abfahrt(s)signal n **avgångstid** $\overline{s}$ Abfahrt(s)zeit

f; FLUG Abflugzeit f **avgångsvederlag** S̄N̄ Abfindung f

avgöra ['aːvjœːra] V̄T̄ ⟨4⟩ abmachen, entscheiden, bestimmen **avgörande** A ADJ entscheidend, ausschlaggebend B N̄ ⟨-t; -n⟩ Entscheidung f, Bestimmung f

avhandla V̄T̄ ⟨1⟩ behandeln, abhandeln, besprechen, erörtern **avhandling** ⟨-en; -ar⟩ Behandlung f, Erörterung f; Abhandlung f; **akademisk ~** Dissertation f

avhjälpa ['aːvjɛlpa] V̄T̄ ⟨2⟩ abhelfen, abstellen, beheben

avhopp N̄ ⟨-et; -⟩ Austritt m; POL Überlaufen n **avhoppare** ⟨-n; -⟩ POL Überläufer(in) m(f)

avhysa V̄T̄ ⟨2⟩ hinauswerfen, ausweisen; JUR exmittieren

avhyvling ⟨-en; -ar⟩ fig umg Abreibung f

avhålla ['aːvhɔla] ⟨4⟩ A V̄T̄ abhalten; zurückhalten B V̄R̄ **~ sig** sich enthalten (**från** gen) **avhållsam** ADJ enthaltsam **avhållsamhet** ⟨-en; kein pl⟩ Enthaltsamkeit f, Abstinenz f

avhämta ['aːvhɛmta] V̄T̄ ⟨1⟩ abholen; **Post ~s** postlagernd **avhämtning** ⟨-en; -ar⟩ Abholung f; **för ~** zur Abholung f

avhängig ADJ abhängig (**av** von)

avi [a'viː] ⟨-n; -er⟩ Post Benachrichtigungsschein m

avig [a'viːg] ADJ a. Strickarbeit verkehrt, umgekehrt, links; unbeholfen, linkisch, ungeschickt **aviga**, **avigsida** ⟨-n; -or⟩ Kehrseite f; Stoff Innenseite f, linke Seite

avinstallera ['aːvinsta'leːra] V̄T̄ ⟨1⟩ IT deinstallieren

avisera [avi'seːra] V̄T̄ ⟨1⟩ anzeigen, avisieren **avisering** ⟨-en; -ar⟩ Meldung f

avkall ['aːvkal] N̄ ⟨-et; kein pl⟩ **ge/göra ~** verzichten (**på** auf akk)

avkasta V̄T̄ ⟨1⟩ einbringen, eintragen; → **kasta** 'av **avkastning** ⟨-en; kein pl⟩ Ertrag m, Gewinn m, Ausbeute f

avklara V̄T̄ ⟨1⟩ erledigen

avklädd ['aːvklɛd] ADJ ausgezogen

avkok ['aːvkuːk] N̄ ⟨-et; -⟩ Sud m, Absud m

avkomling ['aːvkɔmliŋ] ⟨-en; -ar⟩ Nachkomme m, Sprössling m **avkomma** ⟨-n; -or⟩ Nachkommenschaft f; Tier Brut f

avkoppling ⟨-en; -ar⟩ TECH Abkoppelung f; fig Entspannung f

avkorta V̄T̄ ⟨1⟩ verkürzen, abkürzen **avkortning** ⟨-en; -ar⟩ Verkürzung, Abkürzung f; Herabsetzung f

avkrok ['aːvkruːk] ⟨-en; -ar⟩ entlegener Ort, entlegene Gegend; umg Nest n

avkunna ['aːvkuna] V̄T̄ ⟨1⟩ verkünd(ig)en; **~ en dom** ein Urteil fällen **avkunnande** N̄ ⟨-t; -n⟩ Verkündung f; **~ av dom** Urteilsverkündung f

avkylning ['aːvçyːlniŋ] ⟨-en; -ar⟩ (Ab-)Kühlung f

avla ['aːvla] V̄T̄ ⟨1⟩ (er)zeugen

avlagd ['aːvlagd] ADJ abgelegt; **~a kläder** alte/gebrauchte Kleidung f

avlagra ['aːvlagra] V̄T̄, V̄R̄ ⟨1⟩ ablagern (**sig** sich) **avlagring** ⟨-en; -ar⟩ Ablagerung f, Schicht f

avlasta ['aːvlasta] V̄T̄ ⟨1⟩ fig entlasten; → **lasta** 'av **avlastning** ⟨-en; -ar⟩ Verladung f; fig Entlastung f

avleda ['aːvleːda] V̄T̄ ⟨2⟩ ableiten; fig ablenken **avledning** ⟨-en; -ar⟩ Ableitung f; fig Ablenkung f

avlida ['aːvliːda] V̄Ī ⟨4⟩ verscheiden, entschlafen **avliden** ADJ verstorben, entschlafen

avliva ['aːvliːva] V̄T̄ ⟨1⟩ töten, umbringen, hinrichten, einschläfern **avlivning** ⟨-en; -ar⟩ Tötung f; Hinrichtung f

avljud ['aːvjuːd] N̄ ⟨-et; -⟩ GRAM Ablaut m

avlopp ['aːvlɔp] N̄ ⟨-et; -⟩ Ablauf m, Abfluss m; Ausguss m; Kanalisation f **avloppsdike** S̄N̄ Abflussgraben m **avloppsledning** S̄ Abwasserleitung f; Kloake f **avloppsrör** S̄N̄ Abflussrohr n **avloppsvatten** S̄N̄ Abwasser n

avlossa ['aːvlɔsa] V̄T̄ ⟨1⟩ abfeuern; abgeben

avlusa ['aːvlɯːsa] V̄T̄ ⟨1⟩ entlausen

avlysa ['aːvlyːsa] V̄T̄ ⟨2⟩ aufheben; Straße sperren

avlyssna ['aːvlysna] V̄T̄ ⟨1⟩ abhören **avlyssning** ⟨-en; -ar⟩ Abhören n

avlång ['aːvlɔŋ] ADJ länglich

avlägga V̄T̄ ⟨4⟩ ablegen; **~ ed** einen Eid leisten; **~ examen** eine Prüfung bestehen; **~ rapport** Bericht erstatten

avläggare ⟨-n; -⟩ BOT Ableger m
avlägsen ADJ entfernt, entlegen, abgelegen; **en ~ släkting** ein(e) weitläufige(r)/entfernte(r) Verwandte(r); **inom en inte alltför ~ framtid** in absehbarer Zeit **avlägsna** VT, VR ⟨1⟩ entfernen (*sig sich*), beseitigen, wegräumen **avlägsnande** N ⟨-t; -n⟩ Entfernen n, Beseitigung f
avlämna VT ⟨1⟩ abliefern, abgeben
avläsa VT ⟨2⟩ ablesen
avlöna VT ⟨1⟩ bezahlen, entlohnen **avlöning** ⟨-en; -ar⟩ Lohn m, Gehalt n **avlöningsdag** S Zahltag m
avlöpa [ˈaːvløːpa] VI ⟨2⟩ ablaufen; verlaufen
avlösa [ˈaːvløːsa] VT ⟨2⟩ ablösen; *von Sünden* lossprechen **avlösning** ⟨-en; -ar⟩ Ablösung f; REL Sündenerlass m
avlöva [ˈaːvløːva] VT ⟨1⟩ entlauben, entblättern; **~s** die Blätter/das Laub verlieren
avmagra [ˈaːvmaːgra] VI ⟨1⟩ abmagern
avmarsch [ˈaːvmarʃ] ⟨-en; -er⟩ Abmarsch m, Abzug m
avmattas VI ⟨dep 1⟩ ermüden, ermatten **avmattning** ⟨-en; -ar⟩ Ermüdung f; Nachlassen n
avmätt ADJ gemessen
avog [ˈaːvuːg] ADJ feindlich, abgeneigt, ablehnend (*mot dat*) **avoghet** ⟨-en; kein pl⟩ Abgeneigtheit f; Feindseligkeit f
avokado [avuˈkaːdu] ⟨-n; -(e)r⟩ Avocado f
avpassa [ˈaːvpasa] VT ⟨1⟩ abpassen; anpassen
avpolettera VT ⟨1⟩ umg absägen
avprickad ADJ abgehakt
avreagera [ˈaːvreageːra] VR ⟨1⟩ **~ sig** sich abreagieren
avredning ⟨-en; -ar⟩ GASTR Mehlschwitze f
avregistrera [ˈaːvvregistrèːra] VT, VR ⟨1⟩ abmelden (*sig sich*) **avregistrering** ⟨-en; -ar⟩ Abmeldung f
avresa [ˈaːvreːsa] A ⟨-n; -or⟩ Abreise f, Abfahrt f B VI ⟨2⟩ abreisen, abfahren; **~ med flyg** abfliegen
avrivning ⟨-en; -ar⟩ Abreibung f
avrunda VT ⟨1⟩ (ab)runden; (auf)runden **avrundning** ⟨-en; -ar⟩ Rundung f

avrusta VT ⟨1⟩ abrüsten **avrustning** ⟨-en; -ar⟩ Abrüstung f
avråda VT ⟨2⟩ abraten (**ngn från ngt** j-m von etw) **avrådan** ⟨-; -den⟩ Abraten n
avräkna VT ⟨1⟩ abziehen **avräkning** ⟨-en; -ar⟩ Abrechnung f, Abzug m
avrätta [ˈaːvreta] VT ⟨1⟩ hinrichten **avrättning** ⟨-en; -ar⟩ Hinrichtung f
avs. ABK (= avsändare) Abs. (*Absender*)
avsaknad [ˈaːvsaːknad] ⟨-en; kein pl⟩ Mangel m, Fehlen n; **i ~ av** mangels
avsats ⟨-en; -er⟩ Absatz m; **i ~er** a. stufenweise
avse [ˈaːvseː] VT ⟨4⟩ bezwecken; beabsichtigen; sich beziehen auf (*akk*) **avsedd** ADJ bestimmt (**för** für) **avseende** N ⟨-t; -n⟩ **fästa ~ vid** in Erwägung/Betracht ziehen, Gewicht legen auf (*akk*); **i detta ~** in dieser Beziehung/Hinsicht; **i alla ~n** in jeder Beziehung/Hinsicht; **utan ~ på** ohne Rücksicht auf (*akk*); **lämna utan ~** außer Betracht lassen
avsegla [ˈaːvseːgla] VI ⟨1⟩ absegeln, in See stechen
avsevärd [ˈaːvseværːd] ADJ beträchtlich, erheblich
avsides A ADJ entlegen, abgelegen B ADV abseits, beiseite
avsikt [ˈaːvsikt] ⟨-en; -er⟩ Absicht f; **ha för ~** beabsichtigen, die Absicht haben; **i den ~en** in der Absicht, zu dem Zweck **avsiktlig** ADJ absichtlich, vorsätzlich
avskaffa [ˈaːvskafa] VT ⟨1⟩ abschaffen, aufheben **avskaffande** N ⟨-t; -n⟩ Abschaffung f, Aufhebung f
avsked [ˈaːvʃeːd] N ⟨-et; -⟩ Abschied m, Entlassung f; **ta ~** Abschied nehmen, sich verabschieden **avskeda** VT ⟨1⟩ verabschieden, entlassen **avskedande** N ⟨-t; -n⟩ Entlassung f **avskedsansökan** S Abschiedsgesuch n, Entlassungsgesuch n; **lämna 'in sin ~** seine Entlassung einreichen **avskedsfest** S Abschiedsfeier f **avskedsföreställning** S Abschiedsvorstellung f **avskedstal** N S Abschiedsrede f
avskild [ˈaːvʃild] ADJ abgeschieden, abgesondert, einsam **avskildhet** ⟨-en; kein pl⟩ Abgeschiedenheit f, Einsamkeit f **avskilja** VT ⟨2⟩ (ab)sondern,

(ab)trennen
avskrap ['a:vskra:p] N ⟨-et; kein pl⟩ Abfall m, Ausschuss m; fig Auswurf m
avskrift ⟨-en; -er⟩ Abschrift f **avskriva** VT ⟨4⟩ abschreiben; ~ ett mål ein Gerichtsverfahren einstellen **avskrivning** ⟨-en; -ar⟩ abschreiben n; Abschreibung f
avskräcka VT ⟨2⟩ abschrecken
avskräde ⟨-t; -n⟩ Abfall m, Unrat m, Müll m
avskum N ⟨-met; kein pl⟩ Abschaum m
avsky A ⟨-n; kein pl⟩ Abscheu m (mot/för gegen/vor dat); **känna ~** Abscheu empfinden; **väcka ~ hos ngn bei/in j-m** Abscheu erregen B VT ⟨3⟩ verabscheuen **avskyvärd** ADJ abscheulich, scheußlich, gräulich
avskära VT ⟨4⟩ → skära 'av
avskärma VT ⟨1⟩ → skärma 'av **avskärmning** ⟨-en; -ar⟩ Abschirmung f
avslag N ⟨-et; -⟩ Ablehnung f, Absage f; WIRTSCH Abschlag m; **ge~ på** ablehnen
avslagen ADJ schal, abgestanden; → slå 'av
avslappning ⟨-en; -ar⟩ Entspannung f **avslappningsövning** S Entspannungsübung f
avslut ['a:vslu:t] N ⟨-et; -⟩ WIRTSCH Abschluss m; **komma till (ett) ~** zum Abschluss kommen **avsluta** VT ⟨1⟩ abschließen, beendigen, zu Ende führen **avslutning** ⟨-en; -ar⟩ Abschluss m, Beendigung f; Schule Abschlussfeier f **avslutningsfest** S Abschlussfeier f
avslå ['a:vslo:] VT ⟨4⟩ ablehnen, abweisen, zurückweisen
avslöja ['a:vsløja] VT ⟨1⟩ entschleiern, enthüllen; aufdecken, entlarven; verraten **avslöjande** N ⟨-t; -n⟩ Enthüllung f
avsmak N ⟨-en; kein pl⟩ Abneigung f, Widerwille m, Ekel m **avsmakning** ⟨-en; -ar⟩ Abschmecken n, Kosten n
avsnitt N ⟨-et; -⟩ Abschnitt m; TV Folge f
avspark ⟨-en; -ar⟩ SPORT Anstoß m
avspegla VT ⟨1⟩ spiegeln
avspisa VT ⟨1⟩ abspeisen, abfertigen
avspänd ['a:vspɛnd] ADJ entspannt, locker, lässig **avspänning** ⟨-en; -ar⟩ Entspannung f
avspärra ['a:vspæra] VT ⟨1⟩ (ab)sperren **avspärrning** ⟨-en; -ar⟩ Absperrung f, Sperre f
avstamp ['a:vstamp] N ⟨-et; -⟩ SPORT Absprung m; fig Auftakt m
avstanna ['a:vstana] VI ⟨1⟩ aufhören, stocken
avstava ['a:vsta:va] VT ⟨1⟩ Silben trennen, abteilen **avstavning** ⟨-en; -ar⟩ (Silben-)Trennung f
avsteg ['a:vste:g] N ⟨-et; -⟩ Abweichung f, Fehltritt m, Verirrung f
avstickare ['a:vstikarə] ⟨-n; -⟩ Abstecher m
avstigning ⟨-en; -ar⟩ Abstieg m; Aussteigen n
avstjälpningsplats ['a:vʃɛlpniŋs'-] S Schuttabladeplatz m
avstressande ['a:vstresandə] ADJ entspannend
avstycka ['a:vstyka] VT ⟨1⟩ parzellieren **avstyckning** ⟨-en; -ar⟩ Grundstückteilung f
avstyra ['a:vsty:ra] VT ⟨2⟩ vorbeugen, abwenden, verhindern
avstyrka ['a:vstyrka] VT, VI ⟨2⟩ abraten, ablehnen
avstå ['a:vsto:] ⟨4⟩ A VT abtreten, überlassen **(till ngn** j-m) B VI verzichten **(från** auf akk)
avstånd ['a:vstɔnd] N ⟨-et; -⟩ Abstand m, Entfernung f, Distanz f; Weite f; **på (långt) ~** von Weitem, von ferne, aus der Entfernung; **på 5 meters ~** auf 5 Meter Entfernung; **ta ~ från ngt** sich von etw distanzieren; **hålla ngn på ~** sich j-n vom Leibe halten **avståndsbedömning** S Entfernungsschätzung f, Distanzschätzung f **avståndsmätare** S Entfernungsmesser m **avståndstagande** N ⟨-t; -n⟩ Abstandnehmen n; Distanzierung f
avstänga ['a:vstɛŋa] VT ⟨2⟩ (ab)sperren; fig ausschließen; **gatan avstängd** Straße gesperrt **avstängning** ⟨-en; -ar⟩ Absperrung f, Abschließung f; Apparat Abstellen n
avsvimmad ['a:vsvimad] ADJ ohnmächtig
avsvärja VR ⟨2⟩ ~ **sig ngt** einer Sache abschwören
avsyna ['a:vsy:na] VT ⟨1⟩ besichtigen
avsäga ['a:vsɛja] VR ⟨1⟩ **sig ngt** auf etw (akk) verzichten; ~ **sig ett ämbete** ein Amt aufgeben **avsägelse** ⟨-n; -r⟩

Verzicht *m*; Entsagung *f*; Niederlegung *f*
avsända ['a:vsɛnda] VT ⟨2⟩ absenden; versenden **avsändare** ⟨-n; -⟩ Absender(in) *m(f)* **avsändning** ⟨-en; -ar⟩ Absendung *f*; Versendung *f*, Versand *m*; **färdig för** ~ versandbereit
avsätta ['a:vsɛta] VT ⟨4⟩ zurücklegen, (auf)sparen; *Waren* absetzen; *König* entthronen; ~ **ngn från sitt ämbete** j-n aus dem Dienst entlassen **avsättning** ⟨-en; -ar⟩ Amtsenthebung *f*; Entthronung *f*, *Geld* Rücklage *f*; WIRTSCH Absatz *m*, Vertrieb *m*
avsöndra ['a:vsœndra] VT ⟨1⟩ absondern; ausscheiden **avsöndring** ⟨-en; -ar⟩ Absonderung *f*; Ausscheidung *f*
avta ['a:vta:] VI ⟨4⟩ abnehmen; nachlassen
avtacka ['a:vtaka] VT ⟨1⟩ entlassen, verabschieden
avtagande ⟨-t; kein pl⟩ Abnehmen *n*, Abnahme *f* **avtagbar** ADJ abnehmbar **avtagsväg** S Seitenweg *m*, Abzweigung *f*
avtal ['a:vta:l] N ⟨-et; -⟩ Verabredung *f*; Abkommen *n*, Übereinkommen *n*; Vertrag *m*; **enligt** ~ laut Vertrag **avtala** VT ⟨1⟩ verabreden, vereinbaren; *umg* ausmachen **avtalsbrott** SN Vertragsbruch *m* **avtalsenlig** ADJ vereinbarungsgemäß **avtalsförhandling** S Tarifverhandlung *f* **avtalslön** S Tariflohn *m* **avtalsrörelse** S Tarifrunde *f* **avtalsstridig** ADJ vertragswidrig
avtappning ['a:vtapniŋ] ⟨-en; -ar⟩ Abzapfung *f*, Abfüllung *f*, Abstich *m*; Entwässerung *f*
avteckna ['a:vtekna] ⟨1⟩ A VT abzeichnen B VR ~ **sig** sich abzeichnen (**mot** gegen), sich abheben (**mot** von)
avtjäna ['a:vçɛ:na] VT ⟨1⟩ *Strafe* absitzen
avtrubba VT ⟨1⟩ abstumpfen
avtryck ['a:vtryk] N ⟨-et; -⟩ Abdruck *m*, Abzug *m* **avtryckare** ⟨-n; -⟩ *Kamera* Auslöser *m*; *Gewehr* Abzug *m*, Drücker *m*
avträda ['a:vtrɛ:da] VT ⟨2⟩ abtreten; überlassen **avträde** N ⟨-t; -n⟩ Abtretung *f*; Abtritt *m* **avträdelse** ⟨-n; -r⟩ Abtretung *f*
avtvinga ['a:vtviŋa] VT ⟨1⟩ abzwingen, abpressen (**ngn ngt** j-m etw)

avtåg ['a:vto:g] N ⟨-et; -⟩ Abzug *m*
avtåga VI ⟨1⟩ abziehen
avtäcka ['a:vtɛka] VT ⟨2⟩ *Denkmal* enthüllen **avtäckning** ⟨-en; -ar⟩ Enthüllung *f*
avund ['a:vend] ⟨-en; kein pl⟩ Neid *m*; Missgunst *f*; **känna** ~ **mot ngn** auf j-n neidisch sein; **väcka** ~ Neid erregen; **grön av** ~ grün vor Neid **avundas** VT ⟨dep 1⟩ beneiden (**ngn ngt** j-n um etw) **avundsjuk** ADJ neidisch (**på** auf), (**för** wegen) **avundsjuka** S Neid *m*, Missgunst *f* **avundsvärd** ADJ beneidenswert
avvakta ['a:vvakta] VT ⟨1⟩ abwarten **avvaktan** ⟨inv⟩ **i** ~ **på** in Erwartung (*gen*) **avvaktande** ADJ abwartend
avvara ['a:vva:ra] VT ⟨1⟩ entbehren
avvattna ['a:vvatna] VT ⟨1⟩ TECH entwässern
avveckla VT ⟨1⟩ abbauen **avveckling** ⟨-en; -ar⟩ Abbau *m*; Abwicklung *f*
avverka ['a:vværka] VT ⟨1⟩ verarbeiten, verbrauchen; fertigbringen; *Wald* abholzen **avverkning** ⟨-en; -ar⟩ Verarbeitung *f*, Verbrauch *m*; *Wald* Abholzung *f*
avvika ['a:vvi:ka] VI ⟨4⟩ abweichen; entweichen **avvikande** ADJ abweichend; andersartig **avvikelse** ⟨-n; -r⟩ Abweichung *f*
avvisa ['a:vvi:sa] VT ⟨1⟩ abweisen, zurückweisen, ablehnen **avvisande** N ⟨-t; -n⟩ Zurückweisung *f*, Ablehnung *f*
avväg ['a:vvɛ:g] S Abweg *m*; **komma på** ~**ar** sich verirren
avväga ['a:vvɛ:ga] VT ⟨2⟩ abwägen, erwägen; *Landmessung* nivellieren **avvägning** ⟨-en; -ar⟩ Abwägung *f*, Nivellierung *f*; *fig* Erwägung *f* **avvägningsfråga** S Ermessensfrage *f*
avvända ['a:vvɛnda] VT ⟨2⟩ abwenden
avvänja ['a:vvɛnja] VT ⟨2⟩ *Säugling* entwöhnen, abstillen **avvänjning** ⟨-en; -ar⟩ Abgewöhnung *f*; Entwöhnung *f* **avvänjningskur** S Entziehungskur *f*
avväpna ['a:vvɛ:pna] VT ⟨1⟩ entwaffnen; abrüsten **avväpning** ⟨-en; -ar⟩ Entwaffnung *f*; Abrüstung *f*
avvärja ['a:vværja] VT ⟨2⟩ abwehren
avyttra ['a:vytra] VT ⟨1⟩ veräußern, verkaufen **avyttrande** N ⟨-t; -n⟩, **avyttring** ⟨-en; -ar⟩ Veräußerung *f*, Verkauf *m*

B

ax [aks] N ⟨-et; -⟩ Ähre f; *Schlüssel* Bart m

axel ['aksəl] ⟨-n; -ar⟩ **1** Achsel f, Schulter f; **rycka på axlarna** die/mit den Achseln zucken; **skjuta upp axlarna** die Schultern hochziehen; *fig* **se ngn över ~n** j-m über die Schulter schauen **2** TECH Achse f, Welle f **axelband** SN Träger m **axelbred** ADJ breitschultrig **axelbredd** S Schulterbreite f **axelbrott** SN TECH Achsenbruch m **axelklaff** S Achselklappe f **axelled** S Schultergelenk n **axelrem** S Schulterriemen m **axelremsväska** S Umhängetasche f **axelryckning** S Achselzucken n **axelvadd** S Schulterpolster n

axla VT ⟨1⟩ auf die Schulter(n) nehmen

axplock ['akspløk] SN Blütenlese f; **några ~ från** eine kleine Auswahl aus

azalea [asa'le:a] ⟨-n; -or⟩ BOT Aza'lee f

azur ['a:sər] ⟨-(e)n; kein pl⟩ Azur m, Himmelsblau n **azurblå** ADJ azurblau, himmelblau

B

B, b [be:] N ⟨-:(e)t; -:n/-⟩ B, b n
babbel ['babəl] N ⟨-et; kein pl⟩ Geschwätz n, Geplapper n **babbla** VI ⟨1⟩ schwatzen, plappern; *umg* babbeln
babian [babi'a:n] ⟨-en; -er⟩ Pavian m
babord ['ba:bud] ⟨inv⟩ SCHIFF Backbord n; **åt ~** backbord(s) **babordssida** S Backbordseite f
baby, bebi ['be:bi] ⟨-n; bebisar⟩ Baby n
babylift ['be:bilift] ⟨-en; -ar⟩ Babytragetasche f **babysim** N ⟨-met; kein pl⟩ Babyschwimmen n **babysitter** ⟨-n; -/-ar⟩ Babysitter(in) m(f) **babyutrustning** S Babyausstattung f
bacill [ba'sil] ⟨-en; -er⟩ Bazillus m **bacillbärare** S Bazillenträger m **bacillfri** ADJ bazillenfrei **bacillskräck** S Ansteckungsphobie f
back [bak] A ⟨-en; -ar⟩ **1** Kasten m; **en ~ öl** ein Kasten Bier **2** *Fußball* Verteidiger(in) m(f) **3** AUTO Rückwärtsgang m; **lägga i ~en** den Rückwärtsgang einlegen **4** SCHIFF Back f B ADV back, rückwärts; **slå ~** rückwärts fahren **backa** ⟨1⟩ A VI rückwärtsfahren B VR *fig* **~ 'ur** aussteigen, einen Rückzieher machen; **~ 'upp** stützen

backe ['bakə] ⟨-n; -ar⟩ Hügel m, Anhöhe f, Hang m; Steigung f; Gefälle n; Boden m; **uppför/nedför~n** bergauf/bergab; **falla i ~n** hinfallen, zu Boden fallen; **regnet står som spön i ~n** es gießt in Strömen; **stå på bar ~** vor dem Nichts stehen, bettelarm sein; **sakta i backarna!** nur keine Hast!, immer mit der Ruhe!

backhand [bak'hand] ⟨-en; -⟩ *Tennis* Rückhand f
backhoppare S Skispringer(in) m(f)
backhoppning S Skispringen n
backig ADJ hügelig, bergig **backkrön** SN Hügelkamm m
backljus SN Rücklicht n
backsippa S BOT Küchenschelle f
backspegel S Rückspiegel m **backstegstangent** S COMPUT Rücktaste f
backup-kopia [bɛk'ap-] S IT Sicherungskopie f
backväxel S Rückwärtsgang m
backåkning ⟨-en; kein pl⟩ *Skisport* Abfahrtsrennen n
bacon ['beikən] a. N ⟨-en/-et; kein pl⟩ Bacon m, Frühstücksspeck m
bad [ba:d] N ⟨-et; -⟩ Bad n **bada** VI ⟨1⟩ baden; **gå och ~** schwimmen gehen; **~ bastu** in die Sauna gehen; **~nde i svett** schweißgebadet **badbassäng** S Freibad n, Swimmingpool m **badbyxor** PL Badehose f *sg*
badda ['bada] VT ⟨1⟩ befeuchten
baddare ['badərə] ⟨-n; -⟩ *umg* Mordskerl m; **en ~ till gädda** ein Riesenhecht; **han är en ~ på att simma** kann er schwimmen!
baddräkt ['ba:drɛkt] S Badeanzug m **badgäst** S Badegast m **badhandduk** S Badetuch n **badhus** SN Badehaus n **badhytt** S Kabine f **badkappa** S Bademantel m **badkar** N Badewanne f **badlakan** SN Badetuch n
badminton ['bɛdmintən] ⟨inv⟩ Badminton n, Federball m **badmintonboll** S *Ball* Federball m
badmössa S Badekappe f **badort** S

Bad n, **Badeort** m, **Kurort** m **badring** s̄ Schwimmreifen m **badrock** s̄ Bademantel m **badrum** s̄ n Badezimmer n **badrumsvåg** s̄ Personenwaage f **badskum** s̄ n Schaumbad n **badstrand** s̄ Badestrand m **badställe** s̄ n Badeplatz m **badvakt** s̄ Bademeister(in) m(f) **badvatten** s̄ n Badewasser n; **kasta ut barnet med badvattnet** das Kind mit dem Bade ausschütten
bag [bεg] ⟨-en; -ar⟩ Reisetasche f
bagage [ba'ga:ʃ] ⟨-t; kein pl⟩ Gepäck n **bagageband** s̄ n Gepäckband n **bagageförvaring** s̄ Gepäckaufbewahrung f **bagagehylla** s̄ Gepäcknetz n **bagagehållare** s̄ Gepäckhalter m **bagageinlämning** s̄ Gepäckannahme f; FLUG Gepäckabfertigung f **bagagekontroll** s̄ Gepäckkontrolle f **bagagekärra** s̄ Gepäckkarren m, Kofferkuli m **bagagelucka** s̄ Kofferraumdeckel m **bagageutlämning** s̄ Gepäckausgabe f **bagageutrymme** s̄ n AUTO Kofferraum m
bagare ['ba:garə] ⟨-n; -⟩ Bäcker(in) m(f)
bagatell [baga'tεl] ⟨-en; -er⟩ Kleinigkeit f, Bagatelle f, Lappalie f; **fästa sig vid ~er** sich (akk) mit Kleinigkeiten abgeben **bagatellartad** ADJ geringfügig, unbedeutend **bagatellisera** v/t ⟨1⟩ bagatellisieren
bageri [baɡə'riː] N̄ ⟨-et; -er⟩ Bäckerei f **bagerska** ['ba:-] ⟨-n; -or⟩ Bäckerin f
bagge ['baɡə] ⟨-n; -⟩ Widder m, Schafbock m
baguette [ba'gεt] ⟨-n; -r⟩ Baguette n od f
baisse [bεs] ⟨-en; -er⟩ WIRTSCH Baisse f, Flaute f
bajsa ['bajsa] umg v/t, v/i ⟨1⟩ groß machen; umg Aa machen
bak¹ [baːk] A ⟨-en; -ar⟩ Gesäß n, Hintern m B ADV hinten; **längst ~** ganz hinten
bak² N̄ ⟨-et; -⟩ Backen n; Gebäck n
baka ⟨1⟩ A v/t, v/i backen; **~d potatis** Folienkartoffel f, Ofenkartoffel f B v/p **~ in** fig einarbeiten
bakaxel ['baːkaksəl] A Hinterachse f **bakben** s̄ n Hinterbein n **bakbinda** v/t ⟨4⟩ **~ ngn** j-m die Hände auf dem Rücken fesseln **bakdel** s̄ Hinterteil n **bakdörr** s̄ Hintertür f **bakefter** ADV hinterher
bakelse ['baːkəlsə] ⟨-n; -r⟩ (feines) Gebäck n, Törtchen n
bakerst ['baːkəʂt] ADV hinterst **bakficka** s̄ Gesäßtasche f; Restaurant Hinterstube f; fig **ha ngt i ~n** etw im Ärmel haben **bakfot** s̄ Hinterpfote f; **ha fått ngt om ~en** etw falsch verstanden haben **bakfram** ADV verkehrt **bakfull** ADJ **vara ~** einen Kater haben **bakgata** s̄ Nebenstraße f, Gässchen n **bakgrund** s̄ Hintergrund m **bakhjul** s̄ n Hinterrad n **bakhjulsdrift** s̄ AUTO Hinterradantrieb m **bakhuvud** s̄ n Hinterkopf m **bakhåll** s̄ n Hinterhalt m; **ligga i ~ för ngn** j-m auflauern **bakifrån** ADV von hinten **bakjour** [-ʃuːr] s̄ Arzt (Ruf-)Bereitschaft f **bakljus** ⟨-⟩ → baklykta **baklucka** s̄ Kofferraum m **baklykta** s̄, **baklyse** s̄ n Schlusslicht n, Rücklicht n **baklås** s̄ n **gå i ~** klemmen, sich verklemmen; fig sich festfahren; ins Stocken geraten; **dörren har gått i ~** das Türschloss klemmt **baklänges** ADV rückwärts, rücklings; **gå ~** rückwärtsgehen; **falla ~** hintenüberfallen, rücklings fallen **bakläxa** s̄ Schule Strafarbeit f
bakning ['baːknɪŋ] ⟨-en; -ar⟩ Backen n
bakom ['baːkɔm] A PRÄP hinter B ADV hinten, dahinter
bakplåt [baːkplɔːt] s̄ Backblech n **bakpulver** s̄ n Backpulver n
bakpå ['baːkpɔː] A PRÄP hinten auf B ADV hinten **bakre** ['baːkrə] ADJ hintere(r, s) **bakruta** s̄ Heckscheibe f **baksida** s̄ Rückseite f, Kehrseite f, Hinterseite f **bakslag** s̄ n Rückschlag m **bakslug** ADJ hinterlistig, heimtückisch **bakslughet** s̄ Hinterlist f, Heimtücke f **baksmälla** ⟨-n; -or⟩ umg Kater m **bakstreck** s̄ n IT Backslash m **bakstycke** s̄ n Rückenstück n **baksäte** s̄ n Rücksitz m **baktala** v/t ⟨1⟩ verleumden, anschwärzen **baktanke** s̄ Hintergedanke m
bakterie [bak'teːria] ⟨-n; -r⟩ Bakterie f **bakteriefri** ADJ keimfrei **bakteriehärd** s̄ Bakterienherd m **bakteriekultur** s̄ Bakterienkultur f **bakteriologisk** ADJ bakteriologisch
baktill ADV hinten **baktrappa** s̄ Hintertreppe f **baktråg** ['baːktrɔːg] s̄ n Backtrog m

baktung ['bɑ:ktəŋ] ADJ hinten zu schwer (geladen)
bakugn ['bɑ:kəŋn] S Backofen m
bakut [bak'ɯ:t] ADV nach hinten, rückwärts; **slå ~** (hinten) ausschlagen **bakvagn** S Heck n **bakvatten** S N Stauwasser n, Rückstrom m
bakverk ['bɑ:kværk] S N Backware f, Gebäck n
bakväg ['bɑ:kvɛ:g] S 1 Hintertür f; **gå ~en** hinten herumgehen 2 fig Schleichweg m **bakvänd** ADJ verkehrt, verdreht **bakåt** ADV nach hinten, rückwärts **bakåtlutad** ADJ hintenübergelehnt **bakåtsträvare** ⟨-n; -⟩ Reaktionär(in) m(f)
bakända S Hinterteil n
bal¹ [bɑ:l] ⟨-en; -er⟩ Tanz Ball m; **gå på ~** zum/auf den Ball gehen
bal² ⟨-en; -ar⟩ Waren- Ballen m
balans [ba'laŋs] ⟨-en; -er⟩ Gleichgewicht n; TECH Waagebalken m, Schwinghebel m; WIRTSCH Bilanz f **balans'era** VT, VI ⟨1⟩ balancieren, das Gleichgewicht halten; Rad auswuchten, WIRTSCH die Bilanz ziehen, bilanzieren **balanserad** ADJ ausgeglichen, ausgewogen **balansgång** S Balanceakt m **balanskonto** S N WIRTSCH Bilanzkonto n
balett [ba'lɛt] ⟨-en; -er⟩ Ballett n **balettdansör** S Ballettänzer m **balettdansös** S Balletttänzerin f
balja¹ ['balja] ⟨-n; -or⟩ Säbel- Scheide f; BOT Hülse f
balja² ⟨-n; -or⟩ Kübel m, Bottich m; Wanne f
balk [balk] ⟨-en; -ar⟩ Balken m; JUR Abschnitt m des Gesetzbuches **balka** VP ⟨1⟩ ~ **'av** abteilen
Balkan [bal'kɑ:n] N ⟨inv⟩ der 'Balkan
balkong [bal'kɔŋ] ⟨-en; -er⟩ Balkon m
ball [bal] ADJ umg cool, geil
balla [bala] umg VP ⟨1⟩ ~ **'ur** durchdrehen, ausflippen
ballad [ba'lɑ:d] ⟨-en; -er⟩ Ballade f
ballong [ba'lɔŋ] ⟨-en; -er⟩ Ballon m
balsam ['balsam] N ⟨-et/-en; -/-er⟩ Balsam m; Spülung f **balsam'era** VT ⟨1⟩ (ein)balsamieren **bals'amisk** ADJ balsamisch, wohlriechend **balsamvinäger** S Balsamico m
balt [balt] ⟨-en; -er⟩ Balte m, Baltin f **Baltikum** N ⟨inv⟩ das Baltikum **baltisk** ADJ baltisch
balustrad [balɛ'strɑ:d] ⟨-en; -er⟩ Balustrade f, Brüstung f
bambu ['bambɵ] ⟨-n; kein pl⟩ BOT Bambus m **bamburör** S N Bambusrohr n
bana ['bɑ:na] A ⟨-n; -or⟩ Bahn f; Laufbahn f; umg **i långa banor** in Mengen B VT, V/R ⟨1⟩ bahnen; **~ väg för ngn** j-m den Weg bahnen/ebnen; **~ sig väg** sich (dat) einen Weg bahnen
banal [ba'nɑ:l] ADJ banal, platt, abgedroschen **banalit'et** ⟨-en; -er⟩ Banalität f
banan [ba'nɑ:n] ⟨-en; -er⟩ Banane f
banbrytande ['bɑ:nbry:tanda] ADJ bahnbrechend **banbrytare** ⟨-n; -⟩ Bahnbrecher m
band [band] N ⟨-et; -⟩ 1 Band n; Leine f; **löpande ~** Fließband n; **på löpande ~** am laufenden Band; **spela 'in på ~** auf Band aufnehmen; **lägga ~ på sig** sich (dat) Zwang auferlegen 2 (Fass-)Reifen m 3 Buch Band m; (= Hülle) Einband m 4 Gruppe Bande f 5 MUS Band f **banda** VT ⟨1⟩ aufzeichnen
bandage [ban'dɑ:ʃ] N ⟨-et; -⟩ MED Bandage f, Binde f, Verband m
bandbredd S IT, RADIO Bandbreite f
banderoll [bande'rɔl] ⟨-en; -er⟩ Banderole f; Spruchband n, Transparent n
bandhund ['bandhɵnd] S Kettenhund m
bandit [ban'di:t] ⟨-en; -er⟩ Bandit(in) m(f); **enarmad ~** einarmiger Bandit
bandspag(h)etti S Bandnudeln pl
bandspelare ['bandspe:larə] S Tonbandgerät n
bandsåg ['bandsɔ:g] S TECH Bandsäge f **bandtraktor** S Raupenschlepper m
bandy ['bandy] ⟨-n; kein pl⟩ Torspiel zweier Mannschaften mit je 11 Spielern auf dem Eis Bandy n **bandyklubba** S Bandyschläger m **bandylag** S N Bandymannschaft f **bandymatch** S Bandyspiel n
baner [ba'ne:r] N ⟨-et; -⟩ Banner n **banerförare** S Bannerträger(in) m(f)
bangård ['bɑ:ngɔ:d] S Bahnhof m
bank¹ [baŋk] ⟨-en; -ar⟩ (Sand-)Bank f; Damm m
bank² ⟨-en; -er⟩ Bank f; **enskild ~** Privatbank f; **sätta in pengar på ~en** Geld auf der Bank einzahlen; **ta ut pengar**

på ~en Geld von der Bank abheben
banka ['baŋka] _VII_ ⟨1⟩ klopfen, pochen
bankaffär ['baŋkafɛːr] _S_ Bankgeschäft _n_ **bankbok** _S_ Bankbuch _n_
bankdirektör _S_ Bankdirektor(in) _m(f)_
bankett [baŋ'kɛt] ⟨-et; -er⟩ Bankett _n_
bankfack ['baŋkfak] _S N_ Bankfach _n_; Banktresor _m_ **bankfilial** _S_ Bankfiliale _f_, Zweigstelle _f_ **bankgiro** _S N_ Bankgiroverkehr _m_
bankir [baŋ'kiːr] ⟨-en; -er⟩ Bankier _m_
bankkamrer _S_ Bank ≈ Leiter(in) _m(f)_ der Buchhaltung/Bankfiliale **bankkonto** _S N_ Bankkonto _n_ **bankkort** _S N_ EC-Karte _f_, Debitkarte _f_; österr Bankomatkarte _f_ **bankkris** _S_ Bankenkrise _f_ **banklån** _S N_ Bankanleihe _f_ **bankman** _S_ Banker(in) _m(f)_ **bankomat** ⟨-en; -er⟩ Geldautomat _m_
bankomatkort _S N_ → bankkort
bankrutt [baŋ'krɛt] _A_ _ADJ_ bankrott; _umg_ pleite; **förklara sig ~** den Bankrott erklären, Bankrott anmelden _B_ ⟨-en; -er⟩ Pleite _f_; **göra ~** Bankrott machen, bankrottgehen; _umg_ Pleite machen, pleitegehen **bankruttförklaring** _S_ Bankrotterklärung _f_
bankrån ['baŋkroːn] _S N_ Bankraub _m_ **bankrånare** _S_ Bankräuber(in) _m(f)_ **bankränta** _S_ Bankzins _m_ **banktillgodohavande** _S N_ Bankguthaben _n_ **banktjänsteman** _S_ Bankangestellte(r) _m(f)_/_m_ **bankvalv** _S N_ Tresor _m_
bann [ban] ⟨-et; -⟩ Bann _m_ **banna** _VII_ ⟨1⟩ schelten **bannlysa** _VII_ ⟨2⟩ mit einem Bann belegen; verbannen, ächten **bannlysning** _S_ Bann _m_, Verbannung _f_
banta ['banta] ⟨1⟩ _A_ _VII_ abnehmen, eine Schlankheitskur machen _B_ _VIP_ _fig_ ~ **'ner** vermindern **bantning** ⟨-en; -ar⟩ Abnahme _f_, Abmagerung _f_ **bantningskur** _S_ Schlankheitskur _f_ **bantningsmedel** _S N_, **bantningspreparat** _S N_ Schlankheitsmittel _n_
banvakt ['baːnvakt] _S_ Bahnwärter(in) _m(f)_ **banvall** _S_ Eisenbahndamm _m_

bar[1] [baːr] _ADJ_ bloß, nackt, bar; **in på ~a kroppen** bis auf die Haut; **på ~ gärning** auf frischer Tat; **under ~ himmel** unter freiem Himmel
bar[2] ⟨-en; -er⟩ Bar _f_, Ausschank _m_

bara ['baːra] _A_ _ADV_ nur, bloß; allein; _Zeit, Alter_ erst; **klockan är ~ nio** es ist erst neun Uhr; **det fattades ~!** das fehlte g(e)rade noch!; **gå – på!** nur drauflos! _B_ _KONJ_ wenn (doch) nur; **du kan, ~ du vill du kannst**, wenn du nur willst; **~ han kom snart!** wenn er doch nur bald käme!
barack [ba'rak] ⟨-en; -er⟩ Baracke _f_
bararmad ['baːrarmad] _ADJ_ mit bloßen Armen **barbacka** _ADV_ **rida ~** ohne Sattel reiten
barbar [bar'baːr] ⟨-en; -er⟩ Barbar(in) _m(f)_ **barbari'** _N_ ⟨-(e)t; kein pl⟩ Barbarei _f_ **barb'arisk** _ADJ_ barbarisch
barbent ['baːrbɛnt] _ADJ_ mit nackten Beinen
barberare [bar'beːrarə] ⟨-n; -⟩ Barbier _m_, Friseur _m_
barbiedocka ['ba(r)bidɔka] _S_ Barbiepuppe® _f_
bardisk ['baːdisk] _S_ Schanktisch _m_, Theke _f_
barfota ['baːrfʉːta] _ADJ_ barfuß **barhuvad** _ADJ_ barhäuptig, ohne Hut
bark[1] [bark] ⟨-en; -er/-ar⟩ Segelschiff Bark _f_; _kleines Boot_ Barke _f_
bark[2] ⟨-en; kein pl⟩ _BOT_ Borke _f_, Rinde _f_ **barka** ⟨1⟩ _A_ _VII_ _Haut, Fell_ lohen, gerben _B_ _VII_ _umg_ **det ~r åt skogen** das geht schief _C_ _VIP_ Baum ≈ **'av entrinden**; **~ i 'väg** _umg_ _fig_ losgehen
barhäng _N_ ⟨-et; kein pl⟩ _gemütliches Beisammensein in einer Kneipe_
barkass [bar'kas] ⟨-en; -er⟩ _SCHIFF_ Barkasse _f_
barlast ['baːrlast] _S_ Ballast _m_, tote Last _f_ **barlastad** _ADJ_ mit Ballast beladen
barm [barm] ⟨-en; -ar⟩ Busen _m_, Brust _f_
barmark ['baːrmark] _S_ schneefreier Boden
barmhärtig [barm'hæti(g)] _ADJ_ barmherzig **barmhärtighet** ⟨-en; kein pl⟩ Barmherzigkeit _f_
barn [baːɳ] _N_ ⟨-et; -⟩ Kind _n_; **vara/bli med ~** schwanger sein/werden; **vänta ~** ein Kind erwarten; **lika ~ leka bäst** Gleich und Gleich gesellt sich gern; **alla är (vi) ~ i början** aller Anfang ist schwer; **bli ~ på nytt** wieder zum Kind/kindisch werden; **vara bara ~et** noch ein (kleines) Kind sein; _umg_ **klockan är bara ~et** es ist noch früh

(am Abend) **barnadödlighet** ₅ Kindersterblichkeit f **barnamord** ₅ₙ Kindesmord m **barnarbete** ₅ₙ Kinderarbeit f **barnarov** ₅ₙ Kindesraub m **barnasinne** ₅ₙ kindliches Gemüt n **barnavårdscentral** ₅ Kinderfürsorgeamt n; Mütterberatungsstelle f **barnavårdsnämnd** ₅ Jugendbehörde f, Jugendamt n **barnbarn** ₅ Enkel(in) m(f), Enkelkind n **barnbarnsbarn** ₅ₙ Urenkel(in) m(f) **barnbidrag** ₅ Kindergeld n **barnbiljett** ₅ Kinder(fahr)karte f **barnbok** ₅ Kinderbuch n **barndom** ⟨-en; kein pl⟩ Kindheit f; **från ~en** von Kindheit an, von klein auf **barndomshem** ₅ₙ Elternhaus n **barndomsminne** ₅ₙ Kindheitserinnerung f **barndomsvän** ₅ Jugendfreund m **barndop** ₅ₙ Kind(s)taufe f **barnfamilj** Familie mit Kindern **barnflicka** ₅ Kindermädchen n **barnförbjuden** ᴀᴅᴊ nicht jugendfrei **barnförlamning** ₅ Kinderlähmung f **barnhem** ₅ₙ Kinderheim n **barnkammare** ₅ Kinderzimmer n **barnkär** ᴀᴅᴊ kinderlieb **barnledig** ᴀᴅᴊ **vara ~** Elternzeit haben **barnlek** ₅ Kinderspiel n **barnläkare** ₅ Kinderarzt m, Kinderärztin f **barnlös** ᴀᴅᴊ kinderlos **barnmat** ₅ Babynahrung f **barnmisshandel** ₅ Kindesmisshandlung f **barnmorska** ⟨-n; -or⟩ Hebamme f **barnomsorg** ₅ Kinderfürsorge f **barnpassning** ₅ Kinderbetreuung f **barnpornografi** ₅ Kinderpornografie f **barnportion** ₅ Kinderteller m **barnprogram** ₅ₙ Kindersendung f, Kinderprogramm n **barnsben** ₅ₙ **från ~** von Kindesbeinen an **barnsits** ₅ Kindersitz m **barnsjukdom** ₅ Kinderkrankheit f **barnsköterska** ₅ Säuglingsschwester f, Kinderpflegerin f **barnslig** ᴀᴅᴊ kindlich; kindisch **barnslighet** ⟨-en; -er⟩ Kindlichkeit f; **~er** Kinderkram m; Kinderei f **barnsäker** ᴀᴅᴊ kindersicher **barnsäng** ₅ Kinderbett n; ᴍᴇᴅ Wochenbett n **barntillsyn** ₅ Kinderbetreuung f **barntillåten** ᴀᴅᴊ jugendfrei, für Jugendliche zugelassen **barnunge** ₅ Kind n, Kindchen n **barnuppfostran** ₅ Kindererziehung f **barnvagn** ₅ Kinderwagen m **barnvakt** ₅ Babysitter(in) m(f) **barnvänlig** ᴀᴅᴊ kinderfreundlich **barock** [ba'rɔk] Ⓐ ᴀᴅᴊ barock; sonderbar, verdreht; grotesk Ⓑ ⟨-en; kein pl⟩ Barock n od m **barometer** [barʊ'me:tər] ⟨-n; -ar⟩ Barometer n **barometerstånd** ₅ₙ Barometerstand m **baron** [ba'ru:n] ⟨-en; -er⟩ Baron m, Freiherr m **baro'nessa** ⟨-n; -or⟩ Baronin f, Freifrau f **barr¹** [bar] ⟨-en; -er⟩ Turngerät Barren m **barr²** ɴ ⟨-et; -⟩ ʙᴏᴛ Nadel f **barra** ᴠɪᴛ ⟨1⟩ nadeln, die Nadeln verlieren **barrikad** [bari'ka:d] ⟨-en; -er⟩ Barrikade f **barrika'dera** ᴠɪᴛ ⟨1⟩ verbarrikadieren; umg verrammeln **barriär** [bari'æ:r] ⟨-en; -er⟩ Barriere f, Schranke f **barrskog** ['barskuːg] ₅ Nadelwald m **barrträd** ₅ₙ Nadelbaum m **barservering** ['ba:rservə:riŋ] ₅ Cafeteria f; Selbstbedienungsrestaurant n **barsk** [baʂk] ᴀᴅᴊ barsch, schroff **barskhet** ⟨-en; kein pl⟩ Barschheit f, Schroffheit f **barskrapad** ['ba:ʂkra:pad] ᴀᴅᴊ bettelarm; umg abgebrannt, pleite **barskåp** ['ba:ʂko:p] ₅ₙ Hausbar f **bartender** ⟨-n; -ar⟩ Barkeeper m **baryton** ['barytɔn] ⟨-en; -er⟩ ᴍᴜs Bariton m **bas¹** [ba:s] ⟨-en; -er⟩ Fundament n; Basis f; ᴄʜᴇᴍ Base f **bas²** ⟨-en; -ar⟩ ᴍᴜs Bass m; Bassist(in) m(f) **bas³** ⟨-en; -ar⟩ Vorarbeiter(in) m(f); Werkmeister(in) m(f); Bau- Polier(in) m(f) **basa** ᴠɪᴛ ⟨1⟩ die Arbeit leiten **basar** [ba'sɑːr] ⟨-en; -er⟩ Basar m **basbelopp** ['bɑːsbəlɔp] ₅ₙ Bemessungsbeitrag m **basera** [ba'se:ra] ⟨1⟩ Ⓐ ᴠɪᴛ basieren, gründen (**på** auf dat) Ⓑ ᴠɪʀ **~ sig** sich gründen (**på** auf akk), basieren (**på** auf dat) **basfiol** ['bɑːsfiuːl] ₅ Bassgeige f, Kontrabass m **basilika** [ba'siːlika] ⟨-n; -or⟩ Basilikum n; Kirche Basilika f **basis** ['bɑːsis] ⟨inv⟩ Basis f, Grundlage f; **på ~ av** auf der Basis (gen) **basisk** ['bɑːsisk] ᴀᴅᴊ ᴄʜᴇᴍ basisch **basker** ['baskər] ⟨-n; -ar⟩, **basker-**

mössa s̅ Baskenmütze f
basketboll ['bɑːskətˈbɔl] s̅ Basketball m
baskisk ADJ baskisch
baskunskap ['bɑːskənˌskɑːp] s̅ Grundkenntnis f **baslivsmedel** S N Grundnahrungsmittel n
basröst s̅, **basstämma** s̅ Bass m, Bassstimme f
bassäng [baˈsɛŋ] ⟨-en; -er⟩ Bassin n, Wasserbecken n, Schwimmbecken n
bast [bast] N ⟨-et; kein pl⟩ Bast m
basta[1] ['basta] VI ⟨1⟩ saunen
basta[2] INTER **och därmed ~** und damit basta
bastant [baˈstant] ADJ kräftig
bastrumma ['bɑːstrɔma] s̅ MUS große Trommel
bastu ['bastə] ⟨-n; -r⟩ Sauna f; **bada ~** in die Sauna gehen
basun [baˈsuːn] ⟨-en; -er⟩ MUS Posaune f **basun'era** VIP ⟨1⟩ fig **~ 'ut** ausposaunen, an die große Glocke hängen
basvara ['bɑːsvaːra] s̅ Gebrauchsartikel m
batalj [baˈtalj] ⟨-en; -er⟩ MIL Schlacht f
batalj'on ⟨-en; -er⟩ Bataillon n
batong [baˈtɔŋ] ⟨-en; -er⟩ Gummiknüppel m
batteri [bataˈriː] N ⟨-et; -er⟩ Batterie f
batteridriven ADJ batteriebetrieben
baxna ['baksna] umg VI ⟨1⟩ verblüfft/verdutzt sein, wie vom Donner gerührt sein; umg **det är så man ~r** da staunt man Bauklötze
bayersk ['bajɛʂk], **bajersk** ADJ bayerisch **bayrare**, **bajrare** ⟨-n; -⟩ Bayer(in) m(f)
BB ABK ⟨-:t; -:n⟩ (= barnbördshus) Geburtsklinik f, Entbindungsstation f
be [beː] VT, VI ⟨4⟩ beten; bitten (**ngn om ngt** j-n um etw)
beachvolleyboll s̅ Beachvolleyball m
beakta [beˈakta] VT ⟨1⟩ beachten, berücksichtigen **beaktande** N ⟨-t; kein pl⟩ Beachtung f, Berücksichtigung f **beaktansvärd** ADJ beachtenswert
bearbeta [beˈarbeːta] VT ⟨1⟩ verarbeiten; bearbeiten
bebis ['beːbis] ⟨-en; -ar⟩ Baby n
beblanda [beˈblanda] VR ⟨1⟩ **~ sig** verkehren; sich einlassen
bebo [beˈbuː] VT ⟨3⟩ bewohnen

bebo(e)lig ADJ bewohnbar
bebygga [beˈbyga] VT ⟨2⟩ bebauen; besiedeln **bebyggelse** ⟨-n; -r⟩ Bebauen n, Bebauung f; Besied(e)lung f
beck [bek] N ⟨-et; kein pl⟩ Pech n
beckasin [bekaˈsiːn] ⟨-en; -er⟩ Bekassine f, Sumpfschnepfe f
beckmörk ['bekmœrk] ADJ pechfinster
becksvart ADJ pechschwarz
bedarra [beˈdara] VI ⟨1⟩ nachlassen, sich legen; SCHIFF abflauen
bedja REL ~ be
bedra [beˈdrɑː] ⟨4⟩ A VT betrügen, täuschen, hintergehen; **~ ngn på ngt** j-n um etw betrügen B VI **skenet ~r** der Schein trügt C VR **~ sig** sich täuschen, sich irren; **~ sig på ngn** sich in j-m täuschen **bedragare** ⟨-n; -⟩ Betrüger m
bedrift ⟨-en; -er⟩ (Groß-)Tat f
bedriva VT ⟨4⟩ (be)treiben
bedräge'ri [beˈdrɛgəriː] N ⟨-et; -er⟩ Betrug m, Täuschung f, Betrügerei f
bedräglig ADJ (be)trügerisch
bedröva [beˈdrøːva] VT ⟨1⟩ betrüben, traurig machen **bedrövad** ADJ betrübt, traurig **bedrövelse** ⟨-n; kein pl⟩ Betrübnis f, Trübsal f **bedrövlig** ADJ betrüblich, traurig, kläglich **bedrövlighet** ⟨-en; -er⟩ traurige Angelegenheit f
bedyra [beˈdyːra] VT ⟨1⟩ beteuern **bedyrande** N ⟨-t; -n⟩ Beteu(e)rung f
be'dåra [beˈdɔːra] VT ⟨1⟩ betören, bezaubern **bedårande** ADJ entzückend, bezaubernd
bedöma [beˈdøma] VT ⟨2⟩ beurteilen, schätzen **bedömare** ⟨-n; -⟩ Beurteiler(in) m(f) **bedömning** ⟨-en; -ar⟩ Beurteilung f; Ermessen n; SPORT Wertung f **bedömningsfråga** s̅ Ermessensfrage f
bedöva [beˈdøːva] VT ⟨1⟩ betäuben **bedövning** ⟨-en; -ar⟩ Betäubung f **bedövningsmedel** S N Betäubungsmittel n
befalla [beˈfala] VT ⟨2⟩ befehlen; feierlich gebieten; **~ ngn att göra ngt** j-m befehlen, etw zu tun **befallande** ADJ befehlend, gebieterisch, herrisch **befallning** ⟨-en; -ar⟩ Befehl m; **på hans ~** auf seinen Befehl (hin)
befara[1] [beˈfɑːra] VT ⟨1⟩ befürchten, besorgen **befara**[2] VT ⟨4⟩ befahren

be'fatta <u>VR</u> ⟨1⟩ ~ **sig** sich befassen, sich abgeben, sich beschäftigen **befattning** <u>S</u> Posten *m*, (An-)Stellung *f*, Stelle *f*
befinna [be'fina] <u>VR</u> ⟨4⟩ ~ **sig** sich befinden **befinnande** <u>N</u> ⟨-t; kein pl⟩ Befinden *n* **befinnas** <u>VI</u> (dep 4) sich erweisen, sich herausstellen **befintlig** <u>ADJ</u> befindlich, vorhanden **befintlighet** ⟨-en; kein pl⟩ Vorhandensein *n*
befläcka [be'flɛka] <u>VT</u> ⟨1⟩ beflecken
be'fogad [be'fu:gad] <u>ADJ</u> befugt, berechtigt, begründet **befogenhet** ⟨-en; -er⟩ Befugnis *f*, Berechtigung *f*
befolka [be'folka] <u>VT</u> ⟨1⟩ bevölkern **befolkad** <u>ADJ</u> bevölkert, besiedelt; **vara tätt/glest ~** dicht/dünn besiedelt sein **befolkning** ⟨-en; -ar⟩ Bevölkerung *f* **befolkningstillväxt** <u>S</u> Bevölkerungswachstum *n* **befolkningstäthet** <u>S</u> Bevölkerungsdichte *f*
befordra [be'fu:dra] <u>VT</u> ⟨1⟩ befördern; fördern **befordran** ⟨-; befordringar⟩ Beförderung *f*; Förderung *f*; **för vidare ~** zur Weiterbeförderung
befria [be'fri:a] <u>VT</u> ⟨1⟩ befreien (**från** von); *fig a.* entbinden (**från** von), entheben (**från** *gen*) **befriande** <u>A</u> <u>ADJ</u> befreiend <u>B</u> <u>ADV</u> erleichternd **befriare** ⟨-n; -⟩ Befreier(in) *m(f)* **befrielse** ⟨-n; -r⟩ Befreiung *f*, Rettung *f*, Erlösung *f*; Erleichterung *f* **befrielsekrig** <u>S N</u> Befreiungskrieg *m*
befrukta [be'frøkta] <u>VT</u> ⟨1⟩ befruchten; schwängern **befruktning** ⟨-en; -ar⟩ Befruchtung *f*
be'främja <u>VT</u> ⟨1⟩ fördern, befördern
befullmäktiga [be'følmɛktiga] <u>VT</u> ⟨1⟩ bevollmächtigen, ermächtigen
befäl [be'fɛ:l] <u>N</u> ⟨-et; -⟩ Befehl *m*; Offizier *m*; **högsta ~et** der Oberbefehl **befälhavare** ⟨-n; -⟩ Befehlshaber(in) *m(f)*; SCHIFF Kapitän(in) *m(f)*
befängd [be'fɛŋd] <u>ADJ</u> verrückt, verdreht, unsinnig
befäst [be'fɛst] <u>ADJ</u> befestigt, fest **befästa** <u>VT</u> ⟨2⟩ befestigen; bekräftigen **befästning** ⟨-en; -ar⟩ Befestigung *f*
begagna [be'gaŋna] <u>VT</u> ⟨1⟩ benutzen, gebrauchen, anwenden, verwenden; *Kleidung* tragen; **~d bil** Gebrauchtwagen *m*; **köpa ngt ~t** etwas gebraucht kaufen
bege [be'je:] <u>VT</u> ⟨4⟩ <u>A</u> <u>VR</u> ~ **sig** sich begeben <u>B</u> <u>VP</u> ~ **sig 'av** sich auf den Weg machen
begeistrad [be'gajstrad] <u>ADJ</u> begeistert
begivenhet [be'ji:vənhe:t] ⟨-en; -er⟩ Begebenheit *f*
begrava [be'grɑ:va] ⟨2⟩ <u>A</u> <u>VT</u> begraben, beerdigen <u>B</u> <u>VR</u> *fig* ~ **sig** sich vergraben (**i** in *dat od akk*) **begravning** ⟨-en; -ar⟩ Begräbnis *n*, Beerdigung *f* **begravningsbyrå** <u>S</u> Beerdigungsinstitut *n* **begravningsentreprenör** <u>S</u> Beerdigungsunternehmer *m* **begravningsplats** <u>S</u> Begräbnisstätte *f* **begravningståg** <u>S N</u> Trauerzug *m*
begrepp [be'grep] <u>N</u> ⟨-et; -⟩ Begriff *m*, Vorstellung *f*, Auffassung *f*, Ahnung *f* (**om** von) **begripa** <u>VT</u> ⟨4⟩ begreifen, verstehen; *umg* kapieren **begriplig** <u>ADJ</u> begreiflich, verständlich (**för ngn** j-m)
begrunda <u>VT</u> ⟨1⟩ nachdenken, nachsinnen (**ngt** über etw *akk*), erwägen, überdenken **begrundan** ⟨inv⟩ Nachdenken *n*, Nachsinnen *n*, Erwägung *f*; **vid närmare ~** bei näherer Überlegung
begränsa <u>VT</u> ⟨1⟩ <u>A</u> <u>VT</u> begrenzen, beschränken (**till** auf *akk*) <u>B</u> <u>VR</u> ~ **sig** sich beschränken (**till** auf *akk*) **begränsad** <u>ADJ</u> beschränkt; *zeitlich* befristet **begränsning** ⟨-en; -ar⟩ Begrenzung *f*, Beschränkung *f*
begynnande [be'jynandə] <u>ADJ</u> beginnend **begynnelse** ⟨-n; -r⟩ Beginn *m*, Anfang *m* **begynnelsebokstav** <u>S</u> Anfangsbuchstabe *m*
begå [be'go:] <u>VT</u> ⟨4⟩ begehen; **~ ett brott** ein Verbrechen begehen; **~ ett fel** einen Fehler machen
begåvad [be'go:vad] <u>ADJ</u> begabt; **högt ~** hochbegabt; **språkligt ~** sprachbegabt **begåvning** ⟨-en; -ar⟩ Begabung *f*, Befähigung *f*; *Person* Talent *n* **begåvningsreserv** <u>S</u> Begabungsreserve *f* Potenzial an Begabungen, auf die man bei Bedarf zurückgreifen kann
begär [be'jæ:r] <u>N</u> ⟨-et; -⟩ Verlangen *n*, Begehren *n*, Begierde *f* **begära** <u>VT</u> ⟨2⟩ begehren; verlangen, beanspruchen; JUR beantragen; **~ avsked** seine Kündigung einreichen; **~ ordet** ums Wort bitten; **~ ngt av ngn** etw von j-m verlangen; j-m etw zumuten **begäran** ⟨inv⟩ Verlangen *n*, Forderung

f; Bitte f; JUR, PARL Antrag m; **på (allmän) ~** auf (allgemeinen) Wunsch **begärlig** ADJ begierig, lüstern (*efter nach*, *od auf akk*) begehrt, gefragt, gesucht

behag [be'hɑ:g] N ⟨-et; -⟩ Gefallen n, Behagen n; Anmut f, Reiz m; (allt) **efter ~** (je) nach Belieben; **nyhetens ~** der Reiz der Neuheit **behaga** VT ⟨1⟩ gefallen, behagen (ngn j-m); belieben; **konsten att ~** die Kunst zu gefallen **behagfull** ADJ anmutig, gefällig **behaglig** ADJ behaglich, angenehm, gefällig; **en ~ känsla** ein angenehmes/ wohliges Gefühl; **känna sig ~ till mods** sich behaglich fühlen

behandla [be'handla] VT ⟨1⟩ behandeln; **~ ngn orättvist** j-n benachteiligen **behandling** ⟨-en; -ar⟩ Behandlung f

behjälplig [be'jɛlpli(g)] ADJ **vara ~ med ngt** j-m behilflich sein bei etw

behjärtansvärd [be'jætans'væ:d] ADJ beherzigenswert

behov [be'hu:v] N ⟨-et; -⟩ Bedürfnis n (*av nach*), Bedarf m (*av an dat*); **vid ~** bei Bedarf, im Bedarfsfall; **i mån av ~** nach Bedarf; **för eget ~** für den eigenen Bedarf; **vara i (trängande) ~ av ngt** etw (dringend) brauchen (*od* nötig haben); **i ~ av vila** ruhebedürftig **behovsprövning** S Bedürftigkeitsüberprüfung f

behå [be'hɔ:] N ⟨-n; -ar⟩ Büstenhalter m, BH m

behåll [be'hɔl] N ⟨inv⟩ **ha i ~** noch besitzen, übrig haben; **vara i ~** übrig geblieben/noch vorhanden sein; **inte ha sina sinnen i ~** nicht recht bei Sinnen sein; **komma undan med livet i ~** mit dem Leben davonkommen **behålla** ⟨4⟩ VT behalten VP **~ 'på** anbehalten, aufbehalten **behållare** ⟨-n; -⟩ Behälter m, Behältnis n; TECH a. Tank m **behållning** ⟨-en; -ar⟩ Rest m; Gewinn m, Ertrag m; *fig* Nutzen m; **kontant ~** Kassenbestand m; **ren ~** Reingewinn m, Reinertrag m; **ha ~ av ngt** etw von etw haben

behäftad [be'hɛftad] ADJ behaftet

behändig [be'hɛndi(g)] ADJ geschickt, gewandt, flink; handlich, bequem; niedlich, reizend

behärska [be'hæʂka] VT, VR ⟨1⟩ beherrschen **(sig sich) behärskning** ⟨-en; kein pl⟩ Beherrschung f

behörig [be'hœ:ri(g)] ADJ zuständig; berechtigt, kompetent; **~ myndighet** die zuständige Behörde **behörighet** ⟨-en; -er⟩ Befugnis f, Berechtigung f, Zuständigkeit f

behöva [be'hø:va] VT ⟨2⟩ brauchen, bedürfen, nötig haben **behövande** ADJ bedürftig, arm **behövas** VT, VI (*dep 2*) nötig sein; gebraucht werden; *nur unpersönlich* bedürfen; **det behövs inte** es ist nicht nötig; **det behövs bara ett ord** es bedarf nur eines Wortes; **om så behövs** wenn nötig **behövlig** ADJ nötig, erforderlich, notwendig

beige [bɛ:ʃ] ADJ beige

beivra [be'i:vra] VT ⟨1⟩ **~ ngt** gegen (*akk*) einschreiten; gerichtlich verfolgen

bejaka [be'jɑ:ka] VT ⟨1⟩ bejahen **bejakande** A ADJ bejahend, beistimmend B N ⟨-t; -⟩ Bejahung f

bekant [be'kant] A ADJ bekannt; **som ~ (är)** bekanntlich, wie bekannt, bekanntermaßen B Bekannte(r) m/f(m) **bekanta** VR ⟨1⟩ **~ sig** sich bekannt machen (*med mit*) **bekantskap** ⟨-en; -er⟩ Bekanntschaft f; **göra ~ med ngn** die Bekanntschaft j-s machen, mit j-m bekannt werden **bekantskapskrets** S Bekanntschaft f, Bekanntenkreis m

beklaga [be'klɑ:ga] ⟨1⟩ A VT bedauern, beklagen; **~ sorgen** (j-m) sein Beileid bezeigen/aussprechen B VR **~ sig** sich beschweren/beklagen (**för** bei, **över** über *akk*) **beklagande** N ⟨-t; -n⟩ Bedauern n, Beklagen n **beklagansvärd** ADJ bedauernswert, beklagenswert **beklaglig** ADJ bedauerlich **beklagligtvis** ADV bedauerlicherweise

beklädnad [be'klɛdnad] ⟨-en; -er⟩ Bekleidung f; TECH Verkleidung f

beklämd [be'klɛmd] ADJ beklommen **beklämmande** ADJ beklemmend

bekomma [be'kɔma] VI ⟨4⟩ **det bekommer mig inte** es macht mir nichts aus; **inte låta sig ~s** sich nicht stören lassen; **väl bekomme!** wohl bekomms!; prosit!

bekosta VT ⟨1⟩ die Kosten tragen/bestreiten, bezahlen **bekostnad** ⟨inv⟩

(Un-)Kosten *pl*; **på andras ~** auf anderer Leute Kosten; **på egen ~** auf eigene Kosten; **på statens ~** auf Staatskosten
bekräfta V̄T ⟨1⟩ bekräftigen, bestätigen **bekräftelse** ⟨-n; -r⟩ Bekräftigung *f*, Bestätigung *f* (**på** *gen*)
bekväm [bə'kvɛːm] ADJ bequem; wohnlich; gemächlich, träge **bekvämlighet** ⟨-en; -er⟩ Bequemlichkeit *f*, Gemächlichkeit *f*; Komfort *m*; **med alla moderna ~er** mit allem Komfort
bekymmer [bə'çymər] N̄ ⟨-et; -⟩ Sorge *f*, Kummer *m*, Besorgnis *f*; **vålla ngn ~** j-m Sorgen/Kummer machen/bereiten **bekymmersam** ADJ sorgenvoll, kummervoll **bekymmersfri** ADJ sorgenfrei **bekymmerslös** ADJ sorglos **bekymra** ⟨1⟩ A V̄T ~ **ngn** j-n bekümmern, j-m Sorge/Kummer machen B V̄R ~ **sig om** sich kümmern um; ~ **sig (mycket) för/över** sich (große) Sorgen machen um/über **bekymrad** ADJ bekümmert, betrübt (**för/över** über *akk*), besorgt (**för um**)
bekämpa [bə'çɛmpa] V̄T ⟨1⟩ bekämpfen **bekämpande** N̄ ⟨-t; kein *pl*⟩ Bekämpfung *f* **bekämpningsmedel** S̄ N̄ Bekämpfungsmittel *n*
bekänna [bə'çɛna] V̄T ⟨1⟩ bekennen, eingestehen **bekännelse** ⟨-n; -r⟩ Bekenntnis *n*, Geständnis *n*, Eingeständnis *n*
belackare [bə'lakarə] ⟨-n; -⟩ Verleumder(in) *m(f)*, Lästerer *m*
belamra V̄T ⟨1⟩ überfüllen, überladen; *umg* vollpfropfen
belasta [bə'lasta] V̄T ⟨1⟩ belasten **belastning** ⟨-en; -ar⟩ Belastung *f*, Beladung *f*
belevad [bə'leːvad] ADJ gesittet, höflich, manierlich, gewandt
belgare ['beljarə] ⟨-n; -⟩ Belgier(in) *m(f)* **Belgien** N̄ ⟨inv⟩ Belgien **belgier** ⟨-n; -⟩ Belgier *m* **belgisk** ADJ belgisch **belgiska** ⟨-n; -or⟩ Belgierin *f*
belopp [bə'lɔp] N̄ ⟨-et; -⟩ Betrag *m*, Summe *f*; **på/till ett ~ av** im Betrag von, in Höhe von
belysa [bə'lyːsa] V̄T ⟨2⟩ beleuchten, FOTO belichten; *fig* erläutern **belysande** ADJ aufschlussreich; bezeichnend **belysning** ⟨-en; -ar⟩ Beleuchtung *f*; *fig* a. Licht *n* **belysningsar-**

matur S̄ Beleuchtung
belåna [bə'loːna] V̄T ⟨1⟩ beleihen; verpfänden, versetzen
belåten [bə'loːtən] ADJ zufrieden **belåtenhet** ⟨-en; kein *pl*⟩ Zufriedenheit *f*
be'lägen ADJ gelegen **belägenhet** ⟨-en; -er⟩ Lage *f*, Situation *f*
belägg [bə'lɛɡ] N̄ ⟨-et; -⟩ Beleg *m* **belägga** V̄T ⟨4⟩ belegen **beläggning** ⟨-en; -ar⟩ *a*. MED Belag *m*; Belegung *f*; Belegheit *f*
belägra [bə'lɛːɡra] V̄T ⟨1⟩ belagern **belägring** ⟨-en; -ar⟩ Belagerung *f*
beläst [bə'lɛːst] ADJ belesen
be'löna V̄T ⟨1⟩ belohnen **belöning** ⟨-en; -ar⟩ Belohnung *f*, Lohn *m*; **utfästa en ~** eine Belohnung aussetzen
be'manna ⟨1⟩ A V̄T bemannen B V̄R ~ **sig** sich aufraffen; sich wappnen **bemanning** ⟨-en; -ar⟩ Bemannung *f* **bemanningsföretag** S̄ N̄ Personaldienstleister *m*
be'medlad ADJ bemittelt, begütert; **mindre ~** minderbemittelt
be'myndiga V̄T ⟨1⟩ ermächtigen, bevollmächtigen, autorisieren; ~**d översättning** autorisierte Übersetzung **bemyndigande** N̄ ⟨-t; -n⟩ Ermächtigung *f*, Genehmigung *f*, Vollmacht *f*
be'märkelse [bə'mærkəlsə] ⟨-n; -r⟩ Bedeutung *f*, Sinn *m*; **i ordets rätta ~** im wahrsten Sinne des Wortes **bemärkelsedag** S̄ Gedenktag *m*, denkwürdiger (*od* wichtiger) Tag **bemärkt** ADJ bekannt
be'mästra [bə'mɛstra] V̄T ⟨1⟩ meistern; bewältigen
be'möda V̄R ⟨1⟩ ~ **sig** sich bemühen (**om um**), bestrebt sein **bemödande** N̄ ⟨-t; -n⟩ Bemühung *f*, Bestrebung *f*, Bestreben *n*
be'möta V̄T ⟨2⟩ behandeln, begegnen; beantworten, erwidern; entgegentreten, widerlegen **bemötande** N̄ ⟨-t; -n⟩ Behandlung *f*, Aufnahme *f*; Beantwortung *f*, Entgegnung *f*, Widerlegung *f*
ben [beːn] N̄ ⟨-et; -⟩ Bein *n*; Knochen *m*; *koll* Gebein *n*; *Fisch* Gräte *f*; *umg fig* **lägga ~en på ryggen** die Beine in die Hand nehmen; **vara bara skinn och ~** nur noch Haut und Knochen sein; **gå genom märg och ~** durch

bena¹ ['be:na] A ⟨-n; -or⟩ Scheitel m B VT ⟨1⟩ Haar scheiteln
bena² ⟨1⟩ A VT Fisch entgräten B VP fig ~ **'upp/'ut** klären; zerlegen **benbrott** SN Beinbruch m; Knochenbruch m **benfri** ADJ Fleisch ohne Knochen; Fisch ohne Gräten, grätenlos **benget** [-je:t] iron, fig ⟨ ⟩ magere Ziege; Knochengestell n **benhinna** S ANAT Knochenhaut f **benhård** ADJ steinhart **benig** ADJ voller Knochen/Gräten; fig verzwickt, heikel **benknota** S Knochen m **benmärg** S Knochenmark n **benpipa** S Röhrenknochen m **benrangel** N ⟨-et; -⟩ Gerippe n, Skelett n **benröta** S MED Knochenfäule f
bensin [ben'si:n] ⟨-en; kein pl⟩ Benzin n; **blyfri** ~ bleifreies Benzin; **fylla på** ~ tanken **bensindunk** S Benzinkanister m **bensinmack** S Tankstelle f **bensinmätare** S Tankuhr f; AUTO Benzinuhr f, Benzinmesser m **bensinpump** S Zapfsäule f, Zapfstelle f **bensinstation** S Tankstelle f **bensintank** S Benzintank m
benskada ['be:nska:da] S Knochenverletzung f, Beinverletzung f **benskydd** SN SPORT Beinschutz m **benskärva** S Knochensplitter m **benstomme** S Knochengerüst n
benåda [be'no:da] VT ⟨1⟩ begnadigen **benådning** ⟨-en; -ar⟩ Begnadigung f
be'nägen ADJ geneigt (på/till zu); gefällig **benägenhet** ⟨-en; kein pl⟩ Neigung f, Hang m
be'nämna VT ⟨2⟩ benennen **benämning** ⟨-en; -ar⟩ Benennung f; **gå under** ~en X X genannt werden
beordra [be'o:dra] VT ⟨1⟩ beauftragen
be'prövad ADJ erprobt, bewährt
bereda [be're:da] ⟨1⟩ A VT bereiten, zubereiten; TECH a. anmachen, zurichten; ~ **ngn tillfälle** j-m Gelegenheit geben (till zu) B VR ~ **sig** sich vorbereiten, sich gefasst machen (på auf akk)
beredd ADJ bereit, fertig; gefasst; ~ **på det värsta** auf das Schlimmste gefasst **beredning** ⟨-en; -ar⟩ (Zu-)Bereitung f; Ausschuss m, Kommission f **beredskap** ⟨-en; -er⟩ Bereitschaft f **beredvillig** ADJ bereit, bereitwillig **beredvillighet** S Bereitwilligkeit f

berest [be're:st] ADJ bereist
berg [bærj] N ⟨-et; -⟩ Berg m, Gebirge n, Felsen m; GEOL Gestein n; **uppför/nerför** ~et bergauf/bergab **bergart** S Gestein n, Gesteinsart f **bergbana** S Bergbahn f **bergfast** ADJ felsenfest **berggrund** S Gebirgsgrund m, Felsengrund m **berghäll** S Felsenplatte f **bergig** ADJ gebirgig, bergig **bergkristall** S Bergkristall m **berglandskap** SN Gebirgslandschaft f **bergmassiv** S Gebirgsmassiv n **berg-och-dal-bana** S Achterbahn f, Berg-und-Tal-Bahn f **bergsbestigning** S Bergbesteigung f **bergsbruk** SN Bergbau m **bergsingenjör** S Berg(bau)ingenieur(in) m(f) **bergskam** S Gebirgskamm m, Gebirgsgrat m **bergskedja** S Gebirgskette f **bergsklättning** S Bergsteigen n **bergsknalle** S felsige Anhöhe f **bergspredikan** S REL Bergpredigt f **bergsprängare** S Gettoblaster m **bergstopp** S Gipfel m, Berggipfel m **bergstrakt** S Gebirgsgegend f **bergsvandring** S zu Fuß Bergtour f **bergsäker** ADJ todsicher **bergtagen** ADJ vom Berggeist entführt, bergentrückt **bergverk** SN Bergwerk n; Zeche f **bergvägg** S Felswand f
berika VT ⟨1⟩ bereichern
berlinare [ber'li:nara] ⟨-n; -⟩ Berliner(in) m(f)
bero [be'ru:] VI ⟨3⟩ beruhen (på auf dat), abhängen (på von); **det** ~**r på att** ... es beruht darauf/liegt daran, dass ...; **det** ~**r** (**alldeles**) **på** es kommt (ganz) darauf an **beroende** A ADJ abhängig (av von), bedingt (av durch) B N ⟨-t; kein pl⟩ Abhängigkeit f, Bedingtheit f **beroendeframkallande** ADJ Sucht erzeugend
berså [bæ'ʃo:] ⟨-n; -er⟩ Laube f
berusa [be'rʉ:sa] VT ⟨1⟩ berauschen **berusad** ADJ berauscht; angeheitert, beschwipst **berusning** ⟨-en; -ar⟩ Rausch m
beryktad [be'ryktad] ADJ berüchtigt, verrufen, verschrien
berått [be'rɔt] ADJ **med** ~ **mod** vorsätzlich
beräkna [be'rɛ:kna] VT ⟨1⟩ berechnen; veranschlagen, bemessen; ~**d ankomst** voraussichtliche Ankunft **beräknan-**

54 • beräknande – beskärd

de ADJ berechnend **beräkning** ⟨-en; -ar⟩ Berechnung f (av aus), Schätzung f; **ta (med) i ~** in Betracht ziehen
berätta [bɛˈrɛta] VT ⟨1⟩ erzählen (**för ngn** j-m), (**om** über akk von); berichten (**för ngn** j-m), (**om** über akk von) **berättare** ⟨-n; -⟩ Erzähler(in) m(f) **berättelse** ⟨-n; -r⟩ Erzählung f, Geschichte f; Bericht m (**om** über akk von)
berättiga [bɛˈrɛtiga] VT ⟨1⟩ berechtigen **berättigad** ADJ berechtigt, befugt **berättigande** N ⟨-t; kein pl⟩ Berechtigung f, Befugnis f
beröm [bɛˈrøm] N ⟨-met; kein pl⟩ Lob n, Ruhm m **berömd** ADJ berühmt (**för** wegen) **berömdhet** ⟨-en; -er⟩ Berühmtheit f **berömlig** ADJ lobenswert, rühmlich **berömma** ⟨2⟩ A VT loben (**för** für, wegen) B VR **~ sig** sich rühmen (av gen) **berömmelse** ⟨-n; kein pl⟩ Lob n, Ruhm m; Ehre f **berömvärd** ADJ → berömlig
beröra [bɛˈrœːra] VT ⟨2⟩ berühren, streifen **berörd** ADJ berührt; erwähnt; **illa ~** unangenehm berührt **beröring** ⟨-en; -ar⟩ Berührung f **beröringspunkt** S Berührungspunkt m
beröva [bɛˈrøːva] ⟨1⟩ A VT **~ ngn ngt** j-m etw (gen) berauben, j-m etw (akk) rauben, j-n um etw (akk) bringen; **~ ngn möjligheten** j-m die Möglichkeit nehmen B VR **~ sig livet** sich (dat) das Leben nehmen
besanna VT ⟨1⟩ bestätigen **besannas** Vi ⟨dep 1⟩ sich bewahrheiten, sich bestätigen, sich als wahr erweisen
be'satt ADJ besessen
be'segla VT ⟨1⟩ besiegeln
be'segra VT ⟨1⟩ besiegen **besegrare** ⟨-n; -⟩ Besieger m
be'siktiga VT ⟨1⟩ besichtigen; **jag ska ~ bilen** ich muss mit dem Wagen zum TÜV **besiktning** ⟨-en; -ar⟩ Besichtigung f **besiktningsman** S Sachverständige(r) m/f(m)
be'sinna A VT bedenken, erwägen B VR **~ sig** sich besinnen; sich eines anderen/Besseren besinnen **besinnande** N ⟨-t; kein pl⟩ Bedenken n, Überlegung f **besinning** ⟨-en; kein pl⟩ Besinnung f; **komma till ~** (wieder) zur Besinnung kommen **besinningslös** ADJ unbesonnen, unbedacht, unüberlegt

be'sitta VT ⟨4⟩ besitzen **besittning** ⟨-en; -ar⟩ Besitz m; Besitztum n; **ta ngt i ~** etw in Besitz nehmen, von etw Besitz ergreifen **besittningsrätt** S Besitzanspruch m
besk A ADJ bitter; fig a. scharf; umg bissig B ⟨-en; -ar⟩ umg Schnaps Bitter m
beskaffad [bɛˈskafad] ADJ beschaffen, geartet **beskaffenhet** ⟨-en; kein pl⟩ Beschaffenheit f
beskatta [bɛˈskata] VT ⟨1⟩ besteuern **beskattning** ⟨-en; -ar⟩ Besteuerung f **beskattningsbar** ADJ **~ inkomst** steuerpflichtiges Einkommen
besked [bɛˈʃeːd] N ⟨-et; -⟩ Bescheid m, Auskunft f; **ge/lämna ~** Bescheid geben/erteilen (**om** über akk); **med ~** tüchtig, gehörig **beskedlig** ADJ gutmütig, harmlos; bescheiden; einfältig **beskedlighet** ⟨-en; kein pl⟩ Gutmütigkeit f; Harmlosigkeit f, Bescheidenheit f
beskhet [ˈbɛskheːt] ⟨-en; -er⟩ Bitterkeit f, bitterer Geschmack m
beskickning [bɛˈʃikniŋ] ⟨-en; -ar⟩ Botschaft f; POL Gesandtschaft f; TECH Beschickung f
beskjuta [bɛˈʃuːta] VT ⟨4⟩ beschießen **beskjutning** ⟨-en; -ar⟩ Beschießung f
beskriva VT ⟨4⟩ beschreiben **beskrivning** ⟨-en; -ar⟩ Beschreibung f
beskydd [bɛˈʃyd] N ⟨-et; kein pl⟩ Schutz m, Obhut f; Schirm m; **ställa sig under ngns ~** sich (akk) in j-s Schutz begeben **beskydda** VT ⟨1⟩ (be)schützen (**för** vor dat); protegieren **beskyddaravgift** S Schutzgeld n **beskyddare** ⟨-n; -⟩ Beschützer(in) m(f); Gönner(in) m(f)
beskylla [bɛˈʃyla] VT ⟨2⟩ beschuldigen, anschuldigen; bezichtigen (**för** gen) **beskyllning** ⟨-en; -ar⟩ Beschuldigung f, Anschuldigung f, Bezichtigung f
beskåda [bɛˈskoːda] VT ⟨1⟩ **~ ngt sich** (dat) etw ansehen, etw betrachten **beskådad** ⟨inv⟩, **beskådande** N ⟨-t; kein pl⟩ Beschauung f, Schau f; **till ~** zur Schau
beskära[1] [bɛˈʃɛːra] VT ⟨4⟩ beschneiden, stutzen **beskära**[2] VT ⟨2⟩ bescheren **beskärd** ADJ **få sin ~a del** sein

beslag [be'sla:g] N ⟨-et; -⟩ Beschlag m; **ta i ~, lägga ~ på** beschlagnahmen; fig **lägga ~ på ngn** j-n (ganz) in Beschlag nehmen **beslagta** VT ⟨4⟩ beschlagnehmen

beslut [be'slu:t] N ⟨-et; -⟩ Entschluss m; Beschluss m, Entscheid m, Entscheidung f; **fatta ett ~** einen Entschluss/Beschluss fassen **besluta** ⟨1/4⟩ A VT beschließen B VR **~ sig** sich entschließen (**för** für) **besluten** ⟨2⟩ entschlossen **beslutsam** ADJ entschlossen **beslutsamhet** ⟨-en; kein pl⟩ Entschlossenheit f **beslutsfattare** ⟨-n; -⟩ Entscheidungsträger(in) m(f) **beslutsmässig** ADJ beschlussfähig

beslå [be'slo:] VT ⟨4⟩ TECH, SCHIFF beschlagen

be'släktad ADJ verwandt; **nära ~** nahe verwandt; **~ på långt håll** weitläufig verwandt

be'slöja VT ⟨1⟩ verschleiern

bespara [be'spa:ra] VT ⟨1⟩ sparen; (**ngn ngt** j-m etw) **besparing** ⟨-en; -ar⟩ Ersparnis f; Kleid Passe f, Einsatz m; **göra ~ar** sparen

be'spisning ⟨-en; -ar⟩ Speisen n, Speisung f

be'spruta VT ⟨1⟩ bespritzen **besprutning** ⟨-en; -ar⟩ Bespritzen n **besprutningsmedel** S N Schädlingsbekämpfungsmittel n; Pestizid n

best [best] ⟨-en; -ar⟩ Bestie f; umg Biest n **besti'alisk** ADJ bestialisch

bestick [be'stik] N ⟨-et; -⟩ Besteck n **be'stickning** ⟨-en; -ar⟩ Bestechung f **bestiga** [be'sti:ga] VT ⟨4⟩ besteigen, ersteigen **bestigning** ⟨-en; -ar⟩ Besteigung f, Ersteigung f

best.nr ABK (= beställningsnummer) Best.-Nr. f

be'straffa VT ⟨1⟩ bestrafen (**för** für/ **wegen**) **bestraffning** ⟨-en; -ar⟩ Bestrafung f

be'strida VT ⟨4⟩ bestreiten, anfechten, (ab)leugnen; verwalten, bekleiden; Kosten bestreiten, tragen; **ngt kan inte ~s** etw ist unanfechtbar/unbestreitbar **bestridande** N ⟨-t; -n⟩ Bestreiten n, Ableugnung f; Anfechtung f; Kosten Bestreitung f, Deckung f

be'stråla VT ⟨1⟩ bestrahlen **bestrålning** ⟨-en; -ar⟩ Bestrahlung f

be'strö VT ⟨3⟩ bestreuen, überstreuen **bestseller** ['bestselər] ⟨-n; -⟩ Bestseller m

bestulen [be'stu:lən] ADJ **jag har blivit ~** man hat mich bestohlen

be'styr N ⟨-et; -⟩ Beschäftigung f; Besorgung f; Mühe f; **ha ~ med ngt** etw besorgen, mit etw beschäftigt sein

be'styrka VT ⟨2⟩ bestärken; bekräftigen; beglaubigen, bestätigen **bestyrkande** N ⟨-t; -n⟩ Beglaubigung f; Bekräftigung f

bestå [be'sto:] ⟨4⟩ A VT bestehen; gewähren B VI bestehen (**av** aus), (**i** in dat), (**införʹ** vor dat); (bestehen) bleiben **bestående** ADJ bestehend; bleibend, dauerhaft; **av ~ värde** von bleibendem Wert **bestånd** N ⟨-et; -⟩ Bestand m, Dauer f; **äga ~** Bestand haben, von Bestand sein **beståndsdel** S Bestandteil m

beställa [be'stɛla] VT ⟨2⟩ bestellen **beställning** ⟨-en; -ar⟩ Bestellung f, Auftrag m; **lämna en ~ på ngt** eine Bestellung für etw aufgeben **beställningsnummer** S N Bestellnummer f

bestämd [be'stɛmd] ADJ bestimmt; festgesetzt, entschieden; entschlossen; (**på) det ~aste** ausdrücklichst **bestämdhet** ⟨-en; kein pl⟩ Bestimmtheit f, Entschiedenheit f; Gewissheit f **bestämma** ⟨2⟩ A VT bestimmen; festlegen, entscheiden B VR **~ sig för ngt** sich zu etw entschließen; Auswahl sich für etw entscheiden **bestämmelse** ⟨-n; -r⟩ Bestimmung f, Verfügung f **bestämmelseort** S Bestimmungsort m **bestämning** ⟨-en; -ar⟩ Bestimmung f **bestämt** ADV bestimmt; sicher; entschieden; **närmare ~** genauer gesagt

beständig [be'stɛndi(g)] ADJ (be)ständig, stetig; dauerhaft, fest; andauernd **beständighet** ⟨-en; kein pl⟩ Beständigkeit f, Stetigkeit f

be'störtʹ ADJ bestürzt, betroffen (**över** über akk) **bestörtning** ⟨-en; kein pl⟩ Bestürzung f

be'sudla VT ⟨1⟩ besudeln, beschmutzen

be'svara VT ⟨1⟩ Frage beantworten, antworten auf (akk); Gruß, Besuch erwidern **besvarande** N ⟨-t; -n⟩ Beantwortung f; Erwiderung f

be'svikelse ⟨-n; -r⟩ Enttäuschung f
besviken ADJ enttäuscht
besvär [be'svæːr] N ⟨-et; -⟩ **1** Mühe f; Umstände pl; Bemühung f; **bespara ngn ~et** j-m keine Umstände machen; **göra/vålla ngn ~** j-m Mühe/Umstände machen/verursachen; **göra sig ~ för ingenting** sich umsonst bemühen; **vara ngn till ~** j-m lästig werden; **tack för ~et** vielen Dank für Ihre/deine Bemühungen; **med möda och ~** mit Mühe und Not **2** MED Beschwerden pl **3** JUR Klage f; gegen Urteil Berufung f, Rechtsmittel n; **anföra ~** Klage f erheben/führen; Beschwerde f führen **besvära** VT ⟨1⟩ bemühen, behelligen, belästigen, lästig werden; **får jag ~ er ...?** dürfte ich Sie bemühen ...?; **~d a.** befangen **besvärande** ADJ lästig (**för ngn** j-m)
besvärja [be'sværja] VT ⟨4⟩ beschwören **besvärjelse** ⟨-n; -r⟩ Beschwörung f
besvärlig [be'svæːli(g)] ADJ beschwerlich, mühselig; lästig; schwierig **besvärlighet** ⟨-en; -er⟩ Mühseligkeit f, Beschwerlichkeit f, Schwierigkeit f
besynnerlig [be'synəli(g)] ADJ sonderbar, seltsam; wunderlich **besynnerlighet** ⟨-en; -er⟩ Sonderbarkeit f, Eigentümlichkeit f, Seltsamkeit f
besätta [be'sɛta] VT ⟨4⟩ besetzen **besättning** ⟨-en; -ar⟩ Besetzung f, Besatzung f, Mannschaft f; Kleid Besatz m
besök [be'søːk] N ⟨-et; -⟩ Besuch m; **göra ~ hos ngn** j-m einen Besuch abstatten; **på ~** zu/auf Besuch **besöka** VT ⟨2⟩ besuchen **besökande** ⟨-n; -⟩ **den ~** der Besucher, die Besucherin **besökare** ⟨-n; -na⟩ Besucher(in) m(f) **besökstid** S Besuchszeit f
bet [beːt] ⟨-en; -ar⟩ Kartenspiel Spieleinsatz m, Strafeinsatz m; **han gick ~ på den svåra uppgiften** er konnte die schwierige Aufgabe nicht bewältigen
beta[1] ['beːta] ⟨1⟩ **A** VT, VI grasen, weiden; Wild äsen **B** VP ~ **'av** abfressen, abweiden; fig durcharbeiten
beta[2] VT ⟨1⟩ beizen
beta[3] ⟨-n; -or⟩ Bissen m, Happen m umg; fig **efter den ~n** nach dieser Lektion/Erfahrung f
beta[4] ⟨-n; -or⟩ BOT Rübe f

betacka [be'taka] VR ⟨1⟩ ~ **sig** ablehnen (**för** akk)
be'tagande ADJ entzückend, hinreißend **betagen** ADJ überwältigt; eingenommen (**i** für, von); entzückt, hingerissen (**i** von); vernarrt, verliebt (**i** in akk)
betala [be'taːla] ⟨1⟩ **A** VT, VI zahlen, bezahlen; **kan jag/vi få ~, tack!** zahlen bitte!; **ta (bra) betalt** sich (gut) bezahlen lassen; **det ska du nog få betalt för!** das werd ich dir heimzahlen!, das sollst du mir büßen! **B** VR ~ **sig** sich lohnen, sich bezahlt machen **C** VP ~ **'av** ab(be)zahlen; ~ **'in** einzahlen; ~ **ut** aus(be)zahlen **betalbar** ADJ (be)zahlbar **betalning** ⟨-en; -ar⟩ Zahlung f, Bezahlung f; **kontant ~** Barzahlung f; **förfalla till ~** fällig werden/sein **betalningsbalans** S Zahlungsbilanz f **betalningsinställelse** ⟨-n; -r⟩ Zahlungseinstellung f **betalningsmedel** SN Zahlungsmittel n **betalningsskyldig** [-'ʃyldi(g)] ADJ zahlungspflichtig **betalningsvillkor** SN Zahlungsbedingung f **betal-tv** [be'taːlteːveː] S Pay-TV n
bete[1] ['beːtə] ⟨-n; -ar⟩ Stoßzahn m, Fangzahn m, Hauzahn m, Hauer m
bete[2] N ⟨-t; -n⟩ **1** Weide f; Wild Äsung f; **gå på ~** weiden; **släppa på ~** auf die Weide treiben **2** Köder m
bete[3] [be'teː] VR ⟨3⟩ ~ **sig** sich benehmen, sich betragen, sich verhalten
beteckna [be'tekna] VT ⟨1⟩ bezeichnen **betecknande** ADJ bezeichnend (**för** für) **beteckning** ⟨-en; -ar⟩ Bezeichnung f
beteende [be'teːəndə] N ⟨-t; -n⟩ Benehmen n, Betragen n, Verhalten n **beteendeforskning** S Verhaltensforschung f **beteendemönster** SN PSYCH Verhaltensweise f **beteenderubbning** S Verhaltensstörung f
betesmark ['beːtəsmark] S Weideland n
beting [be'tiŋ] N ⟨-et; -⟩ Akkord m, Stücklohn m; **på ~** im Akkord, gegen Stücklohn, auf Menge **betingelse** ⟨-n; -r⟩ Bedingung f
betjäna [be'çeːna] ⟨1⟩ **A** VT bedienen; **det är jag inte betjänt av** damit ist mir nicht gedient **B** VR ~ **sig** sich bedienen (**av** gen) **betjäning** ⟨-en; -ar⟩ Bedienung f **betjänt** ⟨-en; -er⟩ Die-

ner(in) *m(f)*
betona [be'tu:na] *VT* ⟨1⟩ betonen, hervorheben
betong [be'tɔŋ] ⟨-en; kein pl⟩ Beton *m;* **armerad ~** Eisenbeton *m* **betongblandare** s̄ Betonmischer *m*
betoning [be'tu:niŋ] ⟨-en; -ar⟩ Betonung *f*
betr. ABK (= beträffande) betr. *(betreffend, betreffs)*
betrakta [be'trakta] *VT* ⟨1⟩ betrachten **betraktande** N̄ ⟨-t; -n⟩ Betrachtung *f,* Betrachten *n;* **ta i ~** in Augenschein nehmen, betrachten; *fig* in Betracht ziehen; **komma i ~** in Betracht kommen; **i ~av** in Anbetracht *(gen)* **betraktare** ⟨-n; -⟩ Betrachter(in) *m(f)*
betraktelse ⟨-n; -r⟩ Betrachtung *f* **betraktelsesätt** s̄ N Betrachtungsweise *f*
betro [be'tru:] *VT* ⟨3⟩ **~ ngn med ngt** j-n mit etw betrauen, j-m etw anvertrauen **betrodd** ADJ betraut; zuverlässig, vertrauenswürdig; **~ person** Vertrauensperson *f*
be'tryckt ADJ bedrückt, bedrängt; niedergeschlagen
be'tryggande ADJ hinlänglich, genügend; sicher, beruhigend
be'träda *VT* ⟨2⟩ betreten
be'träffa *VT* ⟨1⟩ betreffen, anbelangen; **vad mig ~r** was mich betrifft **beträffande** PRÄP betreffs, bezüglich, hinsichtlich *(gen),* betreffend *(akk)*
bets [bets] ⟨-en; -er⟩ TECH Beize *f* **betsa** *VT* ⟨1⟩ beizen
betsel ['betsəl] N̄ ⟨-et; -⟩ Zaum *m,* Zaumzeug *n* **betsla** ⟨1⟩ A zäumen B V̄P **~ 'av** abzäumen; **~ 'på** aufzäumen
betsocker ['be:tsɔkər] s̄ N Rübenzucker *m*
bett [bet] N̄ ⟨-et; -⟩ Biss *m,* Stich *m;* Schärfe *f;* Zaum Gebiss *n*
betungande [be'tɔŋandə] ADJ drückend, lästig
be'tvinga *VT* ⟨1⟩ bezwingen, bewältigen
be'tvivla *VT* ⟨1⟩ bezweifeln
betyda [be'ty:da] *VT* ⟨2⟩ bedeuten, heißen; **vad ska det ~?** was soll das bedeuten/heißen? **betydande** ADJ bedeutend, beträchtlich, erheblich **betydelse** ⟨-n; -r⟩ Bedeutung *f;* **av föga ~** geringfügig **betydelsefull** ADJ bedeutungsvoll, bedeutsam, folgenschwer **betydelseförändring** s̄ Bedeutungswechsel *m* **betydelselös** ADJ bedeutungslos, belanglos **betydelselöshet** ⟨-en; kein pl⟩ Bedeutungslosigkeit *f,* Belanglosigkeit *f* **betydlig** ADJ → betydande

betyg [be'ty:g] N̄ ⟨-et; -⟩ Zeugnis *n;* Zensur *f,* Note *f;* Attest *n,* Schein *m* **betyga** *VT* ⟨1⟩ bezeugen, bescheinigen; erweisen **betyg(s)sättning** ⟨-en; -ar⟩ Bewertung *f,* Beurteilung *f,* Zensur *f* **betygsätta** *VT* ⟨4⟩ bewerten, beurteilen; zensieren
betäcka [be'tɛka] *VT* ⟨2⟩ (be)decken; ZOOL belegen, bespringen, decken **betäckning** ⟨-en; -ar⟩ (Be-)Deckung *f;* Belegen *n;* Decken *n;* MIL **ta ~** in Deckung gehen
betänka [be'tɛŋka] *VT* ⟨2⟩ bedenken, erwägen, überlegen **betänkande** N̄ ⟨-t; -n⟩ Bedenken *n;* Gutachten *n,* Bericht *m;* **ta i ~** etw berücksichtigen **betänketid** s̄ Bedenkzeit *f* **betänklig** ADJ bedenklich **betänklighet** ⟨-en; -er⟩ Bedenken *n;* Bedenklichkeit *f* **betänksam** ADJ bedächtig; nachdenklich **betänksamhet** ⟨-en; -er⟩ Bedächtigkeit *f,* Bedachtsamkeit *f;* Nachdenklichkeit *f*
beundra [be'əndra] *VT* ⟨1⟩ bewundern **beundran** ⟨inv⟩ Bewunderung *f* **beundransvärd** ADJ bewundernswert, bewunderungswürdig **beundrare** ⟨-n; -⟩ Bewunderer *m,* Verehrer *m* **beundrarinna** ⟨-n; -or⟩ Bewunderin *f,* Verehrerin *f*
bevaka [be'va:ka] *VT* ⟨1⟩ bewachen; überwachen, beaufsichtigen; wahrnehmen, geltend machen; **~ sin rätt** sein Recht geltend machen/wahren; **~ ngns intressen** j-s Interessen wahrnehmen **bevakning** ⟨-en; -ar⟩ Bewachung *f,* Überwachung *f,* Beaufsichtigung *f*
be'vandrad ADJ bewandert, beschlagen (**i** in *dat*)
be'vara *VT* ⟨1⟩ bewahren, erhalten; behüten, schützen; **bevare oss väl!** bewahre! **bevarande** N̄ ⟨-t; kein pl⟩ Erhaltung *f,* Aufrechterhaltung *f*
bevattna [be'vatna] *VT* ⟨1⟩ bewässern, berieseln, besprengen **bevattning** ⟨-en; -ar⟩ Bewässerung *f*

beveka [be've:ka] <u>VT</u> ⟨2⟩ bewegen, erweichen; **låta sig ~s** sich bewegen/erweichen lassen **bevekande** <u>ADJ</u> eindringlich, flehentlich **bevekelsegrund** <u>S</u> Beweggrund m
be'vilja <u>VT</u> ⟨1⟩ bewilligen, genehmigen, gewähren, einräumen
be'vinga <u>VT</u> ⟨1⟩ beflügeln; **~de ord** geflügelte Worte
bevis [be'vi:s] <u>N</u> ⟨-et; -⟩ Beweis m, Nachweis m; Beleg m, Attest n, Schein m; **lägga fram ~ för ngt** den Nachweis für etw erbringen; **leda ngt i ~** den Beweis für etw erbringen **bevisa** <u>VT</u> ⟨1⟩ beweisen, nachweisen; erweisen **bevisföring** ⟨-en; -ar⟩ Beweisführung f **beviskraft** <u>S</u> Beweiskraft f **bevisligen** <u>ADV</u> erwiesenermaßen **bevismaterial** <u>S N</u> Beweismaterial n **bevisning** ⟨-en; -ar⟩ Beweis m
bevittna <u>VT</u> ⟨1⟩ beglaubigen, bezeugen; **~ ngt** Zeuge/Augenzeuge von etw sein; etw mit ansehen **bevittnad** <u>ADJ</u> beglaubigt
be'vuxen <u>ADJ</u> bewachsen
be'våg <u>N</u> ⟨inv⟩ **på eget ~** aus eigenem Antrieb
be'väpna ⟨1⟩ **A** <u>VT</u> bewaffnen, ausrüsten **B** <u>VR</u> **~ sig med tålamod** sich in Geduld üben **beväpning** ⟨-en; -ar⟩ Bewaffnung f
be'värdiga <u>VT</u> ⟨1⟩ würdigen (**ngn ngt** j-n gen)
bh <u>ABK</u> (= *bysthållare*) → **behå**
bi [bi:] <u>N</u> ⟨-et; -n⟩ Biene f
bibehålla ['bi:beho:la] <u>VT, VR</u> ⟨4⟩ (bei)behalten; erhalten (**sig sich**) **bibehållande** <u>N</u> ⟨-t; -n⟩ Beibehaltung f; Erhalten n, Erhaltung f; **med ~ av** unter Beibehaltung (*gen*) **bibehållen** <u>ADJ</u> **väl ~** gut erhalten; *Person* nicht gealtert, jugendlich
bibel ['bi:bəl] ⟨-n; -ar⟩ Bibel f **bibelkunnig** <u>ADJ</u> bibelkundig **bibelspråk** <u>S N</u> Bibelspruch m **bibelsprängd** <u>ADJ</u> bibelfest **bibeltolkning** <u>S</u> Bibelauslegung f, Bibelerklärung f **bibeltrogen** <u>ADJ</u> bibeltreu **bibelöversättning** <u>S</u> Bibelübersetzung f
bibetydelse ['bi:bety:dəlsə] <u>S</u> Nebenbedeutung f
bibliofil [bibliu'fi:l] ⟨-en; -er⟩ Bücherliebhaber(in) m(f) **biblio'graf** ⟨-en;

-er⟩ Bibliograf(in) m(f) **bibliogra'fi** ⟨-n; -er⟩ Bibliografie f **biblio'tek** <u>N</u> ⟨-et; -⟩ Bibliothek f, Bücherei f **biblio'te'karie** ⟨-n; -r⟩ Bibliothekar(in) m(f)
biblisk ['bi:blisk] <u>ADJ</u> biblisch
bida ['bi:da] <u>VT</u> ⟨1⟩ harren (*gen* **auf** *akk*), abwarten
bidé [bi'de:] ⟨-n; -er⟩ Bidet n
bidra ['bi:dra:] <u>VI</u> ⟨4⟩ beitragen, beisteuern (**med** mit), (**till** zu) **bidrag** <u>N</u> ⟨-et; -⟩ Beitrag m; Beihilfe f, Zuschuss m, Unterstützung f
bidrottning ['bi:drɔtniŋ] <u>S</u> Bienenkönigin f, Weisel m
bifall ['bi:fal] <u>N</u> ⟨-et; kein pl⟩ Beifall m, Zustimmung f, Einwilligung f; **vinna ~** Beifall finden **bifalla** <u>VT</u> ⟨4⟩ genehmigen, zustimmen (*dat*), einwilligen (in *akk*)
biff [bif] ⟨-en; -ar⟩ Beefsteak n; Bulette f **biffig** *umg* ⟨4⟩ sehr kräftig **biffko** <u>S</u> Fleischrind n **biffstek** <u>S</u> Beefsteak n
bifigur ['bi:figu:r] <u>S</u> Nebenfigur f
biflod ['bi:flu:d] <u>S</u> Nebenfluss m
bifoga ['bi:fu:ga] <u>VT</u> ⟨1⟩ beifügen, hinzufügen, beilegen (**till** *dat*); **fakturan ~s** anbei die Rechnung **bifogad** <u>ADJ</u> beiliegend; **IT ~ fil** Anhang m, Attachment n
bigarrå [biga'ro:] ⟨-n; -er⟩ BOT Herzkirsche f
bihang ['bi:haŋ] <u>N</u> ⟨-et; -⟩ Anhang m, Nachtrag m
bihåla ['bi:ho:la] <u>S</u> Nasennebenhöhle f **bihåleinflammation** <u>S</u> Stirnhöhlenentzündung f
bikarbonat ['bi:karbɔna:t] *a.* <u>N</u> ⟨-en/-et; kein pl⟩ Bikarbonat n
bikini [bi'ki:ni] ⟨-n; -/-er⟩ Bikini m
bikt [bikt] ⟨-en; -er⟩ Beichte f; **avlägga ~** Beichte ablegen; **gå till ~** zur Beichte gehen; **ta emot ngns ~** j-m die Beichte abnehmen **bikta** ⟨1⟩ **A** <u>VT</u> beichten **B** <u>VR</u> **~ sig** beichten (**för ngt** j-m) **biktfader** <u>S</u> Beichtvater m **biktstol** <u>S</u> Beichtstuhl m
bikupa ['bi:ku:pa] <u>S</u> Bienenkorb m
bil [bi:l] ⟨-en; -ar⟩ Auto n, Wagen m; **köra ~** Auto fahren
bila[1] ['bi:la] <u>VI</u> ⟨1⟩ mit dem/im Auto fahren
bila[2] ⟨-n; -or⟩ Beil n
bilaga ['bi:la:ga] ⟨-n; -or⟩ Beilage f, Anlage f

bilateral ['bi:latəra:l] ADJ bilateral
bilbesiktning ['bi:lbe'siktniŋ] S Überprüfung f von Autos **bilbälte** S N Sicherheitsgurt m
bild [bild] ⟨-en; -er⟩ Bild n; Bildnis n
bilda ['bilda] VT ⟨1⟩ bilden; gründen; ~ sig en uppfattning sich ein Bild machen **bildad** ADJ gebildet **bildande** ADJ bildend, belehrend
bildband ('bildband] S N Bildstreifen m, Filmstreifen m **bilderbok** S Bilderbuch m **bildhuggare** ⟨-n; -⟩ Bildhauer(in) m(f) **bildkonst** S visuelle Kunst **bildlig** ADJ bildlich, figürlich; **i ~ betydelse** im bildlichen Sinne **bildläsare** ⟨-n; -⟩ IT Scanner m
bildning ⟨-en; kein pl⟩ Bildung f **bildningsförbund** S N Volkshochschule f **bildningsgrad** S Bildungsstufe f, Bildungsgrad m **bildningstörst** S Bildungsdrang m
bildreportage ['bildrepɔ'ta:ʃ] S N Bildbericht m **bildrik** ADJ bilderreich **bildruta** S Bildschirm m **bildserie** S Bildserie f, Comicstrip m **bildskärm** S Bildschirm m **bildskärpa** S Präzision f **bildskön** ADJ bildschön, bildhübsch **bildspråk** S Bildersprache f
bildäck ['bi:ldɛck] S N Autoreifen m; Fähre Autodeck n
bildöverföring ['bild-] S Bildübertragung f
bilfirma ['bi:lfirma] S Autohändler m **bilfri** ADJ ~ **innerstad** verkehrsfreie Innenstadt **bilfärd** ADJ Autofahrt f **bilfärja** S Autofähre f **bilförare** S Autofahrer(in) m(f), Kraftfahrer(in) m(f) **bilförsäkring** S Autoversicherung f **bilförsäljare** S, **bilhandlare** S Autohändler(in) m(f) **bil'ism** ⟨-en; kein pl⟩ Motorisierung f **bil'ist** ⟨-en; -er⟩ Autofahrer(in) m(f)
biljard [bil'ja:d] ⟨-en; -er⟩ 'Billard n **biljardboll** S Billardball m **biljardkö** [-kø:] S Billardstock m, Queue n
biljett [bil'jet] ⟨-en; -er⟩ (Eintritts-, Fahr-)Karte f, Ticket n; Fahrschein m **biljettautomat** S Fahrkartenautomat m **biljettförsäljning** S Fahrkartenverkauf m; Kartenvorverkauf m **biljetthäfte** S N Fahrscheinheft n **biljettkassa** S, **biljettkontor** S N Fahrkartenausgabe f; THEAT Kasse f, Tageskasse f **biljettkontroll** S Fahrscheinkontrolle f **biljettlucka** S Schalter m **biljettpris** S N Fahrpreis m; THEAT Eintrittspreis m **biljettrabatt** S Ermäßigung f
biljon [bil'ju:n] ⟨-en; -er⟩ Billion f **bilud** ['bi:ju:d] S Nebengeräusch n
bilkarta ['bi:lka:ʈa] S Autokarte f **bilkrock** S Autozusammenstoß m **bilkö** [-kø:] S Autoschlange f **bilkörning** S Autofahren n
billig ['bili(g)] ADJ billig, preiswert **bilmekaniker** [-'meka:nikar] S Autoschlosser(in) m(f) **bilmotor** S Motor m; umg Maschine f **bilmärke** S N Automarke f **bilnummer** S N Autokennzeichen n **bilnyckel** S Autoschlüssel m **bilolycka** S Autounfall m **bilprovning** S ≈ TÜV m **bilradio** S Autoradio n **bilring** S Autoreifen m; umg Rettungsring m **bilskatt** S Autosteuer f **bilskola** S Fahrschule f **bilskollärare** S Fahrlehrer(in) m(f) **bilstöld** S Autodiebstahl m **biltjuv** S Autodieb(in) m(f) **biltrafik** S Autoverkehr m **biltur** S Autofahrt f **biltvätt** S Autowäsche f, Autowaschstraße f **biltåg** S N Autoreisezug m **biltävling** S Autorennen n **biluthyrning** S Autoverleih m **bilverkstad** S Autowerkstatt f **bilvrak** S N Autowrack n **bilväg** S Autostraße f
bilägga ['bi:lɛga] VT ⟨4⟩ beifügen, beilegen; schlichten, beilegen
binda ['binda] A ⟨-n; -or⟩ Binde f, Verband m B VT ⟨4⟩ binden (vid an dat) C VR ⟨4⟩ ~ sig sich binden (vid an akk); sich festlegen (för auf akk) D V/P ⟨4⟩ ~ 'fast anbinden, festbinden; ~ 'för Augen verbinden; ~ 'ihop zusammenbinden; ~ 'in einbinden; ~ 'om umbinden; ~ 'upp anbinden, aufbinden **bindande** ADJ bindend, verbindlich; ~ **bevis** n schlüssiger Beweis **bindel** ⟨-n; -ar⟩ Binde f **bindemedel** S N Bindemittel n **bindeord** S N GRAM Bindewort n **bindhinneinflammation** S Bindehautentzündung f **bindestreck** S N Bindestrich m **bindning** ⟨-en; -ar⟩ Bindung f, Skibindung f **bindväv** S ANAT Bindegewebe n
binge ⟨-en; -ar⟩ Kasten m, Behälter m; Haufen m; umg Bett n
bingo ['biŋo] ⟨-n; kein pl⟩ Bingo n
binnikemask ['binikamask] S Band-

wurm *m*
bio ['bi:u] ⟨-n; -grafer⟩ Kino *n*; **gå på ~** ins Kino gehen **biobiljett** ⟨s⟩ Kinokarte *f*
biobränsle ['bi:u-] ⟨s N⟩ Brennstoff *m* aus Biomasse, biogener Brennstoff *m*
biodlare ['bi:u:dlarə] ⟨s⟩ Bienenzüchter(in) *m(f)*, Imker(in) *m(f)* **biodling** ⟨s⟩ Bienenzucht *f*, Imkerei *f*
biodrivmedel ['bi:u-] ⟨s N⟩ Biokraftstoff *m*
biodynamisk ['bi:udy'nɑ:misk] ADJ biodynamisch
biograf [biu'grɑ:f] ⟨-en; -er⟩ **1** Kino *n* **2** Biograf(in) *m(f)* **biogra'fi** ⟨-n; -er⟩ Lebensbeschreibung *f*, Biografie *f* **bio-'grafisk** ADJ biografisch
bioke'mi ['biuçe'mi:] ⟨-n; kein pl⟩ Biochemie *f*
biolog [biu'lo:g] ⟨-en; -er⟩ Biologe *m*, Biologin *f* **biolo'gi** ⟨-n; kein pl⟩ Biologie *f* **biologisk** ADJ biologisch
biometri ⟨-n; kein pl⟩ Biometrie *f*, Biometrik *f*
biprodukt ['bi:prɔdekt] ⟨s⟩ Nebenprodukt *n* **biroll** ⟨s⟩ Nebenrolle *f* **bisak** ⟨s⟩ Nebensache *f*
bisarr [bi'sar] ADJ bizarr, seltsam
bisats ['bi:sats] ⟨s⟩ Nebensatz *m*
bisexuell ['bi:sɛksɵ'ɛl] ADJ bisexuell
bisittare ⟨-n; -⟩ Beisitzer(in) *m(f)*
biskop ['biskɔp] ⟨-en; -ar⟩ Bischof *m* **biskopsdöme** ⟨-t; -n⟩, **biskopsstift** ⟨s N⟩ *Katholizismus* Bistum *n*, a. Diözese *f* **biskopssäte** ⟨s N⟩ Bischofssitz *m*
biskötsel ['bi:ʃøtsəl] ⟨s⟩ Bienenzucht *f*, Imkerei *f*
bismak ['bi:smɑ:k] ⟨s⟩ Beigeschmack *m*
bisonoxe ['bi:sɔnuksə] ⟨s⟩ Bison *m*; Wisent *m*
bister ['bistər] ADJ grimmig, streng; finster; **bistra tider** schwere Zeiten
bistå ['bi:stɔ:] VT ⟨4⟩ beistehen, zur Seite stehen (**ngn** j-m) **bistånd** N ⟨-et; kein pl⟩ Beistand *m*; Entwicklungshilfe *f* **biståndsarbete** ⟨s N⟩ Entwicklungsarbeit *f* **biståndsarbetare** ⟨s⟩ Entwicklungshelfer(in) *m(f)* **biståndsland** ⟨s N⟩ Entwicklungsland *n* **biståndsminister** ⟨s⟩ Minister *m* für wirtschaftliche Zusammenarbeit **biståndspolitik** ⟨s⟩ Entwicklungspolitik *f*

bisvärm ['bi:sværm] ⟨s⟩ Bienenschwarm *m*
bisyssla ['bi:sysla] ⟨s⟩ Nebenbeschäftigung *f*
bisätta ['bi:sɛta] VT ⟨4⟩ beisetzen **bisättning** ⟨-en; -ar⟩ Beisetzung *f*
bit[1] [bit] ⟨-en; -ar⟩ IT Bit *n*
bit[2] [bi:t] ⟨-en; -ar⟩ Stück *n*; Bissen *m*, Brocken *m*, Happen *m*; **liten ~** Stückchen *n*; **en bra ~ väg** eine gute Strecke; **~ för ~** Stück für Stück; **gå i ~ar** zu Bruch gehen **bita** ['bi:ta] ⟨4⟩ A VT, VI beißen; schneiden; *Insekten* stechen; **~ i ngt** etw anbeißen, in etw (*akk*) beißen, schlagfertig sein; **~ i gräset** ins Gras beißen; *fig* **~ i det sura äpplet** in den sauren Apfel beißen; **honom biter ingenting** *på er* hat ein dickes Fell B VIP **~ 'av** abbeißen; *fig* **~ sig 'fast vid ngt** sich in etw (*akk*) verbeißen; **~ i'från sig** sich wehren, schlagfertig sein; **~ i'tu/'sönder** zerbeißen; **~ 'till** zubeißen **bitande** ADJ beißend, schneidend, scharf, bitter **bitas** VI ⟨dep 4⟩ (sich) beißen; *Insekten* stechen; **hunden bits** der Hund beißt/ist bissig
bitr. ABK (= biträdande) stv. (stellvertretend)
biträda ['bi:trɛ:da] VT ⟨2⟩ helfen, assistieren (**ngn** j-m) **biträdande** ADJ helfend **biträde** N ⟨-t; -n⟩ Beistand *m*, Hilfe *f*, Mitwirkung *f*; *Person* Gehilfe *m*, Gehilfin *f*, Assistent(in) *m(f)*, Verkäufer(in) *m(f)*; **juridiskt ~** Rechtsbeistand *m*
bitsk [bitsk] ADJ bissig
bitsocker ['bi:tsɔkar] ⟨s N⟩ Würfelzucker *m*
bitter ['bitər] ADJ bitter; *Person* verbittert; **inte det ~sta** nicht im Geringsten **bitterhet** ⟨-en; kein pl⟩ Bitterkeit *f* **bitterljuv** *fig* ADJ bittersüß
bitti ['biti:] ADV früh(morgens), zeitig; **i morgon ~** morgen früh
bitvis ['bi:tvi:s] ADV stückweise; *Weg* streckenweise
biverkning ['bi:værkniŋ] ⟨-en; -ar⟩ Nebenwirkung *f* **biämne** ⟨s N⟩ Nebenfach *n*
bjuda ['bjɵ:da] ⟨4⟩ A VI, VT, VI **1** einladen, bitten (**ngn på** j-n zu); **~ ngn** j-n einladen; für j-n bezahlen; **~ ngn på middag** j-n zum Essen einladen; **~ på ett glas öl** zu einem Bier einladen;

umg ein Bier ausgeben ❷ bieten, anbieten (**ngn ngt** j-m etw); gebieten (ngn j-m), (över ngn über j-n); ~ **på ngt** *Auktion* für etw (*akk*) bieten ❸ V̅/P̅ ~ **e'mot** widerstreben, zuwider sein; ~ **'hem** zu sich einladen; ~ **'igen** sich revanchieren; ~ **'in** einladen; ~ **'till** sich bemühen, sich anstrengen; ~ **tillbaka** sich revanchieren; ~ **under** unterbieten; ~ **'upp** *Tanz* auffordern; ~ **'ut** ausführen; WIRTSCH anbieten; ~ **'över** überbieten **bjudning** ⟨-en; -ar⟩ Einladung *f*; *geladene* Gesellschaft *f*
bjälke ['bjɛlkə] ⟨-n; -ar⟩ Balken *m*
bjälklag S̅ N̅ Gebälk *n*
bjällerklang ['bjɛlɐklaŋ] S̅ Schellengeläut *n* **bjällra** ⟨-n; -or⟩ Schelle *f*, Glöckchen *n*
bjärt [bjæt] A̅ D̅J̅ grell, schreiend, auffallend
bjässe ['bjɛsə] ⟨-n; -ar⟩ Riese *m*, Hüne *m*; *fig* Mordskerl *m*
björk [bjœrk] ⟨-en; -ar⟩ Birke *f* **björkdunge** S̅ Birkenwäldchen *n* **björklöv** S̅ N̅ Birkenlaub *n* **björkris** S̅ N̅ Birkenreis *n*; (Birken-)Rute *f*
björn [bjœːn] ⟨-en; -ar⟩ ZOOL Bär *m*; **väck inte den ~ som sover** schlafende Hunde soll man nicht wecken **björnbär** S̅ N̅ Brombeere *f* **björnhona** S̅ Bärin *f*, Bärenweibchen *n* **björnram** S̅ Bärentatze *f* **björnskinn** S̅ N̅ Bärenfell *n* **björntjänst** *fig* S̅ Bärendienst *m*, schlechter Dienst **björntråd** S̅ Eisengarn *n* **björnunge** S̅ junger Bär
bl.a. A̅B̅K̅ (= bland annat, bland andra) u. a. (*unter ander(e)m*) (*unter ander(e)n*)
black [blak] ⟨-en; -ar⟩ Klotz *m* (**om foten** am Bein)
blackout [blak'aɛt] ⟨-en; -er⟩ Blackout *m*
blad [blɑːd] ⟨-et; -⟩ Blatt *n*; *Messer* Klinge *f*; **ett oskrivet ~** ein unbeschriebenes Blatt; **ta ~et från munnen** kein Blatt vor den Mund nehmen **bladgrönt** S̅ N̅ Blattgrün *n* **bladguld** S̅ N̅ Blattgold *n* **bladlus** S̅ Blattlaus *f* **bladväxt** S̅ Blattpflanze *f*
blamage [blaˈmɑːʃ] ⟨-n; -r⟩ Blamage *f* **bla'mera** V̅T̅, V̅R̅ blamieren (**sig** sich)
bland [bland] P̅R̅Ä̅P̅ unter, zwischen; ~ **annat** unter ander(e)m
blanda ['blanda] ⟨1⟩ A̅ V̅T̅ mischen;

mengen ❸ V̅/R̅ ~ **sig** sich mischen, sich mengen; ~ **sig med mängden** sich unter die Menge mischen ❹ V̅/P̅ ~ **'bort** verwechseln; ~ **'bort korten för ngn** j-m Sand in die Augen streuen, j-n irreführen; ~ **sig 'i ngt** sich in etw einmischen; ~ **'ihop** vermischen, vermengen, vermanschen *umg*; *fig* durcheinanderbringen; ~ **'till** mischen, zubereiten **blandad** A̅D̅J̅ gemischt, vermischt; **~e känslor** gemischte Gefühle **blandare** ⟨-n; -⟩ Mischer *m*; Armatur *f*, Mischbatterie *f* **blandekonomi** S̅ ≈ soziale Marktwirtschaft *f* **blandning** ⟨-en; -ar⟩ Mischung *f*, Gemisch *n*, Gemenge *n* **blandskog** S̅ Mischwald *m* **blandäktenskap** S̅ N̅ Mischehe *f*
blank [blaŋk] A̅D̅J̅ blank; leer; **~t nej** ein klares Nein; **mitt på ~a dagen** am hellichten Tage; → blankt
blankett [blaŋ'kɛt] ⟨-en; -er⟩ Formular *n*, Vordruck *m*; **fylla i en ~** ein Formular ausfüllen
blankpolera ['blaŋkpuˌleːra] V̅T̅ ⟨1⟩ blank polieren **blanksliten** A̅D̅J̅ abgetragen, blank gescheuert **blankt** A̅D̅V̅ **dra ~** die Waffe ziehen; ~ **omöjligt** ganz unmöglich; **rösta ~** einen leeren Stimmzettel abgeben
blasé [blaˈseː], **blaserad** A̅D̅J̅ blasiert
blask [blask] N̅ ⟨-et; kein pl⟩ *Kaffee* Gesöff *n*, Brühe *f*; Matsch *m*
blaska[1] ⟨-n; -or⟩ *pej* Klatschblatt *n*
blaska[2] ⟨1⟩ A̅ V̅i̅ planschen ❸ V̅/P̅ ~ **'ner** bespritzen **blaskig** A̅D̅J̅ wässerig
blast [blast] ⟨-en; kein pl⟩ Kraut *n*
blazer ['blɛsar] ⟨-n; -ar⟩ Blazer *m*, Sakko *n*
bl.a. A̅B̅K̅ (= bland annat, bland andra)
bleck [blɛk] N̅ ⟨-et; -⟩ Blech *n*; **av ~** blechern
blek [bleːk] A̅D̅J̅ blass, bleich; *umg* käsig; ~ **av rädsla** kreidebleich (vor Angst); **vara ~ om kinderna** blasse Wangen haben; **inte ha den ~aste aning om ngt** keinen Schimmer von etw haben **bleka** V̅T̅ ⟨2⟩ bleichen, entfärben; **~s** sich entfärben, ausbleichen **blekansikte** S̅ Bleichgesicht *n* **blekfet** A̅D̅J̅ schwammig **blekhet** ⟨-en; kein pl⟩ Blässe *f*, Bleichheit *f* **blekmedel** S̅ N̅ Bleichmittel *n* **blekna** V̅i̅ ⟨1⟩ erblassen, erbleichen, blass/bleich werden; *Farbe* verblassen, verschießen;

sich verfärben **blekning** ⟨-en; -ar⟩ Bleiche f; Entfärben n **blekselleri** s̄ Stangensellerie m

blemma ['blɛma] ⟨-n; -or⟩ Pickel m, Bläschen n

blessyr [ble'sy:r] ⟨-en; -er⟩ Verwundung f

bli [bli:] ⟨4⟩ A̅ V/AUX im Passiv werden; ~ hämtad abgeholt werden; jag har ~vit ombedd ich bin gebeten worden B̅ V/I ❶ werden; ~ ngt etw werden, es zu etw bringen; ~ till en vana hos ngn j-m zur Gewohnheit werden; ~ till åtlöje zum Gespött werden; det ~r vackert väder i morgen es wird morgen schönes Wetter geben; det ~r nog bra med det es wird sich schon (alles) finden; hur mycket ~r det? wie viel macht es? ❷ sein; ~ förvånad erstaunt sein, staunen; ~ förbluffad verblüfft/verdutzt sein; ~ förskräckt erschrecken; ~ kär sich verlieben; ~ osams sich zanken; ~ inte arg! sei nicht böse!; svaret blev nej die Antwort war nein; resultatet blev gott das Ergebnis war gut ❸ bleiben; ~ liggande liegen bleiben; det ~r som vi avtalat es bleibt bei unserer Verabredung ❹ låta ~ ngt etw (sein) lassen, etw unterlassen; låt ~ (det där)! lass das (sein)!, lass doch!; inte kunna låta ~ att nicht umhinkönnen zu C̅ V/P ~ 'av zustande kommen; stattfinden; ~ det 'av? wird was draus?; vad ska det nu ~ 'av? was soll nun werden?; ~ 'av med ngt etw loswerden; ~ver-lieren; ~ 'borta wegbleiben, ausbleiben; ~ 'efter zurückbleiben, nachbleiben; ~ 'ifrån sig außer sich geraten; ~ 'kvar (übrig) bleiben, zurückbleiben; ~ 'till entstehen; ~ 'till sig sich aufregen; ~ 'utan nichts bekommen; ~ 'utom sig außer sich geraten; ~ 'över übrig bleiben

blick [blik] ⟨-en; -ar⟩ Blick m **blicka** V/I ⟨1⟩ blicken (på auf akk) **blickfång** s̄/N̅ Blickfang m **blickfält** s̄/N̅ Blickfeld n **blickstilla** ADJ ganz still

blid [bli:d] ADJ sanft, mild **blidhet** ⟨-en; kein pl⟩ Milde f, Sanftmut f **blidka** ⟨1⟩ besänftigen **blidväder** s̄/N̅ Tauwetter n

blind [blind] ADJ blind (för für/gegen), (på auf dat); **bli ~** erblinden, blind werden; **i ~o**, blint blindlings **blindbock** s̄ Spiel Blindekuh ohne Artikel **blindgångare** s̄ Blindgänger m **blindhet** ⟨-en; kein pl⟩ Blindheit f **blindhund** s̄ Blindenhund m **blindskrift** s̄ Blindenschrift f **blindskär** s̄/N̅ blinde/verborgene Klippe f **blindtarm** s̄ Blinddarm m **blindtarmsinflammation** s̄ Blinddarmentzündung f

blink [bliŋk] ⟨-en; -ar⟩ (Augen-)Wink m; Blinken n; Blinzeln n **blinka** V/I ⟨1⟩ blinzeln, zwinkern; blinken; ~ åt ngn j-m zublinzeln/zuzwinkern **blinker** ⟨-n; -ar⟩ AUTO Blinker m **blinkfyr** s̄ SCHIFF Blinkfeuer n **blinkljus** s̄/N̅ Blinklicht n **blinkning** ⟨-en; -ar⟩ Blinzeln n, Zwinkern n, Blinken n

bliva ['bli:va] → bli **blivande** ADJ künftig, zukünftig

blixt [blikst] ⟨-en; -ar⟩ ❶ Blitz m; som en ~ från klar himmel wie ein Blitz aus heiterem Himmel; snabb(t) som ~en (schnell) wie der Blitz; med ~ens hastighet blitzschnell, in Windeseile ❷ FOTO Blitzlicht n **blixtanfall** s̄/N̅, **blixtangrepp** s̄/N̅ Blitzangriff m **blixtlås** s̄/N̅ Reißverschluss m **blixt-nedslag** s̄/N̅ Blitzschlag m, Einschlag m **blixtra** ⟨1⟩ A̅ V/I blitzen; funkeln B̅ V/P ~ 'till aufblitzen **blixtsnabb** ADJ blitzschnell **blixtvisit** s̄ kurzer Besuch

block [blɔk] N̅ ⟨-et; -⟩ Block m **block-'ad** ⟨-en; -er⟩ Blockade f **blockchoklad** s̄ Blockschokolade f **block'era** V/T ⟨1⟩ blockieren **block'ering** ⟨-en; -ar⟩ Blockierung f **blockflöjt** s̄ Blockflöte f

blod [blu:d] N̅ ⟨-et; kein pl⟩ Blut n; väcka ont ~ böses Blut machen; ha något i ~et j-m im Blut liegen; j-m in Fleisch und Blut übergehen **bloda** V/P ⟨1⟩ ~ 'ned blutig machen; fig ha fått ~d tand Blut geleckt haben **blod-apelsin** s̄ Blutorange f **blodbad** s̄/N̅ Blutbad n, Gemetzel n **blodbank** s̄ Blutbank f **blodbrist** s̄ Blutarmut f **blodcirkulation** s̄ Blutkreislauf m **bloddrypande** ADJ bluttriefend **blodfattig** ADJ blutarm **blodflöde** s̄/N̅ Blutfluss m **blodförgiftning** s̄ Blutvergiftung f **blodförlust** s̄ Blutverlust m **blodgivare** s̄ Blutspender(in) m(f) **blodgrupp** s̄ Blutgruppe

blodhund – **blygas** • 63

f **blodhund** s̄ Schweißhund m **blodig** ADJ blutig; *in zssgn* -blütig **blodigel** s̄ ZOOL Blutegel m **blodkorv** s̄ Blutwurst f **blodkropp** s̄ ANAT Blutkörperchen n **blodkärl** S̄N ANAT Blutgefäß n **blodomlopp** S̄N Blutkreislauf m **blodpropp** s̄ Blutgerinnsel n; Thrombus m; Embolie f **blodprov** S̄N Blutprobe f **blodpudding** s̄ *Blutwurst schwedischer Art* **blodrenande** ADJ blutreinigend **blodröd** ADJ blutrot **blodsband** S̄N Blutsverwandtschaft f **blodsdroppe** s̄ Blutstropfen m **blodserum** S̄N Blutserum n **blodshämnd** s̄ Blutrache f **blodskam** s̄ Blutschande f **blodsocker** N̄ ANAT Blutzucker m **blodsprängd** ADJ blutunterlaufen **blodstillande** ADJ blutstillend **blodstockning** s̄ Blutstauung f **blodstörtning** s̄ Blutsturz m **blodsugare** ⟨-n; -⟩ Blutsauger m **blodsutgjutelse** s̄ Blutvergießen n **blodsänka** s̄ Blutsenkung f **blodtransfusion** s̄ Bluttransfusion f **blodtörstig** ADJ blutdürstig **blodtryck** S̄N Blutdruck m **blodtrycksmätare** s̄ Blutdruckmessgerät n **blodtörstig** ADJ blutdürstig **blodundersökning** s̄ Blutuntersuchung f **blodutgjutning** s̄ MED Bluterguss m **blodvärde** S̄N Hämoglobingehalt m

blogg [blɔg] ⟨-en; -ar⟩ IT Blog m **blogga** V̄I ⟨1⟩ bloggen **bloggare** ⟨-n; -⟩ Blogger(in) m(f)

blom [blum] ⟨-men; kein pl⟩ Blüte(n) f(pl); **stå i ~** blühen **blomblad** S̄N Blütenblatt n **blombukett** s̄ Blumenstrauß m **blomdoft** s̄ Blumenduft m **blomklase** s̄ Blütentraube f **blomknopp** s̄ Blütenknospe f **blomkruka** s̄ Blumentopf m **blomkål** s̄ Blumenkohl m **blomma** A ⟨-n; -or⟩ Blume f, Blüte f B V̄I ⟨1⟩ blühen C V̄P ⟨1⟩ **~ 'ut** verblühen, abblühen **blommig** ADJ geblümt **blommogram** N̄ ⟨-met; -⟩ *skicka ett* **~** Blumen über Fleurop® *etc* schicken lassen **blomning** ⟨-en; -ar⟩ Blüte f, Blütezeit f, Blühen n **blomskaft** S̄N Blütenstiel m, Blütenstängel m **blomster** ⟨-et; -⟩ Blume f **blomsteraffär** s̄ Blumengeschäft n **blomsterhandlare** s̄ Blumenhändler(in) m(f) **blomsterkvast** s̄ Blumenstrauß m **blomsterlök** s̄ Blumenzwiebel f **blomsterrabatt** s̄ Blumenbeet n **blomstra** V̄I ⟨1⟩ blühen; *fig a.* gedeihen **blomstrande** ADJ blühend **blomstring** ⟨-en; -⟩ Blüte f (-zeit) f, Blühen n

blond [blɔnd] ADJ blond **blond'era** V̄T ⟨1⟩ blondieren **blond'in** ⟨-en; -er⟩ Blondine f

bloss [blɔs] N̄ ⟨-et; -⟩ Fackel f; *Tabak* Zug m; **dra ett ~** einen Zug tun (**på** an *dat*) **blossa** ⟨1⟩ A V̄I flammen; lodern; glühen, erröten; **~ på** *Tabak* qualmen, paffen B V̄P **~ 'upp** aufflammen, lodern; aufbrausen; entbrennen **blossande** ADJ glühend, glutrot

blott [blɔt] A ADJ bloß; **med ~a ögat** mit bloßem Auge B ADV bloß, nur; **~ och bart** einzig und allein C KONJ wenn nur **blotta** A ⟨-n; -or⟩ *fig* Blöße f B V̄T ⟨1⟩ entblößen, bloßlegen; fig entlarven, aufdecken C V̄R ⟨1⟩ **~ sig** sich entblößen; *fig* sich bloßstellen **blottad** ADJ entblößt (**på** *von*), bar (**på** *gen*), bloß, unbedeckt **blottare** ⟨-n; -⟩ Exhibitionist(in) m(f) **blottlägga** V̄T ⟨4⟩ bloßlegen **blottställa** V̄T, V̄R ⟨2⟩ bloßstellen; preisgeben (**ngn för ngt** j-n *dat*), (**sig** *akk*) **blottställd** ADJ bloßgestellt; preisgegeben (**för** *dat*) **bluff** [blɵf] ⟨-en; -ar⟩ Bluff m **bluffa** V̄I ⟨1⟩ bluffen

blund [blɵnd] ⟨-en; kein pl⟩ Schlummer m, Schläfchen n; **John Blund** Sandmännchen n; **inte få en ~ i ögonen** kein Auge zumachen können **blunda** V̄I ⟨1⟩ die Augen schließen/zumachen; *fig* **~ för ngt** ein Auge bei etw zudrücken, etw durchgehen lassen **blunder** ⟨-n; -ar⟩ Versehen n, Missgriff m, Fehler m

blus [blʉːs] ⟨-en; -ar⟩ Bluse f

bly [blyː] N̄ ⟨-et; kein pl⟩ Blei n; *av* **~ a.** bleiern **blyerts** ['blyːeʈs] ⟨-en; -ar⟩ Blei n, Grafit m **blyertspenna** s̄ Bleistift m **blyertsstift** S̄N Mine f **blyertsteckning** s̄ Bleistiftzeichnung f **blyfri** ADJ bleifrei **blyförgiftning** s̄ Bleivergiftung f

blyg [blyːg] ADJ schüchtern, scheu, verschämt **blygas** V̄D ⟨dep 2⟩ sich schämen (**inför ngn** vor j-m), (**för ngn** für j-n *od* j-s), (**för ngt** einer Sache *od* wegen)

B

blygdben ['blygdbe:n] S̄ N̄ ANAT Schambein n **blygdläpp** S̄ ANAT Schamlippe f
blyghet ['bly:ghe:t] ⟨-en; kein pl⟩ Schüchternheit f, Befangenheit f
blygsam ADJ anspruchslos, bescheiden **blygsamhet** ⟨-en; kein pl⟩ Anspruchslosigkeit f, Bescheidenheit f
blygsel ⟨-n; kein pl⟩ Scham f, Schamgefühl n
blyhagel ['bly:ha:gəl] S̄ N̄ Bleischrot n od m **blyhaltig** ADJ bleihaltig
blå [blo:] ADJ blau; ⟨ut⟩ i det ~ ins Blaue (hinein) **blåaktig** ADJ bläulich **blåbär** S̄ N̄ Blaubeere f, Heidelbeere f **blådåre** S̄ Vollidiot(in) m(f) **blåfrusen** ADJ blaugefroren **blåklint** ⟨-en; -ar⟩ Kornblume f **blåklocka** S̄ Glockenblume f **blåkläder** PL Arbeitskleidung f **Blåkulla** N̄ ⟨inv⟩ MYTH der Blocksberg **blåmes** S̄ ZOOL Blaumeise f **blåmussla** S̄ ZOOL Miesmuschel f **blåmärke** S̄ N̄ blauer Fleck **blåmögelost** S̄ Blauschimmelkäse m **blåna** V̄I ⟨1⟩ blau werden **blånad** ⟨-en; -er⟩ blauer Fleck **blåneka** V̄I ⟨1⟩ alles ableugnen **blåpenna** S̄ Blaustift m **blårandig** ADJ blau gestreift **blårutig** ADJ blau kariert
blåsa ['blo:sa] A ⟨-n; -or⟩ Blase f B V̄I UNPERS, V̄I ⟨2⟩ wehen; blasen; det blåser (bra) es ist (sehr) windig; ~ på elden das Feuer anblasen C V̄P ⟨2⟩ ~ 'av abblasen; Spiel abpfeifen; ~ 'bort fortwehen, wegwehen; ~ i'gen zuwehen; ~ om'kull umblasen, umwehen; ~ 'upp aufblasen; fig a. aufblähen; aufwehen; det blåser 'upp der Wind frischt auf; ~ 'ut ausblasen **blåsare** ⟨-n; -⟩ MUS Bläser m **blåsbälg** S̄ Blasebalg m **blåsig** ADJ windig; blasig **blåsinstrument** S̄ N̄ Blasinstrument n
blåsippa ['blo:sipa] S̄ Leberblümchen n
blåskatarr ['blo:skatar] S̄ MED Blasenkatarrh m **blåslampa** S̄ Lötlampe f **blåsning** ⟨-en; -ar⟩ Blasen n; umg åka på en ~ reinfallen **blåsrör** S̄ N̄ Blasrohr n **blåst** A umg ADJ doof, dämlich B ⟨-en; kein pl⟩ Wind m **blåstrumpa** ['blo:strempa] fig S̄ Blaustrumpf m **blåställ** S̄ N̄ Arbeitsoverall m

blåsväder ['blo:sve:dər] S̄ N̄ windiges Wetter; vara ute i ~ heftigen Angriffen ausgesetzt sein
blåsyra ['blo:sy:ra] S̄ Blausäure f **blåtira** S̄ blaues Auge **blåögd** ADJ blauäugig
bläck [blɛk] N̄ ⟨-et; kein pl⟩ Tinte f **bläckfisk** S̄ Tintenfisch m **bläckhorn** S̄ N̄ Tintenfass n **bläckpatron** S̄ Druckerpatrone f **bläckpenna** S̄ Füller m, Federhalter m **bläckstråleskrivare** S̄ Tintenstrahldrucker m
bläddra ['blɛdra] ⟨1⟩ A V̄I blättern B V̄P ~ i'genom durchblättern
blända ['blɛnda] ⟨1⟩ A V̄T blenden B V̄P ~ 'av abblenden **bländande** ADJ blendend; grell **bländare** ⟨-n; -⟩ FOTO Blende f **bländ** S̄ ⟨-t; -n⟩ MINER Blende f **bländverk** S̄ N̄ Blendwerk n
blänga ['blɛŋa] V̄I ⟨2⟩ glotzen, starren; ~ på ngn j-n anstarren; j-m einen wütenden Blick zuwerfen
blänk [blɛŋk] N̄ ⟨-et; -⟩ Aufblitzen n
blänka ⟨2⟩ A V̄I blinken, glänzen, glitzern, schimmern B V̄P ~ 'till aufblitzen **blänkare** ⟨-n; -⟩ = Voranzeige f **blänke** N̄ ⟨-t; -n⟩ Spinner m
blöda ['blø:da] V̄I ⟨2⟩ bluten; mitt hjärta blöder mir blutet das Herz **blödarsjuka** S̄ Bluterkrankheit f **blödig** ADJ weich; empfindsam **blödighet** ⟨-en; kein pl⟩ Weichheit f, Empfindsamkeit f **blödning** ⟨-en; -ar⟩ Blutung f
blöja ['bløja] ⟨-n; -or⟩ Windel f **blöjbyxor** PL Windelhöschen n
blöt [blø:t] A ADJ nass, durchnässt, durchweicht B ⟨inv⟩ lägga i ~ einweichen; fig lägga näsan i ~ seine Nase in alles/jeden Dreck stecken **blöta** A ⟨-n; kein pl⟩ Nässe f B V̄T ⟨2⟩ nass machen; einweichen C V̄P ⟨2⟩ ~ 'ner sig sich nass machen **blötdjur** S̄ N̄ Weichtier n, Molluske f **blötlägga** V̄T ⟨4⟩ einweichen **blötsnö** S̄ Schneematsch m
BNI ABK (= Bruttonationalinkomst) BNE n Bruttonationaleinkommen
BNP ABK (= bruttonationalprodukt) BIP n Bruttoinlandsprodukt
-bo [-bu:] IN ZSSGN ⟨-n; -r⟩ Bewohner(in) m(f) **bo** A ⟨-(e)t; -n⟩ Einrichtung f, Mobiliar n; Hausstand m, Habe f; Hin-

terlassenschaft f, Erbe n; ZOOL Bau m, Nest n, Horst m; **bygga ~** nisten, horsten, sich ein Nest bauen; **sätta ~** einen (eigenen) Hausstand gründen ⓑ Ⅶ ⟨3⟩ wohnen, leben

boardingkort ['bo:dɪŋkʊṭ] S̄N̄, **boardingpass** S̄N̄ Bordkarte f

bock [bɔk] ⟨-en; -ar⟩ ❶ Bock; **hoppa ~** Bock springen ❷ Fehler m; Schnitzer m; Haken m; **sätta en ~ i kanten** einen Fehler anstreichen **bocka** ⟨1⟩ Ⓐ Ⅶ TECH (rund) biegen, krümmen ❷ V̄R̄ **~ (sig)** sich verbeugen (för vor) Ⓒ V̄P̄ **~ 'för** anstreichen **bockskägg** [-ʃɛɡ] S̄N̄ Ziegenbart m

bod [bu:d] ⟨-en; -ar⟩ ❶ Laden m, Kaufladen m, Geschäft n ❷ Schuppen m, Speicher m

Bodensjön ['bo:dɛnʃøn] ⟨inv⟩ der Bodensee

boende ['bu:əndə] ADJ wohnhaft, wohnend **boendekostnad** S̄ Wohnkosten pl **boendemiljö** S̄ Wohnlage f

boett [bu'ɛt] ⟨-en; -er⟩ Uhr Gehäuse n

bofast [bu:fast] ADJ ansässig, sesshaft

bofink ['bu:fɪŋk] S̄ Buchfink m

bog [bu:g] ⟨-en; -ar⟩ Bug m; Schulter f, Keule f

bogsera [bug'se:ra] Ⅶ ⟨1⟩ schleppen, abschleppen **bogserbil** S̄ Abschleppwagen m **bogserbåt** S̄ Schlepper m **bogsering** ⟨-en; -ar⟩ Schleppen n **bogserlina** S̄ Schleppseil n

bohag ['bu:hɑ:g] N̄ ⟨-et⟩ Mobiliar n; Mobilien pl

bohem [bu'hɛ:m] ⟨-en; -er⟩ Bohemien m

boj [bɔj] ⟨-en; -ar⟩ Boje f

boja ['bɔja] ⟨-n; -or⟩ Fessel f, Band n

bojkott ['bɔjkɔt, bɔj'kɔt] ⟨-en; -er⟩ Boy'kott m **bojkotta** Ⅶ ⟨1⟩ boykottieren

bok [bu:k] ❶ ⟨-en; -ar⟩ BOT Buche f; **av ~** aus Buchenholz, buchen ❷ ⟨-en; böcker⟩ Buch n

boka ['bu:ka] ⟨1⟩ Ⓐ Ⅶ buchen, bestellen; **~ ett bord** einen Tisch reservieren; **~ en tid** einen Termin vereinbaren ⓑ V̄P̄ **~ 'av** abbestellen; **~** reservieren; einplanen; **~ 'om** umbuchen

bokanmälan S̄ Buchbesprechung f

boka tidigt-rabatt S̄ Frühbucherrabatt m **bokband** S̄N̄ Einband m, Buchdeckel m **bokbindare** ⟨-n; -⟩

Buchbinder(in) m(f) **bokbuss** S̄ Büchereibus m **bokcirkel** S̄ Lesezirkel m **bokflod** S̄ **~en** die neuen Bücher **bokform** S̄ **i ~** in Buchform **bokföra** Ⅶ ⟨2⟩ WIRTSCH (ver)buchen **bokföring** ⟨-en; -ar⟩ WIRTSCH Buchhaltung f, Buchführung f **bokförlag** S̄N̄ Verlag m **bokhandel** S̄ ❶ ⟨-n; kein pl⟩ Buchhandel m; **slut i ~n** vergriffen ❷ ⟨-n; -ar⟩ Buchhandlung f **bokhandlare** S̄ Buchhändler(in) m(f) **bokhylla** S̄ Bücherregal n, Bücherbord n **bokklubb** S̄ Buchklub m, Buchgemeinschaft f **boklåda** S̄ Buchhandlung f **bokmal** fig S̄ Bücherwurm m **bokmarknad** S̄ Büchermarkt m **bokmärke** S̄N̄ IT Lesezeichen n, Bookmark n/f **bokmässa** S̄ Buchmesse f

bokning ⟨-en; -ar⟩ Eintragung f; Buchung f; Reservierung f

bokomslag S̄N̄ Schutzumschlag m **bokpärm** S̄ Bucheinband m, Buchdeckel m **bokskog** S̄ BOT Buchenwald m **bokskåp** S̄N̄ Bücherschrank m **bokslut** S̄N̄ WIRTSCH Abschluss m; Schlussbilanz f

bokstav ['buksta:v] ⟨-en; bokstäver⟩ Buchstabe m **bokstav'era** Ⅶ ⟨1⟩ buchstabieren **bokstavlig** ADJ, **bokstavligen**, **bokstavligt** ADV buchstäblich **bokstavsföljd** S̄, **bokstavsordning** S̄ alphabetische Reihenfolge f; **i ~** alphabetisch

boktitel ['bu:k,ti:tel] S̄ Buchtitel m **boktryckeri** S̄N̄ Buchdruckerei f

bolag ['bu:lɑ:g] N̄ ⟨-et; -⟩ ❶ WIRTSCH Gesellschaft f; **~ med begränsad ansvarighet** Gesellschaft mit beschränkter Haftung (GmbH) ❷ umg → systembolag **bolagsstämma** S̄ Generalversammlung f, Hauptversammlung f

boll [bɔl] ⟨-en; -ar⟩ Ball m **bolla** Ⅶ ⟨1⟩ Ball spielen; **~ med ord** mit Worten spielen **bollkalle** S̄ Tennis Balljunge m **bollpojke** S̄ Tennis Balljunge m **bollspel** S̄N̄ Ballspiel n **bollträ** S̄N̄ Schlagholz n

bolma ['bɔlma] Ⅶ ⟨1⟩ qualmen; umg paffen

bolster ['bɔlstər] a. N̄ ⟨-n/-et; -ar/-⟩ Federbett n; Deckbett n

bom[1] [bum] ⟨-men; -mar⟩ ❶ Schlagbaum m; Schranke f; **sitta bakom lås och ~** hinter Schloss und Riegel sitzen

2 Fehlschuss *m*; **skjuta ~ vorbeischießen, danebenschießen**
bomb [bɔmb] ⟨-en; -er⟩ Bombe *f*; **fälla/kasta ~er Bomben (ab)werfen bomba** V̄T ⟨1⟩ bombardieren **bombanfall** S̄ N̄ Bombenangriff *m* **bombardemang** N̄ ⟨-et; -⟩ Bombardement *n* **bombar'dera** V̄T ⟨1⟩ bombardieren **bombastisk** [bɔm'bastisk] ADJ bombastisch; schwülstig
bombattentat ['bɔmbatən'tɑ:t] S̄ N̄ Bombenattentat *n*, Bombenanschlag *m* **bombhot** S̄ Bombendrohung *f* **bombnedslag** S̄ N̄ Bombeneinschlag *m* **bombning** ⟨-en; -ar⟩ Bombardierung *f* **bombsäker** ADJ bombensicher
bomma ['buma] ⟨1⟩ **A** V̄T *umg* verpassen **B** V̄I vorbeischießen, danebenschießen **C** V̄P ~ **'för/i'gen/'till** verriegeln, verrammeln
bomull [formatting] ⟨-en; kein pl⟩ Baumwolle *f*; Watte *f* **bomullsgarn** S̄ N̄ Baumwollgarn *n* **bomullsklänning** S̄ baumwollenes Kleid **bomullstops** ⟨-en; -⟩ Wattestäbchen *n* **bomullstrikå** S̄ Baumwolltrikot *n* **bomullstyg** S̄ N̄ Baumwollstoff *m* **bomullsvadd** S̄ Verbandswatte *f*
bomärke ['bu:mærkə] S̄ N̄ Namenszeichen *n*
bona ['bu:na] V̄T ⟨1⟩ bohnern
bonad ['bu:nad] ⟨-en; -er⟩ Wandteppich *m*
bondaktig ['bundakti(g)] ADJ bäurisch **bondböna** S̄ Saubohne *f* **bonde** ⟨-n; bönder⟩ Bauer *m*, Bäuerin *f* **bondepraktika** ⟨-n; -or⟩ Bauernregel *f* **bondfångare** ⟨-n; -⟩ *fig* Bauernfänger *m* **bondgård** S̄ Bauernhof *m*, Gehöft *n* **bondhustru** S̄ Bäuerin *f*, Bauersfrau *f* **bondkatt** S̄ Hauskatze *f* **bondmora** ⟨-n; -or⟩ (alte) Bäuerin *f*, Bauernweib *n* **bondsk** ADJ bäurisch **bondslug** ADJ bauernschlau **bondtur** *umg* S̄ Dusel *m*, Schwein *n*
boning ['bu:niŋ] ⟨-en; -ar⟩ Wohnstätte *f* **boningshus** S̄ N̄ Wohnhaus *n*
bonus ['bu:nəs] ⟨-en; -ar⟩ Bonus *m*, Prämie *f*
bonvax ['bu:nvaks] S̄ N̄ Bohnerwachs *n*
boota ['bu:ta] V̄T ⟨1⟩ IT booten
boplats ['bu:plats] S̄ Wohnplatz *m*, Niederlassung *f*, Siedlung *f*
bord [bu:ɖ] N̄ ⟨-et; -⟩ **1** Tisch *m*; **gående ~ Büffet *n*; **sätta sig till ~s** sich zu Tisch setzen; **dricka ngn under ~et** j-n unter den Tisch trinken; *fig* **göra rent ~** reinen Tisch machen **2** SCHIFF Bord *m*; **om ~** an Bord (**på** *gen*); **över ~** über Bord **bordduk** S̄ → bordsduk
bordell [bɔ'dɛl] ⟨-en; -er⟩ Bordell *n*; *umg* Puff *m* od *n*
bordlägga ['bu:ɖlɛga] V̄T ⟨4⟩ ~ **ett ärende** eine Angelegenheit vertagen **bordläggning** S̄ Vertagung *f* **bordlöpare** S̄ → bordslöpare **bordsben** S̄ N̄ Tischbein *n* **bordsbön** S̄ Tischgebet *n*; **läsa ~** das Tischgebet sprechen **bordsdam** S̄ Tischdame *f* **bordsdekoration** S̄ Tafelschmuck *m* **bordsduk** S̄ Tischtuch *n*; Tischdecke *f* **bordsfotboll** S̄ Tischfußball *m* **bordsgranne** S̄ Tischnachbar(in) *m(f)* **bordskavaljer** S̄ Tischherr *m* **bordskniv** S̄ Tischmesser *n* **bordslampa** S̄ Tischlampe *f* **bordslöpare** S̄ Tischläufer *m* **bordsplacering** S̄ Tischordnung *f* **bordssalt** S̄ N̄ Tafelsalz *n* **bordssilver** S̄ silbernes Besteck *n* **bordsskick** S̄ N̄ Tischmanieren *pl* **bordsskiva** S̄ Tischplatte *f* **bordsvatten** S̄ N̄ Tafelwasser, Mineralwasser *n* **bordsvisa** S̄ Trinklied *n* **bordsända** S̄ Tischende *n* **bordtennis** S̄ Tischtennis *n* **bordtennisracket** S̄ Tischtennisschläger *m*
borg [bɔrj] ⟨-en; -ar⟩ Burg *f*
borga ['bɔrja] V̄I ⟨1⟩ bürgen (**för** für) **borgare** ⟨-n; -⟩ Bürger(in) *m(f)* **borgarklass** S̄ Bürgerstand *m* **borgen** ⟨inv⟩ Bürgschaft *f* (**för** für); Sicherheit *f*, Garantie *f*, Kaution *f*; **gå i ~** bürgen, sich verbürgen, Bürgschaft leisten, haften **borgensförbindelse** S̄ Bürgschaftsschein *m* **borgenslån** S̄ N̄ Bürgschaftsdarlehen *n* **borgensman** S̄ Bürge *m* **borgenssumma** S̄ Haftsumme *f* **borge'när** ⟨-en; -er⟩ Gläubiger(in) *m(f)* **borgerlig** ADJ bürgerlich; ~ **vigsel** standesamtliche Trauung; ~**t äktenskap** Zivilehe *f* **borgerskap** N̄ ⟨-et; -⟩ Bürgerschaft *f* **borgmästare** S̄ Bürgermeister *m*
borgruin ['bɔrjrui:n] S̄ Burgruine *f*
borr [bɔr] ⟨-en; -ar⟩ Bohrer *m* **borra** V̄T, V̄I ⟨1⟩ bohren; ~ **i sank** in (den) Grund bohren **borrhål** S̄ N̄ Bohrloch *n* **borrmaskin** S̄ Bohrmaschine *f*

borrning ⟨-en; -ar⟩ Bohrung f **borrplattform** s̄ Bohrplattform f **borrtorn** s̄ n Bohrturm m

borst [bɔʂt] n̄ ⟨-et; -⟩ Borste f; **resa ~ sich** sträuben, das Fell sträuben; *fig a.* widerborstig sein/werden **borsta** ⟨1⟩ **A** v̄t̄ (aus)bürsten, putzen; **~ tänderna** sich die Zähne putzen **B** v̄p̄ **~ 'av** abbürsten **borstbindare** ⟨-n; -⟩ Bürstenbinder(in) m(f); **ljuga som en ~** wie gedruckt lügen; **svära som en ~** fluchen wie ein Bierkutscher **borste** ⟨-n; -ar⟩ Bürste f

bort [bɔʈ] adv ab, fort, (hin)weg, davon; **dit ~** dahin, dorthin, nach dort; **gå '~** ausgehen; *sterben* heimgehen **borta** adv fort, weg, nicht zu Hause; abwesend; *umg* nicht da; **där ~** da, dort, (da) drüben, dahinten; **långt ~** weit entfernt; **vara ~ från skolan** in der Schule fehlen; **hålla ngn ~ från** *j-n* von *etw* fernhalten **bortamatch** s̄ sport Auswärtsspiel n, Gastspiel n **bortaplan** s̄ sport Fußball *på* **~** auswärts **bortbjuden** adj eingeladen **bortblåst** adj *vara som* **~** wie weggeblasen sein **bortbyting** ⟨-en; -ar⟩ Wechselbalg m **bortbytt** adj vertauscht; verdreht, von Sinnen; *fig* ausgewechselt **borterst** **A** adj hinterst **B** adv zuhinterst **bortfall** s̄ n Fortfall m, Wegfall m **bortflyttning** s̄ Fortschaffen n; Wegzug m **bortförklara** v̄t̄ ⟨1⟩ *försöka* **~ ngt** sich aus *etw* herauszureden suchen **bortförklaring** s̄ Ausrede f **bortglömd** adj vergessen **bortgång** s̄ Hinscheiden n **bortgången** adj verstorben, dahingeschieden **bortifrån** **A** prep von ... her **B** adv *där* **~** dorther, von dort **bortkastad** adj weggeworfen; *fig a.* verschwendet, verloren **bortkommen** adj verloren; unbeholfen, auf den Kopf gefallen **bortre** adj hintere(r, s) **bortresa** s̄ Hinreise f **bortresonera** v̄t̄ ⟨1⟩ wegdiskutieren **bortrest** adj verreist **bortrövande** n̄ Entführung f; Raub m **bortse** v̄i̇̄ ⟨4⟩ **~ från ngt** von *etw* absehen **bortskämd** adj verwöhnt, verzogen **borttagande** n̄ ⟨-t; -n⟩ Wegnahme f **bortåt** **A** prep gegen, *etwa*, ~ (klockan) fem gegen fünf (Uhr); **där/dit ~** dorthin **B** prep nach ... hin/zu

bosatt ['bu:sat] adj wohnhaft, ansässig **boskap** ['bu:ska:p] koll ⟨-en; kein pl⟩ Vieh n **boskapsskötsel** s̄ Viehzucht f

boskifte ['bu:ʂifta] s̄ n Erbteilung f, Nachlassverteilung f **boskillnad** s̄ Gütertrennung f

Bosnien ['bɔsniən] n̄ ⟨inv⟩ **~ och Hercegovina** Bosnien und Herzegowina **bosnier** ⟨-n; -⟩ Bosnier(in) m(f) **bosniska** **I** ⟨-n; kein pl⟩ Bosnisch n **II** ⟨-n; -or⟩ Bosnierin f

bospara [bu:spa:ra] v̄i̇̄ ⟨1⟩ bausparen **boss** ⟨-en; -ar⟩ Boss m, Chef m; *umg* Bonze m **bossa** *umg* v̄i̇̄ ⟨1⟩ herumkommandieren

bostad ['bu:sta:d] ⟨-en; bostäder⟩ Wohnung f, Wohnsitz m **bostadsadress** s̄ Wohnadresse f **bostadsbidrag** s̄ n Wohnungsbeihilfe f **bostadsbrist** s̄ Wohnungsnot f **bostadsförmedling** s̄ Wohnungsamt n **bostadshus** s̄ n Wohnhaus n **bostadskvarter** s̄ n Wohnviertel n **bostadslägenhet** s̄ Wohnung f **bostadsmarknad** s̄ Wohnungsmarkt m **bostadsrätt** s̄ Dauerwohnrecht n; → bostadsrättslägenhet **bostadsrättsförening** s̄ ≈ Wohnungsbaugenossenschaft f **bostadsrättslägenhet** s̄ ≈ Baugenossenschaftswohnung f **bostadsstandard** s̄ Wohnstandard m **bostadstillägg** s̄ n Wohngeld n; → bostadsyta **bostadsyta** s̄ Wohnfläche f

bosätta ['bu:sɛta] v̄p̄ ⟨4⟩ **~ sig** sich niederlassen, sich ansiedeln **bosättning** ⟨-en; -ar⟩ Niederlassung f; Gründung f eines Hausstandes; Einrichtung f

bot¹ [bu:t] ⟨-en; böter⟩ Geldstrafe f, Geldbuße f; Strafzettel m **bot²** ⟨-en; kein pl⟩ Mittel n, Abhilfe f; Buße f; **råda ~ på ngt** bei *etw* Abhilfe schaffen; **göra ~ (och bättring)** Buße tun **bota** v̄t̄ ⟨1⟩ heilen (**från/för** von); abhelfen (*dat*); **det kan lätt ~s** dem ist leicht abzuhelfen

botanik [buta'ni:k] ⟨-en; kein pl⟩ Bo'tanik f, Pflanzenkunde f **bo'taniker** ⟨-n; -⟩ Botaniker(in) m(f) **botani'sera** v̄i̇̄ ⟨1⟩ botanisieren; *fig* stöbern **bo'tanisk** adj botanisch; **~ trädgård** botanischer Garten **botan'ist** ⟨-en; -er⟩ Botaniker(in) m(f)

botemedel ['bu:tə'me:dəl] s̄ n Heil-

botgöring – brasa

mittel *n*
botgöring ['bu:tjœ:riŋ] ⟨-en; kein pl⟩ Buße *f*
botten ['bɔtən] **A** *umg* ADJ ⟨inv⟩ mies, schlecht **B** ⟨-en/-; -ar⟩ Boden *m*, Grund *m*; **bo på nedre ~** im Erdgeschoss/Parterre wohnen; **gå till ~** untergehen, scheitern, zugrunde gehen; **gå till ~ med ngt** etw (*dat*) auf den Grund gehen; **i grund och ~** → grund¹; **nå ~** Grund bekommen/haben **bottenfrysa** VII ⟨4⟩ bis auf den Grund frieren **bottenfärg** S Grund *m*, Grundfarbe *f* **bottenlån** S N Grundschuld *f*, erste Hypothek **bottenläge** S N Tiefstand *m* **bottenlös** bodenlos, grundlos **bottensats** S Bodensatz *m* **bottenskikt** S N Bodenschicht *f* **bottenskrap** S N letzter Rest **Bottenviken** ⟨inv⟩ der Bottnische Meerbusen **bottenvåning** S Erdgeschoss *n*, Parterre *n* **bottna** VII ⟨1⟩ Grund bekommen/finden/haben; *fig* **~ i** herrühren von, beruhen auf (*dat*)
bouppteckning ['bo:ɵptekniŋ] ⟨-en; -ar⟩ Vermögensverzeichnis *n*, Nachlassverzeichnis *n* **boutredning** S Nachlassaufnahme *f* **boutredningsman** S Nachlassverwalter *m*
bov [bu:v] ⟨-en; -ar⟩ Schurke *m*, Gauner *m*, Bösewicht *m* **bovaktig** ADJ schurkenhaft, gaunerhaft
bovete ['bu:ve:ta] ⟨-t; kein pl⟩ BOT Buchweizen *m*
bowla ['bɔvla] VII ⟨1⟩ bowlen **bowling** ⟨-en⟩ Bowling *n* **bowlingbana** S Bowlingbahn *f*
box¹ [bɔks] ⟨-en; -ar⟩ Kiste *f*, Kasten *m*; Gepäckfach *n*; Schließfach *n*; Stall Box *f*
box² [buks] ⟨-en; -ar⟩ *umg* Faustschlag *m* **boxa** VT ⟨1⟩ boxen **boxare** ⟨-n; -⟩ Boxer(in) *m(f)* **boxas** VII ⟨dep 1⟩ (sich) boxen **boxhandske** S Boxhandschuh *m* **boxning** ⟨-en; kein pl⟩ Boxen *n* **boxningsmatch** S Boxkampf *m*
bra [brɑ:] ⟨*komp* bättre; *sup* bäst⟩ **A** ADJ gut; gesund, wohl; brav, tüchtig; **mycket ~** sehr gut; **det är ~!** ist schon gut! **B** ADV gut, wohl; ziemlich, recht, sehr; **jag mår ~** es geht mir gut; **inte må riktigt ~** sich nicht ganz wohlfühlen; **ha det (så) ~!** mach's gut!; **~ gärna** sehr gern
bracka ['braka] ⟨-n; -or⟩ Spießer(in)

m(f), Spießbürger(in) *m(f)* **brackig** ADJ spießbürgerlich, spießig
bragd [bragd] ⟨-en; -er⟩ Tat *f*, Heldentat *f*
brak [brɑ:k] ⟨-et; kein pl⟩ Krachen *n*, Krach *m* **braka** VII ⟨1⟩ krachen; **~ lös/loss** losgehen **brakmiddag** S Gelage *n*
brand [brand] ⟨-en; bränder⟩ Brand *m*, Feuer *n*; Feuersbrunst *f*; **sätta/stå i ~** in Brand stecken/stehen **brandalarm** S N Feueralarm *m* **brandbil** S Feuerwehrauto *n* **brandbomb** S Brandbombe *f* **brandchef** S Brandmeister *m* **brandfackla** S Brandfackel *f* **brandfara** S Feuergefahr *f* **brandfarlig** ADJ feuergefährlich **brandförsäkring** S Feuerversicherung *f*, Brandversicherung *f* **brandgul** ADJ rotgelb **brandhärd** S Brandherd *m* **brandkår** S Feuerwehr *f* **brandlukt** S Brandgeruch *m* **brandman** S Feuerwehrmann *m* **brandmur** S Brandmauer *f* **brandpost** S Hydrant *m* **brandredskap** S N (Feuer-)Löschgerät *n* **brandrisk** S Feuergefahr *f* **brandrök** S Brandrauch *m* **brandsegel** S N Sprungtuch *n* **brandskada** S Brandschaden *m*, Feuerschaden *m* **brandskadad** ADJ durch Feuer beschädigt **brandskydd** S N Feuerschutz *m* **brandskåp** S N Feuermelder *m* **brandsläckare** ⟨-n; -⟩ Feuerlöscher *m* **brandsoldat** S Feuerwehrmann *m* **brandspruta** S Feuerspritze *f* **brandstation** S Feuerwache *f* **brandstege** S Feuerleiter *f* **brandsäker** ADJ feuerfest, brandsicher **brandtal** S N Brandrede *f* **brandvakt** S Feuerwächter *m* **brandvarnare** ⟨-n; -⟩ Rauchmelder *m* **brandvägg** S IT Firewall *f* **brandväsen** S N Feuerwehrwesen *n* **brandövning** S Feuerwehrübung *f*
bransch [branʃ] ⟨-en; -er⟩ Branche *f*, Berufszweig *m*, Geschäftszweig *m*; Fach *n* **branschvana** S Branchenerfahrung *f*
brant [brant] **A** ADJ steil, jäh; **~ kust** *a.* Steilküste *f*; **stupa ~** steil abfallen **B** ⟨-en; -er⟩ Abhang *m*, Steilhang *m*, Absturz *m*
brasa ['brɑ:sa] ⟨-n; -or⟩ Feuer *n*; **tända**

en ~ Feuer machen, (ein)heizen
brasiliansk [braˈsiliɑːnsk] brasilianisch **Brasilien** Brasilien n
braskande [ˈbraskəndə] ADJ auffällig, groß aufgemacht
brass [bras] ⟨-et; kein pl⟩ *umg* **1** Bläserensemble *n* **2** Hasch *n* **brassa** [ˈbrasa] ⟨1⟩ **A** V̄T *umg* ~ **käk** Essen machen **B** V̄I *umg* haschen **C** V̄P ~ **'på** losfeuern; tüchtig einheizen; Gas geben
bravad [braˈvɑːd] ⟨-en; -er⟩ tolles Stück, toller Streich **brav'era** V̄I ⟨1⟩ prahlen, glänzen
bravo [ˈbrɑːvoː] INTER bravo **bravorop** S̄ N̄ Beifallsruf *m*
bra'vur ⟨-en; kein pl⟩ Bravour *f* **bra'vurnummer** S̄ N̄ Glanzstück *n*
bre [breː] ⟨3⟩ → breda
bred [breːd] ADJ breit; ~ **över bröstet** breitbrüstig; **på** ~ **front** breit angelegt
breda [ˈbreːda] ⟨2⟩ **A** V̄T streichen, schmieren; ~ **en smörgås** ein Butterbrot streichen **B** V̄P ~ **'på** auftragen, aufstreichen; *fig* dick auftragen; ~ **'ut** ausbreiten; ~ **'ut sig** sich ausbreiten; sich verbreiten (**om** über); sich breitmachen
bredaxlad [ˈbreːdakslad] ADJ breitschultrig **bredband** S̄ N̄ IT Breitband *n* **bredbandsanslutning** S̄ Breitbandanschluss *m*
bredbar ADJ streichfähig; ~ **ost** Streichkäse *m*; ~**t pålägg** Aufstrich *m*
bredbent [ˈbreːdbeːnt] ADJ breitbeinig
bredd [bred] ⟨-en; -er⟩ Breite *f*; **i** ~ nebeneinander; **på** ~**en** der Breite nach **bredda** [ˈbreːda] V̄T ⟨1⟩ verbreitern **breddgrad** S̄ Breitengrad *m*
bredsida [ˈbreːd-] S̄ Breitseite *f*
bredvid [breˈviːd, ˈbreːvid] **A** PRÄP neben; *umg* **prata** ~ **mun** sich verplappern **B** ADV daneben, nebenan, nebenbei
brev [breːv] N̄ ⟨-et; -⟩ Brief *m*, Schreiben *n*; **per** ~ brieflich; **rekommenderat** ~ Einschreibebrief *m* **brevbomb** S̄ Briefbombe *f* **brevbärare** S̄ Briefträger(in) *m(f)*, Postbote *m*, Postbotin *f* **brevduva** S̄ Brieftaube *f* **brevinkast** S̄ N̄ Einwurf *m*, Schlitz *m* **brevlåda** S̄ Briefkasten *m* **brevpapper** S̄ N̄ Briefpapier *n* **brevporto** S̄ N̄ Briefporto *n* **brevpress** S̄ Briefbeschwerer *m* **brevvåg** S̄ Briefwaage *f* **brevvän**

S̄ Brieffreund(in) *m(f)* **brevväxla** V̄I ⟨1⟩ in Briefwechsel stehen, korrespondieren **brevväxling** S̄ Briefwechsel *m*, Korrespondenz *f*
bricka [ˈbrika] ⟨-n; -or⟩ Tablett *n*; Untersatz *m*; *Abzeichen* Erkennungsmarke *f*; *Spiel* Stein *m*; TECH Scheibe *f*
brigad [briˈgɑːd] ⟨-en; -er⟩ Brigade *f* **brikett** [briˈket] ⟨-en; -er⟩ Brikett *n* **briljant** [brilˈjant, -ant] **A** ADJ glänzend, brillant **B** ⟨-en; -er⟩ Brillant *m* **brilj'era** V̄I ⟨1⟩ glänzen, brillieren
bringa [ˈbriŋa] ⟨-n; -or⟩ Brust *f*
brinna [ˈbrina] ⟨4⟩ **A** V̄I brennen; ~ **av nyfikenhet** vor Neugier brennen **B** V̄P ~ **'av** abbrennen; ~ **'inne** verbrennen; ~ **'ner** niederbrennen, abbrennen, ausbrennen; ~ **'upp** verbrennen; ~ **'ut** ausbrennen **brinnande** ADJ brennend; heiß, inbrünstig; **för** ~ **livet** aus Leibeskräften; **mitt under** ~ **krig** mitten im Krieg
bris [briːs] ⟨-en; -ar⟩ Brise *f*
brisera V̄I ⟨1⟩ explodieren; platzen; krepieren
brist [brist] ⟨-en; -er⟩ Mangel *m* (**på** an *dat*); Fehlbetrag *m*, Defizit *n*; **avhjälpa** ~**er** Mängel beseitigen/beheben; **i** ~ **på** aus Mangel an (*dat*), in Ermangelung von, mangels (*gen*)
brista¹ ⟨4⟩ **A** V̄I brechen, bersten, zerspringen, platzen; *Band* reißen **B** V̄P ~ **'lös** losbrechen; ~ **'ut i skratt** in Gelächter ausbrechen
brista² V̄I ⟨4⟩ fehlen, mangeln; ~ **i kunskaper** es an Kenntnissen fehlen/ mangeln lassen **bristande** ADJ mangelnd, fehlend; unzulänglich, ungenügend **bristfällig** ADJ mangelhaft, fehlerhaft; unvollkommen **bristfällighet** ⟨-en; -er⟩ Mangelhaftigkeit *f*, Fehlerhaftigkeit *f*, Unvollständigkeit *f*
bristning ⟨-en; -ar⟩ Brechen *n*, Bersten *n*; Riss *m*; MED Bruch *m* **bristningsgräns** S̄ äußerste Grenze; **fylld till** ~**en** brechend/zum Brechen voll
bristsjukdom [ˈbristʃuːkdom] S̄ Mangelkrankheit *f*
brits [brits] ⟨-en; -ar⟩ Pritsche *f*
britt [brit] ⟨-en; -er⟩ Brite *m* **brittisk** ADJ britisch **brittiska** ⟨-n; -or⟩ Britin *f* **brittsommar** [ˈbritsomar] S̄ Altweibersommer *m*
bro [bruː] ⟨-n; -ar⟩ Brücke *f* **broavgift**

brobyggare – brunch

s̄ Mautgebühr f **brobyggare** ⟨-n; -⟩ Brückenbauer m **brobygge** s̄ n̄ Brückenbau m
broccoli ['brɔkɔli] ⟨-n; kein pl⟩ Brokkoli m
brodd [brɔd] ⟨-en; -ar⟩ Keim m, junge Saat; *Schuhe* Spike m; *Hufeisen* Stollen m
broder ['bru:dər] ⟨-n; bröder⟩ → bror
brodera [brɔ'de:ra] ⟨1⟩ **A** VT, VI sticken **B** VP *fig* ~ 'ut ausschmücken
bro'dergarn s̄ n̄ Stickgarn n **broder'i** n̄ ⟨-et; -er⟩ Stickerei f
broderlig ['bru:dɑ(l)ig] ADJ brüderlich
broderskap n̄ ⟨-et; -⟩ Brüderschaft f
brofäste ['bru:fεsta] s̄ n̄ Verankerung f einer Brücke **brohuvud** s̄ n̄ Brückenkopf m
brokad [brɔ'kɑ:d] ⟨-en; -er⟩ Brokat m
brokig ['bru:ki(g)] ADJ bunt
broms [brɔms] ⟨-en; -ar⟩ ZOOL U. TECH Bremse f; **dra 'åt ~en** die Bremse anziehen **bromsa** ⟨1⟩ **A** VI bremsen **B** VP ~ 'in/'upp abbremsen **bromsanordning** s̄ n̄ Bremsvorrichtung f **bromsbelägg** s̄ n̄ Bremsbelag m **bromsljus** s̄ n̄ Bremslicht n **bromsning** ⟨-en; -ar⟩ Bremsen n **bromspedal** s̄ Bremspedal n **bromssträcka** s̄ Bremsweg m **bromsvätska** s̄ Bremsflüssigkeit f
bronker ['brɔŋkər] PL ANAT Bronchien pl **bronk'it** ⟨-en; -er⟩ MED Bronchitis f
brons [brɔns, brɔŋs] ⟨-en; -er⟩ Bronze f; **av ~** bronzen **brons'era** VT ⟨1⟩ bronzieren **bronsfärg** s̄ Bronzefarbe f **bronsmedalj** s̄ Bronzemedaille f **bronsmedaljör** s̄ Gewinner(in) m(f) od Träger(in) m(f) der Bronzemedaille **bronsålder** s̄ Bronzezeit f
bror [bru:r] ⟨brodern; bröder⟩, **brorsa** ⟨-n; -or⟩ *umg* Bruder m; **en ~ till mig** ein Bruder von mir **brorsbarn** s̄ n̄ Neffe m, Nichte f **brorsdotter** s̄ Nichte f **brorson** s̄ Neffe m
brosch [brɔʃ] ⟨-en; -er⟩ Brosche f
broschyr [brɔ'ʃy:r] ⟨-en; -er⟩ Broschüre f; Prospekt m
brosk [brɔsk] n̄ ⟨-et; kein pl⟩ Knorpel m
brott [brɔt] n̄ ⟨-et; -⟩ **1** Verbrechen n, Vergehen n, Verstoß m **2** Steinbruch m; MED Bruch m, Beinbruch m
brottare ['brɔtarə] ⟨-n; -⟩ Ringer(in)

m(f), Ringkämpfer(in) m(f) **brottas** VI ⟨dep 1⟩ ringen
brottmål s̄ n̄ Strafsache f, Kriminalfall m **brottmålsdomare** s̄ Strafrichter(in) m(f)
brottning ⟨-en; kein pl⟩ Ringen n, Ringkampf m
brottsbalk ['brɔtsbalk] s̄ Strafgesetz n
brottslig ADJ verbrecherisch, frevelhaft; strafbar, sträflich; **~ handling** Straftat f **brottslighet** ⟨-en; kein pl⟩ Strafbarkeit f, Frevelhaftigkeit f; Kriminalität f **brottsling** ⟨-en; -ar⟩ Verbrecher(in) m(f) **brottsplats** s̄ Tatort m
brottstycke ['brɔtstykə] s̄ n̄ Bruchstück n
brovakt ['bru:vakt] s̄ Brückenwärter(in) m(f) **brovalv** s̄ n̄ Brückenbogen m, Brückengewölbe n
brud [bru:d] ⟨-en; -ar⟩ Braut f; *umg* Tussi f; **stå ~** getraut werden **brudbukett** s̄ Brautstrauß m **brudfölje** s̄ n̄ Brautgefolge n **brudgum** ⟨-men; -mar⟩ Bräutigam m **brudklädd** ADJ im Brautkleid **brudklänning** s̄ Brautkleid n **brudkrona** s̄ Brautkrone f, Brautkranz m **brudnäbb** s̄ Brautjunge m, Brautmädchen n **brudpar** s̄ n̄ Brautpaar n **brudslöja** s̄ Brautschleier m **brudtärna** s̄ Brautjungfer f
bruk [bru:k] n̄ ⟨-et; -⟩ **1** Gebrauch m, Verwendung f; **till dagligt ~** zum täglichen Gebrauch **2** Brauch m, Sitte f; **seder och ~** Sitten und Gebräuche **3** AGR Bau m, Anbau m, Bestellung f, Bewirtschaftung f **4** TECH Werk n, Fabrik f, Hütte f **5** ARCH Mörtel m **bruka** ⟨1⟩ **A** VI/AUX pflegen; **som man ~r säga** wie man zu sagen pflegt; **jag ~r äta lunch kl. 12** gewöhnlich/meistens esse ich um 12 Uhr zu Mittag **B** VT gebrauchen, benutzen, verwenden; AGR bestellen, bebauen **brukbar** ADJ brauchbar; AGR bestellbar **bruklig** ADJ gebräuchlich, üblich **bruksanvisning** s̄ Gebrauchsanweisung f **bruksföremål** s̄ n̄ Gebrauchsgegenstand m
brumma ['brɔma] VI ⟨1⟩ brummen; *fig a.* murren
brun [bru:n] ADJ braun **brunaktig** ADJ bräunlich
brunch ⟨-en; -er⟩ Brunch m

brun'ett A ADJ brünett B ⟨-en; -er⟩ Brünette f **brunhyad** ADJ mit bräunlicher Haut **brunkol** S N Braunkohle f
brunn [brɵn] ⟨-en; -ar⟩ Brunnen m **brunnsort** S Kurort m
brunst [brɵnst] ⟨-en; kein pl⟩ Brunst f, Brunft f **brunstig** ADJ brünstig, brunftig **brunsttid** S Brunstzeit f, Brunftzeit f
brunsås [ˈbrɵːnsɔːs] S Bratensoße f
brun utan sol-produkt S Selbstbräuner m
brus [brʉːs] N ⟨-et; kein pl⟩ Brausen n, Rauschen n **brusa** ⟨1⟩ A VI brausen, rauschen B VP fig ~ 'upp aufbrausen **brustablett** S Brausetablette f
brutal [brɵˈtɑːl] ADJ brutal **brutali'tet** ⟨-en; kein pl⟩ Brutalität f
bruten [ˈbrɵːtən] ADJ gebrochen; **brutet tak** Mansardendach n
brutto [ˈbrɵtɔ] ADV brutto **bruttobelopp** S N Bruttobetrag m **bruttoinkomst** S Bruttoertrag m, Bruttoeinnahme f **bruttonationalinkomst** S Bruttonationaleinkommen n **bruttonationalprodukt** S Bruttonationalprodukt n **bruttopris** S Bruttopreis m **bruttovikt** S Bruttogewicht n **bruttovinst** S Bruttogewinn m
bry [bryː] ⟨3⟩ A VI ~ **sin hjärna/sitt huvud med ngt** sich den Kopf über etw (akk) zerbrechen B VR ~ **sig om ngn/ngt** sich um j-n/etw kümmern; **inte ~ sig om ngt** über etw hinwegsehen; **vad ~r jag mig om det?** was kümmerts/scherts mich? C VP ~ **sig 'om ngt** sich um etw kümmern/scheren, sich (dat) etw aus (dat) machen **brydd** [bryd] ADJ verlegen **bryde'ri** N ⟨-et; -er⟩ Verlegenheit f; Kopfzerbrechen n
brygd [brygd] ⟨-en; -er⟩ Brauen n; Gebräu n, Sud m
brygga[1] [ˈbryɡa] ⟨-n; -or⟩ Brücke f, Landungsbrücke f, Steg m
brygga[2] VT ⟨2⟩ brauen; *Kaffee* brühen **bryggare** ⟨-n; -⟩ Brauer m **brygge'ri** N ⟨-et; -er⟩ Brauerei f **bryggkaffe** S N Filterkaffee m **bryggmalen** ADJ fein gemahlen **bryggning** ⟨-en; -ar⟩ Brauen n
brylépudding [bryˈleːpɵdiŋ] S Karamellpudding m
brylling [ˈbryliŋ] ⟨-en; -ar⟩ Cousin(e) m(f) *od* Vetter/Base m/f dritten Grades

bryn [bryːn] N ⟨-et; -⟩ Rand m, Saum m
bryna[1] [ˈbryːna] VT ⟨2⟩ bräunen; GASTR *a.* anbraten; **brynt smör** braune Butter
bryna[2] VT ⟨2⟩ TECH wetzen, schärfen
brynja [ˈbrynja] ⟨-n; -or⟩ Panzer m, Harnisch m; *poet* Brünne f
brynsten [ˈbryːnsteːn] S Wetzstein m
brysk [brysk] ADJ brüsk
brysselkål [ˈbrysalkɔːl] S Rosenkohl m
bryta [ˈbryːta] ⟨4⟩ A VT brechen; öffnen, aufbrechen; lösen; ELEK abschalten; BERGB brechen, abbauen, gewinnen; ~ **armen** sich den Arm brechen; ~ **sin förlovning** seine Verlobung aufheben/rückgängig machen; ~ **sitt löfte** sein Versprechen brechen; ~ **mark** Land urbar machen; ~ **ett (telefon)samtal** ein Gespräch trennen [1] *Wellen* sich brechen; ~ **med ngn** mit j-m brechen; ~ **mot ngt** gegen etw verstoßen; ~ **på svenska** mit schwedischem Akzent sprechen C VR ~ **sig sich brechen** D VP ~ **'av** abbrechen; ~ **'av mot ngt** von etw abstechen; ~ **'fram** hervorbrechen; ~ **i'hop** durchdrehen; ~ **'in** (her)einbrechen; anbrechen; ~ **sig 'in** einbrechen; ~ **'lös** losbrechen; ~ **'ned** niederbrechen, umbrechen; ~ **'samman** zusammenbrechen; ~ **'upp** aufbrechen; ~ **(sig) 'ut** ausbrechen **brytning** ⟨-en; -ar⟩ Brechen n, Brechung f; Bruch m; *fremdartiger* Akzent; BERGB Abbau m, Gewinnung f; ELEK Abschaltung f **brytningstid** S Übergangszeit f; Gärungszeit f
bråck [brɔk] N ⟨-et; -⟩ MED Bruch m
bråd [broːd] ADJ eilig, jäh, plötzlich; ~ **död** plötzlicher Tod; **under den ~aste tiden** wenn man am meisten zu tun hat **bråddjup** A ADJ steil/jäh abfallend B S N Abgrund m, tiefes Wasser **brådmogen** ADJ frühreif **brådmogenhet** ⟨-en; kein pl⟩ Frühreife f
brådska [ˈbrɔska] A ⟨-n; kein pl⟩ Eile f, Hast f; **det är ingen ~** es ist nicht so eilig B VI ⟨1⟩ eilen, Eile haben, drängen **brådskande** ADJ eilig, dringend; *Aufschrift* Eilt! **brådstörtad** A ADJ überstürzt, übereilt B ADV *a.* in Hast; **gå brådstörtat till väga** sich überstürzen
bråk [broːk] N ⟨-et; -⟩ [1] MATH Bruch m [2] Streit m, Zoff m *umg*, Ärger m; Schwierigkeiten pl; **det blir ~** es gibt

Krach **3** Lärm m, Radau m **bråka** VII ⟨1⟩ **1** (sich) streiten, (sich) zanken; Schwierigkeiten machen **2** Lärm machen **B** schimpfen; nörgeln **bråkdel** S̱ Bruchteil m **bråkig** ADJ streitsüchtig; laut, lärmend; unruhig **bråkmakare** ⟨-n; -⟩, **bråkstake** ⟨-n; -ar⟩ Unruhestifter(in) m(f); Streithammel m **bråktal** S̱ N Bruch m, Bruchzahl f
brås [broːs] VII ⟨dep 3⟩ ~ **på** ngn nach j-m schlagen; **han ~ på sin far** er ist ganz der Vater
bråte [ˈbroːtə] a. N ⟨-n/-t; kein pl⟩ Gerümpel n, Plunder m, Kram m
bråttom [ˈbrɔtːɔm] ADV eilig; **ha ~** Eile haben, in Eile sein, es eilig haben; **det är ~** es eilt, die Zeit drängt
bräcka [ˈbrɛka] **A** ⟨-n; -or⟩ Bruch m, Riss m, Sprung m **B** VII ⟨2⟩ brechen, knicken; GASTR braten, rösten; fig ~ ngn j-n übertreffen; ~s bersten, brechen; **bräckt vatten** Brackwasser n **C** VII ⟨2⟩ anbrechen **bräckjärn** S̱ N Brecheisen n **bräckkorv** S̱ Bratwurst f **bräcklig** ADJ zerbrechlich; fig gebrechlich, hinfällig **bräcklighet** ⟨-en; -⟩ Zerbrechlichkeit f; fig Gebrechlichkeit f, Hinfälligkeit f
bräda [ˈbrɛːda] **A** ⟨-n; -or⟩ Brett n **B** VII ⟨1⟩ ~ **ngn** j-n aus dem Feld schlagen, verdrängen
brädd [brɛd] ⟨-en; -er⟩ Rand m; fig a. Schwelle f; **stiga över ~arna** über die Ufer treten **bräddfull** ADJ randvoll
bräde [ˈbrɛːdə] N ⟨-t; -r/-n⟩ Brett n **brädfodra** VII ⟨1⟩ verschalen; mit Brettern verkleiden **brädfodring** S̱ Verschalung f, Bretterverkleidung f **brädgolv** S̱ N Bretterfußboden m **brädgård** S̱ Holzhandlung f **brädsegling** S̱ Windsurfing n **brädspel** S̱ N Brettspiel n
bräka [ˈbrɛːka] VII ⟨2⟩ mähen, blöken, meckern
bräken [ˈbrɛːkən] ⟨-en/-; -ar⟩ BOT Farn m, Farnkraut n
bräm [brɛm] N ⟨-et; -⟩ Besatz m; BOT Rand m
bränd [brɛnd] ADJ **1** (an)gebrannt, verbrannt; **lukta/smaka bränt** angebrannt riechen/schmecken; **bränt barn skyr elden** ein gebranntes Kind scheut das Feuer **2** umg fig verletzt werden
bränna ⟨2⟩ **A** VII brennen, verbren-

nen, versengen; **~ en cd-skiva** eine CD brennen; **~ pengar** Geld verschwenden **B** VII brennen, beißen, stechen **C** VII ~ **sig** sich (ver)brennen (**på** an dat); sich einen Sonnenbrand holen; **~ sig på fingrarna** sich (dat) die Finger verbrennen **D** VII ~ **'av** abbrennen; **~ 'bort** ätzen; **~ 'upp** verbrennen; **~ 'vid** anbrennen **brännande** ADJ brennend **brännare** ⟨-n; -⟩ Brenner m **brännas** ⟨dep 2⟩ **A** VII brennen; **det bränns** es brennt **B** VII ~ **'vid** anbrennen **brännbar** ADJ brennbar; fig brenzlig, heikel **brännblåsa** S̱ Brandblase f **brännboll** S̱ Brennball m **bränne'ri** N ⟨-et; -er⟩ Brennerei f **brännglas** S̱ N Brennglas n **brännhet** ADJ brennend heiß **bränning** ⟨-en; -ar⟩ Brennen n; SCHIFF Brandung f; Brecher m **brännjärn** S̱ N Brenneisen n **brännmärka** VII ⟨2⟩ brandmarken **brännmärke** S̱ Brandmal n **brännolja** S̱ Brennöl n, Heizöl n **brännpunkt** S̱ Brennpunkt m **brännsår** S̱ N Brandwunde f **brännutid** S̱ Brenndauer f **brännugn** S̱ Brennofen m **brännvidd** S̱ Brennweite f **brännvin** N Branntwein m, Schnaps m **brännässla** S̱ Brennnessel f
bränsle [ˈbrɛnslə] N ⟨-t; -n⟩ Heizstoff m, Brennstoff m; TECH Treibstoff m, Kraftstoff m **bränsleelement** S̱ N Brennelement n **bränsleförbrukning** S̱ Heizstoffverbrauch m **bränslekostnad** S̱ Heizungskosten pl **bränslemätare** ~ Tankanzeige f **bränslesnål** ADJ Kraftstoff sparend
bräsch [brɛːʃ] ⟨-en; -er⟩ Bresche f; **gå i ~en för** ngn für j-n in die Bresche springen
brätte [ˈbrɛta] N ⟨-t; -n⟩ Krempe f
bröa [ˈbrøːa] VII ⟨1⟩ GASTR mit Bröseln bestreuen
bröd [brøːd] N ⟨-et; -⟩ Brot n; **franskt ~** Weißbrot n; **hårt ~** Knäckebrot n; **grovt ~** Schwarzbrot n, Landbrot n; **rostat ~** geröstetes Brot, Toast m **brödbit** S̱ Stück(chen n) n Brot **brödföda** S̱ **slita för ~n** sich ums tägliche Brot abrackern **brödkaka** S̱ Brot n, Brotlaib m; Fladen m **brödkant** S̱ Brotrinde f; Brotkanten m **brödkavel** S̱ Teigrolle f **brödkniv** S̱ Brotmesser

n **brödkorg** S̄ Brotkorb *m*
brödraskap ['brø:draska:p] N̄ ⟨-et; -⟩ Bruderschaft *f*
brödrost ['brø:drɔst] S̄ Toaster *m*
brödskiva S̄ *umg* Brotschnitte *f*, Brotscheibe *f*, Stulle *f* **brödsmula** S̄ Brotkrume *f*
bröllop ['brœlɔp] N̄ ⟨-et; -⟩ Hochzeit *f* **bröllopsdag** S̄ Hochzeitstag *m* **bröllopsgåva** S̄ Hochzeitsgeschenk *n* **bröllopsmiddag** S̄ Hochzeitsessen *n* **bröllopspresent** S̄ → bröllopsgåva **bröllopsresa** S̄ Hochzeitsreise *f* **bröllopsvittne** S̄N Trauzeuge *m*, Trauzeugin *f*
bröst [brœst] N̄ ⟨-et; -⟩ Brust *f*, Busen *m*; **ha ont i ~et** Brustschmerzen haben **brösta** V̄R ⟨1⟩ **~ sig** sich brüsten, großtun (**över** mit) **bröstarvinge** S̄ *Kind od Enkelkind des Erblassers* Leibeserbe *m* **bröstcancer** S̄ MED Brustkrebs *m* **bröstficka** S̄ Brusttasche *f* **brösthöjd** S̄ **i ~** in Brusthöhe **bröstkorg** S̄ Brustkorb *m* **bröstsim** S̄N Brustschwimmen *n* **bröstvårta** S̄ ANAT Brustwarze *f*
bua ['bɯ:a] ⟨1⟩ *umg* A V̄I buhen B V̄P **~ 'ut** ausbuhen
bubbel ['bɵbəl] N̄ ⟨-et; kein *pl*⟩ Schaumwein *m*, Sekt *m*; *fig* Geplapper *n* **bubbelpool** S̄ Whirlpool® *m* **bubbelvatten** S̄N Sprudel *m*, Sprudelwasser *n* **bubbla** A ⟨-n; -or⟩ Blase *f*, Luftblase *f* B V̄I brodeln, sprudeln; *umg* plaudern
buckla ['bɵkla] 1 ⟨-n; -or⟩ Buckel *m*; Beule *f*; Delle *f*; Pokal *m* 2 **~** 'till verbeulen **bucklig** ADJ verbeult, bucklig
bud [bɯ:d] N̄ ⟨-et; -⟩ Gebot *n*; Angebot *n*; Botschaft *f*, Nachricht *f*; Bote *m*; **med ~** durch Boten; per Kurier; **tio Guds ~** die zehn Gebote; **skicka ~ till ngn** j-n (durch Boten) benachrichtigen; **skicka ~ efter ngn** nach j-m schicken, j-n holen/rufen lassen **budbil** S̄ Kurierdienst *m*, Taxikurier *m* **budbärare** S̄ Bote *m*
buddism [bɵ'dism] ⟨-en; kein *pl*⟩ Buddhismus *m* **buddist** ⟨-en; -er⟩ Buddhist(in) *m(f)*
budget ['bɵdjət] ⟨-en; -er⟩ Budget *n*, Etat *m*, Haushalt(splan) *m* **budgetera** V̄T ⟨1⟩ veranschlagen, budgetieren **budgetunderskott** S̄N Haushaltsdefizit *n* **budgetår** S̄N Rechnungsjahr *n*
budord ['bɯ:dɔɖ] N̄ ⟨-et; -⟩ Gebot *n*
budskap N̄ ⟨-et; -⟩ Botschaft *f*, Nachricht *f*
buffel ['bɵfəl] ⟨-n; -ar⟩ Büffel *m* **buffelaktig** *fig* ADJ grob, aufdringlich
buffert ['bɵfət] ⟨-en; -ar⟩ Puffer *m* **buffertstat** S̄ POL Pufferstaat *m*
buffé [bəf'e:] ⟨-n; -er⟩ Büfett *n*
bug [bɵg] ⟨-en; -ar⟩ IT Programmierfehler *m*, Bug *m*
buga ['bɯ:ɡa] V̄R ⟨1⟩ **~ sig** sich verbeugen, sich verneigen (**för** vor *dat*)
bugga ['bɵga] ⟨1⟩ A V̄T abhören; verwanzen B V̄I Jitterbug tanzen **buggning** ⟨-en; -ar⟩ Abhören *n*; Lauschangriff *m*
bugning ['bɯ:gnɪŋ] ⟨-en; -ar⟩ Verbeugung *f*
buk [bɯ:k] ⟨-en; -ar⟩ Bauch *m*, Wanst *m*
bukett [bɵ'ket] ⟨-en; -er⟩ Strauß *m*, Blumenstrauß *m*, Bukett *n*
bukfena ['bɯ:kfe:na] S̄ Bauchflosse *f* **bukfylla** S̄ sättigendes Essen **bukhinna** S̄ ANAT Bauchfell *n* **bukhåla** S̄ ANAT Bauchhöhle *f* **buklandning** S̄ FLUG Bauchlandung *f* **bukspottkörtel** S̄ ANAT Bauchspeicheldrüse *f*
bukt [bɵkt] ⟨-en; -er⟩ Bucht *f*, Bai *f*; Krümmung *f*, Biegung *f*; **få ~ med ngt** etw bewältigen, mit etw fertig werden **bukta** V̄R ⟨1⟩ **~ sig** sich krümmen, sich biegen
buktalare ['bɵkta:larə] S̄ Bauchredner(in) *m(f)*
buktning ['bɵktnɪŋ] ⟨-en; -ar⟩ Ausbuchtung *f*, Biegung *f*, Krümmung *f*
bula ['bɯ:la] ⟨-n; -or⟩ Beule *f*, Delle *f*
bulgar [bəl'ga:r] ⟨-en; -er⟩ Bulgare *m* **Bulgarien** N̄ ⟨inv⟩ Bulgarien *n* **bulgarisk** ADJ bulgarisch **bulgariska** 1 ⟨-n; kein *pl*⟩ Bulgarisch *n* 2 ⟨-n; -or⟩ Bulgarin *f*
bulimi [bəli'mi:] ⟨-n; kein *pl*⟩ Bulimie *f*
buljong [bəl'jɔŋ] ⟨-en; -er⟩ Brühe *f*, Bouillon *f* **buljongtärning** S̄ Brühwürfel *m*, Bouillonwürfel *m*
bulla ['bɵla] V̄P ⟨1⟩ **~ 'upp** auftischen (**för** *dat*)
bulle ['bɵlə] ⟨-n; -ar⟩ Schnecke *f*; Hefeteilchen *n*; **han ska få se på andra bullar!** der kann was erleben!
buller ['bɵlər] N̄ ⟨-et; -⟩ Geräusch *n*,

Lärm *m*, Gepolter *n*; **med ~ och bång** holterdiepolter, mit viel Lärm **bullerbekämpning** ̅s̅ Lärmbekämpfung *f* **bullernivå** ̅s̅ Lärmpegel *m* **bullerskydd** ̅s̅ ̅N̅ Lärmschutz *m*; *umg* Lärmschutzwand *f*; Ohrenschutz *m* **bullra** V̅I̅ ⟨1⟩ lärmen, Krach machen **bullrande** A̅D̅J̅ geräuschvoll, lärmend **bullrig** A̅D̅J̅ geräuschvoll, lärmend
bulna ['buːlna] V̅I̅ ⟨1⟩ anschwellen **bulnad** ⟨-en; -er⟩ Geschwür *n*, Eiterbeule *f*, Beule *f*
bult [bɵlt] ⟨-en; -ar⟩ Bolzen *m* **bulta** V̅I̅ ⟨1⟩ klopfen, pochen
bulvan [bʉlˈvɑːn] ⟨-en; -er⟩ Lockvogel *m*; *fig* Strohmann *m*
bums [bɵms] A̅ INTER bums B̅ ADV sofort, sogleich
bunden ['bɵndən] A̅D̅J̅ gebunden; *Buch* eingebunden; *fig* gefesselt; **vara ~ vid ngn** an j-m hängen
bundsförvant ['bɵnsfœrvant] ⟨-en; -er⟩ Bundesgenosse *m*, Bundesgenossin *f*, Verbündete(r) *m/f(m)*
bungyjump N̅ ⟨inv⟩ Bungeespringen *n*
bunke ['bɵŋkə] ⟨-n; -ar⟩ Napf *m*, Schale *f*
bunker ['bɵŋkər] ⟨-n; -ar⟩ Bunker *m* **bunkra** V̅T̅, V̅I̅ bunkern
bunt [bɵnt] ⟨-en; -ar⟩ Bund *n*, Bündel *n*; Stoß *m*; **hela ~en** der ganze Plunder; *umg Personen* die ganze Gesellschaft; Bande **bunta** V̅T̅, V̅I̅/P̅ ⟨1⟩ **~ (i)hop** bündeln
bur [bʉːr] ⟨-en; -ar⟩ Käfig *m*, Bauer *n od m*; *umg Arrest* Loch *n*, Kasten *m*; SPORT Tor *n* **bura** V̅I̅/P̅ ⟨1⟩ *umg* **~ 'in** einlochen, ins Loch stecken
burdus [bɵˈdʉːs] A̅D̅J̅ rücksichtslos
burk [bɵrk] ⟨-en; -ar⟩ Büchse *f*, Dose *f*
burka ['bɵrka] ⟨-n; -or⟩ Burka *f*
burkmat ['bɵrkmɑːt] ⟨-en⟩ Dosennahrung *f* **burköl** ̅s̅ ̅N̅ Dosenbier *n* **burköppnare** ̅s̅ Dosenöffner *m*
burlesk [bɵˈlɛsk] A̅ A̅D̅J̅ burlesk, possenhaft B̅ ⟨-en; -er⟩ Burleske *f*, Posse *f*
burr [bɵr] N̅ ⟨-et; -⟩ Gekräusel *n*; Krause *f* **burra** V̅I̅/P̅, V̅I̅/P̅ ⟨1⟩ **~ 'upp** aufplustern **(sig** sich) **burrig** A̅D̅J̅ kraus, gekräuselt
burspråk ['bʉːsproːk] ̅s̅ ̅N̅ Erker *m*
bus [bʉːs] N̅ ⟨-et; kein pl⟩ Unfug *m*, Streich *m* **busa** V̅I̅ ⟨1⟩ Unfug treiben; **toben buse** ⟨-n; -ar⟩ Frechdachs *m*; Rowdy *m* **busfason** ̅s̅ flegelhaftes Benehmen **busfrö** *umg* ̅s̅ ̅N̅ Frechdachs *m*, Schlingel *m* **busig** A̅D̅J̅ flegelhaft, ungezogen
buskage [bɵˈskɑːʃ] N̅ ⟨-t; -n⟩ Gebüsch *n*, Gesträuch *n*, Gestrüpp *n* **buske** ['bɵska] ⟨-n; -ar⟩ Strauch *m*, Busch *m* **buskig** A̅D̅J̅ buschig, strauchig **buskis** ⟨-en; kein pl⟩ *umg* Schmiere *f*; Schmierentheater *n* **buskskog** ̅s̅ Buschwald *m* **busksnår** ̅s̅ ̅N̅ Gebüsch *n*, Gestrüpp *n*, Dickicht *n*
busliv ['bʉːsliːv] ̅s̅ ̅N̅ Randalieren *n*
buss ⟨-en; -ar⟩ Bus *m* **bussa** V̅T̅ ⟨1⟩ ❶ mit dem Bus befördern ❷ hetzen; **~ hunden på ngn** den Hund auf j-n hetzen; **buss på! fass!**, pack an! **busschaufför** [ˈbɵsʃɵfœːr] ̅s̅ Busfahrer(in) *m(f)* **bussförbindelse** ̅s̅ Busverbindung *f* **busshållplats** ̅s̅ Bushaltestelle *f* **busstation** ̅s̅ Busbahnhof *m*
bussig [ˈbɵsi(g)] A̅D̅J̅ nett; **det var ~t av dig** das ist nett/lieb von dir
busvissla ['bʉːsvisla] V̅I̅ ⟨1⟩ auf zwei Fingern pfeifen **busväder** ̅s̅ ̅N̅ Sauwetter *n*
butelj [bɵˈtɛlj] ⟨-en; -er⟩ Flasche *f*
butik [bɵˈtiːk] ⟨-en; -er⟩ Laden *m*; *umg* **slå i'gen ~en** Schluss machen **butiksbiträde** ̅s̅ ̅N̅ Verkäufer(in) *m(f)* **butiksinnehavare** ̅s̅ Ladenbesitzer(in) *m(f)* **butikskedja** ̅s̅ Ladenkette *f* **butiksstöld** ̅s̅ Ladendiebstahl *m*
butter [ˈbɵtər] A̅D̅J̅ mürrisch, griesgrämig
by ⟨-n; -ar⟩ ❶ Dorf *n* ❷ Bö *f*
byffé [byˈfeː] ⟨-n; -er⟩ Büfett *n*
byfåne ̅s̅ Dorftrottel *m*
bygd [bygd] ⟨-en; -er⟩ Gegend *f*; **ute i ~erna** auf dem Land, in der Provinz
bygel ['byːgəl] ⟨-n; -ar⟩ Bügel *m*
bygga [ˈbyga] ⟨2⟩ V̅T̅, V̅I̅ bauen; **~ på ngt** an etw (*dat*) bauen; *fig* auf etw (*akk*) bauen B̅ V̅I̅/P̅ **~ 'om** umbauen; **~ 'på** aufstocken; **~ 'till** anbauen, zubauen; **~ 'upp** aufbauen, erbauen **byggarbetare** ̅s̅ Bauarbeiter(in) *m(f)* **bygge** N̅ ⟨-t; -n⟩ Bau *m* **byggherre** ̅s̅ Bauherr(in) *m(f)* **byggkloss** ̅s̅ Bauklotz *m* **byggkostnad** ̅s̅ Baukosten *pl* **bygglov** N̅ Baugenehmigung *f* **byggnad** ⟨-en; -er⟩ Bau *m*, Gebäude *n*; **under ~** im Bau **bygg-**

nadsarbetare S Bauarbeiter *m* **byggnadsarbete** SN Bauarbeit *f* **byggnadsentreprenör** S Bauunternehmer(in) *m(f)* **byggnadsföretag** SN Baufirma *f* **byggnadslov** SN Baugenehmigung *f* **byggnadslån** SN Baudarlehen *n* **byggnadsnämnd** S Baubehörde *f* **byggnadsplan** S Bauplan *m*, Bebauungsplan *m* **byggnadsställning** S Baugerüst *n* **byggnadssätt** SN Bauweise *f* **byggnadstillstånd** SN Baugenehmigung *f* **byggnadsverk** SN Bauwerk *n* **byggnadsår** SN Baujahr *n* **byggplats** S Bauplatz *m*, Baustelle *f* **byggsats** S Bausatz *m* **byggsten** S Baustein *m* **byggvaruhus** SN Baumarkt *m*

byig [ˈby:i(g)] ADJ böig

bylta [ˈbylta] VP ⟨1⟩ **~ i'hop** bündeln; **~ 'på** einmummen **bylte** N ⟨-t; -n⟩ Bündel *n*

byrå[1] [ˈby:ro:] ⟨-n; -ar⟩ Kommode *f*

byrå[2] [ˈby:ro:, byˈro:] ⟨-n; -er⟩ Büro *n*, Agentur *f* **byråchef** S Abteilungsleiter(in) *m(f)*; ≈ Ministerialrat *m*, Ministerialrätin *f* **byrådirektör** S Sektionschef(in) *m(f)*, Ministerialdirektor(in) *m(f)*

byråkrat [by:roˈkra:t] ⟨-en; -er⟩ Bürokrat(in) *m(f)* **byråkra'ti** ⟨-n; -er⟩ Bürokratie *f* **byrå'kratisk** ADJ bürokratisch

byrålåda S Schublade *f*, Schubkasten *m*

byst [byst] ⟨-en; -er⟩ Büste *f* **bysthållare** S Büstenhalter *m*

byta [ˈby:ta] ⟨2⟩ **A** VT (um)tauschen; wechseln; **~ tåg/buss** umsteigen; **~ lakan** das Bett frisch beziehen; **~ på bebisen** das Baby wickeln/trockenlegen; **ska vi ~ plats?** wollen wir die Plätze tauschen? **B** VP **~ 'bort** vertauschen; verwechseln; **~ 'om** wechseln, umtauschen; sich umziehen; **~ 'till sig** eintauschen; **~ 'ut** auswechseln, austauschen, umtauschen, ersetzen

byte[1] ⟨inv⟩ IT Byte *n*

byte[2] N ⟨-t; -n⟩ **1** Tausch *m*, Umtausch *m*; SPORT Wechsel *m*; **vinna/förlora på ~t** einen guten/schlechten Tausch machen **2** Beute *f* **bytesbalans** S Leistungsbilanz *f* **byteshandel** S Tauschhandel *m* **bytesrätt** S Umtauschrecht *n*

bytta [ˈbyta] ⟨-n; -or⟩ Kübel *m*

byxa [ˈbyksa] ⟨-n; -or⟩ Hose *f* **byxben** SN Hosenbein *n* **byxdress** S Hosenanzug *m* **byxficka** S Hosentasche *f* **byxgylf** S *umg* Hosenschlitz *m*, Hosenladen *m* **byxkjol** S Hosenrock *m* **byxor** PL Hose(n) *f(pl)*; **ett par ~** eine Hose, ein Paar Hosen

båda[1] [ˈbo:da] VT, VI ⟨1⟩ verkünden, bedeuten; **det ~r inte gott** das bedeutet nichts Gutes

båda[2] PRON beide; **~ delarna** (alles) beides; **~ två** (alle) beide; **av ~ könen** beiderlei Geschlechts **bådadera** PRON (alle) beide, jeder von beiden **både** [ˈbo:də] KONJ **~ … och …** sowohl … als auch …

båg [bo:g] *umg* N ⟨-et; kein pl⟩ Schwindel *m*, Schwindelei *f*, Lüge *f*

båge [ˈbo:gə] ⟨-n; -ar⟩ Bogen *m*; *Brille* Fassung *f*; *umg* Motorrad *n* **bågformig** ADJ bogenförmig **bågna** [ˈbɔŋna] VI ⟨1⟩ sich verziehen, sich krümmen **bågskytt** S Bogenschütze *m*

bål[1] [bo:l] ⟨-en; -ar⟩ ANAT Rumpf *m*

bål[2] ⟨-en; -ar⟩ *Getränk* Bowle *f*

bål[3] N ⟨-et; -⟩ Scheiterhaufen *m*, Holzstoß *m*

bålgeting [ˈbo:lje:tiŋ] S ZOOL Hornisse *f*

bångstyrig [ˈbɔŋsty:ri(g)] ADJ unbändig **bångstyrighet** ⟨-en; kein pl⟩ Unbändigkeit *f*

bår [bo:r] ⟨-en; -ar⟩ (Trag-)Bahre *f*

bård [bo:ɖ] ⟨-en; -er⟩ Borte *f*

bårhus [ˈbo:rhʉ:s] SN Leichenhalle *f*, Leichenschauhaus *n*

bås [bo:s] N ⟨-et; -⟩ Stand *m*, Box *f*; **den anklagades ~** Anklagebank *f*

båt [bo:t] ⟨-en; -ar⟩ Boot *n*, Kahn *m*; Schiff *n*, Dampfer *m*; *fig* **sitta i samma ~** im selben/gleichen Boot sitzen **båtbrygga** S Anleger *m*, Bootssteg *m*, Landungsbrücke *f* **båtflykting** S Bootsflüchtling *m* **båtfärd** S Bootsfahrt *f* **båtförbindelse** S Schiffsverbindung *f* **båthus** SN Bootshaus *n* **båtluffa** VI ⟨1⟩ Island-Hopping machen (*auf verschiedenen Inseln Ferien machen*) **båtplats** S Liegeplatz *m*, Ankerplatz *m* **båtresa** S Schiffsreise *f* **båtshake** S Bootshaken *m* **båtsman** S Bootsmann *m* **båttur** S Bootsfahrt *f* **båtuthyrning** S Bootsverleih

båtvarv _m_ _SN_ Bootswerft _f_
bäbis ⟨-en; -ar⟩ Baby _n_
bäck [bɛk] ⟨-en; -ar⟩ Bach _m_
bäcken [ˈbɛkən] _N_ ⟨-et; -⟩ Becken _n_; Bettpfanne _f_
bädd [bɛd] ⟨-en; -ar⟩ Bett _n_ **bädda** _VT, VI_ ⟨1⟩ betten; ~ **sängen** das Bett machen **bäddsoffa** _S_ Bettsofa _n_, Schlafcouch _f_
bägare [ˈbɛːɡarə] ⟨-n; -⟩ Becher _m_
bägge [ˈbɛɡə] _PRON_ beide; ~ **delarna** (alles) beides; ~ **två** (alle) beide; **av** ~ **könen** beiderlei Geschlechts **bäggedera** _PRON_ (alle) beide, jeder von beiden
bälg [bɛlj] ⟨-en; -ar⟩ Balg _m_; _a._ Gebläse _n_
bälta [ˈbɛlta] ⟨-n; -or⟩, **bältdjur** _N_ _ZOOL_ Gürteltier _n_ **bälte** _N_ ⟨-t; -n⟩ Gürtel _m_, Gurt _m_ **bältros** _S_ _MED_ Gürtelrose _f_
bända [ˈbɛnda] ⟨2⟩ _A_ _VI_ brechen _B_ _VP_ ~ **'loss** abbrechen; ~ **'upp** aufbrechen
bänk [bɛŋk] ⟨-en; -ar⟩ Bank _f_; _THEAT_ Reihe _f_ **bänka** _VR_ ⟨1⟩ Platz nehmen **bänkrad** _S_ Bankreihe _f_
bär [bæːr] _N_ ⟨-et; -⟩ Beere _f_; **plocka** ~ Beeren sammeln; **vara lika som** ~ einander wie ein Ei dem andern gleichen
bära [ˈbæːra] ⟨4⟩ _A_ _VT_ tragen; bringen (till _dat_) ertragen _B_ _VI_ tragen, halten; _Weg_ führen, gehen; **det bär åt skogen** es geht schief _C_ _VR_ ~ **sig** sich lohnen, sich rentieren _D_ _VP_ ~ **'av** abfahren, losgehen; ~ **'fram** herbeibringen; ~ **'in** hin-/hereintragen, ~ **hin-/hereinbringen**; ~ **'med/'på sig** bei sich tragen/haben; ~ **'undan** fortschaffen; ~ **'uppför/'utför** bergauf/bergab führen/gehen; ~ **sig 'åt** sich benehmen, sich anstellen; **hur bar du dig åt?** wie hast du es gemacht? **bärare** ⟨-n; -⟩ Träger(in) _m(f)_ **bärbar** _ADJ_ tragbar; ~ **dator** Laptop _m_, Notebook _n_
bärga [ˈbærja] ⟨1⟩ _A_ _VT_ bergen, retten _B_ _VR_ **inte kunna** ~ **sig** sich nicht zurückhalten können _C_ _VP_ ~ **'in** ernten, einbringen, einfahren **bärgning** ⟨-en; -ar⟩ Bergung _f_, Rettung _f_; Abschleppen _n_; Auskommen _n_ **bärgningsbil** _S_ Abschleppwagen _m_ **bärgningsbåt** _S_ Bergungsschiff _n_ **bärgningstjänst** _S_ Abschleppdienst _m_

bärighet [ˈbæːri(ɡ)heːt] ⟨-en; kein pl⟩ Tragfähigkeit _f_ **bärkasse** _S_ Tragetasche _f_
bärkorg [ˈbæːrkɔrj] ⟨-en; -ar⟩ Beerenkorb _m_
bärkraft [ˈbæːrkraft] _S_ Tragkraft _f_; _WIRTSCH_ finanzielle Stärke **bärkraftig** _ADJ_ tragkräftig; wirtschaftlich leistungsfähig
bärnsten [ˈbæːrnsteːn] _S_ Bernstein _m_
bärs [ˈbæɛʂ] ⟨-en; -⟩ _umg_ Bier(chen) _n_
bärsele [ˈbæːʂeːla] _S_ Tragegurt _m_ **bärstol** _S_ Tragsessel _m_
bärsärkagång [ˈbæːʂærkaˌɡɔŋ] _S_ **gå** ~ wie ein Berserker wüten
bäst [bɛst] _A_ _ADJ_ ⟨sup von → bra⟩ beste(r, s), am besten; **första** ~**a** der erste Beste; **det är** ~ **att** ... es ist am besten/das Beste, dass/wenn/zu ...; **på** ~**a möjliga sätt** so gut wie möglich; **göra sitt** ~**a** sein Bestes tun; **det allmänna** ~**a** das Gemeinwohl, das öffentliche Wohl _B_ _ADV_ am besten; **hålla på som** ~ im besten Gange/Zuge sein _C_ _KONJ_ ~ **(som)** wie, als, gerade wie; ~ **(som) det var** plötzlich, auf einmal **bästförebatum** _SN_ Mindesthaltbarkeitsdatum _n_ **bästis** ⟨-en; -ar⟩ _umg_ bester Freund, beste Freundin **bästsäljare** _S_ Bestseller _m_
bättra [ˈbɛtra] ⟨1⟩ _A_ _VT_ bessern _B_ _VR_ ~ **sig** sich bessern _C_ _VP_ ~ **'på** aufbessern, auffrischen **bättre** [ˈbɛtrə] _ADJ_, _ADV_ ⟨komp von → bra⟩ besser; **bli** ~ sich bessern; **så mycket** ~ umso besser **bättring** ⟨-en; -ar⟩ Verbesserung _f_, Besserung _f_ **bättringsväg** _S_ **vara på** ~**en** auf dem Weg der Besserung sein
bäva [ˈbɛːva] _VI_ ⟨1⟩ (er)beben, schaudern (**för** vor _dat_) **bävan** ⟨inv⟩ Beben _n_, Schauder _m_
bäver [ˈbɛːvər] ⟨-n; -ar⟩ _ZOOL_ Biber _m_
böckling [ˈbœklɪŋ] ⟨-en; -ar⟩ Bückling _m_
bödel [ˈbøːdəl] ⟨-n; -ar⟩ Henker _m_
bög [bøːɡ] ⟨-en; -ar⟩ _pej umg_ Schwule(r) _m/f(m)_; **han är** ~ er ist schwul **bögskräck** _umg_ _S_ Homophobie _f_
böja [ˈbøja] ⟨2⟩ _A_ _VT_ biegen, krümmen, beugen; _GRAM_ flektieren, beugen _B_ _VR_ ~ **sig** sich biegen; sich verbeugen (**för** vor _dat_); sich beugen, sich fü-

gen; ~ sig ner sich bücken, sich hinabbeugen **böjd** ADJ gebogen; gebeugt, gebückt; fig geneigt (**för** zu) **böjelse** ⟨-n; -r⟩ Neigung f, Geneigtheit f, Zuneigung f, Hang m (**för** zu) **böjlig** ADJ biegsam, geschmeidig **böjlighet** ⟨-en; kein pl⟩ Biegsamkeit f, Geschmeidigkeit f **böjning** ⟨-en; -ar⟩ Biegung f, Beugung f; GRAM Flexion f **böjningsform** S̄ GRAM Flexionsform f **böjningsmönster** S̄N GRAM Paradigma n **böjningsändelse** S̄ Flexionsendung f
böka ['bøːka] ⟨1⟩ A V/I wühlen B V/P ~ **'upp** aufwühlen
böla ['bøːla] ⟨1⟩ A V/I brüllen, blöken
böld [bøld] ⟨-en; -er⟩ Geschwür n, Abszess m od n **böldpest** S̄ Beulenpest f
bölja ['bœlja] A ⟨-n; -or⟩ Welle f, Woge f B V/I ⟨1⟩ wogen, wellen, wallen **böljeslag** S̄N Wellenschlag m
bön [bøːn] ⟨-en; -er⟩ Gebet n; Bitte f; **läsa en ~** ein Gebet sprechen
böna¹ ⟨-n; -or⟩ Bohne f
böna² ⟨1⟩ ~ **och be** beten und bitten **bönbok** S̄ Gebetbuch n **bönfalla** V/T,V/I ⟨4⟩ flehen ([hos] **Gud** zu Gott); ~ (hos) **ngn om ngt** j-n um etw anflehen/flehentlich bitten **bönfallande** ADJ flehentlich **bönhöra** V/T ⟨2⟩ erhören

bönkaffe S̄N Bohnenkaffee m
böra ['bœːra] V/AUX ⟨4⟩ empfehlend sollen, müssen; **du bör (inte) göra det** du solltest es (nicht) tun; **du borde (inte) ha gjort det** du hättest es (nicht) tun sollen; **som sig bör** wie es sich gehört; **hon bör snart vara här** sie dürfte bald hier sein
börd [bœːd] ⟨-en; kein pl⟩ Geburt f, Herkunft f; **till ~en** von Geburt
börda ['bœːda] ⟨-n; -or⟩ Bürde f, Last f
bördig¹ ['bœːdi(g)] ADJ gebürtig (**från** aus)
bördig² ADJ fruchtbar **bördighet** ⟨-en; kein pl⟩ Fruchtbarkeit f
börja ['bœrja] ⟨1⟩ A V/T anfangen, beginnen B V/I anfangen, beginnen; losgehen; ~ **på ett arbete** mit einer Arbeit anfangen/beginnen; **nu ~r/~s det** jetzt gehts los; **till att ~ med** zunächst, anfangs C V/P ~ **'om** wieder von vorn anfangen **början** ⟨inv⟩ Anfang m, Beginn m; **i ~** am Anfang, zu Beginn, anfangs, anfänglich, zuerst; **i ~ av maj** Anfang Mai; **från (första) ~** (gleich) von Anfang an, von vornherein; **börja från ~** (ganz) von vorn(e) anfangen
börs¹ [bœʂ] ⟨-en; -ar⟩ Geldbeutel m, Börse f **börs²** ⟨-en; -er⟩ WIRTSCH Börse f; **på svarta ~en** auf dem Schwarzmarkt **börsbolag** S̄N Börsenunternehmen n **börsintrodu'cera** V/T ⟨1⟩ an die Börse bringen **börsintroduk'tion** S̄ Börseneinführung f, Börsengang m **börskrasch** S̄ Börsenkrach m **börskurs** S̄ Börsenkurs m **börsmäklare** S̄ Börsenmakler(in) m(f) **börsnotering** S̄ Kursnotierung, Börsennotierung f **börsrapport** S̄ Börsenbericht m **börsspekulation** S̄ Börsenspekulation f
bössa ['bøsa] ⟨-n; -or⟩ a. Dose Büchse f; Gewehr n, Flinte f
böta ['bøːta] ⟨1⟩ (Strafe) zahlen; **få ~ för ngt** für etw büßen **böter** PL Geldstrafe f, Geldbuße f; Strafzettel m **bötesbelopp** S̄N Strafgeld n **böteslapp** umg ⟨-en; -ar⟩ Strafzettel m **bötesstraff** S̄N Geldstrafe f **bötfälla** V/T ⟨2⟩ zu einer Geldstrafe verurteilen

C

C, c [seː] N̄ ⟨-:(e)t; -:n/-⟩ C, c n
ca ABK (= cirka) ca. (zirka) **cirkapris** S̄N unverbindliche Preisempfehlung f
cabriolet ⟨-en; -er⟩ Cabrio(let) n
cache-minne ['kaʃmɪnə] S̄N IT Cache m; Zwischenspeicher m
café [kaˈfeː] N̄ ⟨-t; -er⟩ Café n, Konditorei f **cafe'teria** ⟨-n; -or⟩ Cafete'ria f
campa ['kampa] ⟨1⟩ zelten, campen **camping** ⟨-en; -ar⟩ Camping n **campingplats** S̄ Campingplatz m
cancer ['kansər] ⟨-n; -or⟩ Krebs m **cancerforskning** S̄ Krebsforschung f **cancerframkallande** ADJ krebserregend, Krebs erzeugend **cancertumör** S̄ MED Karzinom n
cannabis ['kanabɪs] ⟨-en; kein pl⟩ Ha-

schisch n; Marihuana n
catering ['kɛjtəriŋ] ⟨-en; kein pl⟩ Partyservice m
cd ['se:de:] ABK ⟨-:n; -:ar/-⟩ (= compact disc) CD f **cd-brännare** ṣ CD-Brenner m **cd-rom** ⟨-men; -/-mer⟩ CD-ROM f **cd-rom-enhet** ṣ CD-ROM-Laufwerk n **cd-skiva** ṣ CD f, Musik-CD f **cd-spelare** ṣ CD-Spieler m
celeber [se'le:bər] ADJ berühmt **celebrera** V̄T̄ ⟨1⟩ feiern, zelebrieren **celebritet** ⟨-en; -er⟩ Berühmtheit f
celibat [seli'bɑ:t] N̄ ⟨-et; kein pl⟩ Zölibat n, Ehelosigkeit f
cell [sɛl] ⟨-en; -er⟩ Zelle f; Kloster a. Klause f **cellbildning** ṣ Zellenbildung f **celldelning** ṣ Zellteilung f **cellgift** S̄N̄ Zellgift n
cellist [se'list] ⟨-en; -er⟩ Cellist(in) m(f)
cellkärna ['sɛlçæ:ṇa] ⟨-n; -or⟩ Zellkern m
cello ['sɛlo] ⟨-n; -r/celli⟩ Cello n
cellofan® [sɛlo'fɑ:n] N̄ ⟨-et/-en; kein pl⟩ Cellophan® n
cellskräck ['sɛlskrɛk] ṣ Klaustrophobie f
cellstoff ['sɛlstɔf] N̄ ⟨-et/-en; kein pl⟩ Zellstoff m
cellulit [sɛlɵ'li:t] ⟨-en; -er⟩ Cellulitis f
cellulosa [sɛlɵ'lu:sa] ⟨-n; kein pl⟩ Zellulose f
cellvägg ['sɛlvɛg] ṣ Zellwand f **cellvävnad** ṣ Zellgewebe n
cement [se'mɛnt] a. N̄ ⟨-en/-et⟩ Zement m
cendré [saŋ'dre:] ADJ aschblond
censor ['sɛnsɔr] ⟨-n; -er⟩ Zensor(in) m(f); Schule Prüfer(in) m(f); **~er** pl Prüfungskommission f
censur [sɛn'sɵ:r] ⟨-en; kein pl⟩ Zensur f **censurera** V̄T̄ ⟨1⟩ zensieren
cent[1] [sɛnt] ⟨-en; -⟩ Cent m
center[1] ['sɛntər] N̄ ⟨-et; -⟩ Zentrum n
center[2] ⟨-n; -ar⟩ SPORT Mittelstürmer m **centerbord** S̄N̄ SCHIFF Schwert n **centerparti** ṣ Zentrumspartei f
centigram ['sɛntigram] S̄N̄ Zentigramm n **centiliter** ṣ Zentiliter m **centilong** ⟨inv⟩ Körpergröße f **centimeter** ṣ Zentimeter m
central [sɛn'trɑ:l] A ADJ zentral B ⟨-en; -er⟩ Zentrale f; Hauptbahnhof m **centralantenn** ṣ Gemeinschaftsantenne f **centralfigur** ṣ wichtige

Persönlichkeit **centralisera** V̄T̄ ⟨1⟩ zentralisieren **centralisering** ⟨-en; -ar⟩ Zentralisierung f **centrallås** S̄N̄ Zentralverriegelung f **centralstation** ṣ Hauptbahnhof m **centraluppvärmning** ṣ, **centralvärme** ṣ Zentralheizung f
centrera [sɛn'tre:ra] V̄T̄ ⟨1⟩ zentrieren **centrering** ⟨-en; -ar⟩ Zentrierung f
centrifug [sɛntri'fɵ:g] ⟨-en; -er⟩ Zentrifuge f; Schleuder f **centrifugal** ADJ zentrifugal **centrifugalkraft** ṣ Zentrifugalkraft f **centrifugera** V̄T̄, V̄Ī ⟨1⟩ schleudern, zentrifugieren
centrum ['sɛntrəm] N̄ ⟨-et; -/centra⟩ Zentrum n, Mittelpunkt m; Stadtmitte f
cerat [se'rɑ:t] N̄ ⟨-et; -⟩ Lippenpflegestift m
ceremoni [sɛremu'ni:] ⟨-n; -er⟩ Zeremonie f **ceremoniel** N̄ ⟨-et; -⟩ Zeremoniell n **ceremoniell** ADJ zeremoniell, feierlich
cesur [se'sɵ:r] ⟨-en; -er⟩ Zäsur f, Einschnitt m
CET ABK (= Central European Time) MEZ f
champagne [ʃam'panj] ⟨-n; -r⟩ Champagner m; Sekt m **champagneglas** S̄N̄ Sektglas n **champagnekylare** ṣ Sektkühler m
champinjon [ʃampin'jɵ:n] ⟨-en; -er⟩ Champignon m
chans [ʃaŋs, çaŋs] ⟨-en; -er⟩ Chance f, Aussicht f; **ta ~en** die Chance ergreifen **chansa** V̄Ī ⟨1⟩ riskieren **chansartad** ADJ unberechenbar, gewagt
charkuteri [ʃarkøte'ri:] ⟨-et; -er⟩ Fleischerei f, Metzgerei f **charkuterist** ⟨-en; -er⟩ Fleischer(in) m(f); Metzger(in) m(f) **charkutervaror** P̄L̄ Fleisch- und Wurstwaren pl
charlatan [ʃarla'tɑ:n] ⟨-en; -er⟩ Scharlatan m
charm [ʃarm] ⟨-en; kein pl⟩ Charme m, Reiz m, Anmut f **charma** V̄T̄ ⟨1⟩ bezaubern, entzücken **charmant** [-'ant, -'aŋt] ADJ charmant, reizend, bezaubernd, anmutig **charmerande** ADJ entzückend **charmfull**, **charmig** ADJ bezaubernd, entzückend, reizend **charmör** ⟨-en; -er⟩ Charmeur m
charterflyg ['ça:ṭərflyːg] S̄N̄ Charterflug m **charterresa** ṣ Pauschalreise

f **chartra** VT ⟨1⟩ chartern
chassi [ʃaˈsi] N ⟨-t; -n/-er⟩ Fahrgestell n, Chassis n
chatt [ɕat] IT A N ⟨-et; -⟩ Kommunikation Chat m B ⟨-en; -ar⟩ Medium Chat m **chatta** VIT ⟨1⟩ IT chatten **chattpartner** [ʃ] Chatpartner(in) m(f)
chattsida S IT Chatseite f
chaufför [ʃɔˈfœːr] ⟨-en; -er⟩ Chauffeur(in) m(f), Fahrer(in) m(f)
check [ɕɛk] ⟨-en; -ar/-er⟩ Scheck m
checka ⟨1⟩ umg A VT (nach)prüfen B VP ~ 'in einchecken; ~ 'ut auschecken
checkbedrägeri S N Scheckbetrug m, Scheckfälschung f **checkkonto** S N Girokonto n
checklista S Checkliste f
chef [ʃeːf] ⟨-en; -er⟩ Chef(in) m(f), Leiter(in) m(f), Geschäftsführer(in) m(f); hon är ~ för företaget sie leitet die Firma **chefredaktör** S Chefredakteur(in) m(f) **chefsläkare** S Chefarzt m, Chefärztin f
chic(k) [ʃik] ADJ schick
chiffer [ˈʃifər] N ⟨-et; -⟩ Chiffre f **chifferskrift** S Chiffreschrift f, Geheimschrift f
chiffonjé [ʃifɔnˈjeː] ⟨-n; -er⟩ Sekretär m, Schreibsekretär m
chikan [ɕiˈkɑːn] ⟨-en; -er⟩ Schikane f, Beleidigung f **chikan'era** VT ⟨1⟩ schikanieren, beleidigen
Chile [ˈɕiːle] Chile n **chilenare** Chilene m, Chilenin f **chilensk** ADJ chilenisch
chilla [ˈɕila] umg VI ⟨1⟩ chillen
chimär [ʃiˈmæːr] ⟨-en; -er⟩ Hirngespinst n
chip [ɕip] N ⟨-pet; -⟩, **chips** [ɕips] N ⟨-et; -⟩ IT Chip m
chips [ɕ] GASTR Chips pl **chipspåse** S Chipstüte f
chock [ʃɔk] ⟨-en; -er⟩ Schock m
chocka VT ⟨1⟩ schocken; ~ ngn hos j-m einen Schock auslösen **chockbehandling** S MED Schockbehandlung f **chock'era** VT ⟨1⟩ schockieren; bli ~d över ngt über etw (akk) schockiert sein
chock'erande ADJ schockierend
chockrosa ADJ pink **chockskadad** ADJ bli ~ einen Schock erleiden
choklad [ʃɔkˈlɑːd] ⟨-en; -er⟩ Schokolade f; Getränk a. Kakao m **chokladbit** S Stück n Schokolade; Schokoriegel m
chokladboll S Schokoböllchen n

chokladkaka S Schokoladentafel f
chokladmjölk S Kakao m **chokladpralin** S Praline f
choser [ˈʃoːser] PL Getue n sg; Gehabe n sg **chosfri** ADJ ungekünstelt, natürlich
ciceron [siseˈruːn] ⟨-en; -er⟩ Führer(in) m(f), Fremdenführer(in) m(f)
cider [ˈsiːder] ⟨-n; -⟩ Apfelwein m; alkoholhaltiges Getränk mit Fruchtgeschmack
cigarett [sigaˈret] ⟨-en; -er⟩ Zigarette f; elektronisk ~ E-Zigarette **cigarettfimp** S Zigarettenstummel m, Kippe f **cigarettpaket** S N Packung f Zigaretten; Zigarettenschachtel f **cigarettändare** S Feuerzeug n
cigarr [siˈgar] ⟨-en; -er⟩ Zigarre f **cigarrcigarett** S Zigarillo m od n
cigg [siɡ] ⟨-en; -/-ar⟩ umg Kippe f
cirka [ˈsirka] ADV circa, etwa, ungefähr
cirkapris S N unverbindlicher Richtpreis
cirkel [ˈsirkəl] ⟨-n; -ar⟩ Zirkel m; Kreis m **cirkelformig** ADJ kreisförmig **cirkelrund** ADJ kreisrund **cirkelsåg** S Kreissäge f
cirkla [ˈsirkla] VI ⟨1⟩ kreisen **cirkula'tion** ⟨-en; kein pl⟩ Zirkulation f, Kreislauf m, Umlauf m **cirkula'tionsrubbning** S MED Kreislaufstörung f **cirku'lera** VI ⟨1⟩ zirkulieren, im Umlauf sein **cirku'lär** N ⟨-et; -⟩ Rundschreiben n
cirkus ⟨-en; -ar⟩ Zirkus m
cistern [sisˈtæːn] ⟨-en; -er⟩ Zisterne f, (Wasser-)Behälter m
citadell [sitaˈdel] N ⟨-et; -⟩ Zitadelle f
citat [siˈtɑːt] N ⟨-et; -⟩ Zitat n **cita'tionstecken** S N Anführungszeichen n, Gänsefüßchen n **cit'era** VT ⟨1⟩ zitieren, anführen
citron [siˈtruːn] ⟨-en; -er⟩ Zitrone f **citronfjäril** S Zitronenfalter m **citrongul** ADJ zitronengelb **citronpress** S Zitronenpresse f **citronskal** S N Zitronenschale f
cittra [ˈsitra] ⟨-n; -or⟩ Zither f
city [ˈsiti] ⟨-t; -n⟩ City f, Innenstadt f
civil [siˈviːl] ADJ zivil **civilbefolkning** S Zivilbevölkerung f **civildepartement** S N Ministerium n für öffentliche Verwaltung **civilekonom** S Diplom-Kaufmann m, Diplom-Kauffrau f; ≈ Diplom-Volkswirt(in) m(f) **civilförsvar** S

N̄ Zivilschutz m **civilingenjör** S̄ Diplom-Ingenieur(in) m(f)
civilisa'tion ⟨-en; -er⟩ Zivilisation f **civili'sera** VT ⟨1⟩ zivilisieren **civili'serad** ADJ zivilisiert **civi'list** ⟨-en; -er⟩ Zivilist(in) m(f)
civilklädd ADJ in Zivil **civilminister** S̄ Minister m für öffentliche Verwaltung **civilmål** S̄N Zivilsache f **civilrätt** S̄ Zivilrecht n **civilstånd** S̄N Familienstand m
clearing ['kli:riŋ] ⟨-en; kein pl⟩ Clearing n; Verrechnung f **clearingnummer** S̄N Bankleitzahl f
clementin [klemen'ti:n] ⟨-en; -er⟩ Clementine f
clips [klips] N̄ ⟨-et; -⟩ Ohrklipp m
clown [klaun] ⟨-en; -er⟩ Clown m
cocktail ['kɔkteil] ⟨-en; -ar/-s⟩ Cocktail m **cocktailparty** S̄N Cocktailparty f
collegetröja S̄ Sweatshirt n
collier [kɔl'je:] ⟨-n; -er⟩ Perlenkette f
concealer [kɔn'sie:lər] ⟨-n; -⟩ Abdeckstift m
container [kɔn'tejnər] ⟨-n; -ar⟩ Container m, Behälter m
cool umg ADJ cool, geil, fett
copyright ⟨-en; kein pl⟩ Urheberrecht n
couchsurfa umg VI ⟨1⟩ couchsurfen
cover [kavər] ⟨-n; -⟩ Coverversion f **coverband** S̄N Coverband f
crawl [kro:l] ⟨-en; kein pl⟩ SPORT Kraulen n **crawla** VI ⟨1⟩ kraulen
croissant ['kruasaŋ] ⟨-en; -er⟩ Croissant n
ctrl-tangent S̄ Strg-Taste f
cup ⟨-en; -er⟩ Pokal(wettbewerb) m
curling ['køliŋ] ⟨-en; kein pl⟩ Curling n
curry ['køri] ⟨-n; -er⟩ Curry n
cv ABK (N) ⟨-:t/:-n; :-n/-⟩ (= curriculum vitae) Lebenslauf m
c-vitamin S̄ Vitamin C n
cyberrymd [sajberrymd] S̄ IT Cyberspace m
cykel¹ ['sykəl, 'sy:kəl] ⟨-n; -er/-ar⟩ Zyklus m
cykel² ['sykəl] ⟨-n; -ar⟩ Rad n, Fahrrad n; schweiz Velo n **cykelbana** S̄ Rad(fahr)weg m; Radrennbahn f **cykelbud** S̄N Fahrradkurier(in) **cykelbyxor** FG Radlerhose f sg **cykelhjälm** S̄ Fahrradhelm m **cykellås** S̄N Fahrradschloss n **cykelsport** Rad(renn)sport m **cykelställ** S̄N Fahrradständer m **cykeltur** S̄ Radtour f **cykeltävling** S̄ Radrennen n **cykeluthyrning** S̄ Fahrradverleih m **cykelväg** S̄ Rad(fahr)weg m, Fahrradweg m **cykla** VI ⟨1⟩ Fahrrad fahren, radeln; **jag ~r** ich fahre Rad
cyklamen [sy'kla:mən] ⟨inv⟩ Alpenveilchen n
cyklisk ADJ zyklisch
cyklist [syk'list] ⟨-en; -er⟩ Radfahrer(in) m(f), Radler(in) m(f)
cyklon [syk'lo:n] ⟨-en; -er⟩ Zyklon m, Wirbelsturm m
cyklop [syk'lo:p] ⟨-en; -er⟩ Zyklop m **cyklopöga** S̄N Taucherbrille f
cylinder ['sy'lindər] ⟨-n; -ar⟩ Zylinder m **cylinderformig** ADJ zylinderförmig
cyniker ['sy:nikər] ⟨-n; -⟩ Zyniker(in) m(f) **cynisk** ADJ zynisch **cy'nism** ⟨-en; kein pl⟩ Zynismus m
Cypern ['sypen] N̄ ⟨inv⟩ Zypern n
cypress [sy'prɛs] ⟨-en; -er⟩ Zypresse f
cysta ['systa] ⟨-n; -or⟩ Zyste f

D

D, d [de:] N̄ ⟨-:(e)t; -:n/-⟩ D, d n
dadel ['dadəl] ⟨-n; -ar⟩ Dattel f **dadelpalm** S̄ Dattelpalme f
dag [da:g] ⟨-en/dan; -ar/dar⟩ Tag m; **i ~** heute; **på ~en** tagsüber; **en gång om ~en** einmal täglich; **i åtta ~ar** acht Tage lang; **för åtta ~ar se(da)n** vor acht Tagen; **efter tre ~ars resa** nach dreitägiger Reise; **vad är det för ~ i ~?** welches Datum haben wir heute?; **en (vacker) ~** eines (schönen) Tages; **mitt på (ljusa) ~en am** (helllichten) Tag(e); **~ efter annan** Tag für Tag; **~ens tidning** die Zeitung von heute, die heutige Zeitung; **~ens** aus den Tagesgericht; **i våra ~ar** heutzutage; **komma i ~en** ans Licht kommen; **leva för ~en** von einem Tag zum andern leben; **se ~ens ljus** das Licht der Welt erblicken; **ta ~en som den kommer in**

den Tag hinein leben; **vara sin far upp i ~en** ganz der Vater sein; dem Vater wie aus dem Gesicht geschnitten sein; *umg* **vara ~en efter** einen Kater haben **dagas** VII ⟨dep 1⟩ **det ~** es dämmert, es wird Tag **dagbarn** SN Tageskind *n* **dagbarnvårdare** S Tagesmutter *f* **dagbok** S Tagebuch *n* **dagdrivare** ⟨-n; -⟩ Nichtstuer *m*, Faulenzer *m* **dagdrömma** VII ⟨2⟩ tagträumen **dagen--efter-piller** SN Pille *f* danach **dager** ⟨-n; -ar⟩ Tag *m*, Tageslicht *n*, Licht *n*; **full ~** heller Tag

dagg [dag] ⟨-en; kein pl⟩ Tau *m* **daggdroppe** S Tautropfen *m* **dagg-mask** S Regenwurm *m*

dagis *umg* VN ⟨-et; -⟩ Kita *f*; Kinderkrippe *f*; Kindergarten *m*; → **förskola da-gispersonal** S ≈ Erzieher(in) *m(f)*, Kindergärtner(in) *f(m)* **daglig** [adj] **dagligen** ADV täglich **dagmamma** S Tagesmutter *f* **dagordning** [s] PARL Tagesordnung *f*

dags [daks] *hur* **~?** wann?, um wie viel Uhr?; **i morgon så här ~** morgen um diese Zeit; *iron* **det är så ~ nu** jetzt ist es zu spät **dagsaktuell** ADJ topaktuell, brandaktuell **dagsbehov** SN Tagesbedarf *m* **dagsböter** PL Geldstrafe *f sg*; **10 ~ à 5 kronor** 10 Tagessätze zu je 5 Kronen **dagskurs** S WIRTSCH Tageskurs *m* **dagsljus** SN Tageslicht *n* **dagslång** ADJ tagelang **dagslända** ['dɑːɡ-] S Eintagsfliege *f* **dagsmeja** ['daksmeja] ⟨-n; kein pl⟩ Schneeschmelze *f*

dagsnyheter ['daks-] PL RADIO, TV Nachrichten *pl* **dagspress** S Tagespresse *f* **dagsranson** S Tagesration *f* **dagsresa** S Tagesreise *f* **dagstidning** S Tageszeitung *f* **dagstur** S Tagestour *f* **dagsutflykt** S Tagesausflug *m* **dagsverke** N ⟨-t; -n⟩ Tagewerk *n*

dagtid ['dɑːɡ-] S **under ~** tagsüber **dagtraktamente** S N Tagegelder *pl*, Diäten *pl*

dahlia ['dɑːlia] ⟨-n; -or⟩ BOT Dahlie *f* **dal** [dɑːl] ⟨-en; -ar⟩ Tal *n* **dala** VII ⟨1⟩ sinken, sich senken; sachte fallen **dalahäst** S bemaltes Holzpferdchen aus der Provinz Dalarna **dalgång** S lang gestrecktes Tal **dalkarl** S Mann *m* aus Dalarna **dalkulla** Frau *f* aus Dalarna

dallra ['dalra] VII ⟨1⟩ zittern; schwingen **dallring** ⟨-en; -ar⟩ Zittern *n*; Schwingen *n*

dalmas ['dɑːlmɑːs] S Mann *m* aus Dalarna **dalsänka** ['dɑːlsɛŋka] S Niederung *f*, Talsenke *f*, Talmulde *f*

dalta ['dalta] *umg* VII ⟨1⟩ **~ med ngn** j-n hätscheln, j-n verhätscheln **dam** [dɑːm] ⟨-en; -er⟩ Dame *f* **damask** [da'mask] ⟨-en; -er⟩ Gamasche *f*

dambinda ['dɑːmbinda] S Damenbinde *f* **damekiperingsaffär** S Damenkonfektionsgeschäft *n* **damfotboll** S Damenfußball *m* **damfrisör** S Damenfriseur *m* **damkläder** PL Damenkleidung *f* **damkonfektion** ⟨-en; kein pl⟩ Damenkleidung *f*, Damenkonfektion *f*

damm¹ [dam] ⟨-en; -ar⟩ Teich *m*; Stausee *m*; Damm *m*, Deich *m*; Wehr *n* **damm**² ⟨-et; kein pl⟩ Staub *m* **damma** ⟨1⟩ A VII stauben, stäuben B VII Staub wischen, abstauben C V/P **~ 'av** abstauben; **~ 'till ngn** j-m eins auswischen/versetzen **dammig** ADJ staubig **dammkorn** SN Staubkorn *n*, Stäubchen *n*

dammlucka ['damlɵka] S Dammschleuse *f*

dammoln ['dɑːmoːln] SN Staubwolke *f* **dammsuga** VII, VII ⟨4⟩ Staub saugen **dammsugare** ⟨-n; -⟩ Staubsauger *m* **dammtorka** VII, VII ⟨1⟩ Staub wischen, abstauben **dammtrasa** S Staubtuch *n* **dammtuss** S Stäubchen *n* **dammvippa** S Staubwedel *m* **damrum** ['dɑːmrɵm] SN Damentoilette *f* **damtidning** S Frauenzeitschrift *f* **damtoalett** S Damentoilette *f* **damunderkläder** PL Damenunterwäsche *f sg*

dana ['dɑːna] VII ⟨1⟩ bilden, gestalten, formen

dank [daŋk] ⟨inv⟩ **slå ~** faulenzen, die Zeit totschlagen

Danmark ['danmark] N ⟨inv⟩ Dänemark *n*

dans [dans] ⟨-en; -er⟩ Tanz *m*; **det går som en ~** es läuft wie am Schnürchen/ wie geschmiert **dansa** VII, VII ⟨1⟩ tanzen; tänzeln **dansare** ⟨-n; -⟩ Tänzer(in) *m(f)* **dansbana** S Tanzboden *m* **dansband** SN ≈ Schlagerband *f*

dansgolv S̄N Tanzfläche f
dansk [dansk] A̅ ADJ dänisch; **~ skalle** Kopfstoß m B̅ ⟨-en; -ar⟩ Däne m
danska 1 ⟨-n; kein pl⟩ Dänisch n 2 ⟨-n; -or⟩ Dänin f
danskonst [ˈdanskɔnst] S̄ Tanzkunst f
danslektion S̄ Tanzstunde f **danslärare** S̄ Tanzlehrer(in) m(f) **danssteg** S̄N Tanzschritt m **dansställe** S̄N Tanzlokal n **dansuppvisning** S̄ Tanzdarbietung f **dans'ör** ⟨-en; -er⟩ Tänzer m **dans'ös** ⟨-en; -er⟩ Tänzerin f
darr [dar] N̅ ⟨-et; kein pl⟩ Zittern n; **ha ~ på rösten** eine zitternde Stimme haben **darra** V̅I ⟨1⟩ zittern (av vor dat); **~ på rösten** mit zitternder Stimme sprechen **darrhänt** ADJ **han är ~** seine Hände zittern **darrig** ADJ zitt(e)rig; kribbelig **darrning** ⟨-en; -ar⟩ Zittern n
dask [dask] ⟨-en; -ar⟩ umg Klaps m **daska** V̅P ⟨1⟩ **~ 'till ngn** j-m einen Klaps geben
dass [das] umg N̅ ⟨-et; -⟩ Klo n; Plumpsklo n **dassig** umg ADJ schlecht drauf
data [ˈdɑːta] PL Daten pl **databas** S̄ Datenbank f **databehandling** S̄ Datenverarbeitung f **databrott** S̄N Computerkriminalität f **Datainspektionen** ⟨inv⟩ das Staatliche Datenschutzamt **datalagring** S̄ Datenspeicherung f **dataprogram** S̄N Computerprogramm n **dataregister** S̄N Datei(en)verzeichnis n; Informationsdatenbank f **dataskydd** S̄N Datenschutz m **dataspel** S̄N Computerspiel n **datasäkerhet** S̄ Datenschutz m **datavetenskap** S̄ Informatik f **datavirus** S̄N Computervirus m
datera [daˈteːra] ⟨1⟩ A̅ V̅T datieren B̅ V̅R **~ sig** (her)stammen, datieren (från aus) **datering** ⟨-en; -ar⟩ Datierung f
dativ [ˈdɑːtiːv] ⟨-en; -er⟩ Dativ m, dritter Fall **dativobjekt** S̄N Dativobjekt n
dator [ˈdɑːtɔr] ⟨-n; -er⟩ Computer m, Rechner m **datoranimation** ⟨-en; kein pl⟩ Computeranimation f **datorhaveri** S̄N Computerabsturz m **datoriˈsera** V̅T ⟨1⟩ computerisieren **datoriˈsering** ⟨-en; kein pl⟩ Computerisierung f **datormobil** S̄ Smartphone n **datorˈnörd** S̄ Computerfreak m **datorplatta** S̄ IT Tablet n **datorprogram** S̄N Computerprogramm n **datorsimulering** ⟨-en; -ar⟩ Computersimulation f **datorspråk** S̄N Computersprache f **datorstyrd** ADJ computergesteuert **datorstödd** ADJ computergestützt **datortomografi** ⟨-n; kein pl⟩ MED Computertomografie f **datorunderstödd** ADJ computerunterstützt
datum [ˈdɑːtɛm] N̅ ⟨-et; -⟩ Datum n; **vilket ~ är det i dag?** der Wievielte ist heute? **datumparkering** S̄ Parken nur zu bestimmten Zeiten **datumstämpel** S̄ Datumsstempel m
de [dɔm] PL A̅ BEST ART die B̅ PERS PR sie C̅ DEM PR die; **~ här** diese, die hier; **~ där** die da, jene; **med ~ många barnen** die mit den vielen Kindern D̅ DET PR **die(jenigen)**; **~ som** die(jenigen), die/welche
deadline ⟨-n; -s⟩ Frist f, Termin m
debarkera [debarˈkeːra] V̅I ⟨1⟩ an Land gehen
debatt [deˈbat] ⟨-en; -er⟩ Debatte f; **ställa under ~** zur Debatte stellen **debatt'era** V̅T, V̅I ⟨1⟩ debattieren (**om** über akk), erörtern **debattinlägg** S̄N Beitrag m zur Debatte **debattör** ⟨-en; -er⟩ Diskussionsteilnehmer(in) m(f)
debet [ˈdeːbɛt] N̅ ⟨inv⟩ Soll n, Debet n; **~ och kredit** Soll und Haben **debetsida** S̄ Sollseite f, Debetseite f **debiˈtera** V̅T ⟨1⟩ berechnen, in Rechnung stellen; belasten (**för** mit) **debitˈering** ⟨-en; -ar⟩ Abbuchung f, Belastung f, Lastschrift f
debut [deˈbʉːt] ⟨-en; -er⟩ Debüt n **debutˈant** ⟨-en; -er⟩ Debütant(in) m(f) **debuˈtera** V̅I ⟨1⟩ debütieren
december [deˈsɛmbər] ⟨inv⟩ Dezember m
decennium [deˈsɛniəm] N̅ ⟨decenniet; decennier⟩ Jahrzehnt n
decentralisera [desɛntraliˈseːra] V̅T ⟨1⟩ dezentralisieren **decentraliseˈring** ⟨-en; -ar⟩ Dezentralisation f, Dezentralisierung f
deciliter [desiˈliːtər] ⟨-n; -⟩ Deziliter n
decimal [desiˈmɑːl] ⟨-en; -er⟩ Dezimalstelle f **decimalbråk** S̄N Dezimalbruch m

decimera [desi'me:ra] _vt_ ⟨1⟩ dezimieren **decimeter** ⟨-n; -⟩ Dezimeter _m_
deckare ['dɛkarə] ⟨-n; -⟩ _umg_ Detektiv(in) _m(f)_; _Roman, Film_ Krimi _m_
dedicera [dedi'se:ra] _vt_ ⟨1⟩ widmen **dedika'tion** ⟨-en; -er⟩ Widmung _f_
deduktiv _ADJ_ deduktiv
defekt _A_ _ADJ_ defekt, mangelhaft, unvollständig _B_ ⟨-en; -er⟩ Defekt _m_, Mangel _m_; Schaden _m_
defensiv _ADJ_ defensiv _B_ ⟨-en; kein _pl_⟩ Defensive _f_
defini'era _vt_ ⟨1⟩ definieren **defini'tion** ⟨-en; -er⟩ Definition _f_
definitiv _ADJ_ endgültig, definitiv
defla'tion ⟨-en; kein _pl_⟩ Deflation _f_
deform'era _vt_ ⟨1⟩ deformieren, verunstalten
defroster ⟨-n; -ar⟩ _AUTO_ Defroster _m_
deg [de:g] ⟨-en; -ar⟩ Teig _m_
degel ['de:gəl] ⟨-n; -ar⟩ Tiegel _m_
degeneration [dejenəra'ʃu:n] ⟨-en; -er⟩ Entartung _f_, Degeneration _f_ **degener'era** _vt_ ⟨1⟩ entarten, degenerieren **degener'ering** ⟨-en; -ar⟩ → degeneration
degig ['de:gi(g)] _ADJ_ teigig
degradera [degra'de:ra] _vt_ ⟨1⟩ degradieren **degradering** _s_ Degradierung _f_
dej [dɛj] _umg_ → dig
dejt [dejt] ⟨-en; -er⟩ _umg_ Date _n_ **dejta** _umg_ _vt, vi_ ⟨1⟩ daten
deka ['de:ka] _umg_ _vp_ ⟨1⟩ ~ 'ner sig vergammeln
dekadans, dekadens [deka'dɛns, deka'daŋs] ⟨-en; kein _pl_⟩ Verfall _m_, Dekadenz _f_ **dekadent** _ADJ_ entartet, dekadent
dekal [de'ka:l] ⟨-en; -er⟩ Aufkleber _m_, Abziehbild _n_
dekis ['de:kis] ⟨inv⟩ _umg_ vara på ~ heruntergekommen/entgleist sein
deklamation [deklama'ʃu:n] ⟨-en; -er⟩ Vortrag _m_ **deklam'era** _vt_ ⟨1⟩ vortragen
deklaration [deklara'ʃu:n] ⟨-en; -er⟩ Erklärung _f_, Deklaration _f_; Steuererklärung _f_ **deklarationsblankett** _n_ Steuererklärungsformular _n_ **deklar'era** ⟨1⟩ _A_ _vt_ erklären, deklarieren; vad har du/ni att ~? was haben Sie zu verzollen? _B_ _vi_ seine Einkommensteuererklärung abgeben; han ~r för 100 000 kronor er gibt sein Einkommen mit 100.000 Kronen an
deklassera [dekla'se:ra] _vt_ ⟨1⟩ deklassieren
deklination [deklina'ʃu:n] ⟨-en; -er⟩ _GRAM_ Deklination _f_; Beugung _f_ **deklin'era** _vt_ ⟨1⟩ _GRAM_ deklinieren, beugen
dekoder [de:'ko:dər] ⟨-n; dekodrar⟩ Decoder _m_
dekokt [de'kɔkt] ⟨-en; -er⟩ Absud _m_, Dekokt _n_
dekolletage [dekɔl'tɑ:ʃ] _n_ ⟨-t; -⟩ Dekolleté _n_
dekor [de'ko:r] ⟨-en; -er⟩ Verzierung _f_, Ausschmückung _f_, Dekor _m od n_ **dekora'tion** ⟨-en; -er⟩ Dekoration _f_, Schmuck _m_ **dekora'tiv** _ADJ_ dekorativ **dekora'tör** ⟨-en; -er⟩ Dekorateur(in) _m(f)_ **dekor'era** ⟨1⟩ (aus)schmücken, dekorieren **dekor'ering** ⟨-en; -ar⟩ Ausschmückung _f_, Dekoration _f_
dekret [de'kre:t] _n_ ⟨-et; -⟩ Verfügung _f_, Dekret _n_
del [de:l] ⟨-en; -ar⟩ Teil _m od n_; båda ~ar(na) beides; **en hel ~** eine ganze Menge, ziemlich viel; eine Reihe; **för all ~!** bitte sehr!; **ja, för all ~!** gewiss!, allerdings!; **nej, för all ~!** keineswegs!, durchaus nicht!; **för egen ~** für/auf eigene Rechnung; **(jag) för min ~** (ich) für mein Teil, meinerseits; **till en ~**, **till viss ~** zum Teil, teilweise; **till (en) stor ~** zum großen Teil, größtenteils; **till alla ~ar** in jeder Hinsicht, ganz und gar, in allen Teilen; **ha ~ i ngt** an etw teilhaben/beteiligt sein; **ta ~ av ngt** von etw Kenntnis nehmen **dela** ⟨1⟩ _A_ _vt_ teilen; **~ i småbitar** zerkleinern _B_ _vp_ **'av** abteilen; **~ ibland** einteilen; **~ 'med sig av ngt till ngn** j-m etw von (_dat_) abgeben; **~ 'upp** aufteilen; **~ 'ut** austeilen, verteilen; Post austragen **delaktig** _ADJ_ teilhaft(ig); **vara ~ i ngt** an etw (_dat_) beteiligt sein **delaktighet** ⟨-en; kein _pl_⟩ Teilnahme _f_, Beteiligung _f_; Anteil _m_ **delbar** _ADJ_ teilbar (**med durch**), zerlegbar **delbetalning** _s_ Abschlagszahlung _f_, Teilzahlung _f_
delegation [delega'ʃu:n] ⟨-en; -er⟩ Abordnung _f_, Delegation _f_ **dele'gera** _vt_ ⟨1⟩ abordnen, delegieren **dele'gerad** _ADJ_ **en ~** Abgeordnete(r) _m/f(m)_,

delfin [del'fi:n] ⟨-en; -er⟩ ZOOL Delfin m
delge [ˈdeːlje:] VT ⟨4⟩ mitteilen; JUR zustellen
delikat [deliˈkɑːt] ADJ delikat, lecker; fig heikel **delikat'ess** ⟨-en; -er⟩ Delikatesse f **delikatessaffär** S Feinkostgeschäft n
delleverans [ˈdeːlevaˌrans, -ˈrans] ⟨-en; -er⟩ Teillieferung f, Rate f
delning ⟨-en; -ar⟩ Teilung f
dels [deːls] KONJ teils; ~ ... ~ teils ... teils
delstat [ˈdeːlstɑːt] S Bundesstaat m; Bundesland n
delta [ˈdeltɑː] VI ⟨4⟩ teilnehmen, sich beteiligen (**i** an dat); **~ i en utflykt** einen Ausflug mitmachen **deltagande** A N ⟨-t; kein pl⟩ Teilnahme f, Beteiligung f; Anteilnahme f, Mitgefühl n, Beileid n B ADJ teilnehmend; teilnahmsvoll **deltagare** ⟨-n; -⟩ Teilnehmer(in) m(f)
deltid [ˈdeːltiːd] S Teilzeit f; **arbeta (på) ~** eine Teilzeitbeschäftigung haben **deltidsanställd** ADJ teilzeitbeschäftigt; **en ~** ein(e) Teilzeitbeschäftigte(r) m(f)(n) **deltidsarbete** S N Teilzeitbeschäftigung f **deltidspension** S Altersteilzeit f **deltidspensionerad** ADJ bli ~ in Altersteilzeit gehen
delvis [ˈdeːlviːs] ADV teilweise
delägare S Teilhaber(in) m(f); **passiv ~** stiller Teilhaber
dem [dɔm] PL ⟨von → de⟩ A PERS PR akk sie; dat ihnen B DEM PR akk die; dat denen C DET PR akk die(jenigen); dat denen, denjenigen
demens [deˈmens] ⟨-en; kein pl⟩ Demenz f
dementera [demenˈteːrɑː] VT ⟨1⟩ dementieren, widerrufen, für unwahr erklären **demen'ti** ⟨-n; -er⟩ De'menti n, Widerruf m, Berichtigung f
demilitarisera [ˈdemilitariˈseːrɑː] VT ⟨1⟩ entmilitarisieren
demobilisera [demubiliˈseːrɑː] VT ⟨1⟩ demobilisieren
demokrat [demuˈkrɑːt] ⟨-en; -er⟩ Demokrat(in) m(f) **demokraˈti** ⟨-n; -er⟩ Demokratie f **demokraˈtisk** ADJ demokratisch
demolera [demuˈleːrɑː] VT ⟨1⟩ zerstören, demolieren
demon [deˈmoːn] ⟨-en; -er⟩ 'Dämon m **demonisk** ADJ dämonisch
demonstrant [demɔnˈstrant] ⟨-en; -er⟩ Demonstrant(in) m(f) **demonstraˈtion** ⟨-en; -er⟩ Demonstration f; umg Demo f; Ware Vorführung f; POL a. Kundgebung f **demonstraˈtionsmöte** S N Massenkundgebung f **demonstraˈtionståg** S N Umzug m, Demonstrationszug m **demonstrativ** ADJ demonstrativ; GRAM a. hinweisend **demonstˈreːra** VT ⟨1⟩ demonstrieren; vorführen, zeigen
demontera [demɔnˈteːrɑː] VT ⟨1⟩ abbauen, demontieren **demontering** ⟨-en; -ar⟩ Abbau m, Demontage f, Demontierung f
demoralisera [demuraliˈseːrɑː] VT ⟨1⟩ demoralisieren **demoralisering** ⟨-en; kein pl⟩ Demoralisation f
demoversion [ˈdeːmuverˌʃuːn] S Demoversion f
den [dɛn] A BEST ART nom der, die, das; akk den, die, das; dat dem, den B PERS PR nom er, sie, es; akk ihn, sie, es; dat ihm, ihr C DEM PR nom der, die, das; akk den, die, das; dat dem, der; **~ här** diese(r, s); umg der/die/das hier; **~ där** jene(r, s); umg der/die/das da; **~ gången** damals; **~ här gången** diesmal; **~ eller ~** diese(r, s) oder jene(r, s); **~ 6. juni** der/den/am 6. Juni D DET PR der(jenige), die(jenige), das (-jenige); **~ som** wer, derjenige, der, diejenige, die **denna, denne** DEM PR diese(r, s); **~ gång** dieses Mal; **~ dag** am heutigen Tag(e) **den'samma, den'samme** DEM PR derselbe, dieselbe, dasselbe
deo [ˈdeːɔ] ⟨-n; -doranter⟩, **deodoˈrant** ⟨-en; -er⟩ Deo n, Deodorant n
departement [depaʈəˈment] N ⟨-et; -⟩ Departement n; Ministerium n **departementschef** S Minister(in) m(f)
deponera [depuˈneːrɑː] VT ⟨1⟩ deponieren; hinterlegen; Atommüll zwischenlagern **deponi** ⟨-n; -er⟩ Zwischenlager n
deportation [depɔʈɑˈʃuːn] ⟨-en; -er⟩ Deportation f **deport'era** VT ⟨1⟩ deportieren
deppa [ˈdɛpɑ] umg VI ⟨1⟩ down sein **deppig** ADJ deprimiert, down

depraverad [depra've:rad] ADJ entartet

depression [deprɛˈʃuːn] ⟨-en; -er⟩ Depression f, Niedergeschlagenheit f; Wirtschaftskrise f, Konjunkturflaute f

depressiv ADJ schwermütig, niedergeschlagen **depri'mera** VT ⟨1⟩ deprimieren, entmutigen **depri'merad** ADJ deprimiert **deprimerande** ADJ deprimierend

deputation ⟨-en; -er⟩ Abordnung f, Deputation f **depu'terad** ADJ Abgeordnete(r) m/f(m), Deputierte(r) m/f(m)

depå [de'poː] ⟨-n; -er⟩ Niederlage f, Depot n

deras [ˈdeːras] A POSS PR mehrere Besitzer ihr(e, er, es); deren B DET PR derer, deren

desamma [dɔm'sama] DEM PR dieselben

desarmera [desar'meːra] VT ⟨1⟩ entwaffnen; *Mine* entschärfen

desertera [desɛrˈteːra] VI ⟨1⟩ desertieren **deser'tering** ⟨-en; -ar⟩ Fahnenflucht f, Desertion f **deser'tör** ⟨-en; -er⟩ Überläufer(in) m(f), Deserteur(in) m(f)

design [diˈsajn] ⟨-en; -er⟩ Gestaltung f, Design n **designa** VT ⟨1⟩ designen **designer** ⟨-n; -⟩ Designer(in) m(f)

desillusion [desileˈʃuːn] ⟨-en; -er⟩ Enttäuschung f, Desillusion f **desillusion'erad** ADJ enttäuscht

desinfek'tion ⟨-en; -er⟩ Desinfektion f **desinfek'tionsmedel** S N Desinfektionsmittel n **desinfi'cera** VT ⟨1⟩ desinfizieren

desperat [despeˈrɑːt] ADJ verzweifelt

despot [desˈpoːt] ⟨-en; -er⟩ Despot(in) m(f) **despotisk** ADJ despotisch

dess [dɛs] A POSS PR sächlich sein; ihr; dessen, deren B PRON *innan* ~ vorher; zuvor; *sedan* ~ seitdem, seither; *till* ~ bis dahin; *till* ~ *att* bis (dass) C ADV *beim komp* umso, desto; ~ *bättre* umso besser **dessa** DEM PR diese **dessemellan** ADV dazwischen

dessert [de'sæːr] ⟨-en; -er⟩ Nachtisch m, Dessert n **dessertsked** S Dessertlöffel m

dessförinnan [dɛsføːrˈinan] ADV vorher, zuvor **dessutom** ADV außerdem **dessvärre** ADV leider

destillation [dɛstilaˈʃuːn] ⟨-en; -er⟩ Destillation f **destillationsapparat** S Destillierapparat m **destill'era** VT ⟨1⟩ destillieren

destination [destinaˈʃuːn] ⟨-en; -er⟩ Reiseziel n **destinationsort** S Bestimmungsort m **destin'erad** ADJ bestimmt; *fartyget är destinerat till Hamburg* das Schiff geht nach Hamburg

desto [ˈdɛstu] ADV umso, desto; *ju förr* ~ *bättre* je früher, umso besser

destruktiv [ˈdɛstrɵktiːv] ADJ destruktiv

det [de] A N A BEST ART *nom* der, die, das; *akk* den, die, das; *dat* dem, der, dem B PERS PR *nom* er, sie, es; *akk* ihn, sie, es; *dat* ihm, ihr; ~ *finns* es gibt; ~ *regnet* es regnet; ~ *är jag* ich bin es C DEM PR *nom* der, die, das; *akk* den, die, das; *dat* dem, der; ~ *här* diese(r, s); *umg* der/die/das hier; ~ *där* jene(r, s); *umg* der/die/das da; ~ *vill säga* das heißt D DET PR der(jenige), die(jenige), das (-jenige); ~ *som* was

detalj [deˈtalj] ⟨-en; -er⟩ Einzelheit f, Detail n; **in i** ~ im Einzelnen; **in i minsta** ~ bis ins kleinste Detail; *gå in på* ~er auf Einzelheiten eingehen **detaljerad** ADJ eingehend, ausführlich, detailliert **detaljgranska** VT ⟨1⟩ eingehend/im Einzelnen prüfen **detaljhandel** S Einzelhandel m, Kleinhandel m

detektiv [detɛkˈtiːv] ⟨-en; -er⟩ Detektiv(in) m(f) **detektivroman** S Krimi m

determinativ [deˈtærminaˈtiːv] ADJ determinativ

detonation [detɔnaˈʃuːn] ⟨-en; -er⟩ Detonation f **detonera** VT ⟨1⟩ detonieren

detsamma [deˈsama] DEM PR N derselbe, dasselbe, dieselbe; *tack, ~!* danke, ebenfalls/gleichfalls!; *det gör* ~ das macht nichts; *det gör mig* ~ das ist mir gleich/egal; *med* ~ sofort

detta [dɛta] DEM PR N dies(e, er, es); *före* ~ ehemalig; *min före* ~ mein(e) Ex; *livet efter* ~ das Jenseits

devalvera [devalˈveːra] VT ⟨1⟩ abwerten **devalvering** ⟨-en; -ar⟩ Abwertung f

devis [deˈviːs] ⟨-en; -er⟩ Wahlspruch m, Devise f

dia¹ [ˈdiːa] ⟨-n; dior⟩ Dia n

dia² ⟨1⟩ A VT säugen B VI saugen

diabetes [dia'be:tes] ⟨-en; kein pl⟩ Diabetes *m* **diabetiker** ⟨-n; -⟩ Diabetiker(in) *m(f)*
diabild ['di:abild] $\overline{s}$ Diapositiv *n*
diabolisk [dia'bo:lisk] ADJ teuflisch, diabolisch
diadem [dia'de:m] $\overline{N}$ ⟨-et; -⟩ Diadem *n*
diagnos [dia'gno:s] ⟨-en; -er⟩ Diagnose *f* **diagnosti'sera** $\overline{VT}$ ⟨1⟩ diagnostizieren **diagn'ostisk** ADJ ~t prov Test, der vorhandene und/oder erworbene Kenntnisse überprüft
diagonal ['di:agɔna:l] $\overline{N}$ ADJ diagonal $\overline{B}$ ⟨-en; -er⟩ Diagonale *f*
diakon [dia'ko:n] ⟨-en; -er⟩, **diakonissa** ⟨-n; -or⟩ Diakon(in) *m(f)*
diagram [dia'gram] $\overline{N}$ ⟨-met; -⟩ Diagramm *n*
dialekt [dia'lεkt] ⟨-en; -er⟩ Mundart *f*, Dialekt *m* **dialek'tal** ADJ mundartlich
dialog [dia'lo:g] ⟨-en; -er⟩ Dialog *m*, Zwiegespräch *n* **dialogruta** $\overline{s}$ COMPUT Dialogfeld *n*, Dialogfenster *n*
dialys [dia'ly:s] ⟨-en; -er⟩ MED Dialyse *f*
diamant [dia'mant] ⟨-en; -er⟩ Diamant *m*; av ~ *a.* diamanten **diamantring** $\overline{s}$ Diamantring *m* **diamantslipare** $\overline{s}$ Diamantenschleifer *m*
diameter [di'ɑ:metar, dia'me:tər] ⟨-n; -ar⟩ Durchmesser *m* **diamet'ral** ADJ diametral
diapositiv ['diapɔsiti:v] $\overline{N}$ ⟨-et; -⟩ Diapositiv *n*
diarré [dia're:] ⟨-n; -er⟩ MED Durchfall *m*, Diarrhö *f*
diesel ['di:səl] ⟨-n; -ar⟩ Diesel *m* **dieselmotor** $\overline{s}$ Dieselmotor *m* **dieselolja** $\overline{s}$ Dieselöl *n*
diet [di'e:t] ⟨-en; -er⟩ Diät *f*; Schonkost *f*; hålla ~ Diät halten **die'tist** ⟨-en; -er⟩ Ernährungsberater(in) *m(f)*
differens [difə'rεns, -'raŋs] ⟨-en; -er⟩ Unterschied *m*, Differenz *f* **differenti'era** $\overline{VT}$ ⟨1⟩ differenzieren
diffus [di'fɯ:s] ADJ diffus
difteri [diftə'ri:] ⟨-n; -⟩ Diphtherie *f*
diftong [dif'tɔŋ] ⟨-en; -er⟩ Diphthong *m*
dig [dεj] ⟨*von* → du⟩ A PERS PR *akk* dich, Sie; *dat* dir, Ihnen B REFL PR dich; sich; sätt ~ setze dich, setzen Sie sich
diger ['di:gər] ADJ dick, groß, gewaltig **digerdöden** ⟨inv⟩ die Pest, der Schwarze Tod
digitalkamera [digi'tɑ:lka:mra] $\overline{s}$ Digitalkamera *f* **digitalmottagare** $\overline{s}$ Digitalreceiver *m* **digitalteknik** $\overline{s}$ Digitaltechnik *f* **digital-tv** $\overline{s}$ Digitalfernsehen *n* **digitalur** $\overline{s}$ Digitaluhr *f*
digna ['diŋna] $\overline{VI}$ ⟨1⟩ niedersinken, erliegen; ett ~nde bord ein reich gedeckter Tisch
dignitet [diŋni'te:t] ⟨-en; -er⟩ Dignität *f*; MATH Potenz *f* **dignitär** ⟨-en; -er⟩ Würdenträger(in) *m(f)*
dika ['di:ka] A $\overline{VT}$ dränieren B $\overline{VP}$ ~ 'ut entwässern, trockenlegen **dike** $\overline{N}$ ⟨-t; -n⟩ Graben *m* **dikeskant** $\overline{s}$ Grabenrand *m*
dikt[1] [dikt] ADV TECH dicht
dikt[2] ⟨-en; -er⟩ Gedicht *n*, Dichtung *f*
dikta[1] ['dikta] $\overline{VT}$ ⟨1⟩ SCHIFF dichten
dikta[2] $\overline{VI}$ ⟨1⟩ dichten; erdichten, erfinden **diktad** ADJ erdichtet, erfunden
diktamen [dikt'ɑ:mən] ⟨-; diktamina/-⟩ Diktat *n*
diktare ⟨-n; -⟩ Dichter(in) *m(f)*
diktator [dik'tɑ:tɔr] ⟨-n; -er⟩ Diktator(in) *m(f)* **diktatorisk** [-'tu:risk] ADJ diktatorisch **diktat'ur** ⟨-en; -er⟩ Diktatur *f*
diktera [dik'te:ra] $\overline{VT}$ ⟨1⟩ diktieren (ngt för ngn j-m etw)
diktkonst $\overline{s}$ Dichtkunst *f* **diktsamling** $\overline{s}$ Gedichtsammlung *f*
dilemma [di'lεma] $\overline{N}$ ⟨-t; -n⟩ Dilemma *n*, Verlegenheit *f*, Zwangslage *f*, Klemme *f*
dill [dil] ⟨-en; kein pl⟩ BOT Dill *m*
dilla ['dila] *umg* $\overline{VI}$ ⟨1⟩ faseln (*om* von)
dille *umg* $\overline{N}$ ⟨-t; kein pl⟩ Delirium *n*; Tick *m*, Fimmel *m*; ha ~ på något in etw (*akk*) vernarrt sein
dimension [dimen'ʃu:n] ⟨-en; -er⟩ Ausdehnung *f*, Größe *f*, Dimension *f*
diminutiv [dimine'ti:v] A ADJ diminutiv B $\overline{N}$ ⟨-et; -er/-⟩ Verkleinerungsform *f*
dimljus ['dimjɯ:s] $\overline{s \, N}$ Nebelscheinwerfer *m* **dimma** ⟨-n; -or⟩ Nebel *m* **dimmer** ⟨-n; dimrar⟩ Dimmer *m* **dimmig** ADJ neblig, nebelhaft; *fig* verschwommen, unklar **dimmoln** $\overline{s \, N}$ Nebelschwaden *m*
dimpa ['dimpa] $\overline{VP}$ ⟨4⟩ ~ 'ner hinabplumpsen
dimridå ['dimrido:] *fig* $\overline{s}$ Nebelvor-

dimslöja – dissa ▪ **87**

hang *m* **dimslöja** s Nebelschleier *m*
din [din] POSS PR ⟨*n* ditt; *pl* dina⟩ dein(e, er, es); Ihr(e, er, es); **de ~a** die Dein(ig)en; **för ~ skull** deinetwegen; **för ~ egen skull** um deiner selbst willen; **~ dumbom!** du Schafskopf!
dingla ['diŋla] VI ⟨1⟩ baumeln, schlenkern
dinkel ⟨-n; kein pl⟩ Dinkel *m*
dinosaurie ⟨-n; -r⟩ Dinosaurier *m*
diplom ['diplo:m] N ⟨-et; -⟩ Diplom *n*; Urkunde *f*
diplom'at ⟨-en; -er⟩ Diplomat(in) *m(f)*
diploma'ti ⟨-n; kein pl⟩ Diplomatie *f*
diplo'matisk ADJ diplomatisch
direkt [di'rɛkt] ADJ, ADV direkt, gerade, unmittelbar; **inte ~** nicht wirklich; **inte ~ vacker** nicht gerade schön **direktflyg** s N Direktflug *m* **direktförsäljning** s Direktverkauf *m*
direktion ⟨-en; -er⟩ Direktion *f*, Leitung *f*
direktiv N ⟨-et; -⟩ Direktive *f*, Weisung *f*
direktlinje s Direktverbindung *f*; TEL Hotline *f* **direktnummer** s N Durchwahlnummer *f* **direktströmmande** ADJ **~ tv** Livestream *m* **direktsändning** s Livesendung *f*
direk'tör ⟨-en; -er⟩ Direktor(in) *m(f)*, Chef(in) *m(f)*, Leiter(in) *m(f)*; **verkställande ~** Geschäftsführer(in) *m(f)*; Vorsitzende(r) *m/f(m) od* Präsident(in) *m(f)* der Geschäftsleitung; Generaldirektor(in) *m(f)*
dirigent [diri'gɛnt, -'ʃɛnt] ⟨-en; -er⟩ Dirigent(in) *m(f)*, Leiter(in) *m(f)* **dirig'era** VT ⟨1⟩ dirigieren, leiten
dis [di:s] N ⟨-et; kein pl⟩ *leichter* Dunst *m*, Nebel
disciplin [disi'pli:n] ⟨-en; -er⟩ Disziplin *f*
disco N ⟨-t; -n⟩ → **disko**
disharmoni [disharmɔ'ni:] ⟨-n; -er⟩ Disharmonie *f*, Missklang *m* **disharmonisk** ADJ disharmonisch
disig [di:si(g)] ADJ dunstig, trüb, diesig
disk [disk] ⟨-en; -ar⟩ Ladentisch *m*; Theke *f*; Abwasch *m*, Aufwasch *m*; *abzuwaschendes* Geschirr; ANAT Bandscheibe *f*
diska ⟨1⟩ **A** VT, VI (ab)spülen, abwaschen, aufwaschen **B** *umg* VT SPORT disqualifizieren **diskare** ⟨-n; -⟩ Tellerwäscher(in) *m(f)* **diskbalja** s Abwaschschüssel *f* **diskbråck** s N MED Bandscheibenvorfall *m* **diskbänk** s Spüle *f* **diskho** ⟨-n; -ar⟩ Spülbecken *n*
diskjockey ['diskjɔki] s Discjockey *m*, DJ *m*
diskmaskin s Geschirrspülmaschine *f*
diskmedel N Geschirrspülmittel *n*
disko *umg* N ⟨-t; -n⟩, **diskotek** N ⟨-et; -⟩ Disco *f*, Diskothek *f*
diskrepans [diskre'pans, -aŋs] ⟨-en; -er⟩ Diskrepanz *f*
diskret ADJ diskret, verschwiegen; rücksichtsvoll **diskre'tion** ⟨-en; kein pl⟩ Diskretion *f*, Verschwiegenheit *f*; Rücksicht *f*
diskriminera [diskrimi'ne:ra] VT ⟨1⟩ diskriminieren **diskriminering** ⟨-en; kein pl⟩ Diskriminierung *f*
diskställ ['diksteːl] N Abtropfständer *m* **disktrasa** s Spültuch *n*
diskus ['diskəs] ⟨-en; -ar⟩ Diskus *m* **diskuskastare** ⟨-n; -⟩ Diskuswerfer(in) *m(f)* **diskuskastning** ⟨-en; kein pl⟩ Diskuswerfen *n*
diskussion [diskɵ'ʃuːn] ⟨-en; -er⟩ Diskussion *f*, Besprechung *f*, Erörterung *f*
diskut'abel ADJ fragwürdig; diskutabel **diskut'era** VT, VI ⟨1⟩ diskutieren, besprechen, erörtern
diskvalificera [diskvalifi'seːra] VT ⟨1⟩ disqualifizieren, ausschließen **diskvalificering** ⟨-en; -ar⟩ Disqualifizierung *f*; Spielverbot *n*
diskvatten ['diskvatən] s N Spülwasser *n*
dispens [dis'paŋs] ⟨-en; -er⟩ Befreiung *f*, Dispens *m* **dispens'era** VT ⟨1⟩ befreien, dispensieren
display [dis'plej] ⟨-en; -er⟩ Display *n*, Anzeige *f*
disponent [dispɵ'nɛnt] ⟨-en; -er⟩ Betriebsleiter(in) *m(f)* **dispo'nera** VT, VI ⟨1⟩ disponieren; **~ över ngt** über etw *(akk)* verfügen **dispo'nerad** ADJ disponiert, aufgelegt **dispo'nibel** ADJ verfügbar, disponibel
disposition [dispɵsi'ʃuːn] ⟨-en; -er⟩ Disposition *f*; Verfügung *f* **dispositi'onsrätt** s Verfügungsrecht *n*
disputa'tion ⟨-en; -er⟩ Disputation *f*
dispu'tera VI ⟨1⟩ promovieren
dis'pyt ⟨-en; -er⟩ Wortgefecht *n*, Disput *m*; Auseinandersetzung *f*
dissa ['disa] *umg* VT ⟨1⟩ dissen

disse'kera _VT_ ⟨1⟩ sezieren; zerlegen
dissek'tion ⟨-en; -er⟩ Sektion f; Zerlegung f
dissonans ⟨-en; -er⟩ Dissonanz f, Missklang m
distans [dis'tans, -'staŋs] ⟨-en; -er⟩ Entfernung f, Abstand m, Strecke f, Distanz f **distan'sera** _VT_ ⟨1⟩ distanzieren; überholen **distansförhållande** _S N_ Fernbeziehung f **distanskurs** _S_ Fernkurs m **distansminut** _S_ SCHIFF Seemeile f **distansundervisning** _S_ Fernunterricht m
distinkt [dis'tiŋkt] _ADJ_ deutlich, bestimmt
distra'hera _VT_ ⟨1⟩ zerstreuen, ablenken **distrak'tion** ⟨-en; -er⟩ Ablenkung f, Zerstreuung f; Zerstreutheit f
distribu'era _VT_ ⟨1⟩ verteilen, ausgeben **distribu'tion** ⟨-en; -er⟩ Verteilung f, Ausgabe f; Versand m
distrikt [dis'trikt] _N_ ⟨-et; -⟩ Bezirk m, Distrikt m; Kreis m **distriktssköterska** _S_ _die für einen Kreis zuständige Krankenschwester_
diströ [dis'trœ:] _ADJ_ zerstreut
dit [di:t] _ADV_ **1** _demonstrativ_ dahin, dorthin; **jag går inte ~** ich gehe nicht hin; **~ in** dahinein; **~ ned** dahinunter; **~ upp** dahinauf; **~ ut** dahinaus; **hit och ~** hin und her **2** _relativ_ wohin **dithörande** _ADJ_ dazugehörig, diesbezüglich; einschlägig **ditintills** _ADV_ bis dahin **ditresa** _S_ Hinreise f
ditt¹ [dit] POSS PR → **din**
ditt² ⟨inv⟩ **~ och datt** dies und das/jenes, allerlei
dittills ['ditils] _ADV_ bis dahin **ditväg** _S_ Hinweg m **ditåt** _ADV_ dahin, dorthin, in der Richtung; **någonting ~** etwas Ähnliches
diva ['di:va] ⟨-n; -or⟩ Diva f **divalater** _PL_ Starallüren pl
diverse [di'væʂə] _ADJ_ verschieden(e, er, es) **diversearbetare** _S_ Gelegenheitsarbeiter(in) m(f)
dividend [divi'dɛnd] ⟨-en; -er⟩ MATH Dividend m; WIRTSCH Dividende f **divi'dera** ⟨1⟩ **A** _VT_ MATH teilen, dividieren (**med** durch) **B** _VI_ hin und her reden (**om** über akk) **divi'sion** ⟨-en; -er⟩ Division f, Teilung f; SPORT Liga f **di'visor** ⟨-n; -er⟩ Divisor m, Teiler m
dj ⟨-:en; -:ar⟩ DJ m
djungel ['jøŋəl] ⟨-n; -er⟩ Dschungel m
djup [ju:p] **A** _ADJ_ tief; **~t liggande** tief liegend **B** _N_ ⟨-et; -⟩ Tiefe f; **gå på ~et med ngt** einer Sache _(dat)_ auf den Grund gehen **djupblå** _ADJ_ tiefblau **djupfrysa** _VT_ ⟨2⟩ einfrieren **djupfryst** _ADJ_ tiefgekühlt; **~a grönsaker** pl a. Tiefkühlgemüse n **djupgående** _ADJ_ tiefgründig **djuphavsforskning** _S_ Tiefseeforschung f **djuplodande** fig _ADJ_ tiefschürfend **djupsinne** _S N_ Tiefsinn m **djupsinnig** _ADJ_ tiefsinnig
djur [ju:r] _N_ ⟨-et; -⟩ Tier n **djurart** _S_ Tierart f **djurförsök** _S_ Tierversuch m **djurisk** _ADJ_ tierisch **djurkrets** _S_ ASTRON Tierkreis m **djurpark** _S_ Tiergarten m, Zoo m **djurplågare** ⟨-n; -⟩ Tierquäler(in) m(f) **djurplågeri** _S N_ Tierquälerei f **djurrike** _S N_ Tierreich n **djurrättsaktivist** _S_ POL Tierschützer(in) m(f) **djurskydd** _S N_ Tierschutz m **djurskyddsförening** _S_ Tierschutzverein m **djurskötare** _S_ Tierwärter(in) m(f) **djurtransport** _S_ Tiertransport m **djurvårdare** _S_ Tierpfleger(in) m(f) **djurvän** _S_ Tierfreund(in) m(f) **djurvärld** _S_ Tierwelt f
djärv [jærv] _ADJ_ kühn; verwegen, dreist **djärvhet** ⟨-en; kein pl⟩ Kühnheit f, Verwegenheit f
djävel ['jɛ:vəl] ⟨-n; -ar⟩ umg Teufel(in) m(f); **inte en ~** kein Schwein **djävla** umg _ADJ_ verdammt, verflucht **djävlar** umg INTER verdammt, verflixt (noch mal); **~ anamma!** zum Teufel! **djävlas** umg _VI_ ⟨dep 1⟩ **~ med ngn** j-m das Leben zur Hölle machen **djävlig** umg _ADJ_ verteufelt, höllisch, abscheulich **djävul** ⟨-en; djävlar⟩ Teufel(in) m(f) **djävulsk** _ADJ_ teuflisch **djävulskap** ⟨-en; kein pl⟩ Teufelei f
DM ABK N ⟨-:et -⟩ (= distriktsmästerskap) Kreismeisterschaft f
dna ABK N ⟨inv⟩ (= deoxiribonukleinsyra) DNA f
docent [dɔ'sɛnt] ⟨-en; -er⟩ Dozent(in) m(f) **docen'tur** ⟨-en; -er⟩ Dozentenstelle f **do'cera** _VT_ ⟨1⟩ dozieren
dock [dɔk] **A** _ADV_ jedoch **B** KONJ doch **docka¹** ['dɔka] SCHIFF **A** ⟨-n; -or⟩ Dock n **B** _VT_ ⟨1⟩ (ein)docken
docka² ⟨-n; -or⟩ Puppe f **dockskåp** _S N_ Puppenstube f **dockteater** _S_ Puppenspiel n, Puppentheater n **dock-**

vagn _s_ Puppenwagen _m_
doft [dɔft] ⟨-en; -er⟩ Duft _m_ **dofta** _vit_, _vi_ ⟨1⟩ duften
dogm [dɔgm] ⟨-en; -er⟩ Dogma _n_ **dogma'tik** ⟨-en; kein pl⟩ Dogmatik _f_ **dog'matisk** _adj_ dogmatisch
dok [du:k] ⟨-et; -⟩ Schleier _m_
doktor [ˈdɔktɔr] ⟨-n; -er⟩ Doktor(in) _m(f)_; **filosofie ~** Doktor(in) _m(f)_ der Philosophie **dokto'rand** ⟨-en; -er⟩ Doktorand(in) _m(f)_ **dokto'rera** _vi_ ⟨1⟩ seine Dissertation schreiben **doktorsavhandling** _s_ Doktorarbeit _f_, Dissertation _f_ **doktorsgrad** _s_ Doktorgrad _m_; **ta ~en** seinen Doktor machen
dokument [dukeˈmɛnt] ⟨-et; -⟩ Dokument _n_, Urkunde _f_ **dokumen'tera** _vit_ ⟨1⟩ dokumentieren **dokumentmall** _s_ it Dokumentvorlage _f_ **dokumentportfölj** _s_ Aktentasche _f_ **dokumen'tär(film)** ⟨-en; -er⟩ Dokumentarfilm _m_ **dokusåpa** _s_ Doku-Soap _f_
dold [dɔːld] _adj_ verborgen, versteckt
dolk [dɔlk] ⟨-en; -ar⟩ Dolch _m_
dollar [ˈdɔlar] ⟨-n; -⟩ Dollar _m_
dom[1] [doːm] ⟨-en; -er⟩ Dom _m_
dom[2] [dum] ⟨-en; -ar⟩ jur Urteil _n_, Spruch _m_; **yttersta ~en** das Jüngste Gericht; **avkunna/fälla en ~** ein Urteil sprechen/fällen **domare** ⟨-n; -⟩ jur Richter(in) _m(f)_; sport Schiedsrichter(in) _m(f)_
domdera [dɔmˈdeːra] _vi_ ⟨1⟩ poltern, lärmen
domedag [ˈduməda:g] _s_ Jüngster Tag _m_
domherre [ˈdumhærə] _s_ zool Dompfaff _m_, Gimpel _m_
dominera [dumiˈneːra] _vit, vi_ ⟨1⟩ beherrschen, dominieren
domkraft [ˈdumkraft] _s_ tech Wagenheber _m_, Winde _f_
domkyrka [ˈdumçyrka] _s_ Dom _m_, Münster _n_
domna [ˈdɔmna] _vi_ ⟨1⟩ fig einschlafen, betäubt werden, taub werden **domning** ⟨-en; -ar⟩ Betäubung _f_, Gefühllosigkeit _f_
domprost [ˈdumprust] _s_ Superintendent(in) _m(f)_
domslut [ˈdumslu:t] _s n_ Richterspruch _m_ **domstol** _s_ Gericht _n_ **domstolsförhandling** _s_ Gerichtsverhandlung _f_
domän [duˈmɛːn] ⟨-en; -er⟩ it Domain _f_, Domäne _f_ **domänverk** _s n_ Staatsforstverwaltung _f_
don [du:n] _n_ ⟨-et; -⟩ efter person wie der Herr, so's Gescherr **dona** _vi_ ⟨1⟩ **~ med ngt** sich mit etw beschäftigen
donation [dunaˈʃuːn] ⟨-en; -er⟩ Schenkung _f_, Spende _f_, Stiftung _f_; Vermächtnis _n_ **do'nator** ⟨-n; -er⟩ Stifter(in) _m(f)_ **do'nera** _vit_ ⟨1⟩ schenken, stiften; vermachen
dop [du:p] _n_ ⟨-et; -⟩ Taufe _f_
dopa [ˈdu:pa] _vit_ ⟨1⟩ dopen
dopattest _s_ Taufschein _m_ **dopfunt** ⟨-en; -ar⟩ Taufstein _m_ **dopklänning** _s_ Taufkleid _n_ **dopnamn** _s n_ Taufname _m_
dop(n)ing ⟨-en; kein pl⟩ Doping _n_ **dop(n)ing(s)kontroll** _s_ Dopingkontrolle _f_ **dop(n)ingtest** _s (n)_ Dopingtest _m_
dopp [dɔp] _n_ ⟨-et; -⟩ (Ein-)Tauchen _n_, (Ein-)Tunken _n_; Kaffeegebäck _n_; **kaffe med ~** Kaffee _m_ mit Gebäck; **ta (sig) ett ~** ein kurzes Bad nehmen; _umg_ schnell mal ins Wasser springen **doppa** ⟨1⟩ **A** _vit_ (ein)tauchen, tunken; _umg_ (ein)stippen **B** _vr_ **~ sig** schnell untertauchen **C** _v/p_ **~ 'ner** untertauchen **dopping** ⟨-en; -ar⟩ zool Taucher _m_ **doppvärmare** ⟨-n; -⟩ elek Tauchsieder _m_
dos [du:s] ⟨-en; -er⟩ Dosis _f_
dosa [ˈduːsa] ⟨-n; -or⟩ Dose _f_, Büchse _f_
dosera [duˈseːra] _vit_ ⟨1⟩ dosieren **dosering** ⟨-en; -ar⟩ Dosierung _f_
dotter [ˈdɔtər] ⟨-n; döttrar⟩ Tochter _f_ **dotterbolag** _s n_ Tochtergesellschaft _f_ **dotterdotter** _s_ Enkelin _f_ **dotterson** _s_ Enkel _m_
dov [do:v] _adj_ dumpf
dovhjort [ˈdo:vjut] _s_ Damhirsch _m_
dr _abk_ (= doktor) Dr. (Doktor)
dra [drɑ:] ⟨4⟩ **A** _vit_, _vi_ ziehen; Atem schöpfen, holen; Kurbel drehen; **~ på ngt** an etw (_dat_) ziehen; fig nicht mit der Sprache herauswollen; **~ på munnen** den Mund (zu einem Lächeln) verziehen; **~ på svaret** mit der Antwort zögern; **~ en historia** eine Geschichte erzählen/verzapfen **B** _v/r_ **~ sig** (sich) ziehen; **ligga och ~ sig** sich rekeln; **~**

90 ▪ drabba – drift

sig för ngt etw scheuen; ~ **sig till minnes** sich erinnern C V/P ~ **'av** abziehen; ausziehen; ~ **'för** vorziehen, zuziehen; ~ **i'från** abziehen; SPORT abhängen; ~ **i'gen** zuziehen, zumachen; ~ **i'hop** zusammenziehen; **det drar i'hop sig till åska** ein Gewitter zieht sich zusammen; ~ **'in** einziehen, hereinziehen, hineinziehen; ~ **'in på** einschränken, einsparen; ~ **i'väg** abhauen; ~ **'jämnt** zusammenpassen; ~ **om'kull** umwerfen; ~ **'på** TECH anlassen; ~ **'på sig** anziehen; sich (dat) zuziehen; ~ **'till** anziehen, zuziehen; ~ **'till sig** an sich (akk) ziehen; ~ **'till med ngt** mit etw (daher-)kommen; ~ **sig till'baka** sich zurückziehen; ~ **sig 'undan ngt** sich etw (dat) entziehen; ~ **'upp** aufziehen, heraufziehen; ~ **'ut** ausziehen; ~ **'ut på tiden** sich in die Länge ziehen, sich hinziehen; ~ **'åt** anziehen, zuziehen; ~ **'över** überziehen

drabba ['draba] ⟨1⟩ A V/T (be)treffen; **~s av** erleiden B V/P ~ **'samman** aneinandergeraten, zusammenstoßen

drabbning ⟨-en; -ar⟩ Treffen *n*, Gefecht *n*

drag [dra:g] N ⟨-et; -⟩ Zug *m*; Strich *m*; Schleppangel *f*; **tömma glaset i ett ~** das Glas auf einen Zug leeren; **njuta i fulla ~** in vollen Zügen genießen; *umg* **det är inget ~ här** hier ist nichts los **draga** → **dra dragande** ADJ **komma ~** mit ngt etw angelaufen kommen **dragare** ⟨-n; -⟩ Zugtier *n* **dragen** ADJ gezogen; *fig umg* beschwipst; **jag känner mig ~ till henne** ich fühle mich zu ihr hingezogen

dragga ['draga] V/I ⟨1⟩ SCHIFF mit dem Draggen suchen

draghjälp ['dra:gjelp] S Starthilfe *f* **dragig** ADJ zugig **dragkamp** S SPORT Tauziehen *n* **dragkedja** S Reißverschluss *m* **dragkärra** S Handkarren *m* **dragning** ⟨-en; -ar⟩ Ziehen *n*, Zug *m*; *fig* Neigung *f*, Hang *m*; *Lotterie* Ziehung *f*; **en ~ åt blått** ein Stich ins Blaue **dragningskraft** S Anziehungskraft *f* **dragningslista** S Ziehungsliste *f*

dragon[1] [dra'gu:n] ⟨-en; -er⟩ Dragoner *m*

dragon[2] [dra'gu:n] ⟨-en; -⟩ BOT Estragon *m*

dragplåster ['dra:gplɔstər] S N Zugnummer *f*, Publikumsmagnet *m*

dragshow ['dra:gʃo:u, -ʃov] S Travestieshow *f*

dragspel N ⟨-et; -⟩ Ziehharmonika *f*, Schifferklavier *n*

drake ['dra:kə] ⟨-n; -ar⟩ Drache *m*; *Spielzeug* Drachen *m* **drakflygning** S Drachenfliegen *n*

drama ['dra:ma] N ⟨-t; dramer⟩ Drama *n* **dramatik** ⟨-en; kein pl⟩ Dramatik *f*; dramatische Dichtung *f* **dramatiker** ⟨-n; -⟩ Dramatiker(in) *m(f)* **dramati'sera** V/T, V/I ⟨1⟩ dramatisieren, für die Bühne bearbeiten **dramatisk** ADJ dramatisch **drama'turg** ⟨-en; -er⟩ Dramaturg(in) *m(f)*

drapera [dra'pe:ra] V/T, V/I ⟨1⟩ drapieren, raffen **drape'ri** N ⟨-et; -er⟩ Draperie *f*; Vorhang *m*

dras V/I ⟨dep 4⟩ ~ **med ngt** mit etw zu kämpfen haben

drastisk ['drastisk] ADJ drastisch

dravel ['dra:val] *umg* N ⟨-et; kein pl⟩ Quatsch *m* **dravla** *umg* V/I ⟨1⟩ quatschen, dummes Zeug reden

dregel ['dre:gəl] N ⟨-et; kein pl⟩ Sabber *m* **dregla** V/I ⟨1⟩ sabbern

dreja ['dreja] V/T, V/I ⟨1⟩ TECH drehen **drejskiva** S Drehscheibe *f*, Töpferscheibe *f*

dressera [drɛ'se:ra] V/T ⟨1⟩ abrichten, dressieren

dressin [drɛ'si:n] ⟨-en; -er⟩ Draisine *f* **dressing** ['drɛsiŋ] ⟨-en; -ar⟩ Dressing *n* **dressyr** [drɛ'sy:r] ⟨-en; -er⟩ Dressur *f* **dress'ör** ⟨-en; -er⟩ Dresseur *m*

drev N ⟨-et; -⟩ Treiben *n*; TECH Getriebe *n*, Räderwerk *n* **drevjakt** S Treibjagd *f* **drevkarl** S Treiber *m*

dribbla ['dribla] V/I ⟨1⟩ *Fußball* dribbeln

dricka ['drika] A N ⟨-n; -or⟩ Getränk *n* B *umg* N ⟨-t; kein pl⟩ *Alkohol* Stoff *m* C V/T, V/I ⟨4⟩ trinken; saufen; ~ **i botten** das Glas leeren D V/R ⟨4⟩ ~ **sig berusad** sich betrinken E V/P ⟨4⟩ ~ **'upp/'ur** austrinken **drickaback** *umg* S Limokasten *m* **drickbar** ADJ trinkbar **dricks** ⟨-en; kein pl⟩ Trinkgeld *n* **dricksglas** S N Trinkglas *n* **dricksvatten** S N Trinkwasser *n*

drift [drift] ⟨-en; -er⟩ Trieb *m*; (Geschäfts-)Betrieb *m*; Aufziehen *n*; Neckerei f; TECH Antrieb m **driftig** ADJ rührig, betriebsam **driftighet** ⟨-en; kein pl⟩ Rührigkeit f, Betriebsamkeit f **driftkapital** S̄ N̄ Betriebskapital n **driftklar** ADJ betriebsbereit **driftkostnad** S̄ Betriebskosten pl **driftstopp** S̄ N̄ Betriebsunterbrechung f **driftstörning** S̄ Betriebsstörung f; Störfall m **driftsäker** ADJ betriebssicher

drill [dril] ⟨-en; -ar⟩ MUS Triller m; TECH Drillbohrer m **drilla** V̄T̄, V̄Ī ⟨1⟩ drillen; MUS trillern

drink [driŋk] ⟨-en; -ar⟩ Drink m

drista [ˈdrista] V̄R̄ ⟨1⟩ ~ **sig** sich erdreisten **dristig** ADJ kühn, dreist **dristighet** ⟨-en; kein pl⟩ Kühnheit f, Dreistigkeit f

driva [ˈdriːva] A̅ ⟨-n; -or⟩ (Schnee-) Wehe f; Düne f B̅ V̄T̄, V̄Ī ⟨4⟩ (an)treiben; betreiben; ~ **ngt för långt** etw zu weit treiben; ~ **med ngn** sich über j-n lustig machen, j-n necken; ~ **på flykten** in die Flucht treiben; ~ **till sin spets** auf die Spitze treiben; **gå och** ~ sich umhertreiben, umherschlendern C̅ V̄P̄ ⟨4⟩ ~ ˈ**bort** wegtreiben; ~ ˈ**fram** vorwärtstreiben; fig ~ ˈ**igenom** durchsetzen, durchbringen; ~ ˈ**in** (hin)eintreiben; ~ ˈ**omkring** herumtreiben; ~ ˈ**på** antreiben; ~ ˈ**upp** auftreiben; Preis in die Höhe treiben; Geschäft hochbringen **drivande** ADJ treibend **drivaxel** S̄ Treibachse f **drivbänk** S̄ Frühbeet n; Mistbeet n

drive [drajv] ⟨-en; -ar⟩ Kampagne f, Aktion f

driven [ˈdriːvən] S̄ getrieben; geübt, gewandt **drivfjäder** S̄ Triebfeder f **drivhus** S̄ N̄ Treibhaus n **drivis** S̄ Treibeis n **drivkraft** S̄ Triebkraft f **drivmedel** S̄ N̄ Treibstoff m **drivrutin** S̄ IT Treiber m **drivved** S̄ Treibholz n

drog [droːg] ⟨-en; -er⟩ Droge f **droga** V̄T̄ ⟨1⟩ ~ **ngn** j-n unter Drogen setzen; **vara** ~**d** unter Drogen stehen **drogberoende** ADJ drogenabhängig **drogfri** ADJ drogenfrei **droghandel** S̄ Drogengeschäft n **drogmissbruk** S̄ N̄ Drogenmissbrauch m **drogmissbrukare** S̄ Drogensüchtige(r) m/f(m)

dromedar [drumaˈdaːr] ⟨-en; -er⟩ ZOOL Dromedar n

dropp [drɔp] S̄ N̄ ⟨-et; kein pl⟩ Tropfen n; MED Tropf m **droppa** V̄T̄, V̄Ī ⟨1⟩ tropfen, tröpfeln, träufeln **droppe** ⟨-n; -ar⟩ Tropfen m; **en** ~ **i havet** ein Tropfen auf den heißen Stein **droppformig** ADJ tropfenförmig **droppstensgrotta** S̄ Tropfsteinhöhle f **dropptorka** V̄T̄, V̄Ī ⟨1⟩ tropfnass aufhängen

droska [ˈdrɔska] ⟨-n; -or⟩ Droschke f

drottning [ˈdrɔtniŋ] ⟨-en; -ar⟩ Königin f

drucken [ˈdrɵkən] ADJ (be)trunken

drulla [ˈdrɵla] ⟨1⟩ A̅ V̄Ī ~ **i vattnet** ins Wasser plumpsen B̅ V̄P̄ ~ **omˈkull** umfallen **drulle** ⟨-n; -ar⟩ umg Tölpel m; Lümmel m **drulleförsäkring** umg S̄ Haftpflichtversicherung f **drullig** umg ADJ ungeschickt, unbeholfen; tölpelhaft

drummel ⟨-n; -ar⟩ Tölpel m; Lümmel m

drunkna [ˈdrɵŋkna] V̄Ī ⟨1⟩ ertrinken **drunkning** ⟨-en; -ar⟩ Ertrinken n **drunkningsolycka** S̄ tödlicher Unfall durch Ertrinken

druva [ˈdrʉːva] ⟨-n; -or⟩ Traube f; Weinbeere f **druvjuice** S̄ Traubensaft m **druvklase** S̄ Traube f **druvsaft** S̄ Traubensaft m **druvsocker** S̄ N̄ Traubenzucker m

dryck [dryk] ⟨-en; -er⟩ Getränk n, Trank m, Trunk m **dryckenskap** ⟨-en; kein pl⟩ Trunksucht f **dryckeslista** S̄ Getränkekarte f **dryckesvisa** S̄ Trinklied n

dryfta [ˈdryfta] V̄T̄ ⟨1⟩ besprechen, erörtern

dryg [dryːg] ADJ ergiebig, ausgiebig; reichlich; mühsam, schwer; dünkelhaft, eingebildet; umg hochnäsig; **två** ~**a timmar** zwei gute Stunden **dryga** V̄P̄ ⟨1⟩ ~ ˈ**ut** ngt med ngt etw mit etw strecken **drygthet** ⟨-en; kein pl⟩ Ergiebigkeit f, Ausgiebigkeit f; Dauer f; Dünkel m, Protzerei f **drygt** ADV ~ **hälften** gut die Hälfte

drypa [ˈdryːpa] V̄Ī ⟨4⟩ triefen; tröpfeln; ~**nde våt** triefnass

dråp [drɔːp] S̄ N̄ ⟨-et; -⟩ Totschlag m **dråplig** ADJ komisch, drollig **dråpslag** S̄ N̄ tödlicher Schlag; fig schwerer Schlag

dråsa [ˈdroːsa] V̄P̄ ⟨1⟩ ~ ˈ**ner** herunter-

fallen; reichlich fallen
drägg [drɛg] ⟨-en; kein pl⟩ Bodensatz m; *fig* Abschaum m
drägglig [ˈdrɛ:gli(g)] ADJ leidlich, erträglich
dräkt [drɛkt] ⟨-en; -er⟩ Kleidung f; Tracht f; Gewand n; Kostüm n
dräktig [ˈdrɛkti(g)] ADJ trächtig **dräktighet** ⟨-en; kein pl⟩ Trächtigkeit f
drälla [ˈdrɛla] *umg* VT, VI ⟨2⟩ verschütten; **gå och ~** herumbummeln
drämma [ˈdrɛma] ⟨2⟩ A VT, VI **~ näven i bordet** mit der Faust auf den Tisch hauen B VP **~ i'gen** zuwerfen; **~ 'till ngn** j-m eins versetzen
dränera [drɛˈne:ra] VT ⟨1⟩ dränieren, entwässern, trockenlegen **dränering** ⟨-en; -ar⟩ Entwässerung f, Trockenlegung f
dräng [drɛŋ] ⟨-en; -ar⟩ Knecht m
dränka [ˈdrɛŋka] VT, V/R ⟨2⟩ ertränken (sig sich)
dräpa [ˈdrɛ:pa] VT ⟨2⟩ totschlagen
dräpande ADJ *Beweis* schlagend; *Antwort* treffend
dröja [ˈdrœja] VI ⟨2⟩ zögern; lange ausbleiben, auf sich warten lassen; bleiben; *unpers* dauern, währen; **~ med** aufschieben, verschieben, verzögern; *fig* **~ vid ngt** sich bei etw aufhalten **dröjsmål** S N Verzögerung f, Verzug m; **utan ~** unverzüglich **dröjsränta** S Verzugszinsen pl
dröm [drœm] ⟨-men; -mar⟩ Traum m **drömbild** S Traumbild n **drömjobb** S N Traumjob m **drömkvinna** S Traumfrau f **drömlik** ADJ traumhaft **drömma** VI ⟨2⟩ träumen (om von); **jag drömde** a. mir träumte; **det hade jag inte kunnat ~ om** das hätte ich mir nicht träumen lassen **drömman** S Traummann m **drömmande** ADJ verträumt; träumerisch **drömmare** ⟨-n; -⟩ Träumer(in) m(f) **drömtydning** S Traumdeutung f **drömvärld** S Traumwelt f
dröna [ˈdrœ:na] *fig* VI ⟨1⟩ trödeln; faulenzen **drönare** ⟨-n; -⟩ Drohne f; *fig* Trödler(in) m(f), Bummler(in) m(f); Faulenzer(in) m(f)
du [du:] PERS PR du; Sie; **hör (du) ~!** hör mal!; **vara ~ med varandra** einander duzen, miteinander auf Du und Du sein **dua** VT ⟨1⟩ duzen

dubb [dɵb] ⟨-en; -ar⟩ Pflock m, Zapfen m, Stift m, Dübel m; AUTO, SPORT **~ar** pl Spikes pl
dubba¹ [ˈdɵba] VT ⟨1⟩ **~ ngn till riddare** j-n zum Ritter schlagen
dubba² VT ⟨1⟩ *Film* synchronisieren **dubbad** ADJ synchronisiert
dubbdäck S N Spikereifen m
dubbel [ˈdɵbel] A ADJ doppelt, zweifach; **~t så mycket** noch einmal so viel B ⟨-n; -ar⟩ SPORT Doppel n **dubbelarbete** S N Doppelarbeit f **dubbelbeskattning** S doppelte Besteuerung f **dubbelbottnad** ADJ doppelbödig; doppeldeutig **dubbeldäckare** ⟨-n; -⟩ Doppeldecker m **dubbelfönster** S N Doppelfenster n **dubbelgångare** S Doppelgänger(in) m(f) **dubbelhaka** S Doppelkinn n **dubbelklick** S N COMPUT Doppelklick m **dubbelklicka** VI ⟨1⟩ COMPUT doppelklicken **dubbelknäppt** ADJ *Anzug* zweireihig **dubbelkontakt** S ELEK Doppelstecker m **dubbelliv** S N Doppelleben n **dubbelmoral** S doppelte Moral **dubbelmord** S N Doppelmord m **dubbelnamn** S N Doppelname m **dubbelradig** ADJ zweireihig **dubbelrum** S N Doppelzimmer n **dubbelsipad** ADJ **~e glasögon** Bifokalbrille f **dubbelspel** S N *Tennis* Doppelspiel n; *fig* doppeltes Spiel n **dubbelspårig** ADJ zweigleisig **dubbelsäng** S Doppelbett n **dubbeltydig** ADJ doppeldeutig
dubbla [ˈdɵbla], **dubb'lera** VT ⟨1⟩ doublieren; verdoppeln **dubblering** ⟨-en; -ar⟩ Verdoppelung f
dubbning [ˈdɵbniŋ] ⟨-en; -ar⟩ *Film* Synchronisierung f
dub'lett ⟨-en; -er⟩ Dublette f, Doppel n, Doppelstück n; Zweizimmerwohnung f **dublettnyckel** S Zweitschlüssel m
ducka [ˈdɵka] VI ⟨1⟩ sich ducken
duell [dʉˈɛl] ⟨-en; -er⟩ Duell n **duell'era** VI ⟨1⟩ sich duellieren
duga [ˈdʉ:ga] ⟨2/4⟩ A VI taugen; genügen; angehen; passen, sich eignen B VP **~ någonting 'till** etw taugen
dugg [dɵg] N ⟨-et; kein pl⟩ **inte ett ~** kein bisschen, nicht im Geringsten/das Geringste **dugga** VI ⟨1⟩ nieseln; rieseln **duggregn** S N Sprühregen m

duggregna [VII UNPERS] ⟨1⟩ nieseln
duglig ['dɵːgli(g)] [ADJ] tauglich; fähig, befähigt; tüchtig **duglighet** ⟨-en; kein pl⟩ Tauglichkeit f; Geschicklichkeit f; Tüchtigkeit f
duk [dɵːk] ⟨-en; -ar⟩ Tuch n, Decke f, Tischdecke f; KUNST Leinwand f; **vita ~en** die Leinwand **duka¹** ⟨1⟩ [A] [VT], [VI] decken [B] [VP] **~ 'av** abdecken, (den Tisch) abräumen; **~ 'fram** auftischen, auftragen; **~ 'upp** auftischen
duka² [VP] ⟨1⟩ **~ 'under** zugrunde gehen, erliegen (**för** *dat*)
duktig ['dɵkti(g)] [ADJ] tüchtig
dum [dɵm] [ADJ] dumm; **det vore inte ~t** das wäre nicht dumm **dumbom** [s] Dummkopf m **dumdristig** [ADJ] tollkühn **dumdryg** [ADJ] dünkelhaft, aufgeblasen **dumhet** ⟨-en; -er⟩ Dummheit f; ~er! Unsinn!; **prata ~er** dummes Zeug reden **dumhuvud** [s N] Dummkopf m **dumma** [VR] ⟨1⟩ **~ sig** sich blamieren; sich dumm anstellen
dumpa ['dɵmpa] [VT] ⟨1⟩ Dumping betreiben; *Abfall* kippen; **~ priserna** die Preise unterbieten
dumskalle ⟨-n; -ar⟩ Idiot m, Blödmann m
dun [dɵːn] [N] ⟨-et; -⟩ Daune f, Flaumfeder f **dunbolster** [s N] Daunenbett n
dunder ['dɵndər] [N] ⟨-et; -⟩ Donner m, Getöse n **dundra** [VI] ⟨1⟩ donnern, krachen; *fig* wettern (**mot** gegen)
dunge ['dɵŋə] ⟨-n; -ar⟩ Wäldchen n, Gehölz n
dunk¹ [dɵŋk] ⟨-en; -ar⟩ Kanister m
dunk² ⟨-en; -ar⟩ dumpfer Schlag; *umg* Bums m; Klopfen n **dunka** [VT], [VI] ⟨1⟩ klopfen, pochen; *umg* bumsen; **~ ngn i ryggen** j-m auf den Rücken klopfen
dunkel ['dɵŋkəl] [A] [ADJ] dunkel [B] [N] ⟨-et; kein pl⟩ Dunkel n
duns [dɵns] ⟨-en; -ar⟩ Bums m; Plumps m **dunsa** ⟨1⟩ [A] [VI] plumpsen [B] [VP] **~ 'ner** hinplumpsen
dunst [dɵnst] ⟨-en; -er⟩ Dunst m, Schwaden m **dunsta** ⟨1⟩ [A] [VI] dunsten [B] [VP] **~ 'av** verdunsten; *fig* verduften
duntäcke ['dɵːntɛkə] [s N] Daunen-(stepp)decke f
duo ['dɵːu] ⟨-n; -r⟩ Duo n
dupera [dɵ'peːra] [VT] ⟨1⟩ täuschen, foppen

duplett [dɵ'plɛt] ⟨-en; -er⟩ Dublette f; Duplikat n **dupli'cera** [VT] ⟨1⟩ vervielfältigen **duplicering** ⟨-en; -ar⟩ Vervielfältigung f n **dupli'kat** [N] ⟨-et; -⟩ Duplikat n, Doppel n
dur [dɵːr] [N] ⟨inv⟩ MUS Dur n
durk [dɵrk] ⟨-en; -ar⟩ Boden m; Hellegat(t) n
durkslag ['dɵrkslɑːg] [N] Passiersieb n, Durchschlag m
dus [dɵːs] [N] ⟨inv⟩ **sus och ~** Saus und Braus
dusch [dɵʃ] ⟨-en; -er⟩ Dusche f, Brause f **duscha** [VT], [VI] ⟨1⟩ duschen **duschgelé** [s a. a.] Duschgel n **duschkabin** [s] Duschkabine f **duschrum** [s N] Duschraum m
dussin ['dɵsin] [N] ⟨-et; -⟩ Dutzend n **dussintals** [ADV] Dutzende (von) **dussinvara** [s] Dutzendware f **dussinvis** [ADV] zu Dutzenden, dutzendweise
dust [dɵst] ⟨-en; -er⟩ Streit m, Kampf m
duva ['dɵːva] ⟨-n; -or⟩ Taube f **duvgrå** [ADJ] taubengrau **duvhök** [s] Hühnerhabicht m **duvslag** [s N] Taubenschlag m
dvala ['dvɑːla] ⟨-n; kein pl⟩ Halbschlaf m; Dämmerschlaf m; Winterschlaf m; **som i ~** wie betäubt
dvd [deːveːˈdeː] [ABK] ⟨-n; -:er⟩ (= digital versatile disc) DVD f **dvd-brännare** [s] DVD-brenner m **dvd-enhet** [s] DVD-Laufwerk n **dvd-inspelare** [s] DVD-Rekorder m **dvd-spelare** [s] DVD-Player m
d.v.s. [ABK] (= det vill säga) d. h. (*das heißt*)
dvärg [dværj] ⟨-en; -ar⟩ Zwerg(in) m(f)
dy [dyː] ⟨-n; kein pl⟩ Schlamm m **dyblöt** [ADJ] völlig durchnässt; *umg* pitschnass **dybotten** [s] Schlammboden m
dyft [dyft] [N] ⟨inv⟩ **inte ett ~** kein bisschen
dygd [dygd] ⟨-en; -er⟩ Tugend f **dygdig** [ADJ] tugendhaft, tugendsam
dygn [dyŋn] [N] ⟨-et; -⟩ Tag m, 24 Stunden; **~et runt** rund um die Uhr; **en gång om ~et** in 24 Stunden ein Mal **dygnsrytm** [s] Tagesrhythmus m
dyig ['dyːi(g)] [ADJ] schlammig, morastig, moorig
dyka ['dyːka] ⟨4⟩ [A] [VI] tauchen [B] [VP] **~ 'ner** untertauchen; **~ 'ner på ngt** sich auf etw (*akk*) stürzen; **~ 'upp** auf-

tauchen **dykardräkt** S̄ Taucheranzug m **dykare** ⟨-n; -⟩ Taucher(in) m(f) **dykarklocka** S̄ Taucherglocke f **dykarkurs** S̄ Tauchkurs m **dykning** ⟨-en; -ar⟩ Tauchen n

dyl. ABK (= dylikt) dergleichen, desgleichen

dylik ['dy:li:k] ADJ solch, derartig; ähnlich; något ~t so etwas; eller ~t oder Ähnliches/dergleichen

dyn [dy:n] ⟨-en; -er⟩ Düne f

dyna ['dy:na] ⟨-n; -or⟩ Kissen n, Polster n

dynamik [dyna'mi:k] ⟨-en; kein pl⟩ Dynamik f **dy'namisk** ADJ dynamisch **dyna'mit** ⟨-en; kein pl⟩ Dynamit n **dynamo** ['dy:namu] ⟨-n; -r⟩ Dy'namu m

dynasti [dyna'sti:] ⟨-n; -er⟩ Dynastie f **dynga** ['dyŋa] ⟨-n; kein pl⟩ Mist m, Dünger m **dyngrak** umg ADJ sturzbesoffen **dyngsur** umg ADJ durchnässt **dyning** ['dy:niŋ] ⟨-en; -ar⟩ Dünung f **dypöl** ['dy:pø:l] S̄ Sumpflache f

dyr [dy:r] ADJ teuer **dyrbar** ADJ teuer, kostspielig; kostbar; köstlich **dyrbarhet** ⟨-en; -er⟩ Kostbarkeit f **dyrgrip** ⟨-en; -ar⟩ Kostbarkeit f

dyrk [dyrk] ⟨-en; -ar⟩ Dietrich m **dyrka**¹ V/T ⟨1⟩ anbeten, verehren

dyrka² V/P ⟨1⟩ ~ **'upp** mit einem Dietrich öffnen **dyrkan** ⟨inv⟩ Anbetung f, Verehrung f

dyrköpt ['dy:rçøpt] ADJ teuer erkauft

dyster ['dystər] ADJ düster, finster; trübselig **dysterhet** ⟨-en; kein pl⟩ Düsterheit f, Düsterkeit f, Trübe f; Trübsinn m

dyvåt ['dy:vo:t] ADJ völlig durchnässt; umg pitschnass

då [do:] A ADV da, damals; dann; unbetont denn, doch; wo; **var/vem ~?** wer/ wo denn?; **~ och ~** dann und wann, ab und zu; **sluta ~!** hör doch endlich auf! B KONJ als; wenn; da, weil

dåd [do:d] N̄ ⟨-et; -⟩ Tat f

dålig ['do:li(g)] ADJ ⟨komp sämre; sup sämst⟩ schlecht, schlimm, übel; **~ ursäkt** faule Ausrede; **bli ~** verderben; krank werden; **känna sig ~** sich nicht wohl fühlen; **jag är ~ i magen** ich habe mir den Magen verdorben

dån [do:n] N̄ ⟨-et; kein pl⟩ Dröhnen n, Donnern n, Krachen n; Getöse n **dåna** V/I ⟨1⟩ dröhnen, tosen, donnern; **det ~r i huvudet på mig** mir dröhnt der Kopf **dåraktig** ['do:rakti(g)] ADJ töricht **dåraktighet** ⟨-en; kein pl⟩ Torheit f **dåre** ⟨-n; -ar⟩ Tor m, Törin f; Irre(r) m/f(m) **dårhus** S̄ N̄ Irrenhaus n **dårskap** ⟨-en; -er⟩ Torheit f

dåsa ['do:sa] V/I ⟨1⟩ hindämmern, dösen **dåsig** ADJ schläfrig; umg dösig **dåsighet** ⟨-en; kein pl⟩ Schläfrigkeit f, Trägheit f; umg Dösigkeit f

dåtida ['do:ti:da], **dåvarande** ADJ damalig

däck [dɛk] N̄ ⟨-et; -⟩ AUTO Reifen m; SCHIFF Deck n

däcka fig V/I ⟨1⟩ bewusstlos werden **däckbyte** S̄ N̄ Reifenwechsel m **däcktryck** S̄ N̄ Reifendruck m

däggdjur ['dɛgju:r] S̄ N̄ Säugetier n

dämma ['dɛma] ⟨2⟩ V/T dämmen, stauen B V/P ~ **'för/i'gen/'till** eindämmen; ~ **'upp** (auf)stauen **dämpa** ['dɛmpa] V/T ⟨1⟩ dämpfen; fig a. mäßigen; mildern, stillen

dänga ['dɛŋa] ⟨2⟩ umg A V/T schmeißen B V/P ~ **'till** zuschlagen; ~ **'till ngn** j-m eins versetzen

där [dæ:r] ADV demonstrativ da, dort; relativ wo; **~ borta/ute** (da) drüben/draußen; **så ~** so; **så ~ ja!** na also!, na endlich!; **~ ser du!** na also! **däran** ADV daran; umg dran; **vara illa ~** schlecht/ übel dran sein **därav** ADV davon, daraus, daher; **~ kommer det sig** daher kommt es **därefter** ADV danach, von da ab, dann **däremellan** ADV dazwischen **däremot** ADV dagegen; hingegen **därframme** ADV da vorn

därför ['dæ:rfœ:r] A ADV dafür; deshalb, deswegen, darum B KONJ ~ **att** weil

däribland ['dæ:ribland] ADV darunter, dazwischen **därifrån** ADV davon; von da, von dort(her) **därigenom** ADV dadurch **därinne** ADV darinnen **därmed** ADV damit, somit **däromkring** ADV da herum; so ungefähr **därpå** ADV darauf; daran **därtill** ADV dazu **därute** ADV (da) draußen **därutöver** ADV darüber (hinaus) **därvid** ADV dabei; daran **därvidlag** ADV dabei, in dieser Hinsicht **däråt** ADV dahin, dorthin, in der Richtung **däröver** ADV da-

rüber
däst [dɛːst] ADJ aufgedunsen
dö [døː] ⟨4⟩ A VI sterben; *Pflanze* eingehen; *Tier* krepieren; *derb* verrecken; ~ **av hunger/av gift/av sorg/av längtan** sterben vor Hunger/durch Gift/aus Kummer/vor Sehnsucht; ~ **i/av en sjukdom** an einer Krankheit sterben; **vara ~ende** im Sterben liegen; ~ **i förtid** vorzeitig sterben B VP ~ **'bort** dahinsterben; *fig* verhallen; ~ **'ut** aussterben **död** A ADJ tot; **Döda havet** das Tote Meer B ⟨-en; -ar⟩ Tod *m*; **ligga för ~en** im Sterben liegen; **in i ~en** bis in den Tod; **på liv och** ~ auf Leben und Tod; **till ~s** zu Tode **döda** VT ⟨1⟩ töten, totschlagen; *fig* abtöten; *Wild* erlegen; JUR löschen **dödande** A ADJ tötend; tödlich B ⟨-t; -n⟩ Tötung *f*, Töten *n* **dö(d)full** *umg* ADJ sinnlos betrunken **dödfödd** ADJ tot geboren **dödförklara** VT ⟨1⟩ für tot erklären; *umg* totsagen **dödförklaring** *f* Todeserklärung *f* **dödgrävare** ⟨-n; -⟩ Totengräber(in) *m(f)* **dödlig** ADJ sterblich; tödlich **dödlighet** ⟨-en; kein pl⟩ Sterblichkeit *f* **dödläge** S N toter Punkt *m* **dödsannons** S Todesanzeige *f* **dödsattest** S Totenschein *m* **dödsblek** ADJ totenblass **dödsbo** S N Nachlass *m* **dödsbädd** S Sterbebett *n*; Totenbett *n* **dödsdag** S Sterbetag *m*, Todestag *m* **dödsdom** S Todesurteil *n* **dödsdömd** ADJ zum Tode verurteilt; *fig* todkrank **dödsfall** S N Todesfall *m* **dödsfara** S Todesgefahr *f* **dödsfiende** S Todfeind(in) *m(f)* **dödsfruktan** S Todesfurcht *f* **dödsförakt** S N Todesverachtung *f* **dödshjälp** S MED Sterbehilfe *f* **dödskalle** S Totenkopf *m* **dödskamp** S Todeskampf *m* **dödsmask** S Totenmaske *f* **dödsmärkt** ADJ vom Tode gezeichnet **dödsoffer** S N Todesopfer *n* **dödsolycka** S tödlicher Unfall **dödsorsak** S Todesursache *f* **dödsrike** S N Totenreich *n* **dödsruna** S Nachruf *m* **dödssjuk** ADJ todkrank, sterbenskrank **dödsstraff** S N Todesstrafe *f* **dödsstöt** S Todesstoß *m*; **ge ngn ~en** j-m den Todesstoß versetzen/geben **dödssynd** S Todsünde *f* **dödstrött** ADJ todmüde **dödstyst** ADJ totenstill **dödsångest** S Todesangst *f*

dödsår S N Todesjahr *n* **dödvikt** S Tragfähigkeit *f*
dölja [ˈdølja] ⟨4⟩ A VT verbergen, verstecken; verhehlen, verschweigen (**ngt för ngn** j-m etw); IT ausblenden B VR ~ **sig** sich verbergen, sich verstecken
döma [ˈdøːma] VT beurteilen; verurteilen (**för wegen**) B VI urteilen (**om** über *akk*), (**av/efter** nach); richten; **döm om min förvåning!** stellen Sie sich (*od* stell dir) mein Erstaunen vor!
döpa [ˈdøːpa] VT ⟨2⟩ taufen; **han döptes till Karl** er wurde (auf den Namen) Karl getauft
dörr [dœr] ⟨-en; -ar⟩ Tür *f*; **för lyckta ~ar** hinter verschlossenen Türen; unter Ausschluss der Öffentlichkeit; **stå för ~en** vor der Tür stehen; **köra ngn på ~en** j-n vor die Tür setzen; **jag har inte varit utanför ~en** ich habe keinen Fuß vor die Tür gesetzt **dörrhandtag** S N Türklinke *f*, Türgriff *m* **dörrkarm** S Türrahmen *m* **dörrklocka** S Türklingel *f* **dörrknackare** ⟨-n; -⟩ Hausierer(in) *m(f)* **dörrlås** S N Türschloss *n* **dörrmatta** S Fußmatte *f* **dörrpost** S Türpfosten *m* **dörrskylt** S Türschild *n* **dörrspringa** S Türspalte *f* **dörrvakt** S Türsteher(in) *m(f)*; Rausschmeißer(in) *m(f)* **dörrvred** S N Türgriff *m*, Türknauf *m* **dörröppning** [s] Türöffnung *f*
döv [døːv] ADJ taub (**för gegen/für**), (**på** auf *dat*) **döva** VT ⟨1⟩ betäuben; lindern, mildern **dövande** ADJ betäubend, schmerzstillend **dövhet** ⟨-en; kein pl⟩ Taubheit *f* **dövstum** ADJ taubstumm **dövstumhet** ⟨-en; kein pl⟩ Taubstummheit *f* **dövöra** S N slå **~t till för ngt** taub gegen/für etw sein

E

E, e [e:] N ⟨-:(e)t; -:n/-⟩ E, e *n*
ebb [ɛb] ⟨-en; kein pl⟩ Ebbe *f* **ebba** [ˈɛba] VP ⟨1⟩ ~ 'ut abebben
ebenholts [ˈeːbənhɔlts] *a.* N ⟨-en/-et; kein pl⟩ Ebenholz *n*
e-biljett [ˈeːbilˈjɛt] N E-Ticket *n* **e-bok** S E-Book *n* **e-brev** S N E-Mail *f*
e-brevlåda S Mailbox *f* **e-cigarett** S E-Zigarette *f*
e.d. ABK (= eller dylikt) o. Ä. *oder Ähnliches*
ed [eːd] ⟨-en; -er⟩ Eid *m*; **avlägga/gå ~** einen Eid leisten/ablegen; **gå ~ på** beeidigen
EDB ABK (= elektronisk databehandling) EDV *(elektronische Datenverarbeitung)*
edlig [ˈeːdli(g)] ADJ eidlich; **under ~ förpliktelse** unter Eid **edsvuren** ADJ vereidigt
el.dyl. ABK (= eller dylikt) o. Ä. *oder Ähnliches*
EES-avtal [eːeːˈeːsˈɑːvtɑːl] S N EWR-Abkommen *n*
effekt [ɛˈfɛkt] ⟨-en; -er⟩ Effekt *m*, Wirkung *f*; **~er** *pl* Habseligkeiten *pl*, Sachen *pl*, Gepäck *n sg* **effektfull** ADJ effektvoll, wirkungsvoll **effektiv** ADJ effektiv; tatsächlich **effektivi'tet** ⟨-en; kein pl⟩ Leistungsfähigkeit *f*, Wirkung *f*
efter [ˈɛftar] A ADV nach, hinterher, darauf; **dagen ~ den** Tag darauf B PRÄP nach, hinter; seit; laut; **~ det att** nachdem; **år ~ år** von Jahr zu Jahr; **~ vad jag har hört** nach dem, was ich gehört habe; **~ vad jag vet** soviel ich weiß C KONJ da, weil **efterapning** ⟨-en; -ar⟩ Nachahmung *f*, Nachäffung *f* **efterbehandling** S Nachbehandlung *f* **efterbeställning** S Nachbestellung *f* **efterbilda** VT ⟨1⟩ nachbilden **efterbildning** S Nachbildung *f* **efterbliven** ADJ (geistig) zurückgeblieben; rückständig **efterbörd** S Nachgeburt *f* **efterdatera** VT ⟨1⟩ nachdatieren **efterdyning** *fig* S Nachwirkung *f* **efterforska** VT ⟨1⟩ ~ **ngt** nach etw forschen **efterforskning** S Nachforschung *f* **efterfråga** VT ⟨1⟩ nachfragen, sich erkundigen **efterfrågad** ADJ gesucht, gefragt **efterfrågan** ⟨-; efterfrågningar⟩ Nachfrage *f* **efterföljande** ADJ folgend **efterföljare** ⟨-n; -⟩ Nachfolger(in) *m(f)* **eftergift** [ˈ-jift] ⟨-en; -er⟩ Zugeständnis *n*; Nachlass *m* **eftergiven** ADJ nachgiebig **(för** gegen**) eftergivenhet** ⟨-en; kein pl⟩ Nachgiebigkeit *f* **eftergymnasial** [ˈ-jymnasiːɑːl] ADJ **~ utbildning** Ausbildung nach dem Gymnasium **efterhängsen** ADJ zudringlich, aufdringlich **efterklang** S Nachklang *m*, Nachhall *m* **efterklok** ADJ **det är lätt att vara ~** hinterdrein hat man gut/klug reden **efterkomma** VT ⟨4⟩ nachkommen **efterkommande** A ADJ kommend B ⟨inv⟩ Nachkomme *m* **efterkonstruktion** S nachträgliche Erklärung **efterkrav** S N WIRTSCH Nachnahme *f* **efterkravsförsändelse** S Nachnahmesendung *f* **efterkälke** S **komma på ~n** zurückbleiben, nicht mitkommen können **efterkänning** S Nachwirkung *f* **efterleva** VT ⟨2⟩ befolgen **efterlevande** ADJ noch lebend; **de ~** die Hinterbliebenen **efterlevnad** S Befolgung *f* **efterlikna** VT ⟨1⟩ nachahmen; **söka ~ ngn** j-m nacheifern **efterlysa** VT ⟨2⟩ als verloren melden; suchen; JUR fahnden nach, steckbrieflich verfolgen **efterlysning** ⟨-en; -ar⟩ Nachforschung *f*; Suchmeldung *f*; JUR Fahndung *f*, steckbriefliche Verfolgung **efterlämna** VT ⟨1⟩ hinterlassen, zurücklassen **efterlängtad** ADJ ersehnt **eftermiddag** S Nachmittag *m*; **i ~** *vorher* heute Nachmittag; **i ~s** *nachher* heute Nachmittag; **i går/i morgon** ~ gestern/morgen Nachmittag; **på ~en** am Nachmittag; **på ~arna** nachmittags **eftermäle** N ⟨-t; -n⟩ Nachruf *m* **efternamn** S Nachname *m* **efterräkning** S Nachrechnung *f*; (unangenehme) Folgen **efterrätt** S Nachtisch *m*, Dessert *n* **eftersatt** ADJ versäumt **efterskott** S N **i ~** nachträglich zahlbar; **betala i ~** nachträglich zahlen **efterskrift** S Nachschrift *f* **efterskänka** VT ⟨2⟩ erlassen **efter-**

skörd S Nachlese *f*, Nachernte *f* **eftersläckning** S vollständige Löschung; *fig umg* Nachfeier *f* **eftersläng** S leichter Rückfall *m* **eftersläntrare** ⟨-n; -⟩ Nachzügler(in) *m(f)* **eftersmak** S Nachgeschmack *m* **eftersnack** S N abschließende Unterhaltung

eftersom [ˈeftəʂɔm, eftəˈʂɔm] weil, da, nachdem; **allt ~** je nachdem

efterspana V/T ⟨1⟩ nachforschen **efterspaning** S Nachforschung *f* **efterspel** S N Nachspiel *n* **eftersträva** V/T ⟨1⟩ **~ ngt** nach etw streben, auf etw (*akk*) hinstreben, etw erstreben **eftersträvansvärd** ADJ erstrebenswert, begehrenswert **eftersända** V/T ⟨2⟩ nachsenden **eftersökt** ADJ gesucht, gefragt, begehrt **eftertanke** S Nachdenken *n*, Überlegung *f*; **utan ~** *a.* unüberlegt; **vid närmare ~** bei reiflicher Überlegung **eftertrakta** V/T ⟨1⟩ nach etw trachten **eftertraktad** ADJ begehrt **eftertryck** N Nachdruck *m*; **~ förbjudes** Nachdruck verboten **eftertrycklig** ADJ nachdrücklich **efterträda** V/T ⟨2⟩ (nach)folgen (**ngn** j-m) **efterträdare** ⟨-n; -⟩ Nachfolger(in) *m(f)* **eftertänksam** ADJ nachdenklich; bedächtig **eftertänksamhet** ⟨-en; -er⟩ Nachdenklichkeit *f*; Bedächtigkeit *f* **efterverkan** ⟨inv⟩, **efterverkning** ⟨-en; -ar⟩ Nachwirkung *f* **eftervård** S MED Nachbehandlung *f* **eftervärkar** PL Nachwehen *pl* **eftervärld** S Nachwelt *f*; **gå till ~en** der Nachwelt überliefert werden; für die Nachwelt erhalten bleiben

efteråt ADV nachher, hinterher, nachträglich, anschließend

eg. ABK (= egentligen) eigtl. (*eigentlich*)

egen [ˈeːgən] ADJ eigen; eigentümlich, sonderbar; **för ~ räkning** für mich (allein); **på ~ hand** auf eigene Faust; **ur ~ ficka** aus eigener Tasche; **vara sin ~** sein eig(e)ner Herr sein; **för eget behov** zum Eigenbedarf **egenart** S Eigenart *f* **egenartad** ADJ eigenartig

egendom [ˈeːgəndum] ⟨-en; -ar⟩ Eigentum *n*, Besitz(tum *n*) *m*, Gut *n*; **fast ~** Immobilien *pl*, Grundbesitz *m* **egendomlig** ADJ eigentümlich, merkwürdig, sonderbar **egendomlighet** ⟨-en; -er⟩ Eigentümlichkeit *f*, Merkwürdigkeit *f*, Sonderbarkeit *f*

egenhet [ˈeːgənheːt] ⟨-en; -er⟩ Eigenheit *f* **egenhändig** ADJ eigenhändig **egenkär** ADJ selbstgefällig, eitel, eingebildet **egenkärlek** S Eigenliebe *f*, Selbstgefälligkeit *f*, Eitelkeit *f* **egenmäktig** ADJ eigenmächtig **egenmäktighet** S Eigenmächtigkeit *f* **egennamn** S N Eigenname *m* **egennytta** S Eigennutz *m*, Selbstsucht *f* **egennyttig** ADJ eigennützig, selbstsüchtig **egensinne** S N Eigensinn *m* **egensinnig** ADJ eigensinnig; *umg* stur **egenskap** ⟨-en; -er⟩ Eigenschaft *f*; **i ~ av** (in der Eigenschaft) als

egentlig [eˈjɛntli(g)] ADJ eigentlich; **i ordets ~a betydelse** im eigentlichen Sinne des Wortes **egentligen** ADV eigentlich

egg [ɛg] ⟨-en; -ar⟩ Schneide *f* **egga** V/T, V/P ⟨1⟩ **~ (upp)** antreiben, anspornen, anstacheln; anfeuern, anregen; aufstacheln **eggelse** ⟨-n; -r⟩ Anstachelung *f*, Antrieb *m*; Anreiz *m*, Anregung *f*; Aufstachelung *f*

ego [ˈeːgɔ] N ⟨-t; -n⟩ Ego *n*; **mitt alter ~** mein zweites Ich **egocentriciˈtet** ⟨-en; kein pl⟩ Egozentrik *f* **egoˈcentrisk** ADJ egozentrisch **egoˈism** ⟨-en; kein pl⟩ Egoismus *m* **egoˈist** ⟨-en; -er⟩ Egoist(in) *m(f)* **egoˈistisk** ADJ egoistisch **egotrippad** *umg* ADJ ichbezogen

Egypten [eˈjyptən] N ⟨inv⟩ Ägypten *n* **egypt(i)er** ⟨-n; -⟩ Ägypter *m* **egyptiska** ⟨-n; -or⟩ Ägypterin *f*

e-handel [ˈeːhandel] S Internethandel *m*

ej [ɛj] ADV nicht; **rör ~** nicht berühren; **~ heller** auch nicht

ejder [ˈɛjdər] ⟨-n; -ar⟩ Eiderente *f* **ejderdun** S N Eiderdaune *f*

ek [eːk] ⟨-en; -ar⟩ Eiche *f*; **av ~** aus Eichenholz

eka[1] [ˈeːka] ⟨-n; -or⟩ Kahn *m*

eka[2] V/I ⟨1⟩ widerhallen

eker [ˈeːkər] ⟨-n; -ar⟩ Speiche *f*

EKG [ˈeːkoːgeː] N ⟨:-et; -⟩ (= elektrokardiogram) EKG *n* *Elektrokardiogramm*

ekipage [ekiˈpɑːʃ] N ⟨-t; -⟩ Equipage *f*

ekiˈera V/T ⟨1⟩ ausstatten, einkleiden

ekiˈpering ⟨-en; -ar⟩ Ausstattung *f*, Einkleidung *f*

ekivok [eki'vo:k] ADJ zweideutig, schlüpfrig
eko ['e:ku] N ⟨-t; -n⟩ Echo n, Widerhall m; *fig* **stort ~** große Aufmerksamkeit
ekobrottslighet S Wirtschaftskriminalität f
ekollon ['e:kɔlɔn] N ⟨-et; -⟩ Eichel f
ekolod ['e:kulu:d] SN Echolot n
ekologi [ekɔlɔ'gi:] ⟨-n; kein pl⟩ Ökologie f **ekologisk** ADJ ökologisch, bio; **~ balans** ökologisches Gleichgewicht; **~t ägg** Bioei n
ekonom [ekɔ'no:m] ⟨-en; -er⟩ Ökonom(in) m(f); Diplom-Kaufmann m, Diplom-Kauffrau f; Volkswirt(in) m(f); Betriebswirt(in) m(f) **ekono'mi** ⟨-n; -er⟩ Ökonomie f, Wirtschaft f; finanzielle Lage f **ekono'miförpackning** S Sparpackung f **ekono'miklass** S FLUG Touristenklasse f, Economyclass f **ekonomisk** ADJ ökonomisch, wirtschaftlich; sparsam; **~ brottslighet** Wirtschaftskriminalität f
ekorre ['e:kɔrə] ⟨-n; -ar⟩ ZOOL Eichhörnchen n
ekosystem ['e:kusyste:m] SN Ökosystem n **ekoturism** S Ökotourismus m
ekoxe S ZOOL Hirschkäfer m
e.Kr. ABK (= efter Kristus) n. Chr. (*nach Christus*)
eksem [ek'se:m] N ⟨-et; -⟩ MED Ekzem n, Flechte f
ekskog ['e:kskuːg] S Eichenwald m **ekträ** S Eichenholz n **ekträd** SN Eichenbaum m
ekumenisk [eko'me:nisk] ADJ ökumenisch
ekvation [ekva'ʃuːn] ⟨-en; -er⟩ MATH Gleichung f
ek'vator ⟨-n; kein pl⟩ Äquator m
ekvivalens [ekviva'lɛns] ⟨-en; kein pl⟩ Äquivalenz f, Gleichwertigkeit f **ekvivalent** ADJ A ADJ äquivalent, gleichwertig B ⟨-⟩ Äquivalent n, Gegenwert m
e.l. ABK (= eller liknande) o. ä (*oder ähnlich*) **el.** ABK (= eller) od. (*oder*)
el [eːl] ⟨-en; kein pl⟩ Strom m; **grön ~** Ökostrom m; **~ drivna** elektrisch, in zssgn elektrisk **elaffär** S Elektrogeschäft n
elak ['eːlak] ADJ böse, böswillig; boshaft, bösartig; ungezogen **elakartad** ADJ bösartig **elakhet** ⟨-en; -er⟩ Bosheit f, Boshaftigkeit f; Bösartigkeit f
elasticitet [elastisi'teːt] ⟨-en; kein pl⟩ Elastizität f, Dehnbarkeit f **e'lastisk** ADJ elastisch, dehnbar
elavbrott ['eːlɑːvbrɔt] SN Stromausfall m **elbil** S Elektroauto n **elchock** S Elektroschock m
eld [eld] ⟨-en; -ar⟩ Feuer n; **~en är lös!** Feuer!; **fatta/ta ~** Feuer fangen; **göra upp ~** Feuer anmachen; **leka med ~en** mit dem Feuer spielen; **sätta ~ på** in Brand stecken; **tända ~ på** anstecken, anzünden; **vara ~ och lågor för ngt** Feuer und Flamme für etw sein; **ha många järn i ~en** mehrere Eisen im Feuer haben; **få ~ i baken** sich beeilen **elda** ⟨1⟩ A VT, VI heizen, feuern; *fig* anfeuern, entflammen B V/P **~ upp** anheizen; verheizen, verfeuern **elddop** SN Feuertaufe f **eldfast** ADJ feuerfest, feuerbeständig **eldfängd** leicht entzündbar **eldgaffel** S Feuerhaken m **eldhärjad** ADJ durch Feuer verwüstet **eldig** ADJ feurig **eldklot** S N Feuerball m **eldningsolja** S Heizöl n **eldprov** SN Feuerprobe f
eldrift ['eːldrift] S elektrischer Betrieb **eldriven** ADJ mit elektrischem Antrieb
eldröd ['eldrøːd] ADJ feuerrot **eldsjäl** S Feuergeist m **eldsken** SN Feuerschein m **eldslukare** ⟨-n; -⟩ Feuerschlucker m **eldslåga** S Feuerflamme f **eldsläckare** ⟨-n; -⟩ Feuerlöscher m **eldsprutande** ADJ Feuer speiend **eldstad** S Herd m, Feuerstelle f; TECH Feuerung f **eldstrid** S MIL Feuergefecht n **eldsvåda** S ⟨-n; -or⟩ Feuer(sbrunst f) n, Brand m; **stor ~** Großfeuer n **eldvapen** SN Feuerwaffe f
elefant [ele'fant] ⟨-en; -er⟩ ZOOL Elefant m
elegans [ele'gans, -aŋs] ⟨-en; kein pl⟩ Eleganz f **elegant** ADJ elegant
elegi [ele'giː] ⟨-n; -er⟩ Elegie f **e'legisk** ADJ elegisch
elektricitet [elektrisi'teːt] ⟨-en; kein pl⟩ Elektrizität f **elektrifi'era** VT ⟨1⟩ elektrifizieren **elektrifiering** ⟨-en; kein pl⟩ Elektrifizierung f **e'lektriker** ⟨-n; -⟩ Elektriker(in) m(f) **elektri'sera** *fig* VT ⟨1⟩ anfeuern, begeistern **e'lektrisk** ADJ elektrisch; **~ belysning** elektrische Beleuchtung; **~ motor** Elektromotor m; **~ spis** Elektroherd m; **~t**

stängsel Elektrozaun m
elektrod [elek'tro:d] ⟨-en; -er⟩ Elektrode f **elektro'lys** ⟨-en; -er⟩ Elektrolyse f **elek'tron** ⟨-en; -er⟩ Elektron n **elektro'nik** ⟨-en; -er⟩ Elektronik f **elek'tronisk** ADJ elektronisch; ~ fotboja Fußfessel f **elektroteknik** S̄ Elektrotechnik f
element [elə'mɛnt] N̄ ⟨-et; -⟩ Element n; Heizkörper m **elemen'tär** ADJ elementar
elev [e'le:v] ⟨-en; -er⟩ Schüler(in) m(f) **elevhem** S̄ N Schülerheim n **elevråd** S̄ N Schülervertretung f **elevrådsrepresentant** S̄ Klassensprecher(in) m(f) **elevunderlag** S̄ N Schülerzahl f **elevutbyte** S̄ N Schüleraustausch m
elfenben ['ɛlfanbe:n] ⟨-et; kein pl⟩ Elfenbein n; av ~ elfenbeinern **elfenbensfärgad** ADJ elfenbeinfarben
elfte ['ɛlftə] ADJ elfte(r, s) **elfte del** S̄ Elftel n
elförbrukning ['e:lfœrbru:kniŋ] S̄ Stromverbrauch m **elgitarr** S̄ Elektrogitarre f
eliminera [elimi'ne:ra] V/T ⟨1⟩ eliminieren, ausschließen **eliminering** ⟨-en; -er⟩ Elimination f
elit [e'li:t] ⟨-en; -er⟩ Elite f **elitidrott** S̄ Leistungssport m **elitserie** S̄ ≈ Bundesliga f
elkraft ['e:lkraft] S̄ Elektrizität f, Strom m
eller ['ɛlər] KONJ oder; antingen ... ~ entweder ... oder; varken ... ~ weder ... noch; ~ också oder aber, sonst; ~ hur? nicht wahr?
ellips [e'lips] ⟨-en; -er⟩ Ellipse f **elliptisk** ADJ elliptisch
elljusspår ['ɛl:ljʉ:s'spo:r] S̄ N beleuchtete Skilope **elmotor** S̄ Elektromotor m **elmätare** S̄ Stromzähler m
eloge [e'lo:ʃ] ⟨-n; -r⟩ Eloge f, Lob n; ge ngn en ~ j-n rühmend erwähnen
elräkning ['e:lrɛkniŋ] S̄ Stromrechnung f **elspis** S̄ Elektroherd m **eluttag** S̄ N Steckdose f
elva ['ɛlva] A NUM elf B ⟨-n; -or⟩ Elf f **elvahundratal** S̄ N på ~et im zwölften Jahrhundert **elvaårig** ADJ elfjährig **elvaåring** ⟨-en; -ar⟩ elfjähriges Kind, Elfjährige(r) m/f(m)
elverk ['ɛ:lvɛrk] S̄ N Elektrizitätswerk n, E-Werk n **elvisp** S̄ Handmixer m **elvärme** S̄ elektrische Heizung
elände ['ɛ:lɛnda, e'lɛnda] N̄ ⟨-t; kein pl⟩ Elend n **eländig** ADJ elend, armselig
e-lärande ['e:lɛ:randə] N̄ ⟨-t; kein pl⟩ E-Learning n, E-Lernen n
EM ABK N ⟨-et; -⟩ (= Europamästerskap) EM f
em. ABK (= eftermiddagen) nachm. (nachmittags)
emalj [e'malj] ⟨-en; -er⟩ Email n, Emaille f, Schmelz m **emal'jera** V/T ⟨1⟩ emaillieren **emaljfärg** S̄ Emaillfarbe f **emaljöga** S̄ N Glasauge n
emancipation [emansipa'ʃu:n] ⟨-en; kein pl⟩ Emanzipation f **emanci'pera** V/T ⟨1⟩ emanzipieren
emballage [emba'la:ʃ, am-] N̄ ⟨-t; -⟩ Verpackung f **emball'era** V/T ⟨1⟩ verpacken
embargo [ɛm'bargu] N̄ ⟨-t; -n⟩ Embargo n
embarkera [embar'ke:ra, am-] V/T ⟨1⟩ (sich) einschiffen, an Bord gehen **embarkering** ⟨-en; -er⟩ Einschiffung f
emblem [ɛm'ble:m, am-] N̄ ⟨-et; -⟩ Emblem n; Abzeichen n
emellan [e'mɛlan] A PRÄP zwischen, unter; oss ~ unter uns; → **mellan** B ADV dazwischen; **ligga mitt ~** in der Mitte liegen **emellanåt** ADV bisweilen, mitunter; allt ~ dann und wann
emellertid ADV jedoch, indessen
emfas [ɛm'fa:s] ⟨-en; kein pl⟩ Emphase f **emfatisk** ADJ emphatisch, stark gefühlsbetont
emigrant [emi'grant] ⟨-en; -er⟩ Emigrant(in) m(f); Auswanderer(in) m(f) **emigra'tion** ⟨-en; kein pl⟩ Emigration f; Auswanderung f **emi'grera** V/I ⟨1⟩ emigrieren, auswandern
EM-medalj S̄ EM-Medaille f
emot [e'mu:t] A PRÄP gegen, wider; entgegen; → **mot** B ADV mitt/snett ~ gerade/schräg gegenüber; det bär mig ~ das ist mir zuwider; umg das geht mir gegen/wider den Strich; inte mig ~! mir ist's recht!, meinetwegen!; jag har ingenting ~ det ich habe nichts dagegen; väga för och ~ das Für und Wider abwägen; ta ~ → **ta**
emotionell [ɛmuʃu'nɛl] ADJ emotional, emotionell
emotse ['e:mu:tse:] V/T ⟨4⟩ vi ~r ett

snabbt svar wir sehen einer baldigen Antwort entgegen
EMU ᴀʙᴋ (= Ekonomiska och monetära unionen) EWWU f *(Europäische Wirtschafts- und Währungsunion)*
en¹ [e:n] ⟨-en; -ar⟩ ʙᴏᴛ Wacholder *m*
en² [en] ᴀ ɴᴜᴍ eins; ein(e, s); **~ gång** einmal; **~ och ~ halv** eineinhalb, anderthalb ʙ ᴜɴʙᴇsᴛ ᴀʀᴛ ein(e); **för ~ vecka sedan** vor einer Woche ᴄ ᴘʀᴏɴ eine(r, s); man; **~ hel del** einige(s); **~ och annan** manche(r, s); **~ och ~ einzeln; ~s egen der eigene** ᴅ ᴀᴅᴠ etwa, ungefähr; **han gick för ~ tio minuter sedan** er ist vor ungefähr zehn Minuten gegangen
ena [ˈeːna] ⟨1⟩ ᴀ ᴠ/ᴛ einigen ʙ ᴠ/ʀ **~ sig** sich einigen, einig werden *(om* über *akk)*
enahanda ᴀᴅᴊ einerlei
enaktare ⟨-n; -⟩ Einakter *m*
enarmad ᴀᴅᴊ einarmig
enas ᴠ/ɪ ⟨dep 1⟩ sich einigen, einig werden *(om* über *akk)*
enastående ᴀᴅᴊ einzig(artig), unvergleichlich
enbart ᴀᴅᴠ einzig (und allein), nur
enbuske [ˈeːnbøska] s̄ Wacholderstrauch *m* **enbär** s̄ɴ Wacholderbeere *f*
encyklopedi [ensyklɔpeˈdiː] ⟨-n; -er⟩ Enzyklopädie *f*
enda [ˈenda] ᴀᴅᴊ einzig; **inte en ~** kein(e) Einzige(r, s); noch nicht mal eine(r, s); **vara ~ barnet** (ein) Einzelkind sein **endast** ᴀᴅᴠ nur, bloß **endaste** ᴀᴅᴊ (inte) en **~ gång** (k)ein einziges Mal
endera [ˈendeːra] ᴘʀᴏɴ eine(r, s) von beiden; **~ dagen** an einem der nächsten Tage
energi [enærˈʃiː] ⟨-n; -er⟩ Energie *f*, Tatkraft *f* **energibehov** s̄ɴ Energiebedarf *m* **energidryck** s̄ Energiedrink *m* **energiförbrukning** s̄ Energieverbrauch *m* **energiknippe** s̄ɴ Energiebündel *n* **energikris** s̄ Energiekrise *f* **energikälla** s̄ Energiequelle *f* **eˈnergisk** ᴀᴅᴊ energisch, tatkräftig **energisnål** ᴀᴅᴊ energiesparend
enervera [enærˈveːra] ᴠ/ᴛ ⟨1⟩ nervös machen **enerverande** ᴀᴅᴊ aufreibend
enfald [ˈeːnfald] ⟨-en; kein pl⟩ Einfalt *f*
enfaldig ᴀᴅᴊ einfältig, arglos

enfamiljshus s̄ɴ Einfamilienhaus *n*
enformig ᴀᴅᴊ einförmig, eintönig **enformighet** ⟨-en; kein pl⟩ Einförmigkeit *f*, Eintönigkeit *f*
enfärgad ᴀᴅᴊ einfarbig
engagemang [aŋgaʃeˈmaŋ] ɴ ⟨-et; -⟩ Engagement *n*, Anstellung *f*; Beteiligung *f* **engaˈgera** ⟨1⟩ ᴀ ᴠ/ᴛ engagieren, anstellen; **~ i** ngt für etw engagiert, an etw *(dat)* beteiligt ʙ ᴠ/ʀ **~ sig för ngt** sich für etw einsetzen
engelsk [ˈeŋgəlsk] ᴀᴅᴊ englisch **engelska** ⟨-n; kein pl⟩ Englisch *n* ❷ ⟨-n; -or⟩ Engländerin *f* **engelsman** s̄ Engländer *m* **England** ɴ ⟨inv⟩ England *n*
engångs- [ˈeːŋɔŋs-] ɪɴ ᴢssɢɴ einmalig; Einweg- *in zssgn* **engångsbelopp** s̄ɴ einmaliger Betrag **engångsföreteelse** s̄ einmalige Erscheinung **engångsförpackning** s̄ Einwegverpackung *f* **engångsglas** s̄ɴ Einwegglas *n* **engångskostnad** s̄ einmalige Kosten *pl*
enhet [ˈeːnheːt] ⟨-en; -er⟩ Einheit *f*; ᴄᴏᴍᴘᴜᴛ Laufwerk *n* **enhetlig** ᴀᴅᴊ einheitlich **enhetlighet** ⟨-en; kein pl⟩ Einheitlichkeit *f* **enhetspris** s̄ɴ Einheitspreis *m* **enhetsskola** s̄ Gesamtschule *f*
enhällig [ˈeːnhɛliɡ] ᴀᴅᴊ einstimmig, einhellig **enhällighet** ⟨-en; kein pl⟩ Einstimmigkeit *f*, Einhelligkeit *f*
enig [ˈeːniɡ] ᴀᴅᴊ einig *(om* über *akk)* **enighet** ⟨-en; kein pl⟩ Einigkeit *f*
enkel [ˈeŋkəl] ᴀᴅᴊ einfach, schlicht; **helt ~t** ganz einfach, schlechthin, schlechtweg **enkelhet** ⟨-en; kein pl⟩ Einfachheit *f*, Schlichtheit *f* **enkelknäppt** ᴀᴅᴊ einreihig **enkelriktad** ᴀᴅᴊ **~ gata** Einbahnstraße *f* **enkelrum** s̄ɴ Einzelzimmer *n* **enkelrumstilllägg** s̄ɴ Einzelzimmerzuschlag *m* **enkelspårig** ᴀᴅᴊ eingleisig, einspurig **enkelsäng** s̄ Einzelbett *n*
enkrona [ˈeːnkruːna] s̄ Einkronenstück *n*
enkät [aŋˈkɛːt] ⟨-en; -er⟩ Umfrage *f*; Untersuchung *f*
enl. ᴀʙᴋ (= enligt) lt. *(laut)*
enlighet [ˈeːnli(ɡ)heːt] ⟨-en; kein pl⟩ **i ~ med** in Übereinstimmung mit; **i ~ därmed** demgemäß **enligt** ᴘʀᴀ̈ᴘ gemäß, nach, laut, zufolge; **~ uppgift** an-

geblich
enmotorig ['e:nmu:tɔri(g)] ADJ einmotorig
enorm [e'nɔrm] ADJ enorm, ungeheuer
enplansvilla ['e:nplɑ:ns'vila] S einstöckige Villa
enrum [e'nrøm] S N i ~ unter vier Augen **enrummare** ⟨-n; -⟩, **enrumslägenhet** S Einzimmerwohnung f
ens [ens, e:ns] ADV **inte** ~ nicht einmal; **inte** ~ **då** selbst da(nn) nicht; **med** ~ auf einmal, mit einem Mal; **om** ~ wenn überhaupt; **utan att** ~ ohne auch nur
ensak ['e:nsɑ:k] S **det är min** ~ das ist meine (eigene) Sache (od Angelegenheit)
ensam ['ensam] ADJ allein, alleinig; einsam, vereinsamt; ~ **i sitt slag** einzig in seiner Art; **känna sig** ~ sich einsam fühlen; **komma** ~ allein kommen; **vara** ~ **om ngt** etw allein haben **ensamcell** S Einzelzelle f **ensamförälder** S alleinerziehender Elternteil **ensamhet** ⟨-en; kein pl⟩ Einsamkeit f, Alleinsein n **ensamrätt** S Alleinrecht n **ensamstående** ADJ alleinstehend; alleinerziehend; ~ **förälder** Alleinerziehende(r) m/f(n)
ense ['ensə, ˈe:nsə] ADJ einig, einverstanden
ensemble [aŋ'sambel] ⟨-n; -r⟩ Ensemble n
ensidig ['e:nsi:di(g)] ADJ einseitig **ensidighet** ⟨-en; kein pl⟩ Einseitigkeit f
enskild ADJ einzeln; privat, persönlich; ~ **väg** Privatweg m; ~ **angelägenhet** Privatangelegenheit f; **enskilt rum** Privatzimmer n; **enskilt område** Privatbesitz m **enskildhet** ⟨-en; kein pl⟩ Einzelheit f
enslig ['e:nsli(g)] ADJ einsam, abgeschieden **enslighet** ⟨-en; kein pl⟩ Einsamkeit f, Abgeschiedenheit f **ensling** ⟨-en; -ar⟩ einsamer Mensch, Einzelgänger m; Einsiedler m
enspråkig ['e:nsprɔ:ki(g)] ADJ einsprachig
enstaka ['e:nstɑ:kɑ] ADJ vereinzelt, einzeln; **någon** ~ **gång** (ganz) vereinzelt, selten, hin und wieder
enstavig ['e:nstɑ:vi(g)] ADJ einsilbig
enstämmig ['e:nstεmi(g)] einstimmig
enstöring ⟨-en; -ar⟩ Sonderling m, Einzelgänger m, Eigenbrötler m

ental ['e:ntɑ:l] N ⟨-et; -⟩ Einzahl f
entlediga [ent'le:di(g)a] VT ⟨1⟩ entlassen (**från aus**) **entledigande** N ⟨-t; -n⟩ Entlassung f
entonig ['e:ntu:ni(g)] ADJ eintönig **entonighet** ⟨-en; kein pl⟩ Eintönigkeit f
entré [aŋ'tre:] ⟨-n; -er⟩ Eingang m; Vorzimmer n; Eintritt m, Eintrittsgeld n; Auftritt m; **göra** ~ auf der Bühne erscheinen; **fri** ~ Eintritt frei **entrébiljett** S Eintrittskarte f
entrecote [aŋtrə'kɔ(:)t] ⟨-n; -r⟩ Entrecote n
entreprenad [aŋtrəprə'nɑ:d] ⟨-en; -er⟩ Submission f, (öffentliche) Ausschreibung f **entreprenör** ⟨-en; -er⟩ (Bau-)Unternehmer(in) f **entreprenörsanda** S Unternehmergeist m
enträgen ['e:ntrε:gən] ADJ inständig, beharrlich **enträgenhet** ⟨-en; kein pl⟩ Beharrlichkeit f
entusiasm [aŋtəsi'asm, en-] ⟨-en; kein pl⟩ Begeisterung f, Enthusiasmus m **entusias'mera** VT ⟨dep 1⟩ begeistern **entusiast** ⟨-en; -er⟩ Enthusiast(in) m(f) **entusiastisk** ADJ begeistert, enthusiastisch
entydig ['e:nty:di(g)] ADJ eindeutig
envar [en'vɑ:r] PRON (ein) jeder, jedermann; **alla och** ~ all und jeder
envis ['e:nvi:s] ADJ eigensinnig, störrisch, starrköpfig; umg stur; hartnäckig **envisas** VII ⟨dep 1⟩ eigensinnig sein; ~ **(med) att** darauf beharren/bestehen, dabei bleiben **envishet** ⟨-en; kein pl⟩ Eigensinn m, Starrsinn m, Starrköpfigkeit f
enväldshärskare ['e:nvɔltshæskarə] S Alleinherrscher(in) m(f)
envåningshus S N einstöckiges/eingeschossiges Haus
envälde S N Alleinherrschaft f, Selbstherrschaft f **enväldig** ADJ unumschränkt, selbstherrlich
enzym [en(t)'sy:m] N ⟨-et; -/-er⟩ Enzym n
enäggstvilling ['e:nεgs'tvilɪŋ] S eineiiger Zwilling m
epidemi [epidə'mi:] ⟨-n; -er⟩ Epidemie f, Seuche f **epidemisk** ADJ epidemisch
epilep'si ⟨-n; kein pl⟩ Epilepsie f **epi'leptiker** ⟨-n; -⟩ Epileptiker(in) m(f)

epi|log ⟨-en; -er⟩ Epilog *m*, Nachwort *n*

episk ['e:pisk] ADJ episch

episod [epi'su:d] ⟨-en; -er⟩ Episode *f*, Zwischenfall *m*

epok [e'po:k] ⟨-en; -er⟩ Epoche *f*, Zeitabschnitt *m* **epokgörande** ADJ epochemachend, bahnbrechend

epos ['e:pɔs] N ⟨-et; -⟩ Epos *n*

e-post ['e:pɔst] S (E-)Mail *f*; **skicka ~** mailen **e-posta** VT, VI ⟨1⟩ e-mailen **e-postadress** S E-Mail-Adresse *f* **e-postmeddelande** S N E-Mail *f*

er [e:r] A PERS PR ⟨akk, dat⟩ euch; Ihnen, Sie; *refl* sich B POSS PR ⟨n ert; pl era⟩ euer(e, er, es); der/die/das Eur(ig)e; Ihr(e, er, es); der/die/das Ihr(ig)e **Ers Excellens** Euer/Eure Exzellenz

era ['e:ra] ⟨-n; -or⟩ Ära *f*

erbarmlig [er'barmli(g)] ADJ erbärmlich, jämmerlich

erbjuda [æ:r'bju:da] ⟨4⟩ A VT anbieten, antragen; gewähren; bieten B VR **~ sig** sich erbieten; sich darbieten **erbjudande** N ⟨-t; -n⟩ Angebot *n*; Offerte *f*

eremit [erə'mi:t] ⟨-en; -er⟩ Einsiedler(in) *m(f)*, Eremit(in) *m(f)*

erfara ['æ:rfa:ra] ⟨4⟩ erfahren; empfinden; erleben **erfaren** [adj] erfahren **erfarenhet** ⟨-en; -er⟩ Erfahrung *f* (av aus)

erforderlig ['æ:rfu:dɛ[i(g)] ADJ erforderlich **erfordra** VT ⟨1⟩ erfordern, erheischen; **~s till ngt** zu etw erforderlich sein; **om så ~s** erforderlichenfalls, wenn nötig

erhålla ['æ:rhɔla] VT ⟨4⟩ erhalten, bekommen; **kunna ~s** erhältlich sein

eriksgata ['e:riksga:ta] S Rundreise des schwedischen Königs nach seiner Thronbesteigung

erinra ['e:rinra] ⟨1⟩ A VT erinnern (om an *akk*) B VR **~ sig ngt** sich an etw (*akk*) erinnern, sich auf etw (*akk*) besinnen, sich einer Sache entsinnen **erinran** ⟨-; -or; erinringar⟩ Erinnerung *f* (om an *akk*), Mahnung *f*

erkänd ['æ:rçɛnd] ADJ anerkannt **erkänna** VT ⟨2⟩ anerkennen; bestätigen, zugestehen, zugeben; **~ sig skyldig** sich schuldig bekennen **erkännande** N ⟨-t; -n⟩ Anerkennung *f*; Bestätigung *f* **erkänsla** S Dankbarkeit *f*

erlägga ['æ:rlɛga] VT ⟨4⟩ entrichten, bezahlen **erläggande** N ⟨-t; -n⟩ Entrichtung *f*, Bezahlung *f*

erotik [eru'ti:k] ⟨-en; kein pl⟩ E'rotik *f* **e'rotisk** ADJ erotisch

ersätta VT ⟨4⟩ *a.* COMPUT ersetzen; erstatten, vergüten **ersättare** ⟨-n; -⟩ Ersatzmann *m* **ersättning** ⟨-en; -ar⟩ Ersatz *m*, Entschädigung *f*, Vergütung *f*, Entgelt *n*; **utan ~** unentgeltlich **ersättningsanspråk** S N Ersatzanspruch *m*, Entschädigungsanspruch *m* **ersättningsskyldig** ADJ ersatzpflichtig, entschädigungspflichtig **ersättningsskyldighet** S Ersatzpflicht *f*, Entschädigungspflicht *f*

ertappa ['æ:tapa] VT ⟨1⟩ ertappen, erwischen (**ngn med ngt** j-n bei *dat*); **~ ngn på bar gärning** j-n auf frischer Tat ertappen

erövra ['æ:rø:vra] VT ⟨1⟩ erobern **erövrare** ⟨-n; -⟩ Eroberer *m* **erövring** ⟨-en; -ar⟩ Eroberung *f*; Errungenschaft *f*

eskader [ɛs'ka:dər] ⟨-n; -ar⟩ Geschwader *n*

eskalering [ɛska'le:riŋ] ⟨-en; kein pl⟩ Eskalation *f*

eskapism [ɛska'pism] ⟨-en; kein pl⟩ Eskapismus *m*

eskimå [ɛski'mo:] ⟨-n; -er⟩ Eskimo *m*

eskort [ɛs'kɔʈ] ⟨-en; -er⟩ Geleit *n*, Eskorte *f*; Begleitmannschaft *f* **es'kor'tera** VT ⟨1⟩ geleiten, eskortieren

esplanad [ɛspla'na:d] ⟨-en; -er⟩ Esplanade *f*

espresso [ɛs'prɛsɔ] ⟨-n; kein pl⟩ Espresso *m*

espri [ɛs'pri:] ⟨-n; kein pl⟩ Geist *m*, Witz *m*, Esprit *m*

esse ['ɛsə] N ⟨inv⟩ **vara i sitt ~** in seinem Element sein

essens [ɛ'sɛns] ⟨-en; -er⟩ Essenz *f*

essä [ɛ'sɛ] ⟨-n; -er⟩ 'Essay *m*, Aufsatz *m*

est [ɛst] ⟨-en; -er⟩ Este *m*, Estländer *m*

estet [ɛs'te:t] ⟨-en; -er⟩ Ästhet(in) *m(f)*, Schöngeist *m* **este'tik** ⟨-en; kein pl⟩ Ästhetik *f* **estetisk** ADJ ästhetisch, schön(geistig)

Estland ['ɛstland] N ⟨inv⟩ Estland *n*

estnisk ADJ estnisch **estniska** 1 ⟨-n; kein pl⟩ Estnisch *n* 2 ⟨-n; -or⟩ Estin *f*

estrad [ɛs'tra:d] ⟨-en; -er⟩ Estrade *f*,

Podium *n*
etablera [etaˈbleːra] ⟨1⟩ **A** VT etablieren; gründen, errichten; **~ förbindelse** Verbindung herstellen; **~ samarbete** zusammenarbeiten **B** VR **~ sig** sich niederlassen/etablieren **etaˈblering** ⟨-en; -ar⟩ Gründung *f*, Errichtung *f*
etablissemang N ⟨-et; - od -er⟩ Etablissement *n*; das Establishment
etagevåning [eˈtaːʃvoːniŋ] S Maisonette *f*
etapp [eˈtap] ⟨-en; -er⟩ Etappe *f*
etappseger S Etappensieg *m*
etc. ABK (= et cetera) etc. (*et cetera*)
eter [ˈeːtər] ⟨-n; -ar⟩ Äther *m* **eˈterisk** ADJ ätherisch
eternell [etæˈnɛl] ⟨-en; -er⟩ Immortelle *f*, Strohblume *f*
etik [eˈtiːk] ⟨-en; kein pl⟩ Ethik *f*
etikett [etiˈkɛt] ⟨-en; -er⟩ Etikett *n*, Aufschrift *f*; **vett och** **~** ≈ Etikette *f* **etiˈkettˈera** VT ⟨1⟩ etikettieren, beschildern
Etiopien [etiˈoːpiən] Äthiopien *n* **etiopier** Äthiopier(in) *m(f)* **etiopisk** äthiopisch
etisk [ˈeːtisk] ADJ ethisch
etnograf [etnuˈgrɑːf] ⟨-en; -er⟩ Ethnograf(in) *m(f)* **etnoˈlog** ⟨-en; -er⟩ Völkerkundler(in) *m(f)* **etnoloˈgi** ⟨-n; kein pl⟩ Völkerkunde *f*
etsa [ˈetsa] VT ⟨1⟩ ätzen; MAL radieren **etsning** ⟨-en; -ar⟩ Ätzung *f*; MAL Radierung *f*
ett [et] N → **en etta** ⟨-n; -or⟩ Eins *f*; Einzimmerwohnung *f*; *Schule umg* **gå i ~n** die erste Klasse besuchen; AUTO **lägga i ~n** den ersten Gang einlegen
ettdera PRON → **endera**
ettrig [ˈetri(g)] ADJ boshaft; giftig
ettårig [ˈeːtoːri(g)] ADJ einjährig **ettåring** ⟨-en; -ar⟩ einjähriges Kind; *Tier* Jährling *m*
etui [etəˈiː] N ⟨-et; -er⟩ Etui *n*
etyd [eˈtyːd] ⟨-en; -er⟩ Etüde *f*
etymologi [etymɔlɔˈgiː] ⟨-n; -er⟩ Etymologie *f* **etymoˈlogisk** ADJ etymologisch
EU [ˈeːʉ] ABK (= Europeiska unionen) EU *f* (*Europäische Union*) **EU-komˈmission** S Europäische Kommission *f* **EU-medlem** S EU-Mitglied *n* **EU-medlemskap** S EU-Mitgliedschaft *f* **EU-motståndare** S EU-Gegner(in)

m(f) **EU-parlament** SN Europäisches Parlament *n*
euro [ˈevro] ⟨-n; -⟩ Euro *m* **euroomˈråde** SN Eurozone *f*
Europa [eʊˈruːpa] N ⟨inv⟩ Europa *n* **Europamästare** S SPORT Europameister(in) *m(f)* **Europamästerskap** SN Europameisterschaft *f* **Europaˈparlament** SN Europäisches Parlament *n* **Europaråd** S Europarat *m* **Europaval** SN Europawahl *f* **euroˈpavägˈ** S Europastraße *f* **euroˈpé** ⟨-n; -er⟩ Europäer *m* **euroˈpeisk** ADJ europäisch **euroˈpeiska** ⟨-n; -or⟩ Europäerin *f* **Europeiska centralbanken** ⟨inv⟩ die Europäische Zentralbank *f* **Europeiska kommissionen** ⟨inv⟩ die Europäische Kommission *f* **Europeiska unionen** ⟨inv⟩ die Europäische Union *f*
eurovaluta [evrɔvaˈlʉːta] S Euro-Währung *f*
ev. ABK (= eventuellt) ggf. (*gegebenenfalls*)
evakuera [evakuˈeːra] VT ⟨1⟩ evakuieren **evakuering** ⟨-en; -ar⟩ Evakuierung *f*
evaluera [evaləˈera] VT ⟨1⟩ evaluieren, bewerten
evangelisk [evanˈjeːlisk] ADJ evangelisch **evangelium** N ⟨evangeliet; evangelier⟩ Evangelium *n*
evenemang [evenəˈmaŋ] N ⟨-et; -⟩ Ereignis *n*, Veranstaltung *f* **evenemangschef** S Eventmanager(in) *m(f)*
eventualitet [evɛntʉaliˈteːt] ⟨-en; -er⟩ Eventualität *f*; **för alla ~er** für alle Fälle **eventuˈell** ADJ eventuell **eventuˈellt** ADV eventuell, unter Umständen, gegebenenfalls
evig [ˈeːvi(g)] ADJ ewig; **var ~a dag** jeden Tag, den Gott geschaffen hat; **för ~t** auf ewig **evighet** ⟨-en; -er⟩ Ewigkeit *f*; **i all ~** immer und ewig; **vänta i ~** ewig warten
evinnerlig [eˈvinərˌli(g)] ADJ ewig, immerwährend
evolution [evɔləˈʃuːn] ⟨-en; -er⟩ Evolution *f*
ex[1] [ɛks] *umg* N ⟨-et; -⟩ Exemplar *n* **ex**[2] N ⟨-et/-en; -⟩ Exfreund(in) *m(f)*; Exfrau *f*; Exmann *m*
ex. ABK N (= exempel) Bsp. (*Beispiel*)
exakt [ɛkˈsakt] ADJ genau, exakt **ex-**

akthet ⟨-en; kein pl⟩ Genauigkeit f, Exaktheit f

exalterad [ɛksal'te:rad] ADJ exaltiert, überspannt

examen [ɛk'sɑ:mən] ⟨-; examina⟩ Examen n; Abschluss m; **avlägga ~** eine Abschlussprüfung ablegen, seinen Abschluss machen **examensbetyg** S N Abschlusszeugnis n **exami'nator** ⟨-n; -er⟩ Examinator(in) m(f), Prüfer(in) m(f) **exami'nera** VT ⟨1⟩ prüfen

excellens [ɛksɛ'lɛns] ⟨-en; -er⟩ Exzellenz f; **Ers Excellens** Euer/Eure Exzellenz **excellent** ADJ hervorragend

excentrisk [ɛk'sɛntrisk] ADJ exzentrisch

exceptionell [ɛksɛpʃu'nɛl] ADJ außergewöhnlich

excess [ɛk'sɛs] ⟨-en; -er⟩ Exzess m, Ausschreitung f; Ausschweifung f

exekution [ɛksekɵ'ʃu:n] ⟨-en; -er⟩ (Zwangs-)Vollstreckung f; Hinrichtung f **exeku'tiv** ADJ exekutiv; gerichtlich; **~ auktion** Zwangsversteigerung f; **~ makt** Exekutive f; **på ~ väg** zwangsweise

exempel [ɛk'sɛmpəl] N ⟨-et; -⟩ Beispiel n, Muster n, Vorbild n; Aufgabe f; **till ~ (t. ex.)** zum Beispiel (z. B.); **ta ngn som ~** sich (dat) ein Beispiel an j-m nehmen **exempellös** ADJ beispiellos **exempelvis** ADV beispielsweise

exemplar [ɛksəm'plɑ:r] N ⟨-et; -⟩ Exemplar n; **i ett/två/tre ~** in einfacher/doppelter/dreifacher Ausfertigung f **exemplarisk** ADJ musterhaft, vorbildlich, exemplarisch **exemplifi'era** VT ⟨1⟩ exemplifizieren

exercera [ɛksar'se:ra] VT, VI ⟨1⟩ exerzieren; üben; seine Wehrpflicht ableisten **exer'cis** ⟨-en; -er⟩ Exerzieren n, Drill m

exflickvän ['ɛksflikvɛn] S Exfreundin f
exfru S, **exhustru** S Exfrau f

exil [ɛk'si:l] ⟨-en; -er⟩ Exil n; **leva i ~** im Exil leben; **gå i ~** ins Exil gehen **exilregering** f Exilregierung f

existens [ɛksi'stɛns] ⟨-en; -er⟩ Existenz f; Auskommen n **existensberättigande** SN Daseinsberechtigung f **existensminimum** S N Existenzminimum n **existera** VI ⟨1⟩ bestehen, existieren

exkl. ABK (= exklusive) exkl. (exklusive)

exklusiv ADJ exklusiv **exklusive** ADV, PRÄP ausschließlich, exklusive (gen)

ekrementer PL Exkremente pl, Kot m sg, Auswurf m sg

exkursion [ɛkskɵ'ʃu:n] ⟨-en; -er⟩ Exkursion f, Ausflug m

exmaka ['ɛksmɑ:ka] S Exfrau f **exmake** S, **exman** S Exmann m

exotisk [ɛk'so:tisk] ADJ exotisch

expandera [ɛkspan'de:ra] VT, VI ⟨1⟩ erweitern, (sich) ausdehnen, expandieren **expan'sion** ⟨-en; -er⟩ Ausdehnung f, Expansion f **expan'siv** ADJ expansiv

expediera [ɛkspedi'e:ra] VT ⟨1⟩ besorgen, erledigen, abfertigen; bedienen; befördern **expe'dit** ⟨-en; -er⟩ Verkäufer(in) m(f) **expedi'tion** ⟨-en; -er⟩ Abfertigung f, Beförderung f, Versand m; Expedition f; Bedienung f; Geschäftsstelle f, Büro n **expeditionsavgift** S Abfertigungsgebühr f

experiment [ɛkspəri'mɛnt] N ⟨-et; -⟩ Versuch m, Experiment n **experimen'tell** ADJ experimentell **experimen'tera** VI ⟨1⟩ experimentieren

expert [ɛks'pæt] ⟨-en; -er⟩ Sachverständige(r) m/f(m); Fachmann m, Fachfrau f; Experte m, Expertin f **exper'tis** ⟨-en; kein pl⟩ Expertise f **expertutlåtande** S N Sachverständigengutachten n

exploatera [ɛksplua'te:ra] VT ⟨1⟩ erschließen, ausbeuten; verwerten, nutzbar machen **exploatering** ⟨-en; -ar⟩ Ausbeutung f **exploa'tör** ⟨-en; -er⟩ Ausbeuter(in) m(f)

explodera [ɛksplu'de:ra] VI ⟨1⟩ explodieren, zerspringen, platzen **explo'sion** ⟨-en; -er⟩ Explosion f **explo'sionsartad** ADJ explosiv; explosionsartig; fig sehr heftig **explo'siv** ADJ explosiv; **~ämnen** Sprengstoffe

expo ['ɛkspu] ⟨-n; -(e)r⟩ Ausstellung f

expojkvän ['ɛkspɔjkvɛn] Exfreund m

expo'nera VT ⟨1⟩ ausstellen, zur Schau stellen, herausheben, exponieren; FOTO belichten **expo'nering** ⟨-en; -ar⟩ FOTO Belichtung f **exponeringsmätare** S Belichtungsmesser m **exponeringstid** S Belichtungszeit f

export [ɛks'pɔʈ] ⟨-en; -er⟩ Ausfuhr f, Export m **expor'tera** VT ⟨1⟩ ausführen, exportieren **exportförbud** $\overline{s\,N}$ Ausfuhrverbot *n* **exportlicens** $\overline{s}$ Ausfuhrerlaubnis *f* **exportvara** $\overline{s}$ Exportware *f* **expor′tör** ⟨-en; -er⟩ Exporteur(in) *m(f)*

express [ɛksˈprɛs] **A** ⟨-en; -er⟩ Eilbote *m*; Express *m*, Expresszug *m* **B** $\overline{s}$ express; **skicka ngt ~** etw als Eilsendung schicken **expressbrev** $\overline{s\,N}$ Eilbrief *m* **expressbud** $\overline{s\,N}$ Eilbote *m* **expressbyrå** $\overline{s}$ Speditionsgeschäft *n* **expresservice** $\overline{N}$ Schnelldienst *m*

expressionism [ɛkspreʃuˈnism] ⟨-en; kein pl⟩ Expressionismus *m* **express′iv** ADJ ausdrucksvoll

expresståg [ɛksˈprɛstoːɡ] $\overline{s\,N}$ Fernschnellzug *m*

extas [ɛksˈtɑːs] ⟨-en; -er⟩ Ekstase *f*, Verzückung *f* **extatisk** ADJ verzückt

exteriör [ɛksteriˈœːr] ⟨-en; -er⟩ Äußere(s) *n*; Außenseite *f*

extra [ˈɛkstra] ADJ extra, außerordentlich; besonders **extraerbjudande** $\overline{N}$ Sonderangebot *n* **extrafönster** $\overline{s}$ $\overline{N\,T}$ Pop-up-Fenster *n* **extrahjälp** $\overline{s}$ Aushilfe *f* **extrainkomst** $\overline{s}$ Nebeneinnahme *f*, Nebenverdienst *m* **extrajobb** $\overline{s}$, extraknäck *m*g $\overline{N}$ ⟨-et; -⟩ Nebenjob *m*; Aushilfsjob *m*

extrakt [ɛkˈstrakt] $\overline{N}$ ⟨-et; -⟩ Auszug *m*, Extrakt *m* **extrak′tion** ⟨-en; -er⟩ Extraktion *f*; Herkunft *f*

extralärare [ˈɛkstralæːrara] $\overline{s}$ Hilfslehrer(in) *m(f)* **extranummer** $\overline{s\,N}$ Sondernummer *f*; Zugabe *f* **extraordi′narie** **A** ADJ außerordentlich; außeretatmäßig **B** ⟨-n; -r⟩ außeretatmäßige(r) Beamte(r)/Angestellte(r) *m*, außeretatmäßige Beamtin/Angestellte *f* **extraordi′när** ADJ außergewöhnlich **extrapersonal** $\overline{s}$ Aushilfspersonal *s* **extrapris** $\overline{s\,N}$ Sonderangebot *n*; **~ på kaffe** Kaffee im Sonderangebot **extratåg** $\overline{s\,N}$ Sonderzug *m* **extraupplaga** $\overline{s}$ Sonderausgabe *f* **extrautrustning** $\overline{s}$ Extra *n* **extra′vagans** ⟨-en; -er⟩ Extravaganz *f*

extrem [ɛkˈstreːm] ADJ extrem, übertrieben **extremi′teter** ⟨-en; -er⟩ pl Extremitäten pl, Gliedmaßen pl **extremsport** $\overline{s}$ Extremsport *m*

extrovert [ˈɛkstrɔˌvæʈ] ADJ extrovertiert

exv. ABK (= exempelvis) bspw. (*beispielsweise*)

eyeliner [ˈajlajner] ⟨-n; -⟩ Eyeliner *m*

F

F, f [ɛf] $\overline{N}$ ⟨-:et; -⟩ F, f *n*

fabel [ˈfɑːbəl] ⟨-n; -er⟩ Fabel *f*

fabricera [fabriˈseːra] $\overline{VT}$ ⟨1⟩ herstellen, fabrizieren

fabrik [fabˈriːk] ⟨-en; -er⟩ Fabrik *f* **fabri′kant** ⟨-en; -er⟩ Fabrikant(in) *m(f)* **fabri′kat** $\overline{N}$ ⟨-et; -⟩ Erzeugnis *n*, Marke *f*; Fabrikat *n* **fabrika′tion** ⟨-en; -er⟩ Herstellung *f*, Fertigung *f* **fabrika′tionsfel** $\overline{s\,N}$ Fabrikationsfehler *m* **fabriksarbetare** $\overline{s}$ Fabrikarbeiter(in) *m(f)* **fabriksny** ADJ fabrikneu **fabriksvara** $\overline{s}$ Fabrikware *f*

fabulera [fabøˈleːra] $\overline{VT}$ ⟨1⟩ fabulieren **fabu′lös** ADJ fabelhaft

facil [faˈsiːl] ADJ mäßig, billig

facit [ˈfɑːsit] $\overline{N}$ ⟨inv⟩ Lösungsschlüssel *m*; Ergebnis *n*, Fazit *n*

fack [fak] $\overline{N}$ ⟨-et; -⟩ **1** Fach *n* **2** → fackförening **fackarbetare** $\overline{s}$ Facharbeiter(in) *m(f)*

fackeltåg [ˈfakəltɔːɡ] $\overline{N}$ Fackelzug *m*

fackförbund [ˈfakfœrbɵnd] $\overline{N}$ Gewerkschaftsverband *m* **fackförening** $\overline{s}$ Gewerkschaft *f* **fackföreningsmedlem** $\overline{s}$ Gewerkschaftsmitglied *n* **fackidiot** $\overline{s}$ Fachidiot *m* **fackkunskap** $\overline{s}$ Fachkenntnis *f*

fackla [ˈfakla] ⟨-n; -or⟩ Fackel *f*

facklig [ˈfakli(g)] ADJ fachlich; gewerkschaftlich **facklitteratur** $\overline{s}$ Fachliteratur *f* **fackman** $\overline{s}$ Fachmann *m*, Fachfrau *f* **fackmässig** ADJ fachgemäß, fachmännisch **fackspråk** $\overline{s\,N}$ Fachsprache *f* **fackterm** $\overline{s}$, **fackuttryck** $\overline{s\,N}$ Fachausdruck *m*

fadd [fad] ADJ schal, fad(e)

fadder [ˈfadər] ⟨-n; -ar⟩ (Tauf-)Pate *m*, (Tauf-)Patin *f*; **vara ~ åt ngn** jdms Pate sein **fadderbarn** $\overline{s\,N}$ Patenkind *n*

faddhet [ˈfadheːt] ⟨-en; kein pl⟩ Fadheit *f*; *fig* Farblosigkeit *f*

fader [ˈfɑːdər] ⟨-n; fäder⟩ Vater *m*; **(be) Fader vår** das Vaterunser (beten);

→ far faderlig ADJ väterlich **faderlös** ADJ vaterlos **faderskap** N ⟨-et; kein pl⟩ Vaterschaft f **faderskapstest** S(N) Vaterschaftstest m **fadervår** N ⟨inv⟩ Vaterunser n

fadäs [fa'dɛ:s] ⟨-en; -er⟩ Plattheit f; Fehler m

fager ['fɑ:gər] ADJ schön, anmutig; fagra löften leere Versprechungen

faggorna ['faguŋa] PL vara i ~ im Anzug sein

fakta ['fakta] PL → faktum **faktablad** S N Informationsbroschüre f

faktisk ['faktisk] ADJ tatsächlich, faktisch **faktiskt** ADV tatsächlich, wirklich

faktor ⟨-n; -er⟩ Faktor m

faktum N ⟨-et; -/fakta⟩ Tatsache f, Faktum n

faktura ⟨-n; -or⟩ Rechnung f **fakturabelopp** S N Rechnungsbetrag m **faktu'rera** VT ⟨1⟩ in Rechnung stellen, berechnen

fakultet [fakəl'te:t] ⟨-en; -er⟩ Fakultät f

falang [fa'laŋ] ⟨-en; -er⟩ 'Phalanx f

falk [falk] ⟨-en; -ar⟩ Falke m

fall [fal] N ⟨-et; -⟩ Fall m; Sturz m; Gefälle n; **i alla ~** auf jeden Fall, auf alle Fälle; jedenfalls; immerhin; sowieso; dennoch; **i ~ (att)** für den Fall (dass), falls; **i annat ~** andernfalls; **i bästa ~** bestenfalls; **i värsta ~** schlimmstenfalls; **i motsatt ~** im entgegengesetzten Fall; **i varje ~** auf jeden Fall; in jedem Fall; **få ngn på ~** j-n zu Fall bringen **falla** ⟨4⟩ A VI fallen, stürzen B VR ~ **sig** sich treffen/fügen; **som det faller sig** wie's sich trifft, wie's gerade kommt C V/P ~ **'av** abfallen; ~ **'bort** wegfallen, fortfallen; ~ **'ifrån** sterben; ~ **'igen** zufallen; ~ **i'genom** durchfallen; ~ **i'hop** zusammenfallen, zusammenklappen; fig zufallen; ~ **'in** einfallen; ~ **i'sär** auseinanderfallen; ~ **'ner** herabfallen; hinstürzen; ~ **om'kull** umfallen; ~ **'på** Nacht hereinbrechen; ~ **'sönder** zerfallen, auseinanderfallen; **ha ngt att ~ till'baka på** einen Rückhalt an etw (dat) haben; auf etw (akk) zurückgreifen; ~ **'undan** nachgeben (för då); ~ **'ut** i münden in (akk) **fallenhet** ⟨-en; kein pl⟩ Neigung f, Hang m; Anlage f, Talent n **fallfrukt** S Fallobst n **fallfärdig** ADJ baufällig **fallgrop** S Fallgrube f **fallhöjd** S Fallhöhe f **fallrep** S N SCHIFF Fallreep n; fig vara på ~**et** auf der Kippe stehen **fallskärm** S Fallschirm f **fallskärmsavtal** S N ≈ Abfindungsregelung f **fallskärmshoppare** S Fallschirmspringer(in) m(f) **fallskärmshoppning** S Fallschirmspringen n **fallskärmsjägare** S MIL Fallschirmjäger m **fallucka** S Falltür f

falna ['fɑ:lna] VI ⟨1⟩ verglimmen

fals [fals] ⟨-en; -ar⟩ Falz m **falsa** VT ⟨1⟩ falzen

falsett [fal'sɛt] ⟨-en; -er⟩ Falsett n, Fistelstimme f

falsk [falsk] ADJ falsch; ~**t alarm** blinder Alarm **falskdeklaration** S Steuerhinterziehung f **falskhet** ⟨-en; -er⟩ Falschheit f **falskmyntare** S Falschmünzer(in) m(f) **falskspelare** S Falschspieler(in) m(f)

falukorv ['fɑ:ləkɔrv] ⟨-en; -ar⟩ Fleischwurst schwedischer Art

fam. ABK (= familj) Familie **familj** ⟨-en; -er⟩ Familie f **familjebidrag** S N Familienzulage f **familjedaghem** S N Tagespflegestelle (bei einer Tagesmutter) **familjefa(de)r** S Familienvater m **familjeföretag** S N Familienunternehmen n **familjeförhållanden** PL Familienverhältnisse pl **familjeförsörjare** S Versorger(in) m(f) einer Familie **familjemedlem** S Familienmitglied n **familjeplanering** S Familienplanung f **familjerådgivning** S Eheberatung f **familjeskäl** S N av ~ aus familiären Gründen **fami'ljär** ADJ familiär, vertraut

famla ['famla] ⟨1⟩ (herum)tappen, tasten; **i mörkret tappa** im Dunkeln tappen

famn [famn] ⟨-en; -ar⟩ Arme pl; **ta i ~** umarmen; ~**en full** ein Armvoll **famntag** S N Umarmung f

fan[1] [fɑ:n, fa:n] ⟨inv⟩ umg Teufel m; å ~! Donnerwetter!; **för** ~! verdammt!, zum Teufel!, Scheiße!; **vad** ~ **(nu då)!** was zum Teufel!; **fy** ~! pfui Teufel!; **ta mej** ~! ich hol den Teufel!; **det ger jag** ~ **i** es ist mir schnuppe/ wurscht; **det är** ~ **så kallt** es ist verdammt kalt; **visst** ~! klar!; ~ **också!** verdammt noch mal!

fan[2] [fɛn] N ⟨-; -s⟩ Fan m

fana [ˈfɑːna] ⟨-n; -or⟩ Fahne f
fanatiker [faˈnɑːtikər] ⟨-n; -⟩ Fanatiker(in) m(f) **fanatisk** ADJ fanatisch **fanaˈtism** ⟨-en; kein pl⟩ Fanatismus m
fanders [ˈfandəʂ] ⟨inv⟩ (dra) åt ~! (scher dich) zum Teufel!
faner [faˈneːr] N ⟨-et; -⟩ Furnier n; Sperrholz n
fanfar [fanˈfɑːr] ⟨-en; -er⟩ Fanfare f, Tusch m
fanjunkare [ˈfɑːnjʊŋkarə] ⟨-n; -⟩ MIL Feldwebel m
fanklubb [fɛnklɛb] S Fanklub m
fantasi [fantaˈsiː] ⟨-n; -er⟩ Fantasie f
fantasifoster S N Hirngespinst n
fantasifull ADJ fantasievoll **fantasilös** ADJ fantasielos
fan'tast ⟨-en; -er⟩ Fantast(in) m(f)
fan'tastisk ADJ fantastisch **fantiˈseːra** ⟨1⟩ A VII fantasieren B V/P iˈhop erdichten
fantom ⟨-en; -er⟩ Phantom n, Trugbild n
far [fɑːr] ⟨fadern; fäder⟩ Vater m; ~s dag Vatertag m
fara[1] [ˈfɑːra] ⟨-n; -or⟩ Gefahr f; å, förlåt! - ingen ~ oh, Verzeihung! - nichts passiert; **med ~ för livet** unter Lebensgefahr; **utom all ~** außer Gefahr; **det är ingen ~ med den saken** das hat/damit hat es nichts auf sich; **blåsa ~n över** entwarnen
fara[2] ⟨4⟩ A VII (ab)fahren, (ab)reisen, gehen; ~ **vilse** irrefahren, sich verirren; ~ **varligt fram** vorsichtig zu Werke gehen B V/P ~ **'bakåt** rückwärtsfahren; SCHIFF achteraus fahren; ~ **'bort** fortfahren, wegfahren, verreisen; ~ **'efter** nachfahren (dat); ~ **'fram** daherfahren; hausen fig; ~ **'för'bi ngn** an j-n vorbeifahren, vorüberfahren; ~ **'före ngn** j-m voranfahren; ~ **'illa** leiden, Schaden nehmen; **det for 'i mig** der Gedanke fuhr mir durch den Kopf; **vad är det som har farit 'i dig?** was ist dir in den Kopf gefahren?; ~ **i'från** wegfahren von, verlassen; ~ **'in** hineinfahren, hereinfahren; ~ **'med** mitfahren; ~ **'på ngn** über j-n herfallen, auf j-n losfahren; ~ **'upp** hochfahren, in die Höhe fahren; aufschrecken; **det for 'ur mig** es entfuhr mir; fig ~ **'ut mot ngn** j-n anfahren; ~ **'ut och åka** ausfahren, spazieren fahren; ~ **'över** hinüberfahren **farbar** ADJ (be)fahrbar
farbro(de)r [ˈfɑːrbru(da)r] S väterlicherseits Onkel m **farfa(de)r** S väterlicherseits Großvater m, Opa m; **~s far/mor** Urgroßvater/Urgroßmutter m/f **farföräldrar** PL väterlicherseits Großeltern pl; **fars/mors ~** Urgroßeltern
farhåga [ˈfɑːrhɔɡa] ⟨-n; -or⟩ Besorgnis f
farinsocker [faˈriːnsɔkər] N Farinzucker m
farkost [ˈfɑːrkɔst] ⟨-en; -er⟩ Schiff n, Fahrzeug n **farled** S Fahrwasser n, Fahrrinne f
farlig [ˈfɑːli(ɡ)] ADJ gefährlich; **det är inte så ~** das ist nicht so schlimm; ~ **för den allmänna säkerheten** gemeingefährlich **farlighet** ⟨-en; -er⟩ Gefährlichkeit f
farm [farm] ⟨-en; -er/-ar⟩ Farm f
farmaceut [farmaˈsevt] ⟨-en; -er⟩ Pharmazeut(in) m(f) **farmaceutisk** ADJ pharmazeutisch **farmaˈci** ⟨-n; kein pl⟩ Pharmazie f
farmare ⟨-n; -⟩ Farmer(in) m(f)
farmo(de)r [ˈfarmu(da)r] S väterlicherseits Großmutter f, Oma f; **~s far/mor** Urgroßvater/Urgroßmutter m/f
farofylld [ˈfɑːrufyld] ADJ gefahrvoll **farozon** S Gefahrenzone f
fars [faʂ] ⟨-en; -er⟩ Posse f, Schwank m, Farce f
farsa [ˈfaʂa] ⟨-n; -or⟩ umg Vati m; **min ~ a.** mein Alter
farsartad [ˈfaʂaːʈad] ADJ possenhaft
farsot [ˈfɑːsuːt] ⟨-en; -er⟩ Seuche f
farstu [ˈfaʂtɛ] ⟨-n; -r⟩ Flur m, Diele f **farstubro** S Vortreppe f **farstukvist** S verandaartiger Vorbau
fart [fɑːʈ] ⟨-en; -er⟩ Schnelligkeit f, Geschwindigkeit f, Fahrt f; fig Schwung m; **i full ~** in voller Fahrt; **öka ~en** das Tempo beschleunigen; **det är ingen ~ i honom** mit ihm ist nichts los; **sätta ~ på ngt** etw in Schwung bringen, Dampf dahinter machen; **ta ~** fig um sich greifen **fartbegränsning** S Geschwindigkeitsbegrenzung f **fartdåre** S Raser(in) m(f) **fartgräns** S Tempolimit n **fartkontroll** S Geschwindigkeitskontrolle f **fartsyndare** S Raser(in) m(f)
fartyg [ˈfɑːtyːɡ] N ⟨-et; -⟩ Schiff n, Fahrzeug n **farvatten** S N Fahrwasser

n
farväl [faːrˈvɛːl] **A** INTER leb(e) wohl!, lebt (*od* leben Sie) wohl! **B** N ⟨-et; -⟩ Lebewohl *n*; **ta ~ av ngn** j-m Lebewohl sagen
fas [faːs] ⟨-en; -er⟩ Phase *f*
fasa¹ [ˈfaːsa] **A** ⟨-n; -or⟩ Schrecken *m*, Entsetzen *n*, Grau(s)en *n*; Gräuel *m*; **stel av ~** starr vor Schrecken **B** schaudern, grau(s)en; **jag ~r es** schaudert mich/mich, es graut mir (**för** vor)
fasad [faˈsɑːd] ⟨-en; -er⟩ Fassade *f*, Front *f*, Vorderseite *f* **fasadbelysning** S Flutlicht *n*
fasan [faˈsɑːn] ⟨-en; -er⟩ Fasan *m* **fasanhöna** S Fasanenhenne *f*
fasansfull [ˈfɑːsansfɵl] ADJ grauenvoll, grässlich, entsetzlich, grausig
fascinera [faʃiˈneːra, fas-] VT, VI ⟨1⟩ faszinieren
fascism [faˈʃism] ⟨-en; kein pl⟩ Faschismus *m* **fascist** ⟨-en; -er⟩ Faschist(in) *m(f)*
fasett [faˈsɛt] ⟨-en; -er⟩ Facette *f*
fashionabel [faʃɵˈnɑːbəl] ADJ modisch, elegant
faslig [ˈfɑːsli(g)] ADJ schrecklich
fason [faˈsuːn] ⟨-en; -er⟩ Fasson *f*, Form *f*; Schnitt *m*; **~er** *pl* Manieren *pl*; **få ~ på ngn** j-m Lebensart beibringen; **vad är det för ~er?** was ist das für eine Art und Weise?
fast¹ [fast] KONJ obgleich, obwohl; → **fastän**
fast² ADJ, ADV fest; **~ belopp** Festbetrag *m*; **~ egendom** *sg* Immobilien *pl*; **~ plats** Dauerstellung *f*; **få ~** festnehmen; **köra ~** sich festfahren; **sitta ~** festsitzen; **sätta ~** festsetzen; **ta ~** festnehmen; **påstå fullt och ~** steif und fest behaupten; **han står ~ vid det** er bleibt dabei
fasta¹ [ˈfasta] **A** ⟨-n; -or⟩ Fasten *pl*, Fastenzeit *f* **B** VI ⟨1⟩ fasten; **på ~nde mage** auf nüchternen Magen, nüchtern
fasta² ⟨inv⟩ **ta ~ på ngt** sich an etw (*akk*) halten; sich (*dat*) etw merken
faster [ˈfastər] ⟨-n; -ar⟩ väterlicherseits Tante *f*; **fars/mors ~** Großtante *f*
fastgrodd [ˈfastgrɵd] *fig* ADJ angewurzelt **fastgrott** ⟨inv⟩ Festigkeit *f* **fasthålla** VT ⟨4⟩ festhalten **fasthållande** N ⟨-t; -n⟩ Festhalten *n*; Beharren *n*
fastighet [ˈfasti(g)heːt] ⟨-en; -er⟩ Grundstück *n*, Grundbesitz *m*; Haus *n* **fastighetsmäklare** S Grundstücksmakler(in) *m(f)* **fastighetsskatt** S Grundstückssteuer *f* **fastighetsskötare** S Hausmeister(in) *m(f)* **fastighetsägare** S Hausbesitzer(in) *m(f)*, Grundstücksbesitzer(in) *m(f)*
fastlag [ˈfastlɑːg] ⟨-en; kein pl⟩ Fasten *pl*, Fastenzeit *f* **fastlagsbulle** S Fastenwecken *m Hefegebäck mit Marzipanfüllung und Schlagsahne* **fastlagsris** S N ≈ Osterstrauß *m*
fastland [ˈfastland] N Festland *n* **fastlandsklimat** S N Kontinentalklima *n*
fastlåst [ˈfastloːst] ADJ Fahrrad angeschlossen; *fig* festgefahren
fastna [ˈfastna] VI ⟨1⟩ haften, heften; stecken/sitzen/hängen/kleben bleiben; **~ i en spik** an einem Nagel hängen bleiben; **~ i minnet** im Gedächtnis haften bleiben; **~ på kroken** anbeißen; **~ vid ngt** an etw (*dat*) haften bleiben; *fig* **han har ~t för henne** er ist an ihr hängen geblieben **fastslå** VT ⟨4⟩ feststellen, festsetzen **fastställa** VT ⟨2⟩ feststellen; bestimmen, festlegen **fastställande** N ⟨-t; -n⟩ Feststellung *f* **fasttagande** N ⟨-t; -n⟩ Festnahme *f*
fastvuxen ADJ angewurzelt
fastän [ˈfasten] KONJ obgleich, obwohl
fat [fɑːt] N ⟨-et; -⟩ Platte *f*; Schüssel *f*; Untertasse *f*; Untersatz *m*; Fass *n*; **tappa på ~** auf Fässer abfüllen
fatal [faˈtɑːl] ADJ fatal, verhängnisvoll; ärgerlich **fata'lism** ⟨-en; kein pl⟩ Fatalismus *m* **fata'list** ⟨-en; -er⟩ Fatalist(in) *m(f)*
fatt¹ [fat] ADV **hur är det ~?** was gibts?, was ist los?; **hur är det ~ med honom?** was ist mit ihm (los)?, wie stehts mit ihm?
fatt² ⟨inv⟩ **hinna/gå/springa (i) ~ ngn** j-n einholen; **få ~ i** erfassen; erwischen; herkriegen; *umg* zu fassen kriegen; **ta ~** i festnehmen, ergreifen; fassen
fatta [ˈfata] **A** VT, VI **1** packen; fassen, greifen; **~ eld** Feuer fangen; **~ hopp** Hoffnung schöpfen; **~ mod** Mut fassen/schöpfen; **~ (tag)** i packen, ergreifen; **~ i armen** am Arm fassen/packen **2** verstehen, begreifen; ka-

fattas – femrummare • 109

pieren; **ha lätt/svårt för att ~** leicht/schwer begreifen ⬛ V/R **~ sig (kort)** sich (kurz)fassen
fattas ['fatas] Vi ⟨dep 1⟩ fehlen, mangeln; **det ~ mig pengar** es fehlt mir an Geld; **vad ~ dig?** was fehlt dir?; **det fattades bara!** das fehlte gerade noch!
fattig ['fati(g)] ADJ arm; ärmlich, armselig; **~a och rika** Arm und Reich **fattigdom** ⟨-en; kein pl⟩ Armut f, Ärmlichkeit f, Armseligkeit f **fattiglapp** ₛ Habenichts m, armer Schlucker m
fattning ['fatniŋ] ⟨-en; -ar⟩ Fassung f **fattningsförmåga** ₛ Fassungsvermögen n, Fassungskraft f
fatöl ['fa:tø:l] N̄ Fassbier n
favorisera [favuri'se:ra] Vt ⟨1⟩ begünstigen **favo'rit-** IN ZSSGN Lieblings- **favo'rit** ⟨-en; -er⟩ Günstling m, Favorit m **favoriträtt** ₛ Lieblingsgericht n **fa'vör** ⟨-en; -er⟩ Gunst f, Begünstigung f
fax [faks] ⬛ ⟨-en; -ar⟩ Faxgerät n ⬛ N̄ ⟨-et; -⟩ Fax n **faxa** Vt ⟨1⟩ faxen **faxanslutning** ₛ Faxanschluss m **faxnummer** ₛ N Faxnummer f
f.d. ABK (= före detta) ehemalig; a. D. (außer Dienst)
fe [fe:] ⟨-n; -er⟩ Fee f
feber ['fe:bar] ⟨-n; -ar⟩ Fieber n; **ligga i 40 graders ~** mit 40 Grad Fieber im Bett etc liegen **feberaktig** ADJ fieberhaft, fieberig **feberfri** ADJ fieberfrei **febertermometer** ₛ Fieberthermometer n **feberyra, feberyrsel** ₛ Fieberwahn m **febrig** ADJ fiebrig
febril [feb'ri:l] ADJ fieberhaft
februari [febru'ɑ:ri] ⟨inv⟩ Februar m
federalism [federa'lism] ⟨-en; kein pl⟩ Föderalismus m **federa'tion** ⟨-en; -er⟩ Bund m, Föderation f
feedback ⟨-en; kein pl⟩ Feedback n
feg [fe:g] ADJ feig(e); **~ stackare** umg Feigling m, Memme f **feghet** ⟨-en; kein pl⟩ Feigheit f **fegis** ⟨-en; -ar⟩ umg Feigling m
feja ['fɛja] Vt ⟨1⟩ fegen, putzen, säubern
fejd [fɛjd] ⟨-en; -er⟩ Fehde f, Streit m; **ligga i ~ med** im Streit leben mit
fel [fe:l] ⬛ N̄ ⟨-et; -⟩ Fehler m; Mangel m; Schnitzer m; Irrtum m; Versehen n, Verstoß m; Schuld f; **det är hans ~ das** ist seine Schuld; **vad är det för ~?** was

ist denn los? ⬛ ADJ, ADV falsch, verkehrt; **på ~ håll** verkehrt herum; **gå ~** sich verlaufen; **ha ~** sich irren; unrecht haben; **höra ~** sich verhören; **räkna ~** sich verrechnen; **skriva ~** sich verschreiben; sich vertippen; **slå ~** fehlschlagen; TEL **slå ~ nummer** sich verwählen; **säga ~** sich versprechen; **ta ~** fehlgreifen; sich irren; **inte att ta ~ på** unverkennbar; TEL **jag har kommit ~** ich bin falsch verbunden
fela Vi ⟨1⟩ fehlen, irren; **~ mot ngt** gegen etw verstoßen **felaktig** ADJ fehlerhaft; falsch, irrig **felbedöma** Vt ⟨2⟩ falsch beurteilen **felbedömning** ₛ Fehlurteil n **felfri** ADJ fehlerfrei, fehlerlos, einwandfrei **felgrepp** ₛ N Fehlgriff m **felkonstruktion** ₛ Fehlkonstruktion f **felkälla** ₛ Fehlerquelle f **felmeddelande** ₛ N IT Fehlermeldung f **felparkering** ₛ falsches Parken, Falschparken n **felplacerad** ADJ falsch angebracht **felräkning** ₛ Fehlrechnung f, Verrechnen n **felskrivning** ₛ Verschreiben n **felslut** ₛ Fehlschluss m **felstavad** ADJ falsch geschrieben **felsteg** ₛ N̄ Fehltritt m **feltolka** Vt ⟨1⟩ falsch auslegen, verdrehen **feltolkning** ₛ falsche Auslegung; Fehlinterpretation f **feltryck** ₛ N Fehldruck m
fem [fɛm] NUM fünf **femdagarsvecka** ₛ Fünftagewoche f **femdubbel** ADJ fünffach **femdubbla** Vt ⟨1⟩ verfünffachen **femdygnsprognos** ₛ Wetterprognose für die nächsten fünf Tage **fem'etta** ₛ Volltreffer m **femfaldig** ADJ fünffach **femhundra** NUM fünfhundert **femhundratal** ₛ **på ~et** im sechsten Jahrhundert **femhörnig** ADJ fünfeckig **femhörning** ⟨-en; -ar⟩ Fünfeck n
feminin [femi'ni:n] ADJ weiblich, feminin **feminism** ⟨-en; kein pl⟩ Frauenbewegung f **feminist** ⟨-en; -er⟩ Feminist(in) m(f) **fem'ininum** ⟨femininet; -⟩ femininer Feminin(um) n
femkamp ['fɛmkamp] ₛ Fünfkampf m **femkampare** ⟨-en; -⟩ Fünfkämpfer(in) m(f) **femkrona** ₛ Fünfkronen--Münze f **femma** ⟨-n; -or⟩ Fünf f; umg Fünfer m **femprocentig** ⟨-en; -⟩ fünfprozentig **femrummare** ⟨-n; -⟩, **femrumslägenhet** ₛ Fünfzimmer-

wohnung f **femsidig** ADJ fünfseitig **femsiffrig** ADJ fünfstellig **femte** ADJ fünfte(r, s); **för det ~** fünftens **femtedel** S̄ Fünftel n **femteplacering** S̄ **få en ~** auf den fünften Platz kommen **femtid** S̄ vid **~en** gegen fünf Uhr **femti(o)** NUM fünfzig; → fem **femti(o)elfte** NUM **för ~ gången** zum x-ten Mal **femti(o)elva** NUM **~ gånger** x-mal, zigmal **femti(o)lapp** umg S̄ Geld Fünfziger m **femtionde** ADJ fünfzigste(r, s) **femti(o)tal** S̄ **ett ~** etwa fünfzig; **på ~et** in den Fünfzigerjahren **femti(o)årig** ADJ fünfzigjährig **femti(o)åring** ⟨-en; -ar⟩ Fünfzigjährige(r) m/f(m) **femti(o)årsdag** S̄ **~en** der fünfzigste Geburtstag **femti(o)årsålder** S̄ **i ~n** um die fünfzig **femti(o)öring** ⟨-en; -ar⟩ Fünfzigöresstück n **femton** NUM fünfzehn; → fem **femtonde** ADJ fünfzehnte(r, s) **femtondel** N̄ Fünfzehntel n **femtusen** NUM fünftausend **femtåg** S̄N **~et** der Fünfuhrzug **femårig** ADJ fünfjährig **femåring** ⟨-en; -ar⟩ Fünfjährige(r) m/f(m) **femårsplan** S̄ Fünfjahresplan m
fena ['fe:na] ⟨-n; -or⟩ Flosse f; **inte röra en ~** keinen Mucks von sich geben; **han är en ~ på att simma** kann der aber schwimmen!
fenomen [fenu'me:n] N̄ ⟨-et; -⟩ Phänomen n, Erscheinung f **fenome'nal** ADJ phänomenal; großartig, fabelhaft
feodal [feu'dɑ:l] ADJ feudal
feriearbete ['fe:riəarbe:tə] S̄N, **feriejobb** S̄ Ferienarbeit f **feriekurs** S̄ Ferienkurs m **ferier** PL Ferien pl
fernissa [fæ'nɪsa] A ⟨-n; -or⟩ Firnis m B VT firnissen
fertil [fæ'ʈi:l] ADJ fruchtbar **fertili'tet** ⟨-en; kein pl⟩ Fruchtbarkeit f
fest [fɛst] ⟨-en; -er⟩ Fest n, Party f, Feier f; umg Fete f **festa** ⟨1⟩ A VI sich amüsieren, feiern; schmausen, zechen B VP umg **'loss** so richtig feiern **festarrangör** [-aran'ʃœːr] S̄ Festveranstalter m **festdag** S̄ Festtag m **festfixare** ⟨-n; -⟩ umg Eventmanager(in) m(f) **festföremål** S̄N Jubilar(in) m(f), Gefeierte(r) m/f(m) **festföreställning** S̄ Festvorstellung f **festi'val** ⟨-en; -er⟩ Festspiel n; Festival n **festklädd** ADJ festlich gekleidet **festkommitté** S̄ Festausschuss m **festlig** ADJ ❶ festlich, feierlich ❷ → lustig, komisk **festlighet** ⟨-en; -er⟩ Festlichkeit f, Feierlichkeit f **festmiddag** S̄ Festessen n **festmåltid** S̄ Festmahl n, Schmaus m **festprisse** ⟨-n; -ar⟩ umg Bummler(in) m(f), Zechbruder m **festsal** S̄ Festsaal m **festskrift** S̄ Festschrift f **festtal** S̄N Festrede f **festvåning** S̄ Festräume pl, Festsäle pl
fet [feːt] ADJ fett; feist, dick; fettig; **med ~ stil** fett gedruckt
fetaost ['feːtaust] S̄ Schafskäse m, Ziegenkäse m
fetknopp ['feːtknɔp] S̄ BOT Mauerpfeffer m; umg Person Fettwanst m **fetlagd** ADJ beleibt, korpulent **fetma** ['fetma] A ⟨-n; kein pl⟩ Fettleibigkeit f, Beleibtheit f B Vİ ⟨1⟩ fett werden, Fett ansetzen **fetstil** S̄ Fettdruck m; **tryckt med ~** fett gedruckt
fett [fɛt] N̄ ⟨-et; -er⟩ Fett n **fettbildning** S̄ Fettbildung f **fettfläck** S̄ Fettfleck m **fetthalt** S̄ Fettgehalt m **fetthaltig** ADJ fetthaltig
fettisdag ['fɛtːɪsdɑː(g)] S̄ Fastnacht f, Fastenabend m
fettsnål ['fɛtsnoːl] ADJ fettarm
ff. ABK (= följande) ff. (folgende)
fia ['fiːa] ⟨inv⟩ Spiel Mensch-ärgere-dich-nicht® n
fiasko [fi'asku] N̄ ⟨-t; -n⟩ Fiasko n, Misserfolg m
fiber [fiːbar] ⟨-n; -er⟩ Fiber f, Faser f; Ballaststoff m **fiberrik** ADJ **~ kost** ballaststoffreiche Kost
ficka ['fika] ⟨-n; -or⟩ Tasche f **fickalmanacka** S̄ Taschenkalender m **fickflaska** S̄ Flachmann m **fickformat** S̄N Taschenformat n **fickkniv** S̄ Taschenmesser n **ficklampa** S̄ Taschenlampe f **fickordbok** S̄ Taschenwörterbuch n **fickparkera** V̇T, V̇I ⟨1⟩ einparken **fickpengar** PL Taschengeld n sg **fickplunta** S̄ Flachmann m **fickräknare** ⟨-n; -⟩ Taschenrechner m **fickspegel** S̄ Taschenspiegel m **fickstöld** S̄ Taschendiebstahl m **ficktjuv** S̄ Taschendieb(in) m(f) **fickur** S̄N Taschenuhr f
fiende ['fiːəndə] ⟨-n; -r⟩ Feind(in) m(f); **skaffa sig ~r sich** (dat) Feinde machen **fiendskap** ⟨-et; -er⟩ Feindschaft f **fientlig** [fi'ɛntlɪg] ADJ feindlich, feind-

fientlighet – finanser ▪ **111**

selig; **vara ~t sinnad mot ngn** j-m Feind (*od* feindlich gesinnt) sein **fientlighet** ⟨-en; -er⟩ Feindlichkeit *f*; Feindseligkeit *f*

fiffel *umg* N ⟨-et; kein pl⟩ Schummelei *f*

fiffig ADJ pfiffig

fiffla *umg* VI ⟨1⟩ schummeln, schieben

fifflare ⟨-n; -⟩ Schwindler(in) *m(f)*

figur [fi'gu:r] ⟨-en; -er⟩ Figur *f* **figu'rera** VI ⟨1⟩ figurieren; vorkommen; auftreten **figursydd** ADJ eng anliegend, tailliert **figuråkning** ⟨-en; -ar⟩ SPORT Kunstlaufen *n*

fik [fi:k] *umg* N ⟨-et; -⟩ Konditorei *f*, Café *n* **fika** *umg* A N ⟨-t/-n; kein pl⟩ Kaffee *m* (mit Gebäck) B VI ⟨1⟩ Kaffee trinken **fikabröd** S Gebäck zum Kaffee **fikapaus** S, **fikarast** S Kaffeepause *f*; Brotzeit *f*

fikon ['fi:kɔn] N ⟨-et; -⟩ Feige *f* **fikonlöv** SN Feigenblatt *n* **fikonspråk** SN Expertensprache *f* **fikonträd** SN Feigenbaum *m*

fiktion [fik'ʃu:n] ⟨-en; -er⟩ Fiktion *f* **fiktiv** ADJ fiktiv

fil[1] [fi:l] ⟨-en; kein pl⟩ → filmjölk

fil[2] ⟨-en; -er⟩ [1] Reihe *f*, Spur *f*, Fahrbahn *f*; **byta ~** die Spur wechseln; **välja ~** sich einordnen; **rum i ~** Zimmerflucht *f* [2] COMPUT Datei *f*; **bifoga en ~** eine Datei (als Attachment) anhängen; **öppna en ~** eine Datei öffnen; **infoga en ~** eine Datei einfügen; **spara en ~** eine Datei abspeichern; **stänga en ~** eine Datei schließen

fil[3] ⟨-en; -ar⟩ Werkzeug Feile *f* **fila** ⟨1⟩ A VI feilen (**på** an *dat*); *fig* herumfeilen B VP **~ 'bort** wegfeilen; **~ 'till** zurechtfeilen

filantrop [filan'tro:p] ⟨-en; -er⟩ Philanthrop(in) *m(f)*, Menschenfreund(in) *m(f)*

filbunke ['fi:lbəŋkə] S saure (dicke) Milch; **han är lugn som en ~** er hat die Ruhe weg

filbyte ['fi:lby:tə] SN Spurwechsel *m*

filé [fi'le:] ⟨-n; -er⟩ GASTR Filet *n*, Lendenbraten *m* **filea** VT ⟨1⟩ filetieren

filial [fili'ɑ:l] ⟨-en; -er⟩ Filiale *f*, Zweigstelle *f*

filkörning ['fi:lçœnɲiŋ] S Einhalten *n* der Fahrspur

film [film] ⟨-en; -er⟩ Film *m*, Spielfilm *m*; **tecknad ~** Zeichentrickfilm *m*; **spela 'in en ~** einen Film drehen **filma** VT, VI ⟨1⟩ filmen **filmateljé** S Filmatelier *n* **filmati'sera** VT ⟨1⟩ verfilmen **filmbolag** SN Filmgesellschaft *f* **filmcensur** S Filmzensur *f*; Filmprüfstelle *f* **filmduk** S Leinwand *f* **filmfotograf** S Kameramann *m*, Kamerafrau *f* **filmförevisning** S Filmvorführung *f* **filminspelning** S Filmaufnahme *f*, Dreharbeit *f*

filmjölk ['fi:lmjølk] S *schwedische Dickmilch/Sauermilch*

filmkamera ['filmka:məra] S Filmkamera *f* **filmmanus(kript)** N Drehbuch *n*, Filmmanuskript *n* **filmpremiär** S Erstaufführung *f* **filmregissör** S Filmregisseur(in) *m(f)* **filmremsa** S Filmstreifen *m* **filmrulle** S Filmrolle *f* **filmskådespelare** S Filmschauspieler(in) *m(f)* **filmskådespelerska** S Filmschauspielerin *f* **filmstjärna** S Filmstar *m*

filnamn ['fi:lnamn] N COMPUT Dateiname *m*

filolog [filɔ'lo:g] ⟨-en; -er⟩ Philologe *m*, Philologin *f* **filolo'gi** ⟨-n; kein pl⟩ Philologie *f*

filosof [filɔ'so:f] ⟨-en; -er⟩ Philosoph(in) *m(f)* **filoso'fi** ⟨-n; -er⟩ Philosophie *f*; **~e doktor** Doktor der Philosophie **filo'sofisk** ADJ philosophisch

filt [filt] ⟨-en; -ar⟩ [1] Filz *m* [2] Bettdecke *f*, Wolldecke *f*

filter ['filtər] N ⟨-et; -⟩ Filter *m* **filtercigarrett** S Filterzigarette *f* **filterpåse** S Filtertüte *f*

filthatt ['filthat] S Filzhut *m* **filtpenna** S Filzschreiber *m*

filtrat [fil'trɑ:t] N ⟨-et; -⟩ Filtrat *n* **filt'rera** VT ⟨1⟩ filtern, filtrieren

filur [fi'lɵ:r] ⟨-en; -er⟩ Filou *m*, Schelm *m*

fimp [fimp] ⟨-en; -ar⟩ (Zigaretten-)Stummel *m*, Kippe *f* **fimpa** VT ⟨1⟩ Zigarette ausdrücken

fin [fi:n] ADJ fein; zart; **~ stil** kleiner Stil; **tryckt med ~ stil** klein gedruckt

final [fi'nɑ:l] ⟨-en; -er⟩ Finale *n*; SPORT *a.* Endrunde *f*, Endspiel *n* **finalmatch** S Endspiel *n*

finans [fi'nans, -anʃ] ⟨-en; -er⟩ Finanz *f* **finansdepartement** SN Finanzministerium *n* **finanser** PL Finanzen *pl*,

Vermögensverhältnisse *pl* **finansi'ell** ADJ finanziell **finansi'era** VT ⟨1⟩ finanzieren **finanskris** S Finanzkrise *f* **finansman** S Finanzler(in) *m(f)* **finansminister** S Finanzminister(in) *m(f)* **finansvalp** *pej* S ≈ junger Börsianer und Emporkömmling **finansväsen** SN Finanzwesen *n*
finbageri ['fi:nbɑ:gəˌri:] SN Feinbäckerei *f*
fi'ness ⟨-en; -er⟩ Feinheit *f*, Finesse *f*
finfin [fi:nfi:n] ADJ hochfein, hervorragend **finfördelad** ADJ zerstäubt, fein verteilt
finger [ˈfiŋər] N ⟨-et/-; ar⟩ Finger *m*; **ha ett ~ med i spelet** die Hand im Spiel haben; **kunna ngt på sina fem fingrar** etw aus dem Effeff können; **linda ngn om fingret** j-n um den Finger wickeln; **peka ~ åt ngn** mit dem Finger auf j-n zeigen; **se genom fingrarna med ngt** bei etw ein Auge zudrücken
fingerad [fiŋˈge:rad] ADJ fingiert, vorgeblich
fingeravtryck [ˈfiŋəraːvtrʏk] SN Fingerabdruck *m* **fingerborg** S Fingerhut *m* **fingerborgsblomma** S BOT Fingerhut *m* **fingerbred** S fingerbreit **fingerfärdighet** S Fingerfertigkeit *f* **fingerkrok** S dra ~ fingerhäkeln **fingerled** S Fingergelenk *n* **fingernagel** S Fingernagel *m* **fingerspets** S Fingerspitze *f*; **ut i ~arna** bis in die Fingerspitzen **fingertjock** ADJ fingerdick **fingertopp** S Fingerkuppe *f* **fingervante** S Fingerhandschuh *m* **fingervisning** S Fingerzeig *m* **fingra** VI ⟨1⟩ **an etw** (dat) herumfingern
finhackad [ˈfi:nhakad] ADJ fein gehackt **finhet** ⟨-en; -er⟩ Feinheit *f*, Zartheit *f* **fininställning** S Präzisionseinstellung *f*
finish [ˈfiniʃ] ⟨-en; -ar⟩ Finish *n*; Schlusskampf *m*; letzter Schliff
fink [fiŋk] ⟨-en; -ar⟩ Fink *m*
finka [ˈfiŋka] ⟨-n; -or⟩ *umg* Kittchen *n*, Loch *n*; *Zug* Gepäckwagen *m*
finkalibrig [ˈfi:nkaliˌbri(g)] ADJ kleinkalibrig **finkamma** VT ⟨1⟩ sorgfältig durchsuchen **finkornig** ADJ feinkörnig **finkänslig** ADJ feinfühlig, taktvoll **finkänslighet** S Feingefühl *n*, Feinfühligkeit *f*, Takt *m*
Finland [ˈfinland] N ⟨inv⟩ Finnland *n* **finlandssvensk** A ADJ finnlandschwedisch B ⟨-en; -ar⟩ Finnlandschwede *m* **finlandssvenska** 1 ⟨-n; *kein pl*⟩ Finnlandschwedisch *n* 2 ⟨-n; -or⟩ Finnlandschwedin *f*
finlemmad [ˈfi:nlemad] ADJ feinglied(e)rig
finländare [ˈfinlɛndarə] ⟨-n; -⟩ Finne *m*, Finnin *f*, Finnländer(in) *m(f)* **finländsk** ADJ finnisch, finnländisch **finländska** ⟨-n; -or⟩ Finnin *f*, Finnländerin *f*
finmala [ˈfi:nmɑ:la] VT ⟨2⟩ fein mahlen **finmaskig** ADJ feinmaschig **finmekaniker** S Feinmechaniker(in) *m(f)*
finna [ˈfina] ⟨4⟩ A VT finden; **~ för gott** für gut befinden; **~ lämpligt** für geeignet halten B VR **~ sig** sich befinden, sich fühlen; **~ i ngt** sich etw gefallen lassen, sich mit etw abfinden; **det finner jag mig inte i** das lasse ich mir nicht gefallen/bieten C VP **~ 'ut** herausfinden **finnas** VI ⟨dep 4⟩ (vorhanden) sein, da sein, sich finden; sich befinden; **~ kvar** noch da/übrig sein; **~ att få** zu haben sein
finne¹ [ˈfinə] ⟨-n; -ar⟩ *Volk* Finne *m*, Finnin *f*
finne² ⟨-n; -ar⟩ Pustel *f*, Pickel *m* **finnig** ADJ pickelig
finsk [finsk] ADJ finnisch **finska** ⟨-n; -or⟩ 1 ⟨-n; *kein pl*⟩ Finnisch *n* 2 ⟨-n; -or⟩ Finnin *f*
finskuren [ˈfi:nskuːrən] ADJ fein geschnitten, klein geschnitten; *fig* fein, wohlgeformt **finslipning** S Feinschliff *m* **finsmakare** ⟨-n; -⟩ Feinschmecker(in) *m(f)* **finstilt** ADJ klein gedruckt
fint [fint] ⟨-en; -er⟩ Finte *f*
fintvätt [ˈfi:ntvɛt] S Feinwäsche *f* **fintvättmedel** SN Feinwaschmittel *n*
finurlig [fiˈnʉːli(g)] ADJ schlau, pfiffig **finurlighet** ⟨-en; -er⟩ Schlauheit *f*, Pfiffigkeit *f*
fiol [fiˈuːl] ⟨-en; -er⟩ Geige *f*, Violine *f*; *umg* Fiedel *f*; **spela ~** *a.* geigen; **spela första ~en** die erste Geige spielen; *fig* **stå för ~erna** die Zeche bezahlen müssen, blechen **fiollåda** S Geigenkasten *m* **fiolspelare** S Geiger(in) *m(f)*, Gei-

genspielar(in) *m(f)*, Violinist(in) *m(f)*
fiolstråke S̲ Geigenbogen *m* **fiolsträng** S̲ Violinsaite *f*
fira ['fi:ra] V̲T̲ ⟨1⟩ **1** feiern; **~ i efterhand** nachfeiern **2** SCHIFF fieren, herunterlassen
firma ['firma] ⟨-n; -or⟩ Firma *f* **firmafest** S̲ Betriebsfest *n* **firmamärke** S̲N̲ Warenzeichen *n*
fisk [fisk] ⟨-en; -ar⟩ Fisch *m*; **~ och skaldjur** Meeresfrüchte; *fig* ful ~ gefährlicher Bursche, übler Kerl; **varken fågel eller ~** nicht Fisch, nicht Fleisch; **fig få sina ~ varma** sein Fett abkriegen
fiska ⟨1⟩ A̲ V̲T̲,V̲I̲ fischen, Fische fangen; angeln; *fig* **~ efter ngt** nach etw angeln B̲ V̲P̲ **~ 'reda på** aufgabeln; **~ 'upp** auffischen **fiskaffär** S̲ Fischgeschäft *n* **fiskare** ⟨-n; -⟩ Fischer(in) *m(f)*; Angler(in) *m(f)* **Fiskarna** ⟨inv⟩ ASTROL Fische *pl* **fiskben** S̲N̲ ⟨Fisch-⟩Gräte *f* **fiskbensmönster** S̲N̲ Fischgrätenmuster *n* **fiskbulle** S̲ Fischklößchen *n* **fiskdamm** S̲ Fischteich *m* **fiskdöd** S̲ Fischsterben *n* **fiske** N̲ ⟨-t; -n⟩ Fischerei *f*, Fischen, Fischfang *m*; Angeln *n* **fiskebåt** S̲ Fischerboot *n* **fiskedon** S̲N̲ Fischgerät *n*, Angelgerät *n* **fiskehamn** S̲ Fischer(ei)hafen *m* **fiskekort** S̲N̲ Angelschein *m* **fiskekutter** S̲ Fischkutter *m* **fiskelycka** S̲ Glück *n* beim Angeln **fiskeläge** S̲N̲ Fischerdorf *n* **fiskeredskap** S̲N̲ Fischgerät *n*; Angelgerät *n* **fiskevatten** S̲N̲ Fischwasser *n*; *a.* Fischrecht *n* **fiskfilé** S̲ Fischfilet *n* **fiskfjäll** S̲N̲ Fischschuppe *f* **fiskhandlare** S̲ Fischhändler(in) *m(f)* **fiskhåv** S̲ Fischkescher *m* **fiskmås** S̲ Möwe *f* **fisknät** S̲N̲ Fischnetz *n*, Fischgarn *n* **fiskodling** S̲ Fischzucht *f* **fiskpinne** S̲ Fischstäbchen *n* **fiskrik** A̲D̲J̲ fischreich **fiskrom** S̲ Fischrogen *m* **fiskrätt** S̲ Fischgericht *n* **fiskrökeri** S̲N̲ Fischräucherei *f* **fiskyngel** S̲N̲ Fischbrut *f*
fistel ['fistəl] ⟨-n; -ar⟩ MED Fistel *f*
fitta ['fita] ⟨-n; -or⟩ *vulg* Fotze *f*
fix [fiks] A̲D̲J̲ fix, fest
fixa ['fiksa] *umg* V̲T̲,V̲I̲ ⟨1⟩ A̲ V̲T̲ besorgen; deichseln; **det ska jag ~** das werde ich schon hinkriegen B̲ V̲R̲ **det ~ sig** es wird sich schon regeln C̲ V̲P̲ **~ 'till** in Ordnung bringen

fix'era V̲T̲ ⟨1⟩ fixieren; festsetzen; anstarren **fix'erbad** S̲N̲ Fixierbad *n*
fjant [fjant] ⟨-en; -ar⟩ **1** Laffe *m* **2** Albernheit *f* **fjanta** ⟨1⟩ **~ sig** sich läppisch benehmen; umherscharwenzeln; **~ dig inte!** sei nicht so albern!
fjantig A̲D̲J̲ läppisch, albern
fjol [fju:l] ⟨inv⟩ **i ~** voriges Jahr; **i ~ sommar** vorigen Sommer; **från i ~** vorjährig
fjolla ['fjɔla] ⟨-n; -or⟩ Närrin *f*, dumme Trine **fjollig** A̲D̲J̲ närrisch, albern, läppisch
fjompig ['fjɔmpi(g)] A̲D̲J̲ affig
fjord [fjo:d] ⟨-en; -ar⟩ Fjord *m*
fjorton ['fju:tɔn] N̲U̲M̲ vierzehn **fjortonde** A̲D̲J̲ vierzehnte(r, s); **var ~ dag** alle vierzehn Tage
fjun [fju:n] N̲ ⟨-et; -⟩ Flaum(feder *f*) *m*, Daune *f* **fjunig** A̲D̲J̲ flaumig, daunenweich
fjäder ['fjɛ:dər] ⟨-n; -ar⟩ *a.* TECH Feder *f*; *pl a.* Gefieder *n* **fjäder(be)klädd** A̲D̲J̲ gefiedert **fjäderdräkt** S̲ Gefieder *n* **fjäderfä** S̲N̲ Geflügel *n*, Federvieh *n* **fjäderlätt** A̲D̲J̲ federleicht **fjädermoln** S̲N̲ Federwolke *f* **fjädervikt** S̲ SPORT Federgewicht *n* **fjädervippa** S̲ Staubwedel *m*, Federwisch *m* **fjädra** ⟨1⟩ A̲ V̲I̲ federn B̲ V̲R̲ **~ sig** federn; *fig* sich aufblähen; *umg* sich aufplustern, stolzieren **fjädrande** A̲D̲J̲ federnd **fjädring** ⟨-en; -ar⟩ Federung *f*
fjäll¹ [fjɛl] N̲ ⟨-et; -⟩ Berg *m*; *pl a.* Gebirge *n*
fjäll² N̲ ⟨-et; -⟩ Schuppe *f* **fjällig** A̲D̲J̲ schuppig, geschuppt
fjällresa ['fjɛlre:sa] S̲ Reise *f* ins Gebirge **fjällripa** S̲ ZOOL Schneehuhn *n* **fjällräv** S̲ ZOOL Polarfuchs *m* **fjälltopp** S̲ Berggipfel *m* **fjälltrakt** S̲ Gebirgsgegend *f* **fjällvandring** S̲ Bergwanderung *f* **fjällväxt** S̲ Gebirgspflanze *f* **fjällämmel** S̲ Lemming *m*
fjärd [fjæ:d] ⟨-en; -ar⟩ Bucht *f*; Förde *f*
fjärde [fjæ:ɖa] A̲D̲J̲ vierte(r); **för det ~** viertens **fjärdedel** S̲ Viertel *n*
fjäril ['fjæ:ril] ⟨-en; -ar⟩ ZOOL Schmetterling *m*, Falter *m* **fjärilshåv** S̲ Schmetterlingsnetz *n* **fjärilsim** S̲N̲ *Schwimmen* Schmetterlingsstil *m* **fjärilslarv** S̲ Schmetterlingsraupe *f*
fjärma ['fjærma] ⟨1⟩ A̲ V̲T̲ entfernen B̲ V̲R̲ **~ sig** sich entfernen

fjärran ['fjæran] A ADJ, ADV fern, entfernt; **när och ~** nah und fern; **~ ifrån** aus weiter Ferne; **Fjärran Östern** der Ferne Osten B ⟨inv⟩ Ferne f; **i ~** in der Ferne **fjärrkontroll** S̄ Fernbedienung f **fjärrsamtal** S̄N Ferngespräch n **fjärrstyrd** ADJ ferngesteuert **fjärrstyrning** S̄ Fernsteuerung f **fjärrsyn** S̄ Fernsicht f **fjärrsynt** ADJ weitblickend **fjärrtrafik** S̄ Fernverkehr m **fjärrvärme** S̄ Fernheizung f **fjärrvärmeverk** S̄N Fernheizanlage f **fjärråtkomst** S̄ Fernabfrage f
fjärt [fjæt] ⟨-en; -ar⟩ umg Furz m, Pup m **fjärta** ['fjæʈa] V̄I ⟨1⟩ furzen, pupen
fjäsk [fjɛsk] N̄ ⟨-et; kein pl⟩ Kriecherei f **fjäska** V̄I ⟨1⟩ **~ för ngn** j-m um den Bart gehen; um j-n herumscharwenzeln
fjättra ['fjɛʈra] V̄T ⟨1⟩ fesseln
f.Kr. ABK (= före Kristus) v. Chr. (vor Christus)
flabb [flab] umg N̄ ⟨-et; kein pl⟩ albernes Lachen **flabba** umg V̄I ⟨1⟩ laut lachen; albern lachen
flack [flak] ADJ flach, platt, eben; fig oberflächlich **flacka** V̄I/P ⟨1⟩ **~ omkring** dauernd unterwegs sein
fladder ['fladər] N̄ ⟨-et; kein pl⟩ Flattern n **fladdermus** S̄ ZOOL Fledermaus f **fladdra** V̄I ⟨1⟩ flattern; flackern **fladdrig** ADJ flatterig; flackerig; fig flatterhaft
flaga ['flɑ:ga] A ⟨-n; -or⟩ Schuppe f; Splitter m; Flocke f B V̄I/P ⟨1⟩ **~ 'av (sig)** sich (ab)schuppen, abblättern
flagg [flag] ⟨-en; kein pl⟩ SCHIFF Flagge f; **hissa ~** die Flagge hissen; **gå under falsk/främmande ~** unter falscher/fremder Flagge segeln **flagga** A ⟨-n; -or⟩ Flagge f, Fahne f B V̄I ⟨1⟩ flaggen; **~ på halv stång** halbmast flaggen
flaggning ⟨-en; -ar⟩ Flaggen n **flaggskepp** S̄N MIL Flaggschiff n **flaggstång** S̄ Fahnenstange f
flagig ['flɑ:gi(g)] ADJ schuppig; splitterig; blätterig **flagna** V̄I ⟨1⟩ sich (ab)schuppen, abblättern
flak [flɑ:k] N̄ ⟨-et; -⟩ Eisscholle f; Ladefläche f **flakvagn** S̄ Leiterwagen m
flambera [flam'be:ra] V̄T ⟨1⟩ flambieren
flamländare ['flamlɛndarə] ⟨-en; -⟩ Flame m **flamländsk** ADJ flämisch, flamländisch **flamländska** A ⟨-n; kein pl⟩ Flämisch n B ⟨-n; -or⟩ Flämin f
flamma ['flama] A ⟨-n; -or⟩ Flamme f B V̄I ⟨1⟩ flammen, lodern C V̄I/P ⟨1⟩ **~ 'upp** aufflammen, auflodern, aufflackern **flammig** ADJ geflammt, maserig; fleckig
flams [flams] umg N̄ ⟨-et; kein pl⟩ Albernheit f, Getratsche n; Schlamperei f **flamsa** umg V̄I ⟨1⟩ (herum)albern **flamsig** umg ADJ albern
flamsk [flamsk] ADJ → flamländsk
flanell [fla'nɛl] ⟨-en; -er⟩ Flanell m **flanellskjorta** S̄ Flanellhemd n
flanera [fla'ne:ra] V̄I ⟨1⟩ flanieren, umherschlendern, bummeln
flank [flaŋk] ⟨-en; -er⟩ Flanke f **flan'kera** V̄T ⟨1⟩ flankieren
flanör [fla'nœ:r] ⟨-en; -er⟩ Flaneur m, Bummler m
flashig umg ADJ protzig
flaska ['flaska] ⟨-n; -or⟩ Flasche f; **öl på ~** Flaschenbier n **flaskbarn** S̄N Flaschenkind n **flaskhals** S̄ Flaschenhals m; fig Engpass m **flaskpost** S̄ Flaschenpost f **flaskpropp** f Flaschenstöpsel m **flasköppnare** S̄ Flaschenöffner m
flat [flɑ:t] ADJ flach, platt; eben; fig verdutzt, verblüfft
flata ['flɑ:ta] ⟨-n; -or⟩ pej umg Lesbe f
flatbottnad [flɑ:t-] ADJ mit flachem Boden **flathet** ⟨-en; kein pl⟩ Flachheit f, Plattheit f; Verdutztheit f, Verblüfftheit f; Nachgiebigkeit f
flax [flaks] ⟨-en; kein pl⟩ umg Schwein n, Dusel m
flaxa ['flaksa] V̄I ⟨1⟩ flattern; **~ med vingarna** mit den Flügeln schlagen **flaxig** umg ADJ flatterhaft
fleece [fli:s] ⟨-n; kein pl⟩ Fleece n
flegmatisk [flɛg'mɑ:tisk] ADJ phlegmatisch
fler(a) [fle:r, 'fle:ra] ADJ pl mehr; **allt ~** immer mehr **flera** PRON mehrere, verschiedene; **med ~** und andere mehr; **~ gånger** mehrfach, mehrmals **flerbarnsfamilj** S̄ kinderreiche Familie **flerbäddsrum** S̄N Mehrbettzimmer n **flerdubbel** ADJ mehrfach **flerdubbla** V̄T ⟨1⟩ vervielfachen; vervielfältigen **flerfaldig** ADJ mehrfach **flerfamiljshus** S̄N Mehrfamilienhaus n **flerfilig** ADJ mehrspurig **fleromättad** ADJ Fett mehrfach ungesättigt

flerpartisystem S̅ N̅ Mehrparteiensystem n **flersiffrig** ADJ mehrstellig **flerspråkig** ADJ mehrsprachig **flerstavig** ADJ mehrsilbig **flerstämmig** ADJ mehrstimmig **flertal** S̅ N̅ a. GRAM Mehrzahl f, Mehrheit f; **~et** die meisten; **i ~et fall** in der Mehrzahl der Fälle; **ett ~** mehrere **flertydig** ADJ mehrdeutig **flervalsprov** S̅ N̅, **flervalstest** S̅ N̅ Prüfung f od Test m mit Multiple-Choice-Verfahren **flerårig** ADJ mehrjährig

flest(a) [flest, ˈflesta] ADJ die meisten
flexa [ˈflɛksa] VI ⟨1⟩ gleitende Arbeitszeit haben; umg Gleitzeit arbeiten
flex'ibel ADJ flexibel **flextid** S̅ gleitende Arbeitszeit, Gleitzeit f
flicka [ˈflɪka] ⟨-n; -or⟩ Mädchen n, Mädel n **flickaktig** ADJ mädchenhaft
flicknamn S̅ N̅ **1** Mädchenname m **2** Nachname Geburtsname m **flickvän** S̅ in Beziehung Freundin f
flightnummer [ˈflajtnømər] S̅ N̅ Flugnummer f
flik [fliːk] ⟨-en; -ar⟩ Zipfel m; BOT Lappen m; Briefumschlag Lasche f **flika** VP ⟨1⟩ **~ 'in** einflechten **flikig** ADJ zipf(e)lig; BOT lappig, gelappt
flimmer [ˈflɪmər] N̅ ⟨-et; kein pl⟩ Flimmer m **flimra** VI ⟨1⟩ flimmern
flin [fliːn] umg N̅ ⟨-et; kein pl⟩ Grinsen n, Feixen n **flina** umg VI ⟨1⟩ grinsen, feixen
flinga [ˈflɪŋa] ⟨-n; -or⟩ Flocke f
flink [flɪŋk] ADJ flink, rasch, fix **flinkhet** ⟨-en; kein pl⟩ Flinkheit f
flint [flɪnt] ⟨-en; -ar⟩ → **flintskalle**
flinta [ˈflɪnta] ⟨-n; -or⟩ Feuerstein m
flintskalle ⟨-n; -ar⟩ Glatze f, Kahlkopf m **flintskallig** ADJ glatzköpfig, kahlköpfig
flipflop-sandaler PL Flipflops, Flip-Flops® pl
flippa [ˈflɪpa] umg VP ⟨1⟩ **~ 'ur'ut** ausflippen **flipperspel** S̅ N̅ Flipper m
flirt [flœːʈ] ⟨-en; -ar⟩ Flirt m **flirta** VI ⟨1⟩ flirten
flisa [ˈfliːsa] A ⟨-n; -or⟩ Splitter m B VR ⟨1⟩ **~ sig** absplittern **flisig** ADJ splitt(e)rig
flit [fliːt] ⟨-en; kein pl⟩ Fleiß m, Emsigkeit f; med **~** absichtlich **flitig** ADJ fleißig, emsig
flock [flɔk] ⟨-en; -ar⟩ Schar f, Haufe(n) m, Herde f, Schwarm m; Tiere Rudel n; Vögel Flug m, Zug m, Schwarm m; Volk n; BOT Dolde f **flocka** VR ⟨1⟩ **~ sig** sich sammeln, sich scharen **flockvis** ADV scharenweise, haufenweise, rudelweise

flod [fluːd] ⟨-en; -er⟩ Fluss m, Strom m; Flut f **flodarm** S̅ Flussarm m **flodbädd** S̅ Flussbett n **flodhäst** S̅ Nilpferd n, Flusspferd n **flodmynning** S̅ Flussmündung f
flopp [flɔp] ⟨-en; -ar⟩ umg Flop m, Reinfall m, Fehlschlag m **floppa** umg VI ⟨1⟩ ein Flop sein, floppen
flor [fluːr] ⟨-et; -⟩ Flor m; Schleier m
flora [ˈfluːra] ⟨-n; -or⟩ Flora f **flo'rera** VI ⟨1⟩ florieren, blühen
florett [flɔˈrɛt] ⟨-en; -er⟩ Florett n **florettfäktning** S̅ Florettfechten n
florist [flɔˈrɪst] ⟨-en; -er⟩ Florist(in) m(f)
florsocker [ˈfluːrsɔkər] S̅ N̅ Puderzucker m
floskel [ˈflɔskəl] ⟨-n; -ler⟩ Floskel f; leere Redensart f
flott¹ [flɔt] N̅ ⟨-et; kein pl⟩ Schmalz n, (Braten-)Fett n
flott² ADJ flott, fesch; schneidig
flotta [ˈflɔta] A ⟨-n; -or⟩ Flotte f; Marine f; Kriegsmarine f B VI ⟨1⟩ flößen
flottare ⟨-n; -⟩ Flößer m **flottbas** S̅ Flottenstützpunkt m **flotte** ⟨-n; -ar⟩ Floß n
flottfläck [ˈflɔtflɛk] S̅ Fettfleck m **flottig** ADJ schmalzig, fettig
flottilj [flɔˈtɪlj] ⟨-en; -er⟩ Flottille f
flott'ist ⟨-en; -er⟩ Marinesoldat m, Matrose m
flottyr [flɔˈtyːr] ⟨-en; -er⟩ Frittüre f
flottyrstekt ADJ in Fett gebraten
flottör [flɔˈtœːr] ⟨-en; -er⟩ TECH Schwimmer m
fluffig [ˈflɵfɪ(g)] ADJ bauschig; locker
fluga [ˈflɵːga] ⟨-n; -or⟩ Fliege f; umg Fimmel m; fig **slå två flugor i en smäll** zwei Fliegen mit einer Klappe schlagen; **inte göra en ~ förnär** niemandem etw zuleide tun **flugfiske** S̅ N̅ Angeln mit künstlichen Fliegen **flugfångare** ⟨-n; -⟩ Fliegenfänger m **flugsmälla** S̅ Fliegenklappe f **flugsnappare** ⟨-n; -⟩ ZOOL Fliegenschnäpper m **flugsvamp** S̅ BOT Fliegenpilz m **flugvikt** S̅ SPORT Fliegengewicht n
fluktuation [flɵktɛaˈʃuːn] ⟨-en; -er⟩

Schwankung f, Fluktuation f **fluktu-'era** <u>VT</u> ⟨1⟩ schwanken, fluktuieren
flum [flem] <u>N</u> ⟨-et; kein pl⟩ ≈ unwissenschaftliche, wirre Theorien und Gedanken **flummig** umg <u>ADJ</u> unklar, wirr; Narkotika high
flundra ['flɵndra] ⟨-n; -or⟩ Flunder f, Scholle f
fluor [flʉˈoːr] ⟨-en; kein pl⟩ Fluor n
fly¹ [flyː] <u>VT</u> ⟨3⟩ fliehen, flüchten (**för** vor dat); entfliehen, meiden; **tiden ~r** die Zeit weicht/flieht dahin
fly² <u>ADV</u> ~ **förbannad** fuchsteufelswild
flyg [flyːg] <u>N</u> ⟨-et; -⟩ Flugwesen n; Fliegen n; Flugzeug n; MIL Luftwaffe f; **med** ~ mit dem Flugzeug **flyga** ⟨4⟩ <u>A</u> <u>VI</u> fliegen <u>B</u> <u>VP</u> ~ **'bort** wegfliegen, davonfliegen; ~ **för'bi** vorbeifliegen; ~ **i luften** in die Luft fliegen, explodieren; ~ **'in** einfliegen, hereinfliegen; ~ **'på ngn** auf j-n losstürzen; ~ **'över ngt** etw überfliegen; **det flög 'i mig es** kam mir plötzlich in den Sinn **flygande** <u>ADJ</u> fliegend; ~ **tefat** fliegende Untertasse **flyganfall** <u>S</u> Fliegerangriff m, Luftangriff m **flygare** ⟨-n; -⟩ Flieger(in) m(f) **flygbas** <u>S</u> Flugstützpunkt m **flygbild** <u>S</u> Luftaufnahme f **flygbiljett** <u>S</u> Flugschein m **flygblad** <u>S N</u> Flugblatt n, Flyer m **flygbolag** <u>S</u> Fluggesellschaft f **flygbomb** <u>S</u> Fliegerbombe f **flygbuss** <u>S</u> Flughafenbus m **flygbåt** <u>S</u> Flugboot n **flygcertifikat** <u>S N</u> Flugzeugführerschein m
flygel ['flyːgəl] ⟨-n; -ar⟩ ARCH, MIL, MUS Flügel m
flygfisk ['flyːgfɪsk] ZOOL Fliegender Fisch, Flugfisch m **flygfoto** <u>S N</u> Flugaufnahme f **flygfrakt** <u>S</u> Luftfracht f **flygfä** <u>S N</u> ZOOL fliegendes Insekt **flygfält** <u>S N</u> Flugplatz m; Flughafen m **flygfärdig** <u>ADJ</u> flügge **flygförbindelse** <u>S</u> Flugverbindung f **flygkapten** <u>S</u> Flugkapitän m **flygkorridor** <u>S</u> Einflugzone f **flyglarm** <u>S N</u> Fliegeralarm m, Luftalarm m **flygledare** <u>S</u> Fluglotse m, Fluglotsin f **flyglinje** <u>S</u> Fluglinie f **flygning** ⟨-en; -ar⟩ Fliegen n **flygolycka** <u>S</u> Flugzeugunglück n **flygpassagerare** <u>S</u> Fluggast m **flygplan** <u>S N</u> Flugzeug n **flygplanskapare** <u>S</u> Flugzeugentführer(in) m(f) **flygplats** <u>S</u> Flugplatz m; Flughafen m **flygpost** <u>S</u> Luftpost f **flygresa** <u>S</u> Flugreise f **flygrutt** <u>S</u> Flugroute f **flygrädd** <u>ADJ</u> vara ~ Flugangst haben **flygspaning** <u>S</u> Lufterkundung f **flygstol** <u>S</u> (nur) Flug m ohne Hotel **flygstrejk** <u>S</u> Flugstreik m **flygterminal** <u>S</u> Flugterminal m **flygtid** <u>S</u> Flugzeit f **flygtidtabell** <u>S</u> Flugplan m **flygtrafik** <u>S</u> Luftverkehr m, Flugverkehr m **flygvapen** <u>S N</u> Luftwaffe f **flygväder** <u>S N</u> Flugwetter n **flygvärd (-inna)** <u>S</u> Flugbegleiter(in) m(f)
flyhänt ['flyːhɛnt] <u>ADJ</u> flink, fix, geschickt
flykt [flykt] ⟨-en; -er⟩ ◼ Flug m; fig Schwung m; **gripa tillfället i ~en** die Gelegenheit ergreifen ◼ Flucht f; **ta till ~en** die Flucht ergreifen; **jaga på ~en** in die Flucht schlagen; **vara på ~** auf der Flucht sein **flyktförsök** <u>S N</u> Fluchtversuch m **flyktig** <u>ADJ</u> a. CHEM flüchtig; oberflächlich; unbeständig **flykting** ⟨-en; -ar⟩ Flüchtling m **flyktingförläggning** <u>S</u> Asylbewerberheim n **flyktinghjälp** <u>S</u> Flüchtlingshilfe f **flyktingläger** <u>S</u> Flüchtlingslager n **flyktingström** <u>S</u> Flüchtlingsstrom m
flyta ['flyːta] ⟨4⟩ <u>A</u> <u>VI</u> fließen; schwimmen; treiben; ~ **i land** an Land schwimmen; ~ **ovanpå** oben(auf) schwimmen; fig hoch hinauswollen ◼ <u>VP</u> ~ **'samman** zusammenfließen, ineinanderfließen, verschmelzen; ~ **'upp** an die Oberfläche kommen; ~ **'ut** verlaufen **flytande** <u>ADJ</u> schwimmend, fließend, flüssig; fig **hålla sig** ~ sich über Wasser halten; **i** ~ **form** verflüssigt; **tala** ~ fließend sprechen **flytning** ⟨-en; -ar⟩ MED Fluss m; Ausfluss m
flytta ['flyta] ⟨1⟩ <u>A</u> <u>VT</u> rücken, (anderswohin) setzen, versetzen; wegschaffen, wegräumen, entfernen; COMPUT verschieben ◼ <u>VI</u> (um-, aus-, weg-, ver-) ziehen; übersiedeln; die Stelle wechseln <u>C</u> <u>VR</u> ~ **sig** rücken, sich bewegen <u>D</u> <u>VP</u> ~ **'fram** vorrücken; verlegen; ~ **i 'hop** zusammenziehen; ~ **'in** (hin)einstellen, einräumen; einziehen; ~ **'om** umstellen; ~ **'ut** ausziehen; ~ **'ut till landet** aufs Land ziehen **flyttbar** <u>ADJ</u> beweglich, tragbar, verstellbar, transportabel **flyttbil** <u>S</u> Möbelwagen m

flyttblock S̄N̄ Findling m **flyttfirma** S̄ Möbelspedition f **flyttfågel** S̄ Zugvogel m **flyttkarl** S̄ Möbelpacker m **flyttlass** S̄N̄ Möbelfuhre f **flyttning** ⟨-en; -ar⟩ Umziehen n, Umzug m; Wegschaffen n; Versetzung f

flytväst ['fly:tvɛst] S̄ Schwimmweste f

flå [flo:] V̄T̄ ⟨3⟩ abziehen

flåsa ['flo:sa] V̄Ī ⟨1⟩ keuchen, schnaufen, schnauben **flåsning** ⟨-en; -ar⟩ Keuchen n, Schnaufen n, Schnauben n

fläck [flɛk] ⟨-en; -ar⟩ Fleck(en m) m, Mal n; fig mst Makel m; **på ~en** auf der Stelle, sofort; **inte komma ur ~en** nicht vom Fleck kommen **fläcka** Ā V̄T̄ (be)flecken B̄ V̄P̄ **~ 'ner** beflecken, beschmutzen **fläckborttagningsmedel** S̄N̄ Fleckentferner m **fläckfri** ADJ fleckenlos; fig makellos, unbescholten **fläckig** ADJ fleckig, beschmutzt; gefleckt, scheckig **fläckvis** ADV stellenweise

fläder ['flɛ:dər] ⟨-n; -ar⟩ BOT Holunder m **fläderbuske** S̄ Holunderstrauch m

fläka ['flɛ:ka] V̄T̄ ⟨2⟩ spalten, aufschlitzen

fläkt [flɛkt] ⟨-en; -ar⟩ Hauch m, Lüftchen n; TECH Ventilator m; fig Schwung m **fläkta** ⟨1⟩ Ā V̄T̄ fächeln, wedeln B̄ V̄Ī wehen **fläktrem** S̄ AUTO Keilriemen m

flämta ['flɛmta] V̄Ī ⟨1⟩ keuchen; Flamme flackern **flämtning** ⟨-en; -ar⟩ Keuchen n; Flackern n

fläng [flɛŋ] N̄ ⟨-et; kein pl⟩ Hast f, Eile f; Hin-und-her-Gerenne n; **i flygande ~** in größter Eile **flänga** ⟨2⟩ Ā V̄Ī sausen, rennen; **~ hit och dit** hin- und herrennen B̄ V̄P̄ **~ om'kring** herumrennen

fläns [flɛns] ⟨-en; -ar⟩ Flansch m

flärd [flæ:ɖ] ⟨-en; kein pl⟩ Eitelkeit f, äußerlicher Glanz **flärdfri** ADJ schlicht, einfach, bescheiden **flärdfull** ADJ eitel, eingebildet

fläsk [flɛsk] ⟨-et; kein pl⟩ Speck m; Schweinefleisch n; **rökt ~** Räucherspeck m; **salt ~** Pökelschweinefleisch n; umg **nu är det kokta ~et stekt** jetzt ist es passiert, jetzt haben wir die Bescherung (od den Salat) **fläskfilé** ⟨-n; -er⟩ Schweinefilet n **fläskig** ADJ speckig **fläskkarré** ⟨-n; -er⟩ Schweinenacken m **fläskkorv** S̄ Schweinswurst f **fläskkotlett** S̄ Schweinskotelett n **fläsklägg** ⟨-en; -ar⟩ Eisbein n **fläskpannkaka** S̄ Speck(eier)kuchen m **fläskstek** S̄ Schweinebraten m **fläsksvål** S̄ Speckschwarte f

fläta ['flɛ:ta] ⟨-n; -or⟩ Flechte f, Zopf m B̄ V̄T̄ ⟨1⟩ flechten, winden C̄ V̄P̄ ⟨1⟩ **~ i'hop** zusammenflechten; **~ 'in sig i varandra** sich verflechten

flöda ['flø:da] ⟨1⟩ Ā V̄Ī fließen, fluten, strömen; fig **~ av ngt** von etw triefen/sprudeln B̄ V̄P̄ **~ 'över** überfließen, überlaufen **flöde** N̄ ⟨-t; -n⟩ Flut f, Fluss m, Erguss m

flöjel ['fløjəl] ⟨-n; -ar⟩ Wetterfahne f

flöjt [flœjt] ⟨-en; -er⟩ Flöte f **flöj'tist** ⟨-en; -er⟩ Flötenspieler(in) m(f), Flötist(in) m(f)

flört [flœrt] ⟨-en; -ar⟩ → flirt

flöte ['flø:ta] N̄ ⟨-t; -n⟩ Schwimmer m, Korkstück n; **vara bakom ~t** beschränkt sein, hinter dem Mond leben

fm. ĀB̄K̄ (= förmiddagen) vorm. (vormittags)

FN ĀB̄K̄ (= Förenta Nationerna) die UN (United Nations) die UNO (United Nations Organization)

f.n. ĀB̄K̄ (= för närvarande) z. Z., z. Zt. (zur Zeit)

fnask [fnask] pej N̄ ⟨-et; -⟩ Nutte f

fnatt [fnat] ⟨-en; kein pl⟩ umg **få ~** eine fixe Idee haben; durchdrehen, überschnappen

fniss [fnis] N̄ ⟨-et; -⟩ Kichern, Gekicher n **fnissa** ['fnisa] V̄Ī ⟨1⟩ kichern

fnitter ['fnitər] N̄ ⟨-et; -⟩ Kichern n, Gekicher n **fnittra** V̄Ī ⟨1⟩ kichern

fnurra ['fnʊra] ⟨-n; -or⟩ **det är en ~ på tråden mellan dem** sie haben sich gekabbelt/gestritten

fnysa ['fny:sa] V̄Ī ⟨2/4⟩ schnauben (**av** vor dat); die Nase rümpfen (**åt** über akk) **fnysning** ⟨-en; -ar⟩ Schnauben n

foajé [fua'je:] ⟨-n; -er⟩ Foyer n

fobi [fɔ'bi:] ⟨-n; -er⟩ Phobie f

foder ['fu:dər] N̄ ⟨-et; -⟩ Futter n; BOT Kelch m **foderblad** S̄N̄ BOT Kelchblatt n **fodervåxt** S̄ Futterpflanze f **fodra** V̄T̄ ⟨1⟩ füttern **fod'ral** ⟨-et; -⟩ Futteral n; Brille Etui n **fodring** ⟨-en; -ar⟩ Fütterung f

fog[1] [fu:g] S̄ ⟨inv⟩ Fug m; **ha ~ för ngt** zu etw befugt sein; **ha ~ för sig** be-

fog – fordra

rechtigt/begründet sein
fog² ⟨-en; -ar⟩ Fuge f; TECH a. Naht f; **gå upp/lossna i ~arna** aus den Fugen gehen **foga** ⟨1⟩ Ⓐ V/T fügen; TECH fugen Ⓑ V/R ~ **sig** sich fügen Ⓒ V/P ~ **i**'**hop** zusammenfügen; ~ '**in** einfügen
fogde ['fugda] ⟨-n; -ar⟩ Vogt m
foglig ADJ gefügig, fügsam **foglighet** ⟨-en; kein pl⟩ Gefügigkeit f, Fügsamkeit f
fokus ['fu:kɵs] N ⟨-et/-en; kein pl⟩ Fokus m **foku'sera** V/T, V/I ⟨1⟩ fokussieren
folder ['fɔldər] ⟨-n; -ar⟩ Faltblatt n
folie ['fu:lia] ⟨-n; -r⟩ Folie f
folk [fɔlk] N ⟨-et; -⟩ Volk n; Leute pl; Menschen pl; **mycket ~** viele Leute; **~ säger** die Leute sagen; **Folkets Hus** ≈ Gemeinschaftshaus n; **det blir aldrig ~ av honom** aus ihm wird nie etwas **folkbildning** 5 Volksbildung f **folkbokföring** 5 (Einwohner-)Meldewesen n **folkdans** 5 Volkstanz m **folkdräkt** 5 Tracht f **Folkets park** ⟨inv⟩ öffentliche Anlagen mit Freilichtbühne und Tanzlokal **folkfattig** ADJ bevölkerungsarm **folkgrupp** 5 POL Volksgruppe f **folkhem** 5 N **det svenska ~met** ≈ der schwedische Wohlfahrtsstaat **folkhjälte** 5 Volksheld(in) m(f) **folkhälsa** 5 allgemeine Gesundheit f **folkhögskola** 5 Einrichtung f für Erwachsenenbildung **folkilsken** ADJ bösartig; bissig **folkkär** ADJ beim Volk beliebt, populär **folklig** ADJ volkstümlich, populär; leutselig **folkliv** 5 N **~et** på gatorna das Treiben auf den Straßen **folklivsforskning** 5 Volkskunde f **folklivsskildring** 5 Schilderung f des Volkslebens **folklore** [-lo:r] ⟨-n; kein pl⟩ Folklore f **folkmassa** 5 Volksmenge f **folkmord** 5 N Völkermord m **folkmun** 5 **i ~** im Volksmund **folkmusik** 5 Volksmusik f **folkmängd** 5 Einwohnerzahl f **folknöje** 5 N Volksvergnügung f **folkomröstning** 5 Volksabstimmung f, Volksentscheid m **folkopinion** 5 Volksmeinung f **folkpark** 5 öffentliche Anlagen mit Freilichtbühne und Tanzlokal **folkparti** 5 N Volkspartei f **Folkpartiet liberalerna** in Schweden die Liberale Partei **folkpension** 5 Altersrente f **folkpensionär** 5 Altersrentner(in) m(f) **folkrik** ADJ volkreich **folkräkning** 5 Volkszählung f **folkrätt** 5 Völkerrecht n **folkrättslig** ADJ völkerrechtlich **folkrörelse** 5 Volksbewegung f **folksaga** 5 Volksmärchen n **folksamling** 5 Menschenmenge f **folksjukdom** 5 Volkskrankheit f **folkskygg** [-ʃyɡ] ADJ menschenscheu **folkskygghet** ⟨-en; kein pl⟩ Menschenscheu f **folkslag** 5 N Völkerschaft f, Volk n **folkstam** 5 Volksstamm m **folkstorm** 5 Volkssturm m; Massenprotest m **folktandvård** 5 vom öffentlichen Sektor geführte Zahnarztpraxis; öffentliche zahnärztliche Versorgung **folktom** ADJ menschenleer, entvölkert **folktro** 5 Volksglaube m, Volksglauben m **folkträngsel** 5 Gedränge n **folktät** ADJ dicht besiedelt **folktäthet** ⟨-en; kein pl⟩ Bevölkerungsdichte f **folkvald** ADJ vom Volk gewählt **folkvandring** 5 Völkerwanderung f **folkvett** 5 N Lebensart f, Anstand m, Manieren pl **folkvisa** 5 Volkslied n **folkvälde** 5 N Volksherrschaft f **folkökning** 5 Bevölkerungszunahme f **folköl** 5(N) Bier mit mittlerem Alkoholgehalt (2,25-3,5 %)

fond [fɔnd, fɔŋd] ⟨-en; -er⟩ Fond m, Hintergrund m; WIRTSCH Fonds m; Stiftung f; GASTR Fond m **fondbörs** 5 Fondsbörse f, Effektenbörse f **fondmäklare** 5 Fondsmakler(in) m(f), Effektenhändler(in) m(f) **fondvägg** 5 Hintergrundkulisse f
fondue ⟨-n; -r⟩ Fondue n f
fonetik [fɔna'ti:k] ⟨-en; kein pl⟩ Phonetik f, Lautlehre f **fo'netiker** ⟨-n; -⟩ Phonetiker(in) m(f) **fo'netisk** ADJ phonetisch, lautlich
fontän [fɔn'tɛ:n] ⟨-en; -er⟩ Springbrunnen m, Fontäne f
forcera [fɔ'ʂe:ra] V/T ⟨1⟩ forcieren; erzwingen; beschleunigen, vorantreiben; steigern
fordon ['fu:dɔn] N ⟨-et; -⟩ Fahrzeug n; Fuhrwerk n, Gefährt n **fordonsförsäkring** 5 Kraftfahrzeugversicherung f **fordonshandlingar** PL Fahrzeugpapiere pl **fordonsskatt** 5 Kraftfahrzeugsteuer f **fordonsägare** 5 Fahrzeughalter(in) m(f)
fordra ['fu:dra] V/T ⟨1⟩ fordern, verlan-

gen; erfordern **fordran** ⟨-; fordringar⟩ Forderung f (**på** ngn an j-n), (**på 100 kronor** von 100 Kronen), Anspruch m; Anforderung f, Erfordernis n **fordrande** ADJ anspruchsvoll **fordras** VI ⟨dep 1⟩ erforderlich/nötig sein **fordring** ⟨-en; -ar⟩ (An-)Forderung f, Erfordernis n; **utestående ~ar** Außenstände, ausstehende Forderungen **fordringsägare** S Gläubiger(in) m(f)
forell [fɔˈrɛl] ⟨-en; -er⟩ Forelle f
form [fɔrm] ⟨-en; -er⟩ **1** Form f, Gestalt f; **för ~ens skull** der Form wegen; **i ~ av** in (der) Form (gen), in Gestalt (gen); **vara i ~** in Form sein; **till ~en** der Form nach **2** ⟨-en; -ar⟩ TECH Form f **forma** ⟨1⟩ **A** VT formen, bilden, gestalten **B** V/R **~ sig** sich formen **C** V/P **~ 'om** umformen **formali'tet** ⟨-en; -er⟩ Formalität f, Förmlichkeit f; **~er** pl a. Formalien pl **for'mat** N ⟨-et; -⟩ Format n; **liggande ~** Querformat; **stående ~** Hochformat **forma'tera** VT ⟨1⟩ IT formatieren **forma'tion** ⟨-en; -er⟩ Formation f **formatmall** S IT Formatvorlage f **formbar** ADJ formbar, bildbar **formbarhet** ⟨-en; kein pl⟩ Formbarkeit f, Bildbarkeit f, Plastizität f **formbröd** S N Kastenbrot n **formel** ⟨-n; -er⟩ Formel f **for'mell** ADJ formal, formell, förmlich **formenlig** ADJ formgerecht **formfel** S N Formfehler m **formge** [-jeː] VT ⟨4⟩ entwerfen **formgivare** S Designer(in) m(f) **formgivning** ⟨-en; -ar⟩ Formgebung f; Design n **formlig** ADJ förmlich **formlära** S GRAM Formenlehre f **formlös** ADJ formlos **formsak** S Formsache f **formskön** ADJ formschön **formu'lera** VT ⟨1⟩ formulieren **formu'lering** ⟨-en; -ar⟩ Formulierung f **formu'lär** N ⟨-et; -⟩ Formular n, Formblatt n, Vordruck m
forn- [fuːrn] IN ZSSGN alt; ehemalig; altertümlich, vorzeitlich **fornforskning** S Altertumsforschung f **fornfynd** S N vorgeschichtlicher Fund **forngrav** S vorgeschichtliches Grab **fornhistorisk** ADJ vorgeschichtlich **fornlämning** S, **fornminne** S N vorgeschichtliche Stätte; Altertümer pl **fornminnesvård** S Denkmalpflege f **fornnordisk** ADJ altnordisch **fornsvensk** ADJ altschwedisch **fornsvenska** S Altschwedisch n **forntid** S Altertum n; Vorzeit f **forntida** ADJ alt, altertümlich; vorzeitlich
fors [fɔʂ] ⟨-en; -ar⟩ Stromschnelle f; Wasserfall m; fig Strom m, Flut f **forsa** VI ⟨1⟩ brausen, strömen; Regen gießen
forska [ˈfɔʂka] VI ⟨1⟩ forschen; **~ i** ngt a. etw genau untersuchen **forskare** ⟨-n; -⟩ Forscher(in) m(f) **forskarteam** S N Forschergruppe f **forskning** ⟨-en; -ar⟩ Forschung f **forskningsanslag** S N Forschungsmittel pl **forskningsfält** S N Forschungsgebiet n **forskningsresultat** S N Befund m, Ergebnis n der Forschung
forsla [ˈfɔʂla] VT ⟨1⟩ befördern **forsling** ⟨-en; -ar⟩ Beförderung f
forsränning [ˈfɔʂrɛnɪŋ] ⟨-en; -ar⟩ Rafting n
fort¹ [fɔʈ] N ⟨-et; -⟩ Fort n
fort² [fuʈ] ADV schnell, rasch; **klockan går för ~** die Uhr geht vor **fortbestå** VI ⟨4⟩ fortdauern **fortbilda** ⟨1⟩ **A** VT fortbilden **B** V/R **~ sig** sich fortbilden **fortbildning** S Fortbildung f **fortfarande** ADV immer noch, fortwährend, nach wie vor **fortgå** VI ⟨4⟩ weitergehen, fortsetzen **fortgående** ADJ ununterbrochen **fortkörning** S zu schnelles Fahren; Geschwindigkeitsübertretung f **fortleva** VI ⟨2⟩ fortleben, weiterleben **fortlöpande** ADJ fortlaufend **fortplanta** ⟨1⟩ **A** VT fortpflanzen; fig übertragen (**till** auf akk) **B** V/R **~ sig** sich fortpflanzen **fortplantning** ⟨-en; -ar⟩ Fortpflanzung f **forts.** ABK (= fortsättning) Fortsetzung **fortsatt** ADJ fortgesetzt; weiter **fortskaffa** VT ⟨1⟩ fortschaffen, befördern **fortskaffningsmedel** S N Beförderungsmittel n **fortskrida** VI ⟨4⟩ fortschreiten **fortsätta** VT, VI ⟨4⟩ fortsetzen, weiterführen; fortfahren, weitermachen; **fortsätt!** weiter!, fahre (od fahren Sie) fort! **fortsättning** ⟨-en; -ar⟩ Fortsetzung f; Verlängerung f; **i ~en** weiterhin, in Zukunft; **god ~!** ≈ (ich wünsche Ihnen) weiterhin alles Gute im neuen Jahr! **fortsättningskurs** S Fortgeschrittenenkurs m
forum [ˈfuːrʊm] N ⟨-et; -/fora⟩ Forum n; **rätt ~** zuständige Stelle
forward [ˈfɔrvaːɖ] ⟨-en; -ar⟩ Fußball Stürmer(in) m(f)

fosfor ['fɔsfɔr] ⟨-n; kein pl⟩ Phosphor m **fosfore'scera** VII ⟨1⟩ phosphoreszieren
fossil [fɔ'siːl] A ADJ fossil, versteinert B N ⟨-et; -⟩ Fossil n, Versteinerung f
foster ['fustar] N ⟨-et; -⟩ Fötus m; fig Produkt, Geschöpf n **fosterbarn** S N Pflegekind n **fosterföräldrar** PL Pflegeeltern pl **fosterhem** SN vara i ett ~ bei Pflegeeltern untergebracht sein **fosterland** SN Vaterland n, Heimatland n, Heimat f **fosterlandskärlek** S Vaterlandsliebe f **fosterländsk** ADJ vaterländisch **fosterskada** S embryonaler Schaden m **fosterutveckling** S Entwicklung f des Fötus **fostervatten** SN Fruchtwasser n **fostervattensprov** SN Fruchtwasserprobe f
fostra ['fustra] VIT ⟨1⟩ erziehen, aufziehen, großziehen; fig erzeugen **fostran** ⟨inv⟩ Erziehung f **fostrare** ⟨-; -⟩ Erzieher(in) m(f)
fot [fuːt] ⟨-en; fötter⟩ Fuß m; Strumpf a. Füßling m; Glas Stiel m; **på resande ~** unterwegs, auf der Reise; **på stående ~** stehenden Fußes; **stå på god ~ med ngn** mit j-m auf gutem Fuße stehen; **till ~s** zu Fuß; **bli våt om fötterna** nasse Füße bekommen; **trampa ngn på fötterna** j-m auf die Füße treten; **vara lätt på ~en** fig leichtfertig sein **fotbad** SN Fußbad n **fotboja** S → elektronisk fotboja **fotboll** S Fußball m **fotbollslag** SN Fußballmannschaft f **fotbollsmatch** S Fußballspiel n **fotbollsplan** S Fußballplatz m; Spielfeld n **fotbollsspelare** S Fußballspieler(in) m(f), Fußballer(in) m(f) **fotbollssupporter** S Fußballfan m **fotbroms** S Fußbremse f **fotfäste** SN **få ~** (festen) Fuß fassen; **förlora ~t** den Boden unter den Füßen verlieren **fotgängare** ⟨-n; -⟩ Fußgänger(in) m(f) **fotknöl** S (Fuß-)Knöchel m **fotled** S Sprunggelenk n **fotnot** S Fußnote f
foto ['fuːtu] N ⟨-t; -n⟩ Foto n, Aufnahme f; **ta ett ~** eine Aufnahme machen **fotoaffär** S Fotogeschäft n **fotoalbum** SN Fotoalbum n **fotoateljé** S Fotoatelier n **fotocell** S Fotozelle f
fotogen [futu'ʃeːn] a. N ⟨-en/-et; kein pl⟩ Petroleum n **fotogenkök** SN Petroleumkocher m **fotogenlampa** S Petroleumlampe f
fotograf [futu'graːf] ⟨-en; -er⟩ Fotograf(in) m(f) **fotogra'fera** VIT, VII ⟨1⟩ fotografieren, aufnehmen **fotogra'fi** N ⟨-et; -er⟩ Fotografie f, Lichtbild n, Aufnahme f **fotokopia** S Fotokopie f **fotomodell** S Fotomodell n **fotomontage** S Fotomontage f
fotpall ['fuːtpal] S Fußschemel m **fotsid** ADJ fußlang **fotspår** SN Fußspur f, Fuß(s)tapfe f **fotsteg** SN Schritt m; Trittbrett n **fotstöd** SN Fußstütze f **fotsula** S Fußsohle f **fotsvett** S Fußschweiß m **fotvandring** S Fußwanderung f; SPORT Trekking n **fotvård** S Fußpflege f **fotända** S Fußende n
fr. ABK (= från) v. (von)
frack [frak] ⟨-en; -ar⟩ Frack m **frackklädd** ADJ im Frack **frackskjorta** S Frackhemd n
fradga ['fradga] A ⟨-n; kein pl⟩ Schaum m, Gischt m; Geifer m B VII, VIR ⟨1⟩ schäumen
fragment [frag'ment] N ⟨-et; -⟩ Bruchstück n, Fragment n **fragmen'tarisk** ADJ fragmentarisch
frakt [frakt] ⟨-en; -er⟩ Fracht f, Ladung f **frakta** VIT ⟨1⟩ (ver)frachten **fraktfartyg** SN Frachtschiff n **fraktgods** SN Frachtgut n **fraktning** ⟨-en; -ar⟩ Verfrachtung f; Fracht f **fraktsedel** S Frachtbrief m
fraktur [frak'tuːr] ⟨-en; -er⟩ Knochenbruch m
fralla ⟨-n; -or⟩ umg Brötchen n
fram [fram] ADV heraus, hervor; heran; herbei, hin; vorwärts, weiter, nach vorn; vorn(e); **~ och tillbaka** hin und her, auf und ab; hin und zurück; **rakt ~** geradeaus; **ända ~** ganz nach vorn; den ganzen Weg; **ända ~ till** bis an (akk), bis nach, bis zu; **~ med det!** heraus damit!; **längre ~** weiter vorn, ein Stück weiter; später(hin); **~ på dagen** später am Tag(e); **till långt ~ på natten** bis tief in die Nacht hinein **framaxel** S Vorderachse f **framben** SN Vorderbein n **frambringa** VIT ⟨1⟩ hervorbringen; erzeugen **framdel** S Vorderteil n od m **framdeles** ADV künftig, in Zukunft **framfart** S gewaltsames Vorgehen n; wildes Treiben, Wüten n **framfot** S Vorderfuß m **framfusig** ADJ

voreilig, aufdringlich **framför** A ADV davor; voraus; voran B PRÄP vor; **~ allt** vor allem, vor allen Dingen **framföra** V/T ⟨2⟩ **1** → **föra fram 2** überbringen, ausrichten, bestellen; THEAT geben, spielen; vorführen **framförande** N ⟨-t; -n⟩ Vorführung *f*; Darbietung *f*; Aufführung *f* **framgå** V/I ⟨4⟩ *fig* hervorgehen, sich ergeben (av ass) **framgång** S Erfolg *m* **framgångsrik** ADJ erfolgreich **framhjul** S N Vorderrad *n* **framhjulsdrift** S Vorderradantrieb *m* **framhålla** V/T ⟨4⟩ *fig* hervorheben, betonen; **~ ngt för ngn** j-n auf etw (*akk*) aufmerksam machen **framhärda** V/I ⟨1⟩ beharren, verbleiben (i auf, bei *dat*) **framhäva** V/T ⟨2⟩ → **framhålla framhävande** S ⟨-t; -n⟩ Hervorhebung *f* **framifrån** ADV von vorn(e) **framkalla** V/T ⟨1⟩ hervorrufen, verursachen, erregen, auslösen; FOTO entwickeln **framkallning** ⟨-en; -ar⟩ FOTO Entwickeln *n*, Entwicklung *f* **framkasta** V/T ⟨1⟩ Bemerkung hinwerfen; *Frage* aufwerfen; **~ en antydan om ngt** etw andeuten **framkomlig** ADJ passierbar, fahrbar, gehbar **framkomst** ⟨-en; kein pl⟩ Ankunft *f*, Eintreffen *n* **framkörning** S Vorfahren *n* **framliden** ADJ verstorben **framlägga** V/T ⟨4⟩ *fig* vorlegen; anführen; vorbringen; **~ skäl** Gründe anführen; *Beweis* erbringen, liefern **framlänges** ADV vorwärts; vornüber; **åka ~ in** Fahrtrichtung fahren **frammana** V/T ⟨1⟩ heraufbeschwören; hervorrufen **frammarsch** [s] Vormarsch *m*
framme ['frama] ADV vorn; da, dort, hier; zur Hand; da, an Ort und Stelle, am Ziel; **där ~** da vorn; **låta ngt ligga ~** etw herumliegen lassen; **när olyckan är ~** wenn das Unglück einmal da ist; **nu har han varit ~ igen** er hat wieder etw angerichtet
framrusande ['framrɯːsanda] ADJ **komma ~** hervorgestürzt kommen **framryckning** S Vorrücken *n* **framsida** S Vorderseite *f*; Vorderansicht *f* **framskjutande** ADJ vorspringend, hervorragend **framskjuten** hervorragend **framskriden** ADJ vorgeschritten; *Zeit*, *Alter* vorgerückt **framsteg** S N Fortschritt *m* **framstupa** ADV **falla ~** vornüber (*od* aufs Gesicht) fallen **framstycke** S N Vorderteil *n* (*m*) **framstå** V/I ⟨4⟩ sich zeigen, erscheinen, dastehen **framstående** *fig* ADJ hervorragend **framställa** V/T ⟨2⟩ **1** darstellen, schildern; vorbringen; darlegen **2** herstellen **framställning** ⟨-en; -ar⟩ **1** Darstellung *f*, Schilderung *f* **2** Herstellung *f* **3** Antrag *m*; **göra en ~ om ngt** einen Antrag auf etw (*akk*) stellen, etw beantragen **framstöt** S Vorstoß *m* **framsynt** ADJ vorausschauend, umsichtig **framsynthet** ⟨-en; kein pl⟩ Voraussicht *f*, Umsicht *f* **framsäte** S N Vordersitz *m* **framtand** S Vorderzahn *m*, Schneidezahn *m* **framtid** S Zukunft *f*; **i ~en** für die/in Zukunft; **under den närmaste ~en** in nächster Zukunft *f* **framtida** ADJ (zu)künftig **framtidsplan** S Zukunftsplan *m* **framtidsutsikt** S Zukunftsaussicht *f* **framtill** ADV vorn; *umg* vorne **framträda** *fig* V/I ⟨2⟩ hervortreten, erscheinen; sich abheben **framträdande** A ADJ auffällig B N ⟨-t; -n⟩ Hervortreten *n*, Auftreten *n*, Erscheinen *n* **framtung** ADJ vorderlastig **framtvinga** V/T ⟨1⟩ erzwingen **framvisa** V/T ⟨1⟩ vorlegen, aufweisen
framåt A ADV unternehmungslustig B ADV vorwärts, weiter, voran; **gå ~** *fig a*. Fortschritte machen C PRÄP gegen; entlang **framåtanda** S Vorwärtsstreben *n*, Unternehmungsgeist *m* **framåtböjd** ADJ vornübergebeugt **framåtlutad** ADJ vornübergeneigt, nach vorn geneigt **framåtskridande** A ADJ vorwärtsschreitend B N ⟨-t; -n⟩ Fortschritt *m* **framåtsträvande** ADJ vorwärtsstrebend
framända S Vorderteil *n* **framöver** ADV nach vorn, vornüber
franc [fraŋ] ⟨-en; -⟩ Franc *m*; Franken *m*
frank¹ [fraŋk] ADJ frank; **helt ~t** frank und frei
frank² ⟨-en; -er⟩ Franke *m*, Fränkin *f* **frankera** [fraŋˈkeːra] V/T ⟨1⟩ frankieren **frankering** ⟨-en; -ar⟩ Frankierung *f* **frankeringsmaskin** S Frankiermaschine *f*
frankisk ['fraŋkisk] ADJ fränkisch **Frankrike** N ⟨inv⟩ Frankreich *n*
frans [frans] ⟨-en; -ar⟩ Franse *f* **fran-**

sad ADJ gefranst
fransk [fransk] ADJ französisch **franska** A ⟨-n; kein pl⟩ Französisch n B a. N ⟨-n/-t; -⟩ Brötchen n, Semmel f; Weißbrot n **fransman** S Franzose m **fran'syska** ⟨-n; -or⟩ Französin f; GASTR Nuss f
frapperande [fra'pe:rande] ADJ auffallend, frappant
fras[1] [fra:s] ⟨-en; -er⟩ Phrase f, Redensart f
fras[2] N ⟨-et; kein pl⟩ Rauschen n, Knistern n **frasa** VI ⟨1⟩ rauschen, knistern
fraseologi [frasɛɔlɔ'gi:] ⟨-n; -er⟩ Phraseologie f **fra'sera** VIT, VI ⟨1⟩ phrasieren
frasig ['fra:sig(g)] ADJ knusp(e)rig
fraternisera [fratɐni'se:ra] VI ⟨1⟩ sich verbrüdern
fred [fre:d] ⟨-en; -er⟩ Friede(n) m; hålla/sluta ~ Frieden halten/schließen; lämna ngn i ~ j-n in Frieden/Ruhe lassen; till ~s zufrieden **freda** ⟨1⟩ A VIT schützen, sichern B VR ~ sig schützen
fredag ['fre:da:(g)] S Freitag m; i ~s vergangenen Freitag; på ~ (am) Freitag; på/om ~arna freitags
fredlig ['fre:dli(g)] ADJ friedlich, friedfertig **fredlös** ADJ geächtet, vogelfrei; **förklara ngn ~** j-n ächten **fredlöshet** ⟨-en; kein pl⟩ Ächtung f **fredsanbud** SN Friedensangebot n **fredsduva** S Friedenstaube f **fredsfördrag** SN Friedensvertrag m **fredsförhandlingar** PL Friedensverhandlungen pl **fredsmäklare** S Friedensvermittler m **fredspipa** S Friedenspfeife f **fredspris** N Friedenspreis m **fredsprocess** S Friedensprozess m **fredstid** S Friedenszeit f; i ~ in Friedenszeiten, im Frieden **fredsvillkor** SN Friedensbedingung f **fredsälskande** ADJ friedliebend
fregatt [fre'gat] ⟨-en; -er⟩ Fregatte f
frekvens [fre'kvɛns] ⟨-en; -er⟩ a. PHYS Frequenz f, Häufigkeit f **frekvent** ADJ häufig, wiederkehrend
fresk [frɛsk] ⟨-en; -er⟩ Freske f, Fresko n **freskomålning** S Freskogemälde n; Freskomalerei f
fresta ['frɛsta] ⟨1⟩ A VIT, VI versuchen B VR ~ 'på versuchen; anstrengen, angreifen **frestande** ADJ verlockend,

verführerisch **frestare** ⟨-n; -⟩ Versucher m **frestelse** ⟨-n; -r⟩ Versuchung f; **inleda i ~** in Versuchung führen; **Janssons ~** Auflauf aus Kartoffeln, Zwiebeln, Anschovis und Sahne
fri [fri:] ADJ frei (von); **ge ngn ~a händer** j-m freie Hand lassen; **ha ~tt** freihaben; **vi har ~tt från skolan** heute ist schulfrei; **i det ~a** im Freien **fria** ⟨1⟩ A VIT freisprechen B VI freien; ~ **till ngn** j-m einen Heiratsantrag machen **friare** ⟨-n; -⟩ Freier m **fribiljett** S Freikarte f **fribrottning** S Freistilringen n
frid [fri:d] ⟨-en; kein pl⟩ Friede(n) m **fridag** ['fri:da:(g)] S freier Tag
fridfull ['fri:dfœl] ADJ friedlich, friedvoll, ruhig **fridlysa** VT ⟨2⟩ gesetzlich schützen, unter Naturschutz stellen, hegen; schützen; **fridlyst område** n Schonung f, Naturschutzgebiet n **fridsam** ADJ friedlich, friedfertig **fridstörare** ⟨-n; -⟩ Störenfried(in) m(f)
frieri [fria'ri:] N ⟨-et; -er⟩ Heiratsantrag m; Brautwerbung f
frige ['fri:je:] VIT ⟨4⟩ freigeben, freilassen **frigivning** ⟨-en; -ar⟩ Freigabe f, Freilassung f **frigjord** ADJ emanzipiert, frei **frigjordhet** ⟨-en; kein pl⟩ Emanzipation f **frigång** S 1 TECH Freilauf m 2 vom Gefängnis u. ä. Urlaub m **frigöra** VIT ⟨4⟩ befreien; freimachen; emanzipieren **frigörelse** ⟨-n; kein pl⟩ Befreiung f **frihamn** S Freihafen m **frihandel** S Freihandel m **frihandelsområde** SN Freihandelszone f
frihet ⟨-en; -er⟩ Freiheit f; **ta sig ~en** sich (dat) die Freiheit nehmen, so frei sein **frihetskamp** S Freiheitskampf m **frihetskrig** SN Freiheitskrieg m **frihetsrörelse** S Freiheitsbewegung f **frihetsstraff** SN Freiheitsstrafe f
frihjul ['fri:ju:l] SN Freilauf m **friidrott** S Leichtathletik f
frikadell [frika'dɛl] ⟨-en; -er⟩ Frikadelle f
frikalla VIT ⟨1⟩ befreien **frikallelse** ⟨-n; -r⟩ Befreiung f
frikassé [frika'se:] ⟨-en; -er⟩ Frikassee n (på ngn)
frikort ['fri:kut] SN Freikarte f **frikostig** ADJ freigebig, großzügig; reichlich **frikostighet** ⟨-en; kein pl⟩ Freige-

bigkeit f
friktion [frik'ʃuːn] ⟨-en; -er⟩ Reibung f **friktionsfri** ADJ reibungslos; **snabb och** ~ a. zügig **friktionsyta** S̄ Reibungsfläche f
frikyrka ['friːcyrka] S̄ Freikirche f, Sekte f **frikyrklig** ADJ freikirchlich, sektiererisch **frikänna** VT ⟨2⟩ freisprechen **frikännande** A ADJ ~ **dom** Freispruch m B N̄ ⟨-t; -n⟩ Freisprechung f
frilans ⟨-en; -ar⟩ freie(r) Mitarbeiter m, freie Mitarbeiterin f **frilansa** VI ⟨1⟩ freiberuflich tätig sein
friluftsbad ['friːlʊftsbɑːd] S̄ N̄ Freibad n **friluftsdag** S̄ Sporttag m **friluftsliv** S̄ N̄ Leben n im Freien **friluftsmuseum** S̄ N̄ Freilichtmuseum n **friluftsteater** S̄ Freilichtbühne f
frimodig ['friːmuːdi(g)] ADJ freimütig; unerschrocken **frimodighet** ⟨-en; kein pl⟩ Freimut m **frimurare** S̄ Freimaurer m
frimärke ['friːmæːrka] N̄ ⟨-t; -n⟩ Briefmarke f **frimärkesautomat** S̄ Briefmarkenautomat m **frimärkessamlare** S̄ Briefmarkensammler(in) m(f)
fripassagerare ['friːpasaʃeːrara] S̄ blinder Passagier, blinde Passagierin; Schwarzfahrer(in) m(f) **triplats** S̄ Freiplatz m; Schule Freistelle f **frireligiös** ADJ freikirchlich
fris¹ [friːs] ⟨-en; -er⟩ ARCH Fries m
fris² ⟨-en; -er⟩ Volk Friese m
frisera [fri'seːra] VT ⟨1⟩ frisieren **frisersalong** [fri:pasaʃeːraŋ] S̄ Frisiersalon m
frisim ['friːsim] S̄ N̄ Freistil m **frisinnad** [friːsinad] ADJ freisinnig, liberal **frisinne** S̄ N̄ Freisinn m
frisk [frisk] ADJ frisch; gesund; ~ **och kry** gesund und munter; **bli** ~ wieder gesund werden **friska** VP ⟨1⟩ ~ **'i** Wind auffrischen; ~ **'upp** erfrischen, auffrischen **friskhet** ⟨-en; kein pl⟩ Frische f; Gesundheit f **friskintyg** N̄ Gesundheitszeugnis n **friskna** VP ⟨1⟩ ~ **'till** genesen, gesunden
friskola ['friːskuːla] S̄ ≈ staatlich anerkannte Privatschule f
friskskriva VT ⟨4⟩ gesundschreiben **frisksportare** ⟨-n; -⟩ Sportenthusiast(in) m(f) **friskus** ⟨-en; -ar⟩ umg **han är en riktig** ~ er ist quicklebendig **friskvård** S̄ Gesundheitsvorsorge f
frisläppa ['friːslɛpa] VT ⟨2⟩ freilassen;

friktion – frontalkrock ▪ 123

freigeben **frispark** S̄ Fußball Freistoß m **fripråkig** ADJ offenherzig, freimütig **fripråkighet** ⟨-en; kein pl⟩ Freimut m, Freimütigkeit f
frissa ['frisa] ⟨-n; -or⟩ umg Friseuse f; Frisur f
frist [frist] ⟨-en; -er⟩ Frist f, Termin m; Aufschub m
fristad ['friːstɑːd] S̄ Freistatt f, Freistätte f **fristat** S̄ Freistaat m **fristående** ADJ **ett ~ hus** ein frei stehendes Haus; **en ~ kurs** ein Kurs, den man isoliert belegen kann, der also nicht Teil eines übergeordneten Studienganges ist; ~ **gymnastik** Freiübungen pl **friställa** VT ⟨2⟩ entlassen; **friställd arbetskraft** entlassene Arbeitskräfte
frisyr [fri'syːr] ⟨-en; -er⟩ Frisur f **fri'sör** ⟨-en; -er⟩ Friseur m **fri'sörska** ⟨-n; -or⟩ Friseuse f
frita ['friːtɑː] VT ⟨4⟩ befreien; entbinden
fritera [fri'teːra] VT ⟨1⟩ frittieren
fritid ['friːtiːd] S̄ Freizeit f, freie Zeit; **på** ~ in der Freizeit **fritidsgård** S̄ Jugendzentrum n **fritidshem** S̄ N̄ Kinderhort m **fritidshus** S̄ N̄ Wochenendhaus n, Ferienhaus n **fritidskläder** PL Freizeitkleidung f **fritidsområde** S̄ N̄ Erholungsgebiet n **fritidspedagog** S̄ von Jugendlichen ≈ Erzieher(in) m(f) **fritidssysselsättning** S̄ Freizeitbeschäftigung f
fritös [fri'tøːs] ⟨-en; -er⟩ Fritteuse f
frivillig ['friːvillig] ADJ freiwillig; ~**t** a. aus eigenem Antrieb, von selbst **frivol** [fri'voːl] ADJ leichtfertig, frivol **frivoli'tet** ⟨-en; kein pl⟩ Leichtfertigkeit f, Frivolität f
frivolt ['friːvɔlt] ⟨-en; -er⟩ freier Überschlag
frodas ['fruːdas] VI ⟨dep 1⟩ gedeihen, wuchern **frodig** ADJ üppig, wuchernd **frodighet** ⟨-en; kein pl⟩ Üppigkeit f, üppiger Wuchs m, Wuchern n
from [frum] ADJ fromm
fr.o.m. ABK (= **från och med**) von ... an/ab
fromage [frɔ'mɑːʃ] ⟨-en; -r⟩ Eiscreme f
fromhet ['frumheːt] ⟨-en; kein pl⟩ Frömmigkeit f
front [frɔnt] ⟨-en; -er⟩ Front f **fron'tal** ADJ frontal, vorder- **fron'talkrock** S̄ Frontalzusammenstoß m

frossa¹ [ˈfrɔsa] ⟨-n; -or⟩ Schüttelfrost m

frossa² VII ⟨1⟩ schwelgen, prassen, schlemmen **frossare** ⟨-n; -⟩ Schwelger(in) m(f), Prasser(in) m(f), Schlemmer(in) m(f)

frossbrytning [ˈfrɔsbryːtnɪŋ] S Fieberschauer m

frosseri [frɔseˈriː] ⟨-et; kein pl⟩ Schwelgerei f, Schlemmerei f

frost [frɔst] ⟨-en; -er⟩ Frost m **frosta** V/P ⟨1⟩ ~ **av** abtauen **frostbiten** V/P durch Frost beschädigt; **frostbitna kinder** blau gefrorene Backen **frostfri** ADJ frostfrei **frostig** frostig **frostknöl** S MED Frostbeule f **frostskada** S Frostschaden m **frostskyddsvätska** S Frostschutzmittel n

frotté [frɔˈteː] ⟨-n; -er⟩ Frottee n od m **frottéhandduk** S Frotteehandtuch n, Frottierhandtuch n **frott'era** ⟨1⟩ A VII frottieren B V/R ~ **sig med ngn** mit j-m verkehren

fru [fruː] ⟨-n; -ar⟩ Frau f

frukost [ˈfrøkɔst] ⟨-en; -ar⟩ Frühstück n; **äta** ~ frühstücken; **till** ~ zum Frühstück **frukostbord** N Frühstückstisch m **frukostbuffé** S Frühstücksbüfett n **frukostrast** S Frühstückspause f; Schule Mittagspause f **frukost-tv** S Frühstücksfernsehen n

frukt [frʉkt] ⟨-en; -er⟩ Frucht f; koll Früchte pl, Obst n; **torkad** ~ Backobst n, Dörrobst n

frukta [ˈfrʉkta] VII ⟨1⟩ (be)fürchten; ~ **ngn** j-n (od sich vor j-m) fürchten, Furcht vor j-m haben; ~ **det värsta** das Schlimmste befürchten

fruktaffär [ˈfrʉktafæːr] S Obstgeschäft n

fruktan [ˈfrʉktan] ⟨inv⟩ Furcht f, Besorgnis f; **av** ~ **för** aus Furcht vor (dat) **fruktansvärd** ADJ furchtbar, fürchterlich

fruktbar [ˈfrʉktbaːr] ADJ fruchtbar (på an dat) **fruktbarhet** ⟨-en; kein pl⟩ Fruchtbarkeit f **frukthandlare** S Obsthändler(in) m(f) **fruktjuice** S Fruchtsaft m **fruktkniv** S Obstmesser n **fruktkonserv** S Obstkonserve f **fruktkött** S N Fruchtfleisch n **fruktlös** ADJ fruchtlos **fruktodling** S Obstbau m **fruktsaft** S Obstsaft m, Fruchtsaft m **fruktsallad** S Obstsalat m **fruktsam** ADJ fruchtbar **fruktsamhet** ⟨-en; kein pl⟩ Fruchtbarkeit f **fruktskörd** S Obsternte f **fruktsocker** S N Fruchtzucker m **fruktsort** S Obstsorte f, Fruchtsorte f **frukträd** S N Obstbaum m **fruktträdgård** S Obstgarten m **frukttårta** S Obsttorte f **fruktvin** S N Obstwein m, Most m **fruktyoghurt** S Fruchtjoghurt m, n

fruntimmer [ˈfrøntɪmər] N ⟨-et; -⟩ Frau f; iron Frauenzimmer n, Weibsbild n

frusen [ˈfrʉːsən] ADJ gefroren; verfroren; **jag känner mig** ~ ich fröstele, mich fröstelt; **vara** ~ (av sig) leicht frieren; verfroren sein; **fruset kött** tiefgefrorenes Fleisch

frusta [ˈfrøsta] VII ⟨1⟩ schnauben, schnaufen, prusten

frustrerad [frøˈstreːrad] ADJ frustriert

fryntlig [ˈfryntli(g)] ADJ freundlich, gemütlich

frys [fryːs] ⟨-en; -ar⟩ Tiefkühlschrank m, Gefrierschrank m **frysa¹** ⟨2⟩ A VII einfrieren, gefrieren lassen B V/P ~ **'ner** Essen tiefkühlen; ~ **'ut** → **frysa²**

frysa² ⟨4⟩ A VII frieren; gefrieren; erfrieren; **jag fryser** mich friert, ich friere; **jag fryser om fingrarna** ich habe kalte Finger, mir frieren die Finger B V/P ~ **'fast** anfrieren; ~ **'igen** zufrieren; ~ **i'hjäl** erfrieren; ~ **'in** einfrieren; **det fryser** 'på es friert; ~ **'till** zufrieren; fig ~ **'ut** hinausekeln; ausgrenzen **frysanläggning** S Gefrieranlage f, Tiefkühlanlage f **frysbox** S Tiefkühltruhe f **frysdisk** S im Geschäft Tiefkühltruhe f **frysfack** S N Gefrierfach n **frysning** ⟨-en; -ar⟩ Frieren n; TECH Gefrieren n **fryspunkt** S Gefrierpunkt m **frys-påse** S Gefrierbeutel m **fryskåp** S N Gefrierschrank m **frystorka** VII ⟨1⟩ gefriertrocknen

fråga [ˈfrɔːga] A ⟨-n; -or⟩ Frage f; **vara** ~ **om** sich handeln um; sich drehen um; **i** ~ **om** betreffs, hinsichtlich (gen); **personen i** ~ der/die Betreffende; **inte komma på** ~ nicht infrage kommen; **ställa en** ~ eine Frage stellen; **utan** ~ fraglos B VIT, VII ⟨1⟩ (be)fragen; ~ **efter** fragen nach C V/R ⟨1⟩ ~ **sig** sich fragen; ~ **sig fram** sich durchfragen D V/P ⟨1⟩ ~ **'runt** sich umhören; ~ **'ut** ausfragen; umg ausquetschen

frågeform [S] Frageform *f* **frågeformulär** [SN] Fragebogen *m* **frågesport** [S] Denksport *m*; Quiz *n* **frågetecken** [SN] Fragezeichen *n* **frågvis** [ADJ] neugierig, wissbegierig **frågvishet** ⟨-en; kein pl⟩ Neugier *f*, Wissbegierde *f*

från [fro:n] [A] [PRÄP] von; aus; von … her; ab; **~ och med den 15 maj** ab dem 15. Mai [B] [ADV] aus; **det gör varken till eller ~** das tut nichts zur Sache **frånfälle** [N] ⟨-t; -n⟩ Hinscheiden *n* **frångå** [V/T] ⟨4⟩ abgehen; aufgeben; ändern **frånkopplad** [ADJ] ausgeschaltet; **frånkopplat läge** IT Offlinebetrieb *m* **frånkänna** [V/T] ⟨2⟩ absprechen, aberkennen **frånlandsvind** [S] Landwind *m*, ablandiger Wind **frånse** [V/T] ⟨4⟩ absehen von; **~tt detta** davon abgesehen **frånsida** [S] Kehrseite *f* **frånskild** [ADJ] geschieden **frånslagen** [ADJ] ausgeschaltet **frånstötande** [ADJ] abstoßend **frånsäga** [V/R] ⟨4⟩ **~ sig ngt** etw ablehnen **frånta** [V/T] ⟨4⟩ **~ ngn ngt** j-m etw wegnehmen *od* entziehen **frånträda** [V/T] ⟨2⟩ abtreten, zurücktreten; verzichten auf (*akk*) **frånvarande** [ADJ] abwesend; *fig a.* geistesabwesend **frånvaro** ⟨-n; kein pl⟩ Abwesenheit *f*; Mangel *m*

fräck [frɛk] [ADJ] frech; **vara ~ nog att** sich erfrechen zu **fräckhet** ⟨-en; kein pl⟩ Frechheit *f* **fräckis** ⟨-en; -ar⟩ *umg* schmutziger Witz

fräken [ˈfrɛ:kən] ⟨-en; -ar⟩ BOT Schachtelhalm *m*

fräknar [ˇfrɛ:knar] [PL] Sommersprossen *pl* **fräknig** [ADJ] sommersprossig

frälsa [ˇfrɛlsa] [V/T] ⟨2⟩ erlösen, erretten; REL *a.* bekehren **frälsare** ⟨-n; -⟩ REL Erlöser *m*, Heiland *m* **frälsning** ⟨-en; -ar⟩ Erlösung *f*, Errettung *f*, Heil *n* **frälsningsarmé** [S] Heilsarmee *f*

främja [ˇfrɛmja] [V/T] ⟨1⟩ fördern **främjande** [N] ⟨-t; -n⟩ Förderung *f* **främjare** ⟨-n; -⟩ Förderer *m*

främling [ˇfrɛmliŋ] ⟨-en; -ar⟩ Fremde(r) *m/f(m)* **främlingsfientlig** [ADJ] ausländerfeindlich, fremdenfeindlich **främlingsfientlighet** [S] Ausländerfeindlichkeit *f* **främlingshat** [SN] Fremdenhass *m* **främlingskap** [N] ⟨-et; kein pl⟩ Fremdheit *f* **främlingslegion** [S] Fremdenlegion *f* **främlingspass** [SN] Pass *m* für Staatenlose

främmande [A] [ADJ] fremd; **~ kropp** Fremdkörper *m*; **~ ord** Fremdwort *n*; **~ språk** Fremdsprache *f*; **i ~ land** in der Fremde; **vara ~ för ngn** j-m fremd sein [B] [N] ⟨-t; kein pl⟩ *koll* Gäste *pl*, Besuch *m* **främre** [ADJ] vordere(r, s); **~ parkett** erstes Parkett; **Främre Asien** Vorderasien *n*; **Främre Indien** Vorderindien *n*; **Främre Orienten** der Nahe Osten **främst** [A] [ADJ] vorderst, erst; vornehmst [B] [ADV] vorn(e); voran; vorwiegend; **allra ~** zuvorderst; **först och ~** zuerst, zunächst, in erster Linie

frän [frɛ:n] [ADJ] herb, scharf; schroff

frände [ˇfrɛndə] ⟨-n; -r⟩ Verwandte(r) *m/f(m)* **frändskap** [N] ⟨-et; kein pl⟩ Verwandtschaft *f*

fränhet [ˇfrɛ:nhe:t] ⟨-en; kein pl⟩ Herbe *f*, Herbheit *f*, Schärfe *f*; Schroffheit *f*

fräs[1] [frɛ:s] [N] ⟨-et; kein pl⟩ Gezisch *n*, Gebrutzel *n*

fräs[2] [1] ⟨-en; -ar⟩ TECH Fräse *f* [2] ⟨inv⟩ *umg* **sätta ~ på ngt** etw in Schwung bringen; **för full ~** mit voller Fahrt **fräsa**[1] ⟨2⟩ TECH fräsen

fräsa[2] ⟨2⟩ [A] [V/I] zischen, schäumen; fauchen; **~ av ilska** vor Wut schnauben [B] [V/T] GASTR rösten, anbraten; bräunen

fräsch [frɛ:ʃ] [ADJ] frisch; neu; sauber **fräscha** [V/P] ⟨1⟩ **~ ˈupp** auffrischen **fräschˈör** ⟨-en; kein pl⟩ Frische *f*

fräta [ˇfrɛ:ta] ⟨2⟩ [A] [V/I] (zer)fressen, ätzen [B] [V/P] **~ ˈbort** wegätzen; **~ iˈgenom** durchfressen; **~ ˈsönder** zerfressen; **~ sig ˈin i ngt** *Säure etc* sich in etw (*akk*) einfressen

frö [frø:] ⟨-et; -n/-er⟩ Same(n) *m*, Keim *m*; **gå i ~** keimen **fröa** ⟨1⟩ [A] [V/R] **~ sig** keimen; sich besamen [B] [V/P] **~ ˈav sig** Samen (aus)streuen **fröhandel** [S] Samenhandlung *f* **fröhus** [SN] Samengehäuse *n*

fröjd [frøjd] ⟨-en; -er⟩ Freude *f*, Lust *f*, Wonne *f* **fröjdefull** [ADJ] freudvoll, freudig

fröken [ˈfrø:kən] ⟨-; -ar⟩ Fräulein *n*; *informell für* Lehrerin *f*; **Fröken Ur** ≈ Zeitansage *f*

frömjöl [ˇfrø:mjø:l] [SN] Blütenstaub *m*

fuffens [ˈfɵfəns] *umg* [N] ⟨inv⟩ Streich *m*, Schabernack *m*; Manipulation *f*; **ha (något) ~ för sig** Unfug treiben; Manipulationen vorhaben

fuga [ˇfʉ:ga] ⟨-n; -or⟩ Fuge *f*

fukt [fekt] ⟨-en; kein pl⟩ Feuchte f, Feuchtigkeit f **fukta** VT ⟨1⟩ anfeuchten, befeuchten, benetzen; ~ **strupen** umg sich (dat) die Kehle anfeuchten **fuktas** VI ⟨dep 1⟩ feucht werden **fuktfläck** S Stockfleck m **fuktig** ADJ feucht **fuktighet** ⟨-en; kein pl⟩ Feuchtigkeit f, Nässe f
ful [fu:l] ADJ hässlich, garstig; umg vara ~ **i mun** ein freches/loses Mundwerk haben; ~ **som stryk** hässlich wie die Nacht, mordshässlich; ~ **fisk** fragwürdige Figur; ~**t spratt** böser Streich **fulhet** ⟨-en; kein pl⟩ Hässlichkeit f **fuling** ⟨-en; -ar⟩ umg hässlicher Mensch; fig Gauner m, Schuft m
full [fʊl] ADJ 1 voll (av/med von); ~ **av** a. voll(er) gen; ~**t och fast** steif und fest; ~**t upp** vollauf, in Hülle und Fülle; ~**t ut, till** ~**o** völlig, vollkommen; **för** ~**t** mit voller Kraft 2 betrunken; umg blau, voll **fullastad** ADJ voll(geladen), voll beladen **fullblod** SN Vollblut n **fullblodig** ADJ vollblütig **fullbokad** ADJ voll besetzt, ausverkauft **fullborda** VT ⟨1⟩ vollenden, vollbringen, vollziehen, beenden; erfüllen; ~**t faktum** vollendete Tatsachen **fullbordan** ⟨inv⟩ Vollendung f, Beendigung f; Erfüllung f; **gå i** ~ in Erfüllung gehen **fullbordas** VI ⟨dep 1⟩ sich vollenden, sich vollziehen, sich erfüllen **fullfjädrad** fig ADJ voll entwickelt; durchtrieben, abgefeimt, gerieben **fullfölja** VT ⟨2⟩ zu Ende führen, durchführen **fullgod** ADJ einwandfrei **fullgången** ADJ reif; ausgetragen **fullgöra** VT ⟨4⟩ erfüllen, erledigen, (ab)leisten, tun **fullkomlig** ADJ vollkommen; völlig; vollständig **fullkomlighet** ⟨-en; kein pl⟩ Vollkommenheit f **fullkornsbröd** SN Vollkornbrot n **fullmakt** S Vollmacht f; Patent n **fullmogen** ADJ ausgereift **fullmåne** S Vollmond m **fullmäktig** ADJ voll berechtigt; **en** ~ ein(e) Bevollmächtigte(r) m/f(m) **fullpackad** ADJ voll(gepackt), gedrängt (od zum Brechen) voll **fullproppad** ADJ vollgepfropft **fullsatt** ADJ voll, besetzt; ~ **till sista plats** gedrängt voll; umg gerappelt/gerammelt voll **fullskriven** ADJ vollgeschrieben **fullstoppad** ADJ vollgestopft **fullständig** ADJ vollständig **fullständighet** ⟨-en; kein pl⟩

Vollständigkeit f **fulltalig** ADJ vollzählig **fulltalighet** ⟨-en; kein pl⟩ Vollzähligkeit f **fullteckna** VT ⟨1⟩ (voll)zeichnen **fullträff** S Volltreffer m **fullvuxen** ADJ erwachsen, ausgewachsen **fullvärdig** ADJ vollwertig; ~ **kost** Vollwertkost f **fullända** VT ⟨1⟩ vollenden **fulländning** ⟨-en; kein pl⟩ Vollendung f **fullärd** ADJ ausgelernt **fullödig** ADJ vollwertig; fig gehaltvoll
fumla [fʊmla] VI ⟨1⟩ sich ungeschickt anstellen; umg fummeln; tappen, tapsen **fumlig** ADJ ungeschickt, täppisch, linkisch **fumlighet** ⟨-en; kein pl⟩ Ungeschicktheit f
fundamental [fʊndamɛnˈtɑːl] ADJ fundamental, grundlegend **fundamentalist** ⟨-en; -er⟩ Fundamentalist(in) m(f)
fundera [fʊnˈdeːra] ⟨1⟩ A VI nachdenken, nachsinnen, grübeln (**på** über akk); überlegen (**på** akk); **jag ska** ~ **på saken** ich werde mir die Sache überlegen B VP ~ '**ut** ersinnen, ausdenken **funderare** ⟨-n; -⟩ **ta sig en** ~ **på ngt** sich (dat) etw überlegen **fundering** ⟨-en; -ar⟩ Erwägung f; Gedanke m **fundersam** ADJ nachdenklich
fungera [fɔŋˈɡeːra] VI ⟨1⟩ fungieren, tätig sein als; funktionieren
funka ['fʊŋka] umg VI ⟨1⟩ funktionieren; funken; klappen **funktion** ⟨-en; -er⟩ Funktion f **funktiona'lism** ⟨-en; kein pl⟩ ARCH Neue Sachlichkeit, Funktionalismus m, Zweckstil m **funktiona'listisk** ADJ sachlich, funktionalistisch; zweckbezogen **funktio'nell** ADJ funktionell **funktionshindrad** ADJ behindert; Behinderte(r) m/f(m) **funktionskläder** PL Funktionskleidung f sg **funktio'när** ⟨-en; -er⟩ Funktionär(in) m(f)
funtad ['fʊntad] umg ADJ beschaffen
fura ['fʉːra] ⟨-n; -or⟩ BOT Kiefer f, Föhre f
furir [fɵˈriːr] ⟨-en; -er⟩ MIL Obergefreite(r) m/f(m)
furste ['fʊʂtə] ⟨-n; -ar⟩ Fürst m **furstendöme** N ⟨-t; -n⟩ Fürstentum n **furst'inna** ⟨-n; -or⟩ Fürstin f **furstlig** ADJ fürstlich
furu ['fʉːrʉː] ⟨inv⟩ **av** ~ kiefern, Kiefern- **furuträ** SN Kiefernholz n

fusion [fø'ʃuːn] ⟨-en; -er⟩ Fusion f
fusk [fɵsk] N̄ ⟨-et; kein pl⟩ Pfuscherei f, Stümperei f, Betrug m; *umg Schule etc* Schummelei f **fuska** V̄I ⟨1⟩ pfuschen, stümpern; betrügen; *Schule etc* mogeln; *umg* schummeln; **~ sig igenom** sich durchschwindeln **fuskare** ⟨-n; -⟩ Pfuscher(in) m(f), Stümper(in) m(f) **fusklapp** S̄ Spickzettel m **fuskverk** S̄ N̄ Pfuschwerk n
futtig ['føti(g)] ADJ winzig, lumpig; schäbig
fux [føks] ⟨-en; -ar⟩ Pferd Fuchs m
fy [fyː] INTER pfui!; **~ skäms!** pfui, schäme dich!; **~ tusan!** pfui Teufel!
fylla ['fyla] A ⟨-n; -or⟩ *umg* Rausch m, Trunkenheit f; **i ~n och villan** im Rausch, in der Trunkenheit; *umg* im Suff B VT ⟨2⟩ füllen; *fig* erfüllen; **~ år** Geburtstag haben; **~ tio (år)** zehn Jahre alt werden; **~s** sich füllen C VP ⟨2⟩ **~ 'i** füllen, vollmachen; *Formular* ausfüllen; **~ i'gen** zuschütten; **~ 'på** auffüllen, vollgießen; nachfüllen, nachgießen; **~ 'ut** ausfüllen **fyllbult** *pej* S̄ Säufer m, Saufbold m, Trunkenbold m; Betrunkene(r) m/f(m) **fylle'ri** *umg* N̄ ⟨-et; kein pl⟩ Trunkenheit f, Sauferei f, Suff m **fylle'rist** ⟨-en; -er⟩ Betrunkene(r) m/f(m), Trinker(in) m(f) **fyllhund** *pej* S̄ → fyllbult **fyllig** ADJ voll, rundlich; üppig; *Geschmack* süffig, kräftig **fyllighet** ⟨-en; kein pl⟩ Fülle f, Rundlichkeit f; Süffigkeit f, kräftiger Geschmack **fyllna** *umg* V̄P ⟨1⟩ **~ 'till** beschwipst werden **fyllnad** ⟨-en; -er⟩ Ergänzung f; Füllung f **fyllnadsinbetalning** S̄ Nachentrichtung f **fyllnadsmaterial** S̄ N̄ Füllmasse f; Einlage f **fyllnadsval** S̄ N̄ Ersatzwahl f, Nachwahl f **fyllning** ⟨-en; -ar⟩ Füllung f; *GASTR* Füllsel n **fyllo** *pej* S̄ ⟨-t; -n⟩ Säufer m, Saufbold m, Trunkenbold m **fyllsvin** S̄ N̄, **fylltratt** *pej* S̄ → fyllbult
fynd [fynd] N̄ ⟨-et; -⟩ Fund m, Entdeckung f; **göra ett ~** eine Entdeckung machen **fynda** V̄I ⟨1⟩ einen guten Griff tun, etw spottbillig kaufen **fyndgruva** *fig* S̄ Fundgrube f **fyndig** ADJ erfinderisch; witzig **fyndighet** ⟨-en; -er⟩ Findigkeit f; Witz m; BERGB Lagerstätte f **fyndort** S̄ Fundort m, Fundstätte f **fyndpris** S̄ N̄ Schleuderpreis m
fyr[1] ⟨-en; -ar⟩ SCHIFF Leuchtturm m; Feuer n
fyr[2] ⟨-en; -ar⟩ *umg* Bursche m, Geselle m, Kerl m; **en glad ~** ein lustiger Bruder, ein fideles Haus
fyra[1] ['fyːra] V̄P ⟨1⟩ **~ 'av** abfeuern; **~ 'på** tüchtig einheizen
fyra[2] A NUM vier; **gå på alla ~** auf allen vieren gehen; **~ man** zu viert, vier Mann B ⟨-n; -or⟩ Vier f; SPORT Vierer m; Vierzimmerwohnung f; **gå i ~n** *Schule* in die vierte Klasse gehen; **~n(s växel)** der vierte Gang **fyrahundra** NUM vierhundert; **~ femhundra** vierhundert bis fünfhundert **fyrbent** ADJ vierbeinig; vierfüßig **fyrbäddsrum** S̄ N̄ Vierbettzimmer n **fyrfaldig** ADJ vierfältig **fyrfotad** ADJ vierfüßig **fyrfotadjur** S̄ N̄, **fyrfoting** ⟨-en; -ar⟩ Vierfüß(l)er m **fyrhjulig** ADJ vierräd(e)rig **fyrhjulsdrift** S̄ Allradantrieb m **fyrhändig** ADJ vierhändig **fyrhörning** ⟨-en; -ar⟩, **fyrkant** S̄ Viereck n **fyrkantig** ADJ viereckig **fyrklöver** S̄ Glücksklee m **fyrling** ⟨-en; -ar⟩ Vierling m **fyrskepp** ['fyːrʃɛp] S̄ N̄ Feuerschiff n **fyrspann** ['fyːʃpan] S̄ N̄ Viergespann n **fyrstämmig** ADJ vierstimmig **fyrtaktsmotor** S̄ *umg* Viertaktmotor m, Viertakter m
fyrtio ['fœʈi(u)] NUM vierzig **fyrtionde** ADJ vierzigste(r, s) **fyrtiotal** S̄ N̄ **ett ~** etwa vierzig; **på ~et** in den Vierzigerjahren **fyrtioårig** ADJ vierzigjährig **fyrtioåring** ⟨-en; -ar⟩ Vierzigjährige(r) m/f(m)
fyrtorn ['fyːʈuːɳ] S̄ N̄ Leuchtturm m **fyrvaktare** S̄ Leuchtturmwärter(in) m(f) **fyrverke'ri** ⟨-et; -er⟩ Feuerwerk n **fyrverker'ipjäs** S̄ Feuerwerkskörper m
fyrväppling ['fyːrvɛplɪŋ] S̄ vierblättriges Kleeblatt n
fysik [fyˈsiːk] ⟨-en; kein pl⟩ Physik f; Körper m, Körperbeschaffenheit f, Konstitution f **fysi'kalisk** ADJ physikalisch **'fysiker** ⟨-n; -⟩ Physiker(in) m(f) **'fysikum** N̄ ⟨inv⟩ physikalisches Institut
fysio'log ⟨-en; -er⟩ Physiologe m, Physiologin f **fysiolo'gi** ⟨-n; kein pl⟩ Physiologie f **fysio'logisk** ADJ physiologisch **fysiono'mi** ⟨-n; kein

pl⟩ Physiognomie f **fysio'nomisk** ADJ physiognomisch **'fysisk** ADJ physisch, körperlich

få¹ [fo:] PRON wenige

få² ⟨4⟩ A V/AUX dürfen; können; müssen; ~ **höra** hören, erfahren; ~ **se** erblicken; ~ **veta** erfahren; **~r jag följa med?** darf ich mit(kommen)? B VT bekommen, erhalten; umg kriegen; ~ **ett vänligt mottagande** freundlich aufgenommen werden; ~ **i lön** als Gehalt/Lohn bekommen; **ha ~tt nog** genug haben; ~ **tillfälle** Gelegenheit bekommen/finden; ~ **ngn att göra ngt** j-n dazu bringen etw zu tun; ~ **ngn på andra tankar** j-n auf andere Gedanken bringen C V/P ~ **'av** abbekommen; ~ **'bort** wegbekommen; ~ **'fram** herausbekommen; hervorbringen; ~ **sin vilja 'fram** seinen Willen durchsetzen; ~ **'för sig** sich (dat) in den Kopf setzen, auf den Gedanken kommen; sich einbilden; ~ **'i** hineinbekommen; beibringen; ~ **'i sig** hinunterbringen; ~ **i'gen** zubekommen; zurückbekommen, wiederbekommen; **det ska du ~ i'gen!** das werde ich dir heimzahlen!; ~ **i'hop** zumachen; zusammenbringen; ~ **'in** hereinbekommen; ~ **'loss** losbekommen; ~ **'med (sig)** mitbekommen; ~ **'ner** hinunterbekommen; ~ **'på** anbekommen, aufbekommen; ~ **till'baka** zurückbekommen; ~ **'upp** hinaufbekommen; aufbekommen; herausziehen; lösen; erbrechen; umg **han får inte 'upp den** er kriegt keinen hoch; ~ **'ur** herausbekommen; vulg **inte få tummen 'ur (röven)** den Arsch nicht hochkriegen; ~ **'ut** herausbekommen, ausgezahlt erhalten; herausholen

fåfäng ['fo:fɛŋ] ADJ vergeblich; eitel **fåfänga** ⟨-n; kein pl⟩ Eitelkeit f

fågel ['fo:gəl] ⟨-n; -ar⟩ Vogel m; koll GASTR Geflügel n; **varken ~ eller fisk** weder Fisch noch Fleisch; (det) **vete fåglarna!** weiß der Kuckuck! **fågelbo** SN Vogelnest n **fågelbur** S Vogelbauer n, Vogelkäfig m **fågelfrö** SN Vogelfutter n **fågelholk** S Nistkasten m **fågelhund** S Hühnerhund m **fågelkvitter** SN Vogelgezwitscher n **fågelperspektiv** SN Vogelperspektive f (i aus der) **fågelskrämma** ⟨-n; -or⟩ Vogelscheuche f **fågelsång** S Vogelge-

sang m **fågelunge** S junger Vogel **fågelväg** S avstånd **~en** Entfernung f in der Luftlinie **fågelägg** SN Vogelei n

fåle ['fo:la] ⟨-n; -ar⟩ Fohlen n, Füllen n **fåll** [fɔl] ⟨-en; -ar⟩ Saum m

fålla¹ ['fɔla] ⟨-n; -or⟩ Hürde f, Pferch m

fålla² VT ⟨1⟩ säumen **fållning** ⟨-en; -ar⟩ Säumen n

fån [fo:n] N ⟨-et; -⟩ → **fåne**

fåna ['fo:na] V/R ⟨1⟩ ~ **sig** faseln; den Hanswurst spielen **fåne** ⟨-n; -ar⟩ Idiot(in) m/f) **fåne'ri** N ⟨-et; -er⟩ Faselei f, Blödsinn m, Quatsch m

fång [fɔŋ] N ⟨-et; -⟩ Armvoll m **fånga** ⟨1⟩ A VT fangen B V/P ~ **'upp** auffangen **fångdräkt** S Sträflingsanzug m **fånge** ⟨-n; -ar⟩ Gefangene(r) m/f(m) **fången** ADJ gefangen **fångenskap** ⟨-en; kein pl⟩ Gefangenschaft f **fångläger** SN Gefangenenlager n **fångst** ⟨-en; -er⟩ Fang m; Beute f **fångvaktare** S Gefängniswärter(in) m/f) **fångvård** S Strafvollzug m **fångvårdsanstalt** S Strafvollzugsanstalt f

fånig ['fo:ni(g)] ADJ albern, blöde, blödsinnig **fånighet** ⟨-en; -er⟩ Albernheit f, Blödsinn m

fåordig ['fo:u:di(g)] ADJ wortkarg, einsilbig **fåordighet** ⟨-en; kein pl⟩ Wortkargheit f, Einsilbigkeit f

får [fo:r] N ⟨-et; -⟩ Schaf n; Fleisch Hammel m

fåra ['fo:ra] A ⟨-n; -or⟩ Furche f B VT ⟨1⟩ furchen

fåraktig ['fo:rakti(g)] ADJ schafsköpfig, dämlich **fåravel** S Schafzucht f **fårbog** S Hammelkeule f **fårherde** S Schäfer m, Schafhirt m **fårhjord** S Schafherde f **fårhund** S Schäferhund m **fårkött** SN Hammelfleisch n **fårost** S Schafskäse m **fårskalle** fig S Schafskopf m **fårskinn** SN Schaffell n, Schafleder n **fårskinnspäls** S Schafpelz m **fårstek** S Hammelbraten m **fårull** S Schafwolle f

fåtal ['fo:ta:l] SN **ett ~** eine geringe Anzahl, wenige **fåtalig** ADJ wenig (zahlreich) **fåtalighet** ⟨-en; kein pl⟩ geringe Anzahl

fåtölj [fɔ'tœlj] ⟨-en; -er⟩ Lehnstuhl m, Sessel m

fä [fɛ:] N ⟨-et; -n⟩ Vieh n; umg fig Rindvieh n **fäbod** S Sennhütte f

fädernearv ['fɛːdərnɑarv] SN väterliches Erbe **fädernesland** SN Vaterland n
fägring ['fɛːgriŋ] ⟨-en; kein pl⟩ Schönheit f
fähund ['fɛːhənd] fig S Schweinehund m
fäkta ['fɛkta] VI ⟨1⟩ fechten; ~ med händerna mit den Händen (herum)fuchteln **fäktare** ⟨-n; -⟩ Fechter(in) m(f) **fäktning** ⟨-en; -ar⟩ Fechten n; Gefecht n
fälg [fɛlj] ⟨-en; -ar⟩ Felge f
fäll [fɛl] ⟨-en; -ar⟩ Fell n, Pelz m; Pelzdecke f
fälla ['fɛla] A ⟨-n; -or⟩ Falle f; **gå i ~n** in die Falle gehen B VT ⟨2⟩ fällen; erlegen; fallen lassen; aussprechen, äußern; verurteilen; ~ **bomber** Bomben werfen; ~ **en dom** ein Urteil fällen; ~ **fjädrarna** (sich) mausern; ~ **hår** die Haare verlieren, haaren; ~ **tårar** Tränen vergießen; ~ **ett yttrande** eine Äußerung tun, ein Wort fallen lassen C VI ⟨2⟩ abfärben D VP ⟨2⟩ ~ **i'gen/i-'hop** zusammenlegen, zusammenklappen; ~ **in** einklappen; ~ **ner** umklappen, herablassen; ~ **upp** aufklappen, hochklappen; CHEM ~ **'ut** ausfällen **fällande** ADJ ~ **dom** Verurteilung f **fällbar** ADJ umklappbar **fällbord** S Klapptisch m **fällkniv** S Taschenmesser n **fällning** ⟨-en; -ar⟩ Fällung f; Wald Fällen n; CHEM a. Niederschlag m **fällstol** S Klappstuhl m, Feldstuhl m
fält [fɛlt] N ⟨-et; -⟩ Feld n; **rymma ~et för ngn vor** j-m das Feld räumen **fältarbete** SN Arbeit f an Ort und Stelle **fältherre** S Feldherr m **fältkikare** S Feldstecher m **fältkök** SN Feldküche f **fältläkare** S Militärarzt m, Militärärztin f **fältmarskalk** S Feldmarschall m **fälttåg** SN Feldzug m
fängelse ['fɛŋəlsə] N ⟨-t; -r⟩ Gefängnis n, Kerker m; **fängelsecell** S Gefängniszelle f **fängelsestraff** SN Gefängnisstrafe f **fängsla** VT ⟨1⟩ a. fig fesseln **fängslande** ADJ fesselnd **fängslig** ADJ **i ~t förvar** in Haft
fänkål ['fɛnkoːl] S Fenchel m
fänrik ['fɛnrik] ⟨-en; -ar⟩ MIL Leutnant m
färd [fæːd] ⟨-en; -er⟩ Fahrt f; **vara i (full) ~ med** im Begriff/dabei sein **färdas** ['fæːɖas] VI ⟨dep 1⟩ fahren, reisen **färdbiljett** S Fahrkarte f **färddator** S Bordcomputer m
färdig ['fæːɖi(g)] ADJ fertig; bereit; nahe daran **färdigförpackad** ADJ abgepackt **färdiggjord** ADJ fertig **färdighet** ⟨-en; -er⟩ Fertigkeit f, Gewandtheit f **färdigklädd** ADJ fertig angezogen **färdigkokt** ADJ gar **färdiglagad** ADJ ~ **mat** Fertiggericht(e pl) n **färdigprodukt** S Fertigerzeugnis n **färdigrätt** S Fertiggericht n
färdknäpp ['fæːɖknɛp] S Abschiedstrunk m **färdledare** S Reiseleiter(in) m(f) **färdmedel** SN Beförderungsmittel n **färdriktning** S Fahrtrichtung f **färdskrivare** S Fahrtschreiber m **färdsätt** SN Reiseart f **färdtjänst** S Fahrdienst m für Behinderte **färdväg** S Reiseroute f
färg [færj] ⟨-en; -er⟩ Farbe f; **gå i ~** in der Farbe harmonieren; **skifta ~** die Farbe wechseln **färga** ⟨1⟩ A VT färben B VP ~ **'av sig** abfärben **färgad** ADJ farbig; gefärbt; **en ~ man** ein Farbiger **färgband** SN Farbband n **färgbild** S → färgfoto **färgblind** ADJ farbenblind **färgblindhet** S Farbenblindheit f **färgfilm** S Farbfilm m **färgfläck** S Farbfleck m **färgfoto** N Farbaufnahme f, Farbfoto n **färgglad** ADJ farbenfroh, farbenfreudig **färggrann** ADJ bunt **färghandel** S Drogerie f; Farben- und Tapetengeschäft n **färgklick** S Farbtupfen m; Farbklecks m **färgkopia** S Farbkopie f **färgkopiator** S Farbkopierer m **färgkrita** S Farbstift m, Pastellstift m **färglåda** S Malkasten m, Farb(en)kasten m **färglägga** VT ⟨4⟩ kolorieren, malen **färglära** S Farbenlehre f **färglös** ADJ farblos **färgning** ⟨-en; -ar⟩ Färben n, Färbung f **färgpenna** S Buntstift m **färgprakt** S Farbenpracht f **färgsinne** S Farbensinn m **färgskrivare** S IT Farbdrucker m **färgstark** ADJ in kräftigen Farben; fig profiliert, ausgeprägt **färgsättning** S Farbenzusammenstellung f **färgton** S Farbton m **färg-tv** S Farbfernseher m **färgäkta** ADJ farbecht **färgämne** SN Farbstoff m
färja ['færja] ⟨-n; -or⟩ Fähre f, Fähr-

schiff *n* **färjeförbindelse** S̄ Fährverbindung *f* **färjeläge** S̄N Fähranleger *m*

färre ['fær:ə] ADJ *an Zahl* weniger

färs [fæʂ] ⟨-en; -er⟩ Gehacktes *n*; Farce *f*, Füllsel *n*, Füllung *f* **fär'sera** V̄T ⟨1⟩ füllen

färsk [fæʂk] ADJ frisch, neu, jung; **~t bröd** frisch gebackenes Brot **färskost** S̄ Frischkäse *m* **färskpotatis** S̄ neue Kartoffeln *pl* **färskpressad** ADJ frisch gepresst **färskvara** S̄ Frischware *f* **färskvatten** S̄N Frischwasser *n*

Färöarna ['fæ:rø:aɳa] PL ⟨inv⟩ die Färöer *pl*

fäst [fɛst] ADJ **vara ~ vid ngn** an j-m hängen, j-n lieb haben **fästa** ⟨2/1⟩ **A** V̄T befestigen, festmachen, anheften, anmachen; **~ vikt/avseende vid** berücksichtigen; **~ blicken på ngt** den Blick auf etw (*akk*) heften **B** V̄I haften, kleben **C** V̄R **~ sig vid ngt** beachten; sich um etw kümmern, Wert auf etw (*akk*) legen; **~ sig vid ngn** j-n lieb gewinnen **D** V̄P **~ 'upp** aufstecken **fäste** N̄ ⟨-t; -n⟩ Halt *m*, Griff *m*; *Säbel* Heft *n*

fästing ⟨-en; -ar⟩ ZOOL Zecke *f*

fästman S̄ *veraltet* Verlobte(r) *m* **fästmö** S̄ *veraltet* Verlobte *f*

fästning ⟨-en; -ar⟩ Festung *f*

föda ['fø:da] **A** ⟨-n; kein *pl*⟩ Nahrung *f*, Speise *f*, Kost *f*; Futter *n*, Fressen *n* **B** V̄T, V̄I ⟨2⟩ gebären; *fig* erzeugen; (er)nähren; **~s** geboren werden; *fig a.* entstehen; **~s på nytt wiedergeboren werden C** V̄P ⟨2⟩ **~ 'upp** aufziehen, großziehen, züchten **född** ADJ geboren **födelse** ⟨-n; -r⟩ Geburt *f*; **från ~n** von Geburt (an) **födelseannons** S̄ Geburtsanzeige *f* **födelseattest** S̄ Geburtsschein *m* **födelsedag** S̄ Geburtstag *m* **födelsedagsbarn** S̄N Geburtstagskind *n* **födelsedagskalas** S̄N Geburtstagsfeier *f* **födelsedagspresent** S̄ Geburtstagsgeschenk *n* **födelsedatum** S̄N Geburtsdatum *n* **födelsekontroll** S̄ Geburtenkontrolle *f*, Geburtenregelung *f* **födelsemärke** S̄N Muttermal *n* **födelseort** S̄ Geburtsort *m* **födelsesiffra** S̄ Geburtenziffer *f* **födelsestad** S̄ Heimatstadt *f* **födelseår** S̄N Geburtsjahr *n* **födoämne** S̄N Nahrungsmittel *n*

födsel ⟨-n; -ar⟩ Geburt *f* **födslovånda** S̄, **födslovärkar** PL Geburtswehen *pl*

föga[1] ['fø:ga] ADJ, ADV wenig, gering

föga[2] ⟨inv⟩ **falla till ~** klein beigeben, zu Kreuze kriechen; **få ngn att falla till ~** *umg a.* j-n kleinkriegen

föl [fø:l] N̄ ⟨-et; -⟩ Fohlen *n*, Füllen *n* **föla** V̄I ⟨1⟩ fohlen

följ. ABK (= följande) folgende **följa** ⟨2⟩ **A** V̄T, V̄I folgen (ngn j-m), (på *dat od auf akk*); begleiten; nachkommen; entlangfahren; *fig* (be)folgen; *fig* (er)folgen, sich ergeben (av aus); **det följer av sig självt** das ist selbstverständlich; **~ ngn till tåget** j-n zum Zug/an den Zug bringen **B** V̄P **~'efter** nachfolgen, nachkommen; **~'med** mitkommen, mitfahren; beigefügt sein; verfolgen; **~'med sin tid** mit der Zeit mitgehen; **~'med på köpet** (etw) beim Kauf umsonst dazubekommen; **~ ngn 'ut** j-n hinausbegleiten **följaktligen** ADV folglich, mithin, somit, demnach **följande** ADJ folgend, nachstehend; später; **på ~ sätt** folgendermaßen **följas** V̄P ⟨dep 2⟩ **~ 'åt** zusammen gehen; gleichzeitig vorkommen; zusammengehören **följd** ⟨-en; -er⟩ Folge *f*, Reihe *f* (av *gen od* von); **i ~** in einer Folge, der Reihe nach; **få till ~** zur Folge haben; **till ~ ~ (där)av** infolge(dessen); **till ~ av sjukdom** als Folge der Krankheit; **det är ~en av att ...** das kommt davon/daher, dass ... **följdföreteelse** S̄ Folgeerscheinung *f* **följdriktig** ADJ folgerichtig **följdriktighet** S̄ Folgerichtigkeit *f* **följdverkan** S̄ Nachwirkung *f* **följe** N̄ ⟨-t; -n⟩ Begleitung *f*, Gefolge *n*; Bande *f*; **ha ngn i ~** von j-m begleitet werden; **slå ~ med ngn** mit j-m zusammengehen, sich j-m anschließen **följebrev** S̄N Begleitschreiben *n* **följesedel** S̄ Begleitschein *m*, Versandzettel *m* **följeslagare** ⟨-n; -⟩ Begleiter(in) *m(f)* **följetong** ⟨-en; -er⟩ Fortsetzungsroman *m*

föna ['fø:na] V̄T ⟨1⟩ föhnen

fönster ['fønstər] N̄ ⟨-et; -⟩ *a.* COMPUT Fenster *n* **fönsterbräde** S̄N Fensterbrett *n* **fönsterbänk** S̄ Fensterbank *f* **fönsterglas** S̄N Fensterglas *n* **fönsterhalva** S̄ Fensterflügel *m* **fönsterkarm** S̄ Fensterrahmen *m* **fön-**

sterkuvert SN Fensterbriefumschlag m **fönsterlist** S Fenstersims m **fönsterlucka** S Fensterladen m **fönsternisch** S Fensternische f **fönsterplats** S Fensterplatz m **fönsterpost** S Fensterpfosten m **fönsterputsare** ⟨-n; -⟩ Fensterputzer(in) m(f) **fönsterruta** S Fensterscheibe f **fönstertittare** ⟨-n; -⟩ Voyeur m, Fenstergucker m

för[1] [fœ:r] ⟨-en; -ar⟩ SCHIFF Vorschiff n, Bug m; Vorderteil n (m); **i ~en** vorn

för[2] A PRÄP 1 vor; **viska ~ sig själv** vor sich hin flüstern; **fly ~ ngn** vor j-m fliehen; **varna ngn ~ ngt** j-n vor etw (dat) warnen; **vara rädd ~ ngt** sich vor etw (dat) fürchten, Angst vor etw (dat) haben; **visa sig ~ ngn** vor j-m erscheinen; **ha ngt ~ sig** etw vorhaben; **hålla sig ~ skratt** (sich) das Lachen verbeißen; **inte se skogen ~ alla träd** den Wald vor lauter Bäumen nicht sehen; **läsa högt ~ ngn** j-m vorlesen; **~ en månad sedan** vor einem Monat; **~ inte länge sedan** vor Kurzem 2 für; **en gång ~ alla** ein für alle Mal; **~ pengar** für Geld; **~ dig gör jag det** für dich tue ich es; **stor ~ sin ålder** groß für sein Alter; **jag ~ min del** ich für meine Person; **i och ~ sig** an und für sich; **det första ~ fürs** Erste, zuerst; **~ det mesta** meistens; **~ alltid** für/auf immer 3 wegen, um ... willen; **~ min skull** meinetwegen; **~ säkerhets skull** sicherheitshalber; **gärna ~ mig** meinetwegen 4 um; **öga ~ öga** Auge um Auge; **~ allt i världen** um alles in der Welt 5 andere präp od Konstruktionen **hålla tal ~ ngn** auf j-n eine Rede halten; **tidningen ~ i går** die Zeitung von gestern; **till fördel ~ ngn** zu j-s Vorteil; **~ stängda dörrar** bei verschlossenen Türen; **~ varje år** mit jedem Jahr; **~ första gången** zum ersten Mal; **~ närvarande** zurzeit; **föreståndare ~ en skola** Leiter einer Schule; **~ att** um (...) zu; damit; **~ att kunna göra det ...** um das tun zu können ...; **~ att vara en pojke** für einen Jungen; **~ fan!** zum Teufel! B ADV vor; dafür; (all)zu; **~ mycket** zu viel; **~ eller (e)mot** dafür oder dagegen C KONJ denn; **~ att** weil; **så vitt** (in)sofern

föra [ˈfœːra] ⟨2⟩ A VT führen, bringen, tragen; **~ oväsen** Lärm machen B VT Weg führen C VR **~ sig** sich benehmen, sich führen D VP **~ 'bort** wegführen, entführen; abführen; **~ 'dit** hinführen; **~ 'fram** vorführen; heranführen; **~ 'hit** herführen; **~ i'hop** zusammenbringen, zusammenführen; **~ 'in** einführen a. fig, hineinführen, hereinführen; eintragen; **~ 'med sig** mitführen, wegführen, mitbringen; mit sich führen; **~ 'undan** wegbringen; **~ 'upp** hinaufbringen; aufführen; **~ 'ut** (hin)ausführen; **~ 'vilse** irreführen; **~ 'över** hinüberführen; fig übertragen

för'akt N ⟨-et; kein pl⟩ Verachtung f **förakta** VT ⟨1⟩ verachten **föraktfull**, **föraktlig** ADJ verächtlich

föraning [ˈfœːrɑːnɪŋ] S Vorahnung f **föranmälan** S Voranmeldung f **för'ankra** VT ⟨1⟩ verankern **förankring** S Verankerung f

föranleda [ˈfœːranleːda] VT ⟨2⟩, **föranlåta** VT ⟨4⟩ veranlassen

förarbete [ˈfœːrarbeːta] SN Vorarbeit f

förare [ˈfœːrarə] ⟨-n; -⟩ AUTO Fahrer(in) m(f)

förarga [fœrˈarja] A VT ärgern, verdrießen B VR **~ sig** sich ärgern **förargad** ADJ ärgerlich, ungehalten **förargas** VI ⟨dep 1⟩ sich ärgern **förargelse** ⟨-n; kein pl⟩ Ärger m, Verdruss m; Ärgernis n, Anstoß m (**väcka** erregen) **förargelseväckande** ADJ anstößig, Anstoß erregend **förarglig** ADJ ärgerlich, verdrießlich **förarglighet** ⟨-en; -er⟩ Ärgerlichkeit f

förarhytt [ˈfœːrarhyt] S Führerkabine f, Führerstand m **förarplats** S Fahrersitz m

för'band SN MED Verband m; **första ~** Notverband m **förbandslåda** S Verbandskasten m

för'banna VT ⟨1⟩ verfluchen, verwünschen, verdammen **förbannad** ADJ verflucht, verdammt; **bli ~** umg wütend/fuchsteufelswild werden **förbannelse** ⟨-n; -r⟩ Fluch m, Verwünschung f

för'barma VR ⟨1⟩ **~ sig** sich erbarmen **förbarmande** N ⟨-t; kein pl⟩ Erbarmen n

för'baskad umg ADJ verflixt; **bli ~** → **bli förbannad**

förbehåll [ˈfœːrbahɔl] N ⟨-et; -⟩ Vor-

behalt *m*; **med/under ~ av** vorbehaltlich *gen* **förbehålla** <u>VR</u> ⟨4⟩ **~ sig ngt** sich etw vorbehalten **förbehållsam** <u>ADJ</u> zurückhaltend, verschlossen **förbehållsamhet** ⟨-en; kein pl⟩ Zurückhaltung *f*, Verschlossenheit *f* **förbehållslös** <u>ADJ</u> vorbehaltlos
förbereda [ˈfœːrbeːreːda] <u>VT, VR</u> ⟨2⟩ vorbereiten (**sig** sich, **för** für), (**på** auf *akk*), (**till** zu) **förberedande** <u>ADJ</u> vorbereitend **förberedelse** ⟨-n; -r⟩ Vorbereitung *f*, Vorkehrung *f*; **under ~** in Vorbereitung
förbeställa [ˈfœːrbeːstela] <u>VT</u> ⟨2⟩ vorbestellen **förbeställning** <u>S</u> Vorbestellung *f*
förbi [fœrˈbiː] <u>A</u> <u>PRÄP</u> an (*dat*) ... vorbei/vorüber; **gå ~ ngn** an j-m vorbeigehen <u>B</u> <u>ADV</u> vorbei, vorüber; *fig* vorbei, aus; am Ende seiner Kräfte; *umg* hin **förˈbifart**[1] <u>S</u>, **förbifartsled** <u>S</u> Umgehungsstraße *f*
förbifart[2] [ˈfœːrbiːfaːʈ] <u>S</u> **i ~en** im Vorübergehen, in aller Eile **förbigå** <u>VT</u> ⟨4⟩ über'gehen **förbigående** <u>A</u> <u>ADJ</u> vorübergehend; **en ~** ein Passant, eine Passantin <u>B</u> <u>N</u> ⟨-t; kein pl⟩ Übergehung *f*; Vernachlässigung *f*, Nichtbeachtung *f*; **i ~** nebenbei, beiläufig **förbigången** <u>ADJ</u> übergangen
förˈbinda ⟨4⟩ <u>A</u> <u>VT</u> verbinden; *fig a.* verpflichten <u>B</u> <u>VR</u> **~ sig** sich verbinden **förbindelse** ⟨-n; -r⟩ Verbindung *f*, Beziehung *f*, Anschluss *m*; Verpflichtung *f*, Verbindlichkeit *f*; **stå i ~ med ngn** in Verbindung mit j-m sein **förbindlig** <u>ADJ</u> verbindlich, zuvorkommend
förˈbise [ˈfœːrbiːse] <u>VT</u> ⟨4⟩ über'sehen, nicht beachten **förbiseende** <u>N</u> ⟨-t; kein pl⟩ Übersehen *n*, Nichtbeachtung *f*; **genom ett ~** aus Versehen, versehentlich
förˈbistring ⟨-en; -ar⟩ Verwirrung *f*
förˈbittrad <u>ADJ</u> verbittert **förbittring** ⟨-en; kein pl⟩ Entrüstung *f*
förˈbjuda <u>VT</u> ⟨4⟩ verbieten, untersagen
förˈblekna <u>VI</u> ⟨1⟩ verblassen
förˈbli <u>VI</u> ⟨4⟩ (ver)bleiben
förˈblinda <u>VT</u> ⟨1⟩ verblenden **förblindelse** <u>S</u> Verblendung *f*
förˈbluffa <u>VT</u> ⟨1⟩ verblüffen **förbluffelse** ⟨-n; kein pl⟩ Verblüffung *f*

förˈblöda <u>VI</u> ⟨2⟩ verbluten **förblödning** <u>S</u> Verblutung *f*
förˈborgad [fœrˈbɔrjad] <u>ADJ</u> verborgen
förˈbruka <u>VT</u> ⟨1⟩ verbrauchen **förbrukare** ⟨-n; -⟩ Verbraucher(in) *m(f)* **förbrukning** ⟨-en; kein pl⟩ Verbrauch *m*, Konsum *m* **förbrukningsartikel** <u>S</u> Gebrauchsgegenstand *m*; Konsumgut *n* **förbrukningsdag** <u>S</u> **sista ~** Haltbarkeitsdatum *n*, Verfallsdatum *m*
förˈbrylla <u>VT</u> ⟨1⟩ verwirren **förbryllelse** ⟨-n; kein pl⟩ Verwirrung *f*
förˈbryta <u>VR</u> ⟨4⟩ **~ sig mot ngn** sich an j-m vergehen; **~ sig mot ngt** gegen etw verstoßen **förbrytare** ⟨-n; -⟩ Verbrecher(in) *m(f)* **förbrytelse** ⟨-n; -r⟩ Verbrechen *n*; Vergehen *n* (**mot** gegen)
förˈbränna <u>VT</u> ⟨2⟩ verbrennen **förbränning** ⟨-en; kein pl⟩ Verbrennung *f* **förbränningsmotor** <u>S</u> Verbrennungsmotor *m*
förˈbud <u>S N</u> Verbot *n*, Sperre *f* **förbudsskylt** <u>S</u> Verbotsschild *n*
förˈbund <u>N</u> ⟨-et; -⟩ Bund *m*, Verband *m*; Bündnis *n*, Vertrag *m*; **Nationernas Förbund** der Völkerbund; **hemligt ~** Geheimbund *m* **förbunden** <u>ADJ</u> verbunden, verpflichtet; verbündet; verknüpft **förbundsdag** <u>S</u> PARL Bundestag *m* **förbundskansler** <u>S</u> Bundeskanzler *m* **förbundskapten** <u>S</u> Bundestrainer *m* **förbundsland** <u>S N</u> Bundesland *n* **förbundspresident** <u>S</u> Bundespräsident *m* **förbundsregering** <u>S</u> Bundesregierung *f* **förbundsrepublik** <u>S</u> Bundesrepublik *f*; **Förbundsrepubliken Tyskland** die Bundesrepublik Deutschland **förbundsstat** <u>S</u> Bundesstaat *m*
förˈbytt <u>ADJ</u> **som ~** wie verwandelt
förˈbättra ⟨1⟩ <u>A</u> <u>VT</u> (ver)bessern; aufbessern; **~s** sich (ver)bessern <u>B</u> <u>VR</u> **~ sig** sich (ver)bessern **förbättring** <u>S</u> (Ver-)Besserung *f*; Aufbesserung *f*
förˈbön [ˈfœːrbøːn] <u>S</u> Fürbitte *f*
förˈdel [ˈfœːdeːl] <u>S</u> Vorteil *m*, Gewinn *m*; **vara till sin ~** vorteilhaft aussehen
förˈdela <u>VT</u> ⟨1⟩ verteilen (**bland an** *akk*), (**under** *akk*), (**på** auf *akk* über *akk*), (**sig** sich)
fördelaktig [ˈfœːdeːlakti(g)] <u>ADJ</u> vorteilhaft
förˈdelare ⟨-n; -⟩ TECH Verteiler *m*

fördelning ⟨-en; kein pl⟩ Verteilung f; Zuteilung f
fördenskull [fœˈdɛnskəl] ADV darum, deshalb, deswegen
fördjupa [fœrˈjʉːpa] VT, VR ⟨1⟩ vertiefen (sig sich) **fördjupning** ⟨-en; -ar⟩ Vertiefung f a. fig umg Delle f
fördold [fœːˈdoːld] ADJ verborgen
fördom [ˈfœːdɔm] S Vorurteil n **fördomsfri** ADJ vorurteilslos, unbefangen **fördomsfrihet** S Vorurteilslosigkeit f, Unbefangenheit f **fördomsfull** ADJ vorurteilsvoll, voreingenommen **fördomsfullhet** ⟨-en; kein pl⟩ Voreingenommenheit f
förˈdra VT ⟨4⟩ vertragen, ertragen, leiden, dulden **fördrag** S N Vertrag m; Geduld f, Nachsicht f **fördragsam** ADJ verträglich, duldsam **fördragsamhet** ⟨-en; kein pl⟩ Verträglichkeit f, Duldsamkeit f **fördragsenlig** ADJ vertragsgemäß, vertraglich
förˈdriva VT ⟨4⟩ vertreiben
förˈdröja VT ⟨2⟩ verzögern, verspäten; hinhalten **fördröjning** ⟨-en; -ar⟩ Verzögerung f
förˈdubbla VT ⟨1⟩ verdoppeln; ~s sich verdoppeln **fördubbling** ⟨-en; -ar⟩ Verdopp(e)lung f
förˈdunkla VT ⟨1⟩ verdunkeln
förˈdyra VT ⟨1⟩ verteuern **fördyring** ⟨-en; -ar⟩ Verteuerung f
förˈdämning ⟨-en; -ar⟩ Damm m, Deich m, Aufdämmung f
förˈdärv N ⟨-et; kein pl⟩ Verderben n **fördärva** VT ⟨1⟩ verderben **fördärvad** ADJ verdorben; verderbt; arbeta sig ~ sich kaputtarbeiten; skratta sig ~ sich totlachen, sich krummlachen **fördärvlig** ADJ verderblich
förˈdöma VT ⟨2⟩ verurteilen, verdammen **fördömd** ADJ verdammt **fördömelse** ⟨-n; kein pl⟩ Verdammung f; Verdammnis f **fördömlig** ADJ verdammenswert; verwerflich
före[1] [ˈfœːra] N ⟨-t; kein pl⟩ det är bra ~ der Schnee ist gehfürig
före[2] A PRÄP vor; ~ detta früher, ehemalig B ADV vor, voran, voraus; klockan går ~ die Uhr geht vor; fig vara ~ ngn j-m voraus sein
förebild S Vorbild n; ta till ~ sich ⟨dat⟩ zum Vorbild nehmen **förebildlig** ADJ vorbildlich, musterhaft

förebrå VT ⟨3⟩ vorwerfen (ngn för ngt j-m etw) **förebråelse** ⟨-n; -r⟩ Vorwurf m; Vorhaltung f **förebråendе** ADJ vorwurfsvoll
förebud S N Vorbote m; Vorzeichen n, Vorbedeutung f, Hinweis m
förebygga VT ⟨2⟩ vorbeugen ⟨dat⟩, verhüten **förebyggande** A N Vorbeugung f, Verhütung f B ADJ vorbeugend
förebåda VT ⟨1⟩ ankündigen
föredra [ˈfœːradraː] VT ⟨4⟩ vorziehen (framför dat); vortragen, Bericht erstatten; referieren **föredrag** S N Vortrag m (om über akk) **föredragande** ⟨-n; -⟩ Vortragende(r) m/f(m); Berichterstatter(in) m/f(m), Referent(in) m/f(m) **föredragningslista** S Tagesordnung f **föredragshållare** S Vortragende(r) m/f(m); Vorleser(in) m/f(m)
föredöme [ˈfœːrədœːmə] N ⟨-t; -n⟩ Vorbild n, Muster n **föredömlig** ADJ vorbildlich, musterhaft, nachahmenswert
förefalla VI ⟨4⟩ scheinen; umg vorkommen (ngn j-m); det förefaller mig som om ... mir scheint (od es scheint mir, es kommt mir [so] vor), als ob ...
föregivande N ⟨-t; -n⟩ Vorwand m
föregripa VT ⟨4⟩ vorgreifen ⟨dat⟩, vorwegnehmen
föregå VT, VI ⟨4⟩ vorangehen, vorausgehen ⟨dat⟩ **föregående** ADJ vorherig, früher; vorig; vorstehend, vorhergehend; ~ kväll am Abend vorher; ~ talare Vorredner(in) m/f(m) **föregångare** S Vorläufer(in) m/f(m); Vorgänger(in) m/f(m) **föregångsman** S Bahnbrecher m, Pionier m
förehavande N ⟨-t; -n⟩ Vorhaben n
förekomma ⟨4⟩ A VT zuvorkommen ⟨dat⟩, vorbeugen ⟨dat⟩ B VI vorkommen **förekommande** ADJ vorkommend; fig zuvorkommend; ofta ~ häufig; då och då ~ vereinzelt; i ~ fall gegebenenfalls **förekomst** ⟨-en; -er⟩ Vorkommen n
föreligga VI ⟨4⟩ vorliegen
föreläsa [ˈfœːrəlɛːsa] VI ⟨2⟩ vorlesen (för ngn j-m); lesen, eine Vorlesung halten (om/över über akk) **föreläsare** ⟨-n; -⟩ Vorleser(in) m/f(m); Vortragende(r) m/f(m) **föreläsning** S Vorlesung f; UNIV a. Kolleg n **föreläsningskata-**

log s̄ Vorlesungsverzeichnis n **föreläsningssal** s̄ Hörsaal m **föreläsningsserie** s̄ Vorlesungsreihe f
föremål ['fœːrəmoːl] s̄ N Gegenstand m
för'ena ⟨1⟩ A v̄t̄ verein(ig)en, verbinden B v̄R ~ sig sich vereinigen **förenad** ADJ verein(ig)t, verbunden; verknüpft; verbündet; Förenta nationerna die Vereinten Nationen; Förenta staterna die Vereinigten Staaten (von Nordamerika) **förening** ⟨-en; -ar⟩ a. CHEM Verein(igung f) m, Verbindung f; Genossenschaft f, Verband m **föreningslokal** s̄ Vereinsheim n **föreningsmedlem** s̄ Vereinsmitglied n
förenkla [fœr'eŋkla] v̄t̄ ⟨1⟩ vereinfachen **förenkling** ⟨-en; -ar⟩ Vereinfachung f
för'enlig ADJ vereinbar **förenlighet** ⟨-en; kein pl⟩ Vereinbarkeit f
föresats ['fœːrəsats] s̄ Vorsatz m
föreskrift ['fœːrəskrɪft] s̄ Vorschrift f; enligt ~ nach Vorschrift, vorschriftsmäßig **föreskriva** v̄t̄ ⟨4⟩ vorschreiben
föreslå v̄t̄ ⟨4⟩ vorschlagen, beantragen; anregen
förespegla v̄t̄ ⟨2⟩ vorspiegeln, vorgaukeln **förespegling** s̄ Vorspieg(e)lung f
förespråka v̄t̄ ⟨1⟩ befürworten **förespråkare** ⟨-n; -⟩ Fürsprecher(in) m(f)
förespå v̄t̄ ⟨3⟩ voraussagen, prophezeien
förestava v̄t̄ ⟨1⟩ vorsprechen; fig vorschreiben
förestå ⟨4⟩ A v̄t̄ vorstehen (dat) B v̄ī bevorstehen **föreståendé** ADJ bevorstehend **föreståndare** ⟨-n; -⟩ Vorsteher(in) m(f)
föreställa v̄t̄ ⟨2⟩ vorstellen (ngn för ngn j-n j-m), bedeuten; darstellen **föreställning** s̄ Vorstellung f
försväva v̄t̄ ⟨1⟩ vorschweben (dat)
föresätta v̄R ⟨4⟩ ~ sig sich (dat) vornehmen
företa ['fœːrəta] ⟨4⟩ A v̄t̄ unternehmen, vornehmen B v̄R ~ sig unternehmen **företag** s̄ N Unternehmen n; Betrieb m **företagaranda** s̄ Unternehmergeist m **företagare** ⟨-n; -⟩ Unternehmer(in) m(f) **företagsam** ADJ unternehmend, unternehmungs-

lustig **företagsamhet** ⟨-en; kein pl⟩ Unternehmungslust f **företagsdemokrati** s̄ Betriebsdemokratie f, Mitbestimmungsrecht n **företagsekonom** s̄ Betriebswirt(in) m(f) **företagsekonomi** s̄ Betriebswirtschaft f **företagskonsult** s̄ Unternehmensberater(in) m(f) **företagsledare** s̄ Betriebsleiter(in) m(f) **företagsledning** s̄ Betriebsführung f **företagsnämnd** s̄, **företagsråd** s̄ N Organ Betriebsrat m
företeelse ⟨-n; -r⟩ Erscheinung f
företräda ['fœːrətrɛːda] v̄t̄ ⟨2⟩ vorangehen, vorausgehen; vertreten **företrädare** ⟨-n; -⟩ Vorgänger(in) m(f); Vertreter(in) m(f) **företräde** N ⟨-t; kein pl⟩ Audienz f; Vorzug m, Vorrang m; få ~ vorgelassen werden; ha ~ den Vorrang haben; AUTO lämna ~ Vorfahrt achten **företrädesrätt** s̄ Vorrecht n **företrädesvis** ADV vorzugsweise
föreviga [fœr'eːviga] v̄t̄ ⟨1⟩ verewigen
förevisa [fœːrəˈviːsa] v̄t̄ ⟨1⟩ vorzeigen, vorweisen; vorführen **förevisning** s̄ Vorzeigung f; Vorführung f; Aufführung f
förevändning s̄ Vorwand m, Ausrede f; ta ngt till/som ~ etw zum Vorwand nehmen; under ~(en) att … unter dem Vorwand, dass …
förfader ['fœːrfaːdər] s̄ Vorfahr m, Ahn m
för'fall s̄ N Verfall m; Entschuldigungsgrund m, Verhinderung f; utan laga ~ unentschuldigt; vid laga ~ im Verhinderungsfalle **förfalla** v̄ī ⟨4⟩ verfallen; verkommen, heruntderkommen; WIRTSCH verfallen, fällig sein/werden **förfallen** ADJ verfallen, baufällig; verkommen, heruntergekommen; WIRTSCH fällig, verfallen **förfallodag** s̄ Verfalltag m, Verfallsdatum n
för'falska v̄t̄ ⟨1⟩ (ver)fälschen **förfalskare** ⟨-n; -⟩ Fälscher(in) m(f) **förfalskning** ⟨-en; -ar⟩ (Ver-)Fälschung f
för'fara v̄ī ⟨4⟩ verfahren, vorgehen (mot ngn) **förfarande** N ⟨-t⟩ Verfahren n, Methode f **förfaras** v̄ī ⟨dep 4⟩ verderben, verkommen; låta ngt ~ etw verkommen lassen **förfaringssätt** s̄ N Verfahren n, Verfahrensweise f

för'fasa V/R ⟨1⟩ ~ sig entsetzt sein (**över** über)
för'fatta V/T ⟨1⟩ verfassen; abfassen **författare** ⟨-n; -⟩ Verfasser *m*, Autor *m*; Schriftsteller *m*, Dichter *m* **författa'rinna** ⟨-n; -or⟩ Verfasserin *f*, Autorin *f*, Schriftstellerin *f*, Dichterin *f* **författarskap** N ⟨-et; -⟩ schriftstellerische Tätigkeit *f*; *konkret* literarisches Werk
för'fattning S Verfassung *f*; Gesetz *n* **författningsenlig** ADJ verfassungsgemäß, verfassungsmäßig **författningsstridig, författningsvidrig** ADJ verfassungswidrig
för'fela V/T ⟨1⟩ verfehlen
förfest ['fœːrfɛst] S *kleinere Fete vor dem Ausgehen*; *umg* Vorglühen *n* **förfesta** V/I ⟨1⟩ vorglühen **förfilm** S Vorfilm *m*
för'finad ADJ verfeinert
för'flugen ADJ unbesonnen, unüberlegt, voreilig; ~ **idé** abstruse/abwegige Idee
för'fluten ADJ vergangen, verflossen
för'flyktigas V/I ⟨dep 1⟩ verdunsten, sich verflüchtigen
för'flyta V/I ⟨4⟩ verfließen, vergehen, verstreichen
för'flytta ⟨1⟩ A V/T versetzen, verpflanzen B V/R ~ **sig** sich fortbewegen; *fig* sich versetzen (**till** in *akk*) **förflyttning** S Versetzung *f*; Umsied(e)lung *f*
för'foga [fœrˈfuːɡa] V/I ⟨1⟩ verfügen (**över** über *akk*) **förfogande** N ⟨-t; kein pl⟩ Verfügung *f*, Disposition *f*; **stå till ngns ~** j-m zur Verfügung stehen
förfriskad ADJ angetrunken **förˈfriskning** ⟨-en; -ar⟩ Erfrischung *f*
förˈfrusen ADJ (v)erfroren; abgefroren
förˈfrysa V/T ⟨4⟩ erfrieren **förfrysning** ⟨-en; -ar⟩ Erfrieren *n*, Erfrierung *f*
förˈfrågan ⟨-; förfrågningar⟩, **förˈfrågning** ⟨-en; -ar⟩ Anfrage *f*, Erkundigung *f*
förˈfång S̅ N̅ Schaden *m*, Nachteil *m*; **till ~ för honom** zu seinem Schaden
förˈfäder ['fœːrfɛːdar] PL Vorfahren *pl*
förˈfäkta V/T ⟨1⟩ verfechten
förˈfärad ADJ entsetzt; **bli förfärad** entsetzt sein, in Entsetzen geraten **förfäran** ⟨inv⟩ Entsetzen *n* **förfäras** V/I ⟨dep 1⟩ sich entsetzen
förˈfärdiga V/T ⟨1⟩ anfertigen, verfertigen, herstellen
förˈfärlig ADJ entsetzlich, schrecklich **förfärlighet** ⟨-en; -er⟩ Schrecklichkeit *f*
förˈfölja V/T ⟨2⟩ verfolgen **förföljelse** ⟨-n; -r⟩ Verfolgung *f* (**av, mot** *gen*) **förföljelsemani** S Verfolgungswahn *m*
förˈföra V/T ⟨2⟩ verführen **förförare** ⟨-n; -r⟩ Verführer(in) *m(f)*
förˈfördela ['fœːrfœdeːla] V/T ⟨1⟩ benachteiligen
förˈförelse ⟨-n; -r⟩ Verführung *f* **förförisk** ADJ verführerisch
förˈgasare ⟨-n; -⟩ TECH Vergaser *m*
förˈgifta [fœrˈjifta] V/T, V/R ⟨1⟩ vergiften (**sig** sich) **förgiftning** ⟨-en; -er⟩ Vergiftung *f*
förgjord [fœrˈjuːd] ADJ verhext
förˈgrena V/R ⟨1⟩ ~ **sig** sich verzweigen **förgrening** ⟨-en; -ar⟩ Verzweigung *f*
förˈgripa V/R ⟨4⟩ ~ **sig** sich vergreifen (**på/mot** an *dat*)
förgrund ['fœːrɡrɛnd] S Vordergrund *m* **förgrundsfigur** S prominente Persönlichkeit; **vara en ~** *a*. im Vordergrund stehen
förˈgrymmad ADJ ergrimmt, erbost **förgrymmas** V/I ⟨dep 1⟩ ergrimmen; sich erbosen
förˈgråten ADJ verweint
förˈgylla [fœrˈjyla] V/T ⟨2⟩ vergolden **förgyllning** ⟨-en; -ar⟩ Vergoldung *f*
förˈgå [fœrˈɡoː] V/T, V/R ⟨4⟩ vergehen (**sig mot** sich gegen *od* wider) **förgången** ADJ vergangen **förgås** V/I ⟨dep 4⟩ untergehen; vergehen, umkommen (**av** vor *dat*)
förˈgängelse [fœrˈjɛŋəlsə] ⟨-n; kein pl⟩ Untergang *m*, Tod *m* **förˈgänglig** ADJ vergänglich **förgänglighet** ⟨-en; kein pl⟩ Vergänglichkeit *f*
förˈgätmigej [fœrˈjɛːtmiˌɡɛj] ⟨-en; -er⟩ BOT Vergissmeinnicht *n*
förˈgäves [fœrˈjɛːvəs] ADV vergebens, umsonst
förˈgöra [fœrˈjœːra] V/T ⟨4⟩ vernichten, umbringen
förˈhala V/T ⟨1⟩ hinziehen, verschleppen; *umg* vertrödeln
förhand ['fœːrhand] ⟨-en; kein pl⟩ **på**

~ im Voraus; **veta på** ~ vorauswissen
för'handla _VT_ ⟨1⟩ verhandeln, unterhandeln (**om** über _akk_); erörtern, besprechen **förhandlare** ⟨-n; -⟩ Unterhändler(in) _m(f)_ **förhandling** ⟨-en; -ar⟩ Verhandlung _f_, Unterhandlung _f_; Erörterung _f_ **förhandlingspart** _S_ Verhandlungspartner _m_
förhandsbesked [fœ:rhandsbeˈʃe:d] _SN_ Vorbescheid _m_ **förhandsbeställa** _VT_ ⟨2⟩ vorausbestellen **förhandsbeställning** _S_ Vorverkauf _m_ **förhandsvisning** _S_ Vorführung _f_, Voraufführung _f_
för'hasta _VR_ ⟨1⟩ ~ **sig** sich übereilen, überstürzen, voreilig sein **förhastad** _ADJ_ übereilt, überstürzt, voreilig
för'hinder _SN_ Hindernis _n_, Verhinderung _f_; **ha** ~ verhindert sein **förhindra** _VT_ ⟨1⟩ verhindern
förhistoria [ˈfœ:rhɪstuˌria] _S_ Vorgeschichte _f_ **förhistorisk** _ADJ_ vorgeschichtlich
för'hoppning _S_ Hoffnung _f_ (**om** auf _akk_); **väcka ~ar hos ngn** in j-m Hoffnungen erwecken; **i ~ (om) att** ... in der Hoffnung, dass ... **förhoppningsfull** _ADJ_ hoffnungsvoll; vielversprechend **förhoppningsvis** _ADV_ hoffentlich
förhud [ˈfœ:rhʉ:d] _S ANAT_ Vorhaut _f_
för'hålla _VR_ ⟨4⟩ ~ **sig** sich verhalten; **det förhåller sig så** _a._ so steht die Sache **förhållande** _N_ ⟨-t; -n⟩ Verhältnis _n_, Umstand _m_, Sachverhalt _m_; Verhältnis _n_, Beziehung _f_; **under rådande ~n** unter den gegenwärtigen Umständen; **under alla ~n** unter allen Umständen; **ha ett ~ med ngn** ein Verhältnis mit j-m haben **förhållandevis** _ADV_ verhältnismäßig **förhållningsorder** _S_ Verhaltensmaßregel _f_ **förhållningssätt** _SN_ Verhalten _n_
för'hänge [ˈfœ:rhɛŋə] _N_ ⟨-t; -n⟩ Vorhang _m_
för'härdad _ADJ_ verhärtet; verstockt; _umg_ abgebrüht, hartgesotten
för'härliga _VT_ ⟨1⟩ verherrlichen **förhärskande** [ˈfœ:rhɛʂkandə] _ADJ_ vorherrschend
för'häva _VR_ ⟨2⟩ ~ **sig** sich überheben
för'häxa _VT_ ⟨1⟩ verhexen
för'höja _VT_ ⟨2⟩ erhöhen **förhöjning**

_S_ Erhöhung _f_
för'hör _N_ ⟨-et; -⟩ Verhör _n_; _Schule a._ Abhören _n_; _JUR a._ Vernehmung _f_ **förhöra** ⟨2⟩ _A VT_ verhören; _Schule_ abhören; _JUR a._ vernehmen _B VR_ ~ **sig** sich erkundigen (**hos ngn om ngt** bei j-m nach etw)
för'höst [ˈfœ:rhøst] _S_ Vorherbst _m_
för'inta _VT_ ⟨1⟩ vernichten **förintelse** ⟨-n; -r⟩ Vernichtung _f_
för'irra _VR_ ⟨1⟩ ~ **sig** sich verirren
för'ivra _VR_ ⟨1⟩ ~ **sig** sich ereifern
för'kalkning ⟨-en; -ar⟩ Verkalkung _f_
för'kasta _VT_ ⟨1⟩ verwerfen, ablehnen **förkastelse** ⟨-n; kein pl⟩ Verdammung _f_ **förkastlig** _ADJ_ verwerflich
för'klara ⟨1⟩ _A_ erklären, erläutern; _BIBEL_ verklären; ~ **krig** den Krieg erklären _B VR_ ~ **sig** sich erklären **förklaring** ⟨-en; -ar⟩ Erklärung _f_, Erläuterung _f_; _BIBEL_ Verklärung _f_ **förklarlig** _ADJ_ erklärlich; begreiflich
förklä(de) [ˈfœrklɛ:(də)] _N_ ⟨-t; -n⟩ Schürze _f_; _fig umg_ Anstandsdame _f_, Anstandswauwau _m_
för'klädd _ADJ_ verkleidet **förklädnad** ⟨-en; -er⟩ Verkleidung _f_
för'knippa _VT_ ⟨1⟩ verknüpfen
förkolna [fœrˈkɔ:lna] _VI_ ⟨1⟩ verkohlen
förkomma [fœrˈkɔmən] _ADJ_ verkommen
förkorta [fœrˈkɔʈa] _VT_ ⟨1⟩ verkürzen, abkürzen **förkortning** ⟨-en; -ar⟩ Verkürzung _f_, Abkürzung _f_
förkovra [fœrˈkɔ:vra] _A VT_ verbessern _B VR_ ~ **sig** sich vervollkommnen **förkovran** ⟨inv⟩ Verbesserung _f_, Vervollkommnung _f_
förkrigs- [ˈfœ:rkrɪgs] _IN ZSSGN_ Vorkriegs-
förkristen [ˈfœ:rkrɪstən] _ADJ_ vorchristlich
förkroppsliga [fœrˈkrɔpslɪga] _VT_ ⟨1⟩ verkörpern
förkrossad [fœrˈkrɔsad] _ADJ_ niedergeschmettert, vernichtet, überwältigt; zerknirscht **förkrossande** _ADJ_ vernichtend
för'krympt _ADJ_ verkrüppelt, verkümmert
för'kunna _VT_ ⟨1⟩ verkündigen, ankünd(ig)en **förkunnare** ⟨-n; -⟩ Verkünd(ig)er _m_ **förkunnelse** ⟨-n; -r⟩ Verkünd(ig)ung _f_

förkunskap ['fœːrkənskɑːp] _s_ Vorkenntnis f, Vorbildung f **förkunskapstest** _s_ (N) diagnostischer Test m, Einstufungstest m

förkyld [fœr'cyːld] ADJ erkältet; **bli ~** sich erkälten **förkylning** _s_ Erkältung f

förkämpe ['fœːrçɛmpə] _s_ Vorkämpfer(in) m(f)

förkänning ['fœːrçɛniŋ] _s_, **förkänsla** _s_ Vorgefühl n, Vorahnung f **förkärlek** _s_ Vorliebe f

förköp ['fœːrçøːp] _s_ (N) Vorverkauf m **förköpsrätt** _s_ JUR Vorkaufsrecht n

förkörsrätt ['fœːrçœːrsrɛt] _s_ Vorfahrtsrecht n; **ha ~** Vorfahrt haben

för'lag _N_ ⟨-et; -⟩ Verlag m

förlaga ['fœːrlɑːɡa] ⟨-n; -or⟩ Vorlage f

för'lama VT ⟨1⟩ lähmen; _fig a._ lahmlegen **förlamas** VI ⟨dep 1⟩ erlahmen

förlamning ⟨-en; -ar⟩ Lähmung f

för'leda VT ⟨2⟩ verleiten, verführen, verlocken **förledande** ADJ verführerisch, verlockend **förlegad** ADJ überholt

för'lika ⟨1/2⟩ A VT schlichten, versöhnen B VR **~ sig med ngt** sich mit etw abfinden **förlikas** VI ⟨dep 2⟩ sich vergleichen; sich vertragen **förlikning** ⟨-en; -ar⟩ Vergleich m, Schlichtung f **förlikningsman** _s_ Schlichter m

för'lisa VI ⟨2⟩ scheitern, untergehen **förlisning** ⟨-en; -ar⟩ Schiffbruch m

för'lita VR ⟨1⟩ **~ sig på ngn** sich auf j-n verlassen **förlitan** ⟨inv⟩ Vertrauen n; **i ~ på** im Vertrauen auf

förljugen [fœr'juːɡən] ADJ verlogen

förljuva VT ⟨1⟩ versüßen

förlopp [fœr'lɔp] _s_ (N) Verlauf m; Gang m

förlora [fœr'luːra] ⟨1⟩ A VT verlieren (i an _dat_) B VR **~ sig (i mängden)** sich (in der Menge) verlieren **förlorad** ADJ verloren **förlorare** ⟨-n; -⟩ Verlierer(in) m(f)

förlossa [fœr'lɔsa] VT ⟨1⟩ REL erlösen **förlossare** ⟨-n; -⟩ REL Erlöser m **förlossning** ⟨-en; -ar⟩ REL Erlösung f; MED Entbindung f **förlossningsavdelning** _s_ Entbindungsstation f

förlova [fœr'luːva] VR ⟨1⟩ **~ sig** sich verloben; **det ~de landet** das Gelobte Land **förlovad** ADJ verlobt **förlovning** ⟨-en; -ar⟩ Verlobung f; **slå upp en ~** sich entloben

för'lupen ADJ verlaufen; _Kugel_ verirrt

för'lust _s_ Verlust m, Einbuße f (av an); **på vinst och ~** aufs Geratewohl **förlustbringande** ADJ verlustbringend

för'låta VT, VI ⟨4⟩ verzeihen, vergeben; entschuldigen; **förlåt** _vor Frage od als Entschuldigung_ Verzeihung; **förlåt att jag stör** verzeihen Sie die Störung **förlåtelse** ⟨-n; -r⟩ Verzeihung f, Vergebung f; **be ngn om ~** j-n um Verzeihung bitten **förlåtlig** ADJ verzeihlich

för'lägen ADJ verlegen, befangen **förlägenhet** _s_ Verlegenheit f

för'lägga VT ⟨4⟩ verlegen (**till** in _akk od_ nach), (_Zeit_ **till** auf _akk_) **förläggare** ⟨-n; -⟩ Verleger(in) m(f) **förläggning** _s_ Verlegung f; MIL _a._ Einquartierung f, Quartier n

för'länga VT ⟨2⟩ verlängern; dehnen **förlängning** ⟨-en; -ar⟩ Verlängerung f; Dehnung f **förlängningskabel** _s_, **förlängningssladd** _s_ ELEK Verlängerungskabel n, Verlängerungsschnur f

för'löjliga VT ⟨1⟩ lächerlich machen, ins Lächerliche ziehen

för'löpa VI ⟨2⟩ verlaufen

för'lösa VT ⟨2⟩ MED entbinden

förmak ['fœːrmɑːk] _N_ ⟨-et; -⟩ gute Stube, Salon m; ANAT Vorhof m

förman [fœːr'man] _s_ Vorgesetzte(r) m/f(m); Vorarbeiter(in) m(f)

för'mana VT ⟨1⟩ ermahnen; zurechtweisen **förmaning** ⟨-en; -ar⟩ Ermahnung f; Zurechtweisung f

för'medla VT ⟨1⟩ vermitteln **förmedlare** _s_ Vermittler(in) m(f) **förmedling** _s_ Vermittlung f; Agentur f

för'mer besser

förmiddag ['fœːrmidɑ(ɡ)] _s_ Vormittag m; **på ~en** am Vormittag; **på/om ~arna** vormittags; **i morgon ~** morgen vormittag; **i ~s** heute Vormittag

för'mildra VT ⟨1⟩ mildern; **~nde omständigheter** mildernde Umstände

för'minska VT ⟨1⟩ verkleinern, verringern, vermindern; **~s** sich verringern/vermindern **förminskning** _s_ Verkleinerung f, Verringerung f, Verminderung f

förmoda [fœr'muːda] VT ⟨1⟩ vermuten, mutmaßen **förmodan** ⟨-; -den⟩ Vermutung f, Mutmaßung f **förmod-**

ligen ADV vermutlich, wahrscheinlich
för'multna VI ⟨1⟩ vermodern
förmyndare ['fœːrmyndarə, fœrˈmyndara] ⟨-n; -⟩ Vormund *m*; **vara ~ för ngn** j-s Vormund sein; *fig* **vara ~ över ngn** j-n bevormunden; **stå/ställa under ~** unter Vormundschaft stehen/stellen
förmyndarskap N ⟨-et; kein pl⟩ Vormundschaft *f*; Bevormundung *f*
förmynderi N ⟨-et; kein pl⟩ Bevormundung *f*
för'må ⟨3⟩ A VI vermögen, können; **~ ngn till ngt** j-n zu etw bewegen/veranlassen; *umg* j-n zu etw bringen B VR **~ sig till ngt** sich zu etw überwinden; **inte kunna ~ sig till ngt** es nicht über sich (*akk*) bringen **för'måga** 1 ⟨-n; kein pl⟩ Fähigkeit *f*, Kraft *f*, Vermögen *n*; Talent *n* 2 ⟨-n; -or⟩ fähiger/tüchtiger Mensch *m*, Talent *n*, Kapazität *f*
förmån ['fœːrmoːn] ⟨-en; -er⟩ Vorteil *m*, Vorzug *m*; Vergünstigung *f*; **sociala ~er** Sozialleistungen; **till ~ för** zugunsten (*gen*); **det talar till hans ~** das spricht zu seinen Gunsten **förmånlig** ADJ vorteilhaft, günstig **förmånserbjudande** S N Sonderangebot *n* **förmånstagare** ⟨-n; -⟩ Begünstigte(r) *m*/*f*(*m*)
för'mäten ADJ vermessen, anmaßend **förmätenhet** ⟨-en; kein pl⟩ Vermessenheit *f*, Anmaßung *f*
för'mögen ADJ wohlhabend, vermögend **förmögenhet** ⟨-en; -er⟩ Vermögen *n* **förmögenhetsskatt** S Vermögen(s)steuer *f*
för'mörka VI ⟨1⟩ verdunkeln, verfinstern; **~s** sich verdunkeln/verfinstern **förmörkelse** ⟨-n; -r⟩ Verdunk(e)lung *f*; Finsternis *f*
förnamn ['fœːnamn] S N Vorname *m*, Rufname *m*; **vad heter han i ~?** wie heißt er mit Vornamen?; **det är bara ~et** = das ist nicht deutlich genug
för'nedra VI ⟨1⟩ erniedrigen, demütigen **förnedring** ⟨-en; -ar⟩ Erniedrigung *f*
för'neka ⟨1⟩ A VI leugnen, verleugnen; verneinen B VR **~ sig** sich verleugnen **förnekande** S N, **förnekelse** ⟨-n; -r⟩ Verleugnung *f*
för'nimma VI ⟨4⟩ wahrnehmen, empfinden, spüren; vernehmen, erfahren **förnimmelse** ⟨-n; -r⟩ Wahrnehmung *f*, Empfindung *f*
för'nuft N ⟨-et; kein pl⟩ Vernunft *f*; **sunt ~** gesunder Menschenverstand; **ha sitt ~ i behåll** bei Vernunft sein; **ta sitt ~ till fånga** Vernunft annehmen; **tala ~ med ngn** vernünftig mit j-m reden **förnuftig** ADJ vernünftig **förnuftighet** ⟨-en; kein pl⟩ Vernünftigkeit *f*
för'nya VI ⟨1⟩ erneuern; wiederholen; **~ passet** den Pass verlängern **förnyelse** ⟨-n; -r⟩ Erneuerung *f*; Wiederholung *f*
för'näm ADJ vornehm **förnämlig** ADJ vornehm; hervorragend
för'när ADV **göra ngn ~** j-m zu nahe treten; j-m etw (zuleide) tun; **inte göra en fluga ~** niemandem etw zuleide tun
för'närma VI ⟨1⟩ beleidigen **förnärmelse** ⟨-n; -r⟩ Beleidigung *f*
för'nödenhet ⟨-en; -er⟩ Bedarf *m*; **~er** Lebensbedürfnisse
för'nöja VI ⟨2⟩ erfreuen; **ombyte förnöjer** ≈ öfter mal was Neues **förnöjelse** ⟨-n; -r⟩ Vergnügen *n* **förnöjsam** ADJ genügsam **förnöjsamhet** ⟨-en; kein pl⟩ Genügsamkeit *f*
förolyckad ['fœːruˌlykad] ADJ verunglückt **förolyckas** VI ⟨dep 1⟩ verunglücken
förolämpa ['fœːrulɛmpa] VI ⟨1⟩ beleidigen, verunglimpfen **förolämpad** ADJ beleidigt **förolämpning** ⟨-en; -ar⟩ Beleidigung *f*, Verunglimpfung *f*
förord ['fœːruːɖ] S N Vorwort *n* **förorda** VI ⟨1⟩ befürworten, empfehlen
förordna [fœrˈoːɖna] VI ⟨1⟩ verordnen, verfügen; bestellen (**till** zu) **förordnande** N ⟨-t; -n⟩ Ernennung *f*; **få ~ som als ...** eingesetzt werden; **~t utgår** der Anstellungsvertrag läuft aus (*od* endet) **förordning** S N Verordnung *f*, Vorschrift *f*, Erlass *m*
förorena ['fœːruˌreːna] VI ⟨1⟩ verunreinigen **förorening** ⟨-en; -ar⟩ Verunreinigung *f*
förorsaka ['fœːruˌʂaːka] VI ⟨1⟩ verursachen, bewirken
förort ['fœːrut] S Vorort *m*
förorätta ['fœːruˌrɛta] VI ⟨1⟩ beleidigen, kränken
för'packa VI ⟨1⟩ verpacken **förpackning** S Verpackung *f*
för'passa VI ⟨1⟩ befördern; **~ ngn ur**

landet j-n über die Grenze abschieben
för'pesta _vt_ ⟨1⟩ verpesten
för'plikta _vt_ ⟨1⟩ verpflichten **förpliktelse** ⟨-n; -r⟩ Verpflichtung f
för'plägnad, **förplägning** ⟨-en; kein pl⟩ Verpflegung f, Bewirtung f
förr [fœr] _ADV_ früher; lieber; **~ i tiden/världen** früher, in früheren Zeiten; **nu som ~** nach wie vor; **~ eller senare** früher oder später; **ju ~ desto bättre** je eher desto besser **förra**, **förre** _ADJ_ frühere(r, s), ehemalige(r, s); vorige(r, s); **den ~...**, **den senare ...** jener ..., dieser ..., ersterer ..., letzterer ...; **i ~ veckan** vorige Woche; **i april ~ året** im April vorigen Jahres; **(under) ~ året** im vorigen/voriges Jahr
för'resten _ADV_ übrigens
förr'förra [ˈfœrfœra] _ADJ_ vorletzte(r, s)
'förrgår ⟨inv⟩ **i ~** vorgestern
för'ringa _vt_ ⟨1⟩ verringern, schmälern
förrum [ˈfœːrəm] _SN_ Vorzimmer n
för'ruttna _vi_ ⟨1⟩ verfaulen, vermodern, verwesen **förruttnelse** ⟨-n; kein pl⟩ Fäulnis f, Verwesung f
för'ryckt _ADJ_ verrückt; _umg_ übergeschnappt
för'rymd _ADJ_ entlaufen
för'råd _SN_ Vorrat m, Lager n
för'råda ⟨n; -⟩ ⟨2⟩ verraten (sig sich)
för'rådsbyggnad _s_, **förrådshus** _N_ Lagerhaus n, Magazin n
för'rädare ⟨n; -⟩ Verräter(in) m(f) **förrädisk** _ADJ_ verräterisch; tückisch
förrän [ˈfœrən, _umg_ fœn(s)] _KONJ_ ehe, bevor; **knappt ... ~** kaum ... ehe/bevor; **inte ~** erst
för'ränta [fœˈrɛnta] _vt, vR_ ⟨1⟩ verzinsen (sig sich) **förräntning** ⟨-en; -ar⟩ Verzinsung f
förrätt [ˈfœːret] _s_ Vorspeise f
för'rätta _vt_ ⟨1⟩ verrichten **förrättning** _s_ Verrichtung f
för'sagd _ADJ_ verzagt **försagdhet** ⟨-en; kein pl⟩ Verzagtheit f
för'saka [fœˈsɑːka] _vt_ ⟨1⟩ entbehren; entsagen (_dat_), verzichten auf (_akk_) **försakelse** ⟨-n; -r⟩ Entbehrung f; Entsagung f, Verzicht m
för'samla [fœˈsamla] ⟨1⟩ _A_ _vt_ versammeln _B_ _vR_ **~ sig** sich versammeln **församlas** _vi_ ⟨dep 1⟩ sich versammeln **församling** _s_ Versammlung f; _REL_ Gemeinde f

förse [fœˈseː] ⟨4⟩ _A_ _vt_ versehen, versorgen (**med mit**) _B_ _vR_ **~ sig** sich versehen; sich bedienen

förseelse [fœˈseːəlsə] ⟨-n; -r⟩ Vergehen n

för'segla [fœˈseːgla] _vt_ ⟨1⟩ versiegeln

för'sena [fœˈseːna] _vt_ ⟨1⟩ verspäten; **bli ~d** sich verspäten **försening** ⟨-en; -ar⟩ Verspätung f

försig'gå [ˈfœːsigoː] _vi_ ⟨4⟩ vor sich gehen, stattfinden **försigkommen** _ADJ_ fortgeschritten, entwickelt; reif

försiktig [fœˈʂikti(g)] _ADJ_ vorsichtig, behutsam **försiktighet** ⟨-en; kein pl⟩ Vorsicht f, Behutsamkeit f **försiktighetsmått** _SN_, **försiktighetsåtgärd** _s_ Vorsichtsmaßnahme f

för'silvra [fœˈʂilvra] _vt_ ⟨1⟩ versilbern

för'sinka [fœˈʂiŋka] _vt_ ⟨1⟩ → försena

för'sitta [fœˈʂita] _vt_ ⟨4⟩ versäumen, verpassen; verwirken

för'sjunka [fœrˈʂəŋka] _vi_ ⟨4⟩ versinken

för'skingra [fœrˈʂiŋra] _vt_ ⟨1⟩ unterschlagen, veruntreuen; vergeuden, vertun **förskingrare** ⟨-n; -⟩ Betrüger(in) m(f) **förskingring** ⟨-en; -ar⟩ Unterschlagung f, Veruntreuung f

för'skjuta [fœrˈʂuːta] _vt_ ⟨4⟩ verschieben; verstoßen **förskjutning** ⟨-en; -ar⟩ Verschiebung f

förskola [ˈfœːʂkuːla] _s_ Kindertagesstätte f; Kinderkrippe f; Kindergarten m; Vorschule f **förskoleavgift** _s_ Kindertagesstättengebühr f **förskoleklass** _s_ Kindergarten m, Vorschule f **förskolekö** _s_ _Warteliste für Kindertagesstättenplätze_ **förskoleplats** _s_ Kindertagesstättenplatz m **förskollärare** _s_ Erzieher(in) m(f); Kindergärtner(in) m(f)

för'skona [fœˈʂkuːna] _vt_ ⟨1⟩ verschonen (**från/för** mit); **bli ~d från ngt** von etw verschont bleiben **förskoning** ⟨-en; -ar⟩ Schonung f, Verschonung f

förskott [ˈfœːʂkɔt] _SN_ Vorschuss m; **i ~** im Voraus **förskott'era** _vt_ ⟨1⟩ vorschießen, vorstrecken **förskottsbetalning** _s_ Voraus(be)zahlung f, Vorkasse f

för'skräcka [fœˈʂkrɛka] _vt_ ⟨2⟩ erschrecken; **bli förskräckt** erschrecken (av/över vor/über *akk*) **förskräckas** <u>VR</u> <dep 2> erschrecken (av/över vor/über *akk*) **förskräckelse** <-n; -r> Schreck(en) *m* **förskräcklig** <u>ADJ</u> schrecklich **förskräckt** <u>ADJ</u> erschrocken; entsetzt

förskrämd [fœˈskrɛmd] <u>ADJ</u> erschrocken, eingeschüchtert

förskyllan [fœrˈʃylan] <inv> **utan egen ~** ohne eigenes Verschulden

förskärare [fœːrˈʃæːrara] <-n; ->, **förskärarkniv** <u>S</u> Tranchiermesser *n*

förskönа [fœrˈʃøːna] <u>VT</u> <1> verschönern; *fig* beschönigen **förskönning** <-en; -ar> Verschönerung *f; fig* Beschönigung *f*

förslag[1] [ˈfœːˌʃlaːg] <u>SN</u> MUS Vorschlag *m*

förslag[2] [ˈfœːˌʃlaːg] <u>SN</u> Vorschlag *m*; Anregung *f*; Entwurf *m*; POL Antrag *m*, Vorlage *f*; **väcka ~ om ngt** etw beantragen; **komma på ~** vorgeschlagen werden **förslagen** <u>ADJ</u> verschlagen, durchtrieben **förslagenhet** <-en; kein pl> Verschlagenheit *f*, Durchtriebenheit *f* **förslagsvis** <u>ADV</u> versuchsweise; sagen wir ...

förslappa [fœˈʃlapa] <u>VT</u> <1> erschlaffen **förslappas** <u>VR</u> <dep 1> erschlaffen **förslappning** <-en; -ar> Erschlaffung *f*

förslava [fœˈʃlaːva] <u>VT</u> <1> versklaven, knechten

förslå [fœˈʃloː] <u>VI</u> <4> (aus)reichen, genügen

förslöa [fœˈʃløːa] <u>VT</u> <1> abstumpfen **förslöas** <u>VI</u> <dep 1> abstumpfen

försmak [ˈfœːˌʃmaːk] <u>S</u> Vorgeschmack *m*

försmå [fœˈʃmoː] <u>VT</u> <3> verschmähen

försmädlig [fœˈʃmɛːdli(g)] <u>ADJ</u> höhnisch, spöttisch; ärgerlich

försmäkta [fœˈʃmɛkta] <u>VI</u> <1> (ver)schmachten

försnilla [fœˈʃnila] <u>VT</u> <1> unterschlagen, veruntreuen **försnillning** <-en; -ar> Unterschlagung *f*, Veruntreuung *f*

försoffad [fœˈsɔfad] <u>ADJ</u> abgestumpft

försommar [ˈfœːˌsɔmar] <u>S</u> Vorsommer *m*

försona [fœˈsuːna] <1> **A** <u>VT</u> versöhnen, aussöhnen; sühnen **B** <u>VR</u> **~ sig med ngn** sich mit j-m versöhnen **försoning** <-en; -ar> Versöhnung *f*, Aussöhnung *f*; Sühne *f* **försonlig** <u>ADJ</u> versöhnlich **försonlighet** <-en; kein pl> Versöhnlichkeit *f*

försorg [fœˈsɔrj] <inv> **genom hans ~** durch seine Vermittlung; **dra ~ om ngt** für etw Sorge tragen

försova [fœˈsoːva] <u>VR</u> <4> **~ sig** (sich) verschlafen

förspel [ˈfœːˌspeːl] <u>SN</u> Vorspiel *n*

förspilla [fœˈspila] <u>VT</u> <2> Zeit verlieren, vergeuden; **ett förspillt liv** ein verfehltes Leben

försprång [ˈfœːˌsprɔŋ] <u>SN</u> Vorsprung *m*

först [fœʃt] <u>ADV</u> (zu)erst, zunächst, anfangs; **allra ~** zuallererst; **~ och främst** vor allem, zuerst; **~ som sist** jetzt gleich; **~ i går** erst gestern; **~ då** erst dann **första, förste** <u>ADJ</u> erste(r, s); **för det ~** erstens; **~ bästa** erstbeste(r, s); **i ~ hand** in erster Linie

förstad [ˈfœːˌstaːd] <u>S</u> Vorstadt *f*

förstadium [ˈfœːˌstaːdjəm] <u>SN</u> Vorstufe *f*

förstagradsekvation [fœʃtaˈɡraːdsˌekvaˈʃuːn] <u>S</u> Gleichung *f* ersten Grades **förstagångsväljare** <u>S</u> Erstwähler(in) *m(f)* **förstahands-** <u>IN ZSSGN</u> aus erster Hand **förstahandsuppgift** <u>S</u> Mitteilung *f* aus erster Hand **förstaklassbiljett** <u>S</u> Fahrkarte *f* erster Klasse **förstamajdemonstration** <u>S</u> Maikundgebung *f* **förstaplacering** <u>S</u> SPORT erster Platz

förstatliga [fœˈʃtaːtliga] <u>VT</u> <1> verstaatlichen **förstatligande** <u>N</u> <-t; -n> Verstaatlichung *f*

förstaupplaga [ˈfœʃtaˌœplaːga] <u>S</u> Originalausgabe *f*, Erstausgabe *f*

förstavelse [ˈfœʃtaˌvɛlsə] <u>S</u> Vorsilbe *f*

försteg [ˈfœːˌsteːg] <u>SN</u> Vortritt *m*

förstenad [fœˈsteːnad] <u>ADJ</u> versteinert **förstening** <-en; -ar> Versteinerung *f*

förstfödd [ˈfœʃtfød] <u>ADJ</u> erstgeboren **förstklassig** <u>ADJ</u> erstklassig **förstnämnd** <u>ADJ</u> erstgenannt, ersterwähnt

förstockad [fœˈstɔkad] <u>ADJ</u> verstockt

förstoppa [fœˈstɔpa] <u>VT</u> <1> verstopfen **förstoppad** <u>ADJ</u> verstopft **förstoppning** <-en; -ar> MED Verstopfung *f*

förstora [fœˈstuːra] <u>VT</u> <1> vergrößern **förstoring** <-en; -ar> Vergrößerung *f*

förstoringsglas ˢᴺ Vergrößerungsglas *n*
förströ [fœˈstrøː] ᵛᵀ ⟨3⟩ zerstreuen
förströelse ⟨-n; -r⟩ Zerstreuung *f*
förstudie [ˈfœːstɵˌdiə] ˢ vorbereitende Studie
förstulen [fœˈstɵːlən] ᴬᴰᴶ verstohlen
förstummas [fœˈstɵmas] ᵛⁱ ⟨dep 1⟩ verstummen (**av** vor)
förstå [fœˈstoː] ⟨**A**⟩ ᵛᵀ verstehen; begreifen; **låta ngn ~ att** j-m zu verstehen geben, dass; **göra sig ~dd** sich verständlich machen ⟨**B**⟩ ᵛᴾ **~ sig på ngt** sich auf etw *(akk)* verstehen **förståelig** ᴬᴰᴶ verständlich **förståelse** ⟨-n; kein pl⟩ Verständnis *n* **förstående** ᴬᴰᴶ verständnisvoll
förstånd [fœˈstɔnd] ˢᴺ Verstand *m*; **tala ~ med ngn** mit j-m ernsthaft reden **förståndig** ᴬᴰᴶ verständig, vernünftig **förståndshandikappad** ᴬᴰᴶ geistig behindert
förstås [fœˈstɔs] ᴬᴰⱽ natürlich, selbstverständlich; **det ~!** (das) versteht sich!, natürlich!
förståsigpåare [fœstoˈsejˈpoːarə] ⟨-n; -⟩ Kenner(in) *m(f)*, Sachverständige(r) *m(f)*; *iron* Besserwisser(in) *m(f)*
förställa [fœˈstɛla] ᵛᴿ ⟨2⟩ **~ sig** sich verstellen
förstämd [fœˈstɛmd] *fig* ᴬᴰᴶ verstimmt; MUS gedämpft **förstämning** *fig* ˢ Verstimmung *f*, gedrückte Stimmung *f*
förstärka [fœˈstærka] ᵛᵀ ⟨2⟩ *a.* TECH verstärken **förstärkare** ⟨-n; -⟩ TECH Verstärker *m* **förstärkning** ⟨-en; -ar⟩ Verstärkung *f*
förstöra [fœˈstœːra] ᵛᵀ ⟨2⟩ zerstören; verderben; *umg* verpatzen; verschwenden **förstörd** ᴬᴰᴶ zerstört; verdorben; *umg* verpatzt; zerrüttet; verstört **förstörelse** ⟨-n; -r⟩, **förstöring** ⟨-en; kein pl⟩ Zerstörung *f*
försumlig [fœˈsɵmli(g)] ᴬᴰᴶ nachlässig, unachtsam, fahrlässig **försumlighet** ⟨-en; kein pl⟩ Nachlässigkeit *f*
försumma ᵛᵀ ⟨1⟩ versäumen, verpassen; vernachlässigen **försummelse** ⟨-en; -r⟩ Versäumnis *n*; Vernachlässigung *f*
försupen [fœˈsɵːpən] ᴬᴰᴶ versoffen
försurning [fœˈsʉːrnin] ⟨-en; -ar⟩ Versauerung *f*

försutten [fœˈsɵtən] ᴬᴰᴶ verpasst, versäumt; verjährt
försvaga [fœˈsvaːga] ᵛᵀ ⟨1⟩ (ab)schwächen, entkräften **försvagas** ᵛⁱ ⟨dep 1⟩ schwächer werden **försvagning** ⟨-en; -ar⟩ (Ab-)Schwächung *f*
försvar [fœˈsvaːr] ˢᴺ Verteidigung *f*, Abwehr *f*; Schutz *m*; Wehrmacht *f*; **rikets ~** Landesverteidigung *f*; **ta ngn i ~** j-n verteidigen, j-n in Schutz nehmen **försvara** ᵛᵀ, ᵛᴿ ⟨1⟩ verteidigen, rechtfertigen, verantworten (**sig** sich) **försvarare** ⟨-n; -⟩ Verteidiger(in) *m(f)* **försvarlig** ᴬᴰᴶ zu verteidigen, berechtigt; leidlich, erträglich; beträchtlich **försvarsadvokat** ˢ Verteidiger(in) *m(f)* **försvarsdepartement** ˢᴺ Verteidigungsministerium *n* **försvarslös** ᴬᴰᴶ wehrlos **försvarsminister** ˢ Verteidigungsminister(in) *m(f)* **försvarstal** ˢᴺ Verteidigungsrede *f* **försvarsutgift** ˢ Verteidigungsausgabe *f* **försvarsvapen** ˢᴺ Verteidigungswaffe *f* **försvarsåtgärd** ˢ Verteidigungsmaßnahme *f*
försvinna [fœˈsvina] ᵛⁱ ⟨4⟩ verschwinden **försvinnande** ᴺ ⟨-t; -n⟩ Verschwinden *n*
försvåra [fœˈsvoːra] ᵛᵀ ⟨1⟩ erschweren
försvunnen [fœˈsvɵnən] ᴬᴰᴶ verschwunden; **spårlöst ~** spurlos verschwunden
försyn [fœˈsyːn] ˢ REL Vorsehung *f*; Rücksicht *f*; **på Guds ~** auf gut Glück; **leva på Guds ~** in den Tag hinein leben
försyndelse [fœˈsyndəlsə] ⟨-n; -r⟩ Versündigung *f*, Verstoß *m*
försynt [fœˈsynt] ᴬᴰᴶ rücksichtsvoll, bescheiden **försynthet** ⟨-en; kein pl⟩ Rücksicht(nahme *f*) *f*, Bescheidenheit *f*
försåt [fœˈsoːt] ᴺ ⟨-et; -⟩ Hinterhalt *m*; Hinterlist *f* **försåtlig** ᴬᴰᴶ hinterlistig, hinterhältig, heimtückisch
försäga [fœˈsɛja] ᵛᴿ ⟨4⟩ **~ sig** sich versprechen; *umg* sich verplappern
försäkra [fœˈsɛːkra] ⟨1⟩ **A** ᵛᵀ versichern ⟨**B**⟩ ᵛᴿ **~ sig om** sich etw *(gen)* versichern **försäkran** ⟨-; försäkringar⟩ Versicherung *f* **försäkring** ˢ Versicherung *f*; **obligatorisk ~** Pflichtversicherung *f*; **teckna en ~** eine Versi-

cherung abschließen **försäkringsagent** S̄ Versicherungsagent(in) m(f) **försäkringsavgift** S̄ Versicherungsgebühr f **försäkringsbedrägeri** S̄ N̄ Versicherungsbetrug m **försäkringsbelopp** S̄ N̄ Versicherungsbetrag m **försäkringsbevis** S̄ N̄ **internationellt ~** Auslandsschutzbrief m **försäkringsbolag** S̄ N̄ Versicherungsgesellschaft f **försäkringsbrev** S̄ N̄ Versicherungsschein m, Police f **försäkringskassa** S̄ **allmän ~** Sozialversicherungskasse f **försäkringspremie** S̄ Versicherungsprämie f **försäkringstagare** ⟨-n; -⟩ Versicherungsnehmer(in) m(f)
försäljare [fœˈsɛljarə] S̄ Verkäufer(in) m(f) **försäljning** ⟨-en; -ar⟩ Verkauf m **försäljningschef** S̄ Verkaufsleiter(in) m(f) **försäljningspris** S̄ N̄ Verkaufspreis m **försäljningssuccé** S̄ Verkaufsschlager m, Renner m **försäljningsvillkor** S̄ N̄ Verkaufsbedingung f
försämra [fœˈsɛmra] V̄T̄ ⟨1⟩ verschlechtern, verschlimmern **försämras** V̄I ⟨dep 1⟩ sich verschlechtern, sich verschlimmern **försämring** ⟨-en; -ar⟩ Verschlechterung f, Verschlimmerung f
försändelse [fœˈsɛndəlsə] ⟨-n; -r⟩ Sendung f, Lieferung f
försänka V̄T̄ ⟨2⟩ versenken **försänkning** ⟨-en; -ar⟩ Versenkung f
försäsong [ˈfœːsɛsɔŋ] S̄ Vorsaison f
försätta [fœˈsɛta] V̄T̄ ⟨4⟩ (ver)setzen; **~ ngn på fri fot** j-n auf freien Fuß setzen; **~ i raseri/ett läge** in Raserei/eine Lage versetzen
försök [fœˈsøːk] N̄ ⟨-et; -⟩ Versuch m; **på ~** versuchsweise **försöka** ⟨2⟩ A V̄T̄, V̄I (es) versuchen, probieren B V̄P **~ sig på ngt** sich an etw (dat) versuchen, etw versuchen; **han har försökt sig 'på litet av varje** er hat alles Mögliche versucht **försöksdjur** [-juːr] S̄ N̄ Versuchstier n **försöksheat** [-hiːt] S̄ N̄ Versuchsrennen n; Ausscheidung f **försökskanin** S̄ Versuchskaninchen n **försöksverksamhet** S̄ Modellversuche pl
försörja [fœˈsœrja] ⟨2⟩ A V̄T̄ versorgen B V̄R̄ **~ sig** sich ernähren; **inte kunna ~ sig** erwerbsunfähig sein **försörjningsplikt** S̄ Unterhaltspflicht f **försörjningsskyldig** ADJ unterhaltspflichtig
förta [fœˈtɑː] ⟨4⟩ A V̄T̄ (weg)nehmen, abschwächen B V̄R̄ **~ sig** sich überanstrengen, sich überarbeiten
förtal [ˈfœːtɑːl] S̄ N̄ Verleumdung f **förtala** V̄T̄ ⟨1⟩ verleumden, anschwärzen
förtecken [ˈfœːtɛkən] S̄ N̄ MUS Vorzeichen n
förteckning [fœˈtɛkniŋ] S̄ Verzeichnis n
förtegen [fœˈteːgən] ADJ verschwiegen **förtegenhet** ⟨-en; kein pl⟩ Verschwiegenheit f
förtid [ˈfœːtiːd] S̄ **i ~** vor der Zeit, zu früh, vorzeitig; **åldras i ~** vorzeitig altern **förtida** ADJ vorzeitig **förtidspension** S̄ Frührente f, Vorruhestand m **förtidspensionera** V̄T̄ ⟨1⟩ vorzeitig pensionieren
förtiga [fœˈtiːga] V̄T̄ ⟨4⟩ verschweigen (ngt för ngn j-m etw)
förtjusa [fœ(r)ˈɕʉːsa] V̄T̄ ⟨2⟩ entzücken, bezaubern **förtjusande** ADJ reizend, entzückend **förtjusning** ⟨-en; kein pl⟩ Entzücken n **förtjust** ADJ entzückt, begeistert (i von), (över über akk od von); verliebt (i in akk)
förtjäna [fœ(r)ˈɕɛːna] V̄T̄ ⟨1⟩ verdienen (på bei od an dat) **förtjänst** S̄ Verdienst m, fig n **förtjänstfull** ADJ verdienstvoll **förtjänt** ADJ verdient, würdig; **göra sig ~ av beröm** sich des Lobes würdig erweisen, Lob verdienen
förtorka [fœˈtɔrka] V̄I ⟨1⟩ vertrocknen, verdorren **förtorkad** ADJ verdorrt, vertrocknet
förtret [fœˈtreːt] ⟨-en; kein pl⟩ Verdruss m, Ärger m; **i ~en** aus Ärger; **svälja ~en** den Ärger hinunterschlucken; **märka till sin ~ att ...** zu seinem Ärger (be)merken, dass ... **förtretlig** ADJ ärgerlich, verdrießlich **förtretlighet** ⟨-en; kein pl⟩ Verdrießlichkeit f
förtro [fœˈtruː] ⟨3⟩ A V̄T̄ anvertrauen (ngn ngt j-m etw) B V̄R̄ **~ sig åt ngn** sich j-m anvertrauen **förtroende** N̄ ⟨-t; -n⟩ Vertrauen n, Zutrauen n; vertrauliche Mitteilung f; **sätta sitt ~ till ngn** sein Vertrauen auf/in j-n setzen; **i ~** im Vertrauen **förtroendefull** ADJ vertrauensvoll **förtroendeingivande** ADJ vertrauenerweckend **för-

troendeman ⁵ Gewerkschaftsvertreter m **förtroendepost** ⁵ Vertrauensposten m **förtroendeuppdrag** ⁵ᴺ Vertrauensauftrag m **förtroendevotum** ⁵ᴺ Vertrauensvotum n
förtrogen [fœˈtruːɡən] ᴀᴅᴊ vertraut **förtrogenhet** ⟨-en; kein pl⟩ Vertrautheit f **förtrolig** ᴀᴅᴊ vertraut; vertraulich **förtrolighet** ⟨-en; -er⟩ Vertrautheit f; Vertraulichkeit f
förtrolla [fœˈtrɔla] ᴠ/ᴛ ⟨1⟩ verzaubern; bezaubern **förtrollande** ᴀᴅᴊ bezaubernd **förtrollning** ⟨-en; -ar⟩ Zauber m, Verzauberung f, Bann m
förtrupp [ˈfœːtrɵp] ⁵ Vortrupp m, Vorhut f
förtryck [fœˈtryk] ⁵ᴺ Unterdrückung f **förtrycka** ᴠ/ᴛ ⟨2⟩ unterdrücken
förtrytelse [fœˈtryːtelsə] ⟨-n; kein pl⟩ Verdruss m, Ärger m
förträfflig [fœˈtrɛfli(ɡ)] ᴀᴅᴊ vortrefflich, vorzüglich **förträfflighet** ⟨-en; kein pl⟩ Vortrefflichkeit f, Vorzüglichkeit f
förtränga [fœˈtrɛŋa] ᴠ/ᴛ ⟨2⟩ verdrängen
förtrösta [fœˈtrøsta] ᴠ/ɪ ⟨1⟩ vertrauen, sich verlassen (**på** auf *akk*) **förtröstan** ⟨inv⟩ Vertrauen n, Zuversicht f **förtröstansfull** ᴀᴅᴊ vertrauensvoll, zuversichtlich, getrost
förtulla [fœˈtɵla] ᴠ/ᴛ ⟨1⟩ verzollen **förtullning** ⟨-en; -ar⟩ Verzollung f
förtunna [fœˈtɵna] ᴠ/ᴛ ⟨1⟩ verdünnen **förtunnas** ᴠ/ɪ ⟨dep 1⟩ sich verdünnen **förtunning** ⟨-en; -ar⟩ Verdünnung f
förtur [ˈfœːtʉːr] ⁵, **förtursrätt** ⁵ Vortritt m, Vorrang m; **ha ~ framför ngn** den Vorrang vor j-m haben
förtvina [fœˈtviːna] ᴠ/ɪ ⟨1⟩ verdorren, dahinwelken
förtvivla [fœˈtviːvla] ᴠ/ɪ ⟨1⟩ verzweifeln; **det är så att man kan bli ~d** es ist zum Verzweifeln **förtvivlan** ⟨inv⟩ Verzweiflung f ⟨**av** aus *od* vor *dat*⟩
förtydliga [fœˈtyːdliɡa] ᴠ/ᴛ ⟨1⟩ verdeutlichen, erläutern **förtydligande** ᴺ ⟨-t; -n⟩ Verdeutlichung f, Erläuterung f
förtäckt [fœˈtɛkt] ᴀᴅᴊ verhüllt, versteckt; **i ~a ordalag** durch die Blume, in Andeutungen
förtälja [fœˈtɛlja] ᴠ/ᴛ ⟨2⟩ erzählen, berichten

förtänksam [ˈfœːtɛŋksam] ᴀᴅᴊ umsichtig
förtära [fœˈtæːra] ᴠ/ᴛ ⟨2⟩ verzehren, genießen; **~s av längtan** sich vor Sehnsucht verzehren **förtäring** ⟨-en; -ar⟩ Verzehr(ung f) m, Genuss m; Speisen und Getränke *pl*; Imbiss m
förtäta [fœˈtɛːta] ᴠ/ᴛ ⟨1⟩ verdichten **förtätning** ⟨-en; -ar⟩ Verdichtung f
förtöja [fœˈtøja] ᴠ/ᴛ ⟨2⟩ vertäuen **förtöjning** ⟨-en; -ar⟩ Vertäuung f, Trosse f
förˈunderlig ᴀᴅᴊ sonderbar, wunderlich **förundra** ⟨1⟩ ᴀ ᴠ/ᴛ wundern, verwundern ʙ ᴠ/ʀ **~ sig** sich wundern **förundrad** ᴀᴅᴊ verwundert **förundran** ⁵ Verwunderung f **förundras** ᴠ/ɪ ⟨dep 1⟩ sich wundern, verwundert sein
förˈunna ᴠ/ᴛ ⟨1⟩ gönnen
förut [ˈfœːrʉːt, fœrˈʉːt] ᴀᴅᴠ vorher, früher
förˈutan ᴘʀᴀ̈ᴘ ohne
förutfattad [ˈfœːrʉːtfatad] ᴀᴅᴊ vorgefasst; **~ mening** vorgefasste Meinung; **utan ~ mening** unvoreingenommen **förutnämnd** ᴀᴅᴊ vorgenannt
förˈutom ᴘʀᴀ̈ᴘ außer, neben
förutsatt [ˈfœːrʉːtsat] ᴀᴅᴊ **~ att** vorausgesetzt, dass **förutse** ᴠ/ᴛ ⟨4⟩ voraussehen, vorhersehen; **efter vad man kan ~** voraussichtlich **förutseende** ᴀ ⁵ᴺ Voraussicht f ʙ ᴀᴅᴊ vorausschauend; fürsorglich **förutsäga** ᴠ/ᴛ ⟨4⟩ voraussagen, prophezeien **förutsägelse** ⟨-n; -r⟩ Voraussage f **förutsätta** ᴠ/ᴛ ⟨4⟩ voraussetzen **förutsättning** ⁵ Voraussetzung f; **under ~ att** unter der Voraussetzung, dass **förutvarande** ᴀᴅᴊ ehemalig, früher, vorherig
förˈvalta ᴠ/ᴛ ⟨1⟩ verwalten **förvaltare** ⟨-n; -⟩ Verwalter(in) m(f) **förvaltning** ⟨-en; -ar⟩ Verwaltung f
förˈvandla ᴠ/ᴛ, ᴠ/ʀ ⟨1⟩ verwandeln, umwandeln (**sig** sich), (**till** in *akk od* **zu**) **förvandling** ⟨-en; -ar⟩ Verwandlung f, Umwandlung f
förˈvanska ᴠ/ᴛ ⟨1⟩ entstellen, verdrehen **förvanskning** ⟨-en; -ar⟩ Entstellung f, Verdrehung f
förˈvar ⟨-et; kein pl⟩ Verwahrung f; **vara i gott ~** gut aufgehoben sein **förvara** ᴠ/ᴛ ⟨1⟩ verwahren, aufbewahren, aufheben; bewahren, schützen **för-**

varing ⟨-en; kein pl⟩ Verwahrung *f*; Aufbewahrung *f* **förvaringsbox** *s̄*, **förvaringsfack** *s̄ n̄* Schließfach *n*
förvarning ['fœːrvaːɳɪŋ] *s̄* Vorwarnung *f*; **utan ~** fristlos
för'veckling ⟨-en; -ar⟩ Verwicklung *f*
för'verka *v̄t̄* ⟨1⟩ verwirken; verscherzen **förverkliga** *v̄t̄* ⟨1⟩ verwirklichen **förverkligande** *n̄* ⟨-t; -n⟩ Verwirklichung *f*
förvildad *ADJ* verwildert **förvildas** *v̄ī* ⟨dep 1⟩ verwildern
för'villa *v̄t̄* ⟨1⟩ irreführen, irremachen, täuschen **förvillande** *ADJ* täuschend **förvillelse** ⟨-n; -r⟩ Verirrung *f*
förvinter ['fœːrvɪntar] *s̄* Vorwinter *m*
för'virra *v̄t̄* ⟨1⟩ verwirren **förvirrad** *ADJ* verwirrt; verworren **förvirring** ⟨-en; kein pl⟩ Verwirrung *f*
för'visa *v̄t̄* ⟨1⟩ ausweisen, verweisen, verbannen **förvisning** ⟨-en; -ar⟩ Ausweisung *f*, Verbannung *f*
för'vissa *v̄t̄, v̄r̄* ⟨1⟩ vergewissern (**sig om** sich *gen od* über *akk*) **förvissad** *ADJ* vergewissert; sicher, gewiss (**om** *gen*), in der Gewissheit **förvissning** ⟨-en; kein pl⟩ Gewissheit *f*, Überzeugung *f* **förvisso** *ADV* gewiss, sicherlich
för'vittra *v̄ī* ⟨1⟩ verwittern **förvittring** ⟨-en; -ar⟩ Verwitterung *f*
för'vrida *v̄t̄* ⟨4⟩ verdrehen; verzerren
för'vränga *v̄t̄* ⟨2⟩ verdrehen, entstellen **förvrängning** ⟨-en; -ar⟩ Verdrehung *f*, Entstellung *f*
för'vuxen *ADJ* verwachsen, verwildert
för'vållande *n̄* ⟨-t; kein pl⟩ **utan mitt ~** ohne mein Verschulden/Zutun
för'våna ⟨1⟩ **A** *v̄t̄* in Erstaunen setzen, verwundern, befremden; **det ~r mig** es verwundert mich **B** *v̄r̄* **~ sig** (er)staunen, sich wundern, erstaunt sein (**över** über *akk*) **förvånad** *ADJ* erstaunt, verwundert; **bli ~** erstaunt sein **förvånande, förvånansvärd** *ADJ* erstaunlich **förvånas** *v̄ī* ⟨dep 1⟩ (er)staunen, sich wundern, erstaunt sein (**över** über *akk*) **förvåning** ⟨-en; kein pl⟩ Erstaunen *n*, Verwunderung *f*; Befremden *n*
förvår ['fœːrvoːr] *s̄* Vorfrühling *m*
förväg ⟨inv⟩ **i ~** im Voraus; **gå i ~** vorausgehen; **gå händelserna i ~** den Ereignissen vorgreifen
för'vägra *v̄t̄* ⟨1⟩ verweigern

för'välla *v̄t̄* ⟨2⟩ abbrühen; kurz aufkochen
för'vänta *v̄t̄* ⟨1⟩ **~ sig** erwarten **förväntan** ⟨-; förväntningar⟩ Erwartung *f*; **i ~ på** in Erwartung (*gen*); **över (all) ~** über (alles) Erwarten **förväntansfull** *ADJ* erwartungsvoll **förväntning** ⟨-en; -ar⟩ Erwartung *f*; **ställa (stora) ~ar på ngn** (große) Erwartungen in j-n setzen
för'värra *v̄t̄* ⟨1⟩ verschlechtern, verschlimmern **förvärras** *v̄ī* ⟨1⟩ sich verschlechtern, sich verschlimmern
för'värv *s̄ n̄* Erwerb *m* **förvärva** *v̄t̄* ⟨1⟩ erwerben **förvärvande** *n̄* ⟨-t; -n⟩ Erwerb *m* **förvärvsarbetande** *ADJ* berufstätig **förvärvsarbete** *s̄ n̄* Erwerbstätigkeit *f* **förvärvskälla** *s̄* Einnahmequelle *f*
förväxla [fœr'vɛksla] *v̄t̄* ⟨1⟩ verwechseln, vertauschen **förväxling** *s̄* Verwechslung *f*
föryngra [fœr'yŋra] *v̄t̄* ⟨1⟩ verjüngen **föryngras** *v̄ī* ⟨dep 1⟩ sich verjüngen **föryngring** ⟨-en; -ar⟩ Verjüngung *f*
för'åldrad *ADJ* veraltet; überholt **föråldras** *v̄ī* ⟨dep 1⟩ alt werden; überholt sein
för'ädla *v̄t̄* ⟨1⟩ veredeln **förädling** ⟨-en; -ar⟩ Veredelung *f*
för'älder ⟨-n; -ar⟩ Elternteil *m*; **föräldrar** *pl* Eltern *pl* **föräldrahem** *s̄ n̄* Elternhaus *n* **föräldraledig** *ADJ* **vara ~** Erziehungsurlaub haben **föräldraledighet** *s̄* Elternzeit *f*, Erziehungsurlaub *m* **föräldralös** *ADJ* elternlos, verwaist; **~t barn** Waise *f*, Waisenkind *n* **föräldramöte** *s̄ n̄* Elternabend *m* **föräldrapenning** *s̄* Erziehungsgeld *n*, Elterngeld *n*
för'älska *v̄r̄* ⟨1⟩ **~ sig** sich verlieben (**i** in *akk*) **förälskad** *ADJ* verliebt **förälskelse** ⟨-n; -r⟩ Verliebtheit *f*; Liebelei *f*, Liebschaft *f*
för'änderlig *ADJ* veränderlich, wandelbar **föränderlighet** ⟨-en; kein pl⟩ Veränderlichkeit *f*, Wandelbarkeit *f* **förändra** ⟨1⟩ **A** *v̄t̄* (ver)ändern; abändern **B** *v̄r̄* **~ sig** sich (ver)ändern **förändras** *v̄ī* ⟨dep 1⟩ sich (ver)ändern; **tiderna ~** die Zeiten ändern sich **förändring** ⟨-en; -ar⟩ Veränderung *f*, Wandel *m*; Abänderung *f*
förära [fœr'ɛːra] *v̄t̄* ⟨1⟩ überreichen;

schenken
för·äta VR ⟨4⟩ ~ **sig** sich überfressen
för·öda VIT ⟨2⟩ verwüsten; verschwenden, vergeuden **förödelse** ⟨-n; -r⟩ Verwüstung f
förödmjuka [ˈfœːrøːdmjuːka] VIT, VR ⟨1⟩ demütigen (sig sich) **förödmjukelse** ⟨-n; -r⟩ Demütigung f
för·öka VIT, VR ⟨1⟩ vermehren (sig sich) **förökas** VII ⟨1⟩ sich vermehren **för·ökning** S̄ Vermehrung f; Zunahme f
för·öva VIT ⟨1⟩ verüben **förövare** ⟨-n; -⟩ Täter(in) m(f)
förövning [ˈfœːrøːvnɪŋ] S̄ Vorübung f
fösa [ˈføːsa] ⟨2⟩ A VIT (vor sich her)treiben, jagen B V/P ~ **'in** einpferchen; ~ **'på** antreiben

G

G¹, g [geː] N̄ ⟨-ː(e)t; -ːn/-⟩ G, g n **G²** ABK N̄ ⟨= godkänd⟩ ≈ Vier, ausreichend; ≈ Drei, befriedigend
gadd [gad] ⟨-en; -ar⟩ Stachel m
gadda V/P umg VR ⟨1⟩ ~ **sig 'samman,** ~ **i'hop sig** sich zusammenrotten
gaffel [ˈgafəl] ⟨-n; -ar⟩ Gabel f; SCHIFF Gaffel f **gaffeltruck** S̄ Gabelstapler m
gage [gaːʃ] N̄ ⟨-et; -er/-⟩ Gage f
gagga [ˈgaga] umg VII ⟨1⟩ schwafeln **gaggig** umg ADJ verkalkt, trottelig
gagn [gaŋn] N̄ ⟨-et; kein pl⟩ Nutzen m
gagna VII ⟨1⟩ nutzen, nützen **gagnlös** ADJ nutzlos, zwecklos
gala¹ [ˈgaːla] VII ⟨4⟩ krähen; *Kuckuck* rufen
gala² ⟨-n⟩ Gala f **galaföreställning** S̄ Galavorstellung f **galamiddag** S̄ Festessen n, Bankett n
galant [gaˈlant] ADV **det gick ~** es ging glatt
galax [gaˈlaks] ⟨-en; -er⟩ Galaxie f
galen [ˈgɑːlən] ADJ verrückt, toll; versessen (**i** auf *akk*); falsch, verkehrt; **det är så att man kan bli ~** das ist zum Verrücktwerden; **det är då för galet!** das ist zu verrückt!; **gå galet** schiefgehen; **bära sig galet åt** sich dumm anstellen; **det är inte så galet!** das ist gar nicht so übel! **galenpanna** S̄ Verrückte(r) m/f(m) **galenskap** ⟨-en; -er⟩ Verrücktheit f; Unsinn m
galge [ˈgalja] ⟨-n; -ar⟩ Galgen m; Kleiderbügel m **galghumor** S̄ Galgenhumor m
galjonsfigur [galˈjuːnsfɪˈguːr] S̄ Galionsfigur f
galla [ˈgala] ⟨-n; -or⟩ MED Galle f **gallblåsa** S̄ MED Gallenblase f
galler [ˈgalər] ⟨-n/-; -⟩ Gitter n; **sätta ~ för ngt** etw vergittern **gallerfönster** S̄ N̄ Gitterfenster n
galleri [galəˈriː] N̄ ⟨-et; -er⟩ Galerie f
galleria ⟨-n; -or⟩ Einkaufspassage f
gallerist ⟨-en; -er⟩ Galerist(in) m(f)
gallfeber [ˈgalfeːbar] S̄ **reta ~ på ngn** j-n bis aufs Äußerste reizen
gallisk [ˈgalɪsk] ADJ gallisch
gallra [ˈgalra] ⟨1⟩ A VIT, VII lichten; verziehen; *fig* sortieren B V/P ~ **'bort/'ut** aussondern, aussortieren, ausrangieren **gallring** ⟨-en; -ar⟩ Lichtung f; Aussonderung f
gallskrik [ˈgalskriːk] S̄ N̄ gellender Schrei, Gebrüll n, Gezeter n **gallskrika** VII ⟨4⟩ brüllen, schreien
gallsten [ˈgalsteːn] S̄ MED Gallenstein m
gallupundersökning [ˈgaləpəndaˈsøːknɪŋ] S̄ Meinungsumfrage f
galna ko-sjukan [ˈgɑːlnaˈkuːʃuːkan] ⟨inv⟩ VET Rinderwahn(sinn) m **galning** ⟨-en; -ar⟩ Verrückte(r) m/f(m)
galon¹ [gaˈluːn] N̄ ⟨-et/-en; kein pl⟩ mit Plastik überzogenes Gewebe, Boxin n
galon² ⟨-en; -er⟩ Tresse f; Galone f
galopp [gaˈlɔp] ⟨-en; -er⟩ Galopp m; **i ~** im Galopp; *fig umg* **hänga med i/fatta ~en** begreifen, kapieren **galopp'era** VII ⟨1⟩ galoppieren
galt [galt] ⟨-en; -ar⟩ Eber m
galvanisera [galvanɪˈseːra] VIT ⟨1⟩ galvanisieren
galär [gaˈlæːr] ⟨-en; -er⟩ Galeere f
gam [gɑːm] ⟨-en; -ar⟩ Geier m **gamig** umg ADJ gierig
gamling [ˈgamlɪŋ] ⟨-en; -ar⟩ umg Alte(r) m/f(m) **gammal** ⟨*komp* äldre; *sup* äldst⟩ alt; **hur ~ är du?** wie alt bist du?; **vara ~ och van** bewährt sein; **~**

som gatan uralt, steinalt; **sedan ~t** von alters her, von jeher **gammaldags** ADJ wie von früher; altmodisch **gammaldans** S schwedischer Volkstanz **gammalmodig** ADJ altmodisch **gammelfarfar** S väterlicherseits Urgroßvater m **gammelfarmor** S väterlicherseits Urgroßmutter f **gammelmorfar** S mütterlicherseits Urgroßvater m **gammelmormor** S mütterlicherseits Urgroßmutter f

gangster ['gaŋstər] ⟨-n; -ar⟩ Gangster m

ganska ['ganska] ADV ziemlich, recht

gap [ga:p] N ⟨-et; -⟩ Rachen m, Schlund m **gapa** VIT ⟨1⟩ den Mund aufsperren; schreien; gaffen **gapande** ADJ Mund offen; Wunde klaffend **gaphals** S Schreihals m **gapskratt** S N schallendes Gelächter; **brista ut i ~** in schallendes Gelächter ausbrechen **gapskratta** VIT ⟨1⟩ aus vollem Halse lachen, laut herausplatzen

garage [ga'ra:ʃ] N ⟨-et; -⟩ Garage f **garageplats** S Garagenstellplatz m

garant [ga'rant, -ant] ⟨-en; -er⟩ Garant m, Bürge m **garantera** VIT ⟨1⟩ garantieren, verbürgen, gewährleisten **garanti** ⟨-n; -er⟩ Garantie f, Gewähr f; **lämna ~ på** Garantie geben (auf) **garantisedel** S Garantieschein m

garde ['gaɖə] N ⟨-t; -n⟩ Garde f **gardera** VIT, VIR ⟨1⟩ schützen, decken (sig sich)

garderob [gaɖə'ro:b] ⟨-en; -er⟩ Kleiderschrank m; Garderobe f **garderobiär** ⟨-en; -er⟩ Garderobenfrau f, Garderobier m **garderobsavgift** S Garderobengebühr f

gardin [ga'ɖi:n] ⟨-en; -er⟩ Gardine f; Vorhang m **gardinstång** S Gardinenstange f

garn [ga:ɳ] N ⟨-et; -od -er⟩ Garn n; Wolle f; Zwirn m; Netz n; **fastna i ngns ~** j-m ins Netz gehen

garnera [ga'ŋe:ra] VIT ⟨1⟩ garnieren **garnering** ⟨-en; -ar⟩ Garnierung f

garnison [gaɳi'su:n] ⟨-en; -er⟩ Garnison f

garnityr [gaɳi'ty:r] N ⟨-et; -⟩ Garnitur f

garnnystan ['ga:ɳnystan] N Garnknäuel n **garnända** S Garnende n

garva ['garva] ⟨1⟩ ❶ gerben ❷ umg schallend lachen **garvad** fig ADJ gerissen **garvsyra** S Gerbsäure f **garvämne** S N Gerbstoff m

gas¹ [ga:s] ⟨-en; kein pl⟩ Gaze f

gas² ⟨-en; -er⟩ Gas n **gasa** ⟨1⟩ Ⓐ VIT vergasen Ⓑ VI Gas geben Ⓒ VIP **~ i'hjäl** vergasen; **~ 'på** Gas geben

gasbinda ['ga:sbinda] S Mullbinde f

gasell [ga'sɛl] ⟨-en; -er⟩ Gazelle f

gasformig ['ga:sfɔrmi(g)] ADJ gasförmig **gasförgifta** VIT ⟨1⟩ durch Gas vergiften **gasförgiftning** S Gasvergiftung f

gask [gask] ⟨-en; -ar/-er⟩ Fest n **gaska** VIP ⟨1⟩ **~ 'upp sig** sich aufraffen

gaskammare [ga'skamarə] S Gaskammer f **gasklocka** S Gasbehälter m **gaskök** S N Gaskocher m **gaslykta** S Gaslaterne f **gasmask** S Gasmaske f

gasol ⟨-en; kein pl⟩ Gasol n; Propangas n **gaspedal** S Gaspedal n

gass [gas] N ⟨-et; kein pl⟩ Hitze f, Glut f **gassa** ⟨1⟩ Ⓐ VI brennen, sengen Ⓑ VIR **~ sig (i solen)** sich von der Sonne braten lassen **gassig** ADJ glühend heiß

gasspis ['ga:spi:s] S Gasherd m

gast¹ [gast] ⟨-en; -er⟩ SCHIFF Gast m

gast² ⟨-en; -ar⟩ Gespenst n, Spuk m **gasta** ['gasta] VIT, VII ⟨1⟩ schreien, brüllen

gastkramande ADJ packend

gastronom [gastrɔ'no:m] ⟨-en; -er⟩ Gastronom(in) m(f) **gastronomi** ⟨-n; kein pl⟩ Gastronomie f

gaständare ['ga:stɛndarə] S Gasanzünder m **gasugn** S Gasherd m **gasverk** S N Gaswerk n

gata ['ga:ta] ⟨-n; -or⟩ Straße f; **~ upp och ~ ner** strassauf (und) strassab; **på ~n** auf der Straße; **bo på** Nordgatan in der Nordstraße wohnen; umg **gå på ~n** auf den Strich gehen; **rum åt ~n** Vorderzimmer n, Zimmer n nach vorn (hinaus); **vara på sin mammas ~** sich auskennen **gathörn** S Straßenecke f **gatlopp** S N **springa ~** Spießruten laufen **gatlykta** S Straßenlaterne f **gatläggning** S Straßenpflaster n **gatsopare** ⟨-n; -⟩ Straßenkehrer(in) m(f) **gatsten** S Pflasterstein m **gatuarbete** S N Straßenbau m **gatubarn** S N Straßenkind n **gatubelysning** S Straßenbeleuchtung f **gatubelägg-**

ning _s_ Straßenpflaster _n_ **gatuförsäljare** _s_ Straßenhändler(in) _m(f)_ **gatukontor** _sn_ ≈ Straßenbauamt _n_ **gatukorsning** _s_ Straßenkreuzung _f_ **gatukök** _sn_ Imbissstand _m_ **gatuplan** _n_ Erdgeschoss _n_ **gaturenhållning** _s_ Straßenreinigung _f_ **gatuskylt** _s_ Straßenschild _n_ **gatustrid** _s_ Straßenkampf _m_ **gatuväld** _sn_ Straßenterror _m_

gavel ['gɑːvəl] ⟨-n; -ar⟩ Giebel _m_; **på vid ~** weit offen

ge [jeː] ⟨4⟩ **A** _vt_ geben, schenken; spenden; gewähren; **jag ska ~ dig!** ich werde dir's schon zeigen! **B** _v/r_ **~ sig** sich ergeben; nachlassen; nachgeben; sich geben; sich hingeben (_åt dat_); **~ sig tid** sich Zeit lassen; **~ sig till tåls** sich gedulden; **~ sig tillkänna** sich zu erkennen geben; **~ sig till att** _mit inf_ anfangen **C** _v/p_ **~ sig 'av** fortgehen, weggehen, abhauen _umg_; **~ 'bort** fortgeben, verschenken; **~ 'efter** nachgeben; **~ i'från sig** von sich geben; **~ i'gen** zurückgeben; **~ 'fly** heimzahlen; **~ sig 'in på ngt** sich auf etw _akk_ einlassen; **~ sig 'på ngn** über j-n herfallen; **~ sig 'på ngt** sich an etw _akk_ heranmachen; **~ 'till ett skrik** einen Schrei ausstoßen; **~ till'baka** zurückgeben, herausgeben; **~ 'upp** aufgeben; **~ 'ut** (her)ausgeben; _Gesetz_ erlassen; **~ sig 'ut för att vara ngt** vorgeben etw zu sein

gebit [ge'biːt, je-] _n_ ⟨-et; -⟩ Gebiet _n_
gedigen [je'diːɡən] _adj_ gediegen
gegga ['ɡega] **A** ⟨-n⟩ Matsch _m_ **B** _vi_ ⟨1⟩ herummatschen **geggig** _adj_ matschig

gehör [je'hœːr] _n_ ⟨-et; kein pl⟩ Gehör _n_; **efter ~** nach Gehör; **skaffa sig ~** sich Gehör verschaffen; **vinna ~** Gehör finden

gejser ['ɡejsər] ⟨-n; -ar⟩ Geysir _m_
gel [jeːl] _n_ ⟨-et/-en; -/-er⟩ Gel _n_ **gelatin** [ɡela'tiːn] ⟨-et/-en; kein pl⟩ Gelatine _f_ **gelé** [ʃe'leː] _a. n_ ⟨-n/-et; -er⟩ Gelee _n_ **geléaktig**, **geléartad** _adj_ gallertartig

gem [ɡeːm] _n_ ⟨-et; -⟩ Büroklammer _f_
gemak [je'mɑːk] _n_ ⟨-et; -⟩ Gemach _n_
gemen [je'meːn] _adj_ gemein; **~e man** der gemeine Mann; **~ gemeinhin gemensam** _adj_ gemein(sam), gemeinschaftlich **gemensamhet** ⟨-en; -er⟩

Gemeinsamkeit _f_, Gemeinschaft _f_, Gemeinschaftlichkeit _f_ **gemenskap** ⟨-en; -er⟩ Gemeinschaft _f_

gemyt [je'myːt, ge-] _n_ ⟨-et; -⟩ Gemüt _n_
gemytlig _adj_ gemütlich
gemål [je'moːl] _n_ ⟨-en; -er⟩ Gemahl(in) _m(f)_

gen [jeːn] ⟨-en; -er⟩ Gen _n_, Erbfaktor _m_
gena ['jeːna] _vi_ ⟨1⟩ abkürzen, den nächsten Weg nehmen
genant [ʃe'nant, -aŋt] _adj_ peinlich
genast ['jeːnast] _adv_ (so)gleich, sofort
genbank [jeːn'baŋk] _s_ Genbank _f_
genera [ʃe'neːra] _vt, v/r_ ⟨1⟩ genieren (**sig** sich); belästigen, stören **generad** _adj_ geniert, verlegen, befangen
general [jene'rɑːl] ⟨-en; -er⟩ General(in) _m(f)_ **generaldirektör** _s_ Generaldirektor(in) _m(f)_
generalisera [ʃenerali'seːra] _vi_ ⟨1⟩ verallgemeinern, generalisieren **generali'sering** ⟨-en; -ar⟩ Verallgemeinerung _f_
generalkonsul [jene'rɑːl-] _s_ Generalkonsul(in) _m(f)_ **generallöjtnant** _s_ _mil_ Generalleutnant _m_ **generalmajor** _s_ _mil_ Generalmajor(in) _m(f)_ **generalrepetition** _s_ Generalprobe _f_ **generalstab** _s_ Generalstab _m_ **generalstrejk** _s_ Generalstreik _m_
generation [ʃenəra'ʃuːn] ⟨-en; -er⟩ Generation _f_ **generationsklyfta** _s_ Generationskonflikt _m_
generator [jenə'ratɔr] ⟨-n; -er⟩ Generator _m_
generell [ʃena'rel] _adj_ allgemein, generell
generositet [ʃenərɔsi'teːt] ⟨-en; kein pl⟩ Großzügigkeit _f_ **gene'rös** _adj_ freigebig, großzügig
genetik [jɛne'tiːk] ⟨-en; kein pl⟩ Genetik _f_ **genetisk** _adj_ genetisch
Genève [ʃe'nɛːv] _n_ ⟨inv⟩ Genf _n_ **Genèvesjön** _s_ der Genfer See
gengångare ['jeːnɡɔŋarə] _s_ Gespenst _n_ **gengåva** _s_ Gegengabe _f_ **gengäld** ⟨inv⟩ **i ~** als Entgelt **gengälda** _vt_ ⟨1⟩ vergelten; erwidern
geni [ʃe'niː] ⟨-t; -er⟩ Genie _n_ **geni'al(isk)** _adj_ genial **geniali'tet** ⟨-en; kein pl⟩ Genialität _f_
genitiv [ʃe'niːtiːv] ⟨-en; -er⟩ Genitiv _m_, zweiter Fall _m_
genklang ['jeːnklaŋ] _s_ Anklang _m_

genljud _s n_ Widerhall _m_ **genljuda** _vi_ ⟨4⟩ widerhallen; _fig_ (er)schallen
genmanipulation ['je:nmanipəla'ɧu:n] _s_ Genmanipulation _f_ **genmanipulerad** _adj_ genmanipuliert **genmodifierad** _adj_ genmodifiziert
genmäla ['je:nmɛ:la] _vt_ ⟨2⟩ erwidern, entgegnen; einwenden **genmäle** _n_ ⟨-t⟩ Erwiderung _f_, Entgegnung _f_
genom ['je:nɔm] _a_ _präp_ durch _b_ _konj_ ~ att ... dadurch, dass ..., indem ...
genomarbeta _vt_ ⟨1⟩ durcharbeiten **genomblöt** _adj_ durchnässt **genomborra** _vt_ ⟨1⟩ durchbohren **genombrott** _s n_ Durchbruch _m_ **genomdriva** _vt_ ⟨4⟩ 'durchsetzen **genomdränka** _vt_ ⟨2⟩ durchtränken **genomfart** _s_ Durchfahrt _f_ **genomfartstrafik** _s_ Durchgangsverkehr _m_ **genomfartsväg** _s_ Durchfahrtsstraße _f_ **genomfrusen** _adj_ durch(ge)froren **genomföra** _vt_ ⟨2⟩ 'durchführen **genomförande** _n_ ⟨-t; -n⟩ Durchführung _f_ **genomförbar** _adj_ durchführbar **genomgripande** _adj_ durchgreifend **genomgå** _vt_ ⟨4⟩ durchgehen, durchnehmen; durchmachen **genomgående** _adj_ _a_ _b_ _adv_ durchgehend; durchgängig; durchweg, durch und durch **genomgång** _s_ Durchgang _m_; _Schule_ Durchnahme _f_ **genomkokt** _adj_ durchgekocht, gar **genomleva** _vt_ ⟨2⟩ durchleben **genomlida** _vt_ ⟨4⟩ durchleiden **genomlysa** _vt_ ⟨2⟩ durchleuchten **genomläsning** _s_ Durchlesen _n_ **genomresa** _s_ Durchreise _f_ **genomskinlig** _adj_ durchsichtig **genomskåda** _vt_ ⟨1⟩ durchschauen **genomskådlig** _fig_ _adj_ durchschaubar, durchsichtig **genomskärning** _s_ Durchschnitt _m_; Querschnitt _m_ **genomslagskraft** _s_ Durchschlagskraft _f_ **genomsnitt** _s n_ Durchschnitt _m_; i ~ 'durchschnittlich **genomsnittlig** _adj_ durchschnittlich **genomsnittsålder** _s_ Durchschnittsalter _n_ **genomstekt** _adj_ durchgebraten **genomströmma** _vt_ ⟨1⟩ durchströmen **genomsur** _adj_ durchnässt **genomsvettig** _adj_ durchgeschwitzt **genomsyra** _fig_ _vt_ ⟨1⟩ durchdringen **genomtrevlig** _adj_ urgemütlich **genomträngande** _adj_ durchdringend **genomtrött** _adj_ todmüde, hundsmüde **genomtänkt** _adj_ durchdacht **genomvåt** _adj_ völlig durchnässt, pudelnass
genre ['ʃaŋər] ⟨-n; -r⟩ Gattung _f_, Genre _n_
genrep ['je:nrɛ:p] _umg_ _s n_ Generalprobe _f_
gensvar ['je:nsvɑ:r] _fig_ _s n_ Widerhall _m_ **genteknik** ['je:ntek'ni:k] _s_ Gentechnik _f_ **genteknisk** _adj_ gentechnisch **genteknologi** _s_ Gentechnologie _f_
gentemot [jɛntə'mu:t] _präp_ gegenüber
gentest ['je:ntɛst] _s n_ Gentest _m_
gentil [ʃaŋ'ti:l] _adj_ fein, elegant, nobel
gentjänst ['je:nçɛnst] _s_ Gegendienst _m_, Gegenleistung _f_
genuin [jenə'i:n] _adj_ echt, unverfälscht
genus ['jenəs] ⟨-et; -⟩ Genus _n_, Geschlecht _n_ **genusvetenskap** _s_ Geschlechterwissenschaft _f_, Genderstudies _pl_
genväg ['je:nvɛ:g] _s_ Abkürzung _f_
geografi [jeugra'fi:] ⟨-n; kein pl⟩ Geografie _f_, Erdkunde _f_ **geo'grafisk** _adj_ geografisch **geo'log** ⟨-en; -er⟩ Geologe _m_, Geologin _f_ **geolo'gi** ⟨-n; kein pl⟩ Geologie _f_ **geome'tri** ⟨-n; kein pl⟩ _math_ Geometrie _f_ **geo'metrisk** _adj_ _math_ geometrisch
gerillakrig [ge'rilakri:g] _s n_ Guerillakrieg _m_
german [jær'mɑ:n] ⟨-en; -er⟩ Germane _m_, Germanin _f_ **germa'nism** ⟨-en; kein pl⟩ Germanismus _m_ **germa'nist** ⟨-en; -er⟩ Germanist(in) _m(f)_ **germansk** _adj_ germanisch
gest [jɛst] ⟨-en; -er⟩ Geste _f_, Gebärde _f_ **gestalt** [je'stalt] ⟨-en; -er⟩ Gestalt _f_ **gestalta** _vt_ ⟨1⟩ gestalten
gestikulera [jɛstikə'le:ra] _vi_ ⟨1⟩ gestikulieren
gesällprov [je'sɛlpru:v] _s n_ Gesellenprüfung _f_
get [je:t] ⟨-en; -ter⟩ Ziege _f_ **getabock** _s_ Ziegenbock _m_
geting ['je:tiŋ] ⟨-en; -ar⟩ Wespe _f_ **getingbo** _s n_ Wespennest _n_ **getingmidja** _s_ Wespentaille _f_ **getingstick** _s n_, **getingsting** _s n_ Wespenstich _m_
getost ['je:tust] _s n_ Ziegenkäse _m_
getto ['gɛtu] _n_ ⟨-t; -n⟩ Getto _n_

gevär [je'væ:r] N ⟨-et; -⟩ Gewehr n **gevärseld** S MIL Gewehrfeuer n
ggr ABK (= gånger) Male
giffel ['jifal, gi-] ⟨-n; -ar⟩ Hörnchen n, Kipferl n
gift¹ [jift] N ⟨-et; -er⟩ Gift n
gift² ADJ verheiratet; **bli ~** (sich ver)heiraten **gifta** ⟨2⟩ A V/R **~ sig** (sich ver)heiraten B V/P **~ 'bort** verheiraten; **~ 'in sig** einheiraten; **~ 'om sig** sich wieder verheiraten **giftasvuxen** ADJ heiratsfähig **giftermål** S/N Heirat f
giftfri ['jiftfri:] ADJ giftfrei, schadstofffrei **giftgas** S Giftgas n **giftig** ADJ giftig **giftighet** ⟨-en; -er⟩ Giftigkeit f **giftutsläpp** S/N Schadstoffausstoß m **giftämne** S/N Giftstoff m
gigabyte [jiga'bajt] S IT Gigabyte n
gigant [ji'gant, ji-] ⟨-en; -er⟩ Gigant(in) m(f) **gigantisk** ADJ gigantisch
gikt [jikt] ⟨-en; kein pl⟩ Gicht f
giljotin [giljɔ'ti:n] ⟨-en; -er⟩ Guillotine f, Fallbeil n **giljoti'nera** V/T ⟨1⟩ guillotinieren
gill [jil] ADJ **allt går sin ~a gång** alles geht seinen gewohnten Gang
gilla ['jila] V/T ⟨1⟩ **1** mögen; IT umg liken; **jag ~r att läsa** ich lese gern **2** billigen, gutheißen, genehmigen, einverstanden sein mit; **det ~s inte!** das gilt nicht!
gillestuga ['jilastɯ:ga] S Partykeller m
gillra ['jilra] V/T ⟨1⟩ **~ en fälla för ngn** j-m eine Falle stellen
giltig ['jilti(g)] ADJ gültig; **~t skäl** triftiger Grund **giltighet** ⟨-en; kein pl⟩ Gültigkeit f
gin [jin] ⟨-en/-et; kein pl⟩ Gin m; **~ och tonic** Gin Tonic m
gips [jips] ⟨-en/-et; -er⟩ Gips m **gipsa** V/T ⟨1⟩ gipsen **gipsförband** S/N Gipsverband m
gira [ji:ra] V/I ⟨1⟩ gieren, eine Kurve machen
giraff [ji'raf] ⟨-en; -er⟩ ZOOL Giraffe f
girera [ji're:ra] V/T ⟨1⟩ überweisen **girering** ⟨-en; -ar⟩ Überweisung f
girig ['ji:ri(g)] ADJ geizig; gierig (**efter** auf *akk* nach) **girigbuk** S Geizhals m **girighet** ⟨-en; kein pl⟩ Geiz m; Gier f
girland, girlang [ji'laŋ] ⟨-en; -er⟩ Girlande f; Gewinde n
giro ['ji:rɔ] N ⟨-t; -n⟩ Giro n; **betala via ~** überweisen

gissa ['jisa] ⟨1⟩ A V/T (er)raten B V/R **~ sig till ngt** etw erraten
gissel ['jisal] N ⟨-et; -⟩ Geißel f
gisslan ['jislan] ⟨inv⟩ Geisel f
gissning ['jisniŋ] ⟨-en; -ar⟩ Vermutung f, Mutmaßung f **gissningsvis** ADV mutmaßlich, schätzungsweise
gisten ['jistan] ADJ leck, undicht
gitarr [ji'tar] ⟨-en; -er⟩ Gitarre f
gitta ['jita] V/I ⟨4⟩ können; mögen, es über sich bringen
giv [ji:v] ⟨-en; -ar⟩ **1** Geben n; **vems ~ är det?** wer gibt? **2 en ny ~** Neuerungen pl, ein neues Programm **giva** ⟨4⟩ → **ge giv'akt** ⟨inv⟩ MIL **stå i ~** strammstehen **givande** ADJ ergiebig; einträglich, lohnend **givare** ⟨-n; -⟩ Spender(in) m(f) **given** ADJ gegeben; gewiss, unzweifelhaft; **en ~ sak** eine ausgemachte Sache; **det är givet!** das ist klar!; **ta ngt för givet** etw als gegeben hinnehmen **givetvis** ADV selbstverständlich **givmild** ADJ freigebig **givmildhet** S Mildtätigkeit f, Freigebigkeit f
gjuta ['jɯ:ta] ⟨4⟩ A V/T gießen B V/P **~ 'fast** angießen **gjuten** ADJ gegossen; **sitta som ~** wie angegossen sitzen **gjute'ri** N ⟨-et; -er⟩ Gießerei f **gjutet** ADJ gegossen; umg **det är ~** das ist doch klar **gjutform** S Gussform f **gjutjärn** S/N Gusseisen n; **av ~** gusseisern **gjutning** ⟨-en; -ar⟩ Guss m, Gießen n
glaciär [glasi'æ:r] ⟨-en; -er⟩ Gletscher m
glad [gla:d] ADJ froh, fröhlich, heiter, vergnügt, freudig **gladeligen** ADV gern, mit Freuden; ohne Weiteres, mühelos **gladlynt** ADJ heiter, fröhlich, munter **gladlynthet** ⟨-en; kein pl⟩ Heiterkeit f, Fröhlichkeit f, Munterkeit f
glam [glam] ⟨-met⟩ munteres Geplauder, ausgelassene Fröhlichkeit
glamorös [glamʊ'rø:s] ADJ glanzvoll; blendend
glans [glans] ⟨-en; kein pl⟩ Glanz m; **i all sin ~** in all seiner Pracht; **det går med ~** es geht glänzend **glansdagar** PL Glanzzeit f sg **glansfull** ADJ glanzvoll **glansig** ADJ glänzend, glatt **glans(k)is** S Glatteis n **glanslös** ADJ glanzlos **glansnummer** S/N Glanznummer f **glanspapper** N

Glanzpapier n **glansroll** ⓢ Glanzrolle f

glapp [glap] Ⓐ ADJ locker, lose Ⓑ N ⟨-et; -⟩ Spielraum m; fig Unterschied m; → glappkontakt **glappa** VI ⟨1⟩ locker sitzen; umg schlappen; klappern; klaffen **glappkontakt** ⓢ ELEK Wackelkontakt m

glas [glɑːs] N ⟨-et; -⟩ Glas n; av ~ a. gläsern; **ta** (sig) **ett** ~ einen trinken/heben; **titta för djupt i ~et** zu tief ins Glas schauen **glasaktig** ADJ glasartig **glasartad** fig ADJ gläsern, glasig **glasassiett** ⓢ Glasteller m **glasbit** ⓢ Glasscherbe f **glasblåsare** ⓢ Glasbläser(in) m(f) **glasbruk** SN Glashütte f **glasburk** ⓢ Glas n, Einmachglas n **gla'sera** VT ⟨1⟩ glasieren **glasfiber** ⓢ Glasfiber f **glasflaska** ⓢ Glasflasche f **glasiglo(o)** ⓢ Altglasbehälter m **glashal** ADJ spiegelglatt **glasmästare** ⓢ Glaser(in) m(f), Glasmeister(in) m(f) **glasnudlar** PL Glasnudeln pl **glasruta** ⓢ Glasscheibe f

glass [glas] ⟨-en; -ar/-er⟩ (Speise-)Eis n **glassbar** ⓢ Eisdiele f **glassbägare** ⓢ Eisbecher m **glassförsäljare** ⓢ Eisverkäufer(in) m(f)

glassig umg ADJ ≈ herausgeputzt, schick

glasskiva [ˈglɑːsʃiːva] ⓢ Glasscheibe f **glasskåp** SN Glasschrank m **glasskärva** ⓢ Glasscherbe f, Glasscherben m

glassmaskin [ˈglasmaʃiːn] ⓢ Eismaschine f **glasspinne** ⓢ Eis n am Stiel **glasstrut** ⓢ Eiswaffel f **glasstånd** N Eisbude f **glasstårta** ⓢ Eistorte f

glastak [ˈglɑːstɑːk] N ⟨-et; -⟩ Glasdach n **glastäckt** ADJ verglast **glasull** ⓢ Glaswolle f **gla'syr** ⟨-en; -er⟩ Glasur f **glasögon** PL Brille f sg; **ett par** ~ eine Brille **glasögonbågar** PL Brillenfassung f **glasögonfodral** SN Brillenetui n **glasögonorm** ⓢ ZOOL Brillenschlange f

glatt[1] [glat] ADJ glatt; **springa för ~a livet** aus Leibeskräften rennen

glatt[2] ADV froh, fröhlich

gles [gleːs] ADJ dünn; schwach, spärlich; licht; Haar a. schütter **glesbefolkad** ADJ dünn besiedelt **glesbevuxen** ADJ licht bewachsen **glesbygd** ⓢ dünn besiedelte Gegend **gleshet** ⟨-en; kein pl⟩ Dünne f **glesna** VI ⟨1⟩ sich lichten; dünn werden

glid [gliːd] N ⟨-et; kein pl⟩ Gleiten n, Rutschen n; **det är fint** ~ die Skier gleiten gut; **komma på** ~ ins Rutschen kommen; fig auf Abwege geraten **glida** ⟨4⟩ Ⓐ VI gleiten, rutschen, schlüpfen Ⓑ VP ~ **'av** abrutschen; ~**'fram** dahingleiten; ~ **i'från varandra** sich auseinanderleben; ~ **'undan** entschlüpfen (**för ngn** j-m) **glidflygning** ⓢ Gleitschirmfliegen n **glidflygplan** SN Gleitflugzeug n **glidflykt** ⓢ Gleitflug m **glidmedel** SN Gleitmittel n

glimma [ˈglima] ⟨1⟩ Ⓐ VI glimmen; glänzen; **allt är inte guld som** ~**r** es ist nicht alles Gold, was glänzt Ⓑ VP ~ **'till** aufglimmen **glimmer**[1] ⟨-n; kein pl⟩ MINER Glimmer m **glimmer**[2] N ⟨-et; kein pl⟩ Schimmer m, Glanz m **glimra** VI ⟨1⟩ glimmern

glimt [glimt] ⟨-en; -ar⟩ Schimmer n; **ha ~en i ögat** Humor haben, Charme haben; **få en** ~ **av ngn** j-n flüchtig zu sehen bekommen **glimta** ⟨1⟩ Ⓐ VI schimmern, blicken Ⓑ VP ~ **'fram** hervorschimmern; ~ **'till** aufleuchten **glimtvis** ADV ab und zu

gliring [ˈgliːrɪŋ] ⟨-en; -ar⟩ (Seiten-)Hieb m, Stich m; **få en** ~ gestichelt werden

glitter [ˈglitar] ⓢ ⟨-n; kein pl⟩ Glitzern n; Flitter m, Weihnachtsbaumgirlande f **glitterguld** SN Flittergold n **glittra** VI ⟨1⟩ glitzern, glänzen

glo [gluː] VI ⟨3⟩ glotzen, gaffen; ~ **på ngn** j-n anglotzen

glob [gluːb] ⟨-en; -er⟩ Globus m **glo'bal** ADJ global **globali'sera** VT ⟨1⟩ globalisieren **globali'sering** ⟨-en; -ar⟩ Globalisierung f

gloria [ˈgluːria] ⟨-n; -or⟩ Glorie f **glori'fiera** VT ⟨1⟩ glorifizieren

glosa [ˈgluːsa] ⟨-n; -or⟩ Vokabel f, Wort n; spöttische Bemerkung f **glosbok** ⓢ Vokabelheft n

glufsa [ˈglœfsa] VP ⟨1⟩ ~ **'i sig** hinunterschlingen

glugg [glœg] ⟨-en; -ar⟩ Loch n, Öffnung f, Luke f

glykos [glyˈkoːs] ⟨-en; kein pl⟩ Glukose f

glupande [ˈgluːpande] ADJ ~ **aptit** Heißhunger m **glupsk** [glœpsk] ADJ gefräßig, gierig **glupskhet** ⟨-en; kein

gluten – god ▪ 151

pl⟩ Gefräßigkeit f
gluten ['glu:tɛn] ⟨-/-et; kein pl⟩ Gluten n **glutenfri** ADJ glutenfrei **glutenintolerans** S MED Glutenunverträglichkeit f, Glutenintoleranz f
glutta ['glɛta] ⟨1⟩ A Vi gucken B VP ~ 'fram hervorgucken
glycerin [glysəˈriːn] N ⟨-et/-en; kein pl⟩ Glyzerin n
glåmig ['gloːmi(g)] ADJ Gesicht blass
gläpord ['gloːpuːd] SN Schimpfwort n
glädja ['glɛːdja] ⟨4⟩ A Vt (er)freuen; Freude machen B VP ~ sig sich freuen (åt/över über akk an dat auf akk) **glädjande** ADJ erfreulich **glädjas** Vi ⟨dep 4⟩ sich freuen **glädje** ⟨-n; kein pl⟩ Freude f; **av** ~ vor Freude; **ha (mycket)** ~ **av ngt** (viel) Freude an etw (dat) haben **glädjedag** S Freudentag m **glädjedödare** ⟨-n; -⟩ Miesmacher m **glädjeflicka** S Freudenmädchen f, Dirne f **glädjefull** ADJ freudvoll; freudig **glädjelös** ADJ freudlos **glädjerik** ADJ freudenreich **glädjerop** SN Freudenruf m **glädjerus** SN Freudenrausch m **glädjespridare** S Freudenspender m **glädjestrålande** ADJ freudestrahlend **glädjeämne** SN Anlass m zur Freude
gläfs [glɛfs] N ⟨-et; kein pl⟩ Gekläff n, Gekläffe n **gläfsa** Vi ⟨2⟩ kläffen
glänsa ['glɛnsa] ⟨2⟩ Vi ⟨2⟩ glänzen B VP ~ 'till aufglänzen
glänt [glɛnt] ⟨inv⟩ **stå på** ~ angelehnt/halb offen stehen **glänta** A ⟨-n; -or⟩ Lichtung f B Vi ⟨1⟩ ~ **på dörren** die Tür einen Spaltbreit öffnen
glätta ['glɛta] Vt ⟨1⟩ glätten **glättig** ADJ fröhlich, heiter, frohsinnig **glättighet** ⟨-en; kein pl⟩ Fröhlichkeit f, Heiterkeit f, Frohsinn m
glöd [gløːd] ⟨-en; -er⟩ glühende Kohle; koll Glut f **glöda** Vi ⟨2⟩ glühen **glödande** ADJ glühend, feurig **glödga** Vt ⟨2⟩ glühen(d machen) **glödhet** ADJ glühend heiß **glödlampa** S Glühlampe f, Glühbirne f **glödtråd** S Glühfaden m
glögg [gløg] ⟨-en; -ar⟩ (schwedischer) Glühwein m
glömma ['gløma] ⟨2⟩ A Vt vergessen; liegen lassen; verlernen; umg verschwitzen B VP ~ 'av/'bort vergessen; ~ 'kvar stehen/liegen lassen **glömsk** ADJ vergesslich **glömska** ⟨-n; kein pl⟩ Vergesslichkeit f; Vergessenheit f; **råka i** ~ in Vergessenheit geraten
gnabb [gnab] N ⟨-et; -⟩ umg Neckerei f, Plänkelei f **gnabbas** Vi ⟨dep 1⟩ sich necken, plänkeln
gnaga ['gnaːga] Vi ⟨2⟩ nagen (på an dat) **gnagare** ⟨-n; -⟩ Nagetier n, Nager m
gnat [gnaːt] N ⟨-et; kein pl⟩ umg Nörgelei f, Gemecker n **gnata** Vi ⟨1⟩ nörgeln; umg meckern; ~ **på ngn** j-m in den Ohren liegen **gnatig** ADJ nörgelig
gnejs [gnɛjs] ⟨-en; -er⟩ Gneis m
gnida ['gniːda] ⟨4⟩ A Vt reiben; Geige kratzen; fig knausern B VP ~ **'in** einreiben **gnidare** ⟨-n; -⟩ Knicker m, Knauser m, Geizkragen m **gnidig** ADJ knick(e)rig, knaus(e)rig **gnidighet** ⟨-en; kein pl⟩ Knickerei f, Knauserei f
gnidning ⟨-en; -ar⟩ Reibung f
gnissel ['gnisəl] N ⟨-et; kein pl⟩ Knirschen n, Quietschen n; fig Reibungen pl; fig **utan** ~ reibungslos **gnissla** Vi ⟨1⟩ knirschen, quietschen; kreischen; ~ **tänder** mit den Zähnen knirschen
gnista ['gnista] ⟨-n; -or⟩ Funke m, Funken m; **ha** ~ **n** Geist haben **gnistra** Vi ⟨1⟩ funkeln, Funken sprühen; ~ **av vrede** funkeln vor Zorn
gno [gnuː] ⟨3⟩ A Vt ⟨2⟩ reiben B Vi 1 laufen, rennen 2 schuften
gnola ['gnuːla] Vi ⟨1⟩ summen (på akk)
gnugga ['gnɵga] Vt ⟨1⟩ reiben; ~ **händerna** sich (dat) die Hände reiben
gnutta ['gnɵta] ⟨-n; -or⟩ umg **en** ~ **humor** ein Fünkchen Humor
gny [gnyː] A N ⟨-et; kein pl⟩ Wimmern n B Vi ⟨3⟩ wimmern, winseln
gnägga ['gnɛga] Vi ⟨1⟩ wiehern **gnäggande** N ⟨-t; -n⟩, **gnäggning** ⟨-en; -ar⟩ Wiehern n, Gewieher n
gnäll [gnɛl] N ⟨-et; kein pl⟩ umg Gewimmer n, Gejammer n, Geplärr n; Tür Geknarre n, Quietschen n **gnälla** Vi ⟨2⟩ wimmern, jammern, winseln; umg plärren; Tür knarren, quietschen **gnällig** ADJ winselnd, weinerlich; umg plärrig, piepsig **gnällspik** S Nörgler(in) m(f)
gobeläng [gɔbəˈlɛŋ] ⟨-en; -er⟩ Gobelin m
god [guːd] ADJ ⟨komp a. **bättre**; sup a. **bäst**⟩ gut; gütig; **ett gott vin** ein guter

Wein; **allt gott** alles Gute; **~ man** JUR Treuhänder m; Schiedsrichter m; Konkursverwalter m, Nachlassverwalter m; **~ morgon/kväll!** guten Morgen/Abend!; **~ jul!** frohe Weihnachten!; **var så ~!** bitte (schön)!; **var så ~(a) och ta plats!** bitte, setzen Sie sich!; **i ~ tid** beizeiten, rechtzeitig; **ta ~ tid på sig** sich (dat) Zeit lassen; **en ~ stund** geraume Zeit; **gå i ~ för ngn** für j-n gutsagen/bürgen; **gå i ~ för ngt** für etw einstehen; **vara vid gott mod** guten Mutes (od guter Dinge) sein; **han är inte ~ att tas med** mit ihm ist nicht gut Kirschen essen **godartad** ADJ gutartig **godbit** S Leckerbissen m

goddag [gu'da:(g)] INTER guten Tag

godhet ['gu:dhe:t] ⟨-en; kein pl⟩ Güte f; ha ~en die Güte haben **godhjärtad** ['-jætad] ADJ gutherzig **godis** umg ⟨-et; kein pl⟩ Süßigkeiten pl

godkväll [gu(d)'kvɛl] INTER guten Abend

godkänd ['gu:dçɛnd] ADJ genehmigt; zugelassen; Note ≈ ausreichend, genügend; **icke ~** Note ≈ ungenügend; **väl ~** Note ≈ gut; **mycket väl ~** Note ≈ sehr gut; **bli ~ i examen** eine/die Prüfung bestehen **godkänna** VT ⟨2⟩ gutheißen, genehmigen, billigen, anerkennen; JUR **godkännes** genehmigt **godkännande** N ⟨-t; -n⟩ Genehmigung f, Billigung f; Anerkennung f

godmodig ['gu:dmu:di(g)] ADJ gutmütig **godmodighet** ⟨-en; kein pl⟩ Gutmütigkeit f

godmorgon [gu(d)'mɔrɔn] INTER guten Morgen **godnatt** INTER gute Nacht

godo ['gu:du] ⟨inv⟩ **ha till ~** guthaben; **hålla till ~ med** vorliebnehmen mit; **komma ngn till ~** j-m zugutekommen; **räkna ngn ngt till ~** j-m etw zugutehalten

gods [guts] N ⟨-et; -⟩ Gut n; **~ och ägodelar** Hab und Gut

godsak ['gu:dsa:k] S Süßigkeit f, Näscherei f

godsbangård ['gutsba:ngo:d] S Güterbahnhof m **godsexpedition** S Güterabfertigung f **godståg** S N Güterzug m **godsvagn** S Güterwagen m **godsägare** ⟨-n; -⟩ Gutsbesitzer(in) m(f)

godta ['gu:dta:] VT ⟨4⟩ annehmen, gelten lassen **godtagbar** ADJ annehmbar **godtrogen** ADJ leichtgläubig **godtycke** N Willkür f; Gutdünken n, Belieben n **godtycklig** ADJ willkürlich; beliebig

goja ['gɔja] ⟨-n; kein pl⟩ umg Unsinn m, Quatsch m

golf[1] [gɔlf] ⟨-en; -er⟩ Golf m

golf[2] ⟨-en; -er⟩ SPORT Golf n **golfbana** S Golfplatz m **golfbyxor** PL Knickerbocker pl **golfklubba** S Golfschläger m **golfspelare** S Golfspieler(in) m(f)

Golfströmmen ['gɔlfstrømən] ⟨inv⟩ der Golfstrom

golv [gɔlv] N ⟨-et; -⟩ (Fuß-)Boden m **golvbeläggning** S (Fuß-)Bodenbelag m **golvlampa** S Stehlampe f **golvyta** S Bodenfläche f

gom [gum] ⟨-men; -mar⟩ Gaumen m **gomsegel** S N Gaumensegel n **gomspene** ANAT Zäpfchen n

gona ['gu:na] VR ⟨1⟩ **~ sig** es sich gut gehen lassen, sich behaglich fühlen

gondol [gɔn'do:l] ⟨-en; -er⟩ Gondel f **gondoljär** ⟨-en; -er⟩ Gondoliere m

gonggong ['gɔŋgɔŋ] ⟨-en; -ar/-er⟩ Gong m

gonorré [gɔnɔ're:] ⟨-en; -er⟩ Gonorrhö f, Tripper m

goodwill [gud'wil] ⟨-en; kein pl⟩ Goodwill m

googla ['gu:gla] VT, VI ⟨1⟩ googeln®

gorilla [gu'rila] ⟨-n; -or⟩ Gorilla m

gorma ['gɔrma] VI ⟨1⟩ lärmen, toben; zanken

gosa ['gu:sa] VI ⟨1⟩ kuscheln **gosedjur** S N Kuscheltier n, Stofftier n **gosig** ADJ kuschelig

gosse ['gɔsə] ⟨-n; -ar⟩ Knabe m, Junge m **gosskör** [-kœ:r] S Knabenchor m

gotisk ['gu:tisk] ADJ gotisch

gott [gɔt] A ADJ → god B ADV **~ och väl** gut und gern; **lika ~ som** genausogut wie; **så ~ som** so gut wie; **filmen är så ~ som slut** der Film ist fast zu Ende; **det gör mig ~** es tut mir wohl/gut; **ha ~ om** im Überfluss haben; **för ~** für immer; **lika ~ (det)!** schadet nichts!; **skratta ~** herzlich lachen; **så långt är allt ~ (och väl)** so weit wäre alles gut (und schön); **göra så ~ man kan sein Bestes tun; det kan du ~ göra** das kannst du gern machen C N ⟨-et; kein pl⟩ Süßigkeiten pl **gotta** [ˈgɔta] VR ⟨1⟩ **~ sig** sich gütlich tun, sich ergötzen (åt an dat), genießen (åt akk) **gottegris** S Naschkatze f **gottfinnande** N ⟨-t; kein pl⟩ Gutdünken n, Belieben n (efter nach) **gottgöra** [ˈ-jœːra] VT ⟨4⟩ vergüten, ersetzen, entschädigen; wiedergutmachen **gottgörelse** ⟨-n; -r⟩ Vergütung f, Ersatz m, Entschädigung f; Wiedergutmachung f

gourmand [gurmaŋd, -mand] ⟨-en; -er⟩ Gourmand m **gourmé, gourmet** [gurˈme] ⟨-en; -er⟩ Feinschmecker m, Gourmet m

GPS [geːpeːˈɛs] ABK (= Global Positioning System) GPS n

grabb [grab] ⟨-en; -ar⟩ Junge m, Bursche m, Bengel m

grabba [ˈgraba] VT ⟨1⟩ **~ tag i** ngt nach etw grapschen

grabbig [ˈgrabi(g)] ADJ ≈ burschikos **grabbnäve** S Handvoll f

grace [graːs] ⟨-n; -r⟩ Anmut f, Grazie f; Gunst f **graˈcil** ADJ grazil **graciˈös** ADJ anmutig, graziös

grad [graːd] ⟨-en; -er⟩ Grad m; **fem ~er kallt** fünf Grad Kälte; **stiga i ~erna** befördert werden; **i hög ~** in hohem Grade (od Maße); **i sådan ~** derart, dermaßen; **till den ~** so; **till en viss ~** bis zu einem gewissen Grad **gradbeteckning** S Rangbezeichnung f **graˈdera** VT ⟨1⟩ abstufen, graduieren; TECH gradieren **graˈdering** ⟨-en; -ar⟩ Abstufung f, Gradation f; TECH Graduierung f **gradskillnad** S Gradunterschied m **gradskiva** S Winkelmesser m **gradtal** S **vid höga ~** bei hohen Temperaturen **gradvis** ADV stufenweise, allmählich

grafik [graˈfiːk] ⟨-en; kein pl⟩ Grafik f **ˈgrafiker** ⟨-n; -⟩ Grafiker(in) m(f) **grafikkort** S N COMPUT Grafikkarte f **ˈgrafisk** ADJ grafisch

grafit [graˈfiːt] ⟨-en; -er⟩ Grafit m

grafolog [grafuˈloːg] ⟨-en; -er⟩ Grafologe m, Grafologin f **grafoloˈgi** ⟨-n; kein pl⟩ Grafologie f **grafoˈlogisk** ADJ grafologisch

gram [gram] N ⟨-met; -⟩ Gramm n

grammatik [gramaˈtiːk] ⟨-en; -er⟩ Gramˈmatik f **grammatiˈkalisk** ADJ grammatikalisch **gramˈmatisk** ADJ grammatisch

grammofon [gramuˈfoːn] ⟨-en; -er⟩ Grammofon n **grammofonskiva** S Schallplatte f

gramse [ˈgramsə] ADJ **vara ~ gram sein** (på dat)

gran [graːn] ⟨-en; -ar⟩ BOT Fichte f

granat [graˈnaːt] ⟨-en; -er⟩ MIL U. BOT Granate f; MINER Granat m **granateld** S Granatfeuer n **granatkastare** ⟨-n; -⟩ Granatwerfer m **granatsplitter** S N Granatsplitter m **granatäpple** S N Granatapfel m

granbarr [ˈgraːnbar] S N Fichtennadel f

grand [grand] N ⟨inv⟩ Körnchen n; bisschen; **lite(t) ~** ein klein bisschen (od wenig)

granit [graˈniːt] ⟨-en; -er⟩ Granit m **granitklippa** S Granitfelsen m

grankotte [ˈgraːnkɔtə] S Fichtenzapfen m **grankvist** S Fichtenzweig m

grann [gran] A ADJ bunt; prunkend; prächtig, prachtvoll, stattlich B ⟨inv⟩ → grand

grannby [ˈgranbyː] S Nachbardorf n **granne** ⟨-n; -ar⟩ Nachbar(in) m(f) **grannfru** S Nachbarin f **granngård** S Nachbarhof m

grannlaga [ˈgranlaːga] ADJ feinfühlig, taktvoll, rücksichtsvoll; heikel; verschwiegen; gewissenhaft

grannland [ˈgranland] S N Nachbarland n

grannlåt [ˈgranloːt] S Flitter m, Putz m, Tand m (ohne pl)

grannskap [ˈgranskaːp] N ⟨-et; kein pl⟩ Nachbarschaft f **grannsämja** S gute Nachbarschaft

granris [ˈgraːnriːs] S N Fichtenreisig n, Fichtenzweige pl

granska [ˈgranska] VT ⟨1⟩ untersuchen, prüfen, durchgehen; korrigieren; besprechen, beurteilen **granskare** ⟨-n; -⟩ Prüfer(in) m(f); Beurteiler(in) m(f) **granskning** ⟨-en; -ar⟩ Untersuchung f, Prüfung f, Durchsicht f; Korrektur f; Besprechung f, Beurteilung f

granskog [ˈgraːnskuːg] S Fichtenwald m **granved** S, **granvirke** S N Fichtenholz n

grapefrukt [ˈgrejpfrʊkt] S Grapefruit f, Pampelmuse f

grassera [graˈseːra] VI ⟨1⟩ grassieren, um sich greifen

gratinera [grati'ne:ra] _VT_ ⟨1⟩ GASTR überbacken

gratis ['gra:tis] _ADJ, ADV_ umsonst, unentgeltlich, gratis **gratisbiljett** _S_ Freikarte f **gratiserbjudande** _SN_ Gratisangebot n **gratisprov** _SN_ Gratisprobe f

gratta ['grata] _umg VT_ ⟨1⟩ gratulieren **grattis** _INTER_ ~! (ich) gratuliere!; ~ på födelsedagen! herzlichen Glückwunsch zum Geburtstag!; → gratulera

gratulant [gratɵ'lant] ⟨-en; -er⟩ Gratulant(in) m(f) **gratula'tion** ⟨-en; -er⟩ Glückwunsch m, Gratulation f **gratu'lera** _VT_ ⟨1⟩ ~ ngn j-m Glück wünschen, j-m gratulieren, j-n beglückwünschen

gratäng [gra'tɛŋ] ⟨-en; -er⟩ GASTR Überbackene(s) n

grav¹ [gra:v] _ADJ_ schwer, ernst, gewichtig; GRAM ~ **accent** Gravis m

grav² ⟨-en; -ar⟩ Graben m; Grab n, Gruft f; **följa ngn till ~en** j-m das letzte Geleit geben; **på/från andra sidan ~en** im/aus dem Jenseits

grava ['gra:va] _VT_ ⟨1⟩ beizen; **~d lax** gebeizter Lachs, Gravlax m

gravallvarlig ['gra:v-] _ADJ_ todernst

gravera [gra've:ra] _VT_ ⟨1⟩ gravieren

graverande [gra've:randə] _ADJ_ schwer, belastend, erschwerend

gravering [gra've:riŋ] ⟨-en; -ar⟩ MAL Gravierung f

gravfynd ['gra:vfynd] _SN_ Grabfund m **gravfält** _SN_ Gräberfeld n **gravhög** _S_ Grabhügel m

gravid [gra'vi:d] _ADJ_ schwanger **gravidi'tet** ⟨-en; -er⟩ Schwangerschaft f **graviditetstest** _S (N)_ Schwangerschaftstest m

gravitation [gravita'ʃu:n] ⟨-en; kein pl⟩ Gravitation f

gravlax ['gra:vlaks] _S_ gebeizter Lachs, Gravlax m

gravlik ['gra:vli:k] _S_ ~ **tystnad** Grabesstille f **gravplats** _S_ Grabstätte f **gravplundring** _S_ Grabschändung f **gravsten** _S_ Grabstein m **gravsättning** _S_ Beerdigung f **gravvalv** _SN_ Gruft f, Krypta f

gravyr [gra'vy:r] ⟨-en; -er⟩ Gravüre f, Kupferstich m, Radierung f

gravöl ['gra:vø:l] _SN_ Leichenfeier f, Totenschmaus m

gredelin [gredə'li:n] _ADJ_ violett, lila

grej [grej] ⟨-en; -er/-or⟩ _umg_ Sache f, Ding(s) n; **~er** pl Zeug n sg; **den där ~en das Dingsda greja** _VT_ ⟨1⟩ hinkriegen, deichseln; erledigen, ins Reine bringen; ~ **med ngt** an etw (dat) herumbasteln

grek [gre:k] ⟨-en; -er⟩ Grieche m **grekisk** _ADJ_ griechisch **grekiska** **1** ⟨-n; kein pl⟩ Griechisch n **2** ⟨-n; -or⟩ Griechin f **Grekland** _N_ ⟨inv⟩ Griechenland n

gren [gre:n] ⟨-en; -ar⟩ Ast m, Zweig m; SPORT Disziplin f, Sportart f **grena** _VR_ ⟨1⟩ ~ **sig** sich verzweigen, sich gabeln

grenig _ADJ_ astreich, ästig; verzweigt; verästelt **grenklyka** _S_ Astgabel f

grensle ['grɛnslə] _ADV_ rittlings **grenuttag** _SN_ Mehrfachstecker m **grenverk** _SN_ Geäst n, Gezweig n, Astwerk n, Zweigwerk n

grep [gre:p] ⟨-en; -ar⟩ (Mist-)Gabel f **grepe** ⟨-n; -ar⟩ → grep

grepp [grep] _N_ ⟨-et; -⟩ Griff m; **få ~ om ngt** fig etw richtig anpacken **greppa** _VT_ ⟨1⟩ fassen; _umg_ packen **greppbräde** _SN_ MUS Griffbrett n

greve ['gre:və] ⟨-n; -ar⟩ Graf m; **i ~ns tid** im allerletzten Augenblick **gre'vinna** ⟨-n; -or⟩ Gräfin f **grevlig** _ADJ_ gräflich **grevskap** ⟨-et; -⟩ Grafschaft f

griffeltavla ['grifəlta:vla] _S_ Schiefertafel f

griljera [gril'je:ra] _VT_ ⟨1⟩ panieren und überbacken

grill [gril] ⟨-en; -ar⟩ Grill m **grilla** _VT_ ⟨1⟩ grillen **grillbar** _S_ Grillbar f **grillad** _ADJ_ gegrillt, gebraten; ~ **korv** Rostbratwurst f; ~ **kyckling** Brathähnchen n

griller ['grilər] _PL_ Grillen pl, Schrullen pl

grillkol _S_ Holzkohle f **grillkorv** _S_ Rostbratwürstchen n **grillspett** _SN_ Grillspieß m

grimas [gri'ma:s] ⟨-en; -er⟩ Grimasse f, Fratze f; **göra ~er** Grimassen/Fratzen/Gesichter schneiden **grima'sera** _VI_ ⟨1⟩ Grimassen schneiden

grimma ['grima] ⟨-n; -or⟩ Halfter m od f

grin [gri:n] _N_ ⟨-et; -⟩ Grinsen n; _umg_ Heulen n, Flennen n **grina** ⟨1⟩ **A** _VI_

grinsen; *umg* feixen; heulen; *umg* flennen; ~ **illa** Gesichter schneiden; ~ **åt ngn** j-n angrinsen B VP ~ **'upp sig** *umg* (plötzlich) übers ganze Gesicht grinsen
grind [grind] ⟨-en; -ar⟩ Zauntür f, Gittertür f, Gartentür f
grinig ['gri:ni(g)] ADJ weinerlich; schlecht gelaunt; *umg* quengelig
grinolle ⟨-n; -ar⟩ Heulpeter m, Heulsuse f
gripa ['gri:pa] ⟨4⟩ A VT (er-, auf)greifen, fassen, packen; *fig* ergreifen; ~ **efter** greifen/haschen nach; ~ **till flykten** die Flucht ergreifen; ~ **till pennan** zur Feder greifen, die Feder ergreifen; ~ **till vapen** zu den Waffen greifen, die Waffen ergreifen B VP ~ **sig 'an ngt** sich an etw (*akk*) machen; ~ **'in** eingreifen (**i** in *akk*); ~ **'in i varandra** ineinandergreifen **gripande** ADJ ergreifend, packend **gripbar** ADJ greifbar **gripen** ADJ ergriffen **gripenhet** f ⟨-; kein pl⟩ Ergriffenheit f **griptång** s Greifzange f
gris [gri:s] ⟨-en; -ar⟩ Schwein n; *fig a.* Ferkel n; **köpa ~en i säcken** die Katze im Sack kaufen **grisa** ⟨1⟩ A VI ferkeln B VP ~ **'ner** beschmutzen **grisaktig** ADJ → grisig **grisfötter** PL GASTR Schweinefüße *pl* **grisig** ADJ schmutzig, dreckig **griskulting** ⟨-en; -ar⟩ Ferkel n **griskött** S N Schweinefleisch n **grismat** s Schweinefutter n **grisstek** s Schweinebraten m
gro [gru:] ⟨3⟩ A VI keimen; **det (ligger och) ~r i honom** es nagt an ihm; **es lässt ihm keine Ruhe** B VP ~ **'fast** *fig* festwurzeln; ~ **i'gen** zuwachsen
grobian [grubi'a:n] ⟨-en; -er⟩ Grobian m
groda ['gru:da] ⟨-n; -or⟩ Frosch m; *fig* Schnitzer m
grodd [grud] ⟨-en; -ar⟩ Keim m; ~**ar** *pl* Sprossen *pl*
groddjur ['gru:dju:r] S N Amphibie f, (Frosch-)Lurch m **grodfötter** PL Schwimmflossen *pl* **grodlår** S N Froschschenkel m **grodman** s Froschmann m **grodyngel** S N Kaulquappe f
grogg [grɔg] ⟨-en; -ar⟩ Longdrink m; Whisk(e)y od Weinbrand und Soda; *umg* Whisk(e)y-Soda **grogga** *umg* VI

⟨1⟩ Whisk(e)y-Soda trinken
groll [grɔl] N ⟨-et; kein pl⟩ Groll m
grop [gru:p] ⟨-en; -ar⟩ Grube f; *Straße* Schlagloch n; *Kinn* Grübchen n **gropig** ADJ voller Löcher; SCHIFF bewegt
gross [grɔs] N ⟨-et; -⟩ Gros n **grosshandel** s Großhandel m **grosshandlare** s Großhändler m **grossist** ⟨-en; -er⟩ Grossist(in) m(f)
grotesk [grɔ'tɛsk] A ADJ grotesk B ⟨-en; -er⟩ Groteske f
grotta ['grɔta] ⟨-n; -or⟩ Grotte f, Höhle f **grottekvarn** *umg* s Tretmühle f
grov [gru:v] ADJ ⟨*komp* grövre; *sup* grövst⟩ grob, derb, dick, stark; *fig a.* schlimm; **i ~a drag** in groben Umrissen; **~a pengar** schweres Geld; ~ **röst** tiefe und raue Stimme; **missta sig ~t** sich gröblich irren **grovarbetare** s Schwerarbeiter(in) m(f) **grovarbete** S N, **grovgöra** S N Schwerarbeit f **grovhet** ⟨-en; -er⟩ Grobheit f **grovhuggen** ADJ grob **grovjobb** S N Schwerarbeit f **grovkornig** grobkörnig; *fig* derb, derb **grovkök** S N ≈ Waschküche f **grovlek** s Dicke f, Stärke f **grovlemmad** ADJ stämmig, starkknochig **grovmalen** ADJ grob gemahlen **grovsopor** PL Sperrmüll *m sg* **grovtarm** s Dickdarm m
grubbel ['grʉbəl] N ⟨-et; kein pl⟩ Grübeln n, Grübelei f **grubbla** ⟨1⟩ grübeln (**på/över** über *akk*) **grubblande** ADJ grüblerisch, grübelnd
gruffa ['grʉfa] VI ⟨1⟩ sich zanken, Krach machen
grumla ['grʉmla] VT ⟨1⟩ trüben; ~**s** sich trüben **grumlig** ADJ trüb(e); *Stimme* belegt, rau; *fig* **fiska i ~t vatten** im Trüben fischen **grummel** N ⟨-et; kein pl⟩ (Boden-)Satz m; *fig* Trübung f
grund[1] [grʉnd] A ADJ flach, seicht B N ⟨-et; -⟩ Untiefe f, Grund m; **gå på** ~ Grund geraten
grund[2] ⟨-en; -er⟩ Grund m; **i ~ och botten** im Grunde, eigentlich; im Grunde (genommen); **på goda ~er** aus guten Gründen; **på ~ av** aufgrund, wegen, infolge (*gen*); **på ~ av det** dadurch; **de första ~erna** die Anfangsgründe; **ligga/lägga till ~** zugrunde liegen/legen (**för** *dat*); **gå till ~en med ngt** etw (*dat*) auf den Grund gehen **grunda** ⟨1⟩ A VT gründen; MAL

grundiera B VR ~ **sig** sich gründen (på auf akk) **grundad** ADJ begründet; MAL grundiert **grundare** ⟨-n; -⟩ Gründer(in) m(f) **grunddrag** S N wesentlicher Zug; Grundzug m **grundform** S Grundform f **grundforskning** S Grundlagenforschung f **grundfärg** S Grundfarbe f **grundlag** S Grundgesetz n **grundlagsenlig** ADJ verfassungsgemäß **grundlig** ADJ gründlich **grundlighet** ⟨-en; kein pl⟩ Gründlichkeit f **grundlurad** ADJ gründlich hereingelegt **grundlägga** VT ⟨4⟩ gründen, den Grund legen zu **grundläggande** ADJ grundlegend **grundläggare** ⟨-n; -⟩ Gründer m **grundläggning** S Gründung f **grundlön** S Grundlohn m, Grundgehalt n **grundlös** ADJ grundlos, unbegründet **grundmurad** fig ADJ fest untermauert **grundregel** S Grundregel f **grundsats** S Grundsatz m **grundskola** S Grundschule f **grundstöta** VI ⟨2⟩ auf (den) Grund stoßen **grundstötning** ⟨-en; -ar⟩ Grundberührung f **grundtal** S N Grundzahl f **grundtanke** S Grundgedanke m, Hauptthema n **grundtema** S N Grundthema n, Hauptthema n **grundvall** S Grund m, Grundlage f; **på ~ av** aufgrund (gen od von) **grundvatten** S N Grundwasser n **grundämne** S N Grundstoff m

grunna ['grʉna] VI ⟨1⟩ nachdenken, grübeln (på über akk)

grupp [grʉp] ⟨-en; -er⟩ Gruppe f **grupparbete** S N Gruppenarbeit f **gruppbiljett** S Gruppenticket n **gruppera** VT, VR ⟨1⟩ gruppieren (sig sich) **gruppering** ⟨-en; -ar⟩ Gruppierung f **grupprabatt** S Gruppenermäßigung f **gruppresa** S Gesellschaftsreise f **gruppterapi** S Gruppentherapie f **grupptryck** S N Gruppendruck m, sozialer Druck

grus [grʉːs] N ⟨-et; kein pl⟩ Kies m, Schotter m; Schutt m; MED Grieß m; **i ~ och aska** in Schutt und Asche **grusa** VT ⟨1⟩ mit Kies bedecken; fig vereiteln, zunichtemachen **grusgrop** S Kiesgrube f **grushög** S Kieshaufen m, Trümmerhaufen m **grustag** S N, **grustäkt** ⟨-en; -ar⟩ Kiesgrube f **grusväg** S Kiesweg m

gruva¹ ['grʉːva] VR ⟨1⟩ ~ **sig för ngt** sich vor etw (dat) grauen

gruva² ⟨-n; -or⟩ Grube f, Bergwerk n, Zeche f **gruvarbetare** S Bergarbeiter m, Bergmann m, Kumpel m **gruvbrytning** S Bergbau m **gruvdistrikt** S N Bergbaugebiet n; Revier n **gruvdrift** S Bergbau m **gruvgas** S Grubengas n **gruvgång** S Stollen m

gruvlig ['grʉːvli(g)] ADJ schrecklich, gräulich

gruvolycka ['grʉːvuˌlyka] S Grubenunglück n **gruvras** S N Grubensturz m **gruvschakt** S N Schacht m

gry [gryː] VI ⟨3⟩ dämmern, grauen, anbrechen **gryende** fig ADJ keimend

grym [grym] ADJ grausam; umg ~**t bra** voll krass **grymhet** ⟨-en; -er⟩ Grausamkeit f

grymta ['grymta] VT, VI ⟨1⟩ grunzen **grymtning** ⟨-en; -ar⟩ Grunzen n

gryn [gryːn] N ⟨-et; -⟩ Graupe f, Graupen pl koll; Korn n; umg Maus f **grynig** ADJ körnig

gryning ['gryːniŋ] ⟨-en; -ar⟩ Morgendämmerung f, Morgengrauen n

gryt [gryːt] N ⟨-et; -⟩ Höhle f, Bau m **gryta** ['gryːta] ⟨-n; -or⟩ (Koch-)Topf m; Eintopf m **grytlapp** S Topflappen m **grytlock** S N Topfdeckel m **grytstek** S Schmorbraten m

grå [groː] ADJ grau **gråaktig** ADJ gräulich **grådaskig** ADJ schmutzig grau, fahl **gråhårig** ADJ grau(haarig) **gråkall** ADJ nasskalt **gråna** VI ⟨1⟩ grau werden, ergrauen **gråsej** S Seelachs m **gråsparv** S Spatz m, Sperling m **gråspräcklig** ADJ grau gesprenkelt **gråsprängd** ADJ grau meliert

gråt [groːt] ⟨-en; kein pl⟩ Weinen n; **brista i ~** in Tränen ausbrechen; **ha ~en i halsen** dem Weinen nahe sein **gråta** ⟨4⟩ A VI weinen; **det är så att man kan ~** es ist zum Weinen B VR ~ **sig till sömns** sich in den Schlaf weinen C VP ~ '**ut** sich ausweinen **gråtfärdig** ADJ dem Weinen nahe **gråtmild** ADJ weinerlich; rührselig **grått** [grɔt] N ⟨inv⟩ Grau n

grädda¹ ['grɛda] VT ⟨1⟩ backen **grädda**² ⟨-n; kein pl⟩ fig Auserlesene(s) n; **~n av societeten** die Spitzen der Gesellschaft **gräddbakelse** S Sahnetörtchen n **grädde** ⟨-n; kein

pl⟩ Sahne f, Rahm m; **vispad** ~ Schlagsahne f, Schlagrahm m **gräddfil** s̄ ≈ Sauerrahm m, saure Sahne f; fig **ha (en)** ~ eine Extrawurst bekommen, bestimmte Vorteile genießen **gräddkanna** s̄ Sahnekännchen n **gräddkaramell** s̄ Sahnebonbon m od n **gräddning** ['grɛdnɪŋ] ⟨-en; -ar⟩ Backen n **gräddost** ['grɛdʊst] s̄ Rahmkäse m **gräddpulver** s̄ N̄ Sahnepulver f **gräddtårta** s̄ Torte f mit Schlagsahne
gräl [grɛːl] N̄ ⟨-et; -⟩ Zank m, Zänkerei f, Streit m; **börja ett** ~ **med ngn** mit j-m Streit anfangen **gräla** ['grɛːla] V̄ī ⟨1⟩ (sich) zanken, streiten; schelten; ~ **på ngn** j-n ausschimpfen
gräll [grɛl] ADJ grell
grälsjuk ['grɛːlʃʉːk] ADJ zänkisch, streitsüchtig
gräma ['grɛːma] ⟨2⟩ A V̄T grämen B V̄R ~ **sig** sich grämen (**över** über akk)
grämelse ⟨-n; -r⟩ Gram m
gränd [grɛnd] ⟨-en; -er⟩ Gasse f
gräns [grɛns] ⟨-en; -er⟩ Grenze f **gränsa** ⟨1⟩ A V̄ī grenzen (**till an** akk) B V̄P ~ **'av** abgrenzen **gränsbefolkning** s̄ Grenzbevölkerung f **gränsfall** s̄ N̄ Grenzfall m **gränsle** ADV → grensle **gränslinje** s̄ Grenzlinie f **gränslös** ADJ grenzenlos **gränsmärke** s̄ N̄ Grenzzeichen n **gränsområde** s̄ N̄ Grenzgebiet n **gränssnitt** s̄ N̄ IT Schnittstelle f **gränsstation** s̄ Grenzstation f **gränsöverskridande** ADJ grenzüberschreitend
gräs [grɛs] N̄ ⟨-et; -⟩ Gras n; **klippa** ~**et** den Rasen mähen; **pengar som** ~ Geld wie Heu **gräsand** s̄ Stockente f **gräsbevuxen** ADJ grasbewachsen **gräshoppa** ⟨-n; -or⟩ Heuschrecke f **gräsklippare** ⟨-n; -⟩ Rasenmäher m **gräslig** ['grɛːslɪg] ADJ grässlich **gräslök** ['grɛːsløːk] s̄ Schnittlauch m **gräsmatta** s̄ Rasen m **gräsplan** s̄ Grünfläche f **gräsrot** fig s̄ **gräsrötterna** der kleine Mann, die Basis **gräsrotsnivå** s̄ **på** ~ an der Basis, auf der untersten Stufe **gässtrå** s̄ N̄ Grashalm m **grästorva** s̄ Rasenstück n, Sode f **gräsänka** s̄ Strohwitwe f **gräsänkling** s̄ Strohwitwer m
gräva ['grɛːva] ⟨2⟩ A V̄T, V̄ī graben; wühlen; baggern B V̄P ~ **i'gen** zuschütten; ~ **'ner** vergraben; ~ **'ner sig** sich eingraben; fig sich vergraben; ~ **'upp** ausgraben **grävling** ⟨-en; -ar⟩ Dachs m **grävmaskin** s̄, **grävskopa** s̄ Bagger m
gröda ['grøːda] ⟨-n; -or⟩ Saat f
grön [grøːn] ADJ grün; **i det** ~**a** im Grünen, im Freien; fig **(inte) komma på** ~ **kvist** auf (k)einen grünen Zweig kommen; **ha** ~**a fingrar** einen grünen Daumen haben **grönaktig** ADJ grünlich **grönbete** s̄ N̄ Weide f **grönfoder** s̄ N̄ Grünfutter n **gröngräs** s̄ **i** ~**et** im Grünen **gröngöling** ⟨-en; -ar⟩ Grünspecht m; fig Grünschnabel m **grönkål** s̄ Grünkohl m **Grönköping** N̄ ⟨inv⟩ Krähwinkel n, Schilda n **Grönland** N̄ ⟨inv⟩ Grönland n **grönländare** ⟨-n; -⟩ Grönländer(in) m(f) **grönländsk** ADJ grönländisch **grönområde** s̄ N̄ Grünfläche f **grönsak** s̄ Gemüse n **grönsaksaffär** s̄ Gemüsegeschäft n **grönsallad** s̄ Kopfsalat m **grönska** ['grønska] A ⟨-n; kein pl⟩ Grün n B V̄ī ⟨1⟩ grünen **grönt** s̄ N̄ ⟨inv⟩ Grün n
gröpa ['grøːpa] V̄P ⟨2⟩ ~ **'ur** aushöhlen
gröt [grøːt] ⟨-en; -ar⟩ Brei m, Grütze f; **gå som katten kring het** ~ wie die Katze um den heißen Brei schleichen; **vara het på** ~**en** sich nicht gedulden können **grötig** ADJ breiig; **tala med** ~ **röst** undeutlich sprechen
gubbaktig ['gʉbaktɪ(g)] ADJ greisenhaft, ältlich **gubbe** ⟨-n; -ar⟩ Greis m, Alte(r), (alter) Mann m; **min** ~ Ehemann mein Alter; **min lilla/lille** ~ Kind mein Herzchen; fig umg Dummheit f; **den** ~ **går inte!** das geht nicht (, mein Lieber)! **gubbjävel** pej s̄ Mistkerl m **gubbstrutt** ⟨-en; -ar⟩ umg alter Knacker m
gud [gʉːd] ⟨-en; -ar⟩, **Gud** ⟨inv⟩ Gott m; **för** ~**s skull** um Gottes willen; **gode/store** ~! lieber/großer Gott!; **Herre** ~! Himmel Herrgott (noch einmal)!; ~ **ske lov!** Gott sei Dank!; **det vete** ~**arna!** das wissen die Götter!; ~**s försyn** göttliche Vorsehung **gudabenådad** ADJ gottbegnadet **gudadyrkan** s̄ Götterverehrung f **gudagåva** s̄ Göttergeschenk n, Gottesgabe

gudbarn SN Patenkind n **guddotter** S Patentochter f **gudfa(de)r** S Pate m **gudfruktig** ADJ gottesfürchtig **gu'dinna** ⟨-r⟩ Göttin f **gudlös** ADJ gottlos **gudlöshet** ⟨-en; kein pl⟩ Gottlosigkeit f **gudmo(de)r** S Patin f **gudom** ⟨-en; -ar⟩ Gottheit f **gu'domlig** ADJ göttlich; himmlisch **gu'domlighet** ⟨-en; kein pl⟩ Göttlichkeit f; Gottheit f **gudsfruktan** ['gɵts-] S Gottesfurcht f **gudsförgäten** ['gɵts-] ADJ gottvergessen; fig gottverlassen **gudskelov** ['gɵ(t)ʃelo:v] ADV Gott sei Dank! **gudson** ['gu:d-] S Patensohn m **gudstjänst** ['gɵtsçɛnst] S Gottesdienst m

guida ['gajda] ⟨1⟩ A VT (herum)führen B VI Fremdenführer sein **guidad** ADJ geführt; ~ tur/visning Führung f **guide** ⟨-n; -r⟩ Fremdenführer m; Buch Reiseführer m

gul [gu:l] ADJ gelb **gula** ⟨-n; -or⟩ (Ei-)Dotter m(n) **gulaktig** ADJ gelblich **gulasch** [gɵ'laʃ, 'gʊlaʃ] ⟨-en; kein pl⟩ Gulasch n

guld [gɵld] ⟨-et; -⟩ Gold n; av ~ a. golden; lova ngn ~ och gröna skogar j-m das Blaue vom Himmel versprechen **guldarmband** SN goldenes Armband **guldbröllop** SN goldene Hochzeit **gulddoublé** ⟨-n; kein pl⟩ Golddoublé f **guldfeber** S Goldrausch m **guldfisk** S Goldfisch m **guldgruva** S Goldgrube f **guldgrävare** ⟨-n; -⟩ Goldgräber m **guldhalt** S Goldgehalt m **guldkant** S Goldrand m; sätta ~ på tillvaron den Alltag verschönern **guldkedja** S goldene Kette **guldklimp** S Goldklumpen m **guldklocka** S goldene Uhr **guldmedalj** S goldene Medaille, Goldmedaille f **guldmedaljör** S SPORT Gewinner(in) m(f) der Goldmedaille **guldmynt** SN Goldmünze f **guldring** S goldener Ring **guldsmed** S Goldschmied(in) m(f) **guldsmedsaffär** S Juweliergeschäft n **guldsmycke** N Goldschmuck m **guldsnitt** S Goldschnitt m **guldtacka** ⟨-n; -or⟩ Goldbarren m **guldtand** S Goldzahn m **guldvåg** S Goldwaage f; fig väga sina ord på ~ seine Worte auf die Goldwaage legen **guldålder** S goldenes Zeitalter **gullebarn** [gɵlaba:ɳ] umg SN Gold-

kind n, Goldkindchen n **gullhöna** umg S Marienkäfer m **gullig** ADJ goldig, lieb, süß **gullregn** SN BOT Goldregen m **gullviva** ⟨-n; -or⟩ BOT Primel f, Schlüsselblume f

gulna ['gu:lna] VI ⟨1⟩ gelb werden, vergilben **gulsot** S Gelbsucht f **gulsparv** S Goldammer f

gumma ['gɵma] ⟨-n; -or⟩ alte Frau, Greisin f; Mütterchen n; min ~ Ehefrau meine Alte; min lilla ~ Kind mein Herzchen

gumm'era VT ⟨1⟩ gummieren **gummi** ['gɵmi] ⟨-t; -n⟩ Gummi m od n **gummiaktig** ADJ gummiartig **gummiband** SN Gummiband n **gummiboll** S Gummiball m **gummibåt** S Schlauchboot n **gummihandske** S Gummihandschuh m **gummihjul** N Gummirad n **gummiklack** S Gummiabsatz m **gummislang** S Gummischlauch m **gummisnodd** S Gummiband n **gummistövel** S Gummistiefel m **gummisula** S Gummisohle f **gummiträd** SN Gummibaum m

gump [gɵmp] ⟨-en; -ar⟩ Steiß m **gunga** ['gɵŋa] A ⟨-n; -or⟩ Schaukel f B VT, VI ⟨1⟩ schaukeln, schwanken, wippen **gungbräda** S, **gungbräde** SN Wippe f; Schaukelbrett n **gungfly** N ⟨-t; -n⟩ Moorboden m; Schwingrasen m; fig unsicherer Boden **gunghäst** S Schaukelpferd n **gungning** ⟨-en; -ar⟩ Schaukeln n, Schwanken n **gungstol** S Schaukelstuhl m

gunst [gɵnst] ⟨-en; -er⟩ Gunst f **gunstling** ⟨-en; -ar⟩ Günstling m

gupp [gɵp] ⟨-et; -⟩ Ruck m, Stoß m; umg Hopser m; Straße Loch n, Querrinne f; Skisport Schanzentisch m **guppa** ['gɵpa] VI ⟨1⟩ rütteln, stoßen; schaukeln **guppig** ADJ holp(e)rig **gurgla** ['gɵrgla] VI, VR ⟨1⟩ ~ (sig) gurgeln **gurgling** ⟨-en; -ar⟩ Gurgeln n **gurka** ['gɵrka] ⟨-n; -or⟩ Gurke f **gurksallad** S Gurkensalat m

guvernant [gɵva'nant] ⟨-en; -er⟩ Erzieherin f, Gouvernante f **guver'nör** ⟨-en; -er⟩ Gouverneur m

gyckel ['jykəl] ⟨-et⟩ umg Spaß m; Fopperei f **gyckla** VI ⟨1⟩ spaßen, scherzen

gylf [jylf] ⟨-en; -ar⟩ Hosenschlitz m **gyllene** ['jylənə] ADJ golden; den ~

medelvägen der goldene Mittelweg; ~ snittet der Goldene Schnitt
gym [jym] N̄ ⟨-met; -⟩ Fitnessstudio *n*; **gå på** ~ ins Fitnessstudio gehen **gyminstruktör** S̄ Fitnesstrainer(in) *m(f)*
gymma *umg* V̄T ⟨1⟩ ins Fitnessstudio gehen
gymnasieingenjör [jymˈnɑːsjəinʃənjœːr] S̄ Ingenieur *m* (*nach Besuch eines technischen Gymnasiums*) **gymnasiekompetens** S̄ Gymnasialabschluss *m* **gymnasielärare** S̄ an einem schwedischen Gymnasium unterrichtende(r) Gymnasiallehrer(in) *m(f)* **gymnasieskola** S̄ schwedisches Gymnasium *n* (*Schulform nach der Grundschule*); gymnasiale Oberstufe *f* **gymnaˈsist** ⟨-en; -er⟩ Gymnasiast(in) *m(f)*, Oberschüler(in) *m(f)* **gymnasium** N̄ ⟨gymnasiet; gymnasier⟩ ≈ Gymnasium *n* (*schwedische Schulform nach der Grundschule*)
gymnast [jymˈnast] ⟨-en; -er⟩ Turner(in) *m(f)* **gymnasˈtik** ⟨-en; kein pl⟩ Turnen *n*; Gymnastik *f*; **fristående** ~ Freiübungen *pl* **gymnastikbyxor** P̄L Turnhose *f sg* **gymnastikdirektör** S̄ ≈ Diplom-Sportlehrer(in) *m(f)* **gymnastikdräkt** S̄ Turnanzug *m* **gymnastikförening** S̄ Turnverein *m* **gymnastiklärare** S̄ Sportlehrer *m* **gymnastikredskap** S̄N̄ Turngerät *n* **gymnastiksal** S̄ Turnhalle *f* **gymnastiksko** S̄ Turnschuh *m* **gymnastikuppvisning** S̄ Schauturnen *n* **gymnastiˈsera** V̄I ⟨1⟩ turnen **gymˈnastisk** ADJ turnerisch, gymnastisch, Turn- **gympa** *umg* A ⟨-n; kein pl⟩ Turnen *n* B V̄I ⟨1⟩ turnen
gynekolog [jynekɔˈloːɡ] ⟨-en; -er⟩ Frauenarzt *m*, Frauenärztin *f*, Gynäkologe *m*, Gynäkologin *f* **gynekologisk** ADJ gynäkologisch
gynna [ˈjyna] V̄T ⟨1⟩ begünstigen; bevorzugen; fördern **gynnande** Ā ⟨-t; -n⟩ Begünstigung *f*, Bevorzugung *f*; Förderung *f* **gynnare** ⟨-n; -⟩ **1** Gönner(in) *m(f)*, Förderer *m*, Förderin *f* **2** *umg* Kerl *m*, Schelm *m* **gynnsam** ADJ günstig (**för** *dat*) **gynnsamhet** ⟨-en; kein pl⟩ Gunst *f*, günstige Beschaffenheit
gytter [ˈjytər] N̄ ⟨-et; kein pl⟩ Wirrwarr *m*, Durcheinander *n*
gyttja [ˈjytja] ⟨-n; -or⟩ Schlamm *m*, Schlick *m*; Moor *n* **gyttjebad** S̄N̄ Moorbad *n*, Schlammbad *n* **gyttjebotten** S̄ Schlammgrund *m*, Schlickgrund *m* **gyttjig** ADJ schlammig, moorig

gyttra [ˈjytra] V̄P ⟨1⟩ ~ i'hop sig sich zusammendrängen **gyttrig** ADJ zusammengedrängt

gå [ɡoː] ⟨4⟩ A V̄T, V̄I gehen; *Verkehrsmittel a.* (ab)fahren; *Film u.* TECH laufen; THEAT gegeben werden; *Krankheit* grassieren; *Zeit* vergehen; ~ **på bio/konsert/restaurang** ins Kino/Konzert/Restaurant gehen; ~ **på jakt** auf die Jagd gehen; ~ **och dansa** tanzen gehen; ~ **och lägga sig** schlafen gehen; ~ **och se efter** nachsehen; ~ **en kurs** einen Kurs machen; ~ **ett ärende** eine Besorgung machen; ~ **efter** sich nach etw richten; ~ **från bordet** vom Tisch aufstehen; ~ **för långt** zu weit gehen; ~ **i arv till ngn** sich auf j-n vererben; ~ **i land med** ngt etw fertigbringen; ~ **i lås** *umg* klappen; ~ **om intet** zunichtewerden; ~ **under jorden** *umg fig* untertauchen; **det ~r bra/illa för honom** es geht ihm gut/schlecht; **det ~r bra att sova** es schläft sich gut; **det ~r ett rykte** ein Gerücht geht um; **när ~r tåget?** wann fährt der Zug ab?; **hur ~r det med arbetet?** was macht die Arbeit?; **räkningen ~r på 100 kronor** die Rechnung beträgt (*od* beläuft sich auf) 100 Kronen; **få tiden att ~** med ngt sich die Zeit mit etw vertreiben; **jag vet vad han ~r för** ich weiß wes Geistes Kind er ist; **det ~r över mitt förstånd** das geht über meinen Verstand/Horizont; **strömmen har ~tt** der Strom ist ausgefallen; **säkringen har ~tt** die Sicherung ist durchgebrannt; **åskan ~r** es donnert; ~ **på!** vorwärts!, los!; **låt ~!** schon recht!, abgemacht!, meinetwegen! B V̄P ~ **'an** (an)gehen; sich schicken; ~ **'av** aussteigen; abgehen, abbrechen; abreißen; *Schuss* losgehen; ~ **'bort** fortgehen, weggehen; *fig* hinscheiden; *Fleck* herausgehen, weggehen; ~ **'efter** hergehen hinter (*dat*); holen; *Uhr* nachgehen; ~ **e'mellan** dazwischentreten; ~ **e'mot** ngn j-m entgegengehen; **det ~r mig e'mot** das geht mir gegen/wider den Strich; ~ **'fram** vorgehen; her-

gående – gångbar

vortreten; herantreten, herangehen (till an akk); ~ 'framför vorausgehen; ~ 'framåt vorwärtsgehen; ~ 'för sig (an)gehen; ~ 'för/bi ngn an j-m vorbeigehen; fig übergehen; ~ 'före vorangehen; fig vorgehen; ~ 'i hineingehen, Platz finden; ~ i'från aufgeben; verlassen, abgehen von/entgehen; ~ i'gen zugehen; schließen; sich wiederfinden; sich wiederholen; umgehen, spuken; ~ i'genom durchkommen; a. durchgehen; Schule durchnehmen; Examen a. bestehen; ~ i'hop zugehen, schließen; fig (überein)stimmen; umg klappen; ~ 'illa schief gehen; ~ 'in hineingehen, eintreten (i in akk); ~ 'in för umg sich (eifrig) befassen mit, sich für etw (akk) engagieren; ~ 'in på eingehen auf (akk); sich auf (akk) einlassen; ~ 'in i vid teatern zur Bühne (od zum Theater) gehen; ~ i'tu entzweigehen; ~ 'med mitgehen, mitkommen; ~ 'med på zustimmen, einverstanden sein mit dat; ~ 'ner hinuntergehen, hinabgehen; Gestirn, a. WIRTSCH untergehen, sinken; ~ 'ner sig einbrechen, einsinken; ~ 'om ngn j-n überholen; ~ 'om varandra sich/einander verfehlen; sich kreuzen; ~ 'om en årskurs Schule nicht versetzt werden, sitzen bleiben umg; ~ om'kring umhergehen, herumgehen (um); ~ om'kull umfallen, fig Bankrott gehen; umg Pleite machen; ~ 'på weitergehen; betragen; hereinfallen auf; ~ 'runt herumgehen; det ~r runt för mig mir dreht sich alles; ~ 'sönder entzweigehen, kaputtgehen; ~ 'till zugehen; livligt 'till hoch hergehen; ~ till'baka a. fig zurückgehen; låta ett köp ~ till'baka einen Kauf rückgängig machen; ~ 'undan ausweichen (för dat); a. fig schnell vorwärtskommen; det ~r 'undan es geht schnell; låt det ~ 'undan! mach schnell!; ~ 'under untergehen, ~ 'upp (hin)aufgehen; Bett aufstehen; Preis steigen; det ~r 'upp ett ljus för mig mir geht ein Licht auf; ~ 'upp i rök a. fig in Rauch aufgehen; ~ 'upp mot gleichkommen; dat; aufkommen gegen; ~ 'upp mot ngt etw aufwiegen; ingenting ~r 'upp mot detta darüber geht nichts; ~ 'uppe auf (den Beinen) sein; ~ 'uppåt a. fig bergauf gehen

(för mit); ~ 'ur aussteigen; ausscheiden, austreten, aussteigen; (her)ausgehen; ~ 'ut (hin)ausgehen; Pass, Milch ablaufen; ~ 'ut och ~ spazieren gehen; ~ 'ut och äta auswärts essen gehen; ~ 'ut skolan die Schule durchmachen; ~ 'ut på hinauslaufen auf (akk); låta sin vrede ~ 'ut över ngn seinen Zorn an j-m auslassen; det ~r 'ut över mig es geht über mich her; ~ 'utför bergab gehen; ~ 'utåt nach außen gehen; ~ 'vidare weitergehen; ~ 'åt draufgehen; Ware abgehen, weggehen; ~ 'åt av skratt vor Lachen sterben; ~ 'över hinübergehen, gehen über (akk); fig 'übergehen; überprüfen, nachsehen

gående ADJ gehend, zu Fuß; **komma ~ gegangen kommen; ~ bord** n kaltes Büfett B ⟨inv⟩ Fußgänger m

gågata S Fußgängerzone f

gång [gɔŋ] 1 ⟨-en⟩ Gehen n; Gang m; Fahrt f; (Ver-)Lauf m; **sätta i ~** in Gang bringen, starten; ohne Objekt anfangen; umg loslegen; **sätta i ~ en motor** einen Motor anlassen; **vara i ~** in Gang/Betrieb sein; **i full ~** in vollem Gange; **under samtalets ~** im Laufe des Gesprächs; **världens ~** der Lauf der Welt; **låta saken ha sin ~** den Dingen ihren Lauf lassen 2 ⟨-en; -ar⟩ Gang m, Weg m 3 ⟨-en; -er⟩ Mal n; **en ~ (om året)** ein Mal (im Jahr); **en ~ i tiden** einst; **en ~ till** noch einmal; **en och annan ~** ab und zu; **en ~ för alla** ein für alle Mal; **en annan ~** ein andermal; ~ **efter annan**, ~ **på ~** ein um das andere Mal; immer wieder; **den ~en** damals; **denna ~** diesmal; **ett par ~er** ein paarmal; **flera ~er** mehrmals, mehrere Male; **många ~er** oft, viele Male; **någon ~** einmal, jemals; **några ~er** einigemal, einige Male; **nästa ~** nächstes Mal, das nächste Mal; **på en ~** auf einmal; **för första/andra ~en** zum ersten/zweiten Mal; **för en ~s skull** ausnahmsweise einmal, das eine Mal; **två ~er** zweimal; **två åt ~en** je zwei; **var(je) ~ han kommer** jedes Mal, wenn er kommt

gångare ['gɔŋarə] ⟨-n; -⟩ SPORT Geher m; Ross n **gångart** S Gangart f

gångavstånd S N **på ~** zu Fuß erreichbar **gångbana** S Bürgersteig m, Gehsteig m **gångbar** ADJ gangbar,

gångjärn ⟨S N⟩ Scharnier n; (Tür-)Angel f **gångsport** ⟨S⟩ Gehsport m **gångstig** ⟨S⟩ Fußpfad m **gångtrafik** ⟨S⟩ Fußgängerverkehr m **gångtrafikant** ⟨S⟩ Fußgänger(in) m(f) **gångtunnel** ⟨S⟩ Fußgängertunnel m **gångtävlan** ⟨S⟩ Wettgehen n **gångväg** ⟨S⟩ Fußweg m **gåpåare** [gɔˈpoːarə] ⟨-n; -⟩ Draufgänger(in) m(f)

går [goːr] ⟨inv⟩ **i** ~ gestern; **i ~ kväll/morse** gestern Abend/früh; **från i** ~ von gestern, gestrig

gård [goːd] ⟨-en; -ar⟩ Hof m; Gut n, Gehöft n; **rum mot ~en** Zimmer n hinten (hinaus)

gårdag [ˈgoːdɑːg] ⟨S⟩ ~**en** der gestrige Tag; ~**ens post** die gestrige Post

gårdshus [goːdshʉːs] ⟨S N⟩ Hinterhaus n **gårdsplan** ⟨S⟩ Hof m

gås [goːs] ⟨-en; gäss⟩ Gans f; **ha en ~ oplockad med ngn** mit j-m ein Hühnchen zu rupfen haben; **det är som att slå vatten på en ~** an ihm/ihr etc prallt alles wirkungslos ab **gåsbröst** ⟨S N⟩ Gänsebrust f **gåshud** ⟨S⟩ Gänsehaut f **gåslever(pastej)** ⟨S⟩ Gänseleber f, Gänseleberpastete f **gåsmarsch** ⟨S⟩ Gänsemarsch m **gåsstek** ⟨S⟩ Gänsebraten m

gåta [ˈgoːta] ⟨-n; -or⟩ Rätsel n **gåtfull, gåtlik** ⟨ADJ⟩ rätselhaft

gåva [ˈgoːva] ⟨-n; -or⟩ Gabe f, Geschenk n, Spende f **gåvobrev** ⟨S N⟩ Schenkungsurkunde f

gäcka [ˈjɛka] ⟨VT⟩ ⟨1⟩ täuschen, spotten **gäckande** ⟨ADJ⟩ spöttelnd; spöttisch **gäckas** ⟨VI⟩ ⟨dep 1⟩ ~ **med ngn** j-n zum Narren halten; umg j-n aufziehen

gädda [ˈjɛda] ⟨-n; -or⟩ Hecht m

gäl [jɛːl] ⟨-en; -ar⟩ Kieme f

gäldenär [jɛldaˈnæːr] ⟨-en; -er⟩ Schuldner(in) m(f)

gäll [jɛl] ⟨ADJ⟩ schrill, gellend

gälla [ˈjɛla] ⟨VI⟩ ⟨2⟩ gelten, betreffen; **biljetten gäller 2 dagar** das Ticket ist 2 Tage gültig; **här gäller det ...** hier heißt es ...; **vad gäller** in Bezug auf **gällande** ⟨ADJ⟩ geltend, gültig; ~ **lag** das geltende Recht; ~ **regel** die betreffende Regel; **göra** ~ geltend machen; ~ **för** gültig für

gäng [jɛŋ] umg ⟨N⟩ ⟨-et; -⟩ Bande f; Clique f, Klüngel m

gänga [ˈjɛŋa] **A** ⟨-n; -or⟩ Gewinde n, Schraubengang m; **vara ur gängorna** sich nicht wohlfühlen **B** ⟨VT⟩ ⟨1⟩ mit Gewinde versehen, schneiden

gänglig [ˈjɛŋli(g)] ⟨ADJ⟩ hoch aufgeschossen; umg schlaksig

gängse [ˈjɛŋsə] ⟨ADJ⟩ üblich, landläufig; gang und gäbe

gärde [ˈjæːɖa] ⟨N⟩ ⟨-t; -n⟩ Feld n, Koppel f **gärd(e)sgård** ⟨S⟩ Zaun m **gärdsmyg** ⟨S⟩ ZOOL Zaunkönig m

gärna [ˈjæɳa] ⟨ADV⟩ ⟨komp hellre; sup helst⟩ gern; **bra ~** sehr gern; **lika ~** ebenso gern, genauso gut; ~ **för mig!** meinetwegen!

gärning [ˈjæːɳiŋ] ⟨-en; -ar⟩ Tat f, Werk n; Tätigkeit f, Arbeit f; **goda ~ar** gute Werke; **på bar** ~ auf frischer Tat **gärningsman** ⟨S⟩ Täter m

gäspa [ˈjɛspa] ⟨VI⟩ ⟨1⟩ gähnen **gäspning** ⟨-en; -ar⟩ Gähnen n

gäst [jɛst] ⟨-en; -er⟩ Gast m; Besuch m; **bjuda ngn som ~** j-n als Gast laden **gästa** ⟨VT⟩ ⟨1⟩ ~ **ngn** bei j-m zu Gast sein **gästabud** ⟨S N⟩ Gastmahl n **gästarbetare** ⟨S⟩ Gastarbeiter(in) m(f) **gästartist** ⟨S⟩ bei Fernsehshows Gast m **gästbok** ⟨S⟩ Gästebuch n **gästfri** ⟨ADJ⟩ gastfreundlich **gästfrihet** ⟨S⟩ Gastfreundschaft f **gästföreläsare** ⟨S⟩ Gastvorleser m **gästgivare** [ˈjɛstjiːvarə, ˈjɛʃ-] ⟨S⟩ Gastwirt m **gästgivargård** ⟨S⟩, **gästgiveri** ⟨N⟩ (Land-)Gasthof m, Gastwirtschaft f, Wirtshaus n **gästhamn** ⟨S⟩ Gasthafen m **gästrum** ⟨S N⟩ Gästezimmer n, Fremdenzimmer n **gästspel** ⟨S N⟩ Gastspiel n **gästspela** ⟨VI⟩ ⟨1⟩ gastieren **gästvänlig** ⟨ADJ⟩ gastlich, gastfreundlich

göda [ˈjøːda] ⟨VT, VR⟩ ⟨2⟩ mästen (**sig** sich); düngen **gödkyckling** ⟨S⟩ Masthähnchen n **gödningsmedel** ⟨S N⟩, **gödningsämne** ⟨S N⟩ Düngemittel n, Kunstdünger m **gödsel** [ˈjødsəl] ⟨-n; kein pl⟩ Dung m, Dünger m, Mist m **gödselhög** ⟨S⟩, **gödselstack** ⟨S⟩ Misthaufen m, Dunghaufe(n) m **gödsla** ⟨VT, VI⟩ ⟨1⟩ düngen **gödsling** ⟨-en; -ar⟩ Düngung f

gök [jøːk] ⟨-en; -ar⟩ ZOOL Kuckuck m; fig umg Schelm m, Filou m

göl [jøːl] ⟨-en; -ar⟩ Tümpel m, Pfuhl m

gömma [ˈjœma] **A** ⟨-n; -or⟩ Versteck n; Aufbewahrungsort m; **leta i sina gömmor** in allen Ecken und Winkeln

suchen **B** V̄T, V̄R ⟨2⟩ verstecken, verbergen (**sig sich**); (**för** vor *dat*); (auf)bewahren; aufheben **C** V̄P ⟨2⟩ ~ **'undan** verstecken **gömsle** N̄ ⟨-t; -n⟩, **gömställe** S̄ N̄ Versteck *n*, Schlupfwinkel *m*, Unterschlupf *m*
göra ['jœ:ra] **A** N̄ ⟨-t; kein pl⟩ Arbeit *f*; Mühe *f* **B** V̄T ⟨4⟩ machen, herstellen; tun; anfangen; bewirken; ~ **motstånd** Widerstand leisten; ~ **ngn sällskap** j-m Gesellschaft leisten; **ska vi ~ sällskap?** wollen wir zusammen gehen/fahren?, darf ich mich Ihnen anschließen?; ~ **affärer** Geschäfte machen; ~ **stor affär** (*od* **mycket väsen**) **av ngt** viel Wesen (*od* Aufhebens) um etw machen; **skulle det ~ dig ngt, om ...** würde es dir etwas ausmachen, wenn ...; ~ **sitt bästa** sein Bestes tun; ~ **ngt till sin plikt** (**till regel**) sich (*dat*) etw zur Pflicht (zur Regel) machen; ~ **ngn en tjänst** j-m einen Gefallen tun; ~ **ngn orätt** j-m unrecht tun; **han gör ingenting annat än sova** er tut nichts als schlafen; **det gör ingenting** es tut nichts; **det gör** (**mig**) **detsamma** es ist (mir) einerlei; **vad gör det?** was tut's?; **det gör du rätt i** daran tust du recht; ~ **ngt åt ngt** etw tun zu (*akk*) **C** V̄I ⟨4⟩ ~ **ont** wehtun; ~ **bra/dåligt ifrån sig** gut/schlecht abschneiden; **han är svår att ha att ~ med** mit ihm ist schwer auszukommen (*od* fertig zu werden) **D** V̄R ⟨4⟩ ~ **sig förstådd** sich verständlich machen; ~ **sig illa** sich verletzen; WIRTSCH etw abstoßen **E** V̄P ⟨4⟩ ~ **'an** anlaufen; **var har du gjort 'av boken?** wo hast du das Buch gelassen/hingetan?; ~ **'av med ngt** etw aufbrauchen/durchbringen; ~ **sig 'av med ngt** etw wegschaffen, sich (*dat*) etw vom Hals(e) schaffen; ~ **'bort sig** sich blamieren; ~ **'efter** nachmachen; ~ **'fast** festmachen; ~ **i'från sig ngt** mit etw fertig werden; ~ **'loss** losmachen; ~ **'om** noch einmal machen; (um)ändern; ~ **sig 'till** sich zieren, sich haben; ~ **sig 'till för ngn** j-m etw vormachen; **det gör varken 'till eller 'från** das ändert nichts daran; ~ **'undan** erledigen; ~ **'upp** (an)machen; abmachen (**om ngt med ngn** etw mit j-m); entwerfen; bezahlen, begleichen; **det är ingenting att ~ 'åt**

(**det**) daran lässt sich nichts ändern
gördel ['jœ:ɖal] ⟨-n; -ar⟩ Gürtel *m*
görlig ['jœ:l[ig]] ADJ tunlich; **i ~aste mån** tunlichst **görning** ⟨-en; kein pl⟩ *umg* **vara i ~en** im Gange sein, sich zusammenbrauen, los sein **göromål** S̄ N̄ Geschäft *n*, Arbeit *f*
gös [jø:s] ⟨-en; -ar⟩ ZOOL Zander *m*

H

H, h [ho:] N̄ ⟨-:(e)t; -:n/-⟩ H, h *n*
ha¹ [ha] INTERJ ha
ha² [ha:] ⟨4⟩ **A** V̄AUX haben; sein **B** V̄T haben, besitzen; **jag skulle vilja ~** ich hätte gern; **jag ~r det bra** es geht mir gut; **han ~r glasögon** er trägt eine Brille; **man vet aldrig var man ~r honom** man weiß nie, wie man bei ihm dran ist; *umg* **vi måste ~ ngt varmt i oss** wir müssen etw Warmes in den Leib bekommen **C** V̄P *umg* ~ **'bakom sig** hinter sich (*dat*) haben; ~ **e'mot** dagegen haben; ~ **ngt e'mot ngn/ngt** etw gegen j-n/etw haben; ~ **'framför sig** vor sich (*dat*) haben; ~ **'för sig** machen, treiben; meinen, sich (*dat*) einbilden; ~ **'inne** vorrätig haben; *Alter* erreicht haben; ~ **'kvar/'över** übrig haben; ~ **'med sig** mitbringen, mithaben; **vem ~r han 'med sig?** wen hat er bei sich?; ~ **om'kull** umstoßen; ~ **'på** *Radio etc* an haben; ~ **'på sig** bei sich haben; anhaben, umhaben, tragen; ~ **en timme 'på sig** eine Stunde Zeit haben; ~ **'sönder** zerschlagen, kaputt machen
habegär ['ha:bəjæ:r] S̄ N̄ Besitzgier *f*, Habgier *f*
hack¹ [hak] ⟨inv⟩ **vara ngn ~ i häl** j-m dicht auf den Fersen sein, hinter j-m her sein
hack² N̄ ⟨-et; -⟩ Scharte *f*, Kerbe *f*; Hacken *n*
hacka ['haka] **A** N̄ ⟨-n; -or⟩ Hacke *f*, Haue *f*; **en ~** ein paar Groschen; **inte gå av för hackor** nicht ohne sein, Format haben **B** V̄T, V̄I ⟨1⟩ hacken; picken; *fig* stottern; *fig* ~ **på ngn/ngt** auf

j-m/etw (dat) herumhacken; ~ **tänder** mit den Zähnen klappern; **varken ~t eller malet** nichts Halbes und nichts Ganzes C VP ⟨1⟩ ~ **'sönder** zerhacken; ~ **'ut ögonen på ngn** j-m die Augen aushacken **hackande** N̄ ⟨-t; kein pl⟩ Stottern n, Gestotter n
hacker ['hɛkər] ⟨-n; -⟩ IT Hacker(in) m(f)
hackhosta ['hakhusta] S̄ trockener Husten **hackig** ADJ holperig; fig stotternd **hackkyckling** S̄ hon är deras ~ sie haben immer auf ihr herum
hackspett S̄N Specht m
haffa ['hafa] V̄T ⟨1⟩ umg schnappen **hafs** [hafs] N̄ ⟨-t; kein pl⟩ Schlamperei f, Schluderei f **hafsa** ⟨1⟩ A V̄I schludern B VP ~ **i'från sig ngt** etw hinschludern **hafsig** ADJ schlampig, schlud(e)rig; fahrig **hafsverk** S̄N Pfuscharbeit n, Schluderarbeit f
hage ['ha:gə] ⟨-n; -ar⟩ Koppel f, Weide f, Weideplatz m; poet Gehölz n, Wäldchen n, Hain m, Hag m; Laufgitter n, Laufställchen n; **hoppa ~** Hüpfen spielen
hagel ['ha:gəl] N̄ ⟨-et; -⟩ Hagel m; Gewehr Schrot m (n) **hagelbössa** S̄ Schrotflinte f **hagelskur** S̄ Hagelschauer m **hagla** VI(UNPERS) ⟨1⟩ hageln (över auf ... herab)
hagtorn ['haktu:n] ⟨-en; -ar⟩ Weißdorn m, Hagedorn m
haj [haj] ⟨-en; -ar⟩ ZOOL Hai m, Haifisch m
haja ['haja] ⟨1⟩ A V̄T umg kapieren B VP ~ **till** erschrecken
hak [ha:k] N̄ ⟨-et; -⟩ umg Kerbe f, Einschnitt m, Lokal n
haka¹ ['ha:ka] ⟨-n; -or⟩ Kinn n
haka² VP ⟨1⟩ ~ **'av** abhaken; ~ **'fast** anhaken (**på** an akk); ~ **sig 'fast** sich einhaken; sich (an)klammern (vid an akk); ~ **'i** einhaken; ~ **'upp** aufhaken; ~ **'upp sig** fig stecken bleiben; **det har ~t 'upp sig** fig etw ist dazwischengekommen; ~ **'upp sig på ngt** fig sich an etw (dat) stoßen, sich über etw (akk) aufregen **hake** ⟨-n; -ar⟩ Haken m, Häkchen n
haklapp ['ha:klap] S̄ Lätzchen n
hal [ha:l] ADJ glatt, schlüpfrig; fig glattzüngig; **sätta ngn på det ~a** j-n aufs Glatteis führen

hala ['ha:la] ⟨1⟩ A V̄T SCHIFF holen B VP ~ **'in** einholen; ~ **'ner** niederholen; ~ **sig 'ner** hinabgleiten; ~ **'upp** aufholen
halka ['halka] A ⟨-n; kein pl⟩ Glätte f; Glatteis n B V̄I ⟨1⟩ ausgleiten, ausrutschen C VP ⟨1⟩ ~ **om'kull** ausgleiten und fallen; fig ~ **'ur ngn** j-m entschlüpfen; ~ **'ur handen på ngn** j-m aus der Hand gleiten; fig ~ **'över** hinweggleiten über (akk) **halkig** ADJ schlüpfrig, glitschig **halkkörning** S̄ Schleudertraining n
hall [hal] ⟨-en; -ar⟩ Halle f; Flur m; in Wohnung a. Diele f, Vorraum m
hallick ['halik] ⟨-en; -ar⟩ Zuhälter m
hallon ['halɔn] N̄ ⟨-et; -⟩ Himbeere f **hallonbuske** S̄ Himbeerstrauch m **hallonsaft** S̄ Himbeersaft m **hallonsylt** S̄ eingemachte Himbeeren pl
hallucination [halɛsina'ʃu:n] ⟨-en; -er⟩ Halluzination f
hallå [ha'lo:] INTER hallo! **hallåa** ⟨-n; -or⟩ umg Rundfunk-, Fernseh- Ansagerin f **hallåman** S̄ Rundfunk-, Fernseh- Ansager m
halm [halm] ⟨-en; kein pl⟩ Stroh n **halmhatt** S̄ Strohhut m **halmstack** S̄ Strohfeim m, Strohmiete f **halmstrå** S̄N Strohhalm m **halmtak** S̄N Strohdach n
halogen [halɔ'je:n] ⟨-en; -er⟩ Halogen n **halogenlampa** S̄ Halogenlampe f; Halogenglühbirne f
hals [hals] ⟨-en; -ar⟩ Hals m; ~ **över huvud** Hals über Kopf; **fastna i ~en på ngn** j-m im Halse stecken bleiben; fig **få ngn på ~en** j-n auf den Hals bekommen; **ge** ~ Hund Laut/Hals geben, anschlagen; Mensch brüllen; **med full** ~ aus vollem Halse; **ont i ~en** Halsweh n; fig **stå ngn upp i ~en** j-m zum Hals(e) heraushängen; **sätta i ~en** sich verschlucken **halsa** V̄T ⟨1⟩ direkt aus der Flasche trinken **halsband** S̄N Halsband n **halsbloss** S̄N umg **dra** ~ Lungenzüge tun **halsbrytande** ADJ halsbrecherisch **halsbränna** ⟨-n; kein pl⟩ Sodbrennen n **halsduk** S̄ Halstuch n, Schal m **halsfluss** ⟨-en; -er⟩ Mandelentzündung f **halsgrop** S̄ **han hade hjärtat i ~en** das Herz schlug ihm bis zum Hals(e) **halshugga** V̄T ⟨4⟩ enthaupten, köpfen **halshuggning** ⟨-en; -ar⟩ Enthaup-

tung f, Köpfung f **halsinfektion** 5 Halsentzündung f **halskedja** 5 Halskette f **halskota** 5 Halswirbel m **halsont** N̄ ⟨inv⟩ Halsweh n **halspulsåder** 5 Halsschlagader f **halstablett** 5 Halspastille f, Hustenbonbon n
halster ['halstər] N̄ ⟨-et; -⟩ (Brat-)Rost m, Grill m **halstra** VT ⟨1⟩ rösten, grillen **halstring** ⟨-en; -ar⟩ Rösten n, Grillen n
halt¹ [halt] A INTER halt! B ⟨-en; -er⟩ Halt m
halt² ⟨-en; -er⟩ Gehalt n
halt³ ADJ lahm, hinkend; vara ~ → halta **halta** VI ⟨1⟩ hinken
halv [halv] ADJ halb; ~a beloppet die Hälfte des Betrags; **en och en ~** anderthalb; **~t om ~t** halb und halb; **flagga på ~ stång** halbmast flaggen; **mötas på ~ vägen** sich auf halbem Wege treffen **halva** ⟨-n; -or⟩ Hälfte f; umg zweiter Schnaps m; **en ~** eine Halbe; ein Halbes **halvannan** ADJ anderthalb **halvblod** 5 N̄ Halbblut n; Mischling m **halvbro(de)r** 5 Halbbruder m **halvcirkel** 5 Halbkreis m **halvdan** ADJ mittelmäßig **halvdöd** ADJ halb tot **hal'vera** VT ⟨1⟩ halbieren **halvfabrikat** 5 N̄ Halbfabrikat n **halvfet** ADJ a. TYPO halbfett **halvflaska** 5 Halbe f, halbe/kleine Flasche f **halvfransk** ADJ ~t band Halbfranzband m, Halblederband n **halvklar** ADJ Wetter teilweise bedeckt **halvklot** 5 N̄ Halbkugel f **halvlek** 5 SPORT Halbzeit f **halvliter** 5 halber Liter m **halvljus** 5 N̄ AUTO Abblendlicht n **halvmesyr** ⟨-en; -er⟩ Halbheit f, halbe Maßnahme f **halvmil** 5 fünf Kilometer **halvmåne** 5 Halbmond m **halvnot** 5 MUS halbe Note f **halvofficiell** ADJ halbamtlich **halvpension** 5 Halbpension f **halvsekel** 5 N̄ halbes Jahrhundert n **halvsova** VI ⟨1⟩ leicht schlafen; umg dösen; vor sich hin dämmern **halvspråkig** ADJ weder die Muttersprache noch die Zweitsprache richtig beherrschend **halvstor** ADJ halbwüchsig **halvsyskon** 5 N/PL Halbgeschwister pl **halvt** ADV halb, zur Hälfte; **~ om ~** halb und halb **halvtid** 5 ▋ SPORT Halbzeit f ▋ halbtags; **arbeta (på) ~** den halben Tag arbeiten

halvtidsanställd ADJ halbtagsbeschäftigt; **en ~** ein(e) Halbtagsbeschäftigte(r) m/f(m) **halvtidstjänst** 5 Halbtagsstellung f **halvtimme** 5 halbe Stunde **halvtorr** ADJ halbtrocken **halvvägs** ADV halbwegs **halvår** 5 N̄ Halbjahr n, halbes Jahr **halvårig** ADJ halbjährig **halvårsvis** ADV halbjährlich **halvädelsten** 5 Halbedelstein m **halvö** 5 Halbinsel f **halvöppen** ADJ halb offen
hamburgare ['hamberjərə] ⟨-n; -⟩ Hamburger m **hamburgerbröd** 5 N̄ Hamburgerbrötchen n **hamburgerkött** 5 N̄ (geräuchertes) Pferdefleisch n **hammare** ['hamarə] ⟨-n; -⟩ Hammer m **hammock** ['hamɔk] ⟨-en; -ar⟩ Hollywoodschaukel f
hamn [hamn] ⟨-en; -ar⟩ Hafen m **hamna** ['hamna] VI ⟨1⟩ landen (i in dat); kommen; geraten **hamnarbetare** 5 Hafenarbeiter(in) m(f) **hamnavgift** 5 Hafengeld n **hamnkvarter** 5 N̄ Hafenviertel n **hamnstad** 5 Hafenstadt f
hamra ['hamra] VT ⟨1⟩ hämmern **hamster** ['hamstər] ⟨-n; -ar⟩ ZOOL Hamster m **hamstra** VT, VI ⟨1⟩ hamstern **hamstrare** ⟨-n; -⟩ Hamsterer m
han [han] A PERS PR er B DEM PR der; **~ med den röda slipsen** der mit der roten Krawatte **hanblomma** ['hɑːn-] 5 männliche Blüte
hand [hand] ⟨-en; händer⟩ Hand f; MUS **för fyra händer** vierhändig; **bort med händerna!** Hände weg!; **efter ~** nach und nach, allmählich; **gjord för ~** handgemacht, handgearbeitet; **ge ngn fria händer** j-m freie Hand lassen; **ha ~ om ngt** etw verwalten, etw betreuen, zuständig sein für etw; **räcka ngn en hjälpande ~** j-m hilfreich unter die Arme greifen; **i första/sista ~** in erster/letzter Linie; **ta ~ om ngn** sich um j-n kümmern, für j-n sorgen; **ta ~ om ngt** sich um etw kümmern; etw übernehmen; etw in die Hand nehmen; **ta ~ om dig!** pass auf dich auf!; **ta ngn i ~** j-n bei der Hand nehmen; **ta ngn i ~** j-m die Hand geben; **hyra i andra ~** zur Untermiete wohnen; **köpa i andra ~** aus zweiter Hand kaufen; **vara kall om händerna** kalte Hände haben; **på egen ~** auf eigene Faust; **på fri ~** aus

freier Hand, freihändig; **på höger/ vänster ~** zur rechten/linken Hand, rechter/linker Hand; **till ~a** zuhanden, zu Händen (von *od gen*); **till ~s** zur/ bei der Hand; *fig* **ligga nära till ~s** naheliegen; **leva ur ~ i mun** von der Hand in den Mund leben; **ha händerna fulla** alle Hände voll zu tun haben **handarbete** S̄N̄ Handarbeit f **handbagage** [-baˈgɑːʃ] S̄N̄ Handgepäck n **handboja** S̄ Handschellen f **handbok** S̄ Handbuch n; Leitfaden m, Benutzerhandbuch f **handboll** S̄ SPORT Handball m **handbroms** S̄ Handbremse f **handdator** S̄ IT Handheld n, Palmtop® m **handduk** S̄ Handtuch n

handel [ˈhandəl] ⟨-n; -ar⟩ Handel m (med *mit*), (på *nach*)

handeldvapen [ˈhandeldvɑːpən] S̄ Handfeuerwaffe f

handelsavtal [ˈhandelsɑːvˈtɑːl] S̄N̄ Handelsabkommen n **handelsbalans** S̄ Handelsbilanz f **handelsbank** S̄ Handelsbank f **handelsbod** S̄ Kaufladen m **handelsbolag** S̄ Handelsgesellschaft f **handelsfartyg** S̄ Handelsschiff n **handelsflotta** S̄ Handelsflotte f **handelsförbindelser** P̄L̄ Handelsbeziehungen pl, Geschäftsverkehr m sg, Handelsverkehr m sg **handelshögskola** S̄ Wirtschaftshochschule f **handelskammare** S̄ Handelskammer f **handelskorrespondens** S̄ Handelskorrespondenz f, Geschäftskorrespondenz f **handelsminister(in)** m(f) ≈ Wirtschaftsminister(in) m(f) **handelspolitik** S̄ Wirtschaftspolitik f **handelsresande** ĀDJ̄ **en ~** ein(e) Vertreter(in) m(f) **handelsträdgård** S̄ Gärtnerei f **handelsutbildning** S̄ kaufmännische Ausbildung **handelsutbyte** S̄N̄ Handelsaustausch m **handelsvara** S̄ Handelsware f **handelsväg** S̄ Handelsstraße f

handfallen [ˈhandfalən] ĀDJ̄ bestürzt, betroffen, verwirrt, ratlos **handfast** ĀDJ̄ handfest **handfat** S̄N̄ Waschschüssel f, Waschbecken n **handflata** S̄ Handfläche f **handfri** ⟨-t; kein pl⟩ Freisprechanlage f, Freisprecheinrichtung f **handfull** ĀDJ̄ Handvoll f **handgemäng** ⟨-et; -⟩ Handgemenge n; **råka i ~** in ein Handgemenge geraten **handgjord** ĀDJ̄ handgemacht, handgearbeitet; **handgjort papper** Büttenpapier n **handgranat** S̄ Handgranate f **handgrepp** S̄N̄ Handgriff m **handgriplig** ĀDJ̄ handgreiflich, tätlich; **gå ~t till väga** handgreiflich werden **handgriplighet** ⟨-en; -er⟩ övergå till ~er zu Tätlichkeiten übergehen **handha** V̄T̄ ⟨4⟩ handhaben

handikapp [ˈhandikap] N̄ ⟨-et; -⟩ Behinderung f; *fig od* SPORT Handicap n, Vorgabe f **handikappad** ĀDJ̄ gehandicapt, behindert; **en ~** ein(e) Behinderte(r) m/f(m) **handikappanpassad**, **handikappvänlig** ĀDJ̄ behindertengerecht

handjur [ˈhɑːnjuːr] S̄N̄ Männchen n

handklappning [ˈhandklapnɪŋ] ⟨-en; -ar⟩ Händeklatschen n **handklaver** S̄N̄ *umg* Ziehharmonika f, Schifferklavier n **handklovar** P̄L̄ Handschellen pl **handkraft** S̄ **för/med ~** für/mit Handbetrieb **handkräm** S̄ Handcreme f **handkyss** S̄ Handkuss m

handla [ˈhandla] ⟨1⟩ Ā V̄T̄, V̄Ī Einkäufe machen; **gå (ut) och ~** einkaufen gehen B̄ V̄Ī (UNPERS) handeln (om *von*); **det ~r om** es geht um, es handelt sich um; **~ illa mot ngn** schlecht an j-m handeln

handlag [ˈhandlɑːg] S̄N̄ Geschick n; **ha gott ~** geschickte Hände haben; **ha gott ~ med barn** mit Kindern (gut) umzugehen verstehen

handlare [ˈhandlarə] ⟨-n; -⟩ Händler(in) m(f)

handled [ˈhandleːd] S̄ Handgelenk n **handleda** V̄T̄ ⟨2⟩ anleiten **handledare** S̄ Instrukteur(in) m(f), Ausbilder(in) m(f) **handledning** S̄ Anleitung f; Leitfaden m; Handbuch n; Unterricht m

handling [ˈhandlɪŋ] ⟨-en; -ar⟩ *a.* THEAT Handlung f, Tat f; Akte f, Urkunde f; **~en utspelar sig** das Stück spielt; **lägga till ~arna** zu den Akten geben **handlingsfrihet** S̄ Handlungsfreiheit f, freie Hand f **handlingskraft** S̄ Tatkraft f **handlingskraftig** ĀDJ̄ tatkräftig **handlingssätt** S̄N̄ Handlungsweise f

handlov [ˈhandluːv] S̄ Handwurzel f

handlån S N kleines Darlehen **handlägga** V T ⟨4⟩ bearbeiten, behandeln, vornehmen **handläggare** ⟨-n; -⟩ Bearbeiter(in) m(f), Sachbearbeiter(in) m(f) **handlöst** ADJ unvorsichtig, ungestüm, Hals über Kopf; **falla ~** hinschlagen **handpenning** S Anzahlung f, Handgeld n; **lämna en ~ på 1 000 kronor** 1 000 Kronen anzahlen **handplocka** fig V T ⟨1⟩ sorgfältig aussuchen **handrygg** S Handrücken m **handräckning** ⟨-en; -ar⟩ **1** JUR Rechtshilfe f; **ge ngn en ~** j-m helfen (od etw borgen) **2** MIL Stubendienst m **handrörelse** S Handbewegung f **hands** ⟨-⟩ SPORT Hand f, Handspiel n **handsfree** ⟨inv⟩ → handfri **handskakning** S Händeschütteln n **handskas** V R ⟨dep 1⟩ **~ med** umgehen mit, handhaben **handske** ⟨-n; -ar⟩ Handschuh m **handskfack** S N Handschuhfach n **handskrift** S Handschrift f **handskriven** ADJ handgeschrieben **handslag** S N Handschlag m **handstil** S Handschrift f **handsydd** ADJ handgenäht **handtag** S N (Hand-)Griff m, Stiel m; Gefäß Henkel m; Tür Drücker m, Klinke f; fig **ge ngn ett ~** j-m helfen (od etw borgen) **handuppräckning** ⟨-en; -ar⟩ Hand(auf)heben n **handvapen** S N Handwaffe f **handvändning** S **i en ~** im Handumdrehen **handväska** S Handtasche f **handvävd** ADJ handgewebt

hane [ˈhɑ:nə] ⟨-n; -ar⟩ **1** ZOOL Männchen n **2** am Gewehr Hahn m

hangar [haŋˈgɑ:r] ⟨-en; -er⟩ Flugzeughalle f, Hangar m **hangarfartyg** S N Flugzeugträger m

hank [haŋk] ⟨-en; -ar⟩ Aufhänger m **hanka** V R ⟨1⟩ **~ sig fram** sich durchschlagen, sich durchwursteln **hankatt** [ˈhɑ:nkat] ⟨-en; -er⟩ Kater m **hankön** [ˈ-ɕø:n] S N männliches Geschlecht **hanne** ⟨-n; -ar⟩ → hane **hans** [hans] POSS PR sein(e, er, es), dessen

hantel [ˈhantəl] ⟨-n; -ar⟩ Hantel f **hantera** [hanˈte:ra] V T ⟨1⟩ hantieren, umgehen mit, handhaben **hantering** ⟨-en; -ar⟩ Handhabung f; Gewerbe n, Handwerk n **hanterlig** ADJ handlich, bequem **hantlangare** ⟨-n; -⟩ Handlanger(in) m(f) **hantverk** S N Handwerk n **hantverkare** ⟨-n; -⟩ Handwerker(in) m(f) **hantverksutställning** S Gewerbeausstellung f

happening [hɛpəniŋ] ⟨-en; -ar/-s⟩ Event n od m

harang [haˈraŋ] ⟨-en; -er⟩ Rede f, Ansprache f; Wortschwall m, Geschwätz n **hare** [ˈhɑ:rə] ⟨-n; -ar⟩ Hase m; fig Hasenfuß m

harem [ˈhɑ:rəm] N ⟨-et; -⟩ Harem m **harig** [ˈhɑ:ri(g)] ADJ hasenfüßig, furchtsam

harkla [ˈhɑrkla] V R ⟨1⟩ **~ sig** sich räuspern **harkling** ⟨-en; -ar⟩ Räuspern n **harkrank** [ˈhɑ:rkraŋk] ⟨-en; -er⟩ ZOOL Schnake f

harm [harm] ⟨-en; kein pl⟩ Verdruss m, Ärger m, Unmut m, Entrüstung f **harmlös** ADJ harmlos

harmoni [harmuˈni:] ⟨-n; -er⟩ Harmonie f; Einklang m **harmoni'era** V T ⟨1⟩ harmonieren **harmonisk** [harˈmu:nisk] ADJ harmonisch

harmsen [ˈharmsən] ADJ verdrossen, ärgerlich (**på** auf akk), (**över** über akk); entrüstet

harmynt [ˈhɑ:rmynt] ADJ **vara ~** eine Hasenscharte haben

harnesk [ˈhɑ:nesk] N ⟨-et; -⟩ Harnisch m

harpa [ˈharpa] ⟨-n; -or⟩ **1** MUS Harfe f **2** Sieb n

harpun [harˈpu:n] ⟨-en; -er⟩ Harpune f **harsyra** [ˈhɑ:ʂy:ra] S BOT Sauerklee m **harts** [hatʂ] N ⟨-et; -er⟩ Harz n **hartsa** V T ⟨1⟩ harzen

harunge [ˈhɑ:rɵŋə] S Häschen n

harv [harv] ⟨-en; -ar⟩ Egge f **harva** V T, V I ⟨1⟩ eggen

hasa [ˈhɑ:sa] ⟨1⟩ **A** V I schlurfen; umg latschen **B** V R **~ sig fram** sich hinschleppen; vorwärtsrutschen **C** V P **~ 'ner** hinunterrutschen

hasardspel [haˈsɑ:dspe:l] S N Hasardspiel n, Glücksspiel n

hasch [ˈhaʃ] N ⟨-et/-en; kein pl⟩ Haschisch n

hasp [hasp] ⟨-en; -er⟩ Haspe f, Haken m **haspa** V T ⟨1⟩ festhaken

haspel [ˈhaspəl] ⟨-n; -ar⟩ Haspel f **haspla** ⟨1⟩ **A** V T haspeln **B** V P fig **~ 'ur sig** abhaspeln

hassel [ˈhasəl] ⟨-n; -ar⟩ Hasel f **hasselbuske**

selbuske S̄ Haselstrauch m **hasselnöt** S̄ Haselnuss f
hast [hast] ⟨-en; kein pl⟩ Eile f, Hast f; i all ~ in aller Eile **hasta** V̄T ⟨1⟩ eilen, hasten; *det ~r es* eilt/drängt **hastig** ADJ eilig, geschwind, schleunig; hastig; ~t *adv a.* eilends; *umg* ~t och lustigt kurzerhand, ohne Umstände; *i ~t mod* im Jähzorn; *som ~ast* nur ganz flüchtig **hastighet** ⟨-en; -er⟩ Geschwindigkeit f, Schnelligkeit f; Eile f; *i ~en* in der Eile **hastighetsbegränsning** S̄ Geschwindigkeitsbeschränkung f; Tempolimit n **hastighetsmätare** S̄ Geschwindigkeitsmesser m, Tachometer m od n **hastighetsrekord** S̄N̄ Geschwindigkeitsrekord m **hastighetsåkning** ⟨-en; kein pl⟩ **hastverk** *umg* S̄N̄ Schluderarbeit f
hat [haːt] N̄ ⟨-et; kein pl⟩ Hass m **hata** V̄T ⟨1⟩ hassen **hatad** ADJ gehasst; ~ *(av bei)* **hatfull**, **hatisk** ADJ gehässig, hasserfüllt **hatobjekt** S̄N̄ Hassobjekt n
hatt [hat] ⟨-en; -ar⟩ Hut m; *hög ~* Zylinder m, Zylinderhut m; *vara karl för sin ~* seinen Mann stehen; *umg vara lite i ~en* einen in der Krone haben **hatta** V̄I ⟨1⟩ ziellos sein
hattask S̄ Hutschachtel f **hattband** S̄N̄ Hutband n **hattbrätte** S̄N̄ Hutkrempe f **hatthylla** S̄ Hutablage f **hattig** ['hatig] ADJ kopflos, ziellos **hattmakare** ['hatmaːkare] ⟨-n; -⟩ Hutmacher(in) m(f) **hattnål** S̄ Hutnadel f
haussa ['hoːsa] V̄T ⟨1⟩ in die Höhe treiben **hausse** [hoːs] ⟨-n; -r⟩ Hausse f
hav [haːv] N̄ ⟨-et; -⟩ Meer n, See f; *på öppna ~et, ute till ~s* auf hoher See, auf offenem Meer
havande ['haːvande] ADJ schwanger **havandeskap** N̄ ⟨-et; -⟩ Schwangerschaft f
haverera [have're:ra] V̄I ⟨1⟩ SCHIFF havarieren; FLUG Bruch machen; AUTO verunglücken **have'ri** N̄ ⟨-et; -er⟩ SCHIFF Havarie f; FLUG Bruch m; Unfall m
havre ['haːvra] ⟨-n; kein pl⟩ Hafer m **havregryn** PL ⟨koll⟩ Haferflocken pl **havre(gryns)gröt** S̄ Hafergrütze f, Haferbrei m **havrekli** ⟨-et; kein pl⟩ Haferkleie f **havreväling** S̄ Ha-

ferschleim m
havsarm ['hafsarm] S̄ Meeresarm m **havsbad** S̄N̄ Seebad n **havsbotten** S̄ Meeresgrund m **havsdjup** S̄N̄ Meerestiefe f **havsfisk** S̄ Seefisch m **havsforskning** S̄ Meereskunde f **havsklimat** S̄N̄ Seeklima n **havskust** S̄ Meeresküste f **havssalt** S̄N̄ Meersalz n **havsstrand** S̄ Meeresufer n, Seestrand m **havsvatten** S̄N̄ Meerwasser n, Seewasser n **havsvik** S̄ Meerbusen m **havsyta** S̄ Meeresspiegel m; *höjd över ~n* Höhe f über dem Meeresspiegel **havsörn** S̄ Seeadler m
hearing ['hiːriŋ] ⟨-en; -ar⟩ Hearing n, Anhörung f
heat [hiːt] N̄ ⟨-et; -⟩ SPORT Verlauf m
hebreiska [he'breːiska] ⟨-n; kein pl⟩ Hebräisch n
hed [heːd] ⟨-en; -ar⟩ Heide f
hedendom ['heːdəndom] S̄ Heidentum n
heder ['heːdar] ⟨-n; kein pl⟩ Ehre f; *komma till ~s* zu Ehren kommen; *på ~ och samvete* auf Ehre und Gewissen **hederlig** ADJ ehrlich, redlich, rechtschaffen; bieder, brav; reichlich, ansehnlich **hederlighet** ⟨-en; kein pl⟩ Ehrlichkeit f, Redlichkeit f, Biederkeit f **hedersam** ADJ ehrenvoll **hedersbetygelse** ⟨-n; -r⟩ Ehrenbezeigung f **hedersdoktor** S̄ Ehrendoktor(in) m(f) **hedersgäst** S̄ Ehrengast m **hederskänsla** S̄ Ehrgefühl n **hedersledamot** S̄ Ehrenmitglied n **hedersman** S̄ Ehrenmann m, Biedermann m **hedersomnämnande** S̄N̄ ehrenvolle Erwähnung f **hedersord** S̄N̄ Ehrenwort n *(på* auf *akk)* **hedersplats** S̄ Ehrenplatz m **hederspris** S̄N̄ Ehrenpreis m **hederssak** S̄ Ehrensache f **hederstecken** S̄N̄ Ehrenzeichen n **hedersuppdrag** S̄N̄ Ehrenauftrag m **hedervärd** ADJ ehrenhaft
hedgefond S̄ Hedhefonds m
hedning ['heːdniŋ] ⟨-en; -ar⟩ Heide m, Heidin f **hednisk** ADJ heidnisch
hedra ['heːdra] V̄T ⟨1⟩ ehren **hedrande** ADJ rühmlich, ehrenvoll
hej [hej] A INTER hallo; (guten) Tag, servus; *in Brief etc* ≈ Sehr geehrte(r) …, Liebe(r) …; ~ *då* tschüss, auf Wiedersehen; *säga* ~ *då* sich verabschieden; ~ *så länge!* bis gleich! B N̄ ⟨-et; -⟩ Hallo

heja Ⓐ INTER drauflos; hurra Ⓑ V̄I ⟨1⟩ ~ på ngn j-n grüßen; SPORT j-n anfeuern; j-m zurufen **hejare** ⟨-n; -⟩ *umg* Teufelskerl *m*, Mordskerl *m* **hejarklack** S̄ SPORT (anfeuernder) Sprechchor *m*

hejd [hejd] ⟨inv⟩ **det är ingen ~ på honom** er kennt weder Maß noch Ziel; **det var ingen ~ längre** es war/gab kein Halten mehr **hejda** ⟨1⟩ V̄T hemmen, hindern, mäßigen; anhalten, aufhalten, zurückhalten Ⓑ V̄R **~ sig** sich beherrschen **hejdlös** ADJ ungehemmt, maßlos, zügellos; **~t skratt** unbändiges Gelächter

hektar [hɛkˈtɑːr] N̄ ⟨-et/-en; -⟩ Hektar *n od m*

hektisk [ˈhɛktisk] ADJ hektisch

hekto [ˈhɛktu] ⟨-t; -/-n⟩ Hektogramm *n* **hektoliter** S̄ Hektoliter *m*

hel [he:l] ADJ ganz; **~a dagen** den ganzen Tag; **på det ~a taget** im Ganzen (genommen), im Großen und Ganzen; **en ~ del** eine ganze Menge, ziemlich viel; **~t nyligen** erst kürzlich; **~t och hållet** ganz und gar, gänzlich; **göra ~t om** kehrtmachen **hela** Ⓐ ⟨-n; -or⟩ *umg* ganze Flasche; erster Schnaps *m* Ⓑ V̄T ⟨1⟩ heilen **helautomatisk** ADJ vollautomatisch **helbrägdagörare** ⟨-n; -⟩ Gesundbeter(in) *m(f)*; *umg* Wunderdoktor(in) *m(f)* **helfet** ADJ vollfett; TYPO fett **helfigur** S̄ **i ~** in voller Größe **helflaska** S̄ ganze Flasche **helförsäkring** S̄ Vollkaskoversicherung *f*

helg [hɛlj] ⟨-en; -er⟩ Wochenende *n*; Fest *n*; Feiertage *pl*; **i/på ~en** am Wochenende; **trevlig ~!** schönes Wochenende!; **god ~!** frohes Fest!

helga [ˈhɛlja] V̄T ⟨1⟩ heiligen; weihen **helgd** ⟨-en; kein pl⟩ Heiligkeit *f*; Heilighaltung *f*

helgdag [ˈhɛljda(:)g] S̄ Feiertag *m* **helgdagsafton** S̄ Vorabend *m* eines Feiertages

helgedom [ˈhɛljədum] S̄ Heiligtum *n* **helgeflundra** S̄ → hälleflundra **helgerån** [ˈhɛljərɔːn] S̄ N̄ Kirchenschändung *f*; *fig* Entweihung *f*

helgfri [ˈhɛljfri] ADJ **~ dag** Werktag *m* **helgjuten** [ˈheːljʉːtən] ADJ aus einem Guss; *fig a.* vollendet, einheitlich

helgon [ˈhɛlgɔn] N̄ ⟨-et; -⟩ Heilige(r) *m/f(m)* **helgonbild** S̄ Heiligenbild *n* **helgondyrkan** S̄ Heiligenverehrung *f* **helgongloria** S̄ Heiligenschein *m*

helhet [ˈheːlheːt] ⟨-en; -er⟩ Gesamtheit *f*, Ganzheit *f*; **i sin ~** im Ganzen **helhetsbild** S̄ Gesamtbild *n* **helhetsintryck** S̄N Gesamteindruck *m* **helhjärtad** [ˈ-jæʈad] ADJ vorbehaltlos, begeistert

helig [ˈheːli(g)] ADJ heilig; **den ~e ande** der Heilige Geist; **hålla ~** heilighalten; **lova dyrt och ~t** hoch und heilig versprechen **heligförklara** V̄T ⟨1⟩ heiligsprechen **helighet** ⟨-en; -er⟩ Heiligkeit *f*

helikopter [heliˈkɔptər] ⟨-n; -ar⟩ Hubschrauber *m*

helkonserv [ˈheːlkɔnsærv] S̄ Vollkonserve *f* **helkväll** S̄ ≈ schöner, lustiger Abend *m*

heller [ˈhɛlər] ADV **inte ~**, **~ inte** auch nicht; **ingen annan ~** auch kein anderer

hellinne [ˈheːlinə] S̄N reines Leinen, Ganzleinen *n* **helljus** [ˈ-jʉːs] S̄N AUTO Fernlicht *n*

hellre [ˈhɛlrə] ADV ⟨*komp von* → gärna⟩ lieber, ehre

helnykter [ˈheːlnyktər] ADJ völlig enthaltsam **helnykterist** S̄ Abstinzenzler(in) *m(f)* **helomvändning** S̄ Kehrtwendung *f* **helpension** S̄ (Voll-)Pension *f* **helsiden** S̄ reine Seide; **av ~** reinseiden **helsidesannons** S̄ ganzseitige Anzeige

helsike [ˈhɛlsika] ⟨-t; -n⟩ *umg* Hölle *f*; **i ~ heller!** den Teufel werd ich tun!; **det barkar åt ~** das geht schief

Helsingfors [ˈhɛlsiŋˈfɔʂ] N̄ ⟨inv⟩ Helsinki

helskinnad [ˈheːlʃinad] ADJ **komma ~ undan** mit heiler Haut davonkommen **helskägg** S̄N Vollbart *m* **helspänn** ⟨inv⟩ *fig* **på ~** (an)gespannt

helst [hɛlst] Ⓐ ADV ⟨*sup von* → gärna⟩ am liebsten, am ehesten; **allra ~** am allerliebsten; **~ inte** lieber nicht; **vem som ~** ein jeder, wer es auch sei, jeder (x-)Beliebige; **vad som ~** was auch immer; alles (Mögliche); **var som ~** wo auch immer; überall; **hur som ~** wie dem auch sei; **när som ~** jederzeit, zu jeder (beliebigen) Zeit, irgendwann; **hur mycket som ~** so viel man will;

wie viel auch immer; **hur stor summa som ~** jede (beliebige) Summe; **han finner sig i vad som ~** er lässt sich alles gefallen; **vilket ögonblick som ~** jeden Augenblick; **utan någon som ~ kostnad** ohne irgendwelche Kosten; **till vilket pris som ~** zu jedem (beliebigen) Preis **B** KONJ **~ (som)** besonders da/weil; **allra ~ som** zumal (da)
helstekt ['he:lstekt] ADJ im Ganzen gebraten **helt** ADV ganz; **~ nyligen** erst kürzlich **heltid** S̄ Vollzeit f; **arbeta (på) ~** ganztags arbeiten **heltidsanställd** ADJ vollbeschäftigt; **en ~** ein(e) Vollzeitbeschäftigte(r) m/f(m) **heltidsarbete** S̄ Vollzeitbeschäftigung f **heltimme** S̄ volle Stunde **heltäckande** ADJ flächendeckend **heltäckningsmatta** S̄ Teppichboden m
helvete ['helveta] N̄ ⟨-t; -n⟩ Hölle f; umg **dra åt ~!** scher dich zum Teufel!; **ett ~s oväsen** ein Höllenlärm; **~ liske helveteskval** S̄N̄ Höllenqual f **hel'vetisk** ADJ **1** höllisch **2** helvetisch
helylle ['he:lyla] S̄N̄ reine Wolle; fig ordentlich, zuverlässig sein; **av ~** reinwollen **helår** S̄ ganzes/volles Jahr n **helårsprenumerant** S̄ Jahresabonnent m
hem [hem] **A** N̄ ⟨-met; -⟩ Heim n, Haus, Heimat f; **eget ~** eigenes Heim; **hus och ~** Haus und Herd/Hof **B** KONJ nach Hause, heim; **gå ~** nach Hause gehen, heimgehen; **gå ~ till ngn** zu j-m (in seine Wohnung) gehen; fig **gå ~ hos ngn** bei j-m ankommen; **bjuda ~ ngn** j-n zu Gast laden, j-n einladen; **ringa ~** zu Hause anrufen; Kartenspiel **ta ~ ett stick** einen Stich machen **hemarbete** S̄N̄ Heimarbeit f; Schule Hausarbeit f **hembageri** S̄N̄ kleine Bäckerei **hembakad** ADJ selbst gebacken **hembesök** S̄N̄ Hausbesuch m **hembiträde** S̄N̄ Hausangestellte f **hembränd** ADJ selbst gebrannt, schwarz gebrannt **hembränning** S̄ Schwarzbrennerei f **hembygd** S̄ Heimat f **hembygdsforskare** S̄ Heimatkundler(in) m(f) **hembygdsförening** S̄ Heimatverein m **hembygdskunskap** S̄ Heimatkunde f **hembygdsmuseum** N̄ Heimatmuseum n **hemdator** S̄ PC m **hemfal-**

la V̄ī ⟨4⟩ verfallen; anheimfallen (**åt** dat) **hemfridsbrott** S̄N̄ Hausfriedensbruch m **hemfärd** S̄ Rückfahrt f, Heimfahrt f **hemförsäkring** S̄ Hausratsversicherung f **hemgift** S̄ Mitgift f **hemgjord** ADJ selbst gemacht **hemhjälp** S̄ Hilfe f im Haus, Hausgehilfin f **hemifrån** ADV von/zu Hause; **vara ~** von zu Hause weg sein **heminredning** S̄ Innenausstattung f, Wohnungseinrichtung f **heminredningsarkitekt** S̄ Innenarchitekt(in) m(f)
hemisfär [hemis'fæ:r] S̄ Hemisphäre f, Halbkugel f
hemkalla ['hemkala] V̄ī ⟨1⟩ zurückberufen, abberufen **hemkomst** ⟨-en; -er⟩ Heimkehr f, Rückkehr f **hemkunskap** S̄ Hauswirtschaftskunde f **hemkär** ADJ häuslich **hemkörd** ADJ umg Alkohol selbst gebrannt, schwarz gebrannt; **fritt ~** frei ins Haus geliefert **hemkörning** S̄ Heimservice m **hemlagad** ADJ selbst gemacht, hausgemacht, Hausmacher- **hemland** S̄N̄ Heimat f, Heimatland n **hemleverans** S̄ Zustellung f, Lieferung f ins Haus
hemlig ['hemli(g)] ADJ heimlich; geheim, Geheim-; **hålla ~t** verheimlichen, geheim halten; **~t sammanträde** Geheimsitzung f **hemlighet** ⟨-en; -er⟩ Geheimnis n, Heimlichkeit f; **i ~** heimlich, insgeheim **hemlighetsfull** ADJ geheimnisvoll; heimlichtuerisch; **spela ~** geheimtun **hemlighetsmakeri** ⟨-et; -er⟩ Heimlichtuerei f **hemlighålla** V̄ī ⟨4⟩ verheimlichen, geheim halten **hemlighållande** N̄ ⟨-t; -n⟩ Geheimhaltung f **hemligstämpla** V̄ī ⟨1⟩ zu den Geheimakten legen
hemliv S̄N̄ Familienleben n, Häuslichkeit f **hemlån** S̄N̄ Verleihung f, Entleihung f **hemlängtan** S̄ Heimweh n **hemläxa** f Schule Hausaufgabe f **hemlös** ADJ heimatlos; obdachlos
hemma ['hema] ADV zu Hause, daheim; **~ hos oss** bei uns zu Hause; **känna sig ~** sich heimisch fühlen; **höra ~ i H.** in H. zu Hause (od beheimatet) sein; **vara ~ i ngt** fig in etw (od dat) beschlagen (od gut bewandert bzw. zu Hause) sein **hemmablind** ADJ betriebsblind

hemmafront [S] Heimatfront *f* **hemmafru** [S] Hausfrau *f* **hemmagjord** [ADJ] selbst gemacht **hemmahörande** [ADJ] ~ i H. aus H., in H. beheimatet **hemmalag** [S N] SPORT Platzmannschaft *f* **hemmaman** [S] Hausmann *m* **hemmamarknad** [S] Binnenmarkt *m* **hemmamatch** [S] SPORT Heimspiel *n* **hemmaplan** [S] **spela på ~** SPORT auf eigenem Platz spielen **hemmasnickare** [S] Heimwerker(in) *m(f)* **hemmastadd** [ADJ] zu Hause, heimisch; *fig* bewandert, beschlagen; **bli ~** *a.* sich eingewöhnen; **göra sig ~** sich orientieren, sich vertraut machen **hemmavarande** [ADJ] zu Hause geblieben

hemorrojder [ˇhemurɔjdər] [PL] MED Hämorr(ho)iden *pl*

hemort [ˇhemuʈ] [S] Heimat *f*, Heimatort *m* **hemortsadress** [S] Heimatanschrift *f* **hemortskommun** [S] Heimatgemeinde *f* **hemresa** [S] Rückreise *f*, Heimreise *f* **hemsida** [S] IT Homepage *f*

hemsk [hemsk] [ADJ] unheimlich, grässlich, schauerlich, grausig, grauenhaft **hemskhet** ⟨-en; -er⟩ Grauen *n*, Schauerlichkeit *f*, Gräuel *m*

hemskillnad [ˇhemʃilnad] [S] JUR Trennung *f* **hemslöjd** [S] *heimatliches od bäuerliches* Kunstgewerbe *n* **hemspråk** [S N] Muttersprache des Einwanderers **hemspråksundervisning** [S] muttersprachlicher Unterricht für Einwandererkinder **hemstad** [S] Heimatstadt *f* **hemställan** ⟨inv⟩ Antrag *m* **hemsöka** [V/T] ⟨2⟩ heimsuchen **hemsökelse** ⟨-n; -r⟩ Heimsuchung *f* **hemtjänst** [S] ≈ ambulante Hilfsdienste (der Sozialstation); ambulante Altenpflege *f* **hemtrakt** [S] Heimat *f*, Heimatgegend *f* **hemtrevlig** [ADJ] gemütlich, wohnlich **hemtrevnad** [S] Gemütlichkeit *f*, Wohnlichkeit *f* **hemuppgift** [S] *Schule* Hausaufgabe *f* **hemvist** *a.* [N] ⟨-en/-et; -er/-⟩ Wohnsitz *m*; Heimat *f* **hemväg** [S] Rückweg *m*, Heimweg *m* **hemvärn** [S N] Heimwehr *f* **hemvävd** [ADJ] handgewebt **hemåt** [ADV] nach Hause, heimwärts

hen [hɛn] [PERS PR] *geschlechtsneutrales Pronomen statt hon (sie) oder han (er)* **henne** [PERS PR] ⟨*von* → hon⟩ *akk* sie; *dat* ihr **hennes** [POSS PR] ihr(e, er, es), deren

hepatit [hɛpa'ti:t] ⟨-en; -er⟩ MED Hepatitis *f*

herde [ˇhe:ɖə] ⟨-n; -ar⟩ Hirte *m*, Hirtin *f*, Schäfer(in) *m(f)*

hermelin [hærme'li:n] ⟨-en; -er⟩ Hermelin *n od m*

heroin [herɔ'i:n] [N] ⟨-et; kein pl⟩ Heroin *n* **heroinmissbrukare** [S] Heroinsüchtige(r) *m/f(m)*

heroisk [he'ro:isk] [ADJ] heldenhaft, heroisch **hero'ism** ⟨-en; kein pl⟩ Heldenmut *m*, Heroismus *m*

herpes [ˇhærpes] ⟨-en; kein pl⟩ MED Herpes *m*

herr [hær] ⟨-n; -ar⟩ Herr *m* **herravälde** [N] ⟨-t; -n⟩ Herrschaft *f*, Gewalt *f*; **förlora ~t över ngt** die Gewalt über etw (*akk*) verlieren **herrcykel** [S] Herren(fahr)rad *n* **herre** ⟨-n; -ar⟩ Herr *m*; **mina damer och herrar** meine Damen und Herren; **göra sig till ~ över ngt** sich zum Herrn über etw (*akk*) machen; **vara ~ i huset** Herr im Haus(e) sein; **vår Herre** unser Herrgott, der liebe Gott; **Herre Gud!** herrje!, (Himmel) Herrgott!; **vad i herrans namn gör du?** was, zum Kuckuck, machst du denn da?, was fällt 'dir denn ein?; **ett herrans väder** ein Hundewetter, Sauwetter **herregud** [INTER] Herrgott, meine Güte **herrekiperingsaffär** [S] Herrenkonfektionsgeschäft *n* **herrelös** [ADJ] herrenlos **herrfotboll** [S] Männerfußball *m* **herrfrisör** [S] Herrenfriseur *m* **herrgård** [S] Herrensitz *m*; Herrenhaus *n*; Gut *n* **herrgårdsvagn** [S] ≈ Kombiwagen *m* **herrkläder** [PL], **herrkonfektion** ⟨-en; kein pl⟩ Herrenkleidung *f*, Herrenkonfektion *f* **herrkostym** [S] Herrenanzug *m* **herrskap** [N] ⟨-et; -⟩ Herrschaft *f*; **~et Johansson** Herr und Frau Johansson; **mitt ~!** meine Herrschaften!; **vad behagar ~et?** was wünschen die Herrschaften? **herrsko** [S] Herrenschuh *m* **herrskräddare** [S] Herrenschneider(in) *m(f)* **herrtidning** [S] Männermagazin *n* **herrtoalett** [S] Herrentoilette *f*

hertig [ˇhæʈig] ⟨-en; -ar⟩ Herzog *m* **hertigdöme** [N] ⟨-t; -n⟩ Herzogtum *n* **hertig'inna** ⟨-n; -or⟩ Herzogin *f*

hes [he:s] [ADJ] heiser **heshet** ⟨-en; kein

pl⟩ Heiserkeit f
het [he:t] ADJ heiß; *fig* ~ sich ereifern/erhitzen; **vara ~ på gröten** es nicht abwarten können; **gå hett till** heiß hergehen; *fig* **det börjar osa hett** die Sache wird brenzlig/mulmig
heta [´he:ta] VI ⟨4⟩ heißen; **vad heter du (i förnamn)?** wie heißt du (mit Vornamen)?; **vad heter han nu igen?** wie heißt er noch schnell?; **den där grejen, vad den nu heter** das Dingsbums da
heterosexuell [´he:te:ru:sɛksɥɛl] ADJ heterosexuell
hetlevrad [´he:tle:vrad] ADJ heißblütig, hitzig
hets [hets] ⟨-en; kein pl⟩ Hetze f **hetsa** ⟨1⟩ A VT hetzen B V/P, V/R ~ '**upp (sig)** (sich) aufregen/erhitzen **hetsig** ADJ hitzig **hetsjakt** S Hetze f, Hetzjagd f **hetsätande** N ⟨-t; kein pl⟩ Fresssucht f
hetta [´heta] A ⟨-n; kein pl⟩ Hitze f B VI ⟨1⟩ heiß sein; **det ~r om kinderna på mig** die Wangen brennen mir C V/P ~ '**till** fig hitzig werden; ~ '**upp** erhitzen, heiß machen
hicka [´hika] A ⟨-n; kein pl⟩ Schluckauf m; **ha ~ den Schluckauf haben** B VI ⟨1⟩ (den) Schluckauf haben
hierarki [hierar´ki:] ⟨-n; -er⟩ Hierarchie f **hierarkisk** ADJ hierarchisch
hiero'glyf ⟨-en; -er⟩ Hieroglyphe f
hi-fi-anläggning [´hajfi:] S Hi-Fi-Anlage f
himla [´himla] A *umg* ADJ, ADV schrecklich, kolossal, toll B VI ⟨1⟩ ~ **med ögonen** die Augen verdrehen **himlakropp** S Himmelskörper m **himlavalv** SN Himmelsgewölbe n **himmel** [´himel] ⟨-en/himlen; -ar⟩ Himmel m **himmelrike** SN Himmelreich n **himmelsblå** ADJ himmelblau **himmelsk** ADJ himmlisch **himmelsvid** ADJ himmelweit
hind [hind] ⟨-en; -ar⟩ Hirschkuh f, Hindin f
hinder [´hindər] N ⟨-et; -⟩ Hindernis n; SPORT Hürde f; **det möter inget ~** dem steht nichts im Wege **hinderlöpning** S Hindernislauf m **hindra** VT ⟨1⟩ verhindern (**ngn från ngt** j-n an etw *dat*); hinderlich sein; aufhalten, stören
hindu [hin´dɵ:] ⟨-en; -er⟩ 'Hindu m

hindu'ism ⟨-en; kein pl⟩ Hinduismus m
hingst [hiŋst] ⟨-en; -ar⟩ Hengst m
hink [hiŋk] ⟨-en; -ar⟩ Eimer m
hinna¹ [´hina] ⟨-n; -or⟩ Haut f, Häutchen n; dünne Schicht f
hinna² ⟨4⟩ A VT erreichen; einholen; ~ (**med**) **ngt** mit etw fertig werden, etw schaffen; zu etw kommen, Zeit zu etw haben B VI kommen, gelangen, reichen; (genug) Zeit haben; ~ **med bussen/tåget** den Bus/Zug erwischen C V/P ~ '**fatt** einholen; ~ '**fram** (rechtzeitig) ankommen; ~ '**före ngn** j-m zuvorkommen; ~ **i'genom** Buch fertig sein mit, durchbekommen; ~ '**med** mitkommen; ~ '**med tåget** den Zug erreichen; **inte ~ 'med tåget** den Zug versäumen/verpassen; ~ '**undan** davonkommen; fertig werden mit; ~ '**upp** (rechtzeitig) hinaufkommen; einholen; ~ '**ut** (rechtzeitig) hinauskommen
hippie [´hipi] ⟨-n; -r⟩ Hippie m
hirs [hiʂ] ⟨-en⟩ BOT Hirse f
hisklig [´hiskli(g)] ADJ schrecklich, gräulich, ungeheuer
hisna [´hisna] VI ⟨1⟩ **jag ~r** mir schwindelt **hisnande** ADJ schwindelnd, atemberaubend
hiss [his] ⟨-en; -ar⟩ Fahrstuhl m, Aufzug m **hissa** VT ⟨1⟩ hochziehen, hochwinden; SCHIFF hissen
hissna [´hisna] → **hisna**
historia [his´tɵ:ria] ⟨historien/-n; -er⟩ Geschichte f; **rolig ~** Anekdote f, Witz m; **det var en snygg ~** das ist eine schöne Geschichte/Bescherung **historiebok** S Geschichtsbuch n **histo'rik** ⟨-en; kein pl⟩ geschichtliche Übersicht f **hist'oriker** ⟨-n; -⟩ Geschichtsforscher(in) m(f), Historiker(in) m(f) **hist'orisk** ADJ geschichtlich, historisch
hit¹ [hi:t] ADV (hier)her; ~ **fram** hierheran; **ända ~** bis hierher; ~ **med det!** her damit!
hit² [hit] ⟨-en; -ar/-s⟩ MUS Hit m
hitfärd S Herfahrt f, Herreise f **hithörande** ADJ hierher gehörig; einschlägig **hitintills** → **hittills** **hitom** ADV diesseits **hitresa** S Herreise f
hitta [´hita] VT ⟨1⟩ ~ VT finden B VI den Weg finden, sich zurechtfinden C V/P ~ '**dit** hinfinden; ~ '**fram** sich durchfin-

den; **~ 'hem** heimfinden, (den Weg) zurückfinden; **~ 'hit** herfinden; **~ 'in** hineinfinden; **~ 'på** ausdenken, ersinnen, ausfindig machen, erfinden; **~ 'på att ... ** auf die Idee kommen zu ...; **vad ska vi ~ 'på (att göra)?** was fangen wir an?; **~ 'rätt sich zurechtfinden; ~ till'baka** zurückfinden **hittebarn** s̅ N̅ Findelkind n **hittegods** N̅ Fundsache(n pl) f **hittelön** s̅ Finderlohn m

hittills ['hit:ils] ADV bisher, bis jetzt
hittillsvarande ADJ bisherig
hitupp ADV (hier)herauf **hitväg** s̅ Herweg m **hitåt** ADV hierher

hiv [hi:v, hɔi've:] INTERJ hiev
hiva ['hi:va] V̅T̅, V̅I̅ ⟨1⟩ SCHIFF hieven; *umg* schmeißen
hivinfektion ['hi:vinfekʃu:n, hɔi've:-] s̅ HIV-Infektion f **hivpositiv** ADJ HIV-positiv **hivsmitta** s̅ HIV-Infektion f
hivsmittad ADJ HIV-Träger(in) m(f)
hivtest s̅ (N̅) HIV-Test m **hivvirus** s̅ N̅ HIV-Virus n

hjord [ju:ɖ] ⟨-en; -ar⟩ Herde f
hjort [juʈ] ⟨-en; -ar⟩ Hirsch m **hjorthorn** N̅ ⟨-et; -⟩ Hirschgeweih n; Hirschhorn n **hjorthornssalt** s̅ N̅ Hirschhornsalz n **hjortkalv** s̅ Hirschkalb n **hjortron** N̅ ⟨-et; -⟩ Moltebeere f

hjul [ju:l] N̅ ⟨-et; -⟩ Rad n **hjula** V̅I̅ ⟨1⟩ Rad schlagen **hjulaxel** s̅ Radachse f **hjulbent** ADJ o-beinig; **vara ~** O-Beine haben **hjulnav** s̅ N̅ Radnabe f
hjulspår s̅ N̅ Wagenspur f

hjälm [jelm] ⟨-en; -ar⟩ Helm m
hjälp [jelp] ⟨-en; -ar⟩ Hilfe f (**för** für), (**mot** gegen); tillfällig **~** Aushilfe f; **få ~ av ngn** sich von j-m helfen lassen; **komma ngn till ~** j-m zu Hilfe kommen; **vara ngn till ~** j-m behilflich sein; **ta till ~** zu Hilfe nehmen; **ropa på ~** um Hilfe rufen; **ge första ~en** Erste Hilfe leisten **hjälpa** ⟨2⟩ A V̅T̅, V̅I̅ helfen, Hilfe leisten (**ngn** j-m); **jag kan inte ~ det** ich kann nichts dafür; **~ ngn till ngt** j-m zu etw verhelfen; *fig* **~ ngn på traven** j-n auf Trab bringen; **~ ngn vidare** j-m weiterhelfen B V̅P̅ **~ ngn 'av/'på med rocken** j-m aus dem/in den Mantel helfen; **~ 'till** mithelfen; aushelfen; **~ 'till med ngt** bei etw behilflich sein; **~ 'upp** aufhelfen (**ngn** j-m); nachhelfen (**ngt** *dat*); **~ ngn 'över** j-m hinüberhelfen; *fig* j-m hinweghelfen über (*akk*) **hjälpaktion** s̅ Hilfsaktion f **hjälpande** ADJ **räcka ngn en ~ hand** j-m hilfreich unter die Arme greifen **hjälpare** ⟨-n; -⟩ Helfer(in) m(f) **hjälpas** ⟨dep 2⟩ A V̅I̅ **det kan inte ~** das lässt sich nicht ändern, da kann man nichts machen B V̅P̅ **~ 'åt** einander helfen (**med ngt** bei etw) **hjälpbehövande** ADJ hilfsbedürftig **hjälplig** ADJ leidlich, erträglich **hjälplös** ADJ hilflos **hjälplöshet** ⟨-en; kein pl⟩ Hilflosigkeit f **hjälpmedel** s̅ N̅ Hilfsmittel n **hjälpmotor** s̅ Hilfsmotor m **hjälppreda** ⟨-n; or⟩ *Person* Hilfe f; Handbuch n, Leitfaden m
hjälpsam ADJ hilfsbereit, hilfreich
hjälpsamhet ⟨-en; kein pl⟩ Hilfsbereitschaft f **hjälpsökande** ADJ Hilfe suchend **hjälpverb** s̅ N̅ GRAM Hilfsverb n

hjälte ['jelta] ⟨-n; -ar⟩ Held m **hjältedåd** s̅ N̅ Heldentat f **hjältemod** s̅ N̅ Heldenmut m **hjältemodig** ADJ heldenmütig **hjält'inna** ⟨-n; -or⟩ Heldin f

hjärna ['jæɳa] ⟨-n; -or⟩ Gehirn n, Hirn n; **stora/lilla ~** das Großhirn/Kleinhirn; *umg* **få ngt på ~n** sich etw in den Kopf setzen **hjärnblödning** s̅ Gehirnblutung f; Schlaganfall m; Schlag m **hjärndöd** ADJ hirntot **hjärnhinneinflammation** s̅ Gehirnhautentzündung f **hjärnskada** s̅ Hirnschaden m **hjärnskakning** s̅ Gehirnerschütterung f **hjärnsläpp** s̅ N̅ *umg bei Prüfungen* Blackout n; Aussetzer m **hjärntumör** s̅ Gehirntumor m **hjärntvätt** s̅ Gehirnwäsche f **hjärntvätta** V̅T̅ ⟨1⟩ einer Gehirnwäsche unterziehen

hjärta ['jæʈa] N̅ ⟨-t; -n⟩ Herz n; **alla ~ns dag** Valentinstag m; **ha ngt på ~t** etw auf dem Herzen haben; **ligga ngn varmt om ~t** j-m am Herzen liegen; **tala fritt ur/från ~t** frisch von der Leber weg reden; **inte ha ~ att ...** es nicht übers Herz bringen (können) zu ...; **av hela sitt ~** aus ganzem Herzen; **~ns gärna** von Herzen/herzlich gern; **kära ~n(d)e!** du liebe Güte/Zeit!
hjärtattack s̅ Herzschlag m **hjärtbesvär** s̅ N̅ Herzbeschwerden pl **hjärter** ⟨-n; -⟩ *Kartenspiel* Herz n; **~ dam**

Herzdame f **hjärtesak** Herzenssache f **hjärtevän** S Freund(in) m/f, Schatz m **hjärtfel** SN Herzfehler m **hjärtflimmer** SN Herzflimmern n **hjärtinfarkt** S Herzinfarkt m **hjärtklaff** S Herzklappe f **hjärtklappning** ⟨-en; -ar⟩ Herzklopfen n **hjärt-kärlsjukdom** S Herz-Kreislauf-Erkrankung f **hjärtlig** ADJ herzlich; **~a gratulationer** herzliche Glückwünsche **hjärtlighet** ⟨-en; kein pl⟩ Herzlichkeit f **hjärt-lungmaskin** S Herz-Lungen-Maschine f **hjärt-lungräddning** S Herz-Lungen-Wiederbelebung f **hjärtlös** ADJ herzlos **hjärtlöshet** ⟨-en; kein pl⟩ Herzlosigkeit f **hjärtsjuk** ADJ herzkrank **hjärtsjukdom** S Herzkrankheit f **hjärtskärande** ADJ herzzerreißend **hjärtslag** SN Herzschlag m **hjärtslitande** ADJ herzzerreißend **hjärtstillestånd** SN Herzstillstand m **hjärtsvikt** S Herzinsuffizienz f **hjärttransplantation** S Herztransplantation f **hjärtverksamhet** S Herztätigkeit f
hjässa ['jɛsa] ⟨-n; -or⟩ Scheitel m
hk ABK (= hästkrafter) PS f (Pferdestärke)
ho [huː] ⟨-n; -ar⟩ Trog m
hobby ['hɔbi] ⟨-n; -er⟩ Hobby n **hobbyrum** SN Hobbyraum m **hobbyverksamhet** S Bastelei f
hockey ['hɔki, 'hɔky] ⟨-n; kein pl⟩ Hockey n **hockeyklubba** S Hockeyschläger m **hockeyrink** → ishockeyrink
hojta ['hɔjta] VT, VI ⟨1⟩ rufen, schreien; **~ åt ngn** j-m zurufen
holk [hɔlk] ⟨-en; -ar⟩ Nistkasten m
Holland ['hɔland] N ⟨inv⟩ Holland n **hollan'daisesås** S Sauce hollandaise f **holländare** ⟨-n; -⟩ Holländer m **holländsk** ADJ holländisch **holländska** ❶ ⟨-n; kein pl⟩ Holländisch n, Niederländisch n ❷ ⟨-n; -or⟩ Holländerin f
holme ['hɔlmə] ⟨-n; -ar⟩ Inselchen n
homeopat [hɔməɔ'paːt] ⟨-en; -er⟩ Homöopath(in) m/f) **homeopa'ti** ⟨-n; kein pl⟩ Homöopathie f **homeo'patisk** ADJ homöopathisch
homofil [hɔmu'fiːl] pej ADJ homophil ⟨-en; -er⟩ Homosexuelle(r) m/f(m) **homo'fob** A ADJ homophob

B ⟨-en; -er⟩ Homophobe(r) m/f(m) **homofo'bi** S Homophobie f **homogen** [hɔmu'jeːn] ADJ gleich(geartet), homogen **homosexuali'tet** S Homosexualität f **homosexu'ell** ADJ homosexuell **homoäktenskap** umg S N Homoehe f
hon [hun] A PERS PR sie B DEM PR die; **~ med det långa håret** die mit den langen Haaren **hona** ['huːna] ⟨-n; -or⟩ Weibchen n **honblomma** S weibliche Blüte [-'jɛːr] SN Weibchen n **honkatt** S Katze f **honkön** [-'çœːn] SN weibliches Geschlecht
honnör [hɔ'nœːr] ⟨-en; -er⟩ Honneurs pl, Ehrenerweisungen pl; **göra ~** (militärisch) grüßen
honom [hɔ'nɔm] PERS PR ⟨von → han⟩ akk ihn; dat ihm
honorar [hɔnɔ'raːr] N ⟨-et; -⟩ Honorar n, Vergütung f **hono'rera** VT ⟨1⟩ honorieren, vergüten
honung ['hoːnɛŋ] ⟨-en; kein pl⟩ Honig m; **slungad ~** Schleuderhonig m **honungskaka** S Honigwabe f; Honigkuchen m **honungslen** ADJ honigsüß **honungsmelon** S Honigmelone f **honungssmak** S Honiggeschmack m
hop [huːp] A ⟨-en; -ar⟩ Haufe(n) m, Menge f, Rotte f; **en hel ~** eine (ganze) Menge B ADV → ihop **hopa** ⟨1⟩ A VT (an)häufen B VR ~ **sig** sich (auf)häufen **hopas** VI ⟨dep 1⟩ sich (auf)häufen **hopbyggd** ADJ zusammengebaut **hopfällbar** ADJ zusammenklappbar; **~ stol** Klappstuhl m **hopfälld** ADJ zusammengeklappt **hopkok** [-uː-] S N Mischmasch m **hopkrupen** ADJ zusammengekauert **hopkörd** fig ADJ gedrängt
hopp¹ [hɔp] N ⟨-et; -⟩ Hoffnung f (om auf akk); **få nytt ~** Hoffnung schöpfen; **sätta sitt ~ till ngn** seine Hoffnung auf j-n setzen; **i ~ om att ...** in der Hoffnung, dass/zu ...
hopp² ⟨-et; -⟩ Sprung m; **ta ett ~** einen Sprung machen **hoppa** ⟨1⟩ A VI springen, hüpfen; **~ högt av glädje** vor Freude einen Luftsprung machen; umg fig **~ i galen tunna** sich vergaloppieren B VIP **~ 'av** abspringen; aussteigen; fig nicht mehr mitmachen wollen; Studium abbrechen; **~ 'ner** herabsprin-

gen; ~ **'på ngn** umg auf j-n losgehen; ~ **'på ngt** umg etw aufgreifen; ~ **'till** hochfahren; ~ **'upp** (hin)aufspringen; ~ **'över** überspringen, übergehen **hoppare** ⟨-n; -⟩ Springer(in) m(f)
hoppas ['hɔpas] VI ⟨dep 1⟩ hoffen (**på** auf akk)
hoppbacke ['hɔpbakə] S Sprungschanze f **hoppborg** S Hüpfburg f
hoppfull ['hɔpfʊl] ADJ hoffnungsvoll **hoppfullhet** ⟨-en; kein pl⟩ Zuversichtlichkeit f **hoppingivande** ADJ vielversprechend, ermutigend **hopplös** ADJ hoffnungslos
hoppning ⟨-en; -ar⟩ Springen n **hopprep** S N Springseil n
hoppsan ['hɔpsan] INTER hoppla
hoprafsad ['huːprafsad] ADJ zusammengerafft **hoprörd** fig ADJ wirr, verworren **hopsjunken** ADJ zusammengesunken **hopslagen** ADJ vereinigt; zusammengeklappt **hopsättning** S Zusammensetzung f; TECH Montage f **hoptrângd** ADJ (zusammen)gedrängt **hopvuxen**, **hopväxt** ADJ zusammengewachsen
hora ['huːra] ⟨-n; -or⟩ pej Hure f
hord [huːd] ⟨-en; -er⟩ Horde f
horisont [hɔriˈsɔnt] ⟨-en; -er⟩ Horizont m; **det går över min** ~ das geht über meinen Horizont **horison'tal**, **horison'tell** ADJ horizontal, waagerecht
hormon [hɔrˈmoːn, -ˈmuːn] N ⟨-et; -/-er⟩ Hormon n **hormonpreparat** S N Hormonpräparat n
horn [huːn] N ⟨-et; -⟩ a. MUS Horn n; Geweih n; fig **ha ett** ~ **i sidan till ngn** einen Groll auf j-n haben; fig **stånga ~en av sig** sich (dat) die Hörner abstoßen **hornbågad** ADJ ~e **glasögon** pl Hornbrille f sg **hornhinna** S ANAT Hornhaut f
horoskop [hɔrɔˈskoːp] N ⟨-et; -⟩ Horoskop n; **ställa ngns** ~ j-m das Horoskop stellen
hos [hus] PRÄP bei; neben; **sätt dig** ~ **mig!** setze dich zu mir!
hosta ['hʊsta] A ⟨-n; kein pl⟩ Husten m B VT, VI husten; hüsteln C VP ~ **'upp** (her)aushusten **hostanfall** S N, **hostattack** S Hustenanfall m **hostdämpande** ADJ hustenstillend
hostia ['hɔstia] ⟨-n; -or⟩ Hostie f
hostmedicin ['hʊstmedisiːn] S Hus-

tenmittel n **hostning** ⟨-en; -ar⟩ Husten n
hot [huːt] N ⟨-et; -⟩ Drohung f (**mot** gegen); Androhung f (**om** gen); drohende Gefahr (**mot** für); **hota** VT ⟨1⟩ drohen (dat), bedrohen (akk); ~ **ngn till livet** j-s Leben bedrohen, j-n zu töten drohen; **ett ~t läge** eine bedrohte Lage **hotande** ADJ drohend, bedrohlich **hotbild** S Feindbild n
hotell [huˈtɛl] N ⟨-et; -⟩ Hotel n, Gasthof m; **ta in på (ett)** ~ in einem Hotel absteigen; **bo på** ~ im Hotel wohnen **hotelldirektör** S Hoteldirektor(in) m(f) **hotellgäst** S Hotelgast m **hotellkedja** S Hotelkette f **hotellrum** S N Hotelzimmer n **hotellräkning** S Hotelrechnung f **hotellservice** S Hotelbedienung f **hotellägare** S Hotelbesitzer(in) m(f), Hotelier m
hotelse ['huːtɛlsə] ⟨-n; -r⟩ Drohung f **hotelsebrev** S N Drohbrief m **hotfull** ADJ drohend
hov[1] [huːv] ⟨-en; -ar⟩ ZOOL Huf m
hov[2] [hoːv] N ⟨-et; -⟩ Hof m; **vid ~et** bei/am Hofe **hovdam** S Hofdame f **hovdjur** ['huːvjuːr] N ⟨-et; -⟩ Huftier n **hovdräkt** ['hoːvdrɛkt] S Hoftracht f **hovkapell** S N Hofkapelle f **hovleverantör** S Hoflieferant m **hovman** S Höfling m **hovmarskalk** S Hofmarschall m **hovmästare** S Oberkellner(in) m(f) **hovnarr** S Hofnarr m **hovrätt** S Oberlandesgericht n
hovslagare ['huːvslaːɡarə] ⟨-n; -⟩ Hufschmied m **hovtång** S Kneifzange f, Beißzange f
hr ABK (= **herr**) Hr. (Herr)
ht ABK (= **hösttermin**) → **hösttermin**
hud [huːd] ⟨-en; -ar⟩ Haut f; Fell n; **få på ~en** scharf kritisiert werden; Prügel bekommen **hudcancer** S Hautkrebs m **hudflänga** VT ⟨2⟩ auspeitschen, stäupen; fig heruntermachen; geißeln **hudfärg** S Hautfarbe f **hudfärgad** ADJ hautfarben **hudkräm** S Hautcreme f **hudläkare** S Hautarzt m **hudsalva** S Hautsalbe f **hudsjukdom** S Hautkrankheit f **hudtransplantation** S MED Hauttransplantation f **hudutslag** S N Hautausschlag m **hudvård** S Hautpflege f
hugad ['hʉːɡad] ADJ ~e **spekulanter** pl Interessenten pl, Kauflustige pl

hugg [hɛg] N ⟨-et; -⟩ Hieb m, Streich m; Stich m **hugga** ⟨4⟩ A VT,VI hauen; hacken; **~ i sten** sich hereinfallen; umg sich schneiden; **det är hugget som stucket** das ist gehupft wie gesprungen (od Jacke wie Hose); **~ omkring sig** um sich (akk) hauen B V̄P **~ 'av** abhauen; **~ 'för sig** zugreifen; umg reinhauen; **~ 'i** zupacken; **~ 'in på ngn** auf j-n einhauen, loshauen; zulangen; **~ 'ner** niederhauen; **~ 'tag i** zu packen kriegen; **~ 'till** zuschlagen; beißen; fig einen zu hohen Preis verlangen; **~ 'till med ngt** mit etw (daher)kommen, etw vom Zaun(e) brechen; **~ 'till ngn** j-m einen Hieb versetzen; **~ 'till ordentligt** fig tüchtig aufschneiden; **~ 'till sig** an sich (akk) reißen **huggkubb(e)** S Hackklotz m, Hauklotz m **huggning** ⟨-en; -ar⟩ Hauen n; TECH Fällen n, Fällung f, (Ab-)Hieb m **huggorm** S Kreuzotter f **huggsexa** umg S ≈ Abfütterung f, Fressgelage n; fig ≈ eine Gelegenheit, von der jeder zu profitieren versucht

hugskott ['hʉːgskɔt] S N Einfall m
huj [hʊj] N ⟨inv⟩ **i ett ~** schwuppdiwupp
huk [hʉːk] ⟨inv⟩ **sitta på ~** hocken, kauern **huka** V̄R ⟨1⟩ **~ sig ner** sich ducken, sich niederkauern
huligan [hʊli'gaːn] ⟨-en; -er⟩ Rowdy m, Hooligan m
hull [hʉl] N ⟨-et; kein pl⟩ Fleisch n, Fett n; **lägga på ~et** Fett ansetzen, zunehmen; **leva på ~et** vom Fett zehren; **med ~ och hår** mit Haut und Haaren
huller ['hʉlər] ADV **~ om buller** drunter und drüber, kunterbunt (durcheinander)
hum [hʉm] N ⟨inv⟩ (inte) **ha (ett) ~ om ngt** von etw (k)eine Ahnung haben; **han har fått ~ om det** er hat davon Wind bekommen (od läuten hören)
human [hʉ'maːn] ADJ human, menschlich; **~a priser** humane Preise **humani'ora** PL Geisteswissenschaften pl **huma'nism** ⟨-en; kein pl⟩ Humanismus m **huma'nist** ⟨-en; -er⟩ Humanist(in) m(f) **huma'nistisk** ADJ humanistisch **humani'tet** ⟨-en; kein pl⟩ Humanität f, Menschlichkeit f **humani'tär** ADJ humanitär, menschenfreundlich

humbug ['hʉmbɵg] ⟨-en; -ar⟩ umg Humbug m, Schwindel m, Mumpitz m; Schwindler(in) m(f)
humla ['hʉmla] ⟨-n; -or⟩ Hummel f
humle ['hʉmlə] a. S ⟨-n/-t; kein pl⟩ Hopfen m
hummer ['hɵmər] ⟨-n; -ar⟩ Hummer m
humor ['hʉːmɔr] ⟨-n; kein pl⟩ Humor m **humo'rist** ⟨-en; -er⟩ Humorist(in) m(f); Spaßvogel m **humo'ristisk** ADJ humoristisch, humorvoll, spaßig
humus ['hʉːmʉs] ⟨-en; kein pl⟩ Humus m
humör [hʉ'møːr] N ⟨-et; -⟩ Laune f; **hålla ~et uppe** die Ohren steifhalten; für Stimmung sorgen; **på gott/dåligt ~** (bei) guter/schlechter Laune, gut/ schlecht gelaunt; **fatta ~** ärgerlich/wütend werden, hochgehen; **tappa ~et** den Mut verlieren; die gute Laune verlieren **humörsvängningar** PL Stimmungsschwankungen pl
hund [hɵnd] ⟨-en; -ar⟩ Hund m; MED **röda ~** Röteln pl; **här ligger en ~ begraven** umg an der Sache ist etwas faul; **slita ~** sich abschinden/abrackern **hundhuvud** S N fig **få bära ~et för ngn** die Sache für j-n ausbaden müssen **hundkex** S N Hundekuchen m **hundkoja** S Hundehütte f **hundkoppel** N Hundeleine f; Hundekoppel f, Hundemeute f **hundmat** S Hundefutter n
hundra ['hɵndra] NUM hundert; **ett ~** (ein)hundert; **~ om** hundert(und)ein; **några ~** einige Hundert; **en bland ~** einer unter Hunderten; **inte en på ~** nicht einer von hundert **hundrade** ['hɵndradə] A ADJ hundertste(r, s) B N ⟨-t; -n⟩ Hundert n **hundradel** S ⟨-t; -n⟩ Hundertstel n **hundrakronorssedel** S, **hundralapp** umg S Hundertkronenschein m, Hunderter m **hundraprocentig** ADJ hundertprozentig
hundras ['hɵndraːs] S Hunderasse f
hundratal ['hɵndraˌtɑːl] S N Hunderter m; **ett ~ människor** gegen hundert Menschen; **i ~** zu Hunderten **hundratals** ADV Hunderte von ...; zu Hunderten **hundratusentals** ADV Hunderttausende von ...; zu Hunderttausenden **hundraårig** ADJ hundertjährig **hundraåring** ⟨-en; -ar⟩ Hundertjährige(r) m/f(m) **hundraårsjubileum**

S N, **hundraårsminne** S N Hundertjahrfeier f
hundskall ['hɵndskal] S N Hundegebell n **hundskatt** S Hundesteuer f
hundsläde S Hundeschlitten m
hundvalp S junger Hund, Welpe m
hundväder umg S N Hundewetter n, Sauwetter n **hundår** PL schwere Jahre pl
hunger ['hɵŋər] ⟨-n; kein pl⟩ Hunger m **hungersnöd** S Hungersnot f **hungerstrejk** S Hungerstreik m **hungerstrejka** VI ⟨1⟩ im Hungerstreik sein **hungra** VI ⟨1⟩ hungern (efter nach) **hungrig** ADJ hungrig; vara ~ hungrig sein, Hunger haben
hunsa ['hɵnsa] VT ⟨1⟩ schikanieren
hur [hʉ:r] ADV wie; **eller ~?** nicht (wahr)?, wie?; **~ sa?** wie bitte?; **~ så?** wieso (denn)?; **~ än** wie auch; **~ som helst** wie Sie wollen, beliebig; wie dem auch sei; **~ står det till?** wie gehts?
hurdan PRON wie, was für ein(e); **~t väder är det?** was haben wir für ein Wetter?
hurra[1] ['hɵra] VI ⟨1⟩ „Hoch!" rufen; **~ för ngn** auf j-n ein Hoch ausbringen; **det är ingenting att ~ för** das ist nicht viel wert, damit ist kein Blumentopf zu gewinnen **hurra**[2] [hɵ'ra:] A INTER hurra, hoch B N ⟨-t; -n/-⟩ Hurra n, Hoch n, Vivat n (**för** auf akk) **hurrarop** S N Hurraruf m, Hochruf m
hurtfrisk ['hɵtfrisk] umg ADJ frisch-fröhlich; forsch **hurtig** ADJ hurtig, flink; frisch **hurtighet** ⟨-en; kein pl⟩ Hurtigkeit f, Flinkheit f; Frische f
hurts [hɵts] ⟨-en; -ar⟩ am Schreibtisch Seitenschränkchen n, Aktenschränkchen n
huruvida ['hʉ:rəvi:da] KONJ ob, inwiefern, inwieweit
hus [hʉ:s] N ⟨-et; -⟩ Haus n; **~ mot gatan** Vorderhaus n; **~ och hem** Haus und Hof; **var håller du ~?** wo steckst du denn?; fig **göra rent ~** reinen Tisch machen; **man gick man ur ~e** da blieb kein Einziger zu Hause **husbehov** S N **till ~** für den Hausgebrauch **husbil** S Wohnmobil n **husbåt** S Hausboot n **husdjur** S N Haustier n **hu'sera** VI ⟨1⟩ hausen **husesyn** S Hausbesichtigung f; **gå ~** das Haus besichtigen

husfrid S Hausfriede(n) m; umg **för ~ens skull** um des lieben Friedens willen **husgeråd** S N Hausrat m, Küchengeräte pl **hushåll** S N Haushalt(ung f) m, Wirtschaft f; **bilda eget ~** einen (eigenen) Hausstand gründen; **sköta ~et åt ngn** j-m den Haushalt/die Wirtschaft führen **hushålla** VI ⟨4⟩ wirtschaften, den Haushalt führen, fig haushalten **hushållning** ⟨-en; kein pl⟩ Haushaltung f, Wirtschaft f **hushållsarbete** S N Hausarbeit f **hushållsgöromål** PL häusliche Arbeiten pl **hushållskassa** S Haushaltskasse f **hushållsmaskin** S Haushaltsmaschine f **hushållsnära** ADJ **~ tjänster** haushaltsnahe Dienstleistungen **hushållspapper** S N Haushaltspapier n **hushållspengar** PL Haushaltsgeld n sg, Wirtschaftsgeld n sg **hushållssysslor** PL häusliche Arbeiten pl **hushållsvåg** S Haushaltswaage f, Küchenwaage f **huskur** S Kur f mit Hausmitteln **huslig** ADJ häuslich **husläkare** S Hausarzt m **husmanskost** S Hausmannskost f **husnummer** S N Hausnummer f **husnyckel** S Hausschlüssel m **husockupant** S Hausbesetzer m **husrum** S N umg Wohnung f, Unterkunft f, Obdach n, Bleibe f
husse ['hɵsə] ⟨-n; -ar⟩ Herrchen n
hustru ['hɵstrʉ] ⟨-n; -r⟩ (Ehe-)Frau f
husundersökning ['hʉ:s-] S Haussuchung f **husvagn** S Wohnwagen m **husvärd** S Hauswirt m **husägare** S Hausbesitzer m
hut [hʉ:t] ⟨inv⟩ **veta ~** sich schämen; **vet ~!** pfui, schäme dich!; **inte ha ngn ~ i kroppen** keine Scham im Leibe haben; **lära ngn veta ~** j-m Räson beibringen **huta** VI ⟨1⟩ **~ åt ngn** j-n anschnauzen **hutlös** ADJ unverschämt, schamlos
hutt [hɵt] ⟨-en; -ar⟩ umg Schnaps m, Schnäpschen n; umg **ta sig en ~** sich einen genehmigen, einen kippen
huttra ['hɵtra] VI ⟨1⟩ vor Kälte zittern, schlottern; umg bibbern
huv [hʉ:v] ⟨-en; -ar⟩ Haube f; Kappe f
huva ⟨-n; -or⟩ Haube f, Kappe f; Kapuze f
huvud- ['hʉ:vəd] IN ZSSGN Haupt-; Kopf-**huvud** N ⟨-et; -en⟩ Kopf m, Haupt n; **ha ~et på skaft** nicht auf den Kopf ge-

fallen sein; **ha ont i ~et** Kopfschmerzen haben; **hänga med ~et** den Kopf hängen lassen; **skaka på ~et** den Kopf schütteln; **slå sina kloka ~en ihop** beratschlagen, gemeinsam überlegen; **stiga åt ~et** zu Kopfe steigen; **stå på ~et** auf dem Kopf stehen; **tappa ~et** den Kopf verlieren; **träffa ~et på spiken** den Nagel auf den Kopf treffen; **upp med ~et!** Kopf hoch! **huvudbonad** ⓈKopfbedeckung f **huvudbry** N̄ ⟨-t; kein pl⟩ Kopfzerbrechen n **huvudbyggnad** ⓈHauptgebäude n **huvuddel** ⓈHauptteil m **huvuddrag** N̄ Grundzug m **huvudgata** ⓈHauptstraße f **huvudingång** ⓈHaupteingang m **huvudkontor** S̄N̄ Hauptgeschäftsstelle f, Zentrale f **huvudkudde** ⓈKopfkissen n **huvudkvarter** S̄ Hauptquartier n **huvudled** ⓈHauptverkehrsstraße f; Vorfahrtsstraße f **huvudlös** ADJ kopflos **huvudman** (Ober-)Haupt n; JUR Auftraggeber(in) m(f); Träger(in) m(f) **huvudmål** S̄N̄, **huvudmåltid** S̄ Hauptmahlzeit f **huvudnyckel** Ⓢ Hauptschlüssel m **huvudnäring** Ⓢ wichtigstes Gewerbe; Hauptnahrung f **huvudort** ⓈHauptort m **huvudpart** Ⓢ größter Teil (av ngt gen) **huvudperson** ⓈHauptperson f **huvudroll** ⓈHauptrolle f **huvudräkning** ⓈKopfrechnen n **huvudrätt** ⓈHauptgericht n, Hauptspeise f **huvudsak** ⓈHauptsache f; **i ~** im Wesentlichen **huvudsakligen** ADV hauptsächlich **huvudsats** ⓈGRAM Hauptsatz m **huvudspår** S̄N̄ kriminologisch heiße Spur **huvudstad** Ⓢ Hauptstadt f **huvudstupa** ADV kopfüber, Hals über Kopf **huvudsäte** S̄N̄ Hauptsitz m **huvudtema** S̄N̄ Hauptthema n **huvudvikt** ⓈHauptgewicht n; Kopfgewicht n **huvudväg** Ⓢ Hauptverkehrsstraße f **huvudvärk** Ⓢ Kopfschmerzen pl, Kopfweh n sg **huvudvärkstablett** ⓈKopfschmerztablette f **huvudämne** S̄N̄ Hauptfach n

hux [heks] ADV **~ flux** flugs, husch **hy** [hy:] ⟨-n; kein pl⟩ Haut f, Gesichtsfarbe f; Teint m
hyacint [hya'sint] Ⓢ BOT Hyazinthe f
hybridbil ['hy'bri:dbi:l] Ⓢ Hybridauto n **hybriddrift** Ⓢ Hybridantrieb m **hybridfordon** S̄N̄ Hybridfahrzeug n
hyckla ['hykla] V̄T̄, V̄Ī̄ ⟨1⟩ heucheln; **~ ngt för ngn** j-m etw vorheucheln **hycklande** ADJ heuchlerisch, scheinheilig **hycklare** ⟨-n; -⟩ Heuchler(in) m(f) **hyckle'ri** N̄ ⟨-t; kein pl⟩ Heuchelei f, Scheinheiligkeit f
hydda ⟨-n; -or⟩ Hütte f
hyd'raulisk [hy'drɑ:elisk] ADJ hydraulisch
hyena [hy'e:na] ⟨-n; -or⟩ Hyäne f
hyfs [hyfs] ⟨-en; kein pl⟩ Manieren pl, Schliff m; **få ~ på ngn** j-m Manieren beibringen **hyfsa** ⟨1⟩ Ⓐ V̄T̄ MATH reduzieren Ⓑ V̄/P̄ **~ 'till** zurechtstutzen; gesittet machen **hyfsad** ADJ angemessen; annehmbar; gesittet, wohlerzogen
hygge ['hygə] N̄ ⟨-t; -n⟩ (Holz-)Schlag m
hygglig ['hygli(g)] ADJ gefällig, freundlich, nett; artig; anständig; **det var ~t av dig** das ist nett von dir
hygien [hygi'e:n] ⟨-en; kein pl⟩ Hygiene f **hygienisk** ADJ hygienisch
hylla¹ ['hyla] V̄T̄ ⟨1⟩ huldigen (dat); feiern (ngn j-n)
hylla² ⟨-n; -or⟩ Regal n; Brett n; Fach n; THEAT **~n** der Olymp; fig **lägga på ~n** an den Nagel hängen
hyllning ['hylniŋ] ⟨-en; -ar⟩ Huldigung f
hylsa ['hylsa] ⟨-n; -or⟩ Hülse f
hymn [hymn] ⟨-en; -er⟩ Hymne f
hynda ['hynda] ⟨-n; -or⟩ Hündin f
hyperaktiv ['hy:pərak'ti:v] ADJ hyperaktiv, überaktiv **hyper'bolisk** ADJ hyperbolisch **hyperlänk** Ⓢ IT Hyperlink m **hypermodern** ADJ hypermodern **hypernervös** ADJ übernervös
hypnos [hyp'no:s] ⟨-en; -er⟩ Hypnose f **hypnoti'sera** V̄T̄ ⟨1⟩ hypnotisieren **hyp'notisk** ADJ hypnotisch **hypnoti'sör** ⟨-en; -er⟩ Hypnotiseur(in) m(f)
hypofys [hypɔ'fy:s] ⟨-en; -er⟩ ANAT Hypophyse f **hypo'kondriker** ⟨-n; -⟩ Hypochonder(in) m(f) **hypo'tek** N̄ ⟨-et; -⟩ Hypothek f **hypote'nusa** ⟨-n; -or⟩ Hypotenuse f **hypo'tes** ⟨-en; -er⟩ Hypothese f **hypo'tetisk** ADJ hypothetisch; zweifelhaft
hyra ['hy:ra] Ⓐ ⟨-n; -or⟩ Miete f; Heuer f; **ta ~** SCHIFF sich anheuern lassen Ⓑ V̄T̄ ⟨2⟩ mieten; Film ausleihen; **att ~**

hyrbil – hålla

zu vermieten; ~ **av** ngn bei j-m zur Miete wohnen; ~ **i** andra hand zur Untermiete wohnen C VP ⟨2⟩ ~ **'in sig hos** ngn sich bei j-m einmieten; ~ **'ut** vermieten **hyrbil** S Mietauto n **hyresbidrag** SN Mietzuschuss m **hyresgäst** S Mieter(in) m(f) **hyresgästförening** S Mieterschutzverein m **hyreshus** S Mietshaus n **hyreshöjning** S Mieterhöhung f **hyreskontrakt** SN Mietvertrag m **hyreslägenhet** S Mietwohnung f **hyresmarknad** S Wohnungsmarkt m **hyresnämnd** S Wohnungsamt n **hyresvärd** S Hauswirt(in) m(f), Vermieter(in) m(f)

hysa ['hy:sa] ⟨2⟩ A VT beherbergen, unterbringen; fig hegen B VP ~ **'in** einlogieren

hysch [hyʃ] INTER pst, pscht, still **hyscha** VT ~ „scht!"/„still!" rufen; ~ **åt** ngn j-n zur Ruhe ermahnen

hyss [hys] N ⟨-et; -⟩ **ha** ⟨ngt⟩ ~ **för sig** Unfug treiben

hyssja ['hysa, 'hyʃa] → hyscha

hysteri [hystə'ri:] ⟨-n; kein pl⟩ Hysterie f **hys'terisk** ADJ hysterisch

hytt [hyt] ⟨-en; -er⟩ Kabine f

hytta ⟨-n; -or⟩ TECH Hütte f

hyvel ['hy:vəl] ⟨-n; -ar⟩ Hobel m **hyvelbänk** S Hobelbank f **hyvelspån** N ⟨-et; -⟩ Hobelspäne m/pl **hyvla** ⟨1⟩ A VT hobeln B VP ~ **'av** abhobeln

håg [ho:g] ⟨-en; kein pl⟩ Sinn m, Lust f; **glad i** ~**en** frohen Herzens, wohlgemut; **slå ngt ur ~en** sich ⟨dat⟩ aus dem Sinn/Kopf schlagen **hågad** ADJ geneigt, gewillt, gelaunt **hågkomst** ⟨-en; -er⟩ Erinnerung f **håglös** ADJ unlustig, träge **håglöshet** ⟨-en; kein pl⟩ Unlust f, Trägheit f

hål [ho:l] N ⟨-et; -⟩ Loch n, Riss m; **det har gått ~ på** ngt etw hat Löcher/ein Loch; etw ist aufgegangen/aufgebrochen **håla** ⟨-n; -or⟩ Höhle f, Loch n; fig Nest n, Loch n **hålfot** S Fußwölbung f **hålfotsinlägg** SN Schuheinlage f **hålig** ADJ löcherig, durchlöchert **hålighet** ⟨-en; -er⟩ Hohlraum m; Höhlung f **hålkort** SN Lochkarte f

håll [hɔl] N ⟨-et; -⟩ Entfernung f, Abstand m; Seite f, Richtung f; JAGD Anstand m; MED ~ **(i sidan)** (Seiten-)Stechen n; **på långt ~** von Weitem;

på nära ~ aus der Nähe, nahe; **släkting på nära/långt ~** naher/entfernter Verwandter; **åt det ~et** nach der Richtung hin, dorthin; **åt alla ~** nach allen Seiten, überallhin; **åt annat ~** anderswohin; **åt motsatt ~** in entgegengesetzter Richtung; **åt var sitt ~** auseinander; **åt vilket ~** in welche(r) Richtung; **från annat ~** anderswoher, von anderer Seite; **på annat ~** anderswo; anderweitig; **på alla ~ och kanter** an allen Ecken und Enden; **på sina ~** stellenweise

hålla ['hɔla] ⟨4⟩ A VT halten (i in/an/ bei dat); abhalten; einhalten B VI (an)halten; ~ **på sin värdighet** auf seine Würde bedacht sein; ~ **i slantarna** sein Geld zusammenhalten; ~ **till höger** sich rechts halten; SPORT **jag håller på det svenska laget** ich bin für die schwedische Mannschaft C VR ~ **sig** sich halten; ~ **sig för god för något** es für unter seiner Würde halten; ~ **sig för skratt** sich ⟨dat⟩ das Lachen verbeißen; ~ **sig i skinnet** sich sehr beherrschen, ruhig bleiben; ~ **sig med** ngt sich ⟨dat⟩ etw halten; ~ **sig till saken** bei der Sache bleiben; ~ **sig väl med** ngn sich gut mit j-m stellen, es mit j-m nicht verderben D VP ~ **'av** gernhaben, lieben; ~ **'borta** fernhalten; ~ **sig 'borta** fernbleiben, sich fernhalten; ~ **'efter** ngn j-n streng halten, kurzhalten; umg j-m auf die Finger sehen; ~ **e'mot** Widerstand leisten; (ent)gegenhalten; ~ **'fast** festhalten (**vid** an dat); ~ **'fram** hinhalten; ausstrecken; ~ **sig 'framme** sich vordrängen; ~ **'för** vorhalten; zuhalten; ~ **'för ögonen/öronen** sich ⟨dat⟩ die Augen/Ohren zuhalten; ~ **'i** festhalten ⟨sig sich⟩; fig ~ **'i (sig)** anhalten, andauern, fortdauern, nicht nachlassen; ~ **i'gen** zuhalten; zurückhalten; ~ **i gång** umg feiern; ~ **i-'hop** zusammenhalten; ~ **'in** anhalten; ~ **'inne med** ngt mit etw zurückhalten; ~ **sig 'inne** im Haus(e) bleiben, das Zimmer hüten; ~ **i'sär** auseinanderhalten; ~ **'kvar** zurück(be)halten; ~ **'med** (ngn) (j-m) zustimmen; ~ **'med om** ngt etw gelten lassen; ~ **'nere** niederhalten, unterdrücken; ~ **'om** umfassen, umarmen; ~ **'på** Zeit (an)dauern; ~ **'på med** beschäftigt sein mit; gerade dabei

sein; ~ 'på att byggas im Bau sein; jag höll 'på att komma för sent ich wäre beinahe zu spät gekommen; ~ 'till sig aufhalten, stecken *umg*; ~ till'baka zurückhalten; ~ 'undan weghalten; ausweichen (för ngn j-m); ~ sig 'undan sich fernhalten, sich verstecken; ~ 'upp aufhalten; hochhalten, in die Höhe halten; aufhören, innehalten; ~ 'uppe aufrecht halten; sich über Wasser halten; ~ 'ut aushalten **hållare** ⟨-n; -⟩ Halter *m* **hållas** V/T ⟨dep 4⟩ låta ngn ~ j-n gewähren lassen; *umg* j-n machen lassen **hållbar** ADJ haltbar **hållbarhet** ⟨-en; kein pl⟩ Haltbarkeit *f*; Nachhaltigkeit *f* **hållbarhetsmärkning** S Haltbarkeitsangabe *f* **hållet** ADJ gehalten; helt och hållet ganz und gar, völlig, vollständig **hållfast** ADJ fest, haltbar; ~ mot tryck druckfest **hållfasthet** S Festigkeit *f*, Haltbarkeit *f* **hållhake** S TECH Krampe *f*; *fig* ha en ~ på ngn j-n in der Hand haben **hålligång** *umg* S ⟨-et; -⟩ wilde Fete *f*; här är alltid ~ hier ist immer was los **hållning** ⟨-en; -ar⟩ Haltung *f* **hållningslös** ADJ haltlos **hållplats** S Haltestelle *f* **hållpunkt** S Haltepunkt *m*
hålremsa ['hoːlrɛmsa] S Lochstreifen *m* **hålrum** S Aushöhlung *f* **hålslag** S̄N Locher *m* **håltimme** S̄ Schule Freistunde *f* **hålögd** ADJ hohläugig
hån [hoːn] N ⟨-et; kein pl⟩ Hohn *m* (mot auf akk) **håna** V/T ⟨1⟩ (ver)höhnen, (ver)spotten **hånflin** S höhnisches Grinsen **hånfull** ADJ höhnisch **hångel** ['hɔŋəl] *umg* N ⟨-et; kein pl⟩ Geknutsche *n*, Gefummel *n* **hångla** *umg* V/I ⟨1⟩ knutschen, fummeln **hånle** ['hoːnleː] V/I ⟨4⟩ hohnlächeln (åt über akk) **hånleende** S Hohnlächeln *n* **hånskratt** S̄N Hohngelächter *n* **hånskratta** V/I ⟨1⟩ hohnlachen (åt über akk)
hår [hoːr] N ⟨-et; -⟩ Haar *n*; koll a. Haare pl; *fig* på ~et aufs Haar; *fig* hänga på ett ~ an einem Haar hängen; klippa ~et sich die Haare schneiden lassen **håra** V/R ⟨1⟩ ~ 'av sig haaren; ~ 'ner vollhaaren **håravfall** S̄N Haarausfall *m* **hårbalsam** S̄N Pflegespülung *f* **hårband** S̄N Haarband *n* **hårborste** S̄ Haarbürste *f* **hårborttagningsmedel** S̄N Haarentferner *m* **hårbotten** S̄ Kopfhaut *f*
hård [hoːɖ] ADJ hart; fest, stramm; stark, streng; schwer; vara ~ i magen an Verstopfung leiden; man sätter hårt mot hårt es kommt hart auf hart **hårddisk** S̄ COMPUT Festplatte *f* **hårddiskenhet** S̄ COMPUT Festplattenlaufwerk *n* **hårdfrusen** ADJ hart gefroren **hårdhandskar** PL ta i med ~na streng verfahren, energisch durchgreifen; *umg* andere Seiten aufziehen **hårdhet** ⟨-en; kein pl⟩ Härte *f* **hårdhjärtad** ADJ hartherzig **hårhudad** ADJ dickhäutig, dickfellig **hårdhänt** ADJ hart, grob, unzart **hårding** ⟨-en; -ar⟩ harter Bursche **hårdkokt** ADJ hart gekocht, hart gesotten; *fig* kaltschnäuzig, hartgesotten **hårdna** V/I ⟨1⟩ hart werden; *fig* sich verhärten; sich versteifen **hårdnackad** ADJ hartnäckig; *umg* stur **hårdrock** S̄ Hardrock *m* **hårdsmält** ADJ schwer verdaulich **hårdträning** S̄ intensives Training **hårdvaluta** S̄ WIRTSCH harte Währung **hårdvara** S̄ IT Hardware *f*
hårfin ['hoːrfiːn] ADJ haarfein, haarklein, haarscharf **hårfläta** S̄ Haarflechte *f*, Zopf *m* **hårfrisör** S̄ Friseur *m* **hårfrisörska** S̄ Friseuse *f* **hårfärg** S̄ Haarfarbe *f* **hårfäste** S̄N Haaransatz *m*; rodna upp till ~t bis über die Ohren rot werden **hårfön** S̄ Haartrockner *m*, Föhn *m* **hårgéle** N̄ Haargel *n* **hårig** ADJ haarig, behaart **hårklippning** S̄ Haarschneiden *n* **hårklyveri** N ⟨-et; -er⟩ Haarspalterei *f*, Wortklauberei *f*, Tüftelei *f* **hårmousse** S̄ Schaumfestiger *m* **hårnål** S̄ Haarnadel *f* **hårnät** S̄N Haarnetz *n* **hårresande** ADJ haarsträubend **hårschampo** S̄N Shampoo *n* **hårslinga** S̄ Haarsträhne *f* **hårsmån** S̄ Haaresbreite *f*; en ~ um Haaresbreite **hårspray** S̄, **hårsprej** S̄ Haarspray *m* od *n* **hårspänne** S̄N Haarspange *f* **hårstrå** S̄N Haar *n* **hårtest** ⟨-en; -ar⟩ Haarsträhne *f* **hårtofs** S̄ Haarbüschel *n* **hårtork** ⟨-en; -ar⟩ Haartrockner *m*, Föhn *m* **hårtvätten** S̄ Haarwäsche *f* **hårvatten** S̄N Haarwasser *n* **hårväxt** S̄ Haarwuchs *m*
håv [hoːv] ⟨-en; -ar⟩ Kescher *m*; Klin-

gelbeutel m **håva** VP ⟨1⟩ ~ 'in einheimsen, einstreichen; ~ 'upp aus dem Wasser ziehen, heraufholen
häck [hɛk] ⟨-en; -ar⟩ Hecke f; Spalier n; Raufe f; Hintern m; SPORT Hürde f
häcka ['hɛka] VI ⟨1⟩ hecken, brüten; umg hocken
häckla ['hɛkla] A ⟨-n; -or⟩ Hechel f B VT ⟨1⟩ hecheln; fig (be)krittteln, bemäkeln
häcklöpare ['hɛkløːparə] S Hürdenläufer(in) m(f) **häcklöpning** S Hürdenlauf m
häckning ['hɛknɪŋ] ⟨-en; -ar⟩ Hecken n, Brüten n
häda ['hɛːda] VT, VI ⟨1⟩ lästern, schmähen
hädanefter ['hɛːdanɛftər] ADV von jetzt an, künftig, fortan
hädare ['hɛːdarə] ⟨-n; -⟩ Lästerer m, Spötter m **hädelse** ⟨-n; -r⟩ Lästerung f **hädisk** ADJ (gottes)lästerlich, spöttisch
häfta ['hɛfta] ⟨1⟩ A VT heften; ~d geheftet, broschiert B VI haften C VP ~ 'fast anheften (vid an akk); ~ i'hop zusammenheften; ~ 'in einheften **häftapparat** S Hefter m, Tacker m **häfte** N ⟨-t; -n⟩ Heft n
häftig ['hɛfti(g)] ADJ heftig; hitzig; umg stark, fetzig **häftighet** ⟨-en; kein pl⟩ Heftigkeit f
häftstift ['hɛftstɪft] S N Reißzwecke f, Reißnagel m
häger ['hɛːgər] ⟨-n; -ar⟩ Reiher m
hägg [hɛg] ⟨-en; -ar⟩ Traubenkirsche f **hägra** ['hɛːgra] VI ⟨1⟩ sich in der Luft spiegeln; ~ för ngn j-m vorschweben **hägring** ⟨-en; -ar⟩ Luftspiegelung f; fig Vorspieg(el)ung f, Täuschung f
häkta ['hɛkta] ⟨1⟩ A ⟨-n; -or⟩ Haken m, Häkchen n B VT ⟨1⟩ einhaken; verhaften, festnehmen C VP ⟨1⟩ ~ 'av abhaken; ~ i'hop zuhaken; ~ 'upp aufhaken **häktad** ADJ verhaftet **häkte** N ⟨-t; -n⟩ Haft f, Arrest m **häktning** ⟨-en; -ar⟩ Verhaftung f **häktningsorder** S Haftbefehl m, Steckbrief m; utfärda ~ mot ngn einen Haftbefehl gegen j-n erlassen, j-n steckbrieflich verfolgen
häl [hɛːl] ⟨-en; -ar⟩ Ferse f, Hacken m; följa ngn i ~arna j-m auf Schritt und Tritt folgen, j-m auf den Fersen sein
hälare ['hɛːlarə] ⟨-n; -⟩ JUR Hehler(in) m(f) **häle'ri** N ⟨-et; kein pl⟩ Hehlerei f

hälft [hɛlft] ⟨-en; -er⟩ Hälfte f; ~en så stor halb so groß; till ~en halb (und halb), zur Hälfte; äkta ~ Ehehälfte f
häll [hɛl] ⟨-en; -ar⟩ (Stein-, Felsen-)Platte f
hälla¹ ['hɛla] ⟨-n; -or⟩ an der Hose Steg m
hälla² ⟨2⟩ A VT gießen; schütten B VP ~ 'av abgießen; ~ 'i eingießen; ~ 'på zugießen; ~ 'upp eingießen; ~ 'ur/'ut ausgießen; ~ 'över übergießen
hälleflundra ['hɛləflʊndra] S Heilbutt m
hällregn ['hɛlrɛŋn] S N Platzregen m **hällregna** VI UNPERS ⟨1⟩ in Strömen gießen
hällristning ['hɛlrɪstnɪŋ] ⟨-en; -ar⟩ Fels(en)zeichnung f
hälsa¹ ['hɛlsa] ⟨-n; kein pl⟩ Gesundheit f; Wellness f; ha ~n gesund sein
hälsa² ⟨1⟩ A VT, VI grüßen; begrüßen; ~ god dag Guten Tag sagen; ~ från ngn von j-m Grüße bestellen; ~ så mycket! bitte liebe Grüße ausrichten!; ~ ngn välkommen j-n willkommen heißen; han ~r och frågar er lässt fragen; då kan han ~ hem dann ist er aufgeschmissen; få ngn att (be)grüßen B VP ~ 'på ngn j-n besuchen **hälsning** ⟨-en; -ar⟩ Gruß m; Empfehlung f; framföra en ~ einen Gruß ausrichten/bestellen; (med) vänliga ~ar mit freundlichen Grüßen **hälsningstal** S N Begrüßungsansprache f, Begrüßungsrede f
hälsobrunn ['hɛlsʊbrʊn] S Heilquelle f, Kurort m **hälsodryck** S Heiltrank m **hälsofarlig** ADJ gesundheitsgefährdend, ungesund **hälsohem** S N ≈ Erholungsheim n **hälsokontroll** S Vorsorgeuntersuchung f **hälsokost** S Reformkost f **hälsokostbutik** S Reformhaus n **hälsoskäl** S N av ~ aus gesundheitlichen Gründen, gesundheitshalber **hälsotillstånd** S N Gesundheitszustand m **hälsovådlig** ADJ gesundheitsschädlich, ungesund **hälsovård** S Gesundheitspflege f **hälsovårdsnämnd** S Gesundheitsamt n, Gesundheitsbehörde f
hämma ['hɛma] VT ⟨1⟩ hemmen, auf-

halten; ~ **blodflödet** das Blut stillen
hämnas ['hɛmnas] ⟨VI⟩ ⟨dep 1⟩ (sich) rächen (**på ngn** an j-m), (**för** für, wegen)
hämnd ⟨-en; kein pl⟩ Rache f
hämndaktion S Racheakt m
hämndbegär SN Rachsucht f, Rachgier f **hämndgirig** ADJ rachsüchtig, rachgierig **hämndlysten** ADJ rachsüchtig **hämndlystnad** S Rachsucht f
hämning ['hɛmniŋ] ⟨-en; -ar⟩ Hemmung f **hämningslös** ADJ hemmungslos
hämta ['hɛmta] ⟨1⟩ **A** VT (ab)holen; ~ **ngt åt ngn** j-m etw bringen; ~ **andan** Atem schöpfen/holen **B** VR ~ **sig** sich erholen (**från** von) **hämtmat** S Essen zum Mitnehmen Take-away n od m
hämtning ⟨-en; -ar⟩ Abholung f, Abholen n **hämtpris** SN Abholpreis m
hän [hɛːn] ADV hin
hända ['hɛnda] ⟨2⟩ geschehen, vorkommen, vorfallen; sich ereignen; zustoßen; umg passieren; **sådant händer** das kommt schon vor, so was gibts; **det kan nog** ~ mag sein; **det må vara hänt!** meinetwegen! **händelse** ⟨-n; -r⟩ Ereignis n; Begebenheit f; Vorgang m, Vorfall m; Fall m; Zufall m; **av en** ~ zufällig(erweise); **för den** ~, **i** ~ **att** falls, im Falle (dass); **i** ~ **av krig im Falle** eines Krieges, im Kriegsfalle; **i alla** ~**r** auf jeden Fall, auf alle Fälle **händelseförlopp** SN Verlauf m **händelselös** ADJ ereignislos **händelserik** ADJ ereignisreich **händelsevis** ADV zufällig(erweise), ungefähr
händig ['hɛndi(g)] ADJ gewandt, geschickt; handlich
hänföra ['hɛːnfœːra] ⟨2⟩ **A** VT rechnen, zählen (**till zu**); beziehen (**till auf** akk); fig begeistern, hinreißen, entzücken **B** VR ~ **sig** sich beziehen (**till auf** akk) **hänförande** ADJ entzückend, hinreißend **hänförelse** ⟨-n; kein pl⟩ Begeisterung f; Entzücken n
hänga ['hɛŋa] ⟨2⟩ **A** VT hängen (**på** an akk); aufhängen; ~ **med huvudet** den Kopf hängen lassen; ~ **läpp** umg maulen **B** VI hängen (**på/i/vid** an dat); **stå och** ~ müßig herumstehen; umg herumlungern; (**på krogen** in der Kneipe herumsitzen **C** VR ~ **sig** sich aufhängen, sich erhängen **D** VP ~ '**efter** nachwirken, zurückbleiben; ~ '**efter ngn** sich j-m aufdrängen, sich an j-n hängen; ~ '**för** (da)vorhängen; ~ '**i** nicht nachlassen, durchhalten; ~ **i'hop** zusammenhängen; zusammenhalten; ~ '**kvar** hängen bleiben; noch (dort) hängen; ~ '**med** mithalten; mitkommen; umg mitmachen; ~ '**upp** aufhängen; ~ '**upp sig på småsaker** sich über Kleinigkeiten aufregen; ~ '**ut** heraushängen **hängande** ADJ hängend; **löst** ~ baumelnd; schlotterig; **bli** ~ hängen bleiben **hängare** ⟨-n; -⟩ Aufhänger m; Kleiderhaken m; Halter m **hängbjörk** S Hängebirke f **hängbro** S Hängebrücke f **hänge**[1] ⟨-t; -n⟩ BOT Kätzchen n
hänge[2] ['hɛŋːe] ⟨4⟩ ~ **sig** sich hingeben; sich ergeben (**åt** dat); sich ergeben (**åt in** dat)
hängig umg ADJ kränklich; schlapp
hängivelse ['hɛŋːiːvəlsə] ⟨-n; kein pl⟩ Hingabe f **hängiven** ADJ ergeben, zugetan **hängivenhet** ⟨-en; kein pl⟩ Hingabe f, Hingebung f; Ergebenheit f **hänglås** ['hɛŋlɔːs] N ⟨-et; -⟩ Vorhängeschloss n **hängmatta** S Hängematte f **hängning** ⟨-en; -ar⟩ Hängen n; Henken n **hängsle** N ⟨-t; -n⟩ Hosenträger m **hängväxt** S Hängepflanze f
hänrycka ['hɛːnryka] ⟨2⟩ hinreißen, begeistern **hänryckning** S Begeisterung f, Entzücken n; Verzückung f **hänseende** N ⟨-t; -n⟩ Hinsicht f, Beziehung f; **i alla** ~**n** in jeder Hinsicht/Beziehung **hänsyfta** VI ⟨1⟩ anspielen (**på auf** akk); andeuten (**på ngt** etw) **hänsyftning** S Anspielung f; Andeutung f
hänsyn ['hɛnsyːn] S Rücksicht f, Berücksichtigung f; **ta** ~ **till** berücksichtigen (akk), Rücksicht nehmen auf (akk); **med** ~ **till** im Hinblick auf (akk), in Anbetracht (gen) **hänsynsfull** ADJ rücksichtsvoll **hänsynslös** ADJ rücksichtslos **hänsynslöshet** ⟨-en; kein pl⟩ Rücksichtslosigkeit f **hänsynstagande** N ⟨-t; -n⟩ Rücksichtnahme f, Berücksichtigung f
hänvisa ['hɛːnviːsa] VT ⟨1⟩ hinweisen, verweisen (**till auf** akk); **vara** ~**d till** angewiesen sein auf (akk) **hänvisning** S Hinweis m **hänvändelse** ⟨-n; -r⟩ Ersuchen n, Antrag m, Eingabe f (**till**

an *akk*); Anfrage *f* (till bei)
häpen ['hɛːpən] ADJ erstaunt, verblüfft; bestürzt, betroffen, betreten **häpna** VI ⟨1⟩ staunen; bestürzt sein, betreten sein **häpnad** ⟨-en; kein pl⟩ Erstaunen *n*, Verblüffung *f*; Bestürzung *f*, Betretenheit *f*, Betroffenheit *f*; **slå ngn med ~** j-n in Erstaunen setzen; **väcka ~** (Er-)Staunen erregen; **stum av ~** stumm vor Staunen **häpnadsväckande** ADJ staunenerregend, erstaunlich

här¹ [hæːr] ⟨-en; -ar⟩ Heer *n*

här² ADV hier, da; **är (det) ngn ~?** ist jemand da?; **~ och där** hier und da; **~ borta** hier; **~ i landet** hierzulande; **~ inne/ute** hier drinnen/draußen **härav** ADV hiervon, hieraus

härbärge ['hæːrbærjə] N ⟨-t; -n⟩ Herberge *f* **härbärg'era** VT ⟨1⟩ beherbergen

härd [hæːd] ⟨-en; -ar⟩ *fig* Herd *m*, *a.* Brutstätte *f*

härda ['hæːda] ⟨1⟩ A VT härten, hart machen; *fig* abhärten (**mot** gegen) B VP **~ 'ut (med)** aushalten, ertragen **härdig** ADJ abgehärtet, unempfindlich **härdighet** ⟨-en; kein pl⟩ Widerstandsfähigkeit *f* (**mot** gegen) **härdsmälta** S Kernschmelze *f*

härefter ['hæːreftər] ADV von nun an, hiernach, später **häribland** ADV hierunter, dazwischen **härifrån** ADV von hier (an) **härigenom** ADV hierdurch, dadurch **härinne** ADV hier drinnen **härintill** ADV hierneben; **alldeles ~** dicht nebenan

härja ['hærja] ⟨1⟩ A VT verheeren, verwüsten B VI wüten, Verwüstungen anrichten **härjad** *fig* verlebt; vergrämt; verfallen **härjning** ⟨-en; -ar⟩ Verheerung *f*, Verwüstung *f*

härkomst ⟨-en; -er⟩ Herkunft *f*, Abstammung *f* **härleda** VT ⟨2⟩ herleiten, ableiten **härledning** S Herleitung *f*, Ableitung *f*

härlig ['hæːl(i)g] ADJ herrlich **härlighet** ⟨-en; -er⟩ Herrlichkeit *f*; *umg iron* **hela ~en** der ganze Krempel/Kram

härma ['hærma] VT ⟨1⟩ nachahmen, nachmachen

härmed ['hæːrmeːd] ADV hiermit; hierdurch

häromdagen [hæːrɔmˈdaːgən] ADV neulich, dieser Tage **häromkring** ADV hier in der Nähe, hierherum **häromkväll** ADV neulich Abend, neulich abends **häromnatten** ADV neulich Nacht, neulich nachts **häromsistens** ADV neulich **häromåret** ADV vor einigen (*od* ein paar) Jahren

härröra ['hæːˌrœːra] VI ⟨2⟩ herrühren (av/från von)

härs [hæʂ] ADV **~ och tvärs** kreuz und quer

härska ['hæʂka] VI ⟨1⟩ herrschen (**över** über *akk*); walten; vorherrschen **härskande** ADJ (vor)herrschend

härskare ⟨-n; -⟩ Herrscher(in) *m(f)*, Gebieter(in) *m(f)* **härskarinna** ⟨-n; -or⟩ Herrscherin *f*, Gebieterin *f*

härsken ['hæʂkən] ADJ ranzig **härsklysten** ['hæʂklystən] ADJ herrschsüchtig **härsklystnad** S Herrschsucht *f*

härskna ['hæʂkna] VI ⟨1⟩ ranzig werden

härstamma ['hæːˌstama] VI ⟨1⟩ (her-, ab)stammen (**från** von, aus) **härstamning** S Abstammung *f*, Herkunft *f* **härtill** ADV hierzu, dazu **härur** ADV hieraus, daraus **härutöver** ADV darüber hinaus

härva ['hærva] ⟨-n; -or⟩ *fig* Strähne *f*, Strang *m*, Durcheinander *n*, Wirrwarr *m*

härvid ['hæːrviːd] ADV hierbei, dabei **härvidlag** ADV dabei, in diesem Fall(e), hierbei **häråt** ADV hierher, hierüber **häröver** ADV hierüber

häst [hɛst] ⟨-en; -ar⟩ Pferd *n*, Ross *n*; *Schach* Springer *m*; **till ~** zu Pferde; *fig* **sätta sig på sina höga ~ar** sich aufs hohe Ross setzen **hästavel** S Pferdezucht *f* **hästhandlare** S Pferdehändler(in) *m(f)* **hästhov** S Pferdehuf *m* **hästhovsört** S BOT Huflattich *m* **hästkapplöpning** S Pferderennen *n* **hästkastanj(e)** S Rosskastanie *f* **hästkraft** S TECH Pferdestärke *f* **hästkur** *fig* S Pferdekur *f* **hästkött** S N Pferdefleisch *n* **hästlängd** S SPORT Pferdelänge *f* **hästminne** *fig umg* S N Gedächtnis *n* wie ein Pferd **hästras** S Pferderasse *f* **hästskjuts** S Fuhrwerk *n* **hästsko** S Hufeisen *n* **hästskoformad** ADJ hufeisenförmig

hästsvans [S] *a. Frisur* Pferdeschwanz *m* **hästuppfödare** [S] Pferdezüchter(in) *m(f)* **hästuppfödning** [S] Pferdezucht *f*

hätsk [hɛtsk] [ADJ] gehässig, feindselig **hätskhet** ⟨-en; kein pl⟩ Gehässigkeit *f*, Feindseligkeit *f*

hätta [ˈhɛta] ⟨-n; -or⟩ Kapuze *f*; Kappe *f*

häva [ˈhɛːva] ⟨2⟩ [A] [V/T] heben; *umg* schmeißen; *fig* beheben; rückgängig machen [B] [V/R] **~ sig** sich heben; *See* hochgehen [C] [V/P] **~ 'i sig** *umg* vertilgen, in sich hineinstopfen; **~ 'undan** wegwälzen; **~ 'ur sig** ausstoßen, herausplatzen mit; **~ 'ut** hinausschmeißen

hävd [hɛvd] ⟨-en; -er⟩ Herkommen *n*, Brauch *m*; JUR Ersitzung *f*; **~er** *pl* Geschichte *f*, Annalen *pl*, Jahrbücher *n/pl*

hävda [ˈhɛvda] ⟨1⟩ [A] [V/T] behaupten, wahren, geltend machen [B] [V/R] **~ sig** sich behaupten

hävert [ˈhɛːvət] ⟨-en; -ar⟩ Heber *m* **hävning** ⟨-en; -ar⟩ Aufhebung *f* **hävstång** [S] Hebel *m*

häxa [ˈhɛksa] ⟨-n; -or⟩ Hexe *f* **häxe'ri** [N] ⟨-et; -er⟩ Hexerei *f* **häxjakt** [S] Hexenjagd *f* **häxmästare** [S] Hexenmeister *m* **häxprocess** [S] Hexenprozess *m*

hö [høː] [N] ⟨-t; kein pl⟩ Heu *n* **höbärgning** [S] Heuernte *f* **höfeber** [S] MED Heuschnupfen *m*, Heufieber *n*

höft¹ [hœft] ⟨-en; -er⟩ Hüfte *f*

höft² ⟨-en; kein pl⟩ **på en ~** aufs Geratewohl; von ungefähr **höfta** *umg* [V/T, V/I] ⟨1⟩ grob einschätzen

höftben [S N] Hüftbein *n* **höftled** [S] Hüftgelenk *n*

hög [høːg] [A] [ADJ] hoch; laut; *fig* high; **det är ~ tid** es ist höchste Zeit; **~t begåvad** hochbegabt; **älska ~t** innig lieben; **fem man ~t** fünf Mann hoch; **läsa ~t för ngn** j-m vorlesen [B] ⟨-en; -ar⟩ Haufen *m*; Hügel *m*; Stoß *m*; **lägga i/på ~** aufhäufen; **lägga pengar på ~** Geld auf die hohe Kante legen; **samla på ~** horten; **ta ett exempel ur ~en** ein beliebiges Beispiel herausgreifen; *umg fig* **hela ~en** die ganze Bande

högaffel [ˈhøːgafəl] [S] Heugabel *f*

högakta [ˈhøːgakta] [V/T] ⟨1⟩ hoch achten **högaktiv** [ADJ] hoch aktiv; **~t avfall** hoch radioaktiver Müll **högaktning** [S] Hochachtung *f* **högaktningsfull** [ADJ] hochachtungsvoll **högaktuell** [ADJ] topaktuell, hochaktuell **högaltare** [S N] Hochaltar *m* **högavlönad** [ADJ] hoch bezahlt, viel verdienend; Großverdiener *m* **högborg** *fig* [S] Hochburg *f* **högburen** [ADJ] hoch erhoben **högdjur** [S N] Hochwild *n*; *koll* Prominenz *f*; *fig* hohes Tier **högdragen** [ADJ] hochmütig; *umg* hochnäsig **högdragenhet** ⟨-en; kein pl⟩ *umg* Hochmut *m*, Hochnäsigkeit *f*, Dünkel *m*

höger [ˈhøːgər] [A] [ADJ] rechte(r, s); **till ~** rechts (**om** von), zur Rechten; **åt ~** nach rechts, rechtsherum; **köra till ~**, **svänga ~** rechts abbiegen; **~ hand** Rechte *f*; **nere/uppe till ~** unten/oben rechts; **på min högra sida** zu meiner Rechten [B] ⟨-n; kein pl⟩ PARL, *a. Boxen* Rechte *f* **högerback** [S] SPORT rechte(r) Verteidiger(in) *m/f(m)* **högerextremist** ⟨-en; -er⟩ Rechtsextremist(in) *m(f)* **högerfil** [S] rechte Fahrbahn/Spur *f* **högerflygel** *fig* [S] rechter Flügel *m* **högerhand** [S] **~en** die rechte Hand, die Rechte **högerhänt** [ADJ] rechtshändig; **vara ~** *a.* Rechtshänder sein **högerorienterad** [ADJ] POL rechtsorientiert **högerparti** [S N] PARL Rechtspartei *f* **högerregel** [S] *Verkehr* **här gäller ~n** hier hat rechts Vorfahrt **högersväng** [S] Rechtswendung *f*, Rechtsdrehung *f*, Rechtskurve *f* **högertrafik** [S] Rechtsverkehr *m* **högervriden** [ADJ] POL rechtslastig

högfjäll [ˈhøːgfjɛl] [S N] Hochgebirge *n* **högform** [S] **vara i ~** *umg* in Hochform sein **högfrekvent** [ADJ] hochfrequent **högfärd** [S] Hochmut *m*; Dünkel *m* **högfärdig** [ADJ] hochmütig, dünkelhaft, überheblich **högförräderi** [S N] Hochverrat *m* **högglans** [S] Hochglanz *m* **höggradig** [ADJ] hochgradig **höghalsad** [ADJ] *Kleid* hochgeschlossen, hoch am Hals **höghastighetståg** [S N] Hochgeschwindigkeitszug *m* **höghet** ⟨-en; -er⟩ Hoheit *f*; **Ers ~** Eure Hoheit **höghus** [S N] Hochhaus *n* **höginkomsttagare** [S] Besserverdienende(r) *m/f(m)* **högkant** [S] **ställa på ~** hochkant stellen **högklackad** [ADJ] mit hohen Absätzen **högkonjunktur** [S] Hochkonjunktur *f* **högkvarter** [S N] Hauptquartier *n* **högland** [S N] Hochland *n*, Oberland *n* **högljudd** [ADJ] laut;

alltför ~ überlaut **högläsning** S Vorlesen n **högmod** S N Hochmut m **högmodern** ADJ hochmodern **högmodig** ADJ hochmütig, dünkelhaft **högmässa** S Hauptgottesdienst m; REL **högoktanig** S **högoktanig** hochoktanig **högplatå** S Hochebene f **högprosa** S gehobener Stil **högre** ‹komp von → hög› höher; lauter **högrest** ADJ stattlich, hoch(gewachsen) **högröstad** ADJ laut **högskola** S Hochschule f **högskoleutbildning** S Hochschulbildung f **högslätt** Hochebene f **högsommar** S Hochsommer m **högspänning(sledning)** S Hochspannung f, Hochspannungsleitung f **högst** [hø:kst] ADV am höchsten; höchstens; höchst **högsta** ADJ höchste(r, s); **~anbudet** das Höchstgebot; **Högsta domstolen** der Oberste Gerichtshof; der Bundesgerichtshof; **i ~grad** im höchsten Grad **högstadium** S N *Schulform für die Klassen 7-9 (Oberstufe der schwedischen Grundschule)* **högstbjudande** S N Höchstbietende(r) m/f(m) **högstämd** ADJ hochgestimmt; erhaben, feierlich **högsäsong** S Hochsaison f **högsäte** S N Ehrenplatz m; Hochsitz m; fig Hochburg f **högtalare** S Lautsprecher m **högtflygande** ['høkt-] hochfliegend; **ha ~ planer** hochfliegende Pläne haben **högtid** ['høkti:d, hø:g-] S Fest n, Feier f **högtidlig** ADJ festlich, feierlich **högtidlighet** ‹-en; -er› Festlichkeit f, Feierlichkeit f **högtidlighålla** VT ‹4› feiern, festlich begehen **högtidsdag** S Festtag m, Feiertag m, Ehrentag m **högtidsdräkt** S Gala f, Festgewand n; Abendanzug m, Gesellschaftsanzug m **högtravande** ADJ hochtrabend **högtryck** S N Hochdruck m; *Wetter* Hoch n; **för ~** mit Hochdruck **högtstående** [høkt-] ADJ hochstehend **högtysk** ADJ hochdeutsch **Högtyska** S Hochdeutsch n **högutbildad** ADJ mit akademischer Ausbildung **högvakt** S Hauptwache f **högvarv** S N **få ~** mit großer Energie **högvatten** S N Hochwasser n **högvilt** S Hochwild n **högväxt** S hochgewachsen

höja ['høja] VT ‹2› (er)heben; erhöhen; **~ rösten** seine Stimme erheben; die Stimme heben **höjd** ‹-en; -er› Höhe f; Anhöhe f, Hügel m; **på sin ~** höchstens; **det är då ~en!** das ist (doch) die Höhe! **höjdare** ‹-n; -› *Person* hohes Tier n **höjdhopp** S N Hochsprung m **höjdhoppare** S Hochspringer m **höjdled** S **i ~** in senkrechter Richtung **höjdpunkt** S Höhepunkt m, Gipfel m **höjdrekord** S N Höhenrekord m **höjdskillnad** S Höhenunterschied m **höjdskräck** S Höhenangst f **höjning** ‹-en; -ar› (Er-)Hebung f; Erhöhung f

hök [hø:k] ‹-en; -ar› Habicht m **hölada** ['hø:la:da] S Scheune f **hölass** S N Heuwagen m, Heufuhre f **hölja** ['hølja] ‹2› A VT bedecken, einhüllen; fig **höljd i dunkel** in Dunkel gehüllt B VP **~ 'över** zudecken **hölje** N ‹-t; -n› Decke f; Hülle f, Umhüllung f **hölster** ['hølstər] N ‹-et; -› Halfter f, Pistolentasche f; BOT Blütenscheide f **höna** ['hø:na] ‹-n; -or› Henne f, Huhn n; fig dumme Gans **höns** [høns] N ‹-et; -› Huhn n; koll Hühner pl; bilgs **~et** die Hauptperson; der/die Chef(in) **hönsavel** S Hühnerzucht f **hönsbuljong** S Hühnerbouillon f, Hühnerbrühe f **hönsfarm** S Hühnerfarm f **hönsgård** S Hühnerhof m **hönshjärna** S fig **hon är en riktig ~** sie hat Stroh im Kopf **hönshus** S N Hühnerstall m **hönsnät** S N Maschendraht m, Drahtgeflecht n **hönsägg** S N Hühnerei n

höra[1] ['hœ:ra] ‹2› A Vi gehören; **det ~ inte till saken** das gehört nicht zur Sache B VP **~ 'dit** (da)hingehören; 'hemma beheimatet sein; hingehören; **~ 'hit** (hier)hergehören; **~ i'hop** zusammengehören; **~ 'till** dazugehören
höra[2] ‹2› A VT, VI hören (av/från von), (om über akk); **~ talas om ngt** von etw (reden) hören; **det hörs bra** es hört sich gut, es ist gut zu hören; **det hörs att han ... man hört** ihm an, dass er ...; **~ dåligt** schwerhörig sein; **~ vittnen** Zeugen vernehmen; **~ på** ngn auf j-n hören; **~ på musik** Musik hören B VR **~ sig för** sich erkundigen/umhören (om nach) C VP **~ 'av** ngn von j-m hören; **han har inte hörts 'av på länge** er hat schon lange nichts mehr von sich hören lassen; **~ 'efter**

nachfragen, sich erkundigen; aufpassen; ~ 'fel sich verhören; ~ 'på zuhören **hörapparat** S̄ Hörgerät n **hörbar** ADJ hörbar **hörfel** S̄N Hörfehler n **hörförståelse** S̄ Hörverständnis n **hörhåll** S̄N inom/utom ~ in/außer Hörweite **hörlur** S̄ Hörrohr n; Telefon Hörer m; RADIO Kopfhörer m
hörn [hœːɳ] ⟨-et; -⟩ Ecke f; vara med på ett ~ mit dabei sein **hörna** ⟨-n; -or⟩ SPORT Ecke f, Eckball m; → hörn **hörnhus** S̄ Eckhaus n **hörnskåp** S̄N Eckschrank n **hörnsoffa** S̄ Ecksofa n, Sitzecke f **hörnsten** S̄ Eckstein m; Hauptgrundlage f **hörntand** S̄ Eckzahn m
hörsal ['hœːsɑːl] S̄ Hörsaal m **hörsam** ADJ gehorsam **hörsamhet** ⟨-en; kein pl⟩ Gehorsam m **hörsamma** V̄T ⟨1⟩ ~ en kallelse einer Berufung Folge leisten
hörsel ['hœːʂəl] ⟨-n; kein pl⟩ Gehör n **hörselgång** S̄ ANAT Gehörgang m **hörselsinne** S̄N Gehörsinn m **hörselskadad** ADJ hörbehindert **hörselskydd** S̄N Ohrenschützer m
hörslinga ['hœːʂlɪŋa] S̄ Höranlage f **hörsägen** S̄ Hörensagen n; känna 'till genom ~ vom Hörensagen kennen **höskrinda** ['høːskrɪnda] S̄ Heuwagen m **höskulle** S̄ Heuboden m **höskörd** S̄ Heuernte f **hösnuva** S̄ Heuschnupfen m
höst [høst] ⟨-en; -ar⟩ Herbst m; i ~ diesen Herbst, im Herbst; i ~as (im) vorigen/letzten Herbst; på/om ~en im Herbst
höstack ['høːstak] S̄ Heuhaufen m **höstdag** ['høstdɑːɡ] S̄ Herbsttag m **höstdagjämning** ⟨-en; -ar⟩ Herbst-Tagundnachtgleiche f **höstlig** ADJ herbstlich **höstsäd** S̄ Wintersaat f **hösttermin** S̄ erstes Schulhalbjahr; UNIV von September bis Januar Herbstsemester n
hötorgskonst ['høːtɔrjs'kɔnst] umg S̄ Kitsch m
hövding ['høvdɪŋ] ⟨-en; -ar⟩ Häuptling m, Oberhaupt n
hövisk ['høːvɪsk] ADJ höflich; ritterlich **hövlig** ADJ höflich **hövlighet** ⟨-en; -er⟩ Höflichkeit f

I

I¹, i [iː] N̄ ⟨-:(e)t; -:n/-⟩ I, i n
i² PRÄP in, an, auf; ~ **dag** heute; ~ **kväll** heute Abend; ~ **morse** heute früh/Morgen; ~ **går** (morse) gestern (früh); ~ **år** dies(es) Jahr; ~ **sommar** diesen Sommer; nächsten Sommer; ~ **somras** vorigen/letzten Sommer; ~ **måndags** am vorigen/letzten Montag; **fem minuter ~ tolv** fünf Minuten vor zwölf; ~ **åtta dagar** acht Tage lang; **klättra upp ~ trädet** auf den Baum klettern; **sätta sig ~ soffan** sich aufs Sofa setzen; **slå näven ~ bordet** mit der Faust auf den Tisch schlagen; **gå ~ spetsen** an der Spitze gehen; **ligga (sjuk) ~ mässling** mit Masern krank im Bett liegen; **minska/öka ~ värde** an Wert verlieren/zunehmen; ~ **och för sig** an (und für) sich; ~ **ett** ununterbrochen, unablässig; ~ **och med mit**; **professor ~ tyska** Professor der deutschen Sprache B ADV d(a)rin, drinnen C KONJ **det att** indem
iaktta ['iːakˈtɑː] V̄T ⟨4⟩ beobachten; bemerken, wahrnehmen; beachten, befolgen; ~ **tystnad** (Still-)Schweigen bewahren, schweigen **iakttagande** N̄ ⟨-t; -n⟩ Beobachtung f; Beachtung f, Befolgung f **iakttagare** ⟨-n; -⟩ Beobachter(in) m(f) **iakttagelse** ⟨-n; -r⟩, **iakttagelseförmåga** S̄ Beobachtung f, Beobachtungsgabe f
ibland [iˈblɑnd] A PRÄP → **bland** B ADV manchmal, bisweilen, mitunter
icke [ˈɪka] ADV nicht; ~ **desto mindre** nichtsdestoweniger, nichtsdestotrotz; → **inte icke-angreppspakt** S̄ Nichtangriffspakt m **icke-rökare** S̄ Nichtraucher(in) m(f) **icke-våld** S̄N Gewaltverzicht m, Gewaltlosigkeit f
id, ID ABK (N) ⟨inv⟩ = **identitetshandling** Personalausweis m
idag [iˈdɑː(ɡ)] ADV heute
ide [ˈiːda] N̄ ⟨-t; -n⟩ Winterlager n; **ligga i ~** Winterschlaf halten
idé [iˈdeː] ⟨-n; -er⟩ Idee f; Vorstellung f;

det är ingen ~ es hat keinen Zweck (od Sinn); **en fix ~** eine fixe Idee; **få en ~** eine Idee haben, auf eine Idee (od einen Gedanken) kommen; **komma på den ~n auf den Gedanken kommen
ideal** [ide'α:l] A ADJ ideal B N ⟨-et; -⟩ Ideal n, Vorbild n **ideali'sera** VT ⟨1⟩ idealisieren **idealisk** ADJ ideal **idea'lism** ⟨-en; kein pl⟩ Idealismus m **idea'list** ⟨-en; -er⟩ Idealist(in) m(f) **idea'listisk** ADJ idealistisch **idealtillstånd** S Idealzustand m
ideell [ide'ɛl] ADJ ideell; **~förening** Verein m ohne Gewinnzweck
idegran ['i:də'grɑ:n] S Eibe f
idel ['i:dəl] ADJ lauter; **jag är ~ öra** ich bin ganz Ohr **ideligen** ADV unaufhörlich, unablässig
identifiera [idɛntifi'e:ra] VT, V/R ⟨1⟩ identifizieren (sig sich) **identifi'ering** ⟨-en; -ar⟩ Identifizierung f **identifika'tion** ⟨-en; -er⟩ Identifikation f **i'dentisk** ADJ identisch **identi'tet** ⟨-en; -er⟩ Identität f **identi'tetsbricka** S Erkennungsmarke f **identi'tetshandling** S Ausweispapier n **identi'tetskontroll** S Ausweiskontrolle f **identi'tetskort** S N Personalausweis m, Kennkarte f
ideologi [idəɔlɔ'gi:] ⟨-n; -er⟩ Ideologie f **ideo'logisk** ADJ ideologisch
idérik [i'de:ri:k] ADJ ideenreich **idérikedom** S Ideenreichtum m
idiom [idi'o:m] N ⟨-et; -⟩ Idiom n, Mundart f **idio'matisk** ADJ idiomatisch
idiot [idi'u:t] ⟨-en; -er⟩ Idiot(in) m(f), Schwachsinnige(r) m/f(m) **idio'ti** ⟨-n; -er⟩ Schwachsinn m, Blödsinn m, Idiotie f **idiotisk** ADJ idiotisch, schwachsinnig, blödsinnig **idiotsäker** ADJ idiotensicher
idissla ['i:disla] VT, VI ⟨1⟩ wiederkäuen **idisslare** ⟨-n; -⟩ Wiederkäuer m
idka ['idka] VT ⟨1⟩ (be)treiben, ausüben **idkande** N ⟨-t; kein pl⟩ Ausübung f **idkare** ⟨-n; -⟩ Ausüber(in) m(f), Ausübende(r) m/f(m); **handels~** Handeltreibende(r) m/f(m)
id-kort ['i:de:kut] S N Personalausweis m
idog ['i:dug] ADJ emsig, tätig, betriebsam
idol [i'do:l] ⟨-en; -er⟩ Idol n

idrott ['idrɔt] ⟨-en; -er⟩ Sport m; Leibesübungen f/pl **idrotta** VI ⟨1⟩ Sport treiben **idrottare** ⟨-n; -⟩ Sportler(in) m(f) **idrottsanläggning** S Sportanlage f **idrottsdag** S Schule Sporttag m **idrottsförening** S Sportverein m **idrottsgren** S Sportart f **idrottshall** S Sporthalle f **idrottsklubb** S Sportklub m **idrottskvinna** S Sportlerin f, Leichtathletin f **idrottsman** S Sportsmann m, Sportler m, Leichtathlet m **idrottsmärke** S N Sportabzeichen n **idrottsplan** S Sportfeld n **idrottsplats** S Sportplatz m **idrottsstjärna** S Sportkanone f **idrottstävling** S Sport(wett)kampf m

idyll [i'dyl] ⟨-en; -er⟩ poet Idyll n; Idylle f **idyllisk** ADJ idyllisch
ifall [i'fal] KONJ falls, wenn, für den Fall, dass ...; ob
ifatt [i'fat] ADV hinna/gå/springa **~ ngn** j-n einholen
ifjol [i'fju:l] voriges Jahr
ifrågasatt [i'fro:gasat] ADJ fraglich; vorgeschlagen **ifrågasätta** VT ⟨4⟩ in Erwägung ziehen; infrage stellen **ifrågavarande** ADJ betreffend
ifrån [i'fro:n] A PRÄP von; **vara alldeles ~ sig** ganz außer sich sein; umg ganz aus dem Häuschen sein B ADV weg, davon; → **från**
IG ABK N (= icke godkänd) Note, nicht bestanden; ≈ Fünf f, mangelhaft; ≈ Sechs f, ungenügend
igel ['i:gəl] ⟨-n; -ar⟩ Egel m **igelkott** ⟨-en; -ar⟩ Igel m
igen [i'jen] ADV wieder(um); zurück; Tür zu; **nu ~** schon wieder; **om och om ~** immer wieder; **vad heter han nu ~?** wie heißt er noch/doch gleich? **igenbommad** ADJ verrammelt **igengrodd** ADJ zugewachsen **igenkänd** ADJ erkannt **igenkännande** N ⟨-t; -n⟩ Wiedererkennen n **igenkänningstecken** S Erkennungszeichen n **igenkännlig** erkennbar, kenntlich (**på** an dat) **igenmulen** ADJ trübe, bezogen **igenmurad** ADJ zugemauert, vermauert
igenom [i'je:nɔm] A PRÄP durch B ADV (hin)durch
iglo(o) ['i:glu] ⟨-n; -r⟩ Iglu m(n)
ignorera [iŋnɔ're:ra] VT ⟨1⟩ unbeacht-

tet lassen, übersehen, ignorieren
igångsättning [i'gɔŋsɛtniŋ] ⟨s⟩ Ingangsetzung *f*; *Motor* Anlassen *n*
igår [i'gɔːr] ADV gestern; **~ morse/kväll** gestern Morgen/Abend
ihjäl [iˈjɛːl] ADV zu Tode, tot; **arbeta ~ sig** sich totarbeiten; **bita ~** totbeißen; **frysa ~** erfrieren; **köra ~ sig** sich totfahren; **slå ~ ngn** j-n totschlagen, j-n erschlagen; **slå ~ tiden** die Zeit totschlagen; **slå ~ sig** sich zu Tode stürzen; **skratta ~ sig** sich totlachen; **svälta ~** verhungern; **tiga ~** totschweigen
ihjälbiten ADJ totgebissen **ihjälfrusen** ADJ erfroren **ihjälklämd** ADJ totgequetscht, erdrückt; zerdrückt **ihjälslagen** ADJ erschlagen
ihop [iˈhuːp] ADV zusammen; **binda '~** zusammenbinden; **fälla '~** zusammenklappen; **köra '~** zusammenstoßen; **lägga '~** zusammenlegen; **råka ~ med ngn** mit j-m aneinandergeraten
ihåg [iˈhoːg] ADV **komma ~** sich erinnern an (*akk*); im Gedächtnis behalten, gedenken (*gen*); sich merken; **kom ~ att ...** vergiss nicht, dass ... **ihågkommen** ADJ nicht vergessen, bedacht; gefeiert, geehrt
ihålig [ˈiːhoːli(g)] ADJ hohl; leer **ihålighet** ⟨-en; -er⟩ Hohlheit *f*; Hohlraum *m*, Höhlung *f*
ihållande [ˈiːhɔlandə] ADJ anhaltend, ausdauernd
ihärdig [ˈiːhæːɖi(g)] ADJ beharrlich, ausdauernd **ihärdighet** Beharrlichkeit *f*, Ausdauer *f*
ikapp [iˈkap] ADV um die Wette; **springa '~ med ngn** mit j-m um die Wette laufen; **hinna '~ ngn** j-n einholen
ikläda [ˈiːklɛːda] ⟨2⟩ A VT bekleiden (**ngt** mit etw) B VR **~ sig** sich bekleiden; *fig* übernehmen **iklädd** ADJ (gekleidet) in; **vara ~ ngt** *a*. etw anhaben
ikon [iˈkoːn] ⟨-en; -er⟩ IT Icon *m*
ikraftträdande [ˈiːkraftːrɛːdandə] N ⟨-t; -n⟩ Inkrafttreten *n*
IKT ABK (= informations- och kommunikationsteknik) IKT *f* Informations- und Kommunikationstechnologie
ikväll [iˈkvɛl] ADV heute Abend
ila [ˈiːla] A VI eilen; **det ~r i tänderna på mig** es zieht mir an den Zähnen B VP **~ bort** davoneilen; **~ förbi**

vorübereilen (**ngn** an j-m)
i-land [ˈiːland] ⟨s⟩N Industriestaat *m*
ilbud [ˈiːlbɯːd] ⟨s⟩N Eilbote *m*
illa [ˈila] ADV ⟨*komp* värre; *sup* värst⟩ übel, schlecht, schlimm; **det var inte ~!** das ist nicht schlecht/übel!; **höra ~** schwer/schlecht hören; **göra ngn ~** j-m wehtun; **ta ~ upp** übel nehmen; **vilja ngn ~** j-m übelwollen; **jag mår ~** mir ist schlecht/übel; **~ ment** bös(e) gemeint **illaluktande** ADJ übel riechend **illamående** ADJ übel werdend; **jag känner mig ~** mir ist übel/unwohl B N ⟨-t; kein pl⟩ Unwohlsein *n*, Übelkeit *f* **illasinnad** ADJ übel gesinnt; böswillig **illasmakande** ADJ übel schmeckend
illdåd [ˈildoːd] ⟨s⟩N Schandtat *f*
illegal [ilega:l] ADJ illegal **illegi'tim** ADJ illegitim
iller [ˈilər] ⟨-n; -ar⟩ Iltis *m*
illmarig [ˈilmaːri(g)] ADJ verschmitzt, durchtrieben **illmarighet** ⟨-en; kein pl⟩ Verschmitztheit *f*
illojal [ilɔjaːl] ADJ illoyal, treulos; WIRTSCH **~ konkurrens** unlauterer Wettbewerb
illröd [ˈilrøːd] ADJ feuerrot **illtjut** ⟨s⟩N grelles Geschrei
illumination [ilɯminaˈfuːn] ⟨-en; -er⟩ festliche Beleuchtung *f* **illu'sion** ⟨-en; -er⟩ Illusion *f*, Täuschung *f*, Wahn *m* **illu'sorisk** ADJ illusorisch, trügerisch, täuschend **illustra'tion** ⟨-en; -er⟩ Illustration *f*; Bild *n*, Abbildung *f*; Erläuterung *f* **illustra'tiv** ADJ erläuternd; illustrierend **illustra'tör** ⟨-en; -er⟩ Illustrator(in) *m(f)* **illu'strera** VT ⟨1⟩ illustrieren; erläutern, verdeutlichen; bebildern
illvilja [ˈilvilja] ⟨s⟩ Böswilligkeit *f* **illvillig** ADJ böswillig **illvrål** ⟨s⟩N Gebrüll *n*
ilning ⟨-en; -ar⟩ Zucken *n*, Zuckung *f*; reißender Schmerz
ilska [ˈilska] ⟨-n; kein pl⟩ Wut *f*, (Jäh-)Zorn *m* **ilsken** ADJ wütend, rasend, (jäh)zornig **ilskna** VP ⟨1⟩ **~ till** in Wut geraten, wütend werden
imbecill [imbeˈsil] ADJ schwachsinnig, imbezil(l)
imitation [imitaˈfuːn] ⟨-en; -er⟩ Nachahmung *f*, Imitation *f* **imita'tör** ⟨-en; -er⟩ Imitator(in) *m(f)*, Nachahmer(in) *m(f)* **imi'tera** VT ⟨1⟩ nachahmen, imitieren

imma ['ima] A ⟨-n; kein pl⟩ Dampf *m*, Dunst *m*; **det är ~ på fönstret** das Fenster ist beschlagen B V/P ⟨1⟩ **i'gen** beschlagen, anlaufen **immig** ADJ dunstig, beschlagen, angelaufen

immigrant [imi'grant] ⟨-en; -er⟩ Einwanderer(in) *m(f)* **immigra'tion** ⟨-en; kein pl⟩ Einwanderung *f* **immi'grera** VII ⟨1⟩ einwandern

immun [i'mu:n] ADJ immun, unempfänglich, gefeit (**mot** gegen) **immunbrist** S̲ Immunschwäche *f* **immunbristsjukdom** S̲ Immunschwächekrankheit *f* **immunförsvar** S̲ N̲ Immunabwehr *f* **immuni'tet** ⟨-en; kein pl⟩ Immunität *f* **immunsystem** N̲ Immunsystem *n*

imorgon [i'mɔrɔn] ADV morgen; **~ bitti** morgen früh

imorse [i'mɔsə] ADV heute früh

imperativ ['impera'ti:v] ⟨-en; -er⟩ GRAM Imperativ *m*, Befehlsform *f* **imperfekt** N̲ ⟨-et; -er⟩ GRAM Imperfekt *n*, (einfache) Vergangenheit *f*

imperialism [impəria'lism] ⟨-en; kein pl⟩ Imperialismus *m* **imperialistisk** ADJ imperialistisch

imperium [im'pe:riəm] N̲ ⟨imperiet; imperier⟩ Imperium *n*; *fig a.* Reich *n*

imponera [impu'ne:ra] VI ⟨1⟩ imponieren (**på ngn** j-m), beeindrucken (*akk*) **imponerande** ADJ eindrucksvoll, imponierend, imposant

impopularitet [impupəlari'te:t] S̲ Unbeliebtheit *f* **impopu'lär** ADJ unbeliebt

import [im'pɔt] ⟨-en; -er⟩ Einfuhr *f*, Import *m* **impor'tera** VII ⟨1⟩ einführen, importieren **importförbud** S̲ N̲ Einfuhrverbot *n* **importvara** S̲ Importware *f* **impor'tör** ⟨-en; -er⟩ Importeur *m*

impotens [impɔ'tɛns] ⟨-en; kein pl⟩ Impotenz *f* **impotent** ADJ impotent

impregnera [imprɛŋ'ne:ra] VII ⟨1⟩ imprägnieren

impression'ism [imprɛʃu'nism] ⟨-en; kein pl⟩ Impressionismus *m* **impressio'nist** ⟨-en; -er⟩ Impressionist(in) *m(f)* **impressio'nistisk** ADJ impressionistisch

improduktiv [imprudɛk'ti:v] ADJ unproduktiv

improvisation [impruvisa'ʃu:n] ⟨-en; -er⟩ Improvisation *f* **improvis'era** VII, VII ⟨1⟩ improvisieren

impuls [im'pɛls] ⟨-en; -er⟩ Anregung *f*, Antrieb *m*, Anstoß *m*, Impuls *m* **impul'siv** ADJ impulsiv **impulsköp** S̲ N̲ Spontankauf *m*

in [in] ADV hinein, herein; **kom ~!** herein!; **till långt ~ på natten** bis tief in die Nacht hinein

inackordera ['inakɔde:ra] VII ⟨1⟩ unterbringen, in Pension geben; **vara ~d hos ngn** bei j-m untergebracht sein **inackordering** ⟨-en; -ar⟩ Pension *f*; Pensionsgast *m*; **ta emot ~ar** Pensionsgäste aufnehmen

inaktuell ['inaktɛɛl] ADJ veraltet, nicht aktuell

inandas ['inandas] VII ⟨dep 1⟩ einatmen **inandning** S̲ Einatmung *f*

inarbetad ['inarbe:tad] ADJ eingearbeitet; eingeführt

inatt [i'nat] ADV heute Nacht

inavel ['ina:vəl] S̲ Inzucht *f*

inbegripa [in'bɛgri:pa] VII ⟨4⟩ einbegreifen, einbeziehen, einschließen, umfassen **inbegripen** ADJ (e)inbegriffen; *fig* vertieft

inberäkna [in'bɛrɛ:kna] VII ⟨1⟩ (mit) einrechnen, mitrechnen

inbesparing ['inbɛspa:riŋ] ⟨-en; -ar⟩ Einsparung *f*

inbetala ['inbɛta:la] VII ⟨1⟩ einzahlen **inbetalning** ⟨-en; -ar⟩ Einzahlung *f* **inbetalningskort** S̲ N̲ Zahlkarte *f*

inbilla ['inbila] ⟨1⟩ A VII **~ ngn ngt** j-m etw vormachen/einreden B V/R **~ sig** sich (*dat*) einbilden **inbillning** ⟨-en; -ar⟩ Einbildung *f* **inbillningsförmåga** S̲ Einbildungskraft *f*

inbilsk ['inbilsk] ADJ eingebildet; eitel **inbilskhet** ⟨-en; kein pl⟩ Eingebildetheit *f*

inbiten ['inbi:tən] ADJ eingefleischt, eingewurzelt

inbjuda [in'bju:da] VII ⟨4⟩ einladen **inbjudan** ⟨-; inbjudningar⟩ Einladung *f* **inbjudande** ADJ einladend; verlockend **inbjudning** S̲ Einladung *f* **inbjudningskort** S̲ N̲ Einladungskarte *f*

inblandad ['inblandad] ADJ verwickelt (**i** in *akk*), beteiligt (**i** an *dat*); **jag vill inte bli ~ i saken** ich will in die(se) Angelegenheit nicht hineingezogen/verwickelt werden **inblandning** S̲ Einmi-

inblick ['inblik] ⟨s⟩ Einblick *m*; **ge en ~ i** einen Einblick gewähren in (*akk*)
inbringa ['inbriŋa] *vt* ⟨1⟩ einbringen; eintragen **inbringande** *adj* einträglich, ergiebig
inbromsning ['inbrɔmsniŋ] Bremsen *n*
inbrott ['inbrɔt] *n* Einbruch *m*; Anbruch *m*; Einbrechen *n*; **göra ~** einbrechen; **vid dagens ~** bei Tagesanbruch
inbrottstjuv ⟨s⟩ Einbrecher(in) *m(f)*
inbuktning ['inbɵktniŋ] ⟨s⟩ Einbuchtung *f*
inbunden ['inbɵnden] *adj* (ein)gebunden; *fig* verschlossen, zurückhaltend **inbundenhet** ⟨-en; kein pl⟩ Verschlossenheit *f*, Zurückhaltung *f*
inbyggare ['inbyɡarə] ⟨-n; -⟩ Einwohner(in) *m(f)* **inbyggd** *adj* eingebaut
inbäddad ['inbɛdad] *adj* eingebettet
inbördes ['inbœ:ɖəs] *adj, adv* gegenseitig; unter sich, untereinander; **~ testamente** *n* gemeinschaftliches Testament *n* **inbördeskrig** *sn* Bürgerkrieg *m*
incest [in'sest] ⟨-en; -er⟩ Inzest *m*
incheckning ['inçekniŋ] ⟨-en; -ar⟩ FLUG Einchecken *n*, Check-in *m*, *a*. Abfertigung *f* **incheckningsdisk** ⟨s⟩ Check-in-Schalter *m*, Abfertigungsschalter *m*
incitament [insita'ment] *n* ⟨-et; -⟩ Antrieb *m*, Anregung *f*
indata ['inda:ta] *pl* IT Input *m* od *n*
indela ['inde:la] *vt* ⟨1⟩ einteilen, gliedern **indelning** ⟨s⟩ Einteilung *f*, Gliederung *f*
index ['indeks] *n* ⟨-et; -⟩ Index *m*; **stå på ~** auf dem Index stehen **indexreglerad** *adj* **~e löner** Indexlöhne
indian [indi'ɑ:n] ⟨-en; -er⟩ *neg!* Indianer(in) *m(f)*
indicium [in'di:siʊm] *n* ⟨indiciet; indicier⟩ Indiz(ium) *n*
Indien ['indien] *n* ⟨inv⟩ Indien *n*; **Främre/Bortre ~** Vorder-/Hinterindien *n* **indier** Inder *m*
indignation [indiŋna'ʃuːn] ⟨-en; kein pl⟩ Entrüstung *f*, Indignation *f* **indignerad** *adj* entrüstet, indigniert
indikation [indika'ʃuːn] ⟨-en; -er⟩ Zeichen *n*, Hinweis *m*; MED Indikation *f*
indikativ ['indikati:v] ⟨-en; -er⟩ GRAM Wirklichkeitsform *f*, Indikativ *m*
indirekt ['indirɛkt] *adj, adv* indirekt, mittelbar; **~ tal** indirekte Rede
indisk ['indisk] *adj* indisch
indiskret [indis'kre:t] *adj* indiskret **indiskre'tion** ⟨-en; kein pl⟩ Indiskretion *f*
individ [indi'vi:d] ⟨-en; -er⟩ Individuum *n*; Einzelwesen *n* **individua'lism** ⟨-en; kein pl⟩ Individualismus *m* **individua'list** ⟨-en; -er⟩ Individualist(in) *m(f)* **individuali'tet** ⟨-en; kein pl⟩ Individualität *f* **individu'ell** *adj* individuell
indoktrinera [indɔktri'ne:ra] *vt* ⟨1⟩ indoktrinieren **indoktrinering** ⟨-en; kein pl⟩ Indoktrination *f*
indra ['indrɑ:] *vt* ⟨4⟩ (hin)einziehen; → dra in **indragen** *adj* eingezogen, zurückgezogen **indragning** ⟨s⟩ Einziehung *f*, Entzug *m*; **~ av körkortet** Führerscheinentzug *m*
indriva ['indri:va] *vt* ⟨4⟩ eintreiben **indrivning** ⟨-en; kein pl⟩ Eintreibung *f*
industri [indʊst'ri:] ⟨-n; -er⟩ Industrie *f*, Gewerbe *n* **industriali'sera** *vt* ⟨1⟩ industrialisieren **industria'lism** ⟨-en; kein pl⟩ Industrialismus *m* **industriarbetare** ⟨s⟩ Industriearbeiter(in) *m(f)* **industri'ell** *adj* industriell **industriland** *sn* Industriestaat *m* **industriområde** *sn* Industriegebiet *n*, Gewerbegebiet *n* **industrirobot** ⟨s⟩ Industrieroboter *m* **industrisamhälle** *sn* Industrieort *m* **industrisemester** ⟨s⟩ *gleichzeitiger Urlaub der Industrie (Schwedens)* **industrispionage** ⟨s⟩ *sn* Industriespionage *f* **industristad** ⟨s⟩ Industriestadt *f*
ineffektiv ['inefekti:v] *adj* ineffektiv, wirkungslos
inemot [inə'muːt] *adv* gegen, ungefähr; **~ tio år** an die zehn Jahre
infall ['infal] *sn* Einfall *m*; **få ett ~ auf** eine Idee kommen, einen Einfall haben **infalla** *vi* ⟨4⟩ einfallen; fallen (**på** auf *akk*) **infallen** *adj* eingefallen, hohl; **med infallna kinder** hohlwangig **infallsvinkel** ⟨s⟩ Einfall(s)winkel *m*
infanteri [infantə'ri:] *n* ⟨-et; kein pl⟩ Infanterie *f* **infante'rist** ⟨-en; -er⟩ Infanterist(in) *m(f)*
infarkt [in'farkt] ⟨-en; -er⟩ MED Infarkt

m
infart ['infɑ:ʈ] ⓢ Einfahrt *f*
infattning ['infatniŋ] ⓢ (Ein-)Fassung *f*
infektera [infek'te:ra] ⓥⓣ ⟨1⟩ anstecken, infizieren **infek'tion** ⓢ Ansteckung *f*, Infektion *f* **infek'tionssjukdom** ⓢ Infektionskrankheit *f*
infernalisk [infaɳɑ:lisk] ⒶⒹⒿ höllisch, infernalisch **in'ferno** Ⓝ ⟨-t; -n⟩ Inferno *n*
infiltration ⟨-en; -er⟩ Infiltration *f*
infinitiv ['infinitiːv] ⟨-en; -er⟩ ⒼⓇⒶⓂ Grundform *f*, Infinitiv *m*
infinna ['infina] ⓥⓇ ⟨4⟩ ~ **sig** sich einfinden, erscheinen
inflammation [inflama'ʃuːn] ⟨-en; -er⟩ Entzündung *f* **inflamm'era** ⓥⓣ ⟨1⟩ entzünden
inflation [infla'ʃuːn] ⟨-en; -er⟩ Inflation *f*, Geldentwertung *f* **inflationstakt** ⓢ Inflationsrate *f*
inflika ['infliːka] ⓥⓣ ⟨1⟩ einschieben
influensa [infle'ensa] ⟨-n; -or⟩ Influenza *f*, Grippe *f* **influensavaccin** ⓢⓃ Grippeschutzimpfung *f* **influ'era** ⓥⓣ ⟨1⟩ beeinflussen
inflygning ['inflyːgniŋ] ⓢ Einflug *m*, Anflug *m*, Einfliegen *n*
inflyta ⓥⓘ ⟨4⟩ *Geld* einfließen, einlaufen, eingehen **inflytande** Ⓝ ⟨-t; -n⟩ Einfluss *m* **inflytelserik** ⒶⒹⒿ einflussreich, von Einfluss
inflyttning ⓢ Einwanderung *f*, Einzug *m*, Zuzug *m* **inflyttningsfest** ⓢ Einweihungsfeier *f*
inflöde ⓢⓃ Einmündung *f*
info ⟨-n; kein pl⟩ Info *f*
infoga ['infuːga] ⓥⓣ ⟨1⟩ einfügen **infogningstangent** ⓢ Einfügetaste *f*
infordra ⓥⓣ ⟨1⟩ anfordern
informatiker [infɔr'matikɐr] ⟨-en; -⟩ Informatiker(in) *m(f)* **information** ⟨-en; -er⟩ Information *f*; Auskunft *f*; Informationsschalter *m*; **ytterligare ~** weitere Information *f* **informationsblad** ⓢⓃ Info(rmations)blatt *n*, Merkblatt *n* **informationsdisk** ⓢ Informationsschalter *m* **informationsteknik** ⓢ Informationstechnologie *f* **informativ** ⒶⒹⒿ informativ **infor'mera** ⓥⓣ ⟨1⟩ informieren (**om** über *akk*), unterrichten, in Kenntnis setzen (**om** von)
infraröd ['infrarøːd] ⒶⒹⒿ infrarot **infrastruktur** ⓢ Infrastruktur *f* **infravärme** ⓢ Infrarotheizung *f*
infria [infriːa] ⓥⓣ ⟨1⟩ nachkommen (*dat*), einlösen, erfüllen
infrusen ['infruːsən] ⒶⒹⒿ eingefroren **infrysning** ⓢ Einfrieren *n*
infånga ['infoŋa] ⓥⓣ ⟨1⟩ einfangen; festnehmen
infödd ⒶⒹⒿ (ein)geboren; einheimisch **inföding** ⟨-en; -ar⟩ Eingeborene(r) *m/f(m)*
inför ⓟⓇⒶⓟ vor; *fig a.* angesichts **införa** ⓥⓣ ⟨2⟩ einführen; eintragen **införande** Ⓝ ⟨-t; -n⟩, **införing** ⟨-en; kein pl⟩ Einführung *f*
införliva ⓥⓣ ⟨1⟩ einverleiben (**med** *dat*) **införlivning** ⟨-en; -ar⟩ Einverleibung *f*
införsel ⟨-n; kein pl⟩ Einfuhr *f*, Import *m* **införselförbud** ⓢⓃ Einfuhrverbot *n*
införskaffa ⓥⓣ ⟨1⟩ verschaffen, beschaffen; einziehen, einholen
införstådd vara ~ med ngn/ngt mit j-m/etw einverstanden sein
inga ['iŋa] ⒾⓃⒹⒺⒻ ⓟⓇ ⓟⓁ keine; **på ~ villkor** unter keinen Umständen **ingalunda** ⒶⒹⓋ keineswegs, durchaus nicht, mitnichten
inge ['inje:] ⓥⓣ ⟨4⟩ einreichen; *fig* einflößen
ingefära ['iŋəfæːra] ⟨-n; kein pl⟩ Ingwer *m*
ingen ['iŋən] ⒾⓃⒹⒺⒻ ⓟⓇ ⟨*n* inget; *pl* inga⟩ kein(e, er, es); niemand; ~ **av oss** keiner von uns; ~ **alls** gar kein(e, er, es); ~ **annan** keine(r) andere(r, s); niemand anders/sonst; ~ **annanstans** nirgends anders; ~ **som helst skada** nicht der geringste/keinerlei Schaden **ingendera** ⓟⓇⓄⓃ keine(r, s) von beiden/ihnen
ingenjör [inʃen'jœːr] ⟨-en; -er⟩ Ingenieur(in) *m(f)*
ingenmansland ['iŋənmansland] ⓢⓃ Niemandsland *n* **ingenstans** ⒶⒹⓋ nirgends, nirgendwo; **jag går ~** ich gehe nirgends hin; *fig* **det kommer du ~ med** damit kommst du nicht weit(er), das hilft dir nichts **ingenting** ⒾⓃⒹⒺⒻ ⓟⓇ nichts; ~ **annat** nichts anderes; ~ **annat än** nichts als; ~ **nytt** nichts Neues; **det går som ~** es geht wie geschmiert; **få för ~** umsonst bekommen;

~ att tala om nicht der Rede wert **ingenvart** ADV han kommer ~ er kommt nicht vom Fleck; **med honom kommer man ~** mit ihm ist nichts anzufangen/aufzustellen; **med mig kommer han ~** bei mir erreicht er nichts **inget** INDEF PR N kein(e, er, es); nichts; **det finns ~ kaffe kvar** der Kaffee ist alle; → ingen

ingifte ['injiftə] N ⟨-t; -n⟩ Verwandtenehe f; Einheirat f

ingiva ['jiːva] → **inge ingivelse** ⟨-n; -r⟩ Eingebung f

ingjuta VT ⟨4⟩ fig einflößen (hos ngn j-m)

ingrediens [ingredi'ɛns] ⟨-en; -er⟩ Bestandteil m; Zutat f

ingrepp ['ingrep] S N Eingriff m

ingress ⟨-en; -er⟩ Einleitung f

ingripa VI ⟨4⟩ eingreifen, einschreiten **ingripande** A ADJ eingreifend; einschneidend, tief greifend B N ⟨-t; -n⟩ Eingreifen n

ingrodd ['ingrud] ADJ eingewurzelt; eingefressen

ingå VT, VI ⟨4⟩ (hin)eingehen; fig eingehen, einlaufen, einkommen; **~ i ngt** zu etw gehören; **det ~r i priset** es ist im Preis enthalten; **~ äktenskap/ett vad** eine Ehe/Wette eingehen/schließen **ingående** ADJ einlaufend; fig eingehend

ingång S Eingang m; Anfang m **ingångslön** S Anfangsgehalt n

inhalera [inha'leːra] VT ⟨1⟩ inhalieren, einatmen

inhemsk ['inhɛmsk] ADJ einheimisch, inländisch; WIRTSCH **~ marknad** Inlandsmarkt m

inhopp ['inhɔp] S N Einmischung f; SPORT Auswechseln n **inhoppare** S SPORT Ersatzspieler(in) m(f)

inhysa ['inhyːsa] VT ⟨2⟩ unterbringen, einlogieren

inhägna VT ⟨1⟩ einfried(ig)en, einhegen, einzäunen **inhägnad** ⟨-en; -er⟩ Einfried(ig)ung f, Umzäunung f, Gehege n

inhämta fig VT ⟨1⟩ einholen; einziehen; erwerben

inifrån A PRÄP aus ... (heraus) B ADV von innen (heraus)

initial [initsi'ɑːl] ⟨-en; -er⟩ Anfangsbuchstabe m, Initiale f

initiativ N ⟨-et; -⟩ Anregung f, Initia-

tive f, Anstoß m; **av/på eget ~** aus eigener Initiative **initia'tivtagare** ⟨-n; -⟩ Urheber(in) m(f), Initiator(in) m(f)

initi'era VT ⟨1⟩ initiieren **initi'erad** ADJ eingeweiht

injaga ['injɑːga] VT ⟨1⟩ einjagen, einflößen (hos/i dat)

injektion [injɛk'ʃuːn] ⟨-en; -er⟩ Injektion f **inji'cera** VT ⟨1⟩ injizieren

inkalla ['inkala] VT ⟨1⟩ MIL einberufen, einziehen; JUR vorladen **inkallelse** S Einberufung f; Vorladung f **inkalleseorder** S Gestellungsbefehl m, Einberufungsbefehl m

inkapabel [inka'pɑːbəl] ADJ unfähig

inkassera ['inkase:ra] VT ⟨1⟩ einkassieren, einziehen

inkast ['inkast] S Einwurf m

inkl. ABK (= inklusive) inkl. (inklusive) **inklu'dera** VT einschließen **inklusive** ADV, PRÄP einschließlich (gen)

inkompatibel [inkɔmpa'tiːbəl] ADJ IT inkompatibel **inkompe'tens** S Unfähigkeit f, Unbefugtheit f, Inkompetenz f **inkompe'tent** ADJ unfähig, unbefugt, 'inkompetent

inkomst ['inkɔmst] ⟨-en; -er⟩ Einkommen n; Einnahme f; **~er** pl Einkünfte pl; **~er och utgifter** Einnahmen und Ausgaben **inkomstbeskattning** S Einkommensbesteuerung f **inkomstbortfall** S N Verdienstausfall m **inkomstbringande** ADJ einträglich, gewinnbringend **inkomstkälla** S Einnahmequelle f **inkomstskatt** S Einkommen(s)steuer f **inkomsttagare** ⟨-n; -⟩ Lohnempfänger(in) m(f)

inkonsekvens [inkɔnse'kvɛns] S Inkonsequenz f **inkonsekvent** ADV inkonsequent

inkoppla ['inkɔpla] VT ⟨1⟩ einschalten **inkopplad** ADJ eingeschaltet

inkorg S IT Posteingang m

inkorporera VT ⟨1⟩ einverleiben, inkorporieren; eingemeinden

inkråm N ⟨-et; kein pl⟩ (Brot-)Krume f; Eingeweide n

inkräkta VI ⟨1⟩ **~ på ngt** etw beeinträchtigen **inkräktare** ⟨-n; -⟩ Eindringling m

inkvartera ['inkvate:ra] VT ⟨1⟩ einquartieren **inkvartering** ⟨-en; -ar⟩ Einquartierung f

inköp ['inçœːp] S N Einkauf m **inköpa**

inköpspris $\overline{VT}$ ⟨2⟩ einkaufen **inköpspris** $\overline{SN}$ Einkaufspreis m, Selbstkostenpreis m
inkörd [´inɕœːɖ] ADJ eingefahren **inkörsport** $\overline{S}$ Torweg m, Einfahrt f; fig Einfallstor n
inlagd ADJ GASTR eingelegt; eingemacht; mariniert; *in Krankenhaus* aufgenommen
inland $\overline{SN}$ Inland n, Binnenland n
inleda $\overline{VT}$ ⟨2⟩ einleiten, eröffnen; **~ i frestelse** in Versuchung führen **inledning** $\overline{S}$ Einleitung f, Einführung f (**till** in *akk*) **inledningsvis** ADV zur Einführung, einleitend
inlemma $\overline{VT}$ ⟨1⟩ eingliedern (**i** in *akk*)
inlevelse ⟨-n; kein pl⟩ Einfühlung f, Hineinversetzung f (**i** in *akk*) **inlevelseförmåga** $\overline{S}$ Einfühlungsvermögen n
inlines [´inlajns] PL ⟨-en⟩ Inliner pl, Inlineskates pl; **åka ~** bladen, inlinen, inlineskaten **inline(s)åkare** $\overline{S}$ Inlineskater(in) m(f)
inloggning [´inlɔgniŋ] ⟨-en; -ar⟩ Login n **inloggningsuppgifter** $\overline{PL}$ Zugangsdaten pl
inlåta [´inloːta] $\overline{VR}$ ⟨4⟩ **~ sig** sich einlassen (**i** in *akk*), (**på** auf *akk*), (**med** mit)
inlägg $\overline{N}$ ⟨-et; -⟩ Einlage f; *fig* Bemerkung f, Beitrag m; Ausführungen f/pl; **göra ett ~ i en fråga** zur Erörterung einer Frage beitragen; **göra ett ~ på webben** im Internet etw posten **inlägga** $\overline{VT}$ ⟨4⟩ *fig u.* JUR einlegen; **~ protest** Einspruch erheben, Protest erheben/einlegen; → **lägga in inläggning** $\overline{S}$ Einlegen n, Einmachen n; TECH Einlegearbeit f **inläggssula** $\overline{S}$ Einlegesohle f
inlämning $\overline{S}$ Einlieferung f; Aufgabe f; Gepäckannahme f, Gepäckaufbewahrung f
inlärd ADJ gelernt, eingepaukt **inlärning** ⟨-en; kein pl⟩ Lernen n **inlärningsprogram** $\overline{SN}$ IT Lernsoftware f **inlärningsstudio** $\overline{S}$ Sprachlabor n
inmarsch $\overline{S}$ Einmarsch m
inmatning $\overline{S}$ COMPUT Eingabe f
innan [´inan] A KONJ ehe, bevor B PRÄP vor; **~ dess** bis dahin C ADV innen, inwendig; **utan och ~** innen und außen, in- und auswendig; **dagen/kvällen ~** tags/am Abend zuvor
innandöme $\overline{N}$ ⟨-t; -n⟩ Innere(s) n; jordens **~** a. das Erdinnere **innanför** A ADV (dr)innen, innerhalb; *umg* (da) drin B PRÄP innerhalb; hinter **innanmäte** $\overline{N}$ ⟨-t; -n⟩ Eingeweide n; Fruchtfleisch n **innantill** ADV läsa **~** (vom Blatt) ablesen, (aus dem Buch) (ab)lesen
inne [´inə] ADV (dr)innen, zu Hause; *Waren* vorrätig; *umg* da; *zeitlich* herangekommen; *umg* da; *umg* modern, populär; **~ i** drinnen; *umg* **sitta ~** hinter Gittern sitzen; **vara ~ i** ngt mit etw vertraut sein (*od* Bescheid wissen); **vara ~ i december** im Dezember sein; **ha vanan ~** es gewohnt sein; Übung haben; *umg* **det är ~** das ist in **innebana** $\overline{S}$ SPORT Hallenbahn f **inneboende** ADJ innewohnend; **en ~** ein(e) Untermieter(in) m(f) **innebruk** $\overline{SN}$ **för ~** für das Haus, im Haus(e) zu tragen (*od* benutzen *etc*) **innebränd** ADJ **bli ~** (mit) verbrennen, in den Flammen umkommen **innebära** $\overline{VT}$ ⟨4⟩ bedeuten; beinhalten; zur Folge haben **innebörd** $\overline{S}$ Bedeutung f, Sinn m; Tragweite f **innefatta** $\overline{VT}$ ⟨1⟩ umfassen; in sich schließen **inneha** $\overline{VT}$ ⟨4⟩ (inne)haben, besitzen; *fig* bekleiden **innehav** $\overline{SN}$ Besitz m **innehavare** ⟨-n; -⟩ Inhaber(in) m(f)
innehåll [´inahol] $\overline{SN}$ Inhalt m **innehålla** $\overline{VT}$ ⟨4⟩ enthalten **innehållsdeklaration** $\overline{S}$ Inhaltsangabe f **innehållsförteckning** $\overline{S}$ Inhaltsverzeichnis n **innehållslös** ADJ inhalt(s)los **innehållsrik** ADJ inhaltsreich
inneliggande [´inaligəndə] ADJ beiliegend; vorrätig; vorliegend
innerbana [´inarbɑːna] $\overline{S}$ SPORT Innenbahn f **innerficka** $\overline{S}$ Innentasche f **innerfil** $\overline{S}$ innere Fahrspur **innerkurva** $\overline{S}$ Innenkurve f **innerlig** ADJ innig; inbrünstig, sehnlichst **innerlighet** ⟨-en; kein pl⟩ Innigkeit f; Inbrunst f **innersida** $\overline{S}$ Innenseite f **innerslang** $\overline{S}$ Schlauch m **innerst** ADV im Innersten, zuinnerst **innersta** ADJ innerste(r, s) **innerstad** $\overline{S}$ Innenstadt f **innersula** $\overline{S}$ Brandsohle f **innertak** $\overline{SN}$ (Zimmer-)Decke f **innervägg** $\overline{S}$ Innenwand f **inneröra** $\overline{SN}$ ANAT inneres Ohr
innesittare [´inəsitarə] ⟨-n; -⟩ Stubenhocker(in) m(f) **innesko** $\overline{S}$ Hausschuh m **innesluta** $\overline{VT}$ ⟨4⟩ einschließen in-

nestående ADJ rückständig; **ha pengar ~ på banken** Geld auf der Bank (liegen) haben **innevarande** ADJ dieser; **den andra i ~ månad** den zweiten dieses Monats

innovation [inɔvaˈʃuːn] ⟨-en; -er⟩ Innovation f, Neuerung f

inofficiell [inɔfisiˈɛl] ADJ inoffiziell, nicht amtlich

inom [ˈinɔm] ADV, PRÄP in(nerhalb); binnen; **~ sig** bei sich, in seinem Inneren; **~ kort** binnen Kurzem, in Kürze; **~ loppet av** im Laufe (gen od von) **inombords** ADV SCHIFF an Bord, (b)innenbords; fig innerlich, im Herzen; im Magen; **han har mycket ~** er ist ein gescheiter Kopf, er hat's in sich **inomhus** ADV zu/im Hause, drinnen **inomhusantenn** S Innenantenne f **inomhusbruk** S **(endast) för ~** (nur) für innen geeignet **inomhusidrott** S Hallensport m

inordna [ˈinoːdna] VT ⟨1⟩ einordnen; eingliedern (**i** in akk)

inpass S N Bemerkung f; Einwand m

inplanera VT ⟨1⟩ einplanen

inplanta fig VT ⟨1⟩ einimpfen (**hos ngn** j-m)

inprägla, inpränta VT ⟨1⟩ einprägen (**hos ngn** j-m)

input ⟨-en; kein pl⟩ Input m od n

inpyrd ADJ voll von; voller; **~ med damm** verstaubt; **~ med rök** verräuchert

inpå [inˈpoː] PRÄP (bis) auf; **våt ~ bara kroppen** nass bis auf die Haut/Knochen; **till långt ~ natten** bis spät in die Nacht hinein

inramning ⟨-en; -ar⟩ (Ein-, Um-)Rahmung f; Rahmen m

inrangera VT ⟨1⟩ einreihen, einrangieren, einordnen

inrapportera VT ⟨1⟩ berichten, melden

inre [ˈinrə] A ADJ inner B N ⟨inv⟩ Innere(s) n

inreda [ˈinreːda] VT ⟨2⟩ einrichten **inredning** S Einrichtung f **inredningsarkitekt** S Innenarchitekt(in) m(f)

inregistrera VT ⟨1⟩ eintragen, registrieren **inregistrering** S Eintragung f, Registrierung f

inresa S Einreise f **inresetillstånd** S N Einreisegenehmigung f

inrikes [ˈinriːkəs] A ADJ inländisch, Binnen-, Inlands- B ADV im (eigenen) Land(e), im Inland **inrikesdepartement** S N Innenministerium n **inrikesflyg** S N Inlandsflugverkehr m **inrikeshandel** S Inlandshandel m, Binnenhandel m **inrikesminister** S Innenminister m, Minister m des Innern **inrikesnyheter** PL ⟨-na⟩ Landesnachrichten f/pl **inrikespolitik** S Innenpolitik f **inrikespolitisk** ADJ innenpolitisch, innerpolitisch

inrikta [ˈinrikta] VT, VR ⟨1⟩ einrichten; richten, lenken (**sig** sich), (**på** akk) **inriktning** S Einstellung f; Ausrichtung f

inringa [ˈinriŋa] VT ⟨1⟩ einkreisen; Wild umstellen

inristning ⟨-en; -ar⟩ Einritzung f

inrop [ˈinruːp] S N Auktion Ersteigerung f; ersteigerter Gegenstand

inrotad [ˈinruːtad] ADJ eingewurzelt, festgewurzelt; eingefressen

inrutad [ˈinruːtad] ADJ genau eingeteilt; ganz regelmäßig

inrymma VT ⟨2⟩ Platz haben für, (um)fassen; fig einräumen; **vara inrymd** untergebracht sein

inrådan ⟨inv⟩ **på hans ~** auf sein Anraten

inrätta VT, VR ⟨1⟩ einrichten (**sig** sich), anordnen **inrättning** S Einrichtung f, Anordnung f, Anstalt f; TECH Vorrichtung f

inrökt ADJ verräuchert; Pfeife angeraucht

insamla VT ⟨1⟩ (ein)sammeln **insamling** S (Ein-)Sammlung f **insamlingsaktion** S Sammelaktion f

insats S Einsatz m; Leistung f, Wirken n; WIRTSCH Einlage f; (Baukosten-)Zuschuss m; **göra en ~** beitragen, mitwirken **insatslägenhet** S Wohnung f mit Baukostenzuschuss

insatt ADJ **vara väl ~ i ngt** mit etw vertraut sein; **~a medel** pl Einlagen pl

inse [ˈinseː] VT ⟨4⟩ einsehen **inseende** N ⟨-t; kein pl⟩ **ha ~ över ngt** über etw (akk) Aufsicht haben

insekt [ˈinsɛkt] ⟨-en; -er⟩ In'sekt n **insektsbett** S Insektenstich m **insektsbekämpningsmedel** S N Insektenbekämpfungsmittel n **insektsmedel**

medel S̄N̄ Insektenschutzmittel n
insemination [insemina'ʃu:n] ⟨-en; -er⟩ künstliche Befruchtung (od Besamung) **insemi'nera** V̄T̄ ⟨1⟩ künstlich befruchten/besamen
insert-tangent S̄ COMPUT Einfügetaste f
insexnyckel S̄ Inbus®-schlüssel m
insida ['insi:da] S̄ Innenseite f, Innenfläche f; **handens ~** a. Handfläche f
insidertips S̄N̄ Geheimtipp m
insikt ['insikt] S̄ Einsicht f, Verständnis n; **~er** pl Kenntnisse f/pl; **komma till ~** zur Einsicht kommen; **komma till ~ om ngt** etw einsehen; **utan ~** einsichtslos **insiktsfull** ADJ einsichtig, einsichtsvoll
insinuation [insinoa'ʃu:n] ⟨-en; -er⟩ Andeutung f, Unterstellung f **insinu-'era** V̄T̄ ⟨1⟩ andeuten, unterstellen
insistera [insis'te:ra] V̄Ī ⟨1⟩ bestehen (**på** auf dat)
insjukna ['inʃu:kna] V̄Ī ⟨1⟩ erkranken (**i** an dat)
insjunken ['inʃəŋken] ADJ eingesunken, eingefallen
insjö ['inʃø:] S̄ (Binnen-)See m **insjöfisk** S̄ Süßwasserfisch m
inskjuta ['inʃu:ta] V̄T̄ ⟨4⟩ einschieben
inskolning ['insku:lniŋ] S̄ Einschulung f
inskrida V̄Ī ⟨4⟩ einschreiten
inskrift S̄, **inskription** ⟨-en; -er⟩ Inschrift f
inskrivning ['inskri:vniŋ] S̄ Schule Aufnahme f; Univ Immatrikulation f
inskränka ['inskreŋka] V̄T̄, V̄R̄ ⟨2⟩ einschränken (**sig** sich); beschränken (**sig** sich) **inskränkning** ⟨-en; -ar⟩ Einschränkung f **inskränkt** ADJ beschränkt; eingeschränkt
inskärning ['inʃæ:rniŋ] S̄ Einschnitt m
inskärpa ['inʃærpa] V̄T̄ ⟨2⟩ einschärfen (**hos ngn** j-m)
inslag ['inslɑ:g] S̄N̄ Einschlag m; Programmpunkt m
insläpp ['inslɛpa] N̄ a. TECH Einlass m
insmickrande ADJ einschmeichelnd
insmord ['insmu:d] ADJ eingefettet, eingeölt, eingerieben; umg eingeschmiert
insmuggling S̄ Einschmuggeln n
insmyga V̄R̄ ⟨4⟩ **~ sig** sich einschleichen; unter'laufen; **ett fel har insmu-git sig** (**i** ...) mir ist ein Fehler (in ...) unterlaufen
insnöad ADJ eingeschneit; umg vara **~** hinter dem Mond sein
insomna ['insɔmna] V̄Ī ⟨1⟩ einschlafen; entschlafen
inspektera [inspɛk'te:ra] V̄T̄ ⟨1⟩ besichtigen, inspizieren **inspek'tion** ⟨-en; -er⟩ Besichtigung f, Inspektion f **inspek'tör** ⟨-en; -er⟩ Inspekteur(in) m(f)
inspelning ['inspe:lniŋ] S̄ Einspielen n; Film Dreharbeit f; CD etc Aufnahme f; Film **ny ~** Neufassung f
inspiration [inspira'ʃu:n] ⟨-en; -er⟩ Eingebung f, Inspiration f; Anregung f **inspira'tionskälla** S̄ Inspirationsquelle f **inspir'era** V̄T̄ ⟨1⟩ anregen, inspirieren
insprutning ['inspru:tniŋ] ⟨-en; -ar⟩ Einspritzung f
insprängd ADJ eingesprengt
installation [instala'ʃu:n] ⟨-en; -er⟩ Installation f; TECH Einbau m; Amtseinführung f **installa'tör** ⟨-en; -er⟩ Installateur(in) m(f) **install'era** ⟨1⟩ A V̄T̄ installieren; in ein Amt einführen; TECH einbauen B V̄R̄ **~ sig** sich einrichten
instans [in'stans] ⟨-en; -er⟩ Instanz f; **högre ~** höhere Instanz; **gå genom alla ~er** den Instanzenweg durchlaufen
insteg ['inste:g] S̄N̄ **vinna ~** Eingang/Anklang finden; einreißen
instifta ['instifta] V̄T̄ ⟨1⟩ stiften
instinkt ['instiŋkt] ⟨-en; -er⟩ Instinkt m **instinktiv** ADJ instinktiv
institut [insti'tʉ:t] N̄ ⟨-et; -⟩ Institut n **institu'tion** ⟨-en; -er⟩ Einrichtung f, Institution f; UNIV Institut n **institu-tio'nell** ADJ Instituts-, Institutionen-
instruera [instrʉ'e:ra] V̄T̄ ⟨1⟩ anweisen, instruieren **instruk'tion** ⟨-en; -er⟩ Anweisung f; Instruktion f; Vorschrift f **instruk'tionsbok** S̄ Handbuch n, Leitfaden m **instruktiv** ADJ lehrreich, instruktiv **instruk'tör** ⟨-en; -er⟩ Ausbilder(in) m(f), Lehrer(in) m(f)
instrument [instrə'mɛnt] N̄ ⟨-et; -⟩ Instrument n **instrumen'tal** instrumental **instrumentbräda** S̄ Schalttafel f; AUTO a. Armaturenbrett n

inställa ['inst&la] ⟨2⟩ A VT einstellen, ausfallen lassen B VR **~ sig** sich (ein)stellen, sich einfinden; erscheinen **inställd** ADJ eingestellt (**på** auf akk); **föreläsningen är ~** die Vorlesungen fällt aus **inställning** ⟨-en; -ar⟩ Einstellung f **inställsam** ADJ einschmeichelnd
instämma ['instɛma] ⟨2⟩ A VT JUR vorladen B VI einstimmen (**i** in akk); beistimmen, zustimmen (**med** dat)
instängd ADJ eingeschlossen; fig dumpf; umg muffig
insupa ['insʉːp] VT ⟨4⟩ einatmen, einsaugen
insyltad fig umg ADJ verwickelt
insyn S Hineinsehen n; Einblick m, Einsicht f
insändare ⟨-n; -⟩ Einsender(in) m(f); Zeitung Leserbrief m
insätta VT ⟨4⟩ einsetzen **insättning** S Einsetzung f; Geld Einzahlung f, Einlage f
inta ['intɑː] VT ⟨4⟩ einnehmen, aufnehmen **intagande** ADJ gewinnend, anziehend **intagning** ⟨-en; -ar⟩ Aufnahme f, Zulassung f, Einnahme f
intala ['intɑːla] VT ⟨1⟩ einreden (**ngn ngt** j-m etw)
inte ['intə] ADV nicht; **~ jag heller** ich auch nicht; **~ alls** gar nicht; **~ ens** nicht einmal; **~ förrän** erst; **~ än** noch nicht; **det finns ~ många kvar** es gibt nur noch wenige
inteckna ['intɛkna] VT ⟨1⟩ mit Hypotheken belasten **inteckning** S Hypothek f
integrera [intəˈɡreːra] VT ⟨1⟩ integrieren **integri'tet** ⟨-en; kein pl⟩ Integrität f **integritetskränkande** ADJ die Integrität verletzend
intellekt [intɛˈlɛkt] N ⟨-et; -⟩ Intellekt m **intellektu'ell** ADJ intellektuell
intelli'gens ⟨-en; -er⟩ Intelligenz f **intelligenskvot** S Intelligenzquotient m **intelli'gent** ADJ intelligent
intendent [intənˈdɛnt] ⟨-en; -er⟩ Intendant(in) m(f); Direktor(in) m(f), Leiter(in) m(f)
intensifiera VT ⟨1⟩ intensivieren **intensi'tet** ⟨-en; kein pl⟩ Intensität f **intensiv** ADJ intensiv, eindringlich **intensivvård** S MED Intensivbehandlung f
intention [intanˈʃuːn] ⟨-en; -er⟩ Intention f, Absicht f
interaktiv [intɛrˈaktiːv] ADJ COMPUT interaktiv
interimsregering [inteˈriːms-] S Übergangsregierung f
interiör [intariˈœːr] ⟨-en; -er⟩ Interieur n, Innere(s) n, Innenraum m, Innenansicht f
interjektion ⟨-en; -er⟩ GRAM Interjektion f, Ausrufewort n
interkultu'rell ADJ interkulturell
intermezzo [intarˈmɛsːo] N ⟨-t; -n⟩ Intermezzo n, Zwischenfall n
intern [inˈtæːn] A ADJ intern; vertraulich B ⟨-en; -er⟩ Interne(r) m/f(m); Insasse m, Insassin f
internat N ⟨-et; -⟩ Internat n
internationell [intənatʃuˈnɛl] ADJ international
internatskola [intaˈnɑːtskuːla] S Internat n, Internatsschule f **inter'nera** VT ⟨1⟩ internieren **inter'nering** ⟨-en; -ar⟩ Internierung f
internet, Internet [intaˈnɛt] N ⟨inv⟩ Internet m; **surfa på ~** im Internet surfen; **ha tillgång till ~** Internetanschluss haben **internetanslutning** S Internetanschluss m **internetauktion** S Internetauktion f **internetbank** S Onlinebanking n **internetbiljett** S Onlineticket n **internetbutik** S Onlineshop m **internetkafé** S N Internetcafé n **internetleverantör** S Provider m **internetuppkoppling** S Internetverbindung f, Internetzugang m
interpretation [intərpretaˈʃuːn] ⟨-en; -er⟩ Interpretation f, Auslegung f, Deutung f **interpre'tera** VT ⟨1⟩ interpretieren, auslegen, deuten
interpunk'tera VT/I, VI ⟨1⟩ Satzzeichen setzen, interpunktieren **interpunk'tion** ⟨-en; -er⟩ Zeichensetzung f, Interpunktion f
inter'vall N ⟨-et/-en; -/-er⟩ Intervall n **interve'nera** VI ⟨1⟩ vermitteln, intervenieren **interven'tion** ⟨-en; -er⟩ Vermittlung f, Intervention f
inter'vju ⟨-n; -er⟩ Interview n **inter'vjua** VT ⟨1⟩ interviewen
intet ['intət] PRON Nichts n; **~ ont anande** nichts Böses ahnend; **på ~ sätt** keineswegs; **gå om ~** sich zerschlagen, zunichtewerden, ins Wasser fallen **intetsägande** ADJ nichtssagend

intill [in'til] A PRÄP bis zu, bis an (akk), bis auf (akk), bis in (akk); dicht bei, nahe an; ~ **dess** bis dahin B ADV daneben, dabei; heran; **strax** ~ nebenan

intim [in'ti:m] ADJ intim, vertraut **intimi'tet** ⟨-en; -er⟩ Intimität f; Vertraulichkeit f

intolerans [intulə'rans, -'raŋs] ⟨-en; -er⟩ Intoleranz f **intole'rant** ADJ intolerant

intonation ⟨-en; -er⟩ Intonation f

intrasslad ['intraslad] ADJ verwickelt, verzwickt, verworren

intressant [intrɛ'sant, -'saŋt] ADJ interessant **in'tresse** N ⟨-t; -n⟩ Interesse n; **ha ~ för ngt** Interesse an etw (dat) od für etw (akk) haben; **vara av allmänt ~** von allgemeinem Interesse sein **intressegemenskap** S Interessengemeinschaft f **intress'ent** ⟨-en; -er⟩ Interessent(in) m(f) **intress'era** VIT, VIR ⟨1⟩ interessieren (sig sich), (för für); **vara ~d av** sich interessieren (od Interesse haben) für

intrig [in'tri:g] ⟨-en; -er⟩ Intrige f, Ränkespiel n **intrigera** VIT ⟨1⟩ intrigieren **intrigmakare** ⟨-n; -⟩ Intrigant(in) m(f)

intrikat [intri'ka:t] ADJ verwickelt, heikel

introducera [intrudɛ'se:ra] VIT ⟨1⟩ einführen **introduk'tion** ⟨-en; -er⟩ Einführung f, Introduktion f **introduk'tionserbjudande** S N Einführungsangebot n

introvert [intrɔ'væʈ] ADJ introvertiert

intryck [in'tryk] N ⟨-et; -⟩ Eindruck m; **få det ~et att** den Eindruck gewinnen/haben, dass; **ge ~ av att** den Eindruck erwecken, als ob

intrång ['intrɔŋ] N ⟨-et; -⟩ unbefugter Eingriff; Beeinträchtigung f; **göra ~ på ngt** unbefugt in etw (akk) eingreifen; **göra ~ på ngns område** fig j-m ins Gehege kommen

inträda ['intrɛ:da] VIT ⟨2⟩ eintreten, antreten **inträde** ⟨-t; -n⟩ Eintritt m; Aufnahme f; **~ i tjänst** Dienstantritt m; **fritt ~** Eintritt frei **inträdesavgift** S Eintrittsgeld n **inträdesbiljett** S Eintrittskarte f **inträdeskrav** S N Beitrittskriterien pl **inträdesprov** S N Aufnahmeprüfung f

inträffa ['intrɛfa] VIT ⟨1⟩ eintreffen; eintreten, sich ereignen, erfolgen

intuition [intɥi'ju:n] ⟨-en; kein pl⟩ Intuition f **intui'tiv** ADJ intuitiv

intyg ['inty:g] N ⟨-et; -⟩ Bescheinigung f, Schein m, Zeugnis n, Attest n **in'tyga** VIT ⟨1⟩ bescheinigen, bestätigen, bekunden, beglaubigen **intåg** S N Einzug m **intäkt** ⟨-en; -er⟩ Einnahme f

inunder [in'ɛndər] A PRÄP unter B ADV darunter, unten

inuti ['inɵti] A PRÄP in B ADV darin ⟨-nen⟩; umg drin; innen

invadera [inva'de:ra] VIT ⟨1⟩ einfallen, eindringen

invagga ['invaga] VIR ⟨1⟩ **~ sig i säkerhet** sich in Sicherheit wiegen

inval S N Wahl f **invald** ADJ gewählt; aufgenommen

invalid [inva'li:d] ⟨-en; -er⟩ Invalide m od f, Behinderte(r) m/f(m) **invalidi'serad** ADJ körperlich behindert **invalidi'tet** ⟨-en; kein pl⟩ Invalidität f

invandra ['invandra] VIT ⟨1⟩ einwandern (till in akk) **invandrare** ⟨-n; -⟩ Einwanderer m, Einwanderin f **invandrarbakgrund** S Migrationshintergrund m **invandrarfientlig** ADJ fremdenfeindlich **invandrarlärare** S Lehrer(in) m(f) für Einwanderer **invandrarverk** S N Statens **~** das Staatliche Einwandereramt **invandring** S Einwanderung f

invasion [inva'ʃu:n] ⟨-en; -er⟩ Invasion f

inveckla ['invekla] VIT, VIR ⟨1⟩ verwickeln (sig sich), (i in akk) **invecklad** ADJ kompliziert

inventarium [invɛn'ta:riəm] N ⟨inventariet; inventarier⟩ Inventar n **in'ven'tera** VIT ⟨1⟩ Inventur machen, den Bestand aufnehmen **inven'tering** ⟨-en; -ar⟩ Inventur f, Bestandsaufnahme f

inverka ['inværka] VIT ⟨1⟩ einwirken (på auf akk); beeinflussen (på akk) **in'verkan** ⟨-; inverkningar⟩ Einwirkung f, Beeinflussung f, Einfluss m

investera [invɛ'ste:ra] VIT, VIT ⟨1⟩ anlegen, investieren (i in od akk) **investerare** ⟨-n; -⟩ Investor(in) m(f) **investering** ⟨-en; -ar⟩ Anlage f, Investition f, Investierung f **investeringsfond** S Investmentfonds m

invid [in'vi:d] A PRÄP neben, bei B ADV

nebenan, nebenbei
inviga ['inviːɡa] VT ⟨2⟩ einweihen, eröffnen **invigning** ⟨-en; -ar⟩ Einweihung f, Eröffnung f
invit [in'viːt] ⟨-en; -er⟩ Einladung f; Wink m **invitera** VT ⟨1⟩ einladen
invånarantal ['invoːnaranˌtɑːl] S N Einwohnerzahl f **invånare** ⟨-n; -⟩ Einwohner(in) m(f), Bewohner(in) m(f)
invända VT, VI ⟨2⟩ einwenden (mot gegen)
invändig ADJ inwendig
invändning S Einwand m, Einwendung f; Einspruch m; **göra ~ar** Einspruch erheben, Einwendung machen
invänta VT ⟨1⟩ abwarten
invärtes ADJ, ADV inner(lich), innere(r, s); **för/till ~ bruk** innerlich anzuwenden
inåt A PRÄP **bo ~ gården** hinten hinaus wohnen; **~ land**(**et**) landeinwärts B ADV einwärts, nach innen; **fönstret går ~** das Fenster geht nach innen auf; **gå ~ med tårna** einwärts gehen **inåtvänd** ADJ nach innen gekehrt; fig in sich gekehrt, introvertiert; versonnen, beschaulich
inälvor PL ⟨-na⟩ Eingeweide n; **ta ut ~na** ausnehmen
iordningställa [iˈoːɖniŋˌstɛla] VT ⟨2⟩ herrichten, fertigstellen
Irak [iˈrɑːk] N ⟨inv⟩ der Irak **irakier** ⟨-n; -⟩ Iraker(in) m(f) **irakisk** ADJ irakisch
Iran [iˈrɑːn] N ⟨inv⟩ der Iran **iranier** ⟨-n; -⟩ Iraner(in) m(f) **iransk** ADJ iranisch
iris ['iːris] ⟨-en; -ar⟩ ANAT Iris f
irisk ['iːrisk] ADJ irisch **Irland** N ⟨inv⟩ Irland n **irländare** ⟨-n; -⟩ Ire m, Irländer m **irländsk** ADJ irisch **irländska** 1 ⟨-n; kein pl⟩ Irisch n 2 ⟨-n; -or⟩ Irin f, Irländerin f
ironi [iruˈniː] ⟨-n; -er⟩ Ironie f **ironi'sera** VI ⟨1⟩ **~ över** ironisieren, bespötteln, spötteln über (akk) **i'ronisk** ADJ ironisch
irra ['ira] ⟨1⟩ A VI **~ (omkring)** (umher)irren B VP **~ 'bort sig** sich verirren
irrationell [iratʃuˈnɛl] ADJ irrational
irrbloss ['irblɔs] S N Irrlicht n
irreal [ireˈɑːl] ADJ unwirklich; irreal
irregul'jär [irɛɡʉlˈjæːr] ADJ irregulär
irrfärd ['irfæːɖ] S Irrfahrt f
irritabel [iriˈtɑːbəl] ADJ reizbar, irritabel **irrita'tion** ⟨-en; -er⟩ Reizung f, Irritation f; Gereiztheit f **irri'tera** VT ⟨1⟩ reizen, irritieren; stören **irri'terande** ADJ nervig
is [iːs] ⟨-en; -ar⟩ Eis n; fig **bryta ~en** das Eis brechen, den ersten Schritt tun; **ha ~ i magen** einen kühlen Kopf bewahren; fig **vara ute på hal ~** aufs Glatteis geraten sein; **gå ner sig på ~en** (auf dem Eis) einbrechen; **vara under ~en** auf den Hund gekommen sein **isa** VT ⟨1⟩ eisen **isande** ADJ eisig **isbana** S Eisbahn f **isberg** S N Eisberg m **isbergssallad** S Eisbergsalat m **isbit** S Eiswürfel m; Eisstück n, Eisstückchen n **isbjörn** S Eisbär m **isblock** S N Eisblock m **isbrytare** ⟨-n; -⟩ Eisbrecher m
iscensätta [iˈseːnˌsɛta] VT ⟨4⟩ inszenieren **iscensättning** S Inszenierung f
ISDN-anslutning [iːsdəˈɛnˌ-] S TEL ISDN-Anschluss m
isdubb ['iːsdɵb] S Eisdorn m **isflak** S N Eisscholle f **isfri** ADJ eisfrei **isgata** S Glatteis n **isglass** S Fruchtsafteis n
ishav S N Eismeer n; **Norra ~et** das Nördliche Eismeer **ishink** S Eiskübel m **ishockey** S Eishockey n **ishockeyklubba** S Eishockeyschläger m **ishockeyrink** S SPORT Spielfläche f **ishockeyspelare** ⟨-n; -⟩ Eishockeyspieler(in) m(f) **isig** ADJ vereist **iskaffe** S N Eiskaffee m **iskall** ADJ eiskalt **isklump** S Eisklumpen m **iskyld** ADJ eisgekühlt
islam [isˈlɑːm] ⟨inv⟩ Islam m **islamisk** ADJ islamisch **islamist** ⟨-en; -er⟩ Islamist(in) m(f) **islamistisk** ADJ islamistisch
Island ['iːsland] N ⟨inv⟩ Island n
islossning ['iːsˌlɔsniŋ] S Aufbrechen n des Eises; fig Zeitenwende f
isländare ⟨-n; -⟩ → **isländning isländsk** ADJ isländisch **isländska** 1 ⟨-n; kein pl⟩ Isländisch n 2 ⟨-n; -or⟩ Isländerin f **isländning** ⟨-en; -ar⟩ Isländer m
isolation [isulaˈʃuːn] ⟨-en; -er⟩ Isolation f **iso'lator** ⟨-en; -er⟩ Isolator m **iso'lera** VT ⟨1⟩ isolieren; TECH dämmen **iso'lering** ⟨-en; -er⟩ Isolierung f **iso'leringsband** S N Isolierband n
isotop [isʉˈtoːp] ⟨-en; -er⟩ Isotop n

ispik ['i:spi:k] ⟨-en; -ar⟩ Eispickel *m* **is-ränna** S̄ Fahrrinne *f* im Eis **issörja** S̄ Eisbrei *m* **istapp** S̄ Eiszapfen *m*
Israel ['i:srɑel] N̄ ⟨inv⟩ Israel *n* **isra'el** [isra'e:l] ⟨-en; -er⟩ Israeli *m* **isra'elisk** ADJ israelisch **israel'it** ⟨-en; -er⟩ Israe-lit(in) *m(f)* **israel'itisk** ADJ israelitisch
iste ['i:ste:] S̄N Eistee *m*
ister ['istər] N̄ ⟨-et; kein pl⟩ Schmalz *n*, Fett *n*
istid ['i:sti:d] S̄ Eiszeit *f*
iståndsätta [i'stɔndsɛta] V̄T ⟨4⟩ instand setzen, wiederherstellen **iståndsättning** S̄ Instandsetzung *f*, Wiederherstellung *f*
istäcke ['i:stɛka] S̄N Eisdecke *f* **isvatten** S̄N Eiswasser *n*
isänder [i'sɛndər] ADV → sänder
isär [i'sæ:r] ADV auseinander, entzwei
isättning ['i:sɛtniŋ] S̄ Einsetzung *f*; Einsatz *m*
it, IT ['i:te:] ĀBK (= informationsteknik) IT *f*
Italien [i'tɑ:liən] N̄ ⟨inv⟩ Italien *n* **ita'lienare** ⟨-n; -⟩ Italiener *m*; Italien *n* **italiensk** ADJ italienisch **italienska** 🔢 ⟨-n; kein pl⟩ Italienisch *n* 🔢 ⟨-n; -or⟩ Italienerin *f*
it-bolag ['i:te:-] S̄N, **it-företag** S̄N IT-Unternehmen *n* **it-säkerhet** S̄ IT-Sicherheit *f* **it-teknik** S̄ Informations-technik *f*
itu [i'tʉ:] ADV entzwei, auseinander; *fig* **ta ~ med** ngn sich *(dat)* j-n vornehmen; **ta ~ med** ngt etw in Angriff nehmen; **ta ~ med** ngt etw in Angriff nehmen, sich an etw *(akk)* (heran)machen
iver ['i:vər] ⟨-n; kein pl⟩ Eifer *m* **ivra** V̄I ⟨1⟩ **~ för** ngt für etw eifern, um etw bemüht sein **ivrig** ADJ eifrig
iögon(en)fallande [i'ø:gɔn(ən)'falanda] ADJ in die Augen fallend, auffällig, augenfällig

J

J, j [ji:] N̄ ⟨-:(e)t; -:n/-⟩ J, j *n*, Jot *n*
ja [jɑ:] 🅰 INTER ja, jawohl; *beim Aufruf* hier; **~ visst!** ach ja!; *Bestätigung aber natürlich!*; **~, ~** schon gut; **~ då** gewiss, freilich; **nå ~** nun (gut); **~ tack, gärna!** danke, gerne! 🅱 N̄ ⟨-; -n/-⟩ Ja *n*, Jawort *n*; **säga ~** zusagen; das Jawort geben; **tacka ~ till** ngt etw zusagen
jack[1] [jak] N̄ ⟨-et; -⟩ Scharte *f*, Kerbe *f*; Einschnitt *m*
jack[2] N̄ ⟨-et/-en; -/-ar⟩ TEL Stecker *m*
jacka ['jaka] ⟨-n; -or⟩ Jacke *f* **jackett** [ja'kɛt] ⟨-en; -er⟩ Cut *m*, Cutaway *m*
jag [jɑ:(g)] 🅰 PERS PR ich; **det är ~** ich bin's; **inte ~** ich nicht; **~ min idiot** ich Idiot 🅱 N̄ ⟨-et; -⟩ Ich *n*; **mitt bättre ~** mein besseres Ich
jaga ['jɑ:ga] ⟨1⟩ 🅰 V̄T, V̄I jagen 🅱 V̄P **~ 'bort** fort-/wegjagen, verscheuchen, vertreiben
jaguar [jagə'ɑ:r] ⟨-en; -er⟩ 'Jaguar *m*
jaha [jɑ'hɑ:] INTER ja; ach so
jaka ['jɑ:ka] V̄I ⟨1⟩ ja sagen; **~ till** ngt etw bejahen **jakande** ADJ bejahend; **~ svar** *n a.* Zusage *f*
jakt [jakt] ⟨-en; -er⟩ 🔢 SCHIFF Jacht *f* 🔢 Jagd *f*; **gå på ~** auf die Jagd gehen; **vara på ~** auf der Jagd sein; *fig* **vara på ~ efter** ngt auf der Suche/Jagd nach etw sein **jaktbyte** S̄N Jagdbeute *f* **jaktflyg** S̄N FLUG Jagdwaffe *f* **jakt-flygplan** S̄N Jagdflugzeug *n*, Jäger *m* **jaktgevär** S̄N Jagdgewehr *n*, Jagdflinte *f* **jakthorn** S̄N Jagdhorn *n* **jakthund** S̄ Jagdhund *m* **jaktlicens** S̄ Jagdschein *m* **jaktmark** S̄ Jagd *f*, Jagdrevier *n*
jalusi [jalə'si:] ⟨-n; -er⟩ Jalousie *f*, Rollladen *m*
jama ['jɑ:ma] V̄I ⟨1⟩ miauen **jaman-de** ⟨-t; -n⟩ Miauen *n*
jamb [jamb] ⟨-en; -er⟩ Jambus *m* **jambisk** ADJ jambisch
januari [janə'ɑ:ri] ⟨inv⟩ Januar *m*; *österr* Jänner *m*
Japan ['jɑ:pan] N̄ ⟨inv⟩ Japan *n* **japan**

[ja'pɑ:n] Japaner m **japansk** japanisch **japanska** Japanerin f; Japanisch n
jargong [jar'gɔŋ] ⟨-en; -er⟩ Jargon m
jaröst [ˈjɑːrøst] s̄ Jastimme f
jasmin [jas'mi:n] ⟨-en; -er⟩ Jasmin m
jaså [ˈjasɔ] INTER ach so, aha; *Frage* wirklich
jazz [jas] ⟨-en; -er⟩ Jazz m **jazzbalett** s̄ Jazzballett n **jazzband** s̄ N Jazzband f
jeans [ji:ns] ⟨-; -⟩ Jeans (pl) **jeansjacka** s̄ Jeansjacke f **jeanskjol** s̄ Jeansrock m **jeansskjorta** s̄ Jeanshemd n
jeep [ji:p] ⟨-en; -ar⟩ Jeep® m
Jehova [je'ho:va] ⟨inv⟩ ~s vittnen pl Zeugen pl Jehovas
jesuit [jesøˈiːt] ⟨-en; -er⟩ Jesuit m
jet [jet] ⟨-en; kein pl⟩ TECH Düse f **jetdrift** s̄ Düsenantrieb m **jetflygplan** s̄ N → jetplan **jetlag** ⟨-(g)en; kein pl⟩ Jetlag m **jetmotor** s̄ Düsenmotor m **jetplan** s̄ N Düsenflugzeug n
jfr ABK (= jämför) vgl. (*vergleiche*)
jippo [ˈjipʊ] umg N ⟨-t; -n⟩ Gag m; Streich m; Fete f
jo [juː] INTER doch, gewiss, jawohl; ~ vars allerdings; ~ då!, ~ ~ män(san)! ja doch!; ~ visst! natürlich!; å ~! o ja!
jobb [jɔb] N ⟨-et; -⟩ Arbeit f, Job m **jobba** ⟨1⟩ A Vi arbeiten, schuften; schieben; *vad ~r du med?* was machen Sie beruflich? B VP ~ *över* Überstunden machen **jobbare** ⟨-n; -⟩ Arbeiter(in) m(f); Schieber(in) m(f) **jobbarkompis** s̄ Arbeitskollege m, Kumpel m **jobbig** ADJ lästig, mühsam, anstrengend
jockey [ˈjɔkej] ⟨-en; -er⟩ Jockey m
jod [jɔd] ⟨-en; kein pl⟩ Jod n
joddla [ˈjɔdla] Vi ⟨1⟩ jodeln
jogga [ˈjɔga] Vi ⟨1⟩ joggen **joggingbyxor** PL ⟨-na⟩ Jogginghose f **joggingsko** s̄ Joggingschuh m
John Blund [jɔnˈblɵnd] ⟨inv⟩ *das* Sandmännchen
jolle [ˈjɔle] ⟨-n; -ar⟩ Jolle f, Beiboot n
joller [ˈjɔlər] N ⟨-et; kein pl⟩ Lallen n; *fig* Gefasel n **jollra** Vi ⟨1⟩ lallen; *fig* faseln
jolmig [ˈjɔlmi(g)] ADJ fade, schal
jon [juːn] ⟨-en; -er⟩ PHYS Ion n
jonglera [jɔŋˈleːra, jɔŋ-] Vi ⟨1⟩ jonglieren **jonglör** ⟨-en; -er⟩ Jongleur m
jonisk [ˈjuːnisk] ADJ ionisch
jord [juːɖ] ⟨-en; -ar⟩ Erde f; (Grund und) Boden m; Erdreich n; *fig* gå under ~en untertauchen; sjunka genom ~en av blygsel vor Scham in den Boden (ver)sinken **jorda** VT ⟨1⟩ ELEK erden **jordaxel** s̄ Erdachse f **jordbruk** s̄ N Landwirtschaft f; Ackerbau m **jordbrukare** ⟨-n; -⟩ Landwirt(in) m(f) **jordbruksdepartement** s̄ N Landwirtschaftsministerium n **jordbruksminister** s̄ Landwirtschaftsminister(in) m(f) **jordbruksprodukt** s̄ landwirtschaftliches Erzeugnis **jordbunden** *fig* ADJ erdgebunden, am Irdischen hängend; bodenständig **jordbävning** ⟨-en; -ar⟩ Erdbeben n **jordebok** ⟨-en; -böcker⟩ Grundbuch n **jorden'runttresa** s̄ Weltreise f **jordfästa** VT ⟨2⟩ bestatten **jordfästning** s̄ Bestattung f **jordglob** s̄ Globus m **jordgubbe** s̄ Erdbeere f **jordhög** s̄ Erdhaufen m **jordig** ADJ erdig **jordisk** ADJ irdisch; lämna det ~a das Zeitliche segnen **jordklot** ⟨-et⟩ Erdkugel f, Erdball m **jordkoka** s̄ Erdscholle f **jordledning** s̄ ELEK Erdleitung f **jordmån** ⟨-en; kein pl⟩ Boden (-beschaffenheit f) m, Erdreich n **jordnära** ADJ naturnah, urwüchsig **jordnöt** s̄ Erdnuss f **jordnötssmör** s̄ N Erdnussbutter f **jordskalv** s̄ N Erdbeben n **jordskorpa** s̄ Erdkruste f **jordskred** s̄ N Erdrutsch m **jordyta** s̄ Erdoberfläche f **jordärtskocka** ⟨-n; -or⟩ Erdartischocke f
jour [ʃuːr] ⟨-en; -er⟩ Bereitschaftsdienst m; *ha* ~ Dienst haben **jourhavande** ADJ dienstbereit, diensthabend **jourläkare** s̄ Notarzt m, Notärztin f
journal [ʃuːrˈnɑːl] ⟨-en; -er⟩ Krankenblatt n, Journal n **journa'list** ⟨-en; -er⟩ Journalist(in) m(f) **journalis'tik** ⟨-en; kein pl⟩ Journalistik f
jourtjänst [ˈʃuːrɕɛnst] s̄ Bereitschaftsdienst m; Notdienst m
jovial(isk) [juviˈɑːl(isk)] ADJ gemütlich, jovial; leutselig
joystick [ˈjɔjstik] ⟨-en; -ar⟩ COMPUT Joystick m
jr ABK (= junior) jr. (*junior*)
ju [juː] A ADV ja; immerhin B KONJ je; ~ ... dess/desto ~ ... desto ..., je ... umso ...

jubel ['ju:bəl] N ⟨-et; kein pl⟩ Jubel m; Jauchzen n **jubi'lar** ⟨-en; -er⟩ Jubilar(in) m(f) **jubi'lera** Vit ⟨1⟩ (ein) Jubiläum feiern **jubi'leum** N ⟨jubileet; jubileer⟩ Jubiläum n **jubla** Vit ⟨1⟩ jubeln, jauchzen

jude ['ju:də] ⟨-n; -ar⟩ Jude m **judeförföljelse** S Judenverfolgung f **judekvarter** SN jüdisches Viertel **judendom** ⟨-en; kein pl⟩ Judentum n **judinna** ⟨-n; -or⟩ Jüdin f **judisk** ADJ jüdisch

judo ['ju:də] ⟨-n; kein pl⟩ Judo n

juice [ju:s] ⟨-n; -r⟩ Obstsaft m, Gemüsesaft m

jul [ju:l] ⟨-en; -ar⟩ Weihnachten n (f/pl); **god ~!** fröhliche Weihnachten!; **i/till ~** zu Weihnachten; **i ~as** vorige Weihnachten; **på/under ~en** zu Weihnachten **julafton** S Weihnachtsabend m, Heiligabend m, der Heilige Abend m **juldag** S erster Weihnachtstag m **juletid** S Weihnachtszeit f **julfest** S Weihnachtsfeier f **julgran** S Weihnachtsbaum m, Christbaum m **julgransfot** S Christbaumständer m **julgranskula** S Christbaumkugel f **julgransplundring** S ≈ Weihnachtsbaumplünderung f *(Brauch in Schweden, bei dem man Mitte Januar den Weihnachtsschmuck vom Christbaum nimmt und alle Süßigkeiten aufisst)* **julhelg** S Weihnachtsfest n, Christfest n **julkalender** S Adventskalender m **juli** ['ju:li] ⟨inv⟩ Juli m **julklapp** ['ju:lklap] S Weihnachtsgeschenk n **julklappsutdelning** S Weihnachtsbescherung f **julkort** SN Weihnachtskarte f **jullov** SN Weihnachtsferien f/pl **julmust** S *Limo mit Malz und Hopfen (zur Weihnachtszeit)* **julnatt** S Christnacht f **julros** S Christrose f **julrusch** [-'reʃ] S Weihnachtsrummel m **julstök** S/pl Weihnachtsvorbereitungen f/pl **julsång** S Weihnachtslied n **jultid** S → juletid **jultomte** S Weihnachtsmann m

jumbo ['jɛmbɔ] ⟨-n; kein pl⟩ **bli ~** Schlusslicht sein

jumper ['jɛmpər] ⟨-n; -ar⟩ Jumper m

jungfru ['jɛŋfrʉ] ⟨-n; -r⟩ Jungfrau f; Dienstmädchen n; TECH Jungfer f **jungfrulig** ADJ jungfräulich **Jungfrun** ⟨inv⟩ ASTROL Jungfrau f

juni ['ju:ni] ⟨inv⟩ Juni m

junta ['jɛnta] ⟨-n; -or⟩ POL Junta f

juridik [jɛri'di:k] ⟨-en; kein pl⟩ Jura pl, Rechte n/pl, Rechtswissenschaft f; Jurisprudenz f **ju'ridisk** ADJ juristisch; **den ~a banan** die Juristenlaufbahn **juris** ADJ **~ doktor** Doktor m der Rechte **ju'rist** ⟨-en; -er⟩ Jurist(in) m(f) **jury** ['jɛri] ⟨-n; -er⟩ Jury f; JUR Schwurgericht n; Geschworene pl **jurymedlem** S Geschworene(r) m(f/n)

just[1] [jɛst] ADV gerade, (so)eben; **~ han** gerade/ausgerechnet er; **~ för att** gerade weil

just[2] [jʉst] ADJ richtig, korrekt **justera** [jɛs'te:ra] VT ⟨1⟩ justieren, ausgleichen, einstellen; ordnen; *Gewichte* eichen; *Protokoll* genehmigen; SPORT verletzen **justerbar** ADJ einstellbar, regulierbar **justering** ⟨-en; -ar⟩ Justierung f; Eichung f; Genehmigung f **justitiedepartement** [jɛ'stitsiədəpaʈə'ment] SN Justizministerium n **justitieminister** S Justizminister(in) m(f) **justitiemord** SN Justizmord m **justitieombudsman** S Ombudsmann des Reichstags

jute ['ju:tə] a. N ⟨-n/-t⟩, **juteväv** S Jute f

juvel [jɛ've:l] ⟨-en; -er⟩ Juwel n **juve'lerare** ⟨-n; -⟩ Juwelier(in) m(f) **juvelskrin** SN Schmuckkästchen n

juver ['jɉ:vər] N ⟨-et; -⟩ Euter n

jvstn ABK (= *järnvägsstation*) Bhf. *(Bahnhof)*

jycke ['jykə] ⟨-n; -ar⟩ *umg* Köter m; *fig* Kauz m

jädrans ['jɛ:drans] *umg* ADJ, ADV verdammt, verflixt

jägare ['jɛ:garə] ⟨-n; -⟩ Jäger m **jägmästare** S Diplom-Forstwirt m

jäkel ['jɛ:kəl] ⟨-n; -ar⟩ Teufel m, Deibel m; Mordskerl m **jäkla** *umg* ADJ, ADV → jäklig **jäklar** *umg* INTER Scheiße **jäklas** *umg* Vit ⟨1⟩ (dep 1) stänkern; **~ med ngn** j-m das Leben schwer machen **jäklig** *umg* ADJ verteufelt, verdammt, verflucht

jäkt [jɛkt] N ⟨-et; kein pl⟩ Hast f, Eile f; Hetze f, Hetzerei f **jäkta** ⟨1⟩ A Vit jagen, hetzen B Vit hasten, sich abhetzen **jäktig** ADJ gehetzt, hektisch; **det blir ~t** es wird eine furchtbare Hetze;

ha det ~t sehr viel zu tun haben
jämbred ['jɛmbre:d] _ADJ_ gleich breit
jämbredd s̄ i ~ med nebeneinander, Seite an Seite **jämbördig** _ADJ_ ebenbürtig (med dat) **jämfota** _ADV_ hoppa ~ mit beiden Füßen gleichzeitig springen **jämföra** _VT_ ⟨2⟩ vergleichen **jämförbar** _ADJ_ vergleichbar **jämförelse** ⟨-n; -r⟩ Vergleich _m_; **i ~ med** im Vergleich mit; **utan ~** unvergleichlich **jämförelsevis** _ADV_ verhältnismäßig **jämförlig** _ADJ_ vergleichbar **jämförpris** S̄ N Vergleichspreis _m_ **jämgammal** _ADJ_ gleich alt **jämgod** _ADJ_ gleich gut; **vara ~ med ngn** j-m gleichkommen
jämka ['jɛmka] ⟨1⟩ **A** _VT, VI_ gleichmachen, angleichen, anpassen; rücken (på ngt etw); _fig_ vermitteln; **på priset** etw vom Preis ablassen **B** _VP_ **~ i'hop** ausgleichen **jämkning** ⟨-en; -ar⟩ Abänderung _f_, Angleichung _f_, Anpassung _f_; Rücken _n_; _fig_ Ausgleich _m_; Vermittlung _f_
jämlik ['jɛmli:k] _ADJ_ gleich(gestellt) (med dat) **jämlike** s̄ **hans ~** seinesgleichen; **utan ~** ohnegleichen **jämlikhet** ⟨-en; kein _pl_⟩ Gleichheit _f_
jämmer ['jɛmər] _a._ N̄ ⟨-n/-et; kein _pl_⟩ Jammer _m_, Ächzen _n_ **jämmerdal** s̄ Jammertal _n_ **jämmerlig** _ADJ_ jämmerlich, erbärmlich, kläglich **jämmerrop** S̄ N, **jämmerskri** S̄ N Jammergeschrei _n_
jämn [jɛmn] _ADJ_ eben, glatt, gerade; gleichmäßig, regelmäßig; **en pengar** passendes Geld; **allt går sin ~a gång** die Dinge gehen ihren gewohnten Gang; **hålla ~ steg** (gleichen) Schritt halten; **dela ~t** in gleiche Teile teilen; **nätt och ~t** eben, gerade noch **jämna** ⟨1⟩ **A** _VT_ (ein)ebnen, eben machen; **~ med marken** dem Erdboden gleichmachen **B** _VP_ **~ 'ut** ausgleichen **jämnan** ⟨inv⟩ **för ~** immerzu **jämnbred** _ADJ_ = **jämbred jämngod** _ADJ_ = **jämgod jämnhet** ⟨-en; -er⟩ Ebenheit _f_, Gleichheit _f_; Gleichmäßigkeit _f_ **jämnhög** _ADJ_ gleich hoch **jämnhöjd** s̄ i ~ med in gleicher Höhe mit **jämnmod** S̄ N Gleichmut _m_ **jämnstor** _ADJ_ gleich groß **jämnstruken** _ADJ_ Maß gestrichen; _fig_ gleich; mittelmäßig

jämntjock _ADJ_ gleich dick **jämnårig** _ADJ_ gleichaltrig; ebenso alt (med wie); **mina ~a** meine Altersgenossen
jämra ['jɛmra] _VR_ ⟨1⟩ **~ sig** jammern, ächzen, klagen
jäms [jɛms] _ADV_ **~ med** in gleicher Höhe mit; längs; neben **jämsides** _ADV_ nebeneinander; **~ med** neben **jämspelt** _ADJ_ ebenbürtig (med dat) **jämställa** _VT_ ⟨2⟩ gleichstellen, gleichsetzen (med dat) **jämställdhet** ⟨-en; kein _pl_⟩ Gleichberechtigung _f_ **jämställdhetsansvarig** _ADJ_ **en ~** ein(e) Frauenbeauftragte(r) _m(f)_
jämt _ADV_ **~ (och ständigt)** immer wieder, immerzu, dauernd
jämte ['jɛmtə] _PRÄP_ nebst, samt, sowie; neben
jämvikt ['jɛmvikt] s̄ Gleichgewicht _n_
jänta ['jɛnta] ⟨-n; -or⟩ Mädel _n_
järn [jæ:ɳ] N̄ ⟨-et; -⟩ Eisen _n_; **av ~** eisern, Eisen-; **ha många ~ i elden** mehrere Eisen im Feuer haben **järnaffär** s̄ Eisenwarenhandlung _f_ **järnbalk** s̄ Eisenträger _m_ **järnek** s̄ Steineiche _f_, Stechpalme _f_ **järngaller** S̄ N Eisengitter _n_ **järngrepp** S̄ N eiserner Griff **järnhalt** s̄ Eisengehalt _m_ **järnhaltig** _ADJ_ eisenhaltig **järnhandel** s̄ → **järnaffär järnhantering** s̄ Eisenindustrie _f_ **järnhård** _ADJ_ eisenhart; _fig_ eisern **järnhälsa** s̄ eiserne Gesundheit **järnmalm** s̄ Eisenerz _n_ **järnnätter** _PL_ ⟨-na⟩ Frostnächte _pl_ **järnplåt** s̄ Eisenblech _n_ **järnridå** s̄ eiserner Vorhang; _fig_ der Eiserne Vorhang **järnskrot** S̄ N Alteisen _n_, Schrott _m_ **järnspis** s̄ eiserner Herd **järnstång** s̄ Eisenstange _f_ **järnverk** S̄ N Eisenwerk _n_ **järnvilja** s̄ eiserner Wille **järnväg** s̄ Eisenbahn _f_ **järnvägsarbetare** s̄ (Eisen-)Bahnarbeiter(in) _m(f)_ **järnvägsbank** s̄ (Eisen-)Bahndamm _m_ **järnvägsförbindelse** s̄ Eisenbahnverbindung _f_ **järnvägsknut** s̄ Eisenbahnknotenpunkt _m_ **järnvägslinje** s̄ (Eisen-)Bahnlinie _f_ **järnvägsspår** S̄ N (Eisen-)Bahngleis _n_ **järnvägsstation** s̄ Bahnhof _m_, Bahnstation _f_ **järnvägsvagn** s̄ Eisenbahnwagen _m_ **järnvägsövergång** s̄ Bahnübergang _m_ **järnålder** s̄ Eisenzeit _f_
järpe ['jærpə] ⟨-n; -ar⟩ Haselhuhn _n_
järtecken ['jæ:ʈekən] S̄ N Vorzeichen

n, Zeichen n, Omen n
järv [jærv] ⟨-en; -ar⟩ Vielfraß m
jäsa [ˈjɛːsa] ⟨2⟩ A̲ V̲/T̲ aufgehen lassen B̲ V̲/I̲ gären C̲ V̲/P̲ ~ **'upp** aufgehen; ~ **'över** 'überlaufen **jäsning** ⟨-en; -ar⟩ Gärung f **jäst** ⟨-en; kein pl⟩ Hefe f **jästsvamp** S̲ Hefepilz m
jätte [ˈjɛtə] ⟨-n; -ar⟩ Riese m, Riesin f, Hüne m **jätte-** IN ZSSGN Riesen-, riesen- **jättehög** A̲DJ̲ riesenhoch **jättelik** A̲DJ̲ riesenhaft, riesig **jättelätt** A̲DJ̲ kinderleicht **jättemycket** A̲DJ̲, A̲DV̲ enorm viel **jätteräka** S̲ Hummerkrabbe f **jättestor** A̲DJ̲ riesengroß **jättetrevlig** A̲DJ̲ supernett
jäv [jɛːv] ⟨-et; -⟩ JUR Einspruch m; **anmäla ~** Einspruch erheben (**mot** gegen)
jäva V̲/T̲ ⟨2⟩ JUR Einspruch erheben gegen, ablehnen; widersprechen (dat); widerlegen
jävel [ˈjɛːvəl] ⟨-n; -ar⟩ umg → djävel
jävig [jɛːvi(g)] A̲DJ̲ befangen **jävighet** ⟨-en; kein pl⟩ Befangenheit f
jävla [ˈjɛːvla] umg A̲DJ̲ → djävla **jävlar** umg I̲NTER → djävlar **jävlas** umg V̲/I̲ ⟨dep 1⟩ → djävlas **jävlig** umg A̲DJ̲ → djävlig
jökel [ˈjøːkəl] ⟨-n; -ar⟩ Gletscher m
jösses [ˈjøsəs] umg I̲NTER du lieber Himmel; **vad i jösse namn?!** was in aller Welt?!

K

K, k [koː] N̲ ⟨-ː(e)t; -ːn/-⟩ K, k n
k:a A̲BK̲ (= kyrka) Kirche
kabaré [kabaˈreː] ⟨-n; -er⟩ Kabarett n
kabbeleka [ˈkabələːka] ⟨-n; -or⟩ Sumpfdotterblume f
kabel [ˈkɑːbəl] ⟨-n; -ar⟩ Kabel n **kabelanslutning** S̲ Kabelanschluss m **kabelbrott** S̲N̲ Kabelbruch m
kabeljo [ˈkabəlju] ⟨-n; kein pl⟩ ≈ Klippfisch m
kabel-tv [ˈkɑːbəltveː] S̲ Kabelfernsehen n
kabin [kaˈbiːn] ⟨-en; -er⟩ Kabine f **kabinbana** S̲ Kabinenbahn f; Seilbahn f

kabinett [kabiˈnɛt] N̲ ⟨-et; -⟩ Kabinett n
kabyss [kaˈbys] ⟨-en; -er⟩ SCHIFF Kombüse f
kackel [ˈkakəl] N̲ ⟨-et; kein pl⟩ Gegacker n, Geschnatter n
kackerlacka [ˈkakəlaka] ⟨-n; -or⟩ Küchenschabe f, Kakerlak m, Kakerlake f
kackla [ˈkakla] V̲/I̲ ⟨1⟩ gackern, schnattern **kacklande** ⟨-t; kein pl⟩ Gackern n, Schnattern n
kadaver [kaˈdɑːvər] N̲ ⟨-et; -⟩ Kadaver m
kadett [kaˈdɛt] ⟨-en; -er⟩ MIL Kadett m
kafé [kaˈfeː] N̲ ⟨-t; -er⟩ Café n, Konditorei f **kafévagn** S̲ Zug Bistrowagen m
kaffe [ˈkafə] ⟨-t; kein pl⟩ Kaffee m **kaffebricka** S̲ Kaffeetablett n **kaffebryggare** S̲ Kaffeemaschine f **kaffebröd** S̲N̲ Gebäck n S̲ Kaffeebohne f **kaffeböna** S̲ Kaffeebohne f **kaffedags** A̲DV̲ **det är ~** es ist Zeit Kaffee zu trinken **kaffefat** S̲N̲ Untertasse f **kaffegrädde** S̲ Kaffeesahne f **kaffegök** umg S̲ Kaffee m mit Weinbrand **kaffekanna** S̲ Kaffeekanne f **kaffekopp** S̲ Kaffeetasse f **kaffekvarn** S̲ Kaffeemühle f **kaffemoster** umg S̲ Kaffeetante f **kaffepanna** S̲ Kaffeetopf m, Kaffeekessel m **kafferast** S̲ Kaffeepause f **kafferep** umg S̲N̲ Kaffeekränzchen n **kaffesked** S̲ Kaffeelöffel m **kaffesump** S̲ Kaffeesatz m **kaffetår** S̲ Schluck m Kaffee
kagge [ˈkagə] ⟨-n; -ar⟩ Fässchen n, Tönnchen n
kaj [kaj] ⟨-en; -er⟩ Kai m
kaja [ˈkaja] ⟨-n; -or⟩ Dohle f
kajak [kaˈjɑːk] ⟨-en; -er⟩ Kajak m od n; **paddla ~** Kajak fahren
kajennpeppar [kaˈjɛnpepar] S̲ Cayennepfeffer m
kajuta [kaˈjuːta] ⟨-n; -or⟩ Kajüte f **kajutfönster** S̲N̲ SCHIFF Bullauge n
kaka [ˈkɑːka] ⟨-n; -or⟩ Kuchen m; Plätzchen n; Schokolade Tafel f; IT Cookie n; **~ söker maka** Gleich und Gleich gesellt sich gern
kakao [kaˈkɑːo] ⟨-n; kein pl⟩ Kakao m **kakaoböna** S̲ Kakaobohne f **kakaopulver** S̲N̲ Kakaopulver n
kakel [ˈkɑːkəl] N̲ ⟨-et; -⟩ Kachel f **kakelugn** S̲ Kachelofen m

kakfat [ˈkɑːkfɑːt] S̄N Kuchenteller m, Kuchenplatte f **kakform** S̄ Kuchenform f **kakmix** S̄ Backmischung f **kakmått** S̄N Plätzchenausstecher m
kaktus [ˈkaktɵs] ⟨-en; -ar⟩ Kaktus m
kal [kɑːl] ADJ kahl; ~ **hjässa** Kahlkopf m, Glatze f
kalabalik [kalabaˈliːk] ⟨-en; -er⟩ Auflauf m, Tumult m, Krawall m
kalas [kaˈlɑːs] N̄ ⟨-et; -⟩ Feier f, Fest n, Festmahl n; fig **få betala ~et** die Zeche bezahlen müssen **kalasa** V̄I ⟨1⟩ schmausen **kalaskula** umg S̄ Schmerbauch m **kalasmat** S̄ feines Essen
kalcium [ˈkalsiəm] N̄ ⟨-et/-; kein pl⟩ Kalzium n
kalender [kaˈlɛndər] ⟨-n; -ar⟩ Kalender m **kalenderår** S̄N Kalenderjahr n
kalfjäll [ˈkaːlfjɛl] S̄N **på ~et** im Gebirge oberhalb der Baumgrenze **kalhugga** V̄T ⟨4⟩ abholzen **kalhygge** S̄N Kahlschlag m
kaliber [kaˈliːbər] ⟨-n; -ar/-er⟩ Kaliber n; **av grov ~** schweren Kalibers
kalium [ˈkɑːliəm] ⟨-et/-kaliet/-; kein pl⟩ Kalium n
kalk[1] [kalk] ⟨-en; -ar⟩ Kelch m
kalk[2] N̄ ⟨-en; kein pl⟩ MINER Kalk m; **(o)släckt ~** (un)gelöschter Kalk **kalka** V̄T ⟨1⟩ kalken, tünchen **kalkera** [kalˈkeːra] V̄T ⟨1⟩ (durch)pausen **kalkerpapper** S̄N Pauspapier n **kalkhalt** [ˈkalkhalt] S̄ Kalkgehalt m **kalkhaltig** ADJ kalkhaltig
kalkon [kalˈkuːn] ⟨-en; -er⟩ Pute(r m) f, Truthahn m
kalksten [ˈkalksteːn] S̄ Kalkstein m
kalkyl [kalˈkyːl] ⟨-en; -er⟩ Berechnung f, Kalkül n od m, Kalkulation f **kalkylera** V̄T, V̄I ⟨1⟩ (be)rechnen, kalkulieren; veranschlagen **kalkylprogram** S̄N COMPUT Tabellenkalkulation f
kall[1] [kal] ADJ kalt, kühl; **~a fakta** nackte Tatsachen; **tio grader ~t** minus zehn Grad
kall[2] N̄ ⟨-et; -⟩ Berufung f, Lebensaufgabe f; Beruf m; Amt n **kalla** [ˈkala] ⟨1⟩ **A** V̄T nennen, heißen; (be)rufen; JUR vorladen; **~ ngn för ngt** j-n wie nennen; **~ på ngn** j-n (an)rufen; **känna sig ~d** sich berufen fühlen; **bli ~d som vittne** als Zeuge geladen werden; **så ~d** sogenannt **B** V̄P **~ 'fram** hervorrufen; **~ ngn 'till sig** j-n zu sich rufen **kallas** V̄I ⟨dep 1⟩ heißen, genannt werden
kallbad [ˈkalbɑːd] S̄N kaltes Bad **kallblodig** ADJ kaltblütig **kalldusch** S̄ kalte Dusche f
Kalle Anka [ˈkalə ˈaŋka] ⟨inv⟩ Donald Duck
kallelse [ˈkalɛlsə] ⟨-n; -r⟩ Einladung f, Ruf m, Berufung f; JUR (Vor-)Ladung f
kallfront [ˈkalfrɔnt] S̄ Kaltfront f **kallhamrad** ADJ hartherzig; gefühllos **kallhyra** S̄ Kaltmiete f **kallna** V̄I ⟨1⟩ kalt werden, erkalten **kallprat** S̄N leeres Geschwätz n **kallpressad** ADJ kaltgepresst **kallsinnig** ADJ gleichgültig, uninteressiert **kallskuret** N̄ ⟨inv⟩ (kalter) Aufschnitt m **kallskänka** ⟨-n; -or⟩ kalte Mamsell **kallstart** S̄ IT Kaltstart m **kallsup** S̄ **få en ~** kaltes Wasser schlucken **kallsvett** S̄ kalter Schweiß, Angstschweiß m **kallsvettas** V̄I ⟨dep 1⟩ **jag ~** mir bricht der kalte Schweiß aus **kallvatten(s)kran** S̄ Kaltwasserhahn m
kalops [kaˈlɔps] ⟨-en; kein pl⟩ ≈ Gulasch n od m
kalori [kaluˈriː] ⟨-n; -er⟩ Kalorie f **kalorifattig** ADJ kalorienarm **kaloririk** ADJ kalorienreich
kalsonger [kalˈsɔŋər] P̄L ⟨-na⟩ Unterhose f sg für Männer
kalufs [kaˈlɵfs] ⟨-en; -er⟩ umg Schopf m
kalv [kalv] ⟨-en; -ar⟩ Kalb n **kalva** V̄I ⟨1⟩ kalben **kalvbog** S̄, **kalvbringa** S̄ Kalbsbrust f **kalvbräss** ⟨-en; kein pl⟩ Kalbsbries(chen) n **kalvkotlett** S̄ Kalbskotelett n **kalvkött** S̄N Kalbfleisch n **kalvskinn** S̄N Kalbsleder n, Kalb(s)fell n **kalvstek** S̄ Kalbsbraten m **kalvsylta** S̄ Kalbssülze f
kam [kam] ⟨-en; -mar/ kammar⟩ Kamm m; GEOG a. Grat m; **dra alla över en ~** alle über einen Kamm scheren **kamaxel** S̄ AUTO Nockenwelle f
kamé [kaˈmeː] ⟨-n; -er⟩ Kamee f
kamel [kaˈmeːl] ⟨-en; -er⟩ Kamel n
kameleont [kamelɛˈɔnt] ⟨-en; -er⟩ Chamäleon n
kamelhår [kaˈmeːlhoːr] S̄N Kamelhaar n
kamelia [kaˈmeːlia] ⟨-n; -or⟩ Kamelie f
kamera [ˈkɑːmera] ⟨-n; -or⟩ Kamera f

kameraman S̄ Kameramann m; Kamerafrau f
kamfer ['kamfər] ⟨-n; kein pl⟩ Kampfer m
kamgarn ['kamgaːŋ] S̄N Kammgarn n
kamin [ka'miːn] ⟨-en; -er⟩ eiserner Ofen; *elektrischer* Heizofen
kamma ['kama] ⟨1⟩ A V̄T kämmen; ~ *noll leer ausgehen* B V̄R ~ *sig* sich die Haare kämmen
kammare ['kamərə] ⟨-n; kamrar/-⟩ Kammer f, Stube f **kammarjungfru** S̄ Zofe f, Kammerjungfer f **kammarmusik** S̄ Kammermusik f
kamomill [kamɔ'mil] ⟨-en; -er⟩ Kamille f **kamomillte** S̄N Kamillentee m
kamouflage [kamu'flɑːʃ] ⟨-t; kein pl⟩ Tarnung f, Camouflage f **kamou'flera** V̄T ⟨1⟩ tarnen
kamp[1] [kamp] ⟨-en; -er⟩ Kampf m; **~en för tillvaron** der Kampf ums Dasein
kamp[2] [kamp] ⟨-en; -ar⟩ Gaul m
kampanj [kam'panj] ⟨-en; -er⟩ Kampagne f; Aktion f
kampera [kam'peːra] V̄I ⟨1⟩ kampieren
kamphund ['kamphʉnd] S̄ Kampfhund m **kampsport** S̄ Kampfsport m
kamrat [kam'rɑːt] ⟨-en; -er⟩ Kamerad(in) m(f), Gefährte m, Gefährtin f, Genosse m, Genossin f; Freund(in) m(f); Kollege m, Kollegin f **kamratanda** S̄ Kameradschaftsgeist m **kamratkrets** S̄ Kameradenkreis m **kamratlig** ADJ kameradschaftlich **kamratskap** N̄ ⟨-et/-en; kein pl⟩ Kameradschaft f
kamrer [kam'reːr] ⟨-n; -er⟩ Leiter(in) m(f) der Buchhaltung, Zweigstellenleiter(in) m(f); Bürovorsteher(in) m(f)
kana [kɑːna] A ⟨-n; -or⟩ Rutschbahn f; **åka ~** schlittern B V̄I ⟨1⟩ schlittern
Kanada ['kɑːnada] ⟨inv⟩ Kanada n
kanad'ensare ⟨-n; -⟩ Kanadier(in) m(f) **kanad'ensisk** kanadisch
kanal [ka'nɑːl] ⟨-en; -er⟩ Kanal m; **Engelska ~en** der Ärmelkanal **kanalisa'tion** ⟨-en; -er⟩ Kanalisation f **kanali'sera** V̄T ⟨1⟩ kanalisieren
kanalje [ka'nalje] ⟨-n; -r⟩ Gauner m, Schurke m, Kanaille f
kanariefågel [ka'nɑːriəfoːgəl] S̄ Kanarienvogel m **Kanarieöarna** PL ⟨inv⟩ die Kanarischen Inseln

kandelaber [kandə'lɑːbər] ⟨-n; -ar⟩ Kandelaber m
kandera [kan'deːra] V̄T ⟨1⟩ kandieren
kandidat [kandi'dɑːt] ⟨-en; -er⟩ Kandidat(in) m(f); Bewerber(in) m(f); Bachelor m **kandida'tur** ⟨-en; -er⟩ Kandidatur f **kandi'dera** V̄I ⟨1⟩ kandidieren
kandisocker ['kandisɔkər] S̄N Kandiszucker m
kanel [ka'neːl] ⟨-en; kein pl⟩ Zimt m **kanelbulle** S̄ ≈ Zimtschnecke f
kanhända [kan'hɛnda] ADV vielleicht
kanin [ka'niːn] ⟨-en; -er⟩ Kaninchen n **kaninbur** S̄ Kaninchenstall m
kanna ['kana] ⟨-n; -or⟩ Kanne f, Kännchen n, Krug m
kannibal [kani'bɑːl] ⟨-en; -er⟩ Kannibale m, Kannibalin f **kanniba'lism** ⟨-en; kein pl⟩ Kannibalismus m
kanon[1] ['kɑːnɔn] ⟨-; -/-er⟩ Kanon m; Regel f, Richtschnur f
kanon[2] [ka'nuːn] ⟨-en; -er⟩ Kanone f, Geschütz n; **som skjuten ur en ~** wie aus der Pistole geschossen **kanon-** *umg* IN ZSSGN super **kanonbra** ADJ, ADV super **kanonkula** S̄ Kanonenkugel f
kanot [ka'nuːt] ⟨-en; -er⟩ 'Kanu n **kano'tist** ⟨-en; -er⟩ Kanufahrer m
kanske ['kanʃə] ADV vielleicht; etwa
kansler ['kanslər] ⟨-n; -⟩ Kanzler m
kansli [kans'liː] ⟨-t; -er od -n⟩ Kanzlei f **kanslispråk** S̄N Kanzleisprache f; Amtsstil m
kant [kant] ⟨-en; -er⟩ Kante f, Rand m, Saum m; *Brot* Rinde f; **från alla håll och ~er** von allen Ecken und Enden; **hålla sig på sin ~** zurückhaltend sein; **komma på ~ med ngn** sich mit j-m verkrachen **kanta** V̄T ⟨1⟩ einfassen, säumen; besetzen
kantarell [kanta'rɛl] ⟨-en; -er⟩ Pfifferling m
kantat [kan'tɑːt] ⟨-en; -er⟩ Kantate f
kantband ['kantband] S̄N Besatzband n, Borte f **kantig** ADJ kantig, eckig
kanton [kan'tuːn] ⟨-en; -er⟩ Kanton m
kantor ['kantɔr] ⟨-n; -er⟩ Kantor m
kantra ['kantra] V̄I ⟨1⟩ kentern, umschlagen, umkippen **kantring** ⟨-ar; -ar⟩ Kentern n, Umschlagen n, Umkippen n
kantsten ['kantsteːn] S̄ Bordstein m, Kantstein m **kantstött** ADJ abgesto-

ßen
kanyl [ka'ny:l] ⟨-en; -er⟩ Kanüle f
kaos ['ka:ɔs] ⟨-et; kein pl⟩ Chaos n, Wirrwarr m **kaotisk** [ka'u:tisk] ADJ chaotisch, wirr, wüst
kap N ⟨-et; -⟩ Fang m; einen guten Fang tun **kapa** ⟨1⟩ A VT FLUG entführen; SCHIFF kapern, aufbringen; TECH kappen; _Holz_ abhauen B VP ~ **'av** abkürzen; ~ **'åt sig** an sich reißen/raffen
kababel [ka'pa:bəl] ADJ fähig **kapaci'tet** ⟨-en; -er⟩ Kapazität f
kapare ['ka:parə] ⟨-n; -⟩ Kaper m; FLUG Entführer(in) m(f)
kapell [ka'pel] ⟨-et; -⟩ Kapelle f; SCHIFF Verdeck n **kapellmästare** S Kapellmeister(in) m(f)
kapital [kapi'ta:l] A ADJ kolossal, riesig, Kapital-; **~t** vollständig B N ⟨-et; -⟩ Kapital n **kapita'lism** ⟨-en; kein pl⟩ Kapitalismus m **kapita'list** ⟨-en; -er⟩ Kapitalist(in) m(f) **kapitalplacering** S Kapitalanlage f **kapitalstark** ADJ kapitalkräftig **kapitalvaror** PL ⟨-na⟩ Gebrauchsgüter pl
kapitel [ka'pitəl] N ⟨-; -⟩ Kapitel n, Abschnitt m; **det är ett ~ för sig** das ist ein Kapitel für sich
kapitulation [kapitəla'ʃu:n] ⟨-en; -er⟩ Kapitulation f **kapitu'lera** VI ⟨1⟩ kapitulieren, sich ergeben
kapitäl[1] [kapi'tɛ:l] N ⟨-et/-en; -/-er⟩ ARCH Kapitell n, Kapitäl n
kapitäl[2] ⟨-en; -er⟩ TYPO Kapitälchen n
kapning ['ka:pnin] ⟨-en; -ar⟩ FLUG Entführung f; SCHIFF Kapern n; TECH Kappen n; _Holz_ Abhauen n
kapp [kap] ADV **i '~** um die Wette; **gå/hinna i '~ ngn** j-n einholen; **springa i '~ med ngn** mit j-m um die Wette laufen
kappa ['kapa] ⟨-n; -or⟩ Mantel m; _Schuh_ Kappe f; _Gardine_ Querbehang m; _fig_ **vända ~n efter vinden** den Mantel nach dem Wind(e) hängen
kappkörning ['kapcœ:niŋ] S Wettfahren n, Wettfahrt f **kapplöpning** S Wettlauf m, Wettrennen n; Rennen n **kapplöpningsbana** S Rennbahn f **kapplöpningshäst** S Rennpferd n **kapprak** ['kapra:k] ADJ kerzengerade **kapprodd** ['kaprud] S Wettrudern n; Ruderregatta f

kapprum ['kaprəm] S N Garderobe f, Garderobenraum m
kapprustning ['kaprəstniŋ] S Wettrüsten n **kappsegla** VI ⟨1⟩ wettsegeln **kappsegling** S Wettsegeln n; (Segel-)Regatta f
kappsäck ['kapsɛk] S (Hand-)Koffer m
kaprifol [kapri'fu:l] ⟨-en; -er⟩ Geißblatt n
kapris ['ka:pris] ⟨-en; kein pl⟩ Kaper(n pl) f
kapsejsa [kap'sejsa] VI ⟨1⟩ kentern
kapsel ['kapsəl] ⟨-n; -ar⟩ Kapsel f **kapsla** VP ⟨1⟩ ~ **'in sig** sich einkapseln
kapsyl [kap'sy:l] ⟨-en; -er⟩ (Flaschen-)Verschluss m **kapsyllöppnare** S Flaschenöffner m
kapten [kap'te:n] ⟨-en; -er⟩ MIL Hauptmann m; SCHIFF Kapitän(in) m(f); MIL, SCHIFF Kapitänleutnant m; _Fußball_ Mannschaftskapitän(in) m(f)
kapuschong [kapə'ʃɔŋ] ⟨-en; -er⟩ Kapuze f
kaputt [ka'pət] ADJ kaputt
kar [ka:r] N ⟨-et; -⟩ Bottich m, Kübel m, Wanne f
karaff [ka'raf], **karaff'in** ⟨-en; -er⟩ Karaffe f
karakterisera [karaktɛri'se:ra] VT ⟨1⟩ charakterisieren, kennzeichnen **karakteri'stik** ⟨-en; kein pl⟩ Charakteristik f **karakte'ristisk** ADJ bezeichnend, charakteristisch (**för** für)
karaktär [karak'tæ:r] ⟨-en; -er⟩ Charakter m **karaktärsdanande** ADJ charakterbildend **karaktärsdrag** S N Charakterzug m **karaktärslös** charakterlos
karamell [kara'mɛl] ⟨-en; -er⟩ Bonbon m od n **karamellpåse** S Bonbontüte f
karantän [karan'tɛ:n] ⟨-en; -er⟩ Quarantäne f
karaoke [kara'o:ka] ⟨-n; kein pl⟩ Karaoke n
karat [ka'ra:t] a. N ⟨-en/-et; -⟩ Karat n; **18 ~s guld** achtzehnkarätiges Gold
karate [ka'ra:tɛ] ⟨-n; kein pl⟩ Karate n
karavan [kara'va:n] ⟨-en; -er⟩ Karawane f
karbad ['ka:rba:d] S N Wannenbad n
karbonpapper [kar'bo:npapər] S N Kohlepapier n

karda [´ka:ɖa] △ ⟨-n; -or⟩ Karde f ⓑ ᵥ͟ᴛ ⟨1⟩ karden

kardanaxel [ka´ɖɑnaksəl] ᴄ͟ Kardanwelle f

kardborr(e)band [´ka:ɖbɔrəband] ꜱ͟ɴ Klettband® n **kardborre** ⟨-n; -ar⟩ ʙᴏᴛ Klette f **kardborr(e)-knäppning** ꜱ͟ Klettverschluss® m

kardemumma [kaɖə´mɵma] ⟨-n; kein pl⟩ Kardamom m od n

kardinal [kaɖi´nɑ:l] ⟨-en; -er⟩ Kardinal m **kardinalfel** ꜱ͟ɴ Kardinalfehler f

kardiogram [´kaɖjɔgram] ꜱ͟ɴ Kardiogramm n

karensdag [ka´rɛnsdɑ:g] ꜱ͟ Karenztag m **karenstid** ꜱ͟ Karenzzeit f

karg [karj] ᴀᴅᴊ karg, kärglich **karghet** ⟨-en; kein pl⟩ Kargheit f, Kärglichkeit f

karikatyr [karika´ty:r] ⟨-en; -er⟩ Karikatur f **karika´tyrtecknare** ꜱ͟ Karikaturist(in) m(f) **kari´kera** ᵥ͟ᴛ ⟨1⟩ karikieren

karisma [ka´risma] ⟨-n; karismer⟩ Charisma n **karis´matisk** ᴀᴅᴊ charismatisch

karl [kɑ:r] ⟨-en; -ar⟩ Mann m, Kerl m; Mannsbild n; **det är han ~ till** er ist der Mann dazu, er hat das Zeug dazu; **vara ~ för sin hatt** seinen Mann stehen **karlakarl** ꜱ͟ **en (riktig) ~** ein ganzer Kerl **karlaktig** ᴀᴅᴊ mannhaft **karlatag** ꜱ͟ɴ tüchtiger Griff **Karlavagnen** [´kɑ:la-] ⟨inv⟩ der Große Bär **karljohan** [kɑ´ʎu:han] ⟨inv⟩ ʙᴏᴛ Steinpilz m **karljohansvamp** ꜱ͟ ʙᴏᴛ Steinpilz m **karltokig** ᴀᴅᴊ mannstoll **karltycke** ꜱ͟ɴ **hon har ~** sie gefällt den Männern

karm [karm] ⟨-en; -ar⟩ Lehne f; Rahmen m **karmstol** ꜱ͟ Lehnstuhl m

karneval [kaɳə´vɑ:l] ⟨-en; -er⟩ Karneval m, Fasching m, Fastnacht f, Fastnachtfest n

kaross [ka´rɔs] ⟨-en; -er⟩ Karosse f **karosse´ri** ɴ͟ ⟨-et; -er⟩ Karosserie f

karott [ka´rɔt] ⟨-en; -er⟩ Schüssel f

karp [karp] ⟨-en; -ar⟩ Karpfen m

karriär [kari´æ:r] ⟨-en; -er⟩ Karriere f; Laufbahn f; **göra ~** Karriere machen; **i full ~** in voller Karriere **karriärist** ⟨-en; -er⟩ Karrierist(in) m(f)

karsk [kaʂk] ᴀᴅᴊ selbstsicher, keck

kart [kɑ:ʈ] ⟨-en; -ar/-⟩ unreifes Obst n

karta [´kɑ:ʈa] ⟨-n; -or⟩ (Land-)Karte f; Stadtplan m **kartblad** ꜱ͟ɴ Kartenblatt n **kartbok** ꜱ͟ Atlas m

kartell [ka´ʈɛl] ⟨-en; -er⟩ Kartell n

kartlägga [´kɑ:ʈlɛga] ᵥ͟ᴛ ⟨4⟩ kartografisch aufnehmen; fig erfassen **kartläggning** ꜱ͟ kartografische Aufnahme; Dokumentation f **kartläsning** ꜱ͟ Kartenlesen n

kartong [ka´ʈɔŋ] ⟨-en; -er⟩ ⓐ Karton m ⓑ Pappschachtel f

karusell [karə´sɛl] ⟨-en; -er⟩ Karussell n

karva [´karva] ᵥ͟ᴛ ⟨1⟩ (zer)schneiden, schnitzen, abschaben

kasern [ka´sæ:ɳ] ⟨-en; -er⟩ Kaserne f

kasino [ka´si:nʉ] ꜱ͟ ⟨-t; -n⟩ Kasino n

kaskad [kas´kɑ:d] ⟨-en; -er⟩ Kaskade f

kaskoförsäkring [´kaskɔfœ´ʂɛ:kriŋ] ꜱ͟ Kaskoversicherung f

kasperteater [´kaspər-] ꜱ͟ Kasperletheater n

kass [kas] ᴀᴅᴊ miserabel, mies

kassa [´kasa] ⟨-n; -or⟩ Kasse f; **vara stadd vid ~** gut bei Kasse sein **kassaapparat** ꜱ͟ Registrierkasse f **kassabehållning** ꜱ͟ Kassenbestand m **kassabok** ꜱ͟ Kassenbuch n **kassabrist** ꜱ͟ Defizit n, Fehlbetrag m **kassafack** ꜱ͟ɴ Tresor m, (Bank-)Schließfach n, Safe m **kassakvitto** ꜱ͟ɴ Kassenzettel m **kassarabatt** ꜱ͟ Skonto m od n, Barabzug m **kassaskrin** ꜱ͟ɴ Geldkassette f **kassaskåp** ꜱ͟ɴ Geldschrank m, Tresor m **kassasuccé** ꜱ͟ ᴛʜᴇᴀᴛ Kassenerfolg m **kassavalv** ꜱ͟ɴ Stahlkammer f

kasse [´kasə] ⟨-n; -ar⟩ Einkaufsnetz n; Einkaufstüte f; Tragetasche f

kassera¹ [ka´se:ra] ᵥ͟ᴛ ⟨1⟩ kassieren; ausrangieren

kassera² ᵥ͟ᴘ ⟨1⟩ **~ 'in** (ein)kassieren

kassett [ka´sɛt] ⟨-en; -er⟩ Kassette f **kassettbandspelare** ꜱ͟ Kassettenrekorder m **kassettdäck** ꜱ͟ɴ Kassettendeck n **kassettradio** ꜱ͟ Radiorekorder m

kassler [´kaslər] ⟨-n; kein pl⟩ Kassler m

kassör [ka´sœ:r] ⟨-en; -er⟩ Kassierer(in) m(f); Kassenwart(in) m(f) **kassörska** ⟨-n; -or⟩ Kassiererin f

kast¹ [kast] ⟨-en; -er⟩ Kaste f

kast² ɴ͟ ⟨-et; -⟩ Wurf m; **stå till ~** für die Folgen (ein)stehen, die Folgen tragen (od auf sich nehmen); **ge sig i ~ med ngt** sich an etw (akk) machen

kasta ⟨1⟩ **A** v/t, v/i werfen; umg schmeißen; Wind wechseln; ~ **boll** Ball spielen; ~ **sten på ngn** nach j-m mit Steinen werfen; ~ **första stenen på ngn** fig den ersten Stein auf j-n werfen; ~ **ngt i huvudet på ngn** j-m etw an den Kopf werfen; ~ **skulden på ngn** j-m die Schuld geben/zuschieben **B** v/r ~ **sig** sich werfen; ~ **sig in i ngt** sich in etw (akk) stürzen; ~ **sig om halsen på ngn** j-m um den Hals fallen; ~ **sig över ngn** über j-n herfallen **C** v/p ~ **'av** abwerfen; ~ **'bort** wegwerfen; Zeit verschwenden; ~ **'i sig maten** das Essen verschlingen; ~ **'ner** hin(ab)werfen; ~ **'ner ngt på papper** etw schnell zu Papier bringen; ~ **'om** noch einmal werfen; umstellen; Steuer herumwerfen; Wind umspringen, umschlagen; ~ **om'kull** umwerfen, umstoßen; ~ **'på sig kläderna** sich sehr schnell anziehen; ~ **'till ngn ngt** j-m etw zuwerfen; ~ **'upp** (hin)aufwerfen; sich erbrechen; ~ **'ut** (hin)auswerfen; umg hinausschmeißen, an die Luft setzen; ~ **'ut genom fönstret** zum Fenster hinauswerfen; ~ **'över** (hin)überwerfen

kastanj(e) [ka'stanj(a)] ⟨-(e)n; -(e)r⟩ Kastanie f **kastanj(e)träd** s̄ n̄ Kastanienbaum m

kastanjett [kastan'jɛt] ⟨-en; -er⟩ Kastagnette f

kastby ['kastby:] s̄ Bö f, Windstoß m

kastell [ka'stɛl] n̄ ⟨-et; -⟩ Kastell n

kastrat [ka'stra:t] ⟨-en; -er⟩ Kastrat m

kastrera v/t ⟨1⟩ kastrieren

kastrull [ka'strol] ⟨-en; -er⟩ Kochtopf m, Kasserolle f

kastspö ['kastspø] s̄ n̄ Spinnrute f

kastvind ['kastvind] s̄ Bö f, Windstoß m

kasus ['ka:sɵs] n̄ ⟨-et; -⟩ GRAM Kasus m, Fall m **kasusändelse** s̄ Kasusendung f

katakomb [kata'komb] ⟨-en; -er⟩ Katakombe f

katalog [kata'lo:g] ⟨-en; -er⟩ a. COMPUT Katalog m, Verzeichnis n **katalogi'sera** v/t ⟨1⟩ katalogisieren

katalysator [kataly'sa:tɔr] ⟨-n; -er⟩ AUTO Katalysator m, a. Kat m

katamaran [katama'ra:n] ⟨-en; -er⟩ Katamaran m

katapult [kata'pɵlt] ⟨-en; -er⟩ Katapult n od m **katapultstol** s̄ Schleudersitz m

katarakt [kata'rakt] ⟨-en; -er⟩ Katarakt m; Stromschnelle f; MED grauer Star

katarr [ka'tar] ⟨-en; -er⟩ Katarrh m

katastrof [kata'stro:f] ⟨-en; -er⟩ Katastrophe f **katastro'fal** ADJ katastrophal

kateder [ka'te:dər] ⟨-n; -ar⟩ Katheder n od m

katedral [kata'dra:l] ⟨-en; -er⟩ Kathedrale f, Dom m

kategori [katagɵ'ri:] ⟨-n; -er⟩ Kategorie f, Gattung f **kategori'sera** v/t ⟨1⟩ kategorisieren **kate'gorisk** ADJ kategorisch

katekes [kata'çe:s] ⟨-en; -er⟩ Katechismus m

katet [ka'te:t] ⟨-en; -er⟩ Kathete f

katod [ka'tu:d, -'to:d] ⟨-en; -er⟩ Kathode f

katolicism [katuli'sism] ⟨-en; kein pl⟩ Katholizismus m **ka'tolik** ⟨-en; -er⟩ Katholik(in) m(f) **katolsk** ADJ katholisch

katrinplommon [ka'tri:nplɵmɔn] s̄ n̄ Backpflaume f

katt [kat] ⟨-en; -er⟩ Katze f; Kater m; **gå som ~en kring het gröt** wie die Katze um den heißen Brei herumgehen; **det ger jag ~en i** ich denke gar nicht daran; **för ~en!** zum Kuckuck!; **det vete ~en!** das weiß der Kuckuck! **katta** ⟨-n; -or⟩ Katze f **kattfot** s̄ BOT Katzenpfötchen n **kattguld** n̄ Katzengold n **kattlik** ADJ katzenartig **kattskinn** s̄ n̄ Katzenfell n **kattuggla** s̄ Waldkauz m **kattunge** s̄ Kätzchen n **kattöga** s̄ Katzenauge n; Fahrrad Rückstrahler m

kausal [kaɵ'sa:l] ADJ kausal **kausali'tet** ⟨-en; kein pl⟩ Kausalität f

kautschuk ['kaɵtʃɵk] ⟨-en; -ar⟩ Kautschuk m, Gummi n

kav [ka:v] ADV ~ **lugnt** ganz still

kavaj [ka'vaj] ⟨-en; -er⟩ Jacke f, Jackett n, Sakko m od n

kavaljer [kaval'je:r] ⟨-en; -er⟩ Kavalier m; Tischherr m; Tanzpartner m; Begleiter m

kavalkad [kaval'ka:d] ⟨-en; -er⟩ Kavalkade f

kavalleri [kavala'ri:] n̄ ⟨-t; -er⟩ Kavallerie f **kavalle'rist** ⟨-en; -er⟩ Reiter(in) m(f), Kavallerist(in) m(f)

kavat [ka'vɑ:t] umg ADJ keck, dreist, kess
kavel ['kɑ:vəl] ⟨-; -ar⟩ Rolle f, Teigrolle f
kaviar ['kaviar] ⟨-en; -er⟩ Kaviar m
kavla ['kɑ:vla] 🅰 VT rollen 🅱 VP ~ **'ner** herabstreifen; ~ **'upp** hochkrempeln, aufkrempeln; ~ **'ut deg** Teig ausrollen **kavle** ⟨-n; -ar⟩ → kavel
kaxig ['kaksi(g)] ADJ protzig; patzig
kB ABK (= kilobyte) KB n
kebab ⟨-en; -er⟩ Kebab m, Döner m
kedja ['çe:dja] 🅰 ⟨-n; -or⟩ Kette f; SPORT Reihe f 🅱 VT ⟨1⟩ ketten 🅲 VP ~ **'fast** anketten **kedjebrev** S N Kettenbrief n **kedjehus** S N Reihenhaus n **kedjereaktion** S Kettenreaktion f **kedjeröka** VT, VI ⟨2⟩ pausenlos rauchen, Kettenraucher sein **kedjerökare** S Kettenraucher(in) m(f)
kejsardöme ['çejsa‚dømə] N ⟨-t; -n⟩ Kaisertum n, Kaiserreich n **kejsare** ⟨-n; -⟩ Kaiser m **kejsa'rinna** ⟨-n; -or⟩ Kaiserin f **kejsarsnitt** S N MED Kaiserschnitt m **kejserlig** ADJ kaiserlich
kela ['çe:la] VI ⟨1⟩ zärtlich sein; ~ **med ngn** mit j-m schmusen **kelgris** S Hätschelkind n
kemi [çe'mi:] ⟨-n; kein pl⟩ Chemie f **kemi'kalie** ⟨-n; -r⟩ Chemikalie f **'kemisk** ADJ chemisch; ~ **tvätt** chemische Reinigung **ke'mist** ⟨-en; -er⟩ Chemiker(in) m(f) **kemtvätt** ['çe:m‚tvɛt] S (chemische) Reinigung f **kemtvätta** VT ⟨1⟩ (chemisch) reinigen
keps [keps] ⟨-en; -ar⟩ Sportmütze f
keramik [çera'mi:k] ⟨-en; kein pl⟩ Keramik f **keramiker** ⟨-n; -⟩ Töpfer(in) m(f) **keramikhäll** S Cerankochfeld n
kerub [çe'ʉ:b] ⟨-en; -er⟩ 'Cherub m
keso ['ke:su:] ⟨-n; kein pl⟩ Hüttenkäse m
ketchup ['ketçəp] ⟨-en; kein pl⟩ Ketchup n
kex [keks] N ⟨-et; -⟩ Keks m
kick[1] [kik] N ⟨inv⟩ **på ett (litet)** ~ **i Handumdrehen**
kick[2] ⟨-en; -ar⟩ Fußtritt m, Stoß m; Kick m **kicka** VT ⟨1⟩ Ball kicken; von Arbeit feuern
kid [çid] N ⟨-et; -⟩ Zicklein n
kidnappa ['kidnapa] VT ⟨1⟩ entführen **kidnappare** ⟨-n; -⟩ Entführer m **kidnappning** ⟨-en; -ar⟩ Entführung f
kika ['çi:ka] VI ⟨1⟩ gucken **kikare** ⟨-n; -⟩ Fernglas n; Feldstecher m; Opernglas n; umg **ha ngt i** ~**n** etw auf dem Kieker haben
kikhosta ['çi:khusta] S Keuchhusten m **kikna** VI ⟨1⟩ fast ersticken; ~ **av skratt** sich halb totlachen
kikärt ['çi:kæt] Kichererbsen pl
kil [çi:l] ⟨-en; -ar⟩ Keil m; Zwickel m **kila** ['çi:la] ⟨1⟩ 🅰 VI rennen, laufen; umg abhauen 🅱 VP ~ **'in/'fast ngt** etw verkeilen
kille ['kilə] ⟨-n; -ar⟩ Junge m, Bursche m; **min** ~ in Verhältnis mein Freund
killing ['çiliŋ] ⟨-en; -ar⟩ Zicklein n
kilo [çi:lu, ki:lu] N ⟨-t; -/-n⟩ Kilo n **kilobyte** [-'bajt] ⟨-⟩ IT Kilobyte n **kilo'gram** S N Kilogramm n **kilo'meter** S Kilometer m; **90** ~ **i timmen** 90 Stundenkilometer **kilo'watt** S Kilowatt n **kilowattimme** S Kilowattstunde f
kilskrift ['çi:lskrift] S Keilschrift f
Kina ['çi:na] S ⟨inv⟩ China n **kinamat** S chinesisches Essen n
kind [çind] ⟨-en; -er⟩ Backe f, Wange f **kindben** S N Jochbein n **kindk(n)ota** S Backenknochen m **kindtand** S Backenzahn m
kines [çi'ne:s] ⟨-en; -er⟩ Chinese m **kinesisk** ADJ chinesisch **kinesiska** 🅰 ⟨-n; kein pl⟩ Chinesisch n 🅱 ⟨-n; -or⟩ Chinesin f
kinin [çi'ni:n] N ⟨-et; kein pl⟩ Chinin n
kinkig ['çiŋki(g)] ADJ anspruchsvoll; penibel; wählerisch; quengelig; schwierig; heikel
kiosk [çɔsk, ki'ɔsk] ⟨-en; -er⟩ Kiosk m **kiosklitteratur** S Trivialliteratur f
kippa ['çipa] VI ⟨1⟩ ~ **efter andan** nach Luft schnappen; **skon** ~**r** der Schuh schlappt
kiropraktiker [çiru'praktikər] ⟨-n; -⟩, **kiro'praktor** ⟨-n; -er⟩ Chiropraktiker(in) m(f)
kirurg [çi'rʉrg] ⟨-en; -er⟩ Chirurg(in) m(f) **kirur'gi** ⟨-n; kein pl⟩ Chirurgie f **kirurgisk** ADJ chirurgisch
kisa ['çi:sa] VI ⟨1⟩ blinzeln; ~ **med ögonen** mit halb geschlossenen Augen blicken
kisel ['çi:səl] ⟨-et/-n; kein pl⟩ Silizium n **kiselsten** S Kiesel(stein) m
kiss[1] [kis] INTER ~, ~! miez, miez!

kiss² umg N ⟨-et; kein pl⟩ Pipi n **kissa** ['kisa] umg Vi ⟨1⟩ Pipi machen, pieseln
kisse ['kisə] ⟨-n; -ar⟩ umg Mieze f **kissekatt** S Miezekatze f
kissnödig ['kisnøːdi(g)] ADJ **jag är ~** ich muss mal
kista ['çista] ⟨-n; -or⟩ Truhe f; Sarg m
kitslig ['çitsli(g)] ADJ kleinlich; reizbar, empfindlich
kitt [çit] N ⟨-et; kein pl⟩ Kitt m **kitta** Vt ⟨1⟩ kitten
kittel ['çitəl] ⟨-n; -ar⟩ Kessel m
kittla ['çitla] Vt ⟨1⟩, **kittlas** Vi ⟨dep 1⟩ kitzeln, kribbeln **kittlig** ADJ kitz(e)lig **kittling** ⟨-en; -ar⟩ Kitzeln n, Kribbeln n
kiv [çiːv] N ⟨-et; kein pl⟩ Zank m, Streit m **kivas** Vi ⟨dep 1⟩ sich streiten, sich zanken
kiwi ['kiːvi] ⟨-n; -er⟩ Kiwi f
kjol [çuːl] ⟨-en; -ar⟩ für Frauen Rock m **kjollinning** S Rockbund m
kl. ABK (= klockan) um ... Uhr
klabb¹ [klab] ⟨-en; -ar⟩ Kloben m, Klotz m
klabb² umg N ⟨-et; kein pl⟩ **hela ~et** der ganze Rummel **klabba** Vi ⟨1⟩ Schnee pappen
klack ['klak] ⟨-en; -ar⟩ Schuh- Absatz m **klacka** Vt ⟨1⟩ mit (neuen) Absätzen versehen **klackbar** S Schuhschnelldienst m **klackjärn** S N Stiefeleisen n, Absatzeisen n **klackning** ⟨-en; -ar⟩ **lämna på ~** neue Absätze machen lassen **klackring** S Siegelring m **klackspark** S SPORT Hackentrick m; fig **ta ngt med en ~** etw auf die leichte Schulter nehmen
kladd¹ [klad] ⟨-en; -ar⟩ Konzept n, Kladde f, Unreine(s)
kladd² N ⟨-et; kein pl⟩ Schmiererei f, Sudelei f **kladda** ⟨1⟩ A Vi klecksen, schmieren B Vp **~ 'ner** bekleckern, beschmieren **kladdig** ADJ schmierig, klebrig; teigig **kladdkaka** S ≈ Schokoladentorte (nicht ganz durchgebacken)
klaff [klaf] ⟨-en; -ar⟩ Klappe f a. umg fig **klaffa** Vi ⟨1⟩ klappen **klaffbord** S N Klapptisch m **klaffbrücke** S Klappbrücke f
klafsa ['klafsa] Vi ⟨1⟩ platschen
klaga ['klaːga] Vi ⟨1⟩ klagen (för/hos bei), (över/på über akk); Klage führen, sich beschweren **klagan** ⟨inv⟩ Klage f **klagande** A ADJ klagend; kläglich B ⟨-n; -⟩ JUR Kläger(in) m(f) **klagolåt** S Klagelaut m **klagomål** S N Klage f, Beschwerde f **klagovisa** S Klagelied n

klammer ['klamər] ⟨-n; -⟩ eckige Klammer; **sätta inom ~** einklammern
klammeri [klamaˈriː] N ⟨-t; -er⟩ **råka i ~ med rättvisan** mit dem Gesetz in Konflikt kommen
klamp [klamp] N ⟨-et; kein pl⟩ Getrampel n **klampa** Vi ⟨1⟩ trampeln, stapfen
klamra ['klamra] Vi ⟨1⟩ **~ sig fast vid ngt** sich an etw (akk) (fest)klammern
klamydiainfektion S Chlamydien--Infektion f
klan [klaːn] ⟨-en; -er⟩ Clan m
klander ['klandər] N ⟨-et; kein pl⟩ Tadel m, Rüge f, Rüffel m; JUR **anföra ~** Einspruch erheben, Verwahrung einlegen **klanderfri** ADJ einwandfrei, tadellos **klandervärd** ADJ tadelnswert **klandra** Vt ⟨1⟩ tadeln, rügen (för wegen)
klang [klaŋ] ⟨-en; -er⟩ Klang m **klangfull** ADJ klangvoll **klangfärg** S Klangfarbe f **klanglös** ADJ klanglos
klanka ['klaŋka] Vt ⟨1⟩ nörgeln (på an dat)
klant [klant] ⟨-en; -ar⟩ Stümper(in) m(f), Pfuscher(in) m(f) **klantig** ADJ dumm, unbeholfen
klapp [klap] ⟨-en; -ar⟩ Klopfen n; Klaps m; Liebkosung f **klappa** ⟨1⟩ A Vt, Vi klopfen, pochen; streicheln, tätscheln; **~ i händerna** in die Hände klatschen; **~t och klart** klipp und klar B Vp **~ 'om** tätscheln; **~ 'till ngn** j-m eins versetzen **klappjakt** S Treibjagd f
klappra ['klapra] Vi ⟨1⟩ klappern
klar [klaːr] ADJ klar, hell, rein; heiter; umg fertig; **som en blixt från ~ himmel** wie ein Blitz aus heiterem Himmel; **få ngt ~t för sig, komma på det ~a med ngt** sich (dat) über etw (akk) klar werden; **göra ngt ~t för ngn** j-m etw klarmachen; **ha ngt ~t för sig** sich (dat) über etw (akk) im Klaren sein; **det är ~t!** das versteht sich! **klara** ⟨1⟩ A Vt erledigen, fertigbringen, schaffen; klären B Vp **~ sig** durchkommen; schaffen; **~ sig fint** gut abschneiden;

inte ~ sig i examen *umg* (im Examen) durchfallen; **~ sig med ngt mit etw auskommen** [C] V/P **~ 'av** erledigen; verkraften; schaffen; **~ 'upp aufklären**
klarblå ADJ leuchtend blau **klargöra** V/T ⟨4⟩ klarmachen, klarstellen **klarhet** ⟨-en; kein pl⟩ Klarheit f; **komma till ~ om ngt** über etw (*akk*) Klarheit gewinnen
klarinett [klari'nɛt] ⟨-en; -er⟩ Klarinette f
klarlägga ['klɑː:lɛga] V/T ⟨4⟩ klarlegen, klarstellen, klären **klarläggande** N ⟨-n; -n⟩ (Auf-)Klärung f, Klarlegung f, Klarstellung f **klarna** V/I ⟨1⟩ klar werden, sich (auf)klären, sich aufheitern, aufhellen; **det ~r för mig** es wird mir klarer **klarsignal** S Fahrtsignal n; **ge ~** *fig* grünes Licht geben **klarsynt** ADJ klar blickend, scharfsinnig **klarsynthet** ⟨-en; kein pl⟩ Scharfblick m **klartecken** S N Klarzeichen n **klartext** S Klartext m; *fig* **i ~** offen gesagt **klartänkt** ADJ klar denkend **klarvaken** ADJ hellwach
klase ['klɑː:sə] ⟨-n; -ar⟩ Traube f; Büschel n
klass [klas] ⟨-en; -er⟩ Klasse f; **första ~ens hotell** Hotel n ersten Ranges; **åka andra ~** zweiter Klasse fahren; **gå i första ~** in die erste Klasse gehen **klassa** V/T ⟨1⟩ einstufen **klassamhälle** S N Klassengesellschaft f **klassföreståndare** S Klassenlehrer(in) m(f)
klassi'cism ⟨-en; kein pl⟩ Klassizismus m
klassifi'cera V/T ⟨1⟩ klassifizieren **klassifi'cering** ⟨-en; -ar⟩ Klassifizierung f
klassiker ⟨-n; -⟩ Klassiker m **klassisk** ADJ klassisch
klasskamp S Klassenkampf m **klasskamrat** S Klassenkamerad(in) m(f) **klasskillnad** S Klassenunterschied m **klassrum** S Klassenzimmer n
klatsch [klatʃ] A INTER klatsch B ⟨-en; -ar⟩ Klatsch m, Klaps m **klatscha** V/I ⟨1⟩ A V/I klatschen, knallen B V/P **~ 'till ngn** j-m einen Klaps geben **klatschig** ADJ in die Augen springend, auffällig; effektvoll
klausul [klaɵˈsʉːl] ⟨-en; -er⟩ Klausel f
klav [klɑːv] ⟨-en; -er⟩ MUS Schlüssel m

klave ['klɑː:və] ⟨-n; -ar⟩ **krona eller ~?** Kopf oder Zahl?
klaver [klaˈveːr] N ⟨-et; -⟩ Klavier n; **trampa i ~et** *fig* ins Fettnäpfchen treten **klavertramp** S N Ausrutscher m **klavia'tur** ⟨-en; -er⟩ Tastatur f, Klaviatur f
klema ['kleːma] V/I ⟨1⟩ **~ med ngn** j-n verhätscheln, j-n verzärteln **klemig** ADJ verweichlicht, verzärtelt
klen [kleːn] ADJ schwach, schwächlich, zart; **vara ~** kränkeln; **det är ~t med mat** das Essen ist knapp; **det är ~t med den saken** damit ist es schlecht bestellt **klenhet** ⟨-en; kein pl⟩ Schwäche f, Schwächlichkeit f, Gebrechlichkeit f, Kränklichkeit f
klenod [kleˈnuːd] ⟨-en; -er⟩ 'Kleinod n
kleptoman [klɛptuˈmɑːn] ⟨-en; -er⟩ Kleptomane m, Kleptomanin f **kleptoma'ni** S Kleptomanie f
kleta ['kleːta] ⟨1⟩ A V/T, V/I schmieren; kleben, kleistern B V/R, V/P **~ 'ner (sig)** (sich) beschmieren **kletig** ADJ schmierig; klebrig
kli [kliː] ⟨-et; kein pl⟩ Kleie f
klia ['kliːa] V/T, V/I, V/R ⟨1⟩ jucken, kratzen (sig sich); **det ~r i fingrarna på mig** es juckt/kribbelt mir in den Fingern
klibba ['kliba] ⟨1⟩ A V/I kleben (vid an dat) B V/P, V/R **~ (sig)** zusammenkleben **klibbig** ADJ klebrig
kliché [kliˈʃeː] ⟨-n; -er⟩ Klischee n
klick[1] [klik] ⟨-en; -ar⟩ Fleck m, Klecks m; **en ~ smör** ein Klacks Butter
klick[2] N ⟨-et; -⟩ COMPUT Klick m
klicka[1] ⟨1⟩ A V/I klicken; COMPUT **~ på ngt** etw anklicken, auf etw klicken B V/P **~ 'hem** online kaufen
klicka[2] ⟨1⟩ **~ 'ut** hinklecksen
klicka[3] ⟨1⟩ versagen, fehlschlagen
klicka[4] ⟨1⟩ *zwischen Personen* funken
klicka[5] ⟨4⟩ **det klack 'till i mig** ich schrak zusammen, es gab mir einen Stoß
klient [kliˈɛnt] ⟨-en; -er⟩ Klient(in) m(f)
klien'tel N ⟨-et; -⟩ Klientel f
klimakterium [klimakˈteːriəm] N ⟨klimakteriet; kein pl⟩ Klimakterium n, Wechseljahre pl
klimat [kliˈmɑːt] N ⟨-et; -⟩ Klima n **klimatförändring** S Klimawandel m **klimatisk** ADJ klimatisch
klimax ['kliːmaks] ⟨-en; -ar⟩ Höhe-

punkt m, Klimax f
klimp [klimp] ⟨-en; -ar⟩ Klümpchen n; Kloß m, Klößchen n **klimpa** VR ⟨1⟩ ~ **sig** sich klumpen
klinga[1] [ˈkliŋa] ⟨-n; -or⟩ Klinge f
klinga[2] VI ⟨1⟩ klingen; ~ **med glasen** mit Gläsern anstoßen
klinik [kliˈniːk] ⟨-en; -er⟩ Klinik f **klinisk** ADJ klinisch
klink [kliŋk] N ⟨-et; kein pl⟩ MUS Geklimper n
klinka[1] [ˈkliŋka] ⟨-n; -or⟩ Klinke f
klinka[2] VI ⟨1⟩ MUS klimpern **klinkande** N ⟨-t; kein pl⟩ Geklimper n
klipp [klip] N ⟨-et; -⟩ Schnitt m; Ausschnitt m; Schnäppchen n, Börsencoup m; **göra ett ~** ein Schnäppchen machen **klippa**[1] ⟨2⟩ A VT schneiden; scheren; ~ **biljetter** Fahrscheine lochen/knipsen; ~ **gräsmatta** den Rasen mähen; ~ **ett får** ein Schaf scheren; ~ **vingarna** die Flügel stutzen B VI ~ **med ögonen** blinzeln, zwinkern; **han är som klippt och skuren för det** er ist dazu wie geschaffen; **nu är det klippt!** die Sache ist gelaufen! C VR ~ **sig** sich (dat) das Haar/die Haare schneiden lassen D VP ~ **av** abschneiden; ~ **av ett samtal** ein Gespräch kurz abbrechen; ~ **'sönder** zerschneiden; ~ **'till** zuschneiden; fig zuschlagen; ~**till ngn** j-m eine runterhauen; ~ **'ut/'ur** ausschneiden; ~ **'ut och klistra 'in** COMPUT ausschneiden und einfügen
klippa[2] ⟨-n; -or⟩ Klippe f, Fels(en) m **klippblock** S Felsblock m
klippbok [ˈklipbuːk] S COMPUT Zwischenablage f
klippig ADJ klippig, felsig
klippkort [ˈklipkɔt] SN Streifenkarte f, Sammelkarte f **klippning** ⟨-en; -ar⟩ Schneiden n, Scheren n; Knipsen n
klipsk [klipsk] ADJ schlau, pfiffig, gerissen **klipskhet** ⟨-en; -er⟩ Schläue f, Schlauheit f, Gerissenheit f, Pfiffigkeit f
klirra [ˈklira] VI ⟨1⟩ klirren
klister [ˈklistər] N ⟨-et; kein pl⟩ Klebstoff m, Kleister m; **råka i klistret** in die Patsche geraten **klistermärke** N Aufkleber m **klisterremsa** S Klebestreifen m **klistra** ⟨1⟩ A VT kleben, kleistern (**på** an/auf akk) B VP ~ **'fast** ankleben ('**vid an** akk); ~ **i'gen/'till** zu-

kleben; COMPUT ~ **'in** einfügen; ~ **'på** (dar)aufkleben
klitoris [ˈkliːtɔris] ⟨inv⟩ Klitoris f
kliv [kliːv] N ⟨-et; -⟩ langer/weit ausholender Schritt m **kliva** VI ⟨4⟩ große Schritte machen; steigen; **komma ~nde** angestiefelt kommen
klo [kluː] ⟨-n; -r⟩ Klaue f, Kralle f; Krebs Schere f; Gabel Zinke f
kloak [kluˈaːk] ⟨-en; -er⟩ Kloake f
klocka[1] [ˈklɔka] ⟨-n; -or⟩ Glocke f; Schelle f; Klingel f; Uhr f; **vad är ~n?** wie viel Uhr ist es?; **~n fyra um 4 Uhr**; **~n går före/efter** die Uhr geht vor/nach **klocka**[2] VT ⟨1⟩ mit Stoppuhr stoppen; **~d kjol** Glockenrock m **klockarmband** SN Uhrarmband n **klockkedja** S Uhrkette f **klockradio** S Radiowecker m **klockringning** S Glockengeläut n **klockslag** SN **vid ett visst ~** zu einem bestimmten Zeitpunkt; **på ~et** mit dem Glockenschlag; genau pünktlich **klockspel** SN Glockenspiel n **klockstapel** S Glockenturm m
klok [kluːk] ADJ klug, gescheit; besonnen; (inte) **bli ~ på ngt** aus etw (nicht) klug werden; **göra ~t i** klug daran tun; **inte vara riktigt ~** nicht recht gescheit sein, nicht ganz bei Trost(e) sein; **~t nog** klugerweise **klokhet** ⟨-en; -er⟩ Klugheit f
klon [ˈkluːn] ⟨-; -er⟩ Klon m **klona** VT ⟨1⟩ klonen
klor [kloːr] N ⟨-et/-en; kein pl⟩ CHEM Chlor n **klo'rid** ⟨-en; -er⟩ Chlorid n **kloro'form** ⟨-en; kein pl⟩ Chloroform n **kloro'fyll** N ⟨-et/-en; kein pl⟩ Chlorophyll n
klosett [kluˈsɛt] ⟨-en; -er⟩ Klosett n
kloss [klɔs] ⟨-en; -ar⟩ Klotz m
kloster [ˈklɔstər] N ⟨-et; -⟩ Kloster n; **gå i ~** ins Kloster gehen **klostercell** S Klosterzelle f **klosterliv** N Klosterleben n **klosterruin** S Klosterruine f
klot[1] [kluːt] N ⟨-et; -⟩ Kugel f, Ball m
klot[2] N ⟨-et; kein pl⟩ satinartiger Futterstoff; TYPO Leinen n **klotband** SN Leinenband m; **i ~** in Leinen
klotter [ˈklɔtər] N ⟨-et; kein pl⟩ Kritzelei f, Gekritzel n; Schmiererei f; Graffiti Sprüherei f **klottra** ⟨1⟩ umg A VT, VI kritzeln, schmieren; Graffiti sprühen B VP ~ **'ner** bekritzeln; sprühen **klott-**

rare ⟨-n; -⟩ Sprüher(in) *m(f)*
klubb [klɵb] ⟨-en; -ar⟩ Klub *m*
klubba ['klɛba] **A** ⟨-n; -or⟩ Keule *f*; Hammer *m*; Schläger *m*; Lutscher *m*; **gå under ~n** unter den Hammer kommen; **föra ~n** den Vorsitz führen; **lämna över ~n** den Vorsitz abgeben **B** *VT* ⟨1⟩ festlegen **C** *VP* ⟨1⟩ **~ 'igenom** *Beschluss* annehmen; bestätigen; **~ 'ner** *Vorschlag etc* ablehnen; *j-n* zusammenschlagen
klubblokal ['klɛblu'kɑ:l] *S* Klublokal *n*, Klubräume *m/pl* **klubbmästare** *S* Festveranstalter *m*; SPORT Vereinsmeister *m*
klubbslag ['klɵbslɑ:g] *S N* Auktion Hammerschlag *m*
klucka ['klɵka] *VI* ⟨1⟩ glucksen; kollern
kludd [klɵd] *N* ⟨-et; kein pl⟩ Kleckserei *f*, Schmiererei *f* **kludda** *VI* ⟨1⟩ klecksen, schmieren **kluddig** *ADJ* klecksig, schmierig
klump [klɵmp] ⟨-en; -ar⟩ Klumpen *m*; *Person* Klotz *m* **klumpa** *VR* ⟨1⟩ **~ sig** klumpen; sich blamieren **klumpe'duns** *S* Tölpel *m* **klumpfot** *S* Klumpfuß *m* **klumpig** *ADJ* plump, klobig; schwerfällig; unbeholfen **klumpighet** ⟨-en; -er⟩ Plumpheit *f*, Klobigkeit *f*, Schwerfälligkeit *f*; Unbeholfenheit *f* **klumpsumma** *S* Pauschalsumme *f*
klunga ['klɵŋa] ⟨-n; -or⟩ Haufen *m*, Gruppe *f*
klunk [klɵŋk] ⟨-en; -ar⟩ Schluck *m*, Zug *m* **klunka** ⟨1⟩ **A** *VI* (schluckweise) trinken **B** *VI* glucksen **C** *VP* **~ 'i sig** hinuntergießen
klut [klu:t] ⟨-en; -ar⟩ Lappen *m*; SCHIFF Segel *n*; **sätta 'till alla ~ar** alle Segel (bei)setzen; *fig* alle Hebel in Bewegung setzen
kluven ['klu:vən] *ADJ* gespalten, gegabelt; **kluvna toppar** *pl* Haarspliss *m sg* **kluvenhet** ⟨-en; kein pl⟩ *fig* Gespaltetsein *n*, Zwiespalt *m*
klyfta ['klyfta] ⟨-n; -or⟩ Kluft *f*, Schlucht *f*; *Obst* Scheibe *f*; *Knoblauch* Zehe *f*; *Ei* Viertel *n*
klyftig ['klyfti(g)] *umg ADJ* schlau, gescheit
klyka ['kly:ka] ⟨-n; -or⟩ Gabel *f*, Gabelung *f*
klyscha ['klyʃa] ⟨-n; -or⟩ *umg* abgedroschene Phrase **klyschig** *ADJ* abgedroschen
klyva ['kly:va] *VT, VR* ⟨4⟩ spalten (**sig** sich); **~ vågorna** die Wellen durchschneiden **klyvning** ⟨-en; -ar⟩ Spaltung *f*
klå [klo:] *VT* ⟨3⟩ (ver)prügeln; *umg* verhauen; rupfen, übers Ohr hauen
klåda ['klo:da] ⟨-n; kein pl⟩ Jucken *n*, Juckreiz *m*
klåfingrig ['klo:fiŋri(g)] *ADJ* **vara ~** alles anfassen wollen
klåpare ['klo:parə] ⟨-n; -⟩ Pfuscher(in) *m(f)*, Stümper(in) *m(f)*
klä [klɛ:] ⟨3⟩ **A** *VT* (be)kleiden, anziehen; **ngt ~r ngn** etw steht j-m (gut) **B** *VR, VP* **~ 'av** ausziehen, auskleiden, entkleiden (**sig** sich); **~ 'om** umziehen (**sig** sich); *Möbel* neu überziehen; **~ 'på** anziehen, ankleiden (**sig** sich); **~ 'upp sig** sich fein machen; **~ 'ut** verkleiden (**sig** sich)
kläcka ['klɛka] ⟨2⟩ **A** *VT* ausbrüten, aushecken; **~ en idé** auf eine Idee kommen **B** *VP* *fig* **~ 'ur sig** ngt mit etw herausrücken
kläda ['klɛ:da] ⟨2⟩ → **klä klädborste** *S* Kleiderbürste *f* **kládd** [klɛd] *ADJ* gekleidet, bekleidet; angezogen **klädedräkt** *S* Kleidung *f*, Anzug *m* **kläder** *PL* ⟨-na⟩ Kleider *n/pl*, Kleidung *f*, Garderobe *f*; Wäsche *f*; **jag skulle inte vilja vara i hans ~** ich möchte nicht in seiner Haut stecken **klädesplagg** *S N* Kleidungsstück *n* **klädhängare** *S* Kleiderbügel *m*; Garderobenhaken *m*, Garderobenständer *m* **klädinsamling** *S* Altkleidersammlung *f* **klädkammare** *S* ≈ begehbarer Schrank *m* **klädkorg** [klɛd] *S* Wäschekorb *m* **klädnypa** *S* Wäscheklammer *f* **klädsam** *ADJ* kleidsam **klädsel** ⟨-n; -ar⟩ Anziehen *n*, Ankleiden *n*; Kleidung *f*; Bezug *m* **klädskåp** *S N* Kleiderschrank *m* **klädstreck** *S N* Wäscheleine *f*
kläm [klɛm] ⟨-men; -mar⟩ **1** Schwung *m*; Nachdruck *m* **2 komma i ~** sich (fest)klemmen; *fig* in die Klemme geraten **3 få ~ på ngt** *umg* etw herausbekommen, hinter etw (*akk*) kommen **klämdag** *S* Brückentag *m* **klämkäck** ['klɛmçɛk] *ADJ* schneidig **klämma A** ⟨-n; -or⟩ Klemme *f*, Klammer *f*

B VT, VR ⟨2⟩ drücken, klemmen, quetschen (**sig** sich); **jag har klämt (mig) i fingret** ich habe mir den Finger (ein)geklemmt **C** VP ⟨2⟩ ~ **'fram (med) ngt**, ~ **'ur sig ngt** mit etw herausrücken; ~ **'i med ngt** mit etw loslegen; ~ **i'hjäl** totdrücken; ~ **'ihop** zusammendrücken; ~ **'in** reinquetschen; ~ **'sönder** zerquetschen; getrennt **'till/'åt** zudrücken; ~ **'åt ngn** j-m zusetzen **klämmig** umg ADJ schneidig, flott, schmissig

klämta ['klɛmta] VI ⟨1⟩ läuten **klämtning** ⟨-en; -ar⟩ Läuten n, Geläut(e) n; Glockenschlag m

klänga ['klɛŋa] ⟨2⟩ **A** VI klettern, klimmen; (empor)ranken **B** VP ~ **sig 'fast** sich (fest)klammern (**vid** an akk)

klängros S Kletterrose f **klängväxt** S Kletterpflanze f

klänning ['klɛnɪŋ] ⟨-en; -ar⟩ Kleid n **klänningsliv** SN Oberteil n des Kleides **klänningstyg** SN Kleiderstoff m

kläpp [klɛp] ⟨-en; -ar⟩ Klöppel m

klärvoajant [klærvɔaˈjant] ADJ hellseherisch

klättervägg ['klɛtɛrvɛg] S Kletterwand f **klättra** VI ⟨1⟩ klettern (**upp i ett träd** auf einen Baum)

klösa ['klø:sa] VT, VI ⟨2⟩ kratzen; ~ **ögonen ur ngn** j-m die Augen auskratzen

klöv [kløːv] ⟨-en; -ar⟩ Klaue f, Huf m

klöver ['kløːvər] ⟨-n; -⟩ Klee m; Kartenspiel Kreuz n, Treff n, Eichel f; Geld umg Kies m **klöverblad** SN Kleeblatt n

km/h ABK (= kilometer per timme) km/h

knacka ['knaka] ⟨1⟩ **A** VI klopfen, pochen; ~**i bordet/på dörren** auf den Tisch/an die Tür klopfen **B** VP ~ **'ner** umg auf dem Computer (herunter-, ab)tippen; ~ **'sönder** zerklopfen; ~ **'ur pipan** die Pfeife ausklopfen **knackig** umg ADJ mies, flau **knackning** ⟨-en; -ar⟩ Klopfen n

knaggla ['knagla] VR ⟨1⟩ ~ **sig fram** sich kümmerlich durchschlagen **knagglig** ADJ holp(e)rig; hap(e)rig; **det går ~t med hans tyska** mit dem Deutschen hapert es bei ihm; **han har det ~t** es geht ihm finanziell nicht gut

knaka ['knɑːka] VI ⟨1⟩ krachen; knacken

knall [knal] ⟨-en; -ar⟩ Knall m **knalla** ⟨1⟩ **A** VI **1** knallen **2** trotten; gemächlich gehen; umg **det ~r och går** es geht so **B** VP umg ~ **i'väg** einen Abgang machen

knalle ⟨-n; -ar⟩ Anhöhe f

knalleffekt S Knalleffekt m **knallpulver** SN Knallpulver n, Zündblättchen n **knallröd** ADJ knallrot

knaper ['knɑːpət] ADJ **ha det ~t** übel dran sein

knapp[1] [knap] ⟨-en; -ar⟩ Knopf m; Knauf m

knapp[2] ADJ knapp, dürftig; **med ~ nöd** mit knapper Not

knappa ['knapa] VP ⟨1⟩ COMPUT ~ **'in** eingeben, eintippen; ~ **'in på ngt** etw einschränken; Vorsprung einholen; ~ **'in på ngn** j-m gegenüber aufholen

knappast ADV kaum **knapphet** ⟨-en; kein pl⟩ Knappheit f

knapphål ['knapho:l] SN Knopfloch n **knapphändig** ['knaphɛndi(g)] ADJ knapp; dürftig

knappnål ['knapnoːl] S Stecknadel f **knapprad** S Knopfreihe f

knappt [knapt] ADV kaum; knapp; schwerlich; ~ **... förrän** kaum ... als/so

knapptelefon ['knaptɛleˌfoːn] S Tastentelefon n

knapra ['knɑːpra] VI ⟨1⟩ knabbern (**på** an dat) **knaprig** ADJ knusp(e)rig, kross

knark [knark] umg N ⟨-et; kein pl⟩ Rauschgift n, Stoff m **knarka** ⟨1⟩ **A** VI Rauschgift nehmen; spritzen, fixen **B** VP ~ **'ner sig** sich kaputtfixen **knarkare** ⟨-n; -⟩ Rauschgiftsüchtige(r) m/f(m); umg Fixer(in) m(f) **knarkarkvart** umg S Fixerbude f **knarkklangare** umg S Dealer(in) m(f), Pusher(in) m(f)

knarr [knar] N ⟨-et; kein pl⟩ Knarren n

knarra VI ⟨1⟩ knarren, knirschen **knarrig** ADJ brummig, mürrisch

knasig ['knɑːsi(g)] umg ADJ dämlich, blöd, bescheuert

knastra ['knastra] VI ⟨1⟩ knistern, prasseln; knirschen **knastrande** N ⟨-t; kein pl⟩ Knistern n, Knirschen n; Prasseln n

knatte ['knatə] ⟨-n; -ar⟩ umg Knirps m

knatter ['knatər] N ⟨-et; kein pl⟩ Knattern n, Geknatter n **knattra** VI ⟨1⟩ knattern

knega [ˈkneːga] umg VI ⟨1⟩ mühsam gehen; fig schuften **knegare** ⟨-n; -⟩ umg Durchschnittsbürger(in) m(f)

knekt [knekt] ⟨-en; -ar⟩ Soldat(in) m(f); Kartenspiel Bube m

knep [kneːp] N ⟨-et; -⟩ Kniff m, Schlich m; umg Dreh m; **känna 'till ~et** den Dreh (he)raushaben; **komma 'på ~et** auf den Dreh kommen **knepig** ADJ pfiffig, schlau; kniff(e)lig

knip [kniːp] N ⟨-et; -⟩ ~ **i magen** Magenschmerzen pl **knipa** A ⟨-n; -or⟩ Verlegenheit f, Klemme f, Patsche f B VT ⟨4⟩ kneifen, zwicken; fig umg sich schnappen C VI ⟨4⟩ **om det kniper** wenn Not am Mann ist D VP ⟨4⟩ **~ 'av ansiktsdragen**; **~ i'hop** zusammenkneifen, zukneifen

knippa [ˈknipa] ⟨-n; -or⟩ Bund n, Bündel n, Büschel n; Sträußchen n **knippe** N ⟨-t; -n⟩ Bündel n

knipsa [ˈknipsa] VT ⟨1⟩ abschneiden, abknipsen

knipslug [ˈkniːpslʉːg] ADJ schlau, durchtrieben **kniptång** S Kneifzange f

kniv [kniːv] ⟨-en; -ar⟩ Messer n **knivblad** SN Messerklinge f **knivhugg** S N Messerstich m **knivig** umg ADJ pfiffig, gerissen, gerieben; heikel, verzwickt **knivkastning** ⟨-en; -ar⟩ Messerwerfen n; fig Wortwechsel m **knivsegg** S Messerschneide f **knivskaft** S N Messergriff m **knivskarp** ADJ messerscharf **knivsudd** S Messerspitze f

knix [kniks] ⟨-en; -ar⟩ Knicks m; **göra en ~ för ngn** vor j-m einen Knicks machen

knocka [ˈnɔka] VT ⟨1⟩ k.o. schlagen **knockad** ADJ k.o. **knockout** ⟨-en; -er⟩ Knock-out m

knog [knuːg] umg N ⟨-et; -⟩ Schufterei f, Schinderei f **knoga** ⟨1⟩ A VI schuften, sich abschinden B VP **~ 'på** sich dranhalten

knoge [ˈknuːgə] ⟨-n; -ar⟩ Knöchel m **knogjärn** SN Schlagring m

knop [knuːp] I ⟨-en; -ar⟩ Knoten m; **fartyget gör tolv ~** das Schiff macht 12 Knoten II ⟨-en; -ar⟩ Knoten m; **slå en ~** einen Knoten schlagen

knopp [knɔp] ⟨-en; -ar⟩ BOT Knospe f;

Knauf m; fig umg Krone f; umg **klar i ~en** klar im Kopf **knoppas** VI ⟨dep 1⟩ knospen **knoppning** ⟨-en; kein pl⟩ Knospen n **knoppningstid** S Knospenzeit f

knorr [knɔr] ⟨-en; -ar⟩ Ringel m; **ha ~ på svansen** einen geringelten Schwanz haben

knorra [ˈknɔra] VI ⟨1⟩ murren, brummen; knurren; **magen ~r** der Magen knurrt

knot [knuːt] N ⟨-et; kein pl⟩ Murren n, Brummen n **knota**¹ VI ⟨1⟩ murren, brummen

knota² ⟨-n; -or⟩ ANAT Knochen m **knotig** ADJ knochig; knorrig

knott [knɔt] N ⟨-et/-en; -⟩ (Kriebel-)Mücke f

knottra [ˈknɔtra] VR ⟨1⟩ **skinnet ~r sig på mig** ich habe eine Gänsehaut **knottrig** ADJ körnig

know-how [nɔːˈhaʉ] a. N ⟨inv⟩ Know-how n

knubbig [ˈknɵbi(g)] ADJ rundlich, pausbäckig, drall

knuff [knɵf] ⟨-en; -ar⟩ Stoß m, Puff m **knuffa** ⟨1⟩ A VT stoßen, puffen, drängen; anrempeln B VP **~ sig 'fram** sich 'durchdrängen; **~ om'kull** umstoßen; **~ 'till** anstoßen; **~ 'undan** wegstoßen **knuffas** VI ⟨dep 1⟩ sich stoßen, sich drängen; stoßen

knulla [ˈknɵla] vulg VT, VI ⟨1⟩ ficken, vögeln

knussel [ˈknɵsəl] N ⟨-et; kein pl⟩ Knauserei f, Knickerei f **knussla** VI ⟨1⟩ knausern, knickern (med mit) **knusslig** ADJ knaus(e)rig, knick(e)rig

knut [knʉːt] ⟨-en; -ar⟩ Knoten m; Haus-Ecke f **knuta** ⟨-n; -or⟩ Knoten m **knutpunkt** S Knotenpunkt m

knutte [ˈknɵtə] ⟨-n; -ar⟩ umg Motorradfahrer(in) m(f), Biker(in) m(f)

knyck [knyk] ⟨-en; -ar⟩ Ruck m

knycka [ˈknyka] ⟨2⟩ A umg VT klauen; **~ ngt från ngn** j-m etw klauen B VI **~ på nacken** den Kopf in den Nacken werfen **knyckig** ADJ ruckartig

knyckla [ˈknykla] VP ⟨1⟩ **~ i'hop** zusammenknüllen

knyppla [ˈknypla] VT, VI ⟨1⟩ klöppeln

knyst [knyst] N ⟨inv⟩ Mucks m; **inte säga ett ~** keinen Mucks von sich geben **knysta** VI ⟨1⟩ mucksen

knyta [ˈknyːta] ⟨4⟩ **A** VT knüpfen, binden; *Faust* ballen **B** V̄R *umg* **gå och ~ sig** schlafen gehen; *umg* in die Falle gehen **C** V̄P *fig* ~ **'an** anknüpfen; ~ **'fast** festbinden, anbinden; ~ **'ihop** zusammenbinden, verknüpfen, verknoten; ~ **'om** umbinden; ~ **'till** zubinden **knyte** N̄ ⟨-t; -n⟩ Bündel *n* **knytkalas** S̄N Feier, zu der jeder etwas mitbringt **knytnäve** S̄ Faust *f* **knytnävsslag** S̄N Faustschlag *m*

knåda [ˈknoːda] VT ⟨1⟩ kneten **knådning** S̄ *auch* Kneten *n*

knåp [knoːp] N̄ ⟨-et; kein pl⟩ Bastelei *f*, Tüftelei *f* **knåpa** VI ⟨1⟩ (herum)basteln, tüfteln (*med an dat*)

knä [knɛː] N̄ ⟨-t; -n⟩ Knie *n*; Schoß *m*; **sitta i ~(t)** på ngn auf j-s Schoß sitzen **knäbyxor** PL ⟨-na⟩ Kniehose(n *pl*) *f* **knäböja** VI ⟨2⟩ knien, die Knie beugen (**för** vor *dat*) **knäböjning** S̄ *Turnen* Kniebeuge *f*

knäck[1] [knɛk] ⟨-en; -ar⟩ Sahnebonbon *m od M*

knäck[2] ⟨-en; -ar⟩ Schlag *m*, Knacks *m*; **det tog ~en på honom** mit ihm war es aus **knäcka** VT ⟨2⟩ knicken; *Nüsse* knacken; *fig* brechen; lösen **knäckebröd** S̄N Knäckebrot *n*

knäfalla [ˈknɛːfala] VI ⟨4⟩ niederknien, auf die Knie fallen **knähund** S̄ Schoßhund *m* **knäled** S̄ Kniegelenk *n*

knäpp [knɛp] **A** *umg* ADJ bekloppt, bescheuert **B** ⟨-en; -ar⟩ Knacks *m*, Knipsen *n*; Mucks *m* **knäppa** [ˈknɛpa] ⟨2⟩ **A** VT knöpfen, zumachen; FOTO knipsen; *Hände* falten; *umg* ~ **ngn** i-n abschießen/abknallen **B** VI knacken; ~ **med fingrarna** mit den Fingern schnalzen/schnippen; ~ **på strängarna** die Saiten **C** V̄P ~ **'av** ausschalten; *Gewehr* abdrücken; ~ **'igen** zuknöpfen; ~ **'på** einschalten; ~ **'till ngn** j-m eins versetzen; ~ **'upp** aufknöpfen, aufmachen **knäppe** N̄ ⟨-t; -n⟩ Schnalle *f*, Schnappschloss *n* **knäppning** ⟨-en; -ar⟩ Knöpfen *n*; Knacken *n*, Knacks *m*; FOTO Knipsen *n* **knäpptyst** ADJ mucksmäuschenstill

knäskydd [ˈknɛːʃyd] S̄N Knieschützer *m* **knäskål** S̄ Kniescheibe *f* **knästrumpa** S̄ Kniestrumpf *m* **knäsvagande** ADJ kniend **knäsvag** ADJ **jag blev ~** mir wurden die Knie weich

knäveck S̄N Kniekehle *f*

knöl [knøːl] ⟨-en; -ar⟩ Beule *f*, Knollen *m*, Knorren *m*, Knoten *m*; *fig umg* Mistkerl *m* **knöla** V̄P ⟨1⟩ ~ **'ihop** zusammenknüllen; ~ **'till** zerknüllen, zerknittern **knölaktig** ADJ gemein, flegelhaft **knölig** ADJ holperig; buckelig; knollig, knorrig, knotig; *fig* flegelhaft **knölpåk** S̄ Knüppel *m*, Knüttel *m*

knös [knøːs] ⟨-en; -ar⟩ *umg* **en rik ~** ein schwerreicher Kerl

ko [kuː] ⟨-n; -r⟩ Kuh *f*

koagulera [kuagøˈleːra] VI ⟨1⟩ gerinnen, koagulieren

koalition [kualiˈʃuːn] ⟨-en; -er⟩ Koalition *f*

kobbe [ˈkɔbə] ⟨-n; -ar⟩ Schäre *f*, Felsenselchen *n*

kobent [ˈkuːbeːnt] ADJ x-beinig

kobolt [ˈkuːbɔlt, ˈkoː-] ⟨-en; kein pl⟩ MINER Kobalt *m* **koboltblå** ADJ kobaltblau

kobra [ˈkoːbra] ⟨-n; -or⟩ Kobra *f*

kock [kɔk] ⟨-en; -ar⟩ Koch *m*; **ju fler ~ar desto sämre soppa** viele Köche verderben den Brei

kod [koːd] ⟨-en; -er⟩ Code *m* **koda** VT ⟨1⟩ IT codieren

kodein [kɔdeˈiːn] N̄ ⟨-et; kein pl⟩ Codein *n*

kodex [ˈkoːdɛks] ⟨-en; -ar⟩ Kodex *m*

kodmeddelande S̄N verschlüsselte Mitteilung

koefficient [kuɛfisiˈɛnt] ⟨-en; -er⟩ Koeffizient *m*

koexistens ⟨-en; kein pl⟩ Koexistenz *f*

koffein [kɔfeˈiːn] N̄ ⟨-et; kein pl⟩ Koffein *n* **koffeinfri** ADJ entkoffeiniert, koffeinfrei

koffert [ˈkɔfət] ⟨-en; -ar⟩ Koffer *m*; Überseekoffer *m*

kofot [ˈkuːfuːt] S̄ TECH Kuhfuß *m*, Brecheisen *n*

kofta [ˈkɔfta] ⟨-n; -or⟩ Strickjacke *f*

kofångare [ˈkuːfɔŋarə] ⟨-n; -⟩ AUTO Stoßstange *f*; BAHN Schienenräumer *m* **kohandel** *fig* S̄ Kuhhandel *m*

koj [kɔj] ⟨-en; -er⟩ SCHIFF Koje *f*; *umg* **krypa till ~s** in die Falle gehen

koja [ˈkɔja] ⟨-n; -or⟩ Hütte *f*

kok [kuːk] N̄ ⟨-et; -⟩ **ett ~ stryk** eine Tracht Prügel

koka[1] [ˈkuːka] ⟨-n; -or⟩ Erd- Scholle *f*

koka[2] ⟨1/2⟩ **A** VT kochen, sieden **B** VI

~ av raseri vor Wut schäumen/kochen ⓒ 🆅🅿 **~ 'av** abkochen; **~ i'hop** einkochen; **~ i'hop ngt åt ngn** fig j-m etw einbrocken; **~ 'in** einmachen, einkochen; **~ 'upp** aufkochen; **~ 'ur** auskochen; **~ 'över** überkochen

kokain [kɔka'i:n, ku-] ⟨-et; kein pl⟩ Kokain n

kokbok ['ku:kbu:k] 🆂 Kochbuch n **kokerska** ⟨-n; -or⟩ Köchin f

kokett [ku'kɛt] 🅰🅳🅹 kokett **kokett'era** 🆅🅸 ⟨1⟩ kokettieren **kokette'ri** 🅽 ⟨-et; -er⟩ Koketterie f

kokhet ['ku:khe:t] 🅰🅳🅹 kochend heiß

kokkonst 🆂 Kochkunst f **kokkärl** 🅽 Kochgeschirr n, Kochtopf m **kokning** ⟨-en; -ar⟩ Kochen n, Sieden n

kokong [ku'kɔŋ] ⟨-en; -er⟩ Kokon m

kokosfett ['ku:kusfet] 🆂🅽 Kokosfett n **kokosnöt** 🆂 Kokosnuss f **kokospalm** 🆂 Kokospalme f

kokplatta ['ku:kplata] 🆂 Kochplatte f **kokpunkt** 🆂 Siedepunkt m

koks [kɔks] ⟨-en; kein pl⟩ Koks m

koksalt ['ku:ksalt] 🆂🅽 Kochsalz n **koksaltlösning** 🆂 Kochsalzlösung f

kokt 🅰🅳🅹 GASTR gekocht; **~ potatis** sg Salzkartoffeln pl **kokvrå** 🆂 Kochnische f

kol [kɔ:l] 🅽 ⟨-et/-en; -⟩ Kohle f; koll a. Kohlen f/pl; CHEM Kohlenstoff m; **förvandlas till ~** verkohlen; fig **lägga på ett ~** einen Zahn zulegen

kola¹ ['kɔ:la] ⟨-n; -or⟩ Sahnebonbon m

kola² ['ku:la] 🆅🅿 ⟨1⟩ **~ 'av** umg sterben abkratzen, abschrammen

koldioxid ['kɔ:ldiɔks'si:d] 🆂 Kohlendioxid n **koldistrikt** 🆂🅽 Kohlenrevier n; umg das Ruhrgebiet Kohlenpott m

kolera ['ku:lara] ⟨-n; kein pl⟩ Cholera f **kol'eriker** ⟨-n; -⟩ Choleriker(in) m(f) **kol'erisk** 🅰🅳🅹 cholerisch

kolesterol ['ko:lestərɔ:l] 🅽 ⟨-et/-en; kein pl⟩ Cholesterin n

kolgruva ['kɔ:lgrɯ:va] ⟨-n; -or⟩ Kohlenbergwerk n, Kohlengrube f **kolhaltig** 🅰🅳🅹 kohle(nstoff)haltig **kolhydrat** 🅽 ⟨-et/-en; -/-er⟩ Kohlenhydrat n

kolibri ['kɔlibri] ⟨-n; -er⟩ Kolibri m

kolik [ku'li:k] ⟨-en; kein pl⟩ 'Kolik f

kolja ['kɔlja] ⟨-n; -or⟩ Schellfisch m

koll [kɔl] ⟨-en; -er⟩ Kontrolle f; Blick m; **ha ~ på ngt** etw unter Kontrolle haben; etw packen; über etw Bescheid wissen **kolla** 🆅🆃, 🆅🅸 ⟨1⟩ kontrollieren, abchecken, nachprüfen; gucken; **~ läget** die Lage peilen

kollaps [kɔ'laps] ⟨-en; -er⟩ 'Kollaps m **koll'apsa** umg 🆅🅸 ⟨1⟩ zusammenbrechen

kollega [kɔ'le:ga] ⟨-an; -er/-or⟩ Kollege m, Kollegin f **kollegi'al** 🅰🅳🅹 kollegial **koll'egieblock** 🆂🅽 Kollegheft n **koll'egium** ⟨-kollegiet; kollegier⟩ Kollegium n, Lehrerschaft f, Lehrkörper m; Konferenz f; Kolleg n

kollekt [kɔ'lɛkt] ⟨-en; -er⟩ Kollekte f **kollek'tion** ⟨-en; -er⟩ Kollektion f, Sammlung f

kollektiv 🅰 🅰🅳🅹 kollektiv 🅱 🅽 ⟨-et; -⟩ Kollektiv n; Wohngemeinschaft f, Kommune f **kollektivanstalt** 🅰🅳🅹 vara **~** nach Tarifvertrag eingestellt sein **kollektivavtal** 🆂🅽 Tarifvertrag m **kollektivhus** 🆂🅽 ≈ Gemeinschaftshaus n **kollektivtrafik** 🆂 öffentlicher Verkehr

kolli ['kɔli] 🅽 ⟨-t; -[n]⟩ Frachtstück n, Gepäckstück n

kollidera [kɔli'de:ra] 🆅🅸 ⟨1⟩ zusammenstoßen, kollidieren **kolli'sion** ⟨-en; -er⟩ Zusammenstoß m **kolli'sionskurs** 🆂 Kollisionskurs m

kollra ['kɔlra] 🆅🅿 ⟨1⟩ **~ 'bort ngn** j-m den Kopf verdrehen **kollrig** 🅰🅳🅹 verrückt, übergeschnappt

kolmila ['ko:lmi:la] 🆂 Kohlenmeiler m

kolmörk 🅰🅳🅹 kohl(raben)schwarz, stockdunkel, stockfinster

kolon ['ku:lɔn] 🅽 ⟨-et; -⟩ Doppelpunkt m

koloni [kɔlɔ'ni:] ⟨-n; -er⟩ Kolonie f; Siedlung f; Ferienlager n **koloni'al** 🅰🅳🅹 kolonial **koloni'sera** 🆅🆃 ⟨1⟩ (be)siedeln, kolonisieren **kolonistuga** 🆂 (Wohn-)Laube f **koloniträdgård** 🆂 Schrebergarten m, Kleingarten m

kolonn [kɔ'lɔn] ⟨-en; -er⟩ Säule f; Kolonne f

kolorit [kɔlɔ'ri:t] ⟨-en; -er⟩ Kolorit n, Farbgebung f

koloskopi [kɔlɔskɔ'pi:] ⟨-n⟩ Darmspiegelung f

koloss [kɔ'lɔs] ⟨-en; -er⟩ Koloss m **koloss'al** 🅰🅳🅹 kolossal, mächtig

koloxid [kɔ:lɔk'si:d] 🆂 Kohlenmonoxid n **koloxidförgiftning** 🆂 Kohlenmo-

noxidvergiftung f **kolsvart** ADJ kohlschwarz **kolsyra** S̄ Kohlensäure f **kolsyrad** ADJ kohlensäurehaltig; kohlensauer **koltablett** S̄ Kohletablette f
kolteckning S̄ Kohlezeichnung f
koltrast S̄ Amsel f, Schwarzdrossel f
kolugn ['ku:ləŋn] umg ADJ seelenruhig
kolumn [ku'ləmn] ⟨-en; -er⟩ TYPO Spalte f, Kolumne f
kolv [kɔlv] ⟨-en; -ar⟩ Kolben m
kolväte ['ko:lvɛ:ta] S̄ N Kohlenwasserstoff m
koma ['ko:ma] ⟨-n; kein pl⟩ Koma n
kombi ['kɔmbi] ⟨-n; -/-er⟩, **kombibil** S̄ Kombi(wagen) m **kombina'tion** ⟨-en; -er⟩ Zusammenstellung f, Kombination f **kombina'tionslås** S̄ N̄ Zahlenschloss n **kombi'nera** VT ⟨1⟩ zusammenstellen, kombinieren
komedi [kɔme'di:] ⟨-n; -er⟩ Komödie f, Lustspiel n
komet [kɔ'me:t] ⟨-en; -er⟩ Komet m **kometbana** S̄ Kometenbahn f **kometsvans** S̄ Kometenschweif m
komfort [kɔm'fɔrt] ⟨-en; kein pl⟩ Komfort m **komfor'tabel** ADJ komfortabel, bequem
komihåg [kɔmi'ho:g] umg N̄ ⟨-et; kein pl⟩ Gedächtnis n
komik [ku'mi:k] ⟨-en; kein pl⟩ 'Komik f **komiker** ['ku:-] ⟨-n; -⟩ Komiker(in) m(f) **komisk** ['ku:-] ADJ komisch
komjölk ['ku:mjœlk] S̄ N̄ Kuhmilch f
komma¹ ['kɔma] N̄ ⟨-t; -n⟩ Komma n
komma² ⟨4⟩ A̅ VI/AUX ~ (att) Zukunft werden B̅ VI kommen; **jag kan tyvärr inte ~** ich muss leider absagen; **jag kommer att tänka på** es fällt mir ein; TEL **jag har kommit fel** ich bin falsch verbunden; **~ gående** gegangen kommen; **~ att tala om ngt** auf etw (akk) zu sprechen kommen C̅ V/R **hur kommer det sig att …?** wie/woher kommt es, dass …? D̅ V̅P̅ **~ 'an på ngt** auf etw (akk) ankommen; **~ 'av sig** stecken bleiben, stocken, sich verhaspeln; umg a. den Faden verlieren; **~ 'bort** abhandenkommen, verloren gehen; **~ 'efter** nachkommen; zurückbleiben; **~ e'mellan** dazwischenkommen; **~ e'mot** entgegenkommen, zukommen auf (akk), anstoßen an (akk); **~ 'fram** hervorkommen, herauskommen; zum Vorschein kommen, sich herausstellen; vorwärtskommen, weiterkommen; durchkommen; herankommen; ankommen, ans Ziel gelangen; **~ 'fram med (vor)**bringen; **~ 'fram till** herankommen zu; fig zugehen; **~ sig 'för (att)** es über sich bringen, sich bequemen (zu); **~ för'bi** vorüberkommen an (dat); **~ 'före** vorauskommen, vorauskommen, früher kommen; **~ i 'fatt (med)** einholen; **~ i'från** loskommen, abkommen, davonkommen (von); **~ i'från varandra** auseinanderkommen, fig sich auseinanderleben; **~ i'gen** zurückkommen, wiederkommen; **~ i'genom** durchkommen; **~ i'hop sig** aneinandergeraten; **~ i'håg** sich erinnern (gen od an akk); **~ 'in** hineinkommen, hereinkommen (i in akk), betreten; fig einkommen, eingehen; **kom in!** herein!; **~ 'in på ett ämne** auf ein Thema zu sprechen kommen; **~ 'loss** loskommen, sich befreien; **~ 'med** mitkommen, mitmachen; **~ (vida) om'kring** (weit) herumkommen; **~ när allt kommer om'kring** am Ende, schließlich, alles in allem; umg a. bei Licht betrachtet; **~ 'på** kommen auf (akk); **~ 'på ngn med en lögn** j-n bei einer Lüge ertappen; **~ 'till** hinzukommen; auf die Welt kommen; zustande kommen; **~ till'baka** zurückkommen; **~ 'undan** davonkommen; abschneiden; **~ 'upp** (her)aufkommen; **~ 'upp i en hastighet av 100 km/h** eine Geschwindigkeit von 100 km/h erreichen; **~ 'upp med** heraufbringen; **~ 'ut** auskommen, herauskommen, erscheinen; bekannt werden, sich herumsprechen; sich outen; **~ 'ut bland folk** unter die Leute kommen; **~ på ett ut** auf eins hinauskommen, herauskommen; **~ 'åt** ankommen, beikommen, hinreichen; **~ 'åt ngn** j-m beikommen; **jag gör det så fort jag kommer 'åt** ich tue es, so oft ich dazu komme; **~ 'över** (hin)überkommen; erlangen; zu etw (dat) übergehen; hinwegkommen über (akk) **kommande** ADJ kommend, künftig
kommando [kɔ'mandu] ⟨-t; -n⟩ a. IT Kommando n, Befehl m **kommandobrygga** S̄ Kommandobrücke f
kommatera [kɔma'te:ra] VT, VI ⟨1⟩ mit Kommas versehen **kommatering** ⟨-en; kein pl⟩ Kommasetzung f
kommendant [kɔmən'dant] ⟨-en;

-er⟩ Kommandant(in) m(f) **kommen'dera** VT ⟨1⟩ kommandieren; befehligen **kommen'dör** ⟨-en; -er⟩ Kommandeur m; SCHIFF Kapitän m zur See **kommen'dörkapten** S SCHIFF Fregattenkapitän m

kommentar [kɔmɛn'taːr] ⟨-en; -er⟩ Kommentar m, Erläuterung(en pl) f **kommen'tator** ⟨-n; -er⟩ Kommentator m **kommen'tera** VT ⟨1⟩ kommentieren, erläutern

kommers [kɔ'mæʂ] ⟨-en; -er⟩ Handel m, Geschäft n **kommersiali'sera** VT ⟨1⟩ kommerzialisieren **kommersi'ell** ADJ kommerziell

komminister [kɔmiˈnistər] ⟨-n; -ar⟩ Pfarrer m

kommissariat [kɔmisariˈɑːt] N ⟨-et; -⟩ Kommissariat n **kommiss'arie** ⟨-n; -r⟩ Kommissar(in) m(f)

kommi'ssion ⟨-en; -er⟩ Kommission f; Auftrag m **kommissionsledamot** S, **kommissionär** ⟨-en; -er⟩ Kommissionsmitglied n

kommitté [kɔmiˈteː] ⟨-n; -er⟩ Komitee n, Ausschuss m

kommun [kɔˈmʉːn] ⟨-en; -er⟩ Gemeinde f, Kommune f **kommunal** ADJ kommunal, Gemeinde- **kommunalnämnd** S Gemeinderat m, Gemeinderätin f, Gemeindevorstand m **kommunalskatt** S Gemeindesteuer f **kommunalval** SN Kommunalwahlen pl, Gemeindewahlen pl **kommunfullmäktig** [kɔˈmʉːnfəlˈmɛktig] ADJ en ~ ein Gemeinderat m, eine Gemeinderätin f; ~e der Gemeinderat m **kommunfullmäktigeordförande** S Gemeinderatsvorsitzende(r) m(f/m)); Bürgermeister(in) m(f)

kommunicera [kɔˈmʉːniseːra] VT, VI ⟨1⟩ kommunizieren **kommunika'tion** ⟨-en; -er⟩ Verbindung f; Verkehr m; Mitteilung f; Kommunikation f **kommunikationsmedel** S N Verkehrsmittel n **kommunikationsminister** S Verkehrsminister(in) m(f) **kommunikationsradio** S Funkgerät n

kommuniké ⟨-n; -er⟩ Kommuniqué n, amtliche Veröffentlichung

kommu'nism ⟨-en; kein pl⟩ Kommunismus m **kommu'nist** ⟨-en; -er⟩ Kommunist(in) m(f) **kommu'nistisk** ADJ kommunistisch

kompa [ˈkɔmpa] umg VT, VI ⟨1⟩ begleiten, akkompagnieren

kompakt [kɔmˈpakt] ADJ kompakt **kompaktskiva** S CD f, Compact Disc f

kompani [kɔmpaˈniː] N ⟨-t; -er⟩ Kompanie f **kompanichef** S Kompaniechef(in) m(f), Kompanieführer(in) m(f) **kompan'jon** ⟨-en; -er⟩ Teilhaber(in) m(f), Kompagnon m **kompan'jonskap** N ⟨-et; kein pl⟩ Teilhaberschaft f

komparation [kɔmparaˈʃuːn] ⟨-en; -er⟩ GRAM Steigerung f **komparativ** [ˈkɔmp-] ⟨-en; -er⟩ GRAM Komparativ m **kompa'rera** VT ⟨1⟩ GRAM steigern

kompass [kɔmˈpas] ⟨-en; -er⟩ 'Kompass m **kompassnål** S Kompassnadel f

kompatibel [kɔmpaˈtiːbəl] ADJ IT kompatibel

kompendium [kɔmˈpɛndiəm] N ⟨kompendiet; kompendier⟩ Kompendium n

kompensation [kɔmpɛnsaˈʃuːn] ⟨-en; -er⟩ Ausgleich m; Entschädigung f, Kompensation f **kompen'sera** VT ⟨1⟩ ausgleichen; entschädigen, kompensieren

kompetens [kɔmpəˈtɛns] ⟨-en; -er⟩ Zuständigkeit f, Befugnis f, Kompetenz f; Befähigung f **kompetent** ADJ zuständig, befugt, kompetent, befähigt **kompis** [ˈkɔmpis] ⟨-en; -ar⟩ umg Kamerad(in) m(f), Freund(in) m(f), Kumpel m

kompledig [ˈkɔmpleːdi(g)] ADJ vara ~ Überstunden abbummeln

komplement [kɔmpləˈmɛnt] N ⟨-et; -⟩ Ergänzung f, Komplement n **komplemen'tär** ADJ ergänzend

komplett [kɔmˈplɛt] ADJ vollständig, komplett; ~ omöjligt schlechterdings/völlig unmöglich **komplett'era** VT ⟨1⟩ ergänzen, vervollständigen **komplett'ering** ⟨-en; -ar⟩ Ergänzung f, Vervollständigung f

komplex [kɔmˈplɛks] N ⟨-et; -⟩ A ADJ komplex B Komplex m

kompli'cera VT ⟨1⟩ erschweren, komplizieren **kompli'cerad** ADJ kompliziert **komplika'tion** ⟨-en; -er⟩ Erschwerung f, Komplikation f

kompli'mang ⟨-en; -er⟩ Kompliment n; **ge ngn ~er** Komplimente machen
kompl'ott ⟨-en; -er⟩ Verschwörung f, Komplott n
komponent [kɔmpuˈnɛnt] ⟨-en; -er⟩ Komponente f **kompo'nera** V̄T ⟨1⟩ komponieren **komposi'tion** ⟨-en; -er⟩ Komposition f **komposi'tör** ⟨-en; -er⟩ Komponist(in) m(f)
kompost [kɔmˈpɔst] ⟨-en; -er⟩ Kompost m **kompostera** V̄T ⟨1⟩ kompostieren
kompott [kɔmˈpɔt] ⟨-en; -er⟩ Kompott n
kompress [kɔmˈprɛs] ⟨-en; -er⟩ Kompresse f **kompri'mera** V̄T ⟨1⟩ komprimieren, verdichten; IT komprimieren, zippen
komprometterra [kɔmprʊmɛˈteːra] V̄T ⟨1⟩ bloßstellen, kompromittieren
kompro'miss ⟨-en; -er⟩ Kompromiss m **kompro'missa** V̄I ⟨1⟩ einen Kompromiss eingehen
komvux [ˈkɔmvɛks] ⟨inv⟩ Erwachsenenbildung f
kon [kuːn] ⟨-en; -er⟩ MATH Kegel m, Konus m
kona [ˈkuːna] ⟨-n; -or⟩ TECH Konus m
koncentrat [kɔnsənˈtrɑːt] N̄ ⟨-et; -⟩ Konzentrat n **koncentra'tion** ⟨-en; -er⟩ Konzentration f **koncentra'tionsläger** S̄ N̄ Konzentrationslager n **koncen'trera** V̄T, V̄R ⟨1⟩ konzentrieren (sig sich), (på auf akk) **koncen'trerad** ADJ konzentriert **koncentrisk** ADJ konzentrisch
koncept [kɔnˈsɛpt] N̄ ⟨-et; -⟩ Konzept n; **tappa ~erna** aus dem Konzept kommen
koncern [kɔnˈsæːŋ, -œːŋ] ⟨-en; -er⟩ Konzern m
konces'sion ⟨-en; -er⟩ Konzession f, behördliche Genehmigung; Zugeständnis n **konces'siv** ADJ konzessiv, einräumend
kon'cis ADJ konzis, bündig, kurz gefasst
kondensation [kɔndansaˈʃuːn] ⟨-en; -er⟩ Kondensation f **konden'sera** V̄T ⟨1⟩ kondensieren, verdichten; **~d mjölk** Kondensmilch f, kondensierte Milch
kondis¹ [ˈkɔndis] umg N̄ ⟨-et; -⟩ Konditorei f

kondis² ⟨-en; kein pl⟩ umg Kondition f
kondi'tion ⟨-en; -er⟩ Bedingung f; Kondition f, Beschaffenheit f, Verfassung f
konditionalis [kɔndiʃuˈnɑːlis] ⟨inv⟩ GRAM Konditional m, Bedingungsform f
konditor [kɔnˈdiːtɔr] ⟨-n; -er⟩ Konditor(in) m(f) **kondito'ri** N̄ ⟨-t; -er⟩ Konditorei f
kondoleans [kɔndɔleˈans, -ˈaŋs] ⟨-en; -er⟩ Beileid n, Kondolenz f **kondoleansbrev** S̄ N̄ Beileidsschreiben n **kondo'lera** V̄T ⟨1⟩ **~ ngn** j-m sein Beileid aussprechen, j-m kondolieren
kondom [kɔnˈdoːm] ⟨-en; -er⟩ Kondom n, Präservativ n
konduktör [kɔndɛkˈtœːr] ⟨-en; -er⟩ Schaffner(in) m(f)
konfekt [kɔnˈfɛkt] ⟨-en; kein pl⟩ Konfekt n; umg **bli lurad på ~en** das Nachsehen haben
konfek'tion ⟨-en; kein pl⟩ Konfektion f
konfek'tyr ⟨-en; -er⟩ Süßigkeiten f/pl
konferencier [kɔnfəraŋˈsjeː] ⟨-n; -er⟩ Conférencier m
konferens [kɔnfeˈrɛns] ⟨-en; -er⟩ Konferenz f, Beratung f; Sitzung f **konfe'rera** V̄I ⟨1⟩ konferieren, (sich) beraten (om über akk)
konfession [kɔnfeˈʃuːn] ⟨-en; -er⟩ Konfession f, (Glaubens-)Bekenntnis n **konfessio'nell** ADJ konfessionell **konfessionslös** ADJ konfessionslos
konfidentiell [kɔnfidɛn(t)siˈɛl] ADJ vertraulich, geheim **konfidentiellt** ADV im Vertrauen
konfiguration [kɔnfigɛraˈʃuːn] ⟨-en; -er⟩ IT Konfiguration f
konfirmand [kɔnfirˈmand] ⟨-en; -er⟩ Konfirmand(in) m(f); Katholizismus Firmling m **konfirma'tion** ⟨-en; -er⟩ Einsegnung f, Konfirmation f; Katholizismus Firmung f **konfir'mera** V̄T ⟨1⟩ einsegnen, konfirmieren; Katholizismus firmen; WIRTSCH bestätigen
konfiskera [kɔnfisˈkeːra] V̄T ⟨1⟩ beschlagnahmen, konfiszieren
kon'flikt ⟨-en; -er⟩ Konflikt m **konfliktvarsel** S̄ N̄ Ankündigung eines Arbeitskonflikts
konfronta'tion ⟨-en; -er⟩ Gegenüberstellung f **konfron'tera** V̄T ⟨1⟩

gegenüberstellen
konfun'derad ADJ verwirrt
kon'fys ADJ verwirrt, konfus
kongeni'al ADJ kongenial, geistesverwandt
konglome'rat N ⟨-et; -⟩ Konglomerat n, Anhäufung f
kongress [kɔŋ'grɛs] ⟨-en; -er⟩ Kongress m, Tagung f
kongruens [kɔŋgrʊ'ɛns] ⟨-en; -er⟩ Übereinstimmung f, Kongruenz f **kongruent** ADJ übereinstimmend, kongruent **kongru'era** VI ⟨1⟩ übereinstimmen, kongruieren
konisk ['kuːnisk] ADJ kegelförmig, konisch
konjak ['kɔnjak] ⟨-en; kein pl⟩ Kognak m; Weinbrand m
konjugation [kɔnjɵga'ʃuːn] ⟨-en; -er⟩ GRAM Konjugation f, Beugung f **konjug'era** VT ⟨1⟩ GRAM konjugieren, beugen
konjunktion [kɔnjɵŋ(k)'ʃuːn] ⟨-en; -er⟩ GRAM Konjunktion f, Bindewort n
konjunk'tiv ⟨-en; -er⟩ GRAM Konjunktiv m
konjunktur [kɔnjɵŋ(k)'tʉːr] ⟨-en; -er⟩ Konjunktur f **konjunkturberoende** ADJ konjunkturell **konjunkturläge** N Konjunkturlage f **konjunktursvacka** S Konjunkturflaute f
konkav [kɔn'kaːv] ADJ konkav, hohl
konklu'sion ⟨-en; -er⟩ Schluss m, Schlussfolgerung f
kon'kret ADJ konkret, gegenständlich; greifbar **konkreti'sera** VT ⟨1⟩ greifbar machen, konkretisieren
konkurrens [kɔŋkɵ'rɛns, -'raŋs] ⟨-en; -er⟩ Konkurrenz f, Wettbewerb m; *illojal ~* unlauterer Wettbewerb; *utan ~* konkurrenzlos **konkurr'enskraftig** ADJ konkurrenzfähig **konkurr'ent** ⟨-en; -er⟩ Konkurrent(in) m(f), Mitbewerber(in) m(f); **~erna** a. die Konkurrenz **konkurr'era** ⟨1⟩ A VI konkurrieren *(om um)* B VP **~ 'ut ngn** j-n (im Wettbewerb) schlagen, j-m den Rang ablaufen
konkurs [kɔn'kɵʂ] ⟨-en; -er⟩ Konkurs m; Zahlungseinstellung f; *begära sig i ~* Konkurs anmelden; *gå i/göra ~* in Konkurs gehen, Konkurs machen, Pleite gehen **konkursbo** S N Konkursmasse f **konkursförvaltare** [s] Konkursverwalter m **konkursmassa** S Konkursmasse f **konkursmässig** konkursmäßig
konnässör [kɔnɛ'sœːr] ⟨-en; -er⟩ Kenner(in) m(f)
konsekvens [kɔnsə'kvɛns] ⟨-en; -er⟩ Folge(richtigkeit f) f, Konsequenz f; *få ~er* Folgen haben; *ta ~erna* die Folgen tragen **konsekvent** ADJ folgerichtig, konsequent
konselj [kɔn'sɛlj] ⟨-en; -er⟩ Staatsrat m
konsert [kɔn'sæːr, -'sæt] ⟨-en; -er⟩ Konzert n; *gå på ~* ins Konzert gehen **konserthus** S N Konzerthaus n **konsertmästare** S Konzertmeister(in) m(f)
konserv [kɔn'særv] ⟨-en; -er⟩ Konserve f
konservativ [ˈkɔnsærvatiːv] ADJ konservativ
konser'vator ⟨-n; -er⟩ Konservator(in) m(f) **konserva'torium** N ⟨konservatoriet; konservatorier⟩ Konservatorium n
konservburk S Konservenbüchse f, Konservendose f **konser'vera** VT ⟨1⟩ konservieren; GASTR a. einmachen, einkochen; **~t kött** Büchsenfleisch n **konser'vering** ⟨-en; -ar⟩ Konservierung f, Konservieren n; Einmachen n, Einkochen n **konser'veringsmedel** S N Konservierungsmittel n **konserv'öppnare** S Dosenöffner m
konsistens [kɔnsi'stɛns] ⟨-en; -er⟩ Konsistenz f, Festigkeit f
konsol [kɔn'soːl, -'sɔl] ⟨-en; -er⟩ Konsole f
konsolidera [kɔnsɔli'deːra] VT ⟨1⟩ festigen, konsolidieren **konsolidering** ⟨-en; -ar⟩ Festigung f, Konsolidierung f
konsonant [kɔnsɔ'nant] ⟨-en; -er⟩ Konsonant m, Mitlaut m
konspiration [kɔnspira'ʃuːn] ⟨-en; -er⟩ Verschwörung f **konspira'tör** ⟨-en; -er⟩ Verschwörer(in) m(f) **konspi'rera** VI ⟨1⟩ sich verschwören, konspirieren
konst [kɔnst] ⟨-en; -er⟩ Kunst f; **~er och knep** Kniffe und Schliche; *efter alla ~ens regler* nach allen Regeln der Kunst **konstakademi** S Kunstakademie f
konstant [kɔn'stant] A ADJ konstant, beständig B ⟨-en; -er⟩ MATH Konstan-

te f
konstatera [kɔnsta'te:ra] _vt_ ⟨1⟩ feststellen, konstatieren **konstaterande** _n_ ⟨-t; -n⟩ Feststellung f
konstbefruktning ['kɔnstbəfrøktnɪŋ] _s_ künstliche Befruchtung f **konstbevattning** _s_ (künstliche) Bewässerung f
konstellation [kɔnstela'ʃu:n] ⟨-en; -er⟩ Konstellation f
konstfiber ['kɔnstfi:bər] _s_ Kunstfiber f **konstfull** _adj_ geschickt; kunstvoll **konstföremål** _s_ Kunstgegenstand m **konstgalleri** _s n_ Kunstgalerie f **konstgjord** _adj_ künstlich **konstgrepp** _s n_ Kunstgriff m **konstgödsel** _s_ Kunstdünger m **konsthandel** _s_ Kunsthandel m, Kunsthandlung f **konsthandlare** _s_ Kunsthändler(in) m(f) **konsthantverk** _s n_ Kunsthandwerk n, Kunstgewerbe n **konsthistoria** _s_ Kunstgeschichte f **konsthistoriker** _s_ Kunsthistoriker(in) m(f) **konstig** _adj_ sonderbar, merkwürdig, eigentümlich; _umg_ komisch; **~t nog** seltsamerweise **konstighet** ⟨-en; -er⟩ Merkwürdigkeit f **konstis** _s_ Kunsteis n
konstituera [kɔnstite'e:ra] _vt_ ⟨1⟩ errichten, gründen, konstituieren **konstitution** ⟨-en; -er⟩ (Staats-)Verfassung f, Konstitution f **konstitutionell** _adj_ verfassungsmäßig
konstkritiker ['kɔnstkri:tikər] _s_ Kunstkritiker(in) m(f) **konstkännare** _s_ Kunstkenner(in) m(f) **konstlad** _adj_ gekünstelt; gezwungen; geziert **konstläder** _s n_ Kunstleder n **konstlös** _adj_ ungekünstelt **konstnär** ⟨-en; -er⟩, **konstnä'rinna** ⟨-n; -or⟩ Künstler(in) m(f) **konstnärlig** _adj_ künstlerisch **konstnärlighet** ⟨-en; kein pl⟩ Künstlertum n, Künstlersinn m **konstra** _umg vi_ ⟨1⟩ Schwierigkeiten machen, sich sträuben
konstruera [kɔnstrʉ'e:ra] _vt_ ⟨1⟩ konstruieren **konstruk'tion** ⟨-en; -er⟩ Konstruktion f **konstruk'tionsfel** _s n_ Konstruktionsfehler m **konstruktiv** _adj_ konstruktiv **konstruk'tör** ⟨-en; -er⟩ Konstrukteur m
konstsalong ['kɔnstsa'lɔŋ] _s_ Kunstgalerie f, Kunsthalle f **konstsamling** _s_ Kunstsammlung f **konstsiden** _s n_, **konstsilke** _s n_ Kunstseide f **konststoppning** _s_ Kunststopferei f **konststycke** _s n_ Kunststück n **konstutställning** _s_ Kunstausstellung f **konstverk** _s n_ Kunstwerk n **konståkare** _s_ Eiskunstläufer(in) m(f) **konståkning** ⟨-en; kein pl⟩ Eiskunstlauf m, Eiskunstlaufen n **konstälskare** _s_ Kunstliebhaber(in) m(f)
konsul ['kɔnsəl] ⟨-n; -er⟩ Konsul m **konsu'lat** _n_ ⟨-et; -⟩ Konsulat n **konsu'lent** ⟨-en; -er⟩ Berater(in) m(f); Unternehmensberater(in) m(f) **konsult** ⟨-en; -er⟩ Berater(in) m(f); **konsulta'tion** ⟨-en; -er⟩ Beratung f, Konsultation f **konsultativ** _adj_ beratend, konsultativ; **~t statsråd** Minister(in) m(f) ohne Portefeuille/Geschäftsbereich **konsul'tera** _vt_ ⟨1⟩ konsultieren, um Rat fragen, zurate ziehen **konsultfirma** _s_ Beratungsfirma f
konsument [kɔnsə'ment] ⟨-en; -er⟩ Verbraucher(in) m(f), Konsument(in) m(f) **konsumentprisindex** _s n_ Lebenshaltungsindex m **konsumentskydd** _s n_ Verbraucherschutz m **konsumentupplysning** _s_ Verbraucherberatung f **konsu'mera** _vt_ ⟨1⟩ verbrauchen, konsumieren **konsum'tion** ⟨-en; kein pl⟩ Verbrauch m, Konsum m **konsum'tionsvaror** _pl_ ⟨-na⟩ Verbrauchsgüter pl
kontakt [kɔn'takt] ⟨-en; -er⟩ **1** Kontakt m, Berührung f; Fühlung f, Verbindung f **2** ELEK Stecker m; Schalter m **kontakta** _vt_ ⟨1⟩ Verbindung aufnehmen; sich in Verbindung setzen mit **kontaktannons** _s_ Kontaktanzeige f **kontaktförbud** _s n_ JUR Hausverbot n **kontaktförmedling** _s_ Partnervermittlung f **kontaktlins** _s_ Haftschale f, Kontaktlinse f **kontaktman** _s_ Verbindungsmann m
kontant [kɔn'tant] _adj_ bar; **~ betalning** Barzahlung f; **~a pengar** pl, **~er** pl Bargeld n sg; **betala ~** bar zahlen; **mot/per ~ betalning** gegen bar **kontantbelopp** _s n_ Barbetrag m **kontantkort** _s n_ Prepaidkarte f **kontantköp** _s n_ Kauf m gegen bar, Barkauf m
kontemplation [kɔntempla'ʃu:n] ⟨-en; -er⟩ Kontemplation f, Betrachtung f; Beschaulichkeit f **kontemplativ** _adj_ kontemplativ; beschaulich

kontenta [kɔnˈtɛnta] ⟨-n; kein pl⟩ Sinn m, Kern m; umg **~n av det hela** der langen Rede kurzer Sinn
konteramiral [ˈkɔntarami(ˈ)rɑːl] ₛ SCHIFF Konteradmiral m
kontinent [kɔntiˈnɛnt] ⟨-en; -er⟩ Festland n, Kontinent m **kontinen'tal** ADJ kontinental
kontingent [kɔntiŋˈgɛnt, -tinˈjɛnt] ⟨-en; -er⟩ Kontingent n, Anteil m, Beitrag m; Gruppe f
kontinuerlig [kɔntinueˈeːli(g)] ADJ stetig, kontinuierlich **kontinui'tet** ⟨-en; kein pl⟩ Stetigkeit f, Kontinuität f
konto [ˈkɔntu] N ⟨-t; -n⟩ Konto n; IT Account m od n; **öppna ~ för ngn** j-m ein Konto eröffnen **kontoinnehavare** ₛ Kontoinhaber(in) m(f) **kontokort** ₛ Kreditkarte f **kontonummer** ₛ N Kontonummer f
kontor [kɔnˈtuːr] N ⟨-et; -⟩ Büro n, Kontor n; **gå till ~et** ins Büro gehen; **arbeta på ~** in einem Büro angestellt sein **konto'rist** ⟨-en; -er⟩ Büroangestellte(r) m/f(m) **kontorsarbete** ₛ N Büroarbeit f **kontorschef** ₛ Bürovorsteher(in) m(f) **kontorslandskap** ₛ N Bürolandschaft f, Großraumbüro n **kontorslokal** ₛ Büroräume mpl **kontorspersonal** ₛ Büropersonal n **kontorstid** ₛ Geschäftszeit f, Bürostunden fpl **kontorsvana** ₛ **ha ~** mit den Büroarbeiten vertraut sein
kontoutdrag [ˈkɔntɔˈøtdrɑːg] ₛ N Kontoauszug m
kontra [ˈkɔntra] A ADV, PRÄP kontra, gegen B VII ⟨1⟩ kontern **kontraband** ₛ N Konterbande f **kontrabas** ₛ Kontrabass m **kontra'hent** ⟨-en; -er⟩ Vertragspartner(in) m(f), Kontrahent(in) m(f)
kontrakt [kɔnˈtrakt] N ⟨-et; -⟩ Vertrag m, Kontrakt m **kontraktsbrott** ₛ N Vertragsbruch m, Kontraktbruch m **kontraktsenlig** ADJ vertragsgemäß **kontraktsprost** ₛ Propst m, Superinten'dent m
kontraorder [ˈkɔntra-] ₛ MIL Gegenbefehl m; WIRTSCH Abbestellung f **kontrapunkt** ₛ MUS Kontrapunkt m **kontrarevolution** ₛ Konterrevolution f, Gegenrevolution f **kontrasig'nera** VII ⟨1⟩ gegenzeichnen **kontraspionage** ₛ N Spionageabwehr f, Gegenspionage f
kontrast [kɔnˈtrast] ⟨-en; -er⟩ Gegensatz m, Kontrast m **kontras'tera** VII ⟨1⟩ abstechen, sich abheben, kontrastieren (**mot** gegen) **kontrastfärg** ₛ Kontrastfarbe f **kontrastverkan** ₛ Kontrastwirkung f
kontring [ˈkɔntriŋ] ⟨-en; -ar⟩ SPORT Kontern n
kontroll [kɔnˈtrɔl] ⟨-en; -er⟩ Kontrolle f, Aufsicht f (**över** über akk); Prüfung f; Überwachung f **kontrollampa** ₛ Kontrolllampe f, Kontrolllicht n **kontroll'ant** ⟨-en; -er⟩ Kontrolleur(in) m(f) **kontrollbesiktning** ₛ AUTO Abnahme f **kontroll'era** VII ⟨1⟩ kontrollieren; (nach)prüfen; überwachen **kontroll'erbar** ADJ nachprüfbar, kontrollierbar **kontrollmärke** ₛ N Kontrollmarke f **kontrollräkna** VII ⟨1⟩ nachzählen, nachrechnen **kontrollstämpel** ₛ Kontrollstempel m **kontroll'ör** ⟨-en; -er⟩ Kontrolleur(in) m(f)

kontrovers [kɔntruˈvæʂ] ⟨-en; -er⟩ Streit m, Meinungsverschiedenheit f, Kontroverse f **kontrover'siell** ADJ kontrovers, umstritten
kon'trär ADJ gegensätzlich, konträr
kontur [kɔnˈtuːr] ⟨-en; -er⟩ Umriss m, Kontur f
konung [ˈkoːnɘŋ] ⟨-en; -ar⟩ König m
konvalescens [kɔnvaleˈsɛns] ⟨-en; kein pl⟩ Genesung f, Rekonvaleszenz f **konvale'scent** ⟨-en; -er⟩ Rekonvaleszent m
konvalj(e) [kɔnˈvalj(ə)] ⟨-n; -r⟩ Maiglöckchen n
konvent [kɔnˈvɛnt] N ⟨-et; -⟩ Konvent m **konven'tion** ⟨-en; -er⟩ Übereinkunft f, Vertrag m, Konvention f **konventio'nell** ADJ herkömmlich; förmlich, konventionell
konversation [kɔnvæʂaˈʃuːn] ⟨-en; -er⟩ Unterhaltung f, Konversation f **konver'sera** VII ⟨1⟩ sich unterhalten (**om** über akk)
konvertera [kɔnvæˈteːra] VII ⟨1⟩ konvertieren; REL a. übertreten, den Glauben wechseln; COMPUT konvertieren **konvertering** ⟨-en; -ar⟩ COMPUT Konvertierung f **konver'tit** ⟨-en; -er⟩ Konvertit m
konvex [kɔnˈvɛks] ADJ konvex, gewölbt

kon'voj ⟨-en; -er⟩ Geleit(zug m) n, Konvoi m
konvul'sion ⟨-en; -er⟩ (Schüttel-)Krampf m
kooperation [kuupəra'ʃuːn] ⟨-en; -er⟩ Kooperation f, Zusammenarbeit f
kooperativ ADJ genossenschaftlich, kooperativ; **~ förening** Genossenschaft f **koordi'nera** VT ⟨1⟩ beiordnen, koordinieren
kopia [ku˘'piːa] ⟨-n; -or⟩ Abschrift f, Kopie f; Durchschrift f, Durchschlag m
kopiator [kupi'ɑːtɔr] ⟨-en; -er⟩ Kopierer m **kopi'era** VT ⟨1⟩ kopieren, nachbilden; abschreiben; vervielfältigen **kopi'eringsapparat** S Kopiergerät n, **kopi'eringsmaskin** S Kopiergerät n
kopiös [kupi'øːs] ADJ massenhaft; ungeheuer, gewaltig
kopp [kɔp] ⟨-en; -ar⟩ Tasse f
koppa ['kɔpa] ⟨-n; -or⟩ Pocke f
koppar ['kɔpar] ⟨-(e)n; kein pl⟩ Kupfer n; **av ~** a. kupfern **kopparkärl** S N Kupfergefäß n, Kupfergeschirr n **kopparmalm** S Kupfererz n **kopparmynt** S N Kupfermünze f **kopparorm** S ZOOL Blindschleiche f
koppel ['kɔpəl] N ⟨-et; -⟩ Koppel f; Hunde- Leine f; MIL Koppel n; TECH Kupp(e)lung f **koppla** ⟨1⟩ A VT koppeln; TECH kuppeln; ELEK schalten; TEL verbinden B VP **~ 'av** abkoppeln; fig ausspannen, entspannen; ELEK **~ i'från** ausschalten; fig **~ i'hop** verkuppeln; **~ 'in** einschalten; IT umg **~ 'ner** sich vom Netz trennen; ELEK **~ 'om** umschalten; IT umg **~ 'upp sig** ins Netz gehen **kopplare** ⟨-n; -⟩ Kuppler(in) m(f)
kopple'ri N ⟨-et; -er⟩ Kuppelei f
koppling ⟨-en; -ar⟩ Koppeln n; TECH Kupp(e)lung f; ELEK Schaltung f **kopplingspedal** S Kupplungspedal n **kopplingsschema** S N Schaltplan m, Schaltschema n
kor [kuːr] N ⟨-et; -⟩ Chor m
kora ['kɔːra] VT ⟨1⟩ wählen, küren
koral [ku'rɑːl] ⟨-en; -er⟩ Choral m **koralbok** S Choralbuch n
korall [ku'ral] ⟨-en; -er⟩ Koralle f **korallrev** S N Korallenriff n **korallröd** ADJ korallenrot
koran [kɔ'rɑːn] ⟨-en; kein pl⟩ REL Koran m
Korea [kɔr'eːa] N Korea n **korean** Ko-

reaner(in) m(f) **koreansk** koreanisch
koreograf [kɔrəɔ'grɑːf] ⟨-en; -er⟩ Choreograf(in) m(f) **koreografi** ⟨-n; -er⟩ Choreografie f
korg [kɔrj] ⟨-en; -ar⟩ Korb m; fig **få ~en** einen Korb bekommen
korgosse ["kuːrɡɔsə] S Ministrant(in) m(f)
korgstol ['kɔrjstuːl] S Korbsessel m
korint [ku'rint] ⟨-en; -er⟩ Korinthe f
kork [kɔrk] ⟨-en; -ar⟩ Kork m; Korken m, Pfropfen m, Stöpsel m; **dra ~en ur** entkorken, aufkorken **korka** ⟨1⟩ A VT (ver)korken B VP **~ 'igen/'till** verkorken, zustöpseln; **~ 'upp** entkorken, aufkorken
korkad fig umg ADJ beschränkt, dämlich **korkek** S Korkeiche f **korkmatta** S Linoleum n, Linoleumteppich m **korkskruv** S Korkenzieher m
korn [kuːrn] N ⟨-et; -⟩ BOT Gerste f; Korn n; **ett ~ av sanning** ein Körnchen Wahrheit; **få ~ på** gewahr werden **kornblixt** S Wetterleuchten n **kornblå** ADJ kornblumenblau
kornett [kɔ'nɛt] ⟨-en; -er⟩ MUS Kornett n
kornig ["kuːrn(ig)] ADJ körnig
kornisch [kɔ'niʃ] ⟨-en; -er⟩ Gardinenleiste f; ARCH Sims m od n
kornmjöl ["kuːrnmjøːl] S N Gerstenmehl n
korp [kɔrp] ⟨-en; -ar⟩ Rabe m
Korpen ⟨inv⟩ schwedische Organisation für Betriebs- und Vereinssport **korpidrott** S Betriebs- und Vereinssport m
korporation [kɔrpura'ʃuːn] ⟨-en; -er⟩ Körperschaft f, Korporation f
korpral [kɔrp'rɑːl] ⟨-en; -er⟩ Gefreite(r) m/f(m)
korpsvart ["kɔrpsvaʈ] ADJ rabenschwarz
korpulens [kɔrpə'lɛns] ⟨-en; kein pl⟩ Beleibtheit f, Korpulenz f **korpulent** ADJ beleibt, korpulent
korpus [kɔr'pɵs] ⟨-en; -ar⟩ Korpus n
korrekt [kɔ'rɛkt] ADJ, ADV korrekt, fehlerfrei **korrekthet** ⟨-en; kein pl⟩ Korrektheit f **korrektur** ⟨-en; -er⟩ Korrektur f **korrekturläsare** S Korrektor(in) m(f) **korrekturläsning** S Korrekturlesen n
korrespondens [kɔrəspɔn'dɛns, kɔras-

pɔŋˈdans] ⟨-en; -er⟩ Briefwechsel m, Korrespondenz f **korrespondenskort** S N Briefkarte f **korrespondent** ⟨-en; -er⟩ Korrespondent(in) m(f); Berichterstatter(in) m(f) **korresponˈdera** VT ⟨1⟩ korrespondieren, brieflich verkehren; *fig* ~ **med** entsprechen (*dat*)
korridor [kɔriˈdoːr] ⟨-en; -er⟩ Flur m, Gang m, ˈKorridor m
korrigera [kɔriˈjeːra] VT ⟨1⟩ berichtigen, korrigieren **korrigering** ⟨-en; -ar⟩ Berichtigung f, Korrektur f; Verbesserung f
korrugerad [kɔrəˈgeːrad] ADJ gewellt, geriffelt; ~ **plåt** Wellblech n
korrumpera [kɔrəmˈpeːra] VT ⟨1⟩ korrumpieren; bestechen **korrupˈtion** ⟨-en; kein pl⟩ Korruption f; Bestechlichkeit f
kors [kɔʂ] A ADV ~ **och tvärs** kreuz und quer B INTER ~ **(i all sin dar)** ach Gott, du meine Güte C N ⟨-et; -⟩ Kreuz n; **Röda ~et** das Rote Kreuz; **med armarna i ~** mit verschränkten Armen; **med benen i ~** mit übergeschlagenen Beinen; *fig* **krypa till ~et** zu Kreuze kriechen **korsa** ⟨1⟩ A VT kreuzen; *fig* durchkreuzen; **~s, ~ varandra** sich kreuzen B VR ~ **sig** sich bekreuzigen; BOT, ZOOL sich kreuzen **korsdrag** S N Durchzug m **korseld** S Kreuzfeuer n
korsett [kɔʂˈʂɛt] ⟨-en; -er⟩ Korsett n, Mieder n
korsfarare [ˈkɔʂfaːrarə] ⟨-n; -⟩ Kreuzfahrer m **korsfästa** VT ⟨2⟩ kreuzigen **korsfästelse** ⟨-n; -r⟩ Kreuzigung f **korsförhör** S N Kreuzverhör n **korsgång** S ARCH Kreuzgang m
korsikan [kɔʂiˈkaːn] ⟨-en; -er⟩ Korse m, Korsin f **korsikansk** ADJ korsisch
korslagd [ˈkɔʂlagd] ADJ gekreuzt, verschränkt; über Kreuz **korsning** ⟨-en; -ar⟩ Kreuzung f **korsord** S Kreuzworträtsel n **korsrygg** S ANAT Kreuz n **korsstygn** S N Kreuzstich m **korstecken** S N Kreuz n, Kreuzeszeichen n **korståg** S Kreuzzug m **korsvalv** S N Kreuzgewölbe n **korsvirke** S N Fachwerk n **korsvirkeshus** S N Fachwerkhaus n **korsvis** ADV kreuzweise **korsväg** S Kreuzweg m
kort[1] [kuʈ] N ⟨-et; -⟩ Karte f; **spela ~** Karten spielen; *fig* **lägga ~en på bordet** die Karten auf den Tisch legen; **spå i ~ Karten legen; sätta allt på ett ~** alles auf eine Karte setzen
kort[2] [kɔʈ] ADJ kurz; *Wechsel* kurzfristig; ~ **sagt** kurzum, um es kurz zu sagen, in kurzen Worten; **inom ~** binnen Kurzem, in Kürze; ~ **och gott** kurz und gut; ~ **till växten** klein (von Wuchs); **vara för ~ i rocken** zu klein sein; **hålla ngn ~** j-n kurzhalten; *fig* **dra det ~aste strået** den Kürzeren ziehen; **komma till ~a** zu kurz kommen; **göra processen ~ med ngn** mit j-m kurzen Prozess machen **korta** ⟨1⟩ A VT kürzen B VP ~ **'av** abkürzen **kortbyxor** PL kurze Hose f sg **kortdistanslöpare** S Kurzstreckenläufer(in) m(f)
kortege [kɔˈʈeːʃ] ⟨-n; -r⟩ Festzug m, Ehrengeleit n
kortfattad [ˈkɔʈfatad] ADJ kurz gefasst **kortfilm** S Kurzfilm m **kortform** S Kurzform f **kortfristig** ADJ kurzfristig **korthet** ⟨-en; kein pl⟩ Kürze f; **i (största) ~** in (aller) Kürze **korthuggen** ADJ kurz angebunden; knapp **korthårig** ADJ kurzhaarig
kortison [kɔʈiˈsoːn] ⟨-et; kein pl⟩ Kortison n
kortklippt [ˈkɔʈklipt] ADJ kurz geschnitten; **ha ~ hår** das Haar kurz tragen **kortkommando** S N IT Tastenkombination f
kortkonst [ˈkuʈkɔnst] S Kartenkunststück n
kortkort [ˈkɔʈkɔʈ] ADJ ~ **kjol** Minirock m
kortlek [ˈkuʈ-] S Spiel n Karten
kortlivad [ˈkɔʈliːvad] ADJ kurzlebig, von kurzer (Lebens-)Dauer
kortregister [ˈkuʈ-] S N Kartei f
kortsida [ˈkɔʈsiːda] S Schmalseite f **kortsiktig** ADJ kurzfristig **kortslutning** ⟨-en; -ar⟩ ELEK Kurzschluss m
kortspel [ˈkuʈspeːl] S N Kartenspiel n **kortspelare** S Kartenspieler(in) m(f)
kortsynt [ˈkɔʈsyːnt] ADJ kurzsichtig **kortsynthet** ⟨-en; kein pl⟩ Kurzsichtigkeit f
korttelefon [ˈkuʈelaˈfoːn] S Kartentelefon n
korttidsparkering [ˈkɔʈ-] S Kurzparkzone f, Kurzzeitparkplatz m; Kurzzeitparken n **kortvarig** ADJ von kurzer Dauer; vorübergehend **kortvåg** S RADIO Kurzwelle f **kortvågssändare**

s̄ Kurzwellensender m **kortvägg** s̄ Querwand f **kortväxt** ADJ klein gewachsen **kortända** s̄ Schmalseite f **kortärmad** ADJ kurzärmelig

korus ['kɔːrɵs] N̄ ⟨inv⟩ **i ~** im Chor

korv [kɔrv] ⟨-en; -ar⟩ Wurst f; **varm ~** koll heiße Würstchen pl; **varm ~ med bröd** Hotdog n od m; **stekt ~** Bratwurst f **korva** umg VR ⟨1⟩ **~ sig** sich ringeln, Falten werfen **korvgubbe** s̄ Würstchenverkäufer m **korvkiosk** s̄ Würstchenbude f, Imbissstand m **korvskinn** S̄N umg Wursthaut f, (Wurst-) Pelle f **korvspad** S̄N Wurstbrühe f; umg **klart som ~** klar wie Kloßbrühe **korvstånd** S̄N Wurstbude f, Würstchenbude f **korvöre** S̄N umg **inte ett ~** keinen (roten) Heller

kos [kuːs] ⟨inv⟩ **sin ~** weg, fort, auf und davon; **flyga sin ~** wegfliegen **kosa** ⟨-n; -or⟩ **styra ~n** sich begeben

kosack [kɔˈsak] ⟨-en; -er⟩ Kosak m

kosing [ˈkuːsiŋ] ⟨-en; -ar⟩ umg Moneten pl, Kies m

koskälla [ˈkuːʃɛla] s̄ Kuhglocke f, Kuhschelle f

kosmetik [kɔsmeˈtiːk] ⟨-en; kein pl⟩ Schönheitspflege f, Kosmetik f **kos'metika** ⟨-n; kein pl⟩ Kosmetika pl, Schönheitsmittel n **kos'metisk** ADJ kosmetisch **kosmeto'log** ⟨-en; -er⟩ ≈ Diplom-Kosmetiker(in) m(f)

kosmisk [ˈkɔsmisk] ADJ kosmisch **kosmoˈnaut** ⟨-en; -er⟩ Kosmonaut m **kosmopoˈlit** ⟨-en; -er⟩ Weltbürger m, Kosmopolit m **kosmopoˈlitisk** ADJ weltbürgerlich, kosmopolitisch **kosmos** a. N̄ ⟨-/-en/-et; -⟩ Weltall n, Kosmos m

kossa [ˈkusa] ⟨-n; -or⟩ umg Kuh f, Muhkuh f

kost [kɔst] ⟨-en; kein pl⟩ Kost f; Verpflegung f; **~ och logi** Kost und Logis **kosta** [ˈkɔsta] ⟨1⟩ A VT, VI kosten; **~ vad det ~ vill** koste es, was es wolle B VP **~ 'på sig ngt** sich (dat) etw leisten; **det ~r 'på** es ist streng an, es kostet Überwindung **kostbar** ADJ kostbar **kostbarhet** ⟨-en; kein pl⟩ Kostbarkeit f **kostnad** ⟨-en; -er⟩ Kosten pl, Unkosten pl, Aufwand m **kostnadsberäkning** s̄ Kostenberechnung f **kostnadsersättning** s̄ Kostenersatz m, Kostenerstattung f **kostnadsfri** ADJ kostenlos, unentgeltlich **kostnadsfråga** s̄ Kostenfrage f **kostnadsförslag** S̄N Kostenanschlag m **kostnadsskäl** S̄N finanzieller Grund **kostsam** ADJ kostspielig

kostvana [ˈkɔstvaːna] s̄ Essgewohnheit f

kostym [kɔsˈtyːm] ⟨-en; -er⟩ (Herren-) Anzug m; Kostüm n **kostymbal** s̄ Maskenball m; Kostümfest n

kota [ˈkuːta] ⟨-n; -or⟩ ANAT Wirbel m; a. Knochen m **kotknackare** ⟨-n; -⟩ umg Chiropraktiker(in) m(f)

kotlett [kɔtˈlɛt] ⟨-en; -er⟩ Kotelett n

kotte [ˈkɔta] ⟨-n; -ar⟩ BOT Zapfen m; umg **inte en ~** kein Mensch, keine Menschenseele

kovändning [ˈkuːvɛndniŋ] s̄ Kehrtwendung f **koögd** ADJ kuhäugig, glotzäugig; **vara ~** Kuhaugen haben

k-pist [ˈkoːpist] ⟨-en; -ar⟩ umg MIL Maschinenpistole MP

kr ABK (= krona) kr (Krone)

krabat [kraˈbɑːt] ⟨-en; -er⟩ Bursche m; Schlingel m m

krabb [krab] ADJ SCHIFF kabb(e)lig

krabba [ˈkraba] ⟨-n; -or⟩ ZOOL Krabbe f; Taschenkrebs m

krafs [krafs] N̄ ⟨-et; kein pl⟩ Gekritzel n; Kram m, Plunder, Trödel m **krafsa** ⟨1⟩ A VT, VI scharren, kratzen B VP **~ 'upp ur jorden** aus der Erde scharren

kraft [kraft] ⟨-en; -er⟩ Kraft f; **få ~erna tillbaka** wieder zu Kräften kommen; **ha sina ~er i behåll** noch bei Kräften sein; **av alla ~er** aus allen Kräften, aus Leibeskräften; JUR **ha laga ~** in Kraft sein; **träda i ~** in Kraft treten; **i ~ av kraft** (gen) **kraftansträngning** s̄ Kraftanstrengung f **kraftfoder** S̄N Kraftfutter n **kraftfull** ADJ kraftvoll **kraftfullhet** ⟨-en; kein pl⟩ Kraft f, Kraftfülle f **kraftig** ADJ kräftig, rüstig; derb; markig, kernig **kraftkarl** s̄ Kraftmensch m **kraftkälla** s̄ Kraftquelle f **kraftledning** s̄ Hochspannungsleitung f **kraftlös** ADJ kraftlos **kraftmätning** s̄ Kraftprobe f **kraftprestation** s̄ **en verklig ~** eine wirkliche Leistung **kraftprov** S̄N Kraftprobe f **kraftstation** s̄ TECH Kraftwerk n **krafttutryck** S̄N Kraftausdruck m **kraftverk** S̄N Kraftwerk n **kraftåtgärd** s̄ energische Maßnahme f

krage ['krɑ:gə] ⟨-n; -ar⟩ Kragen m; **dubbelvikt ~** Umlegekragen m; **ta sig (själv) i ~n** sich zusammenreißen

krake ['krɑ:kə] ⟨-n; -ar⟩ umg armes Ding; Schwächling m

kram ⟨-en; -ar⟩ Umarmung f; *am Ende eines Briefes etc* = liebe Grüße; **puss och ~** *am Ende eines Briefes etc* ≈ ganz liebe Grüße; *in Liebesbeziehung* ich umarme und küsse dich **krama** ⟨1⟩ Ⓐ V/I umarmen; drücken, pressen, quetschen Ⓑ V/P **~ i'hop** zusammendrücken, knüllen, knautschen; **~ 'om** umarmen; **~ 'sönder** zerdrücken, zerknüllen **kramgo(d)** ADJ schmuseweich, kuschelig

kramp [kramp] ⟨-en; -er⟩ Krampf m, Krämpfe m/pl **krampaktig** ADJ krampfhaft **krampanfall** S N Krampf m, Krampfanfall m

kramsnö ['krɑ:msnø:] S Pappschnee m

kran [krɑ:n] ⟨-en; -ar⟩ Kran m; Hahn m **kranförare** S Kranführer(in) m(f)

kranium ['krɑ:niem] N ⟨kraniet; kranier⟩ Schädel m

krans [krans] ⟨-en; -ar⟩ Kranz m

kranvatten ['krɑ:nvatən] S N Leitungswasser n

kras [krɑ:s] N ⟨inv⟩ **gå i ~** in Stücke gehen, zerbrechen **krasa** V/I ⟨1⟩ zerbrechen; knirschen

krasch [kraʃ] ⟨-en; -er⟩ Krach m **krascha** umg V/I ⟨1⟩ zusammenkrachen; COMPUT abstürzen **kraschlandning** S FLUG Bruchlandung f

krass [kras] ADJ krass

krasse ['krasə] ⟨-n; -ar⟩ Kresse f

krasslig ['krasli(g)] ADJ kränklich, unpässlich

krater ['krɑ:tər] ⟨-n; -ar⟩ Krater m

kratsa ['kratsa] V/T ⟨1⟩ kratzen

kratta ['krata] Ⓐ ⟨-n; -or⟩ Harke f, Rechen m Ⓑ V/T ⟨1⟩ harken

krav [krɑ:v] N ⟨-et; -⟩ (An-)Forderung f, Anspruch m; Erfordernis n; WIRTSCH Mahnung f; **ställa för höga ~ på ngn** j-n überfordern

kravall [kra'val] ⟨-en; -er⟩ Krawall m **kravallpolis** S Einsatzkommando der Polizei **kravallstaket** S N Absperrgitter n

kravatt [kra'vat] ⟨-en; -er⟩ Krawatte f, Schlips m

kravbrev ['krɑ:vbre:v] S N Mahnung f

kravla ['krɑvla] ⟨1⟩ Ⓐ V/I kriechen, krabbeln Ⓑ V/P **~ sig 'fram** vorwärtskrabbeln

kravmärkt ['krɑ:vmærkt] ADJ mit einem Ökolabel versehen, als Bioprodukt gekennzeichnet **kravodlad** ADJ ökologisch, biodynamisch

kraxa ['kraksa] V/I ⟨1⟩ krächzen **kraxande** N ⟨-t; -n⟩ Gekrächze n

kreativ ADJ kreativ, schöpferisch **kreativitet** ⟨-en; kein pl⟩ Kreativität f

kreatur ['kre:atɯ:r] N ⟨-et; -⟩ Tier n, Vieh n

kredit¹ ['kre:dit] N ⟨inv⟩ Haben n, 'Kredit n; **debet och ~** Soll und Haben

kredit² [kre'di:t] ⟨-en; -er⟩ Kre'dit m; **på ~** auf Kredit; **bevilja ngn ~** j-m Kredit gewähren **kredi'tera** V/T ⟨1⟩ gutschreiben; **~ ngn för ngt** j-m etw gutschreiben; j-n für (akk) kreditieren **kredi'tering** ⟨-en; -ar⟩ Gutschrift f **kredi'tiv** N ⟨-et; -⟩ Akkreditiv n, Beglaubigungsschreiben n; Kreditbrief m **kreditkort** S N Kreditkarte f **kreditvärderingsinstitut** S N Ratingagentur f

kreera [kre'e:ra] V/T ⟨1⟩ kreieren

krematorium [krema'tɯ:riəm] N ⟨krematoriet; krematorier⟩ Krematorium n **kre'mera** V/T ⟨1⟩ einäschern, verbrennen

kretong [kre'tɔŋ] ⟨-en; -er⟩ Kreton m, Kretonne f

krets [krets] ⟨-en; -ar⟩ Kreis m; Bezirk m **kretsa** V/I ⟨1⟩ kreisen **kretsgång** S, **kretslopp** S N Kreislauf m **kretskort** S N Platine f; PC Steckkarte f

krevad [kre'vɑ:d] ⟨-en; -er⟩ Explosion f, Krepieren n **kre'vera** V/I ⟨1⟩ explodieren, krepieren, platzen

krig [kri:g] N ⟨-et; -⟩ Krieg m; **det blir ~** es kommt zum Krieg, es gibt Krieg **kriga** V/I ⟨1⟩ Krieg führen **krigare** ⟨-n; -⟩ Krieger(in) m(f) **krigförande** ADJ Krieg führend **krigföring** ⟨-en; -ar⟩ Kriegführung f **krigisk** ADJ kriegerisch

krigsbyte ['kriks'by:tə] S N Kriegsbeute f **krigsfara** S Kriegsgefahr f **krigsfartyg** S N Kriegsschiff n **krigsfånge** S Kriegsgefangene(r) m/f(m) **krigsfångenskap** S Kriegsgefangenschaft f **krigsförbrytare** S Kriegsverbrecher(in) m(f) **krigsförklaring** S

Kriegserklärung f **krigskorrespondent** s̄ Kriegsberichterstatter(in) m(f)
krigsmakt s̄ Streitkräfte f/pl **krigsrisk** s̄ Kriegsgefahr f **krigsrätt** s̄ Kriegsgericht n **krigsskadestånd** n̄ Reparationen f/pl **krigsskådeplats** s̄ Kriegsschauplatz m **krigstig** s̄ vara på ~en sich auf dem Kriegspfad befinden **krigtid** s̄ Kriegszeit f; i ~ im Krieg(e) **krigtillstånd** s̄n̄ Kriegszustand m **krigutbrott** s̄n̄ Kriegsausbruch m
kriminal [krimiˈnɑːl] ⟨-en; kein pl⟩ umg Kripo f **kriminali'sera** v̄t̄ ⟨1⟩ kriminalisieren **kriminali'tet** ⟨-en; kein pl⟩ Kriminalität f, Straffälligkeit f **kriminalpolis** s̄ Kriminalpolizei f **kriminalroman** s̄ Kriminalroman m; Krimi m **kriminalvårdsanstalt** s̄ Strafvollzugsanstalt f **krimi'nell** ADJ kriminell, verbrecherisch
krimskrams [ˈkrimskrams] n̄ ⟨-et; kein pl⟩ Krimskrams m, Plunder m
kring [kriŋ] Ā ADV herum, umher B PRÄP um **kringboende** ADJ umwohnend **kringbyggd** ADJ en ~ gård ein umbauter Hof **kringflackande** ADJ umherstreifend, unstet; ~ liv n Wanderleben n, Vagabundenleben n **kringgå** v̄t̄ ⟨4⟩ um'gehen; **~ende** rörelse Umgehungsmanöver n **kringgärda** fig v̄t̄ ⟨1⟩ einengen **kringla** [ˈkriŋla] ⟨-n; -or⟩ Brezel f, Kringel m
kringliggande [ˈkriŋligandə] ADJ (her)umliegend **kringresande** ADJ umherreisend, Wander-; ~ teatersällskap n Wanderbühne f **kringströdd** ADJ verstreut **kringutrustning** s̄ IT Peripherie f, Peripheriegerät n
krinolin [krinuˈliːn] ⟨-en; -er⟩ Krinoline f
kris [kriːs] ⟨-en; -er⟩ Krise f, Krisis f; avhjälpa en ~ eine Krise beheben **krisa** v̄t̄ ⟨1⟩ kriseln **krisläge** s̄n̄ kritische Lage
kristall [krisˈtal] ⟨-en; -er⟩ Kristall m Glas etc. n; av ~ kristallen **kristallglas** s̄n̄ Kristallglas n **kristalli'sera** v̄t̄ ⟨1⟩ kristallisieren **kristallklar** ADJ kristallklar **kristallkrona** s̄ Kristallkrone f
kristen [ˈkristən] ADJ christlich; en ~ ein(e) Christ(in) m(f) **kristendom** ⟨-en; kein pl⟩ Christentum n; Schule Religion f **kristenhet** ⟨-en; kein pl⟩ Christenheit f
kristid [ˈkriːstiːd] s̄ Krisenzeit f
Kristi himmelsfärdsdag [ˈkristi ...] s̄ Christi Himmelfahrt f **kristlig** ADJ christlich **Kristus** ⟨inv⟩ Christus m; efter ~ födelse nach Christi Geburt
krita [ˈkriːta] Ā ⟨-n; -or⟩ Kreide f; umg ta på ~ auf Pump kaufen; fig när det kommer till ~n wenn es darauf ankommt B v̄t̄ ⟨1⟩ kreiden
kriterium [kriˈteːriəm] n̄ ⟨kriteriet; kriterier⟩ Kriterium n (på ngt von etw od gen)
kritik [kriˈtik] ⟨-en; -er⟩ Kritik f (av gen); få bra/dålig ~ gute/schlechte Kritik(en) bekommen; möta ~ auf Kritik stoßen; under all ~ unter aller Kritik **kritiker** [ˈkriː-] ⟨-n; -⟩ Kritiker(in) m(f); Rezensent(in) m(f) **kriti'sera** v̄t̄ ⟨1⟩ kritisieren; umg bekritteln **kritisk** [ˈkriː-] ADJ kritisch
kritstrecksrandig [ˈkriːtstreksˈrandi(g)] ADJ mit Nadelstreifen **kritvit** ADJ kreideweiß
kroat [krɔˈɑːt] ⟨-en; -er⟩ Kroate m **Kroatien** n̄ ⟨inv⟩ Kroatien n **kroatisk** ADJ kroatisch **kroatiska** Ā ⟨-n; kein pl⟩ Kroatisch n B ⟨-n; -or⟩ Kroatin f
krock [krɔk] ⟨-en; -ar⟩ AUTO Zusammenstoß m, Kollision f **krocka** v̄t̄ ⟨1⟩ AUTO kollidieren, zusammenstoßen; Krocketspiel krockieren; fig kollidieren, sich überschneiden
krocket [ˈkrɔkət] ⟨-en; kein pl⟩ Krocket n
krockkudde [ˈkrɔkədə] s̄ AUTO Airbag m **krockskadad** ADJ ~ bil Unfallwagen m
krog [kruːg] ⟨-en; -ar⟩ umg Wirtshaus n, Lokal n, Kneipe f; gå på ~en in die Kneipe/ins Lokal gehen; sitta på ~en in der Kneipe herumsitzen **krogrunda** s̄, **krogväng** umg s̄ Kneipentour f
krok [kruːk] ⟨-en; -ar⟩ Haken m; Krümmung f, Biegung f; Umweg m; umg Winkel m; få på ~en aufgabeln, angeln; lägga ut sina ~ar die Angel auswerfen (för nach); nappa på ~en anbeißen **kroka** v̄P ⟨1⟩ ~ 'av abhaken;

aushaken; ~ 'fast einhaken; ~ 'på anhaken
krokan [krɔˈkɑːn, kru-] ⟨-en; -er⟩ turmartiges Gebäck aus Mandelmasse
krokben [ˈkruːkbeːn] S N sätta ~ för ngn j-m ein Bein stellen
krokett [krɔˈkɛt] ⟨-en; -er⟩ Krokette f
krokig [ˈkruːki(g)] ADJ krumm, gekrümmt, gebogen **krokna** VI ⟨1⟩ sich krümmen, krumm werden
krokodil [krukuˈdiːl] ⟨-en; -er⟩ Krokodil n **krokodiltårar** PL ⟨-na⟩ Krokodilstränen f/pl
krokryggig [ˈkruːkrygi(g)] ADJ gebückt, krumm **krokväg** S Umweg m; fig gå ~ar krumme Wege gehen
krom [kroːm] N ⟨-et/-en⟩ Chrom n
kromosom [krɔmɔˈsoːm] ⟨-en; -er⟩ Chromosom n
krona [ˈkruːna] ⟨-n; -or⟩ Krone f; BOT Blumenkrone f; sätta ~n på verket das Werk krönen; ~ eller klave Kopf oder Zahl **kronarvinge** S Kronerbe m **kronblad** S N Blumenblatt n **kronhjort** S Edelhirsch m, Rothirsch m
kronisk [ˈkruːnisk, ˈkrɔː-] ADJ chronisch
kronjuvel [ˈkruːnjøˈveːl] S Kronjuwel n od m **kronofogde** S Gerichtsvollzieher m
kronologi [krɔnɔlɔˈgi, krunu-] ⟨-n; -er⟩ Chronologie f **kronoˈlogisk** ADJ chronologisch **kronoˈmeter** ⟨-n; -⟩ Chronometer n umg m
kronprins [ˈkruːnprins] S Kronprinz m **kronprinsessa** S Kronprinzessin f **kronärtskocka** ⟨-n; -or⟩ Artischocke f
kropp ⟨-en; -ar⟩ Körper m, Leib m; TECH Rumpf m; **ha ngt i ~en** etw im Leib haben; **darra i hela ~en** am ganzen Leib zittern; **våt in på bara ~en** nass bis auf die Haut; **till ~ och själ** an Leib und Seele
kroppkaka S ≈ Kartoffelkloß m
kroppsarbete [ˈkrɔpsarbeːta] S N (körperliche) Arbeit **kroppsbyggare** ⟨-n; -⟩ Bodybuilder(in) m(f) **kroppsbyggnad** S Körperbau m **kroppsdel** S Körperteil m **kroppshydda** S umg Körper m, Korpus m **kroppslig** ADJ körperlich, leiblich **kroppslängd** S Körpergröße f **kroppspiercing** ⟨-en; -ar⟩ Piercing n **kroppsskanner**

S Körperscanner m **kroppsspråk** S N Körpersprache f **kroppstemperatur** S Körpertemperatur f **kroppsvisitation** S Leibesvisitation f, Durchsuchung f **kroppsvisitera** VT ⟨1⟩ eine Leibesvisitation vornehmen **kroppsvård** S Körperpflege f **kroppsvärme** S Körperwärme f **kroppsövning** S Leibesübung f

kross [krɔs] ⟨-en; -ar⟩ Brecher m **krossa** VT ⟨1⟩ zertrümmern, zerkleinern, zermalmen, zerschmettern, zerquetschen; zertreten; **~ ngns hjärta** j-m das Herz brechen; **~ ngns illusioner** j-m die Illusionen rauben/nehmen **krossår** S N Quetschwunde f, Quetschung f; Platzwunde f

krubba [ˈkrøba] ⟨-n; -or⟩ Krippe f

krucifix [krøsiˈfiks] N ⟨-et; -⟩ ˈKruzifix n

kruka [ˈkrøːka] ⟨-n; -or⟩ Topf m, Krug m; fig Schwächling m, Feigling m **krukmakare** ⟨-n; -⟩ Töpfer(in) m(f) **krukmakeri** N ⟨-et; -er⟩ Töpferei f **krukväxt** S Topfpflanze f, Topfblume f

krulla [ˈkrøla] VT, VR ⟨1⟩ kräuseln (sich) **krullhårig** ADJ kraushaarig **krullig** ADJ kraus, gekräuselt

krumbukt [ˈkrømˈbøkt] S Krümmung f; umg fig Bückling m; Ausflucht f, Umschweif m **krumeˈlur** ⟨-en; -er⟩ Schnörkel m

krumsprång [ˈkrømsprɔŋ] S N Bocksprung m, Luftsprung m

krupp [krøp] ⟨-en; kein pl⟩ MED Krupp m

krus¹ [krøːs] N ⟨-et; -⟩ Krug m, Humpen m

krus² ⟨-et; kein pl⟩ fig Ziererei f, Umstände m/pl; umg **utan ~** o. viele Umstände, glattweg **krusa** ⟨1⟩ A VT kräuseln, krausen B VI sich zieren; schmeicheln, schöntun; **~ för ngn** sich bei j-m einschmeicheln; vor j-m kriechen C VR **~ sig** sich kräuseln

krusbär [ˈkrøːs-] S N Stachelbeere f **krusbärsbuske** S Stachelbeerstrauch m

krusiˈdull [krøsiˈdøl] ⟨-en; -er⟩ Schnörkelei f, Verzierung f; Kinkerlitzchen n

krusig [ˈkrøːsi(g)] ADJ kraus **kruskål** S Grünkohl m **krusning** ⟨-en; -ar⟩

Kräuseln n, Gekräusel n
krustad [krɐˈstɑːd] ⟨-en; -er⟩ Pastete f, Pastetenform f
krut [kruːt] N ⟨-et; kein pl⟩ Schießpulver n **krutdurk** S Pulverkammer f **krutgubbe** umg S rüstiger Alter m
krux [krøks] N ⟨-et; -⟩ 1 Kreuz n 2 Krux f; **~et är...** der Haken ist ...
kry [kryː] ADJ gesund, munter, rüstig; **frisk och ~** gesund und munter; **inte vara riktigt ~** sich nicht ganz wohlfühlen **krya** VP ⟨1⟩ **~ 'på sig** wieder gesund werden, sich erholen; **~ 'på dig!** Gute Besserung!
krycka [ˈkrykɑ] ⟨-n; -or⟩ Krücke f
krydda [ˈkrydɑ] ⟨-n; -or⟩ Gewürz n, Würze f; **hungern är bästa ~** Hunger ist der beste Koch B VT ⟨1⟩ würzen **kryddad** ADJ gewürzt, würzig **kryddnejlika** S (Gewürz-)Nelke f **kryddost** S Hartkäse mit Kümmel **kryddpeppar** S Nelkenpfeffer m **kryddväxt** S Gewürzpflanze f
krylla [ˈkrylɑ] VI ⟨1⟩ wimmeln
krympa [ˈkrympɑ] ⟨2⟩ A VT fig reduzieren B VP Wäsche einlaufen C VP **~ i'hop** zusammenschrumpfen **krympfri** ADJ nicht einlaufend, krumpfecht **krympling** ⟨-en; -ar⟩ Krüppel m **krympmån** S Schrumpfmaß n, Schwindmaß n **krympning** ⟨-en; -ar⟩ Einlaufen n, Krumpfen n
kryp [kryːp] N ⟨-et; -⟩ Insekt n; koll Gewürm n; fig Würmchen n **krypa** ⟨4⟩ A VI kriechen (**för** vor dat); krabbeln; fig **~ till kojs** in die Federn kriechen B VP **~ 'fram** hervorkriechen; fig zum Vorschein kommen; **~ i'hop** zusammenkriechen; (sich hin)kauern, hocken; sich ducken; **~ om'kring** herumkriechen; herumkrabbeln **krypande** ADJ kriechend; fig kriecherisch **krypfil** S Kriechspur f **kryphål** S N Schlupfloch n, Schlupfwinkel m; fig a. Hintertür f **kryp'in** N ⟨-et; -⟩ Schlupfwinkel m; fig Nest n **krypköra** VI ⟨2⟩ kriechen, langsam fahren **krypskytt** S Wilddieb m, Wilderer m, Heckenschütze m **krypskytte** S N Wilddieberei f, Wildern n
kryp'tering ⟨-er; -ar⟩ IT Verschlüsselung f
krysantemum [kryˈsantəmum] ⟨-en; -⟩ Chrysantheme f

kryss¹ [krys] N ⟨-et; -⟩ Kreuz n; **i ~** kreuzweise **kryss**² ⟨-en; -ar⟩ SCHIFF Kreuzen n **kryssa** ⟨1⟩ A VI SCHIFF kreuzen B VP **~ 'för** ankreuzen **kryssare** ⟨-n; -⟩ SCHIFF Kreuzer m **kryssning** ⟨-en; -ar⟩ Kreuzfahrt f **kryssningsrobot** S Marschflugkörper m
krysta [ˈkrystɑ] ⟨1⟩ A VI pressen, drücken B VP **~ 'fram** mit Mühe hervorbringen **krystad** ADJ gezwungen, gekünstelt, geschraubt
kråka [ˈkroːkɑ] ⟨-n; -or⟩ 1 ZOOL Krähe f 2 Haken m, Kreuz n **kråkfötter** fig PL ⟨-na⟩ umg Krähenfüße m/pl, Gekritzel n, Klaue f **kråksång** S umg **det är det fina i ~en** das ist eben der Witz (dabei)
kråma [ˈkroːmɑ] VR ⟨1⟩ **~ sig** sich brüsten, sich spreizen
krångel [ˈkrɔŋəl] N ⟨-et; kein pl⟩ Scherei f, Schwierigkeit f; **det är något ~ med motorn** der Motor ist nicht in Ordnung **krångla** ⟨1⟩ A VI Schwierigkeiten machen; nicht in Ordnung sein B VP **~ 'till** verwirren, verschlimmern; **~ sig i'från ngt** sich vor etw (dat) drücken; **~ sig i'genom** sich durchschlängeln **krånglig** ADJ verzwickt, verwickelt; heikel
krås¹ [kroːs] N ⟨-et; kein pl⟩ Geflügelklein n; **smörja ~et** schlemmen, schmausen
krås² ⟨-et; -⟩ Krause f **kråsnål** S Krawattennadel f
kräfta [ˈkreftɑ] ⟨-n; -or⟩ a. MED Krebs m **Kräftan** ⟨inv⟩ ASTROL Krebs m **kräftdjur** S N Krustentier n **kräftfiske** S N, **kräftfångst** S Krebsfang m **kräftgång** S Krebsgang m **kräftklo** S Krebsschere f **kräftskiva** umg S Krebsessen n
kräk [krɛːk] N ⟨-et; -⟩ Schwächling m; Feigling m; Wicht m; fig Windhund m; **vilket ~!** so ein Arsch!
kräkas [ˈkrɛːkɑs] ⟨dep 2⟩ A VI sich erbrechen, sich übergeben B VP **~ 'upp** erbrechen **kräkmedel** n Brechmittel n **kräkning** ⟨-en; -ar⟩ Erbrechen n
kräla [ˈkrɛːlɑ] VI ⟨1⟩ kriechen; kribbeln, wimmeln **kräldjur** S N Kriechtier n, Reptil n
kräm [krɛːm] ⟨-en; -er⟩ Creme f **krämfärgad** ADJ cremefarben
krämpa [ˈkrempɑ] ⟨-n; -or⟩ Leiden n,

Gebrechen n, Wehwehchen n
kränga ['krɛŋa] ⟨2⟩ [A] [VT] wenden, stülpen; verkaufen [B] [VI] sich auf die Seite neigen; SCHIFF krängen, schlingern [C] [VP] ~ 'av abstreifen; ~ 'på aufzwängen **krängning** ⟨-en; -ar⟩ SCHIFF Krängen n, Schlingern n
kränka ['krɛŋka] [VT] ⟨2⟩ kränken, verletzen **kränkning** ⟨-en; -ar⟩ Kränkung f; Verletzung f **kränkt** [ADJ] beleidigt
kräpp [krɛp] ⟨-en; kein pl⟩ Krepp m **kräppapper** [S N] Krepppapier n
kräsen ['krɛːsən] [ADJ] wählerisch
kräva ['krɛːva] [VT] ⟨2⟩ fordern, verlangen; erfordern; ~ **ngn** j-n mahnen (på um *akk*) **krävande** [ADJ] schwierig, anstrengend **krävas** [VI (UNPERS)] ⟨dep 2⟩ erforderlich sein
krögare ['krøːɡarə] ⟨-n; -⟩ Gastwirt(in) m(f)
krök [krøːk] ⟨-en; -ar⟩ Biegung f, Krümmung f; Knick m **kröka** ⟨2⟩ [A] [VT, V/R] biegen, krümmen (sig sich); ~ **rygg** *fig* katzbuckeln; **inte ett hår kröktes på hans huvud** ihm wurde kein Härchen gekrümmt [B] [VI] *umg* saufen **krökning** ⟨-en; -ar⟩ → krök
krön [krøːn] [N] ⟨-et; -⟩ Kamm m, Grat m; Straßenkuppe f; ARCH Kappe f, Krone f, Krönung f **kröna** [VT] ⟨2⟩ krönen **krönika** ['krøːnika] ⟨-n; -or⟩ Chronik f; Rundschau f **kröni'kör** ⟨-en; -er⟩ Chronist(in) m(f)
kröning ['krøːnɪŋ] ⟨-en; -ar⟩ Krönung f
kub [kuːb] ⟨-en; -er⟩ MATH Würfel m
kubb [kɵb] ⟨-en; -ar⟩ (Hau-)Klotz m; Holzkloben m
kubikmeter [kʉˈbiːkmeːtər] [S] Kubikmeter n **kubisk** ['kʉːbɪsk] [ADJ] würfelförmig, kubisch **kub'ism** ⟨-en; kein pl⟩ Kubismus m
kuckel ['kɵkəl] *umg* [N] ⟨-et; kein pl⟩ Schwindelei f; Heimlichtuerei f **kuckeli'ku** [INTER] kikeriki **kuckla** ⟨1⟩ [A] [VI] schwindeln [B] [VP] ~ **i'hop ngt** etw aushecken
kudde ['kɵdə] ⟨-n; -ar⟩ Kissen n
kuf [kʉːf] ⟨-en; -ar⟩ Sonderling m **kufisk** [ADJ] seltsam, sonderbar
kugga ['kɵɡa] ⟨1⟩ [A] [VT] *im Examen* durchfallen lassen [B] [VI] *im Examen* durchfallen, durchrasseln
kugge ['kɵɡə] ⟨-n; -ar⟩ TECH Zahn m

kuggfråga ['kɵɡ-] [S] verfängliche Frage, Falle f
kugghjul ['kɵɡjʉːl] [S N] Zahnrad n
kuk [kʉːk] ⟨-en; -ar⟩ *vulg* Schwanz m
kul [kʉːl] *umg* [ADJ] lustig; nett; **ha** ~ sich (prima) amüsieren; **det var** ~ **att träffas** (war) nett, dich kennenzulernen; **vad** ~! wie schön!, wie nett!
kula ['kʉːla] ⟨-n; -or⟩ Kugel f; Beule f; Höhle f; *umg* Bude f m; *umg* **kulor** *pl* Kohle(n) *pl*; **börja på ny** ~ von vorn anfangen
kulen ['kʉːlən] [ADJ] trüb(e) und kühl
kulinarisk [kʉliˈnɑːrɪsk] [ADJ] kulinarisch
kuling ['kʉːlɪŋ] ⟨-en; -ar⟩ SCHIFF starker Wind
kuliss [kʉˈlɪs] ⟨-en; -er⟩ Kulisse f; **titta bakom ~erna** hinter die Kulissen gucken
kull[1] [kɵl] [ADV] → omkull
kull[2] ⟨-en; -ar⟩ Wurf m, Brut f, Hecke f; Jahrgang m; **barn** *n/pl* **av samma** ~ Kinder *n/pl* aus derselben Ehe
kull[3] [N] ⟨-et; -⟩ **leka** ~ Fangen spielen
kulla ['kɵla] ⟨-n; -or⟩ Frau f aus Dalarna
kullager ['kʉːlɑːɡər] [S N] Kugellager n
kulle ['kɵlə] ⟨-n; -ar⟩ Hügel m, Anhöhe f; *Hut-* Kopf m **kullerbytta** [S] Purzelbaum m **kullersten** [S] runder Stein; Kopfstein m **kullig** [ADJ] hügelig
kullkasta ['kɵlkasta] *fig* [VT] ⟨1⟩ über den Haufen werfen, umstoßen **kullkörning** [S] Sturz m
kullrig ['kɵlri(ɡ)] [ADJ] höckerig, buckelig, holperig
kullslagen ['kɵl-] [ADJ] **bli** ~ umgeworfen werden
kulmen ['kɵlmən] ⟨inv⟩ Höhepunkt m **kulmi'nera** [VI] ⟨1⟩ kulminieren, gipfeln
kulregn ['kʉːlrɛŋn] [S N] Kugelregen m **kulspetspenna** [S] Kugelschreiber m **kulspruta** [S] Maschinengewehr n **kulsprutepistol** [S] Maschinenpistole f **kulstötning** ⟨-en; -ar⟩ Kugelstoßen n
kult [kɵlt] ⟨-en; -er⟩ Kult m, Kultus m **kulthandling** [S] Kulthandlung f
kulti'vera [VT] ⟨1⟩ kultivieren **kulti'verad** [ADJ] kultiviert, gebildet
kultur [kɵlˈtʉːr] ⟨-en; -er⟩ Kultur f **kulturarbetare** [S] Kulturarbeiter(in) m(f) **kulturarv** [S N] Kulturerbe n **kultur-**

bygd s̄ en gammal ~ ≈ eine Gegend mit alter Kultur **kulturcentrum** s̄ n̄ Kulturzentrum n **kultu'rell** ADJ kulturell **kulturfolk** s̄ n̄ Kulturvolk n **kulturhistoria** s̄ Kulturgeschichte f **kulturhus** s̄ n̄ ❶ Kulturzentrum n ❷ unter Denkmalschutz stehendes Haus **kulturkrock** s̄ Kulturschock m **kulturminnesmärke** s̄ n̄ Kulturdenkmal n **kulturminnesmärkt** ADJ vara ~ unter Denkmalschutz stehen **kulturpersonlighet** s̄ geistige Persönlichkeit f von Rang **kulturväxt** s̄ Kulturpflanze f
kulvert ['kɵlve't] ⟨-en; -ar⟩ unterirdischer Gang
kulör [kɵ'lœ:r] ⟨-en; -er⟩ Farbe f, Couleur f **kulört** ADJ farbig, bunt; ~ **lykta** Lampion m **kulörtvätt** s̄ Buntwäsche f
kummin ['kɵmin] a. n̄ ⟨-en/-et; kein pl⟩ Kümmel m
kumpan [kɵm'pɑ:n] ⟨-en; -er⟩ Kumpan m
kund [kɵnd] ⟨-en; -er⟩ Kunde m, Kundin f; **~er** pl a. Kundschaft f **kundkort** s̄ n̄ Kundenkarte f **kundkrets** s̄ Kundschaft f, Kundenkreis m **kundservice** s̄, **kundtjänst** s̄ Kundendienst m **kundvagn** s̄ Einkaufswagen m
kung [kɵŋ] ⟨-en; -ar⟩ König m **kungadöme** n̄ ⟨-t; -n⟩ Königtum n **kungafamilj** s̄ königliche Familie f **kunglig** ADJ königlich **kunglighet** ⟨-en; -er⟩ Königswürde f; Mitglied n der königlichen Familie **kungsörn** s̄ Steinadler m
kungöra ['kɵŋjœ:ra] VT ⟨4⟩ bekannt machen; verkünd(ig)en **kungörelse** ⟨-n; -⟩ Bekanntmachung f
kunna ['kɵna] ⟨irr⟩ Ⓐ V/AUX, VT, VI können, (ver)mögen, dürfen; **vi kan tyvärr inte** (komma) wir können leider nicht (kommen); **det kan inte förnekas** es lässt sich nicht leugnen; **vem kan det vara?** wer mag das sein? Ⓑ V/P umg **inte ~ 'med ngt/ngn** etw/j-n nicht mögen, etw/j-n nicht riechen können **kunnande** n̄ ⟨-t; kein pl⟩ Können n **kunnig** ADJ gewandt, fähig, tüchtig; **~ i språk** sprachkundig; **vara ~ i matlagning** sich auf das Kochen verstehen; **vara ~ i bokföring** Kenntnisse in der Buchhaltung haben **kunnighet** ⟨-en; kein pl⟩ → kunnande **kunskap** ⟨-en; -er⟩ Kenntnis f (**i** in dat), (**om** gen über akk); Erkenntnis f; **~ens träd** der Baum der Erkenntnis **kunskapssamhälle** s̄ n̄ Wissensgesellschaft f **kunskapsteori** s̄ Erkenntnistheorie f **kunskapstest** s̄ (n̄) Einstufungstest m **kunskapstörst** s̄ Wissensdurst m
kupa ['kɵ:pa] Ⓐ ⟨-; -⟩ Glocke f; *Bienen-* Korb m Ⓑ V/T ⟨1⟩ ~ **potatis** Kartoffeln häufeln; ~ **handen** die Hand wölben
kupé [kɵ'pe:] ⟨-n; -er⟩ BAHN Abteil n; *Wagen* Coupé n
kupera [kɵ'pe:ra] ⟨1⟩ Ⓐ V/T stutzen, kupieren Ⓑ V/I *Kartenspiel* abheben **kuperad** ADJ hügelig; wellig; **kuperat landskap** a. Hügellandschaft f
kupévärmare ⟨-n; -⟩ AUTO Heizung f
kupig ['kɵ:pi(g)] ADJ bauchig; hervorstehend; gewölbt
kupol [kɵ'po:l] ⟨-en; -er⟩ Kuppel f
kupong [kɵ'pɔŋ] ⟨-en; -er⟩ Abschnitt m, Coupon m; Bon m; *Lebensmittel-* Marke f
kupp [kɵp] ⟨-en; -er⟩ (Hand-)Streich m; Putsch m; **dö på ~en** daran sterben **kuppförsök** s̄ n̄ Putschversuch m **kuppmakare** ⟨-n; -⟩ Putschist(in) m(f)
kur¹ [kɵ:r] ⟨-en; -er⟩ Kur f
kur² ⟨-en; -ar⟩ Häuschen n; MIL Schilderhaus n **kura** ⟨1⟩ Ⓐ V/I hocken, kauern Ⓑ V/P ~ **i'hop sig** sich zusammenkauern
kurage [kɵ'rɑ:ʃ] n̄ ⟨-t; kein pl⟩ Mut m, Courage f
kurant [kɵ'rant] ADJ *Münze* gangbar, gebräuchlich; umg gesund, munter
kurator [kɵ'rɑ:tɔr] ⟨-n; -er⟩ Fürsorger m
kurd [kɵd] ⟨-en; -er⟩ Kurde m, Kurdin f
kurera [kɵ're:ra] V/T ⟨1⟩ heilen, kurieren
kuriositet [kɵriɔsi'te:t] ⟨-en; -er⟩ Kuriosität f
kurir [kɵ'ri:r] ⟨-en; -er⟩ Kurier(in) m(f)
kuriös [kɵri'ø:s] ADJ kurios, absonderlich
kurort ['kɵ:rɔʈ] s̄ Kurort m, Badeort m
kurra ['kɵra] V/I ⟨1⟩ girren, gurren; knurren; **det ~ i magen på mig** mir knurrt der Magen

kurragömma [ˈkɵrajøma] ⟨inv⟩ leka ~ Versteck(en) spielen
kurre [ˈkɵrə] ⟨-n; -ar⟩ en lustig ~ ein komischer Kauz
kurs [kɵʂ] ⟨-en; -er⟩ Kurs m; Kurs(us) m, Lehrgang m; **gå på ~, gå en ~** an einem Kurs teilnehmen; **hålla ~ på ngt** Kurs auf etw (akk) halten/nehmen; **stå högt i ~** hoch im Kurs stehen; **till dagens ~** zum Tageskurs **kursa** umg VT ⟨1⟩ Pleite machen **kursare** ⟨-n; -⟩ umg ≈ Kommilitone m, Kommilitonin f **kursavgift** ⟨$ Kursgebühr f **kursbok** ⟨$ Lehrbuch n **kursdeltagare** ⟨$ Kursteilnehmer(in) m(f) **kursfall** ⟨$ Kursrückgang m; Kurssturz m **kursgård** ⟨$ Schulungszentrum n, Tagungsstätte f
kursiv [kə'ʂiːv] A ADJ kursiv; **~ stil** kursive Schrift B ⟨-en; kein pl⟩ Kursivschrift f **kursi'vera** VT ⟨1⟩ kursiv drucken; unterstreichen **kursivläsning** ⟨$ rasches Durchlesen
kursnotering [ˈkɵʂnɔːtəriŋ] ⟨$ Kursnotierung f **kursplan** ⟨$ Lehrplan m **kursstegring** ⟨$ Kurssteigerung f **kursverksamhet** ⟨$ Fortbildungskurse m/pl
kurva [ˈkɵrva] ⟨-n; -or⟩ Kurve f; Kehre f **kurvig** ADJ kurvenreich
kusin [kə'siːn] ⟨-en; -er⟩ Cousin(e) m(f), Vetter m, Base f
kusk [kɵsk] ⟨-en; -ar⟩ Kutscher(in) m(f)
kuska VP ⟨1⟩ ~ **om'kring** umherkutschieren
kuslig [ˈkɵːsli(g)] ADJ unheimlich, schaurig, gruselig
kust [kɵst] ⟨-en; -er⟩ Küste f **kustbevakning** ⟨$ Küstenüberwachung f, Küstenwache f
kuta [ˈkɵːta] VT ⟨1⟩ sich krumm halten; gebückt gehen; umg abhauen, flitzen **kut(rygg)ig** ADJ gebückt, krumm
kutter[1] [ˈkɵtər] ⟨-n⟩ SCHIFF Kutter m
kutter[2] N ⟨-et; kein pl⟩ Girren n, Gurren n **kuttra** VI ⟨1⟩ girren, gurren
kutym [kə'tyːm] ⟨-en; -er⟩ Usus m
kuva [ˈkɵːva] VT ⟨1⟩ unterwerfen; unterdrücken; bändigen
kuvert [kə'væːr, kə'væt] N ⟨-et; -⟩ Briefumschlag m, Kuvert n; Gedeck n **kuvertbröd** $N kleines Brötchen
kuvös [kə'vøːs] ⟨-en; -er⟩ Brutkasten m

kvacksalvare [ˈkvaksalvarə] ⟨-n; -⟩ Quacksalber m, Kurpfuscher m **kvacksalve'ri** N ⟨-et; -er⟩ Quacksalberei f, Kurpfuscherei f
kvadda [ˈkvada] umg VT ⟨1⟩ zu Bruch fahren; zerquetschen
kvadrat [kva'drɑːt] ⟨-en; -er⟩ Quadrat n; **i ~** im Quadrat; **upphöja i ~** ins Quadrat erheben **kvadratisk** ADJ quadratisch **kvadratmeter** ⟨$ Quadratmeter m od **kvadratrot** ⟨$ Quadratwurzel f
kval [kvɑːl] N ⟨-et; -⟩ 1 Qual f 2 SPORT → kvalificering **kvala** VI ⟨1⟩ SPORT an einem Qualifikationswettbewerb teilnehmen **kvalfull** ADJ qualvoll **kvalifi'cera** VT, VR ⟨1⟩ qualifizieren (sig sich); ~d befähigt, geeignet, qualifiziert **kvalifi'ceringsmatch** ⟨$ SPORT Qualifikationsspiel n, Ausscheidungsspiel n **kvalifika'tion** ⟨-en; -er⟩ Befähigung f, Eignung f, Qualifikation f
kvalitativ ADJ qualitativ, dem Wert nach **kvali'té** ⟨-n; -er⟩, **kvali'tet** ⟨-en; -er⟩ Güte f, Qualität f **kvalitetsmärke** $N Gütezeichen n **kvalitetsvara** ⟨$ Qualitätsware f
kvalm [kvalm] N ⟨-et; kein pl⟩ Schwüle f; Qualm m
kvalmatch [ˈkvɑːlmatʃ] ⟨$ SPORT Ausscheidungsspiel n
kvalmig ADJ schwül; qualmig
kvalster [ˈkvalstər] N ⟨-et; -⟩ ZOOL Milbe f
kvantitativ ADJ mengenmäßig, quantitativ **kvanti'tet** ⟨-en; -er⟩ Quantität f, Menge f
kvar [kvɑːr] ADV übrig; zurück; **har vi långt ~?** ist es noch weit?; **är han ~?** ist er noch da/hier? **kvarblivande** ADJ zurückbleibend **kvarbliven** ADJ zurückgeblieben **kvarglömd** ADJ vergessen, zurückgelassen **kvarleva** ⟨-n; -or⟩ Überbleibsel n, Rest m; pl Reliquien f/pl; **jordiska kvarlevor** irdische Überreste **kvarliggande** ADJ liegen geblieben; Post unzustellbar **kvarlåtenskap** ⟨-en; kein pl⟩ Hinterlassenschaft f, Nachlass m
kvarn [kvɑːʳn] ⟨-en; -ar⟩ Mühle f **kvarnsten** ⟨$ Mühlstein m
kvarsittare [ˈkvɑːʂitarə] ⟨-n; -⟩ Schule Sitzengebliebene(r) m/f(m) **kvarskatt** ⟨$ Steuerrückstand m **kvarstad** ⟨-en;

-er⟩ JUR Beschlag *m*, Arrest *m*
kvart [kvaṭ] ⟨-en; -er⟩ Viertel *n*; Viertelstunde *f*; Quart *n*, Quartformat *n*; MUS Quart *f*, Quarte *f* **kvar'tal** N̄ ⟨-et; -⟩ Vierteljahr *n* **kvar'talsvis** ADV vierteljährlich
kvar'ter N̄ ⟨-et; -⟩ Viertel *n*, Häuserblock *m*; Quartier *n* **kvar'tersbutik** S̄ *umg* ≈ Tante-Emma-Laden *m* **kvar'terskrog** S̄ Eckkneipe *f*
kvar'tett ⟨-en; -er⟩ Quartett *n*
kvarting [ˈkvaṭiŋ] ⟨-en; -ar⟩ Viertelflasche *f*
kvarts [kvaṭs] ⟨-en; -er⟩ MINER Quarz *m*
kvartsfinal S̄ SPORT Viertelfinale *n*
kvartslampa S̄ Höhensonne *f*, Quarzlampe *f* **kvartsur** S̄ N̄ Quarzuhr *f*
kvartär [kvaˈtæːr] ADJ quartär **kvartärtid** S̄ Quartär *n*
kvasi- [ˈkvaːsi] IN ZSSGN Halb-, falsch; Schein- **kvasifilosofi** S̄ Pseudophilosophie *f* **kvasilitterär** S̄ pseudoliterarisch **kvasivetenskap** S̄ Pseudowissenschaft *f*
kvast [kvast] ⟨-en; -ar⟩ Besen *m* **kvastskaft** S̄ N̄ Besenstiel *m*
kvav [kʋɑːv] ADJ stickig, schwül; dumpf
kverulant [kʋerəˈlant] ⟨-en; -er⟩ Querulant(in) *m(f)*, Nörgler(in) *m(f)* **kveru-'lera** V̄T ⟨1⟩ querulieren, nörgeln
kvick [kvik] ADJ schnell, flink; *umg* fix; witzig, geistreich; schlagfertig **kvicka** V̄P ⟨1⟩ ~ 'på sich beeilen **kvickhet** ⟨-en; -er⟩ Geschwindigkeit *f*, Lebhaftigkeit *f*; Witz *m* **kvickna** V̄P ⟨1⟩ ~ 'till wieder zu sich kommen, wieder aufleben **kvicksilver** S̄ N̄ Quecksilber *n* **kvicktänkt** ADJ aufgeweckt, schlagfertig; **vara ~** *a.* Geistesgegenwart besitzen
kvida [ˈkviːda] V̄I ⟨4⟩ wimmern **kvidande** N̄ ⟨-t; -n⟩ Wimmern *n*
kviga [ˈkviːga] ⟨-n; -or⟩ junge Kuh
kvinna [ˈkvina] ⟨-n; -or⟩ Frau *f*, Weib *n* **kvinnlig** ADJ weiblich, frauenhaft; weibisch; **~ läkare** Ärztin *f*; **~ rösträtt** Frauenstimmrecht *n* **kvinnlighet** ⟨-en; kein pl⟩ Weiblichkeit *f*; weibliches Wesen **kvinnoarbete** S̄ N̄ Frauenarbeit *f* **kvinnoemancipation** S̄ Frauenemanzipation *f* **kvinnoklinik** S̄ Frauenklinik *f* **kvinnokläder** PL ⟨-na⟩ Frauenkleidung *f* **kvinnokön** S̄ N̄ weibliches Geschlecht **kvinnorö-**

relse S̄ Frauenbewegung *f* **kvinnosjukdom** S̄ Frauenleiden *n* **kvinnotjusare** ⟨-n; -⟩ Weiberheld *m* **kvinnoöverskott** S̄ N̄ Frauenüberschuss *m*
kvint [kvint] ⟨-en; -er⟩ MUS Quint *f*, Quinte *f* **kvin'tett** ⟨-en; -er⟩ Quintett *n*
kvissla [ˈkvisla] ⟨-n; -or⟩ Pickel *m*
kvist [kvist] ⟨-en; -ar⟩ Zweig *m*; Ast *m*; **(inte) komma på grön ~** auf (k)einen grünen Zweig kommen **kvista** ⟨1⟩ A V̄T abästen B V̄P *umg* **~ 'in till stan** schnell in die Stadt fahren; *umg* **~ 'över** (schnell) herüberkommen, vorbeikommen **kvistfri** ADJ astfrei **kvistig** ADJ ästig, astreich; *fig* schwierig, heikel
kvitt [kvit] ADJ quitt; *umg* **bli ~ ngn** j-n loswerden; *umg* **göra sig ~ ngn** sich von j-m befreien; **vara ~ alla bekymmer** alle Sorgen los sein, aller Sorgen ledig sein
kvitta [ˈkvita] V̄T, V̄I ⟨1⟩ ausgleichen, abrechnen, bezahlen; **det ~r, det kan ~ das** spielt keine Rolle; **det ~r (mig) (lika)** das ist (mir) gleich/egal
kvitten [ˈkvitən] *a.* N̄ ⟨inv⟩ BOT Quitte *f*
kvittens [kviˈtɛns] ⟨-en; -er⟩ Quittung *f*
kvitter [ˈkvitər] N̄ ⟨-et; kein pl⟩ Gezwitscher *n*
kvittera [kviˈteːra] V̄T ⟨1⟩ quittieren, bescheinigen; **~s Betrag** dankend erhalten **kvitt'ering** ⟨-en; -ar⟩ Quittierung *f*, Empfangsbestätigung *f* **kvitto** N̄ ⟨-t; -n⟩ Quittung *f*, Empfangsschein *m*; Kassenzettel *m.* Bon *f*
kvittra [ˈkvitra] V̄I ⟨1⟩ zwitschern **kvittrande** N̄ ⟨-t; kein pl⟩ Gezwitscher *n*
kvot [kvuːt] ⟨-en; -er⟩ Quote *f*; MATH Quotient *m* **kvotering** ⟨-en; -ar⟩ Quotenregelung *f*
kväka [ˈkvɛːka] V̄I ⟨2⟩ quaken **kväkande** N̄ ⟨-t; kein pl⟩ Quaken *n*, Gequake *n*
kväkare [ˈkvɛːkarə] ⟨-n; -⟩ Quäker(in) *m(f)*
kvälja [ˈkvɛlja] V̄T ⟨2⟩ zum Erbrechen reizen; mit Ekel erfüllen **kväljande** ADJ ekelhaft; übelkeit verursachend **kväljas** ⟨dep 2⟩ übel/schlecht werden **kväljning** ⟨-en; -ar⟩ **~ar** *pl*

Brechreiz m, Ekel m
kväll [kvɛl] ⟨-en; -ar⟩ Abend m; **i ~** heute Abend; **i morgon ~** morgen Abend; **i går ~** gestern Abend; **på/om ~arna** abends; **(sent) på ~en** (spät) abends (od am Abend); **på söndag ~ (am)** Sonntagabend; **från morgon till ~** von morgens bis abends, von früh bis spät; **god ~!** guten Abend! **kvällning** ⟨-en; kein pl⟩ **i ~en** gegen Abend, in der Abenddämmerung **kvällskurs** S̲ Abendkurs m **kvällskvist** S̲ umg **på ~en** abends **kvällsmat** S̲ Abendbrot n, Abendessen n **kvällsnyheter** PL ⟨-na⟩ RADIO Spätnachrichten f/pl **kvällssida** S̲ **på ~** gegen Abend **kvällsöppen** ADJ abends geöffnet
kväsa ['kvɛːsa] VT ⟨2⟩ unterdrücken
kväva ['kvɛːva] VT ⟨2⟩ ersticken; unterdrücken; **hon höll på att ~s** sie drohte fast erstickt **kvävande** ADJ erstickend, stickig **kväve** N ⟨-t; kein pl⟩ Stickstoff m **kvävehaltig** ADJ stickstoffhaltig **kvävning** ⟨-en; kein pl⟩ Erstickung f, Ersticken n
kyckling ['çykliŋ] ⟨-en; -ar⟩ Küchlein n, Küken n; GASTR a. Hähnchen n; **stekt ~** Brathähnchen n
kyffe ['çyfə] umg N ⟨-t; -n⟩ Loch n, Bude f
kyl [çyːl] ⟨-en; -ar⟩ Kühlschrank m **kyla** A ⟨-n⟩ Kälte f; Kühle f; **i den här ~n** bei dieser Kälte B VT ⟨2⟩ (ab)kühlen C VP ⟨2⟩ **~ 'av/'ned** abkühlen **kylanläggning** S̲ Kühlanlage f **kylare** ⟨-n; -⟩ AUTO Kühler m; Weinkühler m **kylarvätska** S̲ Frostschutzmittel n **kyldisk** S̲ Kühlvitrine f **kylhus** S̲ Kühlhaus n **kylig** ADJ kühl **kylklamp** ⟨-en; -ar⟩ Kühlakku m **kylknöl** S̲ Frostbeule f **kylning** ⟨-en; -ar⟩ Kühlen n **kylrum** S̲N Kühlraum m **kylskada** S̲ Frostschaden m **kylskåp** S̲N Kühlschrank m **kylslagen** ADJ kühl **kylväska** S̲ Kühltasche f
kynne ['çʏnə] N ⟨-t; -n⟩ Gemüt(sart) f n, Charakter m
kypare ['çyːparə] ⟨-n; -⟩ Kellner(in) m(f)
kyrka ['çʏrka] ⟨-n; -or⟩ Kirche f **kyrkbröllop** S̲N kirchliche Trauung **kyrkbänk** S̲ Kirchenbank f, Kirchenstuhl m; **~ar pl** koll Gestühl n **kyrkklocka** S̲ Kirchenglocke f; Kirchenuhr f **kyrklig** ADJ kirchlich **kyrkoadjunkt** S̲ Hilfsprediger(in) m(f) **kyrkobesökare** S̲ Kirchenbesucher(in) m(f) **kyrkobok** S̲ ≈ Personenstandsregister n **kyrkobokföra** VT ⟨2⟩ in das Personenstandsregister eintragen **kyrkofullmäktig** ADJ **en ~** Mitglied (n) des Gemeindekirchenrates; **~e die** Gemeindevertretung f **kyrkogård** S̲ Kirchhof m, Friedhof m **kyrkoherde** S̲ Pfarrer(in) m(f) **kyrkohistoria** S̲ Kirchengeschichte f **kyrkokör** [-kœːr] S̲ Kirchenchor m **kyrkomusik** S̲ Kirchenmusik f **kyrkomöte** S̲N Kirchenversammlung f, Synode f; Konzil n **kyrkoruin** S̲ Kirchenruine f **kyrkoråd** S̲N Gemeindekirchenrat m, Kirchenvorstand m **kyrkoport** S̲ Kirchentür f **kyrkråtta** S̲ **fattig som en ~** arm wie eine Kirchenmaus **kyrktorn** S̲N Kirchturm m **kyrktupp** S̲ Wetterhahn m **kyrkvärd** S̲ Kirchenälteste(r) m/f(m)
kysk [çysk] ADJ keusch **kyskhet** ⟨-en; kein pl⟩ Keuschheit f
kyss [çys] ⟨-en; -ar⟩ Kuss m **kyssa** VT ⟨2⟩ küssen **kyssas** VI̲ ⟨dep 2⟩ sich küssen
kåda ['koːda] ⟨-n; -or⟩ Harz n **kådig** ADJ harzig
kåk [koːk] ⟨-en; -ar⟩ umg Bude f, Knast m; **på ~en** im Knast
kål [koːl] ⟨-en; kein pl⟩ BOT Kohl m; umg **ta ~ på ngn** j-m den Garaus machen, j-n abmurksen; umg **ta ~ på ngt** etw vernichten **kåldolma, kåldolme** ⟨-n; -ar⟩ Kohlroulade f **kålfjäril** S̲ Kohlweißling m **kålhuvud** N̲ Kohlkopf m **kålmask** S̲ Kohlraupe f **kålrabbi** ⟨-n; kein pl⟩ Kohlrabi m **kålrot** S̲ Kohlrübe f, Steckrübe f **kålsupare** ⟨-n; -⟩ **de är lika goda ~** der eine ist nicht besser als der andere
kånka ['kɔŋka] umg VI̲ ⟨1⟩ **~ på ngt** (sich mit) etw schleppen
kåpa ['koːpa] ⟨-n; -or⟩ Kutte f; Talar m; TECH Gehäuse n
kår [koːr] ⟨-en; -er⟩ Körperschaft f; Vereinigung f; a. MIL Korps n; **diplomatiska ~en** das diplomatische Korps **kåranda** S̲ Korpsgeist m
kåre ['koːrə] ⟨-n; -ar⟩ **det går kalla ~rar över ryggen på mig** mich überläuft es kalt

kåsera [koˈseːra] _vi_ ⟨1⟩ plaudern **kå-'serande** _adj_ plaudernd; feuilletonistisch **kåse'ri** _n_ ⟨-et; -er⟩ Plauderei f; Feuilleton n **kå'sör** ⟨-en; -er⟩ Kolumnist(in) m(f), Feuilletonist(in) m(f)
kåt [koːt] _umg_ _(vulg)_ _adj_ geil
kåta [ˈkoːta] ⟨-n; -or⟩ Samenhütte f, Samenzelt n
kåthet [ˈkoːtheːt] ⟨-en; kein pl⟩ _umg_ _(vulg)_ Geilheit f
käbbel [ˈçɛbal] _n_ ⟨-et; kein pl⟩ Gezänk n; Zankerei f **käbbla** ⟨1⟩ _vi_ zanken; streiten _vp_ **~ e'mot** widersprechen
käck [çɛk] _adj_ keck, schneidig **käckhet** ⟨-en; kein pl⟩ Keckheit f, Schneidigkeit f
käft [çɛft] ⟨-en; -ar⟩ Kiefer m; _derb_ Maul n, Schnauze f, Fresse f; _umg_ **håll ~ en!** halts Maul!; **inte en ~** kein Schwein; **vara stor i ~en** ein großes Maul haben; _derb_ **slå ngn på ~en** j-m (ein paar) in die Fresse hauen; **slängd i ~en** schlagfertig; **i dödens ~ar** in den Klauen des Todes **käfta** ⟨1⟩ _umg_ _vi_ ein großes Maul haben _vp_ _umg_ **~ e'mot** widersprechen
kägelbana [ˈçɛːgəlbɑːna] _s_ Kegelbahn f **kägla** ⟨-n; -or⟩ Kegel m; **spela käglor** kegeln, Kegel schieben
käk [çɛːk] _umg_ _n_ ⟨-et; kein pl⟩ Essen n; Fraß m **käka** _umg_ _vt, vi_ ⟨1⟩ essen, futtern, fressen
käkben [ˈçɛːkbeːn] _s_ Kieferknochen m **käke** ⟨-n; -ar⟩ Kiefer m **käkled** _s_ Kiefergelenk n
kälkbacke [ˈçɛlkbakə] _s_ Rodelbahn f **kälkborgare** _s_ Spießer m, Philister m **kälkborgerlig** _adj_ spießig, spießbürgerlich, philisterhaft **kälke** ⟨-n; -ar⟩ (Rodel-)Schlitten m; **åka ~** rodeln **kälkåkare** _s_ Rodler m **kälkåkning** ⟨-en; kein pl⟩ Rodeln n, Schlittenfahren n
källa [ˈçɛla] ⟨-n; -or⟩ Quelle f _(till gen)_; _poet_ Quell n, Born m; **från säker/pålitlig ~** aus sicherer/zuverlässiger Quelle
källare [ˈçɛlarə] ⟨-n; -⟩ Keller m; Kellerwirtschaft f, Kneipe f **källarglugg** _s_ Kellerloch n **källarmästare** _s_ (Gast-)Wirt m **källarvalv** _s_ _n_ Kellergewölbe n **källarvåning** _s_ Kellergeschoss n, Souterrain n
källhänvisning _s_ Quellennachweis m **källkod** _s_ _it_ Quelltext m **källkritik** _s_ Quellenkritik f **källskatt** _s_ Lohnsteuer f; **dra ('av) ~** Lohnsteuer abziehen **källsortering** _s_ Mülltrennung f **källvatten** _s, n_ Quellwasser n
kämpa [ˈçɛmpa] ⟨1⟩ _vi_ kämpfen, ringen _vp_ _fig_ **~ e'mot ngt** gegen etw ankämpfen; sich gegen etw sträuben; **~ sig 'fram** sich durchschlagen; **~ sig 'till ngt** etw erkämpfen, etw erringen **kämpe** ⟨-n; -ar⟩ Kämpfer(in) m(f); Kämpe m
känd [çɛnd] _adj_ bekannt **(för** für/wegen), (av _dat_); **han är ~ för att vara snål** er ist dafür bekannt, dass er geizig ist; **illa ~** übel, berüchtigt **kändis** ⟨-en; -ar⟩ _umg_ Prominente(r) m/f(m); **~arna** die Schickeria
känga [ˈçɛŋa] ⟨-n; -or⟩ (Schnür-)Stiefel m
känguru [ˈçɛŋgərø] ⟨-n; -r⟩ Känguru n
känn [çɛn] ⟨inv⟩ **på ~** dem Gefühl nach; **ha ngt på ~** etw im Gefühl haben; **ha på ~ att** das Gefühl haben, dass
känna [ˈçɛna] _vi_ ⟨inv⟩ **ge sig till ~** sich zu erkennen geben; **ge ngt till ~** etw kundgeben _vt_ ⟨2⟩ 1 fühlen, empfinden; (ver)spüren 2 kennen; **~ ngn personligen** j-n persönlich kennen; **lära ~** kennenlernen; **jag känner ingen, som ...** ich wüsste/weiß niemand, der ...; **jag förstår hur du känner det** ich kann es dir nachfühlen _vr_ ⟨2⟩ **~ sig** sich fühlen; **~ sig fram** sich hintasten, sich vorwärtstasten; **~ sig för** umhertasten; _fig_ vorsichtig vorgehen, sich vorfühlen _vp_ ⟨2⟩ **~ 'av** spüren; **~ 'efter** (nach)fühlen, nachsehen; **~ i'gen** (wieder)erkennen; **~ i'gen sig** sich (wieder) zurechtfinden; **~ 'på** probieren; **få ~ på** erfahren, (zu) spüren (bekommen); **~ 'på sig, att ...** fühlen/ahnen, dass ...; **~ 'till** kennen, wissen von **kännare** ⟨-n; -⟩ Kenner(in) m(f) **kännas** ⟨dep 2⟩ _vi_ sich anfühlen; merken, spüren; **det känns att ...** man merkt/spürt, dass ...; **det känns kallt (i rummet)** es kommt mir kalt vor (im Zimmer); **det känns skönt** es ist angenehm, es tut wohl; **det känns på lukten** man riecht es _vp_ **~ 'vid** anerkennen; **inte vilja ~ 'vid** verleugnen; **vem känns 'vid den här hatten?** wem gehört dieser Hut? **kännbar**

ADJ fühlbar, spürbar, empfindlich **kännedom** 5 Kenntnis f (om gen od über akk); **få/ha ~ om** ngt Kenntnis von etw erhalten/haben; **för ~** zur Kenntnisnahme **kännemärke** SN, **känneteck en** SN Kennzeichen n, Merkmal n (på gen) **känneteckna** VT ⟨1⟩ kennzeichnen **kännetecknande** ADJ kennzeichnend, bezeichnend, charakteristisch **känning** ⟨-en; -ar⟩ Empfindung f, Gefühl n; Fühlung f; **ha ~ av** (ver)spüren **känsel** ⟨-n; kein pl⟩ Gefühl n **känselsinne** SN Gefühlssinn m, Tastsinn m **känselspröt** SN Fühler m **känsla** ⟨-n; -or⟩ Gefühl n, Empfindung f; **ha en ~ av att ...** das Gefühl haben, dass/also ob ...; **ha ~ för** ngt (ein feines) Gefühl für etw haben; **med blandade känslor** mit gemischten Gefühlen **känslig** ADJ empfindlich; empfänglich **känslighet** ⟨-en; kein pl⟩ Empfindlichkeit f **känslobetonad** ADJ gefühlsbetont **känslofull** ADJ gefühlvoll; empfindsam **känsloliv** SN Gefühlsleben n **känslolös** ADJ gefühllos, empfindungslos; taub (av vor dat) **känslolöshet** ⟨-en; kein pl⟩ Gefühllosigkeit f, Unempfindlichkeit f; Taubheit f **känslomänniska** 5 Gefühlsmensch m **känslomässig** ADJ gefühlsmäßig **känslosam** ADJ empfindsam; rührselig **känslosamhet** ⟨-en; kein pl⟩ Empfindsamkeit f; Rührseligkeit f **känslosvall** SN Gefühlsüberschwang m

käpp [çɛp] ⟨-en; -ar⟩ Stock m, Stecken m **käpphäst** 5 Steckenpferd n

kär [çæːr] ADJ lieb, geliebt; verliebt; umg a. verschossen; **hålla/ha ngn ~ j**-n lieb haben; **bli ~ i ngn** sich in j-n verlieben; **~a hälsningar** liebe Grüße **kära** VP ⟨1⟩ **~ 'ner sig** sich verknallen **kärande** [ˈçæːrandə] ⟨-n; -⟩ JUR Kläger(in) m(f)

käresta [ˈçæːrəsta] ⟨-n; -or⟩ Liebste f, Liebchen n, Schatz m

käring [ˈçæːriŋ, umg ˈçær-] ⟨-en; -ar⟩ (altes) Weib, (alte) Frau f; umg alte Schachtel; umg **hans ~** a. seine Alte **käringaktig** ADJ altweiberhaft; weibisch **käringprat** SN Weibergeschwätz n, Weiberklatsch m **käringtand** 5 BOT Hornklee m

kärkommen [ˈçæːrkɔmən] ADJ willkommen, lieb

kärl [çæːl] N ⟨-et; -⟩ Gefäß n; Topf m **kärlek** [ˈçæːlek] 5 Liebe f; **~ till nästan** Nächstenliebe f; **av ~ till** aus Liebe zu **kärleksaffär** 5 Liebschaft f, Liebesaffäre f, Liebelei f **kärleksbrev** 5 N Liebesbrief m **kärleksfull** ADJ liebevoll **kärleksförbindelse** 5 Liebesbeziehung f **kärleksförhållande** 5 N Liebesverhältnis n, Liebschaft f **kärleksförklaring** 5 Liebeserklärung f **kärlekshistoria** 5 Liebesgeschichte f **kärleksliv** SN Liebesleben n **kärlekslös** ADJ lieblos **kärleksroman** 5 Liebesroman m **kärleksscen** 5 Liebesszene f **kärlekssorg** 5 Liebeskummer m **kärleksäventyr** SN Liebesabenteuer n

kärlkramp [ˈçæːlkramp] 5 MED Angina Pectoris f

kärna[1] [ˈçæːɳa] A ⟨-n; -or⟩ Butterfass n B VT ⟨1⟩ buttern

kärna[2] ⟨-n; -or⟩ Kern m; Stein m; **ta ut kärnorna ur** ngt etw auskernen, entkernen **kärnbränsle** SN Kernbrennstoff m **kärnfamilj** 5 Kleinfamilie f **kärnfri** ADJ kernlos **kärnfrisk** ADJ kerngesund **kärnfrukt** 5 Kernobst n **kärnfull** ADJ kernig, markig **kärnfysik** 5 Kernphysik f **kärnhus** SN (Kern-)Gehäuse n **kärnklyvning** 5 PHYS Kernspaltung f **kärnkraft** 5 Kernkraft f **kärnkraftsavveckling** 5 Atomausstieg m **kärnkraftverk** SN Kernkraftwerk n **kärnladdning** 5 Kernladung f

kärnmjölk [ˈçæːɳmjølk] 5 Buttermilch f

kärnpunkt [ˈçæːɳpuŋkt] 5 Kernpunkt m **kärnreaktor** 5 Kernreaktor m **kärntrupp** 5 Kerntruppe f **kärnvapen** SN Kernwaffe f **kärnvapenfri** ADJ **~ zon** atomwaffenfreie Zone **kärnvapenprov** SN Kernwaffenversuch m

kärr [çær] N ⟨-et; -⟩ Sumpf m; Moor n **kärra** [ˈçæra] ⟨-n; -or⟩ Karre f, Karren m

kärrmark [ˈçærmark] 5 Sumpfboden m; Moorboden m

kärv [çærv] ADJ herb; derb; barsch; schroff

kärva [ˈçæːrva] ⟨1⟩ A VI Motor schwer gehen B VP fig **~ 'till sig** schwieriger

kärve ['çærvə] ⟨-n; -ar⟩ Garbe f
kärvhet ['çærvhe:t] ⟨-en; kein pl⟩ Herbheit f; Derbheit f; Barschheit f, Schroffheit f
kärvänlig [çæ:r'vɛnli(g)] ADJ lieb(evoll), zärtlich; *kasta ~a blickar på ngn* j-m zärtliche Blicke zuwerfen
kättare ['çɛtarə] ⟨-n; -⟩ Ketzer(in) m(f)
kätting ['çɛtiŋ] ⟨-en; -ar⟩ Kette f
kättja ['çɛtja] ⟨-n; kein pl⟩ Lüsternheit f
kö [kø:] ⟨-n; -er⟩ fig Schlange f, Reihe f; Billard Queue n od m; TEL Warteschleife f; *ställa sig i ~* sich anstellen; *stå i ~* anstehen, Schlange stehen **köa** VII ⟨1⟩ anstehen, Schlange stehen **köbildning** s͞ Bildung f von Schlangen **köbricka** s͞ Nummerplättchen n
kök [çø:k] N ⟨-et; -⟩ Küche f **köksa** ⟨-n; -or⟩ Köchin f **köksartiklar** PL ⟨-na⟩ Küchenartikel m/pl, Küchengeräte n/pl **köksavdelning** s͞ Küchenabteilung f **köksavfall** s͞ Küchenabfall m **köksbord** s͞ N Küchentisch m **köksfläkt** s͞ Küchenabzug m, Dunsthaube f **kökshandduk** s͞ Geschirrhandtuch n **köksinredning** s͞ Kücheneinrichtung f **köksmaskin** s͞ Küchenmaschine f **köksmästare** s͞ Küchenmeister m, Küchenchef m **kökspersonal** s͞ Küchenpersonal n **köksträdgård** s͞ Küchengarten m, Gemüsegarten m **köksväg** s͞ *gå ~en* im hintenherum gehen **köksväxt** s͞ Gemüse n; Küchenkräuter n/pl
köl [çø:l] ⟨-en; -ar⟩ Kiel m; *med ~en i vädret* kieloben; *på rätt ~* auf geradem Kiel
kölapp ['kø:lap] s͞ Nummerzettel m
köld [çøld] ⟨-en; -er⟩ Kälte f **köldgrad** s͞ Kältegrad m **köldknäpp** s͞ Kälteeinbruch m **köldskada** s͞ → kylskada **köldvåg** s͞ Kältewelle f
kölvatten ['çø:lvatən] s͞ N Kielwasser n, Sog m
kön [çø:n] N ⟨-et; -⟩ Geschlecht n **könlös** ADJ geschlechtslos **könsakt** s͞ Geschlechtsakt m **könsbyte** s͞ → könskorrigering **könsdelar** PL Geschlechtsteile m/pl **könsdiskriminering** s͞ Geschlechterdiskriminierung f **könsdrift** s͞ Geschlechtstrieb m **könskorrigering** s͞ Geschlechts-

kärve – köra • 237

umwandlung f **könskvotering** s͞ Quotenregelung f **könsmogen** ADJ geschlechtsreif **könsmognad** s͞ Geschlechtsreife f **könsorgan** s͞ N Geschlechtsorgan n **könsroll** s͞ Rolle f der Geschlechter **könssjukdom** s͞ Geschlechtskrankheit f **könsskillnad** s͞ Geschlechtsunterschied m **könsstympning** s͞ Genitalverstümmelung f **könsumgänge** s͞ N Geschlechtsverkehr m
köp [çø:p] N ⟨-et; -⟩ Kauf m, Ankauf m; Abnahme f; *få på ~et* dazugeben; *följa med på ~et* mit in den Kauf gehen; *till på ~et* obendrein; *på öppet ~* Kauf m mit Rückgaberecht **köpa** ⟨2⟩ A VT, kaufen, erstehen, ankaufen; erkaufen; *~ ngt av ngn* j-m etw abkaufen, etw von j-m kaufen B VP *~ 'in* (ein)kaufen; *~ 'hem* kaufen; *~ 'upp* aufkaufen **köpare** ⟨-n; -⟩ Käufer(in) m(f); Abnehmer(in) m(f) **köpcentrum** s͞ N Einkaufszentrum n **köpeavtal** s͞ N Kaufvertrag m **köpebrev** s͞ Kaufbrief m **köpekontrakt** s͞ N Kaufvertrag m
Köpenhamn [çøpən'hamn] N ⟨inv⟩ Kopenhagen
köpenskap ['çø:pənska:p] ⟨-en; -er⟩ Handel m, Geschäft n **köpeskilling** ⟨-en; -ar⟩ Kaufpreis m **köpesumma** s͞ Kaufsumme f **köpevillkor** s͞ Kaufbedingung f
köping ['çø:piŋ] ⟨-en; -ar⟩ (Markt-) Flecken m
köpkraft s͞ Kaufkraft f **köpman** s͞ Kaufmann m **köpslå** VII ⟨4⟩ handeln, feilschen (*om* um), (*med* mit) **köpstark** ADJ kaufkräftig **köptvång** s͞ N Kaufzwang m
kör¹ [kœ:r] ⟨-en; -er⟩ Chor m; *i ~* im Chor
kör² [çœ:r] N ⟨inv⟩ *i ett ~* in einem fort, fortlaufend **köra** ⟨2⟩ A VT, VI, fahren; *umg Examen* durchfallen, durchrasseln; *~ bil* Auto fahren; *~ handen i fickan* mit der Hand in die Tasche fahren; *~ huvudet i väggen* mit dem Kopf gegen die Wand rennen; *~ kniven i ngn* j-m das Messer in den Leib jagen/rennen; *~ ngn på porten* j-n an die Luft setzen; *~ i skift* Schicht arbeiten; *~ hårt* hart arbeiten, schuften; *~ med ngn* j-n kommandieren; *vi kör för fullt* bei uns geht's auf vol-

len Touren; **kör för det!** abgemacht!; **nu är det kört!** die Sache ist gelaufen! **B** VP **~ 'bort** wegfahren; fortjagen, wegscheuchen; **~ e'mot** anfahren, anstoßen; **~ 'fast (sich)** festfahren; **~ 'fram** vorfahren; anfahren; vorwärtstreiben; herausstecken; **~ i'genom** 'durchfahren; **~ i'hjäl** totfahren; **~ i'hop** zusammenfahren; zusammenpferchen; sich häufen; *fig* aneinandergeraten; **~ 'in** (hin)einfahren; hineintreiben; AUTO einfahren; **~ 'om** überholen; **~ om'kull** umwerfen; *umg* umkippen; **~ om'kull ngn** j-n umfahren, j-n über den Haufen fahren; **~ 'på** auffahren; zufahren; anfahren; *fig* anstacheln; *umg* **~ 'slut på ngn** j-n fertig machen; **~ 'sönder** kaputtfahren; *Weg* ausfahren; **~ 'upp** (hin)auffahren; vorfahren; aufscheuchen; **~ 'ut** ausfahren; hinausjagen; *umg* hinausschmeißen, an die Luft setzen; **~ 'över** überfahren
körbana S̄ Fahrbahn *f*, Fahrdamm *m*
körbar ADJ fahrbar **körfil** S̄, **körfält** S̄N Fahrspur *f* **körförbud** S̄N Fahrverbot *n* **körhastighet** S̄ Fahrgeschwindigkeit *f* **körkort** S̄N Führerschein *m* **körlektion** S̄ Fahrstunde *f* **körning** ⟨-en; -ar⟩ Fahren *n*; Fahrt *f*; Transport *m* **körriktning** S̄ Fahrtrichtung *f* **körriktningsvisare** S̄ Fahrtrichtungsanzeiger *m*; Blinker *m*
körsbär ['ɕœʂbæːr] S̄N Kirsche *f* **körsbärsbrännvin** S̄ Kirsch *m*, Kirschwasser *n* **körsbärssylt** S̄ Kirschkonfitüre *f* **körsbärstomat** S̄ Cocktailtomate *f*, Kirschtomate *f*
körskola ['ɕœːˌskuːla] S̄ Fahrschule *f*
körsnär [ɕœʂˈnæːr] ⟨-en; -er⟩ Kürschner(in) *m(f)*
körtel ['ɕœɛ̞ʈəl] ⟨-n; -ar⟩ Drüse *f*
körtid ['ɕœːˌʈiːd] S̄ Fahrzeit *f* **körvana** S̄ Fahrpraxis *f*
körvel ['ɕœɛ̞ʈval] ⟨-n; kein pl⟩ BOT Kerbel *m*
kött [ɕøt] N̄ ⟨-et; kein pl⟩ Fleisch *n* **köttaffär** S̄ Fleischerei *f*, Schlachterei *f*, Metzgerei *f*; Fleischerladen *m* **köttbit** S̄ Stück *n* Fleisch(stück) *n* **köttbuljong** S̄ Fleischbrühe *f* **köttbulle** S̄ Fleischklößchen *n*, Hackbällchen *n* **köttfondue** S̄ Fleischfondue *n* **köttfärs** S̄ Hackfleisch *n*, Gehacktes *n* **köttgryta** S̄ Fleischtopf *m* **köttig** ADJ fleischig **köttkvarn** S̄ Fleischwolf *m* **kötträtt** S̄ Fleischgericht *n* **köttskiva** S̄ Scheibe *f* Fleisch **köttslig** ADJ fleischlich; leiblich; **~ lusta** Fleischeslust *f*; **~ bror** leiblicher Bruder **köttsoppa** S̄ Fleischsuppe *f* **köttspad** S̄N Fleischbrühe *f* **köttätande** ADJ Fleisch essend; *Tier* fleischfressend **köttätare** ⟨-n; -⟩ Fleischesser *m*; *Tier* Fleischfresser *m*

L

L, l [ɛl] N̄ ⟨-:et; -⟩ L, l *n*
labb[1] [lab] ⟨-en; -ar⟩ **1** Pfote *f*, Patsche *f* **2** ZOOL Raubmöwe *f*
labb[2] *umg* N̄ ⟨-et; -⟩ Labor *n* **labba** *umg* VI ⟨1⟩ im Labor arbeiten; (herum)experimentieren
labil [laˈbiːl] ADJ labil, schwankend
laborant [labuˈrant] ⟨-en; -er⟩ Laborant(in) *m(f)* **labora'tion** ⟨-en; -er⟩ Laboratoriumsarbeit *f* **labora'torium** N̄ ⟨laboratoriet; laboratorier⟩ Laboratorium *n* **labo'rera** VI ⟨1⟩ im Laboratorium arbeiten (*med* an *dat*); sich beschäftigen; experimentieren
labyrint [labyˈrint] ⟨-en; -er⟩ Labyrinth *n* **labyrintisk** ADJ labyrinthisch
lack [lak] *a.* N̄ ⟨-en/-et; -er/-⟩ Lack *m*; Siegellack *m* **lacka** ⟨1⟩ **A** VI (ver)siegeln; lackieren **B** VI **1** svetten **~r på honom** er trieft vor Schweiß, er ist in Schweiß gebadet **2** det **~r mot jul** es geht auf Weihnachten (zu) **lack'era** VT ⟨1⟩ lackieren **lack'ering** ⟨-en; -er⟩ Lackierung *f* **lackfärg** S̄ Lackfarbe *f* **lacksko** S̄ Lackschuh *m*
lada [ˈlɑːda] S̄ Scheune *f*
ladda [ˈlada] VT ⟨1⟩ (auf)laden; *umg fig* **vara ~d** bereit sein; **vara ~d med idéer** voller Ideen sein; **vara ~d med frågor** viele Fragen haben **B** VP IT **~ 'ned/ner** downloaden, herunterladen; **~ 'om** von Neuem laden; **~ 'upp** aufladen; IT hochladen; **~ 'ur** entladen **laddare** ⟨-n; -⟩ Ladegerät *n* **laddning** ⟨-en; -ar⟩ Ladung *f*; Laden *n*

ladugård ['lɑːdɵɡoːɖ] ṣ Kuhstall *m*
lag¹ [lɑːɡ] ⟨-en; kein pl⟩ Lösung *f*, (Ab-)Sud *m*
lag² ⟨-en; -ar⟩ JUR Gesetz *n*; **det är ~ på det** es ist Gesetz; **i ~ förbjudet** gesetzlich verboten; **i ~ens namn** im Namen des Gesetzes; PHYS **~en om** das Gesetz über (*akk*) *od* von
lag³ ṇ ⟨-et; -⟩ Gesellschaft *f*; Runde *f*, Gelage *n*; SPORT Mannschaft *f*, Team *n*; **gå ~et runt** die Runde machen; **ha ett ord med i ~et** ein Wort/Wörtchen mitzureden haben; **i minsta ~et** recht knapp; **det är i längsta ~et** länger dürfte es nicht sein, es ist reichlich lang; **i senaste ~et** im letzten Augenblick; **vid det här ~et** mittlerweile; **vid det ~et** zu der Zeit; **över ~** durchweg, durch die Bank; **göra ngn till ~s** es j-m recht machen; **vara ngn till ~s** j-m recht sein
laga¹ ['lɑːɡa] ADJ gesetzlich; **~ förfall** triftiger Hinderungsgrund; **äga ~ kraft** rechtskräftig sein
laga² ⟨1⟩ A VT 1 zubereiten; **~ mat** kochen; **~ god mat** gut kochen können; **~d mat** warme Mahlzeit *f* 2 ausbessern, flicken B V/P ~ **till** zubereiten
laganda ['lɑːɡanda] ṣ Teamgeist *m*, Mannschaftsgeist *m* **lagarbete** ṣ ṇ Gemeinschaftsarbeit *f*, Teamwork *n*
lagbalk ['lɑːɡbalk] ṣ Buch *n* im Gesetzbuch **lagbok** ṣ Gesetzbuch *n* **lagbrott** ṣ ṇ Verstoß *m* gegen das Gesetz, Vergehen *n* **lagbrytare** ⟨-n; -⟩ Gesetzesübertreter(in) *m(f)* **lagbunden** ADJ durch Gesetz(e) geregelt, gesetzmäßig **lagenlig** ADJ gesetzmäßig, gesetzlich
lager¹ ['lɑːɡər] ṇ ⟨-et; -⟩ Schicht *f*; TECH *u.* WIRTSCH Lager *n*, Vorrat *m*; **ha på ~** vorrätig (*od* auf Lager) haben; **inneliggande ~** Lagerbestand *m*; **ligga/lägga på ~** lagern
lager² ⟨-n; kein pl⟩ Lagerbier *n*
lager³ ⟨-n; -ar⟩ Lorbeer *m* **lagerbär** ṇ Lorbeerbeere *f* **lagerbärsblad** ṇ Lorbeerblatt *n* **lagerkrans** ṣ Lorbeerkranz *m*
lagfart ['lɑːɡfɑːʈ] ṣ gerichtliche Bestätigung; Eintragung *f* ins Grundbuch **lagfartsbevis** ṣ ṇ grundbuchamtliche Erwerbsbescheinigung *f* **lagfästa** VT ⟨2⟩ gerichtlich bestätigen, rechtsgültig machen **lagförslag** ṣ ṇ Gesetzentwurf *m*
lagg [laɡ] ⟨-en; -ar⟩ Pfanne *f*
laggill ['lɑːɡjil], **laggiltig** ADJ rechtsgültig, rechtskräftig
lagkapten ['lɑːɡkapteːn] ṣ SPORT Mannschaftskapitän(in) *m(f)* **lagledare** ṣ SPORT Teamchef(in) *m(f)*
laglig ['lɑːɡli(ɡ)] ADJ gesetzlich, rechtmäßig; gerichtlich; **på ~ väg** auf dem Rechtsweg; **vidta ~a åtgärder** gesetzliche Maßnahmen ergreifen **laglydig** ADJ gesetzestreu, loyal **laglös** ADJ gesetzlos **laglöshet** ⟨-en; kein pl⟩ Gesetzlosigkeit *f*
lagning ['lɑːɡniŋ] Kochen *n*, Zubereitung *f*; Ausbesserung *f*, Reparatur *f*; **lämna till ~** zur Reparatur geben
lagom ['lɑːɡɔm] ADJ, ADV gerade recht, genug, genügend; passend, angemessen; mäßig; **vara ~** passen; **~ är bäst alles in Maßen**; **~ stor** gerade groß genug; **~ trevligt** wenig erfreulich; **är det ~?** ist es so recht?; **det är ~ åt honom** das geschieht ihm recht; **i ~ tid** zur rechten Zeit; **han kom just ~** er kam gerade recht; **skrik ~!** schrei nicht so!
lagparagraf ['lɑːɡpɑrɑ'ɡrɑːf] ṣ Gesetzesparagraf *m*
lagra ['lɑːɡra] VT ⟨1⟩ (ein)lagern **lagrad** ADJ *Käse* reif **lagring** ⟨-en; -ar⟩ (Ein-)Lagerung *f*
lagrum ['lɑːɡrɵm] ṣ ṇ Gesetzesstelle *f* **lagspråk** ṣ ṇ Rechtssprache *f* **lagstadgad** ADJ gesetzlich **lagstiftande** ADJ gesetzgebend **lagstiftare** ⟨-n; -⟩ Gesetzgeber *m* **lagstiftning** ⟨-en; -ar⟩ Gesetzgebung *f* **lagstridig** ADJ rechtswidrig, gesetzwidrig, widerrechtlich **lagtolkning** ṣ Gesetzesauslegung *f*
lagun [lɑˈɡuːn] ⟨-en; -er⟩ Lagune *f*
lagård ['lɑːɡoːɖ, 'lɑ-] → ladugård
lagöverträdelse ['lɑːɡøːveˈtrɛːdəlsə] ṣ Verstoß *m* gegen das Gesetz, Übertretung *f*
laka ['lɑːka] VT ⟨1⟩ **~ 'ur** auswässern
lakan ['lɑːkan] ṇ ⟨-et; -⟩ Laken *n*, Betttuch *n* **lakansväv** ṣ Bettleinen *n*
lake ['lɑːkə] ⟨-n; -ar⟩ 1 Lake *f*, Pökelbrühe *f* 2 ZOOL Fisch Quappe *f*, Aalraupe *f*
lakej [lɑˈkɛj] ⟨-en; -er⟩ Lakai *m*
lakonisk [lɑˈkuːnisk] ADJ lakonisch
lakrits ['lɑːkrɪt(s), 'lɑ-] ⟨-en; kein pl⟩ La-

kritze f **lakritsrot** ⁵ BOT Süßholz n **lakritsstång** ⁵ Lakritzenstange f
laktos [lakto:s] ⟨-en; kein pl⟩ Laktose f **laktosfri** ADJ laktosefrei **laktosintolerans** ⁵ Laktoseintoleranz f, Laktoseunverträglichkeit f
lam [lɑːm] ADJ lahm
lama¹ [ˈlɑːma] ⟨-n; -or⟩ ZOOL Lama n
lamell [laˈmɛl] ⟨-en; -er⟩ Lamelle f
lamhet [ˈlɑːmheːt] ⟨-en; kein pl⟩ Lahmheit f
laminat [lamiˈnɑːt] N ⟨-et; -⟩ Laminat n
lamm [lam] N ⟨-et; -⟩ Lamm n; litet ~ Lämmchen n **lamma** VI ⟨1⟩ lammen **lammkotlett** ⁵ Lammkotelett n **lammsadel** ⁵ GASTR Lammrücken m **lammskinn** ⁵ᴺ Lammfell n **lammstek** ⁵ Lammbraten m **lammunge** ⁵ Lämmchen n
lampa [ˈlampa] ⟨-n; -or⟩ Lampe f; (Glüh-)Birne f **lamˈpett** ⟨-en; -er⟩ Wandlampe f, Wandleuchte f **lampfot** ⁵ Lampenfuß m **lamphållare** ⁵ Lampenfassung f **lampkupa** ⁵ Lampenglocke f **lampljus** ⁵ᴺ Lampenlicht n **lampskärm** ⁵ Lampenschirm m
lamslagen [ˈlɑːmslɑːɡən] ADJ gelähmt
lamslå VT ⟨4⟩ lähmen; lahmlegen
land [land] N ⟨-et; länder) Land n; AGR Beet n; **gå i ~** an Land gehen; fig **gå i ~ med ngt** etw schaffen (od bewältigen), mit etw fertig werden; **här i ~et** hierzulande; **i främmande ~** in der Fremde; **inom ~et** im Inland; fig **se hur ~et ligger** sehen, woher der Wind weht **landa** VT, VI ⟨1⟩ landen **landgång** ⁵ SCHIFF Landungssteg m, Laufplanke f; GASTR langes belegtes Brot **landhöjning** ⁵ GEOG Landhebung f **landkrabba** fig ⁵ Landratte f **landkänning** ⁵ **få ~** Land sichten **landmärke** ⁵ᴺ SCHIFF Landfall m **landning** ⟨-en; -ar⟩ Landung f **landningsbana** ⁵ Landebahn f **landningsförbud** ⁵ Landeverbot n **landningsplats** ⁵ Landeplatz m **landningsställ** ⁵ᴺ FLUG Fahrgestell n **landområde** ⁵ Landstrich m **landremsa** ⁵ Landstreifen m
landsbygd [ˈlandsbyɡd] ⁵ ländliches Gebiet n; Provinz f; **flykt från ~en** Landflucht f **landsdel** ⁵ Landesteil m **landsflykt** ⁵ Exil n, Verbannung f; **gå i ~** ins Exil gehen **landsförrädare** ⁵ Landesverräter(in) m(f) **landsförräderi** ⁵ᴺ Landesverrat m **landsförvisa** VT ⟨1⟩ ausweisen, des Landes verweisen, verbannen **landsförvisning** ⁵ Ausweisung f, Verbannung f **landshövding** ⁵ ≈ Regierungspräsident(in) m(f); Landeshauptmann m, Landeshauptfrau f **landskamp** ⁵ SPORT Länderkampf m
landskap [ˈlandskɑːp] N ⟨-et; -⟩ Landschaft f; Provinz f **landskapsblomma** ⁵ Wahrzeichen ≈ Provinzblume f **landskapsdjur** ⁵ᴺ Wahrzeichen ≈ Provinztier n
landslag [ˈlan(d)slɑːɡ] ⁵ᴺ SPORT Landesmannschaft f, Nationalmannschaft f **landsman** ⁵ Landsmann m **landsmaninna** ⟨-n; -or⟩ Landsmännin f **landsnummer** ⁵ᴺ Ausland Vorwahl f, Ländervorwahl f **landsorganisation** ⁵ Landsorganisationen i Sverige/Tyskland der Schwedische/Deutsche Gewerkschaftsbund **landsort** ⁵ Provinz f **landsortsbo** ⁵ Landbewohner(in) m(f), Provinzler(in) m(f) **landsplåga** ⁵ Landplage f **landssorg** ⁵ Landestrauer f
landstiga [ˈlandstiːɡa] VI ⟨4⟩ landen **landstigning** ⁵ Landung f
landsting [ˈlan(d)stiŋ] N ⟨-et; -⟩ Provinziallandtag m **landsväg** ⁵ Landstraße f **landsända** ⁵ Landstrich m, Gegend f
landsätta [ˈlandsɛta] VT ⟨4⟩ landen, ausschiffen, an Land setzen **landsättning** ⁵ Landung f, Ausschiffung f **landtunga** ⁵ Landzunge f **landvinning** ⟨-en; -ar⟩ Eroberung f; fig Errungenschaft f **landvägen** (inv) auf dem Landwege, zu Lande
langa [ˈlaŋa] VT ⟨1⟩ **1** langen, weitergeben (**till/åt** dat) **2** einem/einer Minderjährigen Alkohol kaufen; **~ knark** dealen **langare** ⟨-n; -⟩ Schmuggler(in) m(f), Rauschgifthändler(in) m(f); Dealer(in) m(f) **langning** ⟨-en; -ar⟩ **1** Reichen n **2** Schmuggeln n, Schleichhandel m mit Alkohol; Rauschgifthändler(in) m(f)
langust [laŋˈɡɵst] ⟨-en; -er⟩ ZOOL Languste f
lans [lans] ⟨-en; -ar⟩ Lanze f
lansera [lanˈseːra, lan-] VT ⟨1⟩ lancie-

lantarbetare ['lantarbe:tarə] 🅂 Landarbeiter(in) *m(f)* **lantbefolkning** 🅂 Landbevölkerung *f* **lantbruk** 🅂🄽 Landwirtschaft *f* **lantbrukare** ⟨-n; -⟩ Landwirt(in) *m(f)* **lantbrukshögskola** 🅂 landwirtschaftliche Hochschule *f* **lantegendom** 🅂 Landgut *n*, Landbesitz *m*
lanterna [lan'tæ:ɳa] ⟨-n; -or⟩ Laterne *f*
lantgård ['lantgo:ɖ] 🅂 Landgut *n*, Gehöft *n* **lanthandel** 🅂 Dorfladen *m* **lantlig** 🄰🄳🄹 ländlich **lantluft** 🅂 Landluft *f* **lantmätare** 🅂 Vermessungsingenieur(in) *m(f)* **lantmäte'ri** 🄽 ⟨-et; kein pl⟩ Land(ver)messung *f*, Feld(ver)messung *f*; Vermessungskunde *f* **lantställe** 🅂🄽 Landhaus *n*, Wochenendhaus *n*
lapa ['lɑ:pa] 🅅🅃 ⟨1⟩ schlürfen, schlecken; **~ sol** sich sonnen
lapp [lap] ⟨-en; -ar⟩ 🄸 Flicken *m*; *umg* Lappen *m*, Fetzen *m*; Zettel *m* 🄸🄸 Same *m* **lappa** ⟨1⟩ 🄰 🅅🅃 flicken, ausbessern 🄱 🅅🄿 **~ i'hop** zusammenflicken; *umg* **~ 'till ngn** j-m eine runterhauen **lappdräkt** 🅂 Samentracht *f* **lappkåta** 🅂 Samenzelt *n* **Lappland** 🄽 ⟨*inv*⟩ *schwedische Provinz* Lappland *n* **lapplisa** ⟨-n; -or⟩ *umg* Politesse *f* **lappländsk** 🄰🄳🄹 lappländisch **lappsjuka** 🅂 Depression *f* durch Einsamkeit **lapptäcke** 🅂🄽 Flickendecke *f* **lappverk** 🅂 🄽 Flickwerk *n*, Stückwerk *n*
lapsus ['lapsəs] ⟨-en; -ar⟩ Versehen *n*, Lapsus *m*
laptop ['lɛptɔp] ⟨-pen; -par⟩ 🄸🅃 Laptop *m*
larm [larm] 🄽 ⟨-et; -⟩ Lärm *m*; Alarm *m*; **slå ~** Lärm/Alarm schlagen **larma** ⟨1⟩ 🄰 🅅🅃 alarmieren 🄱 🅅🄿 **~ 'av/'på** die Alarmanlage aus-/einschalten **larmberedskap** 🅂 Alarmbereitschaft *f* **larmsignal** 🅂 Alarmsignal *n* **larmsystem** 🅂🄽 Alarmanlage *f*
larv[1] [larv] ⟨-en; -er/-ar⟩ Larve *f*; Raupe *f*
larv[2] *umg* 🄽 ⟨-et; kein pl⟩ Unsinn *m*, Blödsinn *m* **larva** 🅅🅁 ⟨1⟩ **~ sig** blödeln, sich albern benehmen **larvig** *umg* 🄰🄳🄹 albern, dumm, blöd
lasarett [lasa'rɛt] 🄽 ⟨-et; -⟩ Krankenhaus *n*
laser ['lɑ:sər] ⟨-n; -ar⟩ Laser *m* **laserkirurgi** 🅂 Laserchirurgie *f* **laserskri-**

vare 🅂 Laserdrucker *m* **laserstråle** 🅂 Laserstrahl *m* **laserstyrd** 🄰🄳🄹 lasergesteuert **laservapen** 🅂🄽 Laserwaffe *f*
lass [las] 🄽 ⟨-et; -⟩ Fuhre *f*, Ladung *f*; *fig* Bürde *f*, Last *f* **lassa** 🅅🅃 ⟨1⟩ (be)laden
lasso ['lasu] ⟨-n; -er⟩ Lasso *n od m*
last [last] ⟨-en; -er⟩ 🄸 Laster *n* 🄸🄸 Ladung *f*; Last *f*; **ligga ngn till ~** j-m zur Last fallen/liegen **lasta** ⟨1⟩ 🄰 🅅🅃 🄸 tadeln; **~ ngn för ngt** j-m etw zur Last legen 🄸🄸 (ver)laden, beladen 🄱 🅅🄿 **~ 'av** abladen, ausladen; **~ 'in** einladen; **~ 'om** umladen; **~ 'på** aufladen; **~ 'ur** ausladen **lastbar** 🄰🄳🄹 lasterhaft **lastbil** 🅂 Lastauto *n*, Lastkraftwagen *m* **lastbilstrafik** 🅂 Lkw-Verkehr *m* **lastfartyg** 🅂🄽 Frachtschiff *n* **lastflak** 🅂🄽 Ladefläche *f*, Pritsche *f* **lastgammal** 🄰🄳🄹 uralt, steinalt **lastning** ⟨-en; -ar⟩ Ladung *f*; Beladung *f*, Verladung *f* **lastrum** 🅂🄽 SCHIFF Laderaum *m*
lat [lɑ:t] 🄰🄳🄹 faul, träge **lata** 🅅🅁 ⟨1⟩ **~ sig** faulenzen
latent [la'tɛnt] 🄰🄳🄹 versteckt, latent
later ['lɑ:tər] 🄿🄻 Manieren *pl*, Gebärden *f/pl*
lathund ['lɑ:thɵnd] 🅂 *Schule umg* Eselsbrücke *f*
latin [la'ti:n] 🄽 ⟨-et; kein pl⟩ Latein *n* **Latinamerika** 🄽 ⟨*inv*⟩ Lateinamerika *n* **latinsk** 🄰🄳🄹 lateinisch
latitud [lati'tɯ:d] ⟨-en; -er⟩ Breite *f*, Latitüde *f*
latmansgöra ['lɑ:tmans'jœ:ra] 🅂 🄽 **det är inget ~** das ist nichts für Faulenzer **latmask** 🄰🄳🄹 Faulpelz *m* **latsida** 🅂 **ligga på ~n** auf der faulen Haut liegen
latte ['late] ⟨-n; -ar⟩ Caffé Latte *m*
lav [lɑ:v] ⟨-en; -ar⟩ BOT Flechte *f*
lava ['lɑ:va] ⟨-n; -or⟩ Lava *f* **lavaström** ['lɑ:vaˌstrœm] 🅂 Lavastrom *m*
lave ['lɑ:və] ⟨-n; -ar⟩ Pritsche *f*
lavemang [lavə'maŋ] 🄽 ⟨-et; -⟩ Einlauf *m*, Klistier *n*
lavendel [la'vɛndəl] ⟨-n; kein pl⟩ Lavendel *m*
lavin [la'vi:n] ⟨-en; -er⟩ Lawine *f* **lavinartad** 🄰🄳🄹 lawinenartig **lavinfara** 🅂 Lawinengefahr *f*
lax [laks] ⟨-en; -ar⟩ ZOOL Lachs *m*, Salm

laxera [laˈkseːra] _vi_ ⟨1⟩ abführen **laxermedel** _s̄ n_ Abführmittel _n_

laxfiske [ˈlaksfiska] _s̄ n_ Lachsfang _m_, Lachsfischerei _f_ **laxfärgad** _ADJ_ lachsfarben **laxtrappa** _s_ Lachsleiter _f_ **laxöring** ⟨-en; -ar⟩ _Lachs-_ Forelle _f_

layout [lejˈaut] ⟨-en; -er⟩ Entwurf _m_, Layout _n_

LCD-skärm [elseːˈdeːʃærm] _s_ IT LCD-Anzeige _f_

le [leː] _vi_ ⟨4⟩ lächeln; ~ **mot ngn** j-m zulächeln; ~ **åt ngt** über etw (_akk_) lächeln

leasa [ˈliːsa] _vt_ ⟨1⟩ leasen **leasing** ⟨-en; -ar⟩ Leasing _n_ **leasingbil** _s_ Mietauto _n_

led[1] [leːd] _N_ ⟨-et; -⟩ Glied _n_, Reihe _f_, Linie _f_; Generation _f_; **främre/första ~et** das vordere/erste Glied; **på två ~** in zwei Gliedern; **släkt i rakt nedstigande ~** in gerader Linie verwandt

led[2] ⟨-en; -er⟩ **1** Gelenk _n_; Glied _n_; **vrida i ~** einrenken; **vrida armen ur ~** sich (_dat_) den Arm verrenken/auskugeln **2** Weg _m_; Richtung _f_; SCHIFF Fahrrinne _f_

led[3] _ADJ_ leid, überdrüssig; böse; **vara ~(s) på ngt** etw satthaben **leda**[1] ⟨-n; kein pl⟩ Unlust _f_, Überdruss _m_; **få höra ngt till ~** etw bis zum Überdruss (an)hören müssen

leda[2] ⟨2⟩ **A** _vt_ führen, leiten **B** _vp_ ~ **'bort** entführen, wegführen, ableiten; ~ **'fram** vorführen; ~ **'in** (her)einleiten; ~ **till'baka** zurückführen (**till** auf _akk_)

leda[3] _vt_ ⟨1⟩ beugen; durch ein Gelenk verbinden **ledad** _ADJ_ gegliedert

ledamot [ˈleːdamuːt] ⟨-en; ledamöter⟩ Mitglied _n_

ledande [ˈleːdanda] _ADJ_ führend, leitend **ledare** ⟨-n; -⟩ Leiter(in) _m(f)_; Führer(in) _m(f)_; _Zeitung_ Leitartikel _m_; ELEK Leiter _m_ **ledarhund** _s_ Leithund _m_; Blindenhund _m_ **ledarplats** _s_ **1** leitende Stellung _f_ **2** _Zeitung_ **på ~** im Leitartikel **ledarskap** _N_ ⟨-et; kein pl⟩ Leitung _f_, Führung _f_ **ledarskribent** ⟨-en; -er⟩ Leitartikler(in) _m(f)_

ledas [ˈleːdas] _vi_ ⟨dep 2⟩ sich langweilen (**åt** bei)

ledband [ˈleːdband] _s̄ n_ Gängelband _n_

ledbruten _ADJ_ kreuzlahm **ledgångsreumatism** _s_ Gelenkrheumatismus _m_

ledig [ˈleːdi(g)] _ADJ_ **1** geschmeidig, gewandt; ungezwungen, frei, ungehemmt; geläufig; leicht, spielend **2** frei, unbeschäftigt; unbesetzt; **~a platser** Stellenangebote _pl_; **bli ~** frei werden; **i morgon har vi ~t** morgen ist schulfrei; **ta sig ~t** sich freinehmen; **vara ~** frei sein; **på mina ~a stunder** in meiner Freizeit; **är platsen ~?** ist der Platz noch frei? **ledigförklara** _vt_ ⟨1⟩ ~ **en plats** eine Stelle ausschreiben **ledighet** ⟨-en; -er⟩ **1** Geschmeidigkeit _f_, Gewandtheit _f_; Ungezwungenheit _f_, Ungehemmtheit _f_; Geläufigkeit _f_ **2** Freizeit _f_, Muße _f_; Urlaub _m_, Ferien _pl_

ledmotiv [ˈleːdmutiːv] _s̄ n_ Leitmotiv _n_, Leitgedanke _m_ **ledning** ⟨-en; -ar⟩ _a._ ELEK Leitung _f_; Führung _f_ (**av** _gen_); Anleitung _f_, Orientierung _f_; Anhalt(spunkt) _m_; **ta ~en** die Führung übernehmen; SPORT in Führung gehen; **med ~ av** gestützt auf (_akk_); anhand (_gen_) **ledsaga** _vt_ ⟨1⟩ begleiten, geleiten **ledsagare** ⟨-n; -⟩ Begleiter(in) _m(f)_, Gefährte _m_, Gefährtin _f_

ledsam [ˈleːsam] _ADJ_ langweilig, unangenehm, unliebsam; traurig, schlimm; **det var ~t att höra** es tut mir leid zu hören **ledsamhet** ⟨-en; kein pl⟩ Langeweile _f_; Unannehmlichkeit _f_, Ärger _m_ **ledsen** _ADJ_ traurig, betrübt; **jag är ~ att ...** ich bedauere, dass ... **ledsna** _vi_ ⟨1⟩ ~ **på ngt** einer Sache (_gen_) überdrüssig werden, etw sattbekommen **ledsnad** ⟨-en; kein pl⟩ Betrübtheit _f_, Trauer _f_; Bedauern _n_

ledstjärna [ˈleːdʃæɳa] _s_ Leitstern _m_ **ledstång** [ˈleːdstɔŋ] _s_ Geländer _n_ **ledsyn** _s_ sehr schwache Sehkraft **ledtråd** _fig_ _s_ Leitfaden _m_

leende [ˈleːanda] **A** _ADJ_ lächelnd; anmutig, lieblich **B** ⟨-t; -n⟩ Lächeln _n_

leg [leg] _N_ ⟨-et; -⟩ = legitimation

legal [leˈgaːl] _ADJ_ gesetzlich, legal **legali'sera** _vt_ ⟨1⟩ legalisieren, rechtskräftig machen **legali'tet** ⟨-en; kein pl⟩ Gesetzlichkeit _f_, Rechtsgültigkeit _f_, Legalität _f_

legend [leˈgɛnd] ⟨-en; -er⟩ Legende _f_ **legenˈdarisk** _ADJ_ legendär

legera [le'ge:ra] _VT_ ⟨1⟩ legieren **legering** ⟨-en; -ar⟩ Legierung f
leggings _PL_ Leggin(g)s pl
legitim [legi'ti:m] _ADJ_ legitim, gesetzlich, gesetzmäßig, rechtmäßig **legitima'tion** ⟨-en; -er⟩ Personalausweis m; Legitimation f; Approbation f **legitima'tionshandling** _S_ Ausweispapier n **legitima'tionskontroll** _S_ Ausweiskontrolle f **legiti'mera** _VT_ ⟨1⟩ ~ **sig** sich ausweisen **legiti'merad** _ADJ_ ~ **läkare** approbierte(r) Arzt/Ärztin
leja ['lɛja] _VT_ ⟨2⟩ mieten, dingen
lejon ['lɛjɔn] _N_ ⟨-et; -⟩ Löwe m **Lejonet** ⟨inv⟩ ASTROL Löwe m **lejongap** _S N_ BOT Löwenmaul n **lejonhona** _S_, **lejon'inna** ⟨-n; -or⟩ Löwin f **lejonpart** fig _S_ Löwenanteil m
lek [le:k] ⟨-en; -ar⟩ Spiel n; Fisch Laiche f; Vogel Balz f; **blanda sig i ~en** sich ins Spiel mischen; **på ~** zum Spaß; fig **vara ur ~en** nicht mehr mitzählen **leka** _VT_, _VI_ ⟨2⟩ spielen; Fisch laichen; Vogel balzen; **han är inte att ~ med** mit ihm ist nicht zu spaßen; **vara med och ~** mitspielen
lekamen [le'kɑ:mən] ⟨inv⟩ Leib m
lekfull ['le:kfʉl] _ADJ_ spielerisch, verspielt **lekfullhet** ⟨-en; kein pl⟩ Verspieltheit f **lekkamrat** _S_ Spielkamerad(in) m(f) **lekman** _S_ Laie m **lekmannamässig** _ADJ_ laienhaft **lekplats** _S_ Spielplatz m **leksak** _S_ Spielzeug n, Spielsache f **leksaksaffär** _S_ Spielwarengeschäft n **lekstuga** _S_ Spielhäuschen n **lektid** _S_ Fisch Laichzeit f; Vogel Paarungszeit f
lektion [lɛk'ʃu:n] ⟨-en; -er⟩ Stunde f, Unterricht m; Lektion f; ~ **i tyska** Deutschstunde f, Deutschunterricht m; **ge/ta ~er** Stunden geben/nehmen (**för** bei) **lektionstimme** _S_ Schulstunde f
lektor ['lɛktɔr] ⟨-n; -er⟩ Lektor(in) m(f); Schule (Ober-)Studienrat m, (Ober-)Studienrätin f
lektyr [lɛk'ty:r] ⟨-en; kein pl⟩ Lektüre f, Lesestoff m **lektör** ⟨-en; -er⟩ Verlags- Lektor(in) m(f)
lem [lem] ⟨-men; -mar⟩ Glied n; **liv och ~** Leib und Leben **lemlästa** _VT_ ⟨1⟩ verstümmeln, verkrüppeln
len [le:n] _ADJ_ weich, sanft, gelinde **lena** _VT_, _VI_ ⟨1⟩ mildern, lindern **lenhet** ⟨-en; kein pl⟩ Weichheit f, Sanftheit f

leopard [leɔ'pɑ:d] ⟨-en; -er⟩ Leopard m

lera ['le:ra] ⟨-n; -or⟩ Lehm m; Ton m; _av_ ~ _a_. tönern; _fig_ **hänga ihop som ler och långhalm** wie Pech und Schwefel aneinanderkleben **lerduva** _S_ Tontaube f **lergods** _S N_ Tonware f, Töpferware f **lerig** _ADJ_ lehmig; tonig; matschig **lerjord** _S_; CHEM Tonerde f **lerkruka** _S_ Tonkrug m **lerkärl** _S N_ Tongefäß n **lervälling** _S_ **vägen var rena ~en** die Straße war matschig

lesbisk ['lɛsbisk] _ADJ_ lesbisch

less _umg_ _ADJ_ **vara ~ på** _ngt_ etw satthaben

leta ['le:ta] ⟨1⟩ _A_ _VI_ suchen (**efter** nach); ~ **i fickorna** _a_. in den Taschen kramen _B_ _VP_ ~ **sig fram** sich vorwärtstasten _C_ _VP_ ~ **'fram** hervorsuchen, auskramen; ~ **i'genom** durchsuchen, durchstöbern; ~ **i'genom ett område** ein Gebiet absuchen; ~ **'rätt på** ausfindig machen; ~ **'upp** aufsuchen; finden; ~ **'ut** aussuchen, auswählen

lett [lɛt] ⟨-en; -er⟩ Lette m **lettisk** _ADJ_ lettisch **lettiska** _1_ ⟨-n; kein pl⟩ Lettisch n _2_ ⟨-n; -or⟩ Lettin f **Lettland** _N_ ⟨inv⟩ Lettland n

leukemi [lɛvke'mi:] ⟨-n; -er⟩ Leukämie f

leva ['le:va] ⟨2⟩ _A_ _VT_, _VI_ leben; ~ **röra** toben, lärmen; **han leve!** er lebe hoch!; **leve friheten!** es lebe die Freiheit!; ~ **av** _ngt_ von etw leben; **inte ha** _ngt_ **att** ~ **av** nichts zu leben haben; ~ **på** _ngt_ von etw leben; ~ **för dagen** in den Tag hinein leben; ~ **i sus och dus** in Saus und Braus leben; **den som lever får se** für die Zukunft wird es lehren; _fig_ **låta** _ngn_ **veta att han lever** j-m zusetzen _B_ _VP_ ~ **sig 'in i** _ngt_ sich in etw (_akk_) einleben; ~ **'kvar** weiterleben; ~ **'om flott leben**; ~ **'upp** verbrauchen; verprassen; ~ **'upp (igen)** wieder aufleben **levande** _ADJ_ lebend; lebendig; ~ **begravd** lebendig begraben; ~ **ljus** Kerzen(licht); ~ **musik** Livemusik; ~ **varelse** Lebewesen **levandegöra** _VT_ ⟨4⟩ anschaulich darstellen **levebröd** _S N_ Lebensunterhalt m

lever ['le:var] ⟨-n; -ar⟩ Leber f

leverans [leve'rans, -'rans] ⟨-en; -er⟩ Lieferung f **leveransklar** ADJ lieferbar, versandbereit, versandfertig **leveransservice** S Lieferservice m **leveranstid** S Lieferzeit f, Lieferfrist f **leveransvillkor** SN Lieferungsbedingung f **leveran'tör** ⟨-en; -er⟩ Lieferant(in) m(f); IT Provider m **leve'rera** VT ⟨1⟩ liefern; ~ **varor till ngn** a. j-n (mit Waren) beliefern

leverfläck ['le:vərflɛk] S Leberfleck m **leverkorv** S Leberwurst f

leverne ['le:vənə] N ⟨-t; kein pl⟩ Leben n, Lebenswandel m; umg Lärm m, Radau m

leverpastej ['le:vərpastej] S Leberpastete f **leversjukdom** S Leberkrankheit f **levertran** ⟨-en; kein pl⟩ Lebertran m

levnad ['le:vnad] ⟨-en; kein pl⟩ Leben n; Lebenswandel m **levnadsbana** S Lebenslauf m **levnadsbeskrivning** S Lebenslauf m **levnadsförhållanden** N/PL Lebensverhältnisse n/pl, Lebensumstände m/pl **levnadsglad** ADJ lebensfroh, lebenslustig **levnadskonstnär** S Lebenskünstler(in) m(f) **levnadskostnader** PL Lebenshaltungskosten pl **levnadsregel** S Lebensregel f **levnadsstandard** S Lebensstandard m **levnadssätt** SN Lebensweise f **levnadsvanor** PL Lebensgewohnheiten pl **levnadsvillkor** SN Lebensbedingung f Lebensverhältnis n **levnadsår** SN Lebensjahr n

levra ['le:vra] VR ⟨1⟩ ~ **sig** gerinnen **lexikon** ['lɛksikɔn] N ⟨-et; -/lexika⟩ Wörterbuch n, Lexikon n

lian [li'a:n] ⟨-en; -er⟩ BOT Liane f **liberal** [libe'ra:l] ADJ liberal, freisinnig; freigebig **liberalisera** VT ⟨1⟩ liberalisieren **libera'lism** ⟨-en; kein pl⟩ Liberalismus m, Freisinn m, Freisinnigkeit f

licens [li'sɛns] ⟨-en; -er⟩ Genehmigung f, Lizenz f **licensavgift** S Lizenzgebühr f **licensinnehavare** S Lizenzinhaber(in) m(f)

lida¹ ['li:da] VI ⟨4⟩ vergehen; **det lider mot jul/slutet** es geht auf Weihnachten/dem Ende zu; **vad det lider** mit der Zeit

lida² VT, VI ⟨4⟩ leiden (av an dat); erleiden; ~ **av hettan** unter der Hitze leiden; ~ **för att ... darunter leiden, dass ...; få ~ för ngt** für etw büßen (sollen) **lidande** A ADJ leidend B N ⟨-t; -n⟩ Leiden n

lidelse ['li:dəlsə] ⟨-n; -r⟩ Leidenschaft f **lidelsefri** ADJ leidenschaftslos **lidelsefull** ADJ leidenschaftlich **lidelsefullhet** ⟨-en; kein pl⟩ Leidenschaftlichkeit f

liderlig ['li:da(i)g] ADJ liederlich **liderlighet** ⟨-en; kein pl⟩ Liederlichkeit f **lie** ['li:ə] ⟨-n; -ar⟩ Sense f

liera [li'e:ra] VR ⟨1⟩ ~ **sig** sich liieren/zusammentun/verbünden **lierad** ADJ liiert, verbündet

lift [lift] ⟨-en; -ar⟩ **1** Lift m **2** AUTO **få** ~ mitgenommen werden **lifta** VI ⟨1⟩ trampen, per Anhalter fahren **liftare** ⟨-n; -⟩ Anhalter(in) m(f) **liftkort** SN Skipass m

liga [li'ga] ⟨-n; -or⟩ Liga f, Bund m, Verband m; Bande f **ligamatch** S SPORT Verbandsspiel n

ligg [lig] umg S ⟨-et; -⟩ Geschlechtsverkehr m; **ett bra** ~ gutes Poppen, guter Sex **ligga** ⟨4⟩ A VI liegen, sich befinden; Vogel brüten; umg poppen; ~ **med ngn** mit j-m schlafen; ~ **för ankar** vor Anker liegen; ~ **för döden** im Sterben liegen; ~ **i öppen dag** auf der Hand liegen; ~ **mot gatan** nach der Straße zu liegen; ~ **nära till hands** naheliegen; ~ **till sängs** krank im Bett liegen; ~ **vid universitet** an der Universität studieren B VIP ~ **'av sig** aus der Übung kommen; ~ **'bakom** dahinterstecken; ~ **'efter** zurückbleiben; ~ **'efter ngn** j-m mit etw zusetzen (od in den Ohren liegen); ~ **'framme** herumliegen; ~ **'för ngn** j-m liegen; ~ **'i sehr** hinterher sein, sich ins Zeug legen; ~ **'kvar** liegen bleiben; übernachten; ~ **'nere** stillgelegt sein; **solen ligger 'på** es ist sonnig; **vinden ligger 'på** es ist windig; ~ **bra/illa 'till** eine gute/schlechte Lage haben; **så ligger det 'till** so liegen die Dinge; SPORT ~ **'under** im Rückstand sein, unterlegen sein; ~ **'ute** draußen liegen; im Freien schlafen; ~ **'ute med pengar** Geld ausstehen haben **liggare** ⟨-n; -⟩ Journal n; Hotel Gästebuch n **ligghöna** S Bruthenne f **liggplats** S Liegeplatz m; Schlafplatz m **liggstol** S Liegestuhl

m **liggsår** S̄N̄ få ~ sich wund liegen, sich durchliegen **liggunderlag** S̄N̄ Schlafmatte *f*, Isoliermatte *f* **liggvagn** S̄ Kinderwagen *m*; BAHN Liegewagen *m*
ligist [li'gist] ⟨-er; -er⟩ Rowdy *m*, Halbstarke(r) *m*/*f*(*m*)
lik¹ [li:k] N̄ ⟨-et; -⟩ *a*. TYPO Leiche *f*, Leichnam *m*; **blek som ett ~** leichenblass
lik² ADJ gleich; ähnlich; **~a barn leka bäst** Gleich und Gleich gesellt sich gern; **han är ~ sin far** er ist seinem Vater ähnlich; **de är (väldigt) ~a varandra** sie sind sich (sehr) ähnlich; **hon är sig alltid ~** sie bleibt sich gleich; **det är just ~t honom** das sieht ihm ähnlich; **det är inte ~t honom** das ist nicht seine Art
lika ['li:ka] A ADJ gleich; **av ~ värde** gleichwertig; **(2 minus 2 är) ~ med noll** (2 minus 2 ist) gleich null; SPORT **30 ~ 30** beide; **40 ~** Einstand B ADV gleich; **~ stor som** ebenso groß wie **likaberättigad** ADJ gleichberechtigt **likaberättigande** S̄N̄ Gleichberechtigung *f* **likadan** ADJ gleich, einerlei; **det är ~t överallt** es ist überall das selbe (das gleiche) **likafullt** ADV ebenso gut; gleichwohl, nichtsdestoweniger **likaledes** ADV gleichfalls, ebenfalls **likalydande** ADJ gleichlautend **likartad** ADJ gleichartig **likasinnad** ADJ gleich gesinnt **likaså** ADV ebenso **likaväl** ADV ebenso gut, ebenso wohl
likblek ['li:kble:k] ADJ leichenblass, totenblass **likbil** S̄ Leichenwagen *m*
like ['li:ka] ⟨-n; -ar⟩ min **~, mina likar** meinesgleichen; **utan ~** ohnegleichen, sondergleichen **likformig** ADJ gleichförmig **likformighet** ⟨-en; kein pl⟩ Gleichförmigkeit *f* **likgiltig** ADJ gleichgültig **(för** gegen) **likgiltighet** S̄ Gleichgültigkeit *f* **likhet** ⟨-en; -er⟩ Gleichheit *f*; Ähnlichkeit *f*; **i ~ med** wie **likhetstecken** S̄N̄ Gleichheitszeichen *n*
likkista ['li:kçista] S̄ Sarg *m*
likna ['li:kna] ⟨1⟩ A V̄T̄ vergleichen ⟨**vid** mit⟩ B V̄Ī̄ ähneln, gleichen, ähnlich sein (*ngn* j-m) **liknande** ADJ ähnlich; *npr ~ a*. so etwas, dergleichen **liknelse** ⟨-n; -r⟩ Gleichnis *n*, Bild *n*
likrikta V̄T̄ ⟨1⟩ gleichschalten **likriktning** S̄ Gleichschaltung *f* **liksidig** ADJ gleichseitig **liksom** ADV (gleich)wie; gewissermaßen; irgendwie; sowie; **~ om** als ob/wenn **likström** S̄ ELEK Gleichstrom *m* **likställa** V̄T̄ ⟨2⟩ gleichstellen **(ngn med ngn** j-n mit j-m) **likställd** ADJ gleichgestellt, gleichstehend; **vara ~a** auf gleichem Niveau stehen **likställdhet**, **likställighet** ⟨-en; kein pl⟩ Gleichheit *f*
liktorn ['li:ktu:n] ⟨-en; -ar⟩ Hühnerauge *n*
liktydig ['li:kty:di(g)] ADJ gleichbedeutend; **vara ~ med ngt** auf etw (*akk*) hinauslaufen, etw (*dat*) gleichkommen **liktåg** ['li:kto:g] S̄N̄ Trauerzug *m*, Leichenzug *m* **likvaka** S̄ Totenwache *f* **likvid** [lik'vi:d] ADJ flüssig, liquid; zahlungsfähig B ⟨-en; -er⟩ Zahlung *f* **likvida'tion** ⟨-en; -er⟩ Abwick(e)lung *f*, Liquidation *f* **likvi'dera** V̄T̄ ⟨1⟩ (be)zahlen, begleichen **likvi'dering** ⟨-en; -er⟩ (Be-)Zahlung *f*, Begleichung *f* **likväl** ['likvɛ:l] ADV (je)doch, indes(sen); dennoch, trotzdem **likvärdig** ADJ gleichwertig **(med** *dat*) **likvärdighet** S̄ Gleichwertigkeit *f*
likör [li'kœ:r] ⟨-en; -er⟩ Likör *m* **likörglas** S̄N̄ Likörglas *n*
lila [li:la] ADJ lila
lilja ['lilja] ⟨-n; -or⟩ Lilie *f* **liljekonvalj** ⟨-en; -er⟩ Maiglöckchen *n*
lilla ['lila] ADJ ⟨*best Form sg*; → **liten**⟩ klein; **~ barn** Kindchen; **~ mamma** Mutti, Mamachen *n*; **~n** die Kleine; **lillen** der Kleine **lillasyster** S̄ Schwesterchen *n* **lillebror** S̄ Brüderchen *n* **lillfinger** S̄(N̄) kleiner Finger *m* **lillgammal** ADJ altklug **lilltå** S̄ kleine Zehe *f*
lim [lim] N̄ ⟨-met; -/-mer⟩ Leim *m* **limma** ⟨1⟩ A V̄T̄ leimen B V̄P̄ ~ **fast** anleimen **limning** ⟨-en; -er⟩ Leimen *n*; **gå upp i ~en** aus dem Leim gehen
limpa ['limpa] ⟨-n; -or⟩ Brot *n*, Laib *m*; *umg* **en ~ cigarretter** eine Stange Zigaretten
lin [li:n] N̄ ⟨-et; kein pl⟩ Flachs *m*, Lein *m*
lina ['li:na] ⟨-n; -or⟩ Seil *n*, Leine *f*; *fig* **löpa ~n ut** bis zum Äußersten gehen; alle Stadien durchmachen; *fig* **visa sig på styva ~n** sein Licht leuchten lassen
linbana S̄ Seilschwebebahn *f*

lind [lind] ⟨-en; -ar⟩ Linde f, Lindenbaum m

linda ['linda] 🅐 ⟨-n; -or⟩ Windel f; fig **ligga i sin ~** noch in den Anfängen stecken; fig **kväva i sin ~** im Keim ersticken 🅑 VT ⟨1⟩ wickeln; **~ armarna om ngn** j-n umschlingen, umarmen; fig **~ ngn omkring lillfingret** j-n um den (kleinen) Finger wickeln 🅒 V/P ⟨1⟩ **~ 'av** abwickeln; **~ 'in** einwickeln (i in akk); **~ 'om** um'wickeln

lindansare ['li:ndansarə] S Seiltänzer(in) m(f)

lindblomma ['lindbluma] S Lindenblüte f **lindblomste** S N Lindenblütentee m

lindra ['lindra] VT, VI ⟨1⟩ lindern, mildern **lindrig** ADJ gelinde, gering; **~t förkyld** leicht erkältet; **~t sagt** gelinde gesagt; **komma ~t undan** glimpflich davonkommen **lindring** ⟨-en; -ar⟩ Linderung f, Milderung f

lineär [line'æ:r] ADJ linear

linfrö ['li:nfrø:] S Leinsamen m **lingarn** S Leinengarn n

lingon ['liŋɔn] N ⟨-et; -⟩ Preiselbeere f; **inte värd ett ruttet ~** keinen Pfifferling wert **lingonris** S N Preiselbeerkraut n **lingonsaft** S Preiselbeersaft m **lingonsylt** S eingemachte Preiselbeeren pl

lingvist [liŋ'vist] ⟨-en; -er⟩ Linguist(in) m(f) **lingvi'stik** ⟨-en; kein pl⟩ Linguistik f **lingvistisk** ADJ linguistisch

linjal [lin'jɑ:l] ⟨-en; -er⟩ Lineal n

linje ['linjə] ⟨-n; -r⟩ Linie f; BAHN a. Strecke f; SCHULE Zweig m; UNIV Studiengang m; fig **över hela ~n** auf der ganzen Linie **linjebuss** S Linienbus m **linjedomare** S SPORT Linienrichter(in) m(f) **lin'jera** VT ⟨1⟩ lin(i)ieren **linjetrafik** S Linienverkehr m

linka ['liŋka] VI ⟨1⟩ hinken, humpeln; **komma ~nde** angehumpelt kommen

linne ['linə] N ⟨-t; -n⟩ 🅘 Leinwand f, Leinen n; **av ~** leinen 🅙 (Leib-)Wäsche f; Damen- Hemd n **linneduk** S Leinentuch n **linneförråd** S N Wäsche f **linneskåp** N Wäscheschrank m **linneväv** S Leinwand f; Leinengewebe n

linning ['liniŋ] ⟨-en; -ar⟩ Bund m; Bündchen n

linodling ['li:nu:dliŋ] S Flachsbau m **linolja** S Leinöl n

lins [lins] ⟨-en; -er⟩ Linse f **linsformig** ADJ linsenförmig

lintott ['li:ntɔt] ⟨-en; -ar⟩ Flachskopf m

lip [li:p] ⟨-en; kein pl⟩ **ta till ~en** zu heulen anfangen **lipa** VI ⟨1⟩ heulen, flennen **lipsill** S Heulpeter m, Heulsuse f

lira ['li:ra] umg VT ⟨1⟩ spielen

lirka ['lirka] VI ⟨1⟩ **~ med ngn** j-n herumzukriegen suchen, j-n beschwatzen; **~ med ngt** an etw herumbasteln

lisma ['lisma] VI ⟨1⟩ sich anschmeicheln, kriechen **lismande** ADJ schleimig, kriecherisch

list¹ [list] ⟨-en; kein pl⟩ List f, Kniff m

list² ⟨-en; -er⟩ Leiste f; AGR Beet n

lista¹ ['lista] 🅐 ⟨-n; -or⟩ Liste f (på gen); Verzeichnis n 🅑 VT ⟨1⟩ **~ ngt** eine Liste über etw machen; auflisten

lista² V/P ⟨1⟩ **~ 'ut** herausbekommen, herauskriegen; austüfteln; **~ sig 'till ngt** etw herausbekommen **listig** ADJ listig, durchtrieben, schlau **listighet** ⟨-en; kein pl⟩ Listigkeit f, Schlauheit f

lit [li:t] ⟨inv⟩ Vertrauen n; **sätta sin ~ till ngn** sein Vertrauen in j-n setzen **lita** VI ⟨1⟩ **~ på ngn** j-m trauen, sich auf j-n verlassen; **det kan du ~ på** darauf kannst du dich verlassen; **han är inte att ~ på** auf ihn ist kein Verlass

Litauen [li'taʊən] N ⟨inv⟩ Litauen n **litauer** ⟨-n; -⟩ Litauer m **litauisk** ADJ litauisch **litauiska** 🅘 ⟨-n; kein pl⟩ Litauisch n 🅙 ⟨-n; -or⟩ Litauerin f

lite ['li:tə] ADV, PRON etwas, ein wenig, ein bisschen; wenig; **~ var** wohl ein jeder; **~ varstans** fast überall; **~ av varje** allerlei, alles Mögliche; **om än aldrig så ~** wenn auch noch so wenig; **det vill inte säga ~!** das will schon was heißen!; **reda sig med ~** mit wenigem auskommen

liten ['li:tən] ADJ ⟨komp mindre; sup minst⟩ klein; kurz; gering; **~ bokstav** Kleinbuchstabe m; **litet hus** kleines Haus n, Häuschen n; **mycket ~** winzig; **sedan jag var ~** von klein an; umg **få en ~** ein Kleines bekommen **litenhet** ⟨-en; kein pl⟩ Kleinheit f

liter ['li:tər] ⟨-n; -/-ar⟩ Liter m od n **literflaska** S Literflasche f **litermått** S N Litermaß n

litet ['li:tət] 🅐 ADJ → liten 🅑 ADV → lite

litografi [litogra'fi:] ⟨-n; -er⟩ Lithografie f, Steindruck m
litteratur [litara'tɵ:r] ⟨-en; -er⟩ Literatur f, Schrifttum n **litteraturförteckning** s̄ Literaturverzeichnis n **litteraturhistoria** s̄ Literaturgeschichte f **litteraturhistoriker** (in) m(f) Literaturhistoriker(in) m(f) **litteraturhänvisning** s̄ Literaturnachweis m **litteraturkritiker** (in) m(f) Literaturkritiker(in) m(f) **litteraturvetenskap** s̄ Literaturwissenschaft f **litteratör** ⟨-en; -er⟩ Schriftsteller(in) m(f), Literat(in) m(f) **litte'rär** ADJ literarisch
liv [li:v] N̄ ⟨-et; -⟩ ❶ Leben n; Lärm m, Radau m; Seele f; ~ **och rörelse** reges Leben, Gewusel n, Gewimmel n; **få ~** lebendig werden; sich beleben; fig **ge ~ åt** beleben; **i hela mitt ~** mein Leben lang, zeit meines Lebens; **mista ~et** ums Leben kommen; **med ~ och lust** mit Lust und Liebe; **på ~ och död** auf Leben und Tod; **skrämma ~et ur ngn** j-n zu Tode erschrecken; **springa för ~et** aus Leibeskräften rennen; **sätta ~et till** ums Leben kommen; **ta ~et av sig** sich dat das Leben nehmen; **trött på ~et** lebensmüde; **vara vid ~** am Leben sein ❷ Leib m, Taille f; **gå ngn inpå ~et** j-m auf den Leib rücken; **vara smal om ~et** eine schlanke Taille haben ❸ **få (sig) till ~s** zu essen bekommen **liva** V̄P ⟨1⟩ '**upp** beleben, anregen, ermuntern; erheitern **li'vad** ADJ heiter, munter; umg kreuzfidel **livaktig** ADJ lebhaft, rege **livaktighet** ⟨-en; kein pl⟩ Lebhaftigkeit f; reges Leben n **livboj** s̄ Rettungsring m **livbåt** s̄ Rettungsboot n **livbälte** s̄ N̄ Rettungsgürtel m **livegen** ADJ leibeigen; **en ~** ein(e) Leibeigene(r) m/f(m) **livegenskap** ⟨-en; kein pl⟩ Leibeigenschaft f
live [lajv] ADJ live **livekonsert** s̄ Livekonzert n **livemusik** s̄ Livemusik f **livesändning** s̄ Livesendung f, Direktübertragung f
livfull ADJ lebhaft, lebendig **livförsäkring** s̄ Lebensversicherung f **livgarde** s̄ N̄ Leibgarde f **livgivande** ADJ belebend **livhanken** ⟨inv⟩ umg **rädda ~** (sich) das (liebe) Leben retten **livlig** ADJ lebhaft, rege; belebt **livlighet** ⟨-en; kein pl⟩ Lebhaftigkeit f; Beliebtheit f **livlina** s̄ Sicherheitsleine f
livlös ADJ leblos; fig unbeseelt **livlöshet** s̄ Leblosigkeit f; Unbeseeltheit f **livmoder** s̄ ANAT Gebärmutter f **livnära** V̄T, V̄R ⟨2⟩ ernähren (**sig** sich), (**på** von)
livré [liv're:] N̄ ⟨-t; -er⟩ Livree f
livrem ['li:vrɛm] s̄ Leibriemen m, Gurt m **livrädd** ADJ vara ~ Angst um sein Leben haben **livräddning** s̄ Lebensrettung f **livränta** s̄ Leibrente f **livsavgörande** ADJ entscheidend für das ganze Leben, lebenswichtig **livsbejakande** ADJ lebensbejahend **livsduglig** ADJ lebensfähig **livselixir** N̄ ⟨-et; -⟩ Lebenselixier n **livserfarenhet** s̄ Lebenserfahrung f **livsfara** s̄ Lebensgefahr f **livsfarlig** ADJ lebensgefährlich **livsfilosofi** s̄ Lebensphilosophie f **livsföring** ⟨-en; -ar⟩ Lebensführung f **livsförnödenheter** PL Lebensbedürfnisse pl, Lebensunterhalt m **livsglädje** s̄ Lebensfreude f **livsgärning** s̄ Lebenswerk n **livshotande** ADJ lebensbedrohend **livskraft** s̄ Lebenskraft f **livskraftig** ADJ lebenskräftig **livskvalitet** s̄ Lebensqualität f **livslevande** ADJ leibhaftig(e), wie er leibt und lebt **livslust** s̄ Lebenslust f **livslång** ADJ lebenslänglich **livslängd** s̄ Lebensdauer f **livslögn** s̄ Lebenslüge f **livsmedel** s̄ N̄ Lebensmittel n **livsmedelsaffär** s̄ Lebensmittelgeschäft n **livsmedelsavdelning** s̄ Lebensmittelabteilung f **livsmedelsindustri** s̄ Lebensmittelindustrie f **livsmod** s̄ N̄ Lebensmut m **livsnerv** s̄ Lebensnerv m **livsoduglig** ADJ nicht lebensfähig; lebensuntauglich **livspartner** (in) m/f(m) Lebenspartner(in) m/f(m) **livsrum** s̄ N̄ Lebensraum m **livsstil** s̄ Lebensstil m **livssyn** s̄ Lebensanschauung f **livstecken** s̄ N̄ Lebenszeichen n **livstid** s̄ Lebenszeit f; **på ~** lebenslänglich; **under min ~** zu meinen Lebzeiten; **döma ngn till ~s fängelse** j-n zu lebenslänglichem Gefängnis verurteilen
livstycke ['li:vstykə] s̄ N̄ Leibchen n, Mieder n
livsuppehälle ['lifsəpə'hɛla] s̄ N̄ Lebensunterhalt m **livsuppfattning** s̄ Lebensauffassung f **livsuppgift** s̄ Lebensaufgabe f **livsverk** s̄ N̄ Lebens-

werk n **livsviktig** ADJ lebenswichtig **livsvillkor** S N Lebensbedingung f **livsåskådning** S Lebensanschauung f **livsöde** S N Lebensschicksal n **livtag** ['li:vta:g] S N Griff m um den Leib; Ringen n; **ta ~ ringen livvakt** S Leibwache f

ljud [ju:d] N ⟨-et; -⟩ Laut m, Ton m; Klang m; Geräusch n; Schall m; **inte ge ett ~ ifrån sig** keinen Ton/Laut von sich geben **ljuda** ⟨4⟩ A VI lautieren B VI lauten; (er)schallen, hallen; (er)tönen, (er)klingen **ljudband** S N Tonband n **ljudbok** S Hörbuch n **ljuddämpare** ⟨-n; -⟩ Schalldämpfer m; AUTO a. Auspufftopf m **ljudeffekt** S Geräuscheffekt m **ljudenlig** ADJ lautgetreu **ljudfil** S Audiodatei f **ljudfilm** S Tonfilm m **ljudhastighet** S Schallgeschwindigkeit f **ljudhärmande** B ADJ lautmalend **ljudisolerad** ADJ schalldicht **ljudkort** S N IT Soundkarte f **ljudkuliss** S Rundfunk Geräuschkulisse f **ljudlag** S GRAM Lautgesetz n **ljudlig** ADJ laut **ljudlära** S GRAM Lautlehre f **ljudlös** ADJ lautlos, geräuschlos **ljudmålande** ADJ lautmalend **ljudskridning** ⟨-en; -ar⟩ GRAM Lautverschiebung f **ljudskrift** S Lautschrift f **ljudstyrka** S Lautstärke f **ljudtekniker** S Tontechniker(in) m(f) **ljudvall** S Schallmauer f **ljudvåg** S Schallwelle f

ljuga ['ju:ga] ⟨4⟩ A VI lügen; **~ för ngn** j-n anlügen/belügen, j-n anschwindeln/beschwindeln; **~ som en borstbindare** wie gedruckt lügen B VP **~ i'hop** zusammenlügen, zusammenschwindeln

ljum [jɵm] ADJ lau(warm) **ljumma** VT ⟨1⟩ lau machen, anwärmen **ljummen** umg a. → ljum

ljumske ['jɵmske] ⟨-n; -ar⟩ Leiste f

ljung [jɵŋ] ⟨-en; kein pl⟩ Heidekraut n **ljunga** ['jɵŋa] VI ⟨1⟩ blitzen; fig donnern, wettern **ljungande** ADJ blitzend, flammend, zuckend; **~ protest** flammender/geharnischter Protest **ljungeld** S Blitz m, Blitzstrahl m **ljunghed** ['jɵŋhe:d] S Heide f

ljus [ju:s] A ADJ hell, licht, klar; **mitt på ~a dagen** am helllichten Tage; **stå i ~an låga** lichterloh brennen; **ha sina ~a ögonblick** lichte Augenblicke haben B N ⟨-et; -⟩ Licht n; Kerze f, Licht n; fig Leuchte f; **levande ~** koll Kerzen (-licht) n pl; **som tända ~** kerzengerade; **nu gick det upp ett ~ för mig** mir geht ein Licht auf; **ngt ~ är han inte** eine Leuchte ist er gerade nicht; fig **föra ngn bakom ~et** j-n hinters Licht führen; **se dagens ~** das Licht der Welt erblicken; fig **sprida ~ över ngt** Licht in etw (akk) bringen **ljusbild** S Lichtbild n **ljusblå** ADJ hellblau **ljusdunkel** S N MAL Helldunkel n **ljusglimt** fig S Lichtblick m **ljushastighet** S PHYS Lichtgeschwindigkeit f **ljushuvud** fig S N heller Kopf **ljushyad** ADJ hell, mit/von heller Hautfarbe **ljushårig** ADJ blond **ljusklädd** ADJ hell gekleidet **ljuskrona** S Kronleuchter m **ljuskälla** S Lichtquelle f **ljuskänslig** ADJ lichtempfindlich **ljuskänslighet** S Lichtempfindlichkeit f **ljuslåga** S Kerzenflamme f **ljusmanschett** S Lichtmanschette f **ljusmätare** S FOTO Belichtungsmesser m **ljusna** VI ⟨1⟩ hell werden, sich aufhellen; dämmern; fig sich bessern, sich aufheitern **ljusning** ⟨-en; -ar⟩ Morgen- Dämmerung f; Wald- Lichtung f; fig Besserung f **ljuspunkt** S Lichtpunkt m; fig Lichtblick m **ljusreflex** S Lichtreflex m **ljusreklam** S Lichtreklame f **ljusröd** ADJ hellrot **ljussignal** S Lichtsignal n **ljussken** S N Lichtschein m; **i ~** bei Licht **ljusskygg** ADJ lichtscheu **ljusslinga** S Lichterkette f **ljusstake** S Leuchter m **ljusstark** ADJ hell; FOTO lichtstark **ljusstrimma** S Lichtstreifen m **ljusstråle** S Lichtstrahl m **ljusstump** S Kerzenstummel m **ljusstyrka** S Lichtstärke f

ljuster ['jɵstər] ⟨-et; -⟩ Fischgabel f, Hechteisen n **ljustra** VT, VI ⟨1⟩ mit Fischgabel stechen

ljustuta ['ju:stɵta] S AUTO Lichthupe f **ljusår** S N ASTRON Lichtjahr n

ljuv [ju:v] ADJ hold(selig), lieblich, süß; **hämnden är ~** die Rache ist süß **ljuvhet** ⟨-en; kein pl⟩ Lieblichkeit f, Süße f **ljuvlig** ADJ lieblich; wonnig **ljuvlighet** ⟨-en; kein pl⟩ Lieblichkeit f; Wonne f

LO ABK (= landsorganisation) → landsorganisationen

lo [lu:] ⟨-n; -ar⟩ ZOOL Luchs m

lobba ['lɔba] VI ⟨1⟩ 1 SPORT lobben 2

~ för ngt für etw Lobbying betreiben **lobby** ⟨-n; -er⟩ **1** Hotelhalle f **2** Lobby f, Interessengruppe f **lobbyist** ⟨-en; -er⟩ Lobbyist(in) m(f)
lock¹ [lɔk] N ⟨-et; -⟩ Deckel m; **det slår ~ för öronen** es ist ohrenbetäubend
lock² N ⟨-et; kein pl⟩ **med ~ och pock** mit allen Mitteln
lock³ ⟨-en; -ar⟩ Locke f **locka¹** VT, VR ⟨1⟩ locken (sig sich)
locka² VT **A** VT, VI ⟨ver)locken, reizen, verführen **B** VP **~ 'av ngn ngt** j-m etw ablocken; **~ 'fram ngt** entlocken; **~ 'till sig** anlocken, zu sich locken; **~ 'ur ngn ngt** j-m etw entlocken **lockande** ADJ (ver)lockend **lockbete** S N Köder m
lockelse ⟨-n; -r⟩ (Ver-)Lockung f
lockfågel S Lockvogel m; fig a. Lockspitzel m
lockig ['lɔki(g)] ADJ lockig, gelockt
lockout [lɔk'æɔt] ⟨-en; -er⟩ Aussperrung f, Lock-out m **lockouta** VT ⟨1⟩ aussperren
locktång ['lɔktɔŋ] S Lockenstab m, Curler m
lockvara ['lɔkvɑːra] S Sonderangebot n
lod [luːd] N ⟨-et; -⟩ SCHIFF u. TECH Lot n; Uhr Gewicht n **loda** VT, VI ⟨1⟩ SCHIFF u. TECH (aus)loten
lodis ['luːdis] ⟨-en; -ar⟩ umg Penner m; Strolch m
lodjur ['luːjʉːr] S N Luchs m
lodlina ['luːdliːna] S SCHIFF Lotleine f **lodning** ⟨-en; -ar⟩ Lotung f **lodrät** ADJ senkrecht, lotrecht
loft [lɔft] N ⟨-et; -⟩ Boden m; umg fig **ha tomtar på ~et** einen (leichten) Dachschaden haben
logaritm [lɔga'ritm] ⟨-en; -er⟩ Logarithmus m
loge¹ ['luːgə] ⟨-n; -ar⟩ Scheune f; Tenne f; **dans på ~n** Tanz m auf der Tenne
loge² [lɔːʃ] ⟨-n; -r⟩ THEAT Loge f
logement [lɔʃa'mɛnt, lu-] ⟨-et; -⟩ Mannschaftsraum m
logg [lɔg] ⟨-en; -ar⟩ Log n **logga** VP ⟨1⟩ IT **~ 'in** einloggen; **~ 'ut** ausloggen **loggbok** S Logbuch n
logi [lɔ'ʃiː, lu-] N ⟨-e(t)/-n; -er/-n⟩ Quartier n, Unterkunft f, Logis n; **kost och ~** Verpflegung und Unterkunft
logik [lu'giːk] ⟨-en; kein pl⟩ Logik f **logiker** ['lɔː-] ⟨-n; -⟩ Logiker(in) m(f) **logisk** ['lɔː-] ADJ logisch
logistik ⟨-en; kein pl⟩ Logistik f
logoped [lɔgɔ'peːd] ⟨-en; -er⟩ Logopäde m, Logopädin f
loj [lɔj] ADJ träge, lässig
lojal [lɔ'jɑːl] ADJ loyal **lojali'tet** ⟨-en; kein pl⟩ Loyalität f
lojhet ⟨-en; kein pl⟩ Trägheit f, Lässigkeit f
lok [luːk] N ⟨-et; -⟩ Lok f; → **lokomotiv**
lokal [lu'kɑːl] **A** ADJ örtlich, lokal **B** ⟨-en; -er⟩ Lokal n, Raum m **lokalavdelning** S Ortsgruppe f **lokalbedövning** S örtliche Betäubung f **lokalfärg** S Lokalkolorit m **lokali'sera** VT ⟨1⟩ lokalisieren; eingrenzen, begrenzen **lokali'tet** ⟨-en; -er⟩ Örtlichkeit f, Raum m, Lokalität f **lokalkännedom** S Ortskenntnis f **lokalpatriot** S Lokalpatriot(in) m(f) **lokalsinne** S N Ortssinn m **lokalsändare** S RADIO Ortssender m **lokaltid** S Ortszeit f **lokaltrafik** S Vorortsverkehr m, Nahverkehr m, Ortsverkehr m **lokaltåg** S N Vorortszug m, Stadtbahnzug m **lokalvårdare** D Raumpfleger(in) m(f)
lokatt ['luːkat] S Luchs m
lokförare S Lok(omotiv)führer(in) m(f)
lokomo'tiv N ⟨-et; -⟩ Lok f, Lokomotive f
lom [lum] ⟨-men; -mar⟩ ZOOL Eistaucher m
lomhörd ['lumhœːd] ADJ schwerhörig **lomhördhet** ⟨-en; kein pl⟩ Schwerhörigkeit f
longitud [lɔŋi'tʉːd] ⟨-en; -er⟩ GEOG Länge f
longör [lɔŋ'œːr] ⟨-en; -er⟩ Länge f, Weitschweifigkeit f
lo(o)ping ['luːpiŋ] ⟨-en; -ar⟩ Looping m od n, Schleifenflug m
lopp [lɔp] N ⟨-et; -⟩ Lauf m; Rennen n; **dött ~** totes Rennen; **ge fritt ~ åt ngt** etw (dat) freien Lauf lassen; fig **i det långa ~et** auf die Dauer; **under dagens ~** im Laufe des Tages; **under ~et av** im Laufe von (od gen)
loppa ['lɔpa] **A** ⟨-n; -or⟩ Floh m **B** VT ⟨1⟩ flöhen **loppbett** S N Flohstich m **loppmarknad** S Trödelmarkt m, Flohmarkt m
lort [lut] ⟨-en; -ar⟩ umg Schmutz m, Dreck m **lorta** VP ⟨1⟩ **~ 'ner** be-

schmutzen, verdrecken **lortig** ADJ schmutzig, dreckig
loss [lɔs] ADV los; **få ~** losbekommen, loskriegen; **kasta ~** losmachen **lossa** VIT ⟨1⟩ lösen, losmachen, losbinden; SCHIFF löschen; *Schuss* abfeuern; **~ på** lockern **lossna** VII ⟨1⟩ sich lösen, abgehen; sich lockern **lossning** ⟨-en; -ar⟩ SCHIFF Löschen *n*, Ausladen *n*
lots [luts] ⟨-en; -ar⟩ Lotse *m* **lotsa** VIT ⟨1⟩ lotsen
lott [lɔt] ⟨-en; -er⟩ Los *n*; Teil *m* od *n*, Anteil *m*; **dra ~** losen; **falla på ngns ~** j-m zuteilwerden; **gå om ~** *Kleidung* Überschlag/Übertritt haben
lotta¹ ['lɔta] ⟨-n; -or⟩ freiwillige Helferin bei der Armee
lotta² ['lɔta] ⟨1⟩ **A** VIT, VII losen (om um) **B** VP **~ 'ut** verlosen **lottad** ADJ **bättre ~** wohlsituiert, bessergestellt; **lyckligt ~** vom Schicksal/Glück begünstigt **lottdragning** S Verlosung *f* **lotte'ri** N ⟨-et; -er⟩ Lotterie *f*; **spela på ~** in der Lotterie spielen **lottlös** ADJ **bli ~ leer** ausgehen **lottning** ⟨-en; -ar⟩ Losen *n*, Auslosung *f*; **genom ~** durch das Los **lotto** N ⟨-t; kein pl⟩ Lotto *n*; **spela ~** Lotto spielen; **vinna på ~** im Lotto gewinnen **lottsedel** S Lotterielos *n*
lotus ['lu:tus] ⟨-en; -ar⟩ BOT Lotus *m* **lotusblomma** S Lotosblume *f* **lotusställning** S Lotossitz *m*
lov¹ [lu:v] ⟨-en; -ar⟩ SCHIFF Drehung *f* nach Luv; **göra en ~** einen Bogen machen
lov² [lo:v] N ⟨-et; -⟩ **1** Erlaubnis *f*; **få ~** dürfen; müssen, gezwungen sein; **får jag ~?** *Tanz* darf ich bitten?; **vad får det ~ att vara?** was darf es sein?; was darf ich Ihnen anbieten? **2** freier Tag, Ferien *pl*; **ha ~ (från skolan)** (schul)frei haben **3** Lob *n*, Preis *m*; **Gud ske ~!, tack och ~!** Gott sei Dank!
lova¹ ['lu:va] ⟨1⟩ **A** VII SCHIFF luven **B** VP **~ 'upp** anluven, aufdrehen
lova² ['lo:va] ⟨1⟩ **A** VIT **1** versprechen, geloben, verheißen; **~ att komma** zusagen; **det vill jag ~!** das will ich meinen! **2** loben, preisen **B** VP **~ 'bort sig** anderweitig zusagen; **jag har redan ~t 'bort mig i kväll** für heute Abend bin ich schon besetzt **lovande** ADJ günstig, vielversprechend; **det låter ju ~** das klingt ja vielversprechend
lovart ['lu:vaʈ] ⟨inv⟩ SCHIFF Luv *f*; **i ~** luvwärts, nach Luv
lovdag ['lo:vda:g] S schulfreier Tag
lovlig ['lo:vli(g)] ADJ erlaubt; löblich **lovord** SN Lob *n* **lovorda** VIT ⟨1⟩ loben, preisen **lovprisa** VIT ⟨1⟩ lobpreisen **lovsång** S Lobgesang *m* **lovtal** SN Lobrede *f* **lovvärd** ADJ lobenswert
LP-skiva ['ɛlpeʃi:va] S Langspielplatte *f*
lucia (lɵˈsi:a) ⟨inv⟩ *Fest am 13. Dezember* **luciafirande** N ⟨-t; -n⟩ Luciafest *n*, Luciafeier *f*
lucka ['lɵka] ⟨-n; -or⟩ Öffnung *f*, Tür *f*; Klappe *f*, Luke *f*; Schalter *m*; Lücke *f*
luckra ['lɵkra] VIT ⟨1⟩ (auf)lockern
ludd [lɵd] N ⟨-et/-en; kein pl⟩ Fussel *m*; BOT Flaumhaar *n*; ANAT Zotte *f* **ludda** VP ⟨1⟩ **~ 'av sig** flauschig werden; fasern; fusseln **luddig** ADJ flauschig; fusselig; *fig* diffus; **~t svar** ausweichende Antwort
luden ['lɵ:dən] ADJ behaart, haarig
luff [lɵf] ⟨-en; kein pl⟩ **umg vara på ~en** vagabundieren **luffa** VII ⟨1⟩ umherstrolchen, vagabundieren **luffare** ⟨-n; -⟩ *umg* Landstreicher(in) *m(f)*, Strolch *m*, Stromer *m*
lufsa ['lɵfsa] VII ⟨1⟩ trotten **lufsig** ADJ schlampig, nachlässig
luft [lɵft] ⟨-en⟩ Luft *f*; **ge ~ åt sin vrede** seinem Zorn Luft machen; **leva av (bara) ~** (nur) von der Luft leben; **ta lite/en nypa frisk ~** frische Luft schnappen; **vara ~ för ngn** für j-n Luft sein; **vara gripen ur ~en** aus der Luft gegriffen sein **lufta** VIT ⟨1⟩ lüften **luftangrepp** SN Luftangriff *m* **luftballong** S Luftballon *m* **luftbevakning** S Flugmeldedienst *m* **luftbro** S Luftbrücke *f* **luftdrag** SN Luftzug *m* **luftfart** S Luftfahrt *f* **luftfuktare** ⟨-n; -⟩ Luftbefeuchter *m* **luftfuktighet** ⟨-en; kein pl⟩ Luftfeuchtigkeit *f* **luftfärd** S Flug *m* **luftförorening** S Luftverschmutzung *f* **luftförsvar** SN Luftabwehr *f* **luftgevär** SN Luftgewehr *n* **luftgrop** S FLUG Luftloch *n* **luftig** ADJ luftig **lufttintag** S N Lufteinlass *m* **luftkonditionering** ⟨-en; -ar⟩ Klimaanlage *f* **luftkudde** S Luftkissen *n* **luftmadrass** S Luftmatratze *f* **luftombyte** SN Luftveränderung *f*, Luftwechsel *m* **luftpost** S

Luftpost f **luftpump** ̅s Luftpumpe f **luftrör** ̅s̅n̅ Luftröhre f **luftrörskatarr** ̅s̅n̅ Bronchialkatarrh m **luftslott** ̅s̅n̅ Luftschloss n **luftstrupe** ̅s̅ Luftröhre f **luftström** ̅s̅ Luftstrom m **lufttillförsel** ̅s̅ Luftzufuhr f **lufttrumma** ̅s̅ TECH Luftschacht m **lufttryck** ̅s̅n̅ Luftdruck m **lufttät** ADJ luftdicht **luftvärn** ̅s̅n̅ Flugabwehr f **luftvärnsrobot** ̅s̅ Flugabwehrrakete f
lugg [lɵg] ⟨-en; -ar⟩ Stirnhaar n, Pony m; **titta under ~** verstohlen blicken **lugga** V̅T̅ ⟨1⟩ zausen, am Haar ziehen **luggsliten** ADJ fadenscheinig, verschlissen, schäbig
lugn [lɵŋn] A̅ ADJ ruhig; still; geruhsam; fig gelassen; **hålla sig ~** sich ruhig verhalten, Ruhe halten/geben; **det kan du vara ~ för** darauf kannst du dich verlassen; **ta det ~t!** reg dich ab! B̅ N̅ ⟨-et; kein pl⟩ Ruhe f; Stille f; fig Gelassenheit f; **~ bara!** immer mit der Ruhe!; **i ~ och ro** in aller Ruhe **lugna** V̅T̅, V̅R̅ ⟨1⟩ beruhigen (sig sich); umg abregen (sig sich); **~ sitt samvete** sein Gewissen beschwichtigen **lugnande** ADJ beruhigend; **~ medel** Beruhigungsmittel n
lukrativ [lɵkra'ti:v] ADJ lukrativ, einträglich
lukt [lɵkt] ⟨-en; -er⟩ Geruch m (av nach) **lukta** V̅T̅, V̅I̅ ⟨1⟩ riechen (på an dat); **~ lök** nach Zwiebeln riechen **luktfri, luktlös** ADJ geruchlos **luktsalt** ̅s̅n̅ Riechsalz n **luktsinne** ̅s̅n̅ Geruchssinn m **luktviol** ̅s̅ Wohlriechendes Veilchen **luktärt** ̅s̅ Spanische Wicke
lulla ['lɵla] ⟨1⟩ A̅ V̅T̅ lullen B̅ V̅P̅ umg **~ 'runt/om'kring** herumtorkeln **lullull** [lɵ'lɵl] N̅ ⟨-et; kein pl⟩ Kinkerlitzchen n/pl, Flitterkram m
lummig ['lɵmi(g)] ADJ dicht belaubt; umg fig benebelt
lump [lɵmp] ⟨-en; kein pl⟩ Lumpen m/pl; MIL **göra/ligga i ~en** umg beim Militär/Bund sein, Wehrdienst leisten **lumpbod** ̅s̅ Trödelladen m **lumpen** ADJ lumpig, kleinlich **lumphandlare** ̅s̅ Lumpenhändler(in) m(f), Altwarenhändler(in) m(f) **lumpsamlare** ̅s̅ Lumpensammler(in) m(f)
lunch [lɵnʃ] ⟨-en; -er⟩ Lunch m, Mittagessen n **luncha** V̅I̅ ⟨1⟩ lunchen, zu Mittag essen **lunchkupong** ̅s̅ Essensmarke f **lunchrast** ̅s̅ Mittagspause f **lunchrum** ̅s̅n̅ Kantine f **lunchtid** ̅s̅ Mittagszeit f; **i dag/i går vid ~** heute/gestern Mittag
lund [lɵnd] ⟨-en; -ar⟩ Hain m, Wäldchen n
lunga ['lɵŋa] ⟨-n; -or⟩ Lunge f **lungcancer** ̅s̅ Lungenkrebs m **lunginflammation** ̅s̅ Lungenentzündung f **lungsjuk** ADJ lungenkrank **lungsot** ⟨-en; kein pl⟩ Schwindsucht f **lungsäcksinflammation** ̅s̅ Rippenfellentzündung f
lunk [lɵŋk] ⟨-en; kein pl⟩ Trott m; **i sakta ~** im leichten Trott **lunka** V̅I̅ ⟨1⟩ trotte(l)n, zotteln
lunta ['lɵnta] ⟨-n; -or⟩ dicker Schmöker; umg Scharteke f
lupin [lɵ'pi:n] ⟨-en; -er⟩ Lupine f
lupp [lɵp] ⟨-en; -er⟩ Lupe f
lur[1] [lɵ:r] ⟨-en; -ar⟩ Kopfhörer m; Tele Hörer m, Lure f; Horn n; **lägga på ~en** den Hörer auflegen
lur[2] ⟨-en; -ar⟩ Schläfchen n; **ta sig en ~** ein Schläfchen machen; umg ein Nickerchen machen; **ligga på ~** auf der Lauer liegen **lura** ⟨1⟩ A̅ V̅I̅ lauern (på auf akk) B̅ V̅T̅ prellen; umg neppen; betrügen, übers Ohr hauen; beschwindeln; umg beschummeln (på um akk); (he)reinlegen C̅ V̅R̅ **låta ~ sig** (he)reinfallen D̅ V̅P̅ **~ 'av ngn ngt** j-m etw abschwindeln; **~ 'i ngn ngt** j-m etw vorflunkern; **~ 'på ngn ngt** j-m etw andrehen; **~ 'till sig** ergaunern **lurendrejeri** ̅s̅ ⟨-et; -er⟩ Gaunerei f, Schwindel m **luri'fax** ̅s̅ Schalk m, Spitzbube m **lurpassa** umg V̅I̅ ⟨1⟩ **~ på ngn** j-n belauern
lurvig ['lɵrvi(g)] ADJ zottig; umg fig beduselt
lus [lɵ:s] ⟨-en; löss⟩ Laus f; umg fig **läsa ~en av ngn** j-m den Kopf waschen **lusig** ['lɵ:si(g)] ADJ lausig; fig trödelig **luska** [lɵska] V̅I̅ ⟨1⟩ **~ 'fram/'ut, ~ 'reda på** aufstöbern
lusläsa ['lɵ:slɛ:sa] V̅T̅ ⟨2⟩ genau lesen **luspank** umg ADJ pleite
lussebulle ['lɵsəbʉlə] ̅s̅, **lussekatt** ̅s̅ Hefegebäck mit Safran und Rosinen
lust [lɵst] ⟨-en; -ar⟩ Lust f; **tappa ~en för ngt** die Lust an etw verlieren; **ha (god) ~** (große) Lust haben; **hjär-**

tans ~ nach Herzenslust; **i nöd och ~** in Freud und Leid; **med liv och ~** mit Lust und Liebe **lusta** ⟨-n; -r⟩ Lust *f*, Begierde *f*, Gelüst *n* **lustbetonad** ADJ lustbetont **lustgas** S Lachgas *n* **lustgård** S Lustgarten *m* **lusthus** S N (Lust-)Laube *f*, Gartenpavillon *m* **lustig** ADJ lustig; *umg* fidel; spaßig, spaßhaft; drollig, komisch; **göra sig ~ över ngns bekostnad** sich über j-n lustig machen **lustighet** ⟨-en; -er⟩ Späßchen *n*; Witz *m* **lustigkurre** ⟨-n; -ar⟩ Spaßvogel *m*, Witzbold *m* **lustjakt** S Lustjacht *f* **lustkänsla** S Lustgefühl *n* **lustslott** S N Lustschloss *n* **lustspel** S N Lustspiel *n*
lut[1] ⟨lu:t⟩ ⟨-en; -ar⟩ Lauge *f*
lut[2] N ⟨-et; -⟩ **på ~** schräg, schief; **ha ngt på ~** etw in Reserve haben
luta[1] ['lu:ta] ⟨-n; -or⟩ MUS Laute *f*
luta[2] S ⟨1⟩ (aus)laugen
luta[3] ⟨1⟩ A VT, VI (sich) neigen, lehnen, beugen; schräg abfallen; überhängen; schräg stehen; *fig* neigen (åt *zu*); **~ huvudet mot handen** den Kopf in die Hand stützen; **se vartåt det ~r** sehen, worauf es hinausläuft B VR **~ sig (mot** an *akk*) **lutande** ADJ geneigt, schief
luteran ⟨-en; -er⟩ Lutheraner(in) *m(f)* **lutersk** ADJ lutherisch
lutfisk ['lu:tfisk] S (gelaugter) Stockfisch *m* **lutning**[1] ⟨-en; -ar⟩ Laugen *n* **lutning**[2] ⟨-en; -ar⟩ Neigung *f*, Gefälle *n* **lutningsvinkel** S Neigungswinkel *m*
luv [lu:v] ⟨-en; -ar⟩ **råka i ~en på varandra** sich in die Haare geraten; **ligga i ~en på varandra** sich in den Haaren liegen
luva ['lu:va] ⟨-n; -or⟩ Wollmütze *f*; Zipfelmütze *f*
luxuös [løksɯ'ø:s] ADJ luxuriös
lya ['ly:a] ⟨-n; -or⟩ Höhle *f*, Bau *m*; *fig* Bude *f*
lycka ['lyka] ⟨-n; kein pl⟩ Glück *n*; **~ till!** viel Glück!, viel Erfolg!; *umg* Halsund Beinbruch!, machs gut!; **till all ~** zum Glück **lyckad** ADJ gelungen, geglückt **lyckas** VI ⟨dep 1⟩ gelingen, glücken, gut geraten; **jag har lyckats** es ist mir gelungen/geglückt **lycklig** ADJ glücklich **lyckligtvis** ADV zum Glück, glücklicherweise **lyckobring-** **ande** ADJ Glück bringend **lyckodag** S Glückstag *m* **lyckokast** S N Glückswurf *m*, Treffer *m* **lyckoklöver** S Glücksklee *m* **lyckosam** ADJ Glück bringend, glücklich **lyckoslant** *s* Glückspfennig *m* **lyckotal** S N Glückszahl *f* **lycksalig** ADJ glückselig **lycksalighet** S Glückseligkeit *f* **lycksökare** S Glücksritter *m*
lyckt [lykt] ADJ **bakom ~a dörrar** bei/hinter verschlossenen Türen; JUR unter Ausschluss der Öffentlichkeit
lyckträff ['lyktrɛf] S Glücksfall *m* **lyckönska** VT ⟨1⟩ **~ ngn** j-m gratulieren, j-n beglückwünschen (**till** *zu*) **lyckönskan** S, **lyckönskning** S Glückwunsch *m*
lyda ['ly:da] A VT ⟨2⟩ gehorchen, folgen (*dat*); **~ under ngn** j-m unterstellt/untergeben sein B VI ⟨4⟩ lauten (**på** auf *akk*) **lydelse** ⟨-n; -r⟩ Inhalt *m*; Wortlaut *m*, Fassung *f* **lydig** ADJ gehorsam (**mot** *dat*) **lydnad** ⟨-en; kein pl⟩ Gehorsam *m*
lyft [lyft] *umg* N ⟨-et; -⟩ gutes Geschäft; Verbesserung *f*
lyfta ⟨2⟩ A VT (er)heben; WIRTSCH abheben; **~ ankar** die Anker lichten; **~ lön** Gehalt beziehen; **~ (på) luren** den Hörer abnehmen B VI sich erheben; abheben, abfliegen C VR **~ sig** MED sich liften lassen D VP **~ 'av** abheben; *Tür* ausheben, aus den Angeln heben; **~ 'upp** aufheben, emporheben **lyftkran** S Kran *m* **lyftning** ⟨-en; kein pl⟩ Heben *n*; *fig* Pathos *n*, Schwung *m*
lyhörd ['ly:hœ:ɖ] ADJ hellhörig; **vara ~ för ngt** *a.* ein feines Ohr für etw haben **lyhördhet** ⟨-en; kein pl⟩ Hellhörigkeit *f*; scharfes Gehör
lykta ['lykta] ⟨-n; -or⟩ Laterne *f*, Leuchte *f*; **kulört ~** Lampion *m* **lyktstolpe** S Laternenpfahl *m*
lymfa ['lymfa] ⟨-n; kein pl⟩ Lymphe *f* **lymfkärl** S N Lymphgefäß *n* **lymfknuta** S Lymphknoten *m* **lymfkörtel** S Lymphdrüse *f*
lymmel ['lymɛl] ⟨-n; -ar⟩ Lümmel *m*, Flegel *m* **lymmelaktig** ADJ lümmelhaft, flegelhaft
lyncha ['lynʃa] VT ⟨1⟩ lynchen **lynchning** ⟨-en; -ar⟩ Lynchen *n* **lynchningsförsök** S N Lynchversuch *m*

lynne ['lynə] N̄ ⟨-t; -n⟩ Gemüt(sart f) n, Natur f; Laune f **lynnig** ADJ launisch
lyra¹ ['ly:ra] ⟨-n; -or⟩ Wurf m; **ta ~ den Ball** fangen
lyra² ⟨-n; -or⟩ MUS Leier f, Lyra f; **stränga sin ~** die Leier schlagen **ly'rik** ⟨-en; kein pl⟩ Lyrik f **lyriker** ['ly:-] ⟨-n; -⟩ Lyriker(in) m/f **lyrisk** ADJ lyrisch
lysa ['ly:sa] ⟨2⟩ A V/I leuchten; glänzen; scheinen, brennen B V/P ~ **i'genom** (hin)durchschimmern; ~ **'upp** aufleuchten, aufstrahlen; *fig* (sich) erhellen **lysande** ADJ leuchtend; glänzend
lyse N̄ ⟨-t; -n⟩ Licht n, Beleuchtung f **lyskraft** S̄ Leuchtkraft f **lysmask** S̄ ZOOL Glühwürmchen n, Leuchtkäfer m
lysning ['ly:snɪŋ] ⟨-en; -ar⟩ Aufgebot n **lysraket** ['ly:sraːkət] S̄ Leuchtrakete f **lysrör** S̄N Leuchtröhre f
lyssna ['lysna] V/I ⟨1⟩ zuhören; horchen (**till** auf *akk*), lauschen (**till** *dat* auf *akk*); Gehör schenken; ~ **på ngn** j-n belauschen; j-m zuhören; ~ **på hjärtat** MED das Herz abhören; ~ **på musik/radio** Musik/Radio hören; ~ **till ett råd** auf einen Rat hören **lyssnare** ⟨-n; -⟩ Lauscher(in) m/f; Zuhörer(in) m/f; (Rundfunk-)Hörer(in) m/f
lysten ['lystən] ADJ lüstern, gierig (**efter** auf *akk* nach *dat*); geil **lystenhet** ⟨-en; kein pl⟩ Lüsternheit f, Gier f, Gierigkeit f; Geilheit f **lyster** ['lystər] ⟨-n; -ar⟩ Lüster m **lystmäte** N̄ ⟨-t; -n⟩ **få sitt ~ av ngt** etw sattbekommen, von etw genug bekommen **lystnad** ⟨-en; kein pl⟩ Lüsternheit f, Gier f
lystra ['lystra] V/I ⟨1⟩ aufhorchen, gehorchen; hören (**till** auf *akk*) **lystring** ⟨-en; kein pl⟩ ~! Achtung!
lyte ['ly:ta] N̄ ⟨-t; -n⟩ Gebrechen n
lytt [lyt] ADJ verkrüppelt
lyx [lyks] ⟨-en; kein pl⟩ Luxus m **lyxartikel** S̄ Luxusartikel m **lyxbil** S̄ Luxusauto n **lyxig** ADJ luxuriös **lyxkrog** S̄ Nobelrestaurant n

låda ['loːda] ⟨-n; -or⟩ Kasten m, Kiste f, Schublade f; GASTR Form f; Auflauf m; *fig* **hålla ~** schwatzen
låg [loːg] ADJ (*komp* lägre; *sup* lägst) niedrig, tief; gering, gemein; leise; **lägst am niedrigsten**; mindestens; TECH **lägsta växeln** der erste Gang; **ha ~a tankar om ngn** schlecht über j-n denken; *fig* ~**t stående** tief stehend
låga ['loːga] A ⟨-n; -or⟩ Flamme f; **stå i ljusan ~** in Flammen stehen, lichterloh brennen; *fig* **vara ~ och lågor gleich Feuer und Flamme sein** B V/I ⟨1⟩ flammen, lodern, lohen
lågavlönad ['loːgavˌløːnad] ADJ niedrig bezahlt, wenig verdienend; ~**e Bezieher eines niedrigen Einkommens lågenergilampa** S̄ Energiesparlampe f **lågfrekvens** S̄ ELEK Niederfrequenz f **låghalt** ADJ hinkend; **vara ~** hinken **låghet** ⟨-en; kein pl⟩ Niedrigkeit f, Gemeinheit f **låginkomsttagare** S̄ Geringverdiener(in) m/f **lågklackad** ADJ flach, mit niedrigem Absatz **lågkonjunktur** S̄ wirtschaftlicher Tiefstand, Depression f; Wirtschaftskrise f **lågland** S̄ N̄ Tiefland n, Niederung f **låglänt** ADJ tief liegend, niedrig **låglönegrupp** S̄ Leichtlohnempfänger pl **lågmäld** ADJ leise **lågoktanig** ADJ niedrigoktanig **lågpris** S̄ N̄ Niedrigpreis m **lågprisbutik** S̄ Discountgeschäft n **lågprisflygbolag** S̄ Billigflieger m **lågsint** ADJ niedrig gesinnt, gemein, niederträchtig **lågsinthet** ⟨-en; kein pl⟩ niedrige Gesinnung, Gemeinheit f, Niedertracht f **lågsko** S̄ Halbschuh m **lågslätt** S̄ Tiefebene f **lågstadium** S̄ N̄ *Schule* Unterstufe f **lågsäsong** S̄ Nebensaison f **lågtrafik** S̄ schwacher Verkehr m **lågtryck** S̄ N̄ TECH Niederdruck m; *Meteorologie* Tief n, Tiefdruck m **lågtrycksområde** S̄ N̄ Tief n, Tiefdruckgebiet n **lågtysk** ADJ niederdeutsch **lågvatten** S̄ N̄ Niedrigwasser n **lågväxt** ADJ von niedrigem Wuchs, niedrig
lån [loːn] N̄ ⟨-et; -⟩ Anleihe f; Darlehen n; *Bücher* Entleihung f; *fig* Entlehnung f; **få till ~s** geliehen/geborgt bekommen; **tack för ~et!** danke, dass du es mir geliehen hast! **låna** ⟨1⟩ A V/T leihen, borgen; entleihen; *fig* entlehnen; **får jag ~ telefonen?** darf ich mal telefonieren? B V/P ~ **'bort** ausleihen, verleihen; ~ **'hem** mit nach Hause nehmen; ~ **'ut** ausleihen; verleihen **låneansökan** S̄ Darlehensantrag m, Kreditantrag m **lånebibliotek** S̄ N̄ Leihbücherei f, Leihbibliothek f **låneexpedition** S̄ Leihstelle f **lånekort** N̄ Benutzerausweis m

lång [lɔŋ] ADJ ⟨komp längre; sup längst⟩ lang; weit; *Pers* groß; **ta ~ tid** lange dauern; **på ~t håll** von Weitem, aus/in der Ferne; → längt **långbent** ADJ langbeinig **långbord** S N langer Tisch **långbyxor** S PL lange Hose(n) f(pl) **långdans** S Reigen m **långdistansare** ⟨-n; -⟩, **långdistanslöpare** S Langstreckenläufer(in) m(f) **långdragen** ADJ lang gezogen; weitläufig, weitschweifig **långfilm** S Spielfilm m **långfinger** S(N) Mittelfinger m **långfingrad** ADJ langfingrig; *fig* **vara ~ lange Finger machen långflygning** S Langstreckenflug m **långfranska** S Weißbrot n **långfredag** S Karfreitag m **långfristig** ADJ langfristig **långfärd** S lange Tour f **långfärdsbuss** S Fernbus m **långfärdsskridsko** S für *längere Distanzen* Schlittschuh m **långgrund** ADJ flach, seicht **långhelg** S langes Wochenende n **långhårig** ADJ langhaarig
långivare ['lo:nji:vare] S Verleiher(in) m(f), Darlehensgeber(in) m(f)
långkalsonger ['lɔŋkalsɔŋər] PL lange Unterhose f sg **långklänning** S langes Kleid n **långkörare** ⟨-n; -⟩ *umg Film* Dauerbrenner m **långlivad** ADJ langlebig **långpanna** S Bratpfanne f; Backblech n **långpromenad** S langer Spaziergang **långrandig** *fig* ADJ langatmig, weitschweifig **långsam** ADJ langsam **långsamhet** ⟨-en; kein pl⟩ Langsamkeit f **långsida** S Langseite f, Längsseite f **långsides** ADV längsseit(s) **långsiktig** ADJ langfristig **långsint** ADJ nachtragend **långskepp** S N ARCH Langschiff n **långsmal** ADJ länglich **långstrumpa** S langer Strumpf m **långsträckt** ADJ lang gestreckt **långsynt** ADJ weitsichtig **långsynthet** ⟨-en; kein pl⟩ Weitsichtigkeit f **långsökt** ADJ weit hergeholt, gesucht **längt** ADV ⟨komp längre; sup längst⟩ weit; weit, bei Weitem; **~ efteråt** viel später; **~ bort(a)** weit weg; **~ (bort) ifrån** aus der Ferne, von weit **därifrån!** nicht im Entferntesten!; **inte ~ (i)från** nicht weit von, unweit *(gen)*; **inte på ~ när** bei Weitem nicht, noch lange nicht; **~ fram på dagen** spät am Tag(e); **till ~ in på natten** bis tief in die Nacht (hinein); **~ om länge** endlich; *fig* **gå ~** es weit bringen; *fig* **det går för ~** das geht zu weit; **längre fram** später, weiterhin **långtgående** ADJ weitgehend **långtidsparkering** S Langzeitparken n; Langzeitparkplatz m **långtidsprognos** S langfristige Vorhersage **långtradare** ⟨-n; -⟩ AUTO Fernlaster m, Lastzug m **långtråkig** ADJ langweilig **långtur** S lange Tour **långvarig** ADJ anhaltend, lang(wierig); **bli ~ a. sich in die Länge ziehen långvåg** S RADIO Langwelle f **långvård** S Langzeitpflege f; **på ~en** im Pflegeheim **långväga** A ADJ weither kommend B ADV **~ ifrån** von fern her, weither **långvägg** S Längswand f **långärmad** ADJ langärmelig
lånord ['lo:nu:ɖ] S N Lehnwort n **låntagare** ⟨-n; -⟩ Kreditnehmer(in) m(f), Entleiher(in) m(f) **låntagarkort** S N Leihkarte f
lår¹ [lo:r] ⟨-en; -ar⟩ Kiste f, Kasten m
lår² N ⟨-et; -⟩ (Ober-)Schenkel m; Keule f **lårben** S N Oberschenkelknochen m **lårbensbrott** S N Oberschenkelbruch m
lås [lo:s] ⟨-et; -⟩ Schloss n; Verschluss m; *fig* **gå i ~** klappen; **bakom ~ och bom** hinter Schloss und Riegel **låsa** ⟨2⟩ A VT (ab)schließen; blockieren, verschließen, verriegeln B VR **~ sig** *Räder* blockieren; **det låste sig för mig** ich konnte nichts mehr machen C VP **~ fast** anschließen; WIRTSCH festlegen; **~ i'gen** zuschließen; **~ 'in** einschließen; **~ 'upp** aufschließen; **~ 'ute** aussperren, ausschließen **låsningsfri** ADJ **~a bromsar** ABS n **låssmed** S Schlosser m
låt [lo:t] ⟨-en; -ar⟩ Lied n, Melodie f, Weise f **låta¹** VI ⟨4⟩ klingen, lauten, sich anhören; **det låter vackert** das klingt schön; **det låter som om ...** es klingt (so), als ob ...
låta² V|AUX, V|T ⟨4⟩ lassen; **~ bli** (unter)lassen, bleiben lassen; **~ ngn få komma in** j-n hereinlassen; **~ ngn få sin vilja fram** j-m seinen Willen lassen; **~ ngn förstå ngt** j-m etw zu verstehen geben; **~ bli att röka** das Rauchen (sein) lassen; **~ vara osagt** dahingestellt sein lassen; **inte kunna ~ bli** nicht umhinkönnen; **~ tala om sig**

von sich reden machen; ~ sig ertappas sich erwischen lassen **låt'gåsystem** SN Schlendrian m, Laisser-faire n
låtsa ['lɔsa] VT ⟨1⟩ heucheln, vortäuschen **låtsad** ADJ gespielt, geheuchelt, simuliert; vorgeblich **låtsas** ⟨dep 1⟩ A VI sich stellen, so tun, als ob; **han ~ bara** er tut nur so, er simuliert nur; **~ vara sjuk** sich krank stellen, tun, als ob man krank wäre; **~ som om det regnar** umg sich (dat) nichts anmerken lassen, tun, als ob eine ganze Sache nichts anginge B VP **inte ~ 'om ngt** sich (dat) nichts anmerken lassen
lä [lɛ:] N ⟨inv⟩ Lee f; Schutz m vor dem Wind; **i ~ av** in Lee von; fig **ligga i ~** unterlegen sein
läck [lɛk] ADJ leck; **springa ~** leck werden **läcka** A ⟨-n; -or⟩ Leck n B VI ⟨2⟩ lecken, laufen **läckage** N ⟨-t; -⟩ Leck n, Leckage f
läcker ['lɛkər] ADJ lecker, schmackhaft **läckerbit** S Leckerbissen m **läckergom** S Leckermaul n **läckerhet** ⟨-en; -er⟩ Leckerbissen m; Leckerei f
läder ['lɛːdər] N ⟨-et; -⟩ Leder n; **av ~** ledern **läderartad** ADJ lederartig **läderband** SN TYPO Leder(ein)band m **läderväska** S Ledertasche f
läge ['lɛːgə] N ⟨-t; -n⟩ Lage f; umg **hur är ~t?** wie stehts?
lägenhet ['lɛːgənheːt] ⟨-en; -er⟩ Wohnung f, Appartement n
läger ['lɛːgər] N ⟨-et; -⟩ Lager n; **slå ~** ein/das Lager aufschlagen **lägereld** S Lagerfeuer n **lägerplats** S Lagerplatz m
lägga ['lɛga] ⟨4⟩ A VT, VI legen; **~ ngt på minnet** sich etw einprägen/merken; **~ i blöt** einweichen B VP **~ sig** sich legen; nachlassen; zufrieren; (gå och) **~ sig** sich hinlegen, schlafen gehen, zu/ins Bett gehen C VP **~ 'an på ngn** auf j-n anlegen; fig es auf j-n absehen; **~ 'av** ablegen; zurücklegen; umg Schluss machen, aufhören; **~ av!** hör auf!; **~ 'bort** weglegen; fig ablegen; **~ e'mellan** dazwischenlegen; fig d(a)raufzahlen; **~ 'fram** hinlegen, vorlegen; **~ sig 'i** sich einmischen in akk; **~ i'från sig** weglegen, aus der Hand legen; **~ i'gen** zumachen; zuschütten; **~ i'hop** zusammenlegen a. fig; zumachen; **~ 'in** (hin)einlegen; einmachen; einschlagen, einwickeln; **~ 'ned** niederlegen; stilllegen, einstellen; eingehen lassen; verlängern; Geld aufwenden; THEAT vom Spielplan absetzen; **~ 'ned sin röst** sich der Stimme enthalten; **~ 'ned pengar i ett företag** Geld in ein Unternehmen stecken; **~ 'ned omsorg på ngt** Sorgfalt auf etw akk verwenden; **~ 'om** umlegen; neu pflastern; Betrieb umstellen; Verkehr umleiten; Verband anlegen; **~ 'på** auflegen; Preis aufschlagen; **~ 'på ett brev** einen Brief einwerfen; **~ 'på luren** den Hörer auflegen; **~ 'till** hinzufügen; IT anden; SCHIFF anlegen ⟨vid an dat⟩; **~ sig 'till med ngt** sich (dat) etw zulegen; **~ 'undan** weglegen, wegtun; zurücklegen; **~ 'under** 'unterlegen; zurückliegen; **~ 'upp** auflegen; legen auf (akk); Haar legen; Vorrat anlegen; aufspeichern; Nähen kürzen; planen; Karten aufdecken; **~ 'ut** auslegen; auslassen, weitermachen; fig erläutern; in die Breite gehen; SCHIFF ablegen, abstoßen **läggdags** ADV **det är ~** es ist Schlafenszeit **läggning** ⟨-en; -ar⟩ Legen n; fig Veranlagung f, Anlage f **läggningsvätska** S Haarfestiger m **läggspel** SN Legespiel n
läglig ['lɛːgli(g)] ADJ gelegen; **vid ~t tillfälle** zu gelegener Zeit, bei passender Gelegenheit
lägre ['lɛːgrə] ⟨komp von → låg⟩ niedriger **lägst** ADJ ⟨sup von → låg⟩ am niedrigsten **lägstalön** S Mindestlohn m **lägstbjudande** ADJ mindestbietend
läka ['lɛːka] VI ⟨2⟩ heilen **läkarvarvode** SN Arzthonorar n **läkarbehandling** S ärztliche Behandlung f **läkarbesök** SN Besuch m beim Arzt **läkare** ⟨-n; -⟩ Arzt m, Ärztin f; **praktiserande ~** praktische(r) Arzt/Ärztin; **legitimerad ~** approbierte(r) Arzt/Ärztin; **privat praktiserande ~** niedergelassene(r) Arzt/Ärztin; **rådfråga ~** einen Arzt konsultieren **läkarhus** SN ≈ medizinisches Zentrum n **läkarintyg** SN ärztliches Attest n **läkarkår** S Ärzteschaft f **läkarmottagning** S Praxis f **läkarrecept** SN ärztliches Rezept n **läkarundersökning** S ärztliche Untersuchung f **läkarvård** S → läkarbe-

läkas V̄ī ⟨dep 2⟩ (zu)heilen; vernarben **läkekonst** S̄ Heilkunde f
läkemedel S̄N Arzneimittel n, Medikament n **läkemedelsmissbrukare** S̄ Tablettenabhängige(r) m/f(m)
läkkött S̄N ha gott ~ gut heilende Haut haben **läkning** ⟨-en; kein pl⟩ Heilung f
läktare ⟨-n; -⟩ Empore f; Tribüne f, Estrade f
lämmel ['lɛməl] ⟨-n; -ar⟩ ZOOL Lemming m
lämna ['lɛmna] ⟨1⟩ **A** V̄ī lassen; verlassen; geben, überlassen, überbringen; gewähren, erteilen, bewilligen; ~ i fred in Ruhe lassen **B** V̄P ~ 'av abgeben, abliefern; ~ 'bort weggeben; ~ där'hän (es) dahingestellt sein lassen; ~ 'efter sig zurücklassen; hinterlassen; ~ 'fram abliefern, überreichen; ~ i'från sig her(aus)geben; ~ i'gen zurückgeben; ~ 'in abgeben, aufgeben, abliefern; einreichen; ~ 'kvar zurücklassen; übrig lassen; ~ till'baka zurückgeben, herausgeben, zurückbringen, zurückerstatten; ~ 'ut (her)ausgeben, ausliefern, aushändigen **lämning** ⟨-en; -ar⟩ Überrest m
lämpa ['lɛmpa] ⟨1⟩ **A** V̄ī anpassen (efter dat); SCHIFF trimmen **B** V̄R ~ sig sich anpassen (efter dat); passen, sich eignen (för zu/für) **lämpad** ADJ geeignet **lämplig** ADJ geeignet, passend, angemessen, gelegen; ratsam, zweckmäßig, angebracht; det är ~t a. es empfiehlt sich **lämpligen** ADV am besten **lämplighet** ⟨-en; kein pl⟩ Eignung f; Ratsamkeit f; Zweckmäßigkeit f
län [lɛːn] N̄ ⟨-et; -⟩ ≈ Regierungsbezirk m
länd [lɛnd] ⟨-en; -er⟩ Lende f
länga ['lɛŋa] ⟨-n; -or⟩ Reihe f
längd [lɛŋd] ⟨-en; -er⟩ Länge f; Dauer f; Register n; i ~en auf die Dauer; på ~en ist der Länge nach; dra ut på ~en sich in die Länge ziehen **längdaxel** S̄ Längsachse f **längdgrad** S̄ GEOG Längengrad m **längdhopp** S̄N Weitsprung m **längdhoppare** S̄ Weitspringer(in) m(f) **längdlöpning** S̄ Ski Langlauf m **längdmått** S̄N Längenmaß n **längdriktning** S̄ Längsrichtung f **längdsnitt** S̄N Längsschnitt m **längdåkning** ⟨-en; kein pl⟩ Ski Langlauf m
länge ['lɛŋə] ADV ⟨komp längre; sup längst⟩ lange; har ni varit här ~? sind Sie schon lange hier?; hur ~ har ni varit här? wie lange (od seit wann) sind Sie (schon) hier?; både ~ och väl eine geraume Zeit; hej så ~! (also) bis nachher!; än så ~ bis jetzt; vorläufig; inte på ~ seit Langem nicht; så ~ jag har känt honom seit(dem) ich ihn kenne; för ~ sedan längst, vor langer Zeit; för inte så ~ sedan kürzlich, unlängst, vor Kurzem **längesedan** ADV längst; det är ~ es ist schon lange her; det är ~ jag sag dig ich habe dich lange nicht gesehen
längre ['lɛŋrə] **A** ADJ länger **B** ADV länger; mehr; weiter; han är inte ~ ngt barn er ist kein Kind mehr; så går det inte ~ so geht es nicht weiter; inte ett steg ~ keinen Schritt weiter; ~ bort weiter weg; ~ fram weiter nach vorn; weiter unten; später; ~ upp weiter oben
längs [lɛŋs], **längsefter** PRÄP längs, entlang, an ... entlang **längsgående** ADJ Längen-, Längs- **längsmed** PRÄP → längs
längst [lɛŋst] **A** ADJ der/die/das längste ..., am längsten; i det ~a so lange wie möglich **B** ADV am längsten, am weitesten; ~ bort ganz hinten; ~ fram/ner ganz vorn/unten
längta ['lɛŋta] V̄ī ⟨1⟩ ~ efter ngt sich nach etw sehnen; jag ~r till Sverige ich sehne mich nach Schweden; ~ bort sich fortsehnen; ~ hem Heimweh haben **längtan** ⟨inv⟩ Sehnsucht f **längtansfull** ADJ sehnsüchtig, sehnsuchtsvoll
länk [lɛŋk] ⟨-en; -ar⟩ Glied n, Gelenk n; Kette f; IT Link m **länka** ⟨1⟩ **A** V̄ī lenken; ketten **B** V̄P ~ 'fast anketten; ~ i'hop verketten, zusammenketten
länsa ['lɛnsa] V̄ī ⟨1⟩ leeren (på an dat); SCHIFF lenzen
länsrätt ['lɛːnsrɛt] S̄ Verwaltungsgericht n **länsstyrelse** S̄ Provinzialregierung f
läpp [lɛp] ⟨-en; -ar⟩ Lippe f; hänga ~ maulen; Trübsal blasen; vara på allas ~ar in aller Munde sein; falla ngn på ~en j-m gefallen **läppbalsam** N̄,

läppcerat N Lippenbalsam m
läppglans N Lipgloss n **läppja** VII ⟨1⟩ nippen (**på** an *dat* von) **läppstift** N Lippenstift m
lär [læːr] VII ⟨*inv nur präs*⟩ han ~ ... Gerücht er soll ...; han ~ vara rik Vermutung er soll reich sein; det ~ väl bli så es wird wohl so sein
lära [ˈlæːra] **A** ⟨-n; -or⟩ Lehre f (**om** von); gå i ~ **hos** ngn bei j-m in die Lehre gehen **B** VIT ⟨2⟩ **1** lehren, unterrichten, beibringen **2** ~ **känna** kennenlernen; jag ska ~ dig! ich werd dir helfen! **C** VIR ⟨2⟩ ~ sig (er)lernen; ~ sig tyska Deutsch lernen; ~ sig köra bil Autofahren lernen; ~ sig ngt av ngn etw von j-m lernen **D** VIP ⟨2⟩ ~ 'in einlernen; ~ 'upp ngn j-n anlernen; ~ 'ut ngt (andere) etw lehren, anderen etw beibringen **läraktig** ADJ gelehrig **läraktighet** f **lärare** ⟨-n; -⟩ Lehrer(in) m(f); ~ **i tyska** Lehrer(in) m(f) für Deutsch **lärarhögskola** f pädagogische Hochschule f **lärarinna** ⟨-n; -or⟩ *obs* Lehrerin f **lärarkandidat** S ≈ Studienreferendar(in) m(f) **lärarkår** S Lehrerschaft f, Lehrkörper m **lärartjänst** S Lehramt n **läraryrke** SN Lehrerberuf m **lärd** ADJ gelehrt **lärdom** S Gelehrsamkeit f, Gelehrtheit f; Lehre f; ta/dra ~ **av** ngt aus etw eine Lehre ziehen **lärjunge** ⟨-n; -ar⟩ Schüler(in) m(f); BIBEL Jünger m
lärka [ˈlærka] ⟨-n; -or⟩ ZOOL Lerche f **lärksång** S Lerchengesang m
lärkträd [ˈlærktrɛːd] SN BOT Lärche f, Lärchenbaum m
lärling [ˈlæːlɪŋ] ⟨-en; -ar⟩ ≈ Auszubildende(r) m(f/m); Lehrling m **läroanstalt** f Lehranstalt f **lärobok** S Lehrbuch n **läromedel** SN Lehrmittel n **läromästare** S Lehrmeister(in) m(f), Lehrherr(in) m(f) **läroplan** S Lehrplan m **lärorik** ADJ lehrreich **lärosal** S Hörsaal m **lärosats** S Lehrsatz m **lärostol** S Lehrstuhl m **lärosäte** SN Lehranstalt f; Universität f **läroverk** SN höhere Lehranstalt f, Oberschule f **läroår** N Lehrjahr n **läroämne** SN Lehrfach n, Fach n
läsa [ˈlɛːsa] ⟨2⟩ **A** VIT, VII lesen; Gebet sprechen; lernen, arbeiten; studieren; sich vorbereiten (**på** auf *akk*); Stunden nehmen (**för** bei); ~ **högt** laut lesen; vorlesen; ~ **ngt för** ngn j-m etw vorlesen; ~ **extra med** ngn j-m Nachhilfestunden geben; **gå och** ~ (**för prästen**) in den Konfirmandenunterricht gehen; ~ **på läpparna** von den Lippen ablesen **B** VIP ~ 'av ablesen; ~ 'efter nachlesen, nachsprechen; ~ i'genom 'durchlesen; ~ 'in lernen; IT scannen; ~ 'om nachlesen, noch einmal lesen; ~ 'på seine Aufgaben lernen, (sich) vorbereiten; ~ 'på sina läxor (seine) Schularbeiten machen; ~ 'upp vorlesen, verlesen; hersagen, vortragen; ~ 'ut auslesen; ~ 'utantill auswendig hersagen **läsare** ⟨-n; -⟩ Leser(in) m(f) **läsart** S Lesart f **läsbar** ADJ lesbar **läsebok** S Lesebuch n **läsecirkel** S Lesezirkel m **läsekrets** S Leserkreis m, Leserschaft f **läsesal** S Lesesaal m **läsglasögon** PL Lesebrille f *sg* **läshuvud** SN Lernbegabung f
läsida [ˈlɛːsiːda] S Leeseite f; **på ~n** vom Winde geschützt
läsk [lɛsk] ⟨-en; -⟩ *umg* → läskedryck
läska VIT, VIR ⟨1⟩ erfrischen, erquicken, laben (**sig** sich) **läskedryck** S Limonade f, Sprudel m
läskig [ˈlɛskɪ(g)] *umg* ADJ eklig; unheimlich
läskpapper [ˈlɛskpapər] SN Löschpapier n
läskunnig [ˈlɛːskʉnɪ(g)] ADJ vara ~ lesen können **läslampa** S Leselampe f **läslig** ADJ leserlich **läslighet** ⟨-en; kein pl⟩ Leserlichkeit f **läslust** f Leselust f **läsning** ⟨-en; -ar⟩ Lesen n; Lernen n; Lektüre f; POL Lesung f
läspa [ˈlɛspa] VII ⟨1⟩ lispeln
läsplatta [ˈlɛsplata] S E-Book-Reader m *tragbares digitales Lesegerät für E-Books*
läspning [ˈlɛspnɪŋ] ⟨-en; -ar⟩ Lispeln n
läsrum [ˈlɛːsrɵm] SN Lesezimmer n
läst [lɛst] ⟨-en; -er⟩ (Schuh-)Leisten m
läsvärd [ˈlɛːsvæːd] ADJ lesenswert **läsår** SN Schuljahr n **läsövning** f Leseübung f
läte [ˈlɛːta] N ⟨-t; -n⟩ Laut m; *Tier* Stimme f
lätt [lɛt] ADJ, ADV leicht; *fig* ~ **på foten** leichtfertig; **ta** ~ **på** ngt, **ta** ngt ~ etw leichtnehmen, auf die leichte Schulter nehmen; **ha** ~ **för sig** leicht

begreifen; ha ~ för att gråta leicht weinen; han har ~ för svenska Schwedisch fällt ihm leicht
lätta ['lɛta] ⟨1⟩ A VT erleichtern; ~ **ankar** den Anker lichten B VI abnehmen; nachlassen; SCHIFF in See gehen, den Anker lichten; FLUG (vom Boden) abheben; **dimman** ~r der Nebel verzieht sich; ~ **på rocken** den Mantel lüften **lättad** fig ADJ erleichtert
lättantändlig ['lɛtantɛndlɪg] ADJ leicht entzündlich **lättfattlig** ADJ leicht verständlich **lättfil** S fettarme Sauermilch **lättfotad** ADJ leichtfüßig **lättframkomlig** ADJ leicht durchdringlich; fahrbar **lättfärdig** ADJ leichtfertig **lättfärdighet** S Leichtfertigkeit f **lättförklarlig** ADJ **av ~a skäl** aus leicht zu erklärenden Gründen **lättförtjänt** ADJ leicht verdient **lätthanterlig** ADJ handlich; **han är ~** es ist leicht, mit ihm umzugehen **lätthet** ⟨-en; kein pl⟩ geringes Gewicht; fig Leichtigkeit f **lättillgänglig** ADJ leicht zu erreichen; fig zugänglich; leicht verständlich
lättja ['lɛtja] ⟨-n; kein pl⟩ Faulheit f, Müßiggang m **lättjefull** ADJ faul, müßig
lättköpt ['lɛtçøpt] fig ADJ billig **lättkörd** ADJ leicht fahrbar **lättledd** ADJ lenksam, gefügig **lättlurad** ADJ leicht zu betrügen; **vara ~** a. leicht (he)reinfallen **lättläst** ADJ leicht zu lesen; **boken är ~** a. das Buch liest sich leicht **lättlöslig** ADJ leicht löslich **lättlöst** ADJ leicht zu lösen **lättmatros** S Leichtmatrose m **lättmetall** S Leichtmetall n **lättmjölk** S fettarme Milch f mit 0,5 % Fettgehalt **lättnad** ⟨-en; -er⟩ Erleichterung f; Entlastung f **lättpåverkad** ADJ leicht beeinflussbar **lättretlig** ADJ empfindlich, reizbar, leicht verletzt **lättroad** ADJ **vara ~** leicht zu amüsieren sein **lättrökt** ADJ leicht geräuchert **lättrörd** ADJ empfindsam, leicht gerührt, rührselig **lättsam** ADJ frei, unbesorgt, ungezwungen **lättsinne** SN Leichtsinn m **lättsinnig** ADJ leichtsinnig **lättskrämd** ADJ schreckhaft **lättskött** ADJ handlich; leicht zu bedienen **lättsmält** ADJ leicht verdaulich **lättstött** ADJ leicht verletzt, empfindlich **lättsåld**

ADJ leicht verkäuflich, gangbar **lättvikt** S SPORT Leichtgewicht n **lättviktare** ⟨-n; -⟩ Leichtgewichtler m; leichtes Motorrad **lättvindig** ADJ leicht, einfach **lättvunnen** ADJ leicht errungen **lättåtkomlig** ADJ leicht zugänglich **lättöl** N ≈ Leichtbier n Bier mit geringem Alkoholgehalt, maximal 2,25 %
läxa ['lɛksa] A ⟨-n; -or⟩ Hausaufgabe f; fig Lehre f; **få i ~** aufbekommen; **ge i ~** aufgeben; **ha i ~** aufhaben B VP ⟨1⟩ ~ **'upp ngn** j-n abkanzeln, zurechtweisen **läxfri** ADJ ~ **dag** Tag m ohne häusliche Aufgaben **läxläsning** S Lernen n der häuslichen Aufgaben; **hålla på med ~** Schularbeiten machen
löda ['lø:da] ⟨2⟩ A VT löten B VP ~ **'fast** anlöten
lödder ['lødər] N ⟨-et; kein pl⟩ Schaum m **löddra** VI, VR ⟨1⟩ schäumen **löddrig** ADJ schäumend; schaumbedeckt
lödkolv ["lø:dkɔlv] S Lötkolben m **lödlampa** f Lötlampe f **lödning** ⟨-en; -ar⟩ Löten n, Lötung f
löfte ['løftə] N ⟨-t; -n⟩ Versprechen n (om gen), (till an akk); Zusage f; Verheißung f; Gelübde n, Gelöbnis n; **ge ~ om ngt** etw versprechen/verheißen; **jag har fått ~ om att** ... man hat mir versprochen, dass ... **löftesbrott** S N Wortbruch m
lögn [løŋn] ⟨-en; -er⟩ Lüge f; **det är ~ alltihop** das ist alles gelogen/erlogen; umg **det var ~ att tro** es war unmöglich es zu tun **lögnaktig** ADJ verlogen, lügnerisch; lügenhaft **lögnaktighet** ⟨-en; -er⟩ Verlogenheit f; Lügenhaftigkeit f **lögnare** ⟨-n; -⟩ Lügner(in) m(f) **lögndetektor** ⟨-n; -er⟩ Lügendetektor m **lögnerska** ⟨-n; -or⟩ Lügnerin f **lögnhals** umg S Lügenmaul n
löja ['løja] ⟨-n; -or⟩ ZOOL Fisch Ukelei m
löje ['løjə] N ⟨-t; -n⟩ Lächeln n, Gelächter n; Lächerlichkeit f **löjeväckande**, **löjlig** ADJ lächerlich, lachhaft **löjlighet** ⟨-en; -er⟩ Lächerlichkeit f
löjtnant ['løjtnant] M ⟨-en; -er⟩ ~**i flottan/reserven** Oberleutnant zur See/der Reserve **löjtnantshjärta** N BOT Tränendes/Flammendes Herz n
lök [lø:k] ⟨-en; -ar⟩ Zwiebel f **lökku-**

pol [S] ARCH Zwiebelturm *m* **löksås** [S] GASTR Zwiebelsoße *f* **lökväxt** [S] Zwiebelgewächs *n*, Knollengewächs *n*

lömsk [lømsk] [ADJ] (heim)tückisch, hinterlistig **lömskhet** ⟨-en; kein pl⟩ (Heim-)Tücke *f*, Hinterlist *f* **lömskt** [ADV] hinterrücks

lön [lø:n] ⟨-en; -er⟩ Lohn *m*, Gehalt *n*; **30 000 kronor i ~** 30 000 Kronen Gehalt **löna** [V/T, V/R] lohnen (**sig** sich) **lönande** [ADJ] lohnend, einträglich, ergiebig **löneanspråk** [S N] Lohnanspruch *m*, Gehaltsanspruch *m* **löneavtal** [S N] Lohnabkommen *n* **lönebesked** [S N] Lohnabrechnung *f*, Gehaltsabrechnung *f* **löneförhandling** [S] Tarifverhandlung *f* **löneförhöjning** [S] Lohnerhöhung *f*, Gehaltserhöhung *f* **löneförlust** [S] Lohnausfall *m*, Gehaltsausfall *m* **löneglidning** ⟨-en; -ar⟩ Tarifüberschreitung *f* **lönegrad** [S] Gehaltsstufe *f* **lönelyft** [S N] Lohnerhöhung *f*, Gehaltserhöhung *f* **lönereglering** [S] Besoldungsordnung *f* **lönestopp** [S N] Lohnstopp *m* **lönesänkning** [S] Lohnsenkung *f*, Gehaltssenkung *f* **lönetillägg** [S N] Gehaltszulage *f* **lönevillkor** [S N] Gehaltsbedingung *f* **löneökning** [S] Gehaltserhöhung *f* **lönlös** [ADJ] nutzlos, zwecklos

lönn [løn] ⟨-en; -ar⟩ BOT Ahorn *m*

lönndörr [ˈløndœr] [S] Geheimtür *f* **lönngång** [S] geheimer Gang *m* **lönnmördare** [S] Meuchelmörder(in) *m(f)*

lönsam [ˈlø:nsam] [ADJ] einträglich, rentabel **lönsamhet** ⟨-en; kein pl⟩ Einträglichkeit *f* **lönsparande** [N] ⟨-t; -n⟩ Lohnsparen *n* **lönsparare** [S] Lohnsparer(in) *m(f)* **lönt** [ADJ] **det är inte ~** es hat keinen Zweck/Sinn, es lohnt sich nicht, es ist der Mühe nicht wert **löntagare** ⟨-n; -⟩ Lohnempfänger(in) *m(f)*, Gehaltsempfänger(in) *m(f)* **löntagarfond** [S] Arbeitnehmerfonds *m*

löpa [ˈlø:pa] ⟨2⟩ [A] [V/T, V/I] laufen; *Hund* läufig sein; **~ risk** Gefahr laufen; **~ linan ut** alles bis zum Schluss auskosten [B] [V/P] **~ 'in** einlaufen; **~ 'ut** auslaufen; *Zeit* ablaufen **löpande** [ADJ] laufend; **~ konto** laufende Rechnung; **~ band** Fließband *n*; **på ~ band** am laufenden Band **löparbana** [S] Aschenbahn *f* **löpare** ⟨-n; -⟩ Läufer(in) *m(f)* **löpband** [S N] Laufband *n* **löpe** [N] ⟨-t; kein pl⟩ Lab *n* **löpeld** [S] Lauffeuer *n* **löpning** ⟨-en; -ar⟩ Laufen *n*, Lauf *m*; Rennen *n*; MUS Läufer *m*, Lauf *m* **löpsedel** [S] *der Zeitung* Schlagzeilenplakat *n*, Anschlag *m*, Aushang *m* **löpsk** [ADJ] läufig **löptid** [S] Laufzeit *f*

lördag [ˈlœ:ɖɑ:(g)] [S] Samstag *m*, Sonnabend *m* **lördagsstängt** [ADV] samstags geschlossen

lös [lø:s] [ADJ] los; locker, lose; einzeln; beweglich, frei; **~a blommor** Schnittblumen; **~a delar** Einzelteile; WIRTSCH **i ~ vikt** lose; **~t prat** leeres Gerede; **~t skott** blinder Schuss; Platzpatrone *f*; **~ och fast egendom** bewegliche und unbewegliche Habe; **med ~a tyglar** mit verhängten Zügeln; **vara ~ i magen** Durchfall haben; **elden är ~** es brennt, Feuer!; **gå '~** frei herumgehen, herumlaufen; **gå '~ på ngn** auf j-n losgehen; **det går '~t på millioner** es geht in die Millionen; **slå sig '~** sich amüsieren, sich gehen lassen **lösa** ⟨2⟩ [A] [V/T] lösen; losmachen; *fig a.* entbinden [B] [V/R] **~ sig** sich lösen, sich klären [C] [V/P] **~ 'av** ablösen; **~ 'in** einlösen; **~ 'upp** auflösen; **~ 'ut** auslösen **lösaktig** [ADJ] leichtfertig **lösbladssystem** [S N] Loseblattsystem *n* **lösdrivare** ⟨-n; -⟩ Landstreicher(in) *m(f)*, Vagabund(in) *m(f)* **lösdriveri** [N] ⟨-et; kein pl⟩ Vagabundieren *n* **lösegendom** [S] bewegliche Habe, Hausrat *m*, Mobiliar *n*

lösen ⟨inv⟩ Lösegeld *n*; *Post* Nachgebühr *f*, Strafporto *n*; MIL Losung *f*, Parole *f*; JUR Gebühr *f* **lösenord** [S N] Losung *f*, Parole *f*; IT Passwort *n*, Kennwort *n* **lösesumma** [S] Lösegeld *n*

lösgodis [S N] Süßigkeiten *pl* (zur Selbstbedienung) **lösgöra** [V/T, V/R] ⟨4⟩ losmachen, freimachen, loslösen (**sig** sich) **löshår** [S N] Haarersatz *m* **löskokt** [ADJ] weich gekocht **löskrage** [S] loser Kragen **löslig** [ADJ] löslich; *fig* haltlos, unbegründet; locker **lösning** ⟨-en; -ar⟩ Lösung *f* (**på** *gen*) **lösningsmedel** [S N] Lösungsmittel *n* **lösnummer** [S N] Einzelnummer *f* **lösnäsa** [S] falsche Nase **löspengar** [PL] Kleingeld *n*, Wechselgeld *n* **lösperuk** [S] Perücke *f* **lösryckt** [ADJ] losgerissen; *fig* zusam-

menhanglos
löss [løs] → lus
lösskägg [ˈlø:sʃɛg] [S] falscher Bart
lössläppt [ADJ] losgelassen; *fig* ungehemmt; ausgelassen **löstagbar** [ADJ] abnehmbar; ausknöpfbar **löständer** [PL] Gebiss *n* **lösöre** [S N] JUR bewegliche Habe *f*, Mobiliar *n*
löv [lø:v] [N] ⟨-et; -⟩ Laub(werk *n*) *n*; Blatt *n* **löva** [V/T] ⟨1⟩ mit Laub schmücken, belauben **lövas** [V/I] ⟨dep 1⟩ sich belauben, Blätter ansetzen **lövbiff** [S] Minutensteak *n* **lövgroda** [S] Laubfrosch *m* **lövkoja** [S] BOT Levkoje *f* **lövkrona** [S] Laubkrone *f* **lövrik** [ADJ] (dicht) belaubt **lövruska** [S] grüner Zweig *m* **lövsal** [S] Laube *f* **lövskog** [S] Laubwald *m* **lövsprickning** ⟨-en; -ar⟩ Ausschlagen *n* des Laubes, Grünen *n* **lövsåg** [S] Laubsäge *f* **lövsångare** [S] ZOOL Laubsänger *m* **lövträ** [S N] Laubholz *n* **lövträd** [S N] Laubbaum *m* **lövtunn** [ADJ] hauchdünn **lövverk** [S N] Laubwerk *n*

M

M

M, m [ɛm] [N] ⟨-et; -⟩ M, m *n*
mack [mak] ⟨-en; -ar⟩ Tankstelle *f*
macka [ˇmaka] ⟨-n; -or⟩ *umg* Butterbrot *n*, Stulle *f*, (belegte) Schnitte *f*
madonna [maˇdɔna] ⟨-n; -or⟩ Madonna *f* **madonnalik** [ADJ] madonnenhaft
madrass [ma'dras] ⟨-en; -er⟩ Matratze *f*, Polster *n* **madrass'era** [V/T] ⟨1⟩ (aus)polstern
maffia ['mafia] ⟨-n; -or⟩ Mafia *f*
magasin [maga'si:n] [N] ⟨-et; -⟩ Magazin *n*; Lagerhaus *n*, Speicher *m*; Laden *m*, Warenhaus *n*; Zeitschrift *f* **magasi'nera** [V/T] ⟨1⟩ (ein)lagern, (auf)speichern **magasi'nering** ⟨-en; -ar⟩ (Ein-)Lagerung *f*
magbesvär [ˇma:gbə'svæ:r] [S N] MED Magenbeschwerden *pl* **magblödning** [S] MED Magenblutung *f* **magcancer** [S] MED Magenkrebs *m* **magdans** [S] Bauchtanz *m* **magdansör** [S] Bauchtänzer *m* **magdansös** [S] Bauchtänzerin *f* **mage** ⟨-n; -ar⟩ Magen *m*; Leib *m*, Bauch *m*; *fig* **han har ~ att påstå** er hat die Stirn (*od* Frechheit) zu behaupten; *umg* **få ~** einen Bauch bekommen; **ont i ~n** Bauchweh *n*
mager ['ma:gər] [ADJ] mager **magerhet** ⟨-en; kein pl⟩ Magerkeit *f* **magerlagd** [ADJ] hager
maggrop [ˇma:gru:p] [S] Magengrube *f*
magi [ma'gi:] ⟨-n; kein pl⟩ Magie *f* **magiker** ['ma:-] ⟨-n; -⟩ Magier(in) *m(f)*, Zauberer(in) *m(f)*
maginfluensa [ˇma:ginflə'ensa] [S] MED Magen-Darm-Grippe *f*
magisk ['ma:gisk] [ADJ] magisch, zauberhaft
magister [ma'jistər] ⟨-n; -ar⟩ Lehrer *m*; Magister *m* **magisterexamen** [S] Magisterabschluss *m* **magisterutbildning** [S] Magisterstudiengang *m*
magkatarr [ˇma:gkatar] [S] Gastritis *f* **magknip** [S N] Bauchweh *n*, Magenschmerzen *pl*
magnet [maŋ'ne:t] ⟨-en; -er⟩ Magnet *m* **magnetband** [S N] IT Magnetband *n* **magnetfält** [S N] Magnetfeld *n* **magneti'sera** [V/T] ⟨1⟩ magnetisieren **magnetisk** [ADJ] magnetisch **magne'tism** ⟨-en; kein pl⟩ Magnetismus *m* **magnetremsa** [S] Magnetstreifen *m*
magnifik [manji'fi:k, maŋni-] [ADJ] prachtvoll, prächtig
magont [ˇma:gunt] [S N] Bauchweh *n*, Magenschmerzen *pl* **magpumpa** [V/T] ⟨1⟩ **~ ngn** j-m den Magen auspumpen
magra [ˇma:gra] [V/I] ⟨1⟩ abmagern; abnehmen
magsaft [ˇma:gsaft] [S] MED Magensaft *m* **magsjukdom** [S] Magenkrankheit *f* **magstark** *umg* [ADJ] frech, unverschämt; stark **magsyra** [S] MED Magensäure *f*; *umg a.* Sodbrennen *n* **magsår** [S N] MED Magengeschwür *n* **magsäck** [S] ANAT Magen *m* **mag-tarminflammation** [S] Magen-Darm-Infektion *f* **magåkomma** [S] MED Magenleiden *n*
mahogny [ma'hɔŋni] ⟨-n; kein pl⟩ Mahagoni *n*
maj [maj] ⟨inv⟩ Mai *m*; **första ~** Maifeiertag *m* **majdag** [S] Maitag *m*
majestät [majə'stɛ:t] ⟨-et; -er/-⟩ Majestät *f*; **Hans/Ers ~** Seine/Euer/Eure

Majestät **majestätisk** ADJ majestätisch
majonnäs [majuˈnɛːs] ⟨-en; -er⟩ Majonnaise f
major [maˈjuːr] ⟨-en; -er⟩ Major(in) m(f) **majoriˈtet** ⟨-en; -er⟩ Mehrheit f **majoritetsbeslut** S̅N̅ Mehrheitsbeschluss m
majs [majs] ⟨-en; kein pl⟩ Mais m **majskolv** S̅ Maiskolben m
majstång [ˈmajstɔŋ] S̅ Maibaum m
mak [maːk] ⟨inv⟩ **i sakta ~** gemächlich
maka[1] [ˈmaːka] ⟨-n; -or⟩ Gattin f, Frau f; **äkta ~** Ehefrau f
maka[2] ⟨1⟩ A V̅T̅, V̅I̅R̅ **~ på (sig)** (zur Seite) rücken B V̅P̅ **~ i'hop (sig)** zusammenrücken
makaber [maˈkaːbər] ADJ makaber, unheimlich
makadam [makaˈdam] ⟨-(m)en; kein pl⟩ Schotter m
makalös [ˈmaːkaløːs] ADJ unvergleichlich, einzig
makaroner [makaˈruːnər] P̅L̅ Makkaroni pl, Nudeln pl **makaronipudding** S̅ Nudelauflauf m
make [ˈmaːkə] ⟨-n; -ar⟩ **1** der/die/das andere; Gegenstück n; **jag har då aldrig hört på ~n!** das ist ja unerhört!; **har man sett på ~n!** nein, so was! **2** Ehemann m, Gatte m; **äkta makar** pl Eheleute pl
Makedonien [makəˈduːniən] N̅ ⟨inv⟩ Mazedonien n **makedonier** ⟨-n; -⟩ Mazedonier(in) m(f) **makedonsk** ADJ mazedonisch
makeup [mejkˈap] ⟨-en; -er⟩ Make-up n
maklig [ˈmaːkli(g)] ADJ gemächlich
makrill [ˈmakril] ⟨-en; -ar⟩ Z̅O̅O̅L̅ Makrele f
makro [ˈmakro] N̅ ⟨-t; -n⟩ I̅T̅ Makro n
makt [makt] ⟨-en; -er⟩ Macht f, Gewalt f; **få ~ över ngn** Macht über j-n gewinnen; **hålla sig kvar vid ~en** an der Macht bleiben **maktbalans** S̅ Gleichgewicht n der Kräfte **maktbefogenhet** S̅ Machtbefugnis f **maktfaktor** S̅ Machtfaktor m **makthavare** ⟨-n; -⟩ Machthaber(in) m(f) **maktkamp** S̅ Machtkampf m **maktlysten** ADJ herrschsüchtig **maktlystnad** S̅ Herrschsucht f **maktlös** ADJ machtlos **maktlöshet** ⟨-en; kein pl⟩ Machtlosigkeit f **maktmedel** S̅N̅ Machtmittel n **maktmissbruk** S̅N̅ Machtmissbrauch m; Übergriff m **maktspel** S̅ Kräftespiel n **maktspråk** S̅N̅ Machtwort n **maktställning** S̅ Machtstellung f **maktövertagande** N̅ ⟨-t; -n⟩ Machtübernahme f
makulera [makɵˈleːra] V̅T̅ ⟨1⟩ makulieren; Post entwerten
mal[1] [maːl] ⟨-en; -ar⟩ Z̅O̅O̅L̅ Motte f
mal[2] ⟨-en; -ar⟩ Z̅O̅O̅L̅ Fisch Wels m
mala [ˈmaːla] V̅T̅ ⟨2⟩ mahlen; fig (herunter)leiern; **malet kött** Gehacktes n
malaj [maˈlaj] ⟨-en; -er⟩ Malaie m; M̅I̅L̅ umg iron Halbsoldat m
malaria [maˈlaːria] ⟨-n; kein pl⟩ M̅E̅D̅ Malaria f
mall [mal] ⟨-en; -ar⟩ Kurvenlineal n; Muster n, Schablone f; S̅C̅H̅I̅F̅F̅ Mall n
mallig [ˈmali(g)] umg ADJ aufgeblasen; **var inte så ~** a. gib nicht so an
malm [malm] ⟨-en; -er⟩ Erz n **malmbrytning** S̅ Erzgewinnung f, Erzbergbau m **malmgruva** S̅ Erzbergwerk n **malmletning** ⟨-en; kein pl⟩ Schürfung f **malmtillgång** S̅ Erzvorrat m **malmåder** S̅ Erzader f
malning [ˈmaːlniŋ] ⟨-en; -ar⟩ Mahlen n
malplacerad [malplaˈseːrad] ADJ unangebracht
malpulver [ˈmaːlpɵlvər] S̅N̅ Mottenpulver n **malpåse** S̅ Mottensack m; fig **lägga i ~** einmotten
malt [malt] a. N̅ ⟨-en/-et; kein pl⟩ Malz n **maltdryck** S̅ Malzgetränk n
malva [ˈmalva] ⟨-n; -or⟩ B̅O̅T̅ Malve f
maläten [ˈmaːlɛːtən] ADJ mottenzerfressen, vermottet; fig mitgenommen
malör [maˈlœːr] ⟨-en; -er⟩ umg Missgeschick n, Malheur n, Pech n
malört [ˈmaːlœrt] ⟨-en; kein pl⟩ B̅O̅T̅ Wermut m
mamma [ˈmama] ⟨-n; -or⟩ Mama f, Mutter f, Mutti f; **~s pojke** Muttersöhnchen n, Mutterkind n **mammaklänning** S̅ Umstandskleid n **mammaledig** ADJ **vara ~** Erziehungsurlaub/Elternzeit haben **mammaledighet** S̅ Erziehungsurlaub m, Elternzeit f
mammografi [mamʊgraˈfiː] ⟨-n; kein pl⟩ M̅E̅D̅ Mammografie f
man[1] [man] A ⟨-nen; män⟩ Mann m; **i var ~s mun** in aller (Leute) Munde; **på**

tu ~ hand zu zweit, unter vier Augen; per ~ pro Kopf; till sista ~ bis auf den letzten Mann B UNBEST PRON man

man² [mɑːn] ⟨-en; -ar⟩ Mähne f

mana ['mɑːna] ⟨1⟩ A V/T mahnen; känna sig ~d sich bewogen/verpflichtet fühlen; ~ till efterföljd zur Nachahmung anregen B V/P ~ 'fram heraufbeschwören; ~ 'på antreiben, anspornen

manager ['menidʒər] ⟨-n; -⟩ Manager(in) m(f)

manchester [man'tʃestər] ⟨-en; kein pl⟩ Cord m

mandarin [manda'riːn] ⟨-en; -er⟩ Mandarin m; BOT Mandarine f

mandat [man'dɑːt] N ⟨-et; -⟩ Mandat n **mandatperiod** S Amtsperiode f

mandel ['mandəl] ⟨-n; -ar⟩ BOT, a. ANAT Mandel f **mandelblom** S Mandelblüte f **mandelformig** ADJ mandelförmig **mandelmassa** S Marzipanrohmasse f

mandolin [mandu'liːn] ⟨-en; -er⟩ Mandoline f

mandom ['mandum] S Mannbarkeit f, Mannesmut m **mandomsprov** S N Mutprobe f; Mannbarkeitsritus m

manege [ma'neːʃ] ⟨-en; -er⟩ Manege f

maner, manér [ma'neːr] N ⟨-et; -⟩ Manier f

manet [ma'neːt] ⟨-en; -er⟩ ZOOL Qualle f

manfall ['manfal] S N stort ~ große Verluste pl; umg ~et var stort i examen viele fielen im Examen durch **manfolk** S N Mannsleute pl

mangel ['maŋəl] ⟨-n; -ar⟩ Wäscherolle f, Mangel f **mangla** ⟨1⟩ A V/T rollen, mangeln B V/P fig ~ 'fram in zähen Verhandlungen erreichen **mangling** ⟨-en; -ar⟩ Rollen n, Mangeln n; fig zähe Verhandlungen pl

mango ['maŋgu] ⟨-n; -(e)r⟩ BOT Mango f

mangold ['maŋgɔld] ⟨-en; kein pl⟩ BOT Mangold m

mangrann ['maŋgran] ADJ, **mangrant** ADV vollzählig **manhaftig** ADJ männlich; ~ kvinna a. Mannweib n **manhaftighet** ⟨-en; kein pl⟩ Mannhaftigkeit f

mani [ma'niː] ⟨-n; -er⟩ Manie f

manick [ma'nik] ⟨-en; -er⟩ umg Ding n

manifest [mani'fɛst] N ⟨-et; -⟩ Manifest n, öffentliche Erklärung; Kundgebung f **manifestation** ⟨-en; -er⟩ Kundgebung f **manife'stera** V/T ⟨1⟩ kundtun, kundgeben, manifestieren

manikyr [mani'kyːr] ⟨-en; kein pl⟩ Maniküre f **maniky'rera** V/T ⟨1⟩ maniküren **maniky'rist** ⟨-en; -er⟩ Maniküre f

maning ['mɑːniŋ] ⟨-en; -ar⟩ Mahnung f, Aufforderung f

manipulation [manipəla'ʃuːn] ⟨-en; -er⟩ Manipulation f; Machenschaft f **manipu'lera** V/T ⟨1⟩ manipulieren

manisk ['mɑːnisk] ADJ manisch

manke ['maŋkə] ⟨-n; -ar⟩ Widerrist m; fig lägga ~n till sich tüchtig ins Zeug legen

mankemang [maŋkə'maŋ] N ⟨-et; -⟩ Versagen n, Fehler m; Schwierigkeiten pl

mankön ['mankøːn] S N männliches Geschlecht **manlig** ADJ männlich; mannhaft **manlighet** ⟨-en; kein pl⟩ Männlichkeit f

manna ['mana] a. N ⟨-/-t; kein pl⟩ Manna n od f **mannagryn** S N Weizengrieß m **mannagrynsgröt** S Grießbrei m

mannaminne ['manaminə] S N i ~ seit Menschengedenken

mannekäng [manə'kɛŋ] ⟨-en; -er⟩ Mannequin n **mannekänguppvisning** S Modenschau f

manodepressiv ['mɑːnɔdəpreˈsiːv] manisch-depressiv

manschauvinism ['manʃɔviˈnism] ⟨-en; kein pl⟩ männlicher Chauvinismus m

manschett [man'ʃɛt] ⟨-en; -er⟩ Manschette f **manschettknapp** S Manschettenknopf m

mansdräkt ['mansdrɛkt] S Männerkleidung f **mansgris** S Pascha m, Chauvi m **manshög** ADJ mannshoch **manskap** N ⟨-et; -⟩ Mannschaft f **manskör** ['-kœːr] S Männerchor m **manslem** S männliches Glied n **mansnamn** S N Männername m **mansröst** S Männerstimme f **manssamhälle** S N Männergesellschaft f **manstark** ADJ zahlreich **mansålder** S Menschenalter n

mantel ['mantəl] ⟨-n; -er⟩ Manie f a. TECH Mantel m

manual ['manɵˈɑːl] ⟨-en; -er⟩ Benut-

zerhandbuch n
manuell [manɘ'ɛl] ADJ Hand-, manuell
manus ['manʉs] umg N, **manuskript** N ⟨-et; -⟩ Manuskript n
manöver [ma'nø:var] ⟨-n; -er⟩ Manöver n **manöverbrygga** S SCHIFF Kommandobrücke f **manöverpanel** S Schalttafel f **manöv'rera** VIT ⟨1⟩ manövrieren **manöv'rering** ⟨-en; -ar⟩ Manövrieren n
mapp [map] ⟨-en; -ar⟩ COMPUT Mappe f, Ordner m
mara ['ma:ra] ⟨-n; -or⟩ Alb m
maratonlopp ['maratɔnlɔp] S N Marathonlauf m **maratonlöpare** S Marathonläufer(in) m(f)
mardröm ['ma:drœm] S Albtraum m, Angsttraum m
mareld ['ma:rɛld] S Meeresleuchten n
margarin [marga'ri:n] N ⟨-et; -er⟩ Margarine f
marginal [margi'na:l] ⟨-en; -er⟩ Rand m; fig Spielraum m; WIRTSCH Differenz f; Spanne f; **anteckna/skriva i ~en** an den Rand schreiben **marginalanteckning** S Randvermerk m **marginalskatt** S Spitzensteuer f **marginalväljare** S Wechselwähler(in) m(f)
margi'nell ADJ unwesentlich
marig ['ma:ri(g)] umg ADJ schwierig
marijuana [mariju'a:na] ⟨-n; kein pl⟩ Marihuana n
marin [ma'ri:n] A ADJ marin B ⟨-en; -er⟩ SCHIFF, MIL (Kriegs-)Marine f, Flotte f; MAL Seestück n
mari'nad [mari:'na:d] ⟨-en; -er⟩ Marinade f
ma'rinblå ADJ marineblau
mari'nera VIT ⟨1⟩ marinieren
marionett [mariɔ'nɛt] ⟨-en; -er⟩ Marionette f **marionetteater** S Marionettentheater n
mark¹ [mark] ⟨-en; -⟩ hist Münze Mark f
mark² ⟨-en; -er⟩ (Spiel-)Marke f
mark³ ⟨-en; -er⟩ Grund m, Boden m, Erde f; Gebiet n, Gelände n, Feld n; **i skog och** ~ in Wald und Feld; **på svensk** ~ auf schwedischem Boden; **jämna med** ~**en** dem Erdboden gleichmachen; **slå till** ~**en** zu Boden schlagen/strecken; FLUG **ta** ~ aufsetzen
markant [mar'kant] ADJ markant, auffallend
markatta ['ma:rkata] S ZOOL Meerkatze f; fig umg Teufelsweib n
markera [mar'ke:ra] VIT ⟨1⟩ a. COMPUT markieren; hervorheben; anzeigen **markerad** ADJ markiert; ausgeprägt; ~**e drag** markante Züge **markering** ⟨-en; -ar⟩ Markierung f; Anzeige f; SPORT Deckung f
markförsvar ['markfœsva:r] S N MIL, FLUG Bodenabwehr f
markis [mar'ki:s] ⟨-en; -er⟩ **1** Marquis m **2** Markise f, Sonnendach n **marki'sinna** ⟨-n; -or⟩ Marquise f
marknad ['marknad] ⟨-en; -er⟩ Markt m; Jahrmarkt m; Absatz m, Absatzgebiet n; **släppa ut på** ~**en** auf den Markt bringen **marknadsandel** S Marktanteil m **marknadsanpassad** ADJ marktüblich **marknadschef** S Vertriebsleiter(in) m(f) **marknadsdomstol** S Marktgerichtshof m **marknadsföra** VIT ⟨2⟩ vermarkten **marknadsföring** ⟨-en; kein pl⟩ Marketing n; Vermarktung f **marknadskrafter** PL wirtschaftliche Faktoren pl **marknadsstånd** S N Marktstand m **marknadsundersökning** S Marktanalyse f; Marktforschung f **marknadsvärde** S N Marktwert m
markpersonal ['markpæʂʉ'na:l] FLUG Bodenpersonal n **markservice** S **sköta** ~**en** die Hausarbeit machen **marktjänst** S Dienst des Bodenpersonals; **göra** ~ zum Bodenpersonal gehören **markvärde** S N Bodenwert m **markägare** S Grundbesitzer(in) m(f)
markör [mar'kœ:r] ⟨-en; -er⟩ COMPUT Cursor m
marmelad [marma'la:d] ⟨-en; -er⟩ Marmelade f; Geleefrüchte pl **marmeladburk** S Marmeladenglas n
marmor ['marmʉr] ⟨-n; kein pl⟩ Marmor m **marmorbyst** S Marmorbüste f **marmo'rera** VIT ⟨1⟩ marmorieren **marmorskiva** S Marmorplatte f
marockan [marɔ'ka:n] ⟨-en; -er⟩ Marokkaner(in) m(f) **marockansk** marokkanisch **Marocko** Marokko n
mars [maʂ] ⟨inv⟩ März m
marsch [marʃ] ⟨-en; -er⟩ Marsch m; **framåt** ~! vorwärts marsch!
marschall [mar'ʃal] ⟨-en; -er⟩ Partyleuchte f
marschera ['marʃe:ra] VIT ⟨1⟩ marschieren **marschfart** S Fahrge-

schwindigkeit f **marschtakt** s̄ Marschtempo n

marseljäsen [maʂɛlˈjɛːsən] ⟨inv⟩ die Marseillaise f

marsipan [maʂiˈpɑːn] ⟨-en; kein pl⟩ Marzipan n od m **marsipanlimpa** s̄ Marzipanbrot n

marskalk [ˈmɑrʂalk, marˈʂalk] ⟨-en; -er⟩ Marschall m; Brautführer m; Festordner m, Platzanweiser(in) m(f)

marsvin [ˈmɑːʂviːn] s̄ n ZOOL Meerschweinchen n

martall [ˈmɑːtal] s̄ BOT Latsche f, Krüppelkiefer f

martyr [maˈtyːr] ⟨-en; -er⟩ ˈMärtyrer(in) m(f) **martyrium** n̄ ⟨martyrier; martyrier⟩ Martyrium n **martyrskap** n̄ ⟨-et; kein pl⟩ Märtyrertum n

marxism [markˈsism] ⟨-en; kein pl⟩ Marxismus m **marxˈist** ⟨-en; -er⟩ Marxist(in) m(f) **marxˈistisk** ADJ marxistisch

maräng [maˈrɛŋ] ⟨-en; -er⟩ Baiser n, Meˈringe f

mas [mɑːs] ⟨-en; -ar⟩ umg → dalmas

masa [ˈmɑːsa] ⟨1⟩ umg A V̄T schlendern B V̄P ~ **sig iˈväg** sich auf die Socken machen

mascara [masˈkɑːra] ⟨-en; -or⟩ Mascara f, Wimperntusche f

mask¹ [mask] ⟨-en; -ar⟩ ZOOL Wurm m; koll Gewürm n; Raupe f; Made f

mask² ⟨-en; -er⟩ Maske f, Larve f; fig **kasta ~en** die Maske abwerfen

maska¹ [ˈmaska] ⟨1⟩ A V̄T ködern B V̄T langsam arbeiten, bummeln

maska² A ⟨-n; -or⟩ Masche f B V̄P ⟨1⟩ ~ ˈav Maschen abketten

maskera [masˈkeːra] V̄T ⟨1⟩ maskieren, vermummen; MIL tarnen **maskeˈrad** ⟨-en; -er⟩ Maskerade f **maskeˈradbal** s̄ Maskenball m, Kostümfest n **maskeˈraddräkt** s̄ Maskenkostüm n **maskˈering** ⟨-en; -ar⟩ Maskierung f, Kostümierung f, Vermummung f; MIL Tarnung f

maskin [maˈʂiːn] ⟨-en; -er⟩ Maschine f; **för full ~** mit Volldampf; fig mit Hochdruck **maskindriven** ADJ maschinell betrieben **maskiˈnell** ADJ maschinell **maskineˈri** n̄ ⟨-et; -er⟩ Getriebe n, Triebwerk n, Maschinerie f **maskingjord** ADJ maschinell hergestellt **maskiˈnist** ⟨-en; -er⟩ Maschinist(in) m(f)

maskinläsbar ADJ IT maschinenlesbar **maskinmässig** ADJ maschinell **maskinolja** s̄ Maschinenöl n **maskinpark** s̄ Maschinenpark m **maskinrum** s̄ n̄ Maschinenraum m **maskinskada** s̄ Maschinenschaden m, Maschinendefekt m; Motor Panne f **maskinskriven** ADJ mit der Maschine geschrieben **maskintvätta** V̄T ⟨1⟩ in der Waschmaschine waschen **maskinvara** s̄ IT Hardware f

maskning [ˈmaskniŋ] ⟨-en; -ar⟩ Bummeln n **maskningsaktion** s̄ Bummelstreikaktion f

maskopi [masku'piː] ⟨-n; -er⟩ **stå/vara i ~ med ngn** mit j-m unter einer Decke stecken

maskot [ˈmaskɔt] ⟨-en; -ar⟩ Maskottchen n

maskros [ˈmaskruːs] s̄ BOT Löwenzahn m

maskulin [ˈmaskɵliːn, maskɵˈliːn] ADJ maskulin, männlich **maskulinum** n̄ ⟨maskulinet; maskuliner⟩ GRAM Maskulinum n

maskäten [ˈmaskɛːtən] ADJ wurmstichig; madig

maskör [masˈkœːr] ⟨-en; -er⟩ THEAT Maskenbildner(in) m(f)

masonit [masɵˈniːt] ⟨-en; kein pl⟩ Hartfaserplatten pl

massa [ˈmasa] ⟨-n; -or⟩ Masse f, Menge f, Haufen m; **stor ~** a. Unmenge f; **i massor** in Masse(n), massenhaft; **en ~ pengar** ein Haufen Geld

massage [maˈsɑːʃ] ⟨-n; kein pl⟩ Massage f **massagebehandling** s̄ Massage f

massaker [maˈsɑːkər] ⟨-n; -er⟩ Gemetzel n, Massaker n **massaˈkrera** V̄T ⟨1⟩ niedermetzeln, massakrieren

massaved [ˈmasaveːd] s̄ Holz n für die Zellstofferzeugung

massavrättning [ˈmasaˌvrɛtniŋ] s̄ Massenhinrichtung f **massdemonstration** s̄ Massenkundgebung f

massera [maˈseːra] V̄T ⟨1⟩ massieren

massfabrikation [ˈmasfabrikaˈʂuːn] s̄ Massenherstellung f **massflykt** s̄ Massenflucht f **massgrav** s̄ Massengrab n

massiv [maˈsiːv] A ADJ massiv; massig B n̄ ⟨-et; -⟩ Massiv n

massmedia [ˈmasmeːdia] PL Massen-

medien **massmord** SN Massenmord m **massmördare** S Massenmörder(in) m(f) **massmöte** SN Massenversammlung f **massproducera** VT ⟨1⟩ in Massen produzieren **masspsykos** S Massenpsychose f **masstillverkning** S Massenherstellung f, Massenerzeugung f **massuppbåd** N Massenaufgebot n **massuppfödning** S Massentierhaltung f **massvis** ADV massenhaft
massör [maˈsœːr] ⟨-en; -er⟩ Masseur(in) m(f) **massˈös** ⟨-en; -er⟩ Masseuse f
mast [mast] ⟨-en; -er⟩ Mast m
masterexamen [ˈmastərkˈsɑːmən] S Master m **masterutbildning** S Masterstudiengang m
mastig [ˈmasti(g)] ADJ stark; gewaltig; ordentlich
masturbation [mastərbaˈʃuːn] ⟨-en; -er⟩ Masturbation f **masturˈbera** VI ⟨1⟩ masturbieren
masugn [ˈmɑːsɵŋn] S Hochofen m
mat [mɑːt] ⟨-en; kein pl⟩ Essen n, Speise f, Kost f, Verpflegung f, Futter n, Fressen n; ~ **och dryck** Essen und Trinken; ~ **och husrum** Verpflegung und Unterkunft, Pension f; **laga** ~ kochen
mata ⟨1⟩ A VT füttern; ~ **ngn** j-m zu essen geben B VP ~ **'fram** zuführen; COMPUT ~ **'in** eingeben **matarbuss** S Zubringer m, Zubringerbus m **matberedare** ⟨-n; -⟩ Küchenmaschine f **matbestick** SN Essbesteck n **matbit** S Bissen m; Imbiss m **matbröd** SN Esstisch m **matbröd** SN Brot n; **vitt** ~ Weißbrot n; **mörkt** ~ Schwarzbrot n
match [matʃ] ⟨-en; -er⟩ Match n; Kampf m; Spiel n; fig **det är en enkel** ~ das ist ja einfach **matcha** VT ⟨1⟩ ~ **ngt** zu etw passen
matdags [ˈmɑːtdaks] ADV **det är** ~ es ist Essenszeit
matematik [matəmaˈtiːk] ⟨-en; kein pl⟩ Mathematik f **mateˈmatiker** ⟨-n; -⟩ Mathematiker(in) m(f) **matematisk** ADJ mathematisch
materia [maˈteːria] ⟨-n; -er⟩ Materie f; Stoff m **materiˈal** N ⟨-et; -⟩ Material n, Stoff m **materiaˈlism** ⟨-en; kein pl⟩ Materialismus m **materiaˈlist** ⟨-en; -er⟩ Materialist(in) m(f) **mate-**
riaˈlistisk ADJ materialistisch **materiˈel** ⟨-en; kein pl⟩ Material n, Gerät n **materiˈell** ADJ materiell; **~a skador** Sachschäden
matfett [ˈmɑːtfet] SN Speisefett n **matfrisk** ADJ **vara** ~ ein guter Esser sein **matförgiftning** S Nahrungsmittelvergiftung f **matförråd** SN Speisevorrat m **mathållning** S Kost f
matiné [matiˈneː] ⟨-en; -er⟩ Matinee f, Vormittagsvorstellung f
matjessill [ˈmatjəˈsil] S Matjeshering m
matjord [ˈmɑːtjuːɖ] S Humus m, Humusboden m **matkasse** S Dienstleistung fertiggepackte Einkaufstüte mit Lebensmitteln, die nach Hause geliefert werden **matkupong** S Essenmarke f **matkällare** S Speisekeller m **matlagning** ⟨-en; kein pl⟩ Kochen n; **vara duktig i** ~ gut kochen **matlukt** S Essengeruch m **matlust** S Appetit m, Esslust f **matning** ⟨-en; -ar⟩ Füttern n; TECH Speisung f, Zufuhr f; Computer Eingabe f **matnyttig** ADJ essbar; fig nützlich **matolja** S Speiseöl n **matos** SN → matlukt **matpengar** PL Haushaltsgeld n **matranson** S Essensration f **matrast** S Essenspause f **matrecept** N Kochrezept n **matrest** S Speiserest m
matriarkat [matriarˈkɑːt] N ⟨-et; -⟩ Matriarchat n
matrikel [maˈtrikəl] ⟨-n; -ar⟩ Matrikel f, Verzeichnis n **maˈtrisskrivare** S IT Matrixdrucker m
matrona [maˈtruːna] ⟨-n; -or⟩ Matrone f
matrum [ˈmɑːtrɵm] SN Esszimmer n, Speisezimmer n **maträtt** S Gericht n **matsal** S Esszimmer n, Speisezimmer n; Speisesaal m **matsedel** S Speisekarte f **matservering** S Speiselokal n, Gaststätte f **matsked** S Esslöffel m **matsmältning** ⟨-en; kein pl⟩ Verdauung f **matstrejka** VI ⟨1⟩ einen Hungerstreik durchführen **matstrupe** S Speiseröhre f **matställe** SN → matservering **matsäck** S umg Proviant m, Fressalien pl; **rätta mun** ⟨-nen⟩ **efter** ~**en** sich nach der Decke strecken
matt[1] [mat] ADJ matt

matt² ADJ göra ngn (schack och) ~ j-n (schack)matt setzen
matta ['mata] ⟨-n; -or⟩ Teppich m; Läufer m; Matte f; **heltäckande ~** Teppichboden m
mattas ['matas] VI ⟨dep 1⟩ nachlassen; matt werden
matte¹ ['mata] ⟨-n; -ar⟩ umg Frauchen n
matte² ⟨-n; kein pl⟩ Mathe f
matthet ['mathe:t] ⟨-en; kein pl⟩ Mattheit f
matvanor ['ma:tva:nur] PL Essgewohnheiten pl **matvara** S Essware f, Lebensmittel n **matvaruaffär** S Lebensmittelgeschäft n **matvrak** umg S N Fresssack m **matvägrare** ⟨-n; -⟩ **barnet är ~** das Kind weigert sich zu essen
max¹ N ⟨inv⟩ till ~ enorm, gewaltig
max² ADV höchstens, maximal; → maximi-
maxim [mak'si:m] ⟨-en; -er⟩ Maxime f, Grundsatz m
maximal [maksi'ma:l] ADJ maximal, Höchst- **maxi'mera** VT ⟨1⟩ eine Höchstgrenze feststellen **maximibelopp** S Höchstbetrag m, Maximalbetrag m **maximihastighet** S Höchstgeschwindigkeit f **maximipris** S N Höchstpreis m **maximum** N ⟨-et; -⟩ Höhepunkt m, Maximum n **maxtaxa** S Höchstgebühr f
mecenat [mesa'na:t] ⟨-en; -er⟩ Mäzen(in) m/f
mc ABK ⟨-:n; -⟩ (= motorcykel) Motorrad
med¹ [me:d] ⟨-en; -ar⟩ Kufe f
med² [me:(d)] A PRÄP mit, nebst, bei, durch; **~ flera** und andere mehr; **~ mera** und anderes mehr, und dergleichen; **från och ~ i dag** von heute an; **från och ~ i går** seit gestern; **till och ~ söndag** bis einschließlich Sonntag; **i och ~ att** indem; **~ mindre** es sei denn, dass; **~ bästa vilja** beim besten Willen; **~ risk att ...** auf die Gefahr hin, dass ...; **~ hjälp av** mithilfe von, mittels B ADV mit, dabei; auch; **vara ~** mit dabei sein; **vara ~ om ngt** etw mitmachen; **till och ~** sogar, selbst
medalj [me'dalj] ⟨-en; -er⟩ Medaille f
medal'jong ⟨-en; -er⟩ Medaillon n
medal'jör ⟨-en; -er⟩ Medaillenträger(in) m(f), Medailleninhaber(in) m(f)
medan ['me:dan] KONJ während
medansvarig ['me:dan'sva:ri(g)] ADJ mitverantwortlich **medarbetare** S Mitarbeiter(in) m(f) **medarvinge** S Miterbe m, Miterbin f **medbestämmanderätt** S Mitbestimmungsrecht n **medborgare** S Staatsangehörige(r) m/f(m), (Staats-)Bürger(in) m(f); **bli svensk ~** die schwedische Staatsangehörigkeit erwerben **medborgarskap** N ⟨-et; -⟩ Staatsbürgerschaft f **medborgerlig** ADJ staatsbürgerlich **medbrottslig** ADJ mitschuldig **medbrottsling** S Mittäter(in) m(f), Mitschuldige(r) m/f(m); Komplize m, Komplizin f **meddela** VT ⟨1⟩ mitteilen, bekannt geben; **~ ngn j-n** verständigen **meddelande** N ⟨-t; -n⟩ Mitteilung f, Meldung f, Nachricht f **meddelsam** ADJ mitteilsam
medel ['me:dəl] N ⟨-et; -⟩ Mittel n; ~ pl Geldmittel pl; Gelder pl; **lugnande ~** Beruhigungsmittel; **allmänna ~** öffentliche Gelder; **egna ~** eigenes Geld
medel- ['me:dəl-] IN ZSSGN Durchschnitts- **medelbetyg** S N Notendurchschnitt m **medeldistanslöpare** S Mittelstreckenläufer(in) m(f) **medelgod** ADJ mittelgut; **~ kvalitet** mittlere Qualität **medelhastighet** S Durchschnittsgeschwindigkeit f **Medelhavet** ⟨inv⟩ das Mittelmeer **medelhögtyska** S Mittelhochdeutsch n **medelklass** S Mittelstand m **medellivslängd** S durchschnittliche Lebenserwartung **medellängd** S durchschnittliche Länge; Durchschnittsgröße f
medellös ['me:dəlø:s] ADJ mittellos
medelmåtta ['me:dalmɔta] ⟨-n; -or⟩ durchschnittlich begabter Mensch m; Durchschnitt m; **under ~** unter dem Durchschnitt **medelmåttig** ADJ mittelmäßig **medelpunkt** S Mittelpunkt m
medelst ['me:dalst] PRÄP (ver)mittels
medelstor ['me:dalstu:r] ADJ mittelgroß **medelstorlek** S Mittelgröße f **medelsvensson** ⟨inv⟩ umg Durchschnittsschwede m **medeltal** S Durchschnittszahl f, Mittel n; **i ~** durchschnittlich **medeltemperatur** S Durchschnittstemperatur f, mittlere

Temperatur **medeltid** ⓢ Durchschnittszeit *f*; *hist* Mittelalter *n*; **under ~en** im Mittelalter **medeltida** ADJ mittelalterlich **medelväg** ⓢ Mittelweg *m* **medelålder** ⓢ Durchschnittsalter *n*; mittleres Alter **medelålders** ADJ im mittleren Alter, in mittleren Jahren
medfaren [ˈmeːdfɑːrən] ADJ **illa ~** übel zugerichtet, hart mitgenommen **medfödd** ADJ angeboren ⟨**hos** *dat*⟩ **medfölja** VT, VI ⟨2⟩ beiliegen; → följa 'med **medföljande** ADJ beiliegend, anbei **medföra** VT ⟨2⟩ mitbringen, mitnehmen; verursachen, zur Folge haben, bewirken, nach sich ziehen **medförfattare** ⓢ Mitverfasser(in) *m(f)* **medge, medgiva** VT ⟨4⟩ gewähren, einräumen; zugeben; gestatten **medgivande** Ⓝ ⟨-t; -n⟩ Gewährung *f*; Zugeständnis *n*; Genehmigung *f*, Einwilligung *f*; Zustimmung *f* **medgång** ⓢ Glück *n* **medgörlig** ADJ nachgiebig, gefügig **medgörlighet** ⟨-en; kein *pl*⟩ Nachgiebigkeit *f*, Fügsamkeit *f* **medhavd** ADJ mitgebracht **medhjälpare** ⓢ Mithelfer(in) *m(f)*, Gehilfe *m*, Gehilfin *f*; Helfershelfer(in) *m(f)* **medhåll** ⓢ Zustimmung *f*, Beifall *m*; Rückhalt *m*; **få/ha ~** unterstützt werden **medhårs** ADV mit dem Strich, in Fellrichtung; **stryka ngn ~** j-m schmeicheln, j-m Honig ums Maul schmieren
media PL die Medien *pl* **mediatek** Ⓝ ⟨-et; -⟩ Mediathek *f*
medicin [mediˈsiːn] ⟨-en; -er⟩ Arznei *f*, Medizin *f*; Heilkunde *f*; **~ doktor** Doktor *m* der Medizin **mediciˈnalväxt** ⓢ Arzneipflanze *f* **medicinare** ⟨-n; -⟩ Mediziner(in) *m(f)* **mediciˈnera** VI ⟨1⟩ Medizin/Mittel (ein)nehmen **medicinflaska** ⓢ Arzneiflasche *f* **medicinsk** ADJ medizinisch **medicinskåp** ⓢⓃ Medikamentenschrank *m*; Hausapotheke *f*
medikament [medikaˈmɛnt] Ⓝ ⟨-et; -/-er⟩ Heilmittel *n*, Medikament *n*
medinflytande [ˈmeːdinˈflyːtandə] Ⓝ Mitbestimmung *f*
meditation [meditaˈʃuːn] ⟨-en; -er⟩ Meditation *f* **mediˈtera** VI ⟨1⟩ meditieren
medium Ⓐ ADJ medium Ⓑ Ⓝ ⟨medi-

et; medier⟩ Medium *n*
medkänsla [ˈmeːdçɛnsla] ⓢ Mitgefühl *n*
medla [ˈmeːdla] VT, VI ⟨1⟩ vermitteln; schlichten **medlare** ⟨-n; -⟩ (Ver-)Mittler(in) *m(f)*; Schlichter(in) *m(f)*
medlem [ˈmeːdlɛm] ⟨-men; -mar⟩ Mitglied *n* ⟨av *gen*⟩ **medlemsavgift** ⓢ Mitgliedsbeitrag *m* **medlemskap** Ⓝ ⟨-et; -⟩ Mitgliedschaft *f* **medlemskort** ⓢⓃ Mitgliedskarte *f*
medlidande [ˈmeːdliːdandə] Ⓝ ⟨-t; kein *pl*⟩ Mitleid *n*; **av ~ med** aus Mitleid mit **medlidsam** ADJ mitleidig, mitleidsvoll
medling [ˈmeːdlɪŋ] ⟨-en; -ar⟩ Vermittlung *f*; Schlichtung *f* **medlingsförsök** ⓢⓃ Vermittlungsversuch *m*; Schlichtungsversuch *m*
medljud [ˈmeːdjʉːd] ⓢⓃ GRAM Mitlaut *m* **medlöpare** ⓢ Mitläufer(in) *m(f)* **medmänniska** ⓢ Mitmensch *m* **medpassagerare** ⓢ Mitreisende(r) *m/f(m)* **medryckande** ADJ mitreißend, schwungvoll **medräkna** VT ⟨1⟩ mitrechnen, hinzurechnen **medskyldig** ADJ mitschuldig **medsols** ADV im Uhrzeigersinn **medspelare** ⓢ Mitspieler(in) *m(f)*, Partner(in) *m(f)* **medsökande** ⓢ Mitbewerber(in) *m(f)* **medtagen** ADJ mitgenommen, erschöpft **medtävlare** ⓢ Mitbewerber(in) *m(f)*; Nebenbuhler(in) *m(f)* **medverka** VI ⟨1⟩ mitwirken **medverkan** ⓢ Mitwirkung *f* **medvetande** Ⓝ ⟨-t; -n⟩ Bewusstsein *n*; **vid fullt ~** bei vollem Bewusstsein **medveten** ADJ bewusst; **vara ~ om ett fel** sich (*dat*) eines Fehlers bewusst sein; **jag är väl ~ om det** es ist mir wohl bewusst **medvetenhet** ⟨-en; kein *pl*⟩ Bewusstheit *f* **medvetslös** ADJ bewusstlos **medvind** ⓢ guter/günstiger Wind *m*; SCHIFF Rückenwind *m* **medömkan** ⟨inv⟩ Mitleid *n*
megabyte [megaˈbajt] ⓢ IT Megabyte *n*
megafon [megaˈfoːn] ⟨-en; -er⟩ Megafon *n*
meja [ˈmeja] ⟨1⟩ Ⓐ VT mähen Ⓑ VP **~ 'av** abmähen; **~ 'ner** niedermähen; *fig* niedermetzeln
mejeri [mejəˈriː] Ⓝ ⟨-t; -er⟩ Molkerei *f* **mejeriprodukt** ⓢ Molkereierzeugnis

mejram ['mɛjram] ⟨-en; kein pl⟩ Majoran *m*
mejsel ['mɛjsəl] ⟨-n; -ar⟩ Meißel *m* **mejsla** VT ⟨1⟩ meißeln
meka ['meka, 'me:ka] *umg* VI ⟨1⟩ herumbasteln **meka'nik** ⟨-en; kein pl⟩ Mechanik *f* **me'kaniker** ⟨-n; -⟩ Mechaniker(in) *m(f)* **mekani'sera** VT ⟨1⟩ mechanisieren **mek'anisk** ADJ mechanisch; ~ verkstad (Maschinen-)Werkstatt *f* **meka'nism** ⟨-en; kein pl⟩ Mechanismus *m*; TECH Getriebe *n*
melankoli [melaŋku'li:] ⟨-n; kein pl⟩ Melancholie *f* **melan'kolisk** ADJ melancholisch
melerad [me'le:rad] ADJ meliert
mellan ['mɛlan] PRÄP zwischen **mellanakt** S Zwischenakt *m*, Pause *f* **mellandagar** PL *Tage zwischen Weihnachten und Neujahr* **mellandäck** SN SCHIFF Zwischendeck *n* **Mellaneuropa** N ⟨inv⟩ Mitteleuropa *n* **mellangärde** SN ANAT Zwerchfell *n* **mellanhand** ⟨-en; kein pl⟩ Zwischenhändler(in) *m(f)*, Vermittler(in) *m(f)* **mellanhavande** N ⟨-t; -n⟩ (Ab-)Rechnung *f*, ungeklärte Angelegenheit *f*; göra upp sitt ~ med ngn mit j-m abrechnen **mellanlandning** S Zwischenlandung *f* **mellanliggande** ADJ dazwischenliegend **mellanmjölk** S ≈ fettarme Milch *f (mit 1,5 % Fettgehalt)* **mellanmål** SN Imbiss *m*, Zwischenmahlzeit *f*, Snack *m* **mellanrum** SN Zwischenraum *m*, Abstand *m* **mellanrätt** S Zwischengericht *n* **mellanskikt** SN Mittelschicht *f*; Mittelstand *m* **mellanskillnad** S Differenz *f*, Preisunterschied *m* **mellanslag** SN TYPO Durchschuss *m*; *Tastatur* Leerschritt *m*, Leerzeichen **mellanslagstangent** S Leertaste *f* **mellanspel** SN Zwischenspiel *n* **mellanstadium** SN Mittelstufe *f* **mellanstorlek** S mittlere Größe **mellanstycke** SN Mittelstück *n* **mellanställning** S Zwischenstellung *f* **Mellansverige** N ⟨inv⟩ Mittelschweden *n* **mellantid** S Zwischenzeit *f* **mellanting** SN Mitteldog *n* **mellanvikt** S SPORT Mittelgewicht *n* **mellanvåg** S Mittelwelle *f* **mellanvåning** S ARCH Zwischengeschoss *n* **mellanvägg** S Zwischenwand *f*

mellanöl SN *Bier mit mittlerem Alkoholgehalt (3,5-4,5 %)* **Mellan'östern** N ⟨inv⟩ der Nahe Osten
mellersta ['mɛləʂt] ADJ mittlere(r, s), mittelste(r, s), Mittel-
melodi [melu'di:] ⟨-n; -er⟩ Melodie *f* **melodifestival** S Schlagerfestival *n* **melodiradio** S Rundfunksender mit Unterhaltungsmusik **me'lodisk** ADJ melodisch
melon [me'lu:n] ⟨-en; -er⟩ Melone *f*
membran [mɛm'bra:n] N ⟨-et/-en; -/-er;; -⟩ Membran *f*, Membrane *f*
memoarer [memɔ'a:rər] PL (Lebens-)Erinnerungen *pl*, Memoiren *pl* **memo'rera** VT ⟨1⟩ memorieren
men[1] [men] KONJ aber; jedoch; efter många/mycket om och ~ nach vielem Hin und Her
men[2] [me:n] N ⟨-et; -⟩ Schaden *m*, Nachteil *m*; ha ~ av ngt *a*. unter den Folgen einer Sache zu leiden haben; vara ngn till ~ j-m zum Schaden gereichen; få ~ för livet für das ganze Leben böse Folgen haben
mena ['me:na] VT, VI ⟨1⟩ meinen; det ~r du inte! das ist nicht dein Ernst!; ~ väl med ngn es gut mit j-m meinen; vad ~s med ...? was versteht man unter ...?
menande ['me:nandə] ADJ ~ blickar vielsagende/bedeutungsvolle Blicke
mened ['me:ne:d] ⟨-en; -er⟩ Meineid *m*; begå ~ einen Meineid schwören
menig ['me:ni(g)] ADJ MIL gemeiner Soldat; *umg* Landser **menighet** ⟨-en; -er⟩ Gemeinde *f*; ~en die Versammelten
mening f, ['me:niŋ] ⟨-en; -ar⟩ **1** Meinung *f*, Ansicht *f*; allmänna ~en die öffentliche Meinung; ha förutfattad(e) ~(ar) voreingenommen sein (mot gen); jag är av samma ~ som du ich bin deiner Meinung; enligt min ~ meiner Meinung/Ansicht nach, meines Erachtens; ändra ~ seine Meinung ändern, sich eines Besseren besinnen **2** Sinn *m*; Bedeutung *f*; det är ingen ~ med det das hat keinen Sinn; i egentlig ~ im eigentlichen Sinne **3** Absicht *f*; Zweck *m*; det var inte min ~ es lag nicht in meiner Absicht **4** GRAM Satz *m*
meningsbyggnad S Satzbau *m* **meningsbyte** SN Wortwechsel *m*,

Auseinandersetzung f **meningsfrände** ѕ Gesinnungsgenosse m **meningsfull** ADJ sinnvoll **meningslös** ADJ sinnlos, zwecklos **meningslöshet** ⟨-en; kein pl⟩ Sinnlosigkeit f **meningsskiljaktighet** ѕ Meinungsverschiedenheit f **meningsutbyte** ѕ N Meinungsaustausch m

menlig ['me:nlɪ(g)] ADJ schädlich, nachteilig **menlös** ADJ harmlos, naiv; einfältig; fade; unschuldig **menlöshet** ⟨-en; kein pl⟩ Harmlosigkeit f; Einfalt f; Unschuld f

menopaus ['me:nʊpaːɵs] ѕ Wechseljahre pl, Menopause f

mens [mɛns] ⟨-en; kein pl⟩ umg Regel f, Periode f; **hon har ~** sie hat ihre Tage **mensskydd** ѕ N Monatshygieneartikel m/pl Oberbegriff für Binden und Tampons **menstruation** [mɛnstrɵa-'ʃuːn] ⟨-en; -er⟩ Menstruation f

mental [mɛn'taːl] ADJ psychisch, mental **mentalitet** ⟨-en; -er⟩ Mentalität f **mentalsjuk** ADJ geisteskrank **mentalsjukhus** ѕ psychiatrische Klinik f **mentalvård** ѕ Psychiatrie f

menuett [menɵ'ɛt] ⟨-en; -er⟩ Menuett n

meny [me'nyː] ⟨-n; -er⟩ Speisekarte f; Gedeck n; COMPUT Menü n **menyrad** ѕ COMPUT Menüleiste f

mer(a) [me:r(a)] A ADJ ⟨komp von → mycket⟩ mehr B ADV med mera und dergleichen; (allt) mer och mer immer mehr; **mer eller mindre** mehr oder weniger; **inte mer än** nur noch; **mer än nog/väl** mehr als genug; **vem kommer mer?** wer kommt noch?; **något mer?** sonst noch (et)was?

meridian [merɪdɪ'aːn] ⟨-en; -er⟩ Meridian m

merit [me'riːt] ⟨-en; -er⟩ Verdienst n; ~**er** pl a. Qualifikationen pl **meritera** ⟨1⟩ A VT ~**d** verdient B VR ~ **sig** sich qualifizieren (**för** zu) **meritförteckning** ѕ, **meritlista** ѕ Lebenslauf m; Referenzen pl (bei Bewerbung)

merkantil [mærkan'tiːl] ADJ kaufmännisch, geschäftlich, Handels-

merkostnad ['meːrkɔstnad] ѕ Mehrkosten pl

merpart ['meːrpaːʈ] ѕ Majorität f **mervärde** ѕ N Mehrwert m **mervärde(s)skatt** ѕ Mehrwertsteuer f

mes[1] [meːs] ⟨-en; -ar⟩ ZOOL Meise f

mes[2] ⟨-en; -ar⟩ für Rucksack Traggestell n

mes[3] ⟨-en; -ar⟩ lahmer Typ, Feigling m **mesig** ADJ lahm; feige

mesost ['meːsʊst] ѕ Molkenkäse m

messa ['mɛsa] umg VT, VI ⟨1⟩ simsen **messmör** ѕ N Molkenstreichkäse m

mest [mɛst] A ADJ ⟨sup von → mycket⟩ meist; **för det ~a** meist(ens); **den ~a tiden** die meiste Zeit B ADV am meisten; meist(ens), gewöhnlich; fast, beinahe; **de ~ berömda författarna** die berühmtesten Schriftsteller **mestadels** ADV meist(ens), zumeist

meta ['meːta] VT, VI ⟨1⟩ angeln

metafor [meta'foːr] ⟨-en; -er⟩ Me'tapher f **meta'forisk** ADJ metaphorisch, bildlich, figürlich

metafy'sik ѕ Metaphysik f **meta'fysisk** ADJ metaphysisch

metall [me'tal] ⟨-en; -er⟩ Metall n; av ~ a. metallen **metallarbetare** ѕ Metallarbeiter(in) m(f) **metallhaltig** ADJ metallhaltig **metallindustri** ѕ Metallindustrie f **metallisk** ADJ metallisch

metamorfos [metamɔr'foːs] ⟨-en; -er⟩ Metamorphose f, Verwandlung f **metastas** [mata'staːs] ⟨-en; -er⟩ MED Metastase f

meteor [meta'oːr] ⟨-en; -er⟩ Meteor m **meteoro'log** ⟨-en; -er⟩ Meteorologe m, Meteorologin f **meteorolo'gi** ⟨-n; kein pl⟩ Wetterkunde f, Meteorologie f **meteoro'logisk** ADJ meteorologisch; ~ **station** Wetterwarte f

meter ['meːtar] 1 ⟨-n; -/-ar⟩ Meter m od n 2 ⟨-et⟩ Versmaß n, Metrum n **metermått** ѕ N Metermaß n

metkrok ['meːtkruːk] ѕ Angelhaken m **metmask** ѕ Angelwurm m **metning** ⟨-en; -ar⟩ Angeln n

metod [me'tuːd] ⟨-en; -er⟩ Methode f, Verfahren n **meto'dik** ⟨-en; kein pl⟩ Methodik f **metodisk** ADJ methodisch, planmäßig **metod'ist** ⟨-en; -er⟩ Methodist(in) m(f)

metrev ['meːtreːv] ѕ Angelschnur f

metrik [me'triːk] ⟨-en; kein pl⟩ Metrik f, Verslehre f **metrisk** ADJ metrisch

metro'nom ⟨-en; -er⟩ Metronom n, Taktmesser m

metspö ['me:tspø:] ⟨S N⟩ Angelrute f
metställe ⟨S N⟩ Angelplatz m
mexikan(are) [mɛksi'ka:n, -'ka:nare] ⟨-en; -er [-n; -]⟩ Mexikaner m **mexi'kansk** mexikanisch **mexi'kanska** Mexikanerin f **'Mexiko** Mexiko n
m.fl. ABK (= med flera) u. a. m. (*und andere mehr*)
middag ['mida(g)] ⟨-en; -ar⟩ **1** Mittag m; **sova ~** ein Mittagsschläfchen halten **2** Abendessen n; **äta ~** zu Abend essen; **vara bjuden på ~ hos ngn** bei j-m zum Abendessen eingeladen sein **middagsbjudning** ⟨S⟩ (Einladung zum) Essen n, Diner n **middagsbord** ⟨S N⟩ Mittagstisch m **middagshöjd** ⟨S⟩ Mittagshöhe f **middagslur** umg ⟨S⟩ Mittagsschläfchen n **middagstid** ⟨S⟩ Mittagszeit f; **vid ~(en)** um die Mittagszeit, gegen Mittag
midja ['midja] ⟨-n; -or⟩ Taille f **midjeband** ⟨S⟩ Gurtband n **midjemått** ⟨S N⟩ Taillenweite f **midjeväska** ⟨S⟩ Gürteltasche f
midnatt ['mi:dnat] s Mitternacht f (vid um) **midnattssol** ⟨S⟩ Mitternachtssonne f **midsommar** ['misɔmar] s Johanni(s n) n, Mittsommer m; Sommersonnenwende f **midsommarafton** ⟨S⟩ Mittsommerabend m, Johannisnacht f **midsommardag** ⟨S⟩ Mittsommertag m, Johannistag m **midsommarfirande** ⟨S N⟩ Mittsommerfest n, Johannisfeier f **midsommarstång** ⟨S⟩ ≈ Maibaum m zu Mittsommer **midvinter** ⟨S⟩ Mittwinter m
mig [mej] ⟨*von* → jag⟩ **A** PERS PR akk mich; *dat* mir; **gärna för ~** meinetwegen **B** REFL PR mich
migrant [mig'rant] ⟨-en; -er⟩ Migrant(in) m(f)
migrän [mig'rɛ:n] ⟨-en; kein pl⟩ Migräne f
mikra umg ⟨VT ⟨1⟩⟩ in der Mikrowelle zubereiten **mikro** ⟨-n; -ugnar⟩ umg Mikrowelle f
mikrofiber ⟨S⟩ Mikrofaser f
mikrob [mik'ro:b] ⟨-en; -er⟩ Mikrobe f
mikrochip ⟨S N⟩ IT Mikrochip m
mikrofiber ⟨S⟩ Mikrofaser f
mikro'fon ⟨-en; -er⟩ Mikrofon n
mikro'skop ⟨-et; -⟩ Mikroskop n
mikro(vågs)ugn ['mikrɔ(vɔ:gs)ɯŋn] ⟨S⟩ Mikrowellenherd m

mil [mi:l] ⟨-en; -⟩ **en ~** zehn Kilometer
mila ['mi:la] ⟨-n; -or⟩ Meiler m
mild [mild] ADJ mild, sanft **mildhet** ⟨-en; kein pl⟩ Milde f **mildra** VT ⟨1⟩ mildern, lindern
milis [mi'li:s] ⟨-en; -er⟩ Miliz f **milita'rism** ⟨-en; kein pl⟩ Militarismus m
militär [mili'tæ:r] **A** ⟨-en; -er⟩ Militär n od m **B** ADJ militärisch, Militär-; **~a myndigheter** pl Militärbehörden pl **mili'tärisk** ADJ militärisch; soldatisch **militärkupp** ⟨S⟩ Militärputsch m **militärläkare** ⟨S⟩ Militärarzt m **militärtjänst** ⟨S⟩ Militärdienst m; **inkallas till ~** zum Militärdienst einberufen werden
miljard [mil'ja:ɖ] ⟨-en; -er⟩ Milliarde f
miljon [mil'ju:n] ⟨-en; -er⟩ Million f **miljonbelopp** ⟨S N⟩ Millionenbetrag m **miljonstad** ⟨S⟩ Millionenstadt f **miljontals** ADV Millionen (von) **miljo'när** ⟨-en; -er⟩ Millionär m
miljö [mil'jø:] ⟨-n; -er⟩ Milieu n, Umwelt f; *sozial* Milieu n, Umfeld n **miljöaktivist** ⟨S⟩ Umweltschützer(in) m(f) **miljöbetingad** ADJ umweltbedingt **miljöbrott** ⟨S N⟩ Umweltdelikt n **miljöfarlig** ADJ umweltgefährdend, umweltbelastend **miljöförorening** ⟨S⟩ Umweltverschmutzung f **miljöförstöring** ⟨S⟩ Umweltzerstörung f **miljögift** ⟨S N⟩ Umweltgift n **miljömärkt** ADJ als Bioprodukt gekennzeichnet **miljöpapper** ⟨S N⟩ Umweltpapier n **miljöpartist** ⟨-en; -er⟩ POL Grüne(r) m/f(m) **miljöpåverkan** ⟨S⟩ Einfluss m der Umgebung **miljöskadad** ADJ milieugeschädigt **miljöskadlig** ADJ umweltschädlich **miljöskatt** ⟨S⟩ Ökosteuer f **miljöstation** ⟨S⟩ Recyclinghof m, Wertstoffhof m **miljövård** ⟨S⟩ Umweltschutz m **miljövänlig** ADJ umweltfreundlich

millenieskifte [mi"lenjə'ʃifta] ⟨S N⟩ Jahrtausendwende f
milli'bar ⟨-en; -⟩ Millibar n **milli'gram** ⟨S N⟩ Milligramm n **milli'meter** ⟨S⟩ Millimeter n umg oft m
milsten ['mi:lste:n] ⟨S⟩, **milstolpe** ⟨S⟩ Kilometerstein m, Meilenstein m; *fig* Markstein m **milsvid** ADJ meilenweit
mima ['mi:ma] VI ⟨1⟩ mimen **mi'mik** ⟨-en; kein pl⟩ Mimik f
min¹ [min] POSS PR ⟨n mitt; pl mina⟩ mein(e, er, es); der/die/das mein(ig)e;

de ~a die Mein(ig)en; **för ~ del** meinesteils; **för ~ skull** meinetwegen; **mitt och ditt** Mein und Dein

min² [mi:n] ⟨-en; -er⟩ Miene f; **göra ~er** Gesichter schneiden; zublinzeln (**åt** dat); **göra sura ~er** eine saure Miene machen; **hålla god ~ i elakt spel** gute Miene zum bösen Spiel machen; **inte ändra en ~** keine Miene verziehen

mina ['mi:na] ⟨-n; -or⟩ Mine f; **lägga ut minor** Minen legen; **gå 'på en ~** auf eine Mine stoßen/laufen, ganz schön hereinrasseln

mindervärdeskomplex ['mindər-'væ:dəskɔmp'lɛks] SN Minderwertigkeitskomplex m **mindervärdig** ADJ minderwertig **mindervärdighet** ⟨-en; kein pl⟩ Minderwertigkeit f **minderårig** ADJ minderjährig; **~a äga ej tillträde** Jugendliche haben keinen Zutritt **minderårighet** ⟨-en; kein pl⟩ Minderjährigkeit f

mindre ['mindra] A ADJ ⟨komp von → lite(n)⟩ kleiner; geringer; weniger; **ingen ~ än kungen** kein Geringerer als der König B ADV weniger, minder; **mer eller ~** mehr oder weniger (od minder); **~ och ~** immer weniger; **nu ~ än någonsin** nun erst recht nicht; **inte desto ~** nichtsdestoweniger; **med ~ (än att) något nicht** sofern nicht

minera [mi'ne:ra] VT ⟨1⟩ verminen **mineral** [minə'ra:l] N ⟨-et/-en; -er/-⟩ Mineral n **mineralhalt** S Mineralgehalt m **mineralogi** ⟨-n; kein pl⟩ Mineralogie f **mineralsalt** SN Mineralsalz n **mineralvatten** SN Mineralwasser n

minering [mi'ne:riŋ] ⟨-en; -ar⟩ Minenlegen n **minfartyg** SN Minenleger m **minfält** SN Minenfeld n

miniatyr [minia'ty:r] ⟨-en; -er⟩ Miniatur f **miniatyrmålning** S Miniaturmalerei f, Kleinmalerei f **miniatyrporträtt** SN Miniaturbild n

minibar ['mi:niba:r] S Minibar f **minibuss** ['mi:nibʉs] S Kleinbus m **minigolf** S Minigolf n

minimal [mini'mɑ:l] ADJ minimal, kleinstmöglich, winzig, niedrigst, geringst **minimiantal** SN Mindestzahl f **minimibelopp** S Mindestbetrag m **minimigräns** S Mindestgrenze f **minimilön** S Mindestlohn m, Mindestgehalt n **minimipris** SN Mindestpreis m

minimjölk ['mi:nimjølk] S ≈ Magermilch f (mit weniger als 0,1 % Fettgehalt)

minimum N ⟨-et; -⟩ Minimum n, Mindestmaß n; GEOG Tief n

miniräknare ⟨-n; -⟩ Taschenrechner m

minister [mi'nistər] ⟨-n; -ar⟩ Minister(in) m(f) **ministeri'ell** ADJ ministeriell **mini'sterium** N ⟨ministeriet; ministerier⟩ Ministerium n **mini'stär** ADJ Kabinett n; Regierung f, Ministerrat m

mink [miŋk] ⟨-en; -ar⟩ ZOOL Nerz m

minnas ['minas] VT,VI ⟨dep 2⟩ sich erinnern (**ngn, ngt** gen od an j-n, an etw); **så vitt jag minns** soweit ich mich erinnere; **minns du?** a. weißt du das noch?

minne N ⟨-t; -n⟩ Gedächtnis n; Erinnerung f, Andenken n; IT Speicher m, Speicherplatz m; **ha i ~t** im Gedächtnis/Kopf behalten; **lägga ngt på ~t** sich (dat) etw merken; **dra sig ngt till ~s** sich an etw (akk) erinnern; **ur ~t** aus dem Gedächtnis/Kopf; **med hans goda ~** mit seiner Zustimmung **minnesexpansion** S IT Speichererweiterung f **minnesförlust** S Gedächtnisverlust m **minnesförmåga** S Gedächtnisvermögen n **minnesgåva** S Andenken n **minneshögtid** S Gedächtnisfeier f **minneskapacitet** S IT Speicherkapazität f **minneslista** S Merkzettel m **minnesmärke** SN Denkmal n **minnesrik** ADJ unvergesslich **minnesruna** S Nachruf m **minnessak** S Andenken n **minnesskrift** S Denkschrift f **minnessten** S Gedenkstein m **minnestal** SN Gedächtnisrede f **minnestavla** S Gedenktafel f **minnesteckning** S Lebensbeschreibung f **minnesvård** S Denkmal n **minnesvärd** ADJ denkwürdig

minoritet [minuri'te:t] ⟨-en; -er⟩ Minderheit f, Minderzahl f, Minorität f **minoritetsspråk** SN Minderheitensprache f

minsann [min'san] ADV wirklich, wahrhaftig, wahrlich, freilich

minska ['minska] ⟨1⟩ A VT (ver)mindern; verringern; mäßigen B VI **~ på ngt** etw vermindern/beschränken; **~ i**

minskning ⟨-en; -ar⟩ Verminderung f, Abnahme f

minst [minst] **A** ADJ ⟨sup von → lite(n)⟩ kleinst, geringst, wenigst, mindest; *utan att lida ~a skada* ohne den geringsten Schaden zu erleiden; *vid ~a beröring* bei der leisesten Berührung; *inte på ~a sätt* nicht im Geringsten/Mindesten **B** ADV am wenigsten, wenigstens, mindestens; *inte ~* nicht zuletzt, zumal; *~ sagt* milde gesagt

mint [mint] ⟨-en; kein pl⟩ Minze f

minus ['mi:nɵs] **A** ADV minus, weniger; abzüglich **B** N ⟨-et; -⟩ Minus n f **minusgrad** S Kältegrad m **minustecken** S Minuszeichen n

minut [mi'nɵ:t] ⟨-en; -er⟩ Minute f; *på ~en* sofort, augenblicklich; auf die Minute **minuti'ös** ADJ minutiös, peinlich genau **minutvisare** S Minutenzeiger m

mirakel [mi'ra:kəl] N ⟨-et; -/-er⟩ Wunder n, Mirakel n **miraku'lös** ADJ wunderbar

miserabel [misə'ra:bəl] ADJ erbärmlich, miserabel

miss [mis] ⟨-en; -ar⟩ Fehler m; Reinfall m, Pleite f; SPORT Fehlwurf m, Fehlschuss m, Fehlgriff m **missa** VT ⟨1⟩ nicht treffen; (ver)fehlen; verpassen, versäumen; *~ tåget* den Zug verpassen **missakta** VT ⟨1⟩ missachten **missaktning** S Missachtung f **missanpassad** ADJ wara *~* Anpassungsschwierigkeiten haben **missbedöma** VT ⟨2⟩ falsch beurteilen **missbelåten** ADJ unzufrieden, missvergnügt **missbelåtenhet** ⟨-en; kein pl⟩ Unzufriedenheit f, Missvergnügen n **missbildad** ADJ missgestaltet **missbildning** ⟨-en; -ar⟩ Missbildung f **missbruk** S N Missbrauch m **missbruka** VT ⟨1⟩ miss'brauchen **missbrukare** ⟨-n; -⟩ Süchtige(r) m/f(n)

missdåd S N Untat f

misse ['misə] ⟨-n; -ar⟩ *umg* Miez f, Mieze f

missfall ['misfal] S N MED Fehlgeburt f **missfoster** S N Missgeburt f **missförhållande** S N Missverhältnis n; Missstand m, Übelstand m; *~n pl a.* Auswüchse pl **missförstå** ⟨4⟩ missverstehen, falsch verstehen; *som kan ~s* missverständlich **missförstånd** S N Missverständnis n, Irrtum m **missgrepp** S N Missgriff m, Fehlgriff m **missgynna** VT ⟨1⟩ *~ ngn* j-n zurücksetzen; j-n benachteiligen **missgärning** S Untat f, Frevel m **missgärningsman** S Übeltäter(in) m(f) **misshaga** VT ⟨1⟩ miss'fallen (ngn j-m) **misshandel** S Misshandlung f **misshandla** VT ⟨1⟩ miss'handeln **misshushållning** S Misswirtschaft f, schlechte Wirtschaft

mission [mi'ʃu:n] ⟨-en; -er⟩ Mission f; Sendung f **missio'nera** VI ⟨1⟩ missionieren **missionsverksamhet** S Missionswerk n, Missionstätigkeit f **missio'när** ⟨-en; -er⟩ Missionar(in) m(f)

missklä ['miskle:] VT ⟨3⟩ j-m schlecht stehen, j-n schlecht kleiden **missklädsam** ADJ wenig kleidsam **misskredit** S Misskredit m **misskreditera** VT ⟨1⟩ in Misskredit/Verruf bringen; *~d* verrufen **missköta** VT, VR ⟨2⟩ vernachlässigen (sig sich) **missleda** VT ⟨2⟩ irreführen, irreleiten **missljud** S N Missklang m, Misston m **misslyckad** ADJ misslungen, missglückt **misslyckande** N ⟨-t; -n⟩ Misslingen n; Versagen n **misslyckas** VI ⟨dep 1⟩ misslingen, missglücken, missraten; scheitern (i an *dat*); versagen; *jag har misslyckats* es ist mir misslungen; *~ i examen* im Examen durchfallen **misslynt** ADJ verdrießlich, mürrisch, übel gelaunt; *göra ngn ~* j-n ärgern; *vara ~ över ngt* sich über etw (*akk*) ärgern **misslynthet** ⟨-en; kein pl⟩ Verdrießlichkeit f, schlechte Laune **missminna** VR ⟨2⟩ *~ sig* sich irren **missmod** S N Missmut m, Unmut m **missmodig** ADJ missmutig **missnöjd** ADJ unzufrieden **missnöje** S N Unzufriedenheit f **misspryda** VT ⟨2⟩ verunstalten **missriktad** ADJ fehlgeleitet, falsch (angebracht) **missräkning** S Enttäuschung f **missta** VR ⟨4⟩ *~ sig* (sich) irren, sich täuschen (om/på in *dat*); im Irrtum sein; *~ sig på ngt a.* etw verkennen **misstag** S N Irrtum m, Versehen n; *av ~* irrtümlich, versehentlich **misstanke** S N Verdacht m (om *gen*), Argwohn m; *fatta misstankar* Verdacht schöpfen; *ha sina misstankar mot ngn* j-n in Verdacht haben; *höjd över alla misstankar* über jeden Verdacht erha-

ben **misstolka** vt ⟨1⟩ miss'deuten, falsch auslegen; verkennen **misstolkning** s Missdeutung f **misstro** A s Misstrauen n B vt ⟨3⟩ miss'trauen ⟨ngn j-m⟩ **misstroende** N ⟨-t; kein pl⟩ Misstrauen n ⟨till/mot gegen⟩ **misstroendevotum** s Misstrauensvotum n **misstrogen** ADJ misstrauisch, argwöhnisch **misströsta** vi ⟨1⟩ verzweifeln, den Mut verlieren; ~ **om** ngt an etw (dat) verzagen **misströstan** ⟨inv⟩ Kleinmut m, Mutlosigkeit f, Verzagtheit f **misstycka** vi ⟨2⟩ verübeln, übel nehmen **misstyda** vt ⟨2⟩ miss'deuten, falsch auslegen; verkennen **misstämning** s Missstimmung f, Verstimmung f **misstänka** vt ⟨2⟩ verdächtigen; befürchten; ~ ngn för ngt j-n wegen etw in Verdacht haben **misstänkliggöra** vt ⟨4⟩ verdächtigen, in Verdacht bringen **misstänksam** ADJ misstrauisch, argwöhnisch **misstänksamhet** ⟨-en; kein pl⟩ Misstrauen n, Verdacht m **misstänkt** ADJ verdächtig ⟨för gen⟩; **bli ~** in Verdacht kommen; **vara ~** im Verdacht stehen ⟨för wegen⟩ **missunna** vt ⟨1⟩ miss'gönnen ⟨ngn ngt j-m etw⟩ **missunnsam** ADJ neidisch ⟨mot auf akk⟩ **missunnsamhet** ⟨-en; kein pl⟩ Neid m **missuppfatta** vt ⟨1⟩ missverstehen, falsch verstehen **missuppfattning** s Missverständnis n **missvisande** ADJ irreführend; sinnentstellend **missväxt** s Missernte f **missämja** s Uneinigkeit f; Zerwürfnis n **missöde** s N Missgeschick n; Unfall m; **tekniskt ~** technischer Fehler m
mista ['mista] vt ⟨2/1⟩ verlieren **miste** ⟨inv⟩ fehl, falsch; **gå ~** verlustig gehen ⟨om gen⟩; versäumen ⟨om akk⟩; **ta ~ på vägen** den Weg verfehlen; **ta ~ på** ngt sich in etw (dat) irren
mistel ['mistal] ⟨-n; -ar⟩ BOT Mistel f
misär [mi'sæːr] ⟨-en; -er⟩ Elend n, Notlage f, Misere f
mitt¹ [mit] POSS PR → min
mitt² A ⟨-en; kein pl⟩ Mitte f; **i ~en av mars** Mitte März B ADV mitten; ~ **emellan** in der Mitte, (mitten) zwischen; ~ **emot** (gerade) gegenüber; ~ **för** (gerade) vor; ~ **i** mitten darin; ~ **ibland** mitten unter, inmitten; ~ **igenom** mitten durch; ~ **på** mitten auf/ an; ~ **under** mitten in, während, unter; **vara ~ uppe i** ngt mitten in etw (dat) sein, mittendrin sein; ~ **över** gerade/genau über **mittbena** s Mittelscheitel m **mitterst** ADV in der Mitte **mittersta** ADJ mittlere(r, s), mittelste(r, s), Mittel- **mittlinje** s Mittellinie f **mittpunkt** s Mittelpunkt m **mittremsa** s Mittelstreifen m
mix [miks] ⟨-en; -er/-ar⟩ Mischung f, Mix m; Backmischung f **mixa** vt ⟨1⟩ mischen, mixen **mixer** ⟨-n; -ar⟩ Mixer m **mixtra** ⟨1⟩ umg A vi basteln, herumdoktern ⟨med an dat⟩ B vp ~ **i'hop** zusammenbasteln; zusammenmixen **mix'tur** ⟨-en; -er⟩ Mixtur f
mjugg [mjeg] ⟨inv⟩ **i ~** heimlich, verstohlen; **le i ~** sich (dat) ins Fäustchen lachen
mjuk [mjuːk] ADJ weich; umg mollig; geschmeidig, biegsam; sanft **mjuka** vp ⟨1⟩ ~ **'upp** aufweichen, erweichen; SPORT lockern **mjukdelar** PL ANAT Weichteile pl **mjukglass** s Softeis n **mjukhet** ⟨-en; kein pl⟩ Weichheit f, Weiche f; Geschmeidigkeit f, Biegsamkeit f **mjukis** ⟨-en; -ar⟩ umg Softie m **mjuklanda** vi ⟨1⟩ weich landen; fig heil davonkommen **mjukna** vi ⟨1⟩ weich werden, erweichen **mjukost** s Weichkäse m **mjukplast** s weicher Kunststoff m **mjukstart** s weiches Anfahren n; fig allmählicher Anfang m **mjukvara** s IT Software f
mjäkig ['mjɛːkiɡ] ADJ verweichlicht, zimperlich
mjäll¹ [mjɛl] ADJ fein, zart
mjäll² N ⟨-et/-en; kein pl⟩ (Kopf-)Schuppen fl/pl
mjälte ['mjɛltə] ⟨-n; -ar⟩ Milz f **mjälthugg** s N Milzstechen n
mjärde ['mjæːɖa] ⟨-n; -ar⟩ Reuse f
mjöl [mjøːl] N ⟨-et; kein pl⟩ Mehl n **mjöla** vt ⟨1⟩ mit Mehl bestreuen, in Mehl wälzen **mjöldagg** s Mehltau m **mjölig** ADJ mehlig
mjölk [mjølk] ⟨-en; kein pl⟩ Milch f **mjölka** ⟨1⟩ A vt melken; fig anzapfen, aussaugen B vi Milch geben **mjölkaktig** ADJ milchig **mjölkchoklad** [s] Milchschokolade f **mjölke** ⟨-n; -ar⟩ ZOOL Milch f **mjölkflaska** s Milchflasche f **mjölkkanna** s Milchkanne f **mjölkko** s Milchkuh f;

fig melkende Kuh **mjölkkörtel** ⟨s⟩ Milchdrüse *f* **mjölkmaskin** ⟨s⟩ Melkmaschine *f* **mjölkning** ⟨-en; -ar⟩ Melken *n* **mjölkpulver** ⟨n⟩ Milchpulver *n* **mjölksocker** ⟨s n⟩ Milchzucker *m* **mjölksyra** ⟨s⟩ Milchsäure *f* **mjölktand** ⟨s⟩ Milchzahn *m*

mjölnare [ˈmjøːlnarə] ⟨-n; -⟩ Müller(in) *m(f)*

mjölsäck [ˈmjøːlsɛk] ⟨s⟩ Mehlsack *m*

mms [ememˈes] ⟨-:et; -⟩ MMS *f od* n **mms:a** ⟨vt, vi⟩ ⟨1⟩ eine MMS senden, eine MMS schicken

mo [muː] ⟨-n; -ar⟩ Heide *f*; feiner, weicher Sand

mobb [mɔb] ⟨-en; kein pl⟩ Mob *m*, Pöbel *m* **mobba** ⟨vt⟩ ⟨1⟩ ≈ schikanieren; mobben **mobbning** ⟨-en; kein pl⟩ Mobbing *n*

mobil¹ [mubiːl] ADJ mobil

mobil² ⟨-en; -er⟩ Handy *n*

mobilisera [mubiliˈseːra] ⟨vt, vi⟩ ⟨1⟩ mobilmachen, mobilisieren **mobilisering** ⟨-en; -ar⟩ Mobilmachung *f* **mobilkommunikation** [muˈbiːl-] Mobilfunk *m* **mobilnummer** ⟨s n⟩ Handynummer *f* **mobilnät** ⟨s n⟩ Mobilfunknetz *n* **mobilskal** ⟨s; -⟩ **mobilskydd** ⟨n⟩ Handyhülle *f* **mobiltelefon** ⟨s⟩ Handy *n*

mocka¹ [ˈmɔka] ⟨vt, vi⟩ ⟨1⟩ ausmisten; *umg* ≈ gräl Stunk machen, stänkern

mocka² ⟨-n; kein pl⟩ Mokka *m*

mocka³ ⟨-n; kein pl⟩ Wildleder *n* **mockajacka** ⟨s⟩ Wildlederjacke *f* **mockaˈsin** ⟨-en; -er⟩ Mokassin *m* **mockaskinn** [ˈmɔkaʃin] ⟨s n⟩ Wildleder *n* **mockasko** ⟨s⟩ Wildlederschuh *m*

mod [muːd] ⟨-et; kein pl⟩ Mut *m*, Tapferkeit *f*; **fatta ~** Mut fassen; **tappa ~et** den Mut verlieren (*od* sinken lassen); **inge ngn ~** j-m Mut machen, j-n ermutigen; **ta ~ till sig** sich (*dat*) ein Herz fassen, Mut aufbringen; **i hastigt ~** im Jähzorn; **med glatt ~** frohen Mutes; **till ~s** zumute; **vara vid gott ~** guten Mutes sein

modd [mɔd] ⟨-en; kein pl⟩ Matsch *m* **moddig** ADJ matschig

mode [ˈmuːda] N ⟨-t; -n⟩ Mode *f*; **följa (med) ~t** mit der Mode gehen; **enligt senaste ~t** nach der neuesten Mode; **komma/vara på ~et** Mode werden/sein; **komma ur ~t** aus der Mode kommen; **vara ur ~t** nicht mehr Mode sein **modedocka** *fig* ⟨s⟩ Modepüppchen *n* **modefärg** ⟨s⟩ Modefarbe *f* **modejournal** ⟨s⟩ Modejournal *n*, Modezeitschrift *f* **modelejon** ⟨s n⟩ Modenarr *m* **modell** [muˈdɛl] ⟨-en; -er⟩ Modell *n* (*av gen*); **stå ~ för ngn** j-m Modell stehen **modellbygge** ⟨s n⟩ Modellbau *m* **modellera¹** ⟨s⟩ Modellierton *m*, Plastilin *n* **modellˈera²** ⟨vt⟩ ⟨1⟩ modellieren **modellˈering** ⟨-en; -ar⟩ Modellierung *f* **modellflygplan** ⟨s n⟩ Modellflugzeug *n*

modem [muˈdeːm] N ⟨-et; -⟩ IT Modem *n*

modenyck [ˈmuːdənyk] ⟨s⟩ Modelaune *f* **modenyhet** ⟨s⟩ Modeneuheit *f* **modeord** ⟨s n⟩ Modewort *n*

moder [ˈmuːdər] ⟨-n; mödrar⟩ Mutter *f*

moderat [mudəˈraːt] ADJ gemäßigt, mäßig, maßvoll; **Moderata samlingspartiet** *in Schweden* die moderate Sammlungspartei **moderaˈtion** ⟨-en; kein pl⟩ Mäßigung *f*; **med ~** mit Maß **modeˈrera** ⟨vt⟩ ⟨1⟩ abpassen; (er)mäßigen, regulieren

moderiktning [ˈmuːdəriktniŋ] ⟨s⟩ Moderichtung *f*

moderkaka [ˈmuːdərkaːka] ⟨s⟩ MED Mutterkuchen *m* **moderlig** ADJ mütterlich **moderlighet** ⟨-en; kein pl⟩ Mütterlichkeit *f* **moderliv** ⟨s n⟩ Mutterleib *m* **moderlös** ADJ mutterlos

modern [muˈdɛːrn] ADJ modern, neuzeitlich, zeitgemäß; **~a språk** *pl* neuere Sprachen *pl*; **undervisning i ~a språk** neusprachlicher Unterricht **moderniˈsera** ⟨vt⟩ ⟨1⟩ modernisieren

moderskap [ˈmuːdərskaːp] ⟨-et; kein pl⟩ Mutterschaft *f* **moderskärlek** ⟨s⟩ Mutterliebe *f* **modersmjölk** ⟨s⟩ Muttermilch *f* **modersmål** ⟨s n⟩ Muttersprache *f*; *Schulfach* Schwedisch *n* **modersmålstalare** ⟨s⟩ Muttersprachler(in) *m(f)*

modesak [ˈmuːdəsaːk] ⟨s⟩ Modeartikel *m*; *fig* Modesache *f* **modeskapare** ⟨s⟩ Modeschöpfer(in) *m(f)* **modetecknare** ⟨s⟩ Modezeichner(in) *m(f)* **modetidning** ⟨s⟩ Modezeitschrift *f*

modfälld [ˈmuːdfɛld] ADJ entmutigt, verzagt, kleinlaut; **göra ~** entmutigen; **bli ~** den Mut sinken lassen

modifiera [mudifi'e:ra] _VT_ ⟨1⟩ modifizieren, abändern, umgestalten; mäßigen; einschränken **modifika'tion** ⟨-en; -er⟩ Abänderung f, Umgestaltung f; Mäßigung f; Einschränkung f

modig [ˈmuːdi(g)] _ADJ_ mutig, kühn, beherzt, unverzagt; _umg_ **han väger sina ~a hundra kilo** er wiegt gut und gern seine hundert Kilo

modist [muˈdist] ⟨-en; -er⟩ Hutmacher(in) m(f)

modlös [ˈmuːdløːs] _ADJ_ mutlos **modlöshet** ⟨-en; kein pl⟩ Mutlosigkeit f

modstulen _ADJ_ → modfälld

modul [mɔˈduːl] ⟨-en; -er⟩ Modul m

mogen [ˈmuːgən] _ADJ_ reif; reiflich; **efter moget övervägande** nach reiflicher Überlegung **mogna** _VI_ ⟨1⟩ reifen, reif werden **mognad** ⟨-en; kein pl⟩ Reife f

mojna [ˈmɔjna] _VI_ ⟨1⟩ SCHIFF abflauen

mojäng [mɔˈjɛŋ] ⟨-en; -er⟩ _umg_ Sache f, Ding(s) n, Apparat m

mola [ˈmuːla] _VI_ ⟨1⟩ anhaltend leicht schmerzen; **~nde värk** anhaltender Schmerz

molekyl [mɔleˈkyːl] ⟨-en; -er⟩ Molekül n **molekylvikt** _S_ Molekulargewicht n

moll [mɔl] ⟨inv⟩ MUS Moll n

mollusk [mɔˈlɵsk] ⟨-en; -er⟩ Molluske f, Weichtier n

moln [moːln] _N_ ⟨-et; -⟩ Wolke f; Gewölk n _koll_ **molnfri** _ADJ_ wolkenlos **molnig** _ADJ_ wolkig **molnighet** ⟨-en; kein pl⟩ växlande ~ Wetterbericht wechselnde Bewölkung **molntäcke** _S_ _N_ Wolkendecke f, Bewölkung f **molntäckt** _ADJ_ bewölkt, bedeckt, bezogen

moloken [ˈmuːluːkən] _umg_ _ADJ_ niedergeschlagen

momang [muˈmaŋ] ⟨-en; -er⟩ _umg_ på **~en** augenblicklich, sofort

moment [mɔˈmɛnt] _N_ ⟨-et; -⟩ **1** Augenblick m, Moment m **2** Moment n; Bestandteil m; Punkt m; Absatz m

moms [mɔms] ⟨-en; kein pl⟩ Mehrwertsteuer f

monark [muˈnark] ⟨-en; -er⟩ Monarch m **monar'ki** ⟨-n; -er⟩ Monarchie f **monar'kist** ⟨-en; -er⟩ Monarchist(in) m(f) **monar'kistisk** _ADJ_ monarchistisch

monitor [ˈmɔnitɔr] ⟨-n; -er⟩ TV, COMPUT Monitor m

monogam [mɔnɔˈgaːm] _ADJ_ monogam **monoga'mi** ⟨-n; kein pl⟩ Monogamie f, Einehe f **monogra'fi** ⟨-n; -er⟩ Monografie f, Einzeldarstellung f **monogram** _SN_ Monogramm n

monokel [mɔˈnɔkəl] ⟨-n; -ar⟩ Monokel n, Einglas n

monolog ⟨-en; -er⟩ Monolog m, Selbstgespräch n

monopol [mɔnɔˈpoːl] _N_ ⟨-et; -⟩ Monopol n **monopoli'sera** _VT_ ⟨1⟩ monopolisieren

monote'ism ⟨-en; kein pl⟩ Monotheismus m **monote'ist** ⟨-en; -er⟩ Monotheist(in) m(f)

monoton [mɔnɔˈtoːn] _ADJ_ eintönig, monoton **monoto'ni** ⟨-n; kein pl⟩ Eintönigkeit f, Monotonie f

monster [ˈmɔnstər] _N_ ⟨-et; -⟩ Ungeheuer n, Scheusal n, Monstrum n **monstr(u)ös** _ADJ_ ungeheuerlich, monströs

monsun [mɔnˈsɵːn] ⟨-en; -er⟩ Monˈsun m

montage [mɔnˈtaːʃ] _N_ ⟨-et; -⟩ Montage f

monter [ˈmɔntər] ⟨-n; -ar⟩ Vitrine f, Schaukasten m

mon'tera _VT_ ⟨1⟩ aufstellen, aufbauen, montieren **mon'tering** ⟨-en; -ar⟩ Aufbau m, Montierung f, Zusammenbau m; Montage f **mon'teringsfärdig** _ADJ_ vorgefertigt; einbaufertig; **~t hus** Fertighaus n **mon'tör** ⟨-en; -er⟩ Monteur(in) m(f)

monument [mɔnəˈmɛnt] _N_ ⟨-et; -⟩ Denkmal n, Monument n **monumen-'tal** _ADJ_ monumental

moped [muˈpeːd] ⟨-en; -er⟩ Moped n, Mofa n **mope'dist** ⟨-en; -er⟩ Mopedfahrer(in) m(f)

mopp [mɔp] ⟨-en; -ar⟩ Mopp m

moppa [ˈmɔpa] _VT_ ⟨1⟩ moppen

moppe [ˈmɔpə] **1** ⟨-n; -ar⟩ _umg_ Moped n **2** ⟨inv⟩ _umg_ **få på ~** eins aufs Dach bekommen

mops [mɔps] ⟨-en; -ar⟩ Mops m

mopsa [ˈmɔpsa] _umg_ _VR_ ⟨1⟩ **~ sig** frech werden **mopsig** _umg_ _ADJ_ frech

mor[1] [muːr, moːr] ⟨-n⟩ Maure m; Mohr m

mor[2] [muːr] ⟨-n; mödrar⟩ Mutter f; **~s dag** Muttertag m

moral [muˈrɑːl] ⟨-en; -er⟩ Moral f **mo-**

ralbegrepp S/N Moralbegriff m **morali'sera** VT ⟨1⟩ moralisieren **moralisk** ADJ moralisch, sittlich **moralkaka** umg S, **moralpredikan** S Moralpredigt f
morbro(de)r ['mʊrbruːdə)r] S mütterlicherseits Onkel m
mord [muːɖ] N ⟨-et; -⟩ Mord m, Mordtat f; begå ~ einen Mord begehen/verüben (på an dat) **mordbrand** S Brandstiftung f **mordbrännare** S Brandstifter(in) m(f) **mordförsök** S/N Mordversuch m **mordisk** ADJ morderisch **mordlysten** ADJ mordgierig **mordvapen** S/N Mordwaffe f
morfar ['mʊrfa(də)r] S mütterlicherseits Großvater m, Opa m; **~s far/mor** Urgroßvater/Urgroßmutter m/f
morfin [mɔrˈfiːn] N ⟨-et/-en; kein pl⟩ Morphium n **morfinbegär** S/N Morphiumsucht f **morfin'ist** ⟨-en; -er⟩ Morphiumsüchtige(r) m/f(m) **morfinspruta** S Morphiumspritze f
morföräldrar ['muːrfœrəldrar] PL mütterlicherseits Großeltern pl; **fars/mors ~** Urgroßeltern
morgon ['mɔrɔn] ⟨-en; morgnar⟩ Morgen m; **god ~!** guten Morgen!; **en ~** eines Morgens; **i ~** morgen; **i ~ bitti** morgen früh; **i ~ kväll** morgen Abend; **på ~en** morgens, am Morgen; **tidigt på ~en** frühmorgens, am frühen Morgen; **på/om mor(g)narna** morgens; **~en därpå** am nächsten Morgen; **från ~ till kväll** vom Morgen bis zum Abend; **från tidigt på morgonen till sent på kvällen** von früh bis spät **morgonbön** S Morgengebet n, Morgenandacht f **morgondag** S morgiger Tag m **morgondimma** S Frühnebel m **morgongåva** S Morgengabe f **morgonhumör** S/N dåligt S üble Morgenlaune f **morgonkrök** S, **morgonkvist** S på ~en am frühen Morgen, frühmorgens **morgonluft** S Morgenluft f **morgonmål** S/N Frühstück n **morgonnyheter** PL RADIO, TV Frühnachrichten pl **morgonpigg** ADJ vara ~ ein Frühaufsteher sein; **inte vara ~** morgens müde und verschlafen sein **morgonrock** S Morgenrock m **morgonrodnad** S Morgenröte f, Morgenrot n **morgonstund** S Morgenstunde f **morgontidig** ADJ vara ~ ein Frühaufsteher sein **morgontidning** S Morgenzeitung f
morkulla ['muːrkʊla] S ZOOL (Wald-)Schnepfe f
mormo(de)r ['murmu(də)r] S mütterlicherseits Großmutter f, Oma f; **~s far/mor** Urgroßvater/Urgroßmutter m/f
morot ['muːruːt] ⟨-en; morötter⟩ Mohrrübe f, Möhre f, Karotte f; fig Lockmittel n **morotsfärgad** ADJ mohrrübengelb
morra ['mɔra] VT ⟨1⟩ knurren, murren; **~ åt ngn** j-n anknurren **morrhår** S N/PL Schnurrhaare pl **morrning** ⟨-en; -ar⟩ Knurren n, Murren n
morsa¹ [mʊʂa] ⟨-n; -or⟩ umg Mutter f, Alte f
morsa² VT ⟨1⟩ grüßen
morse ['mɔʂə] ⟨inv⟩ **i ~** heute Morgen; **i går ~** gestern Morgen
morsgris ['muʂgriːs] umg S Mutterkind n, Muttersöhnchen n
morsk [muʂk] ADJ keck **morska** VP ⟨1⟩ **~ 'upp sig** Mut fassen **morskhet** ⟨-en; kein pl⟩ Keckheit f
mortel [muːʈəl, -ˈmuː-] ⟨-n; -ar⟩ Mörser m **mortelstöt** S Stößel m
morän [muˈrɛːn] ⟨-en; -er⟩ Moräne f
mos [mʊs] S ⟨-et; kein pl⟩ Mus n, Brei m **mosa** VT ⟨1⟩ zerquetschen **mosig** ADJ musig, breiig; fig rot und aufgedunsen; angesäuselt, benebelt
moské [mɔsˈkeː] ⟨-n; -er⟩ Moschee f
moskit [mɔsˈkiːt] ⟨-en; -er⟩ Moskito m **moskitnät** S/N Moskitonetz n
mossa ['mɔsa] ⟨-n; -or⟩ Moos n **mosse** ⟨-n; -ar⟩ Moor n **mossig** ADJ moosig **mossklädd** S bemoost
moster ['mʊstər] ⟨-n; -ar⟩ mütterlicherseits Tante f; **fars/mors ~** Großtante f
mot [muːt] PRÄP gegen, wider; auf ... zu; entgegen; **han kom ~ mig** er kam auf mich zu; → emot **mota** ⟨1⟩ A VT treiben; hindern; **~ ngn** j-n hindern, j-m den Weg versperren; **~ Olle i grind** dem Übel vorbeugen B VP **~ 'bort** wegtreiben **motanfall** S/N Gegenangriff m **motarbeta** VT ⟨1⟩ entgegenarbeiten (ngn j-m); bekämpfen **motargument** S/N Gegenargument n **motbevis** S/N Gegenbeweis m **motbevisa** VT ⟨1⟩ widerlegen **motbjudande** ADJ widerlich; zuwider **motdrag** S/N Gegenzug m
motell [muˈtɛl] N ⟨-et; -⟩ Motel n

motgift ['mutjift] S N Gegengift n
motgång S Misserfolg m; i ~en im Unglück
mothugg S N Gegenschlag m; fig Widerstand m
mothårs ADV gegen den Strich
motig ADJ ungünstig, widrig; nachteilig
motighet ⟨-en; -er⟩ Misserfolg m, Widrigkeit f
motion [mut'ʃuːn, mɔ-] ◨ ⟨-en; kein pl⟩ Bewegung f; få ~ sich bewegen ◨ ⟨-en; -er⟩ PARL Antrag m; väcka ~ om ngt einen Antrag auf etw (akk) stellen **motio'nera** VI ⟨1⟩ ◨ (sich) bewegen ◨ PARL ~ om ngt etw beantragen
motionscykel S Heimtrainer m
motionsgymnastik S Gymnastik f
motionsidrott S Ausgleichssport m
motionsslinga S Trimm-dich-Pfad m
motionär [motʃu'nɛːr] ⟨-en; -er⟩ Trimmer m, Freizeitsportler m; PARL Antragsteller(in) m(f)
motiv [mu'tiːv] N ⟨-et; -⟩ Motiv n, (Beweg-)Grund m
motivation ⟨-en; -er⟩ Motivation f
moti'vera VT ⟨1⟩ begründen, motivieren
moti'vering ⟨-en; -ar⟩ Begründung f, Motivierung f; **med ~en att ...** unter dem Vorwand, dass ...
motkandidat ['muːtkandidɑːt] S Gegenkandidat(in) m(f), Mitbewerber(in) m(f)
motljus S N FOTO Gegenlicht n
motlut S N Steigung f
motoffensiv S Gegenoffensive f
motor ['muːtɔr] ⟨-n; -er⟩ Motor m; **elektrisk ~** Elektromotor m; **starta ~n** den Motor anlassen; **stanna ~n** den Motor abstellen
motorbränsle S N Treibstoff m, Kraftstoff m
motorbåt S Motorboot n
motorcykel S Motorrad n, Kraftrad n
motorcyklist S Motorradfahrer(in) m(f)
motordriven ADJ mit Motorantrieb
motorfel S N Motorschaden m, Panne f
motorfordon S N Kraftfahrzeug n
motorförare S Kraftfahrzeugführer(in) m(f)
motorgräsklippare S elektrischer Rasenmäher
motorhuv S Motorhaube f
motori'sera VT ⟨1⟩ motorisieren
motorisk ADJ motorisch
motor'ism ⟨-en; kein pl⟩ Kraftfahrwesen n
motorolja S Motoröl n
motorsnurra umg S Boot n mit Außenbordmotor
motorsport S Motorsport m
motorstopp S N (Motor-)Panne f
motorsåg S Motorsäge f
motortrafik S Kraftwagenverkehr m
motortrafikled S Schnellstraße f
motorvagn S Triebwagen m
motorverkstad S Motorwerkstatt f
motorväg S Autobahn f
motorvärmare ⟨-n; -⟩ Motorvorwärmer m; Standheizung f
motpart ['muːtpɑːʈ] S Gegner(in) m(f); Gegenseite f
motpol S Gegenpol m
motprestation S Gegenleistung f
motsats S Gegenteil n, Gegensatz m; **påstå raka ~en** gerade das Gegenteil behaupten; **i ~ till** im Gegensatz zu
motsatsförhållande S N Gegensatz m
motsatt ADJ entgegengesetzt; gegenüberliegend; gegenteilig, gegensätzlich; **i ~ fall** widrigenfalls
motse VT ⟨4⟩ entgegensehen (dat)
motsida S Gegenseite f
motsols ADV von Westen nach Osten, dem Uhrzeiger entgegen
motspelare S Gegenspieler(in) m(f)
motspänstig ADJ widerspenstig, widerborstig
motstridig ADJ widersprechend
motsträvig ADJ → motspänstig
motströms ADV gegen den Strom
motstycke S N Gegenstück n
motstå ['muːtstɔː] VT ⟨4⟩ widerstehen (dat)
motstående ADJ gegenüberstehend
motstånd S N a. ELEK Widerstand m; **göra ~ mot ngn** j-m Widerstand leisten
motståndare ⟨-n; -⟩ Gegner(in) m(f), Widersacher(in) m(f)
motståndskraft S Widerstandsfähigkeit f; Widerstandskraft f
motståndskraftig ADJ widerstandsfähig
motståndsrörelse S Widerstandsbewegung f
motsvara ['muːtsvɑːrɑ] VT ⟨1⟩ entsprechen (dat); **~nde värde** n Gegenwert m
motsvarighet ⟨-en; -er⟩ Entsprechung f; Übereinstimmung f; Gegenstück n
motsäga VT ⟨4⟩ widersprechen (dat)
motsägande ADJ widersprechend
motsägelse ⟨-n; -r⟩ Widerspruch m
motsätta VR ⟨4⟩ **~ sig** sich widersetzen (dat)
motsättning S Gegensatz m, Gegensätzlichkeit f
motta ['muːtɑː] VT ⟨4⟩ empfangen; erhalten; aufnehmen, entgegennehmen, annehmen; in Empfang nehmen
mottagande N ⟨-t; kein pl⟩ Empfang m; Aufnahme f, Entgegennahme f, Annahme f
mottagare ⟨-n; -⟩ a. RADIO Empfänger(in) m(f)
mottaglig ADJ

empfänglich; zugänglich **mottaglighet** ⟨-en; kein pl⟩ Empfänglichkeit f; Zugänglichkeit f **mottagning** ⟨-en; -ar⟩ a. RADIO Empfang m; Sprechstunde f; Arzt Sprechzimmer n; Handy sakna ~ ein einem Funkloch sein **mottagningsbevis** S̄N̄ Empfangsbescheinigung f, Empfangsbestätigung f **mottagningsrum** S̄N̄ Empfangszimmer n, Sprechzimmer n **mottagningssköterska** S̄ Arzthelfer(in) m(f) **mottagningstid** S̄ Sprechstunde f
motto N̄ ⟨-t; -n⟩ Motto n
motverka ['mu:tværka] V̄T̄ ⟨1⟩ entgegenwirken (dat) **motvikt** S̄ Gegengewicht n **motvilja** S̄ Widerwille m, Abneigung f **motvillig** ADJ widerwillig **motvind** S̄ Gegenwind m; fig ha ~ ankämpfen müssen **motvärn** S̄N̄ Gegenwehr f; sätta sig till ~ sich zur Wehr setzen **motåtgärd** S̄ Gegenmaßnahme f
moussera [mu'se:ra] V̄Ī ⟨1⟩ schäumen; ~nde vin Schaumwein m
mp3-spelare S̄ MP3-Player m
msk ABK (= matsked) EL
mucka ['mɵka] ⟨1⟩ A S̄ umg ~ gräl Streit suchen, stänkern B V̄Ī MIL umg (nach Hause) entlassen werden
mudd [mɵd] ⟨-en; -ar⟩ Bündchen n
mudderverk ['mɵdærværk] S̄N̄ (Eimer-)Bagger m **muddra** V̄T̄, V̄Ī ⟨1⟩ (aus)baggern **muddring** ⟨-en; kein pl⟩ Ausbaggerung f
muff [mɵf] ⟨-en; -ar⟩ Muff m; TECH Muffe f
muffins a. N̄ ⟨-en/-et; -⟩ Muffin m
mugg [mɵg] ⟨-en; -ar⟩ **1** Becher m; umg för fulla ~ar mit größter Geschwindigkeit **2** umg Klo n
mula ['mʉ:la] ⟨-n; -or⟩ Maultier n
mulatt [mʉ'lat] ⟨-en; -er⟩ Mulatte m; Mulattin f
mule ['mʉ:lə] ⟨-n; -ar⟩ Maul n
mulen ['mʉ:lən] ADJ trübe; bewölkt, bedeckt, wolkig; düster
mull [mɵl] ⟨-en; kein pl⟩ Erde f, Humus m
mullbär ['mɵlbæːr] S̄N̄ Maulbeere f **mullbärsträd** S̄N̄ Maulbeerbaum m
muller ['mɵlər] N̄ ⟨-et; kein pl⟩ Grollen n
mullig ['mɵli(g)] umg ADJ mollig, üppig
mullra ['mɵlra] V̄Ī ⟨1⟩ grollen

mulltoa ['mɵltʉːa] umg S̄ Komposttoilette f
mullvad ['mɵlvɑːd] S̄ Maulwurf m; fig Wühler m
mulna ['mʉːlna] V̄Ī ⟨1⟩ trübe werden, sich bewölken; fig sich verfinstern
mul- och klövsjuka ['mʉːlɔklœvˈʃʉːka] S̄ VET Maul- und Klauenseuche f
multimedia ['mɵltimeːdia] PL Multimedia pl **multimedial** ADJ multimedial **multimediapresentation** S̄ Multimediapräsentation f **multimediashow** ['mɵltimeːdiaʃow] f
multinationell ['mɵltinaʃuˈnɛl] ADJ multinational
multiplicera [mɵltipliˈseːra] V̄T̄ ⟨1⟩ multiplizieren **multiplika'tion** ⟨-en; -er⟩ Multiplikation f **multiplika'tionstabell** S̄ Einmaleins n
multna ['mɵltna] V̄Ī ⟨1⟩ (ver)modern
mulåsna ['mʉːloːsna] S̄ Maulesel m
mumie ['mʉːmiə] ⟨-n; -r⟩ Mumie f
mumifi'era V̄T̄ ⟨1⟩ mumifizieren
mumla ['mɵmla] V̄T̄, V̄Ī ⟨1⟩ murmeln, murren; ~ i skägget im Bart murmeln **mummel** N̄ ⟨-et; kein pl⟩ Gemurmel n
mums [mɵms] INTER mmmm; det var ~! das hat aber gut geschmeckt!
mumsa umg V̄Ī ⟨1⟩ mummeln, knabbern, knuspern **mumsig** ADJ lecker
mun [mɵn] ⟨-en; -nar⟩ Mund m; Maul n, Schnauze f; i var mans ~ in aller Munde; med en ~ wie aus einem Munde, einstimmig; dra på ~nen den Mund (zu einem Lächeln) verziehen; hålla ~ den Mund halten; prata i ~nen på varandra durcheinanderreden; prata bredvid ~nen sich verplappern, sich den Mund verbrennen; ta bladet från ~nen kein Blatt vor den Mund nehmen; ta ordet ur ~nen på ngn j-m das Wort aus dem Munde nehmen; täppa till ~nen på ngn j-n mundtot machen
mundering [mɵnˈdeːriŋ] ⟨-en; -ar⟩ MIL Ausrüstung f
mungipa ['mɵnjiːpa] ⟨-n; -or⟩ Mundwinkel m **munhuggas** V̄Ī ⟨dep 4⟩ sich kabbeln **munhygien** S̄ Mundhygiene f **munhåla** S̄ Mundhöhle f
munk [mɵŋk] ⟨-en; -ar⟩ Mönch m; GASTR ≈ Berliner Pfannkuchen
munkavle ['mɵŋkaːvlə] ⟨-n; -ar⟩ Knebel

bel *m*; **sätta ~ på ngn** j-n knebeln
munkkloster ['mɔŋklɔstər] S̄ N̄ Mönchskloster *n* **munkkåpa** S̄ Mönchskutte *f* **munkorden** S̄ Mönchsorden *m*
munkorg ['mʊnkɔrj] S̄ Maulkorb *m; fig* **sätta ~ på ngn** j-m einen Maulkorb anlegen, j-n mundtot machen **munläder** *umg* S̄N̄ **ha gott ~** ein gutes Mundwerk haben **mun-mot-'mun-me'toden** ⟨inv⟩ die Mund-zu-Mund-Beatmung *f* **munsbit** S̄ Bissen *m*, Happen *m* **munskydd** S̄ N̄ Mundschutz *m* **munskänk** S̄ Mundschenk *m* **munspel** S̄ N̄ Mundharmonika *f* **munstycke** S̄ N̄ Mundstück *n*; TECH Düse *f*; *Zigarette* Spitze *f* **munsår** S̄ N̄ Lippenbläschen *pl*
munter ['mʊntər] ADJ munter, heiter **muntergök** *umg* S̄ Spaßvogel *m* **munterhet** ⟨-en; -er⟩ Munterkeit *f*, Heiterkeit *f*
muntlig ['mʊntli(g)] ADJ mündlich **muntligen** ADV mündlich
muntra ['mʊntra] V/P ⟨1⟩ **~ 'upp** aufheitern, erheitern, aufmuntern, ermuntern
munvatten ['mʊnvatən] S̄ N̄ Mundwasser *n* **munväder** S̄ N̄ leeres Gerede, Geschwätz *n*
mur [mʊːr] ⟨-en; -ar⟩ Mauer *f*; **tyst som ~en** verschwiegen wie ein Grab **mura** ⟨1⟩ A V/T mauern B V/P **~ 'för/i'gen** zumauern, vermauern; **~ 'in** einmauern **murare** ⟨-n; -⟩ Maurer(in) *m(f)* **murbruk** S̄ N̄ Mörtel *m* **murgröna** ⟨-n; -or⟩ BOT Efeu *m*
murken ['mʊrkən] ADJ morsch, faul **murkenhet** ⟨-en; kein pl⟩ Morschheit *f*, Fäule *f*
murkla ['mʊrkla] ⟨-n; -or⟩ BOT Morchel *f*
murkna ['mʊrkna] V/I ⟨1⟩ morsch werden, (ver)faulen
murmeldjur ['mʊrməljʊːr] S̄ N̄ ZOOL Murmeltier *n*
murning ['mʊːnɪŋ] ⟨-en; -ar⟩ Mauerung *f*, Mauern *n*
murrig ['mʊri(g)] ADJ brummig; *Farbe* dunkel, stumpf
murslev S̄ Maurerkelle *f*
murvel ['mʊrvəl] ⟨-n; -ar⟩ *umg* Zeitungsschmierer *m*
murverk S̄ N̄ Mauerwerk *n*; Gemäuer *n*

mus [mʊːs] ⟨-en; möss⟩ ZOOL, COMPUT Maus *f*
musa ['mʊːsa] ⟨-n; muser⟩ Muse *f*
museal [mɛsəˈɑːl] ADJ museumsreif **museiföremål** [mɛˈseːi-] S̄ N̄ Museumsstück *n* **museiintendent** S̄ Museumsdirektor(in) *m(f)* **museum** [mɛˈseːəm] N̄ ⟨museet; museer⟩ Museum *n*
musicera [mɛsiˈseːra] V/I ⟨1⟩ musizieren **musik** [mɛˈsiːk] ⟨-en; kein pl⟩ Musik *f*; **lyssna på ~** Musik hören; **sätta ~ till ngt** etw vertonen **musikal** ⟨-en; -er⟩ Musical *n* **musi'kalisk** ADJ musikalisch **musi'kant** ⟨-en; -er⟩ Musikant(in) *m(f)* **musikdirektör** S̄ Musikdirektor(in) *m(f)* **'musiker** ⟨-n; -r⟩ *umg* Musiker(in) *m(f)*, Musikus *m* **musikhandel** S̄ Musikalienhandlung *f* **musikinstrument** S̄ N̄ Musikinstrument *n* **musikkritiker** S̄ Musikrezensent(in) *m(f)* **musikkår** S̄ Musikkorps *n* **musiklektion** S̄ Musikunterricht *m*, Musikstunde *f* **musikstycke** S̄ N̄ Musikstück *n* **musiköra** S̄ N̄ *musikalisches* Gehör *n*
muskel ['mʊskəl] ⟨-n; -er⟩ Muskel *m* **muskelbristning** S̄ Muskelriss *m* **muskelknutte** S̄ Muskelmann *m* **muskelkraft** S̄ Muskelkraft *f* **muskelkramp** S̄ Muskelkrampf *m* **muskelsträckning** S̄ Muskelzerrung *f*
musklick [mɛsˈklik] S̄ N̄ COMPUT Mausklick *m*
muskot ['mʊskɔt] ⟨-en; kein pl⟩ BOT Muskat *m* **muskotblomma** S̄ Muskatblüte *f*
muskulatur [mʊskəlaˈtʊːr] ⟨-en; -er⟩ Muskulatur *f* **muskul'ös** ADJ muskulös, muskelstark
muslim [mɛˈsliːm] ⟨-en; -er⟩ Muslim(in) *m(f)* **muslimsk** ADJ moslemisch, muslimisch
musmatta ['mʊːsmata] S̄ COMPUT Mauspad *n*
mussla ['mʊsla] ⟨-n; -or⟩ Muschel *f*
must [mʊst] ⟨-en; kein pl⟩ Saft *m*, Kraft *f*; Most *m*; **ta/suga ~en ur ngn/ngt** j-m/etw alle Kraft nehmen
mustasch [mʊsˈtɑːʃ] ⟨-en; -er⟩ Schnurrbart *m*
mustig ['mʊsti(g)] ADJ saftig, kräftig; *fig* derb, deftig
muta[1] ['mʊːta] V/P ⟨1⟩ BERGB **~ 'in** mu-

ten
muta² Ⓐ ⟨-n; -or⟩ Bestechung f, Bestechungsgeld n, Schmiergeld n; **ta e'mot mutor** sich bestechen lassen, bestechlich sein Ⓑ V̄T̄ ⟨1⟩ bestechen; *umg* schmieren **mutförsök** S̄ N̄ Bestechungsversuch m **mutning** ⟨-en; -ar⟩ Bestechung f
mutter ['mʊtər] ⟨-n; -ar⟩ TECH Mutter f
muttra ['mɵtra] V̄T̄, V̄I ⟨1⟩ muffeln, murmeln, brummen; **~ för sig själv** vor sich hin brummen
MVG ABKN (= mycket väl godkänd) *Note* ≈ Eins f, sehr gut
mycken ['mʏkən] ADJ → mycket
myckenhet ⟨-en; kein pl⟩ Menge f
mycket Ⓐ ADJ (*komp* mer; *sup* mest) viel, groß; **~ folk** viel(e) Leute; **i mångt och ~** in mancher Hinsicht; **det vill ~ till innan/om ...** es gehört viel dazu, bevor/falls ...; **utan att så ~ som att fråga** ohne auch nur zu fragen Ⓑ ADV sehr; viel; **~ stor** sehr groß; **större ~** viel größer; **lika ~** ebenso viel, gleich viel; gleichviel; **så ~ bättre** viel besser; **resa ~** viel reisen; **det regnar ~** es regnet viel/stark; **det gläder mig ~** es freut mich sehr; **tack så ~!** vielen/besten Dank!
mygel ['my:gəl] *umg* N̄ ⟨-et; kein pl⟩ Mauschelei f
mygg [mʏɡ] P̄L̄ ⟨koll⟩ Mücken pl
mygga ⟨-n; -or⟩ Mücke f **myggbett** S̄ N̄ Mückenstich m **myggbiten** ADJ von Mücken zerstochen **myggmedel** S̄ N̄ Mittel n gegen Mücken **myggnät** S̄ N̄ Mückennetz n **myggsvärm** S̄ Mückenschwarm m
mygla ['my:gla] *umg* V̄I ⟨1⟩ mauscheln
myglare ⟨-n; -⟩ *umg* Mauschler(in) m(f)
mylla ['myla] Ⓐ ⟨-n; -or⟩ Humus m; Gartenerde f Ⓑ V̄P̄ ⟨1⟩ **~ 'ner** mit Erde bedecken, verscharren
myller ['mʏlər] N̄ ⟨-et; kein pl⟩ Gewimmel n, Gewühl n **myllra** V̄I ⟨1⟩ wimmeln
myndig ['myndi(ɡ)] ADJ ① mündig, volljährig ② gebieterisch, herrisch **myndigförklara** V̄T̄ ⟨1⟩ für mündig erklären **myndighet** ⟨-en; -er⟩ ① Mündigkeit f, Volljährigkeit f ② Autorität f ③ Befugnis f, Ermächtigung f ④ Behörde f, Stelle f; **lokala ~er** örtliche Dienststellen; **statliga ~er** staatliche Behörden **myndighetsförklaring** S̄ Mündigsprechung f **myndighetsperson** S̄ Amtsperson f, Vertreter(in) m(f) der Behörde **myndling** ⟨-en; -ar⟩ Mündel n
mynna ['myna] ⟨1⟩ Ⓐ V̄I münden Ⓑ V̄P̄ **~ 'ut i** (ein)münden in (*akk*); *fig* hinauslaufen auf (*akk*) **mynning** ⟨-en; -ar⟩ Mündung f
mynt [mʏnt] N̄ ⟨-et; -⟩ Münze f; Geld (-stück) n; **slå ~ av ngt** Kapital aus etw schlagen; **ge igen med samma ~** j-m etw in/mit gleicher Münze heimzahlen
mynta¹ ['mʏnta] ⟨-n; -or⟩ BOT Minze f
mynta² V̄T̄ ⟨1⟩ münzen; prägen **myntenhet** S̄ Münzeinheit f **myntfot** S̄ Münzfuß m; Währung f **myntinkast** S̄ N̄ Geldeinwurf m
myr [my:r] ⟨-en; -ar⟩ Moor n, Sumpf m
myra ['my:ra] ⟨-n; -or⟩ Ameise f; *umg* **ha myror i byxan** Hummeln im Hintern haben; *umg* **sätta myror i huvudet på ngn** j-m einen Floh ins Ohr setzen **myrstack** S̄ Ameisenhaufen m
myrten ['mʏʈən] ⟨-; myrtnar⟩ Myrte f **myrtenkrona** S̄ Myrtenkranz m
mys [my:s] *umg* N̄ ⟨-et; kein pl⟩ Gemütlichkeit f **mysa** V̄I ⟨2⟩ schmunzeln (åt ngt über etw akk); **sitta och ~ i soffan** es sich auf dem Sofa gemütlich machen **myshörna** S̄ Kuschelecke f
mysig *umg* ADJ gemütlich; kuschelig
mysk [mʏsk] ⟨-en; kein pl⟩ Moschus m **myskoxe** S̄ Moschusochse m
müsli ['my:sli] ⟨-n; kein pl⟩ Müsli n
mysterium [mʏˈsteːriəm] N̄ ⟨mysteriet; mysterier⟩ Mysterium n, Geheimnis n **mysteri'ös** ADJ mysteriös, geheimnisvoll **mysticism** [mʏstiˈsɪsm] ⟨-en; -er⟩ Mystizismus m **mystifi'era** V̄T̄ ⟨1⟩ mystifizieren; täuschen **my'stik** ⟨-en; kein pl⟩ Mystik f **mystiker** ['mʏs-] ⟨-n; -⟩ Mystiker(in) m(f) **mystisk** ADJ mystisch
myt [my:t] ⟨-en; -er⟩ Mythos m, Mythus m
myteri [mʏtaˈriː] N̄ ⟨-t; -er⟩ Meuterei f; **göra ~** meutern **myte'rist** ⟨-en; -er⟩ Meuterer m
mytisk ['my:tisk] ADJ mythisch, sagenhaft **mytolo'gi** ⟨-n; -er⟩ Mythologie f **myto'logisk** ADJ mythologisch

må¹ [mo:] VI ⟨3⟩ sich fühlen; **hur ~r du?** wie geht es dir?; **jag ~r bra** mir geht es gut; ich fühle mich wohl; **jag ~r inte bra av det** es bekommt mir schlecht; **jag ~r illa** mir ist übel; **~ så gott!** lass es dir gut gehen!

må² V[AUX OHNE INF U. PERF] ⟨präs må; imperf måtte⟩ oft mit konjkt wiedergegeben mag(st), mögen, mögt; **~ vara** mag sein, schon möglich; **~ så vara!** meinetwegen!; **det ~ jag säga** das muss ich sagen; **det ~ vara hur det vill med det** wie dem auch sei; **det ~ kosta vad det vill** koste es, was es wolle; **vad som än ~ komma** komme, was da wolle; **vem det vara ~** wer es auch (immer) sei/sein mag; **~tte han komma** wenn er doch käme, möge er doch kommen; **han ~tte väl komma** er wird/muss doch kommen

måfå [ˈmoːfoː] ⟨inv⟩ **på ~** aufs Geratewohl, auf gut Glück, ins Blaue hinein

måg [moːg] ⟨-en; -ar⟩ Schwiegersohn m

måhända [moˈhɛnda] ADV vielleicht

mål¹ [moːl] N ⟨-et; -⟩ ❶ Stimme f; Sprache f; Mundart f; **ha ~ i mun** nicht auf den Mund gefallen sein; **sväva på ~et** zögernd/unsicher sprechen, stocken ❷ JUR Prozess m, Sache f; **i otrångt ~** ohne zwingenden Grund, unnötigerweise ❸ Ziel n; Tor n; **nå ~et** das Ziel erreichen; fig **skjuta över ~et** übers Ziel hinausschießen; **göra ~** ein Tor schießen; **stå i ~** im Tor stehen ❹ Mahl n, Mahlzeit f; **äta tre ~ om dagen** drei Mahlzeiten am Tag essen

måla [ˈmoːla] ⟨1⟩ A VT, VI malen; (an)streichen B VP **~ 'av** abmalen; **~ 'över** übermalen; überstreichen **målande** ADJ anschaulich, lebhaft **målarateljé** S Maleratelier n **målarbok** S Malbuch n **målare** ⟨-n; -⟩ Maler(in) m(f) **målarfärg** S Malerfarbe f **målaˈrinna** ⟨-n; -or⟩ Malerin f

målbrott [ˈmoːlbrɔt] S N Stimmbruch m; **han är i ~et** er ist im Stimmbruch

målbur [ˈmoːlbʉːr] S SPORT Tor n **måldomare** S SPORT Zielrichter(in) m(f)

måleri [moːleˈriː] N ⟨-et; -er⟩ Malerei f

måˈlerisk ADJ malerisch

målföre [ˈmoːlfœːrə] S N Stimme f; **tappa ~t** die Sprache verlieren

målgrupp [ˈmoːlɡrɵp] S Zielgruppe f

målgörare ⟨-n; -⟩ SPORT Torschütze m

mållös [ˈmoːløːs] ADJ ❶ sprachlos, stumm (av vor) ❷ ziellos ❸ SPORT torlos

målmedveten [ˈmoːlmeːd'veːtən] ADJ zielbewusst, zielstrebig **målmedvetenhet** ⟨-en; kein pl⟩ Zielstrebigkeit f

målning [ˈmoːlnɪŋ] ⟨-en; -ar⟩ Malen n, Malerei f; (Farb-)Anstrich m; Gemälde n, Bild n

målskjutning [ˈmoːlʃʉtnɪŋ] ⟨-en; -ar⟩ Scheibenschießen n **målskytt** S SPORT Torschütze m

målsman [ˈmoːlsman] S Vormund m, Erziehungsberechtigte(r) m/f(m)

målsnöre [ˈmoːlsnœːrə] S N Zielband n **målstolpe** [ˈmoːlstɔlpə] S SPORT Torpfosten m

målsägare [ˈmoːlsɛːɡarə] S JUR Kläger(in) m(f)

målsättning [ˈmoːlsɛtnɪŋ] S Zielsetzung f **måltavla** S Zielscheibe f

måltid [ˈmoːltiːd] S Mahlzeit f **måltidsdryck** S Tischgetränk n

målvakt [ˈmoːlvakt] S SPORT Torwart m

mån¹ [moːn] ⟨-en; kein pl⟩ Maß n; **i ~ av behov** je nach Bedarf; **i möjligaste ~** tunlichst; **i den ~ som** in dem Maße wie; **i ngn ~** einigermaßen; im Geringsten; **i samma ~** gleichermaßen; **i viss ~** gewissermaßen; **i vad ~** inwiefern, inwieweit

mån² ADJ **vara ~ om ngn** in n besorgt sein; **vara ~ om sig** auf seinen Vorteil bedacht sein; **vara ~ om ngt** genau mit etw (dat) sein; **jag är ~ om det** es liegt mir daran, es ist mir daran gelegen

månad [ˈmoːnad] ⟨-en; -er⟩ Monat m; **i maj ~** im Monat Mai; **en ~s uppsägning** monatliche Kündigung; **i (flera) ~er** monatelang; **inom en ~s tid** in Monatsfrist **månadsbiljett** S, **månadskort** S N Monatskarte f **månadshyra** S Monatsmiete f **månadslång** ADJ monatelang **månadslön** S Monatsgehalt n **månadsskifte** S N Monatswende f **månadsvis** ADV monat(s)weise

månatlig [ˈmoːnatlɪ(ɡ)] ADJ (all)monatlich

måndag [ˈmɔndaɡ] S Montag m

måne [ˈmoːnə] ⟨-n; -ar⟩ Mond m; umg

Glatze f; gubben i ~n der Mann im Mond **månfas** S̄ Mondphase f **månfärd** S̄ Mondfahrt f **månförmörkelse** S̄ Mondfinsternis f

många ['mɔŋa] PRON viele, manche **mångahanda** ADJ vielerlei, mancherlei **mångdubbel** ADJ vielfach **mångdubbla** VT ⟨1⟩ vervielfachen **mången** PRON mancher; ~ gång manchmal, manches Mal; mångt och mycket mancherlei, vielerlei; i mångt och mycket in mancher Beziehung; in vielerlei Hinsicht **mångfald** ⟨en; -er⟩ Vielfalt f, Vielfältigkeit f; MATH Vielfache(s) **mångfaldig** ADJ vielfach, vielfältig **mångfaldiga** VT ⟨1⟩ vervielfachen **mångfärgad** ADJ vielfarbig **månggifte** S̄ N̄ Vielehe f, Polygamie f **månghörning** ⟨en; -ar⟩ Vieleck n **mångkulturell** ADJ multikulturell **mångkunnig** ADJ viel wissend **mångkunnighet** ⟨en; kein pl⟩ vielseitige Bildung, Gelehrtheit f **mångmiljonär** S̄ vielfacher Millionär m **mångordig** ADJ weitschweifig, umständlich **mångordighet** ⟨en; kein pl⟩ Weitschweifigkeit f, Umständlichkeit f **mångsidig** ADJ vielseitig **mångsidighet** ⟨en; kein pl⟩ Vielseitigkeit f **mångsiffrig** ADJ vielstellig **mångskiftande** ADJ wechselvoll; abwechslungsreich **mångstämmig** vielstimmig **mångsysslare** ⟨n; -⟩ vara en ~ auf vielen Gebieten tätig sein **mångtydig** PRON → mången **mångtydig** ADJ vieldeutig **mångårig** ADJ langjährig

månlandning ['moːnlandniŋ] S̄ Mondlandung f **månlandskap** S̄ N̄ Mondlandschaft f **månljus** A ADJ mondhell B S̄ N̄ Mondlicht n, Mondhelle f

månne ['mɔnə], **månntro** ADV etwa, ob; ~ han är där? ob er (wohl) da ist?; vad är klockan ~? wie spät kann es sein?

månraket ['moːnraːkət] S̄ Mondrakete f **månsken** S̄ N̄ Mondschein m **månskifte** S̄ N̄ Mondwechsel m **månskära** S̄ Mondsichel f

mård [moːɖ] ⟨-en; -ar⟩ ZOOL Marder m **mårtensafton** S̄ Vorabend m des Martinstages **mårtensgås** S̄ Martinsgans f

mås [moːs] ⟨-en; -ar⟩ ZOOL Möwe f **måste** ['mɔstə] A N̄ ⟨-t; -n⟩ Muss n B V/AUX OHNE INF ⟨irr⟩ müssen; jag ~ gå ich muss(te) gehen

mått [mɔt] N̄ ⟨-et; -⟩ Maß n; hålla ~et den Erwartungen entsprechen, sich bewähren; ta ~ ta ngn bei j-m Maß nehmen; ~ och steg Maßnahmen pl, Maßregeln pl, Vorkehrungen pl; efter ~ nach Maß (gefertigt); i rikt ~ reichlich; av stora ~ großen Stils

måtta¹ ['mɔta] ⟨1⟩ A VT Schlag richten, führen (mot gegen) B VI zielen (åt nach); nach Augenmaß berechnen

måtta² ⟨-n; kein pl⟩ Maß n, Mäßigung f; det ska vara ~ i allt alles mit Maßen; i så måtto in dem Sinne, insofern **måttagning** ⟨-en; -ar⟩ Maßnehmen n **måttband** S̄ Zentimetermaß n; Bandmaß n **måttbeställd** ADJ nach Maß gefertigt; ~ kostym Maßanzug m **måttbeställning** f S̄ Maßanfertigung f **måttbeteckning** S̄ Maßangabe f, Maßbezeichnung f

måtte ['mɔtə] → må²

måttfull ['mɔtfʉl] ADJ maßvoll **måttfullhet** ⟨-en; kein pl⟩ Mäßigkeit f, Mäßigung f, Maß n **måttlig** ADJ mäßig **måttlös** ADJ maßlos **måttstock** S̄ Maßstab m

mähä ['mɛːhɛː] umg N̄ ⟨-et; -n⟩ Einfaltspinsel m, Trottel m; alberne Gans f

mäkla ['mɛːkla] VT, VI ⟨1⟩ vermitteln; WIRTSCH makeln **mäklararvode** S̄ N̄ WIRTSCH Maklergebühr f **mäklare** ⟨-n; -⟩ Vermittler(in) m(f); WIRTSCH Makler(in) m(f) **mäklarfirma** S̄ Maklerfirma f

mäkta ['mɛkta] A ADV mächtig, gewaltig B VT, VI ⟨1⟩ vermögen, können; bewältigen **mäktig** ADJ mächtig; Essen schwer, deftig **mäktighet** ⟨-en; kein pl⟩ Mächtigkeit f; Schwere f

mängd [mɛŋd] ⟨-en; -er⟩ Menge f; oerhörd ~ a. Unmenge f; i ~er in Mengen, in Massen **mängdlära** S̄ Mengenlehre f **mängdrabatt** S̄ Mengenrabatt m

människa [mɛˈniʃa] ⟨-n; -or⟩ Mensch m; **människor** a. Leute; vara som en annan ~ wie ausgewechselt sein **människofientlig** ADJ menschenfeindlich **människohandel** S̄ Menschenhandel m **människokännare**

S̄ Menschenkenner(in) m(f) **människokärlek** S̄ Menschenliebe f **människoliv** S̄N̄ Menschenleben n **människomassa** S̄ Menschenmenge f **människooffer** S̄N̄ Menschenopfer n **människoskygg** ADJ menschenscheu **människosläkte** S̄N̄ Menschengeschlecht n **människovän** S̄ Menschenfreund m **människovänlig** ADJ menschenfreundlich **människovärde** S̄N̄ Menschenwürde f **människovärdig** ADJ menschenwürdig **människoätare** ⟨-n; -⟩ Menschenfresser(in) m(f)
mänsklig ['mɛnskli(g)] ADJ menschlich **mänsklighet** ⟨-en; kein pl⟩ Menschlichkeit f; Menschheit f
märg [mærj] ⟨-en; kein pl⟩ Mark n; **gå genom ~ och ben** durch Mark und Bein gehen **märgpipa** S̄ Markknochen m
märka ['mærka] ⟨2⟩ A VT (be)merken; (ver)spüren; wahrnehmen; (kenn)zeichnen; **~ ngn** j-n bemerken; **~ ngt på ngn** j-m etw anmerken; **~ ord** Worte klauben; **märk väl!** wohlgemerkt! B VP **~ 'ut** kennzeichnen, bezeichnen **märkas** VI/ ⟨dep 2⟩ **det märks** das merkt/spürt man; **det märks inte alls** das fällt gar nicht auf **märkbar** ADJ spürbar, merkbar, sichtbar, merklich; **~t** a. zusehends, sichtlich **märke** N̄ ⟨-t; -n⟩ (Merk-)Mal n, Zeichen n; Abdruck m; Abzeichen n; BOT Narbe f; a. TECH u. Post Marke f; **lägga ~ till ngt** etw bemerken/beachten; sich (dat) etw merken; **lägga ~ till ngn** j-n bemerken; **värd att lägga ~ till** bemerkenswert, beachtenswert **märkesjeans** S̄ Designerjeans f **märkeskläder** PL Designerkleidung f **märkesvara** S̄ WIRTSCH Markenware f
märklig ADJ denkwürdig, bemerkenswert; merkwürdig, sonderbar
märkning ⟨-en; -ar⟩ Zeichen n
märkvärdig ADJ merkwürdig, eigenartig, seltsam; **~t nog** merkwürdigerweise, sonderbarerweise
märr [mær] ⟨-en; -ar⟩ Mähre f, Stute f
mäsk [mɛsk] ⟨-en; kein pl⟩ Maische f
mäss [mɛs] ⟨-en; -ar⟩ Messe f, Kantine f
mässa ['mɛsa] A ⟨-n; -or⟩ Messe f B VI/ die Messe singen; herunterbeten **mässhake** S̄ Messgewand n **mässhall** S̄ Messehalle f
mässing ['mɛsiŋ] ⟨-en; kein pl⟩ Messing n; umg **i bara ~en** splitterfasernackt **mässingsinstrument** S̄N̄ Blechinstrument n **mässingsplåt** S̄ Messingblech n; Messingschild n
mässkrud ['mɛskruːd] S̄ Messgewand n
mässling ['mɛsliŋ] ⟨-en; kein pl⟩ MED Masern pl
mässområde ['mɛsɔmˈroːdə] S̄N̄ Messegelände n
mästare ['mɛstarə] ⟨-n; -⟩ Meister m **mästarinna** ⟨-n; -or⟩ Meisterin f **mästarklass** S̄ Meisterklasse f **mästarprov** S̄N̄ Meisterstück n
mäster ['mɛstər] ⟨-n; -⟩ Titel Meister m **mästerkock** S̄ Meisterkoch m **mästerlig** ADJ meisterhaft, meisterlich **mästerskap** N̄ ⟨-et; -⟩ Meisterschaft f **mästerskapstitel** S̄ Meisterschaftstitel m **mästerskytt** S̄ Meisterschütze m **mästerstycke** S̄N̄ Meisterstück n **mästerverk** S̄N̄ Meisterwerk n **mästra** VT/ ⟨1⟩ schulmeistern
mäta ['mɛːta] ⟨2⟩ A VT messen; **~ fel** sich vermessen; **~ i meter** nach Metern messen; **kunna ~ sig med ngn es mit j-m aufnehmen können, an j-n heranreichen** B VP **~ 'av** abmessen; **~ 'upp** abmessen, vermessen; **~ 'ut** ausmessen **mätare** ⟨-n; -⟩ Messer m, Anzeiger m; ELEK Zähler m, Uhr f; fig Maßstab m; ZOOL Spanner m **mätartavla** S̄ Messtafel f **mätbar** ADJ messbar **mätbarhet** ⟨-en; kein pl⟩ Messbarkeit f **mätglas** S̄N̄ Messbecher m, Messglas n **mätinstrument** S̄N̄ Messgerät n **mätning** ⟨-en; -ar⟩ Messen n, (Ver-)Messung f **mätsticka** S̄ Messstab m
mätt [mɛt] ADJ satt (av/på von); zufrieden; **se sig ~ på ngt** sich an etw (dat) sattsehen **mätta** VT, VI ⟨1⟩ sättigen, satt machen; **~d** gesättigt **mättande** ADJ sättigend **mätthet** ⟨-en; kein pl⟩ Sattheit f **mättnad** ⟨-en; kein pl⟩ Sättigung f
mö [møː] ⟨-n; -er⟩ Jungfrau f; Jungfer f; poet Maid f
möbel ['møːbəl] ⟨-n; -er⟩ Möbel n **möbelaffär** S̄ Möbelgeschäft n, Einrichtungshaus n **möbelpolityr** S̄ Möbelpolitur f **möbelsnickare** S̄

Möbelschlein(in) m(f) **möblemang** N ⟨-et; -⟩ Möbel n/pl, Einrichtung f **mö'blera** ⟨1⟩ **A** VT möblieren, einrichten; **hyra ~t rum** möbliert wohnen **B** VP ~ **'om** ummöblieren **möblering** ⟨-en; -ar⟩ Möblierung f, Einrichtung f

möda ['mø:da] ⟨-n; -or⟩ Mühe f; **med ~** mit knapper Not; **göra sig ~** sich Mühe geben; **ha all ~ med** seine liebe Not haben mit; **det är inte ~n värt** es lohnt nicht die Mühe; **få lön för ~n** für seine Mühe belohnt werden

mödom ['mø:dum] S Jungfernschaft f

mödosam ['mø:dusam] ADJ mühsam, mühselig, mühevoll

mödravård ['mø:dravo:ɖ] S Mütterberatung f **mödravårdscentral** S Mütterberatungsstelle f

mögel ['mø:gəl] N ⟨-et; kein pl⟩ Schimmel m **mögelost** S Schimmelkäse m **mögelsvamp** S Schimmelpilz m **mögla** ⟨1⟩ (ver)schimmeln **möglig** ADJ schimm(e)lig, stockig

möhippa ['mø:hipa] ⟨-n; -or⟩ umg vor der Hochzeit Abschiedsfeier f für die Braut, ≈ Polterabend m

möjlig ['mœjli(g)] ADJ möglich; **allt ~t** alles Mögliche; **om ~t** wo möglich, wenn (es) möglich (ist); **(den) bästa ~a** der bestmögliche ...; **med minsta ~a ansträngning** mit der geringstmöglichen Mühe; **på kortast ~a tid** in möglichst kurzer Zeit; **i ~aste mån** möglichst, tunlichst; **så snart som ~t** so bald wie/als möglich; möglichst bald **möjligen** ADV möglicherweise, womöglich; etwa **möjliggöra** VT ⟨4⟩ ermöglichen **möjlighet** ⟨-en; -er⟩ Möglichkeit f; **inom ~ernas gränser** im Bereich der Möglichkeiten **möjligtvis** ADV möglicherweise

mönster ['mønstər] N ⟨-et; -⟩ Muster n **mönstergill** ADJ musterhaft, mustergültig

mönstra ['mønstra] VI ⟨1⟩ mustern, MIL sich als Soldat melden, gemustert werden; **~d** gemustert **mönstring** ⟨-en; -ar⟩ Prüfung f, Musterung f

mör [mœr] ADJ mürbe, weich **mörbulta** VT ⟨1⟩ weichklopfen; fig umg windelweich schlagen; **jag är alldeles ~d** ich bin wie zerschlagen/gerädert

mörda ['mœ:ɖa] VT ⟨1⟩ (er)morden **mördande** ADJ mörderisch, vernichtend **mördare** ⟨-n; -⟩ Mörder(in) m(f)

mördeg ['mœ:de:g] S Mürbeteig m **mörhet** ⟨-en; kein pl⟩ Mürbheit f

mörk [mœrk] ADJ dunkel, finster; **se ~ ut** ein finsteres Gesicht machen; fig **det ser ~t ut** es sieht düster/trübe aus **mörka** VT ⟨1⟩ verschleiern **mörkblå** ADJ dunkelblau; POL ultrakonservativ **mörker** N ⟨-et; kein pl⟩ Dunkel(heit f) n, Finsternis f; **i nattens ~** a. bei Nacht und Nebel; **vid mörkrets inbrott** bei Einbruch der Dunkelheit **mörkerkörning** S Nachtfahrt f **mörkertal** S N Dunkelziffer f **mörkhyad** ADJ dunkelhäutig **mörkhårig** ADJ dunkelhaarig **mörklagd** ADJ dunkelhäutig; verdunkelt **mörklägga** VT ⟨4⟩ verdunkeln **mörkläggning** S Verdunk(e)lung f **mörkna** VI ⟨1⟩ dunkeln, dunkel werden; sich verfinstern; nachdunkeln **mörkrum** S N Dunkelkammer f **mörkrädd** ADJ vara ~ sich im Dunkeln fürchten **mörkögd** ADJ dunkeläugig

mört [mœʈ] ⟨-en; -ar⟩ ZOOL Plötze f, Rotauge n; umg **pigg som en ~** munter wie der Fisch im Wasser, quietschvergnügt

möss [møs] → mus

mössa ['møsa] ⟨-n; -or⟩ Mütze f; Kappe f, Haube f; fig **vara yr i ~n** aus dem Häuschen sein **mösskärm** S Mützenschirm m

möta ['mø:ta] ⟨2⟩ **A** VT begegnen (**ngn** j-m); treffen (**ngn** j-n); entgegengehen, entgegenkommen (**ngn** j-m); **~ ngn vid tåget** j-n vom Zug/Bahnhof abholen; fig **~ ngt** auf etw (akk) stoßen; **det möter inget hinder** dem steht nichts entgegen (od im Wege); **väl mött!** willkommen! **B** VP ~ **'upp** erscheinen **mötande** ADJ Verkehr entgegenkommend **mötas** VI ⟨dep 2⟩ sich begegnen/treffen, zusammentreffen **möte** N ⟨-t; -n⟩ Begegnung f, Zusammentreffen n; Zusammenkunft f, Unterredung f; Tagung f, Versammlung f; Stelldichein n; **stämma ~** sich verabreden; **gå ngn till ~s** einem entgegengehen, entgegenkommen **mötesdeltagare** S Versammlungsteilnehmer(in) m(f), Tagungsteilnehmer(in) m(f) **mötesfrihet** 5̄ Versammlungsfreiheit f **möteslokal** 5̄ Versammlungsraum m **mötesplats** 5̄ Zusammenkunftsort m, Treffpunkt m; Ausweichstelle f

N

N, n [ɛn] N̄ ⟨-et; -⟩ N, n n
nacka ['naka] VT ⟨1⟩ köpfen, den Kopf abhacken **nacke** ⟨-n; -ar⟩ Nacken m, Genick n; **bryta ~n av sig** sich (dat) das Genick brechen; umg **ha åttio år på ~n** achtzig Jahre auf dem Buckel haben
nackdel ['nakde:l] 5̄ Nachteil m
nackskott ['nakskɔt] 5̄N Genickschuss m **nackstöd** 5̄N AUTO Kopfstütze f
nafs [nafs] N̄ ⟨-et; -⟩ **i ett ~** im Handumdrehen **nafsa** ⟨1⟩ A VI schnappen **(efter** nach) B V̄P **~ 'till** zuschnappen
nafta ['nafta] ⟨-n; kein pl⟩ Naphta n od f, Rohöl n
nagel ['nɑ:gəl] ⟨-n; -ar⟩ Nagel m; TECH Zapfen m; **bita på naglarna** an den Fingernägeln kauen; **vara ngn en ~ i ögat** j-m ein Dorn im Auge sein **nagelband** 5̄N Nagelrand m **nagelborste** 5̄ Nagelbürste f **nagelfara** VT ⟨4⟩ streng prüfen; umg auf Herz und Nieren prüfen **nagelfil** 5̄ Nagelfeile f **nagellack** 5̄ (N̄) Nagellack m **nagellacksborttagningsmedel** 5̄N Nagellackentferner m **nagelsalong** 5̄ Nagelstudio n **nagelsax** 5̄ Nagelschere f
nagga ['naga] VT ⟨1⟩ durchlöchern; einkerben; anknabbern; fig nagen **naggande** ADJ umg **liten men ~ god** klein aber fein
nagla ['nɑ:gla] ⟨1⟩ A VT nageln B V̄P **~ 'fast** festnageln
naiv [na'i:v] ADJ naiv, unbefangen; einfältig **naivi'tet** ⟨-en; kein pl⟩ Naivität f, Unbefangenheit f
naken ['nɑ:kən] ADJ nackt, bloß, entblößt **nakendansös** 5̄ Nackttänzerin f **nakenhet** ⟨-en; kein pl⟩ Nacktheit f, Blöße f **nakenkultur** 5̄ Nacktkultur f
nalkas ['nalkas] VI ⟨dep 1⟩ sich nähern, nahen
nalla ['nala] umg VT ⟨1⟩ sti'bitzen, klauen
nalle ['nala] ⟨-n; -ar⟩ Petz m; Teddybär m; a. fig umg Handy n
namn [namn] N̄ ⟨-et; -⟩ Name m, Namen m; **till ~et** dem Namen nach; **vid ~** namens, mit Namen; **vad i Herrans ~!** was in aller Welt!; **ha ~ om sig** im Rufe stehen **namnbyte** 5̄N Namenswechsel m **namne** ⟨-n; -ar⟩ Namensvetter m **namnge** VT ⟨4⟩ bei(m) Namen nennen, (be)nennen, namhaft machen **namngiven** ADJ genannt **namninsamling** 5̄ Unterschriftensammlung f **namnkunnig** ADJ namhaft, berühmt **namnlös** ADJ namenlos; fig a. unnennbar **namnsdag** 5̄ Namenstag m **namnskylt** 5̄ Namensschild n **namnteckning** 5̄ Namenszug m, Unterschrift f **namnupprop** 5̄N Aufruf m (der Namen)
napp¹ [nap] ⟨-en; -ar⟩ Sauger m; umg Lutscher m, Schnuller m
napp² N̄ ⟨-et; -⟩ Anbeißen n; **får du ~?** beißen die Fische bei dir an? **nappa** ⟨1⟩ A VI anbeißen; fig **~ på kroken** in die Falle gehen B V̄P **~ 'till/'åt sig ngt** sich (dat) etw schnappen **nappatag** 5̄N Kampf m, Ringen n; **ta ett ~ med ngn** mit j-m ringen
nappflaska 5̄ Saugflasche f
narciss [na'sis] ⟨-en; -er⟩ BOT Narzisse f
narig ['nɑ:ri(g)] ADJ rau; Haut a. rissig
narkoman [narku'mɑ:n] ⟨-en; -er⟩ (Rauschgift-)Süchtige(r) m/f(m)
narkos [nar'ko:s] ⟨-en; -er⟩ Narkose f **narkosläkare** 5̄ Anästhesist(in) m(f)
narkossköterska 5̄ Narkoseschwester f
narkotika [nar'kɔ:tika] ⟨-n; kein pl⟩ Rauschgift n, Drogen pl, Narkotika pl **narkotikaberoende** A ADJ drogenabhängig B 5̄N Drogenabhängigkeit f **narkotikamissbruk** 5̄N Drogenmissbrauch m, Rauschgiftmissbrauch m **narkotikamissbrukare** 5̄ Drogensüchtige(r) m/f(m), Rauschgiftsüchtige(r) m/f(m) **narkotikasmuggling** 5̄ Rauschgiftschmuggel m

narr [nar] ⟨-en; -ar⟩ Narr *m*; göra ~ av ngn j-n zum Narren halten **narra** <u>VT</u> ⟨1⟩ narren, anführen; *umg* hereinlegen; verlocken, verleiten **narraktig** <u>ADJ</u> närrisch **narras** <u>VI</u> ⟨dep 1⟩ lügen, schwindeln

nasal [na'sɑ:l] <u>A</u> <u>ADJ</u> nasal <u>B</u> ⟨-en; -er⟩ Nasal *m* **nasa'lera** <u>VT</u> ⟨1⟩ nasalieren

nasse ['nasə] ⟨-n; -ar⟩ *umg* **1** Schwein *n*, Sau **2** Nazi *m*

nation [nat'ʃu:n] ⟨-en; -er⟩ Nation *f*; UNIV ≈ Landsmannschaft *f* **nationaldag** <u>S</u> Nationalfeiertag *m* **nationaldräkt** <u>S</u> Landestracht *f*; Volkstracht *f* **nationalekonom** <u>S</u> Volkswirt(in) *m(f)*, Volkswirtschaftler(in) *m(f)*, Nationalökonom(in) *m(f)* **nationalekonomi** <u>S</u> Volkswirtschaft *f*, Volkswirtschaftslehre *f* **nationalekonomisk** <u>ADJ</u> volkswirtschaftlich, nationalökonomisch **nationalhjälte** <u>S</u> Nationalheld(in) *m(f)* **nationalinkomst** <u>S</u> Nationaleinkommen *n* **nationalism** ⟨-en; kein pl⟩ Nationalismus *m* **nationa'list** ⟨-en; -er⟩ Nationalist(in) *m(f)* **nationa'listisk** <u>ADJ</u> nationalistisch **nationali'tet** ⟨-en; -er⟩ Nationalität *f*; Staatsangehörigkeit *f* **nationali'tetsbeteckning** <u>S</u> Nationalitätskennzeichen *n* **nationalpark** <u>S</u> Naturschutzgebiet *n*, Nationalpark *m* **nationalprodukt** <u>S</u> Sozialprodukt *n* **nationalsocialism** *hist* <u>S</u> Nationalsozialismus *m* **nationalsång** <u>S</u> Nationalhymne *f* **nationell** <u>ADJ</u> national, Landes-, Volks-

nativitet [nativi'te:t] ⟨-en; kein pl⟩ Geburtenzahl *f* **nativitetsminskning** <u>S</u> Geburtenrückgang *m* **nativitetstal** <u>S N</u> Geburtenziffer *f*

natron ['nɑ:trɔn] ⟨-et; kein pl⟩ CHEM Natron *n* **natronlut** <u>S</u> Natronlauge *f*

natt [nat] ⟨-en; nätter⟩ Nacht *f*; **god ~!** gute Nacht!; **hela ~en** die ganze Nacht; **i ~** heute Nacht; **i går ~** gestern Nacht; **i söndags ~** Sonntag Nacht; **på/om ~en/nätterna** nachts, in der Nacht; **sent på ~en** spät/tief in der Nacht; **till långt fram på ~en** bis tief in die Nacht hinein; **stanna över ~en** über Nacht bleiben **natta** <u>VT</u> ⟨1⟩ ~ **barnen** die Kinder ins Bett bringen **nattarbete** <u>S N</u> Nachtarbeit *f* **nattaxa** <u>S</u> Nachttarif *m* **nattblind** <u>ADJ</u> nachtblind **nattbuss** <u>S</u> Nachtbus *m* **nattduksbord** <u>S N</u> Nachttisch *m* **nattetid** <u>ADV</u> bei Nacht, nachts, des Nachts **nattfack** <u>S N</u> Nachttresor *m* **nattfjäril** <u>S</u> Nachtfalter *m* **nattflyg** <u>S N</u> Nachtflugverkehr *m* **nattfrost** <u>S</u> Nachtfrost *m* **nattgäst** <u>S</u> Schlafgast *m* **natthärbärge** <u>S N</u> Nachtherberge *f* **nattjänst** (**-göring**) <u>S</u> Nachtdienst *m* **nattklubb** <u>S</u> Nachtklub *m*; Bar *f*; Nachtlokal *n* **nattkrök** <u>S</u> *umg* **på ~en** zu nachtschlafender Zeit **nattkvarter** <u>S N</u> Nachtquartier *n* **nattkärl** <u>S N</u> Nachtgeschirr *n*, Nachttopf *m* **nattlig** <u>ADJ</u> nächtlich **nattlinne** <u>S N</u> Nachthemd *n* **nattlogi** <u>S</u> Nachtlogis *n* **nattmangling** <u>S</u> nächtliche Verhandlungsrunde *f* **nattportier** <u>S</u> Nachtportier *m* **nattrafik** <u>S</u> Nachtverkehr *m* **nattro** <u>S</u> Nachtruhe *f* **nattskift** <u>S N</u> Nachtschicht *f* **nattskjorta** <u>S</u> Nachthemd *n* **nattsköterska** <u>S</u> Nachtschwester *f* **nattsudd** <u>S N</u> Feiern *n* bis spät in die Nacht, Nachtschwärmerei *f* **nattsuddare** ⟨-n; -⟩ Nachtschwärmer(in) *m(f)* **nattuggla** <u>S</u> Nachteule *f* **nattvak** <u>S</u> ⟨-et; kein pl⟩ Nachtwache *f* **nattvakt** <u>S</u> *Person* Nachtwache *f*; Nachtwächter(in) *m(f)* **nattvard** ⟨-en; -er⟩ REL Abendmahl *n* **nattåg** <u>S N</u> Nachtzug *m* **nattöppen** <u>ADJ</u> nachts offen; **ha nattöppet** nachts geöffnet haben

natur [na'tʉ:r] ⟨-en; -er⟩ Natur *f*; **av ~en** von Natur, von Haus aus; **gå ut i ~en** in die freie Natur hinausgehen; **till sin ~** seiner Natur nach **naturaförmån** <u>S</u> Naturallohn *m* **naturahushållning** <u>S</u> Naturalwirtschaft *f* **naturali'sera** <u>VT</u> ⟨1⟩ naturalisieren **natura'lism** ⟨-en; kein pl⟩ Naturalismus *m* **natura'list** ⟨-en; -er⟩ Naturalist(in) *m(f)* **natura'listisk** <u>ADJ</u> naturalistisch **naturbarn** <u>S N</u> Naturkind *n* **naturbegåvning** <u>S</u> natürliche/angeborene Begabung *f*; *Person* Naturbegabung *f* **naturbehov** <u>S N</u> **förätta sina ~** seine Notdurft verrichten **naturbeskrivning** <u>S</u> Naturbeschreibung *f* **naturfenomen** <u>S N</u> Naturerscheinung *f*, Naturphänomen *n* **naturfolk** <u>S N</u> Naturvolk *n* **naturforskare** <u>S</u> Naturforscher(in) *m(f)* **naturfärgad** <u>ADJ</u> naturfarben **naturförhållanden** ⸺PL⸺ geografiska Faktoren pl **naturgas** ⸺S⸺ Erdgas n **naturkatastrof** ⸺S⸺ Naturkatastrophe f **naturkunskap** ⸺S⸺ Naturkunde f **naturlag** ⸺S⸺ Naturgesetz n **naturlig** ⸺ADJ⸺ natürlich; urwüchsig; **dö en ~** eines natürlichen Todes sterben; **i ~ storlek** in Lebensgröße **naturlighet** ⟨-en; kein pl⟩ Natürlichkeit f **naturligtvis** ⸺ADV⸺ natürlich, selbstverständlich **naturläkare** ⸺S⸺ ≈ Naturheilkundler(in) m(f) **naturlära** ⸺S⸺ Naturkunde f **naturmedel** ⸺S⸺ Naturheilmittel n **naturminne** ⸺S N⸺, **naturminnesmärke** ⸺S N⸺ Naturdenkmal n **naturpark** ⸺S⸺ Naturpark m **naturskydd** ⸺S N⸺ Naturschutz m **naturskyddsområde** ⸺S N⸺ Naturschutzgebiet n **naturskön** ⸺ADJ⸺ schön, reich an Naturschönheiten **naturtillgång** ⸺S⸺ natürlicher Reichtum; **~ar** pl Bodenschätze pl **naturtrogen** ⸺ADJ⸺ naturgetreu **naturvetare** ⟨-n; -⟩ Naturwissenschaftler(in) m(f) **naturvetenskap** ⸺S⸺ Naturwissenschaft f **naturvetenskaplig** ⸺ADJ⸺ naturwissenschaftlich **naturvård** ⸺S⸺ Naturschutz m **naturälskare** ⸺S⸺ Naturfreund(in) m(f)

nautisk [naˈetisk] ⸺ADJ⸺ nautisch; **~ mil** Seemeile f
nav [nɑːv] ⸺N⸺ ⟨-et; -⟩ TECH Nabe f
navel [ˈnɑːval] ⟨-n; -ar⟩ ANAT Nabel m
navelsträng ⸺S⸺ ANAT Nabelschnur f
navigation [naviɡaˈʃuːn] ⟨-en; kein pl⟩ Navigation f **navigationshytt** ⸺S⸺ Navigationsraum m **navigationssystem** ⸺S N⸺ Navigationssystem n **navi'gera** ⸺VT, VI⸺ ⟨1⟩ navigieren, steuern **navi'gering** ⟨-en; -ar⟩ Steuerung f
nazism [naˈsism] ⟨-en; kein pl⟩ Nazismus m **na'zist** ⟨-en; -er⟩ Nazi m **naz'istisk** ⸺ADJ⸺ nazistisch; **under den ~a tiden** in der Nazizeit
nebulosa [nebuˈluːsa] ⟨-n; -or⟩ ASTRON Nebel(fleck m/-stern) m
necessär [nesaˈsæːr] ⟨-en; -er⟩ Necessaire n, Kulturbeutel m
ned [neːd] ⸺ADV⸺ hinab, hinunter; herab, herunter; nieder; **upp och ~** auf und nieder; **längre/längst ~** weiter/ganz unten; **~ med honom!** herunter mit ihm!; **fig** nieder mit ihm!; **~ med vapnen!** nieder mit den Waffen! **nedan**
A ⸺ADV⸺ unten; **se ~** siehe unten **B** ⟨inv⟩ abnehmender Mond m; **månen är i ~** der Mond nimmt ab, es ist abnehmender Mond **nedanför A** ⸺PRÄP⸺ unterhalb **B** ⸺ADV⸺ unten **nedannämnd** ⸺ADJ⸺ unten erwähnt **nedanstående** ⸺ADJ⸺ unten stehend, nachstehend **nedbantad** ⸺ADJ⸺ Budget zusammengestrichen **nedbrunnen** ⸺ADJ⸺ abgebrannt, heruntergebrannt **nedbruten** ⸺ADJ⸺ gebrochen, geknickt **nedbrytande** fig ⸺ADJ⸺ zersetzend **neddimpande** ⸺ADJ⸺ **komma ~** heruntergepurzelt kommen **neddragen** ⸺ADJ⸺ heruntergezogen **nedbörd** ⸺S⸺ Niederschläge pl **nederdel** ⸺S⸺ Unterteil m od n **nederlag** ⸺S N⸺ Niederlage f, Schlappe f **nederländare** ⟨-n; -⟩ Niederländer m **Nederländerna** ⸺N⸺ ⟨inv⟩ die Niederlande pl **nederländsk** ⸺ADJ⸺ niederländisch **nederländska 1** ⟨-n; kein pl⟩ Niederländisch n **2** ⟨-n; -or⟩ Niederländerin f **nederst A** ⸺ADJ⸺ unterst **B** ⸺ADV⸺ zuunterst, ganz unten **nedfall** ⸺S N⸺ **radioaktivt ~** radioaktiver Niederschlag **nedfrysning** ⸺S⸺ Einfrieren n **nedfärd** ⸺S⸺ SPORT Hinunterfahrt f, Abfahrt f **nedför A** ⸺ADV⸺ a. abwärts; **~ trappan** die Treppe herab **B** ⸺PRÄP⸺ herab, herunter, hinab, hinunter **nedförsbacke** ⸺S⸺ Abhang m **nedgjord** ⸺ADJ⸺ niedergemetzelt, niedergemacht; fig heruntergemacht; Kritik a. verrissen **nedgående** ⸺ADJ⸺ abwärtsgehend; untergehend; sinkend; **vara på ~** Sonne gerade untergehen **nedgång** ⸺S⸺ konkret Eingang m; Abstieg m; fig Niedergang m; Untergang m; Preis Rückgang m; Abnahme f **nedgången** fig ⸺ADJ⸺ verbraucht; heruntergekommen **nedgöra** ⸺VT⸺ ⟨4⟩ niedermetzeln, niedermachen; fig heruntermachen; Kritik a. verreißen **nedhukad** ⸺ADJ⸺ (nieder)gekauert; **sitta ~** kauern, hocken **nedhängande** ⸺ADJ⸺ herabhängend **nedifrån A** ⸺ADV⸺ von unten (her); **~ och upp** von unten nach oben **B** ⸺PRÄP⸺ von ... her(auf) **nedisad** ⸺ADJ⸺ vereist; vergletschert **nedkalla** fig ⸺VT⸺ ⟨1⟩ herabflehen **nedklassa** ⸺VT⸺ ⟨1⟩ verringern, heruntersetzen **nedkomma** ⸺VI⸺ ⟨4⟩ MED niederkommen (**med** mit) **nedkomst** ⟨-en; -er⟩ MED Niederkunft f, Entbindung f **nedkopp-**

nedkopplad – nepotism

lad ADJ IT offline; **nedkopplat läge** IT Offlinebetrieb m **nedkyld** ADJ (ab)gekühlt; tiefgekühlt; MED unterkühlt **nedkylning** S Tiefkühlung f; MED Unterkühlung f **nedkörd** fig ADJ kaputt, am Ende **nedlagd** ADJ niedergelegt; Geld ausgegeben, angelegt; Betrieb eingestellt, stillgelegt **nedlåta** VR ⟨4⟩ ~ **sig till ngt** sich zu etw herablassen; hergeben **nedlåtande** ADJ herablassend **nedlägga** VT ⟨4⟩ niederlegen; verwenden; einstellen, stilllegen **nedläggningshot** S N drohende Stilllegung **nedmeja** VT ⟨1⟩ niedermähen **nedpacka** VT ⟨1⟩ einpacken **nedre** ADJ untere, niedere; ~ **botten** das Erdgeschoss; ~ **Rhen** der Unterrhein **nedresa** S Reise f südwärts
nedrig ['neːdri(g)] ADJ niederträchtig, gemein **nedrighet** ⟨-en; kein pl⟩ Niedertracht f, Gemeinheit f
nedrusta VT ⟨1⟩ abrüsten **nedrustning** S Abrüstung f **nedräkning** S Countdown m od n **nedrökt** ADJ verräuchert; rauchig **nedsatt** ADJ herabgesetzt; ermäßigt; **till ~ pris** zu ermäßigtem Preis; ~ **hörsel** Schwerhörigkeit f **nedskriva** VT ⟨4⟩ niederschreiben; WIRTSCH abschreiben **nedskrivning** S Niederschreiben n; WIRTSCH Abschreibung f; Abwertung f **nedskräpning** ⟨-en; kein pl⟩ Verunreinigung f **nedskuren** ADJ beschnitten **nedskärning** S Kürzung f **nedslag** S N Einschlag m, Aufschlag m; COMPUT Anschlag m **nedslagen** fig ADJ niedergeschlagen; umg geknickt; **med nedslagna ögon** mit niedergeschlagenen/gesenkten Augen **nedslagenhet** ⟨-en; kein pl⟩ Niedergeschlagenheit f, Geknicktheit f **nedslående** ADJ entmutigend **nedsmittad** ADJ angesteckt **nedsmord** ADJ beschmiert **nedsmutsad** ADJ beschmutzt **nedsnöad** ADJ verschneit **nedstigande** ADJ absteigend; **i rakt ~ led** in gerader Linie **nedstigning** S Abstieg m; FLUG Landung f **nedstämd** ADJ verstimmt, niedergeschlagen, bedrückt **nedstänkt** ADJ bespritzt; **alldeles ~** vollgespritzt **nedsutten** ADJ durchgesessen **nedsättande** fig ADJ herabsetzend, herabwürdigend, abfällig, abschätzig **nedsättning** S WIRTSCH Herabsetzung f; Ermäßigung f **nedtagning** ⟨-en; -ar⟩ Abnahme f, Herunternehmen n **nedtill** ADV unten **nedtrampad** ADJ niedergetreten; zertreten; umg zertrampelt **nedtrappning** ⟨-en; -ar⟩ Herabsetzung f **nedtryckt** fig ADJ niedergedrückt, bedrückt **nedtyngd** fig ADJ gebeugt **nedväg** S Abstieg m **nedvänd** ADJ nach unten gekehrt; **upp och ~** verkehrt **nedvärdera** VT ⟨1⟩ abwerten; fig in Verruf bringen **nedåt** A PRÄP nach ... (hinab); ~ **gatan** die Straße hinab B ADV nach unten; abwärts **nedåtböjd** ADJ nach unten gebogen/gebeugt **nedärvd** ADJ vererbt; überliefert
negation [nega'juːn] ⟨-en; -er⟩ Verneinung f, Negation f **negativ** A ADJ negativ B N ⟨-et; -⟩ FOTO Negativ n
negera [ne'geːra] VT ⟨1⟩ negieren; verneinen **negerande** ADJ negierend; verneinend
negligé [negli'ʃeː] ⟨-n; -er⟩ Morgenrock m, Negligé n **negli'gera** VT ⟨1⟩ unbeachtet lassen; vernachlässigen
nej [nɛj] A INTER nein; in Ausrufen ach, aber; ~ **tack!** (nein) danke!, danke, nein!; ~ **då!** aber nein!, gewiss nicht!; ~ **men titta!** sieh mal an!; ~ **för all del!** durchaus nicht! B N ⟨-et; -⟩ Nein n; **få ~** einen Korb bekommen; **tacka ~ till ngt** etw absagen/ablehnen
nejd [nɛjd] ⟨-en; -er⟩ Gegend f; poet Aue f, Gefilde n
nejlika ['nɛjlika] ⟨-n; -or⟩ BOT Nelke f
nejrop ['nɛjruːp] S N Neinruf m **nejröst** S Neinstimme f
neka ['neːka] ⟨1⟩ A VT, VI **1** verweigern, versagen; ~ **att göra ngt** sich weigern etw zu tun **2** leugnen; ~ **till ngt** etw (ab)leugnen, etw in Abrede stellen B VR ~ **sig ngt** sich (dat) etw versagen/absparen; **inte ~ sig ngt** sich (dat) nichts versagen (od abgehen lassen) **nekande** A ADJ verneinend; abschlägig B N ⟨-t; -n⟩ Verneinung f; (Ab-)Leugnen n; Weigerung f
nektar ['nɛktar] ⟨-n; kein pl⟩ Nektar m **nektarin** ⟨-en; -er⟩ Nektarine f
neon [ne'ɔn] N ⟨-et; kein pl⟩ Neon n **neonljus** S N Neonlicht n **neonskylt** S Neonschild n
nepotism [nepɔ'tism] ⟨-en; kein pl⟩

Vetternwirtschaft f, Nepotismus m **ner** [ne:r] ADV → ned **nerdekad** umg ADJ ausgeflippt **nere** ADV unten; niedergeschlagen, gedrückt; fig **ligga ~** stillliegen, da(r)niederliegen; fig umg **vara ~** gedrückt/down sein **nerknarkad** ADJ durch Drogen kaputtgemacht **nerv** [nærv] ⟨-en; -er⟩ Nerv m; **gå ngn på ~erna** j-m auf die Nerven gehen/fallen **nervcell** S Nervenzelle f **nervgas** S Nervengas n **nervig** ADJ nervös **nervkittlande** ADJ nervenkitzelnd, aufregend **nervklen** ADJ nervenschwach **nervknippe** S N Nervenbündel n **nervkrig** S N Nervenkrieg m **nervlugnande** ADJ nervenberuhigend **nervosi'tet** ⟨-en; kein pl⟩ Nervosität f **nervpress** S Nervenanspannung f **nervpåfrestande** ADJ nervenaufreibend **nervsammanbrott** S N Nervenzusammenbruch m **nervsjuk** ADJ nervenkrank **nervsjukdom** S Nervenkrankheit f **nervspänning** S Nervenanspannung f, nervöse Erregung f **nervsvag** ADJ nervenschwach **nervsystem** S N Nervensystem n **nervtråd** S Nervenfaser f **nervvrak** S N Nervenbündel n **nervvärk** S Nervenschmerzen m/pl **ner'vös** ADJ nervös, aufgeregt

nesa ['ne:sa] ⟨-n; kein pl⟩ Schmach f **neslig** ADJ schmachvoll

netto ['nɛtu] WIRTSCH A ADV netto B N ⟨-t; -n⟩ Nettoertrag m **nettoavkastning** S, **nettobehållning** S Reinertrag m **nettobelopp** S N Reinbetrag m **nettolön** S Nettolohn m; Nettogehalt n **nettopris** S N Nettopreis m **nettovikt** S Reingewicht n, Nettogewicht n **nettovinst** S Reingewinn m

neuralgi [nevral'gi:] ⟨-n; kein pl⟩ MED Neuralgie f **neu'ralgisk** ADJ neuralgisch **neuraste'ni** ⟨-n; kein pl⟩ Neurasthenie f **neura'steniker** ⟨-n; -⟩ Neurastheniker(in) m(f) **neurolo'gi** ⟨-n; kein pl⟩ Neurologie f **neu'ros** [-'o:s] ⟨-en; -er⟩ Neurose f **neu'rotiker** ⟨-n; -⟩ Neurotiker(in) m(f)

neutral [nɛʉ'tra:l] ADJ neutral, unparteiisch; GRAM sächlich **neutrali'sera** VT ⟨1⟩ neutralisieren **neutrali'tet** ⟨-en; kein pl⟩ Neutralität f **neutron** [nɛʉ'tro:n] ⟨-en; -er⟩ Neutron n **neutronbomb** S Neutronenbombe f **neutrum** ['nɛʉtrəm] N ⟨neutret; neutrer od neutra⟩ GRAM Neutrum n

ni [ni:] PERS PR ihr; Sie **nia¹** VT ⟨1⟩ im Schwedischen mit 'ni' anreden; im Deutschen siezen

nia² ⟨-n; -or⟩ Neun f

nick [nik] ⟨-en; -ar⟩ Nicken n **nicka** ⟨1⟩ A VT, VI nicken; Fußball köpfen; **~ åt ngn** j-m zunicken B V/P umg **~ 'till** einnicken

nickel ['nikəl] a. N ⟨-n/-et⟩ Nickel n

nickning ['niknɪŋ] ⟨-en; -ar⟩ Nicken n; Fußball Kopfstoß m

niding ['ni:dɪŋ] ⟨-en; -ar⟩ Frevler m, Bösewicht m, Schurke m **nidingsdåd** S N Freveltat f **nidskrift** S Schmähschrift f **nidvisa** S Spottlied n, Spottgedicht n, Schmählied n

niga ['ni:ga] VI ⟨4⟩ knicksen, einen Knicks machen **(för ngn** vor j-m) **nigning** ⟨-en; -ar⟩ Knicks m

nihilism [nihi'lism] ⟨-en; kein pl⟩ Nihilismus m **nihi'list** ⟨-en; -er⟩ Nihilist m

nikotin [niku'ti:n] N ⟨-et/-en⟩ Nikotin n **nikotinfri** ADJ nikotinfrei **nikotinförgiftning** S Nikotinvergiftung f **nikotinhalt** S Nikotingehalt m **nikotinsvag** ADJ nikotinarm

nio ['ni:u, umg 'ni:ə] NUM neun **niohundra** NUM neunhundert **nionde** ['ni:ɔnda] ADJ neunte(r, s); **för det ~** neuntens **nion(de)del** S Neuntel n

nisch [niʃ] ⟨-en; -er⟩ Nische f; Spezialgebiet n; WIRTSCH Marktlücke f

nit¹ [ni:t] N ⟨-et; kein pl⟩ Eifer m

nit² ⟨-en; -ar/-er⟩ Los Niete f

nit³ ⟨-en; -ar⟩ TECH Niet m, Niete f **nita** ⟨1⟩ A VT (ver)nieten B V/P **~ 'fast** annieten; **~ i'hop** zusammennieten

nitisk ['ni:tisk] ADJ eifrig, fleißig

nitrat [ni'tra:t] N ⟨-et; -er/-⟩ CHEM Nitrat n **nitroglyce'rin** S N Nitroglyzerin n

nittio ['nɪti(u)] NUM neunzig **nittionde** ADJ neunzigste(r) **nittiotal** S ett **~ etwa neunzig; på ~et** in den Neunzigerjahren **nittioårig** ADJ neunzigjährig **nittioåring** ⟨-en; -ar⟩ Neunzigjährige(r) m/f(m)

nitton ['nɪtɔn] NUM neunzehn **nittonde** ADJ neunzehnte(r, s) **nitton(de)-**

del [S] Neunzehntel *n* **nittonhundratal** [S N] **på ~** im zwanzigsten Jahrhundert **nittonårig** [ADJ] neunzehnjährig **nittonåring** ⟨-en; -ar⟩ Neunzehnjährige(r) *m/f(m)*

nivellera [nivə'le:ra] [V/T] ⟨1⟩ nivellieren; gleichmachen **nivel'lering** ⟨-en; -ar⟩ Nivellierung *f*

nivå [ni'vo:] ⟨-n; -er⟩ *fig* Niveau *n*, *a.* Stufe *f*; **i ~ med** in gleicher Höhe mit **nivåskillnad** [S] Niveauunterschied *m*

njugg [njøg] [ADJ] sparsam, geizig; *umg* knauserig, knickerig

njurbäcken [ˇnjʉ:rbɛkən] [S N] ANAT Nierenbecken *n*

njure [ˇnjʉ:rə] ⟨-n; -ar⟩ ANAT Niere *f* **njurinflammation** [S] MED Nierenentzündung *f* **njursten** [S] MED Nierenstein *m*

njuta [ˇnjʉ:ta] ⟨4⟩ [A] [V/T] genießen [B] [V/I] sich wohlfühlen; **~ av ngt** etw genießen **njutbar** [ADJ] genießbar **njutning** ⟨-en; -ar⟩ Genuss *m*, Vergnügen *n*; **stor ~** Hochgenuss *m* **njutningslysten** [ADJ] genusssüchtig **njutningsmedel** [S N] Genussmittel *n*

nobb [nɔb] ⟨-en; kein pl⟩ *umg* Abweisung *f*, Ablehnung *f*; **få ~en** abgewiesen werden **nobba** *umg* [V/T] ⟨1⟩ abweisen, ablehnen

nobel ['no:bəl] [ADJ] nobel

nobelpris [nɔˇbɛlpri:s] [S N] No'belpreis *m* **nobelpristagare** [S] No'belpreisträger(in) *m(f)*

nobless [nɔ'blɛs] ⟨-en; kein pl⟩ Noblesse *f*

nock [nɔk] ⟨-en; -ar⟩ [1] SCHIFF Nock *n*, Nocke *f* [2] ARCH First *m*

nog [nu:g] [ADV] [1] genug; **~ (med) pengar** genug/genügend Geld; **mer än ~** mehr als genug; **ha ~ av ngt** von etw genug haben; **ha fått ~ av ngt** etw satthaben; **inte ~ med att ...** nicht genug damit, dass ...; **nu är det ~!** jetzt ist es (aber) genug! [2] reichlich; **bra ~ mycket** reichlich viel; **dumt ~** dumm genug, dummerweise; **ledsamt ~** leider; **nära ~** beinahe [3] wohl; sicher; zwar; schon; **han kommer ~** er wird schon kommen; **det är ~ sant, men ...** es ist zwar wahr, aber ...

noga [ˇnu:ga] [A] [ADJ] → noggrann [B] [ADV] **vara ~ med ngt** *a.* es genau mit etw nehmen; **det är inte så ~ (med det)** *a.* das ist nicht so wichtig **noggrann** [ADJ] genau, sorgfältig **noggrannhet** ⟨-en; -er⟩ Genauigkeit *f*, Sorgfalt *f* **nogräknad** [ADJ] peinlich genau; wählerisch

nojs [nɔjs] [N] ⟨-et; kein pl⟩ Spaß *m*, Scherz *m* **nojsa** [V/I] ⟨1⟩ spaßen, scherzen

noll [nɔl] [NUM] null; Null *f*; **lika med ~** gleich null; **stå på ~** auf null stehen **nolla** [A] ⟨-n; -or⟩ Null *f*; SPORT **hålla ~n** ohne Gegentreffer bleiben [B] [V/T] ⟨1⟩ [1] auf null stellen [2] → nollning **nolledare** [S] Nullleiter *m* **nollgradig** [ADJ] von null Grad **nollning** ⟨-en; -ar⟩ *scherzhafter Initiationsritus für neue Schüler und Studenten* **nollpunkt** [S] Nullpunkt *m* **nollställa** [V/T] ⟨2⟩ auf null stellen; *fig* völlig zurückstellen; ausgleichen **nolltaxa** [S] Nulltarif *m* **nolltid** [S] **på ~** sofort, im Handumdrehen **nolltillväxt** [S] Nullwachstum *n* **nolläge** [S N] Nullpunkt *m*; Ausgangslage *f* **nollösning** [S] Nulllösung *f*

nomad [nu'mɑ:d] ⟨-en; -er⟩ Nomade *m*, Nomadin *f* **nomadfolk** [S N] Nomadenvolk *n*

nomen ['no:mən, 'nu:-] [N] ⟨-et; - od nomina⟩ GRAM Nomen *n* **nomenklatur** Nomenkla'tur *f*

nominativ [ˇnumina'ti:v] ⟨-en; -er⟩ GRAM Nominativ *m*, erster Fall *m*

nomi'nell [ADJ] nominell; **~t värde** Nennwert *m*, Nominalwert *m*

nomi'nera [V/T] ⟨1⟩ nominieren, als Kandidat aufstellen, zur Wahl vorschlagen **nomi'nering** ⟨-en; -ar⟩ Berufung *f*, Aufstellung zur Wahl

nonchalans [nɔnʃa'lans, -'laŋs] ⟨-en; kein pl⟩ Nachlässigkeit *f*, Nonchalance *f* **noncha'lant** [ADJ] nachlässig, nonchalant; rücksichtslos **noncha'lera** [V/T] ⟨1⟩ vernachlässigen; **~ ngn/ngt** sich um j-n/etw nicht kümmern; **~ ngn** *a.* j-n links liegen lassen

nonsens ['nɔnsəns] [N] ⟨inv⟩ Unsinn *m*, Nonsens *m*

nonstop [nɔn'stɔp] [ADV] ohne Unterbrechung; FLUG ohne Zwischenlandung **nonstopflygning** [S] Direktflug *m*, Nonstop-Flug *m*

noppa [ˇnɔpa] [A] ⟨-n; -or⟩ Noppe *f* [B] [V/T] ⟨1⟩ (aus)rupfen; TECH *a.* noppen; **~**

ögonbrynen Augenbrauen zupfen
noppig ADJ fusselig
nord [nu:ɖ] ⟨inv⟩ Norden m **nordanvind** S̅ Nordwind m **nordbo** S̅ Nordländer(in) m(f) **Norden** N̅ ⟨inv⟩ der (skandinavische) Norden m **nordeuropeisk** ADJ nordeuropäisch **nordisk** ADJ nordisch **nordlig** ADJ nördlich **nord'ost** A ADV nordöstlich (om von) B S̅ Nordost(en) m **nord'ostlig** S̅ nordöstlich **nordostvind** S̅ Nordostwind m **nordpol** S̅ Nordpol m **nordsida** S̅ Nordseite f **Nordsjön** ⟨inv⟩ die Nordsee f **nordtysk** A ADJ norddeutsch B S̅ Norddeutsche(r) m/f(m) **nord'väst** A ADV nordwestlich (om von) B S̅ Nordwest(en) m **nord'västlig, nord'västra** ADJ nordwestlich **nordvästvind** S̅ Nordwestwind m **nord'östlig, nord'östra** ADJ nordöstlich
Norge ['nɔrjə] N̅ ⟨inv⟩ Norwegen n
norm [nɔrm] ⟨-en; -er⟩ Norm f, Regel f
nor'mal ADJ normal **normali'sera** VT ⟨1⟩ normalisieren, regeln **nor'malspårig** ADJ BAHN normalspurig, vollspurig **nor'malstorlek** S̅ Normalgröße f **nor'mera** VT ⟨1⟩ norm(ier)en, vereinheitlichen **normgivande** maßgebend
norna ['nu:ɳa] ⟨-n; -or⟩ MYTH Schicksalsgöttin Norne f
norpa ['nɔrpa] umg VT ⟨1⟩ mopsen
norr [nɔr] A ADV nördlich (om von) B ⟨inv⟩ Norden m; **från ~ till söder** von Norden nach Süden; **i ~** im Norden; **mot ~** nach Norden, nordwärts **norra** ADJ nördliche(r, s); **~ sidan** die Nordseite; **~ Sverige** Nordschweden n; **das nördliche Schweden norrifrån** ADV von Norden **Norrland** N̅ ⟨inv⟩ Nordschweden n, Norrland n **norrländsk** ADJ nordschwedisch **norrländska** A ⟨-n; kein pl⟩ Nordschwedisch n B ⟨-n; -or⟩ Nordschwedin f **norrlänning** ⟨-en; -ar⟩ Nordschwede m **norrman** S̅ Norweger m **norrsken** S̅ N̅ Nordlicht n **norrut** ADV nach Norden, nordwärts
nors [nɔʂ] ⟨-⟩ Fisch Stint m
norsk [nɔʂk] ADJ norwegisch **norska** A ⟨-n; kein pl⟩ Norwegisch n B ⟨-n; -or⟩ Norwegerin f
nos [nu:s] ⟨-en; -ar⟩ Schnauze f, Nase f; Maul n; **blek om ~en** blass **nosa** VI ⟨1⟩ schnüffeln, schnuppern; **~ på** beschnüffeln, beschnuppern **noshörning** ⟨-en; -ar⟩ ZOOL Nashorn n
nostalgi [nɔstalˈgi:] ⟨-n; kein pl⟩ Nostalgie f
not¹ [nu:t] ⟨-en; -ar⟩ Schleppnetz n
not² ⟨-en; -er⟩ a. MUS Note f; Fußnote f; **spela efter ~er** nach Noten spielen; **umg vara med på ~erna** dabei sein, mitmachen; kapieren
nota ['nu:ta] ⟨-n; -or⟩ Rechnung f; Zeche f; **kan jag få ~n, tack?** zahlen, bitte!
notabilitet ⟨-en; -er⟩ Notabilität f, Berühmtheit f; Prominente(r) m/f(m)
notarie [nuˈtɑ:riə] ⟨-n; -r⟩ Gerichts- ≈ Referendar(in) m(f), Assessor(in) m(f); Assistent(in) m(f) **notarius publicus** ⟨inv⟩ Notar(in) m(f)
notera [nuˈte:ra] VT ⟨1⟩ notieren; vormerken; buchen, eintragen **no'tering** ⟨-en; -ar⟩ Notierung f; Vormerkung f; Buchung f, Eintragung f
nothäfte ['nu:thɛfta] S̅ N̅ Notenheft n
no'tis ⟨-en; -er⟩ Notiz f; kurze Nachricht; **inte ta ~ om ngt** von etw keine Notiz nehmen
no'torisk ADJ offenkundig, notorisch
notpapper S̅ N̅ Notenpapier n **notställ** S̅ N̅ Notenständer m **nottecken** S̅ N̅ Notenzeichen n
nougat [nuˈga:t] ⟨-en; -er⟩ Nugat m od n
novell [nuˈvɛl] ⟨-en; -er⟩ Novelle f
november [nuˈvɛmbar] ⟨inv⟩ November m
novis [nuˈvi:s] ⟨-en; -er⟩ Novize m u. f
nr ABK (= nummer) Nr. (Nummer)
nu [nu:] A ADV jetzt, nun; **~ för tiden** gegenwärtig, augenblicklich; heutzutage; **först ~** erst jetzt, jetzt erst; **~ genast** jetzt gleich, sofort; **från och med ~** von jetzt (od nun) an; **~ igen** jetzt schon wieder; **vad heter det ~ igen?** wie heißt es doch gleich?; **~ som förr** nach wie vor; **vad ~ då!** was ist denn (los)?; **~ rådande/gällande** gegenwärtig; **~ levande** heutig B N̅ ⟨-et; kein pl⟩ Jetzt n; **i detta ~** in diesem Augenblick; **leva i ~et** in den Tag hinein leben
nubb [nɵb] ⟨-en; -ar⟩ Stift m, Nägelchen n, Zwecke f **nubba** ⟨1⟩ A VT

mit Stiften befestigen B VP ~ 'fast annageln
nubbe ['nɵbə] ⟨-n; -ar⟩ umg Schnäpschen n, Schnaps m **nubbevisa** s̄ Trinklied n
nucka ['nɵka] ⟨-n; -or⟩ umg Frau alte Schachtel f
nudda ['nɵda] VT ⟨1⟩ ~ **vid** ngt etw streifen
nudism [nu'dism] ⟨-en; kein pl⟩ Freikörperkultur f **nu'dist** ⟨-en; -er⟩ FKKler(in) m(f)
nuförtiden ADV gegenwärtig, augenblicklich; heutzutage
nukleär [nɵkle'æːr] ADJ nuklear
numera ADV nunmehr, heutzutage
numerisk [nɵ'meːrisk] ADJ zahlenmäßig; COMPUT ~**t tangentbord** Nummernblock m **nume'rär** ADJ zahlenmäßig
nummer ['nɵmər] N ⟨numret; -⟩ Nummer f; **göra ett stort ~ av** ngt viel Aufhebens von etw machen **nummerföljd** s̄ Nummernfolge f **nummerlapp** s̄ Nummernzettel m **nummerordning** s̄ **i ~** der Reihe nach **nummerplåt** s̄ AUTO Nummernschild n **nummerupplysning** s̄ Telefonauskunft f **num'rera** VT ⟨1⟩ nummerieren, beziffern **num'rering** ⟨-en; -ar⟩ Nummerierung f
nunna ['nɵna] ⟨-n; -or⟩ Nonne f **nunnedräkt** s̄ Nonnentracht f **nunnekloster** s̄N Nonnenkloster n
nutid ['nɵːtiːd] s̄ Gegenwart f **nutida** ADJ heutig, jetzig; zeitgemäß; modern **nutidsmänniska** s̄ Gegenwartsmensch m **nutidsorientering** s̄ ≈ Gegenwartskunde f **nutidsroman** s̄ Gegenwartsroman m
nuvarande ADJ gegenwärtig, heutig, jetzig
ny [nyː] A ADJ neu; frisch; zweit; TYPO ~**tt stycke** Absatz m; ~**a tiden** die Neuzeit; **börja på ~ rad** eine neue Zeile anfangen; **någonting ~tt** etwas Neues; **vad ~tt?** was gibts Neues?; **på ~tt** von Neuem, aufs Neue B ⟨inv⟩ zunehmender Mond m; Neumond m **nyanlagd** ADJ neu angelegt
nyans [ny'aŋs, -'ans] ⟨-en; -er⟩ Nuance f, Schattierung f **nyan'sera** VT ⟨1⟩ nuancieren, schattieren **nyan'sering** Abstufung f, Abtönung f

nyanskaffning ['nyːanskafniŋ] s̄ Neuanschaffung f **nyanställa** VT ⟨2⟩ neu einstellen
Nya Zeeland [nyːa'seːland] Neuseeland n
nybakad ['nyːbaːkad], **nybakt** ADJ frisch gebacken, neu gebacken; fig frischgebacken, neugebacken **nybildad** ADJ neu gebildet **nybildning** s̄ Neubildung f **nybliven** ADJ neu; fig frischgebacken **nybyggare** ⟨-n; -⟩ (Neu-)Siedler(in) m(f) **nybyggd** ADJ neu gebaut, neu erbaut **nybygge** s̄ N (Neu-)Siedlung f; ARCH Neubau m **nybyggnad** s̄ Neubau m; ~**er** pl Neubauten pl **nybörjare** ⟨-n; -⟩ Anfänger(in) m(f)
nyck [nyk] ⟨-en; -er⟩ umg Laune f, Einfall m, Schrulle f
nyckel ['nykəl] ⟨-n; -ar⟩ Schlüssel m **nyckelben** s̄N ANAT Schlüsselbein n **nyckelhål** s̄N Schlüsselloch n **nyckelhålsmärkt** ADJ ballaststoffreich und fettarm (mit einem Kennzeichen versehen) **nyckelknippa** s̄ Schlüsselbund m (n) **nyckelord** s̄N Schlüsselwort n **nyckelperson** s̄ Schlüsselfigur f **nyckelpiga** s̄ ZOOL Marienkäfer m **nyckelposition** s̄ Schlüsselstellung f **nyckelring** s̄ Schlüsselring m **nyckelroll** s̄ Schlüsselrolle f **nyckelroman** s̄ Schlüsselroman m
nyckfull ['nykfɵl] ADJ launisch, launenhaft **nyckfullhet** ⟨-en; kein pl⟩ Launenhaftigkeit f
nydana ['nyːdaːna] VT ⟨1⟩ neu gestalten **nydanare** ⟨-n; -⟩ Neugestalter(in) m(f), Neuerer m **nydaning** ⟨-en; -ar⟩ Neugestaltung f **nyfiken** ADJ neugierig **nyfikenhet** ⟨-en; kein pl⟩ Neugier f, Neugierde f **nyfödd** ADJ neugeboren **nyföretagande** N ⟨-t; kein pl⟩ Unternehmensgründung f **nyförvärv** s̄N Neuerwerbung f, Neuzugang m **nygift** ADJ jungverheiratet, neuvermählt **nyhet** ⟨-en; -er⟩ Neuheit f; Buch etc Neuerscheinung f; Neuerung f; Neuigkeit f, Nachricht f; **de senaste** ~**erna** die neu(e)sten Nachrichten **nyhetsbyrå** s̄ Nachrichtenagentur f **nyhetsförmedling** s̄ Nachrichtendienst m **nyinflyttad** ADJ kürzlich zugezogen; kürzlich Zugezogene(r) m/f(m) **nyinrättad** ADJ neu eingerich-

tet **nyinspelning** ⁿ̄ Neuaufnahme f; Neuverfilmung f **nykläckt** ADJ eben ausgebrütet; fig neugebacken **nykokt** ADJ frisch gekocht **nykomling** ⟨-en; -ar⟩ Neuankömmling m; Neuling n **nykter** ['nyktər] ADJ nüchtern **nykterhet** ⟨-en; kein pl⟩ Nüchternheit f; Enthaltsamkeit f, Abstinenz f **nykterhetsrörelse** ⁿ̄ Abstinenzbewegung f, Antialkoholbewegung f **nykte'rist** ⟨-en; -er⟩ Absti'nenzler(in) m(f), Antialkoholiker(in) m(f) **nyktra** VP ⟨1 ~ 'till nüchtern werden; fig ernüchtern
nylagad ['ny:la:gad] ADJ frisch zubereitet
nyligen ['ny:li(g)ən] ADV kürzlich, vor Kurzem, unlängst, neulich; **helt ~** ganz kürzlich
nylon [ny'lo:n] Ⓝ ⟨-et/-en; kein pl⟩ Nylon n **nylonstrumpa** ⁿ̄ Nylonstrumpf m
nymalen ['ny:ma:lən] ADJ frisch gemahlen
nymf [nymf] ⟨-en; -er⟩ Nymphe f **nymfo'man** ⟨-en; -er⟩ nymphoman **nymodig** ['ny:mu:di(g)] ADJ neumodisch **nymodighet** ⟨-en; -er⟩ Neuheit f; **~er** neue Sitten **nymornad** ADJ frisch erwacht; verschlafen **nymålad** ADJ frisch gestrichen **nymåne** ⁿ̄ Neumond m
nynazist ['ny:na'sist] ⁿ̄ Neonazi m
nynna ['nyna] VI ⟨1⟩ summen
nyodling ['ny:u:dliŋ] ⁿ̄ Urbarmachung f; Rodeland n, Neubruch m, Neuland n **nyordning** ⁿ̄ Neuordnung f
nyp [ny:p] Ⓝ ⟨-et; -⟩ Kneifen n, Zwicken n; **ge ngn ett ~** j-n kneifen/zwicken; umg **få upp ett ~** eine Nummer schieben **nypa** Ⓐ ⟨-n; -or⟩ umg Hand f; **en ~** eine Prise, eine Messerspitze voll; **få/ta (sig) en ~ frisk luft** etwas frische Luft schnappen; **med en ~ salt** mit Vorsicht Ⓑ VT ⟨4⟩ kneifen, zwicken; **~ i** a. zupfen an ⟨dat⟩ Ⓒ VP ⟨4⟩ umg **~ 'åt sig** mausen, klauen, klemmen **nypas** VI ⟨dep 4⟩ kneifen, zwicken
nypon ['ny:pɔn] Ⓝ ⟨-et; -⟩ Hagebutte f **nyponros** ⁿ̄ Heckenrose f **nyponsoppa** ⁿ̄ Hagebuttensuppe f **nypotatis** ⁿ̄ ⟨koll⟩ neue Kartoffeln pl
nypremiär ['ny:prεmi'æ:r] ⁿ̄ Wiederaufführung f, Neuaufnahme f **nypressad** ADJ frisch gebügelt **nypåstigen** ADJ zugestiegen **nyrakad** ADJ frisch rasiert **nyrik** ADJ neureich **nyromantik** ADJ Neuromantik f
nys [ny:s] ⟨inv⟩ **få ~ om ngt** von etw Wind bekommen
nysa ['ny:sa] VI ⟨2/4⟩ niesen
nysilver ['ny:silvar] ⁿ̄ Neusilber n; **av ~** versilbert **nyskapad** ADJ neu geschaffen **nyskapande** Ⓐ ADJ schöpferisch Ⓑ Ⓝ ⟨-t; kein pl⟩ **~t av** die Schöpfung neuer ... **nyskapelse** ⁿ̄ Neuschöpfung f **nyslagen** ADJ frisch gemäht
nysning ['ny:sniŋ] ⟨-en; -ar⟩ Niesen n **nysnö** ['ny:snø:] ⁿ̄ Neuschnee m **nyspråklig** ADJ neusprachlich
nyss [nys] ADV (so)eben, gerade (eben), vorhin
nysta ['nysta] ⟨1⟩ Ⓐ VT wickeln, winden Ⓑ VP **~ 'av** abwickeln; **~ 'upp** aufwickeln **nystan** Ⓝ ⟨-et; -⟩ Knäuel m(n)
nystekt ['ny:ste:kt] ADJ frisch gebraten
nytta ['nyta] ⟨-n; kein pl⟩ Nutzen m; **dra ~ av ngt** aus etw Nutzen ziehen, sich etw zunutze machen; **ha ~ av ngt** von etw Nutzen haben; **vara till ~** von Nutzen sein, Nutzen bringen; **vara till ingen ~** a. nichts nützen **nyttig** ADJ nützlich; gesund **nyttighet** ⟨-en; -er⟩ Nützlichkeit f **nyttja** VT ⟨1⟩ benutzen, anwenden, gebrauchen **nyttjanderätt** ⁿ̄ JUR Nutz(ungs)recht n, Nutznießung f (**till an** dat)
nytvättad ADJ frisch gewaschen **nyutkommen** ADJ neu erschienen, soeben erschienen **nyval** ⁿ̄ Ⓝ Neuwahl f **nyvald** ADJ neu gewählt **nyår** ⁿ̄ Ⓝ Neujahr n **nyårsafton** ⁿ̄ Silvester(abend) m, Neujahrsabend m **nyårsdag** ⁿ̄ Neujahrstag m **nyårslöfte** ⁿ̄ guter Vorsatz für das neue Jahr
nå¹ [no:] INTER nun, na, also; nanu **nå²** ⟨3⟩ Ⓐ VT erreichen; fig a. erlangen; erzielen; **~ sitt syfte** sein Ziel erreichen Ⓑ VI reichen, langen; **så långt ögat ~r** so weit das Auge/der Blick reicht Ⓒ VP **~ 'fram i tid** (etw)rechtzeitig erreichen; **~ 'upp i hinauflangen, hinaufreichen; **~ 'upp i taket** bis an die Decke reichen
nåd [no:d] ⟨-en; -er⟩ Gnade f; **få ~** begnadigt werden; **låta ~ gå före rätt** Gnade vor/für Recht ergehen lassen; **av/med Guds ~e** von Gottes Gnaden;

ta ngn till ~er j-n wieder in Gnaden aufnehmen; Ers ~ Euer Gnaden **nådastöt** ⒮ Gnadenstoß m **nådatid** ⒮ Gnadenfrist f **nådig** ADJ gnädig

någon ['no:gɔn, nɔn] INDEF PR (irgend)ein(e, er, es), (irgend)jemand; welche(r, s), einige(r, s); (et)was; **inte** ~ kein(e, er, es), niemand; ~ **annan** jemand anders; ~ **annanstans** anderswo, woanders; ~ **gång** (ein)mal; irgendwann; manchmal, zuweilen; **efter** ~ **tid** nach einiger Zeit; **har du** ~ **bil?** hast du ein Auto? **någondera** PRON ein(e, er, es) von beiden/ihnen **någonsin** ADV je(mals); **aldrig** ~ nie(mals) **någonstans** ADV irgendwo; **inte** ~ nirgendwo **någonting** INDEF PR (irgend)etwas; umg was; **inte** ~ nichts

någorlunda ['no:guɭənda] ADV einigermaßen, halbwegs

något ['no:gɔt, nɔt] INDEF PR (irgend)ein(e, er, es); (et)was, einiges, welches; **inte** ~ nichts; ~ **litet** etwas Kleines; **har ni** ~ **ledigt rum?** haben Sie ein Zimmer frei?; → **någon någotsånär** ADV einigermaßen

några ['no:gra, °no:ra] INDEF PR einige, etliche; (irgend)welche; **inte** ~ keine; ~ **stycken** einige, wenige; ~ **få** einige, wenige; **har ni** ~ **cigarretter?** haben Sie Zigaretten?; **utan** ~ **som helst svårigheter** ohne irgendwelche Schwierigkeiten; → **någon**

nål [no:l] ⟨-en; -ar⟩ Nadel f; fig **sitta som på** ~**ar** (wie) auf Nadeln sitzen **nåla** VF ⟨1⟩ ~ **fast ngt** etw anheften, anstecken **nåldyna** ⒮ Nadelkissen n **nålspets** ⒮ Nadelspitze f **nålstick** ⒮ N̄, **nålstyng** ⒮N Nadelstich m **nålsöga** ⒮ Nadelöhr n **nålvass** ADJ spitz (wie eine Nadel)

nåväl ['no:vɛːl] INTER nun (gut), nun denn

näbb [nɛb] a. ⒮ ⟨-en/-et; -ar/-⟩ Schnabel m; **försvara sig med** ~**ar och klor** sich mit Händen und Füßen wehren **näbbas** ['nɛbas] VF ⟨dep 1⟩ sich schnäbeln; sich kabbeln **näbbdjur** ⒮ N̄ Schnabeltier n **näbbig** ADJ schnippisch; naseweis **näbbmus** ⒮ Spitzmaus f

näck [nɛk] umg ADJ nackt; **bada** ~ nackt baden

näckros ['nɛkruːs] ⒮ BOT Seerose f

näktergal ['nɛktərgɑːl] ⟨-en; -ar⟩ ZOOL Nachtigall f

nämligen ['nɛmli(g)ən] ADV nämlich, und zwar

nämna ['nɛmna] VF ⟨2⟩ nennen; erwähnen; mitteilen; sagen **nämnare** ⟨-n; -⟩ MATH Nenner m **nämnd** A ADJ erwähnt, genannt B ⟨-en; -er⟩ Ausschuss m; Amt n; JUR Schöffen m/pl **nämndeman** ⒮ Schöffe m, Schöffin f **nämnvärd** ADV erwähnenswert, nennenswert

nännas ['nɛnas] VF ⟨dep 2⟩ es übers Herz bringen, es über sich (akk) bringen

näpen ['nɛːpən] ADJ niedlich

näppe ['nɛpa] ⟨inv⟩ umg **med nöd och** ~ mit Ach und Krach **näppeligen** ADV schwerlich

när [nɛːr] A ADV ❶ wann; ~ **som helst** jederzeit ❷ nahe; **från** ~ **och fjärran** von nah und fern; **göra ngn ngt för** ~ j-m etw zuleide tun; **på ett hår** ~ um ein Haar; **så** ~ **fast**, beinahe; **ngt så** ~ **leidlich**; **inte på långt** ~ bei Weitem nicht; **så** ~ **som på en** bis auf einen B KONJ wenn; als; nachdem; **nu** ~ **... jetzt, wo ... nära¹** ADJ, ADV nah; eng; **på** ~ **håll** von Nahem, aus/in der Nähe; **vara** ~ **att** nahe daran sein zu; ~ **nog** beinahe, fast; ~ **intill** nahe an/bei; ~ **döden** dem Tode nahe; ~ **staden** dicht/nahe bei der Stadt; ~ **målet** nahe am Ziel; umg fig **det var** ~ **ögat!** um ein Haar (wärs geschehen)!, wie leicht hätte ins Auge gehen können!

nära² ['nɛːra] VF ⟨2⟩ ernähren; nähren; hegen **närande** ADJ nahrhaft

närapå ['nɛːrapoː] ADV nahe (gelegen), fast **närbelägen** ADJ nahe (gelegen), benachbart **närbesläktad** ADJ nahe verwandt **närbild** ⒮ Großaufnahme f, Nahaufnahme f **närbutik** ⒮ Nachbarschaftsladen m **närdemokrati** ⒮ ≈ Mitbestimmung f **närgången** ADJ zudringlich, aufdringlich; Frage taktlos **närgångenhet** ⟨-en; kein pl⟩ Zudringlichkeit f, Aufdringlichkeit f **närhet** ⟨-en; kein pl⟩ Nähe f; **i** ~**en** in der Nähe

närig ['nɛːri(g)] umg ADJ knauserig

näring ['nɛːriŋ] ⟨-en; -ar⟩ Nahrung f; WIRTSCH Gewerbe m, Erwerb m, Erwerbszweig *m* **näringsbehov** S N Nahrungsbedarf *m* **näringsfattig** ADJ mit geringem Nährwert; mager **näringsfrihet** S Gewerbefreiheit *f* **näringsgren** S Erwerbszweig *m* **näringskedja** S Nahrungskette *f* **näringsliv** S N Wirtschaft *f* **näringsmedel** S Nahrungsmittel *n* **näringsrik** ADJ nahrhaft; ~ kost Vollwertkost *f* **näringsvärde** S N Nährwert *m* **näringsämne** S N Nährstoff *m*

närkamp ['næ:rkamp] S SPORT Nahkampf *m* **närliggande** ADJ nahe; angrenzend; *fig* naheliegend **närma** ['næ:rma] ⟨1⟩ **A** [VT] nähern **B** [VR] ~ sig sich nähern (ngn j-m); (heran)nahen **närmande** N ⟨-t; -n⟩ Annäherung *f* **närmare** ADJ, ADV näher; *något* ~ Genaueres, Näheres; på ~ håll aus/in größerer Nähe, näher **närmast A** ADJ nächste(r); **under de ~e dagarna** in den nächsten Tagen; **i det ~e** fast ganz, annähernd **B** ADV am nächsten; zunächst; eher; nahezu **närmiljö** ['næ:rmilˈjø:] S Wohnumfeld *n* **närradio** S Lokalsender *m* **närsamtal** S N Ortsgespräch *n* **närstrid** S MIL Nahkampf *m* **närstående** ADJ nahestehend **närsynt** ADJ kurzsichtig **närsynthet** ⟨-en; kein pl⟩ Kurzsichtigkeit *f* **närtrafik** S Nahverkehr *m* **närvara** [VI] ⟨1⟩ anwesend sein (vid bei); beiwohnen (vid dat) **närvarande** ADJ zugegen, anwesend; gegenwärtig, jetzig; **de ~** die Anwesenden; **för ~** gegenwärtig, augenblicklich, zur Zeit; **~ tid** Gegenwart *f* **närvaro** ⟨-n; kein pl⟩ Anwesenheit *f*, Beisein *n*, Gegenwart *f*

näs [nɛ:s] N ⟨-et; -⟩ Landzunge *f*; Landenge *f* **näsa** ['nɛ:sa] ⟨-n; -or⟩ Nase *f*; **dit ~n pekar** (immer) der Nase nach; *fig* **dra ngn vid ~n** j-n an der Nase herumführen; *fig* **få lång ~** mit langer Nase abziehen müssen; *fig* **ha skinn på ~n** Haare auf den Zähnen haben; *fig* **lägga ~n i blöt** die Nase in alles stecken (müssen); **rynka på ~n** die Nase rümpfen; **ta ngt mitt för ~n på ngn** j-m etw vor der Nase wegschnappen; **skriva ngn ngt på ~n** j-m etw auf die Nase binden; **sätta ~n i vädret** die Nase hoch tragen; **vända ~n i vädret** ins Gras beißen, krepieren **näsben** S N ANAT Nasenbein *n* **näsblod** S N Nasenbluten *n*; **blöda ~** Nasenbluten haben **näsborre** ⟨-n; -ar⟩ Nasenloch *n*; Nüster *f* **näsbränna** ⟨-n; kein pl⟩ *fig* Rüffel *m* **näsdroppar** S Nasentropfen *pl* **näsduk** S Taschentuch *n* **nässelfeber** ['nɛsəlfe:bər] S MED Nesselfieber *n* **nässla** ⟨-n; -or⟩ BOT Nessel *f*

nässpray ['nɛ:sprej], **nässprej** S Nasenspray *m od n* **näst** [nɛst] ADV nächst; **~ bäst** nächstbest, zweitbest; **~ sist** vorletzt, zweitletzt; **~ äldst** zweitältest; **~ efter** unmittelbar (da)nach **nästa** ['nɛsta] **A** ADJ nächste(r, s); **~ dag** am nächsten Tag; **~ gång** das nächste Mal; **i ~ ögonblick** im nächsten Augenblick **B** ⟨-n; kein pl⟩ Nächste(r) *m/f(m)*; **kärlek till ~n** Nächstenliebe *f* **nästan** ['nɛstan] ADV fast, beinahe, nahezu **näste** ['nɛsta] N ⟨-t; -n⟩ Nest *n*; Horst *m* **nästipp** ['nɛ:stip] S Nasenspitze *f* **nästkommande** ['nɛstkɔmandə] ADJ nächst, künftig **nästla** ['nɛstla] [VP] ⟨1⟩ **~ sig 'in** sich einnisten **nästäppa** ['nɛ:stɛpa] ⟨-n; kein pl⟩ MED verstopfte Nase **näsvis** ADJ naseweis, vorlaut **näsvishet** S vorlautes Wesen *n*; vorlaute Bemerkung *f* **nät** [nɛ:t] N ⟨-et; -⟩ Netz *n*; SCHIFF *a.* Garn *n*; IT *a.* Web *n*; IT **på ~et** im Netz **nätanslutning** S IT Netzanschluss *m* **nätbutik** S Onlineshop *m* **näthinna** S ANAT Netzhaut *f* **nätikett** ⟨-en; kein pl⟩ IT Netiquette *f* **nätkasse** S Einkaufsnetz *n* **nätkompatibel** ADJ IT internetfähig **nätmelon** S Netzmelone *f* **nätmobbning** S Cybermobbing *n* **nätstrumpa** S Netzstrumpf *m* **nätt** [nɛt] **A** ADJ nett, hübsch, niedlich; knapp **B** ADV **~ och jämnt** eben noch, mit knapper Not **nätverk** ['nɛ:tværk] S N *a.* IT Netz(werk) *n*; *fig* Beziehungsgeflecht *n* **nätverka** [VI] ⟨1⟩ networken **näve** ['nɛ:və] ⟨-n; -ar⟩ Faust *f*; Handvoll *f*; **knyta ~n åt ngn** j-m mit der Faust

drohen; **slå ~n i bordet** mit der Faust auf den Tisch schlagen; *fig* **spotta i nävarna** in die Hände spucken
näver ['nɛ:vər] ⟨-n; -ar⟩ Birkenrinde f
nöd [nø:d] ⟨-en; kein pl⟩ Not f; **~en har ingen lag** Not kennt kein Gebot; **i ~ och lust** in Leid und Freud; **lida ~** Not leiden, am Hungertuch nagen; **det går ingen ~ på honom** er hat keinen Grund zu klagen; **med ~ och näppe** mit Ach und Krach **nödbedd vara ~** sich nötigen (*od* lange bitten) lassen **nödbroms** S̄ Notbremse f **nödd** ADJ genötigt; **~ och tvungen** wohl oder übel gezwungen **nödfall** S̄ N **i ~** im Notfall(e), notfalls, zur Not, nötigenfalls; **i ytttersta ~** im äußersten Notfall(e) **nödgas** V̄T ⟨dep 1⟩ sich genötigt/gezwungen sehen **nödhamn** S̄ Nothafen m **nödhjälpsarbete** S̄ N̄ Notstandsarbeit f
nödig ADJ nötig, erforderlich; *umg* **jag är ~** ich muss mal
nödlanda V̄T ⟨1⟩ notlanden **nödlidande** ADJ Not leidend **nödläge** S̄ N̄ Notlage f **nödlögn** S̄ Notlüge f **nödlösning** S̄ Notlösung f **nödrop** S̄ Notruf m, Notschrei m **nödsaka** V̄T ⟨1⟩ nötigen; **se sig ~d att göra ngt** sich genötigt sehen, etw zu tun **nödsignal** S̄ Notsignal n **nödslakt** S̄ Notschlachtung f **nödställd** ADJ Not leidend, bedrängt **nödtorft** ⟨-en; kein pl⟩ Notdurft f **nödtorftig** ADJ notdürftig **nödtvungen** ADJ notgedrungen **nödtvång** S̄ N̄ **av ~** notgedrungen **nödutgång** S̄ Notausgang m **nödvändig** ADJ notwendig, nötig; erforderlich **nödvändighet** ⟨-en; -er⟩ Notwendigkeit f **nödvändigt** ADV notwendig(erweise), zwangsläufig **nödvärn** S̄ Notwehr f **nödår** S̄ N̄ Notjahr n
nöja ['nøja] V̄R ⟨2⟩ **~ sig med ngt** sich mit etw begnügen/zufriedengeben **nöjaktig** ADJ befriedigend, ausreichend, genügend **nöjd** ADJ zufrieden **nöje** ['nøjə] N̄ ⟨-t; -n⟩ Vergnügen n, Spaß m *umg*; **~n** pl Vergnügungen pl; **finna ~ i ngt** Vergnügen an etw (*dat*) finden/haben; **mycket ~!** viel Vergnügen/Spaß!; **för ~s skull** zum Vergnügen/Spaß **nöjesbransch** S̄ Showgeschäft n **nöjesfält** S̄ N̄ Vergnügungspark m, Rummelplatz m **nöjesliv** S̄ N̄ Vergnügungsleben n **nöjeslysten** ADJ vergnügungssüchtig **nöjesläsning** S̄ Unterhaltungslektüre f **nöjesresa** S̄ Vergnügungsreise f **nöjsam** ADJ vergnüglich, lustig
nörd ⟨-en; -ar⟩ *umg* Fachidiot m; Langweiler m; Sonderling m
nöt[1] [nø:t] ⟨-en; nötter⟩ BOT Nuss f; *fig* **en hård/svår ~** (**att knäcka**) eine harte Nuss
nöt[2] N̄ ⟨-et; -⟩ Rind n; *fig pej* Rindvieh n, Hornochse m
nöta ['nø:ta] ⟨2⟩ A V̄T abnutzen; abtragen; abgreifen; **~ hål på byxorna** sich (*dat*) die Hosen durchscheuern B V̄P **~ 'ut** abnutzen, verschleißen
nötboskap ['nø:tbuska:p] S̄ Rindvieh n, Rinder pl
nötknäppare ['nø:tknɛparə] ⟨-n; -⟩ Nussknacker m
nötkreatur S̄ N̄ Rind n
nötkärna ['nø:tɕæ:ɳa] S̄ Nusskern m; **frisk som en ~** kerngesund
nötkött ['nø:tɕœt] S̄ N̄ Rindfleisch n
nötning ['nø:tnɪŋ] ⟨-en; -ar⟩ Abnutzung f; Reibung f, Verschleiß m
nötskal ['nø:tska:l] S̄ N̄ Nussschale f; *fig* **i ett ~** in wenigen Worten
nötskrika ⟨-n; -or⟩ ZOOL Eichelhäher m
nött [nøt] ADJ abgenutzt, abgetragen, verschlissen; *fig* abgedroschen
nötväcka ['nø:tvɛka] ⟨-n; -or⟩ ZOOL Kleiber m

O

O[1], **o** [u:] N̄ ⟨-(e)t; -n/-⟩ O, o n
o[2] [u:] INTER o, oh; **~ nej!** o nein!
o- [u:-] IN ZSSGN un-
oaktat ['u:aktat] A PRÄP ungeachtet (*gen*), trotz (*gen*/*dat*); **det(ta) ~** des(sen) ungeachtet, trotzdem B KONJ obwohl, obschon, obgleich **oaktsam** ADJ unachtsam, achtlos
oanad ['u:a:nad] ADJ ungeahnt
oangenäm ['u:anjənɛ:m] ADJ unange-

nehm, unliebsam **oanmäld** ADJ unangemeldet **oansenlig** ADJ unansehnlich, unbedeutend, klein **oanständig** ADJ unanständig **oanständighet** ⟨-en; -er⟩ Unanständigkeit f **oansvarig** ADJ unverantwortlich **oantastad** ADJ unbehelligt, unangefochten, ungeschoren **oantastlig** ADJ unantastbar, unanfechtbar; unverletzlich **oanträffbar** ADJ nicht antreffbar **oanvänd** ADJ unbenutzt, ungebraucht **oanvändbar** ADJ unbrauchbar, unverwendbar
oaptitlig ADJ unappetitlich
oartig ADJ unhöflich
oas [uˈɑːs] ⟨-en; -er⟩ Oase f
oavbruten ADJ ununterbrochen, unaufhörlich **oavgjord** ADJ unentschieden **oavkortad** ADJ ungekürzt, unverkürzt **oavlönad** ADJ unbesoldet **oavsett** PRÄP ungeachtet, ohne Rücksicht auf (akk); ~ **detta** davon abgesehen **oavsiktlig** ADJ unabsichtlich, unbeabsichtigt **oavslutad** ADJ unvollendet, unfertig; WIRTSCH unabgeschlossen **oavvislig** ADJ unabweisbar, unabweislich
ob [ˈuːbe] ABK (= obekväm arbetstid) → obekväm
obalanserad ADJ unbalanciert, unausgeglichen
obarmhärtig ADJ unbarmherzig
obducera [ɔbdɯˈseːra] V/T ⟨1⟩ obduzieren **obduk'tion** ⟨-en; -er⟩ Obduktion f
obeaktad ADJ unbeachtet, unberücksichtigt **obearbetad** ADJ unbearbeitet, roh **obebodd** ADJ unbewohnt **obeboelig** ADJ unbewohnbar **obebyggd** ADJ unbebaut
obedd [ˈuːbed] ADJ ungebeten
obefintlig ADJ nicht vorhanden **obefintlighet** S Nichtvorhandensein n
obefläckad ADJ unbefleckt **obefogad** ADJ unbefugt; grundlos **obefolkad** ADJ unbevölkert **obegagnad** ADJ unbenutzt **obegriplig** ADJ unbegreiflich, unverständlich **obegränsad** ADJ unbegrenzt, unbeschränkt, unumschränkt **obegåvad** ADJ unbegabt **obehag** SN Unbehagen n; Unannehmlichkeiten pl; **få ~ av ngt** mit etw Unannehmlichkeiten/Schereien haben **obehaglig** ADJ unangenehm, un-

liebsam **obehindrad** ADJ ungehindert, unbehindert; fig ungehemmt, geläufig; fließend **obehärskad** ADJ unbeherrscht **obehörig** ADJ unzuständig; unbefugt; **~a äga ej tillträde** Unbefugte haben keinen Zutritt **obekant** ADJ unbekannt, fremd (**för** dat) **obekräftad** ADJ unbestätigt **obekväm** ADJ unbequem; **~ arbetstid** Arbeitszeit außerhalb der normalen Geschäftsstunden **obekymrad** ADJ unbekümmert (om/för um) **obemannad** ADJ unbemannt **obemedlad** ADJ unbemittelt, mittellos **obemärkt** ADJ unbemerkt, unauffällig **obenägen** ADJ abgeneigt (**för** dat); nicht geneigt (**för** zu) **obenägenhet** S Abgeneigtsein n, Abneigung f **obeprövad** ADJ unerprobt **oberoende** A ADJ unabhängig (av von) B S N Unabhängigkeit f **oberäknelig** ADJ unberechenbar **oberättigad** ADJ unberechtigt **oberörd** ADJ unberührt **obesatt** ADJ unbesetzt, frei **obesegrad** ADJ unbesiegt **obeskrivlig** ADJ unbeschreiblich **obeslutsam** ADJ unentschlossen, unschlüssig **obesmittad** ADJ unbefleckt, unberührt, rein **obesprutad** ADJ Obst, Gemüse nicht gespritzt, unbehandelt **obestridd** ADJ unbestritten **obestridlig** ADJ unbestreitbar, unumstößlich; nicht zu leugnen **obestyrkt** ADJ unbestätigt, unverbürgt **obestånd** SN WIRTSCH Zahlungsunfähigkeit f; **vara/komma på ~** zahlungsunfähig sein/werden **obeställbar** ADJ Post unzustellbar **obestämbar** ADJ unbestimmbar **obestämd** ADJ unbestimmt; undeutlich; unentschlossen; fraglich **obeständig** ADJ unbeständig **obesvarad** ADJ unbeantwortet; fig unerwidert **obesvärad** ADJ unbelästigt; ungeniert, unbefangen **obetalbar** ADJ unbezahlbar **obetald** ADJ unbezahlt **obetingad** ADJ unbedingt; uneigerlich **obetonad** ADJ unbetont **obetydlig** ADJ unbedeutend; unerheblich, geringfügig, belanglos **obetydlighet** ⟨-en; -er⟩ Kleinigkeit f, Geringfügigkeit f; Belanglosigkeit f **obetänksam** ADJ unbedacht, unbesonnen **obetänksamhet** S Unbedachtsamkeit f, Unbesonnenheit f **obevakad** ADJ unbewacht;

obeveklig – odla

JUR nicht angemeldet **obeveklig** ADJ unerbittlich **obeväpnad** ADJ unbewaffnet

obildad ADJ ungebildet **obildbar** ADJ nicht bildungsfähig

objekt [ɔb'jεkt] N ⟨-et; -⟩ a. GRAM Objekt n, Gegenstand m **objektiv** A ['ɔbjεktiv, -'ti:v] ADJ objektiv B [-'ti:v] N ⟨-et; -⟩ PHYS Objektiv n **objektivi'tet** ⟨-en; kein pl⟩ Objektivität f

objuden ADJ ungeladen, ungebeten

oblat [ɔ'bla:t] ⟨-en; -er⟩ Oblate f; REL Hostie f

oblekt ADJ ungebleicht

oblid ADJ unfreundlich, ungünstig; *se ngt med ~a ögon* etw ungnädig ansehen

obligation [ɔbliga'ʃu:n] ⟨-en; -er⟩ Obligation f **obliga'torisk** ADJ obligatorisch, verbindlich; bindend; **~försäkring** Pflichtversicherung f; **~t ämne** *Schule* Pflichtfach n

oblodig ADJ unblutig

oblyg ADJ schamlos, unverschämt

oborstad ADJ ungebürstet; *fig* ungehobelt, ungeschliffen

obotlig ADJ unheilbar; *fig* unverbesserlich

obrottslig ADJ unerschütterlich

obrukad ADJ ungebraucht, unbenutzt; AGR unbestellt **obrukbar** ADJ unbrauchbar **obruklig** ADJ ungebräuchlich

obs [ɔbs] ABK (= observera) Achtung; bitte beachten

obscen [bˈse:n] ADJ obszön **obsceni'tet** ⟨-en; -er⟩ Obszönität f

observant [ɔbsərˈvant] ADJ aufmerksam **observation** ⟨-en; -er⟩ Be'obachtung f **observa'torium** N ⟨observatoriet; observatorier⟩ Observatorium n; Sternwarte f; **meteorologiskt ~** Wetterwarte f **observa'tör** ⟨-en; -er⟩ Beobachter(in) m(f) **obser'vera** VT ⟨1⟩ beobachten, (be)merken; **~!** zur (gefälligen) Beachtung!

obskyr [ɔb'sky:r] ADJ dunkel, unbekannt, obskur; verrufen

obstruktion [ɔbstrɵkˈʃu:n] ⟨-en; -er⟩ Obstruktion f

obunden ADJ ungebunden

obygd ['u:bygd] S Wildnis f, Einöde f

obäddad ADJ att det är obäddat das Bett ist (*od* die Betten sind) nicht gemacht

obändig ADJ unbändig

oböjlig ADJ unbiegsam; *fig* unbeugsam; GRAM undeklinierbar, unveränderlich

obönhörlig ADJ unerbittlich

ocean [use'a:n] ⟨-en; -er⟩ Ozean m **oceanångare** S Ozeandampfer m

ocensurerad ['u:sεnsøre:rad] ADJ unzensiert, ungeprüft

och [ɔ(k)] KONJ und; **~ dylikt** und dergleichen; **~ så vidare** und so weiter; **bättre ~ bättre** immer besser; **värre ~ värre** immer schlimmer; **två ~ två (i sänder)** je zwei; **två ~ femti(o)** *Preis etc* zwei fünfzig; **gå ~ hämta** holen; **gå ~ handla** einkaufen gehen; **försök ~ ta bollen!** versuch den Ball zu kriegen; **~?** na und?

ociviliserad ['u:sivilise:rad] ADJ unzivilisiert, ungesittet

ocker ['ɔkər] N ⟨-et; kein pl⟩ Wucher m **ockerränta** S Wucherzinsen m/pl **ockrare** ⟨-n; -⟩ Wucherer m

också ['ɔkso:] ADV auch, ebenfalls; wirklich; **eller ~** oder auch/aber; **om ~** wenn auch

ockult [ɔ'kɵlt] ADJ okkult; verborgen, geheim; **~vetenskap** Geheimwissenschaft f **ockul'tism** ⟨-en; kein pl⟩ Okkultismus m

ockupant [ɔkɵˈpant] ⟨-en; -er⟩ Okkupant(in) m(f), Besetzer(in) m(f) **ockupation** ⟨-en; -er⟩ Besetzung f, Okkupation f **ockupationsmakt** S Besatzungsmacht f **ockupationstrupp** S Besatzungstruppe f **ocku'pera** VT ⟨1⟩ besetzen, in Besitz nehmen; Besitz ergreifen (ngt von etw) **ocku'pering** ⟨-en; -ar⟩ Besitznahme f

odaterad ADJ undatiert

odds [ɔds] N ⟨-; -⟩ SPORT Odds *pl*

ode ['u:də] N ⟨-t; -n⟩ Ode f

odefinierbar ADJ undefinierbar, unbestimmbar

odelad ADJ ungeteilt

odemokratisk ADJ undemokratisch

odiplomatisk ADJ undiplomatisch, ungeschickt, unklug

odisciplinerad ADJ undiszipliniert

odiskutabel ADJ indiskutabel

odisponerad ADJ indisponiert, nicht aufgelegt

odjur ['u:jɵ:r] S N Untier n, Ungeheuer n, Scheusal n

odla ['u:dla] ⟨1⟩ A VT (be)bauen; an-

pflanzen, anbauen; züchten; *fig* (aus)bilden; pflegen; **~ potatis** Kartoffeln anbauen; **~ bekantskap** Umgang pflegen B VP **~ 'upp** urbar machen **odlare** ⟨-n; -⟩ Züchter(in) *m(f)* **odling** ⟨-en; -ar⟩ Anbau *m*; Züchtung *f*; Pflanzung *f*; *fig* Bildung *f*, Kultur *f*
odramatisk ADJ undramatisch
odrickbar ADJ untrinkbar
odryg ADJ unergiebig; nicht lange vorhaltend
odräglig ADJ lästig; unerträglich, unleidlich; unausstehlich
oduglig ADJ untauglich; unbrauchbar; unfähig **oduglighet** S Untauglichkeit *f*; Unfähigkeit *f*
odygd S Mutwille *m*, Mutwillen *m*; Unfug *m* **odygdig** ADJ ungezogen, unartig
odåga ⟨-n; -or⟩ Taugenichts *m*, Nichtsnutz *m*
odödlig ADJ unsterblich **odödliggöra** VT ⟨4⟩ verewigen **odödlighet** S Unsterblichkeit *f*
odör [u'dœ:r] ⟨-en; -er⟩ schlechter Geruch, Gestank *m*
oeftergivlig ADJ unerlässlich
oefterhärmlig ADJ unnachahmlich
oegennytta S Uneigennützigkeit *f*, Selbstlosigkeit *f* **oegennyttig** ADJ uneigennützig, selbstlos
oegentlig ['u:ɐjentli(g)] ADJ unrichtig; unangebracht; bildlich, übertragen; **~ betydelse** übertragene Bedeutung; MATH **~t bråk** unechter Bruch **oegentlighet** ⟨-en; -er⟩ Unrichtigkeit *f*; Unangebrachtheit *f*; **~er** *pl* Unregelmäßigkeiten *pl*
oekonomisk ADJ unwirtschaftlich, unökonomisch; *Person* verschwenderisch
oemotsagd ADJ unwidersprochen
oemotståndlig ADJ unwiderstehlich
oemotsäglig ADJ unbestreitbar
oemottaglig ADJ unempfänglich; unempfindlich **oemottaglighet** S Unempfänglichkeit *f*, Unzugänglichkeit *f*
oenhetlig ADJ uneinheitlich
oenig ADJ uneinig **oenighet** S Uneinigkeit *f*, Zerwürfnis *n*; Meinungsverschiedenheit *f* **oense** ADJ uneinig, uneins (**om** über *akk*); **bli ~** *a*. sich entzweien
oerfaren ADJ unerfahren (**i** in *dat*) **oerfarenhet** S Unerfahrenheit *f*

oerhörd ADJ unerhört; ungeheuer
oersättlig ADJ unersetzlich
oestetisk ADJ unästhetisch
ofantlig ADJ ungeheuer, unermesslich, riesig, mächtig
ofarbar ADJ unfahrbar
ofarlig ADJ ungefährlich, gefahrlos; harmlos, unschädlich
ofattbar, **ofattlig** ADJ unfassbar; unbegreiflich (**för ngn** j-m)
ofelbar ADJ unfehlbar; untrüglich
offensiv [ɔfen'si:v] A ADJ offensiv, Angriffs- B ⟨-en; -er⟩ Offensive *f*, Angriff *m*; **ta till ~en** in die Offensive gehen
offentlig [ɔ'fɛntli(g)] ADJ öffentlich; amtlich, offiziell; **~a sektorn** der staatliche und kommunale Bereich **offentliganställd** en = ein(e) Angestellte(r) *m/f(m)* im öffentlichen Dienst **offentliggöra** VT ⟨4⟩ veröffentlichen, bekannt machen **offentliggörande** N ⟨-t; -⟩ Veröffentlichung *f*, Bekanntmachung *f* **offentlighet** ⟨-en; kein *pl*⟩ Öffentlichkeit *f*; **ge ~ åt ngt** etw an die Öffentlichkeit bringen; **dra inför ~en** an die Öffentlichkeit bringen
offer ['ɔfɐr] N ⟨-et; -⟩ Opfer *n*; **falla ~ för ngn** j-m zum Opfer fallen
offert [ɔ'fæt] ⟨-en; -er⟩ Angebot *n*, Offerte *f* (**på** von/in *dat*); **fast ~** Festangebot *n*
officer [ɔfi'se:r] ⟨-en; -are⟩ Offizier(in) *m(f)* **officerskår** S Offizierskorps *n*
officiell [ɔfisi'ɛl] ADJ offiziell; amtlich
offpiståkning ⟨-en; kein *pl*⟩ SPORT Off-Piste-Fahren *n*
offra ['ɔfra] VT/VR ⟨1⟩ opfern (**sig** sich); spenden; hergeben; verwenden (**på** auf *akk*)
offside [ɔf'sajd] SPORT A ADV abseits B ⟨-n; -r⟩ Abseits *n*
ofin ADJ unfein, taktlos
ofodrad ADJ ungefüttert
ofog N ⟨-et; -⟩ Unfug *m*, Unwesen *n*
oformlig ADJ unförmig
oframkomlig ADJ ungangbar, unbefahrbar, unwegsam
ofrankerad ADJ unfrankiert
ofreda VT ⟨1⟩ belästigen
ofri ADJ unfrei **ofrihet** S Unfreiheit *f*
ofrivillig ADJ unfreiwillig
ofruktbar ADJ unfruchtbar **ofruktsam** ADJ unfruchtbar, steril
ofrånkomlig ADJ unvermeidlich

ofrälse ADJ nicht adlig
ofta ['ɔfta] ADV oft, häufig; vielfach; ganska ~ öfters, des Öfteren **oftast** ADV am öftesten, am häufigsten; meist; allt som ~ oftmals
ofullbordad ADJ unvollendet **ofullkomlig** ADJ unvollkommen **ofullständig** ADJ unvollständig, mangelhaft, lückenhaft **ofulländad** ADJ unvollendet
ofärdig ADJ lahm, verkrüppelt, verwachsen
ofärgad ADJ ungefärbt
oförarglig ADJ harmlos **oförbehållsam** ADJ offen(herzig); ~t a. unumwunden **oförberedd** ADJ unvorbereitet **oförberett** ADV tala ~ aus dem Stegreif reden **oförbätterlig** ADJ unverbesserlich **ofördelaktig** ADJ unvorteilhaft, ungünstig, nachteilig **ofördragsam** ADJ unduldsam, unverträglich **ofördröjligen** ADV unverzüglich **ofördärvad** ADJ unverdorben **oförenlig** ADJ unvereinbar **oföretagsam** ADJ wenig unternehmungslustig, passiv, träge **oföretagsamhet** S Mangel m an Unternehmungsgeist, Trägheit f **oförfalskad** ADJ unverfälscht **oförfärad** ADJ unerschrocken, unverzagt **oförglömlig** ADJ unvergesslich **oförhappandes** ADV unversehens **oförklarlig** ADJ unerklärlich **oförliknelig** ADJ unvergleichlich, einzig **oförlåtlig** ADJ unverzeihlich **oförminskad** ADJ unvermindert **oförmodad** ADJ unvermutet, unerwartet; unverhofft **oförmåga** S Unfähigkeit f **oförmånlig** ADJ unvorteilhaft **oförmögen** ADJ unfähig **oförnuftig** ADJ unvernünftig **oförrätt** S Unrecht n, Kränkung f **oförrättad** ADJ unverrichtet; med oförrättat ärende unverrichteter Dinge **oförsiktig** ADJ unvorsichtig **oförskräckt** ADJ unerschrocken **oförskylld** ADJ unverschuldet, unverdient **oförskämd** ADJ unverschämt, unverfroren, frech **oförskämdhet** ADJ Unverschämtheit f, Frechheit f **oförsonlig** ADJ unversöhnlich **oförstådd** ADJ unverstanden **oförståelig** ADJ unverständlich **oförstående** ADJ verständnislos **oförstånd** S N Unverstand m **oförståndig** ADJ unvernünftig, unverständig **oförställd** ADJ unverstellt, ungeheuchelt **oförsvarlig** ADJ unverantwortlich **oförtjänt** ADJ unverdient **oförtruten** ADJ unverdrossen **oförtröttlig** ADJ unermüdlich **oförtullad** ADJ unverzollt **oförutsedd** ADJ unvorhergesehen **oförvanskad** ADJ unverfälscht **oförvitlig** ADJ unbescholten **oförvägen** ADJ verwegen, tollkühn **oföränderlig** ADJ unveränderlich, unabänderlich **oförändrad** ADJ unverändert, gleichbleibend
ogenerad ['u:ʃəne:rad] ADJ ungeniert; ungezwungen
ogenomförbar ['u:jenɔmfœ:r'ba:r] ADJ undurchführbar **ogenomskinlig** ADJ undurchsichtig **ogenomskådlig** ADJ undurchschaubar **ogenomtränglig** ADJ undurchdringlich; undurchlässig
ogift ['u:jift] ADJ unverheiratet, ledig
ogilla ['u:jila] VT ⟨1⟩ missbilligen; ablehnen; JUR abweisen, zurückweisen **ogillande** A ADJ missbilligend B N ⟨-t; -n⟩ Missbilligung f; Ablehnung f; JUR Abweisung f, Zurückweisung f
ogiltig ['u:jilti(g)] ADJ ungültig **ogiltigförklara** VT ⟨1⟩ für null und nichtig erklären
ogin ['u:ji:n] ADJ ungefällig; unfreundlich
ogjord ['u:ju:ɖ] ADJ ungetan, ungeschehen; ha mycket ogjort viel(es) nachzuholen haben
ogrumlad ADJ ungetrübt
ogrundad ADJ unbegründet, grundlos
ogräs S N Unkraut n **ogräsbekämpning** S Unkrautvertilgung f
ogudaktig ADJ gottlos
ogynnsam ['u:jynsam] ADJ ungünstig
ogärna ['u:jæ:ɳa] ADV ungern
ogärning ['u:jæ:ɳiɳ] S Untat f **ogärningsman** Übeltäter m
ogästvänlig ['u:jɛstvɛnli(g)] ADJ ungastlich; unwirtlich
ogörlig ['u:jœ:[i(g)] ADJ undurchführbar
ohanterlig ADJ unhandlich
ohederlig ADJ unehrlich; unsauber
ohejdad ADJ ungehemmt, hemmungslos; unmäßig; unbändig
ohjälplig ADJ hoffnungslos; unersetzlich
ohyfsad ADJ ungeschliffen, unerzogen

ohygglig ADJ schrecklich, gräulich
ohygienisk ADJ unhygienisch
ohyra ⟨-n; kein pl⟩ Ungeziefer *n*
ohyvlad ADJ ungehobelt
ohågad ADJ abgeneigt, nicht geneigt
ohållbar ADJ unhaltbar; haltlos; unvertretbar
ohälsa S̄ Krankheit *f*, Kränklichkeit *f*
ohälsosam ADJ ungesund
ohämmad ADJ ungehemmt; hemmungslos
ohängd *fig umg* ADJ frech, lümmelhaft
ohöljd ADJ unverhüllt
ohörbar ADJ unhörbar
ohövlig ADJ unhöflich
oigenkännlig ['uːijɛnˌçɛnli(g)] ADJ unkenntlich **oigenkännlighet** ⟨-en; kein pl⟩ Unkenntlichkeit *f* (**ända till** bis zu)
oinskränkt ADJ unbeschränkt, unbegrenzt; unbedingt; unumschränkt
ointaglig ADJ uneinnehmbar
ointelligent ADJ unintelligent
ointressant ADJ uninteressant **ointresserad** ADJ uninteressiert (**av** an *dat*)
oinvigd ADJ uneingeweiht
oj¹ [ɔj] INTER o weh; **au oja** V/R ⟨1⟩ ~ **sig** jammern, sich beklagen
ojust ['uːfyst] ADJ unfair, inkorrekt
ojämförlig ADJ unvergleichlich
ojämn ADJ uneben, holprig; ungleich (-mäßig); rau; *Zahl* ungerade **ojämnhet** S̄ Unebenheit *f*, Holprigkeit *f*; Ungleichmäßigkeit *f*, Ungleichheit *f*; Rauheit *f*
ojävig ADJ unparteiisch; JUR unanfechtbar
ok¹ [uːk] N̄ ⟨-et; -⟩ Joch *n*
ok² ['uːkoː] N̄ ABK (= okej) okay
okammad ADJ ungekämmt
okamratlig ADJ unkameradschaftlich
okej [ɔ'kɛj] A INTER okay, einverstanden B ADJ okay
oklanderlig ADJ untadelig, tadellos, einwandfrei
oklar ADJ unklar, trüb(e)
oklok ADJ unklug
oklädd ADJ unbekleidet, nicht angezogen; *Möbel* unbezogen
oknäppt ADJ nicht zugeknöpft
okokt ['uːkukt] ADJ ungekocht, roh
okomplicerad ADJ unkompliziert; einfach
okonstlad ADJ ungekünstelt; unbefangen, natürlich, schlicht
okonventionell ADJ unkonventionell
okritisk ADJ unkritisch
okrossbar ADJ unzerbrechlich
okryddad ADJ ungewürzt
okränkbar ADJ unantastbar, unverletzlich
oktantal [ɔkˈtɑːntaːl] S̄ N̄ Oktanzahl *f*
oktanvärde S̄ N̄ Oktanwert *m*
oktav [ɔkˈtɑːv] ⟨-en; -er⟩ **1** MUS Oktave *f* **2** TYPO Oktav *n*, Oktavformat *n*
oktober [ɔkˈtuːbɐr] ⟨inv⟩ Oktober *m*
okunnig ADJ unwissend (**i** in *dat*); unkundig (**i** *gen*); **vara ~ om ngt** etw nicht wissen (*od* erfahren haben), über (*akk*) etw nicht unterrichtet sein **okunnighet** S̄ Unwissenheit *f*, Unkenntnis *f*, Nichtwissen *n*; **lämna ngn i ~ om ngt** j-n über etw (*akk*) in Unkenntnis lassen
okuvlig ADJ unbezwinglich, unüberwindlich; unbeugsam
okvalificerad ADJ unqualifiziert, unbefähigt
okvinnlig ADJ unweiblich
okvädin(g)sord S̄ N̄ Schimpfwort *n*
okynne S̄ N̄ Mutwille *m*, Ungezogenheit *f*; **på/av rent ~** aus reinem/lauter Mutwillen **okynnig** ADJ mutwillig, ungezogen, unartig
okänd ADJ unbekannt (**för** *dat*)
okänslig ADJ gefühllos, unempfindlich (**för** für, gegen); **~ för ljus** lichtunempfindlich
olag ['uːlɑːg] ⟨inv⟩ **i ~** in Unordnung, gestört
olaga ADJ widerrechtlich, gesetzwidrig, unrechtmäßig, unbefugt; **~ tid** JAGD Schonzeit *f* **olaglig** ADJ ungesetzlich, gesetzwidrig **olaglighet** ⟨-en; -er⟩ Gesetzwidrigkeit *f*
olat ['uːlɑːt] ⟨-en; -er⟩ Unsitte *f*, Unart *f*
olidlig ADJ unleidlich, unausstehlich, unerträglich
olik ['uːlik] ADJ unähnlich, ungleich; **likt och ~t** dies und jenes; **det är ~t honom** das sieht ihm nicht ähnlich **olika** ADJ, ADV verschieden; ungleich; **av ~ mening** verschiedener Meinung; **alldeles ~** *a*. grundverschieden **olikartad** ADJ verschiedenartig, ungleichartig **olikhet** S̄ Verschiedenheit *f*, Verschiedenartigkeit *f*; Ungleichheit *f*,

Unähnlichkeit f; Unterschied m; **i ~ med** im Unterschied zu **oliksidig** ADJ ungleichseitig **oliktänkande** ADJ andersdenkend
olinjerad ADJ unlini(i)ert
oliv [u'li:v] ⟨-en; -er⟩ Olive f **olivdunge** 5 Olivenhain m **olivgrön** ADJ olivgrün **olivolja** 5 Olivenöl n **olivträd** SN Olivenbaum m
olja ['ɔlja] **A** ⟨-n; -or⟩ Öl n; **måla i ~** in Öl malen; **sardiner i ~** Ölsardinen; **gjuta ~ på vågorna** Öl auf die Wogen gießen **B** VT ⟨1⟩ ölen, schmieren **oljeblandad** ADJ mit Öl gemischt **oljeborrning** 5 Ölbohrung f **oljeborrplattform** 5 Ölbohrplattform f; Ölbohrinsel f **oljebyte** SN TECH Ölwechsel m **oljebälte** SN Ölteppich m **oljeeldning** 5 Ölheizung f **oljefat** SN Ölfass n **oljefält** SN Ölfeld n **oljefärg** 5 Ölfarbe f **oljekanna** 5 Ölkanne f, Ölkännchen n **oljekälla** 5 Erdölquelle f **oljeledning** 5 Ölleitung f **oljemålning** 5 Ölfarbenanstrich m; Ölgemälde n **oljeraffinaderi** SN Erdölraffinerie f **oljerock** 5 Öljacke f **oljetank** 5 Öltank m **oljetanker** ⟨-n; -⟩ Öltanker m **oljeutsläpp** 5 ausgelaufenes Öl n **oljeväxt** 5 Ölpflanze f
oljud ['u:ju:d] SN Lärm m, Krach m, Radau m; **föra ~** Lärm machen
ollon ['ɔlɔn] N ⟨-et; -⟩ BOT, ANAT Eichel f **ollonborre** ⟨-n; -ar⟩ ZOOL Maikäfer m
ologisk ['u:lo:gisk] ADJ unlogisch
olovandes ['u:lo:vandas] ADV ohne Erlaubnis **olovlig** ADJ unerlaubt, verboten
olust 5 Unlust f, Überdruss m **olustig** ADJ unlustig; **känna sig ~** a. sich in seiner Haut nicht wohlfühlen
olycka ['u:lyka] 5 Unglück n; Unheil n; Unfall m; **olyckor** pl Un(glücks)fälle pl; **när ~n är framme** wenn das Unglück einmal da ist; **till råga på ~n** um das Unglück vollzumachen **olycklig** ADJ unglücklich **olyckligtvis** ADV unglücklicherweise **olycksalig** ADJ unglückselig **olycksbringande** ADJ unheilvoll, Unheil bringend, verhängnisvoll **olycksbud** SN Unglücksnachricht f, Hiobsbotschaft f **olycksbådande** ADJ Unheil verkündend **olycksfall** SN Un(glücks)fall m

olycksfallsförsäkring 5 Unfallversicherung f **olycksfågel** fig 5 Pechvogel m, Unglücksrabe m **olyckshändelse** 5 Unglück n; Unfall m **olycksplats** 5 Unfallstelle f, Unglücksort m **olycksrisk** 5 Unfallgefahr f **olyckstillfälle** SN **vid ~t** als das Unglück geschah
olydig ADJ ungehorsam (**mot** gegen od dat) **olydnad** 5 Ungehorsam m
olympiad [ulympi'a:d] ⟨-en; -er⟩ Olympiade f **o'lympisk** ADJ olympisch; **~a spelen** die Olympischen Spiele
olägenhet 5 Unannehmlichkeit f
oläglig ADJ ungelegen, unpassend, unerwünscht, unwillkommen (**för** dat)
olämplig ADJ ungeeignet; unangebracht; unzweckmäßig; ungelegen **olämplighet** 5 Ungeeignetheit f, Unzweckmäßigkeit f
oländig ADJ unzugänglich, unwegsam; unbebaubar
oläslig ADJ unleserlich
olönsam ADJ unrentabel
olöslig ADJ unlöslich, unlösbar
om [ɔm] **A** ADV räumlich um; zeitlich wieder, noch einmal; **vänster ~!** linksum!; **göra '~** (etw) noch einmal tun; **gå/köra '~ ngn** j-n überholen; **~ igen** noch einmal, nochmals; **~ och ~ igen** immer wieder; **många gånger ~** viele Male (hintereinander); **hela året ~** das ganze Jahr hindurch **B** KONJ wenn, falls; ob; **~ också** wenn auch; **~ än** wenngleich, obgleich; **(även) ~ så vore!** wenn auch!; **som ~** als wenn, als ob; **~ möjligt** wenn möglich, womöglich; **många ~ och men** viele Wenn und Aber; **efter många ~ och men** nach vielem Hin und Her **C** PRÄP räumlich um, von; zeitlich in, an, zu; fig von, über; **falla ngn ~ halsen** j-m um den Hals fallen; **vara våt ~ fötterna/kall ~ händerna** nasse Füße/kalte Hände haben; **öster ~ Berlin** östlich von Berlin; **~ natterna** nachts; **en gång ~ dagen** einmal täglich; **~ en månad** in einem Monat; **i dag ~ en vecka** heute in acht Tagen (od einer Woche); **berätta ~ ngt** von etw erzählen; **handla ~ ngt** von etw handeln; **tala ~ ngt** von etw sprechen
omaka ['u:ma:ka] ADJ ungleich, nicht

zusammengehörend; **en ~ handske** ein einzelner Handschuh
omalen ADJ ungemahlen
omanlig ADJ unmännlich
omarbeta [ˈɔmarbeːta] VT ⟨1⟩ 'umarbeiten **omarbetning** ⟨-en; -ar⟩ Umarbeitung f, Neubearbeitung f **ombedd** ADJ gebeten **ombesiktning** S ha ~ **på bilen** ≈ den Wagen noch mal zum TÜV bringen müssen **ombesörja** VT ⟨2⟩ sorgen (für etw) **ombilda** VT ⟨1⟩ 'umbilden **ombonad** ADJ wohnlich, gemütlich, traulich
ombord [ɔmˈbuːɖ] ADV SCHIFF an Bord (**på fartyget** auf dem Schiffe) **ombordvarande** ADJ **de ~** die an Bord befindlichen Personen
ombud [ˈɔmbʉːd] S N Vertreter(in) m(f); Bevollmächtigte(r) m/f(m) **ombudsman** S in Schweden Ombudsmann m, Ombudsfrau f; Beauftragte(r) m/f(m); Bevollmächtigte(r) m/f(m) **ombyggnad** S Umbau m **ombyte** S N Wechsel m; Abwechs(e)lung f; Veränderung f; Umtausch m; **för ~ skull** zur Abwechslung; **till ~** zum Wechseln; umg **~ förnöjer** Abwechslung macht Freude, mal was andres! **ombyttlig** ADJ unbeständig, veränderlich, launisch **ombytlighet** ⟨-en; kein pl⟩ Veränderlichkeit f, Unbeständigkeit f
omdana VT ⟨1⟩ 'umgestalten **omdaning** ⟨-en; -ar⟩ Umgestaltung f **omdebatterad** ADJ viel erörtert; **en ~ fråga** eine umstrittene Frage **omdirigera** VT ⟨1⟩ 'umleiten **omdiskuterad** ADJ → ombedebatterad **omdöme** N ⟨-t; -n⟩ Urteil n, Gutachten n (**om** über akk); **ha gott ~** ein gesundes (od gutes) Urteil haben **omdömesfråga** S Meinungsfrage f **omdömesförmåga** S Urteilsvermögen n, Urteilskraft f **omdömesgill** ADJ urteilsfähig **omdömeslös** ADJ urteilslos
omedelbar [ˈuːmeːdəlbaːr] ADJ unmittelbar; sofortig, augenblicklich **omedelbart** ADV unmittelbar; sofort **omedgörlig** ADJ unnachgiebig, eigensinnig **omedveten** ADJ unbewusst (**om** gen)
omelett [ɔmaˈlɛt] ⟨-en; -er⟩ Omelett n, Omelette f
omfamna [ˈɔmfamna] VT ⟨1⟩ um'armen **omfamning** ⟨-en; -ar⟩ Um'armung f **omfatta** VT ⟨1⟩ um'fassen **omfattande** ADJ um'fassend, umfangreich; weitgehend **omfattning** S Um'fassung f; fig Umfang m, Ausdehnung f **omfång** S N Umfang m **omfångsrik** ADJ umfangreich **omge** [ˈɔmjeː] VT ⟨1⟩ um'geben **omgestalta** [ˈɔmja-] VT ⟨1⟩ umgestalten **omgift** [ˈɔmjɪft] ADJ wieder verheiratet **omgivning** ⟨-en; -ar⟩ Umgebung f **omgjord** ADJ umgearbeitet, umgeändert **omgående** ADJ umgehend **omgång** S Mal n; Runde f; Lage f; Gang m; Satz m, Garnitur f; **två ~ar** zweimal; **i ~ar** nacheinander, abwechselnd; satzweise; **i flera ~ar** zu wiederholten Malen, mehrmals **omgärda** [ˈɔmjæːɖa] VT ⟨1⟩ um'zäunen **omhulda** VT ⟨1⟩ hegen (und pflegen); beschützen; fördern **omhänderta** [ɔmˈhɛndəʈaː] VT ⟨4⟩ in (seinen) Schutz nehmen; betreuen; in Verwahrung nehmen; **vara väl ~gen** a. gut aufgehoben sein
omigen [ˈɔmijən] ADV noch einmal
omild [ˈuːmild] ADJ unsanft, hart
omintet [ɔmˈintət] ADV → intet **omintetgöra** VT ⟨4⟩ zunichtemachen, vereiteln
omisskänn(e)lig [ˈuːmɪsçɛn(ə)li(g)] ADJ unverkennbar
omistlig ADJ unveräußerlich; unentbehrlich
omkast [ˈɔmkast] S N SPORT neuer Wurf; (Wetter-)Umschlag m; Wind Umspringen n **omkastning** ⟨-en; -ar⟩ Umschlag m; fig a. Umschwung m; TECH Umsteuerung f; ELEK Umschalten n, Umschaltung f **omklädning** ⟨-en; -ar⟩ Um'kleidung f; 'Umziehen n; Neubeziehen n **omklädningshytt** S 'Umkleidekabine f **omklädningsrum** S 'Umkleideraum m **omklädsel** S → omklädning **omkomma** VT ⟨4⟩ 'umkommen, ums Leben kommen **omkopplare** S ELEK Umschalter m **omkoppling** S Umschaltung f, Umkopp(e)lung f **omkostnader** PL WIRTSCH pl Unkosten pl; Spesen pl **omkrets** S Umkreis m (**i** im)
omkring [ɔmˈkrɪŋ] A PRÄP räumlich um ... herum; zeitlich um, gegen; fig etwa, gegen B ADV umher, herum; **runt ~** rings(her)um; **vida ~** weit umher/her-

um; ~ **10 kronor** um die 10 Kronen herum; **när allt kommer ~** letztendes
omkull [ɔmˈkɵl] ADV um, hin, zu Boden; **falla '~** umfallen, hinfallen, zu Boden fallen; **slå '~** umwerfen, umschmeißen
omkväde [ˈɔmkvɛːdə] N ⟨-t; -n⟩ Kehrreim m **omkörning** S Überholen n
omkörningsförbud S N Überholverbot n **omlastning** S Umladen n, Umladung f **omljud** S N GRAM Umlaut m **omlopp** S N Umlauf m; **sätta i ~** in Umlauf (od unter die Leute) bringen; **vara i ~** im Umlauf sein
omlottkjol [ɔmˈlɔtçʉːl] S Wickelrock m
omläggning [ˈɔmlɛgnɪŋ] S Umlegung f; Verlegung f; Umstellung f; Neupflasterung f; Umleitung f; fig Umänderung f, Umgestaltung f, Neuordnung f **omnejd** S Um'gebung f **omnämna** VT ⟨2⟩ erwähnen **omnämnande** N ⟨-t; -n⟩ Erwähnung f
omodern [ˈuːmʊdæːɳ] ADJ unmodern, altmodisch **omogen** ADJ unreif **omogenhet** S Unreife f **omoralisk** ADJ unmoralisch
omorganisation [ˈɔmɔrganisaˈʃuːn] S Neuordnung f **omorgani'sera** VT ⟨1⟩ neu gestalten, umgestalten
omotiverad [ˈuːmʊtiːveːrad] ADJ unmotiviert, unbegründet
omplacera [ˈɔmplaseːra] VT ⟨1⟩ 'umstellen; WIRTSCH anderweitig anlegen **omplacering** S Umstellung f; WIRTSCH Neuanlage f **omplantering** S 'Umpflanzung f; Verpflanzung f **omprov** S N Wiederholungsklausur f **omprova** VT ⟨1⟩ über'prüfen, nachprüfen **omprövning** S Über'prüfung f, Nachprüfung f; **ta ngt under ~** etw über'prüfen, etw nachprüfen **omringa** VT ⟨1⟩ um'ringen, um'stellen, um'zingeln **område** N ⟨-t; -n⟩ Gebiet n, Bezirk m; Bereich m(n) **omröstning** S Abstimmung f
omsider [ɔmˈsiːdar] ADV ⟨sent⟩ ~ schließlich, endlich
omskaka [ˈɔmskaːka] VT ⟨1⟩ **~s väl!** vor (dem) Gebrauch (zu) schütteln! **omskakad** ADJ geschüttelt; (durch)gerüttelt; fig erschüttert **omskakande** ADJ erschütternd **omskapa** VT ⟨1⟩ umbilden, neu gestalten **omskola**

VT ⟨1⟩ 'umschulen **omskolning** S Umschulung f **omskriva** VT ⟨4⟩ um'schreiben **omskrivning** S Um'schreibung f **omskuren** ADJ beschnitten **omskära** VT ⟨4⟩ beschneiden **omskärelse** ⟨-n; -r⟩ Beschneidung f **omslag** S N a. MED Umschlag m; fig a. Umschwung m; Verpackung f; **~ i vädret** Witterungsumschlag m **omslagsbild** S Umschlagbild n **omslagspapper** S N Packpapier n; Einwickel-, Einschlagpapier n **omsluta** VT ⟨4⟩ um'schließen **omsorg** S (Für-)Sorge f (**om** für); Sorgfalt f; **ha ~ om** Sorge tragen für; **lägga ned stor ~ på ngt** große/viel Sorgfalt auf etw (akk) verwenden **omsorgsfull** ADJ sorgfältig, gewissenhaft **omspel** S N SPORT Wiederholungsspiel n **omspänna** fig VT ⟨2⟩ um'spannen **omstridd** ADJ um'stritten **omstrukturering** S Strukturveränderung f **omstående** ADJ umstehend, umseitig **omställning** S Umstellung f **omständighet** ⟨-en; -er⟩ Umstand m; **efter ~erna** den Umständen nach; **allt efter ~erna** a. je nachdem; **rätta sig efter ~erna** den Umständen Rechnung tragen **omständlig** ADJ umständlich; weitläufig, weitschweifig **omstörta** VT ⟨1⟩ umstürzen, umwälzen **omstörtning** S Umsturz m, Umwälzung f **omsvep** S N Umschweife pl; **utan ~** ohne Umschweife, kurzerhand **omsvängning** S Umschwung m **omsätta** VT ⟨4⟩ umsetzen; WIRTSCH absetzen; erneuern **omsättning** S Umsetzung f; WIRTSCH Umsatz m, Absatz m; Erneuerung f; Wechsel m **omtagning** ⟨-en; -ar⟩ Wieder'holung f **omtala** VT ⟨1⟩ erzählen, erwähnen; **mycket ~d** viel besprochen, viel gerühmt **omtanke** S Umsicht f, Vorsorge f; Fürsorge f; Vorsicht f; Rücksicht f **omtryck** S N TYPO Neudruck m **omtumlad** ADJ schwindlig, benommen; wirr **omtvistad** ADJ um'stritten, streitig **omtyckt** ADJ beliebt (**av/bland/hos** bei); **illa ~** unbeliebt **omtänksam** ADJ umsichtig, vorsorglich; fürsorglich **omtänksamhet** ⟨-en; kein pl⟩ Umsicht f **omtöcknad** ADJ um'nebelt; benommen; umg benebelt
omusikalisk [ˈuːmesikaːlisk] ADJ un-

musikalisch **omutlig** ADJ unbestechlich
omval ['ɔmvaːl] SN Wiederwahl f; Neuwahl f **omvald** ADJ wiedergewählt
omvandla VT ⟨1⟩ umwandeln **omvårdnad** S Fürsorge f (om für)
omväg S Umweg m; **på ~ar** auf Umwegen **omvälja** VT ⟨4⟩ wiederwählen
omvälvande ADJ umwälzend, revolutionierend **omvälvning** ⟨-en; -ar⟩ Umwälzung f, Umsturz m, Umbruch m **omvänd** ADJ umgekehrt; REL bekehrt **omvända** VT ⟨2⟩ REL bekehren (sig sich) **omvändelse** ⟨-n; kein pl⟩ Bekehrung f **omvänt** ADV umgekehrt
omvärdera VT ⟨1⟩ umwerten **omvärdering** S Umwertung f **omvärld** [-væːd] ADJ Umwelt f **omväxlande** ADJ abwechselnd a. adv, abwechslungsreich B ADV a. wechselweise **omväxling** S Abwechslung f; **för ~s skull** zur Abwechslung
omyndig ['uːmyndi(g)] ADJ unmündig; minderjährig **omyndigförklara** VT ⟨1⟩ entmündigen
omålad ADJ ungestrichen
omåttlig ADJ übermäßig; maßlos
omändring ['ɔmɛndriŋ] S (Um-)Änderung f; Neuordnung f
omänsklig ['uːmɛnskli(g)] ADJ unmenschlich
omärklig ADJ unmerklich; **~t** adv a. unvermerkt, insgeheim
omätlig ADJ unermesslich
omättlig ADJ unersättlich
omöblerad ADJ unmöbliert
omöjlig ADJ unmöglich **omöjliggöra** VT ⟨4⟩ unmöglich machen, vereiteln **omöjlighet** S Unmöglichkeit f
omönstrad ADJ ungemustert, unliniert
onanera [una'neːra] VI ⟨1⟩ onanieren
onani ⟨-n; kein pl⟩ Onanie f
onaturlig ['uːnatʉː(l)i(g)] ADJ unnatürlich, widernatürlich
ond [und] ADJ ⟨komp värre; sup värst⟩ böse (på auf akk), (för über akk wegen); schlecht, schlimm, übel; **den ~e** der Böse; **det ~a** das Böse; Krankheit das Übel; **göra ~a** ~ värre alles noch schlimmer machen; **det minst ~a** das kleinere/kleinste Übel; **av ~o** von/vom Übel; **fräls oss ifrån ~o!** erlöse uns von dem Übel! **ondgöra** VR ⟨4⟩ ~ **sig** sich ärgern ⟨över über akk⟩ **ond-**

sint ADJ bösartig, böswillig, tückisch; Hund bissig **ondska** ⟨-n; kein pl⟩ Bosheit f, Schlechtigkeit f, Tücke f **ondskefull** ADJ boshaft, tückisch, hämisch
onekligen ['uːneːkli(gən)] ADV unleugbar
onjutbar ADJ ungenießbar
online-incheckning S Online--Check-in m od n **onlinebiljett** S Onlineticket n
onormal ADJ unnormal
onsdag ['unsdaː(g)] S Mittwoch m
ont [unt] N ⟨inv⟩ Böse(s) n; Übel n, Schmerz(en pl) m, Weh n; **intet ~ anande** nichts (Böses) ahnend; **göra ngn ~** j-m Böses tun/zufügen, j-m Leid antun; **vad har jag gjort dig för ~?** was habe ich dir getan?; **vad har jag gjort för ~?** was habe ich verbrochen?; **var har du ~?** wo tut es (dir) weh?; **vad det gör ~!** das tut aber weh!; **~ i huvudet** Kopfschmerzen m/pl; **~ i magen** Bauchschmerzen m/pl; **ha ~ i halsen** Halsschmerzen haben; **det gör mig ~** es tut mir leid; **jag har ~ om pengar/tid** ich habe nur wenig Geld/Zeit, mein Geld/meine Zeit ist knapp; **det är ~ om** es gibt nur wenig; **slita ~** schuften
onumrerad ['uːnʉmreːrad] ADJ unnummeriert
onykter ADJ angetrunken; betrunken **onykterhet** S Trunkenheit f, Betrunkenheit f
onyttig ADJ unnütz, nutzlos; Essen ungesund
onåd S Ungnade f; **falla i ~** in Ungnade fallen **onådig** ADJ ungnädig
onödan ⟨inv⟩ **i ~** unnötigerweise **onödig** ADJ unnötig
oombedd ['uːɔmbeːd] ADJ unaufgefordert, ungebeten **oomtvistlig** ADJ unbestreitbar, unstreitig
oordentlig ADJ unordentlich **oordnad** ADJ ungeordnet **oordning** S Unordnung f, Durcheinander n
oorganiserad ADJ unorganisiert, nicht organisiert
oorganisk ADJ unorganisch
oparfymerad ADJ unparfümiert
opartisk ADJ unparteiisch
opassande ADJ unpassend
opedagogisk ADJ unpädagogisch
opera ['uːpara] ⟨-n; -or⟩ Oper f; **gå på**

~(n) in die Oper gehen **operasångare** S̱ Opernsänger *m* **operasångerska** S̱ Opernsängerin *f*
operation [upəraˈʃuːn] ⟨-en; -er⟩ Operation *f*; Aktion *f*; **genomgå en ~** sich einer Operation unterziehen, sich Operieren lassen **operationsbord** S̱ N̲ Operationstisch *m* **operationssal** S̱ Operationssaal *m*
operativsystem [upəraˈtiːvsysteːm] S̱ N̲ IT Betriebssystem *n*
operera [upəˈreːra] V̲T̲, V̲I̲ ⟨1⟩ operieren (ngn j-n), (**för an** *dat*)
operett [upəˈrɛt] ⟨-en; -er⟩ Operette *f* **operettsångare** S̱ Operettensänger *m* **operettsångerska** S̱ Operettensängerin *f*
opersonlig [ˈuːpaʂuːnli(g)] A̲D̲J̲ unpersönlich
opinion [upiniˈuːn] ⟨-en; -er⟩ Meinung *f*, Ansicht *f*; **den allmänna ~en** die öffentliche Meinung **opinionsbildning** S̱ Meinungsbildung *f* **opinionsstorm** S̱ Entrüstungssturm *m* **opinionsundersökning** S̱ Meinungsforschung *f*; Meinungsbefragung *f*
opium [ˈuːpium] N̲ ⟨opiet/-et; kein pl⟩ Opium *n*
oplockad A̲D̲J̲ ungepflückt; *Vogel* ungerupft; **ha en gås ~ med ngn** mit j-m ein Hühnchen zu rupfen haben
opolerad A̲D̲J̲ unpoliert
opolitisk A̲D̲J̲ unpolitisch
opp(e) [ˈɔp(ə)] A̲D̲V̲ → upp(e)
opponent [ɔpuˈnɛnt] ⟨-en; -er⟩ Opponent *m*; Gegner *m*, Widersacher *m* **oppo'nera** V̲I̲, V̲R̲ ⟨1⟩ widersprechen, entgegentreten (*sig mot dat*)
opportun [ɔpɔrˈtuːn] A̲D̲J̲ opportun, passend, nützlich **opportunist** ⟨-en; -er⟩ Opportunist(in) *m(f)*
opposition [ɔpɔsiˈʃuːn] ⟨-en; -er⟩ Opposition *f* **oppositionell** A̲D̲J̲ oppositionell **oppositionsledare** S̱ Oppositionsführer(in) *m(f)* **oppositionsparti** S̱ N̲ Oppositionspartei *f*
opraktisk A̲D̲J̲ unpraktisch
opretentiös [ˈuːpretanˈʃøːs] A̲D̲J̲ bescheiden, anspruchslos
oproportionerlig A̲D̲J̲ unproportioniert; unverhältnismäßig
oprövad A̲D̲J̲ ungeprüft; unversucht
optik [ɔpˈtiːk] ⟨-en; kein pl⟩ Optik *f*

optiker [ˈɔp-] ⟨-n; -⟩ Optiker(in) *m(f)*
optimal [ɔptiˈmaːl] A̲D̲J̲ optimal **optimism** ⟨-en; kein pl⟩ Optimismus *m* **opti'mist** ⟨-en; -er⟩ Optimist(in) *m(f)* **opti'mistisk** A̲D̲J̲ optimistisch **optimum** [ˈɔpti-] N̲ ⟨-et; -⟩ Optimum *n*
optisk [ˈɔptisk] A̲D̲J̲ optisch; **~ villa** optische Täuschung
opublicerad [ˈuːpøbliseːrad] A̲D̲J̲ unveröffentlicht
opus [ˈuːpɵs] N̲ ⟨-et; -⟩ Werk *n*, Opus *n*
oputsad A̲D̲J̲ ungeputzt
opyntad A̲D̲J̲ schmucklos
opåkallad A̲D̲J̲ unerbeten; unangebracht
opålitlig A̲D̲J̲ unzuverlässig **opålitlighet** S̱ Unzuverlässigkeit *f*
opåverkad A̲D̲J̲ unbeeinflusst
oraffinerad A̲D̲J̲ nicht raffiniert
orakad A̲D̲J̲ unrasiert
orakel [uˈrɑːkəl] N̲ ⟨-et; -/orakler⟩ Orakel *n*
orange [uˈraŋʃ] A̲ A̲D̲J̲ orange B̲ ⟨-en; -er⟩ Orange *n* **orangefärgad** A̲D̲J̲ orangefarbig
ord [uːɖ] N̲ ⟨-et; -⟩ Wort *n*; **~ för ~** Wort für Wort; **begära ~et** ums Wort bitten, sich zu Wort melden; **få ~et** das Wort erhalten; **få sista ~et** das letzte Wort haben; **låta ngn få sista ~et** j-m das letzte Wort lassen; **fälla ett gott ~ för ngn** für j-n ein gutes Wort einlegen; **föra ~et** das Wort führen; **ge ngn ~et, lämna ~et åt ngn** j-m das Wort erteilen; **ha ~et i sin makt** die Sprache in seiner Gewalt haben; **vilja ha ett ~ med i laget** auch ein Wörtchen mitzureden haben; **ha ~ om sig** im Rufe stehen; **hålla ~** Wort halten; **innan man vet ~et av** ehe man sichs versieht; **komma till ~a** zu Worte kommen; **stå (fast) vid sitt ~** zu seinem Wort stehen; **säga några ~** ein paar Worte sagen; **ta ngn på ~en** j-n beim Wort nehmen; **ta till ~a** das Wort ergreifen; **tro ngn på hans ~** j-m aufs Wort glauben **orda** V̲I̲ ⟨1⟩ **~ om** sprechen von (*od* über *akk*); *umg* **~ vitt och brett om ngt** etw breittreten; **utan att ~ mycket om det** ohne viel Worte darüber zu verlieren **ordaccent** S̱ Wortakzent *m*, Wortmelodie *f* **ordagrann** A̲D̲J̲ wörtlich, wortgetreu **ordalag** P̲L̲ Worte *pl*, Ausdrücke *pl*; **i knappa ~** in

knappen Worten; **i allmänna ~** ganz allgemein (gesprochen) **ordbehandling** ˉs IT Textverarbeitung f **ordbildning** ˉs Wortbildung f **ordblind** ADJ **vara ~** Legastheniker(in) m(f) sein **ordblindhet** ˉs Legasthenie f **ordbok** ˉs Wörterbuch n
orden ['oːɖən] ‹-; ordnar› Orden m
ordentlig [ɔˈɖɛntli(g)] ADJ ordentlich; **~t** adv a. gehörig **ordentlighet** ‹-en; kein pl› Ordentlichkeit f; Ordnung f
order ['oːɖər] ‹-n; -› Befehl m, Order m; Weisung f, WIRTSCH Auftrag m, Bestellung f; **ge en ~** einen Befehl erteilen; WIRTSCH einen Auftrag erteilen; **lyda ~** einem Befehl gehorchen; **mot ~** befehlswidrig; **på ~ av läkaren** auf Anordnung des Arztes **ordersedel** ˉs WIRTSCH Bestellzettel m
ordfattig [ˈuːɖfati(g)] ADJ wortarm, wortkarg **ordfattigdom** ˉs Wortarmut f **ordfläta** ˉs Kreuzworträtsel n **ordflöde** ˉs Wortschwall m, Redefluss m **ordföljd** ˉs Wortfolge f **ordförande** ‹-n; -› Vorsitzende(r) m/f(m); Präsident(in) m(f); Sprecher(in) m(f), Wortführer(in) m(f) **ordförandeskap** ˉN ‹-et; -› Vorsitz m, Präsidium n **ordförklaring** ˉs Worterklärung f **ordförråd** ˉs Wortschatz m **ordgrupp** ˉs GRAM Wortgruppe f
ordinarie [ɔɖiˈnɑːriə] ADJ ordentlich; planmäßig, ständig; fest angestellt; **extra ~** außerordentlich; **~ tåg** fahrplanmäßiger Zug
ordina'tion ‹-en; -er› MED Ordination f, ärztliche Vorschrift f **ordi'nera** ˉVT ‹1› verordnen, verschreiben; weihen
ordi'när ADJ gewöhnlich, durchschnittlich, normal
ordkarg [ˈuːɖkarj] ADJ wortkarg, einsilbig **ordkarghet** ‹-en; kein pl› Wortkargheit f; Einsilbigkeit f **ordklass** ˉs Wortklasse f, Wortart f **ordklyveri** ˉN ‹-et; -er› Wortklauberei f **ordknapp** ADJ Person wortkarg, einsilbig; Schilderung knapp, bündig **ordlek** ˉs Wortspiel n **ordlista** ˉs Wörterverzeichnis n; Wörterbuch n **ordlydelse** ˉs Wortlaut m
ordna ['oːɖna] ‹1› A VT ordnen, regeln, in Ordnung bringen; einrichten; besorgen; **det ska jag ~** das werde ich erledigen; **det ~r sig nog** das wird sich schon finden/regeln B VP **~ 'upp** in Ordnung bringen **ordnad** ‹-et; -er› geordnet; **ordnat arbete** regelmäßige Arbeit; **~e förhållanden** geregelte Verhältnisse **ordning** ‹-en; -ar› Ordnung f; Reihe f; **få ~ på ngt** etw in Ordnung bringen; **göra sig i ~** sich fertig machen, zurechtmachen; **i bästa ~** in schönster Ordnung; **i tur och ~** der Reihe nach; **höra till ~en för dagen** an der Tagesordnung sein; **hålla ~ på ngt** etw in Ordnung halten; **ställa i ~** zurechtstellen; **vara (alldeles) i sin ~** (ganz) in Ordnung sein; **vilken i ~en?** der Wievielte? **ordningsföljd** ˉs Reihenfolge f **ordningsmakt** ˉs Polizei f **ordningsman** ˉs Schule Klassensprecher(in) m(f) **ordningsmänniska** ˉs ordnungsliebender Mensch m **ordningsregler** PL Ordnungsvorschriften pl **ordningssinne** ˉsN Ordnungsliebe f **ordningsstadga** ˉs Polizeiordnung f **ordningstal** ˉsN GRAM Ordnungszahl f **ordningsvakt** ˉs Wächter m
ordrik [ˈuːɖriːk] ADJ wortreich **ordspråk** ˉs Sprichwort n; **bli ett ~** zum Sprichwort (od sprichwörtlich) werden **ordstam** ˉs Wortstamm m **ordstäv** ‹-et; -› (sprichwörtliche) Redensart f **ordsvall** ˉsN Wortschwall m **ordval** ˉsN Wortwahl f **ordväxling** ˉs Wortwechsel m
orealiserbar [ˈuːraːliseˈrbaːr] ADJ nicht realisierbar **orealistisk** ADJ unrealistisch
oreda [ˈuːreːda] ‹-n; kein pl› Unordnung f, Durcheinander n, Wirrwarr m; Verwirrung f; Trubel m; Wust m; **ställa till ~** durcheinanderbringen, verwirren (i ngt etw) **oredig** ADJ wirr, verworren; wüst
oredlig ADJ unredlich
oregelbunden ADJ unregelmäßig **oregelbundenhet** ˉs Unregelmäßigkeit f
oregerlig [ˈuːreˈjeːli(g)] ADJ unbändig, nicht fügsam
oren ADJ unrein; unsauber **orena** VT ‹1› verunreinigen **orenhet** ˉs Unreinheit f; Unsauberkeit f **orenlig** ADJ unreinlich, unsauber **orenlighet** ˉs Unreinlichkeit f, Unsauberkeit f; Unrat

m, Schmutz *m*

orera [u're:ra] <u>VI</u> ⟨1⟩ viel reden

oresonlig ['u:rəsu:nli(g)] <u>ADJ</u> unvernünftig; verstockt, verbohrt

organ [ɔr'gɑ:n] <u>N</u> ⟨-et; -⟩ Organ *n*; *fig a.* Werkzeug *n* **organdonation** <u>S</u> Organspende *f*

organisa'tion ⟨-en; -er⟩ Organisation *f* **organisa'torisk** <u>ADJ</u> organisatorisch **organisa'tör** ⟨-en; -er⟩ Organisator(in) *m(f)*; Veranstalter(in) *m(f)* **organi'sera** <u>VT</u> ⟨1⟩ organisieren; veranstalten

or'ganisk <u>ADJ</u> organisch **orga'nism** ⟨-en; -er⟩ Organismus *m*

orga'nist ⟨-en; -er⟩ Organist(in) *m(f)*

organtransplantation <u>S</u> Organtransplantation *f*

or'gasm ⟨-en; -er⟩ Orgasmus *m*

orgel ['ɔrjəl] ⟨-n; -ar⟩ Orgel *f* **orgelläktare** <u>S</u> Orgelempore *f* **orgelpipa** <u>S</u> Orgelpfeife *f*

orgie ['ɔrgiə] ⟨-n; -r⟩ Orgie *f*

orientalisk [ɔriən'tɑ:lisk] <u>ADJ</u> orientalisch; *poet a.* morgenländisch

Orienten [ɔri'ɛntən] <u>N</u> ⟨inv⟩ der Orient; *poet a.* das Morgenland; Nähre ~ der Vordere Orient, der Nahe Osten

orientera [ɔriɛn'te:ra] ⟨1⟩ <u>A</u> <u>VI</u> orientieren (om über *akk*); SPORT an einem Orientierungslauf teilnehmen <u>B</u> <u>VR</u> **~ sig** sich orientieren; sich zurechtfinden; **ha svårt för att ~ sig** sich schlecht/schwer zurechtfinden **orienterare** ⟨-n; -⟩ SPORT Orientierungsläufer(in) *m(f)* **orientering** ⟨-en; -ar⟩ Orientierung *f*; SPORT Orientierungslauf *m*; **tappa ~en** die Orientierung verlieren **orienteringsämne** <u>S N</u> *in der Schule ≈* Sachkundefach *n*

original [ɔr(i)gi'nɑ:l, ɔrji'nɑ:l] <u>N</u> ⟨-et; -⟩ Original *n*, Urschrift *f*; *fig a.* Sonderling *m*, Eigenbrötler *m* **originali'tet** ⟨-en; kein pl⟩ Originalität *f* **originalspråk** <u>S N</u> Originalsprache *f*; **läsa ngt på ~** etw im Original lesen **origi'nell** <u>ADJ</u> ursprünglich, urwüchsig; originell, unkonventionell, eigenartig, merkwürdig

oriktig <u>ADJ</u> inkorrekt; falsch; irrtümlich

orimlighet <u>S</u> Unsinn *m*, Sinnlosigkeit *f*; **begära ~er** Unmögliches verlangen

orimmad <u>ADJ</u> ungereimt

ork [ɔrk] ⟨-en; kein pl⟩ *umg umg* Kraft *f*, Mumm *m* **orka** <u>VT, VI</u> ⟨1⟩ ~ ('med) können, vermögen; schaffen, bewältigen; **skrika allt vad man ~r** aus Leibeskräften schreien

orkan [ɔr'kɑ:n] ⟨-en; -er⟩ Orkan *m* **orkanartad** <u>ADJ</u> orkanartig

orkeslös ['ɔrkəsløs] <u>ADJ</u> schwach, kraftlos; altersschwach

orkester [ɔr'kɛstər] ⟨-n; -ar⟩ Orchester *n* **orkesterdike** <u>S N</u> Orchestergraben *m* **orkesterdirigent** <u>S</u> Orchesterdirigent(in) *m(f)*

orkidé [ɔrki'de:, -çi-] ⟨-n; -er⟩ BOT Orchidee *f*

orm [urm] ⟨-en; -ar⟩ Schlange *f* **orma** <u>VR</u> ⟨1⟩ **~ sig** sich schlängeln, sich winden **ormbett** <u>S N</u> Schlangenbiss *m* **ormbiten** <u>ADJ</u> von einer Schlange gebissen **ormbunke** <u>S</u> BOT Farn *m*, Farnkraut *n* **ormlik** <u>ADJ</u> schlangenartig, schlangenhaft **ormskinn** <u>S N</u> Schlangenhaut *f* **ormslå** ⟨-n; -r⟩ Blindschleiche *f* **ormtjusare** ⟨-n; -⟩ Schlangenbändiger(in) *m(f)*, Schlangenbeschwörer(in) *m(f)* **ormvråk** <u>S</u> Mäusebussard *m*

ornament [ɔrna'mɛnt] ⟨-et; -⟩ Ornament *n*, Verzierung *f* **ornamen'tal** <u>ADJ</u> verzierend

oro ['u:ru:] ⟨-n; kein pl⟩ Unruhe *f*, Aufregung *f*; Sorge *f*, Besorgnis *f* **oroa** ⟨1⟩ <u>A</u> <u>VT</u> beunruhigen; aufregen; ängstigen <u>B</u> <u>VR</u> **~ sig för ngn** sich um j-n ängstigen; **~ sig över ngt** sich über etw *(akk)* beunruhigen; **det är ingenting att ~ sig över** es gibt keinen Grund zur Beunruhigung **oroas** <u>VI</u> ⟨dep 1⟩ → oroa sig **orolig** <u>ADJ</u> unruhig (**för** wegen), besorgt (**för** um, wegen) **orolighet** <u>S</u> Unruhe *f*; **~er** *pl* Unruhen *pl* **oroselement** <u>S N</u> Unruhestifter *m*

orostad ['u:rɔstad] <u>ADJ</u> ungeröstet

orostiftare ['u:ru:stiftarə] <u>S</u> Unruhestifter(in) *m(f)* **orováckande** <u>ADJ</u> beunruhigend

orre ['ɔrə] ⟨-n; -ar⟩ ZOOL Birkhuhn *n* **orrhöna** <u>S</u> Birkhenne *f* **orrtupp** <u>S</u> Birkhahn *m*

orsak ['u:ʂɑ:k] <u>S</u> Grund *m*, Ursache *f*, Anlass *m*, Veranlassung *f*; **av vilken ~?** aus welchem Grunde?, weshalb?; **ingen ~!** bitte, bitte – keine Ursache!

orsaka VT ⟨1⟩ verursachen **orsakssammanhang** SN Kausalzusammenhang m

ort [uʈ] ⟨-en; -er⟩ Ort m; Ortschaft f; **här på ~en** hier, hierorts, hierzulande; **på ~ och ställe** an Ort und Stelle **ortnamn** SN Ortsname m

ortodox [ɔtɔˈdɔks] ADJ orthodox, strenggläubig

ortogra'fi ⟨-n; -er⟩ Rechtschreibung f, Orthografie f **orto'grafisk** ADJ orthografisch

orto'ped ⟨-en; -er⟩ Orthopäde m, Orthopädin f **orto'pedisk** ADJ orthopädisch

ortsbefolkning [ˈuʈsbəfɔlknɪŋ] S **~en** sg die Ortsansässigen pl, die Bewohner pl des Ortes **ortstillägg** SN Ortszuschlag m

orubbad ADJ ungestört, unangetastet, unverändert; JUR **sitta i orubbat bo** im Besitz(e) des gesamten Nachlasses bleiben **orubblig** ADJ unerschütterlich; unbeirrbar, unbeirrt; unbeweglich; unentwegt; unbeugsam

orutinerad ADJ unerfahren

oråd SN **ana ~** den Braten riechen

orädd ADJ furchtlos, unerschrocken

oräknelig ADJ unzählig, zahllos

orätt [ˈuːrɛt] **A** ADJ, ADV unrichtig, falsch; umg verkehrt; unrecht **B** S Unrecht n; **göra ngn ~** j-m Unrecht tun; **ha ~** unrecht haben, im Unrecht sein; **med ~** zu Unrecht **orättfärdig** ADJ ungerecht; nicht rechtschaffen **orättfärdighet** S Ungerechtigkeit f **orättmätig** ADJ unrechtmäßig **orättvis** ADJ ungerecht **orättvisa** S Ungerechtigkeit f, Unrecht n

oröjd ADJ unverodet

orörd ADJ unberührt, unangerührt; fig unberührt, ungerührt, unbewegt **orörlig** ADJ unbeweglich, reg(ungs)los

OS ABK.N ⟨-:et -⟩ (= Olympiska spelen) die Olympischen Spiele

os [uːs] N ⟨-:et; kein pl⟩ (brenzliger) Geruch; Dunst m, Qualm m **osa** VI ⟨1⟩ (verbrannt) riechen; qualmen; **det ~r (bränt)** es riecht (angebrannt); **det börjar ~ hett/bränt/katt** umg die Situation wird (langsam) brenzlig

o.s.a. ABK (= svar anhålles) u. A. w. g. (um Antwort wird gebeten)

osagd ADJ ungesagt; **låta ngt vara osagt** etw dahingestellt sein lassen

osaklig ADJ unsachlich

osalig ADJ unselig

osammanhängande ADJ unzusammenhängend, zusammenhanglos

osams ADJ uneinig, uneins (om über akk); **bli ~** sich entzweien, in Streit geraten; **bli ~ med ngn** sich mit j-m überwerfen

osann ADJ unwahr **osanning** S Unwahrheit f; **fara med** (od **tala**) **~** die Unwahrheit sprechen **osannolik** ADJ unwahrscheinlich **osannolikhet** S Unwahrscheinlichkeit f

osed [ˈuːsed] ⟨-en; -er⟩ Unsitte f, schlechte Gewohnheit

osedd ADJ ungesehen

osedlig ADJ unsittlich **osedvanlig** ADJ ungewöhnlich

osjälvisk ADJ selbstlos, uneigennützig

osjälvständig ADJ unselbstständig

oskadad, oskadd ADJ unbeschädigt; unverletzt, unversehrt **oskadlig** ADJ unschädlich **oskadliggöra** VT ⟨4⟩ unschädlich machen

oskalad ADJ ungeschält; **~ potatis** koll Pellkartoffeln pl

oskarp ADJ unscharf

oskattbar ADJ unschätzbar

oskick SN Unsitte f; Ungezogenheit f **oskicklig** ADJ ungeschickt, ungewandt

oskiljaktig ADJ unzertrennlich **oskiljbar** ADJ untrennbar

oskolad ADJ ungeschult

oskriven ADJ ungeschrieben; unbeschrieben

oskuld S Unschuld f **oskuldsfull** ADJ unschuldsvoll

oskyddad ADJ ungeschützt

oskyldig ADJ unschuldig (till an dat)

oskälig ADJ unvernünftig; übertrieben, übermäßig

oslagbar ADJ SPORT unschlagbar

oslipad ADJ ungeschliffen

osläckt ADJ CHEM ungelöscht

osmaklig ADJ unappetitlich; fig geschmacklos, abgeschmackt

osmidig ADJ ungeschmeidig; fig a. nicht anpassungsfähig

osminkad ADJ ungeschminkt

osmält ADJ ungeschmolzen; unverdaut **osmältbar** ADJ unschmelzbar; unverdaulich

osockrad ADJ ungezuckert
osolidarisk ADJ unsolidarisch
osorterad ADJ unsortiert
osportslig ADJ unsportlich
oss [ɔs] ⟨von → vi⟩ A PERS PR akk, dat uns B REFL PR uns
ost¹ [ust] ⟨-en; kein pl⟩ Ost(en) m; Ostwind m
ost² ⟨-en, -ar⟩ Käse m; fig **ge ngn betalt för gammal ~** es j-m heimzahlen; fig **lyckans ~** Glückspilz m, Glückskind n
ostadig ADJ unsicher, schwankend; unbeständig, unstet; flatterhaft **ostadighet** s Unsicherheit f; Unbeständigkeit f, Unstetigkeit f; Flatterhaftigkeit f
ostan [ˈustan] ⟨inv⟩ Ostwind m
osthyvel [ˈusthy:vəl] s Käsehobel m **ostkaka** s Käsekuchen m **ostkant** s Käserinde f **ostkupa** s Käseglocke f
ostkust [ˈustkøst] s Ostküste f **ostlig** ADJ östlich
ostmassa [ˈustmasa] s Quark m
ostraffad ADJ ungestraft
ostron [ˈustrɔn] N ⟨-et; -⟩ Auster f
ostruken ADJ ungebügelt; MUS ungestrichen
ostskiva [ˈustʃi:va] s Scheibe f Käse **ostsmörgås** s Käsebrot n
ostyckad ADJ unzerteilt
ostyrig ADJ unbändig, wild, widerspenstig
ostädad ADJ unaufgeräumt; fig unmanierlich
ostämd ADJ ungestimmt; verstimmt
ostämplad ADJ ungestempelt
ostörd ADJ ungestört
osund ADJ ungesund
o.s.v. ABK (= och så vidare) usw. (*und so weiter*)
osvensk ADJ unschwedisch
osviklig ADJ untrüglich
osymmetrisk ADJ unsymmetrisch
osympatisk ADJ unsympathisch
osynlig ADJ unsichtbar
osyrad ADJ ungesäuert
osåld ADJ unverkauft
osårad ADJ unverletzt **osårbar** ADJ unverwundbar
osäker ADJ unsicher; ungewiss **osäkerhet** s Unsicherheit f
osäljbar ADJ unverkäuflich
osällskaplig ADJ ungesellig

osämja s Uneinigkeit f
osökt ADJ ungezwungen; zufällig
otacksam ADJ undankbar **otacksamhet** s Undankbarkeit f
otadlig ADJ untad(e)lig, tadellos
otakt s **komma i ~** aus dem Takt kommen
otal SN ett ~ ... eine Unzahl ... **otalig** ADJ unzählig, zahllos; **~a gånger** unzählige Male **otalt** ADJ **ha ngt ~ med ngn** umg mit j-m ein Hühnchen zu rupfen haben
otid s **i tid och ~** immerzu **otidsenlig** ADJ unzeitgemäß
otillbörlig ADJ ungebührlich; verpönt
otillfredsställande ADJ unbefriedigend **otillfredsställd** ADJ unbefriedigt **otillförlitlig** ADJ unzuverlässig
otillgänglig ADJ unzugänglich **otillräcklig** ADJ unzureichend, unzulänglich; *Zeugnis* ungenügend **otillräknelig** ADJ unzurechnungsfähig **otillåten** ADJ unerlaubt, unzulässig
otro [ˈu:tru:] s Untreue f **otrogen** ADJ untreu; umg a. fremdgehen; **vara ~ mot ngn** j-m untreu sein **otrohet** s Untreue f **otrolig** ADJ unglaublich
otryckt ADJ ungedruckt
otrygg ADJ unsicher **otrygghet** s Unsicherheit f
otränad ADJ untrainiert
otröstlig ADJ untröstlich (**över** über *akk*)
otta [ˈuta] ⟨-n; -or⟩ Frühe f; **stiga upp i ~n** in aller Frühe aufstehen
otukt [ˈu:tøkt] s Unzucht f
otur s umg Unglück n, Missgeschick n, Pech n; **en ~sdag** ein Pechtag **oturlig** ADJ unglücklich
otvetydig ADJ unzweideutig
otvivelaktig ADJ unzweifelhaft, zweifellos; **~t** adv a. zweifelsohne
otvungen ADJ ungezwungen, zwanglos
otydlig ADJ undeutlich
otyg umg s N (Teufels-)Zeug n; Schund m; Unding n **otyglad** ADJ ungezügelt; fig ungestüm
otymplig ADJ plump, ungelenk, unbeholfen, schwerfällig
otålig ADJ ungeduldig **otålighet** s Ungeduld f
otäck ADJ abscheulich, hässlich, scheußlich, garstig **otäcking** ⟨-en;

-ar) *umg* Scheusal *n*, Ekel *n*
otämjd ADJ ungezähmt
otänkbar ADJ undenkbar
otät ADJ undicht
otörstig ADJ **dricka sig ~** seinen Durst löschen/stillen
oumbärlig ADJ unentbehrlich
oundgänglig ADJ unumgänglich, unvermeidlich, unerlässlich **oundviklig** ADJ unvermeidlich
ouppfostrad ADJ unerzogen **oupphörlig** ADJ unaufhörlich, unablässig; **~en, ~t** *adv a.* ohne Unterlass, unausgesetzt **ouppklarad** ADJ unaufgeklärt **ouppmärksam** ADJ unaufmerksam **ouppnåelig** ADJ unerreichbar
oursäktlig ADJ unentschuldbar
outbildad ADJ unausgebildet **outforskad** ADJ unerforscht, undurchforscht **outgrundlig** ADJ unergründlich, unerforschlich **outhärdlig** ADJ unausstehlich, unerträglich; nicht zum Aushalten **outnyttjad** ADJ ungenutzt **outplånlig** ADJ unauslöschlich, unverwischbar **outredd** ADJ unaufgeklärt **outrotlig** ADJ unausrottbar
outsider ['autsaidər] ⟨-n; -/-s⟩ Außenseiter(in) *m(f)*, Outsider *m*
outslitlig ADJ unverwüstlich **outsläcklig** ADJ unauslöschlich **outspädd** ADJ unverdünnt **outsäglig** ADJ unsäglich, unaussprechlich, unsagbar **outtalad** ADJ unausgesprochen **outtröttlig** ADJ unermüdlich **outtömlig** ADJ unerschöpflich, unversiegbar **outvecklad** ADJ unentwickelt
oval [o'va:l] A ADJ oval, länglich B ⟨-en; -er⟩ Oval *n*
ovan¹ ['o:van] A ADV oben B PRÄP oberhalb, über
ovan² ['u:va:n] ADJ ungewohnt (*vid gen*); ungeübt **ovana** ⟨-⟩ Ungewohntheit *f*; mangelnde Übung; Mangel *m* an Vertrautheit (*vid* mit); üble Angewohnheit *f*, Unsitte *f*
ovandel ['o:vande:l] ⟨-⟩ Oberteil *m(n)*
ovanför ['o:van'fœr] PRÄP oberhalb; über B ADV oben **ovanifrån** ADV von oben
ovanlig ['u:va:nli(g)] ADJ ungewöhnlich, außergewöhnlich **ovanlighet** ⟨-en; -er⟩ Ungewöhnlichkeit *f*, Seltenheit *f*; **för ~ens skull** ausnahmsweise
ovannämnd ['o:vanɛmnd] ADJ oben erwähnt, oben genannt, obig **ovanpå** A PRÄP auf B ADV oben(auf), zuoberst
ovanstående ADJ obig, vorstehend
ovarsam ['u:va:ʂam] ADJ unvorsichtig, unbedacht
ovation [uva'ʃu:n] ⟨-en; -er⟩ Ovation *f*, Beifallssturm *m*
ovederhäftig ['u:ve:dərhɛfti(g)] ADJ unzuverlässig, unglaubwürdig, nicht stichhaltig **ovedersäglig** ADJ unwidersprechlich
overall [o:va'ro:l] ⟨-en; -er⟩ Overall *m*, Schutzanzug *m*
overheadbild [ɔvər'hɛdbild] ⟨-⟩ Folie *f* **overheadprojektor** ⟨-⟩ Overheadprojektor *m*
overklig ADJ unwirklich **overksam** ADJ untätig, müßig; unwirksam **overksamhet** ⟨-⟩ Untätigkeit *f*, Müßiggang *m*; Unwirksamkeit *f*
ovetande ADJ unwissentlich; **mig ~** ohne mein Wissen **ovetenskaplig** ADJ unwissenschaftlich **ovetskap** ⟨-⟩ Unkenntnis *f* **ovett** ⟨-⟩ Schelte *f*; Vorwürfe *pl* **ovettig** ADJ grob; **vara ~ mot ngn** j-n ausschimpfen
ovidkommande ADJ unbefugt; belanglos
ovig ADJ ungelenk(ig); schwerfällig
oviktig ADJ unwichtig
ovilja ⟨-⟩ Unwille *m*, Entrüstung *f*; Widerwille *m* **ovillig** ADJ abgeneigt, unwillig, nicht willens; widerwillig **ovillkorlig** ADJ unbedingt, bedingungslos; **~en** *adv* unbedingt
oviss ADJ ungewiss; unsicher **ovisshet** ⟨-⟩ Ungewissheit *f*; Unsicherheit *f*; **sväva i ~** in Ungewissheit schweben
ovårdad ADJ ungepflegt, vernachlässigt
ováder ⟨-N⟩ Unwetter *n*, Gewitter *n* Sturmzentrum *n* **ovådersmoln** ⟨-N⟩ Gewitterwolke *f*
ovälkommen ADJ unwillkommen (**för** *dat*)
ovän ⟨-⟩ *persönlicher Feind m*; **bli ~ner** sich verfeinden/entzweien; *umg* sich verkrachen **ovänlig** ADJ unfreundlich **ovänlighet** ⟨-⟩ Unfreundlichkeit *f* **ovänskap** ⟨-⟩ Feindschaft *f*
oväntad ADJ unerwartet, unvermutet
ovärderlig ADJ unschätzbar **ovärdig** ADJ unwürdig (*gen*)
oväsen ⟨-N⟩ Lärm *m*, Radau *m*, Krach *m umg*; **förfärligt ~** Heidenlärm *m*, Höl-

lenlärm m; **föra ~** Lärm machen **oväsentlig** ADJ unwesentlich **oväsentlighet** ⟨-en; -er⟩ **~er** Nebensächlichkeiten
oxbringa [ˈuksbriŋa] S̄ Rinderbrust f
oxe ⟨-n; -ar⟩ Ochse m
oxel [ˈuksəl] ⟨-n; -ar⟩ BOT Mehlbeerbaum m **oxelbär** S̄N̄ Mehlbeere f
Oxen ⟨inv⟩ ASTROL Stier m **oxfilé** S̄ Rinderfilet n
oxid [ɔkˈsiːd] ⟨-en; -er⟩ CHEM Oxid n **oxi'dera** VĪ ⟨1⟩ oxidieren **oxi'dering** ⟨-en; -ar⟩ Oxidierung f
oxkött [ˈuksɡøt] S̄N̄ Rindfleisch n **oxstek** S̄ Rinderbraten m
ozon [ɔˈsoːn] N̄ ⟨-et; kein pl⟩ CHEM Ozon n umg m; **~förstörande ämne** n Ozonkiller m **ozonhalt** S̄ Ozongehalt m **ozonhål** S̄N̄ Ozonloch n **ozonskikt** S̄N̄ Ozonschicht f

oåterkallelig ADJ unwiderruflich; unwiederbringlich **oåtkomlig** ADJ unzugänglich; unerreichbar
oäkta ADJ unecht, falsch
oändlig ADJ unendlich; **i det ~a** (bis) ins Unendliche **oändlighet** ⟨-en; kein pl⟩ Unendlichkeit f
oärlig ADJ unehrlich **oärlighet** S̄ Unehrlichkeit f
oätbar, oätlig ADJ nicht essbar; ungenießbar
oäven ADJ umg **inte så ~** nicht übel, gar nicht ohne
oöm ADJ unempfindlich
oöppnad ADJ ungeöffnet
oövad ADJ ungeübt
oöverkomlig ADJ unüberwindlich; unerschwinglich **oöverlagd** ADJ unüberlegt **oöverskådlig** ADJ unübersehbar; unübersichtlich; unabsehbar **oöverstiglig** ADJ unübersteigbar; unüberbrückbar **oöversättlig** ADJ unübersetzbar **oöverträffad** ADJ unübertroffen **oöverträfflig** ADJ unübertrefflich **oövervinn(e)lig** ADJ unüberwindlich, unbezwinglich, unbesiegbar

P

P, p [peː] N̄ ⟨-(e)t; -n/-⟩ P, p n; **sätta ~ för ngt** etw (dat) einen Riegel vorschieben, etw (dat) Einhalt gebieten
pacemaker [ˈpejsmejkar] ⟨-n; -ar⟩ Herzschrittmacher m
pacificera [pasifiˈseːra] VT̄ ⟨1⟩ befrieden **paci'fism** ⟨-en; kein pl⟩ Pazifismus m **paci'fist** ⟨-en; -er⟩ Pazifist(in) m(f) **paci'fistisk** ADJ pazifistisch
pack [pak] N̄ ⟨-et; kein pl⟩ ◼ Pack n, Gesindel n ◼ (med) **pick och ~** (mit) Sack und Pack; **hans pick och ~** a. seine Siebensachen pl **packa** ⟨1⟩ A VT̄, VĪ (ver)packen; **stå tätt ~d(e)** dicht gedrängt stehen; **~d med folk** gedrängt/brechend voll; umg **som ~de sillar** zusammengepfercht wie Vieh B VP̄ **~ i'hop** zusammenpacken; **~ 'in/'ner** einpacken; **~ sig i'väg** sich packen, sich wegscheren; **~ 'upp** auspacken; IT dekomprimieren, entzippen **packad** ADJ ◼ proppenvoll ◼ umg blau, voll **packe** ⟨-n; -ar⟩ Pack(en) m, Stoß m; Ballen m **packis** S̄ Packeis n **packlåda** S̄, **packlår** ⟨-en; -ar⟩ Verpackungs- Kiste f **packning** ⟨-en; -ar⟩ Einpacken n, Verpackung f; Gepäck n; TECH (Ab-)Dichtung f
padda¹ [ˈpada] ⟨-n; -or⟩ ZOOL Kröte f
padda² umg IT Tablet n
paddel [ˈpadəl] ⟨-n; -ar⟩ Paddel n **paddla** VT̄, VĪ ⟨1⟩ paddeln
paff [paf] umg ADJ fig platt
page [paːʃ] ⟨-n; -r⟩ Page m
paginera [pagiˈneːra] VT̄ ⟨1⟩ paginieren
paj [paj] ⟨-en; -er⟩ Tarte f, Quiche f
paja [ˈpaja] umg VT̄, VĪ ⟨1⟩ kaputtgehen, kaputtmachen, zusammenbrechen
pajas [ˈpajas] ⟨-en; -ar/-er⟩ Hanswurst m
pajdeg [ˈpajdeːɡ] S̄ Mürbeteig m
paket [paˈkeːt] N̄ ⟨-et; -⟩ Paket n **pake'tera** VT̄ ⟨1⟩ paketieren, verpacken **pake'tering** ⟨-en; -ar⟩ Einpacken n, Verpacken n **pakethållare**

s̄ Fahrrad Gepäckträger m **paketinlämning** s̄ Paketannahme f **paketlösning** s̄ ≈ einheitliche Lösung f **paketpris** S̄N Pauschalpreis m **paketresa** s̄ Pauschalreise f

pakt [pakt] ⟨-en; -er⟩ Pakt m, Vertrag m

palats [pa'lats] N̄ ⟨-et; -⟩ Palast m, Palais n

palett [pa'lɛt] ⟨-en; -er⟩ Palette f

paletå [pale'tɔ:] ⟨-n; -er⟩ Überzieher m, Paletot m

palissad [pali'sɑ:d] ⟨-en; -er⟩ Palisade f

paljett [pal'jɛt] ⟨-en; -er⟩ Flitter m

pall [pal] ⟨-en; -ar⟩ Fußbank f, Schemel m; umg stå ~ för ngt es mit etw aufnehmen können **palla** ⟨1⟩ A umg V̄T klauen B V̄I ~ **för ngt** etw aushalten C V̄P ~ **'upp** aufbocken

pallra ['palra] umg V̄P ⟨1⟩ ~ **sig 'av/i 'väg** sich (von dannen) trollen, abschieben

palm [palm] ⟨-en; -er⟩ Palme f **palmkvist** s̄ Palm(en)zweig m **palmsöndag** s̄ Palmsonntag m

palsternacka ['palstənaka] ⟨-n; -or⟩ BOT Pastinake f

palt ⟨-en; -ar⟩ GASTR Blutkloß m **paltbröd** S̄N Blutbrot n

paltor [paltur] P̄L Lumpen m/pl; umg Klamotten pl

pamflett [pam'flɛt] ⟨-en; -er⟩ Schmähschrift f, Pamphlet n

pamp [pamp] ⟨-en; -ar⟩ fig umg Bonze m, großes/hohes Tier n **pampig** umg ADJ pompös, prächtig, feudal

panel [pa'ne:l] ⟨-en; -er⟩ Täfelung f, Paneel n; Podiumsrunde f **paneldebatt** s̄ Podiumsdiskussion f **panelhöna** fig s̄ Mauerblümchen n

panera [pa'ne:ra] V̄T ⟨1⟩ GASTR panieren

pang [paŋ] ĪNTER bums, bum, peng **panga** ⟨1⟩ umg A V̄T zerschlagen B V̄I knallen **panggrej** Knüller m

panik [pa'ni:k] ⟨-en; kein pl⟩ Panik f **panikartad** ADJ panikartig **panikkänsla** s̄ Gefühl n der Panik **panikslagen** ADJ von Panik ergriffen **panisk** ['pɑ:nisk] ADJ panisch

pank [paŋk] umg ADJ pleite, blank, abgebrannt

panna ['pana] ⟨-n; -or⟩ 1 Stirn f; rynka ~n die Stirn runzeln 2 GASTR Pfanne f; Topf m 3 TECH (Heiz-)Kessel m

pannband S̄N Stirnband n **pannbiff** s̄ GASTR deutsches Beefsteak n **pannkaka** s̄ GASTR Pfannkuchen m; fig umg **det blev ~ av alltsammans** die Sache ging in die Brüche (od wurde zu Essig) **pannrum** S̄N TECH Kesselraum m; Heizkeller m

panorama [panɔ'rɑ:ma] N̄ ⟨-t; -n/-or⟩ Panorama n, Rundblick m; Rundgemälde f

pansar ['pansar] N̄ ⟨-et; -⟩ Panzer m

pant [pant] ⟨-en; -er⟩ Pfand n; **lämna ngt i ~** etw als/zum Pfand geben **panta** V̄T ⟨1⟩ ~ **flaskor** Pfandflaschen zurückbringen **pantbank** s̄ Leihhaus n, Pfandleihe f

panter ['pantər] ⟨-n; -ar⟩ ZOOL Panther m

pantkvitto ['pantkvitɔ] S̄ N Pfandschein m

pantomim [pantu'mi:m] ⟨-en; -er⟩ Pantomime f

pantsätta ['pantsɛta] V̄T ⟨4⟩ versetzen, verpfänden

papegoja [papə'gɔja] ⟨-n; -or⟩ ZOOL Papagei m

paparazzi P̄L Paparazzi pl

papiljott [papil'jɔt] ⟨-en; -er⟩ Lockenwickler m

papp [pap] ⟨-en; kein pl⟩ Pappe f

pappa ['papa] ⟨-n; -or⟩ Vater m, Papa m **pappaledig** ADJ **vara ~** Erziehungsurlaub haben **pappaledighet** s̄ Erziehungsurlaub m

pappask ['papask] s̄ Pappschachtel f **papper** N̄ ⟨-et; -⟩ Papier n; **ett ~** ein Stück/Blatt Papier **pappersark** ['papəʂ-] S̄N Papierbogen n, Blatt n Papier **pappersbruk** S̄N Papierfabrik f **pappersexercis** fig umg s̄ Amtsschimmel m; Papierkrieg m **pappershandduk** s̄ Papierhandtuch n **pappershandel** s̄ Schreibwarenhandlung f, Schreibwarengeschäft n **papperssamling** s̄ Altpapiersammlung f **papperskasse** s̄ Papiertragetasche f **papperskopia** s̄ Ausdruck m **papperskorg** s̄ Papierkorb m **papperslapp** s̄ Stück n Papier, Zettel m; Papierschnitzel n od m **pappersmassa** s̄ TECH Papiermasse f; Zellulose f, Zellstoff m; Holzschliff m

pappersmatning ⒮ Papiereinzug m, Papiervorschub m **pappersmugg** ⒮ Pappbecher m **pappersnäsduk** ⒮ Papiertaschentuch n **papperspåse** ⒮ (Papier-)Tüte f; Papierbeutel m **pappersrulle** ⒮ Papierrolle f **pappersservett** ⒮ Papierserviette f **pappersstopp** ⒮ⓃⒻ → papperstrassel **papperstallrik** ⒮ Papierteller m, Papptteller m **papperstrassel** ⒮ⓃⒻ Papierstau m **papperstillverkning** ⒮ Papierherstellung f **pappkartong** ⒮ Pappkarton m **pappläda** ⒮ Pappschachtel f **pappskalle** umg ⒮ Knallkopf m, Pappnase f, Blödmann m
paprika ['paprika, 'pɑː-] ⟨-n; -or⟩ Paprika m
par [pɑːr] Ⓝ ⟨-; -⟩ Paar n; äkta ~ Ehepaar n; älskande ~ Liebespaar n, Pärchen n umg; ett ~ ein paar, einige; ett ~ gånger ein paarmal, ein paar Male; ~ om ~ zu Paaren, paarweise **para** Ⓥ̅Ⓣ, Ⓥ̅ⓇⓅ ⟨1⟩ ~ (i'hop) paaren ⟨sig sich⟩
parabolantenn [paraˈboːlantɛn] ⒮ Parabolantenne f, Satellitenschüssel f
parad [paˈrɑːd] ⟨-en; -er⟩ MIL Parade f; Paradeuniform f **para'dera** Ⓥ̅Ⓘ ⟨1⟩ paradieren
paradis [paˈradiːs] Ⓝ ⟨-et; -⟩ Paradies n **parad'isisk** ADJ paradiesisch **paradisäpple** ⒮ⓃⒻ Paradiesapfel m
paradnummer [paˈraːdnɵmər] ⒮ⓃⒻ Paradenummer f
paradox [paraˈdɔks] ⟨-en; -er⟩ Paradox n, widersprüchliche Behauptung **parado'xal** ADJ paradox, widersinnig
paraffin [paraˈfiːn] Ⓝ ⟨-et/-en; kein pl⟩ Paraffin n
para'fras ⒮ Paraphrase f, Umschreibung f **para'graf** ⟨-en; -er⟩ Paragraf m
parallell [paraˈlɛl] Ⓐ ⟨-en; -er⟩ Parallele f Ⓑ ADJ parallel, gleichlaufend **parallellgata** ⒮ Parallelstraße f **parallellklass** ⒮ Parallelklasse f **parallello'gram** ⟨-men; -mer⟩ Parallelogramm n
paralysera [paralyˈseːra] Ⓥ̅Ⓣ ⟨1⟩ paralysieren, lähmen
parant [paˈrant] ADJ schick, apart; auffallend
paraply [paraˈplyː] Ⓝ ⟨-et/-n; -er/-n⟩ (Regen-)Schirm m **paraplyställ** ⒮ⓃⒻ Schirmständer m
parapsykologi [ˈpɑːrasykɔlɔˈgiː] ⒮ Parapsycholoˈgie f
parasit [paraˈsiːt] ⟨-en; -er⟩ Schmarotzer m, Parasit m **parasi'tera** Ⓥ̅Ⓘ ⟨1⟩ schmarotzen
parasoll [paraˈsɔl] Ⓝ ⟨-et/-en; -er/-⟩ Sonnenschirm m
parat [paˈrɑːt] ADJ fertig, bereit
parentes [paranˈteːs] ⟨-en; -er⟩ Einschaltung f, Parenthese f; runde Klammer; inom ~ in Klammern, eingeklammert; i(nom) ~ sagt nebenbei bemerkt; sätta inom ~ einklammern
parera [paˈreːra] Ⓥ̅Ⓣ ⟨1⟩ parieren; abwehren
parfym [parˈfyːm] ⟨-en; -er⟩ Parfüm n **parfy'mera** Ⓥ̅Ⓣ ⟨1⟩ parfümieren **parfymflaska** ⒮ Parfümflasche f **parfymhandel** ⒮ Parfümerie f
paritet [pariˈteːt] ⟨-en; kein pl⟩ Parität f; i ~ med paritätisch mit
park [park] ⟨-en; -er⟩ Park m **parkanläggning** ⒮ (Park-)Anlage f
parkera [parˈkeːra] Ⓥ̅Ⓣ, Ⓥ̅Ⓘ ⟨1⟩ parken **parkering** ⟨-en; -ar⟩ Parken n; Parkplatz m **parkeringsautomat** ⒮ Parkuhr f **parkeringsavgift** ⒮ Parkgebühr f **parkeringsböter** ⓅⓁ Geldbuße für falsches Parken **parkeringsficka** ⒮ Parklücke f **parkeringsförbud** ⒮ⓃⒻ Parkverbot n **parkeringshus** ⒮ⓃⒻ Parkhaus n **parkeringsljus** ⒮ Standlicht n **parkeringsmätare** ⒮ Parkuhr f **parkeringsplats** ⒮ Parkplatz m **parkeringsvakt** ⒮ Parkplatzwächter(in) m(f)
parkett [parˈkɛt] ⟨-en; -er⟩ a. THEAT Parkett n **parkettgolv** ⒮ⓃⒻ Parkettfußboden m
parlament [palaˈmɛnt] Ⓝ ⟨-et; -⟩ Parlament n **parlamen'tariker** ⟨-n; -⟩ Parlamentarier(in) m(f) **parlamen'tarisk** ADJ parlamentarisch
parlör [parˈlœːr] ⟨-en; -er⟩ Sprachführer m
parmesanost [parmaˈsɑːnust] ⒮ Parmesan(käse) m
parning [ˈpɑːnɪŋ] ⟨-en; -ar⟩ Paarung f, Begattung f **parningstid** ⒮ Paarungszeit f
parodi [paˈduːiː] ⟨-n; -er⟩ Parodie f **parodi'era** Ⓥ̅Ⓣ ⟨1⟩ parodieren **pa'rodisk** ADJ parodistisch

paroll [pa'rɔl] ⟨-en; -er⟩ Parole *f*, Schlagwort *n*
part [paːt] ⟨-en; -er⟩ Anteil *m*, Part *m*; JUR Partei *f*; **vara ~ i målet** in der Sache Partei sein; **för alla ~er** für alle Teile
parterapi [paːrtera'piː] S̄ Paartherapie *f*
parti [pa'tiː] N̄ ⟨-t; -er⟩ Partie *f*; Partei *f*; **göra ett gott ~** eine gute Partie machen; **ta ~ för/mot ngn** für/gegen j-n Partei nehmen **partiansluten** ADJ **vara ~** Parteimitglied sein **partihandel** S̄ Großhandel *m* **partikongress** S̄ Parteitag *m* **partiledare** S̄ Parteiführer(in) *m(f)* **partilös** ADJ parteilos **partimedlem** S̄ Parteimitglied *n* **partipamp** *umg* S̄ Parteibonze *m* **partipolitisk** ADJ parteipolitisch **partipris** S̄ N̄ WIRTSCH Großhandelspreis *m*, Engrospreis *m*
partisan [paʈi'saːn] ⟨-en; -er⟩ Partisan(in) *m(f)*, Widerstandskämpfer(in) *m(f)*
partisk ['paːʈisk] ADJ parteiisch, voreingenommen **partiskhet** ⟨-en; kein pl⟩ Parteilichkeit *f*, Voreingenommenheit *f*
partitrogen ADJ linientreu
partner ['paːtnar] ⟨-n; -⟩ Partner(in) *m(f)*; WIRTSCH *a.* Teilhaber(in) *m(f)*; SPORT Mitspieler(in) *m(f)* **partnerskap** N̄ ⟨-et; -⟩ Partnerschaft *f*; **registrerat ~** eingetragene Partnerschaft
party ['paːʈi] N̄ ⟨-t; -n⟩ Party *f* **partytält** S̄ N̄ Partyzelt *n*
parvel ['parvəl] ⟨-n; -ar⟩ *umg* Knirps *m*
parvis ['paːrvɪs] ADV paarweise **paråkning** ⟨-en; -ar⟩ SPORT Paarlauf *m*, Paarlaufen *n*
pass¹ N̄ ⟨-et; -⟩ ① (Reise-)Pass *m* ② (Berg-)Pass *m* ③ Polizeistreife *f*, Polizeistreifenbezirk *m*; JAGD Anstand *m*; **stå på ~** auf der Lauer liegen; JAGD auf dem Anstand stehen; **polisen går på sitt ~** der Polizist geht Streife
pass² ⟨*inv*⟩ så ~ mycket so viel; **komma ngn (väl) till ~** j-m gerade recht/gelegen kommen; **han är så ~ återställd att han kan resa** er ist so weit wiederhergestellt, dass er reisen kann
pass³ INTER Kartenspiel **säga ~** passen; **~!** ich passe!
passa ⟨1⟩ A VT betreuen; bedienen; sehen nach; **~ tiden** pünktlich sein; **~ ihop med varandra** zueinanderpassen B Vİ ① passen (ngn j-m), (för/till) zu); stehen (ngn j-m) ② **~ på ngn/ngt** auf j-n/etw aufpassen C V̄R **~ sig** aufpassen; sich schicken D V̄P **~ 'in i ngt** in etw (*akk*) (hin)einpassen; **~ 'på** die Gelegenheit wahrnehmen/nutzen; *umg* die Gelegenheit beim Schopfe packen; **pass 'på!** aufgepasst!; **~ 'upp vid bordet** bei Tisch bedienen/aufwarten
passad [pa'saːd] ⟨-en; -er⟩ Passat *m* **passadvind** S̄ Passatwind *m*
passage [pa'saːʃ] ⟨-en; -er⟩ Durchfahrt *f*, Durchgang *m*, Passage *f*
passagerare [pasa'ʃeːrarə] ⟨-n; -⟩ Reisende(r) *m/f(m)*, Passagier(in) *m(f)*; Fahrgast *m*, Fluggast *m* **passagerarfartyg** S̄ N̄ Personendampfer *m* **passagerarkrockkudde** S̄ AUTO Beifahrerairbag *m* **passagerarlista** S̄ Passagierliste *f* **passagerarplan** S̄ N̄ Passagierflugzeug *n* **passagerarsäte** S̄ N̄ AUTO Beifahrersitz *m* **passagerartrafik** S̄ Personenverkehr *m*
passande [ˇpasandə] ADJ passend, angemessen, gebührend, angebracht; geeignet
passare ⟨-n; -⟩ MATH Zirkel *m*
passera [pa'seːra] V̄T ⟨1⟩ *a.* GASTR passieren; vorübergehen; **~ en stad** durch eine Stadt fahren **passersedel** S̄ Passierschein *m*
passfoto [ˇpasfuːtu] S̄ N̄ Passfoto *n*
passion [pa'ʃuːn] ⟨-en; -er⟩ Leidenschaft *f*, Passion *f* **passio'nerad** ADJ leidenschaftlich, passioniert **passionsfrukt** S̄ Maracuja *f*
passiv [pa'siːv] A ADJ passiv, untätig; GRAM *a.* passivisch B N̄ ⟨-et; -er⟩ GRAM Passiv *n*, Passivum *n* **passivi'tet** ⟨-en; kein pl⟩ Passivität *f*, Untätigkeit *f*
passkontroll [ˇpaskɔntrɔl] S̄ Passkontrolle *f*
passning [ˇpasnɪŋ] ⟨-en; -ar⟩ Aufsicht *f*, Betreuung *f*; Bedienung *f*; SPORT Pass *m* **pass'opp** ⟨-en; -er⟩ *umg* Bedienstete(r) *m/f(m)*, Laufbursche *m*; Handlanger(in) *m(f)*
passtvång [ˇpastvɔŋ] S̄ N̄ Passzwang *m*
pasta [ˇpasta] ⟨-n; -or⟩ Nudeln *pl*, Teigwaren *pl*, Pasta *f*
pastej [pa'stɛj] ⟨-en; -er⟩ Pas'tete *f*
pastell [pas'tɛl] ⟨-en; -er⟩ Pastell *n* pa-

stellfärg ⟨s⟩ Pastellfarbe f **pastellmålning** ⟨s⟩ Pastell n, Pastellmalerei f
pastill [pa'stil] ⟨-en; -er⟩ Pastille f
pastor ['pastɔr] ⟨-n; -er⟩ Pastor m; **vice ~** Vikar m **pasto'ral** ADJ ländlich, idyllisch **pasto'rat** ⟨N⟩ ⟨-et; -⟩ Pfarre f **pastorsexpedition** ⟨s⟩ Pfarramt n **pastorsämbete** ⟨SN⟩ Pfarramt n
pastörisera [pastœri'se:ra] VT ⟨1⟩ pasteurisieren **pastörisering** ⟨-en; -ar⟩ Entkeimung f
paté [pa'te:] ⟨-n; -er⟩ Pastete f
patent [pa'tɛnt] ⟨N⟩ ⟨-et; -⟩ Patent n; **ta ~ på ngt** sich etw patentieren lassen **patentlås** ⟨SN⟩ Sicherheitsschloss n **patentlösning** ⟨s⟩ Patentlösung f **patentmedicin** fig ⟨s⟩ Allheilmittel n **patentskyddad** ADJ patentgeschützt
patetisk [pa'te:tisk] ADJ pathetisch; gehoben, feierlich
patiens [pasi'aŋs] ⟨-en; -er⟩ Patience f, Patiencespiel n
patient [pa(tsi)'ɛnt] ⟨-en; -er⟩ Patient(in) m(f) **patientförening** ⟨s⟩ Selbsthilfegruppe f
patina ['pɑ:tina] ⟨-n; kein pl⟩ Patina f, Edelrost m **pati'nera** VT ⟨1⟩ patinieren
patolog [patu'lo:g] ⟨-en; -er⟩ Pathologe m **patolo'gi** ⟨-n; kein pl⟩ Pathologie f **patologisk** ADJ pathologisch; krankhaft
patos ['pɑ:tɔs] ⟨N⟩ ⟨-et; kein pl⟩ Pathos n
patrask [pa'trask] ⟨-et; -⟩ Gesindel n, Pack n
patriark [patri'ark] ⟨-en; -er⟩ Patriarch m, Erzvater m **patriar'kalisk** ADJ patriarchalisch, altväterlich **patriar'kat** ⟨N⟩ ⟨-et; -⟩ Patriarchat n; a. Vaterrecht n
patriot [patri'u:t] ⟨-en; -er⟩ Patriot(in) m(f), Vaterlandsfreund(in) m(f) **patri'otisk** ADJ patriotisch, vaterländisch **patrio'tism** ⟨-en; kein pl⟩ Vaterlandsliebe f, Patriotismus m
patron [pa'tru:n] ⟨-en; -er⟩ **1** Patron(in) m(f), Schutzheilige(r) m/f(m); Gutsbesitzer(in) m(f); Herr m **2** MIL Patrone f **patronhylsa** ⟨s⟩ MIL Patronenhülse f
patrull [pa'trɵl] ⟨-en; -er⟩ Streife f; MIL Patrouille f; fig **stöta på ~** auf Widerstand stoßen; einen wunden Punkt berühren **patrull'era** VT ⟨1⟩ patrouillieren
paus [pæʊs] ⟨-en; -er⟩ Pause f **pau'sera** VI ⟨1⟩ pausieren **paussig'nal** ⟨s⟩ Rundfunk Pausenzeichen n **paus'tecken** ⟨SN⟩ MUS Pausenzeichen n
paviljong [pavil'jɔŋ] ⟨-en; -er⟩ Pavillon m; Gartenhaus n
pc ['pe:se:] ⟨-n; -er⟩ PC m
pedagog [peda'go:g] ⟨-en; -er⟩ Pädagoge m, Pädagogin f, Erzieher(in) m(f) **pedago'gik** ⟨-en; kein pl⟩ Pädagogik f, Erziehungswissenschaft f **pedagogisk** ADJ pädagogisch, erzieherisch
pedal [pe'dɑ:l] ⟨-en; -er⟩ Pedal n
pedant [pe'dant] ⟨-en; -er⟩ Pedant(in) m(f), Kleinkrämer m **pedantisk** ADJ pedantisch
pedikyr [pedi'ky:r] ⟨-en; kein pl⟩ Fußpflege f, Pediküre f
pedofil [pedɔ'fi:l] ⟨-en; -er⟩ Pädophile(r) m/f(m)
pejla ['pejla] VT, VI ⟨1⟩ SCHIFF peilen, visieren; FLUG a. orten; fig ergründen; sondieren **pejling** ⟨-en; -ar⟩ SCHIFF Peilung f; FLUG a. Ortung f; Rundfunk Funkpeilung f
peka ['pe:ka] ⟨1⟩ **A** VT, VI zeigen, weisen, deuten (**på** auf akk); **~ finger åt ngn** mit dem Finger auf j-n zeigen; **dit näsan ~r** der Nase nach **B** V/P **~ 'ut** bezeichnen, kenntlich machen; zeigen **pekfinger** ⟨SN⟩ Zeigefinger m
pekoral [pekʊ'rɑ:l] ⟨N⟩ ⟨-et; -⟩ Geschreibsel n; Machwerk n
pekpinne ['pe:kpina] ⟨s⟩ Zeigestock m **pekplatta** ⟨s⟩ IT Tablet n **pekskärm** ⟨s⟩ IT Berührungsbildschirm m, Touchscreen m
pelare ['pe:larə] ⟨-n; -⟩ Säule f, Pfeiler m **pelargång** ⟨s⟩ Säulengang m
pelikan [peli'kɑ:n] ⟨-en; -er⟩ ZOOL Pelikan m
pendang [pan'daŋ] ⟨-en; -er⟩ Gegenstück n, Seitenstück n, Pendant n
pendel ['pɛndəl] ⟨-n; -ar⟩ Pendel n **pendeltrafik** ⟨s⟩ Pendelverkehr m **pendeltåg** ⟨SN⟩ Pendelzug m **pendla** VI ⟨1⟩ pendeln **pendlare** ⟨-n; -⟩ Pendler(in) m(f) **pend'yl** [paŋ-] ⟨-en; -er⟩ Pendeluhr f
penetrera [penə'tre:ra] VT ⟨1⟩ durchdringen; **~ ett problem** ein Problem erforschen, einem Problem auf den

Grund gehen
pengar ['pɛŋar] PL Geld n sg; **kontanta ~** bares Geld, Bargeld n; **förvandla ngt till ~** etw zu Geld machen; **ha ~ som gräs** Geld wie Heu haben; **ha jämna ~** passendes Geld haben, das Geld abgezählt bereithalten; **ha gott om ~** gut bei Kasse sein, viel Geld haben; **ha ont om ~** knapp an Geld sein, nicht gut bei Kasse sein
penibel [pe'ni:bəl] ADJ peinlich, schwierig
penicillin [penisi'li:n] N ⟨-et; kein pl⟩ Penizillin n
penis ['pe:nis] ⟨-en; -ar⟩ Penis m, männliches Glied n
penna ['pɛna] ⟨-n; -or⟩ Schreiber m; Bleistift m; Kugelschreiber m; **fatta ~n** zur Feder greifen **penndrag** S Federstrich m **pennfodral** SN Schreibetui n
penning ['pɛniŋ] ⟨-en; -ar⟩ Geld(stück) n, Münze f; **för en billig ~** für billiges Geld **penningaffär** S Geldangelegenheit f **penningbelopp** S Geldbetrag m **penningbrist** S Geldmangel m **penningfråga** S Geldfrage f **penningförsändelse** S Geldsendung f **penninggåva** S Geldgabe f, Geldspende f **penninglotteri** SN Geldlotterie f **penninglån** S Geldanleihe f **penningplacering** S Geldanlage f **penningstark**, **penningstinn** umg ADJ kapitalkräftig **penningsumma** S Geldsumme f **penningtvätt** S Geldwäsche f **penningvärde** S Geldwert m **penningvärdesförsämring** S Geldentwertung f **penningväsen** SN Geldwesen n
pennkniv ['pɛnkni:v] S Federmesser n **pennskaft** SN Federhalter m **pennteckning** S Federzeichnung f **pennvässare** ⟨-n; -⟩ Bleistiftspitzer m
pensé [paŋ'se:] ⟨-n; -er⟩ BOT (Garten-)Stiefmütterchen n
pensel ['pɛnsəl] ⟨-n; -ar⟩ Pinsel m **penseldrag** SN Pinselstrich m
pension [paŋ'ʃu:n] ⟨-en; -er⟩ (Alters-)Rente f, Pension f, Ruhegehalt n; **gå i ~** in den Ruhestand treten; **få/ha ~** Pension beziehen
pensio'nat ⟨-et; -⟩ Pension f, Fremdenheim n

pensio'nera VT ⟨1⟩ pensionieren, in den Ruhestand versetzen **pensio'nering** ⟨-en; -ar⟩ Pensionierung f **pensionsförsäkring** S Altersversicherung f **pensionsgrundande** ADJ rentenwirksam **pensionsålder** S Pensionsalter n **pensionär** ⟨-en; -er⟩ Rentner(in) m(f), Pensionär(in) m(f) **pensionärsbiljett** S Seniorenkarte f **pensionärshem** SN Altenwohnheim n
pensla ['pɛnsla] VT ⟨1⟩ pinseln
pensum ['pɛnsəm] N ⟨- et; -⟩ Pensum n
pentry ['pɛntry] N ⟨-t; -n⟩ SCHIFF Pantry f; Teeküche f, Kochnische f
peppa ['pepa] umg VT, VP ⟨1⟩ ~ ('upp) ngn j-n aufmuntern
peppar ['pepar] ⟨-n; kein pl⟩ Pfeffer m; **~! ~!** unberufen!, toi, toi, toi! **pepparkaka** S Pfefferkuchen m, Lebkuchen m schwedischer Art; **mjuk ~** (gewürzter) Napfkuchen m **pepparkar** S N Pfefferstreuer m **pepparkorn** S Pfefferkorn n **pepparkvarn** S Pfeffermühle f **pepparmint** S, **pepparmynt** ⟨-en; kein pl⟩ Geschmack Pfefferminz **pepparmynta** S BOT Pfefferminze f **pepparrot** S BOT Meerrettich m **pepparströare** S Pfefferstreuer m **peppra** VT ⟨1⟩ pfeffern **pepprad** ADJ gepfeffert
per [pær] PRÄP per; pro; mit; **~ dag** pro Tag, täglich; **~ järnväg** mit der Bahn; **~ post** per (od mit der) Post; umg **~ skaft** pro Nase; **~ styck** pro/das/je Stück; **~ år** pro Jahr, jährlich
perenn [pæ'rɛn] ADJ perennierend, überwinternd
perfekt[1] [' pærfɛkt] ADJ perfekt, vollkommen
perfekt[2] [' pærfɛkt] N ⟨-et; -⟩ GRAM Perfekt n, zweite Vergangenheit f
perforera [pærfu:re:ra] VT ⟨1⟩ (durch)lochen, perforieren **perforering** ⟨-en; -ar⟩ (Durch-)Lochung f, Perforation f
pergament [pærga'mɛnt] N ⟨-et; -⟩ Pergament n; **av ~** a. pergamenten
perifer [pæri'fe:r] ADJ peripherisch, Rand- **perife'ri** ⟨-n; -er⟩ Peripherie f; Umkreis m; (Stadt-)Rand m; **bo i ~en** am Stadtrand wohnen
period [peri'u:d] ⟨-en; -er⟩ Periode f,

Zeitabschnitt *m*, Zeitraum *m*; *Tel* Gebühreneinheit *f*; SPORT Drittel *m* **periodare** ⟨-*r*⟩; ~ *umg* Quartalssäufer(in) *m(f)* **periodisk** ADJ periodisch **periodkort** S N Zeitkarte *f* **periodvis** ADV periodisch, periodenweise
permanent [pærma'nɛnt] A ADJ fortwährend, ständig, permanent B ⟨-en; kein pl⟩ Dauerwellen *pl* **permanenta** ⟨1⟩ A VT *Straße* mit einem Dauerbelag versehen B VR ~ *sig* sich Dauerwellen machen lassen
permission [pærmɪ'ʃuːn] ⟨-en; -er⟩ Urlaub *m* **permittera** VT ⟨1⟩ beurlauben; vorübergehend entlassen **permittering** ⟨-en; -ar⟩ Beurlaubung *f*; Entlassung *f*
perplex [pær'plɛks] ADJ verdutzt, perplex; *umg* baff
perrong [pæ'rɔŋ] ⟨-en; -er⟩ Bahnsteig *m*
persedel [pæ'ʂeːdəl] S Kleidungsstück *n*
perser ['pæʂər] ⟨-n; -⟩ Perser *m* **persi'an** ⟨-en; kein pl⟩, **persi'anpäls** S Persianer *m*
persienn [pæʂi'ɛn] ⟨-en; -er⟩ Jalousie *f*
persika ['pæʂika] ⟨-n; -or⟩ Pfirsich *m*
persilja [pæ'ʂilja] ⟨-n; kein pl⟩ Petersilie *f*
persisk ['pæʂisk] ADJ persisch **persiska** ⟨-n; -or⟩ Perserin *f*; Persisch *n*
person [pæ'ʂuːn] ⟨-en; -er⟩ Person *f*; **i egen hög ~** in höchsteigener Person **perso'nal** ⟨-en; -er⟩ Personal *n*; Belegschaft *f* **personalavdelning** S Personalabteilung *f* **personalbostad** S Werkwohnung *f* **personalbrist** S Personalmangel *m* **personalchef** S Personalchef *m* **personalmatsal** S Kantine *f*
personbevis S N Personenstandsurkunde *f* **personbil** S Personenwagen *m* **persondator** S Personal Computer *m* **personifi'era** VT ⟨1⟩ personifizieren; ~d *a.* leibhaftig, in Person **personkemi** *umg* ~ *zwischen Personen* Chemie *f*; **~n fungerar inte** die Chemie stimmt nicht **personkod** S PIN (personal identification number) **personlig** ADJ persönlich; **~t pronomen** Personalpronomen *n*, persönliches Fürwort; **jag för min ~a del** ich für meine Person **personligen** ADV persönlich,

in Person **personlighet** ⟨-en; -er⟩ Persönlichkeit *f*; **gå in på ~er** persönlich werden **personminne** S N Personengedächtnis *n* **personnamn** S N Personenname *m* **personnummer** S N Personenkennzahl *f* **personsökare** S Personenrufgerät *n*; *umg* Piepser *m* **persontrafik** S Personenverkehr *m* **persontåg** S N Personenzug *m* **personvåg** S Personenwaage *f*
perspektiv [pæʂpɛk'tiːv] N ⟨-et; -⟩ Perspektive *f*; Fernsicht *f*
peruk [pe'rʉːk] ⟨-en; -er⟩ Perücke *f*
perukmakare ⟨-n; -⟩ Perückenmacher(in) *m(f)*
pervers [pær'væʂ] ADJ pervers, widernatürlich **perversi'tet** ⟨-en; -er⟩ Perversität *f*
pessar [pe'saːr] N ⟨-et; -⟩ Pessar *n*
pessimism [pesi'mism] ⟨-en; kein pl⟩ Pessimismus *m* **pessi'mist** ⟨-en; -er⟩ Pessimist *m* **pessi'mistisk** ADJ pessimistisch
pest [pɛst] ⟨-en; -er⟩ Pest *f*
peta ['peːta] ⟨1⟩ A VT, VI bohren, stochern; *umg* fummeln, pulen; **~ naglarna** die Nägel reinigen; **~ hål** på ngt etw zerstechen; **~ i maten** im Essen herumstochern; **~ (i) näsan** in der Nase bohren, popeln *umg*; **~ tänderna** sich (*dat*) in den Zähnen stochern; *fig* **bli ~d** abgesägt werden; **~ på ngt** an etw herumfummeln B VP **~ 'bort** wegschieben, wegstoßen; **~ 'fram** hervorholen, hervorklauben; **~ 'in** hineinschieben; **~ 'till** anrühren, anstoßen; **~ 'ut** ausstechen **petgöra** S N Pusselarbeit *f* **petig** ADJ kleinlich, pedantisch; *umg* pingelig
petit-chou [peti'ʃuː] ⟨-n; -er⟩ GASTR Windbeutel *m*
petitess [peti'tɛs] ⟨-en; -er⟩ Kleinigkeit *f*
petition [peti'ʃuːn] ⟨-en; -er⟩ Petition *f*; Eingabe *f*; Bittschrift *f*
petnoga ['peːtnuːga] *umg* ADJ penibel, übergenau; *umg* pingelig
petroleum [pet'ruːleəm] N ⟨-et; kein pl⟩ Erdöl *n*
p.g.a. ABK (= på grund av) wegen
P-hus ['peːhʉːs] S N Parkhaus *n*
ph-värde ['peːhoːvæːdə] S N pH-Wert *m*
pianist [pia'nist] ⟨-en; -er⟩ Pianist(in)

m(f) **pi'ano** N ⟨-t; -n⟩ Klavier n, Piano n **pianolektion** S Klavierstunde f **pianostol** S Klavierstuhl m **pianostämmare** ⟨-n; -⟩ Klavierstimmer(in) m(f)

pick [pik] N ⟨inv⟩ med ~ och pack mit Sack und Pack

picka ['pika] VT, VI ⟨1⟩ picken (på an dat); ticken

picknick ['piknik] ⟨-en; -ar⟩ Picknick n

piedestal [piɛdɛs'tɑːl] ⟨-en; -er⟩ Sockel m, Piedestal n; fig sätta ngn på en ~ j-n anhimmeln

pietet [pie'teːt] ⟨-en; kein pl⟩ Pietät f **pie'tetsfull** ADJ pietätvoll **pie'tism** ⟨-en; kein pl⟩ Pietismus m

piff [pif] ⟨-en; kein pl⟩ sätta ~ på en rätt einem Gericht einen pikanten Geschmack geben **piffa** VP ⟨1⟩ ~ 'upp aufputzen; ~ 'upp sig sich herausmachen, sich fein machen; ~ 'upp ngt etw (dat) Schick verleihen/den letzten Schliff geben **piffig** ADJ pikant; schick, fesch

piga ['piga] ⟨-n; -or⟩ Magd f; Dienstmädchen n

pigg¹ [pig] ⟨-en; -ar⟩ Spitze f; Stachel m

pigg² ADJ aufgeweckt; munter; ung aufgekratzt; gesund; ~ och kry frisch und munter; ~ som en mört quietschvergnügt; vara ~ på ngt auf etw (akk) erpicht sein; umg auf etw (akk) scharf sein **pigga** VP ⟨1⟩ ~ 'upp aufmuntern; anregen; ~ 'upp sig sich aufputschen **piggna** VP ⟨1⟩ ~ 'till wieder munter werden; wieder auf die Beine kommen

piggsvin SN ZOOL Stachelschwein n

piggvar ⟨-en; -ar⟩ ZOOL Steinbutt m

pigment [pig'mɛnt] N ⟨-et; -⟩ Pigment n; Farbstoff m

pik [piːk] ⟨-en; -ar⟩ Waffe Pike f; Berg Pik m; SCHIFF Piek f; fig Stich m, Stichelei f; ge ngn en ~ j-m einen Stich versetzen; det är en ~ åt mig das ist auf mich gemünzt **pika** VT ⟨1⟩ sticheln

pikant [-'ant] ADJ pikant

piket [pi'keːt] ⟨-en; -er⟩ Überfallkommando n

pil [piːl] ⟨-en; -ar⟩ ❶ BOT Weide f ❷ Pfeil m **pila** VP ⟨1⟩ ~ i'väg lossausen

pilbåge S (Flitz-)Bogen m

pilgrim ['piːlgrim] ⟨-en; -er⟩ Pilger(in) m(f) **pilgrimsfärd** S Pilgerfahrt f, Wallfahrt f

pilkastning ['piːlkastniŋ] ⟨-en; -ar⟩ Pfeilwerfen n

pilla ['pila] ung VI ⟨1⟩ fummeln, fingern; sitta och ~ med ngt an etw (dat) herumbasteln, herumpusseln

piller ['pilɛr] N ⟨-et; -⟩ Pille f; fig svälja det beska pillret die bittere Pille schlucken **pillerburk** S Pillendose f **pillertrillare** ⟨-n; -⟩ iron ung Pillendreher m

pilot [pi'luːt] ⟨-en; -er⟩ Flugzeugführer m, Pilot m

pilsnabb ['piːlsnab] ADJ pfeilschnell

pilsner ['pilsnɛr] ⟨-n; -⟩ Bier n, Helle(s) n; Pilsner n

piltangent ['piːltaŋɛnt] S COMPUT Cursortaste f

pimpla ['pimpla] VT ⟨1⟩ ❶ ≈ eisangeln ❷ ung picheln

pim(p)sten ['pim(p)steːn] S Bimsstein m

pin [piːn] ADJ på ~ kiv aus reiner Gemeinheit **pina** A ⟨-n; -or⟩ Pein f, Qual f B VT ⟨1⟩ quälen; peinigen, martern, foltern

pinal [pi'nɑːl] ⟨-en; -er⟩ ung Sache f; ~er pl Zeug n, Kram m

pinande [pi'nandɛ] ADJ quälend; ~ blåst schneidender/scharfer Wind

pincett [pin'sɛt] ⟨-en; -er⟩ Pinzette f

pingis ['piŋis] ⟨-en; kein pl⟩ ung Tischtennis n

pingla ['piŋla] A ⟨-n; -or⟩ Schelle f, Glöckchen n B VI ⟨1⟩ klingeln; ung bimmeln

pingpong ['piŋpɔŋ] ⟨-en; kein pl⟩ Tischtennis n

pingst [piŋst] ⟨-en; -ar⟩ Pfingsten n/pl; annandag ~ zweiter Pfingsttag, Pfingstmontag m **pingstafton** S Pfingst(sonn)abend m **pingstdag** S erster Pfingsttag, Pfingstsonntag m **pingsthelg** S Pfingstfest n **pingstlilja** S BOT Narzisse f **pingstvän** S REL Anhänger m der Pfingstbewegung

pingvin [piŋ(g)'viːn] ⟨-en; -er⟩ ZOOL Pinguin m

pinje ['pinjɛ] ⟨-n; -r⟩ Pinie f **pinjenöt** S Pinienkern m

pinka ['piŋka] ung VI ⟨1⟩ pinkeln

pinkod ['pinkoːd] S PIN f, Geheimnummer f

pinna ['pina] ung VP ⟨1⟩ ~ i 'väg lostippeln

pinne [ˈpinə] ⟨-n; -ar⟩ Stückchen n Holz; Pflock m; Pfahl m; Stock m, Stöckchen n, Stecken m; Sprosse f; Zinke f; **stel som en ~** steif wie ein Brett; **smal som en ~** dünn wie ein Streichholz
pinnhål SN fig ett **~ högre** eine Stufe höher **pinnsoffa** S Sprossenbank f
pinnstol S Sprossenstuhl m
pinsam [ˈpiːnsam] ADJ peinlich
pinuppa [pinˈɛpa] ⟨-n; -or⟩ umg Pin-up-Girl n
pion [piˈuːn] ⟨-en; -er⟩ BOT Pfingstrose f, Päonie f
pionjär [pjɔnˈjæːr] ⟨-en; -er⟩ a. fig Pionier m
pip[1] [piːp] ⟨-en; -ar⟩ Tülle f
pip[2] A N ⟨-et; -⟩ Piep(s) m, Piep(s)en n B INTER piep **pipa**[1] VI ⟨4⟩ piep(s)en, pfeifen
pipa[2] ⟨-n; -or⟩ Pfeife f; Röhre f, Rohr n; Gewehr- Lauf m; umg **gå åt ~n** in die Binsen gehen; schiefgehen **piphuvud** SN Pfeifenkopf m
pipig [ˈpiːpi(g)] ADJ 1 piepsig 2 porös, löcherig
pippa [ˈpipa] vulg VT, VI ⟨1⟩ ficken, vögeln
pippi[1] [ˈpipi] ⟨-n; -ar⟩ umg Kindersprache Piepmatz m, Piepvogel m
pippi[2] ⟨-n; kein pl⟩ umg Tick m, Schrulle f; Manie f; **ha ~ på ngt** in etw (akk) vernarrt sein, auf etw (akk) versessen sein; **det är rena ~n** das ist der reine Wahnsinn
piprensare [ˈpiːprensara] ⟨-n; -⟩ Pfeifenreiniger m **piprökare** S Pfeifenraucher m **pipskaft** S Pfeifenrohr n **pipskägg** SN Spitzbart m **piptobak** S Pfeifentabak m
pir [piːr] ⟨-en; -ar/-er/-er⟩ Pier m, Mole f
pirat [piˈraːt] ⟨-en; -er⟩ Seeräuber m, Pirat m **piratkopia** S Raubkopie f **piratsändare** S Piratensender m
pirog [piˈroːg] ⟨-en; -er⟩ Pirogge f
pirra [ˈpira] umg VI ⟨1⟩ kribbeln **pirrande** A ADJ kribbelnd B N ⟨-t; -⟩ Kribbeln n
piruett [pirøˈɛt] ⟨-en; -er⟩ Pirouette f
pisk [pisk] ⟨-et; kein pl⟩ umg Prügel pl, Wichse f **piska** A ⟨-n; -or⟩ Peitsche f B VT ⟨1⟩ peitschen; ausklopfen; umg **vara ~d att göra ngt** etw unbedingt tun müssen C VI ⟨1⟩ **~ 'in ngt i ngn** j-m etw einpeitschen; **~ 'på** anpeitschen; **~ 'upp** aufpeitschen **piskrapp** SN Peitschenhieb m **pisksnärt** S Peitschenknall m **piskställning** S Teppichstange f
piss [pis] vulg N ⟨-et; kein pl⟩ Pisse f
pissa [ˈpisa] VI ⟨1⟩ pissen **pissoar** ⟨-en; -er⟩ Pissoir n
pist [pist] ⟨-en; -er⟩ Piste f
pistage [pisˈtaːʃ] ⟨-n; -r⟩, **pistasch** ⟨-en; -er⟩ BOT Pistazie f
pistill [pisˈtil] ⟨-en; -er⟩ BOT Stempel m
pistmaskin [ˈpistmaˌʃiːn] S Pistenraupe f
pistol [pisˈtuːl] ⟨-en; -er⟩ Pistole f **pistolkula** S Pistolenkugel f **pistolskott** SN Pistolenschuss m
pitt [pit] ⟨-en; -ar⟩ vulg Schwanz m
pittoresk [pitɔˈrɛsk] ADJ malerisch, pittoresk
pixel [ˈpiksel] ⟨-n; -ar⟩ IT Pixel n
pizza [ˈpitsa] ⟨-n; -or⟩ Pizza f **pizzeria** ⟨-n; -or⟩ Pizzeria f
pjosk [pjɔsk] umg N ⟨-et; kein pl⟩ Zimperlichkeit f **pjoska** VI ⟨1⟩ **~ med ngn** j-n verzärteln **pjoskig** ADJ zimperlich
pjäs [pjɛːs] ⟨-en; -er⟩ a. THEAT Stück n; Schachfigur f; MIL Geschütz n
pjäxa [ˈpjɛksa] ⟨-n; -or⟩ Skischuh m, Skistiefel m, Sportstiefel m
placebo [plaˈseːbu] ⟨-n; kein pl⟩ MED Placebo n
placera [plaˈseːra] VT ⟨1⟩ (hin)legen, (hin)setzen; (hin)stellen; anbringen; WIRTSCH unterbringen, anlegen, platzieren **placering** ⟨-en; -ar⟩ Hinlegen n, Hinsetzen n, Hinstellen n; Anbringen n; WIRTSCH Unterbringung f, Anlage f, Platzierung f **placeringskort** SN Tischkarte f **placeringslista** S Tischordnung f
pladask [plaˈdask] ADV falla **~** (der Länge nach) hinplumpsen
pladder [ˈpladər] N ⟨-et; kein pl⟩ Geschwätz n, Geplapper n, Geschnatter n **pladdra** VI ⟨1⟩ plappern, schwatzen, schnattern
plagg [plag] N ⟨-et; -⟩ Kleidungsstück n
plagiat [plagiˈaːt] N ⟨-et; -⟩ Plagiat n **plagi'era** VT ⟨1⟩ plagiieren, abschreiben (ngn von j-m)
plakat[1] [plaˈkaːt] N ⟨-et; -⟩ Plakat n, Anschlag m
plakat[2] umg ADJ umg **~(full)** sinnlos

betrunken, sternhagelvoll
plakett [pla'kɛt] ⟨-en; -er⟩ Plakette f
plan¹ [pla:n] ⟨-en; -er⟩ **1** Plan m; **göra upp ~er** Pläne machen; **ha ~er på att ...** beabsichtigen zu ... **2** Platz m; SPORT Spielfeld n
plan² [pla:n] **A** ADJ eben, plan; flach **B** N ⟨-et; -⟩ **1** Ebene f; MATH Fläche f; Niveau n **2** Flugzeug n **plana** VT ⟨1⟩ ebnen, eben machen **planekonomi** S Marktlenkung f, Planwirtschaft f
planenlig ADJ planmäßig **pla'nera** ⟨1⟩ **A** VT planen, beabsichtigen **B** VP **~ 'in** einplanen **pla'nering** ⟨-en; -ar⟩ Planung f
planet [pla'ne:t] ⟨-en; -er⟩ Planet m **plane'tarisk** ADJ planetarisch **plane'tarium** N ⟨planetariet; planetarier⟩ Planetarium n **planetsystem** S N Planetensystem n
planhushållning ['pla:nhʉ:sho:lnɪŋ] S Planwirtschaft f
plank¹ [plaŋk] N ⟨-et; -⟩ Bretterzaun m **plank²** ⟨-en; kein pl⟩ koll Bohlen f/pl, Planken f/pl, Bretter n/pl **planka** B ⟨-n; -or⟩ Bohle f, Planke f, Brett n **B** VT ⟨1⟩ umg sich ohne Eintrittskarte hineinschummeln
plankton ['plaŋktɔn] N ⟨-et; kein pl⟩ Plankton n
planlägga ['pla:nlɛga] VT ⟨4⟩ planen **planläggning** S Planung f **planlös** ADJ planlos **planlösning** S ARCH Planung f **planmässig** ADJ planmäßig **planritning** S Grundriss m
plansch [planʃ] ⟨-en; -er⟩ Tafel f, Abbildung f, Bild n **planschverk** S N Tafelwerk n
planta ['planta] ⟨-n; -or⟩ Pflanze f **plantage** [plan'ta:ʃ] ⟨-n; -r⟩ Plantage f **plantageägare** S Plantagenbesitzer(in) m(f) **plan'tera** ⟨1⟩ **A** VT (be)pflanzen; **~ med skog** aufforsten, bewalden **B** VP **~ 'in** einpflanzen; **~ 'om** umpflanzen, verpflanzen **plan'tering** ⟨-en; -ar⟩ Pflanzung f; Park-Anlage f **plantskola** S Baumschule f; Gärtnerei f; fig Brutstätte f
plask [plask] **A** INTER platsch **B** N ⟨-et; -⟩ Geplätscher n **plaska** VI ⟨1⟩ plätschern; planschen **plaskdamm** S Planschbecken n **plaskvåt** ADJ klatschnass
plast [plast] ⟨-en; -er⟩ Plastik n, Kunst-

stoff m **plasta** VT ⟨1⟩ mit Plastik überziehen **plastbehandlad** ADJ kunststoffüberzogen **plastficka** S Klarsichthülle f **plastfolie** S Klarsichtfolie f **plastkasse** S Plastiktragetasche f **plastmugg** S Plastikbecher m **plastpåse** S Plastiktüte f
platina [pla'ti:na, 'pla:-] ⟨-n; kein pl⟩ Platin n **platinablond** ADJ platinblond
platon(i)sk [pla'tu:n(i)sk] ADJ platonisch
plats [plats] ⟨-en; -er⟩ Platz m; Ort m; Raum m; Stelle f, (An-)Stellung f; fig **inte vara på sin ~** nicht angebracht (od am Platze) sein; **lediga ~er** Zeitung Stellenangebote; **lämna ~ åt ngn** j-m Platz machen; **söka en (ledig) ~** sich um eine (offene) Stelle bewerben; **ta ~!** einsteigen!; **ta (mycket) ~** (viel) Platz/Raum einnehmen **platsa** umg VI ⟨1⟩ passen **platsannons** S Stellenanzeige f **platsansökan** S Stellengesuch n **platsbeställning** S Vorbestellung f **platsbiljett** S BAHN Platzkarte f **platschef** S Betriebsleiter(in) m(f)
platt [plat] ADJ platt, flach **platta** **A** ⟨-n; -or⟩ Platte f **B** VP ⟨1⟩ **~ 'till** abplatten; platt drücken; fig breitschlagen; fig **~ 'till ngn** j-m eins auf den Kopf (od aufs Dach) geben **plattfisk** S Plattfisch m **plattform** S Plattform f; Bahnsteig m **plattfot** S Plattfuß m **plattfotad** ADJ plattfüßig **platthet** ⟨-en; kein pl⟩, **plattityd** ⟨-en; -er⟩ Plattheit f **plattysk** ADJ plattdeutsch **plattyska** S Platt n, Plattdeutsch n
platå [pla'to:] ⟨-n; -er⟩ Platte f; Hochebene f, Plateau n
plausibel [plaɛ'si:bal] ADJ annehmbar, glaubhaft
playback ['plɛjbɛk] ⟨-en; kein pl⟩ Play-back n
playboy ['plɛjbɔj] ⟨-en; -ar⟩ Playboy m
plenum ['ple:nɔm] N ⟨-et; -⟩ Vollversammlung f, Plenarsitzung f
pli [pli:] ⟨-n; kein pl⟩ Schliff m; **få ~ på sig** Schliff bekommen; **ha ~ på pojkarna** die Jungen gut im Griff haben; **sätta ~ på ngn** j-m Schliff beibringen
plikt [plikt] ⟨-en; -er⟩ Pflicht f **plikta** VT, VI ⟨1⟩ büßen (**för** für); JUR Strafe zahlen (**för** für) **pliktkänsla** S Pflicht-

pliktskyldigast ADV pflichtschuldigst **plikttrogen** ADJ pflicht(ge)treu, pflichtbewusst **plikttro(gen)het** S̄ Pflichtbewusstsein n
plint [plint] ⟨-ens; -ar⟩ (Sprung-)Kasten m; ARCH Plinthe f
plira ['pliːra] VI ⟨1⟩ blinzeln
plita ['pliːta] VIT, VII ⟨1⟩ mühselig schreiben
plock [plɔk] N̄ ⟨-et; -⟩ Kleinkram m
plocka ⟨1⟩ A VIT pflücken; lesen, sammeln, suchen; *Vogel* rupfen; zupfen (*på an dat*) B VIP ~ **'bort** wegnehmen; ~ **'fram** hervorholen; ~ **i'hop** zusammensuchen; ~ **'in** hineinräumen; ~ **'sönder** zerrupfen, zerpflücken; TECH zerlegen; ~ **'undan** wegräumen; ~ **'upp** aufheben, auflesen **plockning** ⟨-ens; -ar⟩ Pflücken n, Lese f; Rupfen n
plog [pluːg] ⟨-ens; -ar⟩ Pflug m **ploga** VIT, VII ⟨1⟩ *mit Schneepflug* bahnen **plogbill** ⟨-ens; -ar⟩ Pflugschar f **plogning** ⟨-ens; -ar⟩ Pflügen n
ploj [plɔj] ⟨-ens; -er/-ar⟩ Jux m
plomb [plɔmb] ⟨-ens; -er⟩ Füllung f; Plombe f, Bleisiegel n, Bleiverschluss m **plom'bera** VIT ⟨1⟩ füllen, plombieren **plom'bering** ⟨-ens; -ar⟩ Plombieren n; Plombierung f
plommon ['plumɔn] N̄ ⟨-et; -⟩ Pflaume f **plommonstop** *umg* N̄ ⟨-et; -⟩ *Hut* Melone f **plommonträd** S̄ N̄ Pflaumenbaum m
plotter ['plɔtər] N̄ ⟨-et; kein pl⟩ Plunder m, Kleinigkeit f **plottra** ⟨1⟩ A *umg* VI pusseln B VIP ~ **'bort** verzetteln, vertrödeln
plufsig ['plɵfsi(g)] ADJ aufgeschwemmt, schwammig
plugg[1] [plɵg] *umg* N̄ ⟨-et; -⟩ *Schule* Pauken f, Büffelei f; Penne f **plugg**[2] ⟨-en; -ar⟩ Zapfen m, Pflock m **plugga** ⟨1⟩ [1] zustopfen [2] *Schule umg* pauken, büffeln; ~ **till in examen/tenta** für eine Prüfung pauken; ~ **engelska med ngn** Englisch mit j-m pauken **plugghäst** *umg* S̄ Streber(in) m(f)
plump [plɵmp] A ADJ plump, klobig B ⟨-ens; -ar⟩ Klecks m
plums [plɵms] N̄ ⟨-et; -⟩ Plumps m **plumsa** VII ⟨1⟩ plumpsen
plundra ['plɵndra] VIT ⟨1⟩ plündern; ~ **ngn** j-n (aus)plündern **plundring** ⟨-ens; -ar⟩ Plünderung f

plunta ['plɵnta] ⟨-n; -or⟩ *umg* Taschenflasche f, Flachmann m
plural ['plɵːraːl] A ADJ pluralisch, Plural- B ⟨-en; -er⟩ Mehrzahl f, Plural m **pluralism** ⟨-en; kein pl⟩ Pluralismus m **pluraländelse** S̄ Mehrzahlendung f, Pluralendung f
plus [plɵs] A ADV plus; zuzüglich B N̄ ⟨-et; -⟩ Plus n, Mehr n, Mehrbetrag m **plusgrad** S̄ Wärmegrad m **pluskonto** S̄ N̄ Habenseite f
pluskvamperfekt S̄ N̄ GRAM Plusquamperfekt n, vollendete Vergangenheit f
pluta ['plɵːta] *umg* VII ⟨1⟩ ~ **med munnen** schmollen, maulen
pluton [plɵˈtuːn] ⟨-ens; -er⟩ MIL Zug m **plutonchef** S̄ MIL Zugführer m
plutt [plɵt] ⟨-en; -ar⟩ Knirps m
plym [plyːm] ⟨-ens; -er⟩ (Straußen-)Feder f, Federbusch m
plysch [plyʃ] ⟨-ens; -er⟩ Plüsch m
plåga ['plɔːga] A ⟨-n; -or⟩ Qual f, Plage f; Schmerz m B VIT ⟨1⟩ quälen, plagen **plågeri** f Quälerei f **plågoande** S̄ Quälgeist m, Plagegeist m **plågoris** S̄ N̄ Plage f **plågsam** ADJ schmerzhaft, schmerzlich
plåna [plɔːna] VIP ⟨1⟩ ~ **'ut** → utplåna
plånbok S̄ Brieftasche f
plåster ['plɔstər] N̄ ⟨-et; -⟩ Pflaster n
plåstra ⟨1⟩ A VIT mit einem Pflaster verbinden/bedecken, pflastern; *fig* doktern B VIP ~ **'om ngn** j-n versorgen; ~**'om ett sår** eine Wunde verbinden
plåt [plɔːt] ⟨-ens; -ar⟩ Blech n; Platte f; *av ~ a*. blechern **plåta** *umg* VIT ⟨1⟩ FOTO knipsen **plåtburk** S̄ Blechdose f **plåtpolis** *umg* S̄ Blitzer m **plåtskada** S̄ AUTO Blechschaden m **plåtslagare** ⟨-n; -⟩ Klempner(in) m(f), Blechschmied(in) m(f) **plåttak** S̄ N̄ Blechdach n
pläd [plɛːd] ⟨-ens; -ar⟩ Reisedecke f
plädera [plɛˈdeːra] VI ⟨1⟩ plädieren **pläderning** ⟨-ens; -ar⟩ Plädoyer n
plätt [plɛt] ⟨-ens; -ar⟩ Fleck m; GASTR kleiner Eierkuchen
plöja ['plɶja] ⟨2⟩ A VIT pflügen B VIP ~ **i'genom** *fig* durchackern; ~ **'upp** 'umpflügen **plöjning** ⟨-ens; -ar⟩ Pflügen n
plös [plɶːs] ⟨-ens; -ar⟩ Lasche f

plötslig [ˈpløtslig(g)] ADJ plötzlich; jäh **plötsligen, plötsligt** ADV plötzlich
pm [ˈpeːɛm] ⟨N ABK⟩ ⟨-:et/-:en; -⟩ (= post memoria) Memorandum n
pocka [ˈpɔka] VI ⟨1⟩ pochen, dringen (**på** auf akk) **pockande** ADJ pochend, dringend
pocketbok [ˈpɔkətbuːk] ⟨S⟩ Taschenbuch n
podest [puˈdɛst, pɔ-] ⟨-en; -er⟩ (Treppen-)Absatz m, Podest n
poddsändning [ˈpɔdsɛndnin] ⟨S⟩ Podcast m
poem [puˈeːm] N ⟨-et; -⟩ Gedicht n **poe'si** ⟨-n; -er⟩ Poesie f **po'et** ⟨-en; -er⟩ Dichter(in) m(f), Poet(in) m(f) **po'etisk** ADJ poetisch, dichterisch
pojkaktig [ˈpɔjkakti(g)] ADJ jungenhaft **pojkcykel** ⟨S⟩ Knabenfahrrad n **pojke** ⟨-n; -ar⟩ Junge m **pojkstreck** ⟨S N⟩ Jungenstreich m **pojkvän** ⟨S⟩ Freund m
pokal [puˈkaːl] ⟨-en; -er⟩ Pokal m
pol [puːl] ⟨-en; -er⟩ a. ELEK Pol m
polack [pɔˈlak] ⟨-en; -er⟩ Pole m
polare [ˈpuːlarə] ⟨-n; -⟩ umg Kumpel m **polari'sering** ⟨-en; -er⟩ Polarisierung f
polarsken [ˈpuːlaːrʃeːn] ⟨S N⟩ Polarlicht n
polcirkel [ˈpuːlsirkəl] ⟨S⟩ Polarkreis m
polemik [puleˈmiːk] ⟨-en; -er⟩ Polemik f **polemi'sera** VI ⟨1⟩ polemisieren **polemisk** ADJ polemisch
polera [puˈleːra] VT ⟨1⟩ polieren, glätten, putzen **polermedel** ⟨S N⟩ Poliermittel n
policy [ˈpɔlisi] ⟨-n; -er⟩ Richtlinien pl, Taktik f; Auftreten n, Vorgehen n
polio [ˈpuːliɔ] ⟨-n; kein pl⟩ Kinderlähmung f **poliovaccinering** ⟨S⟩ Impfung f gegen Kinderlähmung
polis [puˈliːs] ⟨-en; -er⟩ ❶ Polizei f; Polizist(in) m(f), Schutzmann m; umg Schupo m; **hemlig ~** Geheimpolizei f; **förbjuden av ~en** polizeilich verboten ❷ Versicherungsschein m, Police f **polisanmäla** VT ⟨2⟩ der Polizei melden **polisanmälan** ⟨S⟩ polizeiliche Anzeige f **polisbevakning** ⟨S⟩ polizeiliche Bewachung f **polisbil** ⟨S⟩ Polizeiauto n **polisbricka** ⟨S⟩ polizeiliche Erkennungsmarke f **polisdistrikt** ⟨S N⟩ Polizeirevier n **polisförhör** ⟨S N⟩ polizeiliche Vernehmung f **poliskommissa**-**rie** ⟨S⟩ Polizeikommissar(in) m(f) **poliskontor** ⟨S N⟩ Polizeiwache f **poliskår** ⟨S⟩ Polizei f **polisman** ⟨S⟩ Polizeibeamte(r) m, Polizeibeamtin f **polismyndighet** ⟨S⟩ Polizeibehörde f **polismästare** ⟨S⟩ Polizeichef(in) m(f)
polisonger [puliˈsɔŋər] PL Koteletten pl
polisrapport [puˈliːsrapɔt] ⟨S⟩ Polizeibericht m **polisrazzia** [-ˈrasia] ⟨S⟩ Razzia f **polisspärr** ⟨S⟩ polizeiliche Absperrung f **polisstat** ⟨S⟩ Polizeistaat m **polisstation** ⟨S⟩ Polizeiwache f **polisundersökning** ⟨S⟩, **polisutredning** ⟨S⟩ polizeiliche Untersuchung f
politik [puliˈtiːk] ⟨-en; kein pl⟩ Politik f **po'litiker** ⟨-n; -⟩ Politiker(in) m(f) **po'litisk** ADJ politisch
polityr [puliˈtyːr] ⟨-en; -er⟩ Politur f; fig Schliff m
polka [ˈpɔlka] ⟨-n; -or⟩ Polka f **polkagris** ⟨S⟩ ≈ Zuckerstange f
pollen [ˈpɔlən] N ⟨-et; kein pl⟩ BOT Pollen m, Blütenstaub m
pollett [pɔˈlɛt] ⟨-en; -er⟩ Kontroll- Marke f **pollett'era** VT ⟨1⟩ ~ **resgods** Gepäck aufgeben **pollett'ering** ⟨-en; -ar⟩ Gepäckaufgabe f
polo [ˈpuːlu] ⟨-n; kein pl⟩ SPORT Polo n; → **polotröja**
polonäs [pɔlɔˈnɛːs] ⟨-en; -er⟩ Polonaise f
polotröja ⟨-n; -or⟩ Rollkragenpullover m
polsk [pɔlsk] ADJ polnisch **polska** [ˈpɔlska] ❶ ⟨-n; kein pl⟩ Polnisch n ❷ ⟨-n; -or⟩ Polin f
Polstjärnan [ˈpuːlʃæːɳan] ⟨inv⟩ der Polarstern
polyester [pɔlyˈɛstər] ⟨-n; -er⟩ Polyester m
polyga'mi ⟨-n; kein pl⟩ Polygamie f; Vielweiberei f
polyp [puˈlyːp] ⟨-en; -er⟩ Polyp m
polär [puˈlæːr] ADJ polar; fig a. genau entgegengesetzt
pomerans [pumeˈrans] ⟨-en; -er⟩ BOT Pomeranze f
pomp [pɔmp] ⟨-en; kein pl⟩, **pompa** ⟨-n; kein pl⟩ Pomp m, Prunk m **pompös** ADJ pompös, prunkhaft
pondus [ˈpɔndəs] ⟨-en; kein pl⟩ Autorität f, (natürliche) Würde, Überlegenheit f

ponera [pu'ne:ra] <u>VT</u> ⟨1⟩ annehmen, voraussetzen; ~ att det är så gesetzt den Fall, dass es so ist
ponny ['pɔny] ⟨-n; -er⟩ Pony n
ponton [pɔn'tu:n] ⟨-en; -er⟩ Ponton m; Schwimmer m **pontonbro** <u>S</u> Pontonbrücke f
pool ⟨-en; -er⟩ Pool m; Swimmingpool m
pop [pɔp] ⟨-en; kein pl⟩ Pop m; Popmusik f **popartist** <u>S</u> Popmusiker(in) m(f), Popsänger(in) m(f) **popkonst** <u>S</u> Popkunst f **popmusik** <u>S</u> Popmusik f
poppel ['pɔpəl] ⟨-n; -ar⟩ BOT Pappel f
poppig ['pɔpi(g)] umg <u>ADJ</u> poppig, Pop-
poppis ['pɔpis] umg <u>ADJ</u> vara ~ in sein **popularisera** <u>VT</u> ⟨1⟩ popularisieren
populari'tet ⟨-en; kein pl⟩ Popularität f; Beliebtheit f **popu'lär** <u>ADJ</u> populär; volkstümlich; beliebt **populärvetenskaplig** <u>ADJ</u> populärwissenschaftlich
por [pu:r] ⟨-en; -er⟩ Pore f
porla ['po:la] <u>VI</u> ⟨1⟩ murmeln, rieseln; rauschen **porlande** <u>A</u> <u>ADJ</u> ~ skratt perlendes Lachen <u>B</u> <u>N</u> ⟨-t; kein pl⟩ Gemurmel n, Geriesel n; Rauschen n
pormask ['pu:rmask] <u>S</u> Mitesser m
pornografi ⟨-n; kein pl⟩ Pornografie f **porno'grafisk** <u>ADJ</u> pornografisch
porr [pɔr] ⟨-en; kein pl⟩ umg Porno m, Pornografie f **porrfilm** <u>S</u> Pornofilm m **porrklubb** <u>S</u> Sexklub m
porslin [pɔʂ'li:n] <u>N</u> ⟨-et; -⟩ Porzellan n; koll Geschirr n; av ~ a. porzellanen
porslinstallrik <u>S</u> Porzellanteller m
port [put, pu:rt] ⟨-en; -ar⟩ Haustür f, Pforte f, (Hof-)Tor n; Torweg m, Einfahrt f
portabel [pɔ'tɑ:bəl] <u>ADJ</u> tragbar
portal [pɔ'tɑ:l] ⟨-en; -er⟩ Portal n
portfölj [pɔt'følj] ⟨-en; -er⟩ Aktentasche f, Aktenmappe f, (Schreib-)Mappe f; POL Portefeuille n; statsråd utan ~ Minister ohne Geschäftsbereich
portförbud ['putfœr'bu:d] <u>S N</u> Hausverbot n **portförbjuda** <u>VT</u> ⟨4⟩ ~ ngn j-m das Haus verbieten **portförbud** <u>S N</u> Hausverbot n **portgång** <u>S</u> Torweg m, Einfahrt f
portier [pɔt'je:] ⟨-en; -er⟩ Portier m, Pförtner m
portion [pɔt'ʃu:n] ⟨-en; -er⟩ Portion f **portio'nera** <u>VP</u> ⟨1⟩ ~ 'ut portionsweise austeilen **portionsvis** <u>ADV</u> portionsweise
portkod ['putko:d] <u>S</u> Türkode m
portmonnä [pɔtmɔ'nɛ:] ⟨-n; -er⟩ Portemonnaie n, Geldbörse f
portnyckel ['putnykəl] <u>S</u> Hausschlüssel m
porto ['pɔtu] <u>N</u> ⟨-t; -n⟩ Porto n, Postgebühr f **portofri** <u>ADJ</u> portofrei, gebührenfrei
porträtt [pɔ'trɛt] <u>N</u> ⟨-et; -⟩ Bild(nis) n, Porträt n **porträtt'era** <u>VT</u> ⟨1⟩ porträtieren, malen **porträttmålare** <u>S</u> Porträtmaler(in) m(f), Porträtist(in) m(f)
porttelefon ['puttelafo:n] <u>S</u> Sprechanlage f
Portugal ['pɔtəgal] <u>N</u> ⟨inv⟩ Portugal n
portu'gis ⟨-en; -er⟩ Portugiese m **portu'gisisk** <u>ADJ</u> portugiesisch **portu'gisiska** <u>1</u> ⟨-n; kein pl⟩ Portugiesisch n <u>2</u> ⟨-n; -or⟩ Portugiesin f
portvakt ['putvakt] <u>S</u> Hausmeister m, Hauswart m, Pförtner m **portvalv** <u>S N</u> Torgewölbe n
portvin [pu'tvi:n] <u>S N</u> Portwein m
porös [pu'rø:s] <u>ADJ</u> durchlässig, porös; locker
pose [po:s] ⟨-en; -er⟩ Pose f **po'sera** <u>VT</u> ⟨1⟩ posieren **posi'tion** ⟨-en; -er⟩ Position f, Stellung f
positiv[1] ['pusiti:v] <u>A</u> <u>ADJ</u> positiv <u>B</u> ⟨-en; -er⟩ GRAM Positiv m, Grundstufe f
positiv[2] <u>N</u> ⟨-et; -⟩ <u>A</u> FOTO Positiv n <u>B</u> [pusi'ti:v] MUS Leierkasten m, Drehorgel f
positi'vism ⟨-en; kein pl⟩ Positivismus m **positi'vist** ⟨-en; -er⟩ Positivist(in) m(f)
possessiv ['pɔsesi:v, -'i:v] <u>ADJ</u> besitzanzeigend, possessiv
post [pɔst] <u>1</u> ⟨-en; kein pl⟩ Post f, Postamt n; med vändande ~ postwendend; lämna/lägga brev på ~en Briefe zur Post bringen <u>2</u> ⟨-en; -er⟩ Stellung f, Posten m; ARCH Pfosten m; stå på ~ Posten stehen; stanna på sin ~ auf seinem Posten bleiben **posta** <u>VT</u> ⟨1⟩ ~ ett brev einen Brief aufgeben (od in den Briefkasten stecken); IT ~ en kommentar/inlägg einen Kommentar posten **postadress** <u>S</u> Postanschrift f, Postadresse f **postanställd** <u>ADJ</u> en ~ ein(e) Postangestellte(r) m/f(m)
postanvisning <u>S</u> Postanweisung f

postbox n̄ Postfach n **postbud** s̄n̄ Postbote m **po'stera** v̄t̄,v̄ī ⟨1⟩ postieren, aufstellen **poste restante** adv postlagernd **po'stering** ⟨-et; -ar⟩ mil (Feld-)Posten m **postfack** s̄n̄ Postschließfach n **postförbindelse** s̄ Postverbindung f **postförskott** s̄n̄ Postnachnahme f **postförsändelse** s̄ Postsendung f **postgiro** [-ji:rɔ] s̄n̄ Postgiro n **postgiroblankett** s̄ Zahlkarte f **postgirokonto** s̄n̄ Postgirokonto n **postgång** s̄ Postverkehr m **postkontor** s̄n̄ Postamt n **postkort** s̄n̄ Postkarte f **postlucka** s̄ Postschalter m **postlåda** s̄ Briefkasten m **postmästare** s̄ Postmeister(in) m(f); Postdirektor(in) m(f) **postnummer** n̄ Postleitzahl f **postorder** s̄ Postversand m **postorderfirma** s̄ Versandhaus n **postpaket** s̄n̄ Postpaket n **poströst** s̄ Wahl Briefstimme f **poströstning** s̄ Briefwahl f **poststämpel** s̄ Poststempel m **postsäck** s̄ Postsack m **posttaxa** s̄ Postgebühren pl **postverk** s̄n̄ Postverwaltung f **postväsen** s̄ Postwesen n
potatis [pu'tɑːtis] ⟨-en; -ar⟩ Kartoffel f; österr Erdapfel m; **bakad ~** Ofenkartoffel f; **kokt ~** koll Salzkartoffeln pl; **stekt ~** koll Bratkartoffeln pl; **oskalad ~** koll Pellkartoffeln pl **potatisland** s̄n̄ Kartoffelacker m **potatismjöl** s̄n̄ Kartoffelmehl n **potatismos** s̄n̄ Kartoffelbrei m **potatissallad** s̄ Kartoffelsalat m **potatisskal** s̄n̄ Kartoffelschale f **potatisskalare** ⟨-n; -⟩ Kartoffelschäler m
potens [puˈtɛns, pɔ-] ⟨-en; -er⟩ Potenz f **potenti'ell** ⟨-⟩ potenzial, potenziell **potpurri** [pɔtpøˈriː] n̄ ⟨-et; -er⟩ Potpourri n, Allerlei n (på aus)
pott [pɔt] ⟨-en; -er⟩ Spiel Pott m, Einsatz m; **ta hem ~en** (das Spiel) gewinnen
potta [ˈpɔta] ⟨-n; -or⟩ umg Nachttopf m
poäng [puˈɛŋ] a a. n̄ ⟨-en/-et; -⟩ Punkt m; Spiel Stich m; **vinna på ~** nach Punkten siegen b ⟨-en; -er⟩ Pointe f **poängseger** s̄ Punktsieg m **poängsumma** s̄ Punktzahl f **poängsätta** v̄t̄ ⟨4⟩ Punkte zuteilen; Schule a. zensieren **poängsättning** s̄ Punktwertung f; Schule a. Zensur f **poäng'tera** v̄t̄ ⟨1⟩ betonen, pointieren **poängtips** s̄n̄ Punkttoto m
p-piller [ˈpeːpilar] s̄n̄ Antibabypille f; umg die Pille
p-plats s̄ Parkplatz m
pr [ˈpeːær], **PR** ⟨inv⟩ Öffentlichkeitsarbeit f; **göra ~ för ngt** für etw Reklame machen
pracka [ˈpraka] v̄p̄ ⟨1⟩ **~ 'på ngn ngt** j-m etw andrehen/aufschwatzen
prag'matisk adj pragmatisch
prakt [prakt] ⟨-en; kein pl⟩ Pracht f **praktexemplar** s̄n̄ Prachtexemplar n **praktfull** adj prachtvoll
praktik [prakˈtiːk] ⟨-en; -er⟩ Praktikum n; Praxis f; **han gör sin ~** er macht sein Praktikum; **i ~en** in der Praxis **prakti'kant** ⟨-en; -er⟩ Praktikant(in) m(f) **prakti'sera** v̄t̄,v̄ī ⟨1⟩ praktizieren; ein Praktikum machen; **~nde läkare** praktische(r) Arzt/Ärztin **praktisk** adj praktisch; **~t taget** praktisch, eigentlich; im Großen und Ganzen
pralin [praˈliːn] ⟨-en; -er⟩ Praline f
prao [prɑˈuː] abk ⟨-n; -r⟩ (= praktisk arbetslivsorientering) Schulpraktikum n
prassel [ˈprasəl] n̄ ⟨-et; kein pl⟩ Rascheln n, Geprassel n **prassla** v̄ī ⟨1⟩ rascheln, prasseln; fremdgehen
prat [prɑːt] n̄ ⟨-et; kein pl⟩ Geplauder n, Plauderei f; Geschwätz n, Gerede n; **~!** ach was!, Unsinn! **prata** ⟨1⟩ a v̄t̄, v̄ī reden (om von); plaudern, sich unterhalten; klatschen; **~ affärer** über Geschäfte reden; **~ strunt** Unsinn reden; **~ i munnen på varandra** durcheinanderreden b v̄p̄ **~ 'bort** verplaudern; **~ 'på** (immer) weiterreden **pratbubbla** s̄ Sprechblase f **pratig** adj redselig **pratkvarn** s̄ Person Schwatzliese f **pratmakare** ⟨-n; -⟩ Schwätzer m **pratsam** adj gesprächig, redselig, geschwätzig **pratsamhet** ⟨-en; kein pl⟩ Redseligkeit f, Geschwätzigkeit f **pratshow** s̄ Talkshow f **pratsjuk** adj schwatzhaft **pratsjuka** s̄ Geschwätzigkeit f, Schwatzhaftigkeit f **pratstund** s̄ Plauderstündchen n, Schwatz m
praxis [ˈpraksis] ⟨-/-en; kein pl⟩ Praxis f; **det är ~** es ist üblich, dass ...
precis [preˈsiːs] a adj genau, pünktlich, präzis(e) b adv genau, gerade;

eben; ~ **klockan fem** Punkt fünf Uhr
preci'sera <u>VT, VIR</u> ⟨1⟩ genau angeben/feststellen, präzisieren **preci'sion** ⟨-en; -er⟩ Genauigkeit f, Präzision f
predika [pre'di:ka] <u>VT, VI</u> ⟨1⟩ predigen (**för** dat) **predikan** ⟨inv; predikningar⟩ Predigt f (**om** über akk) **predi'kant** ⟨-en; -er⟩ Prediger(in) m(f)
predikat [predi'ka:t] <u>N</u> ⟨-et; -⟩ GRAM Prädikat n, Aussagewort n **predikativ** <u>ADJ</u> prädikativ, aussagend **predikatsfyllnad** <u>S</u> Prädikativ n
predikstol ['pre:dik'stu:l] <u>S</u> Kanzel f
prefix [pre'fiks] <u>N</u> ⟨-et; -⟩ GRAM Vorsilbe f, Präfix n
pregnans [pren'nans, preg-] ⟨-en; kein pl⟩ Prägnanz f **pregnant** <u>ADJ</u> prägnant
preja ['preja] <u>VT</u> ⟨1⟩ SCHIFF preien; AUTO drängen
prekär [pre'kæ:r] <u>ADJ</u> heikel, misslich
preliminär [prelimin'æ:r] <u>ADJ</u> vorläufig; ~**a överläggningar** pl Vorverhandlungen pl **preliminärskatt** <u>S</u> ≈ Lohnsteuer f
preludium [pre'lʉ:diəm] <u>N</u> ⟨preludiet; preludier⟩ Präludium n
premie [premi'ær] ⟨-n; -r⟩ Prämie f **premieobligation** <u>S</u> WIRTSCH Prämienlos n **premi'era** <u>VT</u> ⟨1⟩ auszeichnen, prämieren
premiär ['pre:miə] ⟨-en; -er⟩ THEAT Erstaufführung f, Premiere f **premiärminister** <u>S</u> Premierminister(in) m(f)
prenumerant [prenʉmə'rant] ⟨-en; -er⟩ Abonnent m, Bezieher(in) m(f) **prenumera'tion** ⟨-en; -er⟩ Bezug m, Abonnement n **prenume'rera** <u>VI</u> ⟨1⟩ abonnieren (**på** auf akk), beziehen (**på** akk)
preparat [prepa'ra:t] <u>N</u> ⟨-et; -⟩ Präparat n **prepa'rera** <u>VT</u> ⟨1⟩ präparieren; vorbereiten
preposition [prepusi'ʃʉ:n] ⟨-en; -er⟩ GRAM Präposition f, Verhältniswort n
presenning ['presniŋ, -'sniŋ] ⟨-en; -ar⟩ Persenning f, Plane f
presens ['pre:sens] <u>N</u> ⟨inv⟩ GRAM Präsens n, Gegenwart f, Gegenwartsform f
present [pre'sent] ⟨-en; -er⟩ Geschenk n; **få i** ~ geschenkt bekommen; **ge ngn ngt i** ~ j-m etw zum Geschenk machen;

j-m etw schenken
presen'tabel <u>ADJ</u> anständig, präsentabel **presenta'tion** ⟨-en; -er⟩ Vorstellung f; WIRTSCH Vorzeigung f, Präsentation f **presen'tera** <u>VT</u> ⟨1⟩ vorstellen (**ngn för ngn** j-n j-m); WIRTSCH vorzeigen, präsentieren
presentförpackning <u>S</u> Geschenkverpackung f **presentkort** <u>S N</u> Geschenkgutschein m **presentpapper** <u>S N</u> Geschenkpapier n
president [presi'dεnt] ⟨-en; -er⟩ Präsident(in) m(f) **presidentkandidat** <u>S</u> Präsidentschaftskandidat(in) m(f) **presidentval** <u>S N</u> Präsidentschaftswahl f **presidera** <u>VI</u> ⟨1⟩ den Vorsitz führen, präsidieren **pre'sidium** <u>N</u> ⟨presidiet; presidier⟩ Präsidium n; Vorsitz m; Vorstand m
preskribera [preskri'be:ra] <u>VT</u> ⟨1⟩ JUR verjähren lassen; **bli ~d** verjähren **preskrip'tion** ⟨-en; -er⟩ Verjährung f **preskrip'tionstid** <u>S</u> Verjährungsfrist f
press [pres] ⟨-en; -ar⟩ Presse f; Druck m; **gå i** ~ in Druck gehen; **sätta/utöva hård** ~ **på ngn** starken Druck auf j-n ausüben **pressa** ⟨1⟩ <u>A</u> <u>VT</u> pressen, drücken; bügeln; ~ **ngn på ngt** j-m etw abpressen <u>B</u> <u>VP</u> ~ **i'hop** zusammenpressen; ~ '**ner** hineinpressen, herabdrücken; fig drücken; ~ '**ut** auspressen; fig erpressen **pressande** <u>ADJ</u> drückend; anstrengend
pressattaché ['presataʃe:] <u>S</u> Presseattaché m **pressavdelning** <u>S</u> Presseabteilung f **pressbyrå** <u>S</u> Pressestelle f, Presseabteilung f **pressfotograf** <u>S</u> Pressefotograf(in) m(f) **pressfrihet** <u>S</u> Pressefreiheit f **presskonferens** <u>S</u> Pressekonferenz f
pressluft <u>S</u> Pressluft f
presslägga <u>VT</u> ⟨4⟩ in Druck gehen **pressläktare** <u>S</u> Pressetribüne f
pressning ⟨-en; -ar⟩ Pressen n; Bügeln n **pressveck** <u>S N</u> Bügelfalte f
prestanda [prest'anda] ⟨-n; -⟩ (pflichtgemäße) Leistung f **presta'tion** ⟨-en; -er⟩ Leistung f **presta'tionsförmåga** <u>S</u> Leistungsfähigkeit f **pres'tera** <u>VT</u> ⟨1⟩ leisten
prestige [pre'sti:ʃ] ⟨-n; -er⟩ Prestige n, Ansehen n, Geltung f **prestigefråga** <u>S</u> Prestigefrage f **prestigeskäl** <u>S N</u>

Prestigegrund *m*
pretendent [prɛtənˈdɛnt] ⟨-en; -er⟩ Prätendent *m* **preten'tion** ⟨-en; -er⟩ Anspruch *m* **preten'tiös** ADJ anspruchsvoll, anmaßend
preteritum [preˈteːritəm] N ⟨-et; -⟩ GRAM Präteritum *n*
preventiv [prevanˈtiːv] ADJ vorbeugend, verhütend, präventiv **preventivmedel** SN Verhütungsmittel *n*
prick [prik] ⟨-en; -ar⟩ Punkt *m*, Tüpfel *m*; SPORT Strafpunkt *m*; *fig* Tadel *m*; *umg* trevlig ~ netter Kerl; **på ~en, till punkt och ~a** (haar)genau, aufs Haar; **träffa mitt i ~** ins Schwarze treffen
pricka ⟨1⟩ A VT punktieren, punkten, tupfen, sprenkeln; ins Schwarze treffen; *fig* **~ ngn** j-m einen Verweis erteilen B VR/V *på* das erste junge Gemüse *sg*
prickfri ADJ SPORT straffrei, ohne Strafpunkte
prickig ADJ gepunktet, getupft, gesprenkelt **prickning** ⟨-en; -ar⟩ *fig* Verweis *m* **prickskytt** SN Scharfschütze *m*
prima [ˈpriːma] ADJ prima, erstklassig **prima'donna** ⟨-n; -or⟩ Primadonna *f* **primitiv** [ˈpriː-, -ˈtiːv] ADJ primitiv; ursprünglich; einfach **primtal** SN MATH Primzahl *f* **primus** ⟨-en; -ar⟩ Primus *m*, Klassenerste(r) *m/f(m)* **primuskök** SN Spirituskocher *m* **pri'mär** ADJ primär **pri'mör** ⟨-en; -er⟩ Erstling *m*; **vårens ~er** *pl* das erste junge Gemüse *sg*
princip [prinˈsiːp] ⟨-en; -er⟩ Grundsatz *m*, Prinzip *n*; **av/i ~** aus/im Prinzip; **göra ngt till ~** sich (*dat*) etw zum Prinzip/Grundsatz machen **principfast** ADJ prinzipienfest **principfråga** S Prinzipienfrage *f* **principi'ell** ADJ grundsätzlich, prinzipiell
prins [prins] ⟨-en; -ar⟩ Prinz *m* **prin'sessa** ⟨-n; -or⟩ Prinzessin *f* **prinsgemål** N Prinzgemahl *m* **prinskorv** S Cocktailwürstchen *n*
printa [printa] VT ⟨1⟩ COMPUT **~ 'ut** ausdrucken **printer** ⟨-er; -ar⟩ Drucker *m*
prioritera [prioriˈteːra] VT ⟨1⟩ bevorzugen **priori'tet** ⟨-en; -er⟩ Priorität *f*, Vorrecht *n*
pris¹ [priːs] N ⟨-et; -/-er⟩ Preis *m*; **dagens ~** Tagespreis; **nedsatt ~** herabgesetzter Preis; **till varje ~** um jeden Preis; *fig* **det här förslaget tar ~et!** dieser Vorschlag ist doch der Gipfel!; **vad är ~et på det?** was kostet es?

pris² ⟨-en; -ar⟩ Tabak Prise *f*; **ta sig en ~** eine Prise nehmen
prisa [ˈpriːsa] ⟨1⟩ A VT preisen, rühmen, loben B VR **~ sig lycklig** sich glücklich preisen/schätzen **prisbelöna** VT ⟨1⟩ **~ ngn** j-m den Preis zuerkennen **prisbelönad, prisbelönt** ADJ preisgekrönt; prämiert
prisfall [ˈpriːsfal] SN Preissturz *m* **prisfluktuation** S Preisschwankung *f* **prisfråga** S Preisfrage *f* **prisge** VT ⟨4⟩ preisgeben **prishöjning** S Preiserhöhung *f* **prisklass** S Preisklasse *f* **priskontroll** S Preisüberwachung *f* **prislapp** S Preisschild *n*, Preiszettel *m* **prislista** S Preisliste *f* **prisläge** N Preislage *f*
prisma [ˈprisma] N ⟨-t/-n; -er/-or⟩ Prisma *n*
prisnedsättning [ˈpriːsneːdsɛtning] S Preisermäßigung *f*; Preisnachlass *m*
prisnivå S Preislage *f* **prispall** S Siegerpodest *n* **prisras** SN Preissturz *m* **prisskillnad** S Preisunterschied *m* **prisstegring** S Preissteigerung *f*, Preiserhöhung *f*, Aufschlag *m* **prisstopp** S Preisstopp *m* **prissänkning** S Preissenkung *f*, Preisabbau *m* **prissättning** S Preisfestsetzung *f* **pristagare** ⟨-n; -⟩ Preisträger(in) *m(f)* **prisutdelning** S Preisausschreiben *n*, Preiswettbewerb *m* **prisuppgift** S WIRTSCH Preisangabe *f* **prisutdelning** S Preisverteilung *f* **prisvärd** ADJ lobenswert; WIRTSCH preiswert
privat [priˈvaːt] ADJ privat, persönlich; **~ sfär** Privatsphäre; *jag för min* **~a del** ich für meine Person **privatanställd** ADJ in der freien Wirtschaft beschäftigt **privatbilism** ⟨-en; kein pl⟩ Individualverkehr *m* **privatbruk** S **för/till ~** für den eigenen Gebrauch **privatchaufför** S Privatchauffeur *m* **privati'sera** VT ⟨1⟩ privatisieren **privatlektion** S Nachhilfestunde *f*, Privatstunde *f* **privatliv** SN Privatleben *n* **privatperson** S Privatperson *f* **privaträtt** S JUR Privatrecht *n* **privatsak** S Privatangelegenheit *f*, Privatsache *f* **privatsekreterare** S Privatsekretär(in) *m(f)* **privatskola**

Privatschule f
privilegiera [privilegi'e:ra] <u>VT</u> ⟨1⟩ bevorrechten, privilegieren **privi'legium** <u>N</u> ⟨privilegiet; privilegier⟩ Vorrecht n, Sonderrecht n, Privileg n
pr-kvinna ['pe:ær'kvina] <u>S</u> PR-Frau f
pr-man <u>S</u> PR-Mann m
problem [pru'ble:m] <u>N</u> ⟨-et; -⟩ Problem n; Aufgabe f **problema'tik** ⟨-en; kein pl⟩ Problematik f **proble'matisk** <u>ADJ</u> problematisch **problembarn** <u>S N</u> Problemkind n **problemställning** <u>S</u> Problemstellung f
procedur [prusa'dɯ:r] ⟨-en; -er⟩ Verfahren n, Prozedur f
procent [pru'sɛnt] ⟨-en; -⟩ Prozent n **procentare** ⟨-n; -⟩ Wucherer m **procentsats** <u>S</u>, **procenttal** <u>S N</u> Prozentsatz m **procentu'ell** <u>ADJ</u> prozentual
process [pru'sɛs] ⟨-en; -er⟩ a. JUR Prozess m, Vorgang m; **göra ~en kort med ngn** mit j-m kurzen Prozess machen **processa** <u>VT</u> ⟨1⟩ prozessieren **process'ion** ⟨-en; -er⟩ Prozession f; (Um-)Zug m
producent [prudə'sɛnt] ⟨-en; -er⟩ Hersteller m, Erzeuger m, Produzent m **produ'cera** <u>VT</u> ⟨1⟩ herstellen, erzeugen, produzieren
produkt [pru'dɵkt] ⟨-en; -er⟩ Erzeugnis n, Produkt n **produk'tion** ⟨-en; -er⟩ Erzeugung f, Produktion f **produk'tionskostnad** <u>S</u> Herstellungskosten pl, Produktionskosten pl **produk'tionsmedel** <u>S N</u> Produktionsmittel n **produktiv** <u>ADJ</u> leistungsfähig; schöpferisch **produktivi'tet** ⟨-en; kein pl⟩ Produktivität f
profan [pru'fɑ:n] <u>ADJ</u> weltlich, profan
professionell [prufɛʃu'nɛl] <u>ADJ</u> berufsmäßig, professionell
professor ['prufɛsur] ⟨-n; -er⟩ Professor(in) m(f) (**i** gen od **för**) **profess'ur** ⟨-en; -er⟩ Professur f
profet [pru'fe:t] ⟨-en; -er⟩ Prophet m **profe'tera** <u>VT</u> ⟨1⟩ prophezeien, weissagen **profe'tia** ⟨-; -or⟩ Prophezeiung f, Weissagung f
proffs [prɔfs] ⟨-en; -⟩ umg Profi m; SPORT Berufssportler(in) m(f) **proffsig** <u>ADJ</u> profihaft; qualifiziert, gekonnt
profil [pru'fi:l] ⟨-en; -er⟩ Profil n; ARCH a. Seitenansicht f; **i ~** im Profil **profilbild** <u>S</u> IT Profilfoto n **profi'lera** <u>VT</u>,

<u>VR</u> ⟨1⟩ profilieren; **~ sig** sich profilieren **profi'lering** ⟨-en; -ar⟩ Profilierung f
profit [pru'fi:t] ⟨-en; -er⟩ Profit m, Gewinn m, Nutzen m **profi'tera** <u>VI</u> ⟨1⟩ profitieren (**på** von), Nutzen ziehen (**av** aus)
profylaktisk [prɔfy'laktisk] <u>ADJ</u> prophylaktisch, vorbeugend
prognos [prɔg'no:s] ⟨-en; -er⟩ Prognose f, Voraussage f, Vorhersage f **prognosti'sera** <u>VT</u> ⟨1⟩ prognostizieren
program [pru'gram] <u>N</u> ⟨-met; -⟩ Programm n; THEAT a. Theaterzettel m **programenlig** <u>ADJ</u> programmmäßig **programförklaring** <u>S</u> POL programmatische Erklärung **programledare** <u>S</u> Moderator(in) m(f), Showmaster(in) m(f) **programm'era** <u>VT</u> ⟨1⟩ programmieren **programmerare** ⟨-n; -⟩ Programmierer(in) m(f) **programmering** ⟨-en; -ar⟩ Programmierung f **programpunkt** <u>S</u> Programmpunkt m **programvara** <u>S</u> IT Software f
progression [prugre'ʃu:n] ⟨-en; -er⟩ Progression f **progressiv** <u>ADJ</u> progressiv; fortschrittlich; **~ skatt** Progressivsteuer f
projekt [pru'jɛkt] <u>N</u> ⟨-et; -⟩ Plan m, Projekt n **projek'tera** <u>VT</u> ⟨1⟩ planen, projektieren **projek'til** ⟨-en; -er⟩ MIL Geschoss n **projek'tion** ⟨-en; -er⟩ Projektion f **projektledning** <u>S</u> Projektmanagement n **projektor** ⟨-n; -er⟩ Projektor m; Beamer m **projektstyrning** <u>S</u> Projektmanagement n
projicera [pruji'se:ra] <u>VT</u> ⟨1⟩ projizieren
proklamation [pruklama'ʃu:n] ⟨-en; -er⟩ Aufruf m, Proklamation f **prokla'mera** <u>VT</u> ⟨1⟩ ausrufen, proklamieren
prokurist [prukɵ'rist] ⟨-en; -er⟩ Geschäftsführer(in) m(f), Prokurist(in) m(f)
proletariat [prulətari'ɑ:t] <u>N</u> ⟨-et; kein pl⟩ Proletariat n **prole'tär** <u>ADJ</u> Proletarier(in) m(f)
prolog [pru'lo:g] ⟨-en; -er⟩ Prolog m, Vorspiel n
promemoria [prumə'mu:ria] ⟨-n; -or⟩ Aktennotiz f, Vermerk m; Memorandum n
promenad [prumə'nɑ:d] ⟨-en; -er⟩ Spaziergang m; Promenade f; **ta (sig) en ~** einen Spaziergang machen **pro-

menadsko ⟨s⟩ Straßenschuh m **prome'nera** ⟨VI⟩ ⟨1⟩ spazieren gehen
promille [pru'mila] ⟨-n; -⟩ Alkohol Promille pl **promillegräns** ⟨s⟩ Promillegrenze f **promillehalt** ⟨s⟩ Promillegehalt m
prominent [prumi'nɛnt] ⟨ADJ⟩ prominent
promotion [prumu'ʃu:n] ⟨-en; -er⟩ Promotion f **promo'vera** ⟨VI⟩ ⟨1⟩ promovieren
prompt [prɔmpt] ⟨ADJ, ADV⟩ schnell, pünktlich, prompt; absolut, durchaus
pronomen [prɔ'no:mən] ⟨N⟩ ⟨-et; -/pronomina⟩ Pronomen n, Fürwort n
propaganda [prupa'ganda] ⟨-n; kein pl⟩ Propaganda f; Werbung f **propa'gera** ⟨VI⟩ ⟨1⟩ propagieren, werben (för für)
propeller [pru'pɛlər] ⟨-n; -ar⟩ Propeller m, (Schiffs-)Schraube f **propellerblad** ⟨sn⟩ Propellerflügel m, Schraubenflügel m **propellerdriven** ⟨ADJ⟩ mit Propellerantrieb
proper ['pro:pər] ⟨ADJ⟩ sauber; gepflegt
proportion [prupɔ(')ʃu:n] ⟨-en; -er⟩ Verhältnis n, Proportion f **proportio'nell** ⟨ADJ⟩ proportional **proportio'nerlig** ⟨ADJ⟩ proportioniert
proposition [prupusi'ʃu:n] ⟨-en; -er⟩ POL Antrag m; Vorlage f; **framställa ~** einen Antrag stellen (**på** auf akk)
propp [prɔp] ⟨-en; -ar⟩ Stöpsel m; Pfropfen m; Blut Gerinnsel n; ELEK Sicherung f; umg **det har gått en ~** die Sicherung ist durchgebrannt **proppa** ⟨1⟩ Ⓐ ⟨VI⟩ **~ full** vollpfropfen Ⓑ ⟨VIP⟩ umg **~ 'i sig** in sich (akk) hineinstopfen; **~ i'gen** zupfropfen **proppfull** ⟨ADJ⟩ proppenvoll **proppmätt** umg ⟨ADJ⟩ **vara ~** völlig satt sein
propsa ['prɔpsa] ⟨VI⟩ ⟨1⟩ **~ på ngt** auf etw (dat) bestehen
prosa ['pru:sa] ⟨-n; kein pl⟩ Prosa f **prosaförfattare** ⟨s⟩ Prosaist(in) m(f)
prosaisk [pru:'sa:isk] ⟨ADJ⟩ prosaisch; nüchtern
proseminarium ['prɔsemi'na:riəm] ⟨s⟩ ⟨N⟩ Proseminar n
prosit [pru'sit] ⟨INTER⟩ beim Niesen Gesundheit
prospekt [pru'spɛkt] ⟨N⟩ ⟨-et; -⟩ Prospekt m; Werbeschrift f
prost [prust] ⟨-en; -ar⟩ Propst m

prostgård ⟨s⟩ Propstei f
prostituera [prɔstite'e:ra] ⟨VR⟩ ⟨1⟩ **~ sig** sich prostituieren **prostituerad** ⟨ADJ⟩ **en ~** ein(e) Prostituierte(r) m/f(m) **prostitu'tion** ⟨-en; kein pl⟩ Prostitution f
protektorat ⟨N⟩ ⟨-et; -⟩ Schirmherrschaft f; Schutzgebiet n
protes [pru'te:s] ⟨-en; -er⟩ MED Prothese f
protest [pru'tɛst] ⟨-en; -er⟩ Einspruch m, Verwahrung f, Protest m (**inlägga erheben**) **protestaktion** ⟨s⟩ Protestaktion f **prote'stant** ⟨-en; -er⟩ Protestant(in) m(f) **prote'stantisk** ⟨ADJ⟩ protestantisch **protestan'tism** ⟨-en; kein pl⟩ Protestantismus m **prote'stera** ⟨VI⟩ ⟨1⟩ Einspruch erheben, protestieren **protestmöte** ⟨sn⟩ Protestkundgebung f **protestskrivelse** ⟨s⟩ Protestschreiben n **proteststorm** ⟨s⟩ Proteststurm m
protokoll [prutu'kɔl] ⟨N⟩ ⟨-et; -⟩ Protokoll n, Sitzungsbericht m, Verhandlungsbericht m **protokollföra** ⟨VI⟩ ⟨2⟩ protokollieren **protokollförare** ⟨s⟩ Protokollführer(in) m(f) **protokollsjustering** ⟨s⟩ Genehmigung f des Protokolls **protokollsutdrag** ⟨sn⟩ Protokollauszug m
prov¹ [pru:v] ⟨N⟩ ⟨-et; -⟩ Probe f; Prüfung f; Beweis m; **avlägga ~** sich einer Prüfung unterziehen; **ha ~ i tyska** eine Deutscharbeit schreiben; **bestå ~et** a. sich bewähren; **inte bestå ~et** a. versagen; **på ~** zur Probe, probeweise; **ställa på ~** auf die Probe stellen **prov²** ⟨N⟩ ⟨-et; -er⟩ WIRTSCH Probe f; Muster n
prova ⟨1⟩ Ⓐ ⟨VI⟩ probieren, versuchen; Kleidung anprobieren; Hut aufprobieren Ⓑ ⟨VIP⟩ **~ 'ut** ausprobieren **provanställning** ⟨s⟩ Probezeit f **prova-på-kurs** ⟨s⟩ Schnupperkurs m **provbit** ⟨s⟩ Muster n, Probe f **provdocka** ⟨s⟩ Schneiderpuppe f **provexemplar** ⟨N⟩ Probeexemplar n **provfilma** ⟨VI⟩ ⟨1⟩ Probeaufnahmen machen **provhytt** ⟨s⟩ Ankleidekabine f
proviant [pruvi'ant] ⟨-en; kein pl⟩ Proviant m, Vorrat m **provian'tera** ⟨VI, VI⟩ ⟨1⟩ verproviantieren
provins [pru'vins] ⟨-en; -er⟩ Provinz f **provinsi'ell** ⟨ADJ⟩ provinziell
provision [pruvi'ʃu:n] ⟨-en; -er⟩ Ver-

mittlungsgebühr f, Vergütung f, Provision f
provisorisk [pruvi'su:risk] ADJ vorläufig, einstweilig, provisorisch; behelfsmäßig **provi'sorium** N ⟨provisoriet; provisorier⟩ Provisorium n, (Not-)Behelf m
provkarta ['pru:vkɑ:ʈa] S Musterkarte f **provkollektion** S WIRTSCH Mustersammlung f, Musterkollektion f **provköra** VT ⟨2⟩ ~ (en bil) eine Probefahrt (mit einem Auto) machen **provkörning** S Probefahrt f **provlapp** S Stoffprobe f **provning** ⟨-en; -ar⟩ Schneider Anprobe f
provocera [pruvu'se:ra] VT ⟨1⟩ herausfordern, provozieren **provoka'tion** ⟨-en; -er⟩ Herausforderung f, Provokation f **provokativ** ADJ provokativ
provrum ['pru:vrɘm] S N Ankleidekabine f **provrör** S N CHEM Reagenzglas n **provrörsbarn** S N Retortenbaby n **provrörsbefruktning** S In-vitro-Fertilisation f **provsmaka** VT ⟨1⟩ probieren, kosten **provstopp** S N Atomteststopp m **provtur** S Probefahrt f **provåka** VT ⟨2⟩ Probe fahren
prudentlig [prɯ'dɛntli(g)] peinlich genau, adrett
prunka ['prɘŋka] VI ⟨1⟩ prunken, prangen **prunkande** ADJ prangend
pruta ['prɯ:ta] ⟨1⟩ A VI handeln, feilschen (på um *akk*); **inte låta ~ med sig** nicht mit sich handeln lassen, sich (*dat*) nichts abhandeln lassen B VP ~ **'ner priset** etw vom Preis abhandeln, herunterhandeln **prutmån** fig S Abstrich m; **utan ~** ohne Einschränkung
prutta ['prɘta] *umg* VI ⟨1⟩ pupen, furzen
prya ['pry:a] VI ⟨1⟩ Berufspraktikum n machen
pryd [pry:d] ADJ prüde, zimperlich
pryda ['pry:da] VT ⟨2⟩ schmücken, (ver)zieren
prydlig ['pry:dli(g)] ADJ nett, sauber, ordentlich, schmuck; zierlich **prydnad** ⟨-en; -er⟩ Schmuck m, Zierde f; Zierat m, Verzierung f **prydnadsföremål** S N Schmuckgegenstand m **prydnadsväxt** S Zierpflanze f
prygel ['pry:gəl] ⟨-et; -⟩ Prügel pl **prygla** VT ⟨1⟩ (ver)prügeln

pryl [pry:l] ⟨-en; -ar⟩ Ding n; TECH Pfriem m; **~ar** *umg* Zeug n, Kram m
pråhl [prɔ:l] N ⟨-et; kein pl⟩ Flitter m; Prunk m **prålig** ADJ aufdringlich; überladen; protzig
pråm [prɔ:m] ⟨-en; -ar⟩ SCHIFF Prahm m, Schleppkahn m; Leichter m
prång [prɔŋ] N ⟨-et; -⟩ (Durch-)Gang m; Winkel m, Verschlag m
prångla ['prɔŋla] VP ⟨1⟩ ~ '**ut** an den Mann bringen
prägel ['prɛ:gəl] ⟨-n; -ar⟩ Ge'präge n, Stempel m; **sätta sin ~ på ngt** etw (*dat*) sein Gepräge geben **prägla** VT ⟨1⟩ prägen **prägling** ⟨-en; -ar⟩ Prägung f
präktig ['prɛkti(g)] ADJ prächtig
pränt [prɛnt] N ⟨-et; -⟩ **på ~** schriftlich **pränta** ⟨1⟩ A VI wie gedruckt schreiben B VP ~ '**i ngn ngt** j-m etw einprägen
prärie ['prɛ:riə] ⟨-n; -r⟩ Prärie f
präst [prɛst] ⟨-en; -er⟩ Geistliche(r) *m/f(m)*; Pfarrer(in) *m(f)*, Pastor(in) *m(f)*; *Katholizismus* Priester m **prästfru** S Pfarrersfrau f **prästgård** S Pfarrhaus n **prästkrage** S BOT Margerite f **prästviga** VT ⟨2⟩ zum Priester weihen, ordinieren **prästvigning** ⟨-en; -ar⟩ Priesterweihe f, Ordination f **prästämbete** S N Pfarramt n, Priesteramt n
pröjsa ['prøjsa] *umg* VT ⟨1⟩ blechen
pröva ['prø:va] ⟨1⟩ A VT prüfen, erproben B VR ~ **sig fram** (sich) vorfühlen C VP ~ '**på** versuchen, probieren, durchmachen; ~ '**in** (**till en skola**) die Aufnahmeprüfung (an einer Schule) machen **prövande** ADJ prüfend; lästig, ermüdend, anstrengend **prövning** ⟨-en; -ar⟩ Prüfung f
ps ['pe:ɛs] N ABK ⟨inv⟩ PS (= postskriptum) PS
psalm [salm] ⟨-en; -er⟩ Psalm m; Kirchenlied n **psalmbok** S Gesangbuch n **psalmvers** S Gesangbuchvers m
pseudonym [psɛvdɔ'ny:m] A ADJ pseudonym B ⟨-en; -er⟩ Pseudonym n, Deckname m **pseudovetenskaplig** ADJ pseudowissenschaftlich
p-skiva S Parkscheibe f
psyka ['sy:ka] *umg* VT ⟨1⟩ fertigmachen (mit den Nerven) **psyke** N ⟨-t; -n⟩ Psyche f, Seele f **psyki'ater** ⟨-n;

-er⟩ Psychiater(in) m(f) **psykia'tri** ⟨-n; kein pl⟩ Psychiatrie f, Seelenheilkunde f **psykisk** ADJ psychisch, seelisch **psykoanalys** ṣ Psychoanalyse f **psykofarmaka** PL Psychopharmaka pl **psyko'log** ⟨-en; -er⟩ Psychologe m **psykolo'gi** ⟨-n; kein pl⟩ Psychologie f **psyko'logisk** ADJ psychologisch **psyko'pat** ⟨-en; -er⟩ Psychopath(in) m(f) **psy'kos** ⟨-en; -er⟩ Psychose f **psykotera'pi** ṣ Psychotherapie f
pub [peb] ⟨-en; -ar⟩ Kneipe f; Pub m
pubertet [pebə'te:t] ⟨-en; kein pl⟩ Pubertät f
publicera [pebli'se:ra] VT ⟨1⟩ publizieren, veröffentlichen **publici'tet** ⟨-en; kein pl⟩ Publizität f, Öffentlichkeit f; **få ~en** an die Öffentlichkeit gelangen **pub'lik** A ADJ öffentlich B ⟨-en; -er⟩ Publikum n **publika'tion** ⟨-en; -er⟩ Veröffentlichung f, Schrift f, Publikation f **publikrekord** ṣ N Besucherrekord m **publiksiffra** ṣ Besucheranzahl f **publiksuccé** ṣ Publikumserfolg m
pubrunda umg ṣ Kneipentour f, Sauftour f
puck [pek] ⟨-en; -ar⟩ SPORT Puck m
puckel ['pekəl] ⟨-n; -ar⟩ Buckel m, Höcker m **puckelrygg** ṣ Buckel m, Höcker m; Bucklige(r) m/f(m) **puckelryggig** ADJ buck(e)lig
puckla ['pekla] umg VP ⟨1⟩ **~ 'på ngn** j-m die Jacke vollhauen
pudding ['pediŋ] ⟨-en; -ar⟩ Pudding m, Auflauf m; Puppe f **puddingform** ṣ Puddingform f, Auflaufform f
puder ['pu:dər] N ⟨-et; kein pl⟩ Puder m **puderdosa** ṣ Puderdose f **pudervippa** ṣ Puderquaste f **pudra** VT ⟨1⟩ pudern
puff [pef] ⟨-en; -ar⟩ Puff m, Knuff m; Knall m; Bausch m; (Wäsche-)Puff m **puffa** VT, VI ⟨1⟩ puffen, knuffen; fig **~ för** werben für, anpreisen **puffärm** ṣ Puffärmel m
puka ['pu:ka] ⟨-n; -or⟩ Pauke f
pulka ['pelka] ⟨-n; -or⟩ Pulka f, Plastikrodel m
pulla ['pela] ⟨-n; -or⟩ Hühnchen n; fig Herzchen n
pullover [pe'lo:vər] ⟨-n; -r⟩ Pullover m
pulpet [pel'pe:t] ⟨-en; -er⟩ Pult n

puls [pels] ⟨-en; -ar⟩ Puls m; **känna ngn på ~en** j-m den Puls fühlen; fig j-m auf den Zahn fühlen
pulsa ['pelsa] VI ⟨1⟩ **~ i snön** durch den Schnee stapfen
pul'sera VI ⟨1⟩ puls(ier)en **pulsslag** ṣ N Pulsschlag m **pulsåder** ṣ ANAT Pulsader f, Schlagader f; **stora ~n** die Hauptschlagader
pulver ['pelvər] N ⟨-et; -⟩ Pulver n **pulverform** ṣ **i ~** in Pulverform **pulverkaffe** ṣ N Pulverkaffee m **pulversnö** ṣ Pulverschnee m **pulvri'sera** VT ⟨1⟩ pulverisieren
pump [pemp] ⟨-en; -ar⟩ Pumpe f
pumpa¹ ['pempa] ⟨-n; -or⟩ BOT Kürbis m
pumpa² ⟨1⟩ A VT pumpen; fig umg **~ ngn** j-n ausfragen, j-n ausquetschen; **~ läns** auspumpen, leer pumpen B VP **~ 'upp** aufpumpen **pumpning** ⟨-en; -ar⟩ Pumpen n
pumps [pems] PL Pumps pl
pund [pend] N ⟨-et; -⟩ Pfund n; **väl förvalta sitt ~** mit seinem Pfunde wuchern **pundhuvud** umg ṣ N Dummkopf m **pundsedel** ṣ Pfundnote f
pung [peŋ] ⟨-en; -ar⟩ Beutel m; ANAT Hodensack m **punga** VP ⟨1⟩ **(få) ~ 'ut** blechen (müssen) **pungdjur** ṣ N ZOOL Beuteltier n **pungslå** VT ⟨1⟩ **~ ngn** j-m Geld abzwacken, j-n schröpfen
punkare ['peŋkarə] ⟨-n; -⟩ Punker m
punkt [peŋkt] ⟨-en; -er⟩ Punkt m; Tüpfel m(n); **öm ~** wunder Punkt; **på denna ~** an diesem Punkt; fig in diesem Punkt; a. fig **sätta ~** einen Punkt machen; **tala till ~** ausreden; **till ~ och pricka** (haar)genau, aufs Haar **punk'tera** VT ⟨1⟩ punktieren; punkten; AUTO eine Reifenpanne haben **punk'tering** ⟨-en; -ar⟩ Punktierung f; MED Punktion f; AUTO Reifenpanne f, Plattfuß m; **det är ~ på däcket** der Reifen ist geplatzt **punktinsats** ṣ gezielter Einsatz m **punktlig** ADJ pünktlich **punktlighet** ⟨-en; kein pl⟩ Pünktlichkeit f
punsch [penʃ] ⟨-en; kein pl⟩ Schwedenpunsch m
pupill [pe'pil] ⟨-en; -er⟩ ANAT Pupille f
puppa ['pepa] ⟨-n; -or⟩ ZOOL Puppe f
pur [pu:r] ADJ pur, rein, lauter
puré [pu're:, pə-] ⟨-n; -er⟩ Püree n, Brei

purea _vt_ ⟨1⟩ pürieren
purism [pu'rism] ⟨-en; kein pl⟩ Purismus m **puri'tan** ⟨-en; -er⟩ Puritaner(in) m(f) **puri'tansk** _ADJ_ puritanisch
purjolök ['pərjulø:k] _S_ BOT Porree m
purken ['pərkən] _umg_ _ADJ_ beleidigt, sauer
purpur ['pərpər] ⟨-n; kein pl⟩ Purpur m **purpurfärgad** _ADJ_ purpurfarbig **purpurröd** _ADJ_ purpurrot
puss[1] [pøs] ⟨-en; -ar⟩ Pfütze f, Lache f
puss[2] ⟨-en; -ar⟩ _umg_ Kuss m, Küsschen n; **~ och kram** _am Ende eines Briefes etc_ ≈ ganz liebe Grüße; _in Liebesbeziehung_ ich umarme und küsse dich **pussa** _vt_ ⟨1⟩ küssen **pussas** _vi_ ⟨dep 1⟩ sich küssen
pussel ['pəsəl] _N_ ⟨-et; -⟩ Puzzle n **pussla** ['pəsla] ⟨1⟩ _A_ _vi_ ein Puzzle legen _B_ _VP_ **~ i'hop ngt** etw zusammenfügen
pust [pɛst] ⟨-en; -ar⟩ Hauch m, Lüftchen n **pusta** ⟨1⟩ _A_ _vi_ keuchen, schnaufen _B_ _VP_ **~ 'ut** (sich) verschnaufen
puta[1] ['pu:ta] ⟨-n; -or⟩ Kissen n, Polster n
puta[2] ⟨1⟩ _A_ _vi_ **~ med läpparna** (schmollend) den Mund verziehen _B_ _VP_ **~ 'ut** hervorstehen
puts ⟨-en; kein pl⟩ TECH (Ver-)Putz m **putsa** ⟨1⟩ _A_ _vt_ putzen; ARCH verputzen _B_ _VP_ **~ 'av** abputzen; **~ 'upp** aufputzen
putslustig ['pɛtslɛsti(g)] _ADJ_ putzig, drollig, schnurrig
putsmedel ['pɛtsme:dəl] _S N_ Putzmittel n **putsning** ⟨-en; -ar⟩ Putzen n; ARCH Abputzen n, Verputzen n
putta ['pɛta] ⟨1⟩ _A_ _vi, vt_ stoßen; putten _B_ _VP_ **~ 'till** anstupsen
puttenuttig [pɛta'nɛtig] _ADJ_ goldig, süß
puttra ['pɛtra] _vi_ ⟨1⟩ brummen, tuckern; GASTR brodeln
pygmé [pyg'me:] ⟨-n; -er⟩ Pygmäe m
pyjamas [py'ja:mas] ⟨-en; -ar/-⟩ Schlafanzug m, Pyjama m
pynt [pynt] _N_ ⟨-et; kein pl⟩ Putz m; Schmuck m; Flitter m **pynta** _vt_ ⟨1⟩ (heraus)putzen, schmücken
pyra ['py:ra] _vi_ ⟨2⟩ schwelen
pyramid [pyra'mi:d] ⟨-en; -er⟩ Pyramide f **pyramidformad** _ADJ_ pyramidenförmig
pyre ['py:rə] _umg_ _N_ ⟨-t; -n⟩ Wicht m
pyroman [pyru'mɑ:n] ⟨-en; -er⟩ Brandstifter m **pyrotek'nik** _S_ Feuerwerkerei f, Pyrotechnik f
pys [py:s] ⟨-en; -ar⟩ Knirps m
pysa ['py:sa] ⟨2⟩ _A_ _vi_ dampfen, kochen, zischen _B_ _VP_ **~ 'över** überkochen
pyssel ['pysəl] _N_ ⟨-et; -⟩ Pusseln n, Pusselei f **pyssla** ⟨1⟩ _A_ _vi_ herumpusseln; **~ med ngt an etw** (dat) herumbasteln _B_ _VP_ **~ 'om ngn** j-n hegen und pflegen, j-n umsorgen
pyssling [pyslin] ⟨-en; -ar⟩ Däumling m, Knirps m
pyton ['py:ton] _A_ _ADV_ **det luktar/smakar ~** das riecht/schmeckt ekelhaft _B_ ⟨inv⟩ Python m **pytonorm** _S_ ZOOL Python m, Riesenschlange f
pyts [pyts] ⟨-en; -ar⟩ Topf m, Eimer m; Napf m
pytteliten ['pytəli:tən] _ADJ_ winzig
pyttipanna [pyti'pana] _S_ GASTR ≈ Hoppelpoppel n, Bauernfrühstück n
på [po:] _PRÄP_ auf, an, in; **~ svenska** auf Schwedisch; **~ stationen** am Bahnhof; **~ gatan** auf der Straße; **~ bredden/längden** der Breite/Länge nach, in der Breite/Länge; **~ himlen** im Himmel; **~ ort och ställe** an Ort und Stelle; **arbeta ~ ngt** an etw (dat) arbeiten; **bo ~ hotell** im Hotel wohnen; **~ besök** zu/ auf Besuch; **gå ~ jakt** auf die Jagd gehen; **gå ~ bio/teater/konsert** ins Kino/ Konzert/Theater gehen; **ligga ~ sjukhus(et)** im Krankenhaus liegen; **se ~ klockan** nach der (od auf die) Uhr sehen; **vara ~ kontoret** im Büro sein; **~ avstånd** von weitem; **~ dagen** am Tage; **~ natten** in der Nacht; **~ hösten** im Herbst; **~ min tid** zu meiner Zeit; **en pojke ~ fyra år** ein Junge von vier Jahren; **fel ~ fel** Fehler über Fehler; **~ prosa** in Prosa; **ett belopp ~ hundra kronor** ein Betrag von hundert Kronen; **lösning ~ en gåta** Lösung eines Rätsels; **har du pengar ~ dig?** hast du Geld bei dir? **påbjuda** _vt_ ⟨4⟩ gebieten; verordnen **påbrå** _N_ ⟨-et; kein pl⟩ Erbanlage f; **med dåligt ~** erblich belastet **påbud** _S N_ Gebot n, Erlass m, Verordnung f **påbyggnad** _S_ Auf-

bau *m* **påbyltad** ADJ eingemumm(el)t, dick/warm angezogen **påbörja** VT ⟨1⟩ in Angriff nehmen **pådrag** *fig* N Einsatz *m*; **ha fullt ~** mit vollem Einsatz arbeiten **pådrivare** ⟨-n; -⟩ Antreiber(in) *m(f)* **pådyvla** VT ⟨1⟩ **~ ngn ngt** j-m etw in die Schuhe schieben **påfallande** ADJ auffallend, auffällig **påflugen** ADJ aufdringlich **påfrestande** ADJ anstrengend; strapaziös; mühsam **påfrestning** ⟨-en; -ar⟩ Anstrengung *f*; Belastung *f*, Beanspruchung *f* **påfund** N ⟨-et; -⟩ Einfall *m* **påfyllning** S Aufschüttung *f*; Auffüllung *f*, Nachfüllung *f*; **vill du ha ~?** darf ich nachgießen?
påfågel [ˈpoːfoːɡəl] S ZOOL Pfau *m*
påföljande [ˈpoːføljəndə] ADJ (darauf) folgend **påföljd** S *jur* Folge *f*; **vid ~ av straff** bei einer Strafe von; **vid laga ~** bei Strafe **påföra** VT ⟨2⟩ WIRTSCH belasten mit **pågå** VI ⟨4⟩ anhalten, andauern, fortdauern; im Gange sein; **under ~ende krig** während des Krieges, mitten im Kriege; **så länge kriget ~r** *a.* für die Dauer des Krieges **påhitt** N ⟨-et; -⟩ Erfindung *f*, Kniff *m*; Einfall *m*, Idee *f* **påhittig** ADJ erfinderisch, einfallsreich **påhopp** *fig* S N Angriff *m* **påhälsning** S Besuch *m*
påk [poːk] ⟨-en; -ar⟩ Knüppel *m*; *fig umg* rör på **~arna!** nimm die Beine in die Hand!
påkalla [ˈpoːkala] VT ⟨1⟩ herbeirufen; erfordern **påklädd** ADJ angezogen, bekleidet **påklädning** ⟨-en; -ar⟩ Anziehen *n*, Ankleiden *n* **påkostad** ADJ kostspielig **påkörd** ADJ angefahren, verletzt
påla [ˈpoːla] VT, VI ⟨1⟩ Pfähle einrammen
pålaga [ˈpoːlaːɡa] ⟨-n; -or⟩ Abgabe *f*, Steuer *f*
pålandsvind S Seewind *m* **pålastning** S Verladen *n*
pålbyggnad [ˈpoːlbyɡnad] S Pfahlbau *m*
påle [ˈpoːlə] ⟨-n; -ar⟩ Pfahl *m*
pålitlig [ˈpoːliːtli(ɡ)] ADJ zuverlässig **pålitlighet** ⟨-en; kein *pl*⟩ Zuverlässigkeit *f*
pålägg [ˈpoːleɡ] N ⟨-et; -⟩ **1** WIRTSCH Aufschlag *m* **2** (kalter) Aufschnitt *m*; Brotaufstrich *m*; **smörgås med ~** belegtes Brot **påläggskalv** S **1** Zuchtkalb *n* **2** *fig* Nachwuchskraft *f*
påminna ⟨2⟩ **A** VT erinnern (**ngn om ngt** j-n an *akk*) **B** VR **~ sig ngt** sich einer Sache (*gen*) entsinnen, sich an etw (*akk*) erinnern, sich auf etw (*akk*) besinnen; **göra sig påmint** sich in Erinnerung bringen; *fig* sich (wieder) melden **påminnelse** ⟨-n; -r⟩ Erinnerung *f*; Mahnung *f* **påminnelseavgift** S Mahngebühr *f*
pånyttfödd ADJ wiedergeboren; **som ~** wie neugeboren **påpassad** ADJ bewacht, beobachtet **påpasslig** ADJ aufmerksam, umsichtig; emsig, rührig, betriebsam
påpeka VT ⟨1⟩ **~ ngt för ngn** j-n auf etw (*akk*) hinweisen (*od* aufmerksam machen), j-s Aufmerksamkeit auf etw (*akk*) lenken **påpekande** N ⟨-t; -n⟩ Hinweis *m*, Andeutung *f*; Bemerkung *f*
påpälsad ADJ eingemumm(el)t, dick/warm angezogen **påringning** S Anruf *m* **påräkna** VT ⟨1⟩ rechnen auf (*akk*), erwarten **påsatt** ADJ aufgesetzt
påse [ˈpoːsə] ⟨-n; -ar⟩ Tüte *f*; Beutel *m*, Sack *m*
påseende [ˈpoːseːəndə] N ⟨-t; kein *pl*⟩ Ansicht *f*; Durchsicht *f*; **för/till ~** zur Ansicht; **vid första ~(t)** auf den ersten Blick
påsig [ˈpoːsi(ɡ)] ADJ bauschig; **~a kinder** Hängebacken *f/pl*
påsk [pɔsk] ⟨-en; -ar⟩ Ostern *n/pl*; **annandag ~** Ostermontag *m*; **glad ~!** fröhliche/frohe Ostern! **påskafton** S Ostersonnabend *m* **påskdag** S Ostertag *m*; **~en** der erste Ostertag, der Ostersonntag **påskhelg** S Osterfest *n*
påskina [ˈpoːʃiːna] VT ⟨4⟩ **låta ~** durchblicken lassen, zu verstehen geben, andeuten
påsklilja [ˈpɔsklilja] S BOT Osterglocke *f*
påskrift [ˈpoːskrift] S Aufschrift *f*, Unterschrift *f*
påskris [ˈpɔskriːs] S N Osterstrauß *m*
påskynda [ˈpoːʃynda] VT ⟨1⟩ beschleunigen; antreiben
påskägg [ˈpɔskeɡ] S N Osterei *n*
påslag [ˈpoːslaːɡ] S N Zuschlag *m*; Aufschlag *m*
påslakan [ˈpoːslaːkan] S N Bettbezug

påssjuka s̄ MED Ziegenpeter m, Mumps m
påstigning ['pɔ:sti:gniŋ] s̄ Einsteigen n
påstridig ADJ rechthaberisch
påstruken umg ADJ angeheitert
påstå ⟨4⟩ A V/T behaupten; **det ~s** es wird behauptet; **efter vad som ~s** angeblich B V/R **han ~r sig ha sett** a. er will gesehen haben **påstådd** ADJ angeblich
påstående N̄ ⟨-t; -n⟩ Behauptung f, Wink m
påståendesats s̄ GRAM Aussagesatz m
påstötning ⟨-en; -ar⟩ fig Aufforderung f; Wink m
påta¹ ['pɔ:ta] V/I ⟨1⟩ stochern, wühlen; umg buddeln
påta² ['pɔ:ta] V/R ⟨4⟩ **~ sig ngt** fig etw auf sich (akk) nehmen, etw übernehmen
påtaglig ADJ augenscheinlich, offenbar **påtala** V/T ⟨1⟩ beanstanden
påtryckning fig s̄ Druck m; **utöva ~(ar) på ngn** auf j-n Druck ausüben, j-n unter Druck setzen **påtryckningsgrupp** s̄ Interessengruppe f, Lobby f **påträffa** V/T ⟨1⟩ (an)treffen
påträngande ADJ aufdringlich, zudringlich **påtvinga** V/T ⟨1⟩ aufdrängen, aufnötigen, aufzwingen (**ngn ngt** j-m etw) **påtår** s̄ noch eine (zweite) Tasse (Kaffee) **påtänd** umg ADJ high
påtänkt ADJ geplant, vorgesehen
påve ['po:va] ⟨-n; -ar⟩ Papst m **påvedöme** N̄ ⟨-t; kein pl⟩ Papsttum n
påver ['po:var] ADJ ärmlich, armselig, schäbig
påverka ['po:værka] V/T ⟨1⟩ beeinflussen **påverkad** ADJ beeinflusst; angetrunken **påverkan** s̄, **påverkning** ⟨-en; -ar⟩ Beeinflussung f (**på** gen), Einfluss m (**på** auf akk)
påvisa ['po:vi:sa] V/T ⟨1⟩ nachweisen
påvlig ['po:vli(g)] ADJ päpstlich
påökning s̄ (Gehalts-)Zulage f **påökt** ADJ **få ~** (eine) (Gehalts-)Zulage bekommen
päls [pɛls] ⟨-en; -ar⟩ Pelz m; Pelzmantel m; fig umg **ge ngn på ~en** j-m das Fell versohlen/gerben **pälsa** V/R ⟨1⟩ **~ 'på** einmumme(l)n **pälsdjur** s̄ N̄ Pelztier n **pälsfoder** s̄ N̄ Pelzfutter n **pälsfodrad** ADJ pelzgefüttert **pälsjacka** s̄ Pelzjacke f **pälskrage** s̄ Pelzkragen m **pälsmössa** s̄ Pelzmütze f **pälsverk** s̄ N̄ Pelzwerk n
pärla ['pæ:la] A ⟨-n; -or⟩ Perle f; fig

kasta pärlor för svin Perlen vor die Säue werfen B V/I ⟨1⟩ perlen **pärlande** ADJ prickelnd **pärlband** s̄ N̄ Perl(en)schnur f **pärlemor** ⟨-n; kein pl⟩ Perlmutt n **pärlgrå** ADJ perlgrau
pärlhalsband s̄ N̄ Perlenkette f, Perlenhalsband n **pärlhyacint** s̄ BOT Perlhyazinthe f **pärlhöna** s̄ ZOOL Perlhuhn n **pärlmussla** s̄ Perlmuschel f **pärlsocker** s̄ N̄ Hagelzucker m
pärm [pærm] ⟨-en; -ar⟩ (Akten-)Deckel m, Einband m, Einbanddecke f; Sammelmappe f, Ordner m; **från ~ till ~** von Anfang bis zu Ende
päron ['pæ:rɔn] N̄ ⟨-et; -⟩ Birne f **päronformad** ADJ birnenförmig
pärs [pæʂ] ⟨-en; -er⟩ (harte) Probe f, Schlag m
pöbel ['pø:bəl] ⟨-n; kein pl⟩ Pöbel m, Gesindel n
pöl¹ [pø:l] ⟨-en; -ar⟩ Pfütze f, Lache f; Tümpel m, Pfuhl m
pölsa ['pølsa] ⟨-n; -or⟩ GASTR Grützwurst f
pösa ['pø:sa] ⟨2⟩ A V/I aufgehen, schwellen; sich bauschen; fig protzen, sich brüsten B V/P **~ 'över** überlaufen, überkochen **pösig** ADJ luftig; bauschig; fig protzig **pösmunk** fig s̄ Protz m, Wichtigtuer(in) m(f)

Q

Q, q [kɵ:] N̄ ⟨-(e)t; -n/-; -⟩ Q, q n
qigong [çi'gɔŋ] ⟨-en; kein pl⟩ Qigong n
quilta ['kvilta] V/I ⟨1⟩ Quilts herstellen quilten
quorn, Quorn® [kwo:ŋ] ⟨inv⟩ Gemüsesubstanz als Fleischersatz Quorn® n

R

R, r [ær] N ⟨-et; -⟩ R, r n
rabalder [raˈbalɑr] N ⟨-et; kein pl⟩ Radau m; Aufsehen n
rabarber [raˈbarbar] ⟨-n; -⟩ BOT Rhabarber m **rabarberkräm** S Rhabarbergrütze f
rabatt [raˈbat] ⟨-en; -er⟩ **1** (Blumen-)Beet n; Rabatte f **2** WIRTSCH Rabatt m, Nachlass m, Skonto m(n); **lämna ~** Rabatt gewähren **rabatt'era** VT ⟨1⟩ Rabatt gewähren; **~d ermäßigt rabatthäfte** SN *Gutscheinheft, das zu ermäßigten Eintritten etc berechtigt*
rabattkort SN Rabattkarte f **rabattkupong** S Gutschein m
rabbin [raˈbiːn] ⟨-en; -er⟩ REL Rabbiner(in) m(f)
rabbla [ˈrabla] ⟨1⟩ A VT leiern B VP heterleiern
rabiat [rabiˈɑːt] ADJ wütend, rabiat
rabies [ˈrɑːbiəs] ⟨inv⟩ VET Tollwut f **rabiesgalen** ADJ tollwütig
racerbil [ˈreːsarbiːl] umg S Rennauto n **racerbåt** S Rennboot n **racerförare** S Rennfahrer(in) m(f)
racka [ˈraka] VP ⟨1⟩ ~ **'ner på ngn** j-n heruntermachen, herunterputzen
rackare ⟨-n; -⟩ Schurke m; Schelm m **rackartyg** SN dumme Streiche pl, Unfug m **rackarunge** S Lausbub m, Range f
racket [ˈrakət] ⟨-en; -ar⟩ Tennisschläger m, 'Racket n
rad [rɑːd] ⟨-en; -er⟩ Reihe f; Zeile f; THEAT a. Rang m; **i ~** in einer Reihe, nebeneinander; hintereinander; **ny ~** Absatz m **rada** ⟨1⟩ A VT reihen B VP ~ **'upp** aufreihen
radar [raˈdɑːr] ⟨-n; kein pl⟩ Radar n **radarkontroll** S Radarkontrolle f **radarskärm** S Radarschirm m
radavstånd [ˈrɑːdɑːvstɔnd] SN Zeilenabstand m **radband** SN Rosenkranz m
radda [ˈrada] ⟨-n; -⟩ umg *lange Reihe f; fig* **hela ~n** die ganze Bande
radera [raˈdeːra] ⟨1⟩ A VT radieren B

VP ~ **'ut** ausradieren; COMPUT entfernen **radergummi** SN Radiergummi m **radering** ⟨-en; -ar⟩ Radierung f
radhus [ˈrɑːdhɯːs] SN Reihenhaus n
radie [ˈrɑːdiə] ⟨-n; -r⟩ MATH Radius m; Halbmesser m
radikal [radiˈkɑːl] A ADJ radikal B ⟨-en; -er⟩ Radikale(r) m/f(m) **radika'lism** ⟨-en; kein pl⟩ Radikalismus m
radio [ˈrɑːdiʊ] **1** ⟨-n; kein p⟩ (Rund-)Funk m **2** ⟨-n; -apparater⟩ Radio n od m; **på ~** im Radio **radioaktiv** ADJ radioaktiv; ~ **avfall** Atommüll m **radioaktivitet** S Radioaktivität f **radioapparat** S Radio n od m **radiolicens** S Rundfunkgebühr f **radiologi** ⟨-n; kein pl⟩ Radiologie f **radiolyssnare** S Rundfunkhörer(in) m(f) **radiomottagare** S Rundfunkempfänger m **radiopejling** S Funkpeilung f **radiopjäs** S Hörspiel n **radioprogram** SN Rundfunkprogramm n **radioskugga** S Funkloch n **radiostation** S Sender m **radiostyrd** ADJ ferngesteuert **radiosändare** S Rundfunksender m **radiotjänst** S Funkdienst m; Rundfunk m **radioutsändning** S Rundfunksendung f, Rundfunkübertragung f
radium [ˈrɑːdiəm] N ⟨-et/radiet; -⟩ Radium n
radlängd [ˈrɑːdlɛŋd] S Zeilenlänge f
radvis ADV reihenweise
raffig [ˈrafi(g)] umg ADJ flott, elegant
raffinaderi [rafinadeˈriː] N ⟨-et; -er⟩ Raffinerie f **raffi'nera** VT ⟨1⟩ raffinieren **raffi'nerad** ADJ raffiniert
rafflande [ˈraflandə] ADJ reißerisch, aufregend
rafsa [ˈrafsa] ⟨1⟩ A VI raffen B VP ~ **i'hop** zusammenraffen; ~ **i'hop ett brev** einen Brief hinschmieren; ~ **'åt/-'till sig an sich** (*akk*) raffen/reißen **rafsig** ADJ unordentlich, schlud(e)rig
ragata [raˈgɑːta] ⟨-n; -or⟩ umg Xanthippe f
ragga [ˈraga] VP ⟨1⟩ ~ **upp** auftreiben; aufreißen, anmachen, anbaggern **raggarbil** S = alte Kiste **raggare** ⟨-n; -⟩ Halbstarke(r) m(f); Rocker(in) m(f)
raggmunk S GASTR Kartoffelpuffer m **raggsocka** S Wollsocke f
ragla [ˈrɑːgla, ra-] VI ⟨1⟩ taumeln, torkeln, wanken

ragnarök [ˇraŋna'rø:k] S MYTH Götterdämmerung *f*
ragu [ra'gʉ:] ‹-n; -er› Ragout *n*; **~ på höns** Hühnerragout *n*
raid [rɛd] ‹-en; -er› → räd
rak [rɑ:k] ADJ gerade; *Haar* glatt; **~t (ut)** direkt, ohne Umschweife; **~t fram** geradeaus; **~ linje** Gerade *f*; **~a vägen** geradewegs; *fig* **på ~ arm** aus dem Stegreif; kurzerhand; **på ~en** nacheinander; **gå ~t på sak** keine Umschweife machen
raka [ˇrɑ:ka] [A] ‹-n; -or› Kratze *f*, Kratzer *m*; Harke *f*; Schabe *f*, Schaber *m* [B] V/T ‹1› [1] rasieren [2] scharren, kratzen; harken [C] V/P ‹1› **~ 'av** abrasieren; **~ i-'hop** zusammenscharren **rakapparat** S Elektrorasierer *m*, Rasierapparat *m* **rakblad** S N Rasierklinge *f* **rakborste** S Rasierpinsel *m*
raket [ra'ke:t] ‹-en; -er› Rakete *f* **raketbas** S Raketenbasis *f* **raketdrift** S Raketenantrieb *m* **raketdriven** ADJ mit Raketenantrieb **raketramp** S Raketenabschussrampe *f*
rakhyvel [ˇrɑ:khy:vəl] S *nicht elektrisch* Rasierapparat *m*, Rasierer *m*
rakitis [ra'ki:tis] ‹-en; kein pl› MED Rachitis *f*
rakkniv [ˇrɑ:kni:v] S Rasiermesser *n* **rakkräm** S Rasiercreme *f*
raklång [ˇrɑ:klɔŋ] ADJ der Länge nach
raklödder [ˇrɑ:klødər] S N Rasierschaum *m* **rakning** ‹-en; -ar› Rasieren *n*
rakryggad [ˇrɑ:krygad] ADJ aufrecht **raksträcka** S gerade Strecke; SPORT Gerade *f*
raktvål [ˇrɑ:ktvo:l] S Rasierseife *f* **rakvatten** S N Aftershave *n*
raljant [ral'jaŋt, -'jant] ADJ scherzend; scherzhaft **ral'jera** V/I ‹1› spötteln, sich mokieren
rally ['raly] N ‹-t; -n› Rallye *f*
ram[1] [rɑ:m] ADJ rein, voll; **rena ~a sanningen** die reine/volle Wahrheit
ram[2] ‹-en; -ar› [1] Rahmen *m*; **sätta inom glas och ~** in einen Rahmen fassen; **inom ~en för** im Rahmen *gen* [2] Tatze *f* **rama** V/P ‹1› **~ 'in** einrahmen
ramaskri [ˇrɑ:maskri:] S N Protestgeschrei *n* (**höja** erheben)
ramavtal [ˇrɑ:mɑ:vtɑ:l] S N Manteltarif *m*
ramla [ˇramla] ‹1› [A] V/I (um-, hin)fallen, stürzen [B] V/P **~ 'av** abfallen; abrutschen; **~ 'ner** herunterfallen, herunterstürzen; **~ om'kull** umfallen, hinfallen; **~ 'ur/'ut** herausfallen, hinausfallen
RAM-minne [ˇrammina] S N IT RAM *n*, Arbeitsspeicher *m*
ramp [ramp] ‹-en; -er› Rampe *f*; Auffahrt *f* **rampfeber** S THEAT Lampenfieber *n* **rampljus** S N Rampenlicht *n*
ramponera [rampu'ne:ra] V/T ‹1› beschädigen, ramponieren
ramsa [ˇramsa] ‹-n; -or› lange Reihe; Tirade *f*, Aufzählung *f*; Kinderreim *m*
rand [rand] ‹-en; ränder› Rand *m*; Streifen *m* **randig** ADJ gestreift, gerippt; *Fleisch* durchwachsen
rang [raŋ] ‹-en; kein pl› Rang *m*; **av första ~en** ersten Ranges; **stå under/över ngn i ~** im Range unter/über j-m stehen
rangerbangård [raŋˇʃe:rbɑ:n'go:ɖ] S Rangierbahnhof *m*, Verschiebebahnhof *m*
ranglig [ˇraŋli(g)] ADJ schlaksig; wack(e)lig
rangordning [ˇraŋo:ɖniŋ] S Rangordnung *f* **rangplats** S hoher Rang *m*; Rangstufe *f* **rangskala** S Rangliste *f*, Rangskala *f*
ranka [ˇraŋka] [A] ‹-n; -or› Ranke *f*; Rebe *f* [B] ‹inv› **rida, rida ~!** hoppe, hoppe, Reiter! [C] V/T ‹1› einstufen **rankinglista** S SPORT Rangliste *f*
rannsaka [ˇransɑ:ka] V/T ‹1› untersuchen, prüfen **rannsakan** ‹inv; rannsakning› Untersuchung *f*
ranson [ran'su:n] ‹-en; -er› Zuteilung *f*, Ration *f* **ranso'nera** V/T ‹1› rationieren **ranso'nering** ‹-en; -ar› Rationierung *f*
ranta [ˇranta] *umg* V/P ‹1› **~ 'runt/om-'kring** umherlaufen
rap [rap] ‹-en› MUS Rap *m*
rapa [ˇrɑ:pa] V/I ‹1› rülpsen **rapning** ‹-en; -ar› Rülpsen *n*, Rülpser *m*
rapp[1] [rap] N ‹-et; -› [1] Hieb *m*, Schlag *m* [2] **i (rödaste) ~et** schnurstracks, im Nu
rapp[2] ADJ rasch, flink, hurtig
rappa[1] [ˇrapa] V/T ‹1› TECH verputzen
rappa[2] V/I ‹1› MUS rappen
rappa[3] V/P ‹1› **~ 'till** schlagen, hauen; **~ 'till/'åt sig** schnappen, an sich rei-

R

ßen
rappakalja ['rapakalja] ⟨-n; kein pl⟩ *umg* Unsinn *m*, Quatsch *m*
rapphöna ['raphø:na] S̲ ZOOL Rebhuhn *n*
rappning ['rapnɪŋ] ⟨-en; -ar⟩ TECH Verputz *m*
rapport [ra'pɔt] ⟨-en; -er⟩ Bericht *m*, Rapport *m*; Meldung *f* **rappor'tera** V̲T̲,̲ V̲I̲ ⟨1⟩ berichten, melden **rappor'tör** ⟨-en; -er⟩ Berichterstatter(in) *m(f)*
raps [raps] ⟨-en; kein pl⟩ BOT Raps *m*
rapsodi [rapsu'di:] ⟨-n; -er⟩ Rhapsodie *f*
rapsolja ['rapsɔlja] S̲ Rapsöl *n*
rar [rɑ:r] A̲D̲J̲ lieb, süß, herzig, nett **raring** ⟨-en; -ar⟩ Liebling *m* **rari'tet** ⟨-en; -er⟩ Rarität *f*, Seltenheit *f*
ras[1] [rɑ:s] ⟨-en; -er⟩ Rasse *f*
ras[2] N̲ ⟨-et; -⟩ (Ein-)Sturz *m*, (Erd-)Rutsch *m* **rasa** ⟨1⟩ A̲ V̲I̲ (ein)stürzen, rutschen; rasen, toben, wüten B̲ V̲P̲ ~ 'ut austoben, sich ausleben **rasande** A̲ A̲D̲J̲ rasend, tobend, wütend B̲ A̲D̲V̲ toll, schrecklich, verdammt; bli ~ rasend werden, hochgehen; bli ~ på ngn auf j-n eine Wut haben; i/med ~ fart rasend schnell
rasdiskriminering S̲ Rassendiskriminierung *f* **rasdjur** S̲,̲ N̲ Rassetier *n*
rasera [ra'se:ra] V̲T̲ ⟨1⟩ in Trümmer legen; *fig* vernichten
raseri [rɑ:sə'ri:] N̲ ⟨-et; kein pl⟩ Raserei *f*, Wut *f*, Toben *n* **raserianfall** S̲ N̲ Wutanfall *m*, Tobsuchtsanfall *m*
rasfördom ['rɑ:sfœdɔm] S̲ Rassenvorurteil *n* **rasförföljelse** S̲ Rassenverfolgung *f* **rashat** S̲ N̲ Rassenhass *m* **rashäst** S̲ Rassepferd *n*
rasism [ra'sɪsm] ⟨-en; kein pl⟩ Rassismus *m* **rasist** ⟨-en; -er⟩ Rassist(in) *m(f)* **rasistisk** A̲D̲J̲ rassistisch
rask[1] [rask] N̲ ⟨-et; kein pl⟩ Abfall *m*; Schund *m*; *umg* hela ~et der ganze Plunder
rask[2] A̲D̲J̲ rasch, flink, zügig; frisch, munter, rüstig, wohlauf; ~ och kry gesund und munter
raska ['raska] V̲P̲ ⟨1⟩ ~ 'på sich beeilen
raskatt S̲ Rassekatze *f*, reinrassige Katze *f*
rasp[1] [rasp] N̲ ⟨-et; -⟩ Kratzen *n* **rasp**[2] ⟨-en; -er⟩ TECH Raspel *f* **raspa** V̲T̲,̲ V̲I̲ ⟨1⟩ kratzen; kritzeln; TECH raspeln **ras-**

pig *fig umg* A̲D̲J̲ rau, krächzend
rasren ['rɑ:sre:n] A̲D̲J̲ rasserein
rassel ['rasəl] N̲ ⟨-et; kein pl⟩ Gerassel *n* **rassla** V̲I̲ ⟨1⟩ rasseln
rast [rast] ⟨-en; -er⟩ Rast *f*, Ruhe *f*; Pause *f* **rasta** V̲T̲,̲ V̲I̲ ⟨1⟩ rasten, eine Pause machen; ~ en hund mit dem Hund Gassi gehen **rastlös** A̲D̲J̲ rastlos, ruhelos **rastlöshet** ⟨-en; kein pl⟩ Rastlosigkeit *f* **rastning** ⟨-en; -ar⟩ Rasten *n*; Ausführen *n* **rastplats** S̲, **rastställe** S̲ N̲ Rastplatz *m*, Raststelle *f*; Raststätte *f*
rata ['rɑ:ta] V̲T̲ ⟨1⟩ verwerfen
ratificera [ratifi'se:ra] V̲T̲ ⟨1⟩ genehmigen, bestätigen, ratifizieren **ratifi'cering** ⟨-en; -ar⟩ Genehmigung *f*, Bestätigung *f*, Ratifizierung *f*
rationalisera [ratʃunali'se:ra] V̲T̲,̲ V̲I̲ ⟨1⟩ rationalisieren **ratio'nell** A̲D̲J̲ rationell, zweckmäßig
ratt [rat] ⟨-en; -ar⟩ Steuer *n*, Lenkrad *n*; SCHIFF Steuerrad *n* **rattfylleri** S̲ N̲ Trunkenheit *f* am Steuer **rattfyllerist** S̲ betrunkene Autofahrer*in* **rattlås** S̲ N̲ Lenkradschloss *n* **rattväxel** S̲ Lenkradschaltung *f*
ravare ['ravarə] → rejvare **rave** → rejv **raveparty** → rejvparty
ravin [ra'vi:n] ⟨-en; -er⟩ Bergschlucht *f*, Klamm *f*
razzia ['ra(t)sia] ⟨-n; -or⟩ Razzia *f*
rea ['re:a] A̲ ⟨-n; -or⟩ Ausverkauf *m*, Schlussverkauf *m*; på ~ im Ausverkauf B̲ V̲T̲ ⟨1⟩ im Angebot haben
reagens [rea'gɛns] N̲ ⟨-et/-en; -/-er⟩ Reagenz *n* (på auf *akk*) **rea'gera** V̲I̲ ⟨1⟩ reagieren (på/för/mot auf *akk*); CHEM ~ surt sauer reagieren **reak'tion** ⟨-en; -er⟩ Reaktion *f*; Rückwirkung *f* **reak'tionsförmåga** S̲ Reaktionsfähigkeit *f* **reaktio'när** A̲ A̲D̲J̲ reaktionär, rückschrittlich B̲ ⟨-en; -er⟩ Reaktionär(in) *m(f)*
reaktor [re'aktɔr] ⟨-n; -er⟩ Reaktor *m* **reaktorhaveri** S̲ N̲ Reaktorunfall *m* **reaktorkärna** S̲ Reaktorkern *m* **reaktorsäkerhet** S̲ Reaktorsicherheit *f*
real [re'ɑ:l] A̲D̲J̲ real, wirklich; sachlich **realia** P̲L̲ ~ Landeskunde *f sg* **realinkomst** S̲ Realeinkommen *n* **realisa'tion** ⟨-en; -er⟩ ❶ WIRTSCH Ausverkauf *m* ❷ Verwirklichung *f*, Ausführung *f*;

Realisierung f **reali'sera** _VT_ ⟨1⟩ **1** WIRTSCH ausverkaufen **2** verwirklichen, ausführen, realisieren **rea'lism** ⟨-en⟩ Realismus m **rea'list** ⟨-en; -er⟩ Realist(in) m(f) **rea'listisk** _ADJ_ realistisch **reali'tet** ⟨-en; -er⟩ Realität f, Wirklichkeit f **reality-tv-program** _s_ _N_ Realityshow f **reallön** _s_ Reallohn m **realvärde** _s N_ Realwert m **reaplan** ['reːaplɑːn] _s N_ Düsenflugzeug n

rebell [re'bɛl] ⟨-en; -er⟩ Aufständische(r) m/f(n); Aufrührer(in) m(f), Rebell(in) m(f) **rebell'era** _VI_ ⟨1⟩ rebellieren **rebellisk** _ADJ_ aufrührerisch, rebellisch
rebus ['reːbʉs] ⟨-en; -ar⟩ Bilderrätsel n
recensent [resan'sɛnt] ⟨-en; -er⟩ 'Kritiker(in) m(f), Rezensent(in) m(f) **recen'sera** _VT_ ⟨1⟩ besprechen, rezensieren **recen'sion** ⟨-en; -er⟩ Besprechung f, Rezension f
recept [re'sɛpt] _N_ ⟨-et; -⟩ Rezept n **recep'tarie** ⟨-n; -r⟩ pharmazeutisch-technische(r) Assistent(in) m/f(m) **receptbelagd** _ADJ_ rezeptpflichtig, verschreibungspflichtig **receptfri** _ADJ_ rezeptfrei **recep'tion** ⟨-en; -er⟩ Rezeption f, Empfang m **receptionist(in)** ⟨-en; -er⟩ Rezeptionist(in) m(f) **receptiv** _ADJ_ rezeptiv; empfänglich
recidiv [resi'diːv] _N_ ⟨-et; -⟩ MED Rückfall m
reciprok [resi'proːk] _ADJ_ wechselseitig, gegenseitig, reziprok
recitation [resita'ʃuːn] ⟨-en; -er⟩ Vortrag m, Rezitation f **reci'tera** _VT_ ⟨1⟩ vortragen, rezitieren
reda[1] ['reːda] _ADJ_ i ~ **pengar** in barem Geld, in bar
reda[2] **A** ⟨-n⟩ Ordnung f, Klarheit f; **bringa ~ i ngt** etw in Ordnung bringen; **få ~ på** erfahren, zu wissen bekommen; ermitteln, ausfindig machen; herausbekommen, dahinterkommen; **ha ~ på ngt** (von) etw wissen; **hålla ~ på ngt** auf etw (_akk_) aufpassen, nach etw sehen; etw zusammenhalten; etw auseinanderhalten; **ta ~ på ngt** ausfindig machen; **det är ingen ~ med honom** mit ihm ist nicht auszukommen **B** _VT, VI/P_ ⟨2⟩ ~ ('av) GASTR anrichten; ~ 'ut klären, in Ordnung bringen; ermitteln **C** _VR_ ⟨2⟩ ~ **sig** auskommen, durchkommen, sich behelfen; fertig werden (**med** mit); **det reder sig nog** es wird sich schon finden, das gibt sich
redaktion [redak'ʃuːn] ⟨-en; -er⟩ Redaktion f **redak'tör** ⟨-en; -er⟩ Redakteur(in) m(f)
redan ['reːdan] _ADV_ schon, bereits
redare ['reːdarə] ⟨-n; -⟩ SCHIFF Reeder m
redbar ['reːdbɑːr] _ADJ_ rechtschaffen, redlich **redbarhet** ⟨-en; kein pl⟩ Rechtschaffenheit f, Redlichkeit f
redd [red] ⟨-en; -er⟩ SCHIFF Reede f
rede[1] ['reːdə] _N_ ⟨-t; -n⟩ Nest n; Horst m **rederi** [redə'riː] _N_ ⟨-t; -er⟩ SCHIFF Reederei f
redig ['reːdi(g)] _ADJ_ klar, deutlich; ordentlich; bei vollem Bewusstsein
redigera [redi'jeːra] _VT_ ⟨1⟩ redigieren, leiten, herausgeben **redigering** ⟨-en; -ar⟩ Bearbeitung f **redigeringsprogram** _s N_ IT Editor m
redighet ['reːdi(g)heːt] ⟨-en; kein pl⟩ Klarheit f, Ordnung f
redlös ['reːdløːs] _ADJ_ **1** SCHIFF steuerlos; unrettbar **2** sinnlos betrunken
redo ['reːdu] _ADJ_ bereit **redogöra** _VI_ ⟨4⟩ berichten (**för ngt** über etw _akk_); abrechnen (**för ngn** mit j-m); Rechenschaft ablegen (**för ngn** vor j-m **för ngt** über etw _akk_) **redogörelse** ⟨-n; -r⟩ Bericht m, Schilderung f, Ausführungen pl **redovisa** _VT_ ⟨1⟩ Rechenschaft ablegen, präsentieren **redovisning** _s_ Abrechnung f, Rechenschaft(sbericht m) f, Präsentation f **redovisningsansvarig** _ADJ_ **arbeta som ~** ≈ als Buchhalter(in) arbeiten
redskap ['reːdskɑːp] _N_ ⟨-et; -⟩ Gerät n, Werkzeug n **redskapsbod** _s_ Geräteschuppen m **redskapsgymnastik** _s_ Geräteturnen n
reducera [redʉ'seːra] _VT_ ⟨1⟩ reduzieren, ermäßigen; vermindern **reduk'tion** ⟨-en; -er⟩ Reduktion f, Ermäßigung f; Verminderung f
reell [re'ɛl] _ADJ_ wirklich; reell
referat [refa'rɑːt] _N_ ⟨-et; -⟩ Bericht m, Referat n **referens** ⟨-en; -er⟩ Empfehlung f; **lämna ~er** Referenzen aufgeben **referensbibliotek** _s N_ Nachschlagebibliothek f, Handbibliothek f **referensram** _s_ Vorstellungsbereich

m **referent** ⟨-en; -er⟩ Berichterstatter(in) *m(f)*, Referent(in) *m(f)* **referera** ⟨1⟩ **A** *vt* berichten, referieren (**ngt** über etw *akk*) **B** *vi* **~ till ngn** sich auf j-n beziehen/berufen

refill [re'fil] ⟨-en; -er⟩ Ersatzfüllung *f*, Ersatzhülse *f*

reflektera [reflek'te:ra] ⟨1⟩ **A** *vt* zurückwerfen, zurückstrahlen, reflektieren **B** *vi* nachdenken (**på/över** über *akk*), überlegen (**på** *akk*); reflektieren (**på** auf *akk*) **re'flektor** ⟨-n; -er⟩ Reflektor *m*, Rückstrahler *m*

reflex [re'fleks] ⟨-en; -er⟩ Reflex *m*; Widerschein *m*, Abglanz *m* **reflexband** *sn* Leuchtband *n* **reflexbricka** *s* Sicherheitsreflektor *m* **reflexion** [re- fleks'ʃu:n] ⟨-en; -er⟩ **1** Reflexion *f*, Zurückstrahlung *f* **2** Betrachtung *f*, Erwägung *f*, Überlegung *f* **reflexionsförmåga** *fig s* Denkfähigkeit *f*, Denkvermögen *n* **reflexiv** *adj* reflexiv; GRAM *a.* rückbezüglich **reflexljus** *sn* Rückstrahler *m* **reflexrörelse** *s* Reflexbewegung *f*

reform [re'form] ⟨-en; -er⟩ Reform *f*, Neugestaltung *f*, Umgestaltung *f* **reforma'tion** ⟨-en; -er⟩ Reformation *f* **refor'mator** ⟨-n; -er⟩ Reformator *m* **refor'mera** *vt* ⟨1⟩ reformieren, umgestalten; erneuern; neu ordnen

refräng [re'frɛŋ] ⟨-en; -er⟩ Kehrreim *m*, Refrain *m*; *umg fig* **tänka på ~en** an den Aufbruch denken

refug [re'fu:g] ⟨-en; -er⟩ Verkehrsinsel *f*

refusera [refʉ'se:ra] *vt* ⟨1⟩ ablehnen, zurückweisen, verweigern **refuser- ing** ⟨-en; -ar⟩ Ablehnung *f*

regatta [re'gata] ⟨-n; -or⟩ Regatta *f*

regel[1] ['re:gel] ⟨-n; -ar⟩ Riegel *m*

regel[2] ['re:gel] ⟨-n; -ar⟩ Regel *f*; **i ~** in der Regel; **efter alla konstens regler** nach allen Regeln der Kunst **regelbunden** *adj* regelmäßig **regelbundenhet** ⟨-en; kein *pl*⟩ Regelmäßigkeit *f* **regelrätt** *adj* regelrecht **regelvidrig** *adj* regelwidrig

regemente [reje'mɛntə, -ge-] *n* ⟨-t; -n⟩ Regiment *n*

regent [re'jɛnt] ⟨-en; -er⟩ Regent *m* **regera** *vt/t, vi/i* ⟨1⟩ regieren, herrschen **regering** ⟨-en; -ar⟩ Regierung *f* **re- geringsbeslut** *sn* Regierungsbe- schluss *m* **regeringsform** *s* Regierungsform *f*; (Staats-)Verfassung *f* **regeringskris** *s* Regierungskrise *f* **regeringsparti** *sn* Regierungspartei *f* **regeringssammanträde** *sn* Kabinettssitzung *f* **regeringsskifte** *sn* Regierungswechsel *m* **regeringsställning** *s* **vara i ~** an der Macht sein

regi [re'ʃi:] ⟨-n; kein *pl*⟩ Regie *f*; THEAT *a.* Spielleitung *f*

regim [re'ʃi:m] ⟨-en; -er⟩ Regime *n*, Verwaltung *f*

region [regi'u:n] ⟨-en; -er⟩ Region *f*, Gebiet *n*; Gegend *f* **regional** *adj* regional **regionalpolitik** *s* Strukturpolitik *f* **regionsamtal** *sn* Telefongespräch innerhalb einer Region zu einem vergünstigten Tarif

regissera [reʃi'se:ra] *vt* ⟨1⟩ Regie führen, inszenieren **regiss'ör** ⟨-en; -er⟩ Regisseur(in) *m(f)*; THEAT *a.* Spielleiter(in) *m(f)*

register [re'jistər] *n* ⟨-et; -⟩ Register *n* **registerkort** *sn* Karteikarte *f* **registrera** ['regi'ste:ra] *vt* ⟨1⟩ registrieren, eintragen, verzeichnen; buchen **registrering** ⟨-en; -ar⟩ Eintragung *f*, Registrierung *f* **registreringsbe- vis** *sn* Kraftfahrzeugbrief *m*, Kraftfahrzeugschein *m* **registreringsnummer** *sn* AUTO Zulassungsnummer *f* **registreringsskylt** *s* AUTO Nummernschild *n*

regla ['re:gla] *vt* ⟨1⟩ verriegeln

reglage [re'gla:ʃ] *n* ⟨-et; -⟩ Regler *m*, Kontrollvorrichtung *f*

reglemente [regla'mɛnta] *n* ⟨-t; -n⟩ (Dienst-)Vorschrift *f*, Reglement *n*

reglera [re'gle:ra] *vt* ⟨1⟩ regeln; TECH regulieren, einstellen **reglerbar** *adj* regulierbar, (ver)stellbar **reglering** ⟨-en; -ar⟩ Reg(e)lung *f*; Regulierung *f*; MED Regel *f*

regn [rɛŋn] *n* ⟨-et; -⟩ Regen *m* **regna** ⟨1⟩ **A** *vi/t, vi/i* UNPERS regnen; *fig* **det ~r småspik** es regnet Bindfäden; **låtsas som om det ~r** sich (*dat*) nichts anmerken lassen **B** *v/p* **~ 'in** (**genom fönstret**) (zum Fenster) hereinregnen; **~ 'bort** verregnen **regnbåge** *s* Regenbogen *m*; Regenbogenforelle *f* **regnbågshinna** *s* ANAT Regenbogenhaut *f* **regndroppe** *s* Regentrop-

fen *m* **regnig** ADJ regnerisch **regnkappa** S̄, **regnrock** S̄ Regenmantel *m* **regnskog** S̄ Regenwald *m* **regnskur** S̄ Regenschauer *m* **regnställ** S̄N Regenhose und Regenjacke **regnstänk** S̄N Regenspritzer *m* **regnväder** S̄N Regenwetter *n*
regressiv ADJ rückwirkend; rückläufig
reguljär ADJ regelmäßig, reguläre **reguljärflyg** S̄N Linienflugverkehr *m*
rehab ['rehab] ⟨-en; -ar⟩ umg Reha *f* **rehabili'tera** V̄T ⟨1⟩ rehabilitieren **rehabili'tering** ⟨-en; -ar⟩ Ehrenrettung *f*, Rehabilitierung *f*
rejv ['rejv] ⟨inv⟩ Rave *n*, *m* **rejvare** ⟨-en; -⟩ Raver(in) *m(f)* **rejvfest** S̄, **rejvparty** S̄N Raveparty *f*
rejäl [re'je:l] ADJ zuverlässig, reell; kräftig; anständig; tüchtig
rek [re:k] umg N ABK ⟨-et; -⟩ Einschreibebrief *m*
rekapitulera [rekapəti'le:ra] V̄I ⟨1⟩ kurz wiederholen, rekapitulieren
reklam [re'kla:m] ⟨-en; -er⟩ Reklame *f*, Werbung *f* **reklamartikel** S̄ Reklameartikel *m* **rekla'mation** ⟨-en; -er⟩ Beschwerde *f*, Einspruch *m*, Reklamation *f* **reklambroschyr** S̄ Werbeprospekt *m* **reklambyrå** S̄ Werbeagentur *f* **rekla'mera** V̄T,V̄I ⟨1⟩ beanstanden, reklamieren, Einspruch/Beschwerde erheben **reklamerbjudande** S̄N Werbeangebot *n* **reklamfilm** S̄ Werbefilm *m* **reklaminslag** S̄N Werbespot *m* **reklamkampanj** S̄ Werbekampagne *f* **reklamskylt** S̄ Reklameschild *n*
rekognoscera [rekɔŋɔn'se:ra] V̄T, V̄I ⟨1⟩ erkunden, auskundschaften **rekognoscering** ⟨-en; -er⟩ Erkundung *f*; Aufklärung *f*
rekommendation [rekɔmənda'ʃu:n] ⟨-en; -er⟩ Empfehlung *f* (till an akk); Post Einschreiben *n* **rekommenda'tionsbrev** S̄N Empfehlungsschreiben *n* **rekommen'dera** V̄T ⟨1⟩ empfehlen (ngt åt ngn j-m etw); Post einschreiben; Post **~s!** Einschreiben!; det kan **~s** das ist empfehlenswert; **~ vidare** weiterempfehlen
rekonstruera [rekɔnstru'e:ra] V̄T ⟨1⟩ rekonstruieren **rekonstruk'tion** ⟨-en; -er⟩ Rekonstruktion *f*
rekonvalescens [rekɔnvalə'sens] ⟨-en; kein pl⟩ Genesung *f*, Rekonvaleszenz *f* **rekonvalescent** ⟨-en; -er⟩ Genesende(r) *m/f(m)*, Rekonvaleszent(in) *m(f)*
rekord [ra'kɔ:d] N̄ ⟨-et; -⟩ Rekord *m*; **sätta/slå ~** einen Rekord aufstellen; **slå ett/alla ~** einen Rekord/alle bisherigen Rekorde brechen **rekordartad** ADJ rekordartig **rekordfart** S̄ Rekordgeschwindigkeit *f* **rekordhållare** ⟨-n; -⟩ Rekordinhaber(in) *m(f)* **rekordprestation** S̄ Spitzenleistung *f*, Höchstleistung *f* **rekordtid** S̄ Rekordzeit *f*; **på ~** in Rekordzeit
rekreation [rekrea'ʃu:n] ⟨-en; -er⟩ Erholung *f*
rekryt [re'kry:t] ⟨-en; -er⟩ MIL Rekrut(in) *m(f)* **rekry'tera** V̄T ⟨1⟩ rekrutieren **rekry'tering** ⟨-en; -ar⟩ Rekrutierung *f*
rektangel [rɛk'taŋəl] ⟨-n; -ar⟩ MATH Rechteck *n* **rektangu'lär** ADJ rechteckig
rektor ['rɛktɔr] ⟨-n; -er⟩ Rektor(in) *m(f)*; Schule a. Direktor(in) *m(f)*
rekvirera [rekvi're:ra] V̄T ⟨1⟩ beziehen, bestellen; requirieren **rekvisita** PL Zubehör *n sg*; Requisiten *pl* **rekvisi'tion** ⟨-en; -er⟩ Bezug *m*, Bestellung *f*
rekyl [re'ky:l] ⟨-en; -er⟩ Rückstoß *m*, Rücklauf *m*, Rückprall *m*
relatera [rela'te:ra] V̄T ⟨1⟩ ▮ berichten über (akk) ▯ **vara ~d till ngt** zu etw in Beziehung stehen **rela'tion** ⟨-en; -er⟩ Beziehung *f*, Verhältnis *n*, Relation *f* (till zu); **i ~ till** im Verhältnis zu **relativ** ADJ verhältnismäßig, relativ; GRAM rückbezüglich **relativi'tetsteori** S̄ Relativitätstheorie *f*
relaxa [re'laksa] umg V̄I ⟨1⟩ entspannen **relaxavdelning** S̄ Wellnessbereich *m*
relegera [rele'ge:ra, -'ʃe:ra] V̄T ⟨1⟩ verweisen, relegieren
relevans [rela'vans] ⟨-en; kein pl⟩ Relevanz *f* **relevant** ADJ relevant
relief [rel'jɛf] ⟨-en; -er⟩ Relief *n*; **ge ~ åt ngt** etw (dat) hervortreten lassen
religion [reli(j)'u:n] ⟨-en; -er⟩ Religion *f* **religionsfrihet** S̄ Religionsfreiheit *f* **religionskunskap** S̄ Schule Religion *f* **religiositet** [reli(j)usi'te:t] ⟨-en; kein pl⟩ Religiosität *f* **religiös** [reli(j)ø:s, -gi'ø:s] ADJ religiös, fromm

relik [re'li:k] ⟨-en; -er⟩ Reliquie f
relikt [re'likt] ⟨-en; -er⟩ Relikt n, Überbleibsel n
reling ['re:liŋ] ⟨-en; -ar⟩ SCHIFF Reling f
relä [re'lɛ:] N ⟨-t; -er⟩ Relais n
rem [rɛm] ⟨-men; -mar⟩ Riemen m
remiss [re'mis] ⟨-en; -er⟩ Überweisung f, Verweisung f **remissdebatt** S PARL Etatdebatte f **remitt'era** VT ⟨1⟩ zurücksenden, remittieren; überweisen
remouladsås ['rɛmu:'la:dso:s] S Remoulade f
remsa ['rɛmsa] ⟨-n; -or⟩ Streifen m
ren[1] [re:n] ⟨-en; -ar⟩ **1** ZOOL Ren n, Rentier n **2** Rain m
ren[2] ADJ rein, sauber; **vara ~ om händerna** reine Hände haben; **göra ~** rein machen; *fig* **göra ~t hus** reinen Tisch machen; **hålla sig ~** sich sauber halten; **~t spel** ehrliches Spiel; **det är ~ lögn** das ist eine glatte Lüge; **~a rama sanningen** die reine/nackte Wahrheit; **skriva ~t** ins Reine schreiben; **~ vinst** Reingewinn m; → rent **rena** VT ⟨1⟩ reinigen, säubern; läutern; destillieren **rendera** [ren'de:ra, raŋ-] VT ⟨1⟩ einbringen
rengöra ['re:njœra] VT ⟨4⟩ reinigen, säubern, rein machen **rengöring** ⟨-en; -ar⟩ Reinigung f, Säuberung f; Reinmachen n, Saubermachen n **rengöringsmedel** SN Reinigungsmittel n **renhet** ⟨-en; kein pl⟩ Reinheit f, Sauberkeit f **renhållning** S Reinigung f, (Straßen-)Säuberung f; Müllabfuhr f **renhållningsverk** SN Straßenreinigungsamt n **renhårig** ADJ anständig, zuverlässig **rening** ⟨-en; -ar⟩ Reinigung f, Säuberung f; Läuterung f **reningsverk** SN Kläranlage f **renlig** ADJ reinlich **renlighet** ⟨-en; kein pl⟩ Reinlichkeit f **renlärig** ADJ rechtgläubig **renodla** VT ⟨1⟩ in Reinkultur züchten; **~d** absolut; **en ~d egoist** ein Egoist wie er im Buche steht
renommé [reno'me:] N ⟨-et; kein pl⟩ Ruf m, Renommee n; **ha gott ~** in gutem Ruf stehen
renovera [renu've:ra] VT ⟨1⟩ erneuern, renovieren **renovering** ⟨-en; -ar⟩ Erneuerung f, Renovierung f
renrakad ['rɛ:nra:kad] ADJ glatt rasiert; *fig umg* abgebrannt, pleite
rensa ['rɛnsa] ⟨1⟩ A VT reinigen, säubern; ausnehmen; jäten; verlesen, auslesen B VP **~ 'bort/'ut** ausmerzen
renskriva ['re:nskri:va] VT ⟨4⟩ ins Reine schreiben **renskrivning** S Reinschrift f
renskötsel ['re:nʃøtsəl] S Rentierzucht f
rensning ['rɛnsniŋ] ⟨-en; -ar⟩ Reinigung f, Säuberung f; Ausnehmen n; Jäten n; Verlesen n, Auslesen n
rent [re:nt] ADJ rein, ganz, vollständig; **~ omöjligt** ganz/schier unmöglich; **~ tokig** rein toll; **~ av** geradezu; **~ ut** rundheraus, geradeheraus; **~ ut sagt** offen gesagt; → ren[2]
rentvå [re:ntvo:] VT, VR ⟨3⟩ rechtfertigen, reinwaschen (**sig** sich)
renässans [rɛna'saŋs] ⟨-en; kein pl⟩ Renaissance f
rep [re:p] N ⟨-et; -⟩ **1** Seil n, Strick m; Strang m **2** *umg* THEAT Probe f **repa** ['re:pa] A ⟨-n; -or⟩ Ritze f, Rille f; Schramme f, Riss m B VT ⟨1⟩ ritzen C VI ⟨1⟩ MUS *umg* proben D VR ⟨1⟩ **~ sig** wieder zu sich kommen, sich erholen; sich aufraffen E VP ⟨1⟩ **~ 'mod** Mut schöpfen; **~ 'av** abstreifen, abbeeren; **~ 'upp** auftrennen
reparation [repara'ʃu:n] ⟨-en; -er⟩ Reparatur f **repara'tionsverkstad** S Reparaturwerkstatt f **repara'tör** ⟨-en; -er⟩ Handwerker(in) m(f) **repa'rera** VT ⟨1⟩ reparieren, ausbessern
repertoar [repɛrtu'a:r] ⟨-en; -er⟩ Repertoire n; THEAT *a.* Spielplan m
repetera [repe'te:ra] VT ⟨1⟩ wiederholen, repetieren; THEAT proben **repeti'tion** ⟨-en; -er⟩ Wiederholung f; THEAT Probe f
repig ['re:pi(g)] ADJ zerkratzt
replik [re'pli:k] ⟨-en; -er⟩ Erwiderung f, Entgegnung f, Gegenrede f, Replik f; THEAT Dialogstelle f **repli'kera** VT ⟨1⟩ entgegnen **replikskifte** SN Wortwechsel m
reportage [rɛpɔr'ta:ʃ] N ⟨-et; -⟩ Bericht m, Reportage f **repor'ter** ⟨-n; -ar⟩ Berichterstatter(in) m(f), Reporter(in) m(f)
representant [reprɛsan'tant] ⟨-en; -er⟩ Vertreter(in) m(f), Repräsentant(in) m(f) **representa'tion** ⟨-en; -er⟩ Vertretung f, Repräsentation f **representativ** ADJ repräsentativ **represen'te-**

ra _VT_ ⟨1⟩ vertreten, repräsentieren; darstellen

repressalier [reprə'sɑːliər] _PL_ Vergeltungsmaßnahmen _pl_, Repressalien _pl_

repris [re'priːs] ⟨-en; -er⟩ _a._ MUS Wiederholung _f_, Wiederaufführung _f_, Reprise _f_; **gå i ~** wieder aufgeführt werden

reproducera [reprudɯ'seːra] _VT_ ⟨1⟩ nachbilden, reproduzieren; wiedergeben; vervielfältigen **reproduk'tion** ⟨-en; -er⟩ Nachbildung _f_, Reproduktion _f_; Wiedergabe _f_; Vervielfältigung _f_

repstege ['reːpsteːgə] _S_ Strickleiter _f_

reptil [rep'tiːl] ⟨-en; -er⟩ Reptil _n_, Kriechtier _n_

republik [repɯ'bliːk] ⟨-en; -er⟩ Republik _f_ **republi'kan** ⟨-en; -er⟩ Republikaner(in) _m(f)_ **republi'kansk** _ADJ_ republikanisch

resa[1] ['reːsa] ⟨2⟩ _A_ _VT_ aufrichten, errichten, aufstellen; _fig_ erheben _B_ _VR_ **~ sig** aufstehen; aufragen; sich aufrichten; sich erheben, _fig_ Haar sich sträuben; **~ sig över ngt** etw überragen

resa[2] _A_ ⟨-n; -or⟩ Reise _f_, Fahrt _f_; **på ~(n)** auf der Reise; **trevlig ~!** gute Reise! _B_ _VI_ ⟨2⟩ reisen, fahren _C_ _VIP_ ⟨2⟩ **~ 'bort/i'väg** verreisen, wegreisen; **~ i'genom** durchreisen; **~ 'in** einreisen; **~ 'vidare** weiterreisen **resande** _A_ _ADJ_ reisend; **på ~ fot** auf Reisen, unterwegs _B_ _N_ ⟨-t; kein _pl_⟩ Reisen _n_ **reseapotek** _S_ Reiseapotheke _f_ **researrangör** _S_ Reiseveranstalter _m_ **resebolag** _SN_ Reisegesellschaft _f_ **resebroschyr** _S_ Reiseprospekt _m_ **resebyrå** _S_ Reisebüro _n_ **resecheck** _S_ Reisescheck _m_ **reseersättning** _S_ Reisekostenerstattung _f_ **reseförsäkring** _S_ Reiseversicherung _f_ **resehandbok** _S_ Reiseführer _m_ **resekostnader** _PL_ Reisekosten _pl_, Fahrtkosten _pl_ **reseledare** _S_ Reiseleiter(in) _m(f)_ **rese'när** ⟨-en; -er⟩ Reisende(r) _m/f(m)_

reserv [re'særv] ⟨-en; -er⟩ Reserve _f_ **reser'vat** _N_ ⟨-et; -⟩ Naturschutzgebiet _n_; Reservat _n_ **reserva'tion** ⟨-en; -er⟩ Vorbehalt _m_; Zurückhaltung _f_ **reservdel** _S_ Ersatzteil _n_ **reservdunk** _S_ Reservekanister _m_ **reservdäck** _SN_ AUTO Ersatzreifen _m_ **reser-**

'vera ⟨1⟩ _A_ _VT_ reservieren; belegen; zurücklegen; _fig_ offenhalten; vorbehalten _B_ _VR_ **~ sig** Vorbehalte anmelden, Einspruch erheben **reser'verad** _ADJ_ reserviert; _fig_ zurückhaltend **reservering** ⟨-en; -ar⟩ Reservierung _f_ **reservhjul** _SN_ Reserverad _n_, Ersatzrad _n_ **reservnyckel** _S_ zweiter Schlüssel _m_

reservoar ⟨-en; -er⟩ Reservoir _n_, Behälter _m_ **reservoarpenna** _S_ Füllfeder _f_, Füll(feder)halter _m_, Füller _m_

reservsits _S_ Notsitz _m_ **reservtank** _S_ Reservetank _m_

reseskildring ['reːsəʃildriŋ] _S_ Reiseschilderung _f_ **resesällskap** _SN_ → **ressällskap resevaluta** _S_ Reisedevisen _pl_ **resevarning** _S_ Reisewarnung _f_ **resfeber** _S_ Reisefieber _n_ **resgods** _SN_ (Reise-)Gepäck _n_ **resgodsexpedition** _S_ Gepäckabfertigung _f_ **resgodsförvaring** _S_ Gepäckaufbewahrung _f_ **resgodsinlämning** _S_ Gepäckannahme _f_ **resgodsutlämning** _S_ Gepäckausgabe _f_

residens [resi'dɛns] _N_ ⟨-et; -⟩ Residenz _f_ **resi'dera** _VI_ ⟨1⟩ residieren

resignation [resiŋna'juːn, -sinja-] ⟨-en; kein _pl_⟩ Resignation _f_ **resig'nera** _VI_ ⟨1⟩ resignieren, sich ergeben **resig'nerad** _ADJ_ ergeben, resigniert

resistens [resi'stɛns] ⟨-en; -er⟩ Resistenz _f_, Widerstand _m_ **resistent** _ADJ_ widerstandsfähig, resistent

reskamrat ['reːskamˌrɑːt] _S_ Reisegefährte _m_, Reisegefährtin _f_ **reskassa** _S_ Reisekasse _f_

reslig ['reːsli(g)] _ADJ_ stattlich, groß, hoch(gewachsen)

reslust ['reːsløst] _S_ Reiselust _f_ **reslysten** _ADJ_ reiselustig

resmål _SN_ Reiseziel _n_

resning ['reːsniŋ] ⟨-en; -ar⟩ Aufrichtung _f_, Errichtung _f_, Aufbau _m_; _fig_ Erhebung _f_, Aufstand _m_; _fig_ Größe _f_, Bedeutung _f_; überragende Gestalt; JUR **~ i målet** Wiederaufnahmeverfahren _n_

resolut [resɔ'lʉːt] _ADJ_ entschlossen, resolut; **helt ~** kurz entschlossen **resolu'tion** ⟨-en; -er⟩ Beschluss _m_, Resolution _f_

reson [re'suːn] ⟨inv⟩ Vernunft _f_, Räson _f_; **ta ~** Vernunft annehmen; **tala ~ med ngn** j-m Vernunft predigen, j-n zur Ver-

nunft bringen; **utan rim och ~** ohne Sinn und Verstand
resonans [rɛsɔˈnaŋs] ⟨-en; -er⟩ Resonanz *f*; *fig a.* Anklang *m*, Widerhall *m* **resonansbotten** S̄ Resonanzboden *m*, Schallboden *m*
resonemang [rɛsɔnɛˈmaŋ] N̄ ⟨-et; -⟩ Unterredung *f*; Überlegung *f*, Gedankengang *m* **resoˈnera** ⟨1⟩ **A** V̄I (be)reden, (be)sprechen **B** V̄P **~ ˈbort** wegdiskutieren **reˈsonlig** ADJ vernünftig, verständig, (jemand) der mit sich reden lässt
resp. ABK (= respektive) bzw. (*beziehungsweise*)
respekt [rɛˈspɛkt] ⟨-en; kein pl⟩ Achtung *f*, Respekt *m*; **ha ~ med sig (hos ngn), inge (ngn) ~** (j-m) Respekt einflößen; **sätta sig i ~** sich (*dat*) Achtung/Respekt zu verschaffen wissen **reˈspekˈtabel** ADJ respektabel, angesehen, achtbar; beträchtlich, ansehnlich **respekˈtera** V̄T ⟨1⟩ respektieren, achten, berücksichtigen **respektingivande** ADJ Achtung gebietend **respektive** ADJ beziehungsweise, respektive **respektlös** ADJ respektlos **respektlöshet** ⟨-en; kein pl⟩ Respektlosigkeit *f*
respengar [ˈreːspɛŋar] PL Reisegeld *n sg*
respirator [rɛspirˈraːtɔr] ⟨-n; -er⟩ Respirator *m*
respit [rɛˈspiːt] ⟨-en; -er⟩ Frist *f*; Aufschub *m*
resplan [ˈreːsplɑːn] S̄ Reiseplan *m*
respons [rɛˈspɔns] ⟨-en; kein pl⟩ Resonanz *f*, Widerhall *m*
resrutt [ˈreːsrʉt] Reiseroute *f*, Reiseweg *m* **ressällskap** S̄ N̄ Reisegesellschaft *f*, Reisegefährte *m*; **få ~ a.** zusammen/miteinander reisen/fahren
rest [rɛst] ⟨-en; -er⟩ Rest *m*, Rückstand *m*, Überbleibsel *n*; **för ~en** übrigens, im Übrigen
restaurang [rɛstøˈraŋ] ⟨-en; -er⟩ Restaurant *n*, Gaststätte *f*, Lokal *n*; **på ~** im Restaurant; **gå på ~** ins Restaurant gehen **restaurangbesök** S̄ N̄ Besuch *m* eines Restaurants **restaurangbransch** S̄ Gastronomie *f* **restaurangvagn** S̄ BAHN Speisewagen *m* **restauration** [rɛstaʉraˈʃuːn] ⟨-en; -er⟩ Restauration *f*, Wiederherstellung *f* **restauˈrera** V̄T ⟨1⟩ wiederherstellen, restaurieren **restauˈrering** ⟨-en; -ar⟩ Wiederherstellung *f*, Restaurierung *f*
restera [rɛsˈteːra] V̄I ⟨1⟩ übrig sein; im Rückstand sein **reˈsterande** ADJ restlich; rückständig; **~ belopp** *n* Restbetrag *m*
restriktion [rɛstrikˈʃʉːn] ⟨-en; -er⟩ Beschränkung *f*, Einschränkung *f*, Restriktion *f* **restrikˈtiv** ADJ beschränkend, einschränkend, restriktiv
restskatt [ˈrɛstskat] S̄ Steuerrückstand *m*; **betala ~** Steuern nachzahlen
resultat [rɛsɵlˈtɑːt] N̄ ⟨-et; -⟩ Ergebnis *n*, Resultat *n*; Erfolg *m* **resultatinriktad** ADJ ergebnisorientiert **resultatlös** ADJ ergebnislos, erfolglos, resultatlos **resulˈtera** V̄I ⟨1⟩ **~ i zur** Folge haben, zu etw führen
resumé [rɛsʉˈmeː] ⟨-n; -er⟩ Zusammenfassung *f*, Resümee *n*
resurs [rɛˈsɵʂ] ⟨-en; -er⟩ (Hilfs-)Mittel *n*, Hilfsquelle *f*; **~er** *pl a.* Mittel *pl*, Geldmittel *pl*; **utnyttja sina ~er** seine Möglichkeiten ausnutzen
resvan [ˈreːsvɑːn] ADJ das Reisen gewohnt **resväska** S̄ Koffer *m*
resår [rɛˈsoːr] ⟨-en; -er⟩ Sprungfeder *f*; Gummizug *m* **resårband** S̄ N̄ Gummiband *n* **resårbotten** S̄ **med ~** mit Sprungfedern **resårmadrass** S̄ Sprungfedermatratze *f*
reta [ˈreːta] ⟨1⟩ **A** V̄T ärgern, necken; reizen; anregen **B** V̄R **~ sig** sich ärgern (**på/över** über *akk*) **C** V̄P **~ ˈupp** aufregen, erregen, in Wut bringen; **~ ˈupp sig** sich ärgern, sich aufregen (**på/över** über *akk*) **retande** ADJ (an-, auf)reizend; erregend **retas** V̄I ⟨dep 1⟩ sich necken; **~ med ngn** sich aufregen; j-n necken **retbar** ADJ reizbar **retelse** ⟨-n; -r⟩ Reiz *m* **retful** ADJ ärgerlich; aufreizend, unangenehm **rethosta** S̄ Reizhusten *m* **retlig** ADJ reizbar; gereizt; *umg* grantig **retlighet** ⟨-en; kein pl⟩ Reizbarkeit *f*; Gereiztheit *f* **retning** ⟨-en; -ar⟩ Reiz *m*, Reizung *f*
retorisk [rɛˈtuːrisk] ADJ rhetorisch **retroaktiv** ADJ rückwirkend **retrospektiv** ADJ rückblickend
reträtt [rɛˈtrɛt] ⟨-en; -er⟩ Rückzug *m*; **ta till ~en** den Rückzug antreten; *fig umg* einen Rückzieher machen

retsam ['re:tsam] ADJ ärgerlich; aufreizend; verdrießlich **retsticka** umg S Stichler m, Zankteufel m
retur [re'tu:r] Rückfahrt f; Rücksendung f; **vara på ~** nachlassen; **tur och ~** hin und zurück **returbiljett** S Rückfahrkarte f **returflaska** S Pfandflasche f **returförpackning** S Mehrwegpackung f **returglas** S N Pfandflasche f **returglasbehållare** S Altglascontainer m **returmatch** S Rückspiel n **retur'nera** VIT ⟨1⟩ zurücksenden, nachsenden **returpapper** S N Altpapier n **returporto** S N Rückporto n **returtangent** S COMPUT Returntaste f
retuschera [retø'ŋe:ra] VIT ⟨1⟩ retuschieren
reumatisk [reɵ'ma:tisk] ADJ rheumatisch **reuma'tism** ⟨-en; kein pl⟩ Rheuma n, Rheumatismus m
rev[1] [re:v] ⟨-en; -ar⟩ (Angel-)Schnur f
rev[2] N ⟨-et; -⟩ GEOG Riff n, Klippe f
reva ['re:va] ⟨-n; -or⟩ **1** Riss m, Schramme f **2** BOT Ranke f, Rebe f; Wurzelausläufer m
revalvera [reval've:ra] VIT ⟨1⟩ aufwerten **revalvering** ⟨-en; -ar⟩ Aufwertung f
revansch [re'vanʃ, -anʃ] ⟨-en; -er⟩ Vergeltung f, Revanche f; **ta ~** sich revanchieren, Vergeltung üben, sich rächen (**på ngn för ngt** an j-m für etw) **revan'schera** VIR ⟨1⟩ **~ sig** sich revanchieren
revben ['re:vbe:n] S N Rippe f **revbensbrott** S N MED Rippenbruch m **revbensspjäll** S N GASTR Rippe(n)speer m od n
revelj [re'vɛlj] ⟨-en; -er⟩ MIL Wecken m
revers [re'væʃ] ⟨-en; -er⟩ Schuldschein m, Revers m; *Münze* Kehrseite f
revetera [revə'te:ra] VIT ⟨1⟩ ARCH verputzen **revetering** ⟨-en; -ar⟩ (Ver-)Putz m
revidera [revi'de:ra] VIT ⟨1⟩ prüfen, revidieren
revir [re'vi:r] N ⟨-et; -⟩ Revier n
revision [revi'ʃu:n] ⟨-en; -er⟩ *a.* JUR Revision f; Überprüfung f; WIRTSCH *a.* Buchprüfung f **revisionsberättelse** S Prüfungsbericht m, Rechnungsbericht m **revisionsbyrå** S Wirtschaftsprüfungsgesellschaft f **re'visor** ⟨-en; -er⟩ Revisor(in) m(f); WIRTSCH *a.* Bücherrevisor(in) m(f), Wirtschaftsprüfer(in) m(f)
revolt [re'volt] ⟨-en; -er⟩ Aufruhr m, Aufstand m, Revolte f **revol'tera** VIT ⟨1⟩ sich auflehnen/empören, revoltieren **revolution** [revolɵ'ʃu:n] ⟨-en; -er⟩ Umwälzung f, Revolution f **revolutio'nera** VIT ⟨1⟩ umwälzen, revolutionieren **revolutio'när** **A** ADJ (staats)umwälzend, revolutionär **B** ⟨-en; -er⟩ Revolutionär(in) m(f)
revolver [re'volvər] ⟨-n; -ar⟩ Revolver m
revorm ['re:vurm] ⟨-en; -ar⟩ MED Flechte f
revy [re'vy:] ⟨-n; -er⟩ THEAT Revue f; *fig* **passera ~** Revue passieren
revär [re'væ:r] ⟨-en; -er⟩ Biese f
ribba ['riba] ⟨-n; -or⟩ Latte f; *Turnen* Sprosse f **ribbstickad** ADJ im Rippenmuster gestrickt, gerippt **ribbstol** S *Turnen* Sprossenwand f
ricinolja [ri'si:nɔlja] S Rizinusöl n
rida [ri:da] ⟨4⟩ **A** VIT, VII rejten **B** V/P **~ 'in** einreiten; zureiten; **~ om'kull** mit dem Pferd stürzen; über den Haufen reiten; **~ 'ut** ausreiten; **~ 'ut en storm** einen Sturm aushalten **ridande** ADJ reitend, beritten; **komma ~** (an)geritten kommen **ridbana** S Reitbahn f **ridbyxor** PL Reithose f sg
riddarborg ['ridarbɔrj] S Ritterburg f **riddare** ⟨-n; -⟩ Ritter m **riddarrustning** S Ritterrüstung f **riddarsporre** S BOT Rittersporn m **riddarstånd** S N Ritterstand m **riddarväsen** S N Rittertum n **ridderlig** ADJ ritterlich **ridderlighet** ⟨-en; kein pl⟩ Ritterlichkeit f
riddräkt ['ri:drɛkt] S Reitanzug m, Reitkostüm n **ridhus** S N Reithalle f **ridhäst** S Reitpferd n **ridning** ⟨-en; -ar⟩ Reiten n; Reitkunst f **ridskola** S Reitschule f **ridspö** S N Reitgerte f **ridstövel** S Reitstiefel m **ridtur** S Spazierritt m **ridväg** S Reitweg m
ridå [ri'do:] ⟨-n; -er⟩ Vorhang m
rigg [rig] ⟨-en; -ar⟩ SCHIFF Takelung f, Takelage f, Takelwerk n **rigga** VIT ⟨1⟩ (auf)takeln
rigorös [rigɵ'rø:s] ADJ rigoros, streng, unerbittlich
rik [ri:k] ADJ reich (**på an** *dat*)

rike [´ri:kə] N ⟨-t; -n⟩ Reich n
rikedom [´ri:kədum] S Reichtum m
rikhaltig ADJ reichhaltig **riklig** ADJ reichlich, ausgiebig
riksbank [´riksbaŋk] S Reichsbank f
riksbekant ADJ weit bekannt, allbekannt **riksdag** S Reichstag m **riksdagsbeslut** S N Beschluss m des Reichstags **riksdagsgrupp** S Reichstagsfraktion f **riksdagshus** S N Reichstagsgebäude n **riksdagsledamot** S Mitglied n des Reichstags **riksdagsman** S Reichstagsabgeordnete(r) m/f(m) **riksdagsval** S N Reichstagswahl f **riksgräns** S Reichsgrenze f **riksplan** S på ~et auf Landesebene **riksspråk** S N Landessprache n **rikstidning** S überregionale Zeitung f **riksvapen** S N Reichswappen n **riksväg** S Fernstraße f **riksåklagare** S Staatsanwalt m, Staatsanwältin f
rikta VT ⟨1⟩ richten, lenken; zielen (mot auf akk), (till an akk); ~ ett ord till ngn das Wort an j-n richten
riktig [´rikti(g)] ADJ richtig, recht; wirklich, wahr; en ~ vän ein wirklicher Freund **riktighet** ⟨-en; kein pl⟩ Richtigkeit f **riktigt** ADV richtig, recht; inte ~ nicht ganz; ~ bra ganz gut; på ~ in echt
riktlinje [´riktlinjə] fig S Richtlinie f **riktmärke** S N Richtpunkt m **riktning** ⟨-en; -ar⟩ Richtung f; ändra ~ die Richtung ändern; i båda ~arna nach beiden Richtungen; i ~ mot nach (od zu) ... hin **riktnummer** S N TEL Vorwahl f **riktpunkt** S Richtpunkt m, Zielpunkt m **riktsnöre** S N Richtschnur f
rim [rim] N ⟨-met; -⟩ Reim m; utan ~ och reson ohne Sinn und Verstand
rimfrost [´rimfrost] S (Rau-)Reif m; täckt med ~ bereift
rimlig [´rimli(g)] ADJ plausibel, angemessen, mäßig; vernünftig; wahrscheinlich; ~t pris angemessener Preis
rimlighet ⟨-en; -er⟩ Billigkeit f, Mäßigkeit f, Angemessenheit f; Wahrscheinlichkeit f **rimligtvis** ADV logischerweise; eigentlich
rimma¹ [´rima] VT ⟨1⟩ leicht salzen
rimma² VI ⟨1⟩ reimen (på auf akk); det ~r på das reimt sich auf
ring [riŋ] ⟨-en; -ar⟩ Ring m; Kreis m;

AUTO Reifen m; **ställa sig i** ~ sich im Kreis aufstellen **ringa**¹ VP ⟨1⟩ ~ 'in einkreisen, um'stellen
ringa² ⟨2⟩ A VT TEL läuten, klingeln, schellen; det ringer i telefonen das Telefon läutet/klingelt; det ringer på dörren es klingelt an der Tür; ~ på klockan klingeln C VP ⟨1⟩ ~ 'in einläuten; ~ 'på hos ngn bei j-m klingeln; ~ 'upp ngn j-n anrufen
ringa¹ ADJ gering(fügig), wenig; min ~ person meine Wenigkeit; inte det ~ste nicht im Geringsten, ganz und gar nicht; inte det ~ste tvivel nicht der leiseste Zweifel **ringakta** VT ⟨1⟩ gering schätzen, missachten **ringaktning** S Geringschätzung f
ringblomma [´riŋbluma] S BOT Ringelblume f **ringdans** S Reigen(tanz) m, Ringelreihen m **ringfinger** S (N) Ringfinger m **ringklocka** S Klingel f
ringla [riŋla] VR ⟨1⟩ ~ sig sich ringeln **ringlek** [´riŋle:k] S Reigentanz m, Reigenspiel n **ringmur** S Ringmauer f
ringmärka VT ⟨2⟩ beringen
ringning [´riŋniŋ] ⟨-en; -ar⟩ 1 Läuten n, Klingeln n, Schellen n 2 Ausschnitt m **ringsignal** S Klingelton m
rink [rink] ⟨-en; -ar⟩ SPORT Eisfläche f, Spielfläche f
rinna [´rina] ⟨4⟩ A VI rinnen, fließen, laufen B VP ~ 'av abfließen, ablaufen; ~ 'bort (sich) verlaufen; fig zerrinnen; ~ 'fram dahinfließen; ~ 'upp entspringen; ~ 'ur/'ut auslaufen; sich ergießen, münden (i in akk); ~ 'ut i sanden sich im Sande verlaufen; ~ 'över 'überfließen, 'überlaufen
ripa [´ri:pa] ⟨-n; -or⟩ ZOOL Schneehuhn n
rips [rips] a. ⟨-en/-et; -er⟩ Rips m
ris [ri:s] N ⟨-et; -⟩ 1 GASTR Reis m 2 BOT koll Reisig n; Rute f; ros och ~ Lob und Tadel **risgryn** S Reiskorn n; koll Reis m **risgrynsgröt** S Reisbrei m, Milchreis m **rishög** S Reisighaufen m **risig** ADJ struppig, gestrüppartig; umg känna sig ~ sich mies fühlen; ligga ~t till schlecht dastehen
risk [risk] ⟨-en; -er⟩ Gefahr f, Risiko n; löpa ~ Gefahr laufen; det är ~ för att ... es ist zu befürchten, dass ...; es besteht die Gefahr, dass ...; med ~ för att .. auf die Gefahr hin, dass

...; **på egen ~** auf eigene Gefahr; **ta ~en** riskieren **ri'skabel** ADJ gewagt, gefährlich, riskant **riskavfall** SN Sondermüll n **riskbeteende** SN risikoreiches Benehmen **ri'skera** VT ⟨1⟩ wagen, riskieren, aufs Spiel setzen; Gefahr laufen **riskfri** ADJ sicher, gefahrlos **riskfylld** ADJ risikoreich **riskgrupp** S Risikogruppe f **riskmoment** SN Gefahrenmoment n

riskokare ['risːkuːkarə] ⟨-n; -⟩

riskområde [risk-] SN, **riskzon** S Gefahrenzone f

risodling ['riːsuːdlin] S Reis(an)bau m

risotto ⟨-n; kein pl⟩ Risotto m

rispa ['rispa] A ⟨-n; -or⟩ Ritze f, Schlitz m, Riss m; Schramme f B VT ⟨1⟩ ritzen, reißen; schrammen C VR ⟨1⟩ ~ **sig** (aus)fasern, (aus)fransen; ~ **sig i handen** sich an der Hand ritzen D VP ⟨1⟩ ~ **'upp** aufschlitzen, aufreißen

rista[1] ['rista] VP ⟨1⟩ ~ **'in** (ein)ritzen, (ein)schneiden

rista[2] VT ⟨2⟩ rütteln, schütteln

rit [riːt] ⟨-en; -er⟩ Ritus m

rita ['riːta] ⟨1⟩ A VT, VI zeichnen B VP ~ **'av** abzeichnen **ritare** ⟨-n; -⟩ Zeichner(in) m(f) **ritbestick** SN Reißzeug n **ritblock** SN Zeichenblock m **ritbord** SN Zeichentisch m **ritbräde** SN Reißbrett n **ritning** ⟨-en; -ar⟩ Zeichnung n; konkret Zeichnung f **ritpapper** SN Zeichenpapier n

ritsa ['ritsa] VT ⟨1⟩ ritzen

ritt [rit] ⟨-en; -er⟩ Ritt m

ritual [ritu'aːl] ⟨-en; -er⟩ Ritual n **rituell** ADJ rituell

riva ['riːva] ⟨1⟩ A VT reiben; kratzen; reißen; abbrechen, herunterreißen, schleifen; ~ **hål på byxorna** sich (dat) ein Loch in die Hosen reißen B VI ~ **i ngt** in etw (dat) kramen, etw durchstöbern, durchwühlen; fig etw aufrühren C VR ~ **sig** sich kratzen; sich reißen D VP ~ **'av** abreißen; ~ **'ner** niederreißen, abreißen; ~ **sönder** zerreißen; ~ **'upp** aufreißen; ~ **'upp ett beslut** einen Beschluss rückgängig machen; ~ **'ut** (her)ausreißen

rival [ri'vaːl] ⟨-en; -er⟩ Nebenbuhler(in) m(f), Rivale m, Rivalin f; Mitbewerber(in) m(f) **rivali'sera** VT ⟨1⟩ wetteifern, rivalisieren (**med** mit), (**om** um) **rivali'tet** ⟨-en; -er⟩ Rivalität f

rivig ['riːvi(g)] ADJ energisch; **en ~ låt** ein schwungvolles Lied **rivjärn** SN Reibe f, Reibeisen n; fig umg Hausdrachen m, böse Sieben **rivning** ⟨-en; -ar⟩ Reiben n; Reißen n; Abbruch m **rivningshus** SN baufälliges Haus n **rivstart** S AUTO Blitzstart m

ro[1] [ruː] ⟨-n; kein pl⟩ Ruhe f (**för** vor dat); **i lugn och ~**, **i godan ~** in (aller) Ruhe; **slå sig till ~** sich zur Ruhe setzen; fig sich zufriedengeben/abfinden (**med** mit); **för ~ skull** zum Spaß/Zeitvertreib

ro[2] ⟨3⟩ A VI rudern B VP umg fig ~ **'hit med det!** her damit!; ~ **'ut** hinausrudern; ~ **'över** übersetzen

roa ['ruːa] VT ⟨1⟩ amüsieren, belustigen, ergötzen, unterhalten (**sig** sich); **det ~r mig (inte)** es macht mir (keinen) Spaß/(kein) Vergnügen; **vara ~d av ngt** Vergnügen an etw (dat) finden; **bara tänka på att ~ sig** nur an das Vergnügen denken; ~ **sig på ngns bekostnad** sich über j-n lustig machen **roande** ADJ amüsant, belustigend, unterhaltend

robot ['rɔbɔt] ⟨-en; -ar⟩ Roboter m; Rakete f **robotvapen** SN Missile n, Raketenwaffe f

robust [rɔ'bøst] ADJ robust, stämmig, derb

rock [rɔk] ⟨-en; -ar⟩ Mantel m; **vit ~** weißer Kittel; fig **vara för kort i ~en** zu klein sein; seinen Aufgaben nicht gewachsen sein

rocka[1] ['rɔka] ⟨-n; -or⟩ Rochen m

rocka[2] umg VI ⟨1⟩ rocken; **det ~r fett!** das ist geil!

rockad [rɔ'kaːd] ⟨-en; -er⟩ Schach Rochade f

rockficka ['rɔkfika] S Manteltasche f **rockhängare** S Kleiderhaken m; Aufhänger m; Kleiderbügel m

rockmusik ['rɔkmɵˌsiːk] S Rockmusik f

rodd [rud] ⟨-en; -er⟩ Rudern n **roddare** Ruderer m, Ruderin f **roddbåt** S Ruderboot n **roddklubb** S Ruderklub m **roddtur** S Ruderfahrt f **roddtävling** S Ruderregatta f, Wettrudern n **roder** ['ruːdər] N ⟨-et; -⟩ SCHIFF Ruder n, Steuer n

rodna ['ruːdna] VI ⟨1⟩ erröten, rot werden (**av** vor dat), (**över** über akk); ~ **över**

hela ansiktet über und über erröten
rodnad ⟨-en; -er⟩ Erröten *n*; Röte *f*
roffa [ˈrɔfa] VP ⟨1⟩ ~ **åt sig** an sich raffen
rogivande [ˈruːjiːvandə] ADJ beruhigend
rojalism [rɔjaˈlism] ⟨-en; kein pl⟩ Royalismus *m* **rojaˈlist** ⟨-en; -er⟩ Royalist *m* **rojaˈlistisk** ADJ royalistisch
rolig [ˈruːli(g)] ADJ amüsant, lustig, vergnüglich, erfreulich; unterhaltend; spaßig, drollig; **ha ~t** sich amüsieren, Spaß haben; **ha ~ åt ngn** sich über *j-n* lustig machen; **det var ~t att ...** es freut mich sehr, dass ...; **så /vad ~t!** wie schön/nett!; **förstöra det ~a** das Vergnügen/den Spaß verderben **rolighet** ⟨-en; -er⟩ Witz *m*
roll [rɔl] ⟨-en; -er⟩ Rolle *f*
rollator [rɔˈlaːtɔr] ⟨-n; -er⟩ Gehhilfe Gehwagen *m*, Rollator *m*
rollbesättning S Casting *n* **rollista** S Personenverzeichnis *n*
roll-on-deodorant S Deoroller *m*
rollspel [ˈrɔlspeːl] SN Rollenspiel *n*
rolös [ˈruːløːs] ADJ ruhelos, rastlos
rom[1] [rɔm] ⟨-men; kein pl⟩ **1** Rogen *m*, Fischlaich *m* **2** Rum *m*
rom[2] [rɔm] ⟨-men; -mer⟩ Rom(a) *m(f)*
roman [ruˈmɑːn] ⟨-en; -er⟩ Roman *m* **romanförfattare** S Romanschriftsteller(in) *m(f)*
romani [ˈroːmani] ⟨-n; kein pl⟩ Sprache der Sinti und Roma Romani *n*
romanist [rumaˈnist] ⟨-en; -er⟩ Romanist *m*
romans [ruˈmans, -ˈmaŋs] ⟨-en; -er⟩ Romanze *f*
romansk [ruˈmɑːnsk] ADJ romanisch
romantik [rumanˈtiːk] ⟨-en; kein pl⟩ Ro'mantik *f* **roˈmantiker** ⟨-n; -⟩ Romantiker(in) *m(f)* **romantiˈsera** VT ⟨1⟩ romantisieren **roˈmantisk** ADJ romantisch
romare [ˈrumarə] ⟨-n; -⟩ *Volk* Römer *m*
romb [rɔmb] ⟨-en; -er⟩ MATH Rhombus *m*
romersk [ˈruməʂk] ADJ römisch
ROM-minne [ˈrɔm-minə] SN IT ROM *n*
rond [rɔnd] ⟨-en; -er⟩ Runde *f*; SPORT *a.* Gang *m*; MED Visite *f*; MED **gå ~en** Visite machen
ronˈdell ⟨-en; -er⟩ Kreisverkehr *m*
rop [ruːp] N ⟨-et; -⟩ Ruf *m* (på nach); **vara i ~et** Mode (*od* beliebt) sein **ropa** ⟨1⟩ A VT, VI rufen; ~ **på hjälp** um Hilfe rufen; ~ **på ngn** *j-n* rufen; ~ **åt ngn** *j-m* zurufen B VP ~ **'in** hineinrufen; *Auktion* ersteigern; THEAT herausrufen; ~ **'upp** aufrufen; ~ **'ut** ausrufen; FLUG aufrufen
ros[1] [ruːs] ⟨-en; -or⟩ Rose *f*
ros[2] N ⟨-et; kein pl⟩ Lob *n*, Preis *m*; ~ **och ris** Lob und Tadel **rosa**[1] VT ⟨1⟩ rühmen, (lob)preisen
rosa[2] [ˈroːsa] ADJ rosa **rosafärgad** ADJ rosafarben, rosafarbig
rosenbuske [ˈruːsənbəska] S Rosenstrauch *m*, Rosenstock *m* **rosendoft** S Rosenduft *m* **rosenfärgad** ADJ rosig, rosenrot **rosenkindad** ADJ rosenwangig **rosenkrans** S Rosenkranz *m* **rosenrasande** *umg* ADJ fuchsteufelswild **rosenröd** ADJ rosenrot **rosenträ** S N Rosenholz *n*
rosett [ruˈsɛt] ⟨-en; -er⟩ Schleife *f*; Rosette *f* **rosettfönster** S N ARCH Fensterrose *f*
rosévin [roˈseːviːn] S N Rosé *n*
rosig [ˈruːsi(g)] ADJ rosig
rosmarin [rɔsmaˈriːn] ⟨-en; -er⟩ BOT Rosmarin *m*
rossla [ˈrɔsla] VI ⟨1⟩ röcheln **rosslande** N ⟨-t; -n⟩, **rossling** ⟨-en; -ar⟩ Röcheln *n*, Geröchel *n*
rost[2] [rɔst] ⟨-en; -ar⟩ (Feuer-)Rost *m*
rost[1] ⟨-en; kein pl⟩ Rost *m* **rosta** ⟨1⟩ A VT, VI rösten; ~**t bröd** Toast *m* B VI rösten C VP ~ **i'gen** einrosten, verrosten
rostbiff S Roastbeef *n* **rosteˈri** N ⟨-et; -er⟩ Rösterei *f* **rostfläck** S Rostfleck *m* **rostfri** ADJ rostfrei **rostig** ADJ rostig **rostning** ⟨-en; -ar⟩ **1** Rösten *n* **2** Rosten *n*
rot [ruːt] ⟨-en; rötter⟩ *a.* MATH Wurzel *f*; **gå till ~en med ngt** etw (*dat*) auf den Grund gehen; **rycka upp med rötterna** mit der Wurzel ausrotten; **slå ~** Wurzeln schlagen **rota** ⟨1⟩ A VI wühlen (**i** in *dat*) B VR ~ **sig** anwurzeln, Wurzeln schlagen **rotad** ADJ eingewurzelt
rotation [rutaˈʃuːn] ⟨-en; -er⟩ Umdrehung *f*, Rotation *f*
rotblöta [ˈruːtbløːta] *umg* S anhaltender Regen *m* **rotborste** S Wurzelbürste *f*

rote ['ru:tə] ⟨-n; -ar⟩ MIL Rotte f; SPORT Riege f
rotel ['ru:təl] ⟨-n; -ar⟩ Dezernat n
rotera [ru'te:ra] V̄I rotieren, sich drehen **rotering** ⟨-en; -ar⟩ Drehung f
rotfrukt s̄ Hackfrucht f; **~er** Wurzelgemüse n **rotfyllning** s̄ MED Wurzelfüllung f **rotfäste** S̄N få ~ Wurzel fassen
rotkatalog s̄ IT Wurzelverzeichnis n
rotlös ADJ wurzellos; fig entwurzelt
rotmos s̄ GASTR Steckrübenpüree n
rotselleri s̄ Sellerieknolle f **rotstock** s̄ BOT Wurzelstock m
rotting ['rɔtiŋ] ⟨-en; -ar⟩ BOT spanisches Rohr; Ausklopfer m
rotvälska ['ru:tvɛlska] ⟨-n; kein pl⟩ Kauderwelsch n; Rotwelsch n
roulett [ru'let] ⟨-en; -er⟩ Roulette n
rov [ru:v] N̄ ⟨-et; -⟩ Raub m; Beute f; fig a. Opfer n
rova ['ru:va] ⟨-n; -or⟩ BOT (Futter-)Rübe f; fig Uhr Zwiebel f
rovdjur ['ru:vju:r] S̄N Raubtier n **rovdrift** s̄ Raubbau m **rovfisk** s̄ Raubfisch m **rovfågel** s̄ Raubvogel m
royalty ['rɔjalti] ⟨-n; -er⟩ Tantieme f; Lizenzgebühr f
rubb [rəb] ~ **och stubb** alles ohne Ausnahme; mit Stumpf und Stiel; **umg äta upp ~ och stubb** alles ratzekahl (fr)essen
rubba ['rəba] V̄T ⟨1⟩ (ver)rücken, verschieben; fig erschüttern; aus der Fassung bringen, stören **rubbad** umg ADJ verrückt, geistesgestört **rubbning** ⟨-en; -ar⟩ Störung f
rubin [rʉ'bi:n] ⟨-en; -er⟩ Rubin m
rubricera [rʉbri'se:ra] V̄T ⟨1⟩ überschreiben; bezeichnen, rubrizieren **rubrik** ⟨-en; -er⟩ Überschrift f, Rubrik f, (Kolumnen-)Titel m; **stor/fet ~** Schlagzeile f
rucka ['rɵka] V̄T, V̄I ⟨1⟩ rücken; Uhr stellen, regulieren
ruckel ['rɵkəl] N̄ ⟨-et; -⟩ alte Baracke f; umg alter Kasten m, Bruchbude f
rudiment [rʉdi'ment] N̄ ⟨-et; -⟩ Rudiment n, Rest m **rudimen'tär** ADJ rudimentär
ruff¹ [rɵf] ⟨-en; -er⟩ SCHIFF (kleine) Kajüte f
ruff² umg N̄ ⟨-et; kein pl⟩ SPORT hartes/rohes Spiel n **ruffig** ADJ 1 schäbig, verfallen 2 SPORT hart, roh

rufsa ['rɵfsa] V̄P ⟨1⟩ ~ **'till** zerwühlen, zerzausen **rufsig** ADJ zerwühlt, zerzaust
rugga ['rəga] ⟨1⟩ A V̄T (auf)rauen B V̄I (sich) mausern C V̄P ~ **'upp sig** sich aufplustern **ruggig** ADJ struppig, rau, flauschig; ungemütlich, scheußlich; **känna sig ~** sich nicht wohlfühlen, frösteln **ruggning** ⟨-en; -ar⟩ Aufrauen n; Mauser f
ruin [rʉ'i:n] ⟨-en; -er⟩ Ruine f; fig Ruin m, Verderben n, Verfall m; **~er** pl a. Trümmer pl **rui'nera** V̄T ⟨1⟩ ruinieren, zugrunde richten, unterminieren
ruljangs [rɵl'jaŋs] ⟨-en; kein pl⟩ umg **sköta (hela) ~en** den Laden schmeißen
rulla ['rɵla] A ⟨-n; -or⟩ (Rang-)Liste f, Rolle f B V̄T, V̄I rollen; SCHIFF a. schaukeln, schwanken; IT blättern, scrollen; **~ ned** runterscrollen C V̄P ~ **'bort** abrollen, fortrollen; ~ **'fram** anrollen; ~ **i'hop** zusammenrollen; ~ **'in** (hin)einrollen, einwickeln; ~ **'ner** herunterrollen, herunterlassen, herunterziehen; ~ **'upp** aufrollen, aufwickeln; ~ **'ut** ausrollen **rull'ad** ⟨-en; -er⟩ Roulade f
rull'ator ⟨-n; -er⟩ Gehhilfe Gehwagen m, Rollator m **rullbräda** s̄ Rollbrett n, Skateboard n **rulle** ⟨-n; -ar⟩ Rolle f; **det var full ~** es war ordentlich was los **rullgardin** s̄ (Spring-)Rollo n, Rollvorhang m **rulljalusi** s̄ Rollladen m **rullskida** s̄ Rollerski m **rullskridsko** s̄ Rollschuh m **rullsten** s̄ KOLL Geröll n **rullstol** s̄ Rollstuhl m **rullstolsanpassad** ADJ rollstuhlgerecht **rullstolsbunden, rullstolsburen** ADJ Rollstuhlfahrer(in) m(f) **rulltrappa** s̄ Rolltreppe f **rulltårta** s̄ Biskuitrolle f
rum [rɵm] N̄ ⟨-met; -⟩ Raum m; Platz m; Zimmer n, Stube f; ~ **ledigt** Zimmer frei; **i första ~met** in erster Linie; **få ~** Platz finden; **äga ~** stattfinden; **lämna ~** Platz machen; fig Raum geben
rumla ['rɵmla] V̄I ⟨1⟩ bummeln, zechen
rumpa ['rɵmpa] ⟨-n; -or⟩ umg Hintern m, Popo m **rumphuggen** fig ADJ abgehackt
rumsadverb ['rɵmsadværb] s̄ Adverb n des Ortes **rumsantenn** s̄ Zimmerantenne f **rumsförmedling** s̄ Zimmervermittlung f **rumskamrat**

s̄ Zimmernachbar(in) *m(f)*, Zimmergenosse *m*, Zimmergenossin *f* **rumsren** ADJ stubenrein **rumsservice** s̄ Zimmerservice *m* **rumstemperatur** s̄ Zimmertemperatur *f*
rumstera [rʊm'steːra] VI ⟨1⟩ hausen
rumän [rʊ'mɛːn] ⟨-en; -er⟩ Rumäne *m* **Rumänien** N ⟨inv⟩ Rumänien *n* **rumänsk** ADJ rumänisch **rumänska** 🅰 ⟨-n; kein pl⟩ Rumänisch *n* 🅱 ⟨-n; -or⟩ Rumänin *f*
runa [ˈrʉːna] ⟨-n; -or⟩ Rune *f*; Nachruf *m*
rund [rɵnd] 🅰 ADJ rund; **i ~a tal/slängar** rund; **~a ord** unanständige Worte 🅱 ⟨-en; -er⟩ Runde *f* **runda** 🅰 ⟨-n; -or⟩ Runde *f* 🅱 VT ⟨1⟩ runden; **um die Ecke biegen**; SCHIFF um'segeln, um'fahren 🅲 VP **~ 'av** abrunden **rundbåge** s̄ ARCH Rundbogen *m* **rundel** ⟨-n; -ar⟩ Rund *n*, Kreis *m*; Ron'dell *n* **rundflygning** s̄ Rundflug *m* **rundfråga** s̄ Umfrage *f*, Rundfrage *f* **rundhänt** ADJ großzügig, freigebig **rundning** ⟨-en; -ar⟩ Rundung *f* **rundnätt** ADJ vollschlank; *umg* mollig **rundresa** s̄ Rundreise *f* **rundskrivelse** s̄ Rundschreiben *n* **rundsmörjning** s̄ TECH Abschmieren *n* **rundtur** s̄ Rundfahrt *f* **rundvandring** s̄ Rundgang *m*
runga [ˈrɵŋa] VI ⟨1⟩ schallen; dröhnen
runka [ˈrɵŋka] *vulg* VI ⟨1⟩ wichsen, sich einen runterholen
runologi [rʉnɔlɔˈgiː] ⟨-n; kein pl⟩ Runenforschung *f* **runskrift** s̄ Runenschrift *f* **runsten** s̄ Runenstein *m*
runt [rɵnt] 🅰 ADV rund; **~ omkring** ringsherum, ringsumher; **det går ~ för mig** mir dreht sich alles 🅱 PRÄP rund/rings um; **~ hörnet** um die Ecke (herum); **året ~** das ganze Jahr hindurch/über; **gå laget ~** die Runde machen, herumgehen **runtom(kring)** ADV, PRÄP rings(her)um
rus [rʉːs] N ⟨-et; -⟩ Rausch *m*; **sova ~et av sig** seinen Rausch ausschlafen
rusa [ˈrʉːsa] ⟨1⟩ 🅰 VT **~ motorn** den Motor hochjagen 🅱 VI stürzen, stürmen 🅲 VP **~ 'bort** fortstürzen; **~ (e)'mot** losstürzen (*auf akk*); **~ 'fram** hervorstürmen, heranstürmen; **~ för'bi** vorbeistürzen an (*dat*); **~ 'in** hereinstürmen; **~ 'på** darauf losstürzen; **~ 'på ngn** auf j-n losstürzen, losfahren, sich auf j-n stürzen; **~ 'upp** auffahren; **~ 'ut** hinausstürzen
rusch [rɵʃ] ⟨-en; -er⟩ Ansturm *m*, Andrang *m*
rusdryck [ˈrʉːsdryk] s̄ alkoholisches Getränk *n* **rusig** ADJ berauscht, betrunken
rusk [rɵsk] N ⟨-et; kein pl⟩ schlechtes Wetter *n*; *umg* Sauwetter *n*
ruska[1] [ˈrɵska] ⟨-n; -or⟩ abgehauener Zweig, Büschel *n*, Reisig *n*
ruska[2] ⟨1⟩ 🅰 VT schütteln, rütteln (**på ngn** j-n) 🅱 VI **~ på sig** sich schütteln 🅲 VP **~ 'om ngn** j-n rütteln; *fig* j-n erschüttern
ruskig [ˈrɵski(g)] ADJ rau, nasskalt; schrecklich, schauderhaft, unheimlich; scheußlich, widerlich; **~ historia** Schauergeschichte *f* **ruskväder** s̄ N nasskaltes Wetter *n*
rusning [ˈrʉːsnɪŋ] ⟨-en; -ar⟩ Andrang *m* **rusningstid** s̄ Hauptverkehrszeit *f*; Stoßzeit *f* **rusningstrafik** s̄ Stoßverkehr *m*, Berufsverkehr *m*
russin [ˈrɵsɪn] N ⟨-et; -⟩ Rosine *f*
rusta [ˈrɵsta] ⟨1⟩ 🅰 VT, VR rüsten (**sig** sich) 🅱 VP **~ 'av** abrüsten; **~ 'upp** aufrüsten
rustik ADJ ländlich, bäuerlich
rustning ⟨-en; -ar⟩ Rüstung *f* **rustningsindustri** s̄ Rüstungsindustrie *f*
ruta [ˈrʉːta] ⟨-n; -or⟩ Viereck *n*, Rhombus *m*, Raute *f*; Scheibe *f*; Feld *n* **ruter** ⟨-n; -⟩ *Kartenspiel* Karo *n*; **ha ~ i sig** Schneid/Mumm haben, energisch/zielbewusst sein **rutig** ADJ kariert, gewürfelt
rutin [rʉˈtiːn] ⟨-en; -er⟩ Routine *f* **ruti'nerad** ADJ routiniert, gewandt, geübt **rutinmässig** ADJ routinemäßig
rutscha [ˈrɵtʃa] VI ⟨1⟩ rutschen **rutschbana** s̄ Rutschbahn *f*
rutt [rɵt] ⟨-en; -er⟩ *Reise-* Route *f*
rutten [ˈrɵtən] ADJ faul, verfault, verdorben **ruttenhet** ⟨-en; kein pl⟩ Fäulnis *f*, Fäule *f*; *fig* Verderbtheit *f* **ruttna** [ˈrɵtna] VI ⟨1⟩ (ver)faulen, vermodern **ruttplanerare** ⟨-n; -⟩ Routenplaner *m*
ruva [ˈrʉːva] VI ⟨1⟩ brüten; *fig* **~ på ngt** über etw (*akk*) brüten; **~ på ägg** Eier ausbrüten; **~ på hämnd** Rache brüten, auf Rache sinnen **ruvning** ⟨-en; -ar⟩ Brüten *n*
rya(matta) [ˈryːa(mata)] ⟨-n; -or⟩

Knüpfteppich m
ryck [ryk] N ⟨-et; -⟩ Ruck m; fig Anwandlung f, Anfall m; **i ett ~** mit einem Ruck **rycka** ⟨2⟩ A VT, VI reißen, zerren, zupfen, rupfen (**i** an dat) B VI zucken; ziehen, rücken; **~ på axlarna** mit den Schultern zucken C VP **~ 'av** abreißen; **~ 'bort** wegreißen; Tod (hin)wegraffen; **~ 'fram** vorrücken; **~ 'in** einrücken; **~ 'med sig** mit sich reißen; **~ 'till** zusammenfahren, zusammenzucken; **~ 'till sig** an sich reißen; **~ 'upp** aufrücken; aufreißen; (her)ausreißen; fig aufrütteln; **~ 'upp sig** sich aufraffen; **~ 'ut** ausreißen, ausziehen; ausrücken; **~ 'åt sig** an sich reißen **ryckig** ADJ ruckartig **ryckning** ⟨-en; -ar⟩ Ruck(en) m, Zucken n, Zuckung f **ryckvis** ADV ruckweise
rygg [ryg] ⟨-en; -ar⟩ Rücken m; fig **hålla ngn om ~en** j-m den Rücken decken, j-m Halt geben; **skjuta ~** einen Buckel machen, den Rücken krümmen; fig **gå bakom ~en på ngn** j-n hintergehen; **det gick kalla kårar längs ~en på mig** es lief mir eiskalt den Rücken hinunter; umg **det rör mig inte i ~en** das ist mir schnuppe/wurs(ch)t **rygga** ⟨1⟩ A VT rückwärts schieben (od eines lassen); fig rückgängig machen, brechen B VI zurückweichen C VP **~ till'baka för ngt** vor etw (dat) zurückschrecken **ryggfena** S Rückenflosse f **ryggkota** S ANAT Wirbel m **rygglläge** S N Rückenlage f **ryggmärg** S Rückenmark n **ryggrad** S Rückgrat n, Wirbelsäule f **ryggradsdjur** S N Wirbeltier n **ryggradslös** ADJ wirbellos; fig rückgratlos, haltlos **ryggsim** S N Rückenschwimmen n **ryggskott** S N Hexenschuss m **ryggstöd** S N Rückenlehne f **ryggsäck** S Rucksack m **ryggtavla** S Rücken m, Buckel m
ryka [ˈryːka] ⟨4/2⟩ VI **1** rauchen, qualmen, dampfen; schwelen; **i ~nde fart** in rasender Fahrt; **~nde aktuell** brandaktuell; **~nde färsk** Brot ofenfrisch; Buch druckfrisch **2** verloren gehen; umg flöten gehen B VP **~ i'hop** aneinandergeraten; **~ 'på ngn** auf j-n losfahren, j-n anfallen
rykta [ˈrykta] VT ⟨1⟩ striegeln
ryktas [ˈryktas] VT UNPERS ⟨dep 1⟩ **det ~ att ...** es verlautet, dass ... **ryktbar** ADJ berühmt, namhaft **ryktbarhet** ⟨-en; -er⟩ Ruhm m, Berühmtheit f
ryktborste [ˈryktbɔʂtə] S Striegel m
rykte [ˈrykta] N ⟨-t; -n⟩ **1** Gerücht n; Gerede n **2** Ruf m, Ruhm m; **ha gott/dåligt ~** einen guten/schlechten Ruf haben; **ha gott ~ om sig** in gutem Ruf stehen **ryktesvis** ADV gerüchteweise

rymd [rymd] ⟨-en; -er⟩ Weltraum m, Luftraum m; Maß (Raum-)Inhalt m **rymddräkt** S Raumanzug m **rymdfarare** ⟨-n; -⟩ Raumfahrer(in) m(f) **rymdfart** S Raumfahrt f **rymdforskning** S Weltraumforschung f **rymdfärd** S Raumfahrt f **rymdlaboratorium** S N Raumlabor n **rymdmått** S N Hohlmaß n **rymdraket** S Weltraumrakete f **rymdskepp** S N Raumschiff n **rymdstation** S Raumstation f **rymdvarelse** S Außerirdische(r) m/f(m)
rymlig [ˈrymli(g)] ADJ geräumig, weit, groß **rymlighet** ⟨-en; kein pl⟩ Geräumigkeit f, Weite f, Größe f
rymma [ˈryma] ⟨2⟩ A VT fassen, enthalten; fig beinhalten, besagen; Platz haben für; **båten rymmer tio personer** es gehen zehn Personen in das Boot B VT, VI, VP (ent)fliehen, entweichen, weglaufen, entlaufen; umg ausreißen, durchbrennen; **~ fältet** das Feld räumen; **~ från fängelset** aus dem Gefängnis ausbrechen **rymmare** ⟨-n; -⟩ umg Flüchtige(r) m/f(m), Ausreißer(in) m(f) **rymmas** VI UNPERS ⟨dep 2⟩ Platz haben, hineingehen **rymning** ⟨-en; -ar⟩ Flucht f, Entlaufen n, Entweichen n
rynka [ˈrynka] A ⟨-n; -or⟩ Runzel f, Falte f B VT, VI/R ⟨1⟩ runzeln; falten (sig nich); kräuseln; **~ pannan** die Stirn runzeln C VI **~ på näsan** die Nase rümpfen **rynkad** ADJ gerunzelt, kraus **rynkig** ADJ faltig, runzelig; zerknittert
rysa [ˈryːsa] VI ⟨2/4⟩ schau(d)ern (av vor dat), sich grauen (för vor dat); **jag ryser när mir graut, ich graule mich **rysare** ⟨-n; -⟩ Reißer m, Thriller m
rysch [ryʃ] N ⟨-et; -⟩ Rüsche f
rysk [rysk] ADJ russisch **ryska 1** ⟨-n; kein pl⟩ Russisch n **2** ⟨-n; -or⟩ Russin f
ryslig [ˈryːsli(g)] ADJ schauerlich, schrecklich, entsetzlich, schauderhaft **ryslighet** ⟨-en; -er⟩ Schauerlichkeit

f, Schrecklichkeit f, Entsetzlichkeit f; Gräuel m **rysning** ⟨-en; -ar⟩ Schau(d)er m, Grau(s)en n; **det gick en ~ genom mig** ein Schauer überlief mich
ryss [rys] ⟨-en; -ar⟩ Russe m
ryssja ['ryʃa] ⟨-n; -or⟩ (Fisch-)Reuse f
Ryssland ['rysland] N̄ ⟨inv⟩ Russland n
ryta ['ry:ta] V̄i ⟨4⟩ brüllen; **~ åt ngn** j-n anbrüllen **rytande** N̄ ⟨-t; -n⟩ Gebrüll n, Brüllen n
rytm [rytm] ⟨-en; -er⟩ Rhythmus m (i gen) **ryt'mik** ⟨-en; kein pl⟩ Rhythmik f **ryt'misk** ADJ rhythmisch
ryttare ['rytara] ⟨-n; -⟩ Reiter(in) m(f)
rå¹ [ro:] ADJ roh; rau; unverarbeitet; **~ styrka** rohe Gewalt
rå² N̄ ⟨-et/-n; -n/-r⟩ MYTH Waldgeist m
rå³ ⟨3⟩ A V̄t können, vermögen B V̄/P **~ sig själv** sein eigener Herr sein C V̄/P ⟨inte⟩ **~ 'för** (nichts) dafür können; **~ 'med** bewältigen; **~ 'om** besitzen; verfügen über (akk); **~ 'på** überlegen sein (dat), fertig werden mit
råbarkad ['ro:barkad] fig ADJ ungehobelt, raubeinig
råbiff ['ro:bif] S̄ Tatarbeefsteak n
råbock ['ro:bɔk] S̄ ZOOL Rehbock m
råd [roːd] N̄ ⟨-et; -⟩ Rat m; Ausweg m, Hilfe f; Mittel n; **med ~ och dåd** mit Rat und Tat; **nu är goda ~ dyra** jetzt ist guter Rat teuer; **fråga ngn om ~/till ~s** j-n um Rat fragen, j-n zurate ziehen; **det finns ingen annan ~** es bleibt nichts andres übrig; **finna på ~** Mittel und Wege finden; **ha ~ med/till ngt** sich (dat) etw leisten können; **ha god ~** wohlsituiert sein **råda** ⟨2⟩ A V̄t (be)raten (**ngn ngt** j-m etw); **vad råder du mig till?** was/wozu rätst du mir? B V̄i herrschen, schalten, walten; verfügen; **~ över ngt** über etw herrschen (verfügen); **om jag fick ~** wenn es nach mir ginge; **tystnad rådde överallt** überall herrscht Stille **rådande** ADJ herrschend; **nu ~** jetzig, gegenwärtig
rådfråga [ro:dfro:ga] V̄t ⟨1⟩ zurate ziehen, befragen **rådfrågning** ⟨-en; -ar⟩ Ratsuche f **rådgivande** ADJ beratend **rådgivare** S̄ Ratgeber(in) m(f), Berater(in) m(f) **rådgivning** ⟨-en; -ar⟩ Beratung f **rådgivningsbyrå** S̄ Beratungsstelle f **rådgöra** V̄i ⟨4⟩ **~ med ngn om ngt** sich mit j-m über etw (akk) beraten **rådhus** S̄/N̄ Rathaus n **rådig** ADJ entschlossen, resolut; besonnen **rådighet** ⟨-en; kein pl⟩ Entschlossenheit f; Besonnenheit f; Geistesgegenwart f
rådjur ['ro:ju:r] S̄/N̄ ZOOL Reh n **rådjurssadel** S̄ GASTR Rehrücken m **rådjursstek** S̄ Rehbraten m
rådlös ['ro:dløs] ADJ ratlos **rådlöshet** ⟨-en; kein pl⟩ Ratlosigkeit f **rådman** S̄ JUR Amtsrichter(in) m(f) **rådplägning** ⟨-en; -ar⟩ Berat(schlag)ung f **rådrum** S̄/N̄ Bedenkzeit f **rådslå** V̄i ⟨4⟩ (be)ratschlagen, sich beraten (**om** über akk) **rådslag** S̄/N̄ Rat m, Ratschlag m; **hålla ~** Rat halten, beratschlagen (**om** über akk) **rådvill** ADJ ratlos; unschlüssig **rådvillhet** ⟨-en; kein pl⟩ Ratlosigkeit f, Unschlüssigkeit f
råg [ro:g] ⟨-en; kein pl⟩ BOT Roggen m
råga ['ro:ga] A ⟨inv⟩ Übermaß n; **till ~ på allt** noch obendrein B V̄t ⟨1⟩ häufen; fig **måttet är ~t** das Maß ist voll; fig **i ~t mått** in reichem Maße; **en ~d tallrik** ein gehäufter Teller
rågbröd ['ro:gbrø:d] S̄/N̄ Schwarzbrot n, Roggenbrot n
råge ['ro:gǝ] ⟨-n; kein pl⟩ Übermaß n
rågmjöl ['ro:gmjø:l] S̄/N̄ Roggenmehl n
rågsikt S̄ gesiebtes Weizen-Roggenmehl-Gemisch
råhet ['ro:he:t] ⟨-en; -er⟩ Rohheit f
råka¹ ['ro:ka] ⟨-n; -or⟩ ZOOL Saatkrähe f
råka² ⟨1⟩ A V̄t (an)treffen B V̄i geraten, kommen; **~ höra/komma/se** zufällig(erweise) hören/kommen/sehen; **~ i kläm** in die Klemme geraten; **~ i luven på varandra** sich (dat) in die Haare geraten; **~ illa ut** übel ankommen, sich in die Nesseln setzen; **~ ha sönder ngt** etw versehentlich kaputtmachen; **det har ~t bli hans yrke** es ist nun einmal sein Beruf geworden C V̄/P **~ 'fast gefasst werden**; umg geschnappt werden; **~ 'på ngn** an j-n geraten; **~ 'på ngt** auf etw (akk) stoßen; **~ 'ut för ngn** j-m in die Quere kommen, j-m in die Hände fallen; **~ 'ut för ngt** in etw (akk) geraten; **~ 'ut för obehag** sich (dat) Unannehmlichkeiten zuziehen; **~ 'ut för en olycka** einen Unfall erleiden
råkall ['ro:kal] ADJ nasskalt
råkas ['ro:kas] V̄i ⟨dep 1⟩ sich treffen/

råkost – räkning

sehen **råkost** ['ro:kɔst] S̄ Rohkost f
råma ['ro:ma] V̄i ⟨1⟩ brüllen; *Kuh a.* muhen **råmande** N̄ ⟨-t; -n⟩ Brüllen n, Gebrüll n; Muhen n
råmaterial ['ro:materi'a:l] S̄ N̄ Rohstoff m
rån¹ [ro:n] N̄ ⟨-et; -⟩ Waffel f
rån² ⟨-et; -⟩ Raub m **råna** V̄T ⟨1⟩ rauben (ngn på ngt j-m etw); ~ ngn j-n berauben ⟨-n; -⟩ Räuber(in) m(f)
rånförsök S̄ N̄ versuchter Raubüberfall m **rånkupp** S̄ Raubüberfall m
rånmord S̄ N̄ Raubmord m
råolja ['ro:ɔlja] S̄ Rohöl n **råris** S̄ N̄ Naturreis m **råriven** ADJ roh gerieben
råsiden S̄ N̄ Rohseide f **råskala** V̄T ⟨1⟩ roh schälen; ~d potatis *koll* Salzkartoffeln *pl* **råskinn** S̄ N̄ Rohling m
råsocker S̄ N̄ Rohzucker m **råstekt** ADJ ~ potatis *koll* rohe Bratkartoffeln *pl*
råtta ['rɔta] ⟨-n; -or⟩ ZOOL Ratte f; *Maus f* **råttfälla** S̄ Mausefalle f, Rattenfalle f **råttfärgad** ADJ mausgrau
råttgift S̄ N̄ Rattengift n **råtthål** S̄ N̄ Mauseloch n, Rattenloch n **råttäten** ADJ von Mäusen/Rattenangenagt
råvara ['ro:vɑ:ra] S̄ Rohstoff m **råvarubrist** S̄ Rohstoffmangel m
räck [rɛk] N̄ ⟨-et; -⟩ SPORT Reck n
räcka ['rɛka] ⟨2⟩ A V̄T reichen; erreichen B V̄i langen, ausreichen, hinreichen, genügen, dauern, währen; ~ för ngn j-m genügen C V̄P ~ 'fram (her)ausstrecken; ~ 'in hineinreichen; ~ 'upp hinaufreichen; ~ 'upp handen *Schule* sich melden **räcke** N̄ ⟨-t; -n⟩ Geländer n **räckhåll** S̄ N̄ Reichweite f (inom f) **räckvidd** S̄ Tragweite f, Reichweite f; *fig a.* Bereich m
räd [rɛ:d] ⟨-en; -er⟩ unerwarteter Angriff, Überraschungsangriff m
rädas ['rɛ:das] V̄i ⟨dep 2⟩ sich fürchten (för vor *dat*), fürchten (för für *akk*) **rädd** ADJ ängstlich, bange, furchtsam; vara ~ Angst haben, ängstlich sein, sich fürchten (för vor *dat*); sich scheuen; vara ~ om besorgt sein um (*akk*); sorgfältig/sparsam umgehen mit; vara ~ om sig sich schonen; var ~ om dig! pass gut auf dich auf!; inte vara ~ för besväret keine Mühe scheuen; jag är ~ för att ... ich fürchte, dass ...
rädda ['rɛda] ⟨1⟩ A V̄T retten (från vor *dat*); ~ livet på ngn j-m das Leben retten; inte vara/stå att ~ nicht zu retten sein B V̄P ~ sig 'undan ngn sich vor j-m retten **räddare** ⟨-n; -⟩ Retter(in) m(f)
räddhågad ADJ ängstlich, furchtsam
räddning ⟨-en; -ar⟩ Rettung f, Bergung f **räddningsarbete** S̄ N̄ Rettungsarbeit f, Bergung f **räddningsbåt** S̄ Rettungsboot n **räddningskår** S̄ Rettungsdienst m **räddningsmanskap** S̄ N̄ Rettungsmannschaft f **räddningsplanka** *fig* S̄ Rettungsanker m **räddningstjänst** S̄ Rettungsdienst m
rädisa ['rɛ(:)disa] ⟨-n; -or⟩ Radieschen n
rädsla ['rɛdsla] ⟨-n; -or⟩ Furcht f, Angst f
räffla ['rɛfla] A ⟨-n; -or⟩ Rille f; *Gewehr* Zug m B V̄T ⟨1⟩ rillen; *Gewehr* ziehen; ~t glas Riffelglas n
räfsa ['rɛfsa] A ⟨-n; -or⟩ Harke f, Rechen m B V̄T ⟨1⟩ harken, rechen
räka ['rɛ:ka] ⟨-n; -or⟩ ZOOL Garnele f, Krabbe f
räkenskap ['rɛ:kənskɑ:p] ⟨-en; -er⟩ Rechenschaft f, Abrechnung f (för über *akk*) **räkenskapsår** S̄ Rechnungsjahr n, Geschäftsjahr n **räkna** ⟨1⟩ A V̄T, V̄i rechnen; zählen; ~ i huvudet im Kopf rechnen; ~ på ngt auf etw (*akk*) rechnen; ~ ngt på fingrarna sich (*dat*) etw an den Fingern abzählen B V̄P ~ 'av abrechnen; ~ 'efter nachrechnen, nachzählen; ~ 'fel sich verrechnen, verzählen; ~ (i)'från abrechnen; ~ i'genom durchrechnen, durchzählen; ~ i'hop zusammenrechnen, zusammenzählen; ~ 'in einrechnen; ~ 'med mitzählen, mitrechnen, einrechnen; ~ 'om nachrechnen; umrechnen; ~ 'rätt richtig rechnen; ~ 'till hinzurechnen, hinzuzählen; ~ 'upp aufzählen, herzählen; ~ 'ut ausrechnen; ~ 'över nachzählen; über'schlagen **räknas** V̄i ⟨dep 1⟩ zählen (till zu) **räknebok** S̄ Rechenbuch n **räkneexempel** S̄ N̄ Rechenaufgabe f **räknefel** S̄ N̄ Rechenfehler m **räknemaskin** S̄ Rechenmaschine f **räkneord** S̄ N̄ GRAM Zahlwort n **räknesätt** S̄ N̄ Rechnungsart f **räkneverk** S̄ N̄ Zählwerk n
räkning ⟨-en; -ar⟩ *a.* WIRTSCH Rech-

nung f (**på** über akk); Schule Rechnen n; **för annans/egen ~** für fremde/eigene Rechnung; **göra upp ~en** die Rechnung begleichen/bezahlen, abrechnen; **lämna ngt ur ~en** etw unberücksichtigt (od außer Acht) lassen, von etw absehen; **ett streck i ~en** ein Strich durch die Rechnung; **ta med i ~en** (mit) in Rechnung ziehen; **tappa ~en** sich verzählen; die Übersicht verlieren

räls [rɛls] ⟨-en; -ar/-er⟩ Schiene f, Gleis n koll **rälsbuss** S̄ Triebwagen m, Schienen(omni)bus m

rämna¹ ['rɛmna] ⟨-n; -or⟩ Riss m, Sprung m; Spalte f B V̄Ī ⟨1⟩ bersten, springen, reißen, sich spalten

ränna¹ ['rɛna] ⟨-n; -or⟩ Rinne f

ränna² ⟨2⟩ A V̄Ī rennen, laufen B V̄P **~ om'kring** umherrennen, umherlaufen **rännande** N̄ ⟨-t; kein pl⟩ Rennerei f, Lauferei f

rännil ['rɛnil] ⟨-en; -ar⟩ Rinnsal n, Bächlein n **rännsten** S̄ Rinnstein m

ränsel ['rɛnsal] ⟨-n; -ar⟩ Ranzen m, Rucksack m

ränta ['rɛnta] ⟨-n; -or⟩ Zins m; Zinsfuß m; **höja ~n** die Zinsen erhöhen; **fast/rörlig ~** fester/variabler Zinssatz; **~ på ~, sammansatt ~** Zinseszins; fig **betala igen med ~** mit Zins und Zinseszins heimzahlen; **låna ut pengar mot 5% ~** Geld zu 5% Zinsen ausleihen **rän'tabel** ADJ einträglich, rentabel **räntabili'tet** ⟨-en; kein pl⟩ Rentabilität f, Einträglichkeit f **räntefri** ADJ zinsfrei **räntehöjning** S̄ Zinserhöhung f **ränteinkomst** S̄ Zinseinnahme f **räntekostnader** PL Zinskosten pl **räntesats** S̄ Zinssatz m **räntesänkning** S̄ Zinssenkung f

rät [rɛːt] ADJ gerade; **~ linje** Gerade f; **~ vinkel** rechter Winkel **räta** A ⟨-n; kein pl⟩ rechte Seite, Vorderseite f B V̄Ī ⟨1⟩ gerade machen, richten; **~ på benen** die Beine ausstrecken; **~ sig** sich aufrichten C V̄P ⟨1⟩ **~ 'upp sig** sich aufrichten; **~ 'ut** ausstrecken; sich ausstrecken **rätlinjig** ADJ geradlinig **rätsida** S̄ rechte Seite; **få ~ på ngt** etw in Ordnung bringen

rätt¹ [rɛt] ⟨-en; -er⟩ GASTR Gericht n; Gang m; **dagens ~** Tagesgericht n; **3-~ersmeny** Drei-Gänge-Menü n

rätt² A ADJ recht, richtig, wahr; Uhr richtiggehend; **den ~a** Frau die Richtige; **den ~e** Mann der Richtige; **det kan inte vara ~** das kann doch unmöglich stimmen; **det är inte mer än ~** es ist nicht mehr als recht; **det är ~ åt dig!** geschieht dir recht!; **i ~(an) tid** rechtzeitig, zur rechten Zeit B ADV gerade, recht, richtig; ganz, sehr; ziemlich; **~ och slätt** recht und schlecht, schlechtweg; **~ fram** geradeaus; **~ som als/wie; ~ som det är** jeden Augenblick; **~ som det var** auf einmal, plötzlich; **alldeles ~** ganz recht; **~ väl** ganz genau, sehr wohl; **~are sagt** vielmehr C ⟨-en; kein pl⟩ 1 Recht n; **leta/ta på ~** ausfindig machen, herausfinden; **få ~** recht behalten/bekommen; **ge ngn ~** j-m recht geben; **göra ~ i att ...** recht daran tun, dass ...; **göra ~ för sig** seinen Verpflichtungen nachkommen; Schulden abzahlen; **ha ~** ein Recht/Anrecht haben (**till** auf akk); **hålla på sin ~** auf seinem Recht bestehen; **ta 'ut sin ~** sein Recht fordern; **vara i sin fulla ~** ganz im Recht sein; **skipa ~** Recht sprechen 2 JUR Recht n; **inför högre ~** vor höherer Instanz **rätta** A ⟨inv⟩ Recht n, Gericht n; **inför ~** vor Gericht; **gå till ~ med ngn** mit j-m ins Gericht gehen; **med ~** mit Recht; **finna sig till ~** sich zurechtfinden; **hjälpa ngn till ~** j-m zurechthelfen; **komma till ~** sich wiederfinden; **komma till ~ med ngn** mit j-m zurechtkommen (od fertig werden); **ställa ngt till ~** etw einrenken (od ins Reine bringen) B V̄Ī ⟨1⟩ berichtigen, verbessern, korrigieren; anpassen; **~ munnen efter matsäcken** sich nach der Decke strecken C V̄R ⟨1⟩ **~ sig efter ngn** sich nach j-m richten, sich j-m anpassen D V̄P ⟨1⟩ **~ 'till** in Ordnung bringen **rättegång** ⟨-en; -ar⟩ JUR Prozess m, Rechtsstreit m, Gerichtsverfahren n; **väcka ~ mot ngn** einen Prozess/eine Klage gegen j-n anstrengen **rättegångsförhandling** S̄ Gerichtsverhandlung f **rättegångskostnader** PL Gerichtskosten pl **rättegångsprotokoll** S̄ N̄ Gerichtsprotokoll n **rätteligen** ADV von Rechts wegen **rättelse** ⟨-n; -r⟩ Berichtigung f, Verbesserung f, Korrektur f **rättesnöre** fig S̄ N̄ Richtschnur f, Leitfaden m **rättfram** ADJ gerade, aufrichtig, offenherzig **rättfärdig** ADJ gerecht **rättfärdiga** VT ⟨1⟩ rechtfertigen (**inför** ngn **för** ngt vor j-m wegen etw) **rättfärdighet** S̅ Gerechtigkeit f **rättighet** ⟨-en; -er⟩ (An-)Recht n; Befugnis f; Konzession f

rättika ['rɛtika] ⟨-n; -or⟩ BOT Rettich m

rättmätig ['rɛtmɛːti(g)] ADJ rechtmäßig, berechtigt **rättning** ⟨-en; -ar⟩ Berichtigung f, Verbesserung f, Korrektur f; Richtung f **rättrogen** ADJ rechtgläubig; **en ~ kristen** ein Rechtgläubiger **rättrogenhet** ⟨-en; kein pl⟩ Rechtgläubigkeit f **rättrådig** ADJ rechtschaffen **rättrådighet** S̅ Rechtschaffenheit f **rättsanspråk** S̅ N Rechtsanspruch m **rättsfall** S̅ N Rechtsfall m **rättshjälp** S̅ Rechtsbeistand m

rättsinnad ADJ rechtschaffen **rättskaffen(s)** ADJ rechtschaffen, redlich, bieder

rätt(s)skipning ⟨-en; kein pl⟩ Rechtsprechung f **rättskrivning** S̅ Rechtschreibung f **rättskänsla** S̅ Gerechtigkeitsgefühl n, Rechtsgefühl n **rättslig** ADJ rechtlich, gerichtlich **rättslärd** ADJ rechtsgelehrt **rättslös** ADJ rechtlos **rättsmedicin** S̅ Gerichtsmedizin f **rättssal** S̅ Gerichtssaal m **rättsstat** S̅ N Rechtsstaat m **rättsskydd** S̅ N Rechtsschutz m **rättsskyddsförsäkring** S̅ Rechtsschutzversicherung f **rättsstridig** ADJ rechtswidrig **rättstavning** S̅ Rechtschreibung f

rättstvist S̅ Rechtsstreit m **rättsuppfattning** S̅ Rechtsauffassung f, Rechtsanschauung f **rättsväsen(de)** S̅ N Rechtswesen n **rättvis** ADJ gerecht **rättvisa** S̅ Gerechtigkeit f; **göra ~ åt ngn** j-m gerecht werden, j-m Gerechtigkeit widerfahren lassen; **låta ~ ha sin gång** der Gerechtigkeit ihren Lauf lassen; **överlämna ngn i ~ns händer** j-n der Gerechtigkeit überliefern **rätvinklig** ['rɛːtviŋkli(g)] ADJ rechtwinklig

räv [rɛːv] ⟨-en; -ar⟩ Fuchs m; fig **ha en ~ bakom örat** es faustdick hinter den Ohren haben **rävaktig** fig ADJ schlau, durchtrieben **rävhona** S̅ Füchsin f **rävsax** S̅ Fuchseisen n **rävskinn** S̅ N Fuchspelz m **rävspel** fig S̅ N Ränkespiel n

rö [røː] N ⟨-et; -n⟩ BOT Rohr n; **böjas som ett ~ för vinden** wie ein Rohr im Winde schwanken

röd [røːd] ADJ rot; MED **~a hund** sg Röteln pl; **Röda havet** das Rote Meer; **Röda korset** das Rote Kreuz; **ett glas rött (vin)** n ein Glas Rotwein m; **köra mot rött** bei Rot über die Ampel fahren; **bli ~ i ansiktet** einen roten Kopf bekommen **rödaktig** ADJ rötlich **rödbeta** S̅ BOT Rote Bete f **rödblommig** fig ADJ rotbackig; rotwangig **rödbrokig** ADJ rotscheckig **rödbrusig** ADJ hochrot **rödfärg** S̅ rote Farbe, Mennige f **rödfärga** VT ⟨1⟩ rot anstreichen/ färben **rödhake(sångare)** S̅ ZOOL Rotkehlchen n **rödhårig** ADJ rothaarig **röding** S̅ BOT Saibling m **rödkindad** ADJ rotbackig, rotbäckig, rotwangig **rödklöver** S̅ BOT Rotklee m, Wiesenklee m **rödkål** S̅ BOT Rotkohl m **Rödluvan** ⟨inv⟩ Rotkäppchen n **rödlätt** ADJ rötlich **rödlök** S̅ BOT rote Zwiebel f **rödmåla** VT ⟨1⟩ rot (an)streichen **rödpenna** S̅ Rotstift m **rödprickig** ADJ rot getupft/gesprenkelt **rödrandig** ADJ rot gestreift **rödrutig** ADJ rot kariert/gewürfelt **rödsprängd** ADJ rotfleckig; Auge a. blutunterlaufen **rödspätta** S̅ ZOOL Scholle f, Goldbutt m **rödstjärt** S̅ ZOOL Rotschwänzchen n **rödvin** S̅ N Rotwein m **rödvinsglas** S̅ N Rotweinglas n **rödögd** ADJ **vara ~** rote Augen haben

röja ['røːja] ⟨2⟩ A VT 1 zeigen; offenbaren; verraten (**för** dat) 2 roden; (ab)räumen; Weg bahnen; **~ väg för ngn** j-m einen Weg bahnen; fig j-m den Weg ebnen B VR **~ sig** sich verraten C VP **~ 'av** abräumen; **~ 'undan** wegräumen, beseitigen; **~ 'upp** (auf)räumen **röjning** ⟨-en; -ar⟩ Rodung f; Aufräumung f

rök [røːk] ⟨-en; -ar⟩ Rauch m; Dampf m; Qualm m; Dunst m; **gå upp i ~** in Rauch aufgehen; fig sich in Nichts auflösen; umg **vi har inte sett ~en av honom** wir haben keinen Schimmer von ihm gesehen **röka** ⟨2⟩ A VT, VI rauchen; räuchern; **rökt kött** n Rauchfleisch n B VP **~ 'ut** ausräuchern rö-

kare ⟨-n; -⟩ Raucher(in) *m(f)*; **icke-~** Nichtraucher *m* **rökbomb** ͞s Rauchbombe *f* **rökdetektor** ⟨-n; -er⟩ Rauchmelder *m* **rökelse** ͞n; kein pl⟩ Weihrauch *m* **rökeri** ͞N ⟨-et; -er⟩ Räucherei *f* **rökfri** ADJ rauchfrei; **~tt område** Nichtraucherzone **rökfärgad** ADJ rauchfarben **rökförbud** ͞S ͞N Rauchverbot *n* **rökförgiftad** ADJ rauchvergiftet **rökig** ADJ rauchig; räucherig **rökkupé** ͞S Raucherabteil *n* **rökmoln** ͞S ͞N Rauchwolke *f* **rökning** ⟨-en; kein pl⟩ Rauchen *n*; Räuchern *n*; **~ förbjuden** Rauchen verboten; **passiv ~** Passivrauchen **rökområde** ͞S ͞N Raucherzone *f* **rökpaus** ͞S Zigarettenpause *f* **rökridå** ͞S Rauchvorhang *m*, Rauchschleier *m* **rökring** ͞S Rauchringel *m* **rökrum** ͞S ͞N Rauchzimmer *n* **röksugen** *umg* **jag är ~** ich sehne mich nach einer Zigarette **röksvamp** ͞S BOT Bovist *m* **rökt** ADJ GASTR geräuchert; **~ lax** Räucherlachs

rölleka ⟨rœlːeka⟩ ⟨-n; -or⟩ BOT Schafgarbe *f*

rön [røːn] ͞N ⟨-et; -⟩ Erfahrung *f*; Ergebnis *n* **röna** VIT ⟨2⟩ erfahren, finden

rönn [røn] ⟨-en; -ar⟩ BOT Eberesche *f*, Vogelbeerbaum *m* **rönnbär** ͞S ͞N Vogelbeere *f*, Eberesche *f*, Ebereschenbeere *f*

röntga [ˈrœntka] VIT ⟨1⟩ röntgen, durchleuchten **röntgenapparat** ͞S Röntgenapparat *m* **röntgenbehandling** ͞S Röntgenbehandlung *f* **röntgenbild** ͞S Röntgenaufnahme *f* **röntgenstrålar** PL Röntgenstrahlen *pl*

rör [røːr] ͞N ⟨-et; -⟩ Rohr *n*; Röhre *f* **röra** [ˈrœːra] A ⟨-n; -or⟩ Gemisch *n*; Durcheinander *n*, Wust *m*, Wirrwarr *m* B VIT ⟨2⟩ (an)rühren, bewegen; angehen, betreffen; **det rör mig inte** das geht mich nichts an; **~ i ngt** etw (*um*)rühren; *fig* an etw (*akk*) rühren, etw anrühren/berühren; **~ på sig** sich rühren, sich bewegen, sich regen; **~ på benen** schnell machen, sich beeilen; **~ vid ngt** an etw (*dat*) rühren, etw anrühren/berühren C VIR ⟨2⟩ **~ sig** sich bewegen, sich rühren, sich regen; umgehen (med mit); **~ sig om ngt** sich um etw handeln; *umg* sich um etw drehen D VIP ⟨2⟩ **~ i'hop** vermengen; **~ 'upp** aufrühren; aufwirbeln **rörande** A ADJ rührend B PRÄP betreffend (*akk*), hinsichtlich, betreffs, bezüglich (*gen*) **rörd** ADJ gerührt

rördrom [ˈrøːdrɔm] ⟨-men; -mar⟩ ZOOL Rohrdommel *f*

rörelse [ˈrœːralsə] ⟨-n; -r⟩ Bewegung *f*; Rührung *f*; (Auf-)Regung *f*; Treiben *n*, Verkehr *m*, Getriebe *n*; Betrieb *m*, Unternehmen *n*, Geschäft *n*; Umlauf *m*; **sköta ~n** das Geschäft leiten **rörelsealarm** ͞S ͞N, **rörelsedetektor** ⟨-n; -er⟩ Bewegungsmelder *m* **rörelsefrihet** ͞S Bewegungsfreiheit *f* **rörelseförmåga** ͞S Bewegungsvermögen *n* **rörelsehindrad** ADJ körperbehindert **rörelsekapital** ͞S ͞N Betriebskapital *n*

rörformig [ˈrœːrfɔrmi(g)] ADJ röhrenförmig

rörig [ˈrøːri(g)] *fig* ADJ unordentlich; verworren, unklar

rörledning [ˈrøːɭeːdniŋ] ͞S Rohrleitung *f*

rörlig [ˈrœː(r)li(g)] ADJ beweglich; regsam, rührig; lebhaft, rege; WIRTSCH flüssig **rörlighet** ⟨-en; kein pl⟩ Beweglichkeit *f*, Regsamkeit *f*, Rührigkeit *f*

rörläggare [ˈrœːɭɛɡarə] ⟨-n; -⟩ Rohrleger(in) *m(f)* **rörmokare** ⟨-n; -⟩ Installateur(in) *m(f)* **rörsocker** ͞S ͞N Rohrzucker *m*

rös [røːs(ə)] ͞N ⟨-et; -⟩, **röse** ͞N ⟨-t; -n⟩ Steinhaufen *m*, Grenzmal *n*

röst [røst] ⟨-en; -er⟩ Stimme *f*; **sakna ~** keine (Sing-)Stimme haben; POL **lägga 'ner sin ~** sich der Abstimmung enthalten **rösta** VIT ⟨1⟩ stimmen (**för** für), (**mot** gegen); abstimmen (**om** über *akk*); wählen; POL **~ på högern** für die Rechte stimmen **röstberättigad** ADJ POL stimmberechtigt **röstetal** ͞S ͞N Stimmenzahl *f* **röstfiske** *umg* ͞S ͞N Stimmenfang *m* **röstkort** ͞S ͞N Wahlbenachrichtigungskarte *f* **röstläge** ͞S ͞N Stimmlage *f* **röstlängd** ͞S POL Wählerliste *f* **röstning** ⟨-en; -ar⟩ Abstimmung *f* **rösträtt** ͞S POL Stimmrecht *n* **röstsedel** ͞S POL Stimmzettel *m* **röststyrd** ADJ sprachgesteuert

röta [ˈrøːta] ⟨-n; kein pl⟩ A Fäulnis *f*, Fäule *f*; **angripas av ~** anfaulen B *umg* Dusel *m* **rötmånad** ͞S Hundstage *pl* **rötägg** *fig* ͞S ͞N faules Ei *n*

röv [røːv] ⟨-en; -ar⟩ *vulg* Arsch *m*

röva [ˈrøːva] ⟨1⟩ **A** VT, VI rauben (**ngt från ngn** j-m etw) **B** VP ~ **'bort** entführen **rövarband** SN Räuberbande f **rövare** ⟨-n; -⟩ Räuber(in) m(f); umg **leva ~** Krach machen, toben **rövarhistoria** S Räubergeschichte f **rövarpris** SN Wucherpreis m **rövslickare** ⟨-n; -⟩ vulg Arschkriecher(in) m(f)

S

S, s [ɛs] N ⟨-:et; -⟩ S, s n **s.** ABK (= sidan) S. (*Seite*)
sabba [ˈsaba] umg VT ⟨1⟩ fig kaputtmachen; vermasseln
sabbat [ˈsabːat] ⟨-en; -er⟩ Sabbat m **sabbatsår** SN Urlaubsjahr n; **ta ett ~** ein Jahr freinehmen
sabel [ˈsaːbəl] ⟨-n; -ar⟩ Säbel m **sabla**[1] VP ⟨1⟩ **~ 'ner** niedermetzeln, niedersäbeln; fig heruntermachen
sabla[2] umg ADJ verflixt **sablar** umg INTER verdammt, verflixt
sabotage [sabuˈtaːʃ] N ⟨-et; -⟩ Sabotage f **sabo'tera** VT ⟨1⟩ sabotieren **sabo'tör** ⟨-en; -er⟩ Saboteur(in) m(f)
sacka [ˈsaka] VP ⟨1⟩ **~ 'efter** zurückbleiben; nachhinken
sackarin [sakaˈriːn] N ⟨-et; kein pl⟩ Sa(c)charin n
sadel [ˈsaːdəl] ⟨-n; -ar⟩ Sattel m **sadelgjord** ⟨-en; -ar⟩ Sattelgurt m
sadism [saˈdism] ⟨-en; kein pl⟩ Sadismus m **sadist** ⟨-en; -er⟩ Sadist(in) m(f)
sadla [ˈsaːdla] ⟨1⟩ VI satteln **B** VP ~ **'av** absatteln; **~ 'om** umsatteln; **~ 'på** aufsatteln
saffran [ˈsafran] N ⟨-et/-en; kein pl⟩ Safran m **saffransbröd** SN Safrangebäck n
safir [saˈfiːr] ⟨-en; -er⟩ Saphir m
saft [saft] ⟨-en; -er⟩ Saft m; *Getränk aus Wasser und Sirup* **safta** ⟨1⟩ **A** VT, VI Saft einkochen/bereiten **B** VP **~ sig** Saft bilden **saftig** ADJ saftig **saftkräm** S GASTR ≈ rote Grütze f **saftsoppa** S ≈ Fruchtsuppe f
saga [ˈsaːga] ⟨-n; -or⟩ Märchen n; Sage f

sagesman [ˈsaːgəsman] Gewährsmann m, Gewährsfrau f
sagobok [ˈsaːgubuːk] S Märchenbuch n **sagoland** SN Märchenland n **sagolik** ADJ märchenhaft **sagoslott** SN Märchenschloss n

sak [saːk] ⟨-en; -er⟩ Sache f; Ding n; Angelegenheit f; **en ~ till** noch etwas/eins; **som ~en ligger till** wie die Dinge liegen; **det är ~samma** das ist einerlei; **göra ~ av ngt** über etw (*akk*) Klage führen; **göra gemensam ~ med ngn** mit j-m gemeinsame Sache machen; **gå rakt på ~** direkt zur Sache kommen; **hålla sig till ~en** bei der Sache bleiben; **komma till ~en** zur Sache kommen; **i ~** sachlich **sakfel** SN Sachfehler m **sakfråga** S Sachfrage f **sakförare** S Sachwalter(in) m(f) **sakförhållande** SN Sachverhalt m, Tatbestand m **sakkunnig** **B** en ~ ein(e) Sachverständige(r) m/f(m) **sakkunnigutlåtande** SN Gutachten n **sakkunskap** S, **sakkännedom** S Sachkenntnis f **saklig** ADJ sachlich **sakligheit** ⟨-en; -⟩ kein pl⟩ Sachlichkeit f **sakläge** SN Sachlage f **saklöst** ADV ungestraft; ruhig, ohne Weiteres
sakna [ˈsaːkna] VT ⟨1⟩ nicht haben; vermissen, Sehnsucht haben nach; **~d** Vermisste(r) m/f(m); **jag ~r ngt** es fehlt/mangelt mir an etw (*dat*); **jag ~r dig** du fehlst mir, ich vermisse dich; **~ all grund** jeder Grundlage entbehren **saknad** ⟨-en; kein pl⟩ Mangel m (**av** an *dat*); Fehlen n (**av** gen); Vermissen n; **i ~ av** in Ermangelung (*gen*); **känna ~ efter ngn** j-n vermissen, sich nach j-m sehnen **saknas** VI UNPERS ⟨dep 1⟩ fehlen; vermisst werden
sakrament [sakraˈment] N ⟨-et; -⟩ Sakrament n
sakristia [ˈsaːkristia, ˈsaː-] ⟨-n; -or⟩ Sakristei f
sakskäl [ˈsaːkʃɛːl] SN sachlicher Grund, Vernunftgrund m
sakta [ˈsakta] **A** ADJ, ADV langsam, sacht(e), gemächlich; sanft, lind; leise; **gå för ~** *Uhr* nachgehen; **~ i backarna!** immer mit der Ruhe!, sachte! **B** VT ⟨1⟩ verlangsamen, verringern; besänftigen, dämpfen; **~ farten** das Tempo

verringern **C** VR ⟨1⟩ ~ **sig** Uhr nachgehen **D** V/P ⟨1⟩ ~ **'av/'in/'ned** langsamer fahren **saktmodig** ADJ sanftmütig
sal [sɑːl] ⟨-en; -ar⟩ Saal m
salami [saˈlɑːmi] ⟨-n; kein pl⟩, **salamikorv** S Salami(wurst) f
saldo [ˈsaldu] N ⟨-t; -n⟩ Saldo m; Kontostand m **saldobesked** S N Kontoauszug m
salig [ˈsɑːli(g)] ADJ selig **salighet** ⟨-en; -er⟩ Seligkeit f
saliv [saˈliːv] ⟨-en; kein pl⟩ Speichel m
sallad [ˈsalad] ⟨-en; -er⟩ Salat m **salladsdressing** S Salatsoße f **salladshuvud** S N Salatkopf m **salladsskål** S Salatschüssel f
salong [saˈlɔŋ] ⟨-en; -er⟩ Salon m; THEAT Zuschauerraum m **salongslejon** umg S N Salonlöwe m
salmonella ⟨-n; kein pl⟩ Salmonelle f
salpeter [ˈsalpetər] ⟨-n; kein pl⟩ Salpeter m
salt [salt] **A** ADJ salzig; ~**a pinnar** Salzstangen **B** N ⟨-et; -er⟩ Salz n **salta** ⟨1⟩ **A** V/T, V/I salzen; Straße mit Salz streuen; ~ **för mycket** versalzen **B** V/P ~ **'in** einsalzen, (ein)pökeln **saltgurka** S Salzgurke f **salthalt** S Salzgehalt m **saltkar** S N Salzfass n, Salzstreuer m **saltlake** S Salzlake f, Pökelbrühe f **saltning** ⟨-en; -ar⟩ (Ein-)Salzen n **saltsjö** S Salzsee m **saltströare** S Salzstreuer m **saltsyra** S CHEM Salzsäure f **saltvatten** S N Salzwasser n
salu [ˈsɑːlɵ] ⟨inv⟩ **till** ~ zum Verkauf, verkäuflich; **vara till** ~ zum Verkauf stehen, verkäuflich (od zu verkaufen) sein **salubjuda** V/T ⟨4⟩, **saluföra** V/T ⟨2⟩ zum Verkauf anbieten **saluhall** S Verkaufshalle f, Markthalle f **salustånd** N Verkaufsstand m, Marktbude f
salut [saˈlʉːt] ⟨-en; -er⟩ Salut m **salu'tera** V/T ⟨1⟩ salutieren
salutorg [ˈsɑːlɵtɔrj] S N Markt(platz) m
salva [ˈsalva] ⟨-n; -or⟩ **1** Salbe f **2** MIL Salve f
salvia [ˈsalvia] ⟨-n; kein pl⟩ BOT Salbei m
samarbeta [ˈsamarbeːta] V/I ⟨1⟩ zusammenarbeiten **samarbete** S N Zusammenarbeit f, gemeinsame Arbeit **samarbetsvillig** ADJ zur Zusammenarbeit bereit
samarit [samaˈriːt] ⟨-en; -er⟩ Samariter(in) m(f)
samband [ˈsamband] S N Zusammenhang m; Verbindung f; **stå i ~ med** ngt mit etw im Zusammenhang stehen
sambeskattning S Ehegattensplitting n
sambo [ˈsambuː] S Lebensgefährte m, Lebensgefährtin f
same [ˈsɑːma] ⟨-n; -r⟩ Same m **samedräkt** S Samentracht f
samexistens [samˈeksistens] S Koexistenz f **samfund** N ⟨-et; -⟩ Gesellschaft f; Verein m; REL Gemeinschaft f
samfälld ADJ gemeinsam; geschlossen; einstimmig **samfärdsel** ⟨-n; kein pl⟩ Verkehr m **samfärdsmedel** S N Verkehrsmittel n **samförstånd** S N Einverständnis n, Einvernehmen n; Verständigung f **samgående** N ⟨-t; kein pl⟩ Zusammengehen n, Fusion f **samhälle** N ⟨-t; -n⟩ Gesellschaft f; Gemeinwesen n; Ort m, Ortschaft f **samhällelig** ADJ gesellschaftlich **samhällsanda** S Gemeinsinn m **samhällsbevarande** ADJ staatserhaltend **samhällsdebatt** S öffentliche Debatte f **samhällsfarlig** ADJ gemeingefährlich **samhällsfientlig** ADJ gesellschaftsfeindlich **samhällsgrupp** S soziale Gruppe f **samhällsklass** S soziale Klasse f **samhällsklimat** S N gesellschaftliches Klima **samhällskunskap** S Schule Gemeinschaftskunde f **samhällsomstörtande** ADJ staatsumwälzend **samhällsskick** S N Gesellschaftsordnung f **samhällsskikt** S N Gesellschaftsschicht f **samhällsställning** S gesellschaftliche/soziale Stellung f **samhällstillvänd** ADJ gesellschaftsbezogen **samhällsvetare** ⟨-n; -⟩ Gesellschaftswissenschaftler(in) m(f), Sozialwissenschaftler(in) m(f) **samhörighet** ⟨-en; kein pl⟩ Zusammengehörigkeit f
samisk [ˈsɑːmisk] ADJ samisch **samiska** ⟨-n; kein pl⟩ Samisch n
samklang S Einklang m; **stå i ~ med** ngt mit etw im Einklang stehen **samkväm** N ⟨-et; -⟩ Gesellschaft f, gemütliches Beisammensein n **samkönad** S **samkönat äkten-**

samla – samspelt

skap n gleichgeschlechtliche Ehe f
samla ['samla] ⟨1⟩ **A** V/T (ver)sammeln; zusammennehmen; ~ **på hög** horten **B** V/R ~ **sig** a. fig sich ansammeln **C** V/P ~ **'in** (ein)sammeln; ~ **'upp** aufsammeln; auflesen **samlad** ADJ gesammelt; ~**e arbeta** gesammelte/sämtliche Werke; **i** ~ **trupp** geschlossen
samlag ['samla:g] S N Geschlechtsverkehr m, Beischlaf m
samlare ['samlare] ⟨-n; -⟩ Sammler(in) m/f(k) **samlas** V/I ⟨dep 1⟩ sich (ver)sammeln
samlevnad ['samle:vnad] S Zusammenleben n, Gemeinschaft f **samlevnadsform** S Form f des Zusammenlebens
samling ['samlin] ⟨-en; -ar⟩ Sammlung f **samlingslokal** S Versammlungslokal n, Vereinslokal n **samlingsplats** S Versammlungsort m, Treffpunkt m; Sammelplatz m, Sammelstelle f **samlingspärm** S Sammelmappe f **samlingsregering** S Koalitionsregierung f **samlingssal** S Versammlungssaal m **samlingsverk** S N Sammelwerk n
samliv ['samli:v] S N Zusammenleben n
samma ['sama] PRON der-/die-/dasselbe; **en och** ~ ein und derselbe; ~ **dag** am selben Tag; **på** ~ **gång** (som jag) gleichzeitig (mit mir); **på** ~ **sätt** auf dieselbe (od in gleicher) Weise
samman ['saman] ADV zusammen, beisammen **sammanbiten** ADJ zusammengebissen; fig verbissen **sammanblandning** S Verwechs(e)lung f, Vermischung f **sammanbo** V/I ⟨3⟩ zusammenwohnen **sammanbrott** S Zusammenbruch m **sammandrabbning** S Zusammenstoß m; fig Meinungsverschiedenheit f **sammandrag** S N Zusammenfassung f, Abriss m, Auszug m **sammanfalla** V/I ⟨4⟩ zusammenfallen; sich decken **sammanfatta** V/T ⟨1⟩ zusammenfassen **sammanfattning** S Zusammenfassung f **sammanfattningsvis** ADV zusammenfassend **sammanfoga** V/T ⟨1⟩ zusammenfügen; verbinden **sammanföra** V/T ⟨2⟩ zusammenführen, zusammenbringen **sammangadda** V/R ⟨1⟩ → gadda **sammanhang** N ⟨-et; -⟩ Zusammenhang m **samman-**

hållning S Zusammenhalt m **sammanhänga** V/I ⟨2⟩ zusammenhängen **sammankalla** V/T ⟨1⟩ zusammenrufen, einberufen **sammankomst** ⟨-en; -er⟩ Zusammenkunft f **sammanlagd** ADJ gesamt; ~ **summa** Gesamtsumme f **sammanlagt** ADV zusammen, insgesamt **sammansatt** ADJ zusammengesetzt (av aus); fig kompliziert **sammanslagning** ⟨-en; -ar⟩ Zusammenlegen n, Zusammenlegung f **sammansluta** V/R ⟨4⟩ ~ **sig** fig sich zusammenschließen **sammanslutning** ⟨-en; -ar⟩ Zusammenschluss m, Vereinigung f **sammanställa** V/T ⟨2⟩ zusammenstellen **sammanställning** S Zusammenstellung f; Verzeichnis n **sammanstötning** ⟨-en; -ar⟩ Zusammenstoß m **sammansvetsad** ADJ zusammengeschweißt, angeschweißt **sammansvuren** ADJ verschworen; **en** ~ ein(e) Verschworene(r) m/f(m); ein(e) Verschwörer(in) m/f(m) **sammansvär(j)a** V/R ⟨4/2⟩ ~ **sig** sich verschwören **sammansvärjning** ⟨-en; -ar⟩ Verschwörung f **sammansättning** S Zusammensetzung f **sammanträda** V/I ⟨2⟩ zusammentreten; sich versammeln; tagen **sammanträde** N ⟨-t; -n⟩ Sitzung f; Zusammenkunft f; Tagung f **sammanträffa** V/I ⟨1⟩ zusammentreffen **sammanträffande** N ⟨-t; -n⟩ Zusammentreffen n

sammelsurium [samel'sʉ:riəm] N ⟨sammelsuriet; sammelsurier⟩ Sammelsurium n, Mischmasch m
sammet ['samət] ⟨-en; kein pl⟩ Samt m; **av** ~ a. samten **sammetsklänning** S Samtkleid n **sammetslen** ADJ samtweich
samordna ['samo:dna] V/T ⟨1⟩ koordinieren, gleichstellen; GRAM beiordnen **samordning** S Koordination f, Gleichstellung f; GRAM Beiordnung f **samråd** S N Beratung f; **i** ~ **med** im Einverständnis/Einvernehmen mit **samråda** V/I ⟨2⟩ beraten, überlegen **samröre** N ⟨-t; kein pl⟩ **ha** ~ **med** ngn/ngt mit j-m/etw etwas zu tun haben **sams** ADJ einig **samsas** V/I ⟨dep 1⟩ sich vertragen **samspel** S N Zusammenspiel n **samspelt** ADJ **vara väl** ~**a (med varandra)** gut (aufeinan-

der) eingespielt sein **samspråk** S̄ N̄ Unterhaltung f, Geplauder n **samspråka** V̄I̅ ⟨1⟩ sich unterhalten, plaudern **samstämmig** ADJ einstimmig; übereinstimmend **samsändning** S̄ Gemeinschaftssendung f
samt [samt] KONJ und, sowie
samtal ['samta:l] S̄ N̄ Gespräch n, Unterhaltung f; Unterredung f; Aussprache f; **under ~ets gång** im Laufe des Gesprächs; TEL **~ väntar** Anklopfen n **samtala** V̄I̅ ⟨1⟩ sich unterhalten (**om über** akk) **samtalsterapi** S̄ Gesprächstherapie f **samtalsämne** S̄ N̄ Gesprächsstoff m
samtid ['samti:d] S̄ Mitwelt f; Gegenwart f **samtida** ADJ zeitgenössisch; **en ~** Zeitgenosse m, Zeitgenossin f (**till von** od gen) **samtidig** ADJ gleichzeitig
samtliga ['samtli(g)a] ADJ PL sämtliche; **~ kostnader** die Gesamtkosten
samtycka ['samtyka] V̄I̅ ⟨2⟩ einwilligen (**till i** akk), zustimmen (**till** dat) **samtycke** S̄ N̄ Einwilligung f, Zustimmung f (**till zu**) **samvaro** ⟨-n; kein pl⟩ Beisammensein n, Umgang m **samverka** V̄I̅ ⟨1⟩ zusammenwirken; mitwirken **samverkan** ⟨inv⟩ Zusammenwirkung f, Mitwirkung f
samvete ['samve:te] N̄ ⟨-t; -n⟩ Gewissen n; **ha gott/dåligt ~** ein gutes/ schlechtes Gewissen haben; **ha ngt på sitt ~** etw auf dem Gewissen haben **samvetsfråga** S̄ Gewissensfrage f **samvetsgrann** ADJ gewissenhaft **samvetskval** S̄ N̄ Gewissensqual f **samvetslös** ADJ gewissenlos
samåka ['samo:ka] V̄I̅ ⟨2⟩ eine Fahrgemeinschaft bilden
sanatorium [sana'tu:riəm] N̄ ⟨sanatoriet; sanatorier⟩ Sanatorium n
sand [sand] ⟨-en; kein pl⟩ Sand m; fig **rinna ut i ~en** im Sande verlaufen **sanda** V̄I̅ ⟨1⟩ (mit Sand) streuen **san'dal** ⟨-en; -er⟩ Sandale f **sandbank** S̄ Sandbank f **sandbotten** S̄ Sandgrund m **sanddyn** S̄ Düne f **sandgrop** S̄ Sandgrube f **sandhög** S̄ Sandhaufen m **sandig** ADJ sandig **sandlåda** S̄ Sandkasten m **sandpapper** S̄ N̄ Sandpapier n **sandsten** S̄ Sandstein m **sandstrand** S̄ Sandstrand m **sandsäck** S̄ Sandsack m
sandwich ['sɛndvitʃ, 'sand-] ⟨-en; -er⟩ Sandwich n od m

sanera [sa'ne:ra] V̄T̄ ⟨1⟩ sanieren **sanering** ⟨-en; -ar⟩ Sanierung f
sanitetsbinda [sani'te:tsbinda] S̄ Damenbinde f **sanitär** ADJ sanitär, Sanitäts-
sank [saŋk] ADJ sumpfig, moorig **sankmark** S̄ sumpfiger Boden m; Sumpf m
sankt [saŋkt] ADJ Sankt, heilig **sankt-'bernhardshund** Bernhardiner m
sanktion [saŋk'ʃu:n] ⟨-en; -er⟩ Sanktion f **sanktio'nera** V̄T̄ ⟨1⟩ sanktionieren
sann [san] ADJ wahr; **inte sant?** nicht wahr? **sanna** V̄T̄ ⟨1⟩ **~ mina ord!** wahrhaftig! **sanndröm** S̄ Traum m, der in Erfüllung geht **sannerligen** ADV wahrhaftig **sanning** ⟨-en; -ar⟩ Wahrheit f; **dagens ~** die reine Wahrheit; **i ~** wahrhaftig, wirklich; **hålla sig till ~en** bei der Wahrheit bleiben; **~en att säga** um die Wahrheit zu sagen **sanningsenlig** ADJ wahrheitsgemäß, wahrheitsgetreu **sannolik** ADJ wahrscheinlich **sannolikhet** ⟨-en; -er⟩ Wahrscheinlichkeit f **sannsaga** S̄ wahre Geschichte f **sannspådd** ADJ **hon blev ~** ihre Prophezeiungen trafen ein
sans ⟨-en; kein pl⟩ Besinnung f; Bewusstsein n; **mista ~en** die Besinnung verlieren; **vara vid full ~** bei vollem Bewusstsein sein; **med ~ och måtta** mit Maß und Ziel **sansa** ['sansa] V̄R̄ ⟨1⟩ **~ sig** (wieder) zur Besinnung kommen **sansad** ADJ besonnen; beherrscht **sanslös** ADJ bewusstlos

sant [sant] ADJ wahr; **det var ~** ... richtig, (da fällt mir noch ein) ..., was ich noch sagen wollte ...
sardell [sa'dɛl] ⟨-en; -er⟩ Sardelle f
sar'din ⟨-en; -er⟩ Sardine f
sarga ['sarja] V̄T̄ ⟨1⟩ zerfetzen, zerfleischen
sarkasm [sar'kasm] ⟨-en; -er⟩ Sarkasmus m **sarkastisk** ADJ sarkastisch
satan [sa'ta:n] ⟨inv⟩ Satan m, Teufel m; **ett ~s ovåsen** ein Heidenlärm **sate** ⟨-n; -ar⟩ umg Teufel m; **stackars ~!** armer Teufel!
satellit [sate'li:t] ⟨-en; -er⟩ Satellit m **satellitstat** S̄ Satellitenstaat m **satellitsystem** S̄ N̄ Satellitensystem n **satellit-tv** S̄ Satellitenfernsehen n

satin a. N ⟨-et/-; -er⟩ Satin *m*
satir [sa'ti:r] ⟨-en; -er⟩ Satire *f* (över *akk*) **satiriker** ⟨-n; -⟩ Satiriker(in) *m*(f) **satirisk** ADJ satirisch
satkär(r)ing ['sɑ:tçæriŋ] *umg* S Satansweib *n*, Hausdrachen *m*
sats [sats] ⟨-en; -er⟩ **1** Satz *m* **2** Anlauf *m*; **ta ~** einen Anlauf nehmen; **utan ~** aus dem Stand
satsa ['satsa] VIT, VI ⟨1⟩ setzen; ~ **pengar** Geld anlegen; ~ **på ngt** auf etw setzen; sich um etw bemühen; ~ **på fel häst** auf die falsche Karte setzen; hineinstecken
satsadverb S N GRAM Satzadverb *n*
satsbyggnad S GRAM Satzbau *m* **satsdel** S GRAM Satzteil *m*; **ta ut ~arna** einen Satz zergliedern/analysieren **satslära** S GRAM Satzlehre *f*, Syntax *f*
satsning ['satsniŋ] ⟨-en; -ar⟩ Setzen *n*; Bemühung *f*
satt [sat] ADJ unter/setzt
sattyg ['sɑ:ty:g] *umg* S N Teufelszeug *n*; Unfug *m*, Teufelei *f* **satunge** *umg* S kleiner Teufel *m*
satäng [sa'tɛŋ] → satin
sav [sɑ:v] ⟨-en; kein pl⟩ Baum- Saft *m*
sava ⟨1⟩ BOT im Saft stehen
sax [saks] ⟨-en; -ar⟩ Schere *f* **saxa** VIT, VI ⟨1⟩ SPORT grätschen; TYPO *umg* ausschneiden; abdrucken
saxofon [saksu'fo:n] ⟨-en; -er⟩ MUS Saxofon *n*

scarf [skarf, skɑ:f] ⟨-en; -ar⟩ Halstuch *n*
scen [se:n] ⟨-en; -er⟩ Szene *f*; THEAT Bühne *f*; Auftritt *m*; **ställa 'till en ~ med ngn** j-m eine Szene machen **scenarbetare** S Bühnenarbeiter(in) *m*(f) **sce'nario** N ⟨-t; scenarier⟩ Szenarium *n*; Film Drehbuch *n* **sce'ne'ri** N ⟨-et; -er⟩ Szenerie *f* **scenförändring** S Szenenwechsel *m* **scenisk** ADJ szenisch, bühnenmäßig **sceno'graf** ⟨-en; -er⟩ Bühnenbildner(in) *m*(f) **scenvana** S Bühnenerfahrung *f*
sch INTER pst
schablon [ʃa'blu:n] ⟨-en; -er⟩ Schablone *f* **schablonbelopp** S N Pauschalbetrag *m* **schablonmässig** ADJ schablonenhaft
schabrak [ʃa'brɑ:k] N ⟨-et; -⟩ Schabracke *f*
schack [ʃak] N ⟨-et; -⟩ Schach *n*; *fig* **hålla ngn i ~** j-n in Schach halten **schackbräde** S N Schachbrett *n* **schackdrag** S N Schachzug *m* **schackmatt** ADJ schachmatt **schackparti** N Schachpartie *f* **schackpjäs** S Schachfigur *f*
schackra ['ʃakra] VIT ⟨1⟩ schachern
schackruta ['ʃakru:ta] S Schachfeld *n* **schackspel** S N Schachspiel *n* **schackspelare** S Schachspieler(in) *m*(f)
schakt [ʃakt] N ⟨-et; -⟩ Schacht *m*
schakta VIT, VIP ⟨1⟩ ~ **('ur)** ausschachten
schal [ʃɑ:l] ⟨-en; -ar⟩ Schal *m*, Halstuch *n*
schalottenlök [ʃa'lɔtənlø:k] S BOT *Zwiebel* Schalotte *f*
schampo ['ʃampu] N ⟨-t; -n⟩ Shampoo *n* **schampo'nera** VIT ⟨1⟩ schamponieren
schappa *umg* VI ⟨1⟩ → sjappa
scharlakansfeber ['ʃɑ:lakans,fe:bər] S MED Scharlach *m*, Scharlachfieber *n*
scharlakansröd ADJ scharlachrot
schas [ʃɑ:s] INTER weg, husch **schasa** ⟨1⟩ **A** VIT scheuchen **B** VIP ~ **'bort/i'väg** wegjagen, wegscheuchen
schattering [ʃa'te:riŋ] ⟨-en; -ar⟩ Schattierung *f*, Abstufung *f*
schatull [ʃa'tɵl] N ⟨-et; -⟩ Schatulle *f*
schavott [ʃa'vɔt] ⟨-en; -er⟩ Schafott *n*
schejk [ʃejk] ⟨-en; -er⟩ Scheich *m*
schema ['ʃe:ma] N ⟨-t; -n⟩ Schema *n*; *Schule* Stundenplan *m* **sche'matisk** ADJ schematisch
science fiction ⟨inv⟩ Science-Fiction *f*
schimpans [ʃim'pans] ⟨-en; -er⟩ Schimpanse *m*
schism [ʃism] ⟨-en; -er⟩ Bruch *m*; Schisma *n*
schizofren [skitso'fre:n] ADJ schizophren **schizofreni** ⟨-n; kein pl⟩ Schizophrenie *f*
schlager ['ʃlɑ:ɡər] ⟨-n; -ar/-⟩ Schlager *m* **schlagerfestival** S Grand Prix *m*, Schlagerfestival *n*
Schweiz [ʃvejts] N ⟨inv⟩ die Schweiz **schweizare** ⟨-n; -⟩ Schweizer *m* **schweizerfranc** [-fraŋ] S Schweizer Franken *m* **schweizerost** S Schweizer Käse *m* **schweizertyska** S Schweizerdeutsch *n* **schweizisk** ADJ

schweizerisch, Schweizer schweiziska ⟨-n; -or⟩ Schweizerin f
schyst [ʃyst] *umg* ADJ prima, toll; fair; okay; **han är ~** der ist in Ordnung
schäfer [ˈʃɛːfar] ⟨-n; -ar⟩, **schäferhund** S Schäferhund m
scout [skaʊt] ⟨-en; -er⟩ Pfadfinder(in) m(f) **scoutläger** S N Pfadfinderlager n
se [seː] ⟨4⟩ A VT, VI sehen, schauen; **få ~ erblicken; råka få ~** zufällig sehen, zu sehen bekommen; **~ av (er)sehen aus; ~ på ngn** j-n ansehen; **~ på sich** (dat) etw ansehen; **~ på klockan** auf die (od nach der) Uhr sehen; **mörkt på framtiden** schwarz in die Zukunft blicken; **få ~ på annat** eines Besseren belehrt werden; *umg* sein blaues Wunder erleben; **~ ngn över axeln** j-n über die Schulter ansehen; **det får vi ~!** das wollen wir abwarten!; **~ så!** also! B VR **~ sig för** sich in Acht nehmen; **~ sig om** sich umsehen (efter nach); **~ sig om(kring)** umherschauen, Umschau halten C VP **~ tiden 'an** abwarten; **~ 'bort** wegsehen; **~ 'bort från** *fig* absehen von; **~ 'efter** nachsehen; **~ 'efter ngn** *fig* nach j-m sehen; **~ i boken** in einem Buch nachsehen; **~ 'fram mot ngt** etw (dat) entgegensehen; **~ i-'genom** durchblicken, durchsehen; **~ 'ner** zu Boden blicken, herabsehen; **~ 'om** nochmals sehen; **~ 'på** zusehen; *fig* ansehen auf (akk); **~r man 'på!** sieh/guck mal an!; **~ 'till** (zu)sehen; *fig* sehen nach; **~ till'baka** zurückblicken; **~ 'upp** aufsehen, aufblicken; sich vorsehen, Obacht geben; **~ 'upp!** aufpassen!, aufgepasst!, Achtung!, Vorsicht!; **~ 'ut** aussehen; hinaussehen; **~ ngt 'ut** nach nichts aussehen; **~ 'över** durchsehen, nachsehen
seans [seˈaŋs] ⟨-en; -er⟩ Séance f, Sitzung f
sebra [ˈseːbra] ⟨-n; -or⟩ Zebra n
sed [seːd] ⟨-en; -er⟩ Sitte f, Brauch m; **~er och bruk** Sitten und Gebräuche; **man måste ta ~en dit man kommer** andere Länder, andere Sitten
sedan¹ [ˈseːdan], **sen** [sen] *umg* A ADV dann, darauf, nachher; **för ... ~** vor ...; **för länge ~** (schon) längst; vor langer Zeit; **för inte länge (så) ~** neulich, kürzlich, unlängst; **det är länge ~ es ist (schon) lange her; hur länge ~ är det?** wie lange ist es her? B PRÄP seit; **~ dess** seitdem; **~ länge** seit Langem C KONJ nachdem, als; seit(dem)

sedan² [seˈdan] ⟨-en; -er⟩ AUTO Limousine f
sedel [ˈseːdəl] ⟨-n; -ar⟩ WIRTSCH (Geld-) Schein m, (Bank-)Note f; **sedlar** pl a. Papiergeld n sg **sedelbunt** S Päckchen n Scheine
sedermera [ˈseːdə(r)meːra] ADV nachher, dann, später
sedesam [ˈseːdəsam] ADJ sittsam, züchtig
sedeslös [ˈseːdəsløːs] ADJ sittenlos **sedeslöshet** ⟨-en; kein pl⟩ Sittenlosigkeit f
sediment [sediˈmɛnt] N ⟨-et; - od -er⟩ Sediment n, Ablagerung f, Schicht f
sedlig [ˈseːdli(g)] ADJ sittlich **sedlighet** ⟨-en; kein pl⟩ Sittlichkeit f **sedlighetsbrott** S N Sittlichkeitsverbrechen n **sedvanlig** ADJ üblich **sedvänja** ⟨-n; -or⟩ Brauch m, Sitte f
seg [seːg] ADJ zäh(e)
segel [ˈseːgəl] N ⟨-et; -⟩ SCHIFF Segel n; **få vind i seglen** Wind in die Segel bekommen; **för fulla ~** mit vollen Segeln; **hissa ~** Segel setzen **segelbar** ADJ schiffbar **segelbåt** S Segelboot n, Segelschiff n **segelduk** S Segeltuch n **segelfartyg** S N Segelschiff n **segelflygning** S Segelfliegen n **segelflygplan** S N Segelflugzeug n **segelled** S, **segelränna** S Fahrwasser n, Fahrrinne f **segeltur** S Segeltour f, Segelfahrt f
seger [ˈseːgar] ⟨-n; -ar⟩ Sieg m; **avgå med ~n** den Sieg davontragen **segerrik** ADJ siegreich **segertåg** S N Siegeszug m **segerviss** ADJ siegesgewiss
seghet [ˈseːghəːt] ⟨-en; kein pl⟩ Zähigkeit f
segla [ˈseːgla] ⟨1⟩ A VT, VI segeln B VP **~ 'om** überholen; **~ 'upp** *fig* auftauchen, aufkreuzen **seglare** Segler(in) m(f) **seg'lats** S Segeln n, Segelfahrt f **segling** ⟨-en; -ar⟩ Segeln n
seglivad [ˈseːgliːvad] ADJ zäh(lebig); **vara ~** *a.* ein zähes Leben haben
segment [sɛgˈmɛnt] N ⟨-et; -⟩ Segment n; MATH *a.* Kreisabschnitt m
segna [ˈseŋna, ˈseːgna] VP ⟨1⟩ **~ 'ner**

niedersinken, hinsinken
segra ['se:gra] VI ⟨1⟩ siegen **segrande** ADJ siegend, sieghaft; **gå ~ ur striden** aus dem Kampf als Sieger hervorgehen **segrare** ⟨-n; -⟩ Sieger(in) m(f)
segregation [segrega'ʃu:n] ⟨-en; -er⟩ Trennung f, Rassentrennung f
segsliten ['se:gsli:tən] ADJ schwierig, langwierig; strittig
seismograf [sejsmu'gra:f] ⟨-en; -er⟩ Seismograf m
sej [sej] A umg REFL PR → **sig** B ⟨-en; -ar⟩ Seelachs m
sejdel ['sejdəl] ⟨-n; -ar⟩ Seidel n
sejour [se'ʃu:r] ⟨-en; -er⟩ Aufenthalt m
sekel ['se:kəl] N ⟨-et; -er/-⟩ Jahrhundert n, Säkulum n **sekelgammal** ADJ jahrhundertealt **sekelskifte** S N Jahrhundertwende f; **vid ~t** um die Jahrhundertwende
sekret [se'kre:t] N ⟨-et; -⟩ Absonderung f, Sekret n **sekretari'at** N ⟨-et; -⟩ Sekretariat n **sekre'terare** ⟨-n; -⟩ Sekretär(in) m(f); Schriftführer(in) m(f) **sekre'tess** ⟨-en; kein pl⟩ Geheimhaltung f; Schweigepflicht f **sekre'tär** ⟨-en; -er⟩ Sekretär m, Schreibschrank m
sekt [sɛkt] **1** ⟨-en; -er⟩ Sekte f **2** ⟨-en; kein pl⟩ Wein Sekt m **sek'tion** ⟨-en; -er⟩ Sektion f, Abteilung f **sektor** ⟨-en; -er⟩ Sektor m; MATH a. Kreisausschnitt m
sekulariserad [sekulari'se:rad] ADJ säkularisiert
sekund [se'kɔnd] ⟨-en; -er⟩ Sekunde f
sekunda [se'kɔnda] ADJ ⟨inv⟩ zweitklassig, zweite Wahl
sekundera [sekən'de:ra] VT ⟨1⟩ sekundieren (**ngn** j-m)
sekundmeter S Metersekunde f **sekundvisare** S Sekundenzeiger m
sekun'där ⟨-en; -er⟩ sekundär
sekvens [se'kvɛns] ⟨-en; -er⟩ Sequenz f
sela ['se:la] VP ⟨1⟩ **~ 'av** abschirren; **~ 'på** anschirren **seldon** ⟨-et; -⟩, **sele** ⟨-n; -ar⟩ (Pferde-)Geschirr n
selfie ['sɛlfi] ⟨-n; -s⟩ IT Selfie n
selleri [sɛla'ri:, ˈsɛ-] ⟨-n; kein pl⟩ Sellerie m, f
semester [se'mɛstər] ⟨-n; -ar⟩ Urlaub m, Ferien pl; **åka på ~** in Urlaub fahren; **trevlig ~!** schönen Urlaub! **semesterby** S Feriendorf n **semesterersättning** S Urlaubsentschädigung f **semesterfirare** ⟨-n; -⟩ Urlaub(s)reisende)r m **semesterlägenhet** S Ferienwohnung f **semesterort** S Urlaubsort m, Ferienort m **semesterresa** S Urlaubsreise f, Ferienreise f **semesterstängd** ADJ wegen Betriebsferien geschlossen **semesterstängning** S Betriebsferien pl **semestertid** S Urlaubszeit f **semestertrafik** S Reiseverkehr m **semestra** VI ⟨1⟩ Urlaub haben
semifinal [semifi'na:l, ˈse-] S Halbfinale n, Vorschlussrunde f
semikolon [semi'ku:lɔn, ˈse-] S N Semikolon n, Strichpunkt m
seminarium [semi'na:riəm] N ⟨-iet; seminarier⟩ Seminar n
semla ['sɛmla] ⟨-n; -or⟩ Hefegebäck mit Marzipanfüllung und Schlagsahne zur Fastenzeit
sen[1] [sen] ADV, KONJ, PRÄP **än ~ (då)** na und?, was denn?, warum nicht?; → **sedan**
sen[2] [se:n] ADJ spät; langsam; **i denna ~timma** zu später Stunde; **~t på dagen** spät am Tag; **~t omsider** endlich; **inte vara ~ att ...** nicht zögern zu ...
sena ['se:na] ⟨-n; -or⟩ Sehne f
senap ['se:nap] ⟨-en; kein pl⟩ Senf m
senare ['se:narə] A ADJ spätere(r, s); letzte(r, s); **den ~ der** letztere, letzterer; **~ delen** zweiter Teil; **på ~ tid** neuerdings, in letzter Zeit B ADV später; nachher **senast** ADV spätestens, zuletzt; am spätesten; **~ i morse** heute Morgen noch; **tack för ~!** danke für die Einladung/den Besuch neulich **senaste** ADJ späteste(r, s), letzte(r, s), jüngste(r, s), neueste(r, s); Ausgabe laufende(r, s); **~e nytt** die neuesten Nachrichten
senat [se'na:t] ⟨-en; -er⟩ Senat m **senator** ⟨-n; -er⟩ Senator(in) m(f)
sendrag ['se:ndra:g] S N Krampf m
senfärdig ['se:nfæːɖi(g)] ADJ saumselig, säumig **sengångare** S ZOOL Faultier n **senhöst** S Spätherbst m
senig [se:ni(g)] ADJ sehnig
senil [se'ni:l] ADJ senil **senili'tet** ⟨-en; kein pl⟩ Senilität f
senior[1] [seni'o:r] A ADJ senior B ⟨-en; -er⟩ SPORT Senior(in) m(f) **senior**[2] ['se:niɔr] ⟨inv⟩ nicht Junior Senior m

senkommen [´se:nkɔmən] ADJ spät
sensation [sɛnsa´ʃu:n] ⟨-en; -er⟩ Sensation f, Aufsehen n; **väcka ~** Aufsehen erregen, Sensation machen **sensatio´nell** ADJ sensationell, aufsehenerregend
sensibel [sɛn´si:bəl] ADJ sensibel; empfindlich
sensmoral [sɛns´mura:l] S **~en är die** Moral ist
sensommar [´se:nsɔmar] S Spätsommer m
senstäckning [´se:nstrɛkniŋ] S Sehnenzerrung f
sensuell [sɛnsu´ɛl] ADJ sensuell, sinnlich
sent [se:nt] ADV spät; **för ~** zu spät; **så ~ som igår** erst gestern
sentida [´se:nti:da] ADJ ⟨inv⟩ spät; **~ättling** Nachfahr(e m) m, Nachkomme m
sentimental [sɛntimən´ta:l] ADJ sentimental, empfindsam, rührselig **sentimentali´tet** ⟨-en; kein pl⟩ Sentimentalität f, Empfindsamkeit f, Rührseligkeit f
separat [sepa´ra:t] ⓐ ADJ einzeln, separat, Sonder- Ⓑ ADV separat, gesondert, extra **separa´tion** ⟨-en; -er⟩ Trennung f, Scheidung f, Separation f **sepa´rera** ⓐ VT trennen, absondern; *Milch* entrahmen Ⓑ VI sich trennen
september [sɛp´tɛmbər] ⟨inv⟩ September m
serb [særb] ⟨-en; -er⟩ Serbe m **Serbien** N ⟨inv⟩ Serbien n **serbisk** ADJ serbisch **serbiska** ⓐ ⟨-n; kein pl⟩ Serbisch n Ⓑ ⟨-n; -or⟩ Serbin f
serenad [sərə´na:d] ⟨-en; -er⟩ Ständchen n, Serenade f
sergeant [ʂæ´ʂant] ⟨-en; -er⟩ MIL Sergeant m, Unterfeldwebel m
serie [´se:riə] ⟨-n; -r⟩ Ⓐ Serie f; Folge f; Reihe f Ⓑ Comicstrip m **seriefigur** S Comicstripfigur f **seriekrock** S Massenkarambolage f **seriemördare** S Serienmörder(in) m(f) **serietidning** S Comicheft n **serietillverkning** S Serienfabrikation f, Reihenherstellung f
seriös [seri´øːs] ADJ seriös
serpentin [særpən´ti:n] ⟨-en; -er⟩ Serpentine f; Papierschlange f
serum [´se:rəm] N ⟨-et; -⟩ Serum n

serva [´ʂœrva] ⟨1⟩ ⓐ VT bedienen; TECH warten, überholen; **~ bilen** den Wagen überholen lassen Ⓑ VI SPORT aufschlagen **serve** ⟨-n; -ar⟩ Aufschlag m
server [´sœrvər] ⟨-n; -ar⟩ IT Server m
servera [sær´ve:ra] ⟨1⟩ bedienen, servieren; einschenken; auftischen; **det är ~t** es ist serviert **servering** ⟨-en; -ar⟩ Bedienung f, Bewirtung f; Wirtschaft f **serveringsbord** S N Anrichte f, Serviertisch m
servett [sær´vɛt] ⟨-en; -er⟩ Serviette f
service [´sœ:(r)vis] ⟨-n; kein pl⟩ Kundendienst m; Bedienung f; Dienstleistung f; Service m od n; TECH Wartung f **servicebox** S Nachttresor m **serviceföretag** S N Dienstleistungsunternehmen n **servicehus** S Seniorenwohnheim n **serviceportal** S Serviceportal n **serviceverkstad** S Serviceverkstatt f, Reparaturwerkstatt f **serviceyrke** S N Dienstleistungsberuf m
servis [sær´vi:s] ⟨-en; -er⟩ Tafelgeschirr n, Service n
servi´tris ⟨-en; -er⟩ Kellnerin f **servi´tör** ⟨-en; -er⟩ Kellner m
ses [se:s] VI ⟨dep 4⟩ sich sehen; **vi ~ igen** wir sehen uns wieder; **vi ~!** bis bald!, bis dann!; **vi ~ på fredag!** bis Freitag!
sesam ⟨-en; kein pl⟩ Sesam m
session [se´ʃu:n] ⟨-en; -er⟩ Sitzung f
set [sɛt] N ⟨-et; -⟩ Set m od n; SPORT Satz m
sevärd [´se:væ:ɖ] ADJ sehenswert, sehenswürdig **sevärdhet** ⟨-en; -er⟩ Sehenswürdigkeit f
sex [sɛks] ⓐ NUM sechs Ⓑ S ⟨-et; kein pl⟩ Sex m; **säker(t) ~** Safer Sex m **sexa** ⟨-n; -or⟩ Sechs f
sexig [´sɛksi(g)] ADJ sexy **sexistisk** ADJ sexistisch **sexklubb** S Sexklub m **sexliv** S N Geschlechtsleben n **sexmord** S N Lustmord m
sextant [sɛks´tant] ⟨-en; -er⟩ Sextant m
sexti(o) [´sɛksti(u)] NUM sechzig **sextionde** ADJ sechzigste **sexton** NUM sechzehn **sextonde** ADJ sechzehnte
sexualbrott [sɛksu´a:lbrɔt] S N Sexualverbrechen n **sexualförbrytare** S Sexualverbrecher m **sexuali´tet** ⟨-en; kein pl⟩ Sexualität f, Geschlecht-

lichkeit f **sexsualsystem** S̲N̲ BIOL Sexualsystem n **sexualundervisning** S̲ Sexualunterricht m **sexualupplysning** S̲ Sexualaufklärung f **sexuell** A̲D̲J̲ geschlechtlich, sexuell
sfär [sfæːr] ⟨-en; -er⟩ Sphäre f **sfärisk** A̲D̲J̲ sphärisch
shop [ʃɔp] ⟨-pen; -par⟩ kleiner Laden m **shoppa** V̲T̲,̲ V̲I̲ ⟨1⟩ einkaufen (gehen) **shoppingrunda** S̲ Einkaufsbummel m **shoppingväska** S̲ Einkaufstasche f
shorts [ʃɔːts] P̲L̲ ⟨-en⟩ Shorts pl
show [ʃoːu, ʃɔv] ⟨-en; -er⟩ Show f; Schau f
si [siː] A̲D̲V̲ ~ **och så** soso lala; **än** ~ **än** så bald so, bald so; **det är** ~ **och så med det** damit haperts
sia [ˈsiːa] V̲I̲ ⟨1⟩ weissagen, wahrsagen, prophezeien **siare** ⟨-n; -⟩ Wahrsager m, Seher m, Prophet m
Sibirien [siˈbiːriən] N̲ ⟨inv⟩ Sibirien n **sibirisk** A̲D̲J̲ sibirisch
Sicilien [siˈsiːliən] N̲ ⟨inv⟩ Sizilien n
sicksack [ˈsiksak] ⟨inv⟩ Zickzack m
sid. A̲B̲K̲ (= sida) S. (Seite) **sida** ⟨-n; -or⟩ Seite f; **från min** ~ meinerseits, von meiner Seite; **från regeringens** ~ seitens/vonseiten der Regierung; **på den här/andra** ~**n** diesseits/jenseits (gen); ~ **vid** ~ Seite an Seite; **vid** ~ **av** abseits; (da)neben; nebenbei; **å ena/andra** ~**n** einerseits/andererseits; **på båda/alla sidor** beiderseits; **åt** ~ seitwärts; **åt fel** ~ nach der falschen Seite; **lämna åt** ~**n** beiseitelassen; umg **det har sina sidor** die Sache hat ihre Tücken **sidantal** S̲N̲ Seitenzahl f **sidbena** S̲ Seitenscheitel m **sidbyte** S̲N̲ SPORT Seitenwechsel m
siden [ˈsiːdən] N̲ ⟨-et; kein pl⟩ Seide f; **av** ~ a. seiden
sidfläsk [ˈsiːdflɛsk] S̲N̲ Schweinebauch m **sidfot** S̲ COMPUT Fußzeile f **sidhuvud** S̲ COMPUT Kopfzeile f **sidhänvisning** S̲ Seitenhinweis m **sidled** S̲ **i** ~ seitlich
sido- [ˈsiːdu-] I̲N̲ Z̲S̲S̲G̲N̲ Seiten- **sidoblick** S̲ Seitenblick m **sidogata** S̲ Nebenstraße f, Seitenstraße f **sidolinje** S̲ Seitenlinie f, Nebenlinie f **sidospår** S̲N̲ BAHN Nebengleis n **sidostycke** S̲ Seitenstück n
sierska [ˈsiːəʂka] ⟨-n; -or⟩ Seherin f,

Wahrsagerin f
siesta [ˈsiesta] ⟨-n; -or⟩ Siesta f
sifferbetyg [ˈsifɐr-] S̲N̲ Ziffernote f **sifferminne** S̲N̲ Zahlengedächtnis n **siffertangenter** P̲L̲ ⟨-na⟩ COMPUT Nummernblock m **siffra** ⟨-n; -or⟩ Ziffer f; Zahl f
sifon [siˈfoːn] ⟨-en; -er⟩ 'Siphon m
sig [sɛj] R̲E̲F̲L̲ P̲R̲ sich; **i och för** ~ an und für sich; **av** ~ **själv(t)** von selbst/selber
sightseeing [ˈsajtsiiŋ] ⟨-en; -ar⟩ Sightseeing n; Besichtigung f **sightseeingtur** S̲ Sightseeingtour f
sigill [siˈjil] N̲ ⟨-et; -⟩ Siegel n; Petschaft n **sigillring** S̲ Siegelring m
signal [siŋˈnɑːl] ⟨-en; -er⟩ Signal n, Zeichen n **signale'ment** N̲ ⟨-et; -⟩ Signalement n **signa'lera** V̲T̲ ⟨1⟩ signalisieren; AUTO hupen **signalflagga** S̲ Signalflagge f **signalhorn** S̲N̲ AUTO Hupe f; Signalhorn n
signatur [siŋnaˈtʉːr] ⟨-en; -er⟩ Signatur f; Pseudonym n **signa'turmelodi** S̲ Erkennungsmelodie f **sig'nera** V̲T̲ ⟨1⟩ unterzeichnen, signieren **sig'netring** S̲ Siegelring m
sik [siːk] ⟨-en; -ar⟩ ZOOL Renke f, Felchen m
sikt¹ [sikt] ⟨-en; kein pl⟩ Sicht f; **på lång** ~ auf lange/weite Sicht; langfristig
sikt² ⟨-en; -ar⟩ Sieb n **sikta**¹ sieben, sichten
sikta² A̲ V̲I̲ zielen (**på** auf akk nach) B̲ V̲T̲ SCHIFF sichten **sikte** N̲ ⟨-t; -n⟩ Visier n; Sicht f; **behålla i** ~ im Auge behalten; **ta** ~ **på ngt** das Augenmerk auf etw (akk) richten; **ur** ~ aus den Augen; außer Sicht
sil [siːl] ⟨-en; -ar⟩ Sieb n; Durchschlag m; umg Injektion Schuss m **sila** ⟨1⟩ A̲ V̲T̲ sieben, seihen B̲ V̲I̲ rieseln **silduk** S̲ Siebtuch n, Filtertuch n
silhuett [silʉˈɛt] ⟨-en; -er⟩ Schattenbild n, Silhouette f; Scherenschnitt m
silikon [siliˈkoːn] N̲ ⟨-et/-en; -er⟩ Silikon n
silke [ˈsilkə] N̲ ⟨-t; -n⟩ Seide f **silkesfjäril** S̲ ZOOL Seidenspinner m **silkeslen** A̲D̲J̲ seidenweich **silkesmask** S̲ ZOOL Seidenraupe f **silkespapper** S̲ N̲ Seidenpapier n **silkesvante** S̲ seidener Handschuh m; fig **ta i ngn med silkesvantar** j-n mit Samthandschuhen

anfassen
sill [sil] ⟨-en; -ar⟩ Hering *m*; **färsk ~** grüner Hering; **inlagd ~** eingelegter Hering; **salt ~** Salzhering; **stekt ~** Brathering **sillbulle** S̄ ≈ Heringsklößchen *n* **sillburk** S̄ Heringsdose *f* **sillfiske** S̄N̄ Heringsfang *m* **sillsallad** S̄ *Salat aus Heringen, Roter Bete (und Schlagsahne)*
silo ['si:lu] ⟨-n; -(e)r⟩ Silo *m*
siluett → silhuett
silver ['silvər] N̄ ⟨-et; -⟩ Silber *n*; Silbersachen *f/pl*; **av ~** silbern **silverbröllop** S̄N̄ silberne Hochzeit **silverfat** N̄ silberne Schüssel **silvergran** S̄ BOT Silbertanne *f* **silvergruva** S̄ Silberbergwerk *n* **silvergrå** ADJ silbergrau **silverhalt** S̄ Silbergehalt *m* **silvermedalj** S̄ Silbermedaille *f* **silvermynt** S̄N̄ Silbermünze *f* **silversked** S̄ silberner Löffel *m* **silversmycke** S̄N̄ silberner Schmuck *m*
simbassäng ['simbasɛŋ] S̄ Schwimmbecken *n* **simbyxor** PL Badehose *f sg* **simdyna** S̄ Schwimmkissen *n* **simfot** S̄ Schwimmflosse *f* **simfågel** S̄ Schwimmvogel *m* **simhall** S̄ Schwimmbad *n*, Schwimmhalle *f* **simhud** S̄ Schwimmhaut *f*
SIM-kort ['simkuʈ] S̄N̄ TEL SIM-Karte *f*
simkunnig ADJ vara ~ schwimmen können; **inte vara ~** Nichtschwimmer sein **simlärare ~** Schwimmlehrer(in) *m(f)* **simma** V̄T̄, V̄Ī ⟨1⟩ schwimmen **simmare** ⟨-n; -⟩ Schwimmer(in) *m(f)*
simmig ADJ dickflüssig; **~a ögon** verschwommener Blick **simning** ⟨-en; kein pl⟩ Schwimmen *n*
simpel ['simpəl] ADJ einfach, schlicht; simpel, gewöhnlich; gemein; **helt ~t** ganz einfach; **så ~t!** wie gemein!
simskola ['simsku:la] S̄ Schwimmunterricht *m* **simsätt** S̄N̄ Schwimmart *f* **simtag** S̄ Schwimmstoß *m* **simtävling** S̄ Wettschwimmen *n*, Schwimmwettkampf *m*
simulant [simɯ'lant] ⟨-en; -er⟩ Simulant *m* **simu'lera** V̄T̄ ⟨1⟩ sich verstellen, simulieren; vorgeben, vortäuschen
simultantolkning [simɯlt"a:ntɔlkniŋ] S̄ Simultandolmetschen *n*
sin¹ [sin] POSS PR ⟨n sitt; pl sina⟩ sein(e, er, es), ihr(e, er, es); der/die/das sein(ig)e *od* ihr(ig)e; **hon bor ihop**
med ~ bror sie wohnt mit ihrem Bruder zusammen; **var och en har ~a bekymmer** jeder hat seine Sorgen; **bli ~ egen** sich selbstständig machen; **på ~ tid** seinerzeit
sin² [si:n] ⟨inv⟩ **stå/vara i ~** dürr sein
sina V̄Ī ⟨1⟩ versiegen, eintrocknen
singel¹ ['siŋəl] ⟨-n; kein pl⟩ Kies *m*
singel² ⟨-n; -ar⟩ Sport Einzel(spiel *n*) *n*, Single *n*; Musik Single *f*; Person Single *m*
singelolycka S̄ Alleinunfall *m* Verkehrsunfall mit nur einem Beteiligten
singla ['siŋla] A V̄Ī **~ slant om ngt** bei etw die Münze entscheiden lassen B V̄P̄ **~ 'ner** zu Boden flattern
singular(is) ['siŋɡʊlar(is)] ⟨-en; -er⟩ GRAM Einzahl *f*, Singular *m*
sinka ['siŋka] V̄T̄ ⟨1⟩ aufhalten
sinnad [sinad] ADJ gesinnt **sinne** N̄ ⟨-t; -n⟩ Sinn *m*; Gemüt *n*; Kopf *m*; **ha ~ för ngt** Sinn für etw haben; **i sitt stilla ~** im Stillen, im Geiste; **vara från sina ~n** von/nicht bei Sinnen sein; **vara vid sina ~ns fulla bruk** bei vollem Verstande sein **sinnebild** S̄ Sinnbild *n* (**för** gen) **sinnelag** N̄ Gemüt *n*, Gesinnung *f*, Wesen *n* **sinnesfrid** S̄ innerer Frieden **sinnesfrånvaro** S̄ Geistesabwesenheit *f* **sinnesförvirrad** ADJ geistesgestört **sinnesförvirring** S̄ Geistesgestörtheit *f*, geistige Verwirrung **sinneslugn** N̄ Gemütsruhe *f* **sinnesnärvaro** S̄ Geistesgegenwart *f* **sinnesorgan** S̄N̄ Sinnesorgan *n* **sinnesrubbad** ADJ geistesgestört **sinnesrörelse** S̄ Gemütsbewegung *f* **sinnessjuk** ADJ geisteskrank **sinnessjukdom** Geisteskrankheit *f* **sinnessjukhus** N̄ Irrenanstalt *f* **sinnesstämning** S̄ Gemütsstimmung *f* **sinnessvag** ADJ geistesschwach **sinnestillstånd** S̄N̄ Geisteszustand *m*, Gemütszustand *m* **sinnlig** ADJ sinnlich **sinnlighet** ⟨-en; kein pl⟩ Sinnlichkeit *f* **sinnrik** ADJ geistreich
sinom ['sinɔm] A ADV **tusen ~ tusen** Tausend und Abertausend B PR **i ~ tid** zu gelegener/gegebener Zeit
sinsemellan ['sinsɛmɛlan] ADV unter sich, untereinander
sionism [siɔ'nism] ⟨-en; kein pl⟩ Zionismus *m*
sippa ['sipa] ⟨-n; -or⟩ BOT Anemone *f*, Buschwindröschen *n*

sippra ['sipra] ⟨1⟩ **A** VI sickern **B** VP ~ 'fram/'ut hervorsickern; *fig* ~ 'ut durchsickern
sirap ['si:rap] ⟨-en; -er⟩ Sirup *m*
siren [si're:n] ⟨-en; -er⟩ Sirene *f*
sirlig ['si:ḷi(g)] ADJ zierlich
siska ['siska] ⟨-n; -or⟩ ZOOL Zeisig *m*
sist [sist] **A** ADJ letzt; **den ~a i månaden** am Letzten des Monats; **för ~a gången** zum letzten Mal; **på ~a tiden** in der letzten Zeit; **till ~a man bis** auf den letzten Mann; **in i det ~a** bis zuletzt; **vara ~a skriket** letzter Schrei sein **B** ADV zuletzt; **allra ~** zuallerletzt; **först som ~** jetzt gleich, schon jetzt; von vornherein; ein für alle Mal; **till ~** zuletzt, zum Schluss; zu guter Letzt; am Ende **sista** ADJ letzte(r, s) **sista minuten-biljett** S Last-Minute-Ticket *n* **sista minuten-erbjudande** S N Last-Minute-Angebot *n* **sista minuten-flyg** S N Last-Minute-Flug *m* **sista minuten-resa** S Last-Minute--Reise *f* **sistnämnd** ADJ letztgenannt, letzterwähnt **sistone** ⟨inv⟩ **på ~** in letzter Zeit
sits [sits] ⟨-en; -ar⟩ Sitz *m*
sitt [sit] POSS PR → **sin**[1]
sitta ['sita] ⟨4⟩ **A** VI sitzen; stecken; halten; **var så god och sitt!** bitte, setzen Sie sich!; **få ~ och vänta warten** müssen; **låta ~ sitzen lassen**; stecken lassen **B** VP **~ 'av** absitzen; **få ~ e'mellan** *fig* schlecht wegkommen; (darunter) zu leiden haben; **~ 'fast** festsitzen; feststecken; **~ 'i** stecken; haften; *Farbe* halten; **~ i'hop** zusammensitzen; *fig* zusammenhalten; **~ 'inne** drinnen (*od* in der Stube) hocken; *im Gefängnis* sitzen; **~ 'kvar** sitzen bleiben; **~ 'ner** sich setzen; **~ 'på** sitzen; **låta ~ 'på** aufbehalten, anbehalten; **~ 'sönder** ngt etw durchsitzen; **~ 'uppe** aufrecht sitzen; aufbleiben; **~ 'åt** (eng) anliegen, drücken; **~ 'över** nicht mitmachen **sittande** ADJ sitzend; **bli ~** sitzen bleiben; stecken bleiben **sittbad** S Sitzbad *n* **sittlift** S Sessellift *m* **sittning** ⟨-en; -ar⟩ Sitzung *f* **sittplats** S Sitzplatz *m*; Sitzgelegenheit *f* **sittplatsbiljett** S Platzkarte *f* **sittstrejk** S Sitzstreik *m* **sittvagn** S BAHN Sitzwagen *m*; Sportkinderwagen *m*
situation [sitɛa'ʃuːn] ⟨-en; -er⟩ Situation *f*; Lage *f*
sit-up [sit'ap] ⟨-; -s⟩ Sit-up *n*; **göra ~s** Sit-ups machen
sjabbig ['ʃabi(g)] *umg* ADJ schäbig
sjakal [ʃa'ka:l] ⟨-en; -er⟩ Schakal *m*
sjal [ʃa:l] ⟨-en; -ar⟩ Schal *m* **sja'lett** ⟨-en; -er⟩ Kopftuch *n*
sjappa ['ʃapa] *umg* VI ⟨1⟩ ausreißen, verduften
sjas [ʃa:s] → **schas** **sjasa** → **schasa**
sjaskig ['ʃaski(g)] *umg* ADJ schäbig, verlumpt; schlampig; schmutzig; heruntergekommen
sjok [ʃu:k] N ⟨-et; -⟩ Fetzen *m*; großes Stück
sju [ʃuː] NUM sieben **sjua** ⟨-n; -or⟩ Sieben *f* **sjuarmad** ADJ siebenarmig
sjuda ['ʃuːda] VI ⟨4⟩ sieden
sjuk [ʃuːk] ADJ krank (**av** von/vor), (**i** an *dat*); *umg* **~t** bra voll krass **sjuka** ⟨-n; -or⟩ **engelska ~n** die englische Krankheit, Rachitis *f*; → **sjukdom**
sjukanmäla VT, VR ⟨2⟩ (sich) krankmelden **sjukbesök** S N Krankenbesuch *m* **sjukbädd** S Krankenbett *n*, Krankenlager *n* **sjukdom** ⟨-en; -ar⟩ Krankheit *f*; Leiden *n* **sjukdomsfall** S N Krankheitsfall *m*, Erkrankung *f* **sjukersättning** S Krankengeld *n* **sjukfrånvaro** S Ausfall *m* wegen Krankheit **sjukförsäkring** S Krankenversicherung *f* **sjukgymnast** S Krankengymnast(in) *m(f)* **sjukgymnastik** S Krankengymnastik *f* **sjukhem** S N Genesungsheim *n*; Pflegeheim *n* **sjukhus** S N Krankenhaus *n* **sjukhusvård** S Krankenhausbehandlung *f* **sjukintyg** S N ärztliches Attest **sjukjournal** S Krankenjournal *n*, Krankenbericht *m* **sjukkassa** S Krankenkasse *f* **sjukledighet** S ≈ Krankenstand *m*, Fehlzeit *f* aufgrund von Krankheit **sjuklig** ADJ krankhaft; kränklich; **vara ~** a. kränkeln **sjukling** ⟨-en; -ar⟩ Kranke(r) *m/f(m)* **sjukpenning** S Krankengeld *n* **sjukpension** S Berufsunfähigkeitsrente *f* **sjukrum** S N Krankenzimmer *n* **sjuksal** S Krankensaal *m* **sjukskriva** VT, VR ⟨4⟩ krankschreiben **sjuksköterska** S Krankenpfleger *m* **sjuksköterska** S Krankenschwester *f*; Krankenpfleger(in) *f(m)* **sjuksyster** S → **sjuksköterska** **sjuksäng** S → **sjukbädd** **sjuktransport**

s̄ Krankentransport m **sjukvård** s̄ Krankenpflege f; Sanitätswesen n **sjukvårdare** s̄ Krankenpfleger(in) m(f); Sanitäter(in) m(f) **sjukvårdsartiklar** PL Krankenpflegeartikel pl **sjukvårdsbiträde** S N Hilfsschwester f; Krankenpfleger(in) m(f)

sjunde ['ɕɵndə] ADJ sieb(en)te(r, s)

sjundedel s̄ Sieb(en)tel n

sjunga ['ɕɵŋa] ⟨4⟩ A VT, VI singen; ~ ngt för ngn j-m etw vorsingen B V/P ~ 'in einüben; ~ 'med mitsingen; ~ 'om noch einmal singen; fig ~ 'ut mit der Sprache herausrücken

sjunka ['ɕɵŋka] ⟨4⟩ A VI sinken; SCHIFF a. untergehen B V/P ~ i'hop zusammensinken, zusammensacken; ~ 'ner niedersinken; ~ 'undan sinken; ablaufen **sjunkbomb** S MIL Wasserbombe f **sjunken** ADJ fig djupt ~ tief gesunken

sjusovare ['ɕʉːsoːvarə] ⟨-n; -⟩ Siebenschläfer m; Langschläfer m, Schlafmütze f

sjutti(o) ['ɕɵti(u)] NUM siebzig **sjuttionde** ADJ siebzigste(r, s) **sjuttiotal** S N ett ~ etwa siebzig; på ~et in den Siebzigerjahren **sjuttioårig** ⟨-t⟩ ADJ siebzigjährig **sjuttioåring** ⟨-en; -ar⟩ Siebzigjährige(r) m/f(m)

sjutton ['ɕɵtɔn] NUM siebzehn; fy ~! pfui Teufel!; för ~! zum Kuckuck!; vara full i ~ es faustdick hinter den Ohren haben; det vore väl ~ om ... es wäre doch gelacht, wenn ...; dyrt som ~ verdammt teuer **sjuttonde** ADJ siebzehnte(r, s) **sjutton(de)del** s̄ Siebzehntel n **sjuttonhundratal** S N på ~et im achtzehnten Jahrhundert **sjuttonårig** ADJ siebzehnjährig **sjuttonåring** ⟨-en; -ar⟩ Siebzehnjährige(r) m/f(m)

sjuårig ADJ siebenjährig **sjuåring** ⟨-en; -ar⟩ Siebenjährige(r) m/f(m)

sjyst [ɕyst] → schyst

sjå [ɕoː] umg N ⟨-t; kein pl⟩ Plackerei f

sjåpa ['ɕoːpa] V/R ⟨1⟩ ~ sig umg zimperlich sein, sich anstellen, sich haben **sjåpig** ADJ zimperlich, wehleidig

själ [ɕɛːl] ⟨-en; -ar⟩ Seele f; med kropp och ~ mit Leib und Seele; med hela sin ~ mit ganzer Seele **själavandring** f Seelenwanderung f **själavård** S Seelsorge f **själfull** ADJ seelenvoll **själlös** ADJ seelenlos, geistlos **själsdödande** ADJ geisttötend **själsfrände** s̄ Seelenverwandte(r) m/f(m) **själslig** ADJ seelisch **själsliv** S N Gemütsleben n, Seelenleben n **själsstyrka** s̄ Geisteskraft f, Seelenstärke f **själstillstånd** S N Gemützustand m, Geisteszustand m, Geistesverfassung f

själv [ɕɛlv] A PRON selbst, selber; hon är godheten ~ sie ist die Güte selber (od in Person); det säger sig ~t das versteht sich ja von selbst; ~a kungen selbst/sogar der König; ~a staden die eigentliche Stadt; för sig ~ für sich, allein; här är vi för oss ~a hier sind wir unter uns; han är inte längre sig ~ er ist nicht mehr er selbst; av sig ~(t) von selbst; i sig ~(t) an sich; tack ~! danke, gleichfalls/ebenso! B N ⟨-et; kein pl⟩ Selbst n **självaktning** f Selbstachtung f **självbedrägeri** S N Selbstbetrug m **självbehärskning** S Selbstbeherrschung f **självbelåten** ADJ selbstzufrieden, selbstgefällig **självberöm** S N Eigenlob n **självbestämmanderätt** f Selbstbestimmungsrecht n **självbetjäning** s̄ Selbstbedienung f **självbevarelsedrift** S Selbsterhaltungstrieb m **självbiografi** S Selbstbiografie f **självdeklaration** S Steuererklärung f **självdö** VI ⟨4⟩ verenden, eingehen, krepieren; absterben **självfallen** ADJ selbstverständlich **självförakt** N Selbstverachtung f **självförebråelse** S Selbstvorwurf m **självförsvar** S N Selbstverteidigung f **självförsörjande** ADJ vara ~ Selbstversorger sein **självförtroende** S N Selbstvertrauen n; ha ~ selbstbewusst sein **självförverkligande** N Selbstverwirklichung f **självförvållad** ADJ selbst verschuldet **självgod** ADJ selbstzufrieden, selbstgefällig, eingebildet **självhjälp** f Selbsthilfe f **självhushåll** S N Selbstversorgung f **självhäftande** ADJ selbstklebend **självironi** S Selbstironie f **självvis** ⟨-en; -ar⟩ umg Selfie n **självisk** ADJ selbstsüchtig **själviskhet** ⟨-en; kein pl⟩ Selbstsucht f, Egoismus m **självklar** ADJ selbstverständlich; det är ~t das versteht sich von selbst **självkostnad** S Selbstkosten f/pl **självkostnadspris** S N Selbstkostenpreis m **självkritik** _s_ Selbstkritik f **självkännedom** _s_ Selbsterkenntnis f **självkänsla** _s_ Selbstgefühl n **självljud** _s n_ GRAM Selbstlaut m **självlysande** _ADJ_ selbstleuchtend **självlärd** _ADJ_ autodidaktisch; ~ man Autodidakt m **självmant** _ADV_ freiwillig, von selbst **självmedvetande** _s n_ Selbstbewusstsein n **självmedveten** _ADJ_ selbstbewusst **självmord** _s n_ Selbstmord m **självmordsattack** _s_ Selbstmordanschlag m **självmordsförsök** _s n_ Selbstmordversuch m **självmotsägelse** _s_ innerer Widerspruch **självmål** _s n_ göra ~ ein Eigentor schießen **självplågeri** _s n_ Selbstquälerei f **självporträtt** _s_ Selbstbildnis n, Selbstporträt n **självrannsakan** _s_ Selbstprüfung f **självrisk** _s_ Selbstbeteiligung f **självservering** _s_ Restaurant Selbstbedienung f **självskriven** _ADJ_ selbstverständlich; han är ~ för platsen nur er kommt für die Stellung in Frage **självstart** _s_ TECH Anlasser m **självständig** _ADJ_ selbstständig; unabhängig **självständighet** ⟨-en; kein pl⟩ Selbstständigkeit f; Unabhängigkeit f **självsvåldig** _ADJ_ eigenwillig, mutwillig, ungezogen **självsäker** _ADJ_ selbstsicher **självuppoffrande** _ADJ_ selbstaufopfernd **självupptagen** _ADJ_ ichbezogen, selbstbezogen **självverkande** _ADJ_ selbsttätig **självvändamål** _s n_ Selbstzweck m **självömkan** ⟨inv⟩ Selbstmitleid n **självövervinnelse** _s_ Selbstüberwindung f **sjätte** ['ɕɛta] _ADJ_ sechste(r, s); för det ~ sechstens **sjättedel** _s_ Sechstel n **sjö** [ʃøː] ⟨-n; -ar⟩ See m u. f; gå i ~n ins Wasser gehen; gå till ~ss zur See gehen; in See gehen/stechen; till lands och ~ss zu Wasser und zu Lande **sjöbod** _s_ Bootshaus n **sjöduglig** _ADJ_ seetüchtig, seefest **sjöfart** _s_ Schifffahrt f; inrikes ~ Binnenschifffahrt f **sjöflygplan** _s n_ Wasserflugzeug n **sjöfågel** _s_ Wasservogel m **sjögräs** _s n_ Seegras n **sjögång** _s_ Seegang m **sjöjungfru** _s_ Seejungfer f **sjökapten** _s_ (Schiffs-)Kapitän m **sjökort** _s n_ Seekarte f **sjölejon** _s n_ ZOOL Seelöwe m **sjömakt** _s_ Seemacht f **sjöman** _s_ Seemann m **sjömanskostym** _s_ Matrosenanzug m **sjömil** _s_ Seemeile f **sjömärke** _s n_ Seezeichen n **sjönöd** _s_ Seenot f **sjöofficer** _s_ Marineoffizier m **sjöresa** _s_ Seereise f **sjöräddning** _s_ Seenotrettungsdienst m **sjörövare** _s_ Seeräuber m **sjösjuk** _ADJ_ seekrank **sjösjuka** _s_ Seekrankheit f **sjöstjärna** _s_ ZOOL Seestern m **sjösäker** _ADJ_ seetüchtig **sjösätta** _VT_ ⟨4⟩ vom Stapel (od ablaufen) lassen **sjösättning** _s_ Stapellauf m **sjötomt** _s_ Grundstück n am Wasser **sjötunga** _s_ ZOOL Seezunge f **sjövan** _ADJ_ seefest, seetüchtig **sjövatten** _s n_ Seewasser n **sjöväg** _s_ ~en auf dem Seeweg

s.k. _ABK_ (= så kallad) sog.

ska [ska:] _V/AUX_ → skola¹

skabb [skab] ⟨-en; kein pl⟩ MED Krätze f; VET Räude f **skabbig** _ADJ_ krätzig; fig schäbig

skada ['skaːda] _A_ ⟨-n; -or⟩ Schaden m, Beschädigung f; Verletzung f; orsaka ~ einen Schaden verursachen; ta ~ av ngt Schaden bei/durch etw leiden; ta igen ~n sich schadlos halten, sich entschädigen; det är ingen ~ skedd es hat nichts zu sagen _B_ _VT_ ⟨1⟩ schaden, (be)schädigen; verletzen; det ~r inte das schadet/tut nichts _C_ _VR_ ⟨1⟩ ~ sig sich verletzen **skadad** _ADJ_ beschädigt, schadhaft; verletzt **skadedjur** _s n_ Schädling m **skadedjursbekämpare** ⟨-n; -⟩ Kammerjäger(in) m(f) **skadeersättning** _s_ Schaden(s)ersatz m, Entschädigung f **skadeglad** _ADJ_ schadenfroh **skadeglädje** _s_ Schadenfreude f **skadegörelse** ⟨-n; -r⟩ Beschädigung f **skadeslös** _ADJ_ schadlos; hålla ngn ~ j-n schadlos halten (för für) **skadestånd** _s n_ Schaden(s)ersatz m, Entschädigung f **skadeverkan** _s_ Schädigung f, Schaden m **skadlig** _ADJ_ schädlich (för für od dat) **skadskjuten** _ADJ_ angeschossen; JAGD a. weidwund

skaffa ['skafa] ⟨1⟩ _A_ _VT_ (an-, be-, ver)schaffen; holen, bringen, besorgen; ~ barn sich Kinder anschaffen, Kinder bekommen; ~ sig visshet sich (dat) Gewissheit verschaffen _B_ _VP_ ~ 'fram herbeischaffen, herbeibringen; ~ 'undan fortschaffen, wegschaffen

ska(f)föttes ['skaːfœtəs] _ADV_ ligga ~ Kopf bei Fuß liegen

skaft [skaft] _N_ ⟨-et; -⟩ Griff m, Stiel m;

Stiefel- Schaft *m; umg* **per ~** pro Nase; **ha huvudet på ~** einen hellen Kopf haben, helle sein; **ha ögonen på ~** *aufmerksam sein* die Augen offen haben
skaka ['skɑːka] ⟨1⟩ Ⓐ *vt, vi* (durch)schütteln, (durch)rütteln; erschüttern; wackeln, zittern; **~ hand med** j-m die Hand schütteln; **~ av köld** vor Kälte schlottern; **~ av skratt** sich vor Lachen ausschütteln; **~ i hela kroppen** am ganzen Leibe zittern; **~ på huvudet** den Kopf schütteln Ⓑ *vp* **~ 'av sig** abschütteln; **~ 'fram ur ärmen** aus dem Ärmel schütteln; **~ 'om** erschüttern; **~ 'ut** ausschütteln **skakad** *adj* erschüttert **skakande** *adj* erschütternd
skakel ['skɑːkəl, 'skɑ-] ⟨-n; -ar⟩ Deichsel *f;* fig **hoppa över skaklarna** über die Stränge schlagen
skakis ['skɑːkis] *umg adj* **vara ~** den Tatterich haben; zitterig sein; einen Bammel haben **skakning** ⟨-en; -ar⟩ Schütteln *n,* Rütteln *n;* Erschütterung *f;* **~ar** *pl a.* Gerüttel *n/sg*
skal [skɑːl] ⟨-et; -⟩ Schale *f;* Kruste *f; Kartoffel umg* Pelle *f* **skala**[1] Ⓐ *vt* schälen, pellen Ⓑ *vr* **~ sig** sich (ab)schälen Ⓒ *vp* **~ 'av** abschälen
skala[2] ⟨-n; -or⟩ Skala *f,* Stufenleiter *f;* Maßstab *m;* **i stor ~** in großem Stil, großen Stils; **i ~ 1:5** im Maßstab von 1:5
skalbagge *s* Käfer *m*
skald [skald] ⟨-en; -er⟩ Dichter(in) *m(f),* Sänger(in) *m(f)*
skaldjur ['skɑːljuːr] *s n* Krustentier *n,* Schalentier *n;* GASTR Meeresfrüchte *pl*
skalk [skalk] ⟨-en; -ar⟩ Brotkanten *m;* Käserinde *f*
skall[1] [skal] *v/aux* → **skola**[1]
skall[2] [skal] ⟨-et; -⟩ Schall *m,* Hall *m;* Gebell *n;* **ge ~** *Hund* anschlagen **skalla** ⟨1⟩ Ⓐ *vt* Fußball köpfen Ⓑ *vi* (er)schallen, hallen
skalle [skala] ⟨-n; -ar⟩ Schädel *m; umg* Kopf *m,* Birne *f;* **ge ngn på ~n** eins über den Schädel geben
skallerorm ['skalərurm] *s* ZOOL Klapperschlange *f*
skallfraktur ['skalfrak'tuːr] *s* Schädelbruch *m*
skallgång ['skalgɔŋ] *s* allgemeine Suchaktion; *fig* **gå ~** eine Suchaktion durchführen, die Gegend *etc* durch'kämmen
skallig ['skali(g)] *adj* kahlköpfig, glatzköpfig
skallra ['skalra] Ⓐ ⟨-n; -or⟩ Klapper *f* Ⓑ *vi* ⟨1⟩ klappern
skallskada ['skalskɑːda] *s* Schädelverletzung *f*
skalm [skalm] ⟨-en; -ar⟩ Deichselarm *m,* Schenkel *m;* Brille Bügel *m*
skalp [skalp] ⟨-en; -er⟩ Skalp *m* **skal'pera** *vt* ⟨1⟩ skalpieren
skalpotatis ['skɑːlputɑːtis] *s* Pellkartoffel *f*
skalv [skalv] ⟨-et; -⟩ Erschütterung *f,* Beben *n*
skam [skam] ⟨-men; kein pl⟩ Scham *f;* Schmach *f,* Schande *f;* **för ~s skull** anstandshalber; **få stå med ~men** beschämt dastehen; **det är stor ~** es ist eine Schande; **dra ~ över ngn** j-m Schande machen; **dö av ~** sich totschämen; **förgås av ~** vor Scham vergehen; **komma på ~** zuschanden werden **skamfilad** *adj* übel zugerichtet; abgenutzt; *fig* geschädigt **skamfläck** *s* Schandfleck *m* **skamkänsla** *s* Schamgefühl *n* **skamlig** *adj* schändlich, schmählich, schandbar **skamlös** *adj* schamlos **skampåle** *s* Schandpfahl *m,* Pranger *m;* **ställa ngn vid ~n** j-n an den Pranger stellen, j-n anprangern **skamsen** *adj* beschämt; **vara ~** sich schämen **skamvrå** *s* **ställa ngn i ~n** j-n in die Ecke stellen
skandal [skan'dɑːl] ⟨-en; -er⟩ Skandal *m* **skandali'sera** *vt, vi* ⟨1⟩ Anstoß erregen; **~ ngn** j-n unmöglich machen **skanda'lös** *adj* skandalös
skandinav [skandi'nɑːv] ⟨-en; -er⟩ Skandinavier(in) *m(f)* **Skandinavien** *n* ⟨inv⟩ Skandinavien *n* **skandinavisk** *adj* skandinavisch
skanna ['skana] ⟨1⟩ Ⓐ *vt* IT scannen Ⓑ *vp* **~ 'in** einscannen **skanner** ⟨-n; -ar⟩ IT Scanner *m*
skapa [skɑːpa] *vt* ⟨1⟩ (er)schaffen; gestalten **skapad** *adj* geschaffen, erschaffen; **vara som ~/skapt till lärare** zum Lehrer wie geschaffen sein **skapande** *adj* schaffend; gestaltend; schöpferisch **skapare** *s* ⟨-; -⟩ Schöpfer *m;* Erschaffer *m* **skaparglädje** *s* Schaffenslust *f,* Schaffensfreude *f* ska-

pelse ⟨-n; -r⟩ Schöpfung f; Erschaffung f
skaplig ADJ leidlich, ganz nett, nicht schlecht/übel; *Preis* angemessen
skara ['skɑ:ra] ⟨-n; -or⟩ Schar f; Rudel n
skare ['skɑ:rə] ⟨-n; kein pl⟩ Harsch m
skarp [skarp] A ADJ scharf; schneidend, rau, beißend; grell B ⟨-en; kein pl⟩ **ta 'i på ~en** sich tüchtig ins Zeug legen; **ta i'tu med ngn på ~en** *fig* j-n den Kopf waschen; **säga 'till på ~en** seine Meinung ganz deutlich sagen
skarpsill S *Fisch* Sprotte f **skarpsinne** SN Scharfsinn m **skarpsinnig** ADJ scharfsinnig **skarpsynt** ADJ scharfsichtig **skarpsynthet** ⟨-en; kein pl⟩ Scharfsichtigkeit f **skarpsås** S ≈ Remoulade f
skarv[1] [skarv] ⟨-en; -ar⟩ ZOOL Scharbe f
skarv[2] ⟨-en; -ar⟩ Verbindung f, Fuge f, Stoß m, Ansatz m, Ansatzstück n; Stoßnaht f **skarva** ⟨1⟩ A VT ansetzen, zusammenfügen, verlängern B *fig umg* VT aufschneiden, übertreiben C ~ **i'hop** zusammenfügen **skarvsladd** S ELEK Verlängerungsschnur f
skata ['skɑ:ta] ⟨-n; -or⟩ ZOOL Elster f
skateboard ['skɛjtbɔ:d] ⟨-en; -er⟩ Skateboard n
skatt [skat] ⟨-en; -er⟩ Schatz m; Steuer f, Abgabe f; **betala 30 % i ~** = 30% Steuern zahlen; **lägga ~ på** besteuern **skatta** ⟨1⟩ A VT 1 ausbeuten B VR **~ sig lycklig** sich glücklich schätzen C VI Steuer(n) zahlen (*till an akk*); **~ för ett belopp** einen Betrag versteuern **skatteavdrag** SN abzugsfähiger Betrag; Steuerabzug m **skattebetalare** S Steuerzahler(in) m(f) **skattefinansiera** VT ⟨1⟩ durch Steuern finanzieren **skatteflykt** S Steuerhinterziehung f **skattefri** ADJ steuerfrei **skattefusk** SN Steuerbetrug m **skattehöjning** S Steuererhöhung f **skattelättnad** S Steuererleichterung f **skattemyndighet** S Finanzbehörde f; **lokal ~** Finanzamt n **skatteparadis** SN Steueroase f, Steuerparadies n **skattepliktig** ADJ steuerpflichtig, abgabenpflichtig **skatterådgivning** S Steuerberatung f **skattesmitare** ⟨-n; -⟩ Steuerhinterzieher(in) m(f); Steuerflüchtige(r)

m/f(m) **skattesänkning** S Steuerermäßigung f **skatteåterbäring** S Steuerrückzahlung f **skattjakt** S Schatzsuche f **skattkammare** S Schatzkammer f **skattmas** *umg* S Steuereintreiber m **skattmästare** S Schatzmeister m **skattsedel** S Steuerbescheid m, Steuerzettel m **skattskyldig** ADJ steuerpflichtig **skattsökare** S Schatzsucher(in) m(f)
skava ['skɑ:va] VT, VI ⟨2⟩ schaben, scheuern, reiben; **~ hål på ngt** etw durchscheuern
skavank [ska'vaŋk] ⟨-en; -er⟩ Fehler m; Schaden m, Beschädigung f; Gebrechen n
skavsår ['skɑ:vsɔ:r] N wund geriebene Stelle, Hautabschürfung f; **få ~** sich wund reiben; **få ~ på fötterna** sich (*dat*) die Füße wund laufen
ske [ʃe:] VI ⟨3⟩ geschehen, sich ereignen, sich zutragen; erfolgen; **det har ~tt en olycka** ein Unfall ist passiert
sked [ʃe:d] ⟨-en; -ar⟩ Löffel m; TECH Kamm m; *fig* **ta ~en i vacker hand** sich fügen
skede ['ʃe:də] N ⟨-t; -n⟩ Zeitabschnitt m; Zeitpunkt m; Stand m, Entwicklungsstufe f; Periode f, Epoche f
skeende ['ʃe:əndə] N ⟨-t; -n⟩ Geschehen n, Verlauf m, Vorgang m
skejta ['skɛjta] VI ⟨1⟩ skaten
skela ['ʃe:la] ⟨1⟩ schielen; **~ på vänstra ögat** auf dem linken Auge schielen
skelett [ske'lɛt] N ⟨-et; -⟩ Gerippe n, Skelett n
skelögd ['ʃe:løgd] ADJ schielend, schieläugig **skelögdhet** ⟨-en; kein pl⟩ Schielen n
sken[1] [ʃe:n] N ⟨-et; -⟩ Schein m; *fig* n. Anschein m; **~et bedrar** der Schein trügt; **ge ~ av att ...** sich (*dat*) den Anschein geben, als ob ...; **hålla ~et uppe** den Schein aufrechterhalten
sken[2] ⟨-et; kein pl⟩ **falla/råka i ~** *Pferd* 'durchgehen; **i fullt ~** in wildem Galopp **skena**[1] ⟨1⟩ A VI *Pferd* 'durchgehen B VIP **~ i'väg** blindlings davonstürzen; **låta fantasin ~ i'väg** seiner Fantasie freien Lauf lassen
skena[2] ⟨-n; -or⟩ Schiene f
skenbar [ʃe:nbɑ:r] ADJ scheinbar
skenben ['ʃe:nbe:n] SN ANAT Schien-

bein n
skenhelig ['ʃe:nhe:li(g)] ADJ scheinheilig **skenmanöver** s̄ Scheinmanöver n
skepnad ['ʃe:pnad] ⟨-en; -er⟩ Gestalt f; Erscheinung f; Schemen m
skepp [ʃep] N̄ ⟨-et; -⟩ Schiff n **skeppare** ⟨-n; -⟩ Schiffer(in) m(f) **skeppsbrott** s̄N Schiffbruch m; **lida ~** Schiffbruch (er)leiden, scheitern **skeppsbruten** ADJ schiffbrüchig **skeppsklocka** s̄ Schiffsglocke f **skeppslast** s̄ Schiffsladung f **skeppsmäklare** s̄ Schiffsmakler(in) m(f) **skeppsredare** s̄ (Schiffs-)Reeder(in) m(f) **skeppsskrov** s̄N Schiffsrumpf m **skeppsvarv** s̄N Schiffswerft f
skepsis ['skepsis] ⟨-en; kein pl⟩ Skepsis f, Skeptizismus m **skeptiker** ⟨-n; -⟩ Zweifler(in) f, Skeptiker(in) m(f) **skeptisk** ADJ skeptisch, misstrauisch
sketch [sketʃ] ⟨-en; -er⟩ Sketch m
skev [ʃe:v] ADJ schief
skick [ʃik] N̄ ⟨-et; -⟩ Zustand m; Schick m; Benehmen n; Sitte f, Brauch m; **i färdigt ~** in fertigem Zustand; **i gott ~** wohlbehalten; **i skadat ~** beschädigt
skicka ['ʃika] ⟨1⟩ A VT schicken, senden (ngt till ngn j-m od an j-n etw), (efter nach) B VP ~ **'bort** fortschicken, wegschicken; ~ **'in** (hin)einschicken; ~ **i'väg** wegschicken; ~ **'med** mitschicken; ~ **till'baka** zurückschicken; Post ~ **'ut** versenden; ~ **'vidare** weiterleiten **skickad** ADJ geeignet (till zu) **skicklig** ADJ geschickt, gewandt **skicklighet** ⟨-en; kein pl⟩ Geschicklichkeit f; Fähigkeit f
skida[1] ['ʃi:da] ⟨-n; -or⟩ Scheide f; BOT Schote f, Hülse f
skida[2] ⟨-n; -or⟩ Ski m; **åka skidor** Ski laufen **skidbacke** s̄ Sprungschanze f; Skihang m **skidbindning** s̄ Skibindung f **skidbyxor** PL Skihose f sg **skidfärd** s̄ Skitour f **skidföre** s̄N **bra ~** guter Schnee **skidglasögon** PL Skibrille f sg **skidhållare** s̄ Skihalter m **skidkläder** PL Skikleidung f sg **skidlift** s̄ Skilift m **skidlärare** s̄ Skilehrer(in) m(f) **skidlöpare** s̄ Skiläufer m **skidområde** s̄N Skigebiet n **skidort** s̄ Skiort m **skidsemester** s̄ Skiurlaub m **skidskola** s̄ Skischule f **skidspår** N̄ Skispur f **skidstav** s̄ Skistock m **skidtur** s̄ Skitour f **skidtävling** s̄ Skirennen n **skidvalla** s̄ Skiwachs n **skidåkare** s̄ Skifahrer m **skidåkning** ⟨-en; -ar⟩ Skilaufen n, Skifahren n
skiffer ['ʃifər] ⟨-n; -ar⟩ Schiefer m
skift [ʃift] N̄ ⟨-et; -⟩ Arbeitszeit Schicht f; **arbeta i tre ~** in drei Schichten arbeiten
skifta ['ʃifta] ⟨1⟩ A VT (ver)teilen; ~ **färg** sich verfärben, die Farbe wechseln B VI wechseln; ~ **i blått** ins Bläuliche spielen, einen Stich ins Blaue haben; ~ **i alla färger** in allen Farben spielen **skiftande** ADJ wechselnd **skiftarbete** s̄N Schichtarbeit f **skiftbyte** s̄N Schichtwechsel m **skifte** N̄ ⟨-t; -n⟩ (Ver-)Teilung f; Wechsel m, Wende f; AGR Flurbereinigung f; **i alla livets ~n** in jeder Lebenslage **skiftning** (Ver-)Teilung f; Veränderung f, Wechsel m; Abstufung f; **~ i blått** Stich m ins Blaue **skiftnyckel** s̄ TECH Universal- Schraubenschlüssel m **skifttangent** s̄ COMPUT Hochstelltaste f, Umschalttaste f
skikt [ʃikt] N̄ ⟨-et; -⟩ Schicht f **skikta** VT ⟨1⟩ schichten
skild [ʃild] ADJ verschieden, unterschiedlich; getrennt; geschieden
skildra ['ʃildra] VT ⟨1⟩ schildern **skildring** ⟨-en; -ar⟩ Schilderung f (av von od gen)
skilja ['ʃilja] ⟨2⟩ A VT trennen, scheiden, (ab)sondern (från von) B VI ~ **på** trennen; ~ **mellan** unterscheiden; ~ **på person och sak** die Person von der Sache trennen; **inte kunna ~ på mitt och ditt** mein und dein nicht unterscheiden können C VR ~ **sig** sich trennen; sich unterscheiden; JUR sich scheiden lassen D VP ~ **'av** abtrennen **skiljaktighet** ⟨-en; -er⟩ Verschiedenheit f; ~ **i åsikter** Meinungsverschiedenheit f **skiljas** VI ⟨dep 2⟩ sich trennen; JUR sich scheiden lassen; ~ **åt** sich trennen, auseinandergehen **skiljelinje** s̄ Trennungslinie f **skiljetecken** s̄N GRAM Satzzeichen n **skiljeväg** fig s̄ Scheideweg m
skillnad ['ʃilnad] ⟨-en; -er⟩ Unterschied m (**på** zwischen dat); **till ~ från** im Unterschied zu
skilsmässa ['ʃilsmɛsa] s̄ Trennung f;

JUR (Ehe-)Scheidung f; **ta 'ut/söka ~** die Scheidung beantragen **skilsmässobarn** S N Scheidungskind n **skilsmässoorsak** S Scheidungsgrund m
skimmer ['ʃimar] ⟨-et; kein pl⟩ Schimmer m **skimra** VI ⟨1⟩ schimmern
skina ['ʃi:na] ⟨4⟩ A VI scheinen; leuchten, strahlen; glänzen B VP ~ **'in** hineinscheinen; ~ **'upp** aufleuchten, sich aufhellen, aufheitern; **han sken 'upp** seine Miene hellte sich auf
skingra ['ʃiŋra] VT ⟨1⟩ zerstreuen (**för alla vindar** in alle Winde), auseinandertreiben, verscheuchen **skingras** VI ⟨dep 1⟩ sich zerstreuen, auseinandergehen, sich verlaufen; Wolken a. sich verziehen
skinhead ['skinhed] N ⟨-et/-en; -/-s⟩ Skinhead m
skinka ['ʃiŋka] ⟨-n; -or⟩ Schinken m; umg Hinterbacke f; **rökt ~** Räucherschinken m
skinn [ʃin] N ⟨-et; -⟩ Haut f; Leder n; Fell n, Pelz m; Wurst umg Pelle f; fig **ha ~ på näsan** Haare auf den Zähnen haben; fig **hålla sig i ~et** sich im Zaum halten; fig **krypa ur ~et** aus der Haut fahren; **ömsa ~** sich häuten **skinna** VT ⟨1⟩ häuten; fig schinden **skinnband** S N Lederband m **skinnhuvud** S N Skinhead m **skinnjacka** S Lederjacke f **skinnklädd** ADJ lederbezogen **skinnknutte** S Rocker(in) m(f) **skinnkrage** S Pelzkragen m **skinnskalle** S → skinhead **skinntorr** ADJ klapperdürr, knochendürr
skipa ['ʃi:pa] VT ⟨1⟩ ~ (**lag och**) **rätt** Recht sprechen; ~ **rättvisa** Gerechtigkeit üben
skippa ['skipa] umg VT ⟨1⟩ sausen lassen; weglassen
skir [ʃi:r] ADJ klar, rein; zart **skira** VT ⟨1⟩ Butter zerlassen
skiss [skis] ⟨-en; -er⟩ Skizze f; Entwurf m **skissa** VT, VI ⟨1⟩ eine Skizze machen **skis'sera** VT, VI ⟨1⟩ skizzieren; entwerfen
skit [ʃi:t] ⟨-en; -ar⟩ umg, vulg Scheiße f, Mist m; Scheißdreck m; **prata ~** Quatsch reden; ~ **samma** scheißegal **skita** ⟨4⟩ umg, vulg A VT, VI scheißen; fig ~ **i ngt** auf etw (akk) scheißen; **det skiter jag i** das ist mir scheißegal B VP ~ **'ner** dreckig machen; ~ **'ner sig** Baby in die Windeln machen; ~ **'på sig** sich (dat) in die Hose machen **skitbra** umg ADJ, ADV spitze **skitdålig** umg ADJ beschissen **skitig** umg ADJ dreckig **skitjobb** umg S N Dreckarbeit f, miese Arbeit **skitprat** umg S N Quatsch m, dummes Gerede **skitsnygg** umg ADJ superheiß **skitstövel** umg S Scheißkerl m, Miststück n
skiva ['ʃi:va] ⟨-n; -or⟩ 1 Scheibe f; Schnitte f; Platte f 2 MUS CD f, Schallplatte f 3 umg Party f, Fete f; umg fig **klara ~n** die Sache schmeißen B VT ⟨1⟩ in Scheiben schneiden **skivad** ADJ in Scheiben geschnitten **skivbolag** S N Label n
skivling ['ʃi:vliŋ] ⟨-en; -ar⟩ BOT Blätterpilz m
skivminne ['ʃi:v-] S N IT Plattenspeicher m **skivspelare** S Plattenspieler m **skivstång** S Scheibenhantel f
skjorta ['ʃuʈa] ⟨-n; -or⟩ Hemd n **skjortblus** S Hemdbluse f **skjortknapp** S Hemdenknopf m **skjortärm** S Hemdsärmel m; **i ~arna** in Hemdsärmeln; **kavla upp ~arna** sich (dat) die Hemdsärmel hochkrempeln
skjul [ʃu:l] N ⟨-et; -⟩ Schuppen m
skjuta ['ʃu:ta] ⟨4⟩ A VT, VI, VP 1 schießen; erschießen; ~ **bom** vorbeischießen; fig ~ **över målet** übers Ziel hinausschießen 2 schieben; ~ **fart** in Fahrt kommen; ~ **rygg** einen Buckel machen; ~ **på sig ngt** etw verschieben/aufschieben; ~ **(över) skulden på ngn** j-m die Schuld zuschieben 3 BOT sprossen, treiben; ~ **ax** in die Ähren schießen; ~ **skott** Sprossen treiben B VR ~ **sig** sich erschießen C VP ~ **'av** abschießen; ~ **'bort** verschießen; wegschieben; ~ **'fram** vorschießen; vorschieben; hervorragen, herausragen; ~ **'framför sig** vor sich her schieben; ~ **'för** vorschieben; ~ **'från sig** wegschieben, fig von sich schieben, ablehnen; ~ **'igen** zuschieben; ~ **'ihjäl** totschießen; ~ **'ihop** zusammenschießen; fig zusammenschießen; ~ **'in** (hin)einschießen; (hin)einscheißen; hineinragen; ~ **'in sig** sich einschießen; ~ **'ner** erschießen, niederschießen, abschießen; ~ **'på** (nach)schieben; ~ **'sönder** zerschießen, zusammenschießen; ~ **'till** zuschießen; fig zuschießen,

~ till'baka zurückschieben; **~ 'undan** wegschieben; **~ 'upp** *zeitlich* aufschieben; in die Höhe schießen; **~ 'upp ur marken** hervorsprießen; **~ 'ut hinaus**schieben, herausschieben; vorspringen, herausragen; **~ åt 'sidan** beiseiteschieben; **~ 'över** hinüberschießen über *(akk)*; zu weit schießen; **~ 'över ansvaret på ngn** j-m die Verantwortung zuschieben **skjutande** N ⟨-t; kein pl⟩ Schießen *n*, Schießerei *f* **skjutbana** S Schießstand *m*; Schießbude *f* **skjutdörr** S Schiebetür *f* **skjutfält** S N Schießplatz *m* **skjuts** [ʃɵs] ⟨-en; -ar⟩ ❶ Fahrgelegenheit *f*; **få ~ med** jemfahren; **ge ngn ~** j-n mitnehmen ❷ Puff *m*, Knuff *m* **skjutsa** ⟨1⟩ A VT fahren; **~ ngn till skolan** j-n zur Schule bringen B VP **~ 'undan** abschieben; wegstoßen **skjutvapen** ['ʃʉ:tvɑ:pən] S N Schusswaffe *f* **skjutövning** S Schießübung *f*

sko [sku:] A ⟨-n; -r⟩ Schuh *m*; Hufeisen *n*; *fig* **det är där ~n klämmer** da drückt der Schuh B VT ⟨3⟩ beschuhen; beschlagen C VR ⟨3⟩ *fig* **~ sig** sich bereichern (**på** *an dat*), ausbeuten (**på** *akk*) **skoaffär** S Schuhgeschäft *n* **skoborste** S Schuhbürste *f*

skock [skɔk] ⟨-en; -ar⟩ Schar *f*, Schwarm *m* **skocka** VR ⟨1⟩ **~ sig** sich scharen **skockas** VI ⟨dep 1⟩ sich scharen

skodon ['sku:du:n] S N Schuhzeug *n*, Schuhwerk *n*

skog [sku:g] ⟨-en; -ar⟩ Wald *m*; Forst *m*; *fig umg* **gå åt ~en** ins Auge gehen, schiefgehen; **helt åt ~en** völlig daneben; *fig umg* **dra åt ~en!** scher dich zum Teufel! **skogbevuxen** ADJ bewaldet **skogig** ADJ waldig, bewaldet **skogsarbetare** S Waldarbeiter(in) *m(f)* **skogsareal** S Waldfläche *f* **skogsavverkning** S Abholzung *f*, Holzfällen *n* **skogsbrand** S Waldbrand *m* **skogsbruk** S N Forstwirtschaft *f* **skogsbryn** S N Waldrand *m* **skogsbygd** S Waldgebiet *n* **skogsdunge** S Gehölz *n*, kleine Waldung *f* **skogsdöd** ADJ Waldsterben *n* **skogshögskola** S Forsthochschule *f* **skogsindustrie** S Holz verarbeitende Industrie *f* **skogsmark** S Waldung

f **skogsplantering** S Aufforstung *f* **skogsskötsel** S N Waldpflege *f*; Forstwirtschaft *f* **skogsskövling** S Waldfrevel *m* **skogsstyrelse** S Forstverwaltung *f* **skogsvaktare** S Förster(in) *m(f)* **skogsväg** S Waldweg *m*

skohorn ['sku:hu:ɳ] S N Schuhanzieher *m*, Schuhlöffel *m*

skoj [skɔj] *umg* N ⟨-et; kein pl⟩ ❶ Schwindel *m*, Humbug *m*, Mumpitz *m* ❷ Spaß *m*, Ulk *m*, Jux *m*; **det är ~** es macht Spaß; **det var ~ att ses** es war schön, dich/Sie *etc* zu sehen; **på ~**, **för ~s skull** zum/aus Spaß **skoja** VI ⟨1⟩ ❶ schwindeln ❷ spaßen, ulken; **~ med ngn** j-n verulken; *umg* **du ~r!** mach keine Witze! **skojare** ⟨-n; -⟩ Schwindler(in) *m(f)*, Gauner(in) *m(f)* Spaßvogel *m*, Schelm *m* **skojfrisk** ADJ zu Späßen aufgelegt, aufgekratzt **skojig** ADJ spaßig, lustig, ulkig

skokräm ['sku:krɛ:m] S Schuhcreme *f*

skola[1] ['sku:la] V/AUX ⟨irr⟩ werden; wollen, die Absicht haben; sollen; müssen; **det ska regna i morgon** morgen wird es regnen; **ska(ll) vi gå?** wollen wir gehen?; **jag ska(ll) gå på bio** ich will ins Kino gehen; **vad ska(ll) det tjäna till?** was soll das?; **du ska(ll) komma ihåg** du musst bedenken; **jag skulle kunna** ich könnte; **jag skulle vilja** ich möchte; **jag skulle vilja ha** ich hätte gern; **jag skulle inte ha gjort det** ich hätte es nicht tun sollen

skola[2] A ⟨-n; -or⟩ Schule *f*; **gå i ~n** in die/zur Schule gehen; **gå i ~ hos ngn** bei j-m in die Schule gehen; **ha fri från ~n** (schul)frei haben B VT ⟨1⟩ schulen; **~ sin röst** seine Stimme schulen **skolad** ADJ geschult **skolarbete** S N Schularbeit *f* **skolavslutning** S Schulabschlussfeier *f* **skolbarn** S N Schulkind *n* **skolbespisning** S Schulspeisung *f* **skolbetyg** S N Schulzeugnis *n* **skolbibliotek** S N Schulbibliothek *f*, Schülerbibliothek *f* **skolbok** S Schulbuch *n* **skolbuss** S Schulbus *m* **skolbyggnad** S Schulgebäude *n* **skolbänk** S Schulbank *f* **skolelev** S Schüler(in) *m(f)* **skolflicka** S Schulmädchen *n* **skolfröken** S Lehrerin *f* **skolgång** S Schulbesuch *m* **skolgård** S Schulhof *m*

skolk [skɔlk] N ⟨-et; kein pl⟩ Schwän-

skolka – **skrammel**

zen n **skolka** VT ⟨1⟩ schwänzen (**från skolan** die Schule)
skolkamrat [ˈskuːlkamˌrɑːt] S̄ Mitschüler(in) m(f), Schulfreund(in) m(f), Schulkamerad(in) m(f) **skolklass** S̄ Schulklasse f **skollov** S̄N schulfreier Tag; Schulferien pl **skolläkare** S̄ Schularzt m **skollärare** S̄ (Schul-)Lehrer(in) m(f) **skolmogen** ADJ schulreif **skolmåltid** S̄ Schulessen n **skolning** ⟨-en; -ar⟩ Schulung f **skolplikt** S̄ Schulpflicht f **skolpojke** S̄ Schuljunge m **skolpolis** S̄ Schülerlotse m **skolradio** S̄ Schulfunk m **skolresa** S̄ Schulreise f **skolsal** S̄ Klassenzimmer n **skolschema** S̄ Stundenplan m **skolskjuts** [-ʃəs] S̄ ≈ Fahrdienst für Schüler **skolstyrelse** S̄ Schulamt n **skoltid** S̄ Schulzeit f **skolungdom** S̄ Schuljugend f **skolutbyte** S̄N Schüleraustausch m **skolutflykt** S̄ Schulausflug m **skolväsen** S̄N Schulwesen n **skolväska** S̄ Schulmappe f **skolålder** S̄ schulpflichtiges Alter **skolår** S̄N Schuljahr n **skolämne** S̄N Unterrichtsfach n
skomakare [ˈskuːmɑːkarə] ⟨-n; -⟩ Schuhmacher(in) m(f), Schuster(in) m(f) **skomakeˈri** ⟨-et; -er⟩ Schuhmacherei f; Schuhmacherwerkstatt f
skona [ˈskuːna] VT ⟨1⟩ schonen; verschonen (**ngn från ngt** j-n mit etw) **skoningslös** ADJ schonungslos **skonsam** ADJ schonend; nachsichtig **skonsamhet** ⟨-en; kein pl⟩ Schonung f; Nachsicht f
skopa [ˈskuːpa] ⟨-n; -or⟩ (Schöpf-)Kelle f; Baggereimer m
skorpa [ˈskɔrpa] ⟨-n; -or⟩ Zwieback m; Kruste f; Schorf m
skorpion [skɔrpiˈuːn] ⟨-en; -er⟩ ZOOL Skorpion m **Skorpionen** ⟨inv⟩ ASTROL Skorpion m
skorra [ˈskɔra] VI ⟨1⟩ **1** das Zäpfchen-r sprechen **2** sich rau anhören **skorrning** ⟨-en; -ar⟩ **1** Zäpfchen-r n **2** unangenehmer Laut
skorsten [ˈskɔʂteːn] S̄ Schornstein m, Kamin m; Schlot m
skorv¹ [skɔrv] ⟨-en; -ar⟩ SCHIFF alter Kasten
skorv² ⟨-en; kein pl⟩ MED, BOT Schorf m, Grind m **skorvig** ADJ schorfig, grindig

skoskav [ˈskuːskɑːv] S̄N ⟨-et; kein pl⟩ wunde Füße pl; **få ~** sich die wund laufen **skosnöre** S̄N Schnürsenkel m **skostorlek** S̄ Schuhgröße f **skosula** S̄ Schuhsohle f
skoter [ˈskuːtər] ⟨-n; -ar⟩ Motorroller m
skotsk [skɔtsk] ADJ schottisch **skotska** ⟨-n; -or⟩ Schottin f
skott [skɔt] S̄N ⟨-et; -⟩ **1** Schuss m; fig **få klä ~ för** ngt etw ausbaden (od den Kopf wegen etw hinhalten) müssen; **som ett ~** wie aus der Pistole geschossen **2** SCHIFF Schott n, Schotte f **3** BOT Trieb m, Spross m, Ableger m; Schössling m; BOT **skjuta ~** Sprosse(n) treiben, sprossen
skotta [ˈskɔta] ⟨1⟩ **A** VT schaufeln; umg schippen **B** VP **~ i'gen** umg zuschaufeln, zuschippen
skottavla [ˈskɔtaˌvla] S̄ Zielscheibe f
skottdag [ˈskɔtdɑːɡ] S̄ Schalttag m
skotte [ˈskɔta] ⟨-n; -ar⟩ Schotte m
skottglugg [ˈskɔtɡlœɡ] S̄ Schießscharte f; fig **komma i ~en** angegriffen werden **skotthål** S̄N Einschlag m, Einschlagstelle f **skotthåll** S̄N Schussweite f; **inom ~** in/auf Schussweite
skottkärra [ˈskɔtˌɕæra] S̄ Schubkarre f, Schubkarren m
Skottland [ˈskɔtland] S̄N ⟨inv⟩ Schottland n
skottlinje [ˈskɔtlinjə] S̄ Schusslinie f **skottlossning** ⟨-en; -ar⟩ Schießen n, Schießerei f **skottspole** S̄ Schussspule f; fig **fara som en ~** umherflitzen **skottsår** S̄N Schusswunde f **skottsäker** ADJ kugelfest, kugelsicher; **~ väst** kugelfeste Weste **skottväxling** S̄ Schießerei f
skottår S̄N Schaltjahr n
skovel [ˈskɔvəl, ˈskoː-] ⟨-n; -ar⟩ Schaufel f, Schippe f
skraj [skraj] umg ADJ **vara ~** Angst haben, bange sein (**för** vor)
skral [skrɑːl] ADJ kränklich; klapp(e)rig, mies; schlecht; mickrig; kümmerlich, dürftig **skraltig** umg ADJ klapp(e)rig; mickrig; wack(e)lig
skramla [ˈskramla] **A** ⟨-n; -or⟩ Klapper f, Rassel f **B** VI ⟨1⟩ klappern, klirren; rasseln; rumpeln **skrammel** S̄N ⟨-et; kein pl⟩ Geklapper n, Geklirr n; Gerassel n; Rumpeln n, Gerumpel n

skranglig [ˈskraŋli(g)] *umg* ADJ klapp(e)rig; wack(e)lig; **lång och ~** hoch aufgeschossen; schlaksig

skrank [skraŋk] N ⟨-et; -⟩ Schranke *f*; JUR Schranken *f/pl*

skrap [skra:p] N ⟨-et; kein pl⟩ (Ab-) Schabsel *n*; Kratzen *n*; Schaben *n*; Scharren *n* **skrapa** A ⟨-n; -or⟩ Schaber *m*, Kratzer *m*, Striegel *m*; Schramme *f*; *fig umg* Rüffel *m*, Anschnauzer *m* B VT, VI ⟨1⟩ kratzen; schaben; scharren C V/P ⟨1⟩ **~ 'av** abkratzen; **~ i'hop** zusammenscharren, zusammenkratzen **skraplott** S Rubbellos *n* **skrapning** ⟨-en; -ar⟩ Kratzen *n*; Schaben *n*; Scharren *n*; MED Ausschabung *f*

skratt [skrat] N ⟨-et; -⟩ Lachen *n*, Gelächter *n*; **brista ('ut) i ~** in Lachen/Gelächter ausbrechen, auflachen; **få sig ett gott ~** herzlich lachen; **(kunna) hålla sig för ~** sich (dat) das Lachen verbeißen (können); **vara full av/i ~** das Lachen kaum zurückhalten können; *umg* am Losplatzen sein; **vrida sig av ~** sich vor Lachen biegen **skratta** ⟨1⟩ A VI lachen (åt über akk); **det är ingenting att ~ åt** da(bei) gibt es nichts zu lachen; **~ sig fördärvad** sich totlachen, kranklachen, schieflachen; **~ för full hals** aus vollem Halse lachen B V/P **~ 'till** auflachen; **~ 'ut** auslachen **skrattgrop** S (Lach-) Grübchen *n* **skrattretande** ADJ lächerlich; *umg* lachhaft **skrattsalva** S Lachsalve *f*

skred [skre:d] N ⟨-et; -⟩ Rutsch *m*

skrev [skre:v] N ⟨-et; -⟩ Schritt *m*

skreva [ˈskre:va] A ⟨-n; -or⟩ Bergspalte *f*, Schlucht *f* B VI ⟨1⟩ **~ med benen** die Beine spreizen, grätschen

skri [skri:] N ⟨-et; -n⟩ Schrei *m*, Geschrei *n* **skria** VI ⟨1⟩ schreien

skribent [skriˈbɛnt] ⟨-en; -er⟩ Schriftsteller(in) *m(f)*; Verfasser(in) *m(f)*

skrida [ˈskri:da] VI ⟨4⟩ schreiten; gleiten; **~ till angrepp** zum Angriff übergehen; **~ till verket** ans Werk gehen

skridsko [ˈskrisku] S Schlittschuh *m*; **åka ~** Schlittschuh laufen, eislaufen **skridskobana** S Eisbahn *f* **skridskoåkare** S Schlittschuhläufer(in) *m(f)* **skridskoåkning** ⟨-en; -ar⟩ Eislauf(en) *n*, Schlittschuhlaufen *n*

skrift [skrift] ⟨-en; -er⟩ Schrift *f*, Schrift-stück *n* **skriftlig** ADJ schriftlich; **ge ngn ~t på ngt** j-m etw schriftlich geben; **intyga ~** bescheinigen **skriftspråk** S N Schriftsprache *f*; **tyskt ~** *a.* Schriftdeutsch *n* **skriftställare** ⟨-n; -⟩ Schriftsteller(in) *m(f)*

skrik [skri:k] N ⟨-et; -⟩ Schrei *m*, Geschrei *n*; **ge 'till ett ~** einen Schrei ausstoßen **skrika** ⟨4⟩ A VT, VI schreien (av vor); **~ på hjälp** um Hilfe rufen; **~ efter ngn** hinter j-m herschreien; nach j-m schreien; **~ åt ngn** j-n anschreien B VI **~ sig hes** sich heiser schreien C V/P **~ 'till** aufschreien **skrikande** *fig* ADJ schreiend, grell **skrikhals** *umg* S Schreihals *m* **skrikig** ADJ gellend, schrill; *fig* schreiend, grell

skrin [skri:n] N ⟨-et; -⟩ Kasten *m*, Kästchen *n*, Schrein *m*

skrinda [ˈskrinda] ⟨-n; -or⟩ Leiterwagen *m*

skrinlägga [ˈskri:nlɛga] VT ⟨4⟩ *fig auf unbest Zeit* verschieben; aufgeben; *umg* begraben

skripta [ˈskripta] ⟨-n; -or⟩ Skriptgirl *n*

skritt [skrit] ⟨-en; kein pl⟩ Schritt *m*

skriva [ˈskri:va] ⟨4⟩ A VT, VI schreiben (till *dat od an akk*), (om über *akk*); **~ på tavlan** an die Tafel schreiben; **~ på en roman** an einem Roman schreiben; **~ fel** sich verschreiben; **~ med stor/liten bokstav** kleinschreiben/großschreiben B V/P **~ 'av** *a.* WIRTSCH abschreiben; *Schreibmaschine* abtippen; **~ 'in** einschreiben, eintragen; **~ 'in sig vid universitetet** sich immatrikulieren; **~ 'ner** niederschreiben; WIRTSCH abwerten; **~ 'om** noch einmal schreiben; **~ 'på** unterschreiben; mit einer Aufschrift versehen; **~ 'under** unterschreiben; **~ 'upp** aufschreiben; anschreiben; WIRTSCH aufwerten; **~ 'upp sig** sich eintragen; **~ 'ut** ausschreiben; MED verschreiben; *Patient* entlassen; IT ausdrucken; **~ 'över** COMPUT überschreiben **skrivare** ⟨-n; -⟩ IT Printer *m*, Drucker *m* **skrivarenhet** S IT Druckertreiber *m* **skrivbok** S (Schreib-)Heft *n* **skrivbord** S N Schreibtisch *m* **skrivelse** ⟨-n; -r⟩ Schreiben *n*; Zuschrift *f* **skriveri** ⟨-et; -er⟩ Schreiberei *f*, Geschreibsel *n* **skrivfel** S N Schreibfehler *m*; *an Tastatur* Tippfehler *m* **skrivning** ⟨-en; -ar⟩ Schreiben *n*; Schreibung *f*;

Schule schriftliche Arbeit, Klassenarbeit f **skrivskyddad** ADJ IT schreibgeschützt **skrivstil** S̄ Schreibschrift f **skrivunderlägg** S̄ N̄ Schreibunterlage f
skrock [skrɔk] N̄ ⟨-et; -⟩ Aberglaube m
skrocka [ˈskrɔka] V̄Ī ⟨1⟩ glucksen
skrockfull [ˈskrɔkfʊl] ADJ abergläubisch
skrolla ⟨1⟩ COMPUT Ā V̄Ī scrollen B̄ V̄P ~ 'ner runterscrollen; ~ 'upp hochscrollen
skrot [skru:t] N̄ ⟨-et; kein pl⟩ Schrott m; Alteisen n, Altmetall n **skrota** ⟨1⟩ Ā V̄Ī verschrotten B̄ V̄Ī umg **gå och ~** herumlungern C̄ V̄P ~ 'ner verschrotten **skrothandlare** S̄ Schrotthändler(in) m(f) **skrothög** S̄ Schrotthaufen m **skrotvärde** S̄ N̄ Altwert m, Schrottwert m
skrov [skro:v] N̄ ⟨-et; -⟩ Rumpf m; Schiffskörper m
skrovlig [ˈskro:vli(g), ˈskrɔ-] ADJ rau
skrubb [skrʊb] ⟨-en; -ar⟩ Verschlag m; Rumpelkammer f
skrubba [ˈskrʊba] V̄Ī ⟨1⟩ scheuern, schrubben, schruppen; abschürfen **skrubbsår** S̄ N̄ Hautabschürfung f, Schramme f
skrud [skru:d] ⟨-en; -ar⟩ Gewand n
skrumpen [ˈskrʊmpən] ADJ eingeschrumpft; runz(e)lig **skrumplever** S̄ MED Schrumpfleber f **skrumpna** V̄Ī ⟨1⟩ einschrumpfen, zusammenschrumpfen; runz(e)lig werden
skrupel [ˈskru:pəl, ˈskrʊ-] ⟨-n; -er⟩ Skrupel m **skrupelfri** ADJ skrupellos **skrupulös** [skrʊpeˈløːs] ADJ peinlich genau, gewissenhaft
skruv [skru:v] ⟨-en; -ar⟩ Schraube f; *Geige* Wirbel m; *fig* **ha en ~ lös** übergeschnappt sein; *fig* **ta ~** wirken, helfen **skruva** ⟨1⟩ Ā V̄Ī, V̄Ī schrauben (**på** an *dat*) B̄ V̄R *fig* ~ (**på**) **sig** sich drehen und wenden C̄ V̄P ~ **'av** abschrauben, losschrauben; ~ **'fast** festschrauben; ~ **'i** anschrauben; ~ **'igen** zuschrauben; ~ **'loss** abschrauben, losschrauben; ~ **'ner** herunterschrauben; kleiner stellen; ~ **'på** anschrauben; ~ **'upp** aufschrauben; aufdrehen; *Preis* in die Höhe schrauben **skruvad** ADJ geschraubt **skruvlock** S̄ Schraubverschluss m **skruvmejsel** S̄ Schrauben-
zieher m **skruvnyckel** S̄ Schraubenschlüssel m **skruvstäd** N̄ ⟨-et; -⟩ Schraubstock m
skrymmande [ˈskrymandə] ADJ sperrig; ~ **gods** n Sperrgut n
skrymsla [ˈskrymsla] ⟨-n; -or⟩, **skrymsle** N̄ ⟨-t; -n⟩ (Schlupf-)Winkel m
skrynkelfri [ˈskryŋkəlfri:] ADJ knitterfrei **skrynkla** Ā ⟨-n; -or⟩ Falte f; *Gesicht a.* Runzel f B̄ V̄Ī knittern; *umg* knautschen C̄ V̄R ~ **sig** *Stoff* knittern D̄ V̄P ~ **i'hop/'till** zerknittern, zerknautschen **skrynklig** ADJ faltig; runz(e)lig; knitt(e)rig; zerdrückt, zerknittert
skryt [skry:t] N̄ ⟨-et; kein pl⟩ Prahlerei f, Angabe f **skryta** V̄Ī ⟨4⟩ prahlen; angeben (**med/över** mit); *umg* **skryt lagom!** gib nicht so an! **skrytmåns** ⟨-en; -ar⟩ Prahlhans m **skrytsam** ADJ prahlerisch; *umg* angeberisch
skrå [skrɔ:] N̄ ⟨-et; -n⟩ Zunft f, Innung f
skrål [skrɔ:l] N̄ ⟨-et; -⟩ Gegröle n, Gejohle n **skråla** V̄Ī, V̄Ī ⟨1⟩ grölen, johlen
skråma [ˈskrɔ:ma] ⟨-n; -or⟩ Schramme f, Hautabschürfung f
skräck [skrɛk] ⟨-en; kein pl⟩ Schreck m, Schrecken m; **sätta ~ i ngn** jm einen Schrecken einjagen **skräckexempel** S̄ N̄ abschreckendes Beispiel **skräckfilm** S̄ Horrorfilm m **skräckinjagande** ADJ schreckenerregend **skräckslagen** ADJ schreckgelähmt **skräckvälde** S̄ N̄ Schreckensherrschaft f
skräda [ˈskrɛ:da] V̄Ī ⟨2⟩ TECH (aus dem Groben) behauen; BERGB scheiden, aufbereiten; *Mehl* beuteln; *fig* **inte ~ orden** kein Blatt vor den Mund nehmen
skräddare [ˈskrɛdarə] ⟨-n; -⟩ Schneider m **skräddarställning** S̄ Schneidersitz m **skräddarsydd** ADJ nach Maß; maßgeschneidert **skrädde'ri** N̄ ⟨-et; -er⟩ Schneiderei f
skräll [skrɛl] ⟨-en; -ar⟩ Krach m **skrälla** V̄Ī ⟨2⟩ krachen; schmettern **skrälle** *umg* N̄ ⟨-t; -n⟩ alter Kasten; AUTO Klapperkasten m **skrällig** ADJ krachend; schmetternd, schrill
skrämma [ˈskrɛma] ⟨2⟩ Ā V̄Ī erschrecken; einschüchtern; ängstigen B̄ V̄P ~

'bort verscheuchen; ~ 'upp aufscheuchen; ~ 'upp ngn j-m Angst machen **skrämsel** ⟨-n; kein pl⟩ Schrecken m, Furcht f, Angst f **skrämselpolitik** S̄ Einschüchterungspolitik f **skrämselpropaganda** S̄ Panikmache f **skrämskott** S̄N Schreckschuss m
skrän [skrɛːn] N̄ ⟨-et; -⟩ Gejohle n, Gegröle n **skräna** VI ⟨1⟩ johlen, grölen **skränig** ADJ schreierisch
skräp [skrɛːp] N̄ ⟨-et; kein pl⟩ Gerümpel n; Schrott m; Trödel m; Kram m; *umg* Quatsch m; **det är bara ~ med honom** es steht schlecht mit ihm **skräpa** ⟨1⟩ A VI **ligga och ~** *unordentlich* herumliegen B V|P **~ 'ner** Unordnung anrichten; *umg* verschandeln **skräphög** S̄ Schutthaufen m **skräpig** ADJ unordentlich, unsauber **skräpmat** S̄ minderwertige Kost, Junkfood n **skräppost** S̄ IT Junkmail f, Spam m od n **skräppostfilter** S̄N IT Spamfilter m
skrävel [ˈskrɛːvəl, ˈskrɛ-] N̄ ⟨-et; kein pl⟩ Prahlerei f, Angabe f **skrävla** ⟨1⟩ prahlen; angeben (med/över mit) **skrävlare** ⟨-n; -⟩ Prahler m, Angeber m
skröplig [ˈskrøːpli(g)] ADJ hinfällig, gebrechlich; *umg* klapp(e)rig
skubba [ˈskɵba] *umg* VI ⟨1⟩ rennen; *umg* abhauen
skuffa [ˈskɵfa] VİT, VI ⟨1⟩ stoßen; *umg* knuffen
skugga [ˈskɵga] A ⟨-n; -or⟩ Schatten m B VİT ⟨1⟩ beschatten; MAL schattieren **skuggbild** S̄ Schattenbild n **skuggboxning** S̄ Schattenboxen n **skuggig** ADJ schattig **skugglik** ADJ schattenhaft **skuggning** ⟨-en; -ar⟩ MAL Schattierung f; *fig* Bespitzelung f, Beschattung f **skuggrik** ADJ schattig **skuggsida** S̄ Schattenseite f
skuld [skɵld] ⟨-en; -er⟩ Schuld f; **ge ngn ~en för ngt** j-m an etw (*dat*) Schuld geben; **vara ~ till ngt** an etw (*dat*) schuld sein, etw verschuldet haben; **vems är ~en?** wer ist schuld? **skuldbörda** S̄ Schuldenlast f **skuldebrev** S̄N Schuldschein m **skulderblad** [ˈskɵldərbla:d] S̄N Schulterblatt n
skuldfri [ˈskɵldfri:] ADJ unschuldig, schuldlos; schuldenfrei **skuldförbindelse** S̄ Schuldverschreibung f, Schuldschein m **skuldkänsla** S̄ Schuldgefühl n **skuldmedveten** ADJ schuldbewusst
skuldra [ˈskɵldra] ⟨-n; -or⟩ Schulter f
skuldsatt [ˈskɵldsat] ADJ verschuldet **skuldsedel** S̄ Schuldschein m **skuldsätta** ⟨4⟩ A VİT mit Schulden belasten B V|R **~ sig** Schulden machen; in Schulden geraten
skull [skɵl] ⟨ins⟩ **för ...** (*gen*) **~** um ... (*gen*) willen; (*dat*) zuliebe; wegen (*gen*); **för ngns ~** j-m zuliebe; **för min ~** mir zuliebe, um meinetwillen, meinetwegen; **för Guds ~!** um Gottes willen; **för skojs ~** zum Spaß; **för säkerhets ~** sicherheitshalber; **för en gångs ~** dies(es) eine Mal, ausnahmsweise
skulle[1] [ˈskɵla] ⟨-n; -ar⟩ Heuboden m
skulle[2] V|AUX → **skola**[1]
skulptera [skɵlpˈteːra] VİT ⟨1⟩ (aus)meißeln, skulptieren **skulptur** ⟨-en; -er⟩ Bildhauerarbeit f, Skulptur f; Plastik f **skulp'tör** ⟨-en; -er⟩ Bildhauer(in) m(f)
skum[1] [skɵm] ADJ dunkel, dämmerig; trübe; *fig* unklar, undurchsichtig, zweifelhaft, verdächtig, zwielichtig
skum[2] N̄ ⟨-met; kein pl⟩ Schaum m **skumbad** S̄N Schaumbad n **skumgummi** S̄N Schaumgummi m, Schaumstoff m **skumma** ⟨1⟩ A VI schäumen; **~av raseri** vor Wut schäumen B V|P **~ 'av** abschöpfen, abschäumen; *Milch* entrahmen; **~ i'genom** *fig* durchblättern **skummad** ADJ entrahmt
skumpa[1] [ˈskɵmpa] ⟨-n; kein pl⟩ *umg* Sekt m
skumpa[2] VI ⟨1⟩ holpern; rumpeln
skumplast [ˈskɵmplast] S̄ Schaumstoff m
skumrask [ˈskɵmrask] N̄ ⟨-et; kein pl⟩ Dämmerung f
skumsläckare [ˈskɵmslɛkarə] ⟨-n; -⟩ Schaumlöscher m, Schaumlöschgerät n
skunk [skɵŋk] ⟨-en; -ar⟩ ZOOL Stinktier n; Pelz Skunks m/pl
skur[1] [skɵːr] ⟨-en; -ar⟩ Schauer m, Guss m; *fig* Hagel m
skura [ˈskɵːra] A VİT scheuern B V|P **~ 'av** abscheuern **skurborste** S̄ Scheuerbürste f **skurhink** S̄ Scheuereimer m

skurk [skørk] ⟨-en; -ar⟩ Schurke m, Schuft m, Halunke m **skurkaktig** ADJ schurkenhaft, schurkisch, schuftig **skurkstreck** S N Schurkenstreich m
skurmedel [ˈskuːrmeːdal] S N Scheuermittel n **skurning** ⟨-en; -ar⟩ Scheuern n **skurpulver** S N Scheuerpulver n **skurtrasa** S Scheuertuch n, Scheuerlappen m
skuta [ˈskuːta] ⟨-n; -or⟩ SCHIFF kleineres Segel(fracht)schiff, Motorsegler m, Kutter m; umg Kasten m, Kahn m
skutt [skɵt] ⟨-et; -⟩ Sprung m, Satz m; umg Hops m, Hopser m **skutta** VI ⟨1⟩ springen, hüpfen; umg hopsen
skvala [ˈskvaːla] VI ⟨1⟩ strömen, fließen, gießen
skvaller [ˈskvalər] N ⟨-et; kein pl⟩ umg Klatsch m, Geklatsche n, Tratsch m; Schule Petzen n **skvalleraktig** ADJ klatschsüchtig **skvallerbytta** umg S N Klatschmaul n **skvallerkär(r)ing** umg S Klatschweib n **skvallra** VI ⟨1⟩ klatschen; umg tratschen (om ngn über j-n); Schule petzen
skvalmusik [ˈskvaːlmʉˌsiːk] S im Radio ununterbrochene leichte Musik
skvalp [skvalp] N ⟨-et; kein pl⟩ Plätschern n, Geplätscher n **skvalpa** ⟨1⟩ A VI plätschern; schwappen B VP ~ 'ut ausschütten, verschütten; ~ 'över überschwappen
skvatt [skvat] umg N ⟨inv⟩ inte ett ~ kein bisschen, nicht im Geringsten
skvimpa [ˈskvimpa] VP ⟨1⟩ ~ 'ut/'över schwappen
skvätt [skvɛt] ⟨-et; -er⟩ Rest m, (ein paar) Tropfen m(pl) **skvätta** ⟨2⟩ A VT verschütten, verspritzen B VI spritzen; tröpfeln C VP fig **han skvatt 'till** er zuckte zusammen
sky¹ [ʃyː] ⟨-n; -ar⟩ Wolke f; Himmel m; fig **skrika i högan ~** wie am Spieß brüllen; fig **som fallen från ~arna** wie aus allen Wolken gefallen; fig **höja ngn till ~arna** j-n in den Himmel heben, j-n über den grünen Klee loben
sky² ⟨-n; kein pl⟩ GASTR Bratensaft m
sky³ VT ⟨3⟩ scheuen; ~ **ngt som pesten** etw wie die Pest scheuen
skydd [ʃyd] N ⟨-et; -⟩ Schutz m (för dat), (mot gegen) **skydda** ⟨1⟩ A VT schützen, sichern (mot gegen/vor); hüten, hegen; wahren B VR ~ **sig** sich schützen **skyddad** ADJ geschützt; ~ **verkstad** Werkstatt f für Behinderte **skyddsanordning** S Schutzvorrichtung f **skyddsdräkt** S Schutzanzug m **skyddsglasögon** PL Schutzbrille f sg **skyddshelgon** S N Schutzheilige(r) m/f(m) **skyddshjälm** S Schutzhelm m, Sturzhelm m **skyddsling** ⟨-en; -ar⟩ Schützling m **skyddsmedel** S N Schutzmittel n **skyddsombud** S N Arbeitsschutzbeauftragte(r) m/f(m) **skyddsområde** S N Sperrgebiet n **skyddsrum** S N Schutzraum m **skyddstillsyn** S Bewährungsaufsicht f **skyddsåtgärd** S Schutzmaßnahme f **skyddsängel** S Schutzengel m
skyfall [ˈʃyːfal] S N Wolkenbruch m
skyffel [ˈʃyfəl] ⟨-n; -ar⟩ Schaufel f **skyffla** VT ⟨1⟩ schaufeln
skygg [ʃyg] ADJ scheu; schüchtern **skygga** VI ⟨1⟩ scheuen (för vor) **skygghet** ⟨-en; kein pl⟩ Scheu f; Schüchternheit f **skygglapp** S Scheuklappe f
skyhög [ˈʃyːhøːg] ADJ haushoch
skyla [ˈʃyːla] ⟨2⟩ A VT bedecken B ~ 'över fig bemänteln; beschönigen
skyldig [ˈʃyldi(g)] ADJ schuldig (till gen); verpflichtet; **bli ngn svaret ~** j-m die Antwort schuldig bleiben **skyldighet** ⟨-en; -er⟩ Schuldigkeit f, Verpflichtung f
skylla [ˈʃyla] ⟨2⟩ A VT,VI ausstellen, auslegen; ~ **ngt på ngn** j-m die Schuld für etw geben; ~ **på ngt** etw vorschützen B VR **du får ~ dig själv** du bist selbst schuld (daran), es ist deine (eigene) Schuld C VP ~ **i'från sig** sich herausreden; die Schuld abwälzen
skylt [ʃylt] ⟨-en; -ar⟩ Schild n, Plakat n **skylta** VT,VI ⟨1⟩ ausstellen, auslegen; ~ **med ngt** etw auslegen, ausstellen; fig zur Schau stellen **skyltad** ADJ ausgeschildert; **vägen är dåligt ~d** der Weg ist schlecht beschildert **skyltdocka** S Schaufensterpuppe f **skyltfönster** S N Schaufenster n **skyltning** ⟨-en; -ar⟩ Auslage(n pl) f
skymf [ʃymf] ⟨-en; -er⟩ Schimpf m; Schmach f (nur sg) **skymfa** VT ⟨1⟩ (be)schimpfen; schmähen **skymford** S N Schimpfwort n

skymma ['ʃyma] ⟨2⟩ A VT (be)decken, verhüllen; verdecken; ~ ngn j-m im Licht stehen; ~ (ut)sikten die (Aus-)Sicht wegnehmen; **skymd sikt** schlechte Sicht(verhältnisse) B VI dämmern, dunkeln, dunkel werden **skymning** ⟨-ens; -ar⟩ (Abend-)Dämmerung f, Zwielicht n

skymt [ʃymt] ⟨-en; -ar⟩ Schimmer m, Anflug m, Spur f, Hauch m **skymta** ⟨1⟩ A VI flüchtig sehen B VI schimmern; flüchtig erscheinen, sichtbar werden/sein C VP ~ 'fram durchschimmern; hervorgucken; ~ för'bi vorbeihuschen

skymundan [ʃym`ɛndan] N ⟨inv⟩ **komma** ~ in den Hintergrund treten; **hålla sig i** ~ sich im Hintergrund halten

skynda ['ʃynda] ⟨1⟩ A VI eilen, sich beeilen B VR ~ **sig (på)** sich beeilen C VP ~ **'på ngn** j-n (zur Eile) antreiben; ~ 'fram ngt etw beschleunigen; ~ 'efter nacheilen; ~ **för'bi** vorübereilen an (dat); ~ 'till herbeieilen **skyndsam** ADJ eilig; schleunig

skynke ['ʃynkə] N ⟨-t; -n⟩ Tuch n, Stück n Stoff, Überwurf m; fig **ett rött** ~ ein rotes Tuch

skypa ['skajpa] VI ⟨1⟩ skypen®

skyskrapa ['ʃy:skra:pa] S Wolkenkratzer m

skytt [ʃyt] ⟨-en; -ar⟩ Schütze m **skytte** N ⟨-t; -n⟩ Schießen n; Jagd f **skytteförening** S Schützenverein m **skyttegrav** S MIL Schützengraben m

skyttel ['ʃytəl] ⟨-n; -ar⟩ TECH Weberschiffchen n **skytteltrafik** S Pendelverkehr m

Skytten ⟨inv⟩ ASTROL Schütze m

skåda ['sko:da] VT ⟨1⟩ schauen, (er)blicken, sehen **skådebröd** S N Schaubrot n Dekobrot (z.B. im Schaufenster einer Konditorei) **skådeplats** S Schauplatz m **skådespel** S N Schauspiel n **skådespelare** S Schauspieler(in) m(f) **skådespelerska** ⟨-en; -or⟩ Schauspielerin f

skål [sko:l] ⟨-en; -ar⟩ A 1 Schüssel f, Schale f, Napf m 2 Trinkspruch m, Pros(i)t n; **utbringa en** ~ **för ngn** ein Hoch auf j-n ausbringen B INTER zum Wohl!, pros(i)t! **skåla** VI ⟨1⟩ anstoßen (**för** auf akk); ~ **med ngn** a. j-m zutrinken; j-m zuprosten

skålla ['skɔla] ⟨1⟩ A VT (ab)brühen; verbrühen B VR ~ **sig** sich verbrühen **skållhet** ADJ brühheiß, brühwarm

Skåne ['sko:nə] N ⟨inv⟩ schwedische Provinz Schonen n **skåning** ⟨-en; -ar⟩ Bewohner(in) m(f) von Schonen **skånsk** ADJ schonisch

skåp [sko:p] N ⟨-et; -⟩ Schrank m **skåpbil** S Lieferauto n, Lieferwagen m **skåpmat** S kalte Küche; fig aufgewärmter Kohl

skåra ['sko:ra] ⟨-n; -or⟩ Kerbe f, (Ein-)Schnitt m; Schlitz m

skägg [ʃɛg] N ⟨-et; -⟩ Bart m; **mumla ngt i** ~**et** etw in den Bart brummel(n)n/murmeln; **tala ur** ~**et** deutlich sprechen **skäggig** ADJ bärtig; unrasiert **skäggsträ** S N Barthaar n **skäggstubb** S Bartstoppeln f/pl; Dreitagebart m **skäggväxt** S Bartwuchs m

skäl [ʃɛ:l] N ⟨-et; -⟩ Grund m; Ursache f; ~**et till att** ... der Grund, weshalb/warum/dass ...; **göra** ~ **för ngt** etw verdienen; **göra** ~ **för sig** seinen Mann stehen, seine Pflicht tun; **av det** ~**et (att** ...) aus dem Grunde (weil ...) **skälig** ADJ angemessen; billig, begründet **skäligen** ADV ziemlich, recht; mit Recht

skäll [ʃɛl] umg N ⟨-et; kein pl⟩ Schelte f **skälla** A ⟨-n; -or⟩ Glocke f, Schelle f; fig **bli annat ljud i** ~**n** (ganz) anders klingen B VI ⟨2⟩ umg schimpfen; Hund bellen; ~ **på ngn** auf j-n schimpfen, j-n beschimpfen; umg j-n anschnauzen; Hund j-n anbellen C VP ~ **'ut** ausschelten, ausschimpfen **skällsord** S N Schimpfwort n

skälm [ʃɛlm] ⟨-en; -ar⟩ Schelm m **skälmaktig** ADJ schelmisch

skälva ['ʃɛlva] VI ⟨2⟩ beben; zittern (av vor) **skälvning** ⟨-en; -ar⟩ Beben n; Zittern n

skämd [ʃɛmd] ADJ faul; verdorben

skämma ['ʃɛma] ⟨2⟩ A VT verderben B VP ~ **'bort** verwöhnen, verhätscheln, verziehen; ~ **'ut ngn** j-n unmöglich machen, j-m Schande bereiten **skämmas** VI ⟨dep 2⟩ sich schämen (**för/över** wegen gen über akk), (**inför ngn** vor j-m), (**på ngns vägnar für** j-n); ~ **ögonen ur sig** sich in Grund und Boden schämen

skämt [ʃɛmt] N ⟨-et; -⟩ Scherz m, Spaß m; ~ **åsido** Scherz/Spaß beiseite; **inte förstå** ~ keinen Spaß verstehen; **på** im/zum Scherz **skämta** VI ⟨1⟩ scherzen, spaßen (**med mit**) **skämtare** ⟨-n; -⟩ Spaßvogel m, Spaßmacher m **skämtsam** ADJ scherzhaft, spaßhaft, spaßig **skämtteckning** S Witzzeichnung f

skända [ˈʃɛnda] VT ⟨1⟩ schänden **skändlig** ADJ schändlich

skänk[1] [ʃɛŋk] ⟨-en; -ar⟩ Büfett n; Geschirrschrank m; Anrichte f

skänk[2] ⟨-en; -er⟩ **få till ~s** geschenkt bekommen; **ge ngn ngt till ~s** j-m etw schenken (od zum Geschenk machen) **skänka** ⟨2⟩ A VT schenken, spenden; stiften B VP ~ **'bort** verschenken; ~ **'efter** erlassen; ~ **'i** einschenken

skänkel [ˈʃɛŋkal] ⟨-n; -ar⟩ Schenkel m

skär[1] [ʃæːr] ADJ **1** rosa, hellrot; rosig **2** rein, unbefleckt; (**ren och**) ~ **lögn** eine glatte Lüge

skär[2] N ⟨-et; -⟩ Schäre(ninsel f) f, Klippe f; TECH Schneide f; SPORT Bogen m

skära A ⟨-n; -or⟩ Sichel f B VT, VI ⟨4⟩ schneiden; ~ **tänder** mit den Zähnen knirschen; ~ **i öronen** in den Ohren gellen C VR ⟨4⟩ ~ **sig** sich schneiden; Farben sich beißen; Milch gerinnen D VP ⟨4⟩ ~ **'av** abschneiden; ~ **'bort** wegschneiden; ~ **i'genom** 'durchschneiden, durch'schneiden; ~ **'in** einschneiden; ~ **i'tu** entzweischneiden; ~ **'sönder** zerschneiden; ~ **'till** zuschneiden; ~ **'upp** aufschneiden; aufschlitzen; ~ **'ut** ausschneiden; schnitzen **skärande** ADJ schneidend, scharf **skärbräde** S N Hackbrett n **skärböna** S Schnittbohne f

skärgård S Schären f/pl

skärm [ʃærm] ⟨-en; -ar⟩ Schirm m; spanische Wand; COMPUT, TV Bildschirm m **skärma** VP ⟨1⟩ ~ **'av** abschirmen **skärmdump** ⟨-en; -ar⟩ Screenshot m **skärmflygning** S Gleitflug m **skärmmössa** S Schirmmütze f **skärmsläckare** ⟨-n; -⟩ COMPUT Bildschirmschoner m

skärmytsling ⟨-en; -ar⟩ Scharmützel n, Plänkelei f

skärning [ˈʃæːnɪŋ] ⟨-en; -ar⟩ Schnitt m; Schneiden n; TECH Profil n **skärningspunkt** S Schnittpunkt m

skärp [ʃærp] N ⟨-et; -⟩ Gürtel m; Schärpe f

skärpa [ˈʃærpa] A ⟨-n; kein pl⟩ Schärfe f; Strenge f B VT ⟨2⟩ schärfen; fig verschärfen C VR ⟨2⟩ ~ **sig** sich zusammenreißen, sich konzentrieren **skärpt** umg ADJ aufgeweckt, gescheit; hochintelligent

skärsår [ˈʃæːʂoːr] S Schnittwunde f **skärseld** S REL Fegefeuer n **skärskåda** VT ⟨1⟩ (gründlich) prüfen, untersuchen **skärtorsdag** S Gründonnerstag m

skärva [ˈʃærva] ⟨-n; -or⟩ Scherbe f; Splitter m

sköld [ʃøld] ⟨-en; -ar⟩ Schild m **sköldkörtel** S ANAT Schilddrüse f **sköldpadda** S ZOOL Schildkröte f

skölja [ˈʃølja] ⟨2⟩ A VT spülen; bespülen, umfließen B VP ~ **'av** abspülen; ~ **'ner** hinunterspülen; ~ **'ur** ausspülen; ~ **'över** über'spülen **sköljmedel** S N Weichspüler m **sköljning** ⟨-en; -ar⟩ Spülung f, Spülen n **sköljvatten** S N Spülwasser n

skön ADJ a. iron schön; behaglich, gemütlich **skönhet** ⟨-en; -er⟩ Schönheit f **skönhetsdrottning** S Schönheitskönigin f **skönhetsfel** S N Schönheitsfehler m **skönhetsmedel** S N Schönheitsmittel n **skönhetssalong** S Kosmetiksalon m **skönhetstävlan** S, **skönhetstävling** S Schönheitswettbewerb m, Schönheitskonkurrenz f **skönhetsvård** S Schönheitspflege f

skönja [ˈʃønja] VT ⟨2⟩ erkennen, wahrnehmen **skönjbar** ADJ erkennbar, wahrnehmbar, sichtbar

skönlitteratur [ˈʃøːnlitaratuːr] S schöngeistige Literatur, Belletristik f **skönlitterär** ADJ belletristisch **skönmåla** VT ⟨1⟩ beschönigen

skör [ʃœːr] ADJ zerbrechlich, brüchig, spröde

skörd [ʃœːd] ⟨-en; -ar⟩ Ernte f **skörda** VT ⟨1⟩ ernten **skördetid** S Erntezeit f **skördetröska** S Mähdrescher m

skört [ʃœt] N ⟨-et; -⟩ Schoß m **skörta** VP ⟨1⟩ ~ **'upp** (auf)schürzen; fig prellen; umg jdn übers Ohr hauen

sköta [ˈʃøːta] ⟨2⟩ A VT pflegen, bedienen, warten; besorgen, handhaben;

verrichten, verwalten, führen, instand halten; **~ sina egna angelägenheter** sich um seine eigenen Angelegenheiten kümmern, seinen eigenen Geschäften nachgehen; *umg* **sköt du ditt!** kümmere dich um deine eigenen Angelegenheiten! B V/R **~ sig** sich pflegen; sich benehmen; **~ sig själv för sich selbst sorgen; sköt om dig!** pass auf dich auf! C V/P **~ 'om** pflegen; betreuen **skötare** ⟨-n; -⟩ Pfleger(in) *m(f)*; Wärter(in) *m(f)* **skötbord** S N Wickeltisch *m*

sköte [ˈʃøːtə] N ⟨-t; -n⟩ Schoß *m* **skötebarn** S N Schoßkind *n*

sköterska [ˈʃøːtəʂka] ⟨-n; -or⟩ Schwester *f*; Pfleger(in) *m(f)* **skötrum** S N Wickelraum *m* **skötsam** ADJ ordentlich; gewissenhaft **skötsel** ⟨-n; kein pl⟩ Pflege *f*; Bedienung *f*, Wartung *f*; Unterhalt *m*

skövla [ˈʃøːvla, ˈʃø-] V/T ⟨1⟩ verwüsten, verheeren **skövling** ⟨-en; -ar⟩ Verwüstung *f*

slabba [ˈslaba] V/I ⟨1⟩ herummanschen **sladd** [slad] ⟨-en; -ar⟩ ■ Kabel *n*; (Leitungs-)Schnur *f* ■ Rutschen *n*, Schleudern *n* **sladda** V/I ⟨1⟩ schleudern, ins Schleudern kommen **sladdbarn** *umg* S N Nachzügler(in) *m(f)* **sladder** [ˈsladər] *umg* N ⟨-et; kein pl⟩ Geplapper *n*; Klatsch *m*, Tratsch *m* **sladdlös** [ˈsladløːs] ADJ schnurlos **sladdra** [ˈsladra] *umg* V/I ⟨1⟩ plappern; klatschen, tratschen **sladdrig** ADJ ■ schlaff, schlotterig ■ *umg* geschwätzig **slafsa** [ˈslafsa] ⟨1⟩ *umg* A V/I schlürfen; *umg* schlabbern B V/P **~ 'i sig** aufschlabbern **slafsig** ADJ schlampig

slag [slɑːg] N ⟨-et; -⟩ ■ Schlag *m*, Hieb *m*, Streich *m*; MIL Schlacht *f*; SCHIFF Schlag *m*, Gang *m*; TECH Umdrehung *f*; Hub *m*; MED Schlag *m*, Schlaganfall *m*; *umg* Zeitlang *f*, Augenblick *m*, Moment *m*, Mal *n*; *an Kleidung* Aufschlag *m*; **få ~et** MED einen Schlaganfall haben; **göra ~ i saken** den Ausschlag geben, entscheiden; sich entschließen; zupacken; **ett litet ~ en ett litet Weilchen; titta 'in till ngn ett litet ~** bei j-m kurz hineinschauen, auf einen Sprung zu j-m kommen; **på ~et** Punkt ein Uhr/eins; **~ i ~** Schlag auf Schlag ■ Art *f*, Sorte *f*, Schlag *m*; **alla ~s** allerlei, aller-hand; **många ~s** vielerlei; **inget ~s** keinerlei; **olika ~s** verschiedene; **två ~s** zweierlei; **vad för ~s ...?** was für (eine) ...? **slaganfall** S N MED Schlag (-anfall) *m* **slagdänga** ⟨-n; -or⟩ Schlager *m* **slagen** ADJ geschlagen; betroffen; **en ~ man** ein geschlagener Mann **slagfält** S N MIL Schlachtfeld *n* **slagfärdig** ADJ schlagfertig

slagg [slag] *a.* N ⟨-en/-et; kein pl⟩ Schlacke *f*

slaginstrument [ˈslɑːɡinstrɵˌmɛnt] S N Schlaginstrument *n* **slagkraft** S N Schlagkraft *f* **slagkraftig** ADJ schlagkräftig **slagord** S N Schlagwort *n* **slagregn** S N Platzregen *m* **slagruta** S Wünschelrute *f* **slagsida** S SCHIFF Schlagseite *f* **slagskepp** S N Schlachtschiff *n* **slagskämpe** S Raufbold *m*, Schläger *m* **slagsmål** S N Schlägerei *f*, Rauferei *f*, Prügelei *f*, Keilerei *f* **slagträ** S N Schlagholz *n* **slagverk** S N *Uhr* Schlagwerk *n*; MUS Schlagzeug *n*

slak [slɑːk] ADJ schlaff, schlapp **slakna** V/I ⟨1⟩ nachlassen, erschlaffen

slakt [slakt] ⟨-en; -er⟩ Schlachten *n* **slakta** V/T ⟨1⟩ schlachten **slaktare** ⟨-n; -⟩ Schlachter(in) *m(f)*, Fleischer(in) *m(f)*, Metzger(in) *m(f)* **slakte'ri** N ⟨-et; -er⟩ Schlachterei *f*, Fleischerei *f*, Metzgerei *f* **slakthus** S N Schlachthof *m* **slaktoffer** *fig* S N Schlachtopfer *n*

slalom [ˈslɑːlɔm] ⟨-en; kein pl⟩ Slalom *m* **slalombacke** S Slalomhang *m* **slalompjäxa** S Skischuh *m*, Schischuh *m* **slalomskida** S Slalomski *m* **slalomåkare** S Slalomläufer *m*

slam [slam] N ⟨-met; kein pl⟩ Schlamm *m*, Schlick *m* **slamma** V/P ⟨1⟩ **~ 'av/'bort** schlämmen; **~ i'gen** sich mit Schlamm füllen

slammer [ˈslamər] N ⟨-et; kein pl⟩ Geklapper *n*, Geklirr *n*

slampa [ˈslampa] ⟨-n; -or⟩ *umg* Schlampe *f* **slampig** ADJ schlampig

slamra [ˈslamra] V/I ⟨1⟩ klappern, klirren

slamsa [ˈslamsa] ⟨-n; -or⟩ ■ *pej* Schlampe *f* ■ Fetzen *m* **slamsig** *pej* ADJ schlampig

slang[1] [slaŋ] ⟨-en; kein pl⟩ Slang *m*; Jargon *m*

slang[2] (*inv*) **slå sig i ~ med ngn** sich mit j-m einlassen/abgeben

slang³ ⟨-en; -ar⟩ Schlauch m **slangbåge** s̄ Steinschleuder f, Katapult n od m

slank [slaŋk] ADJ schlank

slant [slant] ⟨-en; -ar⟩ Geldstück n, Groschen m; Münze f; **singla** ~ → singla; umg **kosta en ~** ein schönes Stück Geld kosten; fig **vända på ~arna** jeden Groschen umdrehen; umg **för hela ~en** ausgiebig, gründlich

slapp [slap] ADJ schlaff, schlapp; locker, lax **slappa** V̄I ⟨1⟩ ausspannen, entspannen **slapphet** ⟨-en; kein pl⟩ Schlaffheit f **slappna** ⟨1⟩ A V̄I schlaff werden; erschlaffen, sich lockern B V̄P **~ av** (sich) entspannen (**i** ngt etw)

slarv [slarv] ⟨-et; kein pl⟩ Nachlässigkeit f, Fahrlässigkeit f; Unordnung f, Schlamperei f **slarva** A ⟨-n; -or⟩ Schlampe f B V̄I ⟨1⟩ nachlässig/unordentlich sein, schludern; **~ med** ngt etw vernachlässigen; bei etw pfuschen C V̄P ⟨1⟩ **~ 'bort** verlieren **slarver** ⟨-n; -ar⟩ Liederjan m **slarvig** ADJ nachlässig, unordentlich, schluderig, schlampig

slask¹ [slask] ⟨-en; -ar⟩ Ausguss m

slask² N̄ ⟨-et; kein pl⟩ Manscherei f, Gemansche n; Matsch m **slaska** V̄I ⟨1⟩ manschen, planschen; Wetter **det ~r** es ist Matschwetter **slaskhink** s̄ Mülleimer m **slaskig** ADJ matschig **slasktratt** s̄ Ausguss m; Abflussrohr n **slaskvatten** s̄ N Spülwasser n, Schmutzwasser n **slaskväder** s̄ N Matschwetter n

slav¹ [slɑːv] ⟨-en; -er⟩ Slawe m

slav² ⟨-en; -ar⟩ Sklave m **slava** V̄I ⟨1⟩ schuften, sich abschinden **slave'ri** N̄ ⟨-et; kein pl⟩ Sklaverei f, Knechtschaft f; Schufterei f **slavgöra** s̄ N Sklavenarbeit f **slavhandel** s̄ Sklavenhandel m

slavisk¹ [ˈslɑːvisk] ADJ slawisch

slavisk² ADJ sklavisch, knechtisch **slavmarknad** s̄ Sklavenmarkt m

slejf [slɛjf] ⟨-en; -ar⟩ Riegel m, Spange f

slem [slem] N̄ ⟨-met; kein pl⟩ Schleim m **slemhinna** s̄ ANAT Schleimhaut f **slemlösande** ADJ schleimlösend **slemmig** ADJ schleimig

slentrian [slɛntriˈɑːn] ⟨-en; kein pl⟩ Schlendrian m **slentrianmässig** ADJ schematisch

slev [sleːv] ⟨-en; -ar⟩ Kelle f, Kochlöffel m **sleva** V̄P ⟨1⟩ **~ 'i sig** verschlingen, (aus)löffeln

slicka [ˈslikːa] ⟨1⟩ A V̄I lecken (**på** an dat); **~ på** a. belecken B V̄R Katze **~ sig** sich lecken; **~ sig om munnen** sich (dat) den Mund lecken C V̄P **~ 'av** ablecken **slickepinne** s̄ Lutscher m **slickepott** s̄ Teigschaber m

slida [ˈsliːda] ⟨-n; -or⟩ Scheide f **slidkniv** s̄ Fahrtenmesser n

slinga [ˈsliŋa] ⟨-n; -or⟩ Schlinge f; Gewinde n; Schleife f; Windung f; Strähne f **slingerväxt** s̄ BOT Schlingpflanze f **slingra** ⟨1⟩ A V̄T schlingen, winden B V̄I SCHIFF schlingern C V̄R **~ sig** sich winden, sich schlängeln; fig ausweichen, Ausflüchte machen; BOT sich ranken; fig **~ sig i'från** ngt sich um etw herumdrücken, sich vor etw (dat) drücken **slingrande** [adj] gewunden; schlängelnd

slinka [ˈsliŋka] A ⟨-n; -or⟩ pej Dirne f B V̄I ⟨4⟩ schlüpfen C V̄P ⟨4⟩ **~ e'mellan** (sich) dazwischenquetschen; **~ förˈbi** vorbeischlüpfen; **~ ˈhit och ˈdit** hin und her schlenkern; **~ iˈgenom** hindurchschlüpfen; **~ ˈin** hineinschlüpfen; **~ ˈundan** entschlüpfen, (sich) davonschleichen; **~ ˈur** ngn j-m herausschlüpfen, entschlüpfen; **~ ˈut** hinausschlüpfen

slint [slint] ADV **slå ~** fehlschlagen, misslingen

slinta [ˈslinta] V̄I ⟨4⟩ ausgleiten, abgleiten

slipa [ˈsliːpa] ⟨1⟩ A V̄T schleifen, schärfen, wetzen; fig **~d** durchtrieben, gerieben, gerissen, verschlagen B V̄P **~ 'av** abschleifen **slipning** ⟨-en; -ar⟩ Schleifen n; Schliff m

slipover [slipˈoʋər] ⟨-n; -ar⟩ Pullunder m

slippa [ˈslipa] ⟨4⟩ A V̄T, V̄I nicht (zu tun) brauchen; **du slipper** du brauchst nicht; **du slipper inte** du musst; **~ ngt/ngn j-n/etw** loswerden; **låt mig ~!** verschone mich! B V̄P **~ 'fram** 'durchkommen; **~ i'från** nicht (zu tun) brauchen; davonkommen, loskommen; abkommen; **~ 'lös** loskommen; **~ 'undan** davonkommen; **~ 'undan** ngt etw (dat) entkommen; **inte ~ 'undan** ngt um etw nicht herumkommen; **~ 'ut** herauskommen; entlassen werden

slipprig ['slipri(g)] ADJ schlüpfrig
slips [slips] ⟨-en; -ar⟩ Schlips m, Krawatte f
slipsten ['sli:pste:n] S Schleifstein m
slira ['sli:ra] VI ⟨1⟩ rutschen; AUTO a. schleudern **slirig** ADJ rutschig
sliskig ['sliski(g)] ADJ zu süß; *Person* schmeichlerisch
slit [sli:t] N ⟨-et; kein pl⟩ Plackerei f, Schufterei f **slita** ⟨4⟩ A VT, VI **1** abtragen, abnutzen, verschleißen; *umg* slit den med hälsan! es sei dir wohl gegönnt! **2** reißen, zerren (i an *dat*) **3** ~ hårt sich quälen; ~ och släpa sich abplacken B V/R ~ sig loss/lös sich losreißen C V/P ~ 'sönder zerreißen; ~ 'upp aufreißen; ~ 'ut abnutzen; ~ 'ut sig sich abrackern **slitage** [sli'ta:ʃ] N ⟨-t; kein pl⟩ Abnutzung f, Verschleiß m **sliten** ADJ abgetragen, abgenutzt, verschlissen **slitning** ⟨-en; -ar⟩ Abnutzung f, Verschleiß m; *fig* Reibung f
slit-och-slängsamhälle S N Wegwerfgesellschaft f **slit-och-slängvara** S Ex-und-hopp-Ware f **slitsam** ADJ mühselig, anstrengend **slitstark** ADJ dauerhaft, haltbar
slockna ['slɔkna] VI ⟨1⟩ (v)erlöschen; *umg* ausgehen
slogan ['slo:gan] ⟨-en/-; -er/-s⟩ Schlagwort n, Slogan m
sloka ['slu:ka] VI ⟨1⟩ schlaff (herunter)hängen **slokhatt** S Schlapphut m
slopa ['slu:pa] VT ⟨1⟩ abschaffen, aufgeben, aufheben; (aus)lassen, streichen
slott [slɔt] N ⟨-et; -⟩ Schloss n
slovak [slu'vɑ:k] ⟨-en; -er⟩ Slowake m **Slovakien** N ⟨inv⟩ Slowakei f **slovakisk** ADJ slowakisch
sloven [slu've:n] ⟨-en; -er⟩ Slowene m **Slovenien** N ⟨inv⟩ Slowenien n **slovensk** ADJ slowenisch
sluddra ['slʉdra] VI ⟨1⟩ undeutlich sprechen, lallen **sluddrig** ADJ undeutlich
slug [slʉ:g] ADJ schlau, pfiffig **slughet** ⟨-en; kein pl⟩ Schläue f, Schlauheit f, Pfiffigkeit f
sluka ['slʉ:ka] VT ⟨1⟩ verschlingen, (ver)schlucken
slum [slɵm] ⟨-men; kein pl⟩, **slumkvarter** S N Elendsviertel n, Slum m
slummer ['slɵmər] ⟨-n; kein pl⟩ Schlummer m
slump [slɵmp] ⟨-en; -ar⟩ **1** Rest m, Restbestand m **2** Zufall m; av en ~ durch Zufall, zufällig(erweise); en ren ~ ein reiner Zufall **slumpa** ⟨1⟩ A V/R det ~de sig så, att ... es traf sich so, dass ...; der Zufall wollte es, dass ... B V/P ~ 'bort verschleudern, verramschen, losschlagen **slumpartad** f, **slumpmässig** ADJ zufällig **slumpvis** ADV zufällig
slumra ['slɵmra] VI ⟨1⟩ schlummern; ~ 'in einschlummern
slunga ['slɵŋa] A ⟨-n; -or⟩ Schleuder f B VT ⟨1⟩ schleudern; ~d honung Schleuderhonig m C V/P ⟨1⟩ ~ 'ut herausschleudern, ausspeien; *fig* ausstoßen
slurk [slɵrk] ⟨-en; -ar⟩ *umg* Schluck m
slusk [slɵsk] ⟨-en; -ar⟩ Lump(enkerl m) m, Strolch m **sluskig** ADJ verlottert, lumpig, schäbig
sluss [slɵs] ⟨-en; -ar⟩ Schleuse f **slussa** ⟨1⟩ A VT 'durchschleusen B VI durchgeschleust werden
slut [slʉ:t] A ADJ aus, zu Ende, vorbei; *umg* alle; ausverkauft, vergriffen; ausgegangen; erschöpft; *umg* erledigt, kaputt, hin; ta ~ ein Ende nehmen, aufhören; ausgehen, alle werden; jag är alldeles ~ ich bin ganz erschöpft; *umg* ich bin erledigt/kaputt; mitt tålamod är ~ meine Geduld ist zu Ende; tiden är ~ die Zeit ist um B N ⟨-et; -⟩ Schluss m, Ende n (på *gen*); göra ~ med ngn mit j-m Schluss machen; göra ~ på aufbrauchen; ausgeben; durchbringen; *umg* verpulvern; göra ~ ein Ende machen (på *dat*); lida mot ~et/sitt ~ zu Ende gehen, dem Ende entgegengehen; i ~et av maj Ende Mai; den andra från ~et der Vorletzte; den tredje från ~et der Drittletzte; på ~et am Ende; till ~ schließlich, zuletzt, zum Schluss; från början till ~ von vorn bis hinten **sluta¹** ⟨1⟩ A VT (ab)schließen, beendigen, beenden B VI schließen, endigen, enden; aufhören, zu Ende sein, aus sein *umg*; seine Stellung aufgeben C V/P ~ 'upp med aufhören mit; aufgeben (*akk*); Schluss machen mit
sluta² ⟨4⟩ A VT (zu)schließen; ~ fred Frieden schließen B V/R ~ sig sich schließen; sich anschließen; ~ sig till

ngn sich j-m anschließen; sich zu j-m gesellen; ~ **sig till ngt av ngt** aus etw auf etw schließen, etw aus etw folgern C VP ~ **'upp** dazukommen **slutare** ⟨-n; -⟩ FOTO Verschluss m
slutartikel S̄ GRAM angehängter Artikel **slutbetyg** S̄ N Abgangszeugnis n
sluten ADJ geschlossen; verschlossen; fig geheim; **i ~ trupp** geschlossen
slutexamen S̄ Abschlussprüfung f
slutföra VT ⟨2⟩ zu Ende führen **slutgiltig** ADJ endgültig **slutklām** S̄ Pointe f; Zusammenfassung f **slutkörd** ADJ völlig erschöpft; umg erledigt **slutledning** S̄ Schluss m, Schlussfolgerung f **slutlig** ADJ schließlich; endgültig **slutligen** ADV schließlich, endlich **slutomdöme** S̄ N Endurteil n **slutprodukt** S̄ Endprodukt n **slutresultat** S̄ N Endergebnis n **slutrim** S̄ N Endreim m **slutsats** S̄ Schluss m (-satz m) m, Folgerung f **slutskede** N Endphase f **slutspel** S̄ N SPORT Endspiel n **slutspurt** S̄ SPORT Endspurt m **slutstation** S̄ Endstation f **slutstavelse** S̄ GRAM Endsilbe f **slutsumma** S̄ Endsumme f, Gesamtsumme f **slutsåld** ADJ ausverkauft; vergriffen
slutta [ˈsløta] VI ⟨1⟩ abfallen, sich neigen/senken **sluttande** ADJ abschüssig, abfallend; schief; ~ **plan** n schiefe Ebene f **sluttning** ⟨-en; -ar⟩ (Ab-) Hang m, Senkung f, Neigung f, Böschung f; Gefälle n
slyngel [ˈslyŋəl] ⟨-n; -ar⟩ Schlingel m, Flegel m, Bengel m **slyngelaktig** ADJ flegelhaft
slå¹ [sloː] ⟨-n; -ar⟩ Riegel m; Querholz n
slå² ⟨4⟩ A VT, VI schlagen; Gras mähen, schneiden; TEL ~ **ett nummer** eine Nummer wählen; TEL ~ **fel nummer** sich verwählen; ~ **en knut** einen Knoten machen; **det ~r mig** es fällt mir auf; es fällt mir ein; **det slog mig med häpnad** ich stellte mit Erstaunen fest; ~ **på stort** es dick auftragen, großtun; ~ **i en bok** in einem Buch blättern; ~ **(nåven) i bordet** (mit der Faust) auf den Tisch schlagen; ~ **i dörren** die Tür zuschlagen; ~ **ngn i huvudet** j-n (od j-m) auf den Kopf schlagen; ~ **till marken** zu Boden schlagen; ~ **väl ut** gut ausfallen B VR ~ **sig** sich schlagen, sich stoßen; Brett sich werfen/verziehen C VP ~ **'an** anschlagen; fig Anklang finden (**på bei**), gefallen (**på** dat); ~ **'av** abschlagen; abgießen; ausschalten; ~ **'av på priset** mit dem Preis runtergehen; ~ **'bakut** hinten ausschlagen; ~ **'bort** weggießen; fig in den Wind schlagen; ~ **e'mot** entgegenschlagen; anstoßen an (akk); ~ **'fast** festmachen; fig feststellen; ~ **'fel** fehlschlagen; ~ **'i** einschlagen; eingießen; ~ **'i ngn ngt** fig j-m etw einreden/aufbinden; ~ **'i sig** fig sich (dat) eintrichtern; ~ **'i en bok** in einem Buch blättern; ~ **(nåven) i bordet** (mit der Faust) auf den Tisch schlagen; ~ **i dörren** die Tür zuschlagen; ~ **ngn i huvudet** j-n/j-m auf den Kopf schlagen; ~ **sig 'fram** sich durchschlagen; ~ **i'från** TECH abstellen; ELEK abschalten, ausschalten; ~ **i'från sig** fig von sich weisen; ~ **i'gen** zuklappen, zumachen, zuschlagen, zuwerfen; zurückschlagen; ~ **i'genom** 'durchschlagen; einschlagen, sich durchsetzen; ~ **i'hjäl** erschlagen, totschlagen; ~ **i'hjäl sig** tödlich verunglücken; ~ **i'hop** zusammenschlagen, zusammengießen, zusammenklappen, zusammenlegen, zusammenstecken; ~ **sig 'hop** sich zusammentun; ~ **'in** einschlagen; einwickeln; eindringen; fig eintreffen; ~ **'in på en väg** einen Weg einschlagen; ~ **sig 'lös** sich freimachen; sich (tüchtig) amüsieren; ~ **'ner** niederschlagen; a. Blitz einschlagen; ~ **sig 'ner** sich niederlassen, sich setzen, Platz nehmen; ~ **'om** umschlagen, sich ändern; einschlagen, einwickeln; Beruf umsatteln; sich umstellen; ~ **om'kull** umwerfen, umstoßen, umschmeißen umg; fig ~ **sig 'på ngt** sich auf etw (akk) (ver)legen/werfen; ~ **'runt** sich überschlagen; umg einen draufmachen; ~ **sig 'samman** sich zusammentun; ~ **'sönder** zerschlagen; ~ **'till** zuschlagen; zugreifen; ~ **'till ngn** j-m eins versetzen; j-n schlagen; ~ **'tillbaka** zurückschlagen; ~ **'upp** aufschlagen, hochschlagen, aufklappen, aufmachen, aufziehen, öffnen; eingießen; Verlobung aufheben, auflösen; ~ **'ut** (her)ausschlagen; ausschütten, ausgießen, aufblühen; ~ **'över** 'überschlagen; 'übergießen; Stimme sich über'schlagen,

slående – slättbygd ▪ 385

'överschnappen **slående** ADJ schlagend, treffend, auffallend; ~ **lik** a. sprechende ähnliche
slån [slo:n] a. N ⟨-en/-et; -⟩ BOT Schlehe f, Schlehdorn m **slånbär** SN Schlehe f
slåss [slɔs] VI ⟨dep 4⟩ sich schlagen, sich raufen, sich prügeln; fig ~ **om ngt** sich um etw reißen
slåtter ['slɔtər] ⟨-n; -ar⟩ AGR Mahd f, Heuernte f **slåttermaskin** S Mähmaschine f
släcka ['slɛka] VT ⟨2⟩ löschen, ausmachen; fig, a. Durst stillen **släckning** ⟨-en; -ar⟩ Löschen n
släde ['slɛːda] ⟨-n; -ar⟩ Pferde- Schlitten m; **åka ~** Schlitten fahren
slägga ['slɛga] ⟨-n; -or⟩ Schmiedehammer m, Vorschlaghammer M **släggkastning** ⟨-en; -ar⟩ SPORT Hammerwerfen n
släkt [slɛkt] A ADJ verwandt (**med** mit) B ⟨-en; -er⟩ Geschlecht n, Familie f; Verwandtschaft f; umg **tjocka ~en** sg best nahe Verwandte pl **släktdrag** S N Familienzug m **släkte** N ⟨-t; -n⟩ Geschlecht n, Generation f; BOT u. ZOOL Gattung f **släktforskning** S Familienforschung f **släkting** ⟨-en; -ar⟩ Verwandte(r) m/f(m) (**till** von) **släktklenod** S Erbstück n **släktkrönika** S Familienchronik f **släktled** SN Generation f **släktnamn** SN Familienname m **släktskap** S ⟨-et; -⟩ Verwandtschaft f **släktträff** S Familientag m
slända ['slɛnda] ⟨-n; -or⟩ Spindel f; ZOOL Libelle f
släng [slɛŋ] ⟨-en; -ar⟩ des Kopfes Aufwerfen n; schleudernde Bewegung; Schlag m, Hieb m, Strich m; Schnörkel m; fig Anfall m; **~ av influensa** leichter Grippeanfall; **i runda ~ar** rund **slänga** ⟨2⟩ A VT werfen, schleudern; umg (weg)schmeißen; schlenkern; ~ **på huvudet** den Kopf (auf)werfen B VP ~ '**bort** wegwerfen, ~ '**fram** hinwerfen; ~ '**i sig** hinunterschlingen; ~ **i'från sig** wegwerfen; ~ **i'gen** zuschlagen, zuwerfen; ~ '**på sig kläderna** sich in die Kleider werfen; ~ '**till ngn ngt** j-m etw zuwerfen; ~ '**undan** beiseitewerfen **slängd** umg ADJ beschlagen, geschickt **slängkappa** S Umhängemantel m **slängkyss** S Kusshand f

slänt [slɛnt] ⟨-en; -er⟩ Abhang m; Böschung f **släntra** VI ⟨1⟩ schlendern
släp [slɛːp] N ⟨-et; -⟩ 1 Schleppe f 2 Plackerei f, Schinderei f 3 Anhänger m; **ha på ~ im** Schlepptau haben; **ta på ~ ins** Schlepptau nehmen **släpa** ⟨1⟩ A VT, V/R schleppen (**sig** sich), schleifen; fig sich abmühen; ~ **med fötterna** schlurfen; ~ **på ngt** sich mit etw (ab)schleppen B VP ~ '**bort** wegschleppen; ~ '**efter sig** hinter sich (dat) herschleppen, nachschleppen, nachschleifen; ~ '**fram** heranschleppen, herbeischleppen; ~ '**sig fram** hinschleppen; ~ '**med sig** mitschleppen **släpig** ADJ schleppend; umg mühselig **släplift** S Schlepplift m **släplina** S Schleppseil n
släppa ['slɛpa] ⟨2⟩ A VT loslassen; fallen lassen; ~ **taget** loslassen; fig lockerlassen B VI loslassen, nachlassen; sich lösen C V/R ~ **sig** einen fahren lassen D VP ~ '**efter på kraven** die Ansprüche herabsetzen; ~ '**fram** heranlassen; ~ '**durchlassen**; ~ **för'bi** vorbeilassen; ~ **i'från sig** freilassen, fortlassen; ~ **i'genom** 'durchlassen; ~ '**in** (her)einlassen; ~ '**ner** herablassen, herunterlassen; fallen lassen; TECH ~ '**på anlassen**; ~ '**till** hergeben; ~ '**upp** heraufIassen, hinauflassen; steigen lassen; ~ '**ut** hinauslassen, freilassen; TECH ablassen; WIRTSCH ~ '**ut på marknaden** auf den Markt bringen **släpphänt** fig ADJ nachgiebig; nachsichtig
släptåg ['slɛːptoːg] SN Schlepptau n; fig **ha i ~ im** Schlepptau haben **släpvagn** S Anhänger m
slät [slɛːt] ADJ glatt; eben; flach; schlicht, einfach; en ~ **kopp kaffe** eine einfache Tasse Kaffee; **rätt och ~t** schlecht und recht, schlechtweg; **stå sig ~t** schwach stehen, übel daran sein **släta** ⟨1⟩ A VT (ab)glätten, glatt machen, ebnen; TECH schlichten B VP ~ '**till**/'**ut** (aus)glätten; fig ~ '**över** beschönigen, bemänteln; besänftigen **släthårig** ADJ glatthaarig **slätkammad** ADJ glatt gekämmt **slätrakad** ADJ glatt rasiert **slätstickning** S glatt rechts stricken **slätstruken** fig ADJ mittelmäßig
slätt [slɛt] ⟨-en; -er⟩ Ebene f **slättbygd** S, **slättland** SN Flachland n,

flaches Land, Ebene f
slö [slø:] ADJ stumpf; *fig* abgestumpft, träge **slöa** ⟨1⟩ A VI faulenzen B V/P ~ 'till unaufmerksam werden; vor sich hin dämmern
slödder ['slødər] N ⟨-et; kein pl⟩ Gesindel n
slöfock ['slø:fɔk] ⟨-en; -ar⟩ *umg* Schlafmütze f, Faulpelz m **slöhet** ⟨-en; kein pl⟩ Stumpfheit f; *fig* Trägheit f
slöja ['slø:ja] ⟨-n; -or⟩ Schleier m
slöjd [sløjd] ⟨-en; -er⟩ *Schule* Werkunterricht m; Holzwerken n; Handarbeit f
slösa ['slø:sa] ⟨1⟩ A VT, VI verschwenden, vergeuden; ~ ngt på ngn etw an j-n verschwenden; ~ med verschwenderisch umgehen mit; ~ pengar på spel das Geld verspielen B V/P ~ 'bort verschwenden, vergeuden f
slösaktig ADJ verschwenderisch
slösaktighet ⟨-en; kein pl⟩ Verschwendung f, Verschwendungssucht f **slöse'ri** N ⟨-et; kein pl⟩ Verschwendung f, Vergeudung f; ~ med tid Zeitvergeudung f
SM ABK N ⟨-:et -⟩ (= *svenskt mästerskap*) schwedische Meisterschaft
smacka ['smaka] ⟨1⟩ VI schmatzen; schnalzen **smackning** ⟨-en; -ar⟩ Schnalzen n, Schnalzer m
smak [sma:k] ⟨-en; -er⟩ Geschmack m; Sinn m (för für); *falla ngn i* ~*en* j-m gefallen; *i min* ~ nach meinem Geschmack **smaka** ⟨1⟩ A VT schmecken (*akk* nach); ~ bra gut schmecken B V/P ~ på ngt kosten **smakbit** S Kostprobe f **smakfull** ADJ geschmackvoll **smakförstärkare** S Geschmacksverstärker m **smaklig** ADJ schmackhaft; ~ *måltid*! guten Appetit! **smaklös** ADJ geschmacklos **smaklöshet** ⟨-en; kein pl⟩ Geschmacklosigkeit f **smakprov** S N Kostprobe f **smakriktning** S Geschmacksrichtung f **smakråd** S N Rat m in Geschmacksangelegenheiten **smaksak** S Geschmackssache f **smaksinne** S N Geschmackssinn m **smaksätta** VT ⟨4⟩ würzen; *umg* abschmecken **smakämne** S N Geschmacksstoff m
smal [sma:l] ADJ schmal, dünn; schlank; eng; *ungt det är en* ~ *sak* das ist kinderleicht; *vara* ~ *om midjan* eine schlanke Taille haben **smalaxlad** ADJ schmalschulterig, schmächtig
smalben S N Schienbein n; **sparka ngn på ~et** j-n gegen das Schienbein stoßen **smalfilm** S Schmalfilm m
smalmat S kalorienarmes Essen **smalna** ⟨1⟩ A VI schmaler/dünner werden B V/P ~ 'av sich verengen
smalspårig ADJ BAHN schmalspurig
smaragd [sma'ragd] ⟨-en; -er⟩ Smaragd m
smart [sma:ʈ] ADJ smart, clever **smartkort** S N Chipkarte f **smartmobil** S, **smarttelefon** S Smartphone n
smaska ['smaska] *umg* VI ⟨1⟩ schmatzen **smaskig** ADJ lecker; *fig* saftig
smattra ['smatra] ⟨1⟩ schmettern; knattern, rattern; prasseln **smattrande** N ⟨-t; kein pl⟩ Schmettern n; Geknatter n, Geratter n; Geprassel n, Prasseln n
smed [sme:d] ⟨-en; -er⟩ Schmied(in) m(f) **smedja** ⟨-n; -or⟩ Schmiede f
smek [sme:k] N ⟨-et; kein pl⟩ Liebkosen n; Liebkosungen f/pl **smeka** VT ⟨-2⟩ liebkosen, streicheln **smekas** VI (*dep* 2) sich liebkosen, sich herzen
smekmånad S Flitterwochen f/pl **smeknamn** S N Kosename m **smekning** ⟨-en; -ar⟩ Liebkosung f **smeksam** ADJ zärtlich, kosend
smet [sme:t] ⟨-en; -er⟩ Brei m; Paste f, Schmiere f; GASTR Teig m **smeta** ⟨1⟩ A schmieren, kleben B V/P, V/R ~ 'av/i 'från sig schmieren; ~ 'ner vollschmieren, beschmieren (*sig* sich) **smetig** ADJ schmierig, klebrig
smicker ['smikər] N ⟨-et; kein pl⟩ Schmeichelei f **smickra** VT ⟨1⟩ schmeicheln (*dat*) **smickrande** ADJ schmeichelhaft
smida ['smi:da] ⟨2⟩ A VT schmieden B V/P, V/R ~ i'hop zusammenschmieden **smide** NS ⟨-t; -n⟩ Schmiedearbeit f, Schmiedeware f; Schmieden n **smidesjärn** N ~ schmiedeeisen n; *av* ~ schmiedeeisern **smidig** ADJ geschmeidig, biegsam; *fig* gewandt, flexibel; ~*t* reibungslos, glatt **smidighet** ⟨-en; kein pl⟩ Geschmeidigkeit f, Biegsamkeit f; Gewandtheit f
smil [smi:l] N ⟨-et; -⟩ *schelmisches od falsches* Lächeln n **smila** VI ⟨1⟩ lächeln
smiley ⟨-n; -s⟩ IT Smiley m *od* n

smilfink umg ⓢ umg Schleicher m, Kriecher m **smilgrop** ⓢ Lachgrübchen n
smink [smiŋk] Ⓝ ⟨-et; -er⟩ Schminke f
sminka ⓋⓉ, ⓋⓇ schminken (sig sich)
sminkning ⟨-en; -ar⟩ Schminken n
smisk [smisk] umg ⓢ umg ⟨-et; kein pl⟩ Schläge m/pl, Hiebe m/pl, Prügel m/pl
smita [ˈsmiːta] ⟨4⟩ Ⓐ Ⓥⓘ sich davonmachen, (sich) (davon)schleichen; umg sich drücken, abhauen, türmen Ⓑ ⓋⓅ 🞐 ~ 'undan sich drücken 🞐 ~ 'åt eng anliegen, anschließen **smitning** ⟨-en; -ar⟩ Fahrerflucht f
smitta [ˈsmita] Ⓐ ⟨-n; -or⟩ Ansteckung f Ⓥⓘ ⟨1⟩ anstecken Ⓒ ⓋⓅ ⟨1⟩ ~ 'av sig anstecken; fig a. ansteckend wirken **smittbärare** ⓢ Infektionsträger m **smittfri** ADJ nicht ansteckend **smitthärd** ⓢ Ansteckungsherd m **smittkoppor** PL ⟨-na⟩ MED Blattern f/pl, Pocken f/pl **smittorisk** ⓢ Ansteckungsgefahr f **smittsam** ADJ ansteckend **smittämne** ⓢⓃ Krankheitserreger m

smocka [ˈsmɔka] umg ⓢ ⟨-n; -or⟩ Faustschlag m, Hieb m; Schlag m Ⓑ ⓋⓅ ⟨1⟩ ~ 'till ngn j-m einen Schlag versetzen

smoking [ˈsmoːkiŋ] ⟨-en; -ar⟩ Smoking m

smolk [smɔlk] Ⓝ ⟨-et/-en; kein pl⟩ Schmutz m

smoothie ⟨-n; -s⟩ Smoothie m

smord [smuːd] ADJ gesalbt; REL gesalbt; umg fig **det går som smort** es geht wie geschmiert

sms [esem'es] ⟨-:et; -⟩ SMS f od n
sms:a umg ⓋⓉ, Ⓥⓘ ⟨1⟩ simsen, eine SMS schreiben

smuggel [ˈsmøgəl] Ⓝ ⟨-n; kein pl⟩ Schmuggel m **smuggla** ⟨1⟩ Ⓐ Ⓥⓘ schmuggeln Ⓑ ⓋⓅ ~ 'in einschmuggeln **smugglare** ⟨-n; -⟩ Schmuggler(in) m(f) **smuggling** ⟨-en; -ar⟩ Schmuggel m

smula [ˈsmʉːla] Ⓐ ⟨-n; -or⟩ Brocken m, Krümel m, Brösel m, Brosame f; **en (liten) ~** ein bisschen, ein (klein) wenig Ⓑ ⓋⓉ ⟨1⟩ krümeln, bröckeln Ⓒ ⓋⓅ ⟨1⟩ ~ 'sönder zerkrümeln, zerbröckeln; **~s 'sönder** zerbröckeln **smulig** ADJ krüm(e)lig, bröck(e)lig **smulpaj** ⓢ ≈ Streuselkuchen m

smultron [ˈsmøltrɔn] Ⓝ ⟨-et; -⟩ BOT Walderdbeere f **smultronställe** ⓢⓃ Lieblingsplatz m

smussel [ˈsmøsəl] Ⓝ ⟨-smesəl; kein pl⟩ Geheimtuerei f; Mogelei f **smussla** ⟨1⟩ Ⓐ Ⓥⓘ heimlich zu Werke gehen; mogeln Ⓑ ⓋⓅ ~ 'in einschmuggeln; ~ 'till ngn ngt j-m etw zustecken; ~ 'undan verschwinden lassen, auf die Seite bringen

smuts [smøts] ⟨-en; kein pl⟩ umg Schmutz m, Dreck m; **dra 'ner i ~en** in den Schmutz ziehen **smutsa** ⓋⓉ, ~ 'ner ngn ⟨1⟩ beschmutzen **smutsfläck** ⓢ Schmutzfleck m **smutsgris** umg ⓢ Schmutzfink m, Ferkel n **smutsig** ADJ schmutzig; umg dreckig; **vara ~ om händerna** schmutzige Hände haben **smutskasta** ⓋⓉ ⟨1⟩ mit Schmutz bewerfen **smutskastning** ⟨-en; -ar⟩ Beschmutzung f, Beschimpfung f **smutskläder** PL ⟨-na⟩ schmutzige Wäsche f/sg

smutt [smøt] ⟨-en; -ar⟩ umg Schlückchen n **smutta** Ⓥⓘ ⟨1⟩ nippen (**på an** dat)

smycka [ˈsmykːa] ⓋⓉ ⟨1⟩ schmücken, zieren **smycke** Ⓝ ⟨-t; -n⟩ Schmuck m, Geschmeide n; **~n** pl koll Schmucksachen f/pl

smyg [smyːg] ⟨-en; -ar⟩ Ecke f, Schlupfwinkel m; **i ~** verstohlen, heimlich **smyga** ⟨4⟩ Ⓐ Ⓥⓘ schleichen Ⓑ Ⓥⓘ schleichen Ⓒ ⓋⓇ ~ **sig** (sich) schleichen; ~ **sig efter kroppen** sich dem Körper anschmiegen Ⓓ ⓋⓅ ~ **sig 'bort** sich fortstehlen, (sich) fortschleichen, wegschleichen; ~ **sig 'efter ngn** j-m nachschleichen; ~ **sig 'fram** heranschleichen, (sich) hervorschleichen; ~ **sig för'bi** (sich) vorbeischleichen an (dat); ~ **sig 'in** sich einschleichen, hineinschleichen; ~ **sig in'till** sich anschmiegen an (akk); ~ **sig 'på** heranschleichen an (akk), beschleichen; ~ **sig 'ut** hinausschleichen **smygande** ADJ schleichend; **komma ~** angeschlichen kommen **smyghål** Ⓝ Schlupfloch n **smygröka** ⓋⓉ, Ⓥⓘ ⟨2⟩ heimlich rauchen

små [smoː] ⟨pl zu liten; komp mindre; sup minst⟩ klein; gering(fügig); **stora och ~** Groß und Klein; **från det ni var ~** von klein auf **småaktig** ADJ kleinlich **småaktighet** ⟨-en; kein pl> Kleinlichkeit f **småbarn** s̄n̄ Kleinkind n **småbarnsförälder** s̄ Elternteil mit/von kleinen Kindern **småbil** s̄ Kleinwagen m **småbildskamera** s̄ Kleinbildkamera f **småbitar** pl ⟨-na⟩ kleine Stücke n/pl **småborgare** s̄ Kleinbürger m **småborgerlig** ADJ kleinbürgerlich **småbruk** s̄n̄ Kleinwirtschaft f **småbrukare** ⟨-n; -⟩ Kleinbauer m **småbröd** s̄n̄ (koll) (Klein-)Gebäck n **småbåtshamn** s̄ Bootsliegeplatz m, Marina f **smådjur** pl ⟨-en⟩ Kleintiere n/pl **småfranska** s̄ Brötchen n **småfrysa** v̄ɪ̄ ⟨4⟩ frösteln **småfåglar** pl ⟨-na⟩ kleine Vögel m/pl **småföretag** s̄n̄ Kleinbetrieb m **småföretagare** s̄ Kleinunternehmer m **småhus** s̄n̄ Einfamilienhaus n **småhusbebyggelse** s̄ Gebiet n mit Einfamilienhäusern **småkaka** s̄ Plätzchen n **småkoka** v̄ɪ̄ ⟨1⟩ schwach kochen, brodeln **småkrafs** s̄ Kleinkram m **småkryp** s̄n̄ k̄ōl̄l̄ Gewürm n **småkrämpor** pl umg kleine Leiden n/pl, Wehwehchen n/(pl) **småle** v̄ɪ̄ ⟨4⟩ lächeln; schmunzeln

småningom ['smo:niŋɔm] ADV (så) ~ allmählich, nach und nach

smånätt ['smo:nɛt] ADJ nett, niedlich **småpengar** pl Kleingeld n sg **småplock** s̄ Kleinkram m, Kleinigkeiten f/pl **småprat** s̄n̄ Geplauder n **småprata** v̄ɪ̄ ⟨1⟩ plaudern **småregna** v̄ɪ̄/ūnpers ⟨1⟩ tröpfeln, fein/leise regnen, rieseln, sprühen **smårolig** ADJ drollig **smårutig** ADJ klein kariert **smårätter** pl ⟨-na⟩ kleine Gerichte pl **småsak** s̄ Kleinigkeit f; umg hänga 'upp sig på ~er sich über Kleinigkeiten aufregen **småsinnad**, **småsint** ADJ kleinlich **småsjunga** v̄ɪ̄ ⟨4⟩ vor sich hin singen, trällern **småskratta** v̄ɪ̄ ⟨1⟩ leise lachen, in sich hineinkichern **småsnål** ADJ knauserig **småspringa** v̄ɪ̄ ⟨4⟩ halb gehen, halb laufen **småstad** s̄ Kleinstadt f **småstadsaktig** ADJ kleinstädtisch **småstadsbo** s̄ Kleinstädter(in) m(f) **småsten** s̄ k̄ōl̄l̄ Steinchen n/pl, Kiesel m/pl, Kies m **småsyskon** pl kleine Geschwister pl **småsysslor** pl kleine(re) Arbeiten pl **småtimmar** pl på ~na in den frühen Morgenstunden **småtrevlig** ADJ (recht) gemütlich

smått [smɔt] ADJ ⟨→ små⟩ klein, gering; ein bisschen, ziemlich; knapp, dürftig; ~ och gott Allerlei n; i ~ im Kleinen; ha det ~ in dürftigen Verhältnissen leben; vänta ~ etwas Kleines/ein Baby erwarten; (så) ~ langsam **småtting** ⟨-en; -ar⟩ umg Kleine(r) m/f(m)

småungar ['smo:ɵŋar] pl ⟨-na⟩ kleine Kinder **småvarmt** n̄ ⟨inv⟩ ≈ kleine warme Gerichte pl **småvägar** pl Nebenwege pl **smååta** v̄ɪ̄t̄, v̄ɪ̄ ⟨4⟩ zwischendurch naschen, zwischen den Mahlzeiten essen

smäcker ['smɛkər] ADJ schlank, zierlich, fein

smäda ['smɛ:da] v̄ɪ̄ ⟨1⟩ schmähen; lästern **smädelse** ⟨-n; -r⟩ Schmähung f; Lästerung f

smäktande ['smɛktandə] ADJ schmachtend

smäll [smɛl] ā ⟨-en; -ar⟩ Knall m; Schlag m, Klaps m; stora ~en Urknall; vara på ~en (≈ schwanger sein) angebufft sein; slå två flugor i en ~ zwei Fliegen mit einer Klappe schlagen b̄ n̄ ⟨-et; kein pl⟩ umg Schläge m/pl, Prügel m/pl; få ~ på fingrarna eins auf die Finger bekommen **smälla¹** ⟨2⟩ ā v̄ɪ̄ schlagen, klapsen b̄ v̄p̄ i'gen zuwerfen, zuschmeißen, zuknallen; ~ i'hop zuschlagen, zuklappen; krachend zusammenstoßen; umg zusammenlügen; umg ~ 'till ngn j-m eine knallen; ~ 'upp hastig/nachlässig aufbauen; umg zusammenzimmern, zusammenschustern

smälla² ⟨2/4⟩ ā v̄ɪ̄ knallen, klatschen, krachen; Fahne knattern; umg nu smäller det! jetzt gehts los!; umg akta dig, annars smäller det! sieh doch nur, sonst knallts!; ~ i dörrarna mit den Türen knallen, die Türen zuknallen b̄ v̄p̄ ~ 'av abrennen, losgehen; fig umg die Fassung verlieren; ~ i'gen zuschnappen **smällare** ⟨-n; -⟩ ≈ Knallerbse f **smällfet** ADJ feist **smällkall** ADJ bitterkalt **smällkaramell** s̄ Knallbonbon m **smällkyss** s̄ Schmatz m

smälta¹ ['smɛlta] ā ⟨-n; -or⟩ TECH Schmelze f b̄ v̄ɪ̄ ⟨2⟩ schmelzen; zerlassen; verdauen; fig verwinden, verschmerzen c̄ v̄p̄ ⟨2⟩ ~ 'ner umschmelzen; ~ 'om umschmelzen **smälta²** ⟨2/4⟩ ā v̄ɪ̄ (zer)schmelzen, zerrinnen b̄

v̅p̅ ~ 'bort wegschmelzen; fig ~ i'hop zusammenschmelzen, verschmelzen **smältdegel** s̅ Schmelztiegel m **smältpunkt** s̅ Schmelzpunkt m
smärgel ['smærjəl] ⟨-n; kein pl⟩ Schmirgel m **smärgelduk** s̅ Schmirgeltuch n
smärt [smæt] ADJ schlank
smärta ['smæʈa] A ⟨-n; -or⟩ Schmerz m B V̅T̅, V̅I̅ ⟨1⟩ schmerzen; fig **det ~ mig** es tut mir Leid **smärtfri** ADJ schmerzlos **smärtgräns** s̅ Schmerzgrenze f **smärtsam** ADJ schmerzhaft, schmerzend; fig schmerzlich **smärtstillande** ADJ schmerzstillend
smör [smœːr] N̅ ⟨-et; kein pl⟩ Butter f; umg **gå 'åt som ~ i solsken** wie warme Semmeln weggehen **smörask** s̅ Butterdose f **smörblomma** s̅ BOT Hahnenfuß m **smördeg** s̅ Blätterteig m **smörgås** ⟨-en; -ar⟩ umg Butterbrot n, Schnitte f, Stulle f; **~ med pålägg** belegtes Brot n; **~ med skinka**, **skink-**Schinkenbrot n **smörgåsbord** s̅ n̅ Smörgåsbord n Büfett mit kleineren kalten und warmen Speisen **smörgåsmat** s̅ (kalter) Aufschnitt m
smörj [smœrj] umg N̅ ⟨-et; kein pl⟩ Prügel pl, Hiebe m/pl, Keile m/pl; **få ~** eine Tracht Prügel kriegen **smörja** A ⟨-n; -or⟩ Schmiere f; fig Schund m, Kitsch m; Schmarren m Quatsch m; **prata ~** quatschen B V̅T̅ ⟨4⟩ schmieren; einfetten; AUTO abschmieren; REL salben; **~ kråset** schlemmen, schmausen C V̅P̅ ⟨4⟩ **~ 'in sig** sich eincremen **smörjelse** ⟨-n; -r⟩ Salbe f; REL Salbung f, Ölung f **smörjkanna** s̅ Ölkanne f **smörjning** ⟨-en; -ar⟩ Schmierung f; (Ab-)Schmieren n **smörjolja** s̅ Schmieröl n
smörklick ['smœrklik] s̅ umg Butterklümpchen n, Klacks m Butter **smörkniv** s̅ Buttermesser n **smörkräm** s̅ Buttercreme f **smörpapper** s̅ n̅ Butterbrotpapier n **smörsyra** s̅ CHEM Buttersäure f
snabb [snab] ADJ schnell, rasch, geschwind **snabba** ⟨1⟩ A V̅R̅ **~ sig** sich beeilen B V̅P̅ **~ 'på/'upp** ngt etw beschleunigen; sich beeilen **snabbgående** ADJ schnell (fahrend) **snabbhet** ⟨-en; kein pl⟩ Schnelligkeit f **snabbkaffe** s̅ n̅ Pulverkaffee m **snabbkurs** s̅ Intensivkurs m **snabbköp** s̅ n̅, **snabbköpsaffär** s̅ Supermarkt m **snabbmat** s̅ Fastfood n **snabbtänkt** ADJ aufgeweckt
snabel ['snaːbəl] ⟨-n; -ar⟩ Rüssel m **snabel-a** s̅ n̅ IT At-Zeichen n, Klammeraffe m
snack [snak] N̅ ⟨-et; kein pl⟩ Geschwätz n; umg Geplauder n, Schnack m; **inget ~!** keine Widerrede!; **det är inget ~ om den sakan** das ist doch klar **snacka** umg V̅T̅, V̅I̅ ⟨1⟩ reden; umg plaudern, plauschen
snacks [snaks, snɛks] P̅L̅ ⟨-en⟩ etwas zum Knabbern
snaggad ['snagad] ADJ kurz geschnitten, kurzhaarig
snappa ['snapa] ⟨1⟩ A V̅T̅, V̅I̅ schnappen, haschen (efter nach) B V̅P̅ **~ 'upp** aufschnappen; abfangen; **~ 'åt sig** sich schnappen
snaps [snaps] ⟨-en; -ar⟩ Schnaps m **snapsa** umg V̅I̅ ⟨1⟩ Schnaps trinken **snapsvisa** s̅ Trinklied n
snar [snɑːr] ADJ baldig, schnell, schleunig; rasch; **inom en ~ framtid** in naher Zukunft
snara ['snɑːra] ⟨-n; -or⟩ Schlinge f; Dohne f; fig a. Fallstrick m; **lägga 'ut en ~ för ngn** j-m eine Falle stellen, j-m eine Schlinge legen
snarare ['snɑːrarə] ADV eher, vielmehr; lieber **snarast** ADV schleunigst, schnellstens; eher, eigentlich; **~ möjligt** möglichst bald
snarka ['snarka] V̅I̅ ⟨1⟩ schnarchen **snarkning** ⟨-en; -ar⟩ Schnarchen n
snarlik [snɑːlik] ADJ ähnlich (dat)
snarstucken ADJ empfindlich, reizbar
snart [snɑːʈ] ADV bald; **~ sagt** beinahe, fast; **så ~ (som)** sobald; **så ~ som möjligt** so bald wie möglich
snask [snask] N̅ ⟨-et; kein pl⟩ Süßigkeiten f pl **snaska** V̅T̅, V̅I̅ ⟨1⟩ naschen; schmatzen **snaskig** ADJ schmuddelig
snatta ['snata] umg V̅T̅ ⟨1⟩ mausen, stibitzen, klauen
snattare ⟨-n; -⟩ Ladendieb(in) m(f)
snatter ['snatər] N̅ ⟨-et; kein pl⟩ Geschnatter n

snatteri N ⟨-et; -er⟩ Ladendiebstahl m
snattra ['snatra] V/T ⟨1⟩ schnattern
snava ['sna:va] V/I ⟨1⟩ stolpern (**över**/**på** schief; schräg; **på** ~ schief; schräg; **komma på** ~ verrutschen; *fig* schiefgehen **snedd** [sned] ⟨-en; kein pl⟩ **på** ~**en** schräg **snedda** ⟨1⟩ A V/T abschrägen B V/I ~ (**över**) **gatan** schräg über die Straße gehen **snedsprång** S N Seitensprung m **snedsteg** S N Fehltritt m **snedstreck** S N Schrägstrich m **snedtak** S N Schrägdach n **snedvinklig** ADJ schiefwink(e)lig **snedvriden** ADJ *fig* schief **snedögd** ADJ schlitzäugig
snegla ['sne:gla] V/I ⟨1⟩ schielen (**på** nach); ~ **på ngn** a. j-n anschielen
snett [snet] ADV schief; schräg; ~ **emot** schräg gegenüber; *fig* **gå** ~ schiefgehen; *fig* **se** ~ **på ngn** j-n schief/scheel ansehen
snibb [snib] ⟨-en; -ar⟩ Zipfel m; Kragen-Ecke f
snickarbyxor ['snikarbyksur] PL Latzhose f *sg* **snickare** ⟨-n; -⟩ Tischler(in) m(f), Schreiner(in) m(f) **snickarglädje** S Holzverzierungen *pl* **snickarverkstad** S Tischlerwerkstatt f **snicke'ri** N ⟨-et; -er⟩ Tischlerei f, Schreinerei f **snickra** V/T, V/I ⟨1⟩ tischlern, schreinern
snida ['sni:da] V/T ⟨1⟩ schnitzen, schneiden **snide'ri** ⟨-et; -er⟩ Schnitzerei f, Schnitzwerk n
sniffa ['snifa] V/T, V/I ⟨1⟩ sniffen, schnüffeln
snigel ['sni:gəl] ⟨-n; -ar⟩ ZOOL Schnecke f **snigelfart** S **det går med** ~ es geht im Schneckentempo
sniken ['sni:kən] ADJ geizig; geldgierig, habsüchtig
snille ['snilə] N ⟨-t; -n⟩ Genie n; Geist m **snilleblixt** S Geistesblitz m **snilledrag** S N Geniestreich m **snillrik** ADJ genial; geistvoll, geistreich
snip [sni:p] ⟨-en; -ar⟩ Tülle f, Schnauze f
snipa ['sni:pa] ⟨-n; -or⟩ SCHIFF Spitzkahn m
snirkel ['snirkəl] ⟨-n; -ar⟩ Schnörkel m **snirklad** ADJ geschnörkelt, verschnörkelt, schnörk(e)lig
snits [snits] ⟨-en; -ar⟩ Schliff m, Schmiss m; **sätta** ~ **på ngt** Schmiss in etw bringen **snitsig** ADJ schick, schneidig
snitt [snit] N ⟨-et; -⟩ Schnitt m; **i** ~ im Schnitt **snittblomma** S Schnittblume f
sno [snu:] ⟨3⟩ A V/T 1 drehen; winden (**om um** *akk*) 2 *umg* mausen, klauen B V/I sich abhetzen C V/R ~ **sig** sich drehen/verwickeln; *fig umg* sich drücken, sich (heraus)winden; sich sputen, schnell machen D V/P ~ **i'hop** zusammendrehen
snobb [snɔb] ⟨-en; -ar⟩ Snob m **snobba** V/I ⟨1⟩ prahlen, großtun **snobbe'ri** N ⟨-et; -er⟩ Snobismus m **snobbig** ADJ snobistisch
snodd [snud] ⟨-en; -er⟩ Schnur f, Kordel f; Litze f
snok [snu:k] ⟨-en; -ar⟩ ZOOL Ringelnatter f
snoka ['snu:ka] ⟨1⟩ A V/I schnüffeln, spionieren; (herum)stöbern (**efter** nach), (**i** in *dat*) B V/P ~ **i'genom** durchstöbern; ~ **om'kring** herumschnüffeln; ~ **'upp/reda på** aufstöbern
snopen ['snu:pən] ADJ verdutzt, verblüfft; *umg* baff; enttäuscht
snopp [snɔp] ⟨-en; -ar⟩ Zigarre Spitze f; Penis *umg* Pimmel m, Schniedel m **snoppa** ⟨1⟩ V/T abschneiden, abknipsen B V/P *fig umg* ~ **'av ngn** j-n abblitzen lassen
snor [snu:r] N ⟨-et; kein pl⟩ Rotz m **snorig** ADJ rotzig
snorkel ['snɔrkəl] ⟨-n; -ar⟩ Schnorchel m **snorkla** V/I ⟨1⟩ schnorcheln
snorkig ['snɔrki(g)] ADJ schnodderig
snorunge ['snu:rɵŋə] *umg* S Frechdachs m; Rotznase f
snowboard ['snɔubɔ:d] ⟨-en; -ar/-⟩ Snowboard n **snowboardåkare** S Snowboardfahrer(in) m(f), Snowboarder(in) m(f) **snowboardåkning** ⟨-en; -ar⟩ Snowboardfahren n
snubbe ['snɵbə] ⟨-n; -ar⟩ *umg* Typ m, Kerl m
snubbla ['snɵbla] V/I ⟨1⟩ stolpern
snudd [snɵd] ⟨-en; -ar⟩ ~ **på fast**, beinahe **snudda** V/I ⟨1⟩ ~ **vid** streifen, leicht berühren
snurra ['snɵra] A ⟨-n; -or⟩ Kreisel m B V/T ⟨1⟩ drehen C V/I ⟨1⟩ kreiseln, sich drehen D V/P ⟨1⟩ ~ **'runt** kreiseln, wir-

beln, sich drehen **snurrig** *umg* ADJ wirr (im Kopf); *umg* durchgedreht
snus [snɷ:s] N ⟨-et; -er⟩ (Schweden-) Snus *m Lutschtabak* **snusa** VT, VI ⟨1⟩ schnupfen; schnüffen **snusbrun** ADJ tabakbraun **snusdosa** S Schnupftabak(s)dose *f* **snusen** ⟨inv⟩ *umg* vara på ~ beschwipst/angeheitert/angesäuselt sein **snusförnuftig** *umg* ADJ oberschlau, altklug
snusk [snɷsk] N ⟨-et; kein pl⟩ Schmutz *m*, Dreck *m* **snuskig** ADJ schmutzig, dreckig
snustorr ['snɷ:stɔr] *umg* ADJ knochentrocken
snut [snɷ:t] ⟨-en; -ar⟩ *umg* **1** Schnauze *f* **2** *Polizei* Bulle *m*
snutt [snɷt] ⟨-en; -ar⟩ Stückchen *n*
snuva ['snɷ:va] ⟨-n; -or⟩ Schnupfen *m*; få ~ *a.* sich einen Schnupfen holen
snuvig ADJ verschnupft
snyfta ['snyfta] VI ⟨1⟩ schluchzen
snyftning ⟨-en; -ar⟩ Schluchzer *m*
snygg [snyg] ADJ hübsch, gutaussehend; sauber; *iron* schön **snygga** VP ⟨1⟩ ~ **'upp** säubern, sauber machen; in Ordnung bringen; ~ **'till sig** sich zurechtmachen
snylta ['snylta] VI ⟨1⟩ schmarotzen
snyltgäst S Schmarotzer *m*
snyta ['sny:ta] ⟨4⟩ A VT schnäuzen, schnauben; *umg* klauen, mausen B VR ~ **sig** sich schnäuzen, sich die Nase putzen/schnäuzen **snyting** ⟨-en; -ar⟩ *umg* ge ngn en ~ j-m eine schmieren; få (sig) en ~ eine geschmiert kriegen
snål [sno:l] ADJ geizig; *umg* filzig, knaus(e)rig, knick(e)rig; gierig; knapp; *Wind* scharf, schneidend; vara ~ med geizen/knausern mit **snåla** ⟨1⟩ A VI ~ **på/med** ngt mit etw geizen/knausern B VP ~ **'in** på ngt an etw sparen **snålhet** ⟨-en; kein pl⟩ Geiz *m*, Knauserei *f* **snåljåp** ⟨-en; -ar⟩ *umg* Geizhals *m*, Geizkragen *m*, Knauser *m* **snålskjuts** S åka ~ umsonst mitfahren; *fig umg* nassauern
snår [sno:r] N ⟨-et; -⟩ Dickicht *n*, Gestrüpp *n* **snårig** ADJ voller Gestrüpp **snårskog** S (waldiges) Dickicht *n*
snäcka ['snɛka] ⟨-n; -or⟩ Schnecke *f* **snäckhus** S **snäckskal** SN Schneckengehäuse *n*; Muschelschale *f*
snäll [snɛl] ADJ freundlich, nett, lieb; *Kind* artig, brav; var ~ och ... sei so freundlich und ..., bitte ...; ~**a vän!** mein Lieber!; det var ~t das ist nett/ lieb **snällhet** ⟨-en; kein pl⟩ Güte *f*, Nettigkeit *f*, Freundlichkeit *f*
snärja ['snærja] ⟨2⟩ A VT fangen; *fig* um'garnen, verstricken B VP ~ **'in sig** sich verfangen, sich verstricken, sich verwickeln
snärt [snæʈ] ⟨-en; -ar⟩ Peitschenschlag *m*; *fig* Schmiss *m*, Schneid *m*
snäsa ['snɛ:sa] ⟨2⟩ A VI anschnauzen; ~ **åt** ngn j-n anfahren, j-n anschnauzen B VP ~ **'av** ngn j-n kurz abfertigen **snäsig** ADJ unfreundlich, abweisend; schnippisch
snäv [snɛ:v] ADJ eng; knapp; *fig* schroff; ~ **kjol** enger Rock
snö [snø:] ⟨-n; kein pl⟩ Schnee *m* **snöa** ⟨1⟩ A VI UNPERS schneien B VP UNPERS ~ **i'gen** verschneien, verwehen; ~ **'in** hineinschneien, hereinschneien **snöblandad** ADJ schneeblandat regn Schneeregen *m* **snöblind** ADJ schneeblind **snöboll** S Schneeball *m* **snöbollskrig** SN Schneeballschlacht *f* **snöby** S Schneeschauer *m* **snödriva** S Schneewehe *f* **snödroppe** S BOT Schneeglöckchen *n* **snöfall** SN Schneefall *m* **snöflinga** S Schneeflocke *f* **snöglopp** ⟨-et; kein pl⟩ Schneeregen *m* **snögubbe** S Schneemann *m* **snöig** ADJ schneeig **snökanon** S Schneekanone *f* **snökedja** S TECH Schneekette *f*
snöplig ['snø:pli(g)] ADJ enttäuschend; ärgerlich
snöplog ['snø:plɷ:g] S Schneepflug *m*
snöra ['snœ:ra] ⟨2⟩ A VT, VR schnüren (sig sich) B VP ~ **'av** anschnüren; ~ **'fast** festschnüren; ~ **i'gen/till** zuschnüren; ~ **'på sig** anschnallen **snöre** N ⟨-t; -n⟩ Schnur *f*, Bindfaden *m*
snöripa ['snø:ri:pa] S ZOOL Schneehuhn *n*
snörpa ['snœrpa] ⟨2⟩ A VI ~ **på munnen** den Mund zusammenziehen B VP ~ **i'hop** flüchtig zusammennähen, zusammenzwirnen
snörsko ['snœ:ʂkɷ:] S Schnürschuh *m*
snörvla ['snœrvla] *umg* VI ⟨1⟩ schniefen
snöröjning ['snørøjniŋ] S Schneeräumung *f* **snöskoter** S Motorschlitten

snöskottning – soliditet

m **snöskottning** ⟨-en; kein pl⟩ Schneeschippen *n* **snöskred** S̄N̄ Schneerutsch *m*, Lawine f **snöskyffel** S̄ Schneeschaufel f **snöslask** S̄N̄ Schneematsch *m* **snöslunga** S̄ Schneeschleuder f **snösmältning** ⟨-en; kein pl⟩ Schneeschmelze f **snöstorm** S̄ Schneesturm *m* **snösväng** *umg* S̄ Schneebeseitigungsmannschaft f **snösörja** S̄ Schneematsch *m* **snötäcke** S̄N̄ Schneedecke f **snötäckt** ADJ schneebedeckt, verschneit **snövessla** S̄ *Fahrzeug* Schneemobil *n* **snövit** ADJ schneeweiß **Snövit** ⟨inv⟩ MYTH Schneewittchen *n* **snöyra** S̄ Schneegestöber *n*, Schneetreiben *n*
so [su:] ⟨-n; suggor⟩ ZOOL Sau f
soaré [sua're:] ⟨-n; -er⟩ Soiree f, Abendgesellschaft f
sober ['so:bər] ADJ nüchtern; maßvoll, einfach; gepflegt
social [susi'a:l] ADJ sozial, gesellschaftlich; ~ **nedrustning** Sozialabbau *m* **socialarbetare** S̄ Sozialarbeiter(in) *m(f)* **socialbidrag** S̄N̄ Sozialhilfe f **socialdemokrat** S̄ Sozialdemokrat *m* **socialfall** S̄N̄ Sozialfall *m* **socialförsäkring** S̄ Sozialversicherung f **socialgrupp** S̄ soziale Schicht **socialhjälp** S̄ Sozialhilfe f **sociali'sera** V̄T̄ ⟨1⟩ sozialisieren, verstaatlichen **socia'lism** ⟨-en; kein pl⟩ Sozialismus *m* **socia'list** ⟨-en; -er⟩ Sozialist(in) *m(f)* **socia'listisk** ADJ sozialistisch **socialminister** S̄ Sozialminister(in) *m(f)* **socialpolitik** S̄ Sozialpolitik f **socialstyrelse** S̄ Zentralamt *n* für Gesundheits- und Sozialwesen **socialvård** S̄ Sozialhilfe f **socialvårdare** S̄ Fürsorger(in) *m(f)* **socie'tet** ⟨-en; -er⟩ *höhere* Gesellschaftskreise *pl* **sociolog** ⟨-en; -er⟩ Soziologe *m* **sociolo'gi** ⟨-en; kein pl⟩ Soziologie f **socionom** ⟨-en; -er⟩ Graduierte(r) *m/f(m)* einer sozialen Hochschule
socka ['sɔka] ⟨-n; -or⟩ Socke f
sockel ['sɔkəl] ⟨-n; -ar⟩ Sockel *m*
socken ['sukən] ⟨-en; -ar⟩ Kirchspiel *n*, Gemeinde f, Sprengel *m*
socker ['sɔkər] N̄ ⟨-et; kein pl⟩ Zucker *m* **sockerbeta** S̄ Zuckerrübe f **sockerbit** S̄ Stück *n* Zucker **sockerbruk** S̄N̄ Zuckerfabrik f **sockerdricka** S̄ süßer Sprudel **sockerfri** ADJ zuckerfrei **sockerhalt** S̄ Zuckergehalt *m* **sockerkaka** S̄ ≈ Napfkuchen *m*, Sandkuchen *m* **sockerlag** S̄ Zuckerlösung f **sockerpiller** *umg* S̄ Placebo *n* **sockersjuk** ADJ zuckerkrank **sockersjuka** S̄ Zuckerkrankheit f **sockerskål** S̄ Zuckerschale f **sockersöt** ADJ zuckersüß; *fig a.* süßlich **sockerärta** S̄ Zuckererbse f **sockra** ⟨1⟩ A V̄T̄ süßen B V̄Ī̄ ~ **på ngt** etw zuckern C V̄R̄ ~ **sig** zuckerig werden **sockervadd** S̄ Zuckerwatte f
soda ['su:da] ⟨-n; kein pl⟩ Soda f **sodavatten** S̄N̄ Sodawasser *n*
soffa ['sɔfa] ⟨-n; -or⟩ Sofa *n*; Couch f; **sitta i ~n** auf dem Sofa sitzen **soffbord** S̄ Couchtisch *m* **soffgrupp** S̄ Polstergarnitur f **soffliggare** S̄ Faulenzer(in) *m(f)*; Nichtwähler(in) *m(f)* **soffsurfa** *umg* V̄Ī̄ ⟨1⟩ couchsurfen
sofistikerad [sɔfisti'ke:rad] ADJ überkultiviert; hoch entwickelt
softa ['sɔfta] *umg* V̄Ī̄ ⟨1⟩ chillen
soja ['sɔja] ⟨-n; kein pl⟩ BOT Soja f **sojaböna** S̄ Sojabohne f
sol [su:l] ⟨-en; -ar⟩ Sonne f **sola** V̄T̄, V̄Ī̄, V̄R̄ sonnen (**sig** sich) **so'larium** N̄ ⟨solariet; solarier⟩ Solarium *n*, Sonnenstudio *n* **solbad** S̄N̄ Sonnenbad *n* **solbada** V̄Ī̄ ⟨1⟩ ein Sonnenbad nehmen **solbelyst** ADJ sonnenbeschienen, sonnig **solbränd** ADJ sonnengebräunt, sonnenverbrannt **solbränna** ⟨-n; kein pl⟩ Sonnenbräune f; Sonnenbrand *m* **solcell** S̄ Solarzelle f
soldat [sɔl'dɑ:t] ⟨-en; -er⟩ Soldat(in) *m(f)*
soldis ['su:ldi:s] S̄N̄ Sonnendunst *m* **soldäck** S̄N̄ Sonnendeck *n* **soleksem** S̄N̄ Sonnenallergie f **solenergi** S̄ Sonnenenergie f, Solarenergie f **solfattig** ADJ sonnenarm **solfjäder** S̄ Fächer *m*; **fläkta sig med** ~ sich zufächeln **solfångare** ⟨-n; -⟩ Sonnenkollektor *m* **solförmörkelse** S̄ Sonnenfinsternis f **solgass** N̄ Sonnenglut f, Sonnenhitze f **solglasögon** P̄L̄ Sonnenbrille f *sg* **solglimt** S̄ Sonnenstrahl *m*
solid [su'li:d] ADJ solid(e)
solidari'sera V̄R̄ ⟨1⟩ ~ **sig** sich solidarisch erklären **soli'darisk** ADJ solidarisch (**med mit**) **solidari'tet** ⟨-en; kein pl⟩ Solidarität f **solidi'tet** ⟨-en;

kein pl) Solidität f; WIRTSCH Zahlungsfähigkeit f
solig [´su:li(g)] ADJ sonnig
solist [su´list] ⟨-en; -er⟩ MUS Solist(in) m(f)
solka [´sɔlka] VP ⟨1⟩ ~ 'ner beschmutzen
solkatt [´su:lkat] umg S vom Spiegel Sonnenlichtreflex m; **sätta ~er på ngn** j-n mit dem Spiegel blenden
solkig [´sɔlki(g)] ADJ beschmutzt, schmuddelig
solklar [´su:lkla:r] ADJ sonnenklar **solkraft** S Solarstrom m **solkräm** S Sonnencreme f **solljus** A ADJ sonnenhell B S N Sonnenlicht n **solnedgång** S Sonnenuntergang m **sol-och-våre** ⟨-n; -⟩ umg Heiratsschwindler m **sololja** S Sonnenöl n **solros** S BOT Sonnenblume f **solrosolja** S Sonnenblumenöl n **solsida** S Sonnenseite f **solsken** S Sonnenschein m **solskenshumör** umg S N strahlende Laune **solskyddsfaktor** S Sonnenschutzfaktor m **solskyddsmedel** S N Sonnenschutzmittel n **solsting** S N Sonnenstich m **solstrimma** S, **solstråle** S Sonnenstrahl m **solstånd** S N ASTRON Sonnenwende f **soltak** S N Sonnendach n; Schiebedach n **soltorka** VT, VI ⟨1⟩ in/an der Sonne trocknen **soluppgång** S Sonnenaufgang m **solur** S N Sonnenuhr f
solvens [sɔl´vens] ⟨-en; kein pl⟩ WIRTSCH Zahlungsfähigkeit f, Solvenz f **solvent** ADJ zahlungsfähig
som [sɔm] A ADV wo, als; wie; ~ **bäst** am besten; ~ **störst** am größten; **i hastigast** in aller Eile; ~ **oftast** öfter(s) B KONJ wie; als; ~ **pojke simmade han ~ en fisk** als Junge schwamm er wie ein Fisch; **han är lika gammal ~ jag** er ist genauso alt wie ich; **om jag vore ~ ni** ich an Ihrer Stelle; ~ **sagt** wie gesagt; ~ **om als ob**; **bäst ~** gerade als (od wie); **rätt ~ det är** auf einmal, plötzlich C REL PR **der, die, das**; **welche(r, s)**; **den ~ wer**; **det ~ was**; **allt ~ alles was**; **den tid ~ ... die Zeit, als** (od in der) ...; **sista dagen ~ ... der letzte Tag, an dem ...**; **första gången ~ ... das erste Mal, dass ...**; **varje/var gång ~ ... jedes Mal, wenn ...**; **var och en ~ ... jeder, der ...**

somlig [´sɔmli(g)a] INDEF PR einige(r, s), etliche(r, s), manche(r, s)
sommar [´sɔmar] ⟨-en; somrar⟩ Sommer m; **i ~** diesen Sommer; nächsten/kommenden Sommer; **i somras** (im) vorigen/vergangenen/letzten Sommer; **på/om ~en/somrarna** im Sommer **sommardag** S Sommertag m **sommardäck** S N Sommerreifen m **sommargäst** S Sommerfrischler m, **sommargast** m **sommarjobb** S N Ferienjob m **sommarkläder** PL ⟨-na⟩ Sommersachen pl **sommarlov** S N Sommerferien pl **sommar-OS** S N olympische Sommerspiele pl **sommarrea** S Sommerschlussverkauf m **sommarsolstånd** S N Sommersonne f, Sommersonnenwende f **sommarstuga** S Sommerhäuschen n **sommarställe** S N Sommerhaus n **sommartid** S Sommerzeit f
somna [´sɔmna] ⟨1⟩ A VI einschlafen B VP ~ 'från arbetet über der Arbeit einschlafen; ~ 'in einschlafen; ~ 'om wieder einschlafen; ~ 'till einnicken
son [so:n] ⟨-en; söner⟩ Sohn m; **från far till ~** vom Vater auf den Sohn
sona [´su:na] VT ⟨1⟩ sühnen
sonat [sɔ´na:t] ⟨-en; -er⟩ MUS Sonate f
sond [sɔnd, sɔŋd] ⟨-en; -er⟩ MED Sonde f **son'dera** VT ⟨1⟩ sondieren; fig ~ **terrängen** a. das Terrain sondieren
sondotter [´so:ndɔtər] S Enkelin f
sonett [sɔ´net] ⟨-en; -er⟩ Sonett n
sonhustru [´so:nhøstrø] S Schwiegertochter f **sonson** S Enkel m; **~s son** Urenkel m
sopa [´su:pa] ⟨1⟩ A VT, VI fegen, kehren; ~ **rent** auskehren; fig ~ **rent framför egen dörr** vor seiner eigenen Tür kehren B VP ~ 'bort wegfegen; ~ **i'gen spåren** die Spuren verwischen/tilgen; ~ 'upp auffegen **sopbil** S Müllauto n **sopborste** S Besen m; Handfeger m **sophink** S Mülleimer m **sophämtning** S Müllabfuhr f **sophög** S Müllhaufen m **sopkvast** S (Kehr-)Besen m **sopnedkast** S N Müllschlucker m **sopning** ⟨-en; -ar⟩ Fegen n, Kehren m **sopor** PL ⟨-na⟩ Müll m
soppa [´sɔpa] ⟨-n; -or⟩ Suppe f; fig Durcheinander n **soppkött** S N Suppenfleisch n **sopprötter** PL ⟨-na⟩ Suppengrün n **soppskål** S Suppen-

schüssel f, Suppenterrine f **soppslev** s̅ Suppenlöffel m, Suppenkelle f
soppåse [ˈsupɔsə] s̅ Müllbeutel m
sopran [supˈrɑːn] ⟨-en; -er⟩ Sopran m, Sopranistin f
sopskyffel [ˈsuːpɕyfəl] s̅ Müllschaufel f
sopsortering s̅ Mülltrennung f **sopstation** s̅ Müllverbrennungsanlage f
sopsäck s̅ Müllsack m **soptipp** s̅ Müllkippe f **soptunna** s̅ Mülleimer m
sorbet [sɔrˈbeː] ⟨-en; -er⟩ Sorbet m, f
sordin [sɔˈdiːn] ⟨-en; -er⟩ MUS, a. fig Dämpfer m
sorg [sɔrj] ⟨-en; -er⟩ Kummer m, Sorge f; Leid n, Schmerz m; Trauer f; **av ~ över** aus Kummer über (akk); **till min (stora) ~** zu meinem (großen) Leidwesen; **bära ~** Trauer tragen; **ha ~ efter** trauern um; **beklaga ~en** sein Beileid bezeigen **sorgband** s̅ n̅ Trauerflor m **sorgdräkt** s̅ Trauerkleidung f **sorgebarn** s̅ Sorgenkind n **sorgebud** s̅ n̅ Trauernachricht f **sorgehögtid** s̅ Trauerfeier f **sorgfri** ADJ sorgenfrei **sorgklädd** ADJ in Trauer **sorglig** ADJ traurig; **~t att säga** leider Gottes **sorglustig** ADJ tragikomisch **sorglös** ADJ sorglos **sorgmarsch** s̅ Trauermarsch m **sorgsen** ADJ traurig, betrübt
sork [sɔrk] ⟨-en; -ar⟩ Wühlmaus f
sorl [soːl] n̅ ⟨-et; kein pl⟩ Gemurmel n; Gerinsel n; Geräusch n **sorla** VI ⟨1⟩ murmeln; rieseln; rauschen
sort [sɔʈ] ⟨-en; -er⟩ Sorte f, Art f; **den ~ens ...** diese Art (von) ... **sor'tera** ⟨1⟩ A VT sortieren B VI ~ **under** unterstehen (dat) C VP ~ **'in** einordnen **sor'tering** ⟨-en; -ar⟩ Sortierung f; Wahl f
sorti [sɔˈʈiː] ⟨-n; -er⟩ Abgang m; **göra ~** abtreten, abgehen
sortiment [sɔʈiˈment] n̅ ⟨-et; -⟩ Auswahl f, Lager n, Sortiment n
sosse [ˈsɔsə] ⟨-n; -ar⟩ umg Sozi m
sot [suːt] n̅ ⟨-et; kein pl⟩ Ruß m n
sota¹ [ˈsuːta] VI ⟨1⟩ **få ~ för** büßen/ausbaden müssen; **det ska han nog få ~ för** das soll er mir büßen, das werde ich ihm schon heimzahlen
sota² ⟨1⟩ A VT den Schornstein fegen; schwärzen; rußen B VI rußen, Ruß ansetzen **sotare** ⟨-n; -⟩ Schornsteinfeger m **sotig** ADJ rußig, berußt; BOT brandig
souvenir [suvəˈniːr] ⟨-en; -er⟩ Andenken n
sova [ˈsoːva] ⟨4⟩ A VT, VI schlafen; **sov gott!** schlaf(en Sie) gut!; **~ middag** Mittagsruhe halten; **~ på ngt** fig etw beschlafen B VP **~ 'av sig ruset** seinen Rausch ausschlafen; **~ 'bort** verschlafen; **~ 'ut** ausschlafen **sovalkov** s̅ Bettnische f **sovdags** ADV **det är ~** es ist Zeit, zu Bett zu gehen **sovkupé** s̅ BAHN Schlafabteil n **sovplats** s̅ Schlafstelle f; BAHN Liegesitz m **sovplatsbiljett** s̅ BAHN Schlafwagenkarte f
sovra [ˈsoːvra] VT ⟨1⟩ läutern; sichten, ausmustern; trennen
sovrum [ˈsoːvrʉm] s̅ n̅ Schlafzimmer n
sovstad s̅ Schlafstadt f **sovsäck** s̅ Schlafsack m **sovvagn** s̅ BAHN Schlafwagen m
spa [spɑː] n̅ ⟨-(e)t; -n⟩, **spaanläggning** s̅ Spa n od m
spackel [ˈspakəl] A ⟨-n; -ar⟩ Spa(ch)tel m/f; B n̅ ⟨-et; kein pl⟩ Spachtelkitt m **spackla** VT ⟨1⟩ spachteln
spad [spɑːd] n̅ ⟨-et; kein pl⟩ Brühe f
spade [ˈspɑːdə] ⟨-n; -ar⟩ Spaten m **spader** [ˈspɑːdər] ⟨-n; -⟩ Kartenspiel Pik n; umg **få ~** verrückt werden
spadtag [ˈspɑːdtɑːg] s̅ n̅ Spatenstich m
spak¹ [spɑːk] ⟨-en; -ar⟩ Hebel m; SCHIFF Spake f; FLUG Steuer- Knüppel m
spak² [spɑːk] zahm, gefügig
spaljé [spalˈjeː] ⟨-n; -er⟩ Spalier n
spalt [spalt] ⟨-en; -er⟩ Spalte f **spalta** VP ⟨1⟩ ~ **'upp** spalten
spam n̅ ⟨-met; -⟩ Spam m od n **spamfilter** s̅ n̅ Spamfilter m od n
spana [ˈspɑːna] ⟨1⟩ A VI spähen (**efter** nach); MIL beobachten, aufklären; Polizei fahnden (**efter** nach) B VP ~ **'in** umg abchecken **spanare** ⟨-n; -⟩ Späher m, Kundschafter m; MIL Beobachter m, Aufklärer m
Spanien [ˈspɑːnjən] n̅ ⟨inv⟩ Spanien
spaning [ˈspɑːniŋ] ⟨-en; -ar⟩ Nachforschung f; MIL Aufklärung f, Beobachtung f, Erkundung f; Polizei Fahndung f; fig **vara på ~** auf der Suche sein
spaningsarbete s̅ n̅ Fahndung f
spanjor [spanˈjuːr] ⟨-en; -er⟩ Spanier m **spanjorska** ⟨-n; -or⟩ Spanierin f
spankulera [spaŋkʉˈleːra] VI ⟨1⟩ da-

hinschlendern, umherschlendern
spann¹ [span] ⟨-en; -ar/spänner⟩ Eimer *m*
spann² N̄ ⟨-et; -⟩ ARCH Bogen *m*, Öffnung *f*; Gespann *n*
spannmål [ˈspanmo:l] ⟨-en; kein pl⟩ Getreide *n*, Korn *n*
spansk [spansk] ADJ spanisch; ~a sjukan die (spanische) Grippe **spanska** 1 ⟨-n; kein pl⟩ Spanisch *n* 2 ⟨-n; -or⟩ Spanierin *f*
spara [ˈspɑ:ra] ⟨1⟩ A V̄T̄, V̄Ī, V̄R̄ sparen; aufsparen, aufheben; schonen (sig sich); IT abspeichern, sichern; IT ~ **(till)** V̄P̄ ~ **i'hop** zusammensparen; ~ **in** einsparen; ~ **på** ngt (mit) etw sparen B V̄P̄ ~ **i'hop** zusammensparen; ~ **in** einsparen; ~ **in på** ngt an etw sparen
sparare ⟨-n; -⟩ Sparer(in) *m(f)* **sparbank** S̄ Sparkasse *f* **sparbanksbok** S̄ Sparkassenbuch *n* **sparbössa** S̄ Sparbüchse *f* **spargris** S̄ Sparschwein *n*
spark [spark] ⟨-en; -ar⟩ (Fuß-)Tritt *m*; Stoß *m*; *fig umg* **få ~en** fliegen; *fig umg* **ge ngn ~en** j-m den Laufpass geben, j-n an die Luft setzen 2 ≈ Tretschlitten *m* **sparka** ⟨1⟩ A V̄T̄, V̄Ī mit dem Fuß stoßen, einen Fußtritt geben; strampeln; *Pferd* (aus)schlagen; ~ **ngn i ändan** j-m in den Hintern treten B V̄P̄ ~ **'av** abtreten; abstoßen; ~ **'av sig (täcket)** sich bloß strampeln; ~ **om'kull** *mit dem Fuß* 'umstoßen; ~ **'till ngn** j-m einen Fußtritt geben; ~ **'undan** wegstoßen; ~ **'ut ngn** j-n hinauswerfen, hinausschmeißen
sparkapital [ˈspɑ:rkapiˌtɑ:l] S̄ N̄ Sparkapital *n*
sparkas [ˈsparkas] V̄Ī ⟨dep 1⟩ ausschlagen **sparkbyxor** P̄L̄ Strampelhöschen *n sg* **sparkcykel** S̄ (Tret-)Roller *m* **sparkonto** [ˈspɑ:rkɔnto] S̄ N̄ Sparkonto *n* **sparlåga** S̄ Sparflamme *f*
sparris [ˈsparis] ⟨-en; -ar⟩ BOT Spargel *m*
sparsam [ˈspɑ:sam] ADJ sparsam; spärlich **sparsamhet** ⟨-en; kein pl⟩ Sparsamkeit *f*; Spärlichkeit *f*
spartan [sparˈtɑ:n] ⟨-en; -er⟩ Spartaner *m* **spartansk** ADJ spartanisch
sparv [sparv] ⟨-en; -ar⟩ Spatz *m*, Sperling *m*; *fig* **stekta ~ar** gebratene Tauben *f/pl* **sparvhök** S̄ Sperber *m*
spasm [spasm] ⟨-en; -er⟩ Spasmus *m*,

Krampf *m* **spastisk** ADJ spasmisch
spatel [ˈspɑ:təl] ⟨-n; -ar⟩ Spa(ch)tel *m(f)*
spatiös [spatsiˈø:s] ADJ weitläufig, geräumig
spatsera [spatˈse:ra] V̄Ī ⟨1⟩ spazieren; **gå och ~** spazieren gehen
speaker [ˈspi:kər] ⟨-n; -ar⟩ Ansager *m*
speceriaffär [speseˈri:aˌfæ:r] S̄ Lebensmittelgeschäft *n* **specerier** P̄L̄ ⟨-na⟩ Lebensmittel *pl*
specialerbjudande [spesiˈɑ:l-] S̄ N̄ Sonderangebot *n* **specialfall** S̄ N̄ Sonderfall *m* **speciali'sera** V̄T̄, V̄R̄ ⟨1⟩ spezialisieren (sig sich) **specia'list** ⟨-en; -er⟩ Spezialist(in) *m(f)*; MED *a.* Facharzt *m*, Fachärztin *f* **speciali'tet** ⟨-en; -er⟩ Spezialität *f* **specialklass** S̄ *Schule* Sonderklasse *f* **speciallärare** S̄, **specialpedagog** S̄ Sonderschullehrer(in) *m(f)* **specialtecken** S̄ N̄ IT Sonderzeichen *n* **specialundervisning** S̄ Sonderunterricht *m* **specialutbildning** S̄ Spezialausbildung *f*
speciell [spesiˈɛl] ADJ speziell, besonders
specificera [spesifiˈse:ra] V̄T̄, V̄R̄ spezifizieren, näher bezeichnen; einzeln aufführen **spec'fik** ADJ spezifisch **specifika'tion** ⟨-en; -er⟩ Aufstellung *f*
spedition [spediˈʃu:n] ⟨-en; -er⟩ Versand *m*, Spedition *f* **spedi'tionsfirma** S̄ Speditionsfirma *f*, Speditionsgeschäft *n* **spedi'tör** ⟨-en; -er⟩ Spediteur(in) *m(f)*
spegel [ˈspe:gəl] ⟨-n; -ar⟩ Spiegel *m* **spegelbild** S̄ Spiegelbild *n* **spegelblank** ADJ spiegelblank **spegelvänd** ADJ spiegelbildlich **spegla** V̄T̄, V̄R̄ spiegeln (sig sich) **spegling** ⟨-en; -ar⟩ Spiegelung *f*
speja [ˈspeja] V̄Ī ⟨1⟩ spähen; kundschaften; ~ **på ngn** j-n belauern **spejare** ⟨-n; -⟩ Späher *m*; Kundschafter *m*
spektakel [spɛkˈtɑ:kəl] N̄ ⟨-et; -⟩ *umg* Spektakel *m*, Lärm *m*, Radau *m*; *umg* Popanz *m*; **ställa till** ~ Spektakel machen; *fig* **bli till ett** ~ zum Gespött der Leute werden **spektaku'lär** ADJ spektakulär
spekulant [spekuˈlant] ⟨-en; -er⟩ Spekulant(in) *m(f)*; Interessent(in) *m(f)*; Be-

spekulation – spioneri

werber(in) m(f); Kauflustige(r) m/f(m) **spekula'tion** ⟨-en; -er⟩ Spekulation f **speku'lera** VII ⟨1⟩ spekulieren (*på* auf *akk*); erwägen; **~på börsen** an der Börse spekulieren

spel [spe:l] N ⟨-et; -⟩ Spiel n; *Vogel*-Balz f; SCHIFF Spill n, Winde f; **dra sig ur ~et** sich zurückziehen; sich aus dem Staub machen; **sätta på ~** aufs Spiel setzen **spela** ⟨1⟩ A VIT, VII spielen; *Vogel* balzen ⟨1⟩; **~ sjuk** sich krank stellen; **~ teater** Komödie spielen; **~ ngt för ngn** j-m etw vorspielen; **~ för ngn** bei j-m Klavierstunden nehmen; **det ~r ingen roll** das spielt keine Rolle B VP **~ 'bort** verspielen; **~ i'genom** 'durchspielen; **~ 'in** CD bespielen, aufnehmen; *Film* drehen; **~ 'med** mitspielen; **~ 'om** noch einmal spielen; **~ 'upp** aufspielen, vorspielen; **~ 'ut** ausspielen; **~ 'över** übertreiben **spelare** ⟨-n; -⟩ Spieler(in) m(f) **spelautomat** S Spielautomat m **spelbank** S Spielbank f **spelbord** SN Spieltisch m **speldosa** S Spieldose f

spele'vink *umg* N Luftikus m, Windbeutel m

spelfilm S Spielfilm m **spelhåla** S Spielhölle f **spelkort** SN Spielkarte f **spellektion** S Musikstunde f **spelman** S Spielmann m, Musikant m **spelmark** S Spielmarke f **spelning** ⟨-en; -ar⟩ Spielen n **spelregel** S Spielregel f **spelrum** (för SN Spielraum m; **lämna ngn fritt ~** j-m freies Spiel lassen **speltid** S Spieldauer f **spelår** SN THEAT Spielzeit f

spenat [spe'nɑːt] ⟨-en; kein pl⟩ Spinat m

spendera [spen'deːra] VIT ⟨1⟩ spendieren (*på* dat)

spene [ˈspeːna] ⟨-n; -ar⟩ Zitze f

spenslig [ˈspenslig] ADJ schmächtig, feingliedrig

sperma [ˈspærma] ⟨-n; kein pl⟩ Sperma f **spermie** ⟨-n; -r⟩ Spermium n

spets [spets] ⟨-en; -ar⟩ Spitze f; ZOOL Spitz m; **i ~en för** an der Spitze (gen); **driva ngt till sin ~** etw auf die Spitze treiben **spetsa** ⟨1⟩ A VIT (an)spitzen; (auf)spießen; **~ öronen** die Ohren spitzen B VP **~ 'till sig** sich zuspitzen **spetsfundighet** ⟨-en; -er⟩ Spitzfindigkeit f **spetsig** ADJ spitz; *fig a.* anzüglich **spetskrage** S Spitzenkragen m

spett [spet] N ⟨-et; -⟩ Spieß m; Brechstange f **spett(e)kaka** S ≈ Baumkuchen m

spetälsk [ˈspeːtelsk] ADJ MED aussätzig; Aussätzige(r) m/f(m) **spetälska** ⟨-n; kein pl⟩ Aussatz m, Lepra f

spex [speks] *umg* N ⟨-et; -⟩ *eine Art* Studententheater n **spexa** VII ⟨1⟩ Jux machen

spigg [spig] ⟨-en; -ar⟩ ZOOL Stichling m **spik** [spiːk] ⟨-en; -ar⟩ Nagel m; *fig* **slå/träffa huvudet på ~en** den Nagel auf den Kopf treffen **spika** ⟨1⟩ A VIT, VII nageln; *fig* festmachen B VP **~ 'fast** festnageln; **~ 'för/i'gen** zunageln, vernageln; **~ i'hop** zusammennageln **spiknykter** ADJ völlig nüchtern **spikrak** ADJ kerzengerade; schnurgerade **spiksko** S SPORT Spikes pl

spill [spil] N ⟨-et; kein pl⟩ Schwund m, Verlust m **spilla** ⟨2⟩ A VIT vergießen, verschütten; verlieren, vergeuden, verschwenden; **inte ~ ord på ngt** kein(e) Wort(e) über etw (*akk*) verlieren; **~s** verloren gehen B VP **~ 'ner** bekleckern; **~ 'på sig** sich bekleckern; **~ 'ut** vergießen, verschütten **spillning** ⟨-en; -ar⟩ Mist m, Dünger m; JAGD Losung f **spillo** ⟨inv⟩ **gå till ~** verloren gehen

spillra [ˈspilra] ⟨-n; -or⟩ Splitter m; **i spillror** in Trümmer(n); **slå i spillror** *a.* zertrümmern

spilta [ˈspilta] ⟨-n; -or⟩ Box f, Stand m **spindel** [ˈspindel] ⟨-n; -ar⟩ Spinne f; TECH Spindel f **spindelnät** SN, **spindelväv** S Spinngewebe n, Spinnennetz n

spinkig [ˈspiŋki(g)] ADJ spindeldünn; schmächtig

spinn [spin] N ⟨-et; -⟩ FLUG **gå i ~** abtrudeln; **komma/råka i ~** ins Trudeln kommen **spinna** ⟨4⟩ A spinnen; *Katze a.* schnurren; *fig* **~ vidare på tråden** den Gedanken weiter ausspinnen B VP **~ 'in sig** sich einspinnen **spinnfiske** SN Spinnangeln n **spinnrock** S Spinnrad n

spion [spiˈuːn] ⟨-en; -er⟩ Spion(in) m(f); Spitzel m **spio'nage** SN ⟨-t; kein pl⟩ Spionage f **spio'nera** VII ⟨1⟩ spionieren; **~ på ngn** j-n bespitzeln **spione'ri**

N ⟨-et; -er⟩ Spionage f
spira¹ ['spi:ra] ⟨-n; -or⟩ Spitze f; Zepter n
spira² [¨] A VI sprießen; keimen B VP ~ 'upp hervorsprießen
spiral [spi'ra:l] ⟨-en; -er⟩ Spirale f **spiralfjäder** S Spiralfeder f **spiraltrappa** S Wendeltreppe f
spiritism [spiri'tism] ⟨-en; kein pl⟩ Spiritismus m **spirituali'tet** ⟨-en; kein pl⟩ Geist m, Witz m, Spiritualität f **spiritu'ell** ADJ geistreich, witzig, spirituell
spis [spi:s] ⟨-en; -ar⟩ *Koch-* Herd m, Ofen m; **öppen ~** Kamin m
spjut [spju:t] N ⟨-et; -⟩ Speer m, Spieß m **spjutkastning** ⟨-en; -ar⟩ Speerwerfen n **spjutspets** S Speerspitze f
spjuver ['spju:vər] ⟨-n; -ar⟩ Schelm m, Schalk m
spjäla ['spjɛ:la] A ⟨-n; -or⟩ Latte f; Sprosse f; MED Schiene f B VT ⟨1⟩ schienen
spjäll [spjɛl] N ⟨-et; -⟩ Ofenklappe f; TECH Drosselklappe f
spjälsäng ['spjɛ:lsɛŋ] S Gitterbett n
spjärn [spjæ:ŋ] ⟨inv⟩ **ta ~ (med fötterna) mot ngt** sich mit (den Füßen) gegen etw stemmen **spjärna** VP ⟨1⟩ ~ e'mot Widerstand leisten; ~ e'mot ngt sich gegen etw stemmen; *fig* sich gegen etw sträuben
splint [splint] ⟨-en; kein pl⟩ Späne m/pl; Splint m
splitter ['splitər] N ⟨-et; -⟩ Splitter m **splitterfri** ADJ splitterfrei **splittra** A ⟨-n; -or⟩ Splitter m B VT zersplittern; ~s (zer)splittern C VR ~ sig sich zersplittern/spalten, zerfallen **splittring** ⟨-en; -ar⟩ Zersplitterung f, Spaltung f; Zerwürfnis n
spola ['spu:la] ⟨1⟩ A VT 1 spulen 2 spülen; ~s över bord über Bord gespült werden B VP ~ 'av abspülen; ~ 'bort wegspülen; *umg* etw abtun, fallen lassen; ~ 'fram/till'baka vorspulen/zurückspulen **spolarvätska** S Scheibenwischerflüssigkeit f **spole** ⟨-n; -ar⟩ Spule f
spoliera [spuli'e:ra] VT ⟨1⟩ verderben; verwüsten
spoling ['spu:liŋ] ⟨-en; -ar⟩ *umg* Grünschnabel m
sponsor ['spɔnsɔr] ⟨-n; -er⟩ Sponsor m

sponsra VT ⟨1⟩ sponsern
spontan [spɔn'ta:n] ADJ spontan **spontani'tet** ⟨-en; -er⟩ Spontaneität f
spor [spu:r] ⟨-en; -er⟩ BOT Spore f
sporadisk [spu'ra:disk] ADJ vereinzelt, sporadisch
sporra ['spɔra] VT ⟨1⟩ (an)spornen
sporre ⟨-n; -ar⟩ Sporn m; *fig* Ansporn m
sport [spɔʈ] ⟨-en; -er⟩ Sport m **sporta** VI ⟨1⟩ Sport treiben **sportaffär** S Sportgeschäft n **sportbil** S Sportwagen m **sportfiske** SN Angelsport m **sportflaska** S Trinkflasche f **sportflygplan** SN Sportflugzeug n **sportgren** S Sportart f **sportig** ADJ sportlich **sportkläder** PL ⟨-na⟩ Sportkleidung f **sportlov** SN Sportferien pl, Winterferien pl **sportnyheter** PL ⟨-na⟩ Sportnachrichten pl **sportsida** S Sportseite f **sportslig** ADJ sportlich **sportstuga** S Wochenendhaus n **sportvagn** S Sportwagen m
spotsk [spɔtsk] ADJ spöttisch
spott [spɔt] N ⟨-et; kein pl⟩ 1 *umg* Speichel m, Spucke f 2 *fig* ~ **och spe** Hohn und Spott **spotta** A VI spei en, spucken; ~ **på ngn** j-n anspeien, anspucken B VP *fig umg* ~ 'upp sig sich aufraffen; ~ 'ut ausspeien, ausspucken **spottkopp** S Spucknapf m **spottning** ⟨-en; -ar⟩ Spucken n **spottstyver** ⟨-n; -⟩ Spottgeld n; **för en ~** für ein Spottgeld, spottbillig
spraka ['spra:ka] VI ⟨1⟩ knistern, prasseln; sprühen
sprallig ['sprali(g)] *umg* ADJ ausgelassen; *umg* aufgekratzt
spratt [sprat] N ⟨-et; -⟩ Streich m, Possen m, Schabernack m
sprattelgubbe ['spratəl-] S Hampelmann m **sprattla** VI ⟨1⟩ zappeln, strampeln
spray [sprɛj], **sprej**, ⟨-en; -er⟩ Spray m *od* n **spreja** VT ⟨1⟩ (be)sprühen **sprejflaska** S Sprühdose f, Sprayflasche f
spreta ['spre:ta] VI ⟨1⟩ spreizen **(med fingrarna** die Finger); ~ **åt alla håll** nach allen Seiten abstehen **spretig** ADJ gespreizt; strähnig, struppig
spricka ['sprika] A ⟨-n; -or⟩ 1 Riss m, Sprung m 2 Ritze f, Spalt m, Spalte f B

VI ⟨4⟩ bersten, (zer)springen, (zer)platzen; Risse bekommen; *Prüfung* 'durchfallen, durchrasseln; **hålla på att ~ av avundsjuka** vor Neid platzen C V/P ⟨4⟩ ~ **'sönder** zerspringen, zerplatzen, rissig werden; ~ **'upp** aufreißen, aufgehen; ~ **'ut** aufbrechen, aufblühen **sprickfärdig** ADJ umg fig vara ~ am Zerplatzen sein
sprida ['spri:da] ⟨4⟩ A VT verbreiten; ~ **ljus över ngt** Licht in etw (akk) bringen B V/R ~ **sig** sich verbreiten (od zerstreuen) C V/P ~ **'ut** verbreiten **spridare** ⟨-n; -⟩ Verbreiter m; Sprenger m; TECH Verteiler m **spridd** ADJ verbreitet; zerstreut, verstreut; vereinzelt; **på ~a ställen** a. stellenweise **spridning** ⟨-en; -ar⟩ Verbreitung f; (Zer-) Streuung f **spridningsområde** S N Verbreitungsgebiet n **spridprogram** S N Shareware f
spring [sprıŋ] N ⟨-et; kein pl⟩ Gelaufe n, Lauferei f **springa** A ⟨-n; -or⟩ Riss m, Sprung m; Ritze f, Spalte f, Schlitz m B VI ⟨4⟩ laufen, rennen; springen; zerspringen, zerplatzen; ~ **sin väg** davonlaufen, weglaufen; ~ **benen av sig** sich (dat) die Beine ablaufen; ~ **efter ngn/ ngt** j-m/etw hinterherlaufen C V/P ⟨4⟩ ~ **'bort** weglaufen; ~ **'efter ngn** j-m nachlaufen; j-n (rasch) holen; ~ **(e)'mot ngn** j-m entgegenlaufen; ~ **(e)'mot ngt** gegen etw laufen; ~ **'fatt ngn** j-n einholen; ~ **'fram** heranlaufen, hervorlaufen; ~ **'fram till ngn** auf j-n zulaufen, zu j-m hinlaufen; ~ **'framför ngn** vor j-m herlaufen; ~ **'förbi** vorbeilaufen (an dat); ~ **'före** voranlaufen; ~ **i'från ngn** (vor) j-m fortlaufen; ~ **i'väg** wegrennen; ~ **'om** über'holen; ~ **om'kull ngn** j-n 'umrennen, j-n über den Haufen rennen; ~ **'på** weiterlaufen; ~ **'på ngn** gegen j-n anrennen; sich auf j-n stürzen; ~ **'upp** (hin)aufspringen, in die Höhe schnellen; ~ **'ut** hinauslaufen **springande** laufend; **komma ~** (an)gelaufen, angerannt kommen **springare** ⟨-n; -⟩ Ross n; *Schach* Springer m **springbrunn** S Springbrunnen m **springpojke** S Laufbursche m
sprinter ['sprıntar] ⟨-n; -er⟩ Sprinter(in) m(f), Kurzstreckenläufer(in) m(f)
sprit [spri:t] ⟨-en; kein pl⟩ Spiritus m, Sprit m, Alkohol m; **dricka ~** Alkohol trinken **sprita** VT ⟨1⟩ ▮ umg ~ **händerna** die Hände desinfizieren ▯ ~ **ärter** Erbsen enthülsen **spritdryck** S geistiges Getränk **spritförbud** S N Alkoholverbot n **sprithalt** S Alkoholgehalt m **spritkök** S N Spirituskocher m **spritlangare** S Alkoholschieber m **spritmissbruk** S N Alkoholmissbrauch m **spritpåverkad** ADJ **vara ~** angetrunken sein, unter Alkoholeinfluss stehen **spritrestriktion** S Beschränkung f des Alkoholverkaufs **spriträttigheter** PL ⟨-na⟩ Schankerlaubnis f **spritservering** S Alkoholausschank m **spritsmugglare** S Alkoholschmuggler m
spritt [sprıt] ADV ~ **språngande galen** völlig verrückt; ~ **språngande naken** splitternackt
spritta ['sprıta] ⟨4⟩ A VI zucken B V/P ~ **'till** zusammenzucken, zusammenfahren; ~ **'upp** aufschrecken
spritärter ['spri:tæʈər] PL ⟨-na⟩ grüne Erbsen f/pl
sprudla ['sprʉ:dla] VI ⟨1⟩ sprudeln
sprund [sprɵnd] N ⟨-et; -⟩ *Kleidung* Schlitz m
spruta ['sprʉ:ta] A ⟨-n; -or⟩ Spritze f B VT ⟨1⟩ spritzen; ~ **eld** Feuer speien; *fig* Feuer sprühen; ~ **gnistor** Funken sprühen C V/P ⟨1⟩ ~ **'fram** hervorspritzen; ~ **'in** einspritzen; ~ **'upp** aufspritzen; ausröfern; ~ **'ut** ausspritzen **sprutflaska** S CHEM Spritzflasche f **sprutlackera** VT ⟨1⟩ spritzen **sprutlackering** S Spritzlackierung f **sprutnarkoman** S Fixer(in) m(f)
språk [spro:k] N ⟨-et; -⟩ Sprache f; **landets ~** Landessprache f; **främmande ~** fremde Sprache, Fremdsprache f **språka** VI ⟨1⟩ plaudern, reden **språkbegåvad** ADJ sprachbegabt **språkbruk** S N Sprachgebrauch m **språkfel** S N sprachlicher Fehler; umg Schnitzer m **språkforskare** S Sprachforscher(in) m(f) **språkforskning** S Sprachforschung f **språkförbistring** S Sprachenverwirrung f **språkhistoria** S Sprachgeschichte f **språkkunnig** ADJ sprach(en)kundig **språkkunskap** S Sprachkenntnis f **språkkurs** [-kɵʂ] S Sprachkurs m, Sprachkursus m **språkkänsla** S

Sprachgefühl n **språklaboratorium** ⎯SN⎯ Sprachlabor n **språklig** ADJ sprachlich **språklärare** ⎯S⎯ Sprachlehrer m **språkrör** ⎯SN⎯ Sprachrohr n **språkundervisning** ⎯S⎯ Sprachunterricht m **språkvetenskap** ⎯S⎯ Sprachwissenschaft f **språkvård** ⎯S⎯ Sprachpflege f **språköra** ⎯SN⎯ ha ~ Sprachgefühl haben

språng [sprɔŋ] ⎯N⎯ ⟨-et; -⟩ Sprung m, Satz m, Lauf m; **i fullt** ~ in vollem Lauf; **vara på** ~ auf dem Sprung sein **språngbräda** ⎯SN⎯ Sprungbrett n **språngmarsch** ⎯S⎯ Laufschritt m (**i** im)

spräcka ['sprɛka] ⎯VT⎯ ⟨2⟩ (zer)brechen; zerreißen, spalten; ~ **skallen** sich (dat) den Schädel aufschlagen **spräckas** ⎯VI⎯ ⟨dep 2⟩ einen Sprung bekommen

spräcklig ['sprɛkli(g)] ADJ gesprenkelt **spränga** ['sprɛŋa] ⟨2⟩ **A** ⎯VT⎯ sprengen; *Pferd* zuschanden reiten **B** ⎯VP⎯ ~ '**sönder** zersprengen **sprängas** ⎯VI⎯ ⟨dep 2⟩ zerspringen **sprängbomb** ⎯S⎯ Sprengbombe f **sprängladdning** ⎯S⎯ Sprengladung f **sprängning** ⟨-en; -ar⟩ Sprengung f **sprängskott** ⎯SN⎯ Sprengschuss m **sprängämne** ⎯SN⎯ Sprengstoff m

sprätt [sprɛt] **1** ⟨-en; -ar⟩ Stutzer m **2** ⟨inv⟩ **sätta** ~ **på** ngt Schwung in etw (akk) bringen; **sätta** ~ **på pengarna** das Geld unter die Leute bringen **sprätta** ⟨2⟩ **A** ⎯VT⎯ scharren, streuen, ausbreiten **B** ⎯VI⎯ **gå och** ~ stutzerhaft umherstolzieren, sich brüsten **C** ⎯VP⎯ ~ '**upp** auftrennen, aufschlitzen **sprättig** ADJ stutzerhaft **sprättägg** ⎯SN⎯ Landei n

spröd [sprø:d] ADJ spröde; brüchig, zerbrechlich

spröt [sprø:t] ⎯N⎯ ⟨-et; -⟩ Stab m, Stange f; ZOOL Fühler m

spurt [spət] ⟨-en; -er⟩ End- Spurt m **spurta** ⟨1⟩ spurten

spy [spy:] ⟨3⟩ **A** ⎯VI⎯ sich erbrechen, sich übergeben; umg kotzen **B** ⎯VP⎯ ~ '**upp** erbrechen; umg auskotzen; ~ '**ut** ausspeien

spydig ['spy:di(g)] ADJ spitz, spöttisch, anzüglich **spydighet** ⟨-en; -er⟩ spitze Bemerkung f, Anzüglichkeit f; Spott m

spå [spo:] ⎯VT, VI⎯ ⟨3⟩ wahrsagen, weissagen, prophezeien (**i** aus); ~ **i kort** a. Karten legen **spådom** ⎯S⎯ Weissagung f, Prophezeiung f, Voraussage f **spågumma** ⎯S⎯, **spåkvinna** ⎯S⎯ Wahrsagerin f **spåman** ⎯S⎯ Wahrsager m

spån [spo:n] ⎯N⎯ ⟨-et; -⟩ Span m; Schindel f

spåna ['spo:na] ⎯VT, VI⎯ ⟨1⟩ ~ **på ngt** für etw Ideen sammeln, ein Brainstorming zu etw machen; ~ **vidare (på)** eine Idee weiterentwickeln

spång [spɔŋ] ⟨-en; -ar/spänger⟩ Steg m

spånkorg ['spo:nkɔrj] ⎯S⎯ Spankorb m **spånplatta** ⎯S⎯ Spanplatte f

spår [spo:r] ⎯N⎯ ⟨-et; -⟩ Spur f; Fährte f; BAHN Gleis n; **följa ngn i** ~**en** j-m auf der Spur folgen; fig **komma ngn på** ~**en** j-m auf die Spur kommen; fig **sätta djupa** ~ tiefe Spuren hinterlassen; fig **i de gamla** ~**en** im alten Geleise; fig **inte ett** ~ nicht die/eine Spur **spåra** ⟨1⟩ **A** ⎯VT⎯ (ver)spüren **B** ⎯VI⎯ spuren **C** ⎯VT⎯ ~ '**upp** aufspüren; aufstöbern; a. fig ~ '**ur** entgleisen **spårelement** ⎯SN⎯ Spurenelement n **spårhund** ⎯S⎯ Spürhund m **spårlös** ADJ spurlos **spårvagn** ⎯S⎯ Straßenbahn f, Straßenbahnwagen m **spårvagnshållplats** ⎯S⎯ Straßenbahnhaltestelle f **spårvidd** ⎯S⎯ Spurweite f **spårväg** ⎯S⎯ Straßenbahn f

späck [spɛk] ⎯N⎯ ⟨-et; kein pl⟩ Speck m **späcka** ⎯VT⎯ ⟨1⟩ spicken **späcklager** ⎯SN⎯ Speckschicht f **späckning** ⟨-en; -ar⟩ Spicken n

späd [spɛ:d] ADJ zart; klein; fig dünn **späda** ['spɛ:da] ⟨2⟩ ⎯VT⎯ verdünnen **B** ⎯VP⎯ ~ '**på** hinzugießen; ~ '**ut** verdünnen

spädbarn ['spɛ:dba:ɳ] ⎯SN⎯ Säugling m **spädbarnsdödlighet** ⎯S⎯ Säuglingssterblichkeit f **spädgris** ⎯S⎯ Spanferkel n

spädning ⟨-en; -ar⟩ Verdünnung f

späka ['spɛ:ka] ⎯VT, VR⎯ ⟨1⟩ kasteien (**sig** sich) **späkning** ⟨-en; -ar⟩ Kasteiung f

spänd [spɛnd] ADJ gespannt, straff

spänn[1] [spɛn] ⟨inv⟩ umg Geldstück Krone f

spänn[2] ⟨inv⟩ umg **på** ~ voller Spannung, gespannt; **hålla intresset på** ~ das Interesse wachhalten **spänna** ⟨2⟩ **A** ⎯VT⎯ spannen; schnallen; ~ **ögonen** fest ansehen (**i** akk) **B** ⎯VP⎯ ~ '**av (sig)** abschnallen; ~ 'fast festschnallen; ~ 'från ausspannen; ~ 'för anspannen, vorspannen; ~ 'på anschnallen; ~ 'upp aufspannen; ~ 'ut ausspannen; ~ 'åt fester anziehen **spännande** ADJ spannend **spänne** N ⟨-t; -n⟩ Schnalle f; Spange f; Schließe f **spänning** ⟨-en; -ar⟩ a. ELEK Spannung f **spännvidd** S Spannweite f

spänst [spɛnst] ⟨-en; kein pl⟩ Elastizität f, Spannkraft f; Rüstigkeit f **spänstig** ADJ fit; trainiert; rüstig

spärr [spær] ⟨-en; -ar⟩ ❶ Sperre f ❷ UNIV Numerus clausus m, Zulassungsbeschränkung f **spärra** ⟨1⟩ Ⓐ VT (ver)sperren Ⓑ VP ~ 'av absperren; ~ 'in einsperren; ~ 'upp aufsperren; ~ 'upp ögonen die Augen aufreißen, aufsperren **spärrad** ADJ abgesperrt; TYPO ~stil Sperrdruck m **spärrning** ⟨-en; -ar⟩ Sperre f, Sperrung f **spärrvakt** S Fahrkartenkontrolleur m

spätta [ˈspɛta] ⟨-n; -or⟩ ZOOL Scholle f

spö [spøː] N ⟨-et; -n⟩ Gerte f, Rute f; **få slita ~** Hiebe bekommen; umg fig **regnet står som ~n i backen** es regnet Bindfäden **spöa** VT ⟨1⟩ auspeitschen; umg 'durchhauen, verprügeln

spöka [ˈspøːka] Ⓐ VI spuken, 'umgehen Ⓑ VP ~ 'ut sig sich aufdonnern, auftakeln; fig (gå uppe och) ~ umhergeistern **spöke** N ⟨-t; -n⟩ Gespenst n **spöke'ri** N ⟨-et; -er⟩ Spuk m **spökhistoria** S Gespenstergeschichte f, Spukgeschichte f **spöklik** ADJ gespenstisch, spukhaft, geisterhaft **spökrädd** ADJ **vara ~** sich vor Gespenstern fürchten

spöregn [ˈspøːrɛŋn] S N Platzregen m **spöregna** umg VI UNPERS ⟨1⟩ Bindfäden regnen

spörsmål [ˈspœsmoːl] S N Frage f

squash[1] [skvɔʃ] ⟨-en; -er⟩ Zucchini f od m

squash[2] ⟨-en; kein pl⟩ SPORT Squash n **squashbana** S Squashcourt n **squashracket** S Squashschläger m

stab [stɑːb] ⟨-en; -er⟩ Stab m

stabil [staˈbiːl] ADJ stabil, fest, dauerhaft **stabili'sator** ⟨-n; -er⟩ Stabilisator m **stabili'sera** VT ⟨1⟩ stabilisieren, festigen **stabili'tet** ⟨-en; kein pl⟩ Stabilität f, Festigkeit f

stack [stak] ⟨-en; -ar⟩ Haufen m; AGR

Schober m; fig **dra sitt strå till ~en** mitwirken; beisteuern, beitragen (**för ngt** zu etw)

stackare [ˈstakarə] ⟨-n; -⟩ Arme(r) m/f(m); armer Tropf; **en fattig ~** ein armer Schlucker **stackars** ADJ arm; **~ liten!** du armes Ding!; **~ han!** der Arme!

stackmoln [ˈstakmoːln] S N Haufenwolke f

stad[1] [stɑːd] ⟨-en; -er⟩ Webkante f

stad[2] ⟨-en/stan; städer⟩ Stadt f; **han är ute på stan** er ist in der Stadt; **gå på stan** einen Stadtbummel machen

stadfästa [ˈstɑːdfɛsta] VT ⟨2⟩ bestätigen, bekräftigen

stadga [ˈstɑːdga] Ⓐ ⟨-n; kein pl⟩ Festigkeit f, Gesetztheit f Ⓑ ⟨-n; -or⟩ Satzung(en f/pl) f, Statut n; (Ver-)Ordnung f, Vorschrift f Ⓒ VT ⟨1⟩ befestigen, kräftigen; festsetzen, verordnen Ⓓ VR ⟨1⟩ ~ **sig** sich festigen, fester/beständiger werden, sich regeln; gesetzt werden **stadgad** ADJ befestigt; festgesetzt; gesetzt; **i/vid ~ ålder** im gesetzten Alter

stadig [ˈstɑːdi(g)] ADJ fest; beständig; gleichmäßig, stämmig, stark **stadigvarande** ADJ fest; dauernd, beständig; ständig; **~ plats** Dauerstellung f

stadion [ˈstɑːdiɔn] N ⟨inv⟩ Stadion n, Sportfeld n

stadium S ⟨stadiet; stadier⟩ Stufe f, Stadium n; **förberedande ~** Vorstufe f **stadsbefolkning** [ˈstatsbəfɔlkniŋ] S Stadtbevölkerung f **stadsbo** S Städter, Stadtbewohner(in) m(f) **stadsbud** S N Dienstmann m, Gepäckträger m **stadsdel** S Stadtteil m **stadsförvaltning** S Stadtverwaltung f **stadsguide** S Stadtführer m **stadshotell** S N das führende Hotel einer Stadt **stadshus** S N ≈ Stadthaus n, Stadthalle f **stadskarta** S Stadtplan m **stadsliv** S N städtisches Leben, Stadtleben n **stadsmur** S Stadtmauer f **stadsplan** S Bebauungsplan m, Stadtplan m, Städteentwurf m **stadsplanering** S Stadtplanung f **stadsrundtur** S Stadtrundfahrt m **stadsteater** S Stadttheater n

stafett [staˈfɛt] ⟨-en; -er⟩ Staffellauf m; Staffelstab m **stafettlöpning** S Staffellauf m, Stafettenlauf m

staffli [stafˈliː] N ⟨-et; -er/-n⟩ Staffelei

stag [stɑ:g] N ⟨-et; -⟩ SCHIFF Stag n; ARCH Strebe f, Stütze f; **gå över ~** SCHIFF über Stag gehen
stagnation [staŋna'ʃu:n] ⟨-en; -er⟩ Stockung f, Stillstand m, Stagnation f
stag'nera Vi ⟨1⟩ stocken, zum Stillstand kommen, stagnieren
stagning ['stɑ:gniŋ] ⟨-en; -ar⟩ ARCH Verstrebung f
staka ['stɑ:ka] ⟨1⟩ A Vt SCHIFF staken B VR **~ sig** stecken bleiben, sich verhaspeln C Vp **~ 'ut** abstecken **stake** ⟨-n; -ar⟩ Stange f, Pfahl m; Leuchter m; umg Penis m
staket [sta'ke:t] N ⟨-et; -⟩ Zaun m, Lattenzaun m
stalkare ['stalkarə], **stalker** ⟨-n; -⟩ Stalker(in) m(f)
stall[1] [stal] N ⟨-et; -⟩ MUS Geigen- Steg m
stall[2] N ⟨-et; -/-ar⟩ Stall m **stalla** Vt ⟨1⟩ stallen
stam [stam] ⟨-men; -mar⟩ Stamm m; Abschnitt m **stambana** S BAHN Hauptlinie f **stamcell** S Stammzelle f **stamfader** S Stammvater m, Ahnherr m **stamgäst** S Stammgast m **stamkund** S Stammkunde m, Stammkundin f
stamma[1] ['stama] Vi ⟨1⟩ (ab-, her)stammen
stamma[2] ⟨1⟩ A Vi stottern, stammeln B Vp **~ 'fram** hervorstottern
stammis ['stamis] ⟨-en; -ar⟩ umg → stamkund
stamning ['stamniŋ] ⟨-en; kein pl⟩ Stottern n, Stammeln n
stampa ['stampa] Vt,Vi ⟨1⟩ stampfen, treten; **~ på ngt** auf etw (akk) treten; umg **~ på ngt** etw versetzen
stamtavla ['stamtɑ:vla] S Stammtafel f, Ahnentafel f **stamträd** S N Stammbaum m
standar [stan'dɑ:r] N ⟨-et; -⟩ Banner n, Standarte f
standard ['standaɖ] ⟨-en; -er⟩ Standard m; Norm f **standardhöjning** S Erhöhung f des Standards **standardi'sera** Vt ⟨1⟩ standardisieren, normen **standardmjölk** S Vollmilch f mit 3 % Fettgehalt **standardmodell** S Standardmodell n **standardmått** S Standardmaß n **standardsänk-**
ning S Senkung f des Standards **standardverk** S N Standardwerk n
standbybiljett S Stand-by-Ticket n
stank [staŋk] ⟨-en; -er⟩ Gestank m
stanna ['stana] ⟨1⟩ A Vt anhalten, stoppen, zum Stehen bringen; stilllegen, einstellen; Motor a. abstellen; Blut stillen B Vi (zurück)bleiben, stehen bleiben, (an)halten; (ab)stoppen; stocken; Motor, Puls aussetzen; **~ över natten** über Nacht bleiben, übernachten; **låta det ~ därvid** es dabei belassen (od bewenden lassen); **det ~r mellan oss** es bleibt unter uns C Vp **~ 'av** ins Stocken geraten, stocken; aufhören; **~ 'borta** wegbleiben; **~ 'kvar** (da)bleiben; **~ 'uppe** aufbleiben; **~ 'ute** draußen bleiben; **~ 'över** bleiben (till bis)
stanniol [stan'jo:l] ⟨-en; kein pl⟩ Stanniol n
stans ⟨-en; -ar⟩ TECH Stanze f **stansa** Vt ⟨1⟩ stanzen
stapel ['stɑ:pəl] ⟨-n; -ar⟩ a. SCHIFF Stapel m, Stoß m; Schrift Strich m; fig **gå av ~n** stattfinden **stapeldiagram** S N Säulendiagramm n **stapelvara** S WIRTSCH Stapelware f **stapla** Vt ⟨1⟩ (auf)stapeln, aufschichten
stappla ['stapla] ⟨1⟩ A Vi stolpern, wanken; stottern; **med ~nde steg** mit unsicheren Schritten; **~nde tyska** gebrochenes Deutsch B Vp **~ 'fram** hervorstottern; herbeiwanken; **~ 'ut** hinauswanken
stare ['stɑ:rə] ⟨-n; -ar⟩ ZOOL Star m
stark [stark] ADJ stark, kräftig; dauerhaft; Essen scharf; Zigarre schwer; **~a skäl** gute Gründe; **en stor ~, tack!** ein großes Starkbier, bitte! **starksprit** S Spirituosen pl **starkström** ELEK Starkstrom m **starkvin** S N schwerer Wein **starköl** S N ≈ Starkbier n (Bier mit höherem Alkoholgehalt, mehr als 3,5 %)
starr[1] [star] ⟨-en; kein pl⟩ BOT Segge f, Riedgras n
starr[2] ⟨-en; kein pl⟩ MED Star m; **operera ngn för ~** j-n am (grauen) Star operieren
start [stat, stɑ:ʈ] ⟨-en; -er⟩ Start m; Abfahrt f; Abflug m **starta** ⟨1⟩ A Vt starten; Motor a. anlassen, anwerfen; fig gründen, ins Leben rufen B Vi starten,

abfahren, abfliegen; *Motor* a. anspringen **startbana** ⟨s⟩ FLUG Startbahn *f* **startförbud** ⟨s n⟩ SPORT Startverbot *n* **startgrop** ⟨s⟩ SPORT Startloch *n* **startkapital** ⟨s n⟩ Startkapital *n* **startklar** ADJ startbereit **startknapp** ⟨s⟩ AUTO Anlasserknopf *m* **startmotor** ⟨s⟩ Anlasser *m*, Anlassmotor *m* **startnyckel** ⟨s⟩ Zündschlüssel *m* **startskott** ⟨s n⟩ Startschuss *m* **startspärr** ⟨s⟩ TECH Wegfahrsperre *f*

stass [stas] ⟨-en; -er⟩ *umg* Staat *m*, Putz *m*; **dra 'på sig ~en** sich in Staat werfen

stat [sta:t] ⟨-en; -er⟩ Staat *m*; Etat *m*, Budget *n*; **på ~ens bekostnad** auf Staatskosten

statare [ˈstɑ:tarə] ⟨-n; -⟩ Landarbeiter(in) *m(f)*, Tagelöhner(in) *m(f)*

station [staˈʃu:n] ⟨-en; -er⟩ Station *f*; BAHN *a*. Bahnhof *m* **statio'nera** VT ⟨1⟩ stationieren **statio'när** ADJ stationär

statisk [ˈstɑ:tisk] ADJ statisch **sta'tist** ⟨-en; -er⟩ Statist(in) *m(f)* **sta'tistik** ⟨-en; -er⟩ Statistik *f* **sta'tistisk** ADJ statistisch; **Statistiska centralbyrån** ≈ das Statistische Bundesamt **sta'tiv** ⟨-et; -⟩ Stativ *n*, Gestell *n*

statlig [ˈstɑ:tli(g)] ADJ staatlich

statsanslag [ˈstɑ:tsanslag] ⟨s⟩ staatliche Mittel *pl* **statsanställd** A ADJ im Staatsdienst B ⟨s⟩ en ~ ein(e) Staatsangestellte(r) *m(f)/m* **statsbesök** ⟨s n⟩ Staatsbesuch *m* **statsbidrag** ⟨s n⟩ staatliche Unterstützung **statschef** ⟨s⟩ Staatschef(in) *m(f)* **statsfientlig** ADJ staatsfeindlich **statsfinansierad** ADJ vom Staat finanziert **statsföretag** ⟨s n⟩ staatlicher Betrieb **statskunskap** ⟨s⟩ Politikwissenschaft *f* **statskupp** ⟨s⟩ Staatsstreich *m* **statskyrka** ⟨s⟩ Staatskirche *f* **statsmakt** ⟨s⟩ Staatsgewalt *f* **statsman** ⟨s⟩ Staatsmann *m* **statsminister** ⟨s⟩ Ministerpräsident(in) *m(f)* **statsobligation** ⟨s⟩ Schatzanweisung *f*, staatliche Schuldverschreibung *f* **statspapper** ⟨s n⟩ Staatsanleihe *f* **statsråd** ⟨s⟩ Minister(in) *m(f)*; Ministerrat *m* **statssekreterare** ⟨s⟩ Staatssekretär(in) *m(f)* **statsskick** ⟨s n⟩ Staatsform *f* **statsskuld** ⟨s⟩ Staatsschuld *f* **statstjänst** ⟨s⟩ Staatsdienst *m* **statstjänsteman** ⟨s⟩ Staatsbeamte(r) *m*, Staatsbeamtin *f* **statsunderstöd** ⟨s n⟩ staatliche Unterstützung *f* **statsvetenskap** ⟨s⟩ Politik- und Verwaltungswissenschaft *f* **statsöverhuvud** ⟨s n⟩ Staatsoberhaupt *n*

statuera [statəˈe:ra] VT ⟨1⟩ **~ ett exempel** *od* ein Exempel statuieren **status** [ˈstɑ:tɵs] ⟨-en; -ar⟩ Status *m* **statusrad** ⟨s⟩ IT Statusleiste *f* **statussymbol** ⟨s⟩ Statussymbol *n*

staty [staˈty:] ⟨-n; -er⟩ 'Statue *f*, Standbild *n* **staty'ett** ⟨-en; -er⟩ Statuette *f*

stav [stɑ:v] ⟨-en; -ar⟩ Stab *m*, Stock *m*; Skistock *m*; Sprungstab *m*

stava [ˈstɑ:va] ⟨1⟩ A VT buchstabieren; schreiben; **hur ~r man (till) det?**, **hur ~s det?** wie schreibt man das? B VP **~ 'av** trennen **stavelse** ⟨-n; -r⟩ Silbe *f* **stavfel** ⟨s n⟩ Rechtschreibfehler *m*

stavhopp [ˈstɑ:vhɔp] ⟨s n⟩ Stabhochsprung *m* **stavhoppare** ⟨s⟩ Stabhochspringer(in) *m(f)*

stavning [ˈstɑ:vnɪŋ] ⟨-en; -ar⟩ Rechtschreibung *f*, Orthographie *f* **stavningskontroll** ⟨s⟩ IT Rechtschreibprüfung *f* **stavrim** ⟨s n⟩ Stabreim *m*

stearin [steaˈri:n] N ⟨-et/-en; kein *pl*⟩ Stearin *n* **stearinljus** ⟨s n⟩ Stearinkerze *f*

steg [ste:g] ⟨s n⟩ ⟨-et; -⟩ Schritt *m*; Stufe *f*; **~ för ~** Schritt für Schritt, schrittweise; **hålla jämna ~** Schritt halten; **ta 'ut ~en** (rüstig) ausschreiten; *fig* **ta ~et fullt ut** den Schritt ganz tun **stega** ⟨1⟩ A VT, VI (ab)schreiten; *umg* **komma ~nde** angestiefelt kommen B VP **~ i'väg** davonschreiten **stege** ⟨-n; -ar⟩ Leiter *f*

stegla [ˈste:gla] VT ⟨1⟩ rädern

stegra [ˈste:gra] ⟨1⟩ A VT steigern B VR **~ sig** sich aufbäumen **stegring** ⟨-en; -ar⟩ Steigerung *f*; Aufbäumen *n*

stegvis [ˈste:gvis] ADV schrittweise

stek¹ [ste:k] N ⟨-et; -⟩ SCHIFF Stich *m*

stek² ⟨-en; -ar⟩ Braten *m* **steka** VT ⟨2⟩ braten; schmoren; *Sonne* brennen, sengen; **stekt korv** Bratwurst *f*; **stekt potatis** Bratkartoffeln *f/pl*; **stekt ägg** *n* Spiegelei *n*; **stekt sill** Brathering *m* **stekfat** ⟨s n⟩ Bratenschüssel *f* **stekflott** ⟨s n⟩ Bratenfett *n* **stekgryta** ⟨s⟩ Schmortopf *m* **stekning** ⟨-en; -ar⟩ Braten *n*; Schmoren *n* **stekos** ⟨s n⟩ Bratengeruch *m* **stekpanna** ⟨s⟩ Bratpfan-

ne f **stekspade** S̄ Bratenwender m
stekspett S̄ N Bratspieß m **stekugn**
S̄ Bratofen m
stel [ste:l] ADJ steif, starr (**av** vor dat), erstarrt **stelbent** ADJ steifbeinig; fig unbeweglich, starr **stelfrusen** ADJ steif
gefroren, erstarrt; Finger a. klamm
stelhet ⟨-en; kein pl⟩ Steifheit f;
Starrheit f **stelkramp** S̄ MED Starrkrampf m, Tetanus m **stelkrampsspruta** S̄ Tetanusimpfung f **stelna**
V̄Ī ⟨1⟩ erstarren, steif werden; gerinnen; fig sich versteifen
sten [ste:n] ⟨-en; -ar⟩ Stein m; koll Gestein n; **av ~** steinern; fig **lägga ~ på
bördan** jdm das Herz noch schwerer
machen; fig umg **hugga i ~** auf dem
Holzwege sein, danebenhauen **stena**
V̄Ī ⟨1⟩ steinigen **stenbeläggning**
S̄ Pflaster n **stenbock** S̄ ZOOL Steinbock m **Stenbocken** ⟨inv⟩ ASTROL
Steinbock m **stenbrott** S̄N Steinbruch
m **stenbumling** ⟨-en; -ar⟩ Felsblock
m
stencil [sten'si:l] ⟨-en; -er⟩ Matrize f
stenci'lera V̄Ī ⟨1⟩ vervielfältigen
stenci'lering ⟨-en; -ar⟩ Vervielfältigung f
stendöd [ˈsteːndøːd] ADJ mausetot
stendöv ADJ stocktaub **stenfrukt** S̄
Steinobst n **stenget** S̄ ZOOL Gämse f
stengods S̄N Steingut n **stengolv**
S̄N Steinfußboden m **stenhuggare**
⟨-n; -⟩ Steinmetz m **stenhård** ADJ
steinhart **stenhäll** S̄ Steinplatte f
stenhög S̄ Steinhaufen m **stenig**
ADJ steinig **stenkast** S̄N Steinwurf m
stenkross S̄ TECH Steinbrecher m,
Schottermühle f **stenkula** S̄ Steinkugel f, Murmel f **stenlagd** ADJ gepflastert **stenlägga** V̄Ī ⟨4⟩ pflastern
stenläggning S̄ Stein- Pflaster n;
Pflasterung f
stenparti [ˈsteːnpaʈiː] S̄N Steingarten
m **stenras** S̄ AUTO Steinschlag m
stenrik ADJ steinreich **stenrös(e)** S̄
N Steinhaufen m **stenskott** S̄N AUTO
Steinschlag m; Splitt m, Schotter m
stensätta V̄Ī ⟨4⟩ pflastern **stentrappa** S̄ steinerne Treppe f **stentvättad** ADJ Jeans stone-washed
stenyxa S̄ Steinaxt f **stenålder** ⟨-n⟩
Steinzeit f **stenöken** S̄ Steinwüste f
step(p) [step] ⟨-en; kein pl⟩ Stepptanz

m **steppa** V̄Ī ⟨1⟩ steppen
stereo [ˈsteːreə] ⟨-n; -r⟩ Stereo n **stereoanläggning** S̄ Stereoanlage f
stereo'typ ADJ stereotyp, formelhaft
steril [steˈriːl] ADJ steril, unfruchtbar;
keimfrei **sterili'sera** V̄Ī ⟨1⟩ sterilisieren; entkeimen **sterili'sering** ⟨-en;
-ar⟩ Sterilisierung f; Entkeimung f **sterili'tet** ⟨-en; kein pl⟩ Sterilität f, Unfruchtbarkeit f
steward [ˈstjuad] ⟨-en; -ar/-er⟩ Steward m, Flugbegleiter m
stia [ˈstiːa] ⟨-n; -or⟩ Schweinestall m
stick [stik] A ADV **i stäv** entgegengesetzt, zuwider B N̄ ⟨-et; -⟩ Stich m;
lämna i ~et im Stich lassen **sticka**[1]
A ⟨-n; -or⟩ Splitter m; Stäbchen n; **mager som en ~** spindeldürr B V̄Ī ⟨4⟩
stechen; stecken C N̄ ⟨4⟩ stechen;
kribbeln; umg sich davonmachen, abhauen, ausreißen D V̄R ⟨4⟩ **~ sig** sich
stechen (**på** an dat) E ⟨4⟩ **~ av** abstechen (**mot** von/gegen); **~ e'mellan** einschieben; **~ 'fram** hervorblicken; hervorstechen, hinausragen; hinreichen;
(her)vorstrecken; **~ i'genom** durchstechen; **~ i'hjäl** erstechen; **~ in** (hin)einstechen, (hin)einstecken; **~ i'väg** sich
davonmachen, abhauen, ausreißen; **~
'ner** niederstechen; **~ till** heftig stechen; **~ 'till ngn ngt** j-m etw zustecken; **~ upp** aufragen, emporragen;
aufschießen; fig hervorragen; emporstrecken; **~ 'ut** hinausst(r)ecken; ausstechen; abstecken; abstechen; **~
'över** Kartenspiel ('über)stechen; hinübereilen, hinüberhuschen, hinübersausen umg
sticka[2] A ⟨-n; -or⟩ Stricknadel f B V̄Ī
⟨1⟩ stricken
stickande ADJ stechend
stickgarn [ˈstikgaːɳ] S̄N Strickgarn n
stickkontakt [ˈstikɔnˌtakt] S̄ ELEK
Steckdose f; Stecker m; Steckkontakt m
stickling ⟨-en; -ar⟩ Setzling m
stickmaskin [ˈstikmaˌʃiːn] S̄ Strickmaschine f **stickning** ⟨-en; -ar⟩ Stechen
n; Strickarbeit f; Strickzeug n
stickord [ˈstikuːɖ] S̄N Stichwort n; Stichelei f **stickpropp** S̄ Stecker
m; Steckkontakt m **stickprov** S̄N
Stichprobe f **stickspår** S̄N BAHN Anschlussgleis n, Gleisanschluss m, totes
Gleis

stift¹ [stift] N ⟨-et; -⟩ Stift m; Reißnagel m; *Bleistift* Mine f; BOT Griffel m; *Grammofon* Nadel f

stift² N ⟨-et; -⟩ REL Stift n; Bistum n

stifta ['stifta] VT ⟨1⟩ stiften; (be)gründen; ~ **lagar** Gesetze erlassen; ~ **bekantskap** Bekanntschaft machen (med mit) **stiftare** ⟨-n; -⟩ Stifter(in) m(f), Begründer(in) m(f) **stiftelse** ⟨-n; -r⟩ Stiftung f

stiftpenna ['stiftpena] S Drehbleistift m **stifttand** S Stiftzahn m

stig [stiːg] ⟨-en; -ar⟩ Pfad m, Steig m

stiga ⟨4⟩ A VI steigen; treten; ansteigen; ~ **över sina bräddar** über die Ufer treten B VP ~ **'av** absteigen; aussteigen; ~ **av hästen** vom Pferd steigen; ~ **'fram** (her)vortreten, näher treten; ~ **'in** eintreten; eintreten, hereinkommen; ~ **'in i rummet** ins Zimmer treten, das Zimmer betreten; **stig 'in!** herein!; ~ **'ner** herabsteigen; ~ **'på** eintreten; näher treten; einsteigen; zusteigen; **stig på!** herein!; ~ **'upp** aufstehen; (hin)aufsteigen; ~ **'upp på** steigen auf (akk), besteigen; ~ **'uppför** hinaufsteigen; ~ **'ur** aussteigen; ~ **'ut** hinaustreten, heraustreten; ~ **'över** hinübersteigen **stigande** ADJ steigend, zunehmend **stigbygel** S Steigbügel m **stigförmåga** S Steigfähigkeit f **stigning** ⟨-en; -ar⟩ Steigung f, Anstieg m; Steigen n; FLUG Steigflug m

stil [stiːl] ⟨-en; -ar⟩ Stil m; *Hand-* Schrift f; Art f; umg Schick m; **med stor** ~ in Großbuchstaben; **i** ~ **med** etwa wie; **ngt i den** ~ en Derartiges; **gå i** ~ **med** zu etw passen; **inte i min** ~ nicht nach meinem Geschmack; **i stor** ~ in großem Stil; **hålla** ~**en** den Stil wahren; **det är** ~ **på honom** er hat Schick **stilbrott** S N Stilbruch m **stildrag** S N stilistischer Zug m **stilenlig** ADJ stilgerecht, stilgemäß **stilfull** ADJ stilvoll **stilig** umg ADJ schick, fesch; schneidig; famos; flott **stili'sera** VT ⟨1⟩ stilisieren **sti'list** ⟨-en; -er⟩ Stilist m **sti'listisk** ADJ stilistisch **stilkänsla** S Stilgefühl n

still [stil] ADV still **stilla** A ADJ still, ruhig; geruhsam; **Stilla havet** der Stille Ozean; **ligga** ~ stillliegen; **stå** ~ stillstehen B VT ⟨1⟩ stillen **stillasittande** A ADJ sitzend B N ⟨-t; kein pl⟩ (Still-)Sitzen n, sitzende Lebensweise f **stillastående** A ADJ stillstehend B S N Stillstand m; Stillstehen n **stillatigande** ADJ stillschweigend

stillestånd S N ⟨Waffen-⟩Stillstand m **stillhet** ⟨-en; kein pl⟩ Stille f; **i all** ~ in aller Stille; sang- und klanglos **stillsam** ADJ friedlich, ruhig

stiltje ['stiltja] ⟨-n; kein pl⟩ Flaute f, Windstille f

stim [stim] N ⟨-met; -⟩ 1 Fisch-Schwarm m 2 Lärm m **stimma** VI ⟨1⟩ lärmen

stimulans [stimuˈlaŋs, -ˈans] ⟨-en; -er⟩ Reizmittel n, Stimulans n; Anregung f **stimulantia** PL ⟨inv⟩ Anregungsmittel pl **stimu'lera** VT ⟨1⟩ reizen, anregen

sting [stiŋ] N ⟨-et; -⟩ Stich m; umg Schwung m, Schmiss m **stingslig** ADJ reizbar, empfindlich, leicht beleidigt

stinka ['stiŋka] VI ⟨4⟩ stinken (av nach) **stinkbomb** S Stinkbombe f

stinn [stin] ADJ prall; strotzend; dick, fett

stins [stins] ⟨-en; -er⟩ Bahnhofsvorsteher m

stint [stint] ADV **se** ~ **på ngn** j-n starr ansehen

stipendiat [stipɛndiˈɑːt] ⟨-en; -er⟩ Stipendiat m **sti'pendium** N ⟨stipendiet; stipendier⟩ Stipendium n

stipul'era [stipuˈleːra] VT ⟨1⟩ bestimmen, festsetzen

stirra ['stira] VI ⟨1⟩ starren, stieren; ~ **på ngn** j-n anstarren **stirrande** ADJ starr(end)

stjäla ['ɧɛːla] VT ⟨4⟩ stehlen (ngt från ngn j-m etw)

stjälk [ɧɛlk] ⟨-en; -ar⟩ Stängel m, Stiel m; Strunk m; **med lång** ~ langstielig

stjälpa ['ɧɛlpa] ⟨2⟩ A VT, VI kippen; 'umkippen; 'umwerfen; umg 'umschmeißen; stürzen; fig zu Fall bringen; **får ej** ~**s!** nicht stürzen! B VP ~ **'av** abladen, auskippen; umg ~ **'i sig** hinunterstürzen, hinuntergießen; ~ **'ur/'ut** ausschütten

stjärna ['ɧæːɳa] ⟨-n; -or⟩ Stern m; ASTRON a. Gestirn n; *Person* Star m; fig **olycklig** ~ Un(glücks)stern m **stjärnbanerat** N ⟨inv⟩ das Sternenbanner **stjärnbild** S Sternbild n, Gestirn n **stjärnfall** S̄N̄ ASTRON Sternschnuppe f **stjärnformig** ADJ sternförmig **stjärngosse** s̄ schwedischer Sternsinger m *bei Luciafeier* **stjärnhimmel** s̄ Sternhimmel m **stjärntecken** S̄N̄ Sternzeichen n

stjärt [ɧæt] ⟨-en; -ar⟩ Schwanz m; Gesäß n, Po m; *umg* Popo m **stjärtfena** s̄ Schwanzflosse f

sto [stu:] N̄ ⟨-et; -n⟩ Stute f

stock [stɔk] ⟨-en; -ar⟩ Stamm m; Stock m; *beim Gewehr* Schaft m; **sova som en ~** wie ein Klotz schlafen

stocka ['stɔka] V̄R̄ ⟨1⟩ **~ sig** stocken; sich stauen, *fig* stecken bleiben; **orden ~de sig i halsen på mig** die Worte blieben mir in der Kehle stecken

stockholmare ['stɔkhɔlmarə] ⟨-n; -⟩, **stockholmsbo** s̄ Stockholmer(in) m(f) **stockholmska** ❶ ⟨-n; kein pl⟩ Stockholmer Mundart/Dialekt ❷ ⟨-n; -or⟩ Stockholmerin f

stockning ['stɔknɪŋ] ⟨-en; -ar⟩ Stockung f, Stauung f; Verkehrsstockung f, Verkehrsstau m **stockros** s̄ BOT Stockrose f

stoff [stɔf] N̄ ⟨-et; -/-er⟩ Stoff m, Material n

stofil [stu'fi:l] ⟨-en; -er⟩ *umg* **gammal ~** alter Kauz

stoft [stɔft] N̄ ⟨-et; kein pl⟩ Staub m; Asche f; **bli till ~** wieder zu Staub werden; **hans ~** seine irdischen Überreste

stoj [stɔj] N̄ ⟨-et; kein pl⟩ Lärm m, Gepolter n **stoja** V̄ ⟨1⟩ lärmen, toben **stojig** ADJ lärmend

stol [stu:l] ⟨-en; -ar⟩ Stuhl m; **uppfällbar ~** Klappstuhl m; *fig* **sticka under ~ med ngt** mit etw hinter dem Berge halten

stolle ['stɔlə] ⟨-n; -ar⟩ Narr m, Närrin f, Verrückte(r) m/f(m) **stollig** ADJ närrisch, verrückt; toll

stolpe ['stɔlpə] ⟨-n; -ar⟩ Pfosten m; Stange f, Mast m, Pfahl m; *Häkeln* Stäbchen n; **stolpar** *bei Vortrag* Stichworte pl

stolpiller ['stu:lpɪlar] S̄N̄ MED Zäpfchen n

stolt [stɔlt] ADJ stolz (**över** auf akk) **stolthet** ⟨-en; -er⟩ Stolz m (**över** auf akk); **sårad ~** gekränkter Stolz **stoltsera** V̄ī ⟨1⟩ stolzieren

stomme ['stumə] ⟨-n; -ar⟩ Gerippe n, Entwurf m; Gerüst n, Gestell n

stopp [stɔp] ❶ INT halt, stopp ❷ N̄ ⟨-et; -⟩ Stopp m, Halt m; **det är ~ i avloppet** der Abfluss ist verstopft; **sätta ~ för ngt** etw (dat) ein Ende machen

stoppa ⟨1⟩ ❶ V̄T̄ ❶ (ab)stoppen ❷ abstellen, einstellen ❸ stecken ❹ stopfen ❺ (aus)polstern; **~t säte** Polstersitz m ❷ V̄P̄ **~ 'för/i'gen/till** verstopfen, zustopfen; *umg* **~ sig vollpfropfen**, einpacken; **~ 'ner**, **~ 'på sig** einstecken; **~ 'om** aufpolstern; zudecken; **~ 'undan** verstecken, wegstecken; **~ 'upp** ausstopfen **stoppande** ADJ MED stopfend **stoppförbud** S̄N̄ Halteverbot n **stoppgarn** S̄N̄ Stopfgarn n **stoppgräns** s̄ Haltestreifen m **stoppljus** S̄N̄ rotes Licht n **stoppning** ⟨-en; -ar⟩ Stopfen n; Polster n, Polsterung f **stoppnål** s̄ Stopfnadel f **stoppsignal** s̄ Haltesignal n, Haltezeichen n **stoppskylt** s̄ Stoppschild n **stopptecken** N̄ Stoppzeichen n **stoppur** S̄N̄ Stoppuhr f

stor [stu:r] ⟨*komp* **större**; *sup* **störst**⟩ groß; **~ bokstav** Großbuchstabe m; **~a hjärnan** das Großhirn; **~a och små** Groß und Klein; **i ~t** im Großen; **i/på det ~a hela** im Großen und Ganzen; **inte ~t bättre** nicht viel besser; **slå på ~t** großen Staat machen; auf großem Fuß leben; **till ~ del** größenteils; **vara ~ i maten** viel essen; **vara ~ i orden** das große Wort führen; **du ~e tid!** du liebe Zeit!; **du ~e!** Allmächtiger! **storartad** ADJ großartig **storasyster** s̄ große Schwester f **storbonde** s̄ Großbauer m **Storbritannien** N̄ ⟨inv⟩ Großbritannien n **stordrift** s̄ Großbetrieb m **stordåd** S̄N̄ Großtat f **storebro(de)r** s̄ großer Bruder m **storfamilj** s̄ Großfamilie f **storfinans** s̄ Hochfinanz f **storfrämmande** s̄ vornehmer/seltener Besuch m **storfurste** s̄ Großfürst m **storföretag** S̄N̄ Großunternehmen n **storgråta** V̄ī ⟨4⟩ bitterlich weinen; *umg* heulen **storhet** ⟨-en; -er⟩ Größe f **storhetstid** s̄ Glanzzeit f, Blütezeit f; POL Großmachtzeit f **storhetsvansinne** S̄N̄ Größenwahn m **storindustri** s̄ Großindustrie f

stork [stɔrk] ⟨-en; -ar⟩ ZOOL Storch m **storkbo** S̄N̄ Storchennest n

storkna ['stɔrkna] _vt_ ⟨1⟩ ersticken (av vor _dat_)
storkommun ['stu:rkɔmuːn] _s_ Großgemeinde f **storkök** _SN_ Großküche f
storköp _SN_ Supermarkt m **storlek** _s_ Größe f; **i ~, till ~en** an Größe; **i naturlig ~** in Lebensgröße **storleksordning** _s_ Größenordnung f
storm [stɔrm] ⟨-en; -ar⟩ Sturm m; **ta med ~** im Sturm nehmen; _fig_ im Sturm gewinnen **storma** _vi_ **A** _vt_ stürmen; erstürmen **B** _v/P_ ~ 'fram mot ngn gegen j-n anstürmen
stormakt ['stu:rmakt] _s_ Großmacht f
stormande ['stɔrmandə] _ADJ_ stürmisch; **göra ~ succé** einen riesigen Erfolg haben
stormarknad ['stu:rmarknad] _s_ Großmarkt m, Supermarkt m
stormby ['stɔrmby:] _s_ Sturmbö f
stormförtjust _ADJ_ hingerissen **stormig** _ADJ_ stürmisch **stormning** ⟨-en; -ar⟩ Erstürmung f **stormrik** _ADJ_ steinreich **stormsteg** _SN_ _med_ ~ im Sturmschritt, mit Riesenschritten **stormtrivas** _vi_ ⟨dep 2⟩ → stortrivas **stormvarning** _s_ Sturmwarnung f **stormvind** _s_ Sturmwind m **stormvirvel** _s_ Wirbelsturm m
stormöte ['stu:rmøːtə] _SN_ Vollversammlung f **storpack** ⟨-en; -ar⟩ Großpackung f **storpamp** _umg_ ~ hohes Tier n; Bonze m **storpolitisk** _ADJ_ großpolitisch **storpratare** ⟨-n; -⟩ _umg_ Prahler m, Großmaul n; Angeber m **storrengöring** _s_ Großreinemachen n **storrutig** _ADJ_ groß kariert **storrökare** _s_ starker Raucher m **storsegel** _SN_ SCHIFF Großsegel n **storsint** _ADJ_ hochherzig, großmütig; großzügig **storsinthet** ⟨-en; kein pl⟩ Hochherzigkeit f, Großmütigkeit f; Großzügigkeit f **storskalig** _ADJ_ ~ **produktion** Produktion in großen Serien **storslagen** _ADJ_ großartig; erhaben; grandios **storslalom** _s_ Riesenslalom m **storstad** _s_ Großstadt f **storstadsbo** _s_ Großstädter(in) m(f) **storstilad** _ADJ_ großzügig **storstrejk** _s_ Generalstreik m **storstädning** _s_ Großreinemachen f **stortjuta** _vi_ ⟨4⟩ brüllen
stortrivas _vi_ ⟨dep 2⟩ sich außerordentlich wohlfühlen; **jag stortrivs här** es gefällt mir hier sehr gut **stortå** _s_

große Zehe **storverk** _SN_ Großtat f
storvilt _SN_ Hochwild n, Großwild n
storvuxen, storväxt _ADJ_ hochgewachsen, von hohem Wuchs **storätare** ⟨-n; -⟩ _fig umg_ Vielfraß m **storögd** _ADJ_ großäugig; **bli ~** große Augen machen
straff [straf] _N_ ⟨-et; -⟩ Strafe f; **till ~** zur Strafe; **avtjäna sitt ~** seine Strafe absitzen; **ta sitt ~** seine Strafe verbüßen **straffa** _vt_ ⟨1⟩ (be)strafen (**för** für/wegen) **straffad** _ADJ_ bestraft; **tidigare ~** vorbestraft **straffarbete** _s_ Strafarbeit f, Zwangsarbeit f **straffbar** _ADJ_ strafbar; sträflich **straffdom** _s_ Strafgericht n **strafflag** _s_ JUR Strafgesetz n **strafflös** _ADJ_ straflos **strafflöshet** ⟨-en; kein pl⟩ Straflosigkeit f **straffområde** _SN_ SPORT Strafraum m **straffpredikan** _s_ Strafpredigt f **straffpåföljd** _s_ Strafe f **straffri** _ADJ_ straffrei, straflos **straffrihet** _s_ Straffreiheit f, Straflosigkeit f **straffränta** _s_ WIRTSCH Verzugszinsen m/pl **straffrätt** _s_ JUR Strafrecht n **straffrättslig** _ADJ_ strafrechtlich **straffspark** _s_ SPORT Strafstoß m, Elfmeter m, Elfmeterball m **strafftid** _s_ Strafzeit f **straffverkställighet** _s_ Strafvollzug m **straffånge** _s_ Sträfling m
stram [straːm] _adj_ stramm, straff; gestrafft; _fig_ a. fest, hart **strama** ⟨1⟩ **A** _vi_ spannen **B** _v/P_ ~ **'till/åt** straffen, straff anziehen; _fig_ ~ **'upp sig** sich zusammenreißen
strand [strand] ⟨-en; stränder⟩ Strand m; Ufer n **stranda** ⟨1⟩ scheitern, stranden **strandbad** _SN_ Strandbad n **strandhugg** _SN_ Strandüberfall m; **göra ~** an Land gehen (und plündern) **strandning** ⟨-en; -ar⟩ Scheitern n, Strandung f **strandpromenad** _s_ Strandpromenade f **strandsatt** _fig_ _ADJ_ im Stich gelassen; in Verlegenheit; **~ på pengar** in Geldverlegenheit **strandsätta** _vt_ ⟨4⟩ _fig_ im Stich lassen, in Verlegenheit bringen **strandtomt** _s_ Grundstück n am Wasser **strandvolleyboll** _s_ Beachvolleyball m
strapats [stra'pats] ⟨-en; -er⟩ Strapaze f **strapat'sera** _vt_ ⟨1⟩ strapazieren
strass [stras] ⟨-en; kein pl⟩ Strass m
strateg [stra'teːg] ⟨-en; -er⟩ Stratege

stragegi [strata'ʃiː] ⟨-en; -er⟩ Strategie f **strategisk** ADJ strategisch
strax [straks] ADV gleich, sofort; ~ **intill** gleich nebenan
streama ['striːma] VIT, VI ⟨1⟩ streamen
streamer ⟨-n; -ar⟩ IT Streamer m
streaming ⟨-en; kein pl⟩ IT Streaming n
streber ['streːbar] ⟨-n; -ar⟩ Streber(in) m(f)
streck [strek] N ⟨-et; -⟩ Strich m; Strick m; Streich m; **under ~et** Zeitung unter dem Strich; **fig dra ett ~ över ngt** einen Strich unter etw machen **strecka** ⟨1⟩ A VIT stricheln B VP ~ **'för** anstreichen; ~ **'under** unterstreichen
streckkod S IT Strichcode m
strejk [strejk] ⟨-en; -er⟩ Streik m, Ausstand m; **gå i ~** in den Streik treten
strejka VI ⟨1⟩ streiken; fig a. versagen
strejkbrytare ⟨-n; -⟩ Streikbrecher m **strejkvakt** S Streikposten m
strejkvarsel SN Ankündigung f eines Streiks
stress [stres] ⟨-en; kein pl⟩ Stress m, Hektik f **stressa** VI ⟨1⟩ hetzen; sich abhetzen **stressad** ADJ gestresst **stressande** ADJ anspannend, anstrengend **stressig** ADJ stressig
streta ['streːta] ⟨1⟩ A VI streben; sich abmühen; umg schuften B VP ~ **e'mot** sich sträuben, Widerstand leisten (**ngt** gegen etw); ~ **'uppför** hinaufstreben
stretch [stretʃ] ⟨-en; kein pl⟩ Stoff m Stretch m **stretcha** VI ⟨1⟩ stretchen, Stretching machen **stretch(n)ing** ⟨-en; kein pl⟩ Stretching n
strid [striːd] A ADJ reißend; strömend B ⟨-en; -er⟩ Streit m, Kampf m (**mot** gegen), (**om** um); Gefecht n, Schlacht f; ~**er** pl Streitigkeiten f/pl; fig **i ~ med/mot** im Widerspruch zu, (ent)gegen **strida** VI ⟨4⟩ kämpfen (**mot** gegen), (**om** um); (sich) streiten (**om** akk); fig ~ **mot ngt** im Widerspruch zu etw stehen **stridbar** ADJ kampffähig; streitbar **stridig** ADJ streitig, strittig **stridigheter** PL ⟨-na⟩ Kampfhandlungen pl, Konflikt m **stridsanda** S Kampfgeist m **stridsberedskap** S Kampfbereitschaft f **stridsflygplan** SN Kampfflugzeug n **stridsfråga** S Streitfrage f **stridskrafter** PL ⟨-na⟩ Streitkräfte f/pl **stridskämpe** fig S

Kämpfer m, Streiter m **stridslysten** ADJ kampflustig; streitsüchtig **stridsmedel** SN Kampfstoff m; **kemiska/biologiska ~** chemische/biologische Kampfstoffe **stridsrop** SN Kampfgeschrei n, Kriegsruf m **stridsskrift** S Streitschrift f **stridsvagn** S Panzer m **stridsvapen** S Kampfwaffe f **stridsyxa** S Streitaxt f; **gräva 'ner ~n** die Streitaxt begraben **stridsåtgärd** S Kampfmaßnahme f **stridsövning** S Gefechtsübung f
strikt [strikt] ADJ strikt; streng; genau; Kleidung von unauffälliger Eleganz
stril [striːl] ⟨-en; -ar⟩ Brause f; Strahl m
strila ⟨1⟩ A VI (be)sprengen, (be)rieseln B VP ~ **'ner** hinunterrieseln
strilregn SN Sprühregen m
strimla ['strimla] A ⟨-n; -or⟩ Streifen m B VIT ⟨1⟩ in Streifen schneiden
strimma ⟨-n; -or⟩ Streifen m; Strieme f, Striemen m; ~ **ljus** Lichtstreif m, Lichtstreifen m **strimmig** ADJ gestreift, streifig; striemig
stripa ['striːpa] ⟨-n; -or⟩ Haar- Strähne f **stripig** ADJ strähnig, struppig
strippa ['stripa] A ⟨-n; -or⟩ umg Stripper(in) m(f) B VI ⟨1⟩ umg strippen
strof [stroːf] ⟨-en; -er⟩ Strophe f
stroke [strəʊk] ⟨inv⟩ MED Schlaganfall m
stropp [strɔp] ⟨-en; -ar⟩ 1 Schlaufe f; Schlinge f 2 umg Angeber m **stroppig** ADJ wichtigtuerisch
strosa ['struːsa] umg VI ⟨1⟩ schlendern, bummeln
struken ['struːkan] ADJ gestrichen; **ett struket mått** ein gestrichenes Maß
struktur [strʊk'tuːr] ⟨-en; -er⟩ Struktur f **strukturera** ⟨1⟩ A VIT strukturieren B VP ~ **'om** umstrukturieren
strul [struːl] umg N ⟨-et; kein pl⟩ Schwierigkeit f; Ärger m; Durcheinander n **strula** VP ⟨1⟩ ~ **'till ngt** etw vermurksen **strulig** ADJ schwierig; unklar
struma ['struːma] ⟨-n; -or⟩ MED Kropf m, Struma f
strumpa ['strʊmpa] ⟨-n; -or⟩ Strumpf m; Socke f **strumpbyxor** PL ⟨-na⟩ Strumpfhose(n pl) f **strumpläst** ⟨-en; kein pl⟩ **i ~en** ohne Schuhe
strunt [strʊnt] umg N ⟨-et; kein pl⟩ Kleinigkeit f, Nichtigkeit f; Kram m, Schund m; umg Geschwätz n, Quatsch

m; ~ **i det!** *umg* pfeif drauf!; **prata** ~ *umg* quatschen, dummes Zeug reden **strunta** *VT* ⟨1⟩ ~ **i** ngt etw *(akk)* nicht beachten, auf etw *(akk)* verzichten; *umg* auf etw *(akk)* pfeifen; **det ~r jag** i das ist mir wurst **struntprat** *umg* S̄N̄ leeres Gerede, Geschwätz *n*, Quatsch *m*; **vilket ~!** so ein Quatsch! **struntsak** s̄ Bagatelle *f*, Lappalie *f* **struntsnack** *umg* s̄ N̄ → struntprat **struntsumma** s̄ Kleinigkeit *f*, kleiner Betrag *m*

strupe [ˈstruːpə] ⟨-n; -ar⟩ *umg* Kehle *f*, Gurgel *f*; *umg* **få ngt i galen** ~ etw in den falschen Hals bekommen; **klara ~n** sich räuspern **struphuvud** s̄ N̄ Kehlkopf *m* **struptag** s̄ N̄ **ta** ~ **på ngn** j-n an/bei der Gurgel packen

strut [struːt] ⟨-en; -ar⟩ spitze Tüte

struts [strets] ⟨-en; -ar⟩ ZOOL Strauß *m* **strutsfjäder** s̄ Straußenfeder *f*

strutta [ˈstrɛta] *umg* *VI* ⟨1⟩ trippeln

struva [ˈstruːva] ⟨-n; -or⟩ ≈ Spritzkuchen *m*

stryk [stryːk] N̄ ⟨-et; kein pl⟩ Schläge *m/pl*, Prügel *pl*, Haue *f*; **få** ~ Prügel kriegen; SPORT geschlagen werden; **ett ordentligt kok** ~ eine gehörige Tracht Prügel; **ful som** ~ hässlich wie die Nacht

stryka [ˈstryːka] ⟨4⟩ **A** *VT* streichen; anstreichen; streifen; streicheln; bügeln **B** *VI* ~ **på foten** nachgeben, weichen, abziehen **C** *VP* ~ **'av** abstreichen; abstreifen; ~ **'för** anstreichen; ~ **'med** draufgehen; ~ **om'kring** umherstreichen, umherstreifen, sich herumtreiben, herumstrolchen; ~ **'på** (dar)aufstreichen; ~ **'under** unterstreichen; ~ **'ut** ausstreichen; ~ **'över** überstreichen, durchstreichen, ausstreichen **strykande** *ADJ* ~ **aptit** Heißhunger *m*; ~ **åtgång** reißender Absatz *m* **strykbräde** s̄ N̄ Bügelbrett *n* **strykfri** *ADJ* bügelfrei **strykjärn** s̄ N̄ Bügeleisen *n* **strykning** ⟨-en; -ar⟩ Streichen *n*; Streicheln *n*; Streichung *f*; Bügeln *n* **strykrädd** *ADJ* **vara** ~ vor Schlägen fürchten **stryktips** s̄ N̄ Fußballtoto *n*

strypa [ˈstryːpa] *VT* ⟨2/4⟩ (er)würgen, erdrosseln; *fig u.* TECH drosseln, abwürgen **strypgrepp** s̄ N̄ Würgegriff *m* **strypning** ⟨-en; -ar⟩ Erwürgung *f*, Erdrosselung *f*

strå [stroː] N̄ ⟨-et; -n⟩ Stroh-, Gras-Halm *m*; Haar *n*; *fig* **dra det kortaste ~et** den Kürzeren ziehen; *fig* **dra sitt ~ till stacken** sein Scherflein dazu beitragen; *fig* **inte lägga två ~n i kors** keinen Finger rühren; *fig* **vara ett ~ vassare än ngn** j-m überlegen sein (**i** in *dat*)

stråk [stroːk] N̄ ⟨-et; -⟩ **1** Strich *m* **2** *Vögel* Zugstraße *f*

stråkdrag s̄ N̄ MUS (Bogen-)Strich *m* **stråke** ⟨-n; -ar⟩ MUS Bogen *m*; **stråkar im Orchester** Streicher *pl* **stråkinstrument** s̄ N̄ Streichinstrument *n* **stråkkvartett** s̄ Streichquartett *n* **stråkorkester** s̄ Streichorchester *n*

stråla [ˈstroːla] ⟨1⟩ **A** *VI* strahlen (**av** vor *dat*) **B** *VP* ~ **'ut** ausstrahlen **strålande** *ADJ* strahlend, glänzend; ~ **av lycka** *a.* glückstrahlend **strålbehandling** s̄ MED Bestrahlung *f* **stråle** ⟨-n; -ar⟩ Strahl *m* **strålformig** *ADJ* strahlenförmig **strålglans** s̄ Strahlenglanz *m* **strålkastare** ⟨-n; -⟩ Scheinwerfer *m* **strålkastarljus** N̄ Scheinwerferlicht *n*; Flutlicht *n* **strålning** ⟨-en; -ar⟩ Strahlung *f*; Strahlentherapie *f*, Bestrahlung *f* **strålningsrisk** s̄ Strahlenrisiko *n* **strålningsskydd** s̄ N̄ Strahlenschutz *m*

stråt [stroːt] ⟨-en; kein pl⟩ Weg *m*, Pfad *m*

sträck [strɛk] N̄ ⟨-et; -⟩ **i (ett) ~** in einem fort, in einer Tour; nacheinander; hintereinander; **(flera) timmar i** ~ stundenlang; **arbeta i ett** ~ *a.* 'durcharbeiten **sträcka** ⟨-n; -or⟩ Strecke *f* **B** *VT* ⟨2⟩ (st)recken; spannen, straffen; ~ **en sena** sich *(dat)* eine Sehne zerren **C** *VI* (st)recken; *Vögel* strecken; ~ **på benen** *fig* die Beine ausstrecken; sich *(dat)* die Füße vertreten; ~ **på halsen** den Hals recken, einen langen Hals machen; ~ **på sig** sich (st)recken, die Glieder recken **D** *VR* ~ **sig** sich (st)recken; sich erstrecken, sich ausdehnen, sich hinziehen; **så långt kan jag ~ mig** so weit bin ich (damit) einverstanden; WIRTSCH **hur långt kan ni ~ er?** wie hoch *etc* können Sie gehen?, wie viel können Sie anlegen? **E** *VP* ~ **'fram** (her)vorstrecken; ~ **'upp** emporstrecken; *fig umg* abkanzeln; ~ **'upp sig** sich straffen; *umg* sich zurechtmachen; ~ 'ut (her)ausstrecken; ausdehnen; ~ 'ut sig sich ausstrecken **sträckbänk** s̅ Folterbank f; fig **hålla ngn på ~en** j-n auf die Folter spannen **sträckläsa** v̅t̅ ⟨2⟩ ~ **hela boken** das ganze Buch auf einmal lesen **sträckning** ⟨-en; -ar⟩ Streckung f; Ausdehnung f; MED Zerrung f

sträng[1] [strɛŋ] A̅D̅J̅ streng (**mot** gegen), rau; **~t taget** streng genommen; **~t förbjudet** strengstens verboten; **~t upptagen** stark beschäftigt

sträng[2] ⟨-en; -ar⟩ MUS Saite f; Sehne f; Strang m; BOT Staubfaden m **stränga** v̅t̅ ⟨1⟩ MUS besaiten

stränghet ['strɛŋhe:t] ⟨-en; kein pl⟩ Strenge f

stränginstrument s̅n̅ Saiteninstrument n

sträv [strɛ:v] A̅D̅J̅ rau; herb; barsch, schroff

sträva ['strɛ:va] ⟨-n; -or⟩ ARCH Strebe f, Strebebalken m B̅ v̅i̅ ⟨1⟩ streben; sich bestreben, bestrebt sein; ~ **efter ngt** nach etw streben, etw erstreben; ~ **högt** hoch hinauswollen C̅ v̅t̅ ⟨1⟩ ~ **e'mot** sich widerstreben, widerstreben; ~ **'uppåt** aufstreben, emporstreben **strävan** ⟨-; -den⟩ Bestrebung f, Streben n

strävhet ['strɛ:vhe:t] ⟨-en; kein pl⟩ Rauheit f; Herbheit f; Barschheit f; Schroffheit f **strävhårig** A̅D̅J̅ rauhaarig, drahthaarig

strävsam ['strɛ:vsam] A̅D̅J̅ strebsam

strö [strø:] A̅ n̅ ⟨-et; kein pl⟩ Streu f B̅ v̅t̅ ⟨3⟩ streuen; ~ **pengar omkring sig** mit Geld um sich werfen C̅ v̅p̅ ⟨3⟩ ~ **'ut** ausstreuen, verstreuen; ~ **'över** bestreuen, überstreuen **ströare** ⟨-n; -⟩ Streuer m **ströbröd** s̅n̅ Paniermehl n **strödd** A̅D̅J̅ zerstreut; einzeln, vereinzelt; **~a skrifter** vermischte Schriften **ströjobb** s̅n̅ Gelegenheitsarbeit f **strökund** s̅ Laufkunde m; **~er** pl a. Laufkundschaft f

ström [strøm] ⟨-men; -mar⟩ Strom m; Strömung f; ELEK **bryta ~men** den Strom abschalten/unterbrechen; ELEK **släppa 'på ~men** den Strom einschalten; **följa med ~men** mit dem Strom schwimmen; fig a. sich treiben lassen; **nedför ~men** stromab(wärts); **uppför ~men** stromauf(wärts **strömavbrott**

s̅n̅ ELEK Stromausfall m **strömbrytare** s̅ (Licht-)Schalter m **strömdrag** n̅ Strömung f **strömfåra** s̅ Stromrinne f **strömförande** A̅D̅J̅ **vara ~** unter Strom stehen **strömförbrukning** s̅ Stromverbrauch m **strömkrets** s̅ Stromkreis m **strömlinjeformad** A̅D̅J̅ stromlinienförmig **strömma** ⟨1⟩ A̅ v̅i̅ strömen; IT streamen B̅ v̅p̅ ~ **'in** hereinströmen; ~ **'till** zusammenströmen; ~ **'ut** (hin)ausströmen; sich ergießen

strömming ⟨-en; -ar⟩ ZOOL Strömling m

strömning ⟨-en; -ar⟩ Strömung f **strömstyrka** ['strømstyrka] s̅ ELEK Stromstärke f **strömuttag** s̅n̅ ELEK Anschluss m **strömvirvel** s̅ Strudel m

strösocker ['strø:sɔkər] s̅n̅ Streuzucker m **strössel** n̅ ⟨-et; kein pl⟩ Streusel m od n

ströva ['strø:va] ⟨1⟩ A̅ v̅i̅ streifen, schweifen B̅ v̅p̅ ~ **om'kring** umherstreifen; sich herumtreiben **strövområde** s̅n̅ Naherholungsgebiet n **strövtåg** s̅n̅ Streifzug m

stubb [stʊb] ⟨inv⟩ Stoppeln f/pl; **rubb och ~** alles ohne Ausnahme **stubba** v̅t̅ ⟨1⟩ (ab)stutzen; **~d mustasch** Stutzbärtchen n **stubbe** ⟨-n; -ar⟩ (Baum-)Stumpf m; **på ~n** umg auf der Stelle **stubbåker** s̅ Stoppelacker m, Stoppelfeld n

stubin [stʊ'bi:n] ⟨-en; -er⟩ Zündschnur f

stuck [stʊk] ⟨-en; -er⟩ Stuck m, Stuckarbeit f

stucken ['stʊkən] fig A̅D̅J̅ gekränkt, beleidigt; **det är hugget som stucket** das ist gehüpft wie gesprungen, das ist Jacke wie Hose

student [stʊ'dɛnt] ⟨-en; -er⟩ Abiturient(in) m(f); Student(in) m(f); **ta ~en** das/sein Abitur machen **studentbetyg** s̅n̅ Reifezeugnis n **studentexamen** s̅ Reifeprüfung f, Abitur n; österr, schweiz Matura **studenthem** s̅n̅ Studenten(wohn)heim n - **studenti'kos** A̅D̅J̅ studentisch; burschikos **studentkår** s̅ Studentenschaft f **studentlegitimation** s̅ Studentenausweis m **studentmössa** s̅ ≈ Abiturientenmütze f **studentrum** s̅n̅ Zim-

studera [stu'de:ra] ⟨1⟩ A̲ V̲T̲,V̲I̲ studieren; erforschen; genau beobachten; **~ vid ett universitet** an einer Universität studieren; **~ juridik** Jura studieren B̲ V̲P̲ **~ 'in** einstudieren **studerande** ⟨-n; -⟩ Student(in) m(f)
studie ['stu:die] ⟨-n; -r⟩ Studie f **studieavgift** S̲ Studiengebühr f **studiebesök** S̲N̲ Informationsbesuch m; Besichtigung f **studiebidrag** S̲N̲ Studienbeihilfe f **studiecirkel** S̲ Studienkreis m, Arbeitsgemeinschaft f **studieförbund** S̲N̲ Bildungsverband m; ≈ Volkshochschule f **studiekamrat** S̲ Studienfreund(in) m(f) **studieledighet** S̲ Bildungsurlaub m **studielån** S̲N̲ Studienkredite pl **studiemedel** S̲N̲ Studienfördermittel pl, Studienfinanzierung f **studier** P̲L̲ Studium n; **~ i juridik** Jurastudium n **studierektor** S̲ Studiendirektor(in) m(f) **studieresa** S̲ Studienreise f **studierådgivning** S̲ Studienberatung f **studieskuld** S̲ Studienschuld f **studiesyfte** S̲N̲ **i ~** studienhalber **studieteknik** S̲ Lerntechnik f **studietid** S̲ Studienzeit f **studievägledare** S̲ Studienberater(in) m(f)
studio ['stu:diu] ⟨-n; -r⟩ Studio n; Rundfunk a. Senderaum m
studium N̲ ⟨studiet; studier⟩ Studium n
studs [stɵts] ⟨-en; -ar⟩ Aufprall m, Rückprall m **studsa** ⟨1⟩ A̲ V̲I̲ (ab-, auf)prallen B̲ V̲P̲ **~ till'baka** zurückprallen **studsmatta** S̲ Trampolin n
stuga ['stɵ:ga] ⟨-n; -or⟩ Hütte f, Häuschen n; kleines Haus n **stugby** S̲ Feriendorf n **stugsittare** ⟨-; -⟩ Stubenhocker m
stuka ['stɵ:ka] V̲T̲ ⟨1⟩ TECH stauchen; MED verstauchen; **~ handen** sich (dat) die Hand verstauchen **stukning** ⟨-en; -ar⟩ TECH Stauchen n; Verstauchung f
stum [stɵm] A̲D̲J̲ stumm (av vor dat) **stumfilm** S̲ Stummfilm m
stump [stɵmp] ⟨-en; -ar⟩ Stumpf m, Stummel m
stund [stɵnd] ⟨-en; -er⟩ Weile f; Weilchen n, Augenblick m; **ljusa ~er** lichte Augenblicke; **från den ~en** von dem Augenblick an, von Stund an; **i denna ~** in diesem Augenblick; **om en ~** nach einer Weile; **på ~** augenblicklich, zur Stunde; **på lediga ~er** in den Mußestunden; **hans sista ~ har kommit** sein letztes Stündlein hat geschlagen **stunda** V̲I̲ ⟨1⟩ bevorstehen, (heran)nahen **stundom** A̲D̲V̲ bisweilen **stundtals** A̲D̲V̲ ab und zu, hin und wieder
stuntkvinna ['stɵntkvina] S̲ Stuntwoman f **stuntman** S̲ Stuntman m
stup [stɵ:p] N̲ ⟨-et; -⟩ Felswand f, Steilhang m, Absturz m **stupa** ⟨1⟩ A̲ V̲I̲ 1 steil/schroff abfallen 2 im Krieg fallen; versagen, scheitern; **hålla på att ~ av trötthet** zum Umfallen müde sein B̲ V̲P̲ **~ om'kull** umfallen **stupande** A̲D̲J̲ abschüssig, steil, schroff **stupfull** umg A̲D̲J̲ sternhagelvoll **stupränna** S̲, **stuprör** S̲N̲ Fallrohr n, Regenrohr n
stursk [stɵʂk] A̲D̲J̲ trotzig, patzig; hochnäsig **sturskhet** ⟨-en; kein pl⟩ Trotz m
stuss [stɵs] ⟨-en; -ar⟩ Gesäß n
stut [stɵ:t] ⟨-en; -ar⟩ junger Ochse **stute'ri** ⟨-et; -er⟩ Gestüt n
stuv [stɵ:v] ⟨-en; -ar⟩ Stoff- Rest m
stuva ['stɵ:va] ⟨1⟩ A̲ V̲I̲ 1 durch Mehlschwitze mit weißer Soße anrichten; **~d potatis** Béchamelkartoffeln pl; **~d spenat** Rahmspinat m B̲ V̲P̲ **~ 'in** verstauen; **~ 'om** umstauen; **~ 'undan** verstauen **stuvning** ⟨-en; -ar⟩ 1 GASTR ≈ Béchamelsoße f 2 Stauen n, Stauung f
styck [styk] a. N̲ ⟨inv⟩ per **~** (für) das Stück; **för 5 kronor ~** zu jeweils 5 Kronen **stycka** ⟨1⟩ A̲ V̲T̲ zerlegen; (zer)stückeln B̲ V̲P̲ **~ 'av** parzellieren **stycke** ⟨-t; -n⟩ Stück n; **tre ~n** drei Stück; **ett par ~n** ein paar, einige; entzwei; **nytt ~** im Text Absatz m **styck(e)vis** A̲D̲V̲ stückweise **styckning** ⟨-en; -ar⟩ Zerlegung f; Parzellierung f
stygg [styg] A̲D̲J̲ böse, garstig; schlimm; boshaft; hässlich, nicht nett; unartig, ungezogen **styggelse** ⟨-n; -r⟩ Gräuel m **stygghet** ⟨-en; kein pl⟩ Bosheit f; Unart f
stygn [styŋn] N̲ ⟨-et; -⟩ Stich m; **ta bort ~en** die Fäden ziehen
stylta ['stylta] ⟨-n; -or⟩ Stelze f

stympa ['stympa] _vt_ ⟨1⟩ verstümmeln **stympning** ⟨-en; -ar⟩ Verstümmelung _f_

styng [styŋ] _n_ ⟨-et; -⟩ → stygn

styr [sty:r] ⟨inv⟩ **hålla i ~** im Zaum halten; **gå över ~** zugrunde gehen; _umg_ kaputtgehen **styra** ⟨2⟩ _A vt_ steuern; lenken; _a._ GRAM regieren; **~ och ställa** schalten und walten; **~ allt till det bästa** alles zum Besten wenden; **~ sin tunga** seine Zunge im Zaum halten; **~ kosan till** seine Schritte lenken nach/zu _B vp_ **~ 'ut** (her)ausputzen (sig och) **styrande** _adj_ regierend, herrschend; **de ~** die Machthaber **styrbar** _adj_ lenkbar **styrbord** ⟨inv⟩ Steuerbord _n_ **styre** _n_ ⟨-t; -n⟩ Steuer _n_; Lenkstange _f_; _fig_ **sitta vid ~t** am Ruder sein **styrelse** ⟨-n; -r⟩ Leitung _f_; Vorstand _m_, Direktion _f_; WIRTSCH Verwaltungsrat _m_, Verwaltungsorgan _n_ **styrelseledamot** _s_ ≈ Mitglied _n_ des Verwaltungsorgans; Vorstandsmitglied _n_ **styrelseordförande** _s_ ≈ Vorsitzende(r) _m/f(m)_ des Verwaltungsorgans; Vorstandsvorsitzende(r) _m/f(m)_ **styrelsesammanträde** _s n_ Sitzung _f_ des Verwaltungsorgans; Vorstandssitzung _f_

styrka ['styrka] _A_ ⟨-n; -or⟩ Stärke _f_, Kraft _f_; Mannschaft _f_; MIL **styrkor** _pl_ Streitkräfte _f/pl_ _B vt_ ⟨2⟩ (be)stärken, (be)kräftigen; nachweisen; beglaubigen, bescheinigen; **~ sin identitet** sich ausweisen _C vr_ ⟨2⟩ **~ sig med ngt** sich mit etwas stärken **styrkande** _n_ ⟨-t; -n⟩ Nachweis _m_; Beglaubigung _f_, Bestätigung _f_ **styrketräning** _s_ Krafttraining _n_ **styrketår** _umg s_ Gläschen _n_ zur Stärkung

styrkula ['styrku:la] _s_ IT Trackball _m_ **styrman** _s_ Steuermann _m_ **styrning** ⟨-en; -ar⟩ Steuerung _f_; Lenkung _f_ **styrprogram** _s n_ IT Treiber _m_ **styrränta** _s_ Leitzins _m_ **styrsel** ⟨-n; kein _pl_⟩ Festigkeit _f_, Halt _m_; Haltung _f_; **det är ingen ~ på honom** er hat keinen Halt **styrspak** _s_ Steuerknüppel _m_ **styrstång** _s_ Lenkstange _f_

styv [sty:v] _adj_ steif, starr; _fig_ tüchtig; **vara ~ i engelska** gut Englisch können; **vara ~ i korken** eingebildet, anmaßend sein; _fig_ **visa sig på ~a linan** sich hervortun, seine Kenntnisse zeigen; **hålla ~t på ngt** auf etw (_dat_) bestehen; **det var ~t gjort!** gut gemacht! **styvbarn** _s n_ Stiefkind _n_ **styvbro(de)r** _s_ Stiefbruder _m_ **styvdotter** _s_ Stieftochter _f_ **styvfa(de)r** _s_ Stiefvater _m_ **styvhet** ⟨-en; kein _pl_⟩ Steifheit _f_ **styvmoderlig** _adj_ stiefmütterlich; **~ behandling** ungerechte Behandlung **styvmo(de)r** _s_ Stiefmutter _f_ **styvmorsviol** _s_ BOT Stiefmütterchen _n_ **styvna** _vi_ ⟨1⟩ steif werden; fig sich versteifen **styvnackad, styvsint** _adj_ halsstarrig; hartnäckig; starrköpfig, starrsinnig, eigensinnig **styvson** _s_ Stiefsohn _m_ **styvsyster** _s_ Stiefschwester _f_

stå [sto:] ⟨4⟩ _A vi_ stehen; **~ och hänga** rumstehen; **~ stilla** stillstehen; _umg_ **nu ~r han där vackert!** nun ist er schön dran!; **~ ngn fritt** j-m freistehen; **komma att ~ ngn dyrt** j-n teuer zu stehen kommen; **få ~ för ngt** für etw aufkommen (müssen); _fig_ **~ på bar backe** auf dem Trocknen sitzen, vor dem Nichts stehen; **~ på benen** auf den Füßen stehen; **~ vid sitt ord** zu seinem Wort stehen _B vr_ **~ sig** sich halten; **~ sig bra** _fig_ bestehen (**inför** vor _dat_); standhalten (**inför** _dat_); sich bewähren _C vp_ **~ 'bakom** dahinterstehen; **~ e'mot** widerstehen (_dat_); **~ 'fast** feststehen; **~ 'fast vid** festhalten an (_dat_), beharren auf (_dat_), bleiben bei; **~ 'för** davorstehen; **~ 'i** unverdrossen arbeiten; **låta pengarna ~ 'inne (på banken)** das Geld auf der Bank liegen lassen; **~ 'kvar** (be)stehen bleiben, noch stehen (_od_ vorhanden sein); **~ 'på** (fort)dauern, währen; _vad_ **~r 'på?** was ist los?, was gibts?; **~ 'på sig** nicht nachgeben; **hur ~r det 'till (med honom)?** wie gehts (ihm)?; **det ~r illa 'till med honom** es steht schlecht mit ihm (_od_ um ihn), es ist schlecht um ihn bestellt; **det ~r inte 'rätt till** hier stimmt (et)was nicht; **~ till'baka** nachstehen, zurückstehen; **~ till'baka för ngn** j-m nachstehen; **~ under ngn** unter j-m stehen; **~ 'upp** aufstehen; _vt_ vorstehen; abstehen; **~ 'ut med** aushalten, (v)ertragen; **~ 'ute** draußen stehen; **~ 'över** warten; anstehen; **~ 'över ngn** über j-m stehen; j-m überlegen sein **stående** _A adj_ stehend; **bli ~** stehen bleiben; **på ~ fot** stehenden Fußes; im

Stehen B N ⟨-t; kein pl⟩ Stehen n
ståhej [stɔˈhɛj] *umg* S N Rummel *m*, Hallo *n*, Wirbel *m*
stål [stɔːl] N ⟨-et; -⟩ Stahl *m*; **av ~** stählern; **rostfritt ~** Edelstahl *m*
stålar *umg* PL Geld Knete *f sg*; Kies *m sg*
stålindustri S Stahlindustrie *f* **stålman** S Supermann *m* **stålpenna** S Stahlfeder *f*, Schreibfeder *f* **stålproduktion** S Stahlerzeugung *f* **stålsatt** ADJ gestählt, abgehärtet (**mot gegen**) **stålsätta** *fig* VT, VR ⟨4⟩ stählen, abhärten (**sig** sich) **ståltråd** S ⟨Eisen-, Stahl-⟩Draht *m* **ståltrådsnät** S N Maschendraht *m*; Drahtnetz *n* **stålull** S Stahlwolle *f* **stålverk** S N Stahlwerk *n*, Stahlhütte *f*
stånd [stɔnd] N ⟨-et; -⟩ Stand *m*; Verkaufsstand *m*; BOT Staude *f*; ANAT Erektion *f*; **få/komma till ~** zustande bringen/kommen; **hålla ~** standhalten; **sätta i ~** instand setzen; **vara i/ur ~** imstande/außerstande sein; **(det) äkta ~et** der Ehestand *m*; **de högre/lägre ~en** die höheren/niederen Stände
ståndaktig ADJ standhaft, beharrlich
ståndaktighet ⟨-en; kein pl⟩ Standhaftigkeit *f*, Beharrlichkeit *f* **ståndare** ⟨-n; -⟩ BOT Staubgefäß *n* **ståndpunkt** S Standpunkt *m*; **från min ~** von meinem Standpunkt aus; **inta (den) ~en att ...** sich auf den Standpunkt stellen, dass ...; **den Standpunkt vertreten, dass ...**
stång [stɔŋ] ⟨-en; stänger⟩ Stange *f*; **flagga på halv ~** halbmast flaggen; *fig* **hålla ngn ~en** j-m gewachsen sein
stånga [ˈstɔŋa] VT ⟨1⟩ stoßen **stångas** VTI ⟨dep 1⟩ (sich) stoßen
stånka [ˈstɔŋka] VTI ⟨1⟩ stöhnen, ächzen
ståplats [ˈstoːplats] S Stehplatz *m*
ståt [stoːt] ⟨-en; kein pl⟩ Pracht *f*, Prunk *m* **ståta** VTI ⟨1⟩ **kunna ~ med ngt** mit etw Staat machen können **ståtlig** ADJ stattlich, glänzend, prachtvoll
ståuppkomiker [ˈstoːœpkuːmikər] S Stand-up-Comedian *m*
städ [stɛːd] N ⟨-et; -⟩ TECH Amboss *m*
städa [ˈstɛːda] ⟨1⟩ A VT sauber machen, aufräumen, in Ordnung bringen; **~ rummet** das Zimmer machen B VP **~ 'undan** wegräumen **städad** ADJ aufgeräumt; ordentlich; gepflegt **städare** ⟨-n; -⟩ Raumpfleger(in) *m(f)*, Reinigungskraft *f* **städbolag** S N Reinigungsfirma *f* **städdille** *umg* S N Reinmachewut *f* **städerska** ⟨-n; -or⟩ Putzfrau *f*, Zimmermädchen *n* **städhjälp** S Reinigungskraft *f* **städning** ⟨-en; -ar⟩ Aufräumen *n*, Rein(e)machen *n*, Hausputz *m* **städrock** S Hauskittel *m*, Schürzenkleid *n* **städskåp** S N Besenschrank *m*
ställ [stɛl] N ⟨-et; -⟩ Gestell *n*, Ständer *m*, Halter *m* **ställa** ⟨2⟩ A VT stellen; ordnen, einrichten; **~ en fråga till ngn** eine Frage an j-n richten; **~ frågor** Fragen stellen B VI **~ i ordning** in Ordnung bringen; **~ inför rätta** vor Gericht stellen; **~ till svars** zur Verantwortung ziehen C V/R **~ sig** sich stellen; sich gestalten; **~ sig i vägen för ngn** sich j-m in den Weg stellen; **~ sig avvaktande** sich abwartend verhalten; *umg* es auf sich zukommen lassen D V/P **~ 'av** abstellen; **~ 'bort** wegstellen; **~ 'fram** hinstellen; *Uhr* vorstellen; **~ i'från sig** abstellen; **~ i'hop** zusammenstellen; **~ 'in** (her)einstellen; ausfallen lassen; absagen; **~ 'in sig på ngt** sich auf etw *(akk)* einstellen; **~ sig 'in hos ngn** sich bei j-m einschmeicheln; **~ 'om** 'umstellen; **~ 'till** anrichten, machen; veranstalten; **så du har ställt 'till!** das ist eine schöne Wirtschaft!; **nu har du ställt 'till det vackert för dig!** da hast du dir eine schöne Suppe eingebrockt!; **~ 'till 'rätta** zurechtstellen; **~ till'baka** zurückstellen; **~ till'sammans** zusammenstellen; **~ 'undan** abstellen, wegstellen; **~ 'upp** (hin)aufstellen; antreten; teilnehmen; **~ 'upp sig** sich aufstellen; MIL antreten; **~ 'upp villkor för ngn** j-m Bedingungen stellen; **~ 'upp som villkor** zur Bedingung machen; **~ 'ut** (her)ausstellen **ställbar** ADJ (ver)stellbar **ställd** ADJ gestellt; *fig* außer Fassung; **ha det bra ställt** gut gestellt sein; **han blev helt ~** er wusste nicht mehr weiter **ställe** N ⟨-t; -n⟩ Stelle *f*, Platz *m*; Stätte *f*; **i ~t** stattdessen; dafür; **i ditt ~** an deiner Stelle, statt deiner; **i ~t för** (an)statt, an Stelle von; **jag ville inte vara i hans ~** ich möchte nicht in seiner Haut stecken; **på ett ~** an einer Stelle; **på ~t** auf der Stelle, sofort; **på sina ~n** stellen-

weise, strichweise; **på ort och ~** an Ort und Stelle; *fig* **ha hjärtat på rätta ~t** das Herz auf dem rechten Fleck haben
ställföreträdare s̄ Stellvertreter(in) *m(f)*; **vara ~ för ngn** j-n vertreten, für j-n einspringen **ställning** ⟨-en; -ar⟩ Stellung *f*; Lage *f*, Zustand *m*; Gerüst *n*, Gestell *n*; **ekonomisk ~** Vermögensverhältnisse *n|pl*, wirtschaftliche Lage *f*
ställningstagande N̄ ⟨-t; -n⟩ Stellungnahme *f*
stämband ['stεmband] S̄ N̄ ANAT Stimmband *n* **stämd** ADJ MUS gestimmt; JUR angeklagt **stämgaffel** s̄ MUS Stimmgabel *f* **stämjärn** s̄ N̄ MUS Stemmeisen *n* **stämläge** N̄ MUS Stimmlage *f* **stämma¹** ['stεma] ⟨-(n; -or)⟩ 1 Stimme *f* 2 Versammlung *f*, Sitzung *f* B VT ⟨2⟩ 1 stimmen; **~ möte med ngn** sich mit j-m verabreden 2 JUR anklagen, verklagen; **~ ngn som vittne** j-n als Zeugen vorladen C VI ⟨2⟩ stimmen D V/P ⟨2⟩ **~ 'in** einstimmen; *fig* **~ 'ned tonen** andere/gelindere Saiten aufziehen; **~ 'upp** anstimmen; **~ överens** übereinstimmen **stämning** ⟨-en; -ar⟩ 1 Stimmung *f* 2 JUR Klage *f*; Vorladung *f*; **ta ut ~ mot ngn** j-n verklagen **stämningsfull** ADJ stimmungsvoll **stämningslage** s̄ N̄ Stimmungslage *f*
stämpel ['stεmpəl] ⟨-n; -ar⟩ Stempel *m* **stämpelavgift** s̄ Stempelgebühr *f* **stämpeldyna** s̄ Stempelkissen *n* **stämpla** ⟨1⟩ A V/T stempeln; kennzeichnen; **gå och ~** stempeln gehen B V/I **~ mot ngn** sich gegen j-n verschwören **stämpling** ⟨-en; -ar⟩ (Ab-)Stempelung *f*; Verschwörung *f*; **~ar** Machenschaften *pl*
ständig ['stεndi(g)] ADJ ständig **ständigt** ADV ständig, stets; **~ och jämt** andauernd
stänga ['stεŋa] ⟨2⟩ A V/T schließen, zumachen; verschließen; (ver)sperren; abschalten; **inte gå att ~** nicht schließen, nicht zugehen; **dörren stängs av sig själv** die Tür schließt von selbst B V/P **~ 'av** (ab)sperren; abstellen; COMPUT abschalten; **~ 'för** versperren, schließen; **~ i'gen** zuschließen, zumachen; **~ 'in(ne)** einschließen, einsperren; **~ 'till** verschließen; **~ 'ute** ausschließen, aussperren **stängd** ADJ geschlossen; zu; **för ~a dörrar** unter Ausschluss der Öffentlichkeit
stängel ['stεŋəl] ⟨-n; -ar⟩ Stängel *m*
stängning ['stεŋniŋ] ⟨-en; -ar⟩ Schließen *n*, Schließung *f*; Schluss *m* **stängningsdags** ADV **det är ~** es Zeit zum Schließen, es wird (jetzt) geschlossen **stängningstid** s̄ Geschäftsschluss *m*, Ladenschluss *m*; Sperrstunde *f*, Polizeistunde *f*
stängsel ['stεŋsəl] N̄ ⟨-et; -⟩ Zaun *m*, Umzäunung *f*, Einfried(ig)ung *f*, Gitter *n*; Gehege *n*
stänk [stεŋk] N̄ ⟨-et; -⟩ Tropfen *m*, Spritzer *m*; *fig* Anflug *m* **stänka** ⟨2⟩ A V/I (be)spritzen, (be)sprengen B V/P **~ 'ner** bespritzen, vollspritzen; **~ om'kring** umherspritzen; **~ 'upp** aufspritzen **stänkskydd** s̄ N̄ AUTO Schmutzfänger *m* **stänkskärm** s̄ AUTO Kotflügel *m*; *Fahrrad* Schutzblech *n*
stäpp [stεp] ⟨-en; -er⟩ Steppe *f*
stärka ['stεrka] V/T, V/R ⟨2⟩ stärken (**sig** sich); *fig* bestärken **stärkande** ADJ stärkend, kräftigend **stärkelse** ⟨-n; kein *pl*⟩ Stärke *f*
stäv [stε:v] ⟨-en; -ar⟩ SCHIFF Steven *m* **stäva** V/I ⟨1⟩ SCHIFF steuern
stävja ['stε:vja] V/T ⟨1⟩ steuern; Einhalt gebieten *(dat)*
stöd [stø:d] N̄ ⟨-et; -⟩ Stütze *f*; Halt *m*; Unterstützung *f*; *Stuhl-* Lehne *f*; **finna ~** Rückhalt finden; **med ~ av** gestützt auf *(akk)*; aufgrund von *od gen*; **till ~ för min ansökan** zur Unterstützung meines Gesuches **stöda** ⟨2⟩ → **stödja**
stöddig ['stødi(g)] *umg* ADJ selbstherrlich; stark, robust, stämmig
stödja ['stø:dja] ⟨4⟩ stützen (**sig** sich), *(mot/på* auf *akk)*; unterstützen; **~ sig mot ngt** sich an etw *(akk)* (an)lehnen **stödundervisning** s̄ Nachhilfeunterricht *m*
stök [stø:k] N̄ ⟨-et; kein *pl*⟩ Aufräumen *n*; Vorbereitung *f*; Wirtschaften *n* **stöka** ⟨1⟩ A V/I aufräumen, (herum)wirtschaften B V/P **~ 'till** in Unordnung bringen; **~ 'undan** wegräumen; erledigen, hinter sich *(akk)* bringen **stökig** ADJ unordentlich
stöld [støld] ⟨-en; -er⟩ Diebstahl *m* (**av** an *dat*) **stöldförsäkring** s̄ Diebstahlversicherung *f* **stöldgods** s̄ N̄ Diebesgut *n* **stöldsäker** ADJ diebessicher

stön [stø:n] N ⟨-et; -⟩ Stöhnen n, Ächzen n **stöna** VT, VI ⟨1⟩ stöhnen; ächzen

stöp [stø:p] N ⟨-et; kein pl⟩ Schneematsch m; fig umg **gå i ~et** in die Brüche gehen

stöpa ['stø:pa] VT ⟨2⟩ gießen; **~ ljus** Kerzen ziehen; fig **stöpt i samma form** vom selben Schlag

stör [stœ:r] ⟨-en; -ar⟩ **1** Stange f, Pfahl m **2** ZOOL Stör m

störa VT, VI ⟨2⟩ stören; **förlåt att jag stör!** verzeih(en Sie) bitte die Störung!; **låt mig ~!** lassen Sie sich/lass dich (durch mich) nicht stören!; **utan att låta sig ~s** ohne sich stören zu lassen **störande** ADJ störend **störning** ⟨-en; -ar⟩ Störung f; Radio **~ar** pl Störgeräusche n/pl **störningsfri** ADJ Radio störungsfrei **störningsskydd** S N Radio Störschutz m **störningssändare** S Radio Störsender m

större ['stœrːa], **störst** ADJ → **stor**

störta ['stœʈa] ⟨1⟩ **A** VT, VR stürzen (**sig själv**) **B** VI stürzen; FLUG abstürzen **C** VP **~ 'fram** (her)vorstürzen; **~ fram till ngn** auf j-n zustürzen; **~ 'in** (her)einstürzen; **~ 'in i rummet** ins Zimmer stürzen; **~ 'ner** herabstürzen, hinabstürzen, herunterstürzen; abstürzen; **~ om'kull** (um)stürzen; **~ 'samman** zusammenstürzen; **~ 'upp** hochfahren; **~ 'ut** hinausstürzen, herausstürzen **störtdykning** S Sturzflug m **störtflod** S Sturzflut f **störtflygning** S Sturzflug m **störthjälm** S Sturzhelm m **störtlopp** S N Ski Abfahrtslauf m **störtning** ⟨-en; -ar⟩ (Ab-)Sturz m **störtregn** S N Platzregen m **störtregna** VI UNPERS ⟨1⟩ in Strömen regnen/gießen **störtsjö** S Sturzsee f; fig Flut f **störtskur** S Regenguss m; fig Schwall m

stöt [stø:t] ⟨-en; -ar⟩ Stoß m, Schubs m; ELEK Schlag m; GRAM Stoßton m; **i ~en** auf einmal, zugleich **stöta** ⟨2⟩ **A** VT, VI stoßen; fig verletzen; anstoßen, anstößig sein; umg (sexuelles) Interesse zeigen; **~ på ngn** j-n anmachen; **~ i blått** einen Stich ins Blaue haben **B** VR **~ sig** sich stoßen (**på** an dat); fig **~ sig med ngn** sich mit j-m überwerfen; fig **~ sig på ngt** sich an etw (dat) stoßen, an etw (dat) Anstoß nehmen **C** VP **~**
'av abstoßen; **~ 'bort** wegstoßen, fortstoßen; **~ 'bort ngn** j-n von sich stoßen; **~ (e)'mot ngt** an etw (akk) (an)stoßen; fig gegen etw verstoßen; **~ 'fram** hervorstoßen, ausstoßen; **~ i'från sig** von sich stoßen; **~ i'hop** zusammenstoßen; **~ om'kull** umstoßen; **~ 'på ngt** auf etw (akk) stoßen; **~ 'på ngn** an j-n geraten, j-m begegnen; **~ 'samman** zusammenstoßen; **~ 'till** zustoßen; anstoßen; **~ 'till'baka** zurückstoßen; **~ 'undan** fortstoßen; **~ 'upp** aufstoßen; **~ 'ut** ausstoßen **stötande** ADJ anstößig **stötdämpare** ⟨-n; -⟩ AUTO Stoßdämpfer m **stötesten** fig S Stein m des Anstoßes **stötfångare** ⟨-n; -⟩ AUTO Stoßstange f **stötig** ADJ (stoßend) holperig **stötsäker** ADJ stoßfest

stött [støt] fig ADJ gekränkt, beleidigt; umg eingeschnappt; **bli ~ för ngt** etw übel nehmen **stötta** **A** ⟨-n; -or⟩ TECH Strebe f, Stütze f **B** VT ⟨1⟩ stützen **stöttepelare** fig S Stütze f

stövare ['stø:varə] ⟨-n; -⟩ ZOOL Spürhund m, Stöber m

stövel ['støval] ⟨-n; -ar⟩ Stiefel m; **klädd i stövlar** in Stiefeln, gestiefelt **stövelknekt** S Stiefelknecht m **stövla** VI ⟨1⟩ stiefeln, stapfen; **komma ~nde** angestiefelt kommen

subjekt [sɵ'bjɛkt] N ⟨-et; -⟩ Subjekt n; GRAM a. Satzgegenstand m **subjektiv** ADJ subjektiv

sublim [sɵb'liːm] ADJ erhaben, sublim

sub'stans ⟨-en; -er⟩ Substanz f **substanti'ell** ADJ substanziell, wesentlich **substantiv** ['sɵbstantiːv] N ⟨-et; -⟩ GRAM Hauptwort n, Substantiv n

substi'tut N ⟨-et; -⟩ Ersatz m

sub'til ADJ subtil **subtili'tet** Subtilität f

subtra'hera VT ⟨1⟩ abziehen, subtrahieren (**från** von) **subtrak'tion** ⟨-en; -er⟩ Subtraktion f

sub'tropisk ADJ subtropisch

subven'tion ⟨-en; -er⟩ Subvention f **subventio'nera** VT ⟨1⟩ unterstützen, subventionieren

succé [sɵk'seː, sy-] ⟨-n; -er⟩ Erfolg m; **göra ~** Erfolg haben; **det blev en stor ~** es wurde/war ein großer Erfolg **succéförfattare** S erfolgreiche(r) Schriftsteller(in) m(f) **succéroman**

Erfolgsroman
succession [sʊksɛˈʃuːn] ⟨-en; -er⟩ Erbfolge f, Thronfolge f **successiv** ADJ allmählich
suck [sɵk] ⟨-en; -ar⟩ Seufzer m; **dra en djup ~** tief (auf)seufzen, einen tiefen Seufzer tun; **dra en lättnadens ~** erleichtert aufatmen; **dra sin sista ~** seinen letzten Seufzer ausstoßen **sucka** VT, VI ⟨1⟩ seufzen
suckat ⟨-en; -er; kein pl⟩ Zitronat n
sudd[1] [sɵd] ⟨-en; -ar⟩ Bausch m, Wisch m **sudd**[2] N ⟨-et; kein pl⟩ Bummelei f
sudd[3] N ⟨-et; -⟩ → suddgummi
sudda ⟨1⟩ A VT VI **1** wischen **2** bummeln, kneipen **3** radieren B VP ~ **'bort/'ut** auswischen, auslöschen; ausradieren **suddgummi** S N Radiergummi m **suddig** ADJ unklar, undeutlich, verwischt
suffix [sɵˈfiks] N ⟨-et; -⟩ Suffix n, Nachsilbe f
sufflé [sɵfˈleː] ⟨-n; -er⟩ GASTR Auflauf m, Soufflé n
suff'lera VT, VI ⟨1⟩ THEAT soufflieren
suff'lett ⟨-en; -er⟩ AUTO Verdeck n
suff'lör, **suff'lös** ⟨-en; -er⟩ Souffleur m, Souffleuse f
sug[1] ⟨-et; kein pl⟩ Verlangen n
sug[2] ⟨-en; -ar⟩ **tappa ~en** die Lust verlieren; **inte tappa ~en** nicht aufgeben
suga [ˈsʉːga] ⟨4⟩ A VT, VI **1** saugen; *Bonbon* lutschen (på an *dat*); **sjön suger** die Seeluft zehrt; **det suger i magen på mig** ich habe ein leeres Gefühl im Magen B VP ~ **sig 'fast** sich festsaugen; ~ **'in/'i sig** einsaugen, einziehen; ~ **'upp** aufsaugen; ~ **'ur** aussaugen; ~ **'ut** aussaugen
sugen *umg* ADJ hungrig; *umg* **vara (**od **känna sig) ~** *a.* Kohldampf haben; **vara ~ på ngt** auf etw (*akk*) Appetit haben; Lust zu etw haben; **vara ~ på en kopp kaffe** Kaffeedurst haben
sugga [ˈsɵga] ⟨-n; -or⟩ Sau f
suggerera [sɵgɛˈreːra] VT ⟨1⟩ suggerieren (**ngn till ngt** j-m etw) **sugges'tion** f ⟨-en; -er⟩ Suggestion f **sugges'tiv** ADJ suggestiv
sugrör [ˈsʉːɡrœːr] S N Trinkhalm m; TECH (An-)Saugrohr n; ZOOL Saugrüssel m
sukta [ˈsɵkta] *umg* VI ⟨1⟩ ~ **efter ngt** nach etw verlangen, sehnsüchtig auf etw warten
sula [ˈsʉːla] A ⟨-n; -or⟩ Sohle f B VT ⟨1⟩ besohlen
sulfa [ˈsɵlfa] ⟨-n⟩ Sulfonamid n
sulky [ˈsɵlki] ⟨-n; -er⟩ Sulky n; *Kinderwagen* Buggy m
sulning [ˈsʉːlniŋ] ⟨-en; -ar⟩ Besohlen n
summa [ˈsɵma] ⟨-n; -or⟩ Summe f **summ'arisk** ADJ summarisch, kurz zusammengefasst **summ'era** VT ⟨1⟩ zusammenzählen, summieren
sump [sɵmp] ⟨-en; -ar⟩ Fischkasten m; Kaffeesatz m
sumpa [ˈsɵmpa] *umg* VT ⟨1⟩ verpassen; verlieren; ~ **en chans** eine Chance verpassen **sumpig** ADJ sumpfig, morastig **sumpmark** M sumpfiger Boden m; Sumpf m, Morast m
sund[1] [sɵnd] N ⟨-et; -⟩ Sund m, Meerenge f
sund[2] ADJ gesund; **sunt förnuft** gesunder Menschenverstand
sup [sʉːp] ⟨-en; -ar⟩ Schnaps m; **ta en ~** einen trinken **supa** ⟨4⟩ A VT, VI trinken; *umg* saufen; zechen B VR ~ **sig full** sich betrinken, sich besaufen C VP *fig* ~ **'in** in sich (*akk*) aufnehmen; ~ **'upp** vertrinken, versaufen *umg*; ~ **i'hjäl sig** sich zu Tode trinken **supande** N ⟨-t; kein pl⟩ Saufen n
supé [sʉˈpeː] ⟨-n; -er⟩ Abendessen n, Souper n
superb [sʉˈpærb] ADJ vorzüglich, superb
superbra [ˈsʉːparbraː] ADJ, ADV supergut **superlativ** A ADJ überschwänglich, übermäßig B ⟨-en; -er⟩ GRAM Höchststufe f; Superlativ m **superlim** S N Superkleber m, Sekundenkleber m
supermakt S Supermacht f
suppleant [sɵplaˈant, -ˈaŋ] ⟨-en; -er⟩ Stellvertreter m, Ersatzmann m **supple'ment** N ⟨-et; -⟩ Ergänzung f, Anhang m
supporter [sɵˈpɔːtər] ⟨-n; -ar⟩ Förderer m; Anhänger m, Fan m
suput [sʉˈpʉːt] ⟨-en/-er; -er/-ar⟩ *umg umg* Saufbold m, Trunkenbold m
sur [sʉːr] ADJ sauer; nass, feucht; *fig* **bita i det ~a äpplet** in den sauren Apfel beißen; **se ~ ut** säuerlich aussehen, ein saures Gesicht machen; **det kommer ~t efter** das dicke Ende kommt nach; CHEM u. *fig* **reagera ~t** sauer re-

agieren **sura** V̄ɪ̄ ⟨1⟩ schmollen, eingeschnappt sein **surdeg** S̄ Sauerteig f **surfa** [´sœrfa] V̄ɪ̄ ⟨1⟩ Wellen reiten, surfen; windsurfen; **~ på Internet** im Internet surfen **surfare** ⟨-; -⟩ Surfer(in) m(f) **surfingbräda** S̄ Surfbrett n **surfning** ⟨-en; kein pl⟩ Wellenreiten n, Surfing n; Windsurfing n **surfplatta** S̄ IT Tablet n
surkart [sɵ:rka:ʈ] a. N̄ ⟨-en/-et; -ar⟩ unreifes/grünes Obst n; fig Griesgram m, Muffel m **surkål** S̄ Sauerkraut n **surmulen** ADJ griesgrämig, mürrisch, muff(e)lig; grämlich **surna** V̄ɪ̄ ⟨1⟩ sauer werden
surr [sœr] N̄ ⟨-et; kein pl⟩ Summen n, Surren n; Gesumm(e) n **surra¹** V̄ɪ̄ ⟨1⟩ summen, surren; schwirren
surra² [´sɵra] V̄ɪ̄ A V̄ɪ̄ zurren B V̄P ~ '**fast** festbinden; festzurren
surrealism [sørea´lism] ⟨-en; kein pl⟩ Surrealismus m **surrealistisk** ADJ surrealistisch
surrogat [sørʉ´ga:t] N̄ ⟨-et; -⟩ Ersatz (-stoff) m
surströmming [´sʉ:rstrœmiŋ] S̄ gegorener Ostseehering m
sus [sʉ:s] N̄ ⟨-et; kein pl⟩ Sausen n, Rauschen n; Säuseln n; **leva i ~ och dus** in Saus und Braus leben **susa** V̄ɪ̄ A V̄ɪ̄ sausen; rauschen; säuseln; **det ~r i öronen på mig** ich habe Ohrensausen B V̄P ~ '**fram** dahinsausen, heransausen
susen [´sʉ:sən] ⟨inv⟩ umg **det gör ~!** das zieht!, das haut hin!
sushi ⟨-n; kein pl⟩ Sushi n
suspekt [søs´pekt] ADJ verdächtig
suspendera [søspən´de:ra] V̄ɪ̄ ⟨1⟩ suspendieren; zeitweilig des Amtes entheben
sussa [´søsa] umg V̄ɪ̄ ⟨1⟩ Kindersprache schlafen; **gå och ~** in die Heia gehen
suverän [sɵve´rɛ:n] ADJ souverän, unabhängig; überlegen; umg spitze **suveräni'tet** ⟨-en; kein pl⟩ Souveränität f, Unabhängigkeit f
svabb [svab] ⟨-en; -ar⟩ Schwabber m, Schrubber m **svabba** V̄ɪ̄ ⟨1⟩ schwabbern, schrubben
svacka [´svaka] ⟨-n; -or⟩ Mulde f, Senke f; Vertiefung f; fig Tief n
svada [´sva:da] ⟨-n; kein pl⟩ Redefluss m, Wortschwall m

svag [sva:g] ADJ schwach; schwächlich; leise; leicht; Kaffee dünn; **vara ~ för ngn** eine Schwäche für j-n haben; **~ människa** a. Schwächling m **svagdricka** S̄ Dünnbier n **svaghet** ⟨-en; -er⟩ Schwäche f, Schwachheit f **svagsint** ADJ schwachsinnig, geistesschwach **svagström** S̄ ELEK Schwachstrom m
svaj [svaj] N̄ ⟨-et; kein pl⟩ umg **på ~** schräg; SCHIFF **ligga på ~** schwoien **svaja** V̄ɪ̄ ⟨1⟩ schwanken; wehen
sval [sva:l] ADJ kühl
svala [´sva:la] ⟨-n; -or⟩ Schwalbe f
svalg [svalj] N̄ ⟨-et; -⟩ ANAT Schlund m, Rachen m; Schlucht f, Kluft f
svalka [´svalka] ⟨-n; kein pl⟩ Kühle f; Kühlung f A V̄ɪ̄ ⟨1⟩ (ab)kühlen C V̄R ⟨1⟩ **~ sig** sich abkühlen, sich erfrischen
svall [sval] N̄ ⟨-et; -⟩ Schwall m **svalla** V̄ɪ̄ ⟨1⟩ wogen, fluten; wallen **svallning** ⟨-en; -ar⟩ Schwall m, Flut f; Wallung f; **råka i ~** in Wallung geraten **svallvåg** S̄ Sturzwelle f
svalna [´sva:lna] V̄ɪ̄ ⟨1⟩ (sich) abkühlen; fig erkalten
svamla [´svamla] V̄ɪ̄ ⟨1⟩ faseln **svammel** N̄ ⟨-et; kein pl⟩ Faselei f, Gefasel n; Unsinn m
svamp [svamp] ⟨-en; -ar⟩ BOT Pilz m; Schwamm m; **plocka ~** Pilze suchen/sammeln; **giftig ~** Giftpilz m **svampig** ADJ schwammig **svampinfektion** S̄ Pilzkrankheit f **svampplockning** S̄ Pilzsuche f **svampstuvning** S̄ Pilze in weißer Soße
svan [sva:n] ⟨-en; -ar/-or⟩ Schwan m **svanesång** S̄ Schwanengesang m
svanka [´svaŋka] V̄ɪ̄ ⟨1⟩ ein hohles Kreuz haben **svankrygg** S̄ Senkrücken m, Hohlkreuz n
svans [svans] ⟨-en; -ar⟩ Schwanz m; Schweif m; **vifta på ~en** mit dem Schwanz wedeln **svansa** V̄ɪ̄ ⟨1⟩ schwänzeln; **~ för ngn** vor j-m kriechen; **komma ~nde** geschwänzelt/angezottelt kommen **svansben** S̄ N̄ ANAT Steißbein n **svanskota** S̄ ANAT Schwanzwirbel m **svansspets** S̄, **svanstipp** S̄ Schwanzspitze f
svar [sva:r] N̄ ⟨-et; -⟩ Antwort f (**på ngt** auf etw akk), (**till ngn** an j-n); Entgegnung f, Erwiderung f; **om ~ anhålles**

um Antwort wird gebeten; **få till ~ zur/ als Antwort bekommen; bli ngn ~et skyldig** j-m die Antwort schuldig bleiben; **ge ngn ~ på tal** j-m die Antwort nicht schuldig bleiben, j-m gehörig die Meinung sagen, j-m über den Mund fahren; **stå till ~s inför ngn** j-m Rede (und Antwort) stehen (**för** wegen); **ställa ngn till ~s** j-n zur Rede stellen (**för** wegen) **svara** VT, VI antworten, erwidern, entgegnen (**på** auf akk), (**ngn** j-m); **~ för ngt** für etw verantwortlich sein; für etw einstehen/ bürgen; für etw aufkommen; **~ på en hälsning** einen Gruß erwidern **svarande** ⟨-n; -⟩ JUR Beklagte(r) m/f(m) **svaromål** S N JUR Klagebeantwortung f, Verteidigung f; **ingå i ~** antworten, sich verteidigen **svarskupong** S Antwortkupon m **svarslös** ADJ (aldrig) **vara ~** (nie) um eine Antwort verlegen sein **svarsporto** S N Rückporto n **svarssignal** S TEL Antwortsignal n **svart** [svaʈ] ADJ schwarz; **i ~** in Schwarz; **måla ngt i ~** etw schwarz malen; **se ~ på ngt** etw schwarz sehen; **~a tavlan** S die Schwarze Brett; die Wandtafel; **~a börsen** der Schwarzmarkt; **~a pengar** pl Schwarzgeld sg; **stå på ~a listan** auf der schwarzen Liste stehen; **~a pengar** schwarz verdientes Geld; **arbeta ~ med ngt** etw in Schwarzarbeit machen; **~ på vitt** schwarz auf weiß, schriftlich **svartbörshaj** S Schwarzhändler m **svartbörshandel** S Schwarzhandel m **svartaktig** ADJ schwärzlich **svartbygge** S N Schwarzbau m **svarthårig** ADJ schwarzhaarig **svartjobb** S N Schwarzarbeit f **svartklädd** ADJ in Schwarz, schwarz gekleidet **svartkonst** S Schwarzkunst f **svartlista** S auf die schwarze Liste setzen **svartmåla** fig VT ⟨1⟩ schwarzmalen **svartna** VI ⟨1⟩ schwarz werden; **det ~r för ögonen på mig** mir wird schwarz vor den Augen **svartpeppar** S schwarzer Pfeffer m **svartsjuk** ADJ eifersüchtig (**på** auf akk) **svartsjuka** S Eifersucht f **svartskalle** pej umg S Kanake m **svartsyn** S Schwarzseherei f **svartvit** ADJ schwarz-weiß **svartögd** ADJ schwarzäugig

svarv [svarv] ⟨-en; -ar⟩ Drehbank f; Drechselbank f **svarva** ⟨1⟩ A VT abdrehen; drechseln B VP **'till** zurechtdrehen; zurechtdrechseln **svarvare** ⟨-n; -⟩ Dreher(in) m(f); Drechsler(in) m(f) **svarvbänk** S, **svarvstol** S → svarv

svassa [ˈsvasa] VI ⟨1⟩ stolzieren; sich spreizen

svavel [ˈsvɑːvəl] N ⟨-et; kein pl⟩ Schwefel m **svavelhaltig** ADJ schwefelhaltig, schwefelig **svavelsyra** S Schwefelsäure f

sveda [ˈsveːda] A ⟨-n; kein pl⟩ brennender Schmerz, Brennen n, Beißen n; **ersättning för ~ och värk** Schmerzensgeld n B VT ⟨2⟩ sengen; anbrennen C VP ⟨2⟩ **~ 'av** absengen, versengen

svek [sveːk] N ⟨-et; -⟩ Falschheit f; Treulosigkeit f; **utan ~** ohne Betrug **svekfull** ADJ trügerisch, falsch, treulos

svensexa [ˈsvɛnsɛksa] S ≈ Junggesellenabschied m, Polterabend m für den Bräutigam

svensk [svɛnsk] A ADJ schwedisch B ⟨-en; -ar⟩ Schwede m, Schwedin f **svenska** 1 ⟨-n; kein pl⟩ Schwedisch n; **på ~** auf Schwedisch; **tala ~** Schwedisch sprechen; **översätta från ~ till tyska** aus dem Schwedischen ins Deutsche übersetzen; **vad heter det på ~?** wie heißt das auf Schwedisch? 2 ⟨-n; -or⟩ Schwedin f **svenskfödd** ADJ als Schwede/Schwedin geboren **svenskhet** ⟨-en; kein pl⟩ Schwedentum n **svenskspråkig** ADJ Schwedisch sprechend; auf Schwedisch **svensktalande** ADJ schwedischsprachig **svensk-tysk** ADJ schwedisch-deutsch **svenskundervisning** S Schwedischunterricht m **svenskättling** S **vara ~** schwedischer Abstammung sein

svep [sveːp] N ⟨-et; -⟩ Zug m; **i ett ~** auf einmal, auf einen Zug **svepa** ⟨2⟩ A VT hüllen, wickeln (**i** in akk) B VI Wind fegen C VP **~ 'fram** dahinfegen (**över** über akk); **~ för'bi** vorbeifegen; **~ 'i sig** hinuntergießen, hinunterkippen; **~ 'in** einhüllen, einwickeln; **~ 'in sig i en badrock** sich (akk) in einen Bademantel hüllen; **~ 'om** umhüllen, umwickeln; **~ 'om ngn** j-n zudecken; **~ 'om sig ngt** sich etw umhängen, um-

tun **svepning** ⟨-en; -ar⟩ Leichentuch n, Leichenhemd n, Sterbekleid n
svepskäl S N Vorwand m
Sverige ['sværjə] N ⟨inv⟩ Schweden n
svets [svets] ⟨-en; -ar⟩ TECH Schweißung f **svetsa** ⟨1⟩ A VT schweißen B VP ~ 'fast anschweißen; ~ 'samman zusammenschweißen **svetsare** ⟨-n; -⟩ Schweißer(in) m(f)
svett [svet] ⟨-en; kein pl⟩ Schweiß m; **badande i ~** schweißgebadet **svettas** VT ⟨dep 1⟩ schwitzen, transpirieren
svettdroppe S Schweißtropfen m
svettdrypande ADJ schweißtriefend
svettig ADJ schweißig, schwitzend, durchgeschwitzt; **jag är ~** ich bin durchgeschwitzt
svida ['svi:da] VI ⟨4⟩ brennen; beißen; schmerzen; **med ~nde hjärta** mit blutendem Herzen
svika ['svi:ka] ⟨4⟩ A VT täuschen; im Stich lassen; Wort brechen; **om mitt minne inte sviker mig** wenn mich mein Gedächtnis nicht trügt; **modet sviker mig** mein Mut versagt B VI versagen
svikt [svikt] ⟨-en; -ar⟩ Federung f; Biegsamkeit f, Schwung m, Spannkraft f; Sprungbrett n **svikta** ⟨1⟩ federn; sich biegen; (sch)wanken; nachgeben
sviktbräda S Sprungbrett n **sviktshopp** S N Sprung m vom Sprungbrett; Kunstspringen n
svimfärdig umg ADJ **vara ~** einer Ohnmacht nahe sein **svimma** VT ⟨1⟩ ohnmächtig werden, in Ohnmacht fallen **svimning** ⟨-en; -ar⟩ Ohnmacht f **svimningsanfall** S N Ohnmachtsanfall m
svin [svi:n] N ⟨-et; -⟩ Schwein n; pej Sau f **svina** umg VT ⟨1⟩ ~ 'ner versauen **svinaktig** ADJ schweinisch, unanständig; gemein **svinaktighet** ⟨-en; -er⟩ Schweinerei f, Unanständigkeit f; Gemeinheit f **svinavel** S Schweinezucht f
svindel ['svindəl] ⟨-n; kein pl⟩ Schwindel m; **få ~** schwindlig werden; **ha anlag för ~** an Schwindel leiden, leicht schwindlig werden **svindla** ⟨1⟩ schwindeln; **det ~r för ögonen på mig** es schwindelt mir vor den Augen **svindlande** ADJ schwindelnd; fig schwindelerregend **svindlare** ⟨-n; -⟩ Schwindler(in) m(f); Hochstapler(in) m(f)
svindyr ['svi:ndy:r] ADJ saumäßig teuer
svineri [svinə'ri:] umg N ⟨-et; -er⟩ Schweinerei f, Sauerei f
svinga ['sviŋa] VT ⟨1⟩ schwingen
svinhus ['svi:nhu:s] S N Schweinestall m **svininfluensa** S Schweinegrippe f **svinkall** ADJ saukalt **svinläder** S N Schweinsleder n **svinmat** S Schweinefutter n
svinn [svin] N ⟨-et; -⟩ Schwund m
svinotta ['svi:nuta] umg S **i ~n** in aller Herrgottsfrühe **svinstia** S Schweinestall m
svira ['svi:ra] VI ⟨1⟩ zechen, bummeln
sviskon ['sviskɔn] S ⟨-et; -⟩ BOT Zwetsch(g)e f, (Back-)Pflaume f
svit [svi:t] ⟨-en; -er⟩ Gefolge n, Suite f; Folge f, Nachwirkung f; Reihe f, Flucht f; Kartenspiel Sequenz f
svordom ['svu:dɔm] S Fluch m
svullen ['svɛlən] ADJ (an)geschwollen; verquollen, dick; (auf)gedunsen **svullna** ⟨1⟩ A VI (an)schwellen, dick werden B VP ~ **i'gen** zuschwellen **svullnad** ⟨-en; -er⟩ Schwellung f
svulst [svɛlst] ⟨-en; -er⟩ Geschwulst f; fig Schwulst m **svulstig** ADJ schwülstig
svulten ['svɛltən] ADJ hungrig; verhungert, ausgehungert
svunnen ['svɛnən] ADJ geschwunden, vergangen
svuren ['sve:rən] ADJ geschworen
svåger ['svɔ:gər] ⟨-n; -ar⟩ Schwager m
svål [svɔ:l] ⟨-en; -ar⟩ Schwarte f
svångrem ['svɔŋrem] S Gürtel m, Leibriemen m; fig **dra 'åt ~men** den Gürtel enger schnallen
svår [svɔ:r] ADJ schwer; schwierig; stark; streng; **~t att säga** schwer zu sagen; **det blir (inte) ~t** es fällt (nicht) schwer; **jag har ~t (för)** es fällt mir schwer; **ha ~t att fatta** schwer begreifen **svårartad** ADJ bösartig **svårbegriplig**, **svårfattlig** ADJ schwer verständlich/fasslich **svårframkomlig** ADJ schwer fahrbar **svårförklarlig** ADJ schwer zu erklären **svårhanterlig** ADJ unhandlich; schwierig, unbändig **svårighet** ⟨-en; -er⟩ Schwierigkeit f; **ha sina ~er** mit Schwierigkeiten verbunden sein **svårighetsgrad** S Schwierig-

keitsgrad m **svårligen** ADV schwerlich
svårmod S N Schwermut f **svårmodig** ADJ schwermütig **svårsmält** ADJ schwer verdaulich **svårsåld** ADJ schwer verkäuflich **svårtillgänglig** ADJ schwer zugänglich **svårtolkad** ADJ schwer zu deuten **svåråtkomlig** ADJ schwer zugänglich; WIRTSCH schwer zu bekommen
svägerska ['svɛːgaʂka] ⟨-n; -or⟩ Schwägerin f
svälja ['svɛlja] ⟨4⟩ A Vt (ver)schlucken; ~ **förtreten** seinen Ärger hinunterschlucken B VP ~ **'ner** hinunterschlucken
svälla ['svɛla] ⟨2⟩ A Vi (an)schwellen; aufquellen, erquellen; fig strotzen (**av** von dat) B VP ~ **'upp/'ut** anschwellen, aufschwellen
svält [svɛlt] ⟨-en; kein pl⟩ Hunger m; **dö av** ~ vor Hunger umkommen/sterben **svälta** ⟨4/2⟩ A Vt hungern lassen B Vi hungern, darben C Vr ~ **sig** eine Hungerkur (durch)machen D VP ~ **i'hjäl** verhungern, sich zu Tode hungern; ~ **'ut aushungern svältdöd** S Hungertod m **svältfödd** ADJ unterernährt **svältgräns** S **leva på ~en** am Hungertuch nagen **svältlön** S Hungerlohn m
svämma ['svɛma] VP ⟨1⟩ ~ **'över** überschwemmen, überfließen, überlaufen; ~ **'över sina bräddar** über die Ufer treten
sväng [svɛŋ] ⟨-en; -ar⟩ Biegung f, Krümmung f, Kehre f, Wende f; Umdrehung f; Schwung m; umg Tänzchen n; umg Runde f; fig **vara 'med i ~en** überall mit dabei sein **svänga** ⟨2⟩ A Vt, Vi schwingen; schwenken; **musiken svänger** die Musik swingt; ~ **fram och tillbaka** hin und her pendeln; ~ **med armarna** mit den Armen schlenkern B Vi (ab)biegen; ~ **om hörnet** um die Ecke biegen C Vr ~ **sig** schwingen; fig Ausflüchte machen; ~ **sig med ngt** mit etw um sich werfen D VP ~ **'av** abbiegen, abschwenken; SCHIFF ausscheren; ~ **i'hop** schnell machen; ~ **'in på** in (akk) abbiegen; ~ **'runt** umdrehen; ~ **'ut** ausschwingen **svängbro** S Drehbrücke f **svängd** ADJ geschwungen, gebogen, krumm; geschweift **svängdörr** S Drehtür f

svänghjul S N Schwungrad n **svängning** ⟨-en; -ar⟩ Schwingung f; Schwenkung f; Schwankung f **svängom** ⟨inv⟩ umg Tänzchen n; **ta sig en** ~ das Tanzbein schwingen **svängrum** S N (Spiel-)Raum m, Platz m
svära ['svɛːra] ⟨4⟩ A Vt schwören (**på** auf akk), (**vid** bei); ~ **ngn trohet** j-m Treue schwören B Vi fluchen (**över** auf akk) C Vr ~ **sig fri** sich freischwören
svärd [svæːɖ] N ⟨-et; -⟩ Schwert n **svärdfisk** S Schwertfisch m
svärdotter ['svæːɖɔtər] S Schwiegertochter f
svärdslilja ['svæːɖslilja] S BOT Schwertlilie f
svärfa(de)r ['svæːrfɑːr] S Schwiegervater m **svärföräldrar** PL Schwiegereltern pl
svärja ['sværja] → svära
svärm [sværm] ⟨-en; -ar⟩ Schwarm m **svärma** Vi ⟨1⟩ schwärmen (**för** für) **svärmare** ⟨-n; -⟩ Schwärmer(in) m(f) **svärme'ri** N ⟨-et; -er⟩ Schwärmerei f; Person Schwarm m
svärmo(de)r ['sværmuːr] S Schwiegermutter f **svärson** S Schwiegersohn m
svärta ['svæʈa] A ⟨-n; -or⟩ Schwärze f B Vt ⟨1⟩ schwärzen C VP ~ **'av sig** abfärben; ~ **'ner** anschwärzen (**ngn inför ngn** j-n bei j-n)
sväva ['svɛːva] ⟨1⟩ A Vi schweben; Blick schweifen; ~ **på målet** sich unbestimmt ausdrücken, stottern, stammeln; ~ **i ovisshet om ngt** im Ungewissen über etw sein B VP ~ **'ut i sitt tal** in dem, was man sagt ausschweifen
svävande ADJ schwebend; unbestimmt; verschwommen; unsicher; **hålla sig** ~ sich in der Schwebe halten
svävare ⟨-n; -⟩ Luftkissenfahrzeug n
sy [syː] ⟨3⟩ A Vt, Vi nähen; schneidern; ~ **på en klänning** an einem Kleid nähen; ~ **för hand/på maskin** mit der Hand/auf der Maschine nähen; **låta ~ en kostym (åt sig)** sich (dat) einen Anzug machen lassen B VP ~ **'i annähen**; ~ **i'gen/i'hop zunähen**; ~ **'in einnähen**; ~ **'om umnähen**; ~ **'på aufnähen syarbete** S N Näharbeit f, Näherei f **syateljé** S Damenschneiderei f **sybehör** S N Nähzeug n, Nähutensilien pl

sybehörsaffär ⓢ Kurzwarenhandlung f **sybord** ⓢⓃ Nähtisch n

syd [sy:d] ⟨inv⟩ Süd m, Süden m **Sydeuropa** ⓝ ⟨inv⟩ Südeuropa n **sydeuropé** ⓢ Südeuropäer m **sydeuropeisk** ADJ südeuropäisch **sydkust** ⓢ Südküste f **sydlig** ADJ südlich **sydländsk** ADJ südländisch **sydlänning** ⟨-en; -ar⟩ Südländer(in) m/f **syd'ost** Ⓐ ADV südöstlich (om von od gen) Ⓑ ⓢ Südost m, Südosten m **syd'ostlig** ADJ südöstlich **sydpol** ⓢ Südpol m **sydsida** ⓢ Südseite f **sydsken** ⓢⓃ Südlicht n **sydspets** ⓢ Südspitze f **sydsvensk** Ⓐ ADJ südschwedisch Ⓑ ⓢ Südschwede m, Südschwedin f **sydtysk** Ⓐ ADJ süddeutsch Ⓑ ⓢ Süddeutsche(r) m/f(m) **syd'väst** Ⓐ ADV südwestlich (om von od gen) Ⓑ ⓢ ① Südwest(en) m ② Kopfbedeckung Südwester m **syd'västlig**, **syd'västra** ADJ südwestlich **syd'östlig**, **syd'östra** ADJ südöstlich

syfilis ['sy:filis] ⟨-en; kein pl⟩ MED Syphilis f

syfta ['syfta] ⟨1⟩ Ⓐ ⓥⓘ zielen; ~ på ngt sich auf etw (akk) beziehen; auf etw (akk) (ab)zielen; fig det ~r på mig das geht auf mich, das ist auf mich gemünzt; ~ till ngt auf etw (akk) (ab)zielen Ⓑ ⓥⓟ ~ till'baka sich beziehen, zurückweisen (på auf akk)

syfte ['syfta] Ⓝ ⟨-t; -n⟩ Zweck m, Ziel n; **ha till ~** bezwecken; **i detta ~** zu diesem Zweck; **i vilket ~?** zu welchem Zweck?; **i ~ att ...** in der Absicht zu ...; zum Zweck(e), zwecks (gen) **syftning** ⟨-en; -ar⟩ Beziehung f (på auf akk)

syförening ['sy:fœre:niŋ] ⓢ, **syjunta** ⓢ Nähkränzchen n **sykorg** ⓢ Nähkorb m, Nähkörbchen n

syl [sy:l] ⟨-en; -ar⟩ Ahle f, Pfriem m; **inte få en ~ i vädret** nicht zu Worte kommen (können)

sylt [sylt] ⟨-en; -er⟩ Eingemachte(s), Konfitüre f **sylta** Ⓐ ⟨-n; -or⟩ Sülze f; fig umg Kneipe f Ⓑ ⓥⓣ, ⓥⓘ ⟨1⟩ einmachen, einkochen Ⓒ ⓥⓟ ⟨1⟩ umg ~ 'in einmachen, einkochen; umg ~ 'in sig i ngt in etw (akk) hineingeraten (od verwickelt werden) **syltburk** ⓢ Einmachglas n **syltlök** ⓢ Perlzwiebel f **syltning** ⟨-en; -ar⟩ Einmachen n, Einkochen n

symaskin ['sy:maʃi:n] ⓢ Nähmaschine f

symbios [symbi'o:s] ⟨-en; kein pl⟩ Symbiose f

symbol [sym'bo:l] ⟨-en; -er⟩ Symbol n, Sinnbild n **symboli'sera** ⓥⓣ ⟨1⟩ symbolisieren **symbolisk** ADJ symbolisch, sinnbildlich

symfoni [symfu'ni:] ⟨-n; -er⟩ Sinfonie f **sym'fonisk** ADJ sinfonisch

symme'tri ⟨-n; -er⟩ Symmetrie f, Gleichmaß n, Ebenmaß n **sym'metrisk** ADJ symmetrisch, gleichmäßig, ebenmäßig

sympa'ti ⟨-n; -er⟩ Sympathie f, Mitgefühl n; (Zu-)Neigung f **sympati'sera** ⓥⓘ ⟨1⟩ sympathisieren (med mit) **sympa'tisk** ADJ sympathisch **sympatistrejk** ⓢ Sympathiestreik m **sympati'sör** ⟨-en; -er⟩ Sympathisant(in) m/f(m)

sym(p)tom [sym'to:m] ⓝ ⟨-et; -⟩ Symptom n, (An-)Zeichen n **sym(p)to'matisk** ADJ symptomatisch, bezeichnend (för für)

syn [sy:n] ⟨-en; -er⟩ Gesicht n; Augenlicht n; Anblick m; Besichtigung f; fig Auffassung f (på gen od von), Blick m (på für), Betrachtungsweise f (på gen); ~ på livet Lebensanschauung f; **ha god/dålig ~** gut/schlecht sehen, gute/schlechte Augen haben; **mista ~en** das Augenlicht verlieren, erblinden; **få ~ på** bemerken; zu Gesicht (od zu sehen) bekommen; fig **bli lång i ~en** ein langes Gesicht machen; **för ~s skull** zum Schein; **ha ~er, se i ~e** Sachen sehen; **till ~es** anscheinend **syna** ⓥⓣ ⟨1⟩ besichtigen, mustern; ~ **ngt i sömmarna** etw unter die Lupe nehmen **synas** ⟨dep 2⟩ Ⓐ ⓥⓘ sichtbar (od zu sehen) sein; erscheinen, zum Vorschein kommen, hervortreten; ersichtlich sein; scheinen, dünken; **det syns på honom** man sieht es ihm an Ⓑ ⓥⓟ ~ 'till zu sehen sein **synbar** ADJ sichtbar, sichtlich; **en ~ förändring** eine sichtbare/sichtliche Veränderung **synbarligen** ADV augenscheinlich, offenbar, offensichtlich; anscheinend **synbild** ⓢ Sehbild n

synd [synd] ⟨-en; -er⟩ ① Sünde f (mot gegen) ② Schaden m; **det är ~ att ...** es ist schade, dass ...; **det är ~ om honom** er tut mir leid; **jag tycker ~ om**

honom es tut mir leid um ihn; **honom är det inte ~ om!** er braucht einen nicht leid zu tun!; **det är ~ att säga att ...** man kann nicht gerade sagen, dass ...; **så ~!** wie schade! **synda** VI ⟨1⟩ sündigen (**mot** gegen), sich versündigen (**mot an** dat); verstoßen (**mot** gegen) **syndabekännelse** S Sündenbekenntnis n **syndabock** fig S Sündenbock m **syndafall** S N Sündenfall m **syndaflod** S Sintflut f **syndare** ⟨-n; -⟩ Sünder(in) m(f) **syndaregister** S N Sündenregister n **syndig** ADJ sündig, sündhaft; **~ dyr** sündhaft teuer **syndikalism** [syndika'lism] ⟨-en; kein pl⟩ Syndikalismus m **syndika'list** ⟨-en; -er⟩ Syndikalist m **syndi'kat** N ⟨-et; -⟩ Syndikat n
synergieffekt ['synergi:e'fekt] S Synergieeffekt m
synfel ['sy:nfe:l] S N Sehfehler m **synfält** S N Gesichtsfeld n, Blickfeld n **synförmåga** S Sehvermögen n **synhåll** S N **inom/utom** ~ in/außer Sicht
synkron [syn'kro:n] ADJ synchron **synkroni'sera** VT ⟨1⟩ synchronisieren
synlig ['sy:nli(g)] ADJ sichtbar **synminne** S N visuelles Gedächtnis n
synnerhet ['synərhe:t] ⟨inv⟩ **i ~** besonders, namentlich, insbesondere; **i all ~** ganz besonders; **i (all) ~ som** zumal (da), umso mehr als **synnerligen** ADV sehr, außerordentlich, ungemein; **inte ~** nicht besonders
synnerv ['sy:nærv] S Sehnerv m
synonym [syno'ny:m] A ADJ synonym, sinnverwandt B ⟨-en; -er⟩ Synonym n **synpunkt** ['sy:npɵŋkt] S Gesichtspunkt m **synsinne** S N Gesichtssinn m **synskadad** ADJ sehbehindert **synskärpa** S Sehschärfe f
synt [synt] ⟨-en; -ar⟩ umg Synthesizer m
syntaktisk [syn'taktisk] ADJ syntaktisch **syn'tax** ⟨-en; -er⟩ Satzlehre f, Syntax f **syn'tes** ⟨-en; -er⟩ Synthese f **syn'tetfiber** S Kunstfaser f **syn'tetisk** ADJ synthetisch
synvidd ['sy:nvidd] S Sehweite f **synvilla** S optische Täuschung f **synvinkel** ['sy:nviŋkel] S Gesichtswinkel m
synål ['sy:no:l] S Nähnadel f
syra ['sy:ra] ⟨-n; -or⟩ CHEM Säure f; B VT ⟨1⟩ säuern

syre N ⟨-t; kein pl⟩ CHEM Sauerstoff m **syrebrist** S Sauerstoffmangel m
syren [sy're:n] ⟨-en; -er⟩ Flieder m **syrenbuske** S Fliederstrauch m
syretillförsel ['sy:ratil'fœsəl] S Sauerstoffzufuhr f **syrgas** S Sauerstoffgas n **syrgasbehållare** S Sauerstoffflasche f
Syrien ['syriən] Syrien n **syrier** Syrier m **syrisk** syrisch **syriska** Syrierin f
syrlig ['sy:rli(g)] ADJ säuerlich; **~a karameller** saure Drops
syrsa ['sysa] ⟨-n; -or⟩ ZOOL Grille f
syrsätta ['sy:ˌsɛta] VT ⟨4⟩ Sauerstoff zuführen
syskon ['syskɔn] N ⟨-et; -⟩ Geschwisterteil n, Bruder m oder Schwester f; **mina ~** meine Geschwister **syskonbarn** S N Nichte f; Neffe m
syskrin ['sy:skri:n] S N Nähkästchen n
sysselsätta ['sysəlsɛta] VT, V/R ⟨4⟩ beschäftigen (**sig** sich), (**med** mit) **sysselsättning** S Beschäftigung f **syssla** A ⟨-n; -or⟩ Beschäftigung f, Verrichtung f; Arbeit f; **sköta sina sysslor** seinen Geschäften nachgehen B VI ⟨1⟩ sich beschäftigen/abgeben/befassen (**med** mit)
syssling ['sysliŋ] ⟨-en; -ar⟩ Cousin(e) m(f) od Vetter/Base m/f zweiten Grades
sysslolös ['sysuløːs] ADJ müßig, unbeschäftigt **sysslolöshet** ⟨-en; kein pl⟩ Untätigkeit f, Müßiggang m
system [sys'te:m] N ⟨-et; -⟩ ❶ System n ❷ umg **gå på/till ~et** im Systembolaget® einkaufen; → systembolag **systema'tik** ⟨-en; kein pl⟩ Systematik f **systemati'sera** VT ⟨1⟩ systematisieren **syste'matisk** ADJ systematisch **systembolag** S N, **Systembolaget®** ⟨inv⟩ Monopolgesellschaft für den Verkauf alkoholischer Getränke **systemfel** S IT Systemfehler m **systemkontroll** S IT Systemsteuerung f **systemkrasch** S IT Systemabsturz m **syste'merare** ⟨-n; -⟩ Systemanalytiker(in) m(f) **systemskifte** S N Systemwechsel m **systemvetare** ⟨-n; -⟩ Informatiker(in) m(f)
syster ['systər] ⟨-n; -ar⟩ Schwester f **systerdotter** S Nichte f **systerfartyg** S N Schwesterschiff n **systerlig** ADJ schwesterlich **systerson** S Neffe m
sytråd ['sy:tro:d] S Nähfaden m, Näh-

garn *n*
så¹ [so:] ⟨3⟩ **A** VT (be)säen **B** VP ~ 'ut aussäen
så² **A** ADV so, derart, dermaßen; *in Ausruf und Frage* wie, so; *zeitlich* dann, darauf; also; ~ där/här so; ~ här stor so groß (wie dieses); ~ att säga sozusagen, gewissermaßen; ~ kallad sogenannt; om ~ är fallet wenn es sich so verhält; må ~ vara (es) mag sein; ~ gott som so gut wie, beinahe; ~ bra recht gut; och ~ vidare und so weiter; ~ mycket bättre umso besser (än als); tack(ar) ~ mycket! danke sehr!; ~ du ser ut! wie siehst du nur aus!; ~ där, ja! na also!; ~ roligt! wie nett!; ~ synd! wie schade! **B** KONJ ~ att sodass; damit; ~ ... som ... so ... wie ... **C** PRÄP i ~ fall dann, in diesem Fall(e); på ~ sätt auf diese Weise
sådan ['so:dan] DEM PR solch(e, er, es), derartig, so ein(e, er, s); ~ är han so ist er; en ~ som han so einer wie er; en ~ människa ein solcher Mensch, so (-Ich) ein Mensch; något ~t so (et)was; en ~ tur! so ein Glück!
sådd [sɔd] ⟨-en; -er⟩ (Aus-)Saat *f*; Säen *n*
såg [so:g] ⟨-en; -ar⟩ Säge *f* **såga** ⟨1⟩ **A** VT, VI **1** sägen **2** *kritisieren umg* verreißen **B** VP ~ 'av absägen; ~ i'genom durchsägen; ~ 'ner 'umsägen; ~ 'sönder zersägen; ~ 'ut aussägen **sågblad** S N Sägeblatt *n* **sågbock** S Sägebock *m* **sågning** ⟨-en; -ar⟩ Sägen *n* **sågspån** S N Sägespäne *pl*; Sägemehl *n* **sågverk** S N Sägemühle *f*, Sägewerk *n*
såld [sɔld] ADJ verkauft; *fig* verloren; *umg* verraten und verkauft, aufgeschmissen
således ['sɔ:ledas] ADV also, folglich
såll [sɔl] N ⟨-et; -⟩ Sieb *n* **sålla** VT ⟨1⟩ sieben; *fig a.* sichten
sålunda ['sɔ:lənda] ADV also; so, folgendermaßen
sång [sɔŋ] ⟨-en; -er⟩ Gesang *m*; Lied *n* **sångare** ⟨-n; -⟩ Sänger(in) *m* **sångbok** S Liederbuch *n* **sångerska** ⟨-n; -or⟩ Sängerin *f* **sångfågel** S Singvogel *m* **sångkör** [-kœːr] S Sängerchor *m* **sånglektion** S Gesangstunde *f* **sångröst** S (Sing-)Stimme *f*
såning ['sɔ:nɪŋ] ⟨-en; kein pl⟩ Säen *n*

såningsmaskin S Sämaschine *f*
såpa ['sɔ:pa] **1** ⟨-n; -or⟩ Schmierseife *f* **2** → såpopera **såpbubbla** S Seifenblase *f* **såpopera** S Seifenoper *f*
sår [sɔːr] N ⟨-et; -⟩ Wunde *f* **såra** VT ⟨1⟩ verwunden, verletzen; beleidigen, kränken **sårad** ADJ verwundet, verletzt (i armen am Arm); beleidigt; svårt ~ schwer verwundet; djupt ~ tief beleidigt; känna sig ~ sich verletzt fühlen **sårande** *fig* ADJ verletzend **sårbar** ADJ verwundbar, verletzlich; *fig* empfindlich; ~ punkt wunder Punkt **sårbarhet** ⟨-en; kein pl⟩ Verletzbarkeit *f*; Empfindlichkeit *f* **sårig** ADJ wund **sårsalva** S Wundsalbe *f* **sårskorpa** S (Wund-)Schorf *m*, Kruste *f*
sås [sɔːs] ⟨-en; -er⟩ Soße *f*, Tunke *f*
såsom ['sɔːsɔm] KONJ wie; als
såsskål ['sɔːskɔːl] S Soßenschüssel *f*; Sauciere *f*
såtillvida ['sɔːtɪlviːda] ADV insofern (som als) **såvida** KONJ sofern, wenn, falls **såvitt** KONJ soviel, soweit; ~ jag vet meines Wissens, soviel ich weiß; inte ~ jag vet nicht dass ich wüßte, meines Wissens nicht **såväl** KONJ ... som sowohl ... als auch

säck [sɛk] ⟨-en; -ar⟩ Sack *m*; *fig* köpa grisen i ~en die Katze im Sack kaufen **säcka** VP ⟨1⟩ ~ i'hop schlappmachen, zusammensacken **säckig** ADJ *Kleidung* schlecht sitzend; *Hose* ausgebeult **säcklöpning** S Sacklaufen *n*, Sackhüpfen *n* **säckpipa** S MUS Dudelsack *m* **säckpipeblåsare** S Dudelsackpfeifer(in) *m(f)* **säckväv** S Sackleinen *n*
säd [sɛːd] ⟨-en; kein pl⟩ **1** Getreide *n*, Korn *n* **2** männlicher Samen *m* **sädesax** S N Kornähre *f* **sädesbrännvin** S N Korn *m*, Kornbranntwein *m* **sädesfält** S N Kornfeld *n*, Getreidefeld *n* **sädesmagasin** S Kornspeicher *m*, Getreidespeicher *m* **sädesodling** S Getreideanbau *m* **sädesslag** S N Getreideart *f* **sädesvätska** S Samenflüssigkeit *f*
säga ['sɛja] ⟨4⟩ **A** VT sagen; säger du det! nein, wirklich!; det må jag ~! wahrhaftig!; var det inte det jag sa! habe ich das nicht (gleich) gesagt!; vad var det jag sa! das habe ich ja gleich gesagt!; så att ~ sozusagen, gewissermaßen; sagt och gjort,

getan; **uppriktigt sagt** offen gestanden; **vad vill det ~?** was soll das heißen?; **det sägs/man säger** man sagt; **han sägs vara död** er soll tot sein; **det säger sig självt** das versteht sich von selbst; **det vill ~** das heißt; **jag har hört ~s** ich habe gehört (od sagen hören), ich habe mir sagen lassen; **efter vad det sägs** angeblich, wie es heißt; **vad säger du om det?** was sagst du dazu?; **~ ngt efter ngn** von j-m (od über j-n) sagen; j-m etw nachsagen; **~ ngt till ngn** (zu) j-m etw sagen; **~ ngt åt ngn** j-m etw sagen B VP **~ 'efter** nachsagen; **~ e'mot** widersprechen (dat); **~ i'från** (Bescheid) sagen; mit Bestimmtheit erklären; **~ i'från på skarpen** klipp und klar (seine Meinung) sagen; **~ 'om** wiederholen, noch einmal sagen; **~ rent 'ut** offen und ehrlich sagen; **~ 'till** (Bescheid) sagen, Bescheid geben; **~ 'till om** bestellen; befehlen; **inte ha ngt att ~ 'till om** nichts zu sagen haben; **~ 'upp** kündigen (**ngn** j-m); **~ 'upp avtalet** den Vertrag kündigen; **~ 'upp sig** kündigen, seine Stellung aufgeben; **~ 'upp bekantskapen med ngn** j-m die Freundschaft kündigen **sägen** ⟨-en; -er⟩ Sage f

säker ['sɛːkər] ADJ sicher (**för ngn** vor j-m), (**om/på** gen); gewiss (**på/om** gen); zuverlässig; (**inte**) **gå ~ för ngn** vor j-m (nicht) sicher sein; **vara ~ på hand** eine sichere Hand haben; **det är bäst att ta det säkra före det osäkra** sicher ist sicher **säkerhet** ⟨-en; kein pl⟩ a. WIRTSCH Sicherheit f; Gewissheit f; Zuverlässigkeit f; **för ~s skull** sicherheitshalber, für alle Fälle; **ställa ~** Sicherheit stellen/leisten **säkerhetsanordning** S̅ Sicherheitsvorrichtung f **säkerhetsavstånd** S̅N Sicherheitsabstand m **säkerhetsbestämmelse** S̅ Sicherheitsvorschrift f **säkerhetsbälte** S̅N Sicherheitsgurt m; **spänna 'fast ~t** sich anschnallen **säkerhetskedja** S̅ Sicherheitskette f **säkerhetskopia** S̅ IT Sicherungskopie f **säkerhetskopiera** VT ⟨1⟩ IT sichern **säkerhetsnål** S̅ Sicherheitsnadel f **säkerhetspolis** S̅ Sicherheitspolizei f **säkerhetsrisk** S̅ Sicherheitsrisiko n **säkerhetsskäl** S̅N **av ~** aus Sicherheitsgründen **säkerhetstjänst** S̅ Sicherheitsdienst m **säkerhetsåtgärd** S̅ Sicherheitsmaßnahme f; Sicherheitsvorkehrung f **säkerligen** ADV gewiss, sicher(lich) **säkerställa** VT ⟨2⟩ sicherstellen **säkert** ADV sicher(lich), bestimmt; **lova ~** fest versprechen **säkra** VT ⟨1⟩ sichern **säkring** ⟨-en; -ar⟩ Sicherung f; **~ har gått** die Sicherung ist durchgebrannt

säl [sɛːl] ⟨-en; -ar.⟩ ZOOL Seehund m, Robbe f

sälja ['sɛlja] ⟨4⟩ A VT verkaufen (**ngt till ngn** j-m etw, **om ngn** von j-m); **lätt/svår att ~** leicht/schwer verkäuflich B VP **~ 'ut** ausverkaufen **säljare** ⟨-n; -⟩ Verkäufer(in) m(f) **säljbar** ADJ verkäuflich **sälla** ['sɛla] VR ⟨1⟩ **~ sig till ngn** sich zu j-m gesellen

sällan ['sɛlan] selten; umg **~!** ganz bestimmt nicht! auf keinen Fall!

sällsam ['sɛlsam] ADJ seltsam

sällskap ['sɛlska:p] ⟨-et; -⟩ Gesellschaft f; Verein m; Begleiter(in) m(f); Begleitung f, Gefolge n; Anschluss m, Verkehr m; **få/ha ~** a. denselben Weg haben; **ha ~ med ngn** mit j-m befreundet sein; umg mit j-m gehen; **göra/hålla ngn ~** j-m Gesellschaft leisten **sällskapa** VI ⟨1⟩ verkehren (**med** mit) **sällskaplig** ADJ gesellig, umgänglich **sällskapslek** S̅ Gesellschaftsspiel n **sällskapsliv** S̅N Gesellschaft f, Gesellschaftsleben n **sällskapsmänniska** S̅ geselliger Mensch m **sällskapsresa** S̅ Gesellschaftsreise f **sällskapsspel** S̅N Gesellschaftsspiel n

sällsynt ['sɛlsʏnt] ADJ selten, ungewöhnlich, rar **sällsynthet** ⟨-en; -er⟩ Seltenheit f, Rarität f

sälskinn [sɛːlʃin] S̅N Seehundsfell n

sämja ['sɛmja] ⟨-n; kein pl⟩ Eintracht f, gutes Einvernehmen n

sämre ['sɛmrə] ADJ (→ **dålig**) schlechter, schlimmer; **~ och ~** immer schlechter; **bli ~** sich verschlechtern **sämskskinn** ['sɛmskʃin] S̅N Sämischleder n; Fensterleder n

sämst [sɛmst] A ADJ schlechteste(r, s), schlimmste(r, s) B ADV am schlechtesten

sända ['sɛnda] VT ⟨2e⟩ senden (**till an** akk) **sändare** ⟨-n; -⟩ Radio Sender m **sändebud** S̅N Gesandte(r) m/f(m)

sänder ['sɛndər] _ADV_ **i ~** einzeln; **en i ~** einzeln, nacheinander, einen nach dem anderen; **två i ~** je(des Mal) zwei; **lite i ~** so nach und nach

sändning ['sɛndnɪŋ] ⟨-en; -ar⟩ Sendung _f_

säng [sɛŋ] ⟨-en; -ar⟩ Bett _n_; _Garten_ Beet _n_; **gå till ~s** schlafen (od zu Bett) gehen; **inta ~en** das Bett hüten; _fig_ **ta ngn på ~en** j-n überrumpeln **sängdags** _ADV_ **det är ~** es ist Zeit, zu Bett zu gehen; **vid ~** beim Schlafengehen **sängfösare** ⟨-n; -⟩ _umg_ Schlummertrunk _m_, Absacker _m_ **sänggavel** _S_ _des Bettes_ Kopf- _od_ Fußende _n_ **sängkammare** _S_ Schlafzimmer _n_ **sängkläder** _PL_ Bettzeug _n_ _sg_ **sängliggande** _ADJ_ bettlägerig **sänglinne** _S N_ Bettwäsche _f_ **sängplats** _S_ Schlafstelle _f_ **sängtäcke** _S N_ Bettdecke _f_ **sängvätare** ⟨-n; -⟩ Bettnässer(in) _m(f)_ **sängöverkast** _S N_ Tagesdecke _f_

sänkning ⟨-en; -ar⟩ (Ver-)Senkung _f_, Herabsetzung _f_, Ermäßigung _f_

sära ['sæ:ra] _VT_ ⟨1⟩ **~ på** trennen, auseinanderbringen **särart** _S_ Sonderart _f_; Eigenart _f_ **särartad** _ADJ_ eigenartig **särbehandling** _S_ Sonderbehandlung _f_ **särbeskattning** _S_ getrennte Steuerveranlagung _f_ **särbo** _S_ **min ~** mein(e) getrennt wohnende(r) Partner(in); **vi är ~** wir wohnen getrennt **särdeles** _ADV_ besonders; sehr, sonderlich **särdrag** _S N_ Kennzeichen _n_, besonderer Zug **säregen** _ADJ_ eigen (-tümlich) **särfall** _S N_ Sonderfall _m_ **särklass** _S_ **i ~** in einer Klasse für sich **särprägel** _S_ Eigenheit _f_, Eigenart _f_, besonderes Gepräge _n_ **särskild** _ADJ_ besonder, verschieden; einzeln **särskilja** _VT_ ⟨2⟩ trennen; unterscheiden **särskilt** _ADV_ besonders **särskola** _S_ Sonderschule _f_ **särställning** _S_ Sonderstellung _f_ **särtryck** _S N_ Sonderdruck _m_

säsong [sɛ'sɔŋ] ⟨-en; -er⟩ Saison _f_ **säsongsarbetare** _S_ Saisonarbeiter(in) _m(f)_ **säsongskort** _S N_ ≈ Dauerkarte _f_

säte ['sɛ:tə] _N_ ⟨-t; -n⟩ Sitz _m_; Gesäß _n_

säter ['sɛ:tər] ⟨-n; -ar⟩ Alm _f_, Sennerei _f_ **säteri** [sɛ:ta'ri:] _N_ ⟨-et; -er⟩ Gutshof _m_

sätt [sɛt] _N_ ⟨-et; -⟩ **1** Art _f_, Weise _f_; Benehmen _n_, Manieren _f|pl_; **på ~ och vis** gewissermaßen, in gewisser Hinsicht; **på detta ~** so, auf diese (_od_ in dieser) Weise; **på följande ~** folgendermaen; **på så ~ (att)** derart (dass); **på alla ~** in jeder Weise/Hinsicht; **på ett ~** in einer Art; **på något ~** irgendwie; **inte på minsta ~** nicht im Geringsten; **det är på samma ~ med mig** mit mir ist es ebenso **2** Garnitur _f_

sätta ['sɛta] ⟨4⟩ **A** _VT_ _a._ TYPO setzen; stellen; legen; stecken; pflanzen; **han satte benet i halsen** die Gräte stecken ihm im Halse stecken; **~ bo** einen Hausstand gründen; **~ eld på** in Brand stecken; **~ händerna i sidan** die Arme in die Seite stemmen; **~ högt** hoch schätzen; **~ livet till** das Leben einbüßen; **~ krokben för ngn** j-m ein Bein stellen; **~ kurs på ngt** auf etw (_akk_) lossteuern; **~ tio mot ett på ngt** zehn gegen eins auf etw (_akk_) wetten; _fig_ **~ näsan i vädret** die Nase hoch tragen; **~ potatis** Kartoffeln legen; **~ tro till ngt** einer Sache (_dat_) Glauben schenken; **~ (stort) värde på ngt** (großen) Wert auf etw (_akk_) legen **B** _VR_ **~ sig** sich setzen; _Gebäude_ sich senken; **~ sig i skuld** sich in Schulden stürzen **C** _VP_ **~ 'av** absetzen; zurücklegen; **~ 'av/i'väg davonjagen; ~ 'efter ngn** j-m nachsetzen; **~ sig e'mot** sich widersetzen (_dat_); **~ 'fram ngt för/åt ngn** j-m etw vorsetzen; **~ 'från sig** absetzen, hinstellen; **~ 'för** stellen vor (_akk_); vorlegen, vorsetzen; **~ 'i** (ein)setzen; einstecken, feststecken; **~ 'i sig ngt** _umg_ etw hinunterschlingen _od_ auf(fr)essen; **~ i'gen** zustellen; **~ i'gång** in Gang bringen; _Motor_ anwerfen; **~ i'hop** zusammensetzen, zusammenstellen; _fig_ erdichten; **~ 'in** (hin)einsetzen; **~ 'in pengar på banken** Geld auf das Konto einzahlen; **~ 'in en annons i tidningen** eine Anzeige in die Zeitung setzen; **~ 'in ngt i ngt** j-n in etw (_akk_) einführen; j-n von etw unterrichten; **~ sig 'in i ngt** sich mit etw vertraut machen, sich in etw (_akk_) einarbeiten; sich in etw (_akk_) hineinversetzen; **~ 'ner** herabsetzen; **~ 'på** aufsetzen; _Kleidung_ anziehen; _Gerät_ einschalten; _vulg_ flachlegen; **~ på sig en mössa** eine Mütze aufsetzen; **~ 'på sig en jacka** eine Jacke anziehen; **~ 'till** (hin)zufügen; hinzutun; _fig_ einbüßen, zusetzen; ~ 'till alla krafter alles d(a)ransetzen; ~ 'undan fortsetzen, wegsetzen; Geld auf die Seite legen; ~ 'upp (her)aufsetzen; aufstellen; Gebäude erbauen, errichten; Geschäft gründen; Schild anbringen; Zettel anschlagen; Haar aufstecken; ~ 'ut (her)aussetzen; festsetzen, bestimmen; ~ 'åt ngn fig j-m zusetzen; ~ 'över 'übersetzen; ~ sig 'över ngt sich über etw (akk) hinwegsetzen **sättande(s)** ADJ komma ~ angestürzt kommen **sättare** ⟨-n; -⟩ TYPO Setzer(in) m(f) **sätte'ri** N ⟨-et; -er⟩ Setzerei f **sättning** ⟨-en; -ar⟩ Setzen n; ARCH Senkung f; TYPO, MUS Satz m **sättpotatis** S̄ Saatkartoffel f **sättsadverb** S̄N GRAM Adverb n der Art und Weise

säv [sɛːv] ⟨-en; kein pl⟩ BOT Binse f

sävlig [ˈsɛːvli(g)] ADJ langsam; träge **sävlighet** ⟨-en; kein pl⟩ Langsamkeit f

söder [ˈsøːdər] A ADV südlich (om, von) B ⟨-n; kein pl⟩ Süden m; i ~ im Süden; norr och ~ Nord und Süd **södergående** ADJ ~ tåg Zug m in Richtung Süden **Söderhavet** N ⟨inv⟩ die Südsee **söderifrån** ADV von Süden **söderläge** S̄N Südlage f **söderut** ADV nach Süden, südwärts **södra** ADJ südliche(r, s), Süd-

söka [ˈsøːka] ⟨2⟩ A VT 1 suchen (efter nach); ~ läkare einen Arzt aufsuchen, zum Arzt gehen; ~ tröst hos ngn bei j-m Trost suchen 2 beantragen; ~ ett lån ein Darlehen beantragen; ~ en plats sich um eine Stelle bewerben; ~ skilsmässa Scheidungsklage erheben 3 versuchen; ~ vinna ngt versuchen, etw zu gewinnen B V/R ~ sig till ngt etw aufsuchen; ~ sig en annan plats sich um eine andere Stelle bewerben C V/P ~ sig 'bort från ngt von etw wegstreben; ~ 'upp aufsuchen; ~ 'ut aussuchen **sökande** A ADJ suchend B N ⟨-t; kein pl⟩ Suchen n C ⟨-n; -⟩ Bewerber(in) m(f); Antragsteller(in) m(f); anmäla sig som ~ till en plats sich um eine Stelle bewerben **sökare** ⟨-n; -⟩ FOTO Sucher m **sökfunktion** S̄ IT Suchfunktion f **sökmotor** S̄ IT Suchmaschine f

söl [søːl] N ⟨-et; kein pl⟩ Trödelei f, Getrödel n **söla** ⟨1⟩ A VT beschmutzen B V/I trödeln, säumen, bummeln C V/R, V/P ~ 'ned/ner (sig) (sich) bekleckern **sölig** ADJ 1 schmutzig 2 trödelig, langsam

söm[1] [søm] N ⟨-met/-men; -⟩ Hufnagel m

söm[2] ⟨-men; -mar⟩ Naht f, Saum m; syna ngn i ~marna j-n auf Herz und Nieren prüfen **sömlös** ADJ nahtlos **sömmerska** ⟨-n; -or⟩ Näherin f; Schneiderin f

sömn [sømn] ⟨-en; kein pl⟩ Schlaf m; ha god ~ einen guten/festen Schlaf haben; falla i ~ einschlafen, in den Schlaf fallen; gråta sig till ~s sich in den Schlaf weinen; gå i ~en schlafwandeln, nachtwandeln; tala i ~en im Schlaf sprechen

sömnad [ˈsømnad] ⟨-en; -er⟩ Näherei f, Näharbeit f

sömndrucken [ˈsømndrøkən] ADJ schlaftrunken, verschlafen **sömngångare** S̄ Schlafwandler(in) m(f) **sömnig** ADJ müde, schläfrig **sömnlös** ADJ schlaflos **sömnlöshet** ⟨-en; kein pl⟩ Schlaflosigkeit f **sömnmedel** S̄N Schlafmittel n **sömnsjuka** S̄ Schlafkrankheit f **sömntablett** S̄ Schlaftablette f **sömntuta** umg S̄ Schlafmütze f

söndag [ˈsøndaː(g)] ⟨-en; -ar⟩ Sonntag m; på/om ~arna sonntags; på sön- och helgdagar an Sonn- und Feiertagen **söndagsbarn** S̄N Sonntagskind n **söndagsbilaga** S̄ Sonntagsbeilage f **söndagsåkare** S̄ Sonntagsfahrer(in) m **söndagsnummer** S̄N Sonntagsausgabe f **söndagsskola** S̄ ≈ Sonntagsschule f, Kindergottesdienst m **söndagsöppen** ADJ Geschäft etc sonntags geöffnet

sönder [ˈsøndər] ADJ entzwei, zerbrochen; umg kaputt; auseinander; bryta ~ zerbrechen; gå ~ kaputtgehen; ha/ta ~ kaputt machen; skära ~ zerschneiden; slå ~ zerschlagen, kaputt machen; ta ~ mit Absicht auseinandernehmen, zerlegen **sönderbombad** ADJ zerbombt **sönderbruten** ADJ zerbrochen **sönderdela** VT ⟨1⟩ zerteilen, zerlegen; CHEM zersetzen **sönderfall** S̄N Zerfall m **sönderfalla** V/I ⟨4⟩ zerfallen **sönderkokt** ADJ zerkocht **sönderslagen** ADJ zerschlagen; zerbro-

chen **söndersliten** ADJ zerrissen
söndertrampad ADJ zertreten; *umg* zertrampelt **söndertrasad** ADJ zerfetzt **söndra** ⟨1⟩ A VT trennen; *fig* entzweien; zersplittern B VP **'ut** aussondern **söndrig** ADJ zerbrochen; zerrissen **söndring** ⟨-en; -ar⟩ Trennung f; Zwietracht f
sörja¹ ['sœrja] ⟨-n; -or⟩ Matsch m
sörja² ⟨2⟩ A VT, VI trauern; ~ **ngn um** j-n trauern, j-n betrauern; ~ **över ngt** etw (*dat*) nachtrauern; ~ **över att** ... sich darüber grämen, dass ...; traurig sein, weil B VI ~ **för** sorgen für etw **sörjande** ADJ trauernd; **de närmast** ~ die Hinterbliebenen
sörjig ['sœrji(g)] ADJ matschig
sörpla ['sœrpla] ⟨1⟩ A VT schlürfen B VP **'i sig** (hinunter)schlürfen
söt [sø:t] ADJ süß; lieb; *fig, a. iron* reizend, hübsch; ~**a du!** mein(e) Liebe(r)/Beste(r)! **söta** VT ⟨1⟩ süßen **sötaktig** ADJ süßlich **sötma** ⟨-n; kein pl⟩ Süße f, Süßigkeit f **sötmandel** S süße Mandel f **sötningsmedel** S N Süßstoff m **sötnos** *umg* S Herzchen n, Liebling m **sötpotatis** S Süßkartoffel f **sötsaker** PL Süßigkeiten pl, Näschereien pl, Naschwerk n sg **sötsliskig** ADJ allzu süß; *fig* süßlich **sötsur** ADJ süßsauer **sötvatten** S N Süßwasser n **sötvattensfisk** S Süßwasserfisch m
söva ['sø:va] VT ⟨2⟩ einschläfern; MED betäuben

T

T, t [te:] N ⟨-(e)t; -:n/-⟩ T, t n
ta [tɑ:] ⟨4⟩ A VT, VI **1** nehmen; (er)greifen, fassen; *Waren* kaufen, beziehen; ~ **ett foto** ein Foto machen; ~ **dagen som den kommer** in den Tag hineinleben; ~ **ansvaret** die Verantwortung übernehmen; ~ **del av** Kenntnis nehmen von; ~ **del i** teilnehmen an (*dat*); ~ **examen** Examen machen; ~ **eld** Feuer fangen; **kunna** ~ **folk** die Leute zu nehmen wissen; ~ **hand om** sich annehmen (*gen*); übernehmen; ~ **hand om ngn** für j-n sorgen; ~ **hand om dig!** pass auf dich auf!; ~ **mod till sig** sich ein Herz fassen; ~ **plats** Platz nehmen, sich setzen; ~ **reda på** sich erkundigen nach; ~ **ngn för ngt** j-n für etw halten; ~ **i** j-n anfassen; *fig* ~ **skruv** wirken, helfen; ~ **tid** SPORT die Zeit abnehmen; **det** ~**r på krafterna** es strengt an; ~ **och gör det!** tu das!; **det tog!** das hat gesessen!; **fan** ~ **honom!** hol ihn der Teufel! **2** *Zeit* dauern, erfordern; ~ **tid** dauern; **resan** ~**r en timme** die Reise dauert eine Stunde B VR ~ **sig** sich (*dat*) nehmen; *fig* sich (heraus)machen, sich bessern; sich erholen; *umg* **det** ~**r sig** die Sache macht sich; ~ **sig friheter** sich (*dat*) Freiheiten nehmen; ~ **sig för pannan** sich (*dat*) an die Stirn greifen C VP ~ **sig 'an** sich annehmen (*gen*); ~ **sig 'fram** sich durchschlagen; sich zurechtfinden; ~ **sig 'för/till** anfangen, unternehmen, machen; ~ **'av** *Brille etc* abnehmen; *Kleidung* ausziehen; ~ **'av sig** *Brille etc* ablegen; *Kleidung* (sich) ausziehen; ~ **'av till vänster** nach links abbiegen; ~ **'bort** wegnehmen, entfernen; ~ **'efter ngn i ngt** j-m etw nachmachen; ~ **e'mot** annehmen, aufnehmen, entgegennehmen; *Stoß* auffangen; *Besuch* empfangen; *fig* im Wege sein; klemmen; widerstreben; ~ **'fatt i** ergreifen; (er)fassen; ~ **'fram** (her)vorholen; ~ **'från ngn ngt** j-m etw wegnehmen, abnehmen; ~ **'för sig** zugreifen, zulangen, sich bedienen; ~ **'i** zugreifen, zupacken; *fig* sich eifern; ~ **i'gen** zurücknehmen; einholen; nachholen; ~ **i'gen sig** sich erholen; ~ **'in** (her)einnehmen; hereinholen; einführen; bestellen; ~ **'in på** einkehren/absteigen in (*dat*); ~ **i'sär/i'tu** auseinandernehmen; ~ **i'tu med** in Angriff nehmen, sich (heran)machen an (*akk*); sich hermachen über (*akk*); ~ **'med** mitnehmen, mitbringen; einrechnen; ~ **'ner** herabnehmen, herablassen; ~ **'om** um'fassen; wieder'holen, wieder durchnehmen; nochmals nehmen; ~ **'på** (sig) aufsetzen; anziehen; umbinden; ~ **'på sig skulden** die Schuld auf sich (*akk*) nehmen; ~ **'sig 'samman** sich zusammennehmen; ~ **'till** übertreiben,

aufschneiden *umg*; zunehmen; ~ **'till sig** zu sich nehmen; **vad ~r du dig 'till!** was hast du vor?; was unterstehst du dich?; was fällt dir ein!; ~ **'baka** zurücknehmen; ~ **'upp** aufnehmen; *fig a.* aufgreifen, anschneiden; (her)aufheben; heraufholen, heraufbringen; öffnen, aufmachen; herausnehmen; *Netz* einholen; *Lied* anstimmen; ~ **sig 'upp** hinaufkommen, hinaufklettern; hinaufgelangen; herausfinden; hinausgelangen; ~ **illa 'upp** übel nehmen; ~ **'ur** (her)ausnehmen; ~ **'ut** herausnehmen, herausziehen; herausbringen; ~ **'ut pengar (på banken)** Geld (von der Bank) abheben; ~ **'ut sig** sich verausgaben; ~ **'ut varandra** sich ausgleichen; ~ **'ut sig** sich verausgaben; ~ **'ut så mycket som möjligt** so viel wie möglich herausholen (av aus); ~ **'vid** anfangen; fortfahren; ~ **(illa) 'vid sig** sich aufregen, sich *dat* etw zu Herzen nehmen; ~ **'åt sig** annehmen; *fig* sich getroffen fühlen; **vad ~r det 'åt dig?** was hast du?

tabbe [ˈtabə] ⟨-n; -ar⟩ *umg fig* Schnitzer *m*

tabell [taˈbɛl] ⟨-en; -er⟩ Tabelle *f*, Tafel *f*

tablett [taˈblɛt] ⟨-en; -er⟩ Tablette *f*

tablå [taˈblo:] ⟨-n; -er⟩ Tableau *n*, Übersicht *f*, Zusammenstellung *f*

tabu [ˈtaˑbɵ, ˈtɑː-] A̅D̅J̅ tabu B N ⟨-s; -n⟩ Tabu *n*

tabulator [tabɵlɑːtɔr] ⟨-n; -er⟩ IT Tabulator *m*

tack [tak] *a.* N̅ ⟨-et/-en; -⟩ Dank *m*; ~ **så mycket!** danke sehr!, vielen Dank!; ~ **ska du/ni ha!** danke vielmals!; **ja ~!** (ja) bitte!; **nej ~!** (nein) danke!; **tusen ~!** tausend Dank!; — **detsamma!** danke, gleichfalls!; ~ **för maten** ≈ es hat sehr gut geschmeckt; ~ **för lånet** ich danke dir, dass du es mir geliehen hast; ~ **för senast** ≈ danke für die Einladung/den Besuch neulich; ~ **och sov!** Gott sei Dank!; ~ **vare dank** (*dat*), infolge (*gen*) **tacka**¹ ⟨1⟩ A V̅I̅ danken, Dank sagen (**ngn för ngt** j-m für etw); **jo jag ~r (jag)!** alle Achtung!; ~ **för det!** ja natürlich!, das will ich glauben!; ~ **vet jag ...** da lob ich mir ...; **ingenting att ~ för!** keine Ursache!, gern geschehen!; **nichts zu danken!**;

ha ngn att ~ för ngt j-m etw (zu) verdanken (haben) B V̅/̅P̅ ~ **'ja till ngt** etw zusagen; ~ **'nej till ngt** etw ablehnen/absagen

tacka² ⟨-n; -or⟩ ZOOL Mutterschaf *n*

tackkort [ˈtakɵt] S̅ N̅ Danksagung *f*, Dankschreiben *n*

tackla [ˈtakla] ⟨1⟩ SPORT rempeln

tackling ⟨-en; -ar⟩ SPORT Rempeln *n*

tacksam [ˈtaksam] A̅D̅J̅ dankbar (**ngn för ngt** j-m für etw) **tacksamhet** ⟨-en; kein pl⟩ Dankbarkeit *f* **tacksamhetsskuld** S̅ stå i ~ till ngn j-m Dank schulden **tacksägelse** ⟨-n; -r⟩ Danksagung *f* **tacktal** S̅ N̅ Dankesworte *pl*

tafatt¹ [ˈtaˑfat] ⟨inv⟩ **leka** ~ Fangen spielen

tafatt² [ˈtɑːfat] A̅D̅J̅ linkisch, unbeholfen, ungeschickt **tafatthet** ⟨-en; kein pl⟩ Unbeholfenheit *f*, Ungeschick *n*

tafsa [tafs] V̅I̅ ⟨1⟩ ~ **på ngn** an j-m herumfummeln

taft [taft] ⟨-en; kein pl⟩ Taft *m*

tag [tɑːg] N̅ ⟨-et; -⟩ 1 Griff *m*; Halt *m*; **fatta/gripa/hugga/ta** ~ **i** fassen, ergreifen, (an)packen; **få** ~ **i** zu fassen bekommen; WIRTSCH erstehen; *umg* schnappen, erwischen; aufgabeln; **släppa ~et** loslassen; *fig* lockerlassen 2 Moment *m*, Augenblick *m*; **i ~et** jeweils; **i första ~et** auf den ersten Streich, auf Anhieb; **ett** ~ **(ein)mal**; **ett (litet)** ~ einen Augenblick, ein Weilchen, ein bisschen; **det händer inte i första ~et** das passiert nicht so leicht

tagen [ˈtɑːgən] *fig* A̅D̅J̅ 1 mitgenommen; ergriffen 2 **strängt** (*od* **på det hela**) **taget** streng (*od* im Ganzen) genommen; **över huvud taget** überhaupt

tagg [tag] ⟨-en; -ar⟩ Stachel *m*, Dorn *m*; Zinke *f*, Zacke *f*; IT Tag *m* **tagga** V̅I̅ ⟨1⟩ IT taggen **taggig** A̅D̅J̅ stach(e)lig **taggtråd** S̅ Stacheldraht *m* **taggtrådsstängsel** S̅ N̅ Stacheldrahtzaun *m*

tajt [tajt] A̅D̅J̅ hauteng

tak [tɑːk] N̅ ⟨-et; -⟩ Dach *n*; Decke *f*; Verdeck *n*; **lampan hänger i ~et** die Lampe hängt an der Decke; ~ **över huvudet** Obdach *n*, Unterkunft *f*; **få under** ~ unterbringen; AGR einfahren; *fig* unter Dach und Fach bringen; **det är högt/lågt i** ~ die Decke ist hoch/

niedrig; **glädjen stod högt i ~** es herrschte Jubel und Trubel **takbjälke** ⟨s⟩ Dachbalken m **takbox** ⟨s⟩ AUTO Dachkoffer m **takfönster** ⟨s n⟩ Dachfenster n **takkrona** ⟨s⟩ Kronleuchter m **taklampa** ⟨s⟩ Deckenbeleuchtung f **taklucka** ⟨s⟩ Dachluke f **takmålning** ⟨s⟩ Deckengemälde n **takpanna** ⟨s⟩ Dachziegel m **takräcke** ⟨s n⟩ AUTO Dachgepäckträger m **takränna** ⟨s⟩ Dachrinne f, Regenrinne f **takstol** ⟨s⟩ Dachstuhl m **takt** [takt] ⟨-en; -er⟩ Takt m; **hålla ~en** Takt halten, im Takt bleiben; **slå ~en** den Takt schlagen, taktieren; **tappa ~en aus** dem Takt kommen; **i ~** im Takt, nach dem Takt (**efter** gen) **taktfast** ADJ taktfest **taktfull** ADJ taktvoll **taktfullhet** ⟨-en; kein pl⟩ Takt m **tak'tik** ⟨-en; kein pl⟩ Taktik f **taktikröstа** VI ⟨1⟩ ≈ Wechselwähler sein **'taktisk** ADJ taktisch **taktkänsla** ⟨s⟩ Taktgefühl n **taktlös** ADJ taktlos **taktlöshet** ⟨-en; kein pl⟩ Taktlosigkeit f **taktpinne** ⟨s⟩ MUS Taktstock m **taktstreck** ⟨s n⟩ MUS Taktstrich m **takås** ['tɑːkoːs] ⟨s⟩ Dachfirst m **tal** [tɑːl] n ⟨-et; -⟩ 1 Zahl f; Rechenaufgabe f; **i runda ~** rund; **från/på 80-~et** aus/in den 80er Jahren; **på 1900-~et** im 20. Jahrhundert 2 Rede f, Ansprache f (**för** auf akk), (**till** an akk); Sprache f; **dagligt ~** Umgangssprache; **i ~ och skrift** in Wort und Schrift; **i direkt ~** in direkter Rede; **det är (inte) ~ om** es ist (nicht) die Rede von; es handelt sich um; **det är inte tu ~ om det** darüber gibt es nichts zu reden; **falla ngn i ~et** j-m ins Wort fallen; **föra på ~** zur Sprache bringen; **på ~ om det da gerade** davon die Rede ist, da wir gerade davon sprechen; **komma till ~s med ngn** j-n (zu) sprechen (bekommen) **tala** ⟨1⟩ A VT, VI sprechen, reden; ~ **förstånd** ein vernünftiges Wort reden; ~ **sanning** die Wahrheit sagen; ~ **för ngn** für j-n sprechen; ~ **för sig själv** vor sich hin sprechen; für sich sprechen; ~ **med ngn** mit j-m sprechen; **låta ~ med sig** mit sich reden lassen; ~ **om** sprechen von (od über akk); **inte att ~ om** nicht der Rede wert; **för att inte ~ om** ganz zu schweigen von, geschweige denn; **höra ~s om ngt** von

etw (reden) hören; **komma att ~ om ngt** auf etw (akk) zu sprechen kommen B VP ~ 'illa om ngn schlecht von j-m sprechen, j-m etw anhängen; ~ 'om sagen, erzählen (**för** dat); ~ 'ut med ngn sich mit j-m aussprechen; ~ 'ut seine Meinung frei äußern; ausreden, zu Ende sprechen; deutlich sprechen **talan** ⟨inv⟩ JUR Sache f, Klage f, Klagerecht n; **föra ngns ~** j-s Sache führen; **föra ~ mot** gegen j-n Klage erheben; **fullfölja sin ~** Berufung einlegen; **inte ha någon ~** nicht mitzureden haben; **väcka ~ mot** gerichtlich belangen **talande** ADJ sprechend **talang** [ta'laŋ] ⟨-en; -er⟩ Talent n **talangfull** ADJ talentiert, talentvoll **talangjakt** ⟨s⟩ Castingshow f **talare** [ta:lare] ⟨s; -⟩ Redner m; **föregående ~** Vorredner; **infödd ~** Muttersprachler(in) m(f) **talarstol** ⟨s⟩ Rednerpult n, Rednertribüne f **talas** VP ⟨dep 1⟩ ~ **'vid** miteinander sprechen; **vi får ~ 'vid sedan** wir sprechen uns später **talbok** ⟨s⟩ Hörbuch n **talesperson** ⟨s⟩ Sprecher(in) m(f) **talesätt** ⟨s⟩ Redensart f **talfel** ⟨s n⟩ Sprachfehler m **talför** ADJ redegewandt; **inte ~** umg a. maulfaul, mundfaul **talförmåga** ⟨s⟩ Sprachvermögen n; **mista ~n** die Sprache verlieren **talg** [talj] ⟨-en; kein pl⟩ Talg m **talgoxe** ⟨s⟩ ZOOL Kohlmeise f **talk** [talk] ⟨-en; kein pl⟩ Talk m **talkpuder** ⟨s n⟩ Talkum n **talkör** ['tɑːlkœːr] ⟨s⟩ Sprechchor m **tall** ⟨-en; -ar⟩ BOT Kiefer f, Föhre f **tallbarr** ⟨s n⟩ Kiefernnadel f **tallkotte** ⟨s⟩ Kiefernzapfen m **tallkott(s)körtel** ⟨s⟩ ANAT Zirbeldrüse f **tallrik** ['talrik] ⟨-en; -ar⟩ Teller m; **djup ~** a. Suppenteller m **tallskog** ['talskuːg] ⟨s⟩ Kiefernwald m **talman** ['tɑːlman] ⟨s⟩ PARL Präsident(in) m(f) **talorgan** ⟨s n⟩ Sprechorgan n **talpedagog** ⟨s⟩ Logopäde m, Logopädin f **talrik** ADJ zahlreich **talrubbning** ⟨s⟩ Sprachstörung f **talspråk** ⟨s n⟩ Umgangssprache f, Alltagssprache f **talspråklig** ADJ umgangssprachlich **talteknik** ⟨s⟩ Sprechtechnik f **taltrast** ⟨s⟩ ZOOL Singdrossel f **talträngd** ADJ redselig, gesprächig **talövning** ⟨s⟩ Sprechübung f

tam [tɑːm] ADJ zahm
tambur [tamˈbuːr] ⟨-en; -er⟩ Flur *m*, Diele *f*; Garderobe *f*
tamhet [ˈtɑːmheːt] ⟨-en; kein pl⟩ Zahmheit *f*
tamp [tamp] ⟨-en; -ar⟩ Tauende *n*
tampas [ˈtampas] *umg* V̄Ī ⟨dep 1⟩ sich herumschlagen (*med* mit)
tampong [tamˈpɔŋ] ⟨-en; -er⟩ Tampon *m*, Wattebausch *m*
tand [tand] ⟨-en; tänder⟩ Zahn *m*; *gnissla tänder* mit den Zähnen knirschen **tandad** ADJ gezähnt **tandagnisslan** ⟨inv⟩ *gråt och ~* Heulen und Zähneklappern **tandborste** S̄ Zahnbürste *f* **tandborstning** ⟨-en; -ar⟩ Zähneputzen *n*
tandemcykel [ˈtandem-] ⟨-en⟩ Tandem *n*
tandfyllning S̄ Füllung *f*, Inlay *n* **tandgarnityr** S̄N *künstliches* Gebiss **tandhygienist** ⟨-en; -er⟩ zahnmedizinische(r) Fachassistent(in) *m* **tandklinik** S̄ Zahnklinik *f* **tandkräm** S̄ Zahnpasta *f* **tandkött** S̄N Zahnfleisch *n* **tandläkare** S̄ Zahnarzt *m*, Zahnärztin *f* **tandlös** ADJ zahnlos **tandpetare** ⟨-n; -⟩ Zahnstocher *m* **tandprotes** S̄ Zahnprothese *f* **tandreglering** S̄ Zahnregulierung *f* **tandröta** S̄ Zahnfäule *f* **tandsköterska** S̄ Zahnarzthelferin *f* **tandsprickning** ⟨-en; -ar⟩ Zahnen *n* **tandsten** S̄ Zahnstein *m* **tandställning** S̄ Zahnklammer *f* **tandtekniker** S̄ Zahntechniker(in) *m(f)* **tandtråd** S̄ Zahnseide *f* **tandutdragning** S̄ Zahnziehen *n* **tandvård** S̄ Zahnpflege *f* **tandvärk** S̄ Zahnschmerzen *m/pl*, Zahnweh *n*
tangent [taŋˈgent] ⟨-en; -er⟩ Taste *f*; MATH Tangente *f* **tangentbord** S̄N Tastatur *f*; Keyboard *n*
tang'era V̄Ī ⟨1⟩ streifen, berühren, tangieren
tanig [ˈtɑːni(g)] ADJ dürr, mager, hager
tank [taŋk] ⟨-en; -ar⟩ Tank *m*, Behälter *m*; MIL Panzer(kampfwagen) *m* **tanka** V̄Ī, VĪĪ ⟨1⟩ tanken **tankbil** S̄ Tankauto *n* **tankbåt** S̄ → *tankfartyg*
tanke [ˈtaŋka] ⟨-n; -ar⟩ Gedanke *m* (*på* an *akk*), (*om* über *akk*); *ha höga/låga tankar om ngn* eine hohe/geringe Meinung von j-m haben; *ha tankarna med sig* seine Gedanken beisammen haben;

i tankarna in Gedanken, im Geiste; *komma på andra tankar* seine Meinung ändern, sich anders (*od* eines andern) besinnen; *med ~ på* in/im Hinblick auf (*akk*); *slå ngt ur tankarna* sich (*dat*) etw aus dem Sinn schlagen **tankearbete** S̄N Geistesarbeit *f* **tankeexperiment** S̄N Gedankenexperiment *n* **tankefrihet** S̄ Gedankenfreiheit *f* **tankeförmåga** S̄ Denkfähigkeit *f*, Denkvermögen *n* **tankegång** S̄ Gedankengang *m* **tankeläsare** S̄ Gedankenleser(in) *m(f)* **tankeställare** ⟨-n; -⟩ Anlass *m* zum Nachdenken **tankeutbyte** S̄N Gedankenaustausch *m* **tankeverksamhet** S̄ Gedankenarbeit *f* **tankeväckande** ADJ anregend **tankeöverföring** S̄ Gedankenübertragung *f*
tankfartyg [ˈtaŋkfɑːtyːg] S̄N SCHIFF Tanker *m*
tankfull [ˈtaŋkfəl] ADJ gedankenvoll, nachdenklich; versonnen **tanklös** ADJ gedankenlos **tanklöshet** ⟨-en; kein pl⟩ Gedankenlosigkeit *f*
tankning ⟨-en; -ar⟩ Tanken *n* **tankomat** ⟨-en; -er⟩ Tankautomat *m*
tankspridd ADJ zerstreut **tankspriddhet** ⟨-en; kein pl⟩ Zerstreutheit *f*, Geistesabwesenheit *f* **tankstreck** S̄N Gedankenstrich *m*
tant [tant] ⟨-en; -er⟩ *Frau* Tante *f* **tantig** ADJ tantenhaft
tapet [taˈpeːt] ⟨-en; -er⟩ Tapete *f*; *fig vara på ~en* auf dem Tapet sein **tapetklister** S̄N Tapetenkleister *m* **tapetrulle** S̄ Tapetenrolle *f* **tapet'sera** V̄Ī ⟨1⟩ (aus)tapezieren **tapet'serare** ⟨-n; -⟩ Polsterer(in) *m(f)*; Tapezierer(in) *m(f)*
tapp [tap] ⟨-en; -ar⟩ **1** Zapfen *m*, Pflock *m* **2** Wisch *m*, Büschel *m*
tappa [ˈtapa] ⟨1⟩ **A** V̄Ī **1** (ab)zapfen; abfüllen; *Fass* anstechen; *~ på flaskor* auf Flaschen ziehen **2** verlieren; fallen lassen **B** VP̄ *~ 'bort* verlieren; *~ sig 'bort* sich verlieren; sich verirren; *~ 'ur* abzapfen; abfüllen; ablassen
tapper [ˈtapər] ADJ tapfer **tapperhet** ⟨-en; kein pl⟩ Tapferkeit *f*
tappning [ˈtapniŋ] ⟨-en; -ar⟩ (Ab-) Zapfen *n*; Abzapfung *f*; *Fass* Anstich *m*; *fig* Version *f*, Fassung *f*
tariff [taˈrif] ⟨-en; -er⟩ Tarif *m*

tarm [tarm] ⟨-en; -ar⟩ Darm m **tarmvred** S̅N̅ MED Darmverschluss m
tarva [ˈtarva] V̅T̅ ⟨1⟩ erfordern **tarvlig** A̅D̅J̅ gemein; ordinär; dürftig
taskig [ˈtaski(g)] umg A̅D̅J̅ mies, beschissen, gemein
tass [tas] ⟨-en; -ar⟩ Pfote f, Tatze f **tassa** V̅T̅ ⟨1⟩ tappen, schleichen, leise treten
tassel [ˈtasəl] N̅ ⟨-et; kein pl⟩ **tissel och ~** Tuscheln n, Getuschel n **tassla** V̅T̅ ⟨1⟩ tuscheln
tatuera [tatuˈeːra] V̅T̅ ⟨1⟩ tätowieren **tatuering** ⟨-en; -ar⟩ Tätowierung f, Tattoo m n
tavelram [ˈtɑːvəlrɑːm] S̅ Bilderrahmen m **tavelsamling** S̅ Gemäldesammlung f **tavelutställning** S̅ Gemäldeausstellung f **tavla** ⟨-n; -or⟩ Tafel f; Bild n; Gemälde n; svarta ~n Wandtafel; fig göra en ~ einen Fehler machen
tax [taks] ⟨-en; -ar⟩ Dackel m, Dachshund m
taxa [ˈtaksa] ⟨-n; -or⟩ Gebühr f, Taxe f, Tarif m **taxa'meter** ⟨-n; -ar⟩ Taxameter m **tax'era** V̅T̅,V̅I̅ ⟨1⟩ (ab)schätzen, taxieren; Steuer veranlagen (**till** auf akk)
taxering ⟨-en; -ar⟩ (Ab-)Schätzung f, Taxierung f; Steuer Veranlagung f **taxeringsvärde** S̅N̅ Einheitswert m
taxi [ˈtaksi] ⟨-en; -bilar⟩ Taxe f, Taxi n **taxichaufför** S̅ Taxifahrer(in) m(f) **taxistation** S̅ Taxistand m
t-bana [ˈteːbɑːna] S̅ U-Bahn f
te¹ [teː] V̅R̅ ⟨3⟩ ~ **sig** aussehen, erscheinen
te² N̅ ⟨-et; -er⟩ Tee m; svart ~ Schwarztee m
teak [tiːk] ⟨-en; kein pl⟩ Teakholz n
team [tiːm] N̅ ⟨-et; -⟩ Team n **teamarbete** S̅N̅, **teamwork** ⟨inv⟩ Teamarbeit f
teater [teˈɑːtər] ⟨-n; -ar⟩ Theater n; **gå på** ~ ins Theater gehen **teaterbesök** S̅N̅ Theaterbesuch m **teaterbesökare** S̅ Theaterbesucher m **teaterbiljett** S̅ Theaterkarte f **teaterdekoratör** S̅ Bühnenbildner(in) m(f) **teaterdirektör** S̅ Theaterdirektor(in) m(f) **teaterföreställning** S̅ Theatervorstellung f **teaterkikare** S̅ Opernglas n **teaterpjäs** S̅ Theaterstück n **teatersalong** S̅ Zuschauerraum m **teaterscen** S̅ Bühne f **teatersällskap**

S̅N̅ Schauspielertruppe f **tea'tralisk** A̅D̅J̅ theatralisch
techno ⟨-n; kein pl⟩ MUS Techno m od n
tecken [ˈtɛkən] N̅ ⟨-et; -⟩ Zeichen n; Anzeichen n (**till** von od gen); **som ett ~ på** vänskap als Zeichen der Freundschaft **teckenförklaring** S̅ Zeichenerklärung f **teckenspråk** S̅N̅ Zeichensprache f **teckna** [ˈtɛkna] ⟨1⟩ A̅ V̅T̅,V̅I̅ zeichnen; **~en försäkring** eine Versicherung abschließen; **~ till/åt ngn** j-m (durch) ein Zeichen (zu verstehen) geben B̅ V̅R̅ **~ sig** seinen Namen setzen **tecknad** A̅D̅J̅ gezeichnet; **~ film** Zeichentrickfilm **tecknare** ⟨-n; -⟩ Zeichner(in) m(f) **teckning** ⟨-en; -ar⟩ Zeichnung f; Schule Zeichnen n
teddybjörn [ˈtɛdybjœːn] S̅ Teddybär m
tefat [ˈteːfɑːt] S̅N̅ Untertasse f; **flygande ~** fliegende Untertasse
tegel [ˈteːgəl] N̅ ⟨-et; -⟩ Ziegel m, Backstein m **tegelbyggnad** S̅ Backsteinbau m **tegelpanna** S̅ Dachziegel m **tegelsten** S̅ Ziegelstein m, Backstein m **tegelstensroman** umg S̅ (dicker) Wälzer m
tejp [tejp] ⟨-en; -er⟩ Tesafilm® m, Klebeband m **tejpa** ⟨1⟩ A̅ V̅T̅ mit Klebestreifen kleben B̅ V̅P̅ ~ **'fast** mit Klebeband festkleben
tekaka [ˈteːkɑːka] S̅ ≈ Fladen m **tekanna** S̅ Teekanne f
teknik [tekˈniːk] ⟨-en; -er⟩ 'Technik f **'tekniker** ⟨-n; -⟩ Techniker(in) m(f) **'tekniskt** A̅D̅J̅ technisch; **Tekniska högskolan** die Technische Hochschule; **~t gymnasium** technische Oberschule; **~t institut** (Poly-)Technikum n
tekno'krat ⟨-en; -er⟩ Technokrat(in) m(f) **tekno'log** ⟨-en; -er⟩ Student(in) m(f) der Technischen Hochschule
tekoindustri [ˈteːkɔindəˈstriː] S̅ Textilund Bekleidungsindustrie f
tekopp [ˈteːkɔp] S̅ Teetasse f
tel. A̅B̅K̅ (= telefon) Tel. (Telefon) **telefax** S̅ Telefax n
telefon [teleˈfoːn] ⟨-en; -er⟩ Telefon n; **i ~** am Apparat/Telefon; **per ~** telefonisch; **tala i ~** telefonieren **telefonabonnemang** S̅N̅, **telefonanslutning** S̅ Telefonanschluss m **telefonautomat** S̅ Münzfernsprecher m **te-**

lefonavgift _s_ Telefongebühr f **telefonavlyssning** _s_ Abhören n von Telefongesprächen **telefonhytt** _s_ Telefonzelle f **telefo'nist** ⟨-en; -er⟩ Telefonist(in) m(f) **telefonkatalog** _s_ Telefonbuch n **telefonkiosk** _s_ Telefonzelle f **telefonkort** _sn_ Telefonkarte f **telefonledning** _s_ Telefonleitung f **telefonlur** _s_ Hörer m **telefonnummer** _sn_ Telefonnummer f **telefonsamtal** _sn_ Telefongespräch n **telefonstation** _s_ Fernmeldeamt n, Fernsprechamt n **telefonsvarare** ⟨-n; -⟩ automatischer Anrufbeantworter m **telefontid** _s_ Telefonsprechstunde f **telefonväckning** _s_ Weckdienst m **telefonväxel** _s_ Telefonzentrale f **tele'graf** ⟨-en; -er⟩ Telegraf m **telegra'fera** _vt_ ⟨1⟩ telegrafieren, drahten **telegra'fi** ⟨-n; kein pl⟩ Telegrafie f **tele'grafisk** _adj_ telegrafisch **telegra'fist** ⟨-en; -er⟩ Telegrafist(in) m(f); Funker(in) m(f) **tele'gram** _sn_ Telegramm n; **lämna 'in ett ~** ein Telegramm aufgeben **telegrambyrå** _s_ Nachrichtenagentur f, Nachrichtenbüro n **teleoperatör** _s_ Telefonanbieter m **telepa'ti** ⟨-n; kein pl⟩ Telepathie f **tele'patisk** _adj_ telepathisch **tele'printer** _s_ Fernschreiber m **tele'skop** ⟨-et; -⟩ Teleskop n **television** [telavi'ʃu:n] ⟨-en; kein pl⟩ Fernsehen n; → TV **'telex** ⟨-en; kein pl⟩ TEL Fernschreibdienst m

tema ['te:ma] _n_ ⟨-t; -n/-ta⟩ Thema n **(för** _gen_); GRAM Stammformen _pl_ **temanummer** _sn_ Sondernummer f

temp [tɛmp] ⟨-en; kein pl⟩ _umg_ **ta ~en** Fieber messen

tempel ['tɛmpəl] _n_ ⟨-et; -⟩ Tempel m

temperament [tɛmpəra'mɛnt] _n_ ⟨-et; -⟩ Temperament n, Gemütsart f **tempera'tur** ⟨-en; -er⟩ Temperatur f **tempe'rera** _vt_ ⟨1⟩ temperieren, mäßigen

tempo ['tɛmpu] _n_ ⟨-t; -n/tempi⟩ Tempo n

tempo'rär _adj_ zeitweilig, vorübergehend, temporär

tempus _n_ ⟨-et; -⟩ Tempus n, Zeitform f

tendens [tɛn'dɛns] ⟨-en; -er⟩ Tendenz f, Neigung f **tendenti'ös** _adj_ tendenziös **tendera** _vi_ ⟨1⟩ neigen (till zu)

tenn [tɛn] _n_ ⟨-et; kein pl⟩ Zinn n; **av ~** a. zinnern

tennis ['tɛnis] ⟨-en; kein pl⟩ Tennis n **tennisbana** _s_ Tennisplatz m **tennisboll** _s_ Tennisball m **tennishall** _s_ Tennishalle f **tennismatch** _s_ Tennisspiel n **tennismästerskap** _sn_ Tennismeisterschaft f **tennisracket** _s_ Tennisschläger m **tennisspelare** _s_ Tennisspieler(in) m(f) **tenniströja** _s_ Polohemd n **tennistävling** _s_ Tennisturnier n

tennsoldat ['tɛnsɔlda:t] _s_ Zinnsoldat m **tenntallrik** _s_ Zinnteller m

tenor [ta'nu:r] ⟨-en; -er⟩ MUS Tenor m **tenorstämma** _s_ Tenorstimme f

tenta ['tɛnta] _umg_ **A** ⟨-n; -or⟩ → tentamen **B** _vi_ ⟨1⟩ → tentera

tentakel [tɛn'takəl] ⟨-n; -er⟩ Fühler m, Fühlhorn n

tentamen [tɛn'ta:mən] ⟨-; tentamina⟩ Prüfung f **ten'tand** ⟨-en; -er⟩ Prüfling m **ten'tator** ⟨-n; -er⟩ Prüfende(r) m/f(m), Prüfer(in) m(f) **ten'tera** ⟨1⟩ **A** _vt_ prüfen **B** _vi_ geprüft werden, eine Prüfung ablegen

teolog [teu'lo:g] ⟨-en; -er⟩ Theologe m **teolo'gi** ⟨-n; kein pl⟩ Theologie f **teo'logisk** _adj_ theologisch

teoretisk [teu're:tisk] _adj_ theoretisch **teo'ri** ⟨-n; -er⟩ Theorie f

teosof [teu'so:f] ⟨-en; -er⟩ Theosoph(in) m(f) **teoso'fi** ⟨-n; kein pl⟩ Theosophie f

tepåse ['te:po:sə] _s_ Teebeutel m

terapi [tera'pi:] ⟨-n; -er⟩ Therapie f **terapeut** [tera'pɛft] ⟨-en; -er⟩ Therapeut(in) m(f) **terapeutisk** _adj_ therapeutisch **tera'pi** ⟨-n; -er⟩ Therapie f

term [tærm] ⟨-en; -er⟩ Fachausdruck m, Terminus m; MATH Glied n

termin [tær'mi:n] ⟨-en; -er⟩ Semester n; Halbjahr n

terminal [tærmi'na:l] ⟨-en; -er⟩ IT Terminal n; _Flug_ Terminal m(n)

terminologi [tærminɔlɔ'gi:] ⟨-en; -er⟩ Terminologie f

terminsavgift [tær˟mi:nsav'jift] _s_ Schulgeld n; Semestergebühr f, Studiengebühr f

termit [tær'mi:t] ⟨-en; -er⟩ ZOOL Termite f

termometer [tærmu'me:tər] ⟨-n; -ar⟩ Thermometer n **termos** ⟨-en; -ar⟩,

termosflaska S̄ Thermosflasche® f
termoskanna S̄ Isolierkanne f **termo'stat** ⟨-en; -er⟩ Thermostat m, Wärmeregler m
terpentin [tærpən'ti:n] N̄ ⟨-et/-en⟩ Terpentin n
terrass [tæ'ras] ⟨-en; -er⟩ Terrasse f
terrier ['tæriər] ⟨-n; -⟩ ZOOL Terrier m
terrin [tæ'ri:n] ⟨-en; -er⟩ Terrine f, Suppenschüssel f
territorialvatten [tæritur̄'a:latən] S̄ N̄ Hoheitsgewässer n/pl **territori'ell** ADJ territorial **terri't'orium** N̄ ⟨-territoriet; territorier⟩ Territorium n, Gebiet n
terror ['tærɔr] ⟨-n; kein pl⟩ Terror m, Gewaltherrschaft f, Schreckensherrschaft f **terrordåd** S̄ N̄ Terrorakt m **terrori'sera** V̄T ⟨1⟩ terrorisieren **terrorism** ⟨-en; kein pl⟩ Terrorismus m **terro'rist** ⟨-en; -er⟩ Terrorist(in) m(f)
terräng [tæ'ræŋ] ⟨-en; -er⟩ Gelände n, Terrain n, Boden m; **vinna ~ Boden gewinnen terrängcykel** S̄ Mountainbike n **terrängfordon** S̄ N̄ Geländewagen m **terränglöpning** S̄ Geländelauf m, Waldlauf m
ters [tæʂ] ⟨-en; -er⟩ Terz f; umg dritter Schnaps m
tes [te:s] ⟨-en; -er⟩ These f
teservis ['te:sær̂vi:s] S̄ Teegeschirr n, Teeservice n **tesil** S̄ Teesieb n **tesked** S̄ Teelöffel m
test¹ [te:st, test] ⟨-en; -ar⟩ Strähne f, Zotte f
test² [test] N̄ ⟨-et/-en; -er/-⟩ Test m **testa** V̄T ⟨1⟩ testen, prüfen
testamentarisk [testamen'ta:risk] ADJ testamentarisch **testa'mente** N̄ ⟨-t; -n⟩ Testament n, Vermächtnis n, Letzter Wille; **Gamla/Nya ~t** das Alte/Neue Testament **testamen'tera** V̄T ⟨1⟩ ~ **ngt till ngn** j-m etw vermachen **testamentsexekutor** ⟨-n; -er⟩ Testamentsvollstrecker(in) m(f)
testbild ['testbild] S̄ Testbild n
testikel [tɛ'stikəl] ⟨-n; -ar⟩ ANAT Hoden m
testkörning ['testçœ:rniŋ] S̄ Testlauf m **testning** ⟨-en; -ar⟩ Testen n, Testverfahren n **testpanel** S̄ ≈ Testgruppe f **testresultat** S̄ N̄ Testergebnis n
teve [te:ve:] ⟨-n; -ar⟩ umg → tv
t.ex. ABK (= till exempel) z. B. (zum Beispiel)

text [tɛkst] ⟨-en; -er⟩ Text m **texta** V̄T ⟨1⟩ in Druckschrift schreiben; deutlich aussprechen; untertiteln; **filmen är ~d på svenska** der Film hat schwedische Untertitel **textanalys** S̄ Textanalyse f **texthäfte** S̄ N̄ Textbuch n
textil [tɛk'sti:l] ADJ textil **textilarbetare** S̄ Textilarbeiter(in) m(f) **textilier** PL Textilien pl, Textilwaren pl **textilindustri** S̄ Textilindustrie f **textilslöjd** S̄ Schule Handarbeit f
text-tv ['tɛkste:ve:] S̄ Teletext m, Videotext m
tfn ABK (= telefon) Tel. (Telefon)
Thailand Thailand n **thailändsk** thailändisch **thaimat** ['tajmɑ:t] thailändisches Essen n
thinner ['tinər] ⟨-n; -⟩ Nitroverdünnung f
thriller ['trilər] ⟨-n; -⟩ Thriller m
tia [ti:a] ⟨-n; -or⟩ Zehn f; umg Zehnkronenmünze f
ticka ['tika] V̄I ⟨1⟩ ticken
tid [ti:d] ⟨-en; -er⟩ Zeit f; Uhrzeit f; Termin m; **boka en ~** einen Termin ausmachen; **alla ~er på dagen** zu jeder Tageszeit; **en ~** eine Zeit lang; **då för ~en** damals; **nu för ~en** heutzutage; **i god ~** zeitig; **i (rätt) ~** rechtzeitig, zur rechten Zeit; **i sinom ~** zu gelegener/gegebener Zeit; **med ~en** im Laufe der Zeit, mit der Zeit; **på den ~en** damals; **på min ~** zu meiner Zeit; **på sin ~** seinerzeit; **på sista/senare ~en** in letzter Zeit; **för någon ~** auf einige Zeit; **~s nog** früh genug; **~en går** die Zeit vergeht; **på utsatt ~** zur festgesetzten Zeit; **vid vilken ~?** um welche Zeit?; **vid nio~en** gegen neun Uhr; **~en är slut** die Zeit ist um; **få ~ Zeit finden/haben; ge sig (god) ~** sich (dat) Zeit lassen; **gå ur ~en** das Zeitliche segnen; **ha god ~ på sig, ha gott om ~** reichlich Zeit haben; **ha ont om ~** es eilig (od wenig Zeit) haben; **följa med ~en** mit der Zeit gehen; **vara efter sin ~** rückständig sein; **vara på ~en** an der Zeit sein; **under ~en** inzwischen; mittlerweile **tidig** ADJ früh (-zeitig); **~t på morgonen** frühmorgens, früh am Morgen, am frühen Morgen; **från ~t på morgonen till sent på kvällen** von morgens früh bis abends

sent **tidigarelägga** vt ⟨4⟩ vorverlegen **tidlös** ADJ zeitlos **tidning** ⟨-en; -ar⟩ Zeitung f **tidningsannons** s̄ Inserat n **tidningsartikel** s̄ Zeitungsartikel m **tidningsbilaga** s̄ Zeitungsbeilage f **tidningsblaska** iron umg Klatschblatt s̄ n **tidningsbud** s̄ n Zeitungsausträger(in) m(f) **tidningskiosk** s̄ Zeitungsstand m **tidningspapper** s̄ Zeitungspapier n **tidningsrubrik** s̄ Schlagzeile f **tidningsurklipp** s̄ n Zeitungsausschnitt m **tidpunkt** s̄ Zeitpunkt m (för an) **tidrymd** s̄ Zeitraum m, Zeitdauer f **tidsanda** s̄ Zeitgeist m **tidsbegränsad** ADJ zeitbegrenzt **tidsbegränsning** s̄ zeitliche Begrenzung f **tidsbesparande** ADJ zeitsparend **tidsbesparing** s̄ Zeitersparnis f **tidsbeställning** s̄ Voranmeldung f **tidsbestämma** vt ⟨2⟩ zeitlich herleiten **tidsbrist** s̄ Zeitmangel m **tidsbunden** ADJ zeitgebunden **tidsenlig** ADJ zeitgemäß **tidsfrist** s̄ Frist f; Aufschub m **tidsfråga** s̄ Frage f der Zeit, Zeitfrage f **tidsföljd** s̄ Zeitfolge f **tidsfördriv** N ⟨-et; -⟩ Zeitvertreib m **tidsförlust** s̄ Zeitverlust m **tidsinställd** ADJ ~ **bomb** Bombe f mit Zeitzündung **tidskrävande** ADJ zeitaufwendig **tidskrift** s̄ Zeitschrift f **tidskrävande** ADJ zeitraubend **tidsnöd** s̄ Zeitnot f **tidsperiod** Zeitabschnitt m; Frist f **tidsplan** s̄ Zeitplan m **tidsskillnad** s̄ Zeitunterschied m **tidsstudier** PL Zeitstudien pl **tidsvinst** s̄ Zeitgewinn m **tidszon** s̄ Zeitzone f **tidsålder** s̄ Zeitalter m **tidsödande** ADJ zeitraubend **tidtabell** s̄ Fahrplan m; Kursbuch n **tidtagarur** s̄ Stoppuhr f **tidtagning** s̄ Zeitmessung f **tidvatten** s̄ n Ebbe und Flut f, Gezeiten pl **tidvattensvåg** s̄ Flutwelle f, Gezeitenwelle f **tidvis** ADV zeitweise

tiga ['ti:ga] vi ⟨4⟩ A ADV schweigen; ~ **med ngt** über etw schweigen, etw verschweigen B V̄P ~ **i'hjäl** totschweigen

tiger ['ti:gər] ⟨-n; -ar⟩ Tiger m **tigerkaka** s̄ Marmorkuchen m

tigga ['tiga] v ⟨2⟩ A vt, vi betteln; **gå och** ~ betteln gehen; ~ **ngt av ngn** j-m etw abbetteln, j-n um etw anbetteln; ~ **och be** flehen (**om** um); ~ **och**

be ngn om ngt j-n um etw anflehen B V̄P ~ **i'hop** zusammenbetteln; ~ **sig 'till** sich (dat) erbetteln **tiggare** ⟨-n; -⟩ Bettler(in) m(f) **tigge'ri** N ⟨-et; kein pl⟩ Bettelei f

tik [ti:k] ⟨-en; -ar⟩ Hündin f

till [til] A ADV noch; hinzu; **ett glas** ~ noch ein Glas; **en gång** ~ noch einmal; **en sak** ~ noch etwas; ~ **och från** ab und zu; ~ **och med** sogar, selbst; **åt staden** ~ nach der Stadt zu/hin, auf die Stadt zu B PRÄP nach; zu; an; auf; in; bis (an/auf/in/zu); **åka** ~ **Malmö/ Danmark** nach Malmö/Dänemark fahren; **gå** ~ **läkaren** zum Arzt gehen; **åka** ~ **havet** ans Meer fahren; **åka** ~ **landet** aufs Land fahren; **åka** ~ **stan** in die Stadt fahren; **från ...** ~ von ... bis; ~ **dess** bis dahin; ~ **dess** (**att**) bis (dass); ~ **klockan 10** bis 10 Uhr; ~ **i dag/morgon** bis heute/morgen; ~ **våra dagar** bis auf unsere Tage; ~ **och med torsdag** bis einschließlich Donnerstag; ~ **ett pris av** zum Preise von; ~ **att skriva** zum Schreiben; ~ **sängs** zu Bett; ~ **bords** zu Tisch; ~ **fots** zu Fuß; ~ **häst** zu Pferde; ~ **lands** zu Lande; ~ **sjöss** zur See; ~ **väders** nach oben; **son** ~ **en ... Sohn** eines ...; **en vän** ~ **mig** ein(e) Freund(in) von mir; **författare** ~ **boken** Verfasser m des Buches; ~ **sista man** bis auf den letzten Mann; ~ **antalet** an der Zahl, der Zahl nach; ~ **namnet** dem Namen nach; ~ **utseendet** dem Aussehen nach; **känna ngn** ~ **utseendet** j-n vom Sehen kennen; **liten** ~ **växten** klein von Wuchs; ~ **yrket** von Beruf

tillaga ['tila:ga] vt ⟨1⟩ (zu)bereiten **tillagning** s̄ Zubereitung f

tillbaka ['tilba:ka] ADV zurück; wieder; rückwärts; **sedan ...** ~ seit; **ge/lämna '~** zurückgeben **tillbakablick** s̄ Rückblick m **tillbakadragen** ADJ zurückgezogen; zurückhaltend **tillbakagående** ADJ rückläufig **tillbakagång** s̄ Rückschritt m **tillbakalutad** ADJ zurückgelehnt, zurückgebeugt **tillbakavisa** vt ⟨1⟩ zurückweisen

tillbe(**dja**) ['tilbe:(dja)] vt ⟨4⟩ anbeten, verehren **tillbedjan** ⟨inv⟩ Anbetung f, Verehrung f

tillbehör ['tilbəhœ:r] N ⟨-et; -⟩ Zubehör n; GASTR Beilage f

tillbommad ADJ verriegelt, verrammelt
tillbringa VT ⟨1⟩ zubringen, verbringen, verleben **tillbringare** ⟨-n; -⟩ Kanne f, Kännchen n
tillbucklad ADJ verbeult, zerbeult
tillbud S:N Beinaheunfall m
tillbyggnad S Anbau m
tillbörlig ADJ gebührend; gehörig
tilldela ['tilde:la] VT ⟨1⟩ zu(er)teilen, verleihen; ~ ngn ett slag j-m einen Schlag versetzen **tilldelning** S Zuteilung f, Verleihung f
tilldra VT ⟨4⟩ ~ sig sich zutragen, sich ereignen; sich abspielen **tilldragande** ADJ anziehend
tilldöma VT ⟨2⟩ zusprechen; zuschreiben
tillfalla VT ⟨4⟩ ~ ngn j-m zufallen, an j-n fallen
tillfart S Zufahrt f **tillfartsväg** S Zufahrtsstraße f
tillflykt S Zuflucht f (till zu), (undan vor dat); Unterkunft f **tillflyktsort** S Zufluchtsort m
tillflöde S:N Zufluss m
tillfoga VT ⟨1⟩ (hin)zufügen; ~ ngn skada j-m Schaden zufügen (od antun)
tillfreds [til'fre:ds] ADJ zufrieden **tillfredsställa** VT ⟨2⟩ zufriedenstellen, befriedigen (ngn j-n); genügen; ~ en önskan einem Wunsch nachkommen; ~ sina begär seine Gelüste befriedigen **tillfredsställande** ADJ befriedigend, zufriedenstellend; genügend **tillfredsställd** ADJ zufrieden, befriedigt **tillfredsställelse** ⟨-n; -⟩ Befriedigung; Zufriedenheit f över über akk)
tillfriskna ['tilfriskna] VI ⟨1⟩ genesen (efter/från von) **tillfrisknande** N ⟨-t; kein pl⟩ Genesung f
tillfrusen ADJ zugefroren
tillfälle S ⟨1⟩ (be)fragen
tillfångata [til'fɔŋata:] VT ⟨4⟩ gefangen nehmen
tillfälle N ⟨-t; -n⟩ Gelegenheit f; **ta ~t i akt** die Gelegenheit nutzen; **för ~t** zur Zeit, gegenwärtig; vorläufig; **vid** (lämpligt) ~ bei (günstiger) Gelegenheit, gelegentlich; **vid första bästa** ~ bei der ersten, besten Gelegenheit
tillfällig ADJ zufällig; gelegentlich; vorläufig; einstweilig; vorübergehend; behelfsmäßig; **~t jobb** Aushilfsjob;

PARL **~t utskott** außerordentlicher Ausschuss **tillfällighet** ⟨-en; -er⟩ Zufall m; **av en ~** zufällig, durch Zufall **tillfälligtvis** ADV zufällig(erweise)
tillföra ['tilfœ:ra] VT ⟨2⟩ zuführen
tillförlitlig ['tilfœ[i:tli(g)] ADJ zuverlässig **tillförlitlighet** ⟨-en; kein pl⟩ Zuverlässigkeit f
tillförordna ['tilfœro:dna] VT ⟨1⟩ verordnen, zum Stellvertreter ernennen; **~d** stellvertretend
tillförsel ['til'fœʂəl] ⟨-n; kein pl⟩ Zufuhr f, Zuführung f
tillförsikt ⟨-en; kein pl⟩ Zuversicht f
tillgiven ADJ zugetan; treu, anhänglich; ergeben; **din tillgivne vän** dein treuer Freund **tillgivenhet** ⟨-en; kein pl⟩ Anhänglichkeit f (för an akk); **hysa ~ för ngn** Zuneigung zu j-m hegen
tillgjord ADJ geziert, affektiert, gekünstelt **tillgjordhet** ⟨-en; kein pl⟩ Geziertheit f, Affektiertheit f
tillgodo [til'gu:du], **till godo** ADV → god **tillgodogöra** VR ⟨4⟩ **~ sig** ngt sich (dat) etw zunutze machen; etw auswerten/verwerten **tillgodohavande** N ⟨-t; -n⟩ Guthaben n **tillgodokvitto** S:N Gutschein m **tillgodoräkna** VT, VR ⟨1⟩ anrechnen (ngn j-m), (sig sich); anerkennen **tillgodose** VT ⟨4⟩ wahr(nehm)en, sicherstellen; befriedigen; **~ sitt behov** seinen Bedarf decken
tillgripa ['tilgri:pa] VT ⟨4⟩ ~ åtgärder Maßnahmen ergreifen; **~ våld** Gewalt anwenden; fig **~ en lögn** zu einer Lüge greifen
tillgå VT ⟨4⟩ finnas att ~ vorrätig (od zu haben) sein); **ha att ~** zur Verfügung haben
tillgång S Zutritt m, Zugang m (till zu); Vorrat m (på an dat od von), Bestand m (på von); **~ar** pl Vermögen n sg, Mittel n/pl; WIRTSCH Aktiva n/pl; **~ och efterfrågan** Angebot und Nachfrage; IT **~ till Internet** Internetzugang m; **jag har ~ till det** es ist mir zugänglich; **i mån av ~** so weit möglich, so lange der Vorrat reicht; **leva över sina ~ar** über seine Verhältnisse leben **tillgänglig** ADJ zugänglich; empfänglich; verfügbar
tillhanda [til'handa], **till handa** ADV

→ hand **tillhandahålla** <u>VT</u> ⟨4⟩ (bereit)halten; liefern; verabreichen; ~s hos ngn bei j-m zu haben/erhältlich sein **tillhands, till hands** <u>ADV</u> → hand
tillhygge ['tilhygə] <u>SN</u> Waffe f, Schlagwerkzeug n
tillhåll <u>SN</u> Aufenthaltsort m; **ha sitt ~** hausen
tillhöra ['tilhœ:ra] <u>VT</u> ⟨2⟩ gehören; angehören **tillhörande, tillhörig** <u>ADJ</u> (dazu)gehörig **tillhörighet** ⟨-en; -er⟩ Habe f, Vertrauen/Zutrauen zu j-m haben; Eigentum n; Zugehörigkeit f; **~er** Habseligkeiten
tillika [ti'li:ka] <u>ADV</u> zugleich
tillintetgjord [til'intatju:ɖ] <u>ADJ</u> vernichtet; zerschmettert **tillintetgöra** <u>VT</u> ⟨4⟩ vernichten; zunichtemachen, vereiteln
tillit ['tili:t] ⟨-en; kein pl⟩ Zutrauen, Vertrauen n; Zuversicht f; **ha ~ till ngn** Vertrauen/Zutrauen zu j-m haben; **sätta sin ~ till ngn** sein Vertrauen auf/ in j-n setzen **tillitsfull** <u>ADJ</u> vertrauensvoll; zuversichtlich
tillkalla ['tilkala] <u>VT</u> ⟨1⟩ (herbei)rufen, holen (lassen); (hin)zuziehen; berufen
tillknycklad <u>ADJ</u> zerknüllt
tillknäppt <u>ADJ</u> zugeknöpft
tillkomma <u>VT, VI</u> ⟨4⟩ hinzukommen, entstehen; zukommen, gebühren (dat) **tillkommande** <u>ADJ</u> (zu)künftig **tillkomst** ⟨-en; kein pl⟩ Hinzukommen n; Entstehung f; Zustandekommen n
tillkrånglad <u>ADJ</u> verwickelt, verzwickt
tillkämpa <u>VR</u> ⟨1⟩ **~ sig** sich dat erkämpfen, erringen
tillkänna [til'çɛna], **till känna** <u>ADV</u> → känna **tillkännage** <u>VT</u> ⟨4⟩ anzeigen, bekannt geben/machen, ankündigen; bekunden **tillkännagivande** <u>N</u> ⟨-t; -n⟩ Ankündigung f, Bekanntgabe f; Bekanntmachung f
tillmäta ['tilmɛ:ta] <u>VT</u> ⟨2⟩ bemessen; beimessen, beilegen; **~ ngt betydelse** etw Bedeutung zumessen
tillmötesgå [til'mø:tasgo:] <u>VT</u> ⟨4⟩ entgegenkommen, gefällig sein (dat); **~ ngns önskan** j-s Wunsch (dat) entgegenkommen **tillmötesgående** <u>A</u> <u>ADJ</u> entgegenkommend, gefällig <u>B</u> <u>N</u> ⟨-t; kein pl⟩ Entgegenkommen n
tillnamn ['tilnamn] <u>SN</u> Beiname m
tillnärmelsevis <u>ADV</u> annähernd

tillplattad ['tilplatad] <u>ADJ</u> fig platt, geduckt; **känna sig ~** sich heruntergemacht fühlen
tillreda ['tilre:da] <u>VT</u> ⟨2⟩ zubereiten, vorbereiten, anrichten **tillredning** ⟨-en; -ar⟩ Zubereitung f, Vorbereitung f
tillrop <u>SN</u> Zuruf m
tillryggalägga <u>VT</u> ⟨4⟩ zurücklegen
tillråda <u>VT</u> ⟨2⟩ raten, zuraten, anraten **tillrådan** ⟨inv⟩ Zuraten n, Anraten n; **på hans ~** auf sein Anraten **tillrådlig** <u>ADJ</u> ratsam
tillräcklig <u>ADJ</u> genügend, hinreichend, ausreichend; hinlänglich, zulänglich; **mer än ~t** mehr als genug
tillräkna <u>VT</u> ⟨1⟩ anrechnen, zurechnen; **~ sig förtjänsten av ngt** sich (dat) etw zum/als Verdienst anrechnen **tillräknelig** <u>ADJ</u> zurechnungsfähig
tillrättalagd [til'rɛtalagd] <u>ADJ</u> zurechtgelegt **tillrättavisa** <u>VT</u> ⟨1⟩ zurechtweisen **tillrättavisning** <u>S</u> Zurechtweisung f, Verweis m, Rüge f
tills [tils] <u>KONJ, PRÄP</u> bis; **~ i morgon** bis morgen; **~ på tisdag** bis Dienstag; **~ vidare** bis auf Weiteres, vorläufig, zunächst
tillsammans <u>ADV</u> zusammen, miteinander; **~ med** mit
tillsats <u>S</u> Zusatz m; Beimischung f; GASTR Zutat f
tillse <u>VT</u> ⟨4⟩ zusehen; dafür sorgen; beaufsichtigen
tillskansa <u>VR</u> ⟨1⟩ **~ sig** sich (dat) (widerrechtlich) aneignen; sich (dat) anmaßen
tillskjuta <u>VT</u> ⟨4⟩ fig zuschießen, beisteuern **tillskott** <u>SN</u> Zuschuss m
tillskriva <u>VT</u> ⟨4⟩ anrechnen, zuschreiben (ngn ngt j-m etw)
tillskrynklad <u>ADJ</u> zerknittert
tillsluta ['tilslu:ta] <u>VT</u> ⟨4⟩ (ver)schließen
tillspetsad <u>ADJ</u> zugespitzt
tillströmning ['tilstrømniŋ] <u>S</u> Zulauf m, Andrang m
tillstymmelse ⟨-n; -r⟩ Spur f, Andeutung f
tillstyrka <u>VT</u> ⟨2⟩ befürworten, unterstützen
tillstå <u>VT</u> ⟨4⟩ (zu)gestehen, zugeben, bekennen **tillstånd** <u>SN</u> Zustand m; Erlaubnis f, Genehmigung f **tillstånds-**

bevis SN Berechtigungsschein n
tillställning ['tilstɛlniŋ] S̄ Veranstaltung f, Fest n
tillstökad umg ADJ unordentlich
tillstöta VIT ⟨2⟩ hinzukommen; passieren, zustoßen
tillsyn S̄ Aufsicht f **tillsyningsman** S̄ Aufseher(in) m(f)
tillsägelse ⟨-n; -r⟩ Befehl m, Weisung f, Auftrag m; Zurechtweisung f, Verweis m
tillsända VIT ⟨2⟩ zusenden
tillsätta ⟨2⟩ hinzusetzen, hinzufügen; ~ ngn j-n ernennen; ~ ett ämbete ein Amt besetzen; ~ en nämnd einen Ausschuss einsetzen
tillta ['tilta:] VI ⟨4⟩ zunehmen; **tilltag** SN Unternehmen n, Unterfangen n; Streich m **tilltagande** A ADJ zunehmend B N ⟨-t; kein pl⟩ Zunahme f **tilltagen** ADJ knappt ~ knapp bemessen; **väl/bra** ~ reichlich bemessen; recht umfangreich
tilltal ['tilta:l] SN Anrede f (till an akk)
tilltala VIT ⟨1⟩ anreden; fig zusagen, gefallen (dat) **tilltalande** ADJ ansprechend, zusagend; anziehend, angenehm **tilltalsnamn** SN Rufname m
tilltalsord SN Anrede f
tilltrasslad ['tiltraslad] ADJ verwickelt, verzwickt
tilltro A ⟨-n; kein pl⟩ Glauben m (till an akk); Vertrauen n, Zutrauen n (till zu) B VIT ⟨3⟩ zutrauen (ngn ngt j-m etw) C VR ⟨3⟩ ~ sig ngt sich (dat) etw zutrauen
tillträda VIT ⟨2⟩ antreten **tillträde** N ⟨-t; -n⟩ Antritt m; Zutritt m; **få** ~ Zutritt erlangen; **lämna** ~ **åt ngn** j-m Zutritt gewähren; ~ **förbjudet!** Zutritt verboten!
tilltufsad umg ADJ zerzaust
tilltugg N ⟨-et; kein pl⟩ zum Getränk etw zum Knabbern
tilltygad ADJ illa ~ übel zugerichtet
tilltänkt ADJ beabsichtigt, vorgesehen, geplant
tilltäppt ADJ verstopft
tillvalsämne SN Schule Wahlfach n
tillvarata [til'va:rata:] VIT ⟨4⟩ an sich (akk) nehmen; aufbewahren, aufheben; wahr(nehm)en; ausnutzen **tillvaratagande** N ⟨-t; kein pl⟩ Ansichnehmen n; Aufbewahrung f, Verwahrung f; Wahr(nehm)ung f; Ausnutzung f
tillvaro ['tilva:ru] ⟨-n; kein pl⟩ Dasein n; **kampen för** ~**n** der Kampf ums Dasein
tillverka ['tilværka] VIT ⟨1⟩ herstellen, anfertigen, verfertigen, erzeugen **tillverkare** ⟨-n; -⟩ Hersteller(in) m(f), Erzeuger(in) m(f) **tillverkning** ⟨-en; -ar⟩ Herstellung f, (An-)Fertigung f, Erzeugung f; Erzeugnis n, Fabrikat n **tillverkningskostnad** S̄ Herstellungskosten pl
tillvägagångssätt [til'vɛ:gagɔŋ'sɛt] S̄ N Vorgehen n, Verfahren n
tillväxt ['tilvɛkst] S̄ Zuwachs m, Zunahme f (i an dat); Wachstum n; **vara på** ~ im Wachsen sein, zunehmen; fig **stå på** ~ zurückgestellt sein **tillväxtekonomi** S̄ Schwellenland n **tillväxttakt** S̄ Zuwachsrate f
tillåta ['tilo:ta] VIT, VR ⟨4⟩ erlauben (sig sich dat), gestatten, zulassen **tillåtelse** ⟨-n; kein pl⟩ Erlaubnis f, Genehmigung f **tillåten, tillåtlig** ADJ erlaubt, gestattet, statthaft, zulässig
tillägg ['tilɛg] N ⟨-et; -⟩ Zusatz m, Nachtrag m, Zuschlag m; Zulage f; **med** ~ **av** zuzüglich (gen) **tillägga** VIT ⟨4⟩ hinzufügen; nachtragen **tilläggsavgift** S̄ Zuschlag m **tilläggspension** S̄ Zusatzrente f
tillägna ['tilɛŋna] ⟨1⟩ A VIT widmen B VR ~ **sig** sich (dat) aneignen **tillägnan** ⟨inv⟩ Widmung f
tillämpa ['tilɛmpa] VIT ⟨1⟩ anwenden; beziehen (**på** auf akk) **tillämplig** ADJ anwendbar **tillämpning** ⟨-en; -ar⟩ Anwendung f
tillökning ['tilø:kniŋ] S̄ Vermehrung f, Zunahme f (i gen od an dat); Zuwachs m (i an dat); ~ **i familjen** Familienzuwachs m
tillönska VIT ⟨1⟩ wünschen **tillönskan** S̄, **tillönskning** S̄ Wunsch m
time(-)out [tajm'aut] ⟨-en; -er⟩ SPORT Time-out n, Auszeit f
timglas ['timglɑ:s] SN Sanduhr f, Stundenglas n
timid [ti'mi:d] ADJ zaghaft, schüchtern
timjan ['timjan] ⟨-en; kein pl⟩ BOT Thymian m
timlärare ['timlæːrarə] S̄ ≈ Lehrbeauftragte(r) m/f(m) **timlön** S̄ Stundenlohn m **timme** ⟨-n; -ar⟩ Stunde f; en

~s resa einstündige Fahrt; **varje ~** stündlich; **~ efter ~** Stunde um Stunde; **i timmar** stundenlang; **två timmars resa** zweistündige Fahrt; **om en ~** in einer Stunde; **per ~** pro Stunde

timmer ['tɪmər] N̄ ⟨-et; -⟩ Holz n **timmeravverkning** S̄ Abholzung f, Holzschlag m **timmerflottning** ⟨-en; -ar⟩ Holzflößerei f **timmerhuggare** ⟨-n; -⟩ Holzfäller(in) m(f) **timmerman** S̄ Zimmermann m; Zimmerer m, Zimmerin f **timmerstock** S̄ Baumstamm m; umg fig schnarchen **dra ~ar** (einen ganzen Wald ab)sägen **timmerstuga** S̄ Holzhäuschen n

timpenning ['tɪmpenɪŋ] S̄ Stundenlohn m

timra ['tɪmra] V̄T, V̄I ⟨1⟩ zimmern

timslag ['tɪmsla:ɡ] S̄N Stundenschlag m **timslång** ADJ stundenlang **timtal** ⟨inv⟩ **i ~, ~s** stundenlang **timvis** ADV stundenweise **timvisare** S̄ Stundenzeiger m

tina V̄T, V̄P **~ ('upp)** auftauen

tindra ['tɪndra] V̄I ⟨1⟩ funkeln, glitzern

ting [tɪŋ] N̄ ⟨-et; -⟩ Ding n; JUR Gericht n; **sitta ~** Gericht abhalten, Recht sprechen

tinga ['tɪŋa] ⟨1⟩ **A** V̄T bestellen **B** V̄P **~ 'bort** verdingen

tingest ['tɪŋəst] ⟨-en; -ar⟩ Ding n

tingshus ['tɪŋshʉ:s] S̄N Gerichtsgebäude n **tingsnotarie** S̄ Referendar(in) m(f) **tingsrätt** S̄ Amtsgericht n

tinktur [tɪŋk'tʉ:r] ⟨-en; -er⟩ Tinktur f

tinne ['tɪna] ⟨-n; -ar⟩ ARCH Zinne f

tinning ['tɪnɪŋ] ⟨-en; -ar⟩ ANAT Schläfe f

tinnitus [tɪni'tɵs] ⟨inv⟩ MED Tinnitus m

tio ['ti:u, umg 'ti:a] N̄UM zehn **tio-i--topp-lista** ['ti:ui'tɔp'lista] S̄ Hitparade f **tiokamp** S̄ SPORT Zehnkampf m **tionde** ADJ zehnte(r, s) **tion(de)del** S̄ Zehntel n **tiotal** S̄N Zehner m; **ett ~ människor** ungefähr zehn Menschen **tiotiden** ⟨inv⟩ **vid ~** um zehn Uhr herum

tipp [tɪp] ⟨-en; -ar⟩ **1** Spitze f **2** (Schutt-)Abladeplatz m; TECH Entladevorrichtung f, Kippvorrichtung f **tippa¹** V̄T ⟨1⟩ kippen **tippa²** SPORT wetten; tippen **tippning** ['tɪpnɪŋ] ⟨-en; -ar⟩ **1** Auskippen n, Abladen n **2** SPORT Wetten n; Tippen n **tips** N̄ ⟨-et; -⟩ **1** Tipp m, Wink m **2** (Fußball-)Toto n, m **tipsa** V̄T ⟨1⟩ einen Tipp geben **tipskupong** S̄ Totoschein m **tipsrad** S̄ Tippreihe f **tipsvinst** S̄ Totogewinn m

tirad [ti'ra:d] ⟨-en; -er⟩ Tirade f

tisdag ['ti:sda(:g)] ⟨-en; -ar⟩ Dienstag m

tissel ['tɪsəl] N̄ ⟨-et; kein pl⟩ **~ och tassel** Getuschel n **tissla** V̄I ⟨1⟩ **~ och tassla** tuscheln

tistel ['tɪstəl] ⟨-n; -ar⟩ BOT Distel f

titel ['ti:təl] ⟨-n; -ar⟩ Titel m; **lägga bort titlarna med ngn** j-m das Du anbieten, mit j-m Brüderschaft trinken/machen **titelblad** S̄N Titelblatt n **titelroll** S̄ Titelrolle f

titt¹ [tɪt] ADV **~ och/som tätt** häufig, oft, einmal ums andere

titt² ⟨-en; -ar⟩ Blick m; umg kurzer Besuch, kleiner Sprung; **ta sig en ~ på ngt** einen (kurzen) Blick auf etw (akk) werfen; umg **tack för ~en!** nett (von dir), dass du hereingeschaut hast! **titta** ⟨1⟩ **A** V̄I blicken, sehen; umg gucken; **~ på ngt** sich (dat) etw ansehen, angucken **B** V̄P **~ 'efter** nachsehen, nachgucken; **~ 'fram** hervorblicken, hervorgucken; **~ 'in** hineinblicken, hereinblicken, hereingucken; **~ 'in till ngn** j-n auf einen Sprung besuchen, bei j-m herein-/hineinschauen; **~ 'ner** herabblicken, herabgucken; **~ 'ut** hinausblicken, hinausgucken **tittare** ⟨-n; -⟩ Zuschauer(in) m(f) **tittarfrekvens** S̄ Einschaltquote f **tittarstorm** S̄ Proteststurm m **titthål** S̄N Guckloch n **tittut** V̄P **~ leka** Verstecken spielen

titulera [tɪtɵ'le:ra] V̄T ⟨1⟩ titulieren, betiteln, anreden

tivoli ['ti:vʉli] N̄ ⟨-t; -n⟩ Rummelplatz m

tjafs [ças] umg N̄ ⟨-et; kein pl⟩ Quatsch m

tjalla ['çala] umg V̄I ⟨1⟩ petzen

tjat [ça:t] umg N̄ ⟨-et; kein pl⟩ Quengelei f, Nörgelei f, Gemecker n **tjata** V̄I ⟨1⟩ quengeln, nörgeln, meckern; **~ på ngn** j-m (ständig) in den Ohren liegen **tjatig** ADJ queng(e)lig, nörg(e)lig; langweilig

tjatter ['çatər] N̄ ⟨-et; kein pl⟩ Geschnatter n, Geplapper n **tjattra** V̄I

⟨1⟩ schnattern, plappern
tjeck [ɕɛk] ⟨-en; -er⟩ Tscheche *m*
Tjeckien N̄ ⟨inv⟩ Tschechien *n*
tjeckisk ADJ tschechisch **tjeckiska** ❶ ⟨-n; kein pl⟩ Tschechisch *n* ❷ ⟨-n; -or⟩ Tschechin *f*
tjej [ɕɛj] ⟨-en; -er⟩ *umg* Mädchen *n*; Freundin *f*
tjena(re) ['ɕɛna(re)] *inter* → tjäna(re)
tjenis [ɕɛ] *umg* → tjänis
tjock [ɕɔk] ADJ dick, stark; dicht; *umg* ~a släkten die ganze Verwandtschaft
tjocka ⟨-n; kein pl⟩ dicker Nebel *m*
tjocken ⟨inv⟩ vara på ~ (≈ *schwanger sein*) einen dicken Bauch kriegen
tjockflytande ADJ dickflüssig **tjockhudad** ADJ dickhäutig **tjockis** ⟨-en; -ar⟩ *umg* Dicke(r) *m/f(m)*; Dickwanst *m*
tjocklek S̄ Dicke *f*, Stärke *f* **tjockna** V̄I ⟨1⟩ dicker werden, sich verdicken
tjockskalle *fig umg* S̄ Dickkopf *m*
tjockskallig *umg* ADJ dickköpfig, stur
tjocktarm Ā ANAT Dickdarm *m*
tjog [ɕoːg] N̄ ⟨-et; -⟩ Stiege *f*, 20 Stück
tjudra ['ɕʉːdra] V̄T ⟨1⟩ anbinden, anpflöcken
tjugo ['ɕʉːgʉ] NUM zwanzig **tjugohundratal** S̄ N̄ på ~et im einundzwanzigsten Jahrhundert, im 21. Jahrhundert **tjugokronorssedel** S̄ Zwanzigkronenschein *m* **tjugonde** ADJ zwanzigste(r, s) **tjugon(de)del** S̄ Zwanzigstel *n* **tjugotal** S̄ N̄ ett ~ ungefähr zwanzig; på ~et in den Zwanzigerjahren **tjugoårig** ADJ zwanzigjährig **tjugoåring** ⟨-en; -ar⟩ Zwanzigjährige(r) *m/f(m)*
tjur [ɕʉːr] ⟨-en; -ar⟩ Stier *m*, Bulle *m*
tjura *umg* V̄I ⟨1⟩ maulen, schmollen; störrisch/bockig sein **tjurfäktare** S̄ Stierkämpfer(in) *m/f(m)* **tjurfäktning** S̄ Stierkampf *m* **tjurig** *umg* ADJ störrisch, bockig **tjurskalle** S̄ Starrkopf *m*, Dickkopf *m*
tjusa ['ɕʉːsa] V̄T ⟨1⟩ bezaubern; entzücken **tjusig** *umg* ADJ schick, fesch, entzückend **tjusning** ⟨-en; kein pl⟩ Zauber *m*, Reiz *m*
tjut [ɕʉːt] ⟨-et; -⟩ Geheul *n*, Heulen *n*
tjuta V̄I ⟨4⟩ heulen **tjutande** ❶ ADJ heulend ❷ N̄ ⟨-t; kein pl⟩ *umg* Geheul(e) *n*, Heulerei *f*
tjuv [ɕʉːv] ⟨-en; -ar⟩ Dieb(in) *m/f(m)* **tjuvaktig** ADJ diebisch **tjuvfiske** S̄ N̄ unbefugtes Fischen *n* **tjuvgods** S̄ N̄ Diebesgut *n* **tjuvknep** S̄ N̄ Kniff *m* **tjuvkoppla** V̄T ⟨1⟩ kurzschließen **tjuvlarm** S̄ N̄ Alarmgerät *n* **tjuvliga** S̄ Diebesbande *f* **tjuvlyssna** V̄I ⟨1⟩ (geheim) lauschen **tjuvläsa** V̄T ⟨2⟩ heimlich lesen **tjuvnyp** S̄ N̄ *umg* ge ngn ett ~ j-m heimlich eins versetzen **tjuvskytt** S̄ Wilddieb(in) *m(f)*, Wilderer *m* **tjuvstart** S̄ SPORT Frühstart *m*, Fehlstart *m* **tjuvstarta** V̄I ⟨1⟩ zu früh starten **tjuvtitta** V̄I ⟨1⟩ heimlich gucken **tjuvtjock** ADJ *umg* jag mår ~t mir ist speiübel zumute **tjuvåka** V̄T, V̄I ⟨2⟩ schwarzfahren **tjuvåkare** S̄ Schwarzfahrer(in) *m(f)*
tjäder ['ɕɛːdɐr] ⟨-n; -ar⟩ Auerhahn *m*, Auerhuhn *n*
tjäla ['ɕɛːla] ⟨-n; kein pl⟩ Bodenfrost *m* **tjällossning** S̄ *der gefrorenen Erde* Auftauen *n* **tjälskott** S̄ N̄ Frostaufbruch *m*, Schlagloch *n*
tjäna ['ɕɛːna] ⟨1⟩ Ⓐ V̄T verdienen (på an *dat*) Ⓑ V̄I dienen; vad ska det ~ till? was soll das?; ~ av ett straff eine Strafe absitzen Ⓒ V̄P det ~r ingenting 'till das nützt (*od* führt zu) nichts; vad ~r det 'till att tala? was nützt das (viele) Reden?; ~ 'ut ausdienen **tjäna(re)** ['ɕɛna(re)] *umg* INTER hallo, servus **tjänis** ADJ vara~ med ngn mit j-m befreundet sein **tjänare** ⟨-n; -⟩ Diener(in) *m(f)* **tjäna'rinna** Dienerin *f* **tjänis** *umg* → tjänlig **tjänlig** ADJ geeignet, dienlich **tjänst** ⟨-en; -er⟩ Dienst *m*; Stelle *f*, Stellung *f*; Amt *n*; *fig* Gefallen *m*; **erbjuda ngn sina ~er** j-m seine Dienste anbieten; **göra ngn en ~** j-m einen Gefallen tun; **gammal i ~en** altgedient, lange im Dienst; **lämna ~en** den Dienst verlassen/quittieren; **utom ~en** außerdienstlich; **å ~ens vägnar** dienstlich, von Amts wegen; **vad kan jag stå till ~ med?** was kann ich für Sie tun?
tjänstebil S̄ Dienstauto *n*, Dienstwagen *m* **tjänstebostad** S̄ Dienstwohnung *f* **tjänstefel** S̄ N̄ Dienstvergehen *n* **tjänstefolk** S̄ N̄ Dienstboten *m/pl*, Dienerschaft *f*, Gesinde *n* **tjänstegrad** S̄ Dienstgrad *m* **tjänsteman** S̄ Angestellte(r) *m/f(m)*; Beamte(r) *m*, Beamtin *f* **tjänstepension** S̄ Angestelltenrente *f*, Pension *f* **tjänsteresa** S̄ Dienstreise *f* **tjänsterum** S̄ N̄

Dienstzimmer *n* **tjänstetid** 5 Dienstzeit *f* **tjänsteutövning** 5 Amtstätigkeit *f*, Dienst *m* **tjänsteärende** 5 N Dienstangelegenheit *f*, Dienstsache *f* **tjänstgöra** VI ⟨4⟩ angestellt sein; arbeiten; dienen **tjänstgörande** ADJ diensttuend, diensthabend **tjänstgöring** ⟨-en; -ar⟩ Dienst *m* **tjänstgöringsbetyg** 5 N, **tjänstgöringsintyg** 5 N Dienstzeugnis *n* **tjänstgöringstid** 5 Dienstzeit *f*, Anstellungsdauer *f* **tjänstledig** ADJ dienstfrei, beurlaubt; **ta ~t** sich beurlauben lassen **tjänstledighet** 5 Urlaub *m*, Beurlaubung *f* **tjänstvillig** ADJ hilfsbereit, gefällig
tjära ['çæ:ra] A ⟨-n; kein pl⟩ Teer *m* B VT ⟨1⟩ teeren
tjärn [çæ:n] ⟨-en; -ar⟩ Teich *m*, Weiher *m*, Waldsee *m*, Bergsee *m*
toa ['tu:a] ⟨-n; toor⟩ *umg* Klo *n* **toalett** ⟨-en; -er⟩ Toilette *f*; **gå på ~en** auf die Toilette gehen **toalettbord** 5 N Toilettentisch *m* **toa(lett)papper** 5 N Toilettenpapier *n* **toa(lett)rengöringsmedel** 5 N WC-Reiniger *m* **toa(lett)sits** 5 Klobrille *f*
tobak ['tu:bak] ⟨-en; kein pl⟩ Tabak *m* **tobaksaffär** 5 Tabakgeschäft *n* **tobaksmärke** 5 N Tabaksorte *f* **tobaksrök** 5 Tabakrauch *m* **tobaksrökning** 5 Tabakrauchen *n* **tobaksvaror** PL Tabakwaren *pl*
toddy ['tɔdy] ⟨-n; -ar/toddar⟩ Toddy *m*
toffel ['tɔfəl] ⟨-n; -or⟩ Pantoffel *m*, Hausschuh *m* **toffelhjälte** *umg* 5 Pantoffelheld *m*
tofs [tɔfs] ⟨-en; -ar⟩ Troddel *f*, Quaste *f*; Büschel *n*; Schopf *m*; *der Vögel* Haube *f*
toft [tɔft] ⟨-en; -er⟩ SCHIFF Ruderbank *f*
tofu ['tu:fɯ] ⟨-en; kein pl⟩ Tofu *n*
tok[1] [tu:k] N ⟨-et; -⟩ Dummheiten *pl*, Unsinn *m*; **på ~** verkehrt; **gå på ~** schiefgehen; **det är ngt på ~ med det** da stimmt (et)was nicht **tok**[2] ⟨-en; -ar⟩, **toker** ⟨-n; tokar⟩ Narr *m*, Närrin *f*; **din ~!** du Narr/Närrin! **toka** ⟨-n; -or⟩ Närrin *f* **toke'ri** N ⟨-et; -er⟩ Unsinn *m*, Narretei *f*, tolles Zeug *n* **tokig** ADJ verrückt, toll; falsch, verkehrt; dumm; **vara ~ i ngn** in j-n vernarrt sein; **~ i efter karlar** mannstoll; **~ i ngt** auf etw versessen sein; **man kan bli ~ (för mindre)** es ist zum Verrücktwerden; **inte så ~t** nicht so übel
tokprat 5 N (albernes) Geschwätz *n*
tokrolig ADJ drollig, spaßig, schnurrig; possierlich **tokstolle** 5 komischer Kauz *m*
tolerans [tɔlə'rans, -aŋs] ⟨-en; -er⟩ Toleranz *f*, Duldsamkeit *f* **tole'rant** ADJ duldsam, tolerant **tole'rera** VT ⟨1⟩ dulden, tolerieren
tolfte ['tɔlftə] ADJ zwölfte(r, s) **tolftedel** 5 Zwölftel *n*
tolk [tɔlk] ⟨-en; -ar⟩ Dolmetscher(in) *m(f)* **tolka** VT, VI ⟨1⟩ (ver)dolmetschen; deuten, auslegen, erläutern **tolkning** ⟨-en; -ar⟩ Dolmetschen *n*; Verdolmetschung *f*; Deutung *f*, Auslegung *f*, Erläuterung *f*
tolv [tɔlv] NUM zwölf **tolva** ⟨-n; -or⟩ Zwölf *f* **tolvfingertarm** 5 ANAT Zwölffingerdarm *m* **tolvslag** 5 **vid ~et** *Silvester* Schlag 12 Uhr **tolvtid** 5 **vid ~en** gegen 12 Uhr
t.o.m. ABK (= till och med) sogar, selbst
tom [tum] ADJ leer (**på en** *dat*); **det är/känns ~t efter dig** du fehlst uns sehr
tomat [tu'mɑ:t] ⟨-en; -er⟩ Tomate *f* **tomatjuice** 5 Tomatensaft *m* **tomatketchup** 5 Tomatenketchup *n* **tomatpuré** 5 Tomatenmark *n*
tombola ['tɔmbula] ⟨-n; -or⟩ Tombola *f*
tomglas ['tumglɑ:s] N 5 leere Dose/Flasche *f*; **samla ~** Altglas sammeln **tomgång** 5 Leerlauf *m* **tomhet** ⟨-en; kein pl⟩ Leere *f* **tomhänt** ADJ mit leeren Händen **tomrum** 5 N Hohlraum *m*, leerer Raum *m*, Lücke *f*
tomt [tɔmt] ⟨-en; -er⟩ Bauplatz *m*; Grundstück *n*
tomte ['tɔmtə] ⟨-n; -ar⟩ Weihnachtsmann *m*; MYTH Heinzelmännchen *n*, Wichtelmännchen *n*, Kobold *m* **tomtebloss** 5 N Wunderkerze *f*
tomtgräns ['tɔmtgrɛns] 5 Grenze *f* des Grundstückes **tomträtt** 5 Erbbaurecht *n* **tomtägare** 5 Grundstücksbesitzer(in) *m(f)*
ton[1] [tɔn] N ⟨-net; -⟩ Gewicht Tonne *f*
ton[2] [tu:n] ⟨-en; -er⟩ MUS Ton *m*; **det hör till god ~** es gehört zum guten Ton **tona** ⟨1⟩ A VT tönen, klingen B VI/P *fig* **~ 'ned/ner** abschwächen, he-

440 ▪ tonad – torrläggning

runterspielen **tonad** ADJ getönt **tonande** ADJ tönend; stimmhaft **tonart** S Tonart f **tonerkassett** S COMPUT, TECH Tonerkassette f **tonfall** S N Tonfall m

tonfisk ['tu:nfisk] S ZOOL Thunfisch m **tongivande** ['tu:nji:vandə] ADJ tonangebend **tongång** S Tonfolge f; ~ar pl Töne m/pl, Klänge m/pl **tonhöjd** S Tonhöhe f **toning** ⟨-en; -ar⟩ Tönung f **tonläge** S N Tonlage f **tonlös** ADJ tonlos; unbetont, stimmlos

tonsill [tɔn'sil] ⟨-en; -er⟩ ANAT Mandel f

tonsätta ['tu:nsɛta] VT ⟨4⟩ vertonen **tonsättare** S Komponist(in) m(f) **tonvikt** S Ton m, Betonung f; fig lägga ~ på ngt etw betonen **tonår** ['tɔnɔːr] PL hon är i ~ sie ist im Teenageralter **tonåring** ⟨-en; -ar⟩ Teenager m

topless ['tɔples] ADJ oben ohne **topografi** [tɔpɔgra'fi:] ⟨-n; kein pl⟩ Topografie f

topp- [tɔp] IN ZSSGN Spitzen- **topp¹** umg INTER abgemacht **topp²** ⟨-en; -ar⟩ ■ Gipfel m, Spitze f; Baum- Wipfel m; SCHIFF Topp m; från ~ till tå von Kopf bis Fuß; med flaggan i ~ mit wehender Flagge ■ Top n **toppa** VT ⟨1⟩ kappen, stutzen; hoch oben auf etw (dat) stehen; ~ håret die Spitzen nachschneiden lassen; ~ laget die Besten der Mannschaft spielen lassen; ~ listan an der Spitze der Liste stehen **toppen(-)** umg ADJ, IN ZSSGN super(-), spitzen(-); den här boken är ~ dieses Buch ist spitze **toppenbra** umg ADJ, ADV klasse, toll **toppform** S SPORT Bestform f, Höchstform f **topphastighet** S Höchstgeschwindigkeit f **toppig** ADJ spitz, gipf(e)lig **toppklass** S Spitzenklasse f **toppkonferens** S Gipfelkonferenz f **topplista** S Hitliste f **toppluva** S Zipfelmütze f **topplön** S Höchstgehalt n, Spitzengehalt n **toppmodern** ADJ hochmodern **toppmöte** S N Gipfeltreffen n **topprestation** S Spitzenleistung f, Höchstleistung f **topprida** VT ⟨4⟩ geringschätzig behandeln; umg ~ ngn a. j-m auf der Nase herumtanzen **torde** ['tu:də] V/AUX OHNE INF, PRÄS U. PERF ⟨inv imperf⟩ dürfte(n)

tordyvel ['tu:dy:vəl] ⟨-n; -ar⟩ ZOOL Mistkäfer m

torftig ['tɔrfti(g)] ADJ dürftig, ärmlich; kümmerlich; spärlich

torg [tɔrj] N ⟨-et; -⟩ Markt m, Marktplatz m; Platz m **torgdag** S Markttag m, Wochenmarkt m **torgföra** VT ⟨2⟩ auf dem Markt verkaufen; fig Meinung etc zu Markte tragen **torghandel** S Marktbetrieb m **torgskräck** S MED Platzangst f **torgstånd** S Marktstand m, Marktbude f

tork [tɔrk] ⟨-en; -ar⟩ Trockner m; hänga på (od 'upp till) ~ zum Trocknen aufhängen **torka** ▲ ⟨-n; kein pl⟩ Dürre f, Trockenheit f ▣ VT, VI ⟨1⟩ trocknen (vid an dat); (ab)wischen, abtrocknen (på/i an dat); Obst dörren ◉ V/R ⟨1⟩ ~ sig sich abtrocknen/abwischen; ~ sig i ansiktet/om fötterna/om händerna sich (dat) das Gesicht/die Füße/die Hände abtrocknen; ~ sig om munnen sich (dat) den Mund (ab)wischen ▣ V/P ⟨1⟩ ~ 'av abwischen, abtrocknen; ~ 'bort abwischen; verdorren; ~ 'fast antrocknen; ~ 'in eintrocknen; ~ 'upp aufwischen; ~ 'ut austrocknen; versiegen **torkad** ADJ getrocknet; ~ frukt Backobst n **torkhuv** S N Trockenhaube f **torkning** ⟨-en; -ar⟩ Trocknen n; Wischen n; Dörren n **torkskåp** S für Wäsche Trockenschrank m **torkställ** N, **torkställning** S Trockenständer m, Wäscheständer m **torktumlare** S Wäschetrockner m **torkvinda** S Wäschespinne f

torn [tu:n] N ⟨-et; -⟩ Turm m **torna** V/P ⟨1⟩ ~ 'upp sig sich auftürmen **tornering** [tu'ne:riŋ] ⟨-en; -ar⟩ Turnier n

tornspira ['tu:nspi:ra] S Turmspitze f **tornsvala** S ZOOL Mauersegler m, Turmschwalbe f

torp [tɔrp] N ⟨-et; -⟩ Kate f **torpare** ⟨-n; -⟩ Kätner(in) m(f)

torped [tɔr'pe:d] ⟨-en; -er⟩ Torpedo m **torpedbåt** S Torpedoboot m **torpe-'dera** VT ⟨1⟩ torpedieren

torr [tɔr] ADJ trocken; dürr **torrboll** umg S Langweiler m **torrdass** S N Plumpsklo n **torrfoder** S N AGR Trockenfutter n **torrjäst** S Trockenhefe f **torrlägga** VT ⟨4⟩ trockenlegen, entwässern **torrläggning** S Trockenle-

gung f, Entwässerung f **torrmjölk** ⟨s⟩ Trockenmilch f **torrskodd** ADJ trockenen Fußes
torsdag ['tu:ʂɖɑ:(g)] ⟨-en; -ar⟩ Donnerstag m
torsk [tɔʂk] ⟨-en; -ar⟩ ZOOL Dorsch m, Kabeljau m; Freier m **torska** VI ⟨1⟩ geschnappt werden; SPORT eine Schlappe erleiden **torskfilé** ⟨s⟩ Kabeljaufilet n
torso ['tɔʂu] ⟨-n; -(e)r⟩ Torso m
tortera [tɔ'ʈe:ra] VT ⟨1⟩ foltern, martern **tor'tyr** ⟨-en; -er⟩ Folter(ung) f, Marter f, Tortur f
torv [tɔrv] ⟨-en; kein pl⟩ Torf m **torva** ⟨-n; -or⟩ Rasenstück n; Sode f **torvmosse** ⟨s⟩ Torfmoor n
tota ['tu:ta] umg VP ⟨1⟩ ~ **i'hop/'till** ihzusammenbasteln, zusammenstümpern
total [tu'tɑ:l] ADJ vollständig, total **totalbelopp** ⟨s N⟩ Gesamtbetrag m **totalförbud** ⟨s N⟩ völliges Verbot n; Alkohol Prohibition f, Alkoholverbot n **totalförlust** ⟨s⟩ Gesamtverlust m
totalitär ADJ totalitär
totalkostnad ⟨s⟩ Gesamtkosten pl **totalkvadda** VT ⟨1⟩ AUTO Totalschaden machen **totalvägrare** ⟨-n; -⟩ Ersatzdienstverweigerer m
tova ['tu:va] A ⟨-n; -or⟩ Zotte f, Büschel n B VR, VP ⟨1⟩ ~ **(i'hop) sig** sich verfilzen, verzotteln **tovig** ADJ zottig, struppig
tradig ['trɑ:di(g)] umg ADJ langstielig
tradition [tradi'ʃu:n] ⟨-en; -er⟩ Überlieferung f, Tradition f; Brauch m **traditio'nell** ADJ überliefert, traditionell, althergebracht, herkömmlich **traditionsbunden** ADJ traditionsgebunden **traditionsenlig** ADJ traditionsgemäß, herkömmlich **traditionsrik** ADJ reich an Traditionen
trafik [tra'fi:k] ⟨-en; kein pl⟩ Verkehr m **trafi'kant** ⟨-en; -er⟩ Verkehrsteilnehmer(in) m(f); Passant(in) m(f); Reisende(r) m/f(m) **trafikbuller** ⟨s N⟩ Verkehrslärm m **trafikdatalagring** ⟨s⟩ TEL Vorratsdatenspeicherung f **trafikdelare** ⟨-n; -⟩ Leuchtsäule f **trafi'kera** VT ⟨1⟩ befahren, benutzen; livligt ~d gata belebte Straße **trafikflygplan** ⟨s⟩ Verkehrsflugzeug n **trafikförseelse** ⟨s⟩ Verkehrsdelikt n **trafikförsäkring** ⟨s⟩ Haftpflichtversicherung f **trafikhinder** ⟨s N⟩ Verkehrshindernis n **trafikkaos** ⟨s N⟩ Verkehrschaos n **trafikkort** ⟨s N⟩ = Führerschein Klasse II **trafikled** ⟨s⟩ Verkehrsader f, Fahrstraße f **trafikledare** ⟨s⟩ Fluglotse m **trafikljus** ⟨s N⟩ Verkehrsampel f **trafikmeddelande** ⟨s N⟩ Verkehrsmeldung f **trafikmärke** ⟨s N⟩ Verkehrszeichen n **trafikoffer** ⟨s N⟩ Verkehrsopfer n **trafikolycka** ⟨s⟩ Verkehrsunfall m **trafikomläggning** ⟨s⟩ Umleitung f **trafikpolis** ⟨s⟩ Verkehrspolizist(in) m(f) **trafiksignal** ⟨s⟩ Verkehrsampel f **trafikskola** ⟨s⟩ Fahrschule f **trafikskylt** ⟨s⟩ Verkehrsschild n **trafikstockning** ⟨s⟩, **trafikstopp** ⟨s N⟩ Verkehrsstau m **trafiksäkerhet** ⟨s⟩ Verkehrssicherheit f **trafikvakt** ⟨s⟩ ≈ Hilfspolizist(in) m(f) **trafikvett** ⟨s N⟩ Verkehrsdisziplin f **trafikövervakning** ⟨s⟩ Verkehrsüberwachung f **trafikövervakningskamera** ⟨s⟩ Blitzer m
tragedi [traʃe'di:] ⟨-n; -er⟩ Tragödie f, Trauerspiel n
traggla ['tragla] ⟨1⟩ umg A VT wiederkäuen; sich abmühen (med mit) B VP ~ **(sig) i'genom** 'durchackern; ~ **'in** einpauken
tragik [tra'gi:k] ⟨-en; kein pl⟩ Tragik f **tragikomisk** ADJ tragikomisch **'tragisk** ADJ tragisch
trailer ['trejlər] ⟨-n; trailrar⟩ Anhänger m; Film Vorschau f
trakassera [traka'se:ra] VT ⟨1⟩ schikanieren **trakasse'ri** ⟨-et; -er⟩ Schikane f; sexuella ~er pl sexuelle Belästigung sg
trakt [trakt] ⟨-en; -er⟩ Gegend f **trakta** VI ⟨1⟩ trachten (efter nach) **trakta'mente** ⟨N⟩ ⟨-t; -n⟩ Tagegeld n **trak'tat** a. N ⟨-en/-et; -er/-⟩ Traktat n od m; Vertrag m **trak'tera** VT ⟨1⟩ traktieren, behandeln; bewirten **traktor** ⟨-n; -er⟩ Traktor m, Schlepper m
trall [tral] ⟨-en; -ar⟩ 1 Weise f, Melodie f; fig den gamla ~en die alte Leier 2 Rost m, Gitter(werk) n **tralla** VI ⟨1⟩ trällern
tramp [tramp] N ⟨-et; kein pl⟩ Getrampel n; Tritt m **trampa** A ⟨-n; -or⟩ Tritt m, Trittbrett n; Pedal n B VI ⟨1⟩ treten; trampeln; ~ **i ngt** in etw (akk) (hinein)treten; fig ~ **i klaveret** ins Fettnäpfchen treten C VP ⟨1⟩ ~ **i'hjäl** tottreten; ~ **'ner** niedertreten; ~

'sönder zertreten; ~ 'till zutreten; ~ 'ut austreten **trampbil** ⓈTretauto n
trampdyna ⓈZehenballen m **trampo'lin** ⟨-en; -er⟩ Sprungbrett n
trams [trams] umg Ⓝ ⟨-et; kein pl⟩ Unsinn m, Quatsch m **tramsa** Ⓥⓘ ⟨1⟩ Unsinn reden, quatschen
trana ['trɑːna] ⟨-n; -or⟩ ZOOL Kranich m **tranbär** ⓈⓃ BOT Moosbeere f, Cranberry f
tranchera [traɲ'ʃeːra] Ⓥⓣ ⟨1⟩ zerlegen, tranchieren
trans [traŋs, trans] ⟨-en; kein pl⟩ Trance f
transaktion [transak'ʃuːn] ⓈTransaktion f **transfer** ⟨-en; -er⟩ Transfer m **transfe'rera** Ⓥⓣ ⟨1⟩ transferieren **transfor'mator** ⟨-n; -er⟩ ELEK Umformer m, Transformator m **transfor'mera** Ⓥⓣ ⟨1⟩ 'umformen, transformieren **transfu'sion** ⟨-en; -er⟩ Transfusion f **tran'sistor** ⟨-n; -er⟩ Transistor m **tran'sistorradio** ⓈTransistorradio n **tran'sit** ⟨-en; kein pl⟩ Durchgang m, Durchfuhr f, Transit m **transithall** ⓈTransithalle f **'transitiv** ADJ transitiv **transmi'ssion** ⟨-en; -er⟩ Transmission f, Übertragung f **transpa'rang** ⟨-en; -er⟩ Transparent n **transpa'rent** ADJ transparent, durchsichtig **transpira'tion** ⟨-en; kein pl⟩ Transpiration f **transpi'rera** Ⓥⓘ ⟨1⟩ schwitzen, transpirieren **transplanta'tion** ⟨-en; -er⟩ Transplantation f **transplan'tera** Ⓥⓣ ⟨1⟩ transplantieren, verpflanzen **transpo'nera** Ⓥⓣ ⟨1⟩ 'umsetzen, transportieren **transport** [tran'spɔt] ⟨-en; -er⟩ Transport m, Beförderung f, Versand m **transpor'tabel** ADJ transportabel **transportband** ⓈⓃ Förderband n **transportbil** ⓈTransporter m **transpor'tera** Ⓥⓣ ⟨1⟩ befördern, transportieren **transportkostnad** ⓈTransportkosten pl **transportmedel** ⓈBeförderungsmittel n, Transportmittel n **transportsträcka** fig ⓈDurststrecke f

transsexuell ['transeksɵel] ADJ transsexuell **transves'tit** ⟨-en; -er⟩ Transvestit m

trapets [tra'peːts] ⟨-en; -er; mathe -et⟩ Trapez n

trappa ['trapa] Ⓐ ⟨-n; -or⟩ Treppe f, Stiege f; **en ~ upp** im ersten Stock; ~ **upp och ~ 'ner** treppauf, treppab; **i ~n** auf der Treppe Ⓑ Ⓥ/ⓟ ⟨1⟩ ~ **'av** allmählich verringern; ~ **'ned** deeskalieren; ~ **'upp** eskalieren **trappavsats** ⓈTreppenabsatz m, Podest n **trappformig** ADJ treppenförmig **trapphus** ⓈⓃ Treppenhaus n **trappräcke** ⓈⓃ Treppengeländer n **trappsteg** ⓈⓃ Stufe f **trappstege** ⓈTreppenleiter f, Stehleiter f **trappuppgång** ⓈTreppe f, Treppenhaus n

trasa ['trɑːsa] Ⓐ ⟨-n; -or⟩ Fetzen m; (Wisch-)Lappen m; **trasor** pl Lumpen m/pl; **våt som en ~** pitschnass Ⓑ Ⓥ/ⓟ ⟨1⟩ ~ **'sönder** zerfetzen, zerreißen **trasdocka** ⓈStoffpuppe f **trasig** ADJ zerlumpt, zerfetzt; kaputt

traska ['traska] Ⓥⓘ ⟨1⟩ stiefeln, trotte(l)n, traben

trasmatta ['trɑːsmata] ⓈFlickenteppich m

trassel ['trasal] Ⓝ ⟨-et; kein pl⟩ Wirrwarr m; Schwierigkeit f, Schererei f; Putzwolle f **trassla** ⟨1⟩ Ⓐ Ⓥⓘ Schwierigkeiten machen; verwirren, verwickeln, in Unordnung bringen Ⓑ Ⓥ/ⓟ ~ **'in sig** sich verwickeln, verstricken, verfangen **trasslig** ADJ verwirrt, verworren, verwickelt

trast [trast] ⟨-en; -ar⟩ ZOOL Drossel f

tratt [trat] ⟨-en; -ar⟩ Trichter m **trattformig** ADJ trichterförmig

trav [trɑːv] Ⓝ ⟨-et/-en; kein pl⟩ Trab m; fig **hjälpa ngn på ~en** j-m auf die Sprünge helfen, j-n auf Trab bringen; **rida i ~** (im) Trab reiten; **sätta i ~** in Trab setzen **trava** ⟨1⟩ Ⓐ Ⓥⓣ aufschichten, aufstapeln Ⓑ Ⓥⓘ traben **travare** ⟨-n; -⟩ Traber m, Traberpferd n **travbana** ⓈTrabrennbahn f **trave** ⟨-n; -ar⟩ Stoß m, Haufen m

travers [tra'væʃ] ⟨-en; -er⟩ Traverse f, Hebekran m; Querbalken m

travhäst ['trɑːvhɛst] ⓈTraber m **travtävling** ⓈTrabrennen n

tre [treː] NUM drei **trea** ⟨-n; -or⟩ Drei f; Dreizimmerwohnung f; AUTO **lägga i ~n** den dritten Gang einlegen **trebent** ADJ dreibeinig **tredimensionell** ADJ dreidimensional **tredje** ADJ dritte(r, s); **för det ~** drittens; **den ~ från slutet** der drittletzte; **~ världen** die Dritte Welt **tredjedel** ⓈDrittel n

tredubbel ADJ dreifach **tredubbla** VT ⟨1⟩ verdreifachen **treenighet** S REL Dreieinigkeit f **trefaldighet** ⟨-en; kein pl⟩ REL Dreifaltigkeit f **trefalt** ADV dreifach **trefasmotor** S Dreiphasenmotor m **trefjärdedelstakt** S MUS Dreivierteltakt m **trehjuling** ⟨-en; -ar⟩ Dreirad n **trehundra** NUM dreihundert **trekant** S Dreieck n; umg Dreier m **trekantig** ADJ dreieckig **treklang** S MUS Dreiklang m **trekvart** S om ~ in einer Dreiviertelstunde

trend [trɛnd] ⟨-en; -er⟩ Trend m, Richtung f **trendig** ADJ vara ~ in sein; han har ~a kläder mit seiner Kleidung liegt er voll im Trend

trepunktsbälte ['tre:pŋkts'bɛltə] S N Dreipunktgurt m **trerummare** ⟨-n; -⟩ umg, **trerumslägenhet** S Dreizimmerwohnung f **trerättersmeny** S Drei-Gänge-Menü n **tresiffrig** ADJ dreistellig **trestavig** ADJ dreisilbig **trestegshopp** S N Dreisprung m **trestjärnig** ADJ dreisternig **tretid** S vid ~en gegen drei Uhr

trettio ['trɛti(u)] NUM dreißig **trettionde** ADJ dreißigste(r, s) **trettiotal** S N ett ~ etwa dreißig; på ~et in den 30er Jahren **trettioårig** ADJ dreißigjährig; ~a kriget der Dreißigjährige Krieg **trettioåring** ⟨-en; -er⟩ Dreißigjährige(r) m/f(m)

tretton ['trɛtɔn] ADJ dreizehn **trettonde** ADJ dreizehnte(r, s) **tretton(de)dag** S Dreikönigstag m **tretton(de)dagsafton** S Tag m vor dem Dreikönigstag **trettonhundratal** S N på ~et im vierzehnten Jahrhundert

treva ['tre:va] ⟨1⟩ A VT tasten (efter nach); tappen; ~ **i mörkret** im Dunkeln tappen B VP ~ om'kring umhertasten; umhergapen; ~ **sig 'fram** sich vorwärtstasten **trevande** ADJ tastend, tappend **trevare** ⟨-n; -⟩ skicka ut en ~ die Fühler ausstrecken

trevlig ['tre:vli(g)] ADJ nett; gemütlich, angenehm; **ha** ~t sich gut unterhalten, sich amüsieren; **så** ~t wie nett, wie schön; **det var just** ~t! das fehlte noch! **trevnad** ⟨-en; kein pl⟩ Gemütlichkeit f

trevåningshus ['tre:vo:nɪŋs'hɵ:s] S N dreistöckiges Haus **treårig** ADJ drei-

jährig **treåring** ⟨-en; -ar⟩ Dreijährige(r) m/f(m) **treårsålder** S **i** ~**n** im Alter von drei Jahren

triangel [tri'aŋəl] ⟨-n; -ar⟩ MATH Dreieck n; MUS Triangel m od f od n **triangeldrama** S Dreiecksgeschichte f **triangulär** ADJ dreieckig

tribun [tri'bʉ:n] ⟨-en; -er⟩ Tribüne f, Rednerbühne f **tribu'nal** ⟨-en; -er⟩ Tribunal n

trick [trɪk] ⟨-et; -⟩ Kniff m, Trick m **trikå** [tri'ko:] ⟨-n; -er⟩ Trikot n od m **trilla** ['trɪla] ⟨1⟩ A VT rollen B VI, VP ~ om'kull umfallen

trilling ['trɪlɪŋ] ⟨-en; -ar⟩ Drilling m **trilogi** [trilu'gi:] ⟨-n; -er⟩ Trilogie f **trilsk** [trɪlsk], **trilsken** ADJ störrisch **trilskas** VI ⟨dep 1⟩ störrisch sein

trim [trɪm] a. N ⟨-men/-met; kein pl⟩ guter Zustand **trimma** VT ⟨1⟩ trimmen **trimning** ⟨-en; -ar⟩ Trimmen n

trind [trɪnd] ADJ rund(lich), drall, prall **trio** ['tri:u] ⟨-n; -er⟩ Trio n

tripp [trɪp] ⟨-en; -ar/-er⟩ Ausflug m, Trip m **trippa** VI ⟨1⟩ trippeln

trissa ['trɪsa] A ⟨-n; -or⟩ Rolle f, Laufrädchen n B VP ⟨1⟩ ~ **'upp** Preis in die Höhe treiben

trist [trɪst] ADJ trist, traurig, trostlos; trübe; öde **trist'ess** ⟨-en; kein pl⟩ Tristheit f; Öde f

triumf [tri'ɵmf] ⟨-en; -er⟩ Triumph m **triumfbåge** S Triumphbogen m **tri'um'fera** VI ⟨1⟩ triumphieren

trivas ['tri:vas] ⟨dep 2⟩ A sich wohlfühlen; **jag trivs bra här** a. es gefällt mir gut hier B VP ~ **i'hop** sich vertragen, gut übereinkommen; ~ **med ngn** mit j-m gut auskommen

trivial [trivi'a:l] ADJ trivial **triviali'tet** ⟨-en; -er⟩ Trivialität f

trivsam ['tri:vsam] ADJ gemütlich **trivsel** ⟨-n; kein pl⟩ Gedeihen n; Wohlbefinden n; Gemütlichkeit f

tro [tru:] A ⟨-n; kein pl⟩ Glaube(n) m (**på** an *akk*); Vertrauen n; **i god** ~ in gutem Glauben B VT, VI ⟨3⟩ glauben (ngn j-m, på an); trauen (*dat*); meinen, denken; ~ **fullt och fast på ngt** fest und fest an etw (*akk*) glauben; **det** ~**r jag inte på** das/daran glaube ich nicht; **det får du mig inte till att** ~ das kannst du mir nicht einreden, das nehme ich dir nicht ab; *umg* **inte** ~

444 ▪ troende – trumfess

ngn mer än jämnt j-m nicht über den Weg trauen; **bli ~dd** Glauben finden; **~ ngn på hans ord** j-m aufs Wort glauben; j-s Worten glauben; **det ~r jag det!** das will ich meinen!; **jag ~r inte det** ich glaube (es) nicht; ich glaube, nein; **vad ska hon ~ om mig?** was soll sie von mir denken/halten? C V̄R ⟨3⟩ **~ sig kunna** glauben zu können; **~ sig veta allting bättre** alles besser wissen wollen; **~ sig om ngt** sich (dat) etw zutrauen **troende** ADJ gläubig; **en ~** ein(e) Gläubiger(r) m/f(m) **trofast** ADJ treu (mot dat)
trofé [trɔˈfeː] ⟨-n; -er⟩ Trophäe f
trogen [ˈtruːɡan] ADJ (ge)treu (dat) **trohet** ⟨-en; kein pl⟩ Treue f (mot gegen) **trohetsed** S̄ Treueid m, Treueschwur m
trolig [ˈtruːli(ɡ)] ADJ wahrscheinlich, glaubhaft **troligen, troligtvis** ADV wahrscheinlich, vermutlich
troll [trɔl] N̄ ⟨-et; -⟩ MYTH Unhold m, Troll m **trolla** ⟨1⟩ A V̄ı zaubern, hexen B V̄P **~ 'bort** wegzaubern; **~ 'fram** hervorzaubern **trolldom** S̄ Zauber m **trolle'ri** N̄ ⟨-et; -er⟩ Zauberei f, Hexerei f **trollformel** S̄ Zauberformel f, Zauberspruch m **trollkarl** S̄ Zauberer m **trollkonstnär** S̄ Zauberkünstler(in) m(f) **trollpacka** ⟨-n; -or⟩ Hexe f **trollslag** S̄ N **som genom ett ~** wie durch Zauberhand **trollslända** S̄ ZOOL Libelle f **trollstav** S̄ Zauberstab m
trolovad [ˈtruːlɔvad] ADJ verlobt **trolovning** ⟨-en; -ar⟩ Verlobung f
trolsk [trɔlsk] ADJ zauberhaft
trolös [ˈtruːløːs] ADJ treulos **trolöshet** ⟨-en; kein pl⟩ Treulosigkeit f
tromb [trɔmb] ⟨-en; -er⟩ Windhose f, Wasserhose f, Trombe f; MED Thrombus m **trom'bos** ⟨-en; -er⟩ MED Thrombose f
tron [truːn] ⟨-en; -er⟩ Thron m **trona** V̄ı ⟨1⟩ thronen **tronarvinge** S̄ Thronerbe m, Thronerbin f **tronföljare** ⟨-n; -⟩ Thronfolger(in) m(f) **tronföljd** S̄ Thronfolge f **trontal** S̄ N Thronrede f
tropikerna [trɔˈpiːkəna] PL ⟨inv⟩ die Tropen pl **'tropisk** ADJ tropisch; **~t klimat** Tropenklima n
troppa [ˈtrɔpa] V̄ı ⟨1⟩ **~ 'av** abziehen
trosa [ˈtruːsa] ⟨-n; -or⟩ → trosor

trosbekännelse [ˈtruːsbɛˈkɛnəlsə] S̄ Glaubensbekenntnis n **trosfrihet** S̄ Glaubensfreiheit f **troskyldig** [ˈtruːˈʂyldi(ɡ)] ADJ treuherzig **troskyldighet** S̄ Treuherzigkeit f **troslära** [ˈtruːˌslæːra] S̄ Glaubenslehre f
trosor [ˈtruːsur] PL Slip m sg, Schlüpfer m sg; **ett par ~** ein Slip/Schlüpfer m
tross [trɔs] ⟨-en; -ar⟩ Trosse f
trossak [ˈtruːsaːk] S̄ Glaubenssache f **trossamfund** S̄ N Glaubensgemeinschaft f
trosskydd [ˈtruːsʂyd] S̄ N Slipeinlage f
trosviss [ˈtruːsvis] ADJ glaubensfest, glaubensstark **trosvisshet** S̄ Glaubensstärke f, Glaubenszuversicht f **trotjänare** S̄ langjähriger, treuer Diener m
trots [trɔts] A N ⟨-et; kein pl⟩ Trotz m (mot gegen); **på ~** aus Trotz B PRÄP trotz (gen) od (dat); **~ allt** trotz allem; **~ det** trotzdem; **~ att** obwohl, obgleich **trotsa** V̄ı ⟨1⟩ trotzen (dat) **trotsig** ADJ trotzig **trotsighet** ⟨-en; kein pl⟩ Trotz m **trotsålder** S̄ Trotzalter n
trottoar [trɔtuˈɑːr] ⟨-en; -er⟩ Bürgersteig m, Trottoir n **trottoarkant** S̄ Bordkante f, Bordstein m, Kantstein m **trottoarservering** S̄ Straßencafé n
trovärdig [ˈtruːˌvæːɖi(ɡ)] ADJ glaubwürdig **trovärdighet** S̄ Glaubwürdigkeit f
trubadur [trɐbaˈduːr] ⟨-en; -er⟩ Liedersänger(in) m(f); Liedermacher m
trubba [ˈtrɐba] V̄ı ⟨1⟩ **~ av** abstumpfen **trubbel** umg N ⟨-et; -⟩ Schwierigkeiten pl, Ärger m **trubbig** ADJ stumpf **trubbnos** S̄, **trubbnäsa** S̄ Stupsnase f
truck [trɐk] ⟨-en; -ar⟩ Gabelstapler m
truga [ˈtrɐːɡa] ⟨1⟩ A V̄ı nötigen B V̄P **~ sig** sich zwingen; **~ sig 'på ngn** sich j-m aufdrängen C V̄P **~ 'på ngn ngt** j-m etw aufdrängen, aufnötigen; **~ 'i sig maten** das Essen hinunterwürgen
truism [trʉˈism] ⟨-en; -er⟩ Binsenwahrheit f
trumf [trɐmf] ⟨-en; -/-ar⟩ Trumpf m **trumfa** ⟨1⟩ A V̄ı trumpfen B V̄P **~ i'genom** durchsetzen, durchdrücken; **~ 'i ngn ngt** j-m etw einbläuen; **~ 'över ngn** j-n übertrumpfen **trumf-**

ess ⟨S N⟩ Trumpfass n **trumfkort** ⟨S N⟩ Trumpf m, Trumpfkarte f
trumhinna ['trɵmhina] ⟨S⟩ MED Trommelfell n **trumma** A ⟨-n; -or⟩ Trommel f; Durchlass m, Rohr n; **spela trummor** Schlagzeug spielen B V/I ⟨1⟩ trommeln
trumpen ['trɵmpən] ADJ verdrießlich, mürrisch, griesgrämig
trumpet [trɵm'pe:t] ⟨-en; -er⟩ Trompete f **trumpeta** ⟨1⟩ A V/T trompeten B V/P fig ~ '**ut** ausposaunen **trumpetare** ⟨-n; -⟩ Trompeter(in) m(f)
trumpinne ['trɵmpina] ⟨S⟩ Trommelstock m, Trommelschlägel m **trumslagare** ⟨-n; -⟩ Trommler(in) m(f)
trumvirvel ⟨S⟩ Trommelwirbel m
trupp [trɵp] ⟨-en; -er⟩ Truppe f; Trupp m; SPORT Mannschaft f; **i samlad** ~ geschlossen
trust [trɵst] ⟨-en; -er⟩ WIRTSCH Trust m
trut [trʉ:t] ⟨-en; -ar⟩ umg 1 Maul n, Schnauze f, Fresse f; **stor i** ~**en** großmäulig, großschnäuzig 2 ZOOL Möwe f **truta** V/I ⟨1⟩ ~ **med munnen** den Mund spitzen; fig maulen, eine Schnute ziehen
tryck [tryk] ⟨-et; -⟩ a. TYPO Druck m; **ge ut i** ~ herausgeben, drucken lassen; **komma ut i** ~ im Druck erscheinen **trycka** ⟨2⟩ A V/T drücken; TYPO drucken; ~ **ngns hand** j-m die Hand drücken B V/P ~ '**av** abdrücken; TYPO abdrücken; ~ **i'gen** zudrücken; ~ **i'hop** zusammendrücken; ~ '**in** eindrücken; TYPO ~ '**om** umdrucken; ~ **på** aufdrücken; TYPO aufdrücken; ~ '**sönder** zerdrücken; ~ **till** zudrücken; ~ '**ut** ausdrücken **tryckalster** ⟨S N⟩ Druck m, Druckerzeugnis n **tryckande** ADJ drückend, schwer; schwül **tryckbokstav** ⟨S⟩ Druckbuchstabe m **trycke'ri** ⟨N⟩ ⟨-et; -er⟩ Druckerei f **tryckfel** ⟨S⟩ Druckfehler m **tryckfelsnisse** ⟨-n; -ar⟩ umg Druckfehlerteufel m **tryckfrihet** ⟨S⟩ Pressefreiheit f **tryckfrihetsförordning** ⟨S⟩ Pressegesetz n **tryckkabin** ⟨S⟩ FLUG Überdruckkabine f **tryckknapp** ⟨S⟩ Druckknopf m **tryckkokare** ⟨-n; -⟩ Schnellkocher m **tryckluft** ⟨S⟩ Druckluft f **tryckning** ⟨-en; -ar⟩ Druck m, Drucken n; **lämna till** ~ in Druck geben; **vara under** ~ im Druck sein **tryckpress** ⟨S⟩ Druckerpresse f **trycksak** ⟨S⟩ Post Drucksache f
tryckvärta ⟨S⟩ Druckerschwärze f
tryckt fig ADJ gedrückt, bedrückt
tryckår ⟨S N⟩ Druckjahr n, Erscheinungsjahr n
tryffel ['tryfəl] ⟨-n; -ar⟩ BOT Trüffel f
trygg [tryg] ADJ sicher, geborgen (**för** vor dat) **trygga** V/T ⟨1⟩ sichern, sicherstellen **trygghet** ⟨-en; kein pl⟩ Sicherheit f, Geborgenheit f
tryne ['try:na] ⟨-t; -n⟩ Schnauze f
tryta ['try:ta] V/I ⟨4⟩ mangeln, fehlen, ausgehen (dat); **börja** ~ zu Ende gehen
tråckla ['trɔkla] ⟨1⟩ A V/I heften B V/P ~ '**fast** anheften; ~ **i'hop** zusammenheften
tråd [tro:d] ⟨-en; -ar⟩ Faden m; Zwirn m, Garn n; Faser f, Fiber f; TECH Draht m; fig **tappa** ~**en** den Faden verlieren; fig **hålla i** ~**arna** die Fäden in der Hand haben **trådig** ADJ faserig **trådlös** ADJ kabellos, drahtlos **trådrulle** ⟨S⟩ Garnrolle f, Zwirnrolle f **trådsmal** ADJ fadendünn
tråka ['tro:ka] V/P ⟨1⟩ ~ **ut ngn** j-n langweilen; umg j-n anöden **tråkig** ADJ langweilig, öde; bedauerlich; **ha** ~**t!** sich langweilen; **så** ~**t!** wie traurig!, das tut mir (wirklich) leid!; wie schade! **tråkighet** ⟨-en; -er⟩ Langeweile f; Langweiligkeit f; ~**er** pl Unannehmlichkeiten pl **tråkmåns** ⟨-ens; -ar⟩ umg Langweiler(in) m(f)
trål [tro:l] ⟨-en; -ar⟩ SCHIFF (Grund-) Schleppnetz n, Trawl n **trålare** ⟨-n; -⟩ Fischdampfer m, Trawler m
tråna ['tro:na] V/I ⟨1⟩ schmachten, sich sehnen (**efter** nach) **trånad** ⟨-en; kein pl⟩ Schmachten n, Sehnsucht f
trång [trɔŋ] ADJ eng; schmal; knapp **trångbodd** ADJ **vara** ~ eng wohnen **trångmål** ⟨S N⟩ Verlegenheit f; Bedrängnis f, Notlage f **trångsynt** ADJ engstirnig
trä[1] [trɛ] V/P ⟨3⟩ ~ **i'genom** durchziehen; ~ '**på tråden/nålen** den Faden/ die Nadel einfädeln
trä[2] ⟨N⟩ ⟨-et; -n⟩ Holz n; Scheit n; **av** ~ a. hölzern **träaktig** ADJ holzig; fig hölzern **träben** ⟨S⟩ Holzbein n **träbit** ⟨S⟩ Holzstück n **träbjälke** ⟨S⟩ Holzbalken m **träd** ⟨N⟩ ⟨-et; -⟩ Baum m
träda[1] ['trɛ:da] ⟨2⟩ V/I treten B V/P ~ **e'mellan** dazwischentreten; fig a. ver-

mitteln; ~ 'fram (her)vortreten, herantreten; ~ 'in (her)eintreten; ~ 'samman zusammentreten; ~ till'baka zurücktreten; ~ 'ut (hin)austreten
trädgren ['trɛːdgreːn] *s* Ast *m* **trädgräns** *s* Baumgrenze *f* **trädgård** ['trɛɡoːɖ] *s* Garten *m* **trädgårdsanläggning** *s* Gartenanlage *f* **trädgårdsarkitekt** *s* Landschaftsarchitekt(in) *m(f)*, Gartengestalter(in) *m(f)* **trädgårdsland** *s̄ N̄* Beet *n* **trädgårdsmästare** *s* Gärtner(in) *m(f)* **trädgårdsmöbel** *s* Gartenmöbel *n* **trädgårdsservering** *s* Gartenrestaurant *n* **trädgårdsskötsel** *s* Gartenbau *m* **trädgårdstäppa** *s* Gärtchen *n* **trädkrona** *s* Baumkrone *f* **trädslag** *s̄ N̄* Baumart *f* **trädstam** *s* Baumstamm *m* **trädstubbe** *s* Baumstumpf *m* **trädtopp** *s* Baumwipfel *m*
träff [trɛf] ⟨-en; -ar⟩ Treffer *m*; Verabredung *f*; Treffen *n*; **stämma** ~ sich verabreden **träffa** ⟨1⟩ **A** *vi* treffen; ~ **prick** ins Schwarze treffen **B** *vp* ~ **'på** antreffen **träffas** *vi* ⟨dep 1⟩ sich treffen; zu sprechen sein **träffpunkt** *s* Treffpunkt *m* **träffsäker** *adj* treffsicher, zielsicher
träfiber ['trɛːfiːbər] *s* Holzfaser *f*
trägen ['trɛːɡən] *adj* emsig, beharrlich; inständig; häufig; ~ **vinner** Beharrlichkeit führt zum Ziel
trähus ['trɛːhʉːs] *s̄ N̄* Holzhaus *n* **träig** *adj* holzig, *fig* hölzern **träkol** *s̄ N̄* Holzkohle *f*
träl [trɛːl] ⟨-en; -ar⟩ Sklave *m*, Knecht *m*
trämassa ['trɛːmasa] *s* Zellulose *f*, Zellstoff *m*; Holzschliff *m*
träna ['trɛːna] *vi* ⟨1⟩ sich üben, trainieren **tränad** *adj* geübt, trainiert **tränare** ⟨-n; -⟩ Trainer(in) *m(f)*
tränga ['trɛŋa] ⟨2⟩ **A** *vi* drängen; drücken **B** *vi* dringen **C** *vp* ~ **'fram** vordrängen; vordringen; ~ **sig 'fram** sich vordrängen; ~ **sig i'genom** 'durchdringen; ~ **sig i'genom** sich hin'durchdrängen; ~ **i'hop sig** aufschließen, zusammenrücken; ~ **'in** (hin)eindringen; ~ **sig 'in** (hin)eindringen, sich hineinzwängen; ~ **'på** (an)drängen; ~ **sig 'på ngn** sich j-m aufdrängen; ~ **till'baka** zurückdrängen; zurückdringen; ~ **'undan** fortdrängen, wegdrängen; ~ **'ut** hinausdrängen, verdrängen; hinausdringen **trängande** *adj* dringend **trängas** *vi* ⟨dep 2⟩ sich drängen **trängsel** ⟨-n; kein pl⟩ Gedränge *n*, Andrang *m* **trängselavgift** *s* ≈ City-Maut *f*
trängta ['trɛŋta] *vi* ⟨1⟩ sich sehnen (efter nach) **trängtan** ⟨inv⟩ Sehnsucht *f*, Verlangen *n*, Drang *m*
träning ['trɛːnɪŋ] ⟨-en; -ar⟩ Training *n*, Trainieren *n* **träningsläger** *s* Trainingslager *n* **träningsoverall** *s* Trainingsanzug *m* **träningsvärk** *s* Muskelkater *m*
träsk [trɛsk] *N̄* ⟨-et; -⟩ Sumpf *m*
träskalle ['trɛːskalə] *umg s* Holzkopf *m* **träsked** *s* Holzlöffel *m* **träskiva** *s* Holzplatte *f*, Brettchen *n* **träsko** *s* Holzschuh *m* **träslag** *s̄ N̄* Holzart *f* **träslöjd** *s* Holzarbeit *f*; *Schulfach* Werken *n*
träta ['trɛːta] *vi* ⟨2⟩ sich zanken, sich streiten (**om** um)
träull ['trɛːɵl] *s* Holzwolle *f* **trävirke** *s̄ N̄* (Nutz-)Holz *n* **trävit** *adj* Holz naturfarben
trög [trøːɡ] *adj* träge, schwerfällig; stockend, schleppend; säumig; begriffsstutzig; **ha** ~ **mage** Verstopfung haben; **det går** ~**t** es geht langsam/schwer **trögflytande** *adj* zähflüssig **trögthet** ⟨-en; kein pl⟩ Trägheit *f* **trögskalle** *umg s* Nachtwächter(in) *m(f)* **trögtänkt** *adj* **vara** ~ schwer von Begriff sein
tröja ['trøja] ⟨-n; -or⟩ Pullover *m*; Unterhemd *n*
tröska ['trøska] *vt, vi* ⟨1⟩ dreschen **tröskel** ['trøskəl] ⟨-n; -ar⟩ Schwelle *f*
tröst [trøst] ⟨-en; kein pl⟩ Trost *m* **trösta** *vt* ⟨1⟩ trösten (**sig** sich), (**ngn** j-n), (**med** mit), (**över** über *akk*) **trösterik** *adj* tröstlich; trostreich **tröstlös** *adj* trostlos **tröstlöshet** ⟨-en; kein pl⟩ Trostlosigkeit *f* **tröstpris** *s̄ N̄* Trostpreis *m*
trött [trøt] *adj* müde, abgespannt (**av** von); ~ **på livet** lebensmüde, des Lebens müde/überdrüssig; **vara** ~ **på ngt** einer Sache (*gen*) müde/überdrüssig sein, etw satthaben **trötta** *vi/p* ⟨1⟩ ~ **'ut** ermüden, müde machen, anstrengen; ~ **'ut sig** sich abarbeiten **trötthet** ⟨-en; kein pl⟩ Müdigkeit *f*, Ermüdung *f* **tröttkörd** *fig umg* er-

schöpft, erledigt **tröttna** _VI_ ⟨1⟩ müde werden, ermüden; ~ **på** ngt einer Sache (gen) müde/überdrüssig werden, etw sattbekommen; **han ~r aldrig** er ist unermüdlich **tröttsam** _ADJ_ ermüdend, anstrengend; lästig, beschwerlich

tsar [sɑːr] ⟨-en; -er⟩ Zar m
T-shirt ['tiːʃœːt] ⟨-en; -ar⟩ T-Shirt n
tsk _ABK_ (= tesked) TL (Teelöffel)
t-sprit ['teːsprit] _S_ Brennspiritus m
tsunami [tsɵnˈɑːmi] ⟨-n; -er⟩ Tsunami m od f
tu [tʉː] _NUM_ zwei; **på ~ man hand** unter vier Augen; **de unga ~** das junge Paar; **det är inte ~ tal om den saken** darüber kann kein Zweifel herrschen, die Sache ist klar
tub [tʉːb] ⟨-en; -er⟩ Tube f; Rohr n, Röhre f; Fernrohr n
tuberkulos [tɵˈbærkɵloːs] ⟨-en; kein pl⟩ Tuberkulose f
tudelad ['tʉːdeːlad] _ADJ_ zweiteilig, zweigeteilt
tuff [tɵf] _ADJ_ hart; kess, schneidig; schwierig **tuffhet** ⟨-en; kein pl⟩ Härte f; Kessheit f **tuffing** ⟨-en; -ar⟩ umg harter Bursche
tufsa ['tɵfsa] _VP_ ⟨1⟩ ~ **'till** zerzausen
tugga ['tɵga] _A_ ⟨-n; -or⟩ Bissen m, Happen m _B_ _VT, VI_ ⟨1⟩ kauen (på at dat) _C_ _VP_ ⟨1⟩ ~ **'om** fig wiederkäuen; ~ **'sönder** zerkauen **tuggbuss** _S_ Priem m **tuggtobak** _S_ Kautabak m **tuggummi** _SN_ Kaugummi m
tukt [tɵkt] ⟨-en; kein pl⟩ Zucht f **tukta** _VT_ ⟨1⟩ züchtigen; TECH behauen; Hecke beschneiden, stutzen
tull [tɵl] ⟨-en; -ar⟩ Zoll m (på auf akk); Zollamt n; Zollbehörde f; Stadttor n **tulla** _VI_ ⟨1⟩ _1_ verzollen (för ngt etw) _2_ ~ **av ngt** von etw abzweigen **tullavgift** _S_ Zollgebühr f, Zoll m **tullbehandla** _VT_ ⟨1⟩ zollamtlich abfertigen **tulldeklaration** _S_ Zollinhaltserklärung f **tullfri** _ADJ_ zollfrei **tullhus** _SN_ Zollhaus n **tullkontroll** _S_ Zollkontrolle f **tullpliktig** _ADJ_ zollpflichtig **tullstation** _S_ Zollstelle f **tulltaxa** _S_ Zolltarif m **tulltjänsteman** _S_ Zollbeamte(r) m, Zollbeamtin f **tullunion** _S_ Zollunion f **tullvisitation** _S_ Zollabfertigung f, Zollrevision f
tulpan [tɵlˈpɑːn] ⟨-en; -er⟩ BOT Tulpe f

tum [tɵm] ⟨-men; -⟩ Maß Zoll m
tumla ['tɵmla] ⟨1⟩ _A_ _VT_ im Wäschetrockner trocknen _B_ _VI_ taumeln, torkeln; fallen; umg purzeln _VP_ ~ **'om sich** tummeln; ~ **om'kull** umpurzeln, hinpurzeln **tumlare** ⟨-n; -⟩ _1_ Wäschetrockner m _2_ ZOOL Fisch Tümmler m
tumma ['tɵma] _VI_ ⟨1⟩ ~ **på** betasten, befingern; fig (um)ändern; antasten; umg **det ~r vi på!** topp!, abgemacht!
tumme ⟨-n; -ar⟩ Daumen m; umg **ha ~ med ngn** gut mit j-m stehen; fig **hålla tummarna för ngn** j-m den/die Daumen drücken; fig **rulla tummarna** (die) Daumen drehen **tumme'liten** ⟨inv⟩ Däumling m **tumregel** _S_ Faustregel f **tumskruv** _S_ Daumenschraube f **tumstock** _S_ Zollstock m
tumult [tɵˈmɵlt] _N_ ⟨-et; -⟩ Tumult m
tumvante ['tɵmvanta] _S_ Fausthandschuh m, Fäustling m
tumör [tɵˈmœːr] ⟨-en; -er⟩ MED Tumor m, Geschwulst f
tundra ['tɵndra] ⟨-n; -or⟩ Tundra f
tung [tɵŋ] ⟨komp tyngre; sup tyngst⟩ schwer; drückend; Schlaf fest; Stil schwerfällig; ~ **industri** Schwerindustrie f; ~ **narkotika** harte Drogen; **~t vägande** schwerwiegend; **det känns ~t för mig** fig es fällt mir schwer; **jag känner mig ~ om hjärtat** mir ist schwer ums Herz
tunga ['tɵŋa] ⟨-n; -or⟩ Zunge f; **hålla ~n i styr, hålla ~n rätt i mun** seine Zunge im Zaum halten; **jag har det på ~n** es liegt mir auf der Zunge **tunghäfta** ⟨-n; kein pl⟩ fig lida av ~ maulfaul sein; fig **inte lida av ~** einen guten Zungenschlag haben **tungomål** _SN_ Sprache f, Zunge f
tungrodd ['tɵŋrud] _ADJ_ schwer zu rudern; fig schwer zu handhaben; schwerfällig **tungsinne** _SN_ Schwermut f **tungsint** _ADJ_ schwermütig **tungsinthet** Schwermut f
tungspets ['tɵŋspets] _S_ Zungenspitze f
tungvikt ['tɵŋvikt] _S_ SPORT Schwergewicht n **tungviktare** ⟨-n; -⟩ Schwergewichtler(in) m(f)
tungvrickare ['tɵŋvrikara] ⟨-n; -⟩ Zungenbrecher m
Tunisien [tɵˈniːsiən] Tunesien n **tuni-**

sier Tunesier(in) *m(f)* **tunisisk** tunesisch

tunn [tɵn] ADJ dünn **tunna¹** VP ⟨1⟩ ~ 'av dünner werden; sich lichten; ~ 'ut lichten; verdünnen

tunna² ⟨-n; -or⟩ Tonne *f*, Fass *n*; *hoppa i galen* ~ sich vergaloppieren

tunnbröd ['tɵnbrø:d] S N ≈ Fladenbrot *n*

tunnel ['tɵnəl] ⟨-n; -ar⟩ Tunnel *m* **tunnelbana** S Untergrundbahn *f*, U-Bahn *f* **tunnelbanestation** S U.-Bahnhof *m*

tunnflytande ['tɵnfly:tandə] ADJ dünnflüssig, leichtflüssig **tunnhårig** ADJ dünn/spärlich behaart **tunnklädd** ADJ leicht gekleidet **tunnland** N ⟨inv⟩ = 4936 m² ≈ 2 Morgen (Land) **tunnsådd** ADJ dünn gesät; *fig a.* spärlich, selten **tunntarm** S ANAT Dünndarm *m*

tupp [tɵp] ⟨-en; -ar⟩ ZOOL Hahn *m* **tuppa** VP ⟨1⟩ *umg* ~ 'av ohnmächtig werden, zusammenklappen; einnicken **tuppkam** S Hahnenkamm *m* **tuppkyckling** S Hähnchen *n*; *fig* Grünschnabel *m* **tupplur** *umg* S Schläfchen *n*

tur¹ [tʉ:r] ⟨-en; kein pl⟩ Glück *n*, Schwein *n*, Dusel *m*; *som* ~ *är/var* zum Glück; *det är* ~ *för honom* das ist sein Glück; *mer* ~ *än skicklighet* mehr Glück als Verstand; *en sån* ~! so ein Glück!

tur² ⟨-en; -er⟩ 1 Fahrt *f*, Reise *f*; *Tanz-*Tour *f*; ~ *och retur* Hin- und Rückfahrt *f*, hin und zurück; ~ *och retur-biljett* Rückfahrkarte *f* 2 Reihe *f*; *det är min* ~ ich bin an der Reihe; *han i sin* ~ er seinerseits; *i* ~ *och ordning* der Reihe nach; *vem står på* ~? *vems* ~ *är det*? wer ist dran? **turas** VP ⟨dep 1⟩ ~ *'om* sich abwechseln

turbin [tʉrˈbi:n] ⟨-en; -er⟩ Turbine *f* **turbomotor** ['tɵrbuˈmu:tɔr] S Turbomotor *m*

turism [tʉˈrism] ⟨-en; kein pl⟩ Fremdenverkehr *m*, Tourismus *m* **turist** ⟨-en; -er⟩ Tourist(in) *m(f)*; Reisende(r) *m/f(m)* **turista** VP ⟨1⟩ als Tourist reisen **turistbuss** S Reisebus *m* **turistbyrå** S Verkehrsbüro *n* **turistförening** S Touristenverein *m*, Verkehrsverein *m* **turistinformation** S Touristeninformation *f* **turistklass** S Touristenklasse *f* **turistland** S N Reiseland *n* **turistort** S Fremdenverkehrsort *m* **turistsäsong** S Touristensaison *f* **turisttrafik** S Fremdenverkehr *m*

turk [tɵrk] ⟨-en; -ar⟩ Türke *m* **Tur'kiet** N ⟨inv⟩ die Türkei **turkisk** ADJ türkisch **turkiska** 1 ⟨-n; kein pl⟩ Türkisch *n* 2 ⟨-n; -or⟩ Türkin *f*

turkos [tɵrˈko:s, -'u:s] ADJ türkis

turlista ['tʉ:rlista] S Fahrplan *m*

turné [tɵˈne:] ⟨-n; -er⟩ Tournee *f* **turnera** VI ⟨1⟩ auf Tournee gehen **turnering** ⟨-en; -ar⟩ Turnier *n*

tur och retur-biljett ['tʉ:rɔrɑˈtʉ:rbiljet] S Rückfahrkarte *f*

tursam ['tʉ:ʂam] ADJ Glück bringend, glücklich

turturduva ['tʉʈəˈdʉ:va] S Turteltaube *f*

turvis ['tʉ:rvi:s] ADV der Reihe nach, turnusmäßig

tusan ['tʉ:san] ⟨inv⟩ *umg* Teufel *m*; ~ *också*! Teufel auch!; *för* ~! zum Teufel!, verdammt!; *fy* ~! pfui Teufel!; *ge* ~ *i* ngt auf etw (*akk*) pfeifen; *en* ~ *till karl* ein Teufelskerl, ein Prachtkerl

tusch [tɵʃ] N ⟨-et/-en⟩ MAL Tusche *f* **tuschpenna** S Filzstift *m*

tusen ['tʉ:sən] NUM tausend; ~ *tack*! tausend Dank!; *flera* ~ mehrere Tausend; ~ *gånger* tausendmal; *en på* ~ einer unter tausend; *vara hungrig till* ~ einen Bärenhunger haben; *Tusen och en natt* Tausendundeine Nacht **tusende** A ADJ tausendste(r, s) B N ⟨-t; -n⟩ Tausend *n* **tusen(de)del** S Tausendstel *n* **tusenfoting** ⟨-en; -ar⟩ ZOOL Tausendfüßler *m* **tusenkronorssedel** Tausendkronenschein *m* **tusenlapp** S Tausender *m* **tusensköna** ⟨-n; -or⟩ BOT Tausendschönchen *n*, Gänseblümchen *n* **tusental** S N Tausend *n*, Tausender *m*; *i* ~ zu Tausenden; *på* ~*et* im 11. Jahrhundert **tusentals** ADV zu Tausenden; Tausende von **tusenårig** ADJ tausendjährig

tuss [tɵs] ⟨-en; -ar⟩ kleiner Bausch *m* **tussilago** [tɵsiˈlɑ:gɔ] ⟨-n; -or⟩ Huflattich *m*

tut [tʉ:t] A INTER tut B N ⟨-et; -⟩ Tuten *n* **tuta¹** ⟨-n; -or⟩ Fingerling *m*; Hupe *f* **tuta²** ⟨1⟩ A VI tuten, hupen; blasen;

TEL det ~r upptaget es ist besetzt B VP ~ 'i ngn ngt j-m etw einreden
tuting ⟨-en; -ar⟩ *umg* Schnäpschen *n*
tutning ⟨-en; -ar⟩ Tuten *n*, Hupen *n*; Blasen *n*
tutta ['teta] *umg* VP ⟨1⟩ ~ 'på in Brand stecken
tuttar ['tetar] *umg* PL Brüste *pl*, Busen *m*
tuva ['tɯːva] ⟨-n; -or⟩ Rasenhöcker *m*, Grasbüschel *n*
tv [teːve] ⟨-:n; -:ar/-apparater⟩ Fernsehen *n*; Fernseher *m*; **titta på** ~ fernsehen **tv-antenn** S Fernsehantenne *f* **tv-apparat** S Fernsehgerät *n*
tveeggad ['tveːegad] ADJ zweischneidig **tvehågsen** ADJ unschlüssig
tveka ['tveːka] VI ⟨1⟩ zögern, zaudern; schwanken
tvekamp ['tveːkamp] S Zweikampf *m*
tvekan ['tveːkan] ⟨inv⟩ Unschlüssigkeit *f*; Zögern *n*, Zaudern *n*; Schwanken *n*; **det är ingen** ~ **om att ...** es besteht kein Zweifel daran, dass ...; **utan** ~ zweifellos, fraglos; ohne Bedenken; anstandslos **tveksam** ADJ unschlüssig, zögernd; zaghaft; fraglich; **i ~ma fall** in Zweifelsfällen **tveksamhet** ⟨-en; *kein pl*⟩ Unschlüssigkeit *f*, Zaudern *n*; Schwanken *n*; Bedenken *n*
tvestjärt ['tveːʃæʈ] S ZOOL Ohrwurm *m* **tvetydig** ADJ zweideutig, doppelsinnig; *fig* a. zweifelhaft
tvi [tviː] INTER pfui; ~ **vale!** pfui Teufel!
tvilling ['tvilin] ⟨-en; -ar⟩ Zwilling *m* **Tvillingarna** ⟨inv⟩ ASTROL Zwillinge *pl* **tvillingbro(de)r** S Zwillingsbruder *m* **tvillingpar** S N Zwillingspaar *n* **tvillingsyster** S Zwillingsschwester *f*
tvina ['tviːna] VP ⟨1⟩ ~ **'bort** schwinden, dahinsiechen, dahinwelken
tvinga ['tviŋa] ⟨1⟩ A VT zwingen, nötigen (till zu); → **tvungen** B VR ~ **sig (att le)** sich (zu einem Lächeln) zwingen C VP ~ **'fram** erzwingen; ~ **'in** hineinzwängen; ~ **'ner maten** das Essen hinunterwürgen; ~ **'på ngn ngt** j-m etw aufdrängen; ~ **'sig 'på ngn** sich j-m aufdrängen; ~ **'till sig** erzwingen **tvingande** ADJ zwingend, dringend
tvinna ['tvina] VP ⟨1⟩ zwirnen, drehen
tvist [tvist] ⟨-en; -er⟩ Zwist *m*, Streit *m*
tvista VI ⟨1⟩ (sich) streiten (**om** über/um) **tvistemål** S N JUR Zivilsache *f*

---

tuting – tvångsåtgärd ■ 449

tvivel ['tviːvəl] N ⟨-et; -⟩ Zweifel *m* (**på** an *dat*); **ha sina** ~ **om ngt** über etw (*akk*) im Zweifel sein; **det råder inget** ~ **om att ...** es besteht kein Zweifel, dass ...; **utan** ~ zweifellos, ohne Zweifel, zweifelsohne; **höjd över allt** ~ über jeden Zweifel erhaben **tvivelaktig** ADJ zweifelhaft, fraglich; *fig* fragwürdig, zweideutig, zweifelhaft **tvivelsmål** S N **vara i** ~ **om ngt** im Zweifel über etw sein **tvivla** VI ⟨1⟩ zweifeln (**på** an *dat*) **tvivlare** ⟨-n; -⟩ Zweifler(in) *m(f)*

tv-kanal ['teːve-] S Fernsehkanal *m* **tv-licens** S Fernsehgebühr *f* **tv-pjäs** S Fernsehspiel *n* **tv-program** S N Fernsehprogramm *n*; Fernsehsendung *f* **tv-reklam** S Fernsehreklame *f* **tv-ruta** S Bildschirm *m* **tv-serie** S Fernsehserie *f* **tv-spel** S N Fernsehspiel *n*, Telespiel *n* **tv-tittare** S Fernsehzuschauer(in) *m(f)*
tvungen ['tvoŋən] ADJ gezwungen; **han var så illa** ~ er hatte keine andere Wahl, ihm blieb nichts anderes übrig
två¹ [tvoː] VT ⟨3⟩ ~ **sina händer** seine Hände in Unschuld waschen
två² NUM zwei; ~ **gånger** zweimal; ~ **i sänder/åt gången** je zwei, zu zweien; ~ **slags** zweierlei; **det ska vi bli** ~ **om!** da habe ich auch ein Wörtchen mitzureden! **tvåa** ⟨-n; -or⟩ Zwei *f*; Zweizimmerwohnung *f* **tvådelad** ADJ zweiteilig **tvåfaldig** ADJ zweifach **tvåfilig** ADJ zweispurig **tvåhjuling** ⟨-en; -ar⟩ Zweirad *n* **tvåhundra** NUM zweihundert **tvåhändig** ADJ zweihändig

tvål [tvoːl] ⟨-en; -ar⟩ Seife *f* **tvåla** VP ⟨1⟩ ~ **'in** einseifen; ~ **'till ngn** *fig* j-m den Kopf waschen **tvålkopp** S Seifenschale *f*
tvåmotorig ['tvoːmuˈtoːri(g)] ADJ zweimotorig
tvång [tvoŋ] N ⟨-et; -⟩ Zwang *m*; **av** ~ aus Zwang; **utan** ~ *a.* zwanglos **tvångsarbete** S N Zwangsarbeit *f* **tvångsföreställning** S Zwangsvorstellung *f* **tvångsförflyttning** S Zwangsversetzung *f* **tvångsintagning** S Zwangseinweisung *f* **tvångsläge** S Zwangslage *f* **tvångsmässig** ADJ zwangsmäßig **tvångströja** S Zwangsjacke *f* **tvångsåtgärd**

Zwangsmaßnahme f **tvångsäktenskap** S̄ N̄ Zwangsheirat f
tvåpack ['tvo:pak] S̄ N̄ Doppelpackung f **tvåplansvilla** S̄ zweigeschossiges Haus n **tvåprocentig** ADJ zweiprozentig **tvåradig** ADJ zweireihig **tvårummare** ⟨-n; -⟩ umg, **tvårumslägenhet** S̄ Zweizimmerwohnung f **tvåsiffrig** ADJ zweistellig **tvåsitsig** ADJ zweisitzig **tvåspråkig** ADJ zweisprachig **tvåstavig** ADJ zweisilbig **tvåstämmig** ADJ zweistimmig **tvåtaktsmotor** S̄ Zweitaktmotor m **tvåtid** S̄ vid ~en gegen zwei Uhr **tvåvåningshus** S̄ N̄ zweigeschossiges Haus n **tvåårig** ADJ zweijährig **tvååring** ⟨-en; -ar⟩ Zweijährige(r) m/f(m)
tvär [tvæːr] ADJ quer; schnell, plötzlich; *Biegung* scharf; *fig* schroff, barsch, kurz (angebunden); mürrisch, verdrießlich B ⟨-en; kein pl⟩ *på* ~en quer, der Quere nach; *sätta sig på* ~en *fig umg* sich sträuben, sich auf die Hinterbeine stellen **tvärbjälke** S̄ Querbalken m **tvärbromsa** VĪ ⟨1⟩ plötzlich bremsen **tvärflöjt** S̄ Querflöte f **tvärgata** S̄ Querstraße f **tvärmätt** ADJ (plötzlich) übersatt **tvärnita** umg VĪ ⟨1⟩ auf die Bremse steigen **tvärrandig** ADJ quer gestreift **tvärs** [tvæs] ADV quer; ~ *igenom* quer durch; ~ *över* quer über; *kors och* ~ kreuz und quer **tvärskepp** S̄ N̄ ARCH Querschiff n **tvärslå** ⟨-n; -ar⟩ TECH Querholz n; (Quer-)Riegel m **tvärsnitt** S̄ N̄ Querschnitt m **tvärstanna** VĪ ⟨1⟩ plötzlich anhalten (*od* stehen bleiben) **tvärstopp** S̄ N̄ plötzliches Anhalten n **tvärsäker** umg ADJ bombensicher; selbstsicher **tvärsöver** A ADV PRÄP quer über B ADV querüber
tvärt [tvæ:t] ADV sofort, augenblicklich; *avslå* ~ rundweg/glatt ablehnen **tvärtemot** ADV, PRÄP entgegen; ~ *vad* ... gerade das Gegenteil von dem, was ... **tvärtom** ADV umgekehrt; *im* Gegenteil
tvärvetenskaplig ADJ interdisziplinär **tvärvända** VĪ ⟨2⟩ kehrtmachen **tvätt** [tvet] ⟨-en; -ar⟩ Wäsche f; *lämna till* ~ *in die Wäsche geben* **tvätta** ⟨1⟩ A VT̄ waschen; ~ *fönster* Fenster putzen B VR̄ ~ *sig* (*om händerna/i ansiktet*) sich (*dat*) (die Hände/das Gesicht) waschen C VP̄ ~ *'av/'bort* abwaschen; ~ *'upp* waschen **tvättbar** ADJ waschbar **tvättbjörn** S̄ ZOOL Waschbär m **tvättbräda** S̄ N̄, **tvättbräde** S̄ N̄ Waschbrett n **tvättbrädemage** S̄ Waschbrettbauch m **tvättfat** S̄ N̄ Waschschüssel f; Waschbecken n **tvättinrättning** S̄ Wäscherei f **tvättlapp** S̄ Waschlappen m **tvättmaskin** S̄ Waschmaschine f **tvättmedel** S̄ N̄ Waschmittel n **tvättning** ⟨-en; -ar⟩ Waschen n **tvättpulver** S̄ Waschpulver n **tvättrum** S̄ N̄ Waschraum m **tvätträd** S̄ N̄ Waschanleitung f **tvättstuga** S̄ Waschküche f **tvättställ** S̄ N̄ Waschbecken n **tvättsvamp** S̄ Badeschwamm m **tvättvatten** S̄ N̄ Waschwasser n **tvättäkta** ADJ waschecht
twittra VT̄, VĪ ⟨1⟩ IT twittern
ty¹ [ty:] KONJ denn
ty² VR̄ ⟨3⟩ ~ *sig till ngn* sich an j-n halten/anschließen; seine Zuflucht zu j-m nehmen
tycka ['tyka] ⟨2⟩ A VT̄ meinen, finden, glauben; halten (*om von*); *jag tycker att han är trevlig* ich finde ihn nett; *jag tycker jag hör ngt* mir ist, als ob ich etw höre; *man kan* ~ *att* ... man sollte meinen, dass ...; *vad tycker du om honom?* was hältst du von ihm?; *vad tycker du om boken?* wie gefällt dir das Buch?; ~ *bra/bättre om* gern/lieber mögen; ~ *illa om* nicht mögen, nicht leiden können B VR̄ ~ *sig se* zu sehen glauben C VP̄ ~ *'om* mögen, gernhaben; ~ *'om att göra ngt* etw gern tun; *jag tycker 'om att läsa* ich lese gern **tyckas** VĪ ⟨dep 2⟩ scheinen; *det tycks mig* es scheint mir; *vad tycks?* was meinst du?, wie ists? **tycke** N̄ ⟨-t; -n⟩ Meinung f, Ansicht f; Geschmack m; *efter vars och ens* ~ nach Belieben; *efter mitt* ~ nach meinem Geschmack; *i mitt* ~ meiner Ansicht/Meinung nach; *det beror på* ~ *och smak* das ist Geschmackssache; *vara i ngns* ~ j-m gefallen
tyda ['ty:da] ⟨2⟩ A VT̄ deuten, auslegen; enträtseln, entziffern; ~ *allt till det bästa* alles zum Besten kehren B VĪ (hin)deuten (*på* auf *akk*) **tydlig** ADJ deutlich **tydligen** ADV offenbar, anscheinend **tydlighet** ⟨-en; kein pl⟩

Deutlichkeit f; **för ~ens skull** deutlichkeitshalber **tydning** ⟨-en; -ar⟩ Deutung f, Auslegung f
tyfon ['ty:fo:n] ⟨-en; -er⟩ Tai'fun m, Wirbelsturm m
tyfus ['ty:føs] ⟨-en; kein pl⟩ Typhus m
tyg [ty:g] N̄ ⟨-et: - od -er⟩ Stoff m; **allt vad ~en håller** was das Zeug hält **tygbit** S̄ Stoff
tygel ['ty:gəl] ⟨-n; -ar⟩ Zügel m, Zaum m; **lämna sin fantasi fria/lösa tyglar** seiner Fantasie freien Lauf lassen **tygellös** ADJ zügellos **tygla** V/T ⟨1⟩ zügeln, bändigen
tygstycke ['ty:gstykə] S̄ N̄ Stück n Stoff
tyll [tyl] a. N̄ ⟨-en/-et; kein pl⟩ Tüll m
tyna ['ty:na] V/P ⟨1⟩ **~ 'bort** (da)hinsiechen, dahinwelken, verkümmern
tynga ['tyŋa] V/T, V/I ⟨2⟩ drücken; lasten **(på** auf *dat*); belasten **tyngande** ADJ drückend; lastend; *fig* schwerwiegend **tyngd** ⟨-en; -er⟩ Schwere f; Gewicht n, Wucht f; Last f **tyngdkraft** S̄ PHYS Schwerkraft f **tyngdlag** S̄ N PHYS Gravitationsgesetz n **tyngdlyftning** S̄ SPORT Gewichtheben n **tyngdpunkt** S̄ Schwerpunkt m
typ [ty:p] ⟨-en; -er⟩ Typ m, Typus m; TYPO Type f, Letter f; *fig umg* Type f; **vilken ~!** was für eine Type! **typexempel** S̄ N̄ typisches Beispiel n **typisk** ADJ typisch
typo'graf ⟨-en; -er⟩ Typograf(in) m(f) **typsnitt** S̄ N IT Font m
tyrann [ty'ran] ⟨-en; -er⟩ Tyrann(in) m(f) **tyran'ni** N̄ ⟨-et; kein pl⟩ Tyrannei f **tyranni'sera** V/T ⟨1⟩ tyrannisieren **tyrannisk** ADJ tyrannisch
Tyrolen [ty'ro:lən] N̄ ⟨inv⟩ Tirol n **tyrolerhatt** S̄ Tirolerhut m
tysk [tysk] A ADJ deutsch B ⟨-en; -ar⟩ Deutsche(r) m ① ⟨-n; kein pl⟩ Deutsch n; **på ~** auf Deutsch, in deutscher Sprache; **skriven på ~** deutsch geschrieben; **tala ~** Deutsch sprechen ② ⟨-n; -or⟩ Deutsche f **tyskfödd** ADJ **hon är ~** sie ist eine gebürtige Deutsche **Tyskland** N̄ ⟨inv⟩ Deutschland n **tyskspråkig** ADJ deutschsprachig **tysk-svensk** ADJ deutsch-schwedisch; **en ~ ordbok** ein deutsch-schwedisches Wörterbuch **tysktalande** ADJ Deutsch sprechend; deutschsprachig
tyst [tyst] ADJ still; stumm; leise; geräuschlos; **hålla ~ schweigen (med** über *akk*); **tala/gå ~** leise sprechen/gehen; **i det ~a** im Stillen; **var ~!** schweig (still)! **tysta** V/P ⟨1⟩ **~ 'ner** zum Schweigen bringen; vertuschen **tystgående** ADJ geräuschlos **tysthet** ⟨-en; kein pl⟩ Stille f; Stillschweigen n **tysthetslöfte** S̄ N Schweigegelübde n **tystlåten** ADJ schweigsam; verschwiegen **tystna** V/I ⟨1⟩ verstummen, still werden **tystnad** ⟨-en; -er⟩ Stille f; (Still-)Schweigen n **tystnadsplikt** S̄ Schweigepflicht f
tyvärr [ty'vær] ADV leider
tå [to:] ⟨-n; -r⟩ Zehe f; Schuhspitze f; **stå på ~ för ngn** *fig* j-m aus der Hand fressen
tåg [to:g] N̄ ⟨-et; -⟩ ① Zug m; **ordinarie ~** fahrplanmäßiger Zug; **tre~et** der Dreiuhrzug; **byta ~** 'umsteigen; **åka ~** mit dem Zug (*od* der Bahn) fahren; **på ~et** im Zug; **följa ngn till ~et** j-n zum Zug (*od* an den Zug) bringen ② Tau n, Seil n **tåga** V/I ⟨1⟩ ziehen, marschieren; **komma ~nde** angezogen kommen B V/P ~ **'bort** abziehen, wegziehen; **~ 'fram** heranziehen, vorrücken; **~ för'bi** vorüberziehen (an *dat*); **~ 'in** einziehen; **~ 'ut** (hin)ausziehen **tågbiljett** S̄ Fahrkarte f, Zugfahrkarte f **tågbyte** S̄ N Umsteigen n **tågfärja** S̄ Zugfähre f **tågförbindelse** S̄ Zugverbindung f **tågförsening** S̄ Zugverspätung f **tågkonduktör** S̄ Zugschaffner(in) m(f) **tågkupé** S̄ Zugabteil n **tågluffa** V/I ⟨1⟩ mit InterRail-Ticket fahren **tågluffarkort** S̄ InterRail-Ticket n **tågolycka** S̄ Eisenbahnunglück n **tågpersonal** S̄ Zugpersonal n **tågresa** S̄ Bahnfahrt f **tågtid** S̄ Abfahrtzeit f, Ankunftzeit f **tågtidtabell** S̄ Fahrplan m **tågurspårning** f Zugentgleisung f **tågvärd** S̄ Zugbegleiter(in) m(f)
tåla ['to:la] V/T ⟨2⟩ dulden; vertragen; aushalten, leiden; sich (*dat*) etw gefallen lassen; **jag kan inte ~ honom** ich kann ihn nicht leiden; **~ en jämförelse** einen Vergleich aushalten; **inte ~ vin** keinen Wein vertragen; **inte ~ sjön** (leicht) seekrank werden; **~ skämt** Spaß verstehen; **tyget tål tvättning** der Stoff verträgt das Waschen; **det tål att tänka på** das ist der Überlegung

tålamod ⟨S N⟩ Geduld f **tålamodsprövande** ADJ vara ~ Geduld erfordern **tålig** ADJ geduldig **tålighet** ⟨-en; kein pl⟩ Geduld f **tålmodig** ADJ → tålig **tåls** ⟨inv⟩ ge sig till ~ sich gedulden

tång¹ [tɔŋ] ⟨-en; kein pl⟩ BOT Tang m

tång² ⟨-en; tänger⟩ Zange f

tår [to:r] ⟨-en; -ar⟩ Träne f; umg Tropfen m, Schluck m; **ta (sig) en ~** umg ein Gläschen trinken **tåra** VR ⟨1⟩ **~ sig** tränen **tåras** VI ⟨dep 1⟩ tränen **tårfylld** ADJ tränenvoll **tårgas** ⟨S⟩ Tränengas n **tårpil** ⟨S⟩ BOT Trauerweide f

tårta ['to:ʈa] ⟨-n; -or⟩ Torte f; **~ på ~** umg fig doppelt gemoppelt **tårtbit** ⟨S⟩ Tortenstück n **tårtbotten** ⟨S⟩ Tortenboden m **tårtkartong** ⟨S⟩ Tortenschachtel f **tårtpapper** ⟨S N⟩ Tortenpapier n **tårtspade** ⟨S⟩ Tortenheber m

tåspets ['to:spets] ⟨S⟩ Zehenspitze f

täck [tɛk] ADJ **det ~a könet** fig das schöne Geschlecht **täcka** ⟨2⟩ A VT decken B VP ~ **'över** zudecken; **'överdecken täcke** ⟨-t; -n⟩ Decke f; Bettdecke f; Steppdecke f **täckfärg** ⟨S⟩ Deckfarbe f **täckjacka** ⟨S⟩ Thermojacke f **täckmantel** fig ⟨S⟩ Deckmantel m **täcknamn** ⟨S N⟩ Deckname m **täckning** ⟨-en; -ar⟩ Deckung f; Handy **sakna ~** keinen Empfang haben, in einem Funkloch sein **täckstift** ⟨S N⟩ Abdeckstift m

tälja ['tɛlja] VT, VI ⟨2⟩ schnitzen (på an dat) **täljkniv** ⟨S⟩ Schnitzmesser n

tält [tɛlt] ⟨N ⟨-et; -⟩ Zelt n; **ligga i ~** im Zelt übernachten, zelten **tälta** VI ⟨1⟩ zelten **tältduk** ⟨S⟩ Zeltleinwand f, Zelttuch n **tältning** ⟨-en; -ar⟩ Zelten n **tältpinne** ⟨S⟩ Hering m **tältplats** ⟨S⟩ Zeltplatz m **tältsäng** ⟨S⟩ Feldbett n

tämja ['tɛmja] VT ⟨2⟩ zähmen, bändigen

tämligen ['tɛmli(g)ən] ADV ziemlich

tända ['tɛnda] ⟨2⟩ A VT wenden, anstecken; ELEK andrehen, anknipsen, anmachen, einschalten; fig (ent)zünden; **~ ljuset/lyset** das Licht anmachen; **~ på ngt** fig sich für etw begeistern; **~ på ngn** scharf auf j-n werden B VI zünden; das Licht anmachen; Motor anspringen; Motor **inte ~** aussetzen C VP **~ 'på** anzünden **tändare** ⟨-n; -⟩ (An-)Zünder m; Feuerzeug n **tändning** ⟨-en; -ar⟩ TECH Zündung f **tändnyckel** ⟨S⟩ Zündschlüssel m **tändsats** ⟨S⟩ Zündsatz m **tändsticka** ⟨S⟩ Streichholz n, Zündholz n **tändsticksask** ⟨S⟩ Streichholzschachtel f **tändstift** ⟨S N⟩ TECH Zündkerze f **tändvätska** ⟨S⟩ Flüssigkeit f zum Anzünden

tänja ['tɛnja] ⟨2⟩ A VI **~ på reglerna** die Regeln lockern B VP **~ 'ut** (aus)dehnen **tänjbar** ADJ dehnbar

tänka ['tɛŋka] ⟨2⟩ A VI, VT, VII denken (om über akk od von), (**på** an akk); gedenken, wollen, beabsichtigen, vorhaben; **var det inte jag tänkte!** das habe ich mir gleich gedacht!; **tänk bara!** denk mal an!; **tänk om han** ... wenn er nun aber ...; **det kan ~s att** ... es lässt sich denken, dass ...; **~ för sig själv** bei sich denken; **jag ska ~ på saken** ich werde mir die Sache überlegen; **jag kom att ~ på** es fiel mir ein, ich kam auf den Gedanken B VR **~ sig** ngt sich (dat) etw denken/vorstellen; **~ sig för** (im Voraus) überlegen; sich vorsehen C VP **~ 'efter** nachdenken, überlegen; **~ sig 'in i** ngt sich (akk) in etw akk hineindenken; **~ 'ut** ngt sich (dat) etw ausdenken; **~ 'över** ngt über etw (akk) nachdenken, sich (dat) etw überlegen, etw überdenken **tänkare** ⟨-n; -⟩ Denker(in) m(f) **tänkbar** ADJ denkbar; erdenklich **tänkespråk** ⟨S N⟩ Denkspruch m, Sinnspruch m **tänkvärd** ADJ denkwürdig

täppa¹ ['tɛpa] ⟨-n; -or⟩ Gärtchen n, Gartenstück n; **vara herre på ~n** fig Herr im Hause sein

täppa² VP ⟨2⟩ **~ 'till** zustopfen, verstopfen; **~ 'till munnen på ngn** fig j-m den Mund stopfen

tära ['tæ:ra] ⟨2⟩ zehren, fressen (**på** an dat) **tärande** ADJ zehrend **tärd** ADJ abgezehrt, abgehärmt

tärna ['tæ:ɳa] ⟨-n; -or⟩ **1** Brautjungfer f; Luciamädchen n **2** ZOOL Seeschwalbe f

tärna² VT ⟨1⟩ würfeln **tärning** ⟨-en; -ar⟩ Würfel m; **kasta/slå ~** würfeln (**om** um); **~en är kastad** fig der Würfel ist gefallen **tärningsspel** ⟨S N⟩ Würfelspiel n

tät¹ [tɛ:t] ⟨-en; -er⟩ Spitze f; **i ~en för** an der Spitze (gen)

tät² ADJ dicht; gedrängt; eng; häufig;

umg wohlhabend; *umg* betucht **täta** <u>VT</u> ⟨1⟩ abdichten, dicht machen **tätbebyggd** <u>ADJ</u> dicht besiedelt **tätbefolkad** <u>ADJ</u> dicht bevölkert **täthet** ⟨-en; kein pl⟩ Dichte *f*, Dichtigkeit *f*; Häufigkeit *f* **tätna** <u>VI</u> ⟨1⟩ dicht(er) werden, sich verdichten **tätning** ⟨-en; -ar⟩ (Ab-)Dichtung *f* **tätort** <u>S</u> ≈ größerer Ort *m*, dicht besiedelter Ort *m*

tätt [tɛt] <u>ADV</u> dicht; **~ intill** dicht bei; **hålla ~** dicht halten; *fig* dichthalten; **~ åtsittande** eng anliegend

tävla ['tɛ:vla] <u>VI</u> ⟨1⟩ wetteifern, kämpfen, konkurrieren (med mit); **han kan ~ med vem som helst** er kann es mit jedem aufnehmen **tävlan** ⟨-; tävlingar⟩ Wettbewerb *m*; **ta upp ~** in Wettbewerb treten **tävlande** <u>ADJ</u> **en ~** ein(e) Teilnehmer(in) *m(f)* am Wettbewerb; **ein(e)** Wettkämpfer(in) *m(f)* **tävling** ⟨-en; -ar⟩ Wettkampf *m*, Wettbewerb *m*; Gewinnspiel *n* **tävlingsbana** <u>S</u> Laufbahn *f*; Rennbahn *f* **tävlingsbil** <u>S</u> Rennwagen *m* **tävlingscykel** <u>S</u> Rennrad *n* **tävlingsförare** <u>S</u> Rennfahrer(in) *m(f)* **tävlingsregler** <u>PL</u> Wettkampfregeln *pl*

tö [tø:] <u>N</u> ⟨-et/-n; kein pl⟩ Tauwetter *n* **töa** ⟨1⟩ <u>A</u> <u>VI</u> tauen <u>B</u> <u>VP</u> **~ 'bort** wegtauen; **~ 'upp** auftauen

töcken ['tøkən] <u>N</u> ⟨-et; -⟩ Nebel *m*, Dunst *m*

töja ['tøja] <u>VP</u> ⟨2⟩ **~ 'ut** (aus)dehnen, strecken **töjbar** <u>ADJ</u> dehnbar

tölp [tœlp] ⟨-en; -ar⟩ *umg* Tölpel *m*, Tollpatsch *m* **tölpaktig** <u>ADJ</u> tölpelhaft; *umg* tollpatschig

töm [tøm] ⟨-men; -mar⟩ Zügel *m* **tömma** ['tøma] ⟨2⟩ <u>A</u> <u>VT</u> (ent)leeren (på von); **~ på flaskor** in Flaschen abfüllen <u>B</u> <u>VP</u> **~ 'ur/'ut** entleeren, ausgießen, ausschütten **tömning** ⟨-en; -ar⟩ (Ent-)Leerung *f*

tönt [tønt] ⟨-en; -ar⟩ *umg* Trottel *m* **töntig** <u>ADJ</u> blöd

töras ['tœ:ras] <u>VI</u> ⟨dep 4⟩ sich trauen, wagen; dürfen; **om jag törs fråga** wenn ich fragen darf

törn [tœ:ɳ] ⟨-en; -ar⟩ Stoß *m* **törna** <u>VP</u> ⟨1⟩ **~ i'hop** zusammenprallen; **~ (e)'mot ngt** an/gegen etw *(akk)* prallen **törnbuske** ['tœ:ɳbʊska] <u>S</u> Heckenrose *f* **törne** <u>N</u> ⟨-t; -n⟩ Dorn *m*, Dornstrauch *m* **törnekrona** <u>S</u> Dornenkrone *f* **törnros** <u>S</u> Heckenrose *f* **Törnrosa** ⟨inv⟩ MYTH Dornröschen *n* **törntagg** <u>S</u> Dorn *m*

törst [tœʂt] ⟨-en; kein pl⟩ Durst *m* (**efter** nach) **törsta** ⟨1⟩ <u>A</u> <u>VI</u> dursten, dürsten <u>B</u> <u>VP</u> **~ i'hjäl** verdursten **törstig** <u>ADJ</u> durstig; **jag är ~** *a.* ich habe Durst

tös [tø:s] ⟨-en; -er⟩ *umg* Mädel *n*
töväder ['tø:vɛ:dər] <u>S N</u> Tauwetter *n*

U

U, u [ʉ:] <u>N</u> ⟨-:(e)t; -:n/-⟩ U, u *n*
ubåt ['ʉ:bo:t] <u>S</u> U-Boot *n*
UD <u>ABK N</u> (= utrikesdepartementet) Auswärtiges Amt
udd [ʊd] ⟨-en; -ar⟩ Spitze *f*, Stachel *m*; Zacke *f*; *fig* (bry)ta **~en av ngt** etw *(dat)* die Spitze abbrechen
udda ['ʊda] <u>ADJ</u> **1** ungerade; ungleich, unpaarig; **låta ~ vara jämnt** fünf gerade sein lassen **2** einzeln; **~ plagg** *pl* Einzelstücke; **en ~ handske** ein einzelner Handschuh
udde ['ʊda] ⟨-n; -ar⟩ Landzunge *f*; Vorgebirge *n*, Kap *n* **uddljud** <u>S N</u> GRAM Anlaut *m* **uddlös** <u>ADJ</u> ohne Spitze; *fig* ohne Pointe
uggla ['ʊgla] ⟨-n; -or⟩ Eule *f*; Kauz *m*, Käuzchen *n*; *fig* **det är ugglor i mossen** es steckt was dahinter, die Sache ist nicht ganz geheuer
ugn [ʊŋn] ⟨-en; -ar⟩ Ofen *m*; Backofen *m* **ugnsbakad** <u>ADJ</u> im Ofen gebacken **ugnsfast** <u>ADJ</u> ofenfest **ugnsfolie** <u>S</u> Alu(minium)folie *f* **ugnslucka** <u>S</u> Ofentür *f* **ugnspannkaka** <u>S</u> (im Ofen gebackener) dicker Eierpfannkuchen *m* **ugnsplåt** <u>S</u> Backblech *n* **ugnssteka** <u>VT</u> ⟨1⟩ im Ofen braten
u-hjälp ['ʉ:jɛlp] <u>S</u> Entwicklungshilfe *f*
Ukraina [ʉ'krajna] <u>N</u> ⟨inv⟩ die Ukraine
ukrainare ⟨-n; -⟩ Ukrainer(in) *m(f)*
ukrainsk <u>ADJ</u> ukrainisch **ukrainska** **1** ⟨-n; kein pl⟩ Ukrainisch *n* **2** ⟨-n; -or⟩ Ukrainerin *f*

u-land ['ʉːland] _S N_ Entwicklungsland _n_

ull [əl] ⟨-en; kein pl⟩ Wolle _f_ **ullgarn** _S N_ Wollgarn _n_, Strickwolle _f_ **ullig** _ADJ_ wollig **ullstrumpa** _S_ Wollstrumpf _m_; _umg fig_ **gå på i ullstrumporna** (unbeirrt) drauflosgehen

ultimatum [əltiˈmaːtəm] _N_ ⟨-et; -⟩ Ultimatum _n_; **ställa ~ in** ein Ultimatum stellen

ultrakortvåg ['ɵltrakɔrˈtvoːɡ] _S_ Ultra'kurzwelle _f_ **ultraljud** _S N_ Ultraschall _m_, Ultraschallaufnahme _f_ **ultrarapid** ⟨inv⟩ **i ~** in Zeitlupe **ultraviolett** _ADJ_ ultraviolett

ulv [ɵlv] ⟨-en; -ar⟩ _fig_ **~ i fårakläder** Wolf im Schafspelz

umgås ['ɵmɡoːs] _VI_ ⟨dep 4⟩ verkehren, umgehen (**med** mit); **~ med tanken på att** ... mit dem Gedanken umgehen zu ...

umgänge ['ɵmjɛŋə] _N_ ⟨-t; -n⟩ Umgang _m_, Verkehr _m_; **sexuellt ~** Geschlechtsverkehr _m_; **ha ~ med** _ngn a._ mit j-m verkehren; **ha stort ~** einen großen Bekanntenkreis haben **umgängeskrets** _S_ Bekanntenkreis _m_, Freundeskreis _m_ **umgängesliv** _S N_ Gesellschaftsleben _n_ **umgängesrätt** _S_ Besuchsrecht _n_

undan ['ɵndan] **A** _ADV_ fort, weg, davon; beiseite; schnell; **~ för ~** einer nach den anderen; nach und nach; **det går ~** es geht schnell voran; **~!** Platz gemacht! **B** _PRÄP_ von (... weg), aus (... hinaus); **komma ~ en fara** einer Gefahr (_dat_) entgehen/entrinnen; **komma ~ polisen** der Polizei (_dat_) entkommen **undanbe** _VT, VR_ ⟨4⟩ verbitten, ablehnen (**sig** sich _dat_); **rökning ~des** es wird gebeten nicht zu rauchen **undandra** _VT, VR_ ⟨4⟩ entziehen (**sig** sich) **undanflykt** _S_ Ausflucht _f_, Ausrede _f_ **undangömd** _ADJ_ versteckt; entlegen; _fig_ verschwiegen **undanhålla** _VT_ ⟨4⟩ vorenthalten (**ngn ngt** j-m etw) **undanröja** _VT_ ⟨2⟩ wegräumen; beseitigen, entfernen **undanskymd** _ADJ_ verborgen, versteckt **undanstökad** _ADJ_ erledigt **undantaga** _VT_ ⟨4⟩ ausnehmen **undantag** _S N_ Ausnahme _f_; Altenteil _n_, Ausgedinge _n_; **göra ett ~ för** ngn mit/bei j-m eine Ausnahme machen; **med ~ av** mit Ausnahme von; **utan ~** ohne Ausnahme **undantagsfall** _S N_ Ausnahmefall _m_ **undantagslös** _ADJ_ ausnahmslos **undantagstillstånd** _S N_ Ausnahmezustand _m_ **undantagsvis** _ADV_ ausnahmsweise **undantränga** _VT_ ⟨2⟩ verdrängen

under¹ ['ɵndər] _N_ ⟨-et; -⟩ Wunder _n_; **göra ~** Wunder wirken

under² _PRÄP_ räumlich u. fig unter; zeitlich während; in; an (_dat_); zu; **~ mer än ett år** mehr als ein Jahr lang; **~ läkarbehandling** in ärztlicher Behandlung; **~ dagens lopp** im Laufe des Tages; **~ hans tid** zu seiner Zeit; **~ rasten** in der Pause; **~ tiden** unterdessen; **vara ~ arbete** in Arbeit sein; **~ det att** während **underarm** _S_ Unterarm _m_ **underavdelning** _S_ Unterabteilung _f_

underbar ['ɵndarbaːr] _ADJ_ wunderbar **underbarn** ['ɵndarbaːn] _S N_ Wunderkind _n_ **underbefäl** _S N_ Gefreite(r) _m/f(m)_; Unteroffizier(in) _m/f(m)_ **underbemannad** _ADJ_ unterbesetzt **underbetala** _VT_ ⟨1⟩ ungenügend bezahlen **underbetyg** _S_ ungenügende Note **underblåsa** _fig VT_ ⟨2⟩ schüren **underbyggnad** _S_ Unterbau _m_; _fig_ Vorbildung _f_, Vorkenntnisse _pl_, Grundlage _f_ **underbyxor** _PL_ Unterhose _f sg_; Schlüpfer _m_ **underdel** _S_ Unterteil _n_ **underdånig** _ADJ_ untertänig, unterwürfig; untertan **underexponera** _VT_ ⟨1⟩ FOTO unterbelichten **underfund** _ADV_ **komma ~ med** herausbekommen **underfundig** _ADJ_ verschmitzt **underförstå** _VT_ ⟨4⟩ durchblicken lassen, stillschweigend voraussetzen; weglassen; **~dd** unausgesprochen, mit einbegriffen; **~tt** gemeint **undergiven** _ADJ_ ergeben, demütig **undergräva** _VT_ ⟨2⟩ unter'graben **undergå** _VT_ ⟨4⟩ erfahren, durchmachen, unterziehen **undergång** _S_ Untergang _m_; Unter'führung _f_ **undergörare** ⟨-n; -⟩ Wundertäter(in) _m/f(m)_ **underhandla** _VI_ ⟨1⟩ unterhandeln, verhandeln (**om** über _akk_) **underhuggare** ⟨-n; -⟩ Handlanger(in) _m/f(m)_ **underhåll** _S N_ Unterhalt _m_; Unterhaltung _f_, Erhaltung _f_ **underhålla** _VT_ ⟨4⟩ unterhalten **underhållande** _ADJ_ unterhaltsam, unterhaltend **underhållare**

⟨-n; -⟩ Animateur(in) *m* **f underhållning** *s* Unterhaltung *f* **underhållningsmusik** *s* Unterhaltungsmusik *f* **underhållningsprogram** *s n* Unterhaltungsprogramm *n* **underhållsbidrag** *s n* Unterhaltszahlung *f* **underhållsfri** *adj* wartungsfrei **underhållskostnad** *s* Unterhaltskosten *pl* **underhållsskyldighet** *s* Unterhaltspflicht *f* **underifrån** *adv* von unten (her) **underinstans** *s* Unterinstanz *f* **underjord** *s* Unterwelt *f* **underjordisk** *adj* unterirdisch **underkant** *s* untere Kante; beräknad i ~ knapp bemessen **underkasta** *vt, v/r* ⟨1⟩ unter'werfen, unter'ziehen (sig sich) **underkastelse** ⟨-n; kein *pl*⟩ Unter'werfung *f* **underkatalog** *s compu*t Unterverzeichnis *n* **underkjol** *s* Unterrock *m* **underklass** *s* Unterklasse *f*; *pol* Unterschicht *f* **underkläder** *pl* Unterwäsche *f sg* **underklänning** *s* Unterkleid *n* **underkropp** *s* Unterkörper *m* **underkuva** *vt* ⟨1⟩ unter'jochen, unter'werfen, knechten **underkyld** *adj* unterkühlt **underkäke** *s anat* Unterkiefer *m* **underkänna** *vt* ⟨2⟩ nicht anerkennen, missbilligen, verwerfen, nicht gutheißen; *Schule* 'durchfallen lassen; bli underkänd 'durchfallen **underkänt** *adj Note* ≈ ungenügend, nicht ausreichend **underlag** *s n* Unterlage *f*; *fig* Grundlage *f*, Grund *m* **underlakan** *s n* Betttuch *n*, Laken *n* **underleverantör** *s* Subunternehmer(in) *m(f)* **underlig** *adj* sonderbar, merkwürdig; (ver)wunderlich; ~t nog seltsamerweise; det är inte ~t es ist kein Wunder **underliv** *s n* Unterleib *m* **underlydande** *adj* untergeben; en ~ ein(e) Untergebene(r) *m(f)* **underlåta** *vt* ⟨4⟩ unter'lassen; jag vill inte ~ att nämna ich möchte nicht unerwähnt lassen **underlåtenhet** ⟨-en; kein *pl*⟩ Unterlassung *f* **underläge** *s n* schwache Lage *fh*; vara i ~ unterlegen sein **underlägg** *s n* Unterlage *f*; Untersatz *m* **underlägsen** *adj* unter'legen (ngn j-m), (i an/in *dat*) **underläkare** *s* Assistenzarzt *m*, Assistenzärztin *f* **underläpp** *s* Unterlippe *f* **underlätta** *vt* ⟨1⟩ erleichtern **undermedvetande** *s n* Unterbewusstsein *n* **undermedveten** *adj* unterbewusst **undermening** *s* Nebensinn *m* **undermålig** *adj* minderwertig **undernärd** *adj* unterernährt **undernäring** *s* Unterernährung *f* **underofficer** *s* Unteroffizier(in) *m(f)* **underordna** *vt, v/r* ⟨1⟩ 'unterordnen (sig sich) **underpris** *s n wirtsch* Schleuderpreis *m* **underrede** *s n* Untergestell *n* **underrubrik** *s* Untertitel *m* **underrätta** *vt* ⟨1⟩ benachrichtigen, unterrichten (om von), mitteilen (om *akk*) **underrättelse** *s* Nachricht *f*, Mitteilung *f* (om von, über *akk*), Kunde *f* (om von) **underrättelsetjänst** *s* Geheimdienst *m*, Nachrichtendienst *m* **undersida** *s* Unterseite *f* **underskatta** *vt* ⟨1⟩ unter'schätzen; verkennen **underskott** *s n* Fehlbetrag *m* **underskrida** *vt* ⟨4⟩ unter'schreiten **underskrift** *s* Unterschrift *f* **undersköterska** *s* Krankenpfleger(in) *m(f)* **underst** ['ɔndəst] *adv* zuunterst **understa** *adj* unterste(r, s) **understiga** ['ɔndəsti:ga] *vt* ⟨4⟩ unter'schreiten **understryka** *vt* ⟨4⟩ unter'streichen **understå** *v/r* ⟨4⟩ ~ sig sich unterstehen **underställa** *vt* ⟨2⟩ unter'stellen, unter'breiten, vorlegen **understöd** *s n* Unterstützung *f*; Beihilfe *f* **understödja** *vt* ⟨4⟩ unter'stützen **undersåte** ⟨-n; -ar⟩ Untertan(in) *m(f)*; Staatsangehörige(r) *m(f/m)* **undersöka** *vt* ⟨2⟩ unter'suchen **undersökning** *s* Untersuchung *f* **undersökningsmetod** *s* Untersuchungsmethode *f* **underteckna** *vt* ⟨1⟩ unter'zeichnen **undertecknad** *adh* Unter'zeichnete(r) *m(f/m)* **underton** *s* Unterton *m* **undertrycka** *vt* ⟨2⟩ unter'drücken; verdrängen, zurückhalten **undertröja** *s* Unterhemd *n* **underutvecklad** *adj* unterentwickelt; ~e länder Entwicklungsländer **undervattensbåt** *s* Unterseeboot *n* **underverk** *s n* Wunder *n*, Wunderwerk *n*; göra ~ Wunder wirken **undervikt** *s* Untergewicht *n* **undervisa** *vt* ⟨1⟩ unter'richten (i in *dat*), unterweisen **undervisning** *s* Unterricht *m* **undervisningsmaterial** *s* Lehrmittel *n/pl* **undervisningsvana** *s* Unterrichtserfahrung *f* **undervärdera** *vt* ⟨1⟩ 'unterbewer-

ten, unter'schätzen **underårig** ADJ minderjährig
undfalla ['endfala] VT ⟨4⟩ entfallen, entschlüpfen **undfallande** ADJ (zu) nachgiebig **undfly** VT ⟨3⟩ entfliehen (dat); meiden; ~ **faran der Gefahr entfliehen undgå** VT ⟨4⟩ entgehen (dat); verfehlen; **inte kunna** ~ nicht umhinkönnen (**att zu**) **undkomma** VT ⟨4⟩ entkommen; ~ **med livet mit dem Leben davonkommen**
undra ['endra] VT ⟨1⟩ sich fragen; (gern) wissen mögen; sich wundern (**på/över** akk); **jag** ~**r** a. ich möchte gern wissen (**om** ob); **jag** ~**r hur det hänger ihop** wie mag es zusammenhängen?; **jag** ~**r om han kommer i dag** ob er wohl heute kommt?; **han** ~**de över vad han skulle säga** er überlegte (sich dat), was er sagen sollte; **jag** ~ **rom jag får** ... dürfte ich ...?; **det** ~**r jag bezweifle ich**; **det** ~**r jag inte på** das wundert mich nicht; **det är inte att** ~ **på** es ist kein Wunder **undran** ⟨inv⟩ Verwunderung f, Staunen n
undre ['endrə] ADJ untere(r, s); **den** ~ **världen** die Unterwelt
undslippa ['endslipa] VT ⟨4⟩ entgehen, entschlüpfen (dat) **undsätta** VT ⟨4⟩ ~ **ngn** j-m zu Hilfe kommen **undsättning** S̄ Hilfe f
undulat [endɵ'laːt] ⟨-en; -er⟩ ZOOL Wellensittich m
undvara ['endvaːra] VT ⟨1⟩ entbehren **undvika** VT ⟨4⟩ (ver)meiden; ausweichen **undvikande** ADJ ausweichend
ung [eŋ] ⟨komp **yngre**; sup **yngst**⟩ jung; ~ **på nytt** wieder jung; **gamla och** ~ **a Jung und Alt, die Jungen und die Alten**; **vid** ~**a år** in jungen Jahren **ungdom** S̄ Jugend f; junger Mensch, Jugendliche(r) m/f(m); ~**ar** pl a. junge Leute pl **ungdomlig** ADJ jugendlich **ungdomsbrottslighet** S̄ Jugendkriminalität f **ungdomsgård** S̄ Jugendzentrum n **ungdomskärlek** S̄ Jugendliebe f **ungdomsvårdsskola** S̄ Erziehungsanstalt f **ungdomsvän** S̄ Jugendfreund m
unge ['eŋə] ⟨-n; -ar⟩ **1** Junge(s) n **2** umg Kind n, Sprössling m, Gör n, Balg m; **få ungar** jungen, Junge werfen
ungefär [eŋə'fæːr] ADV ungefähr, etwa; **på ett** ~ annähernd **ungefärlig** ADJ ungefähr

Ungern ['eŋən] N̄ ⟨inv⟩ Ungarn n **ungersk** ADJ ungarisch **ungerska** **1** ⟨-n; kein pl⟩ Ungarisch n **2** ⟨-n; -or⟩ Ungarin f
ungkarl ['eŋkaːr] S̄ Junggeselle m **ungkarlsliv** S̄ N Junggesellenleben n
ungmö S̄ Jungfer f; poet Jungfrau f
ungrare ['eŋrarə] S̄ Ungar m
uniform [ɵni'fɔrm] ⟨-en; -er⟩ Uniform f
unik [ɵ'niːk] ADJ einzig (in seiner Art), einzigartig
union [ɵni'uːn] ⟨-en; -er⟩ Union f
unison [ɵni'suːn] ADJ einstimmig
universalmedel [ɵnivæ'salmeːdal] S̄ N̄ Universalmittel n **universell** ADJ universell, universal
universitet [ɵnivæɕi'teːt] N̄ ⟨-et; -⟩ Universität f; **Lunds** ~ die Universität Lund; **läsa på** ~**et** an der Uni(versität) studieren **universitetsbibliotek** S̄ N̄ Universitätsbibliothek f **universitetslektor** S̄ Universitätslektor(in) m(f)
universum [ɵni'væɕəm] N̄ ⟨-et; -⟩ Weltall n
unken ['eŋkən] ADJ muffig, dumpf
unna ['ena] VT ⟨1⟩ gönnen (**ngn ngt** j-m etw); **det är honom väl** ~**t** das gönne ich ihm; iron das ~**t geschieht ihm recht**
uns [ens] N̄ ⟨-et; -⟩ Unze f; fig Spur f; **inte ett** ~ keine Spur
upp [ep] ADV auf; hinauf, herauf; **auf Kisten (denna sida)** ~! oben!; **en trappa** ~ im ersten Stock; **längre/längst** ~ weiter/ganz oben; ~ **och ner** auf und ab; **backe** ~ **och backe ned** bergauf, bergab; **fullt** ~ **att göra** viel (od alle Hände voll) zu tun haben; **gata** ~ **och gata ned** straßauf, straßab; **vända** ~ **och ner på ngt** etw auf den Kopf stellen, etw umdrehen; ~ **med huvudet!** Kopf hoch! **upparbetning** ⟨-en; -ar⟩ Wiederaufbereitung f **uppassare** S̄ Kellner(in) m/f(f); SCHIFF Steward(ess) m(f) **uppassning** S̄ Bedienung f
uppbjuda VT ⟨4⟩ ~ **alla sina krafter** alle seine Kräfte aufbieten **uppblandad** ADJ gemischt, vermischt, vermengt **uppblåsbar** ADJ aufblasbar **uppblåst** fig ADJ aufgeblasen **uppblött** ADJ aufgeweicht **uppbringa**

uppbrott ⟨S N⟩ Aufbruch m **uppbrunnen, uppbränd** ⟨ADJ⟩ verbrannt **uppbåd** ⟨N⟩ ⟨-et; -⟩ Aufgebot n **uppbåda** ⟨VT⟩ ⟨1⟩ aufbieten **uppbörd** ⟨S⟩ Erhebung f, Einnahme f; Steuererhebung f **uppdaga** ⟨VT⟩ ⟨1⟩ entdecken; an den Tag bringen; ~s sich herausstellen **uppdatera** ⟨VT⟩ ⟨1⟩ aktualisieren; IT updaten **uppdatering** ⟨S⟩ IT Update n **uppdelning** ⟨S⟩ Aufteilung f **uppdiktad** ⟨ADJ⟩ erdichtet, erfunden **uppdrag** ⟨S N⟩ Auftrag m; **få i ~** den Auftrag bekommen, beauftragt werden; **enligt ~** auftragsgemäß; **im Auftrag uppdragsgivare** ⟨-n; -⟩ Auftraggeber(in) m(f)

uppe [ˈɛpə] ⟨ADV⟩ auf; oben; **där ~** dort oben **uppehåll** ⟨S N⟩ Aufenthalt m; Unterbrechung f; Pause f; **utan ~** ununterbrochen, ohne Unterlass; BAHN ohne Aufenthalt **(för ngn j-m), (sig sich) uppehålla** ⟨VT, V/R⟩ ⟨4⟩ aufhalten (sig sich); Amt verwalten, vertreten; (unt)erhalten **uppehållstillstånd** ⟨S⟩ Aufenthaltsgenehmigung f **uppehållsväder** ⟨S N⟩ beständiges Wetter n; Wetterbericht "vorwiegend trocken" **uppehälle** ⟨-t; kein pl⟩ (Lebens-)Unterhalt m, Auskommen n; **fritt ~** freie Unterkunft und Verpflegung

uppemot [ɛpəˈmuːt] ⟨ADV⟩ gegen, ungefähr

uppenbar [ˈɛpənbɑːr] ⟨ADJ⟩ offenbar, offenkundig; **det är ~t** a. es ist einleuchtend **uppenbara** ⟨VT, V/R⟩ ⟨1⟩ offenbaren (för ngn j-m), (sig sich) **uppenbarelse** ⟨-n; -r⟩ Offenbarung f; Erscheinung f **uppenbarligen** ⟨ADV⟩ offenbar, augenscheinlich

uppfart [ˈɛpfɑːʈ] ⟨S⟩ Auffahrt f **uppfatta** ⟨VT⟩ ⟨1⟩ auffassen **uppfattning** ⟨S⟩ Auffassung f **uppfinna** ⟨VT⟩ ⟨4⟩ erfinden **uppfinnare** ⟨-n; -⟩ Erfinder(in) m(f) **uppfinning** ⟨-en; -ar⟩ Erfindung f **uppfinningsrik** ⟨ADJ⟩ erfinderisch **uppfostra** ⟨VT⟩ ⟨1⟩ erziehen **uppfostran** ⟨inv⟩ Erziehung f **uppfriskande** ⟨ADJ⟩ erfrischend **uppfylla** ⟨VT⟩ ⟨2⟩ erfüllen **uppfyllelse** ⟨-n; kein pl⟩ Erfüllung f; **gå i ~** in Erfüllung gehen, sich erfüllen **uppföda** ⟨VT⟩ ⟨2⟩ aufziehen; züchten **uppfödare** ⟨-n; -⟩ Züchter(in) m(f) **uppfödning** ⟨-en; -ar⟩ Aufziehen n, Aufzucht f

uppföljning ⟨-en; -ar⟩ weitere Verfolgung f

uppför [ˈɛpfœːr] ⟨A⟩ ⟨ADV⟩ (hin)auf, aufwärts, nach oben ⟨B⟩ ⟨PRÄP⟩ hinauf; **~ floden** stromauf(wärts), flussauf(wärts), den Fluss/Strom hinauf; **~ berget** bergan, bergauf **uppföra** ⟨2⟩ ⟨A⟩ ⟨VT⟩ aufführen; errichten ⟨B⟩ ⟨V/R⟩ **~ sig** sich benehmen/betragen **uppförande** ⟨N⟩ ⟨-t; -n⟩ Aufführung f; Bau m, Errichtung f; Benehmen n, Betragen n **uppförsbacke** ⟨S⟩ Steigung f

uppge [ˈɛpjeː] ⟨VT⟩ ⟨4⟩ aufgeben; angeben, mitteilen; Schrei ausstoßen **uppgift** ⟨-en; -er⟩ Aufgabe f; Angabe f, Mitteilung f (**om** gen od von) **uppgiftslämnare** ⟨-n; -⟩ Informant(in) m(f) **uppgiven** ⟨ADJ⟩ resigniert **uppgjord** ⟨ADJ⟩ abgemacht, verabredet **uppgradera** ⟨VT⟩ ⟨1⟩ IT ausbauen, nachrüsten; IT, FLUG upgraden **uppgå** ⟨VI⟩ ⟨4⟩ **~ till** sich belaufen auf (akk); **~ i ngt** in etw aufgehen **uppgång** ⟨S⟩ Aufgang m; Aufschwung m, Steigerung f **uppgörelse** ⟨-n; -r⟩ Abmachung f; Abrechnung f; Auseinandersetzung f; **~ i godo** (gütlicher) Vergleich m **upphetsad** ⟨ADJ⟩ aufgeregt, erregt **upphetsande** ⟨ADJ⟩ erregend; aufreizend **upphetsning** ⟨-en; kein pl⟩ Aufregung f; Erregung f **upphetta** ⟨VT⟩ ⟨1⟩ erhitzen **upphittad** ⟨ADJ⟩ gefunden **upphittare** ⟨-n; -⟩ Finder(in) m(f) **upphov** ⟨N⟩ ⟨-et; kein pl⟩ Ursprung m (**till** gen); Ursache f; **ge ~ till ngt** die Veranlassung zu etw geben **upphovsman** ⟨S⟩ Urheber(in) m(f) **upphovsrätt** ⟨S⟩ Urheberrecht n **upphovsrättsskydd** ⟨S N⟩ Kopierschutz m **upphällning** ⟨-en; kein pl⟩ **vara på ~en** zur Neige gehen **upphäva** ⟨VT⟩ ⟨2⟩ erheben; aufheben; **~ sin röst** seine Stimme erheben; **~ en lag** ein Gesetz aufheben **upphöja** ⟨VT⟩ ⟨2⟩ a. MATH erheben; erhöhen **upphöjd** ⟨ADJ⟩ erhöht; erhaben **upphöra** ⟨2⟩ aufhören (**med** mit); eingehen; **~ med** eingehen lassen, aufgeben; einstellen; **han upphörde inte att ...** er ließ nicht ab zu ...

uppifrån [ˈɛpifroːn] ⟨A⟩ ⟨ADV⟩ von oben; **~ och ner** von oben bis unten ⟨B⟩ ⟨PRÄP⟩ von (... herab); **~ tornet** vom Turm herab

uppiggande [ˈepiganda] ADJ anregend; aufmunternd **uppjagad** ADJ aufgepeitscht, überreizt; verängstigt **uppkalla** VT ⟨1⟩ benennen **uppkastning** ⟨-ens; -ar⟩ Erbrechen n; få ~ar sich erbrechen **uppklarnande** A ADJ aufheiternd B N ⟨-t; -n⟩ Wetterbericht Aufheiterung f **uppklädd** ADJ fein gemacht **uppkok** S N Aufkochen n; Aufwärmen n **uppkomling** ⟨-en; -ar⟩ Emporkömmling m **uppkomma** VI ⟨4⟩ fig entstehen **uppkomst** ⟨-en; kein pl⟩ Entstehung f **uppkopplad** ADJ IT online; uppkopplat läge IT Onlinebetrieb m **uppkäftig** umg ADJ frech; vara ~ mot ngn j-m frech kommen **uppköp** S N Ankauf m, Aufkauf m; Einkauf m **uppkörd** ADJ aufgedunsen; übers Ohr gehauen **uppkörning** S Fahrprüfung f **uppladdning** S Vorbereitung f, fig Kräfteansammlung f **uppladdningsbar** ADJ aufladbar **upplag** S N WIRTSCH Lager n **upplaga** ⟨-ns; -or⟩ Auflage f; Ausgabe f; ge ut i ny ~ neu auflegen, neu herausbringen **upplagd** ADJ aufgelegt (för zu); angelegt **uppleva** VT ⟨2⟩ erleben; verleben **upplevelse** ⟨-n; -r⟩ Erlebnis n **uppliva** VT ⟨1⟩ neu beleben **upplivningsförsök** S N Wiederbelebungsversuch m **upplopp** S N Auflauf m; SPORT Endkampf m **upplupen** ADJ Zinsen fällig **upplyftande** ADJ erhebend **upplysa** VT ⟨2⟩ fig aufklären (om über akk); mitteilen; ~ ngn om ngt a. j-m über etw (akk) Auskunft geben/erteilen **upplysande** ADJ lehrreich, aufschlussreich; aufklärend **upplysning** S Beleuchtung f, Erhellung f; fig Auskunft f, Bescheid m; Aufschluss m; Aufklärung f; inhämta ~ar om Erkundigungen einziehen über (akk); lämna ~ar om Auskunft geben/erteilen über (akk) **upplysningsvis** ADV meddela ~ zur Orientierung mitteilen **upplyst** ADJ erleuchtet; fig aufgeklärt **upplåta** VT ⟨4⟩ zur Verfügung stellen **upplåtelse** ⟨-ns; -r⟩ Zurverfügungstellung f, Überlassung f; Übergabe f **uppläggning** S Planung f, Konzipierung f; Gestaltung f; Konto etc Anlegen n; Möbel etc Lagerung f; Kleidung Kürzermachen n; Maschen Aufnehmen n **uppläsare** S Rezitator(in) m(f), Vortragende(r) m/f(m) **uppläsning** S Vorlesen n, Verlesen n; Vortragen n; Lesung f; Aufsagen n **upplösa** VT, VR ⟨2⟩ auflösen (sig sich); zerlegen, zersetzen **upplösning** S a. IT Auflösung f; Zersetzung f, Zerrüttung f **upplösningstillstånd** S N Fäulnis f; Zerfall m; fig umg vara i ~ in Auflösung sein, ganz fertig sein **uppmana** VT ⟨1⟩ auffordern **uppmaning** S Aufforderung f **uppmarsch** S Aufmarsch m **uppmjukning** ⟨-en; -ar⟩ SPORT Lockerung f **uppmuntra** VT ⟨1⟩ ermuntern; ermutigen; anspornen **uppmuntran** ⟨-; uppmuntringar⟩ Ermunterung f; Ermutigung f, Auftrieb m; Ansporn m, Antrieb m **uppmärksam** ADJ aufmerksam (på auf akk), (mot gegen) **uppmärksamhet** ⟨-en; kein pl⟩ Aufmerksamkeit f; fästa/rikta ~en mot/på ngt die Aufmerksamkeit auf etw (akk) lenken/richten; väcka ~ Aufmerksamkeit erregen **uppmärksamhetsstörning** S Aufmerksamkeitsdefizit-Syndrom n **uppmärksamma** VT ⟨1⟩ bemerken; beachten **uppnosig** ADJ frech, naseweis, vorlaut **uppnå** VT ⟨3⟩ erreichen; erzielen **uppnåsa** S Stupsnase f **uppochnedvänd** [ɔpɔ(k)ˈne:dvɛnd] ADJ verkehrt, umgekehrt; umgestülpt **uppoffra** VT, VR ⟨1⟩ aufopfern (sig sich) **uppoffring** ⟨-en; -ar⟩ Aufopferung f; Opfer n **upprensning** S Säuberung f **upprepa** VT ⟨1⟩ wiederholen; »de gånger wiederholt, zu wiederholten Malen **upprepning** ⟨-en; -ar⟩ Wiederholung f **uppretad** ADJ gereizt, verärgert (över über akk) **upprikitig** ADJ aufrichtig; ~t sagt offen gestanden/gesagt **uppriktighet** S Aufrichtigkeit f **uppringning** S Anruf m **upprinnelse** ⟨-n; kein pl⟩ Ursprung m (till gen) **upprivande** ADJ mitgenommen; ~ av sorg von Trauer gebrochen **upprop** S N Aufruf m **uppror** N ⟨-et; -⟩ Aufruhr m, Aufstand m, Empörung f; göra ~ sich empören (mot gegen); vara i fullt ~ sich in hellem Aufruhr befinden **upprorisk** ADJ aufrührerisch, aufständisch **upprorsanda** S Geist m des Aufruhrs, aufrührerischer Geist **upprus-**

ta ⟨VT⟩ ⟨1⟩ aufrüsten **upprustning** ⟨S⟩ Aufrüstung f **uppryckning** ⟨-en; -ar⟩ fig Aufrüttelung f **upprymd** ⟨ADJ⟩ aufgeräumt; angeheitert **uppräkning** ⟨S⟩ Aufzählung f **upprätt** ⟨ADJ⟩ aufrecht **upprätta** ⟨VT⟩ ⟨1⟩ errichten, (be)gründen; herstellen; aufsetzen, abfassen; aufrichten; rehabilitieren; ~ sitt testamente sein Testament aufsetzen; ~ ngns rykte j-s Ruf wiederherstellen **upprättande** ⟨N⟩ ⟨-t; -n⟩ Errichtung f, Gründung f **upprättelse** ⟨S⟩ Genugtuung f, Wiedergutmachung f **upprätthålla** ⟨VT⟩ ⟨4⟩ aufrechterhalten **upprätthållande** ⟨N⟩ ⟨-t; kein pl⟩ Aufrechterhaltung f **upprojning** ⟨S⟩ Roden n; Räumung f; fig Aufräumen n **uppröra** fig ⟨VT⟩ ⟨2⟩ erregen **upprörande** ⟨ADJ⟩ erschütternd **upprörd** ⟨ADJ⟩ erregt, entrüstet (över über akk) **upprördhet** ⟨-en; kein pl⟩ Erregung f, Erregtheit f, Entrüstung f **uppsagd** ⟨ADJ⟩ gekündigt **uppsats** ⟨S⟩ Aufsatz m **uppsatt** ⟨ADJ⟩ högt ~ hochgestellt **uppseende** ⟨N⟩ ⟨-t; kein pl⟩ Aufsehen n **uppseendeväckande** ⟨ADJ⟩ aufsehenerregend **uppsegling** ⟨S⟩ fig vara under ~ im Anzug sein **uppsikt** ⟨S⟩ Aufsicht f **uppsjö** ⟨S⟩ Überfluss m (på an dat) **uppskakad** ⟨ADJ⟩ erschüttert **uppskakande** ⟨ADJ⟩ erschütternd **uppskatta** ⟨VT⟩ ⟨1⟩ schätzen (till auf akk) **uppskattning** ⟨-en; -ar⟩ Veranschlagung f, Berechnung f; Schätzung f **uppskattningsvis** ⟨ADV⟩ schätzungsweise **uppskjuta** ⟨VT⟩ ⟨4⟩ aufschieben, verschieben; vertagen **uppskov** ⟨N⟩ ⟨-et; -⟩ Aufschub m; Frist f; ~ med betalning Zahlungsaufschub m, Zahlungsfrist f, Stundung f; begära ~ eine Frist beantragen; bevilja ~ eine Frist (Aufschub) gewähren; utan ~ unverzüglich **uppskruvad** fig ⟨ADJ⟩ erregt, exaltiert **uppskrämd** ⟨ADJ⟩ erschrocken, verängstigt **uppskärrad** ⟨ADJ⟩ beunruhigt, verängstigt **uppskörtad** ⟨ADJ⟩ bli ~ hochgenommen werden **uppslag** ⟨S⟩ Aufschlag m; an der Hose Umschlag m; fig Anregung f, Anstoß m; Idee f **uppslagen** ⟨ADJ⟩ aufgeschlagen, angeschlagen **uppslagsbok** ⟨S⟩ Nachschlagebuch n **uppslagsord** ⟨S N⟩ Stichwort n **uppslagsverk** ⟨S N⟩ Nachschlagewerk n **uppslitande** fig ⟨ADJ⟩ aufreibend **uppsliten** ⟨ADJ⟩ aufgerissen; abgenutzt, abgetragen; aufgerieben **uppsluka** fig ⟨VT⟩ ⟨1⟩ verschlingen; som ~d av jorden wie vom Erdboden verschluckt **uppsluppen** fig ⟨ADJ⟩ ausgelassen **uppslutning** ⟨-en; -ar⟩ Anschluss m, Zustrom m **uppspelt** ⟨ADJ⟩ ausgelassen **uppstigen** ⟨ADJ⟩ aufgestanden **uppstigning** ⟨S⟩ Aufstehen n; Aufstieg m **uppsträckning** fig ⟨S⟩ Verweis m, Rüffel m **uppsträckt** ⟨ADJ⟩ aufgeputzt; hochgestreckt **uppstudsig** ⟨ADJ⟩ widersetzlich, aufsässig **uppstyltad** ⟨ADJ⟩ gespreizt, geschraubt, geschwollen **uppstå** ⟨VI⟩ ⟨4⟩ entstehen; sich erheben; REL auferstehen **uppståndelse** ⟨-n; kein pl⟩ Aufregung f, Unruhe f; REL Auferstehung f **uppställning** ⟨S⟩ Aufstellung f **uppstötning** ⟨-en; -ar⟩ Aufstoßen n **uppsving** ⟨N⟩ ⟨-et; -⟩ Aufschwung m **uppsvälld** ⟨ADJ⟩ (an)geschwollen; (auf)gedunsen **uppsyn** ⟨S⟩ Gesicht n, Miene f, Ausdruck m; Aufsicht f (över über akk) **uppsyningsman** ⟨S⟩ Aufseher(in) m(f) **uppsåt** ⟨N⟩ ⟨-et; -⟩ Absicht f; Vorhaben n, Vorsatz m **uppsåtlig** ⟨ADJ⟩ absichtlich, vorsätzlich **uppsägning** ⟨-en; -ar⟩ Kündigung f, Kündigungsfrist f **uppsägningstid** ⟨S⟩ Kündigungsfrist f **uppsättning** ⟨S⟩ Aufsetzen n, Aufstellung f; Errichtung f; a. TYPO Garnitur f, Satz m; Ausrüstung f; Einrichtung f; THEAT Inszenierung f; Vieh Bestand m **uppsöka** ⟨VT⟩ ⟨2⟩ aufsuchen **uppta** ⟨VT⟩ ⟨4⟩ aufnehmen, in Anspruch nehmen; einnehmen; → ta 'upp **upptagen** ⟨ADJ⟩ beschäftigt, in Anspruch genommen; besetzt; belegt **upptagetton** ⟨S⟩ Besetztzeichen n **upptagning** ⟨S⟩ Aufnahme f **upptagningsområde** ⟨S N⟩ Einzugsbereich m **upptakt** ⟨S MUS⟩ Auftakt m (till zu) **upptaxera** ⟨VT⟩ ⟨1⟩ höher veranlagen **uppteckna** ⟨VT⟩ ⟨1⟩ aufzeichnen **upptill** ⟨ADV⟩ oben, zuoberst **upptining** ⟨-en; -ar⟩ Auftauen n **upptrampad** ⟨ADJ⟩ (viel) begangen, betreten, gebahnt **upptrappning** ⟨-en; -ar⟩ Zuspitzung f, Eskalation f, Steigerung f **uppträda** ⟨VI⟩ ⟨2⟩ auftreten (mot gegen), (som als); erscheinen **uppträdande** ⟨N⟩ ⟨-t; -n⟩ Auftreten n; Erscheinen n **upp-**

tåg S̄N̄ Streich m; Faxen pl **upptäcka** V̄T̄ ⟨2⟩ entdecken **upptäckare** ⟨-n; -⟩ Entdecker(in) m(f) **upptäckt** S̄ ⟨-en; -er⟩ Entdeckung f **upptäcktsfärd** S̄, **upptäcktsresa** S̄ Entdeckungsreise f **upptänklig** ADJ erdenklich **uppvaknande** N̄ ⟨-t; -n⟩ Erwachen n **uppvakta** V̄T̄ ⟨1⟩ aufwarten (dat); ~ ngn a. j-m seine Aufwartung machen; ~ ett statsråd bei einem Minister vorsprechen **uppvaktning** ⟨-en; -ar⟩ Aufwartung f; Gefolge n **uppvigla** V̄T̄ ⟨1⟩ aufwiegeln (till zu) **uppviglare** ⟨-n; -⟩ Aufwiegler(in) m(f) **uppvigling** ⟨-en; -ar⟩ Aufwieg(e)lung f **uppvisa** V̄T̄ ⟨1⟩ vorzeigen, vorlegen; fig aufweisen, nachweisen **uppvisning** S̄ Vorführung f; Schau f **uppvuxen** ADJ aufgewachsen **uppväcka** V̄T̄ ⟨2⟩ auf(er)wecken; fig wachrufen; erregen **uppväga** fig V̄T̄ ⟨2⟩ aufwiegen **uppvärdera** V̄T̄ ⟨1⟩ aufwerten **uppvärmning** ⟨-en; -ar⟩ Aufwärmen n; Erwärmung f; Heizung f **uppväxt** S̄ Heranwachsen n, Wachstum n; Kindheit f; under ~en beim Heranwachsen, im Wachstum **uppväxttid** S̄ Wachstumszeit f **uppåt** A ADV aufwärts, empor, nach oben, hinauf B PRÄP nach ... hinauf, gegen; ~ floden flussauf (-wärts), stromauf(wärts); vara ~ vergnügt sein **uppåtböjd** ADJ aufwärts (od nach oben) gebogen **uppåtgående** ADJ steigend
ur¹ [ʉ:r] N̄ ⟨-et; -⟩ Uhr f
ur² ⟨inv⟩ i ~ och skur bei Wind und Wetter
ur³ A ADV (hin)aus, heraus B PRÄP aus; ut ~ aus ... heraus; ~ drift außer Betrieb; komma ~ bruk außer Gebrauch kommen
uran [ʉˈrɑ:n] ⟨-et; kein pl⟩ CHEM Uran n
urarta [ˈʉ:rɑ:ta] V̄ī ⟨1⟩ entarten; ausarten (till in akk zu)
urbanisering [ərbaniˈse:riŋ] ⟨-en; kein pl⟩ Urbanisierung f
urbefolkning [ˈʉ:rbəfɔlkniŋ] S̄ Urbevölkerung f **urberg** S̄N̄ Urgestein n, Urgebirge n
urblekt [ˈʉ:rble:kt] ADJ verblasst, ausgeblichen, verschossen, verwaschen **urblåst** ADJ ▊ ett ~ ägg ein ausgeblasenes Ei; ett ~ hus ein ausgebranntes Haus ▋ umg vara ~ ein Hohlkopf sein
urfånig umg ADJ idiotisch, saudumm **urgammal** ADJ uralt **urgröpt** ADJ ausgehöhlt **urholkad** ADJ ausgehöhlt **urholkning** ⟨-en; -ar⟩ Aushöhlung f
urin [ʉˈri:n] ⟨-en; kein pl⟩ Harn m, Urin m **urinblåsa** S̄ Harnblase f **urindrivande** ADJ harntreibend **uriˈnera** V̄ī ⟨1⟩ urinieren, Wasser lassen **urinledare** S̄ Harnleiter m **urinprov** S̄N̄ Urinprobe f
urinvånare [ˈʉ:rinvo:narə] S̄ Ureinwohner(in) m(f)
urinvägsinfektion S̄ Infektion f der Harnwege
urklipp [ˈʉ:rklip] S̄N̄ Ausschnitt m **urkokt** ADJ ausgelaugt
urkund [ˈʉ:rkənd] S̄ Urkunde f; **styrkt genom ~** urkundlich belegt
urladdning [ˈʉ:rladniŋ] S̄ Entladung f **urlakad** ADJ ausgelaugt **urlastning** S̄ Ausladung f
urmakare [ˈʉ:rmɑ:karə] ⟨-n; -⟩ Uhrmacher(in) m(f)
urminnes [ˈʉ:rminəs] ADJ sedan ~ tider seit Urzeiten
urna [ˈʉ:ŋa] ⟨-n; -or⟩ Urne f
urplock [ˈʉ:rplɔk] S̄N̄ Auslese f, Auswahl f
urpremiär [ˈʉ:rpremiæ:r] S̄ Uraufführung f
urringad [ˈʉ:riŋad] ADJ ausgeschnitten **urringning** ⟨-en; -ar⟩ Ausschnitt m **ursinne** S̄N̄ Wut f **ursinnig** ADJ wütend
urskilja V̄T̄ ⟨1⟩ unterscheiden (mellan zwischen), (från von); erkennen; wahrnehmen **urskillning** ⟨-en; kein pl⟩ Unterscheidung f; Urteilsfähigkeit f; **med ~** mit Bedacht; **utan ~** ohne Unterschied
urskog [ˈʉ:ʂku:g] S̄ Urwald m
urskulda [ˈʉ:ʂkəlda] V̄T̄, V̄ī̄R̄ ⟨1⟩ entschuldigen (sig sich), (för wegen)
ursprung [ˈʉ:ʂprəŋ] N̄ ⟨-et; -⟩ Ursprung m; Herkunft f **ursprunglig** ADJ ursprünglich; urwüchsig **ursprungligen** ADV ursprünglich
urspårad [ˈʉ:ʂpo:rad] ADJ entgleist **urspårning** ⟨-en; -ar⟩ Entgleisung f
ursäkt [ˈʉ:ʂɛkt] ⟨-en; -er⟩ Entschuldigung f; **dålig ~** faule Ausrede **ursäkta** V̄T̄, V̄ī̄R̄ ⟨1⟩ entschuldigen (sig sich); **det kan inte ~s** dafür gibt es keine Ent-

schuldigung; **~!** entschuldigen Sie bitte!; Verzeihung! **ursäktlig** ADJ entschuldbar, verzeihlich
urtavla ['ɵ:ta:vla] S Zifferblatt n
urtida ['ɵ:ti:da] ADJ uralt; seit Urzeiten
urtima [ɵ:ti:ma] ADJ außerordentlich; **~ riksdag** außerordentlicher Reichstag
urtrist ['ɵ:tro:ki(g)] umg, **urtråkig** ADJ stinklangweilig
uruppförande SN Uraufführung f
urusel ADJ sehr schlecht
urval ['ɵ:rvɑ:l] SN Auswahl f, Auslese f
urvattnad ADJ ausgewässert; fig wässerig, verwässert
urverk ['ɵ:rværk] SN Uhrwerk n; **allt gick som ett ~** alles ging wie am Schnürchen **urvisare** S Uhrzeiger m
urvuxen ['ɵ:rvɵksən], **urväxt** ADJ ausgewachsen, zu klein
uråldrig ['ɵ:rɔldri(g)] ADJ uralt
USA N ‹inv› USA pl
USB-anslutning S USB-Anschluss m **USB-kabel** S USB-Kabel n **USB-minne** S USB-Stick m
usch [ɵʃ] INTER brrr; oh; pfui; hu; pah
usel ['ɵ:səl] ADJ schlecht, elend; schäbig; umg mies; niederträchtig **usling** ‹-en; -ar› Lump m, elender Kerl m
U-sväng ['ɵ:svɛŋ] S Wenden n
ut [ɵ:t] ADV aus; hinaus; heraus; **~ och in** aus und ein; **år ~ och år in** jahraus, jahrein; **varken veta ~ eller in** in weder aus noch ein wissen; **~ genom dörren** zur Tür hinaus; **~ med er!** hinaus mit euch!; **~ med språket!** heraus mit der Sprache! **utagerad** ADJ erledigt
utan ['ɵ:tan] A ADV außen B PRÄP ohne; **bli ~** leer ausgehen; **inte bli ~ sein** Teil bekommen; **~ att** ohne zu; ohne dass C KONJ sondern; **inte bara ... även ...** nicht nur ..., sondern auch ...
utandning ['ɵ:tandnɪŋ] S Ausatmen n
utanför ['ɵ:tanfœ:r] A ADV (dr)außen, vor der Tür; außerhalb; fig **hålla ngn ~** j-n draußen halten B PRÄP außerhalb, (draußen) vor; **~ tjänsten** außerdienstlich; **stå ~ det hela** mit der Sache nichts zu tun haben
utannonsera ['ɵ:tanɔn'se:ra] VT ‹1› inserieren
utanpå ['ɵ:tanpo:] A ADV außen B PRÄP an, auf; über; **~ varandra** übereinander **utantill** ADV auswendig
utarbeta ['ɵ:tarbe:ta] VT ‹1› ausarbei-

ten; **~d** fig abgearbeitet, überarbeitet, überanstrengt
utarma ['ɵ:tarma] VT ‹1› arm machen, verarmen; **~s** arm werden, verarmen
utbetala VT ‹1› auszahlen **utbetalning** S Auszahlung f **utbetalningskort** SN Post Zahlkarte f
utbilda VT, VR ‹1› ausbilden (**sig** sich), (**till zu**) **utbildning** S Ausbildung f **utbildningsminister** S Minister(in) m(f) für Unterricht und Kultur
utblommad ADJ verblüht
utblottad ADJ entblößt, verarmt
utbreda VT, VR ‹2› ausbreiten; verbreiten (sig sich); **~ sig över ngt** sich über etw (akk) verbreiten, sich (des Langen und Breiten) über etw (akk) auslassen **utbredd** ADJ ausgebreitet; verbreitet; **vitt ~** weitverbreitet **utbredning** ‹-en; -ar› Ausbreitung f; Verbreitung f
utbringa VT ‹1› **~ en skål** ein Prosit ausbringen (**för** auf akk)
utbrista VT ‹4› ausbrechen (**i** in akk)
utbrott SN Ausbruch m
utbrunnen ADJ ausgebrannt
utbryta VI ‹4› Krieg, Feuer ausbrechen
utbränd ADJ ausgebrannt; fig a verbraucht **utbrändhet** ‹-en; kein pl› Burnout-Syndrom n
utbud SN WIRTSCH Angebot n
utbuktning S Ausbuchtung f
utbyggnad [s] Ausbau m
utbyta VT ‹2› austauschen **utbyte** S N Austausch m, Umtausch m; Ausbeute f, Ertrag m, Gewinn m; **få ~ av det** etwas davon haben
utböling ‹-en; -ar› umg Zugereiste(r) m/f(m), Ortsfremde(r) m/f(m)
utdela VT ‹1› austeilen, verteilen **utdelning** S Verteilung f; WIRTSCH Dividende f
utdrag SN Auszug m, Abriss m
utdragen fig ADJ ausgedehnt, lang gezogen; langatmig; langwierig, in die Länge gezogen
utdöd ADJ ausgestorben **utdöende** A ADJ sterbend, im Aussterben B N ‹-t; kein pl› Aussterben n
utdöma VT ‹2› Strafe verhängen, ausrangieren
ute ['ɵ:tə] ADV draußen, im Freien, außer dem Hause; aus, vorbei; **vara ~** sein; draußen sein; nicht zu Hause sein;

umg out (nicht mehr modern) sein; **vara mycket ~** viel/oft ausgehen (*od* nicht zu Hause sein); **vara ~ och gå** spazieren gehen; **vara illa ~** übel daran sein; **vara ~ för ngt** einer Sache (*dat*) ausgesetzt sein; **vara ~ efter ngt** *fig* auf etw (*akk*) aus sein; **äta ~** auswärts essen; im Freien essen; **tiden är ~** die Zeit ist um; **det är ~ med honom** es ist aus mit ihm, um ihn ist es geschehen **utebli** <u>VI</u> ⟨4⟩ ausbleiben, nicht erscheinen **utedass** <u>SN</u> Plumpsklo *n*
utefter [ʉtˈɛftər] *PRÄP* längs, entlang, an
utegångsförbud [ˈʉːtəɡɔŋsfœrˈbʉːd] <u>SN</u> Ausgangssperre *f* **uteliggare** <u>S</u> Obdachlose(r) *m*/*f*(*m*) **uteliv** <u>SN</u> Leben *n* im Freien; Ausgehen *n*; Ausgeherei *f* **utelämna** <u>VT</u> ⟨1⟩ auslassen, weglassen, fortlassen **utemöbel** <u>S</u> Gartenmöbel *n* **uteservering** <u>S</u> Gartenrestaurant *n*; Straßencafé *n* **utesluta** <u>VT</u> ⟨4⟩ ausschließen **uteslutande** <u>A</u> *ADV* ausschließlich <u>B</u> <u>N</u> ⟨-t; kein pl⟩ Ausschluss *m*; **med ~ av** unter Ausschluss (*gen*) **utestående** *ADJ* WIRTSCH ausstehend; **~ fordringar** *a*. Außenstände *pl* **utestänga** <u>VT</u> ⟨2⟩ ausschließen; aussperren
utexaminera [ˈʉːtɛksamiˈneːra] ⟨1⟩ (nach bestandener Abschlussprüfung) entlassen
utfall <u>SN</u> Ausfall *m*; Ergebnis *n* **utfalla** <u>VI</u> ⟨4⟩ ausfallen; *Los* herauskommen **utfart** <u>S</u>, **utfartsväg** <u>S</u> Ausfahrt *f* **utfattig** *ADJ* völlig verarmt, bettelarm **utflippad** *ADJ* ausgeflippt **utflugen** *ADJ* ausgeflogen **utflykt** <u>S</u> Ausflug *m* **utflyttning** <u>S</u> Auszug *m*; Wegziehen *n*; Auswanderung *f* **utfodra** <u>VT</u> ⟨1⟩ füttern **utforma** <u>VT</u> ⟨1⟩ gestalten **utformning** ⟨-en; -ar⟩ Gestaltung *f* **utforska** <u>VT</u> ⟨1⟩ erforschen **utfrysning** *fig* <u>S</u> Hinausekeln *n* **utfråga** <u>VT</u> ⟨1⟩ ausfragen (*om* über *akk* nach) **utfrågning** ⟨-en; -ar⟩ Ausfragen *n* **utfyllnad** <u>S</u> Ausfüllen *n*; Füllmaterial *n* **utfällning** <u>S</u> CHEM Fällen *n* **utfärd** <u>S</u> Ausfahrt *f* **utfärda** <u>VT</u> ⟨1⟩ ausstellen, ausfertigen; erlassen; Erlass *m* **utfästa** <u>VT</u> ⟨2⟩ aussetzen; **~ en belöning** eine Belohnung aussetzen; **~ sig** sich verpflichten **utfästelse** ⟨-n; -r⟩

Aussetzung *f*, Versprechung *f*; Verpflichtung *f* **utför** <u>A</u> *ADV* abwärts; **~ trappan** die Treppe hinunter, treppab; **det går/bär ~** es geht bergab (*med ngn* mit *j-m*) <u>B</u> *PRÄP* hinab, hinunter, herab, herunter **utföra** <u>VT</u> ⟨2⟩ ausführen **utförande** <u>N</u> ⟨-t; -n⟩ Ausführung *f* **utförbar** *ADJ* ausführbar **utförlig** *ADJ* ausführlich **utförsbacke** <u>S</u> Abhang *m*; **i ~n** beim Hinunterfahren **utförsel** ⟨-n; kein pl⟩ Ausfuhr *f* **utförselförbud** <u>SN</u> Ausfuhrverbot *n* **utförsåkning** ⟨-en; -ar⟩ *Ski* Abfahrt *f* **utförsäljning** <u>S</u> Ausverkauf *m* **utge** [ˈʉːtjeː] ⟨4⟩ <u>A</u> <u>VT</u> herausgeben <u>B</u> <u>VR</u> **~ sig** sich ausgeben (*för* für) **utgift** ⟨-en; -er⟩ Ausgabe *f* **utgivare** <u>S</u> Herausgeber(in) *m*(*f*) **utgivning** ⟨-en; -ar⟩ Herausgabe *f* **utgjuta** ⟨4⟩ <u>A</u> <u>VT</u> vergießen; ausschütten; **~ sin vrede över ngn** seinen Zorn an j-m auslassen <u>B</u> <u>VR</u> **~ sig** sich ergießen **utgjutelse** ⟨-n; -r⟩ Ausgießung *f*; *fig* Erguss *m* **utgrävning** ⟨-en; -ar⟩ Ausgrabung *f* **utgå** <u>VI</u> ⟨4⟩ *fig* ausgehen (*från* von); erscheinen; hervorgehen; ausscheiden, austreten (*ur* aus); wegfallen; WIRTSCH ausgezahlt werden; eingehen, erlöschen; *Zeit* ablaufen, zu Ende gehen; **arvodet ~ med 10 000 kr** das Honorar beträgt 10 000 Kronen; **→ gå ʼut utgående** <u>A</u> *ADJ* ausgehend; SCHIFF auslaufend <u>B</u> <u>N</u> ⟨-t; kein pl⟩ **vara på ~** auslaufen **utgång** <u>S</u> Ausgang *m*; Ablauf *m* **utgångspunkt** <u>S</u> Ausgangspunkt *m* **utgåva** <u>S</u> Ausgabe *f* **utgöra** <u>VT</u> ⟨1⟩ ausmachen, betragen, bilden; darstellen; **~s av** bestehen aus **uthungrad** *ADJ* ausgehungert **uthus** <u>SN</u> Nebengebäude *n*, Wirtschaftsgebäude *n* **uthyrning** ⟨-en; -ar⟩ Vermietung *f* **uthållig** *ADJ* ausdauernd **uthållighet** ⟨-en; kein pl⟩ Ausdauer *f* **uthärda** <u>VT, VI</u> ⟨1⟩ (v)ertragen, aushalten **utifrån** <u>A</u> *ADV* von (der Außen)seite (her); von auswärts <u>B</u> *PRÄP* von ... her **utjämna** <u>VT</u> ⟨1⟩ ausgleichen **utjämning** ⟨-en; -ar⟩ Ausgleich *m*, Ausgleichung *f* **utkant** <u>S</u> Peripherie *f*, Rand *m*, Randgebiet *n*; **i ~en av byn** am Ende des Dorfes; **i stadens ~** am Stadtrand, an der Peripherie der Stadt **utkast** <u>SN</u> Entwurf *m*; **göra ett ~ till** entwerfen **utkastare** ⟨-n; -⟩ Rausschmeißer(in) *m(f)* **utkik** ⟨-en; -ar⟩ Ausschau *f*; SCHIFF Ausguck *m*; hålla ~ efter ngt nach etw Ausschau halten **utklassa** VT ⟨1⟩ SPORT deklassieren **utklipp** S N Ausschnitt *m* **utklädd** ADJ verkleidet (till als) **utkomma** VI ⟨4⟩ *Buch* erscheinen; → komma 'ut **utkomst** ⟨-en; kein pl⟩ Auskommen *n* **utkristallisera** VR ⟨1⟩ ~ sig sich herauskristallisieren **utkräva** VT ⟨2⟩ abfordern (av ngn j-m); ~ skadeersättning av ngn von j-m Schaden(s)ersatz fordern; ~ hämnd Rache nehmen (på an *dat*), (för für) **utkvittera** VT ⟨1⟩ sich (*dat*) auszahlen lassen **utkämpa** VT ⟨1⟩ ausfechten, auskämpfen; SPORT austragen **utkörd** *fig* ADJ hinausgeworfen; erschöpft, abgehetzt **utkörning** S Lieferung *f* ins Haus **utland** S N Ausland *n* **utlandskorrespondent** S Auslandskorrespondent(in) *m(f)* **utlandssamtal** N Auslandsgespräch *n* **utlandssvensk** S Auslandsschwede *m*, Auslandsschwedin *f* **utled(sen), utless** ADJ vara ~ på ngt etw satthaben; jag är ~ på det ich bin es satt; *umg* ich habe es satt **utljud** S N GRAM Auslaut *m* **utlokalisera** VT ⟨1⟩ ≈ in die Provinz verlegen **utlopp** S Ausfluss *m*, Mündung *f*; ge fritt ~ åt sina känslor seinen Gefühlen freien Lauf lassen **utlottning** S Verlosung *f*, Auslosung *f* **utlova** VT ⟨1⟩ versprechen, zusagen **utlysa** VT ⟨2⟩ ankündigen, ansetzen; ausschreiben **utlånad** ADJ ausgeliehen, verliehen **utlåning** ⟨-en; -ar⟩ Ausleihung *f*, Verleihung *f*; Ausleihe *f*; Kreditgeschäft *n* **utlåtande** N ⟨-t; -n⟩ Gutachten *n*, Urteil *n*; Arzt Befund *m* **utlägg** N ⟨-en; -⟩ Auslage *f* **utläggning** S Erläuterung *f*, Auslegung *f* **utlämna** VT ⟨1⟩ ausliefern (dat od an akk) **utlämning** S Auslieferung *f*; Ausgabe *f* **utländsk** ADJ ausländisch **utlänning** ⟨-en; -ar⟩ Ausländer(in) *m(f)* **utlöpa** VI ⟨2⟩ auslaufen; *Zeit* ablaufen **utlösa** VT ⟨2⟩ auslösen **utlösare** ⟨-n; -⟩ FOTO Auslöser *m* **utlösning** S Auslösung *f*; Orgasmus *m* **utmana** VT ⟨1⟩ herausfordern **utmanande** ADJ herausfordernd; überheblich **utmaning** S Herausforderung *f* **utmattad** ADJ erschöpft **utmatt-**

utkik – utpressning • 463

ning ⟨-en; -ar⟩ Erschöpfung *f* **utmattningssyndrom** N ⟨-et; -⟩ Burnout-Syndrom *n* **utmed** PRÄP neben, an; längs, entlang; fara ~ kusten die (*od* an der) Küste entlangfahren **utmynna** VI ⟨1⟩ einmünden (i in *akk*); *fig* auslaufen (i in *akk*) **utmåla** VT ⟨1⟩ ausmalen (för ngn j-m) **utmärglad** ADJ ausgemergelt **utmärka** VT, VR ⟨2⟩ auszeichnen (sig sich), (för durch), (framför vor *dat*); kennzeichnen **utmärkande** ADJ auszeichnend, bezeichnend (för für) **utmärkelse** ⟨-n; -r⟩ Auszeichnung *f* **utmärkt** ADJ gekennzeichnet; ausgezeichnet (för durch), vorzüglich **utmäta** VT ⟨2⟩ JUR pfänden (för wegen) **utmätning** S Pfändung *f* **utmönstra** VT ⟨1⟩ ausrangieren **utnyttja** VT ⟨1⟩ ausnutzen; ausbeuten; auswerten, verwerten; ~ sexuellt missbrauchen **utnyttjande** N ⟨-t; -n⟩ Ausnutzung *f*; Verwertung *f*; Auswertung *f* **utnämna** VT ⟨1⟩ ernennen (ngn till professor j-n zum Professor) **utnämning** ⟨-en; -ar⟩ Ernennung *f* **utnött** ADJ abgenutzt; *fig* abgedroschen **utochinvänd** [ˈʉːtɔɪnvɛnd] ADJ umgedreht; linksherum **utom** [ˈɵtɔm] KONJ, PRÄP außerhalb; außer; ~ fara außer Gefahr; vara/bli ~ sig *fig* außer sich (*dat*) sein/geraten; ~ sig av glädje *a.* vor Freude ganz aus dem Häuschen (*od* außer Rand und Band); han är allt ~ rik er ist nichts weniger als reich; *umg* er ist alles andere als reich **utombordsmotor** S SCHIFF Außenbordmotor *m* **utomhus** ADV draußen, im Freien **utomhusantenn** S Außenantenne *f* **utomlands** ADV im/ins Ausland **utomordentlig** ADJ außerordentlich **utomstående** ADJ außenstehend; en ~ ein(e) Außenstehende(r) *m/f(m)* **utomäktenskaplig** ADJ außerehelich **utopi** [ʉtɔˈpiː] ⟨-n; -er⟩ Utopie *f* **u'topisk** ADJ utopisch **utpeka** [ˈʉːtpeːka] VT ⟨1⟩ bezeichnen **utplåna** VT ⟨1⟩ tilgen; auslöschen; vernichten **utplåning** ⟨-en; kein pl⟩ Vertilgung *f*; Auslöschung *f*; Vernichtung *f* **utpressare** ⟨-n; -⟩ Erpresser *m* **ut-**

pressning ⟨s⟩ Auspressen *n*; *fig* Erpressung *f*
utpräglad ⟨ADJ⟩ ausgeprägt, ausgesprochen
utpumpad ⟨ADJ⟩ ausgepumpt
utrensning ⟨s⟩ Säuberung *f*
utreda ⟨VT⟩ ⟨2⟩ untersuchen, ermitteln, feststellen; JUR verwalten **utredning** ⟨-en; -ar⟩ Untersuchung *f*, Ermittlung *f*; Ausschuss *m*
utresa ⟨s⟩ Ausreise *f* **utresetillstånd** ⟨SN⟩ Ausreisegenehmigung *f* **utresevisum** ⟨SN⟩ Ausreisevisum *n*
utrikes ['ɯːtriːkəs] A ⟨ADJ⟩ ausländisch; auswärtig B ⟨ADV⟩ im/ins Ausland, außer Landes; ~ ifrån aus dem Ausland **utrikesdepartement** ⟨SN⟩ Außenministerium *n*; Auswärtiges Amt *n* **utrikesflyg** ⟨SN⟩ Auslandsluftverkehr *m* **utrikeshandel** ⟨s⟩ Außenhandel *m* **utrikeskorrespondent** ⟨s⟩ Zeitung Auslandskorrespondent(in) *m(f)* **utrikesminister** ⟨s⟩ Außenminister(in) *m(f)*, Minister(in) *m(f)* des Auswärtigen **utrikespolitik** Außenpolitik *f* **utrikespolitisk** ⟨ADJ⟩ außenpolitisch
utrop ['ɯːtruːp] ⟨SN⟩ Ausruf *m* (av *gen*); ge 'till ett ~ aufschreien **utropa** ⟨VT⟩ ⟨1⟩ ausrufen (**till konung** zum/als König) **utropstecken** ⟨SN⟩ Ausrufungszeichen *n*; Auswärtiges Amt **utrota** ⟨VT⟩ ⟨1⟩ ausrotten, vertilgen **utrotning** ⟨-en; kein pl⟩ Ausrottung *f*, Vertilgung *f* **utrotningshotad** ⟨ADJ⟩ vom Aussterben bedroht **utrusta** ⟨VT⟩ ⟨1⟩ ausrüsten; ausstatten **utrustning** ⟨s⟩ Ausrüstung *f*; Ausstattung *f* **utryckning** ⟨s⟩ Ausreißen *n*, Ausziehen *n*; Ausrücken *n*; Entlassung *f* **utryckningsfordon** ⟨s⟩ Einsatzfahrzeug *n* **utrymma** ⟨VT⟩ ⟨2⟩ räumen **utrymme** ⟨N⟩ ⟨-t; -n⟩ Raum *m*, Platz *m*; brist på ~ Raummangel **utrymning** ⟨s⟩ Räumung *f* **uträkning** ⟨s⟩ Ausrechnen *n*; *fig* Berechnung *f* **uträtta** ⟨VT⟩ ⟨1⟩ ausrichten, verrichten, besorgen **utröna** ⟨VT⟩ ⟨2⟩ ermitteln, erforschen **utsaga** ⟨s⟩ Aussage *f*; efter hans utsago seiner Aussage nach **utsatt** ⟨ADJ⟩ ausgesetzt; på ~ tid zur festgesetzten/angegebenen Zeit **utse** ⟨VT⟩ ⟨4⟩ auserwählen **utseende** ⟨N⟩ ⟨-t; -n⟩ Aussehen *n*; efter ~t att döma allem Anschein nach, nach dem Aussehen zu urteilen; känna ngn till ~t

j-n vom Ansehen kennen **utsida** ⟨s⟩ Außenseite *f* **utsikt** ⟨s⟩ Aussicht *f*; (Aus-)Blick *m*; ställa i ~ in Aussicht stellen **utsiktslös** ⟨ADJ⟩ aussichtslos **utsiktstorn** ⟨SN⟩ Aussichtsturm *m* **utsira** ⟨VT⟩ ⟨1⟩ verzieren **utsirning** ⟨-en; -ar⟩ Verzierung *f* **utsjasad** ⟨ADJ⟩ abgespannt **utskick** ⟨SN⟩ Sendung *f* **utskjutande** ⟨ADJ⟩ hinausragend, vorspringend **utskott** ⟨SN⟩ Ausschuss *m* **utskrift** ⟨s⟩ Ausdruck *m*; Reinschrift *f* **utskrivning** ⟨s⟩ Ausschreibung *f*; MED Entlassung *f* **utskällning** ⟨-en; -ar⟩ Beschimpfung *f*; *umg* Schelte *f*, Schimpfe *f*, Anschnauzer *m* **utskänkning** ⟨-en; -ar⟩ Ausschank *m* **utslag** ⟨SN⟩ *a.* MED Ausschlag *m*; JUR Urteil *n*; Entscheidung *f*; Auswirkung *f*; ge ~ ausschlagen; fälla ~et den Ausschlag geben **utslagen** ⟨ADJ⟩ en ~ blomma eine aufgeblühte Blume; ha utslaget hår die Haare offen tragen; SPORT bli ~ ausscheiden; *sozial* de utslagna die Außenseiter der Gesellschaft **utslagning** ⟨-en; -ar⟩ SPORT Ausscheidung *f* **utslagsgivande** ⟨ADJ⟩ ausschlaggebend **utsliten** ⟨ADJ⟩ abgenutzt; abgedroschen, abgegriffen; abgearbeitet, überanstrengt **utsläpp** ⟨N⟩ ⟨-et; -⟩ umweltschädliche Emission *f*; ~ av kemikalier Einleiten *n* von Chemikalien; ~ av olja Ablassen *n* von Öl **utsmyckning** ⟨-en; -ar⟩ Ausschmückung *f* **utspark** ⟨s⟩ Fußball Anstoß *m*; Abstoß *m* **utspel** *fig* ⟨SN⟩ Vorstoß *m*; *Kartenspiel* Ausspiel *n* **utspelas** ⟨VI⟩ ⟨dep 1⟩ (sich ab)spielen **utspridning** ⟨s⟩ Verbreitung *f* **utspädd** ⟨ADJ⟩ verdünnt **utspädning** ⟨s⟩ Verdünnung *f* **utspökad** *umg* ⟨ADJ⟩ aufgetakelt, herausstaffiert **utstakad** ⟨ADJ⟩ abgesteckt **utstråla** ⟨VT⟩ ⟨1⟩ ausstrahlen **utstrålning** ⟨s⟩ Ausstrahlung *f* **utsträckning** ⟨s⟩ Ausstreckung *f*, Ausdehnung *f*; Umfang *m*, Ausmaß *n* **utstuderad** ⟨ADJ⟩ raffiniert, gerissen **utstyrsel** ⟨-n; -ar⟩ Ausstattung *f*, Aufmachung *f*; Aussteuer *f* **utstå** ⟨VT⟩ ⟨4⟩ aushalten, ertragen **utstående** ⟨ADJ⟩ vorspringend; hervorstehend, abstehend **utställa** ⟨VT⟩ ⟨2⟩ ausstellen; en växel einen Wechsel ausstellen; → ställa 'ut **utställare** ⟨-n; -⟩ Aussteller *m* **utställning** ⟨s⟩ Ausstellung *f* **utstöta** ⟨VT⟩ ⟨2⟩

ausstoßen, verstoßen **utsvulten** ADJ ausgehungert, halb verhungert **utsvävande** ADJ ausschweifend **utsvävning** ⟨-en; -ar⟩ Ausschweifung f **utsåld** ADJ ausverkauft; vergriffen **utsäde** N ⟨-t; -n⟩ Saatgut n **utsändning** S Aussendung f; TV Sendung f **utsätta** VT, VR ⟨4⟩ aussetzen (sig sich), (för dat); ansetzen, festsetzen (till auf akk) **utsökt** ADJ ausgesucht, (aus)erlesen **utsöndra** VT ⟨1⟩ aussondern, ausscheiden **utsöndring** ⟨-en; -ar⟩ Ausscheidung f **utsövd** ADJ ausgeschlafen

uttag [ˈɵːtɑːg] S N **1** ELEK Steckdose f **2** Geld Abhebung f **uttagning** S SPORT Nominierung f; Geld Abhebung f **uttagningstävling** S Ausscheidungskampf m **uttal** S N Aussprache f **uttala** VT, VR ⟨1⟩ aussprechen (sig sich) **uttalande** N ⟨-t; -n⟩ Äußerung f, Ausspruch m; Erklärung f **uttalsbeteckning** S Aussprachebezeichnung f

utter [ˈøtər] ⟨-n; -ar⟩ ZOOL Fischotter m

uttittad [ˈɵːtitɑd] ADJ bli ~ umg angestarrt werden **uttjatad** umg ADJ ausgeleiert, abgedroschen **uttjänad**, **uttjänt** ADJ ausgedient **uttolka** VT ⟨1⟩ auslegen **uttorkad** ADJ ausgetrocknet **uttryck** S N Ausdruck m; **ge ~ åt** zum Ausdruck bringen; Ausdruck verleihen (dat) **uttrycka** VT, VR ⟨2⟩ ausdrücken (sig sich) **uttrycklig** ADJ ausdrücklich **uttrycksfull** ADJ ausdrucksvoll **uttryckslös** ADJ ausdruckslos **uttrycksmedel** S N Ausdrucksmittel n **uttryckssätt** S N Ausdrucksweise f **uttråkad** ADJ gelangweilt; umg angeödet **utträda** VI ⟨2⟩ fig austreten; ausscheiden; → **träda 'ut utträde** N ⟨-t; -n⟩ Austritt m; Ausscheiden n **uttröttad** ADJ erschöpft, übermüdet **uttyda** VT ⟨2⟩ deuten; entziffern **uttåg** S N Auszug m **uttömmande** ADJ erschöpfend **utvald** ADJ (aus)gewählt; erlesen **utvandra** VI ⟨1⟩ auswandern **utvandrare** N Auswand(e)rer m **utvandring** S Auswand(e)rung f **utveckla** VT, VR entwickeln, entfalten (sig sich); → veckla 'ut **utvecklare** ⟨-n; -⟩ IT Entwickler(in) m(f) **utveckling** ⟨-en; -ar⟩ Entwicklung f, Entfaltung f **utvecklingsland** S N Entwicklungsland n **utvecklingsstadium** S N Entwicklungsstufe f **utvecklingsstörd** ADJ geistig behindert **utverka** VT ⟨1⟩ erwirken **utvidga** VT ⟨1⟩ erweitern, ausdehnen, vergrößern (sig sich); ausweiten (sig sich) **utvidgning** ⟨-en; -ar⟩ Ausdehnung f, Erweiterung f **utvikning** ⟨-en; -ar⟩ Auseinanderfalten n; fig Abweichung f, Abschweifung f **utvilad** ADJ erholt, ausgeruht **utvinna** VT ⟨4⟩ gewinnen; fig herausholen **utvinning** S Gewinnung f **utvisa** VT ⟨1⟩ ausweisen; SPORT verweisen; **det får framtiden ~** das wird die Zukunft lehren **utvisning** S Ausweisung f; SPORT Verweis m **utvisningsbås** S N SPORT Strafbank f **utvisslad** ADJ ausgepfiffen **utväg** fig S Ausweg m; **hitta på ~ar** a. Mittel und Wege finden **utvändig** ADV äußere(r, s), Außen-; **~t** a. außen **utvärdera** VT ⟨1⟩ auswerten **utvärdering** S Auswertung f **utvärtes** ADJ, ADV äußerlich; **till ~ bruk** für äußeren Gebrauch, äußerlich zu gebrauchen **utväxla** VT ⟨1⟩ auswechseln, austauschen **utväxling** S Auswechslung f, Austausch m; TECH Übersetzung f **utväxt** S Auswuchs m

utåt [ˈɵːtoːt] **A** ADV nach außen, auswärts; **gå ~ med fötterna** die Füße auswärtssetzen **B** PRÄP auf ... hinaus; **~ havet** aufs Meer hinaus; **~ gatan** nach der Straße zu **utåtriktad** ADJ nach außen gerichtet; extrovertiert **utåtvänd** ADJ auswärtsgekehrt; fig aufgeschlossen, extrovertiert **utöka** VT ⟨1⟩ erweitern, vermehren **utökning** S Erweiterung f, Vermehrung f **utöva** VT ⟨1⟩ ausüben, betreiben; **~nde konstnär** ausübender Künstler; **~ (på)tryck(ningar) på ngn** Druck auf j-n ausüben; **~ kritik på ngn** Kritik an j-m üben **utövare** ⟨-n; -⟩ Ausüber m **ut'över** PRÄP über (akk) ... hinaus **utövning** S Ausübung f

uv [ɵːv] ⟨-en; -ar⟩ ZOOL Uhu m
UV-skydd [ˈɵːveːsydː] S N UV-Schutz m
UV-strålning S UV-Strahlen pl

V

V [ve:], **v** N̄ ⟨-:(e)t; -:n/-⟩ V, v n
va [va] umg INTER ~? was?, (wie) bitte?
vaccin [vak'si:n] N̄ ⟨-et; -er/-⟩ Impfstoff m **vaccina'tion** ⟨-en; -er⟩ Impfung f **vacci'nationsintyg** S̄N̄ Impfpass m **vacci'nera** VT ⟨1⟩ impfen
vacker ['vakər] ADJ schön, hübsch; **ta det ~!** nur immer schön langsam!
vackla ['vakla] VI ⟨1⟩ schwanken; wackeln **vacklande** ADJ schwankend; wack(e)lig
vad¹ [va:(d)] A ADV wie; **~ roligt!** wie nett!; **~ du har blivit stor!** bist du aber groß geworden!; **~ det är vackert!** wie schön das ist!, ist das schön! B INT ADV was; **~ för en** was für ein(e, er, es); **~ som** was; **~ än** was auch (immer); **~ nytt?** was gibts Neues?; **~ heter ...?** wie heißt ...?; **~ är det fråga om?** wovon ist die Rede? C REL PR was; **~ jag menar** du weißt, was ich meine
vad² [va:d] N̄ ⟨-et; -⟩ Wette f; **slå ~** wetten (**om** um akk)
vad³ ⟨-en; -er/-or⟩ ANAT Wade f **vada** ⟨1⟩ A VI waten B VP **~ 'över** durch'waten **vadare** ⟨-n; -⟩, **vadarfågel** S̄ Watvogel m, Stelzvogel m
vadd [vad] ⟨-en; -ar⟩ Watte f **vadd'era** VT ⟨1⟩ wattieren **vadd'ering** ⟨-en; -ar⟩ Wattierung f
vadhållning ['va:dhɔlnɪŋ] S̄ Wetten n
vadställe ['va:dstɛlə] S̄ Furt f
vag [va:g] ADJ unbestimmt, verschwommen, vage
vagabond [vaga'bɔnd] ⟨-en; -er⟩ Vagabund(in) m(f), Landstreicher(in) m(f), Strolch m
vagel ['va:gəl] ⟨-n; -ar⟩ MED Gerstenkorn n
vagga ['vaga] A ⟨-n; -or⟩ Wiege f B VT, VI ⟨1⟩ wiegen; schaukeln; watscheln; **~ till sömns** in (den) Schlaf wiegen; **~ med höfterna** sich in den Hüften wiegen **vaggvisa** S̄ Wiegenlied n, Schlaflied n
vagina [va'gi:na] ⟨-n; -or⟩ Vagina f
vagn [vaŋn] ⟨-en; -ar⟩ Wagen m
vagnskadeförsäkring S̄ Kaskoversicherung f
vaja ['vaja] VI ⟨1⟩ wehen; flattern
vajer ['vajər] ⟨-n; -ar⟩ TECH Drahtseil n
vak [va:k] ⟨-en; -ar⟩ Loch n im Eis, Wu(h)ne f, Wake f
vaka ['va:ka] A ⟨-n; -or⟩ Wachen n, Nachtwache f B VI ⟨1⟩ wachen (**över** über akk)
vakans [va'kans, va'kaŋs] ⟨-en; -er⟩ Vakanz f, unbesetzte Stelle f **va'kant** ADJ unbesetzt, vakant
vaken ['va:kən] ADJ wach, munter; fig a. aufgeweckt **vakna** VI ⟨1⟩ aufwachen, erwachen, wach/munter werden; **~ till insikt** zur Einsicht gelangen **vaksam** ADJ wachsam **vaksamhet** ⟨-en; kein pl⟩ Wachsamkeit f
vakt [vakt] ⟨-en; -er⟩ Wache f, Wacht f; Schule Aufsicht f; Wächter m; **hålla ~** Wache halten; **slå ~ om** hüten, bewahren; **stå på ~** Wache stehen, auf Wache sein; **vara på sin ~** auf der Hut sein **vakta** VI ⟨1⟩ hüten; bewachen **vaktare** ⟨-n; -⟩ Wächter(in) m(f); Hüter(in) m(f) **vaktbolag** S̄N̄ Wach- und Sicherheitsunternehmen n **vakthavande** ADJ diensttuend, wachhabend **vakthund** S̄ Wachhund m **vakthållning** S̄ Wachdienst m **vaktkur** ⟨-en; -er⟩ Schilderhaus n **vaktmästare** S̄ Hausmeister(in) m(f) **vaktombyte** S̄N̄ Wachablösung f; fig Dienstübernahme f **vaktparad** S̄ Wachtparade f **vaktpost** S̄ Wachtposten m
vakuum ['va:kuəm] ⟨-et; -⟩ Vakuum n **vakuumförpackad** ADJ luftdicht verpackt **vakuumtorkad** ADJ vakuumgetrocknet
val¹ [va:l] ⟨-en; -ar⟩ ZOOL Wal m, Walfisch m
val² N̄ ⟨-et; -⟩ Wahl f (**av** gen), (till zu); **göra sitt ~** seine Wahl treffen; **jag har inget ~** mir bleibt keine Wahl (od nichts anderes übrig); **lämna ngn ~et fritt** j-m die Wahl lassen **valaffisch** S̄ Wahlplakat n **valbar** ADJ wählbar **valbarhet** ⟨-en; kein pl⟩ Wählbarkeit f **valberedning** S̄ Nominierungsausschuss m **valberättigad** ADJ wahlberechtigt
valborg [va:lbɔrj] ⟨inv⟩, **valborgsmässoafton** S̄ der letzte April, Walpurgisnacht f

valdag ['vɑːldɑːg] Wahltag **valdeltagande** S̄N̄ Wahlbeteiligung f **valdistrikt** S̄N̄ Wahlbezirk m

valfisk ['vɑːlfɪsk] s̄ ZOOL Walfisch m

valfläsk ['vɑːlflɛsk] umg S̄N̄ Wahlköder m **valfri** ADJ beliebig, fakultativ; **~tt ämne** Wahlfach n **valfrihet** s̄ freie Wahl, Wahlfreiheit f **valfusk** S̄N̄ Wahlschwindel m

valfångare ['vɑːlfɔŋarə] ⟨-n; -⟩ Walfänger(in) m(f) **valfångst** s̄ Walfang m

valförrättare ['vɑːlfœrɛtarə] ⟨-n; -⟩ Wahlleiter(in) m(f) **valförrättning** s̄ Wahl f

valhänt ['vɑːlhɛnt] fig ADJ linkisch, unbeholfen

valk [valk] ⟨-en; -ar⟩ Schwiele f; Wulst m

valkampanj ['vɑːlkamˈpanj] s̄ Wahlkampagne f, Wahlkampf m **valkrets** s̄ Wahlkreis m

vall [val] ⟨-en; -ar⟩ Weide f; Wall m, Damm m

valla¹ ['vala] V̄T̄ ⟨1⟩ hüten; (umher)führen

valla² A ⟨-n; -or⟩ Skiwachs n B V̄T̄ ⟨1⟩ ~ **skidor** Skier wachsen

vallfart ['valfaːʈ] s̄, **vallfärd** s̄ Wallfahrt f, Pilgerfahrt f **vallfärda** V̄Ī ⟨1⟩ wallfahren, pilgern **vallgrav** s̄ Wallgraben m **vallhund** s̄ Hütehund m

vallmo ['valmuː] ⟨-n; -r⟩ BOT Mohn m **vallokal** ['vɑːluˈkɑːl] s̄ Wahllokal n

vallängd s̄ Wählerliste f **vallöfte** S̄N̄ Wahlversprechen n **valmöjlighet** s̄ Wahlmöglichkeit f **valmöte** S̄N̄ Wahlversammlung f **valnämnd** s̄ Wahlvorstand m

valnöt ['vɑːlnøːt] s̄ BOT Walnuss f

valp [valp] ⟨-en; -ar⟩ Welpe m, junger Hund; fig Grünschnabel m **valpa** V̄Ī ⟨1⟩ Junge werfen

valross ['vɑːlrɔs] ⟨-en; -ar⟩ Walross n **valrörelse** ['vɑːlrœːrəlsə] s̄ Wahlkampf m

vals [vals] A ⟨-en; -ar⟩ TECH Walze f B ⟨-en; -er⟩ Tanz Walzer m **valsa** ⟨1⟩ A V̄T̄, V̄Ī a. TECH walzen, Walzer tanzen B V̄P̄ **~ 'ut** TECH auswalzen

valsedel ['vɑːlseːdəl] s̄ Stimmzettel m **valseger** s̄ Wahlsieg m **valspråk** s̄ N̄ Wahlspruch m

valsverk ['valsvæɾk] S̄N̄ Walzwerk n

valthorn ['valthuːɳ] S̄N̄ MUS Waldhorn n

valurna ['vɑːlɵːɳa] s̄ Wahlurne f

valuta [vaˈlɵːta] ⟨-n; -or⟩ WIRTSCH Währung f, Valuta f; Devisen pl; fig Nutzen m; fig **få ~ för pengarna** etw für sein Geld bekommen **valutakurs** s̄ Devisenkurs m **valutamarknad** s̄ Devisenmarkt m **valutareform** s̄ Währungsreform f **valutareserv** s̄ Devisenreserve f **valutasystem** S̄N̄ Währungssystem n **valutaunion** s̄ Währungsunion f

valv [valv] N̄ ⟨-et; -⟩ ARCH Gewölbe n **valvbåge** s̄ Gewölbebogen m

valör [vaˈlœːr] ⟨-en; -er⟩ Wert m; MAL Ton m, Tonwert m

vamp [vamp] ⟨-en; -ar/-er⟩ umg Vamp m **vam'pyr** ⟨-en; -er⟩ Vampir m; umg Blutsauger m

van [vɑːn] ADJ gewohnt (vid akk); geübt, gewandt; **gammal och ~** erfahren; **bli ~** sich gewöhnen (vid an akk); **vara ~ vid ngt** etw gewohnt sein; **med ~ hand** mit geübter Hand **vana** ⟨-n; -or⟩ (An-)Gewohnheit f; Übung f, Erfahrung f; **av gammal ~** aus (alter) Gewohnheit; **bli en ~ för ngn** j-m zur Gewohnheit werden; **ha för ~** die (An-)Gewohnheit haben; **ha fått den ~n att ...** die Gewohnheit angenommen haben zu ..., (es) sich angewöhnt haben zu ...; **ha den fula ~n att ...** die üble (od hässliche) (An-)Gewohnheit haben zu ...; **lägga bort en ~** sich etw abgewöhnen

vandal [vanˈdɑːl] ⟨-en; -er⟩ Wandale m **vandali'sera** V̄T̄, V̄Ī ⟨1⟩ verwüsten **vanda'lism** ⟨-en; kein pl⟩ Wandalismus m, Zerstörungswut f

vandra ['vandra] ⟨1⟩ A V̄Ī wandern B V̄P̄ **~ om'kring** umherziehen **vandrande** ADJ wandernd **vandrare** ⟨-n; -⟩ Wanderer m, Wanderin f **vandrarhem** S̄N̄ Jugendherberge f **vandrarhemskort** S̄N̄ Jugendherbergsausweis m **vandrarkänga** s̄ Bergschuh m **vandring** ⟨-en; -ar⟩ Wanderung f; SPORT Trekking n; **ge sig ut på ~** sich auf die Wanderschaft begeben **vandringsled** s̄ Wanderweg m **vandringspris** S̄N̄ Wanderpreis m; Wanderpokal m **vandringsutställning** s̄ Wanderausstellung f

vanebildande ['vɑːnəbildandə] ADJ Sucht erzeugend **vanemänniska** ṣ Gewohnheitsmensch *m* **vanesak** ṣ Gewohnheitssache *f*, Sache *f* der Gewohnheit
vanföreställning ['vɑːnfœrəˈstɛlniŋ] ṣ Wahn *m*, Wahnvorstellung *f* **vanhedra** v̄t̄ ⟨1⟩ entehren **vanhedrande** ADJ entehrend, schimpflich **vanhelga** v̄t̄ ⟨1⟩ entweihen, entheiligen, schänden
vanilj [va'nilj] ⟨-en; kein pl⟩ BOT Vanille *f* **vaniljglass** ṣ Vanilleeis *n* **vaniljsocker** n̄ Vanillezucker *m* **vaniljsås** ṣ Vanillesoße *f*
vanka ['vaŋka] v̄i̅ ⟨1⟩ schlendern, trotten **vankas** v̄t̄ ⟨dep 1⟩ *det ~ es gibt; det ~ stryk* es setzt Schläge/Hiebe
vankelmod ['vaŋkəlmuːd] s̄n̄ Wankelmut *m* **vankelmodig** ADJ wankelmütig
vanlig ['vɑːnli(g)] ADJ gewöhnlich, üblich; gewohnt; *som ~t* wie gewöhnlich **vanligen**, **vanligtvis** ADV gewöhnlich, normalerweise, in der Regel
vanmakt ['vɑːnmakt] ṣ Ohnmacht *f*; Machtlosigkeit *f* **vanmäktig** ADJ ohnmächtig; machtlos **vanpryda** v̄t̄ ⟨2⟩ verunstalten, verunzieren **vanrykte** s̄n̄ übler Ruf, Verruf *m*, Misskredit *m* **vansinne** s̄n̄ Wahnsinn *m*, Irrsinn *m* **vansinnig** ADJ wahnsinnig, irrsinnig **vanskapad**, **vanskapt** ADJ verunstaltet, missgestaltet, verkrüppelt
vansklig ['vanskli(g)] ADJ schwierig; heikel, misslich; unsicher
vansköta ['vɑːnʃøːta] v̄t̄ ⟨2⟩ vernachlässigen; verkommen lassen **vanskötsel** ṣ Verwahrlosung *f*, Vernachlässigung *f* **vanställa** v̄t̄ ⟨2⟩ entstellen, verzerren, verunstalten; verschandeln
vante ['vantə] ⟨-n; -ar⟩ Stoff-, Woll-Handschuh *m*; Fausthandschuh *m*; *umg fig* **lägga vantarna på ngt** etw beschlagnahmen
vantrivas ['vɑːntriːvas] v̄i̅ ⟨dep 2⟩ sich unbehaglich (*od* nicht wohl) fühlen; *Pflanzen, Tiere* verkümmern; **jag vantrivs här** *a*. ich fühle mich hier nicht wohl; **jag vantrivs med arbetet** die Arbeit sagt mir nicht zu **vantrivsel** ṣ Unbehagen *n* **vanvett** s̄n̄ Wahnsinn *m*, Wahnwitz *m* **vanvettig** ADJ wahnsinnig, wahnwitzig **vanvård** ṣ Verwahrlosung *f*, Vernachlässigung *f* **vanvårdad** ADJ verwahrlost **vanvördnad** ṣ Unehrerbietigkeit *f*, Respektlosigkeit *f* **vanära** Ⓐ ṣ Unehre *f*, Schmach *f*, Schande *f* Ⓑ v̄t̄ ⟨1⟩ entehren, schänden
vapen ['vɑːpən] n̄ ⟨-et; -⟩ Waffe *f*; Wappen *n* **vapenfri** ADJ *~ tjänst* Ersatzdienst *m*, Zivildienst *m* **vapenhus** s̄n̄ Kirchenvorhalle *f* **vapenlicens** ṣ Waffenschein *m* **vapensköld** ṣ Wappenschild *m od n* **vapenstillestånd** s̄n̄ Waffenstillstand *m* **vapenvila** ṣ Kampfpause *f* **vapenvägran** ṣ Kriegsdienstverweigerung *f* **vapenvägrare** ⟨-n; -⟩ Kriegsdienstverweigerer *m*
var¹ [vɑːr] ADV wo; *~ någonstans (då)?* wo (denn)?; *~ som helst* irgendwo; *~ helst (än)* wo auch immer; *här och ~* hier und da
var² PRON jede(r, s); *~ och en* jeder (-mann), ein jeder, eine jede; *~ (och en) för sig* jeder für sich; einzeln, getrennt; *~ (och en) som ...* jeder, der ..., wer ...; *lite ~* wohl jeder; *~ dag* jeden Tag, alle Tage; *~ gång* jedes Mal; *~ tredje* jeder dritte; *~ tredje dag* alle drei Tage; *de tog ~ sin stol* jeder nahm seinen Stuhl; *de fick ett ~ äpple* ~ sie bekamen je(den) einen Apfel, jeder bekam einen Apfel; *de gick åt ~ sitt håll* jeder ging in seine Richtung
var¹ n̄ ⟨-et; kein pl⟩ MED Eiter *m*; *bilda ~* eitern **vara¹** ⟨1⟩ Ⓐ v̄r̄ MED *~ sig* eitern Ⓑ v̄i̅ (an)dauern, währen; reichen; *så länge festen ~r/~de* für die Dauer des Festes
vara² ['vɑːra] ⟨irr⟩ Ⓐ v̄i̅/v̄a̅u̅x̅ sein; *sätt att ~* Wesen *n*; *det är jag* ich bin es; *vad är det?* was ist los?; *i dag är det ... heute ist...*, *heute haben wir ...*; *det var han som sa(de) det* er hat es gesagt; *det var bra!* es/das ist gut!; *låt det ~!* lass das (sein!); *det får ~ så länge* das hat (*od* damit hat es) Zeit; *vad ska(ll) det ~ bra för?* was soll das?; *vad är det med honom?* was ist mit ihm (los?); Ⓑ v̄p̄ *~ 'av* ab sein; *~ 'av med los(geworden) sein*; *~ 'borta vag längre* fort sein; *~ 'efter ngn* hinter j-m her sein; *~ 'efter i ngt* in etw (*dat*) zurück sein; *~ 'efter med* im Rückstand sein mit; *~ e'mot/'för ngt*

gegen/für etw sein; ~ '**före** voraus sein; ~ **i'från** sig außer sich (od ganz von Sinnen) sein; ~ '**inne** zu Hause sein, drinnen sein; ~ '**kvar** noch da sein; ~ '**med** mitmachen, (mit) dabei sein; ~ '**med om** sich beteiligen an (dat); erleben, durchmachen; ~ '**på** eingeschaltet sein; ~ '**på ngn** j-m in den Ohren liegen; ~ '**till** (da) sein, existieren; ~ '**till sig** fig aufgeregt sein; ~ **till'baka** zurück sein; ~ **till'sammans** zusammen sein; ~ '**uppe** auf sein; oben sein; ~ '**utan ngt** ohne etw sein; ~ '**ute** aus (-gegangen) sein; ~ '**utom sig** fig außer sich sein; ~ '**över** (vor)über sein; übrig sein

vara³ ⟨inv⟩ ta ~ **på** aufheben, aufbewahren; in acht nehmen; ausnutzen; **ta ~ på tillfället** die Gelegenheit benutzen

vara⁴ ⟨-n; -or⟩ Ware f

varaktig [ˈvɑːrakti(g)] ADJ dauerhaft, beständig, bleibend; nachhaltig, (an)dauernd **varaktighet** ⟨-en; kein pl⟩ Dauer f, Dauerhaftigkeit f; Beständigkeit f; Nachhaltigkeit f

varandra [vaˈrandra], **varann** umg PERS PR einander, uns, euch, sich, gegenseitig; **efter ~** hintereinander; nacheinander; **med ~** miteinander; **hjälpa ~** sich gegenseitig helfen; **skiljas från ~** auseinandergehen; **vi har känt ~ i två år** wir kennen uns seit zwei Jahren **varannan** NUM jeder zweite, alle zwei, einer um den anderen; **vartannat år** alle zwei Jahre, jedes zweite Jahr; **efter/om vartannat** nach-/durcheinander

varav [ˈvɑːraːv] ADV wovon, woraus; von denen; von dem (der)

varbildning [ˈvɑːrbɪldnɪŋ] S Eiterung f

vardag [ˈvɑːdɑːg] S Wochentag m, Werktag m; **~ens bekymmer** die Sorgen des Alltags; **på/om ~arna** an den Wochentagen/Werktagen; alltags **vardaglig** ADJ alltäglich; umgangssprachlich **vardagsbruk** SN **till ~** für den Alltagsgebrauch **vardagsklädd** ADJ im Alltagsanzug, Alltagskleid **vardagskläder** PL Alltagskleidung f sg **vardagslig** SN **i ~** für gewöhnlich, im täglichen Leben **vardagsliv** SN Alltagsleben n, tägliches Leben **vardagsmat** S Alltagskost f

vardagsmiddag S einfaches Mittagessen n **vardagsrum** SN Wohnzimmer n **vardagsspråk** SN Umgangssprache f

vardera [ˈvɑːdera] PRON jeder (von zweien), beide

vare [ˈvɑːre] KONJ **~ sig ... eller ...** sei es ... sei es ... (od oder ...), ob ... oder ...

varefter [vɑːˈrɛftər] ADV wonach, worauf

varelse [ˈvɑːrəlsə] ⟨-n; -r⟩ Geschöpf n, Wesen n; **levande ~** a. Lebewesen n

varenda [vɑːˈrenda] PRON jede(r, s) alle, sämtliche; **~ en** jeder Einzelne **var'eviga** umg ADJ jede(r, s)

varför [ˈvɑːrfœr] ADV warum, weshalb

varg [varj] S Wolf m; **vara hungrig som en ~** einen Bärenhunger haben **varghona** S Wölfin f

varhelst [vɑːrˈhɛlst] ADV wo auch immer

variabel [variˈɑːbəl] ADJ veränderlich, schwankend, variabel **vari'ant** ⟨-en; -er⟩ Variante f **varia'tion** ⟨-en; -er⟩ Veränderung f; Abwechslung f; Variation f **vari'era** VIT, VII ⟨1⟩ (ab)wechseln, variieren; schwanken **varierande** ADJ variierend, unterschiedlich **varieté** ⟨-n; -er⟩ Varieté n **varie'tet** ⟨-en; -er⟩ Spielart f, Abart f, Varietät f

varifrån [ˈvɑːrifrɔːn] ADV woher, wo ... her, von wo; wovon

varig [ˈvɑːri(g)] ADJ eit(e)rig, vereitert

varigenom [ˈvɑːrijenɔm] ADV wodurch

varje [ˈvarja] PRON jede(r, s); **~ dag** jeden Tag, täglich, alle Tage; **lite av ~** allerlei, alles Mögliche **varjehanda A** ADJ allerlei, allerhand **B** ⟨inv⟩ Allerlei n

varken [ˈvarkən] KONJ **~ ... eller ...** weder ... noch ...

varlig [ˈvɑːli(g)] ADJ behutsam, vorsichtig

varm [varm] ADJ warm; heiß; **~a hälsningar** herzliche Grüße; **jag är ~** mir ist warm; **tio grader ~t** plus zehn Grad; **vara ~ om fötterna** warme Füße haben; fig **bli ~ i kläderna** warm werden, sich einleben; TECH **gå ~** sich heiß/warm laufen **varmblodig** ADJ warmblütig **varmfront** S Warmfront f **varmgång** S TECH Heißlaufen n,

Warmlaufen n **varmhjärtad** ADJ warmherzig **varmkorv** S Würstchen n **varmluft** S Warmluft f, Heißluft f; Umluft f **varmluftsballong** S Heißluftballon m **varmluftsugn** S Heißluftherd n **varmrätt** S warmes Gericht n; Hauptgericht n **varmstart** S IT Warmstart m **varmvatten** S N warmes Wasser, Warmwasser n **varmvattenberedare** ⟨-n; -⟩ Boiler m

varna ['vɑ:ɳa] VfT, VfI ⟨1⟩ warnen (**för** vor dat) **varning** ⟨-en; -ar⟩ Warnung f; Verweis m, Verwarnung f; ~ **för** Achtung vor **varningsblinker** ⟨-n; -ar/-⟩ AUTO Warnblinkanlage f **varningslampa** S Kontrolllampe f **varningsmärke** S N Warnzeichen n **varningssignal** S Warnsignal n **varningsskylt** S Warnschild n **varningstriangel** S Warndreieck n

varpå ['vɑ:rpɔ:] ADV worauf; woran **vars¹** [vaʂ] REL PR dessen, deren; **för** ~ **skull** um dessentwillen, derentwillen **vars²** INTER ja/jo ~ einigermaßen **varsam** ['vɑ:ʂam] ADJ behutsam, vorsichtig **varsamhet** ⟨-en; kein pl⟩ Behutsamkeit f, Vorsicht f **varse** ['vaʂə] ADJ **bli** ~ gewahr werden **varsel** N ⟨-et; -⟩ Vorzeichen n, Omen n; Warnung f; Ankündigung f; med **kort** ~ kurzfristig **varsla** VfT, VfI ⟨1⟩ ankündigen (**om** akk); ~ **om strejk** einen Streik ankündigen; **företaget ~r 500 anställda** die Firma will 500 Mitarbeiter entlassen

varstans ['vɑ:ʂtans] ADV **lite** ~ beinahe überall

vart [vaʈ] A ADV wohin; ~ **som helst** irgendwohin B ⟨inv⟩ **ingen** ~ nirgends(wo)hin; nicht vom Fleck; **med honom kommer man ingen** ~ mit ihm ist nichts anzufangen C PRON N → **var²**
vartefter ADV je nachdem; allmählich **vartåt** ADV wohin

varubeteckning ['vɑ:rɵbə'tekniŋ] S Warenbezeichnung f **varubil** S Lieferauto n, Lieferwagen m **varudeklaration** S Produktbeschreibung f **varuhus** S N Warenhaus n **varumärke** N Warenzeichen n; Schutzmarke f **varuprov** S N Warenmuster n, Warenprobe f; Post Muster ohne Wert

varv¹ [varv] N ⟨-et; -⟩ 1 Umdrehung f, Tour f; Schicht f; Mal n; SPORT Runde f

varv² SCHIFF Werft f **varva** ⟨1⟩ A VfT 1 schichten 2 SPORT über'runden B VfP ~ '**ned**/**ner** sich entspannen

varvid ['va:rvi:d] ADV wobei; woran **varvräknare** ['varvrɛ:knara] ⟨-n; -⟩ TECH Tourenzähler m, Drehzahlmesser m **varvsarbetare** S SCHIFF Werftarbeiter(in) m(f) **varvsindustri** S Schiffbauindustrie f **varvtal** S N TECH Tourenzahl f, Drehzahl f

vas [vɑ:s] ⟨-en; -er⟩ Vase f
vasalopp ['vɑ:salɔp] S N Wasalauf m **vaselin** [vasə'li:n] N ⟨-et; kein pl⟩ Vaselin n, Vaseline f
vask [vask] ⟨-en; -ar⟩ Ausguss m
vass¹ [vas] ADJ scharf; spitz
vass² ⟨-en; -ar⟩ BOT Schilf n, Schilfrohr n

vassla ['vasla] ⟨-n; kein pl⟩ Molke f
vatten ['vatən] N ⟨-et; -⟩ Wasser n; koll Gewässer n; **hoppa i vattnet** ins Wasser springen; **kasta** ~ Wasser abschlagen, Wasser lassen; **kunna som ett rinnande** ~ wie am Schnürchen hersagen können; fig **fiska i grumligt** ~ im Trüben fischen; fig **nu får han** ~ **på sin kvarn** das ist Wasser auf seine Mühlen; fig **ta sig** ~ **över huvudet** sich über'nehmen (od zu viel vornehmen); **ta 'in** ~ Wasser einnehmen; lecken, leck sein **vattenblåsa** S Wasserblase f **vattenbrist** S Wassermangel m **vattenbryn** S N i ~**et** am Rand des Wassers **vattendelare** ⟨-n; -⟩ GEOG Wasserscheide f **vattendrag** S N Wasserlauf m, Flusslauf m; Gewässer n **vattendroppe** S Wassertropfen m **vattenfall** S N Wasserfall m **vattenfast** ADJ wasserfest **vattenflaska** S Wasserflasche f; Trinkflasche f **vattenfärg** S Wasserfarbe f **vattenförbrukning** S Wasserverbrauch m **vattenförorening** S Wasserverunreinigung f **vattenförsörjning** S Wasserversorgung f **vattenglas** S N Wasserglas n **vattengymnastik** S, **vattengympa** S Aquagymnastik f **vattenkanna** S Wasserkanne f **vattenkanon** S Wasserwerfer m **vattenklosett** S Wasserklosett n **vattenkokare** ⟨-n; -⟩ GEOG Wasserkocher m **vattenkraft** S TECH Wasserkraft f **vattenkraftverk** S N Wasserkraftwerk n **vattenkran** S Wasserhahn m **vatten-**

krasse ⓢ BOT Brunnenkresse f **vattenkvarn** ⓢ Wassermühle f **vattenkyld** ADJ Motor wassergekühlt **vattenledning** ⓢ Wasserleitung f **vattenlinje** SCHIFF Wasserlinie f **vattenlöslig** ADJ wasserlöslich **vattenmelon** ⓢ Wassermelone f **vattenmätare** (s) Wasserzähler m **vattenpass** ⓢⓃ TECH Wasserwaage f **vattenplaning** ⟨-en; kein pl⟩ Aquaplaning n **vattenpolo** ⓢ Wasserball m, Wasserballspiel n **vattenpost** ⓢ Hydrant m **vattenpuss** ⓢ, **vattenpöl** ⓢ Wasserlache f, Wasserpfütze f **vattenreservoar** ⓢ Wasserbehälter m, Wasserspeicher m **vattensjuk** ADJ sumpfig **vattenskada** ⓢ Wasserschaden m **vattenskida** ⓢ Wasserski m **vattenslang** ⓢ Wasserschlauch m **vattenspegel** ⓢ Wasserspiegel m **vattenspridare** ⓢ Rasensprenger m **vattenstånd** ⓢⓃ Wasserstand m, Pegelstand m **vattenstämpel** ⓢ Wasserzeichen n **vattensäng** ⓢ Wasserbett n **vattentorn** ⓢⓃ Wasserturm m **vattentät** ADJ wasserdicht **vattenverk** ⓢⓃ Wasserwerk n **vattenväg** ⓢ Wasserstraße f; Wasserweg m **vattenväxt** ⓢ Wasserpfanze f **vattenyta** ⓢ Wasseroberfläche f **vattenånga** ⓢ Wasserdampf m **vattenödla** ⓢ ZOOL (Wasser-)Molch m

vattkoppor [ˈvatkɔpur] PL MED Windpocken pl

vattna [ˈvatna] VT ⟨1⟩ (be)gießen; bewässern; (be)sprengen; tränken **vattnas** V/I UNPERS ⟨dep 1⟩ det ~ i munnen på mig das Wasser läuft mir im Munde zusammen; få det att ~ i munnen på ngn j-m den Mund wässerig machen **vattnig** ADJ wässerig **vattning** ⟨-en; -ar⟩ (Be-)Gießen n; Bewässerung f; Tränken n **Vattumannen** ⟨inv⟩ ASTROL Wassermann m

vax [vaks] Ⓝ ⟨-et; -er⟩ Wachs n; av ~ a. wächsern **vaxa** VT ⟨1⟩ wachsen **vaxböna** ⓢ BOT Wachsbohne f **vaxdocka** ⓢ Wachsfigur f **vaxduk** ⓢ Wachstuch n **vaxkabinett** ⓢⓃ Wachsfigurenkabinett n, Panoptikum n **vaxkaka** ⓢ Wabe f **vaxljus** ⓢⓃ Wachskerze f

vd ABK ⟨-:n; -:ar⟩ (= verkställande direktör) Vorsitzende(r) der Geschäftsleitung m(f)

ve [ve:] Ⓐ Ⓝ ⟨inv⟩ Weh n; väl och ~ Wohl und Weh n; svära ~ och förbannelser över ngn Verwünschungen gegen j-n ausstoßen Ⓑ INTER weh(e); ~ dig! weh dir!; ~ och fasa! ach, Gott!

veck [vek] Ⓝ ⟨-et; -⟩ Falte f; Bügelfalte f; lägga pannan i ~ die Stirn runzeln **vecka**¹ ⟨1⟩ Ⓐ VT falten, in Falten legen; fälteln Ⓑ VR ~ sig Falten werfen

vecka² ⟨-n; -or⟩ Woche f; under ~n in dieser Woche; (i dag) för en ~ sedan (heute) vor einer Woche; (i dag) om en ~ (heute) in einer Woche; en gång i ~n einmal wöchentlich (od die od in der Woche); ~n ut die ganze Woche; i flera veckor Wochen hindurch, wochenlang; två veckors semester zwei Wochen Urlaub, zweiwöchiger Urlaub

veckla [ˈvekla] ⟨1⟩ Ⓐ VT wickeln Ⓑ V/P ~ i'hop zusammenwickeln; ~ 'in einwickeln (i in akk); ~ 'upp aufwickeln, auswickeln; ~ 'ut auswickeln, entfalten

veckodag ⓢ Wochentag m **veckopendling** ⟨-en; kein pl⟩ wöchentlicher Pendelverkehr m **veckopeng** ⓢ Taschengeld n **veckopress** ⓢ Wochenzeitschriften pl **veckoslut** ⓢⓃ Wochenende n **veckotidning** ⓢⓃ Wochen(zeit)schrift f; Illustrierte f

ved [ve:d] ⟨-en; kein pl⟩ Brenn- Holz n **vedbod** ⓢ Holzschuppen m

vederbörande [ˈve:dərbœ:randə] Ⓐ ADJ betreffend; zuständig Ⓑ ⟨inv⟩ der/die Betreffende **vederbörlig** ADJ gebührend, gehörig **vedergälla** VT ⟨2⟩ vergelten, lohnen; vergüten **vedergällning** ⟨-en; -ar⟩ Vergeltung f; Belohnung f; Entgelt n, Vergütung f **vederhäftig** ADJ zuverlässig, verlässlich; WIRTSCH zahlungsfähig **vederhäftighet** ⟨-en; kein pl⟩ Zuverlässigkeit f; WIRTSCH Zahlungsfähigkeit f **vederlag** ⓢⓃ Gegenleistung f **vederlägga** VT ⟨4⟩ widerˈlegen **vedermöda** ⓢ Mühe f **vederstygglig** ADJ scheußlich, abscheulich **vedertagen** ADJ herkömmlich, althergebracht **vedervärdig** ADJ widerlich, widerwärtig

vedhuggare [ˈve:dhɞɡarə] ⟨-n; -⟩ Holzhacker(in) m(f), Holzhauer(in) m(f) **vedspis** ⓢ Herd m für Holzfeuerung **vedstapel** ⓢ, **vedtrave** ⓢ Holzstoß

vedträ – vertikal

m **vedträ** S͟N͟ Holzscheit *n*
vegan [veˈgaːn] ⟨-en; -er⟩ Veganer(in) *m(f)*
vegetabilier [vegataˈbiːliər] P͟L͟ Pflanzenstoffe *pl*, pflanzliche Nahrungsmittel *pl*, Vegetabilien *pl* **vegetabilisk** A͟D͟J͟ pflanzlich **vegetariˈan** ⟨-en; -er⟩ Vegeˈtarier(in) *m(f)* **vegeˈtarisk** A͟D͟J͟ vegetarisch **vegetaˈtion** ⟨-en; -er⟩ Vegetation *f*
vek [veːk] A͟D͟J͟ weich; *fig a.* weichherzig, nachgiebig
veke [ˈveːkə] ⟨-n; -ar⟩ Docht *m*
vekhet [ˈveːkheːt] ⟨-en⟩ Weichheit *f*; Weichherzigkeit *f* **veklig** weichlich **veklighet** ⟨-en; kein *pl*⟩ Weichlichkeit *f* **vekling** ⟨-en; -ar⟩ Weichling *m* **vekna** V͟I͟ ⟨1⟩ weich werden, erweichen
vela [ˈveːla] V͟I͟ ⟨1⟩ schwanken, unschlüssig sein **velig** A͟D͟J͟ unentschlossen
velour [veˈluːr] ⟨-en; kein *pl*⟩ Velours *m*
vem [vem] I͟N͟T͟ ͟P͟R͟ wer, wen, wem; **~s** wessen; **~ som** wer; **~ som helst** jeder (-mann), wer auch immer, jeder x-Beliebige; **~s är hatten?** wem gehört der Hut?; **~ tror du jag har sett?** was meinst du, wen ich gesehen habe?
vemod [ˈveːmuːd] S͟N͟ Wehmut *f* **vemodig** A͟D͟J͟ wehmütig
ven [veːn] ⟨-en; -er⟩ A͟N͟A͟T͟ Vene *f* **veˈnerisk** A͟D͟J͟ M͟E͟D͟ venerisch
ventil [vɛnˈtiːl] ⟨-en; -er⟩ Ventil *n*, Klappe *f* **ventilaˈtion** ⟨-en; -er⟩ Lüftung *f*, Ventilation *f* **ventilaˈtions-anläggning** S͟ Entlüftungsanlage *f* **ventiˈlera** V͟T͟ durchlüften, lüften, ventilieren
veranda [veˈranda] ⟨-n; -or⟩ Veranda *f*
verb [værb] S͟ ⟨-et; -⟩ Verb(um) *n*, Zeitwort *n* **verˈbal** A͟D͟J͟ verbal **verbform** S͟ Verbform *f*
verifiera [værifiˈeːra] V͟T͟ ⟨1⟩ beglaubigen, bestätigen; belegen **verifikaˈtion** ⟨-en; -er⟩ Beglaubigung *f*, Bestätigung *f*; Beleg *m* **veriˈtabel** A͟D͟J͟ wahrhaft, wirklich; echt, veritabel
verk [værk] N͟ ⟨-et; -⟩ *o.* T͟E͟C͟H͟ Werk *n*; Amt *n*, Behörde *f*; **i själva ~et** tatsächlich, in Wirklichkeit; **sätta i ~et** ins Werk setzen **verka** V͟I͟ ⟨1⟩ **①** wirken (**på** auf *akk*); tätig sein, arbeiten **②** scheinen; **hon ~r trevlig** sie scheint nett zu sein **verkan** ⟨-; verkningar⟩ Wirkung *f* (**på** auf *akk*); **göra ~** seine/ihre Wirkung tun; **inte göra/få ngn ~** *a.* wirkungslos bleiben **verklig** A͟D͟J͟ wirklich; wahr(haftig) **verkligen** A͟D͟V͟ wirklich **verklighet** ⟨-en; -er⟩ Wirklichkeit *f*; **i ~en** in Wirklichkeit **verklighetsfrämmande** A͟D͟J͟ wirklichkeitsfremd, lebensfremd, weltfremd **verklighetstrogen** A͟D͟J͟ naturgetreu; lebensnah **verklighetsuppfattning** S͟ Bild *n* der Wirklichkeit **verkmästare** S͟ Werkmeister(in) *m(f)*, Werkführer(in) *m(f)* **verkningsfull** A͟D͟J͟ eindrucksvoll **verkningsgrad** S͟ Wirkungsgrad *m* **verksam** A͟D͟J͟ wirksam; tätig **verksamhet** ⟨-en; -er⟩ Wirksamkeit *f*; Tätigkeit *f*; Betrieb *m*; **lägga ned ~en** den Betrieb stilllegen; **vara i full ~** voll tätig sein **verksamhetsberättelse** S͟ Geschäftsbericht *m* **verksamhetsfält** S͟ N͟ Wirkungsfeld *n*, Wirkungskreis *m* **verkstad** S͟ Werkstatt *f*, Werkstätte *f*; Fabrik *f*, Werk *n* **verkstadsarbetare** S͟ Metallarbeiter(in) *m(f)* **verkstadsgolv** S͟ N͟ **på ~et** auf Arbeiterebene **verkstadsindustri** S͟ Metall verarbeitende Industrie *f* **verkställa** V͟T͟ ⟨1⟩ **②** bewerkstelligen; vollziehen, vollstrecken; ausführen, leisten **verkställande** A͟D͟J͟ **~ direktör** Geschäftsführer(in) *m(f)*; Vorsitzende(r) *m(f/m) od* Präsident(in) *m(f)* der Geschäftsleitung **verkställighet** ⟨-en; kein *pl*⟩ Vollstreckung *f*, Vollziehung *f*; **gå i ~** vollzogen werden **verktyg** S͟ N͟ Werkzeug *n*; Mittel *n* **verktygsfält** S͟ N͟ C͟O͟M͟P͟U͟T͟ Symbolleiste *f* **verktygslåda** S͟ N͟ Werkzeugkasten *m* **verktygsrad** S͟ C͟O͟M͟P͟U͟T͟ Symbolleiste *f*
vernissage [væɳiˈsaːʃ] ⟨-n; -r⟩ *einer Kunstausstellung* Eröffnung *f*
vers [væʃ] ⟨-en; -er/-ar⟩ Vers *m*; **på ~** in Versen; **skriva ~** Verse machen; *fig* **sjunga på sista ~en** in den letzten Zügen liegen
verˈsion [væˈʂuːn] ⟨-en; -er⟩ Fassung *f*, Lesart *f*, Version *f*
verslära [ˈvæʃlæːra] S͟ Verslehre *f* **versmått** S͟N͟ Versmaß *n* **versrad** S͟ Verszeile *f*
vertikal [væʈiˈkɑːl] A͟D͟J͟ senkrecht, lot-

recht, vertikal
vessla ['vesla] ⟨-n; -or⟩ ZOOL Wiesel n
vestibul [vɛsti'bʉːl] ⟨-en; -er⟩ Vorhalle f, Eingangshalle f, Vestibül n
veta ['veːta] ⟨irr⟩ A VĪT, VĪI wissen (**om** über *akk* od von); **hur vet du det?** woher weißt du das?; **inte vad jag vet** nicht, dass ich wüsste; **så vitt/mycket jag vet** soviel ich weiß, meines Wissens; **nej, vet du (vad)!** nein, hör doch mal!; **så att du vet det!** dass du es nur weißt!; **det vete fåglarna!** weiß der Kuckuck!; **få ~ erfahren**, zu wissen bekommen, hören; **inte ~ sig ha sett det** nicht wissen, es gesehen zu haben; **~ att hävda sig** sich zu behaupten (*od* durchzusetzen) wissen B V̄P̄ **~ 'av** wissen (von); **inte vilja ~ 'av ngn** von j-m nichts wissen wollen; **innan jag visste ordet 'av** ehe ich michs versah; **jag vet 'med mig att ...** ich bin mir bewusst, dass ...; **~ 'om (ngt)** (von etw) wissen; **inte ~ 'till sig** sich nicht zu fassen wissen (**av** vor *dat*); **~ varken 'ut eller 'in** nicht aus noch ein wissen **vetande** A ADJ wissend; **mindre ~** schwachsinnig B N ⟨-t; kei pl⟩ Wissen n; **mot bättre ~** wider/gegen besseres Wissen
vete ['veːta] N ⟨-t; kein pl⟩ BOT Weizen m **vetax** S N Weizenähre f **vetebröd** S N Hefegebäck n **vetebulle** S N Hefestückchen n **vetegrodd** S Weizenkeim m **vetekli** S N Weizenkleie f **vetekorn** S N Weizenkorn n **vetemjöl** S N Weizenmehl n
vetenskap ['veːtənskaːp] ⟨-en; -er⟩ Wissenschaft f **vetenskaplig** ADJ wissenschaftlich **vetenskapsakademi** S Akademie f der Wissenschaften **vetenskapsman** S Wissenschaftler(in) m(f)
veteran [veta'raːn] ⟨-en; -er⟩ Veteran(in) m(f) **veteranbil** S Oldtimer m
veterinär [vetəriˈnæːr] ⟨-en; -er⟩ Tierarzt m, Tierärztin f, Veterinär(in) m(f) **veterinärhögskola** S tierärztliche Hochschule f
veterligt ['veːtəli(g)t], **veterligen** ADV **mig** ... soviel ich weiß **vetgirig** ADJ wissbegierig, lernbegierig **vetgirighet** S Wissbegierde f, Lernbegierde f, Wissensdrang m
veto ['veːtu] N ⟨-t; -n⟩ Veto n; **lägga 'in sitt ~** sein Veto einlegen

vetskap ['veːtskaːp] ⟨-en; kein pl⟩ Wissen n (**om** von, um); **få ~ om ngt** von etw Kenntnis erhalten
vett [vɛt] N ⟨-et; kein pl⟩ Verstand m; Anstand m, Lebensart f; **vara från ~et** nicht bei Sinnen/Trost sein
vetta ['vɛta] VĪI ⟨2⟩ **~ mot/åt** (hinaus)gehen, (hinaus)führen auf (*akk*); **fönstret vetter mot gården** das Fenster geht auf den Hof (hinaus)
vettig ['vɛti(g)] ADJ verständig, vernünftig **vettlös** ADJ sinnlos, unsinnig **vettskrämd** ADJ außer sich vor Schreck **vettvilling** ⟨-en; -ar⟩ Wahnsinnige(r) m/f(m)
vev [veːv] ⟨-en; -ar⟩ Kurbel f **veva** A ⟨-n; kein pl⟩ **i samma ~** zugleich, gleichzeitig B V̄T̄, V̄I ⟨1⟩ drehen, kurbeln; **~ i gång** ankurbeln C V̄P̄ ⟨1⟩ **~ 'upp** (hin)aufwinden
VG ['veːgeː] ABK N ⟨-t; -:n⟩ (= väl godkänd) Note ≈ Zwei f, gut
v.g.v. ABK (= var god vänd) b. w. (*bitte umblättern*)
vi [viː] PERS PR wir; **det är ~** wir sinds; **inte ~** wir nicht
via ['viːa] PRÄP über (*akk*), via **via'dukt** ⟨-en; -er⟩ Überführung f, Viadukt m
vibration [vibra'ʃuːn] ⟨-en; -er⟩ Schwingung f, Vibration f **vib'rera** V̄I ⟨1⟩ schwingen, vibrieren
vice ['viːsə] ADJ stellvertretend, Vize-; **~ ordförande** zweite(r) Vorsitzende(r) m/f(m); **~ talman** Vizepräsident(in) m(f) des Reichstags; **~ versa** umgekehrt **vicevärd** S Hausverwalter(in) m(f)
vichyvatten ['viʃyvatən] S N Selterswasser n
vicka ['vika] ⟨1⟩ A V̄I 1 wippen, kippen, schaukeln; **~ på stolen** mit dem Stuhl kippe(l)n/schaukeln; **~ på foten** mit dem Fuß wippen 2 *umg* **~** vikariera B V̄P̄ **~ om'kull** 'umkippen; **~ 'till** plötzlich kippen
vickning ['vikniŋ] ⟨-en; -ar⟩ *fig* Nachtessen n
vid[1] [viːd] PRÄP bei, an, neben, auf; *zeitlich* um, gegen; **~ hennes fötter** zu ihren Füßen, ihr zu Füßen; **~ behov** bei Bedarf; **~ tillfälle** gelegentlich, bei Gelegenheit; **~ liv** am Leben; **~ niotiden** gegen 9 Uhr; **~ samma tid** um dieselbe Zeit; **gifta sig ~ tjugo års ålder** mit

zwanzig Jahren heiraten; **ligga ~ universitet** auf der Universität sein; **sätta sig ~ pianot** sich ans Klavier setzen
vid² ADJ weit **vida** ADV weit; **så till ~ (som)** insofern (als) **vidare** A ADJ weiter, ferner; **inget ~** nicht besonders gut B ADV weiter(hin), ferner(hin); besonders; **och så ~** und so weiter; **inget ~** sonst nichts; **det var inte ~ roligt** es war nicht besonders lustig; **tills ~** bis auf Weiteres, vorläufig **vidarebefordra** VT ⟨1⟩ weiterbefördern, weiterleiten **vidarebefordran** S Weiterbeförderung f **vidarekoppla** VT ⟨1⟩ TEL umleiten **vidarekoppling** S TEL Rufumleitung f **vidareutbilda** VR ⟨1⟩ **~ sig** sich weiterbilden, sich fortbilden **vidareutbildning** S Weiterbildung f, Fortbildung f
vidbränd ['vi:drɛnd] ADJ angebrannt
vidd [vid] ⟨-en; -er⟩ Weite f; Umfang m
vide ['vi:də] N ⟨-t; -n⟩ BOT Weide f
video ['vi:dəʊ] ⟨-n; -r⟩ Video n **videoband** S Videoband n **videobandspelare** S Videorekorder m **videobutik** S Videothek f **videofilm** S Videofilm m **videofilma** VT, VI ⟨1⟩ mit der Videokamera filmen **videokamera** S Videokamera f **videokassett** S Videokassette f **videoklipp** S N Videoclip m **videovåld** S N Videogewalt f **videoövervakning** S Videoüberwachung f
vidga ['vidga] ⟨1⟩ A VT (aus)weiten; fig ausdehnen, erweitern B VR **~ sig** sich weiten, sich erweitern **vidgas** VI ⟨dep 1⟩ sich weiten, sich erweitern
vidhålla ['vi:dhɔla] VT ⟨4⟩ **~ ngt an etw** (dat) festhalten, auf etw (dat) bestehen
vidimera [vidi'me:ra] VT ⟨1⟩ beglaubigen, bescheinigen, bestätigen **vidimering** ⟨-en; -ar⟩ Beglaubigung f, Bestätigung f
vidkommande ['vi:dkɔmandə] N ⟨inv⟩ **för mitt ~** was mich betrifft **vidkännas** VT ⟨dep 2⟩ (ein)gestehen
vidlyftig ADJ umfangreich; weitschweifig **vidmakthålla** VT ⟨4⟩ (aufrecht)erhalten; beibehalten
vidrig ['vi:dri(g)] ADJ widerlich, widerwärtig, zuwider (nur präd); widrig
vidröra ['vi:drœ:ra] VT ⟨2⟩ berühren; fig erwähnen; fig **~ ett ämne** ein Thema anschneiden; **får ej ~s** nicht berühren/anfassen

vidskepelse ['vi:dʃe:pəlsə] ⟨-n; -r⟩ Aberglaube m **vidskeplig** ADJ abergläubisch **vidskeplighet** ⟨-en; -er⟩ → vidskepelse

vidsträckt ['vi:dstrɛkt] ADJ weit, ausgedehnt, umfangreich **vidsynt** ADJ tolerant; weitblickend **vidsynthet** ⟨-en; kein pl⟩ Toleranz f; Weitblick m **vidta** ⟨4⟩ A VT treffen, vornehmen; **~ åtgärder** Maßnahmen treffen B VI anfangen, beginnen, einsetzen **vidtala** VT ⟨1⟩ sich verabreden mit, über'einkommen mit

vidunder ['vi:dəndər] S N Ungeheuer n, Scheusal n **vidunderlig** ADJ ungeheuerlich

vidvinkelobjektiv ['vi:dviŋkəlɔbje-'ti:v] S N Weitwinkelobjektiv n
vidöppen ['vi:døpən] ADJ weit offen
vift [vift] ⟨inv⟩ umg **vara på ~** auf Abwegen sein; **vara ute på ~** einen Bummel machen
vifta ['vifta] ⟨1⟩ A VI winken; schwenken; wedeln; fächeln; **~ på svansen** mit dem Schwanz wedeln; **~ åt ngn** j-m zuwinken B VP **~ 'bort** verjagen, abwehren **viftning** ⟨-en; -ar⟩ Wink(en n) m, Wedeln n

vig [vi:g] ADJ geschmeidig, gelenkig
viga ['vi:ga] VT ⟨2⟩ 1 weihen (**åt** dat); **vigd jord** geweihte Erde 2 trauen
vighet ['vi:ghe:t] ⟨-en; kein pl⟩ Geschmeidigkeit f
vigsel ['vi:gsəl, 'viksəl] ⟨-n; -ar⟩ Trauung f; **borgerlig/kyrklig ~** standesamtliche/kirchliche Trauung **vigselattest** S Trauschein m **vigselring** S Trauring m, Ehering m

vigvatten ['vi:gvatən] S N Weihwasser n

vigör [vi'gœ:r] ⟨-en; kein pl⟩ Rüstigkeit f; **han är vid full ~** er ist noch ganz rüstig

vik [vi:k] ⟨-en; -ar⟩ Bucht f
vika ['vi:ka] A ADV **ge ~** nachgeben (**för** dat) B VT ⟨4⟩ falten; (um)biegen, knicken; **~ en kväll** einen Abend reservieren C VI ⟨4⟩ weichen (**för** dat); **~ om hörnet** um die Ecke biegen D VR ⟨4⟩ **~ sig** sich biegen, einknicken; umg **~ sig dubbel av skratt** sich biegen vor Lachen; **knäna vek sig under**

henne die Knie wurden ihr schwach B $\overline{\text{V/P}}$ ⟨4⟩ ~ **'av** abweichen, abbiegen; ~ **i'hop** zusammenlegen; ~ **'in** einbiegen; ~ **'ner** herunterkrempeln; herunterklappen; ~ **till'baka** zurückweichen (för vor dat); ~ **'undan** ausweichen (för dat); ~ **'upp** aufkrempeln; aufklappen; auseinanderfalten

vikariat [vikari'a:t] $\overline{\text{N}}$ ⟨-et; -⟩ Vertretung f **vi'karie** ⟨-n; -r⟩ Stellvertreter(in) m(f), Vertreter(in) m(f) **vikari'era** $\overline{\text{VII}}$ ⟨-r⟩ **för ngn** j-n vertreten; umg a. für j-n einspringen **vikari'erande** ADJ stellvertretend

viking ['vi:kiŋ] ⟨-en; -ar⟩ Wikinger(in) m(f), Wiking m **vikingaskepp** $\overline{\text{S N}}$ Wikingerschiff n **vikingatid** $\overline{\text{S}}$ Wikingerzeit f **vikingatåg** $\overline{\text{S N}}$ Wikingerzug m

vikt [vikt] ⟨-en; -er⟩ Gewicht n; Schwere f; fig Wert m, Wichtigkeit f, Bedeutung f; **efter** ~ nach Gewicht; **fästa** ~ **vid ngt** Wert auf etw (akk) legen, etw (dat) Gewicht beimessen; **vara av** ~ von Gewicht sein, ins Gewicht fallen **viktig** ADJ wichtig; wichtigtuerisch; **göra sig** ~ sich wichtigmachen; **vara** ~ wichtigtun **viktigpetter** ⟨-n; -ar⟩ Wichtigtuer(in) m(f); Besserwisser(in) m(f)

vila ['vi:la] A ⟨-n; kein pl⟩ Ruhe f B $\overline{\text{V/T, V/I}}$ ⟨1⟩ (aus)ruhen C $\overline{\text{V/R, V/I}}$ ⟨1⟩ ~ **sig**, ~ **'ut** sich ausruhen; ~ **('upp) sig** sich erholen

vild [vild] ADJ wild; wüst **vildand** $\overline{\text{S}}$ Wildente f **vilddjur** $\overline{\text{S N}}$ wildes Tier n **vilde** ⟨-n; -ar⟩ Wilde(r) m(f/n) **vildhet** ⟨-en; kein pl⟩ Wildheit f **vildkatt** $\overline{\text{S}}$ Wildkatze f **vildmark** $\overline{\text{S}}$ Wildnis f **vildsint** ADJ wild, unbändig **vildsvin** $\overline{\text{S N}}$ Wildschwein n **vildvuxen** $\overline{\text{S N}}$ wildwüchsig

vilja ['vilja] A ⟨-n; -or⟩ Wille m; **få sin** ~ **fram** seinen Willen 'durchsetzen; **låta ngn få sin** ~ **fram** j-m seinen Willen lassen; **sista** ~ letzter Wille; **av fri** ~ aus freiem Willen, aus freien Stücken; **med** ~ willentlich; **mot sin** ~ wider Willen; **med eller mot sin** ~ wohl oder übel; **med bästa** ~ **i världen** beim besten Willen B $\overline{\text{V/AUX, V/T, V/I}}$ ⟨irr⟩ wollen; **jag skulle (gärna)** ~ ich möchte (gern); **jag skulle** ~ **ha en glass** ich hätte gern ein Eis; **om Gud vill** so Gott will; **som du vill** wie du willst; **antingen han vill eller inte** er mag wollen oder nicht; **vad vill du mig?** was willst du von mir?; **vad vill det säga?** was soll das heißen/besagen?; **om det vill sig** wenn es sich so ergibt; **om det vill sig väl** wenn alles gut geht C $\overline{\text{V/P}}$ ⟨irr⟩ ~ **'av** aussteigen wollen; **inte** ~ **'fram/'ut med ngt** nicht mit etw herauswollen; ~ **'in** hineinwollen, hereinwollen; **det vill inte mycket 'till** es gehört nicht viel dazu; ~ **ngn 'väl/'illa** j-m wohl-/übelwollen; ~ **'åt ngn** j-m zu Leibe wollen **vilje** ⟨inv⟩ **göra ngn till** ~**s** j-m zu Willen sein; **för att göra ngn till** ~**s** j-m zuliebe; → **vilja viljelös** ADJ willenlos **viljestark** ADJ willensstark **viljestyrka** $\overline{\text{S}}$ Willensstärke f **viljesvag** ADJ willensschwach

vilken ['vilkan] ⟨n vilket; pl vilka⟩ A $\overline{\text{INT PR}}$ welche(r, s), wer; ~ **av er** wer von euch; ~ **som helst** wer auch immer, jeder x-Beliebige; **vilket ögonblick som helst** jeden Augenblick; **vilket datum fyller du år?** am Wievielten hast du Geburtstag?; **vilka kommer (på festen)?** wer kommt denn alles (zur Feier)?; ~ **otur!** so ein Pech!; **vilka vackra saker!** was für schöne Dinge! B $\overline{\text{REL PR}}$ welche(r, s), wer; was **vilkendera** PRON welche(r) von beiden

villa ['vila] A ⟨-n; -or⟩ 1 Einfamilienhaus n; Villa f 2 Täuschung f, Wahn m; **i fyllan och** ~**n** im Rausch B $\overline{\text{V/P}}$ ⟨1⟩ ~ **'bort** irremachen; **'bort sig** sich verirren **villakvarter** $\overline{\text{S N}}$ Villenviertel n **villasamhälle** $\overline{\text{S}}$ Villen-, **villastad** $\overline{\text{S}}$ Gartenstadt f, Villenvorort m **villaägare** $\overline{\text{S}}$ Besitzer(in) m(f) eines eigenen Hauses

villebråd [vilabro:d] $\overline{\text{N}}$ ⟨-et; -mst koll⟩ Wild n; fig Beute f

villervalla ['vilarvala] $\overline{\text{S}}$ Wirrwarr m, Durcheinander n; Trubel m

villfarelse ['vilfa:ralsa] ⟨-n; -r⟩ Irrtum m, Wahn m

villig ['vili(g)] ADJ (bereit)willig; geneigt; **vara** ~ gewillt/bereit sein **villighet** ⟨-en; kein pl⟩ (Bereit-)Willigkeit f

villkor ['vilko:r] $\overline{\text{N}}$ ⟨-et; -⟩ Bedingung f (för gen); Lage f, Verhältnis n, Umstand m; **på** ~ **att ...** unter der Bedingung, dass ...; **på inga** ~ unter keinen Umständen, auf keinen Fall **villkorlig** ADJ bedingt; ~ **dom** Urteil mit Bewäh-

rungsfrist **villkorslös** ADJ bedingungslos
villospår ['viluspo:r] S N falsche Spur f
villoväg S Irrweg m
villrådig ['vil ro:di(g)] ADJ unschlüssig
villrådighet ⟨-en; kein pl⟩ Unschlüssigkeit f
vilodag ['vi:luda:g] S Ruhetag m **vilohem** S N Erholungsheim n **vilopaus** S Ruhepause f
vilse ['vilsə] ADV **gå/köra ~** sich verlaufen/verfahren, sich verirren **vilsegången, vilsekommen** ADJ verirrt **vilseleda** VT ⟨2⟩ irreführen **vilseledande** ADJ irreführend; täuschend
vilsen ADJ irre; verirrt
vilstol ['vi:lstu:l] S Sessel m; Liegestuhl m
vilt [vilt] A N ⟨-et; kein pl⟩ JAGD Wild n, Wildbret n; **smaka ~** Wildgeschmack haben B ADV wild; **~ främmande** wildfremd; **växa ~** wild wachsen **viltolycka** S Kollision f zwischen Auto und Wild **viltvård** S Wildhege f, Wildschutz m
vimla ['vimla] VI ⟨1⟩ wimmeln (**av** von)
vimmel N ⟨vimlet; kein pl⟩ Gewimmel n **vimmelkantig** ADJ schwindlig, wirr im Kopf; **jag är alldeles ~** a. mir schwirrt der Kopf
vimpel ['vimpəl] ⟨-n; -ar⟩ Wimpel m
vimsa ['vimsa] VP ⟨1⟩ **~ om'kring** schusseln **vimsig** ADJ schusslig, wirr
vin [vi:n] N ⟨-et; -er⟩ Wein m; **rött ~** Rotwein m; **vitt ~** Weißwein m
vina ['vi:na] VI ⟨4⟩ Wind heulen, pfeifen; schwirren
vinare ['vi:narə] ⟨-n; -⟩ umg Flasche f Wein **vinberg** S N Weinberg m **vinbär** S N BOT Johannisbeere f **vinbärsbuske** S Johannisbeerstrauch m
vind [vind] ⟨-en; -ar⟩ 1 (Dach-)Boden m 2 Wind m; **driva ~ för våg** Wind und Wetter preisgegeben sein; **låta allt gå ~ för våg** alles drunter und drüber gehen lassen; **vaja för ~en** im Wind wehen
vind ADJ (wind)schief, verzogen
vinda A ⟨-n; -or⟩ BOT Winde f; TECH Garnwinde f B VT ⟨1⟩ winden C VP ⟨1⟩ **~ 'upp** aufwickeln, aufwinden
vindbrygga S Zugbrücke f
vindfläkt ['vindflɛkt] S Lüftchen n, Lufthauch m **vindflöjel** S Wetterfah-

ne f, Wetterhahn m **vindfång** S N Windfang m **vindil** ⟨-en; -ar⟩ Windstoß m
vindistrikt [vi:ndistrikt] S N Weinanbaugebiet n
vindkraft ['vindkraft] S Windenergie f **vindkraftverk** S N Windkraftanlage f **vindmätare** S Windmesser m **vindpust** S Lüftchen n, Lufthauch m **vindriktning** S Windrichtung f **vindruta** S AUTO Windschutzscheibe f **vindrutespolare** ⟨-n; -⟩ Scheibenwaschanlage f **vindrutetorkare** ⟨-n; -⟩ Scheibenwischer m
vindruva ['vi:ndru:va] S Weintraube f, Weinbeere f **vindruvsklase** S Traube f
vindsfönster ['vindsfønstər] S N Dachfenster n, Bodenfenster n **vindskammare** S Dachkammer f **vindskontor** S N Bodenkammer f **vindskupa** S Mansarde f; Dachgaube f **vindsrum** S N Mansardenzimmer n, Dachzimmer n **vindsröjning** S Entrümpelung f
vindstilla ['vindstila] ADJ windstill **vindstyrka** S Windstärke f **vindsurfa** VI ⟨1⟩ windsurfen **vindsurfingbräda** S Surfbrett n
vindsvåning ['vindsvo:niŋ] S Dachgeschoss n; Dachwohnung f, Mansardenwohnung f
vindtät ['vindtɛ:t] ADJ winddicht
vindögd ['vindøgd] ADJ schielend; **vara ~** schielen
vinfat ['vi:nfa:t] S N Weinfass n **vinflaska** S Weinflasche f
vingbredd ['viŋbred] S Flügelweite f, FLUG (Flügel-)Spannweite f **vingbruten** ADJ ⟨-be-⟩ flügellahm **vinge** ⟨-n; -ar⟩ Flügel m; FLUG Tragfläche f; poet Fittich m; fig **ta ngn under sina vingars skugga** j-n unter seine Fittiche nehmen **vingklippt** ADJ flügellahm
vingla ['viŋla] VI ⟨1⟩ (sch)wanken; wackeln; torkeln
vinglas ['vi:ŋgla:s] S N Weinglas n
vinglig ['viŋli(g)] ADJ (sch)wankend; wack(e)lig
vinglögg ['vi:ngløg] S ≈ Glühwein m **vingård** S Weingarten m, Weinberg m **vinhandel** S Weinhandel m; Weinhandlung f
vinjett [vin'jɛt] ⟨-en; -er⟩ Vignette f
vink [viŋk] ⟨-en; -ar⟩ Wink m; **på/vid**

minsta ~ auf den leisesten Wink; **en rätt tydlig ~** a. ein Wink mit dem Zaunpfahl **vinka** ⟨1⟩ A̅ V̅I̅ (zu)winken (**åt** dat) B̅ V̅P̅ **~ ngn 'till sig** j-n zu sich winken

vinkel ['viŋkəl] ⟨-n; -ar⟩ Winkel m; **i rät ~ mot** im rechten Winkel zu; **trubbig/ spetsig ~** stumpfer/spitzer Winkel **vinkelformig** A̅D̅J̅ winkelförmig **vinkelhake** S̅ Dreieck n, Winkel m **vinkeljärn** S̅ N̅ Winkeleisen n **vinkellinjal** S̅ Reißschiene f **vinkelrät** A̅D̅J̅ rechtwink(e)lig

vinkla ['viŋkla] V̅T̅ ⟨1⟩ anwinkeln; einstellen, ausrichten; ≈ tendenziös darstellen **vinkling** ⟨-en; -ar⟩ tendenziöse Darstellung

vinkylare ['vi:nçy:larə] S̅ Weinkühler m **vinkällare** S̅ Weinkeller m **vinkännare** S̅ Weinkenner(in) m(f) **vinlista** S̅ Weinkarte f

vinna ['vina] V̅T̅, V̅I̅ ⟨4⟩ gewinnen (**på** bei/in dat); erringen; (**inte**) **~ bifall** (keinen) Beifall finden; **~ tid** Zeit gewinnen; **~ på lotteri** in der Lotterie gewinnen **vinnande** fig A̅D̅J̅ gewinnend **vinnare** ⟨-n; -⟩ Gewinner(in) m(f) **vinning** ⟨-en; -ar⟩ Gewinn m **vinnlägga** V̅R̅ ⟨4⟩ **~ sig** sich befleißigen (**om** gen), sich bemühen (**om** um)

vinodlare ['vi:nu:dlarə] S̅ Winzer(in) m(f), Weinbauer(in) m(f) **vinodling** S̅ Weinbau m **vinprovning** S̅ Weinprobe f **vinranka** S̅ Wein- Rebe f **vinrättigheter** P̅L̅ Weinausschankrecht n sg **vinskörd** S̅ Weinernte f, Weinlese f

vinst [vinst] ⟨-en; -er⟩ Gewinn m (**på** an/bei/in dat); Ertrag m; **ge ~** Gewinn bringen; **högsta ~en** der Hauptgewinn, das große Los; fig **på ~ och förlust** auf gut Glück, auf Gedeih und Verderb, aufs Geratewohl **vinstandel** S̅ Gewinnanteil m; Dividende f **vinstgivande** A̅D̅J̅ gewinnbringend, einträglich, ergiebig **vinstlott** S̅ Gewinnlos n **vinstmarginal** S̅ Verdienstspanne f, Gewinnspanne f

vinstock ['vi:nstɔk] S̅ B̅O̅T̅ Weinstock m **vinter** ['vintər] ⟨-n; -ar⟩ Winter m; **i ~** diesen Winter; **i vintras** (im) letzten/vorigen Winter; **på/om ~n** im Winter; **på/om vintrarna** im Winter; **mitt i ~n** mitten im Winter **vinterdvala** S̅ Z̅O̅O̅L̅ Winterschlaf m **vinterdäck** S̅ N̅ Winterreifen m **Vintergatan** ⟨inv⟩ A̅S̅T̅R̅O̅N̅ die Milchstraße **vinterkläder** P̅L̅ Winterkleidung f sg **vinter-OS** S̅ N̅ olympische Winterspiele pl **vinterrock** S̅ Wintermantel m **vintersolstånd** S̅ N̅ Wintersonnenwende f **vintersport** S̅ Wintersport m **vintersömn** S̅ Z̅O̅O̅L̅ Winterschlaf m **vintertid** S̅ Winter(s)zeit f; im Winter **vinterträdgård** S̅ Wintergarten m

vinthund ['vinthənd] S̅ Windhund m **vintrig** ['vintri(g)] A̅D̅J̅ winterlich **vinäger** [vin'ɛ:ɡər] ⟨-n; kein pl⟩ Weinessig m; **olja och ~** Essig und Öl **viol** [vi'u:l] ⟨-en; -er⟩ Veilchen n **vio-'lett** A̅D̅J̅ violett

violin [viu'li:n] ⟨-en; -er⟩ Geige f, Violine f **violi'nist** ⟨-en; -er⟩ Geiger(in) m(f)

vipp [vip] ⟨-en; -ar⟩ **vara på ~en** drauf und dran sein; umg, umg **kola ~en** sterben, abkratzen **vippa** A̅ ⟨-n; -or⟩ Quaste f; B̅O̅T̅ Rispe f B̅ V̅T̅, V̅I̅ ⟨1⟩ kippen, wippen

vips [vips] I̅N̅T̅E̅R̅ schwups

vira ['vi:ra] ⟨1⟩ A̅ V̅T̅ wickeln B̅ V̅P̅ **~ 'in** einwickeln; **~ 'om** umwickeln

viril [vi'ri:l] A̅D̅J̅ viril

virka ['virka] V̅T̅, V̅I̅ ⟨1⟩ häkeln

virke ['virka] N̅ ⟨-t; kein pl⟩ Nutz-, Bau-Holz n

virkning ['virkniŋ] ⟨-en; -ar⟩ Häkelei f, Häkelarbeit f **virknål** S̅ Häkelnadel f

virrig ['viri(g)] A̅D̅J̅ verwirrt **virrvarr** N̅ ⟨-et; kein pl⟩ Wirrwarr m, Durcheinander n, Trubel m

virtuell [virtʉ'al] A̅D̅J̅ virtuell; **~t RAM--minne** n virtueller Arbeitsspeicher; **~ verklighet** virtuelle Realität

virtuos [virtʉ'u:s] A̅ A̅D̅J̅ virtuos B̅ ⟨-en; -er⟩ Virtuose m **virtuosi'tet** ⟨-en; kein pl⟩ Virtuosität f

virus ['vi:rəs] N̅ ⟨-et; -⟩ M̅E̅D̅, I̅T̅ Virus m **virusprogram** S̅ N̅ I̅T̅ Virenscanner m, Virensuchprogramm n **virussjukdom** S̅ Viruskrankheit f

virvel ['virvəl] ⟨-n; -ar⟩ Wirbel m, Strudel m **virvelvind** S̅ Wirbelwind m **virvla** ⟨1⟩ A̅ V̅I̅ wirbeln B̅ V̅P̅ **~ 'runt** herumwirbeln; **~ 'upp** aufwirbeln

vis[1] [vi:s] N̅ ⟨-et; -⟩ Weise f, Art f; **på**

vis — vitpeppar

det ~et auf die(se) Weise; **på intet ~** in keiner Weise; **på sätt och ~** in gewisser Hinsicht; **på det ~et!** ach so ist es!
vis² ADJ weise, klug; **de ~es sten** der Stein der Weisen
visa¹ ⟨1⟩ V: BIBEL Lied n, Weise f; **Höga ~n** BIBEL das Hohelied; **alltid samma ~** immer das alte Lied
visa² ⟨1⟩ A VT zeigen, weisen; erweisen; beweisen; **~ mod** Mut beweisen; **~ ngn på dörren** j-m die Tür weisen; **~ ngt för ngn** j-m etw zeigen; **~ på ngt** auf etw (akk) zeigen/weisen B VR **~ sig** sich zeigen, erscheinen; sich sehen/blicken lassen; fig sich herausstellen, sich erweisen; sich ergeben; **~ sig vara sant** sich bestätigen, sich als wahr erweisen/herausstellen C VP 'fram vorzeigen; **~ om'kring** umherführen; **~ 'upp** vorzeigen; **~ 'ut** ausweisen **visare** ⟨-n; -⟩ Zeiger m **visartavla** S Zifferblatt n
visavi [visa'vi:] PRÄP gegenüber, vis-à-vis
visbok ['vi:sbu:k] S Liederbuch n
vischan ['viʃan] ⟨inv⟩ umg das (flache) Land; **bo långt ut på ~** weit draußen auf dem (flachen) Lande wohnen
visdom ['vi:sdum] S Weisheit f **visdomsord** SN weiser Spruch, Weisheit f **visdomstand** S Weisheitszahn m
visera [vi'se:ra] VT ⟨1⟩ visieren, mit dem Sichtvermerk versehen **visering** ⟨-en; -ar⟩ Visierung f; Sichtvermerk m
vishet ['vi:she:t] ⟨-en; -er⟩ Weisheit f
vision [viʃu:n] ⟨-en; -er⟩ Vision f **visio'när** A ADJ visionär B ⟨-en; -er⟩ Mensch m mit Visionen
visir [vi'si:r] N ⟨-et; -⟩ Visier n
visit [vi'si:t] ⟨-en; -er⟩ Besuch m, Visite f **visita'tion** ⟨-en; -er⟩ Durchsuchung f, Visitation f; Besichtigung f **visi'tera** VT ⟨1⟩ durch'suchen, visitieren, besichtigen **visitkort** SN Visitenkarte f
viska ['viska] ⟨1⟩ flüstern; **~ ngt (i öra)t till ngn** j-m etw (ins Ohr) zuflüstern; **i ~nde ton** im Flüsterton **viskning** ⟨-en; -ar⟩ Flüstern n, Geflüster n
viskos [vis'ko:s] ⟨-en; kein pl⟩ Viskose f
visning ['vi:sniŋ] ⟨-en; -ar⟩ Vorführung f; Führung f
visp [visp] ⟨-en; -ar⟩ Quirl m, Schneebesen m **vispa** VT ⟨1⟩ quirlen, schlagen **vispgrädde** S Schlagsahne f,

Schlagrahm m **vispning** ⟨-en; -ar⟩ Quirlen n, Schlagen n
viss [vis] ADJ gewiss; sicher (**om** gen); **i ~ mening** gewissermaßen; **av ~a skäl** aus bestimmten Gründen; **hon har något ~t** sie hat so ein gewisses Etwas
visselblåsare ['visəlblo:sarə] ⟨-n; -⟩ Informant(in) m(f) **visselpipa** S (Triller-)Pfeife f
vissen ['visən] ADJ welk; umg **känna sig ~** sich mies fühlen
visserligen ['visəli(g)ən] ADV freilich, allerdings, zwar; **~ ... men ...** zwar ..., aber ... **visshet** ⟨-en; kein pl⟩ Gewissheit f (**om** oder akk); Sicherheit f
vissla ['visla] A ⟨-n; -or⟩ Pfeife f B VI ⟨1⟩ pfeifen (**på en hund** einem Hund) C VP ⟨1⟩ **~ 'ut ngn** j-n auspfeifen **vissling** ⟨-en; -ar⟩ Pfiff m
vissna ['visna] VI ⟨1⟩ (ver)welken
visst [vist] ADV gewiss, sicher; wahrscheinlich, wohl, doch; **~ är det så, men ...** das schon, aber ...; **han har ~ redan kommit** er ist bestimmt schon da; **hon ska ~ vara rik** sie soll reich sein; **ja/jo ~!** gewiss!, ganz recht!
vissångare ['vi:sɔŋarə] S Liedersänger(in) m(f)
vistas ['vistas] VI ⟨dep 1⟩ sich aufhalten, wohnen, leben **vistelse** ⟨-n; -r⟩ Aufenthalt m **vistelseort** S Aufenthaltsort m
visuell [visø'el] ADJ visuell
visum ['vi:səm] N ⟨-et; -/visa⟩ Visum n
vit [vi:t] ADJ weiß; **~t bröd** n Weißbrot n; **ett glas ~t** (vin) n ein Glas Weißwein m; umg fig **ge ngn svart på ~t på ngt** es j-m schriftlich (od schwarz auf weiß) geben **vita** ⟨-n; -or⟩ **~ n im Auge** das Weiße; Eiweiß n **vitaktig** ADJ weißlich
vital [vi'tɑ:l] ADJ vital **vitali'tet** ⟨-en; kein pl⟩ Vitalität f
vitamin [vita'mi:n] N ⟨-et/-en; -er⟩ Vitamin n **vitaminbrist** S Vitaminmangel m **vitaminpreparat** SN Vitaminpräparat n **vitaminrik** ADJ vitaminreich
vite ['vi:tə] N ⟨-t; -n⟩ JUR Geldstrafe f; **vid ~** a. bei Strafe
vithårig ['vi:tho:ri(g)] ADJ weißhaarig **vitkål** S Weißkohl m **vitlök** S Knoblauch m **vitlöksklyfta** S Knoblauchzehe f **vitmåla** VT ⟨1⟩ weiß (an)streichen **vitna** VI ⟨1⟩ weiß werden **vit-

peppar ⓢ weißer Pfeffer m **vitprickig** ADJ weiß gepunktet **vitrandig** ADJ weiß gestreift
vits [vits] ⟨-en; -ar⟩ Witz m **vitsa** VI ⟨1⟩ Witze machen, witzeln; umg Witze reißen **vitsig** ADJ witzig
vitsippa ['vi:tsipa] ⓢ BOT Buschwindröschen n, weiße Anemone f
vitsord ['vitsu:d] ⓢ N Zeugnis n (om über akk); ge ngn utmärkta ~ j-m ein glänzendes Zeugnis ausstellen **vitsorda** VT ⟨1⟩ bezeugen, bestätigen
vitt ADV weit; ~ **och brett** weit und breit; **så ~ jag vet** soviel/soweit ich weiß **vittgående** ADJ weitgehend; ~ **följder** weitreichende Folgen
vittja ['vitja] VT ⟨1⟩ ~ **nät** die Netze nach Fischen absuchen; umg ~ **ngns fickor** die Taschen einer Person durch'suchen
vittna ['vitna] VI ⟨1⟩ zeugen (om von); aussagen (om über); bezeugen (att dass) **vittne** N ⟨-t; -n⟩ Zeuge m, Zeugin f (till von); i ~**ns närvaro** vor Zeugen **vittnesbås** ⓢ N Zeugenstand m **vittnesbörd** ⓢ N Zeugnis n; Zeugenaussage f; **bära** ~ Zeugnis ablegen (om von) **vittnesmål** ⓢ N Zeugnis n; Zeugenaussage f
vittomfattande ['vitɔmfatandə] ADJ weit umfassend
vittra ['vitra] ⟨1⟩ Ⓐ VT wittern Ⓑ VI, VP/~ ('sönder) verwittern **vittring** ⟨-en; kein pl⟩ JAGD Witterung f
vittvätt ['vi:tvɛt] ⓢ weiße Wäsche f; Kochwäsche f **vitöga** ⓢ N **se ngt/ngn i** ~**t** etw/j-m ins Auge sehen
VM ['ve:ɛm] ABK N ⟨-et; -⟩ (= världsmästerskap) WM f (Weltmeisterschaft) **VM-medalj** ⓢ WM-Medaille f
vodka ['vɔdka] ⟨-n; kein pl⟩ Wodka m
vokabulär [vukabɵ'læːr] ⟨-en; -er⟩ Wörterverzeichnis n, Vokabular n; Wortschatz m
vokal [vu'kaːl] Ⓐ ADJ vokal, Vokal- Ⓑ ⟨-en; -er⟩ GRAM Selbstlaut m, Vokal m **voka'list** ⟨-en; -er⟩ MUS Schlagersänger(in) m(f)
volang [vu'laŋ] ⟨-en; -er⟩ Rüsche f, Volant m
volleyboll ['vɔlibɔl] ⓢ Volleyball m
volt[1] [vɔlt] ⟨-en; -⟩ ELEK Volt n
volt[2] ⟨-en; -er⟩ Volte f; Salto m; **slå (en)** ~ einen Salto schlagen **volta** VI ⟨1⟩ sich überschlagen
volym [vɔ'lyːm] ⟨-en; -er⟩ Raum- Inhalt m, Fassungsvermögen n, Volumen n; Umfang m; Buch Band m; Lautstärke f; **höja** ~**en (på musiken)** (die Musik) lauter machen
votera [vu'teːra] VI ⟨1⟩ votieren, abstimmen (om über akk) **votering** ⟨-en; -ar⟩ Abstimmung f (om über akk) **votum** ['vuːtəm] N ⟨-et; vota/-⟩ Votum n; Stimme f
voyeur [vua'jœːr] ⟨-en; -er⟩ Voyeur(in) m(f)
vovve ['vɔvə] ⟨-n; -ar⟩ Kindersprache, Hund Wauwau m
vrak [vraːk] N ⟨-et; -⟩ Wrack n **vraka** VI ⟨1⟩ **välja och** ~ sich das Beste aussuchen **vrakgods** ⓢ N Strandgut n **vrakpris** ⓢ N Schleuderpreis m
vred [vreːd] N ⟨-et; -⟩ Tür Klinke f **vrede** ['vreːda] ⟨-n; kein pl⟩ Zorn m, Wut f **vredesmod** ⓢ N **i** ~ im Zorn **vredesutbrott** ⓢ N Zornausbruch m
vresig ['vreːsi(g)] ADJ mürrisch; Holz knorrig **vresighet** ⟨-en; kein pl⟩ fig mürrisches Wesen n
vricka ['vrika] VT ⟨1⟩ verrenken, verstauchen; ~ **foten** sich den Fuß verstauchen **vrickad** fig umg ADJ verdreht, übergeschnappt; **han är** ~ er ist nicht ganz dicht **vrickning** ⟨-en; -ar⟩ Verrenkung f, Verstauchung f
vrida ['vriːda] ⟨4⟩ Ⓐ VT drehen, winden; Hände ringen; ~ **i led** wieder einrenken; ~ **halsen av ngn** j-m den Hals 'umdrehen; ~ **och vända på ngt** etw wälzen Ⓑ VR ~ **sig** sich drehen; sich krümmen; Holz sich werfen; ~ **sig av skratt** sich krümmen vor Lachen; ~ **och vända sig** sich drehen und wenden; ~ **sig som en mask** sich wie ein Wurm winden Ⓒ VP ~ **'av** abdrehen; ~ **'fram** vorstellen; ~ **i'gen** zudrehen, zuschrauben; ~ **'om** 'umdrehen; ~ **'på** Hahn aufdrehen; ~ **'upp** aufdrehen; ~ **'ur** Wäsche auswringen
vridbar ADJ drehbar **vriden** ADJ gedreht, gewunden; fig umg verdreht, verschroben
V-ringning ['veːriŋniŋ] ⓢ V-Ausschnitt m
vrist [vrist] ⟨-en; -er⟩ Spann m, Rist m; Knöchel m, Fußknöchel m
vrå [vroː] ⟨-n; -r⟩ Ecke f, Winkel m

vråk [vro:k] ⟨-en; -ar⟩ ZOOL Bussard m
vrål [vro:l] N ⟨-et; -⟩ Gebrüll n **vråla** VT, VI ⟨1⟩ brüllen **vrålsnygg** umg ADJ **vrålåk** umg S N Straßenkreuzer m
vrång [vrɔŋ] ADJ ungerecht, falsch, verkehrt, schief; ungefällig; störrisch **vrångstrupe** S få ngt i ~n etw in die falsche Kehle bekommen
vräka ['vrɛ:ka] ⟨2⟩ A VT schmeißen; schütten, kippen; JUR exmittieren; umg auf die Straße setzen, hinausschmeißen B VI regnet vräker ner es gießt in Strömen C V/R ~ sig sich rekeln, sich hinflegeln; schwelgen D V/P ~ 'i sig hinunterschlingen; ~ om'kull 'umschmeißen, 'umkippen; ~ 'ur sig ausstoßen, von sich geben **vräkig** ADJ protzig; großspurig **vräkning** ⟨-en; -ar⟩ Zwangsräumung f
vränga ['vrɛŋa] VT ⟨2⟩ umdrehen; verdrehen
vulgär [vǝl'gæ:r] ADJ vulgär
vulkan [vǝl'ka:n] ⟨-en; -er⟩ Vulkan m
vulkani'sera VT ⟨1⟩ TECH vulkanisieren
vurm [vɵrm] ⟨-en; -ar⟩ Leidenschaft f; Manie f **vurma** VI ⟨1⟩ ~ för ngt auf etw (akk) versessen/erpicht sein
vurpa ['vɵrpa] A ⟨-n; -or⟩ Sturz m; Überschlagen n B VI ⟨1⟩ sich überschlagen
vuxen ['vɵksǝn] ADJ erwachsen; fig gewachsen (dat); en ~ ein(e) Erwachsene(r) m/f(m) **vuxenstuderande** j-d, der auf dem zweiten Bildungsweg einen Schulabschluss o. Ä. nachholt **vuxenutbildning** S Erwachsenenbildung f
vy [vy:] ⟨-n; -er⟩ Ansicht f; Aussicht f; vidga sina ~er seinen Horizont erweitern **vykort** S N Ansichtskarte f
vyssa [vysa], **vyssja** ['vyʃa] VT ⟨1⟩ in den Schlaf wiegen
våda ['vo:da] ⟨-n; -or⟩ Gefahr f; Fahrlässigkeit f, Versehen n **vådaskott** S N fahrlässiger Schuss m **vådlig** ADJ gefährlich; umg schrecklich, furchtbar
våffeljärn ['vɔfǝljæ:rn] S N Waffeleisen n **våffla** ⟨-n; -or⟩ Waffel f
våg¹ [vo:g] ⟨-en; -or⟩ Welle f, Woge f; ~or pl a. Fluten pl; gå i ~or wogen, Wellen schlagen
våg² ⟨-en; -ar⟩ Waage f
våga ['vo:ga] ⟨1⟩ A VT, VI wagen, riskieren; ~ livet sein Leben wagen; ~r vi tro på det? können wir daran glauben?; du skulle bara ~! unterstehdich! B V/P ~ sig 'fram sich heranwagen, sich (her)vorwagen; ~ sig 'in sich hineinwagen; ~ sig 'på ngn sich an j-n heranwagen; ~ sig 'upp sich hinaufwagen **vågad** ADJ gewagt
vågbrytare ['vo:gbry:tarǝ] ⟨-n; -⟩ Wellenbrecher m, (Hafen-)Mole f
Vågen ⟨inv⟩ ASTROL Waage f
vågformig ADJ wellenförmig
våghals ['vo:ghals] S Wag(e)hals m **våghalsig** ADJ wag(e)halsig
vågig ['vo:gi(g)] ADJ well(enförm)ig; gewellt **våglinje** S Wellenlinie f **våglängd** S Wellenlänge f; Rundfunk a. Welle f
vågrät ADJ waagerecht
vågrörelse S Wellenbewegung f **vågskvalp** S N Wellengeplätscher n
vågskål S Waagschale f; väga tungt i ~en fig schwer ins Gewicht fallen
vågspel ['vo:gspe:l] S N, **vågstycke** S N Wagnis n, Wag(e)stück n
våld [vɔld] N ⟨-et; kein pl⟩ Gewalt f; bruka ~ Gewalt anwenden; med ~ mit Gewalt; göra ~ på sig sich (dat) Gewalt antun **våldföra** V/R ⟨2⟩ ~ sig på ngn j-n vergewaltigen **våldgästa** VT ⟨1⟩ ~ ngn umg j-n überfallen **våldsam** ADJ gewalttätig; gewaltsam, ungestüm; gewaltig; få en ~ död eines gewaltsamen Todes sterben **våldsamhet** ⟨-en; -er⟩ Gewalt(tätigkeit) f; Ungestüm n **våldsdåd** S N, **våldshandling** S Gewalttat f **våldsvideo** S Gewaltvideo n **våldta** VT ⟨4⟩ vergewaltigen **våldtäkt** ⟨-en; -er⟩ Vergewaltigung f **våldtäktsman** S Vergewaltiger m
vålla ['vɔla] VT ⟨1⟩ verursachen; verschulden; ~ besvär Mühe machen; ~ svårigheter Schwierigkeiten machen
vålnad ['vo:lnad] ⟨-en; -er⟩ Gespenst n, Geist m, Schatten m
vånda ['vɔnda] ⟨-n; -or⟩ Qual f, Angst f **våndas** VI ⟨dep 1⟩ sich quälen, sich ängstigen
våning ['vo:niŋ] ⟨-en; -ar⟩ Stock m, Stockwerk n, Geschoss n; Wohnung f; på första ~en im Erdgeschoss, im Parterre; på andra ~en im ersten Stock **våningsbyte** S N Wohnungstausch

m **våningssäng** ⎯S⎯ Etagenbett n
våp [vo:p] umg N̄ ⟨-et; -⟩ dumme Gans f
vår¹ [vo:r] POSS PR ⟨n vårt; pl våra⟩ unser(e, er, es); der/die/das unsr(ig)e; **de ~a** die Unsr(ig)en; **för ~ skull** unsertwegen
vår² ⟨-en; -ar⟩ Frühling m, Frühjahr n, Lenz m; **i ~as** (im) vorigen/vergangenen/letzten Frühling; **på/om ~en** im Frühling **våras** ['vo:ras] VI̱ UNPERS ⟨dep 1⟩ **det ~** es wird Frühling **vårblomma** ⎯S⎯ Frühlingsblume f **vårbruk** ⎯S⎯N AGR Frühjahrsbestellung f
vård [vo:ɖ] ⟨-en; kein pl⟩ Pflege f; Fürsorge f, Obhut f; **öppen/sluten ~** ambulante/stationäre Behandlung; **ha ~ om** in Pflege haben; **ta ~ om** in Obhut/Pflege nehmen **vårda** V̱T ⟨1⟩ pflegen; hüten **vårdad** ADJ gepflegt; gewählt
vårdag ['vo:ɖɑ:g] ⎯S⎯ Frühlingstag m
vårdagjämning ⟨-en; -ar⟩ Frühjahrs-Tagundnachtgleiche f
vårdare ['vo:ɖarə] ⟨-n; -⟩ Pfleger(in) m(f), Wärter(in) m(f) **vårdbidrag** ⎯S⎯ Pflegegeld n **vårdbiträde** ⎯S⎯N Hilfspfleger(in) m(f); Altenpfleger(in) m(f); **~ inom hemtjänsten** Hauspfleger(in) m(f) **vårdcentral** ⎯S⎯ Behandlungszentrum n **vårdfall** ⎯S⎯N **vara ett ~** pflegebedürftig sein **vårdhem** ⎯S⎯N Pflegeheim n **vårdnad** ⟨-en; kein pl⟩ JUR elterliche Sorge f; **ha ~en om ett barn** das Sorgerecht für ein Kind haben **vårdnadshavare** ⟨-n; -⟩ Erziehungsberechtigte(r) m/f(m) **vårdslös** ADJ nachlässig (**i** in dat); unachtsam (**med** mit); fahrlässig **vårdslöshet** ⟨-en; kein pl⟩ Nachlässigkeit f; Fahrlässigkeit f **vårdyrke** ⎯S⎯N Pflegeberuf m; Sozialberuf m
vårfest ['vo:rfɛst] ⎯S⎯ Frühlingsfest n
vårflod ⎯S⎯ Frühjahrshochwasser n
vårlig ADJ frühlingshaft **vårlök** BOT Goldstern m **vårsådd** ⎯S⎯ Frühjahrs(aus)saat f
vårta ['vo:ʈa] ⟨-n; -or⟩ Warze f
vårtecken ['vo:ʈɛkən] ⎯S⎯N Frühlingszeichen n **vårtermin** ⎯S⎯ zweites Schulhalbjahr n; UNIV von Januar bis Juni Frühjahrssemester n **vårtrötthet** ⎯S⎯ Frühjahrsmüdigkeit f **vårvinter** ⎯S⎯ Vorfrühling m

våt [vo:t] ADJ naß; **bli ~ om fötterna** nasse Füße bekommen **våtdräkt** ⎯S⎯ Surfanzug m **våtmark** ⎯S⎯ feuchter Boden m **våtservett** ⎯S⎯ Erfrischungstuch n **våtutrymme** ⎯S⎯N Nasszelle f
väck [vɛk] umg ADJ weg, verschwunden; **puts ~** futsch
väcka ['vɛka] ⟨2⟩ A V̱T wecken; fig a. erwecken, erregen; Frage aufwerfen; **~ förslag om** vorschlagen; **~ till besinning** zur Besinnung bringen; **~ till liv** wachrufen, ins Leben rufen; JUR **~ åtal** Anklage erheben B V̱I̱P **~ 'upp** aufwecken **väckarklocka** ⎯S⎯ Wecker m, Weck(er)uhr f **väckelse** ⟨-en; -r⟩ Erweckung f **väckelsemöte** ⎯S⎯N Erweckungsversammlung f **väckning** ⟨-en; -ar⟩ Wecken n; **beställa ~** sich wecken lassen
väder ['vɛ:dər] N̄ ⟨-et; -⟩ Wetter n; Luft f; **i alla ~** fig durch dick und dünn; **vackert/dåligt ~** schönes/schlechtes Wetter; **sätta näsan i vädret** umg fig die Nase hoch tragen; **till ~s** nach oben, empor **väderbiten** ADJ wettergebräunt **väderkarta** ⎯S⎯ Wetterkarte f **väderkorn** ⎯S⎯N Spürsinn m, Witterung f; **ha fint ~** fig einen feinen Spürsinn haben, einen guten Riecher haben (**för** für); **få ~ på ngt** Wind von etw bekommen **väderkvarn** ⎯S⎯ Windmühle f **väderlek** ⎯S⎯ Wetter n, Witterung f **väderlekstjänst** ⎯S⎯ Wetterdienst m **väderleksutsikter** P̱L Zeitung, Rundfunk Wettervorhersage f sg, (Wetter-)Aussichten pl **väderprognos** ⎯S⎯ Wettervorhersage f **väderrapport** ⎯S⎯ Wetterbericht m **vädersatellit** ⎯S⎯ Wettersatellit m **väderstreck** ⎯S⎯ Himmelsrichtung f, Himmelsgegend f
vädja ['vɛ:dja] V̱I̱ ⟨1⟩ appellieren, sich wenden (**till** an akk) **vädjan** ⟨inv; -den⟩ eindringliche Bitte f; Appell m
vädra ['vɛ:dra] ⟨1⟩ A V̱T,V̱I̱ lüften; wittern, schnuppern B V̱I̱P **~ 'ut** auslüften, durchlüften **vädring** ⟨-en; -ar⟩ Lüften n, Lüftung f
vädur ['vɛ:dʉ:r] ⟨-en; -ar⟩ ZOOL Widder m **Väduren** ⟨inv⟩ ASTROL Widder m
väg [vɛ:g] ⟨-en; -ar⟩ Weg m, Straße f (**till** nach/zu, **vid** an); **allmän ~** öffentlicher Weg; **enskild ~** Privatweg; **följa ngn på ~en** j-n ein Stück begleiten; **gå sin ~** weggehen, seiner Wege

gehen; **gå raka ~en till** gerade(n)wegs gehen zu; **gå till ~a** zuwege (*od* zu Werke) gehen; **gå ur ~en** aus dem Weg gehen; verschwinden; **ngt i den ~en** etw Ähnliches; **ta ~en** hinwollen; hinsollen; **vart ska du ta ~en?** wo willst du hin?; **vart tog han ~en?** wo ist er geblieben?; **vart ska det ta ~en?** worauf soll das hinauslaufen?; **vara på (god) ~ att ...** auf dem (besten) Wege sein zu ...; **på halva ~en** auf halbem Wege, halbwegs; **på laglig ~** auf gesetzlichem Wege; **inte på långa ~ar** bei Weitem nicht; **bära i ~** losgehen; **ge sig i'~** sich auf den Weg machen

väga ['vɛːga] ⟨2⟩ **A** VT (ab)wiegen, wägen; **~ sina ord** seine Worte wägen **B** VI wiegen; **~ jämnt** das Gleichgewicht halten; **det står och väger** *umg fig* es steht auf der Kippe **C** VP **~ 'upp** (ab)wiegen; *fig* aufwiegen **vägande** ADJ **tungt ~** *fig* schwerwiegend

vägarbetare ['vɛːgarˈbeːtarə] S Straßenbauarbeiter(in) *m(f)* **vägarbete** SN Straßenbauarbeit *f* **vägbana** S Fahrbahn *f* **vägbeläggning** S Straßenbelag *m* **vägbom** S Schlagbaum *m* **vägbygge** SN Straßenbau *m* **vägförhållanden** PL Straßenzustand *m sg* **vägförvaltning** S Straßenverwaltung *f*

vägg [vɛɡ] ⟨-en; -ar⟩ Wand *f*; **hänga på ~en** an die/der Wand hängen; **~ i Wand an Wand; ställa ngn mot ~en** *fig* j-n in die Enge treiben; **han har gått in i ~en** *fig* er ist ausgebrannt; **köra huvudet i ~en** *fig* mit dem Kopf durch die Wand wollen; **uppåt ~arna** *umg* ganz verkehrt **väggklocka** S Wanduhr *f* **väggkontakt** S ELEK Steckdose *f* **vägglus** S Wanze *f* **vägguttag** SN → väggkontakt

vägkant ['vɛːgkant] S Straßenrand *m*, Wegrand *m* **vägkorsning** S Straßenkreuzung *f*, Wegkreuzung *f* **väglag** SN Straßenverhältnisse *pl*, Straßenzustand *m*; **halt ~** Straßenglätte *f* **vägleda** VT ⟨2⟩ führen, leiten; *fig* anleiten **vägledning** S Führung *f*; *fig* Anleitung *f* **vägmärke** SN Verkehrszeichen *n*

vägnar ['vɛŋnar] PL **(p)å mina ~** in meinem Namen; **(p)å regeringens ~** im Auftrag der Regierung; **(p)å ämbetets ~** von Amts wegen, amtlich **vägnät** ['vɛːgnɛːt] SN Straßennetz *n* **väg- och vattenbyggnad** S Tiefbau *m*

vägra ['vɛːgra] VT ⟨1⟩ verweigern; sich weigern **vägran** ⟨inv⟩ (Ver-)Weigerung *f*

vägren ['vɛːgreːn] ⟨-en; -ar⟩ Seitenstreifen *m* **vägsalt** SN Streusalz *n* **vägskylt** S Straßenschild *n* **vägskäl** SN Weggabelung *f* **vägspärr** S Straßensperre *f* **vägsträcka** S Wegstrecke *f* **vägtrafikant** S Verkehrsteilnehmer(in) *m(f)* **vägtrafikförordning** S Straßenverkehrsordnung *f* **vägtull** S Maut *f* **vägvisare** S Wegweiser *m* **vägövergång** S Straßenüberführung *f*

väja ['vɛja] VI ⟨2⟩ ausweichen **(för** *dat*⟩; **han väjer för ingenting** *fig* er schreckt vor nichts zurück

väktare ['vɛktarə] ⟨-n; -⟩ Wächter(in) *m(f)*

väl [vɛːl] **A** N ⟨inv⟩ Wohl *n* **B** ADV ⟨*komp* bättre; *sup* bäst⟩ wohl; gut; schon, wohl, zwar; (ein)mal; doch; **mena ~** es gut meinen; **veta ~** wohl wissen; **vilja ngn ~** j-m wohlwollen; **märk ~** wohlgemerkt; **hålla sig ~ med ngn** sich mit j-m gut stellen; **det var ~ att ...** es ist gut/schön, dass; **det var för ~** das ist doch ein Glück; **det var ~ starkt** *fig* das ist ein starkes Stück; **~ lite** wenig genug, zu wenig; **~ mycket** reichlich viel; **som ~ var** zum Glück, glücklicherweise; *unbetont* **du kommer ~?** du kommst doch?; **hon har ~ inte råd** sie kann es sich wohl nicht leisten; **du vet ~ att ...** du weißt doch, dass ... **värlartad** ADJ wohlergogen **välavlönad** ADJ gut bezahlt **välbefinnande** SN Wohlbefinden *n* **välbehag** SN Wohlgefallen *n*, Wohlbehagen *n*; **finna ~ i ngt** sein Wohlgefallen an etw (*dat*) finden **välbehållen** ADJ wohlbehalten **välbehövlig** ADJ dringend nötig **välbekant** ADJ wohlbekannt **(för** *dat*⟩ **välbeställd** ADJ Person gut gestellt, wohlhabend **välbetänkt** ADJ wohlbedacht, wohlüberlegt **välbärgad** ADJ wohlhabend, gut gestellt, gut situiert

välde ['vɛldə] N ⟨-t; -n⟩ Herrschaft *f*,

Macht f; Reich n **väldig** ADJ gewaltig, mächtig; *umg* ungeheuer **väldigt** ADV sehr, enorm
välfärd ['vɛːlfæːd] S Wohlstand m; Wohlfahrt f **välfärdssamhälle** S N Wohlstandsgesellschaft f **välfärdsstat** S Wohlfahrtsstaat m
välförsedd ['vɛːlfœˌsed] ADJ reichlich versehen, reichhaltig; wohlgefüllt, wohlbestellt **välförtjänt** ADJ wohlverdient **välgjord** ADJ gut gemacht, wohlgetan **välgrundad** ADJ wohlbegründet **välgång** S Wohlergehen n **välgärning** S gute Tat, Wohltat f **välgödd** ADJ gut gemästet **välgörande** ADJ wohltuend; wohltätig (mot gegen) **välgörare** ⟨-n; -⟩ Wohltäter(in) m(f) **välgörenhet** ⟨-en; kein pl⟩ Wohltätigkeit f **välinformerad** ADJ gut unterrichtet
välja ['vɛlja] ⟨1⟩ **A** VT wählen (bland unter dat), ('in i in akk), (till zum/zur); **få ~** die Auswahl haben **B** VP **~ 'ut** (aus)wählen **väljare** ⟨-n; -⟩ Wähler(in) m(f) **väljarkår** S Wählerschaft f
välklingande ['vɛlˌklɪŋandə] ADJ wohlklingend **välklädd** ADJ gut gekleidet **välkommen** ADJ willkommen; hälsa ngn ~ j-n willkommen heißen; ~ till Hamburg! willkommen in (dat) Hamburg!; ~ hem! herzlich willkommen daheim!; ~ till oss! willkommen bei uns!; ~ på söndag! auf Wiedersehen am Sonntag! **välkomna** VT ⟨1⟩ bewillkommnen, begrüßen **välkomsthälsning** S Begrüßung f, Willkommensgruß m **välkänd** ADJ wohlbekannt
välla ['vɛla] VP ⟨2⟩ **~ 'fram** (heraus)quellen; (hervor)sprudeln; wallen; **~ 'upp** aufsprudeln; aufwallen
välling ['vɛlɪŋ] ⟨-en; -ar⟩ dünnflüssiger Milchsuppe f, Brei
välljud ['vɛːlˌjʉːd] S N Wohllaut m, Wohlklang m **välljudande** ADJ wohllautend, wohlklingend **välluktande** ADJ wohlriechend **vällust** S Wollust f **vällustig** ADJ wollüstig **vällyckad** ADJ (wohl)gelungen **välmenande** ADJ wohlmeinend **välmening** S gute Absicht, Freundlichkeit f; **i all** ~ in aller Freundlichkeit, in bester Absicht **välment** ADJ gut gemeint, wohlgemeint **välmeriterad** ADJ gut qualifiziert

välmående ADJ gesund, wohlauf; wohlhabend, vermögend **välnärd** ADJ wohlgenährt, gut genährt **välordnad** ADJ wohlgeordnet **välrenommerad** ADJ angesehen, mit gutem Ruf **välriktad** ADJ wohlgezielt
välsigna [vɛlˈsɪŋna] VT ⟨1⟩ segnen **välsignad** ADJ gesegnet; *umg* verflixt, verdammt **välsignelse** ⟨-n; -r⟩ Segen m
välsinnad ['vɛːlsinad] ADJ wohlgesinnt **välsittande** ADJ gut sitzend **välsituerad** ADJ gut situiert; wohlhabend **välskapad, välskapt** ADJ wohlgestaltet **välskött** ADJ gepflegt; gut geleitet **välsmakande** ADJ wohlschmeckend, schmackhaft **välsorterad** ADJ gut/reich sortiert **välstekt** ADJ durchgebraten **välstånd** S N Wohlstand m
vält [vɛlt] ⟨-en; -ar⟩ Walze f
välta ⟨2⟩ **A** VT umkippen, umwerfen **B** VP **~ 'ut** ausschütten, auskippen
vältalig ADJ beredt, redegewandt **vältalighet** ⟨-en; kein pl⟩ Beredsamkeit f, Redegewandtheit f
vältra ['vɛltra] ⟨1⟩ **A** VT wälzen (på auf akk); **~ skulden (ifrån sig) på ngn annan** die Schuld (von sich) auf jemand anders abwälzen **B** VR **~ sig (i smutsen)** sich (im Schmutz) wälzen; **~ sig i pengar** im Geld wühlen **C** VP **~ 'bort/'undan** fortwälzen, wegwälzen; **~ om'kull** umwälzen
vältränad ['vɛːltrɛːnad] ADJ gut trainiert **välunderrättad** ADJ gut unterrichtet **väluppfostrad** ADJ wohlerzogen, gut erzogen
välvd [vɛlvd] ADJ gewölbt
välvilja ['vɛːlvɪlja] S Wohlwollen n **välvillig** ADJ wohlwollend; freundlich **välvårdad** ADJ gepflegt **välväxt** ADJ gut gewachsen
vämjas ['vɛmjas] VI ⟨dep 2⟩ sich ekeln (vid vor dat); jag vämj(e)s vid ngt es ekelt mich (od mir ekelt) vor etw (dat) **vämjelig** ADJ ekelhaft; *umg* eklig **vämjelse** ⟨-n; kein pl⟩ Ekel m, Abscheu m (vid/inför vor dat)
vän [vɛn] ⟨-nen; -ner⟩ Freund(in) m(f) (till von od gen), (av gen); **bli ~ med ngn** sich mit j-m anfreunden; **vara ~ med ngn** mit j-m befreundet sein; **bli ~ner igen** sich versöhnen; **vi är ~ner** wir sind Freunde (od miteinander be-

vända – värdebrev

freundet); **lilla ~!** Freundchen!

vända ['vɛ:nda] ⟨2⟩ **A** *VT* wenden; drehen; richten; **~ allt till det bästa** alles zum Besten wenden/kehren; **~ ryggen till** den Rücken kehren; **var god vänd!** bitte wenden! **B** *VI* wenden; umkehren; **~ på huvudet** den Kopf drehen; **lyckan har vänt** das Glück hat sich gewendet; **vinden har vänt** der Wind hat sich gedreht **C** *VR* **~ sig** sich wenden; sich drehen; **hon skulle ~ sig i graven om ...** sie würde sich im Grabe umdrehen, wenn ...; **~ på sig** sich 'umdrehen; sich an j-n wenden; **~ sig bort** sich abwenden; **~ sig ifrån ngn** sich von j-m abwenden, abkehren; **~ sig om** sich umdrehen, umwenden; **~ sig till ngn** sich j-m zuwenden **D** *VP* **~ 'bort ansiktet** das Gesicht abwenden; **~ 'om** umkehren; **~ till'baka** zurückkehren; **~ upp och 'ner på ngt** etw 'umdrehen, etw 'umstülpen, etw auf den Kopf stellen; **~ ut och 'in på fickorna** *umg* das letzte Geld zusammenkratzen; **~ till'åter** zurückkehren, wiederkehren **vändbar** *ADJ Kleidung* Wende- **vändskors** S N Drehkreuz *n* **vändkrets** S̄ GEOG *u.* ASTROL Wendekreis *m* **vändning** ⟨-en; -ar⟩ Wendung *f*, Wende *f*; Drehung *f*; **långsam/snabb i ~arna** langsam/flink; **i en hastig ~** im Handumdrehen **vändpunkt** S̄ Wendepunkt *m*

vän'inna [vɛn'inna] ⟨-n; -or⟩ Freundin *f*

vänja ['vɛnja] ⟨4⟩ **A** *VT, VR* gewöhnen (sig sich), (vid an *dat*) **B** *VR* **~ sig/ngn 'av med ngt** sich (*dat*) j-m/etw abgewöhnen

vänkrets ['vɛnkrets] S̄ Freundeskreis *m* **vänlig** *ADJ* freundlich; **Med ~(a) hälsning(ar)** Mit freundlichen Grüßen **vänlighet** ⟨-en; kein pl⟩ Freundlichkeit *f* **vänort** S̄ Partnerstadt *f* **vänskap** ⟨-en; kein pl⟩ Freundschaft *f* **vänskaplig** *ADJ* freundschaftlich **vänskapsband** S̄ N Freundschaftsband *n* **vänskapsmatch** S̄ Freundschaftsspiel *n*

vänster ['vɛnstar] **A** *ADJ* linke(r, s); **till ~ links** (om von), zur Linken; **åt ~** nach links, linksherum; **köra till ~, svänga ~** links abbiegen; **~ hand** Linke *f*; **nere/uppe till ~** unten/oben links; **på min vänstra sida** zu meiner Linken **B** ⟨-n; kein pl⟩ PARL **~n** Linke *f* **vänsterback** S̄ SPORT linke(r) Verteidiger(in) *m(f)* **vänsterextremist** ⟨-en; -er⟩ Linksextremist(in) *m(f)* **vänsterfil** S̄ linke Fahrbahn/Spur *f* **vänsterflygel** *fig* S̄ linker Flügel *m* **vänsterhand** S̄ **~en** die linke Hand, die Linke **vänsterhänt** *ADJ* linkshändig; **vara ~** *a.* Linkshänder sein **vänsterorienterad** POL linksorientiert **vänsterparti** N PARL Linkspartei *f* **vänsterprassel** *umg* N Fremdgehen *n*; Seitensprung *m* **vänsterradikal** *ADJ* linksradikal **vänsterstyrning** S̄ AUTO Linkssteuerung *f* **vänstersväng** S̄ Linkswendung *f*, Linksdrehung *f*, Linkskurve *f* **vänstertrafik** S̄ Linksverkehr *m* **vänstervriden** *ADJ* POL linkslastig

vänta ['vɛnta] ⟨1⟩ **A** *VT, VR* erwarten; **det är att ~** es ist/steht zu erwarten; **det hade jag inte ~t (mig) av honom** das hätte ich von ihm nicht erwartet; **inte ~ sig ngt gott av ngt** sich (*dat*) nichts Gutes von etw versprechen **B** *VI* warten (på auf *akk*), (med mit); **efter vad man kan ~** voraussichtlich; **~ bara!** warte nur!; **det kan du få ~ länge på!** da(rauf) kannst du lange warten! **C** *VP* **~ ngn till'baka** j-n zurückerwarten; **~ 'ut ngn** warten, bis j-d kommt **väntan** ⟨inv⟩ Warten *n*; Erwartung *f*; **i ~ på** in Erwartung (*gen*) **väntelista** S̄ Warteliste *f* **väntetid** S̄ Wartezeit *f*

väntjänst ['vɛnçɛnst] S̄ Freundesdienst *m*

väntrum ['vɛntrɵm] S̄ N Wartezimmer *n*, Warteraum *m* **väntsal** S̄ Wartesaal *m*

väpna ['vɛ:pna] ⟨1⟩ **A** *VT* bewaffnen **B** *VR* **~ sig** sich waffnen; *fig* sich wappnen (mot gegen) **väpnad** *ADJ* bewaffnet; *fig* gewappnet

väppling ['vɛpliŋ] ⟨-en; -ar⟩ BOT Klee *m*

värd[1] [væ:d] ⟨-en; -ar⟩ Wirt(in) *m(f)*; Gastgeber(in) *m(f)*; Hausbesitzer(in) *m(f)*; IT Host *m*

värd[2] *ADJ* wert; **det är inte värt att ...** es lohnt sich nicht zu ... **värde** N ⟨-t; -n⟩ Wert *m*; **(inte) sätta stort ~ på ngt** (keinen) großen Wert auf etw (*akk*) legen; **till ett ~ av** im Wert von **vär-**

debrev S̅N̅ Post Wertbrief m **värdefull** ADJ wertvoll **värdeföremål** S̅ N̅ Wertgegenstand m **värdeförsändelse** S̅ Post Wertsendung f **värdehandling** S̅ ~ar pl wichtige Papiere pl **värdelös** ADJ wertlos **värdelöshet** ⟨-en; kein pl⟩ Wertlosigkeit f **värdeminskning** S̅ Wertminderung f **värdepapper** S̅ N̅ Wertpapier n **vär′dera** V̅T̅ ⟨1⟩ schätzen (till auf akk); abschätzen; (be)werten; fig würdigen **vär′derad** ADJ geschätzt **vär′dering** ⟨-en; -ar⟩ Schätzung f; (Be-)Wertung f; fig Würdigung f; ~ar pl Wertvorstellungen pl **värd′eringsman** S̅ Taxator(in) m(f) **värdesak** S̅ Wertsache f **värdestegring** S̅ Wertzuwachs m, Wertsteigerung f **värdesätta** V̅T̅ ⟨4⟩ schätzen; bewerten
värdfamilj [ˈvæːɖfamilj] S̅ Gastfamilie f **värdfolk** S̅ N̅ ~et die Gastgeber m/pl; die Wirtsleute pl
värdig [ˈvæːɖi(g)] ADJ würdig (gen) **värdighet** ⟨-en; kein pl⟩ Würde f; hålla på sin ~ auf seine Würde halten; under min ~ unter meiner Würde; utan ~ wedelos
värdinna [væˈɖina] ⟨-n; -or⟩ Wirtin f; Gastgeberin f, Dame f des Hauses; Stewardess f; Hostess f **värdland** S̅ N̅ Gastland n **värdshus** S̅ Gasthaus n, Gasthof m, Gastwirtschaft f, Wirtshaus n **värdskap** N̅ ⟨-et; kein pl⟩ sköta ~et als Wirt fungieren, als Gastgeber fungieren

värja [ˈværja] A S̅ ⟨-n; -or⟩ Degen m B V̅R̅ ⟨2⟩ ~ sig sich wehren, sich verteidigen (mot gegen); inte kunna ~ sig för ngt sich etw (gen) nicht erwehren können
värk [værk] ⟨-en; -ar⟩ Schmerz m; ~ar pl a. Wehen pl **värka** V̅I̅ ⟨2⟩ schmerzen, wehtun **värktablett** S̅ Schmerztablette f
värld [væːɖ] ⟨-en; -ar⟩ Welt f; i (vida) ~en auf der (weiten) Welt; Gamla/ Nya ~en die Alte/Neue Welt; ~ens sju underverk die sieben Weltwunder; ~ens undergång Weltuntergang m; gå all ~ens väg den Weg alles Irdischen gehen; gå ur ~en das Zeitliche segnen; hela ~en die ganze Welt; alle Welt; det är väl inte hela ~en das ist doch nicht so schlimm!; wenn schon(, denn schon)!; hur lever ~en med dig? wie gehts, wie stehts?; förr i ~en früher, einst; hur/vad/vem i all ~en? wie/ was/wer in aller Welt?; jag gör det inte för allt i ~en das tue ich um alles in der Welt nicht; komma till ~en zur (od auf die) Welt kommen; sätta barn till ~en Kinder in die Welt setzen (od zur Welt bringen) **världsallt** n ~et all n **världsbekant** ADJ weltbekannt **världsberömd** ADJ weltberühmt **världsdel** S̅ Weltteil m **världsfrånvarande** ADJ weltfremd, weltentrückt **världsfrånvänd** ADJ weltabgewandt, weltabgekehrt **världshandel** S̅ Welthandel m **världshav** S̅ N̅ Weltmeer n **världshistoria** S̅ Weltgeschichte f **världskarta** S̅ Weltkarte f **världskrig** S̅ N̅ Weltkrieg m **världskulturarv** S̅ N̅ Weltkulturerbe n **världslig** ADJ weltlich **världsmakt** S̅ Weltmacht f **världsmarknad** S̅ Weltmarkt m **världsmedborgare** S̅ Weltbürger(in) m(f) **världsmästare** S̅ Weltmeister(in) m(f) **världsmästarinna** S̅ Weltmeisterin f **världsmästerskap** S̅ N̅ Weltmeisterschaft f **världsomfattande** ADJ weltumfassend, weltweit **världsomsegling** S̅ Weltumseglung f **världsrekord** S̅ SPORT Weltrekord m, Weltbestleistung f **världsrykte** S̅ N̅ Weltruf m (med von) **världsrymd** S̅ Weltraum m **världsspråk** S̅ Weltsprache f **världsstad** S̅ Weltstadt f **världsutställning** S̅ Weltausstellung f **världsvan** ADJ weltgewandt **världsåskådning** S̅ Weltanschauung f
värma [ˈværma] ⟨2⟩ V̅T̅, V̅R̅ wärmen (sig sich), (i in dat), (på an dat); fig erwärmen (sig sich) B V̅P̅ ~ upp aufwärmen; heizen **värme** ⟨-en; kein pl⟩ Wärme f; Hitze f; Heizung f **värmebölja** S̅ Hitzewelle f **värmecentral** S̅ Fernheizzentrale f **värmedyna** S̅ Heizkissen n **värmeelement** S̅ N̅ Heizkörper m **värmeflaska** S̅ Wärmflasche f **värmekälla** S̅ Wärmequelle f **värmekänslig** ADJ hitzeempfindlich **värmelampa** S̅ Heizsonne f **värmeledning** S̅ (Zentral-)Heizung f **värmepanna** S̅ Heizkessel m **värmeplatta** S̅ Heizplatte f **värmeslag** S̅ N̅ MED Hitzschlag m

värn [væ:ɳ] N ⟨-et; -⟩ Wehr f; Schutz m **värna** VT ⟨1⟩ schützen, schirmen; verteidigen **värnlös** ADJ wehrlos **värnplikt** S Wehrpflicht f; **fullgöra sin ~ seine Wehrpflicht leisten/dienen värnpliktig** ADJ wehrpflichtig **värnpliktsvägrare** ⟨-n; -⟩ Wehrdienstverweigerer m

värpa ['værpa] ⟨2⟩ A VT *Eier legen* B VI Eier legen **värphöna** S Legehenne f **värpning** ⟨-en; -ar⟩ Eierlegen n

värre ['værə] A ADJ ⟨*komp von* → ond⟩ schlimmer, ärger; *(allt)* **~ och ~** immer schlimmer; **det var ~ det** *umg* das ist eine schlimme Geschichte; **vad ~ är** noch schlimmer ist; **så mycket ~** umso schlimmer B ADV ⟨*komp von* → illa⟩ dess ~ leider; **ha roligt ~** *umg* sich prächtig amüsieren **värst** A ADJ ⟨sup von → ond⟩ schlimmste(r, s), ärgste(r, s); **i ~ fall** im schlimmsten Falle, schlimmstenfalls; **det var ~!** *positiv* das ist ja toll/allerhand!, kaum zu glauben!, alle Achtung!, nein, so was! B ADV ⟨*sup von* → illa⟩ am schlimmsten; **inte så ~** nicht besonders **värsting** ⟨-en; -ar⟩ *umg* Chaot(in) m(f); **~ar** pl straffällig gewordene Jugendliche pl

värva ['værva] VT ⟨1⟩ (an)werben **värvare** ⟨-n; -⟩ Werber(in) m(f) **värvning** ⟨-en; -ar⟩ Werbung f; **ta ~** sich anwerben lassen

väsa ['vɛ:sa] VI ⟨2⟩ zischen

väsen¹ ['vɛ:sən] N ⟨inv⟩ Lärm m, Radau m; **göra mycket ~ av ngt** viel Aufhebens von etw machen

väsen² N ⟨-det; -⟩, **väsende** N ⟨-t; -n⟩ Wesen n; **till sitt ~** seinem (ganzen) Wesen nach

väsentlig [vɛˈsɛntli(g)] ADJ wesentlich; **i allt ~t** im Wesentlichen, in der Hauptsache

väska ['vɛska] ⟨-n; -or⟩ Tasche f; Mappe f; Reisetasche f, Koffer m **väskryckare** ⟨-n; -⟩ Handtaschenräuber(in) m(f)

väsnas ['vɛsnas] VI ⟨dep 1⟩ lärmen, toben, tollen

väsning ['vɛ:snin] ⟨-en; -ar⟩ Zischen n

vässa ['vɛsa] VT ⟨1⟩ schärfen, spitzen, wetzen; **~ en blyertspenna** einen Bleistift spitzen

väst¹ [vɛst] ⟨-en; -ar⟩ Weste f

väst² ⟨-en; kein pl⟩ West(en) m **västan** A ADV aus dem Westen B ⟨inv⟩ Westwind m **västanifrån** ADV aus Westen **västanvind** S Westwind m **väster** A ADV westlich (om von) B ⟨-n; kein pl⟩ Westen m; **i ~** im Westen; **åt ~** nach/gegen Westen **västerifrån** ADV aus Westen **Västerlandet** N ⟨inv⟩ das Abendland **västerländsk** ADJ abendländisch **västerlänning** ⟨-en; -ar⟩ Abendländer(in) m(f) **västernfilm** S Western m **västerut** ADV westwärts, nach Westen; im Westen **Västeuropa** S N Westeuropa n **västfront** S Westfront f; **på/vid ~en** an der Westfront **västgräns** S Westgrenze f **västindisk** ADJ westindisch **västkust** S Westküste f **västlig** ADJ westlich **västmakt** S Westmacht f **västra** ADJ westliche(r, s); **~ Sverige** Westschweden, das westliche Schweden **västtysk** A ADJ westdeutsch B S Westdeutsche(r) m **västtyska** S Westdeutsche f **Västtyskland** N ⟨inv⟩ Westdeutschland n; die Bundesrepublik Deutschland; **f.d. ~** die alten Bundesländer **västvärld** S Westeuropa und Nordamerika westliche Welt f

väta ['vɛ:ta] A ⟨-n; kein pl⟩ Nässe f; **aktas för ~** vor Nässe schützen B VT ⟨2⟩ nässen, nass machen C VR, VP **'ner (sig)** (sich) nass machen, nässen **väte** ['vɛ:tə] N ⟨-t; kein pl⟩ CHEM Wasserstoff m **vätebomb** S Wasserstoffbombe f

vätska ['vɛtska] A ⟨-n; -or⟩ Flüssigkeit f B VR ⟨1⟩ **~ sig** nässen **vätskebalans** S Wasserhaushalt m

väv [vɛ:v] ⟨-en; -ar⟩ Gewebe n **väva** VT, VI ⟨2⟩ weben **vävare** ⟨-n; -⟩ Weber(in) m(f) **väve'ri** N ⟨-et; -er⟩ Weberei f **vävnad** S ⟨-en; -er⟩ Gewebe n **vävning** ⟨-en; kein pl⟩ Weben n **vävstol** S Webstuhl m

växa ['vɛksa] ⟨2/4⟩ A VI wachsen; anwachsen B VP **~ 'bort** verwachsen; **det växer 'bort med tiden** das verwächst (sich) mit der Zeit; **~ 'fast** festwachsen (vid an *dat*); **~ 'fram** herauswachsen; *fig* hervorgehen; **~ 'i ngt** in etw (*akk*) hineinwachsen; **~ (i)'fatt ngn** j-n im Wachsen einholen; **~ i'från** entwachsen (*dat*); **~ ifrån varandra**

sich auseinanderleben; **~ i'gen** zuwachsen; **~ i'hop** zu(sammen)wachsen, verwachsen; *fig* miteinander verwachsen; **~ 'om ngn** j-m über den Kopf wachsen; **~ 'till sig an** Schönheit gewinnen; *umg* sich herausputzen; **~'upp** aufwachsen, heranwachsen (*till zu*); **~ 'upp ur marken** aus der Erde sprießen; **~ 'ur** auswachsen; **~ 'ur kläderna** aus den Kleidern herauswachsen
växande ADJ wachsend
växel ['vɛksəl] ⟨-n; -ar⟩ Wechsel *m*; Wechselgeld *n*, Kleingeld *n*; AUTO Gang *m*; TEL Telefonzentrale *f*; BAHN Weiche *f*; TECH Getriebe *n*; JAGD Wildwechsel *m*; AUTO **lägga i en ~** (einen Gang ein)schalten; **lägsta ~n** der erste Gang; **tvåans ~/andra ~n** der zweite Gang
växelbruk S N AGR Wechselwirtschaft *f* **växelkontor** S N Wechselstube *f* **växelkurs** S Wechselkurs *m* **växellåda** S N AUTO Getriebe *n*, Getriebekasten *m* **växelpengar** PL Kleingeld *n sg*, Kleingeld *n sg* **växelspak** S TECH Schalthebel *m sg* **växelspel** S N Wechselspiel *n* **växelström** S ELEK Wechselstrom *m* **växelsång** S Wechselgesang *m* **växelverkan** S Wechselwirkung *f* **växelvis** ADV wechselweise **växla** ⟨1⟩ A VT umwechseln; AUTO schalten; **jag skulle vilja ~ 5 000 svenska kronor till euro** ich möchte 5 000 schwedische Kronen in Euro umtauschen B VP AUTO **~ 'ner** zurückschalten; **~ 'om** umwechseln, abwechseln; **~ 'till sig** sich (*dat*) einwechseln; AUTO **~ 'upp** hochschalten **växande** ADJ wechselnd; unbeständig, veränderlich **växling** ⟨-en; -ar⟩ Wechsel *m*, AUTO Schalten *n*; BAHN Rangieren *n*
växlingskontor S N Wechselstube *f*
växt [vɛkst] ⟨-en; -er⟩ Pflanze *f*, Gewächs *n*; Wuchs *m*; **liten/stor till ~en** klein/groß von Wuchs; **stanna i ~en** nicht mehr wachsen, gar nicht wachsen wollen **växtfett** S N Pflanzenfett *n* **växtgift** S N Pflanzengift *n* **växthus** S N Gewächshaus *n* **växthuseffekt** S Treibhauseffekt *m* **växtlighet** ⟨-en; kein pl⟩ Pflanzenwuchs *m*, Vegetation *f* **växtrike** S Pflanzenreich *n* **växtvärk** S Wachstumsschmerzen *m/pl* **växtvärld** S Pflanzenwelt *f* **växtätare** ⟨-n; -⟩ ZOOL Pflanzenfresser *m*

vörda ['vœːda] VT ⟨1⟩ verehren **vördnad** ⟨-en; kein pl⟩ Ehrfurcht *f* (*för* vor *dat*); **hysa ~ för ngn** Ehrfurcht vor j-m haben **vördnadsfull** ADJ ehrfurchtsvoll **vördsam** ADJ ehrerbietig
vört [vœt] ⟨-en; kein pl⟩ *Bier-* Würze *f*
vörtbröd S N Würzbrot *n*

W

W, w ['dɵbeluː] N ⟨-ːet; -ːn/-⟩ W, w *n*
wakeboard ⟨-en; -ar/-⟩ Wakeboard *n*
wakeboardåkning ⟨-en; -ar⟩ Wakeboarden *n*
wap ABK ⟨inv⟩ (= wireless application protocol) WAP *n* (*Verfahren, mit dem über das Handy Infos aus dem Web abgerufen werden können*)
watt [vat] ⟨-en; -⟩ ELEK Watt *n*
wc ['veːse] ⟨-ːt; -ːn/-⟩ WC *n*
webb [veb] ⟨-en; kein pl⟩ IT Web *n*; **på ~en** im Web **webbadress** S Webadresse *f* **webbdesigner** S Webdesigner(in) *m(f)* **webbhotell** S N Webhosting *n* **webbkamera** S Webcam *f* **webbläsare** S IT Browser *m* **webbplats** S IT Website *f* **webbsida** S IT Webseite *f*
wellpapp ['velap] S Wellpappe *f*
weltervikt ['veltərvikt] S SPORT Weltergewicht *n*
wienerbröd ['viːnərbrøːd] S B Kopenhagener Gebäck *n* **wienerkorv** S ≈ Wiener Würstchen *n* **wienerschnitzel** ⟨-n; -ar⟩ Wiener Schnitzel *n* **wienervals** S Wiener Walzer *m*
wok [vɔk] ⟨-en; -ar⟩ Wok *m* **woka** VT ⟨1⟩ mit dem Wok kochen
workshop [wœːkʃɔp] S Workshop *m*
wrap [rap] ⟨-en; -s⟩ Wrap *m od n* (*gerollter Teigfladen mit Füllung*)
www ['veːveːveː] N ⟨inv⟩ IT WWW *n*

X

X, x [ɛks] N ⟨-:(et; -⟩ X, x n; umg ~ antal zig; ~ antal gånger x-mal **x-axel** S MATH x-Achse f **x-formig** ADJ x-förmig **x-krok** S X-Haken m
xylofon [ksylu'fo:n] ⟨-en; -er⟩ MUS Xylofon n

Y

Y, y [y:] N ⟨-:(e)t; -:n/-⟩ Y, y n
yacht [jɔt] ⟨-en; -er⟩ Jacht f
Y-axel ['y:aksəl] S MATH y-Achse f, Ordinatenachse f
YH ABK (= yrkeshögskola) FH f
yla ['y:la] VI͞T, VI ⟨1⟩ heulen, jaulen
ylle ['ylə] N ⟨-t; kein pl⟩ Wolle f; av ~ a. wollen **yllekofta** S Wolljacke f **yllestrumpa** S Wollstrumpf m; wollener Strumpf m **ylletröja** S Wollpullover m **ylletyg** S N Wollstoff m
ymnig ['ymni(g)] ADJ reichlich, ausgiebig; **blöda ~** stark bluten **ymnighet** ⟨-en; kein pl⟩ Fülle f, Reichtum m, Überfluss m (på an dat)
ympa ['ympa] VI͞T ⟨1⟩ BOT (auf)pfropfen (på auf akk); MED impfen **ympning** ⟨-en; -ar⟩ BOT Pfropfung f; MED Impfung f
yngel ['yŋəl] N ⟨-et; -⟩ Brut f; Kaulquappe f **yngla** ⟨1⟩ A VI͞T laichen B VP ~ 'av sig sich vermehren
yngling ['yŋliŋ] ⟨-en; -ar⟩ junger Mann/Mensch m, Jüngling m
yngre ['yŋrə] ADJ ⟨komp von → ung⟩ jünger **yngst** ADJ ⟨sup von → ung⟩ jüngst; am jüngsten; **vem är ~ av de två?** wer ist der jüngere von beiden?
ynklig ['yŋkli(g)] ADJ erbärmlich, jämmerlich; winzig, mickerig **ynkrygg** fig S Memme f, Feigling m, Waschlappen m
ynnest ['ynəst] ⟨-en; kein pl⟩ Gunst f, Gewogenheit f; **visa ngn en ~** j-m eine Gunst erweisen
yoga ['jo:ga] ⟨-n; kein pl⟩ Yoga n od m
yoghurt ['jɔghət] ⟨-en; kein pl⟩ Joghurt m od n
yppa ['ypa] ⟨1⟩ A VI͞T offenbaren; verraten (för dat) B VR ~ **sig** sich bieten
ypperlig ['ypə[i(g)] ADJ ausgezeichnet, vorzüglich, vortrefflich **yppersta** ADJ vornehmste(r, s)
yppig ['ypi(g)] ADJ üppig **yppighet** ⟨-en; kein pl⟩ Fülle f; Üppigkeit f
yr [y:r] ADJ schwindlig; toll, wild, ausgelassen; **bli ~** schwindlig werden; **jag blir ~ i huvudet** mir schwindelt der Kopf; umg ~ **i mössan** konfus **yra** A ⟨-n; kein pl⟩ Taumel m, Rausch m B VI͞T ⟨1⟩ fantasieren, irrereden, fiebern; fig a. faseln; **han ~r om att skaffa bil** er faselt davon, sich (dat) ein Auto anzuschaffen C VI͞T ⟨2⟩ stöbern, wirbeln; stäuben, stieben, sprühen D VP ⟨2⟩ ~ **i'gen** verschneien; ~ **om'kring** umherwirbeln
yrka ['yrka] VI͞T ⟨1⟩ ~ **på ngt** auf etw (dat) bestehen, auf etw (akk) dringen, etw verlangen; etw vorschlagen, etw beantragen **yrkande** ⟨-t; -n⟩ Vorschlag m, Antrag m; Forderung f
yrke ['yrkə] N ⟨-t; -n⟩ Beruf m; Gewerbe n; **utöva ett ~** einen Beruf ausüben, ein Gewerbe treiben; **till ~t** von Beruf; **vad har han för ~?** was ist er von Beruf? **yrkesarbetande** ADJ berufstätig, werktätig **yrkesarbete** S N Berufsarbeit f **yrkeserfarenhet** S Berufserfahrung f **yrkeshemlighet** S Berufsgeheimnis n **yrkeshögskola** S Fachhochschule f **yrkesinriktad** ADJ berufsbezogen **yrkeskvinna** S berufstätige Frau f **yrkesliv** S N Berufsleben n **yrkeslärare** S Gewerbelehrer(in) m(f) **yrkesman** S Fachmann m, Fachfrau f **yrkesmässig** ADJ fachmäßig, berufsmäßig, gewerbsmäßig **yrkesofficer** S Berufsoffizier m **yrkesområde** S N Fachgebiet n **yrkesorientering** S Berufsorientierung f; **praktisk ~** Berufspraktikum n **yrkessjukdom** S Berufskrankheit f **yrkesskada** S Folge f eines Betriebsunfalls **yrkesskicklig** ADJ geübt, geschult, fachkundig; im Beruf tüchtig **yr-**

kesskicklighet 🇸 beruflices Können *n* **yrkesskola** 🇸 Berufsschule *f*, Gewerbeschule *f* **yrkesutbildad** ADJ gelernt **yrkesutbildning** 🇸 Berufsausbildung *f* **yrkesutövare** 🇸 Berufstätige(r) *m/f(m)*, Erwerbstätige(r) *m/f(m)* **yrkesutövning** 🇸 Berufsausübung *f* **yrkesval** 🇳 Berufswahl *f* **yrkesvana** 🇸 Berufserfahrung *f* **yrkesvägledning** 🇸 Berufsberatung *f*

yrsel ['yɧəl] ⟨-n; kein pl⟩ Schwindel *m*
yrsnö ['y:ʂnøː] ⟨-n⟩ Schneetreiben *n*
yrvaken ADJ verschlafen, schlaftrunken **yrväder** 🇸🇳 Schneegestöber *n*
ysta ['ysta] ⟨1⟩ 🇦 VT käsen, Käse bereiten 🇧 V/R ~ **sig** gerinnen
yster ['ystər] ADJ wild; feurig
yta ['y:ta] ⟨-n; -or⟩ (Ober-)Fläche *f*; **på ~n** an der Oberfläche; **plan ~** ebene Fläche; **total ~** Gesamtoberfläche **ytlig** ADJ oberflächlich **ytlighet** ⟨-er; -er⟩ Oberflächlichkeit *f* **ytmått** 🇸🇳 Flächenmaß *n*
ytter ['ytər] ⟨-n; -ar⟩ SPORT Außenstürmer(in) *m/f(m)* **ytterbackspegel** 🇸 AUTO Außenspiegel *m* **ytterbana** 🇸 SPORT Außenbahn *f* **ytterbelysning** 🇸 Außenbeleuchtung *f* **ytterdörr** 🇸 Haustür *f* **ytterficka** 🇸 Außentasche *f* **ytterfil** 🇸 Überholspur *f* **ytterkant** 🇸 Außenkante *f* **ytterkläder** PL Oberbekleidung *f sg*; Hut und Mantel; **ta av ~na** ablegen **ytterkurva** 🇸 Außenkurve *f* **ytterlig** ADJ äußerst, außerordentlich **ytterligare** ADJ, ADV ferner, weiter; noch obendrein **ytterlighet** ⟨-en; -er⟩ Übertreibung *f*; Extrem *n*; **till ~** bis zum Äußersten, aufs Äußerste; **gå till ~er med ngt** etw zum Äußersten (*od* auf die Spitze) treiben **ytterområde** 🇸🇳 Außenbezirk *m* **ytterplagg** 🇸🇳 Überkleidung *f* **ytterrock** 🇸 Mantel *m*, Überzieher *m* **yttersida** 🇸 Außenseite *f* **ytterskär** 🇸 *Schlittschuh* Außenbogen *m* **ytterst** ADV äußerst **yttersta** ADJ äußerste(r, s); **min ~a vilja** mein Letzter Wille; **~a dagen** der Jüngste Tag; **~a domen** der Jüngste Tag; **~a domen** der Jüngste Gericht; **göra sitt ~a** sein Möglichstes tun; **ligga på sitt ~a** in den letzten Zügen liegen; **till det ~a** bis zum Äußersten **yttertak** 🇸🇳 Dach *n* **yttervägg** 🇸 Außenwand *f* **yttervärld** 🇸 Außenwelt [f] **ytteröra** 🇸 ANAT äußeres Ohr *n*
yttra ['ytra] VT, V/R ⟨1⟩ äußern (**sig** sich), (**om** über *akk*), bemerken **yttrande** 🇳 ⟨-t; -n⟩ Äußerung *f*; Gutachten *n* **yttranderfrihet** 🇸 Redefreiheit *f*
yttre ['ytra] ADJ äußere(r, s); **hans ~** sein Äußeres; **vara mån om sitt ~** auf sein Äußeres halten; **till det ~** äußerlich
yttring ⟨-en; -ar⟩ Äußerung *f*
ytvatten ['y:tvatən] 🇸🇳 Oberflächenwasser *n* **ytvidd** 🇸 Flächenausdehnung *f*
yvas ['y:vas] V̄ī ⟨dep 2⟩ sich brüsten, sich spreizen, prahlen
yvig ['y:vi(g)] ADJ buschig, dicht; **~a gester** große Gebärden
yxa ['yksa] 🇦 ⟨-n; -or⟩ Axt *f*; Beil *n*; *fig* **kasta ~n i sjön** die Flinte ins Korn werfen 🇧 V/P ⟨1⟩ ~ **'till** behauen, zurechthauen **yxhugg** 🇸🇳 Axthieb *m*, Beilhieb *m* **yxskaft** 🇸🇳 Axtstiel *m*, Beilstiel *m*; *umg* **god dag, ~ was ist denn das für eine Antwort?**

Z

Z, z ['sɛːta] 🇳 ⟨-:t; -:n/-⟩ Z, z *n*
zappa ['sapa] V̄ī ⟨1⟩ TV zappen, dauernd umschalten
zebra ['seːbra] Zebra *n*
zenit ['sɛːnit] ⟨inv⟩ Zenit *m*; **stå i ~** im Zenit stehen
zigenare [siˈjeːnarə, siˈgeːnarə] ⟨-n; -⟩ Zigeuner(in) *m(f)* **zigenarliv** 🇳 Zigeunerleben *n* **zigenerska** ⟨-n; -or⟩ Zigeunerin *f*
zink [siŋk] ⟨-en; kein pl⟩ Zink *n* **zinksalva** 🇸 Zinksalbe *f*
zombie ['sɔmbi] ⟨-n; -r⟩ Zombie *m*
zon [suːn] ⟨-en; -er⟩ Zone *f* **zongräns** 🇸 Zonengrenze *f* **zontariff** 🇸 Zonentarif *m* **zonterapi** 🇸 Reflexzonentherapie *f*
zoo [suː] 🇳 ⟨inv⟩ Zoo *m*, Tiergarten *m* **zoo'log** ⟨-en; -er⟩ Zoologe *m* **zoolo'gi** ⟨-n; kein pl⟩ Zoologie *f* **zoo'logisk** ADJ zoologisch; **~ trädgård** zoolo-

zoom [suːm] ⟨-en; kein pl⟩ Zoom n od m **zooma** ⟨1⟩ Ⓐ ⱽᵢ zoomen Ⓑ ᵛᴾ ~ 'in heranzoomen

Å

Å¹, å [oː] N̄ ⟨-ː(e)t; -ːn/-⟩ (das schwedische) Å; Ä, å n

å² ⟨-n; -ar⟩ kleiner Fluss m, Flüsschen n; Bach m; **gå över ~n efter vatten** sich unnötige Mühe machen

å³ PRÄP **~ ena/andra sidan** einerseits/andererseits; → **på**

å⁴ INTER o(h), ach; **~ nej!** ach nein!; **~ så dumt!** ach, wie dumm!; **~ prat!** ach was!, Quatsch!

åberopa [ˈoːbəruːpa] ⱽᵀ ⟨1⟩ sich berufen/beziehen auf (akk)

åder [ˈoːdər] ⟨-n; -or⟩ ANAT Ader f **åderbråck** ꜱ̄ɴ̄ Krampfader f **åderförkalkad** ADJ verkalkt **åderförkalkning** ⟨-en; kein pl⟩ Arterienverkalkung f **ådra¹** Ⓐ ⟨-n; -or⟩ Ader f; **en poetisk ~** eine dichterische Ader Ⓑ ⱽᵀ ⟨1⟩ ädern

ådra² [ˈoːdraː] ⱽᴿ ⟨4⟩ **~ sig** ngt sich (dat) etw zuziehen; **~ sig uppmärksamhet** die Aufmerksamkeit auf sich (akk) lenken, Aufsehen erregen; **~ sig en förkylning** sich eine Erkältung zuziehen

ådrig [ˈoːdri(g)] ADJ ad(e)rig, äd(e)rig, geädert, geadert **ådring** ⟨-en; -ar⟩ Aderung f, Äderung f

åhörare [ˈoːhøːrara] ⟨-n; -⟩ Zuhörer(in) m(f); UNIV Hörer(in) m(f)

åk [oːk] N̄ ⟨-et; -⟩ sport Lauf m **åka** ⟨2⟩ Ⓐ ⱽᵀ,ᵛᵢ fahren; gleiten, rutschen; **~ buss/tåg** mit dem Bus/Zug fahren; **~ skidor/skridskor** Ski/Schlittschuh laufen; **~ snowboard** snowboarden; **~ till stan** in die Stadt fahren Ⓑ ᵛᴾ ~ 'bort wegfahren; umg **~ 'fast** geschnappt werden; **~ 'in** hineinfahren, hereinfahren; umg ins Kittchen kommen; **~ 'med** mitfahren; fig **~ 'på en blåsning** übers Ohr gehauen werden; **~ 'på en förkyl-**

ning sich eine Erkältung holen; **~ 'ut** (hin)ausfahren; umg hinausgeworfen (od an die Luft gesetzt) werden

åkalla [ˈoːkala] ⱽᵀ ⟨1⟩ anrufen, anflehen

åkare [ˈoːkara] ⟨-n; -⟩ Fuhrunternehmer(in) m(f)

åker [ˈoːkər] ⟨-n; -ar⟩ Acker m, Feld n **åkerbruk** ꜱ̄ɴ̄ Ackerbau m

åkeri [oːkəˈriː] N̄ ⟨-et; -er⟩ Fuhrunternehmen n, Fuhrgeschäft n

åkerjord [ˈoːkarjuːd] ꜱ̄ Ackerboden m

åklaga [ˈoːklɔːga] ⱽᵀ ⟨1⟩ anklagen, verklagen **åklagare** ⟨-n; -⟩ Ankläger(in) m(f); **allmän ~** Staatsanwalt m, Staatsanwältin f

åkomma [ˈoːkɔma] ⟨-n; -or⟩ Leiden n, Übel n

åkpåse [ˈoːkpoːsə] ꜱ̄ Fußsack m **åksjuk** ADJ reisekrank **åksjuka** ꜱ̄ Reisekrankheit f **åktur** ꜱ̄ Spazierfahrt f

ål [oːl] ⟨-en; -ar⟩ ZOOL Aal m **åla** ⱽᵢ ⟨1⟩ sich schlängeln; robben

ålder [ˈɔldər] ⟨-n; -ar⟩ Alter n; **av samma ~** gleichaltrig; **ha ~n inne** alt genug sein; **vid hög ~** hochbetagt; **vid min ~** in meinem Alter; **vid tio års ~** mit (od im Alter von) 10 Jahren **ålderdom** ꜱ̄ Alter n; **på ~en** im Alter **ålderdomlig** ADJ altertümlich **ålderdomshem** ꜱ̄ɴ̄ Altersheim n **åldersgräns** ꜱ̄ Altersgrenze f **ålderspension** ꜱ̄ Altersrente f **åldersskillnad** ꜱ̄ Altersunterschied m **ålderstecken** ꜱ̄ɴ̄ Alterssymptom n **ålderstigen** ADJ bejahrt, hochbetagt **åldrad** ADJ gealtert **åldrande** N̄ ⟨-t; kein pl⟩ Altern n **åldras** ⱽᵢ ⟨dep 1⟩ altern, alt werden **åldrig** ADJ betagt, greis; ältlich **åldring** ⟨-en; -ar⟩ alter Mensch, Greis(in) m(f) **åldringsvård** ꜱ̄ Alterspflege f

åligga [ˈoːliga] ⱽᵀ ⟨4⟩ obliegen (dat) **åliggande** N̄ ⟨-t; -n⟩ Pflicht f, Obliegenheit f **ålägga** ⱽᵀ ⟨4⟩ auferlegen (dat)

åminnelse [ˈoːminəlsə] ⟨-n; kein pl⟩ Erinnerung f, Andenken n; **till ~ av** zur Erinnerung (od zum Andenken) an (akk)

ånga [ˈɔŋa] Ⓐ ⟨-n; -or⟩ Dampf m, Dunst m; **hålla ~n uppe** für Stimmung sorgen Ⓑ ⱽᵀ ⟨1⟩ dampfen Ⓒ ᵛᴾ ⟨1⟩ **~ i'väg** abdampfen **ångare** ⟨-n; -⟩ Dampfer m **ångbåt** ꜱ̄ Dampfer m,

Dampfschiff n
ånger ['ɔŋər] ⟨-n; kein pl⟩ Reue f **ångerfull** ADJ reu(müt)ig **ångerköpt** ADJ han är ~ es reut ihn **ångevecka** S siebentägiges Rücktrittsrecht n
ångest ['ɔŋɛst] ⟨-en; kein pl⟩ Angst f
ångestfull ADJ angstvoll, angsterfüllt
ångfartyg ['ɔŋfɑː͡ty:g] S̄N̄ Dampfer m, Dampfschiff n **ångkoka** VT ⟨1⟩ dämpfen **ångmaskin** S Dampfmaschine f
ångpanna S Dampfkessel m
ångra ['ɔŋra] ⟨1⟩ **A** VT bereuen; COMPUT rückgängig machen **B** V/R ~ sig es bereuen; umg jag får ~ et mig a. ich habe es mir (anders) überlegt
ångstrykjärn ['ɔŋstry:k'jæ:ɳ] S̄ N̄ Dampfbügeleisen n **ångturbin** S Dampfturbine f **ångvält** S Dampfwalze f
ånyo [ɔn'y:u] ADV von Neuem, abermals, wieder(um)
år [o:r] N̄ ⟨-et; -⟩ Jahr n; ~ 1900 im Jahre 1900; **1930** ~s riksdag der Reichstag vom Jahre 1930; **10** ~ **gammal** 10 Jahre alt; **ett 4** ~ **gammalt barn, ett barn på 4** ~, **ett 4**~**igt barn** ein vierjähriges Kind, ein Kind von 4 Jahren; **fylla** ~ Geburtstag haben; **fylla 3** ~ 3 Jahre alt werden; **några och trettio** ~ einige dreißig Jahre; **gott nytt** ~! viel Glück zum neuen Jahr!, guten Rutsch (ins neue Jahr)!; umg prosit Neujahr!; **förra** ~**et** im vorigen Jahr; **i** ~ in diesem Jahr; **följande** ~ im folgenden Jahr; **ett** ~**s tid/i ett** ~ ein Jahr lang; ~ **ut och** ~ **in** jahraus, jahrein; **från** ~ **till** ~ von Jahr zu Jahr; **för varje** ~ mit jedem Jahr; (hela) ~**et om** das ganze Jahr hindurch; **så här** ~**s** um diese Jahreszeit; **en gång om** ~**et** einmal im Jahr; **i dag om ett** ~ heute in einem Jahr; **på tredje** ~**et** im dritten Jahr; **under många** ~ viele Jahre lang; **under senare** ~ in den letzten Jahren; **vara till** ~**en** bei Jahren sein; **vid mina** ~ in meinen Jahren; ~**ets skörd** die diesjährige Ernte
åra ['o:ra] ⟨-n; -or⟩ SCHIFF Ruder n; SPORT Riemen m
åratal ['o:rata:l] S̄ N̄ ~ jahrelang, Jahre hindurch **åretruntbostad** S̄ Dauerwohnung f **årgång** S Jahrgang m **århundrade** S̄ N̄ Jahrhundert n; **i** ~**n** jahrhundertelang **årlig** ADJ järlig(en

ADV jährlich **årsabonnemang** S̄ N̄ Jahresabonnement n **årsavgift** S̄ Jahresbeitrag m **årsavslutning** S̄ Schule Entlassungsfeier f **årsberättelse** S̄ Jahresbericht m **årsbok** S̄ Jahrbuch n **årsdag** S̄ Jahrestag m **årsgammal** ADJ ein Jahr alt, einjährig **årsinkomst** S̄ Jahreseinkommen n **årsklass** S̄ Jahrgang m, Altersklasse f **årskort** S̄ N̄ Jahreskarte f **årskull** S̄ Jahrgang m, Generation f Gleichaltriger **årskurs** S̄ Klasse f, Schulklasse f Jahrespensum n **årslång** ADJ jahrelang **årslön** S̄ Jahresgehalt n **årsmodell** S̄ AUTO a. Baujahr n **årsmöte** S̄ N̄ Jahresversammlung f **årsring** S̄ Jahresring m **årsskifte** S̄ N̄ Jahreswechsel m **årstid** S̄ Jahreszeit f **årsvinst** S̄ jährlicher Gewinn **årtal** S̄ N̄ Jahreszahl f **årtionde** S̄ N̄ Jahrzehnt n **årtusende** N̄ ⟨-t; -n⟩ Jahrtausend n
ås [o:s] ⟨-en; -ar⟩ Bergrücken m; Dachfirst m
åsamka ['o:samka] VT ⟨1⟩ → ådra
å'sido ADV beiseite **å'sidosätta** VT ⟨4⟩ hintansetzen; vernachlässigen
åsikt ['o:sikt] ⟨-en; -er⟩ Ansicht f, Meinung f; **ändra** ~ seine Meinung ändern; **enligt min** ~ meines Erachtens, meiner Meinung nach
åska ['ɔska] **A** ⟨-n; -or⟩ Donner m; Gewitter n; ~**n går** es donnert, der Donner rollt; ~**n har slagit ned** der Blitz (od es) hat eingeschlagen; **det är** ~ **i luften** es liegt ein Gewitter in der Luft, es ist Gewitterstimmung **B** V/I UNPERS ⟨1⟩ donnern **åskby** S̄ Gewitterschauer m **åskfront** S̄ Gewitterfront f **åskknall** S̄ Donnerschlag m **åskledare** S̄ Blitzableiter m **åskmoln** S̄ N̄ Gewitterwolke f **åsknedslag** S̄ Blitz(ein)schlag m; fig Donnerschlag m **åskskur** S̄ Gewitterschauer m **åskväder** S̄ N̄ Gewitter n
åskådare ['o:sko:darə] ⟨-n; -⟩ Zuschauer(in) m(f) **åskådarläktare** S̄ Zuschauertribüne f **åskådlig** ADJ anschaulich **åskådliggöra** VT ⟨4⟩ veranschaulichen **åskådning** ⟨-en; -ar⟩ Anschauung f
åsna ['o:sna] ⟨-n; -or⟩ Esel m
åstadkomma ['o:sta:d-] VT ⟨4⟩ zustande bringen; bewirken, verursachen; erzielen; leisten

åsyfta ['o:syfta] _vt_ ⟨1⟩ beabsichtigen, bezwecken **åsyftad** _adj_ beabsichtigt; **ha ~ verkan** die beabsichtigte Wirkung haben/tun

åsyn ['o:sy:n] _s_ Anblick _m_; **i allas ~** vor aller Augen, in Gegenwart aller; **i min ~** vor meinen Augen, in meiner Gegenwart; **vid ~en av** beim Anblick, angesichts (_gen_)

åt [o:t] **A** _präp_ für; nach; _örtlich_ nach ... hin; **~ vem? wem?**; **ge/hämta ngt ~ ngn** j-m etw geben/holen; **arbeta ~ ngn** für j-n arbeiten; **skratta ~ ngn** über j-n lachen, j-n auslachen; **vara glad ~ ngt** über etw (_akk_) froh sein; **tre ~ gången** drei auf einmal, je drei; **~ gatan** (_till_) nach der Straße hin (_od_ zu); **~ höger/vänster** nach rechts/links; **~ vilket håll?** in welche(r) Richtung? **B** _adv_ zu; **dra '~ zuziehen**; **gå '~** draufgehen, verbraucht werden

åta ['o:ta:] _vr_ ⟨4⟩ **~ sig ngt** etw übernehmen, sich einer Sache (_gen_) annehmen, etw auf sich (_akk_) nehmen **åtagande** _n_ ⟨-t; -n⟩ Verpflichtung _f_

åtal ['o:ta:l] _s_ _jur_ (An-)Klage _f_; **väcka ~** Anklage erheben (**mot** gegen), (**för** wegen); **ställa under ~** unter Anklage stellen **åtala** _vt_ ⟨1⟩ **~ ngn** j-n verklagen, eine Klage gegen j-n erheben

åtanke ['o:taŋkə] _s_ Andenken _n_; **ha i ~** sich an (_akk_) erinnern, **komma i ~** berücksichtigt werden, in Frage kommen

åter ['o:tər] _adv_ wieder, zurück; wiederum, abermals, nochmals; dagegen, indessen; **~ och ~ igen** (wieder und) immer wieder; **tusen och Abertausende återanpassa** _vt_ ⟨1⟩ wiedereingliedern; resozialisieren **återanpassning** _s_ Wiedereingliederung _f_; Resozialisierung _f_ **återanställa** _vt_ ⟨2⟩ wieder einstellen **återanvändning** _s_ Wiederverwendung _f_, Recycling _n_ **återberätta** _vt_ ⟨1⟩ wiedererzählen, nacherzählen **återbesök** _s_ Arzt folgender Besuch _m_; **göra ett ~** noch einmal zum Arzt gehen **återbetala** _vt_ ⟨1⟩ zurückzahlen **återbetalning** _s_ (Zu-)Rückzahlung _f_ **återblick** _s_ Rückblick _m_ (**på** auf _akk_) **återbud** _s_ Absage _f_; Abbestellung _f_; **ge/lämna ~ om** abbestellen; **skicka ~ till ngn** j-m absagen (lassen) **återbäring** ⟨-en; -ar⟩ Zurückerstattung _f_, Wiedererstattung _f_; Rückvergütung _f_ **återbörda** _vt_ ⟨1⟩ wiedergeben **återerövra** _vt_ ⟨1⟩ zurückerobern, wiedererobern **återfall** _s_ Rückfall _m_ (**i** in _akk_) **återfalla** _vi_ ⟨4⟩ zurückfallen (**i** in _akk_), (**på** auf _akk_), (**till** an _akk_); rückfällig werden **återfinna** _vt_ ⟨4⟩ wiederfinden **återfå** _vt_ ⟨4⟩ zurückbekommen, wiederbekommen, wiedererlangen **återfärd** _s_ Rückfahrt _f_ **återföra** _vt_ ⟨2⟩ zurückführen, zurückbringen; **~ till ngt** _fig_ auf etw (_akk_) zurückführen; **kunna ~s till ngt** auf etw (_akk_) zurückzuführen sein **återförena** _vt_ ⟨1⟩ wiedervereinigen **återförening** _s_ Wiedervereinigung _f_ **återförsäljare** _s_ Wiederverkäufer _m_; Einzelhändler _m_; _Autos_ Vertragshändler _m_ **återge** _vt_ ⟨5⟩ zurückgeben, wiedergeben **återgivning** ⟨-en; -ar⟩ Rückgabe _f_; _fig_ Wiedergabe _f_ **återgå** _vi_ ⟨4⟩ zurückgehen (**till** auf _akk_); **~ till arbetet** die Arbeit wieder aufnehmen; **~ till ämnet** zum Thema zurückkehren; **låta ~** rückgängig machen **återgång** _s_ Rückkehr _f_; _fig_ Rückschritt _m_, Rückgang _m_; _jur_ Rückgängigmachung _f_; **vara på ~** im Rückgang sein **återgälda** _vt_ ⟨1⟩ zurückzahlen, zurückerstatten, zurückvergüten; _fig_ vergelten, heimzahlen **återhållsam** _adj_ zurückhaltend; enthaltsam **återhållsamhet** ⟨-en; kein pl⟩ Zurückhaltung _f_; Enthaltsamkeit _f_ **återhämta** ⟨1⟩ **A** _vt_ zurückholen; _fig_ zurückgewinnen, wiedergewinnen; **~ krafter** wieder zu Kräften kommen **B** _vr_ **~ sig** sich erholen **återhämtning** _s_ Erholung _f_ **återigen** _adv_ nochmals, wieder **återinföra** _vt_ ⟨2⟩ wiedereinführen **återinträde** _s_ Wiedereintritt _m_ **återkalla** _vt_ ⟨1⟩ zurückrufen; abberufen, zurückberufen; zurücknehmen, widerrufen **återklang** _s_ Widerhall _m_, Widerklang _m_ **återknyta** _vt_, _vi_ ⟨4⟩ wiederanknüpfen **återkomma** _vi_ ⟨4⟩ zurückkommen (**till ngt** auf etw _akk_) **återkomst** ⟨-en; -er⟩ Rückkehr _f_ **återkoppling** _s_ Feedback _n_ **återlämna** _vt_ zurückgeben, wiedergeben, zurückerstatten **återresa** _s_ Rückreise _f_ **återse** _vt_ ⟨4⟩ wiedersehen **återseende** _n_

⟨-t; -n⟩ Wiedersehen n; **på ~** auf Wiedersehen **återsken** S̄N̄ Widerschein m **återspegla** V̄T̄ ⟨1⟩ (wider)spiegeln; **~s** sich spiegeln **återspegling** S̄ Widerspieg(e)lung f **återstod** ⟨-en; -er⟩ Rest m, Überbleibsel n; Rückstand m **återstå** V̄Ī ⟨4⟩ (übrig) bleiben; *Geld* ausstehen; **det ~r ingenting annat för mig** so bleibt mir nichts anderes übrig **återstående** ĀDJ übrig, restlich, rückständig **återställa** V̄T̄ ⟨2⟩ wiederherstellen; zurückerstatten **återställare** ⟨-n; -⟩ **ta sig en ~** *Alkohol gegen den Kater* im Konterbier trinken **återställd** ĀDJ wiederhergestellt; *fig a.* erholt **återsända** V̄T̄ ⟨2⟩ zurücksenden **återta** V̄T̄ ⟨4⟩ zurücknehmen; zurückziehen; wiederaufnehmen, fortfahren **återtåg** S̄N̄ Rückzug m **återuppbygga** V̄T̄ ⟨2⟩ wiederaufbauen **återuppliva** V̄T̄ ⟨1⟩ wiederbeleben; neu beleben **återupplivningsförsök** S̄N̄ Wiederbelebungsversuch m **återuppringning** S̄ Wahlwiederholung f **återupprätta** V̄T̄ ⟨1⟩ wiederherstellen; rehabilitieren **återuppstå** V̄Ī ⟨4⟩ (wieder)auferstehen **återuppta** V̄T̄ ⟨4⟩ wieder aufnehmen **återuppväcka** V̄T̄ ⟨2⟩ (wieder)erwecken **återval** S̄N̄ Wiederwahl f **återverkan** S̄, **återverkning** ⟨-en; -ar⟩ Rückwirkung f **återvinna** V̄T̄ ⟨4⟩ wiedergewinnen, zurückgewinnen; wiederverwerten, wiederverwenden, recyceln **återvinning** S̄ Wiederverwertung f, Wiederverwendung f, Recycling n **återvinningsbar** ĀDJ *Abfall* wiederverwertbar **återvinningscentral** S̄ Recyclinghof m **återvinningsstation** S̄ Recyclingcontainer m **återväg** S̄ Rückweg m **återvända** V̄Ī ⟨2⟩ zurückkehren, zurückkommen; **~ hem** *a.* heimkehren; **~ till en ort/staden** an einen Ort/in die *od* zur Stadt zurückkehren **återvändo** ⟨inv⟩ **det finns ingen ~** es gibt kein Zurück (mehr); **utan ~** unwiderruflich **återvändsgata** S̄, **återvändsgränd** S̄ Sackgasse f **återväxt** S̄ Nachwuchs m **åtfölja** [ˈoːtfølja] V̄T̄ ⟨2⟩ begleiten **åtgång** S̄ Absatz m; Verbrauch m; **få/ha strykande ~** reißenden Absatz finden, reißend abgehen **åtgängen**

ĀDJ **illa ~** übel zugerichtet, hart mitgenommen **åtgärd** ⟨-en; -er⟩ Maßnahme f, Vorkehrung f, Schritt m; **vidtaga (lämpliga) ~er** (geeignete) Maßnahmen/Vorkehrungen treffen **åtgärda** V̄T̄ ⟨1⟩ beseitigen **åthutning** ⟨-en; -ar⟩ *umg* Anschnauzer m, Rüffel m; **ge ngn en ~** j-n gehörig abkanzeln **åtkomlig** ĀDJ zugänglich **åtkomst** ⟨-en; -er⟩ Zugriff m **åtkomstkod** S̄ IT Zugriffscode m **åtkomsträtt (-ighet)** S̄ IT Zugriffsberechtigung f **åtkomsttid** S̄ IT Zugriffszeit f **åtlöje** N̄ ⟨-t; kein pl⟩ Gelächter n; **bli till ett ~** sich lächerlich machen **åtminstone** ĀDV wenigstens, zum Mindesten **åtnjuta** V̄T̄ ⟨4⟩ genießen, sich erfreuen ⟨gen⟩; *Gehalt* beziehen **åtnjutande** N̄ ⟨-t; kein pl⟩ Genuss m; **komma i ~ av en förmån** in den Genuss eines Vorteils kommen **åtrå** [ˈoːtroː] N̄ ⟨-n; kein pl⟩ Verlangen n, Begierde f B̄ V̄T̄ ⟨3⟩ begehren **åtråvärd** ĀDJ begehrenswert **åtsittande** [ˈoːtsitanda] ĀDJ eng anliegend **åtskilja** V̄T̄ ⟨2⟩ trennen **åtskillig** ĀDJ **~t besvär** recht viel Mühe; **~t** manches, einiges; **~t större** bedeutend größer **åtskilliga** ĪND̄ĒF P̄R̄ P̄L̄ etliche, manche **åtskillnad** S̄ Unterschied m **åtstramning** ⟨-en; -ar⟩ *fig* Restriktion f, Drosselung f **åtta** [ˈɔta] Ā N̄ŪM̄ acht; **~ gånger** achtmal B̄ ⟨-n; -or⟩ Acht f; *SPORT* Achter m **åttatimmarsdag** S̄ Achtstundentag m **åttio** [ˈɔtiu] N̄ŪM̄ achtzig **åttionde** ĀDJ achtzigste(r, s) **åttiotal** S̄N̄ **ett ~** etwa achtzig; **på ~et** in den Achtzigerjahren **åttioårig** ĀDJ achtzigjährig **åttioåring** ⟨-en; -ar⟩ Achtzigjährige(r) m/f(m) **åttonde** ĀDJ achte(r, s) **åttondel** S̄ Achtel n **åttondelsfinal** S̄ Achtelfinale n

åverkan [ˈoːværkan] ⟨inv⟩ Schaden m, Beschädigung f; **göra ~ på ngt** etw beschädigen

Ä

Ä, ä [ɛː] N ⟨-:(e)t; -:n/-⟩ Ä, ä n
äckel ['ɛkəl] N ⟨-et⟩ Ekel m umg Person n (för vor dat); ditt ~! du Ekel! **äckla** VT ⟨1⟩ (an)ekeln, anwidern; **det ~r mig** es ekelt mich **äcklas** VI ⟨dep 1⟩ jag ~ es ekelt mich, mir ekelt **äcklig** ADJ ekelhaft, eklig
ädel ['ɛːdəl] ADJ edel **ädelmetall** S Edelmetall n **ädelmod** S N Edelmut m **ädelmodig** ADJ edelmütig, großmütig, großherzig **ädelost** S Blauschimmelkäse m **ädelsten** S Edelstein m
äga ['ɛːga] VT ⟨2⟩ besitzen, haben; **~ rum** stattfinden; **det äger sin riktighet** damit hat es schon seine Richtigkeit **äganderätt** S Eigentumsrecht n, Besitzrecht n **ägare** ⟨-n; -⟩ Eigentümer(in) m(f), Besitzer(in) m(f); **byta ~** den Besitzer wechseln
ägg [ɛɡ] N ⟨-et; -⟩ Ei n; **stekt ~** Spiegelei n, Setzei n **äggcell** S Eizelle f **äggformig** ADJ eiförmig **äggklocka** S Eieruhr f **äggkokare** ⟨-n; -⟩ Eierkocher m **äggkopp** S Eierbecher m **äggledare** S ANAT Eileiter m **ägglossning** ⟨-en; -ar⟩ Eisprung m **äggröra** S Rührei n **äggskal** S N Eierschale f **äggstock** S ANAT Eierstock m **äggtoddy** S ≈ Eierkognak m **äggula** S Eigelb n, Eidotter m **äggvita** S Eiweiß n **äggviteämne** S N Eiweißstoff m, Eiweißkörper m
ägna ['ɛŋna] ⟨1⟩ A VT widmen (åt dat) B VR **~ sig åt ngt** sich etw (dat) widmen, sich mit etw befassen
ägo ['ɛːgu] ⟨inv⟩ **vara i ngns ~** im Besitz j-s sein **ägodel** S Besitz m, Besitztum n; Habseligkeit f **ägor** PL Grund und Boden, Felder pl; Besitztümer pl
äkta ['ɛkta] A ADJ echt; ehelich; **~ hälft** Ehehälfte f; **~ maka** Ehefrau f; **~ make/man** Ehemann m; **~ makar** pl Eheleute pl, Ehegatten pl; **~ par** n Ehepaar n B VT ⟨1⟩ ehelichen **äktenskap** N ⟨-et; -⟩ Ehe f; **ingå ~** die Ehe schließen; **ett barn utom/utanför ~et** ein uneheliches Kind **äktenskaplig** ADJ ehelich **äktenskapsannons** S Heiratsanzeige f **äktenskapsbrott** S N Ehebruch m **äktenskapsförord** S N JUR Ehevertrag m; umg Gütertrennung(s-vertrag m) f **äktenskapshinder** S N JUR Ehehindernis n **äktenskapslöfte** S N Eheversprechen n **äktenskapsrådgivning** S Eheberatung f **äktenskapsskillnad** S Ehescheidung f **äkthet** ⟨-en; kein pl⟩ Echtheit f
äldre ['ɛldrə] ADJ ⟨komp von → gammal⟩ älter **äldreomsorg** S Altenhilfe f **äldst** ADJ ⟨sup von → gammal⟩ ältest; am ältesten; **den ~a** die älteste; **den ~e** der älteste
älg [ɛlj] ⟨-en; -ar⟩ ZOOL Elch m **älgjakt** S Elchjagd f **älgkalv** S Elchbraten m
älska ['ɛlska] ⟨1⟩ A VT lieben; **hans ~de** seine Liebste(n); **vi ~r varandra** wir lieben uns; **jag ~r att läsa** ich lese sehr gern B VI Liebe machen, sich lieben; **~ med ngn** mit j-m schlafen **älskad** ADJ geliebt **älskare** ⟨-n; -⟩ Geliebte(r) m; Liebhaber m **älskarinna** ⟨-n; -or⟩ Geliebte f **älskling** ⟨-en; -ar⟩ Liebling m **älsklings-** IN ZSSGN Lieblings- **älsklingsrätt** S Lieblingsgericht n, Leibgericht n **älskog** ⟨-en; kein pl⟩ Liebe(lei) f **älskvärd** ADJ liebenswürdig **älskvärdhet** ⟨-en; kein pl⟩ Liebenswürdigkeit f
älta ['ɛlta] fig VT ⟨1⟩ wiederkäuen; **~ ett problem** ein Problem wälzen
älv [ɛlv] ⟨-en; -ar⟩ Fluss m, Strom m
älva ['ɛlva] ⟨-n; -or⟩ MYTH Nymphe f, MYTH Elfe f
ämbete ['ɛmbeːtə] N ⟨-t; -n⟩ Amt n; **å ~ts vägnar** von Amts wegen **ämbetsman** S höhere(r) Beamte(r) m, höhere Beamtin f **ämbetsverk** S N Amt n
ämna ['ɛmna] VT ⟨1⟩ beabsichtigen, gedenken, vorhaben, wollen **ämnad** ADJ bestimmt (åt für); **det var ämnat åt dig** das zielte auf dich; das war dir zugedacht
ämne ['ɛmnə] N ⟨-t; -n⟩ Stoff m (till für/zu); Gegenstand m, Thema n; Fach n; Anlage f, Keim m; IT E-Mail Betreff m; **gå från ~t** vom Thema abschweifen; **hålla sig till ~** sich an das Thema halten, bei der Sache bleiben; **komma till ~t** zum Thema (od zur Sache) kom-

men **ämneskombination** _s_ Fächerkombination _f_ **ämneskonferens** _s_ Fachkonferenz _f_ **ämneslärare** _s_ Fachlehrer(in) _m(f)_ **ämnesområde** _s N_ Fachgebiet _n_ **ämnesomsättning** _s_ MED Stoffwechsel _m_

än [ɛn] **A** ADV noch; auch; immer; **en gång** noch einmal; **~ så länge** vorläufig; **hur klok han ~ är** so klug er auch ist; **hur ledsen jag ~ är** sosehr ich es bedaure; **hur det ~ må vara (med det)** wie dem auch sei; **vad som ~ händer** was auch geschehen mag; **vem/vad ~** wer/was auch (immer); **om ~** wenn auch; **~ sen (då)?** na und?, warum nicht?; **~ du då?** und du?; **jag då!** und ich erst!; → **ännu** **B** KONJ noch _komp_ als, denn; **äldre ~ du/dig** älter als du; **mer ~ någonsin** mehr denn je; **allt annat ~** nichts weniger als

ända¹ [ˈɛnda] ADV bis; **~ till** bis zu/an; **~ dit/hit** bis dahin/hierher

ända² _s_ ⟨-n; -r⟩ Ende _n_, Endchen _n_; **dagen i ~** den ganzen Tag über

ända³ ⟨-n; -or⟩ _umg_ Hintern _m_

ändamål _s N_ Zweck _m_ **ändamålsenlig** ADJ zweckmäßig

ände [ˈɛndə] ⟨-n; -ar⟩ Ende _n_ **ändelse** ⟨-n; -r⟩ Endung _f_ **ändhållplats** _s_ Endstation _f_, Endhaltestelle _f_ **ändlös** ADJ endlos

ändra [ˈɛndra] ⟨1⟩ **A** V/T (ver)ändern; **det går inte att ~** das ist nicht (mehr) zu ändern; **utan att ~ en min** ohne eine Miene zu verziehen; **~ åsikt** seine Meinung ändern **B** V/R **~ sig** sich (ver)ändern, sich wandeln; seine Meinung ändern; es sich anders überlegen **ändring** ⟨-en; -ar⟩ Änderung _f_ (i _gen_); **en ~ till det bättre** eine Wandlung zum Bessern

ändstation [ˈɛndstaʃuːn] _s_ Endstation _f_ **ändtarm** _s_ ANAT Mastdarm _m_

ändå [ˈɛndɔː, ɛnˈdoː] ADV doch; dennoch; _beim komp_ noch; **~ mera** noch mehr

äng [ɛŋ] ⟨-en; -ar⟩ Wiese _f_

ängel [ˈɛŋəl] ⟨-n; -ar⟩ Engel _m_ **änglalik** ADJ engelhaft

ängsblomma [ˈɛŋsbluma] _s_ Wiesenblume _f_

ängslan [ˈɛŋslan] ⟨inv⟩ Angst _f_ (**inför** vor _dat_), (**för ... skull** um) **ängslas** V/T ⟨dep 1⟩ sich ängstigen, Angst haben

ängslig ADJ ängstlich (**för** vor _dat od_ um); **vara ~ av sig** von Natur ängstlich sein; **jag blir ~** mir wird angst; **jag är ~ för honom** ich habe Angst (_od_ mir ist bange) um ihn; **göra ngn ~** j-m Angst machen

ängsmark [ˈɛŋsmark] _s_ Wiesenland _n_, Wiesen _pl_

änka [ˈɛŋka] ⟨-n; -or⟩ Witwe _f_; **~ efter** die Witwe (_gen_); **vara ~** _a._ verwitwet sein **änkeman** _s_ Witwer _m_ **änkepension** _s_ Witwenrente _f_ **änkling** ⟨-en; -ar⟩ Witwer _m_

ännu [ˈɛnu] ADV noch (immer); **~ aldrig** noch nie(mals); **inte ~** noch (immer) nicht; **~ en gång** noch einmal; **(inte) ~ så länge** vorläufig (nicht); **~ bättre** noch besser

äntligen [ˈɛntligən] ADV endlich, schließlich

äntra [ˈɛntra] V/T ⟨1⟩ entern

äppeljuce [ˈɛpəljuːs] _s_ Apfelsaft _m_ **äppelkaka** _s_ Apfelkuchen _m_ **äppelkart** _s_ unreifer Apfel _m_ **äppelmos** _s N_ Apfelmus _n_ **äppelpaj** _s_ gedeckte Apfeltorte _f_ **äppelträd** _s N_ Apfelbaum _m_ **äpple** _N_ ⟨-t; -n⟩ Apfel _m_; **stekta ~n** _pl_ Bratapfel _m sg_; _fig_ **~t faller inte långt från trädet** der Apfel fällt nicht weit vom Stamm

ära [ˈæːra] **A** ⟨-n; kein _pl_⟩ Ehre _f_; Ruhm _m_; (jag) **har den ~** (att gratulera)! meinen herzlichsten Glückwunsch!; **det är en stor ~ för mig** es ist mir eine große Ehre; **i (all) ~** in (allen) Ehren; **till hans ~** ihm zu Ehren; **till Guds ~** zur Ehre Gottes; **dagen till ~** zu Ehren (_od_ zur Feier) des Tages **B** V/T ⟨1⟩ ehren; **~s den som ~ bör** Ehre, dem Ehre gebührt **ärad** ADJ geehrt **ärbar** ADJ ehrbar, ehrsam **ärgirig** ADJ ehrgeizig **äregirighet** _s_ Ehrgeiz _m_ **ärekränkande** ADJ ehrenrührig, beleidigend **ärekränkning** _s_ Ehrverletzung _f_, Beleidigung _f_ **ärelysten** ADJ → **äregirig**

ärende [ˈæːrəndə] _N_ ⟨-t; -n⟩ Angelegenheit _f_, Geschäft _n_; Anliegen _n_; Auftrag _m_, Bestellung _f_, Besorgung _f_, Gang _m_; uttrykes **~ar** Angelegenheiten _f/pl_; **vad har ni för ~?** was ist Ihr Anliegen?; **gå/springa/uträtta ~n** Besorgungen machen (**åt** für); **framföra sitt ~** sein Anliegen vorbringen;

göra sig ~ till ngn j-n unter einem Vorwand aufsuchen; *fig* **gå ngns ~n** die Geschäfte j-s besorgen; **med oförrättat ~** unverrichteter Dinge; **efter välförrättat ~** nach getaner Arbeit

ärevarv ['æːravarv] S N SPORT Ehrenrunde **ärevördig** ADJ ehrwürdig

ärftlig ['ærftli(g)] ADJ erblich; **vara ~ i.** sich vererben **ärftlighet** ⟨-en; kein pl⟩ Erblichkeit f, Vererbung f **ärftlighetslära** S Vererbungslehre f, Erblehre f

ärg [ærj] ⟨-en; kein pl⟩ Grünspan m

ärkebiskop ['ærkabiskɔp] S Erzbischof m **ärkefiende** S Erzfeind(in) m(f) **ärkehertig** S Erzherzog m **ärkenöt** *umg* S ausgemachtes Rindvieh n **ärkeängel** S Erzengel m

ärla ['æːla] ⟨-n; -or⟩ ZOOL Bachstelze f

ärlig ['æːli(g)] ADJ ehrlich **ärlighet** ⟨-en; kein pl⟩ Ehrlichkeit f

ärm [ærm] ⟨-en; -ar⟩ Ärmel m **ärmlös** ADJ ohne Ärmel

ärofull ['æːrufulː] ADJ ehrenvoll **ärorik** ADJ ruhmreich

ärr [ær] N ⟨-et; -⟩ Narbe f; Schmiss m **ärrig** ADJ narbig

ärt [æʈ] ⟨-en; -er⟩, **ärta** ⟨-n; -or⟩ BOT Erbse f; **ärter/ärtor** *pl* **och fläsk** Erbsen *flpl* mit Speck **ärtbalja** S, **ärtskida** S Erbsenhülse f, Erbsenschote f **ärtsoppa** S Erbsensuppe f **ärtväxt** S Hülsenfrüchtler m

ärva ['ærva] V/T ⟨2⟩ erben ⟨av/efter von⟩; **~ ngn** j-n beerben **ärvd** [-] erbt, geerbt; **~ egendom** Erbgut n

äsch [εʃ] INTER ach was

äss [εs] N ⟨-et; -⟩ Ass n

äta ['εːta] ⟨4⟩ A V/T, V/I essen; *Tier u. derb Mensch* fressen; **~ frukost** frühstücken; **~ lunch** zu Mittag essen; **~ middag/kvällsmat** zu Abend essen; **~ ute** im Lokal essen; im Freien essen; **gå 'ut och ~** auswärts essen gehen B V/R **~ sig mätt** sich satt essen C V/P **~ 'av** abfressen; **~ i'hjäl sig** sich totessen; **~ 'upp** aufessen; *fig* **få ~ 'upp** sich einbaden müssen; **det ska han få ~ 'upp** das werde ich ihm schon heimzahlen; **~ 'upp sig** sich herausfuttern **ätbar**, **ätlig** ADJ essbar **ätstörning** S Essstörung f

ätt [εt] ⟨-en; -er⟩ Geschlecht n, Familie f

ättika ['εtika] ⟨-n; kein pl⟩ Essig m **ättiksgurka** S Essiggurke f, saure Gurke f **ättiksprit** S Essigessenz f **ättiksyra** S CHEM Essigsäure f

ättling ['εtliŋ] ⟨-en; -ar⟩ Nachkomme m, Spross m

äv. ABK (= **även**) *a.* (*auch*)

även ['εːvən] ADV auch, selbst, sogar; **~ om** auch wenn, wenn ... auch; **inte bara ... utan ~ ...** nicht nur, ... sondern auch ... **ävenledes** ADV gleichfalls, ebenfalls **ävensom** KONJ wie auch, sowie **ävensså** ADV ebenso, ebenfalls

äventyr ['εːvənty:r] N ⟨-et; -⟩ Abenteuer n; **till ~s** etwa, vielleicht **äventyra** V/T ⟨1⟩ aufs Spiel setzen, wagen, riskieren, gefährden **äventyrare** ⟨-n; -⟩ Abenteurer(in) m(f) **äventyrlig** ADJ abenteuerlich **äventyrslusta** S Abenteuerlust f **äventyrslysten** ADJ abenteuerlustig **äventyrsroman** S Abenteuerroman m

Ö

Ö¹, ö [ø] N ⟨-:t; -:n/-⟩ Ö, ö n

ö² ⟨-n; -ar⟩ Insel f **öbo** S Inselbewohner m

öde¹ ['øːdə] N ⟨-t; -n⟩ Schicksal n, Geschick n, Los n; Verhängnis n; **finna sig i sitt ~** sich in sein Schicksal finden, sich mit seinem Schicksal abfinden

öde² ADJ öde, einsam, verlassen; **bli ~ a.** veröden **ödelägga** V/T ⟨4⟩ verwüsten, verheeren **ödeläggelse** ⟨-n; -r⟩ Verwüstung f, Verheerung f **ödemark** S Ödland n, Einöde f, Wildmark f

ödesdiger ['øːdəsdi:gər] ADJ schicksalsschwer; verhängnisvoll; folgenschwer; **bli ~ för ngn** *a.* j-m zum Verhängnis werden

ödla ['øːdla] ⟨-n; -or⟩ ZOOL Eidechse f

ödmjuk ['ødmjuːk] ADJ demütig **ödmjukhet** ⟨-en; kein pl⟩ Demut f

ödsla ['ø:dsla] ⟨1⟩ **A** _VT_ ~ **tid och pengar på ngt** Zeit und Geld an etw verschwenden **B** _VP_ ~ **'bort** vergeuden

ödslig ['ø:dsli(g)] _ADJ_ öde, einsam

öga ['ø:ga] _N_ ⟨-t; ögon⟩ Auge _n_; Öhr _n_; **få upp ögonen för ngt** Augen für etw bekommen; **ha** ~ **för ngt** Blick für etw haben; **ha ögonen med sig** aufpassen, aufmerksam sein, die Augen offen halten; **ha ett gott** ~ **till ngn** ein Auge auf j-n (geworfen) haben; **kasta ett** ~ **på ngt/ngn** nach etw/j-m sehen; **det var nära** ~**t** das wäre beinahe schiefgegangen; **inte ta sina ögon från ngn** kein Auge von j-m wenden; **spänna ögonen i ngn** (mit) durchbohrend(en Blicken) ansehen; **inför allas ögon** vor aller Augen; **med blotta** ~**t** mit bloßem Auge; **mellan fyra ögon** unter vier Augen

ögla ['ø:gla, 'øgla] ⟨-n; -or⟩ Öse _f_; Schlinge _f_, Schleife _f_

ögna ['øŋna, 'ø:gna] ⟨1⟩ **A** _VI_ (flüchtig) blicken, einen (flüchtigen) Blick werfen (**i** in _akk_), (**på** auf _akk_) **B** _VP_ ~ **i'genom** überfliegen, durch'blättern

ögonblick ['ø:gonblik] _N_ ⟨-et; -⟩ Augenblick _m_, Moment _m_; **ha sina ljusa** ~ bisweilen lichte Augenblicke/Momente haben; **för** ~**et** augenblicklich, im Augenblick/Moment, momentan; **i sista** ~**et** (noch) im letzten Augenblick; **på** ~**et** augenblicklich, sofort **ögonblicklig** _ADJ_, **ögonblickligen** _ADV_ augenblicklich **ögonbryn** _N_ ⟨-et; -⟩ (Augen-)Braue _f_ **ögonfrans** _S_ Wimper _f_ **ögonglob** _S_ Augapfel _m_ **ögonhåla** _S_ Augenhöhle _f_ **ögonkast** _SN_ Blick _m_; **vid första** ~**et** auf den ersten Blick **ögonlock** _SN_ Augenlid _n_ **ögonläkare** _S_ Augenarzt _m_, Augenärztin _f_ **ögonmått** _SN_ Augenmaß _n_; **efter** ~ nach dem Augenmaß **ögonsjukdom** _S_ Augenkrankheit _f_ **ögonskugga** _S_ Lidschatten _m_ **ögonsten** _S_ **hon är hans** ~ sie ist sein Augenstern **ögontjänare** _S_ Einschmeichler(in) _m(f)_, Schleimer(in) _m(f)_ **ögonvittne** _SN_ Augenzeuge _m_, Augenzeugin _f_ **ögonvrå** _S_ Augenwinkel _m_

ögrupp ['ø:grɵp] _S_ Inselgruppe _f_

öka ['ø:ka] ⟨1⟩ **A** _VT_ vermehren, vergrößern, erhöhen (**med** um), (**till auf** _akk_); **de** ~**de kostnaderna** _pl a._ die Mehrkosten _pl_; **få** ~**t inflytande** an Einfluss gewinnen **B** _VI_ zunehmen; größer/länger werden; sich vermehren, sich vergrößern, sich erhöhen; ~ **i vikt** zunehmen **C** _VP_ ~ **'på/'ut** vermehren, vergrößern, erhöhen

öken ['ø:kən] ⟨-en; -ar⟩ Wüste _f_

öknamn ['ø:knamn] _SN_ Spitzname _m_

ökning ['ø:kniŋ] ⟨-en; -ar⟩ Zunahme _f_, Vergrößerung _f_, Erhöhung _f_

ökänd ['ø:çɛnd] _ADJ_ verrufen, berüchtigt, anrüchig

öl [ø:l] _N_ ⟨-et/-en; -/-er⟩ Bier _n_; **en** ~**, tack!** ein Bier, bitte!; **gå ut och ta en** ~ **i Bier trinken gehen ölback** _S_ Bierkasten _m_ **ölburk** _S_ Bierdose _f_ **ölflaska** _S_ Bierflasche _f_ **ölglas** _SN_ Bierglas _n_ **ölhak** _umg_ _SN_, **ölkafé** _SN_ _umg_ Bierstube _f_, Kneipe _f_ **ölsinne** _umg_ _SN_ Bierlaune _f_; **ha dåligt** ~ durch Alkohol reizbar und übellaunig werden

öm [øm] _ADJ_ **1** empfindlich (**för/mot** gegen); schmerzhaft, wund; ~ **punkt** _fig_ wunder Punkt; **jag har** ~ **i fötterna die Füße tun mir weh** (_od_ schmerzen mir) **2** zärtlich, liebevoll **ömhet** ⟨-en; kein _pl_⟩ Empfindlichkeit _f_; Schmerz _m_ **2** Zärtlichkeit _f_ **ömhetsbetygelse** ⟨-n; -r⟩ Zärtlichkeit _f_, Liebkosung _f_

ömka ['ømka] _VT_ ⟨1⟩ bedauern, bemitleiden **ömklig** _ADJ_ erbärmlich, kläglich

ömma ['øma] _VI_ ⟨1⟩ schmerzen, wehtun; ~ **för ngn** mit j-m Mitleid haben **ömmande** _ADJ_ schmerzend; ~ **fall** Härtefall

ömsa ['ømsa] _VT_ ⟨1⟩ wechseln; ~ **skinn** sich häuten

ömse ['ømsa] _ADJ_ beide; **på** ~ **håll/sidor** auf beiden Seiten, beiderseits **ömsesidig** _ADJ_ gegenseitig, wechselseitig, beiderseitig; **till** ~ **belåtenhet** zu beiderseitiger Zufriedenheit **ömsesidighet** ⟨-en; kein _pl_⟩ Gegenseitigkeit _f_

ömsint ['ømsint] _ADJ_ weichherzig, mitfühlend **ömsinthet** ⟨-en; kein _pl_⟩ Weichherzigkeit _f_, Mitgefühl _n_

ömsom ['ømsɔm] _ADV_ ~ ... ~ ... bald ... bald ..., mal ... mal ...

ömtålig ['ømto:li(g)] _ADJ_ empfindlich

(för gegen); reizbar; zerbrechlich; zart; heikel **ömtålighet** ⟨-en; kein pl⟩ Empfindlichkeit f; Reizbarkeit f; Zerbrechlichkeit f; Zartheit f

önska ['ønska] ⟨1⟩ A VT wünschen; ~ ngn välkommen j-n willkommen heißen B VR ~ sig ngt sich (dat) etw wünschen C VP ~ sig 'bort sich fortwünschen; ~ sig till'baka sich zurückwünschen **önskad** ADJ gewünscht, erwünscht **önskan** ⟨-; önskningar⟩ → önskemål **önskedröm** S Wunschtraum m **önskelista** S Wunschzettel m **önskemål** S N Wunsch m (om nach); efter ~ nach Wunsch; enligt ~ wunschgemäß, auf Ihren Wunsch **önskeprogram** S Rundfunk Wunschprogramm n **önsketänkande** N ⟨-t; kein pl⟩ Wunschdenken n **önskvärd** ⟨-en; -ar⟩ Wunsch m **önskvärd** ADJ wünschenswert; inte ~ unerwünscht **önskvärdhet** ⟨-en; kein pl⟩ Erwünschtheit f

öppen ['øpən] ADJ offen (för dat); (mot gegen); ligga i ~ dag klar zutage liegen; lämna ~ offen lassen; stå ~ offenstehen; tala öppet offen reden; fig lämna öppet offenlassen; på ~ gata auf offener Straße **öppenhet** ⟨-en; kein pl⟩ Offenheit f **öppenhjärtig** ADJ offenherzig **öppethållande** ⟨-t; kein pl⟩ der Geschäfte Öffnungszeiten (pl) **öppettid** S Geschäftszeit f, Öffnungszeit f; Dienststunden pl **öppna** ⟨1⟩ A VT öffnen, aufmachen (för dat); fig eröffnen; ~ för trafik dem Verkehr erschließen/übergeben; fig ~ ögonen på ngn j-m die Augen öffnen; ~s sich öffnen, sich auftun; ~s här! öffnen! B VR ~ sig sich öffnen **öppnare** ⟨-n; -⟩ Dosenöffner m **öppning** ⟨-en; -ar⟩ Öffnung f

öra ['œːra] N ⟨-t; öron⟩ Ohr n; fig Gehör n; Henkel m; fig dra öronen åt sig stutzig werden; vara idel ~ ganz Ohr sein; fig inte vara torr bakom öronen noch nicht trocken hinter den Ohren sein; ha en räv bakom ~t faustdick hinter den Ohren haben; hålla för öronen sich (dat) die Ohren zuhalten; låna sitt ~ till ngt etw (dat) Gehör schenken; uppöver öronen bis über die Ohren

öre ['œːrə] N ⟨-t; -n⟩ Öre n; inte värd ett (rött) ~ keinen Pfifferling wert; **på ~t** auf den Pfennig, auf den Cent; **betala till sista ~** bis auf Heller und Pfennig bezahlen

örfil ['œːrfiːl] S Ohrfeige f **örfila** VT ⟨1⟩ j-n ohrfeigen

örhänge ['œːrhɛŋə] S N Ohrring m; fig beliebte Schlagermelodie f

örike ['øːriːkə] S N Inselreich n

örlogsfartyg ['œːrlɔɡsfaːˈtyːɡ] S N SCHIFF Kriegsschiff n **örlogsflotta** S Kriegsmarine f

örn [œːɳ] ⟨-en; -ar⟩ ZOOL Adler m, Aar m

örngott ['œːɳɡɔt] N ⟨-et; -⟩ Kopfkissenbezug m

örnnäsa ['œːɳɛːsa] S Adlernase f

öronbedövande ['œːrɔnbəˈdøːvandə] ADJ ohrenbetäubend **öronclips** N ⟨-et; -⟩ Ohrklips m **öroninflammation** S Ohrenentzündung f **öronlappsfåtölj** S umg Ohrensessel m, Großvaterstuhl m **öronläkare** S Ohrenarzt m, Ohrenärztin f; Hals-Nasen-Ohren-Arzt m, Hals-Nasen-Ohren-Ärztin f **öronpropp** S Ohrenstöpsel m **öronsjukdom** S Ohrenkrankheit f **öronskydd** S N Ohrenschützer m **öronsusning** ⟨-en; -ar⟩ Ohrensausen n **öronvax** S N Ohrenschmalz n **örring** S Ohrring m **örsnibb** S ANAT Ohrläppchen n **örsprång** S N MED Ohrenschmerzen pl

ört [œʈ] ⟨-en; -er⟩ Kraut n **örtagård** S Kräutergarten m **örtkrydda** S Kräutergewürz n **örtmedicin** S Naturheilmittel n **örtte** S N Kräutertee m

ösa ['øːsa] ⟨2⟩ A VT, VI schöpfen, füllen, schütten, gießen; ~ **en båt** ein Boot ausschöpfen; **det öser ner** es gießt/schüttet in Strömen B VP ~ 'i einschütten; ~ 'upp ausschöpfen; ~ 'ur ausgießen, ausschütten; ~ 'ut ausschütten; ~ 'över über'schütten **ösar** S N Schöpfer m, Schöpfgefäß n **ösregn** S N Platzregen m **ösregna** VI UNPERS ⟨1⟩ in Strömen gießen

öst [øst] ⟨-en; kein pl⟩ Ost(en) m **Östafrika** N ⟨inv⟩ Ostafrika n **östan** A ⟨inv⟩ Ostwind m B ADV von/aus Osten; östlich **östanvind** S Ostwind m **Östasien** N ⟨inv⟩ Ostasien n **Östblocket** hist N ⟨inv⟩ POL der Ostblock m **öster** A ⟨-n; kein pl⟩ Ost(en) m;

Fjärran Östern der Ferne Osten, Fernost; **i ~** im Osten; **mot/åt ~** gegen/nach Osten B ADV östlich (**om** von); **~ ifrån** von Osten her **Österlandet** N ⟨inv⟩ das Morgenland **österländsk** ADJ morgenländisch **österlänning** ⟨-en; -ar⟩ Morgenländer(in) m/f(m) **österrikare** ⟨-n; -⟩ Österreicher m **Österrike** N ⟨inv⟩ Österreich n **österrikisk** ADJ österreichisch **österrikiska** 1 ⟨-n; kein pl⟩ Österreichisch n 2 ⟨-n; -or⟩ Österreicherin f **Östersjön** ⟨inv⟩ die Ostsee **österut** ADV ostwärts, nach Osten **Osteuropa** [ˈøstøʏˈruːpa] N ⟨inv⟩ Osteuropa n **osteuropeisk** ADJ osteuropäisch **östkust** S Ostküste f **östlig, östra** ADJ östlich **östsida** S Ostseite f **öststat** S Oststaat m **östtysk** A ADJ ostdeutsch; hist DDR- B S Ostdeutsche(r) m/f(m); hist DDR-Bürger(in) m/f(m) **Östtyskland** N ⟨inv⟩ Ostdeutschland n; hist Deutsche Demokratische Republik; **f.d. ~** die neuen Bundesländer

öva [ˈøːva] ⟨1⟩ A VT, VR üben (**sig sich, i** in dat) B VR **'in** einüben; **~ 'upp** üben, vervollkommnen (**sig** sich, **i** in dat)

över [ˈøːvar] A PRÄP über; Uhrzeit nach; **~ vintern** den Winter über; **stanna ~ natten** über Nacht (od die Nacht über) bleiben; **vara upphöjd ~** erhaben sein über (akk); **sätta sig ~ ngt** fig sich über etw (akk) hinwegsetzen; **2 minuter ~ tiden** 2 Minuten über die Zeit; **karta ~ Sverige** Karte f von Schweden B ADV darüber, oben; über, mehr als; vorüber, vorbei; herüber, hinüber; übrig; **få '~** erübrigen; **gå '~** hinübergehen; aufhören; **vara '~** vorbei (od vorüber) sein; **ha till ~s** übrig haben (för für); **inte ha ngt ~** nichts (mehr) übrig haben (od behalten); **sedan ~ ett år** seit über einem Jahr **överaktiv** ADJ hyperaktiv **över'allt** ADV überall **överanstränga** VT, VR ⟨2⟩ überanstrengen (**sig** sich) **överansträngning** S Überanstrengung f **överarbeta** VT ⟨1⟩ überarbeiten **överarbetning** ⟨-en; -ar⟩ Überarbeitung f **överarm** S Oberarm m **överbalans** S **ta ~en** das Gleichgewicht verlieren, (um)kippen **överbefolkad** ADJ übervölkert **överbefolkning** S Übervölkerung f

överbefäl S N Oberbefehl m, Oberkommando n **överbefälhavare** S Oberbefehlshaber(in) m(f) **överbelasta** VT ⟨1⟩ überlasten, überladen **överbeskydda** VT ⟨1⟩ überbehüten **överbetald** ADJ überbezahlt **överbetona** VT ⟨1⟩ zu stark betonen **överbetyg** S N gute Zensur f **övervisa** VT ⟨1⟩ überführen (**om** gen); überzeugen (**ngn om ngt** j-n von etw) **överblick** S Überblick m (**över** über akk) **överblicka** VT ⟨1⟩ überblicken; absehen; **inte kunna ~s** nicht abzusehen sein **överbliven** ADJ übrig geblieben **över'bord** ADV über Bord **överbrygga** VT ⟨1⟩ überbrücken **överdel** S Oberteil n od m **överdimensionera** VT ⟨1⟩ überdimensionieren **överdirektör** S ≈ Präsident(in) m(f); zweite(r) Direktor(in) m(f) **överdos** S Überdosis f **överdosera** VT ⟨1⟩ überdosieren **överdrag** S N Überzug m, Bezug m; (Konto-)Überziehung f **överdragskläder** PL Schutzanzug m sg **överdrift** S Übertreibung f; **gå till ~ med** übertreiben **överdriva** VT ⟨4⟩ übertreiben **överdriven** ADJ übertrieben **överdåd** S N Übermut m, Verwegenheit f; Reichtum m, verschwenderische Fülle f **överdådig** ADJ übermütig, verwegen; üppig, luxuriös, verschwenderisch; umg großartig, famos **överdäck** S N SCHIFF Oberdeck n **överdängare** ⟨-n; -⟩ umg Leuchte f, Könner m (**i räkning** im Rechnen)

överens [øːvəˈrens] ADV einig; **komma ~** übereinkommen, einig werden; sich vertragen; **komma ~ om ngt** sich über etw (akk) einigen; etw vereinbaren/abmachen **överenskommelse** ⟨-n; -r⟩ Übereinkunft f, Übereinkommen n, Verabredung f, Vereinbarung f, Abmachung f **överensstämma** VI ⟨2⟩ übereinstimmen **överensstämmelse** ⟨-n; -r⟩ Übereinstimmung f; **i ~ med** a. entsprechend

överexponera [ˈøːvarɛkspuˈneːra] VT ⟨1⟩ FOTO überbelichten **överexponering** S Überbelichtung f **överfall** S N Überfall m **överfalla** VT ⟨4⟩ überfallen **överfart** S Überfahrt f **överflygning** Überfliegen n **överflytta** VT ⟨1⟩ überführen; versetzen; verlegen;

über'tragen **överflöd** N̄ ⟨-et; kein pl⟩ Überfluss m (**på** an *dat*); **i ~ in** im Überfluss, in Hülle und Fülle **överflödig** ADJ überflüssig; **det är ~tt att ... a.** es erübrigt sich zu ... **överflödssamhälle** S̄N Überflussgesellschaft *f* **överfull** ADJ übervoll; überfüllt **överföra** V̄T̄ ⟨2⟩ überführen; übertragen **överförfriskad** ADJ berauscht, betrunken **överföring** ⟨-en; -ar⟩ Überführung *f*; Übertragung *f*; WIRTSCH Übertrag *m* **överföringsfel** S̄ IT Übertragungsfehler *m* **överförtjust** ADJ überglücklich **överge** V̄T̄ ⟨4⟩ verlassen; aufgeben **övergiven** ADJ verlassen **överglänsa** V̄T̄ ⟨2⟩ überglänzen, übertreffen **övergrepp** S̄ Übergriff *m* (**på** auf *akk*) **övergripande** ADJ übergreifend **övergå** V̄T̄, V̄Ī ⟨4⟩ übersteigen; **det ~r mitt förstånd** das geht über meinen Verstand **övergående** ADJ vorübergehend; vorläufig **övergång** S̄ Übergang *m*; Überführung *f*; Straßenbahn *umg für Fahrtausweis* Umsteigen *n*, Umsteiger *m* **övergångsbestämmelse** S̄ Übergangsbestimmung *f* **övergångsbiljett** S̄ Umsteigekarte *f* **övergångsställe** S̄N Fußgängerüberweg *m*; *umg* Übergang *m*, Zebrastreifen *m* **övergångsålder** S̄ Wechseljahre *pl* **övergöda** V̄T̄ ⟨2⟩ überfüttern **överhand** ⟨-en; kein pl⟩ **få ~** die Oberhand gewinnen; **ta ~(en)** überhandnehmen **överhet** ⟨-en; -er⟩ Obrigkeit *f* **överhetta** V̄T̄ ⟨1⟩ überhitzen **överhopa** V̄T̄ ⟨1⟩ überhäufen, überschütten (**med** mit) **överhud** S̄ Oberhaut *f* **överhuvud** S̄N Oberhaupt *n* **överhuvudtaget** ADV überhaupt **överhängande** *fig* ADJ drohend; dringend **överilad** ADJ übereilt, überstürzt, voreilig, verfrüht **överinseende** N ⟨-t; kein pl⟩ Oberaufsicht *f* **överjordisk** ADJ überirdisch **överkant** S̄ obere Kante, oberer Rand; **tilltagen i ~** reichlich bemessen **överkast** S̄N Bettdecke *f*, Überwurf *m* **överklaga** V̄T̄ ⟨1⟩ JUR Berufung einlegen **överklagande** S ⟨-t; -n⟩ Berufung (**av en dom** gegen ein Urteil) **överklass** S̄ Oberschicht *f* **överkomlig** ADJ überwindbar; Preis erschwinglich **överkropp** S̄ Oberkör-

per *m* **överkvalificerad** ADJ überqualifiziert **överkäke** S̄ Oberkiefer *m* **överkänslig** ADJ überempfindlich **överkörd** ADJ überfahren **överlagd** ADJ überlegt; vorsätzlich **överlakan** S̄N Überschlaglaken *n* **överlappa** V̄T̄ ⟨1⟩ sich überschneiden **överlasta** V̄T̄ ⟨1⟩ überladen, überlasten **överleva** V̄T̄ ⟨2⟩ überleben; am Leben bleiben **överlevande** ADJ überlebend; **de ~** die Überlebenden **överlista** V̄T̄ ⟨1⟩ überlisten **överlycklig** ADJ überglücklich **överlåta** V̄T̄ ⟨4⟩ übertragen; überlassen (**åt** *dat*) **överlåtelse** ⟨-n; -r⟩ Übertragung *f*; Überlassung *f* **överläge** *fig* S̄N **vara i ~** im Vorteil sein **överlägga** V̄T̄ ⟨4⟩ **~ om ngt med ngn** etw mit j-m besprechen; **~ med varandra** gemeinsam beratschlagen, sich miteinander beraten **överläggning** S̄ Überlegung *f*; Beratung *f*, Besprechung *f*; Verhandlung *f* **överlägsen** ADJ überlegen (ngn j-m), (i an/in *dat*); überheblich, anmaßend **överlägsenhet** ⟨-en; kein pl⟩ Überlegenheit *f* **överläkare** S̄ Oberarzt *m*, Oberärztin *f*; Chefarzt *m*, Chefärztin *f* **överlämna** ⟨1⟩ **A** V̄T̄ überlassen (**åt** *dat*), übergeben, übereignen, aushändigen (**till/åt** *dat*); **~ ordet åt ngn** j-m das Wort erteilen **B** V̄R̄ **~ sig** sich ergeben (**åt** *dat*) **överlämnande** N ⟨-t; -n⟩ Überlassung *f*, Überreichung *f*, Übergabe *f*, Aushändigung *f* **överläpp** S̄ Oberlippe *f* **överlöpare** S̄ Überläufer(in) *m(f)*, Fahnenflüchtige(r) *m/f(m)* **övermakt** S̄ Übermacht *f* **övermanna** V̄T̄ ⟨1⟩ übermannen, überwältigen **övermod** S̄N Übermut *m*, Mutwille *m*; Anmaßung *f* **övermodig** ADJ übermütig (**av wegen** *od* über *akk*), mutwillig; anmaßend **övermogen** ADJ überreif **övermorgon** **i ~** übermorgen **övermått** S̄N Übermaß *n* **övermäktig** ADJ übermächtig; **vara ngn ~** zu stark für j-n sein, j-n über'wältigen **övermänniska** S̄ Übermensch *m* **övermänsklig** ADJ übermenschlich **övernatta** V̄Ī ⟨1⟩ über'nachten **övernattning** ⟨-en; -ar⟩ Übernachtung *f* **övernaturlig** ADJ übernatürlich; **~ storlek** Überlebensgröße *f* **överordnad** ADJ übergeordnet (**över** *dat*); **en ~** ein(e) Vorgesetzte(r) **överpris** ⟨S̲ N̲⟩ Überpreis *m* **överproduktion** ⟨S̲⟩ Überproduktion *f* **överraska** V̲T̲ ⟨1⟩ überraschen **överraskning** ⟨-en; -ar⟩ Überraschung *f* (**över** über *akk*), (**till** für) **överreagera** V̲I̲ ⟨1⟩ überreagieren **överreklamerad** A̲D̲J̲ überbewertet **överresa** ⟨S̲⟩ Überfahrt *f* **överrock** ⟨S̲⟩ Mantel *m*, Überzieher *m* **överrumpla** V̲T̲ ⟨1⟩ überrumpeln **överrumpling** ⟨-en; -ar⟩ Überrump(e)lung *f* **överräcka** V̲T̲ ⟨2⟩ überreichen (**till** *dat*) **överrösta** V̲T̲ ⟨1⟩ übertönen; übertstimmen

övers ['ø:vəʂ] ⟨inv⟩ **till ~ übrig; inte ha mycket till ~ för ngn** *fig* nicht viel für j-n übrig haben

överse ['ø:vəʂe:] V̲T̲ ⟨4⟩ **~ med ngt** etw (*akk*) nachsehen; **~ med ngn** mit j-m Nachsicht haben **överseende** A̲ A̲D̲J̲ nachsichtig B̲ N̲ ⟨-t; kein pl⟩ Nachsicht *f* (**med** mit); **ha ~** Nachsicht haben **översida** ⟨S̲⟩ Oberseite *f* **översikt** ⟨S̲⟩ Übersicht *f* (**över** über *akk*) **översiktlig** A̲D̲J̲ übersichtlich **översiktskarta** ⟨S̲⟩ Übersichtskarte *f* **översittare** ⟨-n; -⟩ Despot *m* **överskatta** V̲T̲ ⟨1⟩ überschätzen **överskattning** ⟨-en; -ar⟩ Überschätzung *f* **överskjutande** A̲D̲J̲ überragend, vorspringend; **~ belopp** überschießender Betrag **överskott** ⟨S̲ N̲⟩ Überschuss *m*; Mehrtrag *m* **överskrida** V̲T̲ ⟨4⟩ überschreiten (**med** um) **överskrift** ⟨S̲⟩ Überschrift *f* (**på** *gen*) **överskugga** V̲T̲ ⟨1⟩ beschatten, überschatten **överskåda** V̲T̲ ⟨1⟩ übersehen, überschauen, überblicken **överskådlig** A̲D̲J̲ übersichtlich; **inom ~ tid** in absehbarer Zeit **överskådlighet** ⟨-en; kein pl⟩ Übersichtlichkeit *f* **överslag** ⟨S̲ N̲⟩ Überschlag *m* **översnöad** A̲D̲J̲ zugeschneit, verschneit **överspelad** *fig* A̲D̲J̲ überholt, inaktuell **överspänd** A̲D̲J̲ überspannt **överspändhet** ⟨-en; kein pl⟩ Überspanntheit *f*

överst ['ø:vəʂt] A̲ A̲D̲J̲ oberst B̲ A̲D̲V̲ zuoberst, obenan, obenauf; **~ på listan** zuoberst auf der Liste; **på ~a våningen** im obersten Stock

överste ⟨-n; -ar⟩ MIL Oberst *m* **överstelöjtnant** ⟨S̲⟩ MIL Oberstleutnant *m* **överstepräst** ⟨S̲⟩ **~en** der Hohepriester; **en ~** ein Hoher Priester

överstiga ['ø:vəʂti:ga] V̲T̲ ⟨4⟩ übersteigen **överstrykning** ⟨S̲⟩ Durchstreichung *f*; Überstreichung *f* **överstrykningspenna** ⟨S̲⟩ Textmarker *m* **överstökad** A̲D̲J̲ erledigt **översvallande** A̲D̲J̲ überschwänglich **översvämma** V̲T̲ ⟨1⟩ überschwemmen **översvämning** ⟨-en; -ar⟩ Überschwemmung *f* **översyn** ⟨S̲⟩ Nachprüfung *f*; Überprüfung *f*; TECH Überholung *f* **översälla** V̲T̲ ⟨1⟩ übersäen, besäen **översända** V̲T̲ ⟨2⟩ übersenden **översätta** V̲T̲ ⟨4⟩ übersetzen (**från svenska till tyska** aus dem Schwedischen ins Deutsche) **översättare** ⟨-n; -⟩ Übersetzer(in) *m(f)* **översättning** ⟨-en; -ar⟩ Übersetzung *f* **översättningsprogram** ⟨S̲ N̲⟩ COMPUT Übersetzungsprogramm *n*, Übersetzungssoftware *f* **överta** V̲T̲ ⟨4⟩ übernehmen **övertag** ⟨S̲⟩ Oberhand *f*; Übergewicht *n*; **få ~et** die Oberhand gewinnen **övertala** V̲T̲ ⟨1⟩ überreden **övertalig** A̲D̲J̲ überzählig **övertalning** ⟨-en; -ar⟩ Überredung *f* **övertalningsförmåga** ⟨S̲⟩ Überredungskunst *f* **övertaxera** V̲T̲ ⟨1⟩ zu hoch einschätzen **övertid** ⟨S̲⟩ Überstunden *pl*; **jobba ~** Überstunden machen **övertidsersättning** ⟨S̲⟩ Überstundenvergütung *f* **överton** ⟨S̲⟩ MUS Oberton *m* **övertramp** ⟨S̲ N̲⟩ SPORT Übertreten *n*; *fig* **göra ett ~** einen Fauxpas begehen **övertro** ⟨S̲⟩ Aberglaube *m* **övertrumfa** *fig* V̲T̲ ⟨1⟩ übertrumpfen **överträda** V̲T̲ ⟨2⟩ übertreten **överträdelse** ⟨-n; -r⟩ Übertretung *f*; **~ av lagen** Verstoß *m* gegen das Gesetz **överträffa** V̲T̲ A̲ V̲T̲ übertreffen (**i** an *od* **in** *dat*) B̲ V̲R̲ **~ sig själv** über sich hinauswachsen **övertyga** V̲T̲, V̲R̲ ⟨1⟩ überzeugen (**sig, om vom**) **övertygelse** ⟨-n; -r⟩ Überzeugung *f* **övervaka** V̲T̲ ⟨1⟩ überwachen, beaufsichtigen **övervakare** ⟨-n; -⟩ JUR Bewährungshelfer(in) *m(f)* **övervakning** ⟨-en; kein pl⟩ Überwachung *f*; JUR Bewährungsaufsicht *f* **övervakningskamera** ⟨S̲⟩ Überwachungskamera *f* **övervara** V̲T̲ ⟨1⟩ beiwohnen (*dat*) **övervikt** ⟨S̲⟩ Übergewicht *n*; FLUG Übergepäck *n* **övervinna** V̲T̲ ⟨4⟩ überwinden; *Verlust* verschmerzen, verwinden **övervinnelse** ⟨-n; kein pl⟩ Überwindung f **övervintra** VT ⟨1⟩ überwintern **övervunnen** ADJ überwunden **övervuxen** ADJ überwachsen **övervåning** S Obergeschoss n **överväga** VT ⟨2⟩ überwiegen; *fig* erwägen, sich (*dat*) über'legen, nachdenken über (*akk*) **övervägande** A ADJ überwiegend, hauptsächlich B ADV a. vorwiegend C N ⟨-t; -n⟩ Erwägung f; **ta i/under ~** in Erwägung ziehen **överväldiga** VT ⟨1⟩ überwältigen **överväldigande** ADJ überwältigend **övervärdera** VT ⟨1⟩ überbewerten, überschätzen **övervärdering** S Überbewertung f, Überschätzung f **övervärme** S Oberhitze f **överårig** ADJ überständig; überaltert, zu alt **överösa** VT ⟨2⟩ überschütten, überhäufen

övning ['ø:vnɪŋ] ⟨-en; -ar⟩ Übung f; **jag har ingen ~** es fehlt mir an Übung; **~ ger färdighet** Übung macht den Meister **övningsbil** S Fahrschulauto n **övningsexempel** S N Übungsbeispiel n; MATH Rechenexempel n **övningsfält** S N Übungsplatz m **övningshäfte** S N Übungsheft n **övningsköra** VI ⟨2⟩ Autofahren üben **övningskörning** S Übungsfahrt f

övrig ['ø:vri(g)] ADJ übrig; **för ~t** übrigens; ansonsten; **i ~t** im Übrigen, überdies; **allt ~t** alles Übrige; **alla ~a** alle Übrigen; **det lämnar mycket ~t att önska** das lässt viel zu wünschen übrig

övärld ['ø:væ:ɖ] S Inselwelt f

Deutsch – Schwedisch

A

A, a N̄ A, a n; *fig* **von A bis Z** från början till slut; **wer A sagt, muss auch B sagen** har man sagt A, får man också säga B
Aa N̄ *Kindersprache* bajs n; **~ machen** bajsa
AA ABK (= Auswärtiges Amt) UD, utrikesdepartementet
Aal M̄ ål **aalglatt** ADJ hal som en ål
Aas N̄ *Tierleiche* as n, kadaver n; *pej Schimpfwort* as n, knöl **Aasgeier** M̄ asgam
ab ⟨dat⟩ A PRÄP från; **~ Stockholm** från Stockholm; **~ heute** från och med i dag B ADV bort, ut; i väg; av; **und zu** då och då; *umg* **~ sein** vara av
abändern V̄T (för)ändra **Abänderung** F̄ (för)ändring
abarbeiten V̄T *Schuld* arbeta av; **sich ~** slita ut sig
Abart F̄ avart, varietet **abartig** ADJ abnorm, anormal
Abbau M̄ *Abbruch, Zerlegung* demontering, nedtagande n; *Verminderung* reducering; *Personalabbau* nedskärning; BERGB exploatering, brytning; CHEM nedbrytning **abbaubar** ADJ nedbrytbar **abbauen** A V̄T demontera, ta ned; *Preise etc* reducera, minska; *Stellen* dra in, slopa; BERGB bryta; CHEM bryta ned B V̄I försvagas, tackla av
abbeißen V̄T bita av
abbekommen V̄T få av/loss; **seinen Teil ~** få sin del (**von** av); **nichts ~** inte få ngt
abberufen V̄T återkalla, kalla hem; avsätta
abbestellen V̄T avbeställa, boka av **Abbestellung** F̄ avbeställning, avbokning; återbud n
abbezahlen V̄T avbetala; *Schuld a.* amortera
abbiegen A V̄T böja ut; *umg fig* (försöka) avstyra ngt B V̄I vika av; **(nach) links ~** ta av åt/mot/till vänster
Abbild N̄ avbild **abbilden** V̄T avbilda **Abbildung** F̄ avbildning; *im Buch etc* bild, figur
abbinden A V̄T lösa, lossa B V̄I hårdna
Abbitte F̄ j-m **~ tun/leisten** göra avbön hos ngn
abblasen *fig umg* V̄T avblåsa, ställa in
abblättern V̄I flagna av
abblenden V̄T, V̄I blända av **Abblendlicht** N̄ halvljus n
abblitzen *umg* V̄I få avslag; *fig* **~ lassen** avvisa, snoppa av
abblocken V̄T stoppa, avvärja
abbrausen A V̄T duscha; **sich ~** ta en dusch B V̄I *umg* susa/fräsa iväg
abbrechen A V̄T bryta av; *Haus* riva; *Zelt* ta ned; *Gespräch, Beziehungen, a.* IT avbryta B V̄I gå av; *aufhören* avbrytas, stanna
abbremsen V̄T bromsa in/upp
abbrennen A V̄T bränna bort; *Feuerwerk* bränna av; *Haus etc* bränna ned B V̄I brinna upp/ner; → **abgebrannt**
abbringen V̄T j-n **von etw ~** förmå ngn att avstå från ngt, få ngn på andra tankar
abbröckeln A V̄T smula sönder B V̄I falla sönder i små bitar, lossna bitvis; *Kurse* vika
Abbruch M̄ avbrytande n; *Haus* rivning; *Beziehungen* avbrott n; → **Unterbrechung abbruchreif** ADJ färdig för rivning
abbuchen V̄T avskriva; debitera **Abbuchung** F̄ debitering
abbürsten V̄T borsta av
abbüßen V̄T plikta/sota för; *Strafe* avtjäna
Abc N̄ abc n; **nach dem ~** i bokstavsordning
abchecken V̄T kolla; *Liste* pricka av
Abc-Schütze M̄, **Abc-Schützin** F̄ förstaklassare

abdanken _VI_ avgå; _König_ abdikera
Abdankung _F_ avgång; abdikation
abdecken _VT_ täcka över; _Tisch_ duka av; WIRTSCH täcka; SPORT markera **Abdeckstift** _M_ concealer, täckstift n
abdichten _VT_ täta, isolera
abdrängen _VT_ tränga bort
abdrehen _A_ _VT_ vrida av _B_ _VI_ ändra kurs; _umg_ bli galen
Abdruck _M Publikation_ tryckning; _Spur_ avtryck; TYPO (av)tryck n **abdrucken** _VT_ TYPO trycka (av)
abdrücken _A_ _VT_ göra avtryck av; _Auslöser_ trycka av _B_ _VI_ skjuta av _C_ _VR_ sich ~ lämna avtryck
Abend _M_ kväll; _a. geselliges Beisammensein_ afton; **heute ~** i kväll; **gestern ~** i går kväll; **morgen ~** i morgon kväll; **am ~** på kvällen; **eines ~s** en kväll; **guten ~!** god kväll!, god afton!; **zu ~ essen** äta kvällsmat; **Heiliger ~** julafton **Abendbrot** _N_ kvällsmat **Abenddämmerung** _F_ (kvälls)skymning **Abendessen** _N_ middag, kvällsmat **abendfüllend** _ADJ_ helaftons- **Abendkasse** _F_ Karten an der ~ biljetter i kassan före kvällsföreställningen **Abendkleid** _N_ aftonklänning **Abendkurs** _M_ kvällskurs **Abendland** _N_ västerland n **abendländisch** _ADJ_ västerländsk **abendlich** _ADJ_ kvälls-, afton- **Abendmahl** _N_ REL nattvard **Abendrot** _N_, **Abendröte** _F_ aftonrodnad **abends** _ADV_ på kvällen, på/om kvällarna; **sieben Uhr ~** klockan sju på kvällen **Abendschule** _F_ kvällsundervisning **Abendsonne** _F_ kvällssol **Abendstern** _M_ aftonstjärna **Abendstunde** _F_ kvällstimme **Abendvorstellung** _F_ kvällsföreställning **Abendzeitung** _F_ kvällstidning
Abenteuer _N_ äventyr n; _Liebesabenteuer_ kärlekshistoria **abenteuerlich** _ADJ_ äventyrlig **Abenteuerlust** _F_ äventyrslusta **Abenteuerspielplatz** _M_ byggplekplats **Abenteurer** _M_ äventyrare **Abenteurerin** _F_ äventyrerska
aber _A_ _KONJ_ men, dock; **oder ~** eller också _B_ _INTER_ **doch!** jodå!, i alla fall!; **~ gern!** jodå!, gärna!; **~ nein!** nej visst inte!, inte alls!; **das ist ~ nett** det var verkligen snällt!; **kommst du ~ spät** så sent du kommer **Aber** _N_ men; **kein**

~! inga men!
Aberglaube _M_ vidskepelse, skrock n **abergläubisch** _ADJ_ vidskeplig, skrockfull
aberkennen _VT_ frånta (j-m _akk_ ngn)
abermals _ADV_ återigen, ånyo
Abertausend _NUM_ **Tausend und ~** tusen och åter tusen
Abf. _ABK_ (= _Abfahrt_) avg., avgång
abfahren _A_ _VI_ (av)resa; _hinabfahren_ åka ned/utför; BAHN avgå; _fig umg_ **j-n ~ lassen** snäsa av ngn _B_ _VT_ köra/forsla bort; _Reifen_ köra/slita ned; _Strecke_ tillryggalägga **Abfahrt** _F_ avresa, avfärd; _von Zug_ avgång; _Verkehr_ avfart; SPORT nedfart, störtlopp n **Abfahrtslauf** _M_ SPORT störtlopp n **Abfahrtsski** _M_ slalomskida **Abfahrtszeit** _F_ avgångstid
Abfall _M_ _1_ _Müll_ avfall n; **radioaktiver ~** radioaktivt avfall n; _2_ _Rückgang_ försämring, nedgång **Abfallbeseitigung** _F_ avfallshantering **Abfalleimer** _M_ sophink **abfallen** _VI_ falla av/ned; _Gelände_ slutta; **für j-n ~** falla på ngns lott; **gegen j-n/etw ~** vara sämre än ngn/ngt
abfällig _ADJ_ ofördelaktig, nedsättande **Abfallprodukt** _N_ avfallsprodukt **Abfallverwertung** _F_ återvinning (av sopor) **Abfallwiederverwertung** _F_ avfallsåtervinning
abfangen _VT_ fånga upp, snappa åt sig; _stützen_ stötta (upp), bära upp; SPORT hinna i kapp; **den Ball ~** stoppa bollen
abfärben _VI_ _Wäsche etc_ färga av sig; _fig_ smitta av sig
abfassen _VT_ formulera
abfertigen _VT_ _Pakete_ avsända; _Kunden_ expediera; _umg fig_ avfärda; FLUG checka in **Abfertigung** _F_ _von Paketen_ avsändande n; _von Kunden_ expediering; _fig_ avfärdande n; FLUG incheckning **Abfertigungsschalter** _M_ incheckningsdisk
abfeuern _VT_ avfyra, avlossa
abfinden _A_ _VT_ ersätta _B_ _VR_ **sich mit etw ~** finna sig i ngt **Abfindung** _F_ ersättning
abflauen _VI_ minska, mattas; _Wind_ mojna
abfliegen _VI_ _Flugzeug_ lyfta; _Person, Vogel_ flyga iväg

abfließen V/I flyta bort, rinna av
Abflug M avgång, start **Abflughalle** F avgångshall **Abflugzeit** F avgångstid
Abfluss M avrinning, avflöde n; *Öffnung* avlopp n; *fig* utflöde n **Abflussrohr** N avloppsrör n
abfordern V/T j-m etw ~ kräva ngt av ngn, kräva ngn på ngt
abfragen V/T förhöra; IT hämta
abfressen V/T äta/beta av
Abfuhr F *Abtransport* bortförande n; *von Müll* (sop)hämtning; *fig sich (dat) eine ~ holen* bli avsnoppad; SPORT förlora stort **abführen** A V/T j-n föra bort; *Steuern etc* betala in B V/I MED verka avförande **Abführmittel** N avföringsmedel n, laxermedel n
abfüllen V/T tappa (upp), fylla; **in Flaschen ~** tappa på flaskor
Abgabe F *von Wärme etc* avgivande n; (*=Steuer*) avgift, skatt; (*=Übergabe*) överlämnande n; (*=Einreichen*) inlämning; *Hinterlassen* avlämning **abgabenpflichtig** ADJ avgiftsbelagd; *Steuern* skattepliktig
Abgang M avgång; MED död, dödsfall n **Abgangszeugnis** N avgångsbetyg n
abgasarm ADJ avgasrenad **Abgase** N/PL avgaser *pl* **Abgas(sonder)-untersuchung** F avgaskontroll
abgearbeitet ADJ utarbetad
abgeben A V/T *abliefern* (av)lämna, lämna in/fram; *ausströmen* avge; *Urteil* fälla; *Schuss* avlossa; *umg fungieren als* bli, bilda, utgöra B V/R **sich ~** sysselsätta sig, befatta sig (**mit** med)
abgebildet ADJ *wie oben* ~ som visas ovan
abgebrannt *fig umg* ADJ pank
abgebrüht *fig umg* ADJ *umg* förhärdad, hårdkokt; **er ist völlig ~** ingenting biter på honom
abgedroschen *fig umg* ADJ uttjatad, sliten
abgefuckt *vulg* ADJ **ein ~es Hotel** ett sjaskigt hotell; **total ~ sein** vara helt nedgången
abgegriffen ADJ nött, sliten; *Buch* tummad
abgehackt *fig* ADJ hackig, korthuggen
abgehärtet ADJ härdad
abgehen V/I avgå (**von** från); *sich lösen*

gå av, lossna; *abgezogen werden* dras av; *Richtung* vika av; *umg* **was geht denn hier ab?** vad händer här då?
abgekämpft ADJ utmattad, uttröttad
abgekartet ADJ uppgjord i förväg; **~es Spiel** maskopi
abgeklärt ADJ klok och förståndig
abgelegen ADJ avlägsen, avsides (belägen)
abgemacht ADJ avgjord, överenskommen; **~!** okej, då säger vi det!
abgemagert ADJ avmagrad
abgeneigt ADJ ⟨dat⟩ obenägen, ovillig; **ich bin nicht ~** jag har inte något emot det
abgenutzt ADJ utsliten, utnött
Abgeordnete(r) M/F(M) parlamentsledamot
abgepackt ADJ förpackad
abgerissen ADJ avsliten; *zerlumpt* trasig; *Sprache* osammanhängande
abgeschieden ADJ avskild, enslig **Abgeschiedenheit** F avskildhet, enslighet
abgeschlossen ADJ låst; *beendet* fulländad, avslutad
abgeschmackt *fig* ADJ osmaklig, smaklös
abgesehen ADJ **~ von** bortsett från; **davon ~** frånsett detta
abgespannt *fig* ADJ utmattad, trött, slapp
abgestanden ADJ *Luft* unken; *Bier* avslagen
abgestorben ADJ *Zelle, Pflanze* död; *Glieder* domnad
abgestumpft *fig* ADJ avtrubbad, okänslig
abgetragen ADJ sliten, nött
abgewöhnen V/T j-m/sich ⟨dat⟩ etw ~ vänja ngn/sig av med
abgießen V/T hälla av/bort; TECH gjuta av
Abglanz M återsken n
abgleiten V/I *abrutschen* halka, slinta; *nachlassen* försämras; *Gedanken* glida iväg; *Kurs* falla
abgöttisch ADJ **lieben** avguda ngn
abgrenzen V/T avgränsa **Abgrenzung** F avgränsning
Abgrund M avgrund, bråddjup *n* **abgrundtief** ADJ bottenlös, gränslös
abgucken V/T, V/I j-m etw ~ lära sig

ngt genom att se ngn göra det; *Schule* fuska
abhacken v/t hacka/hugga av
abhaken v/t haka av; *Text* pricka av
abhalten v/t *Sitzung, Gottesdienst* hålla; *Veranstaltung* anordna; **j-n von etw ~** *fernhalten* hålla ngn borta från ngt; *hindern* hindra ngn från ngt
abhandeln v/t *Thema* avhandla
abhandenkommen v/i komma bort
Abhandlung F avhandling
Abhang M sluttning, utförsbacke
abhängen A v/t *Bild* ta ned; *Anhänger* koppla av; SPORT skaka av sig, dra ifrån B v/i **1** bero (**von** av/på); **das hängt davon ab, ob** ... det beror på om ... **2** *umg* hänga **abhängig** ADJ beroende, avhängig **Abhängigkeit** F beroende n
abhärten A v/t härda B v/R **sich ~** härda sig
abhauen A v/t hugga/hacka av B v/i *umg fliehen* sticka (iväg), smita; **hau ab!** *umg* stick!
abheben A v/t lyfta/ta av; *Karten* kupera; *Hörer* lyfta; **Geld von der Bank ~** ta ut pengar på banken B v/R **sich ~** sticka av (**von** mot) C v/i *Flugzeug* etc lyfta
abheften v/t sätta in i (i pärm)
abheilen v/i läkas
abhelfen v/i ⟨*dat*⟩ avhjälpa, bota; **dem ist leicht abzuhelfen** det kan lätt botas
abhetzen A v/t köra slut på B v/R *umg* **sich ~** jäkta, stressa
Abhilfe F **~ gegen etw schaffen** råda bot på ngt
abholbereit ADJ klar för avhämtning
abholen v/t hämta; *am Bahnhof* (komma och) möta; **zum Abholen** för avhämtning; **~ lassen** låta hämta **Abholpreis** M hämtpris n
abholzen v/t avverka, hugga ned; *roden* kalhugga **Abholzung** F avverkning
abhorchen v/t lyssna på
abhören v/t *Lektion* förhöra; *Aufnahme, a.* MED lyssna på; *Telefon* etc avlyssna **Abhörgerät** N avlyssningsapparat **abhörsicher** ADJ avlyssningssäker **Abhörwanze** *umg* F dold mikrofon
Abi *umg* N → **Abitur Abitur** N (tysk) studentexamen; **das ~ machen** ta studenten **Abiturient(in)** M(F) student; *vor Abitur* blivande student
Abk. ABK (= *Abkürzung*) förk., förkortning
abkapseln v/R **sich ~** isolera sig
abkaufen v/t **j-m etw ~** köpa ngt av ngn; *fig umg* **das kaufe ich dir nicht ab!** det tror jag inte på!
Abkehr F övergivande n, frångående n **abkehren** v/R **sich ~** vända sig bort
abklappern *umg* v/t **die ganze Stadt nach etw ~** gå runt i hela stan för att få tag på ngt
Abklatsch M dålig kopia, imitation
abklemmen v/t klämma ihop, strypa
abklingen v/i tona bort; *fig* avta
abklopfen v/t knacka av/bort; MED undersöka genom knackning
abknabbern v/t gnaga/knapra av
abknallen v/t skjuta ned, knäppa
abknicken A v/t bryta av B v/i *abbrechen* brytas; *abzweigen* svänga
abknöpfen v/t knäppa av; *fig umg* **j-m Geld ~** plocka/skinna ngn
abknutschen *umg* v/t hångla med
abkochen v/t koka (upp), förvälla
abkommandieren v/t avdela; *umg* **j-n zu etw ~** sätta ngn till att göra ngt
abkommen v/i komma ifrån/bort; **vom Wege ~** gå vilse; **vom Thema ~** komma ifrån ämnet
Abkommen N överenskommelse, uppgörelse, avtal n
abkömmlich ADJ **nicht ~ sein** inte kunna komma ifrån
abkoppeln v/t koppla av
abkratzen A v/t skrapa av B v/i *umg* kola (av)
abkriegen *umg* v/t *abbekommen* få sin del; *losbekommen* få loss/av; *geschädigt werden* bli skadad
abkühlen A v/t kyla av, svalka, låta svalna B v/R **sich ~** svalna; *Person* svalka sig **Abkühlung** F avkylning, avsvalning; *Wetter* kallare väder n
abkürzen v/t korta av, förkorta **Abkürzung** F *Wort* förkortning; *Weg* genväg
abladen v/t lassa av, lossa; *Schutt* stjälpa av; *fig bei j-m* prata av sig **Abladeplatz** M avstjälpningsplats, tipp
Ablage F *Gestell* förvaringsplats; *Raum* arkiv n; *Aktenordnung* arkivering **ablagern** A v/t (av)lagra, avsätta; *Abfall* lag-

ra, förvara **B** VT bli lagrad, ligga till sig; → abgelagert **C** VR sich ~ (av)lagra sig **Ablagerung** F lagring, förvaring; GEOL avlagring

Ablass M avlopp n; vom Preis nedsättning, avdrag n; REL avlat

ablassen **A** VT tappa ur, tömma; vom Preis slå av **B** VI ~ **von etw** ge upp ngt; ~ **von j-m** låta ngn vara i fred

Ablativ M GRAM ablativ

Ablauf M Abfluss(stelle) avlopp n; Verlauf förlopp n; von Frist utgång, slut n; **vor ~ der Frist** innan fristen löper ut **ablaufen** VI rinna av/bort; Pass, Milch gå ut; Frist löpa ut; Wechsel förfalla; fig **gut/schlecht ~** gå bra/dåligt; umg **sich** (dat) **die Beine ~** springa benen av sig

Ablaut M GRAM avljud n

Ableben N bortgång

ablecken VT slicka av

ablegen **A** VT Eid, Gelübde avlägga; Kleidung ta av (sig); niederlegen lägga ifrån sig; Zeugnis ~ bära vittne, vittna **B** VI SCHIFF lägga ut **Ableger** M Zweigstelle avläggare; BOT avläggare, stickling

ablehnen VT Angebot avböja; Antrag avslå; verweigern vägra; missbilligen ogilla **Ablehnung** F von Antrag avslag n; Verweigerung vägran; Missbilligung ogillande n

ableiten VT avleda, leda bort; herleiten härleda **Ableitung** F avledning; Herleitung härledning

ablenken VT avleda; zerstreuen distrahera; auf andere Gedanken bringen få ngn på andra tankar; **vom Thema ~** byta samtalsämne; **j-n von der Arbeit ~** störa ngn i arbetet **Ablenkung** F PHYS avböjning; fig avkoppling, omväxling

ablesen VT (av)läsa; Text läsa upp/innantill

abliefern VT lämna av; Waren leverera **Ablieferung** F avlämnande n; von Waren leverans

Ablöse F kostnad för övertag av inventarier i lägenhet **ablösen** **A** VT lossa; Wache etc avlösa, byta av; WIRTSCH lösa in; **sich/einander ~** turas om **B** VR **sich ~** lossna **Ablösung** F von Wache avlösning; WIRTSCH inlösen

ABM ABK (= Arbeitsbeschaffungsmaßnahme) arbetsmarknadspolitisk åtgärd

abmachen VT vereinbaren avgöra, avtala; entfernen ta bort **Abmachung** F överenskommelse, uppgörelse, avtal n

abmagern VI magra **Abmagerungskur** F bantningskur

Abmahnung F formelle Forderung ≈ formell begäran; Verwarnung varning

Abmarsch M avmarsch **abmarschieren** VI avmarschera

abmelden **A** VT avanmäla; beim Amt avregistrera; Telefon etc säga upp **B** VR **sich ~** avanmäla sig; COMPUT logga ut; polizeilich anmäla flyttning **Abmeldung** F avanmälan; polizeilich flyttningsanmälan

abmessen VT mäta (upp) **Abmessung** F (av)mätning; Umfang dimension

abmontieren VT montera av/ned

abmühen VR **sich ~** anstränga sig, kämpa, streta

abmurksen umg VT ta kål på

Abnahme F Wegnahme borttagande n; Kauf (in)köp; Verminderung avtagande n, minskning; WIRTSCH avsättning, åtgång; MED amputering; **gute ~ finden** sälja bra **abnehmen** **A** VT wegnehmen ta bort; Bild ta ned; Hut ta av; Waren köpa; Hörer lyfta (på); **j-m einen Eid ~** låta ngn avlägga ed; **j-m die Arbeit/Verantwortung ~** ta på sig ngns arbete/ansvar **B** VI sich vermindern avta, minska; an Gewicht gå ned i vikt; **es ist ~ der Mond** månen är i nedan **Abnehmer(in)** M(F) köpare

Abneigung F antipati, motvilja (**gegen** för/mot)

abnorm ADJ abnorm

abnutzen VT, VR (sich) nöta(s), slita(s) **Abnutzung** F nötning, slitage n

Abo ABK N (= Abonnement) abonnemang n, prenumeration **Abonnent(in)** M(F) abonnent, prenumerant **abonnieren** VT abonnera (på), prenumerera (på)

abordnen VT utse, välja, delegera **Abordnung** F delegation, deputation

abpacken VT (för)packa

abpassen fig VT Person vänta på; Zeitpunkt invänta, avvakta

abpfeifen VT SPORT blåsa av **Abpfiff** M avblåsning

508 • abprallen – Abschlagszahlung

abprallen _VI_ studsa tillbaka; _fig_ an ihm prallt alles ab ingenting tar/biter på honom
abputzen _VT_ torka av, göra ren
abrackern _VR umg_ sich ~ slita och släpa
abrasieren _VT_ raka av
abraten _VT, VI_ avråda (j-m von etw ngn från ngt)
abräumen _VT_ röja/plocka undan, ta bort; _Tisch_ duka av
abreagieren _VR_ sich~ avreagera sig
abrechnen _A VT_ dra av, räkna ifrån; redovisa; räkna ihop _B VI_ göra upp (räkningen) **Abrechnung** _F_ avräkning, sluträkning; uppgörelse; _fig_ vidräkning
Abrede _F_ in ~ stellen förneka, bestrida
abregen _umg VR_ sich ~ lugna ned sig, sansa sig; reg dich ab! ta det lugnt!
abreiben _VT_ gnida av; _abtrocknen_ torka; (sich) frottera (sig)
Abreise _F_ avresa **abreisen** _VI_ (av)resa
abreißen _A VT_ slita av _od_ ifrån, rycka loss; _Haus_ riva _B VI_ gå av; ta slut, sluta
abrichten _VT_ dressera
abriegeln _VT_ regla; stänga (_od_ spärra) av
abringen _VT_ j-m etw ~ tillkämpa sig ngt av ngn
Abriss _M Abbruch_ rivning; _Skizze_ skiss, utkast _n_; _Entwurf_ kort framställning
abrollen _A VT_ rulla av _od_ ned/ut/upp _B VI_ rulla bort
abrücken _A VT_ flytta bort _od_ undan _B VI_ flytta sig; _fig_ sich distanziera ta avstånd från; _MIL_ avtåga
Abruf _M_ sich auf ~ bereithalten vara beredd när som helst; etw auf ~ kaufen köpa ngt för successiv leverans **abrufen** _VT_ kalla bort; _WIRTSCH_ begära leverans
abrunden _VT_ avrunda nedåt _a. fig_
abrupt _ADJ_ abrupt, tvär
abrüsten _VI u. VT_ avrusta, nedrusta **Abrüstung** _F_ avrustning, nedrustning
abrutschen _VI_ halka ned, glida av, rasa ner
ABS _ABK_ (= Antiblockiersystem) ABS, låsningsfria bromsar
Abs.¹ _ABK_ (= Absatz) stycke

Abs.² _ABK_ (= Absender) avs., avsändare
absacken _VI_ försämras; sjunka; _fig_ sacka efter **Absacker** _M_ sängfösare
Absage _F_ återbud _n_; eine ~ bekommen få avslag **absagen** _VT_ lämna återbud (till); tacka nej (till); _Veranstaltung_ avlysa, inställa
absägen _VT_ såga av; _fig umg_ peta, avpollettera
absahnen _VT, VI_ fig utnyttja fördelarna (etw med ngt)
Absatz _M_ avsats; _Schuhabsatz_ klack; _Textabsatz_ stycke _n_; _WIRTSCH_ avsättning, åtgång; einen ~ machen börja nytt stycke; reißenden ~ finden få en strykande åtgång **Absatzgebiet** _N_ avsättningsområde _n_, marknad
absaugen _VT_ suga av; _Teppich_ dammsuga
abschaben _VT_ skava av
abschaffen _VT_ avskaffa **Abschaffung** _F_ avskaffande _n_
abschalten _A VI_ (≈ _entspannen_) koppla av _B VT Gerät_ stänga av
abschätzen _VT_ uppskatta, värdera, taxera **abschätzig** _ADJ_ nedsättande, ringaktande
Abschaum _fig M_ avskum _n_
Abscheu _M_ avsky; ~ haben vor (dat) avsky ngt
abscheulich _ADJ_ avskyvärd, ohygglig, gräslig **Abscheulichkeit** _F_ avskyvärdhet, ohygglighet, gräslighet
abschicken _VT_ skicka (iväg), avsända
abschieben _A VT wegschieben_ skjuta ifrån sig _od_ bort _a. fig_; _ausweisen_ utvisa _B VI umg_ pallra sig iväg **Abschiebung** _F_ utvisning
Abschied _M_ avsked _n_; ~ nehmen ta avsked (von j-m av ngn); den ~ geben avskeda; seinen ~ nehmen ta avsked, lämna tjänsten **Abschiedsfeier** _F_ avskedsfest
abschießen _VT_ skjuta av, avlossa; _Mensch, Wild, Flugzeug_ skjuta ned
abschirmen _A VT_ avskärma _B VR fig_ sich ~ skydda sig
abschlachten _VT_ slakta _a. fig_
abschlaffen _VI_ trötta ut, tråka ut
Abschlag _M Preis_ avdrag _n_, sänkning; _Vorschuss_ förskott _n_; _SPORT_ utslag _n_; auf ~ på avbetalning; i förskott **abschlagen** _VT_ slå av, hugga av; _Bitte, Angriff_ avslå **Abschlagszahlung** _F_ avbetal-

ning; förskott(sbetalning) n
abschleifen VT slipa av a. fig; **sich ~** slipas av a. fig; → **abgeschliffen**
Abschleppdienst M bärgningstjänst
abschleppen VT bogsera bort; j-n ~ bogsera ngn; **sich ~ mit** (dat) släpa på **Abschleppseil** N bogserlina **Abschleppwagen** M bärgningsbil
abschließen VT låsa igen, stänga; beenden avsluta, fullända; Vertrag sluta; Wette slå **abschließend** ADJ avslutande; sammanfattningsvis **Abschluss** M avslutning; WIRTSCH avslut n; affärsuppgörelse, köpeavtal n; bokslut n; **zum ~ bringen** avsluta; **keinen ~ haben** inte ha ngt avgångsbetyg **Abschlussfeier** F avslutningsfest **Abschlussprüfung** F sluttentamen, slutprov n **Abschlusszeugnis** N avgångsbetyg n, slutbetyg n
abschmecken VT smaka av; smaksätta
abschmieren VT AUTO rundsmörja
abschminken VT sminka av
abschnallen VT spänna av; **sich ~** ta av sig säkerhetsbältet
abschneiden A VT skära av a. fig; mit Schere klippa av B VI **gut/schlecht ~** ligga bra/illa till **Abschnitt** M Textabschnitt etc stycke n, avsnitt n; kupong, talong; Zeitabschnitt skede n; MATH a. segment n
abschöpfen VT ösa av; skumma
abschrauben VT skruva av od loss
abschrecken VT avskräcka (**von** från); Metall härda; Speisen spola av med kallt vatten **abschreckend** ADJ avskräckande **Abschreckung** F avskräckning (smedel n)
abschreiben VT skriva av; WIRTSCH avskriva, avföra; **j-n/etw ~** umg kunna glömma ngn/ngt **Abschreibung** F avskrivning
Abschrift F avskrift
abschuften VR **sich ~** knoga och slita
abschürfen VT skrubba **Abschürfung** F skrubbsår n
Abschuss M Wild avskjutning; Flugzeug nedskjutning; Torpedo utskjutning
abschüssig ADJ sluttande, brant
Abschussrampe F avskjutningsramp
abschütteln VT skaka av (sig) a. fig
abschwächen A VT försvaga, fig mildra B VR **sich ~** försvagas, mattas

abschweifen fig VI avslägsna sig, avvika
abschwellen VI Geschwulst gå tillbaka
abschwören VI ⟨dat⟩ avsvärja (sig) ngt
absehbar ADJ överskådlig; **(nicht) ~ sein** (inte) vara möjligt att förutse; **in ~er Zeit** inom överskådlig tid **absehen** A VT överblicka, beräkna, förutse B VI **von etw ~** bortse från ngt; **es auf j-n abgesehen haben** vilja komma åt ngn; vara ute efter ngn
abseilen VR fira ned med rep
abseits A ADV avsides B PRÄP ⟨Gen⟩ vid sidan av
Abseits N SPORT offside
abseitsstehen VI hålla sig utanför; vid sidan av
absenden VT avsända, skicka iväg **Absender(in)** M(F) avsändare
aservieren VT **j-n ~** umg avpollettera ngn; röja ngn ur vägen
absetzbar ADJ avsättbar, säljbar; **von der Steuer** avdragsgill **absetzen** A VT hinstellen sätta ned od ifrån sig; verkaufen avyttra, sälja; Hut ta av; Reisende sätta av; annullieren avföra, stryka; entlassen avsätta; Steuer dra av B VI göra ett uppehåll, avbryta, stanna upp; **ohne abzusetzen utan uppehåll** C VR **sich ~ weggehen** ge sig iväg, sticka **Absetzung** F avsättning; avdrag n
absichern A VT säkra, säkerställa; garantera B VR **sich ~** gardera sig
Absicht F avsikt, syfte n; **die ~ haben** ha för avsikt; **in der ~ med** avsikten; **das war nicht meine ~** det var inte min mening; **in bester ~** i bästa välmening **absichtlich** ADJ avsiktlig, uppsåtlig
absinken VI sjunka (ner) a. fig
absitzen VT, VI Zeit, vom Pferd sitta av; Strafe sitte inne
absolut ADJ absolut **Absolutismus** M absolutism, envälde n
Absolvent(in) M(F) utexaminerad **absolvieren** VT **ein Programm ~** klara av ett program; **einen Lehrgang ~** gå igenom en kurs
absonderlich ADJ egendomlig **absondern** A VT avsöndra, utsöndra; isolera B VR **sich ~** isolera sig **Absonderung** F avsöndring
absorbieren VT absorbera

510 • abspalten – Abszess

abspalten VT, VR hugga av; **sich ~** avskiljas
abspecken umg VI banta
abspeichern VT COMPUT spara
abspeisen fig VT avspisa, avfärda
abspenstig ADJ **~ machen** locka (j-n från ngn)
absperren VT a. Straße spärra av, stänga av **Absperrgitter** N kravallstaket n **Absperrung** F avspärrning; a. konkret avstängning
abspielen A VT a. CD spela (upp) B VR **sich** ~ fig tilldra sig, hända
absplittern VI flaga, lossna; **sich ~** fig lösgöra sig, bryta sig ut
Absprache F avtal n, överenskommelse **absprechen** A VT fråntkänna, fråndöma; regeln avtala, komma överens om B VR **sich (mit j-m) ~** komma överens (med ngn)
abspringen VI hoppa av, gå av; **mit dem Fallschirm ~** hoppa fallskärm; fig **von etw ~** umg dra sig ur, hoppa av **Absprung** M hopp n, språng n; avhopp n
abspülen VT, VI skölja av; spola av; Geschirr diska
abstammen VI härstamma, härleda sig (von från) **Abstammung** F härstamning, härkomst; GRAM härledning
Abstand M avstånd n; zeitlich, Zwischenraum a. mellanrum n; **~ halten** hålla distans; **~ nehmen von** ta avstånd från; **~ gewinnen zu** få distans till ngt; **mit ~ der Beste** helt klart den bästa; **mit ~ besser** långt bättre; **in regelmäßigen Abständen** zeitlich med jämna mellanrum
abstatten VT **einen Besuch ~** avlägga besök
abstauben VT, VI damma av; umg stehlen knycka
abstechen A VT töten sticka (ned) B VI sticka av **(von, gegen** från, mot) **Abstecher** M tripp, avstickare
abstecken VI staka ut, markera; Kleid prova in
abstehen VI stå ut (von dat); verzichten avstå ifrån; **~de Ohren** utstående öron
Absteige F sjabbigt hotell n **absteigen** VI stiga av od ned; ta in **(im Hotel** på hotell)
abstellen VT wegstellen ställa bort, sätta ned; TECH stanna, stoppa; AUTO parkera; ausschalten stänga av; Motor slå ifrån; Missstand avhjälpa, undanröja **Abstellgleis** N uppställningsspår n **Abstellraum** M skrubb, förvaringsrum n
abstempeln VT (av)stämpla; fig **j-n als etw ~** stämpla ngn som ngt
absterben VI dö ut, vissna; Glied domna
Abstieg M nedstigning; Rückgang nedgång
abstimmen A VI rösta, votera **(über** akk om) B VT samordna, anpassa; **sich (mit j-m) (über etw) ~** komma överens (med ngn) (om ngt); **aufeinander abgestimmt sein** harmoniera med varandra, vara samstämda **Abstimmung** F omröstning, votering; inställning; avstämning; anpassning
Abstinenz F avhållsamhet; vom Alkohol helnykterhet **Abstinenzler(in)** umg M(F) absolutist, helnykterist
Abstoß M avstamp n; SPORT inspark **abstoßen** VT stöta av od bort; fig stöta bort od ifrån sig; Waren lyckas få sälja B VI vom Ufer lägga ut; **sich ~** göra avstamp, skjuta ifrån **abstoßend** fig ADJ frånstötande
abstrahieren VT, VI abstrahera
abstrakt ADJ abstrakt **Abstraktion** F abstraktion
abstreifen VT dra av (sig); fig frigöra sig från
abstreiten VT bestrida, förneka; **es lässt sich nicht ~** det kan inte förnekas
Abstrich M MED cellprov n; von einer Summe avdrag n, nedskärning; **~e machen** göra eftergifter
abstrus ADJ dunkel, oklar
abstufen fig VT gradera; Farben schattera **Abstufung** F gradering; schattering
abstumpfen VI avtrubbas, bli slö a. fig
Absturz M störtning; FLUG a. krasch (-landning); Steilhang brant, stup; fig fall n **abstürzen** VI störta (ned); FLUG a. kraschlanda; COMPUT krascha; Gelände stupa, vara brant
abstützen VT stötta
absuchen VT söka (od leta) igenom
absurd ADJ absurd **Absurdität** F absurditet
Abszess M MED abscess

Abt M̄ abbot
Abt. ABK (= Abteilung) avd., avdelning
abtasten V/T känna på, undersöka; TECH avsöka, scanna
abtauchen V/I dyka; *fig umg* gå under jorden
abtauen A V/T töa (*od* smälta) bort B V/T *Kühlschrank* frosta av
Abtei F̄ abbotsstift n, abbotskloster n
Abteil N̄ BAHN kupé n **abteilen** V/T avdela **Abteilung** F̄ 1 avdelande n, avskiljande n 2 avdelning **Abteilungsleiter(in)** M̄/F̄ avdelningschef
Äbtissin F̄ abbedissa
abtörnen V/T få att tappa intresset
abtragen V/T *Hügel* schakta bort; *Gebäude* riva, rasera; *Kleider* slita, nöta; *Schulden* betala av
abtreiben V/T *u.* V/I driva bort, förjaga; MED göra abort **Abtreibung** F̄ MED abort **Abtreibungspille** F̄ MED abortpiller
abtrennen V/T skilja av, riva av; *Genähtes* sprätta bort
abtreten A V/T *abnutzen* slita, nöta; *überlassen* avträda B V/I *zurücktreten* träda tillbaka, avgå; *vor sterben* gå bort **Abtretung** F̄ överlåtelse
abtrocknen V/T torka (sich sig)
abtrünnig ADJ avfällig; trolös **Abtrünnige(r)** M̄/F̄/M̄ avfälling
abtun V/T avfärda; slå bort; **das ist damit noch nicht abgetan** därmed är inte saken avklarad
abtupfen V/T badda, torka av försiktigt
abverlangen V/T j-m etw ~ kräva ngt av ngn
abwägen V/T (av)väga
abwählen V/T inte välja om; *Schulfach* välja bort
abwälzen V/T *a. fig* vältra över (**auf** *akk* på)
abwandeln V/T *Thema* variera
abwandern V/I avflytta; **zur Konkurrenz ~** gå över till konkurrenten **Abwanderung** F̄ avflyttning; övergång
abwarten V/T, V/I avvakta, invänta; **warten Sie ab!** avvakta och se!; *umg* **und Tee trinken** vänta och se vad som händer
abwärts ADV utför, nedåt **Abwärtstrend** M̄ nedåtgående trend
Abwasch M̄ disk; diskning **abwaschbar** ADJ som går att tvätta av **abwa-**

schen V/T diska; tvätta av
Abwasser N̄ avloppsvatten n
abwechseln V/I, V/R byta om, växla; **sich ~ turas om (med ngn) abwechselnd** A ADJ omväxlande B ADV växelvis **Abwechslung** F̄ omväxling, ombyte n; **zur ~** som omväxling **abwechslungsreich** ADJ omväxlande
Abweg M̄ avväg; villoväg; **auf ~e geraten** råka på villovägar **abwegig** ADJ orimlig, absurd
Abwehr F̄ avvärjande n, motvärn n; kontraspionage n; **körpereigene ~** kroppens immunförsvar n **abwehren** A V/T avvärja, avvända B V/T parera **Abwehrkraft** F̄, **Abwehrkräfte** PL motståndskraft **Abwehrspieler(in)** M̄/F̄ försvarsspelare
abweichen *a. fig* V/I avvika (**von** från) **abweichend** ADJ avvikande **Abweichung** F̄ avvikelse
abweisen V/T avvisa
abwenden V/T vända bort; *verhüten* avvända, avstyra, avvärja; **sich ~** vända sig bort; **sich von j-m ~** *fig* vända sig ifrån ngn
abwerben V/T *Arbeitskräfte, Kunden* locka bort
abwerfen V/T kasta av/ned/ut; *Bomben* fälla; *Gewinn* inbringa, ge
abwerten V/T *Währung* devalvera **Abwertung** F̄ devalvering
abwesend ADJ frånvarande *a. fig* **Abwesenheit** F̄ frånvaro; **in ~ verurteilen** döma i ngns frånvaro; *umg* **durch ~ glänzen** lysa med sin frånvaro
abwickeln V/T veckla av, rulla av, linda av; *Garn* nysta av; *fig* genomföra; avsluta; avveckla **Abwicklung** F̄ avveckling
abwiegen V/T väga upp
abwimmeln *umg* V/T bli kvitt ngn
abwinken V/I avböja, slå ifrån sig
abwischen V/T torka (av), damma av
Abwurf M̄ SPORT *vom Torwart* utkast n
abwürgen V/T strypa *a. fig*; *Motor* ~ få motorstopp
abzahlen V/T betala av; amortera
abzählen V/T räkna; räkna av; **das Geld abgezählt bereithalten** ha jämna pengar i beredskap **Abzählreim** M̄ räkneramsa
Abzahlung F̄ avbetalning; amortering; **auf ~** på avbetalning

abzapfen VT tappa av
Abzeichen N (känne)tecken *n*, märke *n*; MIL gradbeteckning **abzeichnen** A VT teckna av, rita av, kopiera B V/R *sich ~* avteckna sig, framstå, sticka av
Abziehbild N överföringsbild, dekal **abziehen** A VT *a.* MATH dra av (*od* (i)från); FOTO göra kopior B VT *fortgehen* avtåga, ge sig av, avlägsna sig; *Vögel* flytta; *Rauch* dra ut
abzielen VT avse, syfta (*auf akk* på ngt)
abzischen *umg* VT sticka, pysa
abzocken VT plocka *od* lura ngn på pengar
Abzug M avtåg *n*, avmarsch; *Rauchabzug* rökgång; *Lohnabzug* avdrag *n*; FOTO kopia; *an Waffen* avtryckare; **Abzüge** *pl* avdrag *pl* **abzüglich** PRÄP efter avdrag av **Abzugshaube** F spisfläkt
abzweigen A VT avsätta B VT *Straße* ta (*od* vika) av från **Abzweigung** F avtagsväg; vägskäl *n*
Accessoire N accessoar
Account M *od* N IT konto *n*
ach INTER ack; **~ ja!** *Einfall* ja visst ja!; **~ nein! nej då!; ~ so!** jaså!; **~ was!** äsch!; **~ wirklich?** menar du det?
Ach N *mit ~ und Krach umg* med nöd och näppe
Achse F axel *a. fig*; *umg* **ständig auf (der) ~ sein** alltid vara i farten
Achsel F axel, skuldra; **mit den ~n zucken** rycka på axlarna; **über die ~ ansehen** se över axeln; **etw auf die leichte ~ nehmen** *fig* ta ngt lätt **Achselhöhle** F armhåla **Achselzucken** N axelryckning
Achs(en)bruch M axelbrott *n*
acht[1], **Acht** F åtta **Acht**[2] F *außer ~ lassen* försumma; inte beakta; **sich in ~ nehmen** ta sig i akt; **~ geben** → achtgeben
achtbar ADJ aktningsvärd
achte(r, s) ADJ åttonde **Achteck** N åttahörning **achteckig** ADJ åttahörnig **Achtel** N åttondel **Achtelfinale** N åttondelsfinal
achten A VT **~ auf** (*akk*) vara uppmärksam på, fästa avseende vid B VT respektera, värdera, sätta värde på
ächten VT förklara fredlös
achtens ADV för det åttonde
achtenswert ADJ aktningsvärd

Achter M *a. Boot* åtta **Achterbahn** F berg-och-dal-bana
Achterdeck N akterdäck *n* **Achterschiff** N akterskepp *n*
achtgeben VT akta sig; **gib acht!** se upp!
achthundert NUM åtta hundra **achtjährig** ADJ åttaårig
achtlos ADJ oaktsam, vårdslös **Achtlosigkeit** F oaktsamhet, vårdslöshet
Achtmeter M SPORT straffspark
Achtstundentag M åttatimmarsdag
Achtung F uppmärksamhet; *Hochachtung* aktning, respekt, vördnad (**vor** *dat* för); **~! se upp!; obs!;** *umg* **alle ~!** jo, jag tackar jag!; bravo!; inte illa!; **~ gebietend** respektingivande
achtzehn NUM a(de)rton **achtzig** NUM åttio **Achtzigerjahre** PL åttiotalet **Achtzigjährige(r)** M/F(M) åttioåring
ächzen VI jämra sig, stöna
Acker M åker, fält *n* **Ackerbau** M jordbruk *n* **Ackerland** N åkerjord
ackern VI plöja; *umg fig* knoga
Acryl N akryl
a.D. ABK (= außer Dienst) f.d., före detta
ADAC ABK (= Allgemeiner Deutscher Automobil-Club) ≈ Motormännens Riksförbund
Adamsapfel M adamsäpple *n*
Adapter M adapter
adäquat ADJ adekvat
addieren *umg* VT IT lägga till **addieren** VI addera **Addition** F addition
Adel M adel, adelskap *n* **adeln** VT adla **Adelsstand** M adelsstånd *n*
Ader F åder; *fig poetische ~* poetisk ådra; **eine ~ haben für** (*akk*) ha anlag för **Aderlass** M åderlåtning *a. fig*
ADHS N (= Aufmerksamkeitsdefizit-Hyperaktivitätssyndrom) ADHD (*Attention-Deficit/Hyperactivity Disorder*)
Adjektiv N adjektiv *n*
Adler M örn **Adlernase** *fig* F örnnäsa
adlig ADJ adlig **Adlige(r)** M/F(M) *männlich* adelsman; *weiblich* adelsdam
Administration F administration
Admiral(in) M/F amiral
adoptieren VT adoptera **Adoption** F adoption, adoptering **Adoptiveltern** PL adoptivföräldrar *pl* **Adoptiv-**

Adoptivkind – Akte ▪ 513

kind N adoptivbarn n
Adrenalin N adrenalin n **Adrenalinkick** M adrenalinkick
Adressat(in) M(F) adressat **Adressbuch** N adressbok **Adresse** F adress
adressieren V/T adressera
Adria F Adriatiska havet (best Form) n
Advent M advent n **Adventskalender** M julkalender, adventskalender **Adventskranz** M krans av granris med fyra ljus
Adverb N adverb n **adverbial** adverbiell
Aerobic N SPORT aerobics
aerodynamisch ADJ aerodynamisk
Affäre F affär, historia, sak; **sich aus der ~ ziehen** dra sig ur spelet
Affe M apa a. fig
Affekt M affekt; **im ~ unter** affekt; JUR **i hastigt mod Affekthandlung** F impulsiv handling
affektiert ADJ affekterad, tillgjord, konstlad
affenartig ADJ apartad, aplik **Affenhitze** umg F olidlig värme **Affenliebe** F blind kärlek **Affentheater** umg N cirkus fig **affig** ADJ fjantig; mallig **Äffin** F aphona
Afghane M afgan **Afghanin** F afganska **Afghanistan** N Afganistan n
Afrika N Afrika n **Afrikaner** M afrikan **Afrikanerin** F afrikanska **afrikanisch** ADJ afrikansk **Afroamerikaner(in)** M(F) afroamerikan
After M analöppning
Aftershave N aftershave, rakvatten n
AG A ABK F (= Aktiengesellschaft) AB, aktiebolag n B ABK F (= Arbeitsgemeinschaft od Arbeitsgruppe) arbetsgrupp, team n C ABK N (= Amtsgericht) ≈ tingsrätt
ägäisch ADJ **Ägäisches Meer** n Egeiska havet (best Form) n
Agent(in) M(F) agent, ombud n **Agentur** F agentur
Aggregat N aggregat n
Aggression F aggression **aggressiv** ADJ aggressiv **Aggressor** M angripare
agieren V/I agera
agil ADJ alert, pigg, rask
Agitation F agitation **agitieren** V/I agitera
Agrarpolitik F jordbrukspolitik
Agronom(in) M(F) agronom

Ägypten N Egypten n **Ägypter** M egyptier **Ägypterin** F egyptiska **ägyptisch** ADJ egyptisk
aha INTER aha, jaså **Aha-Erlebnis** N aha-upplevelse
Ahne M od F förfader; **~n** pl förfäder pl; anor pl
ähneln V/I j-m ~ likna ngn; **sich ~** likna varandra
ahnen V/T ana, känna på sig, misstänka; **ich habe es doch gedacht** det var väl det jag trodde; **du ahnst es nicht, wie ...** du kan inte ana hur ...
ähnlich ADJ lik(nande), dylik; MATH likformig; **~ sehen/sein** (dat) likna; **etwas Ähnliches** något i den vägen; **und Ähnliches** och liknande/dylikt **Ähnlichkeit** F likhet **ähnlichsehen** V/I **das sieht dir ähnlich!** det är likt dig!
Ahnung F aning; **keine ~ von etw haben** ha ingen aning om ngt **ahnungslos** ADJ aningslös; ovetande
Ahorn M lönn
Ähre F ax n
Aids N aids **aidsinfiziert** ADJ aidsinfekterad **aidskrank** ADJ aidssjuk **Aidstest** M aidstest (n) **Aidsvirus** N aidsvirus n
Aikido N SPORT Aikido
Aioli F od N aioli, Knoblauchsoße f
Airbag M krockkudde **Airbus** M airbus
Akademie F akademi **Akademiker(in)** M(F) akademiker **akademisch** ADJ akademisk
Akazie F akacia
akklimatisieren V/R **sich ~** acklimatisera sig
Akkord M a. MUS u. Lohn ackord n; **im ~** på ackord **Akkordarbeit** F ackordsarbete n **Akkordarbeiter(in)** M(F) ackordsarbetare **Akkordeon** N dragspel n **Akkordlohn** M ackordslön
akkreditieren V/T ackreditera **Akkreditiv** N kreditiv n
Akku(mulator) M (laddningsbart) batteri n, ackumulator
Akkusativ M akusativ
Akne F MED akne, finnar pl
Akrobat(in) M(F) akrobat **akrobatisch** ADJ akrobatisk
Akt M akt; ceremoni; gärning, handling
Akte F handling; **~n** pl handlingar pl;

zu den ~n legen lägga till handlingarna; *fig* lägga åsido **Aktendeckel** M pärm **Aktenkoffer** M attachéväska **Aktenmappe** F, **Aktentasche** F portfölj **Aktenzeichen** N signum *n*; referens

Aktie F aktie (brev *n*) **Aktiengesellschaft** F aktiebolag *n* **Aktienkapital** N aktiekapital *n* **Aktienkurs** M aktiekurs

Aktion F aktion, kampanj

Aktionär(in) M(F) aktieägare

aktiv ADJ aktiv **Aktiv** N GRAM aktiv form **aktivieren** VT aktivera **Aktivist(in)** M(F) aktivist **Aktivität** F aktivitet

Aktstudie F nakenstudie

aktualisieren VT aktualisera; COMPUT uppdatera **Aktualität** F aktualitet

aktuell ADJ aktuell

Akupressur F akupressur **Akupunktur** F akupunktur

Akustik F akustik **akustisch** ADJ akustisk

akut *a.* MED akut

Akzent M accent; *Sprache* brytning; **~e setzen** ge impulser för framtiden **akzentfrei** ADJ, ADV utan accent/brytning

akzeptabel ADJ acceptabel **akzeptieren** VT acceptera

Alarm M (a)larm *n*; **blinder ~** falskt alarm **Alarmanlage** F larmsystem *n* **Alarmbereitschaft** F (a)larmberedskap **alarmieren** VT alarmera **Alarmstufe** F beredskapsgrad

Albaner M alban **Albanerin** F albanska **Albanien** N Albanien *n* **albanisch** ADJ albansk

albern ADJ fånig, larvig **Albernheit** F fånighet, larvighet

Albtraum M mardröm

Album N album *n*

Alchemie F alkemi

Algebra F algebra

Algen F/PL alger *pl*

Algerien N Algeriet *n* **Algerier** M algerier **Algerierin** F algerierska **algerisch** ADJ algerisk

Algier N Alger

Alibi N alibi *n*

Alimente N/PL underhållsbidrag *n/sg*

alkalisch ADJ alkalisk

Alkohol M alkohol, sprit **alkoholfrei** ADJ alkoholfri **Alkoholgehalt** M alkoholhalt **Alkoholiker(in)** M(F) alkoholist **alkoholisch** ADJ alkoholisk **alkoholisiert** ADJ berusad, spritpåverkad **Alkoholismus** M alkoholism **Alkoholspiegel** M promillehalt **Alkoholsüchtige(r)** M(F)M alkoholmissbrukare **Alkoholsünder(in)** *umg* M(F) rattfyllerist **Alkoholvergiftung** F alkoholförgiftning

all(-e, -er, -es) INDEF PR all, allt *n*, alla *pl*; **~e beide** båda två, bägge två; *Leute* **~e zusammen** allesammans, allihop; **~e Tage** varje dag; **~e 14 Tage** var fjortonde dag; **vor ~em** framför allt; **in ~er Frühe** i ottan; **in ~er Ruhe** i allsköns ro; **in ~er Eile** i all hast; **ein für ~e Mal** en gång för alla; → **alle, alles**

All N **das ~** rymden, universum *n*

alle ADV *umg* **~ sein/werden** vara/ta slut; → **all**

Allee F allé

allein A ADJ ensam B ADV bara, endast, blott; **~ (der Gedanke)** blotta (tanken); **von ~** av sig själv C KONJ men, dock **Alleinerbe** M, **Alleinerbin** F universalarvinge **alleinerziehend** ADJ ensamstående **Alleinerziehende(r)** M(F)M ensamförälder, ensamstående förälder **Alleingang** M **im ~** ensam; på egen hand **Alleinherrscher(in)** M(F) envåldshärskare **alleinig** ADJ uteslutande; ensam i sitt slag **Alleinsein** N ensamhet **alleinstehend** *fig* ADJ ensamstående; **~e Mutter** ensamstående mor **Alleinverdiener(in)** M(F) familjeförsörjare

allemal ADV *immer* alltid; *freilich, natürlich* naturligtvis **allenfalls** ADV möjligen; *nötigenfalls* i värsta fall; *höchstens* på sin höjd **allerbeste(r, s)** ADJ allra bästa **allerdings** ADV visserligen; *bejahend* **~!** ja visst!, jo då! **allererste(r, s)** ADJ allra första

Allergie F MED allergi **Allergiker(in)** M(F) allergiker **allergisch** ADJ allergisk; **auf etw ~ reagieren** vara allergisk mot ngt

allerhand ADJ allahanda; alla slags; *umg* **das ist wirklich ~!** det är inte så lite, det!; *unerhört* det var då höjden!

Allerheiligen N allhelgonadagen

allerhöchstens *fig* ADV på sin höjd

allerlei ADJ all möjlig; alla slags al-

lerletzte(r, s) ADJ allra sista **allerliebste(r, s)** ADJ allra bästa/käraste, älsklings- *in zssgn*
Allerseelen N alla själars dag
allerseits ADV på alla sidor; **allesamman(s) allerwenigste(r, s)** ADJ die **~en** ytterst få; **am ~en** minst av allt, allra minst **Allerwerteste(r)** *umg* M bak, stjärt
alles INDEF PR allt; **~ in allem** allt som allt; **wer ~?** vilka?; **~ nur (Gerede)** det är bara (prat); → allt
allesamt ADV allesamman(s)
Allesfresser M allätare **Alleskleber** M universalklister *n*
allg. ABK (= allgemein) allm., allmän
allgegenwärtig ADJ allestädes närvarande
allgemein allmän (t *adv*); **~ gültig** allmängiltig; **~ verständlich** → allgemeinverständlich; **im Allgemeinen** i allmänhet **Allgemeinbefinden** N allmäntillstånd *n* **Allgemeinbildung** F allmänbildning **allgemeingültig** ADJ allmängiltig **Allgemeingut** N allmängods *n* **Allgemeinheit** F allmänhet **Allgemeinmediziner(in)** M(F) allmänläkare, allmänpraktiker **allgemeinverständlich** ADJ lättförståelig, allmänt begriplig **Allgemeinwissen** N allmänbildning **Allgemeinwohl** N das **~** det allmänna bästa
Allheilmittel N universalmedel *n*; *fig* patentmedicin
Allianz F allians
Alliierte(r) M(F) allierad
alljährlich A ADJ årlig B ADV årligen
Allmacht F allmakt **allmächtig** ADJ allsmäktig
allmählich A ADJ gradvis B ADV (så) småningom; **es wird ~ Zeit** det börjar bli dags
Allradantrieb M fyrhjulsdrift
allseitig ADJ allsidig
Alltag M vardag **alltäglich** ADJ daglig (en *adv*); *fig* vardaglig; alldaglig
allzu ADV alltför; **~ sehr**, **~ viel** alltför mycket
Alm F ≈ fäbod; fäbodvall
Almosen N allmosa; *fig* svältlön
Alpen PL die **~** Alperna *pl* **Alpenpass** M alppass *n* **Alpenrose** F alpros **Alpenveilchen** N alpviol; cyklamen

Alphabet N alfabet *n* **alphabetisch** ADJ alfabetisk
alpin ADJ alpin
als KONJ **1** *zeitlich* när, då; **damals, ~ ...** på den tiden, när/då ... **2** *in der Eigenschaft* (så)som; **~ ob** som om; **~ Andenken** som minne **3** *nach komp* än; **älter ~ ich** äldre än jag
also ADV så; alltså, således
alt ADJ gammal; **wie ~ bist du?** hur gammal är du?; **ich bin 20 Jahre ~** jag är tjugo år; **vier Jahre älter** fyra år äldre; **~ aussehen** *dumm dastehen* stå där med lång näsa
Alt M MUS alt
Altar M altare *n*
altbacken ADJ *Brot* ej färsk; *fig* föråldrad, förlegad **Altbauwohnung** F våning i äldre hus **Alte(r)** M(F)(M) *Mann* gubbe; *Frau* gumma; *umg* **der ~** farsan; **die ~** morsan **Alteisen** N järnskrot *n* **Altenheim** N ålderdomshem *n* **Altenhilfe** F ≈ äldreomsorg **Altenpfleger(in)** M(F) vårdbiträde *n* **Altenteil** N undantag *n*; **sich aufs ~ setzen** dra sig tillbaka **Altenwohnheim** N pensionärshem *n* **Alter** N ålder; *Lebensabend* ålderdom; **im ~ von 20 Jahren** vid tjugo års ålder; **im ~** på ålderdomen **älter** ADJ äldre; **~ alt altern** VI åldras, bli gammal
alternativ ADJ alternativ; **~ einkaufen** *umweltfreundliche Produkte* handla miljövänligt **Alternative** F alternativ *n* **Alternativenergie** F alternativ energi **alternativlos** ADJ alternativlös **Alternativmedizin** F alternativmedicin
altersbedingt ADJ ålderdoms- **Altersbeschwerden** F/PL ålderskrämpor *pl* **Altersfürsorge** F äldreomsorg **Altersgenosse** M, **Altersgenossin** F årsbarn *n*; jämnårig (person) **Altersgrenze** F åldersgräns **Altersgruppe** F åldersgrupp **Altersheim** N ålderdomshem *n* **Altersschwäche** F ålderdomssvaghet **Altersunterschied** M åldersskillnad **Altersversorgung** F pension; **gesetzliche ~** allmän pension, allmän pensionsförsäkring **Altertum** N forntid; **das**

(klassische) ~ antiken **Altertümer** PL antikviteter *pl*; fornfynd **altertümlich** ADJ ålderdomlig; gammaldags; antik; föråldrad **älteste(r, s)** ADJ äldsta **Älteste(r)** M/F(M) *Mann* den äldste; *Frau, neutral* den äldsta **Ältestenrat** M POL talmanskonferens **Altglas** N tomglas *n*, återvinningsglas *n* **Altglasbehälter** M, **Altglascontainer** M glasiglo(o), returglasbehållare **altklug** ADJ lillgammal, snusförnuftig **Altlasten** PL gammalt miljöfarligt avfall; *fig* gamla synder **Altmetall** N metallskrot *n* **altmodisch** ADJ gammalmodig **altnordisch** ADJ fornnordisk **Altöl** N spillolja **Altpapier** N returpapper *n*, återvinningspapper *n* **Altstadt** F äldsta stadsdel; **die ~ von Stockholm** gamla stan **Altstimme** F altröst **Alt-Taste** F IT alt-(*od* alternativ)tangent **Altweibersommer** M brittsommar, indiansommar **Alufolie** *umg* F aluminiumfolie **Aluminium** N aluminium *n* **Alzheimerkrankheit** F MED Alzheimers sjukdom **am** PRÄP ⟨→ an dem⟩ **~ Fenster** vid fönstret; **~ Sonntag** i söndags; **~ kommenden Sonntag** på söndag; **~ besten** bäst; *Zeit ('am' kann unübersetzt bleiben)* **am 1. Juni** (den) första juni **Amateur(in)** M(F) amatör **Ambiente** N omgivning, miljö; atmosfär **Ambition** F ambition **Amboss** M städ *n* **ambulant** ADJ ambulerande; MED **~e Behandlung** öppen vård **Ambulanz** F öppenvårdsavdelning; *Wagen* ambulans **Ameise** F myra **Ameisenbär** M myrslok **Ameisenhaufen** M myrstack **Ameisensäure** F myrsyra **Amen** N amen *n* **Amerika** N Amerika *n* **Amerikaner** M amerikan **Amerikanerin** F amerikanska **amerikanisch** ADJ amerikansk **Ami** *umg* M amerikan, jänkare **Aminosäure** F aminosyra **Amme** F amma **Ammenmärchen** N amsaga, påhittad historia **Ammoniak** N ammoniak

Amnestie F amnesti
Amöbe F amöba
Amok M **~ laufen** löpa amok
amortisieren V/R amortera
Ampel F ampel; hänglampa; *Verkehrsampel* trafikljus *n*
Amphetamin N amfetamin (*n*)
Amphibienfahrzeug N amfibiefordon *n*
Amphitheater N amfiteater
Ampulle F ampull
amputieren V/T amputera
Amsel F koltrast
Amt N myndighet, (ämbets)verk *n*; ämbete *n*, tjänst, befattning; REL mässa; **von ~s wegen** på ämbetets vägnar; **im ~ sein** vara i tjänst; **Auswärtiges ~** utrikesdepartementet (*best Form*) **amtieren** V/I tjänstgöra **amtlich** ADJ ämbets-; officiell **Amtsdeutsch** N kanslityska **Amtsgericht** N tingsrätt **Amtshandlung** F tjänsteförrättning **Amtssiegel** N ämbetssigill *n* **Amtsstunden** PL öppettider **Amtsweg** M **auf dem ~** på officiell väg **Amtszeit** F ämbetstid; mandatperiod
Amulett N amulett
amüsant ADJ underhållande, rolig
amüsieren A V/T roa B V/R **sich ~** roa sig
an A PRÄP ⟨*akk, dat*⟩ vid; på; **~ der Spree** vid Spree; **~ der Wand hängen** hänga på väggen; **~ j-n schreiben** skriva till ngn; **→ in**, **um** B ADV **von heute/nun/Anfang ~** från och med i dag/nu/början; **~ sein** vara på/igång; **Licht ~!** tänd ljuset!
anal ADJ anal
analog ADJ analog **Analogie** F analogi **Analogmodem** N IT modem *n*
Analphabet(in) M(F) analfabet
Analverkehr M analsex
Analyse F analys **analysieren** V/T analysera
Ananas F BOT ananas
Anarchie F anarki **Anarchist(in)** M(F) anarkist **anarchistisch** ADJ anarkistisk
Anatomie F anatomi **anatomisch** ADJ anatomisk
anbaggern *umg* V/T ragga upp
anbahnen A V/T inleda, påbörja B V/R **sich ~** börja utvecklas, växa fram
Anbau M AGR odling; ARCH tillbyggnad

anbauen VT odla; ARCH bygga till **Anbaufläche** F odlingsareal **Anbaumöbel** N sektionsmöbel
anbehalten VT behålla på (sig)
anbei ADV som bilaga, bifogat
anbeißen A VT bita i B VT Fisch u. fig nappa (på kroken)
anbeten VT tillbe, dyrka **Anbeter(in)** M(F) tillbedjare, beundrare
Anbetracht M in ~ (gen) med hänsyn till
Anbetung F tillbedjan, dyrkan
anbiedern VR sich bei j-m ~ ställa sig in hos ngn
anbieten A VT erbjuda B VR sich ~ erbjuda sig
anbinden VT binda fast (an akk vid)
Anblick M blick, (å)syn; beim ersten ~ vid första anblick **anblicken** VT se på, betrakta
anblinzeln VT blinka åt od mot
anbraten VT bryna
anbrechen A VT Vorräte, Ersparnisse börja ta av; Flasche, Packung öppna B VT Tag gry; Nacht falla på
anbrennen VI ta eld; Essen brännas vid
anbringen VT anbringa, placera; Waren få folk att köpa
Anbruch M bei ~ des Tages vid dagens inbrott
anbrüllen VT ryta åt
Andacht F andakt; REL andaktsstund, bön **andächtig** ADJ andäktig
andauern VI hålla på, vara, pågå **andauernd** A ADJ ihållande, ständig B ADV jämt och ständigt, hela tiden
Andenken N minne n; suvenir, minnesak; zum ~ an (akk) till minne av
andere(r, s) ADJ, INDEF PR annan, annat n, andra pl; alles ~e als allt annat än; am ~(e)n Tag dagen därpå; der eine ... der ~e den ene ... den andre; unter ~em bland annat; → ein, eins **andererseits** ADV å andra sidan **andermal** ADV ein ~ en annan gång
ändern A VT (för)ändra; ich kann es nicht ~ jag kan inte hjälpa det B VR sich ~ ändra sig, förändras; das lässt sich nicht ~ det är ingenting att göra åt
anders ADV annorlunda, på annat sätt; ~ denkend oliktänkande; jemand ~ någon annan; irgendwo ~ någon annanstans; es wird noch ganz ~ kommen det blir nog andra tider **andersartig** ADJ avvikande **andersdenkend** ADJ oliktänkande **andersherum** ADV tvärtom, åt andra hållet; ~ sein umg vara bög **anderswo** umg ADV någon annanstans
anderthalb NUM en och en halv, halvannan
Änderung F (för)ändring
anderweitig ADJ annan; ~e Verpflichtungen förpliktelser på annat håll
andeuten VT antyda **Andeutung** F antydan, antydning **andeutungsweise** ADV antydningsvis
Andrang M tillströmning; Gedränge trängsel; rusning
andre(r) ADJ, INDEF PR → ander(-e, -er, -es)
andrehen VT festdrehen vrida på, skruva på; umg fig j-m etw ~ lura på ngn ngt
androhen VT j-m etw ~ hota ngn med ngt **Androhung** F hotelse
anecken VI bei j-m ~ stöta sig med ngn
aneignen VR sich etw ~ tillägna sig ngt
aneinander ADV vid varandra, ihop, tillsammans **aneinandergeraten** fig VI komma ihop sig, ryka ihop **aneinandergrenzen** VI gränsa till varandra
Anekdote F anekdot
anekeln VT äckla; ... ekelt mich an ... äcklar mig
Anemone F BOT anemon, sippa
anerkannt ADJ erkänd; ansedd **anerkennen** VT erkänna; gutheißen godkänna **anerkennenswert** ADJ berömvärd, lovvärd **Anerkennung** F erkännande n; Lob a. uppskattning, beröm m
anfahren A VI starta; angefahren kommen komma körande B VT Fußgänger köra på; fig umg j-n ~ skälla ut ngn **Anfahrt** F framkörning; resan hit (dit); infart, uppfart
Anfall M anfall n **anfallen** VT anfalla, angripa; entstehen uppstå, uppkomma; ~de Arbeiten förekommande arbeten **anfällig** ADJ mottaglig (gegen akk för)
Anfang M början; am ~, zu ~ i början, till att börja med; ~ Mai i början av

anfangen – angemessen

maj; ~ nächster Woche i början av nästa vecka; von ~ bis Ende från början till slut; von ~ an från första början **anfangen** VT, VI börja; **mit ihm ist nichts anzufangen** han är hopplös; **mit j-m was ~** umg få ihop det med ngn **Anfänger(in)** M(F) nybörjare **Anfängerkurs** M nybörjarkurs **anfänglich** ADJ ursprunglig (en adv); först, i början **anfangs** ADV i början, till att börja med **Anfangsbuchstabe** M begynnelsebokstav **Anfangsgehalt** N ingångslön
anfassen VT vidröra, ta i, fatta tag i; fig ta itu med; **mit ~** hjälpa till; **ein Politiker zum Anfassen** en folklig politiker
anfauchen fig umg VT fräsa åt ngn
anfechtbar ADJ omtvistlig, anfäktbar
anfechten VT angripa, bestrida; JUR överklaga
anfeinden VT uppföra sig fientligt, visa sig hätsk emot
anfertigen VT tillverka, göra **Anfertigung** F tillverkning
anfeuchten VT fukta, väta
anfeuern VT elda; fig sporra, uppmuntra; SPORT heja på
anflehen VT bönfalla
anfliegen VT *Flughafen* flyga på, närma sig; vara under inflygning **Anflug** M inflygning; fig antydan
anfordern VT begära, kräva; rekvirera, skicka efter **Anforderung** F begäran, krav n; **hohe ~en stellen** ställa stora fordringar
Anfrage F förfrågan; WIRTSCH anbudsbegäran; POL interpellation; **auf ~** på förfrågan **anfragen** VI göra en förfrågan, höra sig för
anfreunden V/R sich mit j-m ~ bli od göra sig vän med ngn; **sich mit etw ~** vänja sig vid, göra sig förtrogen med
anfügen VT tillfoga, bifoga
anfühlen VT, V/R sich (weich/hart) ~ kännas (mjukt/hårt)
anführen VT anföra, leda; *Beispiel* anföra, citera; *Gründe* åberopa; *betrügen* narra, lura; **die Tabelle ~** SPORT toppa tabellen **Anführer(in)** M(F) anförare **Anführungszeichen** N anföringstecken, citationstecken n
Angabe F uppgift; *Anweisung* föreskrift, anvisning; umg *Prahlerei* skryt

n; **genaue ~n** pl precisa angivelser
angaffen umg VT glo på
angeben A VT ange, uppge; anmäla B VI umg prahlen skryta **Angeber(in)** umg M(F) skrytmåns; angivare, förrädare **Angeberei** umg F skryt n
Angebetete(r) M(F/M) tillbedd person
angeblich A ADJ föregiven, påstådd B ADV enligt uppgift, efter vad det sägs; **er ist ~ krank** han lär vara sjuk, det påstås att han är sjuk
angeboren ADJ medfödd
Angebot N anbud n, erbjudande n; *Warenangebot* utbud n; WIRTSCH offert
angebracht ADJ lämplig, passande
angebrannt ADJ vidbränd
angebrochen ADJ *Packung, Flasche* påbörjad
angebunden ADJ **kurz ~** korthuggen
angegossen ADV fig **wie ~** som gjuten
angegriffen ADJ angripen; fig medtagen
angeheiratet ADJ ingift
angeheitert umg ADJ upprymd, påstruken
angehen A VT *betreffen* angå, vidkomma, beträffa; SO *Arbeit* ge sig i kast med; **es geht nicht an, dass …** det går inte an att …; **das geht dich nichts an!** det angår dig inte!; **~ gegen** (akk) göra ngt emot ngt; **j-n ~ um** (akk) vända sig till ngn B VI leidlich sein gå an, duga; *anfangen* börja; *Licht* tända **angehend** ADJ blivande
angehören VI ⟨dat⟩ tillhöra **Angehörige(r)** M(F/M) anhörig, släkting
Angeklagte(r) M(F/M) anklagad, åtalad
angeknackst ADJ knäckt, bruten
Angel F *Türangel* gångjärn n; *Fischangel* metspö n
Angelegenheit F angelägenhet, ärende n
angelernt ADJ **~er Arbeiter** upplärd arbetare
Angelhaken M metkrok **angeln** VT, VI meta; fig fiska (efter) **Angelpunkt** fig M huvudpunkt **Angelrute** F metspö n
angelsächsisch ADJ anglosaxisk
Angelschein M fiskekort n **Angelschnur** F metrev
angemessen ADJ ⟨dat⟩ lämplig, passande, lagom; *Preis* rimlig; **in ~em Abstand** på behörigt avstånd

angenehm ADJ angenäm, trevlig
angenommen A ADJ antagen; *adoptiert* adopterad; **~es Kind** adoptivbarn n B KONJ **~, dass ...** *vermuten* anta att ...; *voraussetzen* under förutsättning att ...
angeregt ADJ livlig
angesagt ADJ **~ sein** vara modern (*od* inne)
angeschlagen ADJ illa medfaren; *Tasse* kantstött; *umg fig* medtagen
angesehen ADJ ansedd, aktad
Angesicht *obs* N *u. poet* ansikte; **im ~** → angesichts **angesichts** PRÄP ⟨*gen*⟩ i betraktande av, med hänsyn till; i åsyn av, inför
angespannt ADJ spänd; ansträngd
Angestellte(r) M/F(M) anställd; tjänsteman
angestrengt ADJ ansträngd
angetan ADJ tilltalad (**von** av)
angetrunken ADJ *umg* onykter, halvfull
angewidert ADJ äcklad
angewiesen ADJ **~ sein auf** vara hänvisad till; vara beroende av
angewöhnen VT **j-m etw** vänja ngn vid; **sich** (*dat*) **~** vänja sig vid, bli van vid **Angewohnheit** F vana
Angina F MED halsfluss; **~ Pectoris** MED kärlkramp
angleichen VT göra lik; anpassa
Angler(in) M(F) metare, fiskare
Angliederung F integrering
anglikanisch ADJ REL anglikansk **Anglist(in)** M(F) anglist **Anglistik** F *als Wissenschaft und Fach an der Uni* engelska
anglotzen VT glo på
angreifbar ADJ angriplig **angreifen** VT angripa, anfalla; kritisera; ta itu med, gripa sig an; **ein Problem ~** tackla ett problem **Angreifer(in)** M(F) angripare; SPORT anfallsspelare, forward
angrenzen VI gränsa (**an** *ack* till) **angrenzend** ADJ angränsande
Angriff M angrepp n, anfall n *a. fig*; **in ~ nehmen** påbörja, gripa sig an, ta itu med **Angriffskrieg** M anfallskrig n **angriffslustig** ADJ aggressiv **Angriffspunkt** M angreppspunkt
angrinsen *umg* VT flina mot
Angst F ångest, ängslan, rädsla; **~ haben/bekommen** vara/bli rädd (**vor** *dat*

för); **vor ~ av rädsla; mir ist angst (und bange)** jag är rädd **Angsthase** *umg* M fegis, kruka **ängstigen** A VT oroa, skrämma B VR **sich ~ um** (*akk*) oroa sig för, ängslas för **ängstlich** ADJ ängslig, orolig **Ängstlichkeit** F ängslan, oro **Angstschweiß** M kallsvett **Angsttraum** M mardröm
angucken VT titta på
anhaben VT ha på sig; *fig* **j-m nichts ~ können** inte kunna komma åt ngn
anhalten VT stanna, hejda; *Maschine, Motor* stanna, stoppa; *Atem* hålla; **j-n zu etw ~** uppmana ngn att göra ngt B V(I) stanna; *dauern* vara, räcka, pågå **anhaltend** ADJ ihållande **Anhalter(in)** M(F) liftare; **per ~ fahren** lifta **Anhaltspunkt** M hållpunkt, stödpunkt, ledtråd
anhand PRÄP ⟨*gen*⟩ med hjälp av
Anhang M IT bifogad fil; *Zusatz* tillägg n, supplement n; *Verwandtschaft* släkt; *Angehörige* anhöriga; **Anhänger** anhängare
anhängen VT hänga upp; hänga på; *beifügen* tillägga, bifoga; *fig* **j-m etw** pracka på ngn ngt **Anhänger(in)** M(F) *Person* anhängare; *Wagen* släpvagn; *Schmuck* hängsmycke n; *am Koffer* adresslapp **Anhängerschaft** F **die ~** anhängarna, supportrarna **anhänglich** ADJ tillgiven, fästad vid **Anhänglichkeit** F tillgivenhet **Anhängsel** N bihang n; *umg* påhäng n
anhauchen VT andas på
anhäufen A VT lägga på hög, samla B VR **sich ~** hopa sig, hopas **Anhäufung** F anhopning
anheben VT lyfta på; *Lohn, Preis* höja
anheizen VT elda upp, värma upp; *fig* få fart på
anheuern VT, VI SCHIFF mönstra på; rekrytera; *umg* anställa
Anhieb M **auf ~** *fig* vid första försöket, omedelbart; **auf ~ sagen** säga på rak arm
anhimmeln *umg* VT höja till skyarna; avguda
Anhöhe F höjd, backe, kulle
anhören A VT höra på, lyssna till; **j-m etw ~** höra ngt på ngn B VR **sich ~** höras, låta; **sich gut/schlecht ~** låta bra/illa **Anhörung** F hearing
Animateur(in) M(F) turistvärd, aktivi-

tetsledare
Animation F̄ animation **Animationsfilm** M̄ animerad film
animieren V/T animera
Anis M̄ anis
Ank. ABK (= Ankunft) ank., ankomst
ankämpfen V/I kämpa (**gegen** emot)
Ankauf M̄ inköp n, uppköp n
Anker M̄ ankar(e) n; **vor ~ gehen/liegen** gå/ligga för ankar **Ankerkette** F̄ ankarkättning **ankern** V/I ankra, kasta ankar **Ankerplatz** M̄ ankarplats **Ankerwinde** F̄ ankarspel n
anketten V/T kedja fast
Anklage F̄ JUR åtal n; **unter ~ stellen** åtala; **unter ~ stehen** vara åtalad; **~n** pl anklagelser, beskyllningar **Anklagebank** F̄ de anklagades bänk **anklagen** V/T anklaga, beskylla; JUR åtala, stämma **Ankläger(in)** M̄/F̄ JUR åklagare
Anklang M̄ **~ finden** umg vinna anklang (od gehör), gå hem
ankleben A V/T klistra fast B V/I klibba fast
Ankleidekabine F̄ omklädningsrum n; provrum n **Ankleideraum** M̄ påklädningsrum n
anklicken V/T COMPUT etw **~** klicka på ngt
anklopfen V/I knacka på (**an** akk/dat på); IT, TEL samtal väntar; fig höra sig för
anknabbern umg V/T knapra på
anknipsen V/T umg Licht tända
anknüpfen A V/T knyta fast B V/I fig **an etw ~** knyta an till ngt, anknyta till ngt **Anknüpfungspunkt** M̄ anknytningspunkt
ankommen V/I ankomma, anlända (**in** till); **Erfolg haben** umg gå hem, slå; bli väl mottagen; **der Film ist beim Publikum nicht angekommen** umg filmen gick inte hem hos publiken; **auf etw** (akk) **~** bero på ngt, komma an på ngt; **ich will es darauf ~ lassen** det får gå som det går; **nicht ~ gegen** (akk) inte kunna mäta sig med ngt (ngn)
ankoppeln V/T koppla ihop; Raum docka
ankotzen fig vulg V/T **das kotzt mich an** det är så man kan kräkas
ankreiden fig V/T **j-m etw ~** beskylla ngn för ngt

ankreuzen V/T pricka för, kryssa för
ankündigen V/T tillkännage, meddela, annonsera **Ankündigung** F̄ anmälan; tillkännagivande n, meddelande n
Ankunft F̄ ankomst, framkomst **Ankunftshalle** F̄ ankomsthall **Ankunftszeit** F̄ ankomsttid
ankurbeln V/T veva i gång; fig sätta fart på
Anl. ABK (= Anlage) bil., bilaga
anlächeln V/T le mot **anlachen** V/T umg **sich einen Mann ~** umg få tag i en karl
Anlage F̄ anläggning; Geld placering; Veranlagung, a. MED anlag n; Fähigkeit fallenhet; Beilage bilaga; E-mail bifogad fil; **~n** pl anläggningar pl; Park plantering (ar pl) **Anlagekapital** N̄ insatt kapital n
anlanden V/I anlända, ankomma, inträffa B V/T beträffa
Anlass M̄ anledning, skäl n, grund, orsak; **aus ~** (gen) med anledning av; **ohne jeglichen ~** utan all anledning
anlassen V/T Kleider behålla på; Maschinen starta, sätta i gång **Anlasser** M̄ startmotor; startknapp
anlässlich PRÄP ⟨gen⟩ med anledning av
Anlauf M̄ (an)sats a. fig; **~ nehmen** ta sats **anlaufen** A V/T Hafen anlöpa B V/I börja springa, komma i gång; Metall oxidera; Glas bli immig; **den Motor ~ lassen** sätta motorn i gång; **~ gegen** stöta (od törna) mot **Anlaufzeit** F̄ inkörningsperiod
Anlaut M̄ GRAM uddljud n
anlegen V/T u. V/I anlägga; Geld placera; **es ~ auf** (akk) fig lägga an på; **sich ~ mit** (dat) råka i gräl med; **groß angelegt** stort upplagt **Anlegestelle** F̄ tilläggsställe n
anlehnen A V/T stödja, luta; Tür ställa på glänt B V/R **sich ~ an** (akk) luta sig mot; fig följa ngn (od ngt) **Anlehnung** F̄ Hilfe stöd n; **in ~ an** (akk) i anslutning till
anleiern V/T få igång
Anleihe F̄ lån n
anleiten V/T handleda, instruera **Anleitung** F̄ handledning, instruktion; bruksanvisning
anlernen V/T lära upp
anliefern V/T leverera

anliegen VI *Kleidung* sitta åt; *umg* was liegt an? vad är det som ska göras? har det hänt något?; **es liegt mir viel daran** jag lägger stor vikt vid det **Anliegen** N anhållan; ärende n; **ein ~ haben** ha ett ärende, ha något på hjärtat
anliegend ADJ eng ~ åtsittande **Anlieger(in)** M|F boende vid en gata
anlocken VT locka till sig
anlügen VT ljuga för
Anm. ABK (= Anmerkung) anm., anmärkning
anmachen VT *befestigen* fästa, göra fast; *Feuer* göra upp; *Speisen* tillaga, tillreda; *Licht* tända; *Gerät* sätta på; **j-n** *umg* stöta på ngn
anmalen A VT måla B V/R *umg* sich ~ sminka sig
Anmarsch M frammarsch; antågande n; **im ~, auf dem ~ sein** vara i antågande
anmaßen VT sich *(dat)* etw ~ göra anspråk på **anmaßend** ADJ högdragen, arrogant **Anmaßung** F högdragenhet, arrogans
Anmeldeformular N anmälningsblankett **Anmeldefrist** F anmälningstid **Anmeldegebühr** F anmälningsavgift **anmelden** A VT anmäla B V/R sich ~ anmäla sig; COMPUT logga in **Anmeldepflicht** F anmälningsskyldighet **Anmeldeschluss** M sista anmälningsdag **Anmeldung** F anmälan, anmälning; reception
anmerken VT markera; anmärka, påpeka; **j-m etw ~** märka ngt på ngn; **sich nichts ~ lassen** inte låtsas om något **Anmerkung** F anmärkning, fotnot; yttrande n, påpekande n
Anmut F behag n, grace, charm **anmuten** VI **es mutet mich seltsam an** det förefaller mig egendomligt **anmutig** ADJ behaglig, charmfull
annähen VT sy fast od i
annähern A V/R sich ~ närma B V/R sich ~ närma sig, nalkas *a. fig* **annähernd** A ADJ ungefärlig B ADV tillnärmelsevis, ungefär **Annäherung** F närmande n **Annäherungsversuch** M försök n till närmande
Annahme F *Empfang* mottagande n; *Gepäckannahme* inlämning; *Vermutung* antagande n **Annahmestelle** F inlämningsställe n **annehmbar** ADJ godtagbar, acceptabel **annehmen** A VT anta; *empfangen* motta; *Wechsel* acceptera; *voraussetzen* anta, förmoda B V/R sich ~ *(gen)* ta sig an **Annehmlichkeit** F ~en fördelar, bekvämligheter, behag n; fördel
annektieren VT annektera
anno ADV ~ **dazumal** i forna tider
Annonce F annons **annoncieren** VT, VI annonsera
annullieren VT annullera
anöden *umg* VT tråka ut
anonym ADJ anonym **Anonymität** F anonymitet
Anorak M anorak
anordnen VT *einrichten* (an)ordna, arrangera; *bestimmen* anordna, bestämma **Anordnung** F anordning *a. fig*, arrangemang n; bestämmelse; order; **auf ~** *(gen)* enligt föreskrift av
anorganisch ADJ oorganisk
anpacken VT hugga tag i B VI *fig* gripa sig an, ta itu med
anpassen A VT anpassa B V/R sich ~ anpassa sig **Anpassung** F anpassning (**an** *akk* till) **anpassungsfähig** ADJ som kan anpassa sig **Anpassungsfähigkeit** F anpassningsförmåga
anpeilen VT pejla; *fig* sikta (in sig) på
anpfeifen VT **ein Spiel ~** blåsa till start; *umg fig* **j-n ~** huta åt ngn **Anpfiff** M SPORT signal till avspark; *umg fig* åthutning
anpflanzen VT plantera; *züchten* odla
anpöbeln VT uppträda oförskämt mot
anprangern VT brännmärka
anpreisen VT rekommendera, berömma
Anprobe F provning **anprobieren** VT prova
anpumpen *fig umg* VT låna av
Anrainer(in) M|F granne; grannstat
anrechnen VT tillgodoräkna; dra av; debitera, ta betalt för
Anrecht N rätt(ighet), anspråk n **(auf** *akk* på)
Anrede F tilltal n **anreden** VT tilltala
anregen VT *vorschlagen* väcka intresse för, föreslå; *beleben* stimulera, uppmuntra, pigga upp; **zum Nachdenken ~** bli en tankeställare för **anregend** ADJ stimulerande, uppmuntrande, uppiggande **Anregung** F impuls, upp-

522 ▪ anreichern – anschneiden

slag n; förslag n; stimulans, stimulering **anreichern** VT anrika; *Lebensmittel u. fig* berika
Anreise F ditresa; hitresa; ankomst **anreisen** VI anlända **Anreisetag** M ankomstdag
anreißen VT *Vorrat, Summe* börja ta av; *fig* föra på tal, ta upp
Anreiz M sporre, uppmuntran
anrempeln VT knuffa till
annennen VI **~ gegen** (akk) springa (od törna) (e)mot; **angerannt kommen** komma sättande
Anrichte F serveringsbord n **anrichten** VT *Speisen* anrätta, tillaga; *fig verursachen* ställa till, förorsaka; **da hast du was Schönes angerichtet!** så du har ställt till!
anrüchig ADJ (illa) beryktad; oanständig
anrücken VI komma närmare; MIL rycka fram
Anruf M anrop n; TEL telefonsamtal n **Anrufbeantworter** M telefonsvarare **anrufen** VT TEL ringa (upp); ropa på, anropa **Anrufer(in)** M(F) person som ringer **Anrufweiterschaltung** F vidarekoppling
anrühren VT (vid)röra; *mischen* röra ihop, vispa till; blanda
ans PRÄP *mit* ART → **an das**
Ansage F tillkännagivande n; RADIO annonsering **ansagen** VT meddela, anmäla, tillkännage; RADIO annonsera **Ansager(in)** M(F) programledare; RADIO hallåman; hallåa
ansammeln A VT samla (ihop) B VR **sich ~** samlas **Ansammlung** F samling; ansamling
ansässig ADJ bosatt; bofast
Ansatz M ansats, början; *Zusatzstück* ansats, skarv, förlängningsstycke n; MUS munstycke n; *Rechnung* uppsättning; *Ablagerung* avlagring; **in den Ansätzen stecken bleiben** (låta det) stanna vid försök; **erste Ansätze zu** (dat) första försök till **Ansatzpunkt** M utgångspunkt
ansaugen VT suga till sig; **sich ~** suga sig fast
anschaffen A VT (sich) skaffa (sig); **sich Kinder ~** skaffa barn B VI **sie geht ~** *umg* hon går på gatan **Anschaffung** F anskaffning

anschalten VT sätta på; **das Licht ~** tända ljuset
anschauen VT betrakta, beskåda, se på; **sich** (dat) **etw ~** se på ngt **anschaulich** ADJ åskådlig **Anschauung** F åskådning; uppfattning, mening
Anschein M sken n, intryck n; **den ~ haben** ge sken av; **allem ~ nach** efter allt att döma **anscheinend** ADV tydligen
anscheißen *vulg* VT *beschimpfen* skälla ut
anschieben VT skjuta på (od i gång)
Anschiss *vulg* M utskällning
Anschlag M anslag n; *Attentat* attentat n; *Abschätzung* beräkning; (kostnads)förslag n; **das Gewehr im ~ haben** sikta **Anschlagbrett** N anslagstavla
anschlagen A VT *befestigen* anslå, sätta upp, spika upp; *beschädigen* slå av; *schätzen* anslå, uppskatta; *zielen* sikta, lägga an; *Ton* anslå B VI *Arznei* göra verkan **Anschlagsäule** F annonspelare
anschleichen VR **sich ~** smyga sig fram; **angeschlichen kommen** komma smygande
anschleppen VT släpa med sig, komma dragande med; AUTO dra igång
anschließen VT ansluta (an till); *befestigen* fästa (an vid); **sich ~** (an)sluta sig (dat an akk till); **ich schließe mich an** *Zustimmung* jag håller med; *mitkommen* jag kommer med **anschließend** A ADJ (efter)följande B ADV i anslutning till det, efteråt, sedan **Anschluss** M anslutning; BAHN, ELEK förbindelse; TEL anknytning; **kein ~ unter dieser Nummer** numret har ingen abonnent; *Umgang* kontakt, umgänge n; **im ~ an** (akk) i anslutning till; *fig* **~ finden/suchen** få/söka kontakt **Anschlussflug** M anslutningsflyg n **Anschlusszug** M anslutningståg n
anschmiegen VR **sich ~** smyga sig tätt intill **anschmiegsam** ADJ gosig, kelig; mjuk, följsam
anschnallen VT, VR **sich ~** *Sicherheitsgurt* spänna fast (od på sig) säkerhetsbältet **Anschnallgurt** M säkerhetsbälte n
anschnauzen *umg* VT snäsa
anschneiden VT (börja) skära; *fig* föra

på tal, ta upp **Anschnitt** M först avskuret stycke; *Schnittfläche* snittyta
anschrauben VT skruva fast *od* på
anschreiben A VT *etw* ~ anteckna, skriva upp; *j-n* ~ skriva till ngn B VI ~ **lassen** ta det på krita; **bei j-m gut angeschrieben sein** *fig* ligga bra till hos ngn
anschreien VT skrika åt
Anschrift F adress
Anschuldigung F beskyllning, anklagelse
anschwärzen *fig* VT svärta ned, förtala
anschwellen VI svälla upp; svullna
anschwemmen VT spola upp (på land)
anschwindeln VT *umg* j-n ~ ljuga för ngn
ansehen VT se på, titta på; ~ **als** betrakta som; **j-m etw** ~ märka ngt på ngn; *etw* **mit** ~ stillatigande se på ngt **Ansehen** N påseende *n*; betraktande *n*; *Geltung* anseende *n*, aktning; **ohne** ~ **der Person** utan hänsyn till person; **in hohem** ~ **stehen** ha gott anseende **ansehnlich** ADJ ansenlig, betydande
anseilen VT (sich) säkra (sig)
ansetzen A VT sätta på; *Termin* fastsätta, bestämma; *Kosten* beräkna, anslå; **Fett** ~ fetma, lägga på hullet B VI börja, ta sats; BOT sätta frukt; **dreimal** ~ försöka tre gånger; **sich** ~ fastna
Ansicht F påseende *n*; *Anblick* (å)syn, anblick; *Meinung* åsikt, mening; bild, kort *n*; vy; **meiner** ~ **nach** enligt min åsikt; **zur** ~ till påseende **Ansichtskarte** F vykort *n* **Ansichtssache** F **das ist** ~ det är smaksak
ansiedeln A VT placera (ut) ngn B VR **sich** ~ bosätta sig, slå sig ned
ansonsten ADV annars; för övrigt
anspannen VT spänna (för); *fig* anstränga **Anspannung** *fig* F anspänning, ansträngning
anspielen VT SPORT passa till; *fig* anspela (**auf** *akk* på) **Anspielung** F anspelning
anspitzen VT spetsa; *Bleistift* vässa
Ansporn *fig* M sporre **anspornen** VT sporra; *fig a.* egga, uppmuntra
Ansprache F tal *n*, anförande *n* **ansprechbar** ADJ tillgänglig; **sie ist**

nicht ~ *umg* det går inte att tala med henne **ansprechen** A VT vända sig till; (=*gefallen*) tilltala B VI ~ **auf** (*akk*) reagera på **ansprechend** ADJ tilltalande, behaglig **Ansprechpartner(in)** M(F) kontaktperson
anspringen A VT hoppa upp, rusa på B VI *Motor* starta, komma i gång
Anspruch M anspråk *n*; *Forderung* krav *n*; ~ **haben/stellen auf** (*akk*) ha/ställa anspråk på; **in** ~ **nehmen** ta i anspråk; **Ansprüche stellen** ställa krav **anspruchslos** ADJ anspråkslös **anspruchsvoll** ADJ anspråksfull
anspucken VT spotta på
anstacheln VT driva på, sporra, egga
Anstalt F anstalt, inrättning; *fig* **~en** *pl* åtgärder, förberedelser *pl*
Anstand M anständighet, (fint) sätt *n*, god ton, etikett **anständig** ADJ anständig; hygglig, hederlig, rejäl, ordentlig **Anständigkeit** F anständighet; hygglighet, hederlighet **anstandshalber** ADV för anständighetens skull, i anständighetens namn **anstandslos** ADV utan betänkande
anstarren VT stirra på
anstatt A KONJ i stället (**zu** + *inf* för + *inf*) B PRÄP i stället (*gen od dat* för)
anstecken A VT, VI sticka fast, fästa; *Feuer* tända på; MED smitta B VR **sich** ~ bli smittad **ansteckend** ADJ MED smitt(o)sam **Anstecknadel** F *Schmuck* brosch; märke *n* **Ansteckung** F MED smitta **Ansteckungsgefahr** F smitt(o)fara
anstehen VI stå i kö (**nach** för); anstå; *Zeit* vara bestämd; **etw** ~ **lassen** uppskjuta ngt; **was steht an?** vad är nästa punkt?
ansteigen VI stiga *a. fig*
anstelle PRÄP ~ **von** i stället för
anstellen A VT anställa; *in Dienst nehmen a.* tillsätta; *Gerät* sätta på; *machen, tun* göra; **was hat er angestellt?** vad har han ställt till med? B VR **sich** ~ **eine Reihe bilden** ställa sig i kön; **sich zieren** te sig, bära sig åt; *umg* **stell dich nicht an!** gör dig inte ill!
Anstellung F *Posten* anställning, plats
Anstieg M stigning, uppförsbacke; ökning, höjning
anstiften VT *veranlassen* anstifta, ställa till, vålla; *verführen* förleda **Anstif-**

ter(in) MF anstiftare, upphovsman
Anstiftung F anstiftan
anstimmen VT stämma upp
Anstoß M *Anregung* impuls; *Ärgernis* anstöt, förargelse; *Fußball* avspark; *fig* ~ erregen väcka förargelse *od* anstöt; **Stein des ~es** *fig* stötesten; **~ nehmen an** (*dat*) ta anstöt av; **den ~ geben zu** (*dat*) ge impuls till **anstoßen** A VT stöta till; *mit dem Fuß* sparka till B VI SPORT göra avspark; **~ an** (*akk*) stöta emot; **mit Gläsern ~ auf** (*akk*) skåla för; **mit der Zunge ~** läspa **anstößig** ADJ anstötlig, oanständig
anstrahlen VT belysa; *fig* stråla (e)mot
anstreben VT sträva efter
anstreichen VT stryka, måla; *im Text* stryka för **Anstreicher(in)** MF målare
anstrengen VR anstränga (**sich** sig) **anstrengend** ADJ ansträngande **Anstrengung** F ansträngning
Anstrich M strykning, målning; *fig* anstrykning, sken *n*
Ansturm M tillströmning, rusning; *fig* anstormning
Antarktis F Antarktis *n* **antarktisch** ADJ antarktisk
antasten VT röra (vid)
Anteil M (an)del; *Mitgefühl* delaktighet; **~ nehmen** delta (**an** *dat* i); visa intresse, hysa deltagande (**an** *dat* för) **anteilig** ADV proportionell **Anteilnahme** F intresse *n*, deltagande *n*
Antenne F antenn
anti- IN ZSSGN anti- *in zssgn* **Antialkoholiker(in)** MF nykterist
antiautoritär ADJ antiauktoritär
Antibabypille F p-piller *n*
Antibiotikum N antibiotikum *n* **Antidepressivum** N antidepressivum *n*
antik ADJ antik **Antike** F (klassiska) forntiden, antiken (*best Form*)
Antikörper M MED antikropp
Antilope F ZOOL antilop
Antipathie F antipati, motvilja
Antipode M antipod
antippen VT snudda vid; *fig* föra ngt på tal
Antiquar(in) MF antikvarie **Antiquariat** N antikvariat *n* **antiquarisch** ADJ antikvarisk **antiquiert** ADJ antikverad; *fig* **das ist doch völlig ~!** det är totalt förlegat!; **~e Ansichten** förlegade åsikter **Antiquität** F antikvitet **Antiquitätenhändler(in)** MF antikvitetshandlare **Antiquitätenladen** M antikvitetsaffär
Antisemitismus M antisemitism
antiseptisch ADJ MED antiseptisk
Antivirenprogramm, Antivirusprogramm N IT antivirusprogram *n*
Antlitz N anlete *n*
Antrag M *Gesuch* ansökan, begäran, yrkande *n*; POL motion; **j-m einen ~ machen** *Heiratsantrag* fria till ngn; **einen ~ stellen** ansöka (om ngt); POL väcka motion **Antragsformular** N ansökningsblankett, ansökningsformulär *n* **Antragsfrist** F ansökningstid **Antragsteller(in)** MF sökande; POL motionär
antreffen VT anträffa, träffa på
antreiben VT driva på *a. fig*
antreten A VI ställa upp sig B VT anträda; *Amt* tillträda; *Reise a.* börja; *Motorrad* trampa i gång
Antrieb *fig* M motivation; TECH drift, drivkraft; **aus eigenem ~** självmant, på eget initiativ *n* **Antriebskraft** F drivkraft, motivation
antrinken VT **sich einen ~** dricka sig berusad
Antritt M *Reise* anträdande *n*; *Amt* tillträde *n*; *Beginn* början **Antrittsbesuch** M första besök *n*
antun VT **j-m etw ~** tillfoga ngn ngt; göra ngt mot ngn; **sich etw ~** *umg* ta livet av sig; **tu mir das nicht an** gör inte detta mot mig
Antwort F svar *n*; **um ~ wird gebeten** (u.A.w.g.) om svar anhålles (o.s.a.) **antworten** VI svara (**auf** *akk* på)
anvertrauen A VT **j-m etw ~** anförtro ngn ngt B VR **sich ~** anförtro sig
anwachsen VI slå rot; växa fast; växa, öka
Anwalt M JUR advokat; *fig* förespråkare **Anwältin** F kvinnlig advokat
Anwandlung F anfall *n*; infall *n*
anwärmen VT värma upp
Anwärter(in) MF kandidat, aspirant
anweisen VT anvisa; *belehren* handleda, instruera; *Geld* skicka **Anweisung** F anvisning; instruktion; order; **auf ~** enligt order; WIRTSCH anvisning
anwendbar ADJ användbar, tillämplig
anwenden VT använda, begagna;

zur Wirkung bringen tillämpa, praktisera **Anwender(in)** MF användare **Anwendung** F användning; tillämpning; MED behandling **Anwendungsbereich** M användningsområde n
anwerben VT värva **Anwerbung** F värvning
Anwesen N landställe n, jordbruksegendom **anwesend** ADJ närvarande **Anwesenheit** F närvaro **Anwesenheitsliste** F närvarolista
anwidern VT äckla
Anwohner(in) MF granne; *Anlieger* intillboende
Anzahl F antal n
anzahlen VT lämna handpenning för **Anzahlung** F handpenning
anzapfen VT *Fass* slå upp; *fig umg* låna pengar av
Anzeichen N tecken n, märke n; *Ankündigung* förebud n; MED symtom n
Anzeige F *Mitteilung* meddelande n, anmälan, underrättelse; *Zeitungsanzeige* annons; *bei der Polizei* anmälan; ~ **erstatten** göra anmälan; COMPUT display
anzeigen VT *mitteilen* meddela, anmäla, underrätta (etw om ngt); *inserieren* annonsera; *zeigen* visa, ange; *j-n* anmäla, ange **Anzeigenblatt** N annonstidning **Anzeigenteil** M annonssidor pl **Anzeiger** M *Zeitung* annonstidning; TECH visare, indikator; mätare
anzetteln *fig* VT ställa till (med), anstifta
anziehen A VT klä på; **sich etw ~** ta på sig ngt; dra åt a. *fig* B VI accelerera, öka farten C VR **sich ~** klä på sig **anziehend** ADJ attraktiv, tilltalande **Anziehung** F dragning, attraktion **Anziehungskraft** F dragningskraft
Anzug M kostym; klädsel; antågande n; **im ~** (*Anrücken*) **sein** vara i antågande a. *fig*
anzüglich ADJ spydig, insinuant **Anzüglichkeit** F spydighet, anspelning
anzünden VT (an)tända, tända på, sätta eld på **Anzünder** M tändare
anzweifeln VT tvivla på, ifrågasätta
apart ADJ (=*chic*) tjusig, exklusiv; *ungewöhnlich* egenartad, ovanlig, särskild
Apartment N liten lägenhet
apathisch ADJ apatisk
Aperitif M aperitif

Apfel M äpple n; **in den sauren ~ beißen** bita i det sura äpplet **Apfelbaum** M äppelträd n **Apfelkuchen** M äppelkaka **Apfelmus** N äppelmos n **Apfelsaft** M äppeljuice, äppeldricka **Apfelschorle** F *äppeljuice blandat med kolsyrat mineralvatten*
Apfelsine F BOT apelsin
Apfelstrudel M GASTR strudel (*bakverk med äppelfyllning*) **Apfelwein** M äppelvin n
Apostel M REL apostel
Apostroph M apostrof
Apotheke F apotek n **apothekenpflichtig** ADJ *das Mittel ist* ~ läkemedlet finns bara på apoteket **Apotheker(in)** MF apotekare
App F app
Apparat M apparat; TEL telefon; **bleiben Sie bitte am ~!** var god dröj!; *umg* bjässe **Apparatur** F apparatur
Appell M appell; **~ an** (*akk*) vädjan till **appellieren** VI **~ an** appellera till, vädja till
App-Entwickler(in) MF apputvecklare
Appetit M aptit, matlust; **guten ~!** smaklig måltid!; **~ haben auf** (*akk*) *umg* vara sugen på **appetitanregend** ADJ aptitretande **Appetithappen** M aptitretare, tilltugg n **appetitlich** ADJ aptitlig; aptitretande **Appetitlosigkeit** F brist på aptit **Appetitzügler** M aptitnedsättande medel n
applaudieren VI applådera **Applaus** M applåd, bifall v
approbiert ADJ *Arzt etc* legitimerad
Après-Ski M after-ski
Aprikose F BOT aprikos
April M april; **in den ~ schicken** lura ngn med aprilskämt **Aprilscherz** M aprilskämt n
Aquagymnastik F vattengymnastik, vattengympa **Aquaplaning** N vattenplaning
Aquarell N akvarell
Aquarium N akvarium n
Äquator M ekvator
Ar N *ar mst* n; **5 ~** fem ar
Ära F era, epok
Araber M arab **Araberin** F arabiska **arabisch** ADJ arabisk
Arbeit F arbete n, jobb n; *Schule* prov

arbeiten – Armenviertel

n; **schriftliche ~** skrivning; **viel ~ kosten** kosta mycket möda; **~ finden** finna arbete; **an die ~ gehen** skrida till verket; **in ~ geben** låta göra; **in ~ sein** vara under arbete; **zur ~ gehen** gå till arbetet (*od* jobbet) **arbeiten** A VI arbeta, jobba; TECH fungera B VT utarbeta; **es arbeitet sich gut** det går bra att arbeta; **was arbeitest du?** *umg* vad jobbar du med?; **als Kellner ~** jobba som kypare **Arbeiter(in)** M(F) arbetare **Arbeiterbewegung** F arbetarrörelse **Arbeiterklasse** F arbetarklass **Arbeiterschaft** F alla arbetare **Arbeitgeber(in)** M(F) arbetsgivare **Arbeitgeberverband** M arbetsgivarförening **Arbeitnehmer(in)** M(F) arbetstagare **Arbeitsagentur** F arbetsförmedling **arbeitsam** ADJ arbetsam **Arbeitsbedingungen** PL arbetsförhållanden **Arbeitsbeschaffungsmaßnahme** F arbetsmarknadspolitisk åtgärd **Arbeitserlaubnis** F arbetstillstånd n **arbeitsfähig** ADJ arbetsför, arbetsduglig **Arbeitsgang** M arbetsmoment n **Arbeitsgemeinschaft** F arbetsgrupp, team n; *Schule* ≈ individuellt val **Arbeitsgenehmigung** F arbetstillstånd n **Arbeitsgericht** N arbetsdomstol F **Arbeitsgruppe** F arbetsgrupp **Arbeitsklima** N stämning på arbetsplatsen **Arbeitskollege** M, **Arbeitskollegin** F arbetskollega **Arbeitskraft** F arbetskraft **arbeitslos** ADJ arbetslös, utan arbete **Arbeitslose(r)** M(F/M) arbetslös **Arbeitslosengeld** N arbetslöshetsersättning **Arbeitslosigkeit** F arbetslöshet **Arbeitsmarkt** M arbetsmarknad **Arbeitsplatz** M arbetsplats **arbeitsscheu** ADJ arbetsskygg **Arbeitsspeicher** M COMPUT RAM-minne n **Arbeitstag** M arbetsdag **Arbeitsteilung** F arbetsfördelning **arbeitsunfähig** ADJ arbetsoduglig **Arbeitsunfall** M olycksfall n i arbetet **Arbeitsverhältnis** N anställning (sförhållande n) **Arbeitsvermittlung** F arbetsförmedling **Arbeitsvertrag** M anställningskontrakt n; arbetsavtal n **Arbeitszeit** F arbetstid; **gleitende ~ haben** ha flexibel arbetstid **Archäologie** F arkeologi

Archipel M arkipelag, öhav n **Architekt(in)** M(F) arkitekt **architektonisch** ADJ arkitektonisk **Architektur** F arkitektur **Archiv** N arkiv n **Archivar(in)** M(F) arkivarie **Areal** N areal, ytvidd **Arena** F arena **arg** A ADJ *schlimm* dålig; *böse* ond; *bedeutend* stor, svår B ADV illa; mycket, väldigt, förfärligt; **es zu ~ treiben** gå för långt **Argentinien** N Argentina **argentinisch** ADJ argentinsk **Ärger** M förargelse, förtret, ilska; *Unannehmlichkeit* bekymmer n, problem n; **es wird ~ geben** det kommer att bli bråk; **j-m ~ machen** *od* **bereiten** vara till besvär för ngn; **~ haben** ha besvär (**mit** med); *sich streiten* vara osams (**mit** med); **~ bekommen** få besvär **ärgerlich** ADJ *verärgert* förargad; *unangenehm* förarglig, irriterande; **wie ~!** så förargligt! **ärgern** A VT irritera, göra arg, reta B V/R **sich ~** bli förargad (**über** *akk* över) **Ärgernis** N anstöt, förargelse; **öffentliches ~** förargelseväckande beteende n **arglistig** ADJ lömsk, illistig **Argument** N argument n **argumentieren** VT, VI argumentera **Argwohn** M misstanke, misstro, misstänksamhet **argwöhnisch** ADJ misstänksam **Arie** F MUS aria **Aristokrat(in)** M(F) aristokrat **Aristokratie** F aristokrati **aristokratisch** ADJ aristokratisk **Arithmetik** F aritmetik **Arktis** F Arktis n **arm** ADJ fattig; *fig* stackars, arm; **der Ärmste** stackarn **Arm** M arm; **j-m unter die ~e greifen** hjälpa ngn; **auf den ~ nehmen** *fig umg* driva med ngn **Armaturenbrett** N instrumentbräda **Armband** N armband n **Armbanduhr** F armbandsur n **Armee** F armé **Ärmel** M ärm **Ärmelkanal** M Engelska kanalen (*best Form*) **ärmellos** ADJ utan ärmar **Armenhaus** N fattighus n **Armenviertel** N fattigkvarter n

Armlehne F armstöd n **Armleuchter** M flerarmad ljusstake; *Schimpfwort* stackare, nolla
ärmlich ADJ torftig, ömklig
armselig ADJ fattig, usel, eländig
Armut F armod n, fattigdom (an *dat* på) **Armutszeugnis** *fig* N fattigdomsbevis n
Aroma N arom **Aromatherapie** F aromaterapi
aromatisch ADJ aromatisk
Arrangement N arrangemang n **arrangieren** VT arrangera
Arrest M arrest; häkte n
arrogant ADJ arrogant, oförskämd **Arroganz** F arrogans, oförskämdhet
Arsch *vulg* M arsle n; leck mich am ~! kyss mig i arslet!; das geht mir am ~ vorbei det skiter jag i; im ~ sein vara sönder, vara helt åt helvete **Arschkriecher** M, **Arschlecker** *vulg* M rövslickare **Arschloch** *vulg* N *Schimpfwort* skitstövel
Arsen N arsenik
Arsenal N arsenal
Art F art; *Weise* sätt n, vis n; *Gattung* slag n, sort; **eine ~ ...** en sorts ...; **~ und Weise** sätt och vis; **auf diese ~** på detta (*od* sådant) sätt; **Bücher aller ~** alla slags böcker; **das ist keine ~!** vad är det för ett sätt?; **jeder auf seine ~** var och en på sitt sätt; **was für eine ~ ... ?** vilken sorts ... ?, vad för slags ... ?
Artenschutz M artskydd n
Arterie F pulsåder, artär **Arterienverkalkung** F MED åderförkalkning
artgerecht ADJ *Haltung* artriktig
Arthrose F MED artros
artig ADJ snäll; väluppfostrad
Artikel M *a.* GRAM artikel; WIRTSCH vara
artikulieren A VT artikulera B V/R sich ~ ge uttryck för sina åsikter
Artillerie F artilleri n
Artischocke F BOT kronärtskocka
Artist(in) M/F artist
Arzneimittel N medicin, medikament n, läkemedel n **Arzneimittelmissbrauch** M läkemedelsmissbruk n **Arzt** M, **Ärztin** F läkare, doktor; **praktische(r) ~/Ärztin** praktiserande läkare **Arzthelfer(in)** M/F ≈ mottagningssköterska **Ärztin** F kvinnlig läkare; → Arzt **ärztlich** ADJ läkar- **Arztpraxis** F läkarpraktik **Arzttermin** M tid hos läkaren
As N MUS ass n
Asbest M asbest
Asche F aska; stoft n **Aschenbahn** F kolstybbsbana **Aschenbecher** M askkopp **Aschenbrödel** N, **Aschenputtel** N askunge **Aschermittwoch** M askonsdag
Asiamarkt M asiatisk butik **Asiat(in)** M/F asiat **asiatisch** ADJ asiatisk **Asien** N Asien n
asozial ADJ asocial
Aspekt M aspekt
Asphalt M asfalt **asphaltieren** VT asfaltera
Aspirintablette F aspirintablett
Ass N *Kartenspiel* ess n
Assessor(in) M/F JUR assessor
Assimilation F assimilation
Assistent(in) M/F assistent; UNIV *a.* amanuens **Assistenzarzt** M, **Assistenzärztin** F underläkare
Ast M kvist, gren; *umg Buckel* puckel; **den ~ absägen, auf dem man sitzt** sätta krokben för sig själv; **sich einen ~ lachen** skratta sig fördärvad
Aster F aster
Ästhetik F estetik **ästhetisch** ADJ estetisk
Asthma N astma
Astrologie F astrologi **Astronaut(in)** M/F astronaut **Astronomie** F astronomi **astronomisch** ADJ astronomisk
Asyl N asyl **Asylant(in)** M/F asylsökande **Asylantenheim** N flyktingförläggning **Asylbewerber(in)** M/F asylsökande **Asylrecht** N asylrätt
Atelier N ateljé; filmstudio
Atem M anda, andedräkt; **außer ~** andfådd; **außer ~ kommen** tappa andan; **~ holen** hämta andan **atemberaubend** ADJ som kommer en att tappa andan **Atembeschwerden** F/PL andnöd **atemlos** ADJ andlös **Atemnot** F andtäppa **Atempause** F andningspaus; *mst fig* andrum n **Atemübung** F andningsövning **Atemzug** M andedrag n; **in einem ~** i ett andedrag
Atheismus M ateism **Atheist(in)** M/F ateist
Äther M eter

Äthiopien N̄ Etiopien n
Athlet(in) M̄/F̄ atlet **athletisch** ADJ atletisk
Atlantik M̄ Atlanten **atlantisch** ADJ atlantisk
Atlas M̄ atlas
atmen V̄T, V̄I andas
Atmosphäre F̄ atmosfär a. fig **atmosphärisch** ADJ atmosfärisk
Atmung F̄ andning **atmungsaktiv** ADJ andningsaktiv; **~es Material** material med andningsfunktion
Atom N̄ atom **atomar** ADJ atom- **Atomausstieg** M̄ kärnkraftsavveckling **Atombombe** F̄ atombomb **Atomenergie** F̄ kärnkraft **Atomkraftwerk** N̄ kärnkraftverk n **Atommüll** M̄ atomsopor; radioaktivt avfall n **Atomreaktor** M̄ kärnreaktor **Atomsperrvertrag** M̄ ickespridningsavtal n **Atomtest** M̄ kärnvapenprov n **Atomwaffen** F̄/P̄L atomvapen n/pl
Attaché M̄ attaché
Attachment N̄ IT bifogad fil
Attacke F̄ a. fig u. MED attack, anfall n **attackieren** V̄T attackera, anfalla
Attentat N̄ attentat n **Attentäter(in)** M̄/F̄ attentatsman, terrorist
Attest N̄ ärztliches ~ läkarintyg n
Attraktion F̄ attraktion **attraktiv** ADJ attraktiv
Attrappe F̄ attrapp
Attribut N̄ a. GRAM attribut n
At-Zeichen N̄ IT snabel-a n
ätzen V̄T, V̄I fräta; TECH etsa **ätzend** ADJ frätande; abscheulich, furchtbar umg utrist, jättetjobbig
au INTER aj
Aubergine F̄ aubergine
auch ADV också, även; än; **~ nicht** inte heller; nicht einmal inte ens; **ich ~** jag också; **ich ~ nicht** inte jag heller; **sowohl ... als ~ ...** såväl ... som ..., både ... och ...; **wer es ~ sein mag** vem det än må vara
Audienz F̄ audiens
Audiodatei F̄ ljudfil **audiovisuell** ADJ audiovisuell; **~es Hilfsmittel** AV-hjälpmedel n
Auerhahn M̄ tjädertupp
auf A PRÄP ⟨wo? dat; wohin? akk⟩ på; **~ dem/den Tisch** på bordet; **~ der Reise** på (od under) resan; **~ der ganzen Welt** i hela världen, på hela jorden; **~ Schwedisch** på svenska; **~ die Post** till posten; **~ dem Bahnhof** på stationen; **~ jeden Fall** i varje fall; **~ die Sekunde (genau)** (precis) på sekunden; **Monat ~ Monat** månad efter ⟨od då⟩ månad B ADV nach oben upp; offen öppen; umg **~ sein** Tür vara öppen; Geschäft ha öppet; nicht im Bett vara uppe; **~ und ab** hin u. her fram och tillbaka; hinauf u. hinab upp och ned; **~ und davon** borta; **von klein ~** (ända) från barndomen
aufarbeiten V̄T göra i ordning; nachholen avsluta arbetet, bearbeta; verschönern snygga upp; verbrauchen förbruka
aufatmen V̄I andas ut a. fig
aufbahren V̄T lägga på bår
Aufbau M̄ påbyggnad; Struktur uppbyggnad, struktur; AUTO karosseri n
aufbauen A V̄T bygga upp, uppföra B V̄I **~ auf** ⟨dat⟩ fig bygga (stödja sig) på **Aufbaukurs** M̄ Schule överkurs, påbyggnadskurs
aufbäumen V̄R sich **~** stegra sig; fig sätta sig emot
aufbauschen fig V̄T, V̄R blåsa upp
aufbekommen V̄T öffnen få upp; Schule få i läxa
aufbewahren V̄T förvara, spara, bevara **Aufbewahrung** F̄ förvaring; BAHN resgodsinlämning; **in ~ geben** deponera **Aufbewahrungsort** M̄ förvaringsplats
aufbieten V̄T uppbåda; Brautpaar lysa för; Kräfte uppbjuda
aufbinden V̄T lösen lösa upp, knyta upp; festbinden binda upp; **j-m etw ~** fig inbilla ngn ngt
aufblähen A V̄T blåsa upp B V̄R sich **~** blåsa upp sig, pösa, svälla a. fig
aufblasen V̄T blåsa upp
aufbleiben V̄I stanna uppe; offen bleiben stå ⟨od vara⟩ öppen
aufblenden V̄I AUTO slå på helljuset
aufblicken V̄I se upp; fig **zu j-m ~** se upp till ngn
aufblühen V̄I spricka ut, slå ut; fig Person blomma upp
aufbrauchen V̄T förbruka
aufbrausen V̄I brusa upp bes fig **aufbrausend** ADJ uppbrusande
aufbrechen A V̄T bryta upp B V̄I ⟨≈ sich öffnen⟩ öppna sig, gå upp; ⟨≈ weg-

gehen) bryta upp
aufbrezeln VR *umg sich ~* göra sig fin, piffa upp sig
aufbringen VT *öffnen* få upp; *beschaffen* uppbringa, skaffa ihop; *einführen* införa, lansera; *reizen* reta upp; **die Miete ~** få ihop till hyran; **den Mut zu ...** ta mod till sig och ...
Aufbruch M uppbrott *n*
aufbrühen VT *Kaffee* brygga
aufbürden *fig* VT j-m etw ~ lasta på ngn ngt
aufdecken VT *enthüllen* avtäcka, avslöja *a. fig*; *auflegen* breda över, lägga på, duka; **seine Karten ~** *fig* lägga korten på bordet
aufdonnern *umg* VR *sich ~* spöka ut sig
aufdrängen A VT j-m etw ~ tvinga på ngn ngt; *umg* pracka på ngn ngt B VR *sich ~* tränga sig på
aufdrehen A VT skruva upp; vrida på B VI öka takten
aufdringlich ADJ påträngande, efterhängsen, påflugen **Aufdringlichkeit** F efterhängsenhet, påflugenhet
Aufdruck M påtryckt text **aufdrücken** VT trycka på *a. fig*; *öffnen* öppna (genom tryckning)
aufeinander ADV på varandra; **~ folgen** följa på varandra **aufeinanderfolgen** VI följa på varandra
Aufenthalt M vistelse; *Pause*, A. BAHN uppehåll *n* **Aufenthaltserlaubnis** F, **Aufenthaltsgenehmigung** F uppehållstillstånd *n* **Aufenthaltsort** M vistelseort
auferstehen VI uppstå **Auferstehung** F uppståndelse
aufessen VT äta upp
auffahren A VI *hinauffahren* åka upp, köra fram; *anstoßen* köra på; *aufspringen* störta (*od* rusa) upp; *erregt sein* brusa upp B VT **~ lassen** *umg* låta sätta (ställa) fram; beställa in **Auffahrt** F framkörning; påfart; uppfart; färd uppför
auffallen VI märkas, synas, väcka uppseende; **j-m ~** slå ngn; **es fällt mir auf** jag lägger märke till **auffällig** ADJ påfallande, slående, markant
auffangen VT fånga (upp); *fig* uppfånga **Auffanglager** N uppsamlingsläger *n*

auffassen VT uppfatta **Auffassung** F uppfattning; **der ~ sein, dass ...** ha den åsikten att ...; *verschiedener ~ sein* ha olika åsikter **Auffassungsgabe** F, **Auffassungsvermögen** N uppfattningsförmåga
auffinden VT finna, hitta
auffischen VT fiska upp *a. fig*
aufflackern VI blossa upp *a. fig*
aufflammen VI flamma upp *a. fig*
aufliegen VI flyga upp *a. fig*
auffordern VT uppfordra, uppmana; *Tanz* bjuda upp; *Kampf* utmana **Aufforderung** F uppfordran, uppmaning; *Tanz* uppbjudning; *Kampf* utmaning
aufforsten VT plantera ny skog
auffressen VT äta upp *a. fig*
auffrischen A VT friska upp *a. fig* B VI *Wind* friska i
aufführen A VT THEAT uppföra; *nennen* anföra, nämna, föra upp B VR *sich ~* uppföra sig **Aufführung** F THEAT föreställning; nämnande *n*; anförande *n*; uppförande *n*
auffüllen VT fylla på
Aufgabe F uppgift; *Schule* läxa; *Brief* inlämning; *Schließung* upphörande *n*, nedläggande *n*; *Verzicht* avstående *n*; MATH tal *n*; **seine ~n machen** göra sina läxor; **sich etw zur ~ machen** ta som sin uppgift
aufgabeln *umg* VT få tag i, fiska upp
Aufgabenbereich M ansvarsområde *n*
Aufgang M uppgång
aufgeben A VT lämna in; *Anzeige* sätta in; *Brief* posta; *Gepäck* pollettera; *Rauchen etc* sluta; *verzichten* upphöra med, avstå ifrån; **j-m etw ~** ge ngn ngt i läxa B VI ge upp
aufgeblasen ADJ uppblåst *a. fig*
Aufgebot N uppbåd(ande) *n*; *Brautpaar* lysning; *der Kräfte* uppbjudande *n*
aufgebracht ADJ uppbragt, upprörd
aufgedonnert *umg* ADJ utstyrd, utspökad
aufgedreht *umg* ADJ uppspelt, uppskruvad
aufgedunsen ADJ uppsvälld, plufsig
aufgehen VI *sich öffnen* gå upp; *Teig* jäsa; *Saat* spricka ut, slå ut; *Rechnung* gå jämnt upp; *in seiner Arbeit*, *in Rauch* gå upp i

aufgehoben ADJ gut ~ sein vara i goda händer; vara i säkert förvar
aufgeklärt ADJ upplyst; fördomsfri; ~ sein veta hur barn kommer till
aufgekratzt umg ADJ uppspelt, sprallig
aufgelegt fig ADJ upplagd; ~ sein zu (dat) vara upplagd för
aufgeräumt fig ADJ upprymd, glad
aufgeregt ADJ upprörd, upphetsad, nervös
aufgeschlossen fig ADJ mottaglig, öppen
aufgeschmissen umg ADJ ~ sein vara såld
aufgeweckt ADJ vaken, pigg
aufgießen VT hälla (od slå) på
aufgreifen VT gripa; få tag i; fig ta upp; knyta an till
aufgrund PRÄP på grund av; ~ von på grund av
Aufguss M påhällning; extrakt n **Aufgussbeutel** M portionspåse; *Teebeutel* tepåse
aufhaben A VT ha på sig; *Schularbeit* ha i läxa B VI *geöffnet sein* ha (od hålla) öppen
aufhalten A VT hålla upp; *offen halten* hålla öppen; *hindern* uppehålla, hindra, försena B VR sich ~ uppehålla sig; sich ~ bei *einer Sache* dröja vid ngt
aufhängen A VT hänga upp B VR umg sich ~ hänga sig **Aufhänger** M fig uppslag n, utgångspunkt
aufheben VT ta upp, lyfta upp; *aufbewahren* förvara, ta vara på; *für ungültig erklären; beenden* upphäva, annullera; eins hebt das andere auf det tar ut vartannat; gut aufgehoben sein vara i goda händer **Aufheben** N viel ~s machen fig göra mycket väsen **Aufhebung** F upphävande n
aufheitern A VT muntra upp; pigga upp B VR sich ~ *Wetter* klarna **Aufheiterung** F zur ~ för att muntra upp; *Wetter* uppklarnande
aufhellen A VT klarlägga, kasta ljus över; *heller machen* göra ljusare B VR sich ~ klarna a. fig
aufhetzen VT hetsa upp
aufholen A VT hämta in, ta igen B VI SPORT ta in ett försprång
aufhorchen VI lyssna (till), spetsa öronen
aufhören VI upphöra, sluta; da hört doch alles auf! det går för långt!
aufkaufen VT köpa upp
aufklappen VT fälla (od slå) upp
aufklaren VI klarna (upp)
aufklären A VT klara upp, reda ut; j-n über etw (akk) ~ upplysa ngn om ngt; j-n ~ ge ngn sexualundervisning B VR sich ~ klarna (upp); etw hat sich aufgeklärt det har fått sin förklaring **Aufklärung** F förklaring; upplysning; upplysande n; sexualkunskap; *Wetter* uppklarnande n; *hist* upplysningen
aufkleben VT klistra på **Aufkleber** M etikett, klistermärke n, dekal
aufknöpfen VT knäppa upp
aufkochen VT koka upp
aufkommen VI uppkomma, uppstå, komma på modet; *Summe* bekosta, stå för; für etw ~ ansvara (od stå) för ngt **Aufkommen** N *Ertrag* intäkt (er pl)
aufkratzen VT riva (od krafsa) upp; riva hål på; aufgekratzt umg fig pigg, på bra humör
aufkreuzen umg VI dyka upp
aufkriegen VT → aufbekommen
Aufl. ABK (= Auflage) uppl., upplaga
auflachen VI skratta till
Aufladegerät N laddare **aufladen** VT lasta, lassa på; fig påbörda; ELEK ladda
Auflage F *Buch etc* upplaga; *Bedingung* villkor n; *Polster etc* dyna
auflassen VT låta vara öppen; *Hut* låta sitta på
auflauern VI j-m ~ lurpassa på ngn
Auflauf M upplopp n; GASTR pudding, gratäng, låda
aufleben VI leva upp (på nytt)
auflegen VT *Hörer* lägga på; *CD* sätta på; *Buch* ge ut, förlägga; neu ~ *Buch* ge ut i ny upplaga B VI TEL lägga på
auflehnen VR sich ~ fig gå emot, göra uppror (gegen mot)
auflesen VT samla upp, plocka upp; j-n fig ta i
aufleuchten VI lysa upp, flamma till
auflisten VT lista, göra en lista över
auflockern VT luckra upp; mjuka upp; fig lätta upp; ~de Bewölkung lättande molntäcke
auflodern VI blossa upp a. fig

auflösen A *vt* lösa upp; *fig* upplösa, upphäva; *Rätsel* lösa, klara upp, reda ut; *beenden* slå upp, bryta B *VR* sich ~ upplösa sig, upplösas; **sich in nichts ~** gå upp i rök **Auflösung** F COMPUT (upplösning, (bildskärms)upplösning; *Aufhebung* upphävande *n*; *Beendigung* avslutning; uppklarande *n*

aufmachen A *vt* öffnen öppna; *gestalten* utforma; *Haar, Gardinen etc* sätta upp; *Knoten* lösa upp; *Kleidung* knäppa upp; *Schirm* spänna upp B *VR* (= *aufbrechen*) **sich ~** *umg* ge sig av **Aufmachung** F kläder, utstyrsel; *Verpackung* förpackning

Aufmarsch M uppmarsch **aufmarschieren** *vi* marschera upp

aufmerksam ADJ uppmärksam; *zuvorkommend* omtänksam, förekommande; **j-n ~ machen auf** (*akk*) göra ngn uppmärksam på **Aufmerksamkeit** F uppmärksamhet; omtänksamhet; **eine kleine ~** en liten present **Aufmerksamkeitsdefizit-Syndrom** N uppmärksamhetsstörning

aufmuntern *vt* (upp)muntra, pigga upp **Aufmunterung** F uppmuntran

aufmüpfig *umg* käpphäftig, uppnosig

aufnähen *vt* sy på (*od* upp)

Aufnahme F upptagande *n*; *Empfang* mottagande *n*, bemötande *n*; *Zulassung* intagning; *Bild* foto(grafi) *mst n*; *Film, CD* inspelning; **eine ~ von j-m machen** ta ett kort på ngn; **~ finden** bli upptagen **Aufnahmebedingungen** F/PL intagningsvillkor *n* **aufnahmefähig** ADJ mottaglig **Aufnahmeprüfung** F inträdesprov *n* **aufnehmen** *vt* ta upp; *Besuch* ta emot; *Geld* låna; *Mitglieder* ta in; *Foto* fotografera; *Film, CD* spela in; ~ *Kamera* ta ett foto av ngn; **es mit j-m ~** kunna mäta sig med ngn; **wie hat er es aufgenommen?** hur tog han det?

aufnötigen *vt* **j-m etw ~** truga (*od* tvinga) på ngn ngt

aufopfern *VR* uppoffra (**sich**) sig)

aufpäppeln *fig VR* få ngn på benen

aufpassen *vi* ge akt, vara uppmärksam; **auf** (*akk*) **etw ~** vakta ngt; **auf ein Kind ~** passa ett barn **Aufpasser(in)** M(F) Spion vakt; spion

aufplatzen *vi* spricka upp

aufpolieren *vt* polera (upp)

Aufprall M krock, kollision; nedslag *n* **aufprallen** *vi* krocka, kollidera; slå ned

Aufpreis M pristillägg *n*

aufpumpen *vt* pumpa upp

aufputschen *vt* hetsa upp, uppvigla; pigga upp **Aufputschmittel** N stimulansmedel *n*

aufraffen *VR* rafsa ihop; **sich ~** *fig* rycka upp sig

aufragen *vi* höja (*od* resa) sig

aufräumen *vt, vi* röja upp, göra i ordning, städa; **~ mit** (*dat*) göra rent hus med ngt

aufrecht ADJ upprätt; *fig* rakryggad **aufrechterhalten** *vt* upprätthålla, vidmakthålla; stå fast vid **Aufrechterhaltung** F upprätthållande *n*, vidmakthållande *n*

aufregen A *vt* göra upprörd; reta upp B *VR* **sich ~** bli upprörd, reta upp sig **aufregend** ADJ uppskakande; spännande **Aufregung** F upprördhet, oro, uppståndelse; **nur keine ~!** *umg* ta det lugnt bara!

aufreibend ADJ uppslitande, påfrestande

aufreihen *vt* rada upp; *auffädeln* trä upp

aufreißen A *vt* riva upp; **die Augen ~** spärra upp ögonen B *vi* gå upp, spricka sönder; *umg* ragga upp

aufreizend ADJ utmanande

aufrichten A *vt* resa upp; *fig* trösta, styrka B *VR* **sich ~** resa sig (upp)

aufrichtig ADJ uppriktig **Aufrichtigkeit** F uppriktighet

Aufriss M uppritning, plan; översikt, skiss

aufrollen *vt* rulla upp (*od* ihop); *fig Frage* ta upp

aufrücken *vi* vorrücken fortsätta framåt; *zusammenrücken* flytta på sig; *in eine höhere Stelle* avancera, bli befordrad

Aufruf M upprop *n*; uppmaning; *amtlich* meddelande *n*, kungörelse; JUR ogiltighetsförklarande *n* **aufrufen** *vt* ropa upp; uppmana; JUR förklara ogiltig

Aufruhr M uppror *n*, resning, tumult **Aufrührer(in)** M(F) upprorsmakare **aufrührerisch** ADJ upprorisk

aufrunden *vt* *Zahl* avrunda uppåt

aufrüsten _VT_ upprusta **Aufrüstung** _F_ upprustning
aufs PRÄP mit ART → auf das
aufsagen _VT_ läsa upp; deklamera
aufsammeln _VT_ samla upp, plocka ihop
aufsässig _ADJ_ motspänstig, uppstudsig
Aufsatz _M_ Schulaufsatz uppsats; Aufbau överstycke n
aufsaugen _VT_ suga upp a. fig
aufschauen _VI_ se upp (**zu** till)
aufschichten _VT_ stapla upp, trava
aufschieben _VT_ skjuta upp
Aufschlag _M_ Aufprall nedslag n; brak n, duns; Tennis serve; Ärmelaufschlag (upp)slag n; Preis påslag n, tillägg n
aufschlagen _A_ _VT_ slå hål på; slå upp; Preis höja priset (på); vika upp _B_ _VI_ Geschoss slå ned; SPORT serva
aufschließen _VT_ låsa upp, öppna; sluta upp
aufschlitzen _VT_ sprätta upp
Aufschluss _M_ upplysning, förklaring
aufschlussreich _ADJ_ upplysande
aufschnappen _VT_ snappa upp; Schloss gå upp
aufschneiden _A_ _VT_ skära upp _B_ _VI_ fig prahlen skrävla, skryta **Aufschneider(in)** _M(F)_ skrävlare, storskrytare
Aufschnitt _M_ Wurstaufschnitt kallskuret n (best Form), smörgåsmat, pålägg n
aufschrauben _VT_ anschrauben skruva på (od fast); losschrauben skruva upp (od av)
aufschrecken _A_ _VT_ skrämma (upp) _B_ _VI_ spritta till
Aufschrei _M_ skrik n
aufschreiben _VT_ skriva upp, anteckna
aufschreien _VI_ skrika till
Aufschrift _F_ påskrift; etikett; Anschrift adress
Aufschub _M_ uppskov n, anstånd n, respit
aufschütten _VT_ hälla på, fylla på
aufschwatzen umg _VT_ pracka på; **j-m etw ~** lura på ngn ngt
Aufschwung _M_ uppsving n; kraft, fart
aufsehen _VI_ se upp **Aufsehen** _N_ uppseende n; **~ erregen** väcka uppseende **aufsehenerregend** _ADJ_, **Aufsehen erregend** uppseendeväckande **Aufseher(in)** _M(F)_ fångvaktare; vakt, uppsyningsman
aufsetzen _VT_ sätta på (od upp); Hut ta på (sig); Schriftstück sätta upp, avfatta; FLUG ta mark; **sich ~** sätta sig upp
aufseufzen _VI_ sucka till
Aufsicht _F_ uppsikt, tillsyn; vakt **Aufsichtsrat** _M_ ≈ tillsynsorgan n **Aufsichtsrat** _M_, **Aufsichtsrätin** _F_ ledamot i "Aufsichtsrat" **Aufsichtsratsvorsitzende(r)** _M(F)M_ ordförande i "Aufsichtsrat"
aufsitzen umg _VI_ sitta uppe; **j-m ~** låta sig luras av ngn; **j-n ~ lassen** fig lämna ngn i sticket
aufsparen _VT_ spara, gömma
aufsperren _VT_ spärra upp; aufschließen låsa upp
aufspielen _VR_ MUS spela upp; **sich ~** fig göra sig viktig; **sich ~ als** spela, låtsas vara
aufspießen _VT_ spetsa; durchbohren genomborra
aufspringen _VI_ hoppa upp, springa upp; platzen spricka; öppna sig, gå upp; landa, slå ned
aufspüren _VT_ spåra upp
Aufstand _M_ uppror n, resning; fig umg bråk n, ståhej n
aufstehen _VI_ stiga upp, gå upp; resa sig a. fig; offen sein stå öppen
aufsteigen _VI_ stiga upp; fig avancera; SPORT flyttas upp
aufstellen _A_ _VT_ ställa upp; nominera, föreslå; Rekord sätta _B_ _VR_ **sich ~** ställa upp sig **Aufstellung** _F_ uppställning; Liste lista
Aufstieg _M_ uppstigning; fig uppgång, uppsving n; im Beruf avancemang n, karriär; Bergaufstieg bestigning
aufstocken _VT_ **(ein Haus) ~** bygga på en våning (på ett hus); Kapital utöka
aufstoßen _A_ _VT_ knuffa upp, stöta upp _B_ _VI_ rapa
aufstrebend _ADJ_ ambitiös
Aufstrich _M_ Brotaufstrich något att bre(da) på brödet
aufstützen _VR_ **sich~** stödja sig (**auf** mot od på)
aufsuchen _VT_ uppsöka
Auftakt _M_ MUS upptakt; fig a. inledning
auftanken _VT, VI_ fylla på (bensin); fig samla nya krafter

auftauchen _VI_ dyka upp a. fig
auftauen _VT u._ _VI_ tina upp a. fig
aufteilen _VT_ dela upp **Aufteilung** _F_ uppdelning
auftischen _VT_ duka upp, sätta fram, servera a. fig
Auftrag _M_ uppdrag n; Bestellung beställning, order; Aufstrich påstrykning; **im ~ von** (dat) på ngns uppdrag, å ngns vägnar, för ngns räkning; **in ~ geben** beställa ngt **auftragen** _VT_ bära upp; Essen sätta fram, servera; Farbe stryka på; Kleidung nöta (od slita) ut; **j-m etw ~** ge ngt i uppdrag åt ngn; fig übertreiben överdriva, breda på **Auftraggeber(in)** _M(F)_ uppdragsgivare **Auftragsbestätigung** _F_ WIRTSCH orderbekräftelse **auftragsgemäß** _ADJ, ADV_ i enlighet med givet uppdrag
auftreffen _VI_ **~ auf** (akk) träffa
auftreiben _VT_ driva upp; beschaffen få tag i
auftrennen _VT_ sprätta upp
auftreten _A_ _VI_ erscheinen uppträda, framträda; Problem dyka upp, uppstå; THEAT uppträda; **leise ~** gå tyst _B_ _VT_ Tür sparka upp
Auftrieb _M_ kraft, energi; uppsving n; PHYS lyftkraft; fig stigande tendens; **~ erhalten** få uppsving n
Auftritt _M_ uppträdande n; THEAT u. fig uppträde n, scen
auftun _A_ _VT_ öppna; Speisen lägga upp _B_ _VR_ **sich ~** öppna sig, öppnas
auftürmen _VT, VR_ torna upp, hopa (sich sig)
aufwachen _VI_ vakna; bes fig vakna upp
aufwachsen _VI_ växa upp
aufwallen fig _VI_ välla upp, brusa upp
Aufwand _M_ Kosten utgifter, kostnader; Einsatz, Mühe uppbjudande n, uppbåd n, insats **aufwändig** _ADJ, ADV_ → aufwendig **Aufwandsentschädigung** _F_ traktamentsersättning
aufwärmen _VT_ värma upp
aufwärts _ADV_ uppåt **Aufwärtstrend** _M_ uppåtgående tendens
Aufwasch _M_ disk; **das geht in einem ~** umg det går på en gång
aufwecken _VT_ väcka; fig uppmuntra; → aufgeweckt
aufweichen _A_ _VT_ mjuka upp; fig underminera, urholka; Regen blöta upp _B_ _VI_ mjukna, bli uppblött
aufweisen _VT_ uppvisa; **etw aufzuweisen haben** ha något att komma med
aufwenden _VT_ använda, offra; Geld, Zeit, Mühe lägga ner **aufwendig** _ADJ_ påkostad
aufwerfen _VT_ kasta upp; Frage framställa, väcka; **sich ~** utnämna sig själv (zu till)
aufwerten _VT_ uppvärdera; Währung revalvera **Aufwertung** _F_ uppvärdering, revalvering
aufwickeln _VT_ veckla (od rulla) upp; Garn nysta (upp)
aufwiegeln _VT_ uppvigla
aufwiegen fig _VT_ uppväga
Aufwind _M_ FLUG uppvind
aufwirbeln _VT_ virvla upp
aufwischen _VT_ torka upp
aufwühlen _VT_ gräva (od böka) upp; fig röra i; erschüttern uppröra, skaka (om)
aufzählen _VT_ räkna upp **Aufzählung** _F_ uppräkning
aufzeichnen _VT_ teckna (od rita) upp; anschreiben anteckna, notera; RADIO, TV spela in **Aufzeichnung** _F_ uppteckning; anteckning
aufzeigen _VT_ visa
aufziehen _A_ _VT_ dra upp; Segel hissa; Saiten spänna (på); erziehen uppföda, uppfostra; organisieren planera, ordna, arrangera; verspotten skämta med, göra narr av _B_ _VI_ Wache tåga upp, marschera upp; Gewitter komma upp
Aufzucht _F_ uppfödning
Aufzug _M_ hiss; MIL uppmarsch; THEAT akt; Umzug tåg n, procession; Tracht klädsel, dress; TECH uppdragning; **mit automatischem ~** självuppdragande
aufzwingen _VT_ **j-m etw** (akk) **~** tvinga på ngn ngt

Augapfel _M_ ögonglob; fig ögonsten **Auge** _N_ öga n; **ein ~ zudrücken** blunda för ngt; **im ~ behalten** noga följa med; **ein (wachsames) ~ haben auf** (akk) fig ha ett öga på; **aus den ~n lassen** släppa ur sikte; **ins ~ fallen** falla i ögonen; **vor ~n** för ögonen; **vor seinen/aller ~n** inför hans/allas ögon; **große ~n machen** göra stora ögon; **etw ins ~ fassen** ta sikte på ngt; **unter vier ~n** mellan fyra ögon; **ein ~ zudrü-**

cken se mellan fingrarna; **ich habe kein ~ zugemacht** jag har inte fått en blund (i ögonen) **Augenarzt** M, **Augenärztin** F ögonläkare **Augenblick** M ögonblick n **augenblicklich** ADJ gegenwärtig för ögonblicket, för närvarande; vorübergehend aktuell, nu rådande; sofort på ögonblicket, genast **Augenbraue** F ögonbryn n **Augenlid** N ögonlock n **Augenmaß** N ögonmått n **Augentropfen** M/PL ögondroppar pl **Augenweide** fig F fröjd för ögat **Augenzeuge** M, **Augenzeugin** F ögonvittne n **Augenzwinkern** N blinkning

August M augusti
Auktion F auktion
Aula F aula
Au-pair N au pair
aus A PRÄP ⟨dat⟩ ur; von ... her från; av; **~ einem Glas trinken** dricka ur ett glas; **~ Stockholm** från Stockholm; **~ Holz** av trä; **~ Furcht/Liebe** av fruktan/kärlek; **was wird ~ ihm werden?** vad ska det bli av honom? B ADV ut; vorbei ute, förbi, slut; von ... aus ifrån; **~ sein** vara slut; Licht vara släckt; **von mir ~** för min del; **von sich ~** av sig själv; **~ sein auf** (akk) vara ute på
ausarbeiten VT utarbeta **Ausarbeitung** F utarbetande n
ausarten VI urarta
ausatmen VT, VI andas ut
ausbaden VT etw **~ müssen** få lida (od sota) för ngt
Ausbau M utbyggnad; tillbyggnad; fig utvidgning, utökning; ombyggnad; utagande n **ausbauen** VT herausnehmen ta ut (bort); erweitern utvidga a. fig; bygga till; Straße bygga om
ausbessern VT laga, reparera **Ausbesserung** F lagning, reparation
ausbeulen VT Beule beseitigen buckla ut
Ausbeute F avkastning, behållning, vinst, utbyte n **ausbeuten** VT exploatera; utsuga **Ausbeutung** F exploatering; utsugning
ausbezahlen VT utbetala
ausbilden VT, VR utbilda (sich sig) **Ausbilder(in)** M/F instruktör **Ausbildung** F utbildning **Ausbildungsplatz** M utbildningsplats
ausblasen VT blåsa ur (od ut), släcka

ausbleiben VI utebli, upphöra, sluta; inte komma
Ausblick M utsikt; fig perspektiv n
ausbooten fig umg VT sparka, avpollettera
ausbrechen A VT bryta ut; Speisen kasta (od kräkas) upp B VI bryta sig ut; rymma; in Gelächter, Tränen brista (ut) **Ausbrecher(in)** umg M/F rymling
ausbreiten A VT breda ut; verbreiten utbreda, sprida; fig lägga fram, redogöra för B VR **sich ~** utbreda sig, spridas **Ausbreitung** F utbredning, spridning
ausbrennen A VT bränna upp B VI brinna upp, förbrinna
Ausbruch M utbrott n; von Gefangenen rymning; **zum ~ kommen** bryta ut; få ett utbrott
ausbrüten VT kläcka fram; fig a. fundera ut, koka ihop
ausbuddeln umg VT gräva (od rota) fram
ausbügeln VT stryka ut
ausbürgern VT frånta ngn hans/hennes medborgarskap
ausbürsten VT borsta (ur od av)
auschecken VI checka ut
Ausdauer F uthållighet, ihärdighet **ausdauernd** ADJ uthållig, ihärdig
ausdehnen A VT tänja ut, töja ut; zeitlich dra ut; expandera; fig Macht utviga B VR fig utsträcka, utvidga (**sich** sig); fig sich mehren utbreda sig **Ausdehnung** F utsträckning, utvidgning; expansion; Umfang dimension
ausdenken (sich) tänka ut, fundera ut; erfinden hitta på; **es ist nicht auszudenken** det kan man inte föreställa sig
Ausdruck M ⓵ uttryck n; Bezeichnung a. term; **zum ~ bringen** ge uttryck åt ⓶ COMPUT utskrift, papperskopia **ausdrucken** VT COMPUT skriva ut, trycka ut **ausdrücken** A VT auspressen pressa ut, krama ut; Zigarette släcka; fig uttrycka, uttala B VR **sich ~** uttrycka sig **ausdrücklich** ADJ uttrycklig (en adv) **Ausdruckskraft** F uttryckskraft **ausdruckslos** ADJ uttryckslös **ausdrucksvoll** ADJ uttrycksfull **Ausdrucksweise** F uttryckssätt n
Ausdünstung F utdunstning
auseinander ADV ifrån varandra, åtskils; entzwei isär, sönder **auseinan**

dergehen VI skiljas (åt), gå ifrån varandra; *fig Meinungen* gå isär; *kaputtgehen* gå sönder **auseinanderhalten** VT hålla isär, skilja **auseinanderleben** V/R sich ~ glida ifrån varandra **auseinandernehmen** VT ta isär, plocka sönder **auseinandersetzen** A VT förklara, klargöra B V/R sich mit j-m ~ göra upp med ngn; komma överens med ngn; sich mit etw ~ sätta sig in i ngt **Auseinandersetzung** F utredning; uppgörelse; *Streit* kontrovers, dispyt

ausfahren A VI åka ut (*od* bort), köra ut (*od* bort) B j-d ~ göra en åktur med ngn **Ausfahrt** F *Spazierfahrt* åktur, utflykt; *Autobahnausfahrt* utfart, avfart

Ausfall M *Wegfall* bortfall n, uteblivande n, inställande n; *Fechtkunst, a. fig* utfall n **ausfallen** VI falla av (bzw. ut od ur); *nicht stattfinden* bli inställd; *fig* utfalla; *Maschine* inte fungera, strejka; *Person* inte stå till förfogande; **der Unterricht fällt aus** undervisningen ställs in **ausfallend** *fig* ADJ förolämpande, grov **Ausfallstraße** F utfartsled

ausfechten VT utkämpa; *fig* lösa, reda upp

ausfertigen VT utfärda, skriva ut **Ausfertigung** F utfärdande n; utskrift; **in zweifacher ~** i två exemplar

ausfindig ADJ **~ machen** få tag i, ta reda på

ausfließen VI flyta ut, rinna ut

ausflippen *umg* VI flippa ur

Ausflucht F undanflykt, förevändning

Ausflug M utflykt, utfärd

Ausfluss M utflöde n; *Abzug* avlopp n, utlopp n; *mynning*; *fig Ergebnis* utslag n, yttring; MED flytning

ausfragen VT fråga ut

ausfransen VT, VI fransa upp (sig)

ausfressen VT *Tier* äta upp; *etw* fräta ur; *fig umg* ställa till med något (dumt)

Ausfuhr F utförsel, export

ausführbar ADJ utförbar, möjlig **ausführen** VT *j-n* gå ut och gå med, ta med ut; *Waren* utföra, exportera; *Arbeit* utföra, verkställa, fullgöra; *fig darlegen* förklara, klargöra, utveckla

Ausfuhrgenehmigung F exportlicens

ausführlich ADJ utförlig **Ausführ-** **rung** F utförande n; utläggning, redogörelse

Ausfuhrverbot N exportförbud n

Ausfuhrzoll M exporttull

ausfüllen VT fylla, fylla igen; **ein Formular ~** fylla i en blankett; *Amt* fylla sin plats, sköta sin syssla; *fig beanspruchen* ta i anspråk

Ausg. ABK (= *Ausgabe*) uppl., upplaga

Ausgabe F *eines Buches etc* utgivning; *Aushändigung* utlämning; *Edition* upplaga; *Stelle d. Ausleihe* utlåningsdisk; *Stelle d. Aushändigung* utlämningsdisk; *von Maschine etc* utmatning; *von Drucker etc* utskrift; COMPUT utdata, output; WIRTSCH utgift

Ausgang M utgång; *Ergebnis* resultat n; *Ende* slut n, utgång; *Öffnung* öppning, mynning; **~ haben** vara ledig **Ausgangspunkt** M utgångspunkt **Ausgangssperre** F utegångsförbud n

ausgeben VT ge ut; *ausliefern* lämna ut; *verteilen* dela ut, distribuera; *spendieren* **einen ~** spendera (bjuda på) en omgång; **sich ~ für** utge sig för; COMPUT mata ut; skriva ut

ausgebucht ADJ fullbokad

ausgefallen *fig* ADJ ovanlig, mycket speciell

ausgeglichen *fig* ADJ balanserad, harmonisk

ausgehen VI gå ut; *enden* sluta, avlöpa; *alle werden* ta slut; *Licht* slockna; *Haar* tappa; **gut ~** sluta lyckligt; **~ auf** (akk) sluta på; *fig streben nach* gå ut på att; **frei ~** slippa undan; **davon ~, dass ...** utgå (i)från att ... **Ausgehverbot** N utegångsförbud n

ausgekocht *fig umg* ADJ inpiskad, utstuderad

ausgelassen ADJ uppsluppen, uppspelt

ausgemacht ADJ avgjord

ausgenommen KONJ, PRÄP med undantag av; utom

ausgeprägt ADJ utpräglad

ausgerechnet ADV just precis

ausgeschlossen ADJ uteslutet, kommer inte på/i fråga

ausgesprochen A ADJ avgjord, utpräglad B ADV mycket, verkligen

ausgestorben ADJ utdöd

ausgesucht ADJ utsökt, utvald

ausgewachsen ADJ fullvuxen
ausgewogen ADJ avvägd, välbalanserad
ausgezeichnet ADJ utmärkt, förträfflig
ausgiebig A ADJ riklig, ordentlig, rejäl B ADV ordentligt, grundligt
ausgießen VT hälla/slå ut
Ausgleich M utjämning; *Versöhnung* förlikning, jämkning; *Konto* likvid; **einen ~ schaffen für** kompensera **ausgleichen** A VT a. fig utjämna, släta ut, göra lika; *versöhnen* jämka; *bezahlen* likvidera B VI SPORT kvittera C VR **sich ~ ta ut/uppväga varandra** **Ausgleichssport** M motionsidrott
ausgraben VT gräva ur; gräva ut/upp
Ausgrabung F utgrävning
ausgrenzen VT *aus Gemeinschaft* frysa ut
Ausguck M utkik; **~ halten** hålla utkik
Ausguss M avlopp n; diskho, vask
aushaben *umg* VT vara färdig med
aushaken VI haka/häkta av
aushalten VT uthärda, hålla ut, klara av; *Schmerzen* stå ut med; *Ton* hålla ut; *unterhalten* underhålla; **es ist nicht auszuhalten** jag står inte ut (med det)
aushandeln VT komma överens om
aushändigen VT utlämna, överlämna
Aushändigung F överlämnande n
Aushang M anslag n, plakat n; **einen ~ machen** sätta upp ett meddelande
aushängen A VT hänga ut; *Plakat* sätta upp; *Tür* haka/lyfta av B VI hänga uppe, vara anslagen **Aushängeschild** N reklamskylt
ausharren VI hålla ut, framhärda
ausheben VT a. *Tür* lyfta av; *ausgraben* gräva upp
aushecken VT kläcka fram, hitta på, fundera ut
ausheilen VI fullkomligt botas/läkas
aushelfen VI hjälpa till **Aushilfe** F (tillfällig) hjälp; **als ~ arbeiten** jobba extra **Aushilfsjob** M tillfälligt jobb n, extrajobb n **Aushilfskraft** F tillfälligt anställd, extraanställd **aushilfsweise** ADV för tillfället, som tillfällig hjälp
aushöhlen VT urholka; gröpa ur; *fig* undergräva
ausholen VI **mit dem Arm/der Hand ~** lyfta armen/handen; **zum Sprung ~** ta sats till språng; **bei Erzählung weit ~** gå långt tillbaka (i tiden *od* i berättelsen)
aushorchen VT fråga ut
aushungern VT hungra ut, svälta ut a. *fig*
auskennen VR **sich ~** vara hemma på ngt, känna till ngt; *geografisch* hitta (rätt, vägen)
ausklammern VT utelämna; förbigå
Ausklang M avslutning, slut
ausklingen VI förklinga; *fig* sluta
ausklopfen VT piska
auskochen VT koka ur
auskommen VI **mit Geld klara** (*od* reda) sig med ngt; *sich vertragen* komma överens med ngn; **~ ohne** (akk) klara sig utan **Auskommen** N utkomst; **sein gutes ~ haben** reda sig bra; **mit ihm ist kein ~** med honom kan ingen komma överens
auskosten VT njuta ngt i fulla drag
auskratzen A VT riva (*od* skrapa) ut B VI *fig umg* sticka, fly
auskühlen A VT kyla ned B VI bli utkyld
auskundschaften VT ta reda på, utröna, leta upp
Auskunft F upplysning, information; **die ~ anrufen** ringa information/upplysningen; **nähere Auskünfte** närmare upplysningar **Auskunftsschalter** M informationsdisk
auskurieren VT fullständigt bota
auslachen VT skratta ut (*od* åt)
ausladen VT lasta av (*od* ur); (*große Mengen bes*) lossa; *Gäste* ta tillbaka inbjudan
Auslage F *Ausgabe* utlägg n; **die ~n** a. omkostnaderna; *Waren* skyltning
Ausland N utlandet n (*best Form*); **im In- und ~** här hemma och utomlands; **ins ~ gehen** utvandra; **ins ~ reisen** resa utomlands **Ausländer(in)** M(F) utlänning **ausländerfeindlich** ADJ främlingsfientlig **Ausländerfeindlichkeit** F främlingsfientlighet **ausländisch** ADJ utländsk **Auslandsaufenthalt** M utlandsvistelse **Auslandsgespräch** N TEL utlandssamtal n **Auslandskorrespondent(in)** M(F) utlandskorrespondent; *Zeitung* utrikeskorrespondent **Auslandsreise** F utlandsresa

auslassen ⟨VT⟩ släppa ut; *weglassen* utelämna, hoppa över; *versäumen* försumma; *Laune* ge fritt utlopp åt; *Butter* smälta, skira; *Kleid* lägga ut; **seinen Ärger an j-m** ~ *fig* låta sin vrede gå ut över ngn; → ausgelassen ⟨B⟩ ⟨VR⟩ **sich über etw** (*akk*) ~ *fig* uttala (*od* yttra) sig om ngt **Auslassung** ⟨F⟩ utelämnande *n*; *fig* utlåtande *n*, yttrande *n*
auslasten ⟨VT⟩ fullt utnyttja; *fig* **voll ausgelastet sein** ha fullt upp att göra
Auslauf ⟨M⟩ utlopp *n*; **freien ~ haben** få springa fritt **auslaufen** ⟨VI⟩ flyta (*od* rinna) ut; *Schiff* löpa ut; *ablaufen* **~ in** (*akk*) utlöpa i, sluta med; upphöra, utgå (*pengar*); *bedecken* klä, belägga **Auslegung** ⟨F⟩ utläggning, uttydning, tolkning
Ausläufer ⟨M⟩ BOT rotskott *n*, reva, ranka; GEOG utlöpare **Auslaufmodell** ⟨N⟩ utgående modell
Auslaut ⟨M⟩ GRAM slutljud *n*, utljud *n* **ausleben** ⟨VR⟩ **sich ~** leva livet (ut)
auslecken ⟨VT⟩ slicka ur
ausleeren ⟨VT⟩ tömma (ur)
auslegen ⟨VT⟩ *Waren* lägga ut (*od* fram); *deuten* uttyda, tolka; *Geld* lägga ut (*pengar*); *bedecken* klä, belägga **Auslegung** ⟨F⟩ utläggning, uttydning, tolkning
ausleiern ⟨VI⟩ slita ut, nöta ut
ausleihen ⟨VT⟩ låna ut
auslernen ⟨VI⟩ bli utlärd; **man lernt nie aus** man lär så länge man lever
Auslese ⟨F⟩ urval *n*; *Wein* vin av utvalda druvor
ausliefern ⟨VT⟩ *Waren* lämna ut, leverera; *j-n* utlämna; *aushändigen* överlämna; **ausgeliefert sein** (*dat*) vara utlämnad åt **Auslieferung** ⟨F⟩ *fig u.* konkret utlämning
ausliegen ⟨VI⟩ ligga framme, vara utlagd
auslöffeln ⟨VT⟩ sleva i sig; *fig* äta upp
ausloggen ⟨VR⟩ COMPUT logga ut
auslöschen ⟨A⟩ ⟨VT⟩ släcka; *Geschriebenes* utplåna ⟨B⟩ ⟨VI⟩ slockna
auslosen ⟨VT⟩ lotta ut (*od* bort)
auslösen ⟨VT⟩ lösa ut (*od* in); *erwecken* utlösa, väcka, framkalla; friköpa **Auslöser** ⟨M⟩ FOTO utlösare, avtryckare
ausloten ⟨VT⟩ *a. fig* loda
ausmachen ⟨VT⟩ *Licht* släcka; *vereinbaren* komma överens om, göra upp, bestämma; *betragen* utgöra; *fig* betyda, spela en viss roll; **das macht nichts aus** det gör ingenting; **wenn es dir nichts ausmacht** om du inte har någonting emot det
ausmalen ⟨VT⟩ måla, färglägga; *fig* skildra; utmåla; **sich etw ~ utmåla** ngt för sig
Ausmaß ⟨N⟩ utsträckning, omfattning, dimension
ausmerzen ⟨VT⟩ gallra ut, rensa bort; *streichen* utplåna
ausmessen ⟨VT⟩ mäta upp
ausmisten ⟨VT⟩ mocka; *fig umg* röja, rensa, städa ur
ausmustern ⟨VT⟩ rensa bort, sortera ut **Ausnahme** ⟨F⟩ undantag *n* **Ausnahmefall** ⟨M⟩ undantagsfall *n* **Ausnahmezustand** ⟨M⟩ undantagstillstånd *n* **ausnahmslos** ⟨ADV⟩ utan undantag **ausnahmsweise** ⟨ADV⟩ undantagsvis, för en gångs skull **ausnehmen** ⟨VT⟩ ta ur (*bzw.* ut *od* bort); *Wild u. Geflügel* ta ur; *Fische* rensa; *umg* **j-n ~ Geld** plocka ngn (på pengar); *Info* pumpa ngn (på information); *ausschließen* undanta
ausnüchtern ⟨VT, VI, VR⟩ nyktra till **ausnutzen** ⟨VT⟩, **ausnützen** *benutzen* begagna sig av; *Nutzen ziehen* tillgodogöra sig, dra nytta (*od* fördel) av; *missbrauchen* utnyttja (j-n ngn)
auspacken ⟨VT⟩ packa upp (*bzw.* ur *od* ut)
auspeitschen ⟨VT⟩ piska (upp)
auspfeifen ⟨VT⟩ vissla ut
ausplaudern ⟨VT⟩ skvallra om
ausposaunen ⟨VT⟩ basuna ut
auspressen ⟨VT⟩ pressa ur (*od* ut); *fig* suga ut
ausprobieren ⟨VT⟩ prova ut, pröva (på)
Auspuff ⟨M⟩ *Anlage* avgassystem *n*; *Rohr* avgasrör *n* **Auspufftopf** ⟨M⟩ ljuddämpare
auspumpen ⟨VT⟩ pumpa ut (ur)
ausquartieren ⟨VT⟩ flytta ut ngn ur rummet (huset)
ausquetschen ⟨VT⟩ pressa ut, krama ur; *fig* pumpa, fråga ut
ausradieren ⟨VT⟩ radera ut (*od* bort)
ausrangieren *fig umg* ⟨VT⟩ utrangera, kassera
ausrasten *umg* ⟨VI⟩ hoppa ur; **er rastet aus** *umg* han tappar fattningen
ausrauben ⟨VT⟩ plundra; råna
ausräuchern ⟨VT⟩ röka ut
ausräumen ⟨VT⟩ *leeren* utrymma, röja

ur; *fig* undanröja; *reinigen* rensa (upp)
ausrechnen V/T räkna ut
Ausrede F undanflykt, förevändning, svepskäl *n* **ausreden** A V/I tala färdigt (*od* till slut); **j-n ~ lassen** låta ngn tala till punkt B V/T **j-m etw ~** avråda ngn från ngt
ausreichen V/I räcka till, vara tillräcklig, förslå; **~ mit** (*dat*) klara sig med
ausreichend ADJ tillräcklig
Ausreise F avresa; utresa **Ausreiseerlaubnis** F utresetillstånd *n* **ausreisen** V/I lämna landet
ausreißen A V/T rycka ut (*od* upp); *Naht* gå sönder (*od* upp) B V/I *umg weglaufen* rymma **Ausreißer(in)** M/F rymmare
ausreiten V/I rida ut (*od* bort)
ausrenken V/T vricka (*od* vrida) ur led
ausrichten V/T räta ut; *Auftrag* uträtta, utföra, verkställa; *Botschaft* meddela, framföra; *Fest* hålla, anordna
Ausritt M ridtur
ausrollen V/T FLUG rulla ut; *Teig* kavla ut
ausrotten V/T utrota
ausrücken V/I rycka ut; *fliehen* ge sig i väg, smita
Ausruf M (ut)rop *n* **ausrufen** V/T utropa **Ausrufezeichen** N utropstecken *n*
ausruhen V/I, V/R (sich) vila (ut sig)
ausrüsten V/T utrusta **Ausrüstung** F utrustning
ausrutschen V/I halka, slinta; *umg* göra bort sig, trampa i klaveret **Ausrutscher** M tabbe, klavertramp *n*
Aussaat F sådd; *das Gesäte* utsäde *n*
Aussage F utsaga, yttrande *n*, uttalande *n*; JUR vittnesmål *n*; uttryck *n*; innehåll *n*, budskap *n* **aussagen** A V/T säga, uttrycka; uppge B V/I JUR vittna
Aussatz M MED spetälska
aussaugen V/T *a. fig* suga ut
ausschalten V/T stänga av, slå av; *Licht* släcka; *fig* utesluta
Ausschank M utskänkning, servering; disk; bar
Ausschau F utkik; **nach j-m ~ halten** hålla utkik efter ngn **ausschauen** V/I se (*od* titta) ut; **~ nach** (*dat*) hålla utkik efter
ausscheiden A V/T avsöndra, utsöndra; skilja ut, sortera ut B V/I *aus einem* *Amt* avgå; *aus einem Verein, aus einer Firma* utträda; SPORT bli utslagen; *nicht in Betracht kommen* inte komma i fråga, utgå; utträda, avgå **Ausscheidung** F SPORT kvalomgång; uttagningstävling; MED avsöndring, utsöndring **Ausscheidungsspiel** N kvalmatch
ausschenken V/T, V/I servera; hälla upp
ausscheren V/I *aus einer Kolonne* bryta sig ut ur kön
ausschimpfen V/T skälla ut
ausschlachten V/T *Wrack* slakta, plocka sönder; *fig* utnyttja
ausschlafen V/I sova ut
Ausschlag M *a.* MED utslag *n*; *fig* avgörande *n*; **den ~ geben** ge utslag, avgöra saken **ausschlagen** A V/I slå ut; *verweigern* avslå, avvisa; *verkleiden* bekläda, fodra B V/I BOT slå (*od* spricka) ut; *Pferde* slå bakut; *Waage* ge utslag; **gut/schlecht ~** *fig* utfalla bra/illa **ausschlaggebend** ADJ avgörande, utslagsgivande
ausschließen V/T stänga ute; *fig* utesluta **ausschließlich** A ADV uteslutande B PRÄP (*gen*) med undantag av, utom
Ausschluss M uteslutande *n*, uteslutning; **unter ~ der Öffentlichkeit** bakom stängda dörrar
ausschmücken V/T utsmycka, pryda, pynta; *Erzählung* brodera ut
ausschneiden V/T klippa (*od* skära) ut; COMPUT **~ und einfügen** klippa ut och klistra in; *Bäume* kvista; beskära **Ausschnitt** M utsnitt *n*; *Kleid* urringning; *Zeitung* urklipp *n*; *fig Teil* avsnitt *n*, del, parti *n*; MATH sektor
ausschöpfen V/T ösa ur (*od* ut); *fig* uttömma
ausschreiben V/T skriva ut; *Stelle* utannonsera, ledigförklara, utlysa; *Wahlen, Wettbewerb* utlysa **Ausschreibung** F ledigförklaring, utlysande *n*; utskrivande *n*
Ausschreitung F våldshandling; **es kam zu schweren ~en** det utbröt svåra oroligheter
Ausschuss M *Komitee* utskott *n*, kommitté; *defekte Ware* avfall *n*, skräp *n* **Ausschusssitzung** F kommittésammanträde *n* **Ausschussware** F utskott *n*, utskottsvara

ausschütten VT slå ut, hälla ut, spilla ut, tömma ut; **Dividende ~** lämna (i) utdelning; **sein Herz ~** lätta sitt hjärta
ausschweifend ADJ utsvävande **Ausschweifung** F utsvävning
ausschweigen VR sich ~ über (akk) tiga med ngt
aussehen VI se ut; **gut ~** se bra ut; **es sieht nach Regen aus** det ser ut att bli regn; **sich** (dat) **die Augen ~** stirra ögonen ur sig; umg **so siehst du aus!** och det trodde du! **Aussehen** N utseende n, yttre n; **dem ~ nach** av utseendet att döma
außen ADV utanpå, utvändigt; **nach ~ (hin)** utåt; **von ~ (her)** utifrån **Außenantenne** F utomhusantenn **Außenaufnahme** F FOTO utomhusbild **Außenbezirk** M ytterområde n **Außenbordmotor** M utombordsmotor **Außendienst** M **im ~ arbeiten** arbeta på fältet **Außenhandel** M utrikeshandel **Außenminister(in)** M/F utrikesminister **Außenministerium** N utrikesministerium n **Außenpolitik** F utrikespolitik **außenpolitisch** ADJ utrikespolitisk **Außenseite** F utsida, yttersida **Außenseiter(in)** M/F outsider **Außenstehende(r)** M/F(M) utomstående **Außenstürmer(in)** M/F SPORT ytter **Außentemperatur** F utomhustemperatur **Außenwand** F yttervägg **Außenwelt** F yttervärld
außer A PRÄP (dat) utom, ur; ausgenommen med undantag av; darüber hinaus förutom; **~ sich** (dat) **sein** ifig vara utom sig B KONJ **~ dass** utom att; **~ wenn** utom om, utom när **außerdem** ADV dessutom
äußere(r, s) ADJ yttre; POL utrikes **Äußere(s)** N yttre n; Aussehen utseende n, sken n
außerehelich ADJ utomäktenskaplig **außergewöhnlich** ADJ ovanlig, utomordentlig **außerhalb** PRÄP (gen) utanför, utom
äußerlich ADJ yttre, ytlig; MED utvärtes **Äußerlichkeit** F formalitet; oväsentlighet
äußern A VT yttra, uttala B VR sich ~ yttra (od uttala) sig (zu dat om), (über akk över)
außerordentlich ADJ utomordentlig, ovanlig; Professor etc extraordinarie

außerparlamentarisch ADJ utomparlamentarisk **außerplanmäßig** ADJ icke-ordinarie; Zug extra
äußerst ADV ytterst **äußerste(r, s)** ADJ yttersta; Termin senast möjliga; **aufs Äußerste** till det yttersta
außerstande ADV **~ sein zu** vara ur stånd att
Äußerste(s) N det yttersta; **aufs ~ gefasst** vara beredd på det värsta; **sein ~s tun** göra sitt yttersta; **bis zum ~n gehen** (od **treiben**) sträcka sig så långt man kan (od gå till ytterlighet)
Äußerung F Anzeichen yttring; Meinungsäußerung yttrande n
aussetzen A VT sätta ut; fig utsätta (sich sig); **sich einer Gefahr ~** utsätta sig för en fara; Belohning utfästa; unterbrechen avbryta, tillfälligt, inställa; **etw auszusetzen haben** ha ngt att anmärka (an dat på) B VI **~ mit** göra uppehåll/avbrott i; Motor stanna
Aussicht F fig utsikt, a. chans; **~ auf Erfolg** chans att lyckas; **in ~ stellen** ge löfte om **aussichtslos** ADJ hopplös **aussichtsreich** ADJ förhoppningsfull, lovande **Aussichtsturm** M utsiktstorn n
Aussiedler(in) M/F (tvångs)förflyttad; tyskättling (från f.d. östblocket)
aussöhnen VR försona (sich sig) **Aussöhnung** F försoning
aussondern VT skilja ut, gallra ut
aussortieren VT sortera ut
ausspannen A VT spänna (od sträcka) ut; Pferde spänna ifrån (hästen); **j-m etw ~** umg knycka ngt från ngn B VI fig ausruhen koppla av
aussparen VT lämna öppen
aussperren VT stänga ute; Arbeiter lockouta **Aussperrung** F utestängning; lockout
ausspionieren VT spionera ut
Aussprache F uttal n; mit j-m meningsutbyte n, diskussion, debatt **aussprechen** A VT tala ut; tala till slut B VT uttala; **sich ~** yttra sig, uttala sig (über akk om); **sich ~ für** (akk) uttala sig till förmån för; **sich mit j-m ~** tala ut med ngn **Ausspruch** M uttalande n
ausspucken VT, VI spotta ut
ausspülen VT skölja (ur); spola bort
ausstaffieren VT styra ut, utrusta

Ausstand M *Streik* strejk; **in den ~ treten** gå i strejk
ausstatten VT utrusta (med) (**mit** *dat*); *Raum* inreda; *Kleidung* ekipera **Ausstattung** F utrustning; inredning; *a. Aussteuer* ekipering, utstyrsel; THEAT rekvisita *pl*
ausstechen VT sticka ut; *fig übertreffen* konkurrera ut; *verdrängen* slå ut
ausstehen A VI *fehlen* fattas; WIRTSCH *Geld* utestå, vara utestående B VT *leiden* utstå, uthärda, lida; **nicht ~ können** inte tåla (*od* stå ut med)
aussteigen VI stiga ur; *Zug* stiga (*od* gå) av; *fig umg* hoppa av **Aussteiger(in)** M(F) **er ist ein ~** han har hoppat av
ausstellen VT ställa ut; *ausschreiben* utskriva; *Urkunde* utställa, utfärda **Aussteller(in)** M(F) utställare; utfärdare **Ausstellung** F utställning; utfärdande *n* **Ausstellungsgelände** N utställningsområde *n*
aussterben VI dö ut
Ausstieg M utgång; avstigning; **den ~ aus der Kernenergie fordern** kräva att kärnkraften avvecklas
ausstopfen VT stoppa upp
Ausstoß M produktion **ausstoßen** VT stöta ut; *fig a.* utstöta; producera
ausstrahlen VT utstråla; RADIO sända (ut) **Ausstrahlung** F *fig* utstrålning
ausstrecken A VT sträcka ut, räcka ut B VR **sich ~** sträcka ut sig
ausströmen A VI strömma (*od* flyta) ut B VT *fig* utstråla, sprida
aussuchen VT välja ut; **sich ~** välja ut åt sig
Austausch M utbyte *n* **austauschbar** ADJ utbytbar **austauschen** VT byta ut; *fig* utbyta **Austauschmotor** M utbytesmotor **Austauschspieler(in)** M(F) SPORT avbytare **Austauschstudent(in)** M(F) utbytesstudent
austeilen VT dela ut, utdela
Auster F ostron *n*
austoben VR (**sich**) **~** rasa ut; festa om, slå runt
austragen VT *Post* bära ut; *Spiel, Kampf* utkämpa; *Kind* föda
Australien N Australien *n* **Australier** M australiensare, australier **Australierin** F australiensiska **australisch** ADJ australiensisk, australisk
austreiben VT driva ut, fördriva; *Baum, Blüte* slå ut; **j-m etw ~** ta ur ngn ngt
austreten A VT trampa ut (*od* ur); *Schuhe* gå ut B VI *sich zurückziehen* utträda, träda tillbaka, avgå; *umg* **ich muss ~** jag måste gå ut på toaletten
austricksen VT överlista, lura
austrinken VT, VI dricka ur, tömma
Austritt M utträde *n*
austrocknen VI torka ut
austüfteln *umg* VT fundera (*od* lista, lura) ut
ausüben VT *a. Beruf, Macht etc* utöva; **~de Gewalt** verkställande makt **Ausübung** F utövning, utövande *n*; verkställande *n*
ausufern VI stiga över sina bräddar; *fig* spåra ur
Ausverkauf M rea, realisation, utförsäljning
Auswahl F urval *n* **auswählen** VT välja ut
Auswanderer M, **Auswanderin** F utvandrare, emigrant **auswandern** VI utvandra, emigrera (**nach** till) **Auswanderung** F utvandring, emigration
auswärtig ADJ som inte kommer från orten; *ausländisch* utländsk, utrikes; **Auswärtiges Amt** utrikesdepartement *n* **auswärts** ADV *nach außen* utåt; *an einem anderen Ort* på annan ort; ute; **~ essen** äta ute **Auswärtsspiel** N SPORT bortamatch
auswechseln VT byta (ut), ersätta; utväxla (**gegen** *akk* mot) **Auswechs(e)lung** F byte *n*
Ausweg M utväg *a. fig* **ausweglos** ADJ hopplös
ausweichen VI väja, gå ur vägen (**j-m** för ngn); *fig* undvika **Ausweichmanöver** N undanmanöver **Ausweichstelle** F mötesplats
Ausweis M legitimation, identitetskort *n* **ausweisen** A VT *j-n* utvisa, förvisa B VR **sich ~** legitimera sig **Ausweispapiere** N(PL) legitimationshandlingar *pl* **Ausweisung** F utvisning
auswendig ADV utantill; **~ lernen** lära sig utantill
auswerfen VT stöta (*od* kasta) ut; *Sum-*

me bevilja, anslå
auswerten VT *verwerten* utnyttja; *Wert ermitteln* utvärdera **Auswertung** F utnyttjande n; utvärdering
auswickeln VT veckla upp
auswirken VR sich ~ påverka **Auswirkung** F verkan, följd
auswischen VT torka (ur); sudda ut; j-m eins ~ *fig umg* slå till ngn
auswringen VT vrida ur
Auswuchs M utväxt; *fig* excess, överdrift
Auswurf M MED upphostning; *fig* avskum n
auszahlen A VT betala ut B VR sich ~ betala (löna) sig
auszählen VT räkna (ut); SPORT räkna ut
Auszahlung F utbetalning
auszeichnen A VT *Waren* märka, känneteckna; j-n ~ utmärka ngn B VR sich ~ utmärka sig **Auszeichnung** F märkning; utmärkelse
Auszeit F SPORT time-out
ausziehen A VT dra ut; *Kleidung* klä (od ta bzw. dra) av B VT *umziehen* flytta; sich ~ klä av sig **Ausziehtisch** M utdragsbord n
Auszubildende(r) M(F)(M) ≈ lärling
Auszug M *Abmarsch* uttåg n; *Umzug* flyttning; *Exzerpt* utdrag n, sammandrag n; *Kontoauszug* utdrag n; CHEM extrakt n **auszugsweise** ADV i utdrag, i sammandrag
autark ADJ självförsörjande
authentisch ADJ autentisk
Autismus M autism
Auto N bil; ~ fahren köra bil **Autobahn** F motorväg **Autobahngebühr** F motorvägsavgift **Autobahnkreuz** N motorvägskorsning **Autobahnraststätte** F restaurang vid motorväg **Autobahnzubringer** M tillfartsväg till motorväg
Autobiografie, Autobiographie F autobiografi
Autobus M buss
Autodidakt(in) M(F) autodidakt
Autofähre F bilfärja **Autofahrer(in)** M(F) bilist **autofrei** ADJ bilfri
Autofriedhof M bilkyrkogård
Autogramm N autograf
Autohändler(in) M(F) bilhandlare
Autokino N drive-in-bio **Autoknacker(in)** *umg* M(F) biltjuv
Automat M automat **Automatik** F 1 automatik 2 AUTO automatväxel **automatisch** ADJ automatisk
autonom ADJ autonom **Autonomie** F autonomi
Autor(in) M författare
Autoreifen M bildäck n **Autoreisezug** M biltåg n **Autorennen** N biltävling **Autoreparaturwerkstatt** F bilverkstad
autorisieren VT auktorisera **autoritär** ADJ au(k)toritär **Autorität** F auktoritet
Autoschlüssel M bilnyckel **Autostopp** M per ~ fahren lifta
Autosuggestion F självsuggestion
Autounfall M bilolycka **Autoverkehr** M biltrafik **Autoverleih** M, **Autovermietung** F biluthyrning **Autowaschstraße** F biltvätt **Autowerkstatt** F bilverkstad
autsch INTER, **auweh** aj
Avatar M avatar
Avocado F avokado
Axt F yxa
Azalee F azalea
Azubi M *od* ABK F (= Auszubildender) ≈ lärling

B

B, b N B, b n
Baby N baby **Babyausstattung** F babyartiklar *pl* **Babynahrung** F barnmat **Babypause** F föräldraledighet **Babysitter(in)** M(F) barnvakt
Bach M bäck
Backblech N bakplåt
Backbord N SCHIFF babord n
Backe F kind
backen A VT *Kuchen* baka, grädda B VI klibba
Backenzahn M kindtand
Bäcker(in) M(F) bagare **Bäckerei** F bageri n **Backform** F kakform **Backmischung** F kakmix n **Backobst** N torkad frukt **Backofen** M bakugn

Backpfeife F örfil, orre
Backpflaume F katrinplommon n
Backpulver N bakpulver n
Backslash M IT bakstreck n
Backstein M tegelsten
Back-up N IT säkerhetskopia
Backware F bakverk n; bageriprodukt
Bad N ① bad n ② Schwimmbad bad n, simhall ③ Ort badort ④ Zimmer badrum **Badeanstalt** F friluftsbad n, badanläggning **Badeanzug** M baddräkt **Badehose** F badbyxor pl **Badekappe** F badmössa **Bademantel** M badkappa, badrock **Bademeister(in)** M(F) badvakt **baden** VIT, VI bada; ~ **gehen** gå och bada; umg fig misslyckas **Badeort** M badort; kurort **Badesaison** F badsäsong **Badesalz** N badsalt n **Badestrand** M badstrand **Badetuch** N badlakan n **Badewanne** F badkar n **Badezeug** N badgrejer pl **Badezimmer** N badrum n

Badminton N SPORT badminton
baff ADJ ~ **sein** umg vara förbluffad, paff
BAföG umg ABK (= Bundesausbildungsförderungsgesetz) ≈ studiemedel
Bagatelle F bagatell, struntsak
Bagger M grävmaskin; mudderverk n
baggern VIT, VI gräva, muddra (upp)
Baggersee M badsjö i ett vattenfyllt grustag
Baguette F baguette
Bahn F bana, väg; BAHN järnväg; spårväg; Stoff våd; **per** ~ med tåg; **(sich)** (dat) ~ **brechen** bana (sig) väg a. fig; ~ **frei!** ur vägen!; **auf die schiefe ~ geraten** komma på sned; **j-n an die ~ bringen** följa ngn till stationen; **bei der ~ arbeiten** arbeta vid järnvägen **bahnbrechend** ADJ banbrytande **Bahndamm** M banvall **bahnen** VIT bana; **sich** (dat) **einen Weg** ~ bana sig väg (j-m för ngn) **Bahnfahrt** F tågresa **Bahngleis** N järnvägsspår n **Bahnhof** M järnvägsstation; bangård; **großer** ~ umg fig röda mattan **Bahnhofshalle** F stationshall **Bahnlinie** F järnvägslinje **Bahnsteig** M perrong, plattform **Bahnstrecke** F järnvägssträcka **Bahnübergang** M järnvägsövergång **Bahnverbindung** F tågförbindelse

Bahre F bår
Bai F (havs)vik, (havs)bukt
Baiser N maräng
Baisse F WIRTSCH baisse, kursfall n
Bajonett N MIL bajonett
Bakterie F bakterie
Balance F balans, jämvikt **Balanceakt** M balansgång **balancieren** VIT, VI balansera, hålla (i) jämvikt
bald ADV snart, strax; inom kort, fort; beinahe nästan, så när; **bis ~!** vi ses; ~ ... ~ ... än ... än ...; ~ **hier, ~ dort** än här, än där; **so ~ wie möglich** så snart som möjligt **baldig** ADJ snar
Balg A M Fell skinn n, hud; Luftbehälter bälg B M od N umg Kind rackarunge
Balkan M der ~ Balkan
Balken M balk, bjälke
Balkon M balkong
Ball M ① boll; **am ~ bleiben** umg inte ge upp ② Tanz bal; **auf einen ~ gehen** gå på bal
Ballade F ballad
Ballast M barlast **Ballaststoffe** PL kostfibrer pl
Ballen M bal, packe; trampdyna
ballen A VIT pressa (od trycka) ihop; **die Faust ~** knyta nävan B VR **sich ~** fig hopa sig
ballern umg VI knalla
Ballett N balett **Balletttänzer** M balettdansör **Balletttänzerin** F balettdansös
Balljunge M bollpojke
Ballkleid N balklänning
Ballon M ballong
Ballsaal M balsal
Ballspiel N bollspel n
Ballungsgebiet, Ballungsraum M storstadsregion, tätbefolkad region
Balsam M balsam
Balsamico M balsamvinäger
Balte M balt **Baltikum** N das ~ Baltikum **Baltin** F baltiska **baltisch** ADJ baltisk
Balustrade F balustrad
balzen VI Vögel leka, spela
Bambus M BOT bambu
Bammel M ~ **haben** umg vara skraj
banal ADJ banal **Banalität** F banalitet
Banane F banan
Band A M band n, volym B N a. TECH

band *n*; **am laufenden ~** på löpande band C F (jazz)band *n*, (pop)grupp
Bandbreite F 1 IT, RADIO bandbredd 2 *fig* spektrum *n*
Bande F 1 gäng *n*, liga; **die ganze ~** hela bunten 2 SPORT sarg
Banderole F banderoll
bändigen VT zähmen tämja; *zügeln* tygla, kuva
Bandit(in) M(F) bandit
Bandmaß N måttband *n* **Bandnudeln** PL bandspaghetti **Bandscheibe** F disk **Bandscheibenvorfall** M MED diskbråck *n* **Bandwurm** M MED binnikemask
bangen A VI vara orolig (**um** *akk* för) B V/R **sich ~** vara rädd (*od* ängslig) (**vor** *dat* för)
Bank F 1 *Sitzbank* bänk, soffa; *Sandbank* bank; *Werkbank* bänk; **durch die ~** umg över lag, utan undantag; **auf die lange ~ schieben** *fig* uppskjuta, dra ut på tiden med 2 WIRTSCH bank; **Geld auf der ~ haben** ha pengar på banken **Bankdirektor(in)** M(F) bankdirektör **Banker(in)** umg M(F) bankman
Bankett N 1 *Festessen* bankett 2 *an Straßen* vägren
Bankfach N bankfack *n* **Bankier** M bankir **Bankkauffrau** F, **Bankkaufmann** M banktjänsteman **Bankkonto** N bankkonto *n* **Bankleitzahl** F clearingnummer *n* **Banknote** F sedel **Bankraub** M bankrån *n* **Bankräuber(in)** M(F) bankrånare *m*
bankrott ADJ WIRTSCH bankrutt **Bankrott** M bankrutt; **~ machen** bli bankrutt, göra konkurs
Bankschließfach N bankfack *n* **Banküberfall** M bankrån *n* **Banküberweisung** F banköverföring; inbetalning via bank **Bankverbindung** F bankförbindelse; bankkonto *n*
Bann M bannlysning; *fig* förtrollning **bannen** VT bannlysa; *Geister* besvärja; utdriva; *fig* förtrolla
Banner N baner *n*; IT banner, annons
bar ADJ bar; WIRTSCH kontant; *umg* figuren, uppenbar; **~es Geld** kontanter *pl*; **~ bezahlen** betala kontant; **gegen ~** kontant; **etw für ~e Münze nehmen** *fig* ta ngt bokstavligt
Bar F bar

Bär M ZOOL björn; **der Große/Kleine ~** ASTRON Stora/Lilla Björn; **j-m einen ~en aufbinden** *fig* inbilla ngn ngt
Baracke F barack
Barbar(in) M(F) barbar **Barbarei** F barbari *n* **barbarisch** ADJ barbarisk
Bardame F ≈ barvärdinna
Bärendienst M björntjänst; **j-m einen ~ leisten** göra ngn en björntjänst **Bärenhunger** M **einen ~ haben** vara hungrig som en varg
barfuß ADJ, ADV, **barfüßig** barfota
Bargeld N kontanter *pl* **bargeldlos** ADJ utan kontanter
Barhocker M (hög) barstol
Bärin F björnhona
Bariton M MUS baryton
Barkeeper M bartender
barmherzig ADJ barmhärtig **Barmherzigkeit** F barmhärtighet
barock ADJ barock *a. fig*
Barock M *od* N barock
Barometer N barometer **Barometerstand** M barometerstånd
Baron(in) M(F) baron(essa)
Barren M tacka; **ein ~ Gold** en guldtacka; SPORT barr
Barriere F barriär **Barrikade** F barrikad
barsch ADJ brysk, avvisande
Barsch M ZOOL abborre
Barscheck M kontantcheck
Bart M skägg *n*; **sich** (*dat*) **den ~ wachsen lassen** låta skägget växa; **j-m um den ~ gehen** *fig* stryka ngn medhårs **bärtig** ADJ skäggig
Barzahlung F kontant betalning
Basar M basar
Base F 1 CHEM bas 2 kvinnlig kusin
basieren VT, VI basera (sig), grunda (sig)
Basilika F basilika
Basilikum N basilika
Basis F basis; *fig* bas; **an der ~** POL på gräsrotsnivå
Baskenland N **das ~** Baskien **Baskenmütze** F basker(mössa)
Basketball M basketboll
Bass M MUS bas **Bassgeige** F basfiol
Bassin N bassäng
Bassist(in) M(F) MUS basist
Bast M bast
basta INTER nog; **und damit ~!** och därmed basta!

Bastard M bastard
Bastelarbeit F hobbyarbete n **basteln** A VIT göra B VI pyssla
Bastler(in) M(F) person som sysslar med hobbyarbete
Bataillon N bataljon
Batik M od F batik
Batterie F batteri n
Bau M ⟨kein pl⟩ bygge n; *Baustelle* byggplats; *Aufbau* uppbyggnad; *Beschaffenheit* struktur, konstruktion; *im ~ sein* vara under uppförande; *er arbeitet auf dem ~* han jobbar på bygget B M ⟨pl Bauten⟩ *Gebäude* byggnad, byggning, hus n C M ⟨pl Baue⟩ *Tierhöhle* bo n, kula, håla, lya, gryt n **Bauarbeiten** F/PL byggnadsarbete n/sg **Bauarbeiter(in)** M(F) byggnadsarbetare
Bauch M buk, mage; *Wölbung* välvning, rundning **Bauchfell** N ANAT bukhinna **Bauchfellentzündung** F bukhinneinflammation **bauchfrei** ADJ *nachgestellt* med bar mage **Bauchhöhle** F ANAT bukhåla **bauchig** ADJ bukig **Bauchlandung** F FLUG buklandning **Bauchmuskel** M bukmuskel **Bauchredner(in)** M(F) buktalare **Bauchschmerzen** M/PL, **Bauchweh** N magont n; *~ haben* ha ont i magen **Bauchspeicheldrüse** F bukspottkörtel **Bauchtanz** M magdans
bauen A VIT bygga; AGR odla; bearbeta B VI *~ auf (akk) fig* lita på; *umg Unfall* vålla
Bauer A M bonde B N od M (*= Käfig*) (fågel)bur, **Bäuerin** F bondkvinna, bondhustru
Bauerlaubnis F byggnadstillstånd n **bäuerlich** ADJ lant-, bonde-; allmoge- **Bauernhaus** F boningshus n (på bondgård) **Bauernhof** M bondgård **baufällig** ADJ förfallen, fallfärdig **Baufirma** F byggnadsfirma **Baugelände** N byggplats; byggnadstomt **Baugenehmigung** F byggnadstillstånd n **Baugerüst** N byggnadsställning **Bauherr(in)** M(F) byggherre **Bauholz** N byggnadsvirke n **Baujahr** N byggnadsår n; tillverkningsår n **Baukasten** M byggläda **Baukosten** PL byggnadskostnader pl **Bauland** N tomtmark

Baum M träd n
Baumarkt M byggvaruhus n
Baumaterialien N/PL byggnadsmaterial n/pl
Baumbestand M trädbestånd n
Baumeister(in) M byggmästare
baumeln VI hänga och dingla
Baumgrenze F trädgräns **Baumschule** F plantskola (för träd) **Baumstamm** M trädstam **Baumstumpf** M (träd)stubbe
Baumwolle F bomull
Bauplatz M byggnadsplats
Bausch M tuss; *am Ärmel* puff
bauschen V/R *sich ~* pösa, svälla **bauschig** ADJ pösig, svällande
Bausparvertrag M ≈ byggsparlån n
Baustein M byggsten; *fig* bidrag n; beståndsdel **Baustelle** F byggplats; vägarbete n; *Achtung ~!* *Straßenbau* vägarbete pågår! **Baustoff** M byggnadsmaterial n **Bauunternehmer(in)** M(F) byggnadsentreprenör **Bauwerk** N byggnad (sverk n)
Bayer M bayrare **Bayerin** F bayerska **bay(e)risch** ADJ bayersk **Bayern** N Bayern n
Bazillus M bacill
beabsichtigen V/T ha för avsikt
beachten V/T beakta, lägga märke till; *vorschrift* iaktta; *berücksichtigen* ta hänsyn till **beachtenswert** ADJ beaktansvärd, anmärkningsvärd **beachtlich** ADJ betydande, avsevärd **Beachtung** F beaktande n, iakttagande n; *Rücksicht* hänsyn; *~ finden* få uppmärksamhet; *~ schenken* beakta ngt, ta hänsyn till ngt; *zur ~!* observera!
Beachvolleyball M strandvolleyboll, beachvolleyboll
Beamer M (digital) projektor
Beamte(r) M ämbetsman, tjänsteman; *ein typischer ~r umg* en riktig byråkrat
Beamtin F tjänsteman
beängstigend ADJ oroande, skrämmande
beanspruchen V/T ta i anspråk, kräva; göra anspråk på; TECH utsätta för påfrestningar **Beanspruchung** F belastning, påfrestning
beanstanden V/T göra invändningar, påtala, anmärka på; *Waren* klaga, reklamera **Beanstandung** F invändning, anmärkning; *Waren* klagomål n, rekla-

mation
beantragen VT bei j-m etw ~ ansöka om ngt hos ngn; **ein Stipendium ~** söka ett stipendium; POL föreslå, väcka förslag (od motion) om; JUR yrka på
beantworten VT besvara
bearbeiten VT bearbeta *a. fig*; handlägga; behandla **Bearbeiter(in)** M/F(M) bearbetare; handläggare **Bearbeitung** F bearbetning; handläggning; behandling **Bearbeitungsgebühr** F expeditionsavgift
Beatmung F künstliche ~ konstgjord andning
beaufsichtigen VT övervaka, ha uppsikt över **Beaufsichtigung** F uppsikt, tillsyn, övervakande *n*
beauftragen VT uppdra åt, ge i uppdrag; **ich bin beauftragt** jag har fått i uppdrag **Beauftragte(r)** M/F(M) ombud *n*, representant
bebauen VT bebygga; AGR odla **Bebauung** F bebyggelse; AGR odling
beben VI bäva; *zittern* darra, skälva
bebildern VT illustrera
Becher M bägare, mugg
Becken N *a.* GEOG, ANAT, MUS bäcken *n*; *Schwimmbecken* bassäng; *Waschbecken* tvättställ *n*
bedacht ADJ auf etw (*akk*) ~ sein vara mån om ngt **Bedacht** M ~ **nehmen auf** (*akk*) ta hänsyn till, ta i övervägande; **mit ~** med eftertanke **bedächtig** ADJ betänksam, försiktig; lugn
bedanken VR sich bei j-m für etw (*akk*) ~ tacka ngn för ngt
Bedarf M behov *n*; ~ **haben an** (*dat*) behöva, vara i behov av; **mein ~ ist gedeckt** omg jag har fått nog; **nach ~** efter behov
bedauerlich ADJ beklaglig, tråkig **bedauerlicherweise** ADV beklagligtvis, tråkigt nog **bedauern** VT beklaga; j-n ~ tycka synd om ngn; **bedaure! tyvärr! Bedauern** N beklagande *n*, ledsnad; **zu meinem ~** ... jag beklagar, men ... **bedauernswert** ADJ beklagansvärd
bedecken VT täcka över **bedeckt** ADJ mulen
bedenken VT tänka igenom; betänka, överväga; *Folgen* tänka på; **sich ~** tänka efter **Bedenken** N betänklighet, tvivel *n*; **ohne ~** utan tvekan **beden-**

kenlos ADJ utan tvekan **bedenklich** ADJ betänklig, kritisk, farlig **Bedenkzeit** F betänketid
bedeuten VT betyda (*dat od* **für** *akk* för); **es hat nichts zu ~** det har ingen betydelse **bedeutend** A ADJ betydande, betydelsefull B ADV betydligt, åtskilligt **bedeutsam** ADJ betydelsefull **Bedeutung** F betydelse; **von/ohne ~** av/utan betydelse **bedeutungslos** ADJ betydelselös **bedeutungsvoll** ADJ betydelsefull
bedienen A VT betjäna, passa upp på, expediera, servera; TECH sköta; **ich bin bedient!** omg iron jag har fått nog! B VR sich ~ ta för sig; **bitte ~ Sie sich!** var så god(a)! **Bedienstete(r)** M/F(M) betjänt **Bedienung** F betjäning, service; skötsel, drift; ~ **(nicht) inbegriffen** inklusive (exklusive) dricks; **die ~ rufen** ropa på servitrisen/servitören **Bedienungsanleitung** F bruksanvisning, manual
bedingen VT orsaka; ha till följd, medföra **bedingt** A ADJ betingad; med förbehåll; *abhängig* beroende; **durch etw ~ sein** bero på ngt B ADV under vissa förutsättningar, till viss del **Bedingung** F villkor *n* **bedingungslos** ADJ ovillkorlig; total, fullständig
bedrängen VT sätta åt; ansätta; **bedrängte Lage** trängt läge *n* **Bedrängnis** F nödläge *n*, trångmål *n*
bedrohen VT hota **bedrohlich** ADJ hotande **Bedrohung** F hot(else)
bedrucken VT trycka på
bedrücken VT trycka ned, göra beklämd **bedrückt** ADJ nedstämd, deprimerad
bedürfen VI (*gen*) behöva **Bedürfnis** N behov *n* **bedürftig** ADJ behövande; nödställd
Beefsteak N biff(stek); **deutsches ~** ≈ pannbiff
beeiden VT etw gå ed på, svära på
beeilen VR sich ~ skynda (sig)
beeindrucken VT göra intryck på, imponera på **beeindruckend** ADJ imponerande **beeindruckt** ADJ ~ **sein** vara imponerad
beeinflussen VT påverka, inverka på, ha inflytande på **Beeinflussung** F påverkan, inverkan, inflytande *n*
beeinträchtigen VT inverka negativt

Beeinträchtigung – begehren

på; försämra **Beeinträchtigung** F negativ inverkan, inkräktande n; försämring

Beendigung F avslutning, slutförande n

beengen VT begränsa; fig hämma, hindra; **beengt wohnen** vara trångbodd

beerben VT j-n ~ ärva ngn

beerdigen VT begrava, jordfästa **Beerdigung** F begravning, jordfästning **Beerdigungsinstitut** N begravningsbyrå

Beere F bär n

Beet N trädgårdsland n, (blomster)säng; *Blumenbeet a.* rabatt

befähigen VT göra duglig, göra lämplig (**zu** till) **befähigt** ADJ begåvad; kompetent, duglig, lämplig, kvalificerad **Befähigung** F begåvning; duglighet, kompetens, förmåga

befahrbar ADJ framkomlig, farbar; SCHIFF segelbar **befahren** A VT trafikera, fara på; SCHIFF segla på B ADJ **stark** ~ hårt trafikerad

befallen VT drabba

befangen ADJ förlägen, blyg, besvärad, generad; JUR jävig **Befangenheit** F förlägenhet, blyghet; JUR jävighet

befassen VR sich ~ **mit** befatta sig med

Befehl M befallning, order; MIL kommando n, befäl n; IT kommando n **befehlen** VT befalla **befehligen** VT kommendera, anföra **Befehlsform** F GRAM imperativ **Befehlshaber(in)** M(F) befälhavare

befestigen VT fästa, sätta fast; fig bestärken befästa, styrka **Befestigung** F fastsättning; befästning; fig befästande n, styrkande n

befeuchten VT fukta, väta

befinden A VR sich ~ befinna sig, vistas; sich fühlen må B VT finna; für gut/schlecht ~ finna vara bra/dåligt **Befinden** N befinnande n; (hälso)tillstånd n, hälsa; **wie ist Ihr** ~? hur står det till? **befindlich** ADJ befintlig, belägen

beflecken VT fläcka ned; fig befläcka

beflügeln fig VT inspirera

befolgen VT följa, efterleva

befördern VT transportera, frakta; im Rang fördern befordra; **befördert werden** bli befordrad, avancera **Beförderung** F transport, befordran; befordran, avancemang n **Beförderungsmittel** N fortskaffningsmedel n

befragen VT fråga **Befragung** F rundfråga, enkät

befreien VT befria, frigöra; von Abgaben frita; frikalla **Befreier(in)** M(F) befriare **Befreiung** F befrielse; frigörelse; frikallelse **Befreiungskrieg** M befrielsekrig n

befremden VT förvåna **Befremden** N förvåning

befreundet ADJ ~ **sein** vara god vän med

befriedigen A VT tillfredsställa; tillgodose B **sich** ~ tillfredsställa sig själv **befriedigend** ADJ tillfredsställande **befriedigt** ADJ tillfredsställd, belåten, nöjd **Befriedigung** F tillfredsställelse

befristen VT utsätta en frist; tidsbegränsa **befristet** ADJ (tids)begränsad; ~ **auf** (akk) begränsad på (till)

befruchten VT befrukta *a.* fig **Befruchtung** F befruktning; **künstliche** ~ konstgjord befruktning

Befugnis F befogenhet, rättighet **befugt** ADJ berättigad (**zu** dat); behörig

Befund M undersökningsresultat n; vom Arzt utlåtande n

befürchten VT befara, frukta **Befürchtung** F fruktan, farhåga

befürworten VT förorda; *empfehlen* rekommendera **Befürworter(in)** M(F) förespråkare, anhängare **Befürwortung** F rekommendation

begabt ADJ begåvad, intelligent **Begabung** F begåvning

Begattung F parning

begeben VR sich ~ *gehen* bege sig, gå; sich ereignen tilldra sig, hända **Begebenheit** F tilldragelse, händelse

begegnen VI j-m ~ möta/träffa ngn; behandeln bemöta; **sich** ~ mötas, träffas **Begegnung** F sammanträffande n, möte n; SPORT match

begehen VT gå på, beträda; inspektera, besiktiga; Fest fira; machen begå, göra; Verbrechen a. föröva, göra sig skyldig till

begehren VT begära, åtrå; **begehrt sein** vara omtyckt; vara efterfrågad

begehrenswert ADJ åtråvärd
begeistern A VT rycka med sig, entusiasmera, hänföra B VR **sich ~ für** (akk) vara förtjust i ngt **begeistert** ADJ entusiastisk, begeistrad, hänförd **Begeisterung** F entusiasm, begeistring, hänförelse
Begierde F begär n, lusta, åtrå (**nach** efter) **begierig** ADJ lysten
begießen VT vattna; *etw ~ fig* fira ngt med ett glas
Beginn M början, begynnelse; **zu ~ i** början **beginnen** VT, VI börja
beglaubigen VT *Aussage* intyga, styrka; *Dokument* bevittna, vidimera; *Diplomat* ackreditera **Beglaubigung** F intyg n, intygande n, bekräftelse, vidimering; *eines Diplomaten* ackreditering
begleichen VT *Rechnung* betala, likvidera
begleiten VT följa (med); MUS ackompanjera **Begleiter(in)** MF följeslagare; *von Sehbehinderten* ledsagare; MUS ackompanjatör **Begleiterscheinung** F följdföreteelse **Begleitschreiben** N vidliggande brev n, följebrev n **Begleitung** F sällskap n; *Gefolge* sällskap n, följe n; MUS ackompanjemang n; **in ~ von** dat i sällskap med, (åt)följd av
beglücken VT lyckliggöra **beglückwünschen** VT lyckönska (**zu** dat)
begnadigen VT benåda, ge amnesti åt **Begnadigung** F benådning, amnesti
begnügen VR **sich ~ mit** (dat) nöja sig med
Begonie F begonia
begraben VT begrava *a. fig* **Begräbnis** N begravning
begradigen VT räta ut
begreifen VT begripa, förstå, fatta **begreiflich** ADJ begriplig, förståelig; **~ machen** göra begripligt **begreiflicherweise** ADV begripligt nog
begrenzen VT begränsa; *fig* inskränka (**auf** akk till) **Begrenzung** F begränsning; inskränkning
Begriff M begrepp n, föreställning; **im ~ sein/stehen zu** vara/stå i begrepp att; **schwer von ~** umg ha svårt för att fatta; **nach unseren ~en** enligt vår uppfattning **begriffen** ADJ **~ sein in** (dat) hålla på med, vara inbegripen i

Begriffsverwirrung F begreppsförvirring
begründen VT grunda, lägga grund till; *erklären* motivera **Begründung** F motivering; **ohne jede ~** utan några skäl
begrüßen VT hälsa (på); *Gäste* hälsa välkommen; *etw* välkomna; **es ist zu ~, dass ...** det är glädjande att ... **begrüßenswert** ADJ glädjande; välkommen, önskvärd **Begrüßung** F hälsning; mottagande n
begünstigen VT gynna; favorisera, främja **Begünstigung** F förmån, gynnande n; *Förderung* främjande n
begutachten VT utlåta sig om; bedöma **Begutachtung** F utlåtande n; omdöme n
behaart ADJ hårig, luden
behäbig ADJ maklig; stadig, korpulent
behagen VI behaga, falla i smaken **Behagen** N behag n **behaglich** ADJ behaglig, trevlig, angenäm; *bequem* bekväm **Behaglichkeit** F behaglighet, trevnad; *Bequemlichkeit* bekvämlighet
behalten VT behålla; *fig sich merken* minnas, komma ihåg **Behälter** M behållare
behandeln VT *a.* MED behandla **Behandlung** F *a.* MED behandling **Behandlungsmethode** F behandlingsmetod
behängen VT hänga på (*od* över); **sich ~** hänga på sig
beharren VI framhärda; **~ auf** (dat) vidhålla, stå fast vid **beharrlich** ADJ ihärdig; envis; uthållig **Beharrlichkeit** F ihärdighet; envishet; uthärdighet
behaupten A VT påstå, hävda B VR **sich ~** hävda sig **Behauptung** F påstående n; hävdande n
Behausung F husrum n, bostad
beheben VT avhjälpa; avlägsna
beheizen VT värma upp
Behelf M provisorium n, nödlösning **behelfen** VR **sich ~** klara (*od* reda) sig (**mit** dat med) **behelfsmäßig** ADJ provisorisk, tillfällig
belligen VT besvära
beherbergen VT hysa, härbärgera
beherrschen A VT behärska, härska över, dominera B VR **sich ~** behärska

sig, lägga band på sig **Beherrschung** F behärskande n; behärskning

beherzigen VT ta på allvar

behilflich ADJ j-m ~ **sein** vara ngn behjälplig

behindern VT (för)hindra **behindert** ADJ handikappad; **geistig ~** förståndshandikappad **Behinderte(r)** M/F(M) handikappad **behindertengerecht** ADJ handikappvänlig **Behindertenwerkstätte** F skyddad verkstad **Behinderung** F hinder n; handikapp n

Behörde F myndighet, (ämbets)verk n; **die zuständige ~** behörig myndighet

behüten VT bevara, beskydda (för) (**vor** dat); **Gott behüte!** Gud bevare mig (bzw. oss)!

behutsam ADJ varsam, försiktig **Behutsamkeit** F varsamhet, försiktighet

bei PRÄP ⟨dat⟩ **1** hos; **~ j-m wohnen** bo hos ngn **2** vid; **die Schlacht ~ Leipzig** slaget vid Leipzig; **~ der Arbeit** vid arbetet; **Geld ~ sich haben** ha pengar på sig; **Stunden ~ j-m haben** ta lektioner för ngn; **~ der Hand haben/sein** ha/ vara till hands; **~ Tage/Nacht** om dagen/natten; **~ Weitem nicht** inte på långt när; **~ der Arbeit sein** hålla på att arbeta **beibehalten** VT bibehålla

Beiboot N jolle

beibringen VT j-m etw ~ lära ngn ngt; Beweise skaffa fram, visa upp; Wunde tillfoga; mitteilen meddela; få ngn att förstå

Beichte F bikt, bekännelse **beichten** VT, VI bikta, bekänna **Beichtstuhl** M biktstol

beide PRON båda, bägge; **(k)einer von ~n** (ing)endera; **wir ~ vi två**; **alle ~** båda två **beiderlei** ADJ båda(dera), av båda slagen; **~ Geschlechts** av båda könen **beiderseits** PRÄP ⟨gen⟩ på båda sidor **beidseitig** ADJ (= gegenseitig) ömsesidig

beieinander ADV tillsammans, intill varandra

Beifahrer(in) M(F) medpassagerare; andreförare **Beifahrerairbag** M passagerarkrockkudde **Beifahrersitz** M passagerarsäte n

Beifall M bifall n; Händeklatschen a. applåder (och visslingar) pl; **~ finden** vinna bifall; **~ klatschen** applådera

beifügen VT bifoga, tillägga

Beigabe F tillsats, tillägg n

beige ADJ beige(färgad)

beigeben A VT bifoga; tillsätta B VR **klein ~** fig falla till föga, ge (med) sig

Beigeschmack M bismak a. fig

Beihilfe F bidrag n; understöd n; JUR medhjälp

beikommen VI ⟨dat⟩ komma åt

Beil N bila, yxa

Beilage F tidningsbilaga; **Fleisch mit ~** kött med tillbehör; Gemüsebeilage grönsaker pl

beiläufig ADV i förbigående

beilegen VT beifügen tillägga, bifoga; beimessen tillskriva, tillmäta; Streit bilägga **Beilegung** F biläggande n

beileibe ADV **~ nicht** på inga villkor, aldrig i livet

Beileid N deltagande n, kondoleans; **(mein) herzliches ~** (jag) beklagar sorgen **Beileidskarte** F kondoleanskort n

beiliegen VI vara bifogad **beiliegend** ADJ, ADV bifogad, inneliggande

beim PRÄP mit ART → bei dem

beimengen VT blanda i, tillsätta

beimessen VT j-m/etw viel Gewicht **~** fästa stor vikt vid ngn/ngt

Bein N ben n; **j-m ein ~ stellen** sätta krokben för ngn a. fig; **auf die ~e bringen** lyckas få till stånd; **sich auf die ~e machen** ge sig i väg; **gut auf den ~en sein** vara rask i benen; **sich die ~e nach etw** ⟨dat⟩ **ablaufen** springa benen av sig för ngt; **sich die ~e vertreten** röra på benen; **sich kein ~ ausreißen** inte anstränga sig

beinah(e) ADV nästan, närapå, så när

Beiname M binamn n; Spitzname öknamn n

Beinbruch M benbrott n; **Hals- und ~!** lycka till!

beinhalten VT innehålla, omfatta

Beinschiene F SPORT benskydd n; MED benskena

Beipackzettel M bruksanvisning, informationsblad n

beipflichten VT ⟨dat⟩ instämma; **j-m ~ bes** hålla med ngn

Beirat M rådgivande kommitté

beirren VT **sich (nicht) ~ lassen** (inte)

låta förvilla sig
beisammen ADV tillsammans **Beisammensein** N samvaro; **geselliges ~** träff, sammankomst
Beischlaf M samlag n
Beisein N närvaro; **im ~ von** (dat) i närvaro av
beiseite ADV åt sidan, undan; avsides; **Spaß ~!** skämt åsido! **beiseitelegen** VT lägga åt sidan **beiseiteschaffen** VT undanröja, skaffa undan
beisetzen VT gravsätta **Beisetzung** F gravsättning
Beisitzer(in) M/F(IN) bisittare
Beispiel N exempel n; föredöme n; **zum ~** (z. B.) till exempel (t.ex.) **beispielhaft** ADJ exemplarisk, förebildlig **beispiellos** ADJ utan like, exempellös **beispielsweise** ADV exempelvis, till exempel
beißen N VT, VI bita; **der Hund beißt** hunden bits B V/R **die Farben ~ sich** färgerna skär sig **beißend** ADJ bitande; från **Beißzange** F avbitartång
Beistand M bistånd n, hjälp, stöd n
beistehen VI bistå, hjälpa (j-m ngn)
beisteuern VT bidra med; **zu etw** (dat) **~** bidra till ngt
Beitrag M bidrag n; *Mitgliedsbeitrag* avgift **beitragen** VT, VI bidra (**zu** till) **beitragspflichtig** ADJ avgiftspliktig
beitreten VI inträda (dat i); *fig zustimmen* ansluta sig (dat till) **Beitritt** M inträde n **Beitrittskriterien** PL inträdeskrav
Beiwagen M sidovagn
Beize F betmedel n; bets; GASTR marinad
beizeiten ADV i (god) tid
beizen VT betsa; marinera
bejahen VT, VI bejaka **bejahend** ADJ jakande; positiv
bekämpfen VT bekämpa, kämpa mot **Bekämpfung** F bekämpande n
bekannt ADJ känd, bekant; **~ geben** tillkännage; **~ machen** tillkännage, kungöra; **j-n mit j-m ~ machen** presentera ngn för ngn; **mit j-m ~ sein** känna ngn; **mit j-m/etw ~ werden** göra bekantskap med ngn/ngt **Bekannte(r)** M/F(IN) bekant **Bekanntenkreis** M bekantskapskrets **Bekanntgabe** F tillkännagivande n **bekannt geben** VT → **bekannt bekanntlich** ADV

som bekant **bekannt machen** VT → **bekannt Bekanntmachung** F tillkännagivande n, kungörelse **Bekanntschaft** F bekantskap; **j-s ~ machen** göra bekantskap med ngn **bekannt werden** VI → **bekannt**
bekehren VT omvända **Bekehrung** F omvändelse
bekennen A VT bekänna, erkänna; **Farbe ~** bekänna färg B V/R **sich ~ zu etw** bekänna sig till ngt; **sich ~ zu j-m** solidarisera sig med ngn **Bekenntnis** N bekännelse; REL a. konfession
beklagen VT, V/R beklaga **(sich sig) beklagenswert** ADJ beklagansvärd **Beklagte(r)** M/F(M) JUR svarande
bekleben VT klistra på
bekleckern VT spilla på, kladda ner
bekleidet ADJ **mit etw ~ sein** vara klädd i ngt; **(leicht) ~ sein** vara (lätt) klädd **Bekleidung** F klädsel **Bekleidungsindustrie** F konfektionsindustri
beklemmend ADJ beklämmande **Beklemmung** F beklämning **beklommen** ADJ beklämd, ängslig
bekloppt *umg* ADJ knasig, knäpp, korkad
bekommen A VT få, erhålla; **Durst ~** bli törstig; **nasse Füße ~** bli våt om fötterna; **zu essen ~** få att äta; **etw zu hören ~** få höra ngt B VI **j-m gut ~** bekomma ngn väl; **das bekommt mir schlecht** jag mår illa av det; **wohl bekomms!** väl bekomme! **bekömmlich** ADJ lättsmält; **j-m ~ sein** bekomma ngn väl
bekräftigen VT bekräfta, (be)styrka
bekreuzigen V/R **sich ~** korsa sig, göra korstecknet
bekriegen VT föra krig mot; ligga i fejd med
bekümmern VT bekymra, oroa **bekümmert** ADJ bekymrad, orolig
belächeln VT le åt
beladen VT lasta, lassa på
Belag M TECH, MED beläggning; *Brotbelag* pålägg n; *auf Glas* imma; *auf Kuchen* garnering
Belagerer M belägrare **belagern** VT belägra *a. fig* **Belagerung** F belägring **Belagerungszustand** M belägringstillstånd n

Belang – Benehmen

Belang M vikt, betydelse; **von ~ av vikt, viktig belangen** VT beträffa; JUR stämma, anklaga **belanglos** ADJ betydelselös

belassen VT låta vara; **es dabei ~** låta det vara som det är

belasten VT belasta; *fig a.* trycka (på), tynga (på); WIRTSCH *a.* påföra, debitera; JUR **die Aussage belastet ihn** vittnesmålet talar emot honom

belästigen VT besvära, störa; ofreda **Belästigung** F störning; ofredande *n*, antastande *n*; **sexuelle ~** sexuella trakasserier

Belastung F belastning; WIRTSCH debitering

belaufen VR **sich ~ auf** (*akk*) belöpa sig till, uppgå till, utgöra

belauschen VT (hemligt) lyssna på, avlyssna

beleben VT ge liv åt, väcka till liv, liva; stimulera; **sich ~** bli livlig, vakna till liv; **das belebt** det piggar upp **belebend** ADJ stimulerande, uppiggande **belebt** ADJ livlig; *Straße* livligt trafikerad

Beleg M bevis *n*, belägg *n*; *Rechnungsbeleg* kvitto *n* **belegen** VT belägga; lägga på; *beweisen* bevisa, styrka; *Platz* ta upp, reservera; **mit Strafe ~** bötfälla **Belegschaft** F personal, arbetsstyrka **belegt** ADJ upptagen; belagd, styrkt; *Butterbrot* med pålägg

belehren VT *unterrichten* undervisa; *aufklären* upplysa, informera; **j-n eines Besseren ~** få ngn att tänka om **Belehrung** F undervisning; *Aufklärung* upplysning, råd *n*

beleidigen VT förolämpa; *verletzen* såra; *kränken* kränka **beleidigend** ADJ förolämpande **beleidigt** ADJ förolämpad; *verletzt* sårad; *gekränkt* kränkt **Beleidigung** F förolämpning; JUR ärekränkning

belesen ADJ beläst

beleuchten VT lysa upp; belysa *a. fig* **Beleuchtung** F belysning *a. fig;* ljus *n*, lyse *n*

Belgien N Belgien *n* **Belgier** M belgier **Belgierin** F belgiska **belgisch** ADJ belgisk

belichten VT FOTO exponera **Belichtung** F exponering

Belieben N behag *n*, gottfinnande *n*; godtycke *n;* **nach ~** efter behag, som man vill **beliebig** ADJ godtycklig, valfri; **~ lange/oft** hur länge/ofta som helst; **jeder Beliebige** vem som helst **beliebt** ADJ omtyckt, populär **Beliebtheit** F omtyckthet, popularitet

bellen VI skälla

Belletristik F skönlitteratur

belohnen VT belöna **Belohnung** F belöning

Belüftung F ventilation

belügen VT ljuga för

belustigen VT underhålla, roa **Belustigung** F förlustelse, nöje *n*

bemächtigen VR **sich ~** (*gen*) bemäktiga sig ngt

bemängeln VT anmärka på, kritisera, klandra

bemannen VT bemanna **Bemannung** F bemannande *n;* *Mannschaft* manskap *n*, besättning

bemerkbar ADJ märkbar, kännbar; synlig; **sich ~ machen** dra uppmärksamheten till sig **bemerken** VT lägga märke till, observera, uppmärksamma; *sagen* anmärka, påpeka, framhålla **bemerkenswert** ADJ anmärkningsvärd, märklig **Bemerkung** F anmärkning, påpekande *n*

bemessen VT beräkna, avpassa

bemitleiden VT ha medlidande med, tycka synd om

bemühen A ADJ **j-n ~** besvära ngn B VR **sich ~** anstränga sig, bemöda sig, göra sig besvär; **sich um etw ~** försöka att skaffa ngt; **~ Sie sich nicht!** *zu einer Person* gör dig inget besvär! **bemüht** ADJ **~ sein um** (*akk*) bemöda sig om **Bemühung** F ⟨*mst pl*⟩ besvär *n*, bemödande *n;* ansträngning

bemuttern VT vara som en mamma för (ngn)

benachbart ADJ närbelägen, grann-; *angrenzend* angränsande

benachrichtigen VT underrätta (**von** om) **Benachrichtigung** F underrättelse

benachteiligen VT vara till nackdel för; behandla orättvist **Benachteiligung** F diskriminering, orättvis behandling

benehmen VR **sich ~** uppföra sig, bete sig; **benimm dich!** uppför dig som folk! **Benehmen** N beteende *n*, uppförande *n;* **kein ~ haben** vara oupp-

fostrad
beneiden V/T j-n um etw (akk) ~ avundas ngn ngt **beneidenswert** ADJ avundsvärd
benennen V/T benämna, (upp)kalla
Bengel M lymmel
benommen ADJ omtöcknad, yr (i huvudet), vimmelkantig
benoten V/T betygsätta
benötigen V/T behöva, ha behov av
Benotung F betygsättning, betyg n
benutzen V/T använda **Benutzer(in)** M(F) användare **benutzerfreundlich** ADJ användarvänlig **Benutzerhandbuch** N manual **Benutzername** M IT användarnamn **Benutzeroberfläche** F, **Benutzerschnittstelle** F IT användargränssnitt n **Benutzung** F användning, bruk n, nyttjande n
Benzin N bensin; bleifreies ~ blyfri bensin **Benzinkanister** M bensindunk **Benzinverbrauch** M bensinförbrukning
beobachten V/T iaktta; observera **Beobachter(in)** M(F) iakttagare, observatör **Beobachtung** F iakttagande n, iakttagelse; observation
bepflanzen V/T plantera (på)
bequem ADJ bekväm; maklig; **machs dir ~!** känn dig som hemma! **Bequemlichkeit** F bekvämlighet; Faulheit maklighet
beraten A V/T j-n råda; etw rådgöra, rådslå, överlägga (**über** akk om) B V/R **sich mit j-m ~** rådgöra med ngn (**über** akk om) **beratend** ADJ rådgivande, konsultativ **Berater(in)** M(F) rådgivare; konsult **Beratung** F överläggning; Arzt konsultation; rådgivning **Beratungsstelle** F rådgivningsbyrå
berauben V/T plundra, råna
berauschen V/T, V/R berusa (sich sig)
berauschend ADJ berusande
berechenbar ADJ som man kan beräkna, förutsebar **berechnen** V/T beräkna; j-m etw ~ debitera ngn (för) ngt **berechnend** ADJ beräknande **Berechnung** F beräkning a. fig
berechtigen V/T, V/I berättiga (**zu** till) **berechtigt** ADJ berättigad **Berechtigung** F berättigande n; rättighet; **mit voller ~** med full rätt
bereden V/T tala om, diskutera
Bereich M u. N område n; **im persönlichen ~** på det personliga planet; **im sozialen ~** inom den sociala sektorn
bereichern V/T, V/R berika (**sich** sig) **Bereicherung** F berikande n
Bereifung F däck pl
bereinigen V/T ordna, klara upp; korrigera **Bereinigung** F uppklarande n
bereisen V/T resa i
bereit ADJ fertig färdig, beredd; einverstanden villig **bereiten** V/T bereda; förorsaka, vålla; zubereiten tillaga, tillreda **bereithalten** V/T tillhandahålla; ha i beredskap
bereits ADV redan
Bereitschaft F beredskap; beredvillighet; **~ haben** Arzt ha jour; Rettungsdienst vara utryckningsklar; **in ~ haben** ha till hands **Bereitschaftsdienst** M jour, jourtjänstgöring **bereitstellen** V/T ställa i ordning, ställa till förfogande **bereitwillig** ADJ beredvillig
bereuen V/T ångra
Berg M berg n; Gebirge fjäll n; fig **über alle ~e sein** vara långt borta, ha rymt; fig **hinter dem ~ halten** dölja sitt uppsåt; **die Haare stehen zu ~e** håret reser sig; **über den ~ sein** ha det värsta bakom sig **bergab** ADV nedför berget, nedåt **Bergarbeiter(in)** M(F) gruvarbetare **bergauf** ADV uppför berget, uppåt **Bergbahn** F bergbana **Bergbau** M bergsbruk n, gruvdrift
bergen V/T retten rädda; Fahrzeug bärga; **in sich ~** innebära
Bergfahrt F uppfärd; färd upp i bergen **Bergführer(in)** M(F) bergsguide; in Schweden fjällförare **Berghütte** F bergsstuga; in Schweden fjällstuga **bergig** ADJ bergig **Bergmann** M gruvarbetare **Bergschuh** M vandrarkänga **Bergstation** F toppstation på bergbana **Bergsteigen** N bergsklättring, bergsbestigning **Bergsteiger(in)** M(F) bergsklättrare, bergsbestigare **Bergtour** F zu Fuß bergsvandring; in Schweden fjällvandring **Berg-und-Tal-Bahn** F berg-och-dal-bana
Bergung F Rettung räddning; von Fahrzeug bärgning **Bergungsarbeiten** PL räddningsarbete n; bärgningsarbete n
Bergwacht F tyska alpina räddningstjänsten **Bergwand** F bergvägg **Bergwerk** N bergverk n, gruva

Bericht M reportage n, rapport, redogörelse, referat n **berichten** VT, VI rapportera, redogöra, referera (j-m über *akk* etw ngt för ngn) **Berichterstatter(in)** M(F) korrespondent, reporter
berichtigen VT rätta (till), korrigera **Berichtigung** F rättelse, korrigering
beriechen VT lukta på
berieseln VT strila över; bevattna; *fig* skölja över
Berliner M *Gebäck* munk **Berliner(in)** M(F) berlinare
Bernhardiner M sanktbernhardshund
Bernstein M bärnsten
bersten VI spricka (sönder), brista; **zum Bersten voll** nära att spricka
berüchtigt ADJ illa beryktad, ökänd
berücksichtigen VT ta hänsyn till, fästa avseende vid **Berücksichtigung** F hänsyn, beaktande n; **unter ~ (des Umstandes …)** med hänsyn till (omständigheten)
Beruf M yrke n; *Berufung* kallelse; **was ist er von ~?** vad gör han? vad jobbar han med? **berufen** A VT *ernennen* utse, utnämna; **zu sich ~** kalla till sig B V/R **sich ~ auf** (*akk*) åberopa C ADJ kallad; **sich ~** fühlen känna sig kallad **beruflich** ADJ yrkes-; inom yrket **Berufsausbildung** F yrkesutbildning **Berufsberatung** F yrkesvägledning **Berufserfahrung** F yrkesvana; arbetslivserfarenhet **Berufsgeheimnis** N yrkeshemlighet **Berufskrankheit** F yrkessjukdom **Berufsleben** N yrkesliv n **Berufsschule** F yrkesskola **Berufssportler(in)** M(F) *umg* professionell idrottsman, proffs **berufstätig** ADJ yrkesarbetande, förvärvsarbetande **Berufstätige(r)** M(F(M)) förvärvsarbetande **Berufsverbot** N yrkesförbud n **Berufsverkehr** M rusningstrafik **Berufswahl** F yrkesval n **Berufung** F kallelse, utnämning; JUR överklagande n; **~ einlegen** överklaga
beruhen VI bero, komma an; grunda sig (**auf** *dat* på); **auf sich** (*dat*) **~ lassen** låta saken bero
beruhigen VT, V/R lugna; **sich ~** lugna sig **Beruhigung** F lugnande n; **zu deiner ~** för att lugna dig **Beruhigungsmittel** N lugnande medel n
berühmt ADJ berömd **Berühmtheit** F berömdhet; berömd person
berühren VT beröra, vidröra *a. fig* **Berührung** F beröring, kontakt **Berührungsbildschirm** M IT pekskärm **Berührungspunkt** M beröringspunkt *a. fig*
besagen VT betyda **besagt** ADJ ovannämnd
besänftigen VT blidka, dämpa, lugna
Besatz M garnering; besättning, bräm **Besatzung** F ockupation; *Mannschaft* besättning **Besatzungsmacht** F ockupationsmakt
besaufen *umg* V/R **sich ~** supa sig full **Besäufnis** N supande n, festande n
beschädigen VT skada **beschädigt** ADJ skadad **Beschädigung** F skada, skadegörelse, åverkan
beschaffen A VT anskaffa, skaffa fram; **etw ist (nicht) zu ~** det går (inte) att få B ADJ beskaffad; **wie ist es damit ~?** hur förhåller det sig med det? **Beschaffenheit** F beskaffenhet
beschäftigen VT, V/R sysselsätta (**sich** sig) **beschäftigt** ADJ anställd; sysselsatt; **(sehr) ~ sein** vara (strängt) upptagen **Beschäftigung** F sysselsättning; anställning **Beschäftigungspolitik** F sysselsättningspolitik
beschämen VT *j-n* få ngn att skämmas; göra förlägen, göra skamsen **beschämend** ADJ **das ist ~ für mich** det får mig att skämmas
beschatten VT skugga
beschaulich ADJ stillsam, lugn och fridfull
Bescheid M *Antwort* besked n; *Auskunft* upplysning; **~ sagen** ge besked, lämna upplysningar (**über** *akk* om); **~ wissen** förstå sig på ngt, vara väl bevandrad (**über** *akk* i), ha reda på; **er weiß ~** han vet det
bescheiden ADJ anspråkslös, blygsam **Bescheidenheit** F anspråkslöshet, blygsamhet
bescheinigen VT intyga, attestera **Bescheinigung** F intyg n; attestering
bescheißen *fig vulg* VT, VI lura
beschenken VT *j-n* **~ mit** (*dat*) skänka ngn ngt
bescheren VT *j-n* **~** ge ngn julklappar;

ge **Bescherung** F julklappsutdelning; *fig umg* **eine schöne ~!** en snygg historia!; **da haben wir die ~!** det kunde man just vänta sig!
bescheuert *umg* ADJ knasig, knäpp
beschießen VT beskjuta
beschildern VT förse med skylt(ar)
beschimpfen VT förolämpa; *umg* skälla ut **Beschimpfung** F förolämpning, utskällning
beschissen *vulg* ADJ djävlig, skitdålig
Beschlag M beslag n; *Niederschlag* beläggning, imma; **in ~ nehmen, mit ~ belegen** lägga beslag på **beschlagen** A VT beslå; *Pferd* sko B VI **die Fenster sind ~** det är imma på fönstren C V/R **sich ~ imma sig** D ADJ **gut ~ sein** vara kunnig/bevandrad i ngt **beschlagnahmen** VT beslagta, lägga beslag på
beschleunigen VT, VI, V/R påskynda; AUTO accelerera **Beschleunigung** F påskyndande n; acceleration **Beschleunigungsspur** F accelarationsfält n
beschließen VT beendigen avsluta; *bestimmen* besluta
Beschluss M *Entschluss* beslut n; **einen ~ fassen** fatta beslut **beschlussfähig** ADJ beslutför
beschmieren VT *beschmutzen* kladda ned, smeta ned, söla ned; *bemalen* klottra ned
beschneiden VT beskära, klippa av; *fig* skära ned; omskära
beschnüffeln VT, **beschnuppern** nosa på; *fig* titta på
beschönigen VT försköna, släta (skyla) över
beschränken A VT inskränka, begränsa B V/R **sich ~ auf** (akk) inskränka sig till
beschrankt ADJ BAHN bevakad
beschränkt ADJ begränsad; inskränkt **Beschränkung** F inskränkning, begränsning
beschreiben VT beskriva **Beschreibung** F beskrivning
beschriften VT förse med text; märka, adressera, etikettera
beschuldigen VT beskylla, anklaga (*gen* för) **Beschuldigte(r)** F(M)/M(F) anklagad **Beschuldigung** F beskyllning
Beschuss M beskjutning

beschützen VT beskydda (*vor dat* för)
Beschützer(in) M(F) beskyddare
Beschwerde F *Mühe* besvär n; JUR besvär n, klagomål n; **~n pl** MED besvär pl, åkommor pl
beschweren A VT belasta, lägga en tyngd på; *fig* tynga, betunga B V/R **sich ~ über** (akk) besvära sig, klaga (över ngt) **beschwerlich** ADJ besvärlig
beschwindeln VT lura; *belügen* ljuga för
beschwingt ADJ inspirerad, glad
beschwipst *umg* ADJ lullig, på snusen
beschwören VT bönfalla, vädja till; *j-n* besvärja; *etw* svära på **Beschwörer(in)** M(F) besvärjare **Beschwörung** F vädjan; besvärjelse
beseitigen VT undanröja, avlägsna *a. fig*; *Schmutz* ta bort **Beseitigung** F undanröjning, avlägsnande n
Besen M (sop)kvast
besessen ADJ besatt
besetzen VT tillsätta; *a. Amt* tillsätta; **ein Haus ~** ockupera ett hus; *Platz* ta upp, reservera **besetzt** ADJ *a.* TEL upptagen; ockuperad; fullbelagd **Besetztzeichen** N upptagetton **Besetzung** F *a.* THEAT besättning; okupation; tillsättning
besichtigen VT se på, besöka **Besichtigung** F besök n, rundtur; studiebesök n; inspektion
besiedeln VT bebygga, kolonisera; **dicht besiedelt** tättbebyggd
besiegen VT besegra, övervinna **Besiegte(r)** F(M)/M(F) besegrad
besinnen V/R **sich ~ überlegen** tänka efter; *sich erinnern* påminna sig, erinra sig (*auf akk* om); **sich anders ~** komma på andra tankar **besinnlich** ADJ eftertänksam, tankfull; fridfull **Besinnung** F besinning; *Bewusstsein* medvetande n; **wieder zur ~ kommen** komma till besinning *fig*; återfå medvetandet **besinnungslos** ADJ *von Sinnen* besinningslös; medvetslös
Besitz M besittning, ägande n; *Eigentum* ägodelar pl; *Grundbesitz* egendom; **~ ergreifen von** ta i besittning; **in meinem ~** i min ägo **besitzen** VT äga, rå om, besitta; inneha **Besitzer(in)** M(F) ägare **Besitztum** N, **Besitzung** F ägande n, besittning, egendom
besoffen *umg* ADJ full; packad

besohlen _VT_ (halv)sula
Besoldung _F_ avlöning
besondere(r, s) _ADJ_ einzeln särskild, speciell; **etwas Besonderes** något speciellt **Besonderheit** _F_ egen(domlig)het, besynnerlighet **besonders** _ADV_ särskilt, speciellt
besonnen _ADJ_ sansad, lugn, förnuftig **Besonnenheit** _F_ sans, besinning
besorgen _VT_ betreuen ordna, sköta; verschaffen skaffa; ausrichten uträtta; j-m etw ~ köpa ngt åt ngn
Besorgnis _F_ bekymmer n, farhåga; ~ erregend oroväckande **besorgniserregend** _ADJ_ oroväckande **besorgt** _ADJ_ orolig, ängslig, bekymrad; ~ **sein um** (akk) vara bekymrad för
Besorgung _F_ ombesörjande n; uträttande n; bestyr n; ärende n; **~en machen** uträtta ärenden; gå och handla
bespitzeln _VT_ spionera på
besprechen _VT_ tala om, diskutera; rezensieren recensera, anmäla **Besprechung** _F_ diskussion, förhandling, överläggning; recension, anmälan; intalning
besser _ADJ_ bättre; umso/desto ~ desto/dess bättre; **etwas Besseres** något bättre **bessern** _A_ _VT_ förbättra _B_ _VR_ **sich** ~ bli bättre, bättra sig **Besserung** _F_ (för)bättring; **auf dem Wege der** ~ **sein** vara på bättringsvägen; **gute** ~! krya på dig! **Besserverdienende(r)** _M(F/M)_ höginkomsttagare **Besserwisser(in)** _M(F)_ besserwisser
Bestand _M_ a. ZOOL u. _M_. BOT bestånd n (an dat på); Dauer varaktighet; Vorrat tillgång, förråd n **beständig** _ADJ_ beständig, varaktig **Beständigkeit** _F_ beständighet, varaktighet; oföränderlighet **Bestandsaufnahme** _F_ inventering a. fig **Bestandteil** _M_ beståndsdel
bestärken _VT_ (be)styrka, befästa
bestätigen _A_ _VT_ bekräfta, intyga; **es wird hiermit bestätigt, dass ...** härmed intygas att ... _B_ _VR_ **sich ~** bekräftas, besannas **Bestätigung** _F_ bekräftelse, intyg n
bestatten _VT_ begrava, jordfästa **Bestattung** _F_ begravning, jordfästning **Bestattungsinstitut** _N_ begravningsbyrå
bestäuben _VT_ BOT pollinera

beste(r, s) _A_ _ADJ_ bästa; **~en Dank!** tack så mycket!; → **Beste(s)** _B_ _ADV_ **am ~en** bäst **Beste(s)** _N_ bästa; **das ~ wäre, wir ...** det bästa vore om vi ...; **sein ~s tun** göra sitt bästa; **zu seinem ~n** till sitt bästa; **das ~ vom ~n** det allra bästa; **zum ~n von** (dat) till förmån för; **nicht zum ~n stehen** inte stå bra till; → **best-**
bestechen _A_ _VT_ besticka, muta _B_ _VI_ für sich einnehmen fascinera, tjusa **bestechend** _ADJ_ bestickande; fascinerande **bestechlich** _ADJ_ besticklig, korrupt **Bestechlichkeit** _F_ korruption **Bestechung** _F_ muta, korruption **Bestechungsgelder** _N/PL_ mutor pl
Besteck _N_ a. SCHIFF, MED bestick n
bestehen _A_ _VT_ Probe bestå, klara; Examen bli godkänd i _B_ _VI_ existieren bestå, äga bestånd, existera; sich behaupten stå sig, klara sig; **~ aus** (od **in**) (dat) bestå av (od i); **~ auf** (dat) fig hålla på, stå fast vid **Bestehen** _N_ bestånd n, tillvaro, existens
bestehlen _VT_ stjäla från
besteigen _VT_ Berg bestiga; Wagen stiga in i
bestellen _VT_ Ware beställa, rekvirera; Gruß framföra; Feld odla, bruka; **j-n zu sich** (dat) **~ säga** till (od be) ngn att komma; **es ist schlecht um ihn** (od **mit ihm**) **bestellt** det står illa till med honom **Bestellung** _F_ beställning; rekvisition; meddelande n; Feld odling
bestenfalls _ADV_ i bästa fall **bestens** _ADV_ på bästa sätt
besteuern _VT_ beskatta **Besteuerung** _F_ beskattning
Bestform _F_ SPORT toppform
bestialisch _ADJ_ bestialisk
Bestie _F_ best, odjur n a. fig
bestimmen _A_ _VT_ bestämma; Regeln fastställa; (≈ernennen) utse _B_ _VI_ **~ über** (akk) bestämma (od råda) över; **hier bestimme ich!** här är det jag som bestämmer! **bestimmt** _A_ _ADJ_ a. GRAM bestämd; gewiss viss _B_ _ADV_ säkert, säkerligen; **ganz ~!** helt säkert! **Bestimmtheit** _F_ bestämdhet **Bestimmung** _F_ bestämmande n; Schicksal bestämmelse; Ziel bestämning **Bestimmungsort** _M_ bestämmelseort
Bestleistung _F_ SPORT bästa resultat n
bestmöglich _ADJ_ bästa möjliga

bestrafen VT (be)straffa **Bestrafung** F bestraffning, straff n
bestrahlen VT bestråla; MED strålbehandla **Bestrahlung** F bestrålning; MED strålbehandling
bestrebt ADJ ~ sein bemöda sig **Bestrebung** F strävan, strävande n, bemödande n
bestreichen VT stryka på; *Brot* bre(da) smör på
bestreiten VT bestrida, förneka; *Kosten* bestrida, bekosta; *sorgen für* stå för
bestreuen VT beströ
Bestseller M bestseller
bestürzt ADJ bestört **Bestürzung** F bestörtning
Bestzeit F SPORT rekordtid
Besuch M besök n, visit; *Gäste* främmande pl; **zu ~ sein** på besök; **j-m einen ~ abstatten** besöka ngn, hälsa på hos ngn; **zu ~** på besök **besuchen** VT besöka, hälsa på; *eine Schule ~* gå i en skola **Besucher(in)** M(F) besökare **Besuchszeit** F besökstid
betagt ADJ ålderstigen
betasten VT känna på
betätigen A VT använda; TECH hantera, manövrera, sätta i gång B V/R **sich ~** sysselsätta sig, vara verksam **Betätigung** F verksamhet; hantering, manövrering, igångsättande n **Betätigungsfeld** N verksamhetsområde n
betäuben VT MED u. *fig* bedöva; **örtlich ~** lokalbedöva **Betäubung** F bedövning **Betäubungsmittel** N bedövningsmedel n
Bete F *Rote ~* rödbeta
beteiligen A V/R **sich ~** delta (an *dat* i) B VT **j-n ~** låta ngn delta (an *dat* i) **beteiligt** ADJ ~ sein an (*dat*) vara delaktig i **Beteiligung** F deltagande n; *schwache ~* dålig uppslutning; delägarskap n; andel
beten VI be
beteuern VT bedyra
Beton M betong
betonen VT betona, accentuera; *fig a.* framhålla
betonieren VT bygga med betong; *fig* cementera
betont ADJ *auffallend* utpräglad, påfallande **Betonung** F betoning, accent (-uering); *fig* tonvikt
betören VT bedåra

betr. ABK (= betreffend) betr., beträffande, angående
Betracht M **in ~ ziehen** fästa avseende vid; **außer ~ lassen** bortse ifrån; **(nicht) in ~ kommen** (inte) komma i fråga **betrachten** VT betrakta, se på; **~ als** anse vara, hålla för **Betrachter(in)** M(F) betraktare **beträchtlich** ADJ ansenlig, betydande, avsevärd **Betrachtung** F betraktande n, betraktelse; *fig* begrundande n
Betrag M belopp n; **~ erhalten!** kvitteras!; **im ~ von ...** till ett belopp av ... **betragen** A VT uppgå till, utgöra B V/R **sich ~** uppföra sig, bete sig **Betragen** N uppförande n, beteende n
betrauen VT j-n mit etw ~ anförtro ngt åt ngn
Betreff M *E-Mail* ämne n **betreffen** VT *angehen* beträffa, gälla, angå; *treffen* drabba, träffa; **was ... betrifft** vad ... beträffar **betreffend** A ADJ ifrågavarande, vederbörande B PRÄP beträffande, angående **Betreffende(r)** M/F(M) personen i fråga, vederbörande
betreiben VT *ausüben* bedriva, ägna sig åt; *driva; vorantreiben* påskynda
betreten A VT beträda B ADJ **1** *Weg* trampad, banad **2** *fig* besvärad, generad, förlägen
betreuen VT sköta, passa, vårda, ta hand om; SPORT coacha **Betreuer(in)** M(F) vårdare; ledare; SPORT coach **Betreuung** F skötsel, passning, vård, omsorg
Betrieb M **1** rörelse, företag n **2** (be)drivande n, drift, verksamhet; **(starker) ~** *umg* liv och rörelse; **außer ~ sein** vara ur funktion; **außer ~ setzen** ta ur drift; **den ~ aufnehmen** ta upp driften; **in ~ sein** vara i gång; **in ~ setzen** sätta i gång **betriebsam** ADJ driftig, verksam **Betriebsangehörige(r)** M/F(M) företagsanställd **Betriebsanleitung** F bruksanvisning **Betriebsarzt** M, **Betriebsärztin** F företagsläkare **Betriebsausflug** M företagsutflykt **betriebsbereit** ADJ drift(s)klar **Betriebsferien** PL ~ machen ha semesterstängt **Betriebsklima** N atmosfären inom företaget; **gutes/schlechtes ~** trivsel/vantrivsel på arbetsplatsen **Betriebsleiter(in)** M(F) driftschef, disponent **Betriebsrat** M

företagsnämnd, företagsråd n **Betriebsrat** M, **Betriebsrätin** F *medlem i "Betriebsrat"* **Betriebsschluss** M stängningstid **Betriebssystem** N IT operativsystem n **Betriebsunfall** M olycksfall n i arbetet **Betriebswirt(in)** M(F) företagsekonom **Betriebswirtschaft** F företagsekonomi

betrinken VR *sich* ~ dricka sig berusad; *umg* supa sig full

betroffen ADJ *bestürzt* bestört; *betreten* häpen, förlägen; ~ *von* (dat) berörd av

betrüben VT bedröva **betrübt** ADJ bedrövad, ledsen

Betrug M bedrägeri n, svek n **betrügen** VT bedra (**um** *akk* på); *Spiel* lura, fuska **Betrüger(in)** M(F) bedragare **betrügerisch** ADJ bedräglig

betrunken ADJ *umg* berusad, onykter, full **Betrunkene(r)** M/F(N) fyllerist **Betrunkenheit** F berusning, onykterhet

Bett N säng, bädd; *Flussbett* flodbädd; *das* ~ *hüten* vara sängliggande; *das* ~ *machen* bädda; *ins* ~ *gehen* gå till sängs, gå och lägga sig **Bettbezug** M påslakan n **Bettdecke** F täcke n; sängöverkast n

Bettelei F tiggeri n, bettleri n **betteln** VI tigga

bettläg(e)rig ADJ sängliggande **Bettlaken** N lakan n

Bettler M tiggare **Bettlerin** F tiggerska

Bettnässer(in) M(F) sängvätare **Betttuch** N lakan n **Bettüberzug** M överdrag n **Bettvorleger** M sängmatta **Bettwäsche** F sänglinne n **Bettzeug** N sängkläder *pl*

betucht *umg* ADJ välbärgad, tät

betupfen VT badda

Beuge F knäveck n, armveck n; SPORT böjning **beugen** A VT *a.* GRAM böja B VR *a. fig sich* ~ böja sig (dat för)

Beule F bula, buckla; MED böld

beunruhigen A VT oroa B VR *sich* ~ oroa sig **Beunruhigung** F oro

beurkunden VT (med dokument) bevisa, (be)styrka

beurlauben VT ge tjänstledighet; *beurlaubt sein* vara tjänstledig; *sich* ~ *lassen* ta tjänstledigt **Beurlaubung** F tjänstledighet

beurteilen VT bedöma **Beurteilung** F bedömande n; utlåtande n, bedömning

Beute F byte n; offer n, rov n

Beutel M påse; pung

bevölkern VT befolka **Bevölkerung** F befolkning

Bevölkerungsdichte F befolkningstäthet

bevollmächtigen VT befullmäktiga, ge fullmakt åt **Bevollmächtigte(r)** M/F(M) befullmäktigat ombud n, fullmäktig **Bevollmächtigung** F befullmäktigande n; fullmakt

bevor KONJ förrän, innan

bevormunden *fig* VT spela förmyndare över **Bevormundung** F förmynderskap n

bevorstehen VI förestå, stunda; *j-m etw* hat nog att vänta; *mir steht so einiges bevor* jag vet vad jag har att vänta

bevorzugen VT föredra; gynna **bevorzugt** A ADJ gynnad, favoriserad B ADV med förtur **Bevorzugung** F gynnande n, favoriserande n

bewachen VT bevaka **Bewacher(in)** M(F) vaktare, bevakare

bewachsen ADJ beväxt *od* bevuxen

Bewachung F bevakning; vakt

bewaffnen VT (be)väpna; *bewaffneter Überfall* väpnat rån n **Bewaffnung** F beväpning

bewahren VT bevara, skydda (**vor** *dat* för); behålla; förvara

bewahrheiten VR *sich* ~ besannas

bewähren VR *sich* ~ visa sig hålla måttet, stå sig **bewährt** ADJ beprövad, pålitlig

Bewährung F JUR *ohne* ~ ovillkorlig dom; *mit* ~ villkorlig dom **Bewährungshelfer(in)** M(F) övervakare

bewaldet ADJ skogbeväxt, skogklädd

bewältigen VT bemästra, få bukt med, gå i land med

bewandert ADJ bevandrad, kunnig

Bewandtnis F förhållande n; *damit hat es folgende* ~ därmed förhåller det sig så

bewässern VT bevattna **Bewässerung** F bevattning

bewegen A VT röra, sätta i rörelse, flytta; *j-n dazu* ~, *etw zu tun* få ngn att göra ngt B VR *sich* ~ röra sig **Beweggrund** M bevekelsegrund; motiv

n **beweglich** ADJ rörlig *a. fig; Güter* flyttbar, lös **Beweglichkeit** F rörlighet **bewegt** ADJ rörd; *unruhig* orolig **Bewegung** F rörelse *a. fig;* motion; **(sich) in ~ setzen** sätta (sig) i rörelse **Bewegungsfreiheit** F rörelsefrihet; *fig a.* svängrum *n* **bewegungslos** ADJ orörlig **Bewegungsmelder** M rörelsedetektor
Beweis M bevis *n;* **unter ~ stellen** bevisa ngt **beweisen** VT bevisa **Beweismaterial** N bevis *n,* bevismaterial *n*
bewerben VR **sich um etw** (*akk*) **~** försöka få ngt; kandidera till ngt; **sich um eine Stelle ~** söka en tjänst **Bewerber(in)** M|F sökande; kandidat **Bewerbung** F ansökan, ansökning **Bewerbungsfrist** F ansökningstid **Bewerbungsgespräch** N anställningsintervju **Bewerbungsschreiben** N (skriftlig) ansökan **Bewerbungsunterlagen** PL ansökningshandlingar *pl*
bewerfen VT kasta på; *Mauer etc* rappa **bewerkstelligen** VT verkställa
bewerten VT värdera; bedöma; SPORT poängsätta; *Wert schätzen a.* taxera **Bewertung** F värdering; taxering
bewilligen VT bevilja, godkänna; *Gelder ~* anslå medel **Bewilligung** F beviljande *n;* anslag *n*
bewirken VT åstadkomma, förorsaka
bewirten VT förplaga, traktera **bewirtschaften** VT sköta, förvalta; *Devisen* reglera **Bewirtung** F mat och dryck, förplägnad
bewohnbar ADJ beboelig **bewohnen** VT bebo, bo i **Bewohner(in)** M|F invånare
bewölken VR **sich ~** mulna *a. fig* **bewölkt** ADJ molntäckt, mulen, molnig **Bewölkung** F molnighet
Bewunderer M beundrare **Bewunderin** F beundrarinna **bewundern** VT beundra **bewundernswert** ADJ beundransvärd **Bewunderung** F beundran **bewunderungswürdig** ADJ beundransvärd
bewusst A ADJ *im Klaren* medveten; *erwahnt* nämnd; **sich** (*dat*) **einer Sache** (*gen*) **~sein/werden** vara/bli medveten om ngt; **mir ist nicht ~, dass ...** jag vet inte med mig att ...; **j-m etw ~ machen** göra ngn medveten om ngt B ADV *absichtlich* medvetet **bewusstlos** ADJ medvetslös **Bewusstlosigkeit** F medvetslöshet **Bewusstsein** N medvetande *n*
bezahlen VT betala *a. fig;* **sich bezahlt machen** löna sig **Bezahlfernsehen** N betal-tv **Bezahlung** F betalning
bezaubern VT förtrolla, förhäxa; *fig bes* bedåra, tjusa **bezaubernd** ADJ förtrollande, bedårande, förtjusande
bezeichnen VT beteckna; märka ut **bezeichnend** ADJ betecknande, karaktäristisk, typisk **Bezeichnung** F beteckning; märkning
bezeugen VT betyga; *bestätigen* bevittna, intyga, styrka
beziehen A VT *Wohnung* flytta in i; *Bett* bädda, byta lakan; *Gehalt, Rente* ha; *Waren* köpa; *Zeitung* prenumerera på; *bekommen* få B VR **sich ~ auf** (*akk*) syfta på, gälla, avse; *sich berufen* hänvisa till **Beziehung** F *Verbindung* förbindelse, förhållande *n; Bezugnahme* avseende *n,* hänseende *n;* **~en** *pl umg* kontakter *pl;* **in ~ stehen zu j-m** stå i förbindelse med ngn; **in ~ auf** (*akk*) beträffande; **in dieser ~** i detta hänseende, ur denna synpunkt; **in gewisser ~** på sätt och vis; **etw in ~ bringen mit** (*dat*) få ngt att stå i relation till **beziehungsweise** KONJ respektive
beziffern A VT numerera, paginera B VR **sich ~ auf** (*akk*) belöpa sig till, uppgå till
Bezirk M område *n a. fig,* distrikt *n*
Bezug M *Überzug* överdrag *n; Bettbezug* påslakan *n; Kauf* (in)köp *n; einer Zeitung* prenumeration; *Beziehung* avseende *n,* hänsyn; **Bezüge** *pl Gehalt* inkomster *pl,* lön; **in ~ auf** (*akk*) med avseende på; **~ nehmen auf** (*akk*) referera till ngt **bezüglich** PRÄP 〈*gen*〉 beträffande, angående **Bezugnahme** F **unter ~ auf** (*akk*) åberopande ngt **Bezugsperson** F referensperson
bezuschussen VT subventionera
bezwecken VT åsyfta, avse
bezweifeln VT betvivla
bezwingen VT betvinga, övervinna; *Gegner* besegra
BGB ABK (= Bürgerliches Gesetzbuch) *tyskt civilrättsligt lagverk*
BH M behå

Bhf. ABK (= Bahnhof) järnvägsstation
Bibel F bibel **Bibelspruch** M bibelspråk N
Biber M ZOOL bäver **Biberpelz** M bäverskinn N
Bibliografie, Bibliographie F bibliografi **Bibliothek** F bibliotek n **Bibliothekar(in)** M/F) bibliotekarie
biblisch ADJ biblisk
Bidet N bidé
bieder ADJ präktig, rejäl
biegen A VT böja, kröka B VI um die Ecke ~ svänga om hörnet C VR sich ~ böja sig, krokas **biegsam** ADJ böjlig, smidig **Biegung** F böjning, krökning; Kurve sväng, krök
Biene F bi n **Bienenhonig** M honung **Bienenkorb** M bikupa **Bienenzucht** F biodling **Bienenzüchter(in)** M/F) biodlare
Bier N öl (n); ein ~, bitte! en öl, tack!; ein deutsches ~ ett tyskt öl; das ist nicht mein ~ ung fig det är inte min sak; helles/dunkles ~ ljust/mörkt öl **Bierbauch** M ölmage, ölkagge **Bierdeckel** M underlägg (n) för ölglas **Bierdose** F ölburk **Bierfass** N ölfat n **Bierflasche** F ölflaska **Biergarten** M ölservering utomhus **Bierkasten** M ölback
Biest umg N best, odjur n, kräk n
bieten A VT (er)bjuda B VR das lasse ich mir nicht ~! det finner jag mig inte i!
Bigamie F bigami, tvegifte n
Bikini N bikini
Bilanz F WIRTSCH balans; fig resultat n; ~ ziehen se på resultatet
bilateral ADJ bilateral
Bild N Gemälde tavla, målning; umg Foto foto, kort n; sich (dat) ein ~ machen fig göra sig en föreställning (von om); im ~e sein ha förstått (har saken ligger till) **Bildband** M Buch bildband n
bilden A VT bilda, forma; utgöra; geistig (ut)bilda B VR sich ~ bilda sig; bildas, formas; geistig utbilda sig **bildend** ADJ bildande; die ~en Künste de sköna konsterna
Bilderbuch N bilderbok; wie im ~ idealisk **Bilderrätsel** N rebus **Bildersammlung** F tavelsamling
Bildfläche F bildyta; Film duk; auf der ~ erscheinen dyka upp; von der ~ verschwinden försvinna **bildhaft** fig ADJ åskådlig **Bildhauer(in)** M/F) bildhuggare, skulptör **bildhübsch** ADJ bildskön; mycket snygg **bildlich** ADJ bildlig, figurlig **Bildnis** N bild; porträtt n **Bildschirm** M bildskärm **Bildschirmschoner** M COMPUT skärmsläckare **bildschön** ADJ bildskön
Bildung F (ut)bildning; bildande n a. fig **Bildungschancen** PL utbildningsmöjligheter **bildungsfern** ADJ ≈ arbetarklass- in zssgn **Bildungslücke** F brist i allmänbildningen **Bildungsminister(in)** M/F) utbildningsminister **Bildungsnotstand** M kris på utbildningsområdet **Bildungspolitik** F utbildningspolitik **Bildungsurlaub** M studieledighet
Billard N biljard
billig ADJ billig a. fig; gerecht rimlig **billigen** VT gilla, godkänna **Billigflieger** M lågprisbolag n **Billigflug** M lågprisflyg n **Billigung** F gillande n, godkännande n **Billigware** F lågprisvara
Billion F biljon
bimmeln umg VI ringa, pingla
Binde F bindel; MED binda **Bindegewebe** N ANAT bindväv **Bindeglied** N föreningslänk **Bindehaut** F ANAT bindhinna **Bindehautentzündung** F bindhinneinflammation **Bindemittel** N bindemedel n **binden** A VT a. fig u. Buch binda, knyta B VR sich ~ binda sig **bindend** ADJ bindande **Bindestrich** M bindestreck n **Bindewort** N konjunktion, bindeord n **Bindfaden** M snöre n **Bindung** F bindning a. fig; Ski skidbindning
binnen PRÄP ⟨dat od gen⟩ inom; ~ Kurzem inom kort **Binnenhandel** M inrikeshandel **Binnenland** N inland n
Binse F säv, tåg; in die ~n gehen umg gå åt pipan **Binsenweisheit** F självklar sanning, truism
bio ADJ ekologisk **Bioabfall** M → Biomüll **Biochemie** F biokemi **biodynamisch** ADJ biodynamisk **Bioei** N ekologiskt ägg n
Biograf(in), Biograph(in) M/F) biograf **Biografie, Biographie** F biografi **biografisch** ADJ, **biographisch** biografisk

Biokost F̄ ekologisk mat **Biokraftstoff** M̄ biodrivmedel n **Bioladen** M̄ ≈ hälsokostbutik **Biologe** M̄ biolog **Biologie** F̄ biologi **Biologin** F̄ biolog **biologisch** ADJ biologisk **Biomasse** F̄ biomassa **Biometrie** F̄ **Biometrik** F̄ biometri **Biomüll** M̄ biologiskt nedbrytbart avfall n, komposterbart avfall n **Biotop** M̄ od N̄ biotop
BIP ABK (= Bruttoinlandsprodukt) BNP, bruttonationalprodukt
Birke F̄ björk
Birne F̄ päron n; *Glühbirne* glödlampa; *umg Kopf* skalle
bis A PRÄP *örtlich* till; *zeitlich* till, tills; ~ **auf** (*akk*) *ausgenommen* så när som på; ~ **nach Berlin** ända till Berlin; ~ **zu** (ända) till; ~ **dahin** *örtlich* ända dit; *zeitlich* ditintills, till dess; ~ **jetzt** hittills; ~ **einschließlich** till och med; ~ **wann?** hur länge?; ~ **wohin?** hur långt? B KONJ ~ (**dass**) till dess (att), tills
Bisamratte F̄ bisamråtta
Bischof M̄, **Bischöfin** F̄ biskop **bischöflich** ADJ biskoplig
Bisexualität F̄ bisexualitet **bisexuell** ADJ bisexuell
bisher ADV hittills **bisherig** ADJ hittillsvarande; **die ~en Bestimmungen** f/pl de hittills gällande bestämmelserna pl
Biskuit N̄ lätt sockerkaka **Biskuitrolle** F̄ ≈ rulltårta
bislang ADV hittills
Bison M̄ ZOOL bisonoxe
Biss M̄ bett n; **mit ~** *fig* med glöd
bisschen ADJ **ein ~** lite, lite grand, en smula
Bissen M̄ (muns)bit, tugga **bissig** ADJ bitsk, ilsken; *fig* bitande
Bistum N̄ biskopsdöme n, (biskops)stift n
Bit N̄ IT bit
bitte INTER ~ (**sehr**)! var så god!; *Wunsch* var snäll och ...; *Dank* ja tack!; *Entgegnung* ingen orsak!, för all del!; (**wie**) ~? förlåt?, hursa?; **na ~!** vad var det jag sa!; *umg* ~ **zahlen**! för att jag (*od vi*) betala? **Bitte** F̄ bön, begäran, anhållan **bitten** VIT, VI be (**um** *akk* om)
bitter ADJ bitter *a. fig*, besk **bitterböse** ADJ väldigt arg **bitterkalt** ADJ smällkall **Bitterkeit** F̄ bitterhet
Bittsteller(in) M/F̄ hjälpsökande

Biwak N̄ bivack
bizarr ADJ bisarr
Bizeps M̄ biceps
Bj. ABK (= Baujahr) byggnadsår n
Blackout M̄ MED blackout
bladen V/I *inlineskaten* SPORT åka inlines
blähen A V/T blåsa upp, fylla, komma att svälla B V/I *a.* **sich ~** blåsa upp sig, svälla; *fig* vara uppblåst, brösta sig **Blähungen** PL gaser (i magen)
Blamage F̄ blamage **blamieren** A V/R **sich ~** göra bort sig B V/T **j-n ~** skämma ut ngn
blank ADJ blank, glänsande, skinande; *bloß* bar; *umg* pank
Blase F̄ bubbla, blåsa; *ANAT* blåsa **Blasebalg** M̄ (blås)bälg **blasen** V/T *a.* MUS blåsa; **j-m einen ~** *vulg* suga av ngn **Blasenentzündung** F̄ MED blåskatarr **Bläser(in)** M/F̄ blåsare
Blasinstrument N̄ blåsinstrument n **Blaskapelle** F̄ blåskapell n
blass ADJ blek *a. fig*; ~ **werden** blekna **Blässe** F̄ blekhet
Blatt N̄ blad n; **das steht auf einem anderen ~** det är en annan historia **blättern** V/I bläddra (**in** *dat*); COMPUT rulla **Blätterteig** M̄ smördeg **Blattlaus** F̄ bladlus
blau ADJ blå; *umg betrunken* full; **ein ~er Fleck** ett blåmärke **Blau** N̄ blått n, blå färg; **ins ~e hinein reden** prata i luften; **Fahrt ins ~e** utflykt med okänt mål **blauäugig** ADJ blåögd **Blaubeere** F̄ BOT blåbär n **Blauhelm** M̄ FN-soldat, blå basker **bläulich** ADJ blåaktig **Blaulicht** N̄ „bljlus", blå varningslampa på utryckningsfordon **blaumachen** *umg* V/I fira, skolka från jobbet **Blausäure** F̄ blåsyra
Blazer M̄ blazer
Blech N̄ bleck n, plåt **Blechbüchse** F̄, **Blechdose** F̄ plåtburk **blechen** *umg* V/T, V/I punga ut (med), betala (fiolerna) (**für** *akk*) **Blechinstrument** N̄ mässingsinstrument n **Blechlawine** *umg* F̄ plåtkaravan **Blechschaden** M̄ plåtskada
Blei N̄ bly n
Bleibe F̄ bostad, husrum n, tillflykt **bleiben** V/I (för)bli; *zu Hause bleiben* stanna (kvar); **wo bleibt er denn?** var kan han hålla hus?; **bei etw ~** stå fast

vid ngt; **bei der Sache ~** hålla sig till saken; **es bleibt dabei!** så blir det!; **hängen ~** fastna; bli kvar; **liegen ~** ligga kvar; **sitzen ~** sitta kvar; *Schule* få gå om (klassen); **stecken ~** fastna; *beim Sprechen* komma av sig; **übrig ~** bli över, bli kvar; **ihm bleibt nichts anderes übrig** han har inget annat val; **etw ~ lassen** låta bli ngt, låta ngt vara; **lass das ~!** låt bli det! **bleibend** ADJ bestående, varaktig; stadig **bleiben lassen** V/T → bleiben
bleich ADJ blek **bleichen** A V/T bleka B V/I blekna, blekas
bleiern ADJ av bly, bly-; *fig* tung **bleifrei** ADJ blyfri **bleihaltig** ADJ blyhaltig **Bleistift** M blyertspenna **Bleistiftzeichnung** F blyertsteckning **Bleivergiftung** F blyförgiftning
Blende F FOTO bländare; AUTO solskydd *n*; *Kleidung* slå, bård **blenden** V/T, V/I blända *a. fig* **blendend** A ADJ bländande, strålande B ADV *bes* storartat
Blick M blick, ögonkast *n*; *Aussicht* utsikt; **auf den ersten ~** vid första ögonkastet; **einen ~ haben für** (*akk*) ha sinne för; **mit einem ~** vid första ögonkastet **blicken** V/I blicka, se, titta **(auf** *akk* på); **sich ~ lassen** visa sig; **das lässt tief ~** det avslöjar mycket **Blickfang** M blickfång *n* **Blickwinkel** M synvinkel *a. fig*; synpunkt *a. fig*
blind ADJ blind *a. fig*; **~er Alarm** falskt alarm; **auf einem Auge ~** blind på ena ögat **Blindbewerbung** F spontanansökan **Blinddarm** M ANAT blindtarm **Blinddarmentzündung** F MED blindtarmsinflammation **Blinde(r)** M/F(M) blind, synskadad **Blindenhund** M blindhund **Blindenschrift** F blindskrift **Blindheit** F blindhet **blindlings** ADV blint, på måfå **Blindschleiche** F ZOOL kopparorm
blinken V/I blänka, blinka; *Zeichen geben* ge tecken; AUTO blinka **Blinker** M AUTO blinker **Blinklicht** N blinkljus *n* **Blinkzeichen** N blinksignal **blinzeln** V/I blinka; kisa, plira
Blitz M blixt **Blitzableiter** M åskledare **blitzartig** ADJ blixtsnabb **blitzen** A V/I *a.* FOTO blixtra; *glänzen* glänsa B V/T *umg* **etw ~** fota ngt med blixt;

ich wurde gestern geblitzt jag åkte fast för fortkörning igår **Blitzer** *umg* M plåtpolis, trafikövervakningskamera **Blitzlicht** N blixt **Blitzschlag** M blixtnedslag *n*, åskslag *n* **blitzschnell** ADJ blixtsnabb
Block M *a*. POL block *n*; *Häuserblock* kvarter *n*
Blockade F blockad
Blockflöte F blockflöjt **blockfrei** ADJ *Staat* alliansfri **Blockhaus** N timmerhus *n* **blockieren** A V/T blockera B V/I *Räder* låsa sig **Blockschrift** F tryckbokstäver *pl* **Blockunterricht** M blockundervisning
blöd(e) *umg* ADJ dum; idiotisk; **~r Kerl!** idiot!; *umg* **das ist gar nicht so ~** det är inte så tokigt **blödeln** *umg* V/I prata smörja; fåna sig **Blödheit** F dumhet **Blödmann** *umg* M idiot, klantskalle **Blödsinn** M nonsens, idioti, dumhet; *umg* larv *n* **blödsinnig** ADJ fånig, idiotisk, dum; *umg* larvig
Blog M blogg **Blogger(in)** M/F(M) bloggare
blöken V/I *Kühe* böla, råma; *Schafe* bräka
blond ADJ blond, ljus **Blondine** F blondin
bloß A ADJ blott; *nackt* naken, bar, blottad; **mit ~em Auge** med blotta ögat; **auf ~en Füßen** barfota; **~ legen** blotta, blottlägga B ADV *nur* endast, bara, blott
Blöße *fig* F svaghet, svag sida; **sich eine ~ geben** visa en svaghet
bloßstellen V/T blottställa **(sich** sig), avslöja
Bluff M *m* bluff; **das ist ein ~** det är bara bluff **bluffen** V/T, V/I bluffa
blühen V/I blomma; *fig* blomstra; **das kann dir auch noch ~** *umg* du kan råka ut för samma sak; **was uns noch (alles) blüht** vad vi har att vänta **blühend** ADJ blomstrande; **~ aussehen** se strålande ut
Blume F blomma; *Wein* bouquet **Blumenbeet** N rabatt **Blumenerde** F blomjord **Blumenkohl** M blomkål **Blumenladen** M blomsteraffär **Blumenstrauß** M blombukett **Blumentopf** M blomkruka
Bluse F blus
Blut N blod *n a. fig*; **böses ~ machen**

väcka ont blod; **bis aufs ~** *fig* till det yttersta; **ruhig ~!** ta det lugnt!; **~ stillend** blodstillande **blutarm** ADJ blodfattig **Blutarmut** F blodbrist **Blutbild** N MED blodvärden *pl* **Blutdruck** M blodtryck *n*; **erhöhter ~** högt blodtryck **Blutdruckmessgerät** N blodtrycksmätare
Blüte F blomma; *Blühen* blomning, blomstring *a. fig*; **~n treiben** gå i blom; **seltsame ~n treiben** ta sig de mest underliga uttryck
bluten VII blöda
Blütenstaub M frömjöl *n*
Bluter(in) M(F) blödare **Bluterguss** M blodutgjutning
Blütezeit F blomningstid; *fig* blomstringstid
Blutgefäß N blodkärl *n* **Blutgruppe** F blodgrupp **Bluthochdruck** M högt blodtryck **blutig** ADJ blodig; **ein ~er Anfänger sein** vara rena nybörjaren **Blutkonserve** F MED lagrat blod **Blutkörperchen** N ANAT blodkropp **Blutkreislauf** M blodomlopp *n*, blodcirkulation **Blutprobe** F blodprov *n* **blutrünstig** ADJ blodtörstig **Blutspender(in)** M(F) blodgivare **blutstillend** ADJ blodstillande **blutsverwandt** ADJ nära släkt **Blutsverwandte(r)** M(F/M) blodsförvant, nära släkting **Bluttransfusion** F blodtransfusion **Blutung** F blödning; mens **blutunterlaufen** ADJ blodsprängd **Blutvergiftung** F blodförgiftning **Blutverlust** M blodförlust **Blutwäsche** F bloddialys **Blutwurst** F blodkorv **Blutzucker** M blodsocker *n*
BLZ ABK (= Bankleitzahl) clearingnummer *n*
Bö F kastby, vindkast *n*
Boa F ZOOL boaorm; *Pelz* boa
Bob M bob **Bobbahn** F bobbana
Bock M 1 ZOOL, *a.* SPORT bock 2 *umg* **keinen/null ~ auf etw haben** inte ha den minsta lust med ngt **bocken** VII *Tier* stegra sig; *fig trotzen* vara trotsig, trilskas **bockig** ADJ trotsig, trilsk
Boden M mark, jord(mån); *Gefäßboden* botten; *Fußboden* golv *n*; *Dachboden* vind, loft *n*; *fig* grund; **am ~ liegen** ligga på marken; **dem ~ gleichmachen** jämna med marken; **~ gewinnen** vinna

terräng; **an ~ verlieren** förlora terräng; **zu ~ fallen** falla till marken; **am ~ sein** vara nere; vara slutkörd **Bodenbelag** M golvbeläggning **Bodendienst** M FLUG marktjänst **Bodenfläche** F yta **bodenlos** A ADJ bottenlös; *umg* förfärlig, otrolig B ADV otroligt, gränslöst **Bodennebel** M markdimma, låg dimma **Bodenpersonal** N markpersonal **Bodenreform** F jordreform **Bodensatz** M bottensats **Bodenschätze** M/PL mineralfyndigheter *pl* **Bodensee** M Bodensjön (*best Form*) **bodenständig** ADJ fast rotad, permanent, hemorts-
Bodybag F *Rucksack mit einem Träger* cykelryggsäck **Bodybuilding** N bodybuilding **Bodyguard** M livvakt
Bogen M båge, krok, krök; sväng; MUS stråke; *Papierbogen* (pappers)ark; **einen ~ machen um** (*akk*) gå ur vägen för ngn; **den ~ heraushaben** kunna sin sak **Bogengang** M valvgång **Bogenschießen** N bågskytte *n*
Bohle F (tjock) planka
Bohne F böna; **nicht die ~!** inte ett dugg!; **grüne ~n** brytbönor, haricots verts **Bohnenkaffee** M kaffe *n*
Bohnerwachs N bonvax *n*
bohren VIT borra **Bohrer** M borr **Bohrinsel** F borrplattform **Bohrloch** N borrhål *n* **Bohrmaschine** F borrmaskin **Bohrturm** M borrtorn *n* **Bohrung** F borrning
böig ADJ byig
Boiler M varmvattenberedare
Boje F boj
Bolivien N Bolivia
Bollwerk N bålverk *n a. fig*
Bolschewismus M bolsjevism
Bolzen M bult
Bolzplatz M bollplan
bombardieren VIT bombardera *a. fig*, bomba **Bombe** F bomb **Bombenangriff** M bombangrepp *n* **Bombenanschlag** M bombattentat *n* **Bombenerfolg** *umg* M jättesuccé **Bombengeschäft** *umg* M jätteaffär, finfin affär **bombensicher** ADJ bombsäker; *umg fig* bergsäker **Bombenstimmung** F toppenstämning, hög stämning **Bomber** M bombplan *n* **bombig** *umg* ADJ häftig, toppen, jätte-

Bon M kupong; bong; kvitto n
Bonbon M od N karamell; **lose ~s** lösgodis
Bonus M bonus
Bonze M pamp
Bookmark N COMPUT bokmärke n, favorit
Boom M uppsving n, boom
Boot N båt; **im gleichen ~ sitzen** sitta i samma båt
booten VT IT boota (kallstarta)
Bootsfahrt F båttur **Bootsflüchtlinge** PL båtflyktingar pl **Bootssteg** M båtbrygga **Bootsverleih** M båtuthyrning
Bord¹ M SCHIFF bord; **an ~** ombord; **über ~ werfen** kasta över bord
Bord² N (= Wandbrett) hylla
Bordell N bordell
Bordfunk M flygradio; SCHIFF fartygsradio **Bordkarte** F FLUG boardingkort n, boardingpass n
Bordsteinkante F trottoarkant
borgen VT, VI låna
Borke F bark
borniert ADJ bornerad, inskränkt, dum
Börse F börs; **an die ~ gehen** bli börsnoterad **Börsenbericht** M börsrapport **Börsengang** M börsintroduktion **Börsenkurs** M börskurs **Börsenmakler(in)** M(F) börsmäklare **Börsennotierung** F börsnotering **Börsenspekulation** F börsspekulation
Borste F borst **borstig** ADJ borstig; fig umg motsträvig
Borte F bård, kant, list
bösartig ADJ ond, elak; MED malign, elakartad
Böschung F slänt, sluttning
böse A ADJ schlecht ond, elak; zürnend arg; **j-m ~ sein** vara arg på ngn B ADV illa; **es ist nicht ~ gemeint** der är inte illa menat; **~ dran sein** vara illa ute **Böse(s)** N ont n **Bösewicht** M bov, skurk, usling **boshaft** ADJ ond, elak, illvillig, illasinnad **Bosheit** F elakhet, ondska
Bosnien-Herzegowina N Bosnien-Hercegovina **Bosnier** M bosnier **Bosnierin** F bosniska **bosnisch** ADJ bosnisk
Bosporus M Bosporen
Boss umg M chef, bas

böswillig ADJ illvillig
Botanik F botanik **botanisch** ADJ botanisk
Bote M, **Botin** F bud n, budbärare **Botschaft** F Nachricht budskap n, meddelande n; Behörde ambassad, beskickning **Botschafter(in)** M(F) ambassadör
Bottich M balja, kar n, så
Bouillon F buljong **Bouillonwürfel** M buljongtärning
Boulevard M boulevard **Boulevardzeitung** F sensationsblaska, skvallertidning
Boutique F boutique
Bowle F bål
Bowling N bowling
Box F Behältnis box, låda, fack n; Stall box, spilta, bås n
boxen VI boxas **Boxen** N boxning **Boxer(in)** M(F) boxare **Boxhandschuh** M boxhandske **Boxkampf** M boxningsmatch **Boxring** M boxningsring
Boygroup F pojkband n
Boykott M bojkott **boykottieren** VT bojkotta
Brachland N träda, obrukad mark **brachliegen** VI ligga i träda; fig inte tas i bruk
Brackwasser N bräckt vatten
Branche F bransch **Branchenverzeichnis** N umg yrkesregister n, gula sidorna
Brand M brand, eld(svåda); MED kallbrand; **in ~ stecken** sätta eld på, tända på; **in ~ geraten** fatta eld, ta eld **Brandblase** F brännblåsa **Brandbombe** F brandbomb
branden VI bryta sig; fig brusa
Brandgefahr F brandfara, brandrisk **Brandherd** M brandhärd **brandmarken** fig VT brännmärka **brandneu** rykande ny **Brandopfer** N brännoffer n; Person offer för branden **Brandschaden** M brandskada **Brandstifter(in)** M(F) mordbrännare **Brandstiftung** F mordbrand
Brandung F bränningar pl
Brandwunde F brännsår n **Branntwein** M brännvin n
Brasilianer(in) M(F) brasilian(ska) **brasilianisch** ADJ brasiliansk **Brasilien** N Brasilien n

Brasse F̄ ZOOL braxen
Bratapfel M̄ stekt äpple **braten** V̄T̄ in der Pfanne steka; im Ofen ugnssteka; auf dem Rost grilla **Braten** M̄ stek; **den ~ riechen** fig ana oråd; **ein fetter ~** fig ett gott kap, en riktig godbit **Bratensaft** M̄ steksky **Bratensoße** F̄ steksås **Bratenwender** M̄ stekspade **Bratfisch** M̄ stekt fisk **Brathähnchen** N̄ grillad kyckling **Bratkartoffeln** PL stekt potatis sg **Bratpfanne** F̄ stekpanna **Bratrost** M̄ halster n, grill **Bratsche** F̄ MUS altfiol, viola **Bratspieß** M̄ stekspett n **Bratwurst** F̄ ≈ grillkorv
Brauch M̄ bruk n, sed **brauchbar** ADJ användbar, brukbar **brauchen** V̄T̄ behöva; gebrauchen använda, bruka, begagna; **du brauchst es nur zu sagen** du behöver bara säga det **Brauchtum** N̄ seder och bruk pl; sedvänja **Braue** F̄ ögonbryn n
brauen V̄T̄ brygga **Brauerei** F̄ bryggeri n
braun ADJ brun; **~ gebrannt** brunbränd **Bräune** F̄ brun färg; solbränna **bräunen** A V̄T̄ göra brun, bryna B V̄T̄ a. **sich ~** bli brun **Braunkohle** F̄ brunkol n **bräunlich** ADJ brunaktig
Brause F̄ Getränk läskedryck; Dusche dusch **brausen** V̄Ī̄ brusa, susa; eilen rusa **Brausetablette** F̄ brustablett
Braut F̄ brud; Verlobte veraltet fästmö; umg flickvän, tjej **Bräutigam** M̄ brudgum; Verlobter veraltet fästman **Brautjungfer** F̄ (brud)tärna **Brautkleid** N̄ brudklänning **Brautpaar** N̄ brudpar n **Brautschleier** M̄ brudslöja
brav ADJ bra, snäll, duktig; Kind snäll (och lydig); ehrlich hederlig, rättskaffens; **sei schön ~!** var snäll nu!; **das Kleid ist zu ~** klänningen är för präktig
bravo INTER bravo
BRD ĀB̄K̄ (= Bundesrepublik Deutschland) Förbundsrepubliken Tyskland
Brecheisen N̄ bräckjärn n, kofot **brechen** A V̄T̄ bryta; **sich ein Bein/einen Arm ~** bryta benet/armen B V̄Ī̄ brytas, brista; gå av (od sönder), spricka; MED kräkas, kasta upp; **mit j-m ~** bryta med ngn V̄R̄ **sich ~** brytas **Brechreiz** M̄ kväljningar pl
Brei M̄ sörja; zum Essen gröt, välling; Kartoffelbrei mos n; fig umg **zu ~ schlagen** göra mos av
breit ADJ bred **Breitband-** IN ZSSGN bredbands- **Breitbandanschluss** M̄ bredbandsanslutning **breitbeinig** ADV bredbent **Breite** F̄ bredd; in unseren **~n** på våra breddgrader; **der ~ nach** på bredden **Breitengrad** M̄ breddgrad **breitmachen** V̄R̄ sich ~ bre/breda ut sig; fig sprida sig **breitschlagen** fig umg V̄T̄ övertala **Breitseite** F̄ bredsida **breitspurig** ADJ bredspårig; fig skrytsam, dryg, viktig **breittreten** fig V̄T̄ orda vitt och brett **Breitwand** F̄ vidfilm
Bremsbelag M̄ bromsbelägg n **Bremse** F̄ ZOOL, TECH u. fig broms; **die ~ (an)ziehen** bromsa **bremsen** V̄T̄, V̄Ī̄ bromsa; fig j-n a. stoppa **Bremsflüssigkeit** F̄ bromsvätska **Bremslicht** N̄ bromsljus n **Bremsspur** F̄ bromsspår n **Bremsweg** M̄ bromssträcka
brennbar ADJ antändbar **Brennelement** N̄ bränsleelement n **brennen** A V̄T̄ bränna; IT **eine CD/CD-ROM ~** bränna en cd/cd-skiva B V̄Ī̄ brinna; **es brennt!** det brinner!, det bränns!; **~ vor etw** (dat) brinna av **brennend** ADJ brännande; fig brinnande; Schmerz svidande **Brennglas** N̄ brännglas n **Brennholz** N̄ ved **Brennnessel** F̄ brännässla **Brennpunkt** M̄ brännpunkt **Brennspiritus** M̄ t-sprit **Brennstoff** M̄ bränsle n **Brennweite** F̄ brännvidd
Brett N̄ bräde n, planka; Tablett bricka; Spiel bräde n, brädspel n; **Schwarzes ~** anslagstavla; **~er** pl THEAT tiljor pl, skådebana; Skier skidor pl **Brettchen** N̄ (smörgås)underlägg n **Bretterzaun** M̄ plank n **Brettspiel** N̄ brädspel n
Brezel F̄ saltkringla
Brief M̄ brev n **Briefbogen** M̄ brevpapper n **Briefbombe** F̄ brevbomb **Brieffreund(in)** M̄/F̄ brevvän **Briefgeheimnis** N̄ brevhemlighet **Briefkasten** M̄ brevlåda; **elektronischer ~** IT e-brevlåda **Briefkopf** M̄ brevhuvud n; firmamärke n på ett brev **brieflich** ADJ, ADV per brev **Briefmarke** F̄ frimärke n **Briefmarkenalbum** N̄ frimärksalbum n **Briefmarkensammlung** F̄ frimärkssamling **Briefööffner** M̄ papperskniv, brevöppnare

Briefpapier N̄ brevpapper n **Brieftasche** F̄ plånbok **Brieftaube** F̄ brevduva **Briefträger(in)** M̄/F̄ brevbärare **Briefumschlag** M̄ kuvert n **Briefverkehr** M̄ brevväxling **Briefwaage** F̄ brevvåg **Briefwahl** F̄ poströstning **Briefwechsel** M̄ brevväxling, korrespondens
Brigade F̄ brigad; arbetslag n
Brikett N̄ brikett
Brillant M̄ briljant **brillant** ADJ lysande, glänsande, briljant
Brille F̄ glasögon n/pl; eine ~ ett par glasögon; eine ~ tragen ha glasögon; umg Klosett toasits **Brillenetui** N̄ glasögonfodral n **Brillengestell** N̄ glasögonbågar **Brillenglas** N̄ glasögonglas n **Brillenschlange** F̄ ZOOL fig glasögonorm **Brillenträger(in)** M̄/F̄ ich bin ~ jag har glasögon
bringen V̄T ta (od föra od ha) med (sig), komma med, hämta; Gewinn ge; etw zustande ~ åstadkomma ngt; es weit ~ komma långt (in dat i); es nicht übers Herz ~ inte ha hjärta till ngt; j-n um (akk) etw ~ beröva ngn ngt; etw an sich ~ lägga beslag på ngt; etw unter die Leute ~ sprida ut; seine Stellung bringt es mit sich hans ställning gör det nödvändigt; j-n auf den Gedanken ~ inge ngn den tanken; in Erfahrung ~ ta reda på, erfara, få veta; j-n ums Leben ~ ta livet av ngn, beröva ngn livet; etw an den Mann ~ sälja ngt; j-n zum Lachen ~ få ngn att skratta; zu Papier ~ skriva ned; zur Ruhe ~ lugna; zum Schweigen ~ tysta ned; hinter Schloss und Riegel ~ sätta inom lås och bom; Kinder zu Bett ~ lägga barn; zu Fall ~ bringa på fall; zur Welt ~ föda till världen
Brise F̄ bris
Brite M̄ britt **Britin** F̄ britt(isk kvinna) **britisch** ADJ brittisk
bröckeln A V̄T smula sönder B V̄I smula sig **Brocken** M̄ stycke n, bit; ein paar ~ Deutsch können kunna några ord tyska
brodeln V̄I koka, sjuda (upp), bubbla
Broiler M̄ grillad kyckling
Brokat M̄ brokad
Brokkoli M̄ broccoli
Brombeere F̄ BOT björnbär n
Bronchien F̄/PL MED bronker pl, luftrör pl **Bronchitis** F̄ MED luftrörskatarr, bronkit
Bronze F̄ brons **Bronzemedaille** F̄ bronsmedalj **Bronzezeit** F̄ bronsålder
Brosche F̄ brosch
Broschüre F̄ broschyr
Brot N̄ bröd n; fig a. brödföda, levebröd n; ~e machen bre smörgåsar **Brotaufstrich** M̄ bredbart pålägg **Brötchen** N̄ ≈ småfranska, fralla **Brotkorb** M̄ brödkorg **Brotrinde** F̄ brödskorpa; brödkant
Browser M̄ IT webbläsare
Bruch M̄ ❶ brott n; Spalte spricka; MED bråck n; zu ~ (od in die Brüche) gehen gå sönder; fig gå i stöpet ❷ Zahl bråk n **Bruchbude** F̄ ruckel n, kyffe n **brüchig** ADJ spröd, skör **Bruchlandung** F̄ kraschlandning **Bruchrechnung** F̄ bråkräkning **Bruchstück** N̄ brottstycke n, fragment n **Bruchteil** M̄ bråkdel **Bruchzahl** F̄ bråktal n
Brücke F̄ bro; Landungsbrücke brygga; Teppich matta; landgång; tandbrygga **Brückentag** M̄ klämdag
Bruder M̄ bror; REL u. fig broder **brüderlich** ADJ broderlig **Brüderlichkeit** F̄ broderlighet **Brüderschaft** F̄ broderskap n; ~ trinken dricka brorskål, lägga bort titlarna (mit med)
Brühe F̄ spad n, buljong; trübe Flüssigkeit blask n, smörja **Brühwürfel** M̄ buljongtärning
brüllen V̄I vråla; Vieh böla, råma
brummen V̄I brumma, surra; fig muttra **Brummer** M̄ ZOOL spyfluga; umg Lastwagen långtradare **Brummi** umg M̄ långtradare **brummig** umg ADJ sur, vresig **Brummschädel** umg M̄ baksmälla
Brunch M̄ brunch
Brunnen M̄ brunn, källa; MED hälsobrunn **Brunnenkresse** F̄ vattenkrasse
Brunst F̄ brunst **brünstig** ADJ brunstig **Brunstzeit** F̄ brunsttid
brüsk ADJ brysk, hänsynslös
Brust F̄ bröst n; beim Tier bringa, bröststycke n **Brustbein** N̄ ANAT bröstben n **brüsten** V̄R sich ~ bröstas sig, skryta **Brustkorb** M̄ ANAT bröstkorg **Brustkrebs** M̄ MED bröstcancer **Brustschwimmen** N̄ SPORT bröstsim n

Brüstung F balustrad, bröstning
Brustwarze F ANAT bröstvårta
Brustweite F bystmått n
Brut F kull; *fig* yngel n; slödder n, drägg
brutal ADJ brutal; *umg* häftig **Brutalität** F brutalitet
brüten VIT ligga på ägg, ruva; *Sonne* steka; *fig* ruva, grubbla
Brüter M bridreaktor
Brutkasten M MED kuvös **Brutstätte** F häckningsplats; *fig* härd
brutto ADV brutto **Bruttoeinkommen** N bruttoinkomst **Bruttosozialprodukt** N bruttonationalprodukt
BSE F (= bovine spongiforme Enzephalopathie) MED BSE, galna kosjukan
BSP ABK (= Bruttosozialprodukt) BNI, bruttonationalinkomst
Bube M *Kartenspiel* knekt
Buch N bok; *manus* n; ~ **führen** föra bok **Buchbesprechung** F bokanmälan, recension **Buchbinder(in)** M(F) bokbindare **Buchdeckel** M (bok)pärm
Buche F BOT bok **Buchecker** F bokollon n
buchen VIT boka, reservera; WIRTSCH bokföra
Bücherbus M bokbuss **Bücherei** F bibliotek n **Bücherregal** N bokhylla **Bücherschrank** M bokskåp n **Bücherwand** F vägg täckt av bokhyllor
Buchfink M ZOOL bofink
Buchführung F bokföring **Buchhalter(in)** M(F) ≈ redovisningsansvarig **Buchhaltung** F bokföring **Buchhandel** M bokhandel **Buchhändler(in)** M(F) bokhandlare **Buchhandlung** F bokhandel **Buchklub** M bokklubb **Buchmesse** F bokmässa **Buchprüfer(in)** M(F) taxeringsrevisor **Buchrücken** M bokrygg
Buchsbaum M buxbom
Büchse F *a. Konservenbüchse* burk; dosa, ask; *Flinte* bössa **Büchsenfleisch** N köttkonserver *pl* **Büchsenmilch** F konserverad mjölk **Büchsenöffner** M burköppnare, konservöppnare
Buchstabe M bokstav **buchstabieren** VIT bokstavera, stava **buchstäblich** ADV bokstavligen, ordagrant
Bucht F bukt, vik

Buchtitel M boktitel
Buchung F bokning; WIRTSCH bokföring
Buchweizen M bovete n
Buckel M puckel; *umg* rygg; *umg* **er kann mir den ~ runterrutschen!** han kan dra åt skogen! **buck(e)lig** ADJ bucklig; puckelryggig
bücken V/R **sich ~** böja sig
Bückling M *Fisch* böckling
buddeln *umg* VIT gräva, böka
Buddhismus M REL buddism **Buddhist(in)** M(F) buddist
Bude F ruckel n, kåk; *Stand* stånd n; *umg Zimmer* krypin n, kyffe n; *Studentenzimmer umg* lya
Budget N budget
Büfett N byffé, skänk; bardisk; **kaltes ~** smörgåsbord n
Büffel M buffel
büffeln *umg* VIT, VII plugga; traggla
Bug M GASTR *u.* SCHIFF bog
Bügel M bygel; *Griff* handtag n; *Kleiderbügel* galge, klädhängare **Bügelbrett** N strykbräde n **Bügeleisen** N strykjärn n **Bügelfalte** F pressveck n **bügelfrei** ADJ strykfri **bügeln** VIT, VII stryka; pressa
Buggy N hopfällbar barnsittvagn
buhen *umg* VII bua
Bühne F scen; skådebana, teater; estrad, podium n; **hinter der ~** *fig* bakom kulisserna; **das ging glatt über die ~** det gick som smort; **von der ~ abtreten** *fig* försvinna från scenen **Bühnenbild** N scenbild, sceneri n **Bühnenbildner(in)** M(F) scenograf **Bühneneingang** M sceningång **Bühnenstück** N teaterpjäs
Bukett N bukett; *Wein* bouquet
Bulette F ≈ pannbiff
Bulgare M bulgar **Bulgarien** N Bulgarien n **Bulgarin** F bulgariska **bulgarisch** ADJ bulgarisk **Bulgarisch** N *Sprache* bulgariska
Bulimie F ätstörning, bulimi
Bullauge N kajutfönster n **Bulldogge** F bulldogg
Bulle M **1** tjur **2** *umg Polizist* snut
Bullenhitze F en tryckande hetta
bullig ADJ stor och stark
Bumerang M bumerang
Bummel M **einen ~ machen** ta en promenad **Bummelei** *umg* F sölig-

566 ▪ bummeln – Bushaltestelle

het; lättja **bummeln** VI *schlendern* flanera, strosa; *trödeln* gå och driva, slå dank; *leichtsinnig leben* umg festa; söla **Bummelstreik** M maskningsstrejk **Bummelzug** M långsamt lokaltåg *n* **bumsen** vulg VI/T, VI knulla
Bund¹ N **1** förening, förbund *n*; **der ~** staten, förbundsrepubliken; *umg* MIL försvaret; *umg* MIL **beim ~ sein** ligga i lumpen **2** *Kleidung* linning
Bund² N *od* M bunt, knippa **Bündel** N liten bunt, knippa; *Päckchen* knyte *n* **bündeln** VT bunta ihop
Bundesanstalt F ≈ förbundsrepublikens institut **Bundesausbildungsförderungsgesetz** N ≈ studiemedelslagen **Bundesbürger(in)** M(F) tysk medborgare **Bundesebene** F **auf ~** i hela Tyskland, på statlig nivå **Bundesgerichtshof** M ≈ högsta domstolen **Bundesgrenzschutz** M ≈ gränspolisen **Bundeskanzler(in)** M(F) förbundskansler **Bundesland** N delstat, förbundsland *n*; **die neuen Bundesländer** *pl* före detta Östtyskland *sg* **Bundesliga** F SPORT (tyska) Bundesliga; ≈ elitserie **Bundesminister(in)** M(F) förbundsminister **Bundesnachrichtendienst** M ≈ tyska underrättelsetjänsten **Bundespräsident(in)** M(F) förbundspresident **Bundesrat** M (tyska) förbundsrådet *n* **Bundesregierung** F förbundsregering **Bundesrepublik** F förbundsrepublik; **~ Deutschland** förbundsrepubliken Tyskland **Bundesstaat** M förbundsstat **Bundesstraße** F riksväg **Bundestag** M förbundsdag **Bundestagspräsident(in)** M(F) talman *i* förbundsdagen **Bundestrainer(in)** M(F) SPORT förbundskapten **Bundesverfassungsgericht** N ≈ författningsdomstolen **Bundeswehr** F (tyska) försvarsmakten **bundesweit** ADJ, ADV ≈ landsomfattande
bündig ADJ koncis; **kurz und ~** lakonisk, koncis
Bündnis N förbund *n*
Bungalow M bungalow
Bungeespringen N bungyjump *n*
Bunker M bunker
bunt ADJ *farbig* kulört, färggrann; *mehrfarbig* brokig, mångfärgad; *fig* blandad, omväxlande; **~e Farben** glada färger; **es zu ~ treiben** gå för långt; **das wird mir zu ~** det går för långt **Buntstift** M färgpenna **Buntwäsche** F kulörtvätt
Bürde F börda *a. fig*
Burg F borg
Bürge M borgensman; *fig* garant **bürgen** VI *fig* gå *i* borgen; **~ für** borga för **Bürger(in)** M(F) (med)borgare; invånare **Bürgerinitiative** F byalag *n*, aktionsgrupp **Bürgerkrieg** M inbördeskrig *n* **bürgerlich** ADJ borgerlig; JUR civil; POL borgerlig **Bürgermeister(in)** M(F) borgmästare; *in Schweden* ≈ kommunstyrelsens ordförande **Bürgernähe** F närdemokrati **Bürgerrecht** N medborgarrätt **Bürgerrechtler(in)** M(F) kämpe för medborgerliga rättigheter **Bürgerschaft** F **die ~** medborgarna, invånarna **Bürgersteig** M trottoar **Bürgertum** N borgerskap *n*; medelklass **Bürgerwehr** F hemvärn *n*
Bürgschaft F borgen, borgensförbindelse; **die ~ für j-n übernehmen** gå i borgen för ngn
Burka F burka
Burnout-Syndrom N utmattningssyndrom *n*; utbrändhet
Büro N kontor *n*; **ins ~ gehen** gå till kontoret; **im ~ arbeiten** arbeta på kontor **Büroangestellte(r)** M(F)(M) kontorsanställd **Büroklammer** F gem *n* **Bürokrat(in)** M(F) byråkrat **Bürokratie** F byråkrati **bürokratisch** ADJ byråkratisk **Büroschluss** M **nach ~** efter kontorstid **Bürostunden** PL, **Bürozeit** F kontorstid
Bursche M grabb, pojke **burschikos** ADJ käck, hurtig; pojkaktig
Bürste F borste **bürsten** VT borsta
Bus M buss **Busbahnhof** M busstation, bussterminal
Busch M buske; *Gebüsch* buskage *n*; **es ist etw im ~** det är något *i* görningen **Büschel** N bunt, knippe *n*; vippa, tofs **buschig** ADJ buskig; yvig **Buschwindröschen** N vitsippa
Busen M bröst *pl*, byst; *Meerbusen* (havs)vik, bukt **Busenfreund(in)** M(F) bästa vän
Busfahrer(in) M(F) bussförare, busschaufför **Bushaltestelle** F busshållplats

Businessclass F affärsklass
Bussard M ormvråk
Buße F bot(göring); *Geldbuße* böter pl **büßen** VIT *etw* göra bot (för), sona; *das sollst du (mir) ~!* det ska du få sota för! **Bußgeld** N böter pl
Büste F byst **Büstenhalter** M behå
Butt M ZOOL flundra
Büttenpapier N handgjort papper n **Büttenrede** F karnevalstal n
Butter F smör n; *zerlassene ~* skirat smör; *sich die ~ vom Brot nehmen lassen* låta hunsa med sig **Butterblume** F BOT smörblomma; *Löwenzahn* maskros **Butterbrot** N smörgås **Butterdose** F smörask **Buttermilch** F kärnmjölk **butterweich** ADJ mjuk som smör
b.w. ABK (= *bitte wenden*) v.g.v., var god vänd!
Byte N IT byte
bzgl. ABK (= *bezüglich*) ang., angående; betr., beträffande
bzw. ABK (= *beziehungsweise*) resp., respektive; eller; närmare bestämt

C

C, c N C, c *n*
ca. ABK (= *circa*) c., ca, circa
Cabrio N cabriolet
Café N kafé *n* **Cafeteria** F cafeteria
Caffè Latte M caffe latte
Callboy M prostituerad man **Callcenter** N ≈ kundtjänst **Callgirl** N callgirl, prostituerad kvinna
campen VIT campa **Camper(in)** MIF campare **Camping** N camping **Campingbus** M husbil; campingbuss **Campingplatz** M campingplats
Cape N cape
Cappuccino M cappuccino
Caravan M kombibil; husvagn
Carvingski M carvingskida
Casino *österr* N → *Kasino*
Castingshow F talangjakt
Cayennepfeffer M kajennpeppar
CD F cd-skiva **CD-Brenner** M cd-brännare **CD-Player** M cd-spelare **CD-ROM** F cd-rom **CD-ROM-Laufwerk** N cd-rom-enhet **CD-Spieler** M cd-spelare
CDU ABK (= *Christlich-Demokratische Union*) ≈ kristdemokratiska partiet i Tyskland
Cellist(in) MIF cellist **Cello** N violoncell, cello
Cellulitis F MED celluliter pl, apelsinhud
Cent M cent
Chai Latte M chai latte
Chamäleon N kameleont
Champagner M champagne
Champignon M BOT champinjon
Chance F chans **Chancengleichheit** F lika möjligheter för alla
Chanson N chanson
Chaos N kaos *n* **chaotisch** ADJ kaotisk
Charakter M karaktär **Charaktereigenschaft** F karaktärsegenskap **charakterfest** ADJ karaktärsfast **charakterisieren** VIT karakterisera **charakteristisch** ADJ karakteristisk, betecknande **charakterlich** ADJ till karaktären; karaktärs- **charakterlos** ADJ karaktärslös **Charakterzug** M karaktärsdrag *n*
charismatisch ADJ karismatisk
charmant ADJ charmant, charmig **Charme** M charm
Charterflug M charterflyg *n* **Chartermaschine** F charterplan *n* **chartern** VIT chartra
Chat M IT chatt **Chatpartner(in)** MIF chattpartner **chatten** VIT chatta
Chauffeur(in) MIF chaufför
Chauvi *umg* M mansgris **Chauvinist** M chauvinist
checken VIT checka, kolla, kontrollera; *umg* fatta
Check-in N incheckning **Check-in--Schalter** M incheckningsdisk
Checkliste F checklista
Chef(in) MIF chef; ledare **Chefarzt** M, **Chefärztin** F överläkare
Chefredakteur(in) MIF chefredaktör
Chemie F kemi **Chemiefaser** F syntetisk fiber **Chemikalien** PL kemikalier pl **Chemiker(in)** MIF kemist **chemisch** ADJ kemisk; *~e Reinigung* kemtvätt

Chemotherapie F MED kemoterapi, cellgiftsbehandling
chic ADJ → **schick**
Chicorée F od M BOT endivsallad
Chiffre F chiffer n; signatur
Chile N Chile n **Chilene** M chilenare **Chilenin** F chilenska **chilenisch** ADJ chilensk
Chili N chili(peppar)
chillen umg VI chilla, softa
China N Kina n
Chinese M kines **Chinesin** F kinesiska **chinesisch** ADJ kinesisk **Chinesisch** N Sprache kinesiska
Chip M IT (mikro)chips n; ~s GASTR chips; Spielmarke spelmark, jetong
Chipkarte F smartkort
Chirurg(in) M/F kirurg **Chirurgie** F kirurgi **chirurgisch** ADJ kirurgisk
Chlor N klor **Chlorid** N klorid **Chloroform** N kloroform **Chlorophyll** N klorofyll mst n
Cholera F kolera **Cholerabazillus** M kolerabacill
Cholesterin N MED kolesterol (n)
Chor 1 M (sång)kör 2 M (kyrk)kor n
Choral M koral
Choreograf(in), Choreograph(in) M/F koreograf **Choreografie, Choreographie** F koreografi
Chorleiter(in) M/F körledare
Christ(in) M/F kristen **Christbaum** M julgran **Christenheit** F kristenhet **Christentum** N kristendom **Christi Himmelfahrt** F Kristi himmelsfärdsdag **Christkind** N Jesusbarn n; das Geschenke bringt ≈ jultomte **christlich** ADJ kristlig, kristen **Christus** N Kristus; vor/nach Christi Geburt före/efter Kristi födelse
Chrom N krom
Chromosom N kromosom
Chronik F krönika
chronisch ADJ kronisk
Chronologie F kronologi **chronologisch** ADJ kronologisk
Chrysantheme F BOT krysantemum
circa ADV cirka, ungefär, omkring
City F die ~ city n; centrum n
clever ADJ smart, listig
Clique F gäng n, klick
Clou M höjdpunkt
Clown M clown, pajas
Club M klubb
cm ABK (= Zentimeter) cm, centimeter
Cocktail M cocktail **Cocktailparty** F cocktailparty n
Code M kod **codieren** V/T koda
Cognac® M konjak
Cola N od F cola
Comic M serie; serietidning **Comicheft** N serietidning
Computer M dator **computergesteuert** ADJ datorstyrd **Computerkriminalität** F databrottslighet **Computerspiel** N dataspel n **Computertomografie** F MED datortomografi **Computervirus** M datavirus n
Conférencier M konferencier
Container M container
Control-Taste F IT ctrl- (od kontroll)-tangent
Cookie N IT kaka, cookie
cool umg ADJ cool; Preis etc schyst, helt okej; 'in' im Sinne von 'in sein' ball, häftig
Cord M manchester
Couch F soffa, dyscha **Couchgarnitur** F soffgrupp **couchsurfen** V/I soffsurfa, couchsurfa **Couchtisch** M soffbord n
Countdown M od N nedräkning
Coup M kupp
Coupé N AUTO kupé
Coupon M kupong
Cousin(e) M/F kusin
Cover N (tidnings)omslag n; skivomslag
Cranberry F tranbär n
Creme F kräm n; GASTR, a. mousse; fig grädda
Crew F besättning, stab
Croissant N croissant
Curry M od N curry **Currysoße** F currysås
Cursor M COMPUT markör
Cutter(in) M/F filmklippare
Cybermobbing N nätmobbning **Cyberspace** M cyberrymd

D

D, d N̄ D, d *n*
da A ADV *dort* där; *dann* då; **hier und ~** här och där; **von ~ an** från den tiden, därefter; **~ haben wirs!** så går det!; **~ sein** anwesend sein vara närvarande; *bestehen* vara till, finnas, existera B KONJ *als* då, när, just som; *weil* då, eftersom
dabei ADV *nahebei* bredvid, därvid; *außerdem* dessutom, därtill; **es ist nichts ~** det gör ingenting, det spelar ingen roll; det är inget ont i det; det är ingen konst; **~ sein** *sich beteiligen* vara med; *etw zu tun* hålla på (att); *umg* **ich bin ~!** jag är med (på saken)!; **es bleibt ~** det blir som det är sagt; **ich finde nichts ~** jag ser inget fel i det **dabeibleiben** V̄I stanna där/kvar; **ich bleibe ~** jag håller fast vid det **dableiben** V̄I stanna kvar
Dach N̄ tak *n*; **eins aufs ~ bekommen** *fig umg* få ett slag i skallen; **unterm ~** på vinden; **unter ~ und Fach sein** vara i säkerhet **Dachboden** M̄ vind **Dachdecker(in)** M(F) taktäckare **Dachfenster** N̄ takfönster *n* **Dachfirst** M̄ takås **Dachgarten** M̄ takterrass **Dachgepäckträger** M̄ takräck *n* **Dachgeschoss** N̄ vindsvåning **Dachkammer** F̄ vindskammare, vindskupa **Dachluke** F̄ vindsglugg **Dachorganisation** F̄ topporganisation **Dachpappe** F̄ takpapp **Dachrinne** F̄ takränna
Dachs M̄ grävling
Dachstuhl M̄ takstol **Dachverband** M̄ topporganisation, centralförbund *n* **Dachwohnung** F̄ vindsvåning **Dachziegel** M̄ taktegel *n*
Dackel M̄ tax
daddeln *umg* V̄I *elektronisch* spela spel
dadurch ADV genom det, därigenom
dafür ADV för det, i stället; **~ sein** vara för; **ich kann nichts ~** det rår jag inte för **Dafürhalten** N̄ *nach meinem ~* enligt mitt förmenande **dafürkönnen** V̄T **nichts ~** inte rå för ngt
dagegen ADV emot det, däremot; **nichts ~ haben** ha ingenting (där)emot; **~ sein** vara emot **dagegenhalten** V̄T invända, svara
daheim ADV hemma
daher A ADV därifrån, därav B KONJ därför; **~ kommt es ...** det var därför som ... **daherreden** V̄I prata strunt
dahin ADV *dorthin* dit, ditåt, åt det hållet; *fig hierher* förbi, slut; **bis ~** till dess, dessförinnan; **~ und dorthin** åt alla håll; **j-n ~ bringen, dass ...** förmå ngn att ...; **meine Meinung geht ~, dass ...** det är min uppfattning att ...; **sich ~ gehend äußern** uttala sig i den riktningen att ... **dahingestellt** ADJ **es ~ sein lassen** lämna ngt därhän, låta det vara osagt; **es bleibt ~** det må vara osagt
dahinten ADV där borta
dahinter ADV (där) bakom **dahinterkommen** V̄I *umg* komma på **dahinterstecken** V̄I ligga bakom
Dahlie F̄ dahlia
dalassen V̄T lämna kvar
dalli *umg* ADV sno på, kom igen nu
damalig ADJ dåvarande **damals** ADV då (för tiden)
Damast M̄ damast
Dame F̄ *a. im Spiel* dam; **meine ~n und Herren!** mina damer och herrar! **Damenbinde** F̄ dambinda **damenhaft** ADJ damig **Damenmannschaft** F̄ SPORT damlag *n* **Damentoilette** F̄ damtoalett **Damenwahl** F̄ „damernas"
damit A ADV med det, därmed; **her ~!** hit med det!; **heraus ~!** ut med det! B KONJ för att, så att; **~ du es weißt!** så du vet det!
dämlich *umg* ADJ dum, fånig
Damm M̄ fördämning, vall; *fig* barriär; **nicht auf dem ~ sein** *umg* känna sig vissen **dämmen** V̄T TECH isolera
dämmern V̄I *morgens* dagas, gry; *abends* skymma; **vor sich hin ~** halvsova, dåsa **Dämmerung** F̄ *morgens* gryning; *abends* skymning
Dämon M̄ demon **dämonisch** ADJ demonisk
Dampf M̄ ånga; **~ hinter etw machen** sätta fräs på **Dampfbügeleisen** N̄ ångstrykjärn *n* **dampfen** V̄I ånga, ryka **dämpfen** V̄T dämpa *a. fig*; *Essen* ångkoka; *Kleidung* våtpressa **Dampfer**

M̄ ångbåt **Dampfkochtopf** M̄ tryckkokare **Dampfmaschine** F̄ ångmaskina **Dampfwalze** F̄ ångvält
Damwild N̄ dovhjortar *pl*
danach ADV efter det, sedan, därefter, efteråt; *gemäß* i enlighet därmed; **es sieht ganz ~ aus** det verkar så; **mir ist nicht ~** det har jag inte lust till
Däne M̄ dansk
daneben ADV bredvid; *außerdem* dessutom; **das ist doch total ~** *umg* det blev alldeles galet **danebenbenehmen** V̄R **sich ~** *umg* göra bort sig **danebengehen** V̄I missa, inte träffa; F *fig* gå åt skogen
Dänemark N̄ Danmark *n* **Dänin** F̄ danska **dänisch** ADJ dansk **Dänisch** N̄ danska (språket)
dank PRÄP ⟨*dat*⟩ tack vare **Dank** M̄ tack *o. n*; **vielen ~!** tack så mycket!, tack ska du ha!; **herzlichen ~!** hjärtligt tack!; **Gott sei ~!** gudskelov! **dankbar** ADJ tacksam **Dankbarkeit** F̄ tacksamhet **danke** INTER tack; **~ schön/sehr!** tack så mycket!; **nein ~!** nej tack!; **~, gerne!** ja tack, gärna!; **~ gleichfalls!** tack detsamma! **danken** V̄I ⟨*dat*⟩ tacka; **j-m etw ~** tacka ngn för ngt; *verdanken* ha ngn att tacka för ngt; **nichts zu ~!** ingen orsak!
Dankschreiben N̄ tackbrev *n*
dann ADV då; *darauf* därefter; sedan; *außerdem* dessutom; **~ und wann** då och då, alltemellanåt
daran ADV vid (på, i *etc*) det, därpå, därvid; **es liegt mir (viel) ~** det är av (stor) vikt för mig, jag är (mycket) angelägen om det; **es liegt mir nichts ~** det är mig likgiltigt; **es ist etwas (Wahres) ~** det ligger någonting (av sanning) i det **darangehen** V̄I börja, ta itu med **daranmachen** V̄R **sich ~** börja, ta itu med **daransetzen** V̄T satsa, sätta in
darauf ADV *örtlich* därpå; *zeitlich* därpå, därefter, sedan; **~ folgend** (på)följande; **kurz ~** strax efteråt; **viel ~ geben** fästa stor vikt vid det; **es kommt ~ an, ob ...** det beror på om ...; **~ soll es nicht ankommen** inte ska det bero på det; → *drauf* **daraufhin** ADV på grund av det; därpå
daraus ADV ur det, därur, därav; **~ wird nichts** det blir ingenting av

(med det); **ich mache mir nichts ~** jag bryr mig inte om det; jag tycker inte om det
Darbietung F̄ framförande *n*; föreställning, nummer *n*
darin ADV i det, däri; **wir sind ~ übereingekommen, dass ...** vi har kommit överens om att ...
darlegen V̄T lägga fram, redogöra för
Darlehen N̄ lån *n*
Darm M̄ tarm **Darmgrippe** F̄ maginfluensa **Darmspiegelung** F̄ koloskopi
darstellen V̄T *herstellen* framställa; *vorstellen* föreställa; *aufführen* THEAT spela; *beschreiben* skildra, beskriva **Darsteller(in)** M(F) skådespelare **Darstellung** F̄ framställning; *Beschreibung* skildring, beskrivning
darüber ADV *räumlich* över det, (där)över; *zeitlich* under tiden; *außerdem* därutöver, därtill; **~ hinaus** därutöver, till på köpet; **ich bin ~ hinweg** *fig* det har jag kommit över **darüberstehen** *fig* V̄I stå över
darum ADV om det, därom; *räumlich* (där)omkring; *deshalb* därför, för den skull
darunter ADV under det, (där)under; *zwischen* bland dem, däribland
das A BEST ART ⟨*nom/akk*⟩ ⟨*vor adj*⟩ den; *ett-Wort* det; **~ (neue) Auto** (den nya) bilen; **~ (kleine) Kind** (det lilla) barnet B DEM PRON ⟨*nom/akk*⟩ den (där), denna; *ett-Wort* det (där), detta; **~ Auto da** den där bilen; **~ sind die Nachbarn** det är grannarna; **~ heißt** det vill säga C REL PRON som; **~ Auto, ~ er kaufte** bilen som han köpte; → *der, die*
Dasein N̄ tillvaro, liv *n*, existens **Daseinsberechtigung** F̄ existensberättigande *n*
dasitzen V̄I sitta där, sitta och hänga
dasjenige DEM PRON den; *ett-Wort* det
dass KONJ att; **so~** så att; **es sei denn, ... säkerligen** såvida inte ..., om det nu inte (är så att)...
dasselbe DEM PRON (den)samma; *ett-Wort* (det)samma
dastehen V̄I stå (där); *fig* framstå
Date N̄ *umg* (≈ *Verabredung, Person*) dejt
Datei F̄ IT fil **Datei(en)verzeichnis**

Dateiname – dehnen ▪ **571**

N IT (dator)register **Dateiname** M IT filnamn
daten VT dejta
Daten N/PL data, fakta n/pl; → Datum **Datenbank** F databas, databank **Datenschutz** M JUR ≈ dataskydd n **Datenverarbeitung** F databehandling
datieren VT, VI datera
Dativ M dativ **Dativobjekt** N dativobjekt n
Dattel F dadel
Datum N datum n; → Daten
Dauer F tidslängd; varaktighet, bestånd n; **auf die** ~ i längden; **von** ~ **sein** vara varaktig; **von kurzer** ~ inte varaktig **Dauerauftrag** M Bank stående överföring; autogiro n **Dauerausstellung** F permanent utställning **Dauerbrenner** fig M evigt tema; umg långkörare **dauerhaft** ADJ varaktig; solide hållbar, tålig **Dauerhaftigkeit** F varaktighet; hållbarhet, tålighet **Dauerkarte** F abonnemangskort n **Dauerlauf** M joggning, långdistanslöpning **dauern** VI vara, hålla på; dröja; **es dauert (mir) zu lange** det dröjer för länge **dauernd** A ADJ varaktig, bestående B ADV ständigt, hela tiden; ~**er Wohnsitz** permanent bostad **Dauerparker** M långtidsparkerare **Dauerregen** M långvarigt regn n **Dauerwelle** F permanent **Dauerzustand** M konstant tillstånd n
Daumen M tumme; **j-m die** ~ **halten** hålla tummen för ngn **Däumling** M (handsk)tumme; Märchen Tummeliten
Daune F dun **Daunendecke** F **Daunenjacke** F dunjacka
davon ADV från od av od om det, därav; von dort därifrån; darüber därom; **was habe ich** ~? vad har jag för glädje av det? **davonkommen** VI komma (od slippa) undan **davonlaufen** VI springa sin väg; **es ist zum Davonlaufen!** det är så man kan bli tokig! **davonmachen** VR sich ~ umg smita, sticka
davor ADV (där) framför; innan, före
DAX M WIRTSCH tyskt börsindex n
dazu ADV überdies (där)till, dessutom, till på köpet; zu diesem Zweck till det, därtill; ~ **bin ich nicht hier** därför är jag inte här; **was sagst du** ~? vad säger

du om det? **dazugehören** VI höra till (od dit) **dazukommen** VI dyka upp, komma till
dazwischen ADV (där)emellan **dazwischenkommen** VI komma emellan **dazwischenreden** VI j-m ~ avbryta ngn
DDR hist F ABK (= Deutsche Demokratische Republik) Tyska demokratiska republiken (1949-1990)
deaktivieren VT IT avaktivera
dealen VI umg langa knark **Dealer(in)** umg M(F) knarklangare
Debatte F debatt; **zur** ~ **stehen** stå under debatt **debattieren** VT, VI debattera, diskutera
Debet N debet n
debuggen VT IT debug, avlusa **Debugger** M IT program för felsökning
Debüt N debut
Deck N deck; **an** ~ på däck
Decke F Bettdecke täcke n; **wollene** ~ filt; Tischtuch (bords)duk; Zimmerdecke tak n; fig **mit j-m unter einer** ~ **stecken** vara i maskopi med ngn; **an die** ~ **gehen** bli rasande
Deckel M lock n; Buchhülle (bok)pärm; **eins auf den** ~ **geben** slå till ngn i skallen
decken A VT täcka; Tisch duka; schützen skydda, gardera; Tiere betäcka B VR sich ~ sammanfalla; täcka varandra
Deckenbeleuchtung F takbelysning **Deckengemälde** N takmålning
Deckung F betäckning, skydd n; WIRTSCH täckning
Decoder M dekoder
Deeskalation F nedtrappning
defekt ADJ defekt, skadad **Defekt** M defekt
defensiv ADJ defensiv **Defensive** F defensiv
Defibrillator M defibrillator
definieren VT definiera **Definition** F definition **definitiv** ADJ definitiv
Defizit N underskott n, brist, deficit n
deftig fig ADJ saftig, mustig; Witz grovkornig
Degen M värja
degenerieren VI degenerera
degradieren VT degradera
dehnbar ADJ tänjbar a. fig; töjbar
dehnen VT, VR tänja ut; töja ut; **sich**

572 ▪ Dehnung – dennoch

~ töja ut sig; *Person* sträcka på sig
Dehnung F̲ töjning, förlängning, utvidgning
Deich M̲ damm
Deichsel F̲ skakel; tistelstång **deichseln** *umg* V̲T̲ fixa, klara
dein(e, er, es) POSS PR, **Dein(e, er, es)** din; *ett-Wort* ditt; *pl* dina **deinerseits** A̲D̲V̲ å din sida, för din del **deinesgleichen** PRON sådana som du **deinetwegen** A̲D̲V̲ för din skull
deinstallieren V̲T̲ IT avinstallera
dekadent A̲D̲J̲ dekadent **Dekadenz** F̲ dekadans
Deklaration F̲ deklaration **deklarieren** V̲T̲ deklarera
Deklination F̲ deklination **deklinieren** V̲T̲ deklinera
Dekolleté N̲ dekolletage *n*
dekomprimieren V̲T̲ IT packa upp, dekomprimera
Dekor M̲ *od* N̲ dekor **Dekorateur(in)** M(F) dekoratör **Dekoration** F̲ *a. Orden* dekoration, dekorering **dekorieren** V̲T̲ dekorera **Dekostoff** M̲ hemtextil
Dekret N̲ dekret *n*
Delegation F̲ delegation **delegieren** V̲T̲ delegera **Delegierte(r)** M/F(M) ombud *n*, delegat
Delfin M̲ delfin **Delfinschwimmen** N̲ fjärilsim *n*
delikat A̲D̲J̲ delikat, läcker; *fig* kinkig **Delikatesse** F̲ delikatess **Delikatessengeschäft** N̲ delikatessaffär
Delikt N̲ delikt *n*, brott *n*
Delirium N̲ delirium *n*
Delle F̲ buckla
Delphin M̲ delfin **Delphinschwimmen** N̲ fjärilsim
Delta N̲ delta *n*
dem A̲ BEST ART ⟨dat⟩ ⟨vor adj⟩ den; *ett-Wort* det; **mit ~ (kleinen) Kind** med (det lilla) barnet B̲ DEM PRON ⟨dat⟩ **wie ~ auch sein mag** hur det än är med det; **wenn ~ so ist** om så är fallet; → **das, der**
Demagoge M̲, **Demagogin** F̲ demagog **demagogisch** A̲D̲J̲ demagogisk
Dementi N̲ dementi **dementieren** V̲T̲ dementera
dementsprechend A̲D̲V̲ motsvarande, överensstämmande med
Demenz F̲ demens

demnach A̲D̲V̲ följaktligen, alltså
demnächst A̲D̲V̲ snart, inom kort
Demo *umg* F̲ demonstration
Demokrat(in) M(F) demokrat **Demokratie** F̲ demokrati **demokratisch** A̲D̲J̲ demokratisk
demolieren V̲T̲ demolera
Demonstrant(in) M(F) demonstrant **Demonstration** F̲ demonstration **Demonstrativpronomen** N̲ demonstrativt pronomen *n* **demonstrieren** V̲T̲, V̲I̲ demonstrera
Demontage F̲ demontering, nedmontering **demontieren** V̲T̲ demontera
demoralisieren V̲T̲ demoralisera
Demoskopie F̲ opinionsundersökning
Demoversion F̲ IT demoversion
Demut F̲ ödmjukhet **demütig** A̲D̲J̲ ödmjuk **demütigen** V̲T̲ förödmjuka **Demütigung** F̲ förödmjukelse
den A̲ BEST ART SG ⟨akk⟩ ⟨vor adj⟩ den; *ett-Wort* det; **kennst du ~ (alten) Mann?** känner du (den gamle) mannen? B̲ BEST ART PL ⟨dat⟩ ⟨vor adj⟩ de; **mit ~ (kleinen) Kindern spielen** leka med (de små) barnen C̲ DEM PRON ⟨akk⟩ *Person* honom; *Sache* den (där), denna; *ett-Wort* det (där), detta; **ich meine ~ (da)** jag menar honom/den/ det (där); **München, ~ 3. Oktober** München den 3 oktober D̲ REL PRON som; **der Zug, ~ wir nehmen wollten** tåget som vi ville ta; → **der**
Denkart F̲ tänkesätt *n* **denkbar** A̲ A̲D̲J̲ tänkbar B̲ A̲D̲V̲ **möglichst så ... som möjligt denken** A̲ V̲T̲, V̲I̲ tänka (på) (an *akk*); tro; förmoda B̲ V̲R̲ **sich ~** tänka sig; **das habe ich mir gedacht!** var det inte det jag trodde!; **das hast du dir gedacht!** det trodde du! **Denker(in)** M(F) tänkare **Denkfehler** M̲ tankefel *n* **Denkmal** N̲ minnesmärke *n*; monument *n* **Denkmalpflege** F̲, **Denkmalschutz** M̲ kulturminnesvård **Denkschrift** F̲ minnesskrift; POL promemoria **Denkvermögen** N̲ tankeförmåga **denkwürdig** A̲D̲J̲ märklig, minnesvärd **Denkzettel** *fig* M̲ minnesbeta
denn A̲ KONJ *begründend* för, ty B̲ A̲D̲V̲ *als* än; *also* då; **wann ~?** när då?; **mehr ~ je** mer än någonsin **dennoch** A̲D̲V̲

ändå, dock, likväl
Denunziant(in) M/F angivare **denunzieren** VT ange
Deo(dorant) N deo(dorant)
Deponie F soptipp, avfallsupplag n **deponieren** VT deponera, lämna i förvar
deportieren VT deportera
Depot N depå, spårvagnsstall n; bussgarage n
Depp umg M dumbom, idiot
Depression F depression **depressiv** ADJ depressiv
deprimieren VT deprimera **deprimierend** ADJ deprimerande
der A BEST ART ⟨nom⟩ ⟨vor adj⟩ den; ett--Wort det; ~ **(alte) Mann** (den gamle) mannen; ~ **(runde) Tisch** (det runda) bordet B BEST ART ⟨dat⟩ **mit ~ Frau** med kvinnan; ~ **Freundin ein Buch leihen** låna en bok till väninnan C BEST ART ⟨gen⟩ sg **die Schwester ~ Freundin** väninnans syster; pl **die Schwester ~ Freundinnen** väninnornas syster D DEM PR ⟨nom⟩ Person han; Sache den (där), denna; ett-Wort det (där), detta; ~ **Wagen da** den där bilen E DEM PR ⟨dat⟩ Person henne; Sache den (där), denna; ett-Wort det (där), detta F REL PR wer; jeder, ~ ... var och en som ...; **er war ~ erste, ~ es erfuhr** han var den förste som fick veta det; → das, die
derart ADV så, till den grad **derartig** ADJ sådan, så beskaffad, dylik
derb ADJ kräftig kraftig, fast, hård; grob grov, plump
derentwegen ADV Person sg för hennes skull; Person pl för deras skull; Sache sg för vars skull; Sache pl för vilkas skull
dergleichen DEM PR dylik, sådan; ett--Wort dylikt, sådant; pl dylika, sådana; **und ~ mehr** och dylikt
derjenige DEM PR Person han; Sache den; ett-Wort det
dermaßen ADV så, till den grad
derselbe DEM PRON (den)samma; ett--Wort (det)samma
derzeitig ADJ nuvarande; gällande
Deserteur(in) M/F desertör **desertieren** VI desertera
desgleichen ADV likaså
deshalb ADV därför
Design N formgivning, design **designen** VT designa **Designer(in)** M/F formgivare, designer **Designerdroge** F kemiskt tillverkad drog **Designerjeans** F märkesjeans **Designermöbel** N PL designmöbel
Desinfektion F desinfektion **Desinfektionsmittel** N desinfektionsmedel n **desinfizieren** VT desinficera
Desinteresse N brist på intresse **desinteressiert** ADJ ointresserad, likgiltig
Desktop-Publishing N IT desktop publishing
desolat ADJ sorglig, eländig, hopplös
desorientiert ADJ desorienterad
Despot(in) M/F despot **despotisch** ADJ despotisk
dessen REL PR vars; dennes, hans; dens; ~ **ungeachtet** det oaktat, trots detta
Dessert N dessert **Dessertteller** M desserttallrik
Destillation F CHEM destillation, destillering **destillieren** VT destillera
desto KONJ dess, desto, så mycket; ~ **mehr** dess mer(a)
destruktiv ADJ destruktiv
deswegen ADV därför
Detail N detalj **detailliert** ADJ detaljerad
Detektiv(in) M/F detektiv **Detektivroman** M detektivroman
Detonation F detonation **detonieren** VI detonera
Deut M **keinen ~** inte ett dyft
deuten A VT tyda, förklara, tolka B VI peka, tyda (auf akk på) **deutlich** ADJ tydlig; ~ **werden** tala klarspråk
Deutlichkeit F tydlighet
deutsch ADJ tysk **Deutsch** N tyska (språket); **auf ~** på tyska; ~ **sprechen** tala tyska; **auf gut ~** fig rent ut **Deutsche(r)** M/F(M) tysk
Deutschland N Tyskland n **Deutschlehrer(in)** M/F tysklärare **deutschsprachig** ADJ tyskspråkig; tysktalande **Deutschstunde** F tysktimme **Deutschunterricht** M tyskundervisning
Deutung F tydning, tolkning
Devise F devis; ~n pl (utländsk) valuta **Devisengeschäft** N valutahandel **Devisenkurs** M valutakurs, växelkurs
Dezember M december

dezent ADJ diskret, försynt; MUS dämpad
dezentralisieren VT decentralisera
Dezentralisierung F decentralisering
Dezigramm N decigram n **dezimal** ADJ decimal- **Dezimalsystem** N decimalsystem n **Dezimeter** N (M) decimeter **dezimieren** VT decimera
DFB ABK M (= Deutscher Fußball-Bund) Tyska fotbollsförbundet
DGB ABK M (= Deutscher Gewerkschaftsbund) Landsorganisationen i Tyskland
dgl. ABK (= dergleichen) dyl., dylikt, liknande
d. h. ABK (= das heißt) dvs., det vill säga
Dia N dia
Diabetes M diabetes **Diabetiker(in)** M(F) diabetiker
Diagnose F diagnos **diagnostizieren** VT, VI diagnostisera
diagonal ADJ diagonal **Diagonale** F diagonal(linje)
Diagramm N diagram n
Diakon M diakon **Diakonissin** F diakonissa
Dialekt M dialekt, folkmål n
Dialog M dialog
Diamant M diamant **diamanten** ADJ av diamant, diamant-
diametral ADJ diametral
Diapositiv N diapositiv n **Diaprojektor** M diaprojektor
Diät F diet; **eine ~ machen** hålla diet **Diätassistent(in)** M(F) dietist
Diäten PL arvode n
dich, (in Briefen) **Dich** dig
dicht ADJ tät; **~ an** tätt invid; **~ hinter** tätt efter; **er ist nicht ganz ~** umg fig han är inte riktig i huvudet; **~ besiedelt** tätbefolkad; **~ bewölkt** igenmulen; **~ gedrängt** tätt hoppackad; **~ machen** umg stänga, slå igen **Dichte** F täthet
dichten A VT 1 författa, skriva 2 TECH täta B VI dikta **Dichter(in)** M(F) diktare, poet **dichterisch** ADJ poetisk
dichthalten VI tiga, hålla tyst **dichtmachen** VT, VI → dicht
Dichtung[1] F TECH tätning; packning
Dichtung[2] F diktning; Dichtwerk dikt

dick ADJ tjock; **durch ~ und dünn** i alla väder, i vått och torrt; **ein ~es Fell haben** fig vara hårdhudad; **~e Freunde** bästa vänner; **es herrscht ~e Luft** fig det är dålig stämning **Dickdarm** M tjocktarm **Dicke** F tjocklek; Korpulenz fetma **dickfellig** ADJ tjockhudad a. fig **dickflüssig** ADJ tjock(flytande) **Dickicht** N snår n **Dickkopf** umg M tjurskalle **dickköpfig** ADJ tjurskallig **Dickköpfigkeit** F tjurskallighet
Didaktik F didaktik
die A BEST ART SG ⟨nom/akk⟩ ⟨vor adj⟩ den; ett-Wort det; **~ (alte) Frau** (den gamla) kvinnan; **~ (schöne) Karte** (det vackra) kortet B BEST ART PL ⟨nom/akk⟩ ⟨vor adj⟩ de; **~ (alten) Frauen** (de gamla) kvinnorna C DEM PR ⟨nom⟩ Person sg hon; Sache sg den (där); ett-Wort det (där); pl de; **~ Straße da** den där gatan D DEM PR ⟨akk⟩ Person sg henne; Sache sg den (där), denna; ett-Wort det (där), detta; pl dem (där), dessa; **ich meine ~ (da)** jag menar henne/den/ det/dem (där) E REL PR som; **es ist ~ Frau, ~ ich meine** det är den kvinnan som jag menar; → das, der
Dieb(in) M(F) tjuv **diebisch** ADJ tjuvaktig; **sich ~ über etw freuen** känna skadeglädje över ngt
Diebstahl M stöld **Diebstahlversicherung** F stöldförsäkring
diejenige(n) DEM PRON pers sg hon; sg den; ett-Wort det; pl de
Diele F golvplanka; Flur hall, farstu
dienen VI ⟨dat⟩ tjäna; MIL göra värnplikten; **wozu dient das?** vad tjänar det till?; **womit kann ich (Ihnen) ~?** varmed kan jag stå till tjänst? **Diener** M betjänt, tjänare; Verbeugung bugning **Dienerin** F tjänsteflicka, tjänarinna
Dienst M tjänst, anställning; tjänstgöring; **außer ~** för detta; **im ~ sein** vara i tjänst; **~ haben** tjänstgöra, ha jour; **~ habend** tjänstgörande; **der öffentliche ~** offentliga sektorn
Dienstag M tisdag **dienstags** ADV på tisdagarna
Dienstalter N tjänsteålder **dienstbereit** ADJ tjänstvillig, jourhavande **Dienstbote** M, **Dienstbotin** F tjänare **dienstfrei** ADJ tjänstledig
Dienstgeheimnis N sekretess
Dienstgrad M tjänstegrad **diensthabend**

diensthabend ADJ tjänstgörande **Dienstleistung** F tjänst; **~en** a. service **Dienstleistungsbetrieb** M serviceföretag n **Dienstleistungsgewerbe** N serviceyrke n **dienstlich** ADJ tjänste-; å tjänstens vägnar **Dienstmädchen** N hembiträde n **Dienstreise** F tjänsteresa **Dienstschluss** M nach ~ efter jobbet **Dienstwagen** M tjänstebil **Dienstwohnung** F tjänstebostad **Dienstzeit** F tjänstetid **Dienstzeugnis** N arbetsbetyg n, arbetsintyg n
dies(e, er, es) DEM PR den här, denna; n det här, detta; pl de här, dessa
Diesel M diesel
dieselbe(n) DEM PRON (den)samma; ett-Wort (det)samma; pl (de)samma
Dieselmotor M dieselmotor
diesig ADJ disig
diesjährig ADJ årets, från i år **diesmal** ADV denna gång **diesseits** ADV ⟨gen⟩ på den här sidan **Diesseits** N jordelivet n
Dietrich M dyrk
diffamieren V/T baktala, smutskasta
Differenz F differens, skillnad; **~en** pl meningsskiljaktigheter **differenzieren** V/I differentiera
diffus ADJ diffus
digital ADJ digital; **~es Fernsehen** digital-tv **Digitalfernsehen** N digital-tv **Digitalkamera** F digitalkamera **Digitalreceiver** M digitalmottagare **Digitaluhr** F digitalur n
Diktat N diktamen
Diktator(in) M(F) diktator **diktatorisch** ADJ diktatorisk **Diktatur** F diktatur
diktieren V/T diktera **Diktiergerät** N dikteringsmaskin, diktafon
Dilemma N dilemma n
Dilettant(in) M(F) dilettant, amatör **dilettantisch** ADJ dilettantisk
Dill M BOT dill
Dimension F dimension
Diminutiv N diminutiv n
Dimmer M dimmer, strömbrytare
DIN ABK F (= Deutsche Industrie-Norm) tysk standard; **~-A4-Papier** A4-papper n **DIN A4-Format** N A4-format n
Diner N diné, middag
Ding N ting n, sak; umg grej; **das ist ein ~ der Unmöglichkeit!** det är omöjligt!; **unverrichteter ~e** med oförrättat ärende; **vor allen ~en** framför allt; **es geht nicht mit rechten ~en zu** det står inte rätt till; **das arme ~** stackars liten **Dings(bums)**, **Dingsda** umg M, F, N den där grejen (vad den nu heter); **Herr ~** herr så och så
Dinkel M dinkel, spelt(vete)
Dinosaurier M dinosaurie
Dioxin N Dioxin n
Diözese F stift n
Diphtherie F difteri
Diphthong M diftong
Dipl.-Ing. ABK (= Diplom-Ingenieurin) ≈ civ. ing., civilingenjör **Dipl.-Kffr.** ABK (= Diplom-Kauffrau), **Dipl.-Kfm.** (= Diplom-Kaufmann) ≈ civ. ek., civilekonom **Diplom** N diplom n; akademisk examen; akademiskt avgångsbetyg n **Diplomarbeit** F examensarbete n
Diplomat(in) M(F) diplomat **Diplomatenkoffer** M attachéväska **Diplomatie** F diplomati **diplomatisch** ADJ diplomatisk a. fig
Diplom-Ingenieur(in) M(F) civilingenjör **Diplom-Kauffrau** F, **Diplom-Kaufmann** M civilekonom
direkt ADJ direkt; geradezu rent av **Direktflug** M direktflyg n
Direktion F direktion, styrelse **Direktor(in)** M(F) direktör; **geschäftsführender ~** verkställande direktör, VD; Schule rektor
Direktübertragung F direktsändning **Direktverbindung** F direktförbindelse
Dirigent(in) M(F) dirigent **dirigieren** V/T dirigera
Dirndl(kleid) N dirndl
Dirne F hora
Disco F disko n
Diskette F diskett **Diskettenlaufwerk** N diskettstation
Diskontsatz M diskontosats
Diskothek F diskotek n
diskret ADJ diskret **Diskretion** F diskretion
diskriminieren V/T diskriminera **Diskriminierung** F diskriminering
Diskus M diskus
Diskussion F diskussion; **zur ~ stellen** ta upp till diskussion; **zur ~ stehen** diskuteras

Diskuswerfer(in) M/F diskuskastare
diskutabel ADJ diskutabel **diskutieren** V/T, V/I diskutera
Display N IT display
disponieren V/I disponera **Disposition** F disposition
disqualifizieren V/T diskvalificera **Disqualifizierung** F diskvalificering
dissen umg V/T dissa
Dissertation F dissertation
Dissident(in) M/F dissident
Dissonanz F dissonans
Distanz F distans a. fig **distanzieren** V/R **sich ~ von** (dat) ta avstånd från ngt; SPORT distansera
Distel F tistel **Distelfink** M ZOOL steglitsa
Distrikt M distrikt n
Disziplin F a. Fach disciplin **diszipliniert** ADJ disciplinerad **disziplinlos** ADJ utan disciplin
dito ADV dito
Dividende F utdelning, dividend **dividieren** V/T, V/I dividera
Division F a. MIL division
DJ M diskjockey, dj
d.J. ABK (= dieses Jahres) d. å., detta år
doch A KONJ ändå, dock, i alla fall, likväl B ADV nach verneinter Frage jo; unbetont väl, ju; **ja ~!** jo visst!; **nicht ~!** å nej!, visst inte!
Docht M veke
Dock N (skepps)docka
Dogge F dogg
Dogma N dogm **dogmatisch** ADJ dogmatisk
Dohle F kaja
Doktor(in) M/F doktor; **~ der Medizin, Rechte** etc medicine, juris doktor; **seinen ~ machen** doktorera **Doktorand(in)** M/F doktorand **Doktorarbeit** F doktorsavhandling
Doktrin F doktrin
Dokument N dokument n; papper, handlingar **Dokumentarfilm** M dokumentärfilm **dokumentieren** V/T visa, dokumentera **Dokumentvorlage** F IT dokumentmall **Doku-Soap** F dokusåpa
Dolch M dolk
Dollar M dollar
dolmetschen V/T, V/I tolka **Dolmetscher(in)** M/F tolk
Dom M domkyrka, katedral

Domain F IT domän
Domäne F domän a. fig
dominieren V/T dominera
Domino A N Spiel domino n B M domino
Domizil N hemvist, bostad
Dompfaff M ZOOL domherre
Dompteur(in) M/F domptör
Döner M, **Döner Kebab** M kebab
Donner M åska, dunder n **donnern** V/I åska; fig dundra **Donnerschlag** M åskslag n, åskknall
Donnerstag M torsdag **donnerstags** ADV på torsdagarna
Donnerwetter fig N **~!** jäklar (anamma)!; det var som tusan!
doof umg ADJ dum, fånig; långtråkig
dopen V/T, V/I SPORT dopa **Doping** N dop(n)ing **Dopingtest** N dop(n)ingtest
Doppel N Kopie dubblett; SPORT dubbel **Doppelbett** N dubbelsäng **Doppeldecker** M dubbeldäckare **doppeldeutig** ADJ tvetydig **Doppelfenster** N dubbelfönster n **Doppelgänger(in)** M/F dubbelgångare **Doppelklick** M COMPUT dubbelklick n **doppelklicken** V/I COMPUT dubbelklicka **Doppelname** M dubbelnamn n **Doppelpunkt** M kolon n **doppelseitig** ADJ dubbelsidig **Doppelstecker** M dubbelkontakt **doppelt** ADJ a. Buchführung dubbel; das Doppelte det dubbla; **~ so viel** dubbelt så mycket **Doppelverdiener** PL sie sind ~ de förvärvsarbetar båda två **Doppelzentner** M hundra kilo **Doppelzimmer** N dubbelrum n
Dorf N by **Dorfbewohner(in)** M/F bybo **dörflich** ADJ by-, lantlig **Dorftrottel** M byfåne
Dorn M 1 tagg, törne n; **ein ~ im Auge** fig en nagel i ögat 2 TECH pigg, dubb **Dornenkrone** F törnekrona **Dornenstrauch** M törnbuske **dornig** ADJ törnig, taggig **Dornröschen** N Törnrosa
dörren V/T, V/I torka **Dörrobst** N torkad frukt
Dorsch M torsk
dort ADV där, där borta **dorther** ADV **von ~** därifrån **dorthin** ADV dit(åt) **dortig** ADJ lokal
Dose F burk; dosa, ask

dösen VI dåsa, slöa
Dosenbier N burköl **Dosenmilch** F kondenserad mjölk (på burk) **Dosenöffner** M burköppnare, konservöppnare
dosieren VT dosera **Dosis** F dos
dotieren VT dotera
Dotter M *od* N äggula
down ADJ ~ **sein** vara nere; vara slutkörd
Download M IT nedladdning **downloaden** VT IT ladda ned
Downsyndrom N MED Downs syndrom, trisomi 21
Dozent(in) M(F) lärare på högre nivå, *t.ex.* vid universitet *el.* högskola; *a.* lektor; docent
Dr. ABK (= Doktor) dr., doktor
Drache M drake **Drachen** M *Papierdrachen* drake; *Person* ragata **Drachenfliegen** N SPORT hängflygning
Dragee N MED dragé
Draht M tråd; telefonförbindelse; **der heiße** ~ heta linjen; **auf** ~ **sein** vara på alerten; **ein direkter** ~ *fig* mycket goda förbindelser **drahtig** *fig* ADJ senig; spänstig **drahtlos** ADJ trådlös **Drahtseilbahn** F linbana **Drahtzaun** M trådstängsel *n* **Drahtzieher(in)** *fig* M(F) den som står bakom och drar i trådarna
drakonisch ADJ drakonisk
drall ADJ trind, knubbig
Drall M rotation; *fig* dragning, tendens
Drama N drama *n a. fig* **Dramatik** F dramatik *a. fig* **dramatisch** ADJ dramatisk **dramatisieren** VT dramatisera **Dramaturgie** F dramaturgi
dran *umg* ADV ~ **sein** vara på tur; **sie ist** ~ det är hennes tur; **übel** ~ **sein** vara illa däran; **er ist arm** ~ han har det svårt; **an der Sache ist was** ~ det ligger något i det; → **daran**
Dränage F täckdikning, dränering
dranbleiben VI an etw F ~ fortsätta med ngt
Drang M längtan, trängtan, begär *n*; *Bedrängnis* trångmål *n*, (be)tryck *n* **drängeln** A VT *fig* tjata på B VI tränga på, trängas, knuffas **drängen** A VT *drücken* tränga, trycka, pressa; *antreiben* driva på B VI ~ **auf** (*akk*) propsa på; **auf** (*akk*) **etw** ~ insistera på ngt; **die Zeit drängt** det är bråttom C VR sich ~ trängas
dranhalten VR sich ~ *umg* sno sig
drankommen VI *jetzt* komme ich dran nu är det min tur **drannehmen** *umg* VT ta hand om, expediera; *Schule* ge frågan till
drastisch ADJ drastisk
drauf *umg* ADV ~ **und dran sein zu ...** vara nära att ...; **gut** ~ **sein** *Körper* vara i bra form; *Laune* vara på gott humör; → **darauf Draufgänger(in)** M(F) gåpåare **draufgehen** *umg* VI gå åt, stryka med **draufhaben** *umg* VT **was** ~ vara duktig **drauflos** ADV immer ~! gå på bara! **draufzahlen** VT, VI lägga emellan; betala mer
draußen ADV därute, utanför; *im Freien* ute, i det fria, utomhus
drechseln VT svarva
Dreck M smuts, skit, lort; *umg Plunder* smörja, småsak, skitsak; **das geht dich einen** ~ **an** det ska du skita i; **macht euren** ~ **allein!** *fig* nu skiter jag i er! **dreckig** ADJ smutsig, lortig, skitig; taskig; oanständig; **sich** ~ **machen** smutsa ner sig; **es geht ihm sehr** ~ han har det för djävligt **Drecksau** *vulg* F svin *n*, kräk *n*
Dreh M knep *n*, trick *n*; **den** ~ **herausheben** känna till knepet **Dreharbeiten** F/PL filminspelning **Drehbank** F svarv **Drehbrücke** F svängbro **Drehbuch** N scenario *n*, filmmanus *n* **Drehbühne** F vridscen **drehen** A VT, VI vända, svänga; TECH svarva; *Film* spela in B VR sich ~ vrida sig, vända sig, rotera; **es dreht sich um** *fig* det handlar om, det gäller; **sich** ~ **und wenden** svänga sig **Dreher(in)** M(F) svarvare **Drehorgel** F positiv *n* **Drehscheibe** F drejskiva **Drehtür** F svängdörr **Drehung** F vridning, vändning; *Umdrehung* varv *n* **Drehzahl** F varvtal *n*
drei NUM tre **Drei** F trea; *Schulnote* ≈ C/D; ~ **Viertel** tre fjärdedels, tre kvarts; *Uhrzeit* **es ist** ~ **viertel zwei** klockan *od* hon *od* den är kvart i tre **dreibeinig** ADJ trebent **dreidimensional** ADJ tredimensionell **Dreieck** N triangel, trehörning, trekant **dreieckig** ADJ trehörnig, trekantig **dreieinhalb** NUM tre och en halv **Dreieinigkeit** F REL treenighet **Dreier** *umg* M trea; *Ge-*

schlechtverkehr trekant **dreifach** ADJ trefaldig, tredubbel **dreifarbig** ADJ trefärgad **Dreigangschaltung** F ein Rad mit ~ en treväxlad cykel **Drei-Gänge-Menü** N trerättersmeny **dreihundert** NUM tre hundra **Dreikäsehoch** M parvel **Dreikönige** N trettondagen (best Form) **dreimal** ADV tre gånger
dreinblicken VI titta; **böse ~ se argut, titta argt **dreinreden** VI överall ~ umg lägga sig i allt
Dreirad N trehjuling **dreispurig** ADJ trefilig, med tre körfält
dreißig NUM trettio; **mit ~ fahren** köra i trettio; **~ hat sie geheiratet** när hon var trettio gifte hon sig; **er ist Mitte ~** han är i trettiofemårsåldern **dreißigjährig** ADJ trettioårig **Dreißigjährige(r)** M/F(M) trettioåring
dreist ADJ dristig, djärv
dreistellig ADJ tresiffrig
Dreistigkeit F dristighet, djärvhet
dreistufig ADJ i tre etapper **Dreitagebart** M skäggstubb **dreitägig** ADJ tre dagars **dreiteilig** ADJ tredelad **Dreiviertelstunde** F tre kvarts timme; **er kommt in einer ~** han kommer om en trekvart **dreiwöchig** ADJ tre veckors
dreizehn NUM tretton
Dreizimmerwohnung F trerumslägenhet, trea
Dresche umg F smörj n **dreschen** VT tröska; umg prügeln klå upp **Dreschmaschine** F tröskverk n
dressieren VT dressera **Dressur** F dressyr
dribbeln VI SPORT dribbla
Drill M a. MIL u. fig drill **drillen** VT, VI a. MIL u. fig drilla; fig **auf etw gedrillt sein** vara inkörd på ngt
Drilling M trilling
drin umg ADV inne; **das ist nicht ~** det finns inte en chans, det kommer inte på fråga; → **darin**
dringen VI tränga; **in etw** (akk) **~** tränga in i ngt **dringend** A ADJ brådskande; angelägen B ADV absolut; omedelbart; **Verdacht** stark **Dringlichkeit** F vikt, prioritet
Drink M drink
drinnen ADV därinne, innanför
dritt ADV **zu ~** tre stycken, på tre man

hand **dritte(r, s)** ADJ tredje; **der ~ Gang** treans växel; **jede ~ Woche** var tredje vecka **Drittel** N tredjedel **dritteln** VT tredela **drittens** ADV för det tredje
Dr. jur. ABK (= doctor juris) jur. dr., juris doktor
DRK ABK N (= Deutsches Rotes Kreuz) Röda korset
Dr. med. ABK (= doctor medicinae) med. dr., medicine doktor
Droge F drog; **~ n** a. narkotika, knark **drogenabhängig** ADJ drogberoende; **~ sein** knarka **Drogenabhängige(r)** M/F(M) drogmissbrukare, knarkare **Drogenhändler(in)** M/F knarklangare **Drogensüchtige(r)** umg M/F(M) narkoman, narkotikamissbrukare, knarkare **Drogenszene** F knarkarkretsar pl
Drogerie F ≈ parfymaffär **Drogist(in)** M/F Angestellte(r) expedit i parfymaffär; Inhaber(in) ägare i parfymaffär
Drohbrief M hotelsebrev n
drohen VI ⟨dat⟩ hota **drohend** ADJ hotande
Drohne F drönare; fig latmask
dröhnen VI dåna, dundra, mullra
Drohung F hotelse
drollig ADJ komisk, lustig, rolig
Dromedar N dromedar
Drops M/PL saure ~ syrliga karameller
Drossel F ZOOL trast
drosseln VT TECH fig strypa, a. minska, skära ner
Dr. phil. ABK (= doctor philosophiae) fil. dr., filosofie doktor
drüben ADV där borta, på andra sidan
Druck A M ⟨kein pl od ~e⟩ tryck n; fig påtryckning, press; **in (den) ~ geben** lämna till tryck(ning); **unter ~ stehen** stå under press; **im ~ sein** ha ont om tid; **j-n unter ~ setzen** sätta press på ngn B M ⟨pl ~e⟩ PHYS tryck n **Druckbuchstabe** M tryckbokstav
drucken VT, VI trycka
drücken A VT, VI trycka; fig a. tynga; klämma; pressa; krama B V/R **sich ~ weggehen** hålla sig undan, smita; **sich ~ vor** ⟨dat⟩ smita ifrån ngt **drückend** ADJ kvavt, tryckande; fig betungande
Drucker M IT skrivare, printer
Drücker M Tür handtag n; Gewehr av-

tryckare; ELEK knapp; **am ~ sein** *umg* hålla i trådarna; **auf den letzten ~** *umg* i sista minuten
Druckerei F̲ tryckeri *n* **Druckerpatrone** F̲ Tinte bläckpatron; Toner tonerkassett **Druckfehler** M̲ tryckfel *n* **Druckknopf** M̲ *a.* ELEK tryckknapp **Druckluft** F̲ tryckluft **Druckmittel** N̲ påtryckningsmedel *n* **druckreif** ADJ tryckfärdig **Drucksache** F̲ trycksak **Druckschrift** F̲ tryckstil; **in ~ schreiben** texta; **bitte in ~ ausfüllen** var god texta **Druckverband** M̲ tryckförband *n*
drum *umg* ADV **mit allem Drum und Dran** med allt som hör till; *umg* **sei's ~!** strunt samma!; → **darum**
drunter *umg* ADV **~ und drüber gehen** gå huller om buller; → **darunter**
Drüse F̲ körtel
Dschungel M̲ *od* N̲ djungel
Dtzd. ABK (= Dutzend) duss., dussin *n*
du PERS PR, (*in Briefen*) Du du; **wir sind per Du** vi säger du till varandra
Dübel M̲ plugg
dubios ADJ dubiös
Dublette F̲ dubblett, duplett
ducken V/T ducka; **sich ~** huka sig; *fig* foga sig, lyda
Dudelsack M̲ säckpipa
Duell N̲ duell **duellieren** V/R **sich ~** duellera
Duett N̲ duett
Duft M̲ doft; lukt **duften** V/I dofta (**nach** *etw* ngt)
dulden V/T tåla, tillåta, finna sig i; tolerera **Duldung** F̲ tolererande *n*
dumm ADJ dum; *unangenehm* förarglig, tråkig; **~es Zeug** dumheter; **das wird mir zu ~** nu går det för långt; **willst du mich für ~ verkaufen?** tror du att jag är dum, va?; **~ stellen** spela dum **dummerweise** ADV dumt nog **Dummheit** F̲ dumhet **Dummkopf** M̲ dumbom, dumskalle
dumpf ADJ dov; Luft kvalmig, instängd, unken; Gefühl obestämd, dunkel
Düne F̲ sanddyn
Düngemittel N̲ gödningsmedel *n* **düngen** V/T göda, gödsla **Dünger** M̲ gödsel, dynga
dunkel ADJ mörk; finster mörk, dyster; unklar dunkel, otydlig, oklar **Dunkel** N̲ mörker *n*, dunkel *n*; **etw im ~n lassen** lämna i ovisshet
Dünkel M̲ arrogans, högfärd
dunkelblau ADJ mörkblå **dunkelblond** ADJ mörkblond **Dunkelheit** F̲ mörker *n* **Dunkelkammer** F̲ mörkrum *n* **Dunkelziffer** F̲ mörkertal *n*
dünn ADJ tunn; schmächtig smal; **~ bevölkert** glest befolkad; **~ besiedelt** glesbefolkad **Dünndarm** M̲ tunntarm **dünnflüssig** ADJ tunn(flytande) **dünnmachen** V/R **sich ~** *umg* sticka, smita
Dunst M̲ dunst; Dampf ånga, imma; Rauch rök; Nebel dis *n*; **davon hat er keinen** (blassen) **~** det har han inte den (blekaste) aning om **Dunstabzugshaube** F̲ köksfläkt
dünsten V/T braten bryna, fräsa i smör; kochen koka i lite vatten
Dunstglocke F̲ ≈ smog **dunstig** ADJ disig
Duo N̲ duo
Duplikat N̲ dublikat *n*
Dur N̲ MUS dur *n*
durch A PRÄP ⟨akk⟩ räumlich (i)genom; mittels med; Ursache av; WIRTSCH per; **~ Zufall** av en slump B ADV igenom; GASTR genomstekt; **~ und ~** helt och hållet, alltigenom; **das ganze Jahr ~** under hela året; **mit etw ~ sein** vara färdig med ngt; **darf ich bitte ~?** skulle jag kunna få komma förbi? **durcharbeiten** A V/I arbeta/gå igenom, grundligt bearbeta; arbeta i ett sträck B V/R **sich ~** arbeta sig fram (*od* igenom); *fig* bana sig väg
durchaus ADV fullständigt, helt och hållet; unbedingt absolut, ovillkorligen; **~ nicht** absolut inte, på inga villkor; **~ möglich** mycket möjligt
durchbeißen A V/T bita itu B V/R **sich ~** *fig* slå sig fram
durchblättern V/T bläddra igenom
Durchblick M̲ överblick; **den ~ verlieren** inte hänga med längre **durchblicken** V/I se (tvärs) igenom; vorschauen skymta fram; *fig* *umg* fatta; **~ lassen** *fig* antyda; skina; *umg* **ich blicke nicht mehr durch** jag förstår ingenting längre
durchblutet ADJ gut **~ werden** ha en bra blodförsörjning **Durchblutung** F̲ blodcirkulation
'durchbohren¹ V/T borra igenom

durch'bohren² *VT* Wand, Brett, a. fig genomborra; **j-n mit Blicken ~** ge ngn mördande blickar
durchboxen *umg* *VR* driva fram/igenom; **sich ~** slå sig fram
durchbraten *VT, VI* genomsteka(s)
'durchbrechen¹ *VI* bryta igenom
durch'brechen² *VT* bryta itu/sönder; Hindernis forcera; Schallmauer passera
durchbrennen *VI* ELEK gå sönder; fig *umg* rymma
durchbringen A *VT* j-n lyckas rädda; etw genomdriva; Vermögen göra slut på, slösa bort B *VR* **sich nur mühsam ~** klara sig med nöd och näppe
Durchbruch *M* genombrott *n*
durchdenken *VT* noga överväga
durchdrehen A *VT* Fleisch mala B *VI* Person *umg* bli tokig
durch'dringen¹ *VT* Sonne, Regen tränga igenom; Problem, Thema penetrera; Gefühl, Idee uppfylla
'durchdringen² *VI* Vorschlag gå igenom; (≈ hindurchkommen) tränga igenom; (≈ seine Absicht erreichen) lyckas; **mit etw (dat) ~** få igenom ngt; **zu j-m ~** nå fram till ngn **durchdringend** *ADJ* genomträngande
durchdrücken *VT* trycka genom; fig driva igenom
durcheinander *ADJ* huller om buller, om vartannat; **ganz ~ sein** vara alldeles förvirrad **Durcheinander** *N* virrvarr *n* **durcheinanderbringen** *VT* etw blanda/röra ihop; j-n göra ngn förvirrad
durchfahren *VT* fara/resa igenom **Durchfahrt** *F* genomfart, genomresa; Weg passage; **auf der ~** vara på genomresa **Durchfahrtsstraße** *F* genomfartsväg
Durchfall *M* MED diarré; fig *umg* flop, fiasko *n* **durchfallen** *VI* falla igenom; Prüfung bli underkänd, inte klara sig
durchfinden *VI, VR* **sich ~** hitta vägen; fig **sich nicht mehr ~** inte fatta någonting **durchfliegen** A *VT* flyga igenom; (≈ flüchtig lesen) ögna igenom B *VI* flyga igenom; *umg* Prüfung kugga, köra **durchfließen** A *VT* flyta genom B *VI* rinna igenom **durchfragen** *VR* **sich ~** fråga sig fram
Durchfuhr *F* transitering **durchführbar** *ADJ* genomförbar, möjlig durch'führen *VT* föra igenom 'durchführen *VT* fig genomföra, utföra **Durchführung** *F* genomförande *n*, utförande *n*
Durchgang *M* passage, genomgång; SPORT omgång **durchgängig** A *ADJ* genomgående B *ADV* allmänt **Durchgangsverkehr** *M* genomfartstrafik
durchgebraten *ADJ* genomstekt
durchgefroren *ADJ* genomfrusen
durchgehen A *VT* Thema, Buch gå igenom, granska B *VI* passieren gå igenom, passera; angenommen werden gå igenom, bli antagen; weglaufen rymma; Pferd skena; **j-m etw ~ lassen** fig se genom fingrarna med ngn **durchgehend** *ADJ* genomgående; **~ geöffnet** öppet hela dagen
durchgreifen *VI* sticka handen igenom; fig vidta åtgärder, ta i med hårdhandskarna **durchgreifend** *ADJ* genomgripande
durchhalten A *VI* hålla ut (till slut) B *VT* Tempo hålla; **etw (bis zum Schluss) ~** klara sig igenom
durchhängen *VI* bågna; fig *umg* vara helt slut
durchkämmen *VT* kamma igenom; fig a. finkamma
durchkämpfen *VR* **sich ~** slå sig fram, arbeta sig upp
durchkommen *VI* komma igenom; fig Patient etc klara sig; **damit kommt er bei mir nicht durch** med det kommer han ingen vart med mig
'durchkreuzen¹ *VT* kryssa över
durch'kreuzen² *VT* quer durchfahren korsa, färdas tvärs igenom; Pläne etc sätta stopp för
Durchlass *M* passage, öppning, genomgång **durchlassen** *VT* släppa igenom (od fram) **durchlässig** *ADJ* ej vattentät, otät
Durchlauf *M* COMPUT körning; SPORT heat *n* **durch'laufen**¹ *VT* Gebiet springa igenom; Strecke tillryggalägga, avverka; Ausbildung gå igenom; Stadien genomgå **'durchlaufen**² A *VT* Schuhe nöta hål på B *VI* Flüssigkeit rinna igenom **Durchlauferhitzer** *M* varmvattensberedare
durchleben *VT* genomleva, uppleva
durchlesen *VT* läsa igenom
durchleuchten A *VT* genomlysa; fig

reda ut, bringa klarhet i; MED röntga **B** V/I lysa igenom
durchliegen V/T sich ~ få liggsår
durchmachen V/T uppleva, gå igenom, utstå, vara med om; hålla på; **die ganze Nacht** ~ hålla i gång hela natten
Durchmarsch M genommarsch; *umg* (≈ *Durchfall*) diarré **durchmarschieren** V/I marschera igenom
Durchmesser M diameter
durchmüssen V/I vara tvungen att komma igenom
durchnässt ADJ genomsur, genomvåt
durchnehmen V/T gå igenom
durchqueren V/T korsa, resa (*od* fara) igenom
durchrasseln *umg* V/I köra, bli kuggad
durchrechnen V/T räkna igenom
Durchreise F genomresa; **auf der** ~ på genomresa **durchreisen** V/T resa igenom
durchreißen **A** V/T riva (*od* slita) sönder **B** V/I gå sönder
durchringen V/R sich ~ zu (dat) kämpa sig fram till
durchrosten V/I rosta sönder
Durchsage F meddelande *n* **durchsagen** V/T meddela
durchsägen V/T såga igenom/av
'**durchschauen**¹ V/I se/titta igenom
durch'schauen² V/T *Absichten etc* genomskåda
durchscheinen V/I skina (*od* lysa) igenom **durchscheinend** ADJ genomskinlig
durchscheuern V/T, V/R gnida (skava) hål på
durchschlafen V/I sova hela natten
Durchschlag M *Sieb* durkslag *n*; *Kopie* kopia **durchschlagen** **A** V/T slå igenom; *beschädigen* slå hål på **B** V/I *Wirkung haben* vinna gehör, ha verkan **C** V/R sich ~ slå sig igenom **durchschlagend** ADJ *Erfolg* genomgripande, avgörande **Durchschlagskraft** F genomslagskraft; *fig* slagkraft
durchschneiden V/T skära igenom/av; *mit Schere* klippa av; *Fläche* genomkorsa, genomskära **Durchschnitt** M genomskärning; *Mittelwert* genomsnitt *n*, medeltal *n*; **im** ~ i medeltal, i genomsnitt **durchschnittlich** **A** ADJ genomsnittlig **B** ADV i genomsnitt
Durchschnittsbürger(in) M(F) genomsnittsmänniska, medelmåtta
Durchschnittsgeschwindigkeit F medelhastighet **Durchschnittsmensch** M genomsnittsmänniska *f* **Durchschnittswert** M medelvärde *n*
Durchschrift F genomslagskopia
durchschwitzen V/T durchgeschwitzt genomsvettig
durchsehen V/T se igenom; granska
'**durchsetzen**¹ **A** V/T *Maßnahme, Plan* driva igenom, genomföra; *Antrag, Willen* få igenom **B** V/R *Idee* vinna terräng; **sich** ~ få sin vilja fram, hävda sig
durch'setzen² V/T *fig* späcka, blanda upp; *fig* **etw mit etw** ~ späcka ngt med ngt
Durchsicht F genomgång, granskning **durchsichtig** ADJ genomskinlig *a. fig*
durchsprechen V/T diskutera, dryfta
durchstehen *fig* V/T stå ut med
durchstöbern V/T snoka igenom
'**durchstoßen**¹ V/T stöta igenom; **etw durch etw** ~ stöta ngt genom ngt
durch'stoßen² V/T genomborra
durchstreichen V/T stryka över
durchstreifen V/T ströva genom ngt
'**durchströmen**¹ V/I strömma igenom
durch'strömen² V/T genomströmma
durchsuchen V/T söka (*od* leta) igenom **Durchsuchung** F genomsökning; *Hausdurchsuchung* husrannsakan
durchtrieben ADJ slipad, inpiskad
durchwachsen ADJ *Fleisch* randigt; *umg* blandad
Durchwahl F TEL direktnummer *n* **durchwählen** V/I TEL slå direkt
durchweg ADV genomgående, alltigenom
durchwühlen V/T böka (rota, snoka) igenom
durchwursteln V/R sich ~ hanka sig fram
durchzählen V/T räkna igenom
'**durchziehen**¹ V/T **1** dra igenom **2** *umg* (≈ *erledigen*) genomföra
durch'ziehen² V/T (≈ *durchqueren*) tåga/marschera igenom; *Thema* gå igenom **Durchzug** M genomtåg *n*; *Luft* korsdrag *n*
dürfen V/I AUX få (lov); *ausgehen* ~ få gå

ut; **darf ich fragen?** får jag lov att fråga?; **wenn ich bitten darf** om jag får besvära; *Bitte* skulle jag kunna få ...; **es dürfte (nicht) schwer sein** det torde (inte) vara svårt

dürftig ADJ torftig; fattig **Dürftigkeit** F torftighet; fattigdom

dürr ADJ *trocken* torr, förtorkad; *mager* mager, utmärglad **Dürre** F torrhet; torka

Durst M törst; **~ haben** vara törstig; **~ auf** (*akk*) sugen på **dürsten** VIT *a. fig* törsta (**nach** *dat* efter) **durstig** ADJ törstig **durstlöschend** ADJ, **durststillend** törstsläckande, läskande **Durststrecke** F hårda tider, magra år

Dusche F dusch **duschen** VIT, V/R duscha **Duschgel** N duschgelé *a. fig* **Duschkabine** F duschkabin

Düse F munstycke n

Dusel M *Schwindel* yrsel; *Schläfrigkeit* dåsighet; *umg Glück* tur

düsen *umg* VIT sticka (i full fart) **Düsenantrieb** M jetdrift **Düsenflugzeug** N jetplan *n* **Düsenjäger** M jetjaktplan *n*

Dussel *umg* M fåntratt

düster ADJ dyster, mörk; *fig* sorgsen

Dutzend N dussin *n* **Dutzendware** F dussinvara **dutzendweise** *umg* F ADV massvis

duzen VIT j-n ~ dua ngn

DVD F dvd **DVD-Player** M dvd-spelare **DVD-Rekorder** M dvd-inspelare

Dynamik F dynamik **dynamisch** ADJ dynamisk, driftig, expansiv

Dynamit N dynamit

Dynamo M dynamo

Dynastie F dynasti

D-Zug® M ≈ snälltåg *n*

E

E, e N **E, e** *n*

Ebbe F ebb; **~ und Flut** ebb och flod, tidvatten *n*

eben A ADJ jämn; *glatt* slät; **zu ~er Erde** i jämnhöjd med marken; *Wohnung* på bottenvåningen B ADV just, precis; *zeitlich* just nu, nyss; **das ist es ~** det är just det **ebenbürtig** ADJ jämbördig **Ebene** F slätt; MATH plan *n*; *fig* nivå, plan *n* **ebenerdig** ADJ i marknivå **ebenfalls** ADV likaså, också; **(danke,) ~!** (tack,) detsamma!

Ebenholz N ebenholts *a. n*

ebenso ADV lika(så); *vor adj* lika; **~ ... wie** lika ... som; **~ gut** lika bra; **~ oft** lika ofta; **~ viel** lika mycket

Eber M galt

Eberesche F rönn

ebnen VIT jämna *a. fig*

E-Book N IT e-bok **E-book-Reader** M läsplatta

EC-Karte F bankkort *n*

Echo N eko *n*; *fig* respons, gensvar *n* **Echolot** N ekolod *n*

echt A ADJ äkta; *wahr* verklig, riktig, sann B ADV *umg* verkligen; *umg* typiskt; **~?** menar du verkligen det?; **das ist ~ gut** det är jättebra; *Essen* det är jättegott **Echtheit** F äkthet

Eckball M SPORT hörna **Ecke** F hörn *n*, vrå; *Hausecke* (hus)knut; *Fußball* hörna; **an allen ~n (und Enden)** på alla håll (och kanter); **um die ~ biegen** svänga om hörnet **Eckhaus** N hörnhus *n* **eckig** ADJ kantig; *unbeholfen* klumpig **Ecklohn** M baslön **Eckpfeiler** M hörnpelare **Eckstein** M hörnsten **Eckzahn** M hörntand

E-Commerce N IT näthandel

Economyclass F ekonomiklass

Ecstasy F ecstasy; **~ nehmen/schlucken** ta ecstasy

edel ADJ ädel **Edelmetall** N ädelmetall **Edelstahl** M rostfritt stål *n* **Edelstein** M ädelsten **Edeltanne** F silvergran **Edelweiß** N edelweiss

Editor M IT redigerare

EDV ABK F (= elektronische Datenverarbeitung) ADB, automatisk databehandling **EDV-Anlage** F ADB-anläggning
Efeu M murgröna
Effeff N aus dem ~ können kunna ngt på sina fem fingrar
Effekt M effekt
Effekten PL värdepapper n/pl
effektiv A ADJ effektiv; verklig B ADV verkligen; umg absolut **Effektivlohn** M reallön **effektvoll** ADJ effektfull
EG ABK (= Erdgeschoss) bv (bottenvåning)
egal ADJ, ADV lik(formig); lika, likgiltig; **das ist mir total ~** det spelar absolut ingen roll för mig
Egel M igel
Egge F harv
Ego N ego n **Egoismus** M egoism **Egoist(in)** M(F) egoist **egoistisch** ADJ egoistisk
ehe KONJ innan, förrän
Ehe F äktenskap n; **Kind aus erster ~** barn ur första äktenskapet **Eheberatung** F äktenskapsrådgivning **Ehebett** N dubbelsäng, äkta säng **Ehebruch** M äktenskapsbrott n **Ehefrau** F (äkta) maka, hustru **Eheleute** PL äkta makar pl **ehelich** ADJ äktenskaplig
ehemalig ADJ förutvarande, före detta, tidigare **ehemals** ADV förr, förut
Ehemann M äkta man, make **Ehepaar** N gift par n, äkta par n
eher ADV förr; früher a. tidigare; snarare; hellre
Ehering M vigselring **Eheschließung** F giftermål n **Ehestand** M äkta stånd n
eheste(r, s) ADJ **am ~n** först, snarast; am leichtesten lättast; **zum ~n Termin** vid första bästa tillfälle
Ehevertrag M äktenskapsförord n
ehrbar ADJ ärbar **Ehre** F ära; heder; **in allen ~n** i all anständighet; **ich habe die ~** jag har äran; **j-m ~ erweisen** hedra ngn; **in ~n halten** hedra, hålla i ära; **zu ~n** (gen) till ...s ära **ehren** VT ära; verehren hedra **Ehrenamt** N hederspost **ehrenamtlich** ADJ ideell, frivillig, oavlönad **Ehrendoktor(in)** M(F) hedersdoktor **ehrenhaft** ADJ hederlig **Ehrenmitglied** N hedersledamot **Ehrenplatz** M hedersplats **Ehrenpreis** M hederspris n; BOT ärenpris **Ehrenrechte** N/PL bürgerliche ~ medborgerliga rättigheter pl **Ehrenrunde** F ärevarv n **Ehrensache** F hederssak **Ehrenwort** N hedersord n; **auf ~** på hedersord; **~!** jag lovar!
ehrerbietig ADJ vördnadsfull **Ehrfurcht** F vördnad **ehrfürchtig** ADJ vördnadsfull **Ehrgefühl** N hederskänsla **Ehrgeiz** M ambition, äregirighet **ehrgeizig** ADJ ambitiös, äregirig **ehrlich** ADJ ärlig, hederlig; **~?** umg verkligen?; **~!** det är säkert!; **mal ~!** på allvar nu! **Ehrlichkeit** F ärlighet, hederlighet **ehrlos** ADJ ärelös **Ehrung** F hedersbetygelse, hyllning **ehrwürdig** ADJ ärevördig
ei INTER Verwunderung nej titta
Ei N ägg n; **weiches ~** löskokt ägg; **einander wie ein ~ dem andern gleichen** fig likna varandra som två bär; **wie aus dem ~ gepellt** välklädd och prydlig
Eibe F idegran
Eiche F ek **Eichel** F ekollon n; ANAT ollon n **Eichelhäher** M nötskrika
eichen VT justera
Eichenholz N ekträ n **Eichhörnchen** N ekorre
Eid M ed; **einen ~ leisten** avlägga ed; **an ~es statt** under edlig förpliktelse; **unter ~** under ed
Eidechse F ödla
Eiderdaunen F/PL ejderdun n
Eidgenosse M, **Eidgenossin** F schweizisk medborgare **eidgenössisch** ADJ schweizisk
Eidotter M äggula **Eierbecher** M äggkopp **Eierkuchen** M pannkaka **Eierlikör** M äggtoddy **Eierlöffel** M äggsked **Eierschale** F äggskal n **Eierstock** M ANAT äggstock **Eieruhr** F äggklocka
Eifer M iver, nit **Eifersucht** F svartsjuka; Neid avund(sjuka) **eifersüchtig** ADJ svartsjuk; avundsjuk
eiförmig ADJ äggformig, oval
eifrig ADJ ivrig, nitisk
Eigelb N äggula
eigen ADJ egen; kennzeichnend utmärkande, karakteristisk; seltsam egendomlig, besynnerlig, (sär)egen; wählerisch noga, kinkig; **sich etw zu ~ ma-**

chen tillägna sig ngt **Eigenart** F egenart, särart **eigenartig** ADJ egenartad, egendomlig **Eigenbedarf** M eget behov n **Eigenbesitz** M egendom **Eigenbrötler(in)** M|F enstöring **eigenhändig** ADJ egenhändig **Eigenheim** N småhus n, villa **Eigenheit** F egen(domlig)het **Eigeninitiative** F eget initiativ n **Eigenleben** N (ett) eget liv **Eigenlob** N självberöm n **eigenmächtig** ADJ egenmäktig, självrådig **Eigenname** M egennamn n **Eigennutz** M egennytta **eigennützig** ADJ egennyttig **eigens** ADV särskilt **Eigenschaft** F egenskap; in der ~ als i egenskap av **Eigensinn** M egensinne n, envishet **eigensinnig** ADJ egensinnig, envis **eigenständig** ADJ självständig, oberoende **eigentlich** A ADJ egentlig, verklig B ADV egentligen
Eigentor N SPORT självmål n
Eigentum N egendom **Eigentümer(in)** M|F ägare **eigentümlich** ADJ egendomlig; typisk, karakteristisk **Eigentümlichkeit** F egendomlighet **Eigentumswohnung** F ≈ andelslägenhet, lägenhet med äganderätt; eine ~ kaufen köpa en lägenhet
eigenwillig ADJ egensinnig
eignen V|R sich ~ lämpa sig (zu dat), (für akk för); → geeignet **Eignung** F lämplighet; kvalifikation **Eignungstest** M lämplighetstest (n)
Eiland N holme, ö
Eilbote M durch ~n express **Eilbrief** M expressbrev n **Eile** F hast, brådska; in ~ sein ha bråttom; es hat (keine) ~ det är (inte) bråttom
Eileiter M ANAT äggledare
eilen V|I brådska, vara bråttom; skynda, ila; es eilt det är bråttom; eilt! brådskande; eile mit Weile sakta i backarna **eilig** ADJ skyndsam, hastig, snabb; dringlich brådskande; es ~ haben ha bråttom **Eilsendung** F expressförsändelse **Eilzug** M snabbgående (person)tåg n
Eimer M hink; im ~ sein umg ha gått åt pipan **eimerweise** ADV hinkvis
ein¹ A UNBEST ART en; ett-Wort ett; ~ Auto en bil; ~ Haus ett hus; ~es (schönen) Tages en (vacker) dag; → eine(e,

s) B NUM en; ett-Wort ett; ~ für alle Mal en gång för alla; ~ Uhr klockan ett; das ~e oder andere den/det ena eller andra
ein² ADV an Gerät ~ /aus till/från, på/av; weder ~ noch aus wissen veta varken ut eller in
Einakter M enaktare
einander PRON varandra
einarbeiten V|R sich ~ in (akk) etw ~ arbeta (od sätta) sig in i ngt
einarmig ADJ enarmad
einäschern V|T j-n kremera; bränna ned **Einäscherung** F kremering
einatmen V|T, V|I andas in
einäugig ADJ enögd
Einbahnstraße F (gata med) enkelriktad trafik
einbalsamieren V|T balsamera
Einband M bokband n, bokpärmar
einbändig ADJ i ett band
Einbau M inbyggning; Einfügung inbyggande n **einbauen** V|T montera in, bygga in **Einbauküche** F kök med fast inredning **Einbauschrank** M inbyggt skåp n
einbegriffen ADJ inbegripen **einbehalten** V|T hålla inne, hålla kvar
einberufen V|T Versammlung sammankalla; MIL inkalla **Einberufung** F sammankallande n; inkallelse
einbetten V|T TECH täcka (in akk)
Einbettzimmer N enkelrum n
einbeziehen V|T inkludera, medräkna, inbegripa (i) (in akk)
einbiegen V|I in eine Straße svänga in, vika av; links ~ svänga (od ta) till vänster
einbilden V|T sich ~ inbilla sig; sich viel ~ auf (akk) vara högfärdig över; → eingebildet **Einbildung** F inbillning, fantasi **Einbildungskraft** F inbillningskraft
einbinden V|T binda in; Bücher binda **einblenden** V|T Reklame ~ visa reklam; sich ~ koppla över
Einblick M inblick; insyn
einbrechen V|I Dieb bryta sig in, göra inbrott; ins Eis gå ned sig; Gebäude etc rasa ihop, störta samman; Dach rasa in **Einbrecher(in)** M|F inbrottstjuv
einbringen V|T föra in, ta in; Antrag u. Klage framlägga; Gewinn avkasta, inbringa; wieder ~ ta igen

einbrocken fig VT j-m etw ~ ställa till det för ngn; **sich etw Schönes ~** ställa till det för sig
Einbruch M inbrott n; nedgång, ras n; **bei ~ der Nacht** vid nattens inbrott **einbruch(s)sicher** ADJ säker mot inbrott
Einbuchtung F inbuktning
einbürgern A VT ge medborgarskap åt; naturalisera B VR **sich ~** fig vinna insteg; bli en vana **Einbürgerung** F naturalisering, förvärvande av medborgarskap
Einbuße F förlust, avbräck n **einbüßen** VT förlora; gå miste om
einchecken VT, VI checka in
eincremen VT smörja in
eindecken VR **sich ~ mit** (dat) förse sig med
eindeutig ADJ entydig
eindeutschen VT förtyska, göra tysk
eindringen VI **~ in etw** (akk) tränga in i ngt; **auf j-n ~** attackera ngn; gå på ngn **eindringlich** ADJ enträgen, eftertrycklig **Eindringling** M inkräktare
Eindruck M intryck n a. fig; **einen ~ gewinnen** (od **machen**) få (od göra) intryck
eindrucken VT trycka in
eindrucksvoll ADJ imponerande
eine UNBEST ART → ein¹
eine(r, s) INDEF PR en; ett-Wort ett; jemand någon; etwas något; **~r meiner Freunde** en av mina vänner; **~r nach dem anderen** en efter en
einebnen VT jämna ut, göra plan; jämna med marken
eineiig ADJ enäggs-
eineinhalb NUM en och en halv
einengen VT inskränka, begränsa
Einer M MATH ental n
einerlei ADJ gleich enahanda; einförmig enformig; gleichgültig likgiltig **einerseits** ADV å ena sidan
einfach A ADJ enkel; **~e Fahrt** enkel resa B ADV helt enkelt **Einfachheit** F enkelhet; **der ~ halber** för enkelhetens skull
einfädeln A VT trä på (nålen); fig ställa till med, sätta i gång med B VR **sich ~ Verkehr** lägga sig i rätt fil
einfahren A VT Auto, Getreide köra in B VI fara in, åka in; **der Zug fährt in 5 Minuten ein** tåget kommer in om 5 minuter **Einfahrt** F das Einfahren infart; Autobahn påfart; **der Zug hat ~** tåget kommer in
Einfall M infall n; MIL invasion **einfallen** VI einstürzen störta in, rasa; MIL u. MUS, a. Gedanke falla in; **was fällt dir denn ein!** vad tar du dig till?!; **das fällt mir gar nicht ein** det kan jag inte komma på; **sich etw ~ lassen** hitta på ngt
einfallslos ADJ idéfattig; tråkig **einfallsreich** ADJ originell; påhittig, uppfinningsrik **Einfallswinkel** M infallsvinkel
Einfalt F enfald **einfältig** ADJ enfaldig
Einfamilienhaus N enfamiljshus n, villa
einfangen VT fånga in; fig fånga upp; **sich etw ~** bli smittad av ngt
einfarbig ADJ enfärgad
einfassen VT infatta; umgeben omge; nähen kanta **Einfassung** F infattning, kant, ram
einfetten VT smörja in
einfinden VR **sich ~** infinna sig, inställa sig
einflechten VT fläta in a. fig
einfliegen VI flyga in
einfließen VI flyta in; Geld strömma in
einflößen VT hälla i; fig ingjuta, inge
Einflugschneise F inflygningsbana
Einfluss M inflytande n, påverkan; **unter dem ~ von Drogen** narkotikapåverkad **Einflussbereich** M intressesfär **einflussreich** ADJ inflytelserik
einfordern VT infordra, indriva
einförmig ADJ enformig
einfrieren A VT frysa till (fast); fig frysa inne B VT frysa (in) a. fig; Verhandlung lägga på is
einfügen A VT infoga B VR **sich ~** foga sig **in** (akk in i); COMPUT, a. klistra in **Einfügetaste** F IT infogningstangent, insert-tangent
einfühlen VR **sich ~** leva sig in (**in** akk i) **Einfühlungsvermögen** N inlevelseförmåga
Einfuhr F införsel, import **einführen** VT införa; hineinschieben föra in; Waren importera; Leute introducera; Mode etc lansera; **in ein Amt installera Einfuhrgenehmigung** F importlicens **Einfuhrland** N importland n **Einfüh-**

rung F införande n; *Einleitung* inledning; introduktion; lanserande n; installation **Einführungspreis** M introduktionspris n **Einfuhrverbot** N importförbud n **Einfuhrzoll** M importtull
einfüllen VT fylla i (på)
Eingabe F *Gesuch* inlaga, ansökan; COMPUT inmatning; indata pl **Eingabetaste** F COMPUT returtangent, enter-tangent
Eingang M ingång; *Zugang* tillträde n; *Anfang* början; *Ankunft* mottagande n, ankomst; WIRTSCH **Eingänge** pl inkomna varor; *Post* inkommande post **eingängig** ADJ lättbegriplig **eingangs** ADV i början **Eingangstür** F port
eingeben VT ge; *Arznei* låta ta in; *Gesuch* inlämna; COMPUT mata in; enter (od retur); *fig* inge
eingebildet ADJ inbilsk, arrogant; *fantasiert* inbillad
eingeboren ADJ *einheimisch* infödd **Eingeborene(r)** M/F(M) inföding
Eingebung F ingivelse
eingefallen ADJ instörtad; MED infallen, insjunken
eingefleischt ADJ inbiten
eingehen A VT *Ehe, Vertrag etc* ingå; *eine Wette* ~ slå vad; *Risiko* ta B VI *Briefe* ingå, inkomma; *Gelder* inflyta; *Firma* upphöra, nedläggas; *Tiere* dö ut; *Pflanze* vissna ner, dö; *Stoffe* krympa; **auf** (*akk*) *etw* ~ gå in på ngt; **auf j-n** ~ visa intresse för ngn; lyssna på ngn **eingehend** ADJ grundligt, ingående **Eingemachte(s)** N konserver pl
eingemeinden VT inkorporera
eingenommen ADJ **gegen j-n** ~ sein ha ngt emot ngn; **von sich** (*dat*) ~ sein tro att man är ngt
eingeschlossen ADJ inklusive, inräknad; **alles** ~ allt inkluderat
eingeschnappt *umg* ADJ sårad, stött, purken
eingesessen ADJ bosatt, bofast
eingespielt ADJ **aufeinander** ~ sein vara samspelta
Eingeständnis N bekännelse, medgivande n **eingestehen** VT bekänna, tillstå, erkänna
eingestellt ADJ inriktad, sinnad
Eingeweide N inälvor pl, innanmäte n
Eingeweihte(r) M/F(M) invigd
eingewöhnen VR **sich** ~ finna sig tillrätta
eingießen VT hälla i
eingleisig ADJ enkelspårig
eingliedern A VT inlemma B VR **sich** ~ inordna sig **Eingliederung** F inlemmande n; inordnande n
eingraben A VT gräva ned; *einritzen* rista in B VR **sich** ~ gräva ned sig; *fig* inprägla (i minnet)
eingravieren VT gravera in
eingreifen VI gripa in, ingripa **Eingriff** M MED ingrepp n; ~ **in** (*akk*) ingrepp på
einhaken A VT haka på, häkta på B VR **sich** ~ **bei j-m** ta ngn under armen
Einhalt M avbrott n, avbräck n; ~ **gebieten** hejda, hindra **einhalten** A VT iaktta, rätta sig efter, hålla; *Stoff* hålla in B VI upphöra (**mit** *dat* med)
einhandeln VT inhandla
einhauen A VT hugga in; *Fenster* slå in B VI **auf j-n** ~ gå lös på ngn; *umg beim Essen* hugga för sig
einheften VT häfta in
einheimisch ADJ inhemsk; *eingeboren* infödd **Einheimische(r)** M/F(M) person som sedan länge är bosatt på en plats
Einheit F enhet; TEL markering **einheitlich** ADJ enhetlig **Einheitlichkeit** F enhetlighet **Einheitswert** M taxeringsvärde n
einheizen VI elda; **j-m** ~ *fig* göra det hett för ngn
einhellig ADJ enhällig
einholen VT *erreichen* hinna upp (fatt); *nachholen* ta igen; *erwerben* inhämta; *einkaufen* gå och handla
Einhorn N enhörning
einhüllen VT svepa in; *in Papier* veckla in
einig ADJ enig, ense; **sich** ~ **sein** (**werden**) **über** (*akk*) vara (komma) överens om **einigen** A VR **sich** ~ enas, komma överens (**auf/über** *akk* om) B VT ena
einige A INDEF PR PL några B UNBEST NUM SG någon; *ett-Wort* något; pl några; **nach** ~**r Zeit** efter någon tid; ~ **hundert Euro** några hundra euro; **es gibt** ~**s zu tun** det finns en hel del att göra
einigermaßen ADV någorlunda, nå-

gotsånär, tämligen
Einigkeit F enighet **Einigung** F enande n; *Übereinstimmung* samförstånd n, enighet, överenskommelse
einjagen VT injaga
einjährig ADJ ettårig
einkalkulieren VT inberäkna, ta med i beräkningen
Einkauf M inköp n; **Einkäufe machen** handla **einkaufen** A VT köpa in (od hem) B VI handla **Einkäufer(in)** M(F) inköpare **Einkaufspassage** F (shopping)galleria **Einkaufspreis** M inköpspris n **Einkaufstasche** F shoppingväska **Einkaufswagen** M kundvagn **Einkaufszentrum** N köpcenter n, köpcentrum n
einkehren VI ta in (in *dat* på)
einklagen VT JUR indriva
einklammern VT *Worte* sätta inom parentes
Einklang M överensstämmelse, harmoni; **in ~ bringen mit** (dat) få att stämma överens
einkleben VT klistra in
einkleiden VT kläda upp, ekipera; **sich neu ~** köpa nya kläder
einklemmen VT klämma in (od fast); *Finger* klämma
einkochen A VT koka in, konservera B VI koka ihop (od bort)
Einkommen N inkomst **einkommensschwach** ADJ der **Einkommensschwache** låginkomsttagare
Einkommen(s)steuer F inkomstskatt **Einkommensteuererklärung** F självdeklaration
einkreisen VT ringa in, inringa
Einkünfte PL inkomster pl
einladen VT *Waren* lasta; *Leute* bjuda (in); **j-n zum Essen ~** bjuda ngn på middag/lunch **einladend** ADJ inbjudande; *verlockend* lockande, frestande **Einladung** F inbjudan, inbjudning
Einlage F inlägg n; *Brief* bilaga; *Spareinlage* insatt belopp n; *Schuh* inlägg n; **Suppe mit ~** soppa med pasta, grönsaker eller frikadeller
einlagern VT magasinera, lagra
Einlass M inträde n, tillträde n; inskläpp n; **~ ab 20 Uhr** dörrarna öppnas kl. 20 **einlassen** B A VT släppa in; *Wasser* tappa på B VR **sich auf etw ~** ge sig in på ngt; **sich mit j-m ~** ge sig i lag med ngn
Einlauf M MED lavemang n; SPORT upplopp n, slutspurt; målgång **einlaufen** A VI komma in; *Schiff* löpa in; *Stoff* krympa; *Wasser* rinna B VR **sich ~** bli varm, komma igång
einläuten VT ringa in
einleben VR **sich ~ in** bli hemmastadd
einlegen VT lägga in; *konservieren* lägga in; **Protest ~** inlägga protest; **Berufung ~** JUR överklaga; **ein (gutes) Wort für j-n ~** lägga ett gott ord för ngn **Einlegesohle** F inläggssula
einleiten VT inleda; *Umwelt* **Schadstoffe in den Fluss ~** släppa ut miljöfarliga ämnen i floden **Einleitung** F inledning; utsläpp n
einlenken VI ge efter
einleuchten VI bli tydlig, bli klar; **das will mir nicht ~** det kan jag inte inse **einleuchtend** ADJ klar, uppenbar
einliefern VT lämna in; **~ in** (akk) *Krankenhaus, Gefängnis* ta in **Einlieferung** F inlämning; intagning **Einlieferungsschein** M inlämningsbevis n, kvitto n
einlochen umg VT bura in
einloggen VR COMPUT logga in; **in etw ~** logga in på ngt
einlösen VT lösa in; lösa ut; **ein Versprechen ~** infria ett löfte
einmachen VT koka in, konservera **Einmachglas** N glasburk
einmal ADV en gång; *erstens* för det första; **auf ~** *zugleich* (helt) plötsligt, med ens, på en gång; **nicht ~** inte ens; **noch ~** en gång till, ännu en gång **Einmaleins** N multiplikationstabell **einmalig** ADJ engångs-; unik, enastående **Einmaligkeit** F ≈ engångsföreteelse
Einmalspritze F engångsspruta
Einmarsch M inmarsch **einmarschieren** VI marschera in
einmischen VR **sich ~** blanda sig i; **sich in etw ~** lägga sig i ngt (in *akk* i) **Einmischung** F inblandning
einmotorig ADJ enmotorig
einmotten VT lägga i malpåse a. fig
einmünden VI mynna ut **Einmündung** F mynning
einmütig ADJ enhällig, endräktig
Einnahme F a. MED intag(ande) n; WIRTSCH **~n** intäkter, inkomster **Ein-**

nahmequelle F inkomstkälla
einnehmen VT inta; ta in; *Geld* få in; *Platz* uppta; *Stelle* inneha
einnicken VI slumra till
einnisten VR *sich* ~ nästla in sig a. fig
Einöde F ödemark
einölen VT smörja (med olja)
einordnen A VT sortera in; fig inordna B VR *sich* ~ anpassa sig; *Verkehr* lägga sig i rätt fil **Einordnung** F inordnande n
einpacken A VT packa in; *in Koffer* packa ned; *in Papier* slå in B VI umg packa ihop
einparken VT, VI fickparkera **Einparkhilfe** F parkeringssensor
einpassen VT passa in
einpendeln VR *sich* ~ stabilisera sig, bli normal
einpflanzen VT plantera; MED operera in, sätta in
einplanen VT planera in, ta med i beräkningen
einprägen A VT, VR inprägla (*sich dat* i sig) B VR *sich* (*im Gedächtnis*) ~ lägga på minnet **einprägsam** ADJ som lätt fastnar i minnet
einprogrammieren VT IT programmera in
einquartieren VT inkvartera
einrahmen VT rama in; fig inrama
einrasten VT, VI TECH kopplas, haka i
einräumen VT ställa (*od* sätta *od* lägga) in, flytta in; *Wohnung* inreda; *Kredit* lämna; *zugeben* medge, tillstå
einreden A VT *j-m etw* intala, inbilla B VI *auf j-n* ~ försöka övertala ngn
einreiben VT gnida in
einreichen VT lämna in
einreihen VR inordna; inrangera
Einreise F inresa **Einreisegenehmigung** F, **Einreisevisum** N inresetillstånd n
einreisen VI resa in
einreißen A VT riva (ned); *Loch* riva sönder, riva hål i B VI gå sönder; fig sprida sig, vinna insteg
einrenken VT vrida i led; fig ställa till rätta
einrichten A VT inrätta; *ordnen* ordna, inreda, arrangera; *Wohnung* inreda; *wenn du es* ~ *kannst* om du får tid B VR *sich* ~ inreda sitt hem; installera sig; *sich* ~ *auf (akk)* inrikta sig på **Einrich-**

ter(in) MF uppsättare **Einrichtung** F *a. Institution* inrättning; *Anordnung* anordning; *Möbel* inredning
einrollen VR rulla in (*od* ihop)
einrosten VI rosta igen (*od* fast)
einrücken A VT *Zeile* flytta in B VI MIL rycka in
einrühren VT röra i, blanda i
eins NUM ett **Eins** F etta; *Schulnote* ≈ A
einsam ADJ ensam; *abgeschieden* enslig; ödslig **Einsamkeit** F ensamhet; *Abgeschiedenheit* enslighet; ödslighet
einsammeln VT samla in; plocka upp (ihop)
Einsatz M *a.* MIL, MUS fig insats; *im* ~ *stehen* ha fullt pådrag **einsatzbereit** ADJ beredd att rycka in (*od* ut) **Einsatzkommando** N ~ *der Polizei* kravallpolis **Einsatzwagen** M utryckningsfordon n
einscannen VT IT skanna (in)
einschalten A VT ELEK sätta (*od* knäppa) på; koppla *a.* fig; *einfügen* skjuta in; *Licht* tända; *Radio, Motor* sätta på B VR *sich* ~ *eingreifen* ingripa, blanda sig i **Einschaltquote** F *Radio* lyssnarsiffror; lyssnarfrekvens; TV tittarsiffror, tittarfrekvens
einschärfen VT inskärpa (*j-m etw* ngt hos ngn)
einschätzen VT värdera, uppskatta; fig bedöma **Einschätzung** F värdering, uppskattning; taxering
einschenken VT hälla i, slå i
einschicken VT skicka in
einschieben VT skjuta in
einschl. ABK (= einschließlich) inkl. (inklusive)
einschlafen VI somna; *Glieder* domna (av); fig upphöra **einschläfern** VT söva; fig döva; *Tier* ~ *lassen* låta avliva **Einschlag** M *Blitz, Schuss* nedslag n; fig inslag n **einschlagen** A VT *a. Tür, Paket* slå in; fig *Weg* slå in på B VI *in j-s Hand* slå till; *Blitz* slå ned; *es hat eingeschlagen* åskan har slagit ned; ~ *auf (akk)* ge sig på; slå in; slå an, slå väl ut
einschlägig ADJ relevant, tillämplig
einschleichen VR *sich* ~ smyga sig in; fig insmyga sig
einschleimen VR *sich* ~ smila sig in
einschleppen VT släpa in; *Krankheit* föra med sig in

einschleusen _VT_ slussa in _a. fig_
einschließen _VT_ _einsperren_ låsa in, stänga in; _umzingeln_ innesluta, innestänga; _enthalten_ innesluta, inbegripa
einschließlich **A** _ADV_ inklusive; **bis ~ Freitag** till och med fredag **B** _PRÄP_ ⟨gen⟩ inklusive
einschmeicheln _VR_ **sich ~** ställa sig in
einschmieren _VT_ smörja in
einschmuggeln _VT_ smuggla in
einschnappen _VI_ smälla igen; _fig_ ta illa upp; **er ist eingeschnappt** han är stött ⟨_od_ sur⟩
einschneidend _ADJ_ genomgripande
einschneien _VI_ bli insnöad
Einschnitt _M_ inskärning, skåra; _fig_ förändring, vändpunkt
einschränken **A** _VT_ inskränka, begränsa **B** _VR_ **sich ~** inskränka sig **Einschränkung** _F_ inskränkning; minskning; _Vorbehalt_ förbehåll _n_, reservation
einschrauben _VT_ skruva in (i)
einschreiben _VT_ skriva in; _Brief_ rekommendera; **sich ~** skriva in sig **Einschreiben** _N_ _umg_ rekommenderat brev _n_, rek _n_; **per ~!** rek(ommenderas)!
Einschreibung _F_ inskrivning
einschreiten _VI_ inskrida, ingripa
einschüchtern _VT_ skrämma; **eingeschüchtert** rädd, förskrämd **Einschüchterung** _F_ skrämsel
einschulen _VT_ **sie wird eingeschult** hon börjar skolan
einschwenken _VI_ svänga in
Einsegnung _F_ välsignelse, invigning; konfirmation
einsehen titta (se) in; _begreifen_ inse, förstå, begripa; läsa igenom
einseifen _VT_ tvåla in; _umg fig_ lura
einseitig **A** _ADJ_ ensidig **B** _ADV_ på ena sidan; _fig_ ensidigt **Einseitigkeit** _F_ ensidighet
einsenden _VT_ sända in, skicka in **Einsendeschluss** _M_, **Einsendetermin** _M_ sista insändningsdag **Einsendung** _F_ insändande _n_
Einser _umg_ _M_ etta
einsetzen _VT_ sätta in, insätta; _ernennen_ tillsätta; _Leben_ våga, sätta på spel **B** _VR_ **sich für j-n (etw) ~** ställa upp för ngn (ngt)
Einsicht _F_ _Einblick_ inblick; insikt, förstånd _n_ **einsichtig** _ADJ_ insiktsfull; _ver-_
ständlich förståelig
Einsiedler(in) _M(F)_ eremit
einsilbig _ADJ_ enstavig; _fig_ ordkarg, fåordig
einsinken _VI_ sjunka (ned); _zusammensinken_ sjunka ihop
einspannen _VT_ spänna (för); **j-n für etw ~** få ngn att ställa upp för ngt
einsparen _VT_ spara in (på); dra in (på) **Einsparung** _F_ inbesparing; indragning
einspeichern _VT_ IT mata in
einsperren _VT_ låsa/stänga in
einspielen _VT, VR_ spela in (sich sig)
einsprachig _ADJ_ enspråkig
einspringen _fig_ _VI_ **~ für** rycka in, hoppa in
einspritzen _VT_ spruta in
Einspruch _M_ invändning, protest; **~ erheben** inlägga protest
einspurig _ADJ_ _Eisenbahn_ enkelspårig; _Straße_ enkelfilig
einst _ADV_ en gång, förr
einstampfen _VT_ makulera
Einstand _M_ _Tennis_ fyrtio lika; **seinen ~ geben** ha fest (när man börjar på ett nytt arbete)
einstecken _VT_ stoppa ⟨_od_ sticka⟩ in ⟨_od_ ned⟩; _mitnehmen_ stoppa på sig; _hinnehmen_ finna sig i, svälja; _Brief_ lägga på
einstehen _VI_ ansvara, gå i borgen (**für** j-n för ngn)
einsteigen _VI_ AUTO kliva in (i); _Zug/Bus_ stiga/gå på (**in** _akk_ -); _Haus_ ta sig in (**in** _akk_ i); _Teilhaber_ bli delägare (**in** _akk_ i); _sich beteiligen_ delta (**in** _akk_ i); BAHN **~!** ta plats!; **auf eine Frage ~** ta sig an en fråga; _fig_ **in etw ~** gå in i ngt
einstellen ställa in; _anstellen_ anställa; _aufhören mit_ inställa, upphöra med, nedlägga; _regulieren_ ställa in; justera; **sich ~** inställa sig, infinna sig; **sich ~ auf** (_akk_) _fig_ inställa ⟨_od_ inrikta⟩ sig på; **eingestellt sein auf** (_akk_) vara inställd på **einstellig** _ADJ_ ensiffrig **Einstellung** _F_ inställning; anställande _n_; inställande _n_, nedläggande _n_; _Gesinnung_ inställning **Einstellungsstopp** _M_ anställningsstopp _n_
Einstieg _M_ dörr; påstigning; _fig_ inkörsport; **der ~ in etw** (det första) steget in i ngt
einstig _ADJ_ tidigare, före detta

einstimmen _VT_ MUS stämma in; _fig_ in etw (akk) ~ instämma i **einstimmig** _ADJ_ a. MUS enstämmig; _fig_ enhällig
einstöckig _ADJ_ envånings-
einströmen _VI_ strömma in
einstudieren _VT_ studera (od öva) in
einstufen _VT_ inordna; _in eine Besoldungsklasse_ placera **Einstufungstest** _M_ kunskapstest (n)
einstündig _ADJ_ entimmes-
Einsturz _M_ sammanstörtande n, ras n **einstürzen** _VI_ störta in (od ned), rasa **Einsturzgefahr** _F_ risk för ras
einstweilen _ADV_ under tiden, så länge, tillsvidare **einstweilig** _ADJ_ tillfällig, provisorisk
eintägig _ADJ_ endags- **Eintagsfliege** _F_ dagslända
eintauchen _A_ _VT_ doppa (ned) _B_ _VI_ dyka ned
eintauschen _VT_ byta till sig; _Geld_ växla
eintausend _NUM_ ett tusen
einteilen _VT_ indela, dela upp; planera, ransonera **einteilig** _ADJ_ hel (inte tvådelad) **Einteilung** _F_ indelning; planering, ransonering
eintönig _ADJ_ entonig; _fig_ enformig **Eintönigkeit** _F_ entonighet; _fig_ enformighet
Eintopf(gericht) _M(N)_ köttgryta, grönsaksgryta
Eintracht _F_ endräkt, sämja, enighet **einträchtig** _ADJ_ endräktig
Eintrag _M_ införande n; anteckning **eintragen** _VT_ bära in; _notieren_ införa, skriva in; _registrieren_ registrera; _einbringen_ inbringa, avkasta **einträglich** _ADJ_ inbringande, lönande **Eintragung** _F_ införande n, inskrivning; inregistrering
eintreffen _VI_ anlända; _sich erfüllen_ slå in, besannas
eintreiben _VT_ driva in; _fig_ indriva
eintreten _A_ _VT_ _Tür_ sparka in _B_ _VI_ **1** _hineingehen_ gå in, träda in (in akk i); _Verhandlung_ inleda; _Partei, Verein_ gå med (in akk i); _Teilhaber_ bli delägare (in akk i); _fig Reform_ kämpa (für akk för); _bitte treten Sie ein!_ (var så god och) kom in! **2** _auf j-n_ ~ sparka på ngn **3** _geschehen_ inträffa, hända **4** _für j-n_ ~ ställa upp för ngn **5** _sich_ (dat) _einen Nagel_ ~ trampa på en spik
eintrichtern _umg_ _VT_ proppa i; _j-m etw_ ~ _fig_ slå in i ngt i huvudet på ngn
Eintritt _M_ inträde; tillträde n; ~ **verboten!** tillträde förbjudet!; ~ **frei** fritt inträde **Eintrittsgeld** _N_ inträdesavgift **Eintrittskarte** _F_ inträdesbiljett, entrébiljett
eintrocknen _VI_ torka in
eintrüben _VR_ _sich_ ~ mulna **Eintrübung** _F_ tilltagande molnighet
einüben _VT_ öva in
einverleiben _VT_ införliva
Einvernehmen _N_ sämja, samförstånd n; _im_ ~ _mit_ (dat) i samförstånd med
einverstanden _ADJ_ överens, ense; ~! låt gå!; _mit etw_ ~ _sein_ vara med på ngt **Einverständnis** _N_ samförstånd n; _Einwilligung_ samtycke n; _im_ ~ _mit_ i samråd med
Einwand _M_ invändning
Einwanderer _M_ invandrare **Einwanderin** _F_ invandrare **einwandern** _VI_ invandra **Einwanderung** _F_ invandring
einwandfrei _ADJ_ oklanderlig; _Sache_ felfri, fullgod
einwärts _ADV_ inåt
einwechseln _VT_ växla in
Einweg- _IN ZSSGN_ engångs- _in zssgn_ **Einwegflasche** _F_ engångsglas n, engångsflaska
einweichen _VT_ blöta, lägga i blöt
einweihen _VT_ _a. fig_ inviga (in akk i) **Einweihung** _F_ invigning **Einweihungsfeier** _F_ inflyttningsfest
einweisen _VT_ _anleiten_ visa, föra in; _in ein Krankenhaus_ lägga in; _in ein Amt_ installera **Einweisung** _F_ visning; installation
einwenden _VT_ invända
einwerfen _VT_ kasta in; slå sönder; _Brief_ lägga på, posta; _fig_ inkasta, inskjuta
einwickeln _VT_ veckla in; _in Papier_ slå in; _fig_ prata omkull, övertala, lura
einwilligen _VI_ samtycka (in akk till), gå med (in akk på) **Einwilligung** _F_ samtycke n, bifall n
einwirken _VI_ inverka **Einwirkung** _F_ inverkan
einwöchig _ADJ_ en veckas-
Einwohner(in) _M(F)_ invånare **Einwohnermeldeamt** _N_ ≈ folkbokföringsmyndighet **Einwohnerzahl** _F_

invånarantal *n*
Einwurf M̄ *Schlitz* inkast *n*, springa, öppning; SPORT inkast *n*; *fig* invändning
Einzahl F̄ GRAM ental *n*
einzahlen V/T betala in; sätta in **Einzahler(in)** M/F betalare **Einzahlung** F̄ insättning
einzäunen V/T inhägna **Einzäunung** F̄ inhägnad
Einzel N̄ SPORT singel **Einzelfall** M̄ enstaka fall *n*, engångsföreteelse **Einzelgänger(in)** M/F enstöring, original *n* **Einzelhaft** F̄ isoleringscell **Einzelhandel** M̄ detaljhandel **Einzelheit** F̄ enskildhet, detalj **Einzelkabine** F̄ enkelhytt **Einzelkind** N̄ enda barn *n* **einzeln** ADJ enskild, särskild; *allein* ensam; *vereinzelt* enstaka; **im Einzelnen** i detalj; **der Einzelne** den enskilde, individen **Einzelteile** N/PL lösa delar *pl* **Einzelverkauf** M̄ minuthandel **Einzelzimmer** N̄ enkelrum *n*
einziehen A V/T dra in; *Luft* inandas; *Geld* indriva, kassera in; *Güter* konfiskera; *Auskunft* inhämta; *Truppen* inkalla; *Segel, Flagge* ta ned B V/I dra (tåga) in; *in eine Wohnung* flytta in; *eindringen* tränga in
einzig A ADJ enda; *hervorragend* enastående B ADV *nur* endast; **~ und allein** endast och allenast; **kein Einziger** inte en enda **einzigartig** ADJ enastående, unik
Einzimmerwohnung F̄ enrumslägenhet
Einzug M̄ intåg *n*; *in Wohnung* inflyttning **Einzugsermächtigung** F̄ autogiromedgivande *n* **Einzugsgebiet** N̄ upptagningsområde *n*
Eis N̄ is; *Speiseeis* glass; **auf ~ legen** lägga på is **Eisbahn** F̄ skridskobana **Eisbär** M̄ isbjörn **Eisbecher** M̄ glassbägare **Eisbein** N̄ fläsklägg **Eisberg** M̄ isberg *n* **Eisbeutel** M̄ isblåsa **Eisbombe** F̄ glassbomb **Eisbrecher** M̄ isbrytare **Eisdecke** F̄ istäcke *n* **Eisdiele** F̄ glassbar
Eisen N̄ järn *n* **Eisenbahn** F̄ järnväg; *umg* **es ist höchste ~** det är i sista minuten **Eisenbahner(in)** M/F järnvägare **Eisenbahnnetz** N̄ järnvägsnät *n* **Eisenbahnschaffner(in)** M/F konduktör **Eisenbahnunglück** N̄ järnvägsolycka **Eisenbahnwagen** M̄ järnvägsvagn **Eisenerz** N̄ järnmalm **eisenhaltig** ADJ järnhaltig **Eisenhütte** F̄ järnverk *n*, järnbruk **Eisenmangel** M̄ järnbrist **Eisenwaren** F/PL järnvaror *pl* **eisern** ADJ järn-; *fig* järnhård
eisfrei ADJ isfri **eisgekühlt** ADJ iskyld **Eishockey** N̄ ishockey **eisig** ADJ isig, isande **Eiskaffee** M̄ kaffe med glass **eiskalt** ADJ iskall **Eiskunstlauf** M̄ konståkning **Eislauf** M̄ skridskoåkning **eislaufen** V/I åka skridskor **Eisläufer(in)** M/F skridskoåkare **Eismeer** N̄ ishav *n* **Eispickel** M̄ isbill **Eisprung** M̄ ägglossning **Eisschießen** N̄ ≈ curling **Eisschnelllauf** M̄ hastighetsåkning på skridskor **Eisschokolade** F̄ choklad med glass **Eisscholle** F̄ isflak *n* **Eisschrank** M̄ kylskåp *n* **Eissport** M̄ sport på is **Eisstadion** N̄ isstadion **Eistee** M̄ iste **Eisverkäufer(in)** M/F glassförsäljare **Eiswürfel** M̄ iskub **Eiszapfen** M̄ istapp **Eiszeit** F̄ istid
eitel ADJ fåfäng; *nichts als* idel **Eitelkeit** F̄ fåfänga, flärd
Eiter M̄ var *n* **Eiterbeule** F̄ varböld **eit(e)rig** ADJ varig **eitern** V/I vara sig
Eiweiß N̄ äggvita; protein **Eiweißmangel** M̄ proteinbrist
Ekel A M̄ äckel *n*, avsky (**vor** *dat* för) B *umg* N̄ äcklig typ **ekelhaft** ADJ, ADV äcklig, vidrig **ekeln** V/R **sich ~** äcklas (**vor** *dat* av); **es ekelt mir** (*od* **mich**) det äcklar mig
EKG ABK (= **Elektrokardiogramm**) MED EKG, elektrokardiogram
eklig ADJ äcklig, vidrig
Ekstase F̄ extas
Ekzem N̄ N̄ eksem *n*
Elan M̄ entusiasm, iver
elastisch ADJ elastisk, spänstig **Elastizität** F̄ elasticitet, spänstighet
Elch M̄ älg
Elefant M̄ elefant
elegant ADJ elegant **Eleganz** F̄ elegans
Elegie F̄ elegi
elektrifizieren V/T elektrifiera **Elektriker(in)** M/F elektriker **elektrisch** ADJ elektrisk **elektrisieren** *fig* V/T rycka med **Elektrizität** F̄ el(ektricitet) **Elektrizitätsversorgung** F̄ el-(ektricitets)försörjning **Elektrizitäts-**

Elektrizitätswerk – Ende

werk N̄ el(ektricitets)verk n **Elektroauto** N̄ elbil **Elektrode** F̄ elektrod **Elektrogerät** N̄ hushållsmaskin, elektrisk apparat **Elektroherd** M̄ elspis **Elektroindustrie** F̄ elindustri **Elektrokardiogramm** N̄ elektrokardiogram n **Elektromagnet** M̄ elektromagnet **Elektromotor** M̄ elmotor **Elektron** N̄ elektron **Elektronik** F̄ elektronik **elektronisch** ADJ elektronisk **Elektrorasierer** M̄ rakapparat **Elektroschock** M̄ elschock **Elektrotechnik** F̄ elektroteknik **Elektrozaun** M̄ elstängsel n
Element N̄ element n **elementar** ADJ elementär, elementar-
elend ADJ eländig, usel; **sich ~ fühlen** känna sig hängig **Elend** N̄ elände n; *Armut* nöd, misär **Elendsviertel** N̄ slumkvarter n
elf NUM elva **Elf** F̄ elva; SPORT elva, fotbollslag n
Elfe F̄ älva
Elfenbein N̄ elfenben n
Elfer umg M̄ elva; SPORT straffspark
Elfmeter M̄ straffspark **elfte(r, s)** ADJ elfte
eliminieren VT eliminera
Elite F̄ elit
Elixier N̄ elixir n
Ell(en)bogen M̄ armbåge
elliptisch ADJ elliptisk
Elsass N̄ Elsass **elsässisch** ADJ elsassisk
Elster F̄ skata
elterlich ADJ föräldra- **Eltern** PL föräldrar pl **Elternbeirat** M̄ föräldraförening **Elterngeld** N̄ föräldrapenning **Elternhaus** N̄ föräldrahem n **elternlos** ADJ föräldralös **Elternteil** M̄ förälder **Elternzeit** F̄ föräldraledighet
Email N̄ emalj
E-Mail F̄ IT e-post(meddelande), e-mail n **E-Mail-Adresse** F̄ e-postadress **e-mailen** VT e-posta, skicka (via) e-post
Emanze umg F̄ emanciperad kvinna, feminist **Emanzipation** F̄ emancipation **emanzipiert** ADJ emanciperad
Embargo N̄ embargo n
Embolie F̄ emboli
Embryo M̄ embryo n
Emigrant(in) M̄F̄ emigrant **Emigration** F̄ emigration **emigrieren** VI

emigrera
Emission F̄ utsläppande n, emission; utsläpp n; **industrielle ~en** industriutsläpp n
Emotion F̄ emotion **emotional** ADJ emotionell
Empfang M̄ mottagande n; RADIO mottagning; *Handy* a. täckning; *Rezeption* reception; **in ~ nehmen** ta emot **empfangen** VT ta emot, motta **Empfänger(in)** M̄F̄ a. RADIO mottagare; v. *Brief* adressat **empfänglich** ADJ mottaglig **Empfängnis** F̄ befruktning **Empfängnisverhütung** F̄ födelsekontroll **Empfangsbestätigung** F̄ mottagningsbevis n, kvitto n **Empfangschef(in)** M̄F̄ receptionschef **Empfangsdame** F̄ receptionist
empfehlen A VT rekommendera, anbefalla, förorda; **nicht zu ~ rekommenderas ej** B V/R **es empfiehlt sich det är lämpligt empfehlenswert** ADJ som kan rekommenderas **Empfehlung** F̄ rekommendation; referens **Empfehlungsschreiben** N̄ rekommendationsbrev n
empfinden VT känna, förnimma **empfindlich** ADJ känslig (**gegen** för); ömtålig; *reizbar* (lätt)retlig, snarstucken; *fühlbar* kännbar, smärtsam **Empfindlichkeit** F̄ känslighet; (lätt)retlighet, snarstuckenhet **empfindsam** ADJ känslig, känslofull; sentimental **Empfindsamkeit** F̄ känslighet, känslofullhet; sentimentalitet **Empfindung** F̄ känsla, förnimmelse
empirisch ADJ empirisk
empören A VT uppröra, förarga B V/R **sich über etw/j-n ~** bli upprörd över ngt/ngn **empörend** ADJ upprörande
Emporkömmling M̄ uppkomling
emporragen VI höja sig, resa sig
empört ADJ upprörd, förargad **Empörung** F̄ upprördhet, indignation
emsig ADJ flitig
Endbenutzer M̄ slutanvändare **Endbetrag** M̄ slutsumma **Ende** N̄ ände, slut n, ända; *Stückchen* bit, stycke n; **~ Mai/nächsten Monats** i slutet av maj/nästa månad; **am ~** till slut, när allt kommer omkring; **zu ~ führen** avsluta; **ein ~ machen** göra slut (*dat* på); **zu ~ gehen** lida mot slutet, ta slut; **das**

Geld ist zu ~ pengarna är slut; **am ~ der Straße** i slutet på; **ich bin mit meiner Geduld am ~** mitt tålamod är slut; **zu ~ lesen** läsa ut (*od* färdigt); **zu ~ sein** vara slut **Endeffekt** M̄ sluteffekt; **im ~** när det kommer till kritan **enden** V̄I sluta **Endergebnis** N̄ slutresultat *n* **Endgerät** N̄ IT terminal **endgültig** ADJ slutgiltig, definitiv **Endhaltestelle** F̄ ändhållplats
Endivie F̄ endiv
Endlagerung F̄ *Atommüll* slutförvaring **endlich** ADV äntligen, slutligen **endlos** ADJ ändlös, oändlig **Endrunde** F̄ SPORT finalomgång **Endsilbe** F̄ slutstavelse **Endspiel** N̄ SPORT final **Endspurt** M̄ slutspurt **Endstation** F̄ slutstation **Endsumme** F̄ slutsumma **Endung** F̄ ändelse **Endziffer** F̄ slutsiffra
Energie F̄ energi *a. fig* **Energiebedarf** M̄ energibehov *n* **Energiebündel** N̄ energiknippe *n* **energiegeladen** ADJ full av energi **Energiekrise** F̄ energikris **Energiepolitik** F̄ energipolitik **Energiequelle** F̄ energikälla **energiesparend** ADJ energisnål; energisparande **Energiesparlampe** F̄ lågenergilampa, energisparlampa **Energieverbrauch** M̄ energiförbrukning **Energieversorgung** F̄ energiförsörjning **energisch** ADJ energisk **Energydrink** M̄ energidryck
eng ADJ trång, smal, snäv; **~ befreundet sein** vara nära vänner; **im ~sten Kreis der Familie** i den närmaste familjekretsen; **~ anliegen** *Kleider* sitta åt **Engagement** N̄ engagemang *n* **engagieren** A V̄T engagera B V̄R **sich ~** engagera sig (**für** i)
Enge F̄ brist på utrymme *n*; *Landenge, Meerenge* trångt ställe *n*; *Gedränge* trängsel; **j-n in die ~ treiben** *fig* ställa ngn mot väggen
Engel M̄ ängel
England N̄ England *n* **Engländer** M̄ engelsman; *Schlüssel* skiftnyckel **Engländerin** F̄ engelska **englisch** ADJ engelsk **Englisch** N̄ engelska (språket)
engmaschig ADJ finmaskig **Engpass** *fig umg* M̄ flaskhals **engstirnig** *fig* ADJ inskränkt, trångsynt

Enkel M̄ barnbarn *n*, sonson, dotterson **Enkelin** F̄ barnbarn *n*, sondotter, dotterdotter **Enkelkind** N̄ barnbarn *n*
Enklave F̄ enklav
enorm ADJ enorm
Ensemble N̄ ensemble
entarten V̄I urarta
entbehren V̄T umbära, undvara, vara utan **entbehrlich** ADJ umbärlig; **~ sein** kunna undvaras **Entbehrung** F̄ umbärande *n*, försakelse
entbinden V̄T, V̄I MED förlösa; befria, lösa **Entbindung** F̄ MED förlossning, nedkomst; befrielse, lösande *n* **Entbindungsstation** F̄ förlossningsavdelning
entblößen V̄T blotta; **sich ~** klä av sig **entdecken** V̄T upptäcka **Entdecker(in)** M(F) upptäckare **Entdeckung** F̄ upptäckt **Entdeckungsreise** F̄ upptäcktsresa
Ente F̄ anka *a. fig*, and
entehren V̄T vanära, vanhedra, skända
enteignen V̄T expropriera **Enteignung** F̄ expropriation
Entenbraten M̄ stekt anka (*od* and) **enterben** V̄T göra arvlös
Enterich M̄ ankbonde, andrake
entern V̄T äntra
Enter-Taste F̄ COMPUT returtangent, enter-tangent
entfachen V̄T upptända; *fig* underblåsa
entfallen V̄I bortfalla, utgå; bli inställd; **es ist mir ~** jag har glömt det **entfalten** V̄T veckla upp, vika isär; *fig* utveckla B V̄R **sich ~** veckla ut sig; *fig* utveckla sig; *Knospen* spricka ut **Entfaltung** F̄ utveckling; **zur ~ kommen** komma till sin rätt
entfernen A V̄T avlägsna, ta bort B V̄R **sich ~** avlägsna sig; COMPUT radera **entfernt** ADJ *a. Verwandter* avlägsen, fjärran; **nicht im Entferntesten** långt därifrån, inte det ringaste **Entfernung** F̄ *das Entfernen* avlägsnande *n*, borttagande *n*; *Abstand* avstånd *n*; **in ... ~** på ... avstånd **Entfernungsmesser** M̄ avståndsmätare
entfetten V̄T ta bort fettet från **entflammen** A V̄T antända, sätta i brand; *fig* elda, hänföra B V̄I fatta eld; *fig* upptändas, hänföras

entfliehen _vi_ ⟨dat⟩ fly (undan), rymma

entfremden A _vt_ göra främmande, fjärma från; **entfremdet** alienerad B _VR_ **sich j-m ~** bli främmande för ngn **Entfremdung** _F_ alienation

entfrosten _vt_ avfrosta

entführen _vt_ föra (_od_ röva) bort; j-n a. FLUG kapa **Entführer**(_in_) M(F) kidnappare; kapare **Entführung** _F_ bortförande _n_; kidnappning; _von Flugzeug_ kapning

entgegen A PRÄP ⟨dat⟩ zuwider, gegen (tvärt)emot, i strid med B ADV in Richtung (e)mot, till mötes; zuwider (tvärt)emot **entgegenbringen** _vt_ j-m etw ~ möta ngn med ngt; Liebe, Achtung, Misstrauen hysa **entgegengehen** _vi_ ⟨dat⟩ gå emot, gå till mötes **entgegengesetzt** ADJ motsatt **entgegenhalten** _vt_ hålla emot; fig sätta emot, invända mot **entgegenkommen** _vi_ ⟨dat⟩ komma emot (_od_ till mötes) fig tillmötesgå; **~d** fig tillmötesgående **Entgegenkommen** N tillmötesgående _n_ **entgegennehmen** _vt_ motta **entgegensehen** _vi_ ⟨dat⟩ se fram emot **entgegensetzen** _vt_ sätta upp emot **entgegentreten** fig _vi_ ⟨dat⟩ bemöta ngn, opponera sig mot ngn **entgegenwirken** _vi_ ⟨dat⟩ motverka

entgegnen _vt,vi_ svara; invända **Entgegnung** _F_ svar _n_, genmäle _n_

entgehen _vi_ ⟨dat⟩ undgå; **sich etw ~ lassen** missa ngt, gå miste om ngt

entgeistert ADJ bedövad, lamslagen

Entgelt N ersättning, lön, vederlag _n_; **gegen/ohne ~** mot/utan ersättning

entgiften _vt_ avgifta

entgleisen _vi_ spåra ur _a._ fig **Entgleisung** _F_ urspår(n)ing

entgleiten _vi_ ⟨dat⟩ glida ur handen, slinta

entgräten _vt_ bena ur

enthaaren _vt_ ta bort håret **Enthaarungsmittel** N hårborttagningsmedel _n_

enthalten A _vt_ innehålla; **~ sein** ingå (**in** dat i) B _VR_ **sich ~** avhålla sig ⟨gen från⟩; **sich der Stimme ~** avstå från att rösta **enthaltsam** ADJ avhållsam, återhållsam **Enthaltsamkeit** _F_ avhållsamhet, återhållsamhet **Enthaltung** _F_ avstående _n_

enthärten _vt_ avhärda

enthaupten _vt_ halshugga

entheben _vt_ (j-n) befria (ngn) ⟨gen från⟩; Amt etc avsätta ⟨gen från⟩

enthüllen _vt_ avtäcka; fig avslöja **Enthüllung** _F_ avtäckning; fig avslöjande _n_

Enthusiasmus M entusiasm **enthusiastisch** ADJ entusiastisk

entjungfern _vt_ deflorera

entkernen _vt_ kärna ur

entkoffeiniert ADJ koffeinfri

entkommen _vi_ ⟨dat⟩ undkomma

entkorken _vt_ korka upp

entkräften _vt_ j-n försvaga; etw vederlägga

entladen A _vt_ Waren lasta av, lossa; ELEK urladda B _VR_ **sich ~** ELEK ladda ur sig; fig Zorn etc gå ut (**auf/über** _akk_ över)

entlang PRÄP längs (med/efter); **das** (_od_ **am**) **Ufer ~** längs stranden

entlarven _vt_ avslöja

entlassen _vt_ avskeda; säga upp, friställa; Gefangene frige; aus Krankenhaus skriva ut **Entlassung** _F_ avsked(ande) _n_, uppsägning; _v._ Gefangenen frigivning; utskrivning **Entlassungsgesuch** N avskedsansökan

entlasten _vt_ avlasta; **den Verkehr ~** minska trafiken; **den Vorstand ~** bevilja styrelsen ansvarsfrihet; JUR vittna till fördel för **Entlastung** _F_ avlastning; lättnad; JUR **zu j-s ~** till ngns fördel **Entlastungszeuge** M friande vittne _n_ **Entlastungszug** M extratåg _n_

entlaufen _vi_ ⟨dat⟩ springa bort, avvika, rymma

entledigen _VR_ **sich ~** befria sig, göra sig fri ⟨gen från⟩; ausführen utföra

entleeren _vt_ tömma

entlegen ADJ avlägsen

entlehnen fig _vt_ låna; **aus dem Englischen entlehnt** lånat från engelskan

entleihen _vt_ låna

entlocken _vt_ locka ur

entlohnen _vt_ betala

entlüften _vt_ lufta, vädra, ventilera **Entlüftung** _F_ ventilation

entmachten _vt_ frånta makten

entmilitarisieren _vt_ demilitarisera

entmündigen _vt_ förklara omyndig

entmutigen _VT_ göra modlös, modfälla; **~d** nedslående
Entnahme _F_ uttagande n, uttag n
entnehmen _VT_ ta, låna, hämta; _ersehen_ sluta (sig) till; finna, se; _aus einem Buch_ ta (ur)
entnerven _VT_ j-n ~ gå ngn på nerverna; _er ist entnervt_ hans nerver är slut
entpuppen _VR_ sich ~ _fig_ visa sig vara, avslöja sig
entrahmen _VT_ skumma
enträtseln _VT_ finna lösningen till
entrechten _VT_ j-n beröva ngn hans rättigheter
entreißen _VT_ rycka bort (_od_ från)
entrichten _VT_ erlägga, betala
entriegeln _VT_ regla upp
entrinnen _VI_ ⟨_dat_⟩ entkommen undkomma
entrümpeln _VT_ röja upp **Entrümpelung** _F_ bortröjning (av skräp)
entrüsten _A_ _VT_ uppröra _B_ _VR_ sich ~ bli upprörd **entrüstet** _ADJ_ upprörd **Entrüstung** _F_ upprördhet, indignation
Entsafter _M_ råsaftcentrifug; saftmaja
entschädigen _VT_ gottgöra, ersätta, kompensera **Entschädigung** _F_ gottgörelse, (skade)ersättning, kompensation
entschärfen _VT_ _Geschoss_ desarmera; _fig_ tona ner
entscheiden _A_ _VT, VI_ avgöra, bestämma _B_ _VR_ sich ~ avgöras; sich ~ für (_akk_) bestämma sig, besluta sig (för) **entscheidend** _ADJ_ avgörande **Entscheidung** _F_ avgörande n, beslut n; utslag n **Entscheidungsspiel** _N_ SPORT final **Entscheidungsträger** _M_ beslutsfattare **entschieden** _A_ _ADJ_ bestämd, avgjord _B_ _ADV_ utan tvekan; _auf das Entschiedenste_ på det bestämdaste **Entschiedenheit** _F_ bestämdhet
entschlacken _VT_ TECH, MED befria från slagg (avfallsprodukter)
entschlafen _VI_ _sterben_ insomna
entschleunigen _VI_ slå av på tempot
entschließen _VR_ sich ~ besluta sig, bestämma sig (**zu** för)
entschlossen _ADJ_ besluten; beslutsam; _fest_ ~ fast besluten; _kurz_ ~ plötsligt, utan att tveka **Entschlossenheit** _F_ beslutsamhet

Entschluss _M_ beslut n **entschlüsseln** _VT_ tyda, tolka, dechiffrera **Entschlusskraft** _F_ förmåga att fatta beslut
entschuldigen _VT, VI_ ursäkta (**sich** sig); ~ _Sie!_ ursäkta! **Entschuldigung** _F_ ursäkt; _Schule_ frånvarointyg n, sjukintyg n; _ich bitte um_ ~! jag ber om ursäkt!
entsetzen _A_ _VT_ förskräcka, förfära; _ich war total entsetzt_ jag blev alldeles chockad _B_ _VR_ sich ~ förskräckas, fasa **Entsetzen** _N_ förskräckelse, fasa **entsetzlich** _ADJ_ förskräcklig, förfärlig, faslig **entsetzt** _ADJ_ förskräckt, förfärad
entsichern _VT_ osäkra
entsinnen _VR_ sich ~ (_gen_) erinra sig, minnas
entsorgen _VT_ skaffa bort avfall från **Entsorgung** _F_ avfallshantering
entspannen _A_ _VT_ göra mer avspänd, slappa _B_ _VR_ sich ~ slappna av; _fig_ vila ut, koppla av **Entspannung** _F_ avslappning, avkoppling; _fig_ avspänning **Entspannungspolitik** _F_ avspänningspolitik **Entspannungsübung** _F_ avslappningsövning
entsprechen _VI_ ⟨_dat_⟩ motsvara, överensstämma med **entsprechend** _ADJ_ motsvarande; _angemessen_ skälig, vederbörlig; _Ihrem Wunsch_ ~ enligt Er önskan **Entsprechung** _F_ motsvarighet
entspringen _VI_ _Dieb_ rymma; _Fluss_ rinna upp; _Ursprung haben_ ha sin upprinnelse i
entstammen _VI_ ⟨_dat_⟩ härstamma från
entstehen _VI_ uppstå, uppkomma, bli till **Entstehung** _F_ uppkomst
entsteinen _VT_ kärna ur
entstellen _VT_ vanställa; _fälschen_ förvanska **Entstellung** _F_ vanställande n; förvanskning
enttäuschen _VT_ göra besviken **enttäuscht** _ADJ_ besviken **Enttäuschung** _F_ besvikelse
entthronen _VT_ avsätta, detronisera
entvölkern _VT_ avfolka
entwaffnen _VT_ avväpna
entwarnen _VT_ blåsa "faran över" **Entwarnung** _F_ "faran över"
entwässern _VT_ torrlägga, dränera;

MED den Körper ~ ta urindrivande medel **Entwässerung** F torrläggning, dränering
entweder KONJ ~ ... oder ... antingen ... eller ...
entweichen VI fly, rymma, avvika
entweihen VT vanhelga
entwenden VT stjäla
entwerfen VT göra (ett) utkast till, skissera
entwerten VT göra värdelös, nedsätta i värde; *Briefmarken, Fahrkarten* stämpla **Entwerter** M biljettstämplingsautomat **Entwertung** F nedsättning i värde, värdeminskning; stämpling
entwickeln A VT utveckla; visa; FOTO framkalla B VR **sich ~** utveckla sig, utvecklas **Entwickler(in)** MF IT utvecklare **Entwicklung** F utveckling; framkallning **Entwicklungsgeschichte** F utvecklingshistoria **Entwicklungshelfer(in)** MF biståndsarbetare **Entwicklungshilfe** F u-hjälp, bistånd n **Entwicklungsland** N utvecklingsland n **Entwicklungsstufe** F utvecklingsstadium n
entwirren VT reda ut
entwischen VI ⟨dat⟩ komma undan
entwöhnen VT avvänja
entwürdigen VT förnedra **entwürdigend** ADJ förnedrande, förödmjukande
Entwurf M utkast n, skiss, plan
entwurzeln VT rycka upp med rötterna; *fig* göra rotlös
entziehen A VT undandra, undanhålla, ta ifrån B VR **sich ~** undandra sig, hålla sig undan; **das entzieht sich der Berechnung** det är omöjligt att beräkna; **das entzieht sich meiner Kenntnis** det vet jag ingenting om **Entziehung** F undandragande n, fråntagande n; avvänjning **Entziehungskur** F avvänjningskur; **er will eine ~ machen** *umg* han ska genomgå en avvänjningskur
entziffern VT (ut)tyda; *Schrift* dechiffrera
entzippen VT COMPUT packa upp
entzücken VT förtjusa, beta, hänföra **Entzücken** N förtjusning **entzückend** ADJ förtjusande, betagende, hänförande **entzückt** ADJ förtjust
Entzug M fråntagande n, indragning; *umg* avvänjningskur **Entzugserscheinung** F MED abstinenssym(p)tom n
entzünden A VT antända B VR **sich ~** antändas, fatta eld; MED inflammeras
entzündlich ADJ MED inflammatorisk **Entzündung** F inflammation
entzwei ADJ itu, sönder, isär **entzweibrechen** A VT bryta sönder B VI gå sönder **entzweien** VR **sich ~** bli oense (osams)
Enzian M stålört
Enzyklopädie F encyklopedi
Enzym N enzym n
Epidemie F epidemi **epidemisch** ADJ epidemisk
Epik F epik
Epilepsie F epilepsi **Epileptiker(in)** MF epileptiker
Epilog M epilog
episch ADJ episk
Episode F episod
Epoche F epok **epochemachend** ADJ epokgörande
Epos N epos n
er PERS PR han
Er *umg* M man; *Tier* hane; **ist es ein ~ oder eine Sie?** är det en han eller en hon?
Erachten N **meines ~s** enligt min åsikt (mening)
erarbeiten VT arbeta sig till; *Plan, Studie* utarbeta
Erbanlage F arvsanlag n
erbarmen A VT väcka medlidande hos B VR **sich ~** förbarma sig (*gen* över) **Erbarmen** N förbarmande n, medlidande n **erbärmlich** ADJ erbarmlig, ömklig, ynklig, eländig **erbarmungslos** ADJ obarmhärtig, utan förbarmande, hjärtlös
erbauen VT bygga (upp); *fig* uppbygga; **sich ~ an** ⟨dat⟩ *fig* hämta uppbyggelse av; **er ist nicht besonders erbaut davon** han är inte särskilt förtjust över det **Erbauer(in)** MF byggherre
Erbe¹ M arvinge, arvtagare **Erbe**² N arv n
erben VT ärva **Erbengemeinschaft** F dödsbo n
erbetteln VT tigga sig till
erbeuten VT erövra, ta som byte
Erbfeind M arvfiende **Erbfolge** F arvföljd; tronföljd **Erbgut** N *biol.* arvsmassa **Erbin** F arvinge, arvtagerska

erbittert ADJ förbittrad
Erbkrankheit F ärftlig sjukdom
erblassen VI blekna
erblich ADJ ärftlig **Erblichkeit** F ärftlighet
erblicken VT få se, få syn på
erblinden VI bli blind **Erblindung** F blindhet, synförlust
erbrechen VT, VI, VR bryta upp, öppna; **sich ~** kasta upp, kräkas
Erbrecht N arvsrätt
Erbrochene(s) N uppkastningar, spyor
Erbschaft F arv n **Erbschaftssteuer** F arvsskatt
Erbse F ärta **Erbsensuppe** F ärtsoppa
Erbsünde F arvsynd **Erbteil** N arvslott, arvedel
Erdachse F jordaxel **Erdapfel** österr M potatis **Erdbeben** N jordbävning **Erdbeere** F jordgubbe **Erdbeereis** N jordgubbsglass **Erdbevölkerung** F jordens befolkning **Erdboden** N mark; **dem ~ gleichmachen** jämna med marken **Erde** F a. ELEK u. Erdreich jord; Boden mark; **auf ~n** på jorden; **auf der ~** på marken; **zur ~ fallen** falla till marken **erden** VT jorda
erdenklich ADJ tänkbar, upptänklig
Erdgas N naturgas **Erdgeschoss**, österr **Erdgeschoß** N bottenvåning, nedre botten; **im ~ wohnen** bo på nedre botten
erdichten VT uppdikta, hitta på
erdig ADJ jordig **Erdkruste** F jordskorpa **Erdkugel** F jordklot n **Erdkunde** F geografi **Erdleitung** F jordledning **Erdnuss** F jordnöt **Erdnussbutter** F jordnötssmör n **Erdoberfläche** F jordyta **Erdöl** N råolja, olja **Erdölgewinnung** F oljeutvinning **Erdreich** N jordmån
erdreisten VR **sich ~** drista sig, djärvas
erdrosseln VT strypa
erdrücken VT trycka (od klämma) ihjäl; fig tynga ned **erdrückend** ADJ förkrossande
Erdrutsch M jordras n, jordskred n **Erdscholle** F jordklimp, jordkoka **Erdstoß** M jordstöt **Erdteil** M världsdel
erdulden VT tåla, uthärda; Strafe genomlida
Erdumdrehung F jordens rotation
Erdung F ELEK jordning **Erdwall** M jordvall **Erdwärme** F jordvärme
ereifern VR **sich ~** jaga (od hetsa) upp sig
ereignen VR **sich ~** hända, tilldra sig
Ereignis N händelse, tilldragelse **ereignisreich** ADJ händelserik
Erektion F erektion
Eremit M eremit
erfahren A VT få veta (höra), få reda på, erfara; erleben erfara, röna; erleiden pröva på, undergå B ADJ erfaren **Erfahrung** F erfarenhet; **aus ~** av erfarenhet; **in ~ bringen** ta reda på **erfahrungsgemäß** ADV enligt vad erfarenheten visar, som man vet
erfassen VT fatta, gripa (tag i); begreifen fatta, begripa; registrieren registrera; Statistik kartlägga **Erfassung** F registrering
erfinden VT uppfinna; lügen hitta på **Erfinder(in)** M(F) uppfinnare **erfinderisch** ADJ påhittig, uppfinningsrik **Erfindung** F uppfinning; Lüge påhitt n **erfindungsreich** ADJ uppfinningsrik
Erfolg M framgång, succé; **~ haben** ha framgång, göra succé; **~ versprechend** löftesrik, lovande **erfolgen** VI stattfinden äga rum, ske **erfolglos** ADJ utan verkan, utan framgång; resultatlös **erfolgreich** ADJ framgångsrik **Erfolgserlebnis** N känsla av att ha lyckats **Erfolgsroman** M succéroman, bestseller
erforderlich ADJ erforderlig, nödvändig **erfordern** VT erfordra, kräva **Erfordernis** N krav n
erforschen VT utforska
erfragen VT fråga efter, ta reda på; **zu ~ bei** (dat) närmare upplysningar lämnas hos
erfreuen A VT glädja B VR **sich ~** glädja sig (**an** dat åt od över) **erfreulich** ADJ glädjande **erfreulicherweise** ADV lyckligtvis, glädjande nog
erfrieren VI förfrysa; totfrieren frysa ihjäl
erfrischen VT, VR pigga upp, friska upp, läska, svalka (**sich** sig); **das ist ~d** det är uppfriskande **Erfrischung** F **~en** pl förfriskningar **Erfri-**

schungsraum M̄ servering **Erfrischungstuch** N̄ våtservett
erfüllen V̄T̄ a. *Wunsch* uppfylla; *Pflicht* fullgöra **Erfüllung** F̄ a. *Wunsch* uppfyllelse; *Pflicht* fullgörande n; tillfredsställelse
erfunden ADJ påhittad, uppdiktad
ergänzen V̄T̄ komplettera, tillägga **Ergänzung** F̄ komplettering; *Zusatz* tillägg n; komplement n
ergattern V̄T̄ komma över, få tag i
ergeben A V̄T̄ få till resultat, resultera i; *hervorgehen* visa; *Betrag* gå på B V̄R̄ **sich ~** ge sig, överlämna sig; MIL kapitulera; *folgen aus* följa, framgå (*aus dat* av) C ADJ ⟨*dat*⟩ tillgiven, hängiven; *in Brief* högaktningsfullt, vördsamt **Ergebnis** N̄ resultat **ergebnislos** ADJ resultatlös, utan resultat
ergehen *Befehl, Einladung etc* utgå; *wie wird es mir ~?* hur ska det gå för mig?; **~ lassen** utfärda; *etw über sich* ⟨*akk*⟩ **~ lassen** tåligt finna sig i ngt; **sich ~ in** ⟨*dat*⟩ hänge sig åt
ergiebig ADJ dryg; *ertragreich* lönande, givande, inbringande **Ergiebigkeit** F̄ dryghet; lönsamhet
Ergonomie F̄, **Ergonomik** F̄ ergonomi
ergötzen V̄R̄ glädja, roa; **sich ~ an** ⟨*dat*⟩ glädja sig åt, roas av, finna nöje i
ergreifen V̄T̄ fatta tag i, gripa; *festnehmen* ta fast; *fig* gripa; *Wort, Flucht usw* ta till; *einen Beruf* ~ välja ett yrke; *die Gelegenheit* ~ ta tillfället i akt; *eine Maßnahme* ~ vidta en åtgärd; *Besitz von etw* ~ ta ngt i besittning **ergreifend** ADJ gripande, rörande **Ergreifung** F̄ *Festnahme* fasttagande n **ergriffen** ADJ gripen, rörd **Ergriffenheit** F̄ rörelse, gripenhet
ergründen V̄T̄ utforska, utröna **Ergründung** F̄ utforskande n
Erguss M̄ MED utgjutning; *fig* utgjutelse, flöde n, svall n
erhaben ADJ upphöjd; storslagen; *über etw ~ sein fig* stå över ngt **Erhabenheit** F̄ upphöjdhet; storslagenhet
erhalten V̄T̄ erhålla, få; *bewahren* bevara, bibehålla, vidmakthålla; *unterhalten* underhålla; *i gott skick;* **gut ~ sein** vara väl bibehållen; **am Leben ~** hålla vid liv; **sich ~** bevaras, vidmakthållas; hålla sig **erhältlich** ADJ som kan fås (od erhållas); **~ bei ...** finns hos ..., säljs i ...
Erhaltung F̄ *Bewahrung* bevarande n, upprätthållande n; *Unterhalt* försörjning, underhåll n
erhängen V̄T̄ hänga (**sich** sig)
erhärten A V̄T̄ TECH härda; *fig* styrka, bekräfta B V̄T̄ hårdna
erheben A V̄T̄ lyfta (upp), höja; *fig* (upp)höja; *anstimmen* upphäva; *Steuer* uppbära; *Gebühr* ta ut; *Einwand* göra; *Protest* inlägga; *Anspruch* göra; *Daten* **~** samla in data; **Klage gegen j-n ~** väcka åtal mot ngn B V̄R̄ **sich ~** resa sig; *aufstehen* stiga upp; *entstehen* uppstå; *Volk* göra uppror **erheblich** ADJ betydande, ansenlig, väsentlig **Erhebung** F̄ upphöjande n; *Höhe* höjd; *fig* upphöjelse; uppror n, resning; *Nachforschung* undersökning, efterforskning; *Umfrage* rundfråga
erheitern V̄T̄ roa, muntra upp
erhellen A V̄T̄ lysa upp; *fig* belysa B V̄R̄ **sich ~** klarna
erhitzen A V̄T̄ upphetta; *fig* hetsa upp B V̄R̄ **sich ~** bli varm; *fig* bli upphetsad
erhoffen V̄T̄ (**sich**) hoppas på
erhöhen A V̄T̄ höja; *Preis, Geschwindigkeit a.* öka; *der Blutdruck ist erhöht* blodtrycket är förhöjt B V̄R̄ **sich ~ auf** ⟨*akk*⟩ stiga till **Erhöhung** F̄ höjande n; höjning, ökning; *Anhöhe* upphöjning, höjd
erholen V̄R̄ **sich ~** hämta (od repa) sig, ta igen sig, vila upp sig; *entspannen* slappna av **erholsam** ADJ vilsam, stärkande; avslappnande **Erholung** F̄ återhämtning, tillfrisknande n, vila, rekreation; avslappning **Erholungsgebiet** N̄ friluftsområde n, grönområde n **Erholungsheim** N̄ hälsohem n, vilohem n, konvalescenthem n **Erholungspause** F̄ vilopaus
erhören V̄T̄ bönhöra
erinnern A V̄T̄ påminna (**an** *akk* om) B V̄R̄ **sich ~** ⟨*gen an akk*⟩ minnas, komma ihåg **Erinnerung** F̄ minne n; *Mahnung* påminnelse; **~en** pl minnen; *Autobiografie* memoarer; *etw* **in schlechter ~ haben** ogärna tänka tillbaka på ngt; **zur ~ an** till minne av
erkalten V̄Ī kallna; *fig* svalna
erkälten V̄R̄ **sich ~** förkyla sig **erkäl-**

tet ADJ förkyld **Erkältung** F förkylning

erkämpfen VT tillkämpa sig, kämpa sig till

erkennbar ADJ urskiljbar, synlig; märkbar, tydlig **erkennen** A VT *wiedererkennen* känna igen; *sehen* se, urskilja; *einsehen* förstå, inse B Vi ~ **auf** (*akk*) JUR döma till; **zu ~ geben, ~ lassen** låta förstå **erkenntlich** ADJ sich ~ **zeigen** visa att man uppskattar **Erkenntnis** F kunskap, insikt; wissenschaftliche ~se vetenskapliga rön **Erkennungszeichen** N igenkänningstecken *n*

Erker M burspråk *n*

erklären VT förklara **erklärlich** ADJ förklarlig **Erklärung** F förklaring; uttalande *n*, tillkännagivande *n*; *Steuererklärung* deklaration; **amtliche ~** officiellt meddelande *n*

erklingen VI klinga, ljuda

erkranken VI (in)sjukna; **erkrankt sein an** (*dat*) lida av **Erkrankung** F sjukdom

erkunden VT ta reda på; MIL rekognoscera **erkundigen** VR sich ~ höra sig för (**nach** *dat om*) **Erkundigung** F förfrågning; **~en einholen** göra förfrågningar, skaffa upplysningar **Erkundung** F rekognoscering

erlahmen VI tröttna, bli trött; avta, mattas av

erlangen VT få, (upp)nå

Erlass M *Beschluss* påbud *n*, förordning; *Strafeerlass* befrielse, efterskänkande *n* **erlassen** VT utfärda; efterskänka **erlauben** VT tillåta; **~ Sie?** förlåt!; **~ Sie mal!** nej, vet ni (*od* du) vad!; sich ~ tillåta sig; *pej* ta sig friheter **Erlaubnis** F tillåtelse, lov *n*, tillstånd *n*

erläutern VT förklara, förtydliga, kommentera **Erläuterung** F förklaring, kommentar

Erle F al

erleben VT uppleva **Erlebnis** N upplevelse

erledigen A VT klara av, göra (*od* stöka) undan, uträtta, ordna; **viel zu ~ haben** ha mycket att göra B VR sich ~ lösa sig, reda upp sig **erledigt** ADJ avklarad *etc*; klar, färdig; *erschöpft* slut, färdig **Erledigung** F avklarande *n*, ordnande *n*; **~en** *pl* ärenden

erlegen VT *Wild* fälla, nedlägga

erleichtern VT underlätta, lindra; *Gewissen* lätta; sich ~ lätta sitt hjärta; *umg* lätta på trycket **erleichtert** *fig* ADJ lättad **Erleichterung** F lättnad, lindring; underlättande *n*

erleiden VT lida; *erdulden* genomlida; *Rückfall* drabbas av

erlernen VT lära sig

erlesen ADJ utvald

erleuchten VT lysa upp *a. fig*, belysa **Erleuchtung** *fig* F ingivelse

erliegen VI duka under (för); *Krankheit* dö av; **zum Erliegen kommen** bli nedlagd

erlogen ADJ osann, uppdiktad

Erlös M behållning, intäkt

erlöschen VI slockna *a. fig*; *ungültig werden* upphöra att gälla

erlösen VT befria (**von** från); REL frälsa **Erlösung** F befrielse; REL frälsning

ermächtigen VT ge fullmakt åt **Ermächtigung** F fullmakt, bemyndigande *n*

ermahnen VT förmana; uppmana **Ermahnung** F förmaning; uppmaning

ermäßigen VT sänka, minska; *Preis* sätta ned **ermäßigt** ADJ nedsatt, rabatterad **Ermäßigung** F sänkning, minskning; *Preis* nedsättning, rabatt

ermessen VT bedöma **Ermessen** N bedömande *n*; åsikt, mening; **nach meinem ~** som jag ser saken, enligt min bedömning; **nach menschlichem ~** mänskligt att döma

ermitteln A VT ta reda på, utforska B Vi JUR göra en utredning (**gegen** *akk* av/om) **Ermittlung** F fastställande *n*; JUR undersökning

ermöglichen VT möjliggöra, göra möjlig

ermorden VT mörda **Ermordung** F mord *n*

ermüden A VT trötta ut B VI bli trött **ermüdend** ADJ tröttande **Ermüdung** F trötthet

ermuntern VT uppmuntra **Ermunterung** F uppmuntran

ermutigen VT inge mod, uppmuntra **Ermutigung** F uppmuntran

ernähren A VT (liv)nära, föda; *unterhalten* försörja B VR sich ~ livnära sig; *leben* leva på **Ernährer(in)** M/F försörjare **Ernährung** F näring, föda;

försörjning, uppehälle n **Ernährungsweise** F kostvanor pl **Ernährungswissenschaft** F näringslära
ernennen VT utnämna (**zu** till) **Ernennung** F utnämning
Erneuerer M, **Erneuerin** F förnyare
erneuern VT förnya; *wiederholen* upprepa **Erneuerung** F förnyelse; upprepning **erneut** A ADJ förnyad, upprepad B ADV på nytt
erniedrigen VT förnedra; minska, sänka **Erniedrigung** F förnedring; minskning, sänkning
ernst ADJ allvarlig; ~ **nehmen** ta på allvar; **es ~ meinen** mena allvar **Ernst** M allvar n; **im ~** på allvar; **allen ~es** på fullt allvar; **das ist nicht dein ~?** det menar du väl inte!; *tierischer ~ umg* gravallvar n **Ernstfall** M **im ~** i en nödsituation; när det blir allvar **ernsthaft, ernstlich** A ADJ allvarlig B ADV på allvar
Ernte F skörd *a. fig* **Erntedankfest** N ≈ tacksägelsegudstjänst **ernten** VT skörda *a. fig*
ernüchtern VT nyktra till *a. fig* **Ernüchterung** F tillnyktring
Eroberer M erövrare **erobern** VT erövra **Eroberung** F erövring
eröffnen VT *fig* öppna, *a.* börja, inleda; *einweihen* inviga; *j-m etw* meddela **Eröffnung** F öppnande n; början, inledning; invigning; meddelande n
erörtern VT dryfta, diskutera, ventilera **Erörterung** F dryftande n, diskussion
Erotik F erotik **erotisch** ADJ erotisk
erpicht ADJ ~ **auf** (*akk*) begiven på
erpressen VT utpressa, utöva utpressning mot; *etw ~* pressa (tvinga) fram ngt **Erpresser(in)** M(F) utpressare **Erpressung** F utpressning
erproben VT pröva, prova, sätta på prov; **erprobt** beprövad; *erfaren*
erraten VT gissa (sig till); **~!** rätt gissat!
errechnen VT räkna ut
erregbar ADJ retlig; *sensibel* känslig **erregen** VT uppröra; *reizen* hetsa (egga) upp; *verursachen* väcka, framkalla **Erreger** M MED smittämne n **Erregung** F upprördhet; upphetsning; (sinnes)rörelse, oro; *Erzeugung* framkallande n
erreichbar ADJ inom räckhåll; anträffbar; **er ist nie ~** det går aldrig att få tag i honom **erreichen** VT nå, uppnå *a. fig*; *Person* träffa, få tag i; **den Zug ~** hinna med tåget
errichten VT uppföra, resa; *gründen* grunda, stifta, inrätta
erringen VT tillkämpa sig, vinna
erröten VI rodna (**av**) (**vor** *dat*)
Errungenschaft F framsteg n; innovation; *Anschaffung* förvärv n; *fig* landvinning
Ersatz M ersättning; kompensation; *Person* ersättare; *Surrogat* surrogat n **Ersatzanspruch** M anspråk (n) på skadeersättning **Ersatzdienst** M vapenfri tjänst **Ersatzmann** M ersättare, reserv **Ersatzrad** N reservhjul n **Ersatzspieler(in)** M(F) SPORT avbytare, reserv **Ersatzteil** N reservdel
ersaufen VI drunkna **ersäufen** VT dränka
erschaffen VT skapa **Erschaffung** F skapelse
erscheinen VI bli synlig, synas; *kommen* infinna sig, inställa sig; *auftreten* uppträda; *veröffentlicht werden* utkomma; *vorkommen* verka, tyckas, förefalla **Erscheinen** N uppträdande n; inställelse; *Buch* publicering **Erscheinung** F uppenbarelse, syn; *Phänomen* företeelse; **in ~ treten** bli synlig, visa sig **Erscheinungsjahr** N utgivningsår n
erschießen A VT skjuta ihjäl B VR **sich ~** skjuta sig **Erschießung** F arkebusering
erschlaffen VT (för)slappas
erschlagen VT slå ihjäl; **wie ~** *umg* totalt slutkörd, dödstrött
erschließen VT öppna, göra tillgänglig; *Gegend, Quelle* BERGB exploatera; **neue Märkte ~** etablera nya marknader **Erschließung** F exploatering; slutsats
erschöpfen VT *Vorräte etc* uttömma *a. fig*, göra slut på; *ermatten* trötta ut, utmatta **erschöpfend** ADJ *Darstellung* uttömmande **Erschöpfung** F *Ermattung* utmattning
erschrecken A VT förskräcka, skrämma B VI bli förskräckt, bli skrämd **erschreckend** ADJ förskräckligt, skrämmande **erschrocken** ADJ förskräckt
erschüttern VT skaka; *fig* (upp)skaka **Erschütterung** F skakning; *fig* be-

störtning
erschweren VT försvåra
erschwinglich ADJ överkomlig
ersehen VT se (**aus** av), märka (**aus** på)
ersetzbar ADJ utbytbar; ~ **sein** gå att ersätta
ersetzen VT ersätta, kompensera; gottgöra; COMPUT ersätta; **etw durch etw** ~ byta ut ngt mot ngt
ersichtlich ADJ synlig, tydlig, uppenbar; **daraus ist** ~ därav framgår
ersinnen VT tänka ut, hitta på
ersparen VT bespara fig; **Geld zurücklegen** spara ihop **Ersparnis** F besparing
erst ADV först; nur bara; **eben** ~ nyss; **jetzt** ~ först nu; ~ **einmal** först och främst; ~ **recht** i synnerhet; **nun** ~ **recht** nu mer än någonsin
erstarren VI bli stel, stelna (**vor** dat av); fig bli stel
erstatten VT **Auslagen** ersätta; **Anzeige** göra; **Bericht** avge, lämna **Erstattung** F ersättning; **Bericht** avgivande n
Erstaufführung F premiär
erstaunen A VT förvåna B VI bli förvånad, förvånas **Erstaunen** N förvåning **erstaunlich** ADJ förvånande **erstaunt** ADJ förvånad
Erstausgabe F förstaupplaga **Erstbeste** M/F/N der, die, das ~ första bästa
erstechen VT sticka ihjäl, mörda
erstehen VT köpa
ersteigern VT ropa in, köpa på auktion
erstellen VT anfertigen framställa, tillverka, ta fram, utarbeta
erstens ADV för det första **erste(r, s)** ADJ första; **fürs Erste** tills vidare; **am ~n** (**des Monats**) den första (i månaden); **das ~ Mal** första gången; **der ~ Gang** ettans växel; **~r Klasse fahren** åka första klass; → **erst erstgeboren** ADJ förstfödd; **ihr Erstgeborenes** hennes förstfödda (förstfödde)
ersticken A VT kväva B VI kvävas; **in Arbeit** ~ drunkna i arbete
erstklassig ADJ förstklassig **Erstlingswerk** N förstlingsverk n **erstmals** ADV för första gången **erstrangig** ADJ av första rang
erstreben VT eftersträva **erstrebenswert** ADJ eftersträvansvärd
erstrecken VR **sich** ~ sträcka sig a. fig, utbreda sig

Erstürmung F stormning
Erstwähler(in) M(F) förstagångsväljare
ersuchen VT anhålla (**um** akk om)
ertappen VT ertappa
erteilen VT ge; **j-m Unterricht** ~ ge ngn undervisning
ertönen VI höras; ljuda, klinga
Ertrag M avkastning; **Gewinn** vinst, utbyte n
ertragen VT uthärda, tåla, stå ut med **erträglich** ADJ dräglig, uthärdlig; umg hyfsad
ertränken VT dränka; **sich** ~ (gå och) dränka sig
erträumen VT **sich etw** ~ drömma om ngt
ertrinken VI drunkna
erübrigen A VT spara, få över; **Zeit** a. sätta av B VR **sich** ~ vara överflödigt
Eruption F eruption, utbrott n
erwachen VI vakna upp a. fig
erwachsen ADJ vuxen **Erwachsene(r)** M/F(M) vuxen (person) **Erwachsenenbildung** F vuxenutbildning
erwägen VT överväga **Erwägung** F övervägande n; **in ~ ziehen** ta i övervägande
erwähnen VT (om)nämna **erwähnenswert** ADJ nämnvärd; anmärkningsvärd **Erwähnung** F omnämnande n
erwärmen A VT värma (upp) B VR **sich** ~ värmas upp, bli varmare **Erwärmung** F uppvärmning
erwarten VT förvänta, vänta sig; vänta; **ein Kind** ~ vänta barn; **es ist zu** ~ det är att vänta; **wider Erwarten** mot förmodan **Erwartung** F väntan; förväntan; förväntning **erwartungsgemäß** ADV som väntat **erwartungsvoll** ADJ förväntansfull
erwecken VT (upp)väcka a. fig
erweichen VT mjuka upp; fig beveka B VI bli mjuk, mjukna
erweisen A VT visa; **j-m einen Dienst** ~ göra ngn en tjänst B VR **sich** ~ visa sig; **sich ~ als** visa sig vara; **sich ~, dass** ... visa sig att ...
erweitern VT, VR (ut)vidga a. fig; bygga ut; **die Straße** ~ bredda vägen; **sich** ~ vidgas; bli bredare **Erweiterung** F utvidgning, vidgning, breddning
Erwerb M förvärv(ande) n; **Kauf** köp n

erwerben _VT_ förvärva; köpa; **sich** (dat) **Verdienste ~** göra sig förtjänt (**um** akk om) **erwerbsfähig** _ADJ_ arbetsför, arbetsduglig **Erwerbsleben** _N_ förvärvsliv n **erwerbslos** _ADJ_ arbetslös **erwerbstätig** _ADJ_ förvärvsarbetande; **~ sein** förvärvsarbeta **erwerbsunfähig** _ADJ_ arbetsoförmögen **Erwerbszweig** _M_ näringsgren
Erwerbung _F_ förvärv n
erwidern _VT_ besvara, svara **Erwiderung** _F_ besvarande n, svar n
erwischen _VT_ ertappa, komma på; greifen ta fast, få tag i; Bus, Zug hinna med; **es hat mich erwischt** nu har jag fått känna av det
erwünscht _ADJ_ önskad, välkommen, önskvärd
erwürgen _VT_ strypa
Erz _N_ malm
erzählen _VT_ berätta **Erzähler(in)** _M(F)_ berättare **Erzählung** _F_ berättelse
Erzbischof _M_ ärkebiskop **Erzengel** _M_ ärkeängel
erzeugen _VT_ alstra, producera, tillverka **Erzeuger(in)** _M(F)_ producent, tillverkare; fader, far **Erzeugnis** _N_ produkt, alster n **Erzeugung** _F_ produktion, tillverkning, alstring
Erzfeind(in) _M(F)_ ärkefiende **Erzherzog(in)** _M(F)_ ärkehertig(inna)
erziehen _VT_ uppfostra **Erzieher(in)** _M(F)_ förskollärare, fritidspedagog **erzieherisch** _ADJ_ pedagogisk **Erziehung** _F_ uppfostran **Erziehungsanstalt** _F_ ungdomsvårdsskola **Erziehungsberechtigte(r)** _M(F/M)_ vårdnadshavare **Erziehungsgeld** _N_ föräldrapenning **Erziehungsurlaub** _M_ föräldraledighet; **im ~ sein** vara föräldraledig
erzielen _VT_ (upp)nå, vinna, få
erzkonservativ _ADJ_ ärkekonservativ
erzürnen _VT_ j-n **~** göra ngn arg; **sich ~** bli arg
erzwingen _VT_ framtvinga, genomdriva
es _PERS PR_ det; **~ gibt** det finns; **~ war einmal** det var en gång
Esche _F_ ask
Esel _M_ åsna **Eselsbrücke** _F_ stöd för minnet, minnesregel **Eselsohr** _N_ im Buch hundöra
Eskalation _F_ upptrappning **eskalieren** _VT, VI_ trappa(s) upp, eskalera
Eskimo _M_ neg! eskimå
Eskorte _F_ eskort **eskortieren** _VT_ eskortera
esoterisch _ADJ_ esoterisk
Espe _F_ asp
Espresso _M_ espresso
Esprit _M_ espri, kvickhet
Essay _M_ od _N_ essä
essbar _ADJ_ ätlig, ätbar **essen** _VT, VI_ äta; **zu Mittag ~** äta lunch; **~ gehen** gå ut och äta; **was gibt es zu ~?** vad blir det för mat? **Essen** _N_ mat; Mahlzeit mål(tid); **zum ~ einladen** bjuda på mat; **das ~ steht auf dem Tisch** maten är serverad **Essensmarke** _F_ matkupong
Essenz _F_ essens
Esser _M_ **ein guter ~ sein** vara matfrisk; **ein schlechter ~ sein** vara liten i maten **Essgeschirr** _N_ matservis
Essig _M_ ättika; **damit ist es ~** umg det går i stöpet **Essiggurke** _F_ ättiksgurka **Essigsäure** _F_ ättiksyra
Esslöffel _M_ matsked **Essstäbchen** _N_ pinne **Essstörung** _F_ ätstörning **Esstisch** _M_ matbord n **Esszimmer** _N_ matrum n, matsal
Establishment _N_ etablissemang n
Este _M_ est **Estin** _F_ estniska **Estland** _N_ Estland n **estnisch** _ADJ_ estniska
Estragon _M_ dragon
etablieren _V/R_ etablera; **sich ~** etablera sig; starta eget
Etage _F_ våning **Etagenbett** _N_ våningssäng
Etappe _F_ etapp
Etat _M_ budget
etepetete umg _ADJ_ petnoga; pimpinett
Ethik _F_ etik **ethisch** _ADJ_ etisk
ethnisch _ADJ_ etnisk **Ethnologie** _F_ etnologi
E-Ticket _N_ e-biljett
Etikett _N_ etikett **Etikette** _F_ Sitte etikett
etliche _INDEF PR PL_ några; åtskilliga **etliches** _INDEF PR SG_ en hel del
Etui _N_ etui n
etwa _ADV_ omkring, ungefär; vielleicht kanske, kanhända, möjligen **etwaig** _ADJ_ eventuell
etwas _INDEF PR_ något, någonting; wenig lite; **~ Neues** något nytt; **so ~** något så-

dant; **sonst noch ~?** något mer?
Etymologie F etymologi **etymologisch** ADJ etymologisk
EU F (= Europäische Union) EU (Europeiska unionen)
euch PERS PR, (in Briefen) **Euch** er; einander varandra
euer POSS PR, (in Briefen) **Euer** er
Eule F uggla
EU-Mitglied N EU-medlem **EU-Mitgliedstaat** M EU-medlemsstat
Eunuch M eunuck
eure(r, s) POSS PR sg er; ett-Wort ert; pl era; **das ist ~** det är er **eurerseits** ADV å er sida **euresgleichen** PRON sådana som ni **euretwegen** ADV för er skull
Euro M euro **Europa** N Europa n **Europäer(in)** M(F) europé **europäisch** ADJ europeisk; **die Europäische Kommission** Europeiska kommissionen; **die Europäische Union** Europeiska unionen; **die Europäische Zentralbank** Europeiska centralbanken **Europameister(in)** M(F) europamästare **Europameisterschaft** F europamästerskap n **Europaparlament** N Europaparlament n **Europarat** M Europaråd n **Europawahl** F Europaval n **Euroraum** M, **Euro-Währungsgebiet** N, **Eurozone** F euroområde n
Euter N juver n
Euthanasie F eutanasi
ev. ABK (= evangelisch) evangelisk, protestantisk
e.V. ABK (= eingetragener Verein) registrerad förening
evakuieren VT evakuera
evangelisch ADJ evangelisk; protestantisk; **er ist ~** han är protestant **Evangelium** N evangelium n
Event M,N happening **Eventlocation** F evenemangslokal **Eventmanager(in)** M(F) beruflich evenemangschef; umg festfixare
eventuell A ADJ eventuell, möjlig B ADV eventuellt, möjligen
Evolution F evolution
E-Werk N (= Elektrizitätswerk) elverk n
ewig ADJ evig; **auf ~** för evigt **Ewigkeit** F evighet
Ex umg M od F före detta (flickvän/pojkvän)
exakt ADJ exakt, noggrann
Examen N examen; **ein ~ machen** ta en examen **Examensarbeit** F examensarbete n
exekutieren VT avrätta
Exempel N exempel n; **ein ~ statuieren** statuera ett exempel
Exemplar N exemplar n **exemplarisch** ADJ typisk
exerzieren VT, VI exercera
Exfrau F exfru, exhustru, exmaka **Exfreund(in)** M(F) ex (n); weiblich exflickvän; männlich expojkvän
Exhibitionist(in) M(F) exhibitionist; blottare
Exil N exil, landsförvisning, landsflykt; **im ~ leben** leva i exil
existent ADJ existerande, befintlig **Existenz** F existens, tillvaro **Existenzkampf** M kampen för tillvaron **Existenzminimum** N existensminimum n **existieren** VI existera
exklusiv ADJ exklusiv **exklusive** PRÄP exklusive
Exkremente N/PL exkrementer n/pl
Exkursion F exkursion
exmatrikulieren VT stryka ur universitetsmatrikeln
Exmann M exman, exmake
exotisch ADJ exotisk
expandieren VI expandera **Expansion** F expansion
Expedition F expedition
Experiment N experiment n **experimentieren** VI experimentera
Experte M, **Expertin** F expert
explizit ADJ explicit
explodieren VI explodera **Explosion** F explosion **explosiv** ADJ explosiv
Exponent M exponent **exponieren** VT exponera
Export M export, utförsel **Exportartikel** M exportartikel **Exporteur** M exportör **Exportgeschäft** N Firma exportfirma **Exporthandel** M exporthandel **exportieren** VT, VI exportera, utföra
Expressionismus M expressionism **expressionistisch** ADJ expressionistisk
extern ADJ extern
extra A ADJ umg zusätzlich extra; gesondert separat B ADV extra; gesondert

separat; *absichtlich* avsiktligt
Extrakt M̄ extrakt *n*; sammanfattning, sammandrag *n*
Extravaganz F̄ extravagans
extrem ADJ extrem, ytterlig **Extremist(in)** M|F extremist **Extremsport** M̄ extremsport
extrovertiert ADJ extrovert, utåtriktad
Exzellenz F̄ excellens
exzentrisch ADJ excentrisk
Exzess M̄ excess
Eyeliner M̄ eyeliner
E-Zigarette F̄ e-cigarett, elektronisk cigarett

F

F, f N̄ F, f *n*
Fa. ABK (= *Firma*) fa, firma
Fabel F̄ fabel **fabelhaft** ADJ fantastisk, otrolig
Fabrik F̄ fabrik **Fabrikant(in)** M|F fabrikant **Fabrikarbeiter(in)** M|F fabriksarbetare **Fabrikat** N̄ fabrikat *n* **Fabrikation** F̄ fabrikation **Fabrikgelände** N̄ fabriksområde *n* **Fabrikware** F̄ fabriksvara **fabrizieren** V|T göra; tillverka, fabricera
Facelifting N̄ ansiktslyftning
Fach N̄ *a. zur Aufbewahrung* fack *n*; *Schulfach* ämne *n*; *Gebiet* område *n*; **er ist vom ~** han är fackman **Facharbeiter(in)** M|F specialutbildad arbetare, yrkesarbetare **Facharzt** M̄ specialist **Fachausdruck** M̄ fackuttryck *n*, fackterm **Fachberater(in)** M|F konsulent **Fachbereich** M̄ ämnesområde *n*; UNIV ≈ institutionsgrupp
Fächer M̄ solfjäder; *fig* spektrum *n*
Fachfrau F̄ (kvinnlig) fackman, specialist, expert **Fachgebiet** N̄ ämnesområde *n* **fachgerecht** ADJ fackmässig **Fachgeschäft** N̄ specialaffär **Fachhochschule** F̄ yrkesinriktad högskola **Fachkenntnisse** F|PL fackkunskaper *pl* **fachkundig** ADJ sakkunnig **Fachlehrer(in)** M|F ämneslärare **fachlich** ADJ fack-, special- **Fachliteratur** F̄ facklitteratur **Fachmann** M̄ fackman, specialist, expert **fachmännisch** ADJ fackmässig, proffsig **fachsimpeln** *umg* V|I bara prata om jobbet **Fachsprache** F̄ fackspråk *n* **fachübergreifend** ADJ tvärvetenskaplig
Fachwerk N̄ korsvirke *n* **Fachwerkhaus** N̄ korsvirkeshus *n*
Fackel F̄ fackla **Fackelzug** M̄ fackeltåg *n*
fad(e) ADJ fadd, smaklös; *fig* tråkig
Faden M̄ tråd *a. fig*; **die Fäden ziehen** MED ta bort stygnen **Fadennudeln** F|PL vermiceller *pl* **fadenscheinig** ADJ trådsliten; *fig* genomskinlig
Fagott N̄ fagott
fähig ADJ *imstande* i stånd (*gen* till); duglig, skicklig, kompetent **Fähigkeit** F̄ duglighet, skicklighet; förmåga; **~en** *pl einer Person* anlag, färdigheter
fahl ADJ blek, askgrå
Fähnchen N̄ liten flagga
fahnden V|I efterlysa (**nach** j-m ngn)
Fahndung F̄ efterlysning
Fahne F̄ fana, flagga; *Druckfahne* korrekturavdrag *n* i spalter; *Rauchfahne* strimma; *umg* **eine ~ haben** lukta sprit **Fahnenflucht** F̄ desertering **Fahnenstange** F̄ flaggstång **Fahnenträger(in)** M|F fanbärare
Fahrausweis M̄ biljett **Fahrbahn** F̄ körbana **fahrbar** ADJ rullbar, på hjul **Fahrbücherei** F̄ bokbuss
Fähre F̄ färja
fahren A V|T köra, skjutsa; *befördern a.* transportera B V|I åka, köra, fara; *Bus, Zug* usw gå; **einen ~ lassen** *umg* släppa sig; **wir ~ morgen** vi åker i morgon; **was ist in ihn gefahren?** vad har det farit (*od* flugit) i honom?; **wann fährt der Zug?** när går tåget?
Fahrer(in) M|F förare, chaufför **Fahrerei** F̄ åkande **Fahrerflucht** F̄ **er beging ~** bilföraren smet från olycksplatsen **Fahrerlaubnis** F̄ tillstånd (*n*) att framföra motorfordon **Fahrgast** M̄ passagerare, resande **Fahrgeld** N̄ avgift, biljettpengar *pl* **Fahrgemeinschaft** F̄ samåkningsgrupp **Fahrgeschwindigkeit** F̄ körhastighet **Fahrgestell** N̄ FLUG landningsställ *n*; AUTO chassi *n* **fahrig**

ADJ fladdrig, rastlös, orolig; *zerstreut* disträ **Fahrkarte** F biljett **Fahrkartenautomat** M biljettautomat **Fahrkartenschalter** M biljettlucka **fahrlässig** ADJ oförsiktig, vårdslös; JUR ~e Tötung vållande till annans död **Fahrlässigkeit** F oförsiktighet, vårdslöshet
Fahrlehrer(in) M(F) bilskollärare **Fahrplan** M tidtabell; turlista **fahrplanmäßig** ADJ enligt tidtabellen **Fahrpraxis** F körvana **Fahrpreis** M biljettpris n **Fahrpreisermäßigung** F rabatt på biljettpris **Fahrprüfung** F körkortsprov n, uppkörning **Fahrrad** N cykel **Fahrradfahrer(in)** M(F) cyklist **Fahrradkurier(in)** M(F) cykelbud n **Fahrradständer** M cykelställ n **Fahrschein** M biljett **Fahrscheinentwerter** M biljettstämplingsautomat **Fahrscheinheft** N biljetthäfte n
Fährschiff N färja
Fahrschule F körskola, bilskola **Fahrspur** F fil **Fahrstuhl** M hiss **Fahrstunde** F körlektion **Fahrt** F färd; *Reise* resa, tur; *Geschwindigkeit* fart, hastighet; **in ~ kommen** fig komma i stämning; bli rasande
Fährte F spår n
Fahrtenschreiber M färdskrivare **Fahrtkosten** PL resekostnader pl **Fahrtrichtung** F körriktning **fahrtüchtig** ADJ i stånd att köra; trafikduglig **Fahrwasser** N farvatten n a. fig **Fahrzeit** F körtid, åktid **Fahrzeug** N fordon n, åkdon n; *Schiff* fartyg n **Fahrzeugpapiere** PL fordonshandlingar pl
fair ADJ schysst, rättvis; **Fair Play** n SPORT fair play n; **das ist nicht ~** det är inte rättvist **Fairness** F hederlighet **Fakt** M faktum n **faktisch** A ADJ faktisk B ADV faktiskt, i själva verket **Faktor** M faktor a. fig **Faktum** N faktum n
Fakultät F fakultet **fakultativ** ADJ fakultativ, valfri
Falke M falk
Fall M ❶ fall n; **auf jeden ~** i varje fall; **für alle Fälle** i alla händelser; **auf keinen ~** under inga omständigheter; **für den ~, dass ...** för den händelse att ...; **im ~e** (gen) i händelse av; **gesetzt den ~, dass ...** antag att ...; **von ~ zu ~** från fall till fall; **das ist (nicht) der ~** det är (inte) fallet ❷ GRAM kasus n
Falle F fälla; *Schlinge* snara; **in die ~ gehen** gå i fällan; *umg zu Bett gehen* krypa till kojs; fig **j-m eine ~ stellen** lägga en snara för ngn
fallen V/I falla; *Preise* falla, sjunka; *Krieger* falla, stupa; **~ lassen** *aufgeben* avstå ifrån, ge upp; **etw ~ lassen** tappa ngt, släppa ngt; **es fällt mir schwer** det är svårt för mig
fällen V/T a. Baum, Urteil fälla
fallen lassen fig V/T → **fallen**
fällig ADJ *zu bezahlen* ~ **sein** förfalla till betalning; **die ~en Rechnungen** räkningarna som ska betalas; **~e Reformen** nödvändiga reformer
Fallobst N fallfrukt
Fallout M radioaktivt nedfall n
falls KONJ i fall om; **~ nicht** om inte **Fallschirm** M fallskärm **Fallschirmspringer(in)** M(F) fallskärmshoppare **falsch** ADJ *unrichtig* fel, oriktig, felaktig; *unecht* falsk; **da liegst du ~!** fig du är inne på fel spår!; **~ verbunden sein** TEL ha slagit fel nummer, ha kommit fel **fälschen** V/T förfalska **Fälscher(in)** M(F) förfalskare **Falschfahrer(in)** M(F) spökförare **Falschgeld** N falska pengar pl **Falschheit** F falskhet **fälschlich** ADJ felaktig, oriktig **Falschmeldung** F felaktig uppgift **Fälschung** F förfalskning
Faltblatt N folder **Faltboot** N hopfällbar kanot **Falte** F veck n; *Runzel* rynka; **die Stirn in ~n ziehen** rynka pannan **falten** V/T, V/R vika ihop; *Kleid* vecka; *Stirn* rynka; *Hände* knäppa **Faltenrock** M veckad kjol **Falter** M fjäril **faltig** ADJ veckad; *zerknittert* skrynklig; *Haut* rynkig
familiär ADJ familje-; familjär; **aus ~en Gründen** av familjeskäl **Familie** F familj; *Geschlecht* släkt; **das liegt in der ~** det ligger i släkten **Familienangehörige(r)** M(F/M) familjemedlem **Familienberatung** F familjerådgivning **Familienkreis** M im ~ med familjen **Familienleben** N familjeliv n **Familienname** M efternamn n **Familienpackung** F ekonomiförpackning **Familienplanung** F familjeplanering **Familienstand** M civil-

stånd n **Familienvater** M familjefader **Familienzulage** F familjetillägg n **Familienzuwachs** M tillökning i familjen
Fan M fan, supporter
Fanatiker(in) M/F fanatiker **fanatisch** ADJ fanatisk **Fanatismus** M fanatism
Fanfare F fanfar
Fang M fångst, byte n; **Fänge** pl Krallen klor pl **fangen** A VIT fånga, gripa; **Feuer** ~ fatta eld a. fig B V/R **sich** ~ fångas; fastna; fig hämta sig **Fangfrage** F kuggfråga
Fanklub M fanklubb
Fantasie F fantasi **fantasielos** ADJ fantasilös **fantasieren** VIT, VII fantisera; yra **fantasievoll** ADJ fantasifull **fantastisch** ADJ fantastisk
Farbband N färgband n **Farbbild** N färgfoto n **Farbdisplay** N IT färgskärm **Farbdrucker** M IT färgskrivare **Farbe** F färg; ~ **bekennen** bekänna färg a. fig; **die** ~ **wechseln** skifta färg; fig övergå till ett annat parti **farbecht** ADJ färgäkta **färben** V/T färga **farbenblind** ADJ färgblind **farbenfroh** ADJ färgglad **farbenprächtig** ADJ färgstark **Farbfilm** M färgfilm **Farbfoto** N färgfoto n **farbig** ADJ färgad, kulört **Farbige(r)** M/F(M) färgad (man od kvinna) **Farbkopie** F färgkopia **Farbkopierer** M färgkopiator **farblich** ADJ färgmässig, vad gäller färgerna **farblos** ADJ färglös a. fig **Farbstift** M färgpenna **Farbstoff** M färgämne n **Farbton** M färgton **Färbung** F färgning; fig färg
Farce F fars; GASTR färs
Farm F farm **Farmer(in)** M/F farmare
Farn M, **Farnkraut** N ormbunke
Färöer A PL **die** ~ Färöarna B ADJ föröisk, från Färöarna
Fasan M fasan
Fasching M karneval
Faschismus M fascism **Faschist(in)** M/F fascist **faschistisch** ADJ fascistisk
faseln umg V/I svamla, snacka
Faser F tråd, fiber **faserig** ADJ trådig, fibrig **fasern** V/I fransa sig; ludda av sig
Fass N fat n, tunna
Fassade F fasad
fassbar ADJ fattbar, begriplig

Fassbier N fatöl n
fassen A V/T fatta (tag i), gripa, ta fast; einfassen infatta; begreifen fatta, begripa, förstå; enthalten rymma, innehålla; Mut, Beschluss fatta; → **gefasst** B V/R **sich** ~ fatta sig; behärska sig (od sansa) sig; **sich kurz** ~ fatta sig kort; **in Worte** ~ uttrycka i ord; **sich ein Herz** ~ fatta mod
Fasson F fason, form
Fassung F Einfassung infattning; Wortlaut formulering; Text version; Ruhe fattning, lugn n; einer Brille bågar; **aus der** ~ **bringen** bringa ur fattningen; **aus der** ~ **geraten** förlora fattningen; **die** ~ **verlieren** tappa fattningen; Film **in deutscher** ~ med tyskt tal **fassungslos** ADJ bragt ur fattningen, bestört, handfallen; mållös **Fassungsvermögen** N fattningsförmåga; räumlich volym, rymd
fast ADV nästan, närapå, nära nog; **ich wäre** ~ **gefallen** jag hade nästan fallit omkull; **ich hätte** ~ **gesagt** jag hade så när sagt
fasten V/I fasta **Fasten** PL, **Fastenzeit** F fasta(n), fastlag
Fast Food N snabbmat
Fastnacht F fastlag; Karneval karneval **Fastnachtszeit** F karnevalstid
faszinieren V/T, V/I fascinera
fatal ADJ fatal **Fatalismus** M fatalism **Fatalist(in)** M/F fatalist
fauchen V/T, V/I fräsa, väsa
faul ADJ rutten, skämd; träge lat; umg skum, dålig; ~**e Ausreden** undanflykter **Fäule** F → **Fäulnis faulen** V/I ruttna, bli skämd
faulenzen V/I lata sig, slå dank **Faulenzer(in)** M/F latmask, lätting, dagdrivare **Faulheit** F lättja
faulig ADJ skämd, rutten **Fäulnis** F förruttnelse, röta
Faulpelz M latmask **Faultier** N sengångare; umg latmask
Fauna F fauna
Faust F knytnäve; **auf eigene** ~ fig på egen hand **Fäustchen** N liten knytnäve; **sich ins** ~ **lachen** fig te skadeglatt **faustdick** ADJ tjock som en knytnäve; **er hat es** ~ **hinter den Ohren** fig han är inte så oskyldig som han ser ut **faustgroß** ADJ knytnävsstor **Fausthandschuh** M tumvante **Faustre-**

gel F tumregel **Faustschlag** M knytnävsslag n
Favorit(in) M/F favorit
Fax N fax; *Nachricht* fax n **Faxanschluss** M fax(anslutning); **haben Sie einen ~?** har du (od ni) fax? **faxen** V/T faxa
Faxen F/PL tokeri n, upptåg n; **~ machen** ställa till upptåg; **keine ~!** inget skämt!
Faxgerät N fax **Faxnummer** F faxnummer n
Fazit N slutsumma, resultat n; **das ~ aus etw ziehen** göra en sammanfattning av ngt
FCKW ABK (= Fluorchlorkohlenwasserstoff) freon **FCKW-frei** ADJ freonfri
FDP ABK (= Freie Demokratische Partei) ≈ liberala partiet i Tyskland
Februar M, **Feber** österr M februari
fechten V/T fäkta; *betteln* tigga **Fechten** N fäktning
Feder F *a. Spiralfeder* fjäder; *Schreibfeder* penna **Federball** M *Spiel* badminton **Federbett** N duntäcke n **federführend** ADJ ansvarig **Federgewicht** N fjädervikt **Federhalter** M pennskaft n; reservoarpenna **federleicht** ADJ fjäderlätt **Federlesen** N **ohne viel ~s** utan krus **federn** V/I fjädra; vara elastisk **Federung** F fjädring **Federvieh** N fjäderfä n
Fee F fe
Feedback N feedback, återkoppling
Fegefeuer N skärseld
fegen V/T, V/I sopa; svepa **Feger** M sopborste
fehl ADV **~ am Platz** olämplig, opassande **Fehlanzeige** F **~!** helt fel! **Fehlbetrag** M underskott n, deficit n **Fehldiagnose** F fel diagnos
fehlen V/I fattas, saknas; etw/j-d **fehlt mir** jag saknar ngt/ngn; **es fehlt an** (dat) det fattas; *fig* **was fehlt dir?** vad är det med dig?; **das fehlte (gerade) noch!** det fattades bara!; **weit gefehlt!** långtifrån!
Fehler M fel n; misstag n **fehlerfrei** ADJ felfri **fehlerhaft** ADJ felaktig, oriktig **Fehlermeldung** F IT felmeddelande n **Fehlerquelle** F felkälla **Fehlgeburt** F missfall n **Fehlgriff** M felgrepp n; *fig* misstag n **Fehlschlag** M misslyckande n **fehlschla-**

gen V/I slå fel, misslyckas **Fehlschuss** M bom **Fehlstart** M tjuvstart; FLUG felstart **Fehltritt** N felsteg n *a. fig* **Fehlurteil** N felbedömning, JUR fel dom **Fehlzündung** F *Motor* feltändning
Feier F *Feiern* firande n; *Festlichkeit* högtid, fest **Feierabend** M **~ machen** sluta arbetet (för dagen); **nun ist aber ~!** *umg* nu går det allt för långt! **feierlich** ADJ högtidlig, festlig **Feierlichkeit** F högtidlighet, festlighet **feiern** A V/I festa, ha fest B V/T fira; j-n feiern hylla; **Geburtstag ~ ha födelsedagskalas Feiertag** M helgdag
feige ADJ feg
Feige F fikon n **Feigenbaum** M fikonträd n **Feigenblatt** N fikonlöv n **Feigheit** F feghet **Feigling** M feg stackare, fegis
Feile F fil **feilen** V/T, V/I fila; **~ an** (dat) bes *fig* fila på, finslipa
feilschen V/I köpslå om, pruta på (**um** akk)
fein ADJ fin *a. fig*; *vornehm* förnäm; *erfreulich* fin, bra; **~!** fint! **Feinarbeit** F precisionsarbete n
Feind(in) M/F fiende **Feindbild** N hotbild **feindlich** ADJ fientlig **Feindschaft** F fiendskap **feindselig** ADJ fientlig **Feindseligkeit** F fientlighet
Feineinstellung F finjustering, noggrann inställning **feinfühlig** ADJ finkänslig **Feingefühl** N finkänslighet **Feinheit** F finhet; **~en** *pl* nyanser **Feinkost** F delikatesser *pl* **Feinkostgeschäft** N delikatessaffär **Feinmechaniker(in)** M/F finmekaniker **Feinschmecker** M finsmakare, gourmé **Feinstaub** M luftburna partiklar *pl* **Feinwäsche** F fintvätt **Feinwaschmittel** N fintvättmedel n
feist ADJ fet, trind
feixen *umg* V/I flina
Feld N fält n; *fig* område n; *Schach* ruta; *Spielfeld* plan; *fig* **das ~ räumen** dra sig tillbaka **Feldarbeit** F åkerbruksarbete n **Feldherr** M fältherre **Feldsalat** M machésallad, vårklynne **Feldstecher** M (fält)kikare **Feldwebel** M sergeant **Feldweg** M väg mellan åkrar **Feldzug** M fälttåg n; *fig* kampanj
Felge F fälg
Fell N päls, skinn n, hud; **j-m das ~**

über die Ohren ziehen *fig* bedra ngn; ein dickes ~ haben vara tjockhudad **Fels** M klippa *a. fig* **Felsblock** M klippblock *n* **Felsen** M klippa, (hälle)berg *n* **felsenfest** *fig* ADJ bergfast **felsig** ADJ klippig **Felswand** F klippvägg
feminin ADJ *a.* GRAM feminin **Femininum** N femininum *n* **Feminismus** M feminism **Feminist(in)** M(F) feminist
Fenchel M fänkål
Feng-Shui N fengshui
Fenster N *a.* COMPUT fönster *n*; *umg* weg vom ~ sein vara ur leken **Fensterbank** F, **Fensterbrett** N fönsterbänk, fönsterbräde *n* **Fensterladen** M fönsterlucka **Fensterleder** N sämskskinn *n* **Fensterplatz** M fönsterplats **Fensterputzer(in)** M(F) fönsterputsare **Fensterrahmen** M fönsterkarm **Fensterscheibe** F fönsterruta
Ferien PL ferier *pl*, lov *n*; die großen ~ sommarlovet *n*; in die ~ fahren åka på semester **Ferienaufenthalt** M semestervistelse **Feriendorf** N semesterby **Ferienhaus** N fritidshus *n* **Ferienjob** M sommarjobb *n* **Ferienkurs** M feriekurs **Ferienreise** F semesterresa **Ferienwohnung** F semesterlägenhet **Ferienzeit** F semestertid
Ferkel N gris(kulting), spädgris; *fig* (smuts)gris
fern ADJ avlägsen, fjärran; von ~ på långt håll, på avstånd; es liegt mir ~ jag har ingen tanke på det **Fernabfrage** F IT fjärrstyrning, fjärranslutning **Fernbedienung** F fjärrkontroll **Fernbeziehung** F distansförhållande *n* **fernbleiben** VI ⟨dat⟩ utebli (från) **Fernbus** M långfärdsbuss **Ferne** F avstånd *n*; fjärran; in der ~ i fjärran; på avstånd; aus der ~ fjärran ifrån; på avstånd; in weiter ~ i ett avlägset fjärran **ferner** ADJ vidare; *außerdem* dessutom **Fernfahrer(in)** M(F) långtradarchaufför **Ferngespräch** N fjärrsamtal *n* **ferngesteuert** ADJ fjärrstyrd **Fernglas** N kikare **fernhalten** VT, V/R hålla borta (*od* på avstånd); j-n von etw ⟨dat⟩ ~ avhålla ngn från ngt **Fernheizung** F fjärrvärme **Fernkurs** M korrespondenskurs **Fernlaster** M långtradare **Fernlicht** N AUTO helljus *n* **Fernmeldeamt** N telefonstation **Fernmeldetechnik** F teleteknik **Fernost** OHNE ARTIKEL ⟨*inv*⟩ in/aus ~ i/från Fjärran Östern **Fernrohr** N kikare **Fernschreiber** M telex **Fernsehansager(in)** M(F) programannonsör; *umg* hallåman; hallåa **Fernsehapparat** M tv(-apparat) **fernsehen** V/I se (*od* titta) på tv **Fernsehen** N tv, television **Fernseher** M tv(-apparat) **Fernsehgebühren** PL tv-avgift **Fernsehgerät** N tv-apparat **Fernsehprogramm** N tv-program *n* **Fernsehschirm** M tv-ruta **Fernsehsendung** F tv-program *n* **Fernsehzuschauer(in)** M(F) tv-tittare **Fernsicht** F utsikt **Fernsteuerung** F fjärrstyrning **Fernstraße** F ≈ riksväg; motorväg **Fernstudium** N distansstudier *pl*; ein ~ machen läsa på distans **Fernverkehr** M fjärrtrafik **Fernwärme** F fjärrvärme **Fernweh** N ≈ bortlängtan, längtan bort
Ferse F häl; j-m auf den ~n sein vara hack i häl på ngn
fertig ADJ färdig, klar; *erschöpft* slut, färdig; ~ bringen få färdig; ~ machen få färdig, göra i ordning; sich ~ machen göra sig klar; mit etw ~ werden klara av ngt, komma över ngt; ~ stellen göra färdig; mit j-m ~ werden *umg* klara av ngn; mit j-m ~ sein inte vilja ha något att göra med ngn **Fertigbauweise** F elementbyggande *n* **fertigbringen** VT få färdig; *fig* kunna förmå sig (till) **fertigen** VT tillverka **Fertiggericht** N färdiglagad mat **Fertighaus** N monteringsfärdigt hus *n* **Fertigkeit** F färdighet, skicklighet **fertigmachen** VT få färdig; *fig* j-n ~ klara av ngn; knäcka ngn; läxa upp ngn; *physisch umg* ta kål på ngn **fertigstellen** VT göra färdig (i ordning) **Fertigstellung** F iordningställande *n* **Fertigung** F tillverkning **Fertigware** F helfabrikat *n* **fertig werden** V/I → fertig
fesch *umg* ADJ stilig, flott
Fessel F *a. fig* boja; vrist **fesseln** VT fjättra; fängsla *a. fig* **fesselnd** ADJ fängslande
fest ADJ fast; *stabil, kräftig* stabil, stadig;

standhaft a. varaktig, orubblig; ~ angestellt fast anställd; einen ~en Freund (eine ~e Freundin) haben *umg* ha en pojkvän (flickvän); ohne ~en Wohnsitz utan fast adress
Fest N fest, högtid; helg; frohes ~! god helg!
festbinden VT binda fast
Festessen N festmåltid, bankett
festfahren VR festgefahren sein, sich festgefahren haben ha kört fast **festhalten** VT, VI a. sich ~ hålla (sig) fast (an *dat* vid)
festigen VT stärka, stabilisera **Festigkeit** F fasthet; *Stabilität* hållfasthet; *Standhaftigkeit* uthållighet
Festival N festival
festkleben A VT klistra fast B VI fastna
Festland N fastland *n*
festlegen VT, VR fastställa, bestämma; *fig* fastlåsa B VR sich ~ binda sig
festlich ADJ festlig, högtidlig; ~ begehen fira **Festlichkeit** F festlighet, fest
festmachen VT sätta fast, fästa; *fig* fastslå, bestämma; *Schiff* förtöja **festnageln** VT spika fast
Festnahme F gripande *n*, anhållande *n* **festnehmen** VT ta fast, anhålla, gripa
Festnetz N *Anschluss* fast telefon(i)
Festplatte F COMPUT hårddisk **Festplattenlaufwerk** N COMPUT hårddiskenhet
Festrede F festtal *n* **Festsaal** M festsal
festschrauben VT skruva fast
festsetzen A VT fastställa, bestämma; sätta fast, anhålla B VR sich ~ sätta sig fast **Festsetzung** F fastställande *n*, bestämmande *n*; anhållande *n* **festsitzen** VI sitta fast a. *fig*
feststehen VI stå fast **feststellen** VT fastställa, konstatera **Feststellung** F fastställande *n*, konstaterande *n*

Festtag M festdag, högtidsdag
Festung F fästning
Fete *umg* F fest
Fetisch M fetisch
fett ADJ fet a. *fig* **Fett** N fett *n*; *Bratenfett* flott *n* **fettarm** ADJ mager, med låg fetthalt; ~e Milch lättmjölk **Fettauge** N fettpärla **Fettdruck** M TYPO fetstil **fetten** VT smörja; avge fett **Fettfleck** M fettfläck, flottfläck **Fettgehalt** M fetthalt **fettig** ADJ fet; flottig **fettleibig** ADJ korpulent, fetlagd **Fettnäpfchen** N ins ~ treten sätta en plump i protokollet, trampa i klaveret **Fettpolster** N fettlager *n* **Fettstift** M cerat *n* **Fettsucht** F sjuklig fetma
Fetzen M trasa, lapp; *Papierfetzen* bit
feucht ADJ fuktig **Feuchtgebiet** N våtmark **Feuchtigkeit** F fukt, fuktighet
feudal ADJ feodal; *fig umg* flott, pampig
Feuer N eld a. *fig*; brasa; *Brand* brand, eldsvåda; ~ fangen fatta eld a. *fig*; ~ legen tända på; ~ und Flamme sein für (*akk*) vara eld och lågor för ngt **Feueralarm** M brandalarm *n* **feuerbeständig** ADJ eldfast **Feuerbestattung** F eldbegängelse, kremering **feuerfest** ADJ eldfast **feuergefährlich** ADJ eldfarlig **Feuerleiter** F brandstege **Feuerlöscher** M brandsläckare, eldsläckare **Feuermelder** M brandskåp *n* **feuern** VT elda; MIL ge eld; *j-n* ge sparken **Feuerprobe** F eldprov *n* **feuerrot** ADJ eldröd **Feuerschutz** M brandskydd *n* **Feuerstein** M flinta **Feuerstelle** F eldstad **Feuerversicherung** F brandförsäkring **Feuerwaffe** F eldvapen *n* **Feuerwehr** F brandkår **Feuerwehrauto** N brandbil **Feuerwehrfrau** F, **Feuerwehrmann** M brandman, brandsoldat **Feuerwerk** N fyrverkeri *n* **Feuerwerkskörper** M fyrverkeripjäs **Feuerzeug** N cigarettändare
Feuilleton N kultursida
feurig ADJ eldig, het, passionerad; stark
ff. ABK (= folgende *od* folgende Seiten) f., följ., följande
FH ABK F (= Fachhochschule) YH, yrkeshögskola
Fiasko N fiasko *n*
Fibel F *Schulfibel* abc-bok
Fiber F fiber
Fichte F gran
ficken *vulg* VT, VI knulla; pippa
fidel ADJ glad, munter, livad
Fieber N feber; ~ messen ta tempen

Fieberanfall M̄ feberanfall n **fieberfrei** ADJ feberfri **fieberhaft** ADJ feberaktig; fig febril **Fiebermittel** N̄ febernedsättande medel n **fiebern** V̄I ha feber; fig darra (**vor** dat av); fig **nach etw ~** ivrigt längta efter ngt **Fieberthermometer** N̄ febertermometer
Fiedel F̄ fiol
fies umg ADJ taskig, jävlig; äcklig, snuskig **Fiesling** umg M̄ knöl; svin n
Figur F̄ figur **figürlich** ADJ figurlig, bildlig
Fiktion F̄ fiktion
Filet N̄ filé
Filiale F̄ filial **Filialleiter(in)** M/F filialchef
Film M̄ film **Filmaufnahme** F̄ filminspelning; tagning **Filmemacher(in)** M/F filmare, filmmakare **filmen** V̄T, V̄I filma **Filmfestspiele** N/PL filmfestival **filmisch** ADJ film- **Filmkamera** F̄ filmkamera **Filmproduzent(in)** M/F filmproducent **Filmregisseur(in)** M/F filmregissör **Filmrolle** F̄ filmrulle; Darstellung filmroll **Filmschauspieler** M̄ filmskådespelare **Filmschauspielerin** F̄ filmskådespelerska **Filmstar** M̄ filmstjärna **Filmverleih** M̄ filmuthyrning **Filmvorführung** F̄ filmförställning
Filter M̄ filter n **Filterkaffee** M̄ bryggt kaffe **filtern** V̄T, V̄I filtrera; Kaffee brygga **Filterpapier** N̄ filterpapper n **Filterzigarette** F̄ filtercigarrett **filtrieren** V̄T filtrera
Filz M̄ filt; fig trassel n, röra **filzen** umg V̄T j-n muddra, leta igenom **Filzhut** M̄ filthatt **Filzschreiber** M̄, **Filzstift** M̄ filtpenna
Fimmel umg M̄ dille; **einen ~ haben** umg vara tokig
Finale N̄ final
Finanzamt N̄ lokal skattemyndighet **Finanzbeamte(r)** M̄, **Finanzbeamtin** F̄ tjänsteman vid skattemyndighet **Finanzen** PL finanser pl **finanziell** ADJ finansiell **finanzieren** V̄T finansiera **Finanzierung** F̄ finansiering **Finanzkrise** F̄ finanskris **Finanzlage** F̄ finansiellt läge n **Finanzminister(in)** M/F finansminister **Finanzpolitik** F̄ finanspolitik **Finanzwelt** F̄ finansvärld **Finanzwesen** N̄ finansväsen n
Findelkind N̄ hittebarn n **finden** A V̄T 1 finna, hitta; **eine Arbeit ~** få ett jobb; **den Weg nach Hause ~** hitta hem 2 meinen tycka B V̄R **sich ~** dyka upp, komma till rätta; **das wird sich ~** det löser sig **Finder(in)** M/F upphittare **Finderlohn** M̄ hittelön
findig ADJ påhittig
Findling M̄ Kind hittebarn n; Stein flyttblock n
Finger M̄ finger a. n; **der kleine ~** lillfingret; **sich etw an fünf ~n abzählen können** kunna gissa sig till ngt **Fingerabdruck** M̄ fingeravtryck n **Fingerfertigkeit** F̄ fingerfärdighet **Fingerhut** M̄ fingerborg; BOT fingerborgsblomma **Fingerling** M̄ (finger)tuta **fingern** V̄I fingra (på) **Fingerspitze** F̄ fingerspets, fingertopp **Fingerspitzengefühl** N̄ fin intuition, känslighet **Fingerübung** F̄ fingerövning **Fingerzeig** M̄ fingervisning, vink
fingiert ADJ fingerad
Fink M̄ fink
Finne¹ F̄ ZOOL Flosse fena
Finne² M̄ finländare, finne **Finnin** F̄ finländska, finska **finnisch** ADJ finländsk, finsk **Finnisch** N̄ finska (språket) **Finnland** N̄ Finland n
finster ADJ mörk; düster dyster **Finsternis** F̄ mörker n; ASTRON förmörkelse
Finte F̄ SPORT fint; fig list, knep n
Firewall F̄ od M̄ IT brandvägg
Firma F̄ firma, företag n
Firmament N̄ firmament n
Firmeninhaber(in) M/F firmainnehavare **Firmenwagen** M̄ firmabil **Firmenzeichen** N̄ firmamärke n
Firmung F̄ ≈ konfirmation
Firn M̄ firn
Firnis M̄ fernissa
First M̄ Hausfirst takås
Fisch A M̄ fisk B PL ASTROL Fiskarna **fischen** V̄T, V̄I fiska; fig umg fiska upp **Fischer(in)** M/F fiskare **Fischerboot** N̄ fiskebåt **Fischerdorf** N̄ fiskeläge n **Fischerei** F̄, **Fischfang** M̄ fiske n **Fischgericht** N̄ fiskrätt **Fischgeschäft** N̄ fiskaffär **Fischgräte** F̄ fiskben n **Fischlaich** M̄ fiskrom n **Fischmehl** N̄ fiskmjöl n **Fisch-**

netz N fisknät n **Fischotter** M utter **Fischstäbchen** PL GASTR fiskpinnar pl **Fischsterben** N fiskdöd **Fischsuppe** F fisksoppa **Fischteich** M fiskdamm **Fischvergiftung** F matförgiftning av fisk **Fischzucht** F fiskodling
Fiskus M statskassa
Fisole österr F (trädgårds)böna
Fistel F fistel **Fistelstimme** F MUS falsettröst
fit ADJ i (god) form, i trim, vältränad; ~ bleiben hålla sig i form (od kondition)
Fitness F bra kondition **Fitnesscenter** N, **Fitnessstudio** N gym n **Fitnessraum** F gym n **Fitnesstrainer(in)** M(F) gyminstruktör; im Kurs gruppträningsinstruktör **Fitnesstraining** N konditionsträning
Fittich M vinge; fig beskydd n; unter seine ~e nehmen ta i sitt beskydd
fix ADJ fix, fast; flink flink, rask; ~ und fertig fix och färdig; umg erschöpft alldeles slut
fixen umg VI sila **Fixer(in)** umg M(F) sprutnarkoman, knarkare
fixieren VT a. FOTO fixera
FKK ABK (= Freikörperkultur) nudism **FKKler(in)** umg M(F) nudist **FKK-Strand** M nakenbad n
flach ADJ platt, slät, flack, flat; seicht grund; fig ytlig, platt **Flachbau** M låg byggnad **Flachbildschirm** M IT platt bildskärm
Fläche F (slät) yta; MATH plan n; Ebene slätt **flächendeckend** ADJ heltäckande **Flächeninhalt** M ytinnehåll n
flachfallen umg VI inte bli av **Flachheit** fig F ytlighet, platthet **Flachland** N slättland n **flachlegen** VT umg Sex haben ligga med **flachliegen** umg VI vara sjuk, vara totalt utslagen **Flachmann** umg M fickplunta
Flachs M lin n; umg skoj n
flackern VI fladdra, flämta
Fladen M brödkaka; komocka **Fladenbrot** N runt tunt bröd
Flagge F flagga; ~ zeigen fig bekänna färg **flaggen** VI flagga
Flair N atmosfär, fläkt, utstrålning
flambieren VT flambera
Flame M flamländare **Flämin** F flamländska
Flamingo M flamingo

flämisch ADJ flamländsk
Flamme F flamma a. fig, låga; in ~n stehen stå i ljusan låga; auf kleiner ~ kochen koka på låg värme **Flammenmeer** N eldhav n
Flandern N Flandern
Flanell M flanell a. n
flanieren VI flanera
Flanke F sida; MIL flank; Fußball inlägg n **flankieren** VT flankera
Fläschchen N liten flaska **Flasche** F flaska, butelj; Person umg nolla **Flaschenbier** N öl n på flaska **Flaschenhals** M flaskhals a. fig **Flaschenöffner** M flasköppnare **Flaschenpfand** F pant **Flaschenzug** M lyftblock n
Flatrate F platt (od fast) avgift
flatterhaft ADJ fladdrig, ostadig **flattern** VI fladdra, flaxa
flau ADJ svag, matt, slapp; das Geschäft ist ~ affären går dåligt
Flaum M fjun n, dun n
Flausch M flausch **flauschig** ADJ fluffig, mjuk
Flausen umg F/PL påhitt n, undanflykter pl; Geschwätz prat n
Flaute F stiltje; WIRTSCH lågkonjunktur
Flechte F Zopf fläta; BOT lav; MED eksem n **flechten** VT fläta
Fleck M fläck; nicht vom ~ kommen fig inte komma ur fläcken **Fleckenentferner** M fläckborttagningsmedel n **fleckenlos** ADJ fläckfri a. fig **fleckig** ADJ fläckig; schmutzig nedfläckad
Fledermaus F fladdermus
Fleece F fleece
Flegel M Person knöl, drummel, slyngel **flegelhaft** ADJ slyngelaktig **Flegeljahre** N/PL in den ~n sein vara i slyngelåldern
flehen VI bönfalla, enträget be
Fleisch N kött n; ~ fressend → fleischfressend **Fleischbeschau** F köttbesiktning **Fleischbrühe** F buljong **Fleischer(in)** M(F) slaktare, charkuterist **Fleischerei** F köttaffär, charkuteriaffär **fleischfressend** ADJ köttätande **Fleischgericht** N kötträtt **fleischig** ADJ köttig **Fleischklößchen** N köttbulle **fleischlich** ADJ köttslig, sinnlig **fleischlos** ADJ vegetarisk, utan kött **Fleischtomate** F bifftomat **Fleischvergiftung** F matförgiftning

Fleischwaren F/PL charkvaror pl
Fleischwolf M köttkvarn
Fleiß M flit **fleißig** ADJ flitig
flektieren VT flektera, böja
flennen umg VI lipa, grina
fletschen VT **die Zähne ~** visa tänderna
flexibel ADJ flexibel, smidig
Flexion F flexion, böjning
flicken VT lappa, laga **Flicken** M lapp
Flickenteppich M trasmatta **Flickzeug** N punkteringssats; sybehör n
Flieder M syrén
Fliege F a. Querbinder fluga **fliegen** VI flyga; umg entlassen werden få sparken; umg **auf j-n ~** vara tänd på ngn; **von der Schule ~** bli avstängd från skolan **fliegend** ADJ flygande **Fliegenfänger** M flugfångare **Fliegengewicht** N flugvikt **Fliegenklatsche** F flugsmälla **Fliegenpilz** M flugsvamp **Flieger** M umg (≈ Flugzeug) flygplan n **Flieger(in)** M flygare **Fliegeralarm** M flyglarm n **Fliegerangriff** M flyganfall n
fliehen VI fly; undfly **Fliehkraft** F centrifugalkraft
Fliese F kakel(platta), golvplatta; Wandfliese väggplatta
Fließband N löpande band n **fließen** VI flyta, rinna, strömma **fließend** ADJ rinnande, flytande a. fig
flimmern VI flimra, tindra, glittra; **über den Bildschirm ~** umg visas på tv
flink ADJ flink, rask, snabb
Flinte F bössa; **die ~ ins Korn werfen** fig kasta yxan i sjön
Flipchart N blädderblock n
Flipflops, Flip-Flops® PL flipflop-sandaler pl
flippern umg VI spela flipper
Flirt M flirt **flirten** VI flirta
Flittchen N slinka
Flitterwochen F/PL smekmånad
flitzen VI kila i väg **Flitzer** umg M snabb liten bil
Flocke F flinga **flockig** ADJ flockig
Floh M loppa **Flohmarkt** M loppmarknad
Flop umg M flopp **floppen** umg VI floppa
Flor M BOT blomstring; Gewebe flor n
Flora F flora
Florett N florett

florieren VI florera, blomstra **Florist(in)** M/F blomsterhandlare
Floskel F floskel, (tom) fras
Floß N flotte
Flosse F a. FLUG fena; umg Hand labb
Flöte F flöjt **flöten** VI spela flöjt
Flötist(in) M/F flöjtist
flott ADJ snabb, smidig; stilig, flott
Flotte F flotta **Flottenstützpunkt** M flottbas **flottmachen** VT SCHIFF göra flott; fig få i gång igen
Fluch M förbannelse; Kraftwort svordom **fluchen** VI svära
Flucht F flykt; Reihe svit, fil; **die ~ ergreifen** ta till flykten; **auf der ~** på flykten **fluchtartig** A ADJ hastig, brådstörtad B ADV i största hast **flüchten** VI fly; rymma; **sich in etw ~** ta sin tillflykt till **flüchtig** ADJ oberflächlich ytlig, slarvig; CHEM u. vorübergehend flyktig; auf der Flucht flyende, förrymd; **ein ~er Fahrer** en smitare **Flüchtigkeit** F ytlighet, slarv(ighet) n; flyktighet **Flüchtling** M flykting **Flüchtlingslager** N flyktingläger n **Fluchtversuch** M flyktförsök n **Fluchtweg** M flyktväg
Flug M flykt a. fig; FLUG flygning, flygresa, flyg n; **im ~e** i flykten; fig i flygande fart **Flugabwehr** F luftvärn n **Flugabwehrrakete** F luftvärnsrobot **Flugangst** F flygrädsla; **~ haben** vara flygrädd **Flugbahn** F flygbana **Flugbegleiter** M steward **Flugbegleiterin** F flygvärdinna **Flugblatt** N flygblad n **Flugboot** N flygbåt **Flugdauer** F flygtid
Flügel M vinge; MUS, ARCHI, POL flygel; Propeller blad **Flügeltür** F flygeldörr
Fluggast M flygpassagerare **flügge** ADJ flygfärdig; **~ sein** fig stå på egna ben **Fluggesellschaft** F flygbolag n **Flughafen** M flygplats **Flughafenbus** M flygbuss **Flugkapitän(in)** M/F flygkapten **Fluglinie** F flyglinje; umg flygbolag n **Fluglotse** M, **Fluglotsin** F trafikledare **Flugplan** M tidtabell **Flugplatz** M flygplats **Flugpreis** M flygpris n **Flugreise** F flyg(-resa)
Flugschein M Pilotenschein flygcertifikat n **Flugschreiber** M färdskrivare **Flugsteig** M gate **Flugticket** N flygbiljett **Flugverbindung** F flyg-

förbindelse **Flugverkehr** M̄ flygtrafik
Flugzeit F̄ flygtid **Flugzeug** N̄ flygplan n **Flugzeugabsturz** M̄ flygplanskrasch **Flugzeugentführer(in)** M̄/F̄ flygplanskapare **Flugzeugführer(in)** M̄/F̄ pilot **Flugzeughalle** F̄ (flyg)hangar **Flugzeugträger** M̄ hangarfartyg n
Flunder F̄ flundra
flunkern umg V̄ı̄ hitta på, ljuga
Fluor N̄ fluor n **Fluorchlorkohlenwasserstoff** M̄ (FCKW) freon
Flur M̄ hall; korridor
Fluss M̄ flod, älv; *Fließen* flöde n; *Redefluss* svall n; **in ~ bringen** fig få i gång **flussabwärts** ADV nedför floden **flussaufwärts** ADV uppför floden **Flussbett** N̄ flodbädd **flüssig** ADJ flytande a. fig; *Geld* rörlig, disponibel; **ich bin nicht ~** umg jag är pank **Flüssiggas** N̄ flytande gas **Flüssigkeit** F̄ vätska; *Zustand* flytande tillstånd n **Flusslauf** M̄ flodlopp n **Flusspferd** N̄ flodhäst
flüstern V̄ı̄, V̄ı̄ viska **Flüsterpropaganda** F̄ viskningspropaganda
Flut F̄ flod; fig flod, flöde n; *bewegte Wassermasse* fors, ström; **eine ~ von ...** en flod av ..., en massa ... **fluten** A V̄ı̄ släppa in vatten i B V̄ı̄ flöda, strömma **Flutkatastrophe** F̄ översvämningskatastrof **Flutlicht** N̄ strålkastarbelysning **Flutwelle** F̄ tidvattensvåg; flodvåg
Flyer M̄ flygblad n
Föderalismus M̄ federalism
Fohlen N̄ föl n
Föhn M̄ föhn(vind); hårtork, fön **föhnen** V̄ı̄ föna
Föhre F̄ fura
Folge F̄ följd; *Reihe* serie, rad; avsnitt n; **~ leisten** (dat) följa; **zur ~ haben** ha till följd **Folgeerscheinung** F̄ följdföreteelse, efterverkning, konsekvens **folgen** V̄ı̄ ⟨dat⟩ a. fig följa; *gehorchen* följa, lyda; **j-m ~** följa (efter) ngn; **können Sie mir ~?** förstår du (od ni)?; **~ auf** (akk) följa på; **wie folgt som följer; es folgt daraus, dass ...** därav följer att ... **folgend** ADJ följande **Folgende(s)** N̄ es handelt sich um – det gäller följande, saken är den **folgendermaßen** ADV på följande sätt, sålunda **folgenschwer** ADJ ödesdiger **folgerichtig** ADJ följdriktig, konsekvent **folgern** V̄/ı̄ dra en slutsats (**aus** av) **Folgerung** F̄ slutsats **folglich** ADV, KONJ följaktligen, alltså **folgsam** ADJ lydig
Folie F̄ folie; plastfolie; overheadbild
Folklore F̄ folklore; folkmusik
Folter F̄ tortyr; fig pina; *Gerät* sträckbänk **foltern** V̄ı̄ tortera; *quälen* pina, plåga **Folterung** F̄ tortyr
Fön® M̄ hårtork, fön
Fond M̄ fond, bakgrund; *Rücksitz* baksäte n; GASTR sky, fond
Fonds M̄ fond
Fondue F̄(N̄) fondue
Fonetik F̄ fonetik
Font M̄ IT typsnitt n
Fontäne F̄ fontän
foppen V̄ı̄ driva med
forcieren V̄ı̄ forcera
Förderband N̄ transportband n **Förderer** M̄, **Förderin** F̄ främjare, gynnare **förderlich** ADJ främjande, nyttig **fordern** V̄ı̄ kräva, fordra, begära; **einen Preis ~** begära ett pris; **j-n ~** ställa krav på ngn; **vor Gericht ~** kalla inför rätta
fördern V̄ı̄ främja, befordra; *j-n* hjälpa (fram); BERGB bryta, utvinna, producera **Forderung** F̄ fordran, fordring, krav n **Förderung** F̄ främjande n, befordrande n; BERGB produktion, brytning; *ökonomisch* stöd n, bidrag n
Forelle F̄ (lax)öring, forell
Form F̄ form; **~ annehmen** ta form; **aus der ~ gehen** umg bli tjock; **in bester ~** i toppform **formal** ADJ formell **Formalität** F̄ formalitet **Format** N̄ format n **formatieren** V̄/ı̄ IT formatera **Formatvorlage** F̄ COMPUT formatmall **Formblatt** N̄ formulär n, blankett
Formel F̄ formel; *Rennwagen* **der ~ 1** SPORT formel 1-bil
formell ADJ formell
formen V̄ı̄ forma **Formenlehre** F̄ formlära **Formfehler** M̄ formfel n **Formgebung** F̄ formgivning **formieren** V̄/R̄ formera **förmlich** ADJ formell; *buchstäblich* formlig, regelrätt; *geradezu* formligen, rent av **Förmlichkeit** F̄ formalitet **formlos** ADJ formlös; informell **Formsache** F̄ formsak **Formular** N̄ formulär n,

blankett **formulieren** ⟨VT⟩ formulera **Formung** ⟨F⟩ formning **formvollendet** ⟨ADJ⟩ formfulländad
forsch ⟨ADJ⟩ resolut, energisk
forschen ⟨VI⟩ forska; ~ **nach** (dat) forska efter **Forscher(in)** ⟨M(F)⟩ forskare **Forschung** ⟨F⟩ forskning
Forst ⟨M⟩ skog **Forstamt** ⟨N⟩ revirkontor n **Förster(in)** ⟨M(F)⟩ ≈ jägmästare; skogvaktare **Forstrevier** ⟨N⟩ revir n, skogsdistrikt n **Forstverwaltung** ⟨F⟩ skogsförvaltning **Forstwirtschaft** ⟨F⟩ skogsbruk n, skogshushållning
fort ⟨ADV⟩ bort(a); *weiter* vidare; **in einem ~** i ett sträck
Fortbestand ⟨M⟩ fortbestånd n **fortbestehen** ⟨VI⟩ bli bestående
fortbewegen ⟨VT, VR⟩ förflytta (**sich** sig) **Fortbewegung** ⟨F⟩ förflyttning
fortbilden ⟨VT⟩ fortbilda, vidareutbilda (**sich** sig) **Fortbildung** ⟨F⟩ fortbildning; **berufliche** ~ vidareutbildning **Fortbildungskurs** ⟨M⟩ fortbildningskurs
fortbleiben ⟨VI⟩ utebli, vara (*od* stanna) borta
Fortdauer ⟨F⟩ fortsättning **fortdauern** ⟨VI⟩ hålla i sig, fortsätta
fortfahren ⟨A⟩ ⟨VI⟩ fara bort, åka bort ⟨B⟩ ⟨VT⟩ köra bort; *fortsetzen* fortfara, fortsätta
fortführen ⟨VT⟩ föra bort; *fortsetzen* fortsätta **Fortführung** ⟨F⟩ bortförande n; fortsättning
fortgehen ⟨VI⟩ gå bort, ge sin väg; *fortdauern* fortgå, fortsätta
fortgeschritten ⟨ADJ⟩ utvecklad, avancerad; **ein Kurs für Fortgeschrittene** en fortsättningskurs; **in ~em Alter** i framskriden ålder
fortgesetzt ⟨ADJ⟩ fortsatt
fortkommen ⟨VI⟩ komma bort; komma framåt
fortlaufen ⟨VI⟩ springa bort **fortlaufend** ⟨ADJ⟩ fortlöpande
fortmüssen ⟨VI⟩ vara tvungen att ge sig i väg
fortpflanzen ⟨VR⟩ fortplanta (**sich** sig) **Fortpflanzung** ⟨F⟩ fortplantning
fortschreiten ⟨VI⟩ fortskrida, fortgå
Fortschritt ⟨M⟩ framsteg n **fortschrittlich** ⟨ADJ⟩ framstegsvänlig, progressiv
fortsetzen ⟨VT⟩ fortsätta **Fortsetzung** ⟨F⟩ fortsättning; ~ **folgt** fortsättning följer **Fortsetzungsroman** ⟨M⟩ följetong
fortwährend ⟨A⟩ ⟨ADJ⟩ ständig ⟨B⟩ ⟨ADV⟩ ständigt, oupphörligt
Forum ⟨N⟩ forum n
Fossil ⟨N⟩ fossil n
Foto ⟨N⟩ foto n, kort n, bild **Fotoalbum** ⟨N⟩ fotoalbum n **Fotoapparat** ⟨M⟩ kamera **fotogen** ⟨ADJ⟩ fotogen **Fotograf(in)** ⟨M(F)⟩ fotograf **Fotografie** ⟨F⟩ fotografi n **fotografieren** ⟨VT⟩ fotografera **fotografisch** ⟨ADJ⟩ fotografisk **Fotokopie** ⟨F⟩ fotokopia **fotokopieren** ⟨VT⟩ fotokopiera **Fotokopierer** ⟨M⟩ kopieringsmaskin, kopiator **Fotomodell** ⟨N⟩ fotomodell n **Fotomontage** ⟨F⟩ fotomontage n
Fötus ⟨M⟩ foster n
Fotze *vulg* ⟨F⟩ fitta; hora
Foul ⟨N⟩ SPORT foul **foulen** ⟨VT⟩ spela ojust
Foyer ⟨N⟩ foajé
Fr. ⟨A⟩ ⟨ABK F⟩ (= **Frau**) fr. ⟨B⟩ ⟨ABK M⟩ (= **Franken**) sfr. ⟨C⟩ ⟨ABK M⟩ (= **Freitag**) fre.
Fracht ⟨F⟩ frakt **Frachtbrief** ⟨M⟩ fraktsedel **Frachter** ⟨M⟩ lastfartyg n **frachtfrei** ⟨ADJ, ADV⟩ fraktfri **Frachtgut** ⟨N⟩ fraktgods n **Frachtschiff** ⟨N⟩ lastfartyg n
Frack ⟨M⟩ frack
Fracking ⟨N⟩ (hydraulisk) (upp)spräckning
Frage ⟨F⟩ fråga; *Problem* problem n; **ohne** ~ utan tvivel **Fragebogen** ⟨M⟩ frågeformulär n **fragen** ⟨A⟩ ⟨VT, VI⟩ fråga (**nach** j-m efter ngn), (**nach etw** dat om ngt); **es fragt sich, ob ...** frågan är om ...; **etw ist sehr gefragt** ngt är mycket efterfrågat ⟨B⟩ ⟨VR⟩ **sich** ~ fråga sig, undra **Fragestellung** ⟨F⟩ frågeställning **Fragezeichen** ⟨N⟩ frågetecken n **fraglich** ⟨ADJ⟩ tveksam, oviss; *erwähnt* ifrågavarande
Fragment ⟨N⟩ fragment n **fragmentarisch** ⟨ADJ⟩ fragmentarisk
fragwürdig ⟨ADJ⟩ tvivelaktig
Fraktion ⟨F⟩ parlamentsgrupp, partigrupp **Fraktionsvorsitzende(r)** ⟨M/(F/M)⟩ gruppledare i parlament
Fraktur ⟨F⟩ TYPO frakturstil; *Bruch* fraktur
Franken[1] ⟨M⟩ schweizerfranc
Franken[2] ⟨N⟩ Franken
frankieren ⟨VT⟩ frankera

Frankreich N̄ Frankrike n
Fransen F̄/PL fransar pl
Franzose M̄ fransman **Französin** F̄ fransyska **französisch** ADJ fransk
Französisch N̄ franska (språket)
Fräse F̄ fräs **fräsen** V/T fräsa
Fraß pej M̄ dålig mat, käk n
Fratze F̄ grimas; pej ansikte n; ~n schneiden göra grimaser
Frau F̄ kvinna; *Ehefrau* hustru, maka, fru; *veraltet, als Anrede* fru; *in Brief etc* Liebe *od* Sehr geehrte ~ (Maria) Johansson *ohne Beiwort* ≈ Hej Maria (Johansson) **Frauchen** N̄ matte **Frauenarzt** M̄, **Frauenärztin** F̄ gynekolog **Frauenbeauftragte(r)** M/F(M) jämställdhetsansvarig **Frauenbewegung** F̄ kvinnorörelse **Frauenfußball** M̄ SPORT damfotboll **Frauenhaus** N̄ kvinnohus n **Frauenklinik** F̄ kvinnoklinik, gynekologisk klinik **Frauenkrankheit** F̄ kvinnosjukdom **Frauenquote** F̄ könskvotering; andel kvinnor **Frauenrechtler(in)** M(F) feminist **Frauenstimmrecht** N̄ rösträtt för kvinnor **Frauenzeitschrift** F̄ damtidning **Fräulein** N̄ *scherzhaft* (= *junge Dame*) ung dam; *obs als Anrede* fröken
Freak M̄ freak n
frech ADJ fräck, oförskämd **Frechheit** F̄ fräckhet, oförskämdhet
Fregatte F̄ fregatt
frei ADJ fri; *kostenlos* fri, gratis; *Arbeitsstelle* ledig; **ich bin so ~** jag tar mig friheten; **~er Mitarbeiter** frilansare; **~ bekommen** → freibekommen; **~ geben** ge ledigt; **~ haben** ha ledigt; **sich ~ machen** säga ifrån; *ausziehen, beim Arzt* klä av sig; ~ **Freie Freibad** N̄ friluftsbad n **freibekommen** V/T få fri; *Urlaub* få ledigt **freiberuflich** ADJ ~ **tätig sein** vara frilans **Freibetrag** M̄ avdrag n **Freie** N̄ **ins ~ ut** i det fria; **im ~n** ute i det fria
Freier M̄ torsk
Freiexemplar N̄ gratisexemplar n **Freifrau** F̄ friherrinna **Freigabe** F̄ frigivning **freigeben** A V/T frige, släppa fri B V/I *beurlauben* ge ledigt **freigebig** ADJ frikostig **Freigebigkeit** F̄ frikostighet **Freigepäck** N̄ fritt resgods n **freihaben** V/T ha ledigt **Freihafen** M̄ frihamn **frei halten**

V/T reservera **Freihandel** M̄ frihandel **Freihandelszone** F̄ frihandelsområde n **freihändig** ADJ, ADV på fri hand **Freiheit** F̄ frihet **freiheitlich** ADJ frihets- **Freiheitsberaubung** F̄ JUR olaga frihetsberövande **Freiheitskampf** M̄ frihetskamp **Freiheitsstrafe** F̄ frihetsstraff n
freiheraus ADV öppet, rent ut **Freiherr** M̄ friherre **Freikarte** F̄ frikort n, fribiljett **freikaufen** V/T friköpa **freikommen** V/I komma loss **Freikörperkultur** F̄ nudism **freilassen** V/T frige, släppa lös **Freilassung** F̄ frigivande o freilegen V/T frilägga
freilich ADV *einräumend* minsann, verkligen; ~ ..., **aber** visserligen ... men; *bejahend* ~! ja visst!
Freilichtbühne F̄ friluftsteater **Freilichtmuseum** N̄ friluftsmuseum n
freimachen V/T *Brief* frankera
Freimaurer M̄ frimurare
Freimut M̄ frimodighet **freimütig** ADJ frimodig
Freiraum *fig* M̄ rörelsefrihet, svängrum n **freischaffend** ADJ frilans **freischwimmen** V/R **sich** ~ få lära sig att stå på egna ben **Freisprechanlage** F̄, **Freisprecheinrichtung** F̄ handfri, handsfree **freisprechen** V/T frikänna **Freispruch** M̄ frikännande n **freistehen** V/I stå fritt **freistellen** V/T frikalla, befria (**von** *dat*); **j-m etw** ~ överlämna åt ngn att själv avgöra ngt **Freistoß** M̄ SPORT frispark **Freistunde** F̄ *Schule* håltimme **Freitag** M̄ fredag; **am** ~ på fredag; **i** fredags; **freitags** på fredagarna **Freitod** M̄ självmord n **Freitreppe** F̄ fritrappa **Freiwild** *fig* N̄ lovligt byte n **freiwillig** ADJ frivilligt **Freiwillige(r)** M/F(M) frivillig
Freizeit F̄ fritid **Freizeitbeschäftigung** F̄ fritidssysselsättning **Freizeitgestaltung** F̄ fritidsverksamhet **Freizeitzentrum** N̄ fritidscenter n
freizügig ADJ *großzügig* generös; *frei* fri; *gewagt* vågad; *moralisch* liberal frigjord; *freie Wahl des Wohnsitzes* som har fri rörlighet
fremd ADJ främmande **fremdartig** ADJ främmande **Fremde** F̄ främmande land n; **in der** ~ långt hemifrån **Fremde(r)** M/F(M) främling **fremden-**

feindlich ADJ främlingsfientlig
Fremdenführer(in) M(F) guide
Fremdenverkehr M turism **Fremdenverkehrsamt** N turistbyrå
Fremdenzimmer N (gäst)rum n
fremdgehen umg V/I vara otrogen
Fremdherrschaft F främmande herravälde n **Fremdkörper** M främmande kropp; fig främmande element n **fremdländisch** ADJ främmande, utländsk **fremdschämen** umg V/R sich ~ skämmas för någon annans skull **Fremdsprache** F främmande språk n **Fremdsprachenunterricht** M undervisning i främmande språk **fremdsprachig** ADJ som talar främmande språk; in fremden Sprachen på främmande språk **fremdsprachlich** ADJ i (över) främmande språk **Fremdwort** N främmande ord n
frenetisch ADJ frenetisk
Frequenz F frekvens
Fresko N fresk
Fressalien umg PL mat, käk n, matsäck
Fresse umg F trut, käft; j-m in die ~ hauen slå ngn på käften **fressen** V/T, V/I Tier äta; umg Mensch sluka, äta omåttligt; ätzen fräta **Fressen** N umg föda; mat, käk n; das ist ein gefundenes ~ det kommer som på beställning **Fresssucht** F hetsätande n
Freude F glädje, nöje n, fröjd; ~ an etw haben glädja sig åt ngt, tycka ngt är roligt; j-m eine ~ machen glädja ngn; vor ~ av glädje **Freudenfest** N glädjefest **Freudentränen** F/PL glädjetårar pl **freudestrahlend** ADJ, ADV glädjestrålande **freudig** ADJ glad, glädjande; ein ~es Ereignis en lyckligt tilldragelse **freuen** A V/T glädja B V/R sich ~ glädja sig (über, auf akk över, åt); es freut mich det gläder mig; det var roligt
Freund M vän, kompis; in Beziehung pojkvän, kille; kein ~ sein von etw (dat) inte tycka om ngt; dicke ~e sein umg vara bästisar; sie hat einen neuen ~ hon har en ny kille **Freundeskreis** M vänkrets **Freundin** F väninna, kompis; in Beziehung flickvän, tjej; beste ~ bästis **freundlich** ADJ vänlig, snäll (zu j-m mot ngn); mit ~en Grüßen med vänliga hälsningar **Freundlichkeit** F vänlighet **Freundschaft** F

vänskap **freundschaftlich** ADJ vänskaplig
Frevel M brott n, förbrytelse
Frieden M fred; frid; lass mich in ~! lämna mig i fred!; um des lieben ~s willen för att få lugn och ro **Friedensbedingungen** F/PL fredsvillkor pl **Friedensbewegung** F fredsrörelse **Friedensforschung** F fredsforskning **Friedensgespräche** PL fredssamtal n/pl **Friedensnobelpreis** M Nobels fredspris n **Friedensprozess** M fredsprocess **Friedensverhandlungen** F/PL fredsförhandlingar **Friedensvertrag** M fredsfördrag n **friedfertig** ADJ fredlig, fridsam **Friedhof** M kyrkogård **friedlich** ADJ fredlig; sei ~! håll dig lugn!
frieren V/I frysa; es friert det fryser; mich friert, ich friere jag fryser
Fries M ARCH fris
Friese M fris **Friesin** F frisiska **friesisch** ADJ frisisk **Friesland** N frisland n
frigide ADJ frigid
Frikadelle F ≈ pannbiff
Frikassee N frikassé
frisch ADJ frisk; neu färsk; kühl kylig; rein ren, fräsch; Luft, Wasser, Wind frisk; auf ~er Tat på bar gärning; sich ~ machen fräscha upp sig; ~ gebacken nybakad; ~ gestrichen! nymålat! **Frische** F friskhet; färskhet; fräschhet **frischgebacken** fig umg ADJ nyblíven **Frischhaltebeutel** M plastpåse **Frischhaltefolie** F plastfolie **Frischkäse** M färskost
Frischling M ung vildsvinsgalt
Friseur(in) M(F) frisör(ska); umg frissa **frisieren** V/T frisera, trimma
Frist F utsatt tid, tidsperiod; Aufschub frist, uppskov n, anstånd n; j-m eine ~ gewähren ge ngn uppskov **fristen** V/T Leben uppehålla **Fristenlösung** F abortlag **fristgerecht** ADJ inom utsatt tid **fristlos** ADJ, ADV ~ entlassen säga upp omedelbart
Frisur F frisyr
Fritten umg PL pommes frites pl **Fritteuse** F friturygryta **frittieren** V/T fritera
frivol ADJ lättsinnig, frivol
Frl. obs ABK (= Fräulein) fr., fröken
froh ADJ glad; ~ sein über (akk) vara

fröhlich – Führer ▪ **617**

glad över (od åt); **~e Weihnachten!** god jul!; **~e Ostern!** glad påsk! **fröhlich** ADJ glad, munter **Fröhlichkeit** F glädje, glättighet
fromm ADJ from **Frömmigkeit** F fromhet
Fronleichnam M Kristi lekamens fest
Front F front a. fig; ARCH fasad; **gegen etw ~ machen** opponera sig mot ngt **frontal** ADJ frontal **Frontalzusammenstoß** M frontalkrock **Frontantrieb** M framhjulsdrift
Frosch M groda **Froschmann** M grodman **Froschperspektive** F **aus der ~** ur grodperspektiv n **Froschschenkel** M grodlår n
Frost M frost; Kälte köld, kyla; tjäle **Frostbeule** F frostknöl, kylknöl **frösteln** VI känna sig frusen, småfrysa **frostig** ADJ frostig, kall; kylig a. fig **Frostschaden** M frostskada **Frostschutzmittel** N frostskyddsvätska
Frottee N frotté
Frucht F frukt a. fig **fruchtbar** ADJ fruktbar; bördig **Fruchtbarkeit** F fruktbarhet; bördighet **Fruchteis** N glass med fruktsmak **fruchten** VI gagna, nytta **Fruchtfleisch** N fruktkött n **fruchtlos** ADJ fruktlös, utan framgång **Fruchtpresse** F fruktpress **Fruchtsaft** M fruktsaft; juice **Fruchtwasser** N fostervatten n
früh A ADJ tidig B ADV tidigt; **zu ~** för tidigt; **gestern ~** i går morse; **heute ~** i morse; **morgen ~** i morgon bitti; **~ am Morgen** tidigt på morgonen; **von ~ bis abends** från tidigt på morgonen till sent på kvällen **Frühaufsteher(in)** MF morgonpigg person **Frühbucherrabatt** M boka tidigt-rabatt **Frühe** F tidig morgonstund; **in aller ~** tidigt på morgonen **früher** ADJ, ADV tidigare **Früherkennung** F MED tidig upptäckt av sjukdom **frühestens** ADV tidigast **Frühgeburt** F för tidig födsel; för tidigt fött barn **Frühjahr** N vår **Frühkartoffel** F tidig potatis **Frühling** M vår **Frühlingsanfang** M vårdagjämning **Frühlingsgefühl** N vårkänsla **frühlingshaft** ADJ vårlig **Frühlingsrolle** F GASTR vårrulle **frühmorgens** ADV tidigt på morgonen **frühreif** ADJ tidigt mogen, brådmogen **Frühreife** F tidig mognad, brådmognad **Frührente** F förtidspension **Frührentner(in)** MF förtidspensionär **Frühschicht** F morgonskikt n **Frühschoppen** M ett glas öl (od vin) på (söndags) förmiddagen **Frühstart** M SPORT tjuvstart **Frühstück** N frukost **frühstücken** VT, VI äta frukost **frühzeitig** A ADJ tidig B ADV i god tid
Frust umg M frustration **frustriert** ADJ frustrerad
Fuchs M räv a. fig; Pferd fux; **schlauer ~** fig listig människa, filur **Fuchsbau** M rävlya
fuchsen VT reta
Fuchsie F BOT fuchsia
Fuchsschwanz M rävsvans; Säge fogsvans
fuchsteufelswild ADJ rosenrasande
Fuchtel F färla; **unter j-s ~ stehen** umg vara strängt efterhållen av ngn **fuchteln** VI fäkta; **mit etw ~** vifta med ngt
Fuge F TECH, ARCH fog, skarv a. fig; **aus den ~n gehen** lossa i fogarna; fig hålla på att spricka; MUS fuga **fugen** VT foga (ihop) **fügen** VT foga B V/R **sich ~** (dat) foga sig, finna sig (i); **es fügte sich, dass ...** det råkade bli så, att ... **fügsam** ADJ foglig, medgörlig **Fügung** F fogning; fig skickelse, försyn
fühlbar ADJ kännbar **fühlen** A VT känna; berühren känna på B V/R **sich ~** känna sig **Fühler** M känselspröt n, tentakel; fig trevare **Fühlung** F kontakt; känning; **~ suchen (nehmen)** söka (ta) kontakt
Fuhre F lass n; körning; transport **führen** A VT föra; Touristen guida; leiten leda; MIL anföra; verwalten sköta, förvalta; vorrätig haben ha (att sälja); **die Aufsicht ~** ha uppsikt, ha tillsyn; **den Beweis ~** bevisa; **die Feder ~** föra pennan; **das Wort ~** föra ordet; **einen Prozess ~** föra en rättegång; **einen Namen ~** bära ett namn; **mit sich ~** ha med sig B V/I leda; SPORT a. ha ledningen; **das würde zu weit ~** det skulle föra för långt; **zu nichts ~** leda till ingenting C V/R **sich ~** sköta sig **führend** ADJ ledande **Führer(in)** MF förare; Leiter ledare; MIL anförare; Fremdenführer guide

Führer M̄ *Reiseführer* resehandbok **Führerschein** M̄ körkort n; **seinen ~ machen** ta körkort **Fuhrpark** M̄ vagnpark **Führung** F̄ förande n; *Leitung* ledning; MIL anförande n; *Verwaltung* skötsel, förvaltning; *Betragen* uppförande n; *Rundgang* visning; **in ~ liegen** ligga i ledningen **Führungskraft** F̄ chef, ledare **Führungszeugnis** N̄ **(polizeiliches) ~** straffrihetsintyg n **Fuhrunternehmen** N̄ åkeri n **Fuhrwerk** N̄ hästskjuts

füllen V/T fylla **Füller** M̄, **Füllfeder (-halter)** F/(M) reservoarpenna **füllig** ADJ fyllig **Füllung** F̄ fyllning; *Zahn a.* plomb

fummeln *umg* V/I peta, pilla, fingra; *umg* hångla

Fund M̄ fynd n; upptäckt
Fundament N̄ fundament n **Fundamentalist(in)** M/(F) fundamentalist
Fundbüro N̄ hittegodsexpedition n
Fundgrube *fig* F̄ guldgruva
fundiert ADJ välunderbyggd; **ein ~es Wissen** solida kunskaper
fündig ADJ **~ werden** stöta på fyndigheter; *fig* göra fynd **Fundsache** F̄ hittegods n **Fundstätte** F̄ fyndort
fünf NUM fem **Fünf** F̄ femma; *Schulnote ≈* **4 Fünfeck** N̄ femhörning **Fünfer** M̄ *Note umg* femma; **ein ~ im Lotto** fem rätt på lotto **fünffach** ADJ femdubbel **fünfhundert** NUM femhundra **fünfjährig** ADJ femårig **Fünfkampf** M̄ SPORT femkamp **fünfmal** ADV fem gånger **fünfstellig** ADJ femsiffrig **Fünftagewoche** F̄ femdagarsvecka **fünftausend** NUM fem tusen **fünfte(r, s)** ADJ femte **Fünftel** N̄ femtedel **fünftens** ADV för det femte
fünfzehn NUM femton
fünfzig NUM femtio **Fünfziger** M̄ *Geld* femtilapp **fünfzigjährig** ADJ femtioårig **Fünfzigjährige(r)** M/(F/M) femtioåring

fungieren V/I fungera
Funk M̄ radio
Funke M̄ gnista; *fig a.* smula **funkeln** V/I gnistra, glittra, blixtra; *Augen bes* tindra **funkelnagelneu** ADJ splitterny

funken A V/T sända; **SOS ~** sända ett SOS B V/I **bei ihnen hat es gefunkt** det tände mellan dem **Funker(in)**

M/(F) radiotelegrafist **Funkgerät** N̄ kommunikationsradio; walkie-talkie **Funkhaus** N̄ radiohus n, tv-hus n **Funkloch** N̄ RADIO radioskugga; *Handy* **in einem ~ sein** sakna mottagning *(od* täckning) **Funksprechgerät** N̄ tragbares **~** walkie-talkie **Funkspruch** M̄ radiomeddelande n

Funktion F̄ funktion **Funktionär(in)** M/(F) funktionär **funktionell** ADJ funktionell **funktionieren** V/I fungera **Funktionskleidung** F̄ funktionskläder *pl*

Funkturm M̄ radiomast
Funzel *umg* F̄ dåligt ljus

für PRÄP ⟨akk⟩ för; **an und ~ sich** i och för sig; **es hat etw ~ sich** det ligger ngt i det; **das ist eine Sache ~ sich** det är en sak för sig; **~ sich (allein)** för sig (själv); **was ~ (ein)** vad för (en) **Für** N̄ **das ~ und Wider** skälen för och emot
Fürbitte F̄ förbön
Furche F̄ fåra
Furcht F̄ fruktan, rädsla **furchtbar** ADJ förskräcklig, förfärlig, fruktansvärd; **sie ist ~ nett** hon är hemskt trevlig **fürchten** A V/T frukta; *Angst haben* vara rädd för B V/R **sich ~** vara rädd (**vor** *dat* för) **fürchterlich** ADJ, ADV fruktansvärd, förskräcklig, förfärlig *a. fig* **furchtlos** ADJ oförskräckt **Furchtlosigkeit** F̄ oförskräckthet **furchtsam** ADJ rädd
Furie F̄ furie
Furnier N̄ faner n
Fürsorge F̄ omsorg, vård; **soziale ~** socialhjälp; **die ~** det sociala; **von der ~ leben** leva på socialhjälp **fürsorglich** ADJ omtänksam
Fürsprache F̄ rekommendation, förord n **Fürsprecher(in)** M/(F) förespråkare, talesman
Fürst M̄ furste **Fürstentum** N̄ furstendöme n **Fürstin** F̄ furstinna **fürstlich** ADJ furstlig *a. fig*
Furunkel M̄ furunkel, böld
Fürwort N̄ pronomen n
Furz *vulg* M̄ fjärt **furzen** *vulg* V/I släppa sig, släppa en fjärt
Fusel M̄ finkel (brännvin n)
Fusion F̄ fusion **fusionieren** V/T, V/I fusionera
Fuß M̄ fot; **gut zu ~ sein** gå obehindrat; **zu ~** till fots; **j-m zu Füßen liegen**

avguda ngn; **(festen)** ~ **fassen** få fotfäste; **auf großem** ~ **leben** leva på stor fot; *fig* **kalte Füße bekommen** få kalla fötter; dra öronen åt sig; **auf eigenen Füßen stehen** stå på egna ben; **auf freiem** ~ **på fri fot Fußabtreter** M̄ fotskrapa **Fußbad** N̄ fotbad *n* **Fußball** M̄ fotboll **Fußballer(in)** *umg* M̄(F̄) fotbollsspelare **Fußballfan** M̄ fotbollssupporter **Fußballmannschaft** F̄ fotbollslag *n* **Fußballplatz** M̄ fotbollsplan, bollplan *n* **Fußballspiel** N̄ fotbollsmatch **Fußballspieler(in)** M̄(F̄) fotbollsspelare **Fußboden** M̄ golv *n* **Fußbodenbelag** M̄ golvbeläggning *n* **Fußbremse** F̄ fotbroms

Fussel F̄ ludd
fußen V̄Ī stödja sig, grunda sig (på) (**auf** *dat*)
Fußende N̄ fotända **Fußfessel** F̄ *elektronisch* (elektronisk) fotboja **Fußgänger(in)** M̄(F̄) fotgängare, gångtrafikant, gående **Fußgängertunnel** M̄ gångtunnel **Fußgängerüberweg** M̄ övergångsställe *n* **Fußgängerzone** F̄ gågata **Fußgelenk** N̄ fotled **Fußmatte** F̄ liten dörrmatta **Fußnote** F̄ fotnot **Fußpflege** F̄ fotvård **Fußpilz** M̄ fotsvamp **Fußsohle** F̄ fotsula **Fußspur**, **Fußstapfe** F̄ fotspår *n* **Fußtritt** M̄ *Stoß* spark **Fußvolk** N̄ **das** ~ fotfolket **Fußweg** M̄ gångstig **Fußzeile** F̄ COMPUT sidfot
futsch *umg* ĀDJ borta, väck; *verloren* åt pipan
Futter N̄ foder *n*, föda, mat; *umg* käk *n*, krubb *n*; *Kleidung* foder *n* **Futteral** N̄ fodral *n*
futtern *umg* V̄T̄, V̄Ī käka **füttern** V̄T̄ mata; *Kleider* fodra, sätta foder i **Futterneid** M̄ rivalitet om födan **Futterpflanzen** F̄/P̄L̄ foderväxter *pl* **Futterrübe** F̄ foderbeta **Futterstoff** M̄ fodertyg *n* **Futtertrog** M̄ krubba, ho **Fütterung** F̄ *Tiere* (ut)fodring, matning; *Kleider* fodring
Futur N̄ futurum *n* **futuristisch** ĀDJ futuristisk

G

G, g N̄ G, g *n*
Gabe F̄ *Geschenk* gåva; *Talent* gåva, talang
Gabel F̄ *a. am Fahrrad* gaffel; *Abzweigung* klyka **gabeln** V̄R̄ **sich** ~ grena sig, dela sig **Gabelstapler** M̄ gaffeltruck **Gabelung** F̄ förgrening; *Straße* vägskäl *n*
gackern V̄Ī kackla *a. fig*
gaffen V̄Ī gapa, glo **Gaffer(in)** M̄(F̄) nyfiken åskådare
Gag M̄ påhitt *n*, jippo *n*
Gage F̄ gage *n*, lön
gähnen V̄Ī gäspa
Gala F̄ gala **galant** ĀDJ galant
Galeere F̄ galär
Galerie F̄ *a.* KUNST galleri *n*
Galgen M̄ galge **Galgenhumor** M̄ galghumor
Galionsfigur F̄ galjonsbild
Galle F̄ galla *a. fig*; **mir kam die** ~ **hoch** *fig* jag blev förbannad **Gallenblase** F̄ gallblåsa **Gallenkolik** F̄ gallstenskolik **Gallenstein** M̄ gallsten
Galopp M̄ galopp **galoppieren** V̄Ī galoppera
Gameboy® M̄ Gameboy®
Gammastrahlen P̄L̄ gammastrålar
gammeln *umg* V̄Ī driva omkring; *Essen* bli dålig **Gammler(in)** *umg* M̄(F̄) person som driver omkring
Gämse F̄ ZOOL gems
Gang M̄ ❶ (≈ *Gangart*) gång ❷ (≈ *Weg*) gång, väg; (≈ *Korridor*) korridor, gång ❸ (≈ *Spaziergang*) promenad ❹ (≈ *Verlauf*) förlopp *n*, gång; **im ~e sein** vara i gång; **in vollem ~e sein** vara i full gång; **in** ~ **bringen** sätta/få i gång; **in** ~ **kommen** komma i gång ❺ *Speise* (mat)rätt ❻ AUTO växel; **den zweiten** ~ **einlegen** AUTO lägga in tvåan (*od* tvåans växel) ❼ *Sport* rond
gang ĀDJ ~ **und gäbe** (allmänt) brukligt
gangbar *fig* ĀDJ framkomlig; **nicht** ~ *a.* omöjlig
gängeln V̄T̄ j-n ~ *umg* bestämma över

gängig – Gastwirtschaft

ngn
gängig ADJ gängse, bruklig, vanlig, gångbar, efterfrågad
Gangschaltung F växel
Gangster M gangster
Ganove M skojare
Gans F gås a. fig **Gänseblümchen** N tusensköna **Gänsebraten** M gåsstek **Gänsefüßchen** N/PL anföringstecken n/pl **Gänsehaut** F eine ~ bekommen skinnet knottrar sig på mig, jag får gåshud **Gänseleberpastete** F gåsleverpastej **Gänsemarsch** M gåsmarsch; **im** ~ i gåsmarsch **Gänserich** M gåskarl
ganz A ADJ hel; **~e 50 Euro/2 Minuten** hela 50 euro/2 minuter; **~ der Vater** pappa upp i dagen; **im Ganzen** i stort; **allt som allt**; **im Großen und Ganzen** i det stora hela B ADV helt, alldeles, fullkomligt; **~ gut** ganska bra; **~ wenig** helt lite; **~ gewiss** helt visst, alldeles säkert; **~ besonders** i all synnerhet; **~ am Anfang** i allra första början; **~ allein** alldeles ensam; **~ und gar** helt och hållet, alldeles; **~ und gar nicht** inte alls **Ganze(s)** N det hela; **aufs ~ gehen** nu gäller det fullt ut; **es geht ums ~** nu gäller det fullt ut; **~ gehen** nu gäller det fullt ut **Ganzheit** F helhet **ganzheitlich** ADJ helhets- in zssgn **gänzlich** ADV helt (och hållet), fullständigt, totalt **ganztags** ADV hela dagen; **~ arbeiten** arbeta heltid **Ganztagsschule** F skola med undervisning både på förmiddagen och eftermiddagen
gar A ADJ Speise färdig B ADV alldeles, alls, helt (och hållet); sogar till och med; **~ nicht** inte alls; **~ nichts** ingenting alls; **~ keiner** ingen alls
Garage F garage n
Garant M garant **Garantie** F garanti; Bank säkerhet **garantieren** VT garantera **Garantieschein** M garantisedel
Garbe F kärve
Garde F garde n
Garderobe F Kleiderbestand kläder pl; Kleiderablage kapprum, kapprum n; im Theater etc garderob; THEAT klädloge
Gardine F gardin **Gardinenstange** F gardinstång
gären VI jäsa a. fig
Garn N garn n, tråd; Netz nät
Garnele F räka

garnieren VT garnera
Garnison F garnison
Garnitur F garnityr n; garnering; Satz uppsättning, set n; fig **die erste ~** toppen, eliten
garstig ADJ stygg, elak
Garten M trädgård **Gartenbau** M trädgårdsodling **Gartengerät** N trädgårdsredskap n **Gartenhaus** N lusthus n **Gartenlaube** F bersä **Gartenlokal** N uteservering **Gartenmöbel** N/PL trädgårdsmöbler pl **Gartenzaun** M trädgårdsstaket n **Gartenzwerg** M prydnadsfigur (i trädgård), trädgårdstomte **Gärtner(in)** M(F) trädgårdsmästare **Gärtnerei** F handelsträdgård
Gärung F jäsning a. fig
Gas N gas; **~ geben** ge gas, gasa (på) **Gasbehälter** M gasklocka **Gasflasche** F gastub, gasflaska **gasförmig** ADJ gasformig **Gashahn** M gaskran **Gasheizung** F gasuppvärmning **Gasherd** M gasspis **Gaskocher** M gaskök n **Gasleitung** F gasledning **Gasmaske** F gasmask **Gaspedal** N gaspedal
Gässchen N smal gränd
Gasse F gränd
Gassi GO **mit dem Hund ~ gehen** umg rasta hunden, gå ut med hunden
Gast M gäst, främmande; **bei j-m zu ~ sein** vara bjuden till ngn; ungebetener ~ objuden gäst **Gastarbeiter(in)** M(F) gästarbetare, utländsk arbetare **Gästebuch** N gästbok; Hotel liggare **Gästezimmer** N gästrum n **Gastfamilie** F värdfamilj **gastfreundlich** ADJ gästfri **Gastfreundschaft** F gästfrihet **Gastgeber(in)** M(F) värd (-inna) **Gasthaus** N, **Gasthof** M restaurang; värdshus n **Gasthörer(in)** M(F) åhörare (person som ej är inskriven vid universitetet men som deltar i viss undervisning) **gastieren** VI THEAT gästspela **gastlich** ADJ gästfri **Gastmannschaft** F SPORT bortalag n
Gastritis F MED gastrit, magkatarr
Gastronom(in) M(F) krögare, restauratör **Gastronomie** F restaurangnäring, restaurangbranch; gastronomi
Gastspiel N gästspel n **Gaststätte** F restaurang, matställe n **Gastwirt(in)** M(F) krögare, restaurangägare **Gast-**

wirtschaft F restaurang, krog
Gaswerk N gasverk n **Gaszähler** M gasmätare
Gatte M make
Gatter N grind; *Zaun* stängsel n
Gattin F maka
Gattung F BIOL, ZOOL släkte n; *Art* art, slag n, kategori; *Literatur* genre
GAU ABK (= größter anzunehmender Unfall) kärnkraftsolycka, reaktorhaveri n
Gaudi umg F (N) skoj n
Gaukler(in) M(F) gycklare, taskspelare
Gaul M hästkrake; **einem geschenkten ~ schaut man nicht ins Maul** man ska inte skåda given häst i mun
Gaumen M gom
Gauner(in) M(F) filur, skojare, skurk
Gaunersprache F förbrytarspråk n
Gazastreifen M **der ~** Gazaremsan
Gaze F gas; gasbinda
Gazelle F gasell
Geächtete(r) M(F(M)) fågelfri, fredlös
geartet ADJ artad, beskaffad
Geäst N grenverk n, kvistar *pl*
geb. A ABK (= geborene) f., född B ABK (= gebunden) inb., inbunden
Gebäck N bakverk n; *Keks* småkakor *pl*
gebacken ADJ bakad; stekt
Gebälk F bjälklag
geballt ADJ ihoptryckt, knuten; *fig* koncentrerad
gebannt ADJ förtrollad
Gebärde F åtbörd, gest **gebärden** V/R **sich ~** uppföra sig, bära sig åt **Gebärdensprache** F mimik; teckenspråk n
gebären VT, VI föda
Gebärmutter F livmoder
Gebäude N byggnad **Gebäudekomplex** M byggnadskomplex n
Gebell F skällande n, skall n
geben A VT, VI ge; *Deutsch* ~ undervisa i tyska; **es gibt** det finns; **was gibt es?** vad är det frågan om?, är det ngt nytt?; **das gibt's (doch) nicht!** (nej) det kan inte vara sant!; **es wird Regen/ein Gewitter ~** det kommer att bli regn/åska; **das gibt's bei uns nicht** det kommer aldrig på fråga; **viel/nichts ~ auf** (*akk*) fästa stor/liten vikt vid ngt; **etw von sich ~** säga ngt; **was gibt's zu essen?** vad blir det för mat? B V/R **sich ~ ge sig; das wird sich schon ~** det

kommer nog att ordna sig **Geber(in)** M(F) givare
Gebet N bön; **j-n ins ~ nehmen** *fig* tala allvar med ngn **Gebetbuch** N bönbok
Gebettel N tiggeri n
Gebiet N område n; *fig* fack n, gebit n *a. fig*
gebieten VT bjuda, (an)befalla; **geboten sein** vara nödvändig **Gebieter** M härskare **Gebieterin** F härskarinna
gebieterisch ADJ befallande
Gebilde N skapelse; formation
gebildet ADJ bildad
Gebirge N berg, fjäll n **gebirgig** ADJ bergig
Gebirgskette F bergskedja **Gebirgsklima** N bergsklimat n; *für Skandinavien* fjällklimat n **Gebirgszug** M bergskedja
Gebiss N tänder *pl*; **künstliches ~** löständer *pl*, bett n
Gebläse N bläster; fläkt
geblümt ADJ blommig
Geblüt N blod n; *fig* härkomst, börd
gebogen ADJ böjd, krokig, krökt
geboren ADJ född; **sie ist eine ~e Johansson** hon är född Johansson
geborgen ADJ säker, trygg **Geborgenheit** F trygghet
Gebot N påbud n, befallning; bud(ord) n; **zu ~e stehen** stå till buds; **die Zehn ~e** tio Guds bud **Gebotsschild** N varningsskylt
gebraten ADJ stekt
Gebräu umg N soppa, smörja, blask n
Gebrauch M bruk n, användning; *Sitten* **Gebräuche** *pl* seder, sedvänjor; **in ~ sein** vara i bruk; **von etw ~ machen** begagna sig av ngt; **außer ~ kommen** komma ur bruk; **zum eigenen ~ für** eget bruk **gebrauchen** VT begagna, använda, nyttja; **zu nichts zu ~** inte duga till någonting **gebräuchlich** ADJ bruklig, vanlig **Gebrauchsanweisung** F bruksanvisning **Gebrauchsartikel** M bruksvara **gebrauchsfertig** ADJ färdig att använda **Gebrauchsgüter** N/PL kapitalvaror *pl* **Gebrauchswert** M bruksvärde n **gebraucht** ADJ begagnad; *Kleidung* avlagd **Gebrauchtwagen** M begagnad bil
gebräunt ADJ solbränd, brun(bränd)

Gebrechen N̄ åkomma, lyte n **gebrechlich** ADJ bräcklig, skröplig, klen **Gebrechlichkeit** F̄ bräcklighet, skröplighet, klenhet
Gebrüder PL bröder pl
Gebrüll N̄ rytande n, vrål(ande), skrik (-ande) n
Gebühr F̄ avgift; taxa; nach ~ efter förtjänst; über ~ överdrivet **gebührend** ADJ tillbörlig, passande **Gebühreneinheit** F̄ TEL samtalsmarkering **Gebührenerlass** M̄ efterskänkande n av avgifter **gebührenfrei** ADJ avgiftsfri, kostnadsfri **gebührenpflichtig** ADJ avgiftsbelagd
gebunden ADJ bunden
Geburt F̄ födelse; Niederkunft förlossning, nedkomst **Geburtenregelung** F̄ födelsekontroll **Geburtenrückgang** M̄ nativitetsminskning **geburtenschwach** ADJ ein ~er Jahrgang ett år med lågt födelsetal **geburtenstark** ADJ ein ~er Jahrgang ett år med högt födelsetal **Geburtenziffer** F̄ födelsetal n **gebürtig** ADJ ~ aus (dat) född i; ~er Berliner född berlinare **Geburtsanzeige** F̄ födelseannons **Geburtsdatum** N̄ födelsedatum n **Geburtsfehler** M̄ medfött fel n, lyte n **Geburtshaus** N̄ födelsehus n **Geburtshelfer(in)** M̄/F̄ förlossningsläkare; Hebamme barnmorska **Geburtshilfe** F̄ hjälp vid barnförlossning **Geburtsjahr** N̄ födelseår n **Geburtsname** M̄ flicknamn m **Geburtsort** M̄ födelseort **Geburtsschein** N̄ födelseattest **Geburtstag** M̄ födelsedag; ~ haben fylla år **Geburtstagsfeier** F̄ födelsedagsfest **Geburtstagsgeschenk** N̄ födelsedagspresent **Geburtstagskind** N̄ födelsedagsbarn n **Geburtsurkunde** F̄ personbevis n **Geburtswehen** PL födslovärkar pl
Gebüsch N̄ buskage n
Gedächtnis N̄ minne n **Gedächtnislücke** F̄ minneslucka **Gedächtnisschwund** M̄ minnesförlust
gedämpft ADJ dämpad
Gedanke M̄ tanke; Einfall idé; auf den ~n kommen komma på den tanken; der bloße ~ daran blotta tanken på; der ~ fuhr mir durch den Kopf det flög i mig; sich (dat) über (akk) etw ~n machen oroa sig över ngt **Gedankenaustausch** M̄ tankeutbyte n **Gedankenfreiheit** F̄ tankefrihet **Gedankengang** M̄ tankegång **gedankenlos** ADJ tanklös **Gedankenlosigkeit** F̄ tanklöshet **Gedankenstrich** M̄ tankstreck n **Gedankenübertragung** F̄ tankeöverföring
Gedärm N̄ tarmar pl, inälvor pl
Gedeck N̄ kuvert n; Menü meny
gedeihen V̄Ī trivas, frodas; fig göra framsteg
gedenken V̄Ī ⟨gen⟩ minnas, erinra sig, komma ihåg; beabsichtigen tänka, ämna, ha för avsikt **Gedenken** N̄ minne n, åminnelse **Gedenkfeier** F̄ minnesfest **Gedenkminute** F̄ tyst minut **Gedenkstätte** F̄ minnesplats **Gedenkstein** M̄ minnessten **Gedenktafel** F̄ minnestavla **Gedenktag** M̄ minnesdag
Gedicht N̄ dikt **Gedichtsammlung** F̄ diktsamling
gediegen ADJ gedigen a. fig
gedopt ADJ dopad
Gedränge N̄ trängsel **gedrängt** ADJ Stil kortfattad; ~ voll proppfull
gedrückt fig ADJ nedtryckt, nedstämd
gedrungen ADJ hopträngd, kompakt; satt, undersätsig
Geduld F̄ tålamod n; nur ~! umg lugn bara!; die ~ geht mir aus jag förlorar tålamodet **gedulden** V̄R sich ~ ge sig till tåls **geduldig** ADJ tålmodig
geehrt ADJ ärad
geeignet ADJ ägnad (zu för); passend passande, lämplig (für för)
Gefahr F̄ fara; Risiko risk; auf die ~ hin med risk att; auf eigene ~ på egen risk; außer ~ sein vara utom all fara **gefährden** V̄Ī utsätta för fara, äventyra, riskera; bedrohen hota **Gefährdung** F̄ äventyrande n, riskerande n **Gefahrenzone** F̄ riskzon, farozon **Gefahrenzulage** F̄ risktillägg n **gefährlich** ADJ farlig **Gefährlichkeit** F̄ farlighet **gefahrlos** ADJ ofarlig, utan fara
Gefährt N̄ åkdon n **Gefährte** M̄ följeslagare; kamrat **Gefährtin** F̄ följeslagerska; kamrat
Gefälle N̄ sluttning, lutning; fig skillnader; das soziale ~ de sociala skillnaderna

gefallen VI ⟨dat⟩ behaga, falla i smaken; trivas, tycka om; **das gefällt mir** det tycker jag om, det gillar jag; **sich etw ~ lassen** finna sig i ngt
Gefallen A M tjänst; **j-m einen ~ tun** göra ngn en tjänst B N *Vergnügen* nöje n; **~ finden** finna nöje (**an** *dat* i)
gefällig ADJ tillmötesgående, benägen, vänlig; *angenehm* angenäm, behaglig; **sonst noch etwas ~?** får det vara något mera? **Gefälligkeit** F vänlighet, tillmötesgående n; *Dienst* tjänst
gefälligst ADV godhetsfullt; **sei ~ still!** *umg* kan du vara tyst!
gefangen ADJ fången; **~ halten** hålla fången; **~ nehmen** ta till fånga; *fig* fånga **Gefangene(r)** M/F(M) fånge **Gefangenenlager** N fångläger n **Gefangenschaft** F fångenskap **Gefängnis** N fängelse n **Gefängnisstrafe** F fängelsestraff n
gefärbt ADJ färgad *a. fig*
Gefasel N svammel n, tomt snack
Gefäß N *a.* ANAT kärl n
gefasst ADJ fattad, behärskad; **~ auf** ⟨akk⟩ beredd på ngt; **sich ~ machen auf** ⟨akk⟩ bereda sig på ngt
Gefecht N drabbning; **außer ~ setzen** försätta ur stridbart skick; *fig* sätta ur spel
Gefieder N fjädrar *pl* **gefiedert** ADJ fjäderklädd
Geflecht N flätning, flätverk n; *fig* nätverk n
gefleckt ADJ fläckig, prickig
Geflügel N fjäderfä n, fågel **Geflügelfarm** F hönsfarm
Geflüster N viskande n
Gefolge N följe n, svit; **im ~ haben** ha i släptåg, dra med sig **Gefolgschaft** F följe n, anhängare *pl*
gefragt ADJ efterfrågad, eftersökt
gefräßig ADJ glupsk **Gefräßigkeit** F glupskhet
Gefreite(r) M/F(M) korpral
gefrieren VI frysa (till is) **Gefrierfach** N *im Kühlschrank* frysfack n **gefriergetrocknet** ADJ frystorkad **Gefrierpunkt** M fryspunkt **Gefrierschrank** M frysskåp n **Gefriertruhe** F frysbox
Gefüge *fig* N struktur **gefügig** ADJ foglig, medgörlig
Gefühl N känsel; *Empfindung* känsla; **mit ~** med känsla; **etw im ~ haben** ha ngt på känn **gefühllos** ADJ känslolös *a. fig* **Gefühllosigkeit** F känslolöshet **gefühlsbetont** ADJ känslobetonad **Gefühlsduselei** *umg* F känslosamhet **Gefühlsleben** N känsloliv n **gefühlsmäßig** ADJ känslomässig **Gefühlsmensch** M känslomänniska f **Gefühlssache** F känslosak **gefühlvoll** ADJ känslosam
gefüllt ADJ fylld
gegeben ADJ given; **aus ~em Anlass** på förekommen anledning; **zu ~er Zeit** vid ett senare tillfälle, vid lämplig tidpunkt **gegebenenfalls** ADV i förekommande fall, eventuellt
gegen PRÄP ⟨akk⟩ mot, emot; *empfindlich* **~ etw** vara känslig för ngt; **~ Abend** mot kvällningen; **~ Westen/Osten** åt väst/öst; **etw haben ~** ha ngt emot ngt (ngn) **Gegenangriff** M motattack **Gegenbesuch** M svarsvisit **Gegenbewegung** F motrörelse **Gegenbeweis** M motbevis n
Gegend F område n, trakt, bygd
gegeneinander ADV mot varandra
Gegenfahrbahn F motsatt körbana **Gegenfrage** F motfråga **Gegengewicht** N motvikt *a. fig* **Gegengift** N motgift n **Gegenleistung** F motprestation **Gegenlicht** N motljus n **Gegenmittel** N motgift n, medel mot **Gegenoffensive** F motoffensiv **Gegenprobe** F kontrollprov n **Gegenrede** F svar n, replik **Gegenrichtung** F motsatt riktning **Gegensatz** M motsats, kontrast; **im ~ zu** i motsats till **gegensätzlich** ADJ motsatt, motsats- **Gegenschlag** M motattack **Gegenseite** F motsatt sida; *Gegenpartei* motpart, opposition **gegenseitig** ADJ ömsesidig, inbördes **Gegenseitigkeit** F ömsesidighet **Gegenspieler(in)** M(F) motspelare
Gegenstand M föremål n; sak; *Thema* ämne n; **zum ~ haben** ha som ämne **gegenständlich** ADJ konkret **gegenstandslos** ADJ ogrundad; **~ geworden sein** ha blivit överflödig
Gegenstimme F nejröst **Gegenstück** N motstycke n, motsvarighet, pendang **Gegenteil** N motsats; **im ~** tvärtom **gegenteilig** ADJ motsatt; **~er Meinung sein** vara av motsatt

åsikt **gegenüber** PRÄP ⟨dat⟩ mittemot; fig inför; **er wohnt mir ~** han bor mittemot mig **Gegenüber** N *Person* granne mittemot; *Haus* hus mittemot **gegenüberstehen** VI stå mittemot; **sich ~** stå ansikte mot ansikte **gegenüberstellen** VIT konfrontera; **j-m j-n ~** jämföra ngn med ngn **Gegenüberstellung** F konfrontering; *Vergleich* jämförelse **Gegenverkehr** M mötande trafik **Gegenvorschlag** M motförslag n
Gegenwart F *Anwesenheit* närvaro; *Jetztzeit* nutid, samtid; GRAM presens **gegenwärtig** ADJ nuvarande B ADV för närvarande; nu för tiden
Gegenwehr F motvärn n **Gegenwind** M motvind **Gegenwirkung** F motreaktion **gegenzeichnen** VT kontrasignera **Gegenzug** M motdrag n; BAHN mötande tåg n **Gegner**(in) M(F) motståndare, motpart **gegnerisch** ADJ motståndar-, fientlig; **~e Partei** motpart; SPORT motståndare pl
Gegröle *umg* N skrål n, skrän n
Gehabe N tillgjordhet, choser pl
Gehackte(s) N köttfärs
Gehalt A M halt a. fig B N lön **gehaltlos** ADJ näringsfattig; fig innehållslös **Gehaltsempfänger** M löntagare **Gehaltserhöhung** F löneförhöjning **Gehaltszulage** F lönetillägg n **gehaltvoll** ADJ näringsrik; fig innehållsrik
gehässig ADJ elak, spydig
Gehäuse N hus n, kapsel, fodral n, kåpa; *Kerngehäuse* kärnhus n; *Schneckengehäuse* skal n
gehbehindert ADJ rörelsehindrad
Gehege N inhägnad; jaktvårdsområde n; **j-m ins ~ kommen** fig göra intrång på ngns område
geheim ADJ hemlig; **~ halten** hemlighålla; **im Geheimen** i hemlighet **Geheimdienst** M underrättelsetjänst **Geheimhaltung** F hemlighållande n **Geheimnis** N hemlighet **Geheimniskrämerei** F hemlighetsmakeri n **geheimnisvoll** ADJ hemlighetsfull **Geheimpolizei** F hemlig polis **Geheimtipp** M insidertips n **Geheimzahl** F pinkod, kortkod
gehen VIT, VI gå; *fahren* åka, resa, fara; *Maschinen* gå, vara i gång; **~ lassen** vara vårdslös; **sich ~ lassen** missköta sig; **schlafen ~** gå och lägga sig; **spazieren ~** gå ut och gå; **wie geht es (dir)?** hur mår du?, hur står det till?; **mir geht es gut** jag mår bra; **es wird schon ~** det går nog; **nicht ~ können** inte kunna gå; **das Fenster geht auf die Straße** fönstret vetter åt gatan; **es geht auf 2 Uhr** klockan närmar sig två; **in sich** ⟨akk⟩ **~** rannsaka sitt inre; **wenn es nach mir ginge** om jag fick bestämma; **nach Amerika ~** resa till Amerika; **~ über** ⟨akk⟩ gå över, överstiga; **das geht über meine Kräfte** det överstiger mina krafter; **um** ⟨akk⟩ **etw ~** fig gälla ngt; **vor sich ~** försiggå **gehen lassen** fig V/R → gehen
geheuer ADJ **es ist hier nicht ~** det är lite kusligt här; **mir ist das nicht ~** det tvivlar jag på
Geheul N tjut n, tjutande n
Gehilfe M medhjälpare, assistent, biträde n
Gehirn N hjärna **Gehirnerschütterung** F hjärnskakning **Gehirntumor** M hjärntumör **Gehirnwäsche** F hjärntvätt
gehoben fig ADJ hög, fin; **~er Stil** högre stil
Gehöft N gård
Gehölz N (skogs)dunge
Gehör N hörsel; MUS u. fig gehör n; **nach dem ~** efter gehör
gehorchen VI ⟨dat⟩ lyda
gehören ⟨dat⟩ A VI *Besitz sein* tillhöra (j-m ngn); *erforderlich sein* fordras; **~ zu** höra till; **wem gehört dieses Haus?** vems är det här huset?; **es gehört mir** det är mitt; **es gehört nicht hierher** det hör inte hit B V/R **sich ~** passa (sig); **wie sichs gehört** som sig bör
Gehörgang M hörselgång
gehörig ADJ vederbörlig; behörig; *gründlich* ordentlig, rejäl, duktig; **~ zu** ⟨dat⟩ hörande till
gehörlos ADJ döv
gehorsam ADJ lydig **Gehorsam** M lydnad
Gehsteig M gångbana, trottoar **Gehversuch** M försök n att gå; första steg n/pl **Gehweg** M gångbana
Geier N gam
Geige F fiol **geigen** VI spela fiol **Geigenbogen** M (fiol)stråke **Geigen-

kasten M fiollåda **Geiger(in)** M/F violinist
Geigerzähler M geigermätare
geil ADJ kåt; *umg* häftig, fantastisk; *super* (**echt**) **~!** häftigt! **Geilheit** F kåthet
Geisel F gisslan **Geiselnahme** F tagande av gisslan
Geiß F get
Geißel F gissel *n* **geißeln** VT gissla
Geist M ande; *Seele* anda, själ; *Begabung* begåvning, snille *n*; *Gespenst* spöke *n*; **der Heilige ~** den helige ande; **seinen ~ aufgeben** ge upp andan; **er ist von allen guten ~ern verlassen** han är alldeles från vettet **Geisterbahn** F spöktåg *n* **Geisterfahrer(in)** M/F bilist som kör på fel sida av motorvägen **geisterhaft** ADJ spöklik **geistesabwesend** ADJ själsfrånvarande, tankspridd **Geistesabwesenheit** F distraktion, tankspriddhet **Geistesblitz** M snilleblixt **Geistesgegenwart** F sinnesnärvaro **geistesgegenwärtig** ADJ med sinnesnärvaro **geistesgestört** ADJ sinnesrubbad **geisteskrank** ADJ mentalsjuk, sinnessjuk **Geisteskranke(r)** M/F(M) sinnessjuk **Geisteswissenschaften** F/PL humaniora *pl* **Geisteszustand** M själstillstånd *n*, sinnesförfattning **geistig** ADJ andlig, själs-, ande-; *intellektuell* intellektuell; **~e Getränke** spritdrycker **geistlich** ADJ andlig, religiös; kyrklig **Geistliche(r)** M/F(M) präst **Geistlichkeit** F prästerskap *n* **geistlos** ADJ andefattig **geistreich** ADJ spirituell, snillrik; *witzig* kvick **geisttötend** ADJ själsdödande
Geiz M girighet, snålhet **geizen** VI snåla **Geizhals** M snåljåp, girigbuk **geizig** ADJ girig, snål
Gejammer *umg* N ständigt gnäll *n*
Gejohle N skrän *n*; skrål *n*
Gekicher N fnitter *n*, fnittrande *n*
Geklapper N klapprande *n*; slammer *n*
Geklirr N klirrande *n*; skrammel *n*
geknickt *umg* ADJ knäckt, nere
gekonnt ADJ skicklig, proffsig
gekränkt ADJ förnärmad, sårad, stött
Gekritzel N klotter *n*; kråkfötter
gekünstelt ADJ konstlad, tillgjord
Gel N gel

Gelächter N skratt *n*; **schallendes ~** gapskratt *n*
geladen ADJ *zum Transport* lastad; ELEK, *a. Waffe* laddad
Gelage N festmåltid; **ein wüstes ~** brakmiddag; supkalas *n*
gelähmt ADJ förlamad
Gelände N terräng **Geländelauf** M terränglöpning
Geländer N räcke *n*; *Treppengeländer* ledstång
Geländewagen M terrängbil
gelangen VI komma (fram); **an die Öffentlichkeit ~** läcka ut; **in die falschen Hände ~** hamna i fel händer
gelangweilt ADJ uttråkad
gelassen ADJ *ruhig* lugn; *gefasst* sansad **Gelassenheit** F lugn *n*
Gelatine F gelatin
geläufig ADJ *fließend* flytande, ledig; *üblich* vanlig, gängse; **das ist mir nicht~** det känner jag inte till **Geläufigkeit** F färdighet, ledighet; vanlighet
gelaunt ADJ upplagd; **gut/schlecht ~ sein** vara på gott/dåligt humör
gelb ADJ gul **Gelb** N gult **gelblich** ADJ gulaktig **Gelbsucht** F gulsot **gelbsüchtig** ADJ gulsiktig
Geld N pengar *pl*; **bares ~** kontanter; **zu ~ kommen** bli förmögen **Geldangelegenheit** F penningfråga **Geldanlage** F investering, penningplacering **Geldautomat** M bankomat **Geldbeutel** M portmonnä **Geldbuße** F böter *pl* **Geldentwertung** F inflation **Geldgeber(in)** M/F finansiär **Geldgier** F penningbegär *n* **Geldmangel** M penningbrist **Geldmittel** N/PL tillgångar **Geldschein** M sedel **Geldschrank** M kassaskåp *n* **Geldstrafe** F (penning)böter *pl* **Geldstück** N mynt *n* **Geldumtausch** M växling av pengar **Geldverschwendung** F slöseri *n* med pengar **Geldwäsche** F penningtvätt **Geldwechsel** M växling av pengar **Geldwert** M penningvärde *n*
Gelee N gelé *mst n*
gelegen ADJ belägen, liggande; *passend* lämplig, läglig; **mir ist (sehr) daran ~, dass ...** jag är (mycket) angelägen om att ... **Gelegenheit** F tillfälle *n*; **bei ~** vid tillfälle, någon gång; **bei**

der erstbesten ~ vid första bästa tillfälle **Gelegenheitsarbeit** F tillfälligt arbete n **Gelegenheitsarbeiter(in)** M/F diversearbetare **gelegentlich** A ADJ tillfällig B ADV vid tillfälle, när det passar; ibland, någon gång
gelehrig ADJ läraktig **gelehrt** ADJ lärd **Gelehrte(r)** M/F(M) lärd
Geleit N följe n; SCHIFF konvoj; MIL eskort; **freies** ~ lejd, fri passage; **j-m das ~ geben** följa ngn, ledsaga ngn
Gelenk N led; TECH u. Kettengelenk länk **gelenkig** ADJ vig, böjlig, rörlig **Gelenkigkeit** F vighet, böjlighet, rörlighet **Gelenkrheumatismus** M ledgångsreumatism
gelernt ADJ Arbeiter utbildad
Geliebte F älskarinna **Geliebte(r)** M älskare
gelinde ADV mild; lindrig, sakta; ~ **gesagt** lindrigt (minst) sagt
gelingen VI lyckas (j-m för ngn); **es ist mir gelungen** jag har lyckats; → gelungen
gell umg INTER eller hur, va
gellend ADJ gäll, skallande
geloben VT (högtidligt) lova; **das Gelobte Land** det förlovade landet **Gelöbnis** N (högtidligt) löfte n
gelt INTER → gell²
gelten A VT (~ wert sein) vara värd; **j-m viel/wenig** ~ vara mycket/lite värd för ngn; **was gilt die Wette?** vad ska vi slå vad om? B VI gälla; (~ gültig sein) vara giltig; (~ gehalten werden) anses; **es gilt nicht** det räknas inte; ~ **als** räknas (od anses) som; ~ **lassen** låta passera, godta, gå med på **geltend** ADJ gällande; **(sich)** ~ **machen** visa sig **Geltung** F giltighet; Ansehen anseende n; ~ **haben** gälla, vara giltig; **zur** ~ **kommen** komma till sin rätt **Geltungsbedürfnis** N självhävdelsebehov n
Gelübde N (högtidligt) löfte n
gelungen ADJ lyckad; drollig rolig, festlig
Gelüst N åtrå, begär n, lystnad
gem. ABK (= gemäß) enl., enligt
gemächlich A ADJ maklig, bekväm, sävlig B ADV i sakta mak
Gemahl M gemål, make **Gemahlin** F gemål, maka; **Ihre Frau** ~ din hustru
Gemälde N målning, tavla **Gemäldeausstellung** F tavelutställning **Gemäldegalerie** F tavelgalleri n
gemäß ⟨dat⟩ enligt, i överensstämmelse med; i enlighet med; **j-m** ~ **sein** vara lämplig för ngn; **den Bestimmungen** ~ enligt bestämmelserna
gemäßigt ADJ moderat; Klima tempererad
Gemäuer N murverk n; **altes** ~ ruiner pl
gemein ADJ elak, tarvlig, gemen; **wie** ~! vad elakt (od taskigt)!; ~**er Kerl** knöl; üblich vanlig/enkel man; **der** ~**e Mann** gemene man
Gemeinde F kommun; REL församling **Gemeindehaus** N församlingshem n **Gemeinderat¹** M kommunfullmäktige **Gemeinderat²** M, **Gemeinderätin** F kommunfullmäktig **Gemeindeverwaltung** F kommunalförvaltning **Gemeindewahlen** F/PL kommunalval pl
gemeingefährlich ADJ allmänfarlig, samhällsfarlig **Gemeingut** N allmän egendom
Gemeinheit F elakhet, gemenhet, nedrighet; **so eine** ~! umg vad elakt!
gemeinnützig ADJ allmännyttig **gemeinsam** ADJ gemensam **Gemeinsamkeit** F gemensamhet **Gemeinschaft** F överensstämmelse, likhet; gemenskap; **in** ~ **mit** tillsammans med **gemeinschaftlich** ADJ gemensam **Gemeinschaftsantenne** F centralantenn **Gemeinschaftsarbeit** F lagarbete n **Gemeinschaftskunde** F samhällskunskap **Gemeinschaftsproduktion** F samproduktion **Gemeinschaftsraum** M uppehållsrum n; samlingslokal **Gemeinsinn** M samhällsanda **Gemeinwesen** N det allmänna; samhälle n **Gemeinwohl** N det allmänna bästa
gemessen ADJ avmätt; behärskad
Gemetzel N blodbad n, massaker
Gemisch N blandning, röra
gemischt ADJ blandad
Gemunkel N glunkande n
Gemurmel N sorl n, mumlande n
Gemüse N grönsaker pl **Gemüsebeilage** F grönt n **Gemüsegarten** M köksträdgård **Gemüsehändler(in)** M/F grönsakshandlare **Gemüsesuppe** F grönsakssoppa

Gemüt N̄ sinne(lag) n, lynne n, själ, hjärta n; **ein kindliches ~ haben** vara naiv; **j-m aufs ~ schlagen** göra ngn deprimerad **gemütlich** ADJ (hem)trevlig, mysig, trivsam, gemytlig; **machen Sie es sich ~!** känn dig (od er) som hemma!; **ganz ~** i lugn och ro **Gemütlichkeit** F̄ (hem)trevlighet, trivsel, trevnad; gemytlighet **Gemütsart** F̄ sinnelag n, lynne n, temperament n **Gemütsbewegung** F̄ sinnesrörelse **gemütskrank** ADJ svårmodig **Gemütsmensch** M̄ godmodig människa **Gemütsruhe** F̄ sinneslugn n **Gemütszustand** M̄ sinnestillstånd n
Gen N̄ gen
genannt ADJ kallad
genau ADJ noga, noggrann, grundlig; exakt; *pünktlich* punktlig, precis; **es nicht ~ nehmen** inte vara så noga med; **~ genommen** strängt taget **Genauigkeit** F̄ noggrannhet, precision, exakthet **genauso** ADV precis så; **~ gut** lika gärna, likaväl
Genbank F̄ genbank
genehm ADJ **j-m ~ sein** passa ngn **genehmigen** V̄T godkänna, bifalla, bevilja, medge, samtycka till; **amtlich genehmigt** officiellt godkänd; **sich einen ~** *umg* ta sig ett glas **Genehmigung** F̄ godkännande n, bifall n, medgivande n; *Erlaubnis* tillstånd n, licens
geneigt *fig* benägen; *wohlwollend* välvillig
General(in) M̄F̄ general **Generaldirektor(in)** M̄F̄ verkställande direktör **Generalkonsul(in)** M̄F̄ generalkonsul **Generalleutnant** M̄ generallöjtnant **Generalmajor(in)** M̄F̄ generalmajor **Generalprobe** F̄ generalrepetition, genrep n **Generalstab** M̄ generalstab **Generalstreik** M̄ storstrejk, generalstrejk **Generalüberholung** F̄ AUTO genomgång, justering, reparation **Generalversammlung** F̄ bolagsstämma; årsmöte n; POL generalförsamling
Generation F̄ generation
Generator M̄ generator
generell A ADJ generell, allmän(giltig) B ADV i allmänhet
genesen V̄I tillfriskna **Genesung** F̄ tillfrisknande n
genetisch ADJ genetisk

Genf N̄ Genève n **Genfer** ADJ **~ See** Genèvesjön
genial ADJ genial, genialisk **Genialität** F̄ genialitet
Genick N̄ nacke; **sich das ~ brechen** bryta nacken av sig **Genickstarre** F̄ nackstelhet; nackspärr
Genie N̄ geni n, snille
genieren V̄R **sich ~** genera sig
genießbar ADJ njutbar, ätbar, drickbar **genießen** V̄T njuta (av); **nicht zu ~ sein** inte gå att äta; *fig umg* vara omöjlig att ha att göra med; *Ruf, Erziehung* åtnjuta **Genießer(in)** M̄F̄ njutningsmänniska
Genitalien PL genitalier pl, könsorgan pl **Genitalverstümmelung** F̄ könsstympning
Genitiv M̄ genitiv
Genmanipulation F̄ genmanipulation **genmanipuliert** ADJ genmodifierad
genormt ADJ standardiserad
Genosse M̄ partikamrat, kamrat **Genossenschaft** F̄ ekonomisk förening; kooperativ förening **Genossin** F̄ partikamrat, kamrat
Genre N̄ genre
Gentechnik F̄ gentenknik **Gentest** M̄ gentest (n)
genug ADV nog, tillräckligt (med); **ich habe ~ davon!** jag har fått nog av det!
Genüge F̄ **zur ~** tillräckligt **genügen** V̄I ⟨dat⟩ ausreichen vara nog (tillräckligt), räcka (till), förslå; *erfüllen* uppfylla **genügend** ADJ nog, tillräckligt; *Note* godkänd **genügsam** ADJ förnöjsam, anspråkslös
Genugtuung F̄ tillfredsställelse
Genus M̄ genus n
Genuss M̄ njutning; *Speisen* förtäring; *Vergnügen* åtnjutande n **Genussmittel** N̄ njutningsmedel n **genusssüchtig** ADJ njutningslysten
geöffnet ADJ öppen
Geografie, Geographie F̄ geografi **geografisch** ADJ, **geographisch** ADJ geografisk **Geologe** M̄ geolog **Geologie** F̄ geologi **Geologin** F̄ geolog **geologisch** ADJ geologisk **Geometrie** F̄ geometri **geometrisch** ADJ geometrisk **Geophysik** F̄ geofysik
Gepäck N̄ bagage n, packning, resgods n **Gepäckabfertigung** F̄ FLUG

bagageincheckning; *Schalter* incheckningsdisk **Gepäckband** N̄ bagageband n **Gepäckaufbewahrung** F̄ resgodsförvaring **Gepäckschließfach** N̄ förvaringsbox **Gepäckstück** N̄ kolli n **Gepäckträger** M̄ stadsbud n, bärare; *Fahrrad* pakethållare
gepanzert ADJ med pansar
gepfeffert ADJ *Rechnung* saltad, pepprad; *Kritik* hård, skarp; *Witz* snuskig
gepflegt ADJ (väl)vårdad, välskött
Gepflogenheit F̄ sed, bruk n
Geplapper N̄ pladder n
Geplärr N̄ lipande n, grinande n
Geplauder N̄ samspråk n; prat n
gepökelt ADJ saltad
Gepolter N̄ buller n, (o)väsen n
Gepräge N̄ prägel *a. fig*
gepunktet ADJ prickig
gequält ADJ ansträngd
Gequassel N̄, **Gequatsche** N̄ tramsande n, svamlande n
gerade A ADJ rak, rät; *Zahl* jämn; *aufrichtig* rättfram, ärlig, uppriktig; **fünf ~ sein lassen** låta udda vara jämnt B ADV precis, just, alldeles; **nicht ~ viel** inte mycket precis; **das ist es ja ~!** det är just det!; **~ beim Lesen sein** just hålla på att läsa; **~ biegen** *Draht etc* räta ut **Gerade** F̄ rät linje **geradeaus** ADV rakt fram **geradebiegen** *fig* V̄T *etw wieder einrenken* ordna upp; räta ut; → gerade 2 **geradeheraus** ADV rent ut **geradewegs** ADV raka vägen, direkt **geradezu** ADV rentav, faktiskt **geradlinig** ADJ rätlinjig
gerammelt ADV ~ **voll** smockfull
Geranie F̄ pelargon(ia)
Gerät N̄ apparat; *Werkzeug* redskap n, verktyg n; utrustning; SPORT redskap n
geraten A V̄I komma, råka; *gelingen* lyckas; *gedeihen* arta sig; **an j-n ~** råka (stöta) på ngn B ADJ tillrådlig, lämplig
Geräteschuppen M̄ redskapsbod
Geräteturnen N̄ redskapsgymnastik
Geratewohl N̄ **aufs ~** på måfå, på vinst och förlust
Gerätschaften F̄/PL redskap pl
geräuchert ADJ rökt
geräumig ADJ rymlig
Geräusch N̄ ljud n; *Lärm* buller n **geräuscharm** ADJ tystgående **geräuschlos** ADJ tyst, ljudlös **Geräuschpegel** M̄ bullernivå **geräuschvoll** ADJ bullrig, högljudd
gerben V̄T garva
gerecht ADJ rättvis; *rechtmäßig* rättmätig; *in zssgn* -riktig, -vänlig; -anpassad, -lämplig; **j-m (einer Sache** *dat*) ~ **werden** göra ngn (åt ngt) rättvisa **gerechtfertigt** ADJ befogad, riktig **Gerechtigkeit** F̄ rättvisa, rättfärdighet
Gerede N̄ prat n; *Klatsch* skvaller n; **ins ~ bringen** utsätta för folks prat; **ins ~ kommen** bli föremål för skvaller
geregelt ADJ regelbunden, ordnad
gereizt ADJ retad, irriterad; retlig **Gereiztheit** F̄ retlighet, irritation
Geriatrie F̄ MED geriatri(k)
Gericht[1] N̄ GASTR (mat)rätt
Gericht[2] N̄ JUR domstol, rätt; *Gebäude* domstolsbyggnad; **das Jüngste ~** yttersta domen; **vor ~ bringen** dra inför rätta (domstol); **vor ~ erscheinen** infinna sig inför rätten **gerichtlich** ADJ rättslig **Gerichtsgebäude** N̄ tingshus n **Gerichtshof** M̄ domstol **Gerichtskosten** PL rättegångskostnader *pl* **Gerichtsmedizin** F̄ rättsmedicin **Gerichtsreferendar(in)** M̄/F̄ ≈ (tings)notarie **Gerichtssaal** M̄ rättssal **Gerichtsverfahren** N̄ rättegång, process **Gerichtsverhandlung** F̄ domstolsförhandling **Gerichtsvollzieher(in)** M̄/F̄ ≈ kronoassistent, kronofogde
gerieben *fig* ADJ smart, slug, slipad
gering ADJ ringa, liten; *unbedeutend* obetydlig; *niedrig* låg; **~er** *komp* mindre; **~ste** *Superlativ* minst; **die Chancen sind ~** chanserna är små; **kein Geringerer als** ingen mindre än; **nicht im Geringsten** inte det minsta **geringfügig** ADJ obetydlig, ringa **geringschätzig** ADJ föraktfull, nedsättande **Geringverdiener(in)** M̄/F̄ låginkomsttagare
gerinnen V̄I *Blut* koagulera, levra sig
Gerippe N̄ skelett n, benrangel n; *fig* stomme
gerippt ADJ ribbad, ribbstickad
gerissen *fig umg* ADJ slug, slipad, garvad
Germane M̄, **Germanin** F̄ german **germanisch** ADJ germansk **Germanist(in)** M̄/F̄ germanist **Germanistik** F̄ UNIV tyska
gern(e) ADJ gärna; **ich bin ~ hier** jag

gernhaben – Geschlechtsverkehr ▪ 629

trivs här; **~ geschehen!** ingen orsak!; **ich hätte ~ ...** jag skulle vilja ha ..., jag ska be att få ... **gernhaben** VT j-n (etw) ~ tycka om ngn (ngt) **Geröll** N rullsten (ar pl); lösa stenar pl **Gerste** F korn n **Gerstenkorn** N korn av korn; MED vagel **Gerte** F spö n **Geruch** M lukt; *Geruchssinn* luktsinne n **geruchlos** ADJ luktfri, luktlös **Geruchssinn** M luktsinne n **Gerücht** N rykte n **gerührt** fig ADJ rörd **Gerümpel** N skräp n, bråte n **Gerüst** N (byggnads)ställning; fig *Entwurf* stomme **gesalzen** ADJ saltad; fig *Preis* hutlös **gesamt** ADJ all, hel, total; pl samtliga **Gesamtausgabe** F fullständig utgåva **Gesamtbetrag** M totalbelopp n **Gesamteindruck** M totalintryck n, helhetsintryck n **Gesamtheit** F helhet, totalitet **Gesamtkosten** PL totalkostnad **Gesamtnote** F medelbetyg n, snitt n **Gesamtschaden** M totalskada **Gesamtschule** F enhetsskola **Gesamtsumme** F totalsumma **Gesandte(r)** M/F(M) sändebud n, envoyé, minister **Gesandtschaft** F beskickning, legation **Gesang** M sång **Gesangbuch** N psalmbok **Gesangverein** M kör **Gesäß** N ända, stuss, bak **Gesäßtasche** F bakficka **Geschäft** N affär; *Firma* rörelse, firma; **ein ~ eröffnen** öppna en affär; **~ ist ~** affär är affär; **wie geht das ~?** hur går affärerna? **geschäftig** ADJ beskäftig **geschäftlich** A ADJ affärs- B ADV i affärer; **~ unterwegs sein** vara på tjänsteresa **Geschäftsbericht** M verksamhetsberättelse **Geschäftsbeziehungen** F/PL affärskontakter pl **Geschäftsbrief** M affärsbrev n **Geschäftsessen** N affärslunch **Geschäftsfrau** F affärskvinna **geschäftsführend** ADJ verkställande **Geschäftsführer(in)** M/F(M) chef; direktör **Geschäftsführung** F företagsledning **Geschäftsinhaber(in)** M/F(M) affärsinnehavare **Geschäftsjahr** N räkenskapsår **Geschäftslage** F ekonomiskt läge n; *Gegend* affärsläge n **Geschäftsleben** N affärsliv n **Geschäftsmann** M affärsman **Geschäftsordnung** F dagordning **Geschäftspartner(in)** M/F(M) affärspartner **Geschäftsreise** F affärsresa **Geschäftsschluss** M stängningstid **Geschäftsstelle** F kontor n; filial **Geschäftsstunden** F/PL kontorstid **geschäftstüchtig** umg ADJ smart **Geschäftszeit** F affärstid, kontorstid **geschätzt** ADJ uppskattad **geschehen** VI ske, hända, inträffa; **es ist um ihn ~** det är slut (od ute) med honom, han är förlorad; **es geschieht ihm recht** det är rätt åt honom; **~ lassen** tillåta; **gern ~!** ingenting att tacka för! **Geschehen** N skeende n **gescheit** ADJ klok, förståndig, vettig, klyftig; **er ist nicht (recht) ~** han är inte riktigt klok **Geschenk** N present, gåva; **j-m ein ~ machen** ge ngn en present **Geschenkartikel** M presentartikel **Geschenkgutschein** M presentkort n **Geschenkpackung** F presentkartong **Geschenkpapier** N presentpapper n **Geschichte** F historia; *Erzählung* berättelse; *Angelegenheit* sak, affär; **das ist eine schöne ~!** iron det var just trevligt!; **mach keine ~n!** bråka inte!; *keine Dummheiten* hitta inte på några dumheter! **geschichtlich** ADJ historisk **Geschichtsbuch** N historiebok **Geschichtsunterricht** M historieundervisning **Geschick** N 1 *Schicksal* öde n 2 → Geschicklichkeit **Geschicklichkeit** F skicklighet, kunnighet, förmåga **geschickt** ADJ skicklig, kunnig, händig **geschieden** ADJ skild **Geschirr** N servis, porslin n; *Pferd* sele **Geschirrspüler** M, **Geschirrspülmaschine** F diskmaskin **Geschirrtuch** N kökshandduk **Geschlecht** N kön n; *Stamm* släkt, ätt; GRAM genus n; *Generation* släkte n **geschlechtlich** ADJ köns- **Geschlechtskrankheit** F könssjukdom **Geschlechtsorgan** N könsorgan n **geschlechtsreif** ADJ könsmogen **Geschlechtsteil** N, a. M könsdel **Geschlechtstrieb** M könsdrift **Geschlechtsumwandlung** F könskorrigering, könsbyte n **Ge-**

schlechtsverkehr M̄ samlag n, sexuellt umgänge n **Geschlechtswort** N̄ GRAM artikel
geschliffen fig ADJ elegant; förfinad
geschlossen ADJ sluten; einhellig enhällig, samlad
Geschmack M̄ smak a. fig; ~ **an** (dat) etw finden tycka om ngt; **für meinen** ~ i min smak **geschmacklos** ADJ smaklös a. fig **Geschmacklosigkeit** F̄ smaklöshet **Geschmackssache** F̄ smaksak **Geschmackssinn** M̄ smaksinne n **Geschmacksverstärker** M̄ smakförstärkare **geschmackvoll** ADJ smakfull
geschmeidig ADJ smidig, mjuk, vig; fig smidig, anpasslig
Geschmiere N̄ kludd n, klotter n
Geschmuse N̄ kelande n
Geschnatter N̄ snattrande n, kacklande n
Geschöpf N̄ varelse, fig skapelse
Geschoss, österr **Geschoß** N̄ projektil; ARCH våning
Geschrei N̄ skrik(ande) n
Geschütz N̄ artilleripjäs, kanon
geschützt ADJ skyddad; ~**e Tierarten** fridlysta djurarter
Geschwader N̄ eskader
Geschwafel umg N̄ svammel n, trams n
Geschwätz N̄ prat n, pladder n **geschwätzig** ADJ pratsjuk
geschweige KONJ ~ **denn** för att inte tala om
Geschwindigkeit F̄ hastighet **Geschwindigkeitsbegrenzung, Geschwindigkeitsbeschränkung** F̄ hastighetsbegränsning **Geschwindigkeitsüberschreitung** F̄ fortkörning
Geschwister PL syskon n/pl **geschwisterlich** ADJ syskon-; broderlig; systerlig **Geschwisterpaar** N̄ syskonpar n
geschwollen ADJ svullen; fig svulstig, högtravande
Geschworene(r) M/F(M) JUR jurymedlem
Geschwulst F̄ svulst, tumör **Geschwür** N̄ tumör; böld
Geselle M̄ Handwerker gesäll
gesellen V/R sich ~ sälla sig (**zu** dat till)
gesellig ADJ sällskaplig **Gesellig-**

keit F̄ samvaro; umgänge n; samkväm n, tillställning
Gesellin F̄ Handwerkerin (kvinnlig) gesäll
Gesellschaft F̄ POL samhälle n; geselliger Kreis bjudning, tillställning; Begleitung, a. Verein sällskap; WIRTSCH bolag n; die vornehme ~ de högre kretsarna pl; geschlossene ~ privat tillställning; ~ **mit beschränkter Haftung** ≈ bolag med begränsad ansvarighet; ~**en geben** ha bjudningar; j-m ~ **leisten** hålla ngn sällskap **Gesellschafter(in)** M/F(M) sällskapsmänniska; WIRTSCH delägare, partner **gesellschaftlich** ADJ samhälls-, social; sällskaplig sällskaps-, societets- **Gesellschaftsordnung** F̄ POL samhällsordning **Gesellschaftsschicht** F̄ samhällsskikt n **Gesellschaftsspiel** N̄ sällskapslek
Gesetz N̄ lag **Gesetzbuch** N̄ lagbok **Gesetzentwurf** M̄ lagförslag n **Gesetzeskraft** F̄ laga kraft **Gesetzesübertretung** F̄ lagöverträdelse **gesetzgebend** ADJ lagstiftande **Gesetzgeber** M̄ lagstiftare **Gesetzgebung** F̄ lagstiftning **gesetzlich** ADJ laglig; ~ **geschützt** skyddad genom lag; **auf ~em Wege** på laglig väg **gesetzlos** ADJ laglös **gesetzmäßig** ADJ lag(en)lig
gesetzt A ADJ lugn, sansad, stadgad B KONJ ~ **den Fall, dass** ... förutsatt att ...
gesetzwidrig ADJ lagstridig, olaglig **Gesetzwidrigkeit** F̄ lagstridighet, olaglighet
Gesicht N̄ 1 ansikte n; Miene min, uppsyn; **zu** ~ **bekommen** få syn på; ~**er schneiden** göra grimaser; **ein langes** ~ **machen** fig bli lång i synen 2 Vision syn, uppenbarelse **Gesichtsausdruck** M̄ ansiktsuttryck n **Gesichtsfarbe** F̄ ansiktsfärg, hy **Gesichtsfeld** N̄ synfält n **Gesichtskreis** M̄ synkrets, horisont **Gesichtsmaske** F̄ ansiktsmask **Gesichtspunkt** M̄ synpunkt **Gesichtszug** M̄ ansiktsdrag n
Gesims N̄ gesims, fris, list, kant
Gesindel N̄ pack n, slödder n, patrask n
gesinnt ADJ sinnad **Gesinnung** F̄ tänkesätt n, inställning, uppfattning

gesinnungslos ADJ karaktärslös
gesittet ADJ civiliserad, väluppfostrad
gesondert A ADJ separat B ADV a. var och en för sig
Gespann N anspann n; fig par n
gespannt ADJ spänd; neugierig nyfiken; ~ sein auf (akk) vara nyfiken på
Gespenst N spöke n, vålnad **Gespenstergeschichte** F spökhistoria
gespenstisch ADJ, ADV spöklik
gesperrt ADJ avstängd; stängd
Gespött N hån n, spott och spe; zum ~ machen göra narr av
Gespräch N samtal n **gesprächig** ADJ pratsam **Gesprächspartner(in)** M(F) samtalspartner **Gesprächsstoff** M samtalsämne n
gespreizt ADJ utspärrad; geziert tillgjord, uppstyltad; mit ~en Beinen bredbent
Gespür N känsla, sinne n
Gestalt F gestalt, form; figur **gestalten** A VT gestalta, forma; bilda B V/R sich ~ gestalta sig, utveckla sig **Gestalter(in)** M(F) skapare, gestaltare; Formgeber formgivare **Gestaltung** F gestaltning, utformning, formgivning
geständig ADJ ~ sein bekänna **Geständnis** N bekännelse
Gestank M stank
gestatten A VT tillåta B V/I ~ Sie? förlåt!, får jag?
Geste F gest, åtbörd
gestehen VT, VI erkänna, bekänna; offen gestanden uppriktigt sagt
Gestein N stenar pl, bergart
Gestell N Stützgestell ställ n, ställning; Rahmen ram, stomme; Regal hylla; AUTO chassi n
gestellt arrangerad; auf sich selbst ~ sein vara hänvisad till sig själv; gut ~ sein ha det gott ställt
gestern ADV i går; ~ Morgen/Abend i går morse/kväll
Gestik F gester pl **gestikulieren** V/I gestikulera
Gestirn N stjärna; Sternbild stjärnbild
Gestöber N yrväder n
gestochen ADJ Handschrift mycket tydlig; Foto mycket skarpt
gestört ADJ störd a. fig
gestreift ADJ randig, strimmig
gestrichen ADJ struken; ein ~es Maß ett struket mått; ~ voll bräddfull;

frisch ~! nymålat!
gestrig ADJ gårdagens; am ~en Tag i går
Gestrüpp N snår n
Gestüt N stuteri n
Gesuch N ansökan, anhållan **gesucht** ADJ eftersökt; WIRTSCH begärlig; fig sökt, konstlad, tillgjord
gesund ADJ frisk; fig sund, hälsosam; ~ und munter pigg och kry; bleib ~! var rädd om dig! **Gesundheit** F hälsa; ~! Trinken skål!; bei guter ~ vid god hälsa **gesundheitlich** ADJ hälso-; sein ~er Zustand hans hälsotillstånd **Gesundheitsamt** N hälsovårdsnämnd **Gesundheitsfarm** F hälsohem n **gesundheitshalber** ADV av hälsoskäl, för hälsans skull **gesundheitsschädlich** ADJ hälsovådlig **Gesundheitswesen** N hälsovårdsväsen n **Gesundheitszeugnis** N friskintyg n **Gesundheitszustand** M hälsotillstånd n **gesundschreiben** VT friskskriva; j-n ~ friskskriva ngn, friskförklara ngn
getönt ADJ tonad
Getöse N buller n, larm n, dån n
getragen buren; Kleider begagnad
Getränk N dryck **Getränkeautomat** M automat med drycker **Getränkekarte** F lista över drycker; vinlista
getrauen V/R sich ~ våga
Getreide N säd, spannmål **Getreidesilo** M(N) spannmålssilo
getrennt ADJ skild
Getriebe N TECH maskineri n, mekanism; AUTO växellåda; **automatisches** ~ automatväxel
getrost ADV tryggt, lugnt
Getto N getto n
Getue N tillgjordhet; ståhej n, väsen n
Getümmel N vimmel n, trängsel, tumult n
geübt ADJ tränad, van; skicklig
Gewächs N växt, planta; MED tumör, svulst
gewachsen ADJ j-m ~ sein kunna mäta sig med ngn; etw (dat) ~ sein vara ngt vuxen
Gewächshaus N växthus n, drivhus n
gewagt ADJ vågad, djärv
gewählt ADJ utvald; Sprache vårdat
Gewähr F garanti; Bürgschaft borgen,

säkerhet; ohne ~ med reservation för eventuella fel (ändringar)
gewähren V̄T̄ bevilja; *zukommen lassen, leisten* ge, lämna; **j-n ~ lassen** låta ngn hållas
gewährleisten V̄T̄ garantera **Gewährleistung** F̄ garanti
Gewahrsam M̄ förvaring, förvar n
Gewalt F̄ våld n; *Macht* makt; *Obrigkeit, Autorität* välde n, myndighet; **j-m ~ antun** våldföra (sig på) ngn; **~ anwenden** bruka våld; **höhere ~** högre makt **Gewaltakt** M̄ våldshandling **Gewaltenteilung** F̄ maktfördelning **gewaltfrei** ADJ, ADV icke-våld **Gewaltherrschaft** F̄ tyranni n **gewaltig** ADJ väldig; *mächtig* mäktig **gewaltsam** A ADJ våldsam, häftig B ADV med våld **Gewalttat** F̄ våldsdåd n **Gewalttäter(in)** M/F våldsman **gewalttätig** ADJ våldsam, brutal **gewaltverherrlichend** ADJ våldsförhärligande
Gewand N̄ dräkt, krud a. fig
gewandt ADJ händig, skicklig; *weltmännisch* smart, van, rutinerad **Gewandtheit** F̄ händighet, skicklighet; smarthet, vana, rutin
Gewässer N̄ vatten, vattendrag n; farvatten n
Gewebe N̄ väv(nad)
Gewehr N̄ gevär n
Geweih N̄ horn n/pl
Gewerbe N̄ näring, rörelse; *Beruf* yrke n, sysselsättning **Gewerbegebiet** N̄ industriområde n **Gewerbeschein** M̄ (yrkes)tillståndsbevis n **Gewerbesteuer** F̄ skatt på rörelse
Gewerkschaft F̄ fackförening **Gewerkschafter(in)** M/F fackföreningsmedlem **gewerkschaftlich** ADJ facklig **Gewerkschaftsbund** M̄ landsorganisation; **der Deutsche ~** (DGB) landsorganisationen i Tyskland
Gewicht N̄ vikt; *Schwere* tyngd; *fig* vikt, betydelse; **ins ~ fallen** vara av vikt **Gewichtheben** N̄ tyngdlyftning **gewichtig** ADJ tung; *fig* viktig **Gewichtsverlust** M̄ viktförlust **Gewichtszunahme** F̄ viktökning
gewillt ADJ **~ sein** vara villig
Gewimmel N̄ vimmel n, myller n
Gewinde N̄ gänga, gängning
Gewinn M̄ vinst; *fig* utbyte n, behållning, tillgång **gewinnbringend** ADJ vinstgivande, lönande **gewinnen** A V̄T̄ *erhalten* få, erhålla; BERGB *a.* bryta, utvinna B V̄Ī vinna **gewinnend** fig ADJ vinnande **Gewinner(in)** M/F vinnare **Gewinnspanne** F̄ vinstmarginal **Gewinnspiel** N̄ tävling **Gewinnung** F̄ BERGB utvinning, brytning **Gewinnzahlen** PL̄ **die ~** den rätta tipsraden
Gewirr N̄ virrvarr n, härva, trassel n
gewiss A ADJ viss, säker; **ein ~er ...** en viss ...; **~ sein** (gen) kunna räkna med ngt B ADV visst, säkert; **~!** ja visst!, naturligtvis!
Gewissen N̄ samvete n; **etw auf dem ~ haben** ha ngt på sitt samvete; **mit gutem ~** med gott samvete **gewissenhaft** ADJ samvetsgrann **gewissenlos** ADJ samvetslös **Gewissensbisse** M/PL dåligt samvete n, samvetskval pl **Gewissensfrage** F̄ samvetsfråga
gewissermaßen ADV i viss mån, så att säga, på sätt och vis **Gewissheit** F̄ visshet
Gewitter N̄ åskväder n, åska **Gewitterwolke** F̄ åskmoln n **gewittrig** ADJ åsk-, åsktung
gewitzt ADJ smart, klipsk
gewogen ADJ fig **j-m ~ sein** vara vänligt sinnad mot ngn
gewöhnen V̄T̄, V̄R̄ **(sich)** vänja (sig) **(an** akk vid); **ich bin daran gewöhnt** jag är van vid det **Gewohnheit** F̄ vana **gewohnheitsmäßig** A ADJ vanemässig B ADV av gammal vana **Gewohnheitsmensch** M̄ vanemänniska **gewöhnlich** A ADJ vanlig; vulgär, billig B ADV vanligen, vanligtvis **gewohnt** ADJ van; *üblich* vanlig; **(es) ~ sein, zu ... + inf** vara van vid att ...; **zur ~en Zeit** i vanlig tid **Gewöhnung** F̄ tillvänjning
Gewölbe N̄ valv n **gewölbt** ADJ välvd
gewollt ADJ avsiktlig, medveten; ansträngd
Gewühl N̄ trängsel n, vimmel n
gewunden ADJ vriden; slingrande; fig snirklad, krystad
Gewürz N̄ krydda **Gewürzgurke** F̄ ättiksgurka **Gewürznelke** F̄ kryddnejlika **gewürzt** ADJ kryddad *a. fig*
gez. ABK (= gezeichnet) signerad, un-

dertecknad
Gezeiten PL tidvatten *n*
gezielt ADJ målinriktad, riktad
geziert ADJ tillgjord, affekterad, konstlad
Gezwitscher N kvittrande *n*, kvitter *n*
gezwungen ADJ konstlad, tillgjord
Ghetto N → Getto
Gicht F gikt
Giebel M gavel
Gier F begär *n*, glupskhet **gierig** ADJ *umg* girig, glupsk, gamig
gießen A VT hälla, ösa, slå; *Metall* gjuta; *Blumen* vattna B VI **es gießt** det spöregnar **Gießerei** F gjuteri *n*
Gießkanne F vattenkanna
Gift N gift *n*; **darauf kannst du ~ nehmen!** *fig umg* det kan du slå dig i backen på! **Giftgas** N giftgas **giftig** ADJ giftig; *fig* elak **Giftmüll** M giftigt avfall **Giftzahn** M gifttand
Gigabyte N IT gigabyte
Gigant(in) M(F) gigant, jätte **gigantisch** ADJ gigantisk, jättelik
Gin M gin *n*
Ginster M ginst
Gipfel M (berg)spets, topp; *fig* höjdpunkt **Gipfelkonferenz** F toppkonferens **gipfeln** VI nå sin höjdpunkt, kulminera **Gipfeltreffen** N toppmöte *n*
Gips M gips **Gipsabdruck** M gipsavtryck *n*
gipsen VT gipsa **Gipsfigur** F gipsbild, gipsfigur **Gipsverband** M gipsförband *n*
Giraffe F giraff
Girlande F girland
Girokonto N checkkonto *n*
Gischt M vågskum *n*
Gitarre F gitarr
Gitter N galler *n* **Gitterbett** N spjälsäng **Gitterfenster** N gallerfönster *n*
Gladiole F gladiolus
Glanz M glans *a. fig*
glänzen VI glänsa, skina, blänka; *fig* lysa, briljera **glänzend** ADJ glänsande, skinande; *fig* strålande, lysande **Glanzleder** N blankläder *n* **Glanzleistung** F glansnummer *n* **glanzlos** ADJ utan glans, glanslös **Glanzpapier** N glanspapper *n* **Glanzstück** N glansnummer *n* **glanzvoll** ADJ glänsande, lysande **Glanzzeit** F storhets-

tid; glansdagar
Glas N glas *n*; *Konserve* glasburk; *Fernglas* kikare; **ein ~ Bier** ett glas öl **Glasauge** N emaljöga *n* **Glasbläser(in)** M(F) glasblåsare **Glascontainer** M glasiglo **gläsern** ADJ av glas, glas- **Glasfaser** F glasfiber **Glasfaserkabel** N fiberoptisk kabel **glasieren** VT glasera **glasig** ADJ glasartad *a. fig*
Glaskasten M glaslåda; monter **Glasmalerei** F glasmålning **Glasnudeln** PL glasnudlar *pl* **Glasscheibe** F glasskiva, glasruta **Glasscherbe** F glasskärva **Glasur** F glasyr
glatt ADJ glatt *a. fig*; elen slät, jämn; *schlüpfrig* hal; *reibungslos* ledig, smidig; *rundheraus* ren, komplett; **ein ~es Nein** ett blankt nej; **~er Unsinn** rent nonsens **Glätte** F släthet, jämnhet; halka; *fig* inställsamhet **Glatteis** N halt väglag *n*, isgata, halka; **j-n aufs ~ führen** *fig* sätta ngn på det hala **glätten** VT släta ut, släta till **glattgehen** *umg* VI gå bra, gå som smort
Glatze F kal hjässa, flint(skalle) **Glatzkopf** M flintskalle **glatzköpfig** ADJ flintskallig
Glaube M *a.* REL tro; **~n schenken** sätta tilltro till **glauben** VT,VI tro (an *akk* på), (j-m ngn); **ich glaube es kaum** jag tror det knappt; **es ist kaum zu ~** det är otroligt; **das will ich ~** det vill jag tro; **das kannst du mir ~** det kan du lita på **Glaubensbekenntnis** N trosbekännelse **Glaubensfreiheit** F trosfrihet **Glaubensgemeinschaft** F trossamfund *n* **Glaubenslehre** F troslära **Glaubenssatz** M trossats, dogm **glaubhaft** ADJ trolig, trovärdig **gläubig** ADJ troende **Gläubige(r)** M(F)(M) troende **Gläubiger(in)** M(F) borgenär, fordringsägare **glaubwürdig** ADJ trovärdig, tillförlitlig **Glaubwürdigkeit** F trovärdighet
gleich A ADJ lik; *ebenso* lika(dan); *gleichartig* samma; **~ bleibend** → gleichbleibend; **~ gesinnt** likasinnad; **es ist mir ganz ~** det gör mig alldeles detsamma; **Gleich und Gleich gesellt sich gern** lika barn leka bäst B ADV *sofort* strax, genast, med detsamma; **~ um die Ecke** precis om hörnet; **wie hieß er doch ~?** vad är det han heter nu igen? **gleichaltrig** ADJ

G

jämnårig gleichartig ADJ likartad **gleichbedeutend** ADJ liktydig, synonym **gleichberechtigt** ADJ likaberättigad; jämlik, jämställd **Gleichberechtigung** F likaberättigande n; jämlikhet, jämställdhet **gleichbleibend** ADJ oföränderlig, oförändrad **gleichen** VI ⟨dat⟩ likna, vara lik; **j-m ~ in** (dat) likna ngn i; **sich ~** likna varandra **gleichfalls** ADV likaledes; (danke) **~!** (tack) detsamma! **gleichförmig** ADJ likformig; eintönig enformig **gleichgeschlechtlich** ADJ samkönad; **~e Ehe** samkönat äktenskap **Gleichgewicht** N jämvikt, balans a. fig; **das ~ verlieren** tappa balansen **gleichgültig** ADJ likgiltig; **das ist mir (ganz) ~** det gör mig alldeles detsamma **Gleichgültigkeit** F likgiltighet **Gleichheit** F likhet **gleichkommen** VI **j-m ~** kunna mäta sig med ngn; **etw ~** motsvara ngt **gleichmäßig** ADJ jämn, regelbunden **Gleichmut** M jämnmod n, lugn n **Gleichnis** N liknelse **gleichschalten** VT POL likrikta **Gleichschritt** M **im ~** i takt **gleichsehen** VI **sich ~** likna varandra **gleichseitig** ADJ liksidig **gleichsetzen** VT likställa med (mit dat) **gleichstellen** VT **j-n (mit) ~** jämställa ngn med ngn **Gleichstrom** M likström **Gleichung** F ekvation **gleichwertig** ADJ likvärdig **gleichzeitig** ADJ samtidig B ADV på samma gång

Gleis N spår n, räls; **aus dem ~ kommen** komma ur gängorna; → Geleise **gleiten** VI glida, sväva; umg flexa; **~de Arbeitszeit** flextid **Gleitflug** M glidflykt **Gleitflugzeug** N glidflygplan n **Gleitmittel** N glidmedel n **Gleitschirmfliegen** N glidflygning **Gleitzeit** F flextid; **~ haben** ha flextid, flexa

Gletscher M jökel, glaciär
Glied N led n; Penis lem; Kette länk; MATH term
gliedern A VT dela in, ordna, disponera B VR **sich ~** vara indelad **Gliederung** F indelning; Ordnung, Plan disposition
Gliedmaßen PL extremiteter pl
glimmen VI glimma, glöda **Glimmstängel** umg M cigg(is), tagg

glimpflich ADJ lindrig, mild; **~ davonkommen** komma lindrigt undan
glitschig ADJ hal(kig), slipprig
glitzern VI glittra, skimra, tindra
global ADJ global **Globalisierung** F globalisering **Globus** M jordglob, glob
Glöckchen N pingla, bjällra **Glocke** F klocka; Glöckchen skälla, bjällra; Klingel (ring)klocka **Glockenblume** F blåklocka **glockenförmig** ADJ klockformig **Glockengeläut** N klockringning **Glockenschlag** M klockslag n **Glockenspiel** N klockspel n **Glockenturm** M klockstapel **Glöckner(in)** M(F) klockare
Glorie F gloria, glans
glorreich ADJ ärorik, ärofull
glotzen umg VI glo, stirra; **glo på tv**
Glück N lycka; tur; Erfolg framgång, medgång; **auf gut ~** på måfå, på vinst och förlust; **~ haben** ha tur; **von ~ sagen können** kunna skatta sig lycklig; **zum ~** till all lycka, lyckligtvis; **~ auf!** lycka till!; **~ bringend** lyckobringande; **sein ~ versuchen** pröva lyckan
Glucke F ligghöna
glücken VI lyckas
gluckern VI klucka
glücklich ADJ lycklig **glücklicherweise** ADV lyckligtvis **glückselig** ADJ lycksalig **Glückseligkeit** F lycksalighet **Glücksfall** M lycktráff, (lycklig) slump **Glückskind** N er ist ein ~ han är född med tur **Glückspilz** umg M en lyckans ost **Glückssache** F tur, slump **Glücksspiel** N hasardspel n **glückstrahlend** ADJ strålande av lycka **Glückwunsch** M lyckönskan, lyckönskning, gratulation; **herzlichen ~!** hjärtliga lyckönskningar; **herzliche Glückwünsche zum Geburtstag** a. umg grattis på födelsedagen **Glückwunschkarte** F gratulationskort n
Glühbirne F glödlampa **glühen** VI glöda (vor dat av) **glühend** ADJ glödande; fig brinnande; **~ heiß** glödhet **Glühwein** M ≈ (vin)glögg **Glühwürmchen** N lysmask
Glut F glöd a. fig
Gluten N gluten n **glutenfrei** ADJ glutenfri **Glutenunverträglichkeit** F glutenintolerans
Glyzerin N glycerin mst n

GmbH ABK (= Gesellschaft mit beschränkter Haftung) ≈ aktiebolag *n*
Gnade F nåd; **ohne ~** skoningslöst **Gnadenfrist** F nådatid **Gnadengesuch** N nådeansökan **gnadenlos** ADJ skoningslös **Gnadenstoß** M nådastöt **gnädig** ADJ nådig
Gnom M gnom; *umg fig* dvärg
Gnu N ZOOL gnu
Gobelin M gobeläng
Gold N guld *n* **Goldbarren** M guldtacka **golden** ADJ av guld, guld-; *fig* gyllene; **die ~e Mitte** det rätta lagom, den gyllene medelvägen **Goldfisch** M ZOOL guldfisk **goldgelb** ADJ guldgul **Goldgräber(in)** M(F) guldgrävare **Goldgrube** F guldgruva *a. fig* **goldig** *fig umg* ADJ gullig **Goldmedaille** F guldmedalj **Goldmünze** F guldmynt *n* **Goldregen** M BOT guldregn **Goldschmied(in)** M(F) guldsmed **Goldwaage** F guldvåg
Golf[1] M (≈ *Meerbusen*) golf, bukt
Golf[2] N *Spiel* golf **Golfplatz** M golfbana **Golfschläger** M golfklubba **Golfstrom** M **der ~** Golfströmmen (*best Form*)
Gondel F gondol; linbanekorg
Gong M gonggong
gönnen VT/T **j-m etw ~** unna ngn ngt; **sich etw ~** unna sig ngt
Gönner(in) M(F) gynnare, beskyddare **gönnerhaft** ADJ beskyddande; *herablassend* nedlåtande
Gonorrhö F gonorré
googeln® VT/T, VI googla
Gör N, **Göre** F barnunge; **Gören** *a.* satungar
Gorilla M gorilla
Gosse F rännsten *a. fig*
Goten M/PL goter *pl* **Gotik** F gotik **gotisch** ADJ gotisk
Gott M gud; **um ~es willen** för Guds skull; **~ sei Dank** gudskelov; **leider ~es** tyvärr; **allmächtiger ~!** *umg* herregud! **Götterbild** N gudabild **Götterdämmerung** F Ragnarök **Götterspeise** F GASTR fruktgelé **Gottesdienst** M gudstjänst **Gotteshaus** N kyrka **Gotteslästerer** M hädare **Gotteslästerung** F hädelse **Gottesmutter** F Guds moder **Gottessohn** M Guds son **Göttin** F gudinna **göttlich** ADJ gudomlig *a. fig* **gottlob**

INTER gudskelov **gottlos** ADJ gudlös **gottverlassen** ADJ gudsförgäten **Gottvertrauen** N förtröstan på Gud
Götze M avgud **Götzenbild** N avgudabild
GPS ABK (= Global Positioning System) GPS
Grab N grav; **zu ~e tragen** bära till graven **graben** A VI/T gräva; *gravieren* rista in B VI/R **sich in j-s Gedächtnis ~** *fig* etsa sig fast i ngns minne **Graben** M dike *n*; grav **Grabesstille** F **es herrscht ~** det var tyst som i graven **Grabmal** N gravvård **Grabstein** M gravsten
Grad M *a.* MIL grad; **bis zu einem gewissen ~** i viss mån; **im höchsten ~e** i högsta grad; **minus zehn ~** minus tio grader *pl* **Gradeinteilung** F gradering
Graf M greve
Graffiti PL graffiti, klotter
Grafik, Graphik F grafik **Grafikdesigner(in), Graphikdesigner(in)** M(F) grafisk formgivare **Grafiker(in), Graphiker(in)** M(F) grafiker **Grafikkarte, Graphikkarte** F IT grafikkort
Gräfin F grevinna
grafisch ADJ, **graphisch** grafisk
Gram M sorg, grämelse, bekymmer *n* **grämen** VI/R **sich ~** gräma sig, sörja
Gramm N gram *n*; **hundert ~** hundra gram, ett hekto
Grammatik F grammatik **grammatikalisch** ADJ, **grammatisch** grammatisk
Grammofon, Grammophon® N grammofon
Granate F granat **Granatsplitter** M granatskärva
grandios ADJ storartad
Granit M granit
Grapefruit F grapefrukt
Gras N gräs *n*; **ins ~ beißen** *fig umg* bita i gräset, duka under **grasen** VI beta, gå på bete **Grasfläche** F gräsplan **grasgrün** ADJ gräsgrön **Grashalm** M grässtrå *n* **Grashüpfer** M gräshoppa
grassieren VI grassera
grässlich ADJ gräslig, hemsk, förskräcklig
Grat M bergsrygg, bergskam
Gräte F (fisk)ben *n*

gratis ADV gratis
Gratulant(in) M(F) gratulant **Gratulation** F gratulation, lyckönskan **gratulieren** VI gratulera, lyckönska (j-m zu dat ngn till); **ich gratuliere!** gratulerar!, grattis!, har den äran!; **wir ~ dir zum Geburtstag** gratulerar på födelsedagen
grau ADJ grå **Grau** N grått
Gräuel M avsky, fasa; **er ist mir ein ~** jag avskyr honom; grymhet
grauen VI mir graut vor jag fasar (bävar) för; **sich ~ vor** (dat) fasa (bäva) för **Grauen** N fasa, skräck; **~ erregend, grauenerregend** fasansfull, förskräcklig, hemsk **grauenhaft** ADJ, **grauenvoll** fasansfull, förskräcklig, hemsk
grauhaarig ADJ gråhårig
gräulich[1] ADJ Farbe gråaktig
gräulich[2] ADJ scheußlich avskyvärd, gräslig
grausam ADJ grym; umg hemsk **Grausamkeit** F grymhet
Grauschimmel M gråskimmel
grausen VI mir graust jag fasar (vor dat för); **sich ~ vor** (dat) fasa för **grausig** ADJ, ADV fasansfull, ohygglig, otäck
gravieren VT gravera **gravierend** ADJ graverande
Gravitation F gravitation
graziös ADJ graciös
greifbar ADJ gripbar, tillgänglig; fig påtaglig; **Ware inne, på lager; in ~er Nähe** inom räckhåll **greifen** A VT gripa (nach dat efter); ta (zu dat till) B VI Regel etc göra verkan; fig **um sich ~** sprida sig
Greis M gubbe, åldring **Greisenalter** N ålderdom **greisenhaft** ADJ ålderstigen; gubbaktig **Greisin** F gumma, åldring
grell ADJ skarp, skrikig; Farbe a. gräll; Licht a. bländande; Gegensatz skarp
Gremium N utskott n, kommitté
Grenze F gräns a. fig; **die ~n überschreiten** fig överskrida alla gränser; **~n setzen** (dat) sätta gränser **grenzen** VI gränsa (an akk till) **grenzenlos** ADJ gränslös **Grenzfall** M gränsfall n **Grenzgebiet** N gränsområde n **Grenzlinie** F gränslinje **Grenzposten** M gränsvakt **Grenzschutz** M gränsskydd n **Grenzübergang** M gränsövergång **Grenzverkehr** M gränstrafik
Grieche M grek **Griechenland** N Grekland n **Griechin** F grekinna **griechisch** ADJ grekisk **Griechisch** N grekiska (språket)
griesgrämig ADJ butter, grinig, sur
Grieß M mannagryn n; MED u. Sand grus n **Grießbrei** M mannagrynsgröt
Griff M grepp n, tag n; Handgriff handtag n; knopp, skaft n; **das habe ich im ~** det kan jag, det har jag koll på **griffbereit** ADJ till hands **griffig** ADJ hanterlig, som känns bra att ta i
Grill M grill
Grille F ZOOL syrsa; fig Laune, Einfall nyck, infall n; **~n** pl griller pl
grillen VT, VI grilla
Grimasse F grimas; **~n schneiden** göra grimaser
grimmig ADJ bister
grinsen VI flina; hånle
Grippe F influensa **Grippeepidemie** F influensaepidemi **Grippeschutzimpfung** F vaccinering mot influensa
Grips umg M förstånd n
grob ADJ grov; fig a. grovkornig, rå; **gegen j-n ~ werden** bli oförskämd mot ngn; **aus dem Gröbsten heraus sein** ha kommit över det värsta; **in ~en Zügen** i stora drag **Grobheit** F grovhet; oförskämdhet **Grobian** M grobian, buffel **grobkörnig** ADJ grovkornig
grölen VT, VI skråla, vråla
Groll M groll n, agg n **grollen** VI vara sur (od arg) (dat od mit dat på); donnern mullra
Grönland N Grönland n **Grönländer** M grönländare **Grönländerin** F grönländska **grönländisch** ADJ grönländsk
Gros N der überwiegende Teil flertal n, merpart
Groschen M tiopfennigslant **Groschenheft** N ~ kioskliteratur
groß ADJ stor; Körpergröße lång; fig a. viktig, förnäm; **~es Tier** fig höjdare, pamp; **im Großen und Ganzen** på det hela taget, i stort sett; → **größer, größte großartig** ADJ storartad, storslagen **Großaufnahme** F närbild **Großbetrieb** M stor rörelse, stordrift **Großbritannien** N Storbritannien n **Großbuchstabe** M stor bokstav

Größe F̲ storlek; *fig u.* MATH storhet **Großeltern** P̲L̲ väterlicherseits, mütterlicherseits farföräldrar *pl*, morföräldrar *pl* **Großenkel(in)** M̲/F̲ barnbarnsbarn **Größenordnung** F̲ storleksordning **großenteils** A̲D̲V̲ till stor del **Größenwahn** M̲ storhetsvansinne **größer** A̲D̲J̲ ⟨komp von → groß⟩ större **Großfahndung** F̲ stor efterspaning **Großfamilie** F̲ storfamilj **Großgrundbesitzer(in)** M̲/F̲ storgodsägare **Großhandel** M̲ grosshandel **Großhändler(in)** M̲/F̲ grossist **großherzig** A̲D̲J̲ storsint, ädelmodig **Großherzog(in)** M̲/F̲ storhertig(inna) **Großherzogtum** N̲ storhertigdöme *n* **Großhirn** N̲ stora hjärnan **Großindustrie** F̲ storindustri **Grossist(in)** M̲/F̲ grossist **Großkapital** N̲ storkapital *n* **Großmacht** F̲ stormakt **Großmarkt** M̲ stormarknad **Großmaul** *umg* N̲ storskrytare, skrävlare **Großmut** F̲ ädelmod *n* **großmütig** A̲D̲J̲ ädelmodig **Großmutter** F̲ väterlicherseits farmor; mütterlicherseits mormor **Großonkel** M̲ väterlicherseits fars farbror/morbror; mütterlicherseits mors farbror/morbror **Großraum** M̲ im ~ Stuttgart i Stuttgart med omgivning **Großraumbüro** N̲ kontorslandskap *n* **Großraumflugzeug** N̲ jumbojet **Großreinemachen** N̲ storstädning **Großschreibung** F̲ skrivning med stor begynnelsebokstav **großspurig** A̲D̲J̲ vräkig, flott **Großstadt** F̲ storstad **Großstädter(in)** M̲/F̲ storstadsbo **Großtante** F̲ väterlicherseits fars faster/moster; mütterlicherseits mors faster/moster **größte(r, -s)** A̲D̲J̲ ⟨Sup von → groß⟩ störst **größtenteils** A̲D̲V̲ till största delen **größtmöglich** A̲D̲J̲ största möjliga **Großvater** M̲ väterlicherseits farfar; mütterlicherseits morfar **Großverdiener(in)** M̲/F̲ höginkomsttagare **Großwild** N̲ storvilt *n* **großziehen** V̲T̲ fostra; föda upp **großzügig** A̲D̲J̲ generös; vidsynt, tolerant **Großzügigkeit** F̲ generositet; *Freigebigkeit* vidsynthet, tolerant sätt **grotesk** A̲D̲J̲ grotesk **Grotte** F̲ grotta **Groupie** N̲ MUS groupie **Grübchen** N̲ smilgrop **Grube** F̲ grop; BERGB gruva **Grübelei** F̲ grubbel *n*, grubbleri *n* **grübeln** V̲I̲ grubbla **Grubenunglück** N̲ gruvolycka **Gruft** F̲ gravvalv *n*, gravkor *n* **Grufti** *umg* M̲ gamling **grün** A̲D̲J̲ grön *a. fig*; POL miljö-; die Grünen POL (medlemmar i) det gröna partiet; ~ werden grönska; j-n ~ und blau schlagen slå ngn gul och blå **Grün** N̲ grönt *n*; grönska; im ~en i det gröna; ins ~ e i det gröna **Grünanlage** F̲ *meist im Pl gebraucht* grönområde **Grund** M̲ *Untiefe* grund *n*; *Boden* botten; *Erdboden* jord, mark; *Grundlage* grundval; *Ursache* orsak, skäl *n*, anledning, grund; aus diesem ~ av den anledningen; allen ~ haben zu (dat) ha all anledning till; etw (dat) auf den ~ gehen gå till grunden med ngt; im ~e (genommen) i grund och botten; strängt taget **Grundausbildung** F̲ grundutbildning **Grundbedeutung** F̲ grundbetydelse **Grundbegriff** M̲ grundbegrepp *n* **Grundbesitz** M̲ fast egendom, jordegendom **Grundbesitzer(in)** M̲/F̲ markägare, tomtägare **Grundbuch** N̲ fastighetsregister *n*; Eintrag in das ~ lagfart **grundehrlich** A̲D̲J̲ genomhederlig **gründen** A V̲T̲ grunda, stifta, bilda B V̲R̲ sich ~ auf (akk) grunda sig på **Gründer(in)** M̲/F̲ grund(lägg)are **Grundfarbe** F̲ grundfärg **Grundfläche** F̲ bas **Grundform** F̲ grundform; GRAM infinitiv **Grundgebühr** F̲ grundavgift **Grundgehalt** N̲ grundlön **Grundgesetz** N̲ grundlag **grundieren** V̲T̲ grunda **Grundkapital** N̲ grundkapital *n* **Grundkenntnisse** P̲L̲ baskunskaper **Grundlage** F̲ grund (-val); *fig a.* underlag *n* **grundlegend** A̲D̲J̲ grundläggande **gründlich** A̲D̲J̲ grundlig **Gründlichkeit** F̲ grundlighet **grundlos** A̲D̲J̲ grundlös, ogrundad **Grundnahrungsmittel** N̲ baslivsmedel *n* **Gründonnerstag** M̲ skärtorsdag **Grundregel** F̲ grundregel **Grundriss** M̲ planritning; *fig* kortfattad framställning **Grundsatz** M̲ grundsats, princip **grundsätzlich** A̲D̲J̲ principiell

Grundschule F grundskola **Grundstück** N fastighet; tomt **Grundstücksmakler(in)** M/F fastighetsmäklare **Grundstudium** N grundutbildning
Gründung F grundande n, grundläggning; ARCH fundament n, grund
grundverkehrt ADJ fullkomligt felaktig, helt fel **grundverschieden** ADJ helt olik **Grundwasser** N grundvatten n **Grundwortschatz** M centralt ordförråd n **Grundzahl** F grundtal n
Grüne(r) M/F(M) miljöpartist; **die ~n** de gröna **Grünfläche** F gräsplan; ~n grönområde n **Grünkohl** M grönkål **grünlich** ADJ grönaktig **Grünschnabel** umg M (ung)spoling **Grünspan** M ärg **Grünspecht** M ZOOL gröngöling
grunzen VT, VI grymta
Gruppe F grupp **Gruppenarbeit** F grupparbete n **Gruppenreise** F gruppresa **Gruppentherapie** F gruppterapi **gruppieren** A VT gruppera B V/R **sich** ~ SPORT ställa upp sig
gruselig ADJ hemsk, ruskig, kuslig **gruseln** V/R **sich** ~ rysa, fasa
Gruß M hälsning; **herzliche Grüße** hjärtliga hälsningar; **mit freundlichen Grüßen** med vänliga hälsningar **grüßen** VT, VI hälsa; **grüß dich!** umg hej!; j-n ~ hälsa på ngn; **~ Sie ihn von mir** hälsa honom från mig
Grütze F rote ~ saftkräm
gucken A VI titta; **guck mal!** titta! B VT Fernsehen ~ titta på tv **Guckloch** N titthål n
Guerilla F guerilla **Guerillakrieg** M gerillakrig n
Guillotine F giljotin
Gulasch N od M gulasch
gültig ADJ giltig, gällande **Gültigkeit** F giltighet
Gummi A M od N gummi n B M Radiergummi radergummi n, suddgummi n; umg Kondom gummi n C N Gummiband gummiband n, resår **Gummibärchen** PL sega björnar **Gummibaum** M gummiträd n **Gummihandschuh** M gummihandske **Gummiknüppel** M (gummi)batong **Gummistiefel** M gummistövel
Gunst F gunst; **zu j-s ~en** till ngns fördel

günstig ADJ gynnsam, förmånlig; **eine ~e Gelegenheit** ett bra (gynnsamt) tillfälle
Gurgel F strupe **gurgeln** VI gurgla
Gurke F gurka **Gurkensalat** M gurksallad
gurren VI kuttra
Gurt M rem, bälte n; säkerhetsbälte n
Gürtel M a. Zone bälte n, skärp n **Gürteltasche** F midjeväska
Guru M guru
GUS F (= Gemeinschaft Unabhängiger Staaten) OSS, Oberoende staters samvälde
Guss M gjutning; Regen störtskur; Glasur glasyr; **aus einem ~** helgjuten **Gusseisen** N gjutjärn n
gut A ADJ bra; angenehm god; **sehr ~** mycket bra/god; **~!** bra!, gärna det!, då så!; **also ~!** då säger vi det!; **so ~ wie** så gott som; **eine ~e Stunde** drygt en timme; **~e Besserung!** krya på dig!; **~e Reise!** trevlig resa!; **alles Gute!** zum Geburtstag grattis! B ADV bra; **es geht mir ~** jag mår bra; **~ gelaunt** på gott humör; **~ gemeint** välment; **schon ~!** det är okej!; **es ~ haben** ha det bra; **mach's ~!** ha det så bra!
Gut N gods n, lantegendom, herrgård; Besitztum egendom; WIRTSCH varor pl **Gutachten** N utlåtande n, omdöme n **Gutachter(in)** M/F expert, sakkunnig, bedömare
gutartig ADJ snäll; MED godartad **gutaussehend** ADJ snygg **gutbürgerlich** ADJ Küche **~es Essen** god husmanskost **Gutdünken** N gottfinnande n, godtycke n **Güte** F godhet; Qualität kvalitet; **in ~** i godo; **du meine ~!** umg herre gud!
Güterbahnhof M godsbangård **Gütertrennung** F JUR äktenskapsförord n **Güterverkehr** M godstrafik **Güterwagen** M godsvagn **Güterzug** M godståg n
Gütezeichen N kvalitetsmärke n
gutgläubig ADJ godtrogen **Guthaben** N tillgodohavande n **gutheißen** VT gilla, godkänna **gütig** ADJ vänlig, god, välvillig; **sehr ~ sein** vara mycket vänlig **gütlich** ADJ i godo; **sich ~ tun** fig kalasa på, festa på **gutmachen** VT gottgöra, reparera **gutmütig** ADJ godmodig

Gutsbesitzer(in) M/F godsägare
Gutschein M tillgodokvitto n; rabattkupong **gutschreiben** V/T gottskriva, kreditera **Gutschrift** F gottskrivande n, kreditering
Gutshof M (herr)gård
guttun V/I göra gott **gutwillig** A ADJ godvillig B ADV frivilligt
Gymnasiast(in) M/F gymnasieelev
Gymnasium N gymnasium n
Gymnastik F gymnastik **gymnastisch** ADJ gymnastisk
Gynäkologe M gynekolog **Gynäkologie** F gynekologi **Gynäkologin** F gynekolog

H

H, h N H, h n
ha INTER ha
Haar N hår n; *einzelnes Haar* hårstrå n; **aufs ~** på pricken; precis; **um ein ~** på ett hår när; *sich in den ~en liegen* ligga i luven på varandra; **~e auf den Zähnen haben** ha skinn på näsan; *sich die ~e schneiden lassen* (gå och) klippa sig **Haarausfall** M håravfall n **Haarband** N hårband n **Haarbürste** F hårborste **haaren** V/I fälla hår, håra av sig **Haaresbreite** F **um ~** på ett hår när **Haarfarbe** F hårfärg **Haarfestiger** M läggningsvätska **haargenau** ADJ exakt **haarig** ADJ hårig; *fig* knepig, knivig **Haarnadel** F hårnål **haarscharf** ADJ knivskarp; mycket exakt **Haarschnitt** M frisyr **Haarspalterei** F hårklyveri n **Haarspray** N hårspray **Haarsträhne** F hårtest **haarsträubend** ADJ hårresande **Haarteil** N postisch **Haartrockner** M hårtork **Haarwaschmittel** N (hår)schampo m
Hab N **~ und Gut** *umg* ägodelar *pl*, pick och pack **Habe** F egendom, tillhörigheter *pl* **haben** V/T **I** ha; nötig ~ behöva; **da ~ wir's!** där har vi härligheten!; *das Buch ist überall zu ~* boken finns (*od* kan fås) överallt; *was hat er?* vad är det med honom?; **bei sich** (*dat*) **~** ha på sig; **es hat etw für sich** det ligger ngt i det; **nichts davon ~** inte ha någon glädje (*od* nytta) av det; **sich ~** sjåpa sig, göra sig till; **er hat es mit** *od* **auf dem Herz** *umg* han har problem med hjärtat **Haben** N WIRTSCH tillgodohavande n, kredit n **Habenichts** M fattiglapp **Habgier** F habegär n; snikenhet **habgierig** ADJ sniken
Habicht M ZOOL hök
Habilitation F förvärvande av docentkompetens **habilitieren** V/R **sich ~** bli docent
Habseligkeiten F/PL tillhörigheter *pl*, ägodelar *pl* **Habsucht** F vinningslystnad; *umg* habegär n **habsüchtig** ADJ vinningslysten
Hackbeil N vedyxa **Hackbraten** M köttfärslimpa **Hackbrett** N skärbräde n; MUS hackbräde n, cymbal **Hacke** F **I** *Werkzeug* hacka **2** *Strumpf* häl; *Schuh* klack **hacken** A V/T hacka; *Holz* hugga **B** V/I *Vogel* picka
Hacker(in) M/F IT hacker, hackare
Hackfleisch N köttfärs; → *Gehackte(s)* **Hackschnitzel** PL flis
hadern V/I **mit dem Schicksal ~ klaga** över sitt öde; **mit Gott ~** anklaga Gud
Hafen M hamn **Hafenarbeiter(in)** M/F hamnarbetare **Hafenrundfahrt** F rundtur i hamnen **Hafenstadt** F hamnstad **Hafenviertel** N hamnkvarter n
Hafer M havre **Haferbrei** M havregrynsgröt **Haferflocken** F/PL havregryn n **Haferschleim** M havregrynsvälling
Haft F häkte n, fängsligt förvar n; **in ~ nehmen** häkta; **aus der ~ entlassen** frige, försätta på fri fot **haftbar** ADJ ansvarig (**für** *akk* för) **Haftbefehl** M häktningsorder **haften** V/I **I** *festkleben* fastna (*an/auf* dat vid/på); *feststecken* sitta fast (*an/auf* dat vid/på); *Klebeband, Pflaster* fästa; *Blick* vara fäst; (**im Gedächtnis**) **~ bleiben** fastna (i minnet); **die Reifen ~ gut** däcken har bra väggrepp **2** **~ für** (*akk*) vara ansvarig for **haften bleiben** *fig* V/I → **haften Haftentlassung** F frigivning **Häftling** M häktad; *Verurteilter* fånge
Haftpflicht F JUR ansvar n; ansvarig-

640 • haftpflichtig – halten

het **haftpflichtig** ADJ ansvarig **Haftpflichtversicherung** F ansvarsförsäkring, trafikförsäkring
Haftschale F kontaktlins
Haftung F JUR ansvar n
Hagebutte F nypon n
Hagel M a. Schrot hagel n; fig skur **hageln** VI hagla a. fig **Hagelschauer** M hagelskur
hager ADJ mager; tärd
Häher M skrika
Hahn M tupp; TECH kran; Gewehr hane; ~ im Korb sein vara tuppen i hönsgården
Hähnchen N GASTR kyckling
Hahnenfuß M BOT ranunkel
Hai M, **Haifisch** M haj
Hain M lund
Häkchen N liten hake; GRAM apostrof; anföringstecken n **Häkelarbeit** F virkning **Häkelei** F virkning **häkeln** VI/T, VI virka **Häkelnadel** F virknål **Haken** A VI/T haka fast B VI sitta fast **Haken** M hake, krok; die Sache hat einen ~, der ~ ist fig det finns en hake med det hela
halb A ADJ halv B ADV till hälften, halvt; ~ fertig halvfärdig; ~ offen halvöppen; Tür på glänt; ~ tot halvdöd; ~ voll halvfull **Halbbruder** M halvbror **Halbdunkel** N halvmörker **Halbfabrikat** N halvfabrikat n **Halbfinale** N SPORT semifinal **Halbgeschwister** PL halvsyskon pl **halbieren** VI/T halvera **Halbinsel** F halvö **Halbjahr** N halvår n **halbjährig** ADJ halvårig, halvårs- **halbjährlich** ADJ per halvår **Halbkreis** M halvcirkel **Halbkugel** F halvklot n **Halbleinen** N halvlinne n **halbmast** ADV auf ~ på halv stång **Halbmond** M halvmåne **Halbpension** F halvpension **Halbschlaf** M halvsömn **Halbschuh** M lågsko **Halbschwester** F halvsyster **halbseitig** ADJ på ena sidan **Halbstarke(r)** M/F(M) ligist, raggare **halbstündig** ADJ halvtimmes- **halbstündlich** ADJ (återkommande) varje halvtimme, en gång i halvtimmen **halbtags** ADV ~ arbeiten arbeta halvtid **halbtot** ADJ → halb **halbvoll** ADJ → halb **Halbwaise** F faderlöst (od moderlöst) barn n **halbwegs** ADV någorlunda **Halbzeit** F SPORT halvlek,

halvtid
Halde F (berg)sluttning; Schutthalde hög; tipp
Halfpipe F SPORT ramp
Hälfte F hälft, halva; zur ~ till hälften
Halfter[1] N od F Pistole hölster n
Halfter[2] M od N Pferd etc grimma
Halle F hall
hallen VI ljuda, skalla
Hallenbad N simhall **Hallensport** M inomhusidrott
hallo INTER hallå; hej
Halluzination F hallucination
Halm M strå n, halmstrå n
Halogen N ELEK halogen **Halogen-(glüh)birne** F halogen(glöd)lampa **Halogenlampe** F halogenlampa
Hals M hals; aus vollem ~ lachen skratta med full hals, gapskratta; es geht ihm an den ~ det gäller hans existens; ~ über Kopf huvudstupa, hals över huvud; sich (dat) vom ~e schaffen fig göra sig kvitt; j-m den ~ umdrehen vrida nacken av; es hängt mir zum ~ heraus det står mig upp i halsen **Halsabschneider(in)** M(F) ockrare **Halsband** N halsband n **halsbrecherisch** ADJ halsbrytande **Halsentzündung** F halsinfektion **Halskette** F halskedja **Hals-Nasen-Ohren--Arzt** M, **Hals-Nasen-Ohren-Ärztin** F öron-näsa-hals-läkare **Halsschlagader** F halspulsåder **Halsschmerzen** M/PL ont n i halsen **halsstarrig** ADJ halsstarrig, envis **Halstuch** N halsduk **Hals- und Beinbruch** INTER lycka till **Halswirbel** M halskota
halt A umg ADV helt enkelt, bara, faktiskt; das ist ~so det är bara så B INTER ~! stopp! **Halt** M uppehåll n; fäste n, grepp n; stöd n; den ~ verlieren förlora fotfästet a. fig; ~ machen stanna
haltbar ADJ hållbar **Haltbarkeit** F hållbarhet **Haltbarkeitsdatum** N sista förbrukningsdatum **halten** A VI/T a. Rede etc hålla; etw für gut/falsch ~ anse ngt vara bra/fel; was hältst du davon? vad tycker du?; ich halte nicht viel davon jag tycker inte det är speciellt bra; nicht so recht wissen, was man von j-m ~ soll inte veta vad man ska tro om ngn B VI fest sein hålla; anhalten stanna; zu j-m ~ stödja ngn;

sich ~ halten hålla sig; **sich behaupten** stå sig; **sich festhalten** hålla sig fast (**an** dat i); **sich etw ~** hålla sig med; **sich einen Hund ~** ha en hund; → **gehalten Halter(in)** M(F) hållare; Person ägare **Halteschild** N stoppskylt **Haltesignal** N stoppsignal **Haltestelle** F hållplats **Halteverbot** N stoppförbud n **haltlos** ADJ ohållbar, ogrundad; Person hållningslös **haltmachen** VI stanna **Haltung** F hållning a. fig; inställning; behärskning
Hamburger M GASTR hamburgare
hämisch ADJ skadeglad, elak
Hammel M hammel, får n; Dummkopf fårskalle **Hammelbraten** M fårstek **Hammelfleisch** N fårkött n **Hammelkeule** F fårbog
Hammer M TECH u. ANAT hammare; SPORT slägga; bei Auktion klubba; umg Fehler tabbe **hämmern** V/T, V/I hamra, bulta, dunka
Hämorrhoiden, Hämorriden F/PL MED hemorrojder pl
Hampelmann M sprattelgubbe; fig marionett
Hamster M ZOOL hamster **hamstern** fig V/T, V/I hamstra
Hand F hand; **alle Hände voll zu tun haben** ha fullt upp att göra; **j-m zur ~ gehen** gå ngn ett handtag; **es liegt auf der ~** fig det ligger i öppen dag; **von der ~ in den Mund leben** fig leva ur hand i mun; **unter der ~** fig under hand; **~ an sich legen** ta livet av sig; **etw hat ~ und Fuß** ngt är klart och redigt; **etw in die ~ nehmen** fig överta ngt; **zu Händen von j-m** ngn till handa; **~ breit** → **Handbreit**; **~ voll** → **Handvoll**; **~ anhand Handarbeit** F handarbete n; Schule textilslöjd **Handball** M handboll **Handballer(in)** M(F) handbollsspelare **Handbewegung** F handrörelse **handbreit** F handsbredd **Handbremse** F handbroms **Handbuch** N handbok, instruktionsbok **Händedruck** M handslag n, handskakning **Händeklatschen** N applåd
Handel M handel; Kauf köp n, affär; **~ mit** (dat) handel med **handeln** A VI handla (**von** om); feilschen pruta, köpslå; Handel treiben handla, driva handel (**mit** med) B V/R **sich ~ um** (akk) gälla, vara fråga om **Handelsabkommen** N handelsavtal n **Handelsbilanz** F handelsbalans **Handelsgesellschaft** F handelsbolag n **Handelshochschule** F handelshögskola **Handelskammer** F handelskammare **Handelskorrespondenz** F handelskorrespondens **Handelsmarine** F handelsflotta **Handelspolitik** F handelspolitik **Handelsregister** N handelsregister n **Handelsreisende(r)** M(F/M) handelsresande **Handelsschiff** N handelsfartyg n **Handelsschule** F handelsskola **Handelssperre** F handelsblockad **handelsüblich** ADJ **~ sein** vara vanlig i handeln **Handelsvertreter(in)** M(F) representant **Handelsvertretung** F agentur **Handelsware** F handelsvara
händeringend ADV ≈ förtvivlad, desperat
Handfeger M sopborste **Handfertigkeit** F fingerfärdighet, händighet **handfest** ADJ handfast, rejäl **Handfläche** F handflata **Handgelenk** N handled **handgemacht** ADJ handgjord **Handgemenge** N handgemäng n, slagsmål n **Handgepäck** N handbagage n **handgeschrieben** ADJ handskriven **Handgranate** F handgranat **handgreiflich** ADJ handgriplig; fig påtaglig, tydlig; **~ werden** övergå till handgripligheter **Handgriff** M eines Gefäßes, Koffers etc handtag n; (hand)grepp n **Handhabe** F **keine gesetzliche ~ haben, zu ...** inte ha stöd i lagen för ... **handhaben** V/T hantera, handskas med, använda; **leicht zu ~** lätthanterlig **Handhabung** F hantering, användning, skötsel
Handheld N IT handdator
Handicap N handikapp mst n
Handkoffer M liten resväska
Handlanger(in) M(F) hantlangare
Händler(in) M(F) handlare
handlich ADJ lätthanterlig
Handlung F handling **Handlungsfreiheit** F handlingsfrihet **Handlungsweise** F handlingssätt n, förfarande n
Handout N kopia, papper n
Handpuppe F handdocka **Hand-**

schelle F handboja **Handschlag** M handslag n **Handschrift** F handstil; *Geschriebenes* handskrift, manuskript n **handschriftlich** ADJ handskriven; i manuskript **Handschuh** M handske; *wollene* vante **Handstand** M handstående n; **einen ~ machen** stå på händerna **Handtasche** F handväska **Handtuch** N handduk **Handumdrehen** N **im ~** i en handvändning, på ett ögonblick **Handvoll** F **eine ~ Nüsse** en handfull nötter **Handwäsche** F handtvätt **Handwerk** N hantverk n, yrke n; **j-m das ~ legen** sätta stopp för ngn **Handwerker(in)** M(F) hantverkare
Handy N mobil(telefon) **Handyhülle** F mobilskal n, mobilskydd n **Handynummer** F mobilnummer n
Hanf M hampa
Hang M sluttning, backe; *fig* benägenhet, böjelse
Hangar M hangar
Hängebrücke F hängbro **Hängematte** F hängmatta **hängen** VI u. VT hänga; *fig* **an j-m/etw ~** vara fäst vid ngn/ngt; *aufhängen* hänga upp; **~ bleiben** bli hängande, fastna, bli kvar; **~ lassen** glömma (kvar); *umg* lämna i sticket, svika; **sich ~ lassen** ha tappat orken **Hängen** N hängning; **mit ~ und Würgen** *umg fig* med nöd och näppe **Hängeschloss** N hänglås n **Hängeschrank** M väggskåp n
Hanse F hansa; **die ~** Hansan
hänseln VT driva med
Hansestadt F hansestad
Hanswurst *umg* M pajas
Hantel F SPORT hantel
hantieren VI **mit etw ~** hålla på med ngt; **in der Küche ~** hålla på (*od* stöka) i köket
hapern VI **es hapert** det går trögt/knoggligt; *umg* **es hapert am Geld** det är ont om slantarna
Häppchen N munsbit, tugga; aptitretare **Happen** M bit, tugga
happig *fig* ADJ *a.* **Preis** saftig
Happy Hour F happy hour (*tid med förmånliga priser*)
Hardware F IT hårdvara, maskinvara
Harfe F harpa
Harke F kratta, räfsa **harken** VT, VI kratta, räfsa

harmlos ADJ oförarglig, harmlös
Harmonie F harmoni **harmonieren** VI harmoniera
Harmonika F MUS *Handharmonika* dragspel n, handklaver n; *Mundharmonika* munspel n
harmonisch ADJ harmonisk
Harn M urin **Harnblase** F ANAT urinblåsa **Harndrang** M urinträngning
Harnisch M harnesk n
Harpune F harpun
hart ADJ hård; *streng* sträng; *schwer* svår; *dicht* nära; **~e Drogen** tunga droger; **~e Eier** hårdkokta ägg; **wenn es ~ auf ~ geht** när det verkligen gäller; **~ an** (*dat*) tätt intill; **~ grenzen an** (*akk*) gränsa tätt till *a. fig* **Härte** F hårdhet; *Strenge* stränghet **Härtefall** M ömmande fall n **härten** VT härda **hartherzig** ADJ hårdhjärtad **hartnäckig** ADJ hårdnackad, envis **Hartnäckigkeit** F envishet
Harz N harts n, kåda
Hasch *umg* N hasch (n)
haschen VT u. VI försöka få tag i (**nach** *dat*); *fig* fiska efter; **Haschisch rauchen** *umg* hascha
Häschen N harunge, harpalt
Haschisch N haschisch
Hase M hare; **ein alter ~ sein** kunna sina saker; **mein Name ist ~(, ich weiß von nichts)** jag har inte en aning
Haselnuss F BOT hasselnöt **Haselstrauch** M hasselbuske
Hasenbraten M harstek **Hasenfuß** M hartass; *fig* mes, kruka **Hasenscharte** F **eine ~ haben** vara harmynt
Hass M hat n **hassen** VT, VI hata
hässlich ADJ ful; *böse* elak **Hässlichkeit** F fulhet; *Boshaftigkeit* elakhet
Hast F hast, brådska **hasten** VI hasta, skynda **hastig** ADJ hastig, snabb
hätscheln VT kela; *verwöhnen* skämma bort, klema *od* dalta med
hatschi INTER atscho
Haube F huva, mössa; **unter die ~ bringen** *fig* gifta bort; TECH huv
Hauch M andedräkt; *fig* fläkt, spår n **hauchdünn** ADJ mycket tunn; skir **hauchen** VT, VI andas; *flüstern* viska
Haue¹ F hacka
Haue² F *Prügel* stryk n **hauen** A VT *a.* Holz, Bäume hugga; slå; **j-n ~** slå

Haufen – Hausschuh ■ 643

ngn, ge ngn stryk B VI **um sich ~** slå omkring sig C V/R **sich ~** sich prügeln slåss

Haufen M hög; *Leute etc* skock, klunga; *umg Menge* massa, mängd; **ein ~ Arbeit** massvis med arbete; **über den ~ werfen** kasta omkull **häufen** A V/I samla, hopa B V/R **sich ~** hopa sig **haufenweise** ADV i massor

häufig A ADJ ofta förekommande, talrik, vanlig B ADV ofta; **das ist ~** so det är många gånger så **Häufigkeit** F vanlighet, frekvens

Häufung F anhopning

Haupt N huvud n; *fig* överhuvud, ledare **Hauptbahnhof** M centralstation **hauptberuflich seine ~e Tätigkeit** hans egentliga yrke **Hauptdarsteller(in)** M/F huvudrollsinnehavare **Haupteingang** M huvudingång **Hauptfach** N huvudämne n **Hauptgebäude** N huvudbyggnad **Hauptgericht** N huvudrätt **Hauptgewinn** M högsta vinst

Häuptling M hövding

Hauptmahlzeit F huvudmål n **Hauptmann** M kapten **Hauptmerkmal** N utmärkande kännetecken n **Hauptperson** F huvudperson **Hauptquartier** N högkvarter n **Hauptreisezeit** F högsäsong **Hauptrolle** F huvudroll **Hauptsache** F huvudsak **hauptsächlich** ADJ huvudsaklig (en *adv*) **Hauptsaison** F högsäsong **Hauptsatz** M huvudsats **Hauptschule** F = högstadiet *femårig påbyggnadsskola till Grundschule* **Hauptschulabschluss** M ≈ grundskolekompetens **Hauptspeise** F huvudrätt **Hauptstadt** F huvudstad **Hauptstraße** F huvudgata; *über Land* huvudled **Hauptverkehrsstraße** F huvudled **Hauptverkehrszeit** F rusningstid **Hauptversammlung** F WIRTSCH bolagsstämma **Hauptverwaltung** F huvudkontor n **Hauptwort** N GRAM substantiv n

hau ruck INTER hugg i, å hej

Haus N hus n; hem n; **zu ~e** *od* **zuhause** hemma; **nach ~e** *od* **nachhause** hem; **nach ~e kommen** komma hem; **von ~ aus** hemifrån; **außer ~(e)** ute, inte hemma; **altes ~!** *umg* gamle gosse!; **aus gutem ~e** av god familj; **bei uns zu ~e** *in unserem Land* hos oss, i vårt land; **~ halten** hushålla **Hausangestellte(r)** A M/F(M) hembiträde n B PL tjänstepersonal **Hausapotheke** F husapotek n **Hausarbeit** F hushållsarbete n; *von Schülern* läxa **Hausarrest** M husarrest **Hausarzt** M husläkare **Hausärztin** F (kvinnlig) husläkare **Hausaufgaben** F/PL läxor *pl* **hausbacken** *fig* ADJ vardaglig, "hemvävd" **Hausbar** F barskåp n **Hausbesetzer(in)** M/F husockupant **Hausbesitzer(in)** M/F husägare **Hausbewohner(in)** M/F husets invånare **Hausboot** N husbåt **Häuschen** N litet hus n, stuga; **aus dem ~ sein** *fig* vara alldeles ifrån sig; *vor Freude* inte veta till sig av glädje **Hausdurchsuchung** F husundersökning, husrannsakan **hausen** V/I bo, vistas; *verwüsten* härja, husera, fara fram **Häuserblock** M kvarter n **Häuserreihe** F huslänga; rad av hus **Hausflur** M trapphus n, farstu **Hausfrau** F hemmafru; husmor **Hausfriedensbruch** M hemfridsbrott n **Hausgebrauch** M husbehov n **hausgemacht** ADJ hemgjord **Haushalt** M hushåll n; *Etat* budget **Haushälter(in)** M/F Beruf, *nur weiblich* hushållerska; *ökonomisch gesinnt* hushållare **Haushaltsgeld** N hushållspengar *pl* **Haushaltsgerät** N hushållsmaskin **Haushaltshilfe** F hushållshjälp **Haushaltsjahr** N budgetår n **Haushaltsplan** M budget **Hausherr** M familjeöverhuvud n; värd; **der ~** herrn i huset; hyresvärd **haushoch** *fig* ADJ skyhög **hausieren** V/I bjuda ut varor (vid dörrarna) **(mit** *dat*) **Hausierer(in)** M/F dörrknackare **häuslich** ADJ huslig; hus-, hem-; hemkär **Hausmacherart** F **nach ~** hemlagad **Hausmann** M hemmaman **Hausmannskost** F husmanskost **Hausmarke** F eget fabrikat n **Hausmeister(in)** M/F portvakt, fastighetsskötare **Hausmittel** N huskur **Hausnummer** F husnummer n **Hausordnung** F ordningsregler *pl* **Hausputz** M storstädning **Hausrat** M husgeråd n **Hausratversicherung** F hemförsäkring **Hausschlüssel** M portnyckel **Haus-

schuh M toffel
Hausse F hausse
Haustier N husdjur n **Haustür** F port
Hausverbot N portförbud n; JUR kontaktförbud n **Hauswart(in)** M(F) portvakt **Hauswirt(in)** M(F) husägare; hyresvärd(inna) **Hauswirtschaft** F hushållning; *Schulfach* hemkunskap
Haut F hud, skinn n, hy; *Haut*bahnhina; *ehrlich* ~ *fig* ärlig själ; *bis auf die* ~ inpå bara kroppen; *nichts als* ~ *und Knochen* bara skinn och ben; *mit heiler* ~ *davonkommen fig* slippa helskinnad undan; *sich seiner* ~ *erwehren* försvara sig; *mit* ~ *und Haar fig* med hull och hår; *aus der* ~ *fahren fig* explodera, bli rasande **Hautabschürfung** F skrubbsår n **Hautarzt** M, **Hautärztin** F hudläkare **Hautausschlag** M hudutslag n **Häutchen** N hinna **Hautcreme** F hudkräm **häuten** A V/T flå B V/R *sich* ~ ömsa skinn **hauteng** ADJ *umg* tätt åtsittande, tajt **Hautfarbe** F hudfärg **Hautkrankheit** F hudsjukdom **Hautkrebs** M hudcancer **Hautpflege** F hudvård **Häutung** F hudömsning
Havarie F haveri n
Haxe F lägg n
Hbf. ABK (= *Hauptbahnhof*) centralstation
he INTER hallå, hörru, hör ni; va
Hebamme F barnmorska
Hebel M hävstång; spak
heben A V/T 1 lyfta; *Hand* räcka upp; *Stimme* upphäva; *umg* **einen** ~ ta (sig) ett glas 2 *fig*, *Stimmung* höja B V/R *Nebel* lätta
Hebräisch N hebreiska
Hebung F lyftande n, höjande n *a. fig*
hecheln V/I flåsa
Hecht M gädda; *ein toller* ~ *fig umg* en bra kille; *umg* unken luft **Hechtsprung** M huvudhopp n framåt
Heck N bakvagn; SCHIFF akter
Hecke F häck **Heckenrose** F nyponbuske **Heckenschütze** M, **Heckenschützin** F krypskytt
Heckscheibe F bakruta
Hedgefonds M hedgefond
Heer N här, armé
Hefe F jäst **Hefegebäck** N vetebröd n **Hefeteig** M vetedeg
Heft N skrivbok; häfte n

heften V/T *befestigen* fästa; *nähen* sy (fast), tråckla; *Buch* häfta **Hefter** M pärm; häftapparat
heftig ADJ häftig, våldsam; ~ *werden* brusa upp **Heftigkeit** F häftighet, våldsamhet; häftigt humör
Heftklammer F pappersklämma, gem n **Heftpflaster** N plåster n **Heftzwecke** F häftstift n
hegen V/T vårda, sköta om, sörja för; *fig Bedenken, Plan etc* hysa
Hehl N *kein* ~ *machen aus* inte göra ngn hemlighet av **Hehler(in)** M(F) hälare **Hehlerei** F häleri n
Heide¹ M, **Heidin** F hedning
Heide² F hed; ljung **Heidekraut** N ljung
Heidelbeere F blåbär n
Heidenangst F *eine* ~ *haben umg* vara livrädd för
Heidentum N hedendom **heidnisch** ADJ hednisk
heikel ADJ känslig, ömtålig, kinkig, vansklig; *wählerisch* kinkig, kräsen
heil ADJ hel, oskadd; *geheilt* läkt; *eine* ~*e Welt fig* en idealvärld
Heil N hälsa, välgång, lycka; REL frälsning, salighet **Heiland** M frälsare
Heilanstalt F *neg!* vårdhem n, sjukhem n; mentalsjukhus n **heilbar** ADJ som kan botas **heilen** A V/T bota, kurera; *fig* avhjälpa B V/I läkas **heilfroh** *umg* ADJ väldigt lättad, mycket glad
heilig ADJ helig **Heiligabend** F julafton **Heilige(r)** M(F/M) helgon n **Heiligenbild** N helgonbild **Heiligenschein** M helgongloria **Heiligkeit** F helighet **heiligsprechen** V/T förklara för helgon, kanonisera **Heiligtum** N helgedom
Heilklima N hälsosamt klimat n **Heilkraft** F läkekraft **Heilkunde** F läkekonst **heillos** ADJ förfärlig, förskräcklig **Heilmethode** F läkemetod **Heilmittel** N läkemedel n, botemedel n **Heilpflanze** F läkeört **Heilpraktiker(in)** M(F) naturläkare **Heilquelle** F hälsobrunn **heilsam** ADJ hälsosam, nyttig *a. fig* **Heilsarmee** F *die* ~ frälsningsarmén **Heilung** F botande n; läkning; tillfrisknande n **Heilungsprozess** M läkningsprocess **Heilverfahren** N läkningsmetod, terapi **Heilwirkung** F läkekraft

heim ADV hem **Heim** N hem n; *Pflegeheim* vårdhem; *Erholungsheim* vilohem; *Kinderheim* barnhem **Heimarbeit** F hemarbete n, hemindustri **Heimat** F hembygd, hemtrakt, hemort; hemland n **Heimatanschrift** F hemortsadress **Heimathafen** M hemmahamn **Heimatkunde** F hembygdskunskap **Heimatland** N hemland n, fosterland n **heimatlich** ADJ hembygds-, hemlands-, hem- **heimatlos** ADJ vara statslös, vara (politisk) flykting **Heimatlose(r)** M/F(M) statslös, (politisk) flykting **Heimatmuseum** N hembygdsmuseum n **Heimatvertriebene(r)** M/F(M) flykting **heimfahren** VIT, VII fara (åka, köra) hem **Heimfahrt** F hemfärd, hemresa **heimfinden** VII hitta hem **heimgehen** VII gå hem; *sterben* gå bort **heimisch** ADJ inhemsk; *vertraut* hemmastadd; **sich ~ fühlen** känna sig hemma **Heimkehr** F hemkomst, återkomst **heimkehren** VII återvända hem **heimkommen** VII komma hem

heimlich A ADJ hemlig B ADV a. i hemlighet, i smyg **Heimlichkeit** F hemlighet **Heimlichtuer(in)** M(F) hemlighetsmakare

Heimreise F hemresa **Heimservice** M hemkörning **Heimspiel** N SPORT hemmamatch **heimsuchen** VT hemsöka **Heimtrainer** M motionsredskap n

heimtückisch ADJ lömsk, illistig **heimwärts** ADV hemåt **Heimweg** M hemväg **Heimweh** N hemlängtan **Heimwerker(in)** M(F) hemmasnickare

heimzahlen fig VT ge igen **Heini** umg M tönt **Heinzelmännchen** N tomte **Heirat** F giftermål n **heiraten** VT, VII gifta sig (med) **Heiratsantrag** M frieri n; **j-m einen ~ machen** fria till ngn **Heiratsanzeige** F kontaktannons, äktenskapsannons, vigselannons **Heiratsschwindler(in)** M(F) solochvårare **Heiratsurkunde** F vigselbevis n **Heiratsvermittlung** F äktenskapsförmedling

heiser ADJ hes **Heiserkeit** F heshet **heiß** ADJ het, (mycket) varm; *fig* eldig, häftig, brinnande; umg häftig, läcker, snygg; **was ich nicht weiß, macht mich nicht ~** det man inte vet, lider man inte av; **~ geliebt** innerligt älskad; **sich ~ laufen** gå varm; **~es Thema** umg het potatis; **~e Tipps** umg förstahandstips; **~e Ware** umg tjuvgods

heißen VII heta, kallas; *bedeuten* betyda, innebära; **wie heißt das auf Schwedisch?** vad heter det på svenska?; **das heißt** det vill säga; **es heißt** det sägs; **was soll das ~?** vad ska det betyda?; **hier heißt es aufgepasst** här gäller det att se upp

Heißhunger M einen ~ auf etw haben få ett plötsligt begär efter ngt **Heißluft** F varmluft **Heißluftballon** M varmluftsballong

heiter ADJ glad, munter; *klar* klar, vacker **Heiterkeit** F munterhet; gott humör

heizen A VII *Holz, Kohle* elda med; *Zimmer* värma upp B VII *Ofen* värma; *Heizung in Betrieb nehmen* sätta på värmen **Heizkeller** M pannrum n **Heizkissen** N värmedyna **Heizkörper** M värmeelement n **Heizkosten** PL bränslekostnader pl **Heizlüfter** M värmefläkt **Heizofen** M kamin **Heizöl** N eldningsolja **Heizung** F värme, uppvärmning; centralvärme; (värme)panna; (värme)element n

Hektar M u. N hektar mst n **hektisch** ADJ hektisk

Held M hjälte **heldenhaft** ADJ hjältemodig, heroisk **Heldensage** F hjältesaga **Heldentat** F hjältedåd n **Heldentum** N hjältemod n, heroism **Heldin** F hjältinna

helfen VII ⟨dat⟩ hjälpa; **ihm ist nicht zu ~** han är alldeles hopplös; **sich zu ~ wissen** veta råd, klara (od reda) sig **Helfer(in)** M(F) medhjälpare **Helfershelfer(in)** M(F) medbrottsling

hell ADJ ljus; *klar* klar; *gescheit* skärpt, klipsk; **~(er) werden** ljusna; **es wird ~** det ljusnar, det dagas; **am ~en Tag(e)** (mitt) på ljusa dagen; **~e Begeisterung** våldsam hänförelse; **in ~er Verzweiflung** fig i ren förtvivlan **hellblau** ADJ ljusblå **hellblond** ADJ ljusblond

Heller M heller; *fig* styver; **keinen roten ~ haben** inte äga ett rött öre; **auf ~ und Pfennig bezahlen** betala till sista öret

hellgrün ADJ ljusgrön **hellhörig** ADJ lyhörd; ~ **werden** fig börja förstå **Helligkeit** F ljus n **helllicht** ADJ **am ~ en Tag** mitt på ljusa dagen **hellrot** ADJ ljusröd **hellsehen** N vara synsk **Hellseher** M siare, spågubbe **Hellseherin** F sierska, spågumma **hellwach** ADJ klarvaken; fig skärpt, vaken
Helm M hjälm
Hemd N Männerhemd skjorta; undertröja **Hemdsärmel** M skjortärm
Hemisphäre F hemisfär
hemmen VT hämma, hejda, hindra **Hemmnis** N motstånd n, hinder n **Hemmung** F ~en hämningar; **nur keine ~en!** umg ≈ känn dig som hemma! ta för dig bara! **hemmungslos** ADJ hämningslös, ohejdad
Hendl österr N gebraten grillad kyckling
Hengst M hingst
Henkel M handtag n, öra n; am Mantel hängare
Henker M bödel
Henne F höna
Hepatitis F MED hepatit
her ADV hit, fram; ~ **damit!** hit med det!; **wo ist er ~?** var är han ifrån?; **von weit ~** långt bortifrån; **es ist ein Jahr ~** det var för ett år se(da)n; **hinter j-m ~ sein** vara (hack i häl) efter ngn, förfölja ngn; **von oben ~** uppifrån; **hin und ~** hit och dit; fram och tillbaka **herab** ADV (hit) ned; nedåt; **die Treppe ~** nedför trappan; **von oben ~** fig nedlåtande **herablassen** A VT släppa ned B VR **sich ~** sänka sig, nedlåta sig (**zu** till) **herablassend** ADJ nedlåtande **herabsehen** VI se ned; **auf j-n ~** fig se ned på ngn **herabsetzen** VT sänka, minska, reducera; nedvärdera, förringa; **j-n ~** yttra sig nedsättande om ngn
heran ADV fram, närmare, hit(åt); **näher ~** närmare intill **herankommen** VI komma fram, närma sig **heranmachen** VR **sich ~ an** (akk) etw ta itu med; j-n umg närma sig, söka kontakt med, hänga sig på **heranrücken** A VT flytta fram B VI närma sig, nalkas **herantreten** VI träda fram; **an j-n ~** (hän)vända sig till ngn **heranwachsen** VI växa upp **heranwagen** VR **sich ~ an** (akk) våga sig fram; fig våga sig på

heranziehen A VT dra fram; fig anföra; zurate ziehen anlita B VI närma sig, komma närmare
herauf ADV upp(åt); Treppe uppför; von oben gesehen hit upp **heraufbeschwören** VT förorsaka, framkalla **heraufkommen** VI komma upp **heraufsetzen** VT Preis höja
heraus ADV ut; (hit)ut; **von innen ~** inifrån; **aus etw** (dat) **~ ute ur;** ~ **damit!** fram med det! **herausarbeiten** VT utarbeta **herausbekommen** VT få ut; Geld få tillbaka; Rätsel lösa; erfahren lista ut, få reda på **herausbringen** VT få ut, ta ut; Wort få fram; Buch komma ut med, ge ut; Erzeugnis släppa ut **herausfinden** VT hitta ut; fig klara sig; herausbekommen komma underfund med; lista ut **herausfordern** VT utmana (till) (**zu** dat) **herausfordernd** ADJ utmanande **Herausforderung** F utmaning **herausgeben** VT lämna ut; Buch komma ut med, ge ut; Geld ge tillbaka **Herausgeber(in)** M(F) utgivare **herausgehen** VI gå ut, gå ur; Fleck a. gå bort **heraushaben** VT ha gissat (kommit på); **ich habs heraus!** jag har kommit på det! **heraushalten** VR **sich ~** hålla sig utanför **herausholen** VT ta fram, ta upp; fig umg få fram **herauskommen** VI a. Buch, Erzeugnis, Geheimnis komma ut; **das kommt dabei heraus** fig det blir följden; **dabei kommt nichts heraus** det ger ingenting; umg **groß ~** göra stor succé **herausnehmen** VT ta fram (od ut); **sich ~** fig tillåta sig; umg **sich zu viel ~** gå för långt **herausreden** VR **sich ~** komma med bortförklaringar **herausreißen** VT riva ut, rycka ut; fig befria, hjälpa **herausrücken** A VI komma (od klämma) fram (med) (**mit** dat) B VT Geld punga ut (**mit** med) **herausstellen** A VT ställa ut; betonen betona, framhäva B VR **sich ~** visa sig; **es stellte sich heraus, dass ...** det visade sig att ...; **es stellte sich als falsch heraus** det visade sig vara fel **heraussuchen** VT leta fram, välja ut **herausziehen** VT dra ut; fig ta fram
herb ADJ skarp, besk, kärv, syrlig; Wein torr; Mensch hård, sträng
herbei ADV hit; fram **herbeieilen** VI

skynda hit (od fram) **herbeiführen** fig V/T medföra, föranleda, framkalla **herbeischaffen** V/T skaffa fram **herbekommen** V/T få hit; **wo ... ~?** var ... i från? **herbemühen** A V/T besvära med att komma hit B **sich ~** göra sig besväret att komma hit **Herberge** F härbärge n; vandrarhem n **Herbergsmutter** F, **Herbergsvater** M föreståndare för vandrarhem **Herbheit** F skärpa, beskhet, kärvhet, syrlighet; hårdhet, stränghet **herbringen** V/T ta (med) hit **Herbst** M höst; **im ~** på hösten **Herbstferien** PL höstlov n **herbstlich** ADJ höstlig; höstlik **Herd** M Kochherd spis; ugn; fig härd **Herde** F hjord, flock **Herdentrieb** M flockinstinkt **Herdplatte** F spisplatta **herein** ADV (hit) in; **~!** stig på od in **hereinbitten** V/T be att komma in **hereinbrechen** V/I störta in; välla fram; **~ über** (akk) komma över baksida **hereinbringen** V/T ta (med sig) in; få in **hereinfallen** V/I **~ in** (akk) falla in; **~ auf etw** (akk) fig gå på ngt **hereinkommen** V/I komma in **hereinlassen** V/T släppa in **hereinlegen** fig V/T lura **hereinplatzen** V/I plötsligt dyka upp **Herfahrt** F hitfärd, hitresa **herfallen** V/I **über j-n ~** kasta sig över ngn; göra ned ngn **Hergang** fig M förlopp n **hergeben** V/T ge hit, lämna (från sig) **hergebracht** ADJ traditionell, vedertagen **hergehen** V/I gå hit, komma hit **herhaben** V/T **wo hast du das her?** var har du fått det ifrån? **herhalten** V/I **als** (akk) **etw ~** få bära ... för ngt **herhören** V/I höra på
Hering M sill; Zeltpflock tältpinne; grüner **~** färsk sill; **wie die ~e zusammengepresst** som packade sillar **Heringssalat** M sillsalad
herkommen V/I komma hit; **~ von** (dat) komma ifrån, härstamma, härleda sig; **wo kommt er her?** var kommer han ifrån? **herkömmlich** ADJ traditionell, vedertagen **Herkunft** F härkomst, ursprung n; **deutscher ~** av tyskt ursprung **Herkunftsland** N ursprungsland n **herlaufen** V/I springa hit **herleiten** V/T härleda; **sich ~ von** (dat) härstamma från **hermachen** V/R **sich ~ über** (akk) kasta sig över

Hermelin N hermelin
hermetisch ADJ hermetisk
Heroin N heroin n **heroinsüchtig** ADJ heroinberoende
heroisch ADJ heroisk
Herpes M herpes
Herr M herre; Hausherr husbonde; Besitzer ägare; Herrscher härskare; veraltet, als Anrede herr; in Brief etc **Lieber** od **Sehr geehrter ~ (Thomas) Andersson** ohne Beiwort ≈ Hej Thomas (Andersson); **meine (Damen und) ~en!** mina (damer och) herrar!; **~ werden/sein** (gen) bli/vara herre över ngt, behärska ngt **Herrchen** N husse **Herrenausstatter** M herrekipering **herrenlos** ADJ utan ägare, herrelös **Herrentoilette** F herrtoalett
herrichten V/T bereiten tillaga, göra i ordning; reparieren laga, reparera; **sich ~** göra sig ordning
Herrin F härskarinna; **die ~** frun i huset **herrisch** ADJ dominant; befallande
herrlich ADJ härlig, underbar **Herrlichkeit** F härlighet, prakt
Herrschaft F herrskap n; Gewalt makt, styre n, (herra)välde n; **meine ~en!** mitt herrskap!, mina damer och herrar! **herrschaftlich** ADJ herrskaps-; vornehm förnäm
herrschen V/I härska; fig råda **Herrscher(in)** M(F) härskare, furste
herrschsüchtig ADJ härsklysten
herrühren V/I **von etw ~** härröra från ngt; bero på ngt, bottna i ngt
herstellen V/T anfertigen göra, tillverka, framställa; upprätta **Hersteller(in)** M(F) tillverkare, producent **Herstellung** F tillverkning, produktion; fig upprättande n
herüber ADV hit(över), hitåt **herüberkommen** V/I komma över; titta in
herum ADV omkring; **~ sein** vara över (slut); **um** (akk) **... ~** omkring; etwa ungefär **herumärgern** V/R **sich ~** reta upp sig **herumfahren** V/I åka omkring; **um etw ~** köra runt ngt **herumführen** A V/T leda (od visa) runt B V/I **~ um** (akk) etw gå runt ngt **herumgehen** V/I gå omkring; Zeit gå **herumhacken** V/I **auf j-m ~** fig

hacka på ngn **herumkommen** VI *reisen* komma ut, resa omkring; **weit herumgekommen sein** vara vittberest; **um etw ~** komma ifrån (*od* slippa undan) ngt **herumliegen** VI ligga framme **herumlungern** VI gå och driva **herumreichen** VT skicka runt; **j-n ~** *umg fig* presentera ngn; **um etw ~** nå runt ngt **herumschlagen** VR stå omkring sig; **sich mit j-m ~** bråka med ngn; **sich ~ mit** (*dat*) ha att kämpa med **herumschnüffeln** VI snoka omkring **herumsprechen** VR komma ut, bli bekant; **es spricht sich herum** der är känt **herumstehen** VI stå och hänga, stå sysslolös; **~ um** (*akk*) stå omkring **herumtreiben** VR **sich ~** gå och driva **herumziehen** *umg* VI dra runt; flacka hit och dit; **sich um etw ~** gå runt ngt

herunter ADV (hit) ned/ner; utför; → **herab herunterfahren** VT COMPUT koppla ner, stänga av **herunterfallen** VI falla ned, ramla ned **heruntergekommen** ADJ nedgången; förfallen **herunterhandeln** VT pruta **herunterkommen** VI komma ned/ner; *fig* (≈*verkommen*) förfalla **herunterladen** VT COMPUT ladda ned/ner **heruntermachen** *fig* VT skälla ut, göra ned/ner **herunterspielen** VT tona ned/ner

hervor ADV fram **hervorgehen** VI framgå (**aus** *dat*) **hervorheben** VT framhålla, framhäva, betona **hervorragen** VI skjuta fram, stå ut; *fig* framstå, utmärka sig **hervorragend** *fig* ADJ framstående, utmärkt, enastående **hervorrufen** VT THEAT ropa in; *fig* framkalla, åstadkomma **hervortreten** VI träda fram; *fig* framträda, synas **hervortun** VR **sich ~** utmärka sig

Herweg M hitväg

Herz N hjärta *n a. fig*; *Kartenspiel* hjärter; **sich zu ~en nehmen** ta ngt hårt; **ein ~ und eine Seele sein** vara oskiljaktiga; **von ~en gern** hjärtans gärna; **Hand aufs ~** med handen på hjärtat; **das ~ auf dem rechten Fleck haben** ha hjärtat på rätta stället **Herzanfall** M hjärtanfall *n* **Herzbrecher(in)** M(F) hjärtekrossare **herzensgut** ADJ hjärtegod **Herzenslust** F **nach ~** av hjärtans lust **Herzfehler** M hjärtfel *n* **herzhaft** ADJ ordentlig, rejäl; *Essen* närande; *Geschmack* kraftig **herziehen** VT dra hit; **hinter sich ~** dra efter sig B VI flytta hit; **~ über** (*akk*) *fig* prata illa om

herzig ADJ söt, näpen **Herzinfarkt** M hjärtinfarkt **Herzklappe** F hjärtklaff **Herzklopfen** N hjärtklappning **herzkrank** ADJ hjärtsjuk **herzlich** ADJ hjärtlig; **~e Grüße** hjärtliga hälsningar; **~ gern** hjärtans gärna; **~ schlecht/wenig** förfärligt dålig/lite **Herzlichkeit** F hjärtlighet **herzlos** ADJ hjärtlös, grym **Herzlosigkeit** F hjärtlöshet, grymhet **Herz-Lungen-Maschine** F hjärt-lung-maskin **Herzmassage** F hjärtmassage **Herzog(in)** M(F) hertig(inna) **Herzschlag** M hjärtslag *n* **Herzschrittmacher** M MED pacemaker **Herztransplantation** F hjärttransplantation **Herzversagen** N hjärtstillestånd *n* **herzzerreißend** ADJ hjärtskärande

hetero *umg* ADJ **er ist ~** han är hetero **heterogen** ADJ heterogen **heterosexuell** ADJ heterosexuell

Hetze F jäkt *n*, stress, brådska; *Jagd* hetsjakt **hetzen** A VT hetsa, jaga B VI *eilen* rusa, jäkta; *fig* **~ gegen** (*akk*) hetsa upp mot **Hetzerei** F hets, jäkt **Hetzjagd** F hetsjakt

Heu N hö *n*; **Geld wie ~ haben** ha pengar som gräs **Heuboden** M höskulle

Heuchelei F hyckleri *n* **heucheln** VI hyckla **Heuchler(in)** M(F) hycklare **heuchlerisch** ADJ hycklande

heuer ADV i år **Heuer** F hyra **heuern** VT SCHIFF *j-n* värva **Heugabel** F högaffel

heulen VI tjuta, yla; *weinen* grina, lipa, tjuta, gråta; **es ist zum Heulen** det är så att man kan gråta

Heuschnupfen M hösnuva **Heuschrecke** F gräshoppa

heute ADV i dag; **~ Morgen** i morse; **~ Abend** i kväll; **~ in acht Tagen** i dag om en vecka; **von ~ auf morgen** över en natt **heutig** ADJ dagens; *jetzig* nuvarande, nutida; **die ~e Zeitung** dagens tidning **heutzutage** ADV nuförtiden

Hexe F häxa **hexen** VT trolla **Hexenschuss** M ryggskott n **Hexerei** F häxeri n, trolleri n
Hieb M hugg n, slag n, rapp n; fig glirting, pik; **~e** pl Prügel stryk n, smörj n
hier ADV här; ~ **sein** vara här; **von** ~ härifrån; ~ **und da** här och där; TEL ~ **Wolfgang** am Telefon det är Wolfgang
hieran ADV härpå, härvid
Hierarchie F hierarki
hierauf ADV härpå, härefter **hieraus** ADV härur, härav **hierbehalten** VT behålla **hierbei** ADV härvid **hierbleiben** VI stanna här (od kvar) **hierdurch** ADV härigenom **hierfür** ADV härför **hierher** ADV hit(åt); bis ~ ända hit; zeitlich hittills **hierhin** ADV hit(åt) **hierin** ADV häri **hiermit** ADV härmed
Hieroglyphen F/PL hieroglyfer pl
hierüber ADV häröver **hiervon** ADV härav; härom **hierzu** ADV härtill **hierzulande** ADV här i landet, hos oss
hiesig ADJ härvarande, lokal, ortens
Hiesige(r) M/F(M) ortsbo
hieven VT hiva
Hilfe F a. Person hjälp, bistånd n; (zu) ~! hjälp!; **j-m ~ leisten** hjälpa ngn; **Erste ~** första hjälpen; ~ **suchend** hjälpsökande **Hilfeleistung** F hjälp **Hilferuf** M rop n på hjälp **hilflos** ADJ hjälplös **Hilflosigkeit** F hjälplöshet **hilfreich** ADJ hjälpsam; användbar **Hilfsaktion** F hjälpaktion **Hilfsarbeiter(in)** M(F) outbildad arbetskraft **hilfsbedürftig** ADJ hjälpbehövande **hilfsbereit** ADJ hjälpsam **Hilfsbereitschaft** F hjälpsamhet **Hilfskraft** F medhjälpare; wissenschaftliche ~ UNIV = amanuens **Hilfsmittel** N hjälpmedel n **Hilfsverb** N hjälpverb n **Hilfswerk** N hjälporganisation
Himbeere F hallon n **Himbeersaft** M hallonsaft **Himbeerstrauch** M hallonbuske
Himmel M himmel; unter freiem ~ under bar himmel; **du lieber ~!** milda makter!; **Himmelbett** N himmelssäng **himmelblau** ADJ himmelsblå **Himmelfahrt** F himmelsfärd; Christi ~ Kristi himmelsfärdsdag **Himmelreich** N himmelrike n **Himmelsgewölbe** N himlavalv n **Himmelskörper** M himlakropp **Himmelsrichtung** F väderstreck n **himmlisch**

ADJ himmelsk; fig gudomlig
hin ADV dit, bort; auf etw zu fram till; verloren förlorad; ~ **sein** umg Gegenstand vara förlorad (od förstört); tote Person vara död; erschöpft vara slut; begeistert vara utom sig (od borta); ~ **und her** hit och dit, fram och tillbaka; ~ **und zurück** fram och tillbaka; BAHN tur och retur; ~ **und wieder** då och då; ~ **und her überlegen** noga överväga; ~ **ist** ~ det som är slut (od borta) är slut (od borta); **vor sich** ~ för sig själv; umg **nichts wie ~!** vi sticker dit!
hinab ADV, PRÄF ned(åt), nedför, utför; **den Fluss** ~ nedför floden
hinarbeiten VI **auf etw** (akk) sträva mot ngt; arbeta på (od för) ngt
hinauf ADV (dit) upp, uppför; **den Fluss** ~ uppför floden **hinaufarbeiten** V/R **sich** ~ arbeta sig upp **hinaufsteigen** VI stiga uppför
hinaus ADV (dit)ut, utåt; ~ **mit dir!** ut med dig!; **zur Tür** ~ ut genom dörren; **über** (akk) ~ fig utöver **hinausgehen** VI ⟨akk⟩ gå ut; ~ **über** gå utöver, överskrida; Fenster ~ **auf** (akk) vetta mot **hinauslaufen** VI springa ut; ~ **auf** (akk) fig gå ut på **hinausschieben** VT skjuta ut; fig sich ~ bli uppskjuten **hinauswachsen** VI **über sich** ~ överträffa sig själv **hinauswerfen** VT kasta ut; j-n ~ umg kasta (köra) ut ngn; aus einer Firma sparka ngn **hinauswollen** VI vilja (komma od gå) ut; hoch ~ fig ha stora vyer; fig **worauf will er hinaus?** vart vill han komma?, vad är han ute efter? **hinausziehen** VT dra ut; tåga ut; flytta ut; sich ~ dra ut på tiden; bli försenad **hinauszögern** VT förhala, fördröja; ~ **herausbekommen** umg VT → hinkriegen
Hinblick M im ~ **auf** (akk) med hänsyn till, med tanke på; med avseende på
hinderlich ADJ j-m ~ **sein** vara i vägen för ngn; vara ett hinder för ngn **hindern** VT j-n an etw (dat) ~ hindra ngn från ngt **Hindernis** N (för)hinder n **Hindernislauf** M, **Hindernisrennen** N hinderlöpning
hindeuten VI tyda/peka (auf akk på); alles deutet darauf hin, dass ... allt tyder på att ...
Hindu M hindu **Hinduismus** M hin-

duism
hindurch ADV (i)genom; **Jahre ~** i åratal; **Nächte ~** natt efter natt
hinein ADV (dit)in **hineindenken** VR **sich in etw ~** tänka sig in i ngt **hineingehen** VI gå in; fig gå i; **få plats hineingeraten** VI **in etw ~** råka in i ngt **hineinsteigern** VR **sich in etw ~** bli alltmer engagerad i ngt **hineinversetzen** VR **sich in etw (j-n)** leva sig in i; kunna förstå
hinfahren A VI fara (od åka) dit B VT köra (od skjutsa) dit; **~ zu** (dat) åka till **Hinfahrt** F ditfärd, ditresa; **auf der ~** på utresan **hinfallen** VI falla (od ramla) omkull
hinfällig ADJ bräcklig; skröplig; *nichtig* ogiltig; *haltlos* ohållbar
hinfliegen VI flyga dit; *umg fallen* ramla omkull **Hinflug** M **auf dem ~** på planet (flyget) dit **hinführen** VT, VI leda (dit)
Hingabe fig F hängivenhet **hingeben** VR **sich ~** dat hänge sig åt **Hingebung** F hängivenhet
hingegen KONJ däremot **hingehen** VI gå dit; *Zeit* förflyta; **das mag so ~** det får gå **hingehören** VI höra dit **hingerissen** ADJ hänförd, gripen **hinhalten** VT hålla (räcka) fram; *fig ... ~ für* få bära ngt för ngt; *verzögern* uppehålla **hinhauen** A VT ramla B VI *mit klappen* klaffa, passa C VR **sich ~** *umg sich hinlegen* knyta sig **hinhören** VI lyssna
hinken VI halta *a. fig*
hinknien VR **sich ~** falla på knä **hinkommen** VI komma dit; komma fram; *hingeraten* ta vägen; bli av; **mit** (dat) **~** *umg auskommen* räcka; *umg ordna sig, fixa sig;* stämma **hinkriegen** *umg* VT fixa, greja; **ich krieg das schon hin** det fixar jag **hinlangen** VI räcka dit; *fig* vara tillräcklig **hinlänglich** ADV tillräckligt **hinlegen** A VT lägga ifrån sig (od ned) B VR **sich ~** lägga sig **hinnehmen** *fig* VT *dulden* tåla; *sich gefallen lassen* finna sig i **hinreichen** A VT **j-m etw** (akk) **~** räcka fram ngt till ngn B VI räcka till **hinreichend** ADJ tillräcklig
Hinreise F ditresa
hinreißen *fig* VT hänrycka, hänföra **hinreißend** ADJ förtjusande; *med-*
ryckande
hinrichten VT avrätta **Hinrichtung** F avrättning
hinschmeißen *umg* VT slänga, slänga ifrån sig; **sich ~** slänga sig ned **hinsetzen** A VT sätta dit (od ned) B VR **sich ~** sätta sig (ned)
Hinsicht F hänseende n, avseende n; **in ~ auf** (akk) med hänsyn till, i betraktande av; **in dieser ~** i detta hänseende
hinsichtlich PRÄP (gen) med avseende på, beträffande
hinstellen A VT ställa dit (od fram); *fig* framställa; **j-n als dumm (faul) ~** beteckna ngn som dum (lat) B VR **sich ~** ställa sig
hinten ADV bak, bakom, baktill; **von ~** bakifrån; **ganz ~** längst bak **hintenherum** ADV bakvägen; *fig* på omvägar
hinter PRÄP (akk, dat) bakom, efter; **~ sich bringen** avverka, göra undan; **~ sich (gebracht) haben** ha bakom sig; **~ j-m (etw) her sein** vara ute efter ngn (ngt) **Hinterachse** F bakaxel **Hinterbein** N bakben n; **sich auf die ~e stellen** *fig* sätta sig på tvären **Hinterbliebene(r)** M/F(M) efterlevande **Hinterdeck** N akterdäck n **hintereinander** ADV efter varandra, i rad **Hintereingang** M bakdörr **Hintergedanke** M baktanke **hintergehen** VT gå bakom ryggen på **Hintergrund** M bakgrund *a. fig;* **im ~** i bakgrunden **Hintergrundmusik** F skvalmusik **Hinterhalt** M bakhåll *n* **hinterhältig** ADJ lömsk **Hinterhand** F *a. Kartenspiel* efterhand **Hinterhaus** N gårdshus *n* **hinterher** ADV bakom, efter; *zeitlich* efteråt; **mit etw ~ sein** ligga efter med ngt; **sehr ~ sein, dass ...** vara mycket noga med att... **hinterhergehen** VI (dat) gå efter (bakom) **hinterherlaufen** VI **j-m/etw ~** *a. fig* springa efter ngn/ngt **Hinterhof** M bakgård **Hinterkopf** M bakhuvud *n* **hinterlassen** VT lämna efter sig; *nach dem Tod* efterlämna **Hinterlassenschaft** F kvarlåtenskap, dödsbo *n* **hinterlegen** VT deponera **Hinterlist** F falskhet, lömskhet **hinterlistig** ADJ falsk, lömsk **Hintermann** M *mein ~* den som är bakom mig; *fig Ratgeber* den som står bakom (det hela)

Hintern *umg* M̄ bak, ända; **sich auf den ~ setzen** *fig* lägga manken till
Hinterrad N̄ bakhjul n **Hinterradantrieb** M̄ bakhjulsdrift **Hinterreifen** M̄ bakdäck n **hinterrücks** ADV bakifrån; *fig* lömsk **Hinterseite** F̄ baksida, avig(sid)a **Hinterteil** M̄ *od* N̄ bakdel; *umg Gesäß* bak **Hintertreffen** N̄ **ins ~ kommen** *fig* hamna i underläge **hintertreiben** V̄T omintetgöra **Hintertreppe** F̄ baktrappa **Hintertür** F̄ bakdörr **Hinterwäldler** *pej* M̄ insnöad typ **hinterziehen** V̄T förskingra, försnilla; **Steuern ~** inte betala skatt **Hinterziehung** F̄ förskingring, försnillning
hinüber ADV (dit)över; till andra sidan
hinüberwechseln V̄I **zu etw ~** byta till ngt
Hin und Her N̄ spring n; **nach vielem ~** efter mycket fram och tillbaka
Hin- und Rückfahrt F̄ tur och retur
hinunter ADV ned(för), dit ned, nedåt **hinuntergehen** V̄I gå ned; **die Treppe ~** gå nedför trappan; **mit dem Preis ~** gå ned i pris **hinunterschlucken** V̄T svälja ned; *fig* svälja
Hinweg M̄ ditväg; **auf dem ~** på ditvägen **hinweg** ADV ur vägen, bort, undan; **über** (*akk*) **...** ~ över; **über etw** (*akk*) **~ sein** ha kommit över ngt **hinwegsehen** V̄I **über etw** (*akk*) **~** se över ngt; *fig* blunda för ngt **hinwegsetzen** V̄R **sich ~ über** (*akk*) **etw** sätta sig över **hinwegtäuschen** V̄T **~ über** (*akk*) blunda för ngt
Hinweis M̄ hänvisning; *Ratschlag* tips n **hinweisen** V̄T,V̄I hänvisa (till), påpeka (**auf** *akk*)
hinwerfen V̄T kasta; slänga i väg; ge upp; **alles ~** strunta i allt
hinziehen A V̄T dra dit; *verzögern* dra ut på tiden med, fördröja B V̄I tåga (*od* flytta) dit; **sich ~** *räumlich* sträcka sig
hinzu ADV dit, fram; (där)till **hinzufügen** V̄T bifoga, tillägga; GASTR tillsätta **hinzukommen** V̄I komma till; **hinzu kommt, dass ...** därtill kommer att ...
hinzuziehen V̄T anlita, vända sig till; tillkalla
Hirn N̄ hjärna; *fig* förstånd n **Hirngespinst** N̄ hjärnspöke n, fantasifoster n **Hirnhautentzündung** F̄ hjärnhinneinflammation **Hirnschaden** M̄

hjärnskada **Hirntod** M̄ hjärndöd **hirnverbrannt** ADJ vansinnig
Hirsch M̄ hjort **Hirschgeweih** N̄ hjorthorn *n/pl* **Hirschkuh** F̄ hind **Hirschleder** N̄ hjortskinn n
Hirse F̄ hirs
Hirte M̄, **Hirtin** F̄ herde
hissen V̄T hissa
Historiker(in) M̄(F̄) historiker **historisch** ADJ historisk
Hit M̄ hit **Hitliste** F̄ hitlista, topplista
Hitze F̄ hetta, (stark) värme; *fig* häftighet **hitzebeständig** ADJ värmebeständig **Hitzefrei** N̄ **~ haben** ha (skol)lov på grund av värmen **Hitzewelle** F̄ värmebölja **hitzig** ADJ het, hetsig; *aufbrausend* hetlevrad, häftig; **Hündin löpsk Hitzkopf** F̄ M̄ brushuvud n **Hitzschlag** M̄ solsting n, värmeslag n
HIV N̄ hiv **HIV-Infektion** F̄ hivsmitta **HIV-infiziert** ADJ hivsmittad **HIV-positiv** ADJ MED hivpositiv **HIV-Test** M̄ MED hivtest
Hiwi ABK (= wissenschaftliche Hilfskraft) ≈ amanuens
H-Milch F̄ UHT-mjölk, H-mjölk
HNO-Arzt ABK M̄ (= Hals-Nasen-Ohren-Arzt), **HNO-Ärztin** ABK F̄ (= Hals-Nasen-Ohren-Ärztin) öron-näsa--hals-läkare
Hobby N̄ hobby
Hobel M̄ hyvel **Hobelbank** F̄ hyvelbänk **hobeln** V̄T, V̄I hyvla
Hoch N̄ leve n; *Wetterkunde* högtryck n; **ein ~ auf j-n ausbringen** utbringa ett leve för ngn
hoch ADJ hög; *nach oben* upp; **~ entwickelt** mycket utvecklad; **drei Meter ~** tre meter hög; **drei Treppen ~** tre trappor upp; **dort geht es ~ her** där går det lustigt till; **4 ~ 5** (4⁵) 4 upphöjt till 5; **~ im Norden** uppe i norr, långt norrut; **hinauswollen** ha högtflygande planer **Hochachtung** F̄ högaktning; **mit vorzüglicher ~** högaktningsfullt **hochachtungsvoll** ADV högaktningsfull (*t adv*) **hochaktuell** ADJ högaktuell **Hochaltar** M̄ högaltare n **Hochamt** N̄ högmässa **hocharbeiten** V̄R **sich ~** arbeta sig upp **Hochbau** M̄ byggande n över jord **hochbegabt** ADJ högt begåvad **hochbetagt** ADJ ålderstigen **Hochbetrieb**

M livlig verksamhet, rusning; *umg* väldig rusch **Hochburg** F högborg **Hochdeutsch** N högtyska **Hochdruck** M högtryck n **Hochdruckgebiet** N högtrycksområde n **Hochebene** F högslätt **hochempfindlich** ADJ överkänslig **hochfahren** A V/T COMPUT starta B V/I åka upp; fara upp **Hochform** F högform **Hochformat** N stående format n **Hochfrequenz** F högfrekvens **Hochgarage** F *Parkhaus* parkeringshus n **Hochgebirge** N högfjäll V/I **hochgehen** *umg* V/I explodera a. fig **Hochgenuss** M ein ~ en verklig njutning **Hochgeschwindigkeitszug** M BAHN höghastighetståg m **Hochglanz** M högglans **hochgradig** ADJ höggradig a. fig **hochhalten** V/T hålla upp; fig sätta högt **Hochhaus** N höghus n **hochheben** V/T lyfta upp **hochinteressant** ADJ mycket intressant **hochkant** ADV högkant **hochkommen** V/I komma upp; ta sig upp, lyckas bra; **wenn es hochkommt** fig på sin höjd **Hochkonjunktur** F högkonjunktur **hochkriegen** *umg* V/T **er kriegt keinen noch** han får inte upp den; *vulg* **den Arsch nicht ~** inte få tummen ur (röven) **hochladen** V/T IT ladda upp **hochleben** V/I **j-n ~ lassen** utbringa ett leve för ngn **Hochleistungssport** M elitidrott **hochmodern** ADJ mycket modern **Hochmut** M högmod n, högfärd **hochmütig** ADJ högmodig, högfärdig **hochnäsig** ADJ *umg* högdragen, mallig **hochnehmen** V/T lyfta upp; fig köra upp, lura; *necken* skoja (driva) med **Hochofen** M masugn **hochprozentig** ADJ högprocentig **Hochrechnung** F beräkning; *statistisch* prognos **Hochruf** M leverop n **Hochsaison** F högsäsong **Hochschule** F högskola; *pädagogische ~* lärarhögskola **Hochschulreife** F behörighet för högskolestudier; gymnasiekompetens **hochschwanger** ADJ höggravid **Hochsee** F **die ~** öppna havet **Hochseefischerei** F havsfiske n **Hochsommer** M högsommar **Hochspannung** F högspänning; fig spänt läge n **hochspielen** V/T göra stor affär av ngt **Hochsprache** F standardspråk n **Hochsprung** M höjdhopp n **höchst** ADV (≈ *überaus*) högst **Hochstapelei** F svindel, skoj n **Hochstapler(in)** M(F) svindlare, skojare **Höchstbelastung** F maximal belastning **Höchstbetrag** M maximibelopp n **Hochstelltaste** F COMPUT skifttangent **höchstens** ADV högst, på sin höjd **höchste(r, s)** A ADJ högsta; **~e Gefahr** mycket stor fara; **in ~em Grade** i högsta grad; **es ist ~e Zeit** det är hög tid, det är verkligen på tiden B ADV **am ~n** högst **Höchstgeschwindigkeit** F maximihastighet **Höchstgewicht** N maximivikt **Höchstleistung** F maximal prestation; högsta effekt; SPORT rekord n **Höchstmaß** N maximum n **höchstpersönlich** ADV i egen hög person **Höchstpreis** M högsta pris n **Höchstsatz** M högsta tariff **höchstwahrscheinlich** ADV med all sannolikhet **Höchstwert** M maximum n

Hochtouren F/PL högvarv n/pl; **auf ~ laufen** vara i full gång **hochtrabend** ADJ högtravande **Hochverrat** M högförräderi n **Hochwasser** N högvatten n; översvämning **hochwertig** ADJ högvärdig; kvalitets- **Hochwild** N högvilt n, storvilt n **Hochzeit** F bröllop n **Hochzeits-** IN ZSSGN bröllops- **Hochzeitsfeier** F, **Hochzeitsfest** N bröllopsfest **Hochzeitsreise** F bröllopsresa **Hochzeitstag** M bröllopsdag **hochziehen** V/T dra upp **hocken** V/I sitta på huk; fig *umg* sitta och hänga; **immer zu Hause ~** bara sitta hemma och hänga; **sich ~** sätta sig på huk **Hocker** M pall; barstol **Höcker** M puckel; *Unebenheit* upphöjning **Hockey** N hockey **Hockeyschläger** M hockeyklubba **Hoden** M testikel **Hodensack** M pung **Hof** M gård; *Königshof* hov n; *Bauernhof* bondgård; **bei ~e** vid hovet; **j-m den ~ machen** uppvakta ngn **Hofdame** F hovdam **hoffen** V/T, V/I hoppas (**auf** *akk* på); **ich will es ~!** det får jag hoppas! **hoffentlich** ADV jag (*etc*) hoppas; för-

hoppningsvis; **~ nicht** jag hoppas inte det **Hoffnung** F̲ hopp n, förhoppning; *Erwartung* förväntan; **in der ~** i förhoppning; **j-m ~ machen** ge ngn hopp (**auf** *akk* om); **sich keine ~en machen** inte göra sig några förhoppningar; **guter ~ sein** vara havande, gå i väntande dagar **hoffnungslos** A̲D̲J̲ hopplös **Hoffnungslosigkeit** F̲ hopplöshet **hoffnungsvoll** A̲D̲J̲ hoppfull, förhoppningsfull; *vielversprechend* lovande
höflich A̲D̲J̲ artig, hövlig **Höflichkeit** F̲ artighet, hövlighet
hohe A̲D̲J̲ → hoch **Höhe** F̲ höjd *a. fig*; **auf der ~ von** (*dat*) GEOG i höjd med; **nicht ganz auf der ~ sein** inte vara riktigt i form; **in ~ von** (*dat*) *Summe* till ett belopp av; *umg* **das ist ja die ~!** det är ju höjden! **Hoheit** F̲ *Person u. fig* höghet; *Staatshoheit* överhöghet **Hoheitsgebiet** N̲ territorium n **Hoheitsgewässer** N̲/P̲L̲ territorialvatten n **Höhenangst** F̲ höjdskräck **Höhenflug** M̲ höjdflygning; *gedanklich* flykt **Höhenluft** F̲ bergsluft **Höhenrekord** M̲ höjdrekord n **Höhensonne** F̲ högfjällssol; ELEK kvartslampa **Höhenunterschied** M̲ höjdskillnad **Höhepunkt** *a. fig*, kulmen **höher** A̲D̲J̲ högre; **in ~em Maße** i högre grad, i större utsträckning; **immer ~** allt höher; → hoch
hohl A̲D̲J̲ ihålig; *fig* tom **Höhle** F̲ håla; *Grotte* grotta; *umg* vrå, lya **Höhlenmalerei** F̲ grottmålning **Hohlkopf** *fig* M̲ träskalle **Hohlkreuz** N̲ svankrygg **Hohlmaß** N̲ rymdmått n **Hohlraum** M̲ hålighet, tomrum n
Hohn M̲ hån *u. fig* **Hohngelächter** N̲ hånskratt n **höhnisch** A̲D̲J̲ hånfull
Hokuspokus M̲ hokuspokus n
Holding F̲ WIRTSCH holdingbolag n
holen V̲T̲ hämta; *Brot ~* gå och köpa bröd; **sich ~** *Krankheit* få; **~ lassen** skicka efter
Holland N̲ Holland n **Holländer** M̲ holländare **Holländerin** F̲ holländska **holländisch** A̲D̲J̲ holländsk
Hölle F̲ helvete n; **es war die ~ los** *umg viel Lärm* det var ett förskräckligt liv; *Durcheinander* det var en jäkla röra **Höllenangst** F̲ dödlig ångest **Höllenlärm** *umg* M̲ fruktansvärt oväsen n **Höllenqual** F̲ helveteskval n **höllisch** A̲ A̲D̲J̲ helvetisk B̲ A̲D̲V̲ *umg* väldigt, (d)jävligt; **es tut ~ weh** det gör (d)jävligt ont
holpern V̲I̲ skaka, skumpa; *fig* staka sig
Holunder M̲ fläder
Holz N̲ trä n; *Nutzholz* virke n; *Bauholz* timmer n; *Brennholz* ved; *Stück Holz* träbit; vedträ n; **~ verarbeitend** träförädlande **Holzbein** N̲ träben n **Holzbohrer** M̲ träborr *a. n*; ZOOL träfjäril **hölzern** A̲D̲J̲ av trä, trä-; *fig* klumpig **Holzfäller(in)** M̲/F̲ skogshuggare **holzfrei** A̲D̲J̲ träfri **holzig** A̲D̲J̲ trä(akt)ig **Holzkohle** F̲ träkol n **Holzleim** M̲ trälim n **Holzschnitt** N̲ vedträ n **Holzschnitt** M̲ träsnitt n **Holzschnitzer(in)** M̲/F̲ träsnidare **Holzschuh** M̲ träsko **Holzschuppen** M̲ vedbod, vedskjul n **Holzweg** M̲ **auf dem ~ sein** ha fått något om bakfoten **Holzwolle** F̲ träull **Holzwurm** M̲ trämask

Homepage F̲ COMPUT hemsida
homogen A̲D̲J̲ homogen
Homöopathie F̲ homöopati
Homo-Ehe F̲ homoäktenskap n **Homosexualität** F̲ homosexualitet **homosexuell** A̲D̲J̲ homosexuell
Honig M̲ honung **Honigkuchen** M̲ honungskaka **honigsüß** A̲D̲J̲ söt som honung **Honigwabe** F̲ vaxkaka
Honorar N̲ honorar n, arvode n **Honoratioren** M̲/P̲L̲ honoratiores *pl* **honorieren** V̲T̲ honorera; **j-n ~** ge (betala) ngn arvode
Hooligan M̲ huligan
Hopfen M̲ humle *a. n*
hopp A̲ INTER hopp; **los, ~!** sätt fart! B̲ A̲D̲V̲ snabbt **hoppla** INT hoppsan, hoppla **hopsen** V̲I̲ hoppa, skutta **Hopser** M̲ skutt n, hopp n
Hörapparat M̲ hörapparat n **hörbar** A̲D̲J̲ hörbar **Hörbuch** N̲ ljudbok
horchen V̲I̲ lyssna
Horde F̲ hord, skara, flock
hören V̲T̲, V̲I̲ höra; **~ auf** (*akk*) lyssna till, lyda; **schwer ~** höra illa; **wie ich höre** som jag hör; **das lässt sich ~** det låter höra sig; **lass mal etwas von dir ~!** hör av dig någon gång! **Hörensagen** N̲ **vom ~** ha hört berättas **Hörer(in)** M̲/F̲ åhörare; kursdeltagare; *Rundfunk* (radio)lyssnare; *Telefon* (tele-

fon)lur **Hörerschaft** F åhörare pl, auditorium n **Hörfehler** M hörfel n **Hörgerät** N höraparat **hörgeschädigt** ADJ hörselskadad
Horizont M horisont; **das geht über seinen ~** det går över hans horisont **horizontal** ADJ horisontal **Horizontale** F horisontallinje
Hormon N hormon n
Horn N a. MUS horn n; **j-m Hörner aufsetzen** vara otrogen mot ngn **Hornbrille** F hornbågade glasögon pl **Hörnchen** N Gebäck giffel **Hornhaut** F hornhinna; Schwiele förhårdnad
Hornisse F ZOOL bålgeting
Horoskop N horoskop n
horrend ADJ horribel, hårresande
Hörrohr N hörlur; Stethoskop stetoskop n **Hörsaal** M hörsal **Hörspiel** N hörspel n, radiopjäs
Horst M (rovfågels)näste n; Fliegerhorst flygbas
Hort M Zuflucht tillflyktsort; Kinderhort fritidshem n, daghem n
horten VT Geld samla od lägga på hög
Hortensie F BOT hortensia
Hörweite F **in ~** inom hörhåll; **außer ~** utom hörhåll
Hose F byxor pl; **eine ~** ett par byxor; **die ~n anhaben** bestämma, vara herre i huset; **in die ~n machen** göra i byxorna (vor dat av) **Hosenanzug** M byxdräkt **Hosenbund** M byxlinning **Hosenrock** M byxkjol **Hosenschlitz** M gylf **Hosentasche** F byxficka **Hosenträger** MPL hängslen n/pl
Hospital N sjukhus n, lasarett n
hospitieren VI auskultera, vara gäst
Host M IT värd **Hostess** F värdinna; callgirl
Hostie F hostia
Hotdog N varm korv med bröd
Hotel N hotell n **Hotelbesitzer(in)** MF hotellägare **Hotelfach** N hotell- och restaurangprogram n; hotellbransch **Hotelführer** M hotellguide **Hotelgewerbe** N hotellrörelse **Hotelzimmer** N hotellrum n
Hotline F hotline, tele(fon)jour
hrsg. ABK (= herausgegeben) utg., utgiven
Hub M lyftning; Kolbenhub (kolv)slag n

Hubraum M TECH cylindervolym
hübsch ADJ vacker, snygg, fin; **sich ~ machen** göra sig fin; **sich ~ anziehen** klä sig snyggt
Hubschrauber M helikopter
huckepack ADV på ryggen
Huf M hov **Hufeisen** N hästsko **Huflattich** M BOT tussilago, hästhov **Hufschmied(in)** MF hovslagare
Hüfte F höft **Hüftgelenk** N höftled
Hügel M kulle, höjd **hügelig** ADJ backig, kuperad
Huhn N a. GASTR höns n; Henne höna **Hühnchen** N kyckling; **mit j-m ein ~ zu rupfen haben** fig ha en gås oplockad med ngn **Hühnerauge** N liktorn **Hühnerbrühe** F hönsbuljong **Hühnerbrust** F hönsbröst n **Hühnerei** N hönsägg n **Hühnerfleisch** N hönskött n **Hühnerfrikassee** N frikassé på höns **Hühnerstall** M hönshus n **Hühnersuppe** F hönssoppa **Hühnerzucht** F hönsuppfödning; hönsfarm
hui INTER åh, oj
huldigen VI ⟨dat⟩ hylla **Huldigung** F hyllning
Hülle F omslag n, fodral n, hölje n, täckelse n; **in ~ und Fülle** i överflöd n **hüllen** VT ⟨sich⟩ **~ in** (akk) hölja (sig), svepa in (sig)
Hülse F a. TECH hylsa; BOT skida, balja; skal n **Hülsenfrucht** F skidfrukt, baljfrukt
human ADJ human **Humanismus** M humanism **humanistisch** ADJ humanistisch **Humanität** F humanitet **Humanmedizin** F medicin
Humbug M humbug
Hummel F humla
Hummer M hummer
Humor M humor **Humorist(in)** MF humorist **humoristisch** ADJ humoristisk **humorlos** ADJ humorlös **humorvoll** ADJ humoristisk
humpeln VI halta, linka
Humpen M stop n
Humus M humus, mull
Hund M hund; **auf den ~ kommen** komma på dekis; **da liegt der ~ begraben** umg det är det som är kruxet; **das ist ja ein dicker ~!** det är en ren fräck-

het!; vilken tabbe! **hundeelend** ADJ mir ist ~ jag känner mig helvissen **Hundefutter** N hundmat **Hundehütte** F hundkoja **Hundekuchen** M hundkex **Hundeleine** F koppel n **hundemüde** ADJ, ADV dödstrött **Hunderasse** F hundras
hundert NUM hundra; fünf von ~ fem procent **Hundert** N hundratal n; ~e (von) Menschen hundratals människor; zu ~en i hundratal, hundratals **Hunderter** M hundratal n; *Geldschein* hundralapp **hundertfach** ADJ hundrafaldig **Hundertjahrfeier** F hundraårsjubileum n **hundertjährig** ADJ hundraårig **hundertmal** ADV hundra gånger **hundertprozentig** ADJ hundraprocentig **Hundertstel** N hundradel **hundertste(r, s)** ADJ hundrade; vom Hundertsten ins Tausendste kommen hoppa från det ena till det andra **hunderttausend** NUM hundratusen
Hundeschlitten M hundsläde **Hundeschnauze** F hundnos **Hundesteuer** F hundskatt **Hundewetter** umg N hundväder n, busväder n **Hündin** F tik **hundsgemein** ADJ nedrig, gemen **Hundstage** MPL rötmånad
Hüne M jätte, bjässe
Hunger M hunger, svält; ~ **haben** vara hungrig **Hungergefühl** N hungerkänsla **Hungerlohn** M svältlön **hungern** VI hungra, svälta; ~ **nach** (dat) fig känna en stark längtan efter **Hungersnot** F hungersnöd **Hungerstreik** M hungerstrejk **Hungertod** M svältdöd **Hungertuch** N am ~ nagen fig umg svälta, suga på ramarna **hungrig** ADJ hungrig
Hupe F signalhorn n, tuta **hupen** VI tuta
Hüpfburg F hoppborg **hüpfen** VI hoppa, skutta; das ist gehüpft wie gesprungen det är hugget som stugget **Hüpfer** M litet hopp
Hürde F häck, hinder a. fig **Hürdenlauf** M häcklöpning
Hure F hora
hurra INTER hurra
husch INTER vips, bums, kvickt **huschen** VI kila, slinka
hüsteln VI småhosta
husten VI hosta **Husten** M hosta **Hustenanfall** M hostanfall n **Hustenbonbon** M halstablett **Hustensaft** M hostmedicin
Hut¹ M hatt; mit etw nichts am ~ haben fig umg inte alls vara intresserad av ngt; das kannst du dir an den ~ stecken fig umg det kan du behålla; unter einen ~ bringen fig jämka ihop
Hut² F vakt; auf der ~ sein vara på sin vakt (vor dat för)
hüten A VT vakta; *Kinder* passa; *Vieh* valla; das Bett ~ vara sängliggande B VR sich ~ akta sig, ta sig i akt (vor dat för) **Hüter(in)** MF vaktare, vårdare
Hutkrempe F hattbrätte n **Hutmacher(in)** MF hattmakare **Hutschachtel** F hattask
Hütte F hydda, koja, (liten) stuga; TECH hytta, bruk n; SCHIFF hytt; *Hundehütte* koja **Hüttenkäse** M keso
Hyäne F hyena
Hyazinthe F hyacint
Hybridantrieb M hybriddrift **Hybridauto** N hybridbil **Hybridfahrzeug** N hybridfordon n
Hydrant M vattenpost
Hydraulik F hydraulik **hydraulisch** ADJ hydraulisk
Hygiene F hygien **hygienisch** ADJ hygienisk
Hymne F hymn, lovsång
hyperaktiv ADJ överaktiv **Hyperbel** F hyperbol
Hyperlink M COMPUT hyperlänk
hypermodern ADJ hypermodern
Hypnose F hypnos **hypnotisieren** VT hypnotisera
Hypochonder(in) MF hypokondriker
Hypothek F hypotek n, inteckning
Hypothese F hypotes **hypothetisch** ADJ hypotetisk
Hysterie F hysteri **hysterisch** ADJ hysterisk

I

I, i N̄ I, i *n*
i. A. ABK (= im Auftrag) e.u., enligt uppdrag
IC® ABK (= Intercityzug) intercitytåg *n*
ICE® ABK (= Intercityexpresszug) *in Schweden* höghastighetståg *n*, ≈ X 2000
ich PERS PR jag **Ich** N̄ jag *n*
Icon N̄ IT ikon
ideal ADJ ideal(isk) **Ideal** N̄ ideal *n*
idealisieren V̄T idealisera **Idealismus** M̄ idealism **Idealist(in)** M̄/F̄ idealist **idealistisch** ADJ idealistisk
Idee F̄ idé; **fixe ~** fix idé
ideell ADJ ideell
Ideenaustausch M̄ utbyte *n* av idéer
Identifikation F̄ identifikation **identifizieren** V̄T identifiera **identisch** ADJ identisk **Identität** F̄ identitet
Ideologe M̄ ideolog **Ideologie** F̄ ideologi **ideologisch** ADJ ideologisk
Idiom N̄ idiom *n*
Idiot(in) M̄/F̄ idiot **Idiotie** F̄ idioti **idiotisch** ADJ idiotisk
Idol N̄ idol
Idyll N̄ idyll **idyllisch** ADJ idyllisk
IG ABK (= Industriegewerkschaft) ~ **Metall** ≈ Tyska metallindustriarbetarförbundet
Igel M̄ igelkott
Iglu N̄ *od* N̄ iglo(o)
Ignoranz F̄ ignorans, okunnighet **ignorieren** V̄T ignorera
ihm PERS PR ⟨*dat*⟩ *Person, a. + präp* honom; *Sache, a. + präp* den; *ett-Wort, a. + präp* det; **wer hilft ~?** vem hjälper honom?; **wie geht es ~?** hur är det med honom?; **ein Freund von ~** en vän till honom; *Kaktus etc* **gib ~ viel Wasser** ge den mycket vatten
ihn PERS PR ⟨*akk*⟩ *Person* honom; *Sache* den; *ett-Wort* det; **kannst du ~ fragen?** kan du fråga honom?; *Möbel, Pflanze* **wo sollen wir ~ hinstellen?** var ska vi ställa den?
ihnen PERS PR ⟨*dat*⟩ *Person u. Sache, a. + präp* dem; **wer hilft ~?** vem hjälper dem?; **wie geht es ~?** hur är det med dem?; **ein Freund von ~** en vän till dem **Ihnen** PERS PR ⟨*dat*⟩ *sg, a. + präp* dig; *pl, a. + präp* er; **kann ich ~ helfen?** kan jag hjälpa dig/er?; **wie geht es ~?** hur är det med dig/er?; **ein Freund von ~** en vän till dig/er
ihr A PERS PR *2. pers pl* ni; **seid ~ da?** är ni där? B PERS PR ⟨*dat*⟩ *Person, a. + präp* henne; *Sache, a. + präp* den; *ett-Wort, a. + präp* det; **wer hilft ~?** vem hjälper henne?; **wie geht es ~?** hur är det med henne?; **ein Freund von ~** en vän till henne; *Pflanze* **gib ~ viel Wasser** ge den mycket vatten
ihr(e, er, es) POSS PR *Person sg* hennes; *Sache sg* dess; *mehrere Besitzer* deras; *Besitzer = Subjekt* sin; *ett-Wort* sitt; *pl* sina; **ist das ~ Auto?** är det hennes bil?; *mehrere Besitzer* är det deras bil?; **sie wäscht/waschen ~ (eigenes) Auto** hon/de tvättar sin (egen) bil
Ihr(e, er, es) POSS PR *auf eine Person bezogen* din; *ett-Wort* ditt; *pl* dina; *auf mehrere Personen bezogen* er; *ett-Wort* ert; *pl* era; *im Brief* ~ **XY** ohne *pron* XY **ihrerseits** ADV å sin/hennes/deras sida **Ihrerseits** ADV å din/er sida **ihresgleichen** PRON sådana som hon/de **Ihresgleichen** PRON sådana som du/ni **ihretwegen**, **ihretwillen (um)** för hennes/deras skull **Ihretwegen** ADV, **Ihretwillen** för din/er skull
Ikone F̄ ikon
illegal ADJ illegal
illegitim ADJ illegitim
Illusion F̄ illusion **illusorisch** ADJ illusorisk
Illustration F̄ illustration **illustrieren** V̄T illustrera **Illustrierte** F̄ veckotidning
Iltis M̄ ZOOL iller
im KONTR VON (= in dem) ~ **Haus** i huset; ~ **März** i mars; ~ **Jahr(e) 2015** år 2015; ~ **nächsten Jahr** nästa år; **zweimal ~ Jahr** två gånger om året; ~ **Fernsehen/Radio** på tv/radio; ~ **Zug/Bus** på tåget/bussen; ~ **Ernst** på allvar; ~ **Stehen** stående; → **in**
Image N̄ image, framtoning, profil
imaginär ADJ imaginär
Imbiss M̄ matbit; lätt mål *n*, mellanmål *n* **Imbissstand** M̄, **Imbissstube** F̄ gatukök *n*
Imitation F̄ imitation, efterbildning

imitieren VT imitera, efterbilda
Imker(in) M(F) biodlare
Immatrikulation F UNIV inskrivning
immatrikulieren VR skriva in sig vid universitetet
immens ADJ ofantlig
immer ADV alltid, ständigt, jämt; ~ **reicher** allt rikare (och rikare); **auf ~, für ~** för alltid; ~ **noch** fortfarande; **wer ~** vem som än; **wo ~** var än; ~ **wenn** varje gång; ~ **wieder** om och om igen, jämt och ständigt **Immergrün** N vintergröna **immerhin** ADV åtminstone; i alla fall; trots allt, ändå; **na, ~!** det är ju alltid något!
Immigrant(in) M(F) immigrant **Immigration** F immigration **immigrieren** VI immigrera
Immobilie F fast egendom **Immobilienhändler(in)** M(F), **Immobilienmakler(in)** M(F) fastighetsmäklare
immun ADJ immun **Immunabwehr** F immunförsvar n **Immunität** F immunitet **Immunsystem** N immunsystem n
Imperativ M imperativ
Imperfekt N imperfekt n
Imperialismus M imperialism **imperialistisch** ADJ imperialistisk
impfen VT vaccinera (mot) (**gegen** akk) **Impfpass** M vaccinationsintyg n **Impfstoff** M vaccin n **Impfung** F vaccination, vaccinering
implizieren VT inbegripa
imponieren VI ⟨dat⟩ imponera, göra intryck (på)
Import M import, införsel **Importeur(in)** M(F) importör **importieren** VT importera, införa
imposant ADJ imposant, imponerande
impotent ADJ impotent
imprägnieren VT impregnera
Impressionismus M impressionism **impressionistisch** ADJ impressionistisk
Improvisation F improvisation **improvisieren** VT, VI improvisera
Impuls M impuls **impulsiv** ADJ impulsiv
imstande ADJ ~ **sein (zu)** vara i stånd (till)
in A PRÄP+AKK (in) i; Stadt, Land, Krankenhaus etc till; Theater, Kino, Hotel, Straße etc på; ~ **die Zeitung schauen** titta i tidningen; ~ **den Wagen steigen** kliva in i bilen; ~ **die Schweiz fahren** åka till Schweiz; ~ **die Oper gehen** gå på opera; ~ **die deutsche Sprache übersetzen** översätta till tyska (språket) B PRÄP+DAT på; Zeitraum, 'während' under; 'binnen' inom; Zukunft om; ~ **der Stadt** i staden; ~ **der Königsstraße** på Kungsgatan; ~ **diesem Jahr** (under) det här året, i år; ~ **einer Woche fertig sein** vara klar inom en vecka; ~ **acht Tagen** om åtta dagar C ADV umg ~ **sein** vara inne
Inanspruchnahme F **die ~ eines Kredits** utnyttjande av en kredit; **infolge starker ~** på grund av hård belastning
Inbegriff M symbol; urtyp
inbegriffen ADJ inkluderad, medräknad
Inbetriebnahme F öppnande n för trafik; idrifttagande n
Inbrunst F innerlighet, värme **inbrünstig** ADJ innerlig, varm, brinnande
indem KONJ während medan, under det (att); dadurch, dass genom att
Inder M indier **Inderin** F indiska
indes(sen) A ADV under tiden; aber emellertid B KONJ under det att, medan; medan däremot
Index M index a. n
Indianer M neg! indian **Indianerin** F neg! indianska **indianisch** ADJ neg! indiansk
Indien N Indien n
Indikation F indikation
Indikativ M indikativ
indirekt ADJ indirekt
indisch ADJ indisk
indiskret ADJ indiskret
Individualismus M individualism **individualistisch** ADJ individualistisk **individuell** ADJ individuell **Individuum** N individ
Indiz N indicium n
Indonesien N Indonesien **Indonesier** M indonesier **Indonesierin** F indonesiska **indonesisch** ADJ indonesiska
industrialisieren VT industrialisera **Industrie** F industri **Industrieanlage** F industrianläggning **Indust-**

riegebiet N industriområde n **Industriegewerkschaft** F industriarbetarförbund n **industriell** ADJ industriell **Industrielle(r)** M/F(M) industriman **Industriemüll** M industriavfall n **Industrieroboter** M industrirobot **Industriespionage** F industrispionage n **Industriestaat** M i-land n, industriland n **Industrie- und Handelskammer** F handelskammare **Industriezweig** M industrigren
ineinander ADV i varandra; n i vartannat; ihop, samman **ineinandergreifen** VI gripa in i varandra
infam ADJ infam, gemen; umg fruktansvärd
Infanterie F infanteri n
Infarkt M MED infarkt
Infektion F MED infektion **Infektionskrankheit** F MED infektionssjukdom
Infinitiv M GRAM infinitiv
infizieren VT infektera
Inflation F WIRTSCH inflation **Inflationsrate** F WIRTSCH inflationstakt
Info A umg N informationsblad n B umg F information
infolge PRÄP ⟨gen⟩ på grund av, till följd av **infolgedessen** ADV därför, följaktligen
Infomaterial N informationsmaterial n
Informant(in) M(F) uppgiftslämnare, visselblåsare **Informatik** F data- och informationsteknik, informatik **Informatiker(in)** M(F) informatiker **Information** F information **Informationsschalter** M, **Informationsstand** M information **Informationstechnologie** F IT informieren VT, V/R ⟨sich⟩ informera ⟨sig⟩; informiert sein vara informerad **Infotainment** N infotainment (underhållning med informativa inslag)
infrage ADV ~ stellen ifrågasätta; das kommt nicht ~ det kommer aldrig på fråga
infrarot ADJ infraröd
Infrastruktur F infrastruktur
Infusion F infusion
Ingenieur(in) M(F) ingenjör
Ingwer M BOT ingefära
Inhaber(in) M(F) innehavare, ägare
inhaftieren VT sätta i häckte; anhålla
Inhaftierung F häktning
inhalieren VT, VI inhalera, inandas
Inhalt M innehåll n **Inhaltsangabe** F uppgift om innehållet **inhaltslos** ADJ innehållslös; fig värdelös **Inhaltsverzeichnis** N innehållsförteckning
Initiale F initial, begynnelsebokstav **Initiative** F initiativ, aktionsgrupp; die ~ ergreifen ta initiativet **initiieren** VT initiera
Injektion F injektion **injizieren** VT injicera
inklusive PRÄP ⟨gen⟩ inklusive, inberäknad
inkognito ADV inkognito
inkompatibel ADJ IT inkompatibel
inkompetent ADJ inkompetent
inkonsequent ADJ inkonsekvent
Inkrafttreten N ikraftträdande n
Inkubationszeit F inkubationstid
Inland N inland n **inländisch** ADJ inrikes, inhemsk **Inlandsflug** M inrikesflyg n **Inlandsmarkt** M inrikesmarknad **Inlandsporto** N inrikesporto n
inlineskaten VI SPORT åka inlines **Inlineskates** M(PL) inlineskridskor
inmitten PRÄP ⟨gen⟩ mitt ibland, mitt i
innehaben VT a. Amt inneha
innen ADV inne, inuti, invändigt; nach ~ inåt; von ~ infrån **Innenarchitekt(in)** M(F) inredningsarkitekt **Inneneinrichtung** F inredning **Innenleben** N inre liv n **Innenminister(in)** M(F) inrikesminister **Innenpolitik** F inrikespolitik **innenpolitisch** ADJ inrikespolitisk **Innenseite** F insida **Innenstadt** F innerstad **Innere** A N inre n; interiör; im ~n i det inre; sein ~s sitt inre; ins ~des Landes i de inre delarna av landet; Ministerium des Innern inrikesdepartement n B F im Krankenhaus medicinavdelning **Innereien** PL inälvor **innere(r, s)** ADJ inre; MED invärtes; inländisch inrikes **innerhalb** PRÄP ⟨gen⟩ örtlich innanför, inom, (inut)i; zeitlich inom **innerlich** ADJ inre a. fig; MED invärtes **innerste(r, s)** ADJ innersta **Innerste(s)** N innersta n **innig** ADJ innerlig **Innigkeit** F innerlighet
innovativ ADJ innovativ
Innung F skrå n
inoffiziell ADJ inofficiell

Input M od. N input; IT a. indata
ins KONTR VON (= in das) ~ **Haus** in i huset; ~ **Krankenhaus** till sjukhuset; ~ **Theater gehen** gå på teater; ~ **Schwedische übersetzen** översätta till svenska; → in
Insasse M, **Insassin** F passagerare; *Gefängnis* intern
insbesondere ADV i synnerhet, särskilt
Inschrift F inskrift, inskription
Insekt N insekt **Insektenbekämpfungsmittel** N insektsbekämpningsmedel n
Insel F ö **Inselbewohner(in)** M(F) öbo **Inselgruppe** F ögrupp
Inserat N annons **Inserent(in)** M(F) annonsör **inserieren** VT, VI annonsera
insgeheim ADV i hemlighet, i smyg
insgesamt ADV totalt, sammanlagt
insofern, insoweit A ADV såtillvida B KONJ ~ **(als)** såvitt, i den mån som
Inspektion F inspektion **Inspektor(in)** M(F) inspektör
Inspiration F inspiration **inspirieren** VT inspirera
inspizieren VT inspektera
Installateur(in) M(F) rörmokare, montör **Installation** F installation **installieren** VT installera, montera
instand ADJ ~ **halten** hålla i (gott) stånd; ~ **setzen** sätta i stånd, rusta upp; *reparieren* reparera, laga **Instandhaltung** F underhåll n
inständig ADV enträgen
Instandsetzung F iståndsättande n, upprustning; renovering
Instanz F instans
Instinkt M instinkt **instinktiv** ADJ instinktiv
Institut N institut n; UNIV institution **Institution** F institution
instruieren VT instruera, undervisa **Instruktion** F instruktion
Instrument N instrument n **instrumental** ADJ instrumental
Insulin N insulin n
inszenieren VT inscenera; sätta upp; *fig* regissera, ställa till **Inszenierung** F inscenering, uppsättning; regi
intakt ADJ intakt
Integralrechnung F integralkalkyl
Integration F integration **integrieren** VT integrera
Integrität F integritet
Intellekt M intellekt n **intellektuell** ADJ intellektuell **intelligent** ADJ intelligent **Intelligenz** F intelligens
Intendant(in) M(F) teaterchef; radiochef, tv-chef
Intensität F intensitet **intensiv** ADJ intensiv **Intensivstation** F intensivvårdsavdelning
interaktiv ADJ IT interaktiv
Intercity® M intercitytåg n
interdisziplinär ADJ tvärvetenskaplig
interessant ADJ intressant **Interesse** N intresse n **Interessengebiet** N intresseområde n **Interessengemeinschaft** F intressegemenskap **Interessensphäre** F intressesfär **Interessent(in)** M(F) intressent; spekulant **interessieren** A VT intressera B VR sich für etw ~ intressera sig för ngt, vara intresserad av ngt
Interface N IT gränssnitt n
Interjektion F interjektion
interkulturell ADJ interkulturell
Intermezzo N intermezzo n
intern ADJ intern
Internat N internat n
international ADJ internationell
Internet N IT internet n; **im ~ surfen** surfa på nätet (od internet) **Internetanschluss** M internetanslutning **Internetauktion** F internetauktion **Internetcafé** N internetkafé n **internetfähig** ADJ internetanpassad **Internetgeneration** F internetgeneration **Internethandel** M e-handel **Internetprovider** M internetleverantör **Internetseite** F webbsida **Internetverbindung** F nätuppkoppling, internetuppkoppling **Internetzugang** M tillgång till internet
internieren VT internera
Internist(in) M(F) invärtesläkare, internist
Interpret(in) M(F) interpret **Interpretation** F tolkning **interpretieren** VT tolka
Interpunktion F interpunktion
Interrailticket® N interrailkort n, tågluffarkort n; **mit ~ fahren** tågluffa
Interrogativpronomen N interrogativpronomen n
Intervall N intervall a. n

intervenieren v/i intervenera **Intervention** f intervention
Interview n intervju **interviewen** v/t intervjua
intim adj intim **Intimbereich** m underliv n; *Privatleben* privatliv n **Intimität** f intimitet **Intimpartner(in)** m(f) sexualpartner **Intimsphäre** f privatliv n
intolerant adj intolerant **Intoleranz** f intolerans
Intonation f intonation
intransitiv adj intransitiv
intravenös adj intravenös
Intrigant(in) m(f) intrigant **Intrige** f intrig **intrigieren** v/i intrigera
introvertiert adj introvert, inåtvänd
Intuition f intuition
intus *umg* etw ~ haben ha fått i sig ngt; *fig* ha snappat upp ngt; **einen ~ haben** vara berusad
Inuit pl inuit
Invalide m, **Invalidin** f invalid **Invalidität** f invaliditet
Invasion f invasion
Inventar n inventarier pl
Inventur f inventering
investieren v/t, v/i investera **Investition** f investering **Investmentfonds** m investeringsfond **Investor(in)** m(f) investerare
In-vitro-Fertilisation f med konstgjord befruktning
inwendig adv invändig, inre
inwiefern, inwieweit A adv i vilken mån B konj huruvida
Inzest m incest
Inzucht f inavel
inzwischen adv under tiden; sedan dess
Ion n jon
i. R. abk (= im Ruhestand) pensionerad
Irak m Irak n **irakisch** adj irakisk
Iran m Iran n **iranisch** adj iransk
irdisch adj jordisk, världslig
Ire m irländare
irgend adv överhuvudtaget, alls **irgendein(e, er, es)** indef pr någon (som helst); *ett-Wort* någon (som helst); **~ Tag** vilken dag som helst **irgendetwas** indef pr något (som helst); **nimm ~!** ta vad som helst! **irgendjemand** indef pr någon (som helst) **irgendwann** adv någon gång **irgendwelche(r, s)** indef pr någon (som helst); *ett-Wort* något (som helst) **irgendwer** indef pr någon (som helst) **irgendwie** adv på något sätt **irgendwo** adv någonstans **irgendwoher** adv någonstans ifrån **irgendwohin** adv någonstans
Irin f irländska
Iris f a. bot iris
irisch adj irisk, irländsk **Irland** n Irland n
Ironie f ironi **ironisch** adj ironisk
irre adj galen, vansinnig; *umg* fantastisk; vansinnig; **das ist ja ~!** det är ju inte klokt! **Irre** f in die ~ vilse **Irre(r)** m(f/m) sinnesrubbad **irreführen** fig v/t vilseleda, förvirra **irreführend** adj vilseledande n **irremachen** v/t förvilla, förvirra **irren** A v/i irra (omkring) B v/r sich ~ missta sig; *fig* sich in etw ~ missta sig på ngt **Irrenhaus** n neg! *fig umg* dårhus n **Irrgarten** m labyrint **irrig** adj oriktig, felaktig
irritieren v/t irritera
Irrsinn m vansinne n **irrsinnig** adj vansinnig; *umg* otrolig, hemsk B adv väldigt, hemskt **Irrtum** m misstag n; **im ~ sein** ha fel **irrtümlich** adj felaktig, oriktig
Ischias f od m med ischias
ISDN abk (= integrated services digital network) ISDN **ISDN-Anschluss** m ISDN-anslutning
Islam m islam **islamisch** adj islamsk **Islamist(in)** m(f) islamist
Island n Island n **Isländer** m islänning **Isländerin** f isländska **isländisch** adj isländsk **Isländisch** n isländska (språket)
Isolation f isolering **Isolierband** n isoleringsband n **isolieren** v/t isolera **Isolierung** f isolering
Isomatte f liggunderlag n
Isotop n isotop
Israel n Israel n **Israeli** m/f Mann israel; *Frau* israeliska **israelisch** adj israelisk
Italien n Italien n **Italiener** m italienare **Italienerin** f italienska **italienisch** adj italiensk **Italienisch** n italienska (språket)
i-Tüpfelchen n bis aufs ~ till punkt och pricka, in i minsta detalj
i. V. abk (= in Vertretung) e.u., enligt

uppdrag; tf., tillförordnad

J

J, j N̄ J, j n
ja ADV ja, jo; *erklärend* ju; *unbedingt* för all del; **~ doch!** jo då!; **das ist ~ schrecklich** det är ju hemskt; **komm ~ nicht zu spät** du får absolut inte komma för sent **Ja** N̄ ja n
Jacht F̄ yacht, jakt
Jacke F̄ jacka, kavaj; kofta **Jackett** N̄ kavaj
Jade M̄ *od* F̄ jade
Jagd F̄ jakt *a. fig;* **auf die ~ gehen** gå på jakt **Jagdflugzeug** N̄ jakt(flyg)plan n **Jagdhund** M̄ jakthund **Jagdrevier** N̄ jaktmark *a. fig* **Jagdschein** M̄ jaktlicens **Jagdzeit** F̄ jakttid **jagen** V/T *u.* V/I jaga; *eilen* jäkta; jaga, rusa; **in die Flucht ~** jaga på flykten **Jäger(in)** M(F) jägare; FLUG jaktplan n
Jaguar M̄ ZOOL jaguar
jäh ADJ snabb, plötslig, häftig; *steil* brant
Jahr N̄ år n; **im ~e 2015** år 2015; **seit ~en i** (*od* på) åratal; **von ~ zu ~** från år till år; **in die ~e kommen** bli till åren; **in die ~e gekommen sein** vara till åren kommen; **in mittleren ~en** medelålders; **in den Siebzigerjahren** på 70-talet; **~ für ~** år ut och år in **jahrelang** ADJ i åratal **jähren** V/R es jährt sich heute, dass ... det är i dag ett år sedan ... **Jahresabschluss** M̄ årsbokslut n **Jahresanfang** M̄ årets början **Jahresbeitrag** M̄ årsavgift **Jahresbericht** M̄ årsberättelse **Jahreseinkommen** N̄ årsinkomst **Jahresende** N̄ årsslut n **Jahrestag** M̄ årsdag **Jahreswechsel** M̄ årsskifte n **Jahreszahl** F̄ årtal n **Jahreszeit** F̄ årstid **Jahrgang** M̄ årgång, årskull **Jahrhundert** N̄ århundrade n, sekel n **Jahrhundertwende** F̄ sekelskifte n; **um die ~** vid sekelskiftet **-jährig** IN ZSSGN årsgammal; **drei~** treårs- **jährlich** A ADJ årlig B ADJ årligen; **zwei-**mal **~** två gånger om året **Jahrmarkt** M̄ (års)marknad **Jahrtausend** N̄ årtusende n **Jahrtausendwende** F̄ millennieskifte n **Jahrzehnt** N̄ årtionde n
Jähzorn M̄ häftigt humör n **jähzornig** ADJ häftig, hetlevrad
Jalousie F̄ jalusi, persienn
Jammer M̄ jämmer; *Elend* elände n; *laute Klage* jämrande n; **es ist ein ~** det är bedrövligt **jämmerlich** ADJ bedrövlig, eländig **jammern** V/I jämra sig, klaga; **es jammert mich** jag tycker det är synd **jammerschade** ADJ es ist ~, dass ... det är verkligen synd att ..
Jänner *österr* M̄ januari **Januar** M̄ januari; **am 1. ~** den 1 januari; **im ~** i januari
Japan N̄ Japan n **Japaner(in)** M(F) japan(ska) **japanisch** ADJ japansk **Japanisch** N̄ japanska (språket)
Jargon M̄ jargong
Jasmin M̄ jasmin
Jastimme F̄ jaröst
Jauche F̄ gödselvatten n
jauchzen V/I jubla
jaulen V/I gnälla, yla
jawohl ADV ja, ja visst
Jawort N̄ sie gab ihm ihr ~ hon gav honom sitt ja
Jazz M̄ jazz **Jazzband** F̄ jazzband n
je ADV *jemals* någonsin; *pro* per; **er gab ihnen ~ fünf Euro** han gav var och en fem euro; **~ ... desto ...** ju ... desto ...; **~ nach** beroende på, allt efter; **~ nachdem** beroende på; **~ zwei** två och två, två i sänder
Jeans PL *od* F̄ jeans
jedenfalls ADV i alla fall
jede(r, s) INDEF PR *insgesamt gesehen* varenda (en); *einzeln gesehen* varje; *jeder Einzelne* var och en; *alle* alla **jedermann** INDEF PR jeder Einzelne var och en; *jeder Beliebige* vem som helst **jederzeit** ADV *immer* alltid; *zur beliebigen Zeit* när som helst
jedoch KONJ, ADV dock, men, emellertid
Jeep® M̄ jeep
jeher ADV von ~ sedan gammalt
jemals ADV nå(go)nsin; **kaum ~** nästan aldrig
jemand INDEF PR någon

jene(r, s) DEM PR den där; *ett-wort* det där; *pl* de där **jenseits** PRÄP **A** ADV på andra sidan **B** PRÄP på andra sidan *(gen od* **von** *dat* om); *fig* bortom **Jenseits** N livet *n (best Form)* efter detta
Jesus M Jesus
Jet M jet **Jetlag** M jetlag
jetzig ADJ nuvarande, nutida **jetzt** ADV nu, för närvarande
jeweilig ADJ aktuell, rådande, respektive **jeweils** ADV vid varje tillfälle, varje gång, alltid; **~ zwei** två åt gången
Jh. ABK (= Jahrhundert) årh., århundrade
Job M job *n*; tillfälligt arbete *n* **jobben** *umg* VI jobba (tillfälligt) **Jobsharing** N delad tjänst
Joch N ok *n*
Jockey M jockey
Jod N jod
jodeln VT, VI joddla
joggen VI jogga **Jogginganzug** M joggingoverall
Joghurt M *od* N yoghurt
Johannisbeere F BOT vinbär *n*
johlen VI skråla, skräna
Joker M joker
Jolle F jolle
Jongleur(in) M(F) jonglör **jonglieren** VI jonglera
Jordanien N Jordanien **jordanisch** ADJ jordansk
Jot N (bokstaven) j
Journalismus M journalistik **Journalist(in)** M(F) journalist
Joystick M COMPUT joystick
Jubel M jubel **jubeln** VI jubla **Jubiläum** N jubileum *n* **Jubiläumsausgabe** F jubileumsutgåva
jucken klia; **es juckt mich am Arm** det kliar på armen; **das juckt mich nicht** *fig umg* det intresserar mig inte
Jude M jude **Judentum** N judendom **Jüdin** F judinna **jüdisch** ADJ judisk
Judo N SPORT judo
Jugend F ungdom; *junge Leute* ungdomar *pl*; **von ~ an** sedan ungdomen **Jugendamt** N ≈ ungdomsavdelningen inom socialnämnden **Jugendbuch** N ungdomsbok **jugendfrei** ADJ *Film* barntillåten **Jugendfreund(in)** M(F) ungdomsvän(inna) **Jugendherberge** F vandrarhem *n* **Jugendherbergsausweis** M vandrar-

hemskort *n* **Jugendkriminalität** F ungdomsbrottslighet **jugendlich** ADJ ungdomlig **Jugendliche(r)** M(F(M)) ungdom **Jugendlichkeit** F ungdomlighet **Jugendliebe** F ungdomskärlek **Jugendschutz** M skydd *n* av minderåriga **Jugendstil** M jugendstil **Jugendzeit** F ungdomstid **Jugendzentrum** N ungdomsgård
Juli M juli
jung ADJ ung; **~e Leute** ungdomar; **~er Wein** årets vin **Junge** M pojke **Junge(s)** N unge; **~ werfen** få ungar **jungenhaft** ADJ pojkaktig **jünger** ADJ yngre; → jung **Jünger** M lärjunge **Jungfer** F *alte ~* gammal ungmö, nucka; → **Jungfrau Jungfernfahrt** F jungfrufärd **Jungfernhäutchen** N mödomshinna **Jungfrau** F jungfru; oskuld; ASTROL Jungfrun; **die Heilige ~** jungfru Maria
Junggeselle M ungkarl **Junggesellin** F ogift kvinna, ungmö
Jüngling M yngling **jüngst** **A** ADJ ⟨→ **jung**⟩ yngst; **in ~er Zeit** på senaste tiden; **der Jüngste Tag** yttersta dagen **B** ADV (helt) nyligen
Juni M juni
junior ADJ junior **Junior** M junior
Junkfood N skräpmat
Junkie *umg* M knarkare, sprutnarkoman
Junkmail F COMPUT skräp(e-)post
Jura OHNE ART juridik; **~ studieren** studera juridik; → **Dr. jur. Jurist(in)** M(F) jurist **juristisch** ADJ juridisk
Jury F jury
Jus *österr* OHNE ARTIKEL juridik **Justiz** F rättsväsende *n* **Justizbeamte(r)** M, **Justizbeamtin** F juridisk ämbetsman **Justizminister(in)** M(F) justitieminister **Justizministerium** N justitiedepartement *n* **Justizvollzugsanstalt** F fångvårdsanstalt
Jute F jute *a. n*
Juwel N juvel; *Person fig* pärla **Juwelier(in)** M(F) juvelerare **Juweliergeschäft** N guldsmedsaffär
Jux *umg* M skämt *n*, skoj *n*; **~ machen** spexa; **aus ~** på skoj

K

K, k N̄ K, k n

Kabarett N̄ kabaré
Kabel N̄ kabel **Kabelanschluss** M̄ kabelanslutning **Kabelfernsehen** N̄ kabel-TV
Kabeljau M̄ torsk
kabellos ADJ TEL, IT trådlös
Kabine F̄ hytt, kabin; provrum n
Kabinett N̄ kabinett n; POL a. ministär
Kachel F̄ kakel n; kakelplatta **kacheln** V̄/T kakla **Kachelofen** M̄ kakelugn
Kacke vulg F̄ skit **kacken** vulg V̄/I skita
Kadaver M̄ kadaver n
Kadenz F̄ kadens
Kadmium N̄ kadmium a. n
Käfer M̄ skalbagge
Kaff N̄ Ort håla, avkrok
Kaffee M̄ kaffe n; ~ **kochen** koka kaffe; **das ist kalter** ~ umg fig det har vi hört förr **Kaffeeautomat** M̄ kaffebryggare **Kaffeebohne** F̄ kaffeböna **Kaffeefilter** M̄ kaffefilter n **Kaffeekanne** F̄ kaffekanna **Kaffeeklatsch** M̄ kafferep n **Kaffeelöffel** M̄ kaffesked **Kaffeemaschine** F̄ kaffebryggare **Kaffeemühle** F̄ kaffekvarn **Kaffeesatz** M̄ kaffesump **Kaffeetasse** F̄ kaffekopp **Kaffeetisch** M̄ kaffebord m
Käfig M̄ bur
kahl ADJ kal; *Kopf* skallig; ~ **fressen**, **~fressen** kaläta **Kahlheit** F̄ kalhet **Kahlkopf** M̄ flintskalle **kahlköpfig** ADJ flintskallig **Kahlschlag** M̄ kalhygge n; fig ödelse
Kahn M̄ (liten) båt, eka; *Lastschiff* pråm; umg skuta, skorv
Kai M̄ kaj
Kaiser M̄ kejsare **Kaiserin** F̄ kejsarinna **kaiserlich** ADJ kejserlig **Kaiserreich** N̄ kejsardöme n **Kaiserschnitt** M̄ kejsarsnitt n
Kajak M̄ kajak
Kajüte F̄ kajuta
Kakao M̄ kakao; **eine Tasse** ~ en kopp choklad; **j-n durch den** ~ **ziehen** förlöj-

liga ngn
Kaktee F̄, **Kaktus** M̄ kaktus
Kalauer M̄ dålig vits
Kalb N̄ kalv **kalben** V̄/I kalva **Kalbfleisch** N̄ kalvkött n **Kalbleder** N̄ kalvskinn n **Kalbsbraten** M̄ kalvstek **Kalbshachse** F̄ kalvlägg **Kalbsschnitzel** N̄ kalvschnitsel
Kaleidoskop N̄ kalejdoskop n
Kalender M̄ kalender, almanacka **Kalenderjahr** N̄ kalenderår n
Kali N̄ kali n; kalium n
Kaliber N̄ kaliber a. fig
Kalk M̄ kalk; kalcium n **Kalkmangel** M̄ kalkbrist **Kalkstein** M̄ kalksten
Kalkulation F̄ kalkyl **kalkulieren** V̄/T kalkylera, beräkna
Kalorie F̄ kalori **kalorienarm** ADJ kalorifattig, kalorisnål
kalt ADJ kall; fig bes kylig; **mir ist ~ jag fryser**; **~ stellen** kyla; **das lässt mich ~** det gör mig detsamma **kaltblütig** ADJ kallblodig **Kälte** F̄ köld; kyla **kältebeständig** ADJ köldbeständig **Kältewelle** F̄ köldvåg **Kaltfront** F̄ köldfront **kaltgepresst** ADJ *Öl* kallpressad **kaltherzig** ADJ kallsinnig, okänslig **Kaltluft** F̄ kalluft **kaltmachen** umg V̄/T slå ihjäl ngn **Kaltmiete** F̄ kallhyra **Kaltschale** F̄ kall saftsoppa **kaltschnäuzig** ADJ umg slanglokalt; oförskämd **Kaltstart** M̄ COMPUT kallstart
Kalzium N̄ kalcium n
Kamel N̄ kamel; fig åsna
Kamera F̄ kamera
Kamerad(in) M̄/F̄ kamrat **Kameradschaft** F̄ kamratskap n **kameradschaftlich** ADJ kamratlig
Kamerafrau F̄ (kvinnlig) kameraman
Kameramann M̄ kameraman
Kamille F̄ kamomill **Kamillentee** M̄ kamomillte n
Kamin M̄ öppen spis; *Schornstein* skorsten
Kamm M̄ a. Hahnenkamm etc kam **kämmen** V̄/T, V̄/R kamma (sich *sig*)
Kammer F̄ a. POL kammare **Kammerdiener** M̄ kammartjänare **Kammerjäger(in)** M̄/F̄ skadedjursbekämpare **Kammermusik** F̄ kammarmusik **Kammersänger(in)** M̄/F̄ hovsångare
Kampagne F̄ kampanj
Kampf M̄ kamp, strid; SPORT tävling,

match **kampfbereit** ADJ stridsfärdig
kämpfen VI SPORT kämpa, a. tävla
Kampfer M kamfer
Kämpfer(in) M(F) krigare, kämpe
kämpferisch ADJ stridbar **Kampfflugzeug** N strids(flyg)plan n
Kampfhandlung F stridshandling
Kampfhund M kamphund **kampflustig** ADJ stridslysten **Kampfrichter** M domare **Kampfsport** M kampsport **kampfunfähig** ADJ stridsoduglig; **j-n ~ machen** sätta ngn ur spel
kampieren VI kampera
Kanada N Kanada n **Kanadier** M kanadensare **Kanadierin** F kanadensiska **kanadisch** ADJ kanadensisk
Kanal M a. RADIO kanal **Kanalisation** F kanalisation; avloppssystem n
Kanarienvogel M kanariefågel
Kandidat(in) M(F) kandidat **Kandidatur** F kandidatur **kandidieren** VI kandidera
kandiert ADJ kanderad **Kandis(-zucker)** M(M) kandisocker n
Känguru N känguru
Kaninchen N kanin
Kanister M dunk
Kännchen N liten kanna
Kanne F kanna
Kannibale M, **Kannibalin** F kannibal **Kannibalismus** M kannibalism
Kanon M a. MUS kanon
Kanone F kanon; umg unter aller ~ urusel; umg Person stjärna **Kanonenfutter** N kanonmat
Kantate F kantat
Kante F kant; **auf die hohe ~ legen** lägga undan, spara **kantig** ADJ kantig
Kantine F (personal)matsal, lunchrum n
Kanton M kanton
Kantor M kantor
Kanu N kanot
Kanüle F kanyl
Kanzel F predikstol; FLUG cockpit
Kanzlei F kansli n, sekretariat; advokatbyrå
Kanzler(in) M(F) kansler
Kap N kap n, udde
Kapazität F a. Person kapacitet
Kapelle F a. MUS kapell n **Kapellmeister(in)** M(F) kapellmästare
kapern VT kapa; **sich etw ~** kapa åt sig ngt

kapieren umg VT fatta, begripa; **kapiert? fattar du?**
Kapital N kapital n **Kapitalanlage** F kapitalplacering **Kapitalflucht** F kapitalflykt **Kapitalismus** M kapitalism **Kapitalist(in)** M(F) kapitalist **kapitalistisch** ADJ kapitalistisk **kapitalkräftig** ADJ kapitalstark **Kapitalverbrechen** N svårt brott n
Kapitän(in) M(F) kapten
Kapitel N kapitel n
Kapitulation F kapitulation **kapitulieren** VI kapitulera
Kappe F mössa, huva, luva; huv, lock n; hylsa; Schuh kappa; **auf seine ~ nehmen** ta på sitt ansvar **kappen** VT toppa, kapa **Käppi** N keps; båtmössa
Kapsel F kapsel
kaputt umg ADJ trasig, sönder; müde slut; **~ machen** slå/ha sönder **kaputtgehen** VI gå sönder **kaputtlachen** VR **sich ~** skratta sig fördärvad **kaputtmachen** VT fig knäcka; slå (ha) sönder
Kapuze F kapuschong, huva
Karaffe F karaff
Karambolage F karambolage n; AUTO krock
Karaoke N MUS karaoke
Karat N karat a. n
Karate N karate
Karawane F karavan
Kardamom M od N kardemumma
Kardanwelle F kardanaxel
Kardinal M kardinal **Kardinalfehler** M kardinalfel n **Kardinalzahl** F kardinaltal n
Karenztag M karensdag
Karfiol österr M blomkål
Karfreitag M långfredag
karg ADJ torftig, knapp, mager **kärglich** ADJ karg, torftig
Karibik F die ~ Karibiska havet
kariert ADJ rutig
Karies F karies
Karikatur F karikatyr **Karikaturist(in)** M(F) karikatyrtecknare
Karneval M karneval **Karnevalszug** M karnevalståg n
Karnickel N kanin
Karo N ruta; Kartenspiel ruter
Karosserie F karosseri n
Karotte F morot
Karpfen M karp

Karre(n) F/M kärra
Karriere F karriär
Karte F kort n; *Fahrkarte* biljett; *Speisekarte* matsedel; *Landkarte* karta; **mit ~ bezahlen** betala med kort; **~n spielen** spela kort; **nach der ~ essen** äta à la carte **Kartei** F kortregister n, kartotek n **Karteikarte** F kartotekskort n, registerkort n
Kartell N kartell
Kartenhaus N korthus n **Kartenspiel** N kortspel n **Kartentelefon** N korttelefon **Kartenvorverkauf** M förköp av biljetter
Kartoffel F potatis **Kartoffelbrei** M potatismos n **Kartoffelchips** PL potatischips pl **Kartoffelkäfer** M koloradobagge **Kartoffelkloß** M ≈ kroppkaka sg **Kartoffelmehl** N potatismjöl n **Kartoffelpuffer** M raggmunk, potatisplätt **Kartoffelsalat** M potatissallad **Kartoffelschäler** M potatisskalare
Karton M kartong
Kartusche F COMPUT färgpatron
Karussell N karusell
Karwoche F påskvecka
karzinogen ADJ cancerframkallande
Karzinom N cancertumör
Käse M ost; *umg Unsinn* smörja, strunt n **Käseglocke** F ostkupa **Käsekuchen** M (tysk) ostkaka *(kaka gjord på färskost)*
Kaserne F kasern
Käsestange F oststång
Kasino N kasino n; officersmäss
Kaskade F kaskad
Kaskoversicherung F självrisk försäkring; AUTO helförsäkring
Kasper M kasper, pajas **Kaspertheater** N kasperteater
Kasse F kassa; **~ machen** räkna kassan; *umg* håva in en massa pengar; sjukkassa, försäkringskassa **Kassenarzt** M, **Kassenärztin** F sjukkasseläkare **Kassenbestand** M kassabehållning **Kassenbon** M kassakvitto n **Kassenschlager** M succé **Kassensturz** M **~ machen** räkna kassan **Kassenzettel** M (kassa)kvitto n
Kasserolle F ≈ traktörpanna
kassieren A VT inkassera B VI **darf ich ~?** får jag ta betalt? **Kassierer(in)** M/F kassör(ska)

Kastanie F kastanj **kastanienbraun** ADJ kastanjebrun
Kästchen N skrin n, liten ask; ruta
Kasten M låda; *Bierkasten* back; *Hausful* kåk; *Schiff* skorv; AUTO *umg pej* rishög; **er hat was auf dem ~** *umg* han är helskärpt
kastrieren VT kastrera
Kasus M kasus *a. n*
Kat *umg* M katalysator (im Auto)
Katakombe F katakomb
Katalog M katalog; *Verzeichnis* lista, förteckning **katalogisieren** VT katalogisera
Katalysator M katalysator
Katapult N katapult
Katarrh M katarr
katastrophal ADJ katastrofal **Katastrophe** F katastrof **Katastrophenschutz** M ≈ räddningstjänst; katastrofförebyggande åtgärder
Kategorie F kategori **kategorisch** ADJ kategorisk
Kater M hankatt; *fig umg* baksmälla; **einen ~ haben** vara bakfull
Katheder M *u.* N kateder
Kathedrale F katedral
Katheter M kateter
Katholik(in) M/F katolik **katholisch** ADJ katolsk **Katholizismus** M katolicism
Kätzchen N kattunge; BOT hänge n, videkisse **Katze** F katt; **das ist für die Katz** *fig* det är alldeles bortkastat *(od förgäves)* **Katzenauge** N *a. Rücklicht* kattöga n **Katzenbuckel** M krökt rygg **Katzenjammer** *umg* M baksmälla **Katzenklo** N kattlåda **Katzensprung** M stenkast n **Katzenstreu** F kattsand
Kauderwelsch N rotvälska
kauen VT, VI tugga
kauern VI sitta nedhukad (på huk); **sich ~** huka sig ned, krypa ihop
Kauf M köp n; **einen ~ abschließen** avsluta ett köp; **in ~ nehmen** *fig* ta med i beräkningen, finna sig i **kaufen** VT köpa **Käufer(in)** M/F köpare **Kauffrau** F ≈ ekonom; *Geschäftsfrau* affärskvinna **Kaufhaus** N varuhus n **kaufkräftig** ADJ köpstark **käuflich** ADJ till salu; *bestechlich* besticklig, mutbar **Kaufmann** M *Geschäftsmann* affärsman; *Wirtschaftswissenschaftler* eko-

kaufmännisch ADJ ekonomi-, affärs-, handels-; **~er Angestellter** kontorsanställd; **~e Lehre** handelsutbildning **Kaufpreis** M köpesumma **Kaufvertrag** M köpekontrakt n **Kaufzwang** M köptvång n
Kaugummi M tuggummi n
Kaulquappe F ZOOL grodyngel
kaum ADV knapp(as)t
Kaution F säkerhet; deposition; borgen
Kautschuk M BOT kautschuk
Kauz M kattuggla; *Person* (sonderbarer, komischer) kuf
Kavalier M kavaljer
Kavallerie F kavalleri n
Kaviar M GASTR kaviar
keck ADJ käck, djärv
Kegel M kon; kägla **Kegelbahn** F kägelbana, bowlingbana **kegeln** VI spela kägel, bowla
Kehle F strupe; **aus voller ~** för full hals
Kehlkopf M struphuvud n
Kehre F *Kurve* skarp kurva **kehren** A VT, VI (=fegen) sopa B VI (=wenden) vända; **kehrt!** MIL helt om!; **in sich gekehrt sein** vara inåtvänd **Kehricht** M sopor *pl* **Kehrmaschine** F sopmaskin **Kehrreim** M refräng, omkväde n **Kehrseite** F avigsida a. fig **kehrtmachen** VI göra helt om **Kehrtwendung** F helomvändning
keifen VI skälla, gräla
Keil M kil
Keilerei umg F slagsmål n
Keilriemen M AUTO fläktrem
Keim M grodd; embryo n; frö n a. fig; bacill; **etw im ~ ersticken** kväva ngt i sin linda **keimen** VI gro, spira **keimfrei** ADJ steril, bakteriefri **Keimzelle** F könscell; fig kärna, frö n
kein(e, er, es) INDEF PR *sg* ingen; *ett-Wort* inget; *pl* inga; **~er von ihnen** ingen av dem; **ich will ~es von beiden** jag vill inte ha någon av dem; **ich habe ~ Geld** jag har inga pengaringen; **~ bisschen** inte ett dugg **keinesfalls** ADV, **keineswegs** inte alls; inte på något sätt **keinmal** ADV ingen gång, aldrig
Keks M kex n, småkaka; umg j-m **auf den ~ gehen** gå ngn på nerverna
Kelch M bägare, kalk; BOT a. blomfoder n
Kelle F slev; *Maurerkelle* murslev
Keller M källare
Kellerassel F gråsugga
Kellerei F vinkällare **Kellerloch** N källarglugg **Kellermeister(in)** M|F| föreståndare för vinkällare **Kellerwohnung** F källarvåning
Kellner M kypare, servitör **Kellnerin** F servitris **kellnern** umg VI jobba som servitör/servitris
Kelter F vinpress **keltern** VT pressa (druvor)
keltisch ADJ keltisk
kennen VT känna (till), vara bekant med; **wie ich ihn kenne** om jag känner honom rätt; **sich ~** känna varandra; **~ lernen** lära känna **kennenlernen** VT lära känna **Kenner(in)** M|F| kännare
kenntlich ADJ **sich ~ machen** ge sig tillkänna **Kenntnis** F kännedom, vetskap; **~ nehmen** ta notis (von om); **zur ~ nehmen** lägga på hjärtat; **~se** *pl* kunskap(er) **Kenntnisnahme** F **zur ~** för kännedom **Kennwort** N a. IT lösenord n; *in Anzeige* svar till **Kennzeichen** N kännetecken n; AUTO registreringsnummer n **kennzeichnen** VT utmärka, beteckna, känneteckna; *Weg* markera; *Waren* märka **kennzeichnend** ADJ utmärkande, typiskt **Kennziffer** F sifferkod; *in Anzeige* nummer n
kentern VI kantra
Keramik F keramik
Kerbe F skåra, jack n, hack n
Kerbel M körvel
Kerker M fängelse n
Kerl M karl, kille **Kerlchen** N pys, parvel, knatte
Kern M kärna a. fig **Kernenergie** F kärnenergi **Kernfamilie** F kärnfamilj **Kerngehäuse** N kärnhus n **kerngesund** ADJ kärnfrisk **Kernkraftwerk** N kärnkraftverk n **kernlos** ADJ kärnfri **Kernphysik** F kärnfysik **Kernpunkt** M kärnpunkt **Kernschmelze** F härdsmälta **Kernspaltung** F kärnklyvning **Kernwaffen** F|PL| kärnvapen n|pl| **Kernzeit** F fixtid
Kerze F (stearin)ljus n; AUTO tändstift n **kerzengerade** ADJ spikrak **Kerzenhalter** M ljushållare **Kerzenleuchter** M ljusstake **Kerzenlicht** N ljus-

sken n
kess ADJ kavat, framåt; uppnosig; piffig, käck
Kessel M kittel, gryta, panna; *Talkessel* kitteldal
Ketchup M ketchup
Kette F kedja, kätting; *fig Reihe* rad
ketten V/T kedja fast **Kettenfahrzeug** N bandfordon n **Kettenraucher(in)** M/F kedjerökare **Kettenreaktion** F kedjereaktion *a. fig*
Ketzer(in) M/F kättare
keuchen V/I pusta, flåsa, flämta **Keuchhusten** M kikhosta
Keule F klubba, knölpåk; SPORT kägla; *Fleisch* lår n, bog
keusch ADJ kysk **Keuschheit** F kyskhet
Keyboard N MUS, COMPUT tangentbord n
Kfz ABK (= Kraftfahrzeug) motorfordon n **Kfz-Steuer** F bilskatt **Kfz-Versicherung** F bilförsäkring
kg ABK (= Kilogramm) kg, kilogram
Kibbuz M kibbutz
Kichererbse F kikärt
kichern V/I fnittra, fnissa
Kickboard N SPORT ≈ sparkcykel **kicken** A V/T kicka, sparka B V/I SPORT lira (fot)boll **Kicker** M SPORT fotbollsspelare
kidnappen V/T kidnappa **Kidnapper(in)** M/F kidnappare
Kids *umg* PL kids
Kiebitz M ZOOL tofsvipa; *Person* åskådare (i kortspel)
Kiefer[1] F tall
Kiefer[2] M käke **Kieferhöhle** F käkhåla
Kiel M SCHIFF köl **Kielwasser** N kölvatten n *a. fig*
Kiemen F/PL gälar *pl*
Kies M grus n; *umg* kosing, klöver
Kiesel M kisel *a. n*
Kiesgrube F grusgrop, grustag n
Kiez M *Stadtgegend* kvarter n; *Bordellgegend* bordellkvarter n
kiffen *umg* V/T röka hasch **Kiffer(in)** M/F haschrökare
kikeriki INTER kukeliku
Killerspiel N COMPUT ≈ dataspel n med våldsamt innehåll
Kilo N kilo **Kilobyte** N IT kilobyte **Kilogramm** N kilo(gram) **Kilometer** M kilometer **Kilometerstand** M mätarställning **Kilometerzähler** M vägmätare **Kilowatt** N kilowatt **Kilowattstunde** F kilowattimme
Kimme F siktskåra
Kind N barn n; von ~ auf/an alltifrån barndomen; mit ~ und Kegel med hela familjen **Kindchen** N litet barn n, barnunge **Kinderarbeit** F barnarbete n **Kinderarzt** M, **Kinderärztin** F barnläkare **Kinderbetreuung** F barntillsyn **Kinderbett** N barnsäng **Kinderbuch** N barnbok **Kinderei** F barnslighet **Kinderermäßigung** F rabatt för barn **Kinderfahrkarte** F barnbiljett **kinderfeindlich** ADJ barnfientlig **kinderfreundlich** ADJ barnvänlig **Kindergarten** N ≈ förskola **Kindergärtner(in)** M/F förskollärare **Kindergeld** N barnbidrag n **Kinderheim** N barnhem n **Kinderhort** M ≈ fritidshem n **Kinderkanal** M barnprogram n **Kinderkrankheit** F barnsjukdom **Kinderlähmung** F barnförlamning **kinderleicht** ADJ barnsligt enkel **kinderlieb** ADJ barnkär **Kinderlied** N barnvisa **kinderlos** ADJ barnlös **Kinderlosigkeit** F barnlöshet **Kindermädchen** N barnflicka **Kinderpornografie**, **Kinderpornographie** F barnpornografi **kinderreich** ADJ barnrik **kindersicher** ADJ barnsäker **Kindersitz** M barnsits; bilbarnstol **Kinderspiel** N barnlek; *fig* bagatell, småsak **Kinderspielplatz** M lekplats **Kinderstube** F barnkammare; *fig* (god) uppfostran **Kindertagesstätte** F (≈ *Kinderkrippe, Kindergarten*) ≈ förskola; *umg* dagis n; (≈ *Hort*) fritidshem n **Kinderteller** M barnportion **Kinderwagen** M barnvagn **Kinderzimmer** N barnkammare **Kindesalter** N barnaålder **Kindesmissbrauch** M övergrepp n mot barn **Kindesmisshandlung** F barnmisshandel **kindgemäß** ADJ barnanpassad **kindgerecht** ADJ barnvänlig **Kindheit** F barndom **kindisch** ADJ barnslig; *einfältig* enfaldig **kindlich** ADJ barnslig; *unschuldig* oskuldsfull
Kinkerlitzchen N/PL *Albernheiten* struntsaker *pl*; *Tand* krafs n, bjäfs n
Kinn N haka **Kinnbart** M hakskägg n

Kinnhaken M̄ slag (n) mot käken
Kinnlade F̄ → Kinnbacke
Kino N̄ bio(graf); **ins ~ gehen** gå på bio
Kiosk M̄ kiosk
Kippe F̄ **1** tipp; **auf der ~ stehen** stå och väga **2** (=Zigarettenkippe) fimp; umg (=Zigarette) cigg **kippen** A V̄ī tippa över B V̄ī tippa, stjälpa; dumpa; hålla; **einen ~ trinken** ta sig ett glas
Kirche F̄ kyrka **Kirchenchor** M̄ kyrkokör **Kirchendiener(in)** M(F) kyrkvaktmästare **Kirchengemeinde** F̄ församling **Kirchenjahr** N̄ kyrkoår n **Kirchenlied** N̄ psalm **Kirchenmaus** F̄ **arm wie eine ~** fattig som en kyrkråtta **Kirchensteuer** F̄ kyrkoskatt **Kirchentag** M̄ ≈ kyrklig sammankomst **Kirchgang** M̄ kyrkobesök n **Kirchgänger(in)** M(F) kyrkobesökare **Kirchhof** M̄ kyrkogård **kirchlich** ADJ kyrklig **Kirchturm** M̄ kyrktorn n **Kirchweih(e)** F̄ marknad
Kirmes F̄ årsmarknad
Kirschbaum M̄ körsbärsträd n **Kirsche** F̄ körsbär n **Kirschkuchen** M̄ körsbärskaka **Kirschlikör** M̄ körsbärslikör **Kirschtomate** F̄ körsbärstomat **Kirschwasser** N̄ → Kirsch
Kissen N̄ kudde, dyna **Kissenbezug** M̄ örngott n
Kiste F̄ låda; AUTO, FLUG umg kärra
Kita ABK F̄ (= Kindertagesstätte) → Kindertagesstätte
Kitsch M̄ kitsch, smörja; skräp n **kitschig** ADJ kitschig, smaklös
Kitt M̄ kitt n
Kittchen umg N̄ finka, kurra
Kittel M̄ städrock; arbetsrock; skyddsrock
kitten V̄ī kitta
Kitzel M̄ kittling, retning **kitzeln** V̄ī, V̄ī kittla **Kitzler** M̄ klitoris **kitzlig** ADJ kittlig; fig heikel kinkig, vansklig
Kiwi F̄ kiwi(frukt)
KKW ABK (= Kernkraftwerk) kärnkraftverk n
Klacks M̄ Menge klick
klaffen V̄ī a. Wunde vara öppen, gapa, glappa; **sich öffnen** öppna sig
kläffen V̄ī gläfsa, skälla a. fig
Klage F̄ klagan, jämmer n yttr klagomål n, åtal n; **~ auf** (akk) JUR yrkande på; **eine ~ einreichen** lämna in stämningsansökan; **~ führen** föra klagan (**über** akk över) **Klagelied** N̄ klagovisa **klagen** V̄ī klaga; JUR **gegen j-n ~** stämma ngn; **~ auf** (akk) yrka på (inför domstol) **Kläger(in)** M(F) JUR målsägande, kärande **kläglich** ADJ ömklig, ynklig, bedrövlig **klaglos** ADV utan att klaga
Klamauk umg M̄ ståhej n; buskishumor
klamm ADJ fuktig; vor Kälte stelfrusen
Klammer F̄ klämma; Wäscheklammer klädnypa; Schriftzeichen **runde ~** parentes; **eckige ~ klammer; in ~n schreiben** sätta inom parentes **Klammeraffe** F̄ IT snabel-a n **klammern** A V̄ī sätta fast; häfta B V̄R **sich ~** klamra sig fast (**an** dat vid)
Klamotten F/PL kläder; prylar, grejor, **pick och pack** n
Klang M̄ klang, ljud n, ton **Klangfarbe** F̄ klangfärg **klanglos** ADJ klanglös **klangvoll** ADJ klangfull
Klappbett N̄ hopfällbar säng **Klappe** F̄ klaff; lucka, spjäll n; umg Mund trut; **halt die ~!** håll truten (od klaffen)! **klappen** A V̄ī fälla, slå B V̄ī smälla, klappa; gelingen klaffa, ordna sig, funka; **es klappt (nicht)** det går (inte)
Klapper F̄ skallra **klappern** V̄ī klappra, skramla, skallra; **mit den Zähnen ~** hacka tänder **Klapperschlange** F̄ skallerorm
Klappmesser N̄ fällkniv
klapprig ADJ skruttig; skramlig; skröplig
Klappsitz M̄ uppfällbar sits **Klappstuhl** M̄ fällstol **Klapptisch** M̄ fällbord n
Klaps M̄ smäll, slag n, dask; j-m **einen ~ geben** daska till ngn **Klapsmühle** umg F̄ dårhus n
klar ADJ klar; **~ sehen** se klart; **sich über etw ~ werden** komma underfund med ngt; **sich über etw** (akk) **im Klaren sein** vara på det klara med ngt; **~!** klart!, naturligtvis!
Kläranlage F̄ reningsverk n **klären** A V̄ī rena; lösen klara upp, reda ut B V̄R **sich ~** klarna; **die Frage hat sich geklärt** saken är uppklarad
klargehen umg V̄ī gå bra; **das geht klar** umg det är okej; det ordnar sig
Klarheit F̄ klarhet
Klarinette F̄ klarinett

klarkommen umg VI nicht ~ mit (dat) inte kunna klara upp **klarmachen** VT j-m etw ~ göra ngt klart för ngn; etw ~ klargöra ngt **Klarsichtfolie** F plastfolie **klarstellen** VT klarlägga, reda upp
Klärung F rening, renande n; klarläggande n, uppklarande n
klasse umg ADJ toppen
Klasse F klass; erster ~ första klass; zweiter ~ andra klass **Klassenarbeit** F Prüfung prov n **Klassenfahrt** F skolresa **Klassengesellschaft** F klassamhälle n **Klassenkamerad(in)** M(F) klasskamrat **Klassenkampf** M klasskamp **Klassenlehrer(in)** M(F) klassföreståndare **klassenlos** ADJ klasslös **Klassensprecher(in)** M(F) elevrådsrepresentant **Klassentreffen** N klassträff **Klassenunterschied** M klasskillnad **Klassenzimmer** N klassrum n
klassifizieren VT klassificera
Klassik F klassisk epok; Stil klassisk stil; klassisk musik **Klassiker** M klassiker **klassisch** ADJ klassisk
Klatsch M klatsch, smäll; umg fig skvaller n, prat n **Klatschbase** umg F skvallerkäring **klatschen** VI klatscha, smälla; Hände klappa; umg ~ **über** (akk) skvallra om **klatschnass** ADJ genomvåt, dyblöt
Klaue F klo; bei Vieh klöv; fig umg kråkfötter **klauen** umg VT stehlen knycka
Klausel F klausul
Klausur F klausur; UNIV skriftlig tentamen
Klavier N piano n **Klavierkonzert** N pianokonsert **Klavierspieler(in)** M(F) pianist **Klavierstunde** F pianolektion
Klebeband N tejp **Klebefolie** F självhäftande folie **kleben** A VT klistra (fast) B VI klibba, fastna, sitta fast; umg vara klibbig; j-m eine ~ umg ge ngn en örfil; ~ **bleiben** fastna **klebrig** ADJ klibbig **Klebstoff** M klister n **Klebstreifen** M tejp, klisterremsa
kleckern umg VT spilla, fläcka ner **Klecks** M fläck, klick **klecksen** VI spilla, kladda
Klee M BOT klöver **Kleeblatt** N klöverblad n
Kleid N klänning; ~**er** pl Kleidung kläder pl **kleiden** VR sich ~ klä sig; passen klä, passa **Kleiderbügel** M klädhängare, klädgalge **Kleiderbürste** F kläd(es)borste **Kleiderhaken** M krok, klädhängare **Kleiderschrank** M garderob, klädskåp n **Kleiderständer** M klädhängare **Kleidung** F klädsel **Kleidungsstück** N (klädes)plagg n
Kleie F BOT kli n
klein ADJ liten; in zssgn u. Pl små; ~ **hacken** Fleisch finhacka; Holz hacka i småbitar; ~ **schneiden** skära i småbitar; **ein ~es bisschen ...** en liten smula, en aning ...; **bis ins Kleinste** i minsta detalj; **von ~ auf** ända sedan barndomen; **haben Sie es ~?** har du jämna pengar?; ~ **anfangen** börja i liten skala; → **kleine(r) Kleinanzeige** F småannons **Kleinarbeit** F knäpgöra n, petgöra n **Kleinasien** N Mindre Asien n **Kleinbetrieb** M småföretag n **Kleinbildkamera** F småbildskamera **Kleinbürger(in)** M(F) småborgare **kleinbürgerlich** ADJ småborgerlig **Kleinbus** M minibuss **Kleine(r)** M(F/M) der/die ~ den lille/lilla **Kleinfamilie** F kärnfamilj **Kleingeld** N småpengar pl **Kleinigkeit** F småsak, bagatell **Kleinkind** N småbarn n **Kleinkram** M småkrafs n **kleinkriegen** umg VT ha sönder; skära sönder; j-n ~ sätta ngn på plats; knäcka ngn **kleinlaut** ADJ nedslagen, modfälld, försagd **kleinlich** ADJ småaktig, småsint **kleinschreiben** VT skriva med liten bokstav **Kleinschreibung** F (skrivning med) liten bokstav **Kleinstadt** F småstad **Kleinstädter(in)** M(F) småstadsbo **kleinstädtisch** ADJ småstadsaktig **Kleinvieh** N smådjur n **Kleinwagen** M småbil
Kleister M klister n **kleistern** VT klistra
Klementine F klementin
Klemme F klämma; fig klämma, knipa; in der ~ sitzen sitta i klistret **klemmen** VI A VT klämma, trycka B VI gå trögt, sitta fast
Klempner(in) M(F) plåtslagare; rörmokare
Kleptomanie F kleptomani
Klette F kardborre
Kletterer M, **Kletterin** F klättrare
Klettergerüst N klätterställning

klettern VI klättra **Kletterpflanze** F klängväxt **Kletterwand** F klättervägg
Klettverschluss M kardborreknäppning
klicken VI/a. IT klicka; **auf etw ~** klicka på ngt
Klima N klimat n; fig a. stämning **Klimaanlage** F luftkonditionering **Klimaschutz** M ≈ klimatskydd n (åtgärder för att begränsa klimatförändringarna) **klimatisch** ADJ klimatisk, klimat- **Klimawandel** M klimatförändring **Klimawechsel** M klimatombyte n, miljöombyte n
Klimmzug M armhävning
klimpern VI skramla, klirra; Klavier klinka
Klinge F klinga; Rasierklinge rakblad n; **über die ~ springen lassen** fig döda; ruinera
Klingel F (ring)klocka; pingla **Klingelbeutel** M kollekthåv **Klingelknopf** M ringklocka **klingeln** VI ringa (på) **Klingelton** M ringsignal
klingen VI Ton klinga, ljuda, låta; **das klingt schon besser** det låter bättre
Klinik F klinik, sjukhus n **klinisch** ADJ klinisk
Klinke F (dörr)handtag n, (dörr)klinka
klipp ADV **~ und klar** klart och tydligt
Klippe F klippa, skär n; fig hinder n
klirren VI klirra
Klischee N kliché
klitschnass ADJ plaskvåt
klitzeklein umg ADJ pytteliten
Klo N toa
Kloake F kloak
klobig ADJ grov, klumpig
Klon M BIOL klon **klonen** VI/T, VI klona
Klopapier N toa(lett)papper n
klopfen VI klappa; knacka, bulta; **es klopft** det knackar
klöppeln VI knyppla
Klosett N klosett
Kloß M klump; GASTR ≈ kroppkaka; knödel; klimp
Kloster N kloster n
Klotz M kloss, vedklabb; Person tölp, knöl; **ein ~ am Bein** en black om foten
klotzig ADJ grov, klumpig; umg ungeheuer väldig
Klub M klubb
Kluft F klyfta, spricka fig a. motsättning; umg Kleidung kläder pl; utstyrsel; uniform
klug ADJ klok; **(nicht) ~ werden aus** (inte) bli klok på **Klugheit** F klokhet
Klugscheißer(in) umg M(F) besserwisser, viktigpetter
Klumpen M klump, klimp; Erdklumpen koka **klumpen** VI **sich ~** klimpa sig
klumpig ADJ klumpig
Klüngel M gäng n
km ABK (= Kilometer) km, kilometer
km/h ABK (= Kilometer je Stunde) km/h
knabbern VI/T, VI knapra, mumsa (**an** dat); **etwas zum Knabbern** tilltugg n
Knabe M gosse **knabenhaft** ADJ pojkaktig
Knäckebrot N knäckebröd n
knacken A VI knaka, knäppa B VI/T knäcka, knäppa; AUTO umg bryta sig in; Schloss bryta upp **Knacker** M umg alter ~ gubbstrutt **knackig** umg ADJ knaprig, krispig; läcker, snygg **Knackpunkt** umg M springande punkt **Knacks** M knäpp, knäck a. fig; Riss spricka; **einen ~ bekommen** få (sig) en knäck
Knall M knall, smäll; **~ und Fall** knall och fall, plötsligt; **einen ~ haben** umg inte vara riktigt klok **Knallbonbon** M smällkaramell **knallen** VI knalla, smälla; **j-m eine ~ geben** ge ngn en örfil; AUTO umg **es hat geknallt** det har varit en smäll **Knallerbse** F smällare
knallig ADJ Farbe gräll, skrikande **Knallkopf** umg M idiot **knallrot** ADJ knallröd **knallvoll** umg ADJ knallfull; betrunken stupfull
knapp ADJ knapp; Stil kortfattig; eng trång, snäv, åtsittande; **mit ~er Not** nätt och jämnt; **die Zeit ist ~** det är ont om tid; **das Geld ist bei ihm ~** han har ont om pengar; **eine ~e Stunde** knappt en timme **Knappheit** F knapphet; korthuggenhet
knarren VI knarra
Knast umg M kåk; **~ schieben** umg sitta på kåken
knattern VI smattra, knattra
Knäuel M od N nystan n; papperstuss
Knauf M knapp, knopp
knauserig ADJ snål, gnidig **knausern** VI snåla
knautschen VI/T, VI skrynkla (till); bli

skrynklig
Knebel M munkavle **knebeln** VT sätta munkavle på ngn *a. fig*
Knecht M dräng **Knechtschaft** F slaveri *n*, träldom
kneifen A VT nypa, klämma, knipa B VI klämma, sitta åt; *fig* smita; **vor etw ~** smita från ngt **Kneifzange** F hovtång
Kneipe F krog, pub **Kneipenbummel** M krogrunda
kneten VT knåda
Knick M *Biegung* böjning, krök(ning); *Falte* veck *n* **knicken** A VI knäckas, brytas B VT knäcka, bryta, krossa; *Papier* vika
knickerig ADJ snål, gnidig
Knicks M nigning **knicksen** VI niga
Knie N knä *n*; **in die ~** (*pl*) **gehen** *fig* ge efter **Kniebeuge** F knäböjning **Kniegelenk** N knäled **Kniekehle** F knäveck *n* **knien** A VI knäböja B VR **sich in die Arbeit ~** jobba hårt **Kniescheibe** F knäskål **Knieschützer** M knäskydd *n* **Kniestrumpf** M knästrumpa
Kniff M nyp *n*; *Falte* veck *n*; *fig* knep *n*, trick *n* **knifflig** ADJ knepig, kinkig
knipsen VT *a. Foto* knäppa; *Fahrkarte* klippa
Knirps M *kleiner Mensch* knatte, parvel, pys; hopskjutbart paraply *n*
knirschen VI gnissla; *Schnee* knarra; **mit den Zähnen ~** skära tänder
knistern VI prassla, frasa; *Brennendes* gnistra, spraka
knittern A VT skrynkla (till) B VI skrynkla sig **knitterfrei** ADJ skrynkelfri
knobeln VI dra lott, kasta tärning; *umg* grubbla; **an etw ~** försöka lösa ngt **Knoblauch** M vitlök **Knoblauchzehe** F vitlöksklyfta
Knöchel M knoge; *Fußknöchel* ankel, vrist
Knochen M ben *n* **Knochenbruch** M benbrott *n* **Knochengerüst** N benstomme, skelett *n* **Knochenmark** N benmärg **Knochensplitter** M benflisa **knöchern** ADJ ben-, av ben **knochig** ADJ benig, knotig
Knödel M → *Kloß*
Knolle F rotknöl **Knollen** M *Klumpen* klimp, klump

Knopf M knapp **Knopfloch** N knapphål *n*
Knorpel M brosk *n* **knorpelig** ADJ broskartad, brosk-
Knorren M knöl **knorrig** ADJ knölig; *fig* knarrig, vresig
Knospe F knopp; **~n treiben** knoppas
knoten VT knyta (ihop), slå knut
Knoten M knut; SCHIFF knop; MED knöl, knuta **Knotenpunkt** M *a.* BAHN knutpunkt
knotig ADJ knotig
knüllen VT skrynkla (till), krama ihop
Knüller *umg* M knallsuccé, pangsak
knüpfen A VT knyta, binda; *fig Bande* knyta B VR **sich ~ an** (*akk*) vara förknippad med
Knüppel M (knöl)påk; *Schaltknüppel* spak; **j-m einen ~ zwischen die Beine werfen** sätta krokben för ngn
knurren VI morra; muttra; *Magen* knurra
knuspern VT, VI knapra **knusprig** ADJ knaprig, frasig
knutschen *umg* VT, VI kramas och pussas; *pej* hångla med **Knutschfleck** *umg* M sugmärke *n*
k.o. ADJ knockout; **~ sein** *fig* vara helt slut
Koalition F koalition **Koalitionsregierung** F koalitionsregering
Kobalt N kobolt
Kobold M tomte, nisse
Koch M kock **Kochbuch** N kokbok **kochen** A VT koka; **Kaffee ~** koka kaffe B VI laga mat; *fig* koka; **~ können** kunna laga mat; **gut ~** vara bra på att laga mat **Kocher** M kokplatta **kochfest** ADJ som tål att kokas **Kochgelegenheit** F kokmöjlighet **Kochgeschirr** N kokkärl *n* **Köchin** F kock, kokerska **Kochlöffel** M slev **Kochnische** F kokvrå **Kochrezept** N matrecept *n* **Kochsalz** N koksalt *n* **Kochtopf** M gryta, kastrull **Kochwäsche** F vittvätt
Köder M (lock)bete *n a. fig*, agn *n* **ködern** VT agna, förse med bete; *fig* locka (med bete)
Koeffizient M koefficient
Koexistenz F samexistens
Koffein N koffein *n* **koffeinfrei** ADJ koffeinfri
Koffer M 1 resväska; **aus dem ~ leben**

bo i kappsäck 2 *umg österr* dumhuvud
Kofferkuli M̄ BAHN bagagekärra
Kofferraum M̄ AUTO bagageutrymme *n*
Kognak M̄ konjak
Kohäsion F̄ kohesion
Kohl M̄ kål; *umg Unsinn* smörja, prat *n*; *aufgewärmter* ~ *umg fig* gammal skåpmat **Kohldampf** *umg* M̄ hunger **Kohle** F̄ kol *n*; *Holzkohle* träkol *n*; *wie auf (glühenden)* ~*n sitzen* sitta som på nålar; *umg Geld* stålar **Kohlehydrat** N̄ kolhydrat *n* **Kohlenbergwerk** N̄ kolgruva **Kohlendioxid** N̄ koldioxid **Kohlenmonoxid** N̄ koloxid **Kohlensäure** F̄ kolsyra **Kohlenstoff** M̄ CHEM kol *n* **Kohlenwasserstoff** M̄ kolväte *n* **Kohlepapier** N̄ karbonpapper *n* **Kohlezeichnung** F̄ kolteckning
Kohlkopf M̄ kålhuvud *n* **Kohlmeise** F̄ talgoxe **Kohlrabi** M̄ kålrabbi **Kohlroulade** F̄ kåldolme **Kohlrübe** F̄ kålrot
Koitus M̄ coitus, samlag *n*
Koje F̄ koj
Kokain N̄ kokain *n*
kokett ADJ kokett
Kokon M̄ kokong
Kokosfett N̄ kokosfett *n* **Kokosnuss** F̄ kokosnöt **Kokospalme** F̄ kokospalm **Kokosraspeln** F̄/PL kokosflingor *pl*
Koks[1] M̄ koks; *umg Geld* stålar
Koks[2] M̄ *Droge* kokain *n* **koksen** V̄Ī sniffa kokain
Kolben M̄ TECH kolv
Kolchose F̄ kolchos
Kolibri M̄ ZOOL kolibri
Kolik F̄ kolik
Kollaborateur(in) M̄/F̄ kollaboratör
Kollaps M̄ kollaps
Kollateralschaden M̄ ≈ oavsiktlig skada
Kolleg N̄ (akademisk) föreläsning; föreläsningsserie; kurs; vuxengymnasium *n* **Kollege** M̄ kollega, arbetskamrat **kollegial** ADJ kollegial **Kollegin** F̄ kollega, arbetskamrat **Kollegium** N̄ kollegium *n*
Kollekte F̄ kollekt, insamling **Kollektion** F̄ kollektion **kollektiv** ADJ kollektiv
Koller M̄ *du hast wohl einen* ~? *fig* är

du inte riktigt klok?
kollidieren V̄Ī kollidera *a. fig* **Kollision** F̄ kollision
Kölnischwasser N̄ eau-de-cologne
Kolonialismus M̄ kolonialism **Kolonie** F̄ koloni **kolonisieren** V̄Ī/T̄ kolonisera
Kolonne F̄ kolonn; AUTO bilkö
Kolorit N̄ kolorit
Koloss M̄ koloss **kolossal** ADJ kolossal
Kolumbien N̄ Colombia
Kolumne F̄ kolumn
Koma N̄ koma
Kombi A M̄ AUTO kombi B ABK F (= Kombination) kombination **Kombination** F̄ kombination **kombinieren** V̄Ī/T̄ kombinera **Kombiwagen** M̄ stationsvagn, kombibil
Komet M̄ komet
Komfort M̄ komfort **komfortabel** ADJ komfortabel
Komik F̄ komik **Komiker(in)** M̄/F̄ komiker **komisch** ADJ komisk; *seltsam* konstig
Komitee N̄ kommitté
Komma N̄ komma *n*
Kommandant(in) M̄/F̄ kommendant **kommandieren** V̄Ī/T̄ kommendera, befalla **Kommando** N̄ kommando *n*
kommen v/i komma; *gegangen (gelaufen, geritten, gefahren)* ~ komma gående (springande, ridande, åkande); ~ *lassen* (låta) hämta, skicka efter; *wie od woher kommt es, dass* ... hur kommer det sig att ...; *um (akk) etw* ~ bli av med ngt, mista ngt; *zu etw* ~ komma över ngt; *ihm kam ein Gedanke* han fick en idé; *zu sich* ~ komma till sans **kommend** ADJ kommande
Kommentar M̄ kommentar **Kommentator(in)** M̄/F̄ kommentator **kommentieren** V̄Ī/T̄ kommentera
kommerzialisieren V̄Ī/T̄ kommersialisera **kommerziell** ADJ kommersiell
Kommilitone M̄, **Kommilitonin** F̄ studiekamrat
Kommissar(in) M̄/F̄ kommissarie
Kommission F̄ kommission
Kommode F̄ byrå
kommunal ADJ kommunal **Kommunalverwaltung** F̄ kommunal förvaltning **Kommunalwahl** F̄ kommunal-

val *n*
Kommune F̲ kommun; kollektiv *n*
Kommunikation F̲ kommunikation
Kommunikationsmittel N̲ kommunikationsmedel *n* **kommunizieren** V̲T̲, V̲I̲ kommunicera
Kommunion F̲ nattvardsgång
Kommuniqué N̲ kommuniké
Kommunismus M̲ kommunism
Kommunist(in) M̲(F̲) kommunist
kommunistisch A̲D̲J̲ kommunistisk
Komödiant(in) M̲(F̲) komediant **Komödie** F̲ komedi, lustspel *n*
Kompagnon M̲ kompanjon
kompakt A̲D̲J̲ kompakt
Kompanie F̲ kompani *n*
Komparativ M̲ komparativ
Kompass M̲ kompass **Kompassnadel** F̲ kompassnål
kompatibel A̲D̲J̲ I̲T̲ kompatibel
Kompensation F̲ kompensation **kompensieren** V̲T̲ kompensera
kompetent A̲D̲J̲ kompetent **Kompetenz** F̲ kompetens
komplett A̲D̲J̲ komplett; fullständig
Komplex M̲ komplex *n*; wegen etw ~e haben ha komplex för ngt; stor byggnad, komplex *n*
Komplikation F̲ komplikation
Kompliment N̲ komplimang
Komplize M̲, **Komplizin** F̲ medbrottsling
kompliziert A̲D̲J̲ komplicerad; *verwickelt* invecklad
Komplott N̲ komplott, sammansvärjning
komponieren V̲T̲, V̲I̲ komponera
Komponist(in) M̲(F̲) kompositör, tonsättare **Komposition** F̲ komposition
Kompost M̲ kompost
Kompott N̲ kompott
Kompresse F̲ kompress **Kompression** F̲ kompression **Kompressor** M̲ kompressor
komprimieren V̲T̲ *a.* I̲T̲ komprimera
Kompromiss M̲ kompromiss
kompromittieren V̲T̲ komprometttera
Kondensat N̲ kondensat *n* **Kondensation** F̲ kondensation **Kondensator** M̲ kondensator **kondensieren** V̲T̲, V̲I̲ kondensera **Kondensmilch** F̲ kondenserad mjölk **Kondensstreifen** M̲ kondensationsstrimma **Kondenswasser** N̲ kondensvatten *n*
Kondition F̲ kondition
Konditionalsatz M̲ villkorsbisats
Konditionstraining N̲ konditionsträning
Konditor(in) M̲(F̲) konditor **Konditorei** F̲ konditori *n*
kondolieren V̲I̲ ⟨*dat*⟩ kondolera, beklaga sorgen
Kondom M̲ *od* N̲ kondom
Konfekt N̲ konfekt
Konfektion F̲ konfektion **Konfektionsgröße** F̲ klädstorlek
Konferenz F̲ konferens **konferieren** V̲I̲ konferera
Konfession F̲ konfession, trostillhörighet **konfessionell** A̲D̲J̲ konfessionell
Konfiguration F̲ I̲T̲ konfiguration
Konfirmand(in) M̲(F̲) konfirmand **Konfirmation** F̲ konfirmation **konfirmieren** V̲T̲ konfirmera
konfiszieren V̲T̲ konfiskera
Konfitüre F̲ marmelad
Konflikt M̲ konflikt
Konfrontation F̲ konfrontation **konfrontieren** V̲T̲ konfrontera
konfus A̲D̲J̲ konfys, virrig **Konfusion** F̲ konfusion, förvirring
Konglomerat N̲ konglomerat *n*
Kongress M̲ kongress **Kongressteilnehmer(in)** M̲(F̲) kongressdeltagare
kongruent A̲D̲J̲ kongruent **Kongruenz** F̲ kongruens
König M̲ k(on)ung **Königin** F̲ drottning **königlich** A̲D̲J̲ kunglig **Königreich** N̲ kungarike *n* **Königshaus** N̲ kungahus *n* **Königtum** N̲ monarki
Konjugation F̲ konjugation, böjning **konjugieren** V̲T̲ konjugera, böja
Konjunktion F̲ konjunktion **Konjunktiv** M̲ konjunktiv
Konjunktur F̲ konjunktur **Konjunkturflaute** F̲ lågkonjunktur **Konjunkturpolitik** F̲ konjunkturpolitik **Konjunkturtief** N̲ konjunktursvacka
konkret A̲D̲J̲ konkret
Konkurrent(in) M̲(F̲) konkurrent **Konkurrenz** F̲ konkurrens **konkurrenzfähig** A̲D̲J̲ konkurrenskraftig **Konkurrenzkampf** M̲ konkurrens; rivalitet **konkurrenzlos** A̲D̲J̲ utan konkurrens
konkurrieren V̲I̲ konkurrera

Konkurs M̄ konkurs; **in ~ gehen** gå i konkurs; **~ anmelden** begära sig i konkurs **Konkursmasse** F̄ konkursbo n **Konkursverfahren** N̄ konkursmål n **Konkursverwalter** M̄ konkursförvaltare
können V/T, V/I, V/AUX kunna; få; **kann ich dich besuchen?** får jag hälsa på dig?; **Schwedisch ~** kunna (tala) svenska; **ich kann nichts dafür** jag kan inte hjälpa det; **(es) kann sein** det är möjligt; **sie kann nichts dafür** umg hon rår inte för det; **ich kann nicht mehr** jag orkar inte längre; **gekonnt** skicklig **Können** N̄ kunnande n **Könner(in)** M/(F) specialist, expert
konsequent ADJ konsekvent **Konsequenz** F̄ konsekvens
konservativ ADJ konservativ **Konservative(r)** M/F(M) konservativ **Konservatorium** N̄ konservatorium n
Konserve F̄ konserv; **~n** a. burkmat **Konservenbüchse** F̄, **Konservendose** F̄ konservburk **konservieren** V/T konservera **Konservierung** F̄ konservering **Konservierungsmittel** N̄ konserveringsmedel n
Konsistenz F̄ konsistens
Konsole F̄ konsol
konsolidieren V/T, V/R konsolidera
Konsonant M̄ konsonant **Konsortium** N̄ konsortium n
konstant ADJ konstant **Konstante** F̄ konstant
konstituieren V/T konstituera **Konstitution** F̄ konstitution **konstitutionell** ADJ konstitutionell
konstruieren V/T konstruera **Konstrukteur(in)** M/(F) konstruktör **Konstruktion** F̄ konstruktion **Konstruktionsfehler** M̄ konstruktionsfel n **konstruktiv** ADJ konstruktiv
Konsul(in) M/(F) konsul **Konsulat** N̄ konsulat n
Konsultation F̄ konsultation **konsultieren** V/T konsultera
Konsum M̄ konsumtion, förbrukning **Konsument(in)** M/(F) konsument, förbrukare **Konsumgesellschaft** F̄ konsumtionssamhälle n **Konsumgüter** N/PL konsumtionsvaror pl **konsumieren** V/T konsumera, förbruka
Kontakt M̄ kontakt **kontaktarm** ADJ **~ sein** ha kontaktsvårigheter **kontaktfreudig** fig ADJ utåtriktad **Kontaktlinse** F̄ kontaktlins **Kontaktmann** M̄ kontaktperson
kontern V/T, V/I SPORT u. fig kontra
Kontext M̄ textsammanhang n
Kontinent M̄ kontinent **kontinental** ADJ kontinental
kontinuierlich ADJ kontinuerlig **Kontinuität** F̄ kontinuitet
Konto N̄ konto n; **das geht auf mein ~** det här betalar jag; det är mitt fel **Kontoauszug** M̄ kontoutdrag n **Kontoinhaber(in)** M/(F) kontoinnehavare **Kontonummer** F̄ kontonummer n **Kontostand** M̄ saldo n
kontra PRÄP ⟨akk⟩ kontra **Kontrahent(in)** M/(F) kontrahent, part **Kontrapunkt** M̄ kontrapunkt
Kontrast M̄ kontrast **kontrastieren** V/I kontrastera, sticka av **(mit** dat**)**
Kontrollabschnitt M̄ kontramärke n **Kontrolle** F̄ kontroll **Kontrolleur(in)** M/(F) kontrollör **kontrollieren** V/T kontrollera **Kontrollampe** F̄ kontrollampa **Kontrollturm** M̄ flygledartorn n, kontrolltorn n
Kontroverse F̄ kontrovers
Kontur F̄ kontur
Konvention F̄ konvention **konventionell** ADJ konventionell
Konversation F̄ konversation **Konversationslexikon** N̄ uppslagsbok
konvertieren V/T a. IT konvertera **Konvertierung** F̄ konvertering
Konvoi M̄ konvoj
Konzentrat N̄ koncentrat n **Konzentration** F̄ koncentration **Konzentrationslager** hist N̄ koncentrationsläger n **konzentrieren** V/T, V/R (**sich** sig) centrera **konzentriert** ADJ koncentrerad **konzentrisch** ADJ koncentrisk
Konzept N̄ koncept n
Konzern M̄ koncern
Konzert N̄ konsert; **ins ~ gehen** gå på konsert **Konzertmeister(in)** M/(F) konsertmästare **Konzertsaal** M̄ konsertsal
Konzession F̄ koncession, tillstånd n; **~en** eftergifter
Konzil N̄ koncilium n, kyrkomöte n
konzipieren V/T koncipiera
Kooperation F̄ kooperation, samverkan

Koordination F̄ koordination **koordinieren** V̄T̄ koordinera
Kopenhagener M̄ *Einwohner* Köpenhamnsbo; *Gebäck* ≈ wienerbröd n
Kopf M̄ huvud n; **nicht aus dem ~ gefallen sein** inte vara dum; **das will mir nicht in den ~** det kan jag inte få i mitt huvud; **j-n vor den ~ stoßen** stöta sig med ngn; **er weiß nicht, wo ihm der ~ steht** det går runt i huvudet på honom; **sich den ~ zerbrechen** bry sin hjärna; **auf den ~ stellen** vända upp och ner på; **sich etw durch den ~ gehen lassen** fundera på ngt; **von ~ bis Fuß** från topp till tå **Kopfarbeit** F̄ tankearbete n **Kopfbahnhof** M̄ säckbangård **Kopfball** M̄ SPORT nick **Kopfbedeckung** F̄ huvudbonad **Köpfchen** N̄ ~ **muss man haben!** *umg* det gäller att ha huvudet på skaft **köpfen** V̄T̄ halshugga; SPORT nicka **Kopfende** N̄ huvudgård **Kopfgeld** N̄ belöning **Kopfhaut** F̄ hårbotten **Kopfhörer** M̄ hörlur **Kopfkissen** N̄ huvudkudde **kopflos** *fig* ADJ huvudlös, virrig **Kopfrechnen** N̄ huvudräkning **Kopfsalat** M̄ huvudsallat **Kopfschmerzen** M̄/P̄L̄ huvudvärk **Kopfsprung** M̄ huvudhopp n **Kopfstand** M̄ **einen ~ machen** stå på huvudet **Kopfstütze** F̄ nackstöd n **Kopftuch** N̄ schalett *od* sjalett **kopfüber** ADV huvudstupa **Kopfweh** N̄ *umg* huvudvärk, ont n i huvudet **Kopfzeile** F̄ COMPUT rubrik(fält) n **Kopfzerbrechen** N̄ huvudbry n
Kopie F̄ kopia **kopieren** V̄T̄ kopiera **Kopierer** M̄, **Kopiergerät** N̄ kopieringsapparat, kopiator **Kopierschutz** M̄ upphovsrättsskydd n
Kopilot(in) M̄(F̄) andra pilot
Koppel F̄ koppel n; *Gehege* hage, inhägnad **koppeln** V̄T̄ koppla **Kopplung** F̄ koppling
Koproduktion F̄ samproduktion
Koralle F̄ korall **Korallenriff** N̄ korallrev n
Koran M̄ REL koran
Korb M̄ korg; **einen ~ bekommen** *fig* få korgen **Korbball** M̄ basketboll
Kordel F̄ snöre n, snodd
Korea N̄ korea **Koreaner** M̄ korean
Koreanerin F̄ koreanska **koreanisch** ADJ koreansk

Korinthe F̄ BOT korint
Kork M̄ *Material* kork **Korken** M̄ kork **Korkenzieher** M̄ korkskruv
Korn N̄ **1** *Bröckchen* korn n; *Getreide* säd, spannmål **2** *Visier* korn n; **aufs ~ nehmen** rikta kritik mot; driva med **Korn(branntwein)** M̄ *Schnaps* sädesbrännvin n **Kornblume** F̄ blåklint **Kornfeld** N̄ sädesfält n **körnig** ADJ grynig, kornig **Kornkammer** F̄ kornbod
Körper M̄ kropp **Körperbau** M̄ kroppsbyggnad **körperbehindert** ADJ rörelsehindrad, handikappad **Körpergewicht** N̄ kroppsvikt **Körpergröße** F̄ kroppsstorlek **körperlich** ADJ kroppslig **Körpermaße** N̄/P̄L̄ kroppsmått n/pl **Körperpflege** F̄ kroppsvård **Körperscanner** M̄ *am Flughafen* kroppsskanner **Körpersprache** F̄ kroppsspråk n **Körperstrafe** F̄ kroppsstraff n **Körperteil** M̄ kroppsdel **Körperverletzung** F̄ kroppsskada **Körperwärme** F̄ kroppsvärme
korpulent ADJ korpulent, fetlagd
Korpus N̄ IT korpus
korrekt ADJ korrekt **Korrektheit** F̄ korrekthet **Korrektur** F̄ korrektur n, rättelse **Korrekturfahne** F̄ spaltkorrektur
Korrespondent(in) M̄(F̄) korrespondent **Korrespondenz** F̄ korrespondens, brevväxling **korrespondieren** V̄Ī korrespondera, brevväxla
Korridor M̄ korridor
korrigieren V̄T̄ korrigera, rätta
korrupt ADJ korrumperad **Korruption** F̄ korruption
Korsett N̄ korsett
Kortison N̄ kortison n
Kosename M̄ smeknamn n
Kosmetik F̄ kosmetik **Kosmetiker(in)** M̄(F̄) kosmetolog **kosmetisch** ADJ kosmetisk
kosmisch ADJ kosmisk **Kosmonaut(in)** M̄(F̄) kosmonaut **Kosmopolit(in)** M̄(F̄) kosmopolit **Kosmos** M̄ kosmos
Kost F̄ kost, föda
kostbar ADJ värdefull, dyrbar **Kostbarkeit** F̄ dyrbarhet, dyrgrip **kosten A** V̄Ī kosta; **wie viel kostet ...?** vad kostar ...?; **es koste, was es wolle** kos-

ta vad det vill B V/T (≈ *probiera*) smaka (på) **Kosten** PL kostnad, omkostnade *pl*; **auf meine (j-s) ~** på min (ngns) bekostnad; **bist du auf deine ~ gekommen?** tyckte du det var roligt (*od* lönt *od* värt besväret)? **Kostenanschlag** M kostnadsförslag *n* **Kostenaufwand** M kostnad; utgift; **mit einem ~ von** (*dat*) med en kostnad på **Kostenfrage** F kostnadsfråga **kostenlos** ADJ, ADV kostnadsfri, gratis **kostenpflichtig** ADJ avgiftsbelagd **Kostenträger** M (ekonomiskt) huvudman **Kostenvoranschlag** M kostnadsförslag *n* **köstlich** ADJ utsökt; *fig* härlig **Kostprobe** F smakprov *n a. fig* **kostspielig** ADJ kostsam, dyr(bar) **Kostüm** N *Damenkostüm* dräkt; *Faschingskostüm* maskeradkostym **kostümieren** V/R sich ~ klä ut sig **Kot** M avföring; spillning **Kotelett** N kotlett **Koteletten** PL polisonger *pl* **Köter** M hund(racka) **Kotflügel** M stänkskärm **kotzen** *umg* V/I kräkas, spy; **es ist zum Kotzen** det är så man kan spy **Krabbe** F krabba; *Garnele* räka **krabbeln** V/I krypa; *kitzeln* klia, kittla **Krach** M oljud *n*, oväsen *n*, buller *n*; *Streit* bråk *n*, gräl *n*; **~ machen** föra oväsen; protestera; **mit j-m ~ haben** vara osams med ngn **krachen** A V/I knaka, braka, smälla B V/R sich ~ gräla **krächzen** V/I kraxa **kraft** PRÄP (*gen*) i kraft av **Kraft** F *a. Person* kraft, styrka; förmåga; **in ~ treten** träda i kraft; **in (außer) ~ setzen** sätta i (ur) kraft; **mit allen Kräften** av alla krafter; **nach Kräften** efter förmåga **Kraftanstrengung** F kraftansträngning **Kraftausdruck** M kraftuttryck *n* **Kraftbrühe** F buljong **Kraftfahrer(in)** M(F) bilist **Kraftfahrzeug** N motorfordon *n* **Kraftfahrzeugsteuer** F bilskatt **kräftig** ADJ kraftig, stark **kräftigen** V/T stärka, styrka **Kräftigung** F stärkande *n*, styrkande *n* **Kräftigungsmittel** N styrkande medel *n* **Kraftprobe** F kraftprov *n*; *fig* kraftmätning **Kraftstoff** M motorbränsle *n* **Krafttraining** N, **Kraftübungen** PL styrketräning **kraftvoll** ADJ kraftful **Kraftwagen** M bil **Kraftwerk** N kraftverk *n*

Kragen M krage; **es geht ihm an den ~** det gäller livet för honom; **jetzt platzt mir aber der ~!** det är så man kan gå upp i limningen! **Kragenweite** F kragnummer *n*
Krähe F kråka **krähen** V/I gala **Krähenfüße** M/PL *Schrift* kråkfötter *pl*; *Fältchen* kråkspark
krakeelen V/I ställa till bråk, gräla
Kralle F klo **krallen** V/R sich ~ **an** (*akk*) gripa tag i, klamra sig fast vid *a. fig*
Kram *umg* M grejor, prylar; krimskrams *n*; strunt *n*, skräp *n*; **der ganze ~** hela rasket; **das passt ihm in den ~** det passar honom **kramen** V/I gräva, rota **Kramladen** M diversehandel
Krampf M kramp **Krampfader** F åderbråck *n* **krampfartig** ADJ krampartad **krampfhaft** ADJ krampaktig **krampflösend** ADJ kramplösande
Kran M kran, lyftkran **Kranführer(in)** M(F) kranförare
Kranich M trana
krank ADJ sjuk; **~ werden** insjukna **Kranke(r)** M(F(M)) sjukling, patient **kränkeln** V/I vara sjuklig (*od* klen) **kränken** V/T kränka, såra
Krankenbesuch M sjukbesök *n* **Krankenbett** N sjukbädd **Krankengeld** N sjukpenning **Krankengymnast(in)** M(F) sjukgymnast **Krankengymnastik** F sjukgymnastik **Krankenhaus** N sjukhus *n* **Krankenkasse** F sjukkassa **Krankenpflege** F sjukvård **Krankenpfleger(in)** M(F) sjuksköterska **Krankenschein** M ≈ sjukförsäkringsbesked *n* **Krankenschwester** F sjuksköterska **Krankenversicherung** F sjukförsäkring **Krankenwagen** M ambulans **Krankenzimmer** N sjukrum *n* **krankfeiern** V/I stanna hemma från arbetet **krankhaft** ADJ sjuklig *a. fig* **Krankheit** F sjukdom **Krankheitserreger** M smittämne *n* **Krankheitszeichen** N sjukdomstecken *n* **kranklachen** V/R sich ~ skratta sig fördärvad **kränklich** ADJ sjuklig, klen **krankmelden** V/R sich ~ sjukanmäla sig **Krankmeldung** F sjukanmälan **krankschreiben** V/T sjukskriva

Kränkung F kränkning, förödmjukelse
Kranz M krans
Kränzchen N *Kaffekränzchen etc* syjunta
Krapfen M *Gebäck* munk
krass ADJ påfallande; krass
Krater M krater
Kratzbürste F *fig umg* rivjärn *n*
Krätze F skabb
kratzen A VT riva, skrapa, krafsa B VI *jucken* klia C VR **sich ~** klia sig **Kratzer** M repa, skråma, rispa; skrapa
kratzig ADJ stickig, sträv **Kratzwunde** F skråma, rispa
kraulen VI 1 klia 2 *schwimmen* crawla
kraus ADJ krusig, krullig; *Stirn* rynkad; *fig wirr* virrig **Krause** F krås *n* **kräuseln** VT krusa, krulla
Kraut N ört, växt; kryddväxt; *Kohl* kål; *Kartoffelkraut* potatisblast; **ins ~ schießen** skjuta i höjden, ränna upp **Kräuterbutter** F kryddsmör *n* **Kräuterlikör** M örtlikör **Kräutertee** M örtte *n*
Krawall M kravall, tumult *n*; bråk *n*; **~ machen** ställa till med bråk
Krawatte F kravatt, slips
kraxeln *umg* VI klättra
kreativ ADJ kreativ **Kreativurlaub** M temasemester
Kreatur F varelse
Krebs M kräfta; MED cancer; ASTROL Kräftan; **~ erregend, krebserregend** cancerframkallande **Krebsgeschwulst** F cancertumör **Krebshilfe** F **die ~** ≈ Cancerfonden **Krebsvorsorgeuntersuchung** F hälsoundersökning för att upptäcka cancer tidigt
Kredit[1] M kredit *n* **Kredit**[2] N kredit; *Vertrauen* förtroende *n* **Kreditanstalt** F kreditanstalt **Kreditbrief** M kreditivbrev *n* **kreditieren** VT kreditera, gottskriva **Kreditkarte** F kontokort *n*, kreditkort *n*
Kreide F krita **kreidebleich** ADJ kritvit
kreieren VT kreera
Kreis M cirkel, ring; *Bezirk* distrikt *n*, område *n*; *Gesellschaft* krets; *Verkehrskreis* rondell **Kreisbahn** F kretslopp *n*, bana
kreischen VI skrika; gnissla
Kreisel M snurra; *Verkehr umg* rondell

kreisen VI kretsa, cirkulera, gå runt; **~ um** (*akk*) kretsa omkring **kreisförmig** ADJ cirkelformig **Kreislauf** M kretslopp *n*, cirkulation; MED *a.* blodomlopp *n* **Kreislaufstörungen** F/PL cirkulationsrubbning **Kreissäge** F cirkelsåg
Kreißsaal M förlossningsrum *n*
Kreisstadt F huvudort **Kreisverkehr** M trafik i rondell
Krematorium N krematorium *n*
Krempe F (hatt)brätte *n*
Krempel *umg* M skräp *n*, grejor; **der ganze ~** hela rasket
Kren *österr* M pepparrot
krepieren VI *explodieren* krevera, explodera; *sterben umg* dö, kola av
Krepp M kräpp *a.* F **Krepppapier** N kräppapper *n* **Kreppsohle** F rågummisula
Kresse F krasse
Kreuz N kors *n*, kryss *n*; *fig* kors *n*; bekymmer *n*; ANAT korsrygg; *Karten* klöver; **kreuz und quer** kors (häls) och tvärs, hit och dit; **ich habs im ~** *umg* jag har ont i ryggen **kreuzen** A VT korsa; SCHIFF kryssa B VR **sich ~** korsas, korsa varandra **Kreuzer** M kryssare **Kreuzfahrer(in)** M(F) korsfarare **Kreuzfahrt** F kryssning **Kreuzfeuer** N korseld *a. fig* **Kreuzgang** M korsgång **kreuzigen** VT korsfästa **Kreuzigung** F korsfästelse **Kreuzotter** F huggorm **Kreuzschmerzen** M/PL ont *n* i korsryggen **Kreuzspinne** F korsspindel **Kreuzstich** M korsstygn *n* **Kreuzung** F *a. Straßenkreuzung* korsning **Kreuzverhör** N korsförhör *n* **Kreuzweg** M korsväg **kreuzweise** ADV korsvis, i kors **Kreuzworträtsel** N korsord *n* **Kreuzzug** M korståg *n*
kribbelig *umg* ADJ otålig, nervös **kribbeln** VI *reizen* kittla, klia
kriechen VI krypa *a. fig*, kräla; *Verkehr* krypa fram **Kriecher** M smilfink, rövslickare **kriecherisch** ADJ inställsam **Kriechspur** F AUTO krypfil **Kriechtier** N kräldjur *n*
Krieg M krig *n*; **~ führen** föra krig; **~ führend** krigförande **kriegen** *umg* VT få **Krieger(in)** M(F) krigare **kriegerisch** ADJ krigisk **Kriegführung** F krigföring **Kriegsausbruch** M krigs-

utbrott n **Kriegsdienstverweigerer** M̄ vapenvägrare, värnpliktsvägrare **Kriegserklärung** F̄ krigsförklaring **Kriegsfall** M̄ im ~ i händelse av krig **Kriegsflotte** F̄ örlogsflotta **Kriegsfuß** M̄ krigsfot; auf dem ~ på krigsfot **Kriegsgefangene(r)** M̄/F(M) krigsfånge **Kriegsgefangenschaft** F̄ krigsfångenskap **Kriegsgegner(in)** M̄(F) fiende; krigsmotståndare, pacifist **Kriegsschiff** N̄ krigsfartyg n, örlogsfartyg n **Kriegsverbrecher(in)** M̄(F) krigsförbrytare **Kriegszustand** M̄ krigstillstånd n

Krimi umg M̄ deckare **Kriminalbeamte(r)** M̄, **Kriminalbeamtin** F̄ kriminalpolis **Kriminalfilm** umg M̄ deckare, polisfilm **Kriminalität** F̄ kriminalitet **Kriminalkommissar(in)** M̄(F) kriminalkommisarie **Kriminalpolizei** F̄ kriminalpolis **Kriminalroman** M̄ umg kriminalroman, deckare **kriminell** ADJ kriminell, brottslig **Krimskrams** umg M̄ krimskrams n, skräp n

Kringel M̄ ring, snirkel **Kripo** umg ABK (= Kriminalpolizei) krim, kriminalpolisen **Krippe** F̄ krubba; barndaghem n **Krise** F̄ kris **kriseln** V/I es kriselt det är problem **krisenfest** ADJ absolut säker **Krisenherd** M̄ oroshärd **Krisenzeit** F̄ kristid **Kristall** M̄ A kristall B N̄ kristall(varor pl) **Kristallglas** N̄ kristallglas n **kristallisieren** V/T, V/R kristallisera **Kriterium** N̄ kriterium n **Kritik** F̄ kritik; ~ üben an (dat) utsätta ngt för kritik **Kritiker(in)** M̄(F) kritiker; recensent **kritiklos** ADJ okritisk **kritisch** ADJ kritisk **kritisieren** V/T, V/I kritisera; etw ~ a. anmärka på ngt **Kritzelei** F̄ kråkfötter pl, klotter n **kritzeln** V/T, V/I klottra

Kroate M̄ kroat **Kroatien** N̄ Kroatien **Kroatin** F̄ kroatiska **kroatisch** ADJ kroatisk **Kroatisch** N̄ Sprache kroatiska

Krocket N̄ krocket **Krokodil** N̄ krokodil **Krokodilstränen** fig F/PL krokodiltårar pl **Krone** F̄ Zahn, Baum etc krona **krönen** V/T kröna **Kronerbe** M̄ tronarvinge **Kronleuchter** M̄ ljuskrona

Kronprinz(essin) M̄(F) kronprins (-essa) **Krönung** F̄ kröning; fig höjdpunkt **Kronzeuge** M̄, **Kronzeugin** F̄ kronvittne n

Kropf M̄ kräva; MED struma **Kröte** F̄ ZOOL padda **Kröten** umg PL Geld pengar pl

Krücke F̄ krycka; an ~n på kryckor; umg nolla, oduglig **Krug** M̄ krus n, sejdel; kanna **Krume** F̄ inkråm n; Brosame smula **Krümel** M̄ smula **krümelig** ADJ smulig **krümeln** V/T, V/I smula sig **krumm** ADJ krokig, krökt, böjd; umg skum, ohederlig; ~e Sachen machen umg fiffla **krümmen** A V/T kröka, böja B V/R (sich winden) vrida sig; sich vor Lachen ~ vrida sig av skratt **krummlachen** V/R sich ~ umg vika sig dubbel av skratt **krummnehmen** umg V/T ta illa upp **Krümmung** F̄ krök(ning)

Krüppel M̄ krympling, invalid **Kruste** F̄ skorpa, brödkant **Krustentier** N̄ skaldjur n **krustig** ADJ skorpartad, försedd med skal **Kruzifix** N̄ REL krucifix n **Kuba** N̄ Kuba **kubanisch** ADJ kubansk **Kübel** M̄ bytta, balja **Kubikmeter** M̄ a. N̄ kubikmeter **Kubus** M̄ kub **Küche** F̄ kök n; bürgerliche ~ husmannskost; in (des) Teufels ~ geraten/kommen råka ordentligt i knipa **Kuchen** M̄ kaka, tårta **Küchenchef(in)** M̄(F) köksmästare **Kuchenform** F̄ kakform **Küchengerät** N̄ köksredskap n **Küchenhilfe** F̄ köksbiträde n **Küchenkräuter** N/PL kryddväxter pl **Küchenkrepp** M̄ hushållspapper n **Küchenmaschine** F̄ matberedare **Küchenmesser** N̄ kökskniv **Küchenschrank** M̄ köksskåp n **Küchentisch** M̄ köksbord n **Kuckuck** M̄ gök; umg Siegel utmätningsmärke n; zum ~! för tusan!; weiß der ~! det vete fåglarna **Kuckucksuhr** F̄ gökur n

Kuddelmuddel M̄ virrvarr n, röra **Kufe** F̄ Schlitten med **Kugel** F̄ kula; geometrischer Körper u. Erdkugel klot n **kugelförmig** ADJ kul-

Kugelgelenk – Kunstunterricht • 679

formig, klotformig **Kugelgelenk** N kulled **Kugellager** N kullager n **kugeln** VI u. VT rulla; **sich ~ vor Lachen** vrida sig av skratt **kugelrund** ADJ klotrund **Kugelschreiber** M kulspetspenna **kugelsicher** ADJ skottsäker **Kugelstoßen** N kulstötning
Kuh F ko; *pej* **blöde ~!** jäkla kärring!
Kuhfladen M komocka **Kuhhandel** *fig* M kohandel
kühl ADJ sval, kylig *a. fig* **Kühlanlage** F kylanläggning **Kühle** F svalka, kyla *a. fig* **Kühlelement** N kylklamp **kühlen** VT svalka, kyla (av) **Kühler** M kylare **Kühlmittel** N kylvätska **Kühlraum** M kylrum **Kühlschrank** M kylskåp n, kyl **Kühltasche** F kylväska **Kühltruhe** F frysbox **Kühlung** F kylning; kylsystem n; svalka, avkylning **Kühlwasser** N kylvatten n
Kuhmilch F komjölk
kühn ADJ djärv, modig **Kühnheit** F djärvhet, mod n
Kuhstall M ladugård
Küken N kyckling
kulant ADJ tillmötesgående
Kuli *umg* M kulspetspenna
kulinarisch ADJ kulinarisk
Kulisse F kuliss; **hinter den ~n** *fig* bakom kulisserna
kullern VT, VI rulla; trilla
Kulmination F kulmination
Kult M kult **Kultfigur** F kultfigur **Kultfilm** M kultfilm
kultivieren VT kultivera; *anbauen* uppodla **kultiviert** ADJ kultiverad
Kultur F kultur; *Anbau* odling **Kulturabkommen** N kulturavtal n **Kulturaustausch** M kulturutbyte n **Kulturbeutel** M necessär, toalettväska **kulturell** ADJ kulturell **Kulturgeschichte** F kulturhistoria **Kulturpolitik** F kulturpolitik **Kulturschock** M kulturkrock **Kulturzentrum** N kulturcentrum n **Kultusminister(in)** MF utbildnings- och kulturminister
Kümmel M kummin *a.* n
Kummer M bekymmer n, problem n; **j-m ~ bereiten** bereda (vålla) ngn bekymmer **kümmerlich** ADJ ynklig, eländig **kümmern** VT bekymra, angå; **sich um etw (j-n) ~** bry sig om ngt (ngn); ta hand om ngt (ngn)

Kumpan M kumpan, kamrat
Kumpel M gruvarbetare; *umg Kamerad* kompis **kumpelhaft** ADJ kamratlig, familjär
kündbar ADJ uppsägbar
Kunde[1] F bud n, nyhet
Kunde[2] M, **Kundin** F kund, klient **Kundendienst** M kundtjänst, service **Kundenkarte** F kundkort n **Kundenkreditkarte** F kreditkort n, köpkort n
Kundgebung F demonstration, manifestation, möte n
kündigen VT, VI säga upp **Kündigung** F uppsägning **Kündigungsfrist** F uppsägningstid
Kundschaft F kundkrets **Kundschafter** M spejare
künftig ADJ framtida, blivande
Kunst F konst; **das ist keine ~!** *umg* det är ingen konst!; **was macht die ~?** *umg* hur står det till? **Kunstakademie** F konstakademi **Kunstausstellung** F konstutställning **Kunstbanause** *umg* M en som inte förstår sig på konst **Kunstdünger** M konstgödsel **Kunsteis** N konstis **Kunstfaser** F konstfiber **kunstfertig** ADJ konstfärdig **Kunstflug** M konstflygning **Kunstfreund(in)** MF konstälskare **Kunstgegenstand** M konstföremål n **kunstgerecht** ADJ efter konstens alla regler **Kunstgeschichte** F konsthistoria **Kunstgewerbe** N konsthantverk n **Kunstgriff** M konstgrepp n, knep n **Kunsthändler(in)** MF konsthandlare **Kunsthandlung** F konsthandel **kunsthistorisch** ADJ konsthistorisk **Kunstkritiker(in)** MF konstkritiker **Kunstleder** N konstläder n **Künstler** M konstnär **Künstlerin** F konstnärinna **künstlerisch** ADJ konstnärlig **Künstlername** M artistnamn n **Künstlertum** N konstnärskap n **künstlich** ADJ konstgjord, artificiell, oäkta **Kunstmaler(in)** MF målare, konstnär **Kunstsammlung** F konstsamling **Kunstschätze** M/PL konstskatter *pl* **Kunstseide** F konstsilke n **Kunstspringen** N simhopp n **Kunststoff** M plast; syntetiskt material **Kunststück** N konststycke n **Kunstunterricht** M *Schulfach* bild,

konst kunstvoll ADJ konstrik, konstfull **Kunstwerk** N konstverk n
kunterbunt ADJ brokig, rörig, huller om buller
Kupfer N koppar **Kupfermünze** F kopparmynt n **Kupferstich** M kopparstick n
Kuppe F *Bergkuppe, Fingerkuppe* topp; *Nagel* huvud n
Kuppel F kupol
kuppeln VIT, VI/a. TECH koppla **Kuppelei** F koppleri n **Kuppler** M kopplare **Kupplerin** F kopplerska **Kupplung** F koppling
Kur F kur; *eine ~ machen* genomgå en kur
Kür F SPORT valfri övning; friåkning
Kurbel F vev **Kurbelwelle** F vevaxel
Kürbis M pumpa
Kurde M kurd **Kurdin** F kurdiska **kurdisch** ADJ kurdisk **Kurdistan** N Kurdistan
Kurfürst M kurfurste **Kurfürstentum** N kurfurstendöme n **Kurgast** M kurgäst, badgäst **Kurhaus** N badhotell n
Kurier(in) M(F) kurir
kurieren V/T kurera, bota
kurios ADJ kuriös, besynnerlig **Kuriosität** F kuriositet **Kuriosum** N kuriosum n
Kurort M kurort, badort **Kurpark** M brunnspark **Kurpfuscher** M kvacksalvare
Kurs M *a.* WIRTSCH kurs; *einen ~ besuchen/machen* gå (på) en kurs **Kursbuch** N kommunikationstabell, tidtabell
Kürschner(in) M(F) körsnär
kursieren V/I cirkulera, vara i omlopp
kursiv ADJ kursiv **Kursivschrift** F kursiv(stil)
Kursrückgang M kursfall n **Kursschwankung** F kurssvängning, kursfluktuation **Kursteilnehmer(in)** M(F) kursdeltagare **Kursus** M kurs **Kurswagen** M BAHN direktvagn
Kurve F kurva; *die ~ kratzen* smita iväg **kurven** V/I gå i kurvor; *umg* köra omkring, åka runt **kurvenreich** ADJ kurvig
kurz A ADJ kort B ADV *kurze Zeit, mal* snabbt; *in Kürze* i korthet; *in kürzester Zeit* inom kort; *vor Kurzem* för kort tid se(da)n; *über ~ oder lang* förr eller senare; *fig den Kürzeren ziehen* dra det kortaste strået; *fig ~ angebunden* kort och tvär, kärv **Kurzarbeit** F ~ *haben* arbeta korttidsvecka **kurzärmelig** ADJ kortärmad **kurzatmig** ADJ andfådd **Kurzbericht** M notis **Kürze** F korthet; *in ~* inom kort; *in aller ~* i korthet **kürzen** V/T förkorta, göra kortare; skära ned på, minska **kurzerhand** ADV hastigt och lustigt, utan vidare **kurzfassen** V/R sich ~ fatta sig kort **Kurzfilm** M kortfilm **Kurzform** F förkortning **kurzfristig** ADJ kortfristig, med kort varsel; ~ *gesehen* på kort sikt **Kurzgeschichte** F novell **kurzhalten** V/T hålla kort **kurzlebig** ADJ kortlivad **kürzlich** ADV nyligen, för kort tid se(da)n; *erst ~* helt nyligen **Kurzreferat** N kort föredrag n **kurzschließen** V/T kortsluta **Kurzschluss** M kortslutning **kurzsichtig** ADJ närsynt; *fig* kortsynt **Kurzsichtigkeit** F närsynthet; *fig* kortsynthet **Kurzstreckenläufer(in)** M(F) kortdistanslöpare, sprinter **kurzum** ADV kort sagt, med ett ord **Kürzung** F förkortning; nedskärning, minskning **Kurzurlaub** M kortsemester **Kurzwelle** F kortvåg **Kurzwellensender** M kortvågssändare **Kurzwort** N kortord n
kuschelig ADJ mysig, mjuk och behaglig **kuscheln** V/R sich ~ smyga sig intill, kura ihop sig; gosa **Kuscheltier** N kramdjur n
kuschen V/I vor j-m ~ inte säga emot ngn, lyda ngn
Kuss M kyss, puss **küssen** A V/T kyssa, pussa B V/R sich ~ kyssas, pussas **Kusshand** F slängkyss
Küste F kust **Küstenklima** N kustklimat n **Küstenwache** F kustbevakning
Küster(in) M(F) ≈ kyrkvärd
Kutsche F hästskjuts, hästdroska; AUTO *umg* kärra **Kutscher(in)** M(F) kusk
Kutte F (munk)kåpa
Kutter M kutter
Kuvert N kuvert n
kW ABK (= Kilowatt) kW, kilowatt
Kybernetik F kybernetik
KZ *hist* ABK (= Konzentrationslager)

L – Lämmchen • 681

koncentrationsläger n

L

L, l N̄, l n
l ABK (= Liter) l, liter
labberig umg ADJ fadd, jolmig; sladdrig
labil ADJ labil
Labor N̄ umg laboratorium n, labb n
Laborant(in) M(F) laborant **Laboratorium** N̄ laboratorium n
Labyrinth N̄ labyrint
Lache[1] F̄ Flüssigkeit pöl
Lache[2] F̄ Lachen skratt n **lächeln** V/I (små)le **Lächeln** N̄ leende n **lachen** V/T,V/I skratta (über akk åt); **da gibt es nichts zu ~** det är inget att skratta åt; **dass ich nicht lache!** det är ju skrattretande! **Lachen** N̄ skratt n **lächerlich** ADJ löjlig, skrattretande; unbedeutend obetydlig, liten **Lachgas** N̄ lustgas **lachhaft** ADJ skrattretande
Lachkrampf M̄ skrattanfall n
Lachs M̄ lax
lachsfarben ADJ laxfärgad **Lachsforelle** F̄ laxöring
Lack M̄ lack a. n **Lackfarbe** F̄ lackfärg **lackieren** V/T, V/I lackera, lacka; **sich die Fingernägel ~** måla naglarna **Lackleder** N̄ lackskinn
Lackmuspapier N̄ lackmuspapper n
Lackschuh M̄ lacksko
Ladefläche F̄ begrenzte Fläche lastyta; **auf Wagen** lastflak n **Ladegerät** N̄ laddare **laden** V/T 1 Fracht lasta, lassa 2 Batterie, Waffe ladda 3 COMPUT läsa in 4 einladen bjuda; **vor Gericht ~** kalla inför rätta
Laden M̄ 1 butik, affär; umg fig **der ~ läuft** allt funkar; **den ~ schmeißen** sköta ruljangsen 2 Fensterladen (fönster)lucka **Ladenhüter** M̄ svårsält vara **Ladenkette** F̄ butikskedja **Ladenpreis** M̄ försäljningspris n **Ladenschluss** M̄ stängningstid **Ladentisch** M̄ disk
Laderampe F̄ lastkaj **Laderaum** M̄ lastrum n
lädieren V/T skada
Ladung F̄ Last last, frakt; laddning; JUR kallelse
Lage F̄ läge n; Situation ställning, position, tillstånd n, belägenhet; Schicht lager n, skikt n; Runde Bier etc omgång; **in bester ~** Geschäft, Haus med bra läge; **nicht in der ~ sein zu** inte vara i stånd att
Lager N̄ TECH, WIRTSCH, GEOL lager n; GEOL a. skikt n; Ferienlager etc läger n; **auf ~ haben** ha på lager **Lagerbestand** M̄ inneliggande lager n **Lagerfeuer** N̄ lägereld **Lagerhaus** N̄ magasin n, lager n **lagern** A V/I lägra sig; WIRTSCH ligga på lager, vara lagrad B V/T lagra, lägga på lager, magasinera **Lagerraum** M̄ lagerrum n **Lagerstätte** F̄ GEOL fyndighet, förekomst **Lagerung** F̄ a. GEOL lagring, magasinering **Lagerverwalter(in)** M(F) lagerchef
Lagune F̄ lagun
lahm ADJ lam a. fig, förlamad; umg lam; trög, långtråkig **lahmen** V/I halta (på) (auf dat) **lähmen** V/T förlama; fig lamslå **Lahmheit** F̄ lamhet; hälta **lahmlegen** V/T lamslå, slå ut **Lähmung** F̄ förlamning
Laib M̄ (bröd)kaka, limpa; **ein ~ Käse** en hel ost
Laich M̄ fiskrom **laichen** V/I leka
Laie M̄ lekman, amatör **laienhaft** ADJ amatörmässig
Lakai M̄ lakej
Lake F̄ (salt)lake
Laken N̄ lakan n
lakonisch ADJ lakonisk
Lakritze F̄ lakrits
Laktose F̄ laktos **laktosefrei** ADJ laktosfri **Laktoseintoleranz** F̄, **Laktoseunverträglichkeit** F̄ laktosintolerans
lallen V/T, V/I sluddra; Säugling jollra
Lama N̄ lama
Lamelle F̄ lamell
lamentieren V/I gnälla, klaga, jämra sig
Lametta N̄ julgransglitter n
Laminat N̄ laminat n
Lamm N̄ lamm n a. fig **Lammbraten** M̄ lammstek **Lämmchen** N̄ lamm-

unge **Lammfell** N̅ lammskinn n **Lammfleisch** N̅ lammkött n **Lampe** F̲ lampa **Lampenfieber** N̅ rampfeber **Lampenschirm** M̲ lampskärm
Lampion M̲ (kulört) papperslykta
lancieren V̲T̲ lansera a. fig
Land N̅ land n; Boden mark; im Gegensatz zur Stadt landsbygd; Bundesland delstat; **an ~ gehen** gå i land; **auf dem ~e** på landet; **aufs ~ o. auf das ~** ute på landet; **aufs ~ ziehen** flytta ut på landet
Landarbeiter(in) M̲(F̲) jordbruksarbetare, lantarbetare **Landarzt** M̲, **Landärztin** F̲ ≈ provinsialläkare **Landbesitz** M̲ jordegendom **Landbevölkerung** F̲ landsbygdsbefolkning
Landebahn F̲ landningsbana
landen A V̲I̅ landa; fig hamna B V̲T̲ landa; SCHIFF landsätta
Landenge F̲ näs n
Landeplatz M̲ landningsplats
Ländereien F̲/P̲L̲ ägor pl
Länderkampf M̲, **Länderspiel** N̅ landskamp **Ländervorwahl** F̲ TEL landsnummer n
Landeskennzahl F̲ TEL landsnummer n **Landeskunde** F̲ ≈ realia **Landesregierung** F̲ delstatsregering **Landessprache** F̲ officiellt språk n **landesüblich** A̲D̲J̲ bruklig i landet **Landesvater** M̲ landsfader **Landesverrat** M̲ landsförräderi n **Landesverräter(in)** M̲(F̲) landsförrädare **Landeswährung** F̲ **die ~** landets valuta **landesweit** A̲D̲J̲ på delstatsnivå; landsomfattande
Landflucht F̲ flykt från landsbygden **Landgericht** N̅ ≈ hovrätt **Landgut** N̅ lantegendom **Landhaus** N̅ lantställe n **Landkarte** F̲ karta **Landkreis** M̲ ≈ förvaltningsområde n
landläufig A̲D̲J̲ allmän, vanlig, gängse **Landleben** N̅ lantliv n
ländlich A̲D̲J̲ lantlig
Landluft F̲ lantluft **Landplage** F̲ landsplåga **Landratte** F̲ landkrabba **Landschaft** F̲ landskap n, trakt **landschaftlich** A A̲D̲J̲ landskaps-, natur-, traktens; d. Sprechweise betreffend dialektal B A̲D̲V̲ vad landskapet beträffar **Landschaftsmaler** M̲ landskapsmålare **Landschaftsschutz-**
gebiet N̅ naturskyddsområde n **Landsitz** M̲ lantgods n **Landsmann** M̲ landsman **Landsmännin** F̲ landsmaninna **Landstraße** F̲ landsväg **Landstreicher(in)** M̲(F̲) luffare, lösdrivare **Landstrich** M̲ trakt, landsända **Landtag** M̲ delstatsparlament n
Landung F̲ landning; SCHIFF landsättning **Landungsbrücke** F̲ landgång; tilläggsbrygga **Landungsplatz** M̲ SCHIFF tilläggsplats; FLUG landningsplats **Landungssteg** M̲ landgång
Landweg M̲ **auf dem ~(e)** landvägen **Landwein** M̲ lantvin **Landwirt(in)** M̲(F̲) jordbrukare, lantbrukare **Landwirtschaft** F̲ jordbruk n, lantbruk n **landwirtschaftlich** A̲D̲J̲ jordbruks-, lantbruks- **Landwirtschaftsminister(in)** M̲(F̲) jordbruksminister **Landzunge** F̲ udde, landtunga, näs n

lang A̲D̲J̲ lång; **drei Meter ~** tre meter lång; **eine Woche ~** (i) en vecka; **seit Langem** sedan länge; **sein Leben ~** hela sitt liv **langärmelig** A̲D̲J̲ långärmad **langatmig** A̲D̲J̲ långrandig
lange A̲D̲V̲ länge; **~ her** länge se(da)n; **noch ~ nicht** inte på långa vägar; **långt ifrån**
Länge F̲ längd; GRAM lång stavelse; **in die ~ på längden; der ~ nach** raklång; **in die ~ ziehen** dra ut på tiden
langen A V̲I̅ genügen räcka, förslå; **~ nach** gripa efter; **jetzt langts mir aber!** umg (nej) nu får det vara nog! B V̲T̲ räcka (fram), ge; **j-m eine ~ smälla till** ngn
Längengrad M̲ längdgrad, longitud **Längenmaß** N̅ längdmått n
länger längre; **seit Längerem** sedan länge; → lang
Langeweile F̲ leda, tristess; **~ haben** ha långtråkigt
Langfinger umg M̲ långfingrad person **langfristig** A̲D̲J̲ långfristig; **~ gesehen** på lång sikt **langhaarig** A̲D̲J̲ långhårig **langjährig** A̲D̲J̲ mångårig **Langlauf** M̲ längdåkning **Langläufer(in)** M̲(F̲) längdskidåkare **langlebig** A̲D̲J̲ långlivad **Langlebigkeit** F̲ långt liv n
länglich A̲D̲J̲ avlång; **~ rund** oval
längs A P̲R̲Ä̲P̲ ⟨gen⟩ längs (efter), utmed, utefter B A̲D̲V̲ på längden

Längsachse F längdaxel
langsam ADJ långsam, sakta; trög; **es wird ~ Zeit, dass ...** det börjar bli dags att ... **Langsamkeit** F långsamhet
Langschläfer(in) M(F) umg sjusovare, sömntuta
Längsrichtung F längdriktning
Längsschnitt M längdsnitt
längst ADV sedan länge; **~ nicht** inte på långa vägar, långt ifrån; → **lang längstens** ADV senast; sedan länge
Langstreckenläufer(in) M(F) långdistanslöpare
Languste F langust
langweilen A VT tråka ut B VR **sich ~** ha tråkigt **langweilig** ADJ (lång)tråkig, ledsam, trist
Langwelle F långvåg
langwierig ADJ långvarig
Lanze F lans; **eine ~ brechen** fig dra en lans
lapidar ADJ lapidarisk
Lappalie F struntsak, bagatell
Lappe M same, lapp
Lappen M trasa; umg sedel; umg **j-m durch die ~ gehen** undkomma
Lappin F samekvinna
läppisch ADJ barnslig, larvig; fjantig, fånig; gering löjligt liten
Lappland N Lappland **lappländisch** ADJ lappländsk, samisk
Laptop M COMPUT laptop, bärbar dator
Lärche F lärkträd n
Lärm M buller n, (o)väsen n, bråk n; **~ machen** föra oväsen; **~ schlagen** slå larm **Lärmbelästigung** F bullerstörning **lärmen** VI bullra, väsnas, bråka, stoja **Lärmschutzwand** F bullerskydd n
Larve F ZOOL larv
lasch ADJ slapp, slö
Lasche F flik; Schuh etc plös
Laser M laser **Laserchirurgie** F MED laserkirurgi **Laserdrucker** M laserskrivare **Lasermedizin** F MED laserkirurgi **Laserstrahl** M laserstråle **Laserwaffe** F MIL laservapen n
lassen VT, VI lämna; veranlassen låta; unterlassen låta vara, låta bli; **etw sein ~** låta ngt vara; **~ wir das!** nu låter vi det vara!; **sich** (dat) **alles bieten ~** finna sig i allt; **sich** (dat) **etw einfallen ~** komma att tänka på ngt; **sich** (dat)

Zeit ~ ta god tid på sig; **das lässt sich denken** det kan tänkas; **ich habe mir sagen ~** jag har hört sägas; **man muss ihm ~, dass ...** man måste erkänna att han ...; **von etw ~** avstå från ngt
lässig ADJ avspänd, ledig **Lässigkeit** F avspändhet
Lasso M od N lasso
Last F last, börda a. fig; **j-m zur ~ fallen** ligga ngn till last; **j-m etw zur ~ legen** lägga ngn ngt till last **Lastauto** N lastbil **lasten** VI tynga, vila tungt (**auf** dat på) **Laster¹** N last
Laster² umg M lastbil
lasterhaft ADJ lastbar
lästern VI **über j-n ~** tala illa om ngn
lästig ADJ besvärlig; störande; **j-m ~ fallen** gå ngn på nerverna
Lastkahn M pråm **Lastkraftwagen** M lastbil
Last-Minute-Angebot N sista minuten-erbjudande n **Last-Minute-Flug** M sista minuten-flyg n **Last-Minute-Reise** F sista minuten-resa **Last-Minute-Ticket** N sista minuten-biljett
Lastschrift F debitering; Mitteilung debetnota
Lastwagen M lastbil **Lastzug** M långtradare (med släpvagn)
Lasur F lasur
Latein N latin n; **mit seinem ~ am Ende sein** inte veta vad man ska ta sig till **Lateinamerika** N Latinamerika n **lateinisch** ADJ latinsk
Laterne F lykta, lanterna **Laternenpfahl** M lyktstolpe
Latrine F latrin
Latschen umg M (gammal) sko **latschen** umg VI (gå och) hasa
Latte¹ F SPORT u. schmales Brett ribba; umg **eine ganze ~ von Fragen** en hel radda med frågor
Latte², **Latte macchiato** M od F latte macchiato
Lattenzaun M spjälstaket n
Latz M haklapp; an Kleidungsstück bröstlapp **Lätzchen** N haklapp **Latzhose** F snickarbyxor pl
lau ADJ ljum a. fig
Laub N löv n **Laubbaum** M lövträd n
Laube F berså; kolonistuga
Laubfrosch M lövgroda **Laubsäge**

F̄ lövsåg **Laubwald** M̄ lövskog **Laubwerk** N̄ lövverk n
Lauch M̄ purjolök **Lauchzwiebel** F̄ salladslök
Lauer F̄ **auf der ~ liegen** ligga på lur **lauern** V̄Ī lura (på) (*auf akk*)
Lauf M̄ lopp n; ASTRO bana; **im ~e des Jahres** under årets lopp; **in vollem ~** i full fart **Laufbahn** F̄ (levnads)bana, karriär **Laufband** N̄ SPORT löpband n **Laufbursche** M̄ springpojke **laufen** V̄Ī rennen springa, löpa; *gehen* gå; *fließen* flyta, rinna; *gültig sein* gälla, vara giltig; *Motor, Film* gå; *Nase* rinna; *tropfen* läcka; umg **die Sache ist gelaufen** det är kört; det gick; **~ lassen** släppa **laufend** *fig* **A** ADJ löpande; **auf dem Laufenden sein** vara à jour **F** ADV ständigt **Läufer(in)** M(F) löpare; (bord)löpare; gångmatta **Lauferei** F̄ spring n **Lauffeuer** N̄ löpeld **Laufgitter** N̄ barnhage **läufig** ADJ löpsk; **~ sein** löpa **Laufjunge** M̄ springpojke **Laufmasche** F̄ löpmaska **Laufpass** M̄ **j-m den ~ geben** ge ngn respass; göra slut med ngn **Laufschritt** M̄ språngmarsch **Laufstall** M̄ barnhage **Laufsteg** M̄ gångbro **Laufwerk** N̄ COMPUT enhet **Laufzeit** F̄ giltighet; WIRTSCH löptid; *Platte* speltid
Lauge F̄ tvättvatten n; CHEM lut
Lauheit F̄ ljumhet *a. fig*
Laune F̄ humör n, lynne n; *Grille* nyck; **bei guter/schlechter ~** på gott/dåligt humör **launenhaft** ADJ lynnig, nyckfull **launisch** ADJ lynnig, nyckfull; på dåligt humör
Laus F̄ lus **Lausbub** M̄ busfrö n, rackarunge
lauschen V̄Ī ⟨*dat*⟩ lyssna (till); *spionieren* tjuvlyssna **Lauscher(in)** M(F) tjuvlyssnare
lausen V̄T lusa
lausig **A** ADJ **~e Zeiten** dåliga tider; **~ kalt** svinkalt; **die paar ~en Groschen** de futtiga par örena **B** ADV väldigt
laut¹ **A** ADJ hög(ljudd), ljudlig; **~ werden** *fig Stimmen* höjas
laut² PRÄP ⟨*gen*⟩ enligt, i enlighet med
Laut M̄ ljud n
Laute F̄ luta
lauten V̄Ī lyda; *klingen* låta
läuten V̄T, V̄Ī ringa, klämta
lauter **A** ADJ (≈*rein*) ren; *gehoben* (≈*aufrichtig*) ärlig, uppriktig **B** ADV (≈*nur*) bara, idel; **~ Lügen** bara en massa lögner, idel lögner; **vor ~ Freude** av ren glädje
lauthals ADV för full hals **lautlos** ADJ ljudlös, tyst **Lautschrift** F̄ ljudskrift, fonetisk skrift **Lautsprecher** M̄ högtalare **lautstark** ADJ högljudd **Lautstärke** F̄ ljudstyrka, volym; högljuddhet
lauwarm ADJ ljum, ljummen
Lava F̄ lava
Lavendel M̄ BOT lavendel
Lawine F̄ lavin **Lawinengefahr** F̄ lavinfara
lax ADJ slapp
Layout N̄ layout
Lazarett N̄ militärsjukhus n
LCD-Anzeige F̄ COMPUT LCD-skärm
leasen V̄T leasa **Leasing** N̄ leasing
leben V̄Ī leva; *wohnen* bo; **von etw ~** leva på ngt; **lebe wohl!** farväl!; **es lebe … leve …;** **~d** levande **Leben** N̄ liv n; *Lebensführung* levnad; **am ~ sein** vara i livet/vid liv; **für mein ~ gern** mycket gärna; **mit dem ~ davonkommen** undkomma med livet i behåll; **ums ~ kommen** omkomma **lebendig** ADJ levande; *lebhaft* livlig, livaktig **Lebendigkeit** F̄ liv n; *Lebhaftigkeit* livlighet, livaktighet **Lebensabend** M̄ ålderdom **Lebensalter** N̄ ålder **Lebensangst** F̄ livsångest **Lebensart** F̄ livsstil, levnadssätt n; *Umgangsformen* sätt n **Lebensaufgabe** F̄ livsuppgift **Lebensbedingung** F̄ livsvillkor n **Lebensdauer** F̄ livstid **Lebensende** N̄ döddagar *pl* **Lebenserfahrung** F̄ livserfarenhet **Lebenserwartung** F̄ medellivslängd **lebensfähig** ADJ livsduglig **Lebensfreude** F̄ livsglädje **lebensfroh** ADJ levnadsglad **Lebensgefahr** F̄ livsfara **lebensgefährlich** ADJ livsfarlig **Lebensgefährte** M̄, **Lebensgefährtin** F̄ livskamrat **lebensgroß** ADJ, ADV i naturlig storlek **Lebenshaltungskosten** PL levnadskostnader *pl* **Lebensjahr** N̄ levnadsår n **Lebenskraft** F̄ livskraft **Lebenskünstler(in)** M(F) levnadskonstnär(inna) **Lebenslage** F̄ situation i livet **lebenslang** ADJ, **lebenslänglich** på livstid; livstids- **Lebenslauf** M̄ cv (n), meritförteckning

lebenslustig ADJ levnadsglad **Lebensmittel** N/PL livsmedel n/pl; matvaror pl **Lebensmittelgeschäft** N umg livsmedelsaffär, livs **Lebensmittelvergiftung** F matförgiftning **lebensmüde** ADJ trött på livet **lebensnotwendig** ADJ livsnödvändig, livsviktig **Lebensraum** M livsrum n **Lebensretter(in)** M(F) livräddare **Lebensstandard** M levnadsstandard **Lebensstil** M livsstil **Lebensüberdruss** M livsleda **Lebensunterhalt** M uppehälle n **Lebensversicherung** F livförsäkring **Lebenswandel** M vandel, leverne n **Lebensweise** F levnadssätt n **Lebenswerk** N livsverk n **lebenswert** ADJ värd att leva **lebenswichtig** ADJ livsviktig **Lebenszeichen** N livstecken n **Lebenszeit** F auf ~ på livstid **Leber** F lever; frisch von der ~ weg reden fig tala rent ut **Leberfleck** M leverfläck **Leberpastete** F leverpastej **Lebertran** M fiskleverolja **Leberwurst** F leverkorv; leverpastej **Lebewesen** N levande väsen n (varelse) **Lebewohl** N farväl n **lebhaft** ADJ livlig, livfull; **~er Verkehr** livlig trafik **Lebhaftigkeit** F livlighet **Lebkuchen** M ≈ mjuk pepparkaka **leblos** ADJ livlös **Lebzeiten** F/PL livstid; **zu seinen ~** under hans livstid **lechzen** V/I törsta (**nach** efter) **leck** ADJ läck **Leck** N läcka **lecken** A V/T, V/I slicka B V/I (≈ undicht sein) läcka **lecker** ADJ läcker **Leckerbissen** M godbit o. fig; läckerhet **led.** ABK (= ledig) og., ogift **Leder** N läder n, skinn n; **vom ~ ziehen** dra blankt **Lederband** M skinnband n **Lederhose** F skinnbyxor pl **Lederjacke** F skinnjacka **ledern** ADJ läder-, skinn- **ledig** ADJ ogift **lediglich** ADV bara, endast **Lee** F lä **leer** ADJ tom; **~ ausgehen** inte få ngt, bli utan; **~ stehend** tom **Leere** F tomhet **leeren** V/T, V/R tömma; **sich ~** tömmas **Leergut** N Flaschen tomglas n **Leerlauf** M tomgång **leerlaufen** V/I Motor tömmas **Leertaste** F mellan-

slagstangent **Leerung** F tömning **Leerzeichen** N mellanslag n **legal** ADJ legal, laglig **legalisieren** V/T legalisera **Legalität** F legalitet, laglighet **Legastheniker(in)** M(F) dyslektiker, person med läs- och skrivsvårigheter **Legebatterie** F bursystem n för värphöns **Legehenne** F värphöna **legen** A V/T lägga; **Eier ~** lägga ägg, värpa B V/R sich ~ a. Wind lägga sig; sich schlafen ~ gå och lägga sig, gå till sängs **legendär** ADJ legendarisk **Legende** F legend, myt **leger** ADJ ledig; otvungen, bekväm **Leggin(g)s** PL leggings pl **legieren** V/T Metalle legera **Legierung** F legering **Legislative** F legislatur, lagstiftande församling **Legislaturperiode** F mandatperiod **legitim** ADJ legitim **Legitimation** F legitimation, legitimering **legitimieren** V/T, V/R legitimera (**sich ~** sig) **Legitimität** F legitimitet **Lehm** M lera **Lehmboden** M lerig mark, lerbotten **lehmig** ADJ lerig **Lehne** F karm, (rygg)stöd n, (arm)stöd n **lehnen** A V/T luta, stödja (**an** akk mot); **sich ~** luta sig (**an** akk mot) B V/I stå lutad (**an** dat mot) **Lehnstuhl** M länstol, fåtölj **Lehnwort** N lånord n **Lehramt** N lärartjänst; **auf ~ studieren** utbilda sig till lärare **Lehrauftrag** M **einen ~ haben** föreläsa (undervisa) vid universitet **Lehrbuch** N lärobok **Lehre** F Berufslehre ≈ yrkesinriktad utbildning; Lehrmeinung, Doktrin lära; negative Erfahrung lärdom, läxa, erfarenhet; **eine ~ machen** utbilda sig; **das war ihm eine ~** det var en läxa för honom **lehren** V/T, V/I lära; unterrichten undervisa, lära ut **Lehrer(in)** M(F) lärare **Lehrerkollegium** N lärarkollegium n **Lehrfach** N läroämne n **Lehrgang** M kurs **Lehrgeld** N **~ (be)zahlen** betala dyrt **Lehrkörper** M lärarkår **Lehrling** M lärling **Lehrmeister(in)** M(F) (läro)mästare **Lehrmittel** N/PL läromedel n/pl **Lehrplan** M läroplan **lehrreich** ADJ lärorik **Lehrstelle** F lärlingsplats **Lehrstoff** M lärostoff n **Lehrstuhl** M professur

Lehrzeit F lärotid
Leib M kropp, liv n; *Bauch* mage; **j-m auf den ~ rücken** inte lämna ngn i fred; **mit ~ und Seele** med liv och lust; **am eigenen ~(e) spüren** själv **Leibchen** N livstycke **Leibesfrucht** F foster n **Leibesübungen** F/PL kroppsövning, gymnastik **Leibesvisitation** F kroppsvisitation **Leibgarde** F livgarde n **Leibgericht** N älsklingsrätt **leibhaftig** ADJ livslevande, i egen person **leiblich** ADJ kroppslig; **sein ~er Bruder** hans riktiga (biologiska) bror **Leibrente** F livränta **Leibschmerzen** M/PL ont i magen, magknip n **Leibwache** F livvakt **Leibwächter(in)** M/F livvakt **Leibwäsche** F underkläder pl
Leiche F lik n **leichenblass** ADJ likblek **Leichenhalle** F gravkapell n; bårhus n **Leichenschändung** F likplundring **Leichentuch** N svepduk **Leichenverbrennung** F likbränning **Leichenwagen** M likvagn **Leichenzug** M begravningsprocession
Leichnam M lik n
leicht ADJ lätt; **~ machen** underlätta, göra enkelt; **das ist ~ möglich** det är mycket möjligt; **~ gesagt** lätt sagt **Leichtathletik** F friidrott **leichtfallen** VT ‹*dat*› vara lätt (för ngn) **leichtfertig** ADJ lättfärdig **Leichtgewicht** N lättvikt **leichtgläubig** ADJ lättrogen **leichthin** ADV lätt (-vindigt); i förbigående **Leichtigkeit** F letthet **leichtlebig** ADJ sorglös **Leichtmetall** N lättmetall **leichtnehmen** VT ta ngt lätt **Leichtsinn** M lättsinne n **leichtsinnig** ADJ lättsinnig
leid ADJ **j-n ~ sein** vara trött på ngn; **eine Sache ~ sein** vara trött på ngt; **es tut mir ~** jag beklagar, jag är ledsen; **er tut mir ~** jag tycker synd om honom **Leid** N smärta, sorg nöd, lidande n; **j-m ein ~ antun** förorsaka ngn stor sorg
leiden A VT lida, utstå; tåla; **j-n/etw nicht ~ können** inte kunna tåla ngn/ngt B VI **an einer Krankheit ~** lida av en sjukdom **Leiden** N lidande n; *Krankheit* sjukdom, åkomma
Leidenschaft F passion, lidelse **leidenschaftlich** ADJ passionerad, li-

delsefull
Leidensgefährte M, **Leidensgefährtin** F olyckskamrat
leider ADV tyvärr, dessvärre
leidlich A ADJ dräglig, skaplig B ADV tämligen, någorlunda, något så när
Leidtragende(r) M/F(M) lidande
Leier F lyra; **immer die alte ~** fig alltid samma visa **Leierkasten** M positiv n **Leierkastenmann** M positivhalare **Leihbücherei** F lånebibliotek n **leihen** VT låna; **j-m etw ~** låna ut ngt till ngn; **etw von j-m ~** låna ngt av ngn **Leihgebühr** F lånavgift **Leihhaus** N pantbank **Leihmutter** F surrogatmamma **Leihwagen** M hyrbil **leihweise** ADV som lån, till låns
Leim M lim n; **auf den ~ gehen** låta lura sig, gå i fällan; **aus dem ~ gehen** gå sönder; gå upp i hullet **leimen** VT limma (ihop)
Lein M lin n
Leine F lina; rep n; klädstreck n; koppel n; *Hund* **an der ~ führen** ha i koppel **leinen** ADJ av linne, linne- **Leinen** N linne n, linneväv **Leinentuch** N linneduk
Leinöl N linolja **Leinsamen** M linfrö n **Leinwand** F *Filmleinwand* (film)duk; **die ~** a. vita duken; *Kunst* duk; linne n, canvas
leise ADJ svag, tyst; **sprich ~!** prata inte så högt!
Leiste F list; ANAT ljumske; COMPUT list **leisten** VT åstadkomma, prestera, uträtta; *Eid* gå (od avlägga); *Dienst, Widerstand* göra; **Folge ~** lyda; **j-m Gesellschaft ~** hålla ngn sällskap; **j-m Hilfe ~** hjälpa ngn; **Zahlung ~** betala; **sich ~** kosta på sig, ha råd med
Leistenbruch M ljumskbråck n
Leistung F *Geleistetes* prestation, insats, arbete n; *Leistungsfähigkeit* kapacitet; *Dienstleistung* tjänst; *Zahlung* Ersättning; PHYS effekt; **soziale ~en** sociala förmåner **Leistungsdruck** M prestationskrav n **leistungsfähig** ADJ effektiv **Leistungsfähigkeit** F prestationsförmåga, kapacitet **Leistungskurs** M *Schule* ≈ utökad kurs, fördjupningskurs **Leistungssport** M elitidrott **Leistungszulage** F ackordstillägg n

Leitartikel M̄ ledare **Leitbild** N̄ förebild
leiten V̄T̄ leda, vägleda **leitend** ADJ ledande
Leiter F̄ stege
Leiter(in) M/F ledare, chef
Leiterwagen M̄ skrinda
Leitfaden M̄ ledtråd; *Buch* handledning **Leitlinie** F̄ riktlinje; *Verkehr* heldragen linje **Leitmotiv** N̄ ledmotiv *n a. fig* **Leitplanke** F̄ vägräcke *n* **Leitsatz** M̄ grundsats; grundprincip **Leitung** F̄ ledning; TEL linje **Leitungswasser** N̄ kranvatten *n* **Leitzins** M̄ WIRTSCH styrränta
Lektion F̄ stycke *n (im Lehrbuch); fig* läxa
Lektor(in) M/F universitetslektor; *Verlag* lektör
Lektüre F̄ lektyr, läsning
Lende F̄ länd; GASTR ländstycke *n*, fransyska
lenkbar ADJ styrbar **lenken** V̄T̄ leda, styra, rikta; *die Aufmerksamkeit auf sich ~* dra uppmärksamheten till sig **Lenker** M̄ ratt; *von Fahrrad, Motorrad* styre *n; Person* förare **Lenkrad** N̄ ratt **Lenkstange** F̄ cykelstyre *n*, styrstång **Lenkung** F̄ styrning
Lenz *poet* M̄ vår
Leopard M̄ ZOOL leopard
Lepra F̄ MED lepra, spetälska
Lerche F̄ lärka
lernbehindert ADJ förståndshandikappad **lernen** V̄T̄ lära sig; läsa; *laufen/kochen ~* lära sig gå/laga mat; *für eine Prüfung ~* läsa/plugga till ett prov; *er lernt Friseur* han utbildar sig till frisör **Lernhilfe** F̄ inlärningshjälp **Lernprogramm** N̄ IT inlärningsprogram *n* **Lernsoftware** F̄ IT inlärningsprogram *n*
Lesart F̄ läsart, version **lesbar** ADJ läslig
Lesbe *umg* F̄ lesbisk kvinna, flata **lesbisch** ADJ lesbisk
Lese F̄ skörd
Lesebrille F̄ läsglasögon *pl* **Lesebuch** N̄ läsebok **Leselampe** F̄ läslampa **lesen** V̄T̄, V̄Ī **1** läsa; *vorlesen* föreläsa **2** *sammeln* samla, plocka **lesenswert** ADJ läsvärd **Leser(in)** M/F *a.* IT läsare **Leserbrief** M̄ insändare; läsarbrev *n* **leserlich** ADJ läslig **Leserschaft** F̄ läsekrets, läsare *pl* **Lesesaal** M̄ läsesal **Lesestoff** M̄ lektyr **Lesezeichen** N̄ bokmärke *n* **Lesung** F̄ läsning, uppläsning; författarafton; PARL läsning, behandling
Lethargie F̄ letargi
Lette M̄ lett **Lettin** F̄ lettiska **lettisch** ADJ lettisk **Lettisch** N̄ lettiska **Lettland** N̄ Lettland
Letzt F̄ *zu guter ~* till sist, slutligen **letztens** ADV till sist **letzte(r, s)** ADJ sista; *neueste* senaste; *am ~n Dienstag* i tisdags; *~Woche* förra veckan; *zum ~n Mal* för sista gången; *~n Endes* slutligen; *umg fig der ~ Schrei* sista skriket, det senaste skriket **letztere(r, -s)** ADJ den/det sistnämnda **letztgenannt** ADJ sistnämnd **letztlich** ADV till slut
Leuchte F̄ *a. Person* ljus *n; Lampe* lampa **leuchten** V̄Ī lysa; *glänzen* glänsa, stråla, skina; *j-m ~* lysa ngn **leuchtend** ADJ *Farbe* klar **Leuchter** M̄ ljusstake; takkrona **Leuchtreklame** F̄ ljusreklam **Leuchtröhre** F̄ ljusrör *n* **Leuchtturm** M̄ fyrtorn *n*
leugnen V̄T̄ neka (till), förneka
Leukämie F̄ leukemi
Leumund M̄ (gott) rykte *n*
Leute PL folk *n*, människor *f/pl; Personal* personal, manskap *n; junge ~* ungdomar; *meine ~* min familj
Leutnant M̄ fänrik
Leviten M/PL *j-m die ~ lesen* läsa lagen för ngn
lexikalisch ADJ lexikalisk **Lexikon** N̄ lexikon *n*, ordbok; uppslagsbok
Libanese M̄ libanes **Libanesin** F̄ libanesiska **libanesisch** ADJ libanesisk **Libanon** N̄ *der ~* Libanon *n*
Libelle F̄ trollslända; TECH vattenpass *n*
liberal ADJ liberal **liberalisieren** V̄T̄ liberalisera **Liberalismus** M̄ liberalism
Libyen N̄ Libyen *n* **Libyer** M̄ libyer **Libyerin** F̄ libyska **libysch** ADJ libysk
licht ADJ ljus; *~ werden* glesna, tunnas ut **Licht** N̄ ljus *n; Schein* sken *n; Tageslicht* dager; *Beleuchtung* belysning; *fig* ljus *n; das ~ der Welt erblicken* skåda dagens ljus; *j-n hinters ~ führen fig* föra ngn bakom ljuset; *~ machen* tända ljuset; *bei ~* i ljuset, med ljus på; *bei*

~e betrachtet vid närmare betraktande; när allt kommer omkring **Lichtbild** N̄ passfoto n **Lichtblick** fig F ljuspunkt, ljusglimt **lichtecht** ADJ ljusäkta **lichtempfindlich** ADJ ljuskänslig **lichten** V̄T̄ **1** Wald gallra, hugga ut; *sich ~* glesna; *heller werden* ljusna **2** Anker lätta **Lichterkette** F am Weihnachtsbaum ljusslinga **lichterloh** ADV i ljusan låga **Lichtgeschwindigkeit** F ljushastighet **Lichthupe** F *die ~ betätigen* blinka med helljuset **Lichtmaschine** F AUTO generator **Lichtquelle** F ljuskälla **Lichtschalter** M strömbrytare **lichtscheu** ADJ ljusskygg **Lichtschranke** F fotocellstyrd ljusridå **Lichtschutzfaktor** M solskyddsfaktor **Lichtstärke** F ljusstyrka **Lichtstrahl** M ljusstråle **Lichtung** F (skogs)glänta **Lid** N̄ ögonlock n **Lidschatten** M ögonsugga

lieb ADJ kär, älskad; *nett* rar, snäll; *j-n ~ gewinnen* fatta tycke för ngn; *~ haben* tycka om, hålla av; *es wäre mir ~ det skulle glädja mig; er ist ein ~er Kerl* han är så snäll/rar; *sei so ~ und ... vill du vara snäll och ...; am ~sten* helst; **Liebe**(r) *Briefanfang, an Frau od pl* kära; *an Mann* käre; *~e Grüße* = många/varma hälsningar; → lieber **liebäugeln** V̄Ī *mit j-m ~* (ögon)flörta med ngn; *mit etw* (dat) *~* fig fundera på att köpa **Liebe** F kärlek; *~ machen* älska; *aus ~ zu ihr* av kärlek till henne **Liebelei** F kärlekshistoria **lieben** V̄T̄, V̄Ī älska; tycka om, hålla av; *sie ~ sich* de älskar varandra **liebenswürdig** ADJ älskvärd, vänlig **Liebenswürdigkeit** F älskvärdhet, vänlighet

lieber ADV hellre; *~ nicht* helst inte; → lieb

Liebesabenteuer N̄ kärleksäventyr n **Liebesbrief** M kärleksbrev n **Liebesdienst** M väntjänst **Liebeserklärung** F kärleksförklaring **Liebesgedicht** N̄ kärleksdikt **Liebesgeschichte** F kärlekshistoria **Liebeskummer** M kärleksbekymmer n/pl **Liebesleben** N̄ kärleksliv n **Liebeslied** N̄ kärleksvisa **Liebespaar** N̄ älskande par n **Liebesroman** M kärleksroman **liebevoll** ADJ kärleksfull,

öm **lieb gewinnen** V̄T̄ → lieb **Liebhaber(in)** M/F Sexualpartner älskare; Sexualpartnerin älskarinna; *ein(e) ~ der Kunst* en konstälskare **liebkosen** V̄T̄ smeka **Liebkosung** F smekning **lieblich** ADJ ljuv(lig), vän; *Wein* halvsött **Liebling** M älskling; favorit **Lieblings-** IN ZSSGN älsklings-, favorit- **Lieblingsgericht** N̄ älsklingsrätt **lieblos** ADJ kärlekslös, kall **Lieblosigkeit** F kärlekslöshet **Liebschaft** F kärleksförhållande n **Liebste**(r) M/F(M) älskling, älskade **liebste**(r, s) **A** ADJ *mein ~r Freund* min bäste vän **B** ADV *am ~n* helst; *am ~n spiele ich Tennis* jag tycker bäst om att spela tennis

Liechtenstein N̄ Liechtenstein **Lied** N̄ sång, visa; *immer das alte ~!* det är alltid samma gamla visa! **Liederbuch** N̄ sångbok, visbok **liederlich** ADJ liderlig; *unordentlich* slarvig

Liedermacher(in) M/F vissångare och kompositör

Lieferant(in) M/F leverantör **lieferbar** ADJ som kan levereras **Lieferbedingungen** F/PL leveransvillkor n/pl **Lieferfrist** F leveranstid **liefern** V̄T̄ leverera; ge, lämna; *Beweise ~* komma med bevis; *er ist geliefert* umg han är såld **Lieferschein** M följesedel **Lieferservice** M leveransservice **Liefertermin** M leveransdatum n **Lieferung** F leverans **Lieferwagen** M varubil, skåpbil **Lieferzeit** F leveranstid

Liege F liggstol; extrasäng **liegen** V̄Ī ligga; *es liegt mir daran* jag är angelägen om; *daran liegt mir nichts* det bryr jag mig inte om; *~ an* (dat) fig bero på; umg fig *damit liegst du richtig* det har du rätt i; det gör du rätt i; *~ bleiben* bli liggande, ligga kvar; *~ lassen absichtlich* låta ligga, lämna kvar; *vergessen* glömma **liegen bleiben** fig V̄Ī → liegen **liegen lassen** fig V̄T̄ → liegen

Liegenschaften PL fast egendom **Liegestuhl** M liggstol, vilstol **Liegestütz** F armhävning **Liegewagen** M liggvagn **Liegewiese** F gräsplan **Lift** M *Aufzug* hiss; *Skilift* (skid)lift

Liga F SPORT liga, division
liken *umg* VT IT gilla
Likör M likör
lila ADJ lila(färgad) **Lila** N lila
Lilie F lilja
Liliputaner(in) M|F *pej* lilleputt
Limit N gräns **limitieren** VT begränsa
Limo *umg* F läsk **Limonade** F läskedryck
Limousine F limousin
Linde F lind **Lindenblütentee** M lindblomste n
lindern VT lindra, mildra **Linderung** F lindring
Lineal N linjal **linear** ADJ linjär
Linguist(in) M|F lingvist **Linguistik** F lingvistik
Linie F linje; **in erster ~** i första hand; **auf der ganzen ~** totalt; överallt; **auf die ~ achten** tänka på figuren; *Genealogie* **männliche ~** på den manliga sidan **Linienbus** M buss i linjetrafik **Linienflug** M reguljärflyg n **Linienrichter(in)** M|F SPORT linjedomare **Linienverkehr** M linjetrafik
Link M IT länk
Linke F *Hand* vänster hand; *Seite* vänster sida; POL vänster; **zur ~n** till vänster **Linke** M vänsteranhängare **linke(r, s)** ADJ *a.* POL vänster; **~r** *Hand* på vänster hand; **die ~ Hand** vänstra handen
linkisch ADJ fumlig, tafatt
links ADJ till vänster; **von/nach ~** från/till vänster; *rückseitig* på avigsidan (*best Form*) **Linksabbieger** M fordon som tar av åt vänster **Linksaußen** M vänsterytter **Linksdrall** M POL *umg* vänstervridning **linksgerichtet** ADJ POL vänsterorienterad; *pej* vänstervriden **Linkshänder(in)** M|F vänsterhänt person **linkshändig** ADJ, ADV vänsterhänt **Linkskurve** F vänsterkurva **Linksverkehr** M vänstertrafik
Linoleum N linoleum n
Linse F lins **Linsensuppe** F linssoppa
Lipgloss N läppglans n **Lippe** F läpp **Lippenbekenntnis** N tomma ord *n|pl* **Lippenpflegestift** M (läpp)cerat n **Lippenstift** M läppstift n
Liquidation F likvidation; *Rechnung* räkning **liquidieren** VT likvidera; beräkna

lispeln VT, VI läspa; *flüstern* viska
List F list, listighet
Liste F lista
listig ADJ listig, slug
Litauen N Litauen n **Litauer** M litauer **Litauerin** F litauiska **litauisch** ADJ litauisk **Litauisch** N litauiska
Liter M, *a.* N liter
literarisch ADJ litterär
Literatur F litteratur; **schöne ~** skönlitteratur **Literaturgeschichte** F litteraturhistoria **Literaturkritik** F litteraturkritik **Literaturwissenschaft** F litteraturvetenskap
Litfaßsäule F annonspelare
Liturgie F liturgi
Litze F snodd, träns
live ADV, ADJ RADIO, TV direkt, live; **~ übertragen** sända direkt (*od* live) **Livekonzert** N livekonsert **Livesendung** F, **Liveübertragung** F direktsändning **Livestream** M direktströmmande tv
Lizenz F licens, tillstånd n **Lizenzgebühr** F licensavgift
Lkw M (= Lastkraftwagen) lastbil
Lob N beröm n, lov n
Lobby F **1** *im Hotel* lobby, hotellvestibul **2** POL lobby, intressegrupp, påtryckningsgrupp **Lobbyist(in)** M|F lobbyist
loben VT berömma, lovorda; REL (lov)prisa **lobenswert** ADJ lovvärd, berömlig **Lobgesang** M lovsång **löblich** ADJ berömlig, lovvärd **Loblied** N lovsång **Lobrede** F lovtal n
Loch N hål n; *Vertiefung* grop; *Höhle* håla; *umg Gefängnis* finka, kurra; *Wohnung* kyffe n; **auf dem letzten ~ pfeifen** *fig* sjunga på sista versen **lochen** VT håla; *Fahrkarte* klippa **Locher** M hålslag n **löcherig** ADJ hålig, full med hål, porös **Lochkarte** F hålkort n **Lochstreifen** M hålremsa
Locke F (hår)lock; **~n haben** ha lockigt hår
locken[1] VT, VI *anlocken* locka
locken[2] VT, VI,R *Haar* locka (**sich sig**) **Lockenkopf** M lockigt hår **Lockenwickler** M papiljott
locker A ADJ *Schraube, Zahn* lös; *Person* avspänd, avslappnad B ADV löst; **~ sitzen** sitta löst; *umg* **er schafft das ~** det klarar han av lätt **lockerlassen** VI

nachgeben ge upp **lockermachen** umg V/T *Geld* umg skaka fram **lockern lossa** (på); *Vorschrift etc* släppa efter; mjuka upp; **sich ~ lossna;** *Nebel* lätta; *fig* slappna av **Lockerung** F lossnande n; uppluckring; SPORT uppmjukning **Lockerungsübung** F uppmjukningsövning
lockig ADJ lockig
Lockmittel N lockbete n **Lockvogel** M lockfågel a. *fig*
lodern V/I flamma, blossa
Löffel M sked; *Kochlöffel* slev **löffeln** V/T äta med sked, sleva i sig **löffelweise** ADV skedvis
Logbuch N loggbok
Loge F loge
Logik F logik
Log-in N inloggning
Logis N logi n
logisch ADJ logisk; **das ist doch ~!** självklart!, absolut!
Logistik F logistik
Logo M *od* N logo(typ), firmamärke n
Logopäde M, **Logopädin** F logoped, talpedagog
Lohn M lön, avlöning; *Belohnung* belöning **Lohnabzug** M löneavdrag n **Lohnausfall** M lönebortfall n, inkomstbortfall n **Lohnempfänger(in)** M/F löntagare **lohnen** V/I, V/R löna (sich sig); **j-m etw ~** belöna ngn för ngt **lohnend** ADJ lönande, lönsam **Lohnerhöhung** F löneförhöjning **Lohnforderung** F lönekrav n **Lohnsteuer** F preliminärskatt, källskatt **Lohnsteuerausgleich** M skattejämkning **Lohnsteuerkarte** F skattesedel **Lohnstopp** M lönestopp n **Lohnstufe** F lönegrad **Lohntüte** F lönekuvert n
Loipe F skidspår n
Lok F lok n
Lokal N lokal; *Gasthaus* restaurang; **im ~ essen** äta ute **lokal** ADJ lokal, orts- **lokalisieren** V/T lokalisera **Lokalität** F lokalitet **Lokalnachrichten** PL lokala meddelanden n/pl **Lokalpatriotismus** M lokalpatriotism **Lokalsender** M lokalradio(station)
Lokführer(in) M/F lokförare **Lokomotive** F lokomotiv n **Lokomotivführer(in)** M/F lokförare
Lorbeer M lager *a. fig* **Lorbeerblatt** N lagerblad n **Lorbeerkranz** M lagerkrans
Lore F öppen godsvagn
Los N *a. Schicksal* lott; **das große ~** högsta vinsten
los ADJ lös, loss; *frei* fri, kvitt; **~!** kör!, sätt i gång!; **nichts wie ~!** nu sticker vi!; **was ist ~?** vad är det?, vad står på?; **es ist mit ihm nichts ~** det är inte mycket bevänt med honom; **da ist immer was ~** där är det alltid något på gång; *j-n, etw* **~ sein** vara av med ngn/ngt, bli kvitt ngn/ngt
lösbar ADJ lösbar, löslig
losbinden V/T lösa, lossa **losbrechen** A V/T bryta loss B V/I bryta lös, brista ut
Löschblatt N läskpapper n **löschen** V/T *Feuer, Licht, Durst* släcka; *auswischen* ta bort, utplåna; WIRTSCH avskriva, stryka; *Ladung* lossa; COMPUT radera; **Daten ~** radera data **Löschpapier** N läskpapper n **Löschtaste** F radertangent, raderknapp
lose ADJ lös
Lösegeld N lösensumma
losen V/I lotta, dra (*od* kasta) lott
lösen A V/T lösa (upp); *Knoten* knyta upp, lossa; *Aufgabe* lösa; *Fahrkarte* köpa, lösa; *Verlobung* slå upp; *Beziehungen* säga upp B V/R **sich ~** lossna; CHEM, a. *Problem* lösa sig; **sich ~ von** (*dat*) göra sig fri från
losfahren V/I köra iväg, starta **losgehen** V/I ge sig iväg; *beginnen* sätta igång; *Schuss* gå av; **~ auf** (*akk*) gå lös på **loshaben** umg V/T *etw* ~ vara klyftig **loskommen** V/I komma loss, slippa ifrån **loslassen** V/T släppa (lös) **loslaufen** V/I börja springa **loslegen** umg V/I sätta igång
löslich ADJ löslig
loslösen A V/T lossa B V/R **sich ~** lossna; *fig* frigöra sig **losmachen** V/T ta loss, lossa; **sich von etw ~** göra sig fri från ngt **losreißen** A V/T slita (*od* rycka) loss B V/R **sich ~** slita sig lös (*od* loss) **losschlagen** A V/I kämpfen anfalla; **aufeinander ~** drabba samman B V/T slå loss; *Ware* bli av med
Losung F *Wahlspruch* valspråk n; *Parole* paroll
Lösung F *a. fig u.* CHEM lösning **Lösungsmittel** N lösningsmedel n

loswerden VT bli av med, bli fri från, bli kvitt **losziehen** VI ge sig iväg
Lot N lod n; *es ist alles wieder im ~* det har ordnat upp sig
löten VT, VI löda **Lötkolben** M lödkolv
lotrecht ADJ lodrät
Lotse M lots **lotsen** VT lotsa
Lotterie F lotteri n **Lotteriegewinn** M lotterivinst **Lotterielos** N lottsedel
Lotto N lotto n **Lottozahlen** PL die ~ lottoraden
Löwe M lejon n; ASTROL Lejonet **Löwenanteil** *fig* M lejonpart **Löwenmaul** N BOT lejongap n **Löwenzahn** M BOT maskros **Löwin** F lejonhona, lejoninna
loyal ADJ lojal **Loyalität** F lojalitet
LP F lp-skiva
lt. ABK (= laut) enl., enligt
Luchs M lo (djur n)
Lücke F lucka, tomrum n; *fig* brist **Lückenbüßer(in)** M/F inhoppare, ersättare; utfyllnad **lückenhaft** ADJ bristfällig, ofullständig **lückenlos** ADJ fullständig, komplett
Luder N freches ~ fräck (oförskämd) kvinna
Luft F luft; *j-n an die ~ setzen* kasta ut ngn; *aus der ~ gegriffen* gripen ur luften; *es liegt in der ~* det ligger i luften; *mir bleibt die ~ weg* jag tappar andan; *fig* jag är mållös; *fig die ~ ist rein* kusten är klar; *tief ~ holen!* andas djupt! **Luftabwehr** F luftvärn n **Luftabwehrrakete** F → Flugabwehrrakete **Luftangriff** M flyganfall n **Luftaufnahme** F flygfoto n **Luftballon** M luftballong **Luftblase** F luftblåsa **Luftbrücke** F luftbro **Lüftchen** F (vind)fläkt **luftdicht** ADJ lufttät **Luftdruck** M lufttryck n **lüften** A M lufta, vädra; *Hut* lyfta på; *Geheimnis* avslöja, röja B VI (= Luft hereinlassen) vädra **Lüfter** M fläkt, ventilator **Luftfahrt** F flygtrafik **Luftfahrtgesellschaft** F flygbolag n **Luftfeuchtigkeit** F luftfuktighet **Luftfilter** M luftfilter n **luftgetrocknet** ADJ lufttorkad **Luftgewehr** N luftgevär n **luftig** ADJ luftig **Luftkissenfahrzeug** N svävare **Luftkurort** M luftkurort **luftleer** ADJ lufttom **Luftlinie** F in der ~ fågelvägen **Luftloch** N luft-

grop **Luftmatratze** F luftmadrass **Luftpirat(in)** M/F flygplanskapare **Luftpost** F luftpost, flygpost **Luftpumpe** F luftpump **Luftraum** M luftrum n **Luftröhre** F luftstrupe **Luftschacht** M lufttrumma **Luftschlange** F pappersgirlang **Luftschutzkeller** M skyddsrum n **Luftstreitkräfte** F/PL flygstridskrafter pl **Luftstützpunkt** M flygbas **Lüftung** F luftning, vädring; ventilation **Luftveränderung** F luftombyte n **Luftverkehr** M flygtrafik **Luftverschmutzung** F, **Luftverunreinigung** F luftförorening **Luftwaffe** F flygvapen n **Luftweg** M auf dem ~(e) med flyg **Luftwiderstand** M luftmotstånd n **Luftzufuhr** F lufttillförsel **Luftzug** M luftdrag n
Lüge F lögn; *etw ~n strafen* visa att ngt inte stämmer
lügen VI ljuga; *das ist gelogen* det är lögn **Lügendetektor** M lögndetektor **Lügner(in)** M/F lögnare **lügnerisch** ADJ lögnaktig
Luke F lucka, glugg
lukrativ ADJ lukrativ, vinstbringande
Lümmel M lymmel, drummel, knöl **lümmeln** VR sich ~ vräka sig
Lump M usling, skurk **lumpen** VT *umg sich nicht ~ lassen* inte snåla **Lumpen** A M trasa B PL paltor **Lumpensammler** M lumpsamlare
lumpig ADJ futtig; lumpen, tarvlig
Lunchpaket N lunchpaket n, matsäck
Lunge F lunga
Lungenentzündung F lunginflammation **Lungenkrebs** M lungcancer
Lunte F stubin; ~ *riechen* ana oråd
Lupe F lupp, förstoringsglas n; *unter die ~ nehmen* syna i sömmarna
Lupine F lupin
Lust F lust; *Freude* fröjd, glädje; *Begierde* lusta, begär n; ~ *haben zu* (dat) ha lust till; ~ *haben, etw zu machen* ha lust att göra ngt; *ich habe (keine) ~ auf ein Bier* jag känner (inte) för en öl; *(ganz) wie du ~ hast* (precis) som du vill
lüstern ADJ lysten; *sexuell* liderlig
lustig ADJ lustig, munter, glad; *komisch* rolig, skojig, kul; *sich ~ machen über* (akk) göra sig lustig över; *da geht es ~ zu* där går det lustigt till **Lustigkeit**

F lustighet, munterhet, glädje; rolighet **lustlos** ADJ olustig, håglös **Lustlosigkeit** F håglöshet
Lustspiel N lustspel n, komedi
lutschen VT, VI suga; *Bonbon* suga på; **am Daumen ~** suga på tummen **Lutscher** M napp; *Stielbonbon* klubba
Luxemburg N Luxemburg **luxemburgisch** ADJ luxemburgsk
luxuriös ADJ luxuös, lyxig **Luxus** M lyx **Luxusartikel** M lyxartikel **Luxushotel** N lyxhotell n
Lymphdrüse F lymfkörtel **Lymphe** F lymfa
lynchen VT lyncha **Lynchjustiz** F lynchning
Lyrik F lyrik **Lyriker(in)** M(F) lyriker **lyrisch** ADJ lyrisk

M

M, m N M, m n
Machart F snitt n, stil **machbar** ADJ genomförbar
Mache umg F bluff; **in der ~ sein** hålla på att göras **machen** A VT göra; *Kaffee, Tee* koka, sätta på; *Pause, Examen etc* ta; **j-m Angst ~** skrämma ngn; **das Bett ~** bädda (sängen); **ein Foto ~** ta ett kort; **Feuer ~** göra upp eld; **viel Geld ~** *verdienen* tjäna mycket pengar; **einen Kurs ~** gå en kurs; **Licht ~** tända ljuset; **j-m Mut ~** inge ngn mod; **Spaß ~** skämta; **mach doch!** skynda på!; **mach's gut!** ha det så bra!; **macht, dass ihr fortkommt!** se till att ni kommer i väg!; **das macht nichts** det gör ingenting; **ich mache mir nichts daraus** det bryr jag mig inte om; **wie viel macht es?** hur mycket kostar det?; **das macht (zusammen) 5 Euro** det blir (totalt) 5 euro; **zwei und zwei macht vier** två och två är fyra; **fertig ~** göra/få färdig; **leicht ~** underlätta, göra enkelt; **sauber ~** göra ren; *Wohnung* städa B VR **sich ~** *sich gut entwickeln* arta sig; **sich an** (akk) **~** ta itu med; **sich fein ~** göra sig fin; **j-n/sich etw schwer ~** göra ngt svårt för ngn/sig **Machenschaften** F/PL intriger pl **Macher(in)** M(F) anstiftare
Macht F makt; **an der ~ sein** sitta vid (ha) makten **Machtbereich** M maktområde n **Machtergreifung** F maktövertagande n **Machthaber(in)** M(F) makthavare **mächtig** ADJ mäktig; umg väldigt, förskräckligt; **einer Sache** (gen) **~ sein** kunna en sak; **seiner Sinne nicht ~ sein** inte vara herre över sig själv **machtlos** ADJ maktlös **Machtlosigkeit** F maktlöshet **Machtpolitik** F maktpolitik **Machtstellung** F maktposition **Machtübernahme** F maktövertagande n **machtvoll** ADJ mäktig; kraftfull **Machtwort** N **ein ~ sprechen** säga ifrån
Machwerk N fuskverk n
Macke F umg fix idé; *Fehler* fel n, skavank; **er hat ja eine ~** umg han är ju knäpp
Mädchen N flicka; **~ für alles** alltiallo **mädchenhaft** ADJ flickaktig **Mädchenname** M flicknamn n **Mädchenschule** F flickskola
Made F mask, larv
Mädel N flicka
madig ADJ full av mask, maskäten
Madonna F madonna **Madonnenbild** N madonnabild
Magazin N magasin n; *Zeitschrift* tidskrift
Magd F piga
Magen M mage; magsäck; **was gesagt wurde, liegt mir schwer im ~** fig jag har svårt att smälta vad som sades; **mir knurrt der ~** det kurrar i magen på mig **Magenbeschwerden** F/PL magbesvär n/pl **Magenbitter** M besk **Magengeschwür** N magsår n **Magenknurren** N kurr n i magen **Magenkrebs** M magcancer **Magensäure** F magsyra **Magenschleimhautentzündung** F magkatarr **Magenschmerzen** M/PL umg magplågor pl, ont i magen **Magenverstimmung** F magbesvär n/pl
mager ADJ mager a. fig
Magermilch F skummjölk; *in Schweden* ≈ minimjölk
Magersucht F anorexi **magersüchtig** ADJ anorektisk
Magie F magi **Magier(in)** M(F) magi-

magisch – Mangelerscheinung ■ 693

ker **magisch** ADJ magisk
Magistrat M förvaltningsmyndighet, stadsförvaltning
Magnesium N magnesium n
Magnet M magnet **Magnetbahn** F magnetbana **Magnetband** N IT magnetband n **Magnetfeld** N magnetfält n **magnetisch** ADJ magnetisk **Magnetstreifen** M magnetremsa
Mahagoni N mahogny a. n
Mähdrescher M skördetröska **mähen** VT klippa, slå (gräs); skörda
Mahl N mål n, måltid
mahlen VT, VI mala
Mahlzeit F måltid; Gruß god middag!; bei Tisch smaklig måltid!
Mähmaschine F slåttermaskin
Mahnbrief M kravbrev n
Mähne F man
mahnen VT, VI mana; schriftlich skicka en betalningspåminnelse; ~ an (akk) påminna om **Mahngebühr** F påminnelseavgift **Mahnmal** N minnesmärke n **Mahnung** F påminnelse, erinran, maning; betalningspåminnelse, kravbrev n
Mahnwache F ≈ tyst demonstration
Mai M maj **Maibaum** M majstång; ≈ midsommarstång **Maiglöckchen** N liljekonvalj **Maikäfer** M ollonborre
Mail F e-post **Mailbox** F e-brevlåda
mailen VT, VI e-posta
Mainstream M mainstream
Mais M majs **Maiskolben** M majskolv
Maisonette F etagevåning
Majestät F majestät n **majestätisch** ADJ majestätisk
Major(in) M(F) major
Majoran M BOT, GASTR mejram
Majorität F majoritet, flertal n
makaber ADJ makaber
Makel M brist; (skam)fläck **makellos** ADJ perfekt, felfri; oklanderlig, fläckfri **Makellosigkeit** F fläckfrihet, felfrihet
mäkeln VI kritisera, klandra (på) (an dat)
Make-up N make-up
Makkaroni M(PL) makaroner pl
Makler(in) M(F) mäklare **Maklergebühr** F mäklararvode n
Makrele F makrill
Makro N IT makro n

Makrone F ≈ kokoskaka
Makulatur F makulatur
mal ADV **1** ett tag (od slag); **komm ~ her!** kom hit ett tag!; → einmal **2** MATH gånger; **drei ~ fünf** tre gånger fem
Mal[1] N Muttermal födelsemärke n
Mal[2] N gång; **zum ersten ~** för första gången; **ein ums andere ~** gång på gång; **mit einem ~** med en gång; **jedes ~** varje gång; **jedes ~ wenn** varje gång när; **nächstes ~** nästa gång
Malaria F MED malaria
malen VT, VI måla, rita **Maler(in)** M(F) målare **Malerei** F måleri n; målning **malerisch** ADJ målerisk, pittoresk; konstnärlig, konstnärs- **Malkasten** M färglåda
malnehmen VT, VI multiplicera
Malteser M maltes **Malteserin** F maltes(iska)
Malz N malt n **Malzbier** N ≈ svagdricka
Mama F mamma
Mammografie, Mammographie F MED mammografi
Mammut N ZOOL mammut
man INDEF PR man; jemand någon; in Rezept ~ **nehme ...** ta ...; **wie schreibt ~ das?** hur stavas det?; ~ **sagt, dass ...** det sägs att ...; **da kann ~ nichts machen** det kan man inte göra något åt
managen umg VT greja, fixa **Manager(in)** M(F) manager
manche(r, s) INDEF PR en och annan; n ett och annat; pl en del; åtskilliga, somliga; **~s** a. mångt och mycket; **~s Mal** mången gång **mancherlei** ADJ allehanda, flera (olika) **manchmal** ADV ibland, då och då
Mandant(in) M(F) JUR klient
Mandarine F BOT mandarin
Mandat N a. PARL mandat n
Mandel F BOT mandel; ANAT halsmandel **Mandelbaum** M mandelträd n
Mandelentzündung F halsfluss
Mandoline F MUS mandolin
Manege F manege
Mangan N CHEM mangan a. n
Mangel[1] F Wäsche mangel **Mangel**[2] M brist; **Mängel** pl fel n/pl, defekter pl; bristfälligheter pl; **aus ~ an** (dat) i brist på
Mangelerscheinung F bristsymtom

mangelhaft – **Markierung**

n **mangelhaft** ADJ bristfällig; *Note icke fullt godkänd*
mangeln[1] VIT *Wäsche* mangla
mangeln[2] VIT **es mangelt an etw** *dat* det råder brist på ngt **mangels** PRÄP ⟨*gen*⟩ i brist på **Mangelware** F svåråtkomlig vara; *... ist ~* det är ont om ...
Mango F BOT mango
Mangold M BOT mangold
Manie F mani
Manier F manér *n*, stil **Manieren** PL uppförande *n*, uppträdande *n*, hyfs
manierlich ADJ välfppfostrad, städad; *umg* hyfsad, rätt bra
Manifest N manifest *n*
Maniküre F *Handpflege* manikyr; *Beruf* manikyrist **maniküren** VIT manikyrera
Manipulation F manipulation **manipulieren** VIT manipulera
Manko N brist *a. fig*
Mann M man, karl; *Ehemann* äkta man, make; (etw) **an den ~ bringen** få (ngt) sålt; **seinen ~ stehen** klara sig, göra bra ifrån sig; **mit hundert ~** med hundra man; **oh ~!** *positiv* fantastiskt!; *negativ* å nej! **Männchen** N *umg* liten man, gubbe; ZOOL han(n)e; *~* **machen** *Hund* sitta vackert
Mannequin N mannekäng
Männerchor M manskör **Männersache** F något för män **Mannesalter** N mannaålder; **im besten ~** i sina bästa år **mannhaft** manhaftig, manlig
mannigfach ADJ, **mannigfaltig** mångfaldig **Mannigfaltigkeit** F mångfald
männlich ADJ *charakteristisch* manlig; *dem Geschlecht angehörend* av mankön; GRAM maskulin; ZOOL u. BOT av hankön
Männlichkeit F manlighet
Mannomann *umg* INTER ojojoj
Mannsbild N mansperson, karl
Mannschaft F manskap *n*; *Besatzung* besättning; SPORT lag *n*; *fig a.* team *n* **Mannschaftsführer(in)** M(F) lagledare **Mannschaftsgeist** M laganda **Mannschaftskapitän** M SPORT lagkapten
Manöver N manöver; *fig a.* fint, manipulation **manövrieren** VIT, VII manövrera; *fig a.* manipulera

Mansarde F vindsrum *n*, vindskupa
manschen *umg* VII gegga, kladda
Manschette F manschett
Mantel M *Damenmantel* kappa; *Herrenmantel* (över)rock; TECH mantel, kåpa, hölje; *Reifen* däck *n*; **den ~ nach dem Wind(e) hängen** vända kappan efter vinden
Manteltarif M ≈ ramavtal *n*
manuell ADJ manuell
Manuskript N manuskript *n*, manus *n*
Mappe F mapp; *Tasche* portfölj, väska; *für die Schule* skolväska
Marathonlauf M maratonlopp *n* **Marathonläufer(in)** M(F) maratonlöpare
Märchen N saga; **erzähl mir doch keine ~!** det kan du inte inbilla mig! **Märchenbuch** N sagobok **märchenhaft** ADJ sagolik **Märchenwelt** F sagovärld
Marder M ZOOL mård
Margarine F margarin *n*
Margerite F BOT prästkrage
Marienbild N mariabild
Marienkäfer M ZOOL nyckelpiga
Marihuana N marijuana
Marille *österr* F aprikos
Marinade F marinad
Marine F flotta **marineblau** ADJ marinblå **Marineoffizier** M sjöofficer
marinieren VIT marinera
Marionette F marionett *a. fig* **Marionettentheater** N marionetteater
Mark[1] N märg; **durch ~ und Bein** genom märg och ben
Mark[2] F 1 *hist Geld* mark 2 GEOG gränsland *n*; **die ~ Brandenburg** Brandenburg
markant ADJ markant
Marke F märke *n*; *Briefmarke* frimärke *n*; *Abschnitt* kupong; *Erkennungsmarke* bricka, identitetsbricka; *Markierung* markering **Markenartikel** M märkesvara **Markenzeichen** N varumärke *n*; *fig a.* kännetecken *n*
Marker M (≈ *Markierstift*) överstrykningspenna
Marketing N marknadsföring, marketing
markieren VIT *a.* COMPUT markera, märka; framhäva, betona; *vortäuschen* låtsas vara, spela **Markierung** F markering

markig ADJ kärnfull, mustig
Markise F markis
Markknochen M märgpipa
Markstein fig M milstolpe
Markt M 1 marknad, torg n; **samstags ist ~** lördag är torgdag 2 WIRTSCH marknad; *etw auf den ~ bringen* släppa ut ngt på marknaden (od i handeln)
Marktanalyse F marknadsundersökning **Marktforschung** F marknadsforskning **Marktfrau** F torggumma
Markthalle F saluhall **Marktlücke** F WIRTSCH nisch; *eine ~ schließen* fylla ett behov på marknaden **Marktplatz** M torg n; marknadsplats **Marktstand** M marknadsstånd, salustånd n **Marktstudie** F marknadsundersökning **Markttag** M torgdag **Marktwirtschaft** F marknadsekonomi
Marmelade F marmelad
Marmor M marmor **Marmorkuchen** M GASTR tigerkaka
marokkanisch ADJ marockansk **Marokko** N Marocko
Marone F (rostad) äkta kastanj
Marotte F egenhet; fix idé
Mars M Mars
Marsch M marsch; *auf dem ~ sein* vara på marsch **marschbereit** ADJ startklar, färdig för avmarsch **marschieren** V/I marschera; fig umg gå framåt **Marschroute** F marschrutt
martern V/T martera, pina **Märtyrer(in)** M(F) martyr
Marxismus M marxism **Marxist(in)** M(F) marxist **marxistisch** ADJ marxistisk
März M mars
Marzipan N marsipan
Masche F maska; fig umg knep n, trick n **Maschendraht** M ståltrådsnät n
Maschine F maskin; *Waschmaschine* tvättmaskin; *Nähmaschine* symaskin; *Flugzeug* flygplan n; umg *Motorrad* motorcykel; *Schreibmaschine* skrivmaskin **maschinell** ADJ maskinell **Maschinenbau** M maskinbygge n **Maschinenfabrik** F mekanisk verkstad **Maschinengewehr** N kulspruta **maschinenlesbar** ADJ IT maskinläsbar **Maschinenpistole** F kulsprutepistol **Maschinenraum** M maskinrum n **Maschinenschaden** M maskinskada **Maschinenschlosser(in)** M(F) montör **Maschinerie** F maskineri n **Maschinist(in)** M(F) maskinist
Masern PL MED mässling
Maske F mask a. fig **Maskenball** M maskerad(bal) **Maskenbildner(in)** M(F) maskör **Maskerade** F maskering; maskerad **maskieren** V/T, V/R maskera; fig a. dölja
Maskottchen N maskot
maskulin ADJ maskulin **Maskulinum** N maskulinum n
Masochismus M masochism
Maß¹ M 1 mått n; *Grad* grad; *nach ~* måttbeställd; *in hohem ~* i hög grad; *in dem ~e, wie ...* i samma mån som ... 2 fig måtta; *in ~en* lagom, med måtta; *~ halten* → måßhalten
Maß² F, **Mass** F Bier stop n; *eine ~ Bier* en liter öl
Massage F massage
Massaker N massaker **massakrieren** V/T massakrera
Maßanzug M måttbeställd kostym **Maßarbeit** F beställningsarbete n; precisionsarbete n
Masse F massa; *die breite ~* den stora massan
Maßeinheit F måttenhet
Massenartikel M massartikel **Massenfabrikation** F masstillverkning **Massengrab** N massgrav **massenhaft** ADV massvis, i massor **Massenkarambolage** F seriekrock **Massenkundgebung** F massdemonstration **Massenmedien** N/PL massmedia n/pl **Massenmord** M massmord n **Massenproduktion** F massproduktion **Massenpsychose** F masspsykos **Massentierhaltung** F massuppfödning **massenweise** ADV massvis, i massor
Masseur(in) M(F) massör **Masseuse** F massös
maßgebend ADJ entscheidend avgörande; *als Norm dienend* tongivande **maßgeblich** ADJ betydande, avgörande **maßgeschneidert** ADJ a. fig skräddarsydd **maßhalten** V/I vara måttlig, vara måttfull
massieren V/T massera
massig ADJ väldig, massiv
mäßig ADJ måttlig, måttfull; *mittelmäßig* medelmåttig; *~e Preise* rätt låga priser; *das Essen war ~* maten var

mäßigen A VT minska; dämpfen dämpa B VR sich ~ behärska sig **Mäßigkeit** F måttlighet, måtta; återhållsamhet **Mäßigung** F återhållsamhet; självbehärskning
massiv ADJ massiv **Massiv** N (berg)massiv n
maßlos ADJ omåttlig, gränslös **Maßlosigkeit** F omåttlighet, gränslöshet
Maßnahme F åtgärd; ~n treffen/ergreifen vidta åtgärder pl
maßregeln VT bestraffa **Maßregelung** F disciplinstraff n
Maßstab M måttstock; kriterium n; GEOG skala; in großem/kleinem ~ i stor/liten skala **maßstab(s)gerecht** ADJ, ADV, **maßstab(s)getreu** i rätta proportioner **maßvoll** ADJ måttfull; återhållsam
Mast M mast; ELEK stolpe; für Fahne flaggstång
Mastdarm M ändtarm
mästen A VT göda B VR sich ~ proppa sig full
Master M masterexamen; seinen ~ machen umg läsa till masterexamen **Masterstudiengang** M masterutbildning
masturbieren VT, VI masturbera
Match N od M match
Material N material n; BAHN, MIL materiel **Materialfehler** M materialfel n **Materialismus** M materialism **Materialist(in)** M(F) materialist **materialistisch** ADJ materialistisk **Materialkosten** PL materialkostnader pl **Materie** F Fach materia, ämne n **materiell** ADJ materiell
Mathe umg F matte **Mathematik** F matematik **Mathematiker(in)** M(F) matematiker **mathematisch** ADJ matematisk
Matinee F förmiddagsföreställning
Matjeshering M matjessill
Matratze F madrass
Mätresse F mätress
Matriarchat N matriarkat n
Matrixdrucker M IT matrisskrivare
Matrize F a. TYPO matris; Papiermatrize stencil
Matrose M matros
Matsch M sörja, gegga; Schnee slask n **matschig** ADJ sörjig, geggig; slaskig; Obst mosig

matt ADJ matt **mattblau** mattblå
Matte F Fußmatte matta; dörrmatta
Mattscheibe F TV ruta, dumburk; ~ haben umg vara helt borta
Matura österr, schweiz F österrikisk/schweizisk studentexamen
Mätzchen N/PL ofog n, dumheter pl; Ausflüchte tricks pl
Mauer F mur; die ~ hist in Berlin Berlinmuren **Mauerblümchen** fig N panelhöna **mauern** A VT mura B VI fig ligga lågt; SPORT spela mycket defensivt **Mauerwerk** N murverk n
Maul N mun, gap n; Schnauze nos, mule; umg käft, trut; ein großes ~ haben umg vara stor i käften; das ~ halten umg hålla käften **Maulbeere** F BOT mullbär n **maulen** umg VI tjura, sura, vara purken **Maulesel** M mulåsna **maulfaul** ADJ ordkarg **Maulheld** M skrävlare **Maulkorb** M munkorg **Maultier** N ZOOL mulåsna, mula **Maul- und Klauenseuche** F VET mul- och klövsjuka **Maulwurf** M ZOOL mullvad **Maulwurfshügel** M mullvadshög
Maurer M murare **Maurerkelle** F murslev
maurisch ADJ morisk
Maus F ZOOL u. IT mus; **Mäuse** Geld stålar
mauscheln umg VT, VI mygla
Mäuschen N liten mus; Person sötnos **mäuschenstill** ADJ tyst som en mus **Mausefalle** F råttfälla **Mauseloch** N råtthål n
mausen umg VT knycka, snatta
mausern VR sich ~ rugga; fig sich zu etw ~ utveckla sig till ngt
mausetot ADJ stendöd **mausgrau** råttgrå **Mausklick** M COMPUT musklick n
Mausoleum N mausoleum n
Mauspad N musmatta
Mautgebühr F vägavgift, broavgift
maximal ADV maximalt **Maximalbetrag** M maximibelopp n
Maxime F maxim, grundsats
Maximum N maximum n.
Mayonnaise F majonnäs
Mazedonien N Makedonien
Mäzen(in) M(F) mecenat
Mechanik F mekanik; Mechanismus mekanism **Mechaniker(in)** M(F) me-

kaniker **mechanisch** ADJ mekanisk **Mechanismus** M mekanism
Meckerer M kverulant **meckern** VI bräka; *fig umg* klanka, gnälla
Medaille F medalj **Medaillengewinner(in)** M|F medaljör **Medaillon** N medaljong
Mediathek F mediatek n **Medien** PL media pl
Medikament N medikament n, läkemedel n
Meditation F meditation **meditieren** VI meditera
Medium N medium n
Medizin F medicin **Mediziner(in)** M|F medicinare **medizinisch** ADJ medicinsk **Medizinmann** M medicinman
Meer N hav n; *das offene* ~ öppna havet **Meerbusen** M havsbukt **Meerenge** F sund n **Meeresfrüchte** PL havets frukter pl **Meeresgrund** M havsbotten **Meereshöhe** F höjd över havet **Meeresklima** N havsklimat n **Meeresspiegel** M havsyta **Meerjungfrau** F sjöjungfru **Meerkatze** F markatta **Meerrettich** M BOT pepparrot **Meerschaum** M sjöskum n **Meerschweinchen** N ZOOL marsvin n **Meerwasser** N havsvatten n
Meeting N sammanträde n
Megabyte N IT megabyte **Megafon, Megaphon** N megafon **Megawatt** N megawatt
Mehl N mjöl n **mehlig** ADJ mjölig **Mehlschwitze** F grundredning **Mehlspeise** F mjölrätt; *Süßspeise* dessert; kaka **Mehltau** M mjöldagg
mehr A INDEF PR *sg* mer; *pl* fler; *immer* ~ *Leute sg* alltmer folk; *pl* alltfler människor; ~ *will ich nicht ausgeben* mer än så vill jag inte lägga; *was willst du~?* vad vill du (ha) mer? B ADV mer; *immer* ~ allt mer, mer och mer; *nicht* ~ *als 5 Minuten* (inte) mer än 5 minuter; *zeitlich nicht* ~ inte längre; *nie* ~ aldrig mer; ~ *als 20* över 20; ~ *oder weniger* mer eller mindre; *umso* ~ *desto* mer(a) **Mehr** N ~ *ein* ~ *an Zeit* mer tid **Mehrarbeit** F extraarbete n **Mehraufwand** M ökad ansträngning; *Geld* merkostnad **Mehrbedarf** M ökat behov n **Mehrbelastung** F extrabelastning **Mehrbetrag** M ex-

trabelopp n **Mehrbettzimmer** N flerbäddsrum n **mehrdeutig** ADJ mångtydig **mehren** (ut)öka; *sich* ~ tillta, öka **mehrere** INDEF PR flera, åtskilliga; *in ~n Sprachen* på flera språk; ~s *åtskilligt* **mehrfach** ADJ flerfaldig; *mehrmals* upprepade gånger; ~*er Millionär* mångmiljonär; *auf ~en Wunsch* på mångas begäran **Mehrfamilienhaus** N flerfamiljshus n **mehrfarbig** ADJ flerfärgad **Mehrheit** F flertal n, majoritet **mehrheitlich** ADJ i majoritet **Mehrheitsbeschluss** M majoritetsbeslut n **Mehrheitsprinzip** N majoritetsprincip **Mehrheitswahl** F majoritetsval n **mehrjährig** ADJ flerårig **Mehrkosten** PL merkostnader pl **mehrmalig** ADJ flerfaldig, upprepad **mehrmals** ADV flera gånger **mehrsilbig** ADJ flerstavig **mehrsprachig** ADJ flerspråkig **mehrstellig** ADJ flersiffrig **mehrstimmig** ADJ flerstämmig **mehrtägig** ADJ flera dagars **Mehrwegflasche** F returglas n **Mehrwegverpackung** F returförpackning **Mehrwertsteuer** F mervärdesskatt, moms **Mehrzahl** F flertal n; GRAM plural(is) **Mehrzweckraum** M allrum n
meiden VT undvika
Meile F engelsk mil **Meilenstein** M milsten; *fig* milstolpe **meilenweit** ADV milslång, milsvid
Meiler M *Kohlenmeiler* kolmila; *Atommeiler* kärnkraftverk n
mein, meine(-r, -s) POSS PR min, mitt n, mina pl; *der (die, das)* ~*e* min, mitt n; *die Meinen* de mina, min familj; ~*es Wissens* såvitt jag vet
Meineid M mened
meinen VT, VI tycka, tro, mena, anse; *was* ~ *Sie dazu?* vad säger du/ni om det?; *wie* ~ *Sie?* vad tycker du/ni?; *bitte?* vad sa du/ni?; *er meint es gut* han menar väl; *man sollte* ~ man skulle kunna tro
meiner A PERS PR mig; *sie erinnerte sich* ~ hon kom ihåg mig B POSS PR min, mitt n; *ist das dein Schlüssel? - ja, das ist* ~ är det din nyckel? - ja, det är min **meinerseits** ADV för min sida, för min del; *ganz* ~! nöjet är helt på min sida! **meinesgleichen** PRON mina likar, sådana som jag **meinet-**

meinetwegen ADV för min skull; *von mir aus* gärna för mig!; *zum Beispiel* till exempel
Meinung F̲ mening, åsikt, uppfattning; *meiner ~ nach* enligt min mening (*od* åsikt); *der ~ sein, dass ...* anse att ...; *einer ~ sein* vara av samma mening; *die öffentliche ~* den allmänna opinionen **Meinungsaustausch** M̲ meningsutbyte *n* **Meinungsforschung** F̲ opinionsundersökning **Meinungsfreiheit** F̲ åsikts- och yttrandefrihet **Meinungsumfrage** F̲ enkät **Meinungsverschiedenheit** F̲ meningsskiljaktighet
Meise F̲ mes; *umg eine ~ haben* inte vara riktigt klok
Meißel M̲ mejsel **meißeln** V̲T̲, V̲I̲ mejsla
meist ADV mest; *das ~e* det mesta; *die ~en* de flesta; *am ~en* (allra) mest; för det mesta **meistens** ADV, **meistenteils** mest(adels), för det mesta
Meister M̲ *a.* SPORT *u. Handwerker* mästare **Meisterbrief** M̲ mästarbrev *n* **meisterhaft** ADJ mästerlig **Meisterin** F̲ mästarinna, (kvinnlig) mästare **meistern** V̲T̲ bemästra, behärska **Meisterprüfung** F̲ mästarprov *n* **Meisterschaft** F̲ mästerskap *n* **Meisterschaftsspiel** N̲ mästerskapsmatch **Meisterschaftstitel** M̲ mästerskapstitel **Meisterstück** N̲ mästerstycke *n* **Meistertitel** M̲ SPORT mästartitel **Meisterwerk** N̲ mästerverk *n*
Melancholie F̲ melankoli, svårmod *n* **melancholisch** ADJ melankolisk, svårmodig
Melanzani *österr* F̲ aubergine
melden A V̲T̲ meddela; *anmelden* anmäla; *berichten* rapportera B V̲R̲ *sich ~* anmäla sig; *von sich hören lassen* höra av sig; *Schule* räcka upp handen; TEL *es meldet sich keiner* det är ingen som svarar **Meldepflicht** F̲ registreringsskyldighet **meldepflichtig** ADJ registreringsskyldig **Meldung** F̲ meddelande *n*, rapport; anmälning, anmälan
meliert ADJ melerad
melken V̲T̲ mjölka **Melkmaschine** F̲ mjölkmaskin
Melodie F̲ melodi **melodisch** ADJ melodisk
Melodrama N̲ melodram **melodramatisch** ADJ melodramatisk
Melone F̲ BOT melon; *Hut* plommonstop *n*
Membran F̲ membran
Memme F̲ fegis, kruka, mes
Memoiren P̲L̲ memoarer *pl*
Memorandum N̲ memorandum *n*, promemoria
Menge F̲ mängd; massa; *Menschenmenge* folkmassa; *eine ganze ~* en hel del; *eine ~ Arbeit, Bekannte* en massa; *jede ~* massvis
mengen A V̲T̲ blanda, röra ihop B V̲R̲ *sich ~* blanda sig
Mengenlehre F̲ mängdlära **mengenmäßig** kvantitativ **Mengenrabatt** M̲ mängdrabatt
Mensa F̲ studentrestaurang
Mensch M̲ människa *f*; *~en pl* människor *pl*, folk *n* **Menschenaffe** M̲ människoapa **Menschenfeind** M̲ människohatare, misantrop **Menschenfresser(in)** M̲(F̲) människoätare, kannibal **Menschenfreund** M̲ människovän, filantrop **Menschengedenken** N̲ *seit ~* i mannaminne **Menschengeschlecht** N̲ människosläkte *n* **Menschenhandel** M̲ människohandel **Menschenhass** M̲ människohat *n*, misantropi **Menschenkenner(in)** M̲(F̲) människokännare **Menschenkenntnis** F̲ människokännedom **Menschenleben** N̲ människoliv *n* **menschenleer** ADJ folktom **Menschenmenge** F̲ folkmassa, folkmängd **menschenmöglich** ADJ som står i mänsklig makt **Menschenopfer** N̲ människooffer *n* **Menschenraub** M̲ kidnappning, människorov *n* **Menschenrecht** N̲ mänsklig rättighet **menschenscheu** ADJ folkskygg **Menschenschlag** M̲ folkslag *n* **Menschenseele** F̲ *keine ~* inte en själ; *es war keine ~ zu sehen* inte en själ syntes till **Menschenskind** INTER herregud **menschenunwürdig** ADJ inte människovärdig **menschenverachtend** ADJ människoföraktande **Menschenverstand** M̲ *gesunder ~* vanligt sunt förnuft **Menschenwürde** F̲ mänsklig värdighet **menschenwürdig** ADJ människovärdig **Menschheit** F̲ mänsklighet, människosläkte *n*

menschlich ADJ mänsklig; ~es Versagen den mänskliga faktorn
Menschlichkeit F mänsklighet
Menstruation F MED menstruation
Menstruationsbeschwerden PL MED mensvärk
mental ADJ mental **Mentalität** F mentalitet
Menthol N mentol
Mentor(in) M(F) mentor
Menü N a. IT meny
Menuett N menuett
Mergel M märgel
Meridian M meridian
merkbar ADJ märkbar **Merkblatt** N informationsblad n **merken** VT märka, lägga märke till; känna på sig; **sich** (dat) **etw ~** komma ihåg ngt, lägga ngt på minnet; **merk dir das!** kom ihåg det! **merklich** ADJ märkbar; erheblich påtaglig **Merkmal** N kännemärke n, kännetecken n **merkwürdig** ADJ märklig, konstig, märkvärdig, besynnerlig **merkwürdigerweise** ADV märkligt nog **Merkwürdigkeit** F märkvärdighet, besynnerlighet
Mesner(in) M(F) klockare
Messband N måttband n **messbar** ADJ mätbar **Messbecher** M mått n
Messdiener(in) M(F) REL ministrant
Messe F REL u. WIRTSCH mässa **Messegelände** N mässområde n **Messehalle** F mässhall
messen VT mäta; **die Temperatur ~** umg ta tempen
Messer N kniv; **auf ~s Schneide stehen** hänga på ett hår; **unters ~ kommen** opereras **Messerklinge** F knivblad n **messerscharf** ADJ knivskarp **Messerspitze** F knivsudd **Messerstecherei** F knivslagsmål n **Messerstich** M knivhugg n
Messgerät N mätinstrument n
Messgewand N REL mässkrud
Messie umg M tvångssamlare
Messing N mässing
Messinstrument N mätinstrument n
Messlatte F mätribba **Messung** F mätning; Wert uppmätt värde n
Met M mjöd n
Metall N metall; **~ verarbeitende Industrie** ≈ metallindustri **Metallarbeiter(in)** M(F) metallarbetare **Metaller** umg M (fackansluten) metallarbe-

tare, metallare **Metallindustrie** F ≈ verkstadsindustri **Metallurgie** F metallurgi
Metamorphose F metamorfos
Metapher F metafor
Metaphysik F metafysik
Metastase F MED metastas
Meteor M meteor **Meteorologe** M meteorolog **Meteorologie** F meteorologi **Meteorologin** F meteorolog **meteorologisch** ADJ meteorologisk
Meter M od N meter **meterlang** ADJ meterlång **Metermaß** N måttband n **meterweise** ADV metervis
Methan N metan n
Methode F metod **Methodik** F metodik **methodisch** ADJ metodisk
Methylalkohol M metylalkohol, metanol
Metrik F metrik **metrisch** ADJ metrisk
Metronom N MUS metronom
Metropole F metropol
Mettwurst F medvurst
Metzger(in) M(F) slaktare **Metzgerei** F slakteri n
Meute F hundkoppel n; fig hop, band n
Meuterei F myteri n, uppror n **Meuterer** M myterist, upprorsman **meutern** VI göra myteri (od uppror)
Mexikaner M mexikan **Mexikanerin** F mexikanska **mexikanisch** ADJ mexikansk **Mexiko** N Mexiko
MEZ F (= mitteleuropäische Zeit) CET
miauen VI jama
mich PERS PR mig
mick(e)rig ADJ ynklig
Mieder N korsett, livstycke n
Mief umg M dålig luft
Miene F min, uppsyn; **ohne eine ~ zu verziehen** utan att röra en min; **gute ~ zum bösen Spiel machen** hålla god min i elakt spel **Mienenspiel** N minspel n
mies umg ADJ dålig, usel **miesmachen** umg VT göra ner **Miesmacher** M pessimist, kverulant, defaitist
Miesmuschel F blåmussla
Mietauto N hyrbil **Miete** F hyra; **zur ~ wohnen** hyra, bo som hyresgäst **mieten** VT hyra **Mieter(in)** M(F) hyresgäst **Mieterhöhung** F hyreshöjning **Mieterverein** M hyresgästför-

ening **Mietpreis** M̄ hyra **Mietshaus** N̄ hyreshus n **Mietvertrag** M̄ hyreskontrakt n **Mietwagen** M̄ hyrbil **Mietwohnung** F̄ hyreslägenhet
Miez(e) F̄, **Miezekatze** F̄ kisse, misse
Migräne F̄ MED migrän
Migrant(in) M(F) migrant **Migrationshintergrund** M̄ invandrarbakgrund
Mikrobe F̄ BIOL mikrob
Mikrochip M̄ IT mikrochip n **Mikrofaser** F̄ mikrofiber **Mikrofilm** M̄ mikrofilm **Mikrofon**, **Mikrophon** N̄ mikrofon **Mikroskop** N̄ mikroskop n **mikroskopisch** ADJ mikroskopisk **Mikrowelle** F̄ mikrovågsugn; ~n mikrovågor
Milbe F̄ ZOOL kvalster n
Milch F̄ mjölk; fettarme ~ lättmjölk; Kosmetik lotion **Milchflasche** F̄ mjölkflaska **milchig** ADJ mjölkaktig, mjölklik **Milchkaffee** M̄ kaffe n med mjölk **Milchkanne** F̄ mjölkkanna **Milchkuh** F̄ mjölkko **Milchprodukte** N/PL mjölkprodukter pl **Milchpulver** N̄ mjölkpulver n, torrmjölk **Milchreis** M̄ risgrynsgröt **Milchsäure** F̄ mjölksyra **Milchstraße** F̄ die ~ Vintergatan (best Form) **Milchsuppe** F̄ välling **Milchwirtschaft** F̄ mjölkproduktion **Milchzahn** M̄ mjölktand **Milchzucker** M̄ mjölksocker n
mild ADJ, **milde** mild, blid, lindrig; ~e Gabe allmosa **Milde** F̄ mildhet; överseende n **mildern** V/T mildra; Not lindra **Milderung** F̄ mildring; Not lindring
Milieu N̄ miljö
militant ADJ militant **Militär** N̄ militär, försvar n **Militärdienst** M̄ militärtjänstgöring, värnplikt **Militärdiktatur** F̄ militärdiktatur **militärisch** ADJ militärisk **Militarismus** M̄ militarism **Militarist(in)** M(F) militarist **Militärputsch** M̄ militärkupp **Militärstützpunkt** M̄ militärbas **Miliz** F̄ milis
Mill. ABK (= Millionen) mn, miljon(er) **Milliardär(in)** M(F) miljardär **Milliarde** F̄ miljard
Milligramm N̄ milligram n **Millimeter** N̄ millimeter

Million F̄ miljon **Millionär(in)** M(F) miljonär **Millionenstadt** F̄ miljonstad **Millionstel** N̄ miljondel
Milz F̄ ANAT mjälte
mimen V/T spela; vortäuschen a. låtsas **Mimik** F̄ mimik
Mimose F̄ mimosa
minder ADV mindre **Minderheit** F̄ minoritet **Minderheitsregierung** F̄ minoritetsregering **minderjährig** ADJ minderårig, omyndig **Minderjährigkeit** F̄ minderårighet, omyndighet **mindern** V/T (för)minska **Minderung** F̄ (för)minskning **minderwertig** ADJ mindervärdig **Minderwertigkeit** F̄ mindervärdighet **Minderwertigkeitskomplex** M̄ mindervärdeskomplex mst n **Minderzahl** F̄ minoritet
Mindestalter N̄ minimiålder **Mindestbetrag** M̄ minimibelopp n **mindestens** ADV åtminstone **mindeste(r, s)** ADJ minsta; nicht die ~ Angst; nicht im Mindesten inte det minsta; das ist das Mindeste, was man verlangen kann det är det minsta man kan begära **Mindestforderung** F̄ minimikrav n **Mindesthaltbarkeitsdatum** N̄ sista förbrukningsdag **Mindestlohn** M̄ minimilön, lägstalön **Mindestmaß** N̄ minimum n **Mindestpreis** M̄ lägsta pris n, minimipris n

Mine F̄ mina; Bergbau gruva; Kugelschreiber patron **Minenfeld** N̄ minfält n **Minenleger** M̄ minfartyg n **Minensuchboot** N̄ minsvepare
Mineral N̄ mineral n **Mineralogie** F̄ mineralogi **Mineralquelle** F̄ mineralkälla **Mineralwasser** N̄ mineralvatten n
Miniatur F̄ miniatyr
Minibar F̄ minibar **Minigolf** N̄ minigolf
minimal ADJ minimal **Minimum** N̄ minimum n
Minirock M̄ minikjol
Minister(in) M(F) minister, statsråd n **Ministerium** N̄ ministerium n; departement n **Ministerpräsident(in)** M(F) statsminister; ministerpresident
Minorität F̄ minoritet
minus ADV minus; → Grad **Minus** N̄ minus n, underskott n; ~ **machen** gå

back; im ~ sein uppvisa förlust **Minuspunkt** M̄ minuspoäng; minus, nackdel **Minuszeichen** N̄ minustecken n
Minute F̄ minut; jede ~ varje minut; vilken minut som helst **minutenlang** A ADJ minutlång B ADV i flera minuter
Minutenzeiger M̄ minutvisare
minutiös ADJ minutiös
Minze F̄ BOT mynta
mir PERS PR (åt/till/för) mig; **von ~ aus** gärna för mig
Mirabelle F̄ BOT mirabellplommon n
Mirakel N̄ mirakel n
Mischehe F̄ blandäktenskap n **mischen** A VT blanda B VR **sich ~ in** (akk) blanda (od lägga) sig i **Mischfutter** N̄ blandfoder n **Mischmasch** M̄ salig blandning, hopkok n **Mischung** F̄ blandning **Mischwald** M̄ blandskog
miserabel ADJ miserabel, eländig, usel
Misere F̄ misär, elände n
Mispel F̄ BOT mispel
missachten VT ignorera, inte bry sig om; ringakta, förakta **Missachtung** F̄ ringaktning, förakt **Missbehagen** N̄ obehag n, missnöje n, olust **Missbildung** F̄ missbildning **missbilligen** VT ogilla, ta avstånd ifrån **Missbilligung** F̄ ogillande n, avståndstagande n **Missbrauch** M̄ missbruk n; sexueller ~ sexuellt utnyttjande n **missbrauchen** VT missbruka **missdeuten** VT misstyda **Missdeutung** F̄ misstydning, feltolkning
missen VT vara utan, avstå från, undvara
Misserfolg M̄ motgång, misslyckande n, fiasko n **Missernte** F̄ missväxt **Missetat** F̄ missgärning, illdåd n **Missetäter(in)** M(F) missdådare, illgärningsman **missfallen** VI ⟨dat⟩ misshaga **Missfallen** N̄ missnöje n **Missgeburt** F̄ missfoster n **Missgeschick** N̄ missöde n, otur **missglücken** VI misslyckas **missgönnen** VT missunna **Missgriff** M̄ missgrepp n **Missgunst** F̄ missunnsamhet, avund **missgünstig** ADJ missunnsam, avundsjuk **misshandeln** VT misshandla **Misshandlung** F̄ misshandel
Mission F̄ a. REL mission; Aufgabe uppdrag n **Missionar(in)** M(F) missionär

Missklang M̄ missljud n **Misskredit** M̄ vanrykte n
misslich ADJ vansklig, kinkig
misslingen VI misslyckas, slå fel; **das ist mir misslungen** jag har misslyckats med det **missmutig** ADJ misslynt **missraten** A ADJ Kind vanartad B VI misslyckas; **das ist mir ~** jag misslyckades med det **Missstand** M̄ missförhållande n **misstrauen** VI ⟨dat⟩ misstro **Misstrauen** N̄ misstro(ende n), misstänksamhet **Misstrauensvotum** N̄ misstroendevotum n **misstrauisch** ADJ misstrogen, misstänksam **Missvergnügen** N̄ missnöje n **Missverhältnis** N̄ disproportion **Missverständnis** N̄ missförstånd n **missverstehen** VT missförstå **Misswirtschaft** F̄ dålig hushållning, misshushållning, vanstyre n
Mist M̄ dynga, gödsel; fig umg skräp n, skit; dumheter; **so ein ~!** fan också!; **~ bauen/machen** ställa till det
Mistel F̄ BOT mistel
Mistgabel F̄ dynggrep **Misthaufen** M̄ gödselhög **Mistkäfer** M̄ tordyvel **Miststück** pej N̄ skittövel
mit A PRÄP ⟨dat⟩ med; **~ 25 Jahren** vid 25 års ålder; **was ist ~ ihm?** vad är det med honom?; **er hat es ~ dem Magen** han har problem med magen; **~ dem Zug fahren** åka tåg B ADV med, också; **~ der Beste** en av de bästa; **~ dabei sein** också vara med **Mitarbeit** F̄ medverkan **mitarbeiten** VI medverka; delta aktivt **Mitarbeiter(in)** M(F) medarbetare; anställd; **freier ~** frilans(-are) **mitbekommen** VT få med sig; få med av; fig umg fatta, begripa **mitbestimmen** VI vara med och bestämma **Mitbestimmung** F̄ medbestämmande n **Mitbestimmungsrecht** N̄ medbestämmanderätt **Mitbewerber(in)** M(F) medtävlare, konkurrent **Mitbewohner(in)** M(F) som bor i samma hus (od lägenhet); bürokratischer Ausdruck medboende **mitbringen** VT ta med sig **Mitbringsel** N̄ liten present **Mitbürger(in)** M(F) medborgare **mitdenken** VI använda huvudet **mitdürfen** VI få följa/gå med **miteinander** ADV med varandra, tillsammans **miterleben** VT vara med om **Mitesser** M̄ MED pormask **mit-

fahren V/I åka med, följa med, få skjuts **Mitfahrer(in)** M/F/M person som får åka med i bil **Mitfahrgelegenheit** F sie hatte eine ~ nach Berlin ≈ hon fick åka med (i bil) till Berlin **Mitfahrzentrale** F förmedling för samåkning **mitfühlen** V/I känna med **mitfühlend** ADJ medkännande, deltagande **mitführen** V/T medföra, föra med sig; dabeihaben ha med sig **mitgeben** V/T skicka med **Mitgefangene(r)** M/F(M) medfånge **Mitgefühl** N medkänsla **mitgehen** V/I gå (od följa) med; etw ~ lassen knycka ngt **mitgenommen** ADJ medtagen; illa medfaren **Mitgift** F hemgift **Mitglied** N medlem, ledamot **Mitgliedsbeitrag** M medlemsavgift **Mitgliedschaft** F medlemskap n **Mitgliedskarte** F medlemskort n **mithaben** V/T ha med sig **mithalten** V/I hänga med **mithelfen** V/I hjälpa till **Mithilfe** F hjälp, medverkan, understöd n **Mitinhaber(in)** M/F(M) delägare **mitkommen** V/I följa med, hänga med a. fig; da komme ich nicht mehr mit umg nu hänger jag inte med längre **mitkriegen** V/T → mitbekommen **Mitläufer(in)** M/F(M) medlöpare **Mitlaut** M medljud n, konsonant **Mitleid** N medlidande n; ~ mit j-m haben tycka synd om ngn **Mitleidenschaft** F in ~ ziehen påverka negativt, skada **mitleidig** ADJ medlidsam, deltagande **mitmachen** V/T, V/I vara med i/på, delta i; erleben genomgå, uppleva; da mache ich nicht mehr mit! jag vill inte vara med längre! **Mitmensch** M medmänniska f **mitnehmen** V/T ta med sig; erschöpfen vara påfrestande för **Mitnehmen** N zum ~ varsågod (och ta en); Essen zum ~ mat för avhämtning **mitreden** V/I delta i samtalet **Mitreisende(r)** M/F(M) medresenär, medpassagerare **mitreißen** V/T dra med sig; fig rycka med sig; ~d medryckande **mitsamt** PRÄP ⟨dat⟩ tillika med; inklusive **mitschneiden** V/T banda, spela in **mitschreiben** V/T anteckna **mitschuldig** ADJ medskyldig (i) (an dat) **Mitschuldige(r)** M/F(M) medbrottsling **Mitschüler(in)** M/F(M) skolkamrat, klasskamrat **mitspielen** V/I vara med och leka (od spela); fig spela in, inverka; j-m übel ~ fig gå hårt åt ngn **Mitspieler(in)** M/F(M) medspelare **Mitspracherecht** N medbestämmanderätt **Mittag** A M lunchtid, middagstid; gestern ~ i går vid lunchtid; zu ~ essen äta lunch; ~ machen umg ta lunchrast B umg N lunch **Mittagessen** N lunch **mittags** ADV mitt på dagen, vid lunchtid **Mittagspause** F lunchrast **Mittagsruhe** F middagsvila **Mittagsschlaf** M ~ halten/machen sova middag **Mittagszeit** F lunchtid, middagstid
Mittäter(in) M/F(M) medbrottsling
Mitte F mitt; ~ Februar i mitten av februari; ~ dreißig omkring trettiofem; in unserer ~ (mitt) ibland oss; ab durch die ~! försvinn!; die ~ POL mittenpartierna
mitteilen V/T meddela **mitteilsam** ADJ meddelsam, språksam **Mitteilung** F meddelande n
Mittel A N medel n; Durchschnitt medeltal n, genomsnitt n B PL Geldmittel medel n/pl, tillgångar pl; ~ und Wege finden finna på råd; im ~ i medeltal n; mit allen ~n med alla medel **Mittelalter** N medeltid; im ~ under (på) medeltiden **mittelalterlich** ADJ medeltida, medeltids- **Mittelamerika** N Centralamerika, Mellanamerika n **Mitteilung** F mellanting n **Mitteleuropa** N Centraleuropa n, Mellaneuropa n **mitteleuropäisch** ADJ centraleuropeisk, mellaneuropeisk **Mittelfinger** M långfinger n **Mittelgewicht** N mellanvikt **mittelgroß** ADJ medelstor **mittelhochdeutsch** ADJ medelhögtysk **Mittelklasse** F mellanklass **Mittellinie** F mittlinje **mittellos** ADJ medellös **Mittelmaß** N medelmåtta **mittelmäßig** ADJ medelmåttig **Mittelmeer** N das ~ Medelhavet **Mittelohrentzündung** F MED öroninflammation **Mittelpunkt** M medelpunkt
mittels PRÄP ⟨gen⟩ medels(t), genom
Mittelsmann M medlare; mellanhand
Mittelstand M medelklass **mittelständisch** ADJ medelklass- **Mittelstreckenläufer(in)** M/F(M) medeldis-

tanslöpare **Mittelstreifen** M̄ mittmarkering, mittremsa **Mittelstück** N̄ mellanstycke n **Mittelstufe** F̄ mellanstadium n **Mittelstürmer(in)** M/F centerforward **Mittelweg** M̄ medelväg **Mittelwelle** F̄ mellanvåg **Mittelwert** M̄ medelvärde n **Mittelwort** N̄ particip n
mitten ADV mitt, i mitten; ~ **in** (dat, akk) mitt i **mittendrin** ADV mitt i **mittendurch** ADV mitt igenom **Mitternacht** F̄ midnatt **Mitternachtssonne** F̄ midnattssol
mittlere(-r, -s) ADJ mellerst, mellan-, medel-; durchschnittlich genomsnitts-; ein Mann im ~n Alter en medelålders man **mittlerweile** ADV under tiden
Mittsommer M̄ midsommar **Mittwoch** M̄ onsdag **mittwochs** ADV på onsdagarna
mitunter ADV stundom, ibland **mitverantwortlich** ADJ medansvarig **mitwirken** V/I medverka **Mitwirkende(r)** M/F(M) medverkande **Mitwirkung** F̄ medverkan **Mitwisser(in)** M/F invigd, förtrogen **mitzählen** V/T,V/I räkna med
Mixbecher M̄ shaker **mixen** V/T a. TV u. Radio mixa **Mixer** M̄ bartender; Gerät mixer; TV Radio, Musik mixer; Tontechniker ljudtekniker, sändningsproducent; Tonmischer mixerbord n **Mixgetränk** N̄ mit Alkohol drink **Mixtur** F̄ mixtur
Mob M̄ mobb, pöbel
mobben V/T mobba **Mobbing** N̄ mobbning
Möbel N̄ möbel **Möbelspedition** F̄ flyttfirma **Möbelstück** N̄ möbel **Möbelwagen** M̄ flyttbil
mobil ADJ mobil; MIL mobiliserad; munter pigg **Mobilfunk** M̄ mobil(radio)kommunikation **Mobilfunknetz** N̄ mobilnät n **Mobiliar** N̄ bohag n **mobilisieren** V/T mobilisera **Mobilmachung** F̄ mobilisering **Mobiltelefon** N̄ umg mobiltelefon, ficktelefon, nalle
möblieren V/T möblera **möbliert** ADJ ~ **wohnen** hyra möblerat
möchte(n) V/T ➔ mögen
Modalität F̄ modalitet **Modalverb** N̄ modalverb n
Mode F̄ mod n; **in** ~ **sein** vara på mo-

det **Modeartikel** M̄ modeartikel **modebewusst** ADJ modemedveten
Model N̄ fotomodell
Modell N̄ a. Person modell; ~ **stehen** sitta modell **Modellflugzeug** N̄ modellflygplan n **modellieren** V/T, V/I modellera
modeln V/I arbeta som modell
Modem N̄ IT modem
Modenschau F̄ modeuppvisning
Moder M̄ förruttnelse
Moderator(in) M/F programledare, programvärd **moderieren** V/T, V/I leda ett tv- eller radioprogram
moderig ADJ rutten, unken **modern¹** V/I förmultna, ruttna
modern² ADJ modern; nachgestellt på modet **modernisieren** V/T modernisera **Modernisierung** F̄ modernisering
Modeschmuck M̄ bijouterier **Modeschöpfer(in)** M/F(M) modeskapare
Modewort N̄ modeord n
modifizieren V/T modifiera
modisch ADJ moderiktig, modern
Modistin F̄ modist
Modus M̄ modus a. n
Mofa N̄ moped
Mogelei umg F̄ fusk n **mogeln** umg V/I fuska
mögen A V/T gernhaben tycka om; wollen vilja; **lieber** ~ tycka bättre om; **ich möchte (gern) ...** jag skulle vilja ...; **ich mag nicht ...** (+ inf) jag vill inte ... (+ inf) B V/AUX möglich sein må, kunna; (das) **mag sein** det kan väl hända; **er mag etwa 40 Jahre alt sein** han kan väl vara omkring 40 år; **wie dem auch sein mag** hur det än må vara med det; **er mag noch so reich sein** han må vara än så rik; **sage ihm, er möge** (od möchte) **bald kommen** säg (åt/till) honom att han ska (vara så snäll och) komma snart
Mogler(in) M/F(M) fuskare, bedragare
möglich ADJ möjlig; **wenn** ~ om möjligt; **so schnell/viel wie** ~ så fort/mycket som möjligt; **alles Mögliche** allerlei allt möjligt **möglicherweise** ADV möjligen, möjligtvis **Möglichkeit** F̄ möjlighet; **nach** ~ om (det är) möjligt **möglichst** ADV sein **Möglichstes tun** göra sitt bästa; ~ **bald** så snart som möjligt, snarast möjligt

704 ■ Mohn – Morgenland

Mohn M̄ BOT vallmo; *Samen* vallmofrö n
Möhre F̄ BOT morot **Mohrenkopf** M̄ ≈ chokladbiskvi; chokladtopp **Mohrrübe** F̄ morot
mokieren V̄R̄ sich ~ **über** (*akk*) göra sig lustig över
Molch M̄ ZOOL vattenödla
Mole F̄ vågbrytare, hamnpir
Molekül N̄ molekyl **molekular** ADJ molekylär
Molke F̄ vassla **Molkerei** F̄ mejeri n
Moll N̄ MUS moll n
mollig *umg* ADJ behaglig; *warm* varm; *rundlich* mullig, knubbig
Moment A M̄ ögonblick n; ~ (*mal*)! ett ögonblick!; **im** ~ för tillfället, just nu B N̄ *a.* TECH moment n; *fig* faktor **momentan** ADJ för ögonblicket; *vorübergehend* tillfällig, momentan **Momentaufnahme** F̄ ögonblicksbild
Monarch(in) M̄(F̄) monark **Monarchie** F̄ monarki **Monarchist(in)** M̄(F̄) monarkist
Monat M̄ månad **monatelang** A ADJ flera månaders B ADV i flera månader **monatlich** ADJ månatlig, månads- **Monatsgehalt** N̄ månadslön **Monatskarte** F̄ månadskort n **Monatsmiete** F̄ månadshyra
Mönch M̄ munk **Mönchskloster** N̄ munkkloster n **Mönchskutte** F̄ munkkåpa **Mönchsorden** M̄ munkorden
Mond M̄ måne; **hinter dem** ~ **leben** *umg* vara efter sin tid **mondän** ADJ mondän
Mondfinsternis F̄ månförmörkelse **Mondlandung** F̄ månlandning **Mondphase** F̄ månfas **Mondschein** M̄ månsken n **Mondsichel** F̄ månskära
monetär ADJ monetär **Moneten** *umg* PL stålar pl
Mongole M̄ mongol **Mongolei** F̄ Mongoliet n (*best Form*) **Mongolin** F̄ mongoliska **mongolisch** ADJ mongolisk
monieren V̄T̄ anmärka, kritisera
Monitor M̄ IT monitor, bildskärmsterminal
Monogramm N̄ monogram n
Monokel N̄ monokel
Monolog M̄ monolog

Monopol N̄ monopol n **monopolisieren** V̄T̄ monopolisera
monoton ADJ monoton **Monotonie** F̄ monotoni
Monster N̄ monster n **Monstrum** N̄ vidunder n, monster n
Monsun M̄ monsun
Montag M̄ måndag
Montage F̄ montering, montage n **Montagehalle** F̄ monteringshall
montags ADV på måndagarna
Montanindustrie F̄ gruvindustri
Monteur(in) M̄(F̄) montör **montieren** V̄T̄ montera **Montur** F̄ mundering
Monument N̄ monument n **monumental** ADJ monumental
Moor N̄ mosse, myr, kärr n, träsk n, myr **Moorbad** N̄ gyttjebad n
Moos N̄ 1 BOT mossa 2 *umg Geld* stålar, klöver **Moosbeere** F̄ BOT tranbär n
Moped N̄ moped
Mops M̄ mops
Moral F̄ moral **moralisch** ADJ moralisk **Moralist(in)** M̄(F̄) moralist **Moralpredigt** F̄ moralpredikan
Moräne F̄ morän
Morast M̄ moras n, kärr n, träsk n
Morchel F̄ BOT murkla
Mord M̄ mord n **Mordanschlag** M̄ mordförsök n **morden** V̄T̄, V̄Ī mörda **Mörder** M̄ mördare **Mörderin** F̄ mörderska **mörderisch** ADJ mordisk; *sehr stark* mördande, fruktansvärd **Mordfall** M̄ mordfall n **Mordkommission** F̄ mordkommission **Mordsding** *umg* N̄ jättegrej **Mordsglück** *umg* N̄ fruktansvärd tur **Mordskerl** *umg* M̄ en riktig bjässe; toppenkille **mordsmäßig** *umg* ADJ förskräcklig, gräslig **Mordverdacht** M̄ misstanke om mord **Mordversuch** M̄ mordförsök n **Mordwaffe** F̄ mordvapen n
morgen ADV i morgon; ~ **Abend/früh** i morgon kväll/bitti **Morgen** M̄ morgon; **am** ~ **på morgonen**; **guten** ~! god morgon!; **gegen** ~ fram emot morgonen; **heute** ~ i morse **Morgenandacht** F̄ morgonbön **Morgenausgabe** F̄ morgonupplaga **Morgendämmerung** F̄ gryning **Morgengrauen** N̄ gryning **Morgengymnastik** F̄ morgongymnastik **Morgenland** N̄ das ~ Österlandet,

Orienten **Morgenrock** M̄ morgonrock **Morgenrot** N̄, **Morgenröte** F̄ morgonrodnad **morgens** ADV på mornarna **Morgensonne** F̄ morgonsol **Morgenstunde** F̄ morgonstund **Morgenzeitung** F̄ morgontidning **morgig** ADJ morgondagens; **der ~e Tag** morgondagen
Morphium N̄ morfin a. n **Morphiumspritze** F̄ morfinspruta
Morphologie F̄ morfologi
morsch ADJ murken
Mörser M̄ mortel
Morsezeichen N̄ morsetecken n
Mörtel M̄ murbruk n
Mosaik N̄ mosaik
Moschee F̄ REL moské
Moschus M̄ mysk
Moskito M̄ ZOOL moskit **Moskitonetz** N̄ moskitnät n
Moslem(in) M(F) muslim **moslemisch** ADJ muslimsk
Most M̄ must, fruktsaft
Mostrich M̄ senap
Motel N̄ motell n
Motiv N̄ motiv n **Motivation** F̄ motivation **motivieren** V/T motivera
Motor M̄ motor **Motorboot** N̄ motorbåt **Motorhaube** F̄ motorhuv **Motorik** F̄ motorik **motorisieren** V/T motorisera **Motorrad** N̄ motorcykel **Motorradfahrer(in)** M(F) motorcyklist **Motorroller** M̄ vespa, skoter **Motorsäge** F̄ motorsåg **Motorschaden** M̄ fel (n) på motorn **Motorschiff** N̄ motorfartyg n **Motorschlitten** M̄ snöskoter **Motorsport** M̄ motorsport
Motte F̄ ZOOL mal **Mottenkugeln** F/PL malkulor pl
Motto N̄ motto n
motzen V/I käfta emot
Mountainbike N̄ SPORT terrängcykel, mountainbike
Möwe F̄ ZOOL (fisk)más
MP3-Player M̄ mp3-spelare
MTA ABK (= medizinisch-technische Assistentin od medizinisch-technischer Assistent) ≈ biomedicinsk analytiker
Mücke F̄ ZOOL mygga; ~n pl koll mygg **Mückenstich** M̄ myggbett n
Mucks M̄ knyst n; **keinen ~ von sich geben** inte säga ett knyst **Muckser**

M̄ knyst n **mucksmäuschenstill** umg ADJ, ADV tyst som en mus
müde ADJ trött; **einer Sache** (gen) **~ sein** vara trött på ngt **Müdigkeit** F̄ trötthet
Muff M̄ **1** Geruch unken luft; fig mossighet **2** Pelzmuff muff
Muffel umg M̄ surkart **muffelig** ADJ sur, butter, vresig; unken; in zssgn -hatare **muffig** unken; mürrisch sur, tjurig
mühelos ADJ lätt, utan besvär
Mühe F̄ möda, besvär n; **mit Müh und Not** med nöd och näppe; **sich ~ geben** göra sig möda (od besvär); **es ist (nicht) der ~ wert** det är inte lönt, det är inte mödan värt **mühevoll** ADJ mödosam
Mühle F̄ kvarn; **das ist Wasser auf seine ~n** fig han får vatten på sin kvarn; AUTO umg rishög, kärra **Mühlrad** N̄ kvarnhjul n
mühsam ADJ, **mühselig** mödosam, besvärlig
Mulatte M̄, **Mulattin** F̄ mulatt
Mulde F̄ sänka, fördjupning
Mull M̄ moll
Müll M̄ sopor pl, avfall n **Müllabfuhr** F̄ sophämtning **Müllabladeplatz** M̄ soptipp **Müllberg** M̄ sopberg n **Müllbeutel** M̄ soppåse
Mullbinde F̄ gasbinda
Mülldeponie F̄ sopstation **Mülleimer** M̄ sophink
Müller(in) M(F) mjölnare
Müllhaufen M̄ sophög **Müllkippe** F̄ soptipp **Müllschlucker** M̄ sopnedkast n **Mülltonne** F̄ soptunna **Mülltrennung** F̄ sopsortering, källsortering **Müllverbrennung** F̄ sopförbränning **Müllwagen** M̄ sopbil
mulmig ADJ förvittrad, murken; fig farlig, ruggig
Multi umg M̄ multinationellt företag n **multikulturell** ADJ mångkulturell **Multimedia** PL multimedia **multimediafähig** ADJ multimediaanpassad **multimedial** ADJ multimedial **Multimediapräsentation** F̄ multimedia-presentation **Multimediashow** F̄ multimedia-show
Multiple-Choice-Verfahren N̄ flervalsmetod
Multiplex N̄ biograf (med flera salonger)

Multiplikation F multiplikation
multiplizieren VT multiplicera
Mumie F mumie **mumifizieren** VT mumifiera
Mumm umg M kläm, energi, fart
Mumpitz umg M larv n
Mumps M MED påssjuka
Mund M mun; den ~ **halten** hålla mun; **nicht auf den ~ gefallen sein** inte vara svarslös **Mundart** F dialekt **mundartlich** ADJ dialektal
Mündel N myndling
münden VI utmynna, mynna ut
mundfaul ADJ ordkarg **Mundgeruch** M dålig andedräkt **Mundharmonika** F munspel n **Mundhöhle** F munhåla
mündig ADJ myndig; ~ **sprechen** förklara myndig
mündlich ADJ muntlig **Mundstück** N munstycke n **mundtot** ADJ j-n ~ **machen** tysta munnen på ngn
Mündung F mynning
Mundwasser N munvatten n **Mundwerk** N ein flinkes/großes ~ **haben** umg vara slängd i käften **Mund-zu-Mund-Beatmung** F mun-mot-mun-metoden
Munition F ammunition
munkeln VT, VI glunka, viska
Münster N domkyrka
munter ADJ munter, glad(lynt); wach vaken; lebhaft livlig **Munterkeit** F munterhet; Lebhaftigkeit livlighet
Münzautomat M myntautomat **Münze** F mynt n, slant; **für bare ~ nehmen** fig ta bokstavligt **Münzeinwurf** M myntinkast n **münzen** VT, VI mynta, prägla (od slå) mynt **Münzrückgabe** F växel tillbaka **Münztelefon** N mynttelefon **Münzwechsler** M myntväxlare
mürbe ADJ skör; Gebäck mör; Holz murken; fig ~ **machen** ta knäcken på **Mürbeteig** M mördeg
Murks umg M hafsverk n, fusk n
Murmel F kula
murmeln VT, VI mumla
Murmeltier N ZOOL murmeldjur n
murren VI knota, morra, brumma
mürrisch ADJ vresig, butter, surmulen
Mus N mos n
Muschel F mussla; TEL lur
Muse F musa

Museum N museum n
Musical N musikal **Musik** F musik; ~ **machen** spela, musicera **musikalisch** ADJ musikalisk **Musikant(in)** M(F) musikant **Musikbox** F jukebox **Musiker(in)** M(F) musiker **Musikinstrument** N musikinstrument n **Musikkapelle** F musikkapell n, orkester **Musiklehrer(in)** M(F) musiklärare **Musikstunde** F musiklektion **Musikunterricht** M musikundervisning **musizieren** VI musicera
Muskat M muskot **Muskatnuss** F muskotnöt
Muskel M muskel **Muskelkater** M träningsvärk **Muskelpaket** N muskelknippe n **Muskelriss** M muskelbristning **Muskelzerrung** F muskelsträckning **Muskulatur** F muskulatur
muskulös ADJ muskulös
Müsli N müsli
Muslim(in) M(F) muslim
Muss N tvång n, nödvändighet
Muße F ledighet, fritid; **mit ~** i lugn och ro
müssen A V/AUX vara tvungen; **ich muss** jag måste, jag är tvungen B VI **ich muss mal** umg jag måste på toa
Mußestunde F ledig timme (od stund)
müßig ADJ ledig, sysslolös, overksam; unnütz onödig, överflödig **Müßiggang** M sysslolöshet, overksamhet; pej lättja
Muster N mönster n; Probe prov n; fig a. förebild **Musterbeispiel** N typexempel n **mustergültig** ADJ, **musterhaft** mönstergill, förebildlig **Musterkarte** F provkarta **Musterknabe** M mönstergosse **mustern** VT/T a. MIL mönstra; Truppen inspektera; Textilien förse med mönster **Mustersammlung** F provkollektion **Musterung** F a. MIL mönstring; granskning; Art mönster n
Mut M mod n; **guten ~es sein** vara vid gott mod **mutig** ADJ modig **mutlos** ADJ modlös, modfälld **Mutlosigkeit** F modlöshet, modfälldhet
mutmaßen VT, VI förmoda, anta **mutmaßlich** A ADJ antaglig, trolig B ADV antagligen, troligen **Mutmaßung** F förmodan, antagande n
Mutprobe F mandomsprov f

Mutter¹ F̄ mamma, mor; ~ von drei Kindern mamma till tre barn, trebarnsmor **Mutter²** F̄ ⟨pl ~n⟩ *Schraubenmutter* mutter **Mütterberatungsstelle** F̄ ≈ mödravårdscentral
Mutterboden M̄ matjord, mylla
Muttergesellschaft F̄ moderbolag *n* **Mutterkuchen** M̄ ANAT moderkaka **Mutterleib** M̄ moderliv *n* **mütterlich** ADJ moderlig **mütterlicherseits** ADV på mödernet **Mutterliebe** F̄ moderskärlek **Muttermal** N̄ födelsemärke *n* **Muttermilch** F̄ modersmjölk **Mutterschaft** F̄ moderskap *n* **Mutterschaftsurlaub** M̄ mammaledighet; **~ haben** vara mammaledig **Mutterschutz** M̄ ≈ föräldraförsäkring **mutterseelenallein** ADJ, ADV mol allena **Muttersöhnchen** N̄ *umg* mammas pojke, morsgris **Muttersprache** F̄ modersmål *n* **Muttersprachler(in)** MF infödd talare, modersmålstalare; **deutsche(r) ~** person med tyska som modersmål **Muttertag** M̄ mors dag **Mutterwitz** M̄ sunt förnuft *n*, naturligt förstånd *n* **Mutti** F̄ mamma
Mutwille M̄ övermod *n*, självsvåld *n*, okynne *n* **mutwillig** ADJ övermodig; avsiktlig
Mütze F̄ mössa
MwSt. ABK (= Mehrwertsteuer) moms
Myrte F̄ myrten **Myrtenkranz** M̄ myrtenkrans
mysteriös ADJ mystisk, gåtfull **Mysterium** N̄ mysterium *n* **Mystik** F̄ mystik **mystisch** ADJ mystisk
Mythe F̄ myt **mythisch** ADJ mytisk **Mythologie** F̄ mytologi **mythologisch** ADJ mytologisk **Mythos** M̄ myt; *Person* legend

N

N, n N̄ N, n *n*
na INTER nå; **~ also!** då så!, där ser du!; **~ so was!** har man hört på maken!; **~ und?** och?, än sen (då)?
Nabe F̄ (hjul)nav *n*
Nabel M̄ navel **Nabelschnur** F̄ navelsträng
nach A PRÄP ⟨dat⟩ *Richtung* till; åt; *Reihenfolge, Zeit* efter; *gemäß* enligt, efter; **meiner Ansicht ~** enligt min mening; **~ Hause** hem; **das schmeckt/riecht ~** det smakar/luktar; **(10 Minuten) ~ 3 Uhr** (tio minuter) över tre B ADV efter; **~ und ~** så småningom; **~ wie vor** likadant, som förut; **mir ~!** följ mig!
nachäffen VT apa efter, härma efter
nachahmen VT härma **Nachahmung** F̄ efterhärmning, imitation
Nachbar M̄ granne **Nachbardorf** N̄ grannby **Nachbarhaus** N̄ grannhus *n* **nachbarlich** ADJ närbelägen, angränsande, grann- **Nachbarschaft** F̄ grannskap *n*; *Nachbarn* grannar *pl* **Nachbarstaat** M̄ grannstat
Nachbehandlung F̄ efterbehandling; MED eftervård
nachbessern VT, VI bättra på
nachbestellen VT efterbeställa **Nachbestellung** F̄ efterbeställning
nachbeten VT (tanklöst) upprepa
Nachbildung F̄ efterbildning, kopiering, kopia
nachdatieren VT efterdatera
nachdem KONJ sedan, efter det att; **je ~** beroende på
nachdenken VI tänka efter, fundera (på) **(über** *akk*) **nachdenklich** ADJ tankfull, fundersam, eftertänksam, betänksam
nachdrängen VI tränga på
Nachdruck M̄ eftertryck *n*; TYPO omtryck *n*, nytryck *n* **nachdrucken** VT trycka om **nachdrücklich** ADJ eftertrycklig
nacheifern VI ⟨dat⟩ söka efterlikna
nacheinander ADV efter varandra
nachempfinden VT j-m etw ~ sätta

sig in i ngns känslor
nacherzählen VT (åter)berätta
 Nacherzählung F återberättelse
nachfahren VI ⟨dat⟩ åka/köra efter
Nachfeier umg F eftersläckning
nachfeiern VT fira i efterhand
Nachfolge F efterföljd, efterträdande n **nachfolgen** VI följa efter; im Amt efterträda **Nachfolger(in)** MF efterföljare; efterträdare
Nachforderung F ytterligare fordran
nachforschen VI göra efterforskningar **Nachforschung** F efterforskning, undersökning
Nachfrage F WIRTSCH efterfrågan
 nachfragen VI höra efter
nachfühlen VT kunna förstå
nachfüllen VT fylla på **Nachfüllpack** M refill
nachgeben VT ge efter, ge vika (j-m för ngn); sich dehnen töja sig
Nachgebühr F lösen
Nachgeburt F efterbörd
nachgehen VI gå efter, följa (j-m ngn); Uhr gå efter; untersuchen undersöka; Arbeit sköta
nachgemacht ADJ förfalskad; imiterad
Nachgeschmack M eftersmak
nachgiebig ADJ eftergiven, undfallande; TECH böjlig, elastisk **Nachgiebigkeit** F eftergivenhet, undfallenhet
nachgießen VI, VT fylla på
nachgucken VT titta efter
nachhaltig ADJ varaktig **Nachhaltigkeit** F hållbarhet
nachhelfen VI ⟨dat⟩ hjälpa upp, bättra på
nachher ADV efteråt, sedan; bis ~! vi ses (senare)!, hej då så länge!
Nachhilfe(stunde) F hjälp med läxorna; privatlektion
Nachhinein ADV im ~ i efterhand, efteråt
Nachholbedarf M einen großen ~ haben ha mycket att ta igen **nachholen** VT Versäumtes ta igen
Nachhut F eftertrupp
nachjagen VI ⟨dat⟩ sätta efter, förfölja; fig jaga efter
Nachklang M efterklang
Nachkomme M avkomling, ättling
 nachkommen VI komma (od följa)

efter; fig efterkomma; erfüllen fullgöra, uppfylla; Schritt halten hinna med
Nachkommenschaft F avkomma, efterkommande mst pl **Nachkömmling** M sladdbarn n
Nachkriegszeit F efterkrigstid
Nachlass M Erbschaft kvarlåtenskap; dödsbo n; nedsättning; WIRTSCH rabatt, avdrag n **nachlassen** A VT vom Preis slå av på; zwei Euro etc efterskänka; lockern släppa efter på; lossa på B VI avta, minska
nachlässig ADJ nonchalant, vårdslös, slarvig **Nachlässigkeit** F nonchalans, vårdslöshet, slarv n
nachlaufen VI ⟨dat⟩ springa efter
Nachlese F efterskörd **nachlesen** VT Buch läsa om; slå upp och se efter
nachliefern VT leverera senare **Nachlieferung** F senare leverans
nachlösen VT eine Fahrkarte ~ lösa biljett i efterhand (på tåget)
nachmachen VT ta efter, härma; förfalska
nachmessen VT kontrollmäta
Nachmittag M eftermiddag; am ~, nachmittags på eftermiddagen, på/om eftermiddagarna
Nachnahme F efterkrav n, postförskott n; per ~ mot postförskott
Nachname M efternamn n
nachplappern VT rabbla efter, (tanklöst) upprepa
Nachporto N lösen
nachprüfen VT kontrollera **Nachprüfung** F kontroll; er muss eine ~ machen han måste göra om tentan
nachrechnen VT, VI räkna efter (od om), kontrollräkna
Nachrede F üble ~ förtal n
Nachricht F meddelande n; rapport; nyhet; en pl nyheter pl; eine ~ hinterlassen lämna ett meddelande **Nachrichtenagentur** F nyhetsbyrå **Nachrichtendienst** M RADIO nyhetsbyrå; MIL underrättelsetjänst **Nachrichtensatellit** M telesatellit **Nachrichtensendung** F nyhetssändning **Nachrichtensprecher(in)** MF nyhetsuppläsare
nachrücken VI flytta efter; j-m ~ fig efterträda ngn
Nachruf M nekrolog, dödsruna, eftermäle n

nachrufen VT, VI ⟨dat⟩ ropa efter
nachrüsten VT uppgradera **Nachrüstung** F komplettering med extrautrustning; COMPUT uppgradering; MIL upprustning
nachsagen VT upprepa, säga efter; j-m etw ~ säga ngt om ngn; **man sagt ihm nach** det sägs om honom
Nachsaison F eftersäsong
nachschauen VT se efter **nachschicken** VT eftersända; skicka senare
Nachschlag M Essen påfyllning **nachschlagen** A VT slå upp, se efter B VI ⟨dat⟩ brås på **Nachschlagewerk** N uppslagsverk n
Nachschlüssel M extranyckel
Nachschrift F efterskrift, postskriptum n
Nachschub M förstärkning
nachsehen A VT, VI etw/j-m se efter B j-m etw ~ fig ha överseende med ngt **Nachsehen** N das ~ haben stå där med lång näsa
nachsenden VT eftersända **Nachsendung** F eftersändning
Nachsicht F överseende n **nachsichtig** ADJ överseende
Nachsilbe F suffix n
nachsitzen VI sitta kvar
Nachsommer M eftersommar
Nachsorge F eftervård
Nachspeise F efterrätt, dessert
Nachspiel N efterspel n; Folgen följder pl
nachsprechen VT säga efter
nächst ADJ näst; örtlich närmast; zeitlich närmast, följande; **bei ~er Gelegenheit** vid första tillfälle; **in den ~en Tagen** (inom) de närmaste dagarna **nächstbeste(r, s)** ADJ näst bästa; **bei ~r Gelegenheit** vid första bästa tillfälle **nächste(r, s)** ADJ nästa; nächstgelegen närmaste **Nächste(r)** M/F(M) nästa; **der ~, bitte!** varsågod, nästa!; **wer kommt als ~r (dran)?** vem står på tur?
nachstehen VI j-m in nichts ~ i varje avseende kunna mäta sig med ngn
nachstellen A VT Uhr ställa tillbaka; Schrauben justera; Tier försöka fånga B VI einer Person springa efter
Nächstenliebe F människokärlek; kärlek till nästan **nächstens** ADV snart, inom kort **nächstliegend** ADJ

die ~e Erklärung den rimligaste förklaringen
Nacht F natt; **in der ~, bei ~,** nachts på/om natten, på/om nätterna, nattetid; **heute ~** i natt; **gute ~!** god natt!; **über ~** fig helt plötsligt; **über ~ bleiben** övernatta **Nachtarbeit** F nattarbete n **nachtblind** ADJ nattblind **Nachtdienst** M natttjänstgöring; ~ **haben** jobba natt; Apotheke ha nattöppet
Nachteil M nackdel; **im ~ sein** vara i underläge **nachteilig** ADJ ofördelaktig
nächtelang ADV under flera nätter, natt efter natt **Nachtessen** N kvällsmat **Nachteule** F nattuggla **Nachtfalter** M nattfjäril **Nachtfrost** M nattfrost **Nachthemd** N für Männer nattskjorta; für Frauen nattlinne n
Nachtigall F näktergal
Nachtisch M efterrätt, dessert
Nachtleben N nattliv n **nächtlich** ADJ nattlig **Nachtlokal** N nattklubb **Nachtquartier** N nattkvarter n, logi n
Nachtrag M tillägg n, supplement n **nachtragend** ADJ långsint **nachträglich** ADV senare, i efterhand; **~e Glückwünsche** gratulationer i efterskott
nachtrauern VI etw ~ med saknad tänka på ngt; j-m ~ sakna ngn
Nachtruhe F nattsömn **nachts** ADV på/om nätterna **Nachtschicht** F nattskift n **Nachtschwärmer** fig M nattsuddare **Nachttarif** M natttaxa **Nachttisch** M nattduksbord n **Nachttopf** M umg nattkärl n, potta **Nachttresor** M servicebox **Nachtwache** F nattvakt; bei Kranken etc nattvak n **Nachtwächter(in)** M(F) nattvakt; umg trögskalle **Nachtwandler(in)** M(F) sömngångare
Nachtzug M nattåg n
Nachuntersuchung F MED efterkontroll
nachvollziehen VT sätta sig in i
nachwachsen VI växa upp (od till) igen
Nachwahl F fyllnadsval n
Nachwehen F/PL eftervärkar pl; fig efterkänningar pl
Nachweis M bevis n; **den ~ liefern**

bevisa **nachweisbar** ADJ bevislig **nachweisen** VT bevisa, påvisa; styrka **nachweislich** ADV bevisligen
Nachwelt F eftervärld
nachwirken VI fortsätta att verka; ha efterverkningar **Nachwirkung** F efterverkan; ~**en** pl efterverkningar, följder
Nachwort N efterskrift, slutord n
Nachwuchs fig M efterkommande (od uppväxande) generation; *Kinder* tillökning
nachzahlen VT, VI betala senare, betala i efterskott; *Steuern* ~ göra en fyllnadsinbetalning (av skatt)
nachzählen VT, VI räkna efter (od om)
Nachzahlung F efterbetalning
nachzeichnen VT rita av, kopiera
nachziehen A VT dra efter (sig); *Schraube* skruva till; *Linien* markera B VI ⟨dat⟩ följa
Nachzügler(in) M(F) eftersläntrare, senkomling; *Kind umg* sladdbarn n
Nacken M nacke; **j-m im ~ sitzen** fig vara i hälarna på ngn; hålla ngn i sitt grepp **Nackenwirbel** M halskota
nackt ADJ naken, bar; ~**e Tatsachen** kalla fakta **Nacktbadestrand** M badstrand för nudister
Nadel F nål; BOT barr n **Nadelbaum** M barrträd n **Nadelkissen** N nåldyna **nadeln** VI barra **Nadelöhr** N nålsöga n **Nadelstich** M nålstyng n, nålstick n a. fig **Nadelwald** M barrskog
Nagel M *Fingernagel* nagel; *Metallstift* spik; **an den ~ hängen** fig lägga på hyllan **Nagelbürste** F nagelborste **Nagelfeile** F nagelfil **Nagelkopf** M spikhuvud n **Nagellack** M nagellack mst n **Nagellackentferner** M nagellacksborttagningsmedel n **nageln** VT spika (fast)
nagelneu ADJ splitterny
Nagelschere F nagelsax **Nagelstudio** N nagelsalong
nagen VT, VI gnaga (an *dat*); fig tära på **Nager** M, **Nagetier** N gnagare
nah ADJ, ADV → nahe
Näharbeit F sömnadsarbete n
Nahaufnahme F närbild **nahe** A ADJ a; *örtlich* närbelägen; *zeitlich* nära förestående; ~ **verwandt** nära släkt, närbesläktad B ADV nära, i närheten; **von nah und fern** från när och fjärran; **ganz ~ alldeles** i närheten; ~ **an die sechzig** närmare sextio år C PRÄP ⟨dat⟩ nära **Nähe** F närhet; grannskap n; **in der ~** i närheten; **aus der ~** på nära håll **nahebringen** fig VT föra närmare **nahegehen** fig VI m ~ fig djupt beröra ngn; göra ngn ledsen **nahelegen** fig VT j-m etw ~ råda ngn ngt **naheliegend** fig ADJ närliggande; **das ist ~** det ligger nära till hands
nähen VT, VI sy
näher ADJ närmare **näherbringen** fig VT → nahebringen **Nähere(s)** N närmare upplysningar pl **Naherholungsgebiet** N strövområde n
Näherin F sömmerska
näherkommen fig VI närma sig, komma närmare **nähern** VR **sich ~** ⟨dat⟩ nalkas, närma sig **nahestehen** fig VI ⟨dat⟩ stå nära **nahezu** ADV nästan, nära nog.
Nähgarn N sytråd
Nahkampf M närstrid; närkamp **Nähkästchen** N syskrin n **Nähmaschine** F symaskin **Nähnadel** F synål
Nährboden M jordmån **nähren** VT nära, föda, livnära; fig *Groll, Verdacht* hysa
nahrhaft ADJ närande, näringsrik **Nährstoff** M näringsämne n **Nahrung** F näring a. fig, föda **Nahrungsmittel** N/PL födoämnen n, livsmedel n **Nahrungsmittelchemiker(in)** M(F) livsmedelskemist **Nährwert** M näringsvärde n
Nähseide F sysilke n **Naht** F söm; ARCH fog; **aus allen Nähten platzen** bli för tjock; bli alldeles för trång **nahtlos** ADJ sömlös; fig problemfri
Nahverkehr M lokaltrafik
Nähzeug N sybehör n
naiv ADJ naiv **Naivität** F naivitet
Name M namn n; **im ~n** (gen) i ...s namn; **dem ~n nach** till namnet **namens** A ADV vid namn B PRÄP ⟨gen⟩ (på) å (ngns) vägnar, i (ngns) namn **Namensänderung** F namnändring **Namenstag** M namnsdag **Namensvetter** M namne **Namenszug** M namnteckning **namentlich** ADJ vid namn; *besonders* i synnerhet, särskilt; *Abstimmung* med namnupprop n **Namenverzeichnis** N namnför-

teckning, namnlista
namhaft ADJ namnkunnig; *beträchtlich* ansenlig, betydande
nämlich ADV nämligen
Napalmbombe F napalmbomb
Napf M skål, bunke **Napfkuchen** M sockerkaka
Narbe F ärr n **narbig** ADJ ärrig
Narkose F narkos **Narkosearzt** M narkosläkare **Narkotikum** A N narkosmedel B PL narkotika
Narr M narr, tok, dåre, pajas; **zum ~en halten** göra narr av **Narrenfreiheit** F **er hat ~** man har överseende med honom **narrensicher** *umg* ADJ, ADV idiotsäker **Närrin** F toka, fjolla **närrisch** ADJ narraktig; tokig, dåraktig, knäpp; **~ auf etw sein** vara tokig i ngt
Narzisse F narciss
nasal ADJ nasal **Nasallaut** M näsljud n
naschen VT, VI smååta; *Süßigkeiten* äta (godis) **Näschereien** PL godsaker pl, sötsaker pl **naschhaft** ADJ **~ sein** tycka om sötsaker **Naschkatze** F gottegris
Nase F näsa *a. fig;* **die ~ voll haben von** (*dat*) *umg* ha fått nog av ngt; **an der ~ herumführen** dra vid näsan; **die ~ stecken in** (*akk*) lägga sin näsa i blöt; **j-m eine lange ~ machen** räcka lång näsa åt ngn **näseln** VI tala genom näsan, snörvla **Nasenbein** N näsben n **Nasenbluten** N näsblod n **Nasenflügel** M näsvinge **Nasenlänge** F **j-m eine ~ voraus sein** fig ligga steget före ngn **Nasenloch** N näsborre **Nasenspitze** F nästipp **Nasenspray** N nässprej **Nasentropfen** M/PL näsdroppar pl **naseweis** ADJ näsvis **Nashorn** N noshörning
nass ADJ våt, blöt; **~ machen** blöta ner; **sich ~ machen** kissa på sig
Nassauer *umg* M snyltgäst
Nässe F väta, fukt **nässen** VT väta ner, blöta ner **nasskalt** ADJ kall och våt, gråkall **Nasszelle** F våtutrymme n

Nation F nation **national** ADJ nationell **Nationalfeiertag** M nationaldag **Nationalhymne** F nationalsång **Nationalismus** M nationalism **Nationalist(in)** M/F nationalist **nationalistisch** ADJ nationalistisk **Nationalität** F nationalitet **Nationalmannschaft** F landslag n **Nationalökonomie** F nationalekonomi **Nationalpark** M nationalpark **Nationalsozialismus** M nationalsocialism
Natrium N natrium n **Natron** N natron n
Natter F snok
Natur F natur; **von ~ (aus)** till sin natur; **das ist ~** det är äkta **Naturalien** PL varor in natura **naturalisieren** VT naturalisera **Naturalismus** M naturalism **naturalistisch** ADJ naturalistisk **Naturbursche** M naturbarn n **Naturell** N sinnelag n, natur **Naturereignis** N naturfenomen n **Naturforscher(in)** M/F naturforskare **Naturforschung** F naturforskning **Naturfreund** M naturälskare, naturvän **naturgemäß** A ADJ naturenlig B ADV helt naturligt **Naturgeschichte** F naturhistoria **Naturgesetz** N naturlag **naturgetreu** ADJ naturtrogen **Naturheilkunde** F naturmedicin **Naturkatastrophe** F naturkatastrof **Naturkraft** F naturkraft **Naturkunde** F ≈ naturkunskap **natürlich** A ADJ naturlig B ADV naturligtvis; självfallet, förstås **Natürlichkeit** F naturlighet **Naturpark** M nationalpark **Naturschutz** M naturskydd n, naturvård; **unter ~ stehen** vara fridlyst **Naturschutzgebiet** N naturreservat n, fridlyst område n **Naturwissenschaft** F naturvetenskap **Naturwissenschaftler(in)** M/F naturvetare, naturvetenskapsman **naturwissenschaftlich** ADJ naturvetenskaplig **Naturzustand** M naturtillstånd n
nautisch ADJ nautisk
Navi *umg* F GPS, navigationssystem n **Navigation** F *a.* IT navigation **Navigationsbalken** N IT navigationsfält n **Navigationssystem** N GPS, navigationssystem n
Nazi *umg* M nazist, nasse **Nazismus** M nazism
n. Chr. ABK (= nach Christi Geburt) e.Kr., efter Kristus
Nebel M dimma, töcken n **Nebelbank** F dimbank **nebelhaft** *fig* ADJ dimmig **nebelig** ADJ dimmig, töcknig

Nebelscheinwerfer M dimljus n **neben** PRÄP bredvid, vid sidan av; *außer* förutom **Nebenabsicht** F biavsikt **nebenan** ADV bredvid, intill **Nebenanschluss** M TEL anknytning **Nebenausgaben** F/PL extrautgifter pl **Nebenausgang** M sidoutgång **Nebenbedeutung** F bibetydelse **nebenbei** ADV *außerdem* dessutom; *beiläufig* i förbigående **Nebenbeschäftigung** F extraknäck, bisyssla **Nebenbuhler(in)** M(F) rival **nebeneinander** ADV bredvid varandra; *fig* sida vid sida **Nebeneinkünfte** F/PL, **Nebeneinnahmen** F/PL extrainkomst, extraförtjänst **Nebenfach** N biämne n **Nebenfluss** M biflod **Nebengebäude** N sidobyggnad; annex n **Nebengeräusch** N biljud n **nebenher** ADV *nebenbei* bredvid; *außerdem* dessutom **Nebenhöhlen** F/PL ANAT bihålor pl **Nebenjob** M extrajobb n **Nebenkosten** PL extra kostnader pl; tillägg n utöver grundhyran **Nebenprodukt** N biprodukt **Nebenraum** M rum bredvid n; extra utrymme n **Nebenrolle** F biroll **Nebensache** F oväsentlighet, bisak **nebensächlich** ADJ oväsentlig, oviktig **Nebensaison** F lågsäsong **Nebensatz** M bisats **Nebenstelle** F *Filiale* filial **Nebenstraße** F sidogata **Nebentür** F sidodörr **Nebenverdienst** M extraförtjänst **Nebenwirkung** F biverkning **Nebenzimmer** N angränsande rum n
neblig ADJ → nebelig
Necessaire N necessär
necken V/T reta, retas med **neckisch** ADJ lustig lustig, komisk
Neffe M *brüderlicherseits* brorson; *schwesterlicherseits* systerson; **~n und Nichten** syskonbarn
Negation F negation **negativ** ADJ negativ **Negativ** N negativ n **negieren** V/T negera
nehmen V/T, V/I ta; **auf sich** *(akk)* **~** ta på sig; **zu sich** *(dat)* **~ essen** inta, förtära; **das lasse ich mir nicht ~** det vill jag inte avstå från; **wie man's nimmt** ~ det beror på hur man ser på saken; **etw leicht ~** ta lätt på ngt; **etw schwer ~** ta ngt hårt; **etw übel ~** ta illa upp för ngt
Neid M avund(sjuka) **neidisch** ADJ avundsjuk **neidlos** ADJ fri från *(od utan)* avund
Neige F *Rest* rest, återstod; **zur ~ gehen** lida mot slutet (med); *fig* vara på upphällningen **neigen** A V/T luta, böja B V/I **zu etw ~** tendera till ngt; **sie neigt zu Erkältungen** hon blir lätt förkyld C V/R **sich ~** slutta; *Person* luta sig, böja sig **Neigung** F sluttning, lutning; *fig* benägenhet, tendens; *Sympathie* känsla; sympati
nein ADV nej; **aber ~!** nej då!, visst inte!; **~ danke!** nej tack!; **~, wirklich?** säger du det? **Nein** N nej n **Neinstimme** F nejröst
Nektar M nektar
Nektarine F nektarin
Nelke F BOT nejlika; (krydd)nejlika
nennen V/T kalla, uppkalla; *anführen* nämna; **den Grund für etw ~** ange skälet till ngt; **sich ~** kalla sig; kallas **nennenswert** ADJ nämnvärd **Nenner** M nämnare; **auf einen ~ bringen** finna den gemensamma nämnaren för **Nennung** F omnämnande n; SPORT anmälning **Nennwert** M nominellt värde n
Neon N neon n
Neonazi N nynazist
Neonlicht N neonljus n
Nepp *umg* M uppskörtning **neppen** *umg* V/T skörta upp
Nerv M nerv; **j-m auf die ~en gehen** *fig* gå ngn på nerverna; **der hat ~en** han är inte rädd av sig; **die ~en behalten** bevara fattningen **nerven** V/T j-n ~ gå ngn på nerverna; tjata på ngn **Nervenarzt** M, **Nervenärztin** F nervläkare **nervenaufreibend** ADJ (nerv)påfrestande **Nervenbündel** N nervknippe n **nervenkrank** ADJ nervsjuk **Nervenkrankheit** F nervsjukdom **Nervensäge** *umg* F **eine ~ sein** gå en på nerverna **Nervensystem** N nervsystem n **Nervenzusammenbruch** M nervsammanbrott n **nervig** *umg* ADJ irriterande, störande **nervlich** ADJ nerv- **nervös** ADJ nervös **Nervosität** F nervositet
Nerz M *Tier u. Pelz* mink, nerts
Nessel F nässla **Nesselfieber** N nässelfeber
Nest N bo n, näste n; *elender Ort* håla
Nesthäkchen *fig* N *Kind* minstingen, lillan, lillen

Netiquette F IT netikett, etikett på Internet
nett ADJ trevlig, snäll; *liebenswürdig* vänlig; **das ist aber ~ von dir** det var verkligen snällt av dig; **das ist ja ~!** det var snällt!; *iron* det var just snyggt!
netto ADV netto **Nettogehalt** N nettolön **Nettogewicht** N nettovikt **Nettopreis** M nettopris n
networken VI nätverka
Netz N *a.* IT nät n; *Gepäcknetz* bagagehylla; *Beutel* nätkasse; **j-m ins ~ gehen** gå i ngns fälla **Netzanschluss** M nätanslutning **Netzhaut** F näthinna **Netzhemd** N nättröja **Netzkarte** F BAHN ~ zonkort n **Netzprovider** M IT Internetleverantör **Netzwerk** N *a.* IT nätverk n **Netzzugang** M IT tillgång till Internet
neu A ADJ ny; *frisch* färsk; **~e Kartoffeln** färskpotatis; **~e Sprachen** moderna språk; **aufs Neue, von Neuem** på nytt B ADV på nytt; **~ bearbeiten** omarbeta **Neuanschaffung** F nyanskaffning **neuartig** ADJ ny, modern, av nytt slag **Neuauflage** F ny upplaga **Neubau** M nybygge n **Neubauwohnung** F modern lägenhet **Neubearbeitung** F ny bearbetning, omarbetning **Neubildung** F nybildning **neuerdings** ADV på senare tid **Neuerscheinung** F nyutkommen bok **Neuerung** F nyhet; *das Erneuern* förändring, omarbetning **Neufassung** F revidering, omarbetning; ny version **neugeboren** ADJ nyfödd; **sich wie ~ fühlen** känna sig som en ny människa **Neugier(de)** F nyfikenhet **neugierig** ADJ nyfiken **Neuheit** F nyhet **Neuhochdeutsch** N nyhögtyska **Neuigkeit** F nyhet **Neujahr** N nyår n; **prosit ~!** gott nytt år! **Neujahrswunsch** M nyårshälsning **Neuland** N nybruten mark; *fig* jungfrulig mark **neulich** ADV nyligen **Neuling** M nykomling; *unerfahren* nybörjare **neumodisch** ADJ nymodig **Neumond** M nymåne
neun NUM nio **Neun** F nia **neunhundert** NUM niohundra **neunmal** ADV nio gånger **neunte(r, s)** ADJ nionde **Neuntel** N nion(de)del **neunzehn** NUM nitton **neunzig** NUM nittio **Neunzigjährige(r)** M/F/M nittioåring
Neuordnung F nyordning **Neuorientierung** F nyorientering **Neuphilologe** M nyfilolog
Neuralgie F neuralgi, nervsmärta **neuralgisch** ADJ neuralgisk
Neuregelung F nyreglering **Neureiche(r)** M/F/M nyrik
Neurodermitis F neurodermit **Neurologe** M, **Neurologin** F neurolog
Neurose F neuros **neurotisch** ADJ neurotisk
Neuschnee M nysnö
Neuseeland N Nya Zeeland **neuseeländisch** ADJ nyzeeländsk
neutral ADJ neutral **neutralisieren** V/T neutralisera **Neutralität** F neutralitet
Neutron N neutron
Neutrum N neutrum n
Neuwahl F nyval n **neuwertig** ADJ så gott som ny **Neuzeit** F nyare tid **neuzeitlich** ADJ nyare tidens, modern
nicht ADV inte; **auch ~** inte heller; **~ doch!** visst inte!; **gar ~** inte alls; **~ einmal** inte ens; **~ wahr?** inte sant?, eller hur?; **~ zu glauben!** otroligt!; **was du ~ sagst!** nej, vad säger du!; **~ amtlich** inofficiell; **~ öffentlich** icke offentlig **Nichtachtung** F brist på aktning, ringaktning **Nichtangriffspakt** M ickeangreppspakt **Nichtbeachtung** F förbiseende n; nonchalerande n; underlåtenhet
Nichte F *brüderlicherseits* brorsdotter; *schwesterlicherseits* systerdotter
Nichteinhaltung F **~ der Vorschriften** underlåtenhet att följa föreskrifterna **Nichteinmischung** F nonintervention
nichtig ADJ *a.* JUR ogiltig; *ohne Wert* värdelös; *unwichtig* oviktig; **für ~ erklären** ogiltigförklara **Nichtigkeit** F ogiltighet, värdelöshet
Nichtraucher- IN ZSSGN rökfri **Nichtraucher(in)** M/F icke-rökare
nichts INDEF PR inget, ingenting, inte något, inte någonting; **das macht ~** det gör ingenting; **~ da!** *umg* kommer inte på fråga!; **~ wie weg!** *umg* snabbt härifrån!; **gar ~** inte ett dugg, ingenting alls; **~ sagend** intetsägande **Nichts** N intet n; **vor dem ~ stehen** stå på ruinens brant

Nichtschwimmer(in) MF ~ sein inte vara simkunnig
nichtsdestotrotz, **nichtsdestoweniger** ADV icke desto mindre
Nichtskönner M okunnig person
Nichtsnutz M oduglig, odåga
nichtsnutzig ADJ oduglig **nichtssagend** ADJ intetsägande **Nichtstuer** M latmask, dagdrivare **Nichtstun** N sysslolöshet; dagdriveri n
Nichtvorhandensein N frånvaro, obefintlighet **Nichtwissen** N okunnighet **Nichtzutreffende(s)** N icke tillämpligt
Nickel N nickel a. n
nicken V/I nicka; *schlummern* slumra till
Nickerchen N tupplur
nie ADV aldrig; *umg* ~ **und nimmer** aldrig någonsin, aldrig i livet; ~ **wieder** aldrig mer
nieder A ADJ aldrig, lägre B ADV ned, ner; ~ **mit ...!** ner med ...! **niederbrennen** A V/T bränna ned B V/I brinna ned
niederdeutsch ADJ plattysk, lågtysk **Niederdeutsch** N plattyska, lågtyska
Niedergang *fig* M förfall n, nedgång
niedergehen V/I gå ned; *Regen* falla
niedergeschlagen ADJ nedslagen
Niedergeschlagenheit F nedslagenhet **niederknien** V/I falla på knä
Niederkunft F nedkomst **Niederlage** F nederlag n
Niederlande N/PL Nederländerna *pl* (*best Form*) **Niederländer** M nederländare **Niederländerin** F nederländska **niederländisch** ADJ nederländsk **Niederländisch** N nederländska; **auf** ~ på nederländska (språket)
niederlassen V/R släppa ned; **sich** ~ slå sig ned; *ansässig werden* bosätta sig; *Unternehmen* etablera sig; *Arzt* öppna praktik **Niederlassung** F bosättning, koloni; etablering; *Filiale* filial, dotterföretag n
niederlegen A V/T lägga ned; *fig a.* nedlägga; **ein Amt** ~ lämna ett uppdrag B V/R **sich** ~ lägga sig **Niederlegung** F nedläggning
niedermachen *umg* V/T meja ned **niederreißen** V/T riva ned *a. fig* **niederschießen** V/T skjuta ned

Niederschlag M **Niederschläge** *pl* nederbörd; **radioaktiver** ~ radioaktivt nedfall; CHEM fällning **niederschlagen** A V/T slå ned *a. fig* B V/R **sich** ~ avsätta sig
niederschmettern V/T slå ner; *fig* (för)krossa **niederschreiben** V/T skriva ned
Niedertracht F elakhet, gemenhet **niederträchtig** ADJ elak, nedrig, gemen
Niederung F lågland n, sänka
niedlich ADJ söt, gullig, rar, näpen
niedrig A ADJ låg B ADV lågt; *fig a.* tarvlig, gement; **etw** ~ **halten** hålla ngt nere **Niedriglohn** M låglön
niemals ADV aldrig
niemand INDEF PR ingen, inte någon
Niemandsland N ingenmansland n
Niere F njure **Nierenbeckenentzündung** F njurbäckeninflammation **Nierenleiden** N njursjukdom **Nierenspender(in)** MF njurdonator **Nierenstein** M njursten
nieseln V/I dugga **Nieselregen** M duggregn n
niesen V/I nysa
Nießbrauch M nyttjanderätt
Niet M nit **Niete** F 1 → **Niet** 2 *Los* nit; *Person* nolla **nieten** V/T nita
Nihilismus M nihilism **nihilistisch** ADJ nihilistisk
Nikotin N nikotin *mst n* **nikotinarm** ADJ med låg nikotinhalt **Nikotinvergiftung** F nikotinförgiftning
Nilpferd N flodhäst
Nimmerwiedersehen N **auf** ~! farväl för alltid!
nippen V/T, V/I läppja, smutta **Nippes** F/PL prydnadsföremål *n/pl*
nirgends ADV, **nirgendwo** ingenstans
Nische F nisch
Nisse F gnet, lusägg n
nisten V/I bygga bo **Nistkasten** M fågelholk
Nitrat N nitrat n **Nitroglyzerin** N nitroglycerin *mst n*
Niveau N nivå; *fig a.* klass, standard
Nixe F sjöjungfru
nobel ADJ nobel; flott, elegant
Nobelpreisträger(in) MF nobelpristagare
noch A ADV *Zeit* ännu, fortfarande; *au-*

nochmalig – Notwendigkeit • 715

ßerdem ytterligare, dessutom, till; übrig kvar **B** KONJ weder ... ~ varken ... eller; ~ einmal en till; ~ einmal en gång till; ~ immer fortfarande; ~ nicht inte än(nu); das fehlte ~! det fattades bara!; ~ was? något mera?; ist es ~ weit? är det långt kvar? **nochmalig** ADJ upprepad, ytterligare **nochmals** ADV än(nu) en gång, en gång till
Nomade M nomad
Nominativ M nominativ
nominell ADJ, ADV nominell **nominieren** VT nominera
Nonne F nunna **Nonnenkloster** N nunnekloster n
Nonsens M nonsens
Nonstop-Flug, Nonstopflug M direktflyg n
Nord M nord, norr **Nordamerika** N Nordamerika n **norddeutsch** ADJ nordtysk **Norddeutschland** N Nordtyskland **Norden** M norr; gegen/nach~ mot/åt norr, norrut, norröver; von/aus ~ från norr, norrifrån; im ~ i norr(a delen), norrut, norröver **Nordeuropa** N Nordeuropa **Nordeuropäer(in)** M|F| nordeuropé **nordeuropäisch** ADJ nordeuropeisk **nordisch** ADJ nordisk **nördlich** ADJ nordlig, norra; ~ (gen) od **von** (dat) norr om **Nordlicht** N norrsken n **Nordost(en)** M nordost, nordöst **nordöstlich** ADJ nordostlig, nordöstlig **Nordpol** M der ~ Nordpolen **Nordsee** F die ~ Nordsjön (best Form) **Nordseite** F norrsida **Nordwest(en)** M nordväst **nordwestlich** ADJ nordvästlig **Nordwind** M nord(an)vind
Nörgelei F gnäll n, gnat n **nörgeln** VI gnälla, gnata, tjata **Nörgler(in)** M|F| gnällspik
Norm F norm **normal** ADJ normal; bist du noch ~? är du inte riktigt klok? **Normalbenzin** N 96-oktanig bensin **normalerweise** ADV normalt, i vanliga fall **Normalverbraucher** M = genomsnittskonsument **normen** VT, **normieren** normera, standardisera
Norwegen N Norge n **Norweger** M norrman **Norwegerin** F norska **norwegisch** ADJ norsk **Norwegisch** N norska (språket)
Nostalgie F nostalgi

Not F nöd; bekymmer n/pl, svårigheter pl; ~ **leidend** nödlidande; **mit knapper** ~ nätt och jämnt
Notar(in) M|F| notarius publicus
Notarzt M, **Notärztin** F jourläkare
Notaufnahme F akutmottagning
Notausgang M nödutgång **Notbehelf** M nödlösning **Notbremse** F nödbroms **Notdienst** M jourtjänst **Notdurft** F nödtorft; **seine** ~ **verrichten** förrätta sina behov **notdürftig** ADJ nödtorftig
Note F MUS not; Zensur betyg n; fig Eigenart prägel; SPORT poäng; **etw eine persönliche** ~ **geben** ge en personlig prägel åt ngt
Notebook N IT bärbar dator
Notenblatt N notblad n **Notenheft** N nothäfte n **Notenständer** M notställ n
Notepad N IT handdator
Notfall M nödfall n, akutfall n; im (äußersten) ~(e) i (yttersta) nödfall **notfalls** ADV i nödfall **notgedrungen** ADV av nödtvång
notieren VT notera, anteckna **Notierung** F notering
nötig ADJ nödvändig, erforderlig; ~ **haben** behöva; ~ **sein** vara nödvändig; **es ist (nicht)** ~ det behövs (inte) **nötigen** VT tvinga; försöka övertala; truga; JUR utsätta för olaga tvång **Nötigung** F tvång n; JUR olaga tvång
Notiz F a. Beachtung notis, anteckning; ~ **von etw nehmen** lägga märke till ngt **Notizblock** M anteckningsblock n **Notizbuch** N anteckningsbok
Notlage F nödläge n **notlanden** VI nödlanda **Notlandung** F nödlandning **Notlösung** F nödlösning **Notlüge** F nödlögn
notorisch ADJ notorisk
Notruf M nödrop n; TEL larmnummer n **Notschlachtung** F nödslakt **Notschrei** M nödrop n **Notsignal** N nödsignal **Notsitz** M reservsits **Notstand** M besvärligt läge, kris; undantagstillstånd n **Notstandsgebiet** N katastrofområde n; krisdrabbat område **Notunterkunft** F tillfällig bostad **Notverband** M första förband n **Notwehr** F nödvärn **notwendig** ADJ nödvändig **notwendigerweise** ADV nödvändigtvis **Notwendigkeit**

F nödvändighet
Novelle F novell; JUR lagändring, tillägg n (till lag)
November M november
Novize M novis
Nu M im ~ på nolltid; plötsligt
Nuance F nyans
nüchtern ADJ nykter; fig saklig; kal; wieder ~ werden nyktra till; **auf ~en Magen** på fastande mage **Nüchternheit** F nykterhet; fig saklighet; enkelhet
nuckeln umg VI suga; am Daumen ~ suga på tummen
Nudel F nudel; Person lustig prick; ~n pl pasta
Nugat M, N nougat
nuklear ADJ nukleär
null NUM noll; **für ~ und nichtig erklären** förklara ogiltig; **ich habe ~ Bock darauf** umg jag har inte den minsta lust till det; **~ Grad** noll grader; **in ~ Komma nichts** umg på nolltid; **fünf zu ~** SPORT fem-noll **Null** F a. Person nolla **nullachtfünfzehn** ADJ slätstruken, vanlig, dussin- **Nullpunkt** M nollpunkt **Nullstellung** F nolläge n **Nulltarif** M nolltaxa; **zum ~** gratis
numerisch ADJ numerisk **Numerus clausus** M UNIV spärr; Numerus-Clausus-Fach spärrat ämne **Nummer** F nummer n; **auf ~ sicher gehen** umg ta det säkra före det osäkra; vulg Koitus nummer n **nummerieren** VT numrera **Nummerierung** F numrering **Nummernblock** M COMPUT siffertangenter **Nummernschild** N nummerplåt
nun ADV nu; **~!** nå(väl)!; **von ~ an** från och med nu, hädanefter; **was ~?** hur ska det bli nu då?; **~ gut/schön!** okej då!; **~ ja ...** tja ...
nur ADV bara, endast; **nicht ~ ..., sondern auch ...** inte bara ... utan även ...; **~ noch bara; ~ zu!, ~ weiter!** gå på bara!; **wenn ~** om bara; **was ist er ~?** men vad är det med honom då?
nuscheln umg VT, VI mumla
Nuss F nöt; Fleisch ≈ fransyska **Nussbaum** M valnötsträd n **Nusskern** M nötkärna **Nussknacker** M nötknäppare **Nussschale** F nötskal n
Nüster F näsborre
Nutte umg F fnask

nutzbar ADJ användbar, som går att utnyttja; **~ machen** exploatera **nutzbringend** ADJ nyttig **nütze** ADJ **zu nichts ~ sein** inte vara till någon nytta **nutzen, nützen** ⟨dat⟩ A VT använda, utnyttja; **die Gelegenheit ~** ta tillfället i akt B VI vara till nytta, gagna; **was nützt das?** vad ska det tjäna till? **Nutzen** M nytta, fördel **Nutzer(in)** M(F) användare **Nutzfahrzeug** N transportfordon n **Nutzfläche** F yta som kan nyttjas för något speciellt **nützlich** ADJ nyttig; **sich ~ machen** hjälpa till **Nützlichkeit** F nytta **nutzlos** ADJ lönlös, till ingen nytta **Nutzlosigkeit** F lönlöshet **Nutzung** F användning, nyttjande n, bruk n **Nutzungsrecht** N nyttjanderätt
Nylon N nylon n
Nymphe F nymf **Nymphomanin** F nymfoman

O

O, o N O, o n
o INTER å
Oase F oas
ob A KONJ om, huruvida; **als ~** som om; **und ~!** om! B PRÄP ⟨gen⟩ för ... skull
Obacht F akt; **~ geben** ge akt; **~!** se upp!
Obdach N tak n över huvudet, husrum n **obdachlos** ADJ hemlös **Obdachlose(r)** M(F(M)) hemlös; uteliggare **Obdachlosenasyl** N natthärbärge n
Obduktion F obduktion **obduzieren** VT obducera
O-Beine N/PL **~ haben** vara hjulbent **o-beinig** ADJ hjulbent
Obelisk M obelisk
oben ADV uppe, upptill, ovan; **~!** denna sida upp!; **~ genannt** ovannämnd; **~ ohne** umg topless; **siehe ~** se ovan; **bis ~** ända upp; **ganz ~** högst upp; **nach ~** uppåt; **von ~ (herab)** uppifrån; **von ~ bis unten** uppifrån och ned, från topp till tå

Ober M̄ kypare, servitör
Oberarm M̄ överarm **Oberarzt** M̄,
Oberärztin F̄ överläkare **Oberaufsicht** F̄ överinseende n **Oberbefehlshaber(in)** M̄/F̄ överbefälhavare
Oberbegriff M̄ överordnat begrepp
n **Oberbekleidung** F̄ ytterkläder pl
Oberbett N̄ duntäcke n; beim Etagenbett översäng **Oberbürgermeister(in)** M̄/F̄ ≈ borgmästare, kommunfullmäktiges ordförande **Oberdeck**
N̄ överdäck n **obere(r, -s)** ADJ övre
Oberfläche F̄ yta **oberflächlich**
ADJ ytlig a. fig **Oberflächlichkeit** F̄
ytlighet **Obergeschoss,** österr
Obergeschoß N̄ övervåning **oberhalb** PRÄP ⟨gen⟩ ovanför **Oberhand**
fig F̄ överhand, övertag n **Oberhaupt**
N̄ överhuvud n **Oberhaus** N̄ POL
överhus n **Oberhemd** N̄ skjorta
Oberhoheit F̄ överhöghet **Oberin**
F̄ Kloster abbedissa **Oberkellner(in)**
M̄/F̄ hovmästare **Oberkiefer** M̄ överkäke **Oberkommando** N̄ överkommando n **Oberkörper** M̄ överkropp
Oberleder N̄ ovanläder n **Oberleitung** F̄ högsta ledning; ELEK luftledning **Oberleutnant** M̄ löjtnant
Oberlicht N̄ takbelysning; takfönster
n **Oberlippe** F̄ överläpp **Obers**
österr N̄ grädde **Oberschenkel** M̄
lår n **Oberschenkelbruch** M̄ lårbensbrott n **Oberschicht** F̄ överklass
Oberschule umg F̄ ≈ gymnasium n
Oberschwester F̄ översköterska
Oberseite F̄ översida **Oberst** M̄
överste **oberste(r, s)** ADJ överst
Oberstudienrat M̄ ≈ lektor på gymnasium **Oberstufe** F̄ högstadium n
Oberteil M̄ od N̄ överdel **Oberweite** F̄ bröstvidd; bystmått n
obgleich KONJ fastän, trots att
Obhut F̄ vård, beskydd n; **in der** (od
die) ~ ⟨gen⟩ under ngns beskydd
Objekt N̄ a. GRAM objekt n **objektiv**
ADJ objektiv **Objektiv** N̄ objektiv n
Objektivität F̄ objektivitet
Oblate F̄ oblat
Obliegenheit F̄ åliggande n
Obligation F̄ obligation. **obligatorisch** ADJ obligatorisk
Oboe F̄ oboe **Oboist(in)** M̄/F̄ oboist
Obrigkeit F̄ överhet
Observatorium N̄ observatorium n

obskur ADJ obskur
Obst N̄ frukt **Obstbau** M̄ fruktodling
Obstbaum M̄ fruktträd n **Obsternte** F̄ fruktskörd **Obstgarten** F̄ fruktträdgård **Obsthändler(in)** M̄/F̄ frukthandlare **Obstkuchen** M̄ fruktkaka
Obstruktion F̄ obstruktion
Obstsaft M̄ fruktsaft, fruktjuice **Obstsalat** M̄ fruktsallad
obszön ADJ obscen **Obszönität** F̄ obscenitet
obwohl KONJ fastän, trots att
Ochse M̄ oxe; fig umg dumhuvud n,
åsna
Ochsenschwanzsuppe F̄ oxsvanssoppa
od. ABK (= oder) el., eller
Ode F̄ ode n
öde ADJ öde, obebodd, ödslig, ensam;
fig trist, långtråkig
Ödem N̄ ödem n
oder KONJ eller; **entweder ... ~ ...** antingen ... eller ...
Ofen M̄ ugn; Heizofen kamin; Kachelofen
kakelugn; Herd spis; **jetzt ist der ~ aus**
umg det går inte att göra något mer
Ofenheizung F̄ uppvärmning med
kamin/kakelugn **Ofenkartoffel** F̄ bakad potatis
offen A ADJ öppen; unbesetzt vakant,
ledig; leer tom; Wein från fat; **~e Stellen** lediga platser; **das ~e Meer** öppna
havet B ADV öppet; **~ halten** hålla öppet; **~ lassen** lämna öppet; **~ stehen**
stå öppet; **~ gestanden** uppriktigt sagt
offenbar A ADJ uppenbar, påtaglig
B ADV uppenbarligen **offenbaren**
V/T uppenbara, avslöja **Offenbarung**
F̄ avslöjande n; REL uppenbarelse **Offenbarungseid** M̄ manifestationsed
offenbleiben fig V/I stå öppen **Offenheit** F̄ öppenhet **offenherzig**
ADJ öppenhjärtig **offenkundig** ADJ
tydlig, uppenbar **offenlassen** fig V/T
lämna öppen **offensichtlich** A ADJ
uppenbar, påtaglig B ADV uppenbarligen
offensiv ADJ offensiv **Offensive** F̄ offensiv
offenstehen fig V/I stå öppen
öffentlich A ADJ offentlig, allmän;
die ~e Meinung den allmänna opinionen; **~er Dienst** statlig och kommunal
tjänst; **~er Verkehr** kollektivtrafik; **~es**

Interesse allmänintresse n **B** ADV offentligen **Öffentlichkeit** F offentlighet, allmänhet; unter Ausschluss der ~ (in)för lyckta dörrar **Öffentlichkeitsarbeit** F PR-verksamhet
Offerte F offert, anbud n
offiziell ADJ officiell
Offizier(in) M(F) officer **Offizierskorps** N officerskår
offline ADV IT frånkopplad, offline **Offlinebetrieb** M IT frånkopplat läge
öffnen A VT öppna B VR sich ~ öppna sig, öppnas; **sich j-m gegenüber ~** öppna sig (od sitt hjärta) för ngn **Öffner** M öppnare **Öffnung** F öppning; *Aufmachen* öppnande n **Öffnungszeiten** F/PL öppettider pl
oft ADV ofta; **schon ~** flera gånger **öfter(s)** ADV då och då, (rätt) ofta
oh INTER o, å, o; **~ nein!** nej då!; **~ ja!** å ja!, ja visst!
ohne PRÄP u. KONJ ⟨akk⟩ utan; **~ Weiteres** utan vidare; **das ist nicht ganz ~** det är inte så dåligt; *nicht harmlos* man måste se upp med det; **~ dass ... utan att ... ohnegleichen** ADJ utan like **ohnehin** ADV ändå
Ohnmacht F vanmakt; *Bewusstlosigkeit* medvetslöshet, svimning; **in ~ fallen** svimma **ohnmächtig** ADJ vanmäktig; medvetslös, avsvimmad; **~ werden** svimma
Ohr N öra n; **sich aufs ~ legen** ta sig en lur; **übers ~ hauen** lura, bedra; **viel um die ~en haben** ha mycket att stå i; *umg* **halt die ~en steif!** *nicht den Mut verlieren* häng inte läpp!; *nicht aufgeben* stå på dig!
Öhr N nålsöga n
Ohrenarzt M, **Ohrenärztin** F öronläkare **ohrenbetäubend** ADJ öronbedövande **Ohrenentzündung** F öroninflammation **Ohrensausen** N susningar i öronen **Ohrenschmalz** N öronvax n **Ohrenschmerzen** M/PL ont i öronen **Ohrenschützer** M öronskydd n **Ohrfeige** F örfil **ohrfeigen** VT j-n ~ ge ngn en örfil **Ohrhörer** M hörlur **Ohrläppchen** N örsnibb **Ohrmuschel** F ytteröra **Ohrring** M örhänge n; ring i örat **Ohrstecker** M örhänge n **Ohrstöpsel** M öronpropp **Ohrwurm** M tvestjärt; *umg fig* låt som fastnar i huvudet

oje INTER *Bestürzung* å nej
okay INTER okej
Okkupation F ockupation
Öko- IN ZSSGN ekologisk **Ökobewegung** F miljörörelse **Ökoladen** M ekobutik **Ökologie** F ekologi **ökologisch** ADJ ekologisk
Ökonom(in) M(F) ekonom **Ökonomie** F ekonomi **ökonomisch** ADJ ekonomisk
Ökostrom M grön el **Ökosystem** N ekosystem n
Oktanzahl F oktantal n
Oktave F oktav
Oktober M oktober
ökumenisch ADJ ekumenisk
Öl N olja **Ölbaum** M olivträd n **Ölbild** N oljemålning
Oldtimer M veteranbil
ölen VT olja, smörja **Ölfarbe** F oljefärg **Ölfilter** M od N oljefilter n **Ölgemälde** N oljemålning **Ölheizung** F oljeeldning **ölig** ADJ oljig
Olive F oliv **Olivenbaum** M olivträd n **Olivenöl** N olivolja **olivgrün** ADJ olivgrön
Ölkanne F oljekanna **Ölkrise** F oljekris **Ölleitung** F oljeledning **Ölpest** F ≈ oljeutsläpp n **Ölplattform** F oljeplattform **Ölquelle** F oljekälla **Ölsardine** F sardin i olja **Öltank** M oljetank **Ölteppich** M oljebälte n **Ölung** F REL smörjning **Ölwechsel** M oljebyte n
Olymp M Olymp(en) **Olympiade** F olympiad **olympisch** ADJ olympisk; **die Olympischen Spiele** Olympiska spelen
Ölzeug N oljeställ n
Oma F *väterlicherseits* farmor; *mütterlicherseits* mormor; *allgemein* tant, gumma
Ombudsmann M ombudsman
Omelett N omelett
Omen N omen n, förebud n
ominös ADJ ominös
Omnibus M buss **Omnibusbahnhof** M busstation
onanieren VI onanera
Onkel M *väterlicherseits* farbror; *mütterlicherseits* morbror; *allgemein* farbror, gubbe
online ADJ IT uppkopplad, online **Onlinebanking** N internetbank **On-**

linebetrieb M IT uppkopplat läge n
Online-Check-in M od N online-incheckning **Onlinedienst** M IT onlinetjänst **Onlineshop** M internetbutik, nätbutik **Onlineticket** N onlinebiljett, internetbiljett
OP ABK (= Operationssaal) operationssal
Opa M väterlicherseits farfar; mütterlicherseits morfar; *allgemein* gubbe
Opal M opal
Open-Air-Konzert N utomhuskonsert
Oper F opera; **in die ~ gehen** gå på opera
Operateur M operatör
Operation F a. MED u. MIL operation
Operationssaal M operationssal
Operette F operett
operieren A VT operera B VI sich ~ lassen genomgå en operation, opereras; *fig* operera, gå till väga
Opernglas N teaterkikare **Opernhaus** N operahus n **Opernsänger** M operasångare **Opernsängerin** F operasångerska
Opfer N a. pej umg offer n; uppoffring; ein ~ bringen göra en uppoffring **opferbereit** ADJ offervillig **opfern** A VT offra; *aufopfern* uppoffra B VR sich ~ uppoffra sig
Opium N opium n
Opponent M opponent **opponieren** VI opponera (sig)
Opportunismus M opportunism **Opportunist(in)** M(F) opportunist
Opposition F opposition **oppositionell** ADJ oppositionell **Oppositionspartei** F oppositionsparti n
Optik F optik; *fig* utseende n **Optiker(in)** M(F) optiker
optimal ADJ optimal; *umg* perfekt
Optimismus M optimism **Optimist(in)** M(F) optimist **optimistisch** ADJ optimistisk
optisch ADJ optisk; **aus ~en Gründen** för utseendets skull
Opus N opus n
Orakel N orakel n
orange ADJ orange **Orange** F apelsin **Orangensaft** M apelsinjuice
Orang-Utan M ZOOL orangutang
Oratorium N oratorium n
Orchester N orkester

Orchidee F BOT orkidé
Orden M orden **Ordensband** N ordensband n **Ordensbruder** M ordensbroder **Ordenskleid** N ordensdräkt **Ordensschwester** F ordenssyster; *Nonne* nunna
ordentlich ADJ ordentlig, riktig; *umg* duktig, rejäl; *Professor* ordinarie; *ziemlich, sehr* riktigt
Order F a. WIRTSCH order
Ordinalzahl F ordningstal n
ordinär ADJ vulgär, billig, simpel; *alltäglich* vanlig, ordinär
Ordinarius M ordinarie professor; REL ordinarius **Ordination** *österr* F mottagningstid
ordnen VT ordna **Ordner** M ordningsman; *Mappe* pärm; COMPUT mapp **Ordnung** F ordning; *das Ordnen* ordnande n; *Regel* förordning; **in ~ bringen** göra i ordning; ordna upp, få ordning på; *umg* in ~! okej!, bra!; **etw ist nicht in ~** det är något som inte stämmer; **es wird schon alles in ~ kommen** det kommer nog att ordna sig **ordnungsgemäß** ADJ vederbörlig **Ordnungsliebe** F ordningssinne n **Ordnungssinn** M ordningssinne n **Ordnungsstrafe** F ordningsbot **ordnungswidrig** ADJ stridande mot ordningen **Ordnungszahl** F ordningstal n
Organ N organ n; *umg* röst
Organisation F organisation **Organisationstalent** N organisationsförmåga **Organisator(in)** M(F) organisatör
organisch adj organisk
organisieren VT organisera
Organismus M organism
Organist(in) M(F) organist
Organspender(in) M(F) MED donator
Organverpflanzung F transplantation
Orgasmus M orgasm
Orgel F orgel **Orgelkonzert** N orgelkonsert **Orgelpfeife** F orgelpipa
Orgie F orgie
Orient M der ~ Orienten **Orientale** M oriental, österlänning **orientalisch** ADJ orientalisk, österländsk
orientieren VR (sich) orientera (sig); sich an etw ~ rätta sig efter ngt; sich über etw ~ informera sig om ngt **Ori-**

entierung F̲ orientering; information; inriktning **Orientierungslauf** M̲ SPORT orientering; *Wettkampf* orienteringstävling **Orientierungssinn** M̲ orienteringsförmåga, lokalsinne n
original ADJ äkta; ursprunglig; original- **Original** n̲ original n **Originalität** F̲ originalitet
originell ADJ originell
Orkan M̲ orkan
Ornament N̲ ornament n
Ornithologie F̲ ornitologi
Ort M̲ ort, ställe n, plats; **an ~ und Stelle** på ort och ställe; **am falschen ~** på fel plats; **vor ~** på plats **Örtchen** N̲ toalett **orten** V/T lokalisera
orthodox ADJ ortodox
Orthografie, Orthographie F̲ ortografi, rättstavning **orthografisch** ADJ, **orthographisch** ortografisk
Orthopäde M̲, **Orthopädin** F̲ ortoped **orthopädisch** ADJ ortopedisk
örtlich ADJ lokal; **~e Betäubung** MED lokalbedövning **Örtlichkeit** F̲ ort, plats **Ortsangabe** F̲ uppgift om adressort **Ortschaft** F̲ ort, samhälle n **Ortsgespräch** N̲ närsamtal n **Ortsgruppe** F̲ lokalavdelning **Ortskenntnis** F̲ lokalkännedom **ortskundig** ADJ hemmastadd **Ortsname** M̲ ortnamn n **Ortstarif** M̲ lokaltaxa **Ortsverkehr** M̲ lokaltrafik **Ortszeit** F̲ lokal tid **Ortszulage** F̲ ortstillägg n
O-Saft umg M̲ apelsinjuice
Öse F̲ hyska; *Schlinge* ögla
Ossi umg M̲ östtysk
Ost M̲ öst, ost, öster **Ostblock** M̲ östblocket *(best Form)* **Ostdeutschland** N̲ östra Tyskland; HIST Östtyskland **Osten** M̲ öster, ost; **im ~** i östra delen, österut; **nach ~** mot öster, österut; **von ~** från öster, österifrån; **der Ferne ~** Fjärran Östern; **der Mittlere ~** Mellersta Östern; **der Nahe ~** Främre Orienten
Osterei N̲ påskägg n **Osterferien** PL påsklov n **Osterglocke** F̲ påsklilja **Osterhase** M̲ påskhare **Ostermontag** M̲ annandag påsk **Ostern** N̲ påsk; **an/zu ~** i/till påsk; **vorige ~** i påskas; **frohe ~!** glad påsk!
Österreich N̲ Österrike **Österreicher** M̲ österrikare **Österreicherin** F̲ österrikiska **österreichisch** ADJ österrikisk
Ostersamstag M̲ påskafton **Ostersonntag** M̲ påskdagen
Osteuropa N̲ Östeuropa n **östlich** A ADJ östlig, östra B ADV österut; öster *(gen od* **von** *dat om)* **Ostsee** F̲ **die ~** Östersjön *(best Form)* **ostwärts** ADV österut **Ostwind** M̲ östanvind, ostvind
Otter¹ F̲ huggorm
Otter² M̲ utter
out umg ADV ute **outen** V/R **sich ~ als** komma ut som **Output** M̲ *od* N̲ IT output **Outsider** M̲ outsider
Ouvertüre F̲ ouvertyr
oval ADJ oval **Oval** N̲ oval
Ovation F̲ ovation
Overall M̲ overall
Overheadfolie F̲ overheadblad n **Overheadprojektor** M̲ overheadprojektor
Ovulation F̲ ovulation
Oxid N̲ oxid **Oxidation** F̲ oxidering **oxidieren** V/T, V/I oxidera(s)
Ozean M̲ ocean **Ozeandampfer** M̲ oceanångare
Ozon N̲ *od* M̲ ozon *a. n* **Ozonloch** N̲ ozonhål n **Ozonschicht** F̲ ozonskikt n

P

P, p N̲ P, p n
paar ADJ **ein ~** ett par, några; **ein ~ Mal** ett par/några gånger **Paar** N̲ par n **paaren** V/R para **(sich** sig) **Paarlauf** M̲, **Paarlaufen** N̲ paråkning **Paartherapie** F̲ parterapi **Paarung** F̲ parning **Paarungszeit** F̲ parningstid **paarweise** ADV parvis, par om par
Pacht F̲ arrende n **pachten** V/T arrendera; *fig* ha monopol på **Pächter(in)** M(F) arrendator **Pachtvertrag** M̲ arrendekontrakt n
Pack¹ *pej* N̲ pack n, slödder n
Pack² M̲ packe, bunt **Päckchen** N̲ småpaket n **Packeis** N̲ packis **packen** A V/T packa; *fassen* gripa, hugga

tag i; *fig* vara gripande (*od* fängslande); **etw ~ klara av ngt** B V/R **sich ~** packa sig iväg **Packer(in)** M(F) packare **Packpapier** N omslagspapper *n* **Packung** F TECH *u. Gepäck* packning; MED inpackning; *Schachtel* förpackning, paket *n* **Packungsbeilage** F informationsblad *n* **Packwagen** M resgodsvagn
Pädagoge M pedagog **Pädagogik** F pedagogik **Pädagogin** F (kvinnlig) pedagog **pädagogisch** ADJ pedagogisk
Paddelboot N (paddel)kanot **paddeln** VI paddla
Pädophile(r) M(F/M) pedofil
paff A INTER pang B ADJ *umg* paff, häpen
Page M pickolo
Paket N paket *n* **Paketannahme** F paketinlämning **Paketausgabe** F paketutlämning **Paketkarte** F adresskort *n*
Pakt M pakt
Palast M palats *n*
Palästina N Palestina *n* **Palästinenser(in)** M(F) palestinier **palästinensisch** ADJ palestinsk
Palatschinken PL *österr* pannkakor med (söt) fyllning
Palaver N palaver
Palette F palett; *Ladepalette* lastpall; *Vielfalt* stort utbud *n*
Palisade F palissad
Palme F palm; **auf die ~ bringen** *umg* reta upp
Palmsonntag M palmsöndag
Palmtop® M IT handdator
Pampelmuse F grapefrukt
Pamphlet N pamflett
pampig *umg* ADJ *patzig* oförskämd, fräck; *breiig* tjock som gröt
Panda(bär) M panda
Pandemie F pandemi
Paneel N panel
panieren VT panera **Paniermehl** N skorpmjöl *n*, ströbröd *n*
Panik F panik **Panikmache** F skrämselpropaganda **panisch** ADJ panisk
Panne F missöde *n*; *Fehler* tabbe; *Motorpanne* motorstopp *n*; *Reifenpanne* punktering; TECH tekniskt fel *n* **Pannendienst** M, **Pannenhilfe** F mobil vägservice vid motorstopp *etc*

Panorama N panorama *n*
panschen VT blanda upp, späda ut
Pantheismus M panteism
Panther M panter
Pantoffel M toffel; **unter dem ~ stehen** ligg stå under toffeln **Pantoffelheld** M toffelhjälte
Pantomime F pantomim
Panzer M pansar *n*; MIL stridsvagn **panzern** VT (be)pansra **Panzerplatte** F pansarplåt **Panzerschrank** M kassaskåp *n* **Panzerwagen** M stridsvagn
Papa M pappa
Papagei M papegoja
Paparazzi PL paparazzi *pl*
Papier N papper *n*; *Dokument* handling; *Ausweis* legitimationshandling; WIRTSCH värdepapper *n*; **wichtige ~e** värdehandlingar; **Ihre ~e, bitte!** får jag se om legitimation, tack! **Papierbogen** M pappersark *n* **Papiereinzug** M pappersmatning **Papierfabrik** F pappersbruk *n* **Papiergeld** N pappersspengar *pl* **Papierhandtuch** N pappershandduk **Papierkorb** M *a*. IT papperskorg **Papierkram** M, **Papierkrieg** M pappersexercis **Papierserviette** F pappersservett **Papierstau** M papperstrassel, pappersstopp *n* **Papiertaschentuch** N pappersnäsduk **Papiertüte** F papperspåse **Papiervorschub** M COMPUT pappersmatning
Pappbecher M pappersmugg; **in ~** kartonnerad **Pappdeckel** M papplock *n* **Pappe** F *papp a. n*, kartong; *umg* **das ist nicht von ~!** det går inte av för hackor!
Pappel F poppel
Pappenstiel *umg* M **das ist kein ~** det är minsann inte småsaker
pappig ADJ degig, klistrig
Pappkarton M pappkartong **Pappschachtel** F pappask **Pappschnee** M kramsnö **Pappteller** M papperstallrik
Paprika(schote) M(F) paprika
Papst M påve **päpstlich** ADJ påvlig **Papsttum** N påvedöme *n*
Papyrus M papyrus
Parabel F parabel
Parade F parad
Paradeiser *österr* M tomat

Paradies N̄ paradis n **paradiesisch** ADJ paradisisk
paradox ADJ paradoxal
Paraffin N̄ paraffin *mst* n
Paragraf, Paragraph M̄ paragraf
parallel ADJ parallell **Parallele** F̄ parallell *a. fig* **Parallelogramm** N̄ parallellogram
Parasit M̄ parasit
parat ADJ parat; *etw* ~ *haben* ha ngt till hands
Pärchen N̄ (kärleks)par n
Pardon M̄ pardon, förlåtelse; ~! förlåt!, ursäkta!
Parenthese F̄ parentes
Parfüm N̄ parfym **Parfümerie** F̄ parfymaffär **parfümieren** V/T parfymera
parieren A V/T parera B V/I *gehorchen* lyda
Pariser *umg* M̄ kondom
Pariser(in) M(F) parisare, parisbo
Park M̄ park
Parka M̄ parkas
Parkanlage F̄ parkanläggning
parken V/T, V/I parkera **Parken** N̄ parkering; ~ *verboten!* parkering förbjuden!
Parkett N̄ parkettgolv n; THEAT parkett **Parkett(fuß)boden** M̄ parkettgolv n
Parkgebühr F̄ parkeringsavgift **Parkhaus** N̄ parkeringshus n
Parkinsonkrankheit F̄, **parkinsonsche Krankheit** F̄ Parkinsons sjukdom
Parkkralle F̄ hjullås n **Parklicht** N̄ parkeringsljus n **Parklücke** F̄ parkeringsficka **Parkplatz** M̄ parkeringsplats **Parkscheibe** F̄ p-skiva **Parkschein** M̄ parkeringsbiljett **Parksünder(in)** M(F) felparkerare **Parkuhr** F̄ parkeringsautomat **Parkverbot** N̄ parkeringsförbud n
Parlament N̄ parlament n **Parlamentarier(in)** M(F) parlamentariker **parlamentarisch** ADJ parlamentarisk
Parmesan(käse) M̄ parmesan(ost)
Parodie F̄ parodi **parodieren** V/T parodiera
Parodontose F̄ MED parodontit, tandlossning
Parole F̄ paroll, lösen; *Schlagwort* slagord n

Parser M̄ IT parser (program n) **Parsing** N̄ parsing, källkodsanalys
Partei F̄ parti n; JUR part; *Mietpartei* hyresgäst, hushåll n; ~ *ergreifen für/gegen* (*akk*) ta parti för/mot **Parteibuch** N̄ partibok **Parteiführer(in)** M(F) partiledare **Parteigänger(in)** M(F) partigängare **parteiisch** ADJ partisk **Parteilichkeit** F̄ partiskhet **parteilos** ADJ partilös **Parteimitglied** N̄ partimedlem **Parteiprogramm** N̄ partiprogram n **Parteitag** M̄ partikongress
Parterre N̄ bottenvåning, nedre botten; THEAT parkett
Partie F̄ parti n; *eine gute* ~ *machen* göra ett gott parti; *mit von der* ~ *sein* vara med **partiell** ADJ partiell, delvis
Partikel F̄ partikel
Partisan(in) M(F) partisan
Partitur F̄ partitur n
Partizip N̄ particip n
Partner(in) M(F) partner; *zusammenlebend* sambo; WIRTSCH kompanjon; *Teilhaber* delägare; SPORT medspelare; THEAT motspelare **Partnerschaft** F̄ partnerskap n; WIRTSCH *a.* kompanjonskap n; *eingetragene* ~ registrerat partnerskap n **Partnerstadt** F̄ vänort **Partnervermittlung** F̄ kontaktförmedling
Party F̄ fest, party n **Partymuffel** M̄ tråkmåns **Partyservice** M̄ catering **Partyzelt** N̄ partytält n
Parzelle F̄ jordlott
Pascha M̄ pascha
Pass M̄ pass n; GEOG (bergs)pass n; SPORT passning
passabel ADJ passabel, hyfsad
Passage F̄ passage; galleria
Passagier(in) M(F) passagerare **Passagierliste** F̄ passagerarlista
Passant(in) M(F) förbipasserande; *Fußgänger* fotgängare, gående
Passatwind M̄ passadvind
Passbild N̄ passfoto n
passen V/I ❶ passa (*zu till*); *umg das könnte dir so* ~! det ska du inte inbilla dig! ❷ *genehm sein a.* vara passande, vara lämplig ❸ *Kartenspiel* passa; *ich passe!* pass! **passend** ADJ passande; *zusammenpassend* matchande; *Geld es* ~ *haben* ha jämna pengar
Passfoto N̄ passfoto n

passierbar ADJ framkomlig, farbar
passieren A VT passera B VI hända; mir ist nichts passiert jag klarade mig; was ist passiert? vad är det som har hänt?; GASTR passera **Passierschein** M passersedel
Passion F passion **passioniert** ADJ passionerad
passiv ADJ passiv
Passiv N passiv(um) n
Passiva PL passiva n/pl
Passivrauchen N passiv rökning
Passkontrolle F passkontroll **Passwort** N a. IT lösenord n
Pasta F pasta
Paste F GASTR pastej; MED pasta, salva, kräm
Pastell N pastell **Pastellfarbe** F pastellfärg
Pastete F pastej, paté
pasteurisieren VT pastörisera
Pastille F pastill
Pastor(in) M(F) pastor, präst
Pate M fadder, gudfar **Patenkind** N gudbarn n **Patenonkel** M gudfar, fadder **Patenstadt** F vänort
Patent N patent n
patent umg ADJ praktisk, utmärkt; Person bussig, trevlig, duktig
Patentamt N patentverk n
Patentante F gudmor, fadder
Patentlösung F patentlösning
Pater M pater **Paternoster** A N paternoster n, Fader vår B M paternosterhiss
pathetisch ADJ patetisk
Pathologie F patologi **pathologisch** ADJ patologisk
Pathos N patos n
Patient(in) M(F) patient **Patientenverfügung** F förhandsdirektiv n om sjukvård
Patin F fadder, gudmor
Patriarch M patriark **patriarchalisch** ADJ patriarkalisk
Patriot(in) M(F) patriot **patriotisch** ADJ patriotisk **Patriotismus** M patriotism
Patrizier(in) M(F) patricier
Patron(in) M(F) skyddspatron
Patrone F patron
Patrouille F patrull
Patsche fig F knipa, klämma; umg hand, näve; in der ~ sitzen fig vara i knipa **patschen** VI plaska **patschnass** umg ADJ plaskvåt, dyngsur
Patzer M miss, tabbe
patzig umg ADJ unverschämt oförskämd, fräck
Pauke F puka; auf die ~ hauen festa loss **pauken** VT, VI slå på puka; lernen plugga **Pauker(in)** M(F) umg Lehrer(in) lärare **Paukerei** F Lernen plugg(ande) n
pausbäckig ADJ rundkindad
pauschal ADJ icke specificerad, generell, schablonmässig; Urteil svepande **Pauschalbetrag** M schablonbelopp n **Pauschale** F, **Pauschalgebühr** F klumpsumma **Pauschalpreis** M allt-i-ett-pris n **Pauschalreise** F paketresa
Pause F a. MUS paus, rast, uppehåll n; ~ machen ta en paus, ta rast; ohne ~ utan avbrott
pausenlos ADJ utan uppehåll **Pausenzeichen** N paussignal **pausieren** VI göra en paus
Pavian M babian
Pavillon M paviljong
Pay-TV N betal-tv
Pazifik M der ~ Stilla havet
Pazifismus M pacifism **Pazifist(in)** M(F) pacifist **pazifistisch** ADJ pacifistisk
PC M (Personalcomputer) pc, persondator
PDA ABK (= personal digital assistant) IT handdator
Pech N beck n; fig otur; ~ haben ha otur; so ein ~! vilken otur! **Pechsträhne** F rad av olyckor **Pechvogel** M olycksfågel
Pedal N pedal
Pedant(in) M(F) pedant **pedantisch** ADJ pedantisk
Pediküre F pedikyr, fotvård
Pegel M pegel, vattenståndsmätare **Pegelstand** M vattenstånd n
peilen VT pejla; die Lage ~ fig pejla läget **Peilung** F pejling
Pein F pina, plåga **peinigen** VT pina, plåga **Peinigung** F pinande n **peinlich** ADJ pinsam; pedantisch minutiös; ~ genau ytterst noggrann
Peitsche F piska **peitschen** VT, VI piska **Peitschenhieb** M piskrapp n

Pelikan M̄ pelikan
Pelle F̄ skal n **pellen** V̄T̄ skala **Pellkartoffel** F̄ skalpotatis
Pelz M̄ a. Mantel päls; Fell skinn n, fäll; j-m auf den ~ rücken vara på ngn, besvära ngn **Pelzfutter** N̄ pälsfoder n **pelzig** ADJ pälsartad, luddig; Zunge sträv **Pelzkragen** M̄ pälskrage **Pelzmantel** M̄ päls(kappa) **Pelzmütze** F̄ pälsmössa
Pendel N̄ pendel **pendeln** V̄Ī pendla **Pendeluhr** F̄ pendyl **Pendelverkehr** M̄ pendeltrafik; Sonderanlass skytteltrafik **Pendler(in)** M̄F̄ pendlare
penetrant ADJ genomträngande
penibel ADJ pinsam; pedantisch umg småaktig, pedantisk, petig
Penis M̄ ANAT penis
Penizillin N̄ MED penicillin n
Penne umg F̄ plugg n **pennen** V̄Ī umg sova, slagga **Penner(in)** umg M̄F̄ uteliggare
Pension F̄ Ruhestand pension; Fremdenpension pensionat n **Pensionär(in)** M̄F̄ pensionär **Pensionat** N̄ flickpension, internat n **pensionieren** V̄T̄ pensionera; sich ~ lassen avgå med pension **Pensionierung** F̄ pensionering **pensionsberechtigt** ADJ pensionsberättigad **Pensionsgast** M̄ pensionsgäst
Pensum N̄ pensum n
Peperoni F̄ peperoni
per PRÄP ⟨akk⟩ per; ~ Post med/per post; mit j-m ~ Du sein vara du med ngn
Perfekt N̄ perfekt n
perfekt ADJ perfekt **Perfektion** F̄ perfektion
perforieren V̄T̄ perforera, genomborra
Pergament N̄ pergament n **Pergamentpapier** N̄ smörpapper n
Periode F̄ period; MED menstruation **periodisch** ADJ periodisk
Peripherie F̄ periferi; IT kringutrustning **Peripheriegerät** N̄ IT kringutrustning
Periskop N̄ periskop n
Perle F̄ pärla **perlen** V̄Ī pärla **Perlenkette** F̄ pärl(hals)band n **Perlhuhn** N̄ pärlhöna **Perlmutt** N̄, **Perlmutter** F̄ pärlemo(r) **Perlzwiebel** F̄ syltlök

permanent ADJ permanent
perplex ADJ perplex
Perser M̄ perser **Perserin** F̄ persiska **persisch** ADJ persisk **Persisch** N̄ persiska
Person F̄ person; pro ~ per person; ich für meine ~ jag för min del; Angaben zur ~ personuppgifter **Personal** N̄ personal **Personalabteilung** F̄ personalavdelning **Personalakte** F̄ ≈ personalregister n **Personalausweis** M̄ identitetskort n, legitimation **Personalchef(in)** M̄F̄ personalchef **Personaldienstleister** M̄ bemanningsföretag n **Personalien** PL personalier pl **Personalpronomen** N̄ personligt pronomen **Personenaufzug** M̄ personhiss **Personenkennzahl** F̄ personnummer n **Personenkraftwagen** M̄ personbil **Personenkult** M̄ personkult **Personenstand** M̄ civilstånd n **Personenverkehr** M̄ persontrafik **Personenzug** M̄ persontåg n **personifizieren** V̄T̄ personifiera **persönlich** ADJ personlig (en adv) **Persönlichkeit** F̄ personlighet
Perspektive F̄ perspektiv n a. fig
Peru N̄ Peru n **Peruaner** M̄ peruan **Peruanerin** F̄ peruanska **peruanisch** ADJ peruansk
Perücke F̄ peruk
pervers ADJ pervers
Pessimismus M̄ pessimism **Pessimist(in)** M̄F̄ pessimist **pessimistisch** ADJ pessimistisk
Pest F̄ pest
Pestizid N̄ pesticid
Petersilie F̄ persilja
Petition F̄ petition
Petroleum N̄ fotogen a. n **Petroleumkocher** M̄ fotogenkök n **Petroleumlampe** F̄ fotogenlampa
Petting N̄ petting
Petz M̄ nalle
petzen umg V̄Ī skvallra
Pfad M̄ stig; COMPUT sökväg **Pfadfinder(in)** M̄F̄ scout
Pfaffe pej M̄ umg präst, svartrock
Pfahl M̄ påle; stör; stolpe
Pfand N̄ a. Flaschenpfand pant **Pfandflasche** F̄ returglas n **Pfandhaus** N̄ pantbank **Pfandschein** M̄ pantkvitto n

Pfändung F̄ utmätning
Pfanne F̄ stekpanna; *Dachziegel* takpanna, tegelpanna; **in die ~ hauen** *fig* göra ned ngn **Pfannkuchen** M̄ pannkaka
Pfarramt N̄ pastorsexpedition; pastorsämbete *n* **Pfarrei** F̄ pastorat *n*; *Wohnung* prästgård **Pfarrer(in)** M/F̄ präst, kyrkoherde **Pfarrhaus** N̄ prästgård **Pfarrkirche** F̄ församlingskyrka
Pfau M̄ ZOOL påfågel
Pfeffer M̄ peppar **Pfefferkorn** N̄ pepparkorn *n* **Pfefferkuchen** M̄ pepparkaka **Pfefferminze** F̄ pepparmynta **Pfeffermühle** F̄ pepparkvarn **pfeffern** V/T peppra; *umg werfen* kasta **Pfeffernuss** F̄ pepparnöt
Pfeife F̄ pipa; *umg* nolla, klåpare; **nach jemandes ~ tanzen** dansa efter ngns pipa **pfeifen** V/T, VI vissla; *fig* pipa, blåsa, vina; MUS blåsa; *fig* **auf dem letzten Loch ~** sjunga på sista versen; *fig* **~ auf** *(akk)* strunta i; SPORT **ein Spiel ~** döma en match **Pfeifentabak** M̄ piptobak
Pfeil M̄ pil
Pfeiler M̄ pelare
Pfennig *hist* M̄ pfennig
Pferch M̄ fålla, inhägnad **pferchen** V/T stänga in i en fålla, tränga ihop
Pferd N̄ *a. Turnen* häst **Pferdeapfel** *umg* M̄ hästspillning **Pferdefleisch** N̄ hästkött *n* **Pferdegeschirr** N̄ seldon *n* **Pferdekur** F̄ hästkur **Pferderennen** N̄ hästkapplöpning **Pferdeschwanz** M̄ hästsvans **Pferdestall** M̄ stall *n* **Pferdestärke** F̄ hästkraft **Pferdezucht** F̄ hästavel
Pfiff M̄ vissling; *umg* något extra
Pfifferling M̄ kantarell; *fig* **das ist keinen ~ wert** det är inte värt ett dyft
pfiffig ADJ fiffig, listig, klipsk
Pfingsten N̄ *od* PL pingst **Pfingstferien** PL pingstlov *n* **Pfingstmontag** M̄ annandag pingst **Pfingstrose** F̄ pion **Pfingstsamstag** M̄ pingstafton **Pfingstsonntag** M̄ pingstdag
Pfirsich M̄ persika **Pfirsichbaum** M̄ persikoträd *n*
Pflanze F̄ planta, växt **pflanzen** V/T plantera, sätta **Pflanzenfresser** M̄ växtätare **Pflanzenkunde** F̄ botanik **Pflanzenöl** N̄ vegetabilisk olja **Pflanzenreich** N̄ växtrike *n* **Pflanzenschutzmittel** N̄ växtskyddsmedel *n* **pflanzlich** ADJ vegetabilisk, växt- **Pflanzung** F̄ plantering; *Plantage* plantage
Pflaster N̄ *Straßenpflaster* stenläggning; MED *u. fig* plåster *n*; **ein heißes ~** ett farligt ställe; **Berlin ist ein teures ~** det är dyrt att leva i Berlin **pflastern** V/T stenlägga **Pflasterstein** M̄ gatsten
Pflaume F̄ plommon *n*; *umg* mes, fegis; nolla **Pflaumenbaum** M̄ plommonträd *n* **Pflaumenkuchen** M̄ plommonkaka **Pflaumenmus** N̄ plommonmarmelad
Pflege F̄ skötsel; *von Menschen* vård, omvårdnad; *underhåll n*; tillsyn; **in ~ geben** lämna i ngns vård; **ein Kind in ~ nehmen** ta ett fosterbarn **pflegebedürftig** ADJ ~ sein behöva vård **Pflegeeltern** PL fosterföräldrar *pl* **Pflegefall** M̄ vårdfall *n* **Pflegekind** N̄ fosterbarn *n* **pflegeleicht** ADJ lättskött; *Textil* strykfri **Pflegemutter** F̄ fostermor **pflegen** A V/T vårda, sköta (om); *Beziehungen* upprätthålla; *Datenbank* hålla uppdaterad; **sie pflegt ihre Mutter** hon tar hand om sin mor B V/I **etw zu tun ~** bruka göra ngt C V/R **sich ~** sköta om sig; vårda sitt yttre **Pflegepersonal** N̄ vårdpersonal **Pfleger** M̄ (sjuk)skötare, (sjuk)sköterska; *von Tieren* djurskötare **Pflegerin** F̄ (sjuk)sköterska; *von Tieren* djurskötare **Pflegesatz** M̄ vårdtaxa **Pflegesohn** M̄ fosterson **Pflegespülung** F̄ hårbalsam *n*; hårkur **Pflegetochter** F̄ fosterdotter **Pflegevater** M̄ fosterfar **Pflegeversicherung** F̄ ≈ vårdförsäkring
Pflicht F̄ plikt, skyldighet **Pflichtbewusstsein** N̄ pliktmedvetande *n* **Pflichtfach** N̄ obligatoriskt ämne *n* **Pflichtgefühl** N̄ pliktkänsla **Pflichtteil** M̄ *od* N̄ JUR laglott **Pflichtversicherung** F̄ obligatorisk försäkring
Pflock M̄ plugg, pinne
pflücken V/T plocka
Pflug M̄ plog **pflügen** V/T, VI plöja
Pforte F̄ port, dörr; entré, ingång **Pförtner(in)** M/F̄ portvakt
Pfosten M̄ dörrpost, fönsterpost; stolpe
Pfote F̄ tass, labb; *umg* hand

Pfriem M̄ syl
Pfropf M̄, **Pfropfen** M̄ kork, propp; *Zapfen* tapp **pfropfen** V/T stoppa, stoppa; *Bäume* ympa
Pfuhl M̄ (vatten)puss, pöl, göl
pfui INTER fy, usch; *schäm dich!* fy skäms; ~ **Teufel!** fy fasen!
Pfund N̄ pund *n*; *Gewicht* halvt kilo *n*; **ein halbes ~** 250 gram
Pfuscharbeit F̄ fuskverk *n* **pfuschen** V/I fuska, slarva **Pfuscher(in)** M(F) klåpare
Pfütze F̄ pöl
PH F̄ (= pädagogische Hochschule) lärarhögskola
Phänomen N̄ fenomen *n* **phänomenal** ADJ fenomenal
Phantom N̄ fantom *mst* **Phantombild** N̄ fantombild
Pharisäer(in) M(F) farisé
Pharmaindustrie F̄ läkemedelsindustri **Pharmakologie** F̄ farmakologi **Pharmazeut(in)** M(F) farmaceut
Phase F̄ fas
Philanthrop(in) M(F) filantrop
Philatelie F̄ filateli
Philharmonie F̄ filharmoni
Philippinen PL die ~ Filippinerna *pl*
Philister M̄ *Spießbürger* bracka, kälkborgare
Philologe M̄ filolog **Philologie** F̄ filologi **Philologin** F̄ filolog
Philosoph(in) M(F) filosof **Philosophie** F̄ filosofi **philosophieren** V/I filosofera **philosophisch** ADJ filosofisk
Phlegmatiker(in) M(F) flegmatiker **phlegmatisch** ADJ flegmatisk
Phonetik, Fonetik F̄ fonetik **phonetisch** ADJ, **fonetik** fonetisk
Phosphat N̄ fosfat *n* **Phosphor** M̄ fosfor
Photo- *etc* IN ZSSGN → **Foto-** *etc*
Phrase F̄ fras; (abgedroschene) ~ klyscha; **leere ~n** tomma fraser **Phraseologie** F̄ fraseologi
pH-Wert M̄ pH-värde *n*
Physik F̄ fysik **physikalisch** ADJ fysikalisk **Physiker(in)** M(F) fysiker
Physiognomie F̄ fysionomi **Physiologe** M̄ fysiolog **Physiologie** F̄ fysiologi **Physiologin** F̄ fysiolog **Physiotherapeut(in)** M(F) ≈ sjukgymnast **physisch** ADJ fysisk

Pianist(in) M(F) pianist
picheln *umg* V/I pimpla
Pickel M̄ **1** *Spitzhacke* korp; *Eispickel* isyxa **2** MED finne **picken** V/T, V/I picka, hacka
Picknick N̄ picknick **picknicken** V/I ha picknick
piekfein *umg* ADJ tjusig, flott, elegant
Piep M̄ pip *n*; **keinen ~ sagen** inte säga ett pip; **du hast wohl einen ~?** är du knäpp?
piepen V/I pipa; **bei dir piept's wohl?** *umg* är du inte riktigt klok? **piepsen** V/I pipa **Piepser** *umg* M̄ personsökare; pip *n*
Pier M̄ (hamn)pir
Piercing N̄ (kropps)piercing
piesacken *umg* V/T pina, plåga
Pietät F̄ pietet **pietätlos** ADJ pietetslös
Pietismus M̄ pietism
Pigment N̄ pigment *n*
Pik N̄ *Kartenspiel* spader
pikant ADJ pikant *a. fig*
Pike F̄ *etw von der* ~ *auf lernen* lära sig ngt från grunden; gå den långa vägen
pikiert ADJ sårad, stött
Pilates N̄ pilates
Pilger(in) M(F) pilgrim **Pilgerfahrt** F̄ pilgrimsfärd **pilgern** V/I vallfärda
Pille F̄ piller *n*; *Antibabypille* p-piller; **die ~ danach** dagen-efter-piller *n*
Pilot(in) M(F) pilot
Pilsner N̄ *Bier* pilsner
Pilz M̄ svamp **Pilzkrankheit** F̄ svampinfektion **Pilzvergiftung** F̄ svampförgiftning
Pimmel *umg* M̄ snopp
PIN ABK (= personal identification number) pinkod, personlig kod
pingelig *umg* ADJ småaktig, petig, noggrann
Pinguin M̄ ZOOL pingvin
Pinie F̄ BOT pinje
Pinke *umg* F̄ kosing
Pinkel *umg* M̄ **feiner ~** sprått
pinkeln *umg* V/I pinka
Pinnwand F̄ anslagstavla
Pinscher M̄ ZOOL pinscher
Pinsel M̄ pensel **pinseln** V/T, V/I pensla **Pinselstrich** M̄ penseldrag *n*
Pinte *umg* F̄ *Kneipe* krog, pub
Pinzette F̄ pincett

Pionier(in) MF pionjär *a. fig*
Pipette F pipett
Pipi N ~ **machen** kissa
Pirat(in) MF pirat **Piratensender** M piratsändare
Pirogge F GASTR pirog
Pirsch F pyrschjakt
Pisse *vulg* F piss *n* **pissen** *vulg* VI pissa
Pistazie F BOT pistaschträd *n*; *Kern n* pistaschmandel
Piste F *Ski* pist; SPORT tävlingsbana; FLUG startbana/landningsbana **Pistenraupe** F pistmaskin
Pistole F pistol
Pixel N IT bildpunkt, pixel
Pizza F pizza **Pizzeria** F pizzeria
Pkw ABK (= *Personenkraftwagen*) personbil **PKW-Maut** F vägtull (för personbil)
Placebo N MED sockerpiller *n*, placebo
Plackerei F knog *n*, slit *n*
plädieren VI plädera **Plädoyer** N plädering
Plage F plåga, pina **Plagegeist** M plågoande **plagen** A VT plåga, pina B VR **sich ~** slita, knoga
Plagiat N plagiat *n*
Plakat N plakat *n*, affisch
Plakette F plakett
Plan M 1 plan, projekt *n* 2 *Entwurf* utkast *n*; *Grundriss* ritning
Plane F presenning
planen VT, VI planera, planlägga
Planet M planet **planetarisch** ADJ planetarisk **Planetarium** N planetarium *n*
planieren VT *Straße etc* göra plan, jämna **Planierraupe** F schaktmaskin, bulldozer
Planke F planka
Plankton N BIOL plankton *n*
planlos ADJ planlös, osystematisk **planmäßig** ADJ planenlig, systematisk; ordinarie; **~e Abfahrt** ordinarie avgångstid
Planschbecken N plaskdamm
planschen VI plaska, blaska
Planstelle F ordinarie tjänst
Plantage F plantage
Planung F planering, planläggning
Planwagen M täckt vagn
Planwirtschaft F planhushållning
plappern VI pladdra, sladdra

plärren VT, VI skräna, skråla; tjuta, grina
Plasma N plasma (*n*)
Plastik[1] F skulptur, plast
Plastik[2] N plast; **mit ~ beschichten** plasta **Plastikbeutel** M plastpåse **Plastikfolie** F plastfolie **Plastiktüte** F plastpåse
plastisch ADJ plastisk
Platane F platan
Platin N platina
platonisch ADJ platonisk, platonsk
platsch INTER plask
plätschern VI plaska, skvalpa; *Bach* porla
platt ADJ platt, flat, slät; *fig* häpen, paff; **~ sein** *umg* vara paff **Platt** N platttyska **plattdeutsch** ADJ plattysk, lågtysk **Plattdeutsch** N *Sprache* plattyska
Platte F *Steinplatte* platta; *CD* skiva; *Schüssel* fat *n*; **kalte ~** fat med kallskuret
Platten einen ~ haben ha punka
plätten VT *bügeln* stryka
Plattform F *a.* IT plattform
Plattfuß M plattfot
Plattheit F flathet; **~en** *pl* plattityder
Platz M plats, ställe *n*; *Marktplatz* torg *n*; SPORT plan, bana, plats B PL utrymme *n*, rum *n*; placering, position; **das ist hier fehl am ~** det passar inte här; **ist dieser ~ noch frei?** är det ledigt här?; **~ nehmen** ta plats; **~ machen** flytta sig; **j-m ~ machen** lämna plats för ngn; **den dritten ~ belegen** bli trea **Platzangst** F torgskräck; *umg* cellskräck
Plätzchen N *Gebäck* småkakor *pl*
platzen VI brista, spricka *a. fig*; *explodieren* explodera; *misslingen umg* misslyckas, spricka; **~ lassen** spränga; **vor Wut ~** spricka av ilska; **ins Zimmer ~** komma inrusande i rummet
platzieren A VT placera B VR **sich ~** SPORT placera sig **Platzierung** F placering
Platzkarte F platsbiljett **Platzmangel** M platsbrist **Platzpatrone** F löst skott **Platzregen** M hällregn *n*, störtregn *n* **Platzreservierung** F platsservering **Platzverweis** M **einen ~ erhalten** bli utvisad
Platzwunde F gapande sår *n*
Plauderei F småprat *n*; kåseri *n* **plau-**

plaudern – Polstergarnitur

dern V/T prata
plausibel ADJ plausibel
Pleite F bankrutt, konkurs; *fig* fiasko n
pleite ADJ, ADV pank, bankrutt **pleitegehen** V/I göra konkurs
Plenarsitzung F plenum n, plenarsammanträde n
Plenum N plenum n
plissieren V/T plissera
Plombe F plomb, tandfyllning; plombering, försegling **plombieren** V/T plombera
plötzlich A ADJ plötslig B ADV plötsligt
plump ADJ plump, klumpig; tjock
plumps INTER plums, duns **plumpsen** V/I plumsa; dunsa
Plunder M *wertloses Zeug* skräp n; *Gebäck* ≈ wienerbröd n
plündern V/T, V/I plundra **Plünderung** F plundring
Plural M plural
plus ADV plus; zehn Grad ~ tio plusgrader **Plus** N plus n
Plüsch M plysch **Plüschtier** N kramdjur n
Pluspunkt M pluspunkt
Plusquamperfekt N pluskvamperfekt n
Pluszeichen N plustecken n
Plutonium N plutonium n
PLZ ABK (= Postleitzahl) postnr, postnummer n
Po *umg* M ända, stjärt, bak **Pobacke** *umg* F skinka, stjärthalva
Pöbel M pöbel, slödder n
pochen V/I bulta, banka, klappa; ~ auf (*akk*) *fig* propsa på
Pocke F koppa; **~n** *pl* smittkoppor *pl* **Pockenschutzimpfung** F smittkoppsvaccinering
Podcast M poddsändning
Podest N *Treppenpodest* trappavsats; *Podium* sockel
Podium N podium n, estrad
Poesie F poesi **Poesiealbum** N poesialbum n
Poet(in) M(F) poet, skald **Poetik** F poetik **poetisch** ADJ poetisk
Pointe F poäng, udd **pointiert** *fig* ADJ tillspetsad
Pokal M pokal **Pokalspiel** N SPORT cupfinal
Pökelfleisch N salt kött n **pökeln**

V/T salta in/ner
Pol M *a.* ELEK pol
Polarfuchs M fjällräv
polarisieren V/T, V/R polarisera
Polarkreis M polcirkel **Polarlicht** N polarsken n; *nördliches* ~ norrsken n **Polarstern** M der ~ Polstjärnan
Pole M polack
Polemik F polemik **polemisch** ADJ polemisk **polemisieren** V/I polemisera
Polen N Polen n
Police F försäkringsbrev n
polieren V/T polera
Poliklinik F poliklinik
Polin F polska
Politesse F parkeringsvakt, lapplisa
Politik F politik; in die ~ gehen bli politiker; über ~ reden prata politik **Politiker(in)** M(F) politiker **Politikwissenschaft** F statskunskap **politisch** ADJ politisk; ~ korrekt politiskt korrekt **politisieren** V/T, V/I politisera **Politologe** M, **Politologin** F statsvetare
Politur F polityr
Polizei F polis(kår); die ~ rufen kalla på polisen; er ist bei der ~ han är polis **Polizeiaufsicht** F polisbevakning **Polizeiauto** N polisbil **Polizeibeamte(r)** M, **Polizeibeamtin** F polisman **Polizeibehörde** F polismyndighet **Polizeidienststelle** F polisstation **Polizeihund** M polishund **Polizeikommissar(in)** M(F) poliskommissarie **Polizeikontrolle** F poliskontroll **polizeilich** ADJ polis-; ~ verboten förbjudet av polisen **Polizeirevier** N polisdistrikt n; polisstation **Polizeistaat** M polisstat **Polizeistreife** F polispatrull **Polizeistunde** F (obligatorisk) stängningstid **Polizeiwache** F polisstation **Polizist** M polis(man) **Polizistin** F (kvinnlig) polis
Polka F polka
Pollen M pollen
polnisch ADJ polsk **Polnisch** N polska (språket)
Polo N polo n **Polohemd** N tenniströja, pikétröja
Polonaise F polonäs
Polster N *Möbel* stoppning; *Kissen* kudde, dyna; axelvadd; fettvalk; reserver, sparkapital n **Polstergarnitur** F

soffgrupp **Polstermöbel** N/PL stoppade möbler pl **polstern** VT stoppa; fig *gut gepolstert sein* rich vara tät (od rik); *dick* vara tjock **Polsterung** F stoppning
Polterabend M festkväll före bröllop
poltern VI bullra; *schimpfen* bråka, gorma; *fallen* dunsa (ned)
Polyester M polyester
Polygamie F polygami
Polyp M polyp; *umg* polis, snut
Pomade F pomada
Pomeranze F pomerans
Pommes *umg*, **Pommes frites** PL pommes frites
Pomp M pomp, ståt **pompös** ADJ pompös, pampig
Pony A N ponny B M *Haarfrisur* lugg
Popcorn N popcorn
popelig ADJ ynklig, futtig; banal, strunt-
popeln *umg* VI peta sig i näsan
Popgruppe F popgrupp **Popmusik** F popmusik
Popo M stjärt, bak, ända
populär ADJ populär **Popularität** F popularitet **populärwissenschaftlich** ADJ populärvetenskaplig
Pop-up-Fenster N extrafönster n, poppupfönster n
Pore F por
Pornofilm M porrfilm **Pornografie**, **Pornographie** F pornografi, porr **pornografisch** ADJ, **pornographisch** pornografisk **Pornoheft** N porrtidning
porös ADJ porös
Porree M purjolök
Portal N portal
Portemonnaie N portmonnä
Portier M portier
Portion F portion
Porto N porto **portofrei** ADJ, ADV portofri **portopflichtig** ADJ portopliktig
Porträt N porträtt n **porträtieren** VT porträttera **Porträtmaler(in)** M/F porträttmålare
Portugal N Portugal n **Portugiese** M portugis **Portugiesin** F portugisiska **portugiesisch** ADJ portugisisk **Portugiesisch** N portugisiska
Portwein M portvin
Porzellan N porslin n

Posaune F basun
Pose F pose, ställning **posieren** VI posera; stå modell
Position F position, ställning; *Einzelposten* post
positiv positiv
Posse F THEAT fars
Possessivpronomen N possessivt pronomen n
possierlich ADJ lustig, skojig
Post F post; *Filiale* postkontor n; *etw zur ~ geben* posta ett **Postamt** N postkontor n **Postanweisung** F postanvisning **Postauto** N postbil **Postbank** F postbank **Postbeamte(r)** M postbeamte **Postbeamtin** F posttjänsteman **Postbote** M, **Postbotin** F brevbärare **Posteingang** M IT inkorg **posten** IT A M VT posta B VI göra ett inlägg
Posten M a. MIL u. *Buchführung* post; WIRTSCH *Menge* parti n; *Anstellung* befattning
Poster N od M affisch
Postfach N postfack n, box **Postgebühr** F porto n **Postgirokonto** N postgirokonto n **Postkarte** F vykort n **postlagernd** ADJ, ADV poste restante **Postleitzahl** F postnummer n
postmodern ADJ postmodern
Postpaket N postpaket n **Postschalter** M postlucka **Postschließfach** N postfack n **Postsendung** F postförsändelse
Postskriptum N postskriptum n
Poststempel M poststämpel
postum ADJ postum
postwendend ADV omgående **Postwurfsendung** F gruppförsändelse; ekonomibrev n
Potentat M potentat
Potenz F potens; MATH dignitet; **4 zur fünften ~ erhoben** (4⁵) 4 upphöjt till femte digniteten **Potenzial** N potential **potenziell** ADJ potentiell
Potpourri N potpurri n
Powidl *österr* M plommonmarmelad
PR F (= Public Relations) pr
Präambel F inledning
Pracht F prakt **Prachtexemplar** N praktexemplar n **prächtig** ADJ praktfull, magnifik; underbar, fantastisk **Prachtkerl** M toppenkille **Prachtstück** N praktexemplar n **pracht-**

voll ADJ, ADV praktfull
prädestinieren VT predestinera
Prädikat N GRAM predikat n; *Zeugnis* betyg n
Präfix N prefix n
prägen VT prägla
pragmatisch ADJ pragmatisk
prägnant ADJ pregnant
Prägung F prägling; *Art* prägel
prähistorisch ADJ förhistorisk
prahlen VI skryta, skrävla **Prahler** M skrytmåns **Prahlerin** F skrytmåns
prahlerisch ADJ skrytsam
Praktik F förfaringssätt n; *pej* knep n
praktikabel ADJ genomförbar, möjlig
Praktikant(in) M(F) praktikant **Praktikum** N praktik **praktisch** ADJ praktisk; ~er Arzt allmänläkare; *umg* praktiskt taget **praktizieren** A VI Arzt praktisera, vara verksam; **als Arzt ~ a.** ha (egen) mottagning B VT praktisera, tillämpa, använda
Praline F pralin
prall ADJ (hårt) spänd, stinn; *Sonne* skarp
prallen VI **auf etw ~** smälla i ngt, krocka mot ngt
Prämie F premie
präm(i)ieren VT premiera, (pris)belöna
Prämisse F premiss
prangen VI prunka, ståta, lysa
Pranger M skampåle
Pranke F tass
Präparat N preparat n **präparieren** VT preparera; **sich ~ auf** (akk) förbereda sig på
Präposition F preposition
Prärie F prärie
Präsens N presens n
präsent ADJ present
Präsentation F presentation **präsentieren** VT presentera
Präservativ N kondom
Präsident(in) M(F) president; PARL talman; *Vorsitzende(r)* generaldirektör
Präsidium N presidium n
prasseln VI prassla; *knistern* knastra, spraka; smattra
prassen VI frossa, leva i sus och dus
Präteritum N preteritum n
präventiv ADJ preventiv **Präventivmaßnahme** F förebyggande åtgärd
Präventivschlag M förebyggande

anfall n
Praxis F praxis, praktik; *Arztpraxis* läkarmottagning
Präzedenzfall M precedensfall n
präzise ADJ precis **Präzision** F precision
predigen VT, VI predika **Prediger(in)** M(F) predikant **Predigt** F predikan
Preis M pris n; *Belohnung* belöning; *Lob* beröm n, lov n; **um jeden ~** till varje pris; **um keinen ~** inte för allt i världen; **zum ~ von** (dat) till ett pris av; **den ~ runterhandeln** pruta av ngt på priset **Preisangabe** F prisuppgift **Preisanstieg** M prisökning **Preisaufschlag** M prishöjning **Preisausschreiben** N pristävlan
Preiselbeere F lingon n
Preisempfehlung F cirkapris n **preisen** VT prisa, berömma **Preiserhöhung** F prishöjning **Preismäßigung** F prisnedsättning **Preisfrage** F prisfråga **Preisgabe** F prisgivande n **preisgeben** VT överge, lämna ut, prisge **preisgekrönt** ADJ prisbelönt **Preisgericht** N tävlingsjury **preisgünstig** ADJ prisvärd, förmånlig **Preislage** F prisläge n **Preis-Leistungs-Verhältnis** N förhållande n mellan pris och kvalitet **Preisliste** F prislista **Preisnachlass** M rabatt **Preisrichter(in)** M(F) domare **Preisschild** N prisslapp **Preisschwankung** F prisfluktuation **Preissenkung** F prissänkning **Preissteigerung** F prisstegring **Preissturz** M prisfall n **Preisträger(in)** M(F) pristagare **preiswert** ADJ prisvärd, billig
prekär ADJ prekär
Prellbock M stoppbock **prellen** A VT **j-n ~** lura ngn (um akk på) B VI **sich ~** slå sig (an dat i); → **prallen Prellung** F MED kontusion
Premiere F premiär **Premierminister(in)** M(F) premiärminister
Presse F *a. Zeitungen* press **Presseagentur** F pressagentur, nyhetsbyrå **Pressebericht** M tidningsnotis, artikel **Presseempfang** M presskonferens **Pressefreiheit** F tryckfrihet **Pressegesetz** N tryckfrihetsförordning **Pressekonferenz** F presskonferens
pressen VT pressa; *drücken*, *drängen*

trycka; **frisch gepresst** färskpressad
Pressetribüne F pressläktare
Pressglas N pressat glas n **Pressluft** F tryckluft **Pressluftbohrer** M tryckluftborr a. n **Presswehen** F/PL MED krystvärkar pl
Prestige N prestige **Prestigefrage** F prestigefråga
Preuße M preussare **Preußen** N Preussen n **Preußin** F preussiska **preußisch** ADJ preussisk
PR-Frau F pr-kvinna
prickeln VI sticka, kittla; *Sekt* bubbla **prickelnd** fig ADJ rafflande, nervkittlande
Priem M tuggbuss
Priester M präst **Priesterschaft** F, **Priestertum** N prästerskap n **Priesterweihe** F prästvigning
prima ADJ prima; *umg* jättebra, toppen; ~! fint!
primär ADJ primär
Primel F BOT primula, gullviva
primitiv ADJ primitiv
Primzahl F primtal n
Printer M IT skrivare
Prinz M prins **Prinzessin** F prinsessa
Prinzip N princip **prinzipiell** ADJ principiell
Priorität F prioritet; ~**en setzen** prioritera
Prise F *Tabak* pris; *Salz* nypa
Prisma N prisma *mst* n
Pritsche F *Schlafstatt* brits; *Ladefläche* lastflak
privat ADJ privat **Privatangelegenheit** F privatsak, ensak **Privatbesitz** M privategendom **privatisieren** VIT privatisera **Privatleben** N privatliv n **Privatsache** F privatsak **Privatschule** F privatskola **Privatsphäre** F privat sfär **Privatstunde** F privatlektion
Privileg N privilegium n **privilegiert** ADJ privilegierad
PR-Mann M pr-man
pro PRÄP ⟨akk⟩ per; ~ **Kopf** per person
Probe F prov n; THEAT repetition; **eine ~ nehmen** ta ett prov; **ein Auto ~ fahren** provköra en bil; **j-n/etw auf die ~ stellen** testa ngn/ngt **Probefahrt** F provtur **Probelauf** M provkörning
proben VIT, VI THEAT repetera
Probesendung F provsändning **pro-
beweise** ADV på prov/försök **Probezeit** F provanställning **probieren** A VIT prova; *Speise* smaka (på) B VI försöka
Problem N problem n; **das ist kein ~!** det är inget problem! **Problematik** F problematik **problematisch** ADJ problematisk **problemlos** ADJ problemfri
Produkt N produkt **Produktinformation** F varudeklaration **Produktion** F produktion **Produktionsausfall** M produktionsförlust **Produktionskosten** PL produktionskostnader pl **Produktionsmittel** N produktionsmedel n **produktiv** ADJ produktiv **Produktivität** F produktivitet **Produzent(in)** M/F producent **produzieren** VIT producera
Prof. ABK (= Professorin) prof., professor
profan ADJ profan
professionell ADJ professionell
Professor(in) M/F professor **Professur** F professur
Profi umg M proffs
Profil N profil; *Reifen* mönster n **Profilfoto** N profilbild **profilieren** V/R profilera; **sich ~** profilera sig **profiliert** fig ADJ *Person* färgstark
Profit M profit **profitieren** VIT, VI profitera
Prognose F prognos **prognostizieren** VIT ställa en prognos för
Programm N program n **programmgemäß** ADJ, ADV programenlig **Programmhinweis** M programtips n; TV trailer **programmieren** VIT programmera **Programmierer(in)** M/F programmerare **Programmierfehler** M bugg, programmeringsfel n **Programmvorschau** F programöversikt
Progression F progression **progressiv** ADJ progressiv
Projekt N projekt n, plan **projektieren** VIT projektera, planera **Projektil** N projektil **Projektion** F projektion **Projektionsapparat** M, **Projektor** M projektor **Projektmanagement** N projektledning, projektstyrning **projizieren** VIT projicera
Proklamation F proklamation **proklamieren** VIT proklamera

Prokura F prokura, fullmakt **Prokurist(in)** M(F) prokurist
Prolet(in) M(F) proletär **Proletariat** N proletariat n **Proletarier(in)** M(F) proletär **proletarisch** ADJ proletär
Prolog M prolog
Promenade F promenad **Promenadendeck** N promenaddäck n
Promi umg M kändis
Promille N promille; umg alkoholhalt
prominent ADJ prominent, framstående **Prominenz** F umg prominenta personer pl, höjdare pl; Stars kändisar pl
Promotion F promotion, doktorsexamen, doktorsgrad **promovieren** VI promovera; doktorera
prompt ADJ prompt
Pronomen N pronomen n
Propaganda F propaganda **Propagandist(in)** M(F) propagandist **propagieren** VT propagera
Propangas N gasol
Propeller M propeller
Prophet(in) M(F) profet **prophetisch** ADJ profetisk **prophezeien** VT förutspå, profetera **Prophezeiung** F profetia
prophylaktisch ADJ profylaktisk **Prophylaxe** F profylax
Proportion F proportion **proportional** ADJ proportionell **proportioniert** ADJ proportionerlig
Prosa F prosa **prosaisch** ADJ prosaisk
Prospekt M prospekt n
prost INTER Zutrunk skål; ~ **Neujahr!** gott nytt år!
Prostituierte(r) M(F)(M) prostituerad **Prostitution** F prostitution
Protein N protein n
Protektion F protektion **Protektionismus** M protektionism **Protektorat** N protektorat n; fig beskydd n
Protest M protest
Protestant(in) M(F) protestant **protestantisch** ADJ protestantisk **Protestantismus** M protestantism
protestieren VI protestera **Protestkundgebung** F protestmöte n **Protestmarsch** M protestmarsch
Prothese F protes
Protokoll N protokoll n; **zu ~ geben** låta ta till protokollet; **ein ~ aufnehmen** skriva protokoll **Protokollführer(in)** M(F) protokollant **protokollieren** VT, VI ta till protokollet
Prototyp M prototyp
protzen VI skryta **protzig** ADJ vräkig, skrytsam
Proviant M matsäck, proviant
Provider M IT leverantör
Provinz F provins, landskap n; **die ~ landsorten provinziell** ADJ provinsiell **Provinzler(in)** M(F) landsortsbo
Provision F provision **provisorisch** ADJ provisorisk
Provokation F provokation **provozieren** VT, VI provocera
Prozedur F procedur
Prozent N procent; provision; rabatt **prozentual** ADJ procentuell
Prozess M JUR process, a. rättegång; **kurzen ~ machen** kort göra processen kort **Prozessakten** F/PL rättegångshandlingar pl **prozessieren** VI processa **Prozession** F procession **Prozesskosten** PL rättegångskostnader pl **Prozessordnung** F JUR rättegångsbalk
prüde ADJ pryd **Prüderie** F pryderi n
prüfen VT pröva; durchsehen granska, kontrollera; examinieren examinera, tentera; **sich ~** rannsaka sig själv **Prüfer(in)** M(F) granskare, kontrollant; examinator, tentator **Prüfling** M examinand, (examens)kandidat **Prüfstein** M prövosten **Prüfstelle** F kontrollinstans **Prüfung** F prövning; Durchsicht granskning, kontroll; Examen examen, tentamen; WIRTSCH revision **Prüfungsangst** F tentamenskräck **Prüfungsfach** N tentamensämne **Prüfungsordnung** F examensstadga
Prügel PL stryk **Prügelei** F slagsmål n **Prügelknabe** fig M syndabock **prügeln** A VT slå, klå B VR **sich ~** slåss **Prügelstrafe** F prygelstraff n
Prunk M ståt, prakt, prål n **Prunkstück** N praktpjäs **prunkvoll** ADJ praktfull
prusten VI frusta
PS A ABK F (= Pferdestärke) hk B ABK N (= Postskriptum) PS
Psalm M psalm (im Psalter)
Psalter M psaltare
Pseudonym N pseudonym
Psychiater(in) M(F) psykiater **Psychiatrie** F psykiatri **psychisch** ADJ psy-

kisk
Psychoanalyse F psykoanalys **Psychologe** M psykolog **Psychologie** F psykologi **Psychologin** F psykolog **psychologisch** ADJ psykologisk **Psychopath(in)** M(F) psykopat **Psychopharmaka** PL psykofarmaka pl **Psychose** F psykos **Psychotherapeut(in)** M(F) psykoterapeut **Psychotherapie** F psykoterapi
Pubertät F pubertet
publik ADJ publik, offentlig **Publikation** F publicering; Druckwerk publikation **Publikum** N publik, allmänhet **Publikumserfolg** M publiksuccé **Publikumsverkehr** M Amt etc expeditionstider, öppettider **publizieren** VT, VI publicera **Publizistik** F publicistik
Puck M SPORT puck
Pudding M pudding
Pudel M pudel **Pudelmütze** F pälsmössa
pudelwohl umg ADJ sich ~ fühlen må toppenbra
Puder M puder n **Puderdose** F puderdosa **pudern** VT pudra **Puderquaste** F pudervippa **Puderzucker** M florsocker n
Puff A M puff, stöt, knuff B M od N umg bordell **puffen** VT puffa; j-n knuffa **Puffer** M buffert; Kartoffelpuffer raggmunk **Puffmutter** F bordellmamma
Pulle umg F pava, flaska; **volle** ~ **fahren** köra med gasen i botten
Pulli umg M, od **Pullover** M tröja
Puls M puls **Pulsader** F pulsåder **pulsieren** VI pulsera **Pulsschlag** M pulsslag n
Pult N pulpet; kateder; kontrollpanel; dirigentpult
Pulver N pulver n **Pulverfass** N auf dem ~ sitzen sitta på en krutdurk **pulverisieren** VT pulvrisera **Pulverkaffee** M snabbkaffe **Pulverschnee** M pudersnö
pummelig umg ADJ knubbig
Pump umg M lån n; auf ~ på krita **Pumpe** F pump **pumpen** VT pumpa; umg leihen låna
Pumpernickel M pumpernickel
Pumps M pumps
Punk M punkrock, punk; punkare

Psychoanalyse – putzmunter ▪ 733

Punker(in) M(F) punkare, punkrockare
Punkt M punkt; Tüpfel prick; SPORT poäng; ~ **zehn (Uhr)** på slaget tio; **nach** ~**en gewinnen** SPORT vinna på poäng **punkten** VI få poäng; poängsätta **punktieren** VT punktera; pricka, förse med prickar **Punktion** F punktion, punktering **pünktlich** ADJ punktlig **Pünktlichkeit** F punktlighet **Punktrichter(in)** M(F) poängdomare **Punktsieg** M poängseger **punktuell** ADJ punktuell **Punktzahl** F poängsumma
Punsch M toddy; **schwedischer** ~ punsch
Pup M prutt
Pupille F pupill
Puppe F docka; ZOOL puppa **Puppenhaus** N dockskåp n **Puppenspiel** N marionettspel n **Puppentheater** N dockteater **Puppenwagen** M dockvagn
Pups M prutt **pupsen** VI prutta
pur ADJ pur, ren
Püree N puré, mos n **pürieren** VT purea
Puritaner(in) M(F) puritan **puritanisch** ADJ puritansk
Purpur M purpur **purpurrot** ADJ purpurröd
Purzelbaum M kullerbytta **purzeln** VI ramla
Pusher(in) umg M(F) knarklangare
Pusselarbeit umg F petgöra n, knåp n, pill n **pusseln** VI pyssla, knåpa, pilla
Puste F andedräkt; **ihm geht die** ~ **aus** han tappar andan
Pustel F MED varblåsa; vattenblåsa
pusten VI blåsa, pusta, flämta; umg blåsa i alkoholtest
Pute F kalkonhöna; umg **du dumme** ~**!** din dumma gås! **Puter** M kalkontupp
Putsch M kupp
Putz M puts, rappning; **auf den** ~ **hauen** fira ordentligt; Einspruch erheben säga ifrån **putzen** VT städa; polieren putsa, blanka; **sich** (dat) **die Nase** ~ snyta sig; **die Zähne** ~ borsta tänderna; **Gemüse** ~ rensa grönsaker **Putzfrau** F städhjälp, städerska **putzig** ADJ lustig, rolig **Putzlappen** M skurtrasa **Putzmittel** N rengöringsmedel n **putzmunter** umg ADJ pigg, uppspelt

Putzzeug N̄ städgrejor *pl*
Puzzle N̄ pussel *n*
Pygmäe M̄, **Pygmäin** F̄ pygmé
Pyjama M̄ pyjamas
Pyramide F̄ pyramid

Q

Q, q N̄ Q, q *n*
Quacksalber(in) M̄(F) kvacksalvare
Quadrant M̄ kvadrant **Quadrat** N̄ kvadrat **quadratisch** ADJ kvadratisk **Quadratmeter** M̄ kvadratmeter **Quadratwurzel** F̄ kvadratrot
quaken V̄I *Frosch* kväka; *Ente* kvacka; *pej* prata
quäken V̄T, V̄I gnälla, pipa
Quäker(in) M̄(F) kväkare
Qual F̄ kval *n*, vånda, lidande *n*, plåga
quälen A V̄T pina, plåga B V̄R *sich* ~ anstränga sig, slita **Quälerei** F̄ plågeri *n*, pina; *Mühe* slit och släp *n* **Qualgeist** M̄ plågoande
Qualifikation F̄ kvalifikation; SPORT kval *n* **qualifizieren** V̄R kvalificera **Qualität** F̄ kvalitet **qualitativ** ADJ kvalitativ
Qualle F̄ ZOOL manet
Qualm M̄ (tjock) rök **qualmen** V̄I ryka; *a. Person* bolma **qualmig** ADJ rökig
qualvoll ADJ kvalfull, plågsam
Quantentheorie F̄ kvantteori **Quantität** F̄ kvantitet **quantitativ** ADJ kvantitativ **Quantum** N̄ kvantum *n*
Quappe F̄ ZOOL lake; *Kaulquappe* grodyngel *n*
Quarantäne F̄ karantän
Quark M̄ kvarg, kvark; *Kleinigkeit* bagatell, strunt
Quartal N̄ kvartal *n*
Quartett N̄ kvartett
Quartier N̄ logi *n*; MIL förläggning
Quarz M̄ kvarts **Quarzuhr** F̄ kvartsur *n*
quasi ADV så att säga; mer eller mindre
quasseln V̄T, V̄I prata strunt, pladdra, babbla
Quaste F̄ tofs
Quatsch *umg* M̄ prat *n*, smörja, strunt; ~ **reden** prata strunt; (ach) ~! dumheter! **quatschen** *umg* V̄I babbla, snacka, pladdra **Quatschkopf** *umg* M̄ pratmakare
Quecksilber N̄ kvicksilver *n* **Quecksilbervergiftung** F̄ kvicksilverförgiftning
Quelle F̄ källa **quellen** A V̄I välla fram; svälla B V̄T lägga i blöt **Quellenangabe** F̄ angivande *n* av källa **Quellenforschung** F̄ källforskning **Quelltext** M̄ *Internet* källkod **Quellwasser** N̄ källvatten *n*
quengelig ADJ gnällig **quengeln** *umg* V̄I gnälla, gnata
quer ADV tvärs, på tvären; ~ **gestreift** tvärrandig; **kreuz und** ~ kors och tvärs **Querbalken** M̄ tvärbjälke **Quere** F̄ j-m in die ~ **kommen** hindra ngn, komma i vägen för ngn **querfeldein** ADV tvärs över fälten **Querflöte** F̄ tvärflöjt **Querformat** N̄ liggande format *n* **Querholz** N̄ tvärslå **Querkopf** M̄ tjurskalle **querlegen** V̄R *sich* ~ *umg* sätta sig på tvären **Querschiff** N̄ tvärskepp *n* **Querschnitt** M̄ tvärsnitt *n* **Querschnitt(s)lähmung** F̄ dubbelsidig förlamning **Querstraße** F̄ tvärgata **Querstrich** M̄ tvärstreck *n*
Querulant(in) M̄(F) kverulant
Querverbindung F̄ tvärkommunikation; *fig* anknytning, länk **Querverweis** M̄ hänvisning
quetschen A V̄T MED klämma; *pressen* pressa B V̄R *sich durch etw* ~ tränga sig igenom ngt **Quetschung** F̄ klämskada
quicklebendig *umg* ADJ livlig; pigg och kry
quieken V̄I skrika gällt, tjuta
quietschen V̄I knarra, gnissla; *umg* skrika, tjuta
quietschvergnügt *umg* ADJ glad
Quintessenz F̄ kvintessens
Quintett N̄ kvintett
Quirl M̄ visp
quitt ADJ kvitt; ~ **sein** vara kvitt
Quitte F̄ kvitten *a. n*
quittieren V̄T *Rechnung* kvittera
Quittung F̄ kvitto *n*
Quiz N̄ frågesport **Quizmaster(in)**

M͡F frågesportledare **Quizsendung**
F̄ frågesporttävling
Quote F̄ kvot, andel **Quotenregelung** F̄ kvotering **Quotient** M̄ kvot

R

R, r N̄ **R, r** n
Rabatt M̄ rabatt
Rabatte F̄ (blomster)rabatt
Rabattmarke F̄ rabattkupong
Rabbi M̄ REL rabbi **Rabbiner(in)** M͡F REL rabbin
Rabe M̄ korp **Rabenmutter** F̄ dålig mor **rabenschwarz** ADJ becksvart
rabiat ADJ rabiat, brutal
Rache F̄ hämnd **Racheakt** M̄ hämndakt **rächen** A V/R sich ~ hämnas; straffa sig B V/T j-n ~ hämnas ngn
Rachen M̄ gap n, svalg n
Rachgier F̄ hämndlystnad
Rachitis F̄ rakitis
rachsüchtig ADJ hämndlysten
Racker umg M̄ rackare, rackarunge
Raclette F̄,N̄ GASTR raclette
Rad N̄ hjul n; *Fahrrad* cykel; ~ *fahren* cykla; *umg fig* ställa sig in; **unter die Räder kommen** bli överkörd; *fig* komma på dekis **Radachse** F̄ hjulaxel
Radar M̄ ⁄ N̄ radar **Radarfalle** *umg* F̄ radarkontroll **Radarkontrolle** F̄ radarkontroll **Radarschirm** M̄ radarskärm
Radau *umg* M̄ bråk n, oväsen n; ~ **machen** föra oväsen
Raddampfer M̄ hjulångare
radebrechen V/T rådbråka
radeln V/I cykla
Rädelsführer(in) M͡F upprorsledare, anstiftare
Radfahren N̄ cykelåkning **Radfahrer(in)** M͡F cyklist; *umg fig* inställsam typ
radieren V/T, V/I sudda, radera; *Kunst* etsa **Radiergummi** M̄ suddgummi n, radergummi n **Radierung** F̄ etsning
Radieschen N̄ rädisa

radikal ADJ radikal **Radikale(r)** M͡F(M) radikal **Radikalismus** M̄ radikalism
Radio N̄ radio; ~ *Rundfunk* **radioaktiv** ADJ radioaktiv **Radioaktivität** F̄ radioaktivitet
Radiologe M̄, **Radiologin** F̄ radiolog
Radiorekorder M̄ kassettradio **Radiowecker** M̄ klockradio
Radium N̄ radium n
Radius M̄ radie
Radler(in) M͡F cyklist **Radrennbahn** F̄ cykelbana **Radrennen** N̄ cykeltävling **Radsport** M̄ cykelsport **Radstand** M̄ hjulavstånd n **Radtour** F̄ cykeltur **Radweg** M̄ cykelväg
raffen V/T rycka till sig, rafsa (*od* roffa) åt sig; drapera **Raffgier** F̄ girighet, habegär n
Raffinerie F̄ raffinaderi n **Raffinesse** F̄ slughet, listighet; ~n *pl* finesser **raffinieren** V/T raffinera **raffiniert** ADJ raffinerad, utstuderad
Rafting N̄ SPORT forsränning
Rage F̄ upprördhet, upphetsning; **in ~ kommen/bringen** bli/göra upprörd
ragen V/I resa sig, skjuta fram; sticka upp
Ragout N̄ ragu
Rahm M̄ grädde
rahmen V/T rama in **Rahmen** M̄ ram *a. fig*, infattning **Rahmenabkommen** N̄ ramavtal n
Rahmkäse M̄ gräddost
Rakete F̄ raket **Raketenantrieb** M̄ raketdrift **Raketenstützpunkt** M̄ MIL raketbas
Rallye F̄ rally n
RAM N̄ IT RAM-minne n
rammen V/T slå ned, driva ned; ramma, köra på; **gegen etw ~** köra in i ngt
Rampe F̄ *a.* THEAT ramp; *Auffahrt* uppfartsväg; BAHN lastkaj **Rampenlicht** N̄ rampljus n
ramponieren V/T ramponera
Ramsch M̄ skräp n; **der ganze ~** hela rasket
ran *umg* INTER → **heran**
Rand M̄ rand, kant; *Buch* marginal; *Wald, Wasser* bryn n; *Peripherie* periferi, utkant; **am ~e** *bemerken* i förbigående
randalieren V/I stoja, skräna, föra oväsen; vandalisera **Randalierer(in)** M͡F bråkmakare

Randbemerkung F̄ randanmärkning
Randgebiet N̄ utkant **Randgruppe** F̄ die sozialen ~n de utslagna
Rang M̄ rang, ställning; klass; MIL grad; THEAT rad; SPORT plats, placering; **ersten ~es** av första klass; **j-m den ~ ablaufen** slå ut ngn; **den zweiten ~ belegen** SPORT komma på andra plats
Rangbezeichnung F̄ MIL gradbeteckning
rangeln V̄I bråka, slåss
Rangfolge F̄ rangordning
Rangierbahnhof M̄ rangerbangård
rangieren A V̄T rangera B V̄I **vor j-m ~** komma före ngn
Rangliste F̄ ranglista **Rangordnung** F̄ rangordning
ranhalten V̄R **sich ~** umg skynda sig, sno på
Ranke F̄ ranka, reva
ranken¹ V̄R **sich ~** slingra sig, klänga
ranken² V̄T (≈ *bewerten*) ranka
rankommen umg V̄I komma närmare (fram) **ranlassen** umg V̄T släppa fram
Ranunkel F̄ ranunkel, smörblomma
Ranzen M̄ skolväska; *Bauch* umg mage
ranzig ADJ härsken
Rap M̄ MUS rap
Rappe M̄ svart häst
Rappel M̄ **seinen ~ kriegen** umg få ett ryck
rappen V̄I rappa **Rapper(in)** M(F) rappare
Raps M̄ raps
rar ADJ sällsynt **Rarität** F̄ raritet, sällsynthet **rarmachen** V̄R **sich ~** hålla sig undan
rasant ADJ *schnell* blixtsnabb
rasch ADJ rask, snabb, hastig
rascheln V̄I prassla
rasen V̄I rasa; *eilen* rusa, köra i vild fart
Rasen M̄ gräsmatta
rasend ADJ rasande
Rasenmäher M̄ gräsklippare **Rasenplatz** M̄ gräsplan **Rasensprenger** M̄ vattenspridare
Raser(in) M(F) fartdare **Raserei** F̄ raseri n; *Fahren* fortkörning
Rasierer M̄ *nicht elektrisch* rakhyvel **Rasierapparat** M̄ ELEK rakapparat; rakhyvel **rasieren** V̄T, V̄R raka (sich sig) **Rasierklinge** F̄ rakblad n **Rasiermesser** N̄ rakkniv **Rasierpinsel** M̄ rakborste **Rasierseife** F̄ raktvål **Rasierwasser** N̄ rakvatten n

Räson F̄ **j-n zur ~ bringen** få ngn att ta reson
Raspel F̄ rivjärn n; rasp **raspeln** V̄T riva; raspa
Rasse F̄ ras
Rassel F̄ skallra **rasseln** V̄I rassla, skramla, slamra; **durchs Examen ~** umg köra
Rassendiskriminierung F̄ rasdiskriminering **Rassenhass** M̄ rashat n **Rassentrennung** F̄ rassegregation
rassig ADJ med temperament
Rassismus M̄ rasism **rassistisch** ADJ rasistisk
Rast F̄ rast **rasten** V̄I rasta
Raster M̄ raster n; *fig* mall, tankemönster n
Rasthaus N̄ vägkrog, restaurang (vid motorväg) **rastlos** ADJ rastlös **Rastlosigkeit** F̄ rastlöshet **Rastplatz** M̄ rastplats; AUTO parkeringsplats **Raststätte** F̄ vägkrog, restaurang (vid motorväg)
Rasur F̄ rakning; *Radieren* radering
Rat M̄ **1** råd n; **da ist guter ~ teuer** då är goda råd dyra; **kommt Zeit, kommt ~** kommer tid, kommer råd; **mit ~ und Tat** med råd och dåd **2** *Person, Versammlung* råd n
Rate F̄ avbetalning; **auf ~n kaufen** köpa på avbetalning; kvot
raten V̄T, V̄I *erraten* gissa; **j-m zu etw** (*dat*)/**etw** (*akk*) **~** råda ngn till ngt; **dreimal darfst du ~** gissa tre gånger
Ratenzahlung F̄ avbetalning
Ratespiel N̄ gissningslek
Ratgeber M̄ rådgivare; *Buch* handbok **Ratgeberin** F̄ rådgivare **Rathaus** N̄ rådhus n
Ratifikation F̄ ratifikation **ratifizieren** V̄T ratificera
Ratingagentur F̄ kreditvärderingsinstitut n
Ration F̄ ranson **rational** ADJ rationell **rationalisieren** V̄T, V̄I rationalisera **Rationalisierung** F̄ rationalisering **Rationalist(in)** M(F) rationalist **rationell** ADJ rationell **rationieren** V̄T ransonera **Rationierung** F̄ ransonering
ratlos ADJ rådvill, rådlös **Ratlosigkeit** F̄ rådlöshet **ratsam** ADJ tillrådlig, lämplig **Ratschlag** M̄ råd n

Rätsel N gåta **rätselhaft** ADJ gåtfull, oförklarlig **rätseln** VI gissa
Ratte F råtta **Rattengift** N råttgift n
rattern VI knattra, smattra
rau ADJ Stimme, Oberfläche skrovlig, sträv; nicht glatt ojämn; ohne Feingefühl rå, ohyfsad; Klima rå, bister; ~, aber herzlich rå men hjärtlig; umg **in ~en Mengen** i mängder
Raub M rov n; Beute byte n; Plünderung rån n; Entführung bortrövande n **Raubbau** M rovdrift **Raubdruck** M pirattryck n **rauben** VT röva, råna; **ein Kind ~** kidnappa ett barn **Räuber(in)** M/F(M) rövare; rånare **Räuberbande** F rövarband n **Raubfisch** M rovfisk **Raubkopie** F piratkopia **Raubmord** M rånmord n **Raubtier** N rovdjur n **Raubüberfall** M rån (-kupp) n **Raubvogel** M rovfågel
Rauch M rök **Rauchbombe** A rökbomb **rauchen** A VT röka B VI ryka; **~ verboten!** rökning förbjuden!; **eine ~** ta sig ett bloss **Raucher(in)** M/F(M) rökare; **starker ~** storrökare **Raucherabteil** N rökkupé **Räucherfisch** M rökt fisk **Raucherhusten** M rökhosta **räuchern** VT röka **Räucherspeck** M rökt fläsk **Räucherstäbchen** N rökelsepinne **Raucherzone** F rökområde n **Rauchfang** M rökfång n **rauchfrei** ADJ rökfri **rauchig** ADJ rökig, nedrökt **Rauchmelder** M brandvarnare, rökdetektor **Rauchsäule** F rökpelare **Rauchverbot** N rökförbud n **Rauchvergiftung** F rökförgiftning **Rauchwolke** F rökmoln n
Räude F skabb **räudig** ADJ skabbig
rauf umg ADV → herauf, hinauf
Raufbold M slagskämpe **raufen** A VT rycka (upp) B VI a. **sich ~** slåss **Rauferei** F slagsmål n
Rauheit F ojämnhet; strävhet; skrovlighet; råhet, kärvhet
Raum M rum n; rymd; Platz utrymme n, plats; Saal lokal; GEOG område n; **auf engstem ~ leben** bo trångt; **im ~ stehen** Problem vara olöst; Frage vara obesvarad
räumen VT beseitigen röja undan, ta undan; **aus dem Weg ~** undanröja; verlassen utrymma, lämna; WIRTSCH sälja ut; **Schnee ~** ploga snö

Raumfähre F rymdfärja **Raumfahrt** F rymdfärd **Raumfahrzeug** N rymdfarkost **Raumforschung** F rymdforskning **Raumgestaltung** F inredning **Rauminhalt** M kubikinnehåll n, volym **Raumkapsel** F rymdkapsel **Raumlabor** N rymdlaboratorium n **räumlich** ADJ rumslig, rums- **Räumlichkeit** F rum n, utrymme n, lokal **Raummangel** M brist på utrymme **Raumpfleger(in)** M/F(M) lokalvårdare; männlich städare; weiblich städerska **Raumschiff** N rymdskepp n **Raumstation** F rymdstation
Räumung F röjning; utrymning, evakuering **Räumungsverkauf** M utförsäljning
raunen VT, VI viska, mumla; susa
Raupe F fjärilslarv; mask; Planierraupe schaktmaskin, bulldozer **Raupenfahrzeug** N bandfordon n
Raureif M rimfrost
raus umg ADV → heraus, hinaus
Rausch M rus n; berusning; fig a. yra; **im ~** i berusat tillstånd **rauschen** VI susa, brusa; porla; prassla **Rauschgift** N narkotika pl **Rauschgiftsüchtige(r)** M/F(M) narkotikamissbrukare, narkoman
räuspern VR **sich ~** harkla sig
rausschmeißen umg VT kasta ut; sparka, säga upp **Rausschmeißer** M utkastare; sista dansen
Rave N, M MUS rejv **Raver(in)** M/F(M) rejvare
Razzia F razzia
Reagenzglas N provrör n
reagieren VI reagera
Reaktion F reaktion **reaktionär** ADJ reaktionär **Reaktionär(in)** M/F(M) reaktionär
Reaktor M reaktor **Reaktorblock** M reaktorblock n **Reaktorkern** M reaktorkärna **Reaktorsicherheit** F reaktorsäkerhet **Reaktorunfall** M reaktorhaveri n
real ADJ real, reell, verklig **Realeinkommen** N realinkomst
realisierbar ADJ möjlig att realisera **realisieren** VT realisera; einsehen inse, förstå; WIRTSCH realisera
Realismus M realism **Realist(in)** M/F(M) realist **realistisch** ADJ realistisk **Realität** F realitet **Realityshow** F reali-

ty-tv-program *n*
Reallohn M̄ reallön **Realschule** F̄ *tysk skolform som normalt omfattar årskurserna 5-10 resp. åldrarna 10-16 år*
Rebe F̄ vinranka
Rebell(in) M̄/F̄ rebell **rebellieren** V̄Ī rebellera **Rebellion** F̄ uppror *n* **rebellisch** ADJ rebellisk, upprorisk
Rebhuhn N̄ rapphöna
Reblaus F̄ vinlus **Rebstock** M̄ vinstock
rechen V̄T̄ räfsa, kratta **Rechen** M̄ räfsa, kratta
Rechenaufgabe F̄ räkneexempel *n* **Rechenfehler** M̄ räknefel *n* **Rechenschaft** F̄ räkenskap, redogörelse; ~ **ablegen** avlägga räkenskap, redovisa; **zur ~ ziehen** ställa till ansvar **Rechenschaftsbericht** M̄ redovisning **Rechenschieber** M̄ räknesticka **Rechenzentrum** N̄ datacentral
Recherche F̄ efterforskning **recherchieren** V̄T̄, V̄Ī göra undersökningar
rechnen A V̄T̄, V̄Ī̄R räkna; ~ **mit** (dat) räkna med B V̄Ī̄R **sich ~** löna sig **Rechner** M̄ Computer dator; Kopfrechnen **in guter ~ sein** vara bra på att räkna **rechnergesteuert** ADJ datorstyrd **rechnerisch** ADJ siffermässig, sifferRechnung F̄ räkning, faktura; nota; **die ~, bitte!** kan jag få (be om) notan, tack!; **das geht auf seine ~** fig det får han stå för; **in ~ stellen** beräkna; **auf eigene ~** på egen risk **Rechnungshof** M̄ ≈ revisionsverk *n* **Rechnungsjahr** N̄ budgetår *n* **Rechnungsprüfer(in)** M̄/F̄ revisor **Rechnungswesen** N̄ bokföring
recht A ADJ richtig rätt, riktig; wirklich verklig; passend lämplig, passande B ADV sehr synnerligen, verkligen; ganz rätt (så), ganska, tämligen; **ein ~er Winkel** en rät vinkel; **ganz ~!** helt riktigt!; **ist schon ~!** det är bra (som det är)!; **erst ~** just därför; **das ist ~!** det är bra!; **du hast ~** du har rätt; **gerade ~, zur ~en Zeit** i rätt tid; **mir ist es ~** det passar mig bra, gärna för mig; **wenn es dir ~ ist** om det passar dig; **es j-m ~ machen** göra ngn till lags; **es geschieht ihm ~** det är rätt åt honom
Recht N̄ rätt; Gesetz rätt, lag; Berechtigung rättighet; **mit ~** med rätta; **von ~s wegen** umg om rätt ska vara rätt; **im ~ sein** ha rätt; vara i sin fulla rätt; **ein ~ auf etw haben** ha rätt till ngt; **~ haben** ha rätt; → recht
Rechte F̄ höger hand; POL höger (parti *n*) **rechte(r, -s)** ADJ Gegensatz links höger; ~ **Hand** höger hand
Rechteck N̄ rektangel **rechteckig** ADJ rektangulär
rechtfertigen V̄T̄ rättfärdiga, försvara **Rechtfertigung** F̄ rättfärdigande *n*, försvar *n* **Rechthaberei** F̄ rätt(s)haveri *n* **rechthaberisch** ADJ påstridig **rechtlich** ADJ laglig, rättslig **rechtlos** ADJ rättslös **rechtmäßig** ADJ rättmätig, lagligt; **das steht ihm ~ zu** han är berättigad till det **Rechtmäßigkeit** F̄ rättmätighet
rechts ADV till höger; **nach ~** till/åt höger; Stoff på rätan **Rechtsabbieger(in)** M̄/F̄ trafikant som svänger till höger
Rechtsanspruch M̄ rättsanspråk *n* **Rechtsanwalt** M̄, **Rechtsanwältin** F̄ advokat **Rechtsberatung** F̄ rättshjälp **Rechtsbruch** M̄ lagbrott *n* **rechtschaffen** ADJ rättskaffens; ordentlig, duktig, rejäl **Rechtschreibfehler** M̄ stavfel *n* **Rechtschreibprüfung** F̄ COMPUT stavningskontroll **Rechtschreibreform** F̄ rättstavningsreform **Rechtschreibung** F̄ rättstavning
Rechtsdrall fig M̄ högervridning
Rechtsempfinden N̄ rättskänsla
Rechtsextremist(in) M̄/F̄ högerextremist
Rechtsfall M̄ rättsfall *n*, mål *n* **Rechtsfrage** F̄ rättsfråga
rechtsgerichtet ADJ högerorienterad
rechtsgültig ADJ rättsgiltig, laggill **Rechtsgültigkeit** F̄ rättsgiltighet, laglighet **Rechtshänder(in)** M̄/F̄ högerhänt (person) **rechtskräftig** ADJ laggill; ~ **werden** träda i kraft
Rechtskurve F̄ högerkurva **Rechtspartei** F̄ högerparti *n*
Rechtsprechung F̄ rättskipning
rechtsradikal ADJ högerextremistisk
Rechtssache F̄ process, mål *n* **Rechtsschutz** M̄ rättsskydd *n* **Rechtsspruch** M̄ dom **Rechtsstaat** M̄ rättsstat **Rechtsstreit** M̄ rättstvist, rättegång, process

Rechtsverkehr M högertrafik
Rechtsweg M laglig väg **rechtswidrig** ADJ rättsvidrig, lagstridig **Rechtswissenschaft** F rättsvetenskap, juridik
rechtwinklig ADJ rätvinklig **rechtzeitig** ADJ i god tid, i rätt tid
Reck N räck n
recken A VT sträcka på B VR sich ~ sträcka på sig
recyceln VT återvinna **Recycling** N återvinning **Recyclinghof** M återvinningscentral **Recyclingcontainer** M återvinningsstation
Redakteur(in) M(F) redaktör **Redaktion** F redaktion; redigering **redaktionell** ADJ redaktionell
Rede F tal n, yttrande n; *Gerücht* rykte n; **eine ~ halten** hålla tal; **j-n zur ~ stellen** ställa ngn till svars; **davon ist nicht die ~?** det är inte tal om det; **wovon ist die ~?** vad är det fråga om?; **es ist nicht der ~ wert** det är ingenting att tala om **Redefluss** M ordsvall n, svada **Redefreiheit** F yttrandefrihet **redegewandt** ADJ talför **Redekunst** F vältalighet **reden** A VT säga; *Unsinn* snacka B VI pladdern prata; *Rede halten* hålla tal; **du hast gut ~** det kan du säga; **von sich ~ machen** väcka uppseende; **mit sich (dat) ~ lassen** vara medgörlig **Redensart** F talesätt n, fras **Redewendung** F talesätt n, idiom n
redigieren VT redigera
redlich ADJ redlig, ärlig **Redlichkeit** F redlighet, ärlighet
Redner(in) M(F) talare **Rednerpult** N talarstol **redselig** ADJ pratsam, pratsjuk
Reduktion F reduktion **reduzieren** VT reducera **Reduzierung** F reducering
Reede F redd **Reeder(in)** M(F) redare **Reederei** F rederi n
reell ADJ reell, verklig
Referat N uppsats, referat n; **ein ~ halten** hålla ett föredrag; *Dienststelle* avdelning **Referendar(in)** M(F) *Gericht* tingsnotarie; *Lehramt* lärarkandidat **Referent(in)** M(F) referent, föredragshållare; *Sachbearbeiter* avdelningschef; **persönlicher ~** personlig medarbetare, närmaste man **Referenz** F refe-

rens **referieren** VI referera
reflektieren VT reflektera **Reflektor** M reflektor
Reflex M reflex **Reflexbewegung** F reflexrörelse **Reflexion** F reflexion **reflexiv** ADJ reflexiv **Reflexivpronomen** N reflexivpronomen n
Reform F reform **Reformation** F reformation **Reformator(in)** M(F) reformator **Reformhaus** N hälsokostaffär **reformieren** VT reformera **Reformkost** F hälsokost
Refrain M refräng
Regal N hylla
Regatta F regatta
rege ADJ rörlig, livlig, intensiv; pigg
Regel F regel; *Menstruation* reglering, menstruation; **in der ~** i regel **regelmäßig** ADJ regelbunden **Regelmäßigkeit** F regelbundenhet **regeln** A VT reglera, ordna; göra upp B VR **sich ~** ordna sig **regelrecht** ADJ regelrätt; fullständig **Regelstudienzeit** F normalstudietid **Regelung** F reglering, bestämmelse **regelwidrig** ADJ regelstridig
regen VT, VR röra (sich sig)
Regen M regn n; *saurer ~* surt regn; **vom ~ in die Traufe kommen** *fig* komma ur askan i elden **regenarm** ADJ regnfattig **Regenbogen** M regnbåge **Regenbogenhaut** F regnbågshinna **Regenbogenpresse** F ≈ skvallerpress
regenerieren VT regenerera
Regenguss M regnskur **Regenmantel** M regnrock, regnkappa **Regenschauer** M regnskur **Regenschirm** M paraply mst n
Regent(in) M(F) regent
Regentropfen M regndroppe **Regenwald** M regnskog **Regenwasser** N regnvatten n **Regenwetter** N regnväder n **Regenwurm** M daggmask **Regenzeit** F regntid
Regie F a. THEAT regi; *fig* ledning; **unter der ~ von ...** i regi av ...; **in eigener ~** i egen regi **Regieanweisung** F regianvisning **Regieassistent(in)** M(F) regiassistent
regieren VT, VI regera **Regierung** F regering; **an der ~ sein** sitta vid makten **Regierungsbezirk** M förvaltningsdistrikt n **Regierungschef(in)**

Regierungskoalition – Reinheit

Regierungschef M(F) regeringschef **Regierungskoalition** F regeringskoalition **Regierungskrise** F regeringskris **Regierungspartei** F regeringsparti n **Regierungssprecher(in)** M(F) talesman för regeringen **Regierungswechsel** M regeringsskifte n **Regierungszeit** F regeringstid
Regime N regim
Regiment N regemente n
Region F region **regional** ADJ regional **Regionalzeitung** F landsortstidning
Regisseur(in) M(F) regissör
Register N a. MUS register n; **alle ~ ziehen** försöka med alla medel **Registratur** F registrering, (dokument)arkiv n **registrieren** V/T registrera
Reglement N reglemente n **reglementieren** V/T reglementera
reglos ADJ, ADV orörlig
regnen V/T, V/I regna; **es wird ~** det kommer att bli regn **regnerisch** ADJ regnig
regulär ADJ reguljär **regulieren** V/T reglera
Regung F rörelse; *Gefühl* känsla, impuls **regungslos** ADJ, ADV orörlig
Reh N rådjur n
Reha umg F *Therapie u. Klinik* rehab **rehabilitieren** V/T rehabilitera **Rehabilitierung** F rehabilitering
Rehbock M råbock **Rehbraten** M rådjursstek **Rehkitz** N rådjurskalv, rådjurskid n **Rehrücken** M rådjurssadel
Reibe F, **Reibeisen** N rivjärn n **Reibelaut** M frikativa **reiben** ADJ gnida, gnugga; skava; GASTR riva **Reiberei** fig F tvist, slitning **Reibfläche** F plån n **Reibung** F friktion **reibungslos** ADJ friktionsfri, smidig
Reich N rike n; *fig* område n, värld **reich** ADJ rik; riklig; **~ an Vitaminen** rik på vitaminer; **~ heiraten** gifta sig rik **reichen** V/I *ausreichen* räcka; vara nog, vara tillräcklig; *hinreichen* räcka, nå; **mir reicht's!** umg nu får det vara nog!; **es reicht mir** umg jag har fått mer än nog (av det); **so weit das Auge reicht** så långt ögat når B V/T j-m etw **~** räcka ngn ngt
reichhaltig ADJ rikhaltig **reichlich** A ADJ riklig B ADV gott och väl, drygt;

umg ganska, rätt, mycket; **du kommst ~ spät** du är rätt sen
Reichstag M riksdag
Reichtum M rikedom **Reichweite** F räckvidd, räckhåll n
reif ADJ mogen *a. fig*; **~ werden** mogna
Reif M **1** *Raureif* rimfrost **2** *Ring* ring; → **Reifen**
Reife F mognad; **mittlere ~** realexamen **reifen** V/I **1** *Reif bilden* **es reift** det är rimfrost **2** *reif werden* mogna
Reifen M AUTO etc däck n; **~ wechseln** byta däck; ring; armring **Reifenpanne** F punktering **Reifenwechsel** M däckbyte n
Reifeprüfung F studentexamen **Reifezeugnis** N studentbetyg n
Reifglätte F frosthalka
reiflich ADJ nach **~er Überlegung** efter moget övervägande; **sich etw ~ überlegen** tänka över ngt grundligt
Reigen M ringdans
Reihe F *Zeile* rad; *Serie* serie; *Folge* ordning, tur, följd; MIL led n; THEAT bänk; **der ~ nach** i tur (och ordning); **etw aus der ~ tanzen** gå sin egen väg; umg fig **etw auf die ~ kriegen** klara ngt; förstå ngt; **an die ~ kommen, an der ~ sein** stå på tur **Reihenfolge** F ordningsföljd **Reihenhaus** N radhus n **Reihenuntersuchung** F hälsokontroll **reihenweise** ADV radvis, i rader; umg massvis, i mängder
Reiher M häger
reihum ADV i tur och ordning, laget runt
Reim M rim n; **sich keinen ~ machen können auf** (akk) inte kunna fatta ngt **reimen** A V/T, V/I rimma B V/R **sich ~** rimma; *fig* passa (od gå) ihop
rein¹ A ADJ ren; **ins Reine bringen** ordna, klara upp; **ins Reine schreiben** renskriva B ADV **1** rent **2** *ganz* helt (och hållet), alldeles
rein² umg ADV in, in hit, in dit; → **herein, hinein**
Reinemachen N rengöring, städning
Reinertrag M nettobehållning
Reinfall umg M flopp, miss **reinfallen** *fig* misslyckas; umg åka dit; **auf j-m ~** gå på ngt
reinfeiern umg V/I fira in
Reingewinn M nettovinst
Reinheit F renhet

reinhängen *umg* VR sich ~ hänga i
reinigen VT rengöra, rensa, rena; chemisch ~ kemtvätta **Reinigung** F rengöring; rening, rensning; kemtvätt **Reinigungskraft** F städare **Reinigungsmittel** N rengöringsmedel *n*
reinlich ADJ renlig; *sauber* snygg, prydlig **Reinlichkeit** F renlighet; prydlighet **reinrassig** ADJ renrasig, rasren
Reinschrift F renskrivning; utskrift
Reis M ris *n*, risgryn *n* **Reisanbau** M risodling **Reisbrei** M risgrynsgröt
Reise F resa; gute ~! trevlig resa!; auf ~n sein vara ute och resa **Reiseandenken** N souvenir **Reisebegleiter(in)** M(F) ressällskap *n* **Reisebüro** N resebyrå **Reisebus** M turistbuss **reisefertig** ADJ resklar **Reisefieber** N resfeber **Reiseführer** M *Buch* guide, resehandbok **Reiseführer(in)** M(F) reseledare, guide **Reisegefährte** M, **Reisegefährtin** F reskamrat **Reisegeld** N respengar *pl* **Reisegepäck** N resgods *n*, bagage *n* **Reisegesellschaft** F ressällskap *n* **Reisekosten** PL resekostnad (er *pl*) **Reisekrankheit** F åksjuka **Reiseleiter(in)** M(F) reseledare **reisen** VI resa, åka **Reisende(r)** M(F)(M) resande, resenär, passagerare; WIRTSCH handelsresande **Reisepass** M pass *n* **Reiseprospekt** M turistbroschyr **Reiseproviant** M resproviant **Reiseroute** F resrutt **Reisescheck** M resecheck **Reiseveranstalter** M researrangör **Reiseverkehr** M semestertrafik **Reiseversicherung** F reseförsäkring **Reiseweg** M resväg **Reiseziel** N resmål *n*
Reisfeld N risfält *n*
Reisig N torra kvistar
Reiskorn N risgryn *n*
Reißaus *umg* N ~ nehmen smita
Reißbrett N ritbräde *n*
reißen A VT riva, slita, rycka, dra; an sich ~ rycka till sig; Witze ~ dra roliga historier B VI gå sönder, brista, spricka; *Geduld* vara slut; sich ~ um slåss om **reißend** ADJ ~er Absatz strykande åtgång
Reißer M thriller, rysare; schlager, slagnummer *n*, succé **reißerisch** ADJ uppseendeväckande, rafflande

Reißnagel M häftstift *n* **Reißverschluss** M blixtlås *n* **Reißzwecke** F häftstift *n*
reiten VT, VI rida **Reiten** N ridning
Reiter M ryttare **Reiterin** F ryttarinna **Reithose** F ridbyxor *pl* **Reitpferd** N ridhäst **Reitschule** F ridskola **Reitsport** M ridsport **Reitstiefel** M ridstövel **Reitturnier** N ridtävling
Reiz M retning, stimulans; *Anziehung* tjusning, dragningskraft, lockelse **reizbar** ADJ retlig, lättretlig **reizen** VT reta (upp), provocera; *gefallen* behaga; *anziehen* tjusa, locka; MED irritera, reta **reizend** ADJ förtjusande, bedårande; das ist ja ~! *pej* det var just snyggt! **Reizhusten** M rethosta **reizlos** ADJ tråkig; alldaglig **Reizung** F MED irritation, retning **reizvoll** ADJ förtjusande, charmfull **Reizwäsche** F sexiga underkläder
rekapitulieren VT rekapitulera
rekeln VR sich ~ sträcka på sig
Reklamation F reklamation
Reklame F reklam **Reklameschild** N reklamskylt
reklamieren VT reklamera
rekonstruieren VT rekonstruera **Rekonstruktion** F rekonstruktion
Rekonvaleszent(in) M(F) konvalescent **Rekonvaleszenz** F konvalescens
Rekord M rekord *n* **Rekordhalter(in)** M(F) rekordinnehavare **Rekordzeit** F rekordtid
Rekrut(in) M(F) rekryt **rekrutieren** VT rekrytera **Rekrutierung** F rekrytering
Rektor(in) M(F) rektor **Rektorat** N rektorat *n*
Relation F relation
relativ ADJ relativ **Relativpronomen** N relativpronomen *n* **Relativsatz** M relativsats
relevant ADJ relevant
relaxen VI relaxa
Relief N relief
Religion F religion; *Schule* religionskunskap **Religionsfreiheit** F religionsfrihet **Religionsunterricht** M religionsundervisning; religionskunskap **religiös** ADJ religiös **Religiosität** F religiositet

Relikt N̄ relikt, kvarleva
Reling F̄ reling
Reliquie F̄ relik
Reminiszenz F̄ reminiscens
Remis N̄ *Schach* remi
Remoulade F̄ GASTR remuladsås
rempeln V/T knuffa till; SPORT tackla
Ren N̄ ZOOL ren
Renaissance F̄ renässans
Rendezvous N̄ *umg* rendezvous *n*, träff
Rendite F̄ WIRTSCH avkastning
Rennbahn F̄ kapplöpningsbana; velodrom; racerbana **Rennboot** N̄ racerbåt, tävlingsbåt **rennen** A V/I springa, ränna, rusa B V/T ränna, köra; stöta
Rennen N̄ kapplöpning, lopp *n*, tävling; springande *n*; **das ~ machen** *umg* vinna, ta hem spelet **Renner** *umg* B säljsuccé, storsäljare **Rennfahrer(in)** M(F) racerförare, tävlingsförare **Rennpferd** N̄ galopphäst **Rennrad** N̄ racercykel, tävlingscykel **Rennstrecke** F̄ körsträcka; löpsträcka **Rennwagen** M̄ racerbil, tävlingsbil
Renommee N̄ renommé *n*, anseende *n* **renommiert** ADJ känd, ansedd, välrenommerad
renovieren V/T renovera **Renovierung** F̄ renovering
rentabel ADJ räntabel, lönsam **Rentabilität** F̄ räntabilitet, lönsamhet
Rente F̄ pension; **in ~ gehen** gå i pension **Rentenalter** N̄ pensionsålder **Rentenempfänger(in)** M(F) pensionär **Rentenversicherung** F̄ pensionsförsäkring
Rentier M̄ ZOOL ren
rentieren V/R **sich ~** bära sig, löna sig
Rentner(in) M(F) pensionär
Reparatur F̄ reparation, lagning **reparaturbedürftig** ADJ **~ sein** behöva repareras **Reparaturwerkstatt** F̄ verkstad **reparieren** V/T reparera, laga
Repertoire N̄ repertoar
Replik F̄ replik
Reportage F̄ reportage *n* **Reporter(in)** M(F) reporter
Repräsentant(in) M(F) representant **repräsentativ** ADJ representativ **repräsentieren** V/T representera
Repressalien F/PL repressalier *pl*

Reproduktion F̄ reproduktion **reproduzieren** V/T reproducera
Reptil N̄ ZOOL reptil
Republik F̄ republik **Republikaner(in)** M(F) republikan **republikanisch** ADJ republikansk
Requiem N̄ rekviem *n*
Requisiten PL rekvisita *n/pl*
Reservat N̄ naturreservat *n*, nationalpark; reservat *n*
Reserve F̄ reserv; SPORT reserv(lag) *n*
Reserveoffizier M̄ reservofficer **Reserverad** N̄ reservhjul *n*
reservieren V/T reservera **reserviert** ADJ reserverad *a. fig* **Reservierung** F̄ reservering
Residenz F̄ residens
Resignation F̄ resignation **resignieren** V/I resignera
resistent ADJ resistent (**gegen** mot)
resolut ADJ resolut **Resolution** F̄ resolution
Resonanz F̄ resonans; respons; **keine ~ finden** inte få någon respons
resozialisieren V/T rehabilitera, återanpassa **Resozialisierung** F̄ rehabilitering, återanpassning
Respekt M̄ respekt **respektabel** ADJ respektabel **respektieren** V/T respektera **respektlos** ADJ respektlös **respektvoll** ADJ respektfull
Respirator M̄ respirator
Ressentiment N̄ aversion, motvilja
Ressort N̄ avdelning; kompetensområde *n*, fack *n*
Rest M̄ rest; WIRTSCH stuvbit; **das gab ihr den ~** *umg fig* det tog knäcken på henne
Restaurant N̄ restaurang; **im ~ essen** äta på restaurang, äta ute
restaurieren V/T restaurera
Restbestand M̄ rest **Restbetrag** M̄ resterande belopp *n* **restlich** ADJ återstående **restlos** ADV totalt, fullkomligt
Resultat N̄ resultat *n* **resultieren** V/I resultera
Resümee N̄ resumé, sammanfattning
Retorte F̄ retort; **aus der ~** konstgjord **Retortenbaby** N̄ provrörsbarn *n*
retten A V/T rädda; **du bist nicht zu ~!** *umg* du är inte riktigt klok!; **j-n vor etw ~** rädda ngn från ngt B V/R **sich vor j-m nicht ~ können** inte kunna bli av med ngn **Retter(in)** M(F) räddare

Rettich M̄ rättika
Rettung F̄ räddning **Rettungsaktion** F̄ räddningsaktion **Rettungsboot** N̄ räddningsbåt, livbåt **Rettungsdienst** M̄ räddningstjänst **rettungslos** ADJ ohjälplig **Rettungsmannschaft** F̄ räddningsmanskap *n* **Rettungsring** M̄ livboj **Rettungswagen** M̄ ambulans
Returntaste F̄ COMPUT returtangent
retuschieren VT retuschera
Reue F̄ ånger **reumütig** ADJ ångerfull, ångerköpt
Reuse F̄ ryssja
Revanche F̄ revansch **revanchieren** VR sich ~ ta revansch
Revers N̄ slag *n*
revidieren VT revidera
Revier N̄ revir *n*; jaktmark; polisstation **Revierförster(in)** M̄F̄ kronojägare
Revision F̄ a. JUR revision, granskning **Revisor(in)** M̄F̄ revisor
Revolte F̄ revolt **revoltieren** VI revoltera **Revolution** F̄ revolution **revolutionär** ADJ revolutionär **Revolutionär(in)** M̄F̄ revolutionär
Revolver M̄ revolver
Revue F̄ revy
Rezensent(in) M̄F̄ recensent **rezensieren** VT recensera **Rezension** F̄ recension
Rezept N̄ recept *n* **rezeptfrei** ADJ receptfri
Rezeption F̄ reception
rezeptpflichtig ADJ receptbelagd
Rezession F̄ recession
reziprok ADJ reciprok
rezitieren VT, VI recitera
Rhabarber M̄ rabarber
Rhein M̄ Rhen **Rheinland** N̄ Rhenlandet
Rhetorik F̄ retorik **rhetorisch** ADJ retorisk
Rheuma N̄ reumatism **rheumatisch** ADJ reumatisk
Rhinozeros N̄ noshörning
Rhododendron M̄ od N̄ BOT rhododendron
Rhombus M̄ romb
rhythmisch ADJ rytmisk **Rhythmus** M̄ rytm
richten A VT rikta, vända; *zurechtmachen* göra i ordning; ordna; laga, reparera B VI JUR döma; *Frage* ~ **an** rikta till C VR sich ~ rikta sig, vända sig; sich nach j-m/etw ~ rätta sig efter ngn/ngt
Richter(in) M̄F̄ domare **richterlich** ADJ domar-, domstols- **Richterspruch** M̄ dom, domslut *n*
Richtfest N̄ taklagsöl *n*
Richtgeschwindigkeit F̄ rekommenderad högsta hastighet
richtig ADJ riktig; *recht* rätt; ~! ja visst ja!; er ist nicht ~ (im Kopf) han är inte riktigt klok; sehe ich das ~? har jag uppfattat det rätt?; ~ **stellen** ställa till rätta **Richtige(r)** M̄F̄M̄ der ~ den rätte (mannen); die ~ den rätta (kvinnan); das ~ det rätta **Richtigkeit** F̄ riktighet; das hat seine ~ det stämmer **richtigstellen** VT rätta (till), korrigera
Richtlinie F̄ riktlinje; PARL direktiv *n* **Richtpreis** M̄ empfohlener (unverbindlicher) ~ cirkapris *n* **Richtschnur** F̄ rättesnöre *n* **Richtung** F̄ riktning, håll *n*; die ~ **stimmt** *umg* fig något åt det hållet; aus allen ~en från alla håll; in jeder ~ fig i alla avseenden
Richtwert M̄ riktvärde *n*
riechen VT u. VI lukta (nach etw ngt); das riecht man det känner man på lukten; j-n nicht ~ **können** *umg* fig inte tåla ngn; an etw ~ lukta på ngt; es riecht nach Rauch det luktar rök **Riecher** *umg* M̄ näsa
Ried N̄ vass, säv
Riege F̄ (gymnastik)trupp
Riegel M̄ regel; låskolv; *Schokolade* ≈ chokladbit; einen ~ **vorschieben** fig sätta stopp för
Riemen M̄ ❶ rem; den ~ **enger schnallen** fig dra åt svångremmen ❷ *Ruderriemen* åra **Riemenantrieb** M̄ remdrift **Riemenscheibe** F̄ remskiva
Riese M̄ jätte, bjässe
rieseln VI falla (sakta); *Wasser* porla
Riesenerfolg M̄ jättesuccé **riesengroß** ADJ jättestor **riesenhaft** ADJ gigantisk, jättelik **Riesenhunger** M̄ einen ~ **haben** vara hungrig som en varg **Riesenrad** N̄ pariserhjul *n* **Riesenslalom** M̄ storslalom **riesig** ADJ jättelik, jättestor; kolossal; *umg* fantastisk, jättebra **Riesin** F̄ jättekvinna
Riff N̄ rev *n*

rigoros ADJ rigorös
Rille F räffla; spår n
Rind N nötkreatur n; **~er** pl nötboskap
Rinde F bark; *Brotkante* skorpa, kant
Rinderbraten M oxstek **Rinderfilet** N oxfilé **Rinderwahn(sinn)** M galna kosjukan **Rinderzucht** F boskapsuppfödning **Rindfleisch** N nötkött n, oxkött n **Rindsleder** N oxläder n **Rindvieh** N sg nötkreatur n; pl nötboskap; *pej* **du ~!** ditt nöt!, din idiot!
Ring M *a.* SPORT ring; *fig* organisation; *kriminell* liga; *Verkehr* kringfartsled, ringled
Ringelblume F ringblomma **ringeln** A VT ringla, slingra B VR **sich ~** ringla sig, slingra sig; *Haar* locka sig **Ringelnatter** F snok **Ringelreihen** M ringdans
ringen A VT vrida B VI SPORT *u. fig* brottas, kämpa; **nach Atem ~** kippa efter andan **Ringen** N SPORT brottning; *fig* kamp **Ringfinger** M ringfinger *mst* n **ringförmig** ADJ ringformig **Ringkampf** M brottning(smatch) **Ringkämpfer(in)** M(F) brottare **Ringmauer** F ringmur **Ringrichter(in)** M(F) ringdomare **rings(her)um** ADV runt omkring
Rinne F ränna; fåra **rinnen** VI rinna; läcka **Rinnstein** M rännsten
Rippchen N GASTR ≈ revbensspjäll n **Rippe** F revben n; BOT åder, nerv **Rippenbruch** M revbensbrott n **Rippenfellentzündung** F lungsäcksinflammation **Rippenstich** M ribbstickad tröja **Rippenspeer** M *od* N (Kasseler) ~ GASTR kassler **Rippenstück** N kotletrad
Rips M rips *a.* n
Risiko N risk; **auf eigenes ~** på egen risk; **ein ~ eingehen** ta en risk **riskant** ADJ riskabel **riskieren** VT riskera
Rispe F blomvippa
Riss M spricka, repa, rispa; reva; *Technik, Geometrie* plan, skiss, ritning
rissig ADJ sprucken
Ritt M ritt, ridtur **Ritter** M riddare **ritterlich** ADJ ridderlig **Ritterorden** M riddarorden **Rittersporn** M BOT riddarsporre **rittlings** ADV grensle
Ritual N ritual **rituell** ADJ rituell **Ritus** M rit
Ritz M, **Ritze** F rispa, repa **ritzen** VT

rista, repa; rispa; **sich an etw ~** rispa (*od* riva) sig på ngt
Rivale M, **Rivalin** F rival **rivalisieren** VI **~de Gruppen** rivaliserande grupper; **um etw ~** tävla om ngt **Rivalität** F rivalitet
Rizinusöl N ricinolja
Roaming N TEL roaming
Roastbeef N rostbiff
Robbe F säl **robben** VI åla (sig fram) **Robbenfang** M sälfångst
Robe F *Abendkleid* lång aftonklänning; *Amtstracht* talar, ämbetsdräkt
Roboter M robot
robust ADJ robust
röcheln VI rossla
Rochen M ZOOL rocka
Rock M *Kleidungsstück* kjol
Rocker(in) M(F) ≈ skinnknutte
Rockmusik F rockmusik **Rocksänger(in)** M(F) rocksångare; rocksångerska
Rodelbahn F kälkbacke; SPORT rodelbana **rodeln** VI åka kälke **Rodelschlitten** M kälke, rodel
roden VT röja
Rodler(in) M(F) kälkåkare
Rodung F röjning; röjd mark
Rogen M (fisk)rom
Roggen M råg **Roggenbrot** N rågbröd n **Roggenmehl** N rågmjöl n
roh ADJ rå; obearbetad; *fig* rå, grov **Rohbau** M byggnadsstomme **Roheisen** N tackjärn n **Rohgewinn** M bruttovinst **Rohheit** F råhet **Rohkost** F råkost **Rohling** M CD, DVD (tom) skrivbar skiva **Rohmaterial** N råmaterial n
Rohr N; BOT rör n, vass, rotting **Rohrbruch** M rörbrott n **Röhre** F rör n; *Backröhre* ugn; *Fernseher umg* **in die ~ gucken** *umg* bli utan; *fernsehen* glo på tv
röhren VI bröla
Rohrleitung F rörledning **Rohrpost** F rörpost **Rohrstock** M rotting, spanskt rör n **Rohrzucker** M rörsocker n
Rohseide F råsiden n **Rohstoff** M råämne n, råvara **Rohzucker** M råsocker n
Rollbahn F FLUG startbana
Rolle F rulle; *Laufrädchen* trissa; THEAT *u. fig* roll; *fig* **das spielt keine ~** det

spelar ingen roll; **aus der ~ fallen** göra bort sig **rollen** VT,VI rulla; **ins Rollen bringen** sätta i rörelse **Rollenbesetzung** F rollbesättning **Rollenspiel** N rollspel n
Roller M sparkcykel; *Motorroller* skoter **Rollerskates** PL rullskridskor pl **Rollerski** M rullskida **Rollkragen** M polokrage **Rollkragenpullover** M polotröja **Rollladen** M ståljalusi **Rollmops** M rollmops **Rollo** N rullgardin **Rollschuh** M rullskridsko **Rollstuhl** M rullstol **Rollstuhlfahrer(in)** M(F) rullstolsburen (person) **Rolltreppe** F rulltrappa
ROM N IT ROM-minne n
Roman M roman
romanisch ADJ romansk
Romanist(in) M(F) romanist **Romanistik** F romanistik
Romanschriftsteller(in) M(F) romanförfattare
Romantik F romantik **Romantiker(in)** M(F) romantiker **romantisch** ADJ romantisk **Romanze** F romans
Römer M romare; *Glas* remmare **Römerin** F romarinna **römisch** ADJ romersk; **~-katholisch** romersk-katolsk
röntgen VT röntga **Röntgenapparat** M röntgenapparat **Röntgenaufnahme** F, **Röntgenbild** N röntgenbild **Röntgenuntersuchung** F röntgenundersökning
rosa ADJ rosa, skär **Rosa** N rosa
Rose F ros **Rosenkohl** N brysselkål **Rosenkranz** M rosenkrans, radband n **Rosenstock** M, **Rosenstrauch** M rosenbuske
Rosette F rosett; rosettfönster n
rosig ADJ rosig, rosenröd; *fig* strålande
Rosine F russin n; *fig umg* **~n im Kopf haben** ha stora (*od* högtflygande) planer
Rosmarin M rosmarin
Ross N häst **Rosshaar** N tagel n **Rosskastanie** F hästkastanj(e) **Rosskur** *fig* F hästkur
Rost[1] M rost
Rost[2] M *Gitter* galler n, halster n **Rostbratwurst** F grillkorv
rosten VI rosta, bli rostig
rösten VT halstra; *Kaffee* rosta **Röster** M Brotröster brödrost
Rostfleck M rostfläck **rostfrei** ADJ rostfri **rostig** ADJ rostig **Rostschutzmittel** N rostskyddsmedel n
rot ADJ röd; **~ glühend** rödglödgad, glödande; **~ werden** rodna; **in den ~en Zahlen stehen** fig uppvisa förluster **Rot** N rött n, röd färg; **bei ~** *Verkehr* vid rött ljus; **bei ~ fahren** köra mot rött; **~e Bete** rödbeta; **das ~e Kreuz** Röda korset
Rotation F rotation
rotblond ADJ rödblond **rotbraun** ADJ rödbrun **Rotbuche** F BOT rödbok **Rote(r)** M *Person* rödhårig (man *etc*); *Wein* rödvin n; POL socialist **Röte** F rodnad **Röteln** PL MED röda hund **röten** A VT färga röd B VR **sich ~** bli röd, rodna **rothaarig** ADJ rödhårig **Rothaut** F rödskinn n
rotieren VI rotera
Rotkäppchen N Rödluvan **Rotkehlchen** N rödhake **Rotkohl** M, **Rotkraut** N rödkål **rötlich** ADJ rödaktig; *Haar* rödlätt **rostende** *umg* VT se rött **Rotstift** M rödpenna; **bei etw den ~ ansetzen** skära ner på ngt **Rottanne** F gran
Rotte F hop, flock; gäng n
Rötung F rodnad **Rotwein** M rödvin n, rött vin n **Rotwild** N kronvilt n
Rotz M snor a. *fig* **Rotznase** F **eine ~ haben** vara snorig; *fig* snorunge
Rouge N rouge (n)
Roulade F rulad
Rouleau N rullgardin
Roulette N roulett
Route F rutt, färdväg **Routenplaner** M ruttplanerare
Routine F rutin **routinemäßig** ADJ rutinmässig **routiniert** ADJ rutinerad
Rowdy M bråkmakare; ligist; hulligan **Rowdytum** N busliv n
Royalismus M rojalism
Rubbellos N skraplott
Rübe F rova, beta; *Kopf umg* skalle, rot; *Zuckerrübe* sockerbeta; **Gelbe ~** morot; **Rote ~** rödbeta
Rubel M rubel
Rübenzucker M betsocker n
rüber- *umg* IN ZSSGN → herüber, hinüber **rüberbringen** VT **1** lägga fram **2** *an bestimmten Ort* ta hit **rüberkommen** *umg* VI vorbeikommen komma över; titta in
Rubin M rubin

Rubrik F rubrik
Ruck M ryck n, knyck; **in einem ~** utan att stanna
Rückantwort F svar n
ruckartig ADJ knyckig, ryckig; plötslig
rückbestätigen V/T återbekräfta
Rückbildung F tillbakagång; MED a. tillbakabildning **Rückblende** F Film flashback **Rückblick** M tillbakablick, återblick **rückblickend** ADV retrospektiv **rückdatieren** V/T fördatera
rücken A V/T flytta, skjuta, dra B V/I flytta (på) sig, maka på sig
Rücken M rygg; *eines Berges* bergsrygg; *eines Buches* bokrygg; **j-m den ~ kehren** vända ryggen till (*od* åt) ngn; **hinter j-s ~** bakom ngns rygg **Rückendeckung** F **~ haben** ha ryggen fri **Rückenlage** F ryggläge n **Rückenlehne** F ryggstöd n **Rückenmark** N ryggmärg **Rückenschmerzen** M/PL ung ryggvärk, ont n i ryggen **Rückenschwimmen** N ryggsim n **Rückenwind** M medvind **Rückenwirbel** M ryggkota
Rückerstattung F återbetalning, ersättning **Rückfahrkarte** F returbiljett, tur-och-retur-biljett **Rückfahrt** F återresa **Rückfall** M MED återfall n, a. recidiv n **rückfällig** ADJ **~ werden** återfalla; **~er Verbrecher** återfallsförbrytare **Rückflug** M återresa, hemresa **Rückfrage** F ytterligare förfrågan; *Gegenfrage* motfråga **Rückgabe** F återlämnande n **Rückgaberecht** N returrätt; öppet köp **Rückgang** M tillbakagång; *Preisrückgang, Umsatzrückgang* nedgång **rückgängig** ADJ **~ machen** häva, annullera; COMPUT ångra **Rückgewinnung** F återvinning **Rückgrat** N ryggrad **Rückhalt** M stöd n **Rückkehr** F återkomst **Rücklage** F sparpengar; penningreserv **rückläufig** ADJ tillbakagående; nedåtgående, minskande **Rücklicht** N baklyse n, baklykta **rücklings** ADV baklänges; *von hinten* bakifrån **Rückmarsch** M återtåg n **Rücknahme** F återtagande n **Rückporto** N returporto n **Rückreise** F återresa **Rückruf** M **auf j-s ~ warten** vänta på att ngn ska ringa tillbaka; JUR återkallande n

Rucksack M ryggsäck
Rückschau F återblick **Rückschlag** M bakslag n a. fig **Rückschluss** M slutsats **Rückschritt** fig M steg (n) tillbaka, tillbakagång **Rückseite** F baksida **Rücksendung** F returnering; retur(försändelse)
Rücksicht F hänsyn; **~ nehmen auf** (*akk*) ta hänsyn till; **mit ~ auf** (*akk*) med hänsyn till; **ohne ~ auf** (*akk*) utan hänsyn till **Rücksichtnahme** F hänsynstagande n **rücksichtslos** ADJ hänsynslös **Rücksichtslosigkeit** F hänsynslöshet **rücksichtsvoll** ADJ hänsynsfull
Rücksitz M baksäte n **Rückspiegel** M backspegel **Rückspiel** N SPORT returmatch **Rücksprache** F överläggning, samråd n, konsultation; **~ nehmen** höra sig för **Rückstand** M återstod, rest; **im ~ sein** vara efter **rückständig** ADJ förlegad, reaktionär; *Zahlung* återstående, resterande; fig underutvecklad; **~ sein** vara efter i utvecklingen **Rückstau** M *Verkehr* trafikstockning, kö **Rückstrahler** M reflex, kattöga n **Rücktaste** F backstegstangent **Rücktritt** M avgång, frånträde n **Rückvergütung** F återbetalning, ersättning **rückversichern** V/R **sich ~** återförsäkra sig, gardera sig **Rückversicherung** F återförsäkring, gardering **rückwärts** ADV baklänges, bakåt **rückwärtsfahren** V/I backa **Rückwärtsgang** M back (-växel) **Rückwechsel** M returväxel **Rückweg** M återväg
ruckweise ADV ryckvis, stötvis
rückwirkend ADJ retroaktiv **Rückwirkung** F återverkan; **mit ~** retroaktivt **Rückzahlung** F återbetalning **Rückzieher** M **einen ~ machen** fig slå till reträtt
ruck, zuck umg ADV på nolltid
Rückzug M återtåg n, reträtt
rüde ADJ rå, grov
Rüde M hanhund
Rudel N skara, hop
Ruder N åra; *Steuer* roder n a. fig; **ans ~ kommen** umg fig komma till makten **Ruderboot** N roddbåt **Ruderer** M roddare **Ruderin** F roddare **Ruderklub** M roddklubb **rudern** V/I u. V/T ro **Ruderregatta** F kapprodd **Ru-**

dersport M̄ roddsport
rudimentär ADJ rudimentär
Ruf M̄ rop n; *Berufung* kallelse; *Ansehen* rykte n, anseende n; TEL telefon (nummer n) **Rufbereitschaft** F̄ *Arzt* bakjour **rufen** V̄T ropa (på), kalla (på); *einen Arzt ~* tillkalla läkare
Rüffel *umg* M̄ utskällning, skrapa
Rufname M̄ tilltalsnamn n **Rufnummer** F̄ telefonnummer n **Rufumleitung** F̄ vidarekoppling **Rufweite** F̄ *in ~* inom hörhåll
Rüge F̄ klander n, tillrättavisning **rügen** V̄T klandra, tillrättavisa
Ruhe F̄ lugn, ro; *Stille* stillhet; *Schweigen* tystnad; *die ewige ~* den sista vilan; *in ~ lassen* låta vara i fred; *zur ~ bringen* lugna; *sich zur ~ setzen* dra sig tillbaka, gå i pension; *immer mit der ~!* ta det lugnt!; *~!* tyst! **Ruhegehalt** N̄ pension **ruhelos** ADJ orolig, rastlös **ruhen** V̄I vila (sig); *die Arbeit ruht* arbetet ligger nere **Ruhepause** F̄ vilopaus, rast **Ruhestand** M̄ pension; *in den ~ versetzen* pensionera **Ruhestörung** F̄ ≈ störande n av den allmänna ordningen **Ruhetag** M̄ vilodag; *Montag ~!* stängt måndagar!
ruhig ADJ stilla, lugn; tyst; *(sei) ~!* håll tyst!
Ruhm M̄ beröm n, ära, ryktbarhet **rühmen** A V̄T berömma, prisa B V̄R *sich ~ (gen)* berömma sig (av) **rühmlich** ADJ berömvärd, hedrande
Ruhr F̄ MED dysenteri
Rührei N̄ äggröra **rühren** A V̄T, V̄I röra *a. fig* B V̄R *sich ~* röra (på) sig; *rührt euch!* lediga! **rührend** ADJ rörande **rührig** ADJ aktiv, vital, verksam, driftig **Rührlöffel** M̄ slev **rührselig** ADJ sentimental, känslosam **Rührung** F̄ rörelse
Ruin M̄ ruin, undergång **Ruine** F̄ ruin **ruinieren** V̄T ruinera; *j-n ~* ruinera ngn
rülpsen V̄I rapa **Rülpser** M̄ rapning
rum *umg* ADV → *herum*
Rum M̄ rom
Rumäne M̄ rumän **Rumänien** N̄ Rumänien n **Rumänin** F̄ rumänska **rumänisch** ADJ rumänsk **Rumänisch** N̄ rumänska (språket)
rumgammeln *umg* V̄I driva runt; slappa, dega **rumhängen** *umg* V̄I sit-

ta och hänga; hänga överallt **rumkriegen** *umg* V̄T *j-n ~* övertala ngn; *die Zeit ~* få tiden att gå **rummachen** *umg* V̄I *mit etw ~* hålla på med ngt; binda runt
Rummel M̄ ståhej n, väsen n; vimmel n, trängsel n **Rummelplatz** M̄ nöjesfält n
rumoren V̄I väsnas, bullra
Rumpelkammer F̄ skräpkammare **rumpeln** V̄I bullra, skramla
Rumpf M̄ bål, kropp; SCHIFF skrov n
rümpfen V̄T rynka (*die Nase* på näsan)
rumstehen *umg* V̄I stå och hänga
rund A ADJ *umg* rund, jämn; *einen ~en Geburtstag feiern* fylla jämnt; *das ist eine ~e Sache umg* det är toppen B *umg* ADV ungefär, omkring; *~ gerechnet* grovt räknat, i runda tal; *~ um die Uhr* dygnet runt **Rundbau** M̄ rund byggnad, rotunda **Rundblick** M̄ panorama n **Rundbogen** M̄ rundbåge **Rundbrief** M̄ cirkulär n, rundskrivelse
Runde F̄ sällskap n, krets; lag n; *Boxen* rond; SPORT omgång, varv n; *die ~ machen* gå laget runt, cirkulera; *über die ~n kommen umg fig* klara sig; *eine ~ spendieren* bjuda på en omgång **runden** A V̄T (av)runda B V̄R *sich ~* bli rund
Rundfahrt F̄ rundtur **Rundflug** M̄ rundflygning **Rundfrage** F̄ enkät **Rundfunk** M̄ radio **Rundfunkhörer(in)** M̄/F̄ radiolyssnare **Rundfunkprogramm** N̄ radioprogram n **Rundfunksender** M̄ radiostation **Rundfunksendung** F̄ radiosändning **Rundgang** M̄ rundvandring, rond **rundheraus** ADV rent ut **rundherum** ADV runt omkring **rundlich** ADJ avrundad; knubbig, rundnätt **Rundreise** F̄ rundresa **Rundschau** F̄ panorama n; *fig* revy, översikt, krönika **Rundschreiben** N̄ cirkulär n, rundskrivelse **rundum** ADV runt omkring **Rundung** F̄ (av)rundning **rundweg** ADV blankt, tvärt; totalt
Rune F̄ runa **Runenschrift** F̄ runskrift **Runenstein** M̄ runsten
runter *umg* ADV ned, hit ned, dit ned, nedåt; → *herunter*, *hinunter* **runterhauen** V̄I *umg j-m eine ~* klippa till ngn **runterholen** V̄R *sich einen ~*

vulg runka **runterkommen** umg VI von Rausch nyktra till; von Aufregung lugna (ned) sig **runterladen** VI/T IT ladda ned/ner **runtermachen** fig VI/T skälla ut, göra ned/ner
Runzel F rynka **runzelig** ADJ rynkig **runzeln** VI/T rynka; **die Stirn ~** rynka pannan
Rüpel M lymmel **rüpelhaft** ADJ lymmelaktig
rupfen VI/T rycka, rycka bort/av/upp; **ein Huhn ~** plocka en höna
ruppig ADJ ruggig, sjaskig, ovårdad
Rüsche F rysch n
Ruß M sot n
Russe M ryss
Rüssel M Elefant snabel; Schwein tryne n; umg fig käft, trut
rußen VI sota (ned) **rußig** ADJ sotig
Russin F ryska **russisch** ADJ rysk **Russisch** N ryska (språket) **Russland** N Ryssland n
rüsten VI/L V/R rusta, förbereda (**sich** sig)
rüstig ADJ spänstig, pigg, vital
rustikal ADJ rustik
Rüstung F rustning **Rüstungsindustrie** F rustningsindustri **Rüstungswettlauf** M kapprustning
Rüstzeug fig N grundläggande kunskaper pl; förutsättningar
Rute F spö n, ris n; Schwanz svans
Rutsch M ras n; Ausflug tripp, utflykt; **in einem ~** utan avbrott; **i samma veva; guten ~ ins neue Jahr!** gott nytt år! **Rutschbahn** F, **Rutsche** F rutschkana **rutschen** VI glida, slinta, halka, rutscha; AUTO slira; **rutsch mal!** flytta på dig!; **ins Rutschen kommen** börja glida **rutschig** ADJ hal, slirig
rütteln A VI/T skaka, ruska; fig rubba B VI **~ an** (dat) rycka i; fig rubba på; **daran ist nicht zu ~** det kan man inte ändra på

S, s N S, s n
s. ABK (= siehe) se
S. ABK (= Seite) s., sid., sidan
Sa. ABK (= Samstag) lör, lördag
Saal M sal
Saat F sådd a. fig; utsäde n **Saatgut** N utsäde n **Saatkartoffel** F sättpotatis
Sabbat M sabbat
sabbern umg VI dregla; faseln babbla, pladdra
Säbel M sabel
Sabotage F sabotage n **Saboteur(in)** M(F) sabotör **sabotieren** VI/T sabotera
Sa(c)charin N sackarin n
Sachbearbeiter(in) M(F) handläggare
Sachbeschädigung F skadegörelse
sachbezogen ADJ tillämplig, relevant **Sachbuch** N faktabok
Sache F sak; umg grej; Geschichte historia; Geschäft affär; Angelegenheit ärende n; jur mål; **~ um** tillhörigheter pl; Kleidung kläder pl; **zur ~** till saken; fig **bei der ~ bleiben** hålla sig till saken; **das ist eine ~ für sich** det är en sak för sig; **nicht bei der ~ sein** inte följa med; **sagen was ~ ist** säga vad man tycker; **mach keine ~n!** hitta inte på några dumheter! **Sachfrage** F sakfråga **Sachgebiet** N ämnesområde n, fack n **sachgemäß** ADJ fackmässig, lämplig **Sachkenntnis** F sakkännedom, sakkunskap **Sachkunde** F sakkunskap; Schule ≈ orienteringsämne n **sachkundig** ADJ sakkunnig **Sachlage** F (sak)läge n, (sak)förhållande n **sachlich** ADJ saklig, objektiv **sächlich** ADJ neutral **Sachlichkeit** F saklighet **Sachregister** N sakregister n, innehållsförteckning **Sachschaden** M materiell skada
Sachse M sachsare **Sachsen** N Sachsen n **Sächsin** F sachsiska
sacht(e) ADJ sakta, försiktig
Sachverhalt M sakförhållande n **Sachverständige(r)** M(F)(M) sakkun-

nig, expert **Sachwert** M realvärde n, sakvärde n
Sack M säck; umg jävel, kräk n; vulg pung; der gelbe ~ säck för återvinningsbara sopor; **mit ~ und Pack** med pick och pack
sacken VI sjunka; Flugzeug tappa höjd; Gebäude sätta sig
Sackgasse F återvändsgata; fig återvändsgränd **Sackhüpfen** N säcklöpning **Sackleinen** N säckväv **Sackpfeife** F säckpipa
Sadismus M sadism **Sadist(in)** M(F) sadist **sadistisch** ADJ sadistisk
säen VT, VI så
Safari F safari n
Safe M kassaskåp n; in Tresor bankfack n
Safer Sex M säker(t) sex (n)
Safran M saffran a. n
Saft M saft, juice **saftig** ADJ saftig, mustig a. fig **Saftladen** umg M dåligt ställe **Saftpresse** F fruktpress **Saftschorle** F juice blandat med kolsyrat mineralvatten
Sage F saga, sägen; Gerücht rykte n
Säge F såg **Sägeblatt** N sågblad n **Sägebock** M sågbock **Sägemehl** N sågspån n
sagen VT, VI säga; man sagt det sägs; offen gesagt ärligt sagt; was du nicht sagst! nej, vad säger du!; ich möchte ~ jag skulle vilja påstå; das hat nichts zu ~ det betyder ingenting; er hat nichts zu ~ han har inget att säga till om
sägen VT, VI såga
sagenhaft ADJ sagolik; fig umg fantastisk
Sägespäne M(PL) sågspån (koll) **Sägewerk** N sågverk n
Sahne F grädde **Sahneeis** N glassglass **Sahnetorte** F gräddtårta
Saison F säsong; außerhalb der ~ under lågsäsong **Saisonarbeit** F säsongarbete f
Saite F sträng **Saiteninstrument** N stränginstrument n
Sakko M kavaj, blazer
Sakrament N sakrament n **Sakrileg** N helgerån n **Sakristei** F sakristia
Salamander M salamander
Salami F salami(korv)
Salat M sallad; umg virrvarr n, oreda,

röra; da haben wir den ~! fig umg nu är det klippt! **Salatbesteck** N salladsbestick n **Salatkopf** M salladshuvud n **Salatschüssel** F salladsskål **Salatsoße** F dressing
Salbe F salva
Salbei M od F salvia
Salbung F smörjelse **salbungsvoll** ADJ salvelsefull
Saldo M saldo n
Saline F saltverk n, salin
Salizyl N salicylsyra
Salm M lax
Salmiak M salmiak
Salmonellen PL salmonellabakterier
Salon M salong **salonfähig** ADJ salongsfähig, rumsren
salopp ADJ ledig, otvungen; schlampig vårdslös, slarvig
Salpeter M salpeter **Salpetersäure** F salpetersyra
Salto M frivolt
Salut M salut **salutieren** VT, VI salutera
Salve F salva
Salz N salt n **salzarm** ADJ saltfattig **salzen** VT salta **Salzfass** N saltkar n **Salzgurke** F saltgurka **salzhaltig** ADJ salthaltig **Salzhering** M salt sill **salzig** ADJ salt **Salzkartoffeln** PL kokt potatis **salzlos** ADJ utan salt **Salzsäure** F saltsyra **Salzstangen** PL salta pinnar **Salzstreuer** M saltströare **Salzwasser** N saltvatten n
Samariter M samarit
Same M **Same**
Same(n) M frö n; Sperma säd, sperma **Samenbank** F spermabank **Samenspender** M spermadonator
sämig ADJ simmig
Samin F samiska, samekvinna
Sammelband M samlingsband n **Sammelbecken** N (uppsamlings)bassäng; fig reservoar **Sammelbegriff** M kollektivt begrepp **Sammelbestellung** F gemensam beställning **Sammelbüchse** F insamlingsbössa **Sammelfahrschein** M rabattbiljett, kupongshäfte n, klippkort n; gruppbiljett **sammeln** A VT samla; Pilze plocka B VR sich ~ samla sig, samlas; fig samla sig, ta sig samman **Sammelname** M kollektiv n **Sammelplatz**, **Sammelpunkt** M, **Sammelstelle**

F samlingsplats **Sammelsurium** N sammelsurium n **Sammeltransport** M masstransport **Sammler(in)** M/F samlare **Sammlung** F samling; insamling

Samstag M lördag **samstags** ADV på lördagarna, varje lördag

samt A PRÄP ⟨dat⟩ (tillsammans) med, jämte B ADV ~ **und sonders** allihopa, varenda en

Samt M sammet

sämtlich ADJ ~e samtliga, alla

Sanatorium N sanatorium n

Sand M sand; ~ **im Getriebe** umg fig grus i maskineriet; **im ~(e) verlaufen** fig rinna ut i sanden

Sandale F sandal

Sandbank F sandbank **Sandboden** M sandjord **Sanddorn** M BOT havtorn **Sandhaufen** M sandhög **sandig** ADJ sandig **Sandkasten** M sandlåda **Sandkorn** N sandkorn n **Sandkuchen** M ≈ sandkaka **Sandmann** M Jon Blund **Sandpapier** N sandpapper n **Sandstein** M sandsten **Sandstrand** M sandstrand **Sanduhr** F timglas n

Sandwich N sandwich

sanft ADJ mild, mjuk; lugn, stilla **Sanftheit** F, **Sanftmut** F mildhet, blidhet, saktmod n **sanftmütig** ADJ mild, blid, saktmodig

Sang M sång; **mit ~ und Klang** med sång och musik; fig med dunder och brak **Sänger** M sångare **Sängerin** F sångerska **sang- und klanglos** ADV obemärkt, i all tysthet

sanieren V/T sanera **Sanierung** F sanering

sanitär ADJ sanitär **Sanitäter(in)** M/F sjukvårdare **Sanitätsdienst** M sjukvårdstjänst **Sanitätswagen** M ambulans

Sankt ADJ Sankt

Sanktion F sanktion; **~en verhängen** införa sanktioner **sanktionieren** V/T sanktionera

Saphir M safir

Sardelle F sardell

Sardine F sardin

Sardinien N Sardinien

Sarg M (lik)kista

Sarkasmus M sarkasm **sarkastisch** ADJ sarkastisk

Sarkophag M sarkofag

Satan M satan **satanisch** ADJ satanisk

Satellit M satellit a. fig **Satellitenfernsehen** N satellit-tv **Satellitenschüssel** F parabolantenn **Satellitenübertragung** F satellitsändning

Satin M satin, satäng a. n

Satire F satir **Satiriker(in)** M/F satiriker **satirisch** ADJ satirisk

satt ADJ mätt; Farbe mättad

Sattel M sadel; **fest im ~ sitzen** fig sitta säkert i sadeln **sattelfest** ADJ sadelfast **Sattelgurt** M sadelgjord **satteln** V/T sadla

satthaben V/T etw ~ fig vara trött på ngt **sättigen** V/T mätta **Sättigung** F mättnad

Sattler(in) M/F sadelmakare **Sattlerei** F sadelmakeri n

Satyr M satyr

Satz M sats; GRAM sats, mening; Gebühr taxa; Garnitur uppsättning; TYPO sättning; Bodensatz bottensats; Sprung språng n, skutt n; **einen ~ über etw machen** hoppa över ngt **Satzbau** M meningsbyggnad **Satzgefüge** N satsfogning **Satzlehre** F satslära **Satzteil** M satsdel

Satzung F stadga

Satzzeichen N skiljetecken n

Sau F so, sugga; Wildschwein vildsvin n; fig pej svin n, gris; fig umg **unter aller ~** urusel; **keine ~** inte en käft; **die ~ rauslassen** släppa loss

sauber ADJ ren(lig), snygg, prydlig; fig ren, fläckfri; iron umg **nicht ganz ~** lite knäpp; **~ sein** Kind vara torr; Hund vara rumsren; **~ machen** göra ren, rengöra; Wohnung etc städa; **~ halten** hålla ren **Sauberkeit** F ren(lig)het, snygghet, prydlighet; fig renhet **säuberlich** ADV ordentligt, omsorgsfullt; snyggt, prydligt **sauber machen** V/T → sauber **säubern** V/T rengöra; fig rensa (ut) **Säuberung** F rengöring; fig utrensning **Säuberungsaktion** F utrensningsaktion

saublöd umg ADJ otroligt korkad

Saubohne F bondböna

Sauce F sås **Sauciere** F såsskål

Saudi M, **Saudi-Araber** M saudier, saudiarab **Saudi-Arabien** N Saudiarabien

sauer ADJ sur *a. fig;* **saure Bonbons** syrliga karameller; **saure Gurke** ättiksgurka; **saurer Regen** surt regn; ~ **reagieren** *umg* bli sur, ta illa upp **Sauerbraten** M surstek **Sauerei** F svineri *n,* snusk *n;* **das ist eine** ~ *umg* det är ett jävla sätt **Sauerkirsche** F surkörsbär *n* **Sauerkraut** N surkål **säuerlich** ADJ syrlig **Sauermilch** F surmjölk **säuern** A VT syra, göra sur B VI surna **Sauerrahm** M gräddfil **Sauerstoff** M syre *n* **Sauerstoffflasche** F syrgastub **Sauerstoffmangel** M syrebrist **Sauerstoffmaske** F syrgasmask **Sauerteig** M surdeg
saufen VT, VI *Tiere* dricka; *Menschen* supa **Säufer(in)** M(F) alkis **Sauferei** F supande *n* **Saufgelage** *umg* N fylleslag *n*
saugen VT, VI suga; *Staub* ~ dammsuga; **sich etw aus den Fingern** ~ gripa ngt ur luften **säugen** VT amma; *Tier* dia **Sauger** M (di)napp **Säugetier** N däggdjur *n* **saugfähig** ADJ absorberande **Säugling** M spädbarn *n* **Säuglingsnahrung** F barnmat **Säuglingspflege** F spädbarnsvård **Säuglingssterblichkeit** F spädbarnsdödlighet
saukalt *umg* ADJ svinkall **Sauladen** *umg* M jäkla ställe *n*
Säule F pelare, kolonn; *fig* stötta, stöd *n* **Säulendiagramm** N stapeldiagram *n* **Säulengang** M pelargång, kolonnad
Saum M fåll; *Rand* rand, kant
saumäßig *umg* A ADJ urusel B ADV **sehr** (djävla
säumen VT kanta, fålla
säumig ADJ trög, senfärdig; *nachlässig* försumlig
Sauna F bastu **saunen** VI basta, bada bastu
Säure F syra **Saure-Gurken-Zeit** F dödssäsong
Saurier M dinosaurie
Saus M **in ~ und Braus** i sus och dus **säuseln** VI (sakta) susa **sausen** VI susa, brusa, vina; *umg eilen* susa iväg; ~ **lassen** *umg* skippa, strunta i
Saustall M svinstia *a. fig* **Sauwetter** *umg* N ruskväder *n*
sauwohl ADJ **sich ~ fühlen** må jättebra

Saxofon, Saxophon N saxofon
S-Bahn F (= Schnellbahn *od* Stadtbahn) ≈ pendeltåg *n,* lokaltåg *n*
scannen VT IT läsa in, skanna **Scanner** M skanner
Schabe F ZOOL kackerlacka **schaben** VT skava, skrapa
Schabernack M spratt *n*
schäbig ADJ sliten, sjaskig; *lumpen, tarvlig;* småsint; ynklig, futtig **Schäbigkeit** F sjaskighet; tarvlighet; småsinthet; ynklighet
Schablone F schablon
Schach N schack *n;* **in ~ halten** hålla *n* schack **Schachbrett** N schackbräde *n*
schachern VI schackra
Schachfeld N schackruta **Schachfigur** F schackpjäs **schachmatt** ADJ schackmatt *a. fig* **Schachspiel** N schackspel *n* **Schachspieler(in)** M(F) schackspelare
Schacht M schakt *n*
Schachtel F ask; **eine ~ Zigaretten** ett paket cigaretter; *fig* **alte ~** *umg* gammal kärring
Schachtelhalm M BOT fräken
Schachzug M schackdrag *n*
schade ADJ synd; **wie ~!** vad synd!; **es ist ~, dass ...** det är synd att ...; **darum ist es nicht ~!** det är ingen förlust!
Schädel M skalle, kranium *n;* *umg* huvud *n,* skalle **Schädelbruch** M skallfraktur
schaden VI ⟨dat⟩ skada; **das schadet nichts** det gör ingenting **Schaden** M skada; **zu ~ kommen** bli skadad; ~ **nehmen** ta skada **Schadenersatz** M skadestånd *n,* skadeersättning **Schadenfreude** F skadeglädje **schadenfroh** ADJ skadeglad **schadhaft** ADJ skadad, defekt **schädigen** VT skada **Schädigung** F skada **schädlich** ADJ skadlig; **für die Gesundheit** ~ skadlig för hälsan **Schädling** M *Tier* skadedjur *n;* *Person* skadegörare **Schädlingsbekämpfung** F bekämpning av skadedjur **Schädlingsbekämpfungsmittel** N bekämpningsmedel *n* **schadlos** ADJ skadeslös; **sich an j-m ~ halten** låta ng ge ersättning för ngt **Schadstoff** M miljöfarligt ämne *n* **schadstoffarm** ADJ miljövänlig **Schadstoffausstoß**

M̄ giftutsläpp n
Schaf N̄ får n; fig umg fårskalle **Schafbock** M̄ bagge **Schäfchen** N̄ lamm n; fig **seine ~ ins Trockene bringen** få sitt på det torra **Schäfer(in)** M̄/F̄ (får)herde **Schäferhund** M̄ fårhund; schäfer(hund) **Schaffell** N̄ fårskinn n
schaffen[1] V̄T̄ **1** *bewältigen* klara (av); *zeitlich* hinna med; **wir haben es geschafft** vi klarade det **2** umg *befördern* forsla, befordra; *arbeiten* arbeta; **j-m (schwer) zu ~ machen** vålla ngn bekymmer; **ich bin geschafft** jag är helt slut
schaffen[2] V̄T̄ *gestalten* skapa; *hervorbringen* åstadkomma; **Ordnung ~** skapa ordning och reda; **Platz ~** göra plats; **wie geschaffen sein für** (akk) vara som skapt för **Schaffenskraft** F̄ skaparkraft
Schaffleisch N̄ fårkött n
Schaffner(in) M̄/F̄ konduktör
Schafhirt(in) M̄/F̄ fårherde **Schafpelz** M̄ fårskinnspäls **Schafskäse** M̄ fårost **Schafskopf** fig umg M̄ fårskalle
Schaft M̄ skaft n
Schafwolle F̄ fårull **Schafzucht** F̄ fåravel, fårskötsel
Schah M̄ sjal, scarf, halsduk
Schakal M̄ schakal
schäkern V̄Ī skoja; flörta
schal ADJ avslagen; fig tom och innehållslös
Schal M̄ sjal, scarf, halsduk
Schale F̄ *äußere Schicht* skal n; *Gefäß* skål; *flach* fat n; fig a. yta, yttre; umg **sich in ~ werfen** klä upp sig **schälen** A V̄T̄ skala B V̄R̄ **sich ~** fjälla **Schalentier** N̄ skaldjur n
Schalk M̄ skälm, spjuver
Schall M̄ ljud n **Schalldämpfer** M̄ ljuddämpare **schalldicht** ADJ ljudisolerad **schallen** V̄Ī ljuda, skalla, klinga **schallend** ADJ skallande; **~es Gelächter** gapskratt n **Schallgeschwindigkeit** F̄ ljudhastighet **Schallmauer** F̄ ljudvall **Schallschutz** M̄ bullerskydd n **Schallwelle** F̄ ljudvåg
Schalotte F̄ schalottenlök
Schaltautomatik F̄ AUTO automatväxel **schalten** A V̄T̄ sätta, ställa, vrida; ELEK koppla B V̄Ī AUTO växla; *verfahren* råda, styra; umg *begreifen* fatta; **schnell ~** fig vara snabbtänkt; **die Ampel schaltet auf Grün** trafikljuset slår om till grönt **Schalter** M̄ Ticketschalter biljettlucka; Postschalter postlucka; Laden, Bank disk; ELEK strömbrytare, kontakt **Schalterstunden** P̄L̄ öppettider **Schaltgetriebe** N̄ växellåda **Schalthebel** M̄ strömbrytare; AUTO växelspak **Schaltjahr** N̄ skottår n **Schaltknüppel** M̄ AUTO växelspak **Schalttafel** F̄ manöverpanel **Schalttag** M̄ skottdag **Schaltung** F̄ AUTO växel; ELEK krets
Scham F̄ blygsel, skam; ANAT blygd **Schambein** N̄ blygdben n **schämen** V̄R̄ **sich ~** skämmas, vara skamsen (*gen für od über*) **Schamgefühl** N̄ skamkänsla **Schamhaar** n **Schamlippen** F̄/P̄L̄ blygdläppar pl **schamlos** ADJ skamlös; oanständig; **eine ~e Lüge** en fräck lögn
Schampus umg M̄ skumpa
Schande F̄ skam, vanära **schänden** V̄T̄ skända, vanära **Schandfleck** M̄ skamfläck **schändlich** ADJ skändlig, skamlig **Schandtat** F̄ nidingsdåd n, illgärning **Schändung** F̄ skändande n
Schankkonzession F̄ utskänkningstillstånd n, vin- och spriträttigheter pl
Schanze F̄ a. SCHIFF skans; SPORT hoppbacke
Schar F̄ skara, hop, flock
Schäre F̄ skär n; **~n** pl skärgård
scharen V̄R̄ **sich ~** samla sig **scharenweise** ADV i skaror, flockvis
scharf ADJ skarp; *schneidend* vass; fig u. Geschmack besk, frän; *Speise* stark; *geil* tänd; **~ sein auf etw/j-n** vara tänd på ngt/ngn; **~ machen** slipa, vässa; **~e Kurve** tvär kurva; **~e Sachen** starkvaror **Scharfblick** fig M̄ klarsynthet, skarpsynthet **Schärfe** F̄ skärpa a. fig; *Geschmack* beskhet, skarp smak; *Getränk* styrka **schärfen** V̄T̄ slipa, vässa; fig skärpa **scharfmachen** fig V̄T̄ hetsa upp; → **scharf Scharfmacher(in)** M̄/F̄ upprorsmakare **Scharfschütze** M̄, **Scharfschützin** F̄ prickskytt **Scharfsinn** M̄ skarpsinne n **scharfsinnig** ADJ skarpsinnig
Scharlach M̄ scharlakan n; MED scharlakansfeber **scharlachrot** ADJ scharlakansröd

Scharlatan M̄ charlatan
Scharnier N̄ gångjärn n
Schärpe F̄ (ordens)band n
scharren V̄T, V̄I skrapa, krafsa; *Hühner* sprätta
Scharte F̄ hack n
Schaschlik M̄ *od* N̄ grillspett n
Schatten M̄ skugga *a. fig*; **er kann nicht über seinen ~ springen** han kan inte handla mot sin egen natur **Schattenbild** N̄ skuggbild **Schattendasein** N̄ skuggtillvaro **Schattenseite** F̄ skuggsida *a. fig*
schattieren V̄T schattera **Schattierung** F̄ schattering, nyans *a. fig*
schattig ADJ skuggig
Schatulle F̄ schatull n, skrin n
Schatz M̄ skatt; *Person* älskling **Schätzchen** N̄ älskling
schätzen V̄T värdera (**auf** *akk* till); *achten* uppskatta, sätta värde på; *umg vermuten* tro, gissa, tippa; **grob geschätzt** uppskattningsvis, grovt räknat; **~ lernen** lära sig att uppskatta
Schatzgräber(in) M̄(F̄) skattsökare
Schatzkammer F̄ skattkammare
Schatzmeister(in) M̄(F̄) skattmästare, kassör
Schätzung F̄ värdering; uppskattning
schätzungsweise ADV uppskattningsvis, ungefär
Schau F̄ beskådande n; *Ausstellung* utställning; *Darbietung* uppvisning; **zur ~ stellen** ställa ut; *fig* skylta med; **zur ~ tragen** visa; *fig umg* **eine ~ abziehen** göra sig till, göra sig viktig **Schaubild** N̄ diagram n
Schauder M̄ rysning, rysa **schauderhaft** ADJ ryslig, förskräcklig
schaudern V̄I rysa, bäva, fasa; **mir** (*od* **mich**) **schaudert** jag ryser, jag bävar
schauen V̄I se, titta; **schau, schau!** ser man på!, titta bara!; **schau mal, ob …** titta efter om …; **nach j-m/etw ~** titta till ngn/ngt; hålla utkik efter ngn/ngt
Schauer M̄ *Regen* (regn)skur
Schauergeschichte F̄ skräckhistoria
schauerlich ADJ ryslig, hemsk
schauern V̄I rysa, bäva
Schaufel F̄ skovel, skyffel, spade
schaufeln V̄T, V̄I skotta, skyffla; gräva
Schaufenster N̄ skyltfönster n

Schaufensterbummel M̄ **einen ~ machen** gå och titta i skyltfönstren
Schaufensterpuppe F̄ skyltdocka
Schaufliegen N̄ flyguppvisning
Schaugeschäft N̄ **das ~** nöjesbranschen **Schaukasten** M̄ monter, skyltskåp n
Schaukel F̄ gunga **schaukeln** A V̄I gunga B V̄T *umg* fixa, ordna, greja **Schaukelpferd** N̄ gunghäst **Schaukelstuhl** M̄ gungstol
Schaulustige(r) nyfiken (åskådare)
Schaum M̄ skum n, fradga, lödder n **Schaumbad** N̄ skumbad n **schäumen** V̄I skumma, löddra **Schaumfestiger** M̄ hårmousse **Schaumgummi** M̄ skumgummi n **schaumig** ADJ löddrig, skummig **Schaumlöscher** M̄ skumsläckare **Schaumschläger** *fig* M̄ bluffmakare **Schaumstoff** M̄ skumplast
Schaumwein M̄ mousserande vin n
Schauplatz M̄ skådeplats, plats
schaurig ADJ hemsk, ryslig, ruskig
Schauspiel N̄ skådespel n; drama n; (teater)pjäs **Schauspieler** M̄ skådespelare **Schauspielerin** F̄ skådespelerska, skådespelare **schauspielerisch** ADJ skådespelar- **Schauspielhaus** N̄ teater
Schausteller(in) M̄(F̄) förevisare
Scheck M̄ check **Scheckheft** N̄ checkhäfte n
scheckig ADJ skäckig
Scheckkarte F̄ bankkort n **Scheckkonto** N̄ checkkonto n
scheel ADJ avundsjuk, missunnsam
scheffeln V̄T **Geld ~** håva in pengar
Scheibe F̄ skiva; *Fensterscheibe* (fönster)ruta; *Schießscheibe* måltavla; *Schnitte* skiva; *umg CD etc* skiva **Scheibenbremse** F̄ skivbroms **Scheibenschießen** N̄ målskjutning **Scheibenwischer** M̄ vindrutetorkare
Scheich M̄ schejk
Scheide F̄ *a. beim Degen* skida; *a.* ANAT slida
Scheidelinie F̄ skiljelinje **Scheidemünze** F̄ skiljemynt n **scheiden** A V̄T skilja; sich ~ lassen; **sie ist geschieden** hon är skild B V̄I skiljas, ta avsked; **aus dem Amt ~** lämna sin tjänst, avgå; **aus dem Leben ~** gå bort **Scheidewand** F̄ skiljemur **Schei-**

deweg M̄ skiljeväg **Scheidung** F̄ skilsmässa **Scheidungsgrund** M̄ skilsmässoorsak

Schein M̄ **1** a. fig sken n; glans; **zum ~ för syns skull; dem ~ nach** skenbart **2** (≈ *Bescheinigung*) intyg n, bevis n; (≈ *Quittung*) kvitto n; *Geld* sedel; UNIV tentamensbevis n; (≈ *Vordruck*) blankett, formulär n **scheinbar** A ADJ skenbar B ADV tydligen **Scheinehe** F̄ skenäktenskap n **scheinen** V/I lysa, skina; fig verka, förefalla, synas, tyckas (vara) **scheinheilig** ADJ skenhelig **Scheinheiligkeit** F̄ skenhelighet **Scheinmanöver** N̄ skenmanöver n **Scheintod** M̄ skendöd **scheintot** ADJ skendöd

Scheinwerfer M̄ strålkastare **Scheinwerferlicht** N̄ strålkastarljus n

Scheißdreck vulg M̄ skit, skitsak; **das geht dich einen ~ an** det angår inte dig ett jäkla dugg **Scheiße** umg F̄ skit a. fig **scheißegal** umg ADJ skit samma; **das ist mir ~** det skiter jag i **scheißen** vulg V/I skita; **~ auf** (akk) skita i **Scheißkerl** vulg M̄ skitstövel

Scheit N̄ vedträ n

Scheitel M̄ hjässa; *Haar* bena **scheiteln** V/T **das Haar ~** kamma bena

Scheiterhaufen M̄ bål n

scheitern fig V/I misslyckas; stranda; *Ehe* spricka; **an etw ~** misslyckas på grund av ngt

Schelle F̄ bjällra

Schellfisch M̄ kolja

Schelm M̄ skälm, filur, spjuver **schelmisch** ADJ skälmaktig, skälmsk

Schelte F̄ bannor pl, ovett n; **~ bekommen** få bannor, få ovett **schelten** V/T j-n ~ skälla ut ngn **Scheltwort** N̄ skällsord n

Schema N̄ schema n, plan; schablon, mall; **nach ~ F** slentrianmässigt **schematisch** ADJ schematisk, slentrianmässig

Schemel M̄ pall

Schemen M̄ skugga, skepnad

Schenkel M̄ lår n; MATH vinkelben n; skänkel, skalm

schenken V/T skänka, ge; **etw geschenkt bekommen** få ngt till skänks; **das ist fast geschenkt** det är nästan gratis; **das kannst du dir ~** det kan

du hoppa över **Schenker(in)** M(F) givare, donator **Schenkung** F̄ gåva, donation **Schenkungsurkunde** F̄ gåvobrev n

Scherbe F̄, **Scherben** M̄ skärva; fig spillra; **in ~n** pl **gehen** gå i bitar; gå i spillror

Schere F̄ sax; *Krebs* klo **scheren** A V/T klippa; **Schafe ~** klippa får; **alle über einen Kamm ~** dra alla över en kam B V/T, V/R angå, röra; **was schert mich das?** vad bryr jag mig om det?; **sich nicht um etw ~** inte bry sig om ngt; **scher dich zum Teufel!** dra åt helvete!

Scherenschnitt M̄ silhuett

Schererei F̄ krångel n, trassel n, problem n

Scherz M̄ skämt n; **im ~** på skämt; **~ beiseite!** skämt å sido! **Scherzartikel** M̄ skämtartikel **scherzen** V/I skämta **scherzhaft** ADJ skämtsam

scheu ADJ skygg, blyg **Scheu** F̄ skygghet, blyghet

scheuchen V/T skrämma bort, schasa iväg

scheuen A V/T sky; dra sig för B V/I *Pferd* skygga C V/R **sich ~ vor** (dat) vara rädd (od dra sig) för

Scheuerbürste F̄ skurborste **Scheuerlappen** M̄ skurtrasa **scheuern** A V/T skura, skrubba B V/I skava; (**sich**) **etw wund ~** få skavsår på ngt; **j-m eine ~** umg ge ngn en örfil

Scheuklappe F̄ skygglapp a. fig

Scheune F̄ lada, loge

Scheusal N̄ odjur n, monster n

scheußlich ADJ avskyvärd, otäck, ohygglig **Scheußlichkeit** F̄ ohygglighet

Schicht F̄ lager n, varv n, skikt n; *Arbeitsschicht* skift n; *Gesellschaftsschicht* samhällsskikt n; **soziale ~** socialgrupp **Schichtarbeit** F̄ skiftarbete n **schichten** V/T trava, stapla; varva **Schichtwechsel** M̄ skiftbyte n

schick ADJ, ADV chic, elegant, stilig; umg häftig, modern **Schick** M̄ stil, snits

schicken A V/T skicka, sända; **j-m etw ~** skicka ngt till ngn B V/R **sich ~** fig passa sig, lämpa sig; **sich ~ in** (akk) finna (od foga) sig i

Schickeria F̄ **die ~** umg innekretsar-

na, kändisarna **Schickimicki** M̄ trendnisse
Schicksal N̄ öde n **schicksalhaft** ADJ ödes-; ödesdiger **Schicksalsschlag** M̄ svårt slag n
Schiebedach N̄ soltak n **schieben** V̄T skjuta; *umg* gå, hasa; **sein Fahrrad ~** leda sin cykel; **den Kinderwagen ~** dra barnvagnen; *fig* **j-m etw in die Schuhe ~** ge ngn skulden för ngt; **Devisen ~** syssla med illegala valutaaffärer; **mit etw ~** handla illegalt med ngt **Schieber** M̄ regel; skjutlucka; spjäll; *umg* svartbörshaj; langare **Schiebetür** F̄ skjutdörr **Schiebung** F̄ fusk n, mygel n; skumraskaffärer; svartabörsaffärer
schiech *österr* ADJ (≈ *hässlich*) ful; (≈ *zornig*) arg
Schiedsgericht N̄ skiljedomstol **Schiedsrichter(in)** M(F) skiljedomare; SPORT domare **Schiedsspruch** M̄ skiljedom
schief ADJ skev, sned, sluttande, lutande; *fig* fel; **j-n ~ ansehen** se snett på ngn
Schiefer M̄ skiffer **Schieferdach** N̄ skiffertak n **Schiefertafel** F̄ griffeltavla
schiefgehen *fig* V̄I misslyckas; *umg* gå galet, gå på tok, gå snett **schieflachen** V̄R **sich ~** *umg* skratta sig fördärvad **schiefliegen** *fig umg* V̄I ha fel, ta miste
schielen V̄I skela, vara vindögd; **nach etw ~** snegla på ngt
Schienbein N̄ skenben n **Schiene** F̄ skena, räls; *fig* bana, väg; MED spjäla **schienen** V̄T MED spjäla **Schienenbus** M̄ rälsbuss
schier A ADJ ren B ADV nästan, så när
Schießbefehl M̄ order om att öppna eld **Schießbude** F̄ skjutbana **schießen** V̄T *u.* V̄I skjuta; rusa; *Wasser* spruta; *umg* sila **Schießerei** F̄ skjutande n; *Gefecht* skottlossning **Schießplatz** M̄ skjutfält n **Schießpulver** N̄ krut n **Schießscheibe** F̄ skottavla **Schießstand** M̄ skjutbana
Schiff N̄ skepp n; båt, fartyg n **schiffbar** ADJ segelbar **Schiffbau** M̄ varvsindustri; skeppsbygge n **Schiffbruch** M̄ skeppsbrott n, förlisning; **~ erleiden** förlisa, lida skeppsbrott; *fig* misslyckas

schiffbrüchig ADJ skeppsbruten **Schiffer(in)** M(F) skeppare **Schifferklavier** N̄ dragspel n, handklaver n **Schifffahrt** F̄ sjöfart **Schifffahrtsgesellschaft** F̄ rederibolag n **Schiffsarzt** M̄, **Schiffsärztin** F̄ skeppsläkare **Schiffskapitän(in)** M(F) sjökapten **Schiffsladung** F̄ skeppslast **Schiffsmannschaft** F̄ skeppsbesättning **Schiffsrumpf** M̄ fartygsskrov n **Schiffsverkehr** M̄ sjöfart **Schiffswerft** F̄ skeppsvarv n
Schikane F̄ trakasseri n **schikanieren** V̄T trakassera
Schild[1] M̄ sköld; **etw im ~e führen** *fig* ha ngt i sinnet
Schild[2] N̄ skylt; *Blechschild* bricka, plåt; *Papierschild* etikett
Schilddrüse F̄ sköldkörtel
schildern V̄T skildra **Schilderung** F̄ skildring
Schildkröte F̄ sköldpadda
Schilf N̄ vass
schillern V̄I skimra, skifta i färg **schillernd** ADJ *Charakter* svårgenomskådlig, mångfasetterad
Schimäre F̄ chimär
Schimmel[1] M̄ *Pferd* skimmel
Schimmel[2] M̄ *auf Nahrungsmitteln* mögel n **schimmelig** ADJ möglig **Schimmelkäse** M̄ mögelost **schimmeln** V̄I mögla **Schimmelpilz** M̄ mögelsvamp
Schimmer M̄ skimmer n; *fig* skymt, glimt; aning; **keinen blassen ~ haben von** (*dat*) inte ha den ringaste aning om **schimmern** V̄I skimra, skina, blänka
Schimpanse M̄ schimpans
Schimpf M̄ skymf **schimpfen** V̄T, V̄I gräla, skälla (**auf** *akk* på); **j-n etw ~** kalla ngn för ngt **Schimpferei** F̄ gräl n **Schimpfname** M̄ öknamn n **Schimpfwort** N̄ skällsord n
Schindel F̄ takspån n
schinden A V̄T plåga, behandla illa; **Eindruck ~** försöka göra intryck B V̄R **sich ~** slita och släpa, knoga **Schinder** M̄ slavdrivare **Schinderei** *fig* F̄ trakasseri n; *schwere Arbeit* slit n, slavgöra n
Schinken M̄ skinka; *umg Buch* tegelsten; *Bild* stor tavla; *Film* mastodontfilm **Schinkenspeck** M̄ ≈ bacon (n)

Schippe F skyffel; j-n auf die ~ nehmen driva med ngn
Schirm M skärm; *fig* (be)skydd *n*; *Regenschirm* paraply (*n*); *Sonnenschirm* parasoll (*n*); *Fallschirm* fallskärm; *Bildschirm* bildskärm; BOT hatt **Schirmherr(in)** M(F) beskyddare **Schirmherrschaft** F beskydd *n* **Schirmmütze** F skärmmössa **Schirmständer** M paraplyställ *n*
Schiss *umg* M ~ **haben** vara skraj
schizophren ADJ schizofren
Schlacht F slag *n*, drabbning, strid **Schlachtbank** F slaktbänk **schlachten** VT slakta **Schlachtenbummler(in)** M(F) supporter **Schlachter(in)** M(F) slaktare **Schlachterei** F slakteri *n*; *fig* massaker **Schlachtfeld** N slagfält *n* **Schlachthaus** N, **Schlachthof** M slakthus *n* **Schlachtruf** M stridsrop *n* **Schlachtschiff** N slagskepp *n* **Schlachtung** F slakt **Schlachtvieh** N slaktboskap
Schlacke F slagg *a. n*; *Ballaststoffe* kostfiber
schlackern VI fladdra, dingla
Schlaf M sömn **Schlafanzug** M pyjamas **Schläfchen** N (tupp)lur **Schlafcouch** F bäddsoffa
Schläfe F tinning
schlafen VI sova; sich ~ legen gå till sängs, gå och lägga sig; mit j-m ~ *umg* ligga med ngn; schlaf gut/schön! sov gott! **Schlafenszeit** F läggdags **Schläfer(in)** M(F) sovande; *Terrorismus* vilande terrorist
schlaff ADJ slapp, slak; kraftlös, hängig; *umg* trög, tråkig; **ein ~er Typ** en slö typ **Schlaffheit** F slapphet, slakhet
Schlafgelegenheit F sovplats **schlaflos** ADJ sömnlös **Schlaflosigkeit** F sömnlöshet **Schlafmittel** N sömnmedel *n* **Schlafmütze** *fig* F slöfock, sömntuta **schläfrig** ADJ sömnig **Schläfrigkeit** F sömnighet **Schlafrock** M nattrock **Schlafsaal** M sovsal **Schlafsack** M sovsäck **Schlafstadt** F sovstad **Schlafstörungen** PL sömnrubbningar **Schlaftablette** F sömntablett **schlaftrunken** ADJ sömndrucken, yrvaken **Schlafwagen** M sovvagn **Schlafwagenabteil** N sovkupé **Schlafwagenkarte** F sovplatsbiljett **schlafwandeln** VI gå i sömnen **Schlafwandler(in)** M(F) sömngångare **Schlafzimmer** N sovrum *n*, sängkammare
Schlag M **1** slag *n; a. fig* smäll; MED slaganfall *n*, stroke; *Art* slag *n*, sort; **Schläge** *pl Prügel* stryk; **mit einem ~** med ens, plötsligt; **~ 3 Uhr** precis på slaget tre; **ein ~ ins Wasser** *fig* ett slag i luften; **ich dachte, mich trifft der ~** *umg* jag trodde jag skulle få slag **2** *österr* (≈ *Schlagsahne*) vispgrädde **Schlagader** F pulsåder **Schlaganfall** M slaganfall *n*, stroke **schlagartig** ADJ plötslig **Schlagbaum** M bom **Schlagbohrer** M, **Schlagbohrmaschine** F slagborrmaskin **schlagen** A VT, VI slå; *Holz* fälla; *quirlen* vispa; *besiegen* besegra; **das schlägt mir auf den Magen** jag får ont i magen av det B VR sich (mit j-m) ~ slåss (med ngn); *umg* sich gut ~ kämpa bra
Schlager M schlager, hit; *fig a.* succé
Schläger M slagskämpe, bråkmakare; SPORT klubba; *Tennisschläger* racket **Schlägerei** F slagsmål *n*
Schlägerfestival N schlagerfestival
schlagfertig ADJ slagfärdig **Schlagfertigkeit** F slagfärdighet **Schlagkraft** F slagkraft **Schlagloch** N tjälskott *n* **Schlagsahne** F, **Schlagobers** *österr* N vispgrädde **Schlagseite** F slagsida **Schlagstock** M batong **Schlagwerk** N slagverk *n* **Schlagwort** N slagord *n* **Schlagzeile** F stor rubrik; **~ machen** bli förstasidesstoff **Schlagzeug** N slagverk *n* **Schlagzeuger(in)** M(F) slagverkare, trumslagare
Schlamassel *umg* M *od* N klämma, knipa; **in einem schönen ~ sein** sitta i klistret
Schlamm M slam *n*, dy, gyttja **Schlammbad** N gyttjebad *n* **schlammig** ADJ slammig, dyig, gyttjig
Schlampe F slampa **schlampen** *umg* VI slarva, hafsa **Schlamperei** F slarv *n* **schlampig** ADJ slarvig, slafsig; ovårdad
Schlange F orm; *Reihe* kö; **~ stehen** stå i kö **schlängeln** VR sich ~ slingra sig **Schlangenbiss** M ormbett *n* **Schlangengift** N ormgift *n*

Schlangenlinie F slingrande linje
schlank ADJ slank, smärt, smal
Schlankheit F slankhet, smärthet
Schlankheitskur F bantningskur; **eine ~ machen** banta
schlapp ADJ slapp, slak; matt, svag; slö
Schlappe F bakslag n, nederlag n
Schlapphut M slokhatt **schlappmachen** umg vi ge upp; säcka ihop
Schlappschwanz umg M vekling, mes
schlau ADJ slug, listig, smart, fiffig; **nicht ~ werden aus** inte bli klok på; **sich über etw ~ machen** kolla upp ngt
Schlauch M a. Radschlauch slang; **das war ein ~!** det var jättejobbigt!
Schlauchboot N gummibåt
schlauchen fig umg VT j-n ~ köra hårt med ngn; **geschlaucht sein** umg vara helt slut
Schlaufe F ögla, hälla
Schlauheit F slughet, smarthet
Schlaukopf M, **Schlaumeier** umg M smarting, slughuvud n
schlecht A ADJ dåligt B ADV dåligt, illa; **mir ist ~** jag mår illa; **(das ist) nicht ~!** (det är) inte dåligt!; inte illa!; **es geht ihm ~** han mår inte bra; **heute geht es ~** idag passar det inte så bra
schlechthin ADV helt enkelt
Schlechtigkeit F ondskefullhet, uselhet **schlechtmachen** VT j-n ~ tala illa om ngn **Schlechtwetterperiode** F period med dåligt väder
schlecken VT, VI slicka; naschen snaska
Schlegel M Trommelschlegel (trum)pinne; Hammer (trä)klubba, slägga; GASTR lår n, klubba
Schlehe F slånbär n
schleichen A VI smyga B VR sich ~ smyga sig; Zeit gå sakta, krypa **schleichend** ADJ smygande, krypande
Schleichweg M smygväg **Schleichwerbung** F smygreklam
Schleier M slöja a. fig, flor n, dok n
Schleiereule F tornuggla
schleierhaft ADJ gåtfull, dunkel, oklar; **das ist mir ~** det är mig en gåta
Schleife F rosett; Schlinge slinga, ögla; Kurve båge
schleifen VT 1 schärfen, a. Edelsteine etc slipa 2 släpa **Schleifmaschine** F slipmaskin **Schleifstein** M slipsten

Schleim M slem n; Haferschleim välling
Schleimhaut F slemhinna **schleimig** ADJ slemmig; fig falsk, inställsam
schleimlösend ADJ slemlösande
schlemmen VI frossa; kalasa på
Schlemmer(in) M(F) frossare; läckergom **Schlemmerlokal** N gourmetrestaurang
schlendern VI gå och driva, flanera
Schlendrian M slentrian
schlenkern VT, VI slänga, dingla
Schleppe F släp N **schleppen** A VT släpa; tragen släpa på; SCHIFF bogsera B VR sich ~ släpa sig **schleppend** ADJ släpande, släpig; trög, långsam
Schlepper M bogserbåt; AUTO traktor
Schlepper(in) umg M(F) kundvärvare; inkastare; människosmugglare
Schleppkahn M pråm **Schlepplift** M släplift **Schleppnetz** N trål **Schleppseil** N bogserlina **Schlepptau** N j-n im ~ haben ha ngn i släptåg
schleunigst ADV genast, med detsamma
Schleuse F sluss **schleusen** VT slussa a. fig; leda, föra; smuggla **Schleusentor** N slussport
Schliche PL knep n; j-m auf die ~ **kommen** genomskåda ngn
schlicht ADJ enkel, okonstlad; ~ **und einfach** adv helt enkelt **schlichten** VT A VI medla B VT **einen Streit ~** bilägga en tvist **Schlichter(in)** M(F) förlikningsman; medlare **Schlichtheit** F enkelhet **Schlichtung** F medling; förlikning
Schlick M dy, slam n, gyttja
schließen A VT, VI zumachen stänga; zuschließen låsa; enden sluta; Betrieb lägga ner; **die Augen ~** blunda; **eine Lücke ~** fylla en lucka; **eine Ehe ~** ingå äktenskap; **Frieden ~** sluta fred B VR **sich ~** sluta sig; Tür stängas **Schließfach** N postbox; ~ **für Wertsachen** bankfack n; Gepäck förvaringsbox
schließlich ADV slutligen, till slut/

sist; i alla fall, ändå **Schließmuskel** M̄ slutmuskel **Schließung** F̄ avslutande n; *Tür etc* stängning

Schliff M̄ slipning; *fig* hyfs; **keinen ~ haben** inte ha någon hyfs; *letzter ~ fig* finputsning

schlimm **A** ADJ svår; ond; hemsk, sorglig **B** ADV dåligt, illa; *umg* hemskt, fruktansvärt; **das ist nicht ~** det är inte farligt; **auf das Schlimmste gefasst sein** vara beredd på det värsta **schlimmstenfalls** ADV i värsta fall

Schlinge F̄ slinga, ögla; *Fangschlinge* snara; *fig* **sich aus der ~ ziehen** dra sig ur knipan

Schlingel M̄ slyngel

schlingen **A** V/T **1** *Essen* sluka **2** *winden* linda, vira; **die Arme um j-n** (*akk*) **~ slå armarna om(kring) ngn** **B** V/I *beim Essen* glufsa i sig **C** V/R **sich um etw ~** slingra sig runt ngt

schlingern V/I SCHIFF slingra, rulla; *umg* ragla, vingla

Schlingpflanze F̄ slingerväxt

Schlips M̄ slips; **j-n auf den ~ treten** *fig* trampa ngn på tårna

Schlitten M̄ släde; *Rodelschlitten* kälke; *umg* AUTO kärra **Schlittenfahrt** F̄ slädfärd **schlittern** V/I åka kana, kana; sladda **Schlittschuh** M̄ skridsko; **~ laufen** åka skridskor **Schlittschuhlaufen** N̄ skridskoåkning **Schlittschuhläufer(in)** M(F) skridskoåkare

Schlitz M̄ springa, öppning; slits, sprund n; *Hosenschlitz* gylf **Schlitzaugen** PL *neg!* sneda ögon **schlitzäugig** ADJ *neg!* snedögd **Schlitzohr** N̄ *umg* smart person; skojare, filur

Schloss M̄ **1** (*=Türschloss*) lås n **2** ARCH slott n

Schlosser(in) M(F) låssmed; montör, mekaniker **Schlosserei** F̄ mekanisk verkstad

Schlot M̄ skorsten

schlottern V/I darra, skälva; hänga löst, fladdra

Schlucht F̄ klyfta, ravin; avgrund

schluchzen V/T, V/I snyfta **Schluchzer** M̄ snyftning

Schluck M̄ klunk, slurk **Schluckauf** M̄ hicka; **einen ~ haben** ha hicka, hicka **schlucken** V/T, V/I svälja; sluka **Schlucker(in)** M(F) *fig* **armer ~** fattig stackare **Schluckimpfung** F̄ oral vaccination

schludern V/I hafsa, slarva

Schlummer M̄ slummer, (lätt) sömn **schlummern** V/I slumra, sova

Schlund M̄ svalg n; *Abgrund* avgrund, klyfta, gap n

schlüpfen V/I smyga sig, glida, slinka; *aus dem Ei* kläckas; **in die Kleider ~** hoppa i kläderna **Schlüpfer** M̄ trosor

schlüpfrig ADJ hal, slipprig *a. fig*

Schlupfwinkel M̄ gömställe n, tillflyktsort

schlurfen V/I hasa

schlürfen V/T, V/I sörpla (i sig); smutta på

Schluss M̄ slut n, avslutning; *Folgerung* slutsats; stängningstid; **zum ~** till slut; **~ machen** sluta, stänga, slå igen; *mit j-m* göra slut; **~ jetzt!** nu är det slut!; *umg* **jetzt ist aber ~!** nu får det vara slut! **Schlussakt** M̄ sista akt **Schlussbemerkung** F̄ slutanmärkning, slutord n

Schlüssel M̄ nyckel; MUS klav; *Code* kod; *Lehrbuch* facit n **Schlüsselbein** N̄ nyckelben n **Schlüsselblume** F̄ gullviva **Schlüsselbund** N̄ nyckelknippa **Schlüsselindustrie** F̄ nyckelindustri **Schlüsselkind** N̄ nyckelbarn n **Schlüsselloch** N̄ nyckelhål n **Schlüsselring** M̄ nyckelring **Schlüsselroman** M̄ nyckelroman **Schlüsselstellung** F̄ nyckelposition **Schlüsselwort** N̄ nyckelord; IT lösenord n

schlussfolgern V/I dra slutsatsen **Schlussfolgerung** F̄ slutsats, slutledning

schlüssig ADJ logisk, följdriktig; övertygande; **sich ~ werden** besluta sig

Schlusslicht N̄ AUTO baklyse n, baklykta; **das ~ sein** *umg* bli jumbo **Schlussprüfung** F̄ slutexamen **Schlusspunkt** M̄ slutpunkt **Schlussrunde** F̄ SPORT final (-omgång) **Schlussstrich** M̄ **einen ~ unter etw ziehen** sätta punkt för ngt; dra ett streck över ngt **Schlussurteil** N̄ slutomdöme n; JUR domslut n **Schlussverkauf** M̄ rea(lisation) **Schlusswort** N̄ slutord n

Schmach F̄ skam

schmachten V/I försmäkta; tråna

schmächtig ADJ spinkig, spenslig,

smärt
schmackhaft ADJ smaklig, välsmakande; **j-m etw ~ machen** övertyga ngn om ngt
schmähen VT smäda **schmählich** ADJ skamlig
schmal ADJ smal, trång; *fig* knapp knapp, liten
schmälern VT nedvärdera, förringa; *herabsetzen* minska, inskränka; inkräkta på
Schmalfilm M smalfilm **Schmalfilmkamera** F smalfilmskamera
Schmalseite F kortända
Schmalz A N flott n, ister n B M *fig* sentimentalitet **schmalzig** ADJ flottig; *fig* sentimental
schmarotzen VI parasitera, snylta
Schmarotzer(in) M(F) snyltgäst, parasit
Schmarre F ärr n, skråma
Schmarrn M ≈ pannkaka; *fig Unsinn* skräp n, smörja
Schmatz M smällkyss, puss **schmatzen** VI smacka
Schmaus M kalas n
schmecken A VI smaka; falla i smaken, tilltala; **~ nach** smaka B VT smaka på; känna smaken av; **das schmeckt ihm nicht** det tycker han inte om
Schmeichelei F smicker n **schmeichelhaft** ADJ smickrande **schmeicheln** VI ⟨dat⟩ smickra **Schmeichler(in)** M(F) smickrare **schmeichlerisch** ADJ smickrande; *pej* inställsam; sliskig
schmeißen VT kasta, slänga; *fig* avbryta, sluta med; *umg spendieren* bjuda på; *umg in Ordnung bringen umg* klara av, fixa; **den Laden ~** sköta ruljangsen
Schmeißfliege F spyfluga
Schmelz M emalj; *fig Glanz* glans
Schmelze F *Schnee* tö; TECH smälta
schmelzen VT u. VI smälta
Schmelzkäse M smältost **Schmelzofen** M smältugn **Schmelzpunkt** M smältpunkt **Schmelztiegel** M smältdegel **Schmelzwasser** N smältvatten n
Schmerbauch *umg* M kalaskula
Schmerz M smärta; *Weh* värk, ont n; *Kummer* sorg, bekymmer n **schmerzen** VT, VI värka, göra ont **Schmerzensgeld** N ersättning för sveda

och värk **schmerzfrei** ADJ smärtfri
Schmerzgrenze F smärtgräns, smärttröskel **schmerzhaft** ADJ smärtsam, plågsam; **~ sein** göra ont
schmerzlindernd ADJ smärtlindrande **schmerzlos** ADJ smärtfri
Schmerzmittel N smärtstillande medel n **schmerzstillend** ADJ smärtstillande **Schmerztablette** F värktablett
Schmetterball M *Tennis* smash
Schmetterling M fjäril **Schmetterlingsstil** M *Schwimmen* fjärilsim n
schmettern VT slå, slunga, vräka, kasta; **zu Boden ~** slå till marken; *Tennis* smasha; *tönen* smattra, skrälla; *singen* sjunga; *Vogel* drilla
Schmied M smed **Schmiede** F smedja **Schmiedearbeit** F smide n, smidesarbete n **Schmiedeeisen** N smidesjärn n **schmieden** VT smida *a. fig*
schmiegen V/R böja; *Person* **sich ~** smyga sig, krypa (**an** *akk* intill)
schmiegsam ADJ smidig, mjuk, följsam
Schmiere F smörjmedel n; smörja; *umg* THEAT buskteater; **~ stehen** *umg* hålla utkik **schmieren** VT smörja; *schlecht schreiben* sudda, kludda; *aufstreichen* bre på, smeta på; *klecksen* kladda, smeta; *bestechen* muta; **j-m eine ~** ge ngn en snyting; *fig* **wie geschmiert** som smort **Schmiererei** F sudd n, kludd n, klotter n **Schmierfink** M (smuts)gris, snuskpelle; klottrare **Schmiergeld** N muta **schmierig** ADJ kladdig, smetig; *fig* oljig, sliskig, snuskig **Schmieröl** N smörjolja **Schmierseife** F såpa
Schminke F smink n **schminken** VT, V/R sminka (**sich** sig); **sich die Lippen ~** måla läpparna **Schminkkoffer** M beauty box
schmirgeln VT, VI sandpappra; smärgla **Schmirgelpapier** N smärgelpapper n
Schmiss M *Narbe* skråma, ärr n; *fig* schvung, fart, kläm
Schmöker *umg* M *Buch* lunta; tegelstensroman **schmökern** VI läsa underhållningslitteratur
schmollen VI sura, tjura
Schmorbraten M grytstek **schmo-**

ren _VT, VI_ steka; puttra; **j-n ~ lassen** _fig_ umg hålla ngn på halster **Schmortopf** _M_ stekgryta
Schmu _M_ **~ machen** fuska
Schmuck _M_ _Verzierung_ prydnad, utsmyckning; _mehrere Schmuckstücke_ smycken _pl_ **schmücken** _VT_ smycka, pryda, pynta **Schmuckkästchen** _N_ juvelskrin _n_ **schmucklos** _ADJ_ utan prydnad; _einfach_ enkel, flärdfri **Schmucksachen** _F/PL_ smycken _n/pl_ **Schmuckstück** _N_ smycke _n_; _fig_ pärla
schmuddelig _ADJ_ solkig, smutsig; sjabbig
Schmuggel _M_ smuggel _n_, smuggling, smuggleri _n_ **schmuggeln** _VT, VI_ smuggla **Schmuggelware** _F_ smuggelgods _n_ **Schmuggler(in)** _M(F)_ smugglare
schmunzeln _VI_ mysa, småle
Schmus umg _M_ svada, svammel _n_ **schmusen** _VI_ kela
Schmutz _M_ smuts, lort; _fig_ snusk _n_; **in den ~ ziehen** _fig_ dra ned i smutsen **schmutzen** _VI_ bli smutsig **Schmutzfink** _fig_ umg _M_ snuskhummer, smutsgris **Schmutzfleck** _M_ smutsfläck **schmutzig** _ADJ_ smutsig, snuskig _a. fig_; **sich ~ machen** smutsa ner sig
Schnabel _M_ näbb _a. n_; umg _Mund_ mun, trut; **halt den ~!** håll truten!
Schnake _F_ _Mücke_ mygga
Schnalle _F_ spänne _n_ **schnallen** _VT_ spänna (fast); **etw nicht ~** umg inte fatta ngt
Schnäppchen umg _N_ fynd _n_, klipp _n_
Schnäppchen umg _N_ klipp _n_
schnappen A _VT_ ta; snappa; haffa; **sich etw ~** snappa åt sig ngt; **j-n ~** haffa ngn; **geschnappt werden** åka fast B _VI_ snappa, nafsa; **nach Luft ~** kippa efter andan **Schnappmesser** _N_ fällkniv **Schnappschloss** _N_ springlås _n_, falllås _n_ **Schnappschuss** _M_ snapshot
Schnaps _M_ brännvin _n_; **(ein Glas) ~** snaps, sup **Schnapsglas** _N_ snapsglas _n_ **Schnapsidee** umg _F_ tokig idé
schnarchen _VI_ snarka
schnattern _VI_ snattra, kackla _a. fig_
schnauben _VI_ fnysa, frusta; **vor Wut ~** skumma av raseri
schnaufen _VI_ flåsa, pusta
Schnauzbart _M_ mustasch (er _pl_)
Schnauze _F_ nos; _Schwein_ tryne _n_; _Mund_ käft, trut; **halt die ~!** håll käften; **die ~ voll haben** _fig_ ha fått nog
schnäuzen _VT, V/R_ **sich ~** snyta sig
Schnecke _F_ snäcka; snigel; **j-n zur ~ machen** umg trycka ner ngn i skorna; _Gebäck_ snäcka **Schneckenhaus** _N_ snigelhus _n_, snigelskal _n_ **Schneckentempo** _N_ **im ~** med snigelfart
Schnee _M_ snö; _Eiweiß_ vispad äggvita; umg snö, kokain; **das ist ~ von gestern** umg _fig_ det är inaktuellt **Schneeball** _M_ snöboll; BOT snöbollsbuske
schneebedeckt _ADJ_ snötäckt **Schneebesen** _M_ visp **schneeblind** _ADJ_ snöblind **Schneebrille** _F_ snöglasögon _pl_; _Ski_ skidglasögon _pl_ **Schneefall** _M_ snöfall _n_ **Schneeflocke** _F_ snöflinga **Schneefräse** _F_ snöfräs, snöslunga **schneefrei** _ADJ_ **~er Boden** barmark **Schneegestöber** _N_ snöyra **Schneeglätte** _F_ halka **Schneeglöckchen** _N_ snödroppe **Schneegrenze** _F_ snögräns **Schneehöhe** _F_ snödjup _n_ **Schneehuhn** _N_ snöripa **Schneekette** _F_ snökedja **Schneemann** _M_ snögubbe **Schneematsch** _M_ snöslask _n_, snömodd **Schneemobil** _N_ snöskoter **Schneepflug** _M_ snöplog **Schneeregen** _M_ snöblandat regn _n_ **Schneeschleuder** _F_ snöslunga **Schneeschmelze** _F_ snösmältning **Schneetreiben** _N_ snöyra **Schneeverwehung** _F_, **Schneewehe** _F_ snödriva **schneeweiß** _ADJ_ snövit **Schneewittchen** _N_ Snövit
Schneid umg _M_ kurage, mod _n_; **~ haben** vara modig
Schneide _F_ egg **Schneidemühle** _F_ sågverk _n_ **schneiden** A _VT_ skära; _mit Schere_ klippa; _Gras_ slå; **(sich) die Haare ~ lassen** klippa sig; **Gesichter ~** göra grimaser B _V/R_ **sich ~** skära sig; _Wege_ korsa varandra
Schneider _M_ skräddare **Schneiderei** _F_ skrädderi _n_ **Schneiderin** _F_ sömmerska **schneidern** _VT, VI_ sy **Schneidersitz** _M_ skräddarställning
Schneidezahn _M_ framtand
schneidig _ADJ_ käck, snitsig, hurtig; militärisk

schneien VIT, VII snöa; **es schneit det snöar; ins Haus ~** fig hälsa på helt oväntat
Schneise F *Waldschneise* gata; flygkorridor
schnell A ADJ hastig, snabb, rask B ADV a. fort; **~er werden** öka tempot; **auf ~stem Weg** fortast möjligt; **mach ~!** skynda på!; **~ fahren** köra fort
Schnellbahn F ≈ pendeltåg n, lokaltåg n **Schnellboot** N motortorpedbåt **Schnelle** F *umg* **auf die ~** i all hast; → *Schnelligkeit* **schnellen** A VIT kasta, slunga B VII **in die Höhe ~** fara upp **Schnellfeuerwaffe** F automatvapen n **Schnellgaststätte** F snabbmatställe n **Schnellgericht** N JUR färdigmat, snabbrätt **Schnellhefter** M mapp **Schnelligkeit** F hastighet, snabbhet, fart **Schnellimbiss** M gatukök n **Schnellkochtopf** M tryckkokare **Schnellreinigung** F snabbtvätt **schnellstens** ADV så snabbt som möjligt **Schnellstraße** F motortrafikled **Schnellverfahren** N JUR summarisk process; TECH snabbmetod
Schnepfe F ZOOL morkulla
Schnippchen fig umg **j-m ein ~ schlagen** spela ngn ett spratt
Schnippel M *od* N avriven/avklippt liten bit papper
schnippisch ADJ näbbig, näsvis
Schnipsel M u. N → *Schnippel*
Schnitt M snitt n; *Einschnitt* skåra, inskärning, klipp n; *Durchschnitt* virtsnitt n; *Buch* snitt n; *Kleider* snitt n, skärning, form; *Frisur* klippning, frisyr; **im ~** i genomsnitt; fig einen guten **~ machen** göra en bra affär (**bei** dat på); **sie hat einen ~ von 2,5** *Schulnote* hon har ett snitt på 2,5 **Schnittblumen** F/PL snittblommor pl **Schnittbohne** F skärböna **Schnitte** F (bröd)skiva; *Butterbrot* smörgås **Schnittfläche** F snittyta
schnittig ADJ elegant
Schnittlauch M gräslök **Schnittlinie** F skärningslinje **Schnittmuster** N mönster n **Schnittpunkt** M skärningspunkt **Schnittstelle** F IT gränssnitt n **Schnittwunde** F skärsår n
Schnitzel A N GASTR schnitzel B M *od* N snitsel, pappersbit; flis n **Schnit-**

zeljagd F ≈ skattjakt, snitseljakt
schnitzeln VIT skära/klippa i småbitar
schnitzen VIT, VII skära, snida, tälja **Schnitzer(in)** M|F| (trä)snidare; fig umg fel n, blunder **Schnitzerei** F (trä)snideri n
schnöde ADJ usel, gemen, lumpen; *geringschätzig* föraktfull
Schnorchel M snorkel **schnorcheln** VII snorkla
Schnörkel M snirkel, krusidull
schnorren VIT, VII snylta, tigga, låna **Schnösel** umg M pojkspoling, snorvalp
schnuckelig umg ADJ gullig, söt
schnüffeln A VII nosa, sniffa, vädra; fig snoka, snörvla B VIT umg sniffa **Schnüffler(in)** M|F| snok, spion; sniffare
Schnuller M napp
Schnulze umg F snyftare; *Buch* snyftroman; *Lied* smörig låt
schnupfen A VIT sniffa B VII snusa **schnupfen** M snuva **Schnupftabak** M snus n
schnuppe umg ADJ **das ist mir ~** det gör mig detsamma **Schnupperkurs** M prova-på-kurs **schnuppern** VII *Hund* nosa; *Rauch, Duft* känna lukten av
Schnur F snöre n, snodd; umg sladd **Schnürchen** N **es geht wie am ~** det går som en dans **schnüren** VIT binda, knyta; trycka, sitta för hårt **schnurgerade** ADJ snörrät **schnurlos** ADJ *Telefon* sladdlös
Schnurrbart M mustasch (er pl)
schnurren VII surra; *Katze* spinna **Schnurrhaare** N/PL morrhår n/pl
Schnürschuh M snörsko **Schnürsenkel** M skosnöre n **Schnürstiefel** M snörkänga
schnurstracks ADV raka vägen; *sofort* genast, strax
Schnute umg F trut, snut
Schock A N sextio stycken n/pl; umg skock, massa B M MED chock; **einen ~ bekommen** få en chock; **einen ~ haben** vara i ett chocktillstånd **Schockbehandlung** F chockbehandling **schocken** umg VIT chocka **schockieren** VIT, VII chockera
schofel umg ADJ lumpen, usel, eländig; *geizig* snål
Schöffe M nämndeman **Schöffen-**

gericht N domstol med nämndemän
Schokolade F choklad; *eine Tafel ~* en chockladkaka **Schokoladeneis** N chokladglass **Schokoladenpudding** M chokladpudding **Schokoladentorte** F chokladtårta **Schokoriegel** M ≈ chokladbit
Scholle¹ F *Erdklumpen* (jord)koka; *fig* torva; *Eisstück* isflak n
Scholle² F *Fisch* flundra
schon ADV *bereits* redan; *gewiss* säkert, nog, väl; *dann då;* ~ *gut!* det är bra!; ~ *lange* för länge sedan; sedan lång tid tillbaka; ~ *wieder* igen; *wenn* ~! än sen då!; *komm* ~! kom då!; *ich komme ja* ~ jag kommer ju (nu); *wie lange bist du* ~ *hier?* hur länge har du varit här?; *er wird* ~ *kommen* han kommer nog; *was ist denn* ~ *wieder?* vad är det nu då?; *na wenn* ~! än sen då!; *was macht das* ~? vad spelar det för roll?
schön A ADJ vacker; fin, skön; *umg* bra, ordentlig; (etw) ~ *machen* förskön(ngt); *sich* ~ *machen* göra sig fin/ vacker B ADV bra; *na* ~! okej då!; *sei* ~ *brav!* var snäll nu!; *ganz* ~ *teuer!* rätt så dyrt!; *grüß* ~! hälsa så mycket!; *das wäre ja noch* ~*er!* fattas bara det!
schonen VT skona, spara, vara rädd om B VR *sich* ~ vara rädd om sig
schonend ADJ skonsam
Schönfärberei F skönmålning
Schöngeist M konstälskare, litteraturälskare, estet **schöngeistig** ADJ skönlitterär, estetisk **Schönheit** F skönhet **Schönheitsfarm** F skönhetsinstitut **Schönheitsfehler** M skönhetsfel n **Schönheitspflege** F skönhetsvård **Schönheitswettbewerb** M skönhetstävling
Schonkost F diet
Schönredner(in) M(F) fjäskare **Schönschrift** F välskrivning; *umg* renskrift
Schonung F 1 vila; förskoning, skonsamhet; *zur* ~ som skydd 2 *Waldschonung* nyplantering, ungskog **schonungslos** ADJ skoningslös **Schonzeit** F förbjuden jakttid
Schopf M *umg* hårtofs, kalufs; *fig* die *Gelegenheit beim* ~ *packen* ta tillfället i akt
schöpfen VT ösa; *frische Luft* ~ få sig

lite frisk luft; *Mut* ~ repa mod **Schöpfer** M skapare; skopa, öskar n; soppslev **schöpferisch** ADJ skapande, kreativ; produktiv **Schöpfkelle** F, **Schöpflöffel** M soppslev; skopa **Schöpfung** F skapelse; kreation
Schoppen M *ein* ~ *Wein* ett glas vin
Schorf M skorv; *Kruste* (sår)skorpa
Schornstein M skorsten **Schornsteinfeger(in)** M(F) sotare
Schoß M sköte n *a. fig*, knä n; *Rocksaum* skört n; *auf j-s* ~ *sitzen* sitta i ngns knä **Schoßhund** M knähund
Schote F BOT skida, balja
Schotte M skotte
Schotter M grovt grus n, makadam
Schottin F skotska **schottisch** ADJ skotsk **Schottland** N Skottland n
schräg A ADJ sned; *umg* annorlunda, konstig; TYPO kursiv B ADV snett; ~ *gegenüber* snett emot **Schräge** F lutning **Schräglage** F lutning; SCHIFF slagsida **Schrägstrich** M snedstreck n
Schramme F repa, skråma, rispa **schrammen** VT rispa, repa
Schrank M skåp n, garderob; *ein* ~ *von Mann umg* en riktig bjässe
Schranke F bom; *fig* gräns, hinder n **schrankenlos** ADJ gränslös, oinskränkt; *fig* hejdlös
Schrankkoffer M garderobskoffert **Schrankwand** F skåpvägg
Schraube F skruv; propeller; *fig bei ihm ist eine* ~ *locker* han har en skruv lös **schrauben** VT, VI skruva **Schraubenschlüssel** M skruvnyckel **Schraubenzieher** M skruvmejsel **Schraubstock** M skruvstäd n **Schraubverschluss** M skruvkork
Schrebergarten M kolonitädgård
Schreck M skräck, förskräckelse, förfaran, fasa; *einen* ~ *bekommen* bli förskräckt; *vor* ~ av skräck **Schreckbild** N skräckbild **schrecken** VT förskräcka, skrämma **Schrecken** M j-n *in* ~ *versetzen* skrämma ngn; → *Schreck* **Schreckensherrschaft** F skräckvälde n **Schreckgespenst** N spöke n; *fig a.* mardröm, skräck **schreckhaft** ADJ lättskrämd, rädd **schrecklich** A ADJ förskräcklig, förfärlig, ryslig B ADV *umg* fruktansvärt, hemskt, väldigt **Schrecklichkeit** F

förskräcklighet, ryslighet **Schreckschuss** M skrämskott n a. fig
Schrecksekunde F ögonblick n av skräck
Schrei M skrik n, skri n, rop n; *fig umg* **der letzte ~** sista skriket, det senaste skriket
Schreibblock M skrivblock n **schreiben** VT skriva; *buchstabieren* stava; **eine Klassenarbeit ~** ha prov n; **wie schreibt man das?** hur stavas det?; **wie schreibt er sich?** hur stavas hans namn? **Schreiben** N skrivelse **Schreiber(in)** M(F) skribent, författare; *penna* **Schreiberei** F skriveri n **schreibfaul** ADJ dålig på att skriva **Schreibfehler** M skrivfel n **schreibgeschützt** ADJ IT skrivskyddad, låst **Schreibheft** N skrivbok n **Schreibmarke** F IT markör **Schreibmaschine** F skrivmaskin **Schreibpapier** N skrivpapper n **Schreibtisch** M skrivbord n **Schreibübung** F skrivövning **Schreibung** F skrivsätt n, stavning **Schreibunterlage** F skrivunderlägg n **Schreibwarenhandlung** F pappershandel **Schreibzeug** N skrivdon n, pennor pl
schreien VT, VI skrika, ropa; **um Hilfe ~** skrika på hjälp; **vor Schmerz ~** skrika av smärta **Schreier(in)** M(F) skrikhals, gaphals **Schreierei** F skrikande n **Schreihals** M skrikhals, gaphals
Schrein M skrin n
Schreiner(in) M(F) snickare **Schreinerei** F snickeri n
schreiten VI skrida, gå; **zu etw ~** *fig* sätta igång med ngt
Schrieb *umg* M brev n
Schrift F skrift; *Handschrift* handstil; *Druckschrift* stil; skrift, publikation; skrivelse; **die Heilige ~** den Heliga Skrift **Schriftart** F stilsort **Schriftbild** N skriftbild **Schriftdeutsch** N tyskt skriftspråk **Schriftführer(in)** M(F) sekreterare **Schriftleitung** F redaktion **schriftlich** ADJ skriftlig; **~e Arbeit** *Schule* skrivning **Schriftsprache** F skriftspråk n **Schriftsteller(in)** M(F) skriftställare, författare **Schriftstück** N skrivelse, handling, aktstycke n **Schriftverkehr** M korrespondens **Schriftwechsel** M brevväxling, korrespondens **Schriftzeichen** N skrivtecken n
schrill ADJ gäll; skrällig; häftig; skitsnygg
Schritt M steg n; *Gang* gång; *fig Maßnahme* åtgärd; **im ~** i skritt; **~ halten** hålla jämna steg *a. fig*; **einen ~ zu weit gehen** *fig* gå för långt; **~ fahren** köra sakta **Schrittmacher** M pacemaker **schrittweise** ADV steg för steg; gradvis
schroff ADJ brant; *fig* tvär, barsk, kärv; *abrupt*, plötslig **Schroffheit** F branthet; *fig* tvärhet, kärvt sätt n
schröpfen VT koppa; *fig* pungslå, skinna
Schrot M u. N (bly)hagel n; *Korn* grovmalen säd; gröpe n; **vom selben ~ und Korn** av samma skrot och korn **Schrotflinte** F hagelbössa
Schrott M skrot n; *umg* skräp n, smörja; **zu ~ fahren** totalkvaddad **Schrottplatz** M skrotplats, skrotupplag n **schrottreif** ADJ skrotfärdig
schrubben VT, VI skrubba, skura **Schrubber** M skurborste
Schrulle F nyck, egenhet; **~n** *pl; umg Frau* konstig käring **schrullig** ADJ konstig, besynnerlig
schrumpfen VI krympa; *runzlig werden* skrumpna
Schub M omgång, grupp, sats; *fig* våg; TECH dragkraft; MED fas **Schubkarre(n)** F(M) skottkärra **Schublade** F byrålåda
Schubs M knuff, puff **schubsen** VT, VI knuffa, puffa
schüchtern ADJ blyg **Schüchternheit** F blyghet
Schuft M skurk, knöl **schuften** *umg* VI slita, släpa, knoga **Schufterei** F slit n, knog n
Schuh M sko; **j-m etw in die ~e schieben** ge ngn skulden för ngt; **wo drückt der ~?** *fig* vad är problemet? **Schuhabsatz** M klack **Schuhanzieher** M skohorn n **Schuhband** N skosnöre n **Schuhbürste** F skoborste **Schuhcreme** F skokräm **Schuhgeschäft** N skoaffär **Schuhgröße** F skonummer n **Schuhlöffel** M skohorn n **Schuhmacher(in)** M(F) skomakare **Schuhmacherei** F skomakeri n **Schuhputzer(in)** M(F) skoputsare

Schuhsohle F skosula **Schuhspanner** M skoblock n **Schuhwerk** N skodon n/pl
Schulabschluss M skolavslutning; *Zeugnis* ≈ avgångsbetyg n **Schulamt** N *Lehramt* lärarbefattning; *Behörde* skolförvaltning **Schulanfang** M terminsstart; skolstart **Schulanfänger(in)** M/F nybörjare (i skolan) **Schularbeiten** F/PL, **Schulaufgaben** F/PL läxor pl **Schulbank** F skolbänk **Schulbehörde** F skolstyrelse **Schulbeispiel** N skolexempel n **Schulbesuch** M skolgång **Schulbildung** F skolbilning **Schulbus** M skolbuss
schuld ADJ ~ **sein an** (dat) vara skuld till; **ich bin ~ daran** det är mitt fel **Schuld** F skuld; *Fehler* fel n; **j-m die ~ geben** ge ngn skulden, skylla på ngn; **~en machen** skuldsätta sig **Schuldbekenntnis** N skuldbekännelse **schuldbewusst** ADJ skuldmedveten **Schuldbewusstsein** N skuldmedvetenhet
schulden VT vara skyldig; **j-m Dank für etw ~** ha ngn att tacka för ngt **schuldenfrei** ADJ skuldfri **Schuldenlast** F skuldbörda **Schuldentilgung** F amortering
Schuldienst M **im ~ sein** arbeta som lärare
schuldig ADJ skyldig **Schuldige(r)** M/F(M) skyldig **Schuldigkeit** F skyldighet, plikt **Schuldkomplex** M skuldkomplex n **schuldlos** ADJ oskyldig **Schuldlosigkeit** F oskuld **Schuldner(in)** M/F gäldenär m **Schuldschein** M skuldsedel **Schuldspruch** M fällande dom **Schuldverschreibung** F skuldförbindelse, obligation
Schule F skola; **in die ~ gehen** gå i skolan; *fig* **aus der ~ plaudern** skvallra **schulen** VT skola, bilda **Schüler(in)** M/F elev **Schüleraustausch** M elevutbyte n **Schülerlotse** M skolpolis **Schülerpraktikum** N ≈ prao, praktik **Schülersprecher(in)** M/F elevrådsrepresentant **Schülervertretung** F elevråd n **Schülerzahl** F elevantal n **Schulfach** N skolämne n **Schulferien** PL skollov n **Schulfernsehen** N skol-tv **schulfrei** ADJ skolledig; **~ haben** ha ledigt från sko-

lan **Schulfreund(in)** M/F skolkamrat **Schulfunk** M skolradio **Schulgeld** N terminsavgift **Schulhof** M skolgård **Schuljahr** N läsår n **Schuljugend** F skolungdom **Schuljunge** M skolpojke **Schulkamerad(in)** M/F skolkamrat **Schulkind** N skolbarn n **Schulleiter** M rektor **Schulmädchen** N skolflicka **Schulmappe** F skolväska **Schulmedizin** F skolmedicin **Schulordnung** F skolstadga **schulpflichtig** ADJ skolpliktig **Schulrat** M inspektör **Schulschluss** M skolans slut n **Schulsystem** N skolsystem n **Schultasche** F skolväska
Schulter F skuldra, axel; **~ an ~** sida vid sida; **etw auf die leichte ~ nehmen** *fig* ta ngt lätt **Schulterblatt** N skulderblad n **schulterfrei** ADJ baraxlad, utan axelband **Schultergelenk** N axelled **Schulterhöhe** F **in ~** i axelhöjd **schultern** VT ta på axeln, axla **Schultertasche** F axelremsväska
Schulung F skolning, utbildning; **er ist zur ~** han är på kurs **Schulungszentrum** N kursgård **Schulunterricht** M skolundervisning **Schulwesen** N skolväsen n **Schulzeit** F skoltid **Schulzeugnis** N skolbetyg n
schummeln *umg* VI fuska
Schund M smörja, skräp n
schunkeln VI gunga arm i arm i takt
Schupo M polis
Schuppe F fjäll n; *Haar* mjäll n
schuppen VT fjälla; **sich ~** fjälla, flagna
Schuppen M skjul n, bod; *umg* ställe n, lokal; *umg* kåk, låda
Schuppenflechte F MED psoriasis
schuppig fjällig; mjällig
Schur F (får)klippning; (avklippt) ull
schüren VT röra om; *fig* underblåsa
schürfen VT prospektera; skrubba, skrapa (upp) **Schürfwunde** F skrubbsår n
Schurke M, **Schurkin** F skurk
Schurwolle F **reine ~** ren ny ull
Schurz M höftskynke n
Schürze F förkläde n **Schürzenjäger** M flickjägare
Schuss M skott n; *umg Injektion* sil; **weit (ab) vom ~ sein** vara långt från händelsernas centrum; på säkert av-

stånd; **gut in ~ sein** vara i fint skick; **mit einem ~ Rum** spetsat med rom; **sich den goldenen ~ setzen** ta en överdos
Schüssel F skål; *umg* parabolantenn
schusselig *umg* ADJ virrig, vimsig; glömsk
Schussfeld N skottfält n **Schusslinie** F skottlinje **Schusswaffe** F skjutvapen n **Schusswechsel** M skottväxling **Schussweite** F skotthåll n **Schusswunde** F skottsår n
Schuster(in) M(F) skomakare; *umg* klåpare
Schutt M ruiner, spillror; *Abfall* byggavfall n; **~ abladen verboten!** Tippning förbjuden!
Schüttelfrost M frossa **schütteln** VT skaka, ruska
schütten A VT hälla, ösa, slå B VI *umg* **es schüttet** det ösregnar
schütter ADJ gles
Schutthalde F grussluttning **Schutthaufen** M grushög; avfallshög
Schutz M (be)skydd n; *Verteidigung* försvar n; **~ suchen** vor Unwetter söka skydd; **in ~ nehmen** ta mot i försvar
Schutzanzug M skyddsdräkt
Schutzblech N stänkskärm **Schutzbrille** F skyddsglasögon pl
Schütze M skytt; ASTROL Skytten
schützen VT (be)skydda, försvara (**vor** dat för), (**gegen** akk mot); *Art, Gebiet* skydda, fridlysa
Schützenfest N skyttetävling
Schutzengel M skyddsängel
Schützengraben M skyttegrav
Schützenkönig M mästerskytt
Schutzgebiet N protektorat n; *Naturschutzgebiet* naturskyddsområde n
Schutzgeld N beskyddaravgift
Schutzheilige(r) M(F(M)) skyddshelgon n **Schutzhelm** M skyddshjälm **Schutzhülle** F skyddsomslag n, skyddshölje n **Schutzhütte** F (övernattnings)stuga **Schutzimpfung** F vaccination **Schutzkleidung** F skyddskläder **Schützling** M skyddsling **schutzlos** ADJ försvarslös
Schutzmacht F skyddsmakt
Schutzmaske F skyddsmask
Schutzmaßnahme F skyddsåtgärd
Schutzpolizei F säkerhetspolis
Schutzraum M skyddsrum n

Schutzumschlag M skyddsomslag n **Schutzvorrichtung** F skyddsanordning **Schutzzoll** M skyddstull
Schwaben N Schwaben **schwäbisch** ADJ schwabisk
schwach ADJ svag; *matt* matt; **~e Nerven** dåliga/svaga nerver; **ein ~er Schüler** en svag elev; **nur nicht ~ werden!** ge inte upp! **Schwäche** F svaghet; *Mattheit* matthet; *Neigung* förkärlek **schwächen** VT försvaga; undergräva **Schwachheit** F svaghet **Schwachkopf** M dumhuvud n **schwächlich** ADJ klen, svag **Schwächling** M vekling **Schwachsinn** M MED förståndshandikapp n; *umg* dumheter; skitsnack n **schwachsinnig** ADJ förståndshandikappad; *umg* idiotisk, urfånig **Schwachstelle** F svag punkt **Schwachstrom** M svagström **Schwächung** F försvagande n
Schwaden M moln n
Schwadron F skvadron
schwafeln *umg* VI svamla, gagga
Schwager M svåger **Schwägerin** F svägerska
Schwalbe F svala **Schwalbennest** N svalbo n
Schwall M svall n, flöde n a. fig
Schwamm M (tvätt)svamp; **~ drüber!** nu talar vi inte mer om det! **Schwammerl** *österr* M/N svamp **schwammig** ADJ svampig; plufsig; *fig* luddig, vag
Schwan M svan
schwanger ADJ gravid, havande **Schwangere** F gravid (kvinna), havande **schwängern** VT göra gravid **Schwangerschaft** F graviditet, havandeskap n **Schwangerschaftsabbruch** M abort **Schwangerschaftstest** M graviditetstest (n)
Schwank M fars; rolig historia
schwanken VI vackla; vaja; WIRTSCH fluktuera; *wechseln* variera; *nachgeben* ge efter, svikta; *fig* tveka; stappla, vackla, vingla **schwankend** ADJ vacklande; vajande; fluktuerande, varierande; sviktande; *fig* tveksam; vinglig, ostadig **Schwankung** F variation; avvikelse; fluktuation
Schwanz M svans; *Vögel u. Fische* stjärt; *vulg Penis* kuk, snopp; **kein ~** *umg* inte en kotte **schwänzen** VT,

V/I *Schule* skolka **Schwanzflosse** F̄ stjärtfena
schwappen *umg* V/I skvalpa (över), skvimpa (över)
Schwarm M̄ svärm; *Fischschwarm* stim n; *Menschenschwarm* skara; *Person* svärmeri n **schwärmen** V/I **1** svärma; ~ **für** svärma för; ~ **von** svärma/drömma om **2** *wimmeln* vimla **Schwärmer** M̄ *a.* ZOOL svärmare **Schwärmerei** F̄ svärmeri n **schwärmerisch** ADJ svärmisk
Schwarte F̄ (fläsk)svål; *Buch* lunta
schwarz ADJ svart; *fig umg* svart, illegalt; *umg* katolsk; ~ **auf weiß** svart på vitt; **am** ~**en Brett** på anslagstavlan; ~ **gestreift** svartrandig; ~ **werden** bli svart, svartna; **auf der** ~**en Liste stehen** vara svartlistad; *etw* ~ **kaufen** köpa ngt svart **Schwarzarbeit** F̄ svartarbete n; svartjobb n; ~ **machen** arbeta/jobba svart **Schwarzbrot** N̄ (mörkt) rågbröd n **Schwarze** **A** F̄ *Hautfarbe* svart kvinna; *Haarfarbe* svarthårig kvinna; *politische Gesinnung* konservativ kvinna **B** M̄ *Hautfarbe* svart man; *Haarfarbe* svarthårig man; *politische Gesinnung* konservativ **C** N̄ **ins** ~ **treffen** träffa mitt i prick; *das kleine* ~ *Kleid* den lilla svarta **Schwärze** F̄ svärta **schwärzen** V/T, V/I svärta (ned) **schwarzfahren** V/I tjuvåka **Schwarzfahrer(in)** M/F tjuvåkare **Schwarzgeld** N̄ svarta pengar *pl* **schwarzhaarig** ADJ svarthårig **Schwarzhandel** M̄ svartabörshandel **Schwarzhändler(in)** M/F svartabörshandlare **Schwarzmarkt** M̄ **der** ~ svarta börsen/marknaden **schwarzsehen** V/I se allt i svart; TV titta (utan tv-licens) **Schwarzseher(in)** M/F pessimist; TV tjuvtittare, licenssmitare **Schwarztee** M̄ svart te n **schwarz-weiß** ADJ svartvit **Schwarz-Weiß-Film** M̄ svartvit film **Schwarzwild** N̄ vildsvin n **Schwarzwurzel** F̄ svartrot
Schwatz M̄ prat n; pratstund **schwatzen**, **schwätzen** V/I prata, pladdra, prata strunt **Schwätzer(in)** M/F pratmakare; skvallerbytta **schwatzhaft** ADJ pratsjuk **Schwatzhaftigkeit** F̄ pratsjuka
Schwebe F̄ **in der** ~ **sein** vara oviss,

vara oavgjord **Schwebebahn** F̄ hängbana **schweben** V/I sväva; *fig* vara oviss, vara oavgjord; **in Gefahr** ~ sväva i fara **schwebend** ADJ svävande; *fig* oviss, oavgjord
Schwede M̄ svensk; *alter* ~! ser man på!, det var det värsta! **Schweden** N̄ Sverige n **Schwedin** F̄ svenska **schwedisch** ADJ svensk **Schwedisch** N̄ svenska (språket)
Schwefel M̄ svavel n **schwefelhaltig** ADJ svavelhaltig **Schwefelsäure** F̄ svavelsyra
Schweif M̄ svans; *Vögel* stjärt **schweifen** V/I ströva (omkring)
Schweigegeld N̄ mutor *pl* för att tiga **Schweigemarsch** M̄ tyst protestmarsch **Schweigeminute** F̄ tyst minut **schweigen** V/I tiga, vara tyst **Schweigen** N̄ tystnad **Schweigepflicht** F̄ tystnadsplikt **schweigsam** ADJ tyst(låten) **Schweigsamkeit** F̄ tystlåtenhet, tystnad
Schwein N̄ svin n, gris; *fig* (smuts)gris; GASTR fläsk n; ~ **haben** *umg* ha tur; **du** ~! ditt svin!; **armes** ~! stackare!; **kein** ~ **war da** det var inte en kotte där **Schweinebraten** M̄ fläsksteks **Schweinefleisch** N̄ fläsk n, griskött n **Schweinegrippe** F̄ svininfluensa **Schweinehund** *umg* M̄ svin n, fähund **Schweinerei** F̄ svineri n, snusk n; svinaktighet, vidrighet; *das ist eine* ~! det är ett jävla sätt! **Schweinerippchen** N̄ revbensspjäll n **Schweineschnitzel** N̄ fläskschnitzel **Schweinestall** M̄ svinstia *a. fig* **Schweinezucht** F̄ svinavel **Schweinigel** *umg* M̄ svin n **schweinisch** *umg* ADJ svinaktig **Schweinsfilet** N̄ fläskfilé **Schweinshaxe** F̄ GASTR fläsklägg n **Schweinsleder** N̄ svinläder n
Schweiß M̄ svett **schweißbedeckt** ADJ svettig **schweißen** V/T, V/I svetsa **schweißig** ADJ svettig; blodig **Schweißnaht** F̄ svetsfog **Schweißspritzer** M̄ svetsloppa **schweißtreibend** ADJ svettdrivande **Schweißtropfen** M̄ svettdroppe
Schweiz F̄ **die** ~ Schweiz n **Schweizer** M̄ schweizare **Schweizerdeutsch** N̄ schweizertyska **Schweizerin** F̄ schweiziska **schweizerisch**

ADJ schweizisk
schwelen V/I pyra
schwelgen V/I frossa **Schwelgerei** F frosseri n
Schwelle F tröskel a. fig; BAHN syll, sliper
schwellen A V/I svälla; *dick werden* svullna B V/T komma att svälla, (ut)vidga, fylla **Schwellenland** N nytt industriland n, tillväxtekonomi **Schwellung** F MED svullnad
Schwemme F vattningsställe n; *fig Flut* uppsjö; *in zssgn* -överskott n
schwemmen M V/T spola
Schwengel M *Pumpe* pumparm; *Glocke* klockkläpp
schwenkbar ADJ vridbar **schwenken** A V/T svänga, vifta med; *spülen* skölja, diska B V/I svänga, göra en sväng; *ins andere Lager* ~ POL byta sida; *Filmkamera* göra ett svep **Schwenkung** F svängning; POL kursändring
schwer ADJ tung *a. fig; schwierig* svår; *Zeit* hård; *umg beträchtlich, viel* väldigt; ~es *Essen* svårsmält (mäktig) mat; *ein* ~er *Schlag* ett hårt slag; *ein* ~er *Unfall* en svår olycka; ~ *hören* höra illa; ~ **beladen** tungt lastad; ~ **bewaffnet** tungt beväpnad; *ein* ~ *erziehbares Kind* ett problembarn; ~ **verdaulich** hårdsmält, svårsmält *a. fig;* ~ **verständlich** svårbegriplig, svårfattlig; ~ **verwundet** svårt sårad **Schwerarbeit** F tungt kroppsarbete **Schwerarbeiter(in)** M(F) grovarbetare **Schwerbehinderte(r)** M/F(M) gravt handikappad (person) **Schwere** F tyngd, vikt; PHYS tyngdkraft **Schwerelos** ADJ tyngdlös **Schwerelosigkeit** F tyngdlöshet **Schwerenöter** M kvinnotjusare **schwererziehbar** ADJ → **schwer** **schwerfällig** ADJ *unbeholfen* klumpig, ovig; *geistig* trög **Schwerfälligkeit** F klumpighet, ovighet; tröghet **Schwergewicht** N tungvikt **Schwergewichtler(in)** M(F) tungviktare **schwerhörig** ADJ som hör illa; lomhörd **Schwerhörigkeit** F nedsatt hörsel, lomhördhet **Schwerindustrie** F tung industri **Schwerkraft** F tyngdkraft **schwerlich** ADV svårligen **Schwermut** F svårmod n **schwermütig** ADJ svårmodig, tung-

sint **Schweröl** N tjockolja **Schwerpunkt** M tyngdpunkt; inriktning
Schwert N svärd n **Schwertfisch** M svärdfisk **Schwertlilie** F svärdslilja
Schwerverbrecher(in) M(F) grov förbrytare **schwerverdaulich** → schwer **schwerwiegend** ADJ tungt vägande
Schwester F syster; *Krankenschwester* sjuksköterska, syster **schwesterlich** ADJ systerlig
Schwibbogen M strävbåge **Schwiegereltern** PL svärföräldrar *pl* **Schwiegermutter** F svärmor **Schwiegersohn** M svärson, måg **Schwiegertochter** F svärdotter, sonhustru **Schwiegervater** M svärfar
Schwiele F valk **schwielig** ADJ valkig
schwierig ADJ svår, besvärlig, kinkig, krånglig **Schwierigkeit** F svårighet, besvär n, kinkighet; krångel n; ~en **machen** ställa till krångel, börja bråka
Schwimmbad N simhall **Schwimmbecken** N simbassäng **schwimmen** V/I simma; *treiben* flyta; *umg* komma av sig; bli osäker; ~ **gehen** gå och simma; *im Geld* ~ bada i pengar **Schwimmen** N simning; *ins* ~ **kommen** *umg* komma av sig; bli osäker **Schwimmer** M simmare; simkunnig person; *Angel* flöte n; TECH flottör **Schwimmerin** F simmerska; simkunnig person **Schwimmflosse** F simfot **Schwimmlehrer(in)** M(F) simlärare **Schwimmreifen** M badring **Schwimmweste** F flytväst
Schwindel M MED svindel, yrsel; *fig* svindel, bedrägeri n; ~ **erregend** svindlande; *fig umg der ganze* ~ hela rasket **Schwindelanfall** M svindelanfall n **Schwindelei** F bedrägeri n, svindleri n **schwindelerregend** ADJ svindlande **schwindelfrei** ADJ fri från svindel **schwind(e)lig** ADJ yr, snurrig, vimmelkantig; *mir wird* ~ jag blir yr **schwindeln** V/I *lügen* ljuga; *mir schwindelt* jag blir yr; *sich durch etw* ~ fuska sig igenom ngt
schwinden V/I försvinna; *abnehmen* avta, minskas
Schwindler(in) M(F) svindlare, skojare
schwingen A V/T svinga, svänga B V/I *beben u. Ton* vibrera C V/R *sich auf*

etw ~ svinga sig upp på ngt **Schwingung** F svängning, dallring, vibration
Schwips umg M einen ~ haben vara på snusen
schwirren VI surra, svirra; vina
Schwitzbad N ångbad n **schwitzen** VI svettas; *Fenster* bli immig; **ins Schwitzen geraten** bli svettig
schwören A VT svära, gå ed B VI **auf etw** ~ *fig* hålla på ngt; lita blint på ngt
schwul ADJ ~ **sein** umg vara bög
schwül ADJ kvav, tung, tryckande, kvalmig **Schwüle** F kvavhet, tryckande hetta, kvalmighet
Schwule(r) M bög
Schwulst M svulstighet **schwülstig** ADJ svulstig
Schwund M minskning; MED förtvining n; WIRTSCH svinn n
Schwung M sväng, fart; *fig* umg schvung, liv n, kläm; **in ~ bringen** sätta i gång; **in ~ kommen** komma igång; **ein ganzer ~** umg en massa **schwungvoll** medryckande, livlig
Schwur M ed; löfte n **Schwurgericht** N (domstols)jury
Science-Fiction F science fiction
Screenshot M skärmdump
scrollen VT, VI IT rulla
sechs NUM sex **Sechseck** N sexsiding **sechseckig** ADJ sexkantig **sechsmal** ADV sex gånger **Sechsstundentag** M sextimmarsdag **Sechstagerennen** N sexdagarslopp n **sechstägig** ADJ sex dagars **sechste(r, s)** ADJ sjätte **Sechstel** N sjättedel **sechstens** ADV för det sjätte **sechzehn** NUM sexton **sechzig** NUM sextio
See A F hav n; *Seegang* sjögång; *Sturzsee* störtsjö; **zur ~** till sjöss; **in ~ gehen/stechen** lägga ut, sticka ut till havs; **auf hoher ~** på öppna havet; **an die ~ fahren** åka till havet B M (in)sjö **Seebad** N havsbad n; (havs)badort **Seebär** M sjöbjörn, sjöbuss **Seefahrer(in)** M(F) sjöfarare **Seefahrt** F sjöfart; *Reise* sjöresa **Seefisch** M saltvattensfisk, havsfisk **Seegang** M sjögång **Seegras** N sjögräs n **Seehafen** M hamn **Seeherrschaft** F herravälde n till sjöss **Seehund** M säl **Seekarte** F sjökort n **seekrank** ADJ sjösjuk **Seekrankheit** F sjösjuka **Seelachs** M ZOOL sej **Seele** F själ *a. fig*; **du sprichst mir aus der ~** du tar orden ur munnen på mig; **eine ~ von Mensch** godheten själv **Seelenheil** N frälsning **Seelenleben** N själsliv n **seelenlos** ADJ själlös **Seelenruhe** F sinnesro **Seelenverwandtschaft** F själsfrändskap **Seelenwanderung** F själavandring
Seeleute PL sjömän *pl*, sjöfolk *n*
seelisch ADJ själslig, psykisk
Seelöwe M sjölejon *n*
Seelsorge F själavård **Seelsorger(in)** M(F) själasörjare
Seemacht F sjömakt **Seemann** M sjöman **seemännisch** ADJ sjömans-
Seemeile F sjömil **Seenot** F sjönöd **Seepferdchen** N sjöhäst **Seeräuber(in)** M(F) sjörövare **Seerecht** N sjörätt **Seereise** F sjöresa **Seerose** F näckros **Seeschaden** M sjöskada, haveri n **Seeschifffahrt** F sjöfart **Seeschlacht** F sjöslag n **Seeschlange** F sjöorm **Seeschwalbe** F tärna **Seestern** M sjöstjärna **Seestreitkräfte** F/PL sjöstridskrafter *pl*
Seetang M tång **seetüchtig** ADJ sjöduglig **Seewasser** N havsvatten n **Seeweg** M sjöväg **Seewind** M pålandsvind **Seezunge** F sjötunga
Segel N segel n **Segelboot** N segelbåt **Segelfahrt** F segeltur, seglats **Segelflieger** M segelflygare **Segelflug** M segelflygning **Segelflugzeug** N segelflygplan n **segeln** VT, VI segla **Segeln** N segling **Segelregatta** F kappsegling **Segelschiff** N segelfartyg n **Segelsport** M segelsport **Segeltuch** N segelduk
Segen M välsignelse; **es ist ein ~, dass** ... umg det är då för väl att ...; **der ganze ~** umg hela rasket **Segenswünsche** PL välgångsönskningar
Segler M seglare; (≈ *Boot*) segelbåt; (≈ *Flugzeug*) segelflygplan n **Segler(in)** M(F) seglare
Segment N segment n
segnen VT välsigna; **das Zeitliche ~** gå hädan **Segnung** F välsignelse
sehbehindert ADJ synskadad
sehen A VT, VI se; *a. vji u. zusehen* titta; *nach j-m* titta till ngn; **sich ~ lassen** visa sig; **sich ~ lassen können** inte skämmas för sig; **na, siehst du!** där ser du!; **sieh mal einer an!** det var inte illa! B VT **j-m ähnlich ~** likna ngn; **zu ~ sein** synas C V/R **sich ~ ses, träffas se-

henswert ADJ, **sehenswürdig** sevärd **Sehenswürdigkeit** F sevärdhet **Seher** M siare **Seherin** F sierska **Sehfehler** M synfel n **Sehkraft** F synförmåga
Sehne F sena; *Bogen* sträng
sehnen VR sich ~ nach längta efter
Sehnenzerrung F senstäckning
Sehnerv M synnerv
sehnlich ADJ mein ~ster Wunsch min högsta önskan; ~ erwartet efterlängtad **Sehnsucht** F längtan **sehnsüchtig** ADJ längtande, längtansfull
sehr ADV mycket; ~ gern väldigt gärna; ~ viel väldigt mycket; nicht ~ groß inte särskilt stor; bitte ~ var så god; danke ~ tack så mycket; zu ~ alltför mycket
Sehschärfe F synskärpa **Sehstörung** F synrubbning **Sehtest** M syntest (n) **Sehvermögen** N synförmåga **Sehweite** F in ~ inom synhåll
seicht ADJ grund; *fig* ytlig
Seide F siden n, silke n
Seidel N sejdel
seiden ADJ av siden *od* silke n, siden-, silkes- **Seidenband** N sidenband n **Seidenfaden** M silke(stråd) n **Seidenglanz** M sidenglans, silkesglans **Seidenpapier** N silkespapper n **Seidenraupe** F silkesmask **Seidenstoff** M sidentyg n **seidenweich** ADJ silkeslen **seidig** ADJ som siden/silke
Seife F tvål; *Schmierseife* såpa **Seifenblase** F såpbubbla **Seifenoper** F såpopera **Seifenpulver** N tvålpulver n **Seifenschale** F tvålkopp **Seifenschaum** M tvållödder n **seifig** ADJ full med såpa (*od* tvål); tvålaktig, såpaktig
seihen VT sila
Seil N rep n, lina **Seilbahn** F linbana **seilspringen** VI hoppa hopprep **Seiltänzer** M lindansare **Seiltänzerin** F lindanserska
sein POSS PR vara; was ist mit dir? vad/ hur är det med dig?; mir ist warm/kalt jag är varm/jag fryser; das kann ~ det är möjligt; das kann doch nicht ~! men det kan inte vara möjligt!; wie dem auch sei hur det än må vara; es sei denn, dass ... det skulle vara om ..., såvida inte ...; lass das ~! låt bli

(det där)! **Sein** N tillvaro, existens
sein(e, er, es) POSS PR männlich hans; *Besitzer = Subjekt*; sächlich = ett-Wort sitt; pl sina; sächlich dess; ~ Haus ist alt hans hus är gammalt; er will ~ (eigenes) Haus verkaufen han tänker sälja sitt (eget) hus; das Haus ~es Bruders hans brors hus; jeder hat ~e Sorgen var och en har sina bekymmer **seinerseits** ADV å hans/sin sida, för hans/sin del **seinerzeit** ADV på den tiden **seinesgleichen** PRON hans likar, sådana som han **seinetwegen** ADV, **seinetwillen** för hans skull
Seismograf, **Seismograph** M seismograf
seit KONJ, PRÄP ⟨*dat*⟩ *bei Zeitpunkt* sedan, från (och med); *bei Zeitraum* i; ~ damals från den tiden; ~ wann wohnst du hier? hur länge har du bott här?; er ist ~ einer Woche hier han har varit här i en vecka **seit(dem)** KONJ (allt)sedan; ~ du hier wohnst sedan du flyttade hit **seitdem** ADV sedan dess
Seite F sida; *fig* a. håll n; auf die ~ gehen gå åt sidan; von allen ~n (her) från alla håll; j-m zur ~ stehen bistå ngn, stå vid ngns sida; etw auf die ~ legen spara ngt; Gelbe ~n® gula sidorna **Seitenausgang** M sidoutgång **Seitenblick** M sidoblick **Seiteneingang** M sidoingång **Seitenflügel** M sidobyggnad; flygel **Seitenhieb** *fig* M pik, gliring **seitenlang** A ADJ flera sidor lång B ADV sida efter sida **Seitenlinie** F sidolinje **seitens** PRÄP ⟨*gen*⟩ från ... sida **Seitensprung** *fig* M snedsprång n **Seitenstechen** N håll n (i sidan) **Seitenstraße** F sidogata **Seitenstreifen** M vägren **seitenverkehrt** ADJ, ADV spegelvänd **Seitenwechsel** M SPORT sidbyte n **Seitenwind** M sidovind **Seitenzahl** F *Anzahl* sidoantal n; *Ziffer* sidnummer n
seither ADV sedan dess
seitlich sido-; på sidan **seitwärts** ADV åt sidan; vid sidan om
Sekret N sekret n
Sekretär M *Schreibtisch* sekretär **Sekretär(in)** M(F) sekreterare **Sekretariat** N sekretariat n
Sekt M mousserande vitt vin n
Sekte F sekt

Sektglas N champagneglas n
Sektierer(in) M|F sekterist
Sektion F sektion; ANAT dissektion
Sektor M sektor
Sekundant M sekundant **sekundär** ADJ sekundär
Sekunde F sekund **Sekundenzeiger** M sekundvisare
selber DEM PR själv **selbst** A PRON själv; **von ~** av sig själv(t); självmant; **das versteht sich von ~** det säger sig självt; **~ gebacken** hembakad; **~ gemacht** hemgjord, hemlagad B ADV sogar till och med **Selbstachtung** F självaktning **Selbstanklage** F självanklagelse **Selbstanzeige** F **~ erstatten** anmäla sig själv till polisen **Selbstauslöser** M självutlösare **Selbstbedienung** F självbetjäning **Selbstbedienungsgaststätte** F självservering **Selbstbedienungsladen** N snabbköp n **Selbstbefriedigung** F onani **Selbstbeherrschung** F självbehärskning **Selbstbestätigung** F självbekräftelse **Selbstbestimmungsrecht** N självbestämmanderätt **Selbstbeteiligung** F självrisk **Selbstbetrug** M självbedrägeri n **selbstbewusst** ADJ självmedveten **Selbstbewusstsein** N självmedvetande n, självmedvetenhet **Selbstbildnis** N självporträtt n **Selbstbräuner** M brun utan sol-produkt **Selbstdisziplin** F självdisciplin **Selbsterhaltungstrieb** M självbevarelsedrift **Selbsterkenntnis** F självkännedom **selbstgefällig** ADJ självbelåten, egenkär **Selbstgespräch** N monolog **selbstherrlich** ADJ överlägsen **Selbsthilfe** F självhjälp **selbstklebend** ADJ självhäftande **Selbstkosten** PL självkostnad (er pl) **Selbstkostenpreis** M självkostnadspris n **Selbstkritik** F självkritik **Selbstlaut** M självljud n, vokal **selbstlos** ADJ oegennyttig, osjälvisk **Selbstmedikation** F självmedicinering **Selbstmitleid** N självömkan **Selbstmord** M självmord n **Selbstmordanschlag** M självmordsattack **Selbstmörder** M självmördare **Selbstmörderin** F självmörderska **selbstmörderisch** ADJ självmords- **Selbstmordversuch** M självmords-

försök n **selbstredend** ADV självfallet **Selbstschutz** M självförsvar n **selbstsicher** ADJ självsäker **selbstständig** ADJ självständig; **sich ~ machen** starta eget; umg försvinna, komma bort **Selbstständigkeit** F självständighet **Selbstsucht** F egoism, självviskhet **selbstsüchtig** ADJ egoistisk, självisk **selbsttätig** ADJ automatisk **Selbsttäuschung** F självbedrägeri n **Selbstüberwindung** F självövervinnelse **Selbstverlag** M eget förlag n **Selbstverpflegung** F självhushåll n **selbstverschuldet** ADJ självförvållad **Selbstversorger(in)** M|F **sein** vara självförsörjande; **für ~ med** självhushåll **selbstverständlich** A ADJ självklar, självskriven B ADV naturligtvis **Selbstverständlichkeit** F självklarhet **Selbstverstümmelung** F självstympning **Selbstverteidigung** F självförsvar n **Selbstvertrauen** N självförtroende n **Selbstverwaltung** F självförvaltning **Selbstverwirklichung** F självförverkligande n **Selbstwertgefühl** N självkänsla **Selbstzufriedenheit** F självgodhet **Selbstzweck** M självändamål n
Selektion F selektion **selektiv** ADJ selektiv
Selfie N selfie, självis
selig ADJ salig; glücklich lycksalig, överlycklig, säll **Seligkeit** F salighet; lycksalighet
Sellerie M selleri mst n
selten A ADJ sällsynt B ADV sällan **Seltenheit** F sällsynthet; Gegenstand raritet
Selterswasser N mineralvatten n, vichyvatten n
seltsam ADJ sällsam, besynnerlig **seltsamerweise** ADV konstigt nog, underligt nog
Semantik F semantik
Semester N termin **Semesterferien** PL terminslov n
Semikolon N semikolon n
Seminar N seminarium n; Institut institution **Seminarschein** M kursintyg n
Semit(in) M|F semit **semitisch** ADJ semitisk
Semmel F ≈ småfranska **Semmel-

brösel PL ströbröd n
Senat M senat **Senator(in)** M(F) senator
Sendebereich M sändningsområde n
senden A V/T *Brief etc* skicka B V/T, V/I RADIO, TV sända **Sender** M sändare; radiostation, tv-station **Sendereihe** F programserie **Sendeschluss** M slut n på sändningen **Sendezeit** F sändningstid **Sendung** F sändning; *fig* mission, uppdrag n; *Paket* försändelse; RADIO *od* TV sändning; program n
Senf M senap
sengen A V/T sveda B V/I bränna
senil ADJ senil **Senilität** F senilitet
Senior(in) M(F) senior; pensionär **Seniorenheim** N servicehus n, pensionärshem n **Seniorenkarte** F rabattkort n för pensionärer **Seniorenpass** M pensionärskort n **Seniorenteller** M ≈ pensionärsportion
Senkblei N sänklod n **Senke** F sänka
senken A V/T sänka *a. fig*; *den Blick* ~ slå ned ögonen B V/R **sich** ~ sänka sig, sjunka **Senkfuß** M plattfot **Senkgrube** F kloakbrunn **senkrecht** ADJ lodrät **Senkrechtstarter** M vertikalt startande flygplan; *Person* person som har gjort kometkarriär **Senkung** F sänkning; GEOG sänka, sluttning; ARCH sättning
Sennhütte F säterstuga, fäbod
Sensation F sensation **sensationell** ADJ sensationell **sensationslüstern** ADJ sensationslysten
Sense F lie; *jetzt ist* ~! nu räcker det!
sensibel ADJ sensibel, känslig **Sensibilität** F sensibilitet, känslighet
Sensitivitätstraining N sensitivitetsträning
Sentenz F sentens, tänkespråk n
sentimental ADJ sentimental **Sentimentalität** F sentimentalitet
separat ADJ separat **Separatismus** M separatism **Separatist(in)** M(F) separatist
September M september
Sequenz F *a.* MUS sekvens
Serbe M serb **Serbien** N Serbien n **Serbin** F serbiska **serbisch** ADJ serbisk
Serenade F serenad
Serie F serie **Serienbrief** M standardbrev n **Serienherstellung** F serietillverkning **serienmäßig** ADJ seriemässig; ~ *herstellen* serietillverka **Serienmörder(in)** M(F) seriemördare **seriös** ADJ seriös
Serpentine F *Straße* serpentinväg
Serum N serum n
Server M IT server
Service A N servis B M service, betjäning **Serviceportal** N serviceportal
servieren V/T, V/I servera; *Tennis* serva
Serviererin F servitris
Serviette F servett
Servolenkung F servostyrning
servus INT hej; hej då!
Sessel M fåtölj **Sessellift** M stollift
sesshaft ADJ bofast, bosatt; ~ *werden* bosätta sig
Set N *od* M SPORT set n; (≈ *Satz*) uppsättning; (≈*Tischset*) tablett
setzen A V/T sätta; ställa, lägga; *beim Spiel* satsa; *in Klammern* ~ sätta inom parentes B V/R **sich** ~ sätta sig; *bitte, ~ Sie sich!* varsågod och sitt!; *sich zu j-m* ~ sätta sig bredvid/hos ngn **Setzer(in)** M(F) sättare **Setzerei** F sätteri n **Setzling** M skott n, stickling
Seuche F farsot, epidemi **Seuchengefahr** F risk för epidemi
seufzen V/T, V/I sucka **Seufzer** M suck
Sex M sex; *mit j-m* ~ *haben umg* ha sex med ngn **sexistisch** ADJ sexistisk
Sexshop M sexshop
Sextant M sextant **Sextett** N sextett
Sexualität F sexualitet **Sexualkunde** F sexualkunskap **Sexualverbrecher** M sexualförbrytare **sexuell** ADJ sexuell **sexy** ADJ sexig
sezieren V/T, V/I dissekera
Shampoo N shampo n
Shareware F IT spridprogram n, shareware
Shorts PL shorts *pl*
Show F show **Showgeschäft** N das ~ nöjesbranschen **Showmaster(in)** M(F) programledare
Shuttlebus M *zum Flughafen* flygbuss
siamesisch ADJ siamesisk; ~e *Zwillinge* siamesiska tvillingar
sibirisch ADJ sibirisk
sich REFL PR sig; *einander* varandra; *an (und für)* ~ i och för sig; ~ *selbst* sig själv; *von* ~ *aus* själv; på eget initiativ
Sichel F skära
sicher A ADJ säker, trygg; ~ *sein* vara

säker (vor *dat* för); **sich seiner Sache ~ sein** vara säker på sin sak B ADV säkert; **aber ~!** ja visst!, naturligtvis! **sichergehen** VI vara på den säkra sidan **Sicherheit** F säkerhet, trygghet; säkerhet, borgen, garanti; **~ des Arbeitsplatzes** anställningstrygghet **Sicherheitsdienst** M säkerhetstjänst **Sicherheitsgurt** M säkerhetsbälte n; bilbälte n **sicherheitshalber** ADV för säkerhets skull **Sicherheitskopie** F IT säkerhetskopia, backup-kopia **Sicherheitsmaßnahme** F säkerhetsåtgärd **Sicherheitsnadel** F säkerhetsnål **Sicherheitsrat** M der ~ säkerhetsrådet i FN **Sicherheitsschloss** N säkerhetslås n **Sicherheitsventil** N säkerhetsventil **sicherlich** ADV säkerligen, säkert **sichern** A VT säkra, skydda; garantera; IT säkerhetskopiera; **Arbeitsplätze ~** trygga arbetsplatser B V/R **sich etw ~** försäkra sig om ngt **sicherstellen** VT *beschlagnahmen* beslagta, ta i förvar; *garantieren* säkerställa, garantera **Sicherung** F säkrande n; skydd n; IT säkerhetskopia; TECH säkring; ELEK propp; *Garantie* säkerställande n, garanti; **soziale ~** social trygghet **Sicherungskopie** F COMPUT säkerhetskopia

Sicht F synhåll n, sikte n; synsätt n; *fig* sikt; **aus meiner ~** i mina ögon; **gute ~** god sikt; **in ~ sein** vara i sikte; **auf lange ~** på lång sikt **sichtbar** ADJ synlig, synbar **sichten** VT få i sikte, sikta; *prüfen* sortera, gå igenom **Sichtfeld** N synfält n **sichtlich** ADJ synbar **Sichtvermerk** M visum n **Sichtweite** F synvidd n; **in (außer) ~** inom (utom) synhåll

sickern VI sippra; *fig a.* läcka (ut)

sie A PERS PR ⟨*nom*⟩ *Person* hon; *Sache* den; *ett-Wort* det; *pl* de B PERS PR ⟨*akk*⟩ *Person* henne; *Sache* den; *ett-Wort* det; *pl* dem

Sie A PERS PR ⟨*nom*⟩ *sg* du; *pl* ni B PERS PR ⟨*akk*⟩ *sg* dig; *pl* er

Sieb N sil, sikt, såll n **sieben**[1] VT *Flüssigkeit* sila; *Mehl etc* sikta; *Sand etc* sålla; *fig* sovra

sieben[2] NUM sju **Sieben** F sjua **siebenhundert** NUM sju hundra **siebenjährig** ADJ sjuårig **Siebenmeilenstiefel** M/PL sjumilastövlar *pl* **Siebensachen** PL pick och pack n, grejer *pl* **Siebenschläfer** M *a.* ZOOL sjusovare **siebte(r, s)** ADJ sjunde **siebtens** ADV för det sjunde **siebzehn** NUM sjutton **siebzig** NUM sjuttio **Siebzigerjahre** PL sjuttiotalet

siedeln VI slå sig ned, bosätta sig **sieden** VI sjuda, koka **Siedepunkt** M kokpunkt **Siedler(in)** M/F nybyggare, kolonist **Siedlung** F boplats, bosättning; bostadsområde n

Sieg M seger; **den ~ davontragen** ta hem/avgå med segern **Siegel** N sigill n; *fig* insegel n **Siegellack** M sigillack n **Siegelring** M sigillring **siegen** VI segra, vinna; **(mit) 3:0 ~** vinna med 3-0 **Sieger(in)** M/F segrare, vinnare; **zweiter ~ sein** SPORT bli tvåa **Siegerehrung** F SPORT prisutdelning **Siegerpodest** N *od* M prispall **siegesbewusst** ADJ, **siegessicher** segerviss **siegreich** ADJ segerrik

Siesta F siesta

siezen VT *im Schwedischen* nia, säga 'ni' till ngn; *im Deutschen* tilltala med 'Sie'

Signal N signal **signalisieren** VT signalera

Signatur F signatur

signieren VT signera

Silbe F stavelse **Silbentrennung** F avstavning

Silber N silver n **Silberbesteck** N silverbestick n, bordssilver n **Silbergehalt** M silverhalt **Silberhochzeit** F silverbröllop n **Silbermedaille** F silvermedalj **Silbermünze** F silvermynt n **silbern** ADJ av silver, silver- **Silberschmied(in)** M/F silversmed **Silberstreifen** *fig* M ljuspunkt **Silbertanne** F silvergran, ädelgran **Silberzeug** N silversaker *pl* **Silberzwiebeln** PL GASTR syltlök

Silhouette F silhuett

Silikat N silikat n

Silikon N silikon (n) **Silikonbusen** *umg* M silikonbröst *pl*

Silo M *od* N silo

Silvester N, **Silvesterabend** M nyårsafton

simpel ADJ enkel, simpel; *einfältig a.*

enfaldig
SIM-Karte F TEL SIM-kort n
Sims M od N gesims; spiselkrans
simsen umg V/T, V/I messa, sms:a
Simulant(in) M/F simulant **Simulator** M simulator **simulieren** ADJ simulera, låtsas
simultan ADJ simultan **Simultandolmetscher(in)** M/F simultantolk
Sinfonie F symfoni **Sinfonieorchester** N synfoniorkester
singen V/T, V/I sjunga
Single A F CD singel B M Person ensamstående, singel; sie lebt als ~ hon är singel **Singlehaushalt** M enpersonshushåll n
Singular M singular
Singvogel M sångfågel
sinken V/I sjunka; fallen falla; abnehmen avta; niedriger werden dala; **er ist tief gesunken** fig han har sjunkit djupt
Sinn M sinne n; Bedeutung betydelse, innebörd, mening; Kopf huvud n, tankar pl; Gefühl känsla, sinne n; **~ für Musik** känsla för musik; **der ~ des Lebens** livets mening; **im ~ haben** ha för avsikt; **sich** (dat) **etw aus dem ~ schlagen** slå ngt ur hågen; **nach j-s ~** efter ngns vilja; **nicht bei ~en sein** vara från sina sinnen; **es kam mir in den ~** det föll mig in; **im eigentlichen ~** i egentlig bemärkelse; **das hat keinen ~** det är ingen idé **Sinnbild** N sinnebild, symbol **sinnbildlich** ADJ symbolisk **sinnen** V/I tänka, fundera; **auf etw** (akk) **~** grubbla på; **auf Rache ~** ruva på hämnd **sinnentstellend** ADJ som förvanskar betydelsen **Sinnesänderung** F sinnesändring **Sinnesart** F sinnelag n **Sinnesorgan** N sinnesorgan n **Sinnestäuschung** F sinnesvilla; synvilla **sinngemäß** ADV etw **~ übersetzen/wiedergeben** översätta/återge innebörden i ngt **sinnlich** ADJ sinnlig, sinnes-; sensuell, sinnlig **Sinnlichkeit** F sinnlighet **sinnlos** ADJ meningslös, lönlös; **~ betrunken** redlöst berusad **Sinnlosigkeit** F meningslöshet **Sinnspruch** M tänkespråk n **sinnvoll** ADJ vettig; ändamålsenlig; meningsfull
Sintflut F syndaflod
Sinus M sinus
Siphon M sifon

Sippe F, **Sippschaft** F släkt, familj; pej anhang n
Sirene F siren
Sirup M sirap; Konzentrat syrup; Saft saft
Sitte F sed, sedvänja; gute ~n gott uppförande; **~n und Gebräuche** seder och bruk; **was sind denn das für ~n?** vad är det för fasoner? **Sittenbild** N sedemålning **Sittenlosigkeit** F sedeslöshet; osedlighet **Sittenpolizei** F sedlighetspolis **sittenwidrig** ADJ mot all anständighet **sittlich** ADJ sedlig, moralisk **Sittlichkeit** F sedlighet, moral **Sittlichkeitsverbrechen** N sedlighetsbrott n
Situation F situation
Sit-up N SPORT **~s machen** göra situps
Sitz M sits; fig säte n; Platz (sitt)plats; PARL mandat n; Firma huvudkontor n **Sitzbank** F bänk **sitzen** V/I a. Kleid etc sitta; umg sitta inne; umg **das saß!** det tog!; umg **einen ~ haben** vara på lyran; **~ bleiben** bli sittande, sitta kvar; fig Schüler få gå om (klassen); **auf etw ~** inte bli av med ngt; **~ lassen** svika, lämna i sticket **Sitzfleisch** umg N **kein ~ haben** inte orka sitta stilla **Sitzgruppe** F soffgrupp **Sitzordnung** F placering **Sitzplatz** M sittplats **Sitzstreik** M sittstrejk **Sitzung** F möte n, sammanträde n; PARL session; MED besök n, behandling **Sitzungssaal** M sammanträdesrum n; sessionssal
Sizilien N Sicilien n
Skala F skala
Skalp M skalp **Skalpell** N skalpell **skalpieren** V/T skalpera
Skandal M skandal **skandalös** ADJ skandalös
Skandinavien N Skandinavien n **Skandinavier(in)** M/F skandinav; skandinaviska **skandinavisch** ADJ skandinavisk
Skateboard N skateboard n **skaten** V/I auf Skateboard skejta; auf Inlineskates åka inlines(skridskor)
Skelett N skelett n, benrangel n
Skepsis F skepsis, tvivel n **skeptisch** ADJ skeptisk, tvivlande
Ski M skida; **~ laufen** åka skidor **Skianzug** M skidoverall, skidkläder pl **Skibrille** F skidglasögon pl **Skifah-**

ren N̄ skidåkning **Skifahrer(in)** M̄/F̄ skidåkare **Skigebiet** N̄ skidområde n **Skihang** M̄ skidbacke **Skikurs** M̄ skidskola **Skilanglauf** M̄ längdåkning **Skiläufer(in)** M̄/F̄ skidåkare **Skilehrer(in)** M̄/F̄ skidlärare **Skilift** M̄ (skid)lift

Skinhead M̄ skinnhuvud n, skinhead (n)

Skipass M̄ liftkort n **Skipiste** F̄ skidpist **Skischuh** M̄, **Skistiefel** M̄ (skid)pjäxa **Skispringen** N̄ backhoppning **Skispringer** M̄ backhoppare **Skistock** M̄ skidstav **Skiträger** M̄ skidhållare **Skiwachs** N̄ skidvalla

Skizze F̄ skiss **skizzieren** V̄/T̄ skissera, skissa, göra utkast till

Sklave M̄ slav, träl **Sklavenarbeit** F̄ slavarbete n, trälgöra n **Sklavenhandel** M̄ slavhandel **Sklaverei** F̄ slaveri n **Sklavin** F̄ slavinna **sklavisch** ADJ slavisk

Sklerose F̄ skleros

Skonto M̄ od N̄ kassarabatt

Skorbut M̄ skörbjugg

Skorpion M̄ skorpion; ASTROL Skorpionen

Skrupel M̄ skrupel, betänklighet **skrupellos** ADJ fri från (od utan) skrupler

Skulptur F̄ skulptur

skurril ADJ orimlig, absurd

skypen® V̄/T̄ skypa

Slalom M̄ slalom **Slalomhang** M̄ slalombacke

Slawe M̄ slav **Slawin** F̄ slavisk kvinna **slawisch** ADJ slavisk **Slawistik** F̄ slavistik

Slip M̄ trosa **Slipeinlage** F̄ trosskydd n

Slowake M̄ slovak **Slowakei** F̄ die ~ Slovakien **Slowakin** F̄ slovakiska **slowakisch** ADJ slovakisk **Slowakisch** N̄ slovenska

Slowene M̄ sloven **Slowenien** N̄ Slovenien **Slowenin** F̄ slovenska **slowenisch** ADJ slovensk **Slowenisch** N̄ slovakiska

Smaragd M̄ smaragd

Smartphone N̄ smarttelefon, smartmobil, datormobil

Smiley M̄ od N̄ IT smiley, ☺

Smog M̄ smog

Smoking M̄ smoking

Smoothie M̄ smoothie

SMS F̄ od N̄ (= Short Message Service) sms; j-m eine ~ **schicken** skicka ett sms till ngn

Snack M̄ mellanmål n

Snob M̄ snobb **Snobismus** M̄ snobberi n, snobbism **snobistisch** ADJ snobbig

Snowboard N̄ snowboard n **snowboarden** V̄/Ī åka snowboard **Snowboardfahrer(in)** M̄/F̄ snowboardåkare

so ADV så; så här; på så sätt; ~ **ein** en sådan; ~ **genannt** → sogenannt; ~ **bald wie möglich** så snart som möjligt; ~ **viel wie möglich** så mycket som möjligt; ~ **wenig wie möglich** så lite som möjligt; ~ **weit** såtillvida; ~ **was**! nej men!; ~ **gut wie praktisch** taget; ~! såja! så där ja!; ~? jaså?, verkligen?; ach ~! jaså!; **weiter** ~! fortsätt bara!

s. o. ABK (= siehe oben) se ovan

sobald KONJ så snart (som)

Söckchen N̄ ankelsocka

Socke F̄ socka; **sich auf die ~n machen** umg ge sig iväg

Sockel M̄ sockel

Soda N̄ od F̄ soda

sodass KONJ så att

Sodbrennen N̄ halsbränna

soeben ADV just nu, alldeles nyss

Sofa N̄ soffa

sofern KONJ såvida, för så vitt

sofort ADV genast, meddetsamma, omedelbart, ögonblickligen **sofortig** ADJ omedelbar, ögonblicklig

Softeis N̄ mjukglass **Software** F̄ IT mjukvara **Softwarepaket** N̄ programvara

Sog M̄ sug n; fig våg

sog. ABK (= sogenannt) s.k., så kallad

sogar ADV till och med, rent av **sogenannt** ADJ så kallad **sogleich** ADV genast, omedelbart

Sohle F̄ Fußsohle fotsula; Schuhsohle skosula; Boden eines Tals, Flusses flodbotten, dalbotten

Sohn M̄ son

Sojabohne F̄ sojaböna

solange KONJ så länge (som)

Solarium N̄ solarium n **Solarkollektor** M̄ solfångare **Solarstrom** M̄ solkraft **Solarzelle** F̄ solcell

Solbad N̄ saltbad n

solch ADJ ~ ein en sådan; ~ ein Glück! en sådan tur!
Sold M sold; dagpenning
Soldat(in) M(F) soldat **Söldner(in)** M(F) legosoldat
Sole F saltvatten n
solidarisch ADJ solidarisk **solidarisieren** V/R sich ~ solidarisera sig **Solidarität** F solidaritet
solide ADJ solid; *fest* fast, säker; *gediegen* gedigen; *ordentlich* ordentlig, skötsam
Solist(in) M(F) solist
Soll N uppsatt mål n; *Plansoll* norm; WIRTSCH debet n; ~ **und Haben** debet och kredit
sollen A V/AUX skola; *müssen* böra; **man sollte glauben** man skulle kunna tro; **was sollt das heißen** *od* **bedeuten?** vad ska det betyda?; **er soll reich sein** han ska (*od* lär) vara rik B V/I Vermutung skola, lära, påstås; **was soll das?** vad ska det vara bra för?; **was soll ich hier?** vad har jag här att göra?
solo ADV solo; *umg fig* ensam **Solo** N solo n; **zu einem ~ ansetzen** SPORT gå själv, starta en solorush
solvent ADJ solvent
somit ADV följaktligen, således
Sommer M sommar; **im ~** på sommaren/somrarna **Sommeranfang** M sommarsolståndet **Sommerferien** PL sommarlov n **Sommerhaus** N sommarstuga, sommarställe n **sommerlich** ADJ somrig, sommar- **Sommerloch** N nyhetstorka, lågsäsong, dödssäsong **Sommerreifen** M sommardäck n **Sommerschlussverkauf** M sommarrea **Sommersemester** N sommartermin **Sommersonnenwende** F sommarsolstånd n, midsommar **Sommersprossen** F/PL fräknar pl **sommersprossig** ADJ fräknig **Sommerzeit** F *Uhr* sommartid
Sonate F sonat
Sonde F sond
Sonderanfertigung F specialtillverkning **Sonderangebot** N specialerbjudande n; *Geschäft* extrapris n **Sonderausgabe** F specialutgåva; ~n pl extra avgifter **sonderbar** ADJ besynnerlig, egendomlig, underlig, märklig **sonderbarerweise** ADV

märkligt (underligt, konstigt) nog **Sonderbeauftragte(r)** M(F/M) ombud med specialuppdrag **Sonderbeilage** F extrabilaga **Sonderdruck** M särtryck n **Sonderfahrt** F extratur **Sonderfall** M specialfall n **Sondergenehmigung** F extra tillåtelse **Sonderinteresse** N speciellt intresse n **sonderlich** A ADJ särskild, speciell; *sonderbar* besynnerlig, egendomlig B ADV särskilt, speciellt, särdeles **Sonderling** M enstöring; original n **Sondermarke** F specialfrimärke n **Sondermüll** M riskavfall n
sondern KONJ utan; **nicht nur ..., ~ auch ...** inte bara ..., utan även ...
Sondernummer F extranummer n **Sonderrecht** N privilegium n **Sonderschule** F särskola, specialskola **Sonderschullehrer(in)** M(F) speciallärare **Sonderstellung** F särställning **Sonderwünsche** M/PL speciella önskemål pl **Sonderzeichen** N IT specialtecken n **Sonderzug** M extratåg n
sondieren V/T sondera *a. fig;* **die Lage ~** sondera terrängen
Sonett N sonett
Sonnabend M lördag
Sonne F sol **sonnen** V/R; **sich ~** sola sig **Sonnenaufgang** M soluppgång **Sonnenbad** N solbad n **Sonnenblume** F solros **Sonnenbrand** M einen ~ haben ha bränt sig i solen **Sonnenbrille** F solglasögon pl **Sonnenenergie** F solenergi **Sonnenfinsternis** F solförmörkelse **Sonnenfleck** M solfläck **Sonnenkollektor** M solfångare **Sonnenlicht** N solljus n **Sonnenöl** N sololja **Sonnenschein** M solsken n **Sonnenschirm** M parasoll mst n **Sonnenschutzcreme** F solkräm **Sonnenseite** F solsida **Sonnenstich** M solsting n **Sonnenstrahl** M solstråle **Sonnenstudio** N solarium n **Sonnenuhr** F solur n **Sonnenuntergang** M solnedgång **Sonnenwende** F solstånd n **sonnig** ADJ solig *a. fig*
Sonntag M söndag; **an Sonn- und Feiertagen** på sön- och helgdagar **sonntäglich** ADJ varje söndag; söndags- **sonntags** ADV på söndagarna **Sonn-**

tagsfahrer(in) M|F söndagsåkare **Sonntagskind** N söndagsbarn n
sonst ADV annars; *andernfalls* i annat fall; *im Übrigen* för övrigt; **~ jemand?** någon annan?; **~ (noch) etwas** något mer; **~ niemand** ingen annan; **~ nichts** inget annat; **~ was** vad som helst; **~ wie** hur som helst; **~ wo** var som helst; **er denkt, er ist ~** wer han tror att han är nånting **sonstig** ADJ annan, övrig
sooft KONJ så ofta (som), när helst
Sopran M sopran **Sopranistin** F sopran
Sorge F bekymmer n, oro; *Sorgfalt* omsorg, försorg; **keine ~!** lugn bara!; **das macht mir viel ~n** det bekymrar mig mycket; **sich ~n machen um** (*akk*) vara bekymrad/orolig för; **das ist meine geringste ~** det är vad som minst bekymrar mig; **lass das meine ~ sein!** bry dig inte om det! **sorgen** A V/R **sich ~** vara bekymrad, oroa sig (**um** för) B V/I **für j-n/etw ~** ta hand om ngn/ngt; **dafür ~, dass ...** se till att ... **sorgenfrei** ADJ bekymmerfri **Sorgenkind** N sorgebarn n **Sorgerecht** N JUR vårdnad **Sorgfalt** F omsorg, noggrannhet **sorgfältig** ADJ omsorgsfull, noggrann **Sorgfältigkeit** F → Sorgfalt **sorglos** ADJ sorglös, obekymrad **sorgsam** ADJ omsorgsfull, omtänksam **Sorgsamkeit** F omsorgsfullhet, omtänksamhet

Sorte F sort, slag n; **was für eine ~ ...?** vilken sorts ...?, vad för slags ...?; **~n** pl (utländsk) valuta (*meist im sg*) **sortieren** V/T sortera **Sortiment** N sortiment n **Sortimentsbuchhandel** M sortimentsbokhandel

sosehr KONJ **~ ... auch** hur mycket ... än
Soße F sås; dressing; *umg fig* soppa
Souffleur M sufflör **Souffleurkasten** M sufflörlucka **Souffleuse** F sufflös **soufflieren** V/T, V/I sufflera
Soundkarte F IT ljudkort n
soundso ADV den och den; n det och det; **~ viel** så och så mycket
Souterrain N källarvåning
Souvenir N souvenir
souverän ADJ suverän **Souveränität** F suveränitet
soviel KONJ såvitt, så mycket **soweit** KONJ såvitt **sowenig** KONJ så lite som **sowie** KONJ så väl som; *sobald* så snart som **sowieso** ADV i alla fall, i vilket fall som helst; **das ~!** umg det är ju självklart!

sowjetisch hist ADJ sovjetisk **Sowjetunion** hist F **die ~** Sovjetunionen
sowohl KONJ **~ ... als auch** såväl ... som, både ... och
sozial ADJ social, samhällelig, samhälls-; **das ~e Netz** det sociala nätet **Sozialabbau** M social nedrustning **Sozialabgaben** F/PL sociala försäkringsavgifter pl **Sozialamt** N socialbyrå **Sozialarbeiter(in)** M|F socialarbetare **Sozialdemokrat(in)** M|F socialdemokrat **Sozialdemokratie** F socialdemokrati **sozialdemokratisch** ADJ socialdemokratisk **Sozialfall** M socialfall n **Sozialhilfe** F socialbidrag n, socialhjälp **Sozialhilfeempfänger(in)** M|F socialbidragstagare **sozialisieren** V/T socialisera **Sozialismus** M socialism **Sozialist(in)** M|F socialist **sozialistisch** ADJ socialistisk **Sozialkunde** F samhällskunskap **Sozialleistungen** PL sociala förmåner pl **Sozialpolitik** F socialpolitik **Sozialprodukt** N socialprodukt **Sozialstaat** M välfärdsstat **Sozialversicherung** F socialförsäkring **Sozialwohnung** F statligt subventionerad lägenhet

Soziologe M sociolog **Soziologie** F sociologi **Soziologin** F sociolog **soziologisch** ADJ sociologisk
Sozius M kompanjon; *Beifahrer* passagerare **Soziussitz** M baksits
sozusagen ADV så att säga
Spachtel M *od* F spatel; spackel
Spaghetti PL spaghetti
spähen V/I speja, spana **Späher(in)** M|F spanare
Spalier N spaljé; *fig* häck; **~ bilden** bilda häck
Spalt M spricka, springa **Spalte** F TYPO spalt, kolumn; → Spalt **spalten** V/T klyva; CHEM sjjälka, bryta ned; *fig* dela, splittra; **sich ~** klyva sig, spricka, rämna; *fig* dela sig, splittra sig **Spaltung** F klyvning; *fig* splittring, söndring
Spam M *od* N skräppost, spam n
Spamfilter M skräppostfilter n

Span M spån *mst* n
Spanferkel N spädgris
Spange F spänne n
Spanien N Spanien n **Spanier** M spanjor **Spanierin** F spanjorska **spanisch** ADJ spansk **Spanisch** N spanska (språket)
Spann M (fot)vrist **Spanne** F tid (-rymd); WIRTSCH marginal **spannen** A V/T spänna; sträcka; strama, vara för trång B V/R sich ~ spänna sig, sträcka sig **spannend** ADJ spännande **Spanner** M spännare; ZOOL mätare; *umg* fluktare **Spannkraft** F energi, kraft, vitalitet **Spannung** F *a.* ELEK *u. fig* spänning **Spannungsgebiet** N konfliktområde n **Spannweite** F spännvidd
Spanplatte F spånplatta
Sparbuch N bankbok, sparbanksbok **Sparbüchse** F sparbössa **Spareinlage** F sparbelopp n **sparen** V/T, V/I spara **Sparer(in)** M(F) sparare **Sparflamme** F sparlåga
Spargel M sparris
Sparguthaben N tillgodohavande n, sparat kapital **Sparkasse** F sparbank **Sparkonto** N sparkonto n **spärlich** ADJ torftig, knapp; *dünn* gles **Sparmaßnahme** F besparingsåtgärd, nedskärning **Sparpackung** F ekonomiförpackning **Sparprämie** F sparpremie **sparsam** ADJ sparsam **Sparsamkeit** F sparsamhet **Sparschwein** N spargris
Spaß, Spass *österr* M skämt n, skoj n; *Vergnügen* nöje n; **zum ~** på skämt; *zum Vergnügen* för skojs skull; **das macht ~** det är roligt; **es macht mir ~** jag tycker att det är roligt; **keinen ~ an etw haben** inte vara road av ngt; **Tennis macht mir keinen ~** tennis roar mig inte; **viel ~!** ha det så roligt!; **ein teurer ~** en dyr historia **spaßen** V/I skämta, skoja; **damit ist nicht zu ~** det är inte att leka med **spaßeshalber** ADV för skojs skull **spaßhaft** ADJ, **spaßig** lustig, rolig **Spaßmacher**, **Spaßvogel** M skämtare
spät ADJ sen (*t adv*); **zu ~ (kommen)** (komma) för sent; **wie ~ ist es?** vad är klockan?
Spatel M spatel
Spaten M spade **Spatenstich** M spadtag n
später ADV senare, längre fram; **bis ~!** vi ses!, hej så länge! **spätestens** ADV senast **Spätherbst** M senhöst **Spätlese** F vin av sent skördade druvor **Spätnachrichten** PL sena kvällsnyheter **Spätsommer** M sensommar, eftersommar **Spätvorstellung** F sen föreställning
Spatz M sparv
Spätzle PL ≈ nudlar *pl*
spazieren V/I promenera; **~ fahren** ta en (bil)tur; **~ führen** gå ut och gå med; **~ gehen** ta en promenad; gå ut och gå **Spazierfahrt** F åktur **Spaziergang** M promenad **Spaziergänger(in)** M(F) promenerande
SPD ABK (= Sozialdemokratische Partei Deutschlands) ≈ Socialdemokratiska partiet, socialdemokraterna i Tyskland
Specht M hackspett
Speck M späck n; *geräucherter ~* rökt fläsk **speckig** ADJ fet, fläskig; *fettig, schmutzig* flottig **Speckschwarte** F fläsksvål
Spediteur(in) M(F) speditör **Spedition** F spedition
Speer M spjut n **Speerwerfen** N spjutkastning
Speiche F eker; ANAT strålben n
Speichel M spott *a. n,* saliv **Speicheldrüse** F spottkörtel **Speichellecker(in)** *pej* M(F) smilfink
Speicher M magasin n; *Dachboden* vind; *Wasserspeicher* reservoar; IT minne n **Speichererweiterung** F IT minnesexpansion **speichern** V/T magasinera; lagra; COMPUT spara (till) **Speicherplatz** M IT minne n, lagringsställe n
speien A V/T spotta; *Wasser, Feuer* spruta B V/I *erbrechen* kräkas, spy
Speise F mat; *Gericht* (mat)rätt **Speiseeis** N glass **Speisekammer** F skafferi n **Speisekarte** F matsedel **speisen** V/T, V/I äta; *a.* TECH *u. versorgen* mata **Speiseöl** N matolja **Speiseröhre** F matstrupe **Speisesaal** M matsal **Speisewagen** M restaurangvagn
Spektakel M spektakel n, oväsen n
Spektrum N spektrum n
Spekulant(in) M(F) spekulant **Spekulation** F spekulation **spekulieren**

spekulera V/T spekulera
Spelunke F krog, sylta
spendabel ADJ frikostig
Spende F gåva **spenden** V/T ge, skänka; *eine Niere ~* donera en njure
Spender(in) M(F) a. MED givare, donator **spendieren** V/T bjuda på
Spengler(in) M(F) plåtslagare
Sperber M sparvhök
Sperling M sparv
Sperma N sperma
sperrangelweit ADV vidöppen, på vid gavel
Sperre F spärr; avspärrning; *Verbot* förbud n; MIL blockad; SPORT avstängning **sperren** A V/T spärra, stänga av; blockera; *einsperren* spärra in; TYPO spärra B *sich ~ (gegen* emot) **Sperrgebiet** N skyddsområde n, förbjudet område n **Sperrgut** N skrymmande gods n **Sperrholz** N plywood **sperrig** ADJ skrymmande **Sperrkonto** N spärrkonto n **Sperrmüll** M grovsopor pl **Sperrsitz** M plats på främre parkett **Sperrstunde** F stängningstid **Sperrung** F (av)spärrning, (av)stängning; WIRTSCH spärrande n
Spesen PL omkostnader pl, utlägg pl
Spezi A M umg, Freund kompis, bästis B N *Getränk* läsk med coca cola
Spezialgebiet N specialområde n **spezialisieren** V/R specialisera; *sich ~ auf (akk)* specialisera sig på **Spezialist(in)** M(F) specialist **Spezialität** F specialitet **speziell** ADJ speciell **spezifisch** ADJ specifik; *in zssgn* -bunden, -betonad **spezifizieren** V/T specificera
Sphäre F sfär
Sphinx F sfinx
spicken V/T späcka
Spiegel M spegel; nivå; MED a. halt; vattenyta; översikt, uppställning **Spiegelbild** N spegelbild **Spiegelei** N stekt ägg n **Spiegelglas** N spegelglas n **spiegelglatt** ADJ glashal **spiegeln** A V/T spegla, återspegla, reflektera B V/T vara spegelblank, glänsa; *sich ~* spegla sig; *fig* avspegla sig **Spiegelung** F spegling; reflex, spegelbild
Spiel N spel n; *Zeitvertreib* lek; SPORT a. match; *auf dem ~ stehen* stå på spel; *aufs ~ setzen* sätta på spel, riskera; *leichtes ~* enkel match **Spielautomat** M spelautomat **Spielball** M boll; *fig* lekboll **Spielbank** F kasino n **spielen** V/T, V/I spela; *Kinder* leka; *fig* **die Handlung spielt in Berlin** handlingen utspelas i Berlin **spielend** *fig* ADV lekande (lätt) **Spieler(in)** M(F) spelare **Spielerei** F spelande n; lek; *fig* barnlek **spielerisch** ADJ lekfull **Spielfeld** N spelplan **Spielfilm** M långfilm, spelfilm **Spielgeld** N spelmarker; leksakspengar **Spielhölle** F spelhåla **Spielkamerad(in)** M(F) lekkamrat **Spielkarte** F spelkort n **Spielleiter(in)** M(F) lekledare; THEAT regissör **Spielmarke** F spelmark **Spielplan** M repertoar **Spielplatz** M lekplats **Spielraum** M spelrum **Spielregel** F spelregel **Spielsachen** PL leksaker pl **Spieltisch** M spelbord n **Spieluhr** F speldosa **Spielverderber(in)** M(F) glädjedödare **Spielwarengeschäft** N leksaksaffär **Spielzeit** F SPORT speltid; THEAT säsong **Spielzeug** N leksak(er)
Spieß M spjut n; *Bratspieß* stekspett n, grillspett n
Spießbürger(in) M(F) småborgare, bracka **spießbürgerlich** ADJ småborgerlig, brackig
spießen V/T spetsa
Spießer(in) M(F) svensson; → Spießbürger **spießig** ADJ svenssonaktig; → spießbürgerlich
Spießrute F *~n laufen* springa gatlopp
Spikes PL dubbar; *Reifen* dubbdäck n/pl
Spinat M spenat
Spindel F slända; TECH spindel
Spinne F spindel **spinnen** A V/T spinna B V/I *fig umg* prata strunt; inte vara riktigt klok; *du spinnst wohl!* du är inte riktigt klok! **Spinnennetz** N spindelnät n **Spinner(in)** M(F) spinnare; *umg* er ist ein ~ han bara hittar på; han är inte klok **Spinngewebe** N spindelväv **Spinnrad** N spinnrock **Spinnwebe** F → Spinngewebe
Spion M *an der Tür* titthål n; skvallerspegel **Spion(in)** M(F) spion **Spionage** F spionage n **spionieren** V/I spionera **Spionin** F spion
Spirale F spiral
Spiritismus M spiritism **Spiritist(in)**

M/F spiritist
Spirituosen PL sprit, spritdrycker pl, starka drycker pl **Spiritus** M sprit; Brennspiritus rödsprit **Spirituskocher** M spritkök n
Spital österr N sjukhus n
spitz ADJ spetsig, skarp, vass; spydig, vass; Gesicht smal **Spitz** M spets
Spitzbart M pipskägg n **Spitzbogen** M spetsbåge **Spitze** F spets, udd; Gewebe spets; Gipfel topp; Turmspitze (torn)spira; Mundstück munstycke n; SPORT tät; Stichelei pik; **an der ~ i spetsen, i täten; die ~n der Partei** partiets toppar; fig etw auf die ~ treiben driva ngt till sin spets
Spitzel M tjallare, angivare, spion
spitzen VT spetsa; Bleistift vässa **Spitzenkandidat(in)** M/F främsta kandidat **Spitzenklasse** F toppklass **Spitzenleistung** F topprestation **Spitzenprodukt** N toppprodukt **Spitzenreiter** fig M ~ sein ligga i toppen, leda **Spitzensportler** M toppidrottsman **Spitzensportlerin** F toppidrottskvinna **Spitzenverdiener(in)** M/F höginkomsttagare **spitzfindig** ADJ spetsfundig **Spitzfindigkeit** F spetsfundighet **Spitzhacke** F pikhacka **Spitzmaus** F näbbmus **Spitzname** M öknamn n
Splitter M sticka; Scherben flisa, skärva **splitter(faser)nackt** spritt språngande naken **Splitterpartei** F utbrytargrupp; litet parti n
sponsern VT sponsra **Sponsor(in)** M/F sponsor
spontan ADJ spontan **Spontaneität** F spontanitet
sporadisch ADJ sporadisk
Spore F spor
Sporn M sporre
Sport M sport, idrott; ~ treiben sporta, idrotta **Sportabzeichen** N idrottsmärke n **Sportart** F idrottsgren **Sportartikel** M/PL sportartiklar pl **Sportbericht** M sportnyheter pl **Sporthalle** F idrottshall **Sportkleidung** F sportkläder pl; gymnastikkläder pl **Sportlehrer(in)** M/F idrottslärare **Sportler** M idrottsman **Sportlerin** F idrottskvinna **sportlich** ADJ sportig, sports-; idrotts-; sportslig **Sportplatz** M idrottsplats **Sportveranstaltung** F idrottsevenemang n **Sportverein** M idrottsförening **Sportwagen** M sportbil; Kinderwagen sittvagn
Spott M hån n, åtlöje n; **zum ~ till åtlöje spottbillig** ADJ otroligt billig **spötteln** VI/I über j-n/etw ~ driva med ngn/ngt, göra sig lustig över ngn/ngt **spotten** VI/I håna; ~ über (akk) göra narr av; **das spottet jeder Beschreibung** det trotsar all beskrivning **spöttisch** ADJ spydig, hånfull **Spottpreis** M vrakpris n
sprachbegabt ADJ språkbegåvad **Sprachbegabung** F språkbegåvning **Sprache** F språk n; **die ~ verlieren** mista talförmågan; **zur ~ bringen/kommen** föra/komma på tal; **heraus mit der ~!** ut med spräket! **Sprachfehler** M Sprechfehler talfel n **Sprachführer** M parlör **Sprachgebrauch** M språkbruk n **Sprachgefühl** N språkkänsla **Sprachgeschichte** F språkhistoria **sprachgesteuert** ADJ röststyrd **sprachgewandt** ADJ som har lätt för språk **Sprachkenntnisse** F/PL språkkunskaper pl **Sprachlabor** N inlärningsstudio, språklaboratorium n **Sprachlehre** F språklära **Sprachlehrer(in)** M/F språklärare **sprachlich** ADJ språklig **sprachlos** ADJ mållös **Sprachraum** M språkområde n **Sprachrohr** fig N språkrör n **Sprachstörung** F talrubbning **Sprachunterricht** M språkundervisning **Sprachwissenschaft** F språkvetenskap **sprachwissenschaftlich** ADJ språkvetenskaplig
Spray N spray, sprej **sprayen** VT/VI spreja
Sprechanlage F porttelefon **Sprechblase** F pratbubbla **Sprechchor** M talkör **sprechen** VT/VI tala (von om); sich unterhalten prata (von/über om); sagen säga; **j-n ~** tala med ngn; **~ Sie Deutsch?** zu einer Person talar du tyska?; **nicht zu ~ sein** inte vara anträffbar; **auf j-n nicht gut zu ~ sein** vara arg på ngn **Sprecher(in)** M/F talesperson; nyhetsuppläsare; talare **Sprechstunde** F mottagningstid **Sprechstundenhilfe** F mottagningssköterska **Sprechzimmer** N

mottagningsrum n
spreizen A VT spärra ut; spreta med; **die Beine ~** skreva med benen B VR **sich ~** krusa, krångla
Sprengel M ≈ pastorat n, församling
sprengen A VT spränga; *fig* ihre Versammlung ~ upplösa en folkmassa; *spritzen* stänka; *bewässern* vattna B VI spränga iväg; sätta iväg **Sprengladung** F sprängladdning **Sprengstoff** M sprängämne n **Sprengstoffanschlag** M bombattentat n **Sprengung** F sprängning; upplösning
sprenkeln VT stänka
Spreu F agnar pl
Sprichwort N ordspråk n **sprichwörtlich** ADJ ordspråks-
sprießen VI spira, slå ut, spricka ut
Springbrunnen M springbrunn, fontän

springen VI hoppa; springa; *bersten* brista, spricka (sönder); *Geld ~ lassen* göra av med pengar; **der ~de Punkt** den springande punkten **Springer** M *Schach* springare **Springer(in)** M(F) *am Arbeitsplatz* vikarie; SPORT inhoppare **Springflut** F springflod **Springrollo** N rullgardin **Springseil** N hopprep n
Sprinkleranlage F sprinklersystem n
sprinten VI, VI sprinta; spurta **Sprinter(in)** M(F) sprinter
Sprit M sprit; *umg Benzin* soppa
Spritze F spruta **spritzen** A VT spruta; vattna; spruta in, injicera; **er spritzt (Rauschgift)** han silar, han är sprutnarkoman B VI spruta, stänka; *umg rennen* kila **Spritzer** M *kleine Menge Flüssigkeit* stänk n **spritzig** ADJ *Wein* lätt mousserande; *fig* spirituell **Spritzkuchen** M ≈ struva **Spritzmittel** N besprutningsmedel n **Spritztour** F tripp, utflykt, tur
spröde ADJ spröd, skör; *Haut* torr, narig; *fig abweisend* avvisande, otillgänglig
Spross M skott n, grodd; *Person* ättling
Sprosse F *Leiter* pinne; *Fenster* spröjs
Sprössling M telning
Sprotte F skarpsill
Spruch *umg* M fras; paroll, slagord n; tänkespråk n; *Urteil* dom, utslag n; **Sprüche machen** vara stor i orden **Spruchband** N banderoll **spruch-**

reif ADJ mogen (för avgörande)
Sprudel M *Getränk* kolsyrehaltigt mineralvatten n; läsk **sprudeln** VI sprudla, välla fram; *Wasser* bubbla, porla; *Worte* flöda
Sprühdose F sprejflaska **sprühen** A VT spreja, spraya; *spritzen* spruta B VI *fig* blixtra, gnistra **Sprühregen** M duggregn n
Sprung M språng n, hopp n; **auf dem ~ sein zu ...** vara på väg att ...; *Riss* spricka **Sprungbrett** N språngbräda **Sprungfeder** F resår **Sprunggelenk** N fotled **sprunghaft** *fig* ADJ hoppig, fladdrig, ombytlig; plötslig; snabb **Sprungschanze** F hoppbacke **Sprungtuch** N brandsegel n **Sprungturm** M hopptorn n
Spucke F spott, saliv **spucken** VT, VI spotta; *umg* kräkas
Spuk M spökeri n **spuken** VI spöka **Spukgeschichte** F spökhistoria
Spülbecken N diskho
Spule F spole
Spüle F diskbänk
spulen VT spola
spülen VT skölja; *Geschirr* diska; *Toilette* spola **Spülmaschine** F diskmaskin **spülmaschinenfest** ADJ som tål maskindisk **Spülmittel** N diskmedel n **Spülung** F spolning, sköljning
Spur F spår n; körfält n, fil; *Anzeichen* skymt, tillstymmelse; **die ~ wechseln** byta fil; **keine ~!** inte ett dugg!; **eine ~ zu klein** en aning för liten
spürbar ADJ kännbar, märkbar, påtaglig
spuren VI lyda; *Ski* spåra
spüren VT känna; (≈ *merken*) märka
Spurenelement N spårämne n
spurlos ADJ, ADV spårlös
Spürsinn M väderkorn n
Spurt M spurt **spurten** VI spurta
Spurwechsel M filbyte n **Spurweite** F spårvidd
Squash N SPORT squash **Squashcourt** M SPORT squashbana **Squashschläger** M SPORT squashracket
SS ABK (= Sommersemester) sommartermin
SSV ABK (= Sommerschlussverkauf) sommarrea
St. A ABK (= Sankt) St, sankt B ABK (= Stück) st., styck C ABK F (= Stunde)

tim., timme
Staat M̄ 1 stat 2 *Prunk* ståt; ~ **machen** ståta, skryta (**mit** med); *Kleidung* stass, gala **staatenlos** ADJ statslös **staatlich** ADJ statlig, stats- **Staatsakt** M̄ statsakt **Staatsangehörige(r)** M/F/M/ medborgare **Staatsangehörigkeit** F̄ medborgarskap n, nationalitet **Staatsanleihe** F̄ statspapper n **Staatsanwalt** M̄, **Staatsanwältin** F̄ allmän åklagare **Staatsanwaltschaft** F̄ åklagarmyndighet **Staatsbeamte(r)** M̄ statstjänsteman **Staatsbürger(in)** M/F/ medborgare **staatsbürgerlich** ADJ medborgerlig **Staatsbürgerschaft** F̄ medborgarskap n **Staatsdienst** M̄ statstjänst; **im ~** statsanställd **staateigen** ADJ statsägd **Staatseigentum** N̄ statens egendom **Staatsexamen** N̄ ≈ akademisk grundexamen **staatsfeindlich** ADJ statsfientlig **Staatsform** F̄ statsskick n **Staatsgewalt** F̄ statsmakt **Staatshaushalt** M̄ statsbudget **Staatskasse** F̄ statskassa **Staatskirche** F̄ statskyrka **Staatskosten** PL **auf ~** på statens bekostning **Staatsmann** M̄ statsman **staatsmännisch** ADJ statsmanna- **Staatsoberhaupt** N̄ statsöverhuvud n **Staatsschuld** F̄ statsskuld **Staatssekretär(in)** M/F/ statssekreterare **Staatsstreich** M̄ statskupp **Staatsverwaltung** F̄ statsförvaltning **Staatswesen** N̄ statsväsen n **Staatswissenschaft** F̄ statsvetenskap **Staatszuschuss** N̄ statsbidrag n
Stab M̄ stav, käpp, stång; *Stäbchen* pinne; MIL stab **Stäbchen** N̄ ätpinne **Stabhochsprung** M̄ stavhopp n
stabil ADJ stabil **stabilisieren** VT, VR stabilisera **Stabilisierung** F̄ stabilisering **Stabilität** F̄ stabilitet
Strabreim M̄ stavrim n, alliteration **Stachel** M̄ ZOOL gadd; BOT tagg, törne n; pigg **Stachelbeere** F̄ krusbär n **Stacheldraht** M̄ taggtråd **stachelig** ADJ taggig, stickig **Stachelschwein** N̄ piggsvin n
Stadion N̄ stadion n
Stadium N̄ stadium n
Stadt F̄ stad **Stadtbahn** F̄ ≈ pendeltåg n **Stadtbezirk** M̄ stadsdistrikt n **Städtebau** M̄ stadsbyggnad **Städte-**

partnerschaft F̄ vänortssamverkan **Städteplanung** F̄ stadsplanering **Städter(in)** M/F/ stadsbo; stadsmänniska **Stadtführer** M̄ stadsguide **Stadtführung** F̄ guidad stadstur **Stadtgebiet** N̄ stadsområde n **städtisch** ADJ stads-; **die ~en Behörden** stadens myndigheter **Stadtkern** M̄ stadskärna **Stadtmitte** F̄ centrum n, city n **Stadtplan** M̄ (stads)karta **Stadtplanung** F̄ stadsplanering **Stadtrand** M̄ **am ~** i utkanten av staden **Stadtrat** M̄ ≈ kommunfullmäktige **Stadtrat** M̄, **Stadträtin** F̄ ≈ kommunfullmäktig **Stadtrundfahrt** F̄ stadsrundtur **Stadtteil** M̄ stadsdel **Stadtverkehr** M̄ stadstrafik **Stadtverwaltung** F̄ stadsförvaltning **Stadtviertel** N̄ stadsdel **Stadtwappen** N̄ stadsvapen n **Stadtwerke** N/PL kommunala verk n/pl
Staffel F̄ FLUG division; SPORT stafett **Staffelei** F̄ staffli n **Staffellauf** M̄ stafettlöpning **staffeln** VT dela in i (olika) nivåer; **gestaffelte Tarife** differentierade taxor **Staffelung** F̄ gradvis stegring
Stagnation F̄ stagnation **stagnieren** VI stagnera
Stahl M̄ stål n **Stahlbeton** M̄ armerad betong **stählern** ADJ av stål, stål- **Stahlhelm** M̄ stålhjälm **Stahlkammer** F̄ kassavalv n **Stahlrohrmöbel** N/PL stålrörsmöbler pl **Stahlstich** M̄ stålstick n **Stahlwerk** N̄ stålverk n **Stahlwolle** F̄ stålull
Stalker(in) M/F/ stalkare
Stall M̄ *Pferdestall* stall n; *Viehstall* la(du)gård **Stallknecht** M̄ stalldräng **Stallung** F̄ stall n
Stamm M̄ *Baumstamm* stam; timmerstock; (folk)stam; (ord)stam **Stammbaum** M̄ stamträd n **Stammbuch** N̄ ≈ gästbok **stammen** VI härstamma, komma, vara (**von, aus** *dat* från) **stammeln** VT, VI stamma **Stammform** F̄ temaform **Stammgast** M̄ stamgäst **Stammhalter** M̄ äldste son
stämmig ADJ kraftig, stadig, bastant **Stammkneipe** F̄ stamkrog **Stammkunde** M̄, **Stammkundin** F̄ stamkund **Stammlokal** N̄ stamställe n, stamkrog **Stammsitz** M̄ huvudsäte

n **Stammtafel** F̄ stamtavla **Stammtisch** M̄ stambord **Stammwähler(in)** M(F) die ~ der Partei partiets trogna väljare **Stammzelle** F̄ stamcell
stampfen A V̄ī stampa; klampa B V̄T̄ zerkleinern mosa, stöta, krossa
Stand M̄ stånd *n*; *Zustand* tillstånd *n*, skick *n*; *Stellung* ställning, läge *n*, situation; *Beruf* ställning, rang; *Berufsstand* yrkesgrupp; *Verkaufsstand* (salu)stånd *n*; *Messestand* monter; **einen schweren ~ haben** ha det svårt
Standard M̄ standard **standardisieren** V̄T̄ standardisera **Standardwerk** N̄ standardverk *n*
Standbild N̄ staty
Ständchen N̄ serenad
Ständer M̄ ställning, ställ *n*
Standesamt N̄ byrå för civilregistrering och borgerlig vigsel **standesamtlich** AD̄J̄ ~e **Trauung** borgerlig vigsel **standesgemäß** AD̄J̄ ståndsmässig **standfest** AD̄J̄ stadig, stabil **standhaft** AD̄J̄ ståndaktig **Standhaftigkeit** F̄ ståndaktighet **standhalten** V̄ī ⟨*dat*⟩ hålla stånd (mot)
Standheizung F̄ bilvärmare, kupévärmare
ständig AD̄J̄ ständig, fast; **~er Wohnsitz** fast adress
Standlicht N̄ parkeringsljus *n* **Standort** M̄ plats; säte *n*, ställe *n* **Standpunkt** M̄ ståndpunkt; *fig a.* synpunkt
Standspur F̄ vägren **Standuhr** F̄ golvur *n*
Stange F̄ stång; *Pfahl* stör, stake; stolpe; pinne; *Zigaretten* limpa; *fig* **j-m die ~ halten** ta ngns parti; *fig* **bei der ~ bleiben** hålla ut; **eine ~ Geld** *umg* en massa pengar
Stängel M̄ BOT stängel, stjälk, skaft *n*
Stangenbrot N̄ baguette **Stangensellerie** F̄ blekselleri **Stangenspargel** M̄ hel sparris
stänkern V̄ī provocera, gnälla, gräla, mucka gräl
Stanniol N̄ stanniol
Stanze F̄ stans **stanzen** V̄T̄ stansa
Stapel M̄ stapel, trave, hög; **vom ~ laufen (lassen)** SCHIFF (låta) gå av stapeln **Stapellauf** M̄ sjösättning **stapeln** V̄T̄ stapla upp, trava **Stapelware** F̄ stapelvara

stapfen V̄ī pulsa, kliva, stövla
Star¹ M̄ ZOOL stare
Star² M̄ FILM *etc* stjärna
Star³ M̄ MED starr
stark A AD̄J̄ stark, kraftig; *dick* tjock, grov; *groß* stor; *umg* häftig; **echt ~!** jättehäftig! B AD̄V̄ mycket; **~ besetzt** nästan fullsatt **Stärke** F̄ ▪ styrka, kraft; *fig Fähigkeit* starka sida ▪ *Dicke* tjocklek, grovlek ▪ CHEM stärkelse **stärken** A AD̄J̄ stärka, styrka; *Wäsche* stärka B V̄R̄ **sich ~** *essen* styrka sig **Starkstrom** M̄ starkström **Stärkung** F̄ stärkande *n*; *zum Essen* förtäring; **ein Gläschen zur ~** en styrketår **Stärkungsmittel** N̄ stärkande medel *n*
starr AD̄J̄ stel, styv; *Blick* stirrande; *fig* stelbent, osmidig; **~ vor Kälte/Entsetzen** stel av köld/fasa **starren** V̄ī stirra
Starrheit F̄ stelhet, styvhet **Starrkopf** M̄ *umg* envis person, tjurskalle **starrköpfig** AD̄J̄ envis, tjurskallig **Starrkrampf** M̄ stelkramp **Starrsinn** M̄ envishet **starrsinnig** AD̄J̄ envis
Start M̄ start **Startbahn** F̄ startbana **startbereit** AD̄J̄ startklar **Startblock** M̄ startblock *n* **starten** V̄T̄, V̄ī starta **Starthilfe** F̄ starthjälp *a. fig* **Startkapital** N̄ startkapital *n* **Startlinie** F̄ startlinje **Startschuss** M̄ startskott *n* **Startverbot** N̄ startförbud *n*
Stasi F̄ POL *in der ehemaligen DDR* säkerhetspolis
Statik F̄ statik
Station F̄ station; *Krankenhaus* avdelning; **~ machen** stanna, göra uppehåll **stationär** AD̄J̄ stationär; **~e Behandlung** sjukhusvård **stationieren** V̄T̄ stationera; utplacera **Stationsarzt** M̄, **Stationsärztin** F̄ avdelningsläkare **Stationsschwester** F̄ avdelningsköterska
statisch AD̄J̄ statisk
Statist(in) M(F) statist **Statistik** F̄ statistik **Statistiker(in)** M(F) statistiker **statistisch** AD̄J̄ statistisk
Stativ N̄ stativ *n*
statt PRÄP *u.* KONJ ⟨*gen*⟩ i stället för **stattdessen** AD̄V̄ i stället
Stätte F̄ ställe *n*, ort, plats; **vorgeschichtliche ~** fornlämning, fornminne *n*
stattfinden V̄ī äga rum **stattgeben**

VT ⟨dat⟩ bevilja, uppfylla **statthaft** ADJ tilllåtlig **stattlich** ADJ ståtlig
Statue F staty **Statur** F kroppsbyggnad
Status M status **Statussymbol** N statussymbol
Statut N statut, stadga
Stau M uppdämning; *Verkehr* trafikstockning, bilkö; **im ~ stecken** sitta fast i en bilkö
Staub M damm n; stoft n; *umg* **sich aus dem ~(e) machen** försvinna, sticka, smita; **~ saugen** dammsuga; **~ wischen** damma
Staubfaden M BOT ståndarsträng **Staubgefäß** N BOT ståndare **Staublunge** F dammlunga **staubsaugen** VT dammsuga **Staubsauger** M dammsugare **Staubtuch** N dammtrasa **Staubwedel** M dammvippa **Staubwolke** F dammoln n
Staudamm M fördämning, regleringsdamm
Staude F (större) planta, stånd n
stauen A VT dämma (upp); *Ladung* stuva B V/R **sich ~** stocka (*od* packa ihop) sig; *Wasser* dämmas upp; *Blut* stocka sig; *Verkehr* bli stopp
staunen VI bli förvånad, förvånas, häpna (**über** *akk* över) **Staunen** N förvåning, häpnad
Stausee M uppdämd sjö, damm **Stauung** F uppdämning; trafikstockning, köbildning; MED (blod)stockning
Std. ABK (= Stunde) tim., timme
Steak N biff
Stearin N stearin *mst* n
Stechapfel M spikklubba **stechen** VT *u.* VI sticka; *Insekt* stickas, bitas; *Stechuhr* stämpla; *Sonne* bränna; *Kartenspiel* vara trumf; *Kunst* gravera **stechend** ADJ stickande; *Sonne* brännande **Stechmücke** F stickmygga
Steckbrief M efterlysning; *umg* beskrivning **steckbrieflich** ADV **j-n ~ suchen** efterlysa ngn **Steckdose** F vägguttag n, eluttag n **stecken** A VT sticka, stoppa; **~ bleiben** bestämt *fig* komma av sig; **Geld in ein Geschäft ~** placera pengar i en affär B VI sitta (fast); **wo steckt er?** var håller han hus?; **was steckt dahinter?** vad ligger bakom det?
Steckenpferd N käpphäst *a. fig*; hobby

Stecker M kontakt, stickpropp; TEL jack (n) **Steckkarte** F insticksskort n **Steckling** M stickling **Stecknadel** F knappnål **Steckrübe** F kålrot
Steg M spång; *Landungssteg* brygga, landgång; MUS stall n; *Hosensteg* hälla **Stegreif** M *fig* **aus dem ~** på rak arm, oförberett
stehen VI stå; *sich befinden* vara, ligga, befinna sig; *gewissen Zustand haben* stå till, förhålla sig; *passen* passa, klä; **~ bleiben** stå kvar, stanna; *unbeweglich* bli stående; *Uhr* stanna; **~ lassen** låta stå (kvar), lämna (kvar); *vergessen* glömma; **es steht gut/schlecht um ihn** det står bra/dåligt till med honom; **wie steht es?** hur står det till? (*hft.* um *akk* med); **zu j-m ~** stå vid ngns sida; *umg* **auf j-n/etw ~** gilla ngn/ngt; **im Stehen** stående; **zum Stehen bringen** stoppa **Stehlampe** F golvlampa **Stehleiter** F trappstege
stehlen VT stjäla; **das kann mir gestohlen bleiben!** det struntar jag i!
Stehplatz M ståplats **Stehvermögen** N uthållighet
steif ADJ styv, hård, stel *a. fig*; *Getränk* stark; **~ und fest glauben** tro fullt och fast; **~ werden** bli stel, stelna **Steife** F styvhet, stelhet **Steifheit** F styvhet, stelhet *a. fig*
Steigbügel M stigbygel **Steigeisen** N stegjärn n **steigen** VI *a.* Fieber, Preise *etc* stiga (**auf** *akk* på), (**in** *akk* i); *Berg* gå upp (**auf** *akk* på); *Raum* gå in (**in** *akk* i); BAHN u. Bus stiga, gå (**aus** *dat* av); AUTO stiga, gå (**aus** *dat* ur); *klettern* klättra; **~ lassen** släppa upp; **zu Kopf ~** stiga åt huvudet
steigern A VT stegra, öka, höja; GRAM komparera B VI bjuda högre C V/R ökas, stiga, stegras **Steigerung** F stegring, ökning, höjning; GRAM komparation
Steigung F stigning; *Hang, Weg* uppförsbacke
steil ADJ brant **Steilhang** M stup n, brant, brant sluttning **Steilwand** F klippvägg, bergvägg
Stein M sten; *Obst* kärna; *Baustein* tegelsten; *Edelstein* ädelsten; *Brettspiel* bricka **Steinadler** M kungsörn **Steinbock** M stenbock; ASTROL Sten-

bocken **Steinbruch** M̄ stenbrott n
Steinbutt M̄ piggvar **steinern** ADJ av sten, sten- **Steinfrucht** F̄ stenfrukt **Steingut** N̄ stengods n **steinhart** ADJ stenhård **steinig** ADJ stenig **steinigen** V̄T stena **Steinkohle** F̄ stenkol n **Steinmarder** M̄ stenmård **Steinmetz(in)** M(F) stenhuggare **Steinobst** N̄ stenfrukt **Steinpflaster** N̄ stenläggning **Steinpilz** M̄ karljohanssvamp **Steinplatte** F̄ stenhäll, stenplatta **Steinreich** ADJ stenrik **Steinschlag** M̄ AUTO stenras n; stenskott n **Steinwurf** M̄ stenkast n **Steinzeit** F̄ die ~ stenåldern

Steiß M̄ stjärt, stuss, gump **Steißbein** N̄ svansben n **Steißlage** F̄ sätesbjudning

Stelle F̄ ställe n, plats; *Anstellung* plats, befattning, anställning; *Amt, Behörde* myndighet; **auf der ~** på fläcken, genast; **an erster ~** på första plats; *fig* i första hand; **zur ~ sein** vara på plats; **an deiner ~** i ditt ställe; **eine Zahl mit sechs ~n** ett sexsiffrigt tal **stellen** A V̄T ställa, sätta; *Frage, Antrag* ställa; **die Uhr ~** ställa klockan; **j-m ein Bein ~** sätta krokben för ngn; **in Rechnung ~** debitera B V̄R *a. meinen* ställa sig (**zu** *dat* till); JUR inställa sig; *der Polizei* överlämna sig till polisen; *vortäuschen* spela, låtsas vara; **sich krank ~** låtsas vara sjuk; **sich tot ~** spela död; **es stellt sich die Frage** det uppstår en fråga **Stellenangebot** N̄ ~e pl *Zeitung* lediga platser **Stellengesuch** N̄ platsansökan; **~e** pl *Zeitung* platssökande pl **stellenweise** ADV här och där, fläckvis **Stellenwert** fig M̄ betydelse, vikt, värde n **Stellung** F̄ ställning, position; *Dienststellung* plats, anställning; **~ nehmen zu** (*dat*) ta ställning till **Stellungnahme** F̄ ställningstagande n **Stellungskrieg** M̄ ställningskrig n **stellvertretend** ADJ vikarierande, tillförordnad **Stellvertreter(in)** M(F) ställföreträdare, vikarie **Stellvertretung** F̄ vikariat n

Stellwerk N̄ ställverk n

Stelze F̄ stylta; **auf ~n gehen** gå på styltor

Stemmeisen N̄ stämjärn n **stemmen** A V̄T stödja; *heben* lyfta, pressa uppåt; TECH stämma B V̄R **sich ~** spjär-

na (**gegen** *akk* mot)

Stempel M̄ stämpel *a. fig*; BOT pistill **Stempelgebühr** F̄ stämpelavgift **Stempelkissen** N̄ stämpeldyna **stempeln** A V̄T stämpla B V̄I **~ gehen** *umg Arbeitsloser* gå och stämpla **Stempeluhr** F̄ stämpelklocka

Steno *umg* F̄ stenografi n

Steppdecke F̄ duntäcke n

Steppe F̄ stäpp

steppen A V̄T, V̄I kvilta B V̄I tanzen steppa **Steppjacke** F̄ dunjacka

Sterbebett N̄ dödsbädd **Sterbefall** M̄ dödsfall n **Sterbehilfe** F̄ dödshjälp **sterben** V̄T, V̄I dö, avlida (**an einer Krankheit** i en sjukdom); **vor Hunger ~** dö av hunger **Sterben** N̄ döende n; **im ~ liegen** ligga för döden **sterbenskrank** ADJ dödssjuk **Sterbenswörtchen** N̄ **kein ~** inte ett enda ord **Sterbeurkunde** F̄ dödsbevis n **sterblich** ADJ dödlig **Sterblichkeit** F̄ dödlighet

Stereoanlage F̄ stereoanläggning **stereotyp** ADJ stereotyp

steril ADJ steril **Sterilisation** F̄ sterilisation **sterilisieren** V̄T sterilisera

Stern M̄ stjärna **Sternbild** N̄ stjärnbild **Sternchen** N̄ liten stjärna; asterisk **Sternenbanner** N̄ **das ~** stjärnbaneret **Sternenhimmel** M̄ stjärnhimmel **Sternfahrt** F̄ rally n **sternhagelvoll** ADJ stupfull **Sternhimmel** M̄ stjärnhimmel **Sternschnuppe** F̄ stjärnfall n **Sternwarte** F̄ observatorium n **Sternzeichen** N̄ stjärntecken n

Stethoskop N̄ stetoskop n

stetig ADJ ständig, stadig, konstant **stets** ADV alltid, jämt

Steuer[1] N̄ styre n; styre n, roder n *a. fig*; **am ~** vid ratten; vid rodret

Steuer[2] F̄ skatt; **nach Abzug der ~n** efter skatt **Steuerabzug** M̄ skatteavdrag n **Steuerausgleich** M̄ skattejämkning **Steuerbehörde** F̄ skattemyndighet **Steuerberater(in)** M(F) skatterådgivare **Steuerbescheid** M̄ ≈ skattesedel

Steuerbord N̄ styrbord n

Steuereinnahmen PL skatteintäkter pl **Steuererklärung** F̄ (själv)deklaration **Steuererleichterung** F̄ skattelättnad **Steuerflucht** F̄ skatteflykt

steuerfrei ADJ skattefri **Steuergelder** N/PL skattemedel pl **Steuerhinterziehung** F skattefusk n **Steuerkarte** F skattsedel **Steuerklasse** F ≈ skattekolumn (i skattetabell) **Steuerknüppel** M FLUG styrspak **Steuerlast** F skattebörda **steuerlich** ADJ skatte-
Steuermann M styrman
Steuermarke F skattemärke n
steuern VT styra
Steuerparadies N, **Steueroase** F skatteparadis n **steuerpflichtig** ADJ skattepliktig, skatteskyldig
Steuerrad N ratt
Steuerrückerstattung F skatteåterbäring **Steuersenkung** F skattesänkning
Steuerung F styrning
Steuerzahler(in) M(F) skattebetalare
Steven M stäv
Steward M steward **Stewardess** F flygvärdinna
stibitzen umg VT snatta, knycka
Stich M styng n; *Insekt, Kartenspiel, Kupferstich, Insekt a.* stick n, bett n; *Messer* hugg n; *Nähen* stygn n; *Farbwechsel* skiftning; **im ~ lassen** lämna i sticket; **einen ~ haben** umg ha en skruv lös; *Speise, Getränk* börja bli dålig **Stichelei** F gliring, pik **sticheln** fig VI pika **Stichflamme** F flamma, låga **stichhaltig** ADJ hållbar **Stichling** M spigg **Stichprobe** F stickprov n **Stichtag** M utsatt dag **Stichwahl** F skiljeval n **Stichwort** N stickord n, uppslagsord n; nyckelord n; **~e** a. stolpar **Stichwunde** F sticksår n
sticken VT, VI brodera **Stickerei** F broderi n
stickig ADJ kvav, kvalmig, kvävande
Sticknadel F brodernål
Stickstoff M kväve n
Stiefbruder M styvbror
Stiefel M stövel; känga
Stiefkind N styvbarn n **Stiefmutter** F styvmor **Stiefmütterchen** N styvmorsviol, pensé **stiefmütterlich** ADV styvmoderlig **Stiefschwester** F styvsyster **Stiefsohn** M styvson **Stieftochter** F styvdotter **Stiefvater** M styvfar
Stiege F trappa
Stieglitz M steglitsa

Stiel M skaft n, handtag n; BOT stjälk
Stier M tjur; ASTROL Oxen
stieren VI stirra
Stierkampf M tjurfäktning **Stierkämpfer(in)** M(F) tjurfäktare
Stift M TECH stift n, nubb; *Schreibstift* penna; krita, stift n
stiften VT (in)stifta; *gründen* grund(lägg)a; *schenken* skänka, donera; *hervorrufen* stifta, få till stånd, åstadkomma; umg *Runde* bjuda på **Stifter(in)** M(F) stiftare, donator; grundare **Stiftung** F stiftelse, fond; donation
Stiftzahn M stifttand
Stil M stil; **im großen ~** i stor stil; i stor skala **Stilblüte** F stilblomma **Stilbruch** M stilbrott n
Stilett N stilett
stilisieren VT stilisera **Stilist** M stilist **Stilistik** F stilistik **Stilistin** F stilist **stilistisch** ADJ stilistisk
still ADJ stilla; *ruhig* lugn, tyst, stillsam; *heimlich* hemlig; **~!** tyst!; **im Stillen** i stillhet; hemligt; innerst inne **Stille** F stillhet, tystnad, lugn n; **in aller ~** i (all) stillhet **stillen** VT stilla, lugna, dämpa; *Kind* amma; *Blut, Schmerz, Hunger* stilla; *Durst* släcka **stillhalten** VT hålla (sig) stilla **Stillleben** N stilleben n **stilllegen** VT lägga ned **Stilllegung** F nedläggning
stillos ADJ stillös, utan stil **Stillosigkeit** F stillöshet
stillschweigen VI vara tyst, tiga **Stillschweigen** N tystnad **stillschweigend** ADJ tyst, stillatigande
Stillstand M stillastående n, stillestånd n, stagnation; **zum ~ kommen** stanna (av), upphöra **stillstehen** VI stå stilla
Stilmöbel N stilmöbel **stilvoll** ADJ stilfull

Stimmabgabe F röstning **Stimmbänder** N/PL stämband n/pl **stimmberechtigt** ADJ röstberättigad **Stimmberechtigung** F rösträtt **Stimmbruch** M målbrott n **Stimme** F stämma, röst; *Wahlstimme* röst **stimmen** A VI *Wahl* rösta, votera (**über** akk om); **das stimmt!** det stämmer!; **für j-n ~** rösta på ngn; umg **bei ihm stimmt was nicht** han är lite knäpp B VT a. MUS stämma **Stimmengleichheit** F lika röstetal n **Stim-

menmehrheit F röstövervikt, majoritet **Stimmgabel** F stämgaffel **stimmhaft** ADJ tonande **Stimmlage** F röstläge n **stimmlos** ADJ tonlös **Stimmrecht** N rösträtt **Stimmung** F stämning a. fig; opinion **Stimmungsbild** N stämningsbild **Stimmungsmache** F propaganda **stimmungsvoll** ADJ stämningsfull **Stimmwechsel** M målbrott n **Stimmzettel** M röstsedel
Stimulans N stimulans **stimulieren** VT stimulera
stinken VI stinka **stinkfaul** umg ADJ genomlat **stinkig** ADJ stinkande **stinklangweilig** umg ADJ urtrist **stinkreich** umg ADJ stenrik **Stinktier** N ZOOL skunk **Stinkwut** umg F eine ~ auf j-n haben vara rasande på ngn
Stipendiat(in) M(F) stipendiat **Stipendium** N stipendium n
Stippvisite umg F snabbvisit
Stirn F panna; fig j-m die ~ bieten bjuda motstånd mot ngn **Stirnband** N pannband **Stirnhöhlenentzündung** F bihåleinflammation **Stirnrunzeln** N rynkad panna
stöbern VI flyga omkring, yra; fig suchen umg leta, rota, botanisera fig
stochern VI peta; röra
Stock¹ M Spazierstock käpp; Skistock stav; Taktstock taktpinne; Zeigestock pekpinne; Baumstumpf stubbe; BOT a. planta, krukväxt; steif wie ein ~ stel som en pinne
Stock² M våning; erster ~ första våningen, en trappa upp
stockdunkel ADJ kolmörk
Stöckelschuh M högklackad sko
stocken VI stocka sig, (av)stanna; Flüssigkeit stelna, tjockna; Flecke bekommen få mögelfläckar; Verkehr stocka sig; Rede komma av sig **stockfinster** kolmörk **Stockfisch** M stockfisk **Stockfleck** M mögelfläck **stocktaub** ADJ stendöv **Stockung** F stockning, avbrott n, störning **Stockwerk** N → Stock²
Stoff M ämne n, stoff n, material n; Textil tyg n; umg Getränke sprit, dricka; Rauschgift knark n **Stoffrest** M stuv (-bit) **Stofftier** N gosedjur n **Stoffwechsel** M ämnesomsättning

stöhnen VI stöna
Stoiker(in) M(F) stoiker **stoisch** ADJ stoisk
Stollen M (underjordisk) gång; BERGB stollgång, ort; Weihnachtsstollen ≈ julbulle
stolpern VI snubbla, snava (über akk över)
stolz ADJ stolt (auf akk över); umg ansenlig, rejäl **Stolz** M stolthet **stolzieren** VI svassa, fjädra sig, göra sig viktig
stopfen VT stoppa; vara förstoppande **Stopfgarn** N stoppgarn n **Stopfnadel** F stoppnål
stopp INT stopp
Stoppel F (åker)stubb **Stoppelbart** M skäggstubb **Stoppelfeld** N stubbåker
stoppen A VI stoppa, stanna B VT stoppa, hejda; SPORT ta tid på **Stopplicht** N bromsljus n **Stoppschild** N stoppskylt **Stoppuhr** F stoppur n, tidtagarur n
Stöpsel M propp, plugg
Stör M stör
Storch M stork
stören VT störa **Störenfried** M fridstörare **Störfall** M driftstörning
stornieren VT, VI stornera **Stornierung** F, **Storno** M od N annullering
störrisch ADJ trilsk, tjurig
Störung F störning; entschuldigen Sie bitte die ~ ursäkta att jag stör
Stoß M stöt, knuff; Haufen hög, bunt, trave; SPORT u. Fußtritt spark **Stoßdämpfer** M stötdämpare **stoßen** A VT stöta, knuffa, skuffa; Stier stånga; zerkleinern krossa; mit dem Fuß ~ sparka B VI stöta (an akk till), (auf akk på); knuffas, stångas; angrenzen gränsa till C VR slå sig (an dat på); fig stöta sig (an dat på)
Stößel M Mörser mortelstöt, stamp **Stoßseufzer** M djup suck **Stoßstange** F stötfångare, kofångare **Stoßverkehr** M rusningstrafik, högtrafik **Stoßzahn** M bete **Stoßzeit** F rusningstid
stottern N stamma; fig Motor hacka, hosta **Stottern** N stamning
Str. ABK (= Straße) g., gat., gata(n)
Strafanstalt F fängelse n **Straftrag** M åtal n **Strafanzeige** F polis-

anmälan **Strafarbeit** F Schule extra hemläxa **Strafbank** F SPORT utvisningsbås n **strafbar** ADJ straffbar, brottslig; **sich ~ machen** göra sig skyldig till brott **Strafe** F straff n; Geldbuße böter pl **strafen** VT (be)straffa **Straferlass** M allgemeiner ~ amnesti
straff ADJ stram, spänd; fig sträng; Haltung rak
straffällig ADJ straffbar, brottslig; **~ werden** göra sig skyldig till brott **straffen** VT dra åt, spänna, sträcka; strama åt a. fig
straffrei ADJ, ADV ostraffad **Straffreiheit** F straffrihet **Strafgefangene(r)** M/F(M) intern, fånge **Strafgesetzbuch** N ≈ brottsbalken **sträflich** ADJ brottslig, kriminell **Sträfling** M intern, fånge **Strafmandat** N ≈ strafföreläggande n **Strafmaßnahme** F straffåtgärd **Strafporto** N straffporto n, lösen **Strafpredigt** F straffpredikan **Strafpunkt** M SPORT minuspoäng **Strafraum** M SPORT straffområde n **Strafrecht** N straffrätt **strafrechtlich** ADJ straffrättslig **Strafregister** N straffregister n **Strafsache** F brottmål n **Strafstoß** M Fußball straffspark **Straftat** F brottslig handling **Straftäter(in)** M(F) brottslig **Strafverfahren** N rättegång i brottmål **strafversetzen** VT j-n ~ tvångsförflytta ngn **Strafvollzug** M fängelsestraff n; straffverkställighet; kriminalvård, fångvård **Strafvollzugsanstalt** F kriminalvårdsanstalt, fångvårdsanstalt **Strafzettel** M umg felparkeringslapp, böteslapp
Strahl M stråle **strahlen** VI stråla; avge strålning; utstråla **Strahlenbehandlung** F strålbehandling **Strahlenbelastung** F stråldos **Strahlenschutz** M strålningsskydd n **Strahlentherapie** F strålterapi **Strahlentriebwerk** N jetmotor **Strahlung** F strålning **Strahlungswerte** PL strålningsnivåer
Strähne F (hår)slinga **strähnig** ADJ stripig
stramm ADJ spänd, stram; fig sträng, hård; gesund kraftig, duktig; Haltung rak **strammstehen** VI stå i givakt **Strampelhöschen** N sparkbyxor pl **strampeln** VI sprattla, sparka; umg

cykla; umg kämpa på
Strand M strand; **am ~** på stranden **stranden** VI stranda **Strandgut** N vrakgods n **Strandkorb** M strandkorg
Strang M sträng; Seil lina, rem; Galgen snara, rep n; fig **über die Stränge schlagen** hoppa över skaklarna **strangulieren** VT strypa; erhängen hänga **Strapaze** F strapats, ansträngning **strapazieren** VT abnutzen nöta, slita; überanstrengen (över)anstränga
Straße F gata; Weg väg; **auf die ~ setzen** fig kasta ut ngn **Straßenbahn** F spårvagn; spårväg; **mit der ~ fahren** åka spårvagn **Straßenbahnhaltestelle** F spårvagnshållplats **Straßenbahnwagen** M spårvagn **Straßenbau** M vägbygge n **Straßenbeleuchtung** F gatubelysning **Straßencafé** N trottoarservering **Straßenecke** F gathörn n **Straßenfeger(in)** M(F) gatsopare **Straßenkehrmaschine** F gatsopningsmaskin **Straßenkind** N gatubarn n **Straßenkreuzung** F gatukorsning **Straßenlaterne** F gatlykta **Straßenpflaster** N stenläggning **Straßenrand** M vägkant **Straßenüberführung** F gångbro, övergång; vägbro, viadukt **Straßenunterführung** F vägtunnel; gångtunnel **Straßenverkehr** M gatutrafik **Straßenverzeichnis** N gatuförteckning **Straßenzustand** M väglag n
Stratege M strateg **Strategie** F strategi **strategisch** ADJ strategisk
Stratosphäre F stratosfär
sträuben A VT resa borst B VR **sich ~** resa sig; fig streta, spjärna (**gegen** emot)
Strauch M buske
Strauß¹ M Blumen bukett
Strauß² M ZOOL struts **Straußenfeder** F strutsfjäder
streamen VT streama, strömma **Streamer** M IT streamer
Strebe F stötta, sträva, stag n **streben** VI sträva (**nach** efter) **Streber(in)** M(F) streber **strebsam** ADJ strävsam
Strecke F sträcka **strecken** A VT sträcka; dehnen tänja; verdünnen dryga ut, blanda upp, späda ut; **zu Boden ~**

Streckennetz – Stromkreis

slå till marken B V/R *sich* ~ sträcka (på) sig **Streckennetz** N linjenät n **streckenweise** ADV bitvis, här och där **Streckung** F sträckning **Streckverband** M sträckförband n

Streich M slag n, hugg n; fig tilltag n, upptåg n; *dummer* ~ dumt påhitt n; *auf einen* ~ på en gång, i ett tag; *j-m einen* ~ *spielen* spela ngn ett spratt **streicheln** V/T, V/I smeka, klappa **Streichelzoo** M liten djurpark för barn **streichen** V/T, V/I stryka; *malen* måla; *schmieren* bre på **Streicher** PL stråkar **Streichholz** N tändsticka **Streichholzschachtel** F tändsticksask **Streichinstrument** n stråkinstrument n **Streichkäse** M mjukost **Streichquartett** N stråkkvartett **Streichung** F strykning; nedskärning **Streifband** N korsband n **Streife** F patrull **streifen** V/T berühren snudda vid, gränsa till a. fig; dra, stryka; ströva **Streifen** M *Linie* strimma, rand; *schmales Stück* remsa, band n, strimla; *Film* film **Streifenwagen** M polisbil **Streiflicht** fig N glimt **Streifschuss** M yttligt skottsår n **Streifzug** M strövtåg n

Streik M strejk; *einen* ~ *ankündigen* varsla om strejk; *in den* ~ *treten* gå i strejk **Streikbrecher(in)** M(F) strejkbrytare **streiken** V/I strejka **Streikende(r)** M/F(M) strejkande **Streikposten** M strejkvakt **Streikverbot** N strejkförbud n

Streit M strid; *Zank* bråk n; tvist, gräl n, träta **Streitaxt** F stridsyxa **streitbar** ADJ stridbar **streiten** A V/I strida B V/R (*sich*) ~ bråka, gräla; tvista **Streiterei** F bråk n **Streitfrage** F stridsfråga, tvistefråga **Streitgespräch** N dispyt, kontrovers **streitig** ADJ stridig; ~ *machen* ifrågasätta **Streitigkeit** F stridighet, tvist **Streitkräfte** F/PL stridskrafter pl **Streitsucht** F grälsjuka **streitsüchtig** ADJ grälsjuk

streng ADJ sträng; *hart* hård; *scharf* skarp; ~ *genommen* strängt taget **Strenge** F stränghet; hårdhet **Stress** M stress; *unter* ~ *stehen* umg vara stressad **stressen** V/T stressa; vara stressande **stressig** ADJ stressig **Streu** F strö n **streuen** V/T strö; verstreuen sprida; sanda; sprida sig **Streuer** M ströare **Streusalz** N vägsalt n **Streusel** N/PL strössel n **Streuung** F spridning **Streuzucker** M strösocker n

Strich M streck n; *Farbe* strykning; *Vogelzug* (fågel)sträck n; *Federstrich, Pinselstrich, Bogenstrich* drag n; *gegen den* ~ mothårs; fig mot ngns beräkning; umg *auf den* ~ *gehen* gå på gatan **Strichcode** M streckkod **stricheln** V/T strecka **Strichjunge** umg M manlig prostituerad **Strichliste** F checklista **Strichmädchen** umg N gatflicka **Strichpunkt** M semikolon n **strichweise** ADV på sina håll, lokalt

Strick M rep n, lina; fig umg slyngel; fig *wenn alle ~e reißen* i yttersta nödfall **Strickarbeit** F stickning **stricken** V/T, V/I sticka **Strickjacke** F kofta **Strickleiter** F repstege **Strickmuster** N stickbeskrivning **Stricknadel** F sticka **Strickzeug** N stickning

Striegel M ryktskrapa, ryktborste **striegeln** V/T rykta, borsta

Strieme F, **Striemen** M strimma **strikt** ADJ strikt; sträng, exakt **Strippe** F tråd, ledning; TEL umg tråd; *j-n an der* ~ *haben* umg ha ngn på tråden

strippen umg V/I strippa **Stripper** umg M manlig strippa **Stripperin** umg F strippa **Striptease** M od N striptease **strittig** ADJ kontroversiell, omtvistad

Stroh N halm; ~ *im Kopf haben* umg vara helt korkad **Strohblume** F eternell **Strohdach** N halmtak n **Strohhalm** M halmstrå n; *Trinkhalm* sugrör n **Strohhut** M halmhatt, stråhatt **Strohmann** fig M bulvan **Strohwitwe** F gräsänka **Strohwitwer** M gräsänkling

Strolch M buse, skurk; busfrö n

Strom M ström, flod; el(ektricitet); *gegen den* ~ mot strömmen; *mit dem* ~ *schwimmen* fig flyta med strömmen; ~ *sparen* spara el; ~ *sparend* energisnål **stromab(wärts)** ADV utför (od med) strömmen **stromauf(wärts)** ADV uppför (od mot) strömmen **Stromausfall** M elavbrott n, strömavbrott n **Strombett** N strömbädd, strömfåra **strömen** V/I forsa, strömma **Strom-

kreis M̄ strömkrets **Stromlinienform** F̄ strömlinjeform **Stromnetz** N̄ elnät n **Stromrechnung** F̄ elräkning **Stromschnelle** F̄ strömdrag n, fors **Stromspannung** F̄ strömspänning **Stromstärke** F̄ strömstyrka **Strömung** F̄ strömning a. fig, strömdrag n **Stromverbrauch** M̄ elförbrukning **Stromversorgung** F̄ elförsörjning **Stromzähler** M̄ elmätare
Strophe F̄ strof
strotzen VI svälla, pösa; **vor Gesundheit ~** stråla av hälsa
Strudel M̄ virvel a. fig; Gebäck strudel
Struktur F̄ struktur **strukturieren** VT strukturera **Strukturwandel** M̄ strukturförändring
Strumpf M̄ strumpa **Strumpfband** N̄ strumpeband n **Strumpfhalter** M̄ strumphållare **Strumpfhose** F̄ strumpbyxor pl **Strumpfwaren** F/PL trikåvaror pl
Strunk M̄ grov stjälk
struppig ADJ spretig, tovig, rufsig
Stube F̄ stycke n; gute **~** finrum n **Stubenarrest** M̄ rumsarrest **Stubenhocker(in)** M̄/F̄ stugsittare **stubenrein** ADJ rumsren
Stuck M̄ stuck, stuckatur
Stück N̄ stycke n; Stückchen bit; Teil del; THEAT pjäs; **aus freien ~en** frivilligt, självmant; **in ~e gehen** gå i kras; **große ~ auf j-n halten** hålla styvt på ngn **stückeln** VT flicken lappa (ud skarva) ihop **Stücklohn** M̄ ackordslön **Stückwerk** N̄ lappverk n **Stückzahl** F̄ antal saker
Student(in) M̄/F̄ student, studerande **Studentenaustausch** M̄ studentutbyte n **Studentenheim** N̄ studenthem n **Studentenschaft** F̄ studentkår **Studentenwohnheim** N̄ studenthem n
Studie F̄ studie **Studienaufenthalt** M̄ studievistelse **Studienbeihilfe** F̄ studiebidrag n **Studienberatung** F̄ studierådgivning **Studiendirektor(in)** M̄/F̄ studierektor **Studienfach** N̄ ämne n **Studiengang** M̄ utbildningslinje **Studiengebühren** PL terminsavgift sg, studieavgift sg **Studienplatz** M̄ studieplats, utbildningsplats **Studienrat** M̄, **Studienrätin** F̄ adjunkt, ämneslärare **Studienreferendar(in)** M̄/F̄ lärarkandidat **studieren** A VT studera, läsa; **Medizin ~** studera/läsa medicin B VI läsa på universitetet
Studio N̄ studio
Studium N̄ studium n; studier pl
Stufe F̄ trappsteg n; Absatz avsats; fig grad, nivå, stadium n, fas **Stufenleiter** F̄ Rangordnung rangskala **stufenweise** ADV gradvis, steg för steg
Stuhl M̄ stol; MED stolgång, avföring **Stuhlgang** M̄ stolgång, avföring
Stulle F̄ umg smörgås, macka
stülpen VT vända upp och ned på, stjälpa upp
stumm ADJ stum, tyst
Stummel M̄ stump; Zigarettenstummel fimp
Stummfilm M̄ stumfilm
Stümper(in) M̄/F̄ klåpare **Stümperei** F̄ fuskverk n **stümperhaft** ADJ klantig, oproffsig
stumpf ADJ slö, trubbig; fig slö, förslöad, avtrubbad
Stumpf M̄ stump; Baumstumpf stubbe; **mit ~ und Stiel ausrotten** totalt utrota **Stumpfheit** F̄ slöhet a. fig, trubbighet **Stumpfsinn** M̄ apati; idioti, meningslöshet **stumpfsinnig** ADJ stupid; umg untråkig
Stunde F̄ timme; Schule lektion; **eine halbe ~** en halvtimme; **von ~ zu ~** timme efter timme; **schwere ~** svår stund; **~n geben** ge privatlektioner **stunden** VT bevilja anstånd **Stundengeschwindigkeit** F̄ hastighet i timmen **Stundenkilometer** M̄ kilometer i timmen **stundenlang** A ADJ timslång B ADV timtals, i timmar **Stundenlohn** M̄ timlön **Stundenplan** M̄ timplan, schema n **stundenweise** ADV per timme; für Stunden vissa timmar **Stundenzeiger** M̄ timvisare **stündlich** ADJ varje timme; i timmen, per timme **Stundung** F̄ uppskov n, anstånd n
Stunk umg M̄ bråk n
Stuntman M̄ stuntman **Stuntwoman** F̄ stuntkvinna
stupsen VT puffa, stöta till **Stupsnase** F̄ uppnäsa
stur ADJ envis, oresonlig; reserverad **Sturheit** F̄ envishet
Sturm M̄ storm a. fig; Angriff anfall n,

stormning; SPORT anfallskedja; *Ansturm* rusning; **~ laufen gegen** gå till storms mot **stürmen** A VI storma B VI storma fram, rusa, störta; SPORT anfalla **Stürmer(in)** M(F) SPORT forward, anfallare **sturmfrei** ADJ **heute Abend habe ich ~e Bude** i kväll har jag huset/lägenheten för mig själv **stürmisch** ADJ stormig; *fig* stormande, häftig **Sturmwarnung** F stormvarning

Sturz M störtning, störtande n, fall *n a. fig*; ras n **stürzen** A VI störta; *stülpen* stjälpa; **ins Unglück ~** störta i olycka B VI störta (ned); *fallen* ramla, falla; sich **~** störta (sig), kasta sig, rusa (**auf** *akk* på); **sich in Schulden ~** skuldsätta sig **Sturzflug** M störtdykning **Sturzhelm** M störthjälm **Sturzregen** M störtregn n **Sturzsee** F störtsjö **Sturzwelle** F störtvåg

Stuss *umg* M nonsens, dumheter *pl*
Stute F sto n
Stütze F stöd n, stötta; *fig* stöttepelare **stutzen** A VI stötta; *Bäume, Hecken* tukta B VI hejda sig
stützen A VI stödja; *abstützen* stötta B V/R **sich ~ auf** (*akk*) stödja sig på *a. fig*
Stutzer M snobb, sprätt
stutzig ADJ **~ werden** haja till, bli betänksam
Stützpfeiler M stödjepelare **Stützpunkt** M MIL bas
stylen VI styla; designa
s. u. ABK (= *siehe unten*) se nedan
Subjekt N subjekt n **subjektiv** ADJ subjektiv **Subjektivität** F subjektivitet
Subskription F subskription
Substantiv N substantiv n
Substanz F substans **substanziell** ADJ substantiell
subtil ADJ subtil
subtrahieren VI, VI subtrahera, dra ifrån **Subtraktion** F subtraktion
Subunternehmer(in) M(F) underleverantör
Subvention F subvention **subventionieren** VI subventionera
subversiv ADJ subversiv, omstörtande
Suchanlage F personsökare **Suchdienst** M spaningstjänst **Suche** F letande n, sökande n, spaning; **auf der ~**

fig på jakt **suchen** A VI leta; IT söka; efterlysa; *Pilze* ~ plocka svamp; **was hast du hier zu ~?** vad har du här att göra? B VI **nach etw** ~ leta/söka efter ngt **Sucher** M FOTO sökare **Suchfunktion** F COMPUT sökfunktion **Suchmannschaft** F spaningspatrull **Suchmaschine** F IT sökmotor **Suchmeldung** F efterlysning
Sucht F begär n; beroende n; **~ erzeugend** beroendeframkallande **süchtig** ADJ beroende; **~ sein** vara missbrukare **Süchtige(r)** M(F) missbrukare
Sud M brygd, avkok n
südafrikanisch ADJ sydafrikansk **südamerikanisch** ADJ sydamerikansk **süddeutsch** ADJ sydtysk **Süddeutschland** N Sydtyskland **Süden** M söder **Südfrüchte** F/PL sydfrukter *pl* **Südküste** F sydkust **Südländer(in)** M(F) sydlänning **südländisch** ADJ sydländsk **südlich** ADJ sydlig; **~ von** söder om **Südosten** M sydost **südöstlich** ADJ sydöstlig, sydöstra **Südpol** M **der ~** sydpolen **Südsee** F **die ~** Söderhavet n **südwärts** ADV åt söder, söderut **Südwesten** M sydväst **südwestlich** ADJ sydvästlig, sydvästra **Südwind** M sydvind, sunnanvind
Suff *umg* M supande n, fylla; **im ~** i fyllan
süffig ADJ *Wein* välsmakande
Suffix N suffix n
suggerieren VI suggerera **Suggestion** F suggestion **suggestiv** ADJ suggestiv
Sühne F soning, bot; *Gutmachung* gottgörelse **sühnen** VI sona
Suite F svit
Sulfat N sulfat *mst n* **Sulfit** N sulfit n
Sultan M sultan
Sülze F sylta
summarisch ADJ summarisk **Summe** F summa
summen VI, VI surra; *Lied* gnola, nynna **Summer** M summer
summieren A VI summera, addera B V/R **sich zu etw ~** uppgå till ngt
Sumpf M kärr n, sumpmark, träsk *n a. fig* **sumpfig** ADJ sumpig, sank
Sünde F synd **Sündenbock** M syndabock **Sündenfall** M syndafall n **Sündenregister** N syndaregister n

Sünder(in) M̄ syndare **sündhaft** umg ADJ sehr vansinnigt; syndig **sündigen** V/I synda
super(-) umg IN ZSSGN super(-), toppen(-), kanon(-)
Super N̄ Benzin blyfri 95
Super-GAU umg M̄ härdsmälta, allvarlig kärnkraftsolycka
Superintendent M̄ domprost
Superlativ M̄ superlativ
Supermacht F̄ supermakt
Supermarkt M̄ stormarknad
Suppe F̄ soppa; fig die ~ auslöffeln müssen få stå sitt kast **Suppengrün** N̄ soppgrönsaker pl **Suppenhuhn** N̄ kokhöns n **Suppenlöffel** M̄ soppslev **Suppenschüssel** F̄ soppskål **Suppenteller** M̄ sopptallrik **Suppenwürfel** M̄ buljongtärning
Surfbrett N̄ surfingbräda **surfen** V/I surfa; **im Internet ~** surfa på nätet **Surfer(in)** M(F) surfare
Surrealismus M̄ surrealism
surren V/I surra
Surrogat N̄ surrogat n
suspekt ADJ suspekt, misstänkt
suspendieren V/T suspendera
süß ADJ söt; fig söt, gullig, rar **Süße** F̄ sötma **Süße(s)** N̄ sötsaker pl, godis n **süßen** V/T söta **Süßigkeiten** PL sötsaker pl, godis n **süßlich** ADJ umg sötaktig, sliskig **süßsauer** ADJ sötsur **Süßspeise** F̄ efterrätt **Süßstoff** M̄ sötningsmedel n **Süßwasser** N̄ sötvatten n
SV ABK (= Sportverein) sportklubb, idrottsförening
SW ABK (= Südwesten) SV, sydväst
Sweatshirt N̄ collegetröja
Symbol N̄ symbol **Symbolik** F̄ symbolik **symbolisch** ADJ symbolisk **symbolisieren** V/T symbolisera **Symbolleiste** F̄ COMPUT verktygsrad
Symmetrie F̄ symmetri **symmetrisch** ADJ symmetrisk
Sympathie F̄ sympati **Sympathisant(in)** M(F) sympatisör **sympathisch** ADJ sympatisk **sympathisieren** V/I sympatisera
Symphonie F̄ symfoni
Symptom N̄ sym(p)tom n
Synagoge F̄ REL synagoga
synchronisieren V/T synkronisera; Film dubba

Syndikat N̄ syndikat n
Synergieeffekt M̄ synergieffekt
Synode F̄ synod
synonym ADJ synonym **Synonym** N̄ synonym mst n
syntaktisch ADJ syntaktisk **Syntax** F̄ syntax
Synthese F̄ syntes
Synthesizer M̄ synthesizer, synt
synthetisch ADJ syntetisk
Syphilis F̄ MED syfilis
Syrien N̄ Syrien **Syrer** M̄ syrier **Syrerin** F̄ syriska **syrisch** ADJ syrisk
System N̄ system n **Systemabsturz** M̄ IT systemkrasch **Systemanalytiker(in)** M(F) systemerare **systematisch** ADJ systematisk **Systemfehler** M̄ IT systemfel n **Systemsteuerung** F̄ IT kontrollpanel
Szene F̄ scen a. fig; **in ~ setzen** iscensätta; in zssgn umg -miljö, -kretsar, -värld **Szenerie** F̄ sceneri n

T

T, t N̄ T, t n
Tabak M̄ tobak **Tabakwarenladen** M̄ tobaksaffär
tabellarisch ADJ tabellarisk **Tabelle** F̄ tabell **Tabellenführer** M̄ SPORT serieledare **Tabellenkalkulation** F̄ IT kalkylprogram n
Tablet N̄ IT datorplatta, pekplatta, surfplatta
Tablett N̄ bricka
Tablette F̄ tablett
tabu ADJ tabu **tabuisieren** V/T tabubelägga
Tabulator M̄ IT tabulator
Tacho umg M̄, **Tachometer** N̄ hastighetsmätare
Tacker M̄ häftapparat
Tadel M̄ tillrättavisning, klander n, anmärkning **tadellos** ADJ oklanderlig, felfri; utmärkt; umg fantastisk **tadeln** V/T tillrättavisa, klandra
Tafel F̄ tavla, anslagstavla; skylt; platta; **die ~ Schule** (svarta) tavlan; Tisch bord

n; taffel; *Schokolade* kaka
Täfelung F̲ Wand panel
Tafelwasser N̲ bordsvatten *n*; mineralvatten *n* **Tafelwein** M̲ bordsvin *n*
Taft M̲ taft *a. n.*
Tag M̲ dag; IT tag; **guten ~!** hej!, god dag!; *umg* **~!** hej!; **am ~** på dagen; **eines ~es** en dag; **am ~ vor** (*dat*) dagen före; **~ und Nacht** zusammen dygn *n*; **~ für ~** dag efter dag; **von ~ zu ~** från dag till dag; **den ganzen ~** hela dagen; **in den ~ hinein leben** ta dagen som den kommer; **an den ~ bringen** uppdaga, avslöja; **es wird ~** det dagas; **~e** *umg* mens; **sie hat ihre ~e** *umg* hon har mens; BERGB **über ~(e)** ovan jord; **unter ~(e)** under jord **Tagebau** M̲ BERGB dagbrott *n* **Tagebuch** N̲ dagbok **Tagedieb** M̲ dagdrivare, lätting **Tagegeld** N̲ dagtraktamente *n* **tagelang** ADJ dagar i sträck **Tagelöhner(in)** M|F daglönare, dagsverkare **tagen** VI *Versammlung* sammanträda; **es tagt** det dagas (*od* gryr) **Tagereise** F̲ dagsresa **Tagesanbruch** M̲ gryning; **bei ~** vid dagens inbrott **Tagesausflug** M̲ dagsutflykt **Tagescreme** F̲ dagkräm **Tagesdecke** F̲ sängöverkast *n* **Tagesgericht** N̲ dagens rätt **Tagesgespräch** N̲ samtalsämnet för dagen **Tageskarte** F̲ dagsbiljett; *Speisekarte* dagens matsedel **Tageskurs** M̲ dagskurs **Tageslicht** N̲ dagsljus *n* **Tagesmutter** F̲ dagmamma **Tagesordnung** F̲ dagordning **Tagespresse** F̲ dagspress **Tagesrückfahrkarte** F̲ biljett som gäller en dag **Tagessatz** M̲ JUR dagsbot; *Verpflegung* dagavgift, vårdavgift **Tagesschau** F̲ ≈ tv-nytt, Aktuellt **Tagesstätte** F̲ *Kinderkrippe* dagis *n*; *Kindergarten* förskola **Tageszeit** F̲ tid på dagen **Tageszeitung** F̲ dagstidning **tageweise** ADV per dag **Tagewerk** N̲ dagsverke *n*
taggen VT IT tagga **Tagging** N̲ IT taggning
täglich ADJ dagligen; **zweimal ~** två gånger om dagen **tags** ADV **~ darauf** dagen därpå; **~ zuvor** dagen innan *od* före **tagsüber** ADV under dagen(s lopp) **tagtäglich** ADJ dag efter dag **tagträumen** VI dagdrömma **Tagung** F̲ kongress, konferens, möte *n*

Tagungsort M̲ plats för kongress
Taifun M̲ tyfon
Taille F̲ midja **Taillenweite** F̲ midjemått *n* **tailliert** ADJ figursydd
Takt M̲ takt *a. fig*; **im 15-Minuten-Takt med 15 minuters intervall Taktgefühl** N̲ taktkänsla **Taktik** F̲ taktik **Taktiker(in)** M|F taktiker **taktisch** ADJ taktisk **taktlos** ADJ taktlös **Taktlosigkeit** F̲ taktlöshet **Taktstock** M̲ taktpinne **taktvoll** ADJ taktfull, finkänslig
Tal N̲ dal **talabwärts** utför (dalen)
Talar M̲ talar
Talent N̲ talang, begåvning **talentiert** ADJ talangfull (**für** för) **talentlos** ADJ talanglös
Talfahrt F̲ nedfärd, färd utför; *fig* tillbakagång, nedgång, fall *n*
Talg M̲ talg
Talisman M̲ amulett, talisman
Talk M̲ talk
Talkshow F̲ pratshow
Talon M̲ talong
Talsohle F̲ dalbotten **Talsperre** F̲ damm
Tamburin N̲ tamburin
Tampon M̲ tampong
Tamtam *umg* N̲ ståhej *n*
Tand M̲ bjäfs *n*, grannlåt
Tandem N̲ tandem(cykel)
Tang M̲ tång
Tangente F̲ tangent; förbifartsled **tangieren** VT tangera; *fig* beröra, påverka
Tango M̲ tango
Tank M̲ tank **tanken** tanka, fylla på bensin; *Alkohol* hälla i sig; *Luft* ta (sig) en nypa luft **Tanker** M̲, **Tankschiff** N̲ tanker, tankfartyg N̲ **Tankstelle** F̲ bensinstation, mack **Tankwagen** M̲ tankbil **Tankwart(in)** M|F person som arbetar på bensinstation
Tanne F̲ ädelgran **Tannenbaum** *umg* M̲ gran; *Weihnachtsbaum* julgran **Tannenwald** M̲ granskog **Tannenzapfen** M̲ grankotte
Tante F̲ tant; *väterlicherseits* faster; *mütterlicherseits* moster **Tante-Emma-Laden** M̲ kvartersbutik
Tantieme F̲ tantiem, (författar)royalty
Tanz M̲ dans **Tanzbein** N̲ **das ~ schwingen** tа sig en svängom **Tanzboden** M̲ dansbana **tanzen** VT, VI

dansa **Tänzer** M dansare, dansör **Tänzerin** F dansare, dansös **Tanzfläche** F dansgolv n **Tanzkapelle** F dansband n **Tanzmusik** F dansmusik **Tanzstunde** F danslektion
Tapet N aufs ~ bringen föra på tal
Tapete F tapet; die ~n wechseln umg fig byta miljö **Tapetenwechsel** umg M miljöombyte n **tapezieren** VT tapetsera **Tapezierer(in)** M/F tapetserare
tapfer ADJ tapper; duktig **Tapferkeit** F tapperhet
tappen VI tasten famla, treva; gehen tassa
tapsig umg ADJ klumpig, drumlig
Tara F tara
Tarantel F ZOOL tarantel
Tarif M tariff, taxa; löneavtal n **Tarifautonomie** F fri förhandlingsrätt; rätt att sluta avtal **tariflich** ADJ enligt avtal **Tariflohn** M avtalsenlig lön **Tarifpartner** M arbetsmarknadspart **Tarifrunde** F avtalsrörelse **Tarifverhandlungen** PL avtalsförhandlingar pl **Tarifvertrag** M kollektivavtal n
Tarnanzug M kamouflagekläder pl **tarnen** VT, V/R (sich) kamouflera, maskera; fig a. dölja **Tarnfarben** F/PL kamouflagefärger pl **Tarnung** F kamouflage n, maskering
Tasche F in der Kleidung ficka; Handtasche etc väska; j-m auf der ~ liegen umg leva på ngns bekostnad **Taschenbuch** N pocketbok **Taschendieb(in)** M/F ficktjuv **Taschenformat** N fickformat n **Taschengeld** N fickpengar pl; veckopeng(ar) **Taschenlampe** F ficklampa **Taschenmesser** N fickkniv **Taschenrechner** M fickräknare, miniräknare, räknedosa **Taschentuch** N näsduk **Taschenuhr** F fickur n **Taschenwörterbuch** N fickordbok
Tasse F kopp
Tastatur F MUS klaviatur; TECH u. COMPUT tangentbord n **Taste** F tangent; TECH a. knapp **tasten** VI famla, treva, känna sig för **Tastentelefon** N knapptelefon
Tat F gärning, handling, dåd n; Leistung bedrift, bragd; **in der** ~ verkligen, faktiskt; **auf frischer** ~ på bar gärning

Tatar(beefsteak) N råbiff
Tatbestand M faktiskt förhållande n **Tatendrang** M tilltagsenhet, energi **tatenlos** ADJ passiv, overksam **Täter(in)** M/F gärningsman, förövare **tätig** ADJ verksam, aktiv; ~ **sein** a. vara anställd **tätigen** VT verkställa; Einkauf göra **Tätigkeit** F verksamhet, sysselsättning, aktivitet; Beruf a. tjänstgöring, funktion **Tätigkeitsbereich** M verksamhetsfält n **Tatkraft** F energi, handlingskraft **tatkräftig** ADJ energisk, handlingskraftig **tätlich** ADJ handgriplig **Tätlichkeit** F handgriplighet **Tatort** M brottsplats
tätowieren VT tatuera **Tätowierung** F tatuering
Tatsache F faktum n, sakförhållande n **tatsächlich** A ADJ faktisk, verklig B ADV faktiskt, verkligen
tätscheln VT klappa, smeka
Tattoo M od N tatuering
Tatze F tass, labb
Tau[1] M Seil rep n; SCHIFF tåg n
Tau[2] M Wasser dagg
taub ADJ döv; domnad, känslolös; **sich ~ stellen** slå dövörat till
Taube F duva **Taubenschlag** M duvslag n
Taubheit F dövhet; känslolöshet **taubstumm** ADJ dövstum
tauchen A VT doppa, sänka ned B VI dyka **Taucher(in)** M/F dykare **Taucheranzug** M dykardräkt **Taucherbrille** F cyklopöga n **Taucherglocke** F dykarklocka **Tauchflossen** PL grodfötter pl **Tauchsieder** M doppvärmare
tauen VT, VI schmelzen töa; tina upp, smälta
Taufbecken N dopfunt **Taufe** F dop n **taufen** VT döpa **Täufling** M barn som ska döpas **Taufname** M dopnamn n **Taufpate** M fadder, gudfar **Taufpatin** F fadder, gudmor **Taufschein** M dopattest **Taufstein** M dopfunt
taugen VI duga (**zu nichts** till ingenting) **Taugenichts** M odåga, oduglig **tauglich** ADJ duglig, lämplig (**till/för**) (**zu dat**) **Tauglichkeit** F duglighet, lämplighet
Taumel M yra, yrsel; Rausch rus n **taumeln** VI tumla, vackla; vor Trunkenheit

ragla
Tausch M̄ (ut)byte n; **im ~ gegen** (akk) i utbyte mot **tauschen** V̄T byta (ut)
täuschen A V̄T vilseleda, bedra, lura B V̄R **sich ~** bedra sig, ta fel, missta sig **täuschend** ADJ förvillande; *trügerisch* bedräglig
Tauschgeschäft N̄ bytesaffär **Tauschhandel** M̄ byteshandel **Tauschobjekt** N̄ bytesobjekt n
Täuschung F̄ bedrägeri n; *Irrtum* misstag n, illusion, villfarelse **Täuschungsmanöver** N̄ skenmanöver, fint
tausend NUM tusen; **~ Dank!** tusen tack! **Tausend** N̄ tusental n; **zu ~en** i tusental **Tausender** M̄ tusental n; *Geldschein* tusenlapp **Tausendfüßler** M̄ tusenfoting **tausendjährig** ADJ tusenårig **tausendmal** ADV tusen gånger **Tausendsassa** M̄ tusenkonstnär **Tausendschön** N̄ tusensköna **Tausendstel** N̄ tusendel
Tauwetter N̄ töväder n
Tauziehen N̄ dragkamp
Taxameter M̄ taxameter
Taxator M̄ värderingsman
Taxe F̄ *Gebühr* taxa; AUTO umg taxi
Taxi N̄ taxi; **~ fahren** åka taxi; köra taxi
taxieren umg V̄T beräkna, uppskatta; *Hand.* värdera; umg mönstra, granska
Taxifahrer(in) MF taxichaufför **Taxistand** M̄ taxistation
Team N̄ team n; SPORT lag n **Teamarbeit** F̄ teamwork n, lagarbete n **Teamchef(in)** MF SPORT lagledare **Teamgeist** M̄ laganda
Technik F̄ teknik **Techniker(in)** MF tekniker **technisch** ADJ teknisk
Techno M̄ MUS techno
Technokrat(in) MF teknokrat **Technologie** F̄ teknologi **Technologiepark** M̄ teknikpark
Techtelmechtel umg N̄ (liten) kärlekshistoria, flört
Teddybär M̄ teddybjörn, nalle
Tee M̄ te n **Teebeutel** M̄ tepåse **Teegebäck** N̄ småkakor pl **Teekanne** F̄ tekanna **Teelicht** N̄ värmeljus n **Teelöffel** M̄ tesked
Teenager M̄ tonåring
Teer M̄ tjära **teeren** V̄T tjära; *Straße* asfaltera
Teesieb N̄ tesil **Teetasse** F̄ tekopp

Teewagen M̄ tevagn **Teewärmer** M̄ tehuv, tevärmare
Teich M̄ damm
Teig M̄ deg, smet **Teigrolle** F̄ brödkavel **Teigwaren** F/PL pasta
Teil A M̄ *Anteil* andel, lott; **ein großer ~** en stor del; **der größte ~** största delen; **zum ~** till en del, delvis B N̄ *Bestandteil* del **teilbar** ADJ delbar (**durch** med) **Teilbetrag** M̄ delbelopp n **Teilchen** N̄ partikel **teilen** A V̄T dela; MATH *a.* dividera (**durch** med); **sich etw ~** dela ngt mellan sig B V̄R **sich ~ dela** sig, delas **Teiler** M̄ divisor **teilhaben** V̄I ha del (**an** *dat* i) **Teilhaber(in)** MF delägare **Teilhaberschaft** F̄ delägarskap n **Teilnahme** F̄ deltagande n; *Interesse* intresse n; *Mitgefühl* medkänsla **teilnahmslos** ADJ likgiltig, apatisk **Teilnahmslosigkeit** F̄ likgiltighet, apati **teilnehmen** V̄I delta (**an** *dat* i) **Teilnehmer(in)** MF deltagare; TEL abonnent **Teilnehmerliste** F̄ deltagarlista **teils** ADV dels, till en del; **~ ... ~** dels ... dels **Teilstrecke** F̄ delsträcka **Teilung** F̄ delning; JUR skifte n **teilweise** ADJ delvis **Teilzahlung** F̄ avbetalning **Teilzeitarbeit** F̄ deltidsarbete n **teilzeitbeschäftigt** ADJ deltidsanställd
Teint M̄ hy, ansiktsfärg
Telefax N̄ (tele)fax
Telefon N̄ telefon; **ans ~ gehen** svara i telefon **Telefonanruf** M̄ telefonsamtal n **Telefonanrufbeantworter** M̄ telefonsvarare **Telefonanschluss** M̄ telefonabonnemang **Telefonat** N̄ → *Telefonanruf* **Telefonbuch** N̄ telefonkatalog **Telefongespräch** N̄ telefonsamtal n **telefonieren** V̄I ringa, prata i telefon **telefonisch** ADJ per telefon **Telefonist(in)** MF telefonist **Telefonkarte** F̄ telefonkort n **Telefonnummer** F̄ telefonnummer n **Telefonseelsorge** F̄ jourhavande präst **Telefonzelle** F̄ telefonhytt **Telefonzentrale** F̄ telefonväxel
Telegramm N̄ telegram n **Telegrammadresse** F̄ telegramadress **Telegrammstil** M̄ telegramstil
Teleobjektiv N̄ teleobjektiv n **Telepathie** F̄ telepati **Teleprompter**

M teleprompter **Teleskop** N teleskop n **Teletext** M text-tv **Telex** N telex n **Teller** M tallrik **Tellerwäscher(in)** M(F) diskare
Tempel M tempel n
Temperament N temperament n **temperamentvoll** ADJ temperamentsfull
Temperatur F temperatur **Temperaturschwankungen** F/PL temperaturförändringar pl **Temperatursturz** M plötsligt temperaturfall n
Tempo N tempo n; ~ **50 fahren** köra i 50 **Tempolimit** N fartgräns **temporär** ADJ temporär, övergående
Tempotaschentuch® N pappersnäsduk
Tempus F tempus n
Tendenz F tendens, benägenhet **tendenziös** ADJ tendentiös **tendieren** V/I tendera
Tennis N tennis **Tennisball** M tennisboll **Tennisplatz** M tennisbana **Tennisschläger** M tennisracket **Tennisspieler(in)** M(F) tennisspelare **Tennisturnier** N tennisturnering
Tenor M tenor(sångare)
Tentakel M od N tentakel
Teppich M matta; a. (vägg)bonad; **etw unter den ~ kehren** fig sopa ngt under mattan **Teppichboden** M heltäckande matta **Teppichklopfer** M mattpiskare **Teppichstange** F piskställning
Termin M tidpunkt; Verabredung tid; beruflich a. möte n; Frist deadline, tidsfrist; JUR tid för rättegång; **einen ~ festsetzen** bestämma tid; **sich einen ~ geben lassen** beställa tid
Terminal M od N a. IT terminal
Termindruck M tidspress; **unter ~ stehen** ha tidspress på sig **Terminkalender** M almanacka
Terminologie F terminologi **Terminus** M term
Terpentin N terpentin a. n
Terrain N terräng, mark
Terrasse F terrass **terrassenförmig** ADJ terrassformig
Terrine F terrin, soppskål
Territorium N territorium n
Terror M terror **Terroranschlag** M terrorattack, terroraktion **terrorisieren** V/T terrorisera **Terrorismus** M terrorism **Terrorist(in)** M(F) terrorist
Terz F ters
Tesafilm® M tejp
Test M test a. n, prov n
Testament N testamente n; **das Alte/ Neue ~** Gamla/Nya testamentet **testamentarisch** ADJ testamentarisk **Testamentsvollstrecker(in)** M(F) testamentsexekutor
Testbild N testbild **testen** V/T testa **Testergebnis** N testresultat n **Testlauf** M TECH testkörning
Tetanus N tetanus, stelkramp **Tetanusimpfung** F stelkrampsspruta
teuer ADJ dyr(bar); lieb kär; **j-n ~ zu stehen kommen** komma att stå ngn dyrt **Teuerung** F prisstegring **Teuerungsrate** F prisstegringstakt
Teufel M djävul, fan; **armer ~** umg en stackars sate; **pfui ~!** fy fan!; **scher dich zum ~!** dra åt skogen! **Teufelskerl** M tusan till karl **Teufelskreis** M ond cirkel **Teufelszeug** N sattyg n **teuflisch** ADJ djävulsk; umg otrolig, ohygglig
Text M text **Textbuch** N textbok **texten** V/T, V/I skriva reklamtexter; skriva schlagertexter **Texter(in)** M(F) copywriter; schlagertextförfattare
Textilien PL, **Textilwaren** F/PL textilvaror pl, textilier pl **Textilindustrie** F textilindustri
Textmarker M överstrykningspenna **Textverarbeitung** F ordbehandling
TH ABK (= technische Hochschule) teknisk högskola
Thailand N Thailand **thailändisch** ADJ thailändsk
Theater N teater; **ins ~ gehen** gå på teater; **zum ~ gehen** umg bli skådespelare; **so ein ~!** umg vilket väsen! **Theaterbesucher(in)** M(F) teaterbesökare **Theaterdirektor(in)** M(F) teaterdirektör **Theaterkarte** F teaterbiljett **Theaterstück** N (teater)pjäs **Theatervorstellung** F teaterföreställning **theatralisch** ADJ teatralisk
Theke F disk
Thema N tema n, ämne n, samtalsämne n; **das ~ wechseln** byta samtalsämne **Thematik** F tematik
Theologe M teolog **Theologie** F teologi **Theologin** F teolog **theologisch** ADJ teologisk

Theoretiker(in) M/F teoretiker **theoretisch** ADJ teoretisk **Theorie** F teori

Therapeut(in) M/F terapeut **Therapie** F terapi

Thermalbad N hälsobad n i varm källa; *Ort* kurort med varma källor **Thermen** F/PL varma källor pl **Thermometer** N termometer **Thermosflasche®** F termosflaska **Thermostat** M termostat

These F tes

Thrombose F trombos

Thron M tron **thronen** VI trona **Thronerbe** M, **Thronerbin** F tronarvinge **Thronfolger(in)** M/F tronföljare

Thunfisch M tonfisk

Thymian M timjan

Tick M fix idé, egendomlighet **ticken** VI ticka, ≈ bete sig, tänka; **du tickst wohl nicht richtig** du verkar ha förlorat förståndet

Ticket N biljett

tief ADJ djup; *niedrig* låg; *weit* långt; **~blickend** skarpsynt; **~ gehend** djupgående; **~ greifend** djupgående; **im ~sten Winter** mitt i kallaste vintern; **bis ~ in die Nacht** till långt fram på natten; **das lässt ~ blicken** det avslöjar en hel del **Tief** N *Witterung* lågtryck n; *fig* depression **Tiefbau** M byggnation och anläggningsarbete under jord; *vägbyggnad* **tiefblau** ADJ djupblå **Tiefdruck** M lågtryck n; TYPO djuptryck n **Tiefdruckgebiet** N lågtrycksområde n **Tiefe** F djup n **Tiefebene** F lågslätt **Tiefenpsychologie** F djuppsykologi **Tiefflug** M lågflygning **Tiefgang** M djupgående n **Tiefgarage** F garage n under markplan, underjordiskt garage n **tiefgekühlt** ADJ djupfryst **tiefgründig** ADJ djupgående **Tiefkühlfach** N frysfack n **Tiefkühlkost** F djupfryst mat **Tiefkühlschrank** M frysskåp n **Tiefkühltruhe** F frysbox **Tiefland** N lågland n **Tiefpunkt** M bottenläge n **Tiefschlag** M slag n under bältet **Tiefsee** F djuphav n **Tiefstand** M låg nivå; *fig* bottenläge n; lågkonjunktur

Tier N djur n; *fig umg* **hohes ~** höjdare **Tierarzt** M, **Tierärztin** F veterinär **Tierfreund(in)** M/F djurvän **Tiergarten** M zoologisk trädgård **Tiergehege** N djurpark **Tierhandlung** F zoologisk affär **Tierheim** N hem för omhändertagna djur n **tierisch** A ADJ animalisk, djur-; *fig* **~er Ernst** blodigt allvar B ADV *umg* jätte-, förskräckligt **Tierkreis** M der ~ zodiaken **tierlieb** ADJ sie ist sehr ~ hon är en stor djurvän **Tiermedizin** F veterinärmedicin **Tierpark** M djurpark **Tierpfleger(in)** M/F djurskötare **Tierquälerei** F djurplågeri n **Tierreich** N djurrike n **Tierschützer(in)** M/F POL djurrättsaktivist **Tierschutzverein** M djurskyddsförening **Tierversuch** M djurförsök n **Tierwelt** F djurvärld

Tiger M tiger **Tigerin** F tigerhona

tilgen VT utplåna; *streichen* stryka; WIRTSCH likvidera, amortera, avbetala **Tilgung** F utplånande n; strykande n; amortering

timen VT tajma

Tinktur F tinktur

Tinnitus M MED tinnitus

Tinte F bläck n; *fig* **in der ~ sitzen** vara i knipa **Tintenfass** N bläckhorn n **Tintenfisch** M bläckfisk **Tintenkuli** M tuschpenna, fiberpenna **Tintenstrahldrucker** M bläckstråleskrivare

Tipp M tips n; **j-m einen ~ geben** ge ngn ett tips, tipsa ngn; tips n, tipsrad, lottorad **tippen** VT lätt vidröra; *schreiben* skriva maskin; *im Lotto* tippa **Tippfehler** M skrivfel n **Tippschein** M tipskupong

Tirol N Tyrolen **Tiroler** M tyrolare **Tirolerin** F tyrolska

Tisch M bord n; **am ~ sitzen** sitta vid bordet; **bei ~** vid matbordet; **zu ~ gehen** gå till bords; *fig* **reinen ~ machen** reda ut ngt; **vom ~ sein** *fig* vara avklarat **Tischbein** N bordsben n **Tischdame** F bordsdam **Tischdecke** F bordsduk **Tischfußball** M bordsfotboll **Tischgebet** N bordsbön **Tischherr** M bordskavaljer **Tischkarte** F placeringskort n **Tischläufer** M bordlöpare **Tischler(in)** M/F snickare **Tischlerei** F snickarverkstad **tischlern** VI snickra **Tischordnung** F bordsplacering **Tischplatte** F bord(s)skiva **Tischrede** F tal n vid

bordet **Tischtennis** N̄ pingpong
Tischtuch N̄ bordsduk **Tischwein** M̄ bordsvin n
Titel M̄ titel **Titelbild** N̄ omslagsbild **Titelblatt** N̄ titelblad n **Titelkampf** M̄ titelmatch **Titelrolle** F̄ titelroll **Titelverteidiger(in)** M(F) titelförsvarare
Titten vulg PL pattar pl
Toast M̄ rostat bröd n; skål **toasten** VIT rosta (bröd); skåla **Toaster** M̄ brödrost
toben VI rasa; lärmen väsnas; stoja **Tobsucht** F̄ raseri n, ursinne n
Tochter F̄ dotter; dotterbolag n **Tochtergesellschaft** F̄ dotterbolag n
Tod M̄ död; **bis in den ~** intill döden; **zu ~e** till döds **todernst** ADJ gravallvarlig **Todesangst** F̄ dödsångest **Todesanzeige** F̄ dödsannons **Todesfall** M̄ dödsfall n **Todesgefahr** F̄ dödsfara, livsfara **Todesjahr** N̄ dödsår n **Todeskampf** M̄ dödskamp **Todesopfer** N̄ dödsoffer n **Todesstoß** M̄ dödsstöt **Todesstrafe** F̄ dödsstraff n **Todestag** M̄ dödsdag **Todesursache** F̄ dödsorsak **Todesurteil** N̄ dödsdom n **Todesverachtung** F̄ dödsförakt n **Todfeind(in)** M(F) dödsfiende **todkrank** ADJ dödssjuk **tödlich** ADJ dödlig, dödande; umg fruktansvärt; **ein ~er Unfall** en dödsolycka **todmüde** ADJ dödstrött **todsicher** umg ADJ bergsäker **Todsünde** F̄ dödssynd
Tofu M̄ GASTR tofu
Toilette F̄ a. Kleid toalett **Toilettenartikel** M̄ toalettartikel **Toilettenpapier** N̄ toalettpapper n **Toilettentisch** M̄ toalettbord n
toi, toi, toi INT peppar, peppar (ta i trä); viel Glück lycka till
tolerant ADJ tolerant **Toleranz** F̄ tolerans **tolerieren** VIT tolerera
toll A ADJ galen, tokig, vansinnig; großartig toppen(-), fantastisk B ADV toppen, fantastiskt, suveränt; **es zu ~ treiben** gå för långt; **~ was da gemacht** det där gjorde du jättebra; **es ging ~ zu** det gick vilt till **Tollkirsche** F̄ belladonna **tollkühn** ADJ oförvägen, dumdristig **Tollpatsch** M̄ tölp, dumhuvud n **Tollwut** F̄ rabies **tollwütig** ADJ rabiessmittad
Tölpel M̄ tölp, dumhuvud n
Tomate F̄ tomat **Tomatenmark** N̄ tomatpuré **Tomatensaft** M̄ tomatjuice
Ton¹ M̄ Lehm lera
Ton² M̄ ton; Laut ljud n, klang; Akzent accent, betoning; **guter ~** god ton; **den ~ angeben** ange tonen a. fig **Tonabnehmer** M̄ pick-up **tonangebend** ADJ tongivande **Tonart** F̄ tonart **Tonausfall** M̄ TV ljudavbrott n **Tonband** N̄ (ljud)band n **Tonbandgerät** N̄ bandspelare
tönen A VI tona, ljuda, klinga B VIT färben tona
Toner M̄ toner **Tonerkassette** F̄ tonerkassett
tönern ADJ av lera, ler-
Tonfall M̄ tonfall n **Tonfilm** M̄ ljudfilm **Tonleiter** F̄ skala **tonlos** ADJ tonlös, klanglös
Tonnage F̄ tonnage n
Tonne F̄ tunna, fat n; Gewichtsangabe ton n
Tonstudio N̄ inspelningsstudio
Tontaubenschießen N̄ lerduveskytte n
Tönung F̄ das Tönen tonande n; Schattierung toning, nyans
Tonwaren F/PL lergods n
Top N̄ topp
Topf M̄ Kochtopf kastrull, gryta; Blumentopf kruka; Nachttopf potta
Topfen österr M̄ GASTR kvarg, kvark
Töpfer(in) M(F) keramiker, krukmakare **Töpferei** F̄ krukmakari n **töpfern** VI arbeta i lera, dreja **Töpferscheibe** F̄ drejskiva **Töpferwaren** F/PL keramik, lergods n
topfit umg ADJ i toppform
Topflappen M̄ grytlapp **Topfpflanze** F̄ krukväxt
Topografie, Topographie F̄ topografi
Topp N̄ topp
Tor¹ M̄ dåre, narr
Tor² N̄ 1 port; fig inkörsport 2 SPORT mål n; Slalomtor målstolpe; **ein ~ schießen** göra/skjuta mål **Toreinfahrt** F̄ inkörsport
Torf M̄ torv **Torfmoor** N̄ torvmosse
Torheit F̄ galenskap, dårskap
Torhüter(in) M(F) målvakt

töricht ADJ dåraktig
torkeln VI ragla, vingla
Tornister M ränsel, ryggsäck; *Schultornister* (skol)väska
torpedieren VT torpedera **Torpedo** M torped
Torraum M målområde n **Torschütze** M, **Torschützin** F målskytt
Torso M torso
Torte F tårta **Tortenheber** M tårtspade
Tortur F tortyr; plåga, pina
Torwart(in) M(F) målvakt
tosen VI brusa, dåna; **~der Beifall** stormande applåd
tot ADJ död; *in zssgn u. präd a.* ihjäl; **~ geboren** dödfödd; **sich ~ stellen** spela död
total ADJ total, fullständig; **~ gut** *umg* skitbra **Totalausverkauf** M slutförsäljning **Totalbetrag** M totalbelopp *n* **totalitär** ADJ totalitär **Totalschaden** M **~ haben** AUTO vara totalförstörd
totarbeiten *umg* VR **sich ~** arbeta ihjäl sig **totärgern** *umg* VR **sich ~** reta ihjäl sig **Tote(r)** M(F/M) död; **die ~n** de döda **töten** VT, VI döda; **sich ~** begå självmord **Totenbett** N dödsbädd **totenblass** ADJ, **totenbleich** likblek **Totengräber(in)** M(F) dödgrävare **Totenhemd** N svepning **Totenkopf** M dödskalle **Totenmaske** F dödsmask **Totenschein** M dödsattest **Totensonntag** M domsöndag **totenstill** dödstyst **Totenstille** F dödstystnad **Totentanz** M dödsdans **Totenwache** F likvaka **Totgeburt** F *Kind* dödfött barn *n* **totkriegen** *umg* VT få död på **totlachen** VR **sich ~** skratta sig fördärvad
Toto N toto; tips *n*; **im ~ spielen** tippa **Totogewinn** M tipsvinst **Totoschein** M tipskupong
totschießen VT skjuta ihjäl **Totschlag** M dråp *n* **totschlagen** VT slå ihjäl; **die Zeit ~** slå ihjäl tiden **Totschläger** M *Waffe* blydagg; knogjärn *n* **totschweigen** VT tiga ihjäl **Tötung** F dödande *n*
Touchscreen M IT pekskärm
Toupet N tupé **toupieren** VT tupera
Tour F tur, tripp; TECH varv *n*; *Weise umg* sätt *n*; **in einer ~** i ett kör; **auf ~en kommen** komma upp i varv *a. fig*; **auf die ~** *umg* på det sättet **Tourismus** M turism **Tourist(in)** M(F) turist **Touristeninformation** F turistinformation **Touristenklasse** F turistklass **Touristik** F turism; turistbransch **touristisch** ADJ turistisk
Tournee F turné
Trab M trav *mst n*; **im ~** i trav; *fig* **j-n auf ~ bringen** sätta fart på ngn
Trabant M drabant; *Nebenplanet* satellit **Trabantenstadt** F satellitstad
traben VI trava **Traber** M travare **Trabrennen** N travtävling
Tracht F folkdräkt; **~ Prügel** kok stryk
trachten VI sträva, trakta
trächtig ADJ dräktig
Trackball M IT styrkula
Tradition F tradition **traditionell** ADJ traditionell
Trafik *österr* F tobaksaffär; kiosk
Tragbahre F bår **tragbar** ADJ bärbar, portabel; *Kleider* användbar; *fig* uthärdlig; acceptabel **Trage** F → Tragbahre
träge ADJ trög, långsam; *Person a.* slö, lat
tragen VT bära; *Kleidung* ha på sig; **eine Brille ~** ha glasögon; **die Kosten ~** stå för kostnaderna; **das Risiko ~** ta risken; **den Schaden ~** ersätta skadan; **wer trägt die Schuld?** vems fel är det?; **etw bei sich ~** ha med/på sig; **das trägt man nicht mehr** det är inte modernt längre **Träger** M *Balken* bärbalk; *an Kleidungsstücken* axelband *n*, hängsle *n*; *Flugzeugträger* hangarfartyg *n*; WIRTSCH huvudman **Träger(in)** M(F) *Person* bärare; huvudman **Tragetasche** F (bär)kasse; babylift **Tragetüte** F (plast)kasse **tragfähig** ADJ bärkraftig *fig a.* hållbar **Tragfläche** F vinge, bäryta **Tragflächenboot** N, **Tragflügelboot** N bärplansbåt
Trägheit F tröghet
Tragik F tragik **tragikomisch** ADJ tragikomisk **tragisch** ADJ tragisk **Tragödie** F tragedi
Tragweite *fig* F vidd, omfattning; konsekvens
Trailer M *von Film* trailer
Trainer(in) M(F) tränare; *Gerät* motionsredskap *n* **trainieren** VT, VI träna **Training** N träning **Trainingsanzug** M träningsoverall

Trakt M̄ flyg(byggnad) **traktieren** V̄T̄ behandla illa, plåga
Traktor M̄ traktor
trällern V̄T̄, V̄Ī tralla
Trampel umg M̄ klumpedans **trampeln** V̄Ī trampa, stampa **Trampeltier** N̄ kamel
trampen V̄Ī per Anhalter lifta **Tramper(in)** M̄/F̄ liftare
Trampolin N̄ studsmatta
Tran M̄ tran
tranchieren V̄T̄ tranchera
Träne F̄ tår; **in ~n ausbrechen** falla i gråt **tränen** V̄Ī tåras **Tränendrüse** F̄ tårkörtel **Tränengas** N̄ tårgas
Trank M̄ dryck **Tränke** F̄ vattningsställe n **tränken** V̄T̄ vattna; befeuchten genomdränka
Transaktion F̄ transaktion
transatlantisch ADJ transatlantisk
Transfer M̄ transfer; transferering **transferieren** V̄T̄ transferera
Transformator M̄ transformator
Transistor M̄ transistor **Transistorradio** N̄ transistorradio
Transit M̄ transit(o) **Transithalle** F̄ transithall
transitiv ADJ transitiv
Transitverkehr M̄ transit(o)trafik
Transmission F̄ transmission
transparent ADJ transparent, genomskinlig **Transparent** N̄ transparang; Spruchband banderoll **Transparenz** F̄ genomskinlighet
Transplantation F̄ transplantation **transplantieren** V̄T̄, V̄Ī transplantera
Transport M̄ transport **transportabel** ADJ transportabel, flyttbar **Transporter** M̄ lastbil; Schiff transportfartyg n; FLUG transportplan n **Transporteur** M̄ speditör, transportör **transportieren** V̄T̄ transportera, förflytta **Transportkosten** P̄L̄ transportkostnader pl **Transportmittel** N̄ transportmedel n **Transportunternehmen** N̄ transportfirma
transsexuell ADJ transsexuell
Transvestit M̄ transvestit
Trapez N̄ trapets
trappeln V̄Ī trippa, tassa; klappra
Trara umg N̄ ståhej n, väsen n
Trasse F̄ utstakad sträckning; banvall; vägbank

Tratsch umg M̄ skvaller n, sladder n
tratschen umg V̄Ī skvallra, sladdra
Tratte F̄ tratta
Traualtar M̄ vigselaltare n
Traube F̄ (druv)klase; Weintraube (vin)druva; fig klunga **Traubensaft** M̄ druvsaft **Traubenzucker** M̄ druvsocker n
trauen A V̄Ī tro, lita (dat på); **j-m/einer Sache nicht ~** inte tro på ngn/ngt B V̄R̄ **sich ~** töras, våga C V̄T̄ Brautpaar (samman)viga; **sich ~ lassen** låta viga sig, vigas
Trauer F̄ sorg (um akk efter); **~ tragen** vara sorgklädd **Trauerfall** M̄ dödsfall n **Trauerfeier** F̄ jordfästning, begravningsakt **Trauerkleidung** F̄ sorgdräkt **Trauermarsch** M̄ sorgmarsch **trauern** V̄Ī sörja; **um j-n ~** sörja ngn **Trauerspiel** N̄ sorgespel n, tragedi **Trauerweide** F̄ tårpil **Trauerzug** M̄ begravningståg n
träufeln V̄T̄ droppa
Traum M̄ dröm; **aus der ~!** så var det med det!; **das fällt mir nicht im ~ ein** det skulle jag aldrig drömma om
Trauma N̄ trauma n
Traumbild N̄ drömbild **träumen** V̄Ī drömma (von om); **das hätte ich mir nicht ~ lassen** det hade jag aldrig kunnat drömma om **Träumer(in)** M̄/F̄ drömmare **Träumerei** F̄ drömmeri n **träumerisch** ADJ drömmande **Traumfrau** F̄ drömkvinna **traumhaft** ADJ drömlik; fig sagolik **Traummann** M̄ drömman **Traumwelt** F̄ drömvärld
traurig ADJ sorglig, ledsam, tråkig; Person sorgsen, ledsen; **~ sein** vara ledsen **Traurigkeit** F̄ sorgsenhet
Trauring M̄ vigselring **Trauschein** M̄ vigselbevis n **Trauung** F̄ vigsel **Trauzeuge** M̄, **Trauzeugin** F̄ bröllopsvittne n
Treck M̄ tåg n, kolonn **Trecker** M̄ traktor
Trekking N̄ SPORT (fot)vandring
Treff M̄ träff; träffpunkt **treffen** A V̄T̄ träffa; fig drabba; **eine Auswahl ~** göra ett urval; **es gut ~** ha tur B V̄R̄ **sich ~** träffas, mötas; **sich mit j-m ~** träffa ngn; **das trifft sich gut** det passar bra; **wie es sich trifft** som det faller (od slumpar) sig **Treffen** N̄ Versamm-

lung möte *n*; SPORT match; träff **treffend** ADJ träffande, slående **Treffer** M träff; *Gewinn* vinst; SPORT mål *n* **Treffpunkt** M mötesplats **treffsicher** ADJ träffsäker *a. fig* **Treffsicherheit** F träffsäkerhet
Treibeis N drivis **treiben** VIT *u.* VIT driva; *Preis* driva upp, höja; *ausüben* (be)driva, idka, utöva; *tun umg* göra, hålla på (*od* syssla) med, ha för sig; **was treibst du da?** vad är det du håller på med?; **es mit j-m ~** ligga med ngn; *antreiben* j-n ~ driva på ngn; **es zu weit ~** gå för långt; **Unsinn ~** ha dumheter för sig; **die Preise höher ~** driva upp priserna; **Blätter** *od* **einen neuen Spross ~** slå ut, skjuta skott **Treiben** N *Gewimmel* vimmel *n*, liv och rörelse; förehavande *n* **Treiber** M drevkarl; IT drivrutin **Treibhaus** N drivhus *n* **Treibhauseffekt** M växthuseffekt **Treibhausgas** N växthusgas **Treibjagd** F drevjakt; *fig* klappjakt **Treibstoff** M bränsle *n*, drivmedel *n*
Trend M trend **Trendsetter(in)** MF trendsättare **Trendwende** F omsvängning, trendbrott *n*
trennbar ADJ skiljbar **trennen** A VIT skilja, skilja åt; *Ehe* upplösa; *Naht* sprätta upp; *Wort* avstava B VR **sich ~** skiljas (åt) **Trennung** F skiljande *n*; *Ehe* separation, separering; **in ~ leben** ha separerat, ha flyttat isär; *Wort* avstavning **Trennungsstrich** M skiljetecken *n* **Trennwand** F skiljevägg
Treppe F trappa **Treppenabsatz** M trappavsats **Treppengeländer** N ledstång, trappräcke *n* **Treppenhaus** N trappuppgång **Treppenstufe** F trappsteg *n*
Tresor M kassaskåp *n*; *in Bank* bankfack *n*; bankvalv *n*
Tretauto N trampbil **Tretboot** N trampbåt **Treteimer** M pedalhink **treten** A VIT treten; *ans Fenster, in den Streik* gå; *durch die Tür* komma; *zur Seite* stiga, kliva; **näher ~** komma närmare B VIT trampa; **auf die Bremse ~** trampa på bromsen; sparka; *umg fig* **j-n ~** sparka ngn; driva på ngn **Tretmühle** *fig umg* F ekorrhjul *n*, vardagsslit *n*, tristess
treu ADJ trogen; trofast **Treue** F trohet; trofasthet; **j-m die ~ halten** förbli ngn trogen **Treueid** M trohetsed **Treuhänder(in)** MF förtroendeman **Treuhandgesellschaft** F ≈ förvaltningsbolag *n* **treuherzig** ADJ trohjärtad, troskyldig **treulos** ADJ trolös **Treulosigkeit** F trolöshet
Triangel M triangel
Tribunal N tribunal *a. n*
Tribüne F tribun, läktare
Tribut M tribut
Trichine F trikin
Trichter M tratt; *Krater* krater **trichterförmig** ADJ trattformig
Trick M knep *n*, trick *n* **Trickfilm** M trickfilm
Trieb M *Neigung* drift, böjelse, instinkt; BOT skott *n* **Triebfeder** F drivfjäder **Triebkraft** F drivkraft; *fig* motiv *n* **Triebtäter(in)** MF sexualförbrytare **Triebwagen** M motorvagn; rälsbuss **Triebwerk** N drivverk *n*, maskineri *n*
triefen VI drypa, droppa; *Auge* rinna **triftig** ADJ tungt vägande, välgrundad, övertygande; **ohne ~en Grund** utan någon riktig orsak
Trigonometrie F trigonometri
Trikot M trikå; (lag)tröja
Triller M drill **trillern** VIT, VI drilla
Trillerpfeife F visselpipa
Trimm-dich-Pfad M motionsslinga **trimmen** A VIT trimma; träna B VR **sich ~** motionera
trinkbar ADJ drickbar **Trinkbecher** M mugg, bägare **trinken** VIT, VI dricka; **er trinkt nach dricker**; **einen ~ (gehen)** (gå ut och) ta sig ett glas; **auf etw ~** skåla för ngt **Trinker(in)** MF alkoholist **trinkfest** ADJ som tål mycket alkohol **Trinkflasche** F sportflaska, vattenflaska **Trinkgeld** N dricks(pengar) *pl* **Trinkglas** N dricksglas *n* **Trinkhalle** F brunnssalong **Trinkhalm** M sugrör *n* **Trinkkur** F brunnskur **Trinklied** N dryckesvisa **Trinkspruch** M skål (tal *n*) **Trinkwasser** N dricksvatten *n*
Trio N trio
Trip M tripp
trippeln VI trippa
Tripper M MED gonorré
trist ADJ trist, dyster
Tritt M (fot)steg *n*; gång; takt; *Spur* fotspår *n*; *Stoß* spark; **j-m einen ~ verset-**

zen ge ngn en spark **Trittbrett** N̄ fotsteg n **Trittbrettfahrer(in)** M(F) ~ sein fig åka snålskjuts **Trittleiter** F̄ trappstege
Triumph M̄ triumf **Triumphbogen** M̄ triumfbåge **triumphieren** V̄I triumfera
trivial ADJ trivial **Trivialliteratur** F̄ trivialliteratur
trocken ADJ torr; **auf dem Trockenen sitzen** stå på bar backe; inte ha något att dricka; **er ist ~** han har slutat dricka **Trockendock** N̄ torrdocka **Trockenhaube** F̄ torkhuv **Trockenheit** F̄ torrhet; Dürre torka **trockenlegen** V̄T torrlägga a. fig; Kind byta (blöjor) på **Trockenlegung** F̄ torrläggning a. fig **Trockenmilch** F̄ torrmjölk **Trockenrasierer** M̄ elektrisk rakapparat **Trockenschrank** M̄ torkskåp n **Trockenzeit** F̄ torrperiod **trocknen** V̄I u. V̄T torka **Trockner** M̄ torktumlare
Troddel F̄ tofs
Trödel M̄ gammalt skräp n **Trödelei** F̄ söl n **Trödelladen** M̄ lumphandel **Trödelmarkt** M̄ loppmarknad **trödeln** V̄I söla **Trödler(in)** M(F) lumphandlare; fig sölkorv
Trog M̄ tråg n, ho
trollen V̄R sich ~ lunka iväg
Trommel F̄ a. TECH trumma; fig **die ~ rühren** slå på trumman **Trommelfell** N̄ trumskinn n; ANAT trumhinna **Trommelfeuer** N̄ trumeld **trommeln** V̄I trumma **Trommelschlag** M̄ trumslag n **Trommelschlägel** M̄, **Trommelstock** M̄ trumpinne **Trommelwirbel** M̄ trumvirvel **Trommler(in)** M(F) trumslagare
Trompete F̄ trumpet **trompeten** V̄I spela trumpet; trumpeta
Tropen PL die ~ tropikerna pl **Tropenhelm** M̄ tropikhjälm
Tropf M̄ MED dropp; **am ~ hängen** få dropp **tröpfeln** V̄T, V̄I droppa, drypa; **es tröpfelt** det småregnar **tropfen** V̄I u. V̄T droppa **Tropfen** M̄ droppe; ein edler ~ en ädel dryck; **ein ~ auf den heißen Stein sein** vara en droppe i havet **tropfenweise** ADV droppvis **Tropfflasche** F̄ droppflaska **Tropfsteinhöhle** F̄ droppstensgrotta
Trophäe F̄ trofé

tropisch ADJ tropisk
Trosse F̄ tross
Trost M̄ tröst; fig **nicht recht bei ~ sein** inte vara riktigt klok **trösten** V̄T trösta (sich sig) **Tröster** M̄ tröstare **tröstlich** ADJ tröstande **trostlos** ADJ hopplös, tröstlös **Trostlosigkeit** F̄ hopplöshet, tröstlöshet **Trostpreis** M̄ tröstpris n
Trott fig M̄ lunk; **im alten ~** i sin vanliga lunk
Trottel M̄ idiot, dumbom
trotten V̄I lunka, traska
trotz PRÄP ⟨gen⟩ trots; **~ alle(de)m** trots allt **Trotz** M̄ trots n, trotsighet; **aus ~** på trots **trotzdem** 🅐 ADV trots det(ta), ändå 🅑 KONJ trots att **trotzen** V̄I ⟨dat⟩ trotsa **trotzig** ADJ trotsig
trüb(e) ADJ grumlig; dunkel mörk, dyster; bewölkt mulen; matt matt, skum; traurig sorgsen, dyster
Trubel M̄ liv och rörelse, trängsel, villervalla; oväsen n
trüben 🅐 V̄T grumla, göra grumlig; fig grumla, fördunkla 🅑 V̄R sich ~ grumlas; Himmel mulna; Beziehungen försämras **Trübsal** F̄ bedrövelse; ~ blasen umg vara nere/deppig **trübselig** ADJ dyster; tungsint, bedrövad **Trübsinn** M̄ svårmod n, dysterhet, tungsinne n **trübsinnig** ADJ svårmodig, dyster; tungsint
Trudeln N̄ ins ~ **kommen** FLUG råka i spinn
Trüffel F̄ tryffel
Trug M̄ svek n, bedrägeri n **trügerisch** ADJ bedräglig, förrädisk **Trugschluss** M̄ felaktig slutsats
Truhe F̄ kista, skrin n
Trümmer M/PL spillror pl, ruiner pl **Trümmerfeld** N̄ ruinfält n **Trümmerhaufen** M̄ hög av spillror, ruinhög
Trumpf M̄ trumf
Trunk M̄ dryck; Trunksucht dryckenskap, fylleri n **Trunkenbold** M̄ fyllbult **Trunkenheit** F̄ fylleri n, fylla, berusning; **in der ~** i fyllan (och villan); **~ am Steuer** rattfylleri n **Trunksucht** F̄ alkoholism **trunksüchtig** ADJ alkoholiserad
Trupp M̄ skara, grupp; MIL trupp **Truppe** F̄ MIL u. THEAT trupp **Truppengattung** F̄ truppslag n **Trup-**

penteil M truppförband n **Truppenübungsplatz** M övningsfält n
Truthahn M kalkontupp **Truthenne** F kalkonhöna
Tscheche M tjeck **Tschechien** N Tjeckien **Tschechin** F tjeckiska **tschechisch** ADJ tjeckisk **Tschechisch** N ⟨inv⟩ tjeckiska (språket)
tschüs(s) umg INTER hej då
T-Shirt N T-shirt
Tsunami M od F tsunami
TU ABK (= technische Universität) teknisk högskola
Tube F tub
Tuberkulose F tuberkulos
Tuch N trasa; sjal, scarf **Tuchfühlung** F närkontakt
tüchtig ADJ duktig, duglig, skicklig; umg gehörig, ordentlich ordentlig, kraftig, rejäl; ~ **in** (dat) duktig på **Tüchtigkeit** F duktighet, skicklighet
Tücke F lömskhet, illvilja; ~**n** pl nycker pl; **seine ~n haben** vara oberäknelig
tückisch ADJ lömsk, illvillig, bakslug
Tüftelei F pyssel n, knåp n; grubblande n **tüfteln** Vi knåpa, pyssla; grübeln grubbla; **an etw** ~ knåpa med ngt; grubbla över ngt **Tüftler(in)** M(F) pysslare
Tugend F dygd **tugendhaft** ADJ dygdig **Tugendhaftigkeit** F dygdighet
Tüll M tyll a. n
Tülle F Ausguß pip
Tulpe F tulpan **Tulpenzwiebel** F tulpanlök
tummeln VR **sich** ~ tumla om **Tummelplatz** M tummelplats; Spielplatz lekplats **Tümmler** M tumlare
Tumor M tumör
Tümpel M göl
Tumult M tumult n; **schwere ~e** svåra oroligheter
tun A Vt göra; **zu ~ haben** ha ngt att göra; **nichts zu ~ haben** inte ha ngt att göra; **damit ist es nicht getan** därmed är inte allt gjort; **da tut sich was!** där är det något på gång!; **er tut dir nichts** han är inte farlig B Vi **gut ~** göra gott; **tu doch nicht so!** gör dig inte till!; ~ **(als ob)** låtsas (som om); **sich mit etw schwer ~** umg ha svårt för ngt; **es zu ~ haben mit** (dat) ha att göra med
Tünche F kalkfärg; fig fernissa **tünchen** Vt vitmena

Tunesien N Tunisien **tunesisch** ADJ tunisisk
tunken Vt umg doppa
Tunnel M tunnel
Tüpfelchen N prick; **das ~ auf dem i** pricken över i
tupfen Vt badda, torka (av); pricka
Tupfen M prick, punkt **Tupfer** umg M prick, punkt; bomullstuss
Tür F dörr; Tor port; Zaunpforte grind; **bei verschlossenen ~en** (in)för lyckta dörrar; **vor der ~ stehen** stå för dörren a. fig; **j-n vor die ~ setzen** umg köra ut ngn
Turban M turban
Turbine F turbin
Turbomotor M turbomotor
turbulent ADJ turbulent; fig stormig, kaotisk **Turbulenz** F turbulens; fig oro, kaos, röra
Türgriff M dörrhandtag n
Türke M turk **Türkei** F **die ~ Turkiet** n (best Form) **Türkin** F turkiska
Türkis M turkos
türkisch ADJ turkisk **Türkisch** N ⟨inv⟩ turkiska (språket)
Türklinke F dörrhandtag n **Türklopfer** M portklapp
Turm M torn n **türmen** A Vt torna upp, stapla upp B Vi umg ausreißen smita, sticka **Turmspitze** F tornspira **Turmspringen** N simhopp n **Turmuhr** F tornur n
Turnanzug M gymnastikdräkt **turnen** Vi gymnastisera; umg klättra, klänga **Turnen** N gymnastik **Turner(in)** M(F) gymnast **Turngerät** N gymnastikredskap n **Turnhalle** F gymnastiksal **Turnhosen** F/PL gymnastikbyxor pl
Turnier N turnering, tävling; tornering, tornerspel
Turnlehrer(in) M(F) gymnastiklärare **Turnschuh** M gymnastiksko **Turnstunde** F gymnastiklektion **Turnübung** F gymnastikövning **Turnunterricht** M gymnastikundervisning
Turnus M ordningsföljd; cykel; **in einem vierjährigen ~ stattfinden** äga rum vart fjärde år
Turnverein M gymnastikförening **Turnzeug** N gymnastikkläder pl
Türpfosten M dörrpost **Türrahmen** M dörrkarm **Türschild** N dörrskylt,

namnplåt **Türschwelle** F (dörr)tröskel **Türspalt** M dörrspringa
turteln fig VI kuttra **Turteltaube** F turturduva
Tusche F tusch a. n
tuschen VT, VI viska, tissla och tassla
Tuschkasten M färglåda **Tuschzeichnung** F tuschteckning
Tussi umg F brud
Tüte F påse; *spitze Tüte* strut
tuten VI tuta
Tutor(in) MF äldre student som studiehandledare
TÜV ABK (= Technischer Überwachungs-Verein) ≈ bilprovning, kontrollbesiktning
Twen M person i tjugoårsåldern
twittern VT, VI twittra
Typ M typ; *Mann* kille; AUTO modell **Type** umg F typ, original n; *eine komische ~* en konstig typ
Typhus M MED tyfus
typisch ADJ typisk; *das ist mal wieder ~!* det är ju typiskt!; *das ist ~ Ulf!* det är typiskt Ulf!
Typografie, Typographie F typografi
Typus M typ, modell
Tyrann(in) MF tyrann **Tyrannei** F tyranni n **tyrannisch** ADJ tyrannisk **tyrannisieren** VT, VI tyrannisera

U

U, u N U, u n
u.a. A ABK (= und anderes) m.m., med mera B ABK (= und andere) m.fl., med flera C ABK (= unter anderem *od* anderen) bl.a., bland annat *od* andra
u.Ä. ABK (= und Ähnliches) o.d., och dylikt
u.A.w.g. ABK (= um Antwort wird gebeten) o.s.a., om svar anhålles
U-Bahn F t-bana, tunnelbana
übel A ADJ dålig, svår, obehaglig; *krank* illamående B ADV illa; *~ ausgehen* gå illa, misslyckas; *mir ist ~* jag mår illa; *~ gelaunt* på dåligt humör; *~ nehmen* ta illa upp, misstycka; *~ riechend* illaluktande; *~ d(a)ran sein* vara illa däran (*od* ute); *nicht ~!* inte dålig(t)!; *inte illa!* **Übel** N ein notwendiges ~ ett nödvändigt ont; *zu allem ~ till råga på allt* **Übelkeit** F illamående n **übel nehmen** VT → übel **Übeltäter(in)** iron MF skurk; *wer ist der ~?* vem är den skyldige?
üben A VT öva, träna; *Rache ~* hämnas B VR *sich in Geduld ~* visa tålamod
über A PRÄP ⟨akk, dat⟩ över; ovanför; *sich ~ etw freuen* glädja sig åt ngt; *~ etw lachen* skratta åt ngt; *~ etw streiten* gräla om ngt; *Fehler ~ Fehler* fel på fel, det ena felet efter det andra; *~ Nacht* över natten; fig helt plötsligt B ADV *den ganzen Tag ~* hela dagen; *~ und ~* helt och hållet, alldeles
überall ADV överallt **überallhin** ADV åt alla håll
Überalterung F överårighet
Überangebot N utbudsöverskott n
überanstrengen VT, VR överanstränga **(sich sig) Überanstrengung** F överansträngning
überarbeiten A VT omarbeta, revidera, gå över/igenom B VR *sich ~* överanstränga sig **Überarbeitung** F omarbetning, revision; *Erschöpfung* överansträngning
überaus ADV synnerligen, övermåttan, ytterst
überbacken VT gratinera
überbelichten VT överexponera
überbewerten VT övervärdera
überbieten VT bjuda över; *übertreffen* överträffa
überbleiben umg bli över (*od* kvar)
Überbleibsel N kvarleva, lämning, rest
Überblick M överblick **überblicken** VT överblicka
überbringen VT överbringa, överlämna **Überbringer(in)** MF överbringare
überbrücken VT överbrygga **Überbrückung** F överbryggande n **Überbrückungskredit** M övergångskredit
überbuchen VT överboka
überdauern VT överleva
überdenken VT tänka över, överväga

überdeutlich – überkochen

überdeutlich ADJ övertydlig
Überdosis F överdos
Überdruck M övertryck n **Überdruckkabine** F tryckkabin
Überdruss M leda, vämjelse, avsmak; **bis zum** ~ ända till leda **überdrüssig** ADJ **einer Sache** (gen) ~ **sein** vara trött (utled) på ngt
überdurchschnittlich ADJ som ligger över genomsnittet
übereifrig ADJ överdrivet ivrig; beskäftig; nitisk
übereilen VT påskynda för mycket; **sich ~** överila (od förhasta) sig **übereilt** ADJ överilad, förhastad
übereinander ADV över varandra; n över vartannat **übereinanderschlagen** A VT lägga över varandra
übereinkommen VI komma överens
Übereinkommen N, **Übereinkunft** F överenskommelse
übereinstimmen VI överensstämma; *sich einig sein* vara ense/enig **übereinstimmend** A ADJ överensstämmande B ADV enstämmigt, enhälligt
Übereinstimmung F överensstämmelse; samstämmighet; enighet
überempfindlich ADJ överkänslig
überfahren VT *Person etc* köra över/på; *Verkehrszeichen* köra förbi **Überfahrt** F överfart, överresa
Überfall M överfall n **überfallen** VT överfalla; *überraschen* överraska, överrumpla
überfällig ADJ försenad; *Wechsel* förfallen; *fig etw ist* ~ ngt är verkligen på tiden
Überfallkommando N insatsstyrka
überfliegen VT flyga över; *fig* ögna igenom **Überflieger(in)** M(F) särskild begåvning
überflügeln VT överflygla
Überfluss M överflöd n **Überflussgesellschaft** F överflödssamhälle n
überflüssig ADJ överflödig, onödig
überfluten VT översvämma
überfordern VT fordra för mycket av; **mit etw überfordert sein** inte klara av ngt **Überforderung** F för stor belastning
überfragt umg ADJ **da bin ich ~** det kan jag inte svara på
überführen VT **1** överföra **2** överbevisa (**einer Sache** om en sak) **Überführung** F överbevisning; *Transport* förflyttning, överföring, transport; *Straßenüberführung* övergång, viadukt
überfüllt ADJ överfull
Überfunktion F MED hyperfunktion
Übergabe F överlämnande n; MIL kapitulation
Übergang M övergång; övergångsställe n; övergångstid; provisorisk lösning **Übergangsbestimmung** F övergångsbestämmelse **übergangslos** *fig* ADJ, ADV utan övergång, direkt
Übergangszeit F övergångstid
übergeben A VT överlämna; *beauftragen* anförtro B VR **sich ~** kräkas
'übergehen[1] VT **1** övergå, gå över (**zu** till), (**in** *akk* till) **2 auf j-m ~** överlåtas till ngn
über'gehen[2] VT förbigå, hoppa över, förbise; **sich übergangen fühlen** känna sig förbigången
Übergepäck N FLUG övervikt
übergeschnappt umg ADJ inte riktigt klok
Übergewicht N övervikt; *fig* övertag n, övervikt
überglücklich ADJ överlycklig
übergreifen VI sprida sig **Übergriff** M övergrepp n; *Einmischung* intrång n
Übergröße F extra stor storlek
überhaben *fig* umg VT vara trött på
überhandnehmen VI ta överhand
überhängen A VI hänga (od skjuta) över; *schief stehen* stå snett, luta B VT hänga (od kasta) på sig
überhäufen VT överhopa (**mit** med)
überhaupt ADV överhuvud (taget), på det hela taget; ~ **nicht** inte alls; **wenn** ~ för den händelse att
überheblich ADJ överlägsen, arrogant **Überheblichkeit** F överlägsenhet, arrogans
überholen VT köra/gå om; gå igenom, se över; *fig* överträffa **Überholspur** F ytterfil, omkörningsfil **überholt** ADJ föråldrad; **das ist doch völlig ~!** det är totalt förlegat! **Überholverbot** N omkörningsförbud n
überhören VT inte höra; *tun als ob* inte låtsas höra
überirdisch ADJ överjordisk, himmelsk
überkleben VT klistra över
überkochen VI koka över

überkommen A VT *Empfindung* komma över, gripa B ADJ nedärvd, bevarad
überladen A ADJ överlastad; *fig Stil* svulstig B VT lasta för tungt
überlagern VR sich ~ lägga sig i skikt över; *fig* gripa in i varandra
Überlandbus M landsvägsbuss
überlang ADJ ovanligt/extra lång
überlappen VI, VR sich ~ överlappa varandra
überlassen VT överlämna, överlåta; sich etw ~ (*dat*) *Gefühlen* hänge sig åt; sich selbst ~ sein få klara sig själv; etw dem Zufall ~ lämna ngt åt slumpen; das bleibt ihm ~ det är hans sak; die Entscheidung bleibt dir ~ det överlåter jag åt dig att avgöra
Überlassung F överlämnande n, överlåtande n
überlasten VT överbelasta **überlastet** ADJ *a. Straße* överbelastad **Überlastung** F överbelastning
über'laufen¹ VI springa över; j-n überläuft etw ngt kommer över ngn; es überläuft mich kalt jag ryser; ~ sein vara överfull(t)
'**überlaufen²** VI rinna/svämma över; POL gå över, desertera **Überläufer(in)** M(F) överlöpare, desertör; *umg* avhoppare
überleben VT, VI överleva (sich sig själv); du wirst es ~! *umg iron* det kommer du inte att dö av! **Überlebende(r)** M(F)M överlevande **überlebensgroß** ADJ i övernaturlig storlek
überlegen A VT, VI överväga, fundera på; sich etw ~ fundera/tänka på; ich werde es mir ~ jag ska fundera på saken; ich habe es mir anders überlegt jag har ändrat mig; ohne zu ~ utan att tveka; obetänkt B ADJ överlägsen; j-m ~ sein vara ngn överlägsen (an *dat* i) **Überlegenheit** F överlägsenhet **Überlegung** F eftertanke, övervägande n; ~en *pl a.* funderingar, tankar
überleiten VT leda (*od* föra) över (till) (zu *dat*); bilda en övergång
überliefern VT föra vidare, efterlämna, lämna i arv **überliefert** ADJ nedärvd, traditionell, bevarad **Überlieferung** F vidareförande n; tradition; mündliche ~ muntlig tradition, sägen; schriftliche ~en dokument
überlisten VT överlista
Übermacht F övermakt **übermächtig** ADJ övermäktig
Übermaß N övermått n **übermäßig** ADJ omåttlig
Übermensch M övermänniska f **übermenschlich** ADJ övermänsklig
übermitteln VT översända; *Grüße* framföra; *Kenntnisse* förmedla **Übermittlung** F översändande n; framförande n; förmedling
übermorgen ADV i övermorgon
übermüdet ADJ dödstrött, genomtrött **Übermüdung** F överansträngning, utröttning
Übermut M övermod n **übermütig** ADJ övermodig
übernächste(r, s) ADJ därpå följande; ~ Woche nästnästa vecka
übernachten VI stanna över natten, övernatta **übernächtig(t)** ADJ utvakad **Übernachtung** F övernattning
Übernahme F övertagande n; *Amtsübernahme* tillträde n
übernatürlich ADJ övernaturlig
übernehmen A VT överta, ta över; auf sich nehmen åta sig, ta på sig; *Amt* tillträda; die Garantie für etw ~ garantera ngt; lämna garanti för ngt; Kosten ~ stå för kostnaderna B VR sich ~ ta på sig för mycket, förta sig
überparteilich ADJ partipolitiskt obunden
Überproduktion F överproduktion
überprüfen VT kontrollera, granska **Überprüfung** F kontroll, granskning
überqualifiziert ADJ överkvalificerad
überqueren VT gå tvärs över, korsa
überragen VT höja (*od* resa) sig över; *fig* överträffa
überraschen VT överraska **Überraschung** F överraskning
überreagieren VI överreagera
überreden VT övertala (till) (zu *dat*) **Überredung** F övertalning **Überredungskunst** F övertalningsförmåga
überregional ADJ överregional
überreichen VT överlämna **Überreichung** F överlämnande n
überreizt ADJ överansträngd; överspänd
Überrest M lämning, återstod, rest
überrumpeln VT överrumpla

überrunden _VT_ SPORT varva; _fig_ gå om/förbi

übersättigen _VT_ övermätta **Übersättigung** _F_ övermättnad

Überschallgeschwindigkeit _F_ överljudshastighet

überschatten _VT_ överskugga

überschätzen _VT_ överskatta **Überschätzung** _F_ överskattning

überschaubar _ADJ_ överskådlig **überschauen** _VT_ överskåda, överblicka

überschäumen _VI_ skumma över; ~de Begeisterung översvallande entusiasm **überschlafen** _VT_ sova på saken

Überschlag _M_ _Berechnung_ överslag _n_; einen ~ machen göra en överslagsberäkning; _Turnen_ göra en volt **über'schlagen¹** _A_ _VT_ _1_ _Beine_ lägga i kors _2_ _berechnen_ göra ett överslag över, uppskatta _B_ _VR_ sich ~ _Wagen_ volta; _Stimme_ slå över i falsett; _fig_ komma slag i slag

'überschlagen² _VI_ _Stimmung_ gå över (in, till)

überschnappen _umg_ _VI_ bli tokig; _Stimme_ slå över

überschneiden _VR_ sich ~ korsa varandra; _fig_ gå i varandra, sammanfalla, överlappa varandra

überschreiben _VT_ _a._ JUR _u._ IT skriva över; rubricera

überschreiten _VT_ överskrida _a. fig_; överträda, passera

Überschrift _F_ överskrift, rubrik

Überschuss _M_ _Geschäft_ Gewinn behållning **überschüssig** _ADJ_ överskjutande, övertalig; ~e Energie överskottsenergi

überschütten _fig_ _VT_ överösa, överhopa

Überschwang _M_ hänförelse; ~ der Gefühle känslosvall _n_ **überschwänglich** _ADJ_ översvallande

überschwappen _VI_ skvalpa över

überschwemmen _VT_ översvämma **Überschwemmung** _F_ översvämning

Übersee _F_ aus ~ från andra sidan Atlanten; nach ~ auswandern utvandra till Amerika **Überseedampfer** _M_ oceanångare

übersehbar _ADJ_ överskådlig **übersehen¹** _VT_ _1_ _Sachlagen_ överblicka, överskåda _2_ _nicht bemerken_ missa, förbise; _nicht beachten wollen_ inte låtsas se

übersehen² _VR_ sich an etw übergesehen haben _umg_ ha sett sig mätt på ngt

übersenden _VT_ översända, skicka

'übersetzen¹ _A_ _VI_ mit der Fähre ~ ta färjan _B_ _VT_ färja

über'setzen² _VT_ översätta; etw aus dem Deutschen ins Schwedische ~ översätta ngt från tyska till svenska **Übersetzer(in)** _M(F)_ översättare **Übersetzung** _F_ översättning; TECH utväxling **Übersetzungsbüro** _N_ översättningsbyrå **Übersetzungsprogramm** _N_ IT översättningsprogram _n_ **Übersetzungssoftware** _F_ IT översättningsprogram _n_

Übersicht _F_ översikt, överblick; _Abriss_ _a._ kort sammanfattning **übersichtlich** _ADJ_ överskådlig; där man har god sikt **Übersichtlichkeit** _F_ överskådlighet

übersiedeln _VI_ flytta **Übersiedlung** _F_ flyttning

übersinnlich _ADJ_ översinnlig

überspannt _ADJ_ överspänd; överdriven, för hög **Überspanntheit** _F_ överspändhet

überspielen _VT_ spela över; sätta ur spel

überspitzt _ADJ_ tillspetsad; överdriven

'überspringen¹ _VI_ hoppa över; auf etw ~ gå över (_od_ övergå) till ngt

über'springen² _VT_ _auslassen_ hoppa över

'überstehen¹ _VI_ (= _hervorstehen_) skjuta fram

über'stehen² _VT_ _Krise etc_ klara sig igenom; _durchstehen_ uthärda; _überleben_ överleva

übersteigen _VT_ klättra över, kliva över; _fig_ överstiga, överträffa

überstimmen _VT_ besegra i omröstning

überstreichen _VT_ stryka över

Überstunden _F/PL_ övertid; ~ machen arbeta på övertid **Überstundenvergütung** _F_ övertidsersättning

überstürzen _A_ _VT_ förhasta, forcera; ha för bråttom med _B_ _VR_ sich ~ förhasta sig, jäkta; _Ereignisse_ följa slag i slag **überstürzt** _ADJ_ förhastad

übertariflich _ADJ, ADV_ ~e Löhne löner

utöver avtalet
überteuert ADJ ~e Waren varor till överpris
übertönen VT överrösta
Übertrag M WIRTSCH transport **übertragbar** ADJ *Krankheit* smittsam; *Fahrkarte etc* **nicht ~** får inte överlåtas **übertragen** A VT överföra, överlåta; *übersetzen* översätta; *anstecken* smitta; IT överföra; TV sända; **Blut ~** ge en blodtransfusion; **etw ins Deutsche ~** översätta ngt till tyska B ADJ överförd, bildlig **Übertragung** F överföring, överförande n; överlåtelse; översättning; utsändning **Übertragungsfehler** M IT överföringsfel n
übertreffen VT överträffa
übertreiben VT överdriva **Übertreibung** F överdrift
'**übertreten**[1] VI 1 *Fluss* svämma över, stiga över sina bräddar 2 bekänna
über'treten[2] VT 1 *Gesetz* bryta mot 2 *Grenze* överträda **Übertretung** F överträdelse
übertrieben ADJ överdriven
Übertritt M övergång
übertrumpfen VT övertrumfa *a. fig*
übervölkern VT överbefolka **Übervölkerung** F överbefolkning
übervoll ADJ överfull
übervorteilen VT lura, skörta upp
überwachen VT övervaka **Überwachung** F övervakning **Überwachungskamera** F övervakningskamera
überwältigen VT övervåldiga; övermanna **überwältigend** ADJ överväldigande
überweisen VT *Geld* girera, överföra; *Patienten* remittera **Überweisung** F girering, överföring; *Patienten* remiss
überwerfen VR 1 kasta över (sig) 2 **sich ~** bli osams (**mit** med)
überwiegen VI överväga; *etw* dominera **überwiegend** ADJ övervägande
überwinden A VT övervinna B VR **sich ~** övervinna sig själv **Überwinder(in)** M(F) överwinnare **Überwindung** F övervinnande n; *Selbstüberwindung* självövervinnelse
überwintern VT övervintra; ZOOL ligga i ide **Überwinterung** F övervintring
überwuchern VT breda ut sig över

Überzahl F flertal n, majoritet; **in der ~ sein** vara i majoritet **überzählig** ADJ övertalig
überzeugen VT övertyga (**von** *dat* om) **Überzeugung** F övertygelse, förvissning; övertygande n
'**überziehen**[1] VT *Jacke etc* ta på sig
über'ziehen[2] VT *bedecken* täcka; *beziehen* klä; *Konto* övertrassera; *Zeit* dra över (tiden); **um 10 Minuten ~** dra över 10 minuter; **Bett frisch ~** byta lakan; **Torte mit Guss ~** glasera; **sich (mit Wolken) ~** mulna **Überziehung** F *Kontoüberziehung* överdrag n **Überzug** M överdrag n; skikt n
üblich ADJ vanlig, bruklig; **wie ~** som vanligt
U-Boot N ubåt
übrig ADJ övrig, återstående; kvar, över; **~ behalten** behålla, få över; **~ bleiben** bli över, återstå; **es bleibt mir nichts anderes ~** jag har inget annat val; **~ haben** ha kvar; **~ lassen** lämna kvar; **im Übrigen** för övrigt, förresten **übrigens** ADV för övrigt **übrighaben** *fig* VT **etw ~ für** tycka om
Übung F övning, träning; vana, rutin; övningsuppgift; UNIV seminarium n; MIL manöver; **aus der ~ kommen** ligga av sig; **in ~ bleiben** hålla sig i form; fortsätta öva **Übungsaufgabe** F övningsuppgift **Übungsbuch** N övningsbok **Übungsplatz** M övningsfält n
Ufer N strand, kust; **ans ~** i land; **über die ~ treten** stiga över sina bräddar **uferlos** *fig* ADJ gränslös, ändlös
UFO N ufo n
Uhr F klocka, ur n; **wie viel ~ ist es?** vad (*od* hur mycket) är klockan?; **es ist ein ~** hon (*od* klockan) är ett; **um drei ~** klockan tre; **rund um die ~** *umg* dygnet runt **Uhrarmband** N klockarmband n **Uhrmacher(in)** M(F) urmakare **Uhrwerk** N urverk n **Uhrzeiger** M visare **Uhrzeigersinn** M **im/entgegen dem ~** medsols/motsols **Uhrzeit** F tid
Uhu M uv
Ukraine F **die ~** Ukraina **ukrainisch** ADJ ukrainsk
UKW ABK (= Ultrakurzwelle) FM **UKW- -Sender** M FM-sändare
Ulk M skoj n, skämt n; **~ machen** skoja,

skämta **ulkig** ADJ skojig, lustig
Ulme F alm
Ultimatum N ultimatum n
Ultrakurzwelle F ultrakortvåg
Ultraschall M ultraljud n **Ultraschalluntersuchung** F MED ultraljudsundersökning **Ultraschallgerät** N MED ultraljudsapparat
ultraviolett ADJ ultraviolett
um A PRÄP ⟨akk⟩ runt, (om)kring; *ungefähr* ungefär, omkring; ~ ... willen för ... skull; ~ zwölf Uhr klockan tolv; **etwa** ~ 3 Uhr vid tretiden; ~ **etw bitten** be om ngt; **j-n ~ etw beneiden** avundas ngn ngt; ~ **jeden Preis** till varje pris B ADV omkring, ungefär; ~ **sein** vara slut; ~ **(die) 100 Personen (herum)** ungefär 100 personer C KONJ ~ **zu** + inf för att
umarbeiten VT omarbeta **Umarbeitung** F omarbetning
umarmen VT omfamna, krama; **sich ~** kramas **Umarmung** F omfamning, kram
Umbau M ombyggnad; ombyggt hus n; kringbyggnad; *fig* omorganisation
'umbauen[1] VT *umändern* bygga om
um'bauen[2] VT etw mit etw ~ bygga ngt runt ngt
umbenennen VT döpa om
umbilden VT ombilda, omorganisera **Umbildung** F ombildning
umbinden VT *Krawatte, Schürze* ta på sig
umblättern VT, VI bläddra, vända blad
umblicken VR sich ~ se sig om
umbrechen A VT bryta ned (*od* omkull); AGR plöja upp; TYPO ombryta B VI stürzen brytas och ramla omkull
umbringen A VT ta livet av B VR sich ~ begå självmord
Umbruch M TYPO ombrytning; *fig* omvälvning, brytningstid
umbuchen VT boka om
umdenken VI tänka om
umdisponieren VI ändra sina planer, disponera om
umdrehen A VT vrida om, vända om B VR sich ~ vända sig om; TECH rotera **Umdrehung** F omvridning; varv n; rotation **Umdrehungszahl** F varvtal n
umeinander ADV om varandra

'umfahren[1] VT *umwerfen* köra omkull
um'fahren[2] VT *herumfahren um* köra runt; SCHIFF runda
umfallen VI falla omkull, stjälpa; *fig* slå om, ändra åsikt
Umfang M omfång n, utsträckning; *fig* vidd, omfattning **umfangreich** ADJ omfångsrik, omfattande
umfassen VT omfatta; *enthalten* innehålla, inbegripa **umfassend** ADJ omfattande
Umfeld N miljö, omgivning
umformen VT ombilda, omgestalta; omforma
Umfrage F enkät; opinionsundersökning
umfüllen VT fylla (*od* hälla) över
umfunktionieren VT ändra om, förvandla
Umgang M umgänge n, sällskap n; kontakt; **mit j-m ~ haben** umgås med ngn **umgänglich** ADJ sällskaplig, trevlig, lättillgänglig **Umgangsformen** F/PL umgångesformer *pl* **Umgangssprache** F talspråk n **umgangssprachlich** ADJ vardaglig, talspråklig
umgarnen VT snärja
umgeben VT omge **Umgebung** F omgivning (ar *pl*); miljö
Umgegend F omnejd, (kringliggande) trakt
'umgehen[1] VI vara i omlopp, cirkulera; *Gespenst* gå igen, spöka; **mit etw ~ (können)** (kunna) handskas med ngt; **mit dem Gedanken ~** umgås med tanken
um'gehen[2] VT gå runt; *Gesetz, Vorschrift* kringgå; **einen Umweg machen** ta en omväg; *vermeiden* undvika **umgehend** ADJ omgående **Umgehungsstraße** F förbifartsled, kringfartsled
umgekehrt A ADJ omvänd, motsatt B ADV tvärtom
umgestalten VT omgestalta, omdana; förändra
umgraben VT gräva om (*od* upp)
umhaben VT ha på sig
Umhang M cape
umhängen VT ta på sig, hänga över sig; *anders hängen* hänga om **Umhängetasche** F axelväska
umhauen VT hugga ned, fälla; *fig*

umg etw haut j-n um ngt tar knäcken på ngn
umher ADV omkring, hit och dit
umherziehen VI dra (od flacka) omkring
umhinkönnen VI ich kann nicht ~ jag kan inte låta bli (zu att)
umhören VR sich nach etw ~ höra efter (od sig för) angående ngt
umhüllen VT svepa in, hölja
Umkehr F j-n zur ~ zwingen tvinga ngn att ändra sig; tvinga ngn att vända om **umkehren** A VT vända (om); vända upp och ned; **von innen nach außen** ~ vända ut och in B VI vända om
umkippen VT u. VI välta (omkull), stjälpa; umg svimma; fig backa, ändra sig; Wein bli sur; Gewässer dö
umklappen VT fälla ned
Umkleidekabine F omklädningshytt
Umkleideraum M omklädningsrum n
umknicken VI brytas, knäckas; mit dem Fuß trampa snett
umkommen VI omkomma, dö; **nichts ~ lassen** inte låta ngt förfaras
Umkreis M omkrets; Umgebung omgivning; **im ~ von 50 km** inom 5 mils omkrets **umkreisen** VT kretsa kring
umkrempeln VT kavla upp, vända ut och in på; fig ändra
umladen VT lasta om
Umlage F fördelning (av kostnader); **die ~ beträgt ...** var och en ska betala ...
Umland N omgivning
Umlauf M omlopp n, varv n, cirkulation; Rundschreiben cirkulär; **in ~ sein** vara i omlopp, cirkulera **umlaufen** VI vara i omlopp, cirkulera **Umlaufzeit** F omloppstid
Umlaut M omljud n
umlegen VT lägga om, flytta; svepa om sig; umg skjuta (ned), knäppa; fälla; Kosten fördela
umleiten VT Verkehr lägga/dirigera om **Umleitung** F trafikomläggning
umlernen VI lära om **umliegend** ADJ kringliggande
Umluft F Backofen varmluft
Umnachtung F sinnesförvirring
umpflanzen VT plantera om
umpflügen VT plöja (upp)

umquartieren VT förlägga till annat kvarter (od andra lokaler)
umrahmen VT rama in; kanta, omge
Umrandung F kant, bård
umräumen VT flytta om, möblera om
umrechnen VT räkna om **Umrechnungskurs** M växelkurs
'umreißen[1] VT kasta/vräka omkull
um'reißen[2] VT rita konturerna av; fig skissera
umrennen VT springa omkull
umringen VT omringa, omge
Umriss M kontur; **~e** pl grunddrag bes fig
umrühren VT röra om
umsatteln VI sadla om a. fig
Umsatz M omsättning **Umsatzsteuer** F omsättningsskatt
umschalten VI koppla om; AUTO växla; TV byta kanal; fig ställa om sig **Umschalttaste** F COMPUT skifttangent
umschauen VR sich ~ se sig om
Umschichtung F omfördelning; strukturomvandling; **soziale ~** social omvälvning
Umschlag M a. MED u. fig omslag n; Kuvert kuvert n; Güterumschlag omlastning **umschlagen** A VI stjälpa, kantra, välta; Wetter slå om B VT slå omkull; umwickeln slå (od lägga) om; Blatt vända (om); Ärmel vika upp; Baum fälla; Güter lasta om **Umschlaghafen** M omlastningshamn **Umschlagplatz** M omlastningsplats
umschließen VT omsluta, innesluta
umschmeißen umg VT slå omkull, stjälpa, välta; fig kullkasta
um'schreiben[1] VT omskriva; avgränsa, definiera
'umschreiben[2] VT 1 skriva om, omarbeta; transkribera 2 WIRTSCH übertragen skriva över **Umschreibung** F Textänderung omarbetning; WIRTSCH skriftlig överlåtelse; överföring; Euphemismus omskrivning; Abgrenzung avgränsning, definition **Umschrift** F transkription
umschulen VT flytta till en annan skola; im Beruf omskola **Umschulung** F flyttning till en annan skola; omskolning
Umschweife MPL omsvep n; **ohne ~** utan omsvep; **~ machen** avvika från ämnet

umschwenken VI göra en sväng (-ning); *fig* ändra åsikt
Umschwung M svängning, omslag; omvälvning
umsegeln VT segla runt/omkring
umsehen V/R sich ~ se sig om(kring); **sich ~ nach** *suchen* se sig om efter
umseitig ADJ, ADV på omstående sida
umsetzen VT *an einen anderen Ort* flytta, placera om; plantera om; WIRTSCH omsätta, avsätta
Umsichgreifen N spridning
Umsicht F omtänksamhet **umsichtig** ADJ omtänksam
umsiedeln A VI flytta B VT omflytta; *evakuieren* tvångsförflytta **Umsied(e)lung** F omflyttning; tvångsförflyttning; flyttning
umso KONJ desto; **~ besser/mehr** desto bättre/mer, så mycket bättre/mer
umsonst ADV gratis, utan betalning; *vergebens* förgäves; **nicht ~** inte utan orsak
umspringen VI slå om; (*Wind*= kasta om; **mit j-m grob ~** *umg* behandla ngn illa
Umstand M omständighet, förhållande *n* **Umstände** M/PL besvär *n*; **mach keine ~** gör inget extra besvär; **unter ~n** möjligen, kanske, i vissa fall; **unter allen ~n** i alla fall; **in anderen ~n sein** vara gravid, vänta barn **umständehalber** ADV beroende på omständigheterna **umständlich** ADJ *umg* omständig, krånglig **Umständlichkeit** F omständlighet **Umstandskleid** N mammaklänning **Umstandskrämer(in)** M(F) **er ist ein ~** han är mycket omständlig av sig **Umstandswort** N adverb *n*
umstehend ADJ omstående
umsteigen VI byta; **auf etw ~** *umg fig* byta till ngt, gå över till ngt
um'stellen[1] VT (≈*einkreisen*) omringa, inringa
'umstellen[2] A VT ställa om, ordna om, flytta (om) B V/R **sich ~** ställa om sig, anpassa sig **Umstellung** F omställning; anpassning; **~ auf** övergång till; omringning, inringning
umstimmen VT MUS stämma om; **j-n ~** få på andra tankar
umstoßen VT stöta (*od* knuffa) omkull; *fig* kullkasta, upphäva, annullera

umstritten ADJ omtvistad, omstridd
umstrukturieren VT omstrukturera
Umsturz M kupp; *fig* omvälvning **umstürzen** A VI störta (samman), falla omkull B VT slå omkull, stjälpa; POL omstörta **Umstürzler(in)** M(F) kuppmakare
Umtausch M byte *n*, utbyte *n*; *Geld* växling **umtauschen** VT byta (ut); *Geld* växla **Umtauschrecht** N bytesrätt
umtopfen VT plantera om
Umtriebe M/PL intriger *pl*
Umtrunk M **zu einem ~ einladen** bjuda på ett glas
umtun V/R **sich ~ nach** se sig om efter
Umverteilung F omfördelning
Umwälzung F omvälvning, revolution
umwandeln VT omvandla, förvandla; **sich in etw ~** omvandlas till ngt **Umwandlung** F omvandling, förvandling
Umweg M omväg; **auf ~en** på omvägar
Umwelt F miljö, omvärld, omgivning **Umweltbelastung** F miljöförstöring **umweltbewusst** ADJ miljömedveten **Umweltforschung** F miljöforskning **umweltfreundlich** ADJ miljövänlig **Umweltgift** N miljögift *n* **Umweltkatastrophe** F miljökatastrof **Umweltkriminalität** F miljöbrottslighet **Umweltminister(in)** M(F) miljöminister **umweltschädlich** ADJ miljöfarlig **Umweltschutz** M miljövård **Umweltschützer(in)** M(F) miljöaktivist **Umweltverschmutzung** F miljöförorening **umweltverträglich** ADJ miljövänlig **Umweltzerstörung** F miljöförstöring
umwerfen VT kasta (*od* slå) omkull; **sich etw ~** *Kleidung* slänga på sig; *fig* kullkasta
Umwertung F omvärdering
umwickeln VT linda (*od* veckla) om
umziehen A VI flytta B V/R **sich ~** klä om sig, byta om
umzingeln VT omringa
Umzug M flyttning, flytt; *Festzug* tåg *n*, procession; demonstration
UN F ABK **die ~** FN, Förenta nationerna
unabänderlich ADJ omöjlig att ändra på, oåterkallelig

unabhängig ADJ oberoende **Unabhängigkeit** F oberoende n
unabkömmlich ADJ oumbärlig
unablässig ADJ oavlåtlig, oupphörlig
unabsehbar ADJ oöverskådlig
unabsichtlich ADJ oavsiktlig
unabwendbar ADJ oundviklig
unachtsam ADJ oaktsam, vårdslös **Unachtsamkeit** F oaktsamhet, vårdslöshet
unähnlich ADJ olik
unanfechtbar ADJ oantastlig
unangebracht ADJ olämplig, malplacerad
unangefochten ADJ oanfäktad; *unbehindert* ostörd
unangemeldet ADJ oanmäld
unangemessen ADJ oskälig; *unschicklich* olämplig, opassande
unangenehm ADJ obehaglig, otrevlig
unannehmbar ADJ oacceptabel **Unannehmlichkeit** F obehag(lighet) n, olägenhet
unansehnlich ADJ oansenlig
unanständig ADJ oanständig
unantastbar ADJ oantastlig
unappetitlich ADJ oaptitlig
Unart F olat, oskick n; *Gewohnheit* ovana **unartig** ADJ ouppfostrad, olydig, stygg
unauffällig ADJ obemärkt, diskret
unauffindbar ADJ omöjlig att hitta
unaufgefordert ADJ oombedd; *von sich aus* självmant
unaufhaltsam ADJ omöjlig att hejda
unaufhörlich ADJ oupphörlig, utan uppehåll
unauflösbar ADJ, **unauflöslich** oupplöslig
unaufmerksam ADJ ouppmärksam
unausbleiblich A ADJ oundviklig, ofrånkomlig B ADV ofelbart
unausgeglichen ADJ obalancerad, disharmonisk
unaussprechlich ADJ outsäglig
unausstehlich ADJ outhärdlig, olidlig
unausweichlich ADJ oundviklig
unbändig ADJ obändig, oregerlig; ohejdad, hejdlös
unbarmherzig ADJ obarmhärtig
unbeabsichtigt ADJ oavsiktlig
unbeachtet ADJ obeaktad; ~ lassen inte ta hänsyn till
unbeantwortet ADJ obesvarad

unbearbeitet ADJ obearbetad
unbebaut ADJ obebyggd; AGR ouppodlad, obrukad
unbedacht ADJ obetänksam, tanklös
unbedarft *umg* ADJ oerfaren, naiv
unbedenklich A ADJ ofarlig B ADV utan betänkligheter
unbedeutend ADJ obetydlig
unbedingt A ADJ obetingad, ovillkorlig B ADV ovillkorligen, absolut; ~! naturligtvis!; *nicht* ~ inte nödvändigtvis; *etw* ~ *brauchen* verkligen behöva ngt
unbefangen ADJ fördomsfri; *offen* obesvärad, naturlig, öppen, frimodig; *ein* ~*er Zeuge* JUR ojävigt vittne **Unbefangenheit** F fördomsfrihet; *Offenheit* öppenhet, frimodighet
unbefriedigend ADJ otillfredsställande, otillräcklig **unbefriedigt** ADJ otillfredsställd, missbelåten
unbefristet ADJ obegränsad, ej tidsbegränsad
unbefugt ADJ obefogad, obehörig
unbegabt ADJ obegåvad
unbegreiflich ADJ obegriplig
unbegrenzt ADJ obegränsad, oinskränkt
unbegründet ADJ ogrundad
Unbehagen N obehag n, olust, vantrivsel **unbehaglich** ADJ obehaglig, otrevlig
unbehandelt ADJ *Obst, Gemüse* obesprutad
unbehelligt ADJ, **unbehindert** obehindrad, ostörd
unbeholfen ADJ tafatt, klumpig; hjälplös **Unbeholfenheit** F tafatthet, klumpighet; hjälplöshet
unbekannt ADJ obekant, okänd **Unbekannte(r)** M/F(M) okänd (person), främling **unbekannterweise** ADV ≈ utan att känna vederbörande
unbekleidet ADJ oklädd
unbekümmert ADJ obekymrad, sorglös
unbelastet ADJ fläckfri; fri från
unbelehrbar ADJ oförbätterlig
unbeliebt ADJ illa omtyckt, impopulär; *sich* ~ *machen* göra sig impopulär (*bei dat* hos) **Unbeliebtheit** F impopularitet
unbemannt ADJ obemannad
unbemerkt ADJ, ADV obemärkt
unbenommen ADJ *j-m* ~ *bleiben*/

unbenutzt – unentschlossen

sein stå ngn fritt
unbenutzt ADJ, ADV obegagnad
unbeobachtet ADJ obemärkt; *Augenblick* obevakat
unbequem ADJ obekväm; *lästig* besvärlig **Unbequemlichkeit** F obekvämlighet; besvär(lighet)
unberechenbar ADJ oberäknelig
unberechtigt ADJ obefogad, oberättigad
unberührt ADJ orörd; *fig* oberörd
unbeschädigt ADJ oskad(a)d
unbescheiden ADJ anspråksfull, fordrande **Unbescheidenheit** F anspråksfullhet
unbescholten ADJ oförvitlig, fläckfri
unbeschränkt ADJ obegränsad, oinskränkt
unbeschreiblich ADJ obeskrivlig
unbeschwert ADJ bekymmerlös, sorglös, obekymrad
unbesehen ADV obesedd
unbesetzt ADJ ledig, obesatt
unbesiegbar ADJ oövervinnelig, oslagbar
unbesonnen ADJ obetänksam **Unbesonnenheit** F obetänksamhet
unbesorgt ADJ obekymrad
unbeständig ADJ obeständig, ostadig; *Person* ombytlig **Unbeständigkeit** F obeständighet, ostadighet; ombytlighet
unbestechlich ADJ omutlig **Unbestechlichkeit** F omutlighet
unbestimmt ADJ obestämd; *ungenau* vag, svävande; *unsicher* osäker **Unbestimmtheit** F obestämdhet; vaghet; osäkerhet
unbestreitbar ADJ obestridlig **unbestritten** ADJ oomstridd, obestridlig
unbeteiligt ADJ inte delaktig; *fig* ointresserad
unbetont ADJ obetonad
unbewacht ADJ, ADV obevakad
unbewaffnet ADJ obeväpnad
unbeweglich ADJ orörlig, fast; orubblig; ~e Güter fast egendom; er ist (geistig) ~ han är trög **Unbeweglichkeit** F orörlighet; *fig* tröghet
unbewohnbar ADJ obeboelig **unbewohnt** ADJ obebodd
unbewusst ADJ omedveten (*gen* om)
unbezahlbar ADJ obetalbar; oöverkomlig; ovärderlig **unbezahlt** ADJ

obetald
unbezwingbar ADJ obetvinglig
unblutig ADJ oblodig
unbrauchbar ADJ obrukbar, oanvändbar, oduglig **Unbrauchbarkeit** F obrukbarhet, oduglighet
unbürokratisch ADJ obyråkratisk
und KONJ och; ~ ob! var säker på det!; fattas bara annat!; ~ so weiter och så vidare; ~ zwar nämligen; na ~? än sen då?
Undank M otack *n* **undankbar** ADJ otacksam **Undankbarkeit** F otacksamhet
undatiert ADJ odaterad
undefinierbar ADJ odefinierbar
undenkbar ADJ otänkbar
undeutlich ADJ otydlig **Undeutlichkeit** F otydlighet
undicht ADJ otät
Unding N es ist ein ~ ... det är orimligt att ...
undiszipliniert ADJ odisciplinerad
Unduldsamkeit F ofördragsamhet
undurchlässig ADJ *wasserdicht* vattentät; *luftdicht* lufttät **undurchsichtig** ADJ ogenomskinlig; *fig* skum
uneben ADJ ojämn; *fig* oäven **Unebenheit** F ojämnhet
unecht ADJ oäkta; *imitiert* imiterad
unehelich ADJ utomäktenskaplig, illegitim
unehrenhaft ADJ vanhedrande **unehrlich** ADJ oärlig, ohederlig **Unehrlichkeit** F oärlighet, ohederlighet
uneigennützig ADJ oegennyttig
uneingeschränkt ADJ oinskränkt
uneingeweiht ADJ oinvigd
uneinig ADJ oenig, oense **Uneinigkeit** F oenighet; osämja, tvist
uneinnehmbar ADJ ointaglig
uneins ADJ → uneinig
unempfänglich ADJ oemottaglig
unempfindlich ADJ okänslig, oöm **Unempfindlichkeit** F okänslighet
unendlich ADJ oändlig **Unendlichkeit** F oändlighet; *umg* evighet
unentbehrlich ADJ oumbärlig **unentgeltlich** ADJ, ADV (kostnads)fri, gratis
unentschieden ADJ oviss, obestämd; *Spiel* oavgjord **Unentschieden** N SPORT oavgjord match
unentschlossen ADJ obeslutsam; ~

sein tveka, inte kunna bestämma sig **Unentschlossenheit** F obeslutsamhet

unentwegt A ADJ unermüdlich orubblig, ståndaktig; *unaufhörlich* oavbruten B ADV oavbrutet, oavvänt

unerbittlich ADJ obeveklig, obönhörlig

unerfahren ADJ oerfaren **Unerfahrenheit** F oerfarenhet

unerfindlich ADJ ofattlig, obegriplig, outgrundlig

unerfreulich ADJ ledsam, tråkig

unerfüllbar ADJ som inte kan uppfyllas

unergiebig ADJ ej lönsam, ofruktbar; odryg

unergründlich ADJ outgrundlig

unerheblich ADJ oviktig, obetydlig

unerhört ADJ 1 *außerordentlich* oerhörd; enorm 2 *Frechheit* upprörande; ~!vad fräckt! 3 *Gebet, Bitte* ohörd

unerkannt ADJ okänd

unerklärlich ADJ oförklarlig

unerlässlich ADJ oundgänglig, absolut nödvändig

unerlaubt ADJ otillåten

unermesslich ADJ omätlig; omåttlig; ofantlig

unermüdlich ADJ outtröttlig

unerreichbar ADJ ouppnåelig, oåtkomlig; *Person* onanträffbar **unerreicht** ADJ ouppnådd; makalös

unersättlich ADJ omättlig

unerschöpflich ADJ outtömlig

unerschrocken ADJ oförskräckt, orädd

unerschütterlich ADJ orubblig, fast

unerschwinglich ADJ oöverkomlig

unersetzlich ADJ oersättlig

unerträglich ADJ outhärdlig, odräglig

unerwartet ADJ oväntad, överraskande

unerwünscht ADJ oönskad, ovälkommen, olägig

unerzogen ADJ ouppfostrad

unfähig ADJ oförmögen, ur stånd, oduglig, inkompetent **Unfähigkeit** F oförmåga, oduglighet, inkompetens

unfair ADJ ojust, osportslig

Unfall M olycka, olycksfall n **Unfallflucht** F smitning **unfallfrei** ADJ utan olyckor, prickfri **Unfallstation** F akutmottagning **Unfallstelle** F olycksplats **Unfallverhütung** F ≈ förebyggande n av olyckor **Unfallversicherung** F olycksfallsförsäkring **Unfallwagen** M ambulans; krockskadad bil

unfassbar ADJ ofattbar

unfehlbar A ADJ ofelbar B ADV utan tvivel **Unfehlbarkeit** F ofelbarhet

unfein ADJ ofin

Unflat M smuts, snusk n **unflätig** ADJ smutsig, snuskig; *unanständig* oanständig

unfolgsam ADJ olydig, ohörsam

unförmig ADJ oformlig, otymplig; *missgestaltet* vanskapt

unfrankiert ADJ, ADV ofrankerad

unfreiwillig ADJ ofrivillig

unfreundlich ADJ ovänlig; *Wetter* dåligt **Unfreundlichkeit** F ovänlighet

Unfriede(n) M ofred, osämja

unfruchtbar ADJ ofruktbar *a.* fig, ofruktsam **Unfruchtbarkeit** F ofruktbarhet, ofruktsamhet

Unfug M hyss n, rackartyg n, ofog n; *Unsinn* strunt n, nonsens; **lass den ~!** sluta med de där dumheterna!; **(grober) ~** JUR förargelseväckande beteende n

Ungar M ungrare **Ungarin** F ungerska **ungarisch** ADJ ungersk **Ungarisch** N ⟨inv⟩ ungerska (språket) **Ungarn** N Ungern n

ungastlich ADJ ogästvänlig

ungeachtet PRÄP ⟨gen⟩ oaktat, oavsett

ungeahnt ADJ oanad, oväntad

ungebeten ADJ oombedd; *ungeladen* objuden

ungebildet ADJ obildad

ungebräuchlich ADJ ovanlig, obruklig

ungebraucht ADJ, ADV obegagnad

ungebunden ADJ obunden, fri

ungedeckt ADJ obetäckt; *Tisch* odukad; WIRTSCH utan täckning

Ungeduld F otålighet **ungeduldig** ADJ otålig

ungeeignet ADJ olämplig, opassande

ungefähr A ADV ungefär B ADJ ungefärlig; **von ~** av en händelse, tillfälligtvis **ungefährlich** ADJ ofarlig

ungefragt ADV oombedd, utan att ha blivit tillfrågad

ungehalten ADJ stött, förargad

ungehemmt ADJ ohejdad, ohämmad
ungeheuer ADJ enorm, oerhörd **Ungeheuer** N monster n, vidunder n, odjur n **ungeheuerlich** umg ADJ empörande upprörande, oförskämd **Ungeheuerlichkeit** F vidunderlighet, ohygglighet
ungehindert ADJ obehindrad
ungehobelt ADJ ohyvlad; fig ohyfsad
ungehörig ADJ otillbörlig, opassande
ungehorsam ADJ olydig **Ungehorsam** M olydnad
ungeklärt ADJ ouppklarad
ungekürzt ADJ oavkortad, obeskuren
ungeladen ADJ Person objuden; Waffe oladdad
ungelegen ADJ oläglig, olämplig; **das kommt mir sehr ~** det passar mig inte alls **Ungelegenheiten** F/PL olägenhet; obehag n, besvär n; **j-m ~ machen** göra ngn besvär
ungelenk(ig) ADJ ovig, klumpig
ungelernt ADJ outbildad, utan (yrkes)- utbildning, okvalificerad
ungelogen ADV faktiskt
ungemein ADJ enormt, oerhört
ungemütlich ADJ otrevlig, obehaglig; **~ werden** umg bli arg **Ungemütlichkeit** F otrevlighet, obehaglighet
ungenannt ADJ onämnd, anonym
ungenau ADJ inexakt, oprecis; slarvig
ungeniert ADJ ogenerad, obesvärad
ungenießbar ADJ oätlig, odrickbar, onjutbar; Person fig odräglig, omöjlig
ungenügend ADJ otillräcklig; otillfredsställande; Schule ej godkänd
ungenutzt ADJ, **ungenützt** ADJ outnyttjad, oanvänd; Augenblick, Chance etc ej tillvaratagen
ungepflegt ADJ ovårdad
ungerade ADJ Zahl ojämn, udda
ungerecht ADJ orättvis, orättfärdig **ungerechtfertigt** ADJ oberättigad **Ungerechtigkeit** F orättvisa, orättfärdighet
ungern ADV ogärna
ungerührt ADJ, ADV oberörd
ungesagt ADJ osagd
ungesalzen ADJ osaltad
ungeschehen ADJ ogjord
Ungeschick(lichkeit) N(F) tafatthet, fumlighet, klumpighet **ungeschickt** ADJ tafatt, fumlig; klumpig
ungeschliffen ADJ oslipad; fig ohyfsad
ungeschminkt ADJ osminkad a. fig
ungeschoren ADJ oklippt; fig ostörd, i fred; **j-n ~ lassen** fig låta ngn vara i fred
ungesellig ADJ osällskaplig
ungesetzlich ADJ olaglig
ungestört ADJ ostörd
ungestraft ADJ ostraffad
ungestüm ADJ våldsam **Ungestüm** N våldsamhet
ungesund ADJ ohälsosam, skadlig, hälsovådlig; osund; **Rauchen ist ~** rökning är farligt för hälsan
ungesüßt ADJ osötad, osockrad
ungeteilt ADJ odelad
ungetrübt ADJ ogrumlad
Ungetüm N odjur n, vidunder n
ungewiss ADJ oviss, osäker **Ungewissheit** F ovisshet, osäkerhet
ungewöhnlich ADJ ovanlig **ungewohnt** ADJ ovan
ungewollt ADJ oavsiktlig, ofrivillig
Ungeziefer N ohyra
ungezogen ADJ ouppfostrad; olydig **Ungezogenheit** F ouppfostrat sätt, olydnad
ungezwungen ADJ otvungen, ledig **Ungezwungenheit** F ledigt sätt
ungläubig ADJ tvivlande; REL icke troende **Ungläubige(r)** M/F(M) otrogen
unglaublich ADJ otrolig **unglaubwürdig** ADJ otillförlitlig
ungleich A ADJ ojämn; verschieden olik(a); nicht zusammengehörend omaka; **einander ~ sein** vara olika varandra B ADV vor komp ojämförligt, vida **Ungleichheit** F ojämnhet; olikhet **ungleichmäßig** ADJ ojämn, oregelbunden
Unglück N olycka, olyckshändelse; Pech otur; **~ bringen** ha otur med sig; **zu allem ~** till råga på eländet **unglücklich** ADJ olycklig **unglücklicherweise** ADV olyckligtvis **Unglücksfall** M olycksfall n, olycka **Unglücksrabe** umg M olycksfågel
Ungnade F onåd **ungnädig** ADJ onådig
ungültig ADJ ogiltig; **~ werden** upphöra att gälla; **für ~ erklären** ogiltigförklara, annullera **Ungültigkeit** F ogiltighet

ungünstig ADJ ogynnsam, ofördelaktig

ungut ADJ obehaglig, olustig; **nichts für ~!** ta inte illa upp!

unhaltbar ADJ ohållbar

unhandlich ADJ ohanterlig

Unheil N ofärd; *Unglück* olycka **unheilbar** ADJ obotlig

unheimlich A ADJ kuslig, ruskig, hemsk B ADV *umg sehr* hemskt, förskräckligt **Unheimlichkeit** F ohövlighet

unhöflich ADJ oartig, ohövlig

Unhold M elak varelse, monster n

unhygienisch ADJ ohygienisk

Uni *umg* F universitet n; **auf der ~ sein** plugga på universitetet

Uniform F uniform

Unikum N unikum n, sällsynthet; *Person* original n

uninteressant ADJ ointressant **uninteressiert** ADJ ointresserad

Union F union

universal ADJ universell, universal **Universalerbe** M, **Universalerbin** F universalarvinge **Universalmittel** N universalmedel n **universell** ADJ universell

Universität F universitet n; **an der ~** på universitetet

Universum N universum n

Unke F klockgroda

unken VI spå olycka

unkenntlich ADJ oigenkännlig **Unkenntlichkeit** F oigenkännlighet

Unkenntnis F okunnighet

unklar ADJ oklar, otydlig; **sich über etw im Unklaren sein** inte vara på det klara med ngt

unklug ADJ oklok

unkompliziert ADJ okomplicerad

unkontrollierbar ADJ okontrollerbar

unkonventionell ADJ okonventionell

Unkosten PL omkostnader pl, utgifter pl **Unkostenbeitrag** M bidrag n till omkostnaderna

Unkraut N ogräs n

unkritisch ADJ okritisk

unkündbar ADJ oppsägbar

unlauter ADJ ohederlig; **~er Wettbewerb** illojal konkurrens

unleserlich ADJ oläslig

unlieb(sam) ADJ oangenäm, obehaglig, ledsam

unlogisch ADJ ologisk

unlösbar ADJ olösbar; olöslig **unlöslich** ADJ CHEM olöslig

Unlust F olust; *Abneigung* motvilja

unmännlich ADJ omanlig

unmaßgeblich ADJ ej avgörande

unmäßig ADJ omåttlig **Unmäßigkeit** F omåttlighet

Unmenge F (stor) mängd, massa

Unmensch M odjur n; **sei kein ~!** *umg* var lite mänsklig! **unmenschlich** ADJ omänsklig **Unmenschlichkeit** F omänsklighet

unmerklich ADJ omärklig

unmissverständlich ADJ otvetydig, som inte kan missförstås

unmittelbar ADJ omedelbar

unmöbliert ADJ omöblerad

unmodern ADJ omodern

unmöglich ADJ omöjlig; **~!** uteslutet!; **sich ~ machen** skämma ut sig **Unmöglichkeit** F omöjlighet

unmoralisch ADJ omoralisk

unmotiviert ADJ omotiverad

unmündig ADJ omyndig; **j-n für ~ erklären** omyndigförklara ngn

unmusikalisch ADJ omusikalisk

Unmut M missnöje n

unnachgiebig ADJ obeveklig, omedgörlig

unnahbar ADJ otillgänglig; reserverad **Unnahbarkeit** F otillgänglighet

unnatürlich ADJ onaturlig

unnötig ADJ onödig **unnötigerweise** ADV onödigtvis, i onödan

unnütz A ADJ onyttig, värdelös, till ingen nytta; **~es Zeug** dumheter; skräp n B ADV *a.* i onödan, till ingen nytta

UNO ABK (= United Nations Organization) FN, Förenta nationerna

unordentlich ADJ *umg* oordentlig, slarvig **Unordnung** F oordning, oreda; **etw in ~ bringen** trassla till ngt

unparteiisch ADJ opartisk

unpassend ADJ opassande, olämplig

unpassierbar ADJ oframkomlig

unpässlich ADJ opasslig; **~ sein** känna sig krasslig

unpersönlich ADJ opersonlig

unpolitisch ADJ opolitisk

unpopulär ADJ impopulär

unpraktisch ADJ opraktisk

unpünktlich ADJ inte punktlig

unqualifiziert ADJ okvalificerad

unrasiert ADJ orakad
Unrat M smuts, avskräde *n*, avfall *n*
unrecht ADJ *umg* orätt, oriktig, fel; **j-m ~ tun** göra ngn orätt **Unrecht** N orätt (-visa); **im ~ sein** ha fel; **nicht zu ~** inte utan anledning; **~ tun** → unrecht **unrechtmäßig** ADJ orättmätig
unregelmäßig ADJ oregelbunden **Unregelmäßigkeit** F oregelbundenhet
unreif ADJ omogen *a. fig* **Unreife** F omogenhet
unrein ADJ oren
unrentabel ADJ olönsam
unrettbar ADV ohjälpligt, obotligt
unrichtig ADJ oriktig, felaktig **Unrichtigkeit** F oriktighet, fel *n*
Unruhe F oro; **~ stiften** skapa oro; **es kam zu schweren ~n** svåra oroligheter utbröt **Unruhestifter(in)** M|F oroselement *n*, bråkmakare **unruhig** ADJ orolig
uns PERS PRO oss; *einander* varandra
unsachgemäß ADJ inte fackmässig; inkompetent; olämplig **unsachlich** ADJ osaklig
unsanft ADJ omild, hård
unsauber ADJ oren; *fig* skum; **ein ~es Geschäft** en skum affär; **eine ~e Arbeit** ett slarvigt gjort arbete
unschädlich ADJ oskadlig
unscharf ADJ oskarp, oklar
unschätzbar ADJ oskattbar, ovärderlig
unscheinbar ADJ oansenlig
unschlagbar ADJ oslagbar
unschlüssig ADJ obeslutsam, tveksam, villrådig **Unschlüssigkeit** F obeslutsamhet, tvekan, villrådighet
unschön ADJ ful
Unschuld F oskuld **unschuldig** ADJ oskyldig
unselbstständig ADJ osjälvständig
unser(e, er, es) POSS PRON vår; *ett-Wort* vårt; *der* våra; **die Unseren** våra **unserein(e)r** INDEF PR, **unsereins** en sådan som jag; *pl* sådana som vi **unsererseits** ADV å vår sida, för vår del **unseresgleichen** INDEF PRO sådana som vi **unseretwegen** ADV, **(um) unseretwillen** för vår skull
unsicher ADJ osäker; *gefährlich* farlig **Unsicherheit** F osäkerhet; farlighet
unsichtbar ADJ osynlig

Unsinn M dumheter *pl*, nonsens *n*, strunt(prat) *n*; **~ machen** larva sig; göra dumheter; **~ reden** prata strunt **unsinnig** ADJ absurd, vansinnig, tokig, meningslös
Unsitte F oskick *n*, ovana **unsittlich** ADJ osedlig, oanständig
unsolide ADJ inte rejäl, slarvig, opålitlig; *fig* utsvävande; dubiös
unsozial ADJ osocial
unsportlich ADJ osportig; *Person* osportslig
unsre POSS PR → unser(e)
unsterblich ADJ odödlig **Unsterblichkeit** F odödlighet
Unstimmigkeit F osämja; *Meinungsverschiedenheit* meningsskiljaktigheter; bristande överensstämmelse, avvikelse
Unsumme F *umg* oerhörd (*od* ofantlig) summa, jättebelopp *n*
unsympathisch ADJ osympatisk; **er ist mir ~** jag tycker inte om honom
Untat F ogärning **untätig** ADJ overksam, sysslolös; passiv **Untätigkeit** F overksamhet, sysslolöshet; passivitet
untauglich ADJ oduglig; *Mittel, Objekt* oanvändbar; **für den Militärdienst ~** ej vapenför
unteilbar ADJ odelbar
unten ADV nere, nedtill/nertill; *im Text* nedan; **nach ~** ned/ner, nedåt/neråt; **von ~** nedifrån/nerifrån; **siehe ~** se nedan; **weiter ~** längre ned/ner; **von oben bis ~** uppifrån och ned/ner; **er ist bei mir ~ durch** *umg* jag vill inte ha något med honom att göra; **~ erwähnt**, **~ genannt** nedannämnd, nedanstående
unter PRÄP ⟨*akk*, *dat*⟩ under, nedanför; *zwischen* bland, mellan; **~ ander(e)m** bland annat; **~ uns** oss emellan; **hier sind wir ganz ~ uns** här är vi alldeles för oss själva; **~ der Bedingung** på det villkoret
Unterabteilung F underavdelning
Unterarm M underarm
Unterart F underart
Unterbau M underbyggnad; *fig a.* bas
unterbelichtet ADJ underexponerad
unterbesetzt ADJ underbemannad
unterbewusst ADJ undermedveten **Unterbewusstsein** N undermedvetande *n*
unterbezahlt ADJ underbetald

unterbieten _VT_ bjuda under
unterbinden _VT_ underbinda; _fig_ förhindra
unterbleiben _VI_ utebli, inte bli av
unterbrechen _VT_ avbryta **Unterbrechung** _F_ avbrott _n_
unterbreiten _VT_ framlägga
unterbringen _VT etw_ placera, lägga, ställa; få in; _j-n_ skaffa rum (_od_ plats) åt; inkvartera; **j-n bei einer Firma ~** skaffa arbete på ett företag åt ngn **Unterbringung** _F_ placering; _umg_ husrum _n_, tak _n_ över huvudet
unterbuttern _VT_ trycka ner
Unterdeck _N_ underdäck _n_
unterdessen _ADV_ under tiden
unterdrücken _VT_ undertrycka, kväva; förtrycka, kuva **Unterdrücker(in)** _M/F_ förtryckare **Unterdrückung** _F_ undertryckande _n_; förtryck _n_, kuvande _n_
untere(r, -s) _ADJ_ undre, nedre
untereinander _ADV_ sinsemellan, inbördes
unterentwickelt _ADJ_ underutvecklad
unterernährt _ADJ_ undernärd
Unterfangen _N_ företag _n_, vågstycke _n_
unterfordert _ADJ_ understimulerad
Unterführung _F_ gångtunnel
Untergang _M_ nedgång; _fig_ undergång
untergeben _ADJ_ undergiven; underordnad, underlydande
untergehen _VI_ gå ned/ner; _SCHIFF_ gå under; _fig_ förgås
untergeordnet _ADJ_ underordnad
Untergestell _N_ underrede _n_
Untergewicht _N_ undervikt **untergewichtig** _ADJ_ underviktig
untergliedern _VT_ dela upp, dela in
untergraben _VT_ undergräva, underminera
Untergrund _M_ underlag _n_, grundval; **in den ~ gehen** gå under jorden **Untergrundbahn** _F_ tunnelbana **Untergrundbewegung** _F_ underjordisk rörelse
unterhalb _ADV, PRÄP_ nedanför
Unterhalt _M_ underhåll _n_, underhållsbidrag _n_; _Lebensunterhalt_ uppehälle _n_; skötsel, underhåll _n_
'**unterhalten**[1] _VT_ hålla under
unter'halten[2] _A VT_ amüsieren underhålla, roa; _zahlen_ försörja; _TECH_ underhålla _B VR_ **reden sich ~** prata; _sich amüsieren_ **sich gut ~** roa sig **unterhaltsam** _ADJ_ underhållande **Unterhaltskosten** _PL_ underhållskostnader _pl_ **unterhaltspflichtig** _ADJ_ underhållsskyldig **Unterhaltung** _F_ underhåll _n_, skötsel; _Gespräch_ samtal _n_, konversation; _Zerstreuung_ nöje _n_, underhållning **Unterhaltungsbranche** _F_ nöjesbransch **Unterhaltungsindustrie** _F_ nöjesindustri **Unterhaltungsliteratur** _F_ underhållningslitteratur **Unterhaltungsmusik** _F_ underhållningsmusik
Unterhändler(in) _M/F_ förhandlare
Unterhandlung _F_ förhandling
Unterhaus _N POL_ underhus _n_
Unterhemd _N_ undertröja, linne _n_
Unterholz _N_ snårskog; undervegetation
Unterhose _F_ underbyxor; _Herrenunterhose_ kalsonger _pl_; **lange ~** långkalsonger
unterirdisch _ADJ, ADV_ underjordisk
unterjochen _VT_ underkuva
unterjubeln _VT_ **j-m etw ~** _umg_ pracka på ngn ngt
Unterkiefer _M_ underkäke
Unterkleidung _F_ underkläder _pl_
unterkommen _VI_ komma under tak; få rum, få plats, få anställning
Unterkörper _M_ underkropp
unterkriegen _umg_ _VT_ kuva, knäcka; **sich nicht ~ lassen** inte tappa modet
unterkühlt _ADJ_ kylig, reserverad; nedkyld
Unterkunft _F_ bostad, husrum _n_, logi _n_; **~ und Verpflegung** kost och logi
Unterlage _F_ underlag _n a. fig_; _Schreibunterlage_ underlägg _n_; **~n** _pl_ handlingar _pl_, dokument _pl_
Unterlass _M_ **ohne ~** oupphörligt, utan uppehåll **unterlassen** _VT_ underlåta, låta bli **Unterlassung** _F_ underlåtenhet, försummelse
unterlaufen _A VI_ kringgå _B VI_ **mir ist ein Fehler ~** jag råkade göra fel
unterlegen _A VT_ lägga (in)under _B VT_ belägga (på undersidan); _füttern_ fodra _C ADJ_ underlägsen; **j-m ~ sein** vara ngn underlägsen
Unterleib _M_ underliv _n_
unterliegen _VI_ verlieren besegras, för-

lora; *unterworfen sein* vara underkastad
Unterlippe F underläpp
Untermalung F musikalische ~ bakgrundsmusik
untermauern *fig* VT ge stöd åt, underbygga
Untermiete F in/zur ~ wohnen *Zimmer* vara inneboende; *Wohnung* hyra i andra hand **Untermieter(in)** M(F) inneboende; hyresgäst i andra hand
unterminieren VT underminera
unternehmen VT göra, företa (sig); **dagegen muss man etwas ~** det måste man göra något åt **Unternehmen** N företag n; *fig* företag n, projekt n **Unternehmensberater(in)** M(F) företagskonsult **Unternehmensberatung** F företagsrådgivning, ledarskapsträning **Unternehmensführung** F företagsledning **Unternehmer(in)** M(F) företagare; *Bauunternehmer(in)* entreprenör **Unternehmungsgeist** M företagsamhet **unternehmungslustig** ADJ företagsam
unterordnen VT, VR underordna (sich sig) **Unterordnung** F underordnande n, underordning
unterprivilegiert ADJ underprivilegierad
Unterredung F samtal n, överläggning
Unterricht M undervisning; *Stunde* lektion; **~ geben** undervisa, ge lektioner **unterrichten** VT, VR undervisa; *benachrichtigen* underrätta; **gut unterrichtet** välunderrättad **Unterrichtsfach** N läroämne n **Unterrichtsmethode** F undervisningsmetod **Unterrichtsstunde** F lektion
Unterrock M underkjol
untersagen VT förbjuda
Untersatz M underlag n, underlägg n
unterschätzen VT underskatta
unterscheiden A VT skilja; särskilja, urskilja B VR **sich ~** skilja sig; **sich dadurch ~, dass ...** skilja sig genom att ... **Unterscheidung** F åtskillnad, distinktion; *Unterschied* skillnad
Unterschenkel M underben n
Unterschicht F lägre klass, underklass
Unterschied M skillnad; åtskillnad; **im ~ zu** till skillnad från; **ohne ~** utan åtskillnad, utan undantag **unterschiedlich** ADJ olika
unterschlagen VT 1 *Arme* lägga i kors 2 *Geld* förskingra, förskingra; *Brief* smussla undan **Unterschlagung** F förskingring, förskingring; undanhållande n
Unterschlupf M tak n över huvudet, krypin n, tillflykt, skydd n **unterschlüpfen** VI krypa (in)under, slinka in; söka skydd
unterschreiben VT skriva under, underteckna
Unterschrift F underskrift, namnteckning
unterschwellig ADJ undermedveten
Unterseeboot N undervattensbåt
Unterseite F undersida
Untersetzer M underlägg n, bricka, fat n
untersetzt ADJ undersätsig, satt
Unterstand M skyddsrum n
unterstehen A VI ⟨*dat*⟩ lyda under B VR *fig* **sich ~** understå sig
'unterstellen[1] A VT ställa under; *Fahrrad etc* ställa in; *unter dem Dach* ställa under tak B VR **sich ~** söka skydd
unter'stellen[2] VT 1 *Hierarchie* underordna 2 *annehmen* anta; **j-m etw ~** tillskriva ngn ngt **Unterstellung** F underordnande n; insinuation
unterstreichen VT stryka under; *fig* understryka
Unterstufe F lågstadium n
unterstützen VT (under)stödja; backa upp **Unterstützung** F (under)stöd n, bidrag n; hjälp
untersuchen VT undersöka; utreda **Untersuchung** F *a.* MED undersökning; utredning **Untersuchungsausschuss** M utredningskommitté **Untersuchungshaft** F häkte n; **in ~ sein** sitta häktad
Untertan(in) M(F) undersåte
Untertasse F tefat n, kaffefat n; **fliegende ~** flygande tefat n
untertauchen A VI dyka (ned); *fig umg* gå under jorden B VT doppa (ned)
Unterteil M (N) underdel, nederdel
unterteilen VT indela **Unterteilung** F indelning
Untertitel M underrubrik; *Filmunterti-*

tel undertext; **mit ~n** textad
Unterton M underton
untertreiben VT, VI underdriva, ta till i underkant
untervermieten VT, VI hyra ut i andra hand
Unterverzeichnis N IT underkatalog
unterwandern VT infiltrera
Unterwäsche F underkläder *pl*
unterwegs ADV på väg; **~ sein** vara på väg; *auf d. Reise* vara ute och resa; *umg* **bei ihr ist ein Kind ~** hon väntar barn
unterweisen VT undervisa **Unterweisung** F undervisning
Unterwelt F **die ~** underjorden; den undre världen
unterwerfen A VT underkuva, lägga under sig B VR **sich ~** underkasta sig **Unterwerfung** F underkuvande *n*; underkastelse **unterwürfig** ADJ underdånig
unterzeichnen VT underteckna, skriva under **Unterzeichnete(r)** M/F(M) undertecknad **Unterzeichnung** F undertecknande *n*
unterziehen A VT *Kleider* ta på sig under B VR **sich einer Operation/Prüfung ~** genomgå en operation/ett prov
Untiefe F grunt ställe *n*, grund *n*; *Abgrund* omätligt djup *n*
Untier N odjur *n*, vidunder *n*
untragbar ADJ ohållbar, outhärdlig; *fig* olönsam
untrennbar ADJ oskiljbar, oskiljaktig
untreu ADJ otrogen **Untreue** F otrohet
untröstlich ADJ otröstlig
untrüglich ADJ osviklig, ofelbar
Untugend F odygd
unüberlegt ADJ oöverlagd, obetänksam **unübersehbar** ADJ oöverskådlig; enorm, ofantlig **unübersetzbar** ADJ oöversättlig **unübersichtlich** ADJ oöversiktlig; *Kurve* med skymd sikt
unübertrefflich ADJ oöverträfflig
unübertroffen ADJ oöverträffad
umgänglich ADJ absolut nödvändig, oundviklig
unumschränkt ADJ oinskränkt
unumstößlich ADJ orubblig
unumwunden ADV rent ut, utan omsvep
ununterbrochen ADJ oavbruten, utan uppehåll

unveränderlich ADJ oföränderlig
unverändert ADJ oförändrad
unverantwortlich ADJ oansvarig
unveräußerlich ADJ oförytterlig; *unverkäuflich* oavytterlig
unverbesserlich ADJ oförbätterlig
unverbindlich ADJ ej bindande; *fig* reserverad
unverblümt A ADJ oförtäckt B ADV rent ut
unverbraucht ADJ oförbrukad
unverdächtig ADJ ej misstänkt, trovärdig
unverdaulich ADJ osmältbar; *fig* svårsmält
unverdorben ADJ oförstörd
unverdrossen ADJ oförtruten
unverdünnt ADJ outspädd
unvereinbar ADJ oförenlig (med) (**mit** *dat*)
unverfänglich ADJ oförarglig, harmlös
unverfroren ADJ *umg* oförskämd, fräck **Unverfrorenheit** F *umg* oförskämdhet, fräckhet
unvergessen ADJ ej glömd **unvergesslich** ADJ oförglömlig
unvergleichlich ADJ oförliknelig, ojämförlig
unverhältnismäßig ADV oproportionerlig, överdriven
unverheiratet ADJ ogift
unverhofft ADJ oväntat, oförmodad
unverhohlen ADJ oförställd, öppen
unverkäuflich ADJ osäljbar; *nicht zum Verkauf* ej till salu
unverkennbar ADJ omisskännlig, typisk
unverletzlich ADJ osårbar; *fig* oantastlig **unverletzt** ADJ oskadd
unvermeidlich ADJ oundviklig
unvermindert ADJ, ADV oförminskad
unvermittelt ADJ plötslig
Unvermögen N oförmåga
unvermutet ADJ oförmodad, oväntad
Unvernunft F oförnuft *n* **unvernünftig** ADJ oförnuftig
unveröffentlicht ADJ opublicerad
unverschämt ADJ oförskämd, fräck **Unverschämtheit** F oförskämdhet, fräckhet
unverschuldet ADJ *ohne Schulden* skuldfri; *unschuldig* oförskylld, oskyldig
unversehens ADV oförmodat, ovän-

tat, plötsligt
unversehrt ADJ oskadd, välbehållen
unversöhnlich ADJ oförsonlig
unverständlich ADJ oförståelig, obegriplig **Unverständnis** N oförståelse, brist på förståelse
unversucht ADJ oprövad
unverträglich ADJ ofördragsam; *unvereinbar* oförenlig; *schwer verträglich* svårsmält; *gar nicht verträglich* som man inte tål
unverwechselbar ADJ typisk; som inte kan förväxlas
unverwundbar ADJ osårbar
unverwüstlich ADJ oförstörbar, outslitlig
unverzeihlich ADJ oförlåtlig
unverzichtbar ADJ absolut nödvändig, som inte kan undvaras
unverzüglich ADJ omedelbart, genast
unvollendet ADJ oavslutad, ofullbordad **unvollkommen** ADJ ofullkomlig, bristfällig **Unvollkommenheit** F ofullkomlighet, bristfällighet **unvollständig** ADJ ofullständig
unvorbereitet ADJ, ADV oförberedd
unvoreingenommen ADJ fördomsfri, objektiv, utan förutfattad mening
unvorhergesehen ADJ oförutsedd
unvorsichtig ADJ oförsiktig
unvorstellbar ADJ omöjlig att föreställa sig, rent otrolig
unvorteilhaft ADJ ofördelaktig
unwahr ADJ osann **Unwahrheit** F osanning **unwahrscheinlich** ADJ osannolik; *umg* otrolig **Unwahrscheinlichkeit** F osannolikhet
unwegsam ADJ oframkomlig
unweiblich ADJ okvinnlig
unweigerlich ADV oundvikligen
unweit ADV, PRÄP inte långt (*gen* från), (**von** *dat* från)
Unwesen N oväsen *n*; ofog *n*; **sein ~ treiben** husera **unwesentlich** ADJ oväsentlig
Unwetter N oväder *n*
unwichtig ADJ oviktig
unwiderruflich ADJ oåterkallelig **unwiderstehlich** ADJ oemotståndlig
Unwille(n) M ovilja, motvilja, missnöje *n* **unwillkürlich** ADJ ofrivillig
unwirklich ADJ overklig **unwirksam** ADJ verkningslös, utan verkan
unwirsch ADJ barsk, vresig, tvär

unwirtlich ADJ ogästvänlig; *Natur* karg; *Wetter* föga inbjudande **unwirtschaftlich** ADJ oekonomisk
unwissend ADJ okunnig; ovetande **Unwissenheit** F okunnighet **unwissentlich** ADV ovetande, omedvetet
unwohl ADJ illamående; **mir ist ~** jag mår illa **Unwohlsein** N illamående *n*
unwürdig ADJ ovärdig
Unzahl F stor mängd, otal *n* **unzählig** ADJ otalig, oräknelig
Unze F uns *n*
Unzeit F otid; **zur ~** i otid **unzeitgemäß** ADJ otidsenlig
unzerbrechlich ADJ okrossbar **unzertrennlich** ADJ oskiljaktig, oskiljbar
unzivilisiert ADJ ociviliserad
Unzucht F otukt **unzüchtig** ADJ otuktig, osedlig
unzufrieden ADJ missnöjd, missbelåten **Unzufriedenheit** F missnöje *n*, missbelåtenhet
unzugänglich ADJ otillgänglig, oåtkomlig *a. fig*
unzulänglich ADJ otillräcklig **Unzulänglichkeit** F otillräcklighet
unzulässig ADJ otillåtlig
unzumutbar ADJ oacceptabel, oskälig, orimlig
unzurechnungsfähig ADJ otillräknelig
unzureichend ADJ otillräcklig
unzusammenhängend ADJ osammanhängande
unzutreffend ADJ ej tillämplig, oriktig
unzuverlässig ADJ opålitlig, otillförlitlig **Unzuverlässigkeit** F opålitlighet, otillförlitlighet
unzweckmäßig ADJ inte ändamålsenlig, olämplig
unzweideutig ADJ otvetydig, tydlig
unzweifelhaft ADJ otvivelaktig
Update N IT uppdatering **updaten** VT IT uppdatera
upgraden VT IT, FLUG uppgradera
üppig ADJ yppig; *wuchernd* frodig; *übermütig* övermodig, överdådig
ups INTER aj då
Urabstimmung F allmän omröstning
Urahne M stamfader

uralt ADJ urgammal, uråldrig
Uran N uran *mst n*
Uraufführung F urpremiär
Urbanisierung F urbanisering
urbar ADJ ~ **machen** odla upp **Urbarmachung** F uppodling
Urbevölkerung F urbefolkning
ureigen ADJ originell, karakteristisk
Ureinwohner(in) MF urinvånare **Urenkel(in)** MF barnbarnsbarn *n*
urgemütlich ADJ jättetrevlig
Urgeschichte F urtidens historia **Urgroßmutter** F farmors (*bzw.* mormors, farfars, morfars) mor **Urgroßvater** M farmors (*bzw.* mormors, farfars, morfars) far **Urheber(in)** MF upphovsman **Urheberrecht** N upphovsrätt, copyright **Urheberschaft** F upphovsmannaskap *n*
Urin M urin **urinieren** VI kasta vatten, urinera **Urinprobe** F urinprov *n*
Urknall M stora smällen
urkomisch ADJ jätterolig, dråplig
Urkunde F urkund; *Aktenstück* handling, dokument *n*; diplom *n*
Urlaub M semester; *unbezahlter* ~ tjänstledighet; *einen Tag* ~ **nehmen** ta ledigt en dag; **im** ~ **sein** ha semester, vara på semester; **in** ~ **gehen** gå på semester **Urlauber(in)** MF semesterfirare **Urlaubsgeld** N semesterersättning **Urlaubsreise** F semesterresa **Urlaubstag** M semesterdag **Urlaubszeit** F semestertid
Urne F urna; POL valurna
urplötzlich ADJ helt plötsligt
Ursache F orsak, skäl *n*; *Anlass* anledning; *keine* ~! ingen orsak!
Urschrift F original *n*
Ursprung M ursprung *n*; *deutschen* ~s av tysk härstamning **ursprünglich** A ADJ ursprunglig, först B ADV ursprungligen, först
Urteil N dom, utslag *n*; *Ansicht* utlåtande *n*; *sich ein* ~ *über etw* **bilden** bilda sig en uppfattning om ngt; omdöme *n* **urteilen** VI döma; bedöma; *nach etw* ~ döma av ngt; *über j-n* ~ bedöma ngn; döma ngn **Urteilskraft** F omdömesförmåga **Urteilsspruch** M dom, domslut *n*, utslag *n* **Urteilsverkündung** F avkunnande *n* av dom **Urteilsvollstreckung** F doms verkställande *n*

Urtext M grundtext, originaltext
Uruguay N Uruguay
Urwald M urskog
urwüchsig ADJ ursprunglig; *Person* naturlig
Urzeit F urtid, forntid; *seit ~en* sedan urminnes tider
USB-Anschluss M USB-anslutning **USB-Kabel** N USB-kabel **USB-Stick** M USB-minne *n*
User(in) MF IT användare
usw. ABK (= *und so weiter*) osv., och så vidare
Utensilien PL utensilier *pl*
Utopie F utopi **utopisch** ADJ utopisk
UV-Strahlen PL UV-strålning *sg*

V

V, v N V, v *n*
Vagabund(in) MF vagabond, luffare
vage ADJ obestämd, oviss
Vagina F ANAT vagina
Vakanz F vakans, ledig plats
Vakuum N vakuum *n* **vakuumverpackt** ADJ vakuumförpackad
Valentinstag M alla hjärtans dag
Valuta F valuta
Vamp M vamp
Vampir M vampyr
Vandale M vandal **Vandalismus** M vandalism, vandalisering
Vanille F vanilj **Vanilleeis** N vaniljglass **Vanillesoße** F vaniljsås **Vanillezucker** M vaniljsocker *n*
variabel ADJ variabel **Variante** F variant **Variation** F variation **Varieté** N varieté **variieren** VIT, VI variera, växla
Vasallenstaat M vasallstat
Vase F vas
Vaselin N, **Vaseline** F vaselin *mst n*
Vater M pappa, far, fader; ~ **Staat** staten; *er ist ganz der* ~ han är (sin) pappa upp i dagen **Vaterfigur** F fadersgestalt **Vaterland** N fädernesland *n*, fosterland *n* **Vaterlandsliebe** F fosterlandskärlek **väterlich** ADJ faderlig

väterlicherseits ADV på faderns sida; **Großvater ~** farfar **Vaterschaft** F faderskap n **Vaterschaftsklage** F faderskapsmål n **Vaterschaftstest** M faderskapstest (n) **Vaterstadt** F fädernestad, födelsestad **Vatertag** M fars dag **Vaterunser** N fadervår n **Vati** M pappa
Vatikan M der ~ Vatikanen
V-Ausschnitt M V-ringning
v.Chr. ABK (= vor Christus) f.Kr., före Kristus
vegan ADJ vegan- *in zssgn* **Veganer(in)** M(F) vegan
Vegetarier(in) M(F) vegetarian **vegetarisch** ADJ vegetarisk
Vegetation F vegetation, växtlighet
vegetieren VI vegetera
Vehikel N medel n; *umg* kärra
Veilchen N viol **veilchenblau** ADJ violblå
Velours M velour
Vene F ven, blodåder **Venenentzündung** F inflammation i venerna
Ventil N ventil **Ventilation** F ventilation **Ventilator** M ventilator, fläkt
verabreden A VT avtala, komma överens om; **ich bin schon verabredet** jag är redan upptagen B VR **sich ~** stämma träff **Verabredung** F överenskommelse, avtal n; träff, möte n
verabreichen VT utdela, tilldela, ge
verabscheuen VT avsky **verabscheuenswert** ADJ avskyvärd
verabschieden A VT ta avsked av, säga adjö till; *Ruhestand* pensionera, avtacka; *Gesetz* anta B VR **sich ~** ta avsked *od* farväl (**von** *dat* av) **Verabschiedung** F *von Gast* avsked n; *von Beamten* avskedande n; *von Gesetz* antagande n
verachten VT förakta; **das ist nicht zu ~** *umg* det är inte fy skam **Verächter(in)** M(F) *in zssgn* -hatare **verächtlich** ADJ föraktfull, föraktlig **Verachtung** F förakt n
veralbern VT driva med
verallgemeinern VT, VI generalisera **Verallgemeinerung** F generalisering
veralten VI föråldras **veraltet** ADJ föråldrad
Veranda F veranda
veränderlich ADJ föränderlig, ombytlig **verändern** A VT (för)ändra B VR **sich ~** förändra sig, förändras **Veränderung** F (för)ändring
verängstigt ADJ skrämd, uppskrämd
veranlagen VT taxera (zu till); **gemeinsam ~** sambeskatta **veranlagt** ADJ lagd; **künstlerisch ~ sein** vara konstnärligt begåvad **Veranlagung** F *Steuerveranlagung* taxering; *fig* anlag n, läggning, fallenhet; **das ist ~** det är hans (hennes *etc*) läggning
veranlassen VT etw ~ ordna ngt; **~, dass ...** se till att ...; förmå; **j-n ~ zu** få ngn till ngt; **sich veranlasst sehen** se sig nödsakad (*od* tvungen) **Veranlassung** F anledning, orsak; **auf ~ von** på initiativ av
veranschaulichen VT åskådliggöra
veranschlagen VT beräkna, uppskatta
veranstalten VT anordna, arrangera, organisera; *umg* ställa till med **Veranstalter(in)** M(F) arrangör, organisatör **Veranstaltung** F arrangerande n; evenemang, arrangemang; tillställning, festligheter; **~en** *pl* evenemang; nöjen
verantworten A VT ansvara för B VR **sich ~** stå till svars **verantwortlich** ADJ ansvarig; **j-n für etw ~ machen** göra ngn ansvarig för ngt; **j-m die Schulden für ngt** **Verantwortlichkeit** F ansvarighet **Verantwortung** F ansvar n; **auf eigene ~** på egen risk **verantwortungsbewusst** ADJ ansvarskännande **Verantwortungsbewusstsein** N ansvarskänsla **verantwortungslos** ADJ ansvarslös **verantwortungsvoll** ADJ ansvarsfull
veräppeln *umg* VT driva med, göra narr av
verarbeiten VT bearbeta, bereda; förädla; IT behandla; använda; *fig* smälta, komma över **Verarbeitung** F bearbetning; IT behandling; utförande n
verärgern VT förarga, reta
verarmen VI utarmas
verarschen *umg* VT driva med
verarzten *umg* VT plåstra om, sköta om
verausgaben VR ge ut; **sich ~ Kräfte** *verbrauchen* ta ut sig
veräußern VT avyttra

Verb N verb n **verbal** ADJ verbal
Verband M förband n, bandage n; *Verein* förbund n, förening n; MIL förband n
Verband(s)kasten M förbandslåda
verbannen VT förvisa; bannlysa **Verbannung** F (lands)förvisning, landsflykt; bannlysning
verbarrikadieren V/R barrikadera, förskansa
verbauen VT bygga för, spärra; *fig* hindra, omöjliggöra
verbeißen A VT undertrycka, inte låtsa om, svälja; **sich** (*dat*) **das Lachen ~** inte kunna hålla sig för skratt B V/R **sich in etw ~** bita sig fast vid ngt *fig*
verbergen VT, V/R dölja, gömma (**sich sig**)
verbessern VT förbättra; *berichtigen* rätta; *korrigieren* korrigera **Verbesserung** F förbättring; rättelse; korrigering
verbeugen V/R **sich ~** buga sig, bocka sig **Verbeugung** F bugning
verbeulen VT buckla till
verbiegen VT böja, kröka
verbieten VT förbjuda
verbilligen VT göra billigare; **zu verbilligten Preisen** till nedsatta priser
verbinden A VT förbinda; *assoziieren* förena, förknippa; *Augen* binda för; MED förbinda, lägga om; TEL koppla; TEL **ich bin falsch verbunden** jag har kommit fel B V/R **sich ~** förena sig **verbindlich** ADJ bindande; *freundlich* förbindlig, artig **Verbindlichkeit** F bindande kraft; förpliktelse; *Freundlichkeit* förbindlighet, artighet **Verbindung** F förbindande n, förknippande n; förbindelse, förening; kontakt; samband n; *Verkehr* förbindelse; TEL linje; CHEM förening; *Studentenverbindung* ≈ studentförening; **sich in ~ setzen** kontakta
verbissen ADJ sammanbiten
verbitten VT **sich etw ~** undanbe sig ngt
verbittern VT förbittra **verbittert** ADJ förbittrad **Verbitterung** F förbittring
verblassen V/I blekna
verbleiben V/I förbli; *zurückbleiben* stanna (kvar); *übrig sein* återstå; **es bleibt dabei** *umg* det blir som vi har sagt; **wir sind so verblieben, dass ...**

vi kom överens om att ...
Verblendung F förblindelse
verblöden V/I fördummas
verblüffen VT förbluffa **verblüffend** ADJ förbluffande **Verblüffung** F häpnad
verblühen V/I blomma ut, vissna *a. fig*
verbluten V/I förblöda
verbohrt ADJ envis, halsstarrig
verborgen ADJ *versteckt* dold
Verbot N förbud n **verboten** ADJ förbjuden **Verbotsschild** N förbudsskylt
Verbrauch M förbrukning, åtgång, konsumtion; **sparsam im ~ sein** vara dryg; vara energisnål **verbrauchen** VT förbruka; använda, göra slut på; *abnutzen* nöta (*od* slita) ut; **das Auto verbraucht zehn Liter (auf 100 Kilometer)** bilen drar en liter milen **Verbraucher(in)** M(F) konsument; förbrukare **Verbraucherberatung** F konsumentupplysning **Verbrauchermarkt** M stormarknad **Verbraucherschutz** M konsumentskydd n **Verbrauchsgüter** PL konsumtionsvaror **verbraucht** ADJ förbrukad; *fig* utbränd, utsliten
verbrechen VT göra sig skyldig till; **was hat er wieder verbrochen?** *umg* vad har han nu ställt till med igen? **Verbrechen** N förbrytelse, brott n **Verbrecher(in)** M(F) förbrytare, brottsling **verbrecherisch** ADJ brottslig
verbreiten A VT sprida ut B V/R **sich ~** sprida sig, utbreda sig *a. fig* **verbreitern** VT göra bredare, bredda, utvidga **Verbreitung** F utbredning, spridning
verbrennen A V/I brinna upp; bli innebränd B V/T (för)bränna, bränna upp; **sich ~ bränna sig Verbrennung** F förbränning; kremering; *Brandwunde* brännskada **Verbrennungsmotor** M förbränningsmotor
verbringen VT tillbringa
verbrühen VT, V/R skålla (**sich sig**)
verbuchen VT bokföra
verbummeln *umg* VT **seine Zeit ~** slå dank, gå och driva; *vergessen* glömma bort
Verbund M samorganisation **verbunden** ADJ förbunden; TEL **ich bin**

falsch ~ jag har fått fel nummer **verbünden** V/R sich ~ alliera sig; gadda ihop sig **Verbundenheit** F samhörighet **Verbündete(r)** M/F(M) bundsförvant

verbürgen A V/T garantera B V/R **sich ~ für** gå i borgen (od god) för, garantera

verbüßen V/T Strafe avtjäna, sitta av
verchromen V/T förkroma
Verdacht M misstanke; **im/in ~ haben** misstänka; **im/in ~ stehen** vara misstänkt **verdächtig** ADJ misstänkt **verdächtigen** V/T j-n ~ (gen) misstänka ngn för ngt **Verdächtigung** F misstanke

verdammen V/T verurteilen (för)döma; verfluchen förbanna **verdammt** umg ADJ förbannad, jävla; **~ noch mal!** fan också!, jävlar! **Verdammung** F fördömande, fördömelse, förkastelse

verdampfen A V/I dunsta bort, avdunsta B V/T låta avdunsta

verdanken V/T j-m etw ~ ha ngn att tacka för ngt

verdattert umg ADJ, ADV förvirrad
verdauen V/T smälta a. fig **verdaulich** ADJ smältbar; **leicht ~** lättsmält; **schwer ~** svårsmält, hårdsmält **Verdauung** F matsmältning **Verdauungsbeschwerden** F/PL dålig matsmältning

Verdeck N Wagenverdeck sufflett, vagnstak n; SCHIFF däck n **verdecken** V/T täcka över; Aussicht skymma; fig dölja

verdenken V/T **man kann es ihm nicht ~, dass ...** man kan inte klandra honom för att han ..

verderben A V/I Essen bli dålig, bli förstörd B V/T fördärva, förstöra; **es sich mit j-m ~** stöta sig med ngn; **sich den Magen ~** bli dålig i magen **Verderben** N fördärv n; Untergang undergång **verderblich** ADJ fördärvlig; skadlig

verdeutlichen V/T förtydliga
verdichten A V/T tänka, komprimera; fig kondensera B V/R sich ~ Nebel tätna; Verdacht bli allt starkare **Verdichtung** F förtätning, kompression; kondensering

verdienen V/T, V/I tjäna; fig förtjäna, göra sig förtjänt av; **sich etw nebenbei ~ extraknäcka**; **gut ~** tjäna bra; **an etw ~** tjäna på ngt **Verdiener(in)** M/F(I) han/hon som står för inkomsterna **Verdienst** A N förtjänst, merit B M förtjänst, inkomst **Verdienstausfall** M inkomstbortfall n **Verdienstspanne** F vinstmarginal **verdienstvoll** ADJ förtjänstfull **verdient** ADJ förtjänt

verdonnern umg V/T verurteilen döma
verdoppeln V/T fördubbla **Verdoppelung** F fördubbling
verdorben ADJ fördärvad, förstörd; **einen ~en Magen haben** vara dålig i magen

verdorren V/I torka bort, vissna; förtorka

verdrängen V/T tränga undan/ut; Komplexe förtränga **Verdrängung** F undanträngande n; förträngning

verdrehen V/T förvrida; fig förvränga; **die Augen ~** rulla med ögonen; **j-m den Kopf ~** kollra bort ngn

verdreifachen V/T, V/R tredubbla
verdreschen umg V/T klå upp
verdrießlich ADJ förtretlig, förarglig; verdrossen vresig

verdrossen ADJ missmodig; irriterad **Verdrossenheit** F missmodighet
verdrücken umg A V/T Essen stoppa i sig B V/R **sich ~** umg smita
Verdruss M förtret, förargelse
verduften umg V/I dunsta, smita
verdunkeln A V/T fördunkla, förmörka; mörklägga B V/R **sich ~** fördunklas, förmörkas **Verdunkelung** F fördunkling, förmörkelse; mörkläggning

verdünnen V/T förtunna; späda ut; **verdünnt** utspädd **Verdünnung** F förtunning; utspädning

verdunsten V/I avdunsta, dunsta bort **Verdunstung** F avdunstning
verdursten V/I törsta ihjäl
verdüstern V/T, V/R sich ~ mörkna
verdutzt ADJ, ADV förbluffad, häpen
veredeln V/T förädla **Veredelung** F förädling

verehren V/T vörda, tillbedja, dyrka; schenken förära **Verehrer(in)** M/F(I) männlich beundrare; weiblich beundrarinna **Verehrung** F högaktning, vördnad, dyrkan

vereidigen V/T j-n ~ låta ngn avlägga ed **Vereidigung** F avläggande n av

ed
Verein M̄ förening, klubb; **im ~ mit tillsammans med**
vereinbar ADJ förenlig **vereinbaren** VT̄ avtala, komma överens om; **sich ~ lassen** vara förenlig **Vereinbarung** F̄ överenskommelse, avtal n; **nach ~** enligt överenskommelse
vereinen VT förena
vereinfachen VT̄ förenkla **Vereinfachung** F̄ förenkling
vereinheitlichen VT̄ göra enhetlig
vereinigen VT, VR förena **(sich sig)** **vereinigt** ADJ förenad; **die Vereinigten Staaten** Förenta Staterna **Vereinigung** F̄ förenande n; förening
vereinsamen VĪ bli ensam (od isolerad) **Vereinsamung** F̄ ensamhet, isolering
Vereinslokal N̄ klubblokal **Vereinsmitglied** N̄ föreningsmedlem
vereinzelt ADJ sporadisk, enstaka
vereist ADJ nedisad; **~e Straßen** isiga vägar
vereiteln VT omintetgöra, förhindra
vereitern VĪ vara sig **Vereiterung** F̄ varbildning
verenden VĪ dö
verengen A VT göra trång B VR **sich ~** bli trång, smalna **Verengung** F̄ förträngning, avsmalning
vererben A VT lämna i arv, testamentera B VR **sich ~** gå i arv **Vererbung** F̄ ärftlighet **Vererbungslehre** F̄ ärftlighetslära
verewigen VT föreviga
verfahren A VĪ förfara, gå till väga; **mit j-m streng~** gå hårt åt ngn B VT̄ **Geld, Benzin** åka upp C VR **sich ~** åka/köra vilse; fig trassla in sig D ADJ tilltrasslad, tillkrånglad **Verfahren** N̄ förfarande n, tillvägagångssätt n, metod; TECH procedur; JUR process, rättegång
Verfall M̄ a. WIRTSCH förfall n **verfallen** A VĪ **1** Bauwerk, a. WIRTSCH förfalla **2** Fahrkarte etc upphöra att gälla **3** **auf etw kommen** fig komma (få akk på) **4** **einer Sache** falla offer (dat för); **etw ~ sein** a. vara slav under ngt B ADJ WIRTSCH förfallen; Bauwerk fallfärdig; abgelaufen ogiltig **Verfallsdatum** N̄ sista förbrukningsdag; WIRTSCH förfallodatum

verfälschen VT̄ förfalska
verfangen VT̄ göra verkan, fungera; **sich ~** snärja in sig, fastna
verfänglich ADJ försåtlig, krånglig, kritisk
verfärben VR **sich ~** skifta färg; bli missfärgad
verfassen VT̄ författa, avfatta **Verfasser(in)** M|F̄ författare **Verfassung** F̄ Zustand skick n, kondition; Gemütsverfassung sinnesstämning; Grundgesetz författning **Verfassungsänderung** F̄ författningsändring **verfassungsfeindlich** ADJ statsfientlig **Verfassungsgericht** N̄ författningsdomstol **verfassungsmäßig** ADJ konstitutionell **Verfassungsschutz** M̄ ≈ författningsskydd n **verfassungswidrig** ADJ författningsvidrig
verfaulen VĪ ruttna **verfault** ADJ rutten
verfechten VT̄ förfäkta, försvara **Verfechter(in)** M|F̄ förtäktare, förkämpe
verfehlen VT̄ förfela; missa; **Zug kommen** för sent till; j-n (nicht finden) inte träffa ngn; **sich ~** gå om varandra **verfehlt** ADJ förfelad, misslyckad **Verfehlung** F̄ förseelse, försummelse; överträdelse
verfeinern VT̄, VR förfina
verfilmen VT̄ filma, filmatisera **Verfilmung** F̄ filming, filmatisering
verfilzen VT̄ tova ihop sig; fig trassla ihop
verfinstern VR **sich ~** förmörkas; fig bli dyster, mulna
verflachen A VT̄ plana ut, utjämna B VĪ fig förflackas, förytligas
verflechten VT̄ fläta ihop; **miteinander ~** fig slå samman
verfliegen VĪ förflyktigas, dunsta bort; Zeit rinna bort
verflixt umg ADJ förbaskad; **~ noch mal!** jäklar!, tusan också!; **eine ~e Geschichte** umg en obehaglig historia
verflossen ADJ förfluten; umg förra
verfluchen VT̄ förbanna, fördöma **verflucht** umg ADJ förbannad, jäklig; adv jävligt, fruktansvärt; **~ noch mal!** fan också!, jävlar!; **es ist ~ warm** det är fruktansvärt varmt
verflüchtigen VR **sich ~** förflyktigas
verflüssigen VT̄, VR **sich ~** bli flytande, kondenseras

verfolgen VT förfölja, följa; *fig* fullfölja; *Ziel* söka nå, eftersträva; JUR straffrechtlich ~ åtala **Verfolger(in)** M(F) förföljare **Verfolgung** F förföljelse; förföljande *n*; *fig* fullföljande *n*; åtal *n* **Verfolgungswahn** M förföljelsemani
verfrachten VT frakta
Verfremdung F främlingskap *n*, alienation
verfressen *umg* ADJ ~ sein vara ett matvrak
verfroren ADJ frusen (av sig)
verfrüht ADJ förhastad, för tidig
verfügbar ADJ disponibel, tillgänglig, åtkomlig **verfügen** A VI bestämma, föreskriva B VI förfoga, disponera (*über akk* över) **Verfügung** F förfogande *n*; *Anordnung* anordning, disposition; **zu j-s ~ stellen** ställa till ngns förfogande
verführen VT förföra, förleda **Verführer** M förförare **Verführerin** F förförerska **verführerisch** ADJ förförisk; lockande, frestande **Verführung** F förförelse; lockelse, frestelse
verfüttern VT utfodra med
Vergabe F tilldelande *n*; utdelning, utdelande *n*
vergammeln *umg* VI bli dålig/gammal/sliten; *Person* deka ner sig; förspilla, slösa bort
vergangen ADJ förgången, förfluten **Vergangenheit** F **die ~** det förflutna; GRAM förfluten tid **vergänglich** ADJ förgänglig **Vergänglichkeit** F förgänglighet
vergasen VT förgasa; gasa ihjäl **Vergaser** M förgasare **Vergasung** F förgasning
vergeben A VT ge bort; tilldela, dela ut; *verzeihen* förlåta; *fig* (*dat*) **nichts ~** hålla på sin värdighet B VR *Kartenspiel* **sich ~** ge fel **vergebens** ADV, ADJ förgäves **vergeblich** A ADJ lönlös, fruktlös B ADV förgäves **Vergebung** F förlåtelse
vergegenwärtigen VR **sich ~** föreställa sig
vergehen A VI förgå, gå till ända, gå över, förflyta; **~ vor Durst** förgås av törst; **mir vergeht der Appetit** jag tappar aptiten B VR **sich ~ an j-m** förgripa sig på ngn; **sich ~ gegen** bryta mot

Vergehen N förseelse, överträdelse; brott *n*, övergrepp *n*
vergelten VT vedergälla, löna **Vergeltung** F vedergällning; belöning
vergessen VT glömma (bort); **das kannst du ~!** *umg* det kan du glömma!, det är ingenting att ha! **Vergessenheit** F glömska; **in ~ geraten** falla i glömska **vergesslich** ADJ glömsk **Vergesslichkeit** F glömska
vergeuden VT slösa bort **Vergeudung** F slösande *n*; slöseri *n*
vergewaltigen VT våldta; *fig* våldföra (sig på) **Vergewaltiger** M våldtäktsman **Vergewaltigung** F våldtäkt; våldförande *n*
vergewissern VR **sich ~** förvissa sig, försäkra sig (*gen* om)
vergießen VT utgjuta; *verschütten* spilla; *Tränen* fälla
vergiften A VT förgifta B VR **sich ~** ta gift **Vergiftung** F förgiftning
vergilben VI gulna
Vergissmeinnicht N BOT förgätmigej
verglasen VT sätta glas i
Vergleich M jämförelse; JUR förlikning, ackord *n*; **einen ~ schließen** ingå förlikning; **im ~ mit/zu** i jämförelse med **vergleichbar** ADJ jämförlig, jämförbar **vergleichen** A ADJ jämföra; **vergleiche** jämför B VR **sich ~** förlikas (**mit** *dat* med) **Vergleichspreis** M jämförpris **n vergleichsweise** ADV jämförelsevis **Vergleichszahl** F jämförelsesiffra
verglühen VI upphöra att glöda, falna; brinna upp
vergnügen VT, VR **roa (sich sig) Vergnügen** N nöje *n*, glädje; **zum ~** för nöjes skull; **viel ~!** ha det så trevligt! **vergnügt** ADJ nöjd, glad **Vergnügung** F nöje *n* **Vergnügungspark** M nöjesfält *n* **Vergnügungsreise** F nöjesresa **Vergnügungssteuer** F nöjesskatt **vergnügungssüchtig** ADJ nöjeslysten
vergolden VT förgylla **Vergoldung** F förgyllning
vergöttern VT avguda
vergraben VT, VR gräva ned (**sich sig**)
vergraulen *umg* VT skrämma bort
vergreifen VR **sich ~** ta fel, missta sig; **sich ~ an** (*dat*) förgripa sig på

vergreisen _vi_ bli äldre, förgubbas
vergriffen _ADJ_ utsåld, slutsåld; **das Buch ist ~** boken är slut på förlaget
vergrößern _A_ _vt_ förstora; _erweitern_ utvidga _B_ _VR_ **sich ~** förstoras, utvidgas **Vergrößerung** _F_ förstoring; utvidgning **Vergrößerungsglas** _N_ förstoringsglas _n_
Vergünstigung _F_ förmån, avdrag _n_, rabatt
vergüten _vt_ gottgöra, ersätta, kompensera **Vergütung** _F_ gottgörelse, ersättning, kompensation, betalning
verh. _ABK_ (= verheiratet) g., gift
verhaften _vt_ gripa, anhålla **Verhaftung** _F_ gripande _n_, anhållande _n_
verhalten _A_ _VR_ **sich ~** förhålla sig; _sich betragen_ uppföra sig, bete sig; **sich ruhig ~** hålla sig lugn; **wenn es sich so verhält** om det förhåller sig så _B_ _ADJ_ _Optimismus etc_ återhållen **Verhalten** _N_ förhållande _n_; uppförande _n_, beteende _n_ **Verhaltensforschung** _F_ beteendeforskning **verhaltensgestört** _ADJ_ med beteenderubbningar **Verhaltensweise** _F_ förhållningssätt _n_, beteende _n_, uppträdande _n_ **Verhältnis** _N_ _a. Liebesverhältnis_ förhållande _n_, relation; _Umstand_ omständighet; proportion; **im ~ zu** i förhållande till; **es steht in keinem ~ zu ...** det står inte i proportion till ...; **klare ~se schaffen** reda ut begreppen; **über seine ~se leben** leva över sina tillgångar **verhältnismäßig** _ADV_ förhållandevis, relativt; jämförelsevis **Verhältniswahl** _F_ proportionellt val _n_ **Verhältniswort** _N_ preposition
verhandeln _A_ _vt_ avhandla, dryfta _B_ _VI_ _sich beraten_ överlägga, förhandla; _JUR_ **das Gericht verhandelt gegen ...** rättegången pågår mot ... **Verhandlung** _F_ förhandling; överläggning; _JUR_ rättegångsförhandling; **zur ~ kommen** _JUR_ komma upp i rätten **Verhandlungsrunde** _F_ förhandlingsomgång
verhängen _vt_ hänga för (_od_ över); _Strafe_ döma, utlysa; **eine Strafe über j-n ~** döma ngn till ett straff **Verhängnis** _N_ olycka, fördärv _n_, öde _n_ **verhängnisvoll** _ADJ_ ödesdiger, fatal
verharmlosen _vt_ bagatellisera
verharren _vi_ framhärda (**in** _dat_ i); stå fast (**auf** _od_ **bei** _dat_ vid)

verhärten _vt, vr_ förhärda, göra hård; **sich ~** förhärdas, hårdna **Verhärtung** _F_ förhårdnad
verhasst _ADJ_ hatad, förhatlig
verhätscheln _vt_ skämma (_od_ klema) bort, klema med
verhauen _A_ _vt_ _j-n_ klå upp; _umg etw_ misslyckas med; missa _B_ _VR_ **sich ~** _umg_ klanta sig; räkna fel
verheddern _umg_ _VR_ **sich ~** trassla in sig
verheerend _ADJ_ katastrofal, förödande; _umg_ hemsk, förskräcklig **Verheerung** _F_ förödelse
verhehlen _vt_ dölja, förtiga
verheilen _vi_ läkas
verheimlichen _vt_ hemlighålla, dölja
verheiraten _A_ _vt_ gifta bort _B_ _VR_ **sich (wieder) ~** gifta (om) sig **verheiratet** _ADJ_ gift
Verheißung _F_ löfte _n_ **verheißungsvoll** _ADJ_ löftesrik, lovande
verhelfen _vi_ hjälpa (**j-m zu etw** ngn till ngt)
verherrlichen _vt_ förhärliga **Verherrlichung** _F_ förhärligande _n_
verhexen _vt_ förhäxa, förtrolla; **es ist wie verhext!** det är som förgjort!
verhindern _vt_ (för)hindra **Verhinderung** _F_ förhindrande _n_; _Hindernis_ (för)hinder _n_
verhöhnen _vt_ håna, förlöjliga
verhökern _vt_ _umg_ kursa (bort), sälja
Verhör _N_ förhör _n_ **verhören** _A_ _vt_ förhöra _B_ _VR_ **sich ~** höra fel
verhüllen _vt_ (över)hölja, skyla; _fig_ dölja **Verhüllung** _F_ hölje _n_
verhungern _vi_ svälta ihjäl
verhüten _vt_ förhindra, förebygga **Verhütung** _F_ förebyggande _n_; användning av preventivmedel, födelsekontroll **Verhütungsmittel** _N_ preventivmedel _n_
verinnerlichen _vt_ fördjupa, förandliga
verirren _VR_ **sich ~** gå vilse, förirra sig **Verirrung** _F_ förvillelse
verjagen _vt_ jaga (_od_ driva) bort
verjähren _vi_ bli preskriberad **Verjährung** _F_ preskription **Verjährungsfrist** _F_ preskriptionstid
verjüngen _A_ _vt_ föryngra _B_ _VR_ **sich ~** föryngras **Verjüngung** _F_ föryngring

verkabeln VT dra kabel; ansluta till kabelnät; **wir sind verkabelt** vi har kabel-tv
verkalken VI förkalkas; *umg* bli åderförkalkad (gaggig, senil) **verkalkt** *umg* ADJ åderförkalkad, gaggig, senil
verkalkulieren VR **sich ~** räkna fel
Verkalkung F förkalkning
verkannt ADJ missförstådd, misskänd
verkappt ADJ förklädd, maskerad
Verkauf M försäljning; försäljningsavdelning; **zum ~** till salu **verkaufen** VT sälja **Verkäufer(in)** M(F) (för)säljare; *im Geschäft* expedit **verkäuflich** ADJ säljbar; **~ sein** vara till salu; **leicht ~** lättsåld **Verkaufsbedingung** F försäljningsvillkor *n* **Verkaufsförderung** F säljfrämjande åtgärder *pl* **verkaufsoffen** ADJ **~er Sonntag** ≈ söndagsöppet **Verkaufspreis** M försäljningspris *n* **Verkaufsschlager** M försäljningssuccé **Verkaufsstand** M stånd *n*
Verkehr M trafik; förbindelse, kontakt, relation; **aus dem ~ ziehen** *Wagen* ta ur trafik; *Geld* dra in; **~ mit j-m haben** ha samlag (n) med ngn **verkehren** VI umgås; *regelmäßig fahren* gå i trafik; ha samlag; *umdrehen* vända, förvränga **Verkehrsader** F trafikled **Verkehrsampel** F trafiksignal, trafikljus *n* **Verkehrsamt** N, **Verkehrsbüro** N turistbyrå **Verkehrsdelikt** N trafikförseelse **Verkehrsdichte** F trafiktäthet **Verkehrserziehung** F trafikundervisning **Verkehrsflugzeug** N trafik(flyg)plan *n* **Verkehrshindernis** N trafikhinder *n* **Verkehrsinsel** F refug **Verkehrslärm** M trafikbuller *n* **Verkehrsministerium** N kommunikationsdepartement *n* **Verkehrsmittel** N kommunikationsmedel *n*; **öffentliche ~** kollektivtrafik **Verkehrsnetz** N trafiknät *n* **Verkehrsordnung** F ≈ vägtrafikförordning **Verkehrspolizist(in)** M(F) trafikpolis **Verkehrsregelung** F trafikreglering **Verkehrsschild** N trafikskylt **Verkehrssicherheit** F trafiksäkerhet **Verkehrsstau** M bilkö **Verkehrsstockung** F trafikstockning **Verkehrssünder(in)** M(F) trafiksyndare **Verkehrsteilnehmer(in)** M(F) trafikant **Verkehrstote(r)** M(F)(M)
trafikdödad **Verkehrsunfall** M trafikolycka **Verkehrsverein** M turistbyrå **Verkehrsvorschrift** F trafikregel **Verkehrszeichen** N trafikmärke *n*
verkehrt A ADJ fel; avig, upp- och nedvänd; **~e Seite** avigsida B ADV fel, galet
verkennen VT missförstå; felbedöma; underskatta; **das ist nicht zu ~** det kan man inte ta miste på
Verkettung F följd, rad
verklagen VT stämma, åtala
verklappen VT dumpa i havet
verkleben VI klistra till (*od* igen)
verkleiden A VT TECH klä (in), (bräd)fodra B VR **sich ~** klä ut sig, förklä sig (**als till**) **Verkleidung** F förklädnad; beklädnad, (bräd)fodring
verkleinern A VT förminska B VR **sich ~** förminskas, bli mindre, minska **Verkleinerung** F förminskning **Verkleinerungsform** F diminutiv *n*
verklemmt ADJ hämmad
verklingen VI förklinga, tona bort
verknallen VR **sich ~ in** (*akk*) *umg* bli förälskad i
Verknappung F minskning
verkneifen VT **sich etw ~** hålla tillbaka ngt; avstå från ngt; **sich das Lachen ~** kväva skrattet
verknöchert *fig* VI bli stel
verknoten VT knyta ihop
verknüpfen VT knyta ihop; *fig* förknippa
verkochen VI koka bort
verkohlen A VT *fig umg* skoja med, lura B VI förkolna
verkommen A VI förfalla B ADJ nedgången; *Haus etc* förfallen **Verkommenheit** F förfall *n*
verkorksen *umg* VT fördärva
verkörpern VT förkroppsliga, personifiera **Verkörperung** F förkroppsligande *n*, personifikation
verkrachen VR **sich ~** bli osams
verkraften VT orka (med) ngt
verkrampfen VR **sich ~** knyta sig i kramp; *fig* bli spänd **verkrampft** *fig* ADJ spänd, nervös, onaturlig **Verkrampfung** F kramp; spändhet
verkriechen VR **sich ~** krypa undan, gömma sig

verkrümeln VR smula sönder; **sich ~** umg smita
verkrümmt ADJ krokig, krökt
verkrüppelt ADJ missbildad, förtvinad; förkrympt
verkümmern VI tyna av (od bort); stanna i växten, bli förkrympt
verkünden VT tillkännage; förkunna; *Urteil* avkunna **Verkündigung** F REL förkunnelse; **Mariä ~** Marie bebådelse (-dag) **Verkündung** F tillkännagivande n; förkunnande n, förkunnelse
verkuppeln fig VT para ihop
verkürzen VT förkorta, göra kortare **Verkürzung** F förkortning
verladen VT lasta (in, av); **Truppen ~** embarkera trupper; **j-n ~** umg fig lura ngn **Verladung** F avlastning, inlastning
Verlag M förlag n
verlagern VT, VR flytta (över); **sich ~** förskjuta sig a. fig **Verlagerung** F förskjutning
verlangen A VT begära, fordra, kräva; **die Rechnung ~** be om notan; **du wirst am Telefon verlangt** det är telefon till dig B VI **nach etw ~** vilja ha ngt; längta efter ngt; **~ nach j-m** fråga efter ngn, be att ngn ska komma **Verlangen** N begäran; begär n, krav n; längtan
verlängern A VT förlänga, skarva; *seinen Pass ~ lassen* förnya sitt pass B VR **sich ~** förlängas; bli längre **Verlängerung** F förlängning **Verlängerungskabel** N förlängningssladd
verlangsamen VT, VR sakta (ned); **sich ~** bli långsammare
Verlass M **es ist kein ~ auf ihn** han är inte att lita på **verlassen** A VT lämna; *im Stich lassen* överge, gå ifrån B VR **sich ~** lita (**auf** akk **på**) C ADJ övergiven **Verlassenheit** F ensamhet **verlässlich** ADJ tillförlitlig, pålitlig
Verlauf M förlopp n, gång; utveckling; **im weiteren ~** senare **verlaufen** VI förlöpa; avlöpa; *Zeit* förflyta, gå; *Weg* löpa, gå, sträcka sig B VR **sich ~** skingra sig; *Farbe* flyta ut; *sich verirren* gå vilse
verlauten VT meddelas, tillkännages; **wie verlautet** enligt uppgifter
verleben VT tillbringa; umg *Geld* leva upp, göra av med

verlebt ADJ härjad
verlegen A VT **1** *verschieben* flytta **2** *aufschieben* skjuta upp **3** *Schlüssel etc* förlägga **4** *Buch* ge ut **5** *Kabel* lägga, dra B VR **sich ~** slå sig (**auf** akk **på**) C ADJ förlägen **Verlegenheit** F förlägenhet; knipa, besvärlig situation; **j-n in ~ bringen** göra ngn förlägen; **in ~ kommen** råka i knipa **Verleger(in)** M(F) förläggare **Verlegung** F uppskjutning; flyttning, omläggning, utlokalisering
Verleih M utlåning, uthyrning; *Film* distribution; uthyrningsfirma **verleihen** VT låna (od hyra) ut; *Film* distribuera; *Preis* förläna, tilldela; *fig* ge **Verleiher** M utlånare, uthyrare; utdelare; filmdistributör **Verleihung** F utlåning; uthyrning, tilldelande; utdelning
verleiten VT förleda
verlernen VT glömma bort
verlesen A VT läsa upp; *auswählen* rensa B VR **sich ~** läsa fel
verletzbar ADJ sårbar **verletzen** A VT såra a. fig; *beschädigen* skada; *Gesetz, Vorschrift* bryta mot, överträda; *kränken* kränka B VR **sich ~** skada sig **verletzlich** ADJ sårbar, ömtålig **Verletzte(r)** M/F(M) skadad, sårad **Verletzung** F sår n; skada; överträdelse; kränkning
verleugnen VT förneka **Verleugnung** F förnekande n
verleumden VT förtala, baktala **Verleumder(in)** M(F) baktalare **Verleumdung** F förtal n
verlieben sich ~ förälska sig, bli kär (**in** akk **i**) **verliebt** ADJ förälskad, kär **Verliebtheit** F förälskelse
verlieren A VT, VI förlora; *verlegen* mista, tappa (bort) B VR **sich ~** förlora sig, tappa bort sig, försvinna **Verlierer(in)** M(F) förlorare
verloben sich ~ förlova sig **verlobt** ADJ förlovad **Verlobte** F *in Schweden veraltete Bezeichnung* fästmö **Verlobte(r)** M *in Schweden veraltete Bezeichnung* fästman **Verlobung** F förlovning **Verlobungsring** M förlovningsring
verlocken VT, VI locka, fresta; *verführen* förleda, förföra **verlockend** ADJ lockande, frestande **Verlockung** F lockelse, frestelse
verlogen ADJ lögnaktig; förljugen

Verlogenheit F lögnaktighet; förljugenhet
verloren ADJ förlorad; ensam, övergiven; ~ **gehen** gå förlorad; **~e Liebesmüh** bortkastad möda **verloren gehen** VI → verloren
verlöschen VI slockna
verlosen VT lotta bort (od ut) **Verlosung** F utlottning, lotteri n
Verlust M förlust **Verlustgeschäft** N förlustaffär
vermachen VT testamentera, lämna i arv; *schenken* donera **Vermächtnis** N testamente n; arv n
vermählen VR sich ~ gifta sig **Vermählung** F giftermål n
vermarkten VT marknadsföra **Vermarktung** F marknadsföring
vermasseln umg VT sabba
vermehren A VT (för)öka; utöka; *vergrößern* utvidga B VR **sich** ~ föröka sig, förökas **Vermehrung** F ökning; förökning, fortplantning
vermeidbar ADJ möjlig att undvika
vermeiden VT undvika, undgå; **es lässt sich nicht** ~ det är oundvikligt
vermeintlich ADJ förment, förmodad, inbillad
vermengen VT blanda (od röra) ihop
Vermerk M anteckning, anmärkning, notis **vermerken** VT anteckna, anmärka; **übel** ~ ta illa upp
vermessen A VT mäta upp/ut B VR *falsch messen* **sich** ~ mäta fel C ADJ förmäten **Vermessenheit** F förmätenhet, dristighet, djärvhet **Vermessung** F (upp)mätning
vermiesen VT j-m etw ~ umg förpesta ngt för ngn
vermieten VT hyra ut; **zu** ~ uthyres; **Zimmer zu** ~ rum att hyra **Vermieter(in)** M(F) hyresvärd **Vermietung** F uthyrning
vermindern A VT (för)minska B VR **sich** ~ (för)minskas, minska, avta **Verminderung** F (för)minskning
verminen VT minera
vermischen A VT blanda ihop B VR **sich** ~ blanda sig
vermissen VT sakna
vermitteln A VI medla B VT förmedla; skaffa; **eine Stelle** ~ ordna ett arbete **Vermittler(in)** M(F) förmedlare; medlare **Vermittlung** F förmedling; medling; TEL växel **Vermittlungsgebühr** F provision
vermodern VI förmultna
Vermögen N förmåga; *Besitz* förmögenhet **vermögend** ADJ förmögen **Vermögensbildung** F förmögenhetsbildning; ~ **der Arbeitnehmer** statsunderstödt lönsparande **Vermögenssteuer** F förmögenhetsskatt **Vermögensverhältnisse** N/PL ekonomiska förhållanden n/pl
vermummen VR **sich** ~ maskera sig; förklä sig
vermuten VT förmoda, anta **vermutlich** A ADJ sannolik B ADV förmodligen **Vermutung** F förmodan, antagande n
vernachlässigen VT missköta, försumma, slarva med; **sich vernachlässigt fühlen** känna sig åsidosatt **Vernachlässigung** F missköstel, försummelse, slarv n
vernaschen VT snaska upp; umg ligga med ngn; umg krossa, utklassa
vernehmbar ADJ förnimbar; *hörbar* hörbar **vernehmen** VT höra, uppfatta; JUR förhöra; *Zeuge* höra **Vernehmung** F JUR förhör n; hörande (av vittnen) n
verneigen VR **sich** ~ buga sig **Verneigung** F bugning
verneinen VT, VI förneka, neka till **verneinend** ADJ nekande **Verneinung** F förnekande n; GRAM negation
vernetzen VT IT **vernetzt sein** vara uppkopplad till nätet
vernichten VT tillintetgöra, förinta; utplåna; utrota **vernichtend** fig ADJ nedgörande; **~e Kritik** tillintetgörande kritik **Vernichtung** F förintelse, utplåning; utrotning
verniedlichen VT bagatellisera
Vernissage F vernissage
Vernunft F förnuft n; **zur** ~ **bringen** tala till rätta; ~ **annehmen** ta sitt förnuft till fånga; **zur** ~ **kommen** ta sitt förnuft till fånga **Vernunftehe** F resonemangsparti n **vernünftig** ADJ förnuftig, förståndig; umg bra, ordentlig
veröden VI avfolkas, bli folktom; MED behandla med injektioner
veröffentlichen VT, VI offentliggöra, publicera; *Buch* ge ut **Veröffentli-**

chung _F_ offentliggörande _n_; publikation; utgivande _n_, utgivning
verordnen _VT_ förordna, påbjuda; MED ordinera **Verordnung** _F_ förordning, påbud _n_; MED ordination
verpachten _VT_ arrendera ut **Verpachtung** _F_ utarrendering
verpacken _VT_ packa in, slå in **Verpackung** _F_ förpackning, emballage _n_ **Verpackungsmaterial** _N_ förpackningsmaterial _n_
verpassen _VT_ missa, gå miste om; försumma; _Zug_ inte hinna med, missa; _umg_ ge; **j-m ein Ding ~** smocka till ngn
verpatzen _umg VT_ förstöra, klanta till
verpennen _VT, VI_ _den Tag etc_ sova bort; _Chance_ sumpa, missa
verpesten _VT_ förpesta
verpetzen _umg VT_ **j-n ~** skvallra på ngn
verpfänden _VT_ pantsätta
verpflanzen _VT_ plantera om; MED transplantera **Verpflanzung** _F_ omplantering; MED transplantation
verpflegen _A_ _VT_ förpläga, hålla med mat _B_ _V/R_ **sich selbst ~** ha självhushåll (_n_) **Verpflegung** _F_ förplägning, förplägnad, mathållning; **Unterkunft und ~** kost och logi **Verpflegungskosten** _PL_ matkostnad
verpflichten _VT_ förplikta, förbinda (**sich** _sig_); _einstellen_ engagera _B_ _V/R_ **sich ~ zu ...** åta sig att ...; **sich auf drei Jahre ~** skriva kontrakt på tre år **Verpflichtung** _F_ förpliktelse, skyldighet; engagemang _n_
verpfuschen _umg VT_ förstöra, sabba
verplanen _VT_ boka upp, planera in; _Geld_ reservera; felplanera
verplappern _umg VT_ **sich ~** försäga sig
verplempern _umg VT_ slösa bort
verpönt _ADJ_ **das ist ~** det är inte accepterat
verprügeln _VT_ ge stryck, klå upp
verpulvern _umg VT_ slösa bort
Verputz _M_ puts, rappning **verputzen** _VT_ putsa, rappa; _umg aufessen_ sluka, sätta i sig; _Geld_ slösa bort
verrammeln _VT_ barrikadera, bomma för/igen/till
verramschen _VT_ slumpa (_od_ kursa) bort
Verrat _M_ förräderi _n_ (**an** _dat_ mot) **ver-**

raten _VT_ förråda; _Geheimnis_ avslöja, röja **Verräter(in)** _M(F)_ förrädare **verräterisch** _ADJ_ förrädisk
verrechnen _A_ _VT_ göra upp (**mit** med); WIRTSCH räkna av, kvitta, cleara _B_ _V/R_ **sich ~** räkna fel **Verrechnung** _F_ uppgörelse; avräkning, kvittning, clearing; felräkning **Verrechnungsscheck** _M_ clearingcheck
verrecken _VT_ kola av
verregnet _ADJ_ regnig
verreisen _VI_ resa bort
verreißen _fig umg VT_ såga, starkt kritisera
verrenken _VT_ vrida ur led, vricka; **den Hals ~** sträcka på halsen **Verrenkung** _F_ vrickning
verrichten _VT_ förrätta; uträtta; _tun_ göra
verriegeln _VT_ regla, bomma igen
verringern _VT_ (för)minska; sänka
verrinnen _VI_ rinna bort; _fig_ förflyta
Verriss _M_ nedgörande kritik
verrosten _VI_ rosta
verrotten _VI_ ruttna
verrücken _VT_ flytta, rubba
verrückt _ADJ_ galen, tokig; **ganz ~ sein** vara alldeles galen (tokig); **wie ~** som besatt **Verrückte(r)** _M(F/M)_ galning, dåre **Verrücktheit** _F_ galenskap, vansinne _n_; **~en** _pl_ tokigheter; vilda idéer
Verruf _M_ vanrykte _n_; **in ~ geraten** råka i vanrykte (_in_), få dåligt rykte **verrufen** _ADJ_ illa beryktad, ökänd
verrühren _VT_ röra ihop
verrutschen _VI_ komma på sned; förskjutas
Vers _M_ vers; versrad; **in ~en** på vers
versagen _A_ _VI_ _nicht funktionieren umg_ ej fungera, strejka; _Kräfte_ svika; _Waffe_ klicka; _Fiasko machen_ misslyckas _B_ _VT_ neka, vägra, avslå (ngn ngt) (**j-m** _akk_) **Versagen** _N_ fiasko _n_, misslyckande _n_; **menschliches ~** den mänskliga faktorn **Versager(in)** _M(F)_ _Person umg_ oduglig, nolla
versalzen _VT_ salta för mycket; _fig_ förstöra, fördärva
versammeln _A_ _VT_ samla, sammankalla _B_ _V/R_ **sich ~** samlas **Versammlung** _F_ församling; möte _n_, sammanträde _n_, stämma
Versand _M_ avsändande _n_; distributionsavdelning **versandfertig** _ADJ_ le-

veransklar **Versandhaus** N postorderfirma **Versandkosten** PL leveranskostnader pl
versauen umg VT svina (od skita) ner; fig fördärva
versaufen umg VT supa upp
versäumen VT försumma; *unterlassen* underlåta; *zu spät kommen* missa, komma för sent till **Versäumnis** N försummelse
verschaffen VT skaffa (fram), förskaffa
verschandeln VT vanställa, fördärva, förstöra
verschanzen VR **sich ~** förskansa sig
verschärfen A VT skärpa; förvärra B VR **sich ~** skärpas; bli värre **Verschärfung** F skärpning
verscharren VT gräva ned
verschätzen VR **sich ~** missta sig, göra en felbedömning
verschenken VT skänka bort
verscherzen VT gå miste om
verscheuchen VT skrämma (od jaga) bort
verscheuern umg VT göra sig av med
verschicken VT skicka (iväg)
Verschiebebahnhof M rangerbangård **verschieben** VT skjuta (på), rubba, flytta; *aufschieben* skjuta upp, flytta fram; umg sälja illegalt **Verschiebung** F förskjutning; uppskjutande n, framflyttning; umg illegal handel
verschieden ADJ olik(a); **~e** pl diverse, åtskilliga, flera; **Verschiedenes** *Zeitung* diverse **verschiedenartig** ADJ olikartad **Verschiedenheit** F olikhet; *Unterschied* skillnad **verschiedentlich** ADV åtskilliga gånger
verschießen A VT skjuta bort B VI blekna, bli urblekt
verschiffen VT skeppa ut, sända med båt
verschimmeln VI mögla
verschlafen A VT sova bort; fig umg glömma bort B VI försova sig C ADJ sömnig, yrvaken
Verschlag M avbalkning; *Raum* skrubb **verschlagen** A VT *Ball* slå bort; **j-m den Atem ~** få ngn att tappa andan; **j-m die Sprache ~** göra ngn alldeles stum; **es hat mich nach Berlin ~** jag hamnade till slut i Berlin B ADJ förslagen, slug, listig **Verschlagenheit** F förslagenhet, slughet, listighet
verschlampen umg VT verlieren slarva bort
verschlechtern A VT försämra B VR **sich ~** försämras; få det sämre; **sich finanziell ~** tjäna mindre **Verschlechterung** F försämring
verschleiern VT beslöja; fig skyla över; POL mörka
verschleimt ADJ slemmig
Verschleiß M förslitning, slitage n **verschleißen** VT slita ut
verschleppen VT släpa bort; deportera; sprida, föra med sig; *verzögern* förhala, dra ut på tiden med **Verschleppung** F bortsläpande n; deportation; spridning; försening; förhalning
verschleudern VT slösa bort; *Waren* slumpa bort
verschließbar ADJ som kan låsas (od stängas) **verschließen** VT tillsluta a. fig, låsa, stänga (till); **die Augen vor etw ~** fig blunda för ngt B VR **sich ~** (dat) slå dövörat till för ngt
verschlimmern A VT försämra, förvärra B VR **sich ~** försämras, förvärras **Verschlimmerung** F försämring
verschlingen VT a. fig (upp)sluka
verschlossen ADJ låst, stängd; fig sluten, tystlåten, inbunden; **hinter ~en Türen** bakom stängda dörrar **Verschlossenheit** F slutenhet, tystlåtenhet
verschlucken A VT uppsluka, svälja (ned) B VR **sich ~** sätta (ngt) i halsen
Verschluss M *Schloss* lås n; (skruv)lock n, kapsyl, kork; FOTO slutare; **unter ~** inlåst, under lås
verschlüsseln VT koda **Verschlüsselung** F IT kodning; kryptering
Verschlusslaut M klusil, explosiva
verschmähen VT försmå
verschmelzen VI u. VT smälta ihop; slå ihop; sammansmälta
verschmerzen VT komma över
verschmitzt ADJ illmarig
verschmutzen VT smutsa ned; *Natur* förorena **Verschmutzung** F nedsmutsning; *Wasser, Luft* förorening
verschnaufen VI, VR **sich ~** hämta andan; ta igen sig
verschneit ADJ snötäckt, snöig
Verschnitt M (upp)blandning
verschnupft ADJ snuvig; fig umg för-

närmad, stött
verschnüren _VT_ binda om, knyta igen
verschollen _ADJ_ (spårlöst) försvunnen
verschonen _VT_ förskona (**mit** från)
verschönern _VT_ förbättra, göra vackrare, försköna **Verschönerung** _F_ försköning
verschränken _VT_ **die Arme ~** lägga armarna i kors
verschreiben _A_ _VT_ MED skriva ut, ordinera; **sich einer Sache** (_dat_) **~** ägna sig åt en sak _B_ _VR_ **sich ~** skriva fel **Verschreibung** _F_ ordination **verschreibungspflichtig** _ADJ_ receptbelagd
verschroben _ADJ_ vriden; konstig, underlig **Verschrobenheit** _F_ konstighet
verschrotten _VT_ skrota ned
verschulden _A_ _VT_ **etw ~** vara skuld till (_od_ vålla) ngt; **einen Unfall ~** vålla en olycka _B_ _VR_ **sich ~** skuldsätta sig
verschuldet _ADJ_ **~ sein** vara skuldsatt **Verschuldung** _F_ skuldsättning
verschütten _VT_ begrava; _zuschütten_ fylla igen; _vergießen_ spilla ut
verschweigen _VT_ POL förtiga, dölja, undanhålla, mörka
verschwenden _VT_ slösa med (_od_ bort) **Verschwender(in)** _M/F_ slösare
verschwenderisch _ADJ_ slösaktig; _fig_ överdådig **Verschwendung** _F_ slöseri _n_
verschwiegen _ADJ_ _Person_ tystlåten, förtegen; _Ort etc_ undangömd **Verschwiegenheit** _F_ förtegenhet, tystlåtenhet
verschwimmen _Vi_ flyta samman
verschwinden _Vi_ försvinna; **verschwinde!** stick!
Verschwinden _N_ försvinnande _n_
verschwitzen _VT_ svetta ner; _umg fig_ glömma (bort)
verschwommen _ADJ_ otydlig, vag, suddig
verschwören _VR_ **sich ~** sammansvärja sig **Verschwörer(in)** _M/F_ sammansvuren; konspiratör **Verschwörung** _F_ sammansvärjning
verschwunden _ADJ_ försvunnen; **spurlos ~** spårlöst försvunnen
versehen _A_ _VT_ förse (**mit** med); _ausüben_ fullgöra, handha, sköta _B_ _VR_ **sich ~ förse sig** (**mit** med); **ehe man sichs versieht** innan man vet ordet av **Versehen** _N_ misstag _n_; **aus ~** av misstag
versehentlich _ADJ_ av misstag
Versehrte(r) _M/F(M)_ invalid
versenden _VT_ sända ut, skicka iväg **Versendung** _F_ (ut)sändning; utskick _n_
versengen _VT_ sveda
versenken _A_ _VT_ sänka ned _B_ _VR_ **sich ~ in** (_akk_) försjunka i **Versenkung** _F_ nedsänkning; försänkning; THEAT fallucka; **in der ~ verschwinden** _umg_ försvinna ur rampljuset
versessen _ADJ_ **~ auf** (_akk_) tokig (galen) i
versetzen _A_ _VT_ (för)flytta, omplacera; _verpfänden_ pantsätta; _Schlag_ ge, tilldela (ett slag); _erwidern_ svara, invända; _Schule_ uppflytta; _nicht erscheinen_ j-n **~** låta ngn vänta förgäves; **~ mit** (_dat_) blanda med _B_ _VR_ **sich in jemandes Lage ~** tänka sig in i någons situation **Versetzung** _F_ (för)flyttning; pantsättning; uppflyttning; blandning; _fig_ försättande _n_; **~ in den Ruhestand** pensionering
verseuchen _VT_ smitta (ned); förgifta
Versfuß _M_ versfot
Versicherer _M_ försäkringsgivare **versichern** _VT_ _a. beteuern_ försäkra **Versicherung** _F_ försäkran; försäkring; **eine ~ abschließen** teckna en försäkring **Versicherungsbeitrag** _M_ försäkringspremie **Versicherungsgesellschaft** _F_ försäkringsbolag _n_ **Versicherungsnehmer(in)** _M/F_ försäkringstagare **Versicherungsschein** _M_ försäkringsbrev _n_ **Versicherungssumme** _F_ försäkringsbelopp _n_
versickern _Vi_ sippra bort (_od_ ut)
versiegeln _VT_ försegla
versiegen _Vi_ sina (ut) _a. fig_
versiert _ADJ_ bevandrad
versilbern _VT_ försilvra; _fig umg_ förvandla till pengar
versinken _Vi_ sjunka (ned); **sich vertiefen** försjunka, fördjupa sig
Version _F_ version
versklaven _VT_ förslava
Verskunst _F_ verskonst **Versmaß** _N_ versmått _n_
versnobt _ADJ_ snobbig
versoffen _umg_ _ADJ_ försupen
versöhnen _VT, VR_ försona (**sich sig**)

834 • versöhnlich – verstümmeln

versöhnlich ADJ försonlig **Versöhnung** F försoning
versonnen ADJ tankfull, drömmande
versorgen VT försörja (**sich sig**); *versehen* förse (**mit** med); sköta, ta hand om, sköta om; **sich selbst ~** klara sig själv; **ha självhushåll** n **Versorger(in)** M(F) försörjare **Versorgung** F försörjning; *Unterhalt* underhåll n, uppehälle n; skötsel; omhändertagande n
verspannt ADJ spänd
verspäten sich ~ bli försenad, komma för sent **Verspätung** F försening; **entschuldigen Sie die ~!** förlåt att jag är sen!
versperren VT spärra, stänga; *Aussicht* skymma
verspielen VT spela bort **verspielt** *fig* ADJ lekfull
verspotten VT håna, göra narr av
versprechen A VT lova; **sich viel ~ von** (dat) vänta sig mycket av B VR **sich ~** säga fel **Versprechen** N, **Versprechung** F löfte n
versprühen VT spreja, sprida
verspüren VT känna, märka
verstaatlichen VT förstatliga **Verstaatlichung** F förstatligande n
Verstädterung F urbanisering
Verstand M förstånd n; vett n; **den ~ verlieren** mista förståndet; **nicht bei ~ sein** inte ha sitt förstånd i behåll **verständigen** A VT underrätta, meddela; **die Polizei ~** kalla på polisen B VR **sich ~** göra sig förstådd; **sich mit j-m über etw ~** komma överens med ngn om ngt **Verständigung** F underrättelse, meddelande n; att göra sig förstådd; *Einigung* överenskommelse, samförstånd n **verständlich** ADJ förståelig, begriplig; **sich ~ machen** göra sig förstådd; **allgemein ~** lättförståelig **Verständnis** N förståelse; *Gefühl* sinne n **verständnislos** ADJ oförstående **verständnisvoll** ADJ förstående
verstärken A VT förstärka; öka B VR **sich ~** förstärkas **Verstärker** M förstärkare **Verstärkung** F förstärkning; (ut)ökning
verstauben VI bli dammig **verstaubt** ADJ dammig
verstauchen VT vricka, stuka; **sich den Fuß ~** vricka (*od* stuka) foten **Verstauchung** F vrickning

verstauen VT stuva in (*od* undan)
Versteck N gömställe n; gömma; **~ spielen** leka kurragömma **verstecken** A VT gömma, dölja B VR **sich ~** gömma sig; *fig* vara underlägsen **Versteckspiel** N kurragömma **versteckt** ADJ gömd, dold; *fig* förstulen
verstehen A VT, VI förstå; *begreifen* begripa, fatta; *können* förstå sig på; **falsch ~** missförstå, missuppfatta; **j-m zu ~ geben** låta ngn förstå; **was versteht man unter** (dat) **...?** vad menas med ...? B VR **sich ~** förstå varandra; **sich mit j-m ~** *auskommen* komma överens med ngn; **sich ~ auf** (akk) förstå sig på; **es versteht sich (von selbst)** det är (själv)klart
Versteigerer M, **Versteigerin** F auktionsförrättare **versteigern** VT auktionera bort, sälja på auktion **Versteigerung** F auktion
versteinern VI förstenas
verstellbar ADJ inställbar, reglerbar, justerbar; **in der Höhe ~** höj- och sänkbar **verstellen** A VT ställa om, reglera; *versperren* spärra, stänga; *unkenntlich machen* förställa, förvränga B VR **sich ~** förställa sig **Verstellung** F förställning
versteuern VT betala skatt för
verstimmt ADJ MUS ostämd; förstämd; *fig* **~ sein** vara nedstämd, vara på dåligt humör; *Magen* i olag **Verstimmung** F misstämning, dåligt humör
verstohlen ADJ förstulen
verstopfen VT stoppa till/igen, täppa till/igen; MED förstoppa **verstopft** ADJ **~ sein** *Person* ha förstoppning; *Straße* vara blockerad **Verstopfung** F förstoppning
verstorben ADJ död, avliden
verstört ADJ upprörd, uppskakad, chockad
Verstoß M förseelse, överträdelse **verstoßen** A VT *j-n* stöta bort, förskjuta B VI bryta (**gegen** akk mot)
verstrahlt ADJ strålskadad
verstreichen A VT stryka (breda, smeta) ut B VI förflyta
verstreuen VT strö ut, sprida
verstricken A VT sticka upp, göra slut på (garn); **~ in** (akk) snärja (in) i B VR **sich ~ in** (akk) snärja in sig
verstümmeln VT stympa, lemlästa

verstummen *vi* förstummas, tystna
Versuch *M* försök *n*, experiment *n*; einen ~ **machen** göra ett försök (**mit med**) **versuchen** *vt* försöka; *probieren* pröva; *kosten* prova; *verlocken* fresta; **sich ~ an** (*dat*) försöka sig på **Versuchsanstalt** *F* försöksanstalt **Versuchskaninchen** *N* försökskanin **Versuchsstrecke** *F* teststräcka **Versuchstier** *N* försöksdjur **versuchsweise** *ADV* försöksvis, på försök **Versuchung** *F* frestelse
versumpfen *vi* försumpas, bli sank; *fig* deka ner sig; vara ute och festa
versüßen *fig* *vt* förgylla, förljuva
vertagen *vt, vi* uppskjuta, ajournera **Vertagung** *F* uppskjutande *n*, ajournering
vertauschen *vt* byta (om *od* ut *bzw.* bort); *verwechseln* förväxla
verteidigen *vt, vr* (**sich**) försvara (**sich**) (**gegen** *akk* mot) **Verteidiger(in)** *M(F)* försvarare; JUR försvarsadvokat; SPORT back **Verteidigung** *F* försvar *n* **Verteidigungsminister(in)** *M(F)* försvarsminister **Verteidigungsrede** *F* försvarstal *n*
verteilen *vt* fördela; *austeilen* dela ut, distribuera **Verteiler** *M* utdelare, distributör; utdelningslista; ELEK fördelare **Verteilung** *F* fördelning; utdelning, distribution; ~ **nach Quoten** kvotering
verteuern *A* *vt* fördyra *B* *vr* **sich ~** gå upp (i pris) **Verteuerung** *F* fördyrande *n*
vertiefen *A* *vt* fördjupa *a. fig* *B* *vr* **sich ~** bli djupare; *fig* fördjupa sig **Vertiefung** *F* fördjupning
vertikal *ADJ* vertikal
vertilgen *vt* utrota; *umg essen* sätta i sig **Vertilgung** *F* utrotning
vertippen *vr* **sich ~** skriva fel
vertonen *vt* tonsätta; **etw ~** sätta musik till
vertrackt *ADJ* trasslig, kinkig, benig
Vertrag *M* POL fördrag *n*, avtal *n*; WIRTSCH kontrakt *n* **vertragen** *A* *vt* tåla *B* *vr* **sich ~ mit** *j-m* komma överens med; *etw* passa ihop med; **sich wieder ~** bli vänner igen **vertraglich** *ADJ* avtalsenlig, avtals-; ~ **geregelt** reglerat i avtal **verträglich** *ADJ* *Person* fredlig, godmodig; *Medikament* som man tål; *Speisen* lättsmält **Vertragsbruch** *M* kontraktsbrott *n* **vertragsgemäß** *ADJ, ADV* kontraktsenlig **Vertragspartner** *M* avtalspart, kontraktspart **vertragswidrig** *ADJ* fördragsstridig
vertrauen *vi* (**j-m**) lita (på ngn) **Vertrauen** *N* förtroende *n*, tillit; ~ **erweckend** förtroendeingivande **vertrauenerweckend** *ADJ* förtroendeingivande **Vertrauensarzt** *M*, **Vertrauensärztin** *F* förtroendeläkare **Vertrauensbruch** *M* svikande *n* av förtroende; indiskretion **Vertrauensfrage** *F* *a.* POL förtroendefråga **Vertrauensmann** *M* ombud *n*; kontaktman; agent **Vertrauenssache** *F* fråga om förtroende **vertrauensselig** *ADJ* godtrogen **vertrauensvoll** *ADJ* förtroendefull **Vertrauensvotum** *N* förtroendevotum *n* **vertrauenswürdig** *ADJ* pålitlig **vertraulich** *A* *ADJ* förtrolig, familjär; konfidentiell *B* *ADV* i förtroende **Vertraulichkeit** *F* förtrolighet; förtroende *n*; närgångenhet
verträumt *ADJ* drömmande, frånvarande
vertraut *ADJ* förtrogen; bekant, välkänd; **sich mit etw ~ machen** sätta sig in i ngt **Vertraute(r)** *M(F/M)* förtrogen **Vertrautheit** *F* förtrolighet; förtrogenhet
vertreiben *vt* fördriva *a. fig*, jaga bort; *verkaufen* sälja; distribuera **Vertreibung** *F* fördrivande *n*
vertretbar *ADJ* försvarbar **vertreten** *vt* företräda, representera; *ersetzen* vikariera; *Interessen* tillvarata; **sich die Beine ~** *umg* sträcka på benen **Vertreter(in)** *M(F)* företrädare, representant, ombud *n*; *Stellvertreter(in)* ställföreträdare, vikarie; vikarie, ersättare; agent; säljare **Vertretung** *F* representation; vikariat *n*; *Handelsvertretung* agentur; **in ~** (*gen*) enligt uppdrag, på uppdrag av
Vertrieb *M* försäljning, distribution; försäljningsavdelning
Vertriebene(r) *M(F/M)* flykting
Vertriebsleiter(in) *M(F)* försäljningschef
vertrocknen *vi* förtorka
vertrödeln *umg* *vt* slösa bort; *Zeit* förspilla

vertrösten V/T j-n ~ inge ngn förhoppningar
vertun A V/T slösa bort B V/R sich ~ göra fel
vertuschen V/T tysta ned, dölja
verübeln V/T klandra (j-m etw ngn för ngt)
verüben V/T föröva, begå
verulken umg V/T driva (od skoja)med
verunglimpfen V/T förolämpa
verunglücken V/I förolyckas; *misslingen* misslyckas **Verunglückte(r)** M/F(M) dödad, olycksoffer n
verunreinigen V/T förorena, smutsa ned
verunsichern V/T göra osäker
veruntreuen V/T förskingra, försnilla
verursachen V/T förorsaka, vålla
verurteilen V/T döma; fördöma **Verurteilte(r)** M/F(M) dömd **Verurteilung** F dömande n; (fällande) dom; fördömande n
vervielfältigen V/T kopiera, mångfaldiga; *Text* duplicera **Vervielfältigung** F kopiering, mångfaldigande n; duplicering
Vervollkommnung F förbättring
vervollständigen V/T komplettera **Vervollständigung** F komplettering
verwachsen A V/I växa igen; *Wunde* läkas B ADJ *Person* puckelryggig, missbildad; hopvuxen, sammanvuxen
verwackelt ADJ *Foto* suddig, oskarp
verwählen V/R sich ~ TEL slå fel (nummer)
verwahren A V/T förvara B V/R sich ~ protestera (**gegen** mot) **verwahrlosen** V/I förfalla; gå ner sig; ~ **lassen** vanvårda; **verwahrlost** vanvårdad, förfallen; nergången **Verwahrlosung** F vanvård, vanskötsel **Verwahrung** F förvaring, förvar n; *Einspruch* protest; **in** ~ **geben** lämna i förvar
verwaist ADJ föräldralös; *fig* övergiven
verwalten V/T förvalta, sköta; administrera **Verwalter(in)** M(F) förvaltare; administratör **Verwaltung** F förvaltning, administration; *Leitung* ledning **Verwaltungsbezirk** M förvaltningsområde n **Verwaltungsgebäude** N administrativ byggnad **Verwaltungsgerichtshof** M förvaltningsdomstol

verwandeln V/T, V/R förvandla (**sich** sig) **Verwandlung** F förvandling
verwandt ADJ besläktad; *Person* släkt (**mit** med); *fig* likartad **Verwandte(r)** M/F(M) släkting **Verwandtschaft** F släktskap; *Verwandte* släkt (ingen *pl*) **verwandtschaftlich** ADJ släktskaps- **Verwandtschaftsgrad** M släktskapsgrad
verwarnen V/T varna **Verwarnung** F varning **Verwarnungsgeld** N böter *pl*, straffavgift
verwaschen ADJ urblekt; *fig* obestämd
verwässern V/T späda ut; *fig* urvattna
verwechseln V/T förväxla, blanda ihop; ta fel på; **j-n mit j-m** ~ blanda ihop ngn med ngn **Verwechslung** F förväxling
verwegen ADJ oförvägen, djärv
Verwehung F snödriva
verweichlichen V/T förvekliga(s)
verweigern V/T vägra; **j-m etw** ~ neka ngn ngt; **die Nahrung** ~ vägra att äta **Verweigerung** F vägran, nekande n
verweint ADJ förgråten
Verweis M tillrättavisning, tillsägelse; hänvisning **verweisen** V/T tillrättavisa; ~ **an** *od* **auf** (*akk*) hänvisa till; *des Landes* förvisa; SPORT utvisa **Verweisung** F hänvisning; förvisning, utvisning
verwelken V/I vissna (bort)
verwenden V/T använda; ~ **auf** (*akk*) lägga ned på **Verwendung** F användning, bruk *n*
verwerfen V/T förkasta, rata; avslå **verwerflich** ADJ förkastlig **Verwerfung** F förkastande *n*; GEOL förkastning
verwertbar ADJ användbar, som går att utnyttja (exploatera) **verwerten** V/T utnyttja; exploatera **Verwertung** F användning, utnyttjande *n*; exploatering
verwesen V/I ruttna **Verwesung** F förruttnelse
verwetten V/T slå vad om; förlora på vad
verwickeln A V/T trassla in; **in etw verwickelt sein** *fig* vara inblandad i ngt B V/R **sich** ~ **in** (*akk*) trassla in sig i **verwickelt** ADJ *schwierig* tilltrasslad, invecklad **Verwicklung** F förveckling

verwildern _VI_ förvildas **Verwilderung** _F_ förvildning
verwirklichen _A_ _VT_ förverkliga, realisera _B_ _VR_ **sich selbst ~** förverkliga sig själv **Verwirklichung** _F_ förverkligande _n_
verwirren _VT_ förvirra; _verwickeln_ trassla till **verwirrt** _ADJ_ förvirrad; tilltrasslad **Verwirrung** _F_ förvirring
verwischen _VT_ sudda ut; utplåna _a. fig_
verwittern _VI_ förvittra
verwitwet _ADJ_ _Mann_ änkling; _Frau_ änka
verwöhnen _VT_ skämma bort **verwöhnt** _ADJ_ bortskämd **Verwöhnung** _F_ bortskämmande _n_
verworren _ADJ_ förvirrad, virrig; _unordentlich_ _umg_ oredig, rörig; _verwickelt_ tilltrasslad
verwundbar _ADJ_ sårbar **verwunden** _VT_ såra _a. fig_
verwunderlich _ADJ_ förvånande, underlig **verwundern** _VT_ förundra, förvåna **Verwunderung** _F_ förundran, förvåning
Verwundete(r) _M/F(M)_ sårad **Verwundung** _F_ sår _n_
verwunschen _ADJ_ förtrollad
verwünschen _VT_ förbanna; _verzaubern_ förhäxa **verwurzelt** _ADJ_ rotad
verwüsten _VT_ ödelägga **Verwüstung** _F_ ödeläggelse
verzagen _VI_ tappa modet, misströsta **verzagt** _ADJ_ modfälld, nedslagen
verzählen _VR_ **sich ~** räkna fel
verzapfen _VT_ utskänka, tappa; _umg_ _Unsinn_ **~** prata smörja
verzaubern _VT_ förtrolla
Verzehr _M_ förtäring **verzehren** _VT_ förtära; _Vermögen_ förbruka, leva upp; **sich ~** förtäras
verzeichnen _VT_ anteckna, notera; _falsch zeichnen_ felaktigt teckna; _fig a._ förvränga **Verzeichnis** _N_ COMPUT förteckning, lista, register _n_, katalog
verzeihen _VT, VI_ förlåta, ursäkta; **~ Sie die Störung** förlåt att jag stör **verzeihlich** _ADJ_ förlåtlig **Verzeihung** _F_ förlåtelse, ursäkt; **~!** förlåt!; **um ~ bitten** be om förlåtelse
verzerren _VT_ förvrida, förvränga, vanställa _a. fig_ **Verzerrung** _F_ förvridning, förvrängning

verzetteln _A_ _VR_ **sich ~** splittra sig _B_ _VT_ plottra bort
Verzicht _M_ avstående _n_, avsägelse **verzichten** _VI_ avstå **(auf** _akk_ **från)**; avsäga sig
verziehen _A_ _VI_ skämma bort _B_ _VT_ förvrida; **das Gesicht ~** grimasera, grina illa; **ohne eine Miene zu ~** utan att blinka; **sich ~** försvinna, ge sig iväg; dra bort; skingras; _Holz_ slå sig
verzieren _VT_ utsmycka, dekorera, pryda **Verzierung** _F_ utsmyckning, dekor; prydnad
verzinsen _VT_ förränta **(sich sig) verzinslich** _ADJ_ räntebärande **Verzinsung** _F_ förräntning
verzogen _fig_ _ADJ_ bortskämd, ouppfostrad; **er ist ~** _weggezogen_ han har flyttat
verzögern _A_ _VT_ fördröja _B_ _VR_ **sich ~** bli fördröjd, försenas **Verzögerung** _F_ fördröjande _n_, dröjsmål _n_
verzollen _VT_ förtulla **Verzollung** _F_ förtullning; tullbehandling
verzückt _ADJ_ hänryckt **Verzückung** _F_ hänryckning
Verzug _M_ dröjsmål _n_; _Aufschub_ uppskov _n_; **ohne ~** oföfrdröjligen; **in ~ geraten** komma efter; **im ~ sein** vara efter **Verzugszinsen** _PL_ straffränta
verzweifeln _VI_ förtvivla **(an** _dat_ **om) verzweifelt** _ADJ_ förtvivlad **Verzweiflung** _F_ förtvivlan; **aus ~** i (ren) förtvivlan; **j-n zur ~ bringen** göra ngn förtvivlad; göra ngn vansinnig
Verzweigung _F_ förgrening
verzwickt _ADJ_ komplicerad, invecklad, knepig
Veteran(in) _M(F)_ veteran
Veterinär(in) _M(F)_ veterinär
Veto _N_ veto _n_; **sein ~ einlegen** inlägga sitt veto **Vetorecht** _N_ vetorätt
Vetter _M_ kusin **Vetternwirtschaft** _F_ nepotism
vgl. _ABK_ (= _vergleiche_) jfr., jmf., jämför
Viadukt _M_ viadukt
Vibration _F_ vibration **vibrieren** _VI_ vibrera
Video _N_ video **Videoaufzeichnung** _F_ videoinspelning **Videoclip** _M_ videoklipp _n_ **Videogerät** _N_ video (-apparat) **Videokamera** _F_ videokamera **Videokassette** _F_ videokassett **Videorekorder** _M_ videobandspelare

Videotext M̄ text-tv **Videothek** F̄ videobutik
Vieh N̄ boskap, kreatur n/pl; fig fä n, kräk n **Viehbestand** M̄ kreatursbesättning **Viehfutter** N̄ kreatursfoder n **Viehhändler(in)** M(F) kreaturshandlare **viehisch** ADJ rå, brutal, bestialisk; umg fruktansvärd **Viehzucht** F̄ boskapsskötsel **Viehzüchter(in)** M(F) kreatursuppfödare
viel INDEF PR, ADJ mehr, meist) mycket; ~e många; ~ besser mycket bättre; ziemlich ~ rätt mycket; soundso ~ så och så många; ~ beschäftigt mycket upptagen; ~ geliebt högt älskad; ~ gereist vittberest; ~ sagend → vielsagend; ~ Geld mycket pengar; umg ~ Spaß! ha det så kul!; wie ~ Uhr ist es? vad (od hur mycket) är klockan?; zu ~ för mycket; ~ zu klein alldeles för liten; ~ zu ~ alldeles för mycket **vieldeutig** ADJ mångtydig **Vieleck** N̄ månghörning **vielerlei** ADJ mångahanda, många slags **vielfach** A ADJ mångfaldig, flerfaldig B ADV ofta ofta **Vielfalt** F̄ mångfald **vielfältig** ADJ mångfaldig **Vielfraß** M̄ storätare; ZOOL järv **Vielgötterei** F̄ mångguderi n **Vielheit** F̄ mångfald; Menge mängd **vielköpfig** ADJ månghövdad **vielleicht** ADV kanske, kanhända; umg verkligen
vielmals ADV många gånger; oft ofta; ~ danken/grüßen tacka/hälsa så mycket **vielmehr** ADV snarare; im Gegenteil tvärtom **vielsagend** ADJ talande, betydelsefull; ein ~er Blick en menande blick **vielschichtig** ADJ i flera skikt; fig flerbottnad, på flera plan, komplex **vielseitig** ADJ mångsidig; ~ begabt sein vara mångsidigt begåvad **vielsprachig** ADJ flerspråkig **vielversprechend** ADJ mycket lovande, löftesrik **Vielweiberei** F̄ månggifte n, polygami **Vielwisser** M̄ mångvetare **Vielzahl** F̄ mängd, stort antal
vier NUM fyra; halb ~ halv fyra; wir sind zu ~t vi är fyra stycken (personer); auf allen ~en på alla fyra; alle ~e von sich strecken sträcka ut sig **Vier** F̄ fyra; Schulnote ≈ E **Vierbeiner** M̄ fyrbent djur; Hund fyrbent vän **vierbeinig** ADJ fyrbent **vierblätt(e)rig** ADJ fyrbladig **Viereck** N̄ fyrhörning, fyrkant **viereckig** ADJ fyrsidig, fyrkantig **Vierer** M̄ SPORT fyra **vierfach** ADJ fyrfaldig **vierfüßig** ADJ fyrfotad **Vierfüß(l)er** M̄ fyrfotadjur n **vierhändig** ADJ fyrhändig **vierhundert** NUM fyra hundra **vierjährig** ADJ fyraårig **Vierjährige(r)** M(F/M) fyraåring **viermal** ADV fyra gånger **vierseitig** ADJ fyrsidig **vierspurig** ADJ fyrfilig **vierstellig** ADJ fyrsiffrig **vierstöckig** ADJ fyravånings- **vierstündig** ADJ fyra timmars(-) **viertägig** ADJ fyra dagars(-) **Viertaktmotor** M̄ fyrtaktsmotor **viertausend** NUM fyra tusen **vierte(r, s)** ADJ fjärde **Viertel** N̄ 1 fjärdedel 2 Stadtteil kvarter n 3 Viertelstunde kvart; ~ nach vier kvart över fyra; ~ vor vier kvart i fyra; um drei viertel acht kvart i åtta **Viertelfinale** N̄ kvartsfinal **Vierteljahr** N̄ kvartal n **vierteljährlich** A ADJ kvartals- B ADV varje kvartal, kvartalsvis **vierteln** V/T fyrdela **Viertelnote** F̄ fjärdedelsnot **Viertelstunde** F̄ kvart **viertelstündlich** A ADJ en gång i kvarten B ADV varje kvart **viertens** ADV för det fjärde **viertürig** ADJ med fyra dörrar **vierzehn** NUM fjorton **vierzig** NUM fyrtio **Vierzigerjahre** PL in den ~n på fyrtiotalet **Vierzimmerwohnung** F̄ fyra(rumslägenhet)
Vietnamese M̄ vietnames **Vietnamesin** F̄ vietnamesiska **vietnamesisch** ADJ vietnamesisk
Vignette F̄ vinjett; dekal för vägavgift **Vikar(in)** M(F) pastorsadjunkt
Villa F̄ villa **Villenviertel** N̄ villasamhälle n
Viola F̄ viola, altfiol
violett ADJ violett
Violine F̄ violin **Violinist(in)** M(F) violinist
Viper F̄ huggorm
Virenscanner M̄, **Virensuchprogramm** N̄ IT virusprogram n
virtuell ADJ IT virtuell
Virtuose M̄, **Virtuosin** F̄ virtuos
Virus N̄ a. IT virus n **Viruskrankheit** F̄ virussjukdom
Visier N̄ visir n; am Gewehr sikte n; etw ins ~ nehmen fig rikta uppmärksamheten mot ngt; titta närmare på ngt **visieren** V/T sikta **Vision** F̄ vision, syn
Visite F̄ visit, besök n; ~ machen MED

gå ronden **Visitenkarte** F̄ visitkort n
visuell ADJ visuell
Visum N̄ visum n **Visumzwang** M̄ visumtvång n
vital ADJ vital **Vitalität** F̄ vitalitet
Vitamin N̄ vitamin n **vitaminarm** ADJ vitaminfattig **Vitaminmangel** M̄ vitaminbrist **vitaminreich** ADJ vitaminrik
Vitrine F̄ vitrin, glasmonter
Vizekanzler(in) M̄/F̄ vicekansler **Vizepräsident(in)** M̄/F̄ vicepresident
Vogel M̄ fågel; *lustiger* ~ *umg* lustig kurre; *einen* ~ *haben umg* inte vara riktigt klok **Vogelbauer** N̄ fågelbur **Vogelbeere** F̄ rönnbär n **vogelfrei** ADJ fågelfri, fredlös **Vogelfutter** N̄ fågelmat **Vogelgrippe** F̄ fågelinfluensa **Vogelkunde** F̄ ornitologi
vögeln *vulg* V̄T, V̄I knulla
Vogelnest N̄ fågelbo n **Vogelperspektive** F̄ fågelperspektiv n **Vogelscheuche** F̄ fågelskrämma **Vogelwarte** F̄ flyttfågelstation **Vogelzug** M̄ fågelsträck n
Vogerlsalat *österr* M̄ måchesallat
Vogt M̄ fogde **Vogtei** F̄ fögderi n
Vokabel F̄ glosa **Vokabular** N̄ vokabulär; ordlista
Vokal M̄ vokal
Volk N̄ folk n, folkslag n; allmänhet; ZOOL flock, kull; bisamhälle n; *das junge* ~ ungdomen **Völkerkunde** F̄ etnologi **Völkermord** M̄ folkmord **Völkerrecht** N̄ folkrätt **völkerrechtlich** ADJ folkrättslig **Völkerverständigung** F̄ mellanfolkligt samförstånd **Völkerwanderung** F̄ folkvandring **Volksabstimmung** F̄ folkomröstning **Volksbegehren** N̄ POL folkinitiativ n **Volksbücherei** F̄ folkbibliotek n **Volksdemokratie** F̄ folkdemokrati **Volksentscheid** M̄ folkomröstning **Volksfest** N̄ folkfest **Volksglaube** M̄ folktro **Volksherrschaft** F̄ folkvälde n, demokrati **Volkshochschule** F̄ ≈ studieförbund n **Volkskunde** F̄ folklivsforskning **Volkslied** N̄ folkvisa **Volksmärchen** N̄ folksaga **Volksmusik** F̄ folkmusik **volksnah** ADJ folklig **Volksschicht** F̄ samhällsskikt n **Volksstamm** M̄ folkstam **Volksstimme** F̄ folkets röst **Volkstanz** M̄ folkdans **Volkstracht** F̄ folkdräkt, nationaldräkt **volkstümlich** ADJ folklig, populär **Volksvertreter(in)** M̄/F̄ folkvald **Volksvertretung** F̄ folkrepresentation **Volkswirt(in)** M̄/F̄ nationalekonom **Volkswirtschaft** F̄ nationalekonomi **volkswirtschaftlich** ADJ nationalekonomisk **Volkszählung** F̄ folkräkning
voll A ADJ full; *umg betrunken* drucken, full; *üppig* fyllig, yppig, rund; *umg gerammelt* ~ smockfull; *ein* ~ *er Erfolg* en jättesuccé B ADV fullt, fullständigt; ~ **und ganz** helt och hållet; ~ **besetzt** fullsatt, utsåld **vollauf** ADV helt och hållet; fullt upp **vollautomatisch** ADJ helautomatisk **Vollbart** M̄ helskägg n **Vollbeschäftigung** F̄ full sysselsättning **Vollblut** N̄ fullblod n **Vollbremsung** F̄ tvärbromsning **vollbringen** V̄T utföra, åstadkomma **Volldampf** M̄ **mit** ~ för full maskin, med högsta fart **vollenden** V̄T fullända, fullborda, avsluta **vollendet** ADJ fulländad, perfekt **vollends** ADV fullkomligt, helt och hållet **Vollendung** F̄ fulländning; *Vollkommenheit* fulländning **Völlerei** F̄ fylleri n, frosseri n
Volleyball M̄ volleyboll
vollführen V̄T utföra **Vollgas** N̄ ~ **geben** trampa gasen i botten **vollgießen** V̄T hälla full, fylla **völlig** A ADJ fullständig, fullkomlig B ADV *a.* helt (och hållet), alldeles; ~ **am Ende sein** vara helt slut **volljährig** ADJ myndig **Volljährigkeit** F̄ myndighetsålder **Vollkaskoversicherung** F̄ helförsäkring **vollkommen** ADJ fullkomlig, perfekt; fullständig, absolut **Vollkommenheit** F̄ fullkomlighet **Vollkornbrot** N̄ fullkornsbröd n **volllaufen** V̄I fyllas till brädden; *umg sich* ~ **lassen** supa sig full **vollmachen** V̄T fylla *umg* bajsa på sig **Vollmacht** F̄ fullmakt **Vollmilch** F̄ standardmjölk **Vollmond** M̄ fullmåne **Vollpension** F̄ helpension **vollschlank** ADJ rundnätt **vollständig** ADJ fullständig **Vollständigkeit** F̄ fullständighet **vollstrecken** V̄T verkställa **Vollstrecker(in)** M̄/F̄ verkställare, exekutor **Vollstreckung** F̄ verkställande n **volltanken** V̄T, V̄I tanka full **Volltreffer** M̄ fullträff **Vollver-**

sammlung F plenum n **Vollwaise** F föräldralöst barn n **vollwertig** ADJ fullvärdig **Vollwertkost** F fullvärdig kost, näringsrik kost **vollzählig** A ADJ fulltalig B ADV mangrant **Vollzeit** F ~ **arbeiten** arbeta heltid **Vollzeitbeschäftigung** F heltidsarbete n **vollziehen** A VT utföra, verkställa; ~**de Gewalt** exekutiv makt B VR sich ~ ske, äga rum **Vollzug** M utförande n, verkställande n, exekution **Vollzugsanstalt** F kriminalvårdsanstalt **Vollzugsbeamte(r)** M, **Vollzugsbeamtin** F kriminalvårdare, fångvaktare
Volontär(in) M(F) volontär
Volt N volt
Volumen N volym
von PRÄP ⟨dat⟩ av; (Ausgangspunkt) från; ~ **oben** uppifrån; ~ **unten** nedifrån/nerifrån; ~ **vorn** framifrån; Buch från början; ~ **hinten** bakifrån; **der König** ~ **Schweden** kungen av Sverige; ~ **heute an** från och med i dag; ~ **jetzt an** hädanefter; **ein Freund** ~ **mir** en vän till mig; **ein Kind** ~ **drei Jahren** en treåring; **Hunderte** ~ **Autos** hundratals bilar; **ein Betrag** ~ **500 Kronen** ett belopp på 500 kronor; ~ **Beruf** till yrket; ~ **mir aus!** gärna för mig! **voneinander** ADV från varandra
vor PRÄP zeitlich före; för ... sedan; fig u. örtlich framför, inför; utanför; för; kausal av, för; förut; **nach wie** ~ som förut, fortfarande; ~ **dem Fest** före festen; ~ **der** (od **die**) **Tür** framför (od utanför) dörren; ~ **acht Tagen** för åtta dagar se(da)n; **fünf Minuten** ~ **sechs** fem minuter i sex; ~ **Kälte zittern** darra av köld; ~ **allen Dingen** framför allt
Vorabend M **am** ~ kvällen före **Vorahnung** F föraning
voran ADV först, i spetsen, främst; **nur** ~**!** sätt i gång! **vorangehen** VI gå före; gå i spetsen; fig föregå; fig Arbeit etc gå framåt, göra framsteg **vorankommen** VI komma vidare; fig göra framsteg
Voranmeldung F förhandsanmälan, tidsbeställning; **nur nach** ~ endast efter tidsbeställning **Voranschlag** M kostnadsförslag n, översalg n
Vorarbeit F förarbete n **vorarbeiten** VT, VI arbeta i förväg; förbereda

Vorarbeiter(in) M(F) förman
voraus ADV före, framför, i förväg; **im Voraus** på förhand, i förväg **vorausbezahlen** VT betala i förskott **vorausgehen** VI gå före (od i förväg); fig föregå **vorausgesetzt** ADV ~, **dass** ... förutsatt, att ... **vorhaben** VT umg vara överlägsen, ligga före **vorausplanen** VT, VI planera i förväg **Voraussage** F förutsägelse, prognos **voraussagen** VT förutsäga, förespå **voraussehen** VT förutse **voraussetzen** VT förutsätta **Voraussetzung** F förutsättning; **unter der** ~, **dass** ... under förutsättning, att ... **Voraussicht** F förutseende n **voraussichtlich** A ADJ antaglig; trolig, sannolik B ADV antaglign, troligen, förmodligen **Vorauszahlung** F förskottsbetalning
Vorbau M utsprång n, utbyggnad
Vorbedacht M **mit** ~ med berått mod **Vorbedeutung** F förebud n, varsel n **Vorbedingung** F preliminärt villkor n; förutsättning **Vorbehalt** M förbehåll n, reservation; **unter** ~ med reservation **vorbehalten** VT förbehålla, reservera **vorbehaltlos** ADJ reservationslös, utan reservation
vorbei ADV förbi (an j-m ngn); aus över, slut; **es ist mit ihm** ~ det är ute (od slut) med honom **vorbeibringen** VT komma förbi med **vorbeifahren** VI åka (od köra) förbi **vorbeigehen** VI gå förbi (an j-m/etw dat ngn/ngt); **bei j-m** ~ titta in hos ngn; **im Vorbeigehen** i förbigående **vorbeikommen** VI komma förbi; **bei j-m** ~ umg titta in hos (till) **vorbeilassen** VT släppa förbi, låta passera **vorbeireden** VI an ⟨dat⟩ ~ prata förbi

vorbelastet ADJ erblich ~ ärftligt belastad
Vorbemerkung F inledande anmärkning; förord n
vorbereiten VT förbereda **Vorbereitung** F förberedelse
Vorbericht M inledning
Vorbesprechung F förberedande överläggning
vorbestellen VT förbeställa, reservera
vorbestraft ADJ tidigare straffad
vorbeugen A VI ⟨dat⟩ förebygga B

vorbeugend – Vorhandensein ▪ **841**

v̄r sich ~ luta sig framåt vorbeugend ADJ förebyggande; profylaktisk **Vorbeugungsmaßnahme** F förebyggande åtgärd
Vorbild N förebild, föredöme n **vorbildlich** ADJ förebildlig, föredömlig, mönstergill **Vorbildung** F underbyggnad, förkunskaper pl
Vorbote N förebud n
vorbringen v̄t framställa, komma med; anföra
Vordach N skärmtak n; taksprång n
vordatieren v̄t antedatera
Vordeck N fördäck n
Vordenker(in) M|F| ≈ visionär
Vorder- IN ZSSGN fram-, främre **Vorderachse** F framaxel **Vorderansicht** F (vy av) framsida(n) **Vorderfuß** M framfot **Vordergrund** M förgrund **vordergründig** ADJ ytlig; lättförståelig **Vordermann** M en som befinner sig framför (ngn); j-n/etw auf ~ bringen få ordning på ngn/ngt **Vorderrad** N framhjul n **Vorderradantrieb** M mit ~ framhjulsdriven **Vorderseite** F framsida **Vordersitz** M framsäte n, framsits **Vorderteil** M **Vorderteil** N framdel **Vorderzahn** M framtand
vordrängen v̄r, **vordrängeln sich** ~ tränga sig fram; fig hålla sig framme
vordringen v̄i tränga fram; fig sprida sig, vinna terräng **vordringlich** ADJ brådskande, ytterst viktig
Vordruck M formulär n, blankett
vorehelich ADJ föräktenskaplig
voreilig ADJ förhastad
voreinander ADV (in)för varandra; framför varandra
voreingenommen ADJ fördomsfull, partisk; ~ sein a. ha förutfattade meningar **Voreingenommenheit** F förutfattad mening
vorenthalten v̄t undanhålla (j-m etw ngn ngt)
Vorentscheidung F preliminärt avgörande n
vorerst ADV tills vidare; för närvarande
vorfahren v̄i köra (od åka) fram/upp (**bei** dat till); vorausfahren köra (od åka) i förväg **Vorfahr(in)** M|F| förfader; ~**en** pl förfäder pl
Vorfahrt F förkörsrätt; ~ **beachten!** lämna företräde! **Vorfahrtsrecht** N förkörsrätt **Vorfahrtsschild** N vägningsplikt **Vorfahrtsstraße** F huvudled
Vorfall M händelse, incident; MED framfall n **vorfallen** v̄i hända, inträffa
Vorfilm M förfilm
vorfinden v̄t finna, påträffa
Vorfreude F glad förväntan
vorführen v̄t föra fram; visa upp; zeigen visa, demonstrera **Vorführung** F framförande n; (före)visning, uppvisning, demonstration
Vorgabe F riktlinje; SPORT handikapp mst n
Vorgang M Vorfall händelse; skeende n; Ablauf förlopp n; process **Vorgänger(in)** M|F| föregångare, företrädare **Vorgarten** M trädgård **vorgeben** v̄t föregå, påstå; ange; umg lämna fram; SPORT ge (i) handikapp **Vorgebirge** N utlöpare **vorgefasst** ADJ förutfattad **vorgefertigt** ADJ prefabricerad, monteringsfärdig **Vorgefühl** N förkänsla **vorgehen** v̄i gå fram; Uhr, Vorrang haben gå före; verfahren gå till väga; geschehen hända, försiggå; **ich gehe schon vor** jag går i förväg; **wie wollen wir ~?** hur ska vi bära oss åt?; **was geht hier vor?** vad är det som försiggår här? **Vorgehen** N agerande n, tillvägagångssätt n **Vorgericht** N förrätt **Vorgeschichte** F förhistorisk tid; förhistoria **vorgeschichtlich** ADJ förhistorisk **Vorgeschmack** M försmak **Vorgesetzte(r)** M|F|M| överordnad, chef
vorgestern ADV i förrgår; **von ~ sein** fig inte hänga med
vorglühen umg v̄i förfesta
vorgreifen v̄i ⟨dat⟩ föregripa; j-m förekomma **vorhaben** v̄t planera, ha för avsikt att; **was hast du vor?** vad tänker du göra?; **hast du heute Abend etwas vor?** har du något för dig i kväll? **Vorhaben** N plan, projekt n; förehavande n
vorhalten A v̄t hålla för; vorwerfen förebrå B v̄i räcka, vara **Vorhaltung** F förebråelse
Vorhand F SPORT forehand
vorhanden ADJ befintlig, förhandenvarande; tillgänglig; ~ **sein** finnas; existieren existera **Vorhandensein** N befintlighet, existens

V

Vorhang M̄ draperi n; THEAT ridå
Vorhängeschloss N̄ hänglås n
Vorhaut F̄ förhud
vorher ADV före, förut, dessförinnan
vorherbestimmen V̄T förutbestämma **vorherig** ADJ föregående, tidigare
Vorherrschaft F̄ övermakt, övervälde n, dominans **vorherrschen** V̄I förhärska, dominera
Vorhersage F̄ förutsägelse, prognos **vorhersagen** V̄T förutsäga **vorhersehen** V̄T förutse
vorhin ADV alldeles nyss; för en (liten) stund sedan
vorig ADJ föregående, förra; im ~en Jahr förra året, i fjol
Vorjahr N̄ fjolår n; im ~ i fjol **Vorkämpfer(in)** M̄/F̄ förkämpe, banbrytare **Vorkasse** F̄ förskottsbetalning; Bestellung nur gegen ~ beställning endast mot förskottsbetalning **vorkauen** fig V̄T traggla om ngt för ngn **Vorkaufsrecht** N̄ förköpsrätt **Vorkehrung** F̄ förebyggande åtgärd; förberedelse; ~en treffen vidta åtgärder **Vorkenntnisse** F̄/P̄L förkunskaper pl
vorkommen V̄I komma fram; förekomma, finnas; geschehen förekomma, hända; scheinen förefalla, tyckas; **sich dumm ~** känna sig dum; **es kommt mir so vor, als ob ...** jag har en känsla av att ... **vorkommen** N̄ förekomst **Vorkommnis** N̄ händelse, incident
vorladen JUR kalla, stämma **Vorladung** F̄ kallelse, stämning
Vorlage F̄ uppvisande n; PARL förslag n, proposition; Muster mönster n; förlaga; SPORT passning **vorlassen** V̄T släppa fram; empfangen ta emot
Vorlauf M̄ SPORT försökslopp n
Vorläufer(in) M̄/F̄ föregångare **vorläufig** A ADJ tillfällig, provisorisk B ADV tills vidare, än så länge; för närvarande
vorlaut ADJ uppnosig, näsvis **Vorleben** N̄ föregående liv n, förflutet n
vorlegen V̄T sätta/lägga för; vorzeigen visa, lägga fram, presentera **Vorleger** M̄ dörrmatta, sängmatta
vorlesen V̄T, V̄I läsa högt; Text läsa upp **Vorlesung** F̄ föreläsning **Vorlesungsverzeichnis** N̄ föreläsningskatalog

vorletzte(r, s) ADJ näst sista; **das ~e Mal** förrförra gången
Vorliebe F̄ förkärlek **vorliebnehmen** V̄I **mit etw ~** hålla till godo med ngt
vorliegen V̄I vorhanden sein föreligga, finnas
vorlügen V̄T ljuga (j-m etw ngt för ngn)
vormachen V̄T sätta (fram)för; zeigen visa; täuschen inbilla, lura i
Vormarsch M̄ frammarsch; **auf dem ~** på frammarsch a. fig
vormerken V̄T notera; **sich ~ lassen** anteckna sig; beställa tid
Vormittag M̄ förmiddag **vormittags** på förmiddagen, på (od om) förmiddagarna
Vormund M̄ förmyndare **Vormundschaft** F̄ förmyndarskap n
vorn ADV fram(till), framme; **ganz ~** längst fram; **nach ~** fram(åt); **von ~** framifrån; **von Anfang** från början
Vorname M̄ förnamn n
vorne ADV → vorn
vornehm ADJ förnäm; **~ tun** spela förnäm
vornehmen V̄T ta itu med; Arbeiten, Änderungen göra, genomföra, företa; **sich** (dat) **etw ~** föresätta sig ngt; företa sig ngt
vornherein ADV **von ~** från början
vornüber ADV framåt; framstupa
Vorplatz M̄ öppen plats framför ett hus **Vorposten** M̄ förpost **vorprogrammiert** ADJ programmerad **Vorprüfung** F̄ tentamen
Vorrang M̄ företräde n, förtur; **etw** (dat) **den ~ geben** prioritera ngt, ge ngt förtur **vorrangig** A ADJ förturs- B ADV huvudsakligen, framför allt
Vorrat M̄ förråd n, lager n; **etw auf ~ haben** ha ngt i reserv **vorrätig** ADJ i förråd, på lager **Vorratsdatenspeicherung** F̄ datalagring; TEL trafikdatalagring **Vorratskammer** F̄ skafferi n
Vorraum M̄ förrum **Vorrecht** N̄ privilegium n **Vorredner(in)** M̄/F̄ föregående talare **Vorrichtung** F̄ anordning; apparat
vorrücken A V̄T flytta (od skjuta) fram B V̄I rycka (od gå) fram; fortschreiten avancera

Vorruhestand M förtidspensionering
Vorrunde F SPORT första (od kvalificerande) omgång
vorsagen VT j-m (die Antwort) ~ viska (svaret) till ngn **Vorsaison** F försäsong **Vorsatz** M föresats **vorsätzlich** ADJ överlagd, uppsåtlig; **~e Tötung** överlagt mord **Vorschau** F programöversikt; trailer **Vorschein** M **zum ~ kommen** komma fram od i dagen, bli synlig, visa sig, dyka upp **vorschieben** VT skjuta för; *vorrücken* flytta fram; *vorgeben* ta till förevändning, skylla på **vorschießen** VT förskottera
Vorschlag M förslag n **vorschlagen** VT föreslå
vorschnell ADJ, ADV förhastad, överilad
vorschreiben VT föreskriva; MED ordinera **Vorschrift** F föreskrift; MED ordination **vorschriftsmäßig** ADJ enligt föreskrift, föreskriven **vorschriftswidrig** ADJ, ADV stridande mot föreskrift
Vorschub M understöd n, hjälp; **~ leisten** understödja
Vorschulalter N förskoleålder
Vorschuss M förskott n
vorschützen VT skylla på ngt **vorschweben** VT förevsäva
vorsehen A VT förutse, planera B VR **sich ~** se sig för, akta sig **Vorsehung** F försyn
vorsetzen VT sätta (fram)för; *Essen* sätta fram, servera
Vorsicht F försiktighet, varsamhet, aktsamhet; **~!** se upp!; akta dig/er! **vorsichtig** ADJ försiktig **vorsichtshalber** ADV för säkerhets skull **Vorsichtsmaßnahme** F försiktighetsåtgärd
Vorsilbe F förstavelse **vorsingen** VT, VI sjunga för; provsjunga **vorsintflutlich** *umg* ADJ urgammal, mycket föråldrad
Vorsitz M ordförandeskap n **Vorsitzende(r)** M/F(M) ordförande
Vorsorge F försiktighetsåtgärd, preventiv åtgärd; förebyggande hälso- och sjukvård **vorsorgen** VI vidta åtgärder **Vorsorgeuntersuchung** F hälsokontroll **vorsorglich** A ADJ förutseende; *umsichtig* omtänksam B ADV

a. för säkerhets skull
Vorspann M *Film* trailer
Vorspeise F förrätt
Vorspiegelung F förespegling
Vorspiel N förspel n; MUS preludium n; THEAT prolog **vorspielen** VT, VI spela (upp); j-m etw ~ spela ngt för ngn; spela teater för ngn
vorsprechen VT, VI säga för, förestava; **bei j-m ~** söka upp ngn **vorspringen** VI hoppa fram; *vorragen* skjuta fram, stå ut **Vorsprung** M utsprång n; *fig* försprång n **Vorspulen** VT spola fram **Vorstadt** F förstad
Vorstand M = ledningsorgan n; styrelse, direktion; *Person* föreståndare, direktör **Vorstandsmitglied** N ledamot i "Vorstand"; styrelseledamot **Vorstandsvorsitzende(r)** M/F(M) ordförande i "Vorstand"; styrelseordförande
vorstehen VI skjuta ut, stå ut; *verwalten* förestå, leda **vorstehend** A ADJ utstående; *ovanstående*, förutnämnd B ADV ovan **Vorsteher(in)** M(F) föreståndare
vorstellen A VT ställa för; ställa fram; *Uhr* vrida fram; *Person* föreställa, presentera (j-m för ngn); *bedeuten* föreställa, betyda; **ich kann mir darunter nichts ~** det säger mig ingenting B VR **sich ~** föreställa sig; *bekannt machen* föreställa sig, presentera sig; *umg* **stell dir vor!** tänk dig! **Vorstellung** F *a.* THEAT föreställning; presentation; *Begriff* begrepp n, idé **Vorstellungsgespräch** N anställningsintervju
Vorstoß M framstöt **vorstoßen** VI MIL göra en framstöt
Vorstrafe F tidigare straff n **vorstrecken** VT sträcka fram; *Geld* förskottera, låna (ut) **Vorstufe** F förstadium n
Vortag M dagen före
vortäuschen VT spela, låtsas
Vorteil M fördel, förmån; **j-m gegenüber im ~ sein** ha en fördel framför ngn **vorteilhaft** ADJ fördelaktig, förmånlig, gynnsam; **sich ~ auswirken** ha gynnsam effekt
Vortrag M föredrag n; uppläsning; framförande n; deklamation; WIRTSCH transport **vortragen** VT föredra, framföra; *Gedicht* deklamera, läsa upp;

vortrefflich – Waffe

MUS spela, sjunga; WIRTSCH överföra, transportera
vortrefflich ADJ förträfflig **Vortrefflichkeit** F förträfflighet
vortreten VI träda (*od* stiga) fram; *hervortreten* sticka (*od* skjuta) fram/ut **Vortritt** M företräde *n*; **j-m den ~ lassen** låta ngn gå före
vorüber ADV förbi; *aus* över, slut **vorübergehen** VI gå förbi (**an** j-m ngn); *enden* gå över **vorübergehend** ADJ övergående, tillfällig
Vorübung F förövning **Voruntersuchung** F förundersökning
Vorurteil N fördom **vorurteilsfrei** ADJ, **vorurteilslos** fördomsfri
Vorverkauf M förköp *n* **vorverlegen** VT flytta fram, tidigarelägga **Vorwahl** F TEL riktnummer *n* **Vorwand** M förevändning; **unter dem ~, dass ...** under förevändning att ... **Vorwarnung** F förvarning
vorwärts ADV framåt **vorwärtskommen** VI komma framåt, göra framsteg
Vorwäsche F förtvätt
vorweg ADV i förväg; först; framför allt **vorwegnehmen** VT föregripa; ta ut i förväg
vorweisen VT förevisa, uppvisa **vorwerfen** VT kasta fram; *fig* förebrå (**j-m etw ngn ngt**) **vorwiegend** ADV övervägande, företrädesvis
Vorwort N förord *n*
Vorwurf M förebråelse; **j-m etw zum ~ machen** förebrå ngn ngt **vorwurfsvoll** ADJ förebrående
Vorzeichen N förebud *n*, omen *n*, varsel *n*; MUS förtecken *n*
vorzeigen VT förevisa, visa upp/fram **Vorzeit** F forntid **vorzeitig** ADJ för tidig, i förtid
vorziehen VT dra fram; *zuziehen* dra för; *bevorzugen* föredra; **j-n ~** favorisera ngn; *Termin etc* tidigarelägga **Vorzimmer** N förrum *n*; sekreterarens rum *n* **Vorzug** M förmån; företräde *n*, förtjänst; **Vorzüge** *pl* goda egenskaper *pl*; **den ~ geben** (*dat*) föredra
vorzüglich ADJ förträfflig, utmärkt **Vorzüglichkeit** F förträfflighet
vorzugsweise ADV företrädesvis
Votum N votum *n*, röst
Voyeur(in) M/F voyeur
vulgär ADJ vulgär

Vulkan M vulkan **vulkanisch** ADJ vulkanisk

W

W, w N W, w *n*
Waage F våg; *fig Gleichgewicht* jämvikt; ASTROL Vågen; *fig* **sich die ~ halten** uppväga varandra **waag(e)recht** ADJ vågrät, horisontal **Waagschale** F vågskål
wabbelig ADJ dallrande, geléaktig
Wabe F vaxkaka
wach ADJ vaken; **sich ~ halten** hålla vaken (*od* vid liv); **~ werden** vakna
Wachablösung F vaktavlösning **Wache** F vakt; *Polizeiwache* polisstation; **~ stehen** stå på vakt **wachen** VI vaka (**über** *akk* över) **Wachhund** M vakthund
Wacholder M en **Wacholderbeere** F enbär *n*
wachrufen VT väcka (till liv) **wachrütteln** VT skaka liv i; *fig* skaka om
Wachs N vax; skidvalla
wachsam ADJ vaksam **Wachsamkeit** F vaksamhet
wachsen[1] VI växa; *zunehmen* tillta, öka
wachsen[2] VT vaxa; *Ski* valla **Wachsfigur** F vaxfigur **Wachskerze** F vaxljus *n* **Wachstuch** N vaxduk
Wachstum N (till)växt **Wachstumsrate** F WIRTSCH tillväxttakt
Wachtel F vaktel
Wächter(in) M/F vakt, väktare **Wachtmeister(in)** M/F polis, polisman **Wachtposten** M vaktpost **Wachtturm** M vakttorn *n*
wackelig ADJ ostadig, ranglig, vinglig; *fig umg* svag, skröplig; osäker; *Zahn* lös **Wackelkontakt** M glappkontakt **wackeln** VI vicka, vara ostadig; *umg* gå ostadigt, vingla; *fig Firma etc* hålla på att gå omkull; **mit dem Schwanz ~** vifta med svansen; *Zahn* sitta lös
Wade F vad **Wadenkrampf** M vadkramp
Waffe F vapen *n*

Waffel F våffla; rån n **Waffeleisen** N våffeljärn n
Waffenbruder M vapenbroder **Waffengattung** F vapenslag n **Waffengewalt** F vapenmakt **Waffenhandel** M vapenhandel **Waffenschein** M vapenlicens **Waffenschmuggel** M vapensmuggling **Waffenstillstand** M vapenstillestånd n
wagemutig ADJ djärv, modig, dristig **wagen** A VT våga, riskera B VR **sich ~** våga sig
Wagen M vagn; (≈Auto) bil; **der Große/Kleine ~** ASTRO Stora/Lilla Björn **Wagenheber** M domkraft **Wagenladung** F vagnslast, lass n **Wagenpark** M vagnpark **Wagenwäsche** F biltvätt
Waggon M järnvägsvagn
Wagnis N vågstycke n, vågspel n; Risiko risk
Wahl F val n; j-m die ~ lassen lämna ngn fritt val; **freie ~en** fria val; **wenn ich die ~ hätte** om jag fick välja; **zur ~ stehen** stå till buds; kvalitet, sortering; **zweiter ~** av andrasortering **Wahlausgang** M valutgång **Wahlausschuss** M valkommitté **wählbar** ADJ valbar **wahlberechtigt** ADJ valberättigad **Wahlbeteiligung** F valdeltagande n **Wahlbezirk** M valdistrikt n **wählen** VT välja; rösta; **~ gehen** gå och rösta; TEL slå (ett nummer) **Wähler(in)** M/F väljare **Wahlergebnis** N valresultat n **wählerisch** ADJ kräsen, kinkig **Wählerliste** F vallista, vallängd **Wählerschaft** F väljarkår **Wahlfach** N Schule valfritt ämne n **wahlfrei** ADJ valfri **Wahlgang** M valomgång **Wahlgeheimnis** N valhemlighet **Wahlkampf** M valrörelse **Wahlkreis** M valkrets **Wahllokal** N vallokal **wahllos** ADJ urskillningslöst, blint, på måfå **Wahlplakat** N valaffisch **Wahlrecht** N rösträtt **Wahlrede** F valtal n **Wahlschein** M röstkort n **Wahlspruch** M valspråk n **Wahlurne** F valurna **Wahlversammlung** F valmöte n **Wahlwiederholung** F återuppringning
Wahn M illusion, villa, villfarelse, inbillning **Wahnsinn** M vansinne n; Tollheit galenskap; **~!** otroligt!; fantastiskt! **wahnsinnig** ADJ vansinnig, galen; fruktansvärd, hemsk; **ich werde ~!** umg det är otroligt!; **wie ~** som en galning **Wahnsinnige(r)** M/F/M däre, galning, vansinnig **Wahnvorstellung** F vanföreställning; fix idé
wahr ADJ sann; wirklich verklig; **das ist ~** det är sant; **nicht ~?** inte sant?; eller hur?; **~ machen** infria; **~ werden** besannas
wahren VT bevaka, skydda, tillvarata, värna
während A PRÄP ⟨gen⟩ under B KONJ medan, under det (att) **währenddessen** ADV under tiden
wahrhaben VT etw nicht ~ wollen inte vilja erkänna (od medge) ngt **wahrhaft** ADV verkligt **wahrhaftig** A ADJ sann(färdig), verklig B ADV sannerligen, verkligen **Wahrheit** F sanning **wahrheitsgemäß** ADJ, **wahrheitsgetreu** sanningsenlig **Wahrheitsliebe** F uppriktighet, ärlighet **wahrlich** ADV sannerligen, i sanning **wahrnehmbar** ADJ märkbar, förnimbar **wahrnehmen** VT märka, förnimma, iaktta; Interessen bevaka, tillvarata **Wahrnehmung** F förnimmelse, iakttagelse; bevakande n, tillvaratagande n **wahrsagen** VT förutsäga, förutspå **Wahrsager** M spågubbe **Wahrsagerin** F spågumma **Wahrsagung** F spådom **wahrscheinlich** A ADJ sannolik, trolig B ADV antagligen, sannolikt, förmodligen, troligtvis **Wahrscheinlichkeit** F sannolikhet **Wahrung** F bevakande n, tillvaratagande n
Währung F valuta; **harte ~** hårdvaluta **Währungseinheit** F valutaenhet **Währungsreform** F valutareform
Wahrzeichen N kännetecken n, märke n, symbol
Waise F föräldralöst barn n **Waisenhaus** N barnhem n **Waisenkind** N föräldralöst barn n
Wakeboarden N wakeboardåkning
Wal M val
Wald M skog **Waldameise** F skogsmyra **Waldarbeiter(in)** M/F skogsarbetare **Waldbestand** M skogsbestånd n **Waldbrand** M skogsbrand **Walderdbeere** F smultron n **Waldhorn** N valthorn n **waldig** ADJ skogig **Waldkauz** M kattuggla **Waldlauf**

Waldmeister M̄ terränglöpning **Waldmeister** M̄ BOT myskmadra **Waldrand** M̄ skogsbryn n **Waldschäden** PL skador på skogen **Waldsterben** N̄ skogsdöd **Waldwirtschaft** F̄ skogsbruk n
Walfang M̄ valfångst **Walfänger** M̄ valfångare **Walfisch** M̄ valfisk
Walküre F̄ valkyria
Wall M̄ vall, mur; fördämning
wallen sjuda, svalla; bölja
wallfahren vallfärda **Wallfahrer(in)** M|F pilgrim **Wallfahrt** F̄ vallfart, vallfärd **Wallfahrtsort** M̄ vallfartsort
Wallung F̄ svallning; *Hitzewallung* vallning; **in ~ geraten** bli upprörd
Walnuss F̄ valnöt
Walpurgisnacht F̄ valborgsmässoafton
Walross N̄ valross
walten V̄I råda, härska; **schalten und ~ styra och ställa**; **seines Amtes ~** sköta sin syssla; **Gnade ~ lassen** låta nåd gå före rätt
Walze F̄ TECH vals; AGR vält **walzen** A V̄T valsa B V̄I dansa vals
wälzen A V̄T vältra, rulla; *Bücher* ~ *umg* slå i böcker; **Probleme ~** grubbla över problem B V̄R **sich ~** vältra sig; *fig* **sich vor Lachen ~** vrida sig av skratt
walzenförmig valsformig, cylindrisk
Walzer M̄ vals
Wälzer *umg* M̄ tegelstensroman, tjock bok
Walzwerk N̄ valsverk n
Wampe *umg* F̄ buk, mage
Wams N̄ tröja, jacka
Wand F̄ vägg; *spanische ~* (avdelnings)skärm; **~ an ~** vägg i vägg; **j-n an die ~ spielen** *umg* utklassa ngn; manövrera ut ngn
Wandel M̄ *Veränderung* förändring, förvandling **wandelbar** ADJ föränderlig, ostadig **wandeln** V̄T förvandla, förändra; **sich ~** förvandlas, förändras
Wanderausstellung F̄ vandringsutställning **Wanderer** M̄, **Wanderin** F̄ vandrare **wandern** V̄I vandra **Wanderung** F̄ vandring **Wanderweg** M̄ vandringsled
Wandgemälde N̄ väggmålning **Wandkalender** M̄ väggalmanacka **Wandlung** F̄ förvandling

Wandmalerei F̄ väggmålning **Wandschrank** M̄ väggskåp n **Wandteppich** M̄ väggbonad
Wange F̄ kind
wankelmütig ADJ vankelmodig
wanken V̄I vackla, stappla; svaja; *fig* svikta
wann ADV när; **bis ~?** (tills) när?; **seit ~?** hur länge?, sedan hur lång tid tillbaka?; **von ~ an?** från och med när?; **dann und ~** då och då
Wanne F̄ (bad)kar n; balja
Wanze F̄ vägglus; *umg fig* dold mikrofon
Wappen N̄ vapen n **Wappenkunde** F̄ heraldik **wappnen** V̄R **sich ~** *fig* förbereda sig, (be)väpna sig
Ware F̄ vara **Warenangebot** N̄ varuutbud n **Warenhaus** N̄ varuhus n **Warenlager** N̄ lager n, förråd n; sortiment n **Warenprobe** F̄ varuprov n **Warentest** M̄ varutest **Warenzeichen** N̄ varumärke n
warm ADJ varm; **mir ist ~** jag är varm; **sich ~ laufen** Sport bli varm, värma upp (sig); *Motor* **~ laufen** bli varm; *fig* **~ werden** bli varm i kläderna; **~ essen** äta lagad mat **warmblütig** ADJ varmblodig **Wärme** F̄ värme **Wärmedämmung** F̄ värmeisolering **Wärmekraftwerk** N̄ värmekraftverk n **wärmen** V̄T värma **Wärmeschutz** M̄ värmeisolering **Wärmetechnik** F̄ värmeteknik **Wärmflasche** F̄ värmeflaska **warmherzig** ADJ varmhjärtad **Warmluft** F̄ varmluft **Warmmiete** F̄ hyra inklusive värme **Warmwasser** N̄ varmvatten n **Warmwasserbereiter** M̄ varmvattenberedare
Warnanlage F̄ signalanordning **Warnblinker** M̄ varningsljus n **Warndreieck** N̄ varningstriangel **warnen** V̄T, V̄I varna (**vor** *dat* för) **Warnschild** N̄ varningsskylt **Warnstreik** M̄ punktstrejk **Warnung** F̄ varning **Warnzeichen** N̄ varningsmärke n; *fig* varningstecken n
Warte F̄ utkikspunkt; **von meiner ~ aus** (gesehen) (sett) ur min synvinkel **Warteliste** F̄ väntelista **warten** A V̄I vänta (**auf** *akk* på) B V̄T utföra service på, serva
Wärter(in) M|F vakt; *Pfleger* vårdare; skötare

Warteraum M väntrum n **Wartesaal** M väntsal **Warteschleife** F TEL kö **Wartezeit** F väntetid
Wartung F underhåll n, service **wartungsfrei** ADJ underhållsfri
warum ADV varför
Warze F vårta
was A umg INDEF PR nå(go)t; gibt es ~ Neues? har det hänt nå(go)t nytt? B INT PR vad; vilken; ett-Wort vilket; ~ für ein Auto ist es? vad för slags bil är det?; ~ für ein Tag! vilken dag!; umg wie bitte? ~? va?; ach ~! äsch! C REL PR vad (som), det som, som; auf einen Satz bezogen vilket, något som; ich weiß, ~ du meinst jag vet vad du menar; alles ~ allt som; ~ auch immer vad än D umg ADV ~ schreist du so? varför skriker du så?; ~ stört dich das? på vilket sätt stör det dig?
Waschanlage F AUTO automattvätt **waschbar** ADJ tvättbar **Waschbär** M tvättbjörn **Waschbecken** N handfat n, tvättställ n **Waschbrettbauch** M tvättbrädemage **Wäsche** F tvätt; Unterwäsche underkläder pl **waschecht** ADJ tvättäkta a. fig **Wäscheklammer** F klädnypa **Wäscheleine** F klädstreck n **waschen** VIT tvätta; TECH vaska **Wäscherei** F tvättinrättning, tvätt **Wäscheschleuder** F centrifug **Wäscheständer** M torkställning **Wäschetrockner** M torktumlare **Waschgang** M tvättprogram n **Waschküche** F tvättstuga **Waschlappen** M tvättlapp; fig fegis **Waschmaschine** F tvättmaskin **Waschmittel** N tvättmedel n **Waschraum** M tvättrum n **Waschsalon** M tvättomat **Waschstraße** F AUTO tvättbana **Waschzettel** F Buch baksidestext, fliktext **Waschzeug** N toalettsaker pl
Wasser N vatten n; zu ~ und zu Lande till lands och till sjöss; ins ~ fallen umg fig inte bli av, bli inställd; sich über ~ halten fig hålla sig flytande; ~ lassen kasta vatten **Wasserball** M vattenpolo n; badboll **Wasserbett** N vattensäng **Wasserdampf** M vattenånga **wasserdicht** ADJ vattentät **Wasserfall** M vattenfall n **Wasserfarbe** F vattenfärg **wasserfest** ADJ vattenfast **Wasserflasche** F vattenflaska **Wasserflugzeug** N hydroplan n **Wasserglas** N vattenglas n **Wasserhahn** M vattenkran **wässerig** ADJ vattnig; j-m den Mund ~ machen få det att vattnas i munnen på ngn **Wasserkessel** M vattenkokare **Wasserkocher** M vattenkokare **Wasserkopf** M vattenhuvud n **Wasserkraft** F vattenkraft **Wasserkraftwerk** N vattenkraftverk n **Wasserkühlung** F vattenkylning **Wasserleitung** F vattenledning **wasserlöslich** ADJ vattenlöslig **Wassermangel** M vattenbrist **Wassermann** M ASTROL Vattumannen **Wassermelone** F vattenmelon **wässern** A VIT Speise lägga i vatten; gießen vattna B VI vattnas **Wasserpflanze** F vattenväxt **Wasserpolizei** F sjöpolis **Wasserrohr** N vattenledningsrör n **Wasserschaden** M vattenskada **wasserscheu** ADJ rädd för vatten **Wasserski** M/PL vattenskidor pl **Wasserspiegel** M vattenspegel **Wassersport** M vattensport **Wasserspülung** F Klosett mit ~ vattenklosett **Wasserstand** n vattenstånd n **Wasserstoff** M väte n **Wasserstoffbombe** F vätebomb **Wasserstrahl** M vattenstråle **Wasserstraße** F vattenväg **Wassertier** N vattendjur n **Wasserturm** M vattentorn n **Wasseruhr** F vattenmätare **Wasserverbrauch** M vattenförbrukning **Wasserverschmutzung** F vattenförorening **Wasserverunreinigung** F vattenförorening **Wasserversorgung** F vattenförsörjning **Wasservogel** M vattenfågel **Wasserwaage** F vattenpass n **Wasserweg** M sjöled, vattenled **Wasserwerfer** M vattenkanon **Wasserwerk** N vattenverk n **Wasserzeichen** N vattenstämpel
waten VI vada
watscheln VI vagga (fram)
Watt¹ N ebbstrand
Watt² F ELEK watt
Watte F vadd, bomull **Wattebausch** M bomullstuss
Wattenmeer N hav som vid flod täcker strandområde
Wattestäbchen N bomullstopp **wattieren** VIT vaddera
Webcam F webbkamera **Webdesigner(in)** M/F webbdesigner **Webseite**

F̄ webbsida
weben VT,VI väva **Weber(in)** MF vävare **Weberei** F väveri n **Webstuhl** M vävstol
Wechsel M växling; *Veränderung* förändring; *Umtausch* (om)växling, ombyte n, skifte n; WIRTSCH växel **Wechselbeziehung** F växelverkan, ömsesidigt förhållande n **Wechselgeld** N växelpengar pl **wechselhaft** ADJ växlande, ombytlig, ostadig **Wecheseljahre** N/PL klimakterium n **Wechselkurs** M växelkurs **wechseln** A VT växla; *verändern* förändra; *umtauschen* byta (om); *Öl, Kleider* byta; *Geld* växla B VI växla, skifta, förändras **wechselseitig** ADJ ömsesidig **Wechselstrom** M växelström **Wechselstube** F växelkontor n **Wechselwähler(in)** MF marginalväljare **wechselweise** ADV växelvis, omväxlande **Wechselwirkung** F växelverkan
Weckdienst M telefonväckning **Wecken** M småfranska **wecken** VT väcka **Wecker** M väckarklocka; j-m auf den ~ gehen umg fig gå ngn på nerverna
Wedel M *Staubwedel* dammvippa; BOT (palm)blad n **wedeln** VT,VI vifta; *Ski* göra kortsvängar
weder KONJ ~ ... noch ... varken ... eller ...
Weg M väg; sich auf den ~ machen ge sig iväg; j-m im ~(e) stehen stå i vägen för ngn; j-m aus dem ~(e) gehen undvika ngn; in die ~e leiten förbereda; sätta igång ngt; auf halbem ~(e) på halva vägen; auf gesetzlichem ~e på laglig väg; auf gütlichem ~e i godo
weg ADV bort; borta, undan; ~ sein vara borta, vara försvunnen; *fig umg* vara betagen; ~ da! ur vägen!; nichts wie ~! snabbt bort härifrån!; ~ damit! bort med den/det här!; weit ~ långt borta
wegbekommen VT få bort
Wegbereiter(in) MF banbrytare, pionjär
wegbleiben VI stanna borta; utebli
wegbringen VT ta bort/undan; *umg* få bort
wegen PRÄP ⟨gen od dat⟩ för ... skull, på grund av, för; von Amts ~ å ämbetets vägnar; von ~! *umg* trodde du, va?; jo, jag tackar jag!

wegfahren A VI åka (*od* resa, köra) bort B VT köra bort/undan **wegfallen** VI bortfalla **Weggang** M avfärd, uppbrott n **weggeben** VT ge bort, lämna bort **weggehen** VI gå bort, gå sin väg; *umg* gå åt, sälja (bra) **weghaben** *umg* VT få (sig), redan ha fått; *begreifen* förstå, begripa **wegjagen** VT jaga (*od* köra) bort **wegkommen** VI komma bort, försvinna; komma (*od* slippa) undan; gut ~ klara sig bra (bei dat i); über etw ~ (kunna) komma över ngt
weglassen VT utelämna, skippa; j-n ~ låta ngn gå **weglaufen** VI springa bort; *flüchten* rymma **weglegen** VT lägga ifrån sig; lägga undan **wegnehmen** VT ta bort (*od* ifrån) **wegrationalisieren** VT rationalisera bort **wegräumen** VT plocka undan; *fig* röja undan **wegrennen** VI springa iväg **wegschaffen** VT skaffa bort (*od* undan) **wegschicken** VT skicka bort **wegschmeißen** *umg* VT kasta (*od* slänga) bort **wegsehen** VI se (*od* titta) bort **wegstecken** VT stoppa undan; *fig Niederlage etc* leva med, finna sig i **wegtreten** VI gå åt sidan; (geistig) weggetreten sein *umg* vara frånvarande (*od* förvirrad) **wegtun** VT ta bort, lägga undan
Wegweiser M vägvisare
wegwerfen VT kasta bort **Wegwerfflasche** F engångsflaska **Wegwerfgesellschaft** F slit- och slängsamhälle n **wegwischen** VT torka bort (*od* av); stryka ut **wegziehen** A VT dra bort (*od* undan) B VI *umziehen* flytta
weh A ADJ smärtsam, öm; ~ tun → wehtun B INTER o ~! aj! **wehe** INT ve; ~ dir, wenn du ... Gud nåde dig om du ... **Wehe** F (snö)driva; MED värk **Wehen** F/PL *Geburtswehen* värkar pl
wehen VI blåsa, fläkta; *flattern* fladdra, svaja
wehleidig ADJ pjoskig, ömtålig; gnällig **Wehmut** F vemod n **wehmütig** ADJ vemodig
Wehr¹ N damm, fördämning
Wehr² F värn n; *Gegenwehr* motvärn n, motstånd n; sich zur ~ setzen sätta sig till motvärn, göra motstånd **Wehrdienst** M militärtjänst(göring) **Wehr-**

dienstverweigerer M värnpliktsvägrare **wehren** VR sich ~ värja sig, försvara sig (gegen mot) wehrlos ADJ värnlös, försvarslös **Wehrlosigkeit** F värnlöshet **Wehrpflicht** F värnplikt **wehrpflichtig** ADJ värnpliktig
wehtun VT göra ont, värka; **j-m ~** göra ngn illa; *fig* såra ngn; **der Kopf tut mir weh** jag har ont i huvudet
Weib N kvinna; *pej* fruntimmer *n*, käring; *Gattin* hustru **Weibchen** N ZOOL hona **Weiberheld** M kvinnotjusare **weibisch** ADJ omanlig, feminin **weiblich** ADJ kvinnlig; GRAM feminin
weich ADJ mjuk; *sanft* len; *fig* vek; **~ machen** mjuka upp; **~ werden** mjukna; *fig* vekna, ge efter; **~ gekocht** löskokt; **~es Ei** löskokt ägg
Weiche F 1 ANAT flank, sida 2 BAHN växel; **die ~n für etw stellen** *fig* bereda marken för ngt; skapa förutsättningar för ngt
weichen VI 1 (≈*weich werden*) blötas upp, mjukna 2 (≈*weggehen*) vika, ge efter (*dat* för); **nicht von j-s Seite ~** inte vika från ngns sida **Weichheit** F mjukhet; *fig* vekhet **weichherzig** ADJ godhjärtad, ömsint **Weichkäse** M mjukost **weichlich** ADJ veklig **Weichling** M vekling **weichmachen** VT → *weich* **Weichspüler** M sköljmedel n **Weichteile** MPL mjukdelar *pl* **Weichtier** N blötdjur *n*
Weide F 1 *Gras* bete *n*, betesmark 2 BOT vide *n*, pil **weiden** A VI gå på bete; *grasen* beta B VT valla; **sich ~ an** (*dat*) njuta av **Weidenkätzchen** N videhänge *n*
weigern VR sich ~ vägra **Weigerung** F vägran
Weihe F 1 invigning; *Priesterweihe* prästvigning 2 ZOOL kärrhök **weihen** VT (in)viga, helga; *widmen* ägna; **zum Priester ~** prästviga
Weiher M damm
Weihnachten N jul; **fröhliche ~!** god jul!; **vorige ~** i julas **weihnachtlich** ADJ jul-, julig **Weihnachtsabend** M julafton **Weihnachtsbaum** M julgran **Weihnachtsfest** N jul(helg) **Weihnachtsgeschenk** N julklapp **Weihnachtslied** N julsång **Weihnachtsmann** M jultomte **Weihnachtszeit** F jultid
Weihrauch M rökelse **Weihwasser** N vigvatten *n*
weil KONJ eftersom, därför att
Weilchen N liten stund, ögonblick *n* **Weile** F stund; **eine kleine ~** en liten stund; **eine ganze ~** ganska länge
Wein M vin *n*; *fig* **reinen ~ einschenken** säga sanningen **Weinbau** M vinodling **Weinbauer** M, **Weinbäuerin** F vinodlare **Weinbeere** F vindruva **Weinberg** M vinberg *n* **Weinbrand** M (tysk) konjak
weinen VT, VI gråta **Weinen** N gråt (ande *n*) **weinerlich** ADJ gråtfärdig, gråtmild
Weinernte F vinskörd **Weinessig** M vinättika, vinäger **Weinfass** N vinfat *n* **Weinflasche** F vinflaska **Weingegend** F vintrakt **Weinglas** N vinglas *n* **Weinhandlung** F vinhandel, vinfirma **Weinkarte** F vinlista **Weinkeller** M vinkällare **Weinkenner(in)** M(F) vinkännare **Weinlese** F vinskörd **Weinprobe** F vinprovning; *konkret* vinprov *n* **weinrot** ADJ vinröd **Weinstein** M vinsten **Weinstock** M vinstock **Weinstube** F vinstuga **Weintraube** F vindruva; vindruvsklase
weise ADJ vis, klok **Weise** F sätt *n*, vis *n*; MUS melodi; **auf jede ~** på alla sätt; **in keiner ~** inte på något sätt; **in gewisser ~** på sätt och vis; **auf diese Art und ~** på så sätt
Weise(r) M(F(M)) vis
weisen VT visa; **von sich ~** tillbakavisa; **~ aus** (*dat*) förvisa ur
Weisheit F vishet, visdom **Weisheitszahn** M visdomstand **weismachen** VT inbilla (j-m etw ngn ngt)
weiß ADJ vit; **~ glühend** *Sonne* vitglödgad **Weiß** N vitt *n*, vit färg
weissagen VT spå, profetera, förutsäga **Weissager** M siare, spåman **Weissagerin** F sierska, spågumma **Weissagung** F spådom, förutsägelse
Weißbier N veteöl *n* **Weißblech** N bleckplåt **Weißbrot** N vitt bröd *n* **Weiße** F vit kvinna **Weiße(r)** M vit man **Weißglut** F vitglöd; *fig* gallfeber **weißhaarig** ADJ vithårig **Weißkohl** M, **Weißkraut** N vitkål **weißlich** ADJ vitaktig **Weißrussland** N Vitryss-

land **Weißwein** M̄ vit(t)vin n, vitt vin n

Weisung F̄ anvisning, direktiv n, order

weit A ADJ vid; *Weg, Reise* lång; *ausgedehnt* vidsträckt; *groß* stor, rymlig; **von Weitem** på långt håll; **bei Weitem nicht** inte på långt när B ADV vitt; ~ **gereist** berest; *fig* ~ **hergeholt** långsökt; **so** ~ så långt; ~ **weg sein** vara långt borta; ~ **größer/kleiner** vida större/mindre; ~ **und breit** vitt och brett, överallt; *fig* **es ist nicht** ~ **her mit ihm** det är inte mycket bevänt med honom; **wie** ~ **bist du?** hur långt har du hunnit?; **ich bin so** ~ jag är klar; **wenn es so** ~ **ist** när det är så dags; **von** ~ **her långt ifrån; das geht zu** ~**!** det går för långt!; **von** ~ **her** långt bortifrån; → *soweit* **weitab** ADV långt ifrån (*od* borta) **weitaus** ADV vida, ojämförligt; *utan jämförelse*, absolut **weitblickend** *fig* ADJ framsynt, förutseende, vidsynt **Weite** A F̄ vidd; *Entfernung* avstånd n; *Ausdehnung* utsträckning B N̄ *das* ~ *suchen* rymma **weiten** VT, VR vidga (sich sig) **weiter** ADJ vidare, ytterligare; *Weg, Reise* längre; ~ **bestehen** finnas kvar, fortleva, bestå; ~ **unten** längre ner; **ohne Weiteres** utan vidare; **bis auf Weiteres** tills vidare; **und so** ~ och så vidare; ~ **nichts** ingenting annat; ~**!** gå på! **weiterbilden** VR sich ~ vidareutbilda sig, fortbilda sig **weitererzählen** VT berätta för ngn annan **weiterfahren** VI köra vidare **weitergeben** VT låta gå (*od* skicka) vidare **weitergehen** VI gå vidare; fortsätta; **so kann es nicht** ~ så kan det inte fortsätta **weitgehend** A ADJ långtgående, vittgående B ADV i stor utsträckning **weiterhelfen** VI hjälpa vidare **weiterhin** ADV fortfarande; i fortsättningen; dessutom, vidare **weiterkommen** VI komma vidare **weiterleiten** VT vidarebefordra **weitermachen** VT, VI fortsätta, gå på **Weiterreise** F̄ fortsatt resa **weitersagen** VT föra vidare, sprida **weitläufig** ADJ vidsträckt; *ausführlich* vidlyftig, utförlig; ~**er Verwandter** släkting på långt håll **weitreichend** ADJ omfattande, vidsträckt **weitschweifig** ADJ vidlyftig, omständlig **weitsichtig** ADJ MED långsynt; *fig* framsynt **Weitsichtigkeit** F̄ långsynthet; *fig* framsynthet **Weitsprung** M̄ SPORT längdhopp n **weitverbreitet** ADJ vitt utbredd

Weizen M̄ vete n; *fig* **mein** ~ **blüht** *gute Aussichten haben* jag har goda utsikter **Weizenbrot** N̄ vetebröd n **Weizenmehl** N̄ vetemjöl n

welch INT PR vilken; n vilket; pl vilka; ~ **ein Glück!** vilken tur! **welche(r, s)** A INT PR vilken; n vilket; pl vilka; ~**r von ...** vilken av ... B REL PR som, vilken; n vilket; pl vilka; *einiges* något; *einige* några

welk ADJ (för)vissnad, vissen, förtorkad; ~ **werden** vissna, förtorka **welken** VI vissna, förtorka

Wellblech N̄ korrugerad plåt **Welle** F̄ våg, bölja; TECH axel, vals; *Turnen* översiag n; **grüne** ~ grön våg **wellen** VT krusa; *Haar* göra vågigt; **sich** ~ bilda vågor **Wellenbad** N̄ bad med konstgjorda vågor **Wellenbereich** M̄ våglängdsområde **Wellenbrecher** M̄ vågbrytare **wellenförmig** ADJ vågformig **Wellenlänge** F̄ våglängd **Wellenlinie** F̄ våglinje **Wellenreiten** N̄ surfing **Wellensittich** M̄ undulat **wellig** ADJ vågig **Wellpappe** F̄ wellpapp

Welpe M̄ valp, unge

Welt F̄ värld; **die Dritte** ~ tredje världen; **alle** ~, **die ganze** ~ hela världen; **um alles in der** ~ **(nicht)** (inte) för allt i världen; **zur** ~ **bringen** föda; **zur** ~ **kommen** födas, komma till världen; **aus der** ~ **schaffen** röja ur vägen **Weltall** N̄ *das* ~ världsalltet n (*best Form*) **Weltanschauung** F̄ världsåskådning **Weltausstellung** F̄ världsutställning **weltbekannt** ADJ världsbekant **weltberühmt** ADJ världsberömd **Weltbild** N̄ världsbild **Weltbürger(in)** M̄/F̄ världsmedborgare, kosmopolit **weltfremd** ADJ världsfrämmande **Weltfrieden** M̄ världsfred **Weltgeschichte** F̄ världshistoria **weltgewandt** ADJ världsvan **Welthandel** M̄ världshandel **Weltherrschaft** F̄ världsherravälde **Weltkarte** F̄ världskarta **Weltkrieg** M̄ världskrig n **Weltkulturerbe** N̄ världskulturarv n **weltlich** ADJ världslig **Weltliteratur** F världslitteratur **Weltmacht** M världsmakt **Weltmarkt** M världsmarknad **Weltmeer** N världshav n **Weltmeister** M världsmästare **Weltmeisterin** F världsmästarinna **Weltmeisterschaft** F världsmästerskap n **Weltordnung** F världsordning **Weltraum** M världsrymd **Weltraumfahrt** F rymdfart; rymdfärd **Weltraumstation** F rymdstation **Weltreich** N världsrike n **Weltreise** F jordenruntresa **Weltrekord** M världsrekord n **Weltschmerz** M ≈ känsla av smärta inför världens tillstånd **Weltsprache** F världsspråk n **Weltstadt** F världsstad **Weltuntergang** M världens undergång **weltweit** ADJ, ADV världsomfattande, global **Weltwirtschaft** F världsekonomi **Weltwirtschaftskrise** F världsekonomisk kris **Weltwunder** N världens underverk n

wem INT PR åt vem; → wer **wen** INT PR vem; → wer

Wende F vändning; vändpunkt; skifte n; **die ~** regimskiftet i Tyskland; Tysklands återförening **Wendekreis** M vändkrets

Wendeltreppe F spiraltrappa

wenden A VT vända B V/R **sich ~** vända sig (**an** akk till), (**gegen** akk mot) **Wendepunkt** M vändpunkt **wendig** ADJ Fahrzeug lättmanövrerad; fig snabb, rörlig; snabbtänkt **Wendung** F vändning; fig a. formulering

wenig ADJ lite; gering ringa, föga; wenige få; **ein ~** lite grann; **nicht ~** inte så lite; **viel zu ~** alldeles för lite; **zu ~** för lite; **mit ~en Worten** med få ord **weniger** ADJ mindre; färre **wenigstens** ADV åtminstone

wenn KONJ när, då; falls om, i fall; **~ aber** men om; **~ auch** även om, om också; **und ~ auch!** än sen då!; **~ möglich** om möjligt; **als ~** som om **wennschon** umg ADV **na ~!** nå, än sen då!

wer A INT PR vem, vilken; pl vilka B REL PR den som; jemand någon

Werbeabteilung F reklamavdelning **Werbeagentur** F reklambyrå **Werbefachfrau** F reklamkvinna **Werbefachmann** M reklamman **Werbefilm** M reklamfilm **Werbeleiter(in)** M(F) reklamchef **werben** A VT, VI värva, göra reklam, propagera B V/I **~ um** (akk) söka vinna **Werbespot** M reklaminslag n **Werbetext** M reklamtext **Werbung** F värvning; Reklame reklam, propaganda; reklamavdelning **Werbungskosten** PL avdrag n för inkomstens förvärvande n

Werdegang M utveckling, utvecklingsprocess; utbildningsgång; karriär **werden** A V/AUX Hilfsverb skola, komma att; Passivbildung bli; **zu etw ~** förvandlas till; **ich würde jag skulle** B V/I bli; umg **wirds bald!** skynda på!, sätt fart!; **es wird schon** (**wieder**) det ordnar sig nog; **daraus wird nichts** det blir inget av med det **Werden** N tillblivelse; **im ~ sein** hålla på att utvecklas, vara på gång

werfen A VT kasta, slänga; gebären föda, få ungar B V/R **sich ~** Holz slå sig, bågna; **sich ~ auf** (akk) kasta sig på; fig slå sig på

Werft F varv n

Werk N verk n; Fabrik fabrik, verk n, bruk n; **ans ~ gehen** skrida (od gå) till verket, börja; **am ~e sein** vara i gång; **ins ~ setzen** sätta i gång **Werkbank** F arbetsbänk **Werkleiter(in)** M(F) fabrikschef **Werkschutz** M skyddskommitté; vaktpersonal **Werkstatt** F, **Werkstätte** F verkstad **Werkstoff** M (rå)material n **Werktag** M arbetsdag, vardag **werktags** ADV på vardagar **Werkunterricht** M slöjdundervisning **Werkzeug** N verktyg n **Werkzeugkasten** M verktygslåda

Wermut M malört; Getränk vermut

wert ADJ värd; **~ sein** vara värd; **nicht der Rede ~** inte värt att tala om; **das ist nicht der Mühe ~** det är inte värt besväret **Wert** M värde n; **~e** pl värdepapper; **im ~ von ... till ett värde av ...**; **großen ~ legen auf** (akk) sätta stort värde på, fästa stor vikt vid; **keinen ~ darauf legen** inte vara angelägen om det **Wertarbeit** F kvalitetsarbete n **werten** VT, VI värdera, bedöma, SPORT poängsätta, räkna **Wertgegenstand** M värdeföremål n **Wertigkeit** F CHEM, LING valens; fig värde n, betydelse **wertlos** ADJ värdelös **Wertmaßstab** fig M måttstock **Wertminderung** F värdeminskning

Wertpaket N värdepaket n **Wertpapier** N värdepapper n **Wertsachen** F/PL värdeföremål pl **Wertschätzung** F (hög)aktning **Wertsteigerung** F WIRTSCH värdestegring **Wertstoff** N avfallsråvara, återvinningsbart avfall **Wertung** F värdering, bedömning; SPORT poäng(sättning) **Werturteil** N värdeomdöme n **wertvoll** ADJ värdefull
Werwolf M varulv
Wesen N väsen n; sätt (att vara) n, sinnelag n; varelse; (nicht) viel ~s um etw machen (inte) göra mycket väsen av ngt **Wesensart** F natur, karaktär **wesentlich** ADJ väsentlig, avsevärd; **im Wesentlichen** i huvudsak
weshalb ADV varför
Wespe F geting **Wespennest** N getingbo n **Wespenstich** M getingstick n
wessen PRON vems, vilkens; vars; ~ Haus? vems hus?
West M väst(er) **westdeutsch** ADJ västtysk
Weste F väst; kofta
Westen M väster; POL väst; västvärlden, västblocket **Western** M västernfilm **westeuropäisch** ADJ västeuropeisk **Westküste** F västkust **westlich** A ADJ västlig B ADV väster ut C PRÄP väster (gen od von dat om) **westwärts** ADV åt väster **Westwind** M västvind, västan(vind)
weswegen ADV varför
Wettbewerb M tävlan, tävling; WIRTSCH u. fig konkurrens **Wettbewerber(in)** M(F) (med)tävlare; konkurrent **Wettbüro** N vadhållningsbyrå **Wette** F vad n; eine ~ eingehen slå vad; **was gilt die ~?** vad gäller vadet?; um die ~ i kapp **Wetteifer** M tävlingslust **wetteifern** VI tävla, konkurrera **wetten** VT, VI slå vad
Wetter N väder n, väderlek; **bei diesem ~** i det här vädret **Wetteraussichten** F/PL väderutsikter **Wetterbericht** M väderrapport **wetterbeständig** ADJ väderbeständig **Wetterdienst** M väderlekstjänst **wetterfest** ADJ väderbeständig **wetterfühlig** ADJ känslig för väderts växlingar **Wetterhahn** M vindflöjel **Wetterkarte** F väderkarta **Wetterlage** F vädersituation **Wetterleuchten** N kornblixt (är pl)
wettern VI schimpfen gräla, domdera **Wetterprognose** F väderprognos **Wettersatellit** M vädersatellit **Wetterstation** F meteorologisk station **Wettersturz** M plötslig väderförsämring **Wetterumschwung** M väderomslag n **Wettervorhersage** F väder(leks)prognos
Wettfahrt F kappkörning **Wettkampf** M tävling; an einem ~ teilnehmen tävla **Wettkämpfer(in)** F SPORT tävlande, deltagare (i idrottstävling) **Wettlauf** M lopp n, kapplöpning a. fig **wettmachen** VT uppväga **Wettrennen** N kapplöpning **Wettrüsten** N kapprustning **Wettstreit** M tävlan
wetzen A VT bryna, vässa, slipa B VI umg skubba, kuta
WG ABK F (= Wohngemeinschaft) (boende)kollektiv n
Whirlpool® M bubbelpool
Whisk(e)y M whisky
Wichse F skokräm; umg Prügel smörj n, stryk n **wichsen** VI polera; vulg runka
Wichtel M, **Wichtelmännchen** N tomtenisse, pyssling
wichtig ADJ viktig, betydande **Wichtigkeit** F vikt, betydelse **Wichtigtuer(in)** M(F) viktigpetter **wichtigtun** V/R göra sig viktig
Wicke F vicker; luktärt
Wickel M omslag n; umg fig etw am od beim ~ haben hålla på med ngt **Wickelkommode** F skötbord n **wickeln** VT veckla, linda, svepa, vira; Garn nysta; Kind byta blöjor på; etw in Papier ~ slå in ngt i papper **Wickelraum** M skötrum n **Wickelrock** M omlottkjol **Wickeltisch** M skötbord n
Widder M bagge; ASTROL Väduren
wider PRÄP ⟨akk⟩ (e)mot; ~ meinen Willen mot min vilja **widerfahren** VI vederfaras **Widerhaken** M hulling **Widerhall** M genljud n, återklang, eko n; fig gensvar n, resonans **widerhallen** VI genljuda, eka **widerlegen** VT vederlägga **Widerlegung** F vederläggning **widerlich** ADJ vidrig, vedervärdig, motbjudande **widerna-**

türlich ADJ onaturlig **widerrechtlich** ADJ olaga, olaglig, lagstridig **Widerrede** F motsägelse **Widerruf** M återtagande n; upphävande n; annullering; (bis) auf ~ tills vidare **widerrufen** VT återkalla, återta, upphäva; annullera **Widersacher(in)** M(F) vedersakare **Widerschein** M återsken n, reflex **widersetzen** VR sich ~ motsätta sig, sätta sig emot **Widersinn** M absurditet, paradox **widersinnig** ADJ absurd, paradoxal **widerspenstig** ADJ motspänstig **widerspiegeln** VT återspegla, reflektera **widersprechen** VI säga emot (j-m ngn) **Widerspruch** M motsägelse; *Protest* protest; im ~ zu etw stehen stå i strid med ngt; ohne ~ utan invändningar **Widerstand** M *a.* ELEK motstånd n; ~ leisten göra motstånd mot; auf ~ stoßen möta motstånd **Widerstandsbewegung** F motståndsrörelse **widerstandsfähig** ADJ motståndskraftig **Widerstandskämpfer(in)** M(F) motståndsman **Widerstandskraft** F motståndskraft **widerstandslos** ADJ, ADV utan motstånd **widerstehen** VI motstå (j-m ngn), göra motstånd (j-m mot ngn) **widerstreben** VI ⟨dat⟩ etw widerstrebt mir ngt bjuder mig emot **widerstrebend** ADJ motsträvig, motvillig **widerwärtig** ADJ vedervärdig **Widerwille** M motvilja **widerwillig** ADJ motvillig **widmen** A VT ägna; tillägna; j-m etw ~ tillägna ngn ngt B VR sich ~ ägna sig ⟨dat åt⟩ **Widmung** F dedikation, tillägnan
widrig ADJ ogynnsam
wie ADV fragend hur; *vergleichend* (lik)som, såsom; *zeitlich* (just) som, då; *im Ausruf* hur, vad, så; ~ geht's? hur är det?; ~ spät (od ~ viel Uhr) ist es? vad (od hur mycket) är klockan?; ~ bitte? va?; ~ heißt er? vad heter han?; ~ bitte? vad sa du?, hursa?, va?; ~ und ~! umg om!; ~ schade! vad synd!; so groß ~ ich lika lång som jag; ~ viel hur mycket; ~ viele hur många
wieder ADV åter, igen; *zurück* åter, tillbaka; hin und ~ då och då; ich bin gleich ~ da jag är strax tillbaka; immer ~ om och om igen, gång på gång; nie ~ aldrig mer; schon ~? nu igen?; sich ~ verheiraten gifta om sig **Wiederaufbau** M återuppbyggande n **wiederaufbauen** VT återuppbygga **Wiederaufbereitung** F upparbetning **Wiederaufnahme** F återupptagande n; JUR ~ des Verfahrens resning i målet **wiederaufnehmen** VT återuppta **wiederbekommen** VT återfå, få tillbaka **wiederbeleben** VT återuppliva **Wiederbelebung** F återupplivning **wiederbringen** VT lämna igen/tillbaka, återföra **Wiedereinführung** F återinförande n **wiedererkennen** VT känna igen **wiederfinden** VT återfinna **Wiedergabe** F återgivning, återgivande n **wiedergeben** VT ge tillbaka, återlämna; *schildern* återge; berätta; skildra **wiedergeboren** ADJ pånyttfödd **Wiedergeburt** F pånyttfödelse **wiedergewinnen** VT återvinna, återfå **wiedergutmachen** VT gottgöra, kompensera **Wiedergutmachung** F gottgörelse; ~ zahlen betala skadestånd n **wiederherstellen** VT återställa; *instand setzen* reparera; j-n ~ göra ngn frisk igen **Wiederherstellung** F återställande n; reparation
'**wiederholen**[1] VT upprepa
wieder'holen[2] A VT, VI *repetieren* repetera, ta om B VR sich ~ upprepas **wiederholt** ADJ upprepade gånger, gång på gång **Wiederholung** F upprepning n; *Repetition* repetition, omtagning **Wiederhören** N auf ~ TEL vi hörs (igen)!, hej då! **wiederkäuen** VT, VI idissla, tugga om *a. fig* **Wiederkäuer** M idisslare **Wiederkehr** F återkomst **wiederkehren** VI återvända, återkomma **wiederkommen** VI återkomma, komma tillbaka **wiedersehen** VT återse; sich ~ ses (od träffas) igen **Wiedersehen** N återseende n; auf ~! adjö!, hej då! **wiederum** ADV återigen; *dagegen* däremot **Wiedervereinigung** F återförening **Wiederverwendung** F återanvändning **wiederverwerten** VT återvinna utnyttja **Wiederverwertung** F återvinning **Wiederwahl** F återval n, omval n **wiederwählen** VT återvälja, omvälja
Wiege F vagga *a. fig* **wiegen** A VT *Kind* vagga B VT, VI väga **Wiegenlied**

N vaggvisa
wiehern VI gnägga; *umg lachen* gapskratta
Wiese F äng
Wiesel N vessla
wieso ADV varför; varför det **wievielte(r, s)** ADJ der ~ vilken i ordningen; *den Wievielten haben wir heute?* vilket datum är det i dag?
Wikinger(in) M(F) viking
wild ADJ vild; *gesetzwidrig* olaglig; *umg* ~ sein vara tokig (*auf akk* i); *wie* ~ som en galning, helt vild; *umg das ist halb so* ~ det är inte så farligt; ~ *wachsend* vilt växande **Wild** N vilt *n*, villebråd *n* **Wildbach** M strid bäck **Wildbahn** F *in freier* ~ i vilt tillstånd **Wilde(r)** M/F(M) vilde **Wildente** F (vild)and **Wilderer** M tjuvskytt **wildern** VI bedriva tjuvskytte **wildfremd** ADJ vilt främmande **Wildgans** F vildgås **Wildheit** F vildhet **Wildhüter(in)** M(F) viltvårdare **Wildleder** N mocka (skinn *n*) **Wildnis** F vildmark **Wildsau** F vildsvinshona; *umg svin* **Wildschwein** N vildsvin *n* **Wildwechsel** M växel, viltstig **Wildwestfilm** M vildavästernfilm
Wille M, **Willen** M vilja; *aus freiem* ~*n* av fri vilja; *beim besten* ~*n* med bästa vilja i världen; *gegen meinen* ~*n* mot min vilja; *sein/ihr Letzter* ~ hans/hennes sista vilja **willen** PRÄP *um ...* ~ *für ... skull* **willenlos** ADJ viljelös **willens** ADJ ~ *sein* vara villig **Willensfreiheit** F fri vilja **Willenskraft** F viljestyrka **Willensschwäche** F viljesvaghet **willig** ADJ villig **Willkommen** N *od* M välkomnande *n* **willkommen** ADJ välkommen; ~ *in ...!* välkommen till ...!; *j-n* ~ *heißen* hälsa ngn välkommen
Willkür F godtycke *n*, godtycklighet **willkürlich** ADJ godtycklig; slumpmässig
wimmeln VI vimla, myllra (*von* av)
wimmern VI jämra sig, kvida
Wimpel M vimpel
Wimper F ögonfrans; *fig ohne mit der* ~ *zu zucken* utan att blinka **Wimperntusche** F mascara
Wind M vind; blåst; *bei* ~ *und Wetter* i ur och skur; *fig* ~ *bekommen von* få nys om, få väderkorn på **Windbeutel** M *Gebäck* petit-chou **Winde** F **1** TECH vindspel *n*, vinsch **2** BOT vinda
Windel F blöja
winden A VT vrida; *wickeln* nysta; *schlängeln* slingra, ringla (*sich* sig); *binden* linda, vira; *Kranz* binda; *aus der Hand* ~ vrida ur handen B VR *sich* ~ vrida sig
Windenergie F vindkraft **Windeseile** F *mit/in*~ blixtsnabbt **windgeschützt** ADJ vindskyddad, i lä **Windhose** F tromb **Windhund** M vinthund; *fig umg* opålitlig typ; kvinnojägare **windig** ADJ blåsig, stormig; *unsicher* oviss, opålitlig; *es ist* ~ det blåser **Windjacke** F vind(tygs)jacka **Windkanal** M vindtunnel **Windkraftanlage** F vindkraftverk *n* **Windmühle** F väderkvarn **Windpocken** F/PL vattkoppor *pl* **Windrichtung** F vindriktning **Windrose** F kompassros **Windschatten** M läsida **windschief** ADJ vind, sned **Windschutz** M vindskydd *n* **Windschutzscheibe** F vindruta **Windstärke** F vindstyrka **windstill** ADJ vindstilla **Windstille** F stiltje **Windstoß** M vindstöt, vindkast *n* **windsurfen** VI vindsurfa, brädsegla **Windsurfer(in)** M(F) vindsurfare, brädseglare
Windung F vindling; *Bindung* lindning; *Krümmung* slingring, kurva, bukt, krök; TECH varv *n*
Wink M vink, tecken *n*
Winkel M vinkel; *Ecke* vrå; *fig* avkrok; *Winkelmaß* vinkelmått *n* **Winkeleisen** N vinkeljärn *n* **winkelig** ADJ full av vinklar och vrår **Winkelmesser** M gradskiva
winken VI vinka, vifta
winseln VI jämra sig, gnälla, gny
Winter M vinter; *im* ~ på vintrarna, på vintern **Winterfahrplan** M vintertidtabell **winterfest** vinterbonad; BOT övervintrande **Wintergarten** M vinterträdgård **Wintergrün** N BOT vintergröna **winterlich** ADJ vintrig, vinterlik **Wintermantel** M vinterjacka, vinterrock, vinterkappa **Winterreifen** M vinterdäck **Winterschlaf** M vintersömn, vintervala **Winterschlussverkauf** M vinterrea **Wintersemester** N vintertermin **Wintersonnenwende** F vintersol-

stånd n **Winterspiele** PL die Olympischen ~ olympiska vinterspel **Wintersport** M vintersport **Winterzeit** F vintertid
Winzer(in) M/F vinodlare
winzig ADJ mycket liten, pytteliten, minimal **Winzling** umg M (liten) plutt
Wipfel M (träd)topp
Wippe F gungbräde n **wippen** V/I gunga; vippa
wir PERS PR vi
Wirbel M virvel; ANAT kota; *Aufsehen* umg uppståndelse, ståhej n **wirbeln** V/I virvla (runt), snurra; yra **Wirbelsäule** F ryggrad; kotpelare **Wirbelsturm** M cyklon **Wirbeltier** N ryggradsdjur n **Wirbelwind** M virvelvind
wirken A V/I *a. Arznei etc* verka, göra verkan; *erscheinen* verka; *zur Geltung kommen* göra intryck, göra sig; *auf j-n ~* inverka på ngn B V/T åstadkomma, uträtta **wirklich** A ADJ verklig B ADV verkligen, faktiskt; verkligt; ist *das ~ dein Ernst?* menar du verkligen allvar? **Wirklichkeit** F verklighet; *in ~* i verkligheten, i själva verket **wirklichkeitsfremd** ADJ verklighetsfrämmande **wirklichkeitsgetreu** ADJ verklighetstrogen **wirklichkeitsnah** ADJ realistisk **wirksam** ADJ verksam; *~ werden* träda i kraft **Wirksamkeit** F verkan, effektivitet **Wirkstoff** M verksamt ämne n **Wirkung** F verkan **Wirkungsbereich** M verksamhetsområde n **wirkungslos** ADJ utan verkan **wirkungsvoll** ADJ effektfull, verkningsfull
wirr ADJ virrig, förvirrad; *verworren* oredig; *struppig* rufsig, tovig **Wirren** F/PL virrvarr n, kaos n **Wirrwarr** M virrvarr n
Wirt M värd **Wirtin** F värdinna **Wirtschaft** F hushållning; näringsliv n, ekonomi; *Haushalt* hushåll n; *Wirtshaus* restaurang, krog; *das ist ja eine schöne ~!* umg vilken röra! **wirtschaften** V/I hushålla; sköta; vara sysselsatt, stöka **wirtschaftlich** ADJ ekonomisk; sparsam **Wirtschaftlichkeit** F lönsamhet **Wirtschaftsberater(in)** M/F finanskonsult **Wirtschaftsführer** M industriman **Wirtschaftsgeld** N hushållspengar pl **Wirtschaftsgemeinschaft** F ekonomisk sammanslutning **Wirtschaftshochschule** F handelshögskola **Wirtschaftskriminalität** F ekonomisk brottslighet **Wirtschaftslage** F ekonomiskt läge n **Wirtschaftsminister(in)** M/F näringslivsminister, ekonomiminister **Wirtschaftspolitik** F ekonomisk politik **Wirtschaftsprüfer(in)** M/F revisor **Wirtschaftswissenschaften** F/PL ekonomi **Wirtschaftswissenschaftler(in)** M/F nationalekonom **Wirtschaftswunder** N umg *das deutsche ~* det tyska undret **Wirtschaftszweig** M näringsgren **Wirtshaus** N värdshus n, krog **Wirtsleute** PL värdspar n; krögarpar n
Wisch M papperslapp **wischen** V/T, V/I torka (av); *Staub* damma; *j-m eine ~* umg ge ngn en örfil; slinka, pila, kila **Wischer** M AUTO vindrutetorkare **Wischtuch** N dammtrasa
wispern V/T, V/I viska
Wissbegierde F vetgirighet **wissbegierig** ADJ vetgirig **wissen** V/T, V/I veta *(von om); kennen* känna till; *~ lassen* låta veta; *soviel ich weiß* såvitt jag vet; *nicht, dass ich wüsste* inte vad jag vet; *was weiß ich!* umg inte vet jag!; *weißt du noch? a.* minns du?; *von etw wollen ~* wollen inte vilja höra talas om ngt **Wissen** N vetande n, vetskap; *Kenntnis* kännedom, kunskap (er pl); *meines ~* såvitt jag vet, mig veterligen; *ohne mein ~* utan min vetskap, mig ovetandes; *wider besseres ~* mot bättre vetande **Wissenschaft** F vetenskap **Wissenschaftler(in)** M/F vetenskapsman, forskare **wissenschaftlich** ADJ vetenskaplig **Wissenschaftlichkeit** F vetenskaplighet **Wissensdrang** M kunskapstörst, vetgirighet **Wissenslücke** F kunskapslucka **wissenswert** ADJ värd att veta, intressant **wissentlich** ADJ medveten, avsiktlig
wittern V/T vädra *a. fig* **Witterung** F väderlek; *Sinn* väderkorn n; *Geruch* vittring, lukt **Witterungsverhältnisse** N/PL väderleksförhållanden pl
Witwe F änka **Witwenrente** F änkepension **Witwer** M änkling, änkeman
Witz M vits, rolig historia; skämt n; humor, kvickhet; *~e machen* vara kvick,

vitsa; **das ist ja gerade der ~!** det är just det som är poängen!; **ein fauler ~** ett dåligt skämt; **mach keine ~e!** det menar du väl inte! **Witzbold** M lustigkurre, skämtare **witzeln** VI vitsa; **~ über** (akk) spötteln göra sig lustig över **witzig** ADJ kvick, vitsig, lustig; **sehr ~!** iron mycket lustigt! **witzlos** ADJ humorlös, torr; umg zwecklos meningslös

wo A ADV var; relativ örtlich där; relativ zeitlich då; **ach ~!** inte alls!; umg **sonst ~** var som helst; någon annanstans; **von ~ ...?** varifrån ...? B KONJ eftersom; fastän **woanders** ADV någon annanstans **wobei** ADV varvid

Woche F vecka; **in vier ~n** om fyra veckor; **während der ~** under veckan **Wochenbett** N barnsäng **Wochenblatt** N veckoblad n, veckotidning **Wochenende** N veckohelg, veckoslut n; **langes ~** långhelg; **schönes ~!** trevlig helg! **Wochenendhaus** N fritidshus n **Wochenkarte** F veckokort n **wochenlang** A ADJ flera veckors, veckolång B ADV flera veckor, i veckor **Wochenlohn** M veckolön **Wochenmarkt** M torgdag **Wochentag** M veckodag; vardag **wochentags** ADV på vardagarna **wöchentlich** ADJ veckо-; (återkommande) varje vecka; **einmal ~** en gång i veckan

Wöchnerin F nyförlöst kvinna

Wodka M vodka

wodurch ADV interrogativ hur, på vilket sätt; relativ varigenom, genom vilken/vilket/vilka **wofür** ADV interrogativ för/till vad, vad ... för, vad ... till; relativ för vilken/vilket/vilka, varför, som ... för

Woge F våg, bölja

wogegen ADV interrogativ mot vad, vad ... mot; relativ mot vilken/vilket/vilka

woher ADV interrogativ varifrån, var ... ifrån; relativ varifrån, därifrån; **~ weißt du das?** hur vet du det? **wohin** ADV interrogativ vart; relativ dit **wohingegen** KONJ medan (... däremot), under det att

wohl A ADJ bra, väl B ADV vermutlich väl, nog, visst, antagligen; **leben Sie ~!** umg må så gott!; **~ oder übel** vare sig jag (od han etc) vill eller inte; **~ dem, der ... lycklig den, som ...;** **~ sein, sich ~ fühlen** må bra; **etw ~ überlegen** tänka igenom ngt noga; **~ überlegt → wohlüberlegt**; **~ unterrichtet → wohlunterrichtet**; **du spinnst ~!** är du inte riktigt klok! **Wohl** N väl n, välgång, välfärd; **zum ~!** skål! **wohlauf** ADV **~ sein** vara vid god hälsa **Wohlbefinden** N välbefinnande n **Wohlbehagen** N välbehag n **wohlbehalten** ADJ välbehållen, i gott stånd **wohlbekannt** ADJ välbekant **Wohlergehen** N välbefinnande n **wohlerzogen** ADJ väluppfostrad **Wohlfahrt** F välfärd; Fürsorge socialhjälp **Wohlfahrtsorganisation** F välgörenhetsorganisation **Wohlfahrtsstaat** M välfärdsstat **wohlfühlen** VR sich ~ må bra **Wohlgefühl** N känsla av välbehag **wohlgemerkt** ADV väl att märka; **~!** kom ihåg det! **wohlgenährt** ADJ välfödd **wohlgesinnt** ADJ välsinnad **wohlhabend** ADJ välbärgad, förmögen **wohlig** ADJ angenäm, behaglig, skön **Wohlklang** M välklang, välljud n **wohlmeinend** ADJ välmenande **wohlriechend** ADJ välluktande **wohlschmeckend** ADJ välsmakande **Wohlsein** N välbefinnande n **Wohlstand** M välstånd n **Wohlstandsgesellschaft** F välfärdssamhälle n **Wohltat** F välgärning **Wohltäter(in)** M(F) välgörare **wohltätig** ADJ välgörande **Wohltätigkeit** F välgörenhet **wohltuend** ADJ välgörande **wohltun** VI göra gott, vara välgörande **wohlüberlegt** ADJ noga överlagd **wohlverdient** ADJ välförtjänt **wohlweislich** ADV klokt nog, visligen **Wohlwollen** N välvilja **wohlwollend** ADJ välvillig

Wohnbereich M bostadsområde n **Wohnblock** M kvarter n av hyreshus **wohnen** VI bo **Wohnfläche** F bostadsyta **Wohngebäude** N bostadshus n **Wohngegend** F bostadsområde n **Wohngeld** N bostadsbidrag n **Wohngemeinschaft** F (boende)kollektiv n **wohnhaft** ADJ bosatt, boende (i) (in dat) **Wohnhaus** N bostadshus n **Wohnheim** N (student)hem n; personalbostad **Wohnküche**

F̱ = **kök** n **med matrum Wohnkultur** F̱ **bostadskultur wohnlich** ADJ (hem)trevlig **Wohnmobil** N̲ husbil **Wohnort** M̲ hemort **Wohnraum** M̲ bostadsyta; boningsrum n **Wohnsiedlung** F̱ bostadsområde n **Wohnsitz** M̲ hemvist; **seinen ~ in Stockholm haben** vara bosatt i Stockholm **Wohnung** F̱ bostad; lägenhet, våning; boning **Wohnungsbau** M̲ bostadsbyggande n **Wohnungseinrichtung** F̱ bostadsinredning **Wohnungsmarkt** M̲ bostadsmarknad **Wohnungsnot** F̱ bostadsbrist **Wohnungssuche** F̱ **auf ~ sein** leta efter en lägenhet **Wohnviertel** N̲ bostadskvarter n **Wohnwagen** M̲ husvagn **Wohnzimmer** N̲ vardagsrum n

Wok M̲ wok(panna)

wölben V/T, V/R välva (sich sig) **Wölbung** F̱ välvning; *Gewölbe* valv n

Wolf M̲ varg; *Fleischwolf* köttkvarn; *Papierwolf* dokumentförstörare **Wölfin** F̱ varghona

Wolke F̱ moln n, sky **Wolkenbruch** M̲ skyfall n **Wolkenkratzer** M̲ skyskrapa **wolkenlos** ADJ molnfri **wolkig** ADJ mulen

Wolldecke F̱ (ylle)filt **Wolle** F̱ roh ull; *bearbeitet* ylle n; ullgarn n, stickgarn n; **sich in die ~ kriegen** *umg* råka i luven på varandra **wollen**¹ ADJ ull-, ylle-, av ylle

wollen² A V/T, V/I vilja; **zu wem ~ Sie?** vem vill du tala med?; **das wollte ich nicht** det var inte min mening B V/AUX vilja, tänka, ämna; skola; **~ wir gehen?** ska vi gå?; **er will morgen wegfahren** han tänker/vill åka bort i morgon; **er will es gehört haben** han påstår sig ha hört det

Wolljacke F̱ yllekofta **Wollknäuel** M̲ *od* N̲ ullgarnsnystan n **Wollsachen** PL ylleplagg n/pl

Wollust F̱ vällust **wollüstig** ADJ vällustig

Wollwaren F/PL yllevaror pl

womit ADV *interrogativ* med vad, vad ... med; *relativ* med vilken/vilket/vilka, varmed **womöglich** ADV kanske **wonach** ADV *interrogativ* efter vad, vad ... efter; *relativ* efter vilken/vilket/vilka, varefter

Wonne F̱ fröjd

wonnig ADJ ljuvlig, söt

woran ADV *interrogativ* på (mot) vad, vad ... på (mot); *relativ* på (mot) vilken/vilket/vilka **worauf** ADV *interrogativ* på vad, vad ... på; *relativ* på vilken/vilket/vilka; *temporal* varpå **woraus** ADV *interrogativ* ur (av) vad, vad ... ur; *relativ* ur (od av) vilken/vilket/vilka, varur, varav **worin** ADV *interrogativ* i vad, vad ... i, vari; *relativ* i vilken/vilket/vilka, vari

Workshop M̲ workshop **Workstation** F̱ IT datorterminal, dator uppkopplad i ett nätverk

Wort N̲ ord n; **~ für ~** ord för ord; **mit einem ~** med ett ord; **mit anderen ~en** med andra ord; **auf mein ~!** på mitt (heders)ord!; **kein ~ mehr!** inte ett ord mer!; **in ~ und Tat** i ord och handling; **leere ~e** tomma fraser, tomt prat; **ums ~ bitten** begära ordet; **(nicht) zu ~ kommen** (inte) komma till tals; **das ~ ergreifen** ta till orda; **j-m ins ~ fallen** falla ngn i talet **Wortart** F̱ ordklass **Wortbildung** F̱ ordbildning **wortbrüchig** ADJ **~ werden** bryta sitt ord **Wörterbuch** N̲ ordbok, lexikon n **Wörterverzeichnis** N̲ ordlista **Wortfeld** N̲ semantiskt fält n **Wortfolge** F̱ ordföljd **Wortführer(in)** M/F talesman, målsman **wortgetreu** ADJ, ADV ordagrann **wortkarg** ADJ fåordig, tystlåten; ordknapp **Wortlaut** M̲ ordalydelse **wörtlich** A ADJ ordagrann B ADV ordagrant **wortlos** ADJ mållös, stum **Wortmeldung** F̱ begäran att få ordet **Wortschatz** M̲ ordförråd n **Wortschwall** M̲ ordsvall n **Wortspiel** N̲ ordlek **Wortstellung** F̱ ordföljd **Wortwechsel** M̲ ordväxling **wortwörtlich** ADJ ordagrant

worüber ADV *interrogativ* över vad, vad ... över; *relativ* över vilken/vilket/vilka **worum** ADV *interrogativ* om(kring) vad, vad ... om(kring); *relativ* om(kring) vilken/vilket/vilka **worunter** ADV *interrogativ* under vad, vad ... under; *relativ* under vilken/vilket/vilka, varunder, bland vilka **wovon** ADV *interrogativ* av (från) vad, vad ... av (från); *relativ* av (från) vilken/vilket/vilka, varav, varifrån **wovor** ADV *interrogativ*

framför vad, vad ... framför; *relativ* framför vilken/vilket/vilka, vad ... för, för vad ... **wozu** ADV *interrogativ* till vad, vad ... till; varför; *relativ* till vilken/vilket/vilka, vartill, varför; vartill, till vad; *weshalb* varför
Wrack N vrak *n*
wringen VT, VI vrida
WS ABK (= Wintersemester) vintertermin
Wucher M ocker *n* **Wucherer** M, **Wucherin** F ockrare, procentare **wuchern** VI växa okontrollerat, sprida sig; frodas; bedriva ocker **Wucherpreis** M ockerpris *n* **Wucherung** F utväxt; MED svulst
Wuchs M växt; kroppsbyggnad
Wucht F kraft, styrka; *Gewicht* tyngd, vikt **wuchten** *umg* VT lyfta, baxa, häva; slå, skjuta
wühlen VI böka, gräva, rota **Wühlmaus** F sork
Wulst F *od* M valk **wulstig** ADJ svällande; *Lippen* tjocka
wund ADJ sårig, öm; *fig* **einen ~en Punkt berühren** vidröra en ömtålig punkt; **sich** (*dat*) **die Füße ~ laufen** få skoskav, få skavsår på hälarna; **sich ~ liegen** få liggsår **Wunde** F sår *n*
Wunder N under *n*; *Wunderwerk* underverk *n*; **es ist kein ~, dass ...** det är inte så konstigt (*od* underligt) att ...; **~ tun** göra underverk; **kein ~!** inte undra på! **wunderbar** ADJ underbar; *herrlich* härlig **Wunderkerze** F tomtebloss *n* **Wunderkind** N underbarn *n* **Wunderland** N sagoland *n* **wunderlich** ADJ underlig, sällsam, besynnerlig **Wundermittel** N undergörande medel *n* **wundern** A VT förvåna, förundra B VR **sich ~** förundra sig, förvånas, bli förvånad (**über** *akk* över); **es wundert mich** det förvånar mig **wunderschön** ADJ underbart vacker **wundervoll** ADJ underbar, härlig **Wunderwerk** N underverk *n*
Wundsalbe F sårsalva **Wundstarrkrampf** M stelkramp
Wunsch M önskan, önskemål *n*; begäran; **auf (allgemeinen) ~** på (allmän) begäran; **je nach ~** allt efter önskemål; **Wünsche** *pl* lyckönskningar; **die besten Wünsche zum Geburtstag** hjärtliga gratulationer på födelsedagen

Wünschelrute F slagruta
wünschen VT önska; **es ist zu ~ det är önskvärt wünschenswert** ADJ önskvärd **wunschgemäß** ADV enligt önskan **Wunschkind** N önskat barn *n* **Wunschkonzert** N önskeprogram *n* **wunschlos** ADV utan önskningar **Wunschtraum** M önskedröm **Wunschzettel** M önskelista
Würde F värdighet; rang; **unter meiner ~** under min värdighet **würdelos** ADJ ovärdig **Würdenträger(in)** M(F) dignitär **würdevoll** ADJ värdig **würdig** ADJ värdig **würdigen** VT värdesätta, uppskatta; **keines Blickes ~** inte bevärdiga med en blick **Würdigung** F uppskattning; erkännande *n*
Wurf M kast *n*; ZOOL kull
Würfel M *Spielwürfel*, *Stückchen* tärning; MATH kub; **der ~ ist gefallen** tärningen är kastad **Würfelbecher** M tärningsbägare **würfeln** A VI spela (*od* kasta) tärning B VT *schneiden* skära i tärningar **Würfelspiel** N tärningsspel *n* **Würfelzucker** M bitsocker *n*
Wurfgeschoss, *österr* **Wurfgeschoß** N projektil **Wurfsendung** F *Post* gruppreklam
Würgegriff M strypgrepp *n*, struptag *n*
würgen VT *erwürgen* strypa; *würgen* ta struptag på; *hinunterwürgen* tvinga i sig, pressa ned
Wurm M mask; **da ist der ~ drin** *umg fig* det är något fel någonstans **wurmen** *umg* VT gräma; **es wurmt mich, dass ...** det grämer mig att ... **Wurmfortsatz** M maskformigt bihang *n*
Wurst F korv; *fig umg* **das ist mir wurst** *umg* det struntar jag i **Würstchen** N varmkorv; *umg Person* stackare **Würstchenbude** F korvstånd *n*
wursteln *umg* VI gå och skrota; **sich durch~** hanka sig fram; **weiter~** gå på i den gamla vanliga lunken
Wurstwaren F/PL korv
Würze F krydda; *Bierwürze* vört
Wurzel F rot *a. fig*; **~n schlagen** slå rot **Wurzelbehandlung** F rotbehandling
würzen VT krydda **würzig** ADJ kryddad, aromatisk
Wust *pej* M röra, hög

wüst ADJ unbewohnt öde, tom, obebodd; wirr rörig, kaotisk; liederlich oanständig, grov, vulgär; roh vild, våldsam; gemein fruktansvärd, förfärlig **Wüste** F öken

Wut F ilska, vrede; raseri n, ursinne n; ich kriege die ~, wenn ... jag blir arg (od förbannad) när ...; eine ~ auf j-n haben vara ursinnig på ngn **Wutanfall** M vredesutbrott n; einen ~ bekommen få ett raseriutbrott **wüten** VI rasa; a. Seuche härja **wütend** ADJ rasande, ursinnig **wutentbrannt** ADJ ursinnig

WWW N IT www, internet

X

X, x N X, x n; **x Sorten** umg femtielva sorter
x-Achse F x-axel
X-Beine N/PL ~ haben vara kobent **x-beinig** ADJ kobent
x-beliebig ADJ Sache vad/vilken ... som helst; ett-Wort vilket ... som helst; ein ~es Buch vilken bok som helst; eine ~e Person vem som helst
x-förmig ADJ x-formad
x-mal umg ADV femtielva gånger
X-Strahlen M/PL röntgenstrålar pl
Xylofon, Xylophon N xylofon

Y

Y, y N Y, y n
y-Achse F y-axel
Yoga M od N yoga
Ypsilon N tyska bokstaven y
Yuppie M yuppi

Z

Z, z N Z, z n; fig von A bis Z från början till slut
Zacke F, **Zacken** M tagg, udd, spets; Zinne tinne **zacken** VT tanda **zackig** ADJ taggig, uddig; gezähnt tandad; fig umg käck, klämmig
zaghaft ADJ tveksam; scheu blyg, försiktig
zäh ADJ seg a. fig **zähflüssig** ADJ tjockflytande **Zähigkeit** F seghet a. fig
Zahl F tal n; Ziffer siffra; Anzahl antal n; 10 an der ~ 10 till antalet
zahlbar ADJ betalbar
zählebig ADJ seglivad, segsliten
zahlen VT, VI betala; ich möchte ~! får jag betala?; bitte ~! umg får jag (od vi) betala?
zählen VT, VI räkna; gelten räknas; das zählt nicht det räknas inte **zahlenmäßig** ADJ siffermässig **Zahlenverhältnis** N (numerisk) proportion
Zahler(in) M(F) betalare
Zähler M ELEK Gas mätare; MATH täljare; SPORT umg mål n; poäng **Zählerstand** M mätarställning
Zahlkarte F inbetalningskort n
zahllos ADJ otalig **zahlreich** ADJ talrik
Zahlung F betalning; ~ leisten betala; in ~ geben/nehmen byta in
Zählung F räkning
Zahlungsanweisung F postanvisning, bankanvisning **Zahlungsaufforderung** F maning **Zahlungsbedingungen** F/PL betalningsvillkor pl **Zahlungsbilanz** F betalningsbalans **zahlungsfähig** ADJ solvent **Zahlungsfrist** F betalningsdag; Aufschub betalningsanstånd F betalningskräftig ADJ penningstark **Zahlungsmittel** N betalningsmedel n **Zahlungsschwierigkeiten** F/PL betalningssvårigheter pl **zahlungsunfähig** ADJ insolvent **Zahlungsverkehr** M betalningar, transaktioner; betalningsväsen n **Zahlungsweise** F betalningssätt n
Zählwerk N räkneverk n **Zahlwort**

N räkneord n
zahm ADJ tam, spak; *fig* medgörlig **zähmen** VT tämja; *fig a.* tygla; sich ~ behärska sig **Zähmung** F tämjande n
Zahn M tand; TECH kugge; *Zinke* tagg; **die dritten Zähne** löständer *pl*; *fig* **j-m auf den ~ fühlen** *umg* känna ngn på pulsen; *fig* **Haare auf den Zähnen haben** ha skinn på näsan; **einen ~ zulegen** *umg* lägga på ett kol **Zahnarzt** M, **Zahnärztin** F tandläkare **Zahnarzthelfer(in)** M/F tandsköterska **zahnärztlich** ADJ tandläkar- **Zahnbelag** M plack **Zahnbürste** F tandborste **Zahncreme** F tandkräm **zähneknirschend** *fig* ADJ, ADV ytterst motvilligt **zahnen** VI få tänder **Zahnersatz** M tandprotes **Zahnfäule** F tandröta, karies **Zahnfleisch** N tandkött n **Zahnfüllung** F tandfyllning **Zahnkrone** F tandkrona **zahnlos** ADJ tandlös **Zahnlücke** F glugg **Zahnpasta** F tandkräm **Zahnpflege** F tandvård **Zahnprothese** F tandprotes **Zahnrad** N kugghjul n **Zahnradbahn** F bergbana **Zahnschmelz** M tandemalj **Zahnschmerzen** M/PL tandvärk **Zahnseide** F tandtråd **Zahnspange** F tandställning **Zahnstein** M tandsten **Zahnstocher** M tandpetare **Zahntechniker(in)** M/F tandtekniker **Zahnweh** N tandvärk **Zahnwurzel** F tandrot
Zander M gös
Zange F tång
Zank M gräl n, bråk n, kiv n **Zankapfel** M stridsäpple n, tvistefrö n **zanken** V/T, V/R (sich) ~ bråka, gräla, träta, tvista **zänkisch** ADJ grälsjuk
Zäpfchen N ANAT gomspene; MED stolpiller n
zapfen VT tappa **Zapfen** M tapp, plugg; BOT kotte **Zapfenstreich** M tapto n **Zapfhahn** M tappningskran **Zapfsäule** F bensinpump
zapp(e)lig ADJ sprattlande; otålig **zappeln** VI sprattla; **j-n ~ lassen** hålla ngn på sträckbänken
zappen V/I TV zappa
Zar M tsar **Zarin** F tsarinna
zart ADJ späd; fin; ömtålig; lätt; ~**es Fleisch** mört kött **zartbesaitet** ADJ känslig **zartfühlend** ADJ finkänslig, taktfull **Zartgefühl** N finkänslighet, taktfullhet **Zartheit** F spädhet; finhet; ömtålighet; lätthet **zärtlich** ADJ öm, kärleksfull **Zärtlichkeit** F ömhet, kärleksfullhet; ~**en** *pl* smekningar, ömhetsbetygelser *pl*
Zaster *umg* M stålar
Zauber M förtrollning; *Zauberei* trolleri n, trolldom; *Reiz* tjusning **Zauberei** F trolleri n, trolldom **Zauberer** M trollkarl; trollkonstnär **Zauberformel** F trollformel **zauberhaft** ADJ förtrollande, förtjusande **Zauberin** F trollgumma; trollkonstnär **Zauberkraft** F magisk kraft **Zauberkunst** F trollkonst **Zauberkünstler(in)** M/F trollkonstnär **zaubern** V/I trolla **Zauberspruch** M trollformel **Zauberstab** M trollstav **Zaubertrank** M trolldryck **Zauberwort** N magiskt ord n
zaudern V/I dröja; tveka
Zaum M betsel n, tygel; *fig* **im ~(e) halten** hålla i styr
zäumen VT *Pferd* betsla
Zaun M staket n, stängsel n, inhägnad; *fig* **einen Streit vom ~(e) brechen** söka gräl **Zaunkönig** M gärdsmyg **Zaunpfahl** M gärdsgårdsstör
z. B. ABK (= zum Beispiel) t. ex., till exempel
Zebra N sebra **Zebrastreifen** M övergångsställe n
Zeche F nota; *fig umg* **die ~ bezahlen** få betala kalaset; BERGB gruva **zechen** V/I festa, dricka, supa
Zecke F fästing
Zeder F ceder
Zehe F tå; **große ~** stortå; **kleine ~** lilltå; *Knoblauch* vitlöksklyfta **Zehenspitze** F tåspets; **auf ~n** på tå
zehn NUM tio **Zehn** F tia **Zehner** M tiotal n; tiocentmynt n; tioeurosedel **Zehnerpackung** F tiopack n **Zehnkampf** M tiokamp **zehntausend** NUM tiotusen **Zehntel** N tiondel **zehnte(r, s)** ADJ artonde
zehren V/I tära (*an dat* på); ~ **von** tära på, leva av/på
Zeichen N tecken n; märke n; signal; stjärnbild, tecken n; ~ **setzen** sätta ut skiljetecken; *fig* ge nya impulser **Zeichenblock** M ritblock n **Zeichenbrett** N ritbräde n **Zeichenpapier**

N ritpapper n **Zeichensetzung** F interpunktion **Zeichensprache** F teckenspråk n **Zeichentrickfilm** M tecknad film **zeichnen** VT, VI teckna, rita; *kennzeichnen* märka; *unterschreiben* underteckna; **neue Aktien** ~ teckna nya aktier **Zeichner(in)** M(F) tecknare, ritare; WIRTSCH aktietecknare **zeichnerisch** ADJ tecknings-; grafisk **Zeichnung** F teckning, ritning; WIRTSCH teckning
Zeigefinger M pekfinger *mst n* **zeigen** A VT visa; *hinweisen* peka **(auf** *akk* **på)** B V/R **sich** ~ visa sig *a. fig* **Zeiger** M visare
Zeile F rad **zeilenweise** ADV radvis, rad för rad
Zeisig M siska
Zeit F tid; GRAM tempus *n*; **auf** ~ på tid; **von** ~ **zu** ~ då och då; **vor einiger** (*od* **kurzer**) ~ för någon (*od* en kort) tid se(da)n; **zu meiner** (**deiner** *etc*~) ~ på min (din *etc*) tid; **in letzter** ~ på sista (*od* senaste) tiden; **zu gleicher** ~ på samma gång, samtidigt; **es ist** (**höchste**) ~ det är på tiden; ~ **haben** ha tid, hinna; **das hat** (**noch**) ~ det är ingen brådska; **ich habe keine** ~ jag har inte tid; **sich** ~ **lassen** ta god tid på sig; **es wird** ~ det är på tiden; **eine** ~ **lang** en tid; ~ **raubend** tidsödande **Zeitabschnitt** M tidsskede *n* **Zeitalter** N tidsålder, tidevarv *n* **Zeitangabe** F tidsuppgift, datering **Zeitarbeit** F arbete *n* genom bemanningsföretag **Zeitaufwand** M tidsåtgång **Zeitbombe** F *a. fig* tidsinställd bomb **Zeitdifferenz** F tidsskillnad **Zeitdruck** M tidspress; **unter** ~ **stehen** ha ont om tid **Zeitform** F GRAM tidsform, tempus *n* **Zeitfrage** F tidsfråga; aktuell fråga **Zeitgeist** M tidsanda **zeitgemäß** ADJ tidsenlig **Zeitgenosse** M, **Zeitgenossin** F samtida **zeitgenössisch** ADJ samtida **Zeitgeschehen** N aktuella händelser **Zeitgewinn** M tidsvinst **zeitig** A ADJ tidig B ADV tidigt, i god tid **Zeitkarte** F periodkort *n* **Zeitlang** F → Zeit **zeitlebens** ADV hela livet **zeitlich** A ADJ tids-; **in** ~**er Reihenfolge** i tidsföljd; **das Zeitliche segnen** lämna det jordiska B ADV tidsmässigt; ~ **begrenzt** tidsbegränsad **zeitlos** ADJ tidlös **Zeitlupe** F **in** ~ **i** ultrarapid **Zeitmangel** M tidsbrist **zeitnah** ADJ aktuell **Zeitpunkt** M tidpunkt **Zeitraffer** M *Film* quick-motion **zeitraubend** ADJ tidsödande **Zeitraum** M tidrymd **Zeitrechnung** F tideräkning **Zeitschrift** F tidskrift **Zeitspanne** F tid(rymd), period; **eine kurze** ~ kort tid

Zeitung F tidning **Zeitungsabonnement** N tidningsabonnemang *n*, tidningsprenumeration **Zeitungsanzeige** F tidningsannons **Zeitungsartikel** M tidningsartikel **Zeitungsausschnitt** M tidningsurklipp *n* **Zeitungsausträger(in)** M(F) tidningsbud *n* **Zeitungsente** *fig* F tidningsanka **Zeitungskiosk** M tidningskiosk **Zeitungspapier** N tidningspapper *n* **Zeitungsredakteur(in)** M(F) tidningsredaktör **Zeitungsverkäufer(in)** M(F) tidningsförsäljare **Zeitverschwendung** F slöseri (*n*) med tid **Zeitvertreib** M tidsfördriv *n* **zeitweilig** A ADJ tillfällig, temporär B ADV då och då **zeitweise** ADV tidvis **Zeitwort** N verb *n* **Zeitzeichen** N RADIO tidssignal

Zelle F cell; *Badezelle* badhytt; *Telefonzelle* telefonkiosk **Zellgewebe** N cellvävnad **Zellkern** M cellkärna **Zellstoff** M pappersmassa; cellstoff *n* **Zellulose** F cellulosa

Zelt N tält *n* **zelten** VI tälta; ~ **gehen** åka ut och tälta **Zeltlager** N tältläger *n* **Zeltplatz** M tältplats

Zement M cement *a. n* **zementieren** VT cementera; *fig* permanenta, göra definitiv

Zenit M zenit *n*; *fig* höjdpunkt **zensieren** VT censurera; *Aufsatz* betygsätta **Zensur** F censur; *Zeugnis* betyg *n*

Zentimeter M centimeter
Zentner M 50 kg
zentral ADJ central **Zentrale** F central; huvudkontor *n*; telefonväxel **Zentralheizung** F centralvärme; värmeelement *n* **Zentralisation** F centralisation **zentralisieren** VT centralisera **Zentralverriegelung** F AUTO centrallås *n*
Zentrifugalkraft F centrifugalkraft
Zentrifuge F centrifug

Zentrum N centrum n
Zeppelin M zeppelinare
Zepter N spira
zerbeißen VT bita sönder **zerbomben** VT bomba sönder **zerbrechen** A VT bryta (od slå) sönder, krossa; fig sich (dat) den Kopf ~ fundera mycket B VI gå sönder, brista, krossas **zerbrechlich** ADJ bräcklig, skör, spröd **Zerbrechlichkeit** F bräcklighet, skörhet, sprödhet **zerbröckeln** A VT smula sönder B VI smula sig **zerdrücken** VT trycka (od klämma) sönder, knäcka; zerknittern skrynkla (till)
Zeremonie F ceremoni
Zerfall M sönderfall, upplösning; fig förfall n **zerfallen** VI falla (od gå) sönder; sich gliedern sönderfalla, indelas (in akk i); verfallen förfalla **zerfetzen** VT slita (od trasa) sönder **zerfleischen** VT slita i stycken, sarga **zerfließen** VI flyta ut; flüssig werden smälta, upplösas a. fig **zergehen** VI smälta, upplösas **zerhacken** VT hacka sönder **zerkauen** VT tugga sönder **zerkleinern** VT dela i småbitar, smula sönder, krossa **zerknautschen** VT skrynkla ihop, knyckla ihop **zerknirscht** ADJ ångerfull, skuldmedveten, förkrossad **zerknittern** VT skrynkla till **zerknüllen** umg VT knyckla ihop **zerkochen** A u. VT koka sönder **zerkratzen** VT repa (od riva) sönder **zerlassen** VT smälta **zerlaufen** VI smälta, upplösas; Farbe flyta ut **zerlegbar** ADJ isärtagbar; CHEM analyserbar **zerlegen** VT (sönder)dela, ta isär; Fleisch skära upp, tranchera; stycka; CHEM analysera **Zerlegung** F (sönder)delning, söndertagande n; analys(ering) **zerlesen** ADJ sönderläst **zerlumpt** ADJ trasig **zermahlen** VT mala sönder **zermalmen** VT krossa (sönder) **zermürben** VT utmatta, trötta ut; bryta ned; ~d ytterst påfrestande **Zermürbungstaktik** F utmattningstaktik **zerpflücken** VT plocka sönder **zerquetschen** VT krossa, klämma (od mosa) sönder
Zerrbild N förvrängning, karikatyr **zerreiben** VT gnida sönder; Farbe riva; vernichten krossa **zerreißen** A VT slita (od riva) sönder B VI gå sönder, brista, rämna; sich ~ umg göra allt man kan **Zerreißprobe** fig F eldprov n **zerren** A VT rycka, dra, slita; sich etw ~ MED få en sträckning B VI an etw ~ dra (od slita) i ngt
zerrinnen VI upplösa sig, smälta (bort); fig rinna bort, försvinna **zerrissen** ADJ sönderliten, sönderriven; fig splittrad, kluven **Zerrissenheit** fig F splittring, kluvenhet
Zerrung F MED sträckning
zerrütten VT förstöra, rubba, ruinera **Zerrüttung** F upplösning, sammanbrott n; förstörelse; upprivenhet **zersägen** VT såga sönder **zerschlagen** A VT slå sönder; Hoffnungen grusa; Pläne förstöra; einen Verbrecherring ~ spränga en liga B VR sich ~ gå om intet, stranda **zerschmettern** VT krossa **zerschneiden** VT skära itu, klippa sönder **zersetzen** A VT upplösa, bryta ned; fig undergräva B VR sich ~ brytas ned, upplösas **Zersetzung** F nedbrytning, upplösning **zersplittern** A VT splittra B VI splittras **Zersplitterung** F splittring **zerspringen** VI spricka, explodera **zerstampfen** VT krossa; trampa sönder **zerstäuben** VT finfördela, spreja **Zerstäuber** M sprejflaska; raffräschissör; TECH spridare **zerstören** VT förstöra **Zerstörer** M MIL jagare **Zerstörung** F förstöring; förstörelse; förödelse **Zerstörungswut** F förstörelselusta **zerstreuen** VT sprida, skingra; fig förströ, få på andra tankar B VR sich ~ spridas, skingras; fig förströ sig **zerstreut** fig ADJ tankspridd **Zerstreutheit** F tankspriddhet **Zerstreuung** F spridande n, skingrande n; fig förströelse **zerstritten** ADJ mit j-m ~ sein vara på kant med ngn **zerstückeln** VT stycka
Zertifikat N certifikat n, diplom n
zertreten VT trampa sönder, trampa ned **zertrümmern** VT krossa, slå i spillror **Zerwürfnis** N brytning; söndring **zerzaust** ADJ rufsig
Zettel M (pappers)lapp; Formular papper n; meddelande n
Zeug umg N saker pl, grejer pl; pej smörja; fig anlag n; dummes ~ prat n, dumheter pl; fig sich ins ~ legen göra allt man kan; fig er will mir immer etw am ~ flicken han har alltid

ngt att anmärka på mig; *fig* **das ~ zu etw haben** ha anlag för ngt
Zeuge M̄ vittne n **zeugen** A V/T frambringa, alstra; *Kind* avla B V/I vittna **(von etw om ngt) Zeugenaussage** F̄ vittnesmål n **Zeugenbank** F̄ vittnesbås n, vittnesbänk **Zeugin** F̄ vittne n **Zeugnis** N̄ betyg n, vitsord n; *Gutachten* intyg n, attest; JUR vittnesmål n, vittnesbörd n; **~ von etw ablegen** avlägga vittnesbörd om ngt **Zeugung** F̄ avlelse n **zeugungsfähig** ADJ fertil **zeugungsunfähig** ADJ steril, impotent
Zicke F̄ get; **~n machen** göra dumheter; krångla, vara besvärlig **zickig** *umg* ADJ lynnig; snorkig
Zickzack M̄ sicksack n; **im ~** i sicksack; **~ laufen** åka/springa i sicksack
Ziege F̄ get; *umg* blöde **~!** käring!
Ziegel M̄ tegel n; tegelsten; *Dachziegel* takpanna **Ziegelstein** M̄ tegelsten
Ziegenbock M̄ (geta)bock **Ziegenkäse** M̄ getost **Ziegenpeter** M̄ MED påssjuka
ziehen A V/T dra; BOT odla; ZOOL uppföda; **in Erwägung ~** ta i övervägande; **den Kürzeren ~** dra det kortaste strået; **Nutzen aus etw ~** dra nytta av ngt; **zu Rate ~** fråga till råds; **j-n zur Rechenschaft ~** avfordra ngn räkenskap B V/R **durch den Schmutz ~** smutskasta; **an sich ~** dra till sig; **nach sich ~** dra med sig, ha till följd; **sich in die Länge ~** dra ut på tiden; **das zieht bei mir nicht der geht inte hem hos mig **Zieharmonika** F̄ dragspel n **Ziehung** F̄ dragning
Ziel N̄ a. SPORT mål n; *Absicht* ändamål n, syfte n; WIRTSCH betalningstermin, frist; **sich ein ~ setzen** sätta upp ett mål för sig; **durchs ~ gehen** SPORT gå/komma i mål; **am ~** vid målet, framme; **3 Monate ~** betalning inom tre månader **zielen** V/I sikta, rikta, måtta **(auf** akk) *anspielen* syfta till/på, anspela på, gå ut på **Zielgerade** F̄ SPORT upploppssida **Zielgruppe** F̄ målgrupp **Ziellinie** F̄ mållinje **ziellos** ADJ utan mål, planlös **Zielscheibe** F̄ skottavla *a. fig* **Zielsetzung** F̄ målsättning **zielsicher** ADJ träffsäker **zielstrebig** ADJ målmedveten **Zielstrebigkeit** F̄ målmedvetenhet

ziemlich A ADJ tämligen stor; avsevärd; skaplig B ADV ganska, tämligen, rätt
Zierde F̄ prydnad **zieren** A V/T smycka, pryda B V/R **sich ~** låta sig krusas, göra sig till **zierlich** ADJ fin, (liten och) nätt
Ziffer F̄ siffra; **eine Zahl mit drei ~n** ett tresiffrigt tal; *Vertrag etc* punkt; moment n **Zifferblatt** N̄ urtavla
Zigarette F̄ cigarett **Zigarettenautomat** M̄ cigarettautomat **Zigarettenschachtel** F̄ cigarettask **Zigarettenstummel** M̄ *umg* cigarettstump, fimp **Zigarillo** N̄ u. M̄ cigarrcigarett **Zigarre** F̄ cigarr
zigmal *umg* ADV femtioelva gånger
Zimmer N̄ rum n; **~ zu vermieten** rum att hyra **Zimmerantenne** F̄ inomhusantenn **Zimmermädchen** N̄ städerska **Zimmermann** M̄ timmerman **zimmern** V/T timra **Zimmernachweis** M̄ rumsförmedling **Zimmerpflanze** F̄ krukväxt **Zimmerservice** M̄ rumsservice **Zimmertemperatur** F̄ rumstemperatur **Zimmervermietung** F̄ rumsuthyrning
zimperlich ADJ *empfindlich* ömtålig, överdrivet känslig; *sittsam* pryd, sipp, sjåpig; **~ sein** sjåpa sig
Zimt M̄ kanel; *umg Kram* skräp n, smörja **Zimtstange** F̄ kanelstång
Zink N̄ zink
Zinke F̄ pigg; pinne, tand
zinken V/T *Karten* märka
Zinn N̄ tenn n
Zinne F̄ tinne
Zinnsoldat M̄ tennsoldat
Zins F̄ 1 ränta; **~en tragen** ge ränta; **ohne ~en** räntefritt; **zu 4% ~en** till 4% ränta; **mit ~en med ränta** 2 *österr, schweiz* (*=Miete*) hyra **Zinseszins** M̄ ränta på ränta **Zinsfuß** M̄ räntefot **zinslos** ADJ, ADV räntefri (tt *adv*) **Zinssatz** M̄ räntesats **Zinssenkung** F̄ räntesänkning
Zionismus M̄ sionism **Zionist(in)** M/F sionist
Zipfel M̄ flik, snibb, hörn n **Zipfelmütze** F̄ toppluva
zippen V/T, V/I IT komprimera, packa
Zirbeldrüse F̄ ANAT tallkott(s)körtel
zirka ADV cirka

Zirkel M cirkel; *Kreis* krets; *Gerät* passare **Zirkulation** F cirkulation **zirkulieren** VI cirkulera, vara i omlopp **Zirkus** M cirkus; *umg* cirkus, väsen n, bråk n **zischeln** VI viska, tissla och tassla **zischen** VIT, VI *Person, Tier* väsa, fräsa; *sich schnell bewegen* susa, rusa; *durch die Luft* vina; **einen ~** *umg* svepa ett glas **Zitat** N citat n **Zither** F cittra **zitieren** VIT citera; **j-n zu sich ~** *umg* be ngn komma **Zitronat** N sockat a. n **Zitrone** F citron **zitronengelb** ADJ citrongul **Zitronenpresse** F citronpress **Zitronensaft** M citronsaft **Zitronensäure** F citronsyra **Zitronenschale** F citronskal a. **Zitrusfrucht** F citrusfrukt **zitterig** ADJ darrig **zittern** VI darra, skälva, skaka, dallra **Zittern** N darrning, skälvning, dallring **Zitterpappel** F asp **Zitze** F spene **Zivi** *umg* M person som gör vapenfri tjänst **zivil** ADJ civil; *Preis* hyfsad **Zivil** N civila kläder; **in ~** civilklädd **Zivilbevölkerung** F civilbefolkning **Zivilcourage** F civilkurage **Zivildienst** M vapenfri tjänst **Zivildienstleistende(r)** M/F/M person som gör vapenfri tjänst **Zivilehe** F borgerligt äktenskap n **Zivilisation** F civilisation **zivilisieren** VIT civilisera **zivilisiert** ADJ civiliserad **Zivilist(in)** M/F civilist **Zivilprozess** M civilmål n **Zivilrecht** N civilrätt **Zivilschutz** M civilförsvar n **Zobel** M sobel **zocken** A B VIT COMPUT spela spel **Zocker(in)** *umg* M/F (hasard)spelare **Zoff** *umg* M bråk n **zögern** VI dröja, tveka **Zögern** N tvekan **Zögling** M elev **Zölibat** M u. N celibat n **Zoll**¹ M *Maß* tum **Zoll**² M tull **Zollabfertigung** F tullbehandling **Zollamt** N tullkammare **Zollbeamte(r)** M, **Zollbeamtin** F tulltjänsteman **Zollbestimmungen** F/PL tullbestämmelser pl **Zollerklärung** F tulldeklaration **zollfrei** ADJ, ADV tullfri (tt adv) **Zollgebühr** F tullavgift **Zollkontrolle** F tullkontroll **Zöllner(in)** M/F tulltjänsteman **zollpflichtig** ADJ tullpliktig **Zollstock** M tumstock **Zolltarif** M tulltariff **Zollunion** F tullunion **Zone** F zon **Zombie** M zombie **Zoo** M zoo n, djurpark **Zoologe** M zoolog **Zoologie** F zoologi **Zoologin** F zoolog **zoologisch** ADJ zoologisk **Zoom** M zoom **zoomen** VI zooma **Zopf** M *a. Gebäck* fläta **Zorn** M vrede, ilska; **in ~ geraten** bli rasande; **im ~** i vredesmod **Zornausbruch** M vredesutbrott n **zornig** ADJ arg, ilsken, vred **Zote** *umg* F snuskig historia **zottig** ADJ lurvig; tovig **zu** A PRÄP ⟨*dat*⟩ till; **~ Fuß** till fots; **~ Bett gehen** gå till sängs; **~m Fenster hinaus** ut genom fönstret; **~m Glück** som tur är/var; **~ Not** i nödfall; **~m Teil** till en del, del(vis); **~ Hause** hemma; **~ zweit** två och två, parvis; **~ Hunderten** i hundratal, hundratals; **~ jener Zeit** på den tiden; **~ seinen Lebzeiten** under sin (*bzw.* hans) livstid; **von Tag ~ Tag** dag från dag B ADV (alltjför; *geschlossen* igen, stängd, sluten; *örtlich* åt, (e)mot; **~ groß/klein** för stor/liten; **~ viel** för mycket; **~ viele** för många; **nach Norden ~** åt (*od* mot) norr; **Tür ~!** stäng dörren!; **nur ~!, immer ~!** gå å!; **ab und ~** då och då C KONJ ⟨*beim inf*⟩ att; **nichts ~ sehen** inget att se **zuallererst** ADV allra först **zuallerletzt** ADV allra sist **zubauen** VIT bygga för/igen **Zubehör** N tillbehör n **zubeißen** VI bita till **zubekommen** VIT *Tür etc* få igen; få på köpet **zubereiten** VIT tillreda, tillaga, anrätta; **das Essen ~** laga mat **Zubereitung** F tillredning, tillagning, anrättande n **zubilligen** VIT bevilja **zubinden** VIT binda ihop, knyta **zubleiben** VI förbli stängd **zubringen** VIT *verbringen* tillbringa; *schließen können* få igen, stänga **Zubringerbus** M matarbuss **Zubringerstraße** F tillfarts-

Zucchini F zucchini, squash
Zucht F tukt, disciplin; *Aufzucht* uppfödning, avel; BOT odling **züchten** VT föda upp; odla **Züchter(in)** M(F) uppfödare; odlare **Zuchthaus** N fångvårdsanstalt (för straffarbete); *Strafe* straffarbete n **züchtigen** VT aga, tukta **Züchtigung** F aga, straff n, upptuktelse **Zuchtperle** F odlad pärla **Zuchttier** N avelsdjur n **Züchtung** F *Aufzucht* uppfödning, avel; odling; kultur **Zuchtvieh** N avelsboskap
zucken VI rycka (till), spritta till; *Blitz* ljunga; mit den Achseln ~ rycka på axlarna; ohne mit der Wimper zu ~ utan att blinka
zücken VT *Messer* dra; *Brieftasche etc* ta (od plocka) fram
Zucker M socker n; *umg* MED socker (-sjuka); ohne ~ sockerfri **Zuckerdose** F sockerskål **Zuckererbse** F sockerärt **zuckerfrei** ADJ sockerfri **Zuckergehalt** M sockerhalt **Zuckerguss** M glasering, glasyr **zuckerkrank** ADJ sockersjuk **Zuckerkrankheit** F sockersjuka **zuckern** VT sockra **Zuckerrohr** N sockerrör n **Zuckerrübe** F sockerbeta **zuckersüß** ADJ sockersöt **Zuckerwürfel** M sockerbit **Zuckerzange** F sockertång
Zuckung F ryckning
zudecken VT täcka över **zudem** ADV dessutom, för övrigt **zudrehen** VT vrida till/igen, stänga; j-m den Rücken ~ vända ryggen mot ngn; *zukehren* vända (e)mot (od åt) **zudringlich** ADJ närgången, påträngande **Zudringlichkeit** F närgångenhet; ~en pl närmanden **zudrücken** VT trycka igen (od till); *fig* ein Auge ~ se genom fingrarna (bei med) **zueinanderpassen** VI passa ihop med varandra **zuerkennen** VT tillerkänna, tilldela, tilldöma; JUR ådöma **zuerst** ADV först; zum ersten Mal för första gången; *zunächst* till att börja med **Zufahrt** F tillfart **Zufahrtsstraße** F tillfartsväg **Zufall** M slump, tillfällighet, händelse; durch ~ av en slump (händelse) **zufallen** VI falla igen; j-m ~ tillfalla ngn **zufällig** A ADJ tillfällig, slumpartad B ADV tillfälligtvis, händelsevis, av en händelse; er war ~ da han råkade vara där; weißt du ~, wo er ist? vet du möjligtvis var han är?; wenn du ihn ~ siehst om du skulle få se honom **Zufallstreffer** M lycktreff **zufassen** VI hjälpa till, ta i, hugga i **zufliegen** VI flyga (auf *akk* mot od till); *umg zuschlagen* slå (od smälla) igen **Zuflucht** F tillflykt **Zufluchtsort** M tillflyktsort, fristad **Zufluss** M tillflöde n, tillopp n **zuflüstern** VT j-m etw ~ viska ngt till ngn **zufolge** PRÄP ⟨gen od dat⟩ enligt, till följd av **zufrieden** ADJ nöjd, belåten, tillfreds(ställd), nöjd (mit med); ~ stellen tillfredsställa **zufriedengeben** VI sich ~ nöja sig; sich ~ mit (dat) låta nöja sig med **Zufriedenheit** F belåtenhet, tillfredsställelse **zufriedenstellen** VT tillfredsställa **zufriedenstellend** ADJ tillfredsställande **zufrieren** VI frysa till (od igen) **zufügen** VT tillfoga, vålla; tillsätta **Zufuhr** F tillförsel **zuführen** A VT tillföra; *versorgen mit* förse med; TECH mata B VI föra, leda (auf *akk* till/mot)

Zug M 1 BAHN tåg n; *Prozession* tåg n, procession; mit dem ~ fahren åka tåg; *umg fig* der ~ ist abgefahren det är kört; ich bin am ~(e) det är min tur 2 *Luftzug* (luft)drag n; *an Zigarette* bloss n; in/mit einem ~ på en enda gång, i ett svep; ununterbrochen i ett sträck; in den letzten Zügen liegen ligga på sitt ytterste 3 *Gesichtszug* (anlets)drag n; *fig Neigung* dragning, tendens; *Charakterzug* karaktärsdrag n 4 in groben Zügen i stora drag
Zugabe F extra tillägg n; *Konzert* extranummer n; als ~ på köpet **Zugang** M tillgång, tillträde n; *Zuwachs* tillökning, tillskott n; **Zugänge** pl nyintagna, nyinskrivna n/pl; nyförvärv n/pl **zugänglich** ADJ tillgänglig, åtkomlig; *Person* öppen, lättillgänglig **Zugangsdaten** PL IT inloggningsuppgifter pl
Zuganschluss M (tåg)anslutning **Zugbegleiter** M *Infoblatt* folder med tidtabell **Zugbegleiter(in)** M(F) konduktör, tågvärd **Zugbrücke** F vindbrygga **zügig** A ADJ snabb, rask B ADV a. i ett sträck
zugeben VT ge på köpet; *hinzufügen* tillsätta; *einräumen* medge, erkänna, tillstå; *Konzert* ge ett extranummer zu-

gehen VI *sich schließen* gå igen, gå att stänga; *geschehen* gå till, hända; **dem Ende ~ närma** sig sitt slut; **auf j-n ~** gå mot ngn; **auf den anderen ~** fig ta första steget; **j-m etw ~ lassen** tillsända, tillställa ngn ngt **Zugehörigkeit** F tillhörighet; *Mitgliedschaft* medlemskap n **(zu i) zugeknöpft** fig ADJ tillknäppt, reserverad
Zügel M tygel *a. fig*, töm; **die ~ schießen lassen** ge fria tyglar (*dat* åt) **zügeln** A VT tygla; *fig a.* lägga band på B VR sich ~ behärska sig
Zugeständnis N medgivande n, eftergift **zugestehen** VT medge, tillstå, erkänna; **j-m etw ~ bevilja ngn ngt zugetan** ADJ ⟨*dat*⟩ tillgiven, bevågen **Zugewinn** M ökning
Zugführer(in) M(F) tågförare; MIL gruppchef
zugießen VT fylla på, hälla på
zugig ADJ dragig
zugleich ADV tillika; på samma gång, samtidigt
Zugluft F drag n; korsdrag n **Zugpersonal** N tågpersonal **Zugpferd** N dragare, arbetshäst; *fig* dragplåster n
zugreifen VI fatta (*od* hugga) tag i; *umg nehmen* ta (*od* hugga) för sig; *helfen* hjälpa till; **greifen Sie bitte zu!** *zu mehreren Personen* var så goda och ta för er! **Zugriff** M ingripande n; IT åtkomst **Zugriffszeit** F IT accesstid **zugrunde** ADV **~ gehen** duka under; förstöras; **~ liegen** ligga till grund (*dat* för); **~ legen** bygga (*od* basera) på; **~ richten** förstöra, ruinera, störta i fördärvet **zugucken** VI titta på **zugunsten** PRÄP ⟨*gen*⟩ till förmån för **zugutehalten** VT räkna till godo **Zugverbindung** F tågförbindelse **Zugverkehr** M tågtrafik **Zugvogel** M flyttfågel
zuhalten A VT hålla stängd (*od* igen) B VI **~ auf** (*akk*) hålla kurs mot **Zuhälter(in)** *umg* M(F) Mann sutenör, hallick; *Frau* kopplerska **zuhauen** A VT hugga till, yxa till B VI slå till
zuhause ADV hemma **Zuhause** N (eget) hem n
zuhören VI ⟨*dat*⟩ höra på, lyssna till **Zuhörer(in)** M(F) lyssnare, åhörare **zujubeln** VI jubla mot, hälsa med jubel (j-m ngn) **zukleben** VT klistra igen

zuknallen VT, VI smälla igen **zuknöpfen** VT knäppa igen (*od* ihop)
zukommen VI **auf j-n ~** komma emot ngn; **j-m etw ~ lassen** sända ngn ngt; låta ngn få ngt; *fig* **j-m ~** tillkomma ngn
Zukunft F framtid; GRAM futurum n; **in ~** i framtiden **zukünftig** A ADJ framtida, (till)kommande, blivande B ADV i framtiden, hädanefter, i fortsättningen **Zukunftsaussichten** PL framtidsutsikter **Zukunftsforschung** F framtidsforskning **Zukunftsmusik** F framtidsmusik **Zukunftspläne** M(PL) framtidsplaner *pl*
zulächeln VI ⟨*dat*⟩ le mot **Zulage** F tillägg n; löneförhöjning **zulangen** VI ta för sig; hugga (bei i); hjälpa till **zulassen** VT låta vara stängd; *erlauben* medge, tillåta; *Ausbildung* anta; *Beruf* ge behörighet; AUTO registrera **zulässig** ADJ tillåten **Zulassung** F antagning; *Erlaubnis* tillåtelse; *Beruf* behörighet, tillstånd *n*; AUTO registreringsbevis n **Zulassungsbeschränkung** F UNIV spärr **Zulassungsnummer** F registreringsnummer n **Zulauf** M tillopp n, tillströmning; **großen ~ haben** *Person* vara mycket anlitad; *Platz* vara mycket besökt; *Event* dra mycket folk **zulaufen** VI springa (**auf** *akk* mot); **j-m ~** *Kunden etc* strömma till; *Anzeige* **Hund zugelaufen** hund tillvaratagen; **lauf zu!** spring ta bara! **zulegen** A VT lägga till; **sich etw ~** lägga sig till med ngt, skaffa sig ngt B VI *vorantreiben* sätta fart, snabba på; *dick werden* lägga ut **zuleide** ADV **j-m etw ~ tun** såra ngn, göra ngn förnär **zuletzt** ADV till sist, slutligen; **zum letzten Mal** för sista gången; **als letzter** sist; **nicht ~** inte minst **zuliebe** ADV **j-m ~** för ngns skull **Zulieferer** M, **Zulieferin** F underleverantör **zumachen** VT stänga; slå igen; **die Augen ~** blunda
zumal A ADV särskilt, i synnerhet B KONJ i synnerhet som
zumauern VT mura igen **zumindest** ADV åtminstone; i alla fall **zumutbar** ADJ skälig, rimlig **zumute** ADV till mods; **mir ist gut/schlecht ~** jag känner mig väl/illa till mods **zumuten** VT fordra, begära, kräva (j-m etw ngt av ngn) **Zumutung** F fräckhet, oför-

zunächst – zurückhaltend ■ 867

skämdhet; hänsynslöshet zunächst ADV närmast, i första rummet, först; *vorläufig* för närvarande, tills vidare **zunageln** VT spika igen **zunähen** VT sy ihop, sy igen **Zunahme** F tilltagande n, ökning, tillväxt
Zuname M efternamn n
zunehmen A vi öka; *Mensch* gå upp i vikt **B** VT **5 Kilo** ~ gå upp 5 kilo **zunehmend** A ADJ stigande, tilltagande; **bei ~em Mond** när månen är i tilltagande; **in ~em Maße** i allt större grad; **mit ~em Alter** med tilltagande ålder **B** ADV tydligt, kännbart
zündeln VI leka med eld
zünden A VI tända *a. fig* B V/I fatta eld **Zünder** M tändare **Zündholz** N tändsticka **Zündkerze** F tändstift n **Zündschlüssel** M startnyckel **Zündschnur** F stubintråd **Zündstoff** M explosivt ämne n; *fig* sprängstoff n, kontroversiellt ämne **Zündung** F tändning
zunehmen tillta, öka(s), växa; *dicker werden* öka (*od* gå upp) i vikt **Zuneigung** F tillgivenhet, sympati (**zu** för)
Zunft F skrå n, gille n
zünftig *fig umg* ADJ rejäl, präktig
Zunge F tunga; *Sprache* tungomål n
züngeln VI *Flamme* slicka **Zungenbrecher** M tungvrickare **Zungenkuss** M djup kyss **Zungenspitze** F tungspets **Zünglein** N **das ~ an der Waage** *fig* tungan på vågen
zunichtemachen VT förinta, tillintetgöra, förstöra **zunicken** VI nicka åt **zunutze** ADV **sich etw ~ machen** dra nytta av ngt **zuoberst** ADV överst, högst upp **zuordnen** VT tillskriva, hänföra till **zupacken** VI ta (*od* hugga) i
zupfen VT dra, rycka (**an dat** i); *rupfen* plocka; *Saiten* knäppa på **Zupfinstrument** N knäppinstrument
zurande ADV **mit etw ~ kommen** gå i land med ngt, klara av ngt; **mit j-m ~ kommen** komma bra överens med ngn **zurate** ADV **j-n ~ ziehen** fråga ngn om råd **zuraten** VI tillråda **zurechnungsfähig** ADJ tillräknelig **Zurechnungsfähigkeit** F tillräknelighet **zurechtbiegen** VT rätta till *a. fig* **zurechtfinden** V/R **sich ~** finna sig till rätta, hitta rätt; kunna orientera

sig **zurechtkommen** VI klara (reda) sig; **~ mit etw** komma till rätta med ngt **zurechtlegen** VT lägga i ordning **zurechtmachen** A VT göra i ordning **B** V/R **sich ~** göra sig klar, snygga till sig **zurechtweisen** VT tillrättavisa **zureden** VI uppmana, söka övertala, uppmuntra **zurichten** VT *bereiten* förbereda; *beschädigen, a. j-n* gå illa åt, tilltyga; **j-n übel ~** misshandla ngn **zurück** ADV tillbaka; *wieder* åter, igen; *übrig* kvar; *zeitlich u. geistig* efter; BAHN retur; **~!** tillbaka!, vänd om!; **mit vielem Dank ~!** tack för lånet! **zurückbehalten** VT behålla, hålla kvar **zurückbekommen** VT få igen, få tillbaka, återfå **zurückbilden** V/R **sich ~** gå tillbaka; minska **zurückbleiben** VI stanna (kvar); *langsamer sein* bli efter; *Person* bli efter, inte utvecklas normalt; *übrig bleiben* återstå, bli över **zurückblicken** VI blicka tillbaka **zurückbringen** VT lämna tillbaka; *fig* återföra **zurückdatieren** VT antedatera **zurückdenken** VI tänka tillbaka **zurückdrängen** VT tränga tillbaka; *fig* undertrycka **zurückdrehen** VT vrida tillbaka **zurückerobern** VT återerövra **zurückerstatten** VT återbetala, restituera **zurückfahren** A VI skjutsa (*od* köra) tillbaka B VI åka tillbaka; *erschrecken* rygga tillbaka **zurückfallen** V/I falla tillbaka *a. fig*; **~ in** (*akk*) falla in i **zurückfinden** VI hitta tillbaka, hitta hem **zurückfordern** VT kräva tillbaka **zurückführen** VT återföra, föra tillbaka; *fig* leda tillbaka (**auf** *akk* till) **zurückgeben** VT återlämna, ge (*od* lämna) tillbaka; SPORT passa tillbaka; svara, ge igen **zurückgeblieben** ADJ (geistig) **~ sein** vara förståndshandikappad **zurückgehen** VI gå tillbaka, återvända; *sich vermindern* försämras, minska(s); *Preis* falla, sjunka **zurückgezogen** ADJ tillbakadragen **Zurückgezogenheit** F tillbakadragenhet **zurückgreifen** VI **weiter ~** gå längre tillbaka; **~ auf** (*akk*) falla tillbaka på, ta till ngt (som reserv) **zurückhalten** A VT hålla tillbaka, hejda, hindra **B** VI **mit etw ~** hålla inne med ngt **C** V/R **sich ~** hålla sig tillbaka; behärska sig; hejda sig **zurückhaltend** ADJ tillbakadragen, återhållsam, reserverad **Zurückhaltung** F försiktighet, återhållsamhet, reserverad hållning **zurückkehren** VI återvända **zurückkommen** VI komma tillbaka, återkomma (**auf** akk till) **zurückkönnen** VI kunna komma tillbaka **zurücklassen** VT lämna kvar, efterlämna, lämna (efter sig) **zurücklegen** VT lägga tillbaka; Strecke tillryggalägga; Geld spara; reservieren lägga undan **zurücklehnen** VT, VR (**sich**) ~ luta (sig) bakåt **zurückliegen** VI zeitlich ligga tillbaka; ligga efter **zurückmelden** VR sich ~ anmäla sin återkomst **zurückmüssen** VI vara tvungen att återvända **zurücknehmen** VT återta, ta tillbaka; widerrufen återkalla **zurückreisen** VI återvända, resa hem **zurückrufen** VT ropa tillbaka; fig återkalla; TEL ringa upp igen **zurückschicken** VT skicka (od sända) tillbaka **zurückschlagen** VT u. VI slå tillbaka; aufkrempeln vika upp **zurückschrecken** VI rygga tillbaka (**vor** dat för) **zurücksehen** VI se (od titta) tillbaka **zurücksehnen** VR sich ~ längta tillbaka (**nach** efter) **zurücksenden** VT sända (od skicka) tillbaka **zurücksetzen** VT sätta (od ställa) tillbaka; Fahrzeug backa; fig åsidosätta, försumma **Zurücksetzung** F åsidosättande n **zurückstecken** VI ge efter; slå av på sina anspråk **zurückstehen** fig VI stå tillbaka, komma i andra hand **zurückstellen** VT ställa tillbaka; reservieren ställa undan, lägga av; Uhr vrida (od ställa) tillbaka; aufschieben uppskjuta **zurückstrahlen** A VI återspeglas, återkastas B VT återspegla, återkasta **zurücktreten** VI von Amt avgå, dra sig tillbaka; fig Ufer, Berge komma i bakgrunden; **von etw** ~ Vertrag, Kauf häva ngt; träda tillbaka **zurückversetzen** VT flytta tillbaka **zurückweichen** VI väja undan; fig rygga tillbaka **zurückweisen** VT tillbakavisa, avvisa **zurückzahlen** VT betala tillbaka, återbetala **zurückziehen** A VT dra tillbaka; fig ta tillbaka, återtaga B VI flytta tillbaka; **sich** ~ dra sig tillbaka **Zuruf** M tillrop n; SPORT hejarop n **zurufen** VT, VI ropa till **zurzeit** ADV för tillfället, för närvarande **Zusage** F löfte n; försäkran; jakande svar n, samtycke n **zusagen** A VT lova (**j-m etw** ngn ngt); lova komma, tacka (svara) ja B VI gefallen tilltala **zusammen** ADV tillsammans, ihop; sammanlagt; **alle ~ allesamman(s) Zusammenarbeit** F samarbete n **zusammenarbeiten** VI samarbeta **zusammenbeißen** VT bita ihop **zusammenbekommen** VT få ihop **zusammenbinden** VT binda ihop **zusammenbrechen** VI Person bryta samman, falla (od sjunka) ihop, segna ned; Unternehmen gå omkull; einstürzen störta samman, rasa **zusammenbringen** VT få ihop, skaffa ihop; zusammenführen sammanföra **Zusammenbruch** M sammanbrott n; krasch, konkurs; MED kollaps **zusammendrücken** VT trycka ihop **zusammenfahren** VI fara (od åka) tillsammans; zusammenstoßen stöta ihop; zucken rycka (spritta) till **zusammenfallen** VI störta samman; zeitlich sammanfalla (**mit** dat med); hinschwinden falla (od tackla) av **zusammenfalten** VT vika (od lägga) ihop **zusammenfassen** VT sammanfatta **Zusammenfassung** F sammanfattning, resumé **zusammenfließen** VI flyta (od rinna) ihop, flyta samman **Zusammenfluss** M sammanflöde n **zusammenfügen** VT foga ihop **zusammengehören** VI höra ihop **Zusammengehörigkeit** F samhörighet **Zusammenhalt** M sammanhållning **zusammenhalten** VT, VI hålla ihop (od samman) **Zusammenhang** M sammanhang n, samband n; **im ~ mit** i samband med **zusammenhängen** VI sammanhänga, hänga samman (od ihop) **zusammenhang(s)los** ADJ osammanhängande **zusammenklappbar** ADJ hopfällbar **zusammenklappen** A VT fälla ihop B VI fig umg falla ihop **zusammenkleben** A VT limma (od klistra) ihop B VI hänga ihop, klibba ihop **zusammenknüllen** VT skrynkla (od knyckla bzw. knöla) ihop **zusammenkommen** VI komma tillsammans, träffas, samlas **zusammenkratzen** VT skrapa ihop **Zusammenkunft** F sammankomst, möte n **zusammenlaufen** VI löpa samman, förena sig, komma springande från alla håll; *Farben* flyta samman; *Stoff* krympa; **das Wasser lief mir im Munde zusammen** det vattnades i munnen på mig **Zusammenleben** N samliv n; samlevnad; samexistens **zusammenleben** VI leva tillsammans, bo ihop **zusammenlegen** VT A *a. Geld* lägga ihop; *falten* vika ihop; *vereinigen* slå samman B VT *Geld* samla **Zusammenlegung** F sammanslagning, fusion **zusammennehmen** A VT samla; lägga ihop B VR sich ~ ta sig samman **zusammenpassen** VI passa ihop (*od* tillsammans) **zusammenpferchen** VT fösa (*od* stuva) ihop **Zusammenprall** M sammanstötning, kollision, krock **zusammenprallen** VI kollidera, krocka **zusammenrechnen** VT räkna ihop **zusammenreißen** VR sich ~ rycka upp sig **zusammenrollen** VT rulla ihop **zusammenrücken** A VT flytta ihop B VI maka ihop sig **zusammenschlagen** A VT slå ihop; *zerschlagen* slå sönder; *j-n* slå ned **zusammenschließen** VR sich ~ sluta sig samman **Zusammenschluss** M sammanslutning **zusammenschreiben** VT skriva ihop **zusammenschrumpfen** VI krympa ihop, skrumpna **Zusammensein** N samvaro; träff, sammankomst **zusammensetzen** A VT sätta ihop (*od* samman); TECH montera; *nebeneinander* sätta tillsammans B VR *Personen* sich ~ sätta sig tillsammans; *Produkt etc* vara sammansatt, bestå (**aus** *dat* av) **Zusammensetzung** F sammansättning **Zusammenspiel** N samspel n **zusammenstellen** VT sammanställa, sätta ihop **Zusammenstellung** F sammanställning, uppställning; förteckning **Zusammenstoß** M sammanstötning, kollision; *fig* sammandrabbning **zusammenstoßen** VI stöta ihop, kollidera, krocka; *fig* drabba samman; *angrenzen* gränsa till varandra **zusammenstreichen** VT banta ned **zusammensuchen** VT plocka ihop, leta fram **zusammentragen** VT samla **zusammentreffen** VI sammanträffa; *zusammenfallen* sammanfalla; **mit** *j-m* ~ träffas, råkas **Zusammentreffen** N sammanträffande n; möte n **zusammentrommeln** VT trumma ihop **zusammentun** A VT lägga ihop B VR sich ~ slå sig ihop **zusammenzählen** VT räkna ihop **zusammenziehen** A VT dra samman (ihop); *addieren* lägga ihop B VI flytta ihop; sich ~ dra ihop sig; **es zieht sich ein Gewitter zusammen** det drar ihop sig till oväder **zusammenzucken** VI rycka till

Zusatz M tillsättning; tillägg n; tillsats; **ohne** ~ utan tillsatser **zusätzlich** ADJ tilläggs-, extra **Zusatzversicherung** F tilläggsförsäkring **zuschauen** se på **Zuschauer(in)** M(F) åskådare; TV (tv-)tittare; **die** ~ publiken **Zuschauerraum** M salong **zuschicken** VT sända till, skicka till **zuschieben** VT skjuta igen (*od* för); *j-m etw (akk)* ~ skjuta ngt på ngn **Zuschlag** M *Preis* ökning, höjning; tillägg n, tilläggsavgift **zuschlagen** A VT slå igen B VI slå till; *Tür* slå igen; *hinzuzählen* lägga på, öka med **zuschließen** VT låsa (igen) **zuschnappen** VI slå (igen) igen, springa i lås; *beißen* nafsa **zuschneiden** VT skära (*od* klippa) till **Zuschnitt** M *Schnitt* snitt n, fason; *fig* stil **zuschrauben** VT skruva igen **zuschreiben** VT skriva till, tillägga; WIRTSCH överföra (*dat* till); *fig* **j-m etw** ~ tillskriva ngn ngt; **er hat es sich selbst zuzuschreiben** det har han sig själv att skylla för **Zuschrift** F skriftligt svar **zuschulden** ADV **sich etw** ~ **kommen lassen** göra sig skyldig till ngt **Zuschuss** M tillskott n, bidrag n; subvention **zuschütten** VT fylla igen; *nachschütten* fylla på **zusehen** VI se (*od* titta) på; *sorgen* se till **zusehends** ADV märkbart **zusenden** VT sända till, skicka till **zusetzen** VT tillsätta, blanda i; släppa till B VI *fig* ansätta, sätta åt; *mitnehmen* ta hårt på **zusichern** VT tillförsäkra, garantera **Zusicherung** F försäkran, garanti **zusperren** VT spärra igen/för/till **zuspielen** VT *j-m etw* ~ spela ngt i händerna på ngn; *Fußball* passa **zuspitzen** VR spetsa, vässa; **sich** ~ *fig* tillspetsa sig **zusprechen** A VT JUR tillerkänna, tilldöma; **Mut ~ inge** mod, uppmuntra; **Trost ~ trösta** B VT ⟨dat⟩ tala till **Zuspruch** M uppmuntran, tröst; **großen ~ finden** vara mycket omtyckt **Zustand** M tillstånd n; Beschaffenheit författning, skick n, stånd n; **Zustände bekommen** fig bli hysterisk, få ett utbrott; **in gutem ~** i gott skick **zustande** ADV **bringen** få till stånd, åstadkomma; **~ kommen** komma till stånd, bli av **zuständig** ADJ ansvarig (für akk); JUR behörig, kompetent; Behörde behörig; **für etw ~ sein** ha hand om ngt **Zuständigkeit** F behörighet, ansvar(sområde) n, kompetens **zustecken** VT fästa ihop; j-m etw ~ sticka till ngn ngt **zustehen** VI ⟨dat⟩ tillkomma **zustellen** VT schließen ställa för; Post ~ dela ut post; JUR delge **Zusteller(in)** M|F Post brevbärare **Zustellgebühr** F utbärningsavgift **Zustellung** F utbärning, utdelning; JUR delgivning **zusteuern** VI styra kurs (auf akk åt od mot) **zustimmen** VI ⟨dat⟩ samtycka till, bifalla, instämma i **Zustimmung** F samtycke n, bifall n, instämmande n **zustoßen** A VT stöta (od knuffa od sparka) till; Tür knuffa igen B VI tillstöta, hända **zustürzen** VI störta, rusa (auf akk mot) **zutage** ADV **~ bringen** fig dra fram, avslöja; **~ fördern (kommen)** bringa (komma) i dagen; **offen ~ liegen** fig ligga i öppen dag **Zutaten** F/PL tillbehör n/pl; GASTR ingredienser pl **zuteilen** VT tilldela **Zuteilung** F tilldelning; Ration ranson **zutiefst** ADV djupt, ytterst **zutragen** A V/R **sich ~** tilldra sig, hända B VT **erzählen** umg berätta, rapportera, skvallra om (j-m etw ngt för ngn) **zutrauen** VT tilltro (j-m etw ngt ngt); **das hätte ich ihm nicht zugetraut** det hade jag inte väntat mig av honom; **sich ~** våga; **sich zu viel ~** överskatta sig själv **zutraulich** ADJ förtrolig, orädd **zutreffen** VI passa (auf akk på); stimmen stämma **zutreffend** ADJ träffande, slående; passande, lämplig; **Zutreffende(s)** det tillämpliga **Zutritt** M tillträde n (zu till) **Zutun** N **ohne mein ~** utan min medverkan **zuunterst** ADV underst, nederst, i botten **zuverlässig** ADJ tillförlitlig, pålitlig, säker **Zu**verlässigkeit F tillförlitlighet, pålitlighet; säkerhet **Zuversicht** F tillförsikt, tillit, förtröstan, optimism **zuversichtlich** A ADJ full av tillförsikt, förtröstansfull, optimistisk B ADV med tillförsikt **zuvor** ADV förut, dessförinnan; **nie ~** aldrig förr; **kurz ~** litet tidigare **zuvorkommen** fig VI ⟨dat⟩ förekomma; j-m komma före ngn; **etw ~** förebygga ngt; föregripa ngt **zuvorkommend** ADJ tillmötesgående, hövlig **Zuwachs** M tillväxt; Familienzuwachs tillökning **zuwachsen** VI växa igen (ihop) **Zuwanderung** F inflyttning; invandring **zuwege** ADV **~ bringen** åstadkomma; **mit etw ~ kommen** komma till rätta med ngt **zuweisen** VT anvisa **Zuweisung** F anvisning, tilldelning **zuwenden** A VT vända ⟨dat mot⟩; ägna, rikta mot; zukommen lassen skänka B VI sich ~ ägna sig åt **Zuwendung** F Schenkung gåva; Zuschuss, Zahlung bidrag n, understöd n; uppmärksamhet, vänlighet **zuwerfen** VT kasta (dat till od åt); füllen kasta (od skotta) igen, fylla; zuschlagen slå igen; j-m einen Blick ~ ge ngn en blick **zuwider** A PRÄP ⟨dat⟩ (i strid) mot B ADJ motbjudande **zuwinken** VI vinka ⟨dat åt⟩ **zuzahlen** VI betala extra **zuziehen** A VT Knoten dra till; Vorhang dra för; zurate ziehen tillkalla, anlita; sich etw ~ ådra sig ngt B VI flytta in **Zuzug** M inflyttning; tillströmning **zuzüglich** PRÄP ⟨gen⟩ med tillägg av, plus

Zwang M tvång n, tryck n; **j-m ~ antun** utöva press (od påtryckning) på ngn; **sich** ⟨dat⟩ **keinen ~ antun** känna sig ogenerad; **ohne ~** obesvärad, otvungen **zwängen** VT pressa, tränga, trycka, klämma **zwanglos** ADJ otvungen, obesvärad, ogenerad; informell **Zwanglosigkeit** F otvungenhet **Zwangsarbeit** F tvångsarbete n **Zwangseinweisung** F tvångsintagning **Zwangsernährung** F tvångsmatning **Zwangsheirat** F tvångsäktenskap n **Zwangsjacke** F tvångströja **Zwangslage** F tvångsläge n, dilemma n **zwangsläufig** A ADJ nödvändig, nödtvungen B ADV a. automatiskt **Zwangsmaßnahme** F tvångsåtgärd **Zwangsversteige-**

rung F̄ exekutiv auktion, tvångsförsäljning **Zwangsvollstreckung** F̄ exekutivt förfarande n; utmätning **Zwangsvorstellung** F̄ tvångsföreställning, fix idé **zwangsweise** ADJ tvångs-, med tvång

zwanzig NUM tjugo **Zwanziger** M̄ Geld tjugokronorssedel; umg tjuga

zwar ADV visserligen, väl, nog; und ~ nämligen; ~ ... aber ... nog ... men ...

Zweck M̄ ändamål n, syfte n; zu welchem ~? varför?, till vad?; das hat keinen ~ det är ingen idé, det tjänar ingenting till **zweckdienlich** ADJ ändamålsenlig

Zwecke F̄ stift n, pligg, nubb; Reißzwecke häftstift n

zweckentfremdet ADJ ej ändamålsenlig **zweckgebunden** ADJ öronmärkt **zwecklos** ADJ meningslös **Zwecklosigkeit** F̄ meningslöshet **zweckmäßig** ADJ ändamålsenlig, lämplig, praktisk **zwecks** PRÄP ⟨gen⟩ (i och) för

zwei NUM två; zu ~en två och två; zu ~t på tu man hand; två personer; um ~ Uhr klockan två; alle ~ Tage varannan dag **Zwei** F̄ tvåa; Schulnote ≈ B **Zweibeiner** umg M̄ tvåbent varelse, människa **Zweibettzimmer** N̄ dubbelrum n **zweideutig** ADJ tvetydig **Zweideutigkeit** F̄ tvetydighet **Zweierbeziehung** F̄ parförhållande n **zweierlei** ADJ två slags **zweifach** ADJ dubbel; in ~er Ausführung i två exemplar **Zweifamilienhaus** N̄ tvåfamiljshus n

Zweifel M̄ tvivel n; im ~ sein tvivla; ohne ~ utan tvivel; es besteht kein ~, dass ... det råder inget tvivel om att ... **zweifelhaft** ADJ tvivelaktig, oviss **zweifellos** A ADJ otvivelaktig B ADV a. utan tvivel (od tvekan) **zweifeln** VI tvivla (an dat på) **Zweifelsfall** M̄ ~ om tvekan råder **zweifelsohne** ADV utan tvivel **Zweifler(in)** M/F tvivlare, skeptiker

Zweig M̄ gren, kvist; Abzweigung förgrening; fig gren, underavdelning; Schule linje; fig auf (k)einen grünen ~ kommen (inte) komma på grön kvist **zweigleisig** ADJ dubbelspårig **Zweigniederlassung** F̄, **Zweigstelle** F̄ filial

zweihändig ADJ MUS för två händer; ~ spielen spela tvåhändigt **zweihundert** NUM två hundra **zweijährig** ADJ tvåårig **Zweikampf** M̄ tvekamp, duell **zweimal** ADV två gånger **zweimotorig** ADJ tvåmotorig **zweireihig** ADJ tvåradig; Jacke dubbelknäppt **zweischneidig** ADJ tveeggad **zweiseitig** ADJ tvåsidig **zweisprachig** ADJ tvåspråkig **zweispurig** ADJ dubbelspårig; tvåfilig **zweistellig** ADJ tvåsiffrig **zweistöckig** ADJ tvåvåningars **zweit** ADV zu ~ på tu man hand; två personer; zu ~ gehen gå två och två **zweitägig** ADJ två dagars **Zweitaktmotor** M̄ tvåtaktsmotor **zweitälteste(r, s)** ADJ näst äldsta **zweitbeste(r, s)** ADJ näst bästa **zweite(r, s)** ADJ weiblich od neutral andra; männlich andre **zweiteilig** ADJ tudelad; Kleid etc tvådelad **zweitens** ADV för det andra **zweitklassig** ADJ sekunda **zweitletzte(r, s)** ADJ näst sista **zweitrangig** ADJ sekundär **Zweitschlüssel** M̄ reservnyckel **Zweitstudium** N̄ andra universitetsutbildning **Zweitwagen** M̄ andrabil **Zweitwohnung** F̄ andra bostad **zweizeilig** ADJ tvåradig **Zweizimmerwohnung** F̄ tvårumslägenhet, tvåa

Zwerchfell N̄ mellangärde n

Zwerg(in) M/F dvärg

Zwetsch(g)e F̄ sviskon **Zwetsch(g)enkuchen** M̄ plommonkaka **Zwetsch(g)enwasser** N̄ plommonbrännvin n

Zwickel M̄ kil

zwicken VI knipa, nypa; schmerzen pina, plåga **Zwickmühle** fig F̄ in einer ~ geraten råka i knipa

Zwieback M̄ skorpa

Zwiebel F̄ lök **Zwiebelgewächs** N̄ lökväxt **Zwiebelturm** M̄ ARCH lökkupol

Zwiegespräch N̄ dialog **Zwielicht** N̄ halvdager, skymning, gryning **zwielichtig** fig ADJ skum, tvetydig **Zwiespalt** M̄ konflikt, oenighet **zwiespältig** ADJ Gefühle splittrad, kluven, motstridig **Zwietracht** F̄ tvedräkt

Zwilling A M̄ tvilling B PL ASTROL Tvillingarna **Zwillingsbruder** M̄ tvillingbro(de)r **Zwillingsschwester** F̄ tvillingsyster

zwingen A VT tvinga B VR sich ~ tvinga sig ⟨zu till⟩ **zwingend** ADJ tvingande; absolut
Zwinger M Käfig bur; Hundezwinger kennel
zwinkern VI blinka
Zwirn M (sy)tråd
zwischen PRÄP ⟨dat, akk⟩ (e)mellan
Zwischenablage F IT urklipp n
Zwischenbemerkung F inskjuten anmärkning, inpass n **Zwischendeck** N mellandäck n **Zwischending** N mellanting n **zwischendurch** ADV mitt igenom; zeitlich då och då **Zwischenergebnis** N preliminärt resultat n; SPORT resultat n efter första omgången **Zwischenfall** M incident, händelse, intermezzo n **Zwischenhändler(in)** M(F) mellanhand **Zwischenlager** N deponi **zwischenlagern** VT deponera **Zwischenlandung** F mellanlandning **Zwischenlösung** F provisorisk lösning **Zwischenmahlzeit** F mellanmål n **zwischenmenschlich** ADJ mellanmänsklig; ~e Beziehungen förhållanden människor emellan **Zwischenprüfung** F deltentamen **Zwischenraum** M mellanrum n **Zwischenruf** M störande rop n **Zwischenspeicher** M IT cache-minne n **Zwischenspiel** N mellanspel n **Zwischenstufe** fig F mellanstadium n **Zwischenwand** F mellanvägg **Zwischenzeit** F mellantid; in der ~ under tiden
Zwist M tvist
zwitschern VT, VI kvittra
Zwitter M hybrid; hermafrodit
zwölf NUM tolv **Zwölf** F tolva **Zwölffingerdarm** M tolvfingertarm **zwölfte(r)** tolfte; Karl der Zwölfte Karl den tolfte
Zyankali N cyankalium n
zyklisch ADJ cyklisk **Zyklus** M cykel, serie, följd
Zylinder M cylinder; Hut hög hatt **zylindrisch** ADJ cylindrisk
Zyniker(in) M(F) cyniker **zynisch** ADJ cynisk **Zynismus** M cynism
Zypern N Cypern n
Zypresse F cypress
Zypriote M, **Zypriotin** F cypriot
Zyste F cysta
zz(t). ABK (= zurzeit) f.n., för närvarande

Extras

Grammatik
Schwedische Deklination und Konjugation — 875
Starke und unregelmäßige Verben — 882

Specials
Zahlen — 885
Schwedische Ortsnamen — 888
Feiertage in Schweden — 893
Uhrzeit — 894

Kommunikation auf Schwedisch
Miteinander reden — 896
Telefonieren — 898
Anforderung von Informationen — 900
Termin vereinbaren — 901
Termin bestätigen — 902
Buchungsanfrage Hotel — 903
Anmeldung zum Sprachkurs — 906
Buchungsanfrage Ferienhaus — 907
Stornierung — 909
Bewerbungsschreiben — 910
Lebenslauf — 912

Grammatik

Schwedische Deklination und Konjugation

1 Substantive

Singularformen
Die bestimmte Form Singular des Substantivs wird im Schwedischen durch Anhängen des bestimmten Artikels -en bzw. -et an die unbestimmte Form gebildet. Endet das Substantiv auf einen Vokal, fällt das e in der Endung weg, sodass bei Utrum-Wörtern nur ein -n und bei Neutrum-Wörtern nur ein -t am Wortende die bestimmte Form ausmachen:

unbestimmte Form	bestimmte Form
en bil	bilen
en flicka	flickan
ett hus	huset
ett hjärta	hjärtat

Pluralbildung – unbestimmte Form
Das Schwedische hat fünf Deklinationsklassen, d. h. die Substantive bilden den Plural mit fünf verschiedenen Endungen, nämlich -or, -ar, -er/-r, -n und 0, d. h. keine Endung.

Pluralendung -or
Regel: Diese Endung bekommen mehrsilbige en-Wörter, die auf unbetontem a enden.
❶ Das a fällt vor der Pluralendung weg!

en flicka – flickan	flickor *Mädchen*	flickorna *die Mädchen*
en klocka – klockan	klockor *Uhren*	klockorna *die Uhren*
en kvinna – kvinnan	kvinnor *Frauen*	kvinnorna *die Frauen*
en skola – skolan	skolor *Schulen*	skolorna *die Schulen*
en vecka – veckan	veckor *Wochen*	veckorna *die Wochen*

Pluralendung -ar

Regel: Diese Endung bekommen die meisten mehrsilbigen en-Wörter, die auf unbetontem e oder Konsonanten enden, sowie die meisten einsilbigen en-Wörter, die auf einem Konsonanten enden.

❶ Das e fällt vor der Pluralendung weg!

en pojke – pojken	pojkar *Jungen*	pojkarna *die Jungen*
en dag – dagen	dagar *Tage*	dagarna *die Tage*
en hund – hunden	hundar *Hunde*	hundarna *die Hunde*
en smörgås – smörgåsen	smörgåsar *Butterbrote*	smörgåsarna *die Butterbrote*
en tidning – tidningen	tidningar *Zeitungen*	tidningarna *die Zeitungen*

Pluralendung -er

Regel: Diese Endung bekommen mehrsilbige en-Wörter, die eine betonte Endsilbe haben, sowie einsilbige en-Wörter, die auf einem Konsonanten enden.

en biljett – biljetten	biljetter *Eintrittskarten*	biljetterna *die Eintrittskarten*
en ingenjör – ingenjören	ingenjörer *Ingenieure*	ingenjörerna *die Ingenieure*
en minut – minuten	minuter *Minuten*	minuterna *die Minuten*
en tand – tanden	tänder *Zähne*	tänderna *die Zähne*
en tid – tiden	tider *Zeiten*	tiderna *die Zeiten*

Pluralendung -n

Regel: Diese Endung bekommen ett-Wörter, die auf einem Vokal enden.

ett arbete – arbetet	arbeten *Arbeiten*	arbetena *die Arbeiten*
ett piano – pianot	pianon *Klaviere*	pianona *die Klaviere*
ett rike – riket	riken *Reiche*	rikena *die Reiche*
ett århundrade – århundradet	århundraden *Jahrhunderte*	århundradena *die Jahrhunderte*

Pluralendung -

Regel: Diese Endung bekommen ett-Wörter, die auf einem Konsonanten enden, sowie en-Wörter, die auf -are, -ande, -iker und -(i)er enden.

ett barn – barnet	barn *Kinder*	barnen *die Kinder*
ett rum – rummet	rum *Zimmer*	rummen *die Zimmer*
ett år – året	år *Jahre*	åren *die Jahre*
en lärare – läraren	lärare *Lehrer*	lärarna *die Lehrer*
en musiker – musikern	musiker *Musiker*	musikerna *die Musiker*

Vokalwechsel

Bei manchen Substantiven geht die Bildung des Plurals mit einem Vokalwechsel des Stammvokals einher.

en man – mannen	män *Männer*	männen *die Männer*
en stad – staden	städer *Städte*	städerna *die Städte*
en dotter – dottern	döttrar *Töchter*	döttrarna *die Töchter*

Pluralbildung – bestimmte Form

Die bestimme Pluralform der Substantive wird auf den unbestimmten Pluralendungen aufbauend wie folgt gebildet: Nach -or, -ar und -er folgt die Endung -na. Nach -n folgt die Endung -a. Wenn das Substantiv in der unbestimmten Pluralform keine Endung hat, wird als bestimmte Pluralendung -en an das Grundwort angehängt:

unbestimmte Form	bestimmte Form
flickor	flickorna *die Mädchen*
pojkar	pojkarna *die Jungen*
biljetter	biljetterna *die Eintrittskarten*
konto	kontona *die Kontos*
hus	husen *die Häuser*

Wegfall von e bei einigen Substantiven

Substantive auf -e, -el, -en und -er (unbetont) verlieren das e vor Endungen, die auf Vokal anfangen. Das gilt für

- die bestimmte Form Singular von **Utrum**-Substantiven, die auf -en enden, z. B.:
  en öken   öknen

- die bestimmte Form Singular von **Neutrum**-Substantiven, die auf -el, -en und -er enden, z. B.:
  ett exempel   exemplet
  ett tecken   tecknet
  ett fönster   fönstret

- den Plural von Substantiven, die auf -e, -el, -en und -er enden, z. B.:

Unbestimmte Form Singular	Unbestimmte Form Plural	Bestimmte Form Plural
en pojke	pojkar	pojkarna
en regel	regler	reglerna
en fröken	fröknar	fröknarna
en syster	systrar	systrarna
ett tecken	tecken	tecknen
ett exempel	exempel	exemplen
ett fönster	fönster	fönstren

Diese Regel gilt nicht für

- die bestimmte Form Singular von **Utrum**-Substantiven, die auf -el und -er enden. Hier verliert die Endung das e, z. B.:
  en nyckel nyckeln
  en moster mostern

2 Verben

Das schwedische Verb hat keine Personalendungen. Für alle Formen wird im Singular und Plural die gleiche Form gebraucht: jag arbetar, du arbetar, alla arbetar. Außer dem Präsens und dem Imperfekt sind alle Zeiten zusammengesetzt. Sie werden mit Hilfsverben gebildet.

Hilfsverben

	haben	sein	werden (Passiv)
Infinitiv	ha	vara	bli
Präsens	har	är	blir
Imperfekt	hade	var	blev
Perfekt	har haft	har varit	har blivit

Infinitiv, Präsens, Imperativ

Die meisten Verben bilden den Infinitiv aus dem Stamm, ggf. mit der hinzugefügten Endung -a, und das Präsens Indikativ durch Anfügen von -er oder -r an den Stamm. *Zu* vor dem Infinitiv heißt att. Der Imperativ hat nur eine Form, die gleich dem Stamm ist.

Stamm	Infinitiv	Präsens	Imperativ
arbeta	arbeta	arbetar	arbeta
åk	åka	åker	åk
ligg	ligga	ligger	ligg
bo	bo	bor	bo

Imperfekt

Nach der Bildung des Imperfekts (und des Partizips Perfekt) teilt man die Verben in zwei Hauptgruppen: die **starke** und die **schwache Konjugation**. Das Imperfekt der **schwachen** Verben wird durch Anfügen einer Endung an den Stamm (arbeta – arbetade, köp – köpte, bo – bodde) gebildet; bei den **starken** Verben tritt **keine** Endung hinzu, sondern der Stammvokal wird meistens geändert (dricka – drack).

1. Konjugation

Infinitiv	Präsens	Imperfekt	Perfekt	Part. Perfekt		
-	-r	-de	-t	-d	-t	-de
arbeta	arbetar	arbetade	har arbetat	arbetad	arbetat	arbetade

Der Infinitiv und das Präsens der 1. Konjugation werden meistens mit Akzent 2 ausgesprochen: [ˇarbe:ta(r)].
Der Imperativ heißt gleich dem Stamm bzw. Infinitiv: arbeta!
Zur 1. Klasse gehören die meisten schwedischen Verben, z. B. betala (*mit Akzent 1 ausgesprochen*), beundra (*mit Akzent 1 ausgesprochen*), börja, hämta, kosta, laga, passa, skicka, spela, stanna, tala, träffa, älska usw.

2. Konjugation

Infinitiv	Präsens	Imperfekt	Perfekt	Part. Perfekt		
-a	-er	-de	-t	-d	-t	-da
		-te		-t		-ta
ställa	ställer	ställde	har ställt	ställd	ställt	ställda
köpa	köper	köpte	har köpt	köpt	köpt	köpta

Das Präsens auf -er wird meistens mit Akzent 1 ausgesprochen: [ˈstelər], [ˈçø:pər].
Der Infinitiv wird jedoch mit Akzent 2 ausgesprochen: [ˇstela], [ˇçø:pa].
Der Imperativ heißt gleich dem Stamm: ställ!, köp!

Die Endungen -de und -d werden angefügt, wenn der Stamm auf einen stimmhaften Konsonanten (b, d, g, j, l, m, n, r, v) endet, z. B. lyda, ringa, böja, glömma, höra, leva.

Die Endungen -te und -t werden angefügt, wenn der Stamm auf einen stimmlosen Konsonanten (f, k, p, s, t) endet, z. B. åka, köpa, resa, möta.

Verben, deren Stamm auf -r oder -l enden, verlieren meist -er im Präsens: hör, kör, tål.

3. Konjugation

Infinitiv	Präsens	Imperfekt	Perfekt		Part. Perfekt		
–	-r	-dde	-tt	-dd	-tt	-dda	
tro	tror	trodde	har trott	trodd	trott	trodda	

Der Imperativ heißt gleich dem Stamm bzw. Infinitiv: tro!
Zur 3. Klasse gehören nur wenige, hauptsächlich einsilbige Verben, z. B. bo, klä, nå, ske, sy.

4. Konjugation

Infinitiv	Präsens	Imperfekt	Perfekt			
dricka	dricker	drack	har druckit	drucken	drucket	druckna
komma	kommer	kom	har kommit	kommen	kommet	komna

Das Präsens auf -er wird meistens mit Akzent 1 ausgesprochen [ˈdricka], [ˈkomma]. Der Infinitiv wird jedoch mit Akzent 2 ausgesprochen: [ˇdrika], [ˇkɔma].
Der Imperativ heißt gleich dem Stamm: drick!, kom!
Der Stammvokal der meisten starken Verben wird im Imperfekt und oft auch im Perfekt geändert (Ablaut). Das Imperfekt hat keine Endung. Wie die Verben der 4. Konjugation konjugiert werden, finden Sie in der Liste zu den starken und unregelmäßigen Verben auf den Seiten 882–884.

Konjugation der unregelmäßigen Verben

Zu den unregelmäßigen Verben zählen hier die folgenden: kunna, måste, skola, veta und vilja sowie das Hilfsverb vara. Wie diese konjugiert werden, finden Sie ebenfalls in der Liste zu den **starken und unregelmäßigen Verben** auf den Seiten 882–884.

Konjugation der Deponentia
Die Deponentia verlieren in der Präsensform die Endung -r oder -er vor dem -s; im Übrigen folgen sie den Konjugationen:

Infinitiv	Präsens	Imperfekt	Supinum
fattas	fattas	fattades	fattats (*1. Konjugation*)
kännas	känns	kändes	känts (*2. Konjugation*)
umgås	umgås	umgicks	umgåtts (*4. Konjugation*)

3 Adverbien

Die Adverbien werden häufig durch Anhängen von **-t** an ein Adjektiv gebildet. So ergibt sich z. B. aus dem Adjektiv **långsam** (*langsam*) das Adverb **långsamt** und aus dem Adjektiv **oläglig** (*ungelegen*) das Adverb **olägligt**. Endet das Adjektiv auf -d, wird dieses durch -t oder -tt ersetzt. Aus den Adjektiven **bekymrad** (*besorgt*) und **sned** (*schief, schräg*) lassen sich somit die Adverbien **bekymrat** und **snett** bilden. Regelmäßg gebildete Abverbien sind im Teil Schwedisch-Deutsch in der Regel nicht aufgeführt; Adverbien, die unregelmäßig gebildet werden, wie z. B. **egentligen** (*eigentlich*) und **vanligtvis** (*gewöhnlich, normalerweise*), jedoch schon.

Starke und unregelmäßige Verben

(Zusammengesetzte Verben siehe unter dem Grundverb.)

Infinitiv	Deutsch	Präsens	Imperfekt	Supinum	Part. Perfekt
be(dja)	bitten, beten	ber	bad	bett	-bedd
binda	binden	binder	band	bundit	bunden
bita	beißen	biter	bet	bitit	biten
bjuda	bieten, einladen	bjuder	bjöd	bjudit	bjuden
bli	werden	blir	blev	blivit	-bliven
brinna	brennen	brinner	brann	brunnit	brunnen
brista	bersten	brister	brast	brustit	brusten
bryta	brechen	bryter	bröt	brutit	bruten
bära	tragen	bär	bar	burit	buren
böra	sollen	bör	borde	bort	–
dra	ziehen	drar	drog	dragit	dragen
dricka	trinken	dricker	drack	druckit	drucken
driva	treiben	driver	drev	drivit	driven
drypa	triefen	dryper	dröp	drupit/drypt	–
duga	taugen	duger	dög	dugt	–
dyka	tauchen	dyker	dök	dykt	–
dö	sterben	dör	dog	dött	–
dölja	verbergen	döljer	dolde	dolt	dold
falla	fallen	faller	föll	fallit	fallen
fara	fahren	far	for	farit	faren
finna	finden	finner	fann	funnit	funnen
flyga	fliegen	flyger	flög	flugit	-flugen
flyta	fließen	flyter	flöt	flutit	-fluten
fnysa	schnauben	fnyser	fnös	fnyst	–
frysa	frieren	fryser	frös	frusit	frusen
få	bekommen; dürfen	får	fick	fått	–
förnimma	wahrnehmen	förnimmer	förnam	förnummit	förnummen
försvinna	verschwinden	försvinner	försvann	försvunnit	försvunnen
gala	krähen	gal	gol	galit	–
ge (giva)	geben	ger	gav	gett (givit)	given
gjuta	gießen	gjuter	göt	gjutit	gjuten
glida	gleiten	glider	gled	glidit	–
glädja	freuen	gläd(j)er	gladde	glatt	–
gnida	reiben	gnider	gned	gnidit	gniden
gripa	greifen	griper	grep	gripit	gripen
gråta	weinen	gråter	grät	gråtit	-gråten
gå	gehen	går	gick	gått	gången
göra	machen	gör	gjorde	gjort	gjord
ha	haben	har	hade	haft	-havd
heta	heißen	heter	hette	hetat	–
hinna	Zeit haben	hinner	hann	hunnit	hunnen
hugga	hauen	hugger	högg	huggit	huggen

Starke und unregelmäßige Verben Grammatik

Infinitiv	Deutsch	Präsens	Imperfekt	Supinum	Part. Perfekt
hålla	halten	håller	höll	hållit	hållen
kliva	steigen	kliver	klev	klivit	-kliven
klyva	spalten	klyver	klöv	kluvit	kluven
knipa	kneifen	kniper	knep	knipit	-knipen
knyta	binden	knyter	knöt	knutit	knuten
komma	kommen	kommer	kom	kommit	kommen
krypa	kriechen	kryper	kröp	krupit	krupen
kunna	können	kan	kunde	kunnat	–
kvida	wimmern	kvider	kved	kvidit	–
le	lächeln	ler	log	lett	–
lida	leiden	lider	led	lidit	liden
ligga	liegen	ligger	låg	legat	-legad
ljuda	lauten	ljuder	ljöd	ljudit	–
ljuga	lügen	ljuger	ljög	ljugit	-ljugen
lyda	gehorchen,	lyder	lydde	lytt	lydd
	lauten	lyder	löd	lytt	lydd
låta	lassen	låter	lät	låtit	-låten
lägga	legen	lägger	la(de)	lagt	lagd
–	müssen	måste	måste	måst	–
niga	knicksen	niger	neg	nigit	–
njuta	genießen	njuter	njöt	njutit	njuten
nypa	kneifen	nyper	nöp	nupit/nypt	nupen
nysa	niesen	nyser	nös	nyst	–
pipa	piepen	piper	pep	pipit	–
rida	reiten	rider	red	ridit	riden
rinna	rinnen	rinner	rann	runnit	runnen
riva	reiben	river	rev	rivit	riven
ryka	rauchen	ryker	rök	rykt	–
rysa	schau(d)ern	ryser	rös	ryst	–
ryta	brüllen	ryter	röt	rutit	–
se	sehen	ser	såg	sett	sedd
sitta	sitzen	sitter	satt	suttit	-sutten
sjuda	sieden	sjuder	sjöd	sjudit	sjuden
sjunga	singen	sjunger	sjöng	sjungit	sjungen
sjunka	sinken	sjunker	sjönk	sjunkit	sjunken
skina	scheinen	skiner	sken	skinit	–
skita	scheißen	skiter	sket	skitit	skiten
skjuta	schießen	skjuter	sköt	skjutit	skjuten
skola	werden; sollen	ska(ll)	skulle	skolat	–
skrida	schreiten	skrider	skred	skridit	-skriden
skrika	schreien	skriker	skrek	skrikit	-skriken
skriva	schreiben	skriver	skrev	skrivit	skriven
skryta	prahlen	skryter	skröt	skrutit	–
skära	schneiden	skär	skar	skurit	skuren
slinka	schlüpfen	slinker	slank	slunkit	–
slinta	ausgleiten	slinter	slant	sluntit	–
slippa	nicht brauchen	slipper	slapp	sluppit	-sluppen
slita	reißen	sliter	slet	slitit	sliten
sluta	(zu)schließen	sluter	slöt	slutit	sluten

Grammatik Starke und unregelmäßige Verben

Infinitiv	Deutsch	Präsens	Imperfekt	Supinum	Part. Perfekt
slå	schlagen	slår	slog	slagit	slagen
smita	sich davonmachen	smiter	smet	smitit	–
smyga	schleichen	smyger	smög	smugit	-smugen
smälla	knallen	smäller	small	smällt	smälld
smälta	schmelzen	smälter	smalt	smultit	smulten
smörja	schmieren	smörjer	smorde	smort	smord
snyta	schnäuzen	snyter	snöt	snutit	snuten
sova	schlafen	sover	sov	sovit	–
spinna	spinnen	spinner	spann	spunnit	spunnen
spricka	zerspringen	spricker	sprack	spruckit	sprucken
sprida	verbreiten	sprider	spred	spridit	spridd
springa	laufen	springer	sprang	sprungit	sprungen
spritta	zucken	spritter	spratt	–	–
sticka	stechen, abhauen	sticker	stack	stuckit	stucken
stiga	steigen	stiger	steg	stigit	-stigen
stinka	stinken	stinker	stank	–	–
stjäla	stehlen	stjäl	stal	stulit	stulen
strida	streiten	strider	stred	stridit	-stridd
stryka	streichen	stryker	strök	strukit	struken
strypa	(er)würgen	stryper	ströp	strypt	strypt
stå	stehen	står	stod	stått	-stådd
stödja	stützen	stöd(j)er	stödde	stött	stödd
suga	saugen	suger	sög	sugit	sugen
supa	saufen	super	söp	supit	-supen
svida	schmerzen	svider	sved	svidit	–
svika	täuschen	sviker	svek	svikit	sviken
svälja	schlucken	sväljer	svalde	svalt	svald
svälta	hungern	svälter	svalt	svultit	svulten
svära	schwören	svär	svor	svurit	svuren
säga	sagen	säger	sa(de)	sagt	sagd
sälja	verkaufen	säljer	sålde	sålt	såld
sätta	setzen	sätter	satte	satt	satt
ta	nehmen	tar	tog	tagit	tagen
tiga	schweigen	tiger	teg	tigit	-tegen
tjuta	heulen	tjuter	tjöt	tjutit	–
tryta	mangeln	tryter	tröt	trutit	–
töras	wagen	törs	tordes	torts	–
vara	sein	är	var	varit	–
veta	wissen	vet	visste	vetat	–
vika	falten	viker	vek	vikit	–
vilja	wollen	vill	ville	velat	–
vina	pfeifen	viner	ven	vinit	–
vinna	gewinnen	vinner	vann	vunnit	vunnen
vrida	drehen	vrider	vred	vridit	vriden
välja	wählen	väljer	valde	valt	vald
vänja	gewöhnen	vänjer	vande	vant	vand
växa	wachsen	växer	växte	vuxit/växt	vuxen
äta	essen	äter	åt	ätit	-äten

Specials

Zahlen

Grundzahlen

0	**noll** null	18	**arton** achtzehn
1	**ett/en** eins	19	**nitton** neunzehn
2	**två** zwei	20	**tjugo** zwanzig
3	**tre** drei	21	**tju(go)ett/-en** einundzwanzig
4	**fyra** vier	22	**tju(go)två** zweiundzwanzig
5	**fem** fünf	30	**tretti(o)** dreißig
6	**sex** sechs	40	**fyrti(o)** vierzig
7	**sju** sieben	50	**femti(o)** fünfzig
8	**åtta** acht	60	**sexti(o)** sechzig
9	**nio(nie)** neun	70	**sjutti(o)** siebzig
10	**tio(tie)** zehn	80	**åtti(o)** achtzig
11	**elva** elf	90	**nitti(o)** neunzig
12	**tolv** zwölf	100	**(ett)hundra** hundert
13	**tretton** dreizehn	101	**(ett)hundraett/-en** hunderteins
14	**fjorton** vierzehn	200	**tvåhundra** zweihundert
15	**femton** fünfzehn	1 000	**(ett)tusen** tausend
16	**sexton** sechzehn	2 000	**två tusen** zweitausend
17	**sjutton** siebzehn	1 000 000	**en miljon** eine Million

Ordnungszahlen

1:a	**första** erste	20:e	**tjugonde** zwanzigste
2:a	**andra** zweite	21:a	**tju(go)första** einundzwanzigste
3:e	**tredje** dritte		
4:e	**fjärde** vierte	22:a	**tju(go)andra** zweiundzwanzigste
5:e	**femte** fünfte		
6:e	**sjätte** sechste	30:e	**trettionde** dreißigste
7:e	**sjunde** siebte	40:e	**fyrtionde** vierzigste
8:e	**åttonde** achte	50:e	**femtionde** fünfzigste
9:e	**nionde** neunte	60:e	**sextionde** sechzigste
10:e	**tionde** zehnte	70:e	**sjuttionde** siebzigste
11:e	**elfte** elfte	80:e	**åttionde** achtzigste
12:e	**tolfte** zwölfte	90:e	**nittionde** neunzigste
13:e	**trettonde** dreizehnte	100:e	**hundrade** hundertste
14:e	**fjortonde** vierzehnte	101:a	**hundraförsta** hundert(und)erste
15:e	**femtonde** fünfzehnte		
16:e	**sextonde** sechzehnte	200:e	**tvåhundrade** zweihundertste
17:e	**sjuttonde** siebzehnte	1000:e	**tusende** tausendste
18:e	**artonde** achtzehnte	2000:e	**tvåtusende** zweitausendste
19:e	**nittonde** neunzehnte	1 000 000:e	**miljonte** millionste

4:e upplagan	4. Auflage
den 4:e gången	das 4. Mal

Bruchzahlen und Rechenvorgänge

½	**en halv**	ein halb
⅓	**en tredjedel**	ein Drittel
⅔	**två tredjedelar**	zwei Drittel
¼	**en fjärdedel, en kvart**	ein Viertel
⅕	**en femtedel**	ein Fünftel
⅒	**en tiondel**	ein Zehntel
1 ½	**en och en halv**	eineinhalb
3 ⅘	**tre och fyra femtedelar**	drei vier Fünftel
0,4	**noll komma fyra**	null Komma vier
1 ×	**ett gånger**	ein mal
2 ×	**två gånger**	zwei mal
3 ×	**tre gånger**	drei mal
2 × 3 = 6	**två gånger tre är (lika med) sex**	
	zwei mal drei ist (gleich) sechs	
7 + 8 = 15	**sju plus** (od **och**) **åtta är (lika med) femton**	
	sieben plus (od und) acht ist (gleich) fünfzehn	
10 - 3 = 7	**tio minus** (od **minskat**) **med tre är (lika med) sju**	
	zehn minus (od weniger) drei ist (gleich) sieben	
9 : 3 = 3	**nio dividerat** (od **delat**) **med tre är (lika med) tre**	
	neun dividiert (od geteilt) durch drei ist (gleich) drei	

Datum und Jahreszahlen

4/8 2015 od **4.8.2015** od **2015-08-04**	4.8.2015
(den) 4 augusti	der/den/am 4. August
den 4:e	am 4.
(år) 2015	im Jahr(e) 2015
(19)80-talet	(19)80er Jahre
1700-talet	18. Jahrhundert
2000-talet	21. Jahrhundert

Schwedische Ortsnamen

A

Abisko [ˈɑːbisko]
Alingsås [aliŋˈsoːs]
Alvastra [ˇalvastra]
Alvesta [ˇalvəsta]
Arboga [ˇarboːga]
Arild [ˇɑːrild]
Arvika [ˇarviːka]
Askersund [askəˈʂənd]
Aspen [ˈaspən]

B

Bergslagen [ˇbærjslaːgən]
Billesholm [biləsˈhɔlm]
Billingen [ˇbiliŋən]
Björkö [ˇbjoerkøː]
Blekinge [ˇbleːkiŋə]
Boden [ˇbuːdən]
Bofors [buːˈfɔʂ]
Bohuslän [ˇbuːhʉːslɛːn]
Boliden [ˇbuːliːdən]
Bollnäs [ˇbɔlnɛːs]
Bolmen [ˈbɔlmən]
Boren [ˈboːrɛn]
Borgholm [ˈbɔrjhɔlm]
Borås [buˈroːs]
Bottenhavet [ˇbɔtənhaːvət]
Bromma [ˇbrɔma]
Brunkeberg [brəŋkəˇbærj]
Bråviken [ˇbroːviːkən]
Bräcke [ˇbrɛkə]
Båstad [ˈboːstaː(d)]

C

Charlottenberg [ʃaˌlɔtənˈbærj]

D

Dal [dɑːl]
Dalarna [ˇdɑːlaŋa]
Dalarö [ˇdɑːlarøː]
Dalsland [ˈdɑːlsland]
Dalälven [ˇdɑːlɛlvən]
Danderyd [ˇdandəryːd]
Dannemora [ˇdanəmʉːra]
Djurgården [ˈjʉːrgoːdən]
Djursholm [jʉːrʂˈhɔlm]
Drottningholm [drɔtniŋˈhɔlm]
Duved [ˇdʉveːd]

E

Eksjö [ˇeːksʃøː]
Enköping [ˈeːnçøpiŋ]
Enskede [ˇeːnʃədə]
Eskilstuna [ˇɛskilstʉːna]
Eslöv [ˈeːsløːv]

F

Falkenberg [ˇfalkənbærj]
Falköping [ˈfaːlçøːpiŋ]
Falsterbo [ˈfalstərbuː]
Falun [ˇfaːlən]
Filipstad [filipˈstaːd]
Finspång [ˈfinspɔŋ]
Fiskebäckskil [fiskəbɛksˈçiːl]
Flen [fleːn]
Frösön [ˇfrøːsøːn]
Furusund [fʉːrʉːˈsənd]
Fyris(ån) [ˈfyːris(oːn)]
Fårö [ˇfoːrøː]

G

Gotland [ˈgɔtland]
Gripenberg [griːpənˈbærj]

Gripsholm [grips'hɔlm]
Gränna [ˇgrɛna]
Grängesberg [grɛŋəs'bærj]
Gustavsberg [gøstafs'bærj]
Gällivare ['jɛliva:rə]
Gästrikland ['jɛstrikland]
Gävle ['jɛ:vlə]
Göta kanal [jø:ta ka'nɑ:l]
Götaland ['jø:taland]
Göta älv [ˇjø:ta 'ɛlv]
Göteborg [jø:tə'bɔrj]

H
Haga [ˇhɑ:ga]
Hagalund [hɑ:ga'lənd]
Halland ['haland]
Hallandsåsen [ˇhalandso:sən]
Hallsberg ['halsbærj]
Halmstad ['halmstɑ:(d)]
Hammarby [ˇhamarby:]
Haparanda [hapar˘anda]
Helsingborg [hɛlsiŋ'bɔrj]
Hindås [ˇhindɔ:s]
Hjo [ju:]
Hjälmaren [ˇjɛlmarən]
Hudiksvall [hødiks'val]
Huskvarna [ˇhʉ:skvɑ:ṇa]
Hälsingland ['hɛlsiŋland]
Härjedalen [ˇhærjəda:lən]
Härnösand [hærnø:'sand]
Hässleholm [hɛslə'hɔlm]
Höganäs [ˇhø:ganɛ:s]

I
Indalsälven [˘inda:lsɛlvən]
Ingarö [˘iŋarø:]

J
Jämtland ['jɛmtland]
Jönköping ['joençø:piŋ]

K
Kalix ['kɑ:liks]
Kallsjön ['kalʃoen]
Kalmar ['kalmar]
Karlberg [kɑ:l'bærj]
Karlsborg [kɑ:ḷs'bɔrj]
Karlshamn [˘kɑ:ḷ'shamn]
Karlskrona [kɑ:ḷs'kru:na]
Karlstad ['kɑ:ḷ'stɑ:(d)]
Katrineholm [katrinə'hɔlm]
Kil [çi:l]
Kinda kanal [çinda ka'nɑ:l]
Kinnekulle [çinə˘kølə]
Klarälven [˘klɑ:rɛlvən]
Kopparberg [˘kɔparbærj]
Kornsjö [˘ku:nʃø:]
Krapperupp ['krapərøp]
Kristianstad [kri'ʃansta:(d)]
Kristineberg [kristi:nə'bærj]
Kristinehamn [kristi:nə'hamn]
Krylbo ['krylbu]
Kullen ['kølən]
Kungsbacka [˘køŋsbaka]
Kungsholmen [˘køŋshɔlmən]
Kungsör [køŋs'oe:r]
Kävlinge [˘çɛ:vliŋə]
Kölen ['çø:lən]
Köping ['çø:piŋ]

L
Laholm [la'hɔlm]
Landskrona [lans˘kru:na]
Lappland ['lapland]
Laxå [˘laksɔ:]
Leksand [˘lɛ:ksand]
Lidingö [˘li:diŋø:]
Lidköping ['li:dçø:piŋ]
Lilla Edet [˘lila ˘e:dət]
Lindesberg [lindəs'bærj]
Linköping ['linçø:piŋ]

Ljungan [ˇjəŋan]
Ljungskile [jəŋsˇçi:lə]
Ljusnan [ˇjɵ:snan]
Ljusne älv [ˇjɵ:snə 'ɛlv]
Ludvika [ˇlødvi:ka]
Lule älv [ˇlɵ:lə 'ɛlv]
Luleå [ˇlɵ:ləɔ:]
Lund [lønd]
Lundsberg [løn(d)s'bærj]
Lycksele ['lyksələ]
Lysekil ['ly:səçi:l]
Långsele ['lɔŋsələ]
Lönneberga [ˇlønəbærja]

M

Malen ['mɑ:lən]
Malmberget [ˇmalmbærjət]
Malmö [ˇmalmø:]
Mariefred [mariə'fre:d]
Mariestad [mariə'stɑ:d]
Marstrand [ˇmaʂtrand]
Medelpad ['me:dəlpɑ:d]
Mjölby [ˇmjø:lby:]
Mora [ˇmu:ra]
Motala ['mu:tala]
Mälaren [ˇmɛ:larən]
Mölle [ˇmølə]
Mölndal ['mølndɑ:l]
Mörsil [ˇmoe:ʂi:l]
Mösseberg [møsəˇbærj]

N

Nora [ˇnu:ra]
Norrbotten [ˇnɔrbɔtən]
Norrköping [ˌnɔrçø:piŋ]
Norrmalm [nɔrˇmalm]
Norrström [nɔr'strøm]
Norrtälje [nɔrˇtɛljə]
Nyköping [ˌny:çø:piŋ]
Nynäshamn [ny:nɛ:s'hamn]

Nämdö [ˇnɛmdø]
Nämforsen [ˇnɛmfɔʂən]
Närke ['nærkə]
Nässjo ['nɛʃø:]
Nä(ä)s [nɛ:s]

O

Omberg ['ɔmbærj]
Orsa [ˇuʂa]
Oskarshamn [ɔskaʂˇhamn]

P

Pite älv [ˇpi:tə 'ɛlv]
Piteå [ˇpi:təɔ:]
Porjus ['pɔrjəs]

R

Ramlösa [ˇramlø:sa]
Rankhyttan [ˇraŋkhytan]
Ransäter [ˇransɛ:tər]
Riddarholmen [ˇridarhɔlmən]
Riksgränsen [ˇri:ksgrɛnsən]
Ronneby [ˇrɔnəby:]
Roslagen [ˇru:slɑ:gən]
Roxen [ˇrɔksən]
Rättvik [ˇrɛtvi:k]
Rörstrand [roe:ʂt'rand]

S

Sala [ˇsɑ:la]
Saltsjöbaden ['saltʃø:bɑ:dən]
Sandhamn [ˇsandhamn]
Sigtuna [ˇsigtɵ:na]
Siljan [ˇsiljan]
Simrishamn [simrisˇhamn]
Skanör [ska'noe:r]
Skara [ˇskɑ:ra]
Skellefteå [ʃɛˇlɛftəɔ:]
Skellefte älv [ʃɛˇlɛftə 'ɛlv]
Skeppsholmen [ˇʃɛpshɔlmən]

Skokloster [skuˈklɔstər]
Skurusund [skoeˈrʉːˈsɔnd]
Skåne [ˇskoːnə]
Skälderviken [ˇˈʃɛldərviːkən]
Skänninge [ˈʃɛniŋə]
Skövde [ˇʃoevdə]
Småland [ˈsmoːland]
Sollefteå [sɔˈlɛftəoː]
Solna [ˇsoːlna]
Sommen [ˇsumən]
Stockholm [ˇstɔkhɔlm]
Storfors [ˇstuːrfɔʂ]
Storlien [ˇstuːliən]
Storsjön [ˇstuːrʃøn]
Storvik [ˇstuːrviːk]
Strängnäs [ˇstrɛŋnɛːs]
Strömsholm [strømsˈhɔlm]
Strömstad [ˈstrømstaː(d)]
Styrsö [ˇstyːʂøː]
Sundbyberg [sɔndbyˈbærj]
Sundsvall [ˇsɔndsval]
Svartbäcken [ˇsvat̞bɛkən]
Svealand [ˈsveːaland]
Sveg [sveːg]
Sverige [ˈsværjə]
Sylarna [ˇsyːlaŋa]
Särö [ˇsærøː]
Söderfors [søːdərˈfɔʂ]
Söderhamn [søːdərˈhamn]
Söderköping [ˈsøːdərçøːpiŋ]
Södermalm [søːdərˈmalm]
Södermanland [ˈsøːdərmanland]
Södertälje [søːdəˇtɛljə]
Södertörn [søːdəˇtœːŋ]
Sölvesborg [sølvəsˈbɔrj]
Sörmland [ˈsoermland]

T
Taberg [taˈbærj]
Teckomatorp [ˇtekumatɔrp]

Tidaholm [tiːdaˈhɔlm]
Tiveden [ˇtiːveːdən]
Tjust [çʉːst]
Tjörn [çoeːŋ]
Torekov [ˈtuːrəkɔv]
Torneträsk [toːŋəˈtrɛsk]
Torneå [ˇtoːŋəoː]
Torne älv [ˇtoːŋə ˈɛlv]
Torshälla [ˇtɔʂhɛla]
Torsby [ˈtuːʂbyː]
Tranås [ˈtraːnoːs]
Trelleborg [trɛləˈbɔrj]
Trollhättan [ˈtrɔlhɛtan]
Tullgarn [ˈtɔlgɑːŋ]
Tullinge [ˈtɔliŋə]
Tåkern [ˈtoːkəŋ]
Täby [ˈtɛːbyː]
Tännforsen [ˇtɛnfɔʂən]

U
Uddevalla [ˇɵdəvala]
Ulricehamn [ɵlriːsəˈhamn]
Ulriksdal [ɵlriksˈdɑːl]
Umeå [ˇʉːməoː]
Ume älv [ˇʉːmə ˈɛlv]
Undersåker [ˈɵndəʂoːkər]
Uppland [ˈɵpland]
Uppsala [ˇɵpsɑːla]
Utö [ˇʉːtøː]

V
Vadstena [ˇvɑːdsteːna]
Valdemarsvik [valdəmaʂˈviːk]
Varberg [ˇvɑːrbærj]
Varnhem [ˇvɑːŋhem]
Vaxholm [ˇvaksˈhɔlm]
Vimmerby [ˇvimərbyː]
Vindelälven [ˇvindəlɛlvən]
Visby [ˈviːsbyː]
Visingsö [viːsiŋˈsøː]

Vreta Kloster [ˇvreːta 'klɔstər]
Vänern [ˇvɛːnən]
Vänersborg [vɛːnəʂbɔrj]
Värmdö [ˇværmdøː]
Värnamo [ˇvæːnamuː]
Värmland ['værmland]
Värtan [ˇvæʈan]
Västerbotten [ˇvɛstərbɔtən]
Västergötland [ˇvɛstərjøːtland]
Västervik [ˇvɛstərviːk]
Västerås [vɛstərˈoːs]
Västmanland ['vɛstmanland]
Vättern ['vɛʈən]
Växjö [ˇvɛkʃøː]

Y
Ystad ['yːstɑː(d)]

Å
Åmål ['oːmoːl]
Ångermanland [ˇɔŋermanland]
Ångermanälven [ˇɔŋermanɛlvən]
Ånn [ɔn]

Åre [ˇoːrə]
Åreskutan [ˇoːrəskʉːtan]
Årstaviken [ˇoːʂtɑviːkən]
Åsnen [ˇoːsnən]
Åtvidaberg [oːtvidaˈbærj]

Ä
Älmhult [ˇɛlmhølt]
Älvdalen [ˇɛlvdɑːlən]
Älvkarleby [ˇɛlvkɑːləbyː]
Ängelholm [ɛŋəlˈhɔlm]

Ö
Öland ['øːland]
Örebro [oeːrəˈbruː]
Öregrund [oeːrəˈgrʉnd]
Öresund [oeːrəˈsønd]
Örnsköldsvik [oenʃøldsˈviːk]
Östergötland [ˇøstərjøːtland]
Östermalm [østərˈmalm]
Östersjön [ˇøstərʃoen]
Österskär [ˇøstərʃæːr]
Östersund [østəˈʂønd]

Feiertage in Schweden (nicht alle sind arbeitsfreie Tage)

1. Januar	nyårsdagen	Neujahrstag
5. Januar	trettondagsafton	Tag vor dem Dreikönigstag
6. Januar	trettondagen	Dreikönigstag
	långfredagen	Karfreitag
	påskafton	Ostersamstag
	påskdagen	Ostersonntag
	annandag påsk	Ostermontag
30. April	valborgsmässoafton	Walpurgisnacht
1. Mai	första maj	Maifeiertag
	Kristi himmelsfärdsdag	Christi Himmelfahrt
6. Juni	Sveriges nationaldag	Schwedens Nationalfeiertag
	pingstafton	Pfingstsamstag
	pingstdagen	Pfingstsonntag
	annandag pingst	Pfingstmontag
der Freitag vor „midsommardagen"	midsommarafton	Mittsommerabend
der Samstag, der in den Zeitraum 20. bis 26. Juni fällt	midsommardagen	Mittsommertag
der Samstag, der in den Zeitraum 31. Oktober bis 6. November fällt	alla helgons dag	≈ Tag aller Heiligen
1. November	allhelgonadagen	Allerheiligen
13. Dezember	lucia(dagen)	Luciafest
24. Dezember	julafton	Heiligabend
25. Dezember	juldagen	1. Weihnachtstag
26. Dezember	annandag jul	2. Weihnachtstag
31. Dezember	nyårsafton	Silvester

Uhrzeit

Wie viel Uhr ist es? / Wie spät ist es?

Es ist ...

Hur mycket är klockan? / Vad är klockan?

Den är ... / Hon är ...

12:00 Uhr. zwölf Uhr. Mittag.	**12:00.** tolv (noll noll). tolv (på dagen).
24:00 Uhr / 0:00 Uhr. zwölf Uhr. vierundzwanzig Uhr / null Uhr. Mitternacht.	**24:00 / 0:00.** tolv (noll noll). tjugofyra (noll noll) / noll noll (noll noll). tolv (på natten).
9:25 Uhr. neun Uhr fünfundzwanzig. fünf vor halb zehn.	**9:25.** nio och tjugofem. fem i halv tio.
13:00 Uhr. dreizehn Uhr. eins.	**13:00.** tretton (noll noll). ett.
14:45 Uhr. vierzehn Uhr fünfundvierzig. Viertel vor drei.	**14:45.** fjorton och fyrtiofem. kvart i tre.
15:15 Uhr. fünfzehn Uhr fünfzehn. Viertel nach drei.	**15:15.** femton och femton. kvart över tre.
16:40 Uhr. sechzehn Uhr vierzig. zwanzig vor fünf.	**16:40.** sexton och fyrtio. tjugo i fem.
17:55 Uhr. siebzehn Uhr fünfundfünfzig. fünf vor sechs.	**17:55.** sjutton och femtiofem. fem i sex.
18:05 Uhr. achtzehn Uhr fünf. fünf nach sechs.	**18:05.** arton noll fem. fem över sex.
19:30 Uhr. neunzehn Uhr dreißig. halb acht.	**19:30.** nitton och trettio. halv åtta.

22:00 Uhr. zweiundzwanzig Uhr. zehn Uhr.	**22:00.** tjugotvå (noll noll). tio.
23:35 Uhr. dreiundzwanzig Uhr fünfunddreißig. fünf nach halb zwölf.	**23:35.** tjugotre och trettiofem. fem över halv tolv.

Uhrzeiten im Alltag

Ich komme **um** 10 Uhr an.	Jag (an)kommer **klockan** 10.
Kann ich Sie **gegen** 11 Uhr erreichen?	Kan jag nå dig **omkring / runt** 11?
Der Entwurf muss **bis** 14 Uhr fertig sein.	Utkastet måste vara färdigt **till / senast** 14.
Wir treffen uns **um** 16:30 Uhr.	Vi träffas **vid** 16:30.
Wir treffen uns **um Punkt** 16 Uhr.	Vi träffas **prick klockan** 16.
Ich bin **zwischen** 13 Uhr **und** 17 Uhr im Büro.	Jag är på kontoret **mellan** 13 **och** 17.
Ab/nach 18 Uhr habe ich Zeit.	**Från/efter** 18 har jag tid.
(Das) Mittagessen wird **frühestens ab** 12 Uhr angeboten.	Lunch(en) serveras **tidigast** 12.
Er steht nie **vor** 9 Uhr auf.	Han stiger aldrig upp **före** 9.
Sie muss **kurz nach** drei los.	Hon måste gå **strax efter** tre.
Von sechs **bis** acht ist Happy Hour.	Det är happy hour **från** sex **till** åtta.
Bleib doch noch, es ist **erst** vier.	Stanna lite till, klockan är **bara** fyra.
Das Café öffnet **erst um** 10 Uhr.	Kaféet öppnar **först** tio.
Wir haben **rund um die Uhr** geöffnet.	Vi har öppet **dygnet runt**.

Kommunikation auf Schwedisch

Miteinander reden

Jemanden begrüßen

- Guten Morgen! / Guten Tag! / Guten Abend!	- God morgon! / Hej! / God kväll!
- Hallo! / Grüß dich!	- Hej! / Hallå!
- Wie geht es dir / Ihnen?	- Hur mår du?
- Schön, dich / Sie zu sehen!	- Kul att se dig!

Sich oder jemanden vorstellen

- Mein Name ist …	- Jag heter …
- Darf ich vorstellen: …	- Det här är: …
- Das ist (mein Mann) David.	- Det här är (min man) David.
- Ich bin Annes Bruder.	- Jag är Annes bror.
- Freut mich! / Angenehm!	- Trevligt att träffas!
- Kennt ihr euch schon?	- Har ni träffats tidigare?
- Schön, Sie kennenzulernen!	- Trevligt att träffas!

In Kontakt bleiben

- Gibst du mir deine Handynummer / E-Mail-Adresse?	- Skulle jag kunna få ditt mobilnummer / din e-postadress?
- Hast du eine Festnetznummer?	- Har du någon fast telefon?
- Bist du auf Facebook®?	- Finns du på Facebook®?
- Wie ist dein Skype®-Name?	- Vilket är ditt Skype®-namn?
- Wie kann ich Sie erreichen?	- Hur kommer jag i kontakt med dig?

Grüße ausrichten (lassen)

- Viele Grüße von Simon!	- Jag ska hälsa från Simon.
- Frau (Anna) Bauer lässt Sie herzlich grüßen!	- Jag ska hälsa så gott från Anna Bauer.
- Schöne Grüße an alle!	- Hälsa alla så gott!

Etwas anbieten – und darauf antworten

- Nehmen Sie doch bitte Platz!	- Slå dig ner!
- Kann ich Ihnen etwas zu trinken anbieten?	- Vill du ha någonting att dricka?
- Ja, (sehr) gerne!	- Ja, tack (gärna)!
- Nein, vielen Dank!	- Nej, tack.

Sich verabschieden

- Auf Wiedersehen!	- Hej då!
- Vielen Dank für den schönen Abend!	- Tack för en trevlig kväll!
- Wir sehen uns nächste Woche.	- Vi ses nästa vecka.
- Bis bald!	- Hej så länge! / Vi ses!
- Tschüss!	- Hej!

Etwas vorschlagen

- Darf ich Sie zum Essen einladen?	- Får jag bjuda på en bit mat?
- Hast du Lust, ins Kino zu gehen?	- Har du lust att gå på bio?
- Wie wär's mit einer Kneipentour am Sonnabend?	- Ska vi ta en pubrunda på lördag?

Sich bedanken

- Danke (schön)!	- Tack (så mycket)!
- Vielen Dank! / Herzlichen Dank!	- Tack så mycket! / Tack så hjärtligt!
- Das ist / war sehr nett von Ihnen!	- Det är / var väldigt snällt av dig.

– und darauf antworten

- Gern geschehen.	- Det var så lite (så).
- Nichts zu danken!	- För all del!
- Keine Ursache! / Kein Thema!	- Ingen orsak! / Inga problem!

Eine Bitte äußern

- Darf ich Sie um etwas bitten?	- Skulle jag kunna få be om en sak?
- Könntest du mir einen Gefallen tun?	- Skulle du kunna göra mig en tjänst?
- Würde es dir etwas ausmachen, wenn ...?	- Vore det okej om ...?
- Könnte ich kurz meine E-Mails checken?	- Kan jag få kolla mina mejl lite snabbt?

– und darauf antworten

- Selbstverständlich! / Na klar!	- Självklart! / Javisst!
- Kein Problem!	- Inga problem!
- Lieber nicht.	- Helst inte.

Sich entschuldigen / Bedauern äußern

- Entschuldigen Sie / Entschuldige …	- Ursäkta / Förlåt …
- Tut mir leid, dass ich zu spät komme.	- Ursäkta att jag är sen.
- Schade, morgen passt es mir nicht.	- Tyvärr kan jag inte imorgon.

Telefonieren

Sich vorstellen und verbinden lassen

- Guten Tag! Mein Name ist Eva Meier.	- Hej! Mitt namn är Eva Meier.
- Spreche ich mit …?	- Talar jag med …?
- Ich würde gern Herrn Martin Svensson sprechen.	- Jag skulle vilja tala med Martin Svensson.
- Könnten Sie mich bitte mit … verbinden?	- Skulle du kunna koppla mig till …?

Gespräch verschieben

- Kann ich später noch einmal anrufen?	- Kan jag ringa tillbaka lite senare?
- Wann würde es Ihnen passen?	- När skulle det passa?

Rückruf

- Könnten Sie mich bitte zurückrufen?	- Skulle du kunna ringa tillbaka till mig?
- Richten Sie Frau Karolina Nilsson bitte aus, sie möchte mich zurückrufen.	- Kan du be Karolina Nilsson ringa tillbaka till mig?

Mobil telefonieren

- Tagsüber erreichen Sie mich am besten auf dem Handy.
- Meine Handynummer ist: +49 170 715 96 225
- plus vier neun für Deutschland, (und dann) eins sieben null, sieben eins fünf neun sechs zwei zwei fünf
- Sprechen Sie mir einfach auf die Mailbox!
- Der Empfang ist leider sehr schlecht.
- Mein Akku ist leider fast leer.

- Dagtid når du mig bäst på mobilen.
- Mitt mobilnummer är: +49 170 715 96 225
- plus fyra nio för Tyskland, (sen) ett sju noll, sju ett fem nio sex två två fem
- Du kan tala in ett meddelande.
- Det är tyvärr väldigt dålig mottagning.
- Mitt batteri är tyvärr nästan slut.

Auf Reisen

- Spreche ich mit der Rezeption?
- Guten Tag, ich möchte gern ein Taxi bestellen / meinen Flug bestätigen lassen.
- Die Dusche / der Fernseher funktioniert nicht.
- Wir brauchen dringend einen Arzt.
- Bitte bringen Sie mir das Frühstück aufs Zimmer!
- Ich brauche für morgen früh einen Weckruf um 7 Uhr.

- Har jag kommit till receptionen?
- Hej, jag skulle vilja beställa en taxi / bekräfta mitt flyg.
- Duschen / tv:n fungerar inte.
- Vi behöver en läkare snarast.
- Kan jag få frukosten serverad på rummet, tack?
- Jag behöver väckning i morgon bitti klockan 7.

Gespräch beenden

- Herzlichen Dank für Ihren Anruf.
- Ich muss leider aufhören.
- Ich melde mich bei Ihnen, sobald ich mehr weiß.
- Auf Wiederhören!

- Tack så mycket för att du ringde.
- Jag måste tyvärr lägga på nu.
- Jag hör av mig igen så snart jag vet mer.
- Hejdå!

Anforderung von Informationen

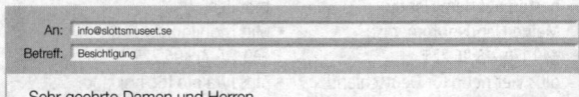

An: info@slottsmuseet.se
Betreff: Besichtigung

Sehr geehrte Damen und Herren,

wir beabsichtigen, im kommenden Monat Ihr Museum zu besuchen. Dazu haben wir noch folgende Fragen:

- Besteht die Möglichkeit, die Eintrittskarten vorab zu erwerben, um lange Wartezeiten am Eingang zu vermeiden?
- Bieten Sie Führungen durch die Ausstellung an?
- Ist die Besichtigung der Kronjuwelen im Eintrittspreis inbegriffen?

Vielen Dank im Voraus für Ihre Informationen.

Mit freundlichen Grüßen

Karin Wägner

Förfrågan om information

Till: info@slottsmuseet.se
Ämne: Besök

Hej!

Vi planerar att besöka ert museum nästa månad och skulle därför vilja veta följande:

- Finns det möjlighet att köpa inträdesbiljetter i förväg för att undvika långa väntetider vid ingången?
- Ger ni guidade visningar av utställningarna?
- Ingår det i inträdesavgiften att se på kronjuvelerna?

Tack på förhand för informationen!

Med vänliga hälsningar

Karin Wägner

Termin vereinbaren

An:	p.ahlkvist@b-o-bpartner.se
Betreff:	Unsere Besprechung vom Dienstag

Hallo Pernilla,

danke, dass Du zu unserer sehr angenehmen und produktiven Besprechung nach München gekommen bist. Das Protokoll folgt noch diese Woche.

Für unser nächstes Treffen in Uppsala schlage ich einen der folgenden Termine vor: Donnerstag, 3.12., Mittwoch, 9.12., oder Dienstag, 15.12. Ich kann jeweils ab 10:30 Uhr vor Ort sein.

Welcher Termin passt Dir am besten?

Danke für eine kurze Rückmeldung!

Beste Grüße aus München,

Ulrich

Boka möte

Till:	p.ahlkvist@b-o-bpartner.se
Ämne:	Vårt möte i tisdags

Hej Pernilla!

Tack för att du kom till vårt mycket trevliga och produktiva möte i München. Protokollet kommer senare denna vecka.

För vårt nästa möte i Uppsala föreslår jag något av följande datum: torsdag 3/12, onsdag 9/12 eller tisdag 15/12. Jag kan vara på plats från kl. 10:30.

Vilken dag passar dig bäst?

Tack för ditt svar!

Många hälsningar från München,

Ulrich

Termin bestätigen

An:	m.kvist@textforlaget.se
Betreff:	Projekt APS: Kick-off-Meeting

Sehr geehrter Herr Kvist,

vielen Dank für Ihre Terminvorschläge.

Mittwoch, der 25 November, passt uns sehr gut. Wir freuen uns, Sie um 15 Uhr in unseren Räumen im Zentrum begrüßen zu dürfen.

Parkmöglichkeiten gibt es im Parkhaus an der Adenauerallee.

Mit freundlichen Grüßen

Alexandra Kluge
Grafikdesignerin
Grafik AG Bonn

Bekräfta möte

Till:	m.kvist@textforlaget.se
Ämne:	Projekt APS: Kick-off-möte

Hej Markus,

tack för dina förslag på mötestider.

Onsdagen den 25 november passar oss mycket bra. Vi ser fram emot att ses kl. 15 i våra lokaler i centrum.

Parkeringsmöjligheter finns i parkeringshuset vid Adenauerallee.

Med vänliga hälsningar

Alexandra Kluge
Grafikdesigner
Grafik AG Bonn

Buchungsanfrage

An: bokning@kronanshotell.se
Betreff: Buchungsanfrage

Sehr geehrte Damen und Herren,

gerne würde ich vom 03. bis 17. Juni ein Doppelzimmer mit Bad in Ihrem Hotel buchen. Bitte teilen Sie mir daher Ihre Preisalternativen für Übernachtung mit Frühstück bzw. mit Halbpension mit.

Bitte senden Sie mir auch Informationen über die Parkmöglichkeiten.

Vielen Dank schon im Voraus für eine baldige Rückmeldung!

Mit freundlichen Grüßen

Linda Kunze

Bokningsförfrågan

Till: bokning@kronanshotell.se
Ämne: Bokningsförfrågan

Hej!

Jag skulle vilja boka ett dubbelrum med badrum hos er den 3–17 juni. Jag skulle därför gärna vilja veta era priser för övernattning med frukost resp. halvpension.

Jag skulle även vilja få information om vilka parkeringsmöjligheter som finns.

Tack på förhand för ett snabbt svar!

Med vänliga hälsningar

Linda Kunze

Bokningsförfrågan – svar

Till: lindakunze@web.de
Ämne: SV: Bokningsförfrågan

Hej Linda,

tack för din förfrågan. Vi kan erbjuda ett dubbelrum med badrum och WC den 3–17 juni. Våra priser för detta rum är 1 200 kronor per natt med frukost och 1 750 kronor per natt med halvpension.

Vi har ett bevakat garage vid hotellet. Parkeringsplatser kan bokas i förväg och kostar 100 kronor per natt.

Om du vill boka ett rum kan du antingen kontakta mig via e-post eller ringa till vår reception på 0046 141 884 2091. Du kan även gärna boka direkt på vår webbsida www.kronanshotell.se.

Om du har ytterligare frågor är du välkommen att när som helst höra av dig till mig.

Vi hoppas att vi snart får hälsa dig välkommen här på hotellet!

Vänliga hälsningar
Anna Beckmann
Bokning & reception

Buchungsanfrage – Antwort

An: lindakunze@web.de
Betreff: AW: Buchungsanfrage

Liebe Frau Kunze,

vielen Dank für Ihre Anfrage. Ich freue mich, Ihnen mitteilen zu können, dass wir vom 3. bis 17. Juni noch ein Doppelzimmer mit Bad und WC frei haben. Die Kosten für dieses Zimmer belaufen sich auf 1200 Kronen pro Nacht mit Frühstück bzw. 1750 Kronen pro Nacht mit Halbpension.

Wir haben eine bewachte Garage in unserem Hotel. Parkplätze können vorab gebucht werden und kosten 100 Kronen pro Nacht.

Um ein Zimmer zu reservieren, können Sie mich entweder per E-Mail kontaktieren oder an unserer Rezeption unter der 0046 141 884 2091 anrufen. Sie können gerne auch direkt über unsere Website auf www.kronanshotell.se buchen.

Wenn Sie weitere Fragen haben, stehe ich Ihnen jederzeit gerne zur Verfügung.

Wir freuen uns darauf, Sie hoffentlich bald in unserem Hotel begrüßen zu dürfen.

Mit freundlichen Grüßen
Anna Beckmann
Reservierung & Rezeption

Anmeldung zum Sprachkurs

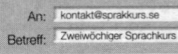

An: kontakt@sprakkurs.se
Betreff: Zweiwöchiger Sprachkurs

Sehr geehrte Damen und Herren,

ich interessiere mich für einen zweiwöchigen Sprachkurs Anfang August in Schweden.

Ich habe schon ein Semester lang an einem Schwedisch-Grundkurs an der Münchner Volkshochschule teilgenommen und möchte nun meine Kenntnisse besonders im Hinblick auf Grammatik und Konversation vertiefen.

Ich wäre Ihnen sehr dankbar, wenn Sie mir Ihre Kursübersicht und Preisinformationen zukommen lassen würden.

Mit freundlichen Grüßen
Rolf Maas

Anmälan till språkkurs

Till: kontakt@sprakkurs.se
Ämne: Tvåveckors språkkurs

Hej!

Jag är intresserad av en tvåveckors språkkurs i Sverige i början av augusti.

Jag har tidigare gått en grundkurs i svenska under en termin vid Volkshochschule i München och skulle nu vilja fördjupa mina kunskaper, framför allt vad gäller grammatik och konversation.

Jag vore mycket tacksam om ni kunde skicka en kursöversikt och prisinformation.

Med vänliga hälsningar
Rolf Maas

Buchungsanfrage – Ferienhaus

An: info@turist-i-skane.se
Betreff: Buchungsanfrage Ferienhaus

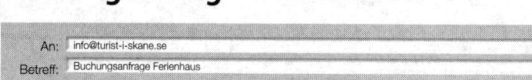

Sehr geehrte Frau Hansson,

wir sind vier Erwachsene und fünf Kinder und würden gern für die Zeit vom 1. bis 22. Juli Ihr Ferienhaus „Utsikt" in Ängelholm mieten. Bitte teilen Sie mir mit, ob das Haus zu dieser Zeit noch frei ist und ob wir auch unseren Hund mitbringen können. Wichtig wäre auch zu wissen, ob das Haus über W-LAN verfügt und ob die Endreinigung im Preis inbegriffen ist.

Besten Dank im Voraus!

Freundliche Grüße
Julia Meier

Bokningsförfrågan – sommarhus

Till: info@turist-i-skane.se
Ämne: Bokningsförfrågan sommarhus

Hej!

Vi är fyra vuxna och fem barn som skulle vilja hyra ert sommarhus "Utsikt" i Ängelholm från den 1 till 22 juli. Jag undrar om huset fortfarande är ledigt under denna tid och om vi även kan ta med vår hund. Det vore även bra att veta om det finns wi-fi i huset och om slutstädning ingår i priset.

Stort tack på förhand!

Vänliga hälsningar
Julia Meier

Bokningsförfrågan – svar

Till: julia@meier.de
Ämne: SV: Bokningsförfrågan sommarhus

Hej!

Tack för er förfrågan. Vårt sommarhus "Utsikt" är fortfarande ledigt från den 1 till 22 juli. Husdjur får medtas, och huset är utrustat med wi-fi och telefon. I hyran ingår en fast avgift (flat rate) för internet och telefoni.

Vi debiterar 350 kronor för slutstädning, men ni kan även välja att städa själva.

Vi ser fram emot att få ha er som gäster och ber er bekräfta bokningen så snart som möjligt.

Vänliga hälsningar
Alice Hansson

Hanssons stuguthyrning
Utsiktvägen 2, SE-254 75 Ängelholm
Tel. +46 431 172637

Buchungsanfrage – Antwort

An: julia@meier.de
Betreff: AW: Buchungsanfrage Ferienhaus

Sehr geehrte Frau Meier,

vielen Dank für Ihre Anfrage. In der Zeit vom 1. bis 22. Juli ist unser Ferienhaus „Utsikt" noch frei. Das Mitbringen von Haustieren ist erlaubt. Unser Haus verfügt über W-LAN und einen Telefonanschluss. Die Kosten der Flatrate fürs Internet und Telefon sind im Mietpreis inbegriffen.

Für die Endreinigung berechnen wir 350 Kronen; Sie können diese aber auch selbst vornehmen.

Wir würden uns freuen, Sie als unsere Gäste zu begrüßen und bitten Sie, die Reservierung so bald wie möglich zu bestätigen.

Mit freundlichen Grüßen
Alice Hansson

Hanssons stuguthyrning
Utsiktvägen 2, SE-254 75 Ängelholm
Tel. +46 431 172637

Stornierung

An: info@turist-i-skane.se
Betreff: Stornierung

Sehr geehrte Frau Hansson,

leider muss ich das vom 1. bis 22. Juli gemietete Ferienhaus „Utsikt" stornieren, da meine Tochter krank geworden ist und sich zurzeit im Krankenhaus befindet.

Bitte teilen Sie mir die Konditionen für die Stornierung sowie weitere eventuell anfallende Kosten mit.

Mit großem Bedauern und freundlichen Grüßen
Julia Meier

Avbokning

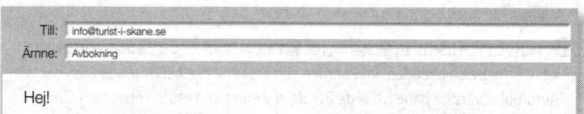

Till: info@turist-i-skane.se
Ärnne: Avbokning

Hej!

Tyvärr måste jag avboka sommarhuset "Utsikt" från den 1 till 22 juli, eftersom min dotter har blivit sjuk och för närvarande är på sjukhus.

Jag ber er meddela avbokningsvillkor och eventuella övriga kostnader i samband med detta.

Jag beklagar verkligen avbokningen.

Vänliga hälsningar
Julia Meier

Bewerbungsschreiben

Markus Kampe
Kaiserstraße 15
97070 Würzburg
Tel.: +49 160 172 49 95
E-Mail: MarkusKampe@net.de

Frau
Erika Nilsson
Elektronikföretaget AB
Ingenjörsvägen 17
351 04 Växjö
Schweden

04. 06. 2015

Bewerbung als Assistent der Geschäftsführung

Sehr geehrte Frau Nilsson,

für Ihre Niederlassung in Växjö suchen Sie eine Assistenz der Geschäftsführung. Ich möchte mich hiermit auf diese Stelle bewerben.

Voraussichtlich nächsten Monat werde ich mein Studium der Betriebswirtschaftslehre erfolgreich beenden. Im Rahmen von drei Praktika bei Unternehmen der Automobilbranche habe ich erste Berufserfahrung im Vertrieb erworben. Zudem bot mir ein Auslandspraktikum im Managementbereich der schwedischen Niederlassung eines bekannten Elektronikkonzerns in Südasien Einblicke in ein international operierendes Unternehmen. Dabei habe ich erfolgreich an den täglichen Tätigkeiten in verschiedenen Projektteams mitgearbeitet und meine interkulturellen Kenntnisse vertieft. Auch meine Englischkenntnisse konnte ich in diesem Rahmen anwenden und fachbezogen verbessern.

Ihre Firma ist mir durch einschlägige Marktbeobachtung bereits bekannt. Ich betrachte es als attraktive Herausforderung, Ihre Geschäftsführung in allen Belangen zu unterstützen. Mein frühestmöglicher Eintrittstermin wäre der 01.09.

Auf eine Einladung zu einem persönlichen Gespräch freue ich mich.
Für Rückfragen stehe ich jederzeit gern zur Verfügung.

Mit freundlichen Grüßen

Markus Kampe

Ansökan

Markus Kampe
Kaiserstraße 15
97070 Würzburg
Tel.: +49 160 172 49 95
E-post: MarkusKampe@net.de

Erika Nilsson
Elektronikföretaget AB
Ingenjörsvägen 17
351 04 Växjö
Sverige

2015-06-04

Ansökan om tjänsten som VD-assistent

Härmed önskar jag ansöka om den utannonserade tjänsten som VD-assistent i Växjö.

Jag beräknar avsluta mina studier i företagsekonomi nästa månad. Mina första yrkeserfarenheter av försäljningsbranschen har jag fått genom tre praktikperioder på företag inom bilindustrin. Jag har även fått inblick i verksamheten vid ett multinationellt företag i samband med en utlandspraktik på management-avdelningen vid den svenska filialen till ett känt elektronikföretag i Sydasien. Under denna tid deltog jag framgångsrikt i det dagliga arbetet i olika projektgrupper och fördjupade mina interkulturella kunskaper. Jag fick även tillfälle att använda mina engelskkunskaper och förbättra dem fackmässigt.

Jag känner till ert företag genom relevant marknadsanalys, och skulle tycka att det vore en spännande utmaning att få jobba som VD-assistent hos er och stötta ledningen på alla områden. Jag skulle kunna tillträda tjänsten tidigast den 1 september.

Jag ser fram emot att få träffas personligen för en intervju, och svarar gärna på alla eventuella frågor.

Med vänliga hälsningar

Markus Kampe

Lebenslauf

Persönliche Daten

Name	Carla Brauer
Geburtsdatum	14.06.1989
Geburtsort	Stuttgart
Staatsangehörigkeit	Deutsch
Anschrift	Perlbergstraße 5, 10323 Berlin, Deutschland
Telefon	+49 130 456 77 88
E-Mail	CarlaBrauer@web.de

Berufserfahrung

08/2013 – heute	Assistentin der Vertriebsleitung bei der Bartok GmbH, Berlin
09/2011 – 07/2013	Sekretärin der Bereichsleitung Westeuropa bei der ITC GmbH, Berlin

Aus- und Weiterbildung

09/2008 – 07/2011	Ausbildung zur Staatlich geprüften Europasekretärin am Institut für Sprachen und Wirtschaft, Stuttgart
02/2009 – 09/2009	Seminar „Professionelles Office Management" an der ALB Akademie, Stuttgart
09/2005 – 06/2008	Fachoberschule für Wirtschaft, Stuttgart Abschluss: Fachhochschulreife

Zusatzqualifikationen

Deutsch	Muttersprache
Englisch	verhandlungssicher
Französisch	gut in Wort und Schrift
Schwedisch	Grundkenntnisse
EDV-Kenntnisse	sehr gute Kenntnisse in MS-Office und XML
Interessen	Judo (Übungsleiterin), Klettern, Yoga

Berlin, 15. 05. 2015

Carla Brauer

CV

Personuppgifter

Namn	Carla Brauer
Födelsedatum	14 juni 1989
Födelseort	Stuttgart, Tyskland
Medborgarskap	Tysk
Adress	Perlbergstraße 5, 10323 Berlin, Tyskland
Telefon	+49 130 456 77 88
E-post	CarlaBrauer@web.de

Arbetslivserfarenhet

08/2013 –	Försäljningschefsassistent på Bartok GmbH, Berlin
09/2011 – 07/2013	Chefssekreterare på avdelningen för Västeuropa på ITC GmbH, Berlin

Utbildning

09/2008 – 07/2011	Utbildning till statligt certifierad Europasekreterare vid institutet för språk och näringsliv (Institut für Sprachen und Wirtschaft), Stuttgart
02/2009 – 09/2009	Deltagande i seminariet "Professional Office Management" vid ALB Akademie, Stuttgart
09/2005 – 06/2008	Handelsprogrammet vid Fachoberschule für Wirtschaft, Stuttgart, med examen som berättigar till studier vid tysk handelshögskola

Övriga meriter

Tyska	modersmål
Engelska	förhandlingsnivå
Franska	goda kunskaper i tal och skrift
Svenska	grundläggande kunskaper
Datorkunskaper	mycket goda kunskaper i MS Office och XML
Intressen	judo (tränare), klättring, yoga

Berlin, 15. 05. 2015

Carla Brauer

Tipps für die Benutzung

Stichwörter in **großer fetter Schrift**	**Handy** N̄ mobil(telefon) **Handyhülle** F̄ mobilskal *n*, mobilskydd *n* **Handynummer** F̄ mobilnummer *n*
Wendungen und mehrgliedrige Ausdrücke in **fetter Schrift**	**schwach** ADJ svag; *matt* matt; **~e Nerven** dåliga/svaga nerver; **ein ~er Schüler** en svag elev; **nur nicht ~ werden!** ge inte upp!
Übersetzungen in Normalschrift: Podcast	**poddsändning** [ˈpɔdsɛndniŋ] S̄ Podcast *m*
Angaben zu Genus, Wortart und Plural beim Stichwort: S̄ N̄ (= Substantiv Neutrum), ADJ (= Adjektiv), PL̄ (= Plural)	**bagageband** S̄ N̄ Gepäckband *n* **inkopplad** ADJ eingeschaltet **Leggin(g)s** PL̄ leggings *pl*
Angaben zu Genus und Plural bei Übersetzungen in kursiv: *n* (= Neutrum), *pl* (= Plural), *m(f)* (= Maskulinum/Femininum)	**Mediathek** F̄ mediatek *n* **Feinstaub** M̄ luftburna partiklar *pl* **apputvecklare** [ˈap-] S̄ App-Entwickler(in) *m(f)*
Flexions- und Konjugationsangaben in Spitzklammern: ⟨-n; -or⟩, ⟨1⟩	**fralla** ⟨-n; -or⟩ *umg* Brötchen *n* **e-posta** V̄T̄, V̄Ī ⟨1⟩ e-mailen
Aussprache in internationaler Lautschrift: [ˈguːgla]	**googla** [ˈguːgla] V̄T̄, V̄Ī ⟨1⟩ googeln®
Erklärende Hinweise, Erläuterungen, Grammatik- und Stilebenenangaben in kursiv: (≈ *Markierstift*), *umg*, *zu Fuß*	**Marker** M̄ (≈ *Markierstift*) överstrykningspenna **softa** [ˈsɔfta] *umg* V̄Ī ⟨1⟩ chillen **bergsvandring** S̄ *zu Fuß* Bergtour *f*